Vorwort

Liebe Nutzer dieses Campingführers,

die europäischen Camper blicken auf ein großartiges Jahr 2022 zurück. Wir konnten ohne Einschränkungen quer durch Europa reisen, und diese Gelegenheit wurde begeistert wahrgenommen. Auch die kommende Campingsaison verspricht wieder viel Gutes. Immer mehr Urlauber entdecken daher die Vorteile des Campings.

Denn ein Campingurlaub vermittelt ein enormes Gefühl von Freiheit. Ob Sie nun einen Strandurlaub, einen Städtetrip oder einen Urlaub im Grünen bevorzugen, unsere Inspektoren haben überall die schönsten Campingplätze für Sie ausgewählt. Und für jeden Geldbeutel gibt es einen passenden Stellplatz oder eine geeignete Unterkunft. Insbesondere in Zeiten steigender Inflation und Unsicherheit ist dies eine erfreuliche Tatsache.

Camping ist zudem die nachhaltigste Form einer Urlaubsreise. Ui praktisch jeder Campingplatz in Europa tut sein Bestes, um zum Schutz der Umwelt beizutragen. Denken Sie beispielsweise an Solarmodule, den sparsamen Umgang mit Wasser, Ladestationen Elektroautos oder nachhaltiges Management. Auf diese Weise sorg die Campingplatzbesitzer für den Erhalt der schönen Umwelt, die u erholsame Urlaube erst ermöglicht.

Ein weiterer wichtiger Campingtrend, der sich nach wie vor großer Beliebtheit erfreut, ist das Ganzjahrescamping. Mit der CampingCard ACSI-Ermäßigungskarte, die Sie in diesem Campingführer finden, ist dies besonders preisgünstig. Sie können damit in der Nebensaison bis zu 60 Prozent pro Nacht sparen. Gut zu wissen: Die Ermäßigungskarte kann nur auf Campingplätzen verwendet werden, die an diesem Ermäßigungssystem teilnehmen. Sie erkennen sie in diesem Führer an den blauen CC-Symbolen. Alle teilnehmenden Campingplätze sind auch auf campingcard.com vertreten.

Zu guter Letzt finden Sie in diesem Campingführer auch die Gewinner der allerersten ACSI Awards. Dieser begehrte Publikumspreis rückt die besten Campingplätze ins Rampenlicht. Während ihrer Kontrollbesuche durften unsere Inspektoren mehrere Campingplätze mit einem Award überraschen. Dies führte oft zu emotionalen Szenen, wenn die Campingplatzbesitzer nach mehreren schwierigen Jahren für ihren Einsatz belohnt wurden. Auch in diesem Jahr können Sie wieder für Ihre Lieblingscampingplätze stimmen!

Ich wünsche Ihnen einen schönen Campingurlaub im Jahr 2023.

Ramon van Reine
Direktor ACSI

Norwegen
Schweden
Finnland
Dänemark
Niederlande
Belgien
Luxemburg
Polen
Litauen
Lettland
Estland
Tschechien
Slowakei
Ungarn
Rumänien
Slowenien
Kroatien
Bosnien-Herzegowina
Griechenland

Inhalt

2023 • 21. deutsche Ausgabe

Ausgabe: ACSI Publishing BV, Geurdeland 9, Andelst, Niederlande
Postadresse: Postbus 34, 6670 AA Zetten, Niederlande
Tel. +31 488 471434

Internetadresse: www.acsi.eu

Fragen oder Anmerkungen?
Für Camper: www.acsi.eu/kundendienst
Für Campingplätze: www.acsi.eu/sales

Chefredakteurin: Ria Neutel
Redaktion:
Richelle Alewijn, Esther Baks, Alex Boerboom, Judith Brasser, Marloes Buijs, Sophie Conradi, Peter Dellepoort, Sharon Jansen, Irene van der Peijl, Marloes van der Plaats, Flora van Ralen, Mariëlle Rouwenhorst, Ingrid Sevenster u.v.a.

Karten
MapCreator BV, 5628 WB Eindhoven
mapcreator.eu©Here/©Andes

Druck
Parzeller Print & Media GmbH & Co. KG, Fulda, Deutschland

Bindung
Parzeller Print & Media GmbH & Co. KG, Fulda, Deutschland

ISBN: 978-3-828310-39-1

Wie alles begann

Es ist der Sommer 1964. Der Lehrer Ed van Reine fährt mit seinem Auto samt Faltcaravan von den Niederlanden über belgische und französische Straßen in die spanische Sonne. Endlich Urlaub. Endlich wieder Camping mit der ganzen Familie. Die Vorstellung ist herrlich: eine unbeschwerte Zeit und ein paar Wochen an der frischen Luft. Doch dann, bei der Ankunft, kommt die Enttäuschung ... „Completo". Die meisten Campingplätze sind bereits ausgebucht.

Das muss doch anders gehen, denkt van Reine. Er philosophiert über ein europäisches Buchungssystem. Noch vor Ort entwickelt er eine Möglichkeit, geschlossene Schranken zu vermeiden. Zusammen mit Kollegen aus der Schule stellt er seinen ersten Campingführer mit den Telefonnummern und anderen wichtigen Daten der beliebtesten Campingplätze in Europa zusammen. Dieses auf einem Matrizendrucker hergestellte Heft war der Vorläufer des umfassenden Campingführers, den Sie jetzt vor sich haben. Und der Beginn von ACSI: Auto Camper Service International. Im Jahr 2023 hat sich ACSI zu einem international tätigen Verlag und Reiseveranstalter für Campingurlaube entwickelt.

Zuverlässige, objektive Informationen

Jeder kann Informationen sammeln und zusammenstellen. Deshalb haben wir es von Anfang an anders gemacht. Unsere 292 Inspektoren besuchen jedes Jahr sämtliche ACSI-Campingplätze. Das ist wichtig, denn die Dinge ändern sich jedes Jahr. Nach einer Schulung machen sich die Inspektoren auf den Weg. Sie prüfen die Campingplätze auf mehr als 220 Ausstattungsmerkmale, aber natürlich auch auf Qualität. Sie erleben die Atmosphäre und sprechen mit den anwesenden Campern und dem Campingplatzbesitzer.

Die Inspektoren wählen die besten Campingplätze aus, die ihrerseits das bekannte ACSI-Logo verwenden dürfen. Und genau das möchten die Campingplätze gern, denn ACSI steht für Qualität und zuverlässige Informationen. Bei ACSI betrachten wir es als unsere Mission Camper auf den Campingplatz zu bringen, der zu ihnen passt. Ob Luxus-Ferienpark oder kleiner Natur-Campingplatz.

CampingCard ACSI

Im Jahr 1993 übernahm Ramon van Reine die Leitung des Unternehmens von seinem Vater. Er widmete sich der Professionalisierung und Digitalisierung und fing an, Reiseführer in mehreren Sprachen anzubieten. Nach einer Weile ergaben sich neue Herausforderungen. Die Campingplätze suchten nach Gästen für die Vor- und Nachsaison und Camper nach günstigen Stellplätzen. So entstand die CampingCard ACSI. Innerhalb von zehn Jahren entwickelte sich dieses Ermäßigungssystem zum größten Erfolg im ACSI-Sortiment. Über 750 000 Camper reisen jährlich mit der Ermäßigungskarte durch Europa.

Online buchen

Die Idee von Ramons Vater – ein Buchungssystem – ist inzwischen ebenfalls Wirklichkeit geworden. Über die ACSI-Webseiten und -Apps lässt sich heute ganz einfach ein Stellplatz oder eine Unterkunft buchen. Und die Entwicklungen werden fortgesetzt. Wir möchten eine Online-Plattform schaffen, auf der Camper einerseits suchen und buchen und sich andererseits informieren und inspirieren lassen können. Eine zentrale Stelle, an der sie alles Wissenswerte über den Campingplatz, die Region und Ausflüge in der Umgebung erfahren können.

ACSI Awards

Welcher Campingplatz hat den besten Swimmingpool, die besten Wohnmobilstellplätze oder das beste Restaurant? Jedes Jahr können Camper für ihre Lieblingscampingplätze stimmen. Und es gibt nicht weniger als acht Kategorien pro Land. Alle preisgekrönten Campingplätze finden Sie unter eurocampings.de/winners.

Unser Angebot

Campingführer

Auf die gute alte Art und Weise in einem Campingführer blättern, zu Hause oder unterwegs: Viele Camper tun das immer noch gerne. In unserem Webshop finden Sie unter anderem den umfangreichen ACSI Campingführer Europa, den CampingCard ACSI-Campingführer und den ACSI CampingCard & Stellplatzführer.

Webseiten

Mit den praktischen Filtern auf unseren Webseiten finden Sie leicht Ihren idealen Campingplatz. Und bei vielen Campingplätzen können Sie Ihren Stellplatz oder Ihre Unterkunft sofort buchen. Mehr Inspiration und praktische Tipps finden Sie in unserem Blog eurocampings.de/blog.

Apps

Möchten Sie Campingplätze und Wohnmobilstellplätze ganz einfach mit Ihrem Smartphone oder Tablet suchen? Das geht zu Hause und unterwegs mit den praktischen Apps. So finden Sie schnell einen Platz zum Campen in Ihrer Nähe. Sie können die Apps auch ohne Internetverbindung nutzen.

Lassen Sie Ihren Personalausweis in der Tasche

Die ACSI Club ID ist ein Ausweis-Ersatz, der auf fast 8 200 Campingplätzen akzeptiert wird. Das bedeutet, dass Sie Ihren Reisepass oder Personalausweis nicht mehr auf dem Campingplatz abgeben müssen. Außerdem erhalten Sie als ACSI Club ID-Mitglied Rabatt auf die Produkte in unserem Webshop.

Einmalige Rundreisen

Schon seit über 30 Jahren organisiert ACSI-Campingreisen spezielle Gruppenreisen innerhalb und außerhalb Europas. Sie reisen mit Ihrem eigenen Wohnwagen oder Wohnmobil an wunderschöne Orte. Dank unserer langjährigen Erfahrung kennen sich unsere Reiseführer an diesen Orten bestens aus.

Suncamp

Bei Suncamp buchen Sie einen Campingurlaub auf einem der Top-Campingplätze Europas. Sie haben die Wahl zwischen Stellplätzen, Mobilheimen, Bungalowzelten und hochwertigen Glamping-Unterkünften, wie den komfortablen SunLodges.

Weitere Informationen finden Sie auf acsi.eu.

Gebrauchsanweisung

Wie finden Sie den Camping?

Die Suche nach einem Camping in den ACSI Campingführern ist sehr einfach. Jedes Land beginnt mit einer Landkarte. Diese Landkarte ist eingeteilt in Bundesländer bzw. Regionen. Diese Landesteile korrespondieren mit einer Teilkarte weitergehend im Campingführer. In jedem Bundesland/Region ist angegeben, auf welcher Seite sich diese Teilkarte befindet.
Auf der Teilkarte können Sie sich ausreichend informieren, um einen Camping zu finden. Sie finden die wichtigen Straßen angezeigt, die Ortsnamen und die Zeltchen für die Campings. Es gibt sowohl offene als geschlossene Zeltchen. Ein offenes Zeltchen bedeutet, dass ein Camping unter dem Ortsnamen im Campingführer aufgenommen ist. Ein geschlossenes Zeltchen bedeutet, dass mehrere Campings unter dem Ortsnamen zu finden sind. Hinter der Teilkarte finden Sie die Campings in diesem Gebiet in alphabetischer Reihenfolge der Ortsnamen.

Kleine Länder bzw. Gebiete sind in den (größeren) Nachbarländern eingegliedert. Die Campings in Liechtenstein finden Sie in der Schweiz und die von Åland in Finnland. Schließlich gibt es im Grenzgebiet Klein Walsertal im Vorarlberg in Österreich eine Anzahl Campings, die Sie im Deutschlandteil finden werden. Dieses Gebiet betrifft nämlich ein sogenanntes 'Deutsches Zollgebiet', das auch nur von Deutschland aus erreichbar ist. Länder mit relativ wenigen Campings haben keine Teilkarten.

Hierunter ist beschrieben, wie Sie schnell einen Camping nach Ihrem Geschmack finden können.

A

Aabenraa	118
Aabenraa/Løjt Norreskov	118
Aakirkeby	142

Wissen Sie den Ortsnamen?

Gehen Sie ins Ortsnamenregister auf Seite 546 und weiter. Hinter dem Ortsnamen finden Sie die Seitennummer des/der Camping(s), der/die in diesem Ort liegt/liegen.

Alphabetische Ländertabelle

Camping Huttopia Landes Sud in St. Michel-Escalus (F)

Suchen Sie ein bestimmtes Land?

Sie wissen in welches Land Sie (eventuell) in den Urlaub wollen? Vorne im Campingführer finden Sie eine Aufstellung aller Länder, so dass Sie sofort das Land Ihrer Wahl aufsuchen können. Jedes Land beginnt mit einer Landkarte. Diese Landkarte ist eingeteilt in Bundesländer bzw. Regionen, auch Teilgebiete genannt. Suchen Sie auf der Landkarte die Region/das Bundesland aus, wohin Sie wollen. In dieser Region/diesem Bundesland steht die Seitenzahl, wo Sie die Teilkarte finden können. Auf der Teilkarte können Sie sich ausreichend orientieren, um einen Camping zu finden. Sie finden die wichtigen Straßen angezeigt, die Ortsnamen und Zeltchen für die Campings. Hinter der Teilkarte finden Sie die Campings in diesem Gebiet in alphabetischer Reihenfolge der Ortsnamen. An den Rändern der Teilkarte sehen Sie Pfeile mit einer Seitenzahl darin, wo die angrenzende Teilkarte zu finden ist.

Weitere Erläuterungen

Name des Campings, Sterne und andere Klassifizierungen

ACSI gibt den Campings keine Sterne oder andere Klassifizierungen. Die gemeldete Sternenangabe oder andere Arten von Klassifizierungen sind dem Camping durch örtliche Instanzen zuerkannt. Sterne sagen nicht immer etwas über die Qualität, aber oft etwas über den Komfort aus, den die Campings bieten. Je mehr Sterne, umso mehr Ausstattung, aber oft auch... ein höherer Preis.
Es ist nicht möglich, das tatsächliche Maß der Reinheit/Sauberkeit auf einem Campingplatz in diesem Campingführer anzugeben.
Jedes Jahr werden viele Anlagen von den Inhabern verändert. Es kann zu Unterschieden kommen zwischen dem Jahr, in dem unsere Inspektoren den Platz besucht haben und dem darauffolgenden Jahr, also dem Jahr, in dem Sie den Campingführer nutzen.

Landkarte

Teilkarte

Legende

Ein offenes Zelt bedeutet, dass sich hier ein Campingplatz befindet.

Ein geschlossenes Zelt bedeutet, dass hier mehrere Campingplätze zu finden sind.

Camping(s), die CC CampingCard ACSI akzeptieren.

152 Auf dieser Seite finden Sie das Teilgebiet.

Dies sind die Grenzen des Teilgebietes.

130 Pfeile mit Seitenangaben am Kartenrand verweisen auf angrenzende Gebiete.

Die Übersichtskarte des betreffenden Landes und im welchen Teilgebiet Sie sich befinden.

Wenn in einem bestimmten Land Sterne benutzt werden, um die Klasse des Campings anzugeben, steht das aber dennoch hinter dem Campingnamen. Seien Sie sich aber klar darüber, dass diese Sterne nie von ACSI vergeben wurden. Unsere Inspektoren sind nicht verantwortlich für die Qualität der Einrichtungen, nur für die Meldung des Vorhandenseins dieser Einrichtung. Das Urteil, ob nun ein Camping schön ist oder nicht und ob er gerade für Sie zwei oder vier Sterne wert ist, müssen Sie selbst fällen. Die Geschmäcker und Wünsche sind nun mal verschieden. Ein guter Rat: wenn Sie einen Platz nicht nach Ihren Vorstellungen antreffen, bleiben Sie keine zehn Tage auf dem selben Platz. Packen Sie Ihre Sachen und reisen weiter. Wer weiß, was da noch schönes hinter dem Horizont liegt!

Inspektion auf Camping Yelloh! Village Le Club Farret, Vias-Plage (F)

Straße

Öffnungszeitraum

Die von der Campingdirektion gemeldete Periode, in der der Camping 2023 geöffnet sein wird. Manche Campings kennen 2 Öffnungszeiträume. In diesem Fall sind beide Perioden gemeldet, zum Beispiel 01/04-30/09, 01/12-31/12. Leider wollen einige Campings (vorallem in der Vor- und Nachsaison) darüber hinaus ziemlich von der von Ihnen angegebenen Öffnungsperiode abweichen. Sie können eine Woche früher oder später offen/geschlossen sein als das 2022 vorgesehen war. Sorgen Sie also dafür, dass Sie in der Vor- und Nachsaison nicht zu früh oder zu spät beim Camping eintreffen. Eben mal beim betreffenden Camping anzurufen ist daher empfehlenswert. Rechnen Sie auch damit, dass in der Vor- und Nachsaison nicht alle Einrichtungen offen sind. Oft werden Schwimmbad, Laden, Freizeitprogramme usw. erst später in der Saison in Betrieb genommen. Lesen Sie hiernach um welche Einrichtungen es sich handeln könnte. Weiterhin wird auch die Personalbesetzung in der Vor- und Nachsaison etwas geringer sein.

Telefonnummer

Die Telefonnummer des Campings. Die internationale Zugangsnummer ist bei jedem Camping gemeldet. Rufen Sie beispielsweise von Deutschland oder Österreich aus an, dann wählen Sie die Nummer zwischen den Klammern (meistens ist das die Null der Ortskennzahl) nicht.

E-Mail

Die E-Mailadresse des Campings. Fast alle Campings haben eine E-Mailadresse. Sie können also direkt mit dem Camping zu Informations- oder Reservierungszwecken Kontakt aufnehmen.

Flower Camping La Sténiole in Granges-sur-Vologne (F)

GPS-Koordinaten

Benutzen Sie ein Navigationssystem, dann sind die GPS-Koordinaten des Campings fast unentbehrlich. ACSI hat in diesem Campingführer gerade für die Nutzer eines Navigationssystems die GPS-Koordinaten notiert. Unsere Inspektoren haben am Schlagbaum des Campings die Koordinaten gemessen, also kann fast nichts mehr schief gehen. Aber... Vorsicht. Denn nicht alle Navigationssysteme sind auf eine Kombination Auto-Caravan eingestellt.
Lesen Sie darum auch immer die Routenbeschreibung, die beim Camping steht und vergessen Sie nicht auf die Schilder zu achten. Denn der kürzeste Weg ist nicht immer der leichteste.
In manchen Fällen kommen Sie mit dem Navi nicht am Camping an, wenn Sie den Koordinaten zum Schlagbaum folgen. In diesen Fällen hat man sich dafür entschieden auf die Zufahrtstraße zum Campingplatz zu navigieren. Wenn Sie ab diesem Punkt den Hinweisschildern folgen, können Sie den Camping fast nicht mehr verfehlen!
Die GPS-Koordinaten werden wiedergegeben in Graden, Minuten und Sekunden.
Kontrollieren Sie darum bei der Eingabe in Ihr Navigationssystem, ob dieses auch in Graden, Minuten und Sekunden eingestellt ist. Vor der ersten Zahl steht ein N. Vor der zweiten Zahl ein E oder ein W (rechts oder links gelegen vom Greenwich-Meridian).

WLAN-Zone und/oder
WLAN 80-100% Abdeckung

Gibt es auf einem Camping eine WLAN-Zone, dann gibt es auf der Anlage eine Stelle, an der man drahtlos ins Internet kommt. Im Redaktionseintrag steht bei diesem Camping folgendes Symbol:

Gibt es 80-100% WLAN Abdeckung, können Sie auf dem größten Teil der Anlage drahtlos ins Internet. Im Redaktionseintrag steht bei diesem Camping folgendes Symbol:

CampingCard ACSI

Wenn dieses Zeichen mit dem Betrag 13 €, 15 €, 17 €, 19 €, 21 € oder 23 € beim Camping angegeben ist, dann nimmt dieser Platz an der CampingCard ACSI teil. Zu dem hier angegebenen Tarif können Sie in der Vor- und Nachsaison übernachten, wenn Sie eine gültige CampingCard ACSI haben. Mehr Informationen finden Sie auf Seite 572 und weiter.

ACSI Club ID

Wenn Sie dieses Zeichen sehen bei einem Campingplatz, dann wird die ACSI Club ID dort akzeptiert. Mehr Information finden Sie auf Seite 34.

Umweltfreundlicher Camping

Von einer Umweltorganisation aus dem betreffenden Land anerkannt.

Spezielle Campings oder Campings mit bestimmten Eigenschaften

Oben in dem hellgrünen Block finden Sie oft Angaben wie W **FKK** FKK B.
Hiermit wird angegeben, ob Campings bestimmte Eigenschaften haben.

W = Wintersportcampingplatz – siehe auch Seite 36
FKK = FKK-Campingplatz – siehe auch Seite 38
FKK = Camping mit einem FKK-Teil – siehe auch Seite 40
B = Camping geeignet für Behinderte – siehe auch Seite 42

Höhenlage eines Campings

Hier wird die Höhenlage eines Campings in Metern gemeldet. Übrigens wird diese Zahl erst bei einer Höhenlage des Campings von mindestens 50m/ü. NN angegeben. Am Abend und in der Nacht kann die Temperatur auf einem höhergelegenen Camping ordentlich fallen. Auch für Menschen mit Herzproblemen oder Atemwegserkrankungen zum Beispiel kann es wichtig sein, die Höhenlage des Campings zu beachten.

Oberfläche des Campings

Mit dieser Zahl wird die Oberfläche des Campings in Hektar angegeben (1 ha = 10.000 m^2). Je größer der Camping, umso größer ist auch oft die Zahl der Einrichtungen. Bei einem kleineren Camping können Sie nicht nur weniger Einrichtungen antreffen, sondern auch mehr Ruhe. Oftmals verfügt ein kleinerer Camping auch über einfachere Einrichtungen.

Tourplätze/Dauerplätze

Die Zahl, die vor dem T steht, gibt die Anzahl der Tourplätze auf dem Camping an. Die Zahl vor dem D weißt auf Plätze hin, die nicht für den Tourcamper bestimmt sind, sondern für Dauercamper. Darunter fallen nicht nur Plätze die für Saisoncamper bestimmt sind (Saisonplätze und Nebensaisonplätze), sondern auch alle Mietobjekte. Mit der Anzahl der Tourplätze können Sie ungefähr einschätzen, ob Sie es mit einem kleinen oder großen Camping zu tun haben und was sehr wichtig ist: Sie bekommen mit der Anzahl der Dauerplätze eine Einschätzung, worauf der Camping Wert legt. Besteht ein Camping vornehmlich aus Dauerplätzen, dann können Sie davon ausgehen, dass Sie als Tourcamper meist die minderen Plätze zugeteilt bekommen. Sie laufen auch bei einem Camping mit überwiegend Dauerplätzen die Gefahr, keinen freien Tourplatz zu finden. Bei Campings wo die Anzahl etwa gleich ist, wird oft eine Aufteilung zwischen Tourplätzen und Dauerplätzen gemacht.

Kleinster / größter Tourplatz

Hinter der Anzahl der Tourplätze finden Sie eine Angabe über die Abmessung der Tourplätze. Steht dort z.B. (80-120 m^2), dann können Sie davon ausgehen, dass der kleinste Tourplatz 80 m^2 misst und der größte Tourplatz 120 m^2. So haben Sie eine gute Einschätzung der Größe der Tourplätze.

Richtpreis 1 / Richtpreis 2

In den ACSI Campingführern handhaben wir 2 Richtpreise. Es wird unterschieden zwischen Kombinationen mit und ohne Kinder.

Richtpreis 1:

2 Erwachsene, 1 Auto, 1 Caravan, Vorzelt/ Vordach, Touristenabgaben (2 Erwachsene), Umweltabgabe und Strom (niedrigste Ampère).

Richtpreis 2:

Wie Richtpreis 1, nur inklusive 2 Kinder von 6 und 9 Jahren.

Da beide Preisen im Campingführer gemeldet sind, bekommen Sie als Camper eine bessere Preiseinschätzung.

Sowohl bei Richtpreis 1 und 2 betrifft das die Preise für einen Stellplatz pro Nacht, als auch die, die in der **Hochsaison** berechnet werden. Dabei handelt es sich um die Art Stellplätze, die auf einem Campingplatz am häufigsten vorhanden sind, sogenannte Standardplätze. Für Komfortplätze muss extra bezahlt werden (das sind Plätze oft mit RTV-Anschluss und Wasseranschluss und -abfuhr). Die Preise basieren auf dem Preis in der Valuta des Landes Stand September 2022. Genannter Richtpreis ist in Euro.

Camping Terme 3000 Moravske Toplice Spa in Moravske Toplice (SI)

Recreatiepark TerSpegelt, Eersel (NL)

Achtung! Die Preise wurden notiert beim letzten Besuch des Inspektors auf dem Camping, d.h. dass Sie im Campingführer 2023 Tarife antreffen, die 2022 Anwendung fanden. Die Preise sind indikativ und geben keine Garantie.
Die Preise, die wir Ihnen angeben (die ACSI-Richtpreise) sind also keine Angaben, mit denen Sie genau auf den Cent ausrechnen können, was Ihr Urlaub an Campingkosten kosten wird.
Dennoch können die ACSI-Richtpreise wichtig für Sie sein. Mit deren Hilfe können Sie nämlich feststellen, ob Sie es mit einem teuren oder günstigen Camping zu tun haben. Es gibt Campings mit Richtpreisen, die weit über 30 € pro Tag liegen. Aber.... es gibt auch welche, wo Sie unter 15 € campen können. Und das sind ganz schöne Unterschiede, die auf Ihr Urlaubsbudget Einfluss haben können.

Ampère

Wir melden bei jedem Camping die Ampèrezahl, über die der Camping verfügt. Sie dürfen Ihr Elektroauto nicht auf dem Stellplatz aufladen. Prüfen Sie, ob ein Campingplatz über die Einrichtung 10P (Ladestelle für Elektroautos) verfügt, dann können Sie Ihr Auto an dieser Ladestelle aufladen.

CEE

Diese Angabe bedeutet, dass ein dreipoliger Eurostecker notwendig ist.

Campingplatznummer

Bei jedem Campingplatz ist eine sechsstellige Zahl angegeben. Mit dieser Nummer finden Sie den betreffenden Platz ganz leicht auf eurocampings.de.

Im Campingeintrag sehen Sie dann Fotos und die Bewertungen anderer Camper.

Einrichtungen

Wie schon vorher beschrieben, beurteilt ACSI die Campings nicht hinsichtlich der Sterne oder anderen Bewertungssymbolen. ACSI informiert Sie lediglich über die Verfügbarkeit von 227 Einrichtungen auf dem Campingplatz. Die Einrichtungen sind auf sehr übersichtliche Weise in 10 verschiedene Rubriken unterteilt. Aus der Rubrik 1 (Reglement), können Sie bspw. entnehmen, ob Sie den ACSI Club ID nutzen können, oder ob Sie einen Hund mitbringen dürfen. Ihre Teenager schauen natürlich direkt, ob unter Rubrik 4 einer der Punkte M oder N (Discothek oder Disco-Abende) auch aufgenommen ist.
Das erste, was ein leidenschaftlicher Angler tun wird, ist natürlich nachschauen, ob in Rubrik 6 Punkt N (Angelmöglichkeit) auch gemeldet ist. So erhalten Sie eine vollkommen objektive Beurteilungsweise.

In der Umschlagseite dieses Campingführers finden Sie eine Aufstellung aller Einrichtungen. Diese Einrichtungsliste können Sie neben dem Camping Ihrer Wahl aufklappen. Bei jedem Camping in den ACSI Campingführern werden die Einrichtungen die auf dem Camping anwesend sind durch Buchstaben angegeben. Wenn ein Schwimmbad oder eine andere Einrichtung direkt neben dem Camping liegt und die entsprechenden Einrichtungen vom Campinggast genutzt werden dürfen, dann sind diese Buchstaben der Einrichtung auch gemeldet.

Auch können Sie nachschauen, ob eine bestimmte Einrichtung extra bezahlt werden muss. Auf der Einrichtungsliste haben wir ein Sternchen bei den Einrichtungen platziert, von denen die Inspektoren 2022 kontrolliert haben, ob sie gratis sind oder bezahlt werden müssen. Wenn für bestimmte Einrichtungen extra bezahlt werden muss, dann ist die betreffende Einrichtung **fett** gedruckt.

Camping de Chênefleur in Tintigny (B)

Zum Beispiel 3N will sagen, dass Sie gratis Tennis spielen können, 3**N** will sagen, dass Sie dafür extra zahlen müssen.
Einrichtungen bei denen kein Sternchen steht, werden nie fett gedruckt, aber das heißt nicht, dass sie gratis sind.
Bitte beachten Sie, dass nicht alle erwähnten Einrichtungen während der gesamten Öffnungsperiode verfügbar sind. Sie haben hauptsächlich Bezug auf die Hochsaison. Im Prinzip sind das immer die Sommerferien. Meistens betrifft es die Einrichtungen 10A (Deutsch gesprochen an der Rezeption), 2P (öffentliches Verkehrsmittel in der Nähe), 3, 4 und 6 teilweise (Sport und Spiel, Erholung und Wellness, Erholung am Wasser) und teilweise 5 und 9 (Einkauf und Restaurant und Mietmöglichkeiten).
Die vollständige Einrichtungsliste finden Sie auf der ausklappbaren Vorderseite des Campingführers. Die vorhandenen Einrichtungen auf einem Camping stehen bei jedem Camping separat gemeldet. Sollte dennoch bestimmtes Wissenswertes nicht in unserem Campingführer gemeldet sein, nehmen Sie bitte Kontakt mit dem Camping auf.

Mit dem Hund in den Urlaub?
Auf vielen Campingplätzen sind Hunde gestattet, wie man an Hand der Rubrik 1 ersehen kann. Auf einzelnen Plätzen gibt es ein Limit von Hunden pro Gast und/oder es sind einige Rassen nicht erlaubt. Möglicherweise sind auch bestimmte Rassen und Anzahlen nur in der Nebensaison erlaubt. Im Zweifel nehmen Sie bitte mit dem Campingplatz Kontakt auf.

Möchten Sie mehr Informationen?
Schauen Sie auch auf unsere Webseite eurocampings.de. Hier finden Sie noch viel ausführlichere Informationen zu jedem Camping. Sie können sofort nach Thema einen Camping suchen und Fotos betrachten.

Fragen oder Anmerkungen?
Für Camper:
acsi.eu/kundendienst
Für Campingplätze:
acsi.eu/sales

ACSI inspiziert jedes Jahr knapp 10 000 europäische Campingplätze. Dabei stehen wir stets für Qualität, weshalb unser Logo gewissermaßen zu einem Gütesiegel geworden ist. Wir von ACSI freuen uns daher, von Ihnen zu hören, wenn Sie der Meinung sind, dass ein Campingplatz nicht mit der Beschreibung in unserem Campingführer übereinstimmt. Auch hören wir gerne von Ihnen, wenn der Campingplatz Ihre Erwartungen übertrifft.
ACSI ist jedoch in keiner Weise an der Umsetzung der Richtlinien auf den inspizierten Campingplätzen beteiligt. Unsere Stärke liegt in unserer Unabhängigkeit. Die Campingplatzbesitzer bestimmen selbst, wie ihr Campingplatz betrieben wird. Denken Sie zum Beispiel an den Inhalt der Verpflegung, die Qualität der Einrichtungen oder daran, wer Ihre Nachbarn auf dem Campingplatz sind. All dies liegt außerhalb der Verantwortung von ACSI. Haben Sie Vorschläge, Verbesserungspunkte oder Beschwerden über einen Campingplatz? Dann sollten Sie sich zunächst an den Campingplatz selbst wenden. Die Betreiber tun häufig alles in ihrer Macht stehende, um ihre Gäste zufrieden zu stellen und sie verdienen die Chance die Situation zu klären. Bitte beachten Sie, dass Anregungen oder Beschwerden, die vorher nicht mit dem Campingplatz besprochen wurden, von uns nicht bearbeitet werden können.

CARAVANING
Unterwegs zuhause
CARAVANING ist die führende Fachzeitschrift für Wohnwagen-Freunde. Wir helfen Ihnen dabei, Ihren Traum-Caravan zu finden, testen Zugwagen und das neueste Zubehör – und natürlich verraten wir Ihnen auch, welcher Campingplatz besonders schön ist.
Jeden Monat NEU.
Dethleffs
RV DE 228
CARAVANING
Europas großes Camping-Magazin
Adria Altea 502 UL
CARAVANING digital
Auch als App
Besuchen Sie uns unter
www.caravaning.de
Am Kiosk. Und für Besteller!
CARAVANING-Bestellservice,
Telefon 07 81/6 39 66 59,
E-Mail caravaning@burdadirect.de,
www.caravaning.de/heftbestellung,
oder ganz einfach QR-Code scannen

ACSI Camping Europa-App

Mehr als 9 300 europäische Campingplätze in einer praktischen App

Mit der ACSI Camping Europa-App finden Sie dank der vielen praktischen Funktionen und Suchmöglichkeiten direkt eine Übernachtungsmöglichkeit. Die App, die auch ohne Internetverbindung genutzt werden kann, enthält nämlich alle europäischen Campingplätze, die in diesem Campingführer gelistet sind.
In der App sind auch alle Campingplätze von Klein & Fijn Kamperen aufgeführt. Sie können diese Campingplätze sehen, indem Sie den Filter "kleine Campingplätze" verwenden.

Außerdem gibt die App Informationen zu mehr als 9 000 überprüften Reisemobilstellplätzen in Europa! Die Informationen werden mehrmals im Jahr auf den neuesten Stand gebracht. Die App eignet sich für Smartphones und Tablets (Android 9 und höher, iOS 12 und höher)*.

Kostenlos testen

Testen Sie die App kostenlos mit einer Anzahl Campingplätze rund um den Gardasee. Gefällt es Ihnen? Dann können Sie die App ab 1,99 €** erwerben.

Rabattgutschein

In diesem Campingführer finden Sie einen Rabattgutschein, mit dem Sie die ACSI Camping Europa-App mit einem Rabatt von 50% erwerben können. Ab dem Zeitpunkt, an dem Sie den Gutschein einlösen, haben Sie ein Jahr lang Zugang zur App.
Möchten Sie mehr erfahren? Weitere Infos finden Sie auf eurocampings.de/app.

Suche nach Name 1

Sie können nach Land, Region, Ort, Campingnummer oder Campingnamen suchen. Geben Sie einen Suchbegriff ein und betrachten Sie die Übernachtungsmöglichkeiten auf der Karte. Der Datenbestand umfasst über 500 000 Suchbegriffe!

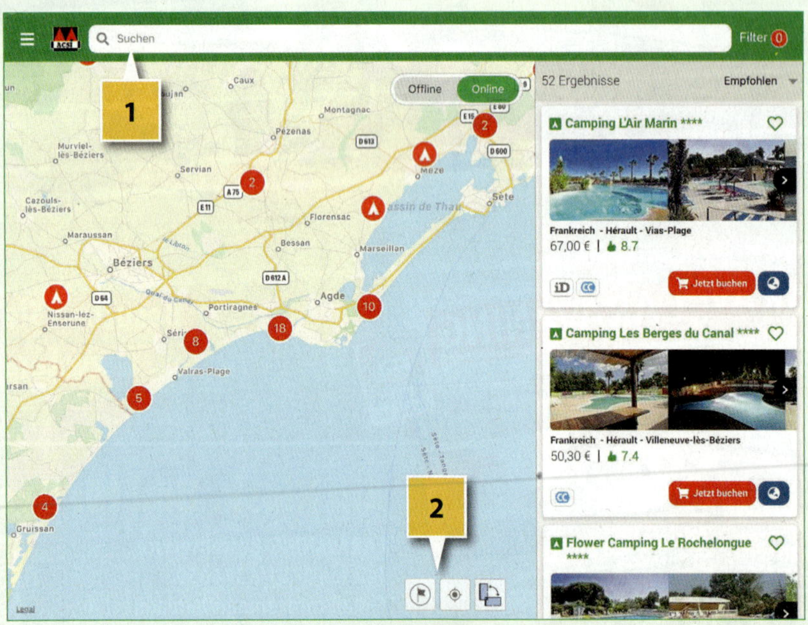

Suche in der Umgebung 2

Haben Sie die Standortbestimmung auf Ihrem Gerät eingeschaltet? Dann erkennt die App Ihre aktuelle Position und zeigt Ihnen direkt die Campingplätze und ggf. Reisemobilstellplätze in Ihrer Nähe an. Suchen Sie eine Übernachtungsmöglichkeit woanders? Dann markieren Sie selbst einen beliebigen Standort auf der Karte. Die ideale Lösung, wenn Sie noch auf der Suche nach einer Übernachtungsmöglichkeit sind.

Umfassende Informationen 3

Je Camping- und Reisemobilplatz finden Sie umfangreiche Informationen über das Gelände und die Ausstattung. Entdecken Sie anhand von Bildern, Kartenmaterial sowie Campingplatz-Bewertungen anderer Camper, ob es für Sie passt!

Favoriten 4

Haben Sie einen Camping- oder Reisemobilplatz gefunden, der voll und ganz Ihren Wünschen entspricht? Dann hängen Sie ihn Ihren Favoriten an. Dann können Sie den Camping- oder Reisemobilplatz einfacher finden und bequem auf der Karte erkennen. Favoriten bekommen nämlich eine auffälligere Darstellung.

Einen Campingplatz buchen

In der App ist bei einer zunehmenden Zahl von Campingplätzen direkt sichtbar, ob Plätze frei sind, und Sie können direkt buchen. Nähere Infos zu den Möglichkeiten finden Sie auf Seite 24.

Nutzung auf mehreren Geräten

Sie können die App auf drei Geräten gleichzeitig nutzen. Wenn Sie sich mit Ihrem Mein ACSI-Account einloggen, wird der Zugang freigeschaltet.

Auf eurocampings.de/app finden Sie mehr Informationen zur ACSI Camping Europa-App.

**Änderungen der Systemanforderungen vorbehalten*
***Preisänderungen vorbehalten*

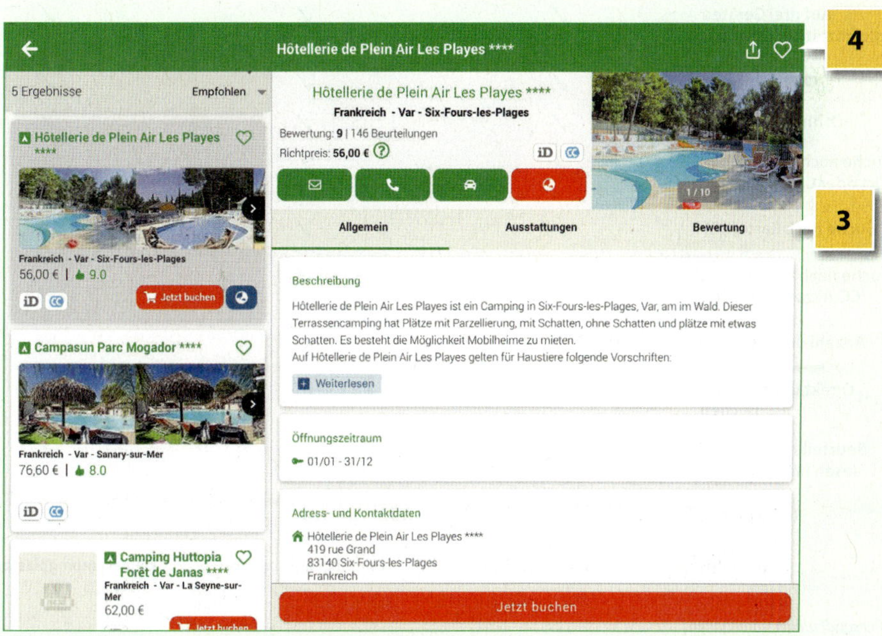

Vergleich ACSI-Apps

Ergänzend zu den ACSI Campingführern gibt es drei praktische Apps für Smartphone, Tablet und Laptop: die ACSI Camping Europa-App mit mehr als 9 300 Plätzen, die CampingCard ACSI-App mit 3 000 Teilnehmerplätzen, die diese Ermaßigungskarte akzeptieren und die ACSI Great Litte Campsites-App mit 1 900 kleinen und gemütlichen Campingplätzen.

In diesen Apps finden Sie auch Informationen zu mehr als 9 000 Reisemobilstellplätzen.
Die Apps sind ohne Internetverbindung nutzbar, sodass Ihnen alle Campingplatz- und ggf. Stellplatzinformationen überall und jederzeit zur Verfügung stehen.
Entdecken Sie hierunter alle Vorzüge der ACSI-Apps.

	ACSI Camping Europa-App	**CampingCard ACSI-App**	**ACSI Great Little Campsite app**
Preis	App mit Campinginformationen ab 1,99 €*	App mit Campinginformationen: 3,99 €*	App mit Campinginformationen: 3,49 €*
Anzahl der Plätze	über 9 300	3 000	1 900
Campingplatz Typ	Alle Plätze aus dem ACSI Campingführer Europa und ACSI Klein & Fijn Kamperen Führer	Alle Plätze die die CampingCard ACSI akzeptieren	Alle kleine Campingplätze mit max. 50 Tourplätzen
Informationen über mehr als 9 000 Reisemobilplätze	Erhältlich in Kombination mit Campinginformationen	Erhältlich in Kombination mit Campinginformationen	Erhältlich in Kombination mit Campinginformationen
Geeignet für	Smartphone und Tablet	Smartphone und Tablet	Smartphone und Tablet
Auf drei Geräten gleichzeitg anwendbar	✓	✓	✓
Gratis Updates	✓	✓	✓
Offline anwenden	✓	✓	✓
Suche nach Land, Regio, Ort oder Campingname	✓	✓	✓
Suche nach Karte/GPS	✓	✓	✓
Suche nach CC-Tarif und CC-Akzeptanzzeiten		✓	
Anzahl der Suchfilter	250	150	250
Direkt über die App buchen	✓	✓	✓
Beurteilungen teilen, lesen und schreiben	✓	✓	✓
Route planen	✓	✓	✓
Mehr Infos	**eurocampings.de/app**	**campingcard.com/app**	**kleinecampingplaetze.de/app**

** Preisänderungen vorbehalten*

Bewerten Sie einen Campingplatz und gewinnen Sie mit etwas Glück ein iPad!

Viele Camper gehen gerne gut vorbereitet auf die Reise. Sie können mit Ihrer Beurteilung dazu beitragen, dass auch andere Campinggäste sich ein gutes Bild ihres Urlaubsziels machen können.

Ihr Campingplatz
Wie beurteilen Sie einen Campingplatz? Besuchen Sie eurocampings.de/ipad und suchen Sie den Campingplatz, auf dem Sie waren, mithilfe der Suchbox.

Ihre Bewertung
Auf der Seite des Campingplatzes sehen Sie die Registerkarte 'Bewertungen'. Öffnen Sie diese und klicken Sie anschließend auf den grünen Button 'Eine Bewertung hinzufügen' und helfen Sie so anderen Campern eine gute Entscheidung zu treffen.

Ihr Code
Tragen Sie unten im Bewertungsformular in dem Feld 'Aktionscode' den folgenden Code ein: **IPAD-2023-CFEU**
So sichern Sie sich automatisch die Chance auf ein iPad!

Kostenfreies ACSI Camping-Kochbuch
Wir freuen uns über Ihre Bewertung. Deshalb erhalten Sie nach dem Einstellen einer Bewertung kostenlos das ACSI Camping-Kochbuch (als PDF). Den Link zu unserem Kochbuch finden Sie in der Bestätigungsmail.

Online buchen

Nichts ist ärgerlicher, als einen Campingplatz zu suchen, um dann bei der Ankunft festzustellen, dass kein Platz mehr frei ist. Jeder der eine Mietunterkunft auf einem Campingplatz sucht, weiß dass reservieren schon ein Muss ist, und auch für Stellplätze ist eine Reservierung zu empfehlen. Unbedingt in den Schulferien und für Campingplätze in beliebten Gebieten. Corona, logistische Probleme auf Flughäfen sowie Spannungen in der Welt und gestiegene Kraftstoffpreise beeinflussen das Urlaubsverhalten der Europäer. Daher ist es schön, dass man bei einer steigenden Anzahl von Campingplätzen jetzt auch online einen Platz oder eine Mietunterkunft reservieren kann.

Über eurocampings.de oder die ACSI Camping Europa-App können Sie von zu Hause oder unterwegs einfach einen Stellplatz oder eine Mietunterkunft buchen. Die buchbaren Campingplätze erkennen Sie am roten Button „Jetzt buchen"- oder „Verfügbarkeit und Preise". Sie buchen direkt auf dem Campingplatz und leisten online sofort eine Anzahlung. Dadurch sichern Sie sich einen Stellplatz.

Einen Campingplatz buchen

Geben Sie zur Überprüfung der Verfügbarkeit in der Suchmaske auf der Homepage Ihre Aufenthaltsdauer ggf. mit etwas Spielraum an, sowie die Reiseteilnehmer und welche Übernachtungsmöglichkeiten Sie suchen.

Die Suchergebnisse werden nach Stellplatzart und Preis sortiert angezeigt. Sie können die gewählte Aufenthaltsdauer problemlos anpassen oder entfernen. (Klicken Sie dafür auf das Feld „Aufenthaltsdauer" und dann auf „Datum entfernen" unter dem Kalender.)

Wenn Sie anschließend auf den Button „Suchen" klicken, werden Ihnen alle Campingplätze angezeigt, die Ihren Kriterien entsprechen.

Wenn Sie keine Aufenthaltsdauer angeben, wird Ihnen jeder Campingplatz, der über eurocampings.de gebucht werden kann, mit einem roten „Jetzt buchen"-Button angezeigt.

Klicken Sie auf den Button „Jetzt buchen" oder auf „Verfügbarkeit und Preise", um sich das gesamte Angebot, Ihre Optionen und genaue Preisangaben anzeigen zu lassen. Sie erhalten so die vollständige Liste mit den unterschiedlichen Campingmöglichkeiten und Mietunterkünften, die Sie buchen können.

Indem Sie auf den „Jetzt buchen"-Button klicken, starten Sie den Buchungsprozess. Zuerst geben Sie an, mit wie vielen Personen welchen Alters

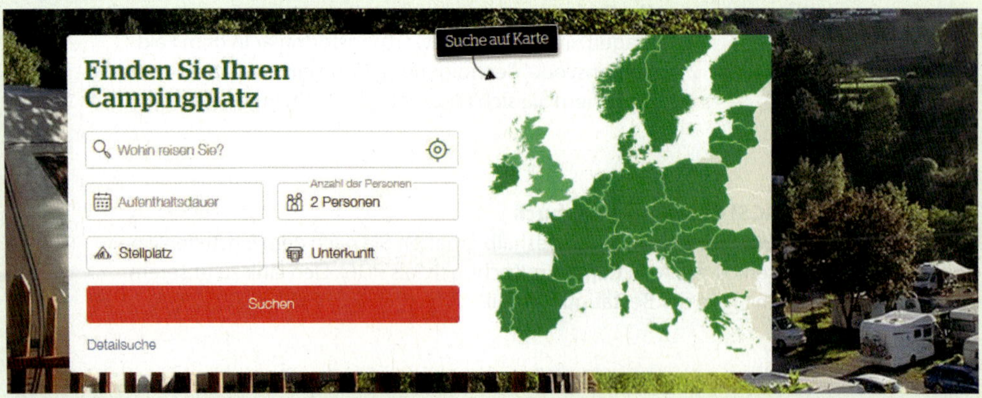

Beispiel

Sie campen gehen und ggf. welche Optionen Sie auswählen. So erfahren Sie den genauen Preis. Danach tragen Sie die Namen und Adressdaten ein. Anschließend wählen Sie eine Zahlungsart aus. Sobald Sie im letzten Schritt Ihre Zahlungsart bestätigt haben, liegt Ihre Buchung fest. Sie buchen direkt beim Campingplatz. Es gelten die Buchungs- und Stornierungsbedingungen des jeweiligen Campingplatzes. Diese Bedingungen werden Ihnen vor Abschluss des Buchungsvorgangs angezeigt.

Die Vorteile einer Online-Buchung

- Sie haben einen Stellplatz oder Mietunterkunft gesichert.
- auch für Last-minute-Buchungen. Unterwegs bequem von Ihrem Handy aus buchbar.
- Vorab alle Kosten um Überblick.
- Nur sichere Zahlungsarten.

Immer mehr Campingplätze über ACSI buchbar

Die Zahl der Campingplätze, die über ACSI buchbar sind, wächst kontinuierlich.Weitere Informationen und eine praktische Übersicht über alle buchbaren ACSI-Campingplätze finden Sie auf eurocampings.de/onlinebuchen und in der ACSI Camping Europa-App.

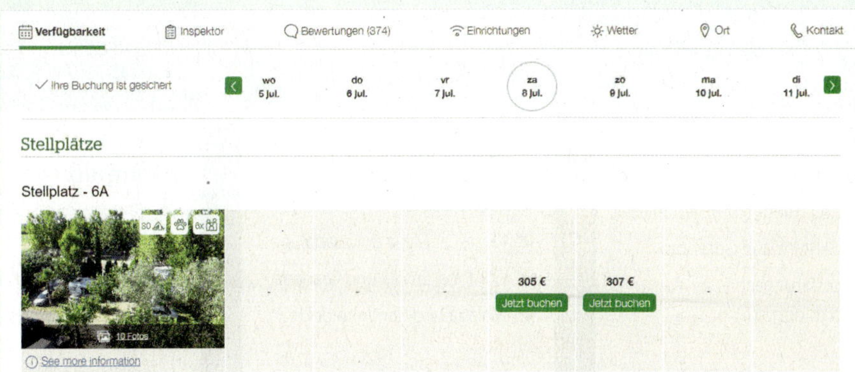

Beispiel

ACSI

ACSI Awards

Die besten Campingplätze des Landes

Welcher Campingplatz ist der beste in Frankreich? Oder welcher Campingplatz in Deutschland hat das schönste Schwimmbad? Und welche Campingplätze sind ideal, wenn Sie mit Ihrem Hund in den Urlaub fahren? All diese herausragenden Plätze werden auch 2023 mit einem ACSI Award ausgezeichnet, einem begehrten Preis für die besten Campingplätze pro Campingland.

Ihre Stimme zählt

Welche Campingplätze einen ACSI Award gewinnen, wird von den europäischen Campern entschieden. Auch Sie können dieses Jahr wieder für Ihre Lieblingscampingplätze stimmen. Dadurch rücken Sie nicht nur diese Campingplätze ins Rampenlicht, sondern haben auch selbst die Chance, tolle Preise zu gewinnen. Unter allen abstimmenden Teilnehmern werden mehr als 100 Preise verlost. Auch in diesem Jahr können Sie wieder Ihre Stimme abgeben und haben die Chance, einen Preis zu gewinnen. Folgen Sie unseren Facebook- und Instagram-Accounts, Webseiten oder Newslettern, um zu erfahren, wann die Abstimmung beginnt.

Anerkennung von Campern

Ein ACSI Award ist eine Belohnung für die harte Arbeit des Campingplatzes. Es ist ein Publikumspreis, der auf den Meinungen echter Camper basiert. Das Betreiben eines erfolgreichen Campingplatzes erfordert großen Einsatz. Mit einem ACSI Award können Campingplätze zeigen, dass sie einen angenehmen Urlaub garantieren.

Feierlicher Moment

Einen ACSI Award zu erhalten, ist ein besonderes Ereignis für einen Campingplatz.

Die ACSI Awards in 2023

Schönster Campingplatz für Kinder
Wegen der tollen Spielmöglichkeiten und der fantastischen Animation erleben Kinder auf diesem Campingplatz einen wunderbaren Urlaub.

Hundefreundlichster Campingplatz
Auf diesem Campingplatz ist Ihr treuer Vierbeiner ganz herzlich willkommen. Hier hat auch der Hund Urlaub.

Schönstes Campingplatz-Schwimmbad
In diesem großartigen Schwimmbad verbringen Sie und Ihre Kinder am liebsten den ganzen Tag. Welcher Campingplatz bekommt Ihre Stimme?

Campingplatz mit der schönsten Lage
Dieser Campingplatz liegt an einem wunderschönen Ort am Wasser, in der Nähe einer Stadt, im Wald oder in den Bergen. Die Lage ist perfekt!

Sportlichster Campingplatz
Fußball, Tauchen, Tennis oder Fitness: Auf diesem Campingplatz können Sie sich sportlich so richtig austoben.

Bestes Campingplatz-Restaurant
In diesem Restaurant möchten Sie jeden Abend essen. Das Essen ist köstlich und der Service ist super.

Schönste Wohnmobilstellplätze
Dieser Campingplatz bietet alle Vorzüge für Sie und Ihr Wohnmobil. Die Stellplätze sind hervorragend und alle Annehmlichkeiten sind in Reichweite.

Campingplatz mit den besten Sanitäranlagen
Die Sanitäranlagen auf diesem Campingplatz sind wirklich ausgezeichnet, alles ist sauber und modern.

Während der jährlichen Inspektion überreichen die ACSI-Inspektoren auf den ausgezeichneten Campingplätzen persönlich die Awards aus Kristallglas und die dazugehörigen Urkunden. Ein festlicher und bedeutender Moment für viele Campingplatzbesitzer.

Sehen Sie sich die Gewinner an

Sind Sie neugierig, welche Campingplätze im Jahr 2022 einen ACSI Award gewonnen haben? In diesem Campingführer finden Sie pro Land eine Übersicht über die Gewinner. Diese Übersicht ist auch auf eurocampings.de/winners einsehbar. Campingplätze, die keinen Preis gewonnen, aber viele Stimmen erhalten haben, wurden von ACSI mit einer Ehrenurkunde (Honourable mention) ausgezeichnet. Sie erkennen diese Campingplätze im Campingführer, auf der Webseite und in der App an diesen Logos/ Iconen:

ACSI Award 2022

ACSI Award 2022

Ehrenurkunde

Das Inspektorenteam

Camping Le Sérignan Plage, Sérignan-Plage (F)

Auch Kinder kommen zu Wort. Was halten sie vom Miniklub oder wie finden sie bspw. den Spielplatz?

Die Einrichtungen werden nicht nur aufgenommen, sondern auch auf den Qualitätszustand hin überprüft.

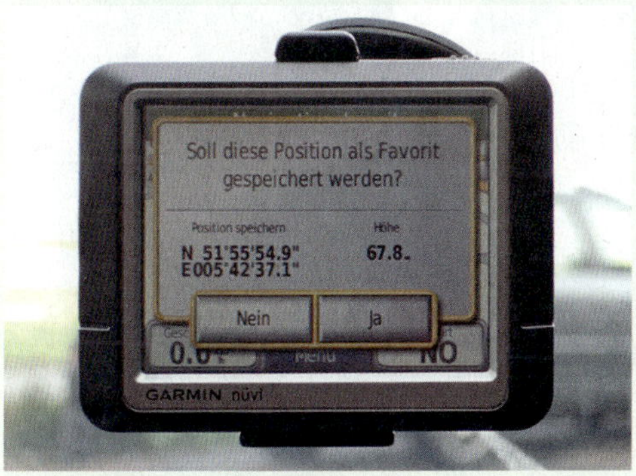

Die exakte Lage des Campingplatzes wird mit Hilfe eines Navigationssystems erstellt.

Zuverlässig, objektiv und up-to-date

Warum ist der ACSI-Campingführer so populär? Weil die Informationen, die hier drin stehen, stimmen. Nichts besonderes, werden Sie denken, das ist doch klar?! Nein, das ist überhaupt nicht klar. Jährlich kommen neue Ausstattungen hinzu oder fallen weg. Regelmäßig wechseln die Campingplätze ihre Eigentümer. Mit der Folge, daß sich die Anlagen qualitativ verändern. Einer investiert in höherwertige Ausstattungen wie etwa sanitäre Anlagen, ein anderer läßt die Anlage möglicherweise verkommen. Verlässliche, aktuelle Informationen von neutralen Beobachtern sind für den Camper bei der Wahl seines Urlaubsziels von großer Wichtigkeit. ACSI ist sich dessen sehr bewusst. Darum machen sich jährlich um 290 Inspektoren auf den Weg, um so etwa 7 570 Campingplätze in Europa zu besuchen, anzuschauen und einzuordnen. Dies tun sie mit einer Checkliste, die 227 Punkte enthält und natürlich auch ihrer persönlichen Erfahrung. Auch sprechen sie mit den Campinggästen vor Ort. Auf diese Art und Weise fließen auch Kriterien in die Beurteilung ein wie etwa die nächtliche Ruhe auf dem Platz.

Jährliche Kontrolle

ACSI ist einer der wenigen Herausgeber von CampingCampingführern in Europa, der jedes Jahr aufs Neue alle Campingplätze, die veröffentlicht werden, untersuchen lässt. Der Jahreskontroll-Aufkleber von ACSI wird jedes Jahr vom Inspektor persönlich unter dem Punkt 'letzte Kontrolle ACSI-Inspektor' bei der Rezeption geklebt. Dies bedeutet, daß der betreffende Campingplatz wirklich vom ACSI-Inspektor besucht und kontrolliert worden ist. Die meisten anderen dagegen schicken ihre Jahresmarken lediglich zu, mit dem Vermerk, daß der Campingplatz in ihrem Campingführer aufgenommen ist. Das ist schon ein gewaltiger Unterschied!

Teilweise kontrollieren unsere Inspektoren bis Anfang September Campingplätze. So kann es natürlich passieren, daß Sie auch einmal auf einem Campingplatz noch nicht den aktuellen Jahreskontroll-Aufkleber vorfinden.

Während seines Besuchs befragt der Inspektor Campinggäste zu Aspekten des Platzes, die er selbst nicht beurteilen kann. Beispielsweise ob ein Platz nachts gut ausgeleuchtet ist oder ob es nachts auch ruhig ist.

Der ACSI-Inspektor kontrolliert Schwimmbäder u.a. auf Hygiene und Sicherheit. (Camping Méditerranée Plage, Vias-Plage (F))

ACSI Club ID

ACSI Club ID ist unverzichtbar für jeden Camper. Von der Clubkarte profitieren Sie nicht nur während Ihres Campingurlaubs, sondern auch Zuhause!

✔ ***Ersatz für den Personalausweis***
Die ACSI Club ID wird auf fast 8 200 teilnehmenden Campingplätzen in Europa als Identitätsnachweis akzeptiert. So können Sie Ihren Personalausweis oder Reisepass während des Urlaubs sicher in der Tasche behalten.

✔ ***Rabatte im ACSI Webshop***
Als Club ID-Mitglied können Sie verschiedene ACSI Produkte preisgünstig bestellen.

✔ ***Haftpflichtversicherung***
Mit der ACSI Club ID können Sie unbesorgt in den Urlaub fahren. Dank dieser Karte sind Sie und Ihre Mitreisenden (max. 11 Personen) in einem Campingurlaub – aber auch in einem Ferienhaus oder Hotel – haftpflichtversichert!

Bestellen Sie gleich Ihre ACSI Club ID und zahlen Sie nur 4,95 € pro Jahr! Besuchen Sie zum Bestellen und für weitere Informationen: acsi.eu/acsiclubid.

Unterschied zur CampingCard ACSI

Die ACSI Club ID ist ebenso wie die CampingCard ACSI eine Karte von ACSI. Um Verwechslungen zu vermeiden, haben wir die Unterschiede für Sie in der folgenden Tabelle dargestellt.

Camping Regenbogen Ferienanlage Prerow in Ostseebad Prerow (DE)

Camping Danica Bohinj in Bohinjska Bistrica (SI)

	ACSI Club ID	**CampingCard ACSI**
Beschreibung	Clubkarte, Personalausweis-Ersatz auf dem Campingplatz.	Ermäßigungskarte für den Aufenthalt auf Campingplätzen in der Nebensaison.
Akzeptanz	Wird als Ausweis-Ersatz auf fast 8 200 Campingplätzen in 29 Ländern akzeptiert.	Ermöglicht Übernachtungen auf 3 000 Campingplätzen in 21 Ländern zu einem von sechs preiswerten Pauschaltarifen.
Extra's	Haftpflichtversicherung, Mitgliederermäßigung im ACSI Webshop.	Dazugehöriger Campingführer, der alle Informationen über die CampingCard ACSI-Campingplätze enthält.
Anschaffung	Mitgliedschaft, wird über den ACSI Webshop abgeschlossen.	Einzelprodukt, erhältlich im Buchhandel, in Geschäften für Campingbedarf und im ACSI Webshop. Abonnement, kann im ACSI Webshop gebucht werden.
Gültigkeit	1 Jahr gültig bis zum Ablaufdatum (verlängert sich automatisch).	1 Kalenderjahr gültig.
Kosten	4,95 € pro Jahr.	Ab 16,95 € pro Jahr.
Mehr Info	www.acsi.eu/acsiclubid	www.campingcard.com

Wintersportcampingplätze

Einrichtungsliste

1 Allgemein
A Gut erreichbar
B Mäßig erreichbar
C Schlecht erreichbar
D Überdachte Stellplätze
E Gasanschlüsse am Stellplatz
F Elektrische Anschlüsse am Stellplatz
G Große Propangasflaschen
H Beheizte sanitäre Anlagen
I Trockenraum
J Ski-Abstellraum
K Lebensmittel erhältlich
L Skiverleih
M Skireparatur/-einstellung
N Sportshop
O Reservierung empfohlen

2 Gemeinschaftliche Aufenthaltsräume
A Mäßig
B Durchschnittlich
C Gut
D Après-Ski
E Folklore und Animation

3 Langlaufen
A Langlaufloipe in (....) km Entfernung
B Gesämtlänge der Langlaufloipen (....) km

4 Alpinski
A Übungslifte in (....) km Entfernung
B Großes Skigebiet in (....) km Entfernung
C Anschluß an andere Skigebiete

5 Umgebung
A Haltestelle Skibus am Camping
B Shuttle vom Camping zu den Skipisten
C Einkaufs-/Ausgangszentrum in (....) km Entfernung
D Skiverleih
E Skireparatur/-einstellung
F Wintersportartikel erhältlich
G Kino und/oder Theater
H Folklore und Veranstaltungen

In den letzten Jahren ist die Anzahl der Wintersportcampingplätze derartig gestiegen, dass wir beschlossen haben, diese nicht mehr im Campingführer zu veröffentlichen. Die Anzahl der Nutzer ist im Verhältnis zur Auflage zu gering.

Alle Campingplätze auf einen Blick

Siehe: eurocampings.de/wintersport
Dort finden Sie eine Liste aller Campingplätze, die geeignet sind, um Wintersport zu genießen. Und Sie können selbst eine Auswahl treffen, um einen passenden Campingplatz zu finden.

Nützliche Adresse

Deutscher Skiverband (DSV)
Hubertusstraße 1
D-82152 Planegg
Tel. +49 (0)89-85790-0
E-Mail: info@deutscherskiverband.de
Internet: deutscherskiverband.de

FKK-Campingplätze

Dänemark

Mittel-Jütland

Süd-Jütland

Niederlande

Flevoland

Süd-Holland

Luxemburg

Deutschland

Hessen

Karlsruhe

Mecklenburg-Vorpommern

Österreich

Kärnten

Steiermark/Burgenland

Ungarn

Ost-Ungarn

Beachten Sie

daß Sie auf den meisten der hier genannten Campings Mitglied eines Naturistenvereins sein müssen! Informieren Sie sich beim Camping ob Sie vorher Mitglied werden müssen, oder ob Sie das vor Ort auf dem Camping werden können.

Nützliche Adresse

Deutscher Verband für Freikörperkultur
Tel. +49 (0)511-260 352 01
E-Mail: dfk@dfk.org
dfk.org

Camping Riva Bella Thalasso & Spa Resort in Aléria (F)

Campingplätze mit einem FKK-Teil

Finnland

Åland

Dänemark

Nord-Jütland

Niederlande

Nord-Holland

Luxemburg

Deutschland

Brandenburg

Hannover

Koblenz

Mecklenburg-Vorpommern

Sachsen

Sachsen-Anhalt

Thüringen

Österreich

Kärnten

Polen

Nord-Polen

Estland

Tschechien

Ungarn

West-Ungarn

Slowenien

Kroatien

Istrien

Primorje-Gorski Kotar/Lika-Senj/Zadar/Sibenik-Knin

Der perfekte Urlaub

für Camper und alle, die es werden wollen

UNABHÄNGIG REISEN, DIE NÄHE ZUR NATUR GENIESSEN:
Camping macht einfach Spaß – egal ob mit Zelt, Caravan oder Wohnmobil. CLEVER CAMPEN zeigt alles, worauf es ankommt: Einsteiger-Infos, Zubehör, Reise-Ideen, Praxis-Tipps, neue Campingmobile und Gebrauchte.

Die ganze Campingwelt in einem Heft
5 x im Jahr

Am Kiosk. Und für Besteller!

Bestellservice, Telefon 07 81/6 39 66 59, E-Mail clevercampen@burdadirect.de,
www.clever-campen.promobil.de/angebot, oder ganz einfach QR-Code scannen

Behindertengerechte Campingplätze

Einrichtungsliste

1 Sanitärraum-Einteilung

A Getrennte Dusch- und Toilettenräume

B Beide Einrichtungen in einem Raum

2 Extra Ausstattungen im Sanitärbereich

A Leichtgängige automatische Türschliesser

B Sanitäre Ausstattungen für Behinderte im selben Block wie für die übrigen Campinggäste

C Sanitäre Ausstattungen für Behinderte nicht im selben Gebäude, aber mit Alarmanlage ausgestattet

D Behindertensanitär nur für Behinderte geöffnet

E Duschstuhl (ausklappbar oder entfernbar) ungefähr 48 cm hoch

F Wasserhahn ohne Drucktaste

3 Weitere Ausstattungen

A Spezielle Stellplätze für Behinderte

B Spezielle Parkplätze für Behinderte

C Imbiss/Restaurant zu ebener Erde oder über eine Rampe erreichbar

D Imbiss/Restaurant hat eine für Behinderte zugängliche und angepasste Toilette

E Supermarkt zu ebener Erde oder über eine Rampe erreichbar

F Rezeption für Behinderte gut zugänglich

G Schwimmbad mit einem Lift ausgestattet

H Schwimmbad nicht mit Lift ausgestattet, sondern mit einer Rampe einschließlich Kunststoff Rollstuhl

I Mietunterkünfte rollstuhlgerecht ausgestattet

ACSI trifft jährlich eine Auswahl an behindertengerecht ausgestatteten Campingplätzen. Die Voraussetzungen für einen behindertengerechten Platz wurden in Absprache mit dem Holländischen Behindertenrat festgelegt.
Die Campingplätze, die in dieser Auswahl aufgenommen werden, verfügen alle über für Behinderte geeignete Toiletten und Duschen oder über eine Kombination von beiden. Weiterhin geben wir bei jedem Campingplatz an, ob dieser über zusätzliche, für Behinderte nützliche Einrichtungen verfügt.

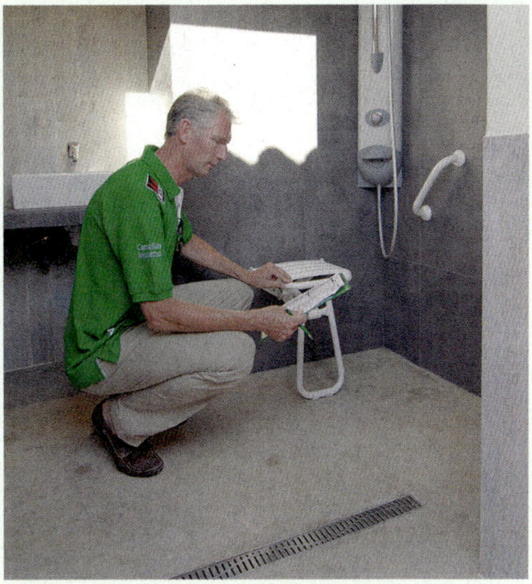

Camping Le Sérignan Plage, Sérignan-Plage (F)

Nützliche Adresse

Allgemeiner Behindertenverband in Deutschland e.V. (ABiD)
Friedrichstraße 95
D-10117 Berlin
Tel. +49 (0)30-27593429
Fax +49 (0)30-27593430
E-Mail: kontakt@abid-ev.de
abid-ev.de

Alle Campingplätze auf einen Blick

Siehe: eurocampings.de/behinderte
Hier können Sie selbst eine Auswahl treffen, um einen passenden Campingplatz zu finden.

Höchstgeschwindigkeiten (Auto)

Land	Außerhalb geschlossener Ortschaften	Schnellstraße	Autobahn	Erläuterungen
Andorra	60-90*	-	-	*Die Höchstgeschwindigkeit ist immer durch Schilder angegeben. Hauptstraßen 90 km/h und Nebenstraßen 60 km/h.
Belgien	70 / 90*	-	120	*In Flandern 70 km/h, in Wallonien und Brüssel 90 km/h.
Bosnien-Herzegowina	80	100	130	-
Dänemark	80/90*	-	110/130	*Die Höchstgeschwindigkeit kann lokal auf 90 km/h erhöht werden.
Deutschland	100	130	130*	*130 km/h ist keine Höchstgeschwindigkeit, sondern eine Richtgeschwindigkeit.
Estland	90	-	110*	*Im Winter kann eine niedrigere Höchtgeschwindigkeit gelten (November bis Mai).
Finnland	80/100*	-	100/120*	*Die höhere Geschwindigkeit ist immer durch Schilder angegeben, im Winter gilt immer die niedrigere Geschwindigkeit.
Frankreich	80/90***	110* (100**)	130 (110**)	*Mautfreie Straße mit getrennten Fahrbahnen und 4 Spuren. **Bei Regen und für Fahrer, die seit weniger als 3 Jahren einen Führerschein besitzen. ***Es kann eine erhöhte Höchstgeschwindigkeit von 90 km/h gelten.
Griechenland	90/110	-	130	-
Irland	80/100	-	120	-
Italien	90	110	130*	*Auf einigen Teilen von Autobahnen kann eine Höchstgeschwindigkeit von 150 km/h gelten. Bei Niederschlag oder wenn Sie Ihren Führerschein seit weniger als 3 Jahren besitzen, beträgt die Höchstgeschwindigkeit 90 km/h auf Autostraßen und 110 km/h auf Autobahnen.
Kroatien	90 (80*)	110 (100*)	130 (120*)	*Diese niedrigeren Höchstgeschwindigkeiten gelten für Fahrer unter 25 Jahren.
Lettland	90	-	90*	*Auf nur wenigen Straßen sind 100 km/h oder 110 km/h erlaubt, wenn dies durch Schilder gekennzeichnet ist. Von Oktober bis März, 90 km/h.
Litauen	90	100/110*	110/130*	*Die niedrigere Höchstgeschwindigkeit gilt vom 1. November bis 1. April.
Luxemburg	90	-	130*	*Bei Regen oder anderen Niederschlägen gilt eine Höchstgeschwindigkeit von 110 km/h.
Niederlande	80	100	130*(100)	*Zwischen 6.00 und 19.00 Uhr: 100 km/h.
Norwegen	80	90/100*	90/100*	*Die Höchstgeschwindigkeit kann auch 110 km/h sein.
Österreich	100	-	130	-
Polen	90	100*	140	*Auf Autobahnen mit getrennten Fahrbahnen und 4 Spuren beträgt die Höchstgeschwindigkeit 120 km/h.
Portugal	90	100	120	-
Rumänien	90	100	130	-
Schweden	60-100*	-	90-120	*Kein Schild? Dann ist die Höchstgeschwindigkeit 70 km/h.
Slowakei	90	-	130*	*Auf Stadtautobahnen 90 km/h.
Slowenien	90	110	130	-
Spanien	90	100*	120**	*Schnellstraßen mit einer räumlichen Trennung zwischen den Fahrbahnen, wie beispielsweise ein Mittelstreifen. **Autobahn und „autovia".
Schweiz	80	100	120	-
Tschechien	90	110	130	-
Ungarn	90	110	130	-
Vereinigtes Königreich	60 mph (96 km/h)	70 mph (112 km/h)	70 mph (112 km/h)	-

Höchstgeschwindigkeiten (Auto mit Gespann)

Land	Außerhalb geschlossener Ortschaften	Schnellstraße	Autobahn	Erläuterungen
Andorra	60-90*	-	-	*Die Höchstgeschwindigkeit ist immer durch Schilder angegeben. Hauptstraßen 90 km/h und Nebenstraßen 60 km/h.
Belgien	70 / 90*	-	90**	*In Flandern 70 km/h, in Wallonien und Brüssel 90 km/h. **Kombinationen < 3,5 Tonnen dürfen 120 km/h fahren.
Bosnien-Herzegowina	80	80	80	-
Dänemark	70	-	80	-
Deutschland	80	80	80*	* Mit einer deutschen Tempo-100-Plakette dürfen Sie 100 km/h fahren (allerdings nach TÜV Prüfung). Sehen Sie: tuev-nord.de.
Estland	70	-	90	-
Finnland	80*	-	80*	*Bei einem ungebremsten Anhänger beträgt die Höchstgeschwindigkeit 60 km/h.
Frankreich	80***	90*(**)	90**	*Mautfreie Straße mit getrennten Fahrbahnen und 4 Spuren. **Kombinationen < 3,5 Tonnen: Höchstgeschwindigkeit des Autos. ***Es kann eine erhöhte Höchstgeschwindigkeit von 90 km/h gelten.
Griechenland	80	-	80	-
Irland	60/80	-	80	-
Italien	70	70	80	-
Kroatien	80	80	90	-
Lettland	80	-	90	-
Litauen	90	90	90	-
Luxemburg	75	-	90	-
Niederlande	80	90*	90*	*Anhänger > 3,5 Tonnen: Höchstgeschwindigkeit 80 km/h.
Norwegen	80*	80*	80*	*Mit ungebremstem Anhänger > 300 kg: Höchstgeschwindigkeit 60 km/h.
Österreich	70/80*(**)	-	80/100*(**)	*Mit einem Anhänger < 0,75 Tonnen können Sie 100 km/h außerhalb geschlossener Ortschaften und auf der Autobahn fahren. **Nur wenn der Anhänger nicht schwerer als das Auto und das Gespann aus Auto und Anhänger < 3,5 Tonnen ist, gelten die höheren Höchstgeschwindigkeiten.
Polen	70	80	80	-
Portugal	70	80	100	-
Rumänien	80	90	120	-
Schweden	60-80*	-	80	*Kein Schild? Dann ist die Höchstgeschwindigkeit 70 km/h.
Slowakei	90	-	90	-
Slowenien	90*	100*	100*	*Gespann aus Auto und Wohnwagen > 3,5 Tonnen: Höchstgeschwindigkeit 80 km/h.
Spanien	70	80***	90*(**)	*80 km/h für ein Auto mit einem Anhänger von > 0,75 Tonnen. **Autobahn und „autovia". ***Schnellstraßen mit einer räumlichen Trennung zwischen den Fahrbahnen.
Schweiz	80	80*	80*	*Anhänger/Wohnwagen < 3,5 Tonnen: 100 km/h, sofern zugelassen.
Tschechien	80	80	80	-
Ungarn	70	70	80	-
Vereinigtes Königreich	50 mph (80 km/h)	60 mph (96 km/h)	60 mph (96 km/h)	-

Höchstgeschwindigkeiten (Wohnmobil < 3,5 Tonnen)

Land	Außerhalb geschlossener Ortschaften	Schnellstraße	Autobahn	Erläuterungen
Andorra	60-90*	-	-	*Die Höchstgeschwindigkeit ist immer durch Schilder angegeben. Hauptstraßen 90 km/h und Nebenstraßen 60 km/h.
Belgien	70 / 90*	-	120	*In Flandern 70 km/h, in Wallonien und Brüssel 90 km/h.
Bosnien-Herzegowina	80	100	130	-
Dänemark	80/90*	-	110/130	* Die Höchstgeschwindigkeit kann lokal auf 90 km/h erhöht werden.
Deutschland	100	130	130*	*130 km/h ist keine Höchstgeschwindigkeit, sondern eine Richtgeschwindigkeit.
Estland	90	-	110*	*Im Winter kann eine niedrigere Höchtgeschwindigkeit gelten (November bis Mai).
Finnland	80(/100*)**	-	80(/100*)**	* Die höhere Geschwindigkeit ist immer durch Schilder angegeben, im Winter gilt immer die niedrigere Geschwindigkeit. ** 100 km/h nur für Wohnmobile mit einem Baujahr nach 1994 mit einem Leergewicht bis 1875 kg und Wohnmobile mit einem Gewicht bis 3,5 Tonnen, die über ABS, einen Airbag und Gurte für alle Sitze verfügen und vom Hersteller für 100 km/h zugelassen sind.
Frankreich	80***	110* (100**)	130 (110**)	*Mautfreie Straße mit getrennten Fahrbahnen und 4 Spuren. **Bei Regen und für Fahrer, die seit weniger als 3 Jahren einen Führerschein besitzen. ***Es kann eine erhöhte Höchstgeschwindigkeit von 90 km/h gelten.
Griechenland	90/110*	-	130*	-
Irland	80/100	-	120	-
Italien	90	110	130*	*Auf einigen Teilen von Autobahnen kann eine Höchstgeschwindigkeit von 150 km/h gelten. Bei Niederschlag oder wenn Sie Ihren Führerschein seit weniger als 3 Jahren besitzen, beträgt die Höchstgeschwindigkeit 90 km/h auf Autostraßen und 110 km/h auf Autobahnen.
Kroatien	90 (80*)	110 (100*)	130 (120*)	*Diese niedrigeren Höchstgeschwindigkeiten gelten für Fahrer unter 25 Jahren.
Lettland	90	-	90*	*Auf nur wenigen Straßen sind 100 km/h oder 110 km/h erlaubt, wenn dies durch Schilder gekennzeichnet ist. Von Oktober bis März, 90 km/h.
Litauen	90	100	110	-
Luxemburg	90	-	130*	*Bei Regen oder anderen Niederschlägen gilt eine Höchstgeschwindigkeit von 110 km/h.
Niederlande	80	100	130*(100)	* Zwischen 6.00 und 19.00 Uhr: 100 km/h.
Norwegen	80	90/100*	90/100*	*Die Höchstgeschwindigkeit kann auch 110 km/h betragen.
Österreich	100	-	130	-
Polen	90	100*	140	*Auf Autobahnen mit getrennten Fahrbahnen und 4 Spuren: Höchstgeschwindigkeit 120 km/h.
Portugal	90	100	120	-
Rumänien	80	90	120	-
Schweden	60-100*	-	90-120	*Kein Schild? Dann ist die Höchstgeschwindigkeit 70 km/h.
Slowakei	90	-	130*	*Auf Stadtautobahnen 90 km/h.
Slowenien	90	110	130	-
Spanien	80	90*	100**	*Schnellstraßen mit einer räumlichen Trennung zwischen den Fahrbahnen. **Autobahn und „autovia“.
Schweiz	80	100	120	-
Tschechien	90	110	130	-
Ungarn	90	110	130	-
Vereinigtes Königreich	60 mph (96 km/h)	70 mph (112 km/h)	70 mph (112 km/h)	-

Höchstgeschwindigkeiten (Wohnmobil > 3,5 Tonnen)

Land	Außerhalb geschlossener Ortschaften	Schnellstraße	Autobahn	Erläuterungen
Andorra	60-90*	-	-	*Die Höchstgeschwindigkeit ist immer durch Schilder angegeben. Hauptstraßen 90 km/h und Nebenstraßen 60 km/h.
Belgien	70 / 90*	-	90	*In Flandern 70 km/h, in Wallonien und Brüssel 90 km/h.
Bosnien-Herzegowina	80	80	80	-
Dänemark	80	-	100	-
Deutschland	80	100	100	-
Estland	70	-	90	-
Finnland	80	-	80	-
Frankreich	80**	100*	110	*Mautfreie Straße mit getrennten Fahrbahnen und 4 Spuren. **Es kann eine erhöhte Höchstgeschwindigkeit von 90 km/h gelten.
Griechenland	80	-	80	-
Irland	80	-	80	-
Italien	80	80	100	-
Kroatien	80	80	90	-
Lettland	80	-	90	-
Litauen	80	80	90	-
Luxemburg	75	-	90	-
Niederlande	80	80	80	-
Norwegen	80	80	80	-
Österreich	70	-	80	-
Polen	70	80	80	-
Portugal	70	90	110	-
Rumänien	80	90	110	-
Schweden	60-100*(**)	-	90-120**	*Kein Schild? Dann ist die Höchstgeschwindigkeit 70 km/h. **Für ein Wohnmobil > 3,5 Tonnen, das als Nutzfahrzeug zugelassen ist, beträgt die Höchstgeschwindigkeit 80 km/h außerhalb geschlossener Ortschaften und 90 km/h auf Autobahnen.
Slowakei	80	-	90*	*Auf Stadtautobahnen 80 km/h.
Slowenien	80	80	80	-
Spanien	80	80*	90**	*Schnellstraßen mit einer räumlichen Trennung zwischen den Fahrbahnen, wie beispielsweise ein Mittelstreifen. **Autobahn und „autovia".
Schweiz	80	100	100	-
Tschechien	80	80	80	-
Ungarn	70	70	80	-
Vereinigtes Königreich	50 mph (80 km/h)	60 mph (96 km/h)	70 mph (112 km/h)	-

Norwegen

Nordkap
Vadsø
Nesseby
Nördliches Eismeer
Alta
Nord-Norwegen
65
Tromsø
Vesterålen
Sortland
Atlantischer Ozean
Narvik
Kiruna
FINNLAND
Lofoten
Rovaniemi
Bodø
Jokkmokk
Polarkreis
Tornio
Luleå
Oulu
Skellefteå
Bottnischer Meerbusen
Umeå
Mittel-Norwegen
63
Vaasa
Östersund
Kristiansund
Trondheim
SCHWEDEN
Tampere
Turku
Lillehammer
Hamar
Süd-Norwegen
53
Bergen
Uppsala
OSLO
STOCKHOLM
Karlstad
Örebro
ESTLAND
Norrköping
Stavanger
Ostsee
Linköping
Arendal
Jönköping
Kristiansand
Göteborg
LETTLAND
CF-EU

Norwegen: Magisch schön

Fjorde zum Verlieben, Landschaften aus einem Märchenbuch und attraktive skandinavische Städte und Dörfer. In Norwegen werden Sie eine Fülle von Naturschönheiten und unterhaltsamen Aktivitäten entdecken. Vom Wandern, Radfahren und Angeln bis hin zum Skifahren, Langlaufen und zu den Nordlichtern. Norwegen ist magisch schön!

Hauptstadt: Oslo
Währung: Norwegische Krone
Zeitzone: UTC +1, UTC +2 (März bis Oktober)
Sprache: Norwegisch
Ländervorwahl: +47
Alkoholgrenze: 0,2‰
Notrufnummer: Polizei: 112, Feuerwehr: 110, Rettungswagen: 113
Leitungswasser: unbedenklich

Der schöne Norden: Lofoten, Tromsø und das Nordkap

Eine Reihe weltberühmter norwegischer Attraktionen liegen im arktischen Norden, oberhalb des Polarkreises. Die Lofoten sind ein wunderbares Beispiel dafür. Die tiefen Fjorde, die imposanten Berge und die langen Sandstrände machen diese Gegend zu einem unvergleichlich schönen Gebiet. Sie können hier wandern und Wintersport treiben. Außerdem gibt es malerische Fischerdörfer zu entdecken. Ein Campingplatz in Tromsø ist der ideale Ort, um im Herbst oder Winter das Nordlicht zu beobachten.
Und es gibt noch mehr zu tun! Gehen Sie auf Walsafari, machen Sie eine Fahrt mit dem Schneemobil und treffen Sie Rentiere und Huskys. Für ein unvergessliches Erlebnis sollten Sie das Nordkap aufsuchen. Es ist, als stünde man am Rande der Welt. Genießen Sie die Stille und den endlosen Blick auf das Nordpolarmeer.

Die Kulturstadt Oslo und das charmante Bergen

Norwegen ist auch der ideale Ort für eine Städtereise. Die Hauptstadt Oslo ist reich an Kunst und Kultur. Sehenswürdigkeiten wie das Schloss Akershus Festning und der Königspalast sind mehr als einen Besuch wert.
Die Stadt Bergen liegt an der Westküste und besticht durch ihr charmantes Aussehen und die typischen Holzhäuser. Bummeln Sie über den Fischmarkt und schlendern Sie durch das besondere Hanseviertel Bryggen. Einen fantastischen Blick auf die Stadt und die Umgebung haben Sie mit der Ulriken- oder Fløibanen-Seilbahn.

Mitternachtssonne

Die Mitternachtssonne im Sommer sorgt für sehr lange Tage in Norwegen. Oberhalb des Polarkreises geht die Sonne mehrere Wochen lang nicht unter. Dies ist eines der schönsten Erlebnisse beim Camping in Norwegen. Im Winter sind die Tage besonders kurz.

ACSI AWARDS

Gewinner 2022 in Norwegen

Bester Campingplatz
Camping Neset

Tanken

Bleifrei (Blyfri 95 und 98) und Diesel sind ohne weiteres erhältlich. Bitte beachten Sie, dass die Preise in Nordnorwegen deutlich höher sind. Flüssiggas ist im Süden und in der Umgebung von Oslo leichter erhältlich als im Norden. Der Bajonettanschluss wird zum Tanken von Flüssiggas verwendet, an einigen Tankstellen auch ein Italien-Anschluss (Dish).
Tankstellen sind oft von 7 Uhr morgens bis 22 Uhr abends geöffnet. In der Nähe großer Einkaufszentren und Supermärkte sind die Tankstellen oft länger geöffnet. Tankstellen in und um große Städte sind oft Tag und Nacht geöffnet. In der Regel können Sie an Tankstellen auch nach Geschäftsschluss tanken.
Tipp: Tanken Sie in abgelegenen Gebieten an jeder Tankstelle, die Ihnen begegnet, da die Entfernungen zwischen den Tankstellen in Norwegen sehr groß sein können. Das Mitführen von Kraftstoff in einem Reservetank ist auf Schiffen normalerweise verboten.

Ladestationen

Das Netz der Ladestationen in Norwegen ist umfangreich, aber die meisten befinden sich im Süden und in Oslo.

„Die Ruhe, der Platz, die überwältigende Natur und die obskuren norwegischen Rockbands, toll!“

Herr B. Brink, Inspektor 700

Bergstraßen

Die Bergstraßen sind eng und kurvenreich und weisen manchmal steile Steigungen auf. Wegen des Schnees sind sie nur von Mitte Juni bis Mitte Oktober befahrbar. Im Winter können einige Straßen gesperrt sein. Erkundigen Sie sich vor der Reise, ob Bergpässe geschlossen sind.
Weitere Informationen: alpenpaesse.de.

Fähren

Sie können auf dem Landweg über Schweden über die Öresundbrücke (oeresundsbron.com) von Kopenhagen (Dänemark) nach Malmö reisen, aber Sie können auch eine Fähre nach Norwegen nehmen, zum Beispiel über Hirtshals (Dänemark). Informationen über Abfahrtszeiten und Tarife finden Sie bei Reedereien wie colorline.com und fjordline.com. Die Fahrpreise hängen unter anderem von der Saison und der Abfahrtszeit ab. Es ist ratsam, rechtzeitig zu reservieren. Erkundigen Sie sich im Voraus bei der Reederei, ob Gasflaschen auf das Schiff mitgenommen werden können. In der Regel ist es verboten, Kraftstoff in einem Reservetank auf dem Schiff mitzuführen. Bitte beachten Sie, dass die norwegische Polizei nicht-skandinavische Fahrzeuge, die von der Fähre zwischen Hirtshals und Kristiansand (Norwegen) kommen, streng überwacht.

Verkehrsvorschriften

Tagfahrlicht oder Abblendlicht sind Pflicht. An einer gleichberechtigten Kreuzung hat der Verkehr von rechts Vorfahrt. Der Verkehr in einem Kreisverkehr hat Vorrang. Straßenbahnen haben immer Vorrang. Auf Bergstraßen hat in der Regel derjenige Fahrer Vorfahrt, der am leichtesten ausweichen oder umkehren kann. Es ist nicht erlaubt, ein Mobiltelefon hinter dem Steuer zu halten, auch nicht, wenn man still steht (Freisprechanlagen sind erlaubt).
Kinder, die kleiner als 1,50 m sind, müssen in einem Kindersitz sitzen. Winterreifen sind nur für Fahrzeuge mit einer zulässigen Gesamtmasse von mehr als 3,5 t vorgeschrieben. Schneeketten (oder Winterreifen) sind auf schnee- oder eisbedeckten Straßen Pflicht.

Sondervorschriften

Auf den Hauptverkehrsadern einiger Großstädte weist das Schild "All stans forbudt" darauf hin, dass es verboten ist, stehen zu bleiben. Im Winter gilt auch für Sommerreifen eine Mindestprofiltiefe von 3 Millimetern. Auf engen Straßen muss der Fahrer auf die Seite ausweichen, auf der sich der nächstgelegene Ausweichpunkt befindet. Sie sind verpflichtet, beim Überholen von Radfahrern einen Seitenabstand von mindestens 1,50 Metern einzuhalten. Das Parken ist u. a. entlang einer durchgezogenen weißen Linie verboten. Radfahrer dürfen andere Fahrzeuge als Fahrräder rechts überholen.

Vorgeschriebene Ausstattung

Ein Warndreieck und eine Warnweste sind im Auto Pflicht. Ein Feuerlöscher ist nur in einem Auto-Wohnwagen-Gespann mit norwegischem Kennzeichen vorgeschrieben, aber es wird jedem empfohlen, einen mitzubringen. Es wird auch empfohlen, einen Verbandskasten mitzuführen.

„Die Fjorde, die Berge, die Hochebenen, die Stille, die Leere und hinter jeder Kurve eine neue Überraschung"

Herr H. Sybesma, Inspektor 342

Reisemobil und Caravan

Ein Reisemobil oder eine Auto-Wohnwagen-Kombination darf bis zu 4 m hoch, 2,55 m breit und 19,50 m lang sein, der Wohnwagen selbst darf bis zu 12 m lang sein. Wenn der Wohnwagen mehr als 2,30 Meter breit und 50 Zentimeter breiter als das Auto ist (ohne Spiegel), müssen Sie weiße Reflektoren an der Rückseite der Spiegel anbringen. Auf einigen kleineren Straßen kann die maximale Länge 15 Meter oder 12,40 Meter betragen; dies ist durch Schilder angegeben. Für Reisemobile mit einem Gewicht von mehr als 3,5 Tonnen besteht von Mitte November bis Ende März eine Winterreifenpflicht.

Fahrrad

Ein Fahrradhelm ist nicht verpflichtend. Nur Kinder unter 10 Jahren dürfen auf dem Fahrrad befördert werden.

Maut

In Norwegen muss man für viele Straßen Maut zahlen. Es gibt verschiedene Möglichkeiten, dies zu tun: Zahlung für Besucher:

- Melden Sie sich im Voraus online an. Weitere Informationen: autopass.no/visitors-payment.
- AutoPASS-Mautstelle: wenn Sie länger als 2 Monate in Norwegen bleiben wollen. Weitere Informationen: autopass.no.
- Sie fahren einfach auf die mautpflichtige Straße und Ihr Nummernschild wird von den Kameras registriert. Die Rechnung wird Ihnen innerhalb weniger Monate nach Hause geschickt.

Bitte beachten Sie, dass Sie auf einigen wenigen Strecken an einer Mautstelle in bar bezahlen müssen. Nehmen Sie also genügend Bargeld mit.

Umweltzonen

In Oslo und Bergen kann das Zentrum bei starkem Smog für bestimmte Fahrzeuge gesperrt werden. Die Regeln sind von Ort zu Ort unterschiedlich. Weitere Informationen: oslo.kommune.no/english und bergen.kommune.no.

Panne und Unfall

Stellen Sie Ihr Warndreieck mindestens 150 m hinter dem Auto auf, wenn es eine Gefahr für den übrigen Verkehr darstellt. Der Fahrer muss eine Sicherheitsweste tragen. Rufen Sie im Falle einer Panne die Notrufnummer Ihres Pannendienstes an. Sie können auch die Norwegische Straßenhilfe (NAF) unter der Telefonnummer +47 2321 3100 anrufen. Im Falle eines Zusammenstoßes mit einem Tier muss die Polizei gerufen werden.

Campen

Norwegen hat Natur im Überfluss und ist ideal zum Wandern, Bergsteigen und Angeln. Die Sanitäranlagen sind im Allgemeinen gut. Abgegrenzte Stellplätze sind selten. Wildcamping ist in der Regel außerhalb der Campingplätze erlaubt. Auf kultiviertem Land (z. B. Grünland, Weideland, einem neu angepflanzten Wald) müssen Sie die Erlaubnis des Landbesitzers einholen.
Wenn Sie in Norwegen campen gehen, kann es sein, dass Sie eine spezielle Karte benötigen, die Sie an der Rezeption vorlegen können. Sie können diese Karte auf dem betreffenden Campingplatz kaufen. Es ist üblich, pro Standort zu zahlen, nicht pro Person. Das Angebot an Verpflegung, Einrichtungen und Freizeitmöglichkeiten ist im Vergleich zu beliebten Campingländern gering. Die meisten Campingplätze verfügen über Küchen mit Kochgelegenheit zur gemeinsamen Nutzung. Offenes Feuer ist vom 15. April bis 15. September verboten.
Bitte beachten Sie, dass die Anzahl der Propangaskanister sehr begrenzt ist. Daher ist es am besten, mit ausreichend Benzin unterwegs zu sein. Bitte beachten Sie, dass das Fahren mit einem Wohnwagen oder Wohnmobil in der Fjordregion und im Gebirge zu Problemen führen kann. Ein guter Abschleppwagen ist sehr zu empfehlen. Es ist nicht erlaubt, Abwässer entlang der Straßen zu entsorgen. Entlang der Hauptrouten im ganzen Land gibt es zahlreiche Tankstellen.

Praktisches

Im Binnenland Norwegens können Seen und Flüsse von Stechmücken heimgesucht werden.

Klima Bergen	Jan.	Feb.	März	Apr.	Mai	Jun.	Jul.	Aug.	Sept.	Okt.	Nov.	Dez.
Durchschnittliche Höchsttemperatur	4	4	6	9	14	17	18	17	14	11	7	5
Durchschnittliche Anzahl der Sonnenstunden pro Tag	1	2	3	5	6	6	6	6	3	2	1	0
Durchschnittliche monatliche Niederschlagsmenge (mm)	190	152	170	114	106	132	148	190	283	271	259	235

Klima Oslo	Jan.	Feb.	März	Apr.	Mai	Jun.	Jul.	Aug.	Sept.	Okt.	Nov.	Dez.
Durchschnittliche Höchsttemperatur	-2	-1	4	9	16	20	22	20	15	9	3	-1
Durchschnittliche Anzahl der Sonnenstunden pro Tag	1	3	5	6	8	8	7	6	5	3	1	1
Durchschnittliche monatliche Niederschlagsmenge (mm)	49	36	47	41	53	65	81	89	90	84	73	55

Gebrauchsanweisung

Um die Möglichkeiten des Führers optimal nutzen zu können, sollten Sie die Gebrauchsanweisung auf Seite 8 gut durchlesen. Hier finden Sie wertvolle Informationen, beispielsweise die Berechnung der Übernachtungspreise.

❶ € 25,00
❷ € 35,80

Akkerhaugen, N-3812 / Telemark

Norsjø Ferieland AS*****
Liagrendvegen 71
1 Mai - 1 Okt
+47 35 95 84 30
post@norsjo-ferieland.no
N 59°23'15" E 09°15'47"

1 ADEKNOPQSTU	L**N**PQSW**XZ**	6
2 EIJKPQVXY	A**B**D**EFGIJ**	7
3 BFG**J**SUVW	ABCDE**F**JKNQRTW	8
4 FHLO	DEFRT	9
5 ABDFGHLN	AHJKOQU	10
B 10A		❶ €52,20
20ha 200**T**(80m²) 168**D**		❷ €52,20

Die 360 Notodden-GvarvStraße. Folgen Sie der Beschilderung nach Norsjo. CP gut ausgeschildert. 105877

Ål, N-3570 / Buskerud

Ål Camping**
Storvegen 63
13 Mai - 15 Sep
+47 41 30 03 32
aalcamping@aalcamping.no
N 60°38'33" E 08°35'38"

1 ADEKNOPQSTU	J**N**	6
2 ACPQXY	ABDEHI	7
3	ABEFNQ	8
4 FH	F	9
5 D	AJKQU	10
Anzeige auf dieser Seite 16A		❶ €27,10
H416 2ha 30**T**(90m²) 10**D**		❷ €27,10

Liegt an der Straße 7 von Gol nach Geilo, ca. 2 km vor Ål auf der linken Seite. CP-Schildern folgen. Verwenden Sie kein Navigationssystem. 105868

Ål, N-3570 / Buskerud

Topcamp Hallingdal****
Myrovegen 15
1 Jan - 31 Dez
+47 32 69 92 00
post@feriepark.no
N 60°37'28" E 08°32'28"

1 ADEKLOPQRSTU	NXYZ	6
2 ACIQSTVWX	ABCDEFGIJK	7
3 BDEFGHIJMU	ABCDEFGHIJKNQRTUVW	8
4 BEFHJKMOQ**XYZ**	ABEJQRTUV	9
5 ABCDEFHJLMN	BEFGHIJKOSTUVW	10
WB 16A		❶ €57,20
H412 5,2ha 140**T**(70m²) 46**D**		❷ €57,20

Der Campingplatz ist etwa 2 km westlich von Ål, an der Nr. 7. Gut angezeigt. 123123

In den Aurlandsfjord eingebetteter schöner kinderfreundlicher Camping. Ansprechende Ausstattung, es fehlt an nichts. Nach dem Verlassen der E16 fahren Sie noch 3 km bis zum Fjord. Schon ist kein einziges störendes Geräusch mehr von der Straße zu hören, und die Natur ist von einzigartiger Schönheit. Kinder sind bei uns die Hauptpersonen, sie können am Wasser spielen, rudern, Rad fahren und Trampolin springen (Fahrrad- und Ruderbootsverleih). Idealer Ausgangspunkt für Tagesausflüge und Wanderungen. Hier lohnt es sich, länger zu verweilen!

2910 Aurdal i Valdres • Tel. 61365212 • Fax 61365213
E-Mail: post@aurdalcamp.no • Internet: www.aurdalcamp.no

Aurdal i Valdres, N-2910 / Oppland

Aurdal Fjordcamping og Hytter****
Vestringslinna 252
1 Jan - 31 Dez
+47 61 36 52 12
post@aurdalcamp.no

1 ADEKNOPQSTU — LNQSXYZ 6
2 EIJQRSXY — ABDEFGI 7
3 BJLU — CDEFIJNQRT 8
4 FHJOT — FIJQV 9
5 ABDEFHMN — AEFHJKOQU 10
Anzeige auf dieser Seite WB 16A
H309 7ha 56T(90m²) 199D
① €40,15 ② €40,15

N 60°54'59'' E 09°23'22''
In Aurdal, E16 (17 km südöstlich von Fagernes). An der Kirche abfahren, von dort ist der CP ausgeschildert. Nach 2 km erreicht man den CP.
110611

Zwischen der RV33 und dem Etna Fluss gelegen, finden Sie unseren schönen, großen Camping. Sauberes Sanitär, Behindertendusche und -Toilette, Waschmaschine, Trockner. Spielplatz, Tischtennis, Sportplatz nebenan. Angeln, Kanu fahren, Wanderwege, Radverleih, WLAN. Wir servieren Pommes frites und Pizza.

Maslangrudvegen 50, 2890 Etnedal • Tel. 0047-94819056
Internet: www.etnacamping.no

Bø, N-3804 / Telemark

Bø Camping****
Lifjellvegen 51
1 Jan - 31 Dez
+47 35 95 20 12
post@bocamping.no

1 ADEKNOPQSTU — BG 6
2 BPQRXY — ABDEFGHI 7
3 BGJUV — ABCDEFJNQRT 8
4 FHJOST — FIJV 9
5 ABDEGMN — AHJKOPRUY 10
WB 16A
H150 8ha 400T 124D
① €56,20 ② €56,20

N 59°26'40'' E 09°03'48''
Von Bø Richtung Notodden dem weißen Pfeil folgen: 'BØ SOMMARLAND 3 km'. Dort ist der Bø CP links angezeigt.
112095

• Liegt an der Otra im Gehbereich vom Einkaufszentrum • Kanuverleih
• Internet für Gäste • Gute Bade- und Angelmöglichkeiten • Großes Aktivitätenangebot in unmittelbarer Nähe: Gokart, Rafting, Museum, Mineral- und Gesteinssammlung Erzgruben, Mineralpfade, Waldlehrpfade u.v.m.
• Hütten mit Dusche und Toilette in verschiedenen Preisklassen
• Schöner japanischer Ziergarten neben dem Campingplatz
• Geeignet für Reisemobile, Caravans und Zelte.

Willkommen auf unserem Campingplatz!

Verksvegen 6, 4735 Evje • Tel. +47 37930603
E-Mail: oddencamping@gmail.com • Internet: www.oddencamping.no

Brumunddal, N-2380 / Hedmark

Topcamp Mjøsa
Bureiservegen 5
1 Jan - 31 Dez
+47 62 35 98 00
post@mjosaferie.no

1 ADEKNOPQSTU — LNPSWXYZ 6
2 AEIJKPQTVX — ABFGI 7
3 ABEGMV — ABCDFGIJNQRTU 8
4 BCFH — FIJNRTVW 9
5 ABDEGHK — CFGIJKOPQUY 10
WB 16A CEE
H135 25ha 405T(80-120m²) 355D
Preise auf Anfrage

N 60°52'47'' E 10°53'27''
Auf der E6 angezeigt und zu sehen. 800m von der E6, Ausfahrt 73.
117813

ACSI AWARDS 2022

GEWINNER

Bester Campingplatz Norwegen

Camping Neset

Byglandsfjord, N-4741 / Aust-Agder

CC€23

Neset****
Setesdalsvegen 2035
1 Jan - 31 Dez
+47 92 28 14 44
post@neset.no

1 ADEKNOPQRSTU — LNQSUWXYZ 6
2 EIJMQRSTUXY — ABCDEFGHIJK 7
3 AGMUV — ABCDFGIJKNQRTW 8
4 FJOT — FJQRT 9
5 ABDEFGKN — AFGHJKOQU 10
Anzeige auf Seite 55 B 10-16A
H202 7ha 260T 155D
① €54,20 ② €54,20

N 58°41'20'' E 07°48'12''
Der CP liegt 13 km nördlich von Evje, und 3 km nördlich von Byglandsfjord. Der CP ist ab der 9 gut ausgeschildert.
105841

Byrkjelo, N-6826 / Sogn og Fjordane

Byrkjelo Camping og Hytter***
Breimsvegen 1823
1 Mai - 24 Sep
+47 91 73 65 97
camping@brein.no

1 ADEKNOPQSTU — BGN 6
2 BCIPQRSTXY — ABDEFGHIJK 7
3 BFGHM — ABCDEFGIJKNQRTW 8
4 FH — FJV 9
5 BDN — ABHIJKOQU 10
B 10A
H130 2,5ha 72T(80-140m²) 44D
① €30,10 ② €35,15

N 61°43'50'' E 06°30'30''
CP an der E39, 100m von Byrkjelo-Zentrum entfernt, hinter Tankstelle.
109143

Dalen, N-3880 / Telemark

Buøy Camping Dalen
Buøyvegen 24
1 Mai - 10 Sep
+47 45 02 13 26
info@buoycamping.com

1 ADEKNOPQRSTU — JNXY 6
2 CPQRSXYZ — ABFGHI 7
3 BMV — ABEFJNQRTW 8
4 FHJ — GJ 9
5 DN — AHJKNPQU 10
16A
H70 7ha 100T(90m²) 32D
① €45,15 ② €45,15

N 59°26'32'' E 08°00'26''
Der Campingplatz ist am einfachsten von Amot aus über die 38 zu erreichen. Die Straßen von Hoydalsmo, Vradal oder Valle aus beinhalten Steigungen von 12% und viele Haarnadelkurven.
110671

Dovre, N-2662 / Oppland

Toftemo-Turiststasjon****
Vestsidevegen 1
1 Jan - 31 Dez
+47 93 42 03 03
post@toftemo.no

1 ADEKNOPQRSTU — BN 6
2 ABDPQSXYZ — ABDEFGHIK 7
3 AF — ABCDEFJNQRW 8
4 FHJO — AFGUVW 9
5 BDFHIJKN — AGHJKNPQY 10
B 10-16A
H500 4ha 100T(80-110m²) 108D
① €35,15 ② €39,15

N 61°59'56'' E 09°13'20''
An der E6 aus dem Süden kommend, auf der linken Straßenseite in Dovre. 10 km vor Dombås, 2 km nördlich von Dovre. Ist deutlich an der Straße angezeigt.
105851

Drammen, N-3027 / Buskerud

Drammen Camping
Buskerudveien 97
1 Mai - 15 Sep
+47 32 82 17 98
d-camp@online.no

1 ADEKNOPQSTU — JN 6
2 ACLPQRSXYZ — ABDEFGI 7
3 A — ABCDEFNQR 8
4 FHI — F 9
5 DN — AKNQ 10
Anzeige auf dieser Seite B 10A
3,5ha 90T(60m²) 28D
① €32,10 ② €32,10

N 59°45'02'' E 10°08'04''
Aus Drammen Richtung Kongsberg über die Straße 283 (nicht die E134 durch den Tunnel nehmen). An der Ampel (McDonalds) links ab und CP-Schildern folgen.
105899

Drammen Camping

Tadelloser Campingplatz zum günstigen Preis.
Nur 50 Minuten zum Herzen von Oslo
(mit dem Expressbus oder Zug).

3027 Drammen • Tel. 32821798 • Fax 32825768
E-Mail: d-camp@online.no
Internet: www.drammencamping.no

Teilkarte Süd-Norwegen auf Seite 53

Egersund, N-4373 / Rogaland

NAF Camping Steinsnes***
Jaerveien 190
1 Jan - 31 Dez
+47 97 40 09 66
post@steinsnescamping.no

1 ADEKNOPQRSTU	**N**	6
2 CGQTWXY	ABDE**FG**IK	7
3 A**J**	ABDFGIJKNQRTW	8
4 JO	FJV	9
5 DEFKN	AGOQY	10

B 16A CEE
1,3ha 65**T**(80-120m²) 39**D**
① €26,10
② €26,10

N 58°28'40'' E 05°59'49''
Westlich von Egersund an der 44. Ist ausgeschildert.
105818

Evje, N-4735 / Aust-Agder

Odden Camping****
Verksvegen 6
1 Jan - 31 Dez
+47 37 93 06 03
oddencamping@gmail.com

1 ADEKNOPQRSTU	J**N**U	6
2 CJKMPQTWXYZ	ABDE**FG**HIK	7
3 ABD**R**U	ABCDE**FG**IJKNQRTUVW	8
4 FH	FIJR	9
5 CDIKN	AFGHJKOQUY	10

Anzeige auf Seite 54 WB 16A CEE
H150 4,5ha 240**T**(80-140m²) 104**D**
① €44,65
② €44,65

N 58°35'05'' E 07°47'45''
Der CP liegt an der Straße 9 südlich von Evje, dort gut ausgeschildert.
105842

Elverum, N-2407 / Hedmark

Elverum Camping
Halfdan Gransveg 6
1 Jan - 31 Dez
+47 62 41 67 16
booking@elverumcamping.no

1 ADEKNOPQRSTU	JNX	6
2 DIJKQRX	AB**FG**IK	7
3 AB**L**	ABEFNQR	8
4 H	FJV	9
5 N	HJKOPQ	10

B 10-16A
H180 5ha 220**T**(100-120m²) 58**D**
① €35,00
② €35,00

N 60°52'01'' E 11°33'18''
Camping liegt südlich von Elverum an der 20 am Norsk Skog Museum, am Fluss Glama.
105915

Fåberg, N-2625 / Oppland

Hunderfossen Camping***
Fossekrovegen 90
1 Jan - 31 Dez
+47 61 27 73 00
camping@hunderfossen.no

1 ADEKNOPQRST**U**	**N**X	6
2 DIPQSTXY	AB**C**D**EFGIK**	7
3 B**JL**U	ABE**FGI**JNQRTW	8
4 JO	FGJT	9
5 D	AGHKQV	10

WB 16A
H200 18ha 450**T**(80-100m²) 141**D**
① €41,65
② €41,65

N 61°13'20'' E 10°26'19''
Von der E6 Ausfahrt 'Hunderfossen Familiepark', über die Brücke in Øyer. Gut ausgeschildert nach beiden Richtungen.
105893

Engerdal, N-2440 / Hedmark

Sølenstua Camp & Hytter***
Sundveien 1011
1 Jan - 31 Dez
+47 48 28 18 97
camping@solenstua.com

1 ADEKNOPQRSTU	**N**U	6
2 BCQTXY	ABDE**FG**HIK	7
3 B	ABCDE**FG**JNQRW	8
4 FJO	FJ	9
5 ABEFGHIKN	AHJKNQU	10

Anzeige auf dieser Seite W 16A
H650 4ha 100**T**(100-120m²) 76**D**
① €35,15
② €35,15

N 61°50'07'' E 11°43'49''
CP ist an der Straße RV217 ausgeschildert.
105908

Etnedal, N-2890 / Oppland

Etna Familiecamping
Maslangrudvegen 50
1 Jan - 31 Dez
+47 94 81 90 56
info@etnacamping.no

1 ADEKNOPQRSU	J**N**	6
2 BCIPQSXY	ABDE**FG**IK	7
3 BFGMU	ABCDE**F**GIJNQRW	8
4 FHJOQ	FJRV	9
5 ABDFM**N**O	ABFGHIJKOQUY	10

Anzeige auf Seite 54 B 16A CEE
H220 4,5ha 45**T**(80-100m²) 55**D**
① €32,60
② €32,60

N 60°49'57'' E 09°45'00''
An der 33 zwischen Dokka (19 km) und Björgo (19 km). CP ist gut angezeigt. Fahren Sie die 33 durch und folgen Sie den Anweisungen.
118557

Teilkarte Süd-Norwegen auf Seite 53

Norwegen

Flåm, N-5743 / Sogn og Fjordane

Flåm Camping****
Brekkevegen 12
12 Apr - 30 Sep
+47 94 03 26 81
camping@flaam-camping.no
N 60°51'46" E 07°06'36"

1	ADEKNOPQRSTU	KNVY 6
2	CGPQTUVWXYZ	ABDFGHI 7
3	BFG	ABCDEFJNQRT 8
4	AFH	FGJV 9
5	BDN	AGHIKOPQY 10
	B 10-16A	❶ €40,15
	3ha 200T 40D	❷ €45,15

Neben der E16 in Flåm gelegen. Ausgeschildert. 105836

Førde, N-6813 / Sogn og Fjordane

Førde Gjestehus og Camping****
Kronborgvegen 44
1 Jan - 31 Dez
+47 46 80 60 00
post@fordecamping.com
N 61°26'58" E 05°53'32"

1	ADEKNOPQRSTU	JN 6
2	CIPQSTWX	ABDEFGHI 7
3	ABJ	ABCDEFGINQRTW 8
4	EFHJO	GHIJK 9
5	DN	ABFGHJKOQU 10
	Anzeige auf dieser Seite WB 16A	❶ €39,15
	H50 5ha 100T(100-150m²) 55D	❷ €48,15

Aus Richtung Moskog liegt der CP an der E39/RV1, gleich hinter dem Einkaufcenter Sanderplassen, ca. 1 km vor dem Zentrum Førde. Gut ausgeschildert. 105798

Gaupne, N-6868 / Sogn og Fjordane

Pluscamp Sandvik***
Sandvikvegen 20
1 Jan - 31 Dez
+47 99 20 61 10
post@gaupnetunet.no
N 61°24'02" E 07°18'02"

1	ADEJMOPQRSTU	LNX 6
2	EGIPQRSTXYZ	ABDEFGHI 7
3	AGU	ABCDEFGIJKNQRTW 8
4	EFJO	FGJOQV 9
5	DKN	AEHIJKOQUX 10
	WB 10A	❶ €35,15
	1ha 40T 58D	❷ €35,15

Gut ausgeschildert in beiden Fahrtrichtungen an der RV55, in Gaupne mit Blick auf die Fjorde. 105832

Gjerde/Jostedal, N-6871 / Sogn og Fjordane

Jostedal Camping
Jostedalsvegen 3041
1 Mai - 15 Okt
+47 97 75 67 89
post@jostedalcamping.no
N 61°37'54" E 07°16'01"

1	ADEJMOPQRSTU	NU 6
2	CIKPQSTXYZ	ABCDEFGHIJK 7
3		ABCDEFGIJNPQRTW 8
4	AEFHKO	FJW 9
5	D	AGHJKLOPR 10
	B 16A CEE	❶ €29,10
	H200 0,7ha 50T(bis 100m²) 12D	❷ €33,10

Von Gaupne die RV604 Richtung Jostedals Glacier Visitors Centre. Nach 27 km liegt der CP im Örtchen Gjerde. Ausgeschildert. 120422

Gol, N-3550 / Buskerud

Personbråten Camping**
Rotreimsvegen 48
1 Jan - 31 Dez
+47 90 78 32 73
bpersonbraten@gmail.com
N 60°41'30" E 08°55'09"

1	ADEKNOPQSTU	JN 6
2	CMQSXY	ABFGHI 7
3	AU	CDEFNQR 8
4	FHJ	F 9
5	DN	KNOQU 10
	Anzeige auf dieser Seite 10A	❶ €33,10
	H200 2ha 60T(90m²) 19D	❷ €33,10

An Straße Gol-Geilo, ca. 1 km vom Zentrum entfernt auf der linken Seite. 105864

Greåker, N-1719 / Østfold

Utne Camping AS***
Desiderias vei 41
1 Jan - 31 Dez
+47 69 14 71 26
post@utnecamping.no
N 59°19'05" E 10°58'49"

1	ADEHKNOPQRSTU	6
2	APQRUXY	ABDEFGHIJK 7
3	ABL	ABCDEFJNQRUW 8
4	JO	DEIVX 9
5	DN	ABEIJKNRS 10
	10A	❶ €31,10
	5,5ha 160T(80-100m²) 103D	❷ €31,10

Von Götenborg aus Ausfahrt 8, die 118 Richtung Grålum-Salli nehmen. Im Kreisel 2. Ausfahrt rechts. Nach etwa 3 km Fahrt auf der 118 ist der Utne Camping gut ausgeschildert. 115155

Grimsbu, N-2582 / Hedmark

Grimsbu Turistsenter****
Folldalsveien 3954
1 Jan - 31 Dez
+47 62 49 35 29
mail@grimsbu.no
N 62°09'20" E 10°10'19"

1	ADEJMOPQRSTU	LNUV 6
2	CIPQSXY	ABCDEFGHIK 7
3	AFW	ABCDEFGIJKNQRTW 8
4	FHJOQRSTU	FGIJRV 9
5	ABDEFHIJKLMN	AEFGHJKOPQU 10
	WB 16A	❶ €32,60
	H664 2,1ha 40T(80-110m²) 48D	❷ €32,60

CP an der RV29, gut ausgeschildert. 30 km von Alvdal, 40 km von Hjerkinn entfernt. 105886

Grimstad, N-4885 / Aust-Agder

Marivold Camping****
Marivoldveien 60
1 Mai - 15 Sep
+47 37 25 70 50
post@marivold.no
N 58°20'04" E 08°37'00"

1	ADEKNOPQRSTU	KNQSWXZ 6
2	AGJKNOQRXY	ABCDEFGIK 7
3	ABEFGJL	ABCDFGIJKNQRTUW 8
4	FHJOR	FJV 9
5	ABDEGHIKLMN	AEHIJKOQUX 10
	B 16A	❶ €56,20
	6,4ha 165T(120m²) 86D	❷ €56,20

Auf der E18 Ausfahrt 79 zur 420 Richtung Grimstad nehmen. Weiter auf der 420 Richtung Vikkilen. Danach den CP-Schildern folgen. Der letzte Teil der Straße ist eng, aber durch Ausweichbuchten gut befahrbar. 113279

Gvarv, N-3810 / Telemark

Teksten Camping AS
Strannavegen 140
1 Mai - 9 Sep
+47 35 95 55 96
teksten@barnascamping.no
N 59°23'06" E 09°10'54"

1	AEFKNOPQSTU	HJNXYZ 6
2	CJKQXY	ABDEFGHI 7
3	BFGUVW	ABCDEFNQRT 8
4	FHO	JNQRT 9
5	ABDN	AGJKNQU 10
	B 10A	❶ €35,15
	70ha 250T(90m²) 65D	❷ €38,15

Von Notodden aus an der 360 durch Gvarv und dann über die Brücke nach links (die 36 nach Skien). Der CP ist gut angezeigt. Ebenfalls unter dem Namen Barnas. 115161

Halden, N-1751 / Østfold

Fredriksten-Camping NAF***
Generalveien 16
1 Mai - 10 Sep
+47 90 58 83 71
laftehytter@gmail.com
N 59°06'58" E 11°23'54"

1	ADEKNOPQRSTU	6
2	BIQRSUXY	ABDEFGHI 7
3	AJK	ABEFNQRW 8
4	FHJO	FJ 9
5	ABDEFN	AGHJKO 10
	10A	❶ €29,10
	H137 3ha 100T 10D	❷ €29,10

Direkt neben der Festung 'Fredriksten'; gut ausgeschildert im Zentrum, auch an der Straße Nr. 22 und der E6. 105919

Haugesund, N-5515 / Rogaland

Haraldshaugen Camping***
Krossvegen 5
1 Feb - 31 Dez
+47 52 72 80 77
booking@hhcamping.no
N 59°25'40" E 05°15'32"

1	ADEKNOPQRSTU	6
2	GINPQSTUVX	ABDEFGIK 7
3	AL	ABCDEFNQRW 8
4	FJO	FWZ 9
5	D	AFGJKOQUY 10
	B 10-16A CEE	❶ €45,15
	7ha 100T(80-120m²) 4D	❷ €45,15

E134 nach Haugesund, Straße 47 Richtung Bergen. CP ist dort gut ausgeschildert. 107739

Haukeland, N-5268 / Hordaland

Bratland Camping***
Brattlandsveien 6
9 Apr - 6 Okt
+47 55 10 13 38
post@bratlandcamping.no
N 60°21'07" E 05°26'07"

1	ADEKNOPQRSTU	NXZ 6
2	EIPQRSTUVWXY	ABDEFGHI 7
3	AUW	ABCDFJNQRTW 8
4	JO	FGIJQRT 9
5	ABDN	AFGHKOQU 10
	B 16A	❶ €37,65
	H90 1ha 120T(80-120m²) 37D	❷ €40,65

An der 580 ausgeschildert. Über die E16 oder E39 zu erreichen. 111200

Teilkarte Süd-Norwegen auf Seite 53

Haukeland, N-5268 / Hordaland

Lone Camping A/S***
Hardangerveien 689
3/1 - 31/3, 11/4 - 22/12
+47 55 39 29 60
booking@lonecamping.no

1 ADEKNOPQRSTU — LN 6
2 CEKMPQSUVXY — ABDEFGI 7
3 BJ — ABCDFIJNQR 8
4 JO — FIJR 9
5 ACDEN — AFGKOPQ 10
Anzeige auf dieser Seite B 10-16A — ❶ €41,15
H50 6ha 175T(80-120m²) 40D — ❷ €43,15
N 60°22'26" E 05°27'28"
Über die E16 oder E39 zur 580 östlich von Bergen. Aus Richtung Voss (E16) hinter dem letzten Tunnel, im Kreisel links. Zwischen Indre Arna und Nestun. Ausgeschildert. — 100844

Heidal, N-2676 / Oppland

Jotunheimen Feriesenter****
Heidalsvegen 2930
1 Jan - 31 Dez
+47 90 76 37 38
post@jotunheimenferiesenter.no

1 ADEJMOPQRSTU — NUX 6
2 CIQSXYZ — ABDEFGHI 7
3 AFJUW — ABCDEFJNQRW 8
4 FJO — FJ 9
5 ABDEFKN — HJKNQU 10
B 10A — ❶ €39,15
H700 5ha 100T(80-100m²) 20D — ❷ €45,15
N 61°43'45" E 09°07'15"
Der CP liegt an der 257, 2 km von Straße 51 (Randsverk) entfernt, 30 km von der E6 in Sjoa. — 105856

Hornnes, N-4737 / Aust-Agder

Hornnes Camping****
Stasjonsvegen 18
15 Mai - 15 Sep
+47 37 93 03 05
post@hcamp.no

1 ADEKNOPQRSTU — JLNQSWX 6
2 BCEJQRXYZ — ABDEFGHIK 7
3 A — ABCDEFGIJKNQRTW 8
4 H — QR 9
5 DN — AHJKOQ 10
B 10-16A — ❶ €34,10
H175 2ha 120T(80-100m²) 70D — ❷ €34,10
N 58°33'13" E 07°46'57"
5 km südlich von Evje gelegen, an den Straßen Nr. 9 und 42. Gut ausgeschildert. — 110022

Hovet i Hallingdal, N-3577 / Buskerud

CC€23

Birkelund Camping**
Hovsvegen 50
1 Jan - 31 Dez
+47 47 14 47 14
info@birkelundcamping.no

1 ADEKNOPQSTU — N 6
2 CPQSXYZ — ABCDEFGIK 7
3 ABJMU — ABCDEFJNQRT 8
4 FGHT — FUV 9
5 ABDN — GJKOQU 10
Anzeige auf dieser Seite W 10A — ❶ €35,65
H592 1,3ha 45T(90m²) 14D — ❷ €35,65
N 60°37'08" E 08°13'10"
Auf der 50 von Hol nach Aurland. 8 km hinter der Kreuzung mit der 7. Gut an der linken Wegstrecke zu erkennen. — 117160

Hovin, N-3652 / Telemark

Blefjell camping AS
Hovinvegen 1238
1 Jan - 31 Dez
+47 35 09 91 50
post@blefjellcamping.no

1 ADKNOPQRSTU — MNXY 6
2 BEIJQXY — ABDEFGIK 7
3 A — ABEFJNQUV 8
4 — F 9
5 ADE — AN 10
16A — ❶ €35,15
H575 1,1ha 50T 48D — ❷ €35,15
N 59°48'16" E 09°05'07"
Die 37 von Süden Richtung Rjukan. Auf der alten Straße 364 ist der Camping rechts der Straße am See ausgeschildert. — 124599

Jørpeland, N-4100 / Rogaland

Preikestolen Camping
Preikestol Vegen 97
1 Jan - 31 Dez
info@preikestolencamping.com

1 ADEKNOPQRSTU — JN 6
2 CJPQRSTXYZ — ABDEFG 7
3 AL — ABCDEFJNQRTVW 8
4 JO — 9
5 ABDEFKN — AGJKOQUY 10
16A CEE — ❶ €37,15
H100 4ha 350T(80-120m²) — ❷ €43,15
N 58°59'58" E 06°05'32"
An Straße 13, Straße Richtung 'Preikestolen' folgen, von Tau Ausfahrt 3 km hinter Jørpeland. Von der E39 ist Straße 13 vor Sandnes Richtung Røldal ausgeschildert. — 101572

Kinsarvik, N-5780 / Hordaland

Kinsarvik Camping****
Sandvikvegen 17
1 Jan - 31 Dez
+47 53 66 32 90
evald@kinsarvikcamping.no

1 ADEKNOPQRSTU — KNXYZ 6
2 CGIJKLMPQRSWXY — ABCDEFGIK 7
3 BFGMV — ABEFGIJNQRTW 8
4 FJO — HJOW 9
5 ACDEFGN — ABEJKOQVWY 10
Anzeige auf dieser Seite 10-16A — ❶ €43,15
4ha 82T(80-100m²) 26D — ❷ €43,15
N 60°22'27" E 06°43'07"
Über die 13 nach Kinsarvik. An der Esso Tankstelle in die kleine Seitenstraße und den Schildern folgen. — 116588

Kinsarvik, N-5780 / Hordaland

Mikkelparken Ferietun****
Kinsarvikvegen 64
1 Jan - 31 Dez
+47 53 67 13 13
info@mikkelparken.no

1 ADEKNOPQRSTU — BGKNQSWXYZ 6
2 CGPQTXYZ — ABCDEFGHIK 7
3 BDGJMUV — ABCDEFIJKNQRTUVW 8
4 JOT — AIJ 9
5 DILN — AGIJKOQUXY 10
B 16A — ❶ €45,15
1,8ha 68T(100m²) 36D — ❷ €45,15
N 60°22'34" E 06°43'29"
Der CP liegt an der Wasserseite der Straße Nr. 13 in Kinsarvik. Gut ausgeschildert. — 105806

Teilkarte Süd-Norwegen auf Seite 53

Kongsvinger, N-2210 / Hedmark

Sigernessjoen Familiecamping***
Strengelsrudvegen 1
1 Jan - 31 Dez
+47 40 60 11 22
post@sigernescamp.no
N 60°07'04" E 12°03'09"

1 ADEKNOPQRSTU HLNPQSWXYZ 6
2 AEIJKPQUVXY ABDEFGHIK 7
3 BEJLUX ABCDEFJNQRTW 8
4 FHO FQ 9
5 ABD FIKOPQUWY 10
W 10-16A Preise auf Anfrage
H185 12ha 200T(100-150m^2) 102D

Von Süden her Camping rechts der RV 2 Skotterud-Kongsvinger (17 km nördlich von Skotterud und 8 km südlich von Kongsvinger). 105920

Lillehammer, N-2619 / Oppland

Lillehammer Turistsenter A/S****
Sandheimsbakken 20
1 Jan - 31 Dez
+47 61 25 97 10
post@lillehammerturistsenter.no
N 61°07'35" E 10°26'32"

1 ADEKNOPQRSTU JLNQSW 6
2 ACEILQVWXY ABDEFGHIK 7
3 AGJUV ABCDEFIJNQRTW 8
4 JOT FGIJ 9
5 ABDN AEGHJKOQU 10
WB 10-16A ❶ €39,15
H155 4ha 180T(32-100m^2) 31D ❷ €39,15

E6, Ausfahrt Lillehammer-Nord, rechts Esso-Tankstelle; dieser Straße 800m folgen. 107745

Koppang, N-2480 / Hedmark

Koppang Camping & Hytteutleie****
Koppangveien 56
1 Mai - 30 Sep
+47 62 46 02 34
info@koppangcamping.no
N 61°34'19" E 11°01'01"

1 ADEKNOPQSTU JLNUX 6
2 BCMPQRSUXYZ ABDEFGHIK 7
3 BUX ABCDEFIJNQRTW 8
4 AFGH FJU 9
5 DM ABGIJKNQU 10
B 10-16A ❶ €35,15
H350 5,5ha 100T(75-125m^2) 25D ❷ €35,15

Die RV3 Richtung Koppang über die FV30, direkt vor der großen Brücke links. 105910

Lillesand, N-4790 / Aust-Agder

Tingsaker Familiecamping****
Tingsaker bakken 2
1 Mai - 1 Sep
+47 37 27 04 21
post@tingsakercamping.no
N 58°16'03" E 08°23'41"

1 ADEKNOPQRSTU KNQSWXYZ 6
2 ACGIJKNPQUXY ABDEFGI 7
3 ABV ABEFGHIJKNPQRTVW 8
4 FHJO JOQR 9
5 ABDEGN AGIKOQUY 10
B 10A ❶ €49,70
2,5ha 172T(80-120m^2) 56D ❷ €53,70

Auf der E18 Ausfahrt 84 Richtung Tingsaker. Über die Kreisel der Beschilderung Richtung Tingsaker folgen. 112902

Kragerø, N-3770 / Telemark

Lovisenberg Familiecamping
Lovisenbergveien 86
1 Jan - 31 Dez
+47 35 98 87 77
booking@campingplassen.no
N 58°54'04" E 09°24'28"

1 ADEHKNOPQSTU BGHKNPQSWXY 6
2 EGIJKNQVXYZ ABDEFGHI 7
3 ABGJLV ABCDEFJKNQRTW 8
4 F FJUY 9
5 ABDMN AJKOQU 10
16A ❶ €56,70
22,4ha 69T(90m^2) 162D ❷ €56,70

E18 Ausfahrt Kragerø (die 38). Nach ca. 14 km kurz vor Kragerø-Zentrum, Ausfahrt Lovisenberg. Dann noch 5 km bis zum Ende der Straße. Schmale, kurvenreiche Straße mit kurzen, steilen. 112899

Lindeland/Tonstad, N-4440 / Vest-Agder

Lindeland Camping
RV468
15 Mai - 1 Sep
+47 92 41 91 42
post@lindelandnaturpark.no
N 58°45'36" E 06°44'32"

1 ADEKNOPQRSTU JN 6
2 CLQX ABDEFGHIK 7
3 AGU ABEFJNQT 8
4 FJ EFIQR 9
5 ABN JKNQU 10
16A ❶ €35,15
H200 1,5ha 50T(90m^2) 5D ❷ €35,15

Von Tonstad (Sirdalen), 12 km der 468 in nordwestlicher Richtung folgen. Die Rezeption befindet sich auf der linken Seite der Straße. Der CP rechts. 116666

Kristiansand, N-4639 / Vest-Agder

Kristiansand Feriesenter*****
Dvergsnesveien 571
1 Mai - 30 Sep
+47 90 15 73 18
post@kristiansandferiesenter.no
N 58°07'20" E 08°03'58"

1 ADEKNOPQRSTU HKNPQSWXZ 6
2 GJKMNQRSTUVWXY ABCDEFGIJK 7
3 ABFGJLUVW ABCDFGHIJKNQRTW 8
4 JL FGIJ 9
5 CDEFN BFGHIJKOQUWXY 10
B 16A CEE ❶ €59,20
10ha 40T(70-100m^2) 195D ❷ €59,20

Über die E18, östlich von Kristiansand, Straße 401 folgen. Ausfahrt 91 folgen. CP ist ausgeschildert. 101573

Loen, N-6789 / Sogn og Fjordane

Lo-Vik Camping NAF****
RV60
1 Apr - 20 Okt
+47 57 87 76 19
post@lo-vik.no
N 61°52'03" E 06°50'59"

1 ADEJMOPQRSTU NOQSXYZ 6
2 GIJPQSXY ABDEFGHIJ 7
3 AB ABCDEFGIJNQRTW 8
4 FHJOT FJQT 9
5 DN AHKOQV 10
B 10-16A ❶ €39,65
3,5ha 100T 124D ❷ €39,65

CP liegt an der RV60. Gut ausgeschildert, gegenüber vom Hotel Loen gelegen. 105795

Lærdal, N-6887 / Sogn og Fjordane

CC€23

Lærdal Ferie og Fritidspark****
Grandavegen 5
15 Jan - 15 Dez
+47 57 66 66 95
info@laerdalferiepark.com
N 61°06'02" E 07°28'13"

1 ADEKNOPQRSTU KNQSWXYZ 6
2 GJMNPQWXY ABDEFGHIJK 7
3 ABFGUW ABCDEFJNQRTW 8
4 FHJO GIJQRUVY 9
5 BDGHLN ABHIKOQY 10
Anzeige auf Seite 59 B 16A ❶ €35,15
2ha 100T(80-120m^2) 58D ❷ €40,15

Von der E16 die 5 nehmen. Der CP liegt beim Lærdal-Zentrum und am Strand, genauso wie der Spielpark. 101341

Loen, N-6789 / Sogn og Fjordane

Sande-Camping****
Lodalsvegen 4993
1 Jan - 31 Dez
+47 41 66 91 92
post@sande-camping.no
N 61°51'05" E 06°54'46"

1 ADEKNOPQRSTU LNXZ 6
2 EIJLQSVXY ABCDEFGHIK 7
3 ABM ABCDEFGIJNQRTW 8
4 FHJOTV FIJOQTZ 9
5 ABDEFHIKLN AFHJKOQUXY 10
B 10-16A CEE ❶ €42,65
H50 1,2ha 90T(40-100m^2) 24D ❷ €42,65

Der CP liegt am Ufer vom Loenvatn, zwischen Loen und Kjendal. Entlang der Strecke ausgeschildert. RN60 und FV723. Diese Straße fängt am Alexandra Hotel an. 105794

Loen, N-6789 / Sogn og Fjordane

CC€23

Tjugen Camping***
Lodalsvegen 198
1 Mai - 1 Okt
+47 57 87 76 17
camping@tjugen.no
N 61°52'05" E 06°52'36"

1 ADEKNOPQRSTU N 6
2 CIQSVXY ABDEFGHIK 7
3 ABU ABCDEFGIJNQRTW 8
4 FHJO FJ 9
5 DN AGHJKOQ 10
Anzeige auf dieser Seite B 10-16A ❶ €31,10
2ha 60T(40-100m^2) 31D ❷ €32,60

Ins Zentrum von Loen der FV723 nach Lodalen/Kjendal folgen. Nach 2 km ist der CP auf der linken Seite angezeigt. Diese Straße fängt am Alexandra Hotel an. 111570

Larvik, N-3260 / Vestfold

Gon Camping
Gonveien 100
15 Apr - 15 Sep
+47 94 84 52 33
goncampinglarvik@gmail.com
N 59°01'28" E 10°04'36"

1 ADEHKNOPQRSTU KN 6
2 AGIJPQRSWXY ABDEFGHIJK 7
3 AFG ABCDEFJNQRW 8
4 JO FG 9
5 DE ABIJKNRS 10
10A ❶ €35,15
1,1ha 18T(70-100m^2) 65D ❷ €35,15

Der 303 von Larvik Ri. Sandjefjord folgen. Hinter der Brücke, die über den Fluss Numedalslågen führt, am Kreisel geradeaus auf Gloppeskogen fahren. Das Wohngebiet durchfahren, weiter auf Gonveien. Der Camping befindet sich am Ende der Straße auf der rechten Seite. 122650

Lofthus, N-5781 / Hordaland

Lofthus NAF****
Hellelandsvegen 120
1 Mai - 30 Sep
+47 53 66 13 64
post@lofthuscamping.com
N 60°20'09" E 06°39'27"

1 ADEKNOPQRSTU KNQS 6
2 GIMQUXYZ ABDEFGHIK 7
3 AM ABCDEFJNQRTW 8
4 FJO JQ 9
5 ABDN AHJKOQUY 10
B 10-16A ❶ €35,15
H62 1,7ha 75T(80-100m^2) 19D ❷ €42,15

Der Straße 13 bis nach Lofthus folgen. Dort CP gut ausgeschildert, Zufahrtsstraße sehr schmal. 105807

Lillehammer, N-2609 / Oppland

Lillehammer Camping****
Dampsagvn. 47
1 Jan - 31 Dez
+47 61 25 33 33
resepsjon@lillehammer.camp
N 61°06'09" E 10°27'48"

1 ADEKNOPQRSTU LNQSWXY 6
2 AEJQTWXY ABDEFGIK 7
3 B ABCDEFGJNQRTV 8
4 FHJO FIJV 9
5 ABDN ABFGHJKOPQUY 10
WB 10-16A ❶ €39,65
H129 2ha 320T(38-70m^2) 85D ❷ €39,65

Am Mjøsa-Ufer gelegen, vom Zentrum am Kjøpesenter (McDonald's) am Kreisverkehr links von der E6, Ausfahrt Zentrum. 105896

Teilkarte Süd-Norwegen auf Seite 53

Lom, N-2686 / Oppland

Nissegården Hytter og Aktiviteter cp
Ottadalsveien 6285
1 Jun - 1 Okt
+47 61 21 19 30
post@nissegaard.no
N 61°51'00" E 08°31'40"

1 ADEKNOPQRSTU — **BG**HJL**NX** 6
2 CEIKLQSXY — A**BFI** 7
3 AEU — ABE**F**IJNQR 8
4 FJO — FJQ 9
5 DN — AJKPQU 10
Anzeige auf dieser Seite 10A — ❶ €32,10
H389 4ha 160T 30D — ❷ €32,10

Im Kreisverkehr im Zentrum von Lom Straße 15 in Richtung Grotli. Nach 2,6 km ist der CP rechts der Straße zu sehen. 112315

Lom, N-2686 / Oppland

Nordal Turistsenter****
RV15/RV55
15 Mai - 30 Sep
+47 61 21 93 00
booking@nordalturistsenter.no
N 61°50'22" E 08°34'15"

1 ADKNOPQRSTU — J**N**X 6
2 CIPQUVXY — ABDE**FG**HIK 7
3 AFGUW — ABCDEFGIJNQRTW 8
4 OS**TV** — EFGIJ 9
5 ACDEFGHIKLMN — AFGHIKOQX 10
10A — ❶ €44,15
H360 3,5ha 120T 92D — ❷ €44,15

Gelegen im Zentrum von Lom bei der Tankstelle. 105854

Lunde, N-3825 / Telemark

Telemark Kanalcamping
Slusevegen 21
15 Apr - 31 Okt
+47 91 57 54 21
post@kanalcamping.no
N 59°17'52" E 09°05'27"

1 ADEKNOPQRSTU — JN 6
2 DIPQTWX — ABDE**FG**I 7
3 — ABCDE**F**JNPQR**S**UVW 8
4 FHI — NRV 9
5 D — BFGHJKOPQU 10
Anzeige auf dieser Seite B 10A CEE — ❶ €38,15
H62 5ha 289T(80-150m²) 30D — ❷ €38,15

Richtung Lund und Lunde Sluse befolgen. Campingplatz beschildert. 125091

Mandal, N-4516 / Vest-Agder

Sandnes Camping***
Marnarveien 133
1 Mai - 30 Sep
+47 98 88 73 66
sandnescamping@online.no
N 58°02'35" E 07°29'42"

1 ADKNOPQRST**U** — J**N**XZ 6
2 ACJKLQRTXY — ABDE**FG**HIK 7
3 **L** — ABCD**F**INQRTW 8
4 — FIQRVY 9
5 DN — ABGHKNQUY 10
Anzeige auf dieser Seite B 10-16A — ❶ €35,15
1ha 50**T**(80-120m²) 18D — ❷ €40,15

Über die E39, östlich von Mandal die 455 nehmen. Der Camping an dieser Straße ausgeschildert. 111756

Miland, N-3658 / Telemark

Tinnsjø Camping
Nedre veg 4
1 Jan - 31 Dez
+47 95 03 00 33
post@tinnsjocamping.no
N 59°55'32" E 08°48'04"

1 ADKNOPQRSTU — K 6
2 BGIQXY — A**B**DE**F**IK 7
3 A — ABE**FL**NQUV 8
4 — FI 9
5 DK — A**N** 10
20A — ❶ €28,10
H500 1,1ha 100T(80-120m²) 11D — ❷ €28,10

E134, Ausfahrt 361 Richtung Rjukan/Gransherad. Weiter auf Straße 37. Nach ca. 80 km erreichen Sie den Campingplatz. Er liegt gegenüber des Tinnsjå-Sees und ist ausgeschildert. 125319

Moelv/Ringsaker, N-2390 / Hedmark

Steinvik Camping
Kastbakkvegen 5
1 Jan - 31 Dez
+47 62 36 72 28
info@steinvikcamping.no
N 60°54'57" E 10°42'01"

1 ABDEKNOPQRSTU — HLNQSWXYZ 6
2 AEIJKPQRTWXY — A**B**E**FG**HIK 7
3 B**L** — ABCDE**FI**JNQRTW 8
4 F — JNQT 9
5 ABDKMN — ABFGHJKOQY 10
WB 16A CEE — ❶ €39,65
H144 6,2ha 45T(80-120m²) 91D — ❷ €39,65

Der CP ist an der E6, an der großen Brücke über die Mjøsa. Ausfahrt 76. 111337

Notodden, N-3677 / Telemark

Notodden Camping AS
Reshjemveien 46
1 Jan - 31 Dez
+47 35 01 33 10
notcamp@notoddencamping.com
N 59°33'56" E 09°12'34"

1 AFKNOPQRSTU — N 6
2 AIQXY — ABDEF**GIK** 7
3 A — ABEFJNQUV 8
4 — F 9
5 D — A**N**OQ 10
10A — ❶ €28,10
1ha 50T 21D — ❷ €28,10

E134 von Kongsberg-Seljord ins Zentrum Notodden. Ausfahrt BØ. Erste Straße links. 114585

Olden, N-6788 / Sogn og Fjordane

Oldevatn****
Oldedalsvergen 1015
1 Mai - 30 Sep
+47 57 87 59 15
post@oldevatn.com
N 61°45'31" E 06°48'45"

1 ADEKNOPQRST**U** — L**N**QSWXZ 6
2 CEIMPQSVXY — ABDE**FG**HIK 7
3 BUV — ABCDE**F**IJNQRTW 8
4 **E**FJO — FJQRTVZ 9
5 ABDN — AGHJKOQU 10
B 16A — ❶ €35,15
2,2ha 43T(40-100m²) 30D — ❷ €35,15

Von der Reichsstraße 60 in Olden auf die FV724, Richtung Briksdal. Nach 10 km liegt der CP an einer Brücke. 112314

Olden, N-6788 / Sogn og Fjordane

CC€23

Gryta-Camping***
Oldedalsvegen 1272
1 Mai - 1 Okt
+47 57 87 59 50
gryta@gryta.no
N 61°44'27" E 06°47'27"

1 ACDEKNOPQRSTU — LNQSXYZ 6
2 CEILMPQRSTVXY — ABDE**FG**HIJK 7
3 ABFU — ABCDE**F**IJNQRTW 8
4 **E**FJKO — FJQV 9
5 ABHN — AGHJKOQUY 10
Anzeige auf dieser Seite 10-16A — ❶ €35,15
H57 1,5ha 140T 8D — ❷ €35,15

In Olden die FV 724 Richtung Briksdal. CP nach 12 km, 1. CP linke Straßenseite nach dem Tunnel. 108919

Teilkarte Süd-Norwegen auf Seite 53

Redalen/Gjøvik, N-2825 / Oppland

Sveastranda-Camping****	1 ADEKNOPQRSTU LNQSWXZ 6
Stokkevegen 147	2 AEIJPQWXY ABDEFGHIK 7
1 Jan - 31 Dez	3 BFJLMQU ABCDEFGHIJKNQRTW 8
+47 61 18 15 29	4 FHI FIJQRT 9
resepsjon@sveastranda.no	5 ABDEFN ABFGHJKMOPQU 10
	Anzeige auf dieser Seite WB 10A ❶ €42,65
N 60°53'21" E 10°40'34"	H100 9ha 150T 187D ❷ €42,65

An der RV4 ist der CP ausgeschildert, 12 km nördlich von Gjøvik und 4 km südlich der Mjøsa Brücke. 108951

Olden, N-6788 / Sogn og Fjordane

Olden Camping***	1 ADEKNOPQRSTU LNQXYZ 6
Oldedalsvegen 1296	2 CEILMPQRSVXY ABDEFGHIK 7
1 Mai - 30 Sep	3 ABFU ABCDEFGIJNQRT 8
+47 48 22 69 70	4 F BFIQTVZ 9
post@oldencamping.com	5 ABN AHJKOPQUV 10
	Anzeige auf dieser Seite B 16A CEE ❶ €30,10
N 61°44'20" E 06°47'22"	1ha 65T 10D ❷ €30,10

In Olden FV724 Richtung Briksdal, nach 13 km liegt der CP auf der linken Seite. Achtung: Der 2. CP hinter dem Tunnel ist Olden Camping. 110915

Oslo, N-0766 / Oslo

Topcamp Bogstad****	1 ADEKNOPQRST 6
Ankerveien 117	2 AEJKPQTUWXY ABEFGIJK 7
1 Jan - 31 Dez	3 AJLV ABCDFGIJKNQRTUVW 8
+47 22 51 08 00	4 FJ 9
post@bogstadcamping.no	5 D AGHIJKNPQUY 10
	WB 10A ❶ €61,20
N 59°57'44" E 10°38'33"	H190 16ha 1000T(70-120m²) 53D ❷ €61,20

Von Oslo Richtung Drammen, gut ausgeschildert. Von Hønefoss E16, dann E18 fahren. Ist gut ausgeschildert. Auch am Ring 3. 100848

Ringebu, N-2630 / Oppland

Elstad Camping***	1 ADEKNOPQRSTU JNUXY 6
Gudbrandsdalsvegen 1660	2 ACIJPQXY ABDEFGHI 7
1 Mai - 30 Sep	3 BFGMUW ABCDEFJNQR 8
+47 91 58 71 44	4 FQ 9
post@elstadcamping.no	5 ABDN AKOQU 10
	10-16A ❶ €33,10
N 61°30'07" E 10°10'09"	H250 4ha 100T(100m²) 33D ❷ €34,10

CP gelegen an der E6, Gleich südlich von Ringebu. In beiden Fahrtrichtungen gut ausgeschildert. 105889

Oslo, N-1181 / Oslo

Topcamp Ekeberg***	1 ABDEKNOPQRSTU 6
Ekebergveien 65	2 AIPQUXY ABDEFGHI 7
1 Mai - 1 Sep	3 ABCDEFNQRTW 8
+47 22 19 85 68	4 FH 9
post@ekebergcamping.no	5 ABDEFN AGHIKOQUY 10
	B 10A ❶ €61,20
N 59°53'54" E 10°46'21"	8ha 270T(90-140m²) ❷ €61,20

CP liegt südöstlich vom Oslo-Fjord im Ortsteil Ekeberg. Ab dem Zentrum an der E18/E6 und der großen Ringstraße Nr. 3 ausgeschildert. 105918

Risør, N-4957 / Aust-Agder

Sørlandet Feriesenter****	1 ADEKNOPQSTU BGKNOPQSWXYZ 6
Akvagveien 590	2 GIJNPQTUVXY ABDEFGIK 7
30 Apr - 12 Sep	3 BFGJUV ABCDEFJKNQRTW 8
+47 37 15 40 80	4 AHJO FGIJOR 9
post@sorlandetferiesenter.no	5 ACDFKMN AEHIJKOQU 10
	12A ❶ €49,20
N 58°41'29" E 09°09'48"	5ha 128T(90m²) 138D ❷ €49,20

Von der E18, Ausfahrt Laget. Dieser Straße (N411) 18 km weit folgen. Oder Ausfahrt Risør nehmen (N416) und nach 4 km der N411 Richtung Laget folgen. Dort ist der CP angezeigt. Schmale Straße. 109756

Øvre Eidfjord, N-5784 / Hordaland

Sæbø Camping***	1 ADEKNOPQRSTU LNXYZ 6
Eidfjordvegen 151	2 CELMPQTXYZ ABDEFGHI 7
1 Apr - 30 Sep	3 ABU ABCDFINQRT 8
+47 53 66 59 27	4 H FJQR 9
booking@saebocamping.com	5 ABDN AGJKOQ 10
	10-16A ❶ €28,80
N 60°25'27" E 07°07'25"	3ha 100T(100-120m²) 28D ❷ €31,80

Auf der Straße 13 ca.13 km nach Kinsarvik, am Kreisel im Tunnel vor der Hardangerbrücke, die Straße 7 Ri. Oslo nehmen. Ca. 6 km hinter Eidfjord links abbiegen. Ausgeschildert. 107744

Rjukan/Miland, N-3658 / Telemark

CC€23

Rjukan Hytte og Caravan Park	1 ADEKNOPQSTU 6
Gaustavegen 78	2 BCIPQRSXY ABDFGHIK 7
1 Jan - 15 Okt	3 AL ABCDEFJNQRT 8
+47 35 09 63 53	4 FH FGJ 9
post@rjukanhytte.com	5 ABDN AJKMOPQ 10
	W 10A ❶ €35,65
N 59°54'10" E 08°42'28"	H250 2ha 100T(90m²) 17D ❷ €38,65

Der Camping liegt an der 37 zwischen Rjukan und Miland und ist gut ausgeschildert. 110025

Øyer, N-2636 / Oppland

Topcamp Rustberg AS Hafjell****	1 ADEKNOPQRSTU BGHN 6
Kongsvegen 691 (E6)	2 AIQSVY ABDEFGIK 7
1 Jan - 31 Dez	3 AFGLU ABCDEFGIJNQRTW 8
+47 61 27 77 30	4 FHIJOT FJQ 9
rustberg@topcamp.no	5 ABDMN AHKOQU 10
	WB 10-16A ❶ €45,15
N 61°16'48" E 10°21'35"	H195 10ha 29T(100-105m²) 730D ❷ €45,15

Der CP liegt an der alten Straße. Von Norden Ausfahrt 87. Am Kreisel geradeaus. Noch 7 km. Von Süden Ausfahrt 86. Am Kreisel an der Tankstelle den Parallelweg entlang. 4 km bis zum CP. 108916

Røldal, N-5760 / Hordaland

Røldal Hyttegrend Camping****	1 ADEKNOPQRSTU JN 6
	2 CIQSXY ABDEFGIK 7
E134	3 B ABCDEFJNQRTW 8
+47 90 05 44 64	4 FHJOS J 9
adm@roldal-camping.no	5 DN AJKOQU 10
	Anzeige auf Seite 61 WB 16A ❶ €28,10
N 59°49'51" E 06°49'40"	H390 0,5ha 50T(100m²) 16D ❷ €28,10

Über die Straße E134 nach Røldal, bei der Brücke CP-Schildern folgen. Hinter der Kirche, auf der linken Seite. 105812

Teilkarte Süd-Norwegen auf Seite 53

Røldal, N-5760 / Hordaland

Seim Camping Røldal***
Seimsveien 33
1 Mai - 30 Nov
+47 45 88 76 91
seim@seimcamp.no

1 ADEKNOPQRSTU	LNQX	6
2 EIJLPQXY	ABDEFGIK	7
3 AG	ABCDEFIJNQRT	8
4 FHJO	FGJQR	9
5 ADN	AJKOQ	10

Anzeige auf dieser Seite B 16A — ❶ €32,10
H375 2ha 70T(100-120m²) 8D — ❷ €32,10
N 59°49'48" E 06°48'38"
An der E134. In Røldal fahren Sie in die Straße die am dichtesten an der Shell-Tankstelle ist. Gut ausgeschildert. 111371

Sandane, N-6823 / Sogn og Fjordane

Gloppen Cp. og Fritidssenter****
Sorstrandsvegen 195
1 Jan - 31 Dez
+47 94 80 03 09
post@gloppen-camping.no

1 ADEKNOPQRSTU	BGKNQSWXZ	6
2 CGIJQRSWXY	ABDEFGHI	7
3 ABFLU	ABCDEFGIJKNQRTW	8
4 EJ	FIJQVY	9
5 BDEMN	AFGHIJKOQU	10

Anzeige auf dieser Seite B 10-16A — ❶ €30,10
3,2ha 30T 99D — ❷ €30,10
N 61°46'04" E 06°11'47"
E39, Ausfahrt Sandane, Straße Nr. 615 Richtung Florø. 2 km vom Zentrum entfernt, gut beschildert. 109506

Stathelle, N-3961 / Telemark

Rognstranda Camping*****
Rognsveien 146
1 Mai - 31 Aug
+47 35 97 39 11
post@rognstrandacamping.no

1 ADEKNOPQST	KNPQS	6
2 AGIJKMNQX	ABDEFGHIJK	7
3 ABF	ABCDEFGIJKNQRTW	8
4 H	F	9
5 ABD	AGHIJKNSTU	10

B 10A CEE — ❶ €55,20
3,4ha 80T(80-120m²) 135D — ❷ €55,20
N 59°00'57" E 09°42'03"
Auf der E18 nehmen Sie die Ausfahrt Stathelle nach Europaveien. Der Campingplatz ist dort ausgeschildert. 122321

Seljord, N-3840 / Telemark

CC€23

Seljord Camping****
Manheimstrondi 61
1 Jan - 31 Dez
+47 35 05 04 71
post@seljordcamping.no

1 ADEKNOPQSTU	LNQSWXYZ	6
2 EIJPQRSVXY	ABDEFGHI	7
3 BGMU	ABCDEFJNQRT	8
4 FHJO	FJQRTVY	9
5 ABDN	AHJKOQ	10

Anzeige auf dieser Seite B 16A — ❶ €36,15
H480 3ha 180T(90m²) 81D — ❷ €36,15
N 59°29'13" E 08°39'13"
Die E134, Ausfahrt RV36 Richtung Seljord/Bø/Skien, nach 500m liegt der CP auf der rechten Seite. 105873

Skjåk, N-2690 / Oppland

Bispen NAF***
Bispenvegen 4
1 Jun - 15 Sep
+47 41 43 61 08
bispen@online.no

1 ADEKNOPQRSTU	NX	6
2 BCIPQRSXYZ	ABCDEFGHIK	7
3 BNRUW	ABCDEFGIJNQRTVW	8
4 FJO	FJ	9
5 BDN	JKOQVY	10

B 10-16A — ❶ €31,10
H400 8ha 92T 90D — ❷ €31,10
N 61°52'52" E 08°16'39"
Einfahrt zum CP liegt an der Straße 15. Gut ausgeschildert in beiden Richtungen, ca. 20 km hinter Lom Richtung Grotli, in Bismo. 105852

Stavanger, N-4021 / Rogaland

Mosvangen Camping Stavanger
Mosvangen 15
1 Jan - 31 Dez
+47 51 53 29 71
info@stavangercamping.no

1 ADEKNOPQRSTU	BG	6
2 ABEPQTUWXYZ	ABDEFGHIJK	7
3 BL	ABCDEFGINQRTW	8
4 FHJRT	AFV	9
5 ACDHN	AGHKOQUV	10

B 16A CEE — ❶ €40,15
2,5ha 190T(50-60m²) 12D — ❷ €50,20
N 58°57'10" E 05°42'49"
Auf der E39 von Sandnes Richtung Stavanger ist der Campingplatz Mosvangen mit CP-Schildern ausgeschildert. 105817

Sogndal, N-6856 / Sogn og Fjordane

Kjørnes****
RV5
1 Jan - 31 Dez
+47 97 54 41 56
camping@kjornes.no

1 ADEKNOPQRSTU	KNQSWXYZ	6
2 GIKMNPQSTUVXY	ABCDEFGHIK	7
3 A	ABCDEFGIJKNQRTW	8
4 FHJO	FIJW	9
5 ABDN	AFGHJKOQU	10

B 16A — ❶ €43,15
2ha 140T(80-120m²) 24D — ❷ €45,15
N 61°12'41" E 07°07'16"
Von der Fähre in Manheller Richtung Sogndal über die RV5. Camping 3 km vor Sogndal ausgeschildert. Von Sogndal Richtung Kaupanger rechts der Strecke. 105834

Sømådalen, N-2448 / Hedmark

Johnsgård Turistsenter A/S
Langsjøveien 631
1/1 - 30/4, 1/6 - 31/10
+47 62 45 99 25
post@johnsgard.no

1 ADEKNOPQSTU	LNQSUVXYZ	6
2 BEIMQSUVXY	ABCDEFGHIK	7
3 BGUVW	ABCDEFGHIJNQRTW	8
4 FJOT	FJNOQR	9
5 ABDN	AGHJKNPQUY	10

WB 16A — ❶ €35,15
H721 3,3ha 40T(100m²) 43D — ❷ €35,15
N 62°08'42" E 11°37'00"
Der CP ist in Sømådalen an der RV26 ausgeschildert. 6 km über einen unbefestigten, aber gut befahrbaren Weg. 105905

Teilkarte Süd-Norwegen auf Seite 53

Stryn, N-6783 / Sogn og Fjordane

Strynsvatn Camping****
Strynevegen 1081
1 Mai - 30 Sep
+47 57 87 75 43
camping@strynsvatn.no
N 61°55'54" E 06°55'18"

1 ADEJMOPQRSTU	LNQSWXZ	6
2 CEIJMPQSVXY	ABDEFGHI	7
3 ABDFGMUW	ABCDEFGIJNQRTU	8
4 FJOQST	FIJOQRTV	9
5 ABEGIKN	ABEFGHJKOPQUY	10
WB 16A		❶ €37,15
1,6ha 50T(50-100m^2) 120D		❷ €37,15

An der Strynsvatn, von Stryn über Straße 15 zu erreichen, ca. 12 km von Stryn-Zentrum entfernt.
105793

Vang i Valdres, N-2975 / Oppland

Bøflaten Camping****
Tyinvegen 5335
1 Jan - 31 Dez
+47 90 60 04 89
info@boflaten.com
N 61°07'50" E 08°32'40"

1 ADEKNOPQSTU	JLNQSWXYZ	6
2 ACEIMPQRSXYZ	ABCDEFGIJK	7
3 AFM	ABCDEFGIJNQRT	8
4 EFH	FIJQRU	9
5 ABDNO	AHJKOPQU	10
WB 16A		❶ €35,15
H460 3ha 150T(90m^2) 32D		❷ €35,15

An der E16 Fagernes-Lærdal. In Vang ausgeschildert.
105859

Tretten, N-2635 / Oppland

Mageli Camping og hytter A/S****
Kongevegen 2220 (E6)
1 Jan - 31 Dez
+47 61 27 63 22
info@magelicamping.no
N 61°22'02" E 10°17'05"

1 ADEKNOPQRSTU	BGLNXZ	6
2 ACIJMPQSVXY	ABCDEFGHIK	7
3 BFU	ABCDEFGJNQRTW	8
4 JO	FJQRT	9
5 ABDG	AGHKOQUY	10
W 16A		❶ €43,65
H200 6ha 100T(90-100m^2) 175D		❷ €43,65

Der CP liegt an der E6, gut sichtbar beschildert, 6 km nördlich von Tretten-Zentrum.
105892

Vik, N-6893 / Sogn og Fjordane

Vik**
Fjordavegen 12
10 Mai - 30 Sep
+47 57 69 51 25
grolilje@hotmail.com
N 61°05'20" E 06°34'42"

1 AKNOPQRSTU	KNQSWXY	6
2 GIJNPQXY	ABDFGI	7
3 A	ABEFNQRW	8
4 F	FJ	9
5 DEGN	AJKOQ	10
10A		❶ €25,10
1,5ha 40T 8D		❷ €27,10

Der CP ist in Vik an der Bundesstraße 13 ausgeschildert.
105800

Trøgstad/Båstad, N-1860 / Østfold

Olberg Camping***
Sandsveien 4
1 Jan - 31 Dez
+47 41 76 56 72
camping@olberg.no
N 59°41'22" E 11°17'33"

1 ADEKNOPQRSTU		6
2 IPQXY	ABDEFGHIK	7
3 A	ABEFIJNQRTW	8
4 AF	F	9
5 DN	FGJKNQU	10
W 16A		❶ €28,10
H250 1ha 41T(100-140m^2) 7D		❷ €28,10

An der E18, in Mysen RV22 Richtung Lillestrøm, nach 16 km ist der CP ausgeschildert.
108917

Vinje, N-3890 / Telemark

Groven Camping og Hyttegrend AS***
Raulandvegen 41
1 Jan - 31 Dez
+47 90 95 64 84
post@grovencamping.no
N 59°34'21" E 07°59'31"

1 ADKNOPQSTU	JLN	6
2 BCEPQRSUVXY	ABDEFGHI	7
3 BMU	ABCDEFJNQRT	8
4 FHJOQT	FJQ	9
5 ABDEGKN	AFGHJKOQU	10
B 16A		❶ €35,15
H460 9ha 60T(90m^2) 20D		❷ €35,15

Straße 11, etwa auf halber Strecke zwischen Haukeligrend und Seljord im Ort Åmot Ausfahrt zur Straße 37, CP nach 300m.
105837

Trysil, N-2420 / Hedmark

Trysilelva Camping**
Bygdervegen 385
1 Jan - 31 Dez
+47 90 56 11 73
info@trysilelvacamping.no
N 61°18'14" E 12°16'28"

1 ADEKNOPQRSTU	JNUX	6
2 CPQSXY	ABDEFIK	7
3 AFGL	ABCDEFNQR	8
4 FHI	F	9
5 D	AHJKOQU	10
W 16A		❶ €35,15
H500 4ha 70T(80-100m^2) 74D		❷ €35,15

Der CP ist an der Straße 26 ausgeschildert und liegt 1 km hinter Trysil-Zentrum gegenüber dem Hotel.
100843

Voss, N-5700 / Hordaland

Tvinde Camping***
Tvinnevegen 13
1 Apr - 1 Okt
+47 56 51 69 19
tvinde@tvinde.no
N 60°43'33" E 06°29'23"

1 ADEKNOPQRSTU	N	6
2 CPQUVXY	ABDEFGHIK	7
3 AU	ABFJNQRW	8
4	FI	9
5 N	AHJKOQ	10
10A		❶ €35,15
H100 1,2ha 50T 24D		❷ €39,15

Tvinde Camping liegt auf halben Weg zwischen Voss und Vinje an der E16, gut ausgeschildert. Neben dem großen Wasserfall.
105803

Tunhovd, N-3544 / Buskerud

Tunhovd Familiecamping
1 Jan - 31 Dez
+47 47 39 56 12
tfc@tunhovd-familiecamping.no
N 60°27'17" E 08°44'41"

1 AEKNOPQSTU	JN	6
2 BCQSVXY	ABDEFIK	7
3 AU	ABEFNQR	8
4 JS	F	9
5 DMN	JKOQ	10
16A		❶ €28,10
H749 4ha 65T(90m^2) 70D		❷ €28,10

Rødberg-Nesbyen den Wegweisern Tunhovd folgen. In Tunhovd CP-Schildern folgen. Von Geilo aus die 40. Bei Tunhovd die 120. CP liegt an dieser Straße.
105870

Voss, N-5701 / Hordaland

Voss Camping
Prestegardsmoen
1 Mai - 1 Okt
+47 56 51 15 97
post@vosscamping.no
N 60°37'29" E 06°25'21"

1 ADEKNOPQRSTU	EGHLNQSX	6
2 BELPQSTWYZ	ABDEFGIK	7
3 BFG	ABCDFJNQRVW	8
4	F	9
5 DN	HIJKOQUW	10
10A		❶ €41,65
1ha 40T(30-100m^2) 7D		❷ €41,65

Über die 13 oder E16 nach Voss. Der Beschilderung ins Zentrum Voss folgen. In Voss an der Kreuzung links und dann rechts. Weiter den Schildern folgen. An einer Schule und einem Friedhof.
112997

Tynset, N-2500 / Hedmark

Tynset Rom & Camping***
Brügata 21
1 Jan - 31 Dez
+47 62 48 03 11
post@tynsetcamping.no
N 62°16'45" E 10°46'26"

1 ADEJMOPQRSTU	NUXY	6
2 CPQSXY	ABFGHIK	7
3 X	ABCDEFJNQRW	8
4	FGJ	9
5 DFJN	KOQ	10
WB 16A		❶ €36,15
H500 2ha 60T(70-100m^2) 27D		❷ €36,15

CP liegt in Tynset, in der Nähe der Glommabrücke (RV30).
105885

Vågå, N-2680 / Oppland

CC€23

Randsverk Camping
Fjellvegen 1972
1 Mai - 4 Okt
+47 97 50 30 81
post@randsverk.no
N 61°43'49" E 09°04'54"

1 ADEKNOPQRSTU	N	6
2 IPQRSTVX	ABCFGIJK	7
3 AFU	ABCDEFGIJNQRT	8
4 FHJO	FJUW	9
5 ABDFGHIJKMN	AGIJKOPSTU	10
Anzeige auf dieser Seite B 16A		❶ €39,65
3ha 80T(80-100m^2) 65D		❷ €39,65

Liegt an der RV51 direkt an der Kreuzung zur 257, 27 km südlich von Vågåmo.
115168

ACSI Detailkarte

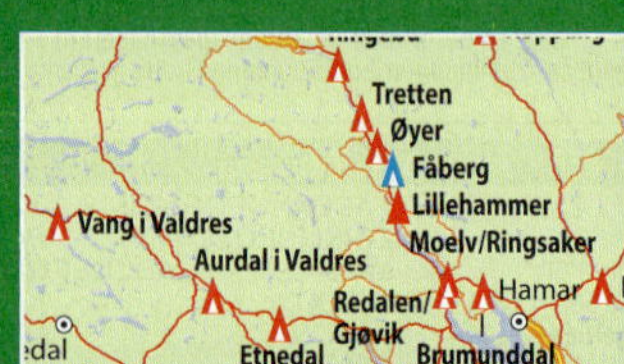

Die Orte in denen die Plätze liegen, sind auf der Teilkarte **fett** gedruckt und zeigen ein offenes oder geschlossenes Zelt. Ein geschlossenes Zelt heißt, dass mehrere Campingplätze um diesen betreffenden Ort liegen. Ein offenes Zelt heißt, dass ein Campingplatz in oder um diesen Ort liegt.

Teilkarte Süd-Norwegen auf Seite 53

Mittel-Norwegen

Åndalsnes, N-6300 / Møre og Romsdal

Åndalsnes Camping og Motell AS*****
Gryttenveien 127
1 Mai - 30 Sep
+47 71 22 16 29
epost@andalsnes-camping.no
N 62°33'08'' E 07°42'14''

1 ADEKNOPQRSTU JNQS 6
2 CIJKPQSTWXYZ ABDEFGHIJ 7
3 AKL ABCDEFGJNQRTW 8
4 EFHJO FGIJVY 9
5 ADFGKMN AIJKOQU 10
10-16A ❶ €35,15
6ha 120T 77D ❷ €35,15

CP ist gut ausgeschildert ab der E136 und liegt am Fluss Rauma, an der großen Brücke, 1,5 km vom Zentrum entfernt. 100838

Åndalsnes, N-6300 / Møre og Romsdal

Mjelva Camping og Hytter****
Gamle Romsdalvegen 342
1 Mai - 30 Sep
+47 71 22 64 50
post@mjelvacamping.no
N 62°32'41'' E 07°43'17''

1 ADEKNOPQRSTU NUVX 6
2 IPQRSXYZ ABDEFGHI 7
3 ABJL ABCDEFHIJNQRTVW 8
4 FHJO FJUVY 9
5 ABDHN ABHIJKOPQU 10
B 16A ❶ €35,15
3,5ha 93T(40-100m²) 19D ❷ €37,15

Der CP liegt 3 km südlich von Åndalsnes an der E136. Der CP ist gut ausgeschildert. 105822

Åndalsnes, N-6300 / Møre og Romsdal

Trollveggen Camping***
Romsdalvegen 9241
10 Mai - 20 Sep
+47 40 09 20 02
post@trollveggen.no
N 62°29'37'' E 07°45'41''

1 ADEKNOPQRSTU NX 6
2 CIPQSVWXY ABCDEFGI 7
3 ABLW ABCDEFGHIJNQRTW 8
4 F J 9
5 BDN ABGHJKOQU 10
Anzeige auf dieser Seite B 10A ❶ €33,10
4ha 70T(100-150m²) 4D ❷ €35,15

An der E136, aus Richtung Dombås finden Sie den CP 10 km vor Åndalsnes auf der linken Seite. 107741

Bosberg/Trondheim, N-7070 / Sør-Trøndelag

Flakk Camping***
Flakkvegen 49
1 Mai - 1 Sep
+47 94 05 46 85
contact@flakk-camping.no
N 63°27'00'' E 10°12'10''

1 ADEKNOPQRSTU KN 6
2 GLMPQXY ABDEFGI 7
3 AL ABEFQRT 8
4 AF 9
5 DN AJKNST 10
B 10-16A ❶ €38,15
2,3ha 48T(50-100m²) 25D ❷ €46,15

Der Camping liegt 10 km westlich von Trondheim-Mitte am Fjord. Von Trondheim aus der 715 Richtung Fosen folgen. Von Süden her (E6) die 707 nehmen. Einfahrt neben der Wartereihe zur Fähre. Gut angezeigt. 121499

Bud, N-6430 / Møre og Romsdal

Pluscamp Bud****
Prestegardsvegen 89
12 Apr - 1 Okt
+47 94 07 51 90
post@budcamping.no
N 62°54'13'' E 06°55'41''

1 ADEKNOPQRSTU KLNOPQSXYZ 6
2 EGIJPQRSTX ABDEFGHI 7
3 A ABCDEFGJNQRW 8
4 FHJKO FJOR 9
5 DN AHJKOQU 10
B 10-16A ❶ €29,10
1ha 200T 46D ❷ €29,10

Von Molde die 64/663/664 nach Bud. Von Kristiansund den Tunnel nach Bremsnes. Die 64 bis Vevang, dann die 663 bis Farstad und FV235 nach Bud. 113278

Eidsbygda, N-6350 / Møre og Romsdal

Saltkjelsnes***
Norvikvegen 44
1 Apr - 1 Okt
+47 71 22 39 00
camping@saltkjelsnes.no
N 62°35'13'' E 07°31'51''

1 ADEJMOPQRSTU KNQSWXYZ 6
2 GIJMNQRSUVXY ABDEFGHIJ 7
3 AB ABCDEFGHIJNQRTW 8
4 FJO FJO 9
5 ABDN AFGHJKOQ 10
B 10-16A ❶ €32,10
1,5ha 40T 30D ❷ €35,15

CP liegt an der 64 zwischen Lerheim und Eid. Gut ausgeschildert mit CP-Schildern (Rödvenfjorden). 105820

Eidsdal, N-6215 / Møre og Romsdal

Solvang Camping
Eidsdalsvegen 891
1 Jun - 30 Sep
+47 99 40 44 10
solvangwhcamping@gmail.com
N 62°11'44'' E 07°08'26''

1 ADEKNOPQRSU JLN 6
2 CEIPQSUVXY ABDEFGHI 7
3 ABU ABEFJNQR 8
4 FHO FJ 9
5 ABDEFKN AGHIJKNQU 10
10-16A ❶ €26,10
H425 2,1ha 50T(40-100m²) 19D ❷ €26,10

Von der Fähre aus nach 10 km ist der CP rechts. Von Geiranger aus nach 15 km hinter dem See links. 115153

Geiranger, N-6216 / Møre og Romsdal

Geiranger Camping**
Maråkvegen 59
1 Mai - 30 Sep
+47 70 26 31 20
post@geirangercamping.no
N 62°05'59'' E 07°12'15''

1 ADEKNOPQRSTU KNUXYZ 6
2 CGIMPQSTX ABDEFGHI 7
3 AU ABCDEFINQRT 8
4 Q 9
5 ABDN AHKOQY 10
B 10-16A CEE ❶ €35,15
1,5ha 158T 15D ❷ €38,15

Gelegen am Geirangerfjord, 500m von der Fähre Geiranger-Zentrum an der 63. 105829

Teilkarte Mittel-Norwegen auf Seite 63

Harran, N-7873 / Nord-Trøndelag

Harran Camping***
E6
1 Jan - 31 Dez
+47 74 33 29 90
harrancamping@gmail.com

1 ADEKNOPQRST	JN	6
2 ACPQRXY	ABDEFGIK	7
3 AGU	ABEFJNQRT	8
4 FJO	FG	9
5 DN	AHJKNQY	10
B 16A		① €36,15
H79 6ha 72T 23D		② €36,15

N 64°33'32" E 12°28'58"
Auf der E6: 14 km nördlich von Grong ist der CP bei der Tankstelle ausgeschildert.
111381

Malvik, N-7563 / Sør-Trøndelag

Storsand Gård Camping****
E6, Storsandveien 1
16 Mai - 1 Sep
+47 73 97 63 60
post@storsandcamping.no

1 ADEKNOPQRST	KNQSXZ	6
2 AGJLNPQRTUVXY	ABDEFGHIK	7
3 ABF	ABCDEFGIJKNQRTUW	8
4 JO	FIJ	9
5 ABDGN	ABGHIJKOQU	10
B 16A		① €40,15
9ha 330T(50-100m²) 72D		② €45,15

N 63°25'57" E 10°42'28"
Von Trondheim aus der E6 bis Ausfahrt 45. Danach Ausfahrt Vikhammer nehmen und der alten E6 bis Malvik folgen. Camping ist ausgeschildert.
105960

Namsos, N-7805 / Nord-Trøndelag

Namsos Camping****
Flyplassvegen 10
1 Jan - 31 Dez
+47 74 27 53 44
booking@namsos-camping.no

1 ADEKNOPQRSTU	JNY	6
2 CEIJQRSTWXY	ABDEFGHIK	7
3 BJLX	ABCDEFJNQRUVW	8
4 FHJO	FTY	9
5 DN	BFGHIJKOQU	10
B 16A CEE		① €37,15
3,9ha 60T(100-120m²) 21D		② €37,15

N 64°28'26" E 11°34'39"
Der CP liegt beim Flughafen von Namsos 4 km hinterm Dorf Richtung Grong (17). Deutlich ausgeschildert.
105954

Oppdal, N-7340 / Sør-Trøndelag

Granmo Camping***
Dovreveien 638
1 Jan - 31 Dez
+47 99 64 29 47
granmo@oppdal.as

1 ADEKNOPQRSU	JNUVX	6
2 ACPQSXY	ABDEFGIK	7
3 BFLUX	ABCDEFIJNQRTVW	8
4 AEFJKO	FIJ	9
5 ABDEHN	ABGHIJKOQU	10
WB 16A		① €32,10
H500 3,5ha 60T(100m²) 140D		② €42,15

N 62°32'52" E 09°37'45"
Gelegen an der E6, 6,5 km südlich von Oppdal. Gut ausgeschildert.
105848

Ørskog, N-6240 / Møre og Romsdal

Fjellstova Ørskogfjellet
Ålesundvegen 213
1 Jan - 31 Dez
+47 70 27 03 03
info@fjellstova.no

1 ADEKNOPQRSTU	N	6
2 EIPSTX	ABDFGIJK	7
3 AHILU	ABCDEFGIJNQRTW	8
4 EFHIJ	F	9
5 ADEFHJKN	AFHIOPQY	10
W 10A		① €17,55
H350 0,2ha 35T(80m²) 22D		② €17,55

N 62°13'15" E 06°54'55"
Der Campingplatz liegt an der Straße E39/E136, 6 km nördlich von Sjøholt in Richtung Andalsnes. Der Campingplatz ist ausgeschildert.
125312

Røra/Inderøy, N-7670 / Nord-Trøndelag

Koa Camping
Røravegen 665
1 Jan - 31 Dez
+47 91 75 01 17
epost@koa-camping.no

1 ADEKNOPQRSTU	KNQSWX	6
2 AGIMNQRSTVXY	ABDFGHIK	7
3 LX	ABEFJNQRW	8
4 FH	FGJORTV	9
5 DN	AGHKOQUV	10
16A		① €37,65
3ha 50T(50-80m²) 42D		② €37,65

N 63°50'22" E 11°24'34"
E6 vom Süden in den Norden, ca. 3 km vor Røra. Deutlich ausgeschildert. CP links der Strasse.
105957

Røros, N-7374 / Sør-Trøndelag

Røros Camping***
Havsjøveien 131
1 Jan - 31 Dez
+47 72 41 06 00
roroscamping@gmail.com

1 ADKNOPQRSTU	JNX	6
2 CPQSUXY	ABCDEFGHIK	7
3 ALX	ABEFJNQW	8
4 JO	FGJ	9
5 D	AHKOQ	10
W 10A		① €38,15
H600 2,5ha 50T 24D		② €38,15

N 62°34'03" E 11°21'06"
Der CP liegt an der RV30, von Tynset 2,3 km vor Røros-Zentrum. Gut sichtbar ausgeschildert.
105902

Runde, N-6096 / Møre og Romsdal

Goksøyr Camping
Goksøyrvegen 51
1 Jan - 31 Dez
+47 70 08 59 05
camping@goksoyr.no

1 DEKNOPQRSTU	N	6
2 GINQSTUX	ABDEFGIK	7
3	AEFJNQRT	8
4 AFJO	ADF	9
5 ABDH	AFN	10
16A CEE		① €21,60
1ha 70T(20-45m²) 78D		② €24,60

N 62°24'15" E 05°37'27"
Über die 654 über diverse schmale Brücken und Inseln zur Insel Runde fahren. Der Beschilderung Runde Fuglefjell folgen und den Weg bis zum Ende durchfahren.
112877

Steinkjer, N-7732 / Nord-Trøndelag

Føllingstua***
Haugåshalla 6
1 Jan - 31 Dez
+47 90 27 49 95
post@follingstua.no

1 ADEKNOPQRSTU	LNXYZ	6
2 ACEIMPQRTWXY	ABFGI	7
3 AFJ	ABEFNQRW	8
4 FHO	FGJQR	9
5 ABDEHK	AJKOQUY	10
16A		① €34,60
H83 3ha 75T(50-80m²) 28D		② €34,60

N 64°06'36" E 11°34'35"
Direkt an der E6, 13 km nördlich von Steinkjer. CP ist gut ausgeschildert.
121501

Stiklestad/Verdal, N-7650 / Nord-Trøndelag

Stiklestad Camping AS
Vukuveien 261
15 Mai - 15 Sep
+47 90 16 66 49
post@stiklestadcamping.no

1 ADEKNOPQSTU	N	6
2 ACQXY	ABFGHI	7
3 A	ABEFNQR	8
4 JO	F	9
5 D	AJKO	10
16A		① €31,10
29ha 80T 19D		② €31,10

N 63°46'41" E 11°34'45"
CP liegt an der 757 (Ausfahrt E6 Stiklestad). Dem braunen Schild zum Kulturzentrum folgen. Am Kreisel Stiklestad Nasjonale Kultursenter rechts. Nach 2 km CP angezeigt.
120926

Stordal, N-6250 / Møre og Romsdal

Stordal Camping
Sandvikgata
1 Jan - 31 Dez
+47 40 48 98 70
stordalcamping@outlook.com

1 ADEKNOPQRSTU	JKNXZ	6
2 CGIKLPQRSXY	ABDEFGHIK	7
3 ABU	ABCDEFJNQRW	8
4 F	FIOY	9
5 DEN	HIJKNRSX	10
10-16A		① €27,10
3,5ha 19T 42D		② €27,10

N 62°22'43" E 06°59'05"
In Stordal ist der CP deutlich in beiden Richtungen an der 650 angezeigt.
114589

Stranda, N-6200 / Møre og Romsdal

Koie Visit Stranda****
Strandvegen 17
1 Jan - 31 Dez
+47 45 16 40 00
booking@koiestay.no

1 ADEKNOPQRSTU	KNXY	6
2 ACGNPQSTXYZ	FGHIJK	7
3 ABU	ABCEFGHIJKNPQRTW	8
4 O	GHJ	9
5 HN	BCJKOQUXY	10
B 10A CEE		① €39,15
3ha 20T(40-100m²) 44D		② €39,15

N 62°18'23" E 06°56'51"
Camping gut ausgeschildert und liegt am Überfahrtkai von Stranda.
122312

Tresfjord/Vikebukt, N-6392 / Møre og Romsdal

CC€23

Fagervik Camping
Daugstadvegen 630
15 Mai - 1 Okt
+47 99 29 07 22
info@fagervikcamping.no

1 DEKNOPQRSTU	KNSWXY	6
2 BCGILMQTVXY	ABFGIK	7
3 AGSU	ABCDEFGIJNQRT	8
4 F	DFJOQV	9
5 DN	AFHJKNQU	10
B 8-16A		① €31,10
3ha 50T(40-100m²) 22D		② €34,10

N 62°32'31" E 07°08'58"
Von Vikebukt aus links vor der neuen Mautbrücke nach Tresfjord. Von Vestnes aus rechts vor der neuen Mautbrücke nach Tresfjord vorbei.
122095

ACSI Geografisch suchen

Schlagen Sie Seite 48 mit der Übersichtskarte dieses Landes auf. Suchen Sie das Gebiet Ihrer Wahl und gehen Sie zur entsprechenden Teilkarte. Hier sehen Sie alle Campingplätze auf einen Blick.

Nord-Norwegen

Alta/Øvre Alta, N-9518 / Finnmark

Alta River Camping AS***
Steinfossveien 5
1 Jan - 31 Dez
+47 94 03 27 79
post@alta-river-camping.no

1 ADEKNOPQRSTU	**N** 6
2 CIQRSXY	ABCDE**FG**HIJK 7
3 A**L**	ABCDEFJNQRW 8
4 FHJO**T**	FGIVWY 9
5 BDN	AGHJKOQU 10
W 16A	① €30,10
1,5ha 60**T** 28**D**	② €33,10

N 69°55'47" E 23°15'46"

105942

Camping an der E45/RV93 ausgeschildert, von Alta Richtung Kautokeino. Auch an der E6 von Süden kommend beschildert. Alta River Camping ist der erste CP links. Von Norden her über die E6 den Schildern E45 folgen.

Alta/Øvre Alta, N-9518 / Finnmark

CampAlta AS***
Steinfossveien 25
15 Mai - 15 Sep
+47 40 07 73 99
post@campalta.no

1 ADEKNOPQRSTU	J**N**U 6
2 CJMQRSXY	ABDE**FG**HIK 7
3 BLX	ABCDEFJNPQRW 8
4 **AE**FJO	FJ 9
5 DN	AFGHJKOQU 10
B 16A	① €34,10
2ha 70**T** 20**D**	② €37,15

N 69°55'40" E 23°16'08"

105943

Der Camping liegt am Seitenweg der E45/RV93, 4 km südlich von Alta, zwischen Alta und Kautokeino. Die Schilder an der E45/RV93 verweisen auf 3 Campings: CampAlta ist der zweite CP links auf diesem Seitenweg.

Alta/Øvre Alta, N-9518 / Finnmark

Alta Strand Camping & Apartment AS****
Steinfossveien 29
1 Jan - 31 Dez
+47 91 23 33 33
folke_strand@hotmail.com

1 ADEKNOPQRSTU	J 6
2 CIQRSXY	ABDE**FG**HIK 7
3 AF**JL**M	ABCDEFGHIJKNPQRSTUVW 8
4 FHJO**T**	FIJVY 9
5 ABDN	AGHJKOQUY 10
WB 16A	① €31,10
2,3ha 80**T** 41**D**	② €37,15

N 69°55'39" E 23°16'15"

111383

Der CP liegt am Seitenweg der E45/RV93, 4 km südlich von Alta, zwischen Alta und Kautokeino. Die Schilder an der E45/RV93 verweisen auf 3 Campings: Alta Strand ist der dritte CP links auf diesem Seitenweg.

Ballangen, N-8540 / Nordland

Ballangen Camping****
E6
1 Jan - 31 Dez
+47 76 92 76 90
post@ballangencamping.com

1 ADEKNOPQRST	**BG**HKNOPQSW**X**Y 6
2 CGIJMPQRSTWXY	AB**C**DE**FGI**J 7
3 BFG**HIJ**MU	ABCDEFGHIJKNPQRTW 8
4 FHJ**T**	FJNOQR 9
5 ABDEFGHLN	BGHJKOPQUY 10
B 16A CEE	① €38,15
9ha 130**T**(90-100m²) 56**D**	② €38,15

N 68°20'20" E 16°51'30"

105932

Von Ballangen Richtung Narvik über die E6. Nach 4 km sieht man links den Fjord und den Camping, der mit einem großen blauen Schild an der Einfahrt angezeigt ist.

Norwegen

Bjerka, N-8643 / Nordland

Bjerka Camping***
Nergardsgata 27
20 Mai - 10 Sep
+47 75 19 05 47
post@bjerkacamping.no
N 66°09'05'' E 13°50'26''

1 ADEKNOPQRSTU JNX 6
2 ACGIPQRSXY ABDEFGHI 7
3 AU ABEFJNQRSW 8
4 HIJ FJW 9
5 BDEIN AHJKNQ 10
16A ① €30,10
1,8ha 50T 25D ② €30,10

In Bjerka an der E6 ausgeschildert. Gegenüber Garagenbetrieb. 105945

Bleik, N-8481 / Nordland

Midnattsol Camping Bleik A/S
Fiskeværsveien 1
1 Jan - 31 Dez
+47 47 84 32 19
midnattsol.camping@gmail.com
N 69°16'32'' E 15°57'50''

1 ADEKNOPQRSTU KNSWX 6
2 GIJKPQRSX ABFGIK 7
3 L ABCDEFJNQTUV 8
4 JO GIRV 9
5 D AJKNQU 10
B 16A ① €29,60
0,5ha 80T 11D ② €33,60

Auf der Insel Andøya wird bei Bleik der CP angezeigt. 120991

Fauske, N-8200 / Nordland

Fauske Camping & Motell AS***
Saltdalsveien 23
1 Jan - 31 Dez
+47 99 03 55 22
fausm@online.no
N 67°14'23'' E 15°25'14''

1 ADEKNOPQRSTU NSX 6
2 ABGLNPQRUXY ABDEFGHIK 7
3 ABCDEFJNQRSW 8
4 JO FHJ 9
5 DN AHJKOQU 10
10A ① €32,60
2,8ha 60T 45D ② €32,60

Vom Süden 3,5 km vor Fauske an der rechten Seite. Gut ausgeschildert. 105949

Fauske, N-8206 / Nordland

Lundhøgda Camping og Motell
Lundveien 62
1 Jan - 31 Dez
+47 97 53 98 94
post@lundhogdacamping.no
N 67°14'43'' E 15°20'10''

1 ADEKNOPQRSTU KNQSXY 6
2 AGIJMNQRTUVXY ABDEFGHIK 7
3 A ABEFJNQRT 8
4 F FGJ 9
5 DN GHJKOQU 10
16A ① €25,10
1,5ha 60T 36D ② €25,10

In Fauske Richtung Bodø nach 1 km links. Dann noch 2 km. Deutlich ausgeschildert. 105948

Gullesfjord, N-8409 / Nordland

Gullesfjord Camping***
Våtvollveien 1256
1 Jan - 31 Dez
+47 95 06 34 96
post@gullesfjordcamping.no
N 68°31'55'' E 15°43'39''

1 ADEKNOPQRSTU KLNOPXY 6
2 CHILPQRSTXY ABDEFGHIK 7
3 A ABCDEFHJNQRTW 8
4 FJOT FJQT 9
5 AHIKN GHJKOQ 10
B 16A ① €35,15
2,3ha 50T 36D ② €35,15

Von Lødingen der E10 folgen. Vor dem Sørdaltunnel zur E85. Dann noch etwa 1 km. Ist ausgeschildert. 110744

Halsa, N-8178 / Nordland

Furøy Camping
Furøy 6
1 Mai - 30 Sep
+47 94 19 13 15
post@furoycamp.no
N 66°44'20'' E 13°30'11''

1 ADEKNOPQRSTU KNQSXYZ 6
2 AGIMNPQRSXY ABDEFGIK 7
3 ABFMU ABCDEFGJNQRT 8
4 FG FJO 9
5 DN AHJKNQU 10
B 10A CEE ① €35,15
2,8ha 50T(80-100m²) 20D ② €35,15

Am Fährübergang an der Route 17 Kystriksveien am Holandsfjord, 500m vom Forøy Fährübergang und 12 km vom Svartisengletscher. 121502

Harstad, N-9411 / Troms

Harstad Camping A/S***
Nessevegen 52
1 Mai - 15 Okt
+47 97 16 55 29
post@harstadcamping.no
N 68°46'22'' E 16°34'39''

1 ADEKNOPQRSTU KNOPQSWXYZ 6
2 GIMQRSVXY ABDEFGHI 7
3 AL ABCDEFJNQRW 8
4 FOQ 9
5 DN AHJKOQ 10
B 16A ① €38,15
5,2ha 70T 9D ② €38,15

Die E10 Tjeldsundbrü, dann die 83 bis ca. 4 km vor Harstad. Der CP wird ausgeschildert. 105930

Innhavet, N-8260 / Nordland

Tømmerneset***
E6
1 Jun - 31 Aug
+47 46 51 66 16
to.ca@online.no
N 67°54'25'' E 15°52'28''

1 ADEKNOPQRSTU KLNX 6
2 ABCEGJKPQRSTXY ABDEFGIK 7
3 AF ABCDEFJNQRSTW 8
4 FJOT FGJRT 9
5 DN AHJKOQU 10
B 10A ① €35,15
2ha 70T 15D ② €35,15

Aus Richtung Süden, kurz hinter der Ausfahrt Straße Nr. 835, ist der CP rechts an der E6 ausgeschildert. 110949

Innhavet, N-8260 / Nordland

Notvann Camping
E6
1 Jul - 15 Aug
+47 95 26 56 45
notvann@icloud.com
N 67°58'43'' E 15°58'48''

1 ADEKNOPQRSTU JKNXY 6
2 ABCGIMNPQRSXY ABCDEFGHIJ 7
3 ABEFJNQRT 8
4 FHJ FJ 9
5 DN AJKOQU 10
B 10A ① €35,15
2,4ha 90T 21D ② €35,15

Von Süden links der E6; 12 km hinter der Straße Nr. 835. In Innhavet ist der CP ausgeschildert. 3 km hinter Innhavet. 108923

Kabelvåg, N-8310 / Nordland

Skarungen AS****
1 Mai - 30 Sep
+47 90 14 19 78
booking@skaarungen.no
N 68°12'23'' E 14°25'33''

1 ADEKNOPQRSTU KNOPQSWXYZ 6
2 GIJMNQRSTUVXY ABDEFGIK 7
3 APW ABEFJNQR 8
4 E FGJRV 9
5 BDGK AGHJKNQU 10
16A ① €45,15
2,4ha 30T 42D ② €45,15

Der CP ist auf der E10 westlich von Svolvær und Kabelvåg ausgeschildert. 105928

Kabelvåg, N-8310 / Nordland

Kabelvåg Feriehus & Camping
Møllnosveien 19
1 Jan - 31 Dez
+47 99 23 42 31
post@kabelvag.com
N 68°13'03'' E 14°26'43''

1 ADEKNOPQRSTU 6
2 GIKSTVXY ABEFGIK 7
3 ABDEFJNQRW 8
4 F FIJQV 9
5 DK HJKOQ 10
B 16A CEE ① €39,65
0,7ha 85T 8D ② €39,65

Auf der E10 von Kabelvåg nach Kleppstad wird der Camping nacht fast 7 km hinter Kabelvåg angezeigt. Camping rechts der E10 in Richtung Kleppstad. 122365

Karasjok, N-9730 / Finnmark

Min Åja***
Åvjuvárgeaidnu 88
1 Jan - 31 Dez
+47 97 07 22 25
post@karacamp.no
N 69°28'07'' E 25°29'17''

1 ADEKNOPQRSTU JN 6
2 BCIJQRSTWXY ABCDEFGHIK 7
3 BLX ABCDEFGHIJKLNQRTW 8
4 EFHIJOQTU FIJV 9
5 DN AHJKOQUY 10
WB 16A ① €41,15
H135 4,5ha 72T(90-120m²) 25D ② €41,15

Der Camping liegt an der RV92 Zwischen Karasjok und Kautokeino. Von Karasjok aus 1 km südlich auf der linken Seite. Gut ausgeschildert. 105944

Kautokeino, N-9520 / Finnmark

Arctic Kautokeino Camping***
Suomaluodda 16
1 Jan - 31 Dez
+47 48 04 09 97
booking@arcticmotel.com
N 68°59'51'' E 23°02'12''

1 ADEKNOPQRSTU JNUX 6
2 CEQRSX ABFIK 7
3 AHQ ABEFJNQRW 8
4 EHIJOTX FGIJNV 9
5 DJN AJKOQUY 10
WB 16A ① €30,10
H310 5ha 44T 32D ② €34,10

Von der E45/RV93 aus Süden(finnische Grenze) kommend, Camping rechts gleich vor Kautokeino. Ist ausgeschildert. 101576

Krokelvdalen, N-9023 / Troms

Skittenelv Camping AS****
Ullstindveien 736
15 Mai - 15 Sep
+47 46 85 80 00
post@skittenelvcamping.no
N 69°46'39'' E 19°22'57''

1 ADEKNOPQRSTU BGHKNPQSXYZ 6
2 GILMPQSX ABCDEFGIK 7
3 AJUV ABDEFGIJNQRTW 8
4 FHJOT FJOQY 9
5 ABEFN AJKOQU 10
B 10A ① €42,65
1,3ha 96T 20D ② €42,65

Der E8 folgen. Vor der Brücke in Tromsø ist der CP ausgeschildert. CP liegt zwischen der Straße und dem Fjord. 111777

Teilkarte Nord-Norwegen auf Seite 65

Kunes, N-9742 / Finnmark

Kunes Camping
RV98
1 Jan - 31 Dez
+47 95 11 87 00
bjorg.masternes@gmail.com

1 ADEKNOPQRSTU — NPQSWXY 6
2 IJLPQRSX — ADFI 7
3 B — ABCDEFNQRSW 8
4 FI — DGIQR 9
5 DN — FGHJKOQUY 10
WB 16A CEE — ❶ €30,10
5,6ha 120T(150-180m²) 66D — ❷ €30,10

N 70°20'38" E 26°30'00"
Der Camping liegt an RV98 zischen Tana und Lakselv, 1 km westlich von Kunes. 121896

Moskenes, N-8392 / Nordland

Moskenes Camping A/S
Birger Eriksenvei
1 Jan - 31 Dez
+47 99 48 94 05
info@moskenescamping.no

1 ADEKNOPQRSTU — NOX 6
2 INPQSX — ABDEFGIK 7
3 B — ABCDEFJNQRW 8
4 O — J 9
5 ABDEHK — AFGJKOQ 10
B 16A — ❶ €40,15
3,6ha 93T 3D — ❷ €46,15

N 67°54'02" E 13°03'07"
E10 Richtung Moskenes folgen. Der Ausfahrt links auf der 80, dem engen Weg direkt an der Kirche ± 300m folgen. Oder 2 Std mit der Fähre von Bodø nach Moskenes. Der Camping liegt direkt gegenüber der Fähre. 120938

Lakselv, N-9700 / Finnmark

Stabbursdalen Resort
Stabbursnes
1 Mai - 1 Okt
+47 46 53 20 00
post@stabbursdalen.no

1 ADEKNOPQRSTU — NOQSU 6
2 BCGJKLPQRSTXY — ABDFHIK 7
3 X — ABEFJNQRSW 8
4 EFHIJOTU — FIJW 9
5 HKN — BHJKOQUY 10
Anzeige auf dieser Seite B 16A — ❶ €29,10
35ha 40T 43D — ❷ €29,10

N 70°10'39" E 24°54'29"
Der Camping liegt direkt an der E6, 16 km nördlich von Lakselv, zwischen Russenes und Lakselv an der Westseite der E6. 115174

Rognan, N-8250 / Nordland

Rognan Fjordcamp***
Gamle E6
1 Mai - 1 Okt
+47 48 15 47 95
hanna@rognanfjordcamp.no

1 ADEKNOPQRSTU — KLNXYZ 6
2 AEHIMPQRSTXY — ABDFGHIK 7
3 AGU — ABCDEFGJNQRTW 8
4 FHJO — FIJKOQRV 9
5 DN — AHIJKOQ 10
B 16A — ❶ €30,10
3,5ha 96T(60-100m²) 32D — ❷ €30,10

N 67°06'09" E 15°24'37"
Vom Süden in Rognan auf der E6 ausgeschildert, dann 3 km der alten E6 folgen. CP-Schildern folgen. 105950

Langfjordbotn, N-9545 / Finnmark

Altafjord***
Langfjordveien 1405
1 Jun - 1 Sep
+47 78 43 80 00
booking@altafjord-camping.no

1 ADEKNOPQRSTU — KNQSXYZ 6
2 CGIJPQRSTUVX — ABCDEFGHIJK 7
3 A — ABCDEFJNQRW 8
4 FJOQT — FJOQ 9
5 DN — AHJKOQU 10
16A — ❶ €25,10
3ha 100T 67D — ❷ €25,10

N 70°01'42" E 22°16'57"
Der Camping liegt direkt an der E6, 20 km nördlich von Burfjord und 75 km westlich von Alta in Langfjordbotn, zwischen Burfjord und Alta. 105922

Røkland, N-8255 / Nordland

Nordnes Kro Camping
E6
1 Jan - 31 Dez
+47 75 69 38 55
post@nordnescamp.no

1 ADEKNOPQRSTU — N 6
2 ACIPQRXY — ABDEFGHIK 7
3 AU — ABCDEFGJNQRTW 8
4 FJO — EFJ 9
5 ABDEFHILMN — AJKOQW 10
B 16A — ❶ €39,65
2,7ha 25T(80-100m²) 77D — ❷ €39,65

N 66°56'15" E 15°18'58"
An der E6, 20 km südlich von Rognan. Wird durch CP-Schildern ausgeschildert. 105951

Lyngvær/Kleppstad, N-8313 / Nordland

Lyngvær Lofoten Bobilcamping
Vallhallveien 21
1 Mai - 30 Sep
+47 97 71 39 50
lofoten.bobilcamping@outlook.com

1 ADEKNOPQRSTU — KNOPQSWXYZ 6
2 GIMPQRSVX — ABDEFGI 7
3 AUV — ABDEFJNQRW 8
4 FJO — OQ 9
5 DN — AGHJKOQU 10
16A — ❶ €32,10
4,5ha 130T — ❷ €32,10

N 68°13'29" E 14°13'01"
An der E10, 18 km westlich von Svolvær entfernt und 2 km hinter der Ausfahrt der Straße 816. CP ausgeschildert. 109412

Røkland, N-8255 / Nordland

Saltdal Turistsenter AS
Storjord/Saltdal
1 Jan - 31 Dez
+47 75 68 24 50
post@isaltdal.no

1 ADKNOPQRSTU — NU 6
2 CPQXYZ — BEFGI 7
3 A — ABEFJNQRW 8
4 FH — FGJ 9
5 ABHIJKMN — EJKOQ 10
B 16A — ❶ €31,60
H121 4ha 20T 124D — ❷ €31,60

N 66°48'49" E 15°24'04"
Die E6 von Süden: kurz hinter der 77 (Richtung Junkerdal) liegt der CP rechts an der YX-Tankstelle rechts der Strecke und ist dort angezeigt. 113277

Mo i Rana, N-8626 / Nordland

Mo i Rana Camping
Hammerveien 8
17 Mai - 15 Sep
+47 96 23 23 33
booking@bechs.no

1 ADEKNOPQRSTU — J 6
2 ACPQRX — ABDEFGIJ 7
3 A — ABCDEFGIJNQRU 8
4 — I 9
5 D — AOQ 10
16A CEE — ❶ €40,15
5ha 99T(100-150m²) 28D — ❷ €40,15

N 66°19'00" E 14°10'45"
Der CP liegt etwa 500 m von der E6 entfernt in Mo I Rana und ist gut ausgeschildert. 119369

Russenes, N-9713 / Finnmark

Olderfjord Turistsenter**
E69
1 Jan - 31 Dez
+47 78 46 37 11
post@olderfjord.no

1 ADEKNOPQRSTU — KNOPQWXY 6
2 GIJMPQRSXY — ABCDEFGHIK 7
3 A — ABCDEFJNPQRW 8
4 FJO — FGJ 9
5 DFIJLN — AKOPQUXY 10
WB 10A CEE — ❶ €30,00
5ha 80T 100D — ❷ €30,00

N 70°28'42" E 25°03'58"
Der Camping liegt direkt an der E69, 500m nördlich von der Gabelung E6/E69. Nach Norden fahrend, liegt das Campinggelände rechts der Strecke und die Rezeption links. 105925

Mosjøen, N-8657 / Nordland

Topcamp Mosjøen****
E6
1 Jan - 31 Dez
+47 75 17 79 00
mosjoen@topcamp.no

1 ADEKNOPQRSTU — N 6
2 AQSTVWX — ABFGIK 7
3 AJV — ABCDEFGHIJKNQRT 8
4 — FJ 9
5 ADGN — ABHKNQY 10
B 16A CEE — ❶ €40,15
7ha 105T(80-120m²) 32D — ❷ €55,20

N 65°50'04" E 13°13'14"
Aus dem Süden ist CP kurz vor Mosjøen an der E6 ausgeschildert. 110746

Saltstraumen, N-8056 / Nordland

Pluscamp Saltstraumen Camping***
Knaplund
1 Jan - 31 Dez
+47 75 58 75 60
post@salcampi.no

1 ADEKNOPQRSTU — NXYZ 6
2 AGINPQRSTXY — ABDEFGHIK 7
3 BL — ABCDEFGIJKNQRTUV 8
4 F — FIJ 9
5 DLN — AGJKOPQUVY 10
B 10A — ❶ €42,15
1,7ha 70T 39D — ❷ €42,15

N 67°14'07" E 14°37'12"
Von Fauske Straße 80 Richtung Bodø, bei Løding Straße 17, bei der Brücke von Saltstraumen ist CP vor der Brücke ausgeschildert. 111382

Teilkarte Nord-Norwegen auf Seite 65

Sandsletta/Laukvik, N-8315 / Nordland

Sandsletta Camping***
Midnattsolveien 993
1 Jan - 31 Dez
+47 90 91 52 30
sandsletta@camping-lofoten.com

1 ADEKNOPQRSTU	KNOPQSWXYZ 6	
2 GILQRSTVWXYZ	ABDEFGHI 7	
3 A	ABCDEFHJNPQR 8	
4 FJOTV	FIJKQRT 9	
5 ABDFHLN	AGHJKNQU 10	
B 10-16A		❶ €35,15
3ha 100T(70-180m²) 38D		❷ €35,15

N 68°20'10'' E 14°29'56''
Auf der E10 15 km nördlich von Svolvær ausgeschildert. Dann noch 10 km Richtung Laukvik. 107734

Sjøvegan, N-9350 / Troms

Elvelund Camping
Elvelund
15 Mai - 15 Sep
+47 77 17 18 88
post@elvelund-camping.no

1 ADEKNOPQRSTU	JKNPQSUWXYZ 6	
2 CGIJMPQRSXY	ABDEFGHIK 7	
3 BUV	ABCDEFJNPQRT 8	
4 FJ	FGJQRV 9	
5 BDGHKN	AFGHJKOQUW 10	
B 16A		❶ €30,60
7ha 80T 46D		❷ €30,60

N 68°51'57'' E 17°51'41''
Von Süden her der E6 bis ca. 9 km vor Setermoen folgen. Dann links ab der 851 folgen. 1 km hinter Sjøvegan ist der CP links angezeigt. 117443

Skarsvåg, N-9763 / Finnmark

BaseCamp NorthCape***
Storvannsveien 2
1 Mai - 30 Sep
+47 90 96 06 48
post@basecampnorthcape.com

1 ADEKNOPQSU	NPXYZ 6	
2 EGINPQRTUX	ABDEFGIJK 7	
3	ABEFJNQRW 8	
4 AFJO	GJ 9	
5 ABHJKN	AGJKOQU 10	
16A CEE		❶ €35,15
3,2ha 40T 20D		❷ €35,15

N 71°06'28'' E 25°48'46''
Der E69 Richtung Nordkap folgen und dann die Ausfahrt Richtung Skarsvåg. Nach 2 km befindet sich der Camping an der linken Straßenseite. 111384

Skibotn, N-9143 / Troms

Olderelv Camping****
Olderelvveien 16
15 Mai - 1 Sep
+47 77 71 54 44
firmapost@olderelv.no

1 ADEKNOPQRSTU	6	
2 IPQRSWXY	ABCDEFGHIJK 7	
3 BV	ABCDEFJNQRTU 8	
4 FJST	FJ 9	
5 ABDEFGKN	AHJKOQ 10	
B 16A CEE		❶ €35,15
9,4ha 90T(120-140m²) 271D		❷ €35,15

N 69°22'48'' E 20°17'44''
Von Narvik etwas südlich von Skibotn, 400m hinter der Ausfahrt E8. Der CP ist auf der E6 ausgeschildert. 107737

Skiippagurra/Tana, N-9845 / Finnmark

Tana Camping & Motell***
Varjjatgeaidnu 392
1 Mai - 1 Nov
+47 78 92 86 30
booking@famcamp.no

1 ADEKNOPQRSTU	N 6	
2 CPQRUXY	ABDEFGHIK 7	
3 A	ABEFJNQRW 8	
4 FJOT	FGI 9	
5 BDFHN	GHJKNQU 10	
16A		❶ €26,10
4ha 30T 43D		❷ €29,10

N 70°09'59'' E 28°13'34''
Der Camping liegt direkt an der E6 zwischen Tana und Kirkeness, 4 km von Tana Bru. Direkt nach der scharfen Kurve liegt der Campingplatz. 105927

Skipsfjorden, N-9750 / Finnmark

NAF Nordkapp Camping***
E69/Skipsfjorden 20
20 Mai - 10 Sep
+47 78 47 33 77
post@nordkappcamping.no

1 ADEKNOPQRSTU	NOP 6	
2 CEGIMPQSTX	ABCDEFGHIJK 7	
3	ABEFJNQRW 8	
4 FT	FGJ 9	
5 ABDHLN	AFGHIJKOPQU 10	
Anzeige auf dieser Seite 16A		❶ €36,15
5,2ha 98T 28D		❷ €36,15

N 71°01'37'' E 25°53'22''
Der Camping liegt östlich von der E69, 7 km nördlich vom Honningsvåg. Auf der E69 zum Nordkap liegt der Camping rechts der Straße. 105923

Skoganvarre, N-9722 / Finnmark

Skoganvarre Villmark AS
E6
1 Mrz - 1 Okt
+47 46 86 29 58
post@skoganvarre.com

1 ADEKNOPQRSTU	JLNXYZ 6	
2 CEIJPQRSX	ABDEFGHIK 7	
3 X	ABEFJNQR 8	
4 FJT	FIOQR 9	
5 ABIJLN	FHJKOQU 10	
B 16A		❶ €36,15
H75 12ha 60T 77D		❷ €36,15

N 69°50'19'' E 25°04'32''
Der Camping liegt am Seitenweg der E6 zwischen Karasjok und Lakselv. 47 km nördlich von Karasjok, 200m westlich von der E6. 111778

Stave, N-8489 / Nordland

Stave Camping
Stavedalsveien 521
20 Mai - 1 Sep
+47 92 60 12 57
booking@stavecamping.no

1 ADEKNOPQRSU	KNPQUVWX 6	
2 CEGIJKLPQRSTX	ABDEFGIK 7	
3 AU	ABCDEFJNQRTW 8	
4 AFJTU	FIRV 9	
5 D	AJKNQ 10	
10-16A		❶ €34,10
3,5ha 86T 15D		❷ €38,15

N 69°12'17'' E 15°51'47''
Hinter der Brücke von Andøy (bei Risøyhamn) Richtung Nordmela halten. 11 km nördlich von Nordmela ist Stave. Camping ist ausgeschildert und liegt beidseitig der Straße. 111202

Storslett, N-9158 / Troms

Fosselv Camping**
Straumfjord øst 544
10 Mai - 1 Okt
+47 91 63 61 93
fosselvcamping@outlook.com

1 ADEKNOPQRSTU	KNOPQSWXYZ 6	
2 CHILPQRSVXY	ABDEFGHIJK 7	
3 A	ABCDEFJNQRU 8	
4 FHIJT	FJOQ 9	
5 D	GHJKOQU 10	
16A		❶ €32,10
2ha 90T 10D		❷ €32,10

N 69°50'23'' E 21°12'33''
Von Süden aus ist der CP etwa 11 km hinter Storslett auf der E6 angezeigt. 117433

Svenningdal, N-8680 / Nordland

Svenningdal Camping
Svenningdalsvegen 288
1 Mai - 1 Okt
+47 92 80 76 09
post@svenningdal-camping.no

1 ADEKNOPQRSTU	JNUX 6	
2 ACIMQRUVXY	ABDEFGIK 7	
3 A	ABCDEFJNQRW 8	
4 FJT	FGJ 9	
5 ABDN	GHKNQU 10	
16A		❶ €29,60
H130 6,8ha 60T 10D		❷ €29,60

N 65°26'40'' E 13°24'04''
Links an der E6 vom Süden, 9 km hinter der Ausfahrt Straße 76, ausgeschildert. 107732

Tromsdalen, N-9020 / Troms

Tromsø Lodge & Camping***
Arthur Arntzens Veg 10
1 Jan - 31 Dez
+47 77 63 80 37
post@tromsocamping.no

1 ADEKNPQRSTU	J 6	
2 CMPQRSTWXY	ABCDEFGIJK 7	
3 X	ABCDEFHJNQRT 8	
4 FHIJT	AFJ 9	
5 ABDEHJN	ABHIJKOSTUY 10	
B 16A CEE		❶ €47,65
1,6ha 69T(80-100m²) 68D		❷ €47,65

N 69°38'54'' E 19°00'59''
Der E8 folgen. Am Kreisel von Tromsø ist der CP angezeigt. Noch 1,5 km der E8 folgen. CP-Schild nach rechts folgen. Dann noch 600m über bequemen Zufahrtsweg. 114508

Valberg (Lofoten), N-8357 / Nordland

Brustranda Fjordcamping****
Valbergsveien 851
1 Mai - 15 Sep
+47 96 91 04 07
booking@lofotcamping.no

1 ADEKNOPQRSTU	KNPQSWXY 6	
2 GIMQRSTXY	ABDEFGIK 7	
3 AH	ABFGHJNQRTW 8	
4 FJO	FJ 9	
5 AHKN	AGHJKNQU 10	
B 10A		❶ €35,15
6ha 63T 22D		❷ €35,15

N 68°12'14'' E 13°53'15''
Von Svolvær der E10 nach Westen folgen, bis links die 815 abzweigt. Hier ist CP beschildert. Noch 22 km Straße 815 folgen. 111853

Vestre Jakobselv, N-9802 / Finnmark

Vestre Jakobselv Camping
Lilledalsveien 6
1 Jan - 31 Dez
+47 78 95 60 64
post@vj-camping.no

1 ADEKNOPQRSTU	JKNSX 6	
2 CJMQRSTXY	ABDEFGHIJK 7	
3 ALMX	ABEFJNQRW 8	
4 FHIJOT	FGIJ 9	
5 BDN	GJKNQU 10	
WB 16A		❶ €29,10
2ha 34T 23D		❷ €29,10

N 70°07'10'' E 29°19'54''
Der Camping liegt am Seitenweg der E75 zwischen Varangerbotn und Vadso. In Vestre Jacobselv abbiegen und der FV323 nach Norden. Nach 800m ist der CP an der Westseite. CP ab der D75 ausgeschildert. 118104

Teilkarte Nord-Norwegen auf Seite 65

Schweden

Kiruna
Rovaniemi
Polarkreis
Nord-Schweden
95
Luleå
Oulu
Nördliches Eismeer
Skellefteå
Bottnischer Meerbusen
Umeå
FINNLAND
Trondheim
HELSINKI
Turku
NORWEGEN
Mittel-Schweden
89
TALLINN
Bergen
Uppsala
ESTLAND
OSLO
STOCKHOLM
West-Schweden
Örebro
84
Stavanger
Linköping
Jönköping
Göteborg
Süd-Schweden
LETLAND
75
Aalborg
Halmstad
LITAUEN
Klaipeda
Karlskrona
Aarhus
Ostsee
DÄNEMARK
KØBENHAVN
Malmö
Kaliningrad
Odense
CF-EU

Schweden: Endlose Naturlandschaften und trendige Städte

Wenn man an Schweden denkt, denkt man an unberührte Natur mit endlosen Wäldern und Seen. In diesem skandinavischen Land können Sie sich entspannen und einen aktiven Urlaub inmitten der Natur genießen. Aber auch für Kulturliebhaber gibt es viel zu erleben: von der Metropole Stockholm bis zum modernen und trendigen Malmö.

Hauptstadt: Stockholm
Währung: Schwedische Kronen
Zeitzone: UTC +1, UTC +2 (März bis Oktober)
Sprache: Schwedisch
Ländervorwahl: +46
Alkoholgrenze: 0,2‰
Notrufnummer: Polizei, Feuerwehr und Rettungswagen: 112
Leitungswasser: unbedenklich

Schwedens größte Attraktion: Mutter Natur

Allein die Fahrt durch Schweden ist schon eine Reise wert. Das Land zeichnet sich durch seine vielen Wälder, Seen und die typischen roten Holzhäuser mit weißen Rahmen aus. Genießen Sie die Schönheit der Natur auf dem gesamten Weg und wundern Sie sich nicht, wenn Sie plötzlich auf einen kreuzenden Elch warten müssen.

Einige Gebiete sind besonders schön, wie Dalarna und Värmland. Diese zentral gelegenen Naturschutzgebiete eignen sich hervorragend zum Wandern und Radfahren. Schön sind auch die Küsten von Höga, die Insel Gotland und der

ACSI AWARDS

Gewinner 2022 in Schweden

Bester Campingplatz
Hafsten Resort & Camping

Beste Lage des Campingplatzes
Sjöstugan Camping

Bester Rad- und Wandercampingplatz
Seläter Camping

Bestes Campingplatz-Restaurant
Norje Boke Camping

Beste Unterhaltung auf dem Campingplatz
Camping Daftö Resort

Schönste Wohnmobilstellplätze
Båstad Camping

Der hundefreundlichste Campingplatz
Naturcamping Lagom

Gewinner: Sjöstugan Camping

Nationalpark Kosterhavet. Wo auch immer Sie in Schweden campen, es gibt immer ein schönes Stück Natur in der Nähe.

Kultur erleben in historischen und trendigen Städten

Schweden bietet viel mehr als nur friedliche Wälder und Seen. Die Hauptstadt Stockholm hat viel zu bieten, darunter den Königspalast, das Vasamuseum und die Insel Djurgarden. Und schlendern Sie unbedingt durch die mittelalterliche Gamla Stan (Altstadt), das ist wie eine Reise in die Vergangenheit. Das moderne Malmö zeigt eine andere Seite Schwedens. Hier können Sie in trendigen Geschäften ausgiebig shoppen oder in der Konsthall kulturelle Erlebnisse genießen. Im Herzen der Stadt können Sie sich in einer der Bars und Restaurants unter die schwedische Bevölkerung mischen. Und schließlich darf man Göteborg nicht vergessen. Besuchen Sie die Schären, schlendern Sie durch das lebhafte Haga-Viertel und machen Sie eine Kanalrundfahrt durch die Stadt.

Tanken

Bleifrei Euro 95 E10 (Blyfri 95/ Bensin 95 E10) und Superplus 98 E5 (Blyfri 98/ Bensin 98 E5) sind ohne weiteres erhältlich. Wenn Sie ein Auto haben, das nicht für E10 geeignet ist, dann achten Sie auf das E-Label des Kraftstoffs. Achten Sie darauf, nicht versehentlich E85 oder B100 zu tanken, da diese Kraftstoffe für einen normalen Automotor schädlich sind. Flüssiggas ist im Süden nur in begrenzten Mengen und im Norden kaum verfügbar. Der Italien-Adapter (Dish) wird zum Tanken von Flüssiggas verwendet. Es ist verboten, einen eigenen Adapternippel zu verwenden.
In Mittel- und Nordschweden gibt es nur wenige Tankstellen, daher sollten Sie immer tanken, wenn Sie eine finden. Tankstellen sind mindestens von 7 bis 21 Uhr geöffnet und verfügen in der Regel über Nachtverkaufsautomaten. In Großstädten und entlang der Autobahnen sind die meisten Tankstellen Tag und Nacht geöffnet.

Ladestationen

Ladestationen sind vorhanden, die meisten davon im Süden und in und um die Großstädte. Im Norden gibt es viel weniger Ladestationen. Planen Sie Ihre Reise gut!

"Schweden mit seiner schönen Natur bietet .Raum und Ruhe in einer freundlichen Atmosphäre!"

Herr R. Kok, Inspektor 898

Fähren

Sie können auf dem Landweg über die Öresundbrücke (oeresundsbron.com) von Kopenhagen (Dänemark) nach Malmö reisen, aber Sie können auch eine Fähre nach Schweden nehmen, zum Beispiel über Frederikshavn (Dänemark), Travemünde und Rostock (Deutschland) oder Sassnitz (Deutschland). Informationen über Abfahrtszeiten, Abfahrtszeiten und Tarife finden Sie bei Reedereien wie ttline.com, scandlines.com und stenaline.com. Die Fahrpreise hängen unter anderem von der Jahreszeit und der Abfahrtszeit ab. Erkundigen Sie sich im Voraus bei der Reederei, ob Sie Gasflaschen mit an Bord nehmen können.

Verkehrsvorschriften

Tagesfahrlicht ist obligatorisch. Der Verkehr von rechts hat an einer gleichberechtigten Kreuzung Vorfahrt. Der Verkehr in einem Kreisverkehr hat Vorfahrt, wenn dies durch Verkehrszeichen angezeigt wird. Sie dürfen nur ein Freisprechtelefon benutzen und es ist verboten, während der Fahrt Kommunikations- oder Navigationsgeräte zu bedienen. Kinder unter 1,35 m Körpergröße müssen in einem Kindersitz sitzen. Vom 1. Dezember bis zum 31. März besteht bei winterlichen Verhältnissen eine Winterreifenpflicht.

Sondervorschriften

An Kreuzungen, an denen ein Stopp- oder Vorfahrtsschild "Flervägsväjning" anzeigt, müssen die Autofahrer im Einvernehmen vorfahren (oft in der Reihenfolge der Ankunft). Da die Einfahrtsspuren oft kurz sind, gehen die Verkehrsteilnehmer in der Regel davon aus, dass sie von anderen Fahrern Platz bekommen. Langsame Verkehrsteilnehmer weichen oft auf den Pannenstreifen aus, um den schnelleren Verkehr passieren zu lassen. Das Risiko eines Zusammenstoßes mit einem großen Wildtier, wie z. B. einem Rentier oder Elch, ist erheblich.

Vorgeschriebene Ausstattung

Ein Warndreieck ist in einem Auto mit schwedischem Kennzeichen vorgeschrieben. Es wird empfohlen, zwei Warndreiecke, einen Verbandskasten, Feuerlöscher, Abschleppseil, Starthilfekabel, Ersatzglühbirnen und Warnwesten für alle Insassen mitzunehmen. Bei winterlichen Verhältnissen ist es obligatorisch, eine Schneeschaufel im Auto zu haben.

Caravan und Reisemobil

Ein Reisemobil oder ein Pkw-Wohnwagen-Gespann darf bis zu 4,50 m hoch, 2,60 m breit und 24 m lang sein.

"Camping in Schweden bedeutet, die Natur, das Land und die Sprache zu genießen"

Frau G. Faber, Inspektorin 561

Fahrrad

Das Tragen eines Fahrradhelms ist für Kinder bis 15 Jahren Pflicht. Ein Kind unter 10 Jahren darf nur von einer Person, die mindestens 15 Jahre alt ist, auf einem Fahrrad befördert werden.

Maut

In Schweden gibt es keine gebührenpflichtigen Straßen. Nur auf der Öresundbrücke (Øresundsbron) zwischen Dänemark und Schweden muss man Maut bezahlen. Sie können an der Brücke bezahlen. Tipp: Sie erhalten einen Rabatt, wenn Sie einen BroPas verwenden. Weitere Informationen: oeresundsbron.com.

Umweltzonen

Bislang haben nur Stockholm und Göteborg eine Umweltzone eingeführt. Um in diese Zonen zu gelangen, müssen Sie eine "Staugebühr" bezahlen. Das Bezahlen ist einfach: Ihr Nummernschild wird von den Kameras registriert und die Rechnung wird automatisch an Ihre Privatadresse geschickt. Die Beträge können variieren, betragen aber höchstens 60 SEK (Göteborg) oder 135 SEK (Stockholm) pro Tag. Bei Mietwagen ist die Steuer in der Regel im Mietpreis enthalten, fragen Sie den Vermieter.
Weitere Informationen: transportstyrelsen.se und epass24.com.

Panne und Unfall

Stellen Sie auf der Autobahn Ihr Warndreieck mindestens 100 m (sonst 50 m) hinter dem Fahrzeug auf, wenn es sich an einer Stelle befindet, an der das Halten verboten ist. Allen Passagieren wird empfohlen, eine Sicherheitsweste zu tragen. Rufen Sie im Falle einer Panne die Notrufnummer Ihres Pannenhilfsdienstleisters an. Sie können auch den schwedischen Pannendienst (Assistancekåren) anrufen: +46 8 627 57 57. Das Abschleppen auf der Autobahn ist bis zur ersten Ausfahrt erlaubt. Wenn Sie ein Rentier, einen Elch oder anderes Großwild angefahren haben, müssen Sie sofort die Polizei rufen.

Campen

Freies Campen außerhalb von Campingplätzen: In Schweden ist das das Gesetz des Landes. Wenn Sie außerhalb eines Campingplatzes campen wollen, müssen Sie den Grundstückseigentümer um Erlaubnis bitten und nach dem Grundsatz "nicht stören und nicht zerstören" handeln.

Das Recht auf Zugang der Öffentlichkeit gilt nicht in Naturschutzgebieten und anderen Naturschutzgebieten.

Wenn Sie in Schweden campen gehen, benötigen Sie möglicherweise eine spezielle Karte, die Sie an der Rezeption vorzeigen können. Sie können diese Karte auf dem betreffenden Campingplatz kaufen. Es ist üblich, pro Standort und nicht pro Person zu zahlen. Das Angebot an Verpflegung, Einrichtungen und Freizeitmöglichkeiten ist im Vergleich zu beliebten Campingländern gering. Die meisten Campingplätze verfügen über Küchen mit Kochgelegenheit zur gemeinsamen Nutzung. Bitte beachten Sie, dass die Anzahl der Propangaskanister sehr begrenzt ist. Es ist daher am besten, genügend Benzin mitzunehmen. Butangas ist nicht überall erhältlich.

Klima Göteborg	Jan.	Feb.	März	Apr.	Mai	Jun.	Jul.	Aug.	Sept.	Okt.	Nov.	Dez.
Durchschnittliche Höchsttemperatur	1	1	5	10	16	20	21	21	16	12	6	3
Durchschnittliche Anzahl der Sonnenstunden pro Tag	2	3	5	7	9	10	9	8	6	3	2	1
Durchschnittliche monatliche Niederschlagsmenge (mm)	61	40	49	41	49	59	68	75	80	83	82	72

Klima Malmö	Jan.	Feb.	März	Apr.	Mai	Jun.	Jul.	Aug.	Sept.	Okt.	Nov.	Dez.
Durchschnittliche Höchsttemperatur	2	2	5	10	16	20	21	21	17	12	7	4
Durchschnittliche Anzahl der Sonnenstunden pro Tag	1	2	4	6	8	9	8	7	5	3	1	1
Durchschnittliche monatliche Niederschlagsmenge (mm)	49	30	40	38	41	52	61	58	59	57	61	58

Klima Stockholm	Jan.	Feb.	März	Apr.	Mai	Jun.	Jul.	Aug.	Sept.	Okt.	Nov.	Dez.
Durchschnittliche Höchsttemperatur	-1	-1	3	9	16	21	22	20	15	10	5	1
Durchschnittliche Anzahl der Sonnenstunden pro Tag	1	3	5	7	9	11	10	8	6	3	1	1
Durchschnittliche monatliche Niederschlagsmenge (mm)	39	27	26	30	30	45	72	66	55	50	53	46

Åby, S-61691 / Östergötlands län

Sörsjöns Camping & Stugby***
Näkna, Källtorp
18 Apr - 17 Okt
+46 1 16 12 50
info@sorsjonscamping.se
N 58°43'23'' E 16°05'01''

1 BDEKNOPQRSTU	LNSX 6
2 BEJKQRSUXYZ	ABDEFGIK 7
3 A	ABCDEFIJNQRTW 8
4 FIJT	FR 9
5 BN	BGHJKNQU 10
10A CEE	❶ €29,65
H100 6,7ha 100T(80-120m²) 47D	❷ €29,65

Von der E4 nördlich von Norrköping, die 56 Richtung Katrineholm an der Ausfahrt 123 nehmen. Nach etwa 7 km Richtung Näkna/Sörsjön abbiegen. CP ist angezeigt und ist nach 6 km erreicht. 108744

Åhus, S-29633 / Skåne län

First Camp Åhus-Kristianstad****
Täppetleden 201
1 Jan - 31 Dez
+46 44 24 89 69
ahus@firstcamp.se
N 55°56'28'' E 14°18'46''

1 ADEKNOPQRSTU	KMPQSY 6
2 BGJPQRTWXYZ	ABCDEFGIJK 7
3 AJLV	ABCDEFGIJNPQRSTUVW 8
4 BCDFH	BJVY 9
5 ACD	ABGHIJKMOQY 10
B 10A	❶ €23,50
25ha 540T(100-120m²) 270D	❷ €94,10

CP an der Küste, Nordostseite von Åhus, auf der Straße 118 ausgeschildert. 106920

Älmhult, S-34338 / Kronobergs län

Sjöstugans Camping***
Bökhult 27
1 Jan - 31 Dez
+46 47 67 16 00
info@sjostugan.com
N 56°34'07'' E 14°07'55''

1 BDKNOPQRSTU	LMNQSWXYZ 6
2 BEIJQSUXYZ	ABDEFGIJK 7
3 AGJLS	ABEFJKNQRTW 8
4 JOTU	AFGIJLPQR 9
5 ABDFHIJK	ABGIJKOQUV 10
Anzeige auf dieser Seite B 10A	❶ €35,75
H150 1,6ha 75T(50-80m²) 42D	❷ €35,75

CP an Straße 23 ausgeschildert, an der E4 bei Traryd, Straße 120 nach Älmhult. 106887

Älmeboda, S-36298 / Kronobergs län

Abrahams Camp
Abrahamshult 5
1 Jan - 31 Dez
+46 47 71 09 09
info@abrahamscamp.com
N 56°28'45'' E 15°13'57''

1 ADEHKNOPQRSTU	LNPQXZ 6
2 BEJQRSTXYZ	ABDEFGIJK 7
3 ACMSX	ABCDEFHIJKNPQRTW 8
4 FHJN	DFGIQRV 9
5 AFGJLN	ABFJKNPQU 10
B 16A	❶ €24,45
H127 7,5ha 110T(120-140m²) 14D	❷ €29,15

Der 122 Karskrona/Växjö in den kleinen Ort Yxnanäs südlich von Rävemala folgen. Ausfahrt Richtung Flisehult (7 km). Vor Flisehult kommt man am Abrahams Camp vorbei. 124755

Schweden

Åminne/Slite, S-62430 / Gotlands län

Åminne Fritid & Havsbad
Gothem Åminnevägen 2
1 Mai - 18 Sep
+46 48 93 40 11
info@aminnefritid.se
N 57°36'50" E 18°45'24"

1 DEKNOPQRST CKN 6
2 BCHIJQWXY ABFGHIK 7
3 AJLMQ ABCDFIJNPQRTW 8
4 T FHJVY 9
5 ACFHKLNO BHJKNPQU 10
B 10A
2ha 80T(140-180m²) 69D
① €36,20
② €36,20

Der CP liegt an der 146, 11 km südlich von Slite. Ist in Åminne ausgeschildert. 118393

Bergkvara, S-38598 / Kalmar län

Skeppeviks Camping
Björkenäs 104
15 Apr - 30 Sep
+46 48 62 06 37
info@skeppevik.com
N 56°21'42" E 16°04'34"

1 ADEKNOPQRSTU KNQSWX 6
2 ABGKQRXYZ ABDEFHIK 7
3 BJL ABCDEFJNPQRW 8
4 FH F 9
5 ABDHKN BHJKNQUY 10
10A
2,2ha 60T(100-200m²) 18D
① €28,25
② €28,25

Der CP liegt ungefähr 2,5 km südlich von Bergkvara und ist ab der E22 ausgeschildert. 113358

Åsa, S-43954 / Hallands län

Åsa Camping & Havsbad
Stora Badviksvägen 10
14 Apr - 17 Sep
+46 3 40 21 95 90
info@asacamping.se
N 57°20'57" E 12°07'19"

1 BDEKNOPQRSTU KNQX 6
2 AHJQWXY ABDEFHIK 7
3 BL ABCDEFHKPQRTUV 8
4 BDHJO G 9
5 D ABFIJKMOQY 10
B 10A
3ha 225T(60-120m²) 93D
① €51,30
② €51,30

Von der E20 nach Åsa. Den CP-Schildern folgen. 120176

Böda, S-38773 / Kalmar län

Böda Hamns Camping***
Bödahamnsvägen 40
27 Apr - 2 Okt
+46 48 52 20 43
info@bodahamnscamping.se
N 57°14'19" E 17°04'12"

1 ADEKNOPQRSTU KMNPQSWXY 6
2 BGJKQRXYZ ABDEFGHIJK 7
3 BCFGJLU ABCDEFJKNQRT 8
4 DJOPT FV 9
5 ADMN ABGJKMNQY 10
B 10A CEE
5,5ha 341T(80-120m²) 72D
① €38,60
② €38,60

Von Öland Straße 136 Richtung Norden, Ausfahrt Böda Hamn, CP ausgeschildert. 106984

Asarum/Karlshamn, S-37491 / Blekinge län

CC€21

Långasjönäs Camping & Stugby***
Långasjönäsvägen 49
1 Jan - 31 Dez
+46 4 54 32 06 91
info@langasjonas.com
N 56°13'55" E 14°51'11"

1 ADEKNOPQRSTU LNPQSUX 6
2 ABEIJKNQRTUWXYZ ABCDEFGHIK 7
3 AJLX ABCDEFHIJNPQRTUVW 8
4 FHIOT FJNOQRVW 9
5 ABDN ABCDFGHJKOPQUW 10
Anzeige auf Seite 77 B 10A CEE
H55 11ha 115T(80-120m²) 77D
① €35,30
② €35,30

Von der E22 Ausfahrt 52 Karlshamn-Zentrum und ab dort den CP-Schildern folgen. Von der 29 Ausfahrt Asarum und ab dort den CP-Schildern folgen. 122034

Böda, S-38773 / Kalmar län

Krono Camping Böda Sand*****
Böda Sands Allén 11
28 Apr - 10 Sep
+46 48 52 22 00
info@bodasand.se
N 57°16'28" E 17°02'53"

1 ADEKNOPQRST BGHIKMPQ 6
2 ABGJQRSWXYZ ABCDEFGHIJK 7
3 ABCDEFGJKLMNOQSV ABCDEFGIJKNQRSTUVW 8
4 BCDFHIJNRTXZ FJNTVY 9
5 ACDEFGHKLMNO ABGHIJKMOPQUXY 10
B 16A CEE
50ha 1204T(100-150m²) 328D
① €73,40
② €73,40

Auf Öland die 136 in Richtung Norden. CP ist an dieser Straße 5 km nördlich von Böda ausgeschildert (im Kreisverkehr rechts). 106982

Borrby, S-27637 / Skåne län

Borrbystrands Camping
Granhyddevägen 2
15 Apr - 17 Sep
+46 4 11 52 12 60
info@borrbystrandscamping.com
N 55°26'04" E 14°13'56"

1 ADEKNOPQRSTU KQSWX 6
2 BGJPQRWXYZ ABDEFGHIJK 7
3 AMNS ABCDEFGHIJNPQRTVW 8
4 JOP F 9
5 ABDEFKN ABCGHJKOQUVY 10
B 10-16A
3ha 150T(100-120m²) 68D
① €35,75
② €45,15

E65 Richtung Ystad bis zur 9 Richtung Simrishamn. Der Beschilderung Borrby folgen. 124636

Båstad, S-26943 / Skåne län

CC€23

Båstad Camping
Norra Vägen 128
31 Mrz - 1 Okt
+46 43 17 55 11
info@bastadcamping.se
N 56°26'20" E 12°55'05"

1 ADEKNOPQRSTU MNPQSWX 6
2 ABJPQWXY ABDEFGHIJK 7
3 ABJLMSUV ABCDEFGHIJNPQRTW 8
4 BDFHNO FV 9
5 ABDEFHJKNO BFGHIJKMOQUVWY 10
Anzeige auf Seite 77 B 10A CEE
8,2ha 292T(110-120m²) 84D
① €47,05
② €47,05

Folgen Sie der E6/E20 Richtung Båstad. Der Campingplatz ist weiter deutlich ausgeschildert. 118141

Bräkne-Hoby, S-37263 / Blekinge län

Järnaviks Camping AB****
Bastuviksvägen 63
31 Mrz - 17 Sep
+46 7 08 83 79 70
jarnaviks.camping@telia.com
N 56°10'33" E 15°04'41"

1 ADEKNOPQRSTU KNPQSUXYZ 6
2 ABHJKQRSTUWXYZ ABDEFGHIK 7
3 AGJS ABEFHJNPQRTW 8
4 CDFHOR FRV 9
5 ABDFHJKLN BGHIJKOQU 10
B 10A CEE
5ha 160T(100-120m²) 82D
① €34,80
② €34,80

Auf der E22 zwischen Karlshamn und Ronneby Ausfahrt 55 nach Bräkne-Hoby. Camping ist weiter ausgeschildert. Dann zur Ausfahrt Camping Krog. 114087

Båstad, S-26991 / Skåne län

Norrvikens Camping***
Kattviksvägen 347
25 Mrz - 1 Okt
+46 4 31 36 91 70
norrviken@caravanclub.se
N 56°27'11" E 12°47'07"

1 BDKNOPQRSTU KNPQSW 6
2 GIMQSWXY ABDEFGHIK 7
3 ABJLMSU ABEFJNQRTW 8
4 JNO 9
5 ABDMN ABFGHJKOQUWY 10
B 16A CEE
2ha 145T(80-100m²) 60D
① €34,35
② €34,35

Von der E6 nach Båstad, Straße 115 durch die Stadt Richtung Kattvik, ausgeschildert. 100944

Burgsvik, S-62335 / Gotlands län

Burgsviks Camping
Valarvägen 4
7 Apr - 30 Sep
+46 7 36 79 80 81
info@burgsvikscamping.com
N 57°01'57" E 18°15'26"

1 ADEKNOPQRSTU BGKNPQSWX 6
2 BGKQWXY ABFGIK 7
3 ALU ABEFJNQRTW 8
4 JO F 9
5 ADFGJKN ABGHJKOQU 10
B 10A CEE
1,6ha 55T(80-100m²) 15D
① €37,15
② €37,15

CP liegt am Hafen und Badestrand von Burgsvik (Südgotland). Ist ab der 142 innerorts angezeigt. 118406

Teilkarte Süd-Schweden auf Seite 75

Degerhamn, S-38663 / Kalmar län

Sandviks Camping
Årsvik 102
5 Mai - 30 Sep
+46 7 32 01 41 66
info@sandvikscamping.com
N 56°22'39" E 16°24'20"

1 ADEKNOPQRSTU	KNQSWX	6
2 ABGILMQRSTWXYZ	AB**FGH**I	7
3 LX	ABCDEFNQRW	8
4 H	FV	9
5 ADN	ABCFGHIJKNQUV	10
10A		❶ €29,15
7ha 100**T**(120-150m²) 11**D**		❷ €29,15

Über die Brücke, 2. Ausfahrt Ottenby. Hintzer Björby rechts nach 7km rechts abbiegen. 123383

Ekerum/Borgholm, S-38792 / Kalmar län

First Camp Ekerum Camping*****
Ekerumsvägen 31
15 Apr - 9 Okt
+46 4 85 56 47 04
info@ekerumcamping.se
N 56°47'37" E 16°34'00"

1 BDEKNOPQRSTU	BGKPQSX	6
2 BHJKMQRSWXYZ	ABCDE**FG**HIK	7
3 BF**JKL**SV	ABCDEFGHIJKNQRTUVW	8
4 BCDFHJLORT	EFJTVY	9
5 ABCDEFIKN**O**	ABGHIJKMNQUVY	10
B 10A CEE		❶ €42,35
30ha 561**T**(100-120m²) 231**D**		❷ €42,35

Von Kalmar über die Brücke nach Öland Richtung Borgholm; auf halber Strecke nach Borgholm (Golfplatz) ist der CP an der Straße Nr. 136 ausgeschildert. 106956

Eksjö, S-57536 / Jönköpings län

Eksjö Camping & Konferens***
Prästängvägen 5
1 Jan - 31 Dez
+46 38 13 95 00
info@eksjocamping.se
N 57°40'03" E 14°59'22"

1 ABDEKNOPQRSTU	L**N**QSXZ	6
2 FJKQTWXYZ	ABCDE**FG**HIJK	7
3 AG**JLQ**S	ABE**FI**JKNQRTW	8
4 BFHK**TX**	FGJQRTVY	9
5 ADFHK**N**	AFHJKOQ	10
W 10A CEE		❶ €30,10
H200 4ha 115**T**(70-120m²) 35**D**		❷ €30,10

Der CP liegt am Ostrand von Eksjö; an der Straße Nr. 40 Nässjo-Eksjö-Mariannelund ausgeschildert. An der Straße Nr. 32 Ausfahrt Eksjö-Centrum/ Västervik nehmen. 106932

Falkenberg, S-31142 / Hallands län

Skrea Camping****
Strandvägen 55
1 Jan - 31 Dez
+46 34 61 71 07
info@skreacamping.se
N 56°52'59" E 12°30'54"

1 BDKNOPQRST	AFKM**N**PQSX	6
2 AGJNPQWX	ABDE**FG**HIJK	7
3 AB**JL**SV	ABCDE**FG**HIJKNQRTUVW	8
4 BFHJLOT	DFGJV	9
5 ACDEFGKMN	ABEGHIJKM**O**QXY	10
B 10-16A CEE		❶ €56,45
4,5ha 577**T**(85-160m²) 320**D**		❷ €56,45

Von der E6 bei Falkenberg Ausfahrt 49. Den Schildern 'Skrea' und 'Camping' folgen. 106853

Falsterbo, S-23942 / Skåne län

Falsterbo Camping Resort****
Reuterswärds väg 1
1 Mrz - 30 Nov
+46 4 06 02 40 20
info@falsterboresort.se
N 55°23'52" E 12°51'55"

1 BDKNOPQRST**U**	KQSXY	6
2 AGJQRTWXYZ	A**B**CDE**FGHIJK**	7
3 ABCF**JL**M**Q**S	ABCDEFGHIJNPQR**S**TUVW	8
4 BFHJKO	JNVY	9
5 ACDEFGKMN	ABFHIJKOQUVY	10
B 10A		❶ €42,35
6ha 406**T**(80-120m²) 116**D**		❷ €42,35

Von der E6 auf die Straße Nr. 100 Skanör-Falsterbo. Im Kreisverkehr vor dem Zentrum links, nach ca. 1 km erneut links. Gut ausgeschildert. 106848

Färjestaden, S-38693 / Kalmar län

Eriksöre Camping****
Semestervägen
15 Apr - 2 Okt
+46 48 53 94 50
info@eriksorecamping.se
N 56°37'03" E 16°26'50"

1 ADEKNOPQRST	KPQSWX	6
2 BHJKPQRWXYZ	ABCDE**FG**IJK	7
3 BFG**JL**MSV	ABEFIJNQRTUV	8
4 BCDFHJL	EFJNVY	9
5 ACDFGHLN	ABGHIJKMNQUY	10
B 10A CEE		❶ €46,55
10ha 408**T**(100-130m²) 202**D**		❷ €46,55

Von Kalmar über die Brücke nach Öland, Ausfahrt Färjestaden. 4 km in Richtung Mörbylånga; der CP ist ausgeschildert. 106959

Färjestaden, S-38695 / Kalmar län

Krono Camping Saxnäs****
Saxnäs 401
14 Apr - 2 Okt
+46 48 53 57 00
info@kcsaxnas.se
N 56°41'13" E 16°28'58"

1 ADEKNOPQRST	**BG**KPQSWX**Z**	6
2 GKQRSWXY	ABCDE**FG**HIK	7
3 BFG**JK**M**Q**SV	ABCDE**FG**IJKNQR**S**TUVW	8
4 BDFHJO**TXZ**	EJRTVY	9
5 ABCDEFGJKLN**O**	ABFGHIJKMOPQUY	10
B 10-16A CEE		❶ €45,65
12ha 604**T**(100-155m²) 169**D**		❷ €45,65

Von Kalmar über die Brücke nach Öland, Ausfahrt Saxnäs; der CP ist ausgeschildert. 101615

Fårö, S-62466 / Gotlands län

Solhaga Camping
Öde Hoburga 1032A
1 Jun - 31 Aug
+46 7 06 51 56 64
frans@brozen.se
N 57°53'23" E 19°05'26"

1 DEKNOPQRSTU	KN	6
2 BGJKLPQSXYZ	ABDE**FG**HIK	7
3 AU	ABEFNPQRW	8
4 JO	F	9
5 DN	BGJKNQU	10
10A		❶ €24,45
1,5ha 116**T**(100m²) 6**D**		❷ €24,45

Der CP liegt auf Fårö. Hinter der kostenlosen Fähre kommt der CP nach 2,5 km rechts der Straße. 118397

Fårö, S-62467 / Gotlands län

Sudersand Resort - Strandcamping
Sudersand 5650
1 Mai - 30 Sep
+46 4 98 22 35 36
info@sudersand.se
N 57°57'10" E 19°14'36"

1 BDEKNOPQRSTU	**BG**KPQ	6
2 HIJPQTWXY	ABCDE**FG**HIJK	7
3 BG**J**MN**Q**SV	ABE**FGI**JKNPQRTW	8
4 JO**R**T	JV	9
5 ABDEFGHJL	BFGHIJKNPQUY	10
Anzeige auf dieser Seite B 16A CEE		❶ €49,40
6ha 325**T**(100m²) 46**D**		❷ €49,40

Von der Gratisfähre nach Fårö, der Hauptstraße 17 km folgen. Dann rechts ab Richtung Sudersand. CP ist angezeigt. 118515

Fårö, S-62467 / Gotlands län

Sudersand Resort - Strandkogens Camping
Sudersand 5650
1 Jan - 31 Dez
+46 4 98 22 35 36
info@sudersand.se
N 57°57'21" E 19°14'58"

1 BDEKNPQRSTU	**BG**KQ	6
2 GJPQWX	ABCDE**FG**HIJK	7
3 ABG**JNQ**SV	ABE**FI**JNPQRTUVW	8
4 JO**R**T	FGJV	9
5 ABDFGHJL	BEFGHIJKNPQUWY	10
B 16A CEE		❶ €44,70
1,5ha 54**T**(100-120m²) 138**D**		❷ €44,70

Auf Fårö, gratis Überfahrt mit der Fähre, der Hauptstraße 18 km folgen. Dann rechts ab Richtung Suderstrand Ö. 118396

Gamleby, S-59432 / Kalmar län

KustCamp Gamleby****
Hammarsvägen 10
1 Mai - 30 Sep
+46 49 31 02 21
info@campa.se
N 57°53'06" E 16°24'49"

1 ABDEKNOPQRSTU	KMNQSWXYZ	6
2 ABHIJKPQRTVWXY	ABCDE**FG**HIK	7
3 AEG**IJ**MSUVX	ABCDE**FI**JKNPQRTW	8
4 ABJOT	CEFJOQRT	9
5 ABDEFGHJL**N**	ABFGHJKOQUVWXY	10
B 10A CEE		❶ €43,30
12ha 158**T**(80-120m²) 61**D**		❷ €43,30

CP 1,5 km südlich von Gamleby. Ab der E22 Ausfahrt Gamleby Süd oder Gamleby C (Zentrum) nehmen. Den CP-Schildern folgen. 106965

Teilkarte Süd-Schweden auf Seite 75

Schweden

Glommen, S-31198 / Hallands län

Rosendals Camping	1 DKNOPQRST K 6
Rosendalsvägen 22	2 GJKPQWXY ABCDEFGHIJK 7
14 Apr - 30 Sep	3 AJMNU ABEFNQRTUV 8
+46 34 69 73 00	4 JOT E 9
info@rosendalscamping.se	5 ABDM AHIJKQ 10
	B 6-10A ❶ €30,10
N 56°57'28" E 12°21'52"	4ha 150T(80-100m²) 54D ❷ €30,10

Von der E6 Ausfahrt 52 Morup, Richtung Stränninge. Dann den Schildern Stränninge folgen. Dann Richtung Rosendals. Der CP ist gut ausgeschildert. 106854

Gränna, S-56321 / Jönköpings län

First Camp Gränna****	1 BDEKNOPQRSTU LMNQSWXYZ 6
Hamnvägen 49	2 AEIJKQTWXY ABCDEFGHIJK 7
1 Jan - 31 Dez	3 ABFJLSV ABCDEFGHIJNQRT 8
+46 39 01 07 06	4 ADFHJO FJVY 9
granna@firstcamp.se	5 ABDGHKN ABEGHIJKOQY 10
	B 10-16A CEE ❶ €40,00
N 58°01'40" E 14°27'30"	H100 5ha 438T(100m²) 83D ❷ €40,00

Von der E4 die Ausfahrt Gränna nehmen. Innerorts den 'Camping' Schildern folgen. Admiralsvägen, Richtung Visingsö. 106890

Gränna, S-56391 / Jönköpings län

Getingaryds Camping***	1 KNOPQRSTU LNPQSW 6
Getingaryd 4	2 AFIMQUWXY ABDEFGHIK 7
28 Apr - 1 Okt	3 BJLMS ABEFGJNQRT 8
+46 7 07 23 31 72	4 JOT FJQV 9
info@getingarydscamping.se	5 ABDN AHJKNQUY 10
	Anzeige auf dieser Seite B 10A CEE ❶ €30,10
N 58°05'46" E 14°31'59"	H110 5ha 80T(80-100m²) 31D ❷ €30,10

Auf E4 Abzweigung Vida Vänern nehmen, dann Ausfahrt Nr. 105 nehmen. Danach den Schildern Ri. Stava/Gränna folgen. Der CP liegt an der "alten Straße" zwischen Gränna und Ödeshög am Vätternsee. 109903

Gryt/Valdemarsvik, S-61042 / Östergötlands län

Kust Camp Ekön	1 BDEKNOPQRSTU KNQSVWXYZ 6
Ekövägen 6	2 BHIMNQTVWXYZ ABCDEFGHIJK 7
1 Jan - 31 Dez	3 AJLSX ABEFIJKNPQRTW 8
+46 12 34 02 83	4 FJO EFJNOQRUV 9
info@campa.se	5 ABDFGHKN BFGHJKMNQUY 10
	B 10A CEE ❶ €43,75
N 58°10'27" E 16°51'09"	7ha 182T(80-100m²) 98D ❷ €43,75

Von der E22 Ausfahrt Valdemarsvik. Der 212 nach Gryt folgen. Hinter Gryt nach 2 km rechts auf den Ekövägen und den Campingschildern folgen. 123494

Gummarp/Eksjö, S-57593 / Jönköpings län

CC€21 iD

Mycklaflons Camping & Vandrarhem	1 ADEKNOPQRSTU LNQSXYZ 6
Norrsånna 2	2 BEIJKQSXYZ ABDEFGIK 7
1 Mai - 30 Sep	3 AJMUX ABEFHJNPQRW 8
+46 38 14 30 00	4 FGHJQ ABFGJNOQRUX 9
info@mycklaflonscamping.com	5 ADEFN ABDGHJKNQUY 10
	10A ❶ €26,80
N 57°35'23" E 15°14'46"	H56 6ha 40T(90-110m²) 18D ❷ €26,80

An der 40 Eksjö-Vimmerby, Ausfahrt Havik. Am Ende links und dann der CP-Beschilderung folgen. 121252

Gusum, S-61572 / Östergötlands län

CC€23 iD

Yxningens Camping & Café	1 ABDEKNOPQRSTU LNQSWXYZ 6
Yxningen	2 ABFJKQSTWXYZ ABDEFGHIJK 7
21 Apr - 17 Sep	3 AEMUX ABEFHIJNPQRTW 8
+46 12 32 02 58	4 FGJT FOQR 9
info@yxningenscamping.se	5 ABDEFGHJKN ABDFGHJKOPRSUV 10
	Anzeige auf Seite 79 B 6-16A CEE ❶ €33,40
N 58°16'55" E 16°27'48"	2ha 42T(85-125m²) 8D ❷ €33,40

Von der E22 Ausfahrt Ringarum oder Gusum (den CP-Schildern folgen). 119387

Halmstad, S-30260 / Hallands län

First Camp Hagön-Halmstad****	1 BDKNOPQRST KMNQSX 6
	2 GJPQSWXY ABCDEFGHIJK 7
Sommarvägen	3 ABFJLSV ABCDEFJKNQRTW 8
1 Jan - 31 Dez	4 JNO FJ 9
+46 35 12 53 63	5 ABDEFGHN ABFGHIJKMOQUVY 10
hagon@firstcamp.se	B 10-16A CEE ❶ €51,75
N 56°38'09" E 12°54'00"	10,5ha 550T(80-100m²) 190D ❷ €51,75

E6, Ausfahrt Halmstadt S (Süd). Dann den Schildern 'Hagöns' und CP folgen. 106856

Halmstad, S-30272 / Hallands län

First Camp Karlstorp-Halmstad	1 BDKNOPQRSTU 6
	2 ABJPQSWX ABDFGIK 7
G Tylösandsvägen 200	3 ABJL ABFJNQRTV 8
1 Mai - 30 Sep	4 BCFHJ JVY 9
+46 3 53 17 94	5 ABDEH BGHJKOQU 10
karlstorp@firstcamp.se	B 16A ❶ €56,45
N 56°39'29" E 12°45'22"	5ha 222T(80-100m²) 16D ❷ €56,45

Von der E6 Ausfahrt Halmstadt N., danach Richtung Tylösand. Der CP-Beschilderung folgen. 122393

Halmstad, S-30270 / Hallands län

First Camp Tylösand-Halmstad****	1 BDKNOPQRST KQSX 6
	2 GJPQSWXY ABCDEFGHIJK 7
Kungsvägen 3	3 ABJLSV ABCDEFIJNQRTUVW 8
1 Apr - 30 Sep	4 AEFJLOTU FHJV 9
+46 3 53 05 10	5 ACDEFHKMN ABEGHIJKLOQU 10
tylosand@firstcamp.se	B 10-16A CEE ❶ €56,45
N 56°39'37" E 12°44'25"	9ha 426T(80-100m²) 131D ❷ €56,45

E6, Ausfahrt Halmstad S (Süd). Dann Schildern Tylösand und CP folgen. 106855

Haverdal, S-30571 / Hallands län

CC€23

Haverdals Camping****	1 BDKNOPQRSTU QSX 6
Haverdalsvägen 62	2 AHJPQWXY BCDEFGHIJK 7
31 Mrz - 19 Nov	3 ABFGJLMSV ABEFJNQRTUVW 8
+46 3 55 23 10	4 BFHJO DFIJV 9
info@haverdalscamping.se	5 ABDMN ABCDFGHIJKOQUVY 10
	Anz. auf dieser Seite B 10-16A CEE ❶ €47,05
N 56°43'39" E 12°40'25"	5ha 230T(100-140m²) 53D ❷ €47,05

Die E6, Ausfahrt 46 Haverdal. Richtung Haverdal halten. 113355

Höör, S-24335 / Skåne län

CC€23

Jägersbo Camping***	1 BDKNOPQRSTU LNQSWXYZ 6
Sätofta	2 BFIKPQRSWXYZ ABDEFGHIK 7
1 Jan - 31 Dez	3 BJLMV ABCDEFHIJKNQRTW 8
+46 4 13 55 44 90	4 JT EFJQRTVY 9
camping@jagersbo.se	5 ABCDHMN ABDGHIJKOQUV 10
	Anzeige auf Seite 79 B 10-16A CEE ❶ €34,80
N 55°54'12" E 13°33'54"	H55 5ha 185T(80-140m²) 59D ❷ €34,80

An Straße 23 südlich von Höör, Ausfahrt Sätofta, dann 3 km. Oder Straße 13, Ausfahrt Sätofta. CP am See von Ringsjön 106880

Teilkarte Süd-Schweden auf Seite 75

Horn, S-59042 / Östergötlands län

Hornåbergs Camping*
Hornåbergsg. 10
1 Jan - 31 Dez
+46 7 38 39 51 85
info@hornabergscamping.se
N 57°53'50" E 15°50'13"

1 ADEKNOPQRSTU JNXZ 6
2 BDKPQTWXY ABDEFGHIJK 7
3 AEGS ABEFIJNPQRTW 8
4 FHJT FNR 9
5 ABDEFGHJKN ABFGHJKNQUV 10
WB 10A CEE ❶ €32,00
2ha 99T(80-120m²) 23D ❷ €32,00

Auf der Straße Nr. 34 zwischen Vimmerby und Kisa nach Horn (Straße Nr. 135) abfahren; auf dieser Straße ist der CP ausgeschildert. 101385

Hovmantorp, S-36543 / Kronobergs län

Gökaskratts Camping***
Bruksallén 7
1 Jan - 31 Dez
+46 7 07 40 27 92
info@gokaskrattscamping.se
N 56°47'03" E 15°07'50"

1 ADEKNOPQRST LMNQSW 6
2 ABFIJKQRSTWXYZ ABDEFGHIK 7
3 BJN ABEFJNPQRTW 8
4 FH F 9
5 AFHLN ABGHJKMOQY 10
B 10A CEE ❶ €23,50
H145 4ha 106T(70-120m²) 30D ❷ €25,40

Der Camping liegt an der 25 Vaxjö-Kalmar-Hovmantorp. Der Beschilderung folgen. 106924

Schweden

Hult, S-57592 / Jönköpings län

Movänta Camping***
Badvägen 4
15 Apr - 15 Okt
+46 7 27 31 75 75
info@movantacamping.se
N 57°39'22" E 15°07'19"

1 ABDEKNOPQRSTU LNQSXYZ 6
2 BFJKQRUWXY ABDEFGHIK 7
3 AJLX ABCDEFHJNPQRTW 8
4 FH FJNQR 9
5 ABDFHJKN ABGHJKNQU 10
10A ❶ €30,10
H360 5ha 78T(70-120m²) 26D ❷ €30,10

CP nördlich von Hult, ausgeschildert an Straße 40 Eksjö-Mariannelund. 106934

Kolmården, S-61834 / Östergötlands län

First Camp Kolmården-Norrköping****
Kvarsebovägen 2
31 Mrz - 1 Okt
+46 11 39 82 50
kolmarden@firstcamp.se
N 58°39'37" E 16°24'02"

1 ABDEKNOPQRSTU KNPQSWXYZ 6
2 ABHIJKMNPQSTUWXYZ ABCDEFGHIJK 7
3 AGJQ ABEFIJNPQRTUVW 8
4 BCDFHJLNOPT FHJVY 9
5 ACDEFGHJKN ABGHIJKNQUY 10
10A ❶ €42,35
10ha 322T(80-120m²) 66D ❷ €42,35

E4, nördlich von Nörrköping, Ausfahrt Kolmården (Djurpark-Zoo). Schildern 'Djurpark' und später CP folgen. 106971

Hultsfred, S-57736 / Kalmar län

Hultsfred strandcamping
Folkparksvägen 10
1 Mai - 16 Sep
+46 4 95 75 80 80
info@hultsfredstrandcamping.se
N 57°29'31" E 15°51'48"

1 ADEKNOPQRST LNQSX 6
2 BDFJKQRTWXY ABDEFGHIJK 7
3 AJLMX ABEFHIJMNPQRTUW 8
4 FHJ FNQRTVY 9
5 ADFHKN BFGHIJKNQU 10
B 16A CEE ❶ €32,95
H92 7ha 115T(100-150m²) 27D ❷ €32,95

Auf der 34 von Målilla nach Vimmerby, Ausfahrt Hultsfred. Der CP ist ausgeschildert. 120993

Kosta, S-36543 / Kronobergs län

Kosta Bad & Camping***
Rydvägen 10
1 Jan - 31 Dez
+46 7 32 44 37 54
info@glasriketkosta.se
N 56°50'39" E 15°23'28"

1 DEKNOPQRSTU B 6
2 QSWXYZ ABFGHIK 7
3 BF ABEFJNQRT 8
4 FHT FJQ 9
5 DEFHN GHJKOQVY 10
B 10A CEE ❶ €20,25
H200 3,4ha 76T(90-120m²) 8D ❷ €20,25

Der Campingplatz liegt bei Kosta an der Straße 28 (zwischen Eriksmåla und Lenhovda) und ist an der Straße von Lessebo nach Orrefors ausgeschildert. 106923

Kalmar, S-39247 / Kalmar län

First Camp Stensö-Kalmar****
Stensövägen 100
1 Jan - 31 Dez
+46 48 08 88 03
stenso@firstcamp.se
N 56°38'59" E 16°19'37"

1 ADEKNOPQRSTU KNQSWXYZ 6
2 GJQRSUWXYZ ABCDEFGHIJK 7
3 AJV ABEFGNQRT 8
4 BDFJO FJNRVY 9
5 ABDHKN BGHIJKOQUY 10
B 10A CEE ❶ €38,10
25ha 303T(100-120m²) 80D ❷ €38,10

CP am Südrand von Kalmar. Von der E22 ausgeschildert. Von Norden oder aus Öland Richtung Kalmar-S halten und den CP-Schildern folgen. 106957

Kristianopel/Fågelmara, S-37378 / Blekinge län

Kristianopel Resort***
Storgatan 4
1 Apr - 30 Sep
+46 4 55 36 61 30
info@kristianopelresort.se
N 56°15'21" E 16°02'37"

1 BDEKNOPQRSTU KNPQSWXZ 6
2 AEGIJKMQSWXYZ ABDEFGHIK 7
3 AJMS ABCDEFGHIJKNQRTVW 8
4 DEFHJO FG 9
5 DFGHLN ABCGHJKOQUY 10
10A CEE ❶ €35,75
4,5ha 110T(100-120m²) 49D ❷ €35,75

6 km auf der E22. In Fågelmara Richtung Kristianopel. Den Schildern 'Pålsgården' folgen. Der CP ist von der E22 ausgeschildert. 106962

Karlshamn, S-37430 / Blekinge län

Kolleviks Camping och Stugby AB***
Kolleviksvägen 11
6 Apr - 17 Sep
+46 45 41 92 80
info@kolleviksCamping.se
N 56°09'36" E 14°53'43"

1 ADEKNOPQRST KNPQSW 6
2 ABHJMNPQRSTWXYZ ABFGIK 7
3 BJNO ABCDEFIJNQRTW 8
4 FO FJVY 9
5 ABDEFN ABGHIJKMOQU 10
B 10A CEE ❶ €35,30
6ha 125T(80-100m²) 83D ❷ €35,30

CP an der Südostseite von Karlshamn. Aus Richtung Kalmar Ausfahrt Karlshamn-Ö. und Kollevik. Auf der E22 ist der CP ausgeschildert. 106916

Läckeby/Kalmar, S-39598 / Kalmar län

Kalmar Camping Rafshagsudden
Rafshagen 430-432
8 Apr - 30 Sep
+46 48 06 04 64
info@kalmarcamping.se
N 56°45'25" E 16°22'47"

1 ADEKNOPQRSTU KNQSVXYZ 6
2 ABHIJKQRTWXYZ ABDEFGHIK 7
3 ABCEFGHIJLSUVX ABCDEFGIJNPQRSTW 8
4 BCDFJNOT BDFNQRVY 9
5 ABDEFGHJKLNO ABCEFGIJKOQUVWY 10
B 10-16A CEE ❶ €40,45
5ha 167T(50-250m²) 46D ❷ €40,45

Der CP liegt 10 km nördlich von Kalmar. Ab der E22 ist der CP mit 'Rafshagen' ausgeschildert. Vorsicht: den Schildern und nicht dem Navi folgen! 112518

Karlskrona, S-37137 / Blekinge län

Dragsö Camping & Stugby****
Dragsövägen 14
1 Jan - 31 Dez
+46 45 51 53 54
info@dragso.se
N 56°10'23" E 15°34'03"

1 ADEFHKNOPQRST KNOPQSXYZ 6
2 ABHIJKMNPQRSTWXYZ ABCDEFGHIJK 7
3 ABFJLSU ABCDEFGHIJKNQRT 8
4 ABCDFHJLOTU FGNOQRSTV 9
5 ACDEFHLNO ABCFGHIJKOPQY 10
B 10A CEE ❶ €42,35
8ha 290T(80-100m²) 74D ❷ €42,35

E22, Ausfahrt Karlskrona ö/c, Richtung Zentrum. In der Stadt ist der CP an der Durchgangsstraße Nr. 28 ausgeschildert. 106950

Karlskrona, S-37145 / Blekinge län

First Camp Skönstavik-Karlskrona****
Ronnebyvägen 17
1 Jan - 31 Dez
+46 45 52 37 00
skonstavik@firstcamp.se
N 56°12'05" E 15°36'20"

1 DKNOPQRSTU KMNQSWXZ 6
2 AHJKMPQRSUWXY ABCDEFGHIJK 7
3 AGJLS ABCDEFGIJKNQRT 8
4 FJO FGQVY 9
5 ABDKMN BGHKNQU 10
B 10A ❶ €37,15
5ha 152T(80-100m²) 50D ❷ €37,15

Der CP liegt am Nord-Westrand von Karlskrona; E22, Ausfahrt Karlskrona-V, ausgeschildert. 106951

Teilkarte Süd-Schweden auf Seite 75

Schweden

Landön, S-29034 / Skåne län

Landöns Camping
Landövägen 455
9 Apr - 11 Sep
+46 4 45 70 76
info@landonscamping.se

1 ADEKNOPQRSTU KMNPQSUWXYZ 6
2 HJKMQRSWXY ABDEFGIK 7
3 AMSX ABEFJNQRW 8
4 H DNQRV 9
5 ABDN ABGHJKMNQUY 10
B 10A ①€40,00
3ha 130T(80-130m²) 77D ②€40,00

N 55°58'28'' E 14°24'32''
Von Kristianstad E22: Ausf. Landön. Aus Ri. Sölvesborg E22: Ausfahrt Trolle/Ljungby/Vanneberga. CP ausgeschildert. Achtung: Åhus Ri. Landön nach Ringhaby Vanneberga folgen.
106919

Lerberget, S-26352 / Skåne län

Lerbergets Camping
Lerbergetsvägen 151
1 Apr - 30 Sep
+46 42 33 14 00
info@lerbergetscamping.se

1 BDKNOPQRSTU KX 6
2 BGIJMQWXZ ABFGHIK 7
3 AJ ABFNPQRTW 8
4 FH 9
5 BDE ABFGIJKNRS 10
B 10A CEE ①€32,95
5ha 165T(80-100m²) 70D ②€32,95

N 56°10'55'' E 12°33'28''
Von Helsingborg die 111 Richtung Höganäs. Der Campingplatz liegt an dieser Straße.
106845

Linköping, S-58437 / Östergötlands län

First Camp Glyttinge-Linköping****
Berggårdsvägen 6
1 Jan - 31 Dez
+46 13 17 49 28
glyttinge@firstcamp.se

1 BDEKNOPQRSTU 6
2 ABQWXYZ ABDEFGHIJK 7
3 BL ABEFGNQRTW 8
4 FO FJ 9
5 BDN AGHJKOQ 10
B 10-16A CEE ①€37,65
H60 5,5ha 109T(100m²) 35D ②€37,65

N 58°25'17'' E 15°33'43''
Von der E4 Ausfahrt 111 of 112 richting Glyttinge. CP dann ausgeschildert.
106939

Linneryd, S-36297 / Kronobergs län

Linneryds Camping A.B.
Linneryd Nabben
1 Apr - 15 Sep
+46 47 03 44 64
andreas.ober@spray.se

1 ADEKNOPQRSTU LNPXZ 6
2 BFJKQRSXYZ ABDEFGHIK 7
3 ALMX ABCDEFHJNPQRT 8
4 FHJOT ADFLOQRV 9
5 ABDEFGHJKN ABGHJKLMOQU 10
B 10A ①€30,10
3ha 68T(60-120m²) 37D ②€30,10

N 56°39'15'' E 15°08'50''
Die 122 Vaxjö-Karlskrona unweit der Ortschaft Linneryd.
115884

Listerby, S-37294 / Blekinge län

Ronneby Havscamping****
Torkövägen 52
14 Apr - 30 Sep
+46 45 73 01 50
info@ronnebyhavscamping.se

1 ADEKNOPQRSTU BGKNPQSWXZ 6
2 HJKQRSWXYZ ABCDEFGHIK 7
3 ABCGJLMV ABCDEFIJNQRTW 8
4 BCDFLOR FHJRV 9
5 ABCDFHLN ABGHIJKMOQU 10
B 10A CEE ①€26,35
9ha 300T(100-150m²) 98D ②€35,75

N 56°09'21'' E 15°23'07''
Bei Listerby (östlich von Ronneby), Ausfahrt Kuggeboda von der E22, zuerst Richtung Kuggeboda, dann Bökenäs, CP ausgeschildert.
111372

Ljugarn, S-62325 / Gotlands län

Ljugarns Semesterby & Camping
Strandvägen 51
1 Jun - 31 Aug
+46 4 98 49 31 17
info@semesterby.se

1 BDEKNOPQRSTU BGKMNPQSTWX 6
2 BHJPQTWXYZ ABDEFGHIK 7
3 AGLM ABCDEFJNPQRTW 8
4 FHJ AJRVY 9
5 ABDEN ABFGJKOPQUVY 10
B 10A CEE ①€47,05
10ha 120T(80-120m²) 76D ②€47,05

N 57°20'26'' E 18°43'04''
CP liegt an der Ostküste von Gotland, wo sich die 143 und 144 trennen. Der CP ist im Ort Ljugarn angezeigt (Strandvägen).
118403

Ljungby, S-34140 / Kronobergs län

Ljungby Semesterby & Camping Park***
Campingvägen 1
1 Jun - 31 Aug
+46 37 21 03 50
reservation@ljungby-semesterby.se

1 BDJMOPQRSTU BEGI 6
2 APQSUWXYZ ABDEFGHIK 7
3 AFJ ABEFJNQRT 8
4 JOT FGJ 9
5 ADK ABHIJKQUY 10
10A CEE ①€27,75
H150 2,5ha 50T(60-80m²) 22D ②€27,75

N 56°50'34'' E 13°57'08''
CP ist an der Ausfahrt der Stadt an der E4 und in der Stadt ausgeschildert. Ausfahrt Ljungby N folgen.
106886

Loftahammar, S-59095 / Kalmar län

Bjursunds Camping Horsvik
1 Mai - 30 Sep
+46 49 36 12 96
bjursund@caravanclub.se

1 ADEKNOPQRSTU KNQSWXYZ 6
2 BHJKMNPQSTUWXYZ ABCDEFGHIK 7
3 AJLSU ABEFHJNPQRT 8
4 FJOT FQ 9
5 ABDN ABCFHJKMNQUY 10
B 10A CEE ①€28,25
3,5ha 133T(100-200m²) 76D ②€28,25

N 57°55'07'' E 16°35'53''
E22, Abfahrt Loftahammar (Straße 213), direkt nach der Brücke auf der Südseite (ausgeschildert). Aufpassen: kein Einfahrtsstreifen.
106963

Loftahammar, S-59471 / Kalmar län

Hallmare Havsbad***
Stora Sand
1 Mai - 30 Sep
+46 49 36 13 62
info@hallmarehavsbad.se

1 ADEKNOPQRSTU KMNQSWXYZ 6
2 BHIJNQRSTUVXYZ ABCDEFGHIJK 7
3 AGJLS ABCDEFIJNPQRTW 8
4 FJO FOQRV 9
5 ABDEFHJKN ABFGHIJKNPQU 10
10A ①€28,25
12ha 190T(80-100m²) 87D ②€28,25

N 57°52'27'' E 16°44'55''
E22 und die 213 über Loftahammar nach Källvik. In Källvik Ausfahrt Hallmare und den CP-Schildern folgen.
106964

Loftahammar, S-59471 / Kalmar län

Tättö Havsbad Camping****
Tättövägen 50
1 Jan - 31 Dez
+46 49 36 13 30
info@tattohavsbad.se

1 BDEKNOPQRSTU KNQSWXZ 6
2 BHIJKMNQRSUVWXY ABCDEFGHIK 7
3 AEGJLSU ABCDEFHIJNPQRTW 8
4 JO FOQRTV 9
5 ABDEFHK ABGHIJKOQVY 10
Anzeige auf dieser Seite 10A CEE ①€31,05
10ha 205T(100-120m²) 91D ②€31,05

N 57°53'24'' E 16°42'10''
E22, Ausfahrt Richtung Loftahammar (Straße Nr. 213); der CP ist ausgeschildert (Tättö).
101387

Lomma, S-23434 / Skåne län

Lomma Camping***
Södra Västkustvägen 114
15 Apr - 15 Sep
+46 40 41 12 10
info@lommacamping.se

1 BDEKNOPQRSTU KQRSX 6
2 ABEHIJKPQRSTWXYZ BDFGHIJK 7
3 BFJKLS BDFJKNQRTW 8
4 FH HR 9
5 ABDEH ABFGHIJKMNQXY 10
B 10-16A ①€37,65
1,5ha 200T(80-100m²) 78D ②€37,65

N 55°41'25'' E 13°03'33''
Von der E6 Ausfahrt Lomma. Danach der Beschilderung folgen. Zweiter CP links.
110062

Teilkarte Süd-Schweden auf Seite 75

Löttorp, S-38773 / Kalmar län

First Camp Löttorp
Kesnäs Fiskarvägen 1
31 Mrz - 1 Okt
+46 48 52 32 70
lottorp@firstcamp.sE

1 DEKNOPQRST	NPQSW 6
2 AJKLMQSTWXYZ	ABDEFGHIK 7
3 ABFJNV	ABEFGHIJNQRTUVW 8
4 BDFHL	FJVY 9
5 ACDFIKNO	ABHIJKNPQUY 10
B 10A CEE	❶ €51,75
7ha 291T(100-120m²) 64D	❷ €51,75

N 57°18'14'' E 17°05'54''
Von der Hauptstraße sind es 2,5 km bis zum Campingplatz. Sehr schön gelegen in der Nähe des Strandes. 114094

Löttorp, S-38773 / Kalmar län

Sandbybadets Camping****
Sandby Sjögata 41
21 Apr - 11 Sep
+46 48 52 03 22
info@sandbybadetscamping.se

1 ADEKNOPQRST	KNQS 6
2 AGJQRSWXY	ABDEFGHIJK 7
3 BFLMQV	ABCDEFJKNQRTW 8
4 FHJOT	FNTVY 9
5 ADN	ABGHIJKNQUY 10
B 10-16A	❶ €34,35
10ha 179T(80-140m²) 95D	❷ €34,35

N 57°10'26'' E 17°02'16''
Auf Öland Straße Nr. 136 in Richtung Norden; der CP liegt 2 km hinter Högby, ausgeschildert. 106983

Löttorp, S-38773 / Kalmar län

Sonjas Camping*****
John Emils Gata 43
1 Mai - 4 Okt
+46 48 52 32 12
info@sonjascamping.se

1 DEKNOPQRSTU	BGKNQS 6
2 GJQWXYZ	ABCDEFGHIJK 7
3 ACFJLMSV	ABCDEFGHIJKNQRSTUV 8
4 BDFHJORTU	FJVY 9
5 ACDEFGHIJKN	ABEGHIJKMOPQUVY 10
B 10-16A	❶ €43,30
10ha 394T(80-150m²) 44D	❷ €43,30

N 57°10'42'' E 17°02'16''
Von Öland Straße 136 Richtung Norden, 2 km hinter Högby ausgeschildert. 109904

Malmö/Limhamn, S-21611 / Skåne län

First Camp Sibbarp-Malmö****
Strandgatan 101
1 Jan - 31 Dez
+46 40 15 51 65
malmo@firstcamp.se

1 DEKNOPQRSTU	KMQSX 6
2 ADFGJKPQSWXYZ	ABCDEFGHIJK 7
3 ABFGJMSV	ABCDEFGHIJKNQRTUVW 8
4 BFHJOT	EFJVWY 9
5 ABDEFGHIKLMN	ABFHJKNQUVWY 10
B 10-16A CEE	❶ €37,65
10ha 473T(60-100m²) 85D	❷ €37,65

N 55°34'19'' E 12°54'23''
E6 Ausfahrt Limhamn (weiße Schilder), westlich von Malmö. Richtung Sibbarp folgen. In Limhamn ausgeschildert. GPS gibt die Strecke zur Einfahrt falsch an. Dem Hinweis 'inchecking' an der letzten Kreuzung folgen. 100943

Mariannelund, S-59897 / Jönköpings län

Spilhammars Camping***
Spilhammars Vägen 2
1 Apr - 20 Okt
+46 7 05 65 03 17
info@spilhammarscamping.com

1 ADEKNOPQRSTU	LMNQXZ 6
2 BEIJKQRSXYZ	ABCDEFGIJK 7
3 AS	ABCDEFIJKNPQRTW 8
4 FH	FIJQR 9
5 ABDN	ABHIJKMOQUX 10
10A	❶ €34,35
H230 7,2ha 90T(90-120m²) 22D	❷ €34,35

N 57°37'04'' E 15°36'16''
Der CP liegt östlich von Mariannelund; an Straße Nr. 40 Eksjö-Vimmerby ausgeschildert. 106933

Mölle, S-26377 / Skåne län

First Camp Mölle-Höganäs****
Kullabergsvägen 286
1 Jan - 31 Dez
+46 42 34 73 84
molle@firstcamp.se

1 BCDKNOPQRSTU	BGNOPQSXY 6
2 BJLMNPQRVWXYZ	ABCDEFGHIJK 7
3 BDFJLMSVW	ABEFIJNQRTW 8
4 ABEFHJLOPTX	FJLRSV 9
5 ACDEFGKMN	ABFGHIJKMOQUXY 10
B 10A CEE	❶ €47,05
7ha 294T(80-120m²) 53D	❷ €47,05

N 56°16'15'' E 12°31'47''
Ab Helsingborg erst die E4. Dann links über die 111 Richtung Höganäs. Von der E6 Straße 112 Richtung Höganäs. In Höganäs die 111 Richtung Mölle. 106843

Oknö/Mönsterås, S-38392 / Kalmar län

First Camp Oknö-Mönsterås****
Oknövägen 12
8 Apr - 25 Sep
+46 49 94 49 02
okno@firstcamp.se

1 ADEKNOPQRSTU	KNQSWXY 6
2 ABGJMQRSUWXYZ	ABDEFGHIJK 7
3 ABLS	ABEFIJKNQRTW 8
4 FJORSTUVXZ	EFJVY 9
5 ABDFGHL	ABGHIJKNPQUY 10
B 10-16A	❶ €37,15
4,7ha 99T(80-100m²) 56D	❷ €37,15

N 57°00'42'' E 16°30'21''
CP auf der Halbinsel südostlich von Mönsterås. E22, bei Mönsterås ausgeschildert (Ausfahrt Oknö). 106952

Olofström, S-29339 / Blekinge län

Halens Camping****
Halenvägen 321
1 Apr - 30 Sep
+46 45 44 02 30
info@halenscamping.se

1 ADEKNOPQRSTU	LNPQSWXYZ 6
2 BFJKQRWXYZ	ABCFGIJK 7
3 AGLU	ABCDEFGIJKNPQRTW 8
4 BCDFHOPT	FGJNQRTV 9
5 ABDEHKLN	BGHIJKOQUY 10
B 10-16A CEE	❶ €34,35
H120 3,8ha 140T(100-200m²) 69D	❷ €34,35

N 56°16'09'' E 14°30'36''
CP an Straße 121/116 bei Olofström ausgeschildert, 2 km südlich von Olofström, am See. 106929

Orrefors, S-38272 / Kalmar län

Orrefors Camping
Tikaskruv 304
1 Mai - 15 Sep
+46 48 13 04 14
info@orrefors-camping.se

1 DEKNOPQRSTU	LMNX 6
2 BEJKLMPQXYZ	ABEFGHIK 7
3 AGJMS	ABDEFIJNQRT 8
4 FHT	FQR 9
5 ABDEHN	AHIJKOQU 10
B 10A CEE	❶ €22,60
H80 1,5ha 80T(90-120m²) 7D	❷ €22,60

N 56°50'39'' E 15°42'28''
An der 31 Orrefors-Målerås zum See Orranäsasjön ausgeschildert. 118081

Osby, S-28343 / Skåne län

Osby Camping****
Ebbarpsvägen 84
1 Apr - 30 Sep
+46 47 93 11 35
info@osbycamping.nu

1 BDKNOPQRSTU	LNQSWXYZ 6
2 EIJKQVXY	ABDEFGHIK 7
3 AIJ	ABEFJKNQRT 8
4 FJOT	EFQRT 9
5 ABDGN	GHJKNQU 10
B 10A CEE	❶ €24,45
H90 2ha 100T(100m²) 7D	❷ €24,45

N 56°21'55'' E 14°00'02''
Der CP liegt auf der Südseite von Osby und ist ab er 29 Älmhült-Hässleholm ausgeschildert. 106889

Oskarshamn, S-57263 / Kalmar län

First Camp Gunnarsö-Oskarshamn****
Östersjövägen 103
25 Mrz - 25 Sep
+46 49 17 72 20
gunnarso@firstcamp.se

1 ABDEKNOPQRST	KNPQSW 6
2 ABHIJKMNQSTVWXYZ	ABCDEFGHIJK 7
3 AGJSV	ABEFGIJKNPQRTUW 8
4 BDFHJLOT	FJNRTVY 9
5 ABDFKN	BCFGHIJKOQUWY 10
B 10A CEE	❶ €52,70
4ha 169T(40-120m²) 96D	❷ €52,70

N 57°15'06'' E 16°29'32''
CP am Südrand der Stadt. Aus dem Süden: an der E22 ausgeschildert. Aus dem Norden: Abfahrt Süd, dann Schildern folgen. 106968

Råå, S-25270 / Skåne län

First Camp Råå Vallar-Helsingborg***
Kustgatan
1 Jan - 31 Dez
+46 42 18 26 00
raavallar@firstcamp.se

1 BDKNOPQRST	BEGKMNOPQSWX 6
2 AGIJPQWXYZ	ABCDEFGHIJK 7
3 ABFJLV	ABCDEFIJKNQRSTW 8
4 BJMNOPRTU	EFJVY 9
5 ABDEHKMN	ABGHIJKOQUW 10
B 10A CEE	❶ €47,05
15ha 306T(80m²) 53D	❷ €47,05

N 56°00'11'' E 12°43'46''
Südlich der Stadt Helsingborg, Ausfahrt Råå, ausgeschildert. 106846

Röstånga, S-26868 / Skåne län

First Camp östånga-Söderåsen****
Blinkarpsvägen 3
1 Jan - 31 Dez
+46 43 59 10 64
rostanga@firstcamp.se

1 BDKNOPQRSTU	BGHN 6
2 BEIPQTUWXY	ABCDEFGHIJK 7
3 ABFGHJLMSV	ABCDEFGHIJNQRTUW 8
4 BFLOR	EFJRV 9
5 ABDEKL	ABGHIJKMNQUY 10
B 10A CEE	❶ €41,85
H80 27ha 202T(50-120m²) 27D	❷ €41,85

N 55°59'48'' E 13°16'48''
Der 13 bis Röstånga folgen. Von Süden der 108 folgen. Der CP liegt an der 108. Gut ausgeschildert. 111908

Ryd, S-SE 36296 / Kronobergs län

Getnö-lake Asnen Resort****
Getnö Gård AB
1 Mai - 1 Okt
+46 47 72 40 21
info@getnogard.se

1 ADEKNOPQRSTU	LNQXZ 6
2 BEIJQRSTUVWXYZ	ABDEFGHIK 7
3 AGSX	ABEFIJNPQRTW 8
4 ABFHORT	FJOQRUVW 9
5 ABFHK	ABGHJKMNPQUWY 10
B 10A	❶ €32,00
H145 15ha 160T(100-120m²) 16D	❷ €32,00

N 56°35'05'' E 14°41'43''
Von Norraryd die 126 Richtung Alvesta. Weiter der Beschilderung folgen. 109595

Sandvik, S-58578 / Östergötlands län

Sandviks Camping***
Vreta Kloster
1 Jan - 31 Dez
+46 1 36 14 70
sandvik@caravanclub.se

1 BDEKNOPQRSTU	LNQSWX 6
2 EIJQRUVWXYZ	ABDEFGHIK 7
3 ABFJLMS	ABEFJNQRT 8
4 FJOQ	FR 9
5 ABDHJKN	ABGHIJKOQUVY 10
B 10A CEE	❶ €28,25
4ha 122T(100-144m²) 65D	❷ €28,25

N 58°32'28'' E 15°37'22''
Von der E4 westlich von Linköping, Ausfahrt 111 Richtung Motala (34). Auf der 34 die Ausfahrt Ljungsbro. Danach Richtung Berg, dann Stjärnorp. CP ist angezeigt. 114151

Sävsjö, S-57633 / Jönköpings län

Sävsjö Camping***
Hägnevägen 15
1 Jan - 31 Dez
+46 38 21 00 40
camping.savsjo@hotmail.com

1 ADEKNOPQRSTU	EGHILMNQSWXZ 6
2 FJKPQUWXY	ABDEFGHIJK 7
3 AFGJNQ	ABEFJNQRTW 8
4 FHJO	FNQR 9
5 ADFHJN	BCHJKNQU 10
WB 10A	❶ €30,10
H260 2,8ha 50T(100-120m²) 18D	❷ €30,10

N 57°23'31'' E 14°40'50''
Die 127 (zwischen Vrigstadt und Vetlanda) circa 1,5 km vor Sävsjö ausgeschildert. CP ist 2 km südostlich von Sävsjö. 101386

Teilkarte Süd-Schweden auf Seite 75

Skummeslövsstrand, S-31272 / Hallands län

Skummeslövs Ekocamping****
Stora Strandvägen 35
15 Apr - 15 Sep
+46 43 02 10 30
info@ekocamping.nu
N 56°27'34'' E 12°55'59''

1 BDKNOPQRST MNQSWX 6
2 ABJPQRSTWXY ABDEFGHIJK 7
3 BJLNS ABFJNQRTUW 8
4 JO EFJ 9
5 ABDEN AGHIJKMQ 10
B 10A CEE ❶ €32,95
9ha 250T(100-150m²) 20D ❷ €32,95

E6 Richtung Halmstad, Ausfahrt 40 Richtung Skottorp / Skummeslövsstrand. Camping rechts der Strecke. Nicht dem Schild Richtung Skummelövscamping folgen. 113356

Söderköping, S-61492 / Östergötlands län

Skeppsdockans Camping
Dockan 1
28 Apr - 17 Sep
+46 12 12 16 30
skeppsdockan@soderkopingscamping.se
N 58°29'30'' E 16°18'22''

1 BDEKNOPQRSTU NXZ 6
2 ADPQRSTWXY ABCDEFGHIJK 7
3 A ABEFIJNPQRTW 8
4 HJO GIVX 9
5 ABDN ABGHIJKOQU 10
B 10-16A CEE ❶ €33,40
2ha 155T(80-100m²) 25D ❷ €33,40

Von der E22 nördlich von Söderköping die Ausfahrt: Ö Husby, Skeppsdockanscamping und weiter den Campingschildern folgen. 123495

ACSI AWARDS 2022

GEWINNER

Bestes Campingplatz-Restaurant Schweden

Norje Boke Camping

Sölvesborg, S-29476 / Blekinge län

Norje Boke Camping****
Norjebokevägen 72
1 Jan - 31 Dez
+46 45 63 10 26
info@norjebokecamping.com
N 56°07'03'' E 14°41'20''

1 ADEKNOPQRSTU KNPQSWXZ 6
2 ABGJQRSWXYZ ABCDEFGHIJK 7
3 ABCFGMQSUX ABCDEFGHIJKNPQRTW 8
4 BCDHOV AFJMNOQRVY 9
5 ABDEFGHKLN ABFGHIJKQVY 10
B 10-16A ❶ €35,75
20ha 350T(120-150m²) 73D ❷ €35,75

Der Camping liegt bei Norje zwischen Sölvesborg und Karlshamn und ist an der E22 ausgeschildert. Ausfahrt 47 von Süden her oder die 48 von Norden. 106917

Sölvesborg, S-29436 / Blekinge län

Tredenborgs Camping
Tredenborgsvägen
1 Apr - 30 Sep
+46 45 61 21 16
info@tredenborg.com
N 56°01'42'' E 14°33'52''

1 ADEKNOPQRSTU KNPQSW 6
2 ABHJKMNQRSTWXYZ ABCDEFGHIJK 7
3 AGJL ABCDEFIJNQRTW 8
4 BCDHNOX BFNRVY 9
5 ABDEFHKLMN ABGHJKOQUY 10
B 10A CEE ❶ €37,65
2ha 220T(100-200m²) 109D ❷ €37,65

E22, Ausfahrt Sölvesborg-V., bei Kreisverkehr geradeaus, Schildern folgen. 106918

Sommen, S-57361 / Jönköpings län

Sommens camping
Lugna Vägen 6
1 Jan - 31 Dez
+46 14 03 00 07
sommenscamping@hotmail.se
N 58°08'32'' E 14°58'28''

1 ADKNOPQRSTU LNQSWXYZ 6
2 BEJKQWXY ABDEFGIJK 7
3 AEJS ABEFJNQRTUV 8
4 JO FOQY 9
5 BDMN EGHJKOQU 10
B 10A CEE ❶ €26,35
H154 3ha 107T(120m²) 56D ❷ €26,35

CP am Nordostrand des Ortes Sommen zwischen Bahngleisen und dem See Sommen, an Straße 32 ausgeschildert. 110705

Timmernabben, S-38052 / Kalmar län

Timmernabbens Camping
Varsvägen 29
1 Jan - 31 Dez
+46 7 06 02 38 61
timmernabben-camp@telia.com
N 56°58'00'' E 16°26'55''

1 ADEKNOPQRSTU KNX 6
2 BGJMQRUVWYZ ABDEFGHIJK 7
3 AFJMNSUV ABEFJNQRTW 8
4 BDFJO FGQRV 9
5 ADN BHIJKNQUY 10
B 10A CEE ❶ €32,95
5ha 75T(80-100m²) 99D ❷ €32,95

An der E22 ist der CP ausgeschildert. 115293

Tingsryd, S-36291 / Kronobergs län

Tingsryd Resort****
Mårslycke
1 Jan - 31 Dez
+46 47 71 05 54
info@tingsrydresort.se
N 56°31'43'' E 14°57'41''

1 ADEKNOPQRSTU LNQSWXZ 6
2 EJKPQRSTWXYZ ABCDEFGHIK 7
3 BGHIJMNQS ABCDEFKNQRTW 8
4 BFHNOTUZ EFJNOQRV 9
5 ABDEFGHIJKN ABEGHIJKMOPQUWY 10
B 10-16A CEE ❶ €37,65
H130 2ha 210T(100-120m²) 102D ❷ €44,70

Der CP liegt in Tingsryd, an der Straße Nr. 120 Tingsryd-Urshult. 106925

Tofta, S-62266 / Gotlands län

Tofta Camping
Toftavagen 362
1 Mai - 15 Sep
+46 4 98 29 71 02
bokning@toftacamping.se
N 57°29'09'' E 18°07'56''

1 BDEKNOPQRSTU BGKNPQSWX 6
2 BHIJKPQRSTWXYZ ABCDEFGIK 7
3 AGLQV ABCDEFIJNPQRTW 8
4 DH JV 9
5 ACDHKMNO BHJKNPQUY 10
B 10-16A CEE ❶ €56,45
20ha 298T(80-115m²) 55D ❷ €56,45

CP liegt an der 140 und ist gut ausgeschildert. Der CP liegt etwa 20 km südlich von Visby. 118395

Torekov, S-36976 / Skåne län

First Camp Torekov-Båstad****
Flymossavägen 5
6 Apr - 26 Sep
+46 4 31 36 45 25
torekov@firstcamp.se
N 56°25'51'' E 12°38'26''

1 BDKNOPQRST KMXY 6
2 BHIJKPQRUWXYZ ABCDEFGHIJK 7
3 ABFGJLVW ABEFIJNQRTUVW 8
4 BFJLOQTX AFV 9
5 ACDEGLMN ABEFHJKOQUY 10
B 10A ❶ €47,05
20ha 492T(80-100m²) 152D ❷ €47,05

Von Ängeholm Straße 105 und 115. An der E6 Ausfahrt Båstad/Torekov (die 115). 106858

Torne/Lönashult, S-34253 / Kronobergs län

Torne Camping & Fiskecamp
Brovägen
28 Apr - 1 Okt
+46 7 30 34 37 02
tornecamping@gmail.com
N 56°41'45'' E 14°35'57''

1 ADKNOPQRSTU LNQSXZ 6
2 BEKPQSXYZ ABDEFGHIK 7
3 ACV ABEFJNQRTW 8
4 FH FGOQRTUVWZ 9
5 ABDN ABHJKMNQUV 10
B 10A ❶ €25,85
H140 3ha 50T(150m²) 20D ❷ €25,85

Die 23 Växjö-Malmö bei Huseby in südlicher Richtung. CP ist angezeigt. 120177

Tranås, S-57393 / Jönköpings län

Hätte Camping****
Badvägen 2
1 Jan - 31 Dez
+46 14 01 74 82
info@hattecamping.se
N 58°02'10'' E 15°01'44''

1 ABDEKNOPQRSTU LNQSWXYZ 6
2 BEJKQTWXYZ ABDEFGHIJK 7
3 AEFJLMX ABEFJNQRTW 8
4 FHIJO FJPQRUV 9
5 ABDFGKLN ABDGHJKOQUY 10
WB 10-16A CEE ❶ €30,60
H185 4ha 129T(80-100m²) 44D ❷ €30,60

Der CP liegt 3 km östlich von Tranås und ist an der 131 ausgeschildert (Richtung Hätte). Auf der 32 Ausfahrt Tranås Sud, Richtung Zentrum und danach ist der CP angezeigt. 106930

Trelleborg, S-23132 / Skåne län

Trelleborg Strand****
Dalköpinge Strandväg 2
29 Apr - 30 Sep
+46 4 10 30 17 70
info@trelleborgstrand.se
N 55°21'51'' E 13°12'33''

1 BDKNOPQRSTU KMQSWX 6
2 GIJPQRXY ABCDEFGIK 7
3 BGJLN ABEFHNQRT 8
4 FO FJ 9
5 BDKLN ABEGHJKOQU 10
B 10A ❶ €30,10
3ha 154T(80m²) 19D ❷ €30,10

CP 4 km vom Zentrum entfernt, Richtung Ystad, an der 9. Ausgeschildert. 106884

Tvååker, S-43010 / Hallands län

First Camp Björkäng-Varberg****
Havsbadsvägen
1 Jan - 31 Dez
+46 34 04 21 34
bjorkang@firstcamp.se
N 57°00'35'' E 12°21'02''

1 BDEJMOPQRSTU KU 6
2 AGIJPRW ABCFGHIJK 7
3 ABJLQSV BFHJKNPQRSTUVW 8
4 BDT FGVY 9
5 ABDFJN ABCFGIJKMORSUY 10
10-16A ❶ €56,45
300ha 400T(80-100m²) 40D ❷ €56,45

Ab der E6 Richtung Björling. Campingschildern folgen. 111680

Unnaryd, S-31452 / Hallands län

Vallsnäs Camping
Vallsnäs
1 Jan - 31 Dez
+46 37 16 02 33
info@vallsnascamping.se
N 56°56'23'' E 13°32'14''

1 BDKNOPQRSTU LNXZ 6
2 BCEQWY BEFGHIK 7
3 BJMUX BDFGJQRTW 8
4 T FJOQR 9
5 ABDEGLN ABJKOQU 10
10A ❶ €36,70
2,5ha 100T(100m²) 23D ❷ €36,70

Die 25 zwischen Halmstad und Ljunby, Ausfahrt Richtung Unnaryd und dem Campingschild folgen. 122701

Vadstena, S-59230 / Östergötlands län

Vadstena Camping****
Hofslagaregatan 11
29 Apr - 10 Sep
+46 14 31 27 30
info@vadstenacamping.se
N 58°27'51'' E 14°55'59''

1 BDEKNOPQRSTU LPQSX 6
2 FIJKPQWXYZ ABCDEFGHIJK 7
3 BDGJLMQSV ABCDEFGHIJKNPQRST 8
4 BDHJLOTU EFJNRTVY 9
5 ACDEGHLN BFGHIJKMOQUWY 10
B 10A CEE ❶ €36,70
H100 15ha 530T(100-120m²) 90D ❷ €36,70

Der CP liegt 3 km nördlich von Vadstena. Folgen Sie den CP-Schildern. 100955

Teilkarte Süd-Schweden auf Seite 75

Schweden

- DESTINATION -

apelviken

★★★★★ varberg

Willkommen auf Apelviken

Unser kinderfreundlicher Familiencamping liegt an der Westküste, 2 km vom Stadtzentrum Varberg und ist ganzjährig geöffnet. Zur Hochsaison bieten wir ein beheiztes Schwimmbad, Kinderclubs, (Internet)Café, Restaurant, eine große Auswahl in unserem Campingladen. Gratis Surfstunden mit Brettern und Stehpaddel Kurse.

Machen Sie mal eine Spazier- oder Radtour auf den 'Strandpromenaden' zum netten Marktplatz. Viele Geschäfte mit schönen Angeboten und zahlreiche Lokale, Cafés, Pubs, usw. im Zentrum.

Das imposante Schloss an der Küste ist ganzjährig geöffnet. Hier werden u.a. die Funde der 'Bockstenmänner' zusammen mit der gut erhaltenen Kleidung aus dem 14. Jhdt ausgestellt. In ca. 30 km von unserem Camping steht das größte Kaufhaus Schwedens, Ge-kås in Ullared.

Sanatorievägen 4, 43253 Varberg • Tel. 0340-641300
E-Mail: info@apelviken.se • Internet: www.apelviken.se

Valdemarsvik, S-61533 / Östergötlands län
CC€23 iD

Grännäs Camping och Stugby****
Festplatsvägen 1
28 Apr - 17 Sep
+46 12 35 14 44
info@grannascamping.se
N 58°11'39" E 16°37'01"

1 ABDEKNOPQRSU KNQSWXYZ 6
2 ABHIJKQVWXYZ ABDEFGHIJK 7
3 AFGJNQX ABEFHJNPQRTW 8
4 IJO FIJ 9
5 DHLN ABDFGHIJKOQUV 10
Anzeige auf dieser Seite B 10A CEE ❶ €35,75
10ha 65T(80-120m²) 22D ❷ €35,75

Von Süden die E22 Ausfahrt Kårtorp/Gållösa und ab hier den Schildern 'Grännäs' folgen. Von Norden Ausfahrt Valdemarsvik, dann den Schildern 'Grännäs' folgen. 114153

Växtorp, S-31298 / Hallands län

Växtorps Camping & Stugby
Kolbäckstorp 3
1 Jan - 31 Dez
+46 43 03 31 29
naturcamping@hotmail.com
N 56°23'43" E 13°10'04"

1 BJMOPRSU LN 6
2 CEQUWXYZ BFGHIK 7
3 AFS BFGJNQRTW 8
4 HJOT J 9
5 DN BJKNU 10
B 6-10A CEE ❶ €30,60
2ha 70T(80-100m²) 8D ❷ €30,60

Autobahn E6/E20 Richtung Våxtorp, Autobahn 115. In Våxtorp Kreisel Richtung Hishult. Nach 3,2 km Richtung Pershult rechts Richtung Egla. 119351

Varberg, S-43253 / Hallands län
CC€23

Destination Apelviken*****
Sanatorievägen 4
1 Jan - 31 Dez
+46 3 40 64 13 00
info@apelviken.se
N 57°05'17" E 12°14'52"

1 BDHKNOPQRST AGKMNQR 6
2 GIJMPQWX ABCDEFGHIJK 7
3 BJLSV ABDFHIJNQRTUV 8
4 BCDJOT IJMNRTV 9
5 ABDKLN ABEGHIKOQY 10
Anzeige auf dieser Seite B 16A CEE ❶ €51,30
6ha 550T(80-120m²) 192D ❷ €51,30

E6, Ausfahrt 53 bis 55, richtungsabhängig. Richtung Varberg C folgen, dann Richtung Apelviken, danach CP-Schildern folgen. 106852

Vilshärad, S-31041 / Hallands län

Vilshärads Camping****
Vilhäradsvägen 24
21 Mrz - 3 Sep
+46 3 55 31 15
kontakt@vilsharadscamping.se
N 56°41'41" E 12°41'52"

1 BDKNOPQRST K 6
2 GJQRWXY ABDEFGHIK 7
3 AJL ABEFIJNQRTUW 8
4 JOT 9
5 ACDEFN ABGHIJKOQ 10
B 10A ❶ €41,85
3ha 255T(80-100m²) 70D ❷ €41,85

Auf der E6 Ausfahrt 43 Halmstad-Süd Richtung Tylösand. Auf der Küstenstraße bleiben bis Vilshärad. Am Ende der Straße überqueren. 113063

Varberg/Kärradal, S-43295 / Hallands län

First Camp Kärradal-Varberg****
Nisebäcksvägen 1
1 Apr - 30 Sep
+46 3 40 62 23 77
karradal@firstcamp.se
N 57°10'57" E 12°13'15"

1 BDEKNOPQSTU KNQW 6
2 ACGJKNQTWXY BCEFGHIK 7
3 AJKS BFJKNQRTUW 8
4 B FJV 9
5 ACDEFGHKN BHIJKORSUVXY 10
B 16A CEE ❶ €47,05
4ha 205T(80-100m²) 115D ❷ €47,05

Der E6 von Halmstad Richtung Göteborg folgen. Ausfahrt Varberg. Richtung Fähre weiter. Richtung Tångaberg. Dem CP-Schild Kärradal folgen. 115295

Visby, S-62261 / Gotlands län

Kneippbyn Resort
Kneippbyn 15
26 Mai - 27 Aug
+46 4 98 29 61 50
info@kneippbyn.se
N 57°36'35" E 18°14'37"

1 BDEKNOPQRSTU BGHIKNQS 6
2 HIMPQTUVWXY ABCDEFGHIK 7
3 BEFGJLMNOQSUV ABCDEFGIJKNPQRSTUVW 8
4 DFHJOQRT BCEFGHIVY 9
5 ACDEFGHJKLN BFGHIKOPQUY 10
B 10-16A CEE ❶ €46,55
1,5ha 181T(36-100m²) 213D ❷ €46,55

Von Visby aus der 140 Klintehamn folgen, nach ± 3 km der Beschilderung Kneippbyn. 118401

Visby, S-62145 / Gotlands län

Visby Strandby
Snäckgärdsvägen 32
1 Apr - 1 Sep
+46 4 98 21 21 57
info@visbystrandby.se
N 57°39'19" E 18°18'27"

1 BDEKNOPQRSTU KNPQSWX 6
2 HIMPQWXY ABCDEFGHIJK 7
3 ALMU ABEFHIJNPQRTUW 8
4 FGJO ABEFV 9
5 DN BFGHIJKOQUY 10
B 10-16A CEE ❶ €43,30
2ha 142T(48-120m²) 88D ❷ €43,30

CP liegt ca 2 km kurz nördlich von Visby. Von Norden den Hinweisen 'Gustavsvik' folgen. Im Zentrum dann 'Sjukhus' und 'Norderstrand' folgen. 118399

Värnamo, S-33131 / Jönköpings län
CC€21

Värnamo Camping***
Prostgårdsvägen
1 Mai - 11 Sep
+46 37 01 66 60
info@varnamocamping.se
N 57°11'27" E 14°02'45"

1 BDKNOPQRSTU LMN 6
2 BCEKPQZ ABDEFGHIJK 7
3 BFJLNS ABEFJKNQRT 8
4 JO FJQRVY 9
5 ABDN ABHIJKOQU 10
Anzeige auf dieser Seite B 10A CEE ❶ €30,60
H160 3ha 75T(100m²) 28D ❷ €30,60

E4, Ausfahrt 85 Värnamo S. Dann CP-Schildern folgen. Auch an Straße 27 gut ausgeschildert. 100945

Växjö, S-35263 / Kronobergs län
iD

Vaxjo Evedal Camping****
LJ Brandtsväg 3
1 Jan - 31 Dez
+46 47 06 30 34
info@evedalscamping.com
N 56°55'21" E 14°49'09"

1 ADEKNOPQRSTU LMNPQSWXYZ 6
2 ABFJKQRSTWXYZ ABCDEFGHIK 7
3 ACFJLQ ABCDEFGIJKNQRSTW 8
4 FHOTU JOQRUVWXY 9
5 ABDFHIJKN ABGHIJKOQUVY 10
B 10A CEE ❶ €31,50
H165 3,5ha 137T(106-200m²) 16D ❷ €36,70

Der CP liegt nordöstlich von Växjö und ist an der Kreuzung der 23 mit der 25 gut ausgeschildert. Den Schildern 'Evedal' folgen. 106922

West-Schweden

Alingsås, S-44195 / Västra Götalands län

Lygnareds Camping
Lygnaredsvägen 2
1 Apr - 30 Sep
+46 32 25 20 59
campingalingsas@yahoo.com

1 DEKNOPQRSTU LMNXZ 6
2 ABCFIJKQRSYZ ABCDEFGHIJK 7
3 ABEFGJLMSUVX ABCEFGIJNQRTUVW 8
4 JNOT ABJNOQRT 9
5 ABEFGHJN ABHIJKOQU 10
Anzeige auf dieser S. B 10-15A CEE ① €28,25
9ha 150T 92D ② €28,25
N 57°52'04'' E 12°33'41''
123295
Von der 180 bei Alingsås den Schildern folgen, dann 200m dem Waldweg folgen.

Årjäng, S-67291 / Värmlands län

Sandaholm Camping***
Sanda Sjövik 1
31 Mrz - 30 Sep
+46 7 24 45 46 74
info@sandaholm.com

1 ADEKNOPQRSTU LNQSXZ 6
2 ABDFIJKPQRSTXYZ ABFGIK 7
3 ACLMU ABEFJNQRT 8
4 FH FJNOT 9
5 ABDFHJLN AFGHJKMNOPQUW 10
10A ① €28,25
H130 11ha 110T(100-150m²) 52D ② €28,25
N 59°21'38'' E 12°16'44''
125427
Auf der E45 nehmen Sie die Abfahrt nach Oslo (E18), kurz vor Årjäng ist der Campingplatz ausgeschildert.

Arvika, S-67191 / Värmlands län

Ingestrands Camping***
Glafsfjorden
1 Jan - 31 Dez
+46 57 01 48 40
ingestrand@arvika.se

1 ADEKNOPQRSTU LNQY 6
2 BFIJMPQSTUWXYZ ABCDEFGHIK 7
3 BFMV ABCDEFGIJNQRT 8
4 FHIJOT FJNOQTUV 9
5 ABDN AEFGHJKOQU 10
B 10A ① €35,75
H70 4ha 160T(100-120m²) 78D ② €35,75
N 59°37'21'' E 12°36'19''
106839
An der 175; 4 km südlich von Arvika. Der CP ist ausgeschildert.

Askersund, S-69692 / Örebro län

Husabergsudde Camping***
Stockshammar 318
14 Apr - 22 Sep
+46 5 83 71 14 35
camping@husabergsudde.se

1 DEKNOPQRSTU LNQSWXY 6
2 EIJKQUWXYZ ABDEFGHIJK 7
3 BJLS ABEFJNQRT 8
4 FHJOT FQRV 9
5 ABDN GHIJKNQ 10
B 10A CEE ① €31,05
5ha 80T(100m²) 96D ② €31,05
N 58°52'06'' E 14°54'36''
101388
1,5 km südlich von Askersund, östlich der 50 ausgeschildert.

ACSI

Einrichtungsliste

Die Einrichtungsliste finden Sie vorne im aufklappbaren Deckel des Führers. So können Sie praktisch sehen, was ein Campingplatz so zu bieten hat.

Degerfors, S-69335 / Örebro län

Degernäs Camping***
13 Apr - 1 Okt
+46 58 64 49 99
reception@degernascamping.se

1 ADEKNOPQRSTU — LNQSW 6
2 ABCEIJKQRTUWXY — ABDEFGHIK 7
3 BFJKMS — ABEFGIJNQRTW 8
4 BFJOTX — FJQU 9
5 ADHLNO — BGHJKOQU 10
B 10A CEE — ❶ €36,70
H100 9ha 82T(100-120m²) 50D — ❷ €36,70

N 59°15'02" E 14°27'33"

Der CP liegt an der Nordseite von Degerfors und ist innerorts an der 243 Karlskoga-Degerfors und an der 205 Askersund-Karlskoga angezeigt. 100954

Filipstad, S-68233 / Värmlands län

Munkebergs Camping-Stugor-Vandrarhem***
Munkenberg campingen 1
1 Jan - 31 Dez
+46 59 05 01 00
alterschwede@telia.com

1 ADEKNOPQRSTU — LMNXYZ 6
2 FIJQTUVWXYZ — ABDEFGHIJK 7
3 A — ABEFJNQRTW 8
4 FHJOT — FGQRT 9
5 DN — AFGHIJKNRSU 10
WB 10A CEE — ❶ €26,35
2ha 70T(80-120m²) 30D — ❷ €26,35

N 59°43'14" E 14°09'33"

Aus Karlstad kommend, stadteinwärts über die Brücke, die 1. Straße links. CP ist nach 1 km auf der linken Seite. 112516

Finnerödja, S-69593 / Örebro län

Skagern Camping
1 Mai - 30 Sep
+46 50 63 30 40
camp.skagern@telia.com

1 DEKNOPQRSTU — LNQSWX 6
2 ABEIJMQRUWXY — ABDEFGHIK 7
3 AFGHJMSU — ABEFJNQTU 8
4 DFHJOT — FQV 9
5 ABDFN — ABFGHJKOQUVWY 10
B 10A CEE — ❶ €29,15
H68 7ha 105T(100-120m²) 78D — ❷ €29,15

N 58°55'41" E 14°20'08"

5 km südwestlich von Finnerödja auf der E20 Richtung Kavlebron und CP Skagern. An der Kreuzung Richtung Skagern und CP halten (Asphaltweg). 114120

Garphyttan, S-71941 / Örebro län

First Camp Ånnaboda-Örebro
Ånnaboda 320
1 Jan - 31 Dez
+46 19 29 55 00
annaboda@firstcamp.se

1 DEKNOPQRSTU — LN 6
2 BEPQTWXY — ABDEFGHIJK 7
3 ABQSX — ABCDEFGIJNQRW 8
4 FIJOTU — GJU 9
5 ABDFHJL — BHJKOY 10
WB 16A CEE — ❶ €31,05
H262 45ha 330T(80-130m²) 45D — ❷ €31,05

N 59°20'21" E 14°56'17"

Der CP befindet sich westlich von Örebro. Von der E18 nehmen Sie die Ausfahrt nach Garphyttan/Annaboda. Das Gebiet Annaboda ist ausgeschildert. 124737

Göteborg, S-41655 / Västra Götalands län

Lisebergsbyn
Olbersgatan 9
1 Jan - 31 Dez
+46 31 84 02 00
lisebergsbyn@liseberg.se

1 DKNOPQSTU — 6
2 APQTWXYZ — ABCDEFGHIK 7
3 ABJ — ABEFKNQRT 8
4 T — FG 9
5 ABDJN — ABEFGHIJKNQY 10
B 10A — ❶ €45,15
4ha 170T 90D — ❷ €45,15

N 57°42'18" E 12°01'47"

An de E6 Örgryte Ausfahrt 71 Liseberg. Der Beschilderung nach Lisebergsbyn folgen. CP ist deutlich ausgeschildert. 121589

Göteborg, S-43645 / Västra Götalands län

Lisebergs Camping Askim Strand***
Marholmsvägen 124
1 Mai - 25 Aug
+46 31 84 02 00
askim.strand@liseberg.se

1 DEKNOPQRST — KNQSW 6
2 AHJMNPQWX — ABCDEFGHIK 7
3 BJLS — ABCDEFGJKNQRT 8
4 HJOT — F 9
5 ABDGN — ABGHIJKMNRSUY 10
B 10A CEE — ❶ €42,35
4ha 350T(80m²) 65D — ❷ €42,35

N 57°37'42" E 11°55'13"

Die E6 südlich von Göteborg verlassen, Ausfahrt 66. Den Schildern nach Hamnar (Hafen) folgen. Der Campingplatz Askim ist gut ausgeschildert. 106836

Gräsmark/Uddheden, S-68698 / Värmlands län

Naturcamping Lagom****
Uddhedsängen 30
1/1 - 31/10, 1/12 - 31/12
+46 56 54 00 95
info@naturcampinglagom.com

1 ADEKNOPQRSTU — LNQSXY 6
2 BFIJKPQRXYZ — ABDFGIJK 7
3 BGHMSUX — ABCDEFIJNQRT 8
4 ABCDFGHIJLT — BGJNORUV 9
5 ADHJN — ABGHIJKORSU 10
B 10A CEE — ❶ €32,00
H50 4ha 80T(140-150m²) 31D — ❷ €32,00

N 59°57'01" E 12°54'52"

Von Karlstad die E45 bis Sunne, links ab Richting Gräsmark/Torsby. In Gräsmark Richting Torsby halten. Der CP ist ausgeschildert. 118069

Grebbestad, S-45795 / Västra Götalands län

First Camp Edsvik-Grebbestad
Norra Edsvik 2
1 Jan - 31 Dez
+46 52 51 03 94
edsvik@firstcamp.se

1 DEKNOPQRSTU — KNOPQS 6
2 GIJNPQRWX — ABCDEFGHIJK 7
3 ABFGJLSV — ABEFGIJKNQRTUVW 8
4 JLOT — FHJ 9
5 ABCDFHKMN — BFGHIJKOQUX 10
B 10A CEE — Preise auf
4ha 202T 168D — Anfrage

N 58°42'42" E 11°14'07"

Von der E6 die Ausfahrt Grebbestad nehmen. In Grebbestad vor der Kirche recht abbiegen. CP ist gut ausgeschildert. 114641

Schweden

Habo, S-56635 / Västra Götalands län

Habo Camping & Stugby
Domsandsliden 2
1 Mai - 30 Sep
+46 3 64 40 09 44
info@habocamping.se

1 ADEKNOPQRSTU — MNPQSWXYZ 6
2 ABPQRSWXYZ — ABDEFGHIK 7
3 AGMUX — ABEFGIJKNQRTW 8
4 FHIJ — FJNOPRVY 9
5 ABDN — ABFHIKNQUV 10
B 10A CEE — ❶ €33,85
H159 7,4ha 60T(100-120m²) 14D — ❷ €33,85

N 57°52'43" E 14°06'38"

CP liegt zwischen der 195 und dem Vätternsee. Ist 3 km südlich von Habo ausgeschildert. 117975

Hällefors, S-71293 / Örebro län

Sörälgens Camping***
Sör - Älgen 200
15 Apr - 15 Okt
+46 7 66 71 14 84
info@soralgenscamping.se

1 ADEKNOPQRSTU — LNQSX 6
2 BFIKPQRTWXYZ — ABDEFGHIJK 7
3 LS — ABCDEFJNQRTW 8
4 FHIJT — CFJNQRUVW 9
5 ADN — ABGHIJKNQU 10
Anzeige auf dieser Seite B 10A CEE — ❶ €33,85
H180 7,5ha 78T(100-150m²) 17D — ❷ €33,85

N 59°47'24" E 14°34'19"

Ab Hällefors die 63 in Richtung Kopparberg. Nach 2,5 km rechts ausgeschildert. 111378

Hällekis, S-53374 / Västra Götalands län

Kinnekulle Camping & Stugby****
Strandvägen
31 Mrz - 10 Sep
+46 5 10 54 41 02
info@kinnekullecamping.se

1 BDEKNOPQRSTU — LNPQSWXYZ 6
2 BEIJKMQTUVWXYZ — ABCDEFGHIJK 7
3 BGJMU — ABCDEFGIJKNQRT 8
4 FHIJOPQT — DEFNQRTUVY 9
5 ABDEMN — ABFGHIJKOQUVY 10
B 10A CEE — ❶ €36,20
10ha 335T(80-120m²) 119D — ❷ €36,20

N 58°37'24" E 13°23'05"

Von der 44 östlich von Lidköping, Ausfahrt Götene und Källby. Von der E20, über Götene Ausfahrt Kinnekulle. Den Weg am See entlang und ist ausgeschildert. 114633

Högsäter, S-45897 / Västra Götalands län

Ragnerudssjöns Camping & Stugby****
Jolsäter 15
14 Apr - 15 Okt
+46 52 84 00 64
info@ragnerud.com

1 DEKNOPQRSTU — LNQSXZ 6
2 BFIJQSTVWXY — ABCDEFGHIK 7
3 ABDJLS — ABDEFIJNQRT 8
4 FHJLO — FJOQRT 9
5 ABDEFHLN — ABGHIJKORSUW 10
B 10A — ❶ €33,85
H110 3ha 107T(80-120m²) 43D — ❷ €33,85

N 58°39'02" E 12°06'10"

Die 172; 2 km nördlich von Högsäter ausgeschildert (ca. 3 km). 106838

Hökensås/Tidaholm, S-52291 / Västra Götalands län

First Camp Hökensås-Tidaholm***
Håkängen 1
1 Jan - 31 Dez
+46 50 22 30 53
hokensas@firstcamp.se

1 BDEKNOPQRSTU — N 6
2 BQWXYZ — ABDEFGHIK 7
3 ABFJQ — ABEFJNQRT 8
4 BFJOT — FJV 9
5 ABDFHL — AJKOQUY 10
B 10-16A CEE — ❶ €37,65
H240 6ha 130T(100-120m²) 125D — ❷ €37,65

N 58°05'53" E 14°04'29"

Die 195 von Jönköping nach Hjo. In Branstorp links Tidaholm. Nach 9 km an der Kreuzung Campings ausgeschildert. Von Norden hinter Tidaholm ab der 26 die Ausfahrt Madängsholm Richtung Daretorp. Campingbeschilderung befolgen. 112991

Teilkarte West-Schweden auf Seite 84

Schweden

Hova/Otterberget, S-54891 / Västra Götalands län

Otterbergets Bad & Camping
Otterbergetscamping 1
14 Apr - 31 Okt
+46 50 63 31 27
info@otterbergetscamping.se
N 58°54'33" E 14°17'26"

1 BDEKNOPQRSTU **LN**OPQSWXYZ 6
2 ABEJKQRWXYZ ABDE**FG**HIJK 7
3 ABF**J**MSX ABCDE**FG**HIJNPQRTW 8
4 AFHJOT DEFOR 9
5 ABDN ABDGHJK**O**QUVY 10
Anzeige auf dieser Seite B 10A ❶€30,10
H78 3,2ha 77**T**(100-120m²) 28**D** ❷€30,10

An der E20 zwischen Mariestad und Laxå, 5 km nördlich von Hova. Richtung Otterberget abbiegen. CP ist hier angezeigt. Der Beschilderung folgen (3 km). 118437

Karlsborg, S-54633 / Västra Götalands län

Karlsborg Camping
Norra Vägen 3
21 Apr - 31 Okt
+46 50 51 20 22
info@karlsborgscamping.se
N 58°32'43" E 14°30'01"

1 DEKNOPQRSTU LNQSWX 6
2 EIJKPQRWXY ABDE**FG**HIJK 7
3 BG**JLQ**X ABE**FG**JKNQRTW 8
4 FJO FJNQRTV 9
5 ABD**N** ABEFGHIJKNQUY 10
B 10A ❶€32,95
H95 1,5ha 200**T**(80-120m²) 51**D** ❷€32,95

Der CP liegt an der Nordseite von Karlsborg an der 49. Ist ausgeschildert. 114119

Karlstad, S-65346 / Värmlands län

First Camp Skutberget-Karlstad****
Skutbergsvägen 315
1 Jan - 31 Dez
+46 54 53 51 30
skutberget@firstcamp.se
N 59°22'27" E 13°23'22"

1 ADEKNOPQRST**U** LNQSWXYZ 6
2 AEJKLNPQRWXY ABCDE**FG**HIJK 7
3 BFG**JL**MSV ABCDEFIJNQRT 8
4 FHJLO**PRST** FOQRUVY 9
5 ABDHKN ABGHIJK**O**PRSUY 10
10A CEE ❶€34,80
H50 46ha 500**T**(100-120m²) 155**D** ❷€34,80

An der E18 westlich von Karlstad ausgeschildert (Ausfahrt Skutberget/ Bomstad). 106864

Karlstad, S-65346 / Värmlands län

Karlstad Swecamp Bomstad Baden****
Bomstadsvägen 640
1 Jan - 31 Dez
+46 54 53 50 68
info@bomstadbaden.se
N 59°21'44" E 13°21'33"

1 ADEKNOPQRST**U** LMNQ 6
2 ABFJPQRWXYZ ABCDE**FG**HIJK 7
3 BEFG**JLQ**SV ABCDEFGIJKNQRTU 8
4 BIJLMNO**TU** EFHJNRTV 9
5 ABDEFGHKL**N** BDFGHIJKMORSUY 10
B 10A CEE ❶€44,70
H50 9ha 160**T**(80-130m²) 228**D** ❷€44,70

An der E18 westlich von Karlstad CP ausgeschildert (Ausfahrt Skutberget/Bomstad). 106865

Kinna/Örby, S-51131 / Västra Götalands län

Hanatorps Camping****
Öresjövägen 26
6 Apr - 24 Sep
+46 7 03 80 70 48
camping@hanatorp.se
N 57°28'27" E 12°42'15"

1 ADEKNOPQRSTU **LN**PQSWXYZ 6
2 FIJKPQRSTVWXYZ ABDE**FG**HIJK 7
3 A**JL**SX ABEFJNQRTUW 8
4 FHIJ FNQRV 9
5 ABDHN**O** ABFGHIJKMNPQUY 10
B 10-16A CEE ❶€27,75
H59 5,7ha 155**T**(100-140m²) 55**D** ❷€27,75

Die 41 von Varberg nach Borås. Der CP ist in Kinna/Skene ausgeschildert. 100948

Kristinehamn, S-68155 / Värmlands län

Kristinehamn Herrgårdscamping & Stugor
Presterudsallén 2
1 Jan - 31 Dez
+46 55 01 02 80
kristinehamn@sommarvik.se
N 59°18'29" E 14°04'06"

1 DEKNOPQRSTU L**N**PQSWXYZ 6
2 ABFIJKPQTWXY ABCDE**FG**HIJK 7
3 BDEFG**JLN**V ABDE**FG**IJKNQRTW 8
4 BFHIJLO FJR 9
5 ABDHKN ABFGHIJKOQUVY 10
B 10A CEE ❶€32,95
24ha 180**T**(80-100m²) 71**D** ❷€32,95

Der CP liegt an der Südseite von Kristinehamn, 3 km vom Zentrum und ist von den Zufahrtstraßen her ausgeschildert. 118584

Kungshamn, S-45634 / Västra Götalands län

Johannesvik Camping & Stugby****
Vägga Nordgård 1
11 Apr - 31 Dez
+46 52 33 23 87
info@johannesvik.nu
N 58°22'01" E 11°16'51"

1 DEKNOPQRSTU KMNQS**XZ** 6
2 GIKMNPQUWXY ABCDE**FG**HIK 7
3 BF**JLQ**V ABE**FG**IJKNQRTW 8
4 FHJO**T** EGJTV 9
5 ABCDEGHK**N** BDGHIJKOPRSUVY 10
Anzeige auf dieser Seite B 10A CEE ❶€49,85
25ha 358**T**(80-120m²) 247**D** ❷€49,85

Von der E6 die 171 bis Askum. Richtung Kungshamn. Durch Hovenäset, über die Brücke. Nach ca. 1 km Einfahrt des CP auf der rechten Seite. 113354

Lidköping, S-53161 / Västra Götalands län

Krono Camping Framnäs*****
Läckögatan 22
1 Jan - 31 Dez
+46 51 02 68 04
info@kronocamping.com
N 58°30'52" E 13°08'24"

1 DEKNOPQRSTU BGLNQSWX 6
2 BFIJKPQRTWXYZ ABCDE**FG**HIJK 7
3 ABDFG**JL**MSVX ABCDEFGIJKNQRTUVW 8
4 BJO**PRTUX** FJNVY 9
5 ABDEFGHLM**N** ABEFGHIJKOQUVXY 10
B 10A CEE ❶€61,15
5ha 493**T**(70-140m²) 130**D** ❷€61,15

Der CP liegt an der Westseite von Lidköping. Ist von verschiedenen Zufahrtsstraßen aus und im Zentrum angezeigt. 106860

Lysekil, S-45392 / Västra Götalands län

Sivik-Lysekil***
Träleberg 172
15 Apr - 15 Sep
+46 5 23 61 15 28
info@sivikscampinglysekil.se
N 58°17'49" E 11°26'54"

1 DEKNOPQRSTU KMNPQX 6
2 GIJNPQRWX ABCDE**FG**HIK 7
3 AB**J**S ABCDEFJNQRTW 8
4 **A**FJO EFRV 9
5 ABD**N** ABGHIJK**N**RS 10
B 10A CEE ❶€40,00
6ha 300**T**(80-120m²) 105**D** ❷€40,00

CP 2 km nördlich von Lysekil und 1 km westlich der Straße 162, CP ausgeschildert. 106830

Mariestad, S-54245 / Västra Götalands län

First Camp Ekudden-Mariestad****
Ekuddenvägen 50
1 Jan - 31 Dez
+46 50 11 06 37
ekudden@firstcamp.se
N 58°42'57" E 13°47'44"

1 DEKNOPQRSTU LNQSWX 6
2 ABEIJKMQRTUWXYZ ABCDE**FG**HIJK 7
3 B**JL**SV ABCDEFGIJKNQRTW 8
4 BDFJO FVY 9
5 ABDEFHKN BFGHIJKOQVY 10
B 16A CEE ❶€42,35
H50 5ha 352**T**(80-120m²) 79**D** ❷€42,35

Die E20 bei Mariestad verlassen. Der CP liegt an der Nordseite der Stadt auf einer Landzunge. Ist ausgeschildert. 106895

Marstrand, S-44266 / Västra Götalands län

Marstrands Familje Camping
Långedalsvägen 16
19 Apr - 17 Sep
+46 30 36 05 84
info@marstrandscamping.se
N 57°53'39" E 11°36'17"

1 DE**K**NOPQRST**U** KNQS**X** 6
2 GJKMNQRSUWXY ABD**EFG**HIK 7
3 AB**JL**M ABCDE**F**JNQRT 8
4 FJO FV 9
5 ABD**N** BFGHIJKNQ 10
B 10A CEE ❶€37,65
2,5ha 85**T**(100-200m²) 130**D** ❷€37,65

Nördlich von Kungälv (E6). Die 168 Richtung Marstrand nehmen. Am Straßenende (28 km) rechts liegt der CP. Ausgeschildert. 114078

Mellerud, S-46421 / Västra Götalands län

Mellerud Swe-Camp Vita Sandar****
1 Jan - 31 Dez
+46 53 01 22 60
mail@vitasandarscamping.se
N 58°41'22" E 12°31'01"

1 DEKNOPQRSTU **B**LNQSWXZ 6
2 FJQWXY ABCDE**FG**HIJK 7
3 ABFG**JLN**SUV ABCDE**F**GIJNQRTW 8
4 FHJO**PT** EFQRVY 9
5 ACDEFHIK**N** ABDFGHIKORSVY 10
Anzeige auf Seite 87 B 10A ❶€39,50
H60 14ha 210**T**(100-120m²) 100**D** ❷€39,50

Der CP liegt am Vänernsee; an der 45 bei Mellerud ausgeschildert. 100953

Mullsjö, S-56591 / Västra Götalands län

Mullsjö Camping
Bottnarydsvägen 3
1 Jan - 31 Dez
+46 7 63 29 70 90
info@mullsjocamping.se
N 57°54'06" E 13°51'10"

1 ADEKNOPQRSTU **LN**PQSWX 6
2 BEJQRWXYZ ABDE**FG**HIK 7
3 **JLS** ABE**F**JNQRTW 8
4 FHJOT FJ 9
5 ABDMN ABFGHIKQU 10
WB 10A ❶€25,40
H247 6ha 140**T**(100m²) 101**D** ❷€25,40

Von Jönköping über die 26/47 nach Mullsjö, CP dort ausgeschildert, befindet sich an der 185. 106892

Nora, S-71332 / Örebro län

First Camp Nora-Bergslagen
Kungsgatan
1 Jan - 31 Dez
+46 58 71 23 61
nora@firstcamp.se

1 ADEKNOPQRSTU	LNQSWX	6
2 AEJKQRTVWX	ABDEFGIK	7
3 AGJ	ABEFNQRTU	8
4 O	DEFRTU	9
5 ABD	ABHJKMOQUV	10
B 10A		❶ €31,50
4ha 100T(80-100m²) 37D		❷ €31,50

N 59°31'33" E 15°02'37"
Der Camping liegt direkt am Norasjön See, 1 km nördlich vom Zentrum. Der Beschilderung folgen. 114014

Överlida, S-51260 / Västra Götalands län

Överlida Camping & Stugor***
Holsjungavägen
1 Jan - 31 Dez
+46 32 53 24 39
info@overlidacamping.se

1 ABDKNOPQRST	LNQX	6
2 EIJQXY	ABDEFGHIJK	7
3 AFJMQ	ABEFHNQRT	8
4 JO	FJNQR	9
5 ACDEHKN	AFHIJKOQU	10
B 10-16A		❶ €32,95
H145 2ha 137T(64-80m²) 45D		❷ €32,95

N 57°21'20" E 12°54'20"
An der 154 von Falkenberg nach Borås, 25 km südlich von Svenljunga. 106850

Råda, S-68393 / Värmlands län

Rådastrands Camping, Stugor & Outdoor***
Norra Råda Riksväg 62
1 Mai - 1 Okt
+46 7 08 16 62 13
info@radastrand.com

1 ADEJMOPQRSTU	JLNXZ	6
2 ABCEIJPRSXYZ	ABDEFGHIK	7
3 BGJLSTW	ABEFGJNQR	8
4 ABCDFGHIJ	ABFJNORU	9
5 ADEN	ABHIJKNPQ	10
B 10A		❶ €32,95
H150 6,5ha 90T(80-100m²) 30D		❷ €32,95

N 60°00'55" E 13°36'01"
Camping an der RV62 etwa 80 km nördlich Karlstad. Gut ausgeschildert. 112517

Ransäter, S-68493 / Värmlands län

Storängens Camping, Stugor & Outdoor
Erlandervägen 2
30 Apr - 20 Sep
+46 55 23 00 80
info@storangenscamping.com

1 ABDEKNOPQRSTU	JNX	6
2 BDKPQRXYZ	ABDEFGHIK	7
3 AJM	ABEFJNQRTW	8
4 ABCFGHJO	AFQRV	9
5 ABDEFHKN	ABGHIJKMOPRSU	10
B 10A		❶ €30,10
16ha 106T(120m²) 15D		❷ €30,10

N 59°45'50" E 13°26'56"
Von Karlstad die 62. Nach 47 km rechts ab nach Ransäter. Vor dem Ort ist der CP rechts mit Schildern angezeigt. 117691

Säffle, S-66194 / Värmlands län

First Camp Duse Udde****
Krokstad
1 Jan - 31 Dez
+46 53 31 08 00
info@duseuddecamping.se

1 DEKNOPQRSTU	LNQSWXYZ	6
2 BCEIJKNQRSTUWXYZ	ABCDEFGHIK	7
3 BGJS	ABEFGIJKNQRTUVW	8
4 FHJLOPT	FJQRVY	9
5 ABDFGHLN	ABEGHJKORSUVXY	10
B 10A CEE		❶ €36,80
4ha 344T(100-160m²) 119D		❷ €36,80

N 59°04'58" E 12°53'06"
Am Vänernsee 6 km südlich von Säffle. An der 45 bei Säffle ausgeschildert. Aus dem Norden kommend: Achtung! Ausfahrt kurz nach dem Schild 'Camping 8 km'. 106867

Sjötorp, S-54266 / Västra Götalands län

CC€21

Askeviks Camping & Stugor
Askevik 62
1 Jan - 31 Dez
+46 7 68 14 14 09
info@askevik.nu

1 ABDEKNOPQRSTU	LNQSXY	6
2 EIJLPQSVWXY	ABDEFGHIJK	7
3 ABGILMQSUX	ABFNQRSUV	8
4 BHOT	FJOQ	9
5 AGK	ABDGHIJKOQUVY	10
Anzeige auf dieser Seite B 10A CEE		❶ €29,15
9ha 75T(80-140m²) 51D		❷ €29,15

N 58°53'20" E 14°00'49"
Von Mariestad nördlich über die E20. Nach 6 km linkfs ab die E26 Richtung Mora. Nach 13 km den Gota Kanal passieren. Nach 7 km links nach Askeviks Camping & Stugor. 114118

Skoghall, S-66333 / Värmlands län

First Camp Mörudden-Hammarö***
Möruddsvägen 700
1 Jan - 31 Dez
+46 54 51 77 11
morudden@firstcamp.se

1 DEKNOPQRSTU	LN	6
2 EIJKPQRWX	ABDEFGHIJK	7
3 A	ABEFIJKNQRT	8
4 O	FQR	9
5 ABDEN	AGHIJKNQU	10
B 10A		❶ €30,10
2ha 122T 67D		❷ €30,10

N 59°18'44" E 13°29'50"
E18 von Karlstad, Ausfahrt Skoghall. Der CP liegt neben dem Yachthafen (westlich) und ist gut ausgeschildert. 121137

Skövde, S-54133 / Västra Götalands län

Billingens Stugby och Camping****
Alphyddevägen
1 Jan - 31 Dez
+46 5 00 47 16 33
johan@billingensstugby.se

1 DEKNOPQRSTU	BGN	6
2 BEPQTUWXY	ABCDEFGHIJK	7
3 AJLSX	ABCDEFJNQRT	8
4 FHIJT	FGJ	9
5 BDN	BGHIJKOQUV	10
WB 10A CEE		❶ €26,35
H280 6ha 129T(80-100m²) 37D		❷ €26,35

N 58°24'23" E 13°49'07"
In Skövde auf der 49 bleiben. CP liegt an der Westseite der Stadt. Dem Schild 'Billingehus' und CP bis oben auf den Hügel folgen. 110445

Stenkällegården/Tiveden, S-54695 / Västra Götalands län

Stenkällegårdens Camping i Tiveden****
1 Jan - 31 Dez
+46 50 56 00 15
kontakt@stenkallegarden.se

1 ADEKNOPQRST	LNQSX	6
2 BEIJQSTUVWXYZ	ABDEFGHIK	7
3 BF	ABCDEFJNQRTW	8
4 FHJOT	FIJQR	9
5 ACFJKN	AFGHJKOQUXY	10
B 10A		❶ €31,05
H130 12ha 150T(100-225m²) 52D		❷ €31,05

N 58°40'51" E 14°35'55"
Der CP liegt 2 km von der 49, 19 km nördlich von Karlsborg; Schildern 'National Park Tiveden' und 'Camping' folgen. 110053

Stöllet, S-68051 / Värmlands län

CC€23

Alevi Camping
Fastnäs 53
1 Mai - 30 Sep
+46 7 38 32 01 56
info@alevi-camping.com

1 ABDEGKNOPQRSTU	JNXY	6
2 DKPQRWXY	ABDEFGHIK	7
3 AFGM	ABCDEFGIJNQRTW	8
4 ABCDEFHIJO	BFJU	9
5 ABEFHJN	ABDGHJKOPRSU	10
Anzeige auf dieser S. B 4-16A CEE		❶ €30,60
H160 4,1ha 60T(120-180m²) 14D		❷ €30,60

N 60°17'07" E 13°24'25"
An der 62, 18 km südlich der Kreuzung mit der 45 (Stöllet). Direkt hinter der Brücke über den Klarälven links ausgeschildert. Von Karlstad aus 14 km nördlich von Ekshärad. 117367

Stöllet, S-68051 / Värmlands län

Björkebo Camping***
Gravol 72
1 Jan - 31 Dez
+46 56 38 50 86
reservierung@bjoerkebo-camping.com

1 ADEKNOPQRSTU	JNX	6
2 BDIJKPQXYZ	ABDEFIJK	7
3 AMS	ABCDEFGJNQRT	8
4 AFHKT	FJR	9
5 ABDH	ABHJKLNRSUY	10
WB 10A		❶ €26,35
H155 4ha 80T(100-250m²) 18D		❷ €26,35

N 60°20'52" E 13°20'21"
An der 62 südöstlich der Kreuzung mit der 45 (8 km). CP zwischen Fluss Klarälven und Straße. 106869

Schweden

Teilkarte West-Schweden auf Seite 84

Strömstad, S-45297 / Västra Götalands län

Daftö Resort*****
Dafter 1
6 Jan - 20 Dez
+46 52 62 60 40
info@dafto.se
N 58°54'15'' E 11°12'05''

1 DEKNOPQRSTU	BGIKNXYZ	6
2 AGJNPQTVWX	ABCDEFGHIK	7
3 BFGJLMQ	ABCDEFIJKNQRSTUV	8
4 ABDFJLOPQSTU	FJNRTV	9
5 ACDEFGKMN	ABEFGHIJKOPRSUXY	10
B 10A CEE	❶ €61,15	
11,8ha 469T(80-120m²) 480D	❷ €61,15	

Von Süden der E6 bis Ausfahrt Sandfjord/Strömstad (Straße Nr. 176) an der Hydro-Station folgen; nach 6,5 km liegt der CP links der Straße. 106827

ACSI AWARDS 2022
GEWINNER
Beste Campingplatz-Animation Schweden
Camping Daftö Resort

Strömstad, S-45231 / Västra Götalands län

First Camp City-Strömstad
Uddevallavägen
1 Jan - 31 Dez
+46 52 66 11 21
stromstad@firstcamp.se
N 58°55'50'' E 11°10'48''

1 ADEKNOPQRSTU	KNPS	6
2 ABGIJKSTUWXYZ	ABDEFGIK	7
3	ABEFJNQRT	8
4	F	9
5 ABN	ABFHIJKOQY	10
B 10A CEE	Preise auf Anfrage	
8ha 142T(80-100m²) 57D		

Von der E6 Ausfahrt Stromstad C (Mitte) am Kreisel den CP-Schildern folgen; deutlich angezeigt. Nach etwa 100m Camping links. 124172

Strömstad, S-45290 / Västra Götalands län

CC€19

Seläter Camping***
Seläter
1 Jan - 31 Dez
+46 52 61 22 90
info@selater.se
N 58°57'23'' E 11°09'27''

1 DEKNOPQRSTU	NQSWX	6
2 AJPQUWXY	ABDEFGHIK	7
3 ABJLV	ABDEFGJNQRT	8
4 FHO	BFJVY	9
5 ABDFGHKN	HIJKPRSVY	10
Anzeige auf dieser Seite B 10A	❶ €39,50	
7ha 342T(100-120m²) 74D	❷ €39,50	

E6 aus südlicher Richtung, Ausfahrt Strömstad N nehmen. Am ersten Kreisel rechts ab. CP liegt an der Straße nach Seläter. 110955

Sundsören/Mariestad, S-54292 / Västra Götalands län

Sundsörns Camping
Sundsörns Gård
1 Jan - 31 Dez
+46 50 12 30 26
info@sundsornscamping.se
N 58°46'55'' E 13°52'14''

1 DEKNOPQRSTU	LNPQSX	6
2 BEIJKQUWXY	ABDEFGHIK	7
3 BFGS	ABEFJNQTUV	8
4 FK	F	9
5 BLN	BJKQUY	10
B 10A	❶ €30,60	
4ha 130T(80-100m²) 94D	❷ €30,60	

15 km nördlich von Mariestad. Von der E20 die Ausfahrt Torsö nehmen. Von der 26 südlich von Sjötorp die Ausfahrt Torsö nehmen. Der CP liegt kurz vor der Brücke nach Torsö. Die Rezeption ist im Restaurant Brygghuset. 120945

ACSI AWARDS 2022
GEWINNER
Bester Campingplatz Schweden
Camping Hafsten Resort

Sunne, S-68680 / Värmlands län

First Camp Sunne Camping & Sommarland****
Kolsnäsvägen 4
1 Jan - 31 Dez
+46 56 51 67 70
info@sunnecamping.se
N 59°49'31'' E 13°08'32''

1 ADEKNOPQRST	HILN	6
2 AEJPQUWXY	ABCDFGHIK	7
3 BFGJLNQR	ABEFGIJKNQRTW	8
4 FJLNO	FJ	9
5 ABDFHKN	ABGHIOPRSUY	10
WB 10A CEE	❶ €35,75	
4ha 151T(80-120m²) 238D	❷ €35,75	

Die E45, zwischen Kil und Torsby, gut ausgeschildert. 113353

Sysslebäck, S-68060 / Värmlands län

Vildmarkcenter Klarälvbyn & Sysslebäcks Camping***
Badhusvägen 2
1 Jan - 31 Dez
+46 56 41 05 14
welcome@vildmarkscenter.com
N 60°42'40'' E 12°53'08''

1 ADEKNOPQRSTU	EGJNX	6
2 DIKPQRSWXY	ABDEFGHI	7
3 BFHJMN	ABEFIJNPQRT	8
4 FJORSTUX	FGJQR	9
5 ADN	GHJKOPQUVY	10
WB 10A	❶ €28,25	
H152 4ha 102T(70-120m²) 37D	❷ €28,25	

An der 62, südlich des Ortes Sysslebäck. 106840

Tived, S-69597 / Örebro län

Camping Tiveden***
Baggekärr 2
31 Mrz - 30 Sep
+46 5 84 47 40 83
info@campingtiveden.se
N 58°47'54'' E 14°32'19''

1 ADEKNOPQRSTU	LNPQSXY	6
2 BELQRTWXYZ	ABCDEFGHIK	7
3 BEFHMSX	ABEFGIJNQRT	8
4 AFHJKOT	BFJLNOPQRV	9
5 ABDEN	ABFGHIJKOQUY	10
Anzeige auf dieser Seite B 10A	❶ €29,15	
H50 2,9ha 75T(100-140m²) 18D	❷ €29,15	

Über die 49. Bei Granvik dem Schild 'Tived' folgen. Von der E20 an der Ausfahrt Finnerödja den CP-Schildern folgen. 111906

ACSI AWARDS 2022
GEWINNER
Bester Campingplatz für Wanderungen und Radtouren Schweden
Seläter Camping

Torsby, S-68594 / Värmlands län

Värmlands Sjö och Fjäll Camping
Nötön 1
1 Jan - 31 Dez
+46 56 03 10 38
camping@varmlandssjoochfjallcamping.se
N 60°18'19'' E 13°02'31''

1 ADEKNOPQRSTU	LNQSXZ	6
2 BFIJKQRSXYZ	ABDEFGIK	7
3 AFS	ABEFJKNQRTW	8
4 FHJOT	FJNQRUY	9
5 BN	BCGHIJKORSU	10
WB 10A CEE	❶ €32,95	
H130 12ha 130T(100-120m²) 34D	❷ €38,60	

Die E45 bei Vägsjöfors Richtung Mora. CP ist ausgeschildert. 101618

Trollhättan, S-46178 / Västra Götalands län

Stenrösets Camping Trollhättan***
Assarebo, Stenröset 2
1 Mrz - 1 Okt
+46 52 07 07 10
stenroset.camping@telia.com
N 58°14'22'' E 12°14'10''

1 DEKNOPQRSTU	B	6
2 ABPTWXY	ABDEFGHIJK	7
3 BJLV	ABEFGNQRT	8
4 FIJO	F	9
5 ABDFLN	BFJKOQUY	10
B 10A CEE	❶ €32,00	
6ha 101T(80-110m²) 37D	❷ €32,00	

Folgen Sie der E45, bis Sie auf den Schildern "Byggvaruhus" sehen in Kombination mit dem Camping & Golfsymbol. Fahren Sie weiter geradeaus bis zum Campingplatzschild. 112706

Trollhättan, S-46139 / Västra Götalands län

Trollhättans Camping City***
Kungsportvägen 7
5 Apr - 17 Sep
+46 52 03 06 13
city@stenrosetcamping.se
N 58°17'31'' E 12°17'52''

1 DEKNOPQRSTU		6
2 BPQSUXYZ	ABDEFGHIK	7
3 AJ	ABCDEFJNQRT	8
4 FHJO	F	9
5 DN	GHJKORSUY	10
B 10A CEE	❶ €26,35	
2,1ha 67T(80-120m²) 8D	❷ €26,35	

CP nördlich der Stadt, in der Stadt ausgeschildert. 106832

Teilkarte West-Schweden auf Seite 84

Uddevalla/Hafsten, S-45196 / Västra Götalands län CC€23

Hafsten Resort*****
Hafsten 120
1 Jan - 31 Dez
+46 5 22 64 41 17
info@hafsten.se
N 58°18'52" E 11°43'23"

1 DEKNOPQRSTU	BGHKNPQSWXZ 6
2 HIJNQRUVWXY	ABCDEFGHIK 7
3 BDEFGJLNQSUVW	ABCDEFJNQRTUVW 8
4 CDEFJLOPQRSTUVXYZ	AJOQRTWY 9
5 ABCDEFGHKLMN	ABEFGHIKORSUWY 10
Anzeige auf dieser Seite B 10A CEE	❶ €64,90
17ha 380T(80-120m²) 209D	❷ €64,90

Von der E6 die 161 Richtung Lysekil bis zur 160. Dort links Richtung Orust. Nach 2 km links, noch 4 km (Schildern folgen). CP deutlich angezeigt und liegt im Hafstensfjord (Naturgebiet). 106829

Ulricehamn, S-52341 / Västra Götalands län

Skotteksgården Camping & Stugby****
Skottek 115
7 Apr - 24 Sep
+46 32 11 31 84
info@skottek.se
N 57°46'15" E 13°24'06"

1 CDEKNOPQRSTU	LNPQSUWXYZ 6
2 EIJPQTWXY	ABCDEFGHIK 7
3 BGLMSX	ABEFGIJNQRTVW 8
4 FHJOT	FIJNOQRTUVW 9
5 ABDHJKN	ABGHIJKOQUY 10
B 10A	❶ €32,95
H170 9ha 50T(100-150m²) 38D	❷ €32,95

Von Ulricehamn die 157 nach Tranemo. Nach circa 2 km rechts, am Schild Richtung Skottek Gården. 110885

Schweden

Väjern/Kungshamn, S-45644 / Västra Götalands län

First Camp Solvik-Kungshamn****
Solvik 10
1 Jan - 31 Dez
+46 52 31 88 90
solvik@firstcamp.se
N 58°23'27" E 11°15'31"

1 DEKNOPQSTU	KNPU 6
2 GIJNPQTVXY	ABCDEFGHIK 7
3 ABJLSV	ABEFGIJKNQRTUVW 8
4 CJLOT	FVY 9
5 ABD	ABFHJKOQUY 10
B 10-16A	❶ €62,75
4ha 139T 143D	❷ €62,75

Der Camping liegt 3 km nordlich vonn Kungshamn an der 174 (Kungshamn-Hunnebostrand). Ortsname Vajern gut ausgeschildert. 113066

Vänersborg, S-46260 / Västra Götalands län

Ursand Resort & Camping*****
Djupedalen 520
1 Jan - 31 Dez
+46 52 11 86 66
info@ursand.se
N 58°24'50" E 12°19'23"

1 BDEKNOPQRSTU	BGHLNPQSWXYZ 6
2 BFIJKQRSTUWXYZ	ABCDEFGHIJK 7
3 ABEFGJMQSUV	ABCDEFGIJNQRTUVW 8
4 BCFHIJKLNOPQSTUX	FJVWY 9
5 ABDEFHKLN	ABFGHIJKOQUWXY 10
B 10-16A CEE	❶ €37,15
25ha 400T(80-100m²) 187D	❷ €37,15

Von Vänersborg die 45 in Richtung Karlstad. Nach ca. 3 km den Schildern folgen, der CP ist deutlich angezeigt. 100947

Älvkarleby, S-81470 / Uppsala län

Älvkarleby laxFiske o Camping AB***
Campingvägen 1
1 Jan - 31 Dez
+46 2 67 27 92
info@alvkarlebycamping.se
N 60°34'36" E 17°27'03"

1 BDEKNOPQRSTU	JNUXYZ 6
2 BCJKPQRSWXYZ	ABDEFGIK 7
3 BGJLQ	ABCDEFGJNQRW 8
4 FHJOT	FJRV 9
5 ABDFGHLN	GHIJKQUV 10
B 10A CEE	❶ €34,35
20ha 163T(70-100m²) 73D	❷ €40,95

Von Süden E4 Upssala-Gävle, Ausfahrt Checkpoint. Nach den Wasserfällen links. Den Schildern folgen. Von Norden: Hauptstraße 76, Ausfahrt Älvkarleby, Schildern folgen. 107727

Arboga/Ekeberg, S-73293 / Västmanlands län

Herrfallet Stugby & Camping****
1 Jan - 31 Dez
+46 58 94 01 10
reception@herrfallet.se
N 59°16'54" E 15°54'19"

1 BDEKNOPQRSTU	LMNQSX 6
2 BEIJKQWXYZ	ABDEFGHIK 7
3 BFGJSUV	ABEFGIJNQRTW 8
4 FOST	FGJQRTY 9
5 ABHKLN	AGHIJKNQUXY 10
16A CEE	❶ €32,95
47ha 184T(100-120m²) 173D	❷ €32,95

In Arboga ist der CP ausgeschildert. Herrfallet liegt in südlicher Richtung, am Ausgang der Straße von Arboga nach Västermo. Die letzten 5 km schmale Straße. 111615

Bollnäs, S-82150 / Gävleborgs län

Camping i Bollnäs/ Vevlinge***
Vevlinge 3680
1 Mai - 30 Sep
+46 7 38 12 91 83
info@campingibollnas.se
N 61°20'52" E 16°25'58"

1 ABDEKNOPQRSTU LNPQSWXZ 6
2 EIJKPQRSUWXY ABDEFGHIJK 7
3 ABS ABEFJNQR 8
4 JO F 9
5 ADEFHKN ABGJKNQ 10
B 10A ❶ €23,50
H60 6ha 60T(80-90m²) 23D ❷ €23,50

Am Varpensee, 3 km östlich von Bollnäs. Die 50, Bollnäs-Söderhamn, dann Ausfahrt Vevlinge/Segersta. Der CP ist an der Straße angezeigt. 106943

Borlänge, S-78468 / Dalarnas län

First Camp Mellsta-Borlänge***
Mellstavägen 3
1 Jan - 31 Dez
+46 2 43 21 22 99
mellsta@firstcamp.se
N 60°30'48" E 15°23'10"

1 ADEKNOPQSTU NSX 6
2 BCIPQRSTUWXYZ ABDEFGHIJK 7
3 AFJL ABEFJNQRTW 8
4 FHJOT FJUV 9
5 ABDEFN ABGHIJKOQUVW 10
WB 16A CEE ❶ €31,50
H280 18ha 140T(100m²) 25D ❷ €31,50

An der 70 Borlänge-Mora, 4 km nördlich von Borlänge. Im Kreisverkehr ausgeschildert. 106897

Enköping, S-74948 / Uppsala län

First Camp Bredsand-Enköping**
Bredsandsvägen 22
1 Jan - 31 Dez
+46 17 18 00 11
bredsand@firstcamp.se
N 59°35'37" E 17°04'16"

1 ABDEKNOPQSTU LNQSW 6
2 ABEIJKPQSUVWXY ABCDEFGHIK 7
3 AGJ ABEFJNQRTW 8
4 BDFHJT FGV 9
5 ABDFHIKLN BHJKNQUY 10
B 10A CEE ❶ €37,65
3ha 77T(88-90m²) 51D ❷ €37,65

Vom Zentrum Enköping 6 km in südlicher Richtung, Schildern Camping oder Sportzentrum folgen. 100956

Eskilstuna, S-63222 / Södermanlands län

Parken Zoo Camping & Stugby****
Pauline Lundströmsväg 6
1 Mai - 30 Sep
+46 16 10 01 85
camping@parkenzoo.se
N 59°22'13" E 16°28'18"

1 ABDEKNOPQRSTU BG 6
2 ABPQTWXYZ ABDEFGHIJK 7
3 AGJ ABCDEFIJKNPQRTUW 8
4 FJO JY 9
5 ADEFHJKN BEFGHIJKMOQUY 10
B 16A CEE ❶ €35,75
12ha 127T(100-120m²) 26D ❷ €35,75

CP liegt nordwestlich von Eskilstuna. Von der E20 zur 230 abfahren. Den Schildern 'Parken Zoo' folgen. 117979

Eskilstuna, S-63358 / Södermanlands län

Vilsta Camping & Stugby****
Vasavägen 80
1 Jan - 31 Dez
+46 16 51 30 80
info@vilstasporthotell.se
N 59°21'02" E 16°30'34"

1 BDEKNOPQRSTU JNX 6
2 ABCJKPQTWXY ABDEFGHIJK 7
3 AFGJL ABFIJNQRTW 8
4 FHJLORTU GJQRTUV 9
5 ABDEFHJKLNO ABEFGHJKMOPQUVWY 10
WB 10-16A CEE ❶ €35,75
3ha 168T(90-120m²) 169D ❷ €35,75

Der CP liegt südöstlich von Eskilstuna; E20, Ausfahrt 53, Richtung Süden; ausgeschildert. Ab Katrineholm der 214/230 folgen, ausgeschildert. 106969

Fagersta, S-73730 / Västmanlands län

Eskilns Camping AB***
Köpingsvägen 10
1 Jan - 31 Dez
+46 22 31 30 22
info@eskilnscamping.se
N 59°58'48" E 15°47'38"

1 ADEKNOPQRSTU AHLNW 6
2 EJPQSXY ABDEFGIK 7
3 AGJLQ ABEFGJNQRW 8
4 FJOT FGIK 9
5 DEFHIKN AHIQUV 10
WB 10A CEE ❶ €23,05
H94 7ha 115T(95-150m²) 52D ❷ €23,05

CP liegt an der 66/68 Richtung Ludvika, gleich hinter Fagersta. Von Fagersta ist ist der CP nicht an der Straße angezeigt. Adresse: es gibt einen Unterschied zwischen Stadt und Region, am besten navigieren Sie nach Koordinaten. 107724

Falun, S-79131 / Dalarnas län

First Camp Lugnet-Falun***
Lugnetvägen 14
1 Jan - 1 Dez
+46 02 36 54 00
lugnet@firstcamp.se
N 60°37'10" E 15°39'17"

1 BDEKNOPQRSTU BEGH 6
2 APQSVWXY ABDEFGHIJK 7
3 BEJLMNORSTUW ABCDEFJNQRT 8
4 FHJORSTUVXY FGOU 9
5 ABDEFIKLN ABGHJKOQU 10
WB 10-16A ❶ €31,50
H164 5ha 164T(75-120m²) 64D ❷ €31,50

Über die 80 Gävle-Falun oder die 50 Borlänge-Falun. Auf der 80 Sporthalle Lugnet 1 km hinter dem Zentrum folgen. Der CP liegt in der Nähe von Skisprungschanze und Sportkomplex. Aus Richtung Falun am Kreisel 'Lugnet' Richtung Schanze. 100960

Furuvik/Gävle, S-81491 / Gävleborgs län

Furuvik Havscamping
Gösta Nygrens väg 8
23 Mai - 15 Sep
+46 1 07 08 79 40
camping@furuvik.se
N 60°39'04" E 17°20'21"

1 BDEKNOPQRST KNPQSWXZ 6
2 ABGIMNPQSTWXY ABDEFGIJK 7
3 AJLQX ABEFGHIJNQRT 8
4 EJ 9
5 ABDFJLN ABGHJKOQUY 10
B 16A CEE ❶ €37,15
15ha 74T(60-80m²) 24D ❷ €40,00

Von der E4 oder E16 bei Gävle der 76 Richtung Furuvik folgen. Nach 11 km ist der CP angezeigt (Furuviks Harscamping). 122674

Gålö, S-13796 / Stockholms län

Gålö Havsbad****
Skälåkersvägen 11
1 Jan - 31 Dez
+46 8 50 03 38 80
info@galohavsbad.se
N 59°05'37" E 18°18'58"

1 ABDEKNOPQRST KNQS 6
2 BGIJKMPQRWXY ABCFGHIJK 7
3 AFGJLMX ABEFGHIJNPQRSTW 8
4 BCDFHJOPQT CFGJQRTUVY 9
5 ABFHJLN BCGHJKOQXY 10
B 16A CEE ❶ €42,80
5ha 100T(100-200m²) 96D ❷ €42,80

Von der 73 (Stockholm-Nynäshamn) zur 227 Dalarö. Danach der Beschilderung Gålö Havsbad folgen. 120381

Gräddö, S-76015 / Stockholms län

Björkö Örns Camping
Badviksvägen 5
1 Jan - 31 Dez
+46 7 22 33 07 83
info.bjorko@cc-camping.se
N 59°45'43" E 19°00'53"

1 DEKNOPQRST KNPQSW 6
2 ABHJKPQRSWXY ABDEFGHIK 7
3 AFGJMSU ABCDEFGHJNQRTW 8
4 FHJOT FRV 9
5 ABDEFJLNO BHJKNQUY 10
B 10A CEE ❶ €32,95
6ha 48T(60-80m²) 74D ❷ €32,95

E18 Norrtälje-Kapellskär. Ausfahrt auf dieser Landzunge nach Gräddö 9 km folgen. Dann CP-Schildern folgen. 111391

Grängesberg, S-77294 / Dalarnas län

Silverhöjdens Camping***
Silverhöjden 110
1 Apr - 1 Okt
+46 2 40 66 23 99
info@silverhojdenscamping.se
N 60°02'15" E 14°58'06"

1 ADEKNOPQRSTU LNQSWXZ 6
2 BEJPQSTWXY ABCDEFGHIK 7
3 AJLMSU ABEFGIJNQRTUVW 8
4 JNOQW AFQRT 9
5 ABDFGHJKN BHIKNQU 10
10A CEE ❶ €27,75
H257 2ha 81T(100m²) 31D ❷ €27,75

3 km südlich von Grängesberg direkt an der 50. 111379

Gräsö/Öregrund, S-74297 / Uppsala län

Gräsöbadens Camping***
Västerbyn 296
29 Apr - 30 Sep
+46 17 33 31 90
info@grasobadenscamping.se
N 60°21'06" E 18°26'52"

1 ADEKNOPQRSTU KNOPQSWXYZ 6
2 BHJKMNPQRSUXY ABCDEFGHIJK 7
3 AFJLMSX ABEFHJNPQRTW 8
4 FHJOT FV 9
5 ACDEFGHLN ABGHIJKQUVY 10
B 13A CEE ❶ €42,35
5ha 355T(100-120m²) 131D ❷ €42,35

Die 76 Norrtälje-Gävle, Ausf. Öregrund, 6 km der Fähr-Beschilderung folgen. Am Hafen im Zentrum gratis mit der Fähre zur Insel Gräsö. Auf der Insel nordwärts (links). Die Straße li abbiegen, nach der 2. S-Kurve in etwa 2 km hinter der Fähre li abbiegen. 110430

Grisslehamn, S-76456 / Stockholms län

Grisslehamns Marina & Camping
Ekbacksvägen 22
1 Jan - 31 Dez
+46 17 53 30 30
campingen@grisslehamnsmarina.se
N 60°06'06" E 18°47'53"

1 BDEKNPQRST KNOPSTWXZ 6
2 BHIKMPQRSTUVWXYZ ABDEFGHIJK 7
3 BJLNQ ABCDEFGHIJNPQRSTW 8
4 FJMOT FJOPQ 9
5 ABCDFGHJLNO BFHJKOQUY 10
B 16A CEE ❶ €32,00
2ha 147T(60-100m²) 40D ❷ €32,00

Der 283 nach Grisslehamn folgen. In Grisslehamn dieser Straße 1 km folgen. Hinter der Kurve links liegt der CP. 118116

Grisslehamn/Singö, S-76457 / Stockholms län

Singö Camping**
Singövägen 156
1 Jan - 31 Dez
+46 17 51 00 25
singocamping@telia.com
N 60°09'05" E 18°46'45"

1 ADEKNOPQRSTU KNQSXZ 6
2 BHIJKPQRSTUXYZ ABDEFH 7
3 A ABEFGJNQRW 8
4 FHJT FQV 9
5 ABDEFHKN BJKRUY 10
10A CEE ❶ €30,10
3ha 40T(70-100m²) 24D ❷ €30,10

76 von Norrtälje bis Söderby-Karl. Dann der 283 nach Grisslehamn folgen. In Grisslehamn Ausfahrt rechts Ri. Singö nehmen. Dieser Strecke 7 km bis zum CP folgen. 116655

Hållnäs, S-81965 / Uppsala län

Ängskärs HavsCamping**
Ängskär 304
1 Jan - 31 Dez
+46 29 42 12 22
angskarshavscamping1@outlook.com
N 60°29'01" E 18°03'59"

1 ABDEKNOPQRSTU KNQSW 6
2 BGIJKNQRSWXYZ ABDEFGIJK 7
3 BGJ ABCDEFGJNQRTW 8
4 FHJT FQ 9
5 ABFHKLNO BGHIJKQUVY 10
B 16A ❶ €27,75
6ha 68T(80-120m²) 34D ❷ €30,60

Entlang der 76 zwischen Gälve-Norrtälje, Ausfahrt Skärplinge. Dann 1. Straße rechts und 17 km den Schildern folgen. Der CP ist schon an der 76 ausgeschildert. Von Süden bei Lövstabruk rechts ab. Danach der Beschilderung folgen. 110958

Hallstahammar, S-73440 / Västmanlands län

Skantzö Bad & Camping***
Sörkvarnsvägen 10
1 Jan - 31 Dez
+46 22 02 43 05
skantzo@hallstahammar.se
N 59°36'39" E 16°12'56"

1 ABDEKNOPQRSTU BGJNUX 6
2 ABCPQSUWXYZ ABDEFGHIJK 7
3 BFGJLSUV ABCDEFHJNPQRTW 8
4 BDFJORT FJRV 9
5 ABDEFGHKN ABFGHIJKMOQUVWY 10
WB 10A ❶ €35,30
H50 3ha 320T(60-150m²) 93D ❷ €40,00

Von der E18 zwischen Köping und Västerås Ausfahrt Hallstahammar (252). An der E8 bei Hallstahammar ist der CP ausgeschildert, Richtung Skantzen. 106942

Teilkarte Mittel-Schweden auf Seite 89

Hargshamn, S-74250 / Uppsala län

Hargshamns Bad & Camping
Badvägen 4
1 Mai - 30 Sep
+46 7 08 73 09 91
info@hargshamnscamping.se

1 ADEKNOPQRSTU KNOPQSWXY**Z** 6
2 AHIJKMNPQRSTWXY AB**F**K 7
3 AGM ABE**F**HJNPQRW 8
4 H FGOQ 9
5 BEN ABHJKNQUV 10
B 10A CEE ❶ €32,95
N 60°10'17'' E 18°27'57'' 3ha 65**T**(80-160m²) 28**D** ❷ €32,95

Von der 76, die 292 nach Hargshamn nehmen, dann 5 km den Schildern folgen. Über den Bahnübergang zur CP-Einfahrt. 112332

Hedesunda/Ön, S-81895 / Gävleborgs län

Hedesunda Camping AB***
Övägen 68
1 Mai - 30 Sep
+46 7 05 44 37 13
info@hedesundacamping.se

1 BDEKNOPQRSTU L**N**QSWXYZ 6
2 ABEIJQRSTXYZ ABDE**FG**HIJK 7
3 BGMS ABCDE**F**JNQRTW 8
4 **A**BCFGH**T** FJOQRUV 9
5 ABDFHKN ABFGHIJKOQU 10
B 6A ❶ €35,75
N 60°21'02'' E 17°01'19'' H51 5,2ha 70**T**(120m²) 20**D** ❷ €35,75

Die 67 Västerås-Gävle. Von Süden ca. 5 km hinter Gysinge rechts nach Ön. Von Norden Ausfahrt Hedesunda. In beiden Fällen den CP-Schildern folgen. 109458

Huddinge, S-14122 / Stockholms län

Swecamp Flottsbro***
Häggstavägen 20
1 Jan - 31 Dez
+46 8 53 53 27 00
info@flottsbro.se

1 BDEKNOPQRSTU LNOPQSWX 6
2 ABFJKPQRSTUXY ABDE**FG**HIJK 7
3 AFG**J** ABEFGHIJNPQRTW 8
4 FH FJRU 9
5 ABDEFHIKN AEFGHIJKQ 10
WB 10A CEE ❶ €37,65
N 59°13'50'' E 17°53'17'' 13ha 99**T**(100m²) 75**D** ❷ €37,65

Auf der E4/E20 Södertälje-Stockholm, Ausfahrt 147 oder 148, danach die 259 Richtung Huddinge. 15 km vor Huddinge Zentrum rechts, danach CP-Schildern folgen. 112124

Kapellskär, S-76015 / Stockholms län

Kapellskär Camping***
Fiskarängsvägen 8
27 Apr - 24 Sep
+46 17 64 42 33
info@kapellskarscamping.se

1 ABDEKNOPQRSTU NQSXY 6
2 ABJKQRSTVXYZ ABDEHIJK 7
3 A**J**S ABCDEFGHJNQRSTUW 8
4 **E**FHT FGV 9
5 BDJN ABFGHIJKNQUY 10
B 10A CEE ❶ €37,15
N 59°43'22'' E 19°03'00'' 3,5ha 102**T**(70-100m²) 35**D** ❷ €37,15

Am Ende der E18 am Hafen von Kapellskär, rechts in den unbefestigten Weg. Den CP-Schildern 600m folgen. 111390

Idre, S-79791 / Dalarnas län

Näsets Camping
Näsvägen 3
1 Jan - 31 Dez
+46 25 32 00 36
info@idrecamping.se

1 ADEKNOPQRSTU JL**N**QSW**X** 6
2 DFIJQXY ABDE**FG**HIK 7
3 AJ**L** ABE**F**JNQR 8
4 BCDF**T** AFJQR 9
5 AD EJKOQU 10
W 10-16A ❶ €30,10
N 61°51'26'' E 12°43'43'' H447 5ha 165**T**(120-160m²) 6**D** ❷ €30,10

Von Sälen der 70 Richtung Idre folgen. Der CP liegt vor Idre auf der linken Seite. Die Einfahrt vor Räddningstjänsten 72 nehmen. 121885

Katrineholm, S-64192 / Södermanlands län

Djulö Camping***
Kanotvägen
1 Jan - 31 Dez
+46 15 05 72 42
info@djulocamping.se

1 ADEKNOPQRST**U** LM**N**QSWXYZ 6
2 ABEJKPQRTUWXY ABDE**FG**HIJK 7
3 AEFG**JL**SX ABCDEFGHIJKNPQRTW 8
4 FHJO FRV 9
5 ABD**N** ABGHJKMOQUY 10
B 10-16A CEE ❶ €31,05
N 58°58'11'' E 16°12'36'' 1,2ha 170**T**(80-100m²) 22**D** ❷ €31,05

CP liegt an der Ostseite der 55, Ausfahrt Djulö. CP ist ausgeschildert. 106970

Idre, S-79797 / Dalarnas län

Sörälvens Fiske Camping****
Västanåtvägen 50
1 Mai - 30 Sep
+46 25 32 01 17
soralven@telia.com

1 AFKNOPQRSTU J**N**UX 6
2 DLMPQSWX ABDE**FG**HIJK 7
3 A**L** ABCDE**F**JNQRT 8
4 FJ**T** F 9
5 DJKN AFGHJKNQU 10
B 10A ❶ €30,60
N 61°51'12'' E 12°41'38'' H440 6,5ha 175**T**(150m²) 10**D** ❷ €30,60

Von Sarna, durch Idre Richtung Grövelsjön. Aus Norwegen Richtung Idre. Kreuzung 70 Grövelsjön Richtung Grövelsjön. 1 km links und den Schildern folgen. 111321

Leksand, S-79390 / Dalarnas län

Leksand Strand Camping & Resort*****
Siljansvägen 61
1 Mai - 30 Sep
+46 24 71 38 00
bokning@leksandresort.se

1 ADEKNOPQRST**U** B**G**H**I**L**N**PQSWXZ 6
2 AFIJPQRSTUVWXY ABCDE**FG**HIK 7
3 BDFG**JL**VX ABCDEFGHIJKNPQRTUVW 8
4 BCDFHJO**PT** BDFJNRV 9
5 ACDFGHIJL**N** BFGHIJKMOPQUY 10
WB 10-16A CEE ❶ €42,35
N 60°45'00'' E 14°58'24'' H160 12ha 640**T**(100-120m²) 256**D** ❷ €42,35

Von der 70 Borlänge-Rattvik im Zentrum Leksand die Ausfahrt Tällberg. Nach 2 km der Beschilderung folgen. 106907

Johannisholm/Mora, S-79292 / Dalarnas län

Steiner's Camping & Lodge
Johannisholm 3
1 Apr - 31 Okt
+46 7 36 23 26 99
info@steinerslodge.com

1 ADEKNOPQRST**U** L**N**PQSXYZ 6
2 ABCFIJKPQSUXYZ ABDE**FG**HI 7
3 AX ABE**F**HIJNQRT 8
4 J FNOQRT 9
5 AFHL AGKNQU 10
Anzeige auf dieser Seite 16A ❶ €26,35
N 60°49'35'' E 14°07'36'' H260 2,8ha 95**T**(100m²) 10**D** ❷ €26,35

CP liegt an der Kreuzung der Straßen Malung-Mora und Vansbro-Mora (45 und 26). CP aus allen Richtungen ausgeschildert. 112302

Leksand, S-79392 / Dalarnas län

Västanviksbadets Camping Leksand****
Västanviksiljansnäsvägen 130
28 Apr - 17 Sep
+46 7 68 12 85 10
info@vbcl.se

1 ADEKNOPQRSTU L**N**QSWXZ 6
2 FIJPQRUVXY AB**FG**IK 7
3 **L** BFJNQR 8
4 FHJO FJ 9
5 ADN ABGHJK**O**QU 10
Anzeige auf dieser Seite B 10A ❶ €35,30
N 60°43'49'' E 14°57'07'' H170 4ha 100**T**(100m²) 11**D** ❷ €35,30

Die 70 Borlänge-Mora, südlich von Leksand links Richtung Siljansnäs. CP liegt 4 km westlich von Leksand direkt am See. 106908

Schweden

Teilkarte Mittel-Schweden auf Seite 89

Linghed, S-79025 / Dalarnas län

Smednäset Camping	1 ABDEKNOPQRST**U**	HLNQSWXZ 6
Smednäsvägen 30	2 EIJKQRSTUWXY	A**BDEFG**IJK 7
1 Jan - 31 Dez	3 B**J**SX	ABEFGJKNQRTW 8
+46 7 06 26 64 43	4 FJNOT	FJQV 9
info@smednaset.se	5 DMN	BHJKQUY 10
	WB 16A CEE	❶ €25,85
N 60°46'48" E 15°54'21"	H150 4ha 80**T**(100-130m²) 136**D**	❷ €32,95

Richtung Falun-Svärdsjö. In Svärdsjö hinter der Kirche rechts. Der Straße folgen und nach 3,8 km am Schild 'Caravanclub' links ab. 115305

Ljusdal, S-82730 / Gävleborgs län

Ljusdals Camping***	1 ADEKNOPQRSTU	LM**N**QSWX 6
Ramsjövägen 56	2 DFIJPQRSXY	ABDE**FG**HIK 7
15 Apr - 30 Sep	3 AG**JL**SUX	ABCDEFHJNQRT 8
+46 65 11 29 58	4 FHIR**T**	FHJQRV 9
info@ljusdalscamping.se	5 ADJN	AGHKOQUY 10
	Anzeige auf Seite 93 B 10A	❶ €30,60
N 61°50'20" E 16°02'27"	H100 4,5ha 95**T**(100-120m²) 27**D**	❷ €30,60

3 km von Ljusdal an der 83 Richtung Ånge. 106947

Malmköping, S-64260 / Södermanlands län

Malmköping Bad & Camping***	1 ADEKNOPQRSTU	LQXZ 6
Förrådsgatan 15	2 ABFJKPQTUVWXYZ	ABCDE**FG**HIJK 7
1 Jan - 31 Dez	3 BEG**HJLN**SX	ABCDEFGHIJKNPQRTW 8
+46 15 72 10 70	4 BCDFHJO**T**	FGIQRT 9
reception@malmkopingscamping.se	5 ABDEFHJKN	AEFGHIJKM**O**QUWY 10
	WB 10A CEE	❶ €41,40
N 59°08'19" E 16°43'55"	H50 10ha 200**T**(80-150m²) 68**D**	❷ €41,40

Die 55 oder 53 nach Malmköping. In der Ortsmitte ist der CP ausgeschildert. 114021

Malung, S-78235 / Dalarnas län

Malungs Camping & Bullsjön***	1 ADEKNOPQRSTU	**BG**JL**N**X 6
Bullsjövägen 1	2 ADFJQSXY	ABDE**FG**HIK 7
1 Jan - 31 Dez	3 B**JLQ**	ABEFJNQRT 8
+46 28 01 86 50	4 FHJOT	FJNRVY 9
campingen@malung.se	5 DN	ABFGHJKOQUY 10
	WB 10A	❶ €32,95
N 60°40'59" E 13°42'11"	H295 10ha 170**T**(100m²) 28**D**	❷ €32,95

Der CP liegt an der 45 südlich der Stadt Malung und südlich vom Fluss; Schildern folgen. 100959

Mariefred, S-64793 / Södermanlands län

Mariefreds Camping***	1 ABDEKNOPQRSTU	LNOPQSWXZ 6
Edsala	2 ABFJKQRSTWXYZ	ABDE**FG**HIJK 7
14 Apr - 30 Okt	3 A**JL**	ABEFJNPQRTW 8
+46 15 91 35 30	4 O**T**	GJNQRTV 9
info@mariefredscamping.com	5 ABDFN	BFGHIJKOQU 10
	10A	❶ €32,45
N 59°15'50" E 17°15'15"	7ha 139**T**(100-120m²) 30**D**	❷ €32,45

E20 Strängnäs-Södertälje, Ausfahrt Mariefred auf die 223. Den CP-Schildern Richtung Kalkudden folgen. 110428

Mora, S-79237 / Dalarnas län

First Camp Moraparken-Dalarna****	1 DEKNOPQRST	**EG**JL**N**QSUWXZ 6
Parkvägen 1	2 BDFJMPQRSTWXYZ	ABCDE**FG**HIJK 7
1 Jan - 31 Dez	3 ABFG**JLNOQR**VX	ABCDEFGHIJKNPQRT 8
+46 25 02 76 00	4 BCDFHIJO**P**RT	FGINRTUVY 9
moraparken@firstcamp.se	5 ABDEFGHJKL	BFGHIJKMOPQUVY 10
	WB 10-16A CEE	❶ €37,65
N 61°00'37" E 14°31'30"	H160 20ha 513**T**(36-144m²) 143**D**	❷ €37,65

Die 70 Rättvik-Mora oder die 45 Malung-Mora, auf beiden Strecken ausgeschildert. 106903

Norberg, S-73891 / Västmanlands län

Norberg Camp***	1 ADEKNOPQRST	LNQSWX**Z** 6
Fraggvägen 1	2 EJPQRSWXY	ABDE**FG**HIK 7
20 Apr - 30 Sep	3 AS	ABE**FG**JNQRTW 8
+46 22 32 23 03	4 JT	FQR 9
campnorberg@telia.com	5 DHN	AHQUVY 10
	B 10A CEE	❶ €26,35
N 60°04'20" E 15°55'09"	H141 3ha 106**T**(95-100m²) 78**D**	❷ €26,35

An der 68 Fagersta-Avesta, 1 km südwestlich von Norberg am Norensee, von der 70 Sala-Borlänge bei Avesta 18 km Richtung Fagersta. CP ist ausgeschildert. 106941

Nynäshamn, S-14943 / Stockholms län

First Camp Nickstabadet-Nynäshamn****	1 BDEKNOPQRSTU	**H**KNPQSWX 6
Nickstabadsvägen 17	2 ABHIJKPQRSTUWXYZ	ABCDE**FG**HIJK 7
1 Jan - 31 Dez	3 ABEG**JL**	ABCDEFGHIJKNPQRTW 8
+46 8 52 01 27 80	4 BCDFHJO**T**	EFGJR 9
nickstabadet@firstcamp.se	5 ABDEFGHL**N**	BFIKOQUY 10
	B 10-16A CEE	❶ €42,35
N 58°54'26" E 17°56'17"	5ha 138**T**(55-100m²) 75**D**	❷ €42,35

An Straße 73 Stockholm-Nynäshamn. Der CP ist ausgeschildert. 117351

Öbolandet/Trosa, S-61931 / Södermanlands län

Trosa Havsbad & Camping***	1 DEKNOPQRSTU	KNOPQSW**XZ** 6
Rävuddsvägen 42	2 ABGIJMQRSTUVWXYZ	ABDE**FG**HIJK 7
7 Apr - 30 Sep	3 AB**JL**	ABEFHJNPQRT 8
+46 1 56 50 52 00	4 **T**	BFNRVX 9
info@trosahavsbad.com	5 ABDFHL	ABGHJKMNQY 10
	B 10A	❶ €37,65
N 58°52'22" E 17°34'28"	5ha 230**T**(80-140m²) 64**D**	❷ €37,65

Ab der E4 Ausfahrt 138 und weiter Richtung Trosa folgen. In Trosa an der T-Kreuzung Richtung Gasthamn. Am Hafen, die kleine Straße auf die Insel. Diesem Weg 3 km bis zum Ende folgen. CP ist angezeigt. 114152

Öregrund, S-74071 / Uppsala län

Sunnanö Camping***	1 BDE**KN**OPQRSTU	KMNPQSXZ 6
Sunnanövägen 38	2 BHIJKNQRUVWXY	ABDE**FG**IK 7
1 Mai - 30 Sep	3 A**L**N**S**	ABEFHJNPQRTW 8
+46 17 33 00 64	4 FHO**T**	DFOQRTV 9
info@sunnanocamping.com	5 ABDFHL**N**	BGHJKQUY 10
	B 10A CEE	❶ €37,65
N 60°19'23" E 18°27'13"	5,2ha 40**T**(80-120m²) 75**D**	❷ €37,65

Die 76 Richtung Öregrund; Schildern 3 km lang folgen. Die Straße führt durch ein Wohngebiet. 112333

Orsa, S-79431 / Dalarnas län

First Camp Orsa*****	1 DEKNOPQRST**U**	BG**HIL**NQSWXZ 6
Bowlingvägen 1	2 BFIJPQRSTWXYZ	ABCDE**FG**HIK 7
1 Jan - 31 Dez	3 BFG**JLMNR**V	ABEFGHIJKNPQRT 8
+46 25 04 62 61	4 BDFHJO**PQ**T	AEFGJNRTVY 9
orsa@firstcamp.se	5 ACDFHJLN	AEFGHIJKMOQUY 10
	WB 10-16A	❶ €42,35
N 61°07'15" E 14°35'57"	H170 15ha 900**T**(100-120m²) 156**D**	❷ €42,35

Über die E45 nach Norden am Orsa See, gleich ortsaußerhalb. Ausgeschildert. 106902

Östhammar, S-74231 / Uppsala län

Klackskärs Camping***	1 DEKNOPQRST**U**	KNPQSWX 6
Stångörsgatan 21	2 GIJKPQRSUXY	ABDE**FG**HIJK 7
29 Apr - 4 Okt	3 AF**JL**	ABE**F**HJNPQRTW 8
+46 7 63 29 15 30	4 HJO**T**	F 9
info@klackskarscamping.se	5 ADEF**N**	GHJKNQ 10
	B 10A CEE	❶ €37,65
N 60°15'47" E 18°22'49"	20ha 202**T**(70-100m²) 93**D**	❷ €37,65

Die 76 Ausfahrt Östhammar, den CP-Schildern entlang dem Hafen folgen. 106987

Teilkarte Mittel-Schweden auf Seite 89

Oxelösund, S-61351 / Södermanlands län

Jogersö Camping
Jogersövägen 15
1 Jan - 31 Dez
+46 15 53 04 66
info@jogerso.se

1 ABDEKNOPQRSTU KMNQSUVWX 6
2 ABGJKNQTWXYZ ABDEFGHIJK 7
3 AGJLX ABCDEFIJNPQRTW 8
4 FJO FNRV 9
5 ABDFHKLN BCGHIJKNQUWY 10
W 10-16A CEE ❶ €32,95
3ha 139T(80-120m²) 51D ❷ €32,95

N 58°40'00'' E 17°03'25''

E4 Ausfahrt Oxelösund (weg 53). Dann die Ausfahrt Frösang/SSAB nehmen. Danach den CP-Schildern folgen. 121508

Rättvik, S-79532 / Dalarnas län

First Camp Rättviks****
Enåbadsvägen 8
1 Jan - 31 Dez
+46 24 85 61 00
enabadet@firstcamp.se

1 DEKNOPQRSTU EFJN 6
2 DPQRWXY ABCDEFGHIK 7
3 ABDJLW ABCDEFGHIJNPQRTW 8
4 EFGHJOPTU FGJRVY 9
5 ABDEN BFGHIJKMOQUY 10
WB 10-16A ❶ €35,75
H160 32ha 400T(100-120m²) 132D ❷ €35,75

N 60°53'27'' E 15°07'51''

In der Ortsmitte von Rättvik den CP-Schildern 'Rättviksparken' folgen. 114148

Rättvik, S-79532 / Dalarnas län

First Camp Siljansbadets****
Långbryggvägen 4
1 Mai - 4 Okt
+46 24 85 61 18
siljansbadet@firstcamp.se

1 DEKNOPQRSTU LNPQSUWXZ 6
2 FIJKPQRXYZ ABCDEFGHIK 7
3 BDGJLM ABCDEFGHIJKNPQRT 8
4 FGHJLOP FGIJRTVY 9
5 ACDEFGJN BGHIKMOQUY 10
B 10A ❶ €32,45
H160 10ha 450T(100m²) 144D ❷ €32,45

N 60°53'20'' E 15°06'30''

Nach Zentrum Rättvik unter dem Bahnbrücke durch, 1. Straße links und danach 1. Straße rechts. Der CP liegt am See. Von Mora: kurz vor Rättvik ausgeschildert. 106906

Riddarhyttan, S-73993 / Västmanlands län

Liens Camping
Liensvägen 3
1 Jan - 31 Dez
+46 22 21 35 55
liens.camping@telia.com

1 BDEKNOPQRSTU LNQSWX 6
2 BDFIJKPQSVWXYZ ABDEFGHIK 7
3 BGJ ABCDEFGHIJKNQRTW 8
4 FJT FQ 9
5 ABDEFN GHJKQUVXY 10
WB 10A CEE ❶ €31,05
H170 10ha 190T(80-100m²) 91D ❷ €31,05

N 59°48'33'' E 15°32'00''

Der CP liegt bei Riddarhyttan am Liensee und ist an der 68 Lindesberg-Fagersta ausgeschildert. 107725

Sälen, S-78067 / Dalarnas län

Tandådalen Camping
Tandådalen
1 Jan - 31 Dez
+46 28 03 30 53
tandadalen@caravanclub.se

1 ABDEKNOPQRSTU 6
2 BIPSTUVWXY ABDEFGHIK 7
3 M ABCDEFGHIJNQRT 8
4 FOQT F 9
5 M CFGJKMOQUWY 10
WB 16A CEE ❶ €33,85
H640 17ha 50T(52-84m²) 723D ❷ €33,85

N 61°10'50'' E 12°59'52''

In Sälen der 71 Richtung Hamar/Sälenfjällen folgen. CP liegt 17 km westlich von Sälen. In Tandådalen ist CP ausgeschildert. 115306

Sandarne, S-82673 / Gävleborgs län

Stenö Havsbad & Camping****
Stenövägen 130
1 Jan - 31 Dez
+46 0 27 07 51 50
stenocamping@soderhamn.se

1 ABDEKNOPQRSTU KMNPQSWXZ 6
2 ABGJKPQRSTWXYZ ABDEFGHIK 7
3 AFGJLMQSVWX ABEFGHJKNPQRTW 8
4 BCDFHJNOT FORVY 9
5 ABDEHLN ABFGHJKOQUVY 10
B 10A CEE ❶ €32,95
5ha 191T(100-120m²) 40D ❷ €32,95

N 61°14'54'' E 17°11'44''

E4 Gävle-Söderhamn 11 km südöstlich von Söderhamn. Östliche Ausfahrt nach Sandarne. Danach den Schildern "Stenöcamping" folgen. 106975

Särna, S-79731 / Dalarnas län

Särna Camping***
Särnavägen 106
1 Jan - 31 Dez
+46 7 03 33 05 18
sarnacamping@gmail.com

1 ADEKNOPQRSTU LNQSXY 6
2 DFIJPQUVWX ABDEFGHIJK 7
3 BDFGJMSUX ABEFGHJNPQRTW 8
4 DEFHJT FGOQR 9
5 ABDFGHJLMN ABCGHJKMOPQUY 10
WB 10-16A CEE ❶ €29,15
H450 4ha 90T(125m²) 18D ❷ €29,15

N 61°41'35'' E 13°08'49''

CP liegt am See, an der 70 in Särna ausgeschildert. 101054

Säter, S-78390 / Dalarnas län

Säters Camping***
Säters Camping
1 Jan - 31 Dez
+46 22 55 09 45
info@saterscamping.se

1 ABDEKNOPQRST LNWXZ 6
2 EIJKQSUVWXY ABDEFGHIJK 7
3 AGJLX ABEFJNQRTW 8
4 FHJOT FV 9
5 ADFKN BGHJKMOQUY 10
WB 10-16A CEE ❶ €27,75
H166 3ha 90T(100-110m²) 46D ❷ €27,75

N 60°20'12'' E 15°44'25''

CP ist am Ljusternsee, 2 km vom Zentrum Säter. CP ist ausgeschildert. Von der 70 Hedemora-Borlänge und ab Smedjebacken. 106940

Skansholmen/Mörkö, S-15393 / Stockholms län

Skansholmen Camping
Skansholmen
1 Mai - 30 Sep
+46 8 55 15 50 66
info@skansholmen.com

1 DEKNOPSU KNQSWXZ 6
2 ABHIJMPQRSXYZ ABDEFGHIJK 7
3 AJ ABCDEFJNQRTW 8
4 T FG 9
5 ABEFHIJKLMN BHJKNQV 10
B 10A ❶ €25,40
5ha 43T(50-60m²) 43D ❷ €25,40

N 59°02'57'' E 17°41'20''

Von der E4 Ausfahrt 138. Dann den Schildern Nynäshamn bis Fährhafen folgen. Kurz vor dem Fährhafen liegt dann der CP rechts beim Restaurant. 118100

Skärholmen/Stockholm, S-12731 / Stockholms län

Bredäng Camping Stockholm***
Stora Sällskapets Väg 60
1 Mai - 3 Okt
+46 8 97 70 71
bredangcamping@gmail.com

1 BCDEKNOPQRSTU NQSW 6
2 ABGJKQSTUWXY ABDEFGHIJK 7
3 AJLSX ABCDEFHJKNPQRTW 8
4 FHT FGJL 9
5 ACDEFHLN ABCGHIJKOQU 10
Anz. auf dieser S. B 10-16A CEE ❶ €37,65
H50 12ha 380T 40D ❷ €37,65

N 59°17'44'' E 17°55'23''

Von E20/E4, Södertälje-Stockholm, bis 10 km südwestlich von Stockholm, Ausfahrt 152 Richtung Bredäng. 3 km den CP-Schildern folgen. 106988

Skarpnäck/Stockholm, S-12830 / Stockholms län

First Camp City-Stockholm
Flaten Skogsväg 30
1 Jan - 31 Dez
+46 86 62 58 26
citystockholm@firstcamp.se

1 DEKNOPQRSTU LNQS 6
2 ABEJKPXYZ ABFGIJK 7
3 ALQX ABEFJNQRT 8
4 JO JR 9
5 BDN BGJKOY 10
B 16A CEE ❶ €41,40
3ha 74T(80-100m²) 42D ❷ €41,40

N 59°14'53'' E 18°09'45''

Strasse 73 Stockholm-Nynäshamn, Ausfahrt Älsta. Den Campingschildern Flaten folgen. 121138

Skutskär, S-81421 / Uppsala län

Rullsand Bad & Camping***
Rullsandsvägen 1
1 Jan - 31 Dez
+46 2 68 62 20
info.rullsand@gmail.com

1 ABDEKNOPQRSTU KNQSW 6
2 ABGJKPQRSWXYZ ABDEFGIJK 7
3 BGJLS ABEFGHIJNQRTW 8
4 BCDFHLT FJ 9
5 ABDEFGHKN BCGHIJKNQUY 10
B 10A ❶ €39,05
10ha 300T(80-100m²) 126D ❷ €39,05

N 60°38'20'' E 17°28'41''

Die 76 Gävle-Östhammar, 2 km südlich von Skutskär, CP an diesem Weg angezeigt. Schildern folgen. 106977

Schweden

Sollerön, S-79290 / Dalarnas län

CC€23 iD

Sollerö Camping***
Soldvägen 149
1 Jan - 31 Dez
+46 25 02 22 30
info@sollerocamping.se

1 ADEKNOPQRSTU — L**N**QSWXZ 6
2 AFIJKPQRSTUVWXY — ABCDE**FG**HIK 7
3 ABD**JL**SV — ABEFHIJNPQRT 8
4 FHJOT — JNQRV 9
5 ADGKMN — BFGHJKOQUWY 10

WB 16A CEE — ① €32,95
H170 0,7ha 133T(90-135m²) 123D — ② €32,95

N 60°54'05'' E 14°34'56''

Von Mora die 45, links ab Ausfahrt Sollerön. In Gesunda links den Schildern folgen. — 106904

Stöten/Sälen, S-78091 / Dalarnas län

iD

Stöten Camping
Grundforsen 981
1 Apr - 30 Okt
+46 7 03 18 50 11
stotencamping@gmail.com

1 ADEKNOPQRSTU — J**N**UX 6
2 BDIQRSXY — ABDE**F**IK 7
3 A**J**MX — ABE**F**JNQRW 8
4 FHJ — BFGNRUV 9
5 ABDN — AJKOPQU 10

B 10A — ① €30,10
H460 10ha 150T(bis 9999m²) 38D — ② €30,10

N 61°16'23'' E 12°50'59''

Von Malung der 71/311 nach Norden folgen. Bei Fulunas links Richtung Hamar. Bei Stöten ist der CP angezeigt. — 116371

Tällberg, S-79370 / Dalarnas län

CC€19 iD

Tällbergs Camping
Sjögattu 44
1 Mai - 2 Okt
+46 24 75 13 10
info@tallbergscamping.se

1 ADEKNOPQRST**U** — L**N**QS**X**Y**Z** 6
2 ABFIJQSWXY — ABDE**FG**HIK 7
3 A**JL**X — ABE**F**JNQRT 8
4 FHJ**T** — FNQRT 9
5 ADEFHN — GJKNQU 10

Anzeige auf dieser Seite B 10A CEE — ① €26,80
H160 2ha 53T(100-110m²) 24D — ② €26,80

N 60°49'39'' E 14°58'41''

Von der 70 zwischen Rättvik und Leksand in Tällberg ist der Campingplatz ausgeschildert. — 120678

Våmhus, S-79296 / Dalarnas län

iD

Våmåbadets Camping***
Våmåbadsvägen 51
1/2 - 31/3, 1/5 - 30/9
+46 7 35 80 90 17
info@vamabadetscamping.eu

1 ADEKNOPQRSTU — JLM**N**QSXZ 6
2 DFIJKQWXYZ — ABDE**FG**HIK 7
3 AG — ABE**F**JNQRT 8
4 FHJ — AFNQRU 9
5 ABDHN — ABGJKOQU 10

WB 10A CEE — ① €28,25
H160 2ha 65T(100-150m²) 9D — ② €28,25

N 61°06'58'' E 14°29'37''

In Mora die 70 Richtung Älvdalen nehmen. Ausfahrt Våmhus. Oder nehmen Sie die Ausfahrt Mora über die E45 und fahren Sie weiter bis Våmhus. Dort ist der Campingplatz angezeigt. — 122262

Vansbro, S-78050 / Dalarnas län

Vansbro Camping
Lerbäcksvägen 9
1 Jan - 31 Dez
+46 7 06 15 64 69
info@vansbrocamping.com

1 DEKNOPQRSTU — J**N**X 6
2 ADIPQRXY — ABCDE**FG**IK 7
3 A**J** — ABEFJQRT 8
4 FIJ — F 9
5 D — GHJKOQU 10

B 10A — ① €32,95
18ha 78T(90-120m²) 9D — ② €32,95

N 60°30'25'' E 14°13'46''

Von Malung Richtung Borlänge die 66 nehmen. Im Zentrum über die Bahnlinie rechts. Der CP ist deutlich ausgeschildert. — 114045

Västerås, S-72591 / Västmanlands län

First Camp Västerås-Mälaren***
Johannisbergsvägen
1 Jan - 31 Dez
+46 21 14 02 79
vasteras@firstcamp.se

1 BDEKNOPQRSTU — LNQS 6
2 AEJKPQRTWXY — ABCDE**F**GHIJK 7
3 BJ**L**SX — ABCDEFGHIJNPQRTW 8
4 BDFJO**T** — FJY 9
5 ABDEFGHKN — ABFHIJK**O**QUY 10

B 16A — ① €42,35
6,8ha 266T(100-120m²) 92D — ② €65,85

N 59°34'29'' E 16°31'23''

E18 Köping-Västeras Ausfahrt 130 Richtung Barkarös. Camping ist ausgeschildert. — 106974

Västerås/Ängsö, S-72598 / Västmanlands län

iD

Västerås Camping Ängsö
Sundängen 1
1 Jan - 31 Dez
+46 1 71 44 10 43
info@vasterascamping.se

1 ADEKNOPQRSTU — LNQSWXZ 6
2 BEIJKPQSWXYZ — ABDE**FG**HIK 7
3 BG**JL** — ABCDEFJNQRTUW 8
4 F — F 9
5 ABEFHL**N** — GHJKQU 10

B 10A — ① €32,45
10ha 170T(120-160m²) 92D — ② €32,45

N 59°34'06'' E 16°51'33''

An der E18 östlich von Västerås, Ausfahrt 140 ist der CP ausgeschildert. Ca. 16 km Richtung Ängsö. Oder Ausfahrt 139, Schildern Ängsö folgen bis zum CP. — 110427

Vaxholm, S-18531 / Stockholms län

Waxholms Camping**
Eriksövägen 44
30 Apr - 30 Sep
+46 8 40 06 43 23
info@waxholmscamping.se

1 DEKNOPQRSTU — KNPQSTW**X**YZ 6
2 BHIJKMNPQRSUWXY — ABDE**FG**HIJK 7
3 AG**JL**M**Q**S — ABEFJNQRW 8
4 FH**T** — FJNQR 9
5 ABDEFHK**N** — ABHJKNQUY 10

B 10A CEE — ① €42,35
6,2ha 110T(100m²) 50D — ② €42,35

N 59°24'18'' E 18°18'19''

E18 Stockholm-Norrtälje, Abfahrt Vaxholm. Straße 274 für 15 km folgen, dann CP-Schildern folgen. Oder, aus dem Süden: Von der Straße 73 Nynäshamn-Stockholm die Abfahrt 272 in Ri. Gustavsberg nehmen. Via zwei (gratis) Fähren nach Vaxholm. — 107730

Venjan, S-79293 / Dalarnas län

CC€21 iD

Venjans Camping
Moravägen 30
1 Jan - 31 Dez
+46 25 06 23 10
info@venjanscamping.se

1 ADEKNOPQRSTU — L**N**QSXYZ 6
2 BFIJPQSXYZ — ABDE**FG**IK 7
3 FX — ABEFJNQR 8
4 FHIJ**Q** — FQR 9
5 ADN — AGHJKOQUX 10

Anzeige auf dieser Seite W 10A — ① €27,30
H350 2,5ha 64T(80-100m²) 5D — ② €27,30

N 60°57'15'' E 13°55'51''

Auf der 45 von Malung nach Mora links die Ausfahrt nach Venjan nehmen. Der CP liegt kurz vor dem Ort links. — 112102

CF-EU
FINNLAND
NORWEGEN
Lappland
Polarkreis
Andøy
Sørreisa
Harstad
Ibestad
Lavangen
Sortland
Stokmarknes
Narvik
Ballangen
Vågan
Vestvågøy
Hamarøy
Moskenes
Bodø
Fauske
Meløy
Rødøy
Lurøy
Mo I Rana
Nesna
Alstahaug
Vefsn
Hattfjelldal
Grane
Brønnøy
Leka
Namsskogan
Høylandet
Lierne
Grong
Snåsa
Steinkjer
Verdal
Meråker
Tydal
Holtålen
Os
Engerdal
Kiruna
Gällivare
Pajala
Kolari
Muonio
Sirkka
Kittilä
Pello
Övertorneå
Överkalix
Ylitornio
Tervola
Haparanda
Kalix
Kemi
Jokkmokk
Arjeplog
Vidsel
Boden
Älvsbyn
Luleå
Sikfors
Arvidsjaur
Norrfjärden
Piteå
Sorsele
Slagnäs
Blattnicksele
Malå
Jävrebyn
Byske
Fromheden/Norsjö
Norsjö
Skellefteå/Vitberget
Skelleftehamn
Bureå
Storuman
Kattisavan
Vojmån/Vilhelmina
Lycksele
Vilhelmina
Robertsfors
Vindeln
Gäddede
Dorotea
Åsele
Bjurholm
Umeå
Holmsund
Nordmaling
Strömsund
Åkersjön/Föllinge
Örnsköldsvik
Sollefteå
Kramfors
Lit
Åre
Östersund
Ragunda
Frösön
Gällö
Ramvik
Berg
Bräcke
Härnösand
Ånge
Fränsta
Stöde
Sundsvall
Njurunda
Vemdalen
Rätan
Härjedalen
Sveg
Ljusdal
Hudiksvall
Arbrå
Mittel-Schweden
Bottnischer Meerbusen
Kokkola
Jakobstad
Nykarleby
Pedersöre
Kauhava
Vörå
Lapua
Vaasa
Seinäjoki
Ilmajoki
Korsnäs
Kurikka
Kauhajoki
Närpes
Jalasjärvi
Kristinestad
Merikarvia
STOCKHOLM
E10
E45
E4
E12
E6
E14
89
395
394
99
97
356
95
94
365
342
92
335
87
90
86
83
84
70
Nord-Schweden

Schweden

Åkersjön/Föllinge, S-83563 / Jämtlands län

Sportcamping Åkersjön
Åkersjön 1302
1 Jan - 31 Dez
+46 7 22 15 27 94
mail@akersjonscamping.com

1 ADEKNOPQRSTU 6
2 CPSTUVX ABF**I** 7
3 ABEFJNQRT 8
4 BJOT DHINOQRU 9
5 **N** AJKOQ 10
W 16A
H510 4ha 20**T**(80-100m²) 111**D**
❶ €25,85 ❷ €25,85

N 63°46'45" E 14°02'38"

Von Östersund die E14 Richtung Krokom. Dann die RV340 nach Valsjöbyn. Dann weiter Åkersjön. Bei Åkersjön der Beschilderung folgen. 117814

Frösön, S-83296 / Jämtlands län

First Camp Frösön-Östersund***
Rödövägen 3
17 Mai - 6 Sep
+46 6 34 32 54
froson@firstcamp.se

1 DEKNOPQRST**U** L 6
2 EIPQTUWX ABCDE**FG**HIK 7
3 AFG**JL**S ABCDFJNQRT 8
4 FJ**O**T FHJVY 9
5 ADN FGHJKNQUY 10
B 10A
H380 2,5ha 158**T**(100-120m²) 50**D**
❶ €31,05 ❷ €31,05

N 63°10'19" E 14°32'25"

Auf der Insel Frösön. Beschilderung zur Kirche oder Flugplatz folgen. Danach den CP-Schildern. 106877

Arvidsjaur, S-93334 / Norrbottens län

Camp Gielas***
Storgatan 70
1 Jan - 31 Dez
+46 96 05 55 00
info@laponiaresort.se

1 ABDEKNOPQRSTU LNX 6
2 BEJKQRSTWXYZ ABDE**FG**HIK 7
3 ABF**JLNQ**UV ABEFIJKNQRT 8
4 JOQRT BFIRVY 9
5 ABDN AGHIJKMOQUW 10
WB 16A CEE
H380 10ha 180**T**(80-100m²) 66**D**
❶ €31,50 ❷ €31,50

N 65°35'03" E 19°11'54"

Der CP befindet sich im Dorf Arvidsjaur an der Hauptstraße 95. Camping ist ausgeschildert. 100967

Gäddede, S-83361 / Jämtlands län

Gäddede Camping och Stugby***
Sagavägen 9
1 Jan - 31 Dez
+46 67 21 00 35

1 ADEKNOPQRSTU AGL**N**QSX**Z** 6
2 EIJMPQRSWXY ABDE**FG**HIJK 7
3 A**J**MX ABEFIJNPQRT 8
4 FHJO**T** AFHJOQR 9
5 DFKLN AGHJKNQU 10
WB 10-16A CEE
H400 3ha 113**T**(100m²) 66**D**
❶ €25,40 ❷ €25,40

N 64°30'17" E 14°08'58"

In Strömsund ab der E45 die 342 Richtung Gäddede nehmen. Kurz vor der norwegischen Grenze liegt Gäddede. In Gäddede ist der Camping gut ausgeschildert. 106879

Åsele, S-91932 / Västerbottens län

Åsele Camping
Värdshusvägen 21
1 Jan - 31 Dez
+46 7 22 47 05 81
wilvandenbrink@live.nl

1 ADEKNOPQRSTU **BGJ**NXZ 6
2 ACIQRSXY AB**FG**IK 7
3 B**JL**MUX ABEFJNQR 8
4 FH**XZ** IJRTV 9
5 ADJN AGJKNU 10
WB 10A
H316 10ha 60**T**(80-150m²) 20**D**
❶ €23,50 ❷ €23,50

N 64°10'18" E 17°21'47"

Der CP liegt 2 km ortsaußerhalb von Åsele, unweit der E92. Südlich von Lycksele. 109593

Gällivare, S-98239 / Norrbottens län

Gällivare Camping***
Kvarnbacksvägen 2
8 Mai - 24 Sep
+46 97 01 00 10
info@gallivarecamping.se

1 BDEKNOPQRSTU **J**N 6
2 DQTWXYZ ABDE**FG**IK 7
3 AB**JL**S ABCDEFJNQR 8
4 FOT FG 9
5 DN BGHKOQUY 10
B 10A CEE
H370 4ha 210**T**(80-100m²) 45**D**
❶ €25,40 ❷ €25,40

N 67°07'44" E 20°40'20"

Auf der E45 liegt der Camping an der Südseite von Gällivare. Ist gut ausgeschildert. 106980

Blattnicksele, S-92492 / Västerbottens län

Blattnicksele Fiskecamp
Strandvägen 4
1 Jun - 17 Sep
+46 7 25 36 12 83
info@fiskecamp.se

1 DEKNOPQRSTU **J**N**XZ** 6
2 DJPQUXY ABDE**FG**IK 7
3 ABEFJNQR 8
4 **T** FJQ 9
5 DN JKOQU 10
10A
H320 3ha 70**T** 10**D**
❶ €23,50 ❷ €23,50

N 65°20'35" E 17°34'46"

CP liegt an der E45 von Storuman nach Sorsele, gut beschildert. 121490

Gällivare, S-98299 / Norrbottens län

Stora Sjöfallets Mountain Lodge
Stora Sjöfallet 1
1 Jan - 31 Jan
+46 97 34 00 70
info@storasjofallet.com

1 ADEKNOPQRSTU **J**NX 6
2 BDIPSTXY ABDEFIK 7
3 X ABEFJNQ 8
4 T GIR 9
5 BJLN BCJKNPQUY 10
W 10-16A
H377 5,1ha 35**T** 90**D**
❶ €41,85 ❷ €41,85

N 67°28'55" E 18°21'23"

Nehmen Sie auf der E45 zwischen Porjus und Gällivare die Ausfahrt Sjöfallet/Ritsem. Nach etwa 90 km liegt der Campingplatz auf der linken Seite der Straße. 122702

Bureå, S-93015 / Västerbottens län

Bureå Camping
Jägargatan 34
15 Mai - 31 Okt
+46 7 38 18 48 46
info@bureacamping.se

1 ADEKNOPQRSTU **J**NX 6
2 BDKPQSXY AB**FG**HIK 7
3 B ABEFJNQRW 8
4 FHJO**T** FNRV 9
5 DN HKNPQU 10
B 10A
H50 1,7ha 50**T** 10**D**
❶ €28,25 ❷ €28,25

N 64°34'26" E 21°13'20"

Campingplatz an der E4, 18 km südlich von Skellefteå. Gut ausgeschildert. 120895

Gällö, S-84395 / Jämtlands län

Camp Viking
Hannåsen 107
1 Jan - 31 Dez
+46 7 27 00 40 03
info@campviking.se

1 ADEKNOPQST**U** L**N**PQSUXYZ 6
2 ABEIJKPQRXY ABDE**FG**IK 7
3 ABEFHIJKNQRT 8
4 **E**FH**T** HJOQV 9
5 ADEFHJKN AFGHJKOQU 10
B 10A
H290 7ha 40**T**(100m²) 23**D**
❶ €32,95 ❷ €32,95

N 62°55'03" E 15°15'14"

An der E14 von Sundsvall aus Richtung Östersund, kurz vor Gällö, liegt hinter der Tankstelle rechts die Campingeinfahrt. 112955

Byske, S-93451 / Västerbottens län

Byske Havsbad*****
Bäckgatan 40
1 Jan - 31 Dez
+46 91 26 12 90
byskehavsbad@skelleftea.se

1 BDEKNOPQRST **BG**HKM**N**QSWXZ 6
2 AHIJQRWXY ABCDE**FG**HIJK 7
3 ABG**J**MV ABCDEFGIJKNQRTW 8
4 BCD**E**FJLNO**S**T FJMNQRTUVY 9
5 ACDEFGHL**N** ABFGHIKMOPQUWY 10
B 10-16A CEE
13ha 515**T**(120-290m²) 189**D**
❶ €43,30 ❷ €43,30

N 64°56'51" E 21°14'03"

Camping an der Küste. 1,5 km östlich von Byske und der E4. Camping gut anzeigt. 106989

Haparanda, S-95391 / Norrbottens län

Kukkolaforsen
Kukkolaforsen 184
1 Jan - 31 Dez
+46 92 23 10 00
info@kukkolaforsen.se

1 DEKNOPQRSTU **J**N**U** 6
2 DIJQTWXY ABCDE**FG**HIJK 7
3 B ABCDEFJNQRTUW 8
4 **A**JT FGJ 9
5 ABJLN AEFGHJKOQU 10
WB 10A CEE
3ha 80**T** 44**D**
❶ €32,00 ❷ €32,00

N 65°57'45" E 24°02'20"

Liegt an der Grenze zwischen Finnland und Schweden an der RV99 zwischen Övertorneå und Haparanda. Ist rechtzeitig vorher angezeigt. 122280

Dorotea, S-91731 / Västerbottens län

Doro Camp Lapland***
Storgatan 1A
15 Mai - 15 Sep
+46 7 30 80 77 38
info@doro.camp

1 ADEKNOPQRSTU L**N**X 6
2 CEIQSTUVXY ABDE**FG**IK 7
3 ASX ABEFJNQVW 8
4 **A**FJ IJQR 9
5 DFKLN AGHJKNQU 10
B 10A
H290 6,5ha 80**T**(100m²) 13**D**
❶ €28,25 ❷ €28,25

N 64°15'29" E 16°23'23"

Von Hoting aus liegt der CP rechts am Ortseingang von Dorotea, östlich der E45, südlich von Dorotea. CP ausgeschildert. 100965

Härnösand, S-87191 / Västernorrlands län

Antjärns Camping
Antjärn 113
21 Mai - 31 Aug
+46 7 22 08 45 81
contact@antjarnscamping.com

1 ADEKNOPQRSTU LN 6
2 AEIPQSVWX AB**F**IK 7
3 A ABEFNQR 8
4 **JT** FHJQ 9
5 AJKNQU 10
10A
2ha 52**T**(100m²) 14**D**
❶ €25,40 ❷ €28,25

N 62°35'13" E 17°47'27"

Der Campingplatz liegt an der E4. Kurz vor Härnösand. 122796

Fromheden/Norsjö, S-93593 / Västerbottens län

Fromhedens Camping
Fromheden 22
6 Apr - 8 Okt
+46 7 67 77 76 28
info@fromhedenscamping.se

1 DEKNOPQRSTU **N** 6
2 BFQRTWXY ABDE**FG**IK 7
3 F**K** ABEFJNQRW 8
4 FJO**T** GJV 9
5 HN HIJKOQU 10
B 10A
H240 6ha 150**T**(100m²) 10**D**
❶ €25,40 ❷ €25,40

N 64°59'16" E 19°28'29"

Der CP liegt am Weiler Fromheden, 1 km östlich der Kreuzung der 370 mit der 365 und etwa 8 km nördlich von Norsjö. 117349

Jävrebyn, S-94494 / Norrbottens län

FiskeCampen
Södra Jävrebodarna 351
15 Mrz - 31 Okt
+46 7 03 61 33 70
tompe69@hotmail.com

1 DEKNOPQRST K**N**XZ 6
2 ABGILMRXYZ ABDE**F**IK 7
3 BS ABEFJNQR 8
4 **T** FJ 9
5 JKOQ 10
10A
27ha 35**T** 42**D**
❶ €26,35 ❷ €26,35

N 65°05'47" E 21°30'32"

Der Camping wird auf der E4 ausgeschildert. Von der E4 sind es noch 3 km über einen Kiesweg. 121882

Teilkarte Nord-Schweden auf Seite 95

Schweden

Jokkmokk, S-96299 / Norrbottens län

Arctic Camp Jokkmokk****
Notudden 1
1 Jan - 31 Dez
+46 97 11 23 70
arcticcamp@jokkmokk.com

1 ABDEKNOPQRSTU — BGHJNQXZ 6
2 BDIKPQSTXYZ — ABCDEFGHIK 7
3 ABCFJ — ABEFJNQR 8
4 ABFJLOQTU — JVY 9
5 ABDEFGHJLN — ABFGHKOQUY 10
WB 16A CEE — ❶ €28,25
N 66°35'40" E 19°53'31" — H225 7ha 200T(80-100m²) 59D — ❷ €28,25

Camping liegt 3 km außerhalb der Ortsmitte von Jokkmokk, entlang der 94 zwischen Jokkmokk und Luleå. — 100968

Jokkmokk, S-96299 / Norrbottens län

Skabram Stugby och Camping
Skabram 206
1/1 - 31/10, 1/12 - 31/12
+46 7 02 05 38 92
info@skabram.se

1 ADEKNOPQRSTU — LNQXY 6
2 BEIMQSXY — ABFGIK 7
3 — ABEFJNQR 8
4 FKT — FGJQ 9
5 DN — AFHIJKOQU 10
W 10A CEE — ❶ €23,50
N 66°36'23" E 19°45'44" — H280 25ha 20T(80m²) 11D — ❷ €23,50

Der Campingplatz liegt 3 km westlich von Jokkmokk-Mitte, an der Storgatanstraße entlang. Gut ausgeschildert von der E45 aus. — 111910

Kattisavan, S-92191 / Västerbottens län

Kattisavan Camping****
Kattisavan 34
20 Mai - 30 Sep
+46 95 01 80 60
info@kcamping.se

1 DEKNOPQRSTU — JLNX 6
2 BDFIJMPQSTXYZ — ABDEFGHIK 7
3 BIJ — ABEFJNQR 8
4 FTU — FJ 9
5 CGJN — HIJKNQUY 10
10-16A — ❶ €30,10
N 64°45'29" E 18°09'59" — H270 5ha 134T(100m²) 29D — ❷ €30,10

In Kattisavan, direkt an der E12 zwischen Lycksele und Storuman, etwa 30 km nordwestlich von Lycksele. — 112938

Kiruna, S-98135 / Norrbottens län

Camp Ripan***
Campingvägen 5
1 Jan - 31 Dez
+46 98 06 30 00
info@ripan.se

1 ABDEKNOPQRSTU — 6
2 QSTUVWXY — ABDEFGIK 7
3 BJLQSUV — ABEFJNQRW 8
4 AJRTUVWXZ — J 9
5 DFHJLN — AEFGHIJKNPQUY 10
WB 10A CEE — ❶ €28,25
N 67°51'38" E 20°14'25" — H550 3ha 120T(80-100m²) 96D — ❷ €28,25

Am Kreisverkehr auf der E10 nördlich von Kiruna die Ausfahrt Kiruna/Högalid. Folgen Sie dann der Beschilderung 'Camping Kiruna'. — 109472

Lit, S-83692 / Jämtlands län

Lits Camping***
E45
1 Mai - 30 Sep
+46 64 21 02 47
booking@litscamping.com

1 ADEHKNOPQRSTU — JLNUXZ 6
2 CEIJKPQSWXYZ — ABDEFGIJK 7
3 AFGJMNX — ABEFJNQRT 8
4 FJOT — AFHJQR 9
5 DN — AGHKOQU 10
B 10A — ❶ €24,45
N 63°19'09" E 14°51'51" — H260 5,6ha 96T(100-110m²) 38D — ❷ €24,45

Der CP liegt an der E45. Von Östersund ist der CP 20 km nördlich direkt hinter der Brücke, vor dem Ort Lit, rechts von der Straße. — 106876

Luleå, S-97594 / Norrbottens län

First Camp Arcus-Luleå***
Arcusvägen 110
1 Jan - 31 Dez
+46 92 06 03 00
lulea@firstcamp.se

1 ADEKNOPQRSTU — BGHJKNWXZ 6
2 ADHIJPQTWXYZ — ABCDEFGHIK 7
3 BFGJLMNQSVX — ABEFGIJNQRT 8
4 BCDFJLNOT — JQRTVY 9
5 ACDEFHLN — ABFGHIKOQUY 10
B 10-16A — ❶ €36,70
N 65°35'44" E 22°04'17" — 44ha 498T(50-140m²) 103D — ❷ €36,70

Der Campingplatz liegt südlich von Luleå und ist über die E4 ausgeschildert. Folgen Sie Arcus und dann First Camp. — 106991

Lycksele, S-92142 / Västerbottens län

First Camp Ansia-Lycksele*****
Sommarvägen 1
1 Jan - 31 Dez
+46 95 01 00 83
ansia@firstcamp.se

1 DEKNOPQRSTU — JNX 6
2 BDIJPQRTWXYZ — ABCDEFGHIK 7
3 BCJLMSVX — ABCDEFGIJKNQRTUW 8
4 BCDJLOPRT — GIJNRVY 9
5 BDHJKL — AGHIKOQUY 10
WB 10-16A — ❶ €33,85
N 64°35'47" E 18°41'58" — H230 17ha 505T(100-150m²) 78D — ❷ €33,85

Camping im Zentrum von Lycksele an der 363 entlang. Deutlich angezeigt. (Ansia). — 112966

Njurunda, S-86296 / Västernorrlands län

Bergafjärdens Camping***
Bergafjärden 230
10 Mai - 15 Sep
+46 6 03 45 98
info@bergafjarden.nu

1 ADEKNOPQRSTU — KNQSWXZ 6
2 AHIJPQRSWXY — ABDEFGHIJK 7
3 BFGJLS — ABCDEFJNPQRTW 8
4 FJORT — HJV 9
5 ABDEFHKLN — ABGHJKOQUY 10
B 10A — ❶ €34,80
N 62°16'04" E 17°27'06" — 20ha 130T(80-120m²) 148D — ❷ €34,80

Von der E4 Hudiksvall-Sundsvall, 17 km südlich von Sundsvall, bei Njurunda 4 km ostwärts Richtung Lörudden, Björkön, Hafenstraße. — 106978

Norrfjärden, S-94591 / Norrbottens län

Borgaruddens Camping
Borgaruddsvägen 880
25 Mai - 31 Aug
+46 7 02 68 75 27
borgarudden@telia.com

1 ADEKNOPQRSTU — KNQSWXZ 6
2 ABHIJQXY — ABDEFGIK 7
3 AJ — ABEFJNQR 8
4 FT — FORW 9
5 ABEKN — HJKOQU 10
10A — ❶ €30,60
N 65°21'30" E 21°35'17" — 9,8ha 158T(100m²) 51D — ❷ €30,60

Auf der E4 zwischen Pitea und Luleå. Camping an der E4 bei Norrfjärden gut angezeigt. Er liegt an der See; von der E4 sind es noch 8 km. — 112949

Övertorneå, S-95732 / Norrbottens län

Norrsken Lodge
Matarengivägen 58
1 Jan - 31 Dez
+46 92 71 00 35
info@norrskenlodge.com

1 DEHKNOPQRSTU — BGHJLNX 6
2 DIJKQX — ABFGIK 7
3 AFHJLU — ABCDEFJNQR 8
4 AEJOT — GJNOQRV 9
5 ADHJKN — AGHJKOQU 10
W 10A — ❶ €27,75
N 66°23'44" E 23°38'42" — H70 5ha 60T 25D — ❷ €27,75

Sowohl auf der Straße 98 als auch auf der Straße 99 ist der CP in Övertorneå ausgeschildert. — 116579

Pajala, S-98431 / Norrbottens län

Pajala Camping Route 99
Tannavägen 65
1 Jun - 15 Sep
+46 7 33 64 52 78
hej@pajalacampingroute99.se

1 ADEKNOPQRSTU — JNXZ 6
2 DLPQSTXYZ — ABFGIK 7
3 AF — ABCDEFJNQRTW 8
4 T — FGJOQR 9
5 DN — AFGHJKOQU 10
10A — ❶ €31,05
N 67°12'14" E 23°24'29" — H165 4,6ha 100T 28D — ❷ €31,05

Die RV99 verlassen. Camping ist in Pajala an der RV99 ausgeschildert. Die 403 verläuft unter der Brücke. Camping liegt am Ende dieser Straße. — 116576

Ramvik, S-87016 / Västernorrlands län

Snibbens Camping Stugby & Vandrarhem***
Snibben 139
7 Mai - 30 Sep
+46 61 24 05 05
info@snibbenscamping.se

1 ADEKNOPQRSTU — LNQSUWXZ 6
2 AEIJKQRSTUWXYZ — ABDEFGHIK 7
3 ABDFJLM — ABEFJNQRTW 8
4 FHJOT — EFGHIJNOQRTUVW 9
5 ABDJKN — ABFGHIJKMOQUV 10
B 16A CEE — ❶ €27,75
N 62°47'57" E 17°52'11" — H51 8,5ha 60T(80-100m²) 36D — ❷ €31,05

An der Straße 90, südlich von Ramvik. 2 km von Högaküsten Brücke (hohe Hängebrücke). — 111295

Rätan, S-84030 / Jämtlands län

Rätans Camping**
Sjövägen 79
1 Jan - 31 Dez
+46 68 21 01 21
info@ratanscamping.se

1 ADEKNOPQSTU — BLNSWXZ 6
2 FIJQSUVX — ABDEFGHIK 7
3 A — ABEFJNQRTW 8
4 JOT — FJ 9
5 AD — JKNQU 10
10A CEE — ❶ €24,45
N 62°28'49" E 14°32'21" — H370 4ha 52T(100-120m²) 8D — ❷ €24,45

Von der 45 bei Rätansbyn abfahren auf die 315 Richtung Rätan, etwa 2,9 km. Am Ortsende liegt der CP. — 106872

Sikfors, S-94294 / Norrbottens län

Sikfors Konferens och Fritidsby
Kockvägen 9
1 Jan - 31 Dez
+46 91 17 00 77
info@sikforskonferens.se

1 BDEKNOPQRSU — AN 6
2 DKMQTXY — ABCDEFHIK 7
3 AJS — ABEFJNQR 8
4 T — FG 9
5 ADHLN — BHIJKOQUY 10
B 16A CEE — ❶ €30,10
N 65°31'41" E 21°12'07" — 6ha 92T(80-120m²) 59D — ❷ €30,10

Der Campingplatz ist über die Straße 374 zwischen Pitea und Alvsbyn zu erreichen. Gut ausgeschildert. — 122279

Skellefteå/Vitberget, S-93170 / Västerbottens län

Skellefteå Camping****
Mossgatan
1 Jan - 31 Dez
+46 9 10 73 55 00
skellefteacamping@skelleftea.se

1 ABDEKNOPQRSTU — BGH 6
2 APQSTVWXYZ — ABCDEFGHIK 7
3 ABFJLVX — ABCDEFGIJKNQRT 8
4 BCDFHIJLOT — FGJVY 9
5 ABDEN — ABFGHIKMOPQUY 10
WB 10-16A CEE — ❶ €38,60
N 64°45'40" E 20°58'28" — H50 5ha 364T(95-210m²) 146D — ❷ €38,60

Auf der E4 ist der Camping bei Skellefteå ausgeschildert. — 106990

Slagnäs, S-93091 / Norrbottens län

Slagnäs Camping***
Campingvägen 5
1 Jan - 31 Dez
+46 9 60 65 00 93
info@slagnascamping.com

1 ADEKNOPQRSTU — NXY 6
2 BCIPQSVX — ABDEFGHIK 7
3 BMU — ABEFJNQR 8
4 JOQT — FJNQR 9
5 ADN — ABGHJKOQUY 10
W 16A — ❶ €23,50
N 65°35'04" E 18°10'22" — H440 2ha 60T(80-100m²) 22D — ❷ €23,50

Der Campingplatz ist in der Ortschaft Slagnäs, nördlich der E45. Ist in Slagnäs ausgeschildert. — 106949

Schweden

Sollefteå, S-88130 / Västernorrlands län

Sollefteå Camping Risön****
Risövägen
1 Jan - 31 Dez
+46 6 20 68 25 42
camping@solleftea.se
N 63°10'20" E 17°16'33"

1 DEKNOPQRSTU BGHJNSWXZ 6
2 CMQRWXY ABDEFGHIK 7
3 BDFGJMNS BFJNQRT 8
4 BDFJOPQ HJRV 9
5 ABDFHKN EGHJKOQUXY 10
B 10A ❶ €31,05
4,5ha 225T(100m²) 49D ❷ €31,05

Von Sundsvall aus der E4 in nördlicher Richtung folgen. Bei Ramvik die 90 in westlicher Richtung nach Sollefteå. Ab hier den Schildern folgen.
101390

Sorsele, S-92432 / Västerbottens län

Sorsele Camping**
Fritidsvägen 10
1 Jan - 31 Dez
+46 95 21 01 24
info@sorselecamping.se
N 65°32'03" E 17°31'36"

1 BDEKNOPQRSTU JLNX 6
2 DFIPQSTXY ABDEFGIK 7
3 AJNSX ABEFJNQR 8
4 FHJOT FJRV 9
5 DN AGJKOQU 10
W 16A CEE ❶ €27,30
H350 3ha 60T(80-120m²) 20D ❷ €27,30

Auf der E45 in Sorsele, den CP-Schildern folgen. Der Camping liegt an der Strecke nach Tärnaby im Gehbereich zur Ortsmitte.
112940

Stöde, S-86441 / Västernorrlands län

Stöde Camping
Kälsta 107
1 Mai - 30 Sep
+46 7 68 81 82 83
stodecampingstode@hotmail.com
N 62°24'58" E 16°34'11"

1 DEKNOPQRSTU BGNXYZ 6
2 ADFJKQUXY ABDEFHIK 7
3 X ABEFJNQRT 8
4 FT FHJQR 9
5 D ABHOQ 10
16A CEE ❶ €29,15
H65 2ha 25T(100m²) 25D ❷ €29,15

Die E14 von Sundsvall Richtung Trondheim. In Stöde der Beschilderung zum CP folgen.
121886

Storuman, S-92399 / Västerbottens län

Avasund Fiske & Camp
Avasund 110
1 Jun - 20 Sep
+46 95 11 03 45
avasund@live.se
N 65°06'05" E 17°13'04"

1 ADEKNOPQRSTU LNXZ 6
2 BFJQTWY ABDEIK 7
3 ABCEFJNQR 8
4 OT FJOQ 9
5 DN AJKNQU 10
10A ❶ €26,35
H420 5ha 43T 12D ❷ €26,35

Camping an einer Seitenstraße (1 km) der E45 von Storuman nach Sorsele. 5 km nordöstlich von Storuman.
121489

Storuman, S-92331 / Västerbottens län

Storumans Camping***
Lokgränd 3
1 Jan - 31 Dez
+46 95 11 43 00
storumanscamping@sbturismab.se
N 65°06'00" E 17°06'57"

1 ADEKNOPQRSTU LNSX 6
2 FIJQUWXYZ ABDEFGHIK 7
3 BFGJMNS ABEFJNQRW 8
4 FHITU FJNQRT 9
5 BDJN BHOQUY 10
W 10-16A ❶ €28,25
H350 4ha 75T(80-100m²) 24D ❷ €28,25

Der Campingplatz liegt im Zentrum von Storuman, westlich der Hauptstraße E45. Der Campingplatz ist gut ausgeschildert.
106915

Strömsund, S-83324 / Jämtlands län

Strömsunds Camping****
Näsviken
1 Jan - 31 Dez
+46 67 01 64 10
stromsunds.turistbyra@stromsund.se
N 63°50'48" E 15°32'01"

1 DEKNOPQRSTU BFLNS 6
2 EIJQSUWX ABDEFGHIK 7
3 AJK ABEFJNQRTW 8
4 FJO FHIJQRV 9
5 DEFN BGHIJKOQU 10
B 10A ❶ €26,35
H290 8ha 150T(100-120m²) 31D ❷ €26,35

An der E45 von Östersund vor der Brücke ausgeschildert.
106914

Sundsvall, S-85468 / Västernorrlands län

First Camp Fläsian - Sundsvall***
Norrstigen 15
1 Jan - 31 Dez
+46 60 55 44 75
sundsvall@firstcamp.se
N 62°21'31" E 17°22'12"

1 ADEKNOPQRSTU KNQSWX 6
2 AHIJMPQSUVWXY ABDEFGHIK 7
3 AGLSX ABEFGJNQRT 8
4 T FHJV 9
5 DN AFGHJKNQUX 10
B 10-16A CEE ❶ €42,35
8ha 130T(70-100m²) 42D ❷ €42,35

An der E4 am Parallweg, Hudiksvall-Sundsvall 4 km südlich von Sundsvall. Ausgeschildert.
106945

Sveg, S-84232 / Jämtlands län

Svegs Camping**
Kyrkgränd 1
1 Jan - 31 Dez
+46 68 01 30 25
info@svegscamping.se
N 62°01'58" E 14°21'52"

1 ADEKNOPQRSTU JNX 6
2 ADJPQXY ABDEFGHIK 7
3 JL ABEFJNQR 8
4 JO FJR 9
5 DN GHJKOQXY 10
WB 10A CEE ❶ €33,85
H350 2,5ha 115T(120m²) 25D ❷ €33,85

Am Südrand von Sveg am Fluss. Von der Kreuzung 45 und 84 ausgeschildert.
100962

Umeå, S-90652 / Västerbottens län

First Camp Nydala-Umeå*****
Nydalasjön 2
1 Jan - 31 Dez
+46 90 70 26 00
umea@firstcamp.se
N 63°50'34" E 20°20'25"

1 BDEKNOPQRSTU 6
2 ABPQRSTWXY ABCDEFGHIK 7
3 BCFGJNQVX ABCDEFGIJKNQRTUVW 8
4 BCDFHJLOT FGJQRVY 9
5 ABDHKN ABGHIKOQUY 10
WB 10A CEE ❶ €39,50
H50 10ha 359T(80-140m²) 140D ❷ €39,50

An der E4 ist der CP ausgeschildert, der Camping liegt im Norden der Stadt.
100966

Vemdalen, S-84694 / Jämtlands län

Vemdalens Camping AB***
Landsvägen 8
1 Jan - 31 Dez
+46 68 43 02 00
info@vemdalenscamping.se
N 62°26'04" E 13°50'19"

1 ADEKNOPQRSTU LN 6
2 AIPQSTVXY ABCDEFGHIK 7
3 BJN ABEFJNPQRT 8
4 HT FIR 9
5 DN BCGHIKOQU 10
W 16A CEE ❶ €29,15
H410 4,5ha 110T(100-120m²) 77D ❷ €29,15

Der CP liegt an der 315. 1,5 km südwestlich von Vemdalen. Ist ausgeschildert.
106873

Vidsel, S-94295 / Norrbottens län

Storforsen Camping****
Bredsel 105
1 Jan - 31 Dez
+46 92 97 21 00
info@storforsen.se
N 65°51'26" E 20°25'20"

1 DEKNOPQRSTU 6
2 DIRSTVWX ABCDEFGIK 7
3 AQ ABEFJNQR 8
4 OQRTU FGJR 9
5 DJLN BEGHJKOPY 10
WB 16A CEE ❶ €37,15
H53 5ha 86T(80-120m²) 167D ❷ €37,15

Der CP liegt neben dem Hotel Storforsen an der Straße 374, etwa 40 Kilometer nördlich von Älvsbyn.
101392

Vilhelmina, S-91232 / Västerbottens län

Saiva Camping***
Ryttarvägen 1
1 Mai - 30 Sep
+46 94 01 07 60
info@saiva.se
N 64°37'16" E 16°40'55"

1 DEKNOPQRSTU LNX 6
2 AEIJPQSX ABDEFGHIK 7
3 BGJMNSUX ABEFJNQTW 8
4 FHJORT AFHJOQRTUV 9
5 AN GHKOQU 10
B 10-16A ❶ €31,50
H350 2ha 55T(100m²) 21D ❷ €31,50

Von Süden an der E45. Vor Vilhelmina ist der CP gut angezeigt.
109471

Vojmån/Vilhelmina, S-91292 / Västerbottens län

Vojmåns Husvagns Camping
Vojmån 9
1 Mai - 30 Sep
+46 7 61 08 34 32
N 64°47'35" E 16°47'51"

1 FKNOPQRSTU JNX 6
2 DIQSWX ABDEFI 7
3 A ABEFJNQRT 8
4 O 9
5 H GHKQU 10
B 10A ❶ €30,10
H400 4ha 62T(100-120m²) ❷ €30,10

25 km nördlich von Vilhelmina, an der Westseite der E45.
109902

Legende Karten

Ein offenes Zelt bedeutet daß sich hier ein Campingplatz befindet.

Ein geschlossenes Zelt bedeutet daß hier mehrere Campingplätze zu finden sind.

Campingplätze die CampingCard ACSI akzeptieren.

70 — Auf dieser Seite finden Sie das Teilgebiet.

73 — Pfeile mit Seitenangaben am Kartenrand verweisen auf angrenzende Gebiete.

Die Übersichtskarte des betreffenden Landes und im welchen Teilgebiet Sie sich befinden.

Teilkarte Nord-Schweden auf Seite 95

Finnland

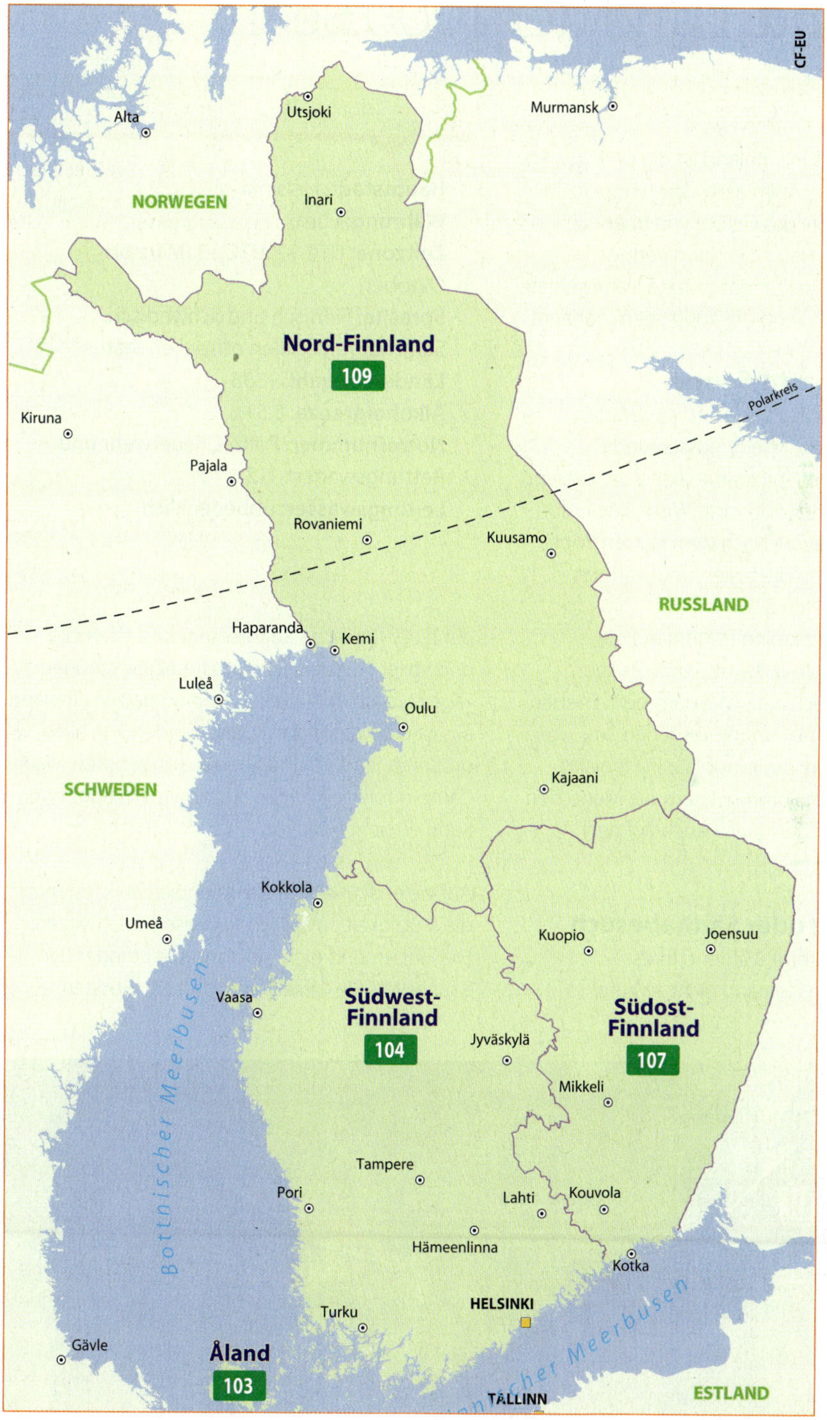
CF-EU
Murmansk
Utsjoki
Alta
NORWEGEN
Inari
Nord-Finnland
109
Polarkreis
Kiruna
Pajala
Rovaniemi
Kuusamo
RUSSLAND
Haparanda
Kemi
Luleå
Oulu
SCHWEDEN
Kajaani
Kokkola
Umeå
Kuopio
Joensuu
Vaasa
Südwest-
Finnland
104
Südost-
Finnland
107
Bottnischer Meerbusen
Jyväskylä
Mikkeli
Tampere
Pori
Lahti
Kouvola
Hämeenlinna
Kotka
HELSINKI
Turku
Gävle
Åland
103
TALLINN
ESTLAND

Finnland: Land der 1000 Seen

Ein Campingurlaub in Finnland ist die perfekte Art, sich zu entspannen. Auf einem Campingplatz in Finnland erleben Sie das Gefühl von unendlicher Weite und reinster Natur. Finnland verfügt über 1,2 Millionen Hektar geschützte Naturgebiete und wird auch das „Land der 1000 Seen" genannt.

Hauptstadt: Helsinki
Währung: Euro
Zeitzone: UTC +2, UTC +3 (März bis Oktober)
Sprache: Finnisch und Schwedisch. Sami hat regionalen offiziellen Status
Ländervorwahl: +358
Alkoholgrenze: 0,5‰
Notrufnummer: Polizei, Feuerwehr und Rettungswagen: 112
Leitungswasser: unbedenklich

Mittsommernacht-Sonne

Finnland ist ein wahres Labyrinth aus Wasser, mit unzähligen Seen, Inseln, Flüssen und Stromschnellen. Der Spitzname "Land der tausend Seen" ist keine Übertreibung: In Wirklichkeit gibt es über 180 000 davon! Nach dem langen Winter genießen die Finnen die hellen und warmen Sommertage in vollen Zügen.
Erleben Sie beim Camping in Finnland die endlosen Sommerabende, an denen es kaum Nacht wird und höchstens mal dämmert. Erleben Sie, wie die Sonne fast ununterbrochen am Himmel über Ihrem Campingplatz in Finnland steht. Im finnischen Sommer feiern die Menschen gerne Partys am Lagerfeuer – auch auf den Campingplätzen.

Kulturausflug oder Saunabesuch

Auch die Kultur kommt während Ihres Campingurlaubs in Finnland nicht zu kurz, denn der finnische Kultursommer ist lebendig und voller Festivals. Ein Tipp für einen schönen Tagesausflug von Ihrem Campingplatz in Finnland aus ist eine Bootsfahrt. Diese werden von allen größeren Städten und Seen aus angeboten. Viele Campingplätze können auch mit dem Boot oder Kanu erreicht werden.

Auf vielen finnischen Campingplätzen kann man die Müdigkeit auf gesunde Weise ausschwitzen: Die Finnen sind nicht umsonst die Erfinder der Sauna. Was Sie vielleicht noch nicht wussten:

Finnland ist ein Muss für Liebhaber von Architektur und zeitgenössischem Design. Kaum irgendwo sonst auf der Welt fügen sich moderne Gebäude so harmonisch in die Natur ein.

Tanken
Benzin (95 E5, 95 E10 und 98 E5) und Diesel sind gut erhältlich (wenn Sie E10 tanken möchten, prüfen Sie die Einfüllöffnung, die Betriebsanleitung oder Ihren Autohändler, ob Ihr Auto damit fahren kann). Flüssiggas ist nicht verfügbar. In Finnland gibt es mehr unbemannte als bemannte Tankstellen. Die Tankstellen sind in der Regel von 7 bis 21 Uhr geöffnet, am Wochenende oft kürzer. Entlang der Autobahnen sind die Öffnungszeiten länger. Bitte beachten Sie, dass es im dünn besiedelten Norden weniger Tankstellen gibt! Auf Fähren ist es in der Regel nicht erlaubt, Kraftstoff in einem Reservetank mitzuführen.

"In Finnland kann man noch richtig campen: Freiheit, Natur und vor allem kein Massentourismus"

Herr Y. Bergman, Inspektor 1109

Ladestationen
Die meisten Lademöglichkeiten befinden sich im Süden. Besonders in der Umgebung von Helsinki und Turku gibt es viele Möglichkeiten. Bei Reisen außerhalb dieser Städte ist es ratsam, die Reise gut zu planen.

Fähren
Informationen über Abfahrtszeiten und Tarife finden Sie bei Reedereien wie eckerolinjen.se, finnlines.com, moby.it, tallink.com, stpeterline.com, sales.vikingline.com und wasaline.com. Die Fahrpreise hängen von der Jahreszeit und der Abfahrtszeit ab. Es ist ratsam, frühzeitig zu buchen.

Erkundigen Sie sich im Voraus bei der Reederei, ob Gasflaschen mit an Bord genommen werden können. Normalerweise dürfen Sie auch keinen Kraftstoff in einem Reservetank auf dem Boot mitführen.

Verkehrsregeln
Abblendlicht ist Pflicht. Der Verkehr von rechts hat an einer gleichberechtigten Kreuzung Vorfahrt. Der Verkehr in einem Kreisverkehr hat fast immer Vorrang (es sei denn, es gibt kein Vorfahrtszeichen). Straßenbahnen haben immer Vorrang. Der Fahrer darf ein Mobiltelefon nur mit Freisprecheinrichtung benutzen. Kinder unter 1,35 m Körpergröße müssen in einem Kindersitz sitzen. Winterreifen sind von Dezember bis März Pflicht.

Sondervorschriften
Fußgänger, die im Dunkeln oder bei schlechten Sichtverhältnissen auf der Straße gehen, müssen einen Reflektor oder eine Warnweste tragen.

Vorgeschriebene Ausstattung
Ein Warndreieck ist im Auto vorgeschrieben. Es wird empfohlen, für alle Fahrgäste Sicherheitswesten mitzuführen.

Reisemobil und Caravan
Ein Reisemobil oder eine Auto-Wohnwagen-Kombination darf bis zu 4,40 m hoch, 2,60 m breit und 18,75 m lang sein (der Wohnwagen selbst darf bis zu 12 m lang sein).

Fahrrad
Das Tragen eines Fahrradhelms ist Pflicht. Es ist verboten, während des Radfahrens zu telefonieren oder ein Mobiltelefon zu benutzen. Kinder müssen in einem Fahrradsitz transportiert werden. Kinder bis zu 9 Jahren dürfen nur auf dem Rücksitz einer Person mitfahren, die mindestens 15 Jahre alt ist. Kinder bis zu 12 Jahren dürfen auf dem Bürgersteig fahren.

Klima Helsinki	Jan.	Feb.	März	Apr.	Mai	Jun.	Jul.	Aug.	Sept.	Okt.	Nov.	Dez.
Durchschnittliche Höchsttemperatur	-3	-3	1	8	16	20	22	20	14	8	3	-1
Durchschnittliche Anzahl der Sonnenstunden pro Tag	1	3	4	6	9	10	9	8	5	3	1	1
Durchschnittliche monatliche Niederschlagsmenge (mm)	44	34	35	36	35	49	69	78	69	75	69	57

Klima Rovaniemi	Jan.	Feb.	März	Apr.	Mai	Jun.	Jul.	Aug.	Sept.	Okt.	Nov.	Dez.
Durchschnittliche Höchsttemperatur	-9	-8	-3	3	10	17	19	16	10	3	-4	-7
Durchschnittliche Anzahl der Sonnenstunden pro Tag	1	2	5	7	8	10	9	6	4	4	1	0
Durchschnittliche monatliche Niederschlagsmenge (mm)	42	34	36	31	36	59	69	72	54	55	49	42

Panne und Unfall

Stellen Sie Ihr Warndreieck etwa 100 bis 200 m hinter dem Auto auf, wenn es eine Gefahr für den übrigen Verkehr darstellt. Alle Insassen müssen eine Warnweste tragen. Rufen Sie im Falle einer Panne die Notrufnummer Ihres Pannendienstes an. Sie können auch den finnischen Pannendienst (Autoliitto) unter (+358) 200 8080 anrufen. Das Abschleppen auf der Autobahn ist bis zur ersten Ausfahrt erlaubt. Wenn Sie ein Rentier, einen Elch oder ein anderes großes Wildtier angefahren haben, müssen Sie sofort die Polizei rufen.

Campen

Die finnischen Campingplätze reichen von einfacher Ausstattung bis hin zu komfortablen Campingplätzen mit allem erdenklichen Komfort. Viele der Campingplätze in Finnland liegen am Wasser. Zwischen Mitte Juni und Mitte August hat das Wasser eine erstaunlich hohe Temperatur von fast 20 Grad Celsius.

Wenn Sie in Finnland campen gehen, benötigen Sie möglicherweise eine spezielle Karte, die Sie an der Rezeption vorlegen müssen. Sie können diese Karte auf dem betreffenden Campingplatz kaufen. Die Möglichkeiten, Propangasflaschen zu füllen, sind sehr begrenzt. Daher ist es am besten, mit ausreichend Benzin unterwegs zu sein. Fast alle Campingplätze haben eine Gemeinschaftsküche. Die meisten Campingplätze verfügen auch über eine Gemeinschaftssauna, die im Preis inbegriffen ist.

Das Übernachten auf öffentlichen Straßen in Wohnwagen, Wohnmobilen oder Autos ist nur in Notfällen erlaubt.

Praktisches

Im Sommer können Stechmücken ein Problem sein, vor allem im Norden Finnlands und in der Nähe der Seen.

Käringsund/Eckerö, AX-22270 / Åland

Käringsunds Camping***
Käringsundsvägen 147
1 Jun - 15 Aug
+358 1 83 83 09
karingsundscamping@aland.net
N 60°14'00" E 19°32'47"

1	ADEKNOPQRSTU	KNOPQSWXYZ	6
2	BGJMPQRSUXYZ	ABDEFGHIJK	7
3	AFLUX	ABEFHJNPQRTW	8
4	FHJOT	F	9
5	DIN	GHJKOQU	10

B 10A
5ha 200T(100-120m²) 95D
❶ €30,00 ❷ €30,00

Ab Berghamn Eckeröhafen richtung Käringsund. Dieser Strecke bis zum 1. Campingplatz recjts folgen. 107539

Kökar, AX-22730 / Åland

Camping Sandvik***
Värvan
1 Mai - 30 Sep
+358 45 73 42 92 42
postsandvik@gmail.com
N 59°56'15" E 20°52'53"

1	ADEKNOPQRSTU	KNPQSUWXYZ	6
2	BGIJMNPQRSTUXY	ABDEFGHIJK	7
3	ABX	ABDEFHJNPQRSTUVW	8
4	FHJOT	AFJQRVZ	9
5	ABDHJKMN	ABJKOQUVWXY	10

B 10A
2ha 50T 10D
❶ €22,50 ❷ €22,50

Von der Hauptinsel Åland ist die Inselgruppe Kökar mit der Södra Linjen 3-4 x am Tag von Långnäs aus erreichbar, oder von Galtby (Finland) aus. 107600

Bomarsund/Sund, AX-22530 / Åland

Camping Puttes***
Bryggvägen 40
15 Mai - 6 Sep
+358 1 84 40 40
puttes.camping@aland.net
N 60°12'45" E 20°14'06"

1	ADEKNOPQRSTU	KNOPQSWXYZ	6
2	BGJPQSXY	ABDEFHIJK	7
3	AFLSX	AEFHJNPQRTW	8
4	FHJOT	FGJOQV	9
5	ADEFHI	BHJKNQU	10

B 10A
5,5ha 196T(80-120m²) 21D
❶ €20,00 ❷ €22,00

Von Mariehamn die 2 (25 km) zur Insel Vårdö. Vor der Bogenbrücke an der Ruine links. 107544

Mariehamn, AX-22100 / Åland

Gröna Uddens Camping***
Österäsvägen 1A
2 Mai - 18 Aug
+358 18 52 87 00
gronaudden@aland.net
N 60°05'27" E 19°57'01"

1	ADEKNOPQRSTU	KMNOPQSWY	6
2	BGJPQRUXYZ	ABDEFGIJK	7
3	AGJVX	ABCDEFHJNPQRTW	8
4	FHJOT	FJV	9
5	ABDEFGHJKN	ABGHJKOQUY	10

B 10A
9,5ha 210T(80-100m²) 19D
❶ €38,00 ❷ €38,00

In Mariehamn ist der CP ausgeschildert. Biegen Sie links in die Hauptstraße ein. Der CP befindet sich dann auf der linken Seite der Straße. 107542

Degersand/Eckerö, AX-22270 / Åland

Resort Degersand***
Degersandsvägen 311
1 Jan - 31 Dez
+358 1 83 80 04
info@degersand.ax
N 60°09'24" E 19°35'44"

1	ADEKNOPQRSTU	KNOPQSWXZ	6
2	BGIJKQRSXY	ABDEFGHIJK	7
3	BFGLSX	ABEFIJNQRTUW	8
4	JOT	FJN	9
5	ABEFHILMNO	ABFHIJKOQUVY	10

10A
6ha 115T(80-120m²) 10D
❶ €35,00 ❷ €35,00

Über die Ausfahrt Torp (von der Straße 1, kurz vor Storby). Folgen Sie der Beschilderung zum Resort Degersand. 107540

Skag/Eckerö, AX-22270 / Åland

Camping Eckerö***
Skaguddsvägen 24
1 Mai - 31 Okt
+358 45 73 45 33 29
info@eckerocamping.ax
N 60°17'07" E 19°36'00"

1	ADKNOPQRSTU	KLNOPQSWXZ	6
2	BGJKMNQXYZ	ABDEFGIJK	7
3	BFJLUX	ABEFHNPQRW	8
4	FHJOQTU	FJNOQT	9
5	ACEFGHIJLN	HJKOQUY	10

B 10A
10ha 280T(80-120m²) 58D
❶ €35,00 ❷ €35,00

Von der Straße 1 bei Eckeröhaven biegen Sie auf die Straße nach Skag ab. Folgen Sie der Beschilderung zum EckeröCamping. 107537

Föglö, AX-22710 / Åland

Camping CC***
Finholmavägen
1 Jun - 31 Aug
+358 1 85 14 40
ke.camping@aland.net
N 60°03'35" E 20°30'57"

1	AKNOPQRSTU	KLNOPQSWXYZ	6
2	BEGJKLMQRSXY	ABDEFGHIJK	7
3	AFX	ABEFHJNPQRTW	8
4	FHJOT	FQV	9
5	DN	BGHJKQUVW	10

FKKB 12A
4ha 300T 6D
❶ €20,00 ❷ €20,00

Von der Hauptinsel Åland ist Föglö per Fähre ab Svino 12x am Tag nach Degerby erreichbar. Von Långnäs 4x am Tag mit den Södra Linjen nach Överö. Von Överö nach der 2. Fähre liegt der CP rechts. 108776

Snäcko/Kumlinge, AX-22820 / Åland

Camping Ledholm**
Snäckosvägen
1 Jun - 31 Aug
+358 4 05 89 20 05
ledholm.camping@gmail.com
N 60°13'24" E 20°43'57"

1	ADEKNOPQRSTU	JKNOPQSWX	6
2	BCGPQRSXY	ABDFIK	7
3	AX	ABEFNQRW	8
4	FHT	FR	9
5	DN	BHJKQUVW	10

10A
1,7ha 100T 2D
❶ €24,00 ❷ €28,00

Von Åland ist diese Insel mit der Norralinie um 4:00, 11:30 und 18:15 von Hummelvik zu erreichen oder mit den Middel linjen von Långnäs um 11:00 und 16:15. 107545

Hammarland, AX-22240 / Åland

Camping Kattnäs***
Västersletsvägen 4
1 Mai - 15 Sep
+46 7 06 47 33 93
info@kattnas.ax
N 60°11'45" E 19°41'34"

1	AKNOPQRSTU	KNPQSWX	6
2	BGIJKNQRSXYZ	ABDEFGHIJK	7
3	AFL	ABEFJNQRTW	8
4	JOT	FQR	9
5	D	BGJKOQU	10

10A
3ha 160T(80-100m²) 22D
❶ €25,00 ❷ €25,00

Der Campingplatz ist auf der Insel Hammarland, 2 km hinter der Brücke über den Marsund (zwischen den Inseln Eckerö und Hammarland), ausgeschildert. Am Ende der Sackgasse Kattnäsvägen liegt der Platz auf der rechten Seite. 107541

Vårdö, AX-22550 / Åland

Camping Sandösund***
Trollvägen 40
1 Jan - 31 Dez
+358 45 73 79 91 19
info@sandosund.com
N 60°16'15" E 20°23'17"

1	ADKNOPQRSTU	KNOPQSWXYZ	6
2	BGIJKMPQRSXYZ	ABDEFHIJK	7
3	AFGJWX	ABEFHNPQRTW	8
4	FHJOT	FHJQRV	9
5	ADEFHIKN	JKNPQU	10

B 10A
14ha 100T(100-120m²) 43D
❶ €20,00 ❷ €25,00

Von der Hauptinsel Åland die Straße 2/4 nach Godby. Dann die Straße 2 nach Sund. Nehmen Sie die (kostenlose) Fähre zur Insel Vårdö. Auf Vårdö an der T-Kreuzung links ab in Richtung Simskäla. Der Campingplatz liegt auf der rechten Seite nach Lövö. 108775

Finnland

Südwest-Finnland

Ähtäri, FIN-63700 / Vaasa

Ähtäri Zoo Camping	1 BDEKNOPQRSTU	HLNXY 6
Karhunkierros 229	2 AEJNQSTWXYZ	AB**FG**IJK 7
1 Jun - 20 Aug	3 ABGJ**L**SV	ABCDEFJNQRTW 8
+358 4 45 39 35 58	4 JO**T**	FQVY 9
info@ahtarizoo.fi	5 BDEFGHMN	NSTUV 10
	B 16A CEE	❶ €34,00
N 62°32'27" E 24°10'20"	140T 25D	❷ €40,00

Der Beschilderung Ahtarizoo folgen. An der 18 Ähtäri nach Vaataiskyla. 5 km östlich von Ähtäri. 114564

Helsinki, FIN-00980 / Uusimaa

Rastila Camping Helsinki	1 BDEGKNOPQRST	KM**N** 6
Karavaanikatu 4	2 AGJPQRSTWXYZ	ABDE**FG**HIJK 7
1 Jan - 31 Dez	3 ABDG**L**T	ABEFJNQRTW 8
+358 9 31 07 85 17	4 HJO**T**	JV 9
rastilacamping@hel.fi	5 ADHKLN	ABCGHIJKNQUY 10
	WB 16A CEE	❶ €37,00
N 60°12'24" E 25°07'17"	9ha 165**T**(80-100m²) 47**D**	❷ €39,00

Straße 170 Richtung Porvoo, von Helsinki, Ausfahrt am Schild Vuosaari. Außerhalb von Helsinki CP-Schilder. 103139

Ekenäs, FIN-10600 / Uusimaa

Tammisaari camping Ekenäs***	1 ADEKNOPQSTU	K**N**PQSWXYZ 6
Skutvägen 1	2 ABGJQSUVWXYZ	ABDE**FG**IJK 7
1 Apr - 30 Okt	3 AG**N**	ABEFJNQRW 8
+358 1 92 41 44 34	4 FH**T**	FJQV 9
info@ek-camping.com	5 DGHLN	GHIJKNQUV 10
	16A CEE	❶ €29,00
N 59°57'57" E 23°26'59"	3,8ha 150**T**(80-100m²) 60**D**	❷ €33,00

Turku-Ekenäs bei der 53 oder aus Hanko die 25. In Tammisaari/ Ekenäs den CP-Schildern folgen. 103130

Hirsjärvi/Somero, FIN-31460 / Hame

Hovimäki Camping	1 ADEKNOPQSTU	HLNQSWXY**Z** 6
Hovimäentie 28	2 BEIJKPQRSUYZ	ABDE**FGH**IJK 7
1 Jun - 31 Aug	3 ABDGJM	ABCDEFJNQRTW 8
+358 4 07 57 21 32	4 HO**QT**	FJQUV 9
hovimaki@hotmail.com	5 BDEFHN	FGHIJKNQU 10
	B 16A	❶ €26,00
N 60°35'34" E 23°37'24"	3ha 90**T**(100m²) 36**D**	❷ €28,00

An der 280 Somero-Helsinki. 116706

Hanko, FIN-10960 / Uusimaa

Camping Silversand***	1 ADEKNOPQRSTU	KQSW 6
Aarne Karjalaisentie 15	2 ABGJLPRSUXYZ	ABFGHJK 7
1 Jan - 31 Dez	3 ADJ**L**MVWX	ABDEFGJNQRTW 8
+358 1 92 48 55 00	4 HQ**T**	AJV 9
cornia@cornia.fi	5 ABDEHJKMN	ABFGHIJKNRSUY 10
	10-16A CEE	❶ €39,80
N 59°51'01" E 23°00'04"	10,5ha 421**T**(100m²) 13**D**	❷ €47,80

Ab Hanko-Hafen 3 km an der linken Straßenseite. Von Hanko-Zentrum aus der 25 nach Lappohja auf 4 km folgen. Der Camping liegt nördlich von Hanko. Von der 25 aus gut ausgeschildert. 103131

Ikaalinen, FIN-39500 / Turku ja Pori

Manso Camping	1 ADEKNOPQSTU	LNSWXY 6
Kolmostie 1891	2 EJKPQUXYZ	ABDE**F**GK 7
1 Mai - 30 Sep	3 AB**L**UV	ABCDEFNQRW 8
+358 34 52 72 22	4 FHJO**PT**	JQR 9
manso@manso.fi	5 BDEFHN	AHIJKNQU 10
	16A CEE	❶ €25,30
N 61°50'58" E 22°55'52"	H80 2,5ha 50**T**(80-110m²) 29**D**	❷ €25,30

Der Platz liegt an der E12 und ist gut ausgeschildert. 116708

Teilkarte Südwest-Finnland auf Seite 104

Ikaalinen, FIN-39500 / Turku ja Pori

Toivolansaari Camping***
Toivolansaarentie 3
1 Mai - 30 Aug
+358 34 58 64 62
kylpylakaupunki@ikaalinen.fi

1 ADEKNOPQRSTU	LN 6
2 BEJQRXYZ	ABDEFGHIJK 7
3 ABFGJNU	ABCDEFNQRTW 8
4 JOT	FQR 9
5 BDEH	AIJKNQU 10
B 10-16A	① €30,00
H77 4ha 180T(80-150m^2) 47D	② €34,00

N 61°46'42'' E 23°02'42''

Von der Staatsstraße(Valtatie) 3 in Ikaalinen der Beschilderung bis zum Campingplatz folgen. Wie empfehlen sich an die Beschilderung zu halten und nicht nach dem Navi zu fahren. 110447

Jämsänkoski/Jämsä, FIN-42300 / Keski-Suomi

Kotkanpesä***
Koskenpääntie 383
1 Jan - 31 Dez
+358 4 40 22 42 22
autocaravan.fi@gmail.com

1 ABKNOPQRSTU	L'NQSWXZ 6
2 BEJPQRSXYZ	ABFIJK 7
3 AX	ABCDEFNQRTW 8
4 HJT	DF 9
5 DMN	AGHIJKNQU 10
W 6-16A CEE	① €23,00
H100 3ha 106T(50-100m^2) 73D	② €23,00

N 61°57'22'' E 25°09'09''

Straße E63 Tampere-Jämsä, nach Jämsänkoski, CP ausgeschildert. 107534

Kaustinen/Tastula, FIN-69600 / Vaasa

Tastulan Lomakylä***
Mökkitie 7
1 Jun - 31 Aug
+358 68 61 41 18
info@tastulanlomakyla.fi

1 ADEKNOPQSTU	LMNQSX 6
2 EJKQSXY	ABDEFHIK 7
3 ABFGJ	ABEFNQRTW 8
4 FJOTZ	FJQ 9
5 BDEFN	JKOQU 10
16A	① €28,00
H60 2ha 50T 15D	② €32,00

N 63°35'31'' E 23°43'20''

Die 13 Kokkola-Saarijärvi. Vor Kausinen gut ausgeschildert, dann die 63 und den Schildern nach Tastula folgen. In Tastula ist der CP wieder gut angezeigt. 103121

Keuruu, FIN-42700 / Keski-Suomi

Camping Nyyssänniemi***
Nyyssännienentie 10
20 Mai - 28 Aug
+358 4 07 00 23 08
myynti@nyyssanniemi.fi

1 ADEKNOPQSTU	LNQSWXYZ 6
2 BEJQRUXYZ	ABDEFGHIK 7
3 AFGJMU	ABCDEFNQRTW 8
4 DJOT	FQRV 9
5 BDEFGHJKLN	GHIJKNQU 10
16A	① €29,00
H115 5ha 72T 22D	② €33,00

N 62°14'44'' E 24°42'26''

Straße 23 Pori-Jyväskyla, bei Keuruu auf die Straße 58 Richtung Orivesi/Tampere (1 km nach Süden), CP ist gut ausgeschildert (Nyyssänniemi). 103135

Kevo/Kustavi, FIN-23360 / Turku ja Pori

Kustavi Lomavalkama
Valkamantie 81
1 Jan - 31 Dez
+358 4 00 62 14 90
info@lomavalkama.fi

1 DEKNOPQRSTU	KLNSXYZ 6
2 BEGIJKLMQRSXY	ABDEFHIJK 7
3 AX	ABCDEFJNPQR 8
4 AJOT	FHQV 9
5 DK	CHIJKQU 10
W 10A	① €24,50
10ha 108T 24D	② €26,50

N 60°35'03'' E 21°18'58''

Von der 192 Kustavi-Mitte die 1924 nach Norden (Pleikilä) nehmen. Nach 5 km auf der Insel Kevo rechts, bis zum Ende folgen. Dieser letzte Weg ist ein breiter Waldweg mit ordentlich Steigung. 119011

Kustavi, FIN-23360 / Turku ja Pori

Kustavin Lootholma***
Kuninkaantie 193
1 Jan - 31 Dez
+358 5 05 56 04 40
info@lootholma.fi

1 ADEHKNOPQRSTU	KNOPQSWXYZ 6
2 BGIJKLMNPQRTXYZ	ABCDEFGHIJK 7
3 AGWX	ABCDEFHNPQRTUVW 8
4 HJKOPTU	BFGHIJOQVY 9
5 ABDFHJLMN	FGHIJKOQUVW 10
WB 10A	① €27,00
25ha 100T 92D	② €31,00

N 60°32'17'' E 21°21'35''

In Kustavi Zentrum die südliche Straße nehmen und den Schildern 2 km folgen bis zum Ende von Kuninkaantie. 118507

Larsmo/Luoto, FIN-68570 / Vaasa

Strandis/Strandcamping
Assarskärsvägen 1
1 Jan - 31 Dez
+358 67 88 89 00
info@strandis.fi

1 ADEKNOPQSTU	KLNQSWX 6
2 EGJKPQRXY	ABFG 7
3 AFL	ABEFJNQRTW 8
4 PT	F 9
5 CDEFGHILMN	GHJKQU 10
16A	① €33,00
3,5ha 45T 45D	② €39,00

N 63°43'05'' E 22°45'21''

Die 8 Vaasa-Kokkola bis Ausfahrt 741 oder die 68 Richtung Pietarsaari. Weiter Richtung Larsmo/Luoto die 749. Rezeption direkt an der Straße und der CP ist 200m weiter. 117486

Merikarvia, FIN-29900 / Turku ja Pori

Merry Camping***
Palosaarentie 67
1 Jan - 31 Dez
+358 4 00 71 95 89
info@merrycamping.fi

1 ADEKNOPQRSTU	KNQSWXYZ 6
2 GJQRWXY	ABDEFGHIJK 7
3 ABDGJ	ABCDEFNQRTW 8
4 JOT	FJQVY 9
5 BDEFHJKN	AIJKNQU 10
B 10-16A CEE	① €29,00
2ha 77T(80-120m^2) 52D	② €34,00

N 61°50'57'' E 21°28'14''

Von Straße 8 Pori-Vaasa auf der Höhe von Tuorila 8 km nach Westen. Dann über die große Straße, noch 1,8 km bis zum CP, der beschildert ist. 109421

Mossala/Houtskär, FIN-21770 / Turku ja Pori

Saariston Lomakeskus***
Houtskärsvägen
1 Apr - 30 Okt
+358 5 03 47 76 58
info@
mossala-island-resort.com

1 BDEKNOPQRSTU	KNOQSWXYZ 6
2 BGIJKLMNQRSXYZ	ABDEFG 7
3 AGSX	ABEFHJNQR 8
4 FGHJOT	FJOQRV 9
5 AHJLN	GIJKOQUV 10
B 10A	① €30,00
30ha 230T 25D	② €30,00

N 60°17'11'' E 21°26'19''

Von Galtby auf der Insel Korpo die Fähre nach Houtskär. Auf der Insel Houtskär zum Noorderhaven. Camping liegt am Noorderhaven. Überfahrt zur Insel Iniö 13 km, Überfahrt Euro 75,-. 116665

Mussalo/Taivassalo, FIN-23310 / Turku ja Pori

Mussalo***
Mussalontie 356
1 Jan - 31 Dez
+358 4 07 64 93 91
camping@sfcmussalo.fi

1 ADEKNOPQRSTU	KMNOPQSWXYZ 6
2 BGIJNQRSXY	ABCDEFGHIJK 7
3 ABDFGSUX	ABDEFHJNPQRTW 8
4 HJOPT	GQVY 9
5 BDN	BCGHIJKMOQUVY 10
WB 10A	① €25,00
3,9ha 150T 64D	② €25,00

N 60°32'08'' E 21°32'29''

Wo die E18 Turku-Rauma in die 9 übergeht, der 192 nach Kustavi folgen. 4 km hinter Taivassalo links zur Halbinsel Mussalo. Diesem Weg 4 km folgen bis ans Ende. 110432

Naantali, FIN-21100 / Turku ja Pori

Naantali***
Kopenkatu 20
30 Apr - 31 Aug
+358 24 35 08 55
camping@visitnaantali.com

1 ABDEKNOPQRSTU	KNOPQSWX 6
2 ABGIJMNPQRSTUVWXYZ	ABDEFGIJK 7
3 ABFJLX	ABCDEFHJNPQRTW 8
4 FHOT	FJ 9
5 BDEFHN	ABGHJKNQUV 10
B 16A	① €34,00
8ha 53T 31D	② €38,00

N 60°27'45'' E 22°01'59''

Von Turku aus nach Naantali. Auf diesem Weg den CP-Schildern folgen. (Fähranleger der Finnlines neben dem Camping). 100232

Norrby/Iniö, FIN-23390 / Turku ja Pori

Björklund Båtslip**
Bruddalen 42
1 Mai - 30 Sep
+358 24 63 53 43
info@bjorklundbatslip.fi

1 ADEJMOPQRSTU	KNSWXYZ 6
2 BGILMPQSTUX	ABDEFGK 7
3 AFX	ABEFNQRW 8
4 FHJOT	QRV 9
5 BDEHKN	AFGHIJKNQUVY 10
10A	① €15,00
0,5ha 40T	② €15,00

N 60°24'11'' E 21°22'39''

Liegt auf der Inselgruppe Iniö. Von Turku mit Fähren erreichbar. Von der 192 bei Kustavi die 1922 nach Laupunen, dann die gratis Fähre (über die südlichen Houtskär-Inseln für Euro 75,-). 110003

Norrby/Pargas, FIN-21600 / Turku ja Pori

Solliden***
Solstrand 7
1 Mai - 30 Sep
+358 4 05 40 98 84
info@solliden.fi

1 ADEKNOPRSTU	KNOPQSWXYZ 6
2 BGJNQRSUVZ	ABDEFHIJK 7
3 AFJLRX	ABEFJNPQRTW 8
4 HJT	FJOQRV 9
5 ABDEFHIKN	HJKNQUVY 10
B 6A	① €32,00
6,1ha 130T 18D	② €38,00

N 60°19'01'' E 22°18'06''

Von Turku aus die 110 Richtung Kaarina, dann die 180 Richtung Parainen(Fin)/Pargas(S)oder von der E18 Turku-Helsinki. 15 km auf der 180. 109424

Poikko/Naantali, FIN-21130 / Turku ja Pori

Saloranta***
Vehotniementie 66
1 Jan - 31 Dez
+358 4 49 67 44 53
sfcsaloranta@gmail.com

1 BDEKNOPQRST	KMNX 6
2 BGLMQRSXY	ABDEFIK 7
3 BDFM	ABCDEFJNQRTUW 8
4 JOT	9
5 M	CGHOQUV 10
WB 10A CEE	① €25,00
5ha 115T	② €25,00

N 60°25'13'' E 21°49'56''

Von Naantali der 189 auf 12 km zur Halbinsel Rymättylä folgen. Dann rechts in die Yllisten Straße Richtung Poikko und nach 2,5 km rechts den Schildern SF-C auf 5 km über Waldwege bis zum Ende folgen. 123263

Porvoo, FIN-06100 / Uusimaa

Kokonniemi***
Uddaksentie 17
1 Jun - 26 Aug
+358 4 52 55 00 74
porvoo@suncamping.fi

1 ADEKNOPQRSTU	6
2 AQUXYZ	ABDEFIJK 7
3 ABGJL	ABEFJNQRW 8
4 T	FV 9
5 BDE	AHIJKNQU 10
10-16A	① €33,00
5ha 90T(80-140m^2) 10D	② €41,00

N 60°22'45'' E 25°40'00''

E18, Ausfahrt 60. Straße 55 Richtung Porvoo, danach Straße 170. CP-Schildern folgen. 103156

Pyhäranta, FIN-23950 / Turku ja Pori

Campsite Pyhäranta***
Suojalantie 9
1 Mai - 30 Sep
+358 5 05 90 60 37
pyharantacamping@
gmail.com

1 ADEKNOPQRSTU	KNQSWXY 6
2 GJKPQSXY	ABDEFIJK 7
3 AFGX	ABCDEFJNQR 8
4 QT	FQ 9
5 DEH	JKOQU 10
16A	① €24,00
1,5ha 70T(80m^2) 40D	② €28,00

N 60°57'08'' E 21°26'05''

Von Straße 8 Turku-Rauma, Ausfahrt nach Pyhäranta, 10 km Straße 196. Am Ende 700m Straße 1960 nach rechts. 107546

Finnland

Rauma, FIN-26100 / Turku ja Pori

Poroholma Camping
Poroholmantie 8
1 Jan - 31 Dez
+358 25 33 55 22
info@poroholma.fi
N 61°08'03" E 21°28'25"

1 ADEKNOPQRSTU	KNQSWXYZ	6
2 AGJQRSTUXYZ	ABDEFGHIJK	7
3 ABJL	ABCDEFJNQRT	8
4 T	FJTV	9
5 ABDEHK	BFHIJKNQU	10
B 16A CEE		1 €30,00
7ha 170T(80-100m^2) 50D		2 €32,00

Bei Rauma an der 8 ausgeschildert. Die 12 nach Westen, am Zentrum vorbei, dann ist der CP gut ausgeschildert.

103116

Tampere, FIN-33900 / Hame

Tampere Camping Härmälä***
Leirintäkatu 8
15 Mai - 15 Sep
+358 2 07 19 97 77
harmala@suomicamping.fi
N 61°28'19" E 23°44'21"

1 ADEKNOPQRSTU	LNQSWXZ	6
2 AEJMPQRUXYZ	ABDEFGIJK	7
3 ABDFGJL	ABCDEFGJNQRTW	8
4 FHJOPT	FQRV	9
5 BDEFGKN	AGHIJKNQU	10
B 10-16A CEE		1 €32,50
8ha 300T(60-120m^2) 126D		2 €42,50

CP liegt im Ortsteil Härmälä im Südwesten der Stadt, südlich des Pyhäjärvisees. Ab der A3 den CP-Schildern 'Harmälä' folgen.

103125

Reposaari, FIN-28900 / Turku ja Pori

Siikaranta***
Reposaaren maantie 1070
1 Jun - 19 Aug
+358 26 38 41 20
e.eerikainen@pp.nic.fi
N 61°37'09" E 21°25'18"

1 ADEKNOPQSTU	KNQSWX	6
2 GLMNPQSXYZ	ABDEFHIJK	7
3 AJ	ABEFJNQRT	8
4 FOT	FJV	9
5 BDEF	AFHJKNQU	10
16A CEE		1 €25,00
6,5ha 210T(80-120m^2) 48D		2 €25,00

Von Pori die 2 nach Meri-Pori, dann die 269 den Schildern 'Reposaari Siikaranta' zur Halbinsel folgen. Vom Norden 8, an der 272 abbiegen. Gut ausgeschildert.

109422

Urjalankylä, FIN-31720 / Hame

Taikayö Camping***
Kajaniementie 79
16 Mai - 15 Sep
+358 4 06 64 61 69
taikayonlomat@gmail.com
N 61°04'23" E 23°24'20"

1 ADEKNOPQRSTU	LNX	6
2 ELQRUXY	ABDEFHIK	7
3 AFG	ABEFNQRTW	8
4 JOPT	FQ	9
5 BDEN	IJKNQU	10
B 16A CEE		1 €28,00
3ha 90T(80-150m^2) 50D		2 €28,00

E63 westlich von Urjala die 230 (CP ausgeschildert). Nach 7 km dem CP-Schild folgen. Noch 2 km über den halbwegs befestigten Weg.

103128

Riihimäki, FIN-11130 / Hame

Lempivaara****
Karhintie 196
1 Apr - 31 Okt
+358 19 71 92 00
info@lempivaara.fi
N 60°45'11" E 24°50'17"

1 ADEKNOPQRSTU	HLN	6
2 ABEJKQRSTUVWXYZ	ABDEFGHIJK	7
3 AJN	ABCDEFJNQRTW	8
4 JOT	FJ	9
5 BDEFHMN	HIJKNQU	10
WB 16A CEE		1 €26,00
H80 10ha 200T(80-100m^2) 76D		2 €28,00

Gut ausgeschildert rund um Riihimäki. Befindet sich 4 km östlich der Stadt.

110450

Uusikaupunki, FIN-23500 / Turku ja Pori

Rairanta***
Vanhakartanontie 216
1 Jan - 31 Dez
+358 28 41 74 00
toimisto@rairanta.fi
N 60°45'51" E 21°25'23"

1 ADEKNPQRSTU	KMNOPQSWXYZ	6
2 BGIJQRSWXYZ	ABFGHK	7
3 BDLX	ABCDEFJNQRTUW	8
4 HJNOT	Q	9
5 BD	EFGHIJKMOQUVWY	10
WB 10A CEE		1 €25,00
6ha 120T 186D		2 €25,00

Von der 192 Kustavi-Turku bei Taivassalo nach Norden die 196 nach Uusikaupunki (Nystad). Kurz vor dem Ort links und den CP-Schildern Richtung Sundholm folgen.

121904

Ruissalo/Turku, FIN-20100 / Turku ja Pori

Camping Ruissalo***
Ruissalo Saarontie 25
1 Jan - 31 Dez
+358 5 05 59 01 39
ruissalo.camping@turku.fi
N 60°25'33" E 22°05'53"

1 ADEKNOPQRSTU	EGIKMNOPQSWXYZ	6
2 ABGJMPQSTUXY	ABDEFGHIJK	7
3 BFGJLSX	ABDEFHJNPQRTUVW	8
4 FHJOT	GI	9
5 ABFHIKLN	AFGHIJKMOQUVWY	10
WB 16A CEE		1 €33,00
20ha 783T 46D		2 €37,00

Von Satama (= Fähranleger der Viking und Silja-Lines) den CP-Schildern Ruissalo (Halbinsel) 12 km folgen. Hinter dem Golfplatz und dem Wellnesshotel kommt eine Linkskurve. Dieser folgen und dann ist die Rezeption an der rechten Seite.

103118

Uusikaupunki, FIN-23500 / Turku ja Pori

Camping Santtioranta***
Kalalokkikuja 14
3 Jun - 26 Aug
+358 4 45 42 38 62
info@bluecamp.fi
N 60°48'38" E 21°23'55"

1 ADEKNOPQRSTU	HKMNOPQSUVWXYZ	6
2 BGIJPQRSXY	ABDEFGHIJK	7
3 AGJLMUX	ABEFHJNPQRTW	8
4 FHJOT	ADFOQRSVW	9
5 BDEN	AGHJKNQUV	10
B 10A		1 €28,00
1,6ha 80T 10D		2 €32,00

Von der E8 Turku-Rauma, auf halbem Weg bei Laitila die 198 nach Uusikaupunki folgen. An der 2. Ampel rechts Richtung Lepäinen, nach 50m die 1. Straße links, nach 100m wieder links.

107547

Ruovesi, FIN-34600 / Hame

Haapasaari Lomakylä***
Haapasaarentie 5
1 Jan - 31 Dez
+358 4 40 80 02 90
lomakyla@haapasaari.fi
N 61°59'39" E 24°04'11"

1 ADEKNOPQRSTU	LNQSWX	6
2 EJPQUXYZ	ABDEFGHIJK	7
3 ABFJMU	ABCDEFJNQRTW	8
4 EFKOT	AFGJOQRV	9
5 BDEFHKN	ABHIJKNQUV	10
W 16A CEE		1 €33,00
H90 8ha 90T(80-100m^2) 69D		2 €35,00

Straße 66 Virrat-Orivesi. Richtung Ruovesi, CP ausgeschildert (auch aus südlicher Richtung).

103136

Vaasa, FIN-65170 / Vaasa

Top Camping Vaasa
Niemeläntie
15 Mai - 31 Aug
+358 2 07 96 12 55
info.topcampingvaasa@puuhagroup.com
N 63°06'00" E 21°34'35"

1 ADEKNOPQRSTU	KNQSX	6
2 AGJLQRUXYZ	ABDEFGHIK	7
3 BDFGJLMV	ABCDEFGHJNQRTW	8
4 FHJPT	FVY	9
5 BDEFGHKMN	AFGHIJKOQU	10
B 16A		1 €36,50
10ha 610T 29D		2 €43,50

Ab den Zufahrten nach Vaasa den Schildern 'Keskusta'(Zentrum) bis zum Hinweis 'Tropiclandi' folgen. Dann ist der CP ausgeschildert.

100224

Saarijärvi, FIN-43100 / Keski-Suomi

Ahvenlampi****
Ahvenlammentie 62
1 Jun - 30 Sep
+358 4 00 50 57 68
ahvenlampi@luukku.com
N 62°45'18" E 25°09'32"

1 ADEKNOPSTU	LNX	6
2 BEJLPRTUWXYZ	ABEFGHIK	7
3 BFMU	ABCDEFJNQRTW	8
4 EFHJOQT	FJQ	9
5 BDEHN	FGJKNQU	10
16A		1 €28,00
H163 15ha 50T(60-120m^2) 42D		2 €32,00

Straße 13 Kokkola-Jyväskyla. Von Kyyjärvi CP 10 km nach Kalmari rechts ausgeschildert. Von der anderen Richtung: 8 km nach Saarijärvi links.

103134

Vammala/Sastamala, FIN-38210 / Turku ja Pori

Tervakallio***
Uittomiehenkatu 26
1 Mai - 30 Sep
+358 35 14 27 20
info@tervakallio.com
N 61°20'56" E 22°55'17"

1 ADEKNOPQRSTU	LNQWXYZ	6
2 EJQSXY	ABDEFIK	7
3 AGLU	ABEFNQR	8
4 JOT	FJQV	9
5 BDEMN	HIJKNQU	10
B 10-16A		1 €27,00
H70 2ha 65T(70-150m^2) 39D		2 €31,00

In Vammala CP-Schildern folgen.

103127

Säkylä, FIN-27800 / Turku ja Pori

Kristalliranta
Säkyläntie 275
1 Jan - 31 Dez
+358 4 58 01 35 54
info@kristalliranta.fi
N 60°56'39" E 22°25'08"

1 ADEKNOPQRSTU	LNQSWXYZ	6
2 BEIJLPQRTXY	ABFG	7
3 ADGSUX	ABEFJNQRTW	8
4 JOT	GJQ	9
5 ABEHIKN	FGHJKNRSU	10
WB 16A CEE		1 €25,00
6,4ha 65T(100m^2) 51D		2 €25,00

15 km südlich von Säkylä auf der 204. Camping nur 50m von dieser Durchgangsstraße entfernt.

122187

Vikatmaa/Kustavi, FIN-23360 / Turku ja Pori

Kustavin Lomapalvelut***
Maanpääntie 2
1 Mai - 1 Sep
+358 4 07 53 61 35
N 60°34'39" E 21°18'44"

1 AKNOPQRSTU	KNOPQSWXYZ	6
2 BGJKPQSXYZ	ABFIJK	7
3 AFWX	ABCDEFHJNPQRTUVW	8
4 T	FJOQV	9
5 D	HJKQUV	10
B 16A		1 €20,00
5ha 130T 19D		2 €20,00

Ab Kustavi Zentrum der 1924 Pleikiläntie in nördlicher Richtung (4 km) folgen. Auf der Insel Vikatmaa sieht man den CP auf der linken Seite.

119408

Salo, FIN-24100 / Turku ja Pori

Vuohensaari Camping**
Satamakatu 102
1 Jun - 30 Sep
+358 27 31 26 51
info@vuohensaari.fi
N 60°21'51" E 23°03'57"

1 ADEKNOPQRSTU	KMNQSWXYZ	6
2 ABGJQUXY	ABDEFIJK	7
3 ABGJL	ABEFJNQTW	8
4 HT	GQR	9
5 BDEHKN	HJKNQU	10
16A		1 €26,00
1ha 120T(120-150m^2) 19D		2 €28,00

In Salo CP-Schildern folgen, unter dem Schild: Kesateatteri (Sommertheater). 4 km von der Stadt entfernt, am Meeresfjord.

103129

Virrat, FIN-34800 / Hame

Lakari***
Lakarintie 405
1 Mai - 30 Sep
+358 4 49 11 35 94
lakari@virtainmatkailu.fi
N 62°12'35" E 23°50'16"

1 ADEKNOPQSTU	LNQSXZ	6
2 BEJLQRSUXYZ	ABDEFGHIK	7
3 AFJLMU	ABEFJNQRW	8
4 FJOT	FJQV	9
5 BDEHN	AIJKNQU	10
16A		1 €23,00
H80 19ha 130T 24D		2 €25,50

An Straße 66 zwischen Virrat und Ruovesi, 7 km südlich von Virrat gelegen. Gut ausgeschildert.

103124

Teilkarte Südwest-Finnland auf Seite 104

Yyteri/Meri-Pori, FIN-28840 / Turku ja Pori

Yyteri Resort & Camping***
Yyterinsantojentie 1
1 Jan - 31 Dez
+358 2 07 19 97 73
yyteri@suomicamping.fi

1 BDEKNOPQRSTU	HKLNQRSW 6
2 BEGJPQRTWXYZ	ABDEFGIJK 7
3 ABDEFGHJLN	ABCDEFJNQRTUW 8
4 FHJOT	FJUV 9
5 BDEHN	ACEFHIJKRU 10
WB 10A CEE	❶ €36,00
12ha 180T(80-120m²) 89D	❷ €48,00

N 61°34'12" E 21°31'38"
Von der Staatsstraße 8 westlich von Pori, 17 km der Staatsstraße 2 Richtung Mätyluoto folgen. Camping (Topcamping) dann gut ausgeschildert. 100229

Ortsnamenregister

ACSI

Hinten im Führer finden Sie das Ortsnamenregister. Praktisch und schnell Ihren Lieblingsplatz finden!

Finnland

Südost-Finnland

Heinola, FIN-18100 / Mikkeli

Heinäsaari Camping***
Heinäsaarentie 101
1 Jan - 31 Dez
+358 2 07 19 97 75
heinasaari@suomicamping.fi

1 ADEKNOPQRSTU	LNQSXZ 6
2 AEJKLQSTXYZ	ABDEFGHIJK 7
3 ABGJUX	ABCDEFJNQRTW 8
4 FHJOQT	FJQRV 9
5 BDEN	AGHIJKNQU 10
WB 16A CEE	❶ €31,00
4,7ha 56T(100-150m²) 17D	❷ €41,00

N 61°12'45" E 26°00'54"
E75, Ausfahrt 23, Straße 140 Richtung Keskusla und Mikkeli. Vor Esso-Tankstelle links, danach ausgeschildert. 103154

Hillosensalmi, FIN-47916 / Kymi

Orilammen Lomakeskus***
Voikoskentie 138
1 Jan - 31 Dez
+358 5 38 98 81
info@orilampi.fi

1 ADEKNOPQRSTU	LNQSWXYZ 6
2 BEJKPQUXYZ	ABIJK 7
3 ADFGNU	ABEFJNQRTVW 8
4 EFMOPT	FGIJ 9
5 ABDEFGHLN	ABHIJKNQU 10
W 16A	❶ €27,00
2ha 204T 120D	❷ €27,00

N 61°12'30" E 26°46'32"
Straße 15 Kouvola-Mikkelii. Bei Valkeala Straße 368 Richtung Mäntyharju/Vuohijärvi. CP befindet sich links an der Straße am Vuohisee. 103170

Iisalmi/Koljonvirta, FIN-74120 / Kuopio

Koljonvirta***
Ylemmäisentie 6
1 Jun - 30 Sep
+358 7 01 37 16 61
koljonvirta@koljonvirta.fi

1 ADEJMOPQSTU	JLMNQSWXZ 6
2 ACEJPQRUXY	ABDEFHIK 7
3 ADGHIJKLU	ABEFJNQRTW 8
4 AFHJKOQT	AFGJV 9
5 ABDEFHJKLN	AHIJKOSTUV 10
16A	❶ €31,00
H118 16,5ha 400T 60D	❷ €37,00

N 63°35'42" E 27°09'33"
5 km nördlich von Isalmi über die E63 Iisalmi-Kajaani, Straße 88 Richtung Oulu. Erste Straße links, Richtung Joutsenjoki. 101442

Ilomantsi, FIN-82900 / Pohjois-Karjala

Ruhkaranta Holiday Village
Ruhkarannantie 21
1 Jun - 30 Sep
+358 4 65 92 62 02
ruhkaranta.fi@gmail.com

1 ADEKNOPQRSTU	LNQSX 6
2 BEIJQXYZ	ABDEFHIJK 7
3 A	ABEFNQW 8
4 FJT	FJOQR 9
5 DH	JKNQU 10
10A	❶ €23,00
H142 34ha 40T(100-200m²) 21D	❷ €23,00

N 62°39'09" E 31°03'46"
Von Joensuu der 74 folgen bis man die CP-Schilder sieht. Diesen dann folgen. 118518

Anttola, FIN-52100 / Mikkeli

Lakeistenranta***
Pitkälahdentie 215
12 Jun - 31 Aug
+358 5 05 26 60 25
lakeistenranta@gmail.com

1 ADEKNOPQRSTU	LNQSWXZ 6
2 ABEJRUYZ	ABDEFIJ 7
3 AG	ABEFNQRW 8
4 HJOT	FJQ 9
5 BDHN	FHIJKQUV 10
20A	❶ €28,00
9,5ha 60T(35-45m²) 25D	❷ €28,00

N 61°36'05" E 27°38'47"
Straße 62 Mikkeli-Imatra, nördlich von Anttola Richtung Pitkälahti. 103167

Jännevirta, FIN-70940 / Kuopio

SFC Alatalo
Jänneniementie 264
1 Jan - 31 Dez
+358 5 03 09 80 12

1 ADJMPQRSTU	LNQSW 6
2 ABEIJQRSXY	ABFGK 7
3 ABDJU	ABCDEFHJNPQRTW 8
4 DHJOT	QVY 9
5 M	AFHJKOSTUY 10
16A CEE	❶ €25,00
3ha 180T(100m²) 10D	❷ €25,00

N 62°58'39" E 27°53'02"
Von Kuopio aus die 9 Richtung Joensuu nehmen. Nach 20 km hinter Kuopio die Stahlbogenbrücke passieren, nach 100m links ab. Der CP ist ausgeschildert. 122665

Hamina, FIN-49400 / Kymi

Hamina Camping***
Vilniementie 375
1 Mai - 18 Sep
+358 40 15 11 34 46
hamina.camping@gmail.com

1 ADEKNOPQRSTU	KQSWX 6
2 BGJRSYZ	ABCDEFGIK 7
3 A	ABEFJNQRW 8
4 T	FJQ 9
5 BDEHN	HIJKNQU 10
16A	❶ €26,50
6,8ha 118T(60-100m²) 52D	❷ €29,50

N 60°31'32" E 27°15'14"
An der 7 Hamina-Pietari, kurz hinter Hamina rechts, Richtung Vilniemi. Den CP-Schildern folgen. 103173

Joensuu, FIN-80110 / Pohjois-Karjala

Holiday Linnunlahti
Linnunlahdentie 1
1 Jan - 31 Dez
+358 4 00 33 31 33
sales@linnunlahti.fi

1 ADEKNOPQRSTU	LNQSWX 6
2 AEJQSTXYZ	ABDEFGHIJK 7
3 AL	ABCDEFJNQR 8
4 HJOT	IUV 9
5 DHN	AKNQU 10
WB 16A	❶ €26,00
H88 6ha 144T(100-200m²) 18D	❷ €30,00

N 62°35'52" E 29°44'22"
Die 6, dann die 74, 1. Ausfahrt links Richtung Karjalankatu. Über den Fluss Pielisjoki, nach circa 1,25 km links. Nach 400m rechts. Dann nach 200m links durchs Zentrum und den Schildern nach. 103195

Hartola, FIN-19600 / Mikkeli

Koskenniemi***
Koskenniementie 66
1 Jan - 31 Dez
+358 37 16 11 35
email@koskenniemi.com

1 ADEKNOPQRSTU	JNX 6
2 CKQXY	ABDEFGHIJK 7
3 ADJLX	ABDEFGJNQRTW 8
4 JOT	FGJQV 9
5 BDEHLN	HIJKOQU 10
WB 10-16A	❶ €28,00
H100 5ha 120T(80-150m²) 49D	❷ €30,00

N 61°33'47" E 25°59'42"
An Straße E75, gut ausgeschildert. 103153

Joensuu, FIN-80110 / Pohjois-Karjala

Jokiasema
Hasanniementie 3
1 Jun - 15 Aug
+358 13 12 07 50
info@jokiasema.fi

1 ADEKNPQRST	NXZ 6
2 ACEIQRXY	ABFG 7
3 B	ABDEFNQRW 8
4 OPT	9
5 DEHIJMN	GHJKNQU 10
6A	❶ €26,00
H67 2ha 50T	❷ €26,00

N 62°35'28" E 29°44'18"
Von der Straße 6 Richtung Straße 74, 1. Ausfahrt links über den Fluss Pieusjohi. Nach ca. 1,25 km links abbiegen und im Zentrum den CP-Schildern folgen. 112312

Karankamäki/Mäntyharju, FIN-52720 / Mikkeli

Mäntymotelli***
Motellintie 13
1 Jan - 31 Dez
+358 2 07 34 59 11
myynti@mantymotelli.fi

1 ADEKNOPQRSTU ELNQSWXYZ 6
2 BELPQSXY ABDEFGHI 7
3 ADFGJMNX ABEFJNQRW 8
4 FHJORT GIJ 9
5 BDEHILO AHKNQU 10
16A ❶ €25,00
H80 8ha 40T(80m²) 57D ❷ €25,00

N 61°26'08" E 26°35'54"

Der CP liegt an der Straße 5 Heinola-Mikkeli, ungefähr auf halber Strecke. Nach dem Örtchen Kuortti CP auf der linken Seite der Straße bei der Teboil-Tankstelle. 103168

Lieksa, FIN-81720 / Pohjois-Karjala

Timitraniemi***
Timitrantie 25
20 Mai - 10 Sep
+358 4 51 23 71 66
info@timitra.com

1 ADEKNOPQRSTU JLNQSUWXYZ 6
2 CEIJLQRSTUXYZ ABDEFIJK 7
3 AFJM ABEFNQRW 8
4 AFJOT FJQRV 9
5 BDEJKN FGHIJKNQU 10
16A ❶ €30,00
H104 6ha 60T(80m²) 45D ❷ €35,00

N 63°18'22" E 30°00'20"

Von Straße 73 Eno-Lieksa 2 km südlich von Lieksa. Ausgeschildert. 103193

Kesälahti, FIN-59800 / Pohjois-Karjala

Karjalan Kievari***
Lappeenrannantie 18
1 Jan - 31 Dez
+358 4 18 06 66 05
kievari@karjalankievari.info.fi

1 ADEKNOPQRSTU LNQSWXYZ 6
2 EJQRSUXY ABDEFGHIJK 7
3 ADJN ABCDEFJNQRTW 8
4 JNOPT GHIJQ 9
5 ABDEGHILNO AJKOQU 10
B 16A ❶ €19,00
H85 2ha 100T(100-200m²) 31D ❷ €19,00

N 61°53'21" E 29°47'26"

Straße 6 von Lappeenranta nach Joensuu, gleich vor der Ausfahrt Kesälahti. 110035

Mikkeli, FIN-50180 / Mikkeli

Top Camping Visulahti***
Visulahdentie 1
1 Jan - 10 Aug
+358 1 51 82 81
info.visulahti@puuhagroup.com

1 BDEKNOPQRSTU BGHLNQSX 6
2 AEJKPQXYZ ABDEFGIJK 7
3 ABGJLNUV ABCDEFJNQRTW 8
4 T FI 9
5 BDEFGHKN AHIJKNQU 10
16A ❶ €32,50
36ha 400T 58D ❷ €44,00

N 61°42'11" E 27°20'39"

An der Straße 5 Mikkeli-Juva, 5 km nordöstlich von Mikkeli. 103166

Kesälahti, FIN-59800 / Pohjois-Karjala

Mäntyrannan Lomakylä
Vääränmäentie 43
8 Jun - 5 Aug
+358 13 37 41 66
jukka.laukkanen@mantyranta.com

1 AKNOPQRSTU LNQSWXYZ 6
2 ABEJMNRSUXYZ ABCDEFGHIJK 7
3 AFMNSU ABCDEFJNQRW 8
4 JOT JQ 9
5 ABDENO AJKOQU 10
B 16A ❶ €28,50
H92 4ha 256T(80-120m²) 9D ❷ €31,50

N 61°56'37" E 29°45'27"

Die 6 Kesälahti-Kitee, Ausfahrt links 2 km nach Kesälahti (die 4800). 4 km folgen. Der CP liegt dann an der linken Seite von Mäntyrannantie. 110467

Nurmes, FIN-75500 / Pohjois-Karjala

Hyvärilä***
Lomatie 12
1 Jun - 15 Sep
+358 4 01 04 59 60
hyvarila@nurmes.fi

1 ADEKNOPQRSTU LNQSWXYZ 6
2 EJQSXYZ ABFHIJK 7
3 ADFGKMTWX ABEFNQRW 8
4 JOT FGINQRV 9
5 DEHJK AHJKNQUY 10
B 16A CEE ❶ €26,00
H103 10ha 200T(100-200m²) 45D ❷ €31,00

N 63°31'55" E 29°11'54"

Straße 73 Nurmes-Lieksa, 2 km süd-östlich von Nurmes. Ausgeschildert. 100226

Kesälahti/Suurikylä, FIN-59800 / Pohjois-Karjala

Ruokkeen Lomakylä***
Ruokkeentie 58
1 Mai - 30 Sep
+358 13 37 13 12
info@ruokkeenlomakyla.fi

1 ADEKNOPQRSTU LNQSWXYZ 6
2 EJRSXYZ ABDEFGHIJK 7
3 ABFGJMNX ABCDEFJNQRTW 8
4 JOPQT FJNOQV 9
5 BEHIJKMNO AHIJKOQU 10
16A ❶ €27,50
H76 2ha 70T(80-100m²) 70D ❷ €29,50

N 61°53'49" E 29°40'26"

Die 6 Parikkala-Joensuu, 7 km südlich von Kesälahti Ausfahrt links nach Ruokkeen Lomakylä 5,7 km. Am Puruvesisee. 103196

Punkaharju, FIN-58450 / Mikkeli

Punkaharju Resort****
Tuunaansaarentie 4
1 Jan - 31 Dez
+358 2 90 07 40 50
info@punkaharjuresort.fi

1 ADEKNOPQRSTU BGHILMNQSWXYZ 6
2 EJPQRXYZ ABDEFGHJK 7
3 ABDEGJLN ABDEFJNQRTW 8
4 JOT FGJOQRV 9
5 ABDEFGHKLN AHIKNQU 10
W 16A ❶ €31,00
H80 60ha 100T(150-400m²) 162D ❷ €36,00

N 61°48'01" E 29°17'27"

Straße Nr. 14 Punkaharju-Savonlinna. Der CP liegt 26 km östlich von Savonlinna und 8 km westlich von Punkuharju. 103186

Kotka/Kymenlaakso, FIN-48310 / Kymi

Santalahti Holiday Resort*****
Santalahdentie 150
1 Jan - 31 Dez
+358 52 60 50 55
info@santalahti.fi

1 ADEKNOPQRSTU KNQSWXYZ 6
2 ABGJKPQSTXYZ ABDEFGHIJK 7
3 ABDFGJKL ABCDEFGIJNQRTUW 8
4 FHJOT FIJV 9
5 BDEJKMN BEFGHIJKNQU 10
B 16A CEE ❶ €35,00
4,5ha 180T 83D ❷ €40,00

N 60°26'16" E 26°51'52"

Auf der 7 Ausfahrt 73 Karhuvuori. Weiter den CP-Schildern folgen, noch 7 km. 100980

Puumala, FIN-52200 / Mikkeli

Koskenselkä***
Koskenseläntie 98
25 Mai - 31 Aug
+358 1 54 68 11 19
info@koskenselka.fi

1 ADEKNOPQRSTU LNQSWXYZ 6
2 ABEJMPQRUXYZ ABDEFHIJK 7
3 AGJX ABEFJNQRTW 8
4 FJOPQT FGIJKQRV 9
5 BDEFN AHIJKNQU 10
16A CEE ❶ €30,00
H80 8ha 146T 46D ❷ €32,00

N 61°32'22" E 28°09'33"

An Straße 62 Mikkeli-Imatra, vor Puumala Schildern folgen. 103188

Kouvola, FIN-45200 / Kymi

Tykkimäki Camping****
Käyrälammentie 22
1 Jan - 31 Dez
+358 53 21 12 26
camping@tykkimaki.fi

1 ADEKNOPQRSTU BGHILNQSX 6
2 ABEJKPQRWXYZ ABDEFGHIJK 7
3 ABDEFGJMNV ABEFJNQRTW 8
4 HJOT FJQR 9
5 BDEKLMNO AFGHIJKNQU 10
B 16A ❶ €33,00
6,5ha 160T 52D ❷ €44,00

N 60°53'14" E 26°46'21"

An der Straße 15, bei der Kreuzung nach Lappeenranta und Helsinki, ausgeschildert. 103172

Puumala/Mannilanniemi, FIN-52270 / Mikkeli

Mannilanniemi
Mannilanniementie 169
1 Jun - 15 Aug
+358 1 54 10 22 00
asiakaspalvelu@wellbeing365.eu

1 ADEKNOPQRSTU LQSWXYZ 6
2 EJKQXY ABDEFIJK 7
3 ABFJN ABEFNQRW 8
4 JOT JQR 9
5 HJKQU 10
WB 16A ❶ €17,00
8ha 200T 10D ❷ €17,00

N 61°40'05" E 28°15'21"

Die 434 Puumala-Juva, ca. 20 km nördlich von Puumala. 2 km Richtung Mannilanniementie folgen. 107549

Kuopio, FIN-70700 / Kuopio

Rauhalahti Holiday Centre*****
Rauhankatu 3
2 Mai - 20 Sep
+358 17 47 30 00
sales@visitrauhalahti.fi

1 ABDEKNOPSTU LNQSWXYZ 6
2 AFJPQRSTXYZ ABDEFGHIK 7
3 ABDFGHJNPRW ABEFJNQRTU 8
4 FHJKORTUWXZ FJKLNQRUVY 9
5 BDEFGHJLN CFGHIJKMNQUV 10
16A CEE ❶ €38,00
H63 26ha 537T 95D ❷ €52,00

N 62°51'52" E 27°38'30"

E63 Varkaus-Kuopio, 6 km südlich von Kuopio in Richtung Levänen, 1 km. 100228

Riistavesi/Vartiala, FIN-71150 / Kuopio

Atrain***
Pelonniemi 53
1 Jun - 31 Aug
+358 4 00 44 98 45
campingatrain@outlook.com

1 ADKNOPQRSTU LNP 6
2 EJPQRSXYZ ABDEFHIK 7
3 AFGS ABDEFJNQRTW 8
4 FHJOT FJQ 9
5 BDEFGHKMN BHJKNQU 10
16A ❶ €28,00
H119 4,2ha 82T 34D ❷ €33,00

N 62°56'16" E 28°00'59"

In Kuopio E63. Nach 10 km nördlich von Kuopio Straße 9 Richtung Joensuu. Nach 18 km links Richtung Pelonniemi. Nach 800m ist der CP angezeigt. 103163

Lappeenranta, FIN-53810 / Kymi

Huhtiniemi Camping***
Kuusimäenkatu 16
19 Mai - 30 Sep
+358 54 51 55 55
info@huhtiniemi.com

1 ABDEKNOPQRSTU LNQSWXYZ 6
2 ABEJPQSUXYZ ABDEFGHIJK 7
3 BJ ABEFJNQRW 8
4 JOT FIQV 9
5 DEHN AHIJKNQU 10
B 16A ❶ €29,00
H66 10ha 325T 37D ❷ €34,00

N 61°03'15" E 28°09'09"

Die 6 Helsinki-Lappeenranta, vor dem Zentrum Lappeenranta links halten, Ausfahrt Flugplatz, dann nach Huhtiniemen 2 km nach Westen. 103192

Ruunaa, FIN-81700 / Pohjois-Karjala

Ruunaa Retkeilykeskus
Neitikoskentie 47
2 Mai - 31 Okt
+358 13 53 31 70
info@ruunaa.fi

1 ADEKNOPQRST JNUVXY 6
2 CRSUYZ ABDEFHIJK 7
3 AF ABCDEFNQRTW 8
4 AEFHJOT FJQRUV 9
5 BEHIJKN AGHIJKNQU 10
B 16A ❶ €23,00
H152 2ha 85T(100-200m²) 19D ❷ €23,00

N 63°23'27" E 30°27'09"

5 km südlich von Lieksa auf der 73, Ausfahrt Ruuna (Straße 522) nehmen. Nach 21 km dem Schild 'Ruunaan Retkeilyalue' rechts ab und Neitikoskentie bis zum CP folgen. 109327

Teilkarte Südost-Finnland auf Seite 107

Teilkarte Südost-Finnland auf Seite 107

Savonlinna, FIN-57600 / Mikkeli

Savonlinna Camping Vuohimäki****
Pärnäläntie 21
5 Jun - 20 Aug
+358 4 52 55 00 73
savonlinna@suncamping.fi
N 61°51'40" E 28°48'20"

1 ADEKNOPQRSTU LNQSWX 6
2 BEJLPQRSTUVXYZ ABDE**F**HIJK 7
3 AG**HIJ** ABCDEFNQRTW 8
4 FJO**T** JRV 9
5 BDEFGKN AHIJKNQUV 10
B 16A
H122 360ha 70**T**(300-400m²) 22**D**
① €31,00
② €35,00
103183

Straße 14 Savonlinna-Juva. 4 km hinter dem Stadtzentrum von Savonlinna ist ein CP-Schild. Dieser Straße 2 km folgen.

Sysmä, FIN-19700 / Mikkeli

Camping Sysmä***
Huitilantie 3
15 Apr - 15 Okt
+358 4 49 74 93 78
info@campingsysma.fi
N 61°29'50" E 25°41'42"

1 ADEKNOPQRSTU LNSXZ 6
2 CEIJPQXY ABDE**FG**HIJK 7
3 AGJM ABDFHJKNQRTW 8
4 JOQ**T** FGJQRV 9
5 BDHJ AHIJKNQU 10
B 16A CEE
2,8ha 80**T**(80-100m²) 28**D**
① €28,00
② €30,00
110776

Ausfahrt Sysmä von Straße E75, die 410 oder 413. Gut ausgeschildert.

Finnland

Aavasaksa/Ylitornio, FIN-95620 / Lappi

Aava Sky Village
Aavasaksanvaarantie 180
1 Jan - 31 Dez
+358 16 57 81 50
aavasaksa@aurinkomajat.fi

1 ADEILOPQRSTU — N 6
2 BIQSXY — ABFIK 7
3 AU — ABCDEFNQRW 8
4 FHOQT — FGJU 9
5 DEHKN — HIJKNQU 10
W 16A — ❶ €25,00
H218 2ha 29T 20D — ❷ €25,00

N 66°23'25'' E 23°43'51''

In Närkki von der E8 die 930 nach Osten. Nach 2,5 km die 9322 nach Norden. Nach 2 km befindet sich der CP auf der rechten Seite. 117350

Hossa, FIN-89920 / Oulu

Karhunkainalon Leirintäalue
Jatkonsalmentie 6
1 Mrz - 31 Okt
+358 5 03 84 46 92
hossa@retkeilykeskus.fi

1 ADEKNOPQRSTU — LNXY 6
2 BEJRTWYZ — ABDEFGHIK 7
3 A — ABCDEFJNQRW 8
4 EFHIT — JQRU 9
5 AIN — HJKNQU 10
B 16A — ❶ €24,00
H231 2ha 68T(80-120m²) 13D — ❷ €24,00

N 65°28'05'' E 29°31'03''

Straße 5 Ammänsaari-Kuusano nach Osten zur Straße 10. Dann die 843 Richtung Hossa. CP ist gut ausgeschildert. 112989

Kuusamo, FIN-93900 / Oulu

Oulanka Nationalpark Campsite
Liikasenvaarantie 137
1 Jun - 31 Aug
+358 4 47 40 00 01
seppanen.ari@pp.inet.fi

1 ADEKNOPQRSTU — JNX 6
2 BCQRTWYZ — ABDEFGHI 7
3 A — ABEFJNQRW 8
4 FIT — FGQ 9
5 BHN — HJKNQU 10
16A — ❶ €25,00
H150 11ha 100T(60-80m²) 11D — ❷ €28,00

N 66°22'22'' E 29°17'49''

Die 5/E63, 36 km nördlich von Kuusamo, Ausfahrt Oukanka National Park/Käylä. Nach 6,3 km Ausfahrt Liikasenvaara. CP ist nach 15 km angezeigt. 113383

Ivalo, FIN-99800 / Lappi

Naverniemi Holiday Center
Näverniementie 17
1 Jun - 30 Sep
+358 5 03 14 81 14
naverniemen@lomakyla.inet.fi

1 ADEKNOPQSTU — JN 6
2 CJMPQTXY — ABIK 7
3 — ABEFJNQR 8
4 OT — FHJV 9
5 DK — AIJKNQU 10
16A — ❶ €32,00
3ha 50T 38D — ❷ €36,00

N 68°38'36'' E 27°31'39''

Von Süden auf der E75 liegt die Ausfahrt ± 1,5 km vor dem Zentrum von Ivalo. CP ist auf der E75 gut angezeigt. 120939

Manamansalo, FIN-88340 / Oulu

Manamansalon Leirintäalue***
Teeriniementie 156
15 Mai - 15 Sep
+358 8 87 41 38
manamansalo@kainuunmatkailu.fi

1 ADEKNOPQSTU — LNQSWXYZ 6
2 BEIJRSTZ — ABDEFGHIJK 7
3 ABFGJNX — ABEFKNQR 8
4 FHJOT — FJQRTV 9
5 ABDHKN — AEGHIJKMNQU 10
B 10A — ❶ €39,00
H133 12ha 170T(80-100m²) 19D — ❷ €42,00

N 64°23'22'' E 27°01'33''

Insel im Oulusee, über die Straße 22 Kontioäki-Oulu oder die Straße 879 Manua-Vaala zu erreichen und nach 47 km führt eine kleine Straße zur (kostenlosen) Fähre. CP im Norden. 103159

Ivalo, FIN-99800 / Lappi

Ukonjärvi
Ukonjärventie 141
1 Jun - 15 Sep
+358 16 66 75 01
info@ukolo.fi

1 ADEKNOPQSTU — LNXZ 6
2 BEMQRSTWYZ — ABDEFGHI 7
3 — ABEFJNQRUW 8
4 OT — FGJOQ 9
5 DN — AGHIJKOPSTU 10
16A — ❶ €30,00
H130 10ha 40T 17D — ❷ €34,00

N 68°44'13'' E 27°28'37''

Die 4/E75, 10 km nördlich von Ivalo. Camping liegt östlich der 4/E75. Ist gut ausgeschildert. 109463

Pello, FIN-95700 / Lappi

SMK Camping Pello
Nivanpääntie 56
1 Jun - 30 Sep
+358 4 05 53 88 86
marita.koliseva@netti.fi

1 ADEKNOPQRSTU — JNXYZ 6
2 CJMQXY — ABDEFGIK 7
3 A — ABEFJNQRW 8
4 HJOT — FGJOQ 9
5 BDHN — AHJKNQU 10
B 10-16A — ❶ €33,00
H65 3ha 102T(100-144m²) 13D — ❷ €38,00

N 66°47'03'' E 23°56'43''

Der Campingplatz liegt 1,5 km nordwestlich der E8 in Pello. Ist deutlich angezeigt. 113379

Kalajoki, FIN-85100 / Oulu

Top Camping Hiekkasärkät****
Tuomipakkaintie
1 Jun - 1 Sep
+358 84 69 52 00
myynti@kalajokicamping.fi

1 ADEKNOPQRSTU — KMQRSWX 6
2 GJPQRSTXYZ — ABDEFGHIK 7
3 BFGJLV — ABCDEFJNQRTW 8
4 FHJOPT — FUVY 9
5 ADEFGHIKN — AFGHIJKNQU 10
B 16A — ❶ €36,00
40ha 1200T 209D — ❷ €42,00

N 64°13'59'' E 23°48'07''

Die 8 Kokkola-Oulu, 7 km südlich von Kalajoki. Der CP ist Teil des Vergnügungsparks Hiekkasärkät. Schildern 'Hiekkasärkät' folgen, da es mehrere CP in der Nähe gibt. Von der Tankstelle aus ist eine neue Straße angelegt. 103120

Pudasjärvi, FIN-93100 / Oulu

Jyrkkäkoski Camping***
Jyrkkäkoskentie 122
10 Mai - 30 Sep
+358 4 00 10 90 06
info@jyrkkakoski.fi

1 ADEKNOPQRSTU — JN 6
2 BCJRSTYZ — ABDEFGHIJK 7
3 A — ABEFJNQRW 8
4 FHKOT — AFQVW 9
5 BDHN — AHIJKNQU 10
16A — ❶ €27,00
H70 8ha 130T 21D — ❷ €31,00

N 65°23'56'' E 26°59'36''

Straße 20 von Oulu oder von Kuusamo bei Pudasjärvi ausgeschildert. Dann noch ca. 1 km der Straße 78 Nord Richtung Ranua folgen, danach CP ausgeschildert. 103157

Kuusamo, FIN-93700 / Oulu

Kuusamon Portti
Kajaanintie 151
1/1 - 31/10, 1/12 - 31/12
+358 4 45 66 76 85
info@kuusamonportti.fi

1 ADEKNOPQRSTU — LNWXYZ 6
2 EIKQTXY — H 7
3 — ABEFJNQR 8
4 OTU — GIJ 9
5 AJL — AHIJKNQU 10
W 16A — ❶ €27,00
H210 1,5ha 40T 19D — ❷ €33,00

N 65°49'57'' E 29°15'30''

Straße 5/E63, 15 km südlich von Kuusamo, Richtung Kajaani. 109464

Puolanka, FIN-89200 / Oulu

Puolanka Camping***
Leiritie 1
1 Jun - 30 Sep
+358 4 07 13 03 83
salmenranta.camping@gmail.com

1 ADEKNOPQRSTU — LNS 6
2 EIJQSXY — ABDEFIJK 7
3 BDX — ABEFJNQR 8
4 FOT — FJQRU 9
5 DHN — HIJKNQU 10
B 16A — ❶ €30,00
H210 4ha 55T 12D — ❷ €30,00

N 64°52'01'' E 27°38'49''

Von Kaajani Straße 5, nach 20 km über Straße 70 und 78 nach Puolanka. Im Ort gut ausgeschildert. Oder über Straße 78 von Pudasjärvi. 103158

Teilkarte Nord-Finnland auf Seite 109

Ranua, FIN-97700 / Lappi

Ranua Zoo Camping
Rovaniementie 29
1 Jan - 31 Dez
+358 4 05 56 35 55
ranuan.zoo@ranua.fi
N 65°56'37'' E 26°28'01''

1 ADEKNOPQRST**U** 6
2 PQTWX ABF**G**HIK 7
3 BX ABEFJNQRW 8
4 **AE**FJKT IU 9
5 DIJLN EGHIJKOQU 10
WB 16A CEE ❶ €35,00
H177 1ha 38T(60-80m²) 30D ❷ €45,00

Die 78, 3 km oberhalb Ranua Richtung Rovaniemi. Der CP liegt am Zoo, deutlich angezeigt. 118517

Ranua, FIN-97700 / Lappi

Ranuanjärvi Camping***
Leirintäaluentie 5
1 Jun - 30 Sep
+358 4 05 43 60 11
ranuanjarven.leirinta@ranuazoo.com
N 65°55'13'' E 26°34'31''

1 ADEKNOPQRSTU L**N**SXZ 6
2 BEIJQRSYZ ABDEFHIK 7
3 A**J** ABEFJNQRW 8
4 **A**JO**T** FJQU 9
5 BDHJN HJKNQU 10
B 16A ❶ €35,00
H160 4ha 57T 41D ❷ €45,00

Von Ranua die 941 Richtung Posio, dann Richtung 'Kirkkotie'. Campingplatz mit 'Arctic Fox Igloos' ausgeschildert. 103145

Rovaniemi, FIN-96900 / Lappi

Napapiirin Saarituvat***
Kuusamantie 96
29/5 - 21/6, 26/6 - 3/9
+358 5 04 64 04 46
reception@saarituvat.fi
N 66°31'01'' E 25°50'46''

1 ADEKNOPQSU J**N**X 6
2 CIKQRX AB**FG**HIK 7
3 L ABEFJNQRW 8
4 O**T** FJ 9
5 DN AIJKNQ 10
10A CEE ❶ €35,00
H72 3,5ha 20T(80-100m²) 21D ❷ €43,00

Von Rovaniemi die 81 nach Kuusamo. Der Camping liegt etwa 4 km südlich der 81. Navi Adresse: Kuusamantie 432 Rovaniemi. 103144

Sodankylä, FIN-99600 / Lappi

Nilimella Sodankylä****
Kelukoskentie 5
1 Jun - 30 Sep
+358 16 61 21 81
info@nilimella.fi
N 67°24'59'' E 26°36'27''

1 ADEKNOPQRSTU J**N**XY**Z** 6
2 CJQSWXY ABDE**FG**HIK 7
3 ADGU ABEFJNQRT 8
4 FHOQ**T** FIV 9
5 DHKN GHJKNQUW 10
Anzeige auf dieser Seite B 16A CEE ❶ €30,00
H100 7ha 80T 38D ❷ €34,00

An der Kreuzung der Straßen 4 und 5 in Sodankylä gelegen. Ist gut angezeigt. 113381

Rovaniemi, FIN-96400 / Lappi

Ounaskoski***
Jäämerentie 1
21 Mai - 26 Sep
+358 16 34 53 04
ounaskoski-camping@windowslive.com
N 66°29'51'' E 25°44'36''

1 ADEKNOPQRSTU J**N**QSX 6
2 CIJQRSXYZ AB**FG**HI 7
3 A**L**M ABEFJNQRT 8
4 FIO**T** 9
5 ABDEH**N** AGHIOQ 10
B 10-16A ❶ €45,00
H93 3ha 155T ❷ €55,00

Von Norden oder Süden (die 78 empfphlen) stadteinwärts der Beschilderung folgen und über eine der Brücken. Der Camping liegt im Zentrum von Rovaniemi westlich der 78. Gut ausgeschildert. 103143

Taivalkoski, FIN-93540 / Oulu

Kylmäluoma****
Pajuluomantie 20
1 Jan - 31 Dez
+358 4 05 00 34 76
kylmaluoma@retkeilykeskus.fi
N 65°35'04'' E 28°54'00''

1 ADEKNOPQRSTU L**N**SXY 6
2 BEIJRSTUWY ABDE**FG**HIJK 7
3 ACDG**N**X ABEFJNQRTW 8
4 **E**FHIJOT FGJNQRUV 9
5 ABEFHIJKN EFGHJKMNPQU 10
W 16A CEE ❶ €28,00
H254 8ha 64T(80-100m²) 46D ❷ €30,00

Die 5/E63 Kajaani-Kuusamo. Camping ca. 50 km südlich von Kuusamo und 2 km westlich von der 5/E63. Gut ausgeschildert. 103175

Ruhtinansalmi, FIN-89920 / Oulu

Camping Hossan Lumo
Lumontie 3
1 Jun - 31 Okt
+358 5 00 16 63 77
info@hossanlumo.fi
N 65°26'34'' E 29°33'02''

1 ADEKNOPQRST**U** LNQSXZ 6
2 BEJRSYZ ABDE**F**IK 7
3 A ABEFNQRW 8
4 FHIOT FJNQRU 9
5 ABHN GHIJKNQUY 10
16A ❶ €30,00
H228 2,2ha 40T 11D ❷ €33,00

Von der Straße 5 Ämmänsaari-Kuusamo, bei Peranka Richtung Osten auf die Straße 9190 (gut asphaltiert). Dann Straße 843 Richtung Hossa nehmen. 108829

Tornio, FIN-95420 / Lappi

Tornio***
Matkailijantie 49
1 Jan - 31 Dez
+358 16 44 59 45
camping.tornio@co.inet.fi
N 65°49'55'' E 24°12'08''

1 ADEKNOPQRSTU **BJ**NXZ 6
2 ACJQXYZ ABDE**FG**IK 7
3 B**J**U ABCDEFNQR 8
4 OT FIJQRTVY 9
5 DHJ**N** HIJKNQU 10
WB 16A ❶ €33,00
5,5ha 104T(50-200m²) 21D ❷ €43,00

Von Norden der E8 Richtung Kemi folgen, dann der 922. Camping liegt an der Ostseite von Tornio an der 922. 103132

Sirkka, FIN-99130 / Lappi

Levilehto Apartments***
Levintie 1625
1 Jan - 31 Dez
+358 4 03 12 02 00
levilehto@levi.fi
N 67°48'25'' E 24°48'04''

1 ADEKNOPQRSTU 6
2 PRSWY ABDEFGHIK 7
3 ABEFJNQR 8
4 FHT I 9
5 D AHJKOQ 10
W 16A ❶ €30,00
H200 3ha 50T 34D ❷ €40,00

Von Rovaniemi Straße 79 nach Kittilä, CP liegt 20 km nördlich von Kittilä im Wintersportort Levi. 107551

Vuokatti, FIN-88610 / Oulu

Naapurivaaran Lomakeskus Ky***
Pohjavaarantie 66
1 Jan - 31 Dez
+358 8 66 44 22
naapurivaaran.lomakeskus@tahtesi.fi
N 64°10'13'' E 28°12'36''

1 BDE**JM**OPQSU L**N**QSWXYZ 6
2 EIJPQSYZ ABDE**FG**HIK 7
3 BG**L**MU ABEFJNPQRTUW 8
4 FHJNO**PQT**U FJQRV 9
5 BCDEHN AHIJKRSU 10
10A ❶ €27,00
H137 2,5ha 80T 29D ❷ €35,00

Straße 76 Sotkamo-Kajaani, in Vuokatti 4 km Straße 899N Richtung Jormua. 103178

Dänemark

138 km südöstlich von København
Bornholm
142
Rønne
Neksø
Skagerrak
Frederikshavn
Kattegat
SCHWEDEN
Nord-Jütland
130
Aalborg
Skive
Viborg
Randers
Mittel-Jütland
124
Silkeborg
Aarhus
Herning
Helsingborg
Helsingør
Horsens
KØBENHAVN
Kalundborg
Roskilde
Vejle
Nordsee
Fredericia
Seeland
Køge
Store Bælt
136
Slagelse
Kolding
Odense
Esbjerg
Öresund
Lille Bælt
Fünen
Süd-Jütland
133
118
Svendborg
Aabenraa
Sylt
Lolland
Flensburg
Schleswig
Fehmarn
Ostsee
Kiel
DEUTSCHLAND
Rostock
Neumünster
Wismar
Itzehoe
Lübeck
CF-EU
Cuxhaven

Dänemark: Reichhaltige Kultur und unberührte Natur

Imposante Natur, wilde Wikinger und die Märchenwelt von Hans Christian Andersen – Dänemark hat eine reichhaltige Geschichte. Spazieren Sie entlang der abwechslungsreichen Küstenregionen, die Sie zu Sandstränden, Watteninseln und Kreidefelsen führen. Erleben Sie die spannende dänische Kultur, die für ihre langjährige Monarchie, bunte Legosteine und das einzigartige dänische Design von Kopenhagen bekannt ist. Dänemarks Campingplätze sind beliebt für ihre hohe Qualität: Sie sind ordentlich, gut organisiert und mit allem Komfort ausgestattet.

Hauptstadt: Kopenhagen
Währung: Dänische Krone
Zeitzone: UTC +1, UTC +2 (März bis Oktober)
Sprache: Dänisch
Ländervorwahl: +45
Alkoholgrenze: 0,5 ‰.
Notrufnummer: Polizei, Feuerwehr und Rettungswagen: 112
Leitungswasser: unbedenklich

Zwischen Nord- und Ostsee

Geografisch gesehen bilden drei Hauptregionen das Land: die beiden Inseln Seeland und Fünen sowie die Halbinsel Jütland. Die meisten Besucher reisen nach Seeland. Sie ist die größte der dänischen Inseln und umfasst die Hauptstadt Kopenhagen. Die vergleichsweise kleine Metropole bietet eine wunderschöne Altstadt, eine Vielzahl von Museen und ein aufregendes Nachtleben. Die Insel Fünen ist bekannt für ihre vielen historischen Kirchen, Herrenhäuser und die guterhaltene Wasserburg Egeskov Slot. Üppige grüne Landschaften, endlose Sandstrände und die malerische Stadt Odense, die einst Heimat des beliebten Autors Hans Christian Andersen war, prägen die Insel Fünen.

ACSI AWARDS

Gewinner 2022 in Dänemark

Bester Campingplatz
Gammelbro Camping

Der hundefreundlichste Campingplatz
Ballum Camping

Bester Rad- und Wandercampingplatz
Skiveren Camping

Beste Lage des Campingplatzes
Tranum Klit Camping

Beste Unterhaltung auf dem Campingplatz
Feddet Strand Camping Resort

Schönste Wohnmobilstellplätze
Horsens City Camping

Das Jütland hingegen bietet Wälder, Sanddünen und Angelgebiete sowie zwei der lebhaftesten dänischen Städte: Århus und Aalborg. Im Südjütland finden Sie das einzigartige Wattenmeer mit den Inseln Römö und Fanö, das mit Wassersportaktivitäten, dem Legoland und Tiersafaris lockt.

Dänemarks beste Attraktionen

Da Dänemark ein relativ kleines Land ist, sind viele Sehenswürdigkeiten und Tagesausflugsziele nicht weit vom Campingplatz entfernt. Besonders Familien schätzen die kurzen Distanzen und kinderfreundlichen Aktivitäten, wie den Tivoli-Vergnügungspark in Kopenhagen, die Wikingersiedlung in Frederikssund oder das Legoland in Billund. Zahlreiche antike Bauwerke, wie zum Beispiel das Schloss Frederiksborg, und historischen Städten wie Ribe und Aalborg gewähren einen Einblick in die reichhaltige Kultur des Landes. Mit flachen und breiten Radwegen, die nie weit von der Küste entfernt liegen, ist Dänemark ein Radlerparadies. So können Sie viele Attraktionen bequem mit dem Fahrrad besuchen. Doch nicht nur Radfahren ist ein beliebter Sport in Dänemark. Die raue Naturlandschaft des Nordens und die unendlichen Sandstrände laden zum Wassersport ein. Von Angeln über Wind- und Kitesurfen bis hin zum Kanufahren und natürlich Baden ist in Dänemark alles möglich!

Beste Reisezeit und Campingregionen

Das dänische Klima ist gemäßigt und maritim geprägt. Kühle Sommer ermöglichen es Ihnen, die Natur zu genießen. Und verglichen mit den anderen Ländern Skandinaviens sind auch die Wintermonate in Dänemark relativ mild.
Im verträumten Blåvand liegen die Zeltplätze inmitten unberührter Natur und laden im Herbst zum Pilze sammeln ein.
Hulsig bietet den perfekten Ausgangspunkt für einen Ausflug nach Skagen, wo Sie das Aufeinandertreffen von Nord- und Ostsee

ACSI Awards

Gewinner: Skiveren Camping

beobachten können. Die dänische Ostseeinsel Bornholm ist bekannt für die eindrucksvollen Felsformationen.

Das Beste von Dänemark hautnah

Die reichhaltige Kultur, historischen Innenstädte und unberührte Natur machen Dänemark zu einer beliebten Destination für Campingurlauber. Mit vielseitigen Attraktionen und interessanten Veranstaltungen begeistert unser Nachbarland ganzjährig Besucher aller Altersklassen. Erleben Sie die spannende Geschichte der Wikinger und die Entwicklung einer der weltweit ältesten Monarchien im Herzen Skandinaviens. Lassen Sie sich von alten Schlössern, Hochburgen und malerischen Wäldern verzaubern oder nutzen Sie eine der vielen Panorama-Radrouten, um das Land unabhängig zu erkunden. Egal, für welche Region Sie sich entscheiden, Dänemark lässt keine Wünsche offen!

Tanken

Bleifreies Benzin (Blyfri Oktan 95 und 98) und Diesel sind leicht erhältlich. Autogas ist hingegen kaum verfügbar. Viele Tankstellen in Dänemark sind 24 Stunden am Tag geöffnet. Daneben gibt es auch sehr viele unbemannte Tankstellen.

Aufladen

Das Netzwerk an Ladesäulen ist zwar groß, deckt aber noch nicht das gesamte Land ab. Beachten Sie dies bei der Planung Ihre Reise.

Fähren

Informationen über Fahrzeiten, Abfahrtszeiten und Tarife finden Sie bei Reedereien wie bornholmslinjen.com, polferries.com, scandlines.de. Die Preise hängen u. a. von der Saison und der Abfahrtszeit ab. Es ist ratsam, rechtzeitig eine Reservierung vorzunehmen. Erkundigen Sie sich vorab bei der Reederei, ob Gasflaschen mit auf das Boot genommen werden dürfen.

Verkehrsregeln

Abblendlicht (oder Tagfahrlicht) ist tagsüber vorgeschrieben. An einer Kreuzung mit Straßen gleichen Ranges hat der von rechts kommende Verkehrsteilnehmer Vorfahrt. Fahrzeuge im Kreisverkehr haben normalerweise Vorfahrt. Auf geneigten Straßen hat bergauffahrender Verkehr Vorfahrt vor bergabfahrendem Verkehr. Fahrer dürfen nur mit einer Freisprechanlage telefonieren. Kinder unter einer Größe von 1,35 Meter müssen in einem Kindersitz sitzen. Winterreifen sind nicht vorgeschrieben.

Besondere Bestimmungen

Auf Autobahnen sind Sie verpflichtet, bei einem Stau oder Unfall andere Verkehrsteilnehmer mit Ihrer Warnblinkanlage zu warnen. Das Parken ist u. a. innerhalb eines 10-Meter-Radius um eine Kreuzung verboten.

"Die Ruhe, Weite, Kultur, Natur, Einwohner und die abwechslungsreiche Landschaft sind immer wieder faszinierend"

Herr P. Geelen, Inspektor 1195

Vorgeschriebene Ausrüstung

Ein Warndreieck ist im Fahrzeug vorgeschrieben. Sicherheitswesten, ein Verbandskasten, ein Feuerlöscher und Ersatzlampen werden ebenfalls zur Mitnahme empfohlen.

Caravan und Reisemobil

Ein Reisemobil oder ein Gespann aus Pkw und Wohnwagen darf bis zu 4 m hoch, 2,55 m breit und 18,75 m lang sein (der Wohnwagen selbst darf bis zu 12 m lang sein).

Fahrrad

Ein Fahrradhelm ist nicht vorgeschrieben. Telefonieren und Tippen auf einem Smartphone sind während des Radfahrens verboten. Sie dürfen niemanden auf dem Gepäckträger mitnehmen (außer einem Kind im Kindersitz).

"Die Weite und die schöne Natur sind jedes Mal überwältigend"

Herr W. Koster, Inspektor 1007

Maut

Auf den dänischen Straßen wird keine Maut erhoben. Doch auf der Großen Beltbrücke und der Öresundbrücke müssen Sie eine Mautgebühr zahlen. Sie können auf verschiedene Weise bezahlen. Weitere Informationen: storebaelt.dk und oresundsbron.com.

Umweltzonen

In Aarhus, Aalborg, Odense, Kopenhagen und Frederiksberg wurden Umweltzonen eingerichtet. Schwere Dieselfahrzeuge benötigen für das Fahren in diesen Umweltzonen eine Umweltplakette. Es gibt noch keine Umweltzonen, die für normale Pkw gelten. Weitere Informationen: ecosticker.dk

Panne und Unfall

Platzieren Sie Ihr Warndreieck auf der Autobahn mindestens 100 m (auf sonstigen Straßen 50 m) hinter Ihrem Auto, sodass es keine Gefahr für den übrigen Verkehr darstellt. Allen Insassen wird empfohlen, eine Sicherheitsweste anzuziehen. Rufen Sie bei einer Panne die Notrufnummer Ihrer Pannenhilfe-Versicherung an. Sie können auch einen dänischen Pannendienst anrufen: +45 70 10 20 30 (Falck) oder +45 70 10 80 90 (SOS/Dansk Autohjaelp). Das Abschleppen ist auf Autobahnen verboten.

Campen

Wildcampen außerhalb der Campingplätze ist im Allgemeinen verboten. Es ist nur zulässig, wenn der Grundbesitzer die Erlaubnis erteilt hat. Für Camper, die spät kommen, wird der QuickStop-Service immer beliebter: Übernachtungen nach 20:00 Uhr und bis 10:00 Uhr, oft außerhalb des Campingplatzes.

Achtung! Die Möglichkeiten, Propangasflaschen zu befüllen, sind sehr begrenzt. Deshalb ist es am besten, genügend Gas mitzunehmen.

Seitdem die dänische Wettbewerbsbehörde 2017 darüber entschieden hat, besteht keine Verpflichtung mehr, eine Camping Key Europe (CKE)-Karte für dänische Campingplätze zu erwerben. Sie können nun auch Ihre ACSI Club-ID auf vielen dänischen Campingplätzen verwenden. Es ist jedoch immer noch möglich, dass einzelne dänische Campingplätze eine CKE-Karte verlangen. Sie können diese vor Ort kaufen.

Klima Kopenhagen	Jan.	Feb.	März	Apr.	Mai	Jun.	Jul.	Aug.	Sept.	Okt.	Nov.	Dez.
Durchschnittliche Höchsttemperatur	2	2	5	10	15	19	20	20	17	12	7	4
Durchschnittliche Anzahl der Sonnenstunden pro Tag	1	2	4	5	8	8	8	7	5	3	1	1
Durchschnittliche monatliche Niederschlagsmenge (mm)	36	24	34	35	40	45	57	55	53	47	52	47

Süd-Jütland

Aabenraa, DK-6200 / Sydjylland

Fjordlyst - Aabenraa City Camping***
Sønderskovvej 100
1 Apr - 1 Okt
+45 74 62 26 99
info@aabenraa-citycamping.dk
N 55°01'30" E 09°24'52"

1 ADEG**KN**OPQSTU — K**N**PQSWX 6
2 ABGIPQSUVXYZ — ABDE**FG**HIJK 7
3 B**D**FG**JLR**V — ABCDEFGIJKNQRTW 8
4 FHJO — FGJ 9
5 ABDJMN — ABFGHJKOQUY 10
Anzeige auf dieser Seite B 10A CEE
4,8ha 110**T**(80-120m²) 57**D**
① €34,30
② €47,75
101115

Von der E45 Richtung Abenraa. 7 km lang der Beschilderung folgen.

Aabenraa, DK-6200 / Sydjylland

Skarrev Camping**
Skarrevvej 333
8 Apr - 23 Sep
+45 92 44 43 34
skarrev@lojtstrandcamping.dk
N 55°02'47" E 09°30'01"

1 ADE**KN**OPQRSTU — KNSWXY 6
2 GIJLQXY — ABDE**FG**IJ 7
3 B**L**SU — ABCDE**F**GJNQRTW 8
4 FH — 9
5 ABDN — GJKOQ 10
B 10A CEE
1,2ha 60**T**(60-100m²) 25**D**
① €35,65
② €46,40
113169

Von Aabenraa Richtung Norden der 170 folgen. Nach 2 km CP-Schild, Richtung Osten. In Skovby den CP-Schildern folgen.

Aabenraa/Løjt Norreskov, DK-6200 / Sydjylland

Sandskaer Strandcamping***
Sandskaervej 592
31 Mrz - 24 Sep
+45 74 61 74 00
info@sandskaer.dk
N 55°07'01" E 09°29'46"

1 ACDEG**KN**OPQRSTU — KNOPQSUW**X**Y**Z** 6
2 AGIJLQUWXY — AB**FG**HIJK 7
3 BDF**JKL**MSUVX — ABCDEFIJKNQRTW 8
4 BCDFHJKO**P** — BFGIKNORTVWY 9
5 ACDEGHMN — ABGHJKOPQUXY 10
B 10A
5,8ha 290**T**(80-100m²) 160**D**
① €39,65
② €54,45
101846

In Aabenraa Straße 170 Richtung Haderslev nehmen, nach 8 km rechts Richtung Løjt Kirkeby. Dann der Ausschilderung folgen.

Aarø, DK-6100 / Sydjylland

Aarø Camping***
Aarø 260
1 Jan - 31 Dez
+45 74 58 44 82
aaro@aaro-camping.dk
N 55°15'35" E 09°45'09"

1 ADE**KN**OPQRSTU — K**N**QS**X** 6
2 BGJQRXYZ — ABDE**FG**HIJK 7
3 AB**L**UV — ABDE**FGI**JKNPQRT 8
4 FHJKO — FNV 9
5 ACEGHMN — ABHJK**O**QUV 10
10A CEE
4,2ha 150**T** 86**D**
① €25,55
② €34,95
111626

E45, Ausfahrt Haderslev. In Haderslev Ringstraße Richtung Aarøsund. Dort mit der Fähre nach Aarø. CP ist gut ausgeschildert.

Teilkarte Süd-Jütland auf Seite 118

Dänemark

Aarøsund/Haderslev, DK-6100 / Sydjylland

Gammelbro Camping
Gammelbrovej 70
1 Jan - 31 Dez
+45 74 58 41 70
info@gammelbro.dk

1 ADE**JM**OPQRSU	**E**GHK**N**OPQSWXY	6
2 HJQWXY	ABDE**FG**HIJK	7
3 ABDFG**JM**N**S**V	ABCDE**FG**IJKNQRTUVW	8
4 BFJO**QT**	BFIJNVY	9
5 ACFIMN	ABFGHIJK**O**QUXY	10
Anzeige auf dieser Seite B 10A		❶ €32,95
32ha 495**T**(80-100m²) 499**D**		❷ €45,05

N 55°14'59'' E 09°42'44''

In Haderslev Richtung Aarøsund. Kurz vor Aarøsund rechts und CP-Schildern folgen.

101840

Anslet, DK-6100 / Sydjylland

Anslet Strand Camping***
Strandvejen 34
1 Apr - 15 Sep
+45 40 56 63 45
mail@ansletstrandcamping.dk

1 ADEKNOPQRSTU	K**N**PQSWXY**Z**	6
2 HIJMQVXYZ	ABDE**FG**HIJK	7
3 BF**L**V	ABCDE**F**GINQRT	8
4 HJOQ	F	9
5 ABDM	ABHIJKQ	10
Anzeige auf dieser Seite 10A CEE		❶ €24,20
3,5ha 50**T**(70-120m²) 102**D**		❷ €31,60

N 55°21'25'' E 09°37'01''

In Christiansfeld ab Straße 170 Richtung Hejlsminde, dann Store Anslet. CP ist ab hier ausgeschildert.

101837

Arrild/Toftlund, DK-6520 / Sydjylland

CC€19

Arrild-Ferieby-Camping***
Arrild Ferieby 5
1 Jan - 31 Dez
+45 20 48 37 34
info@arrildcamping.dk

1 ADEKNOPQRSTU	**H**N	6
2 BEPQXYZ	ABDE**FG**HIJK	7
3 BFGHJ**LMN**SV	ABCDE**FG**IJKNQRTUW	8
4 FJ	DF	9
5 CDEFILMN	ABGHJK**N**RSU	10
B 16A CEE		❶ €28,90
8ha 250**T**(100-140m²) 132**D**		❷ €39,65

N 55°09'12'' E 08°57'24''

Von der A7/E45 Ausfahrt 73 die 175 Richtung Rømø. Bei Toftlünd der Straße folgen; an der Ausfahrt Arrild ist der CP angezeigt.

112759

Bjert, DK-6091 / Sydjylland

Stensager Strand Camping****
Oluf Ravnsvej 16
27 Mrz - 15 Sep
+45 75 57 22 31
info@stensagercamping.dk

1 BDEKNOPQRSTU	BGHK**N**QSWXY	6
2 BGIJQTWXY	ABDE**FG**HIJK	7
3 BF**J**NV	ABCDEFIJKNQRTV	8
4 BFJO**Q**	DFOY	9
5 ACDM**N**	ABFGHIJK**O**QUVY	10
B 13A CEE		❶ €41,55
5,8ha 195**T**(100-110m²) 142**D**		❷ €57,70

N 55°25'11'' E 09°35'16''

Auf der E45 die Ausfahrt 65 Richtung Kolding. An der 4. Ampel rechts Richtung Sdr. Stenderup. Dann Richtung Sjølund bis zu Binderup Strand und CP-Schild. Links und folgen.

101833

Augustenborg, DK-6440 / Sydjylland

CC€19

Hertugbyens Camping**
Ny Stavensbøl 1
1 Apr - 30 Sep
+45 74 47 16 39
hertugbyenscamping@mail.dk

1 ADEKNOPQRSTU	KNOPQSWXYZ	6
2 AGIJMQSUXY	ABDE**FG**I	7
3 A**L**V	ABCDE**F**GIJKNQRTW	8
4 FH	FV	9
5 DN	ADGHJKOQV	10
Anzeige auf dieser Seite B 16A CEE		❶ €27,55
2,6ha 200**T**(100-150m²) 39**D**		❷ €35,65

N 54°56'49'' E 09°51'15''

Hauptstraße 8, an Sønderborg vorbei, Ausfahrt Augustenborg rechts. Im Zentrum links. Den Schildern folgen. Vor dem Krankenhaus zuerst rechts, danach links der Straße zum Strand folgen.

112756

Ballum/Bredebro, DK-6261 / Sydjylland

CC€23

Ballum Camping***
Kystvej 37
24 Mrz - 22 Okt
+45 74 71 62 63
info@ballumcamping.eu

1 ADE**KN**OPQSTU	R	6
2 PQXYZ	ABDE**FG**HIJK	7
3 BF**J**VWX	ABCDE**F**GHIJKNQRTW	8
4 FHJ	BFUVWY	9
5 ABDFN	ABDFGHIJK**O**QUY	10
10A CEE		❶ €31,85
6,7ha 160**T**(100-240m²) 39**D**		❷ €44,00

N 55°04'08'' E 08°39'38''

Küstenstraße Nr. 419 von Tønder nach Ballum. Kurz vor Ballum ist der CP ausgeschildert.

110352

Billund, DK-7190 / Sydjylland

LEGOLAND Holiday Village****
Ellehammers Alle 2
31 Mrz - 29 Okt
+45 75 33 27 77
reservation@legoland.dk

1 BDE**JM**OPQRST**U**		6
2 PQTWXYZ	**A**BDE**FG**HIK	7
3 AB**JLM**RSV	ABCDEFGIJKNQRT	8
4 HJO**PQ**	AFGJY	9
5 ACDEFIJLM**N**	ABFHIKMOPQUY	10
B 10-16A CEE		❶ €43,05
14ha 250**T**(80-100m²) 213**D**		❷ €56,50

N 55°43'53'' E 09°08'09''

Von der Straße 28 Vejle-Grindsted bei Billund die Ausfahrt Legoland/Flughafen/CP nehmen. Ab hier gut ausgeschildert.

101809

Bramming, DK-6740 / Sydjylland

CC€23

Darum Camping***
Alsædvej 24
1 Apr - 24 Sep
+45 75 17 91 16
info@darumcamping.dk

1 ADEGKNOPQRSTU	**N**	6
2 ABCPQRXYZ	B**FG**HJK	7
3 A**L**SV	ABCDE**FG**JNQRT	8
4 JO	F	9
5 ABDEFHKMN	ADGHJKNQY	10
10-16A CEE		❶ €38,85
4,4ha 50**T**(100-140m²) 30**D**		❷ €44,25

N 55°26'03'' E 08°38'28''

Von Süden her der Nr 11-24 folgen, Ausfahrt St. Darum. Den CP-Schildern folgen. Von Norden die 24.

100078

Teilkarte Süd-Jütland auf Seite 118

Broager/Skelde, DK-6310 / Sydjylland

CC€19 iD

Broager Strand Camping***
Skeldebro 32
1 Jan - 31 Dez
+45 74 44 14 18
post@broagerstrandcamping.dk
N 54°52'04'' E 09°44'39''

1 ADEG**KN**OPQRSTU KNOPQSUWXYZ 6
2 AGIJLQRSWXYZ ABDE**FG**HIJK 7
3 ALSVX ABCDEF**G**HIJNPQRTUVW 8
4 FHJOQ FNR 9
5 ABDHMN ABCDFGHJKMOQUY 10
Anz. auf dieser S. B 13-16A CEE ❶ €43,05
5,8ha 140**T**(80-125m²) 45**D** ❷ €65,20

Von der E45 Ausfahrt 73 Richtung Sønderborg. Der 8 bis Nybol folgen, dann Richtung Broagar bis zur 1. Ampel links. Nach der Ampel 1. Straße rechts Richtung Skelde. Nach 3,5 km in Dynt geradeaus. Weiter ausgeschildert. 109398

Esbjerg V., DK-6710 / Sydjylland

iD

EsbjergCamping.dk***
Gudenåvej 20
1 Jan - 31 Dez
+45 75 15 88 22
info@esbjergcamping.dk
N 55°30'47'' E 08°23'22''

1 ADKNOPQSU BGHKQSX 6
2 CGJPQWXYZ AB**CDEFG**HIJ 7
3 BFGMUV ABCDEFIJKNQRT 8
4 BHJKO**U** FJ 9
5 ABDEMN ABFGHIJK**O**PQUY 10
B 13-16A CEE ❶ €39,55
7ha 240**T**(100m²) 66**D** ❷ €54,85

Die Küstenstraße 447 Esbjerg-Hjerting nehmen. Am Ortsausgang von Saedding ist der CP ausgeschildert. 101797

Fanø/Rindby, DK-6720 / Sydjylland

iD

Feldberg Familie Camping***
Kirkevejen 3-5
31 Mrz - 22 Okt
+45 75 16 36 80
familie@feldbergcamping.dk
N 55°25'45'' E 08°23'31''

1 AKNOPQRSTU **N**QSX 6
2 JPQWXYZ ABDE**FG**HIJK 7
3 BF**JL**MNSUV ABCDE**F**IJKNQRTUV 8
4 AHJO**QT** DFIJV 9
5 ADMN ABEGHJK**O**PQUV 10
10-16A CEE ❶ €32,00
7ha 356**T**(80-160m²) 217**D** ❷ €45,45

Von der Fähre 'Esbjerg-Fanø' 2 km Richtung Rindby Strand. Nach 200m liegt der CP rechts. 101785

Fanø/Rindby, DK-6720 / Sydjylland

iD

Feldberg Strand Camping***
Kirkevejen 39
1 Apr - 1 Nov
+45 75 16 24 90
dennis@fanonet.dk
N 55°25'23'' E 08°23'01''

1 AKNOPSU KNQSWX 6
2 GJPQRXYZ ABDE**FG**HIK 7
3 **BHIJLN** ABCDEF**G**IJKNQRT 8
4 EFHJO DFJV 9
5 CDEFGHKLN ABGHJKL**O**QU 10
8-16A ❶ €30,25
3ha 100**T**(100-120m²) 42**D** ❷ €42,50

Ab Fähre 'Esbjerg-Fanø', 2 km Richtung Rindby Strand, dann noch 1 km bis zum CP. 101787

Fanø/Rindby, DK-6720 / Sydjylland

iD

Rindby Camping***
Kirkevejen 18
30 Mrz - 8 Okt
+45 75 16 35 63
post@rindbycamping.dk
N 55°25'34'' E 08°23'29''

1 AKNOPQSU 6
2 PQRWXYZ A**B**D**FG**HIK 7
3 BFV ABCDEFGIJKNQRT 8
4 JO DFGHI 9
5 DMN ABHJK**O**QU 10
13A CEE ❶ €25,30
3,2ha 128**T**(100-250m²) 73**D** ❷ €35,75

Von der Fähre nach Fanø 2 km Richtung Rindby Strand. Nach 350m CP auf der linken Seite. 114867

Fanø/Rindby, DK-6720 / Sydjylland

iD

Rødgård Camping Fanø***
Kirkevejen 13
4 Mai - 17 Sep
+45 75 16 33 11
info@rodgaard-camping.dk
N 55°25'37'' E 08°23'28''

1 ADEKNOPQSTU **N**QS 6
2 PQRWXYZ A**BEFG**HIJK 7
3 BD**IJL**MSUVW AB**FGI**JNQRTUW 8
4 **A**BHJOQ FGIV 9
5 ADFGHIKM**N** ABEFGJK**O**RSU 10
10-13A CEE ❶ €27,55
7ha 160**T**(100-180m²) 173**D** ❷ €41,00

Von der Fähre Esbjerg-Fanø Richtung Rindby Strand. Nach 400m liegt der CP rechts. 112763

Fanø/Sønderho, DK-6720 / Sydjylland

Sønderho Nycamping
Gammeltoft Vej 3
3 Apr - 14 Okt
+45 75 16 41 44
nycamping@mail.dk
N 55°21'35'' E 08°27'51''

1 KNOPSU ENX 6
2 PQRWY A**B**DE**FG**HIJK 7
3 BF**HIL**UV ABCDE**F**IJKNQRT 8
4 FHJO**STU** DFGI 9
5 CDHJMN ABHIJKLNQ 10
B 10-12A CEE ❶ €26,90
3ha 90**T**(80-100m²) 97**D** ❷ €34,95

Ab Fähre 'Esbjerg-Fanø' 9 km Richtung Sønderho fahren und 400m vor der Mühle links abbiegen. CP ist ausgeschildert. 101788

Fredericia, DK-7000 / Sydjylland

CC€23 iD

Dancamps Trelde Næs***
Trelde Næsvej 297
1 Jan - 31 Dez
+45 75 95 71 83
info@dancamps.dk
N 55°37'30'' E 09°50'00''

1 ADE**KN**OPQRSTU **AF**HIKNQSX 6
2 BGJPQWY ABDE**FG**HIJK 7
3 BF**J**MUVX ABCDE**FGI**NQRTUV 8
4 BCEFJO**TUV** ACFGJNY 9
5 ACDEFHIKMN ABDEGHIJKOQUVY 10
Anzeige auf Seite 127 B 10A CEE ❶ €47,05
10ha 475**T** 165**D** ❷ €65,90

Die 28 (Vejle-Fredericia). In Vejle Richtung Egeskov abbiegen, dann Trelde und Trelde-Næs. Von Fredericia nach Trelde, dann Trelde Næs. 101868

Fynshav/Augustenborg, DK-6440 / Sydjylland

iD

Lillebælt Camping***
Lillebæltvej 4
1 Apr - 24 Sep
+45 74 47 48 40
info@lillebaeltcamping.dk
N 54°59'09'' E 09°59'25''

1 ABDE**KN**OPQRSTU KNOPQSW**X**Y 6
2 GIJMPQSUVWXY ABDE**FG**HIJ 7
3 BF**LM** ABCDEFNQRTW 8
4 FH 9
5 DMN ABGHJK**O**QU 10
10A CEE ❶ €37,65
3ha 145**T**(80-100m²) 50**D** ❷ €51,10

Von der E45 Ausfahrt 73, die 8 Richtung Sønderborg bis Fynshav nehmen. In Fynshav rechts Richtung Skovby. Nach 700m links, danach ausgeschildert. 101882

Fynshav/Augustenborg, DK-6440 / Sydjylland

iD

Naldmose Strand Camping
Naldmose 12
1 Jan - 31 Dez
+45 74 47 42 49
info@naldmose.dk
N 54°59'42'' E 09°58'36''

1 ADEKNOPQRSTU KNOPQSWXY 6
2 BGIJLPQSUWXYZ AB**FG**HIJK 7
3 ABF**LM** ABCDE**F**GIJNQRTW 8
4 FHJO FIY 9
5 ABDN AFGHJK**O**QWXY 10
Anzeige auf dieser Seite B 13A CEE ❶ €34,95
4,5ha 180**T**(100-120m²) 86**D** ❷ €48,40

Von der E45 Ausfahrt 73 die 8 Richtung Sønderborg. Weiter bis Fynshav, dort links nach Guderup, nach 400m rechts. CP-Schildern folgen. 110359

Gårslev/Børkop, DK-7080 / Sydjylland

iD

Mørkholt Strand Camping***
Hagenvej 105b
1 Jan - 31 Dez
+45 75 95 91 22
info@morkholt.dk
N 55°39'23'' E 09°43'35''

1 ADE**KN**OPQRSTU BFKNQSWXY 6
2 GJLQWY BDE**FG**HJK 7
3 ABFG**JL**MUVX ABCDE**FGI**JKNPQRT 8
4 ABFHIJO FJNRUY 9
5 ACDEFIMN ABGHIJK**O**QUXY 10
B 10A CEE ❶ €36,05
7,7ha 380**T**(80-120m²) 144**D** ❷ €48,15

Straße 28 Vejle-Fredericia N. 14 km von Vejle und 10 km von Fredericia entfernt ist der CP an der Ausfahrt Gårslev ausgeschildert. 101828

Give, DK-7323 / Sydjylland

iD

Give Camping og Cafetaria***
Skovbakken 34
1 Jan - 31 Dez
+45 75 73 11 34
info@givecamping.dk
N 55°51'02'' E 09°13'50''

1 ADEJMOPQRSTU **B**G 6
2 ABPQWXYZ ABDE**FG**IJK 7
3 BFG**JLNO**SUVX ABDEFGIJKNPQRTW 8
4 BFHJT AFY 9
5 ABDFILN AFGHKOQUVY 10
B 10A CEE ❶ €22,85
H100 3,5ha 130**T**(80m²) 64**D** ❷ €34,95

Give liegt nordwestlich von Vejle an der Anschlussstelle der Straßen 30, 18 und 441. Ab hier ist der CP gut ausgeschildert. 101807

Gråsten/Rinkenæs, DK-6300 / Sydjylland

iD

Lærkelunden Camping****
Nederbyvej 25
31 Mrz - 22 Okt
+45 74 65 02 50
info@laerkelunden.dk
N 54°54'03'' E 09°34'17''

1 ABCDE**KN**OPQRSTU EGKNOQSUVWXY 6
2 GIJMPQSUVWXYZ ABDE**FG**H**I**JK 7
3 BF**L**MSV ABCDEFGIJKNQRTUVW 8
4 BFHJORTV BDFQRVY 9
5 ACDM**N** ABFGHJKMOPQUY 10
B 10A CEE ❶ €47,05
5ha 200**T**(80-225m²) 64**D** ❷ €63,20

Kommend von Kruså, im Zentrum von Rinkenæs rechts (der 2. CP). CP-Schildern folgen. 101849

Grindsted, DK-7200 / Sydjylland

iD

Aktiv-Camping
Søndre Boulev. 15
1 Apr - 1 Okt
+45 75 32 17 51
info@grindstedcamping.dk
N 55°45'02'' E 08°54'59''

1 ADE**KN**OPQSTU **N** 6
2 QWXY ABE**FG**HIK 7
3 BF**JL**MNSUV ABCDE**F**IJKNQRT 8
4 O FGJK 9
5 ADMN AHIJKQV 10
B 10-16A CEE ❶ €32,15
H60 1,7ha 81**T**(80m²) 36**D** ❷ €43,15

Ab Vejle Straße 28, vor Grindsted Straße 30 Richtung Esbjerg fahren. Nach 2 km CP ausgeschildert. Ab Esbjerg an Straße 30 vor Grindsted ausgeschildert. 101808

Teilkarte Süd-Jütland auf Seite 118

Haderslev/Diernæs, DK-6100 / Sydjylland

Gåsevig Strand Camping***
Gåsevig 19
1 Apr - 10 Sep
+45 74 57 55 97
info@gaasevig.dk

1 ADEKNOPQRSTU KNOPQSUVWXY 6
2 GIJLQRSUWXY ABDEFGHIJK 7
3 BDFJLMRSVW ABCDEFGIJKNQRTW 8
4 JO AFR 9
5 ACDMN ABFGHJKOQUVY 10
Anzeige auf dieser Seite B 10A CEE ❶ €34,30
N 55°08'34'' E 09°30'05'' 6ha 250T(100-120m²) 177D ❷ €47,75

In Aabenraa der 170 Richtung Kolding bis nach Genner folgen, dort rechts Richtung Sønderballe. Weiter ausgeschildert. Nur 30 km von der deutschen Grenze. 101845

Haderslev/Diernæs, DK-6100 / Sydjylland

Vikær Strand Camping***
Dundelum 29
31 Mrz - 24 Sep
+45 74 57 54 64
info@vikaercamp.dk

1 ADEGKNOPQRSTU KNOPQSVWXYZ 6
2 GIJPQRSUVWXY ABDEFGIJK 7
3 BFGJLMV ABCDEFGHIJKNQRTUVW 8
4 BDFHJO FY 9
5 ABDGHMN ABEFGHJKOQUVWXY 10
B 13A CEE ❶ €37,25
N 55°09'00'' E 09°29'40'' 12ha 390T(100-140m²) 179D ❷ €52,05

In Aabenraa der Straße 170 Richtung Kolding bis nach Hoptrup folgen, dort rechts Richtung Diernaes fahren. Der Weg ist ausgeschildert. 101843

Haderslev/Halk, DK-6100 / Sydjylland

Halk Strand Camping***
Brunbjerg 105
1 Apr - 30 Sep
+45 74 57 11 87
info@halkcamping.dk

1 ADEKNOPQRSTU KNQSWX 6
2 GIJLQRWXY ABDEFGHIJK 7
3 BDFJMSUV ABCDEFGIJKNQRTW 8
4 FHJQ DEFIY 9
5 ACDMN AGHJKORSUVY 10
B 10A CEE ❶ €30,55
N 55°11'09'' E 09°39'17'' 4,5ha 140T(80-100m²) 109D ❷ €42,65

Straße 170 Aabenraa-Haderslev in Hoptrup Richtung Kelstrup/Aarøsund verlassen. Vor Hejsager rechts nach Halk abbiegen. Weiter ausgeschildert. 101842

Haderslev/Sønderballe, DK-6100 / Sydjylland

Sønderballe Strand Camping***
Djernæsvej 218
31 Mrz - 10 Sep
+45 74 69 89 33
info@soenderballe-camping.dk

1 ADEGKNOPQSTU KNOPQSWXYZ 6
2 AGIJPQSUVWXYZ ABDEFGHIJK 7
3 BFLMUV ABCDEFGIJKNQRTW 8
4 FHJO DFY 9
5 ABDEHMN ABFGHJKOQUVWY 10
B 16A CEE ❶ €34,95
N 55°07'57'' E 09°28'34'' 6ha 200T(80-100m²) 134D ❷ €48,95

In Aabenraa die Straße 170 Richtung Haderslev bis nach Genner nehmen, dort rechts nach Sønderballe fahren. Dann der Beschilderung folgen. 101844

Hejls, DK-6094 / Sydjylland

Hejlsminde Strand Camping***
Gendarmvej 3
2 Apr - 23 Okt
+45 75 57 43 74
info@hejlsmindecamping.dk

1 ADEKNOPQRSTU BGKNQSXYZ 6
2 GIJPQVWXY ABDEFGHIJK 7
3 BFJLSV ABCDEFGIJKNQRT 8
4 FHIJO DFNV 9
5 ACDGMN ABCHJKLOQUVWXY 10
B 10A ❶ €37,00
N 55°22'05'' E 09°36'03'' 4,5ha 75T(80-120m²) 84D ❷ €41,00

Von Christiansfeld aus Ri. Hejlsminde fahren. Zuerst über die Brücke und den Damm fahren, dann ist der CP links ausgeschildert. Von Kolding aus Straße 170 Ri. Haderslev und dann nach Vonsild links Ri. Hejlsminde fahren. 101836

Henne, DK-6854 / Sydjylland

Lyngboparken**
Strandfogedvej 15
1 Mai - 1 Sep
+45 75 25 50 92
lyngbocamping2@gmail.com

1 ADEHKNOPQRSTU 6
2 IPQRWXYZ BDEFGHIK 7
3 ABDEGLSU ABEFHJKNQRVW 8
4 FHJOT F 9
5 ADMN AHJKMOSTU 10
FKK 10A CEE ❶ €26,20
N 55°44'08'' E 08°12'30'' 2ha 72T(70-120m²) 34D ❷ €30,55

Die 181 Varde Richtung Nørre Nebel. An der Kreuzung der 465 Richtung Henne-Strand. Vor Henne-Strand ist der CP ausgeschildert. 117372

Henne, DK-6854 / Sydjylland

Henne Strand Camping*****
Strandvejen 418
1 Jan - 31 Dez
+45 75 25 50 79
post@hennestrandcamping.dk

1 CDKNOPQSTU EGHIKMNQX 6
2 GJPQRVWXYZ ABCDEFGHIJK 7
3 BDFIJLMUV ABCDEFGHIJKNQRTUV 8
4 BDEFHJLNOQRTU DFGIJL 9
5 ABDFGMN ABEFGHIJKOQU 10
B 16A CEE ❶ €59,45
N 55°44'16'' E 08°11'02'' 4,2ha 262T(100-140m²) 46D ❷ €75,05

181 Varde-Nørre Nebel. Nach 12 km Straße 465 in Richtung Henne Strand nehmen. 101777

Henne, DK-6854 / Sydjylland

Henneby Camping***
Hennebysvej 20
1 Jan - 31 Dez
+45 75 25 51 63
info@hennebycamping.dk

1 DKNOPST NX 6
2 JPQUXYZ ABDEFGHIJK 7
3 BFHIJLMSUV ABCDEFIJKNQRT 8
4 JOQ DFKV 9
5 ACDM AEGHIJKOQU 10
B 13A CEE ❶ €37,10
N 55°44'02'' E 08°13'22'' 4ha 150T(100-120m²) 36D ❷ €51,80

Über Varde die Straße Nr. 181 Richtung Nørre Nebel. Nach 12 km links auf die Straße Nr. 465 in Richtung Henne. Rechts ab zum CP. 101778

Hovborg, DK-6682 / Sydjylland

Holme Å Camping***
Torpet 6
1 Jan - 31 Dez
+45 75 39 67 77
info@holmeaacamping.dk

1 ACDEKNOPQRSTU BN 6
2 ACPQRSTWXYZ BDEFGHJK 7
3 BFGLMSV BDFGIJKNQRTW 8
4 FGHJO FJVY 9
5 ABDEFGHMN ABFHIJKMORSUVY 10
B 10-16A CEE ❶ €34,30
N 55°36'35'' E 08°55'48'' 5,2ha 125T(100-150m²) 65D ❷ €47,20

CP liegt an der 425 Grindsted-Ribe. Hinter Hovborg gut durch CP-Schilder angezeigt. 112760

Jelling, DK-7300 / Sydjylland

Fårup Sø Camping***
Fårupvej 58
1 Apr - 11 Sep
+45 75 87 13 44
mail@fscamp.dk

1 ACDEKNOPQRSTUV BGLNQSX 6
2 AFIJQSTUVXYZ ABDEFGHIJK 7
3 ABDFGLTUV ABDFGIJKNQRTUVW 8
4 BFHJQTU EFQ 9
5 ABCDMN ABFGHIJKORSUVY 10
B 16A CEE ❶ €33,35
N 55°44'10'' E 09°25'01'' H75 9ha 210T(90-100m²) 109D ❷ €36,45

E45 Ausfahrt 61. Beschilderung Billund folgen (28). Nach ca. 6 km bei Skibet Ausfahrt Jelling Fårup Sø. Der CP-Beschilderung folgen. 101826

Jelling, DK-7300 / Sydjylland

Jelling Family Camping****
Mølvangvej 55
1 Jan - 31 Dez
+45 81 82 63 00
info@jellingcamping.dk

1 ADEKNOPQRST BG 6
2 APQTUXYZ ABDEFGHIJK 7
3 ABDFJLMNQSUVWX ABCDEFGHIJKNQRT 8
4 BJP EFJY 9
5 ADEFHIKMN ABFGHJKOPRSUY 10
B 6A CEE ❶ €33,60
N 55°45'13'' E 09°24'12'' 6ha 250T(90-110m²) 156D ❷ €33,60

Die 442 ab Vejle. In Jelling CP-Schild und Nummernschild 1 folgen. 101077

Kolding, DK-6000 / Sydjylland

Dancamps Kolding
Vonsildvej 19
8 Apr - 31 Dez
+45 75 52 13 88
info@dancamps.dk

1 ADEJMOPQRSTU 6
2 APQXY ABCDEFGHIJK 7
3 ALUV ABCDEFIJKNQRTW 8
4 FGHJO FJ 9
5 DM ABGHIKOQVWX 10
Anzeige auf Seite 127 B 10A CEE ❶ €44,25
N 55°27'48'' E 09°28'24'' H60 11ha 125T(80-100m²) 28D ❷ €50,85

Liegt an der 170, 3 km südlich von Kolding. Kommt man über die E45, dann die Ausfahrt 65 Kolding-Syd nehmen. 101831

Kruså, DK-6340 / Sydjylland

Kruså Camping**
Aabenraavej 7
1 Feb - 21 Dez
+45 74 67 12 06
info@krusaacamping.dk

1 ABDEKNOPQRSTU BG 6
2 ABPQRUXYZ ABDEFGHIJK 7
3 BJLMSV ABCDEFGIJKNQRTW 8
4 FHJO FY 9
5 ACDEFN AGHJKOPQUY 10
B 10-16A CEE ❶ €42,75
N 54°51'14'' E 09°24'06'' 9,6ha 420T(80-120m²) 69D ❷ €58,90

Von der E45 Richtung Kruså/Sønderborg (Straße 8), Ausfahrt 75. An der Kreuzung mit Straße 170 links Richtung Aabenraa. Nach 300m links. 101854

Kruså/Kollund, DK-6340 / Sydjylland

DCU-Camping Kollund***
Fjordvejen 29a
17 Mrz - 22 Okt
+45 74 67 85 15
kollund@dcu.dk

1 ABDEKNOPQRSTU KNOPQS 6
2 ABGIJPQRSUVWXYZ ABDEFGIJK 7
3 BFJLMSV ABCDEFGIJKNQRTW 8
4 FHJO FJ 9
5 ABDMN ABGHJKOPSTWY 10
B 10A CEE ❶ €43,70
N 54°50'43'' E 09°28'01'' 3,7ha 180T(100-120m²) 25D ❷ €54,60

In Kruså der Straße nach Kollund folgen. In Kollund Richtung Sønderhav. Liegt links an der Straße Kollund-Sønderhav. 101852

Kruså/Kollund, DK-6340 / Sydjylland

First Camp Frigård - Flensborg Fjord****
Kummelefort 14
1 Jan - 31 Dez
+45 74 67 88 30
frigaard@firstcamp.dk

1 ACDEKNOPQRSTU BGKNQSUXY 6
2 AGJPQSUWXYZ ABDEFGHIJK 7
3 BDFGJLMSV ABCDEFGHIJKNQRTUVW 8
4 BCDFHJOQTUV DFJVY 9
5 ABCDEFHJLMN AFGHIJKMOQUVY 10
Anzeige auf Seite 117 B 10A ❶ €51,10
N 54°50'33'' E 09°27'33'' 15ha 741T(80-120m²) 262D ❷ €69,95

In Kruså der Straße nach Kollund folgen. Ab Kollund Richtung Sonderhav. CP liegt ca. 800m links von der Straße Kollund-Sonderhav. 101853

Dänemark

Mommark/Sydals, DK-6470 / Sydjylland

Mommark Marina Camping***
Mommarkvej 380
1 Apr - 1 Okt
+45 74 40 77 00
info@mommarkmarina.dk
N 54°55'53" E 10°02'38"

1 ADEKNOPQRSTU	KNOPQSWXYZ	6
2 GIJPQUVWXY	ABFGIJK	7
3 BL	ABCDEFGINQRW	8
4 FHJ	FGNORV	9
5 ABDEFHKLMN	ABGHJKOQUVXY	10
B 10A CEE		① €30,95
2,1ha 99T(70-100m²) 53D		② €44,40

Von der E45 Ausfahrt 73 Richtung Sønderberg, dann die 8. Einige Kilometer hinter Sønderberg der 427 bis Horup folgen, dann links nach Mommark. CP ist weiter angezeigt. 120874

Nordborg/Augustenhof, DK-6430 / Sydjylland

Augustenhof Strand Camping***
Augustenhofvej 30
1 Jan - 31 Dez
+45 74 45 03 04
mail@augustenhof-camping.dk
N 55°04'38" E 09°42'53"

1 ADEKNOPQRSTU	KNOPQSWXY	6
2 GIJMQSWXY	ABDEFGHIJK	7
3 BFJLVX	ABCDEFGIJKNQRTW	8
4 FHJ	EF	9
5 ACDEFHJMN	ABGHJKOQUVXY	10
Anzeige auf dieser Seite B 16A CEE		① €30,95
4ha 252T(100-120m²) 81D		② €43,05

Auf der Straße Sønderborg-Fynshav nach links Richtung Nordborg. Dann Richtung Købingsmark und Augustenhof fahren. 101847

Nordborg/Købingsmark, DK-6430 / Sydjylland

Købingsmark Strand Camping**
Købingsmarksvej 53
1 Apr - 31 Okt
+45 74 45 18 70
info@koebingsmarkcamping.dk
N 55°04'44" E 09°43'45"

1 ADEKNOPQRSTU	KNOPQSWX	6
2 GIJQSWXY	ABDFGI	7
3 BLV	ABCDEFJNQRW	8
4 FH	FIV	9
5 ABDMN	ABFGHJKORSW	10
10A CEE		① €29,20
2,4ha 100T(100-120m²) 21D		② €40,20

Von der E45 Ausfahrt 73, dann die 8 Richtung Sønderborg bis 10 km hinter Sønderborg nehmen, links auf die 405 bis Nordborg. Danach ausgeschildert. 101883

Nordborg/Lavensby, DK-6430 / Sydjylland

Lavensby Strand Camping***
Arnbjergvej 49
1 Apr - 10 Okt
+45 74 45 19 14
mail@lavensbystrandcamping.dk
N 55°04'16" E 09°47'44"

1 ADEKNOPQRSTU	KMNOPQSWXYZ	6
2 GIJLQSUVWXY	ABDFGHIJ	7
3 BFLV	ABCDEFGIJKNQRTW	8
4 FHJ	F	9
5 ABD	AGHJKOQ	10
B 10A		① €28,90
2,4ha 130T(80-100m²) 68D		② €39,65

Von der E45 Ausfahrt 73, dann die 8 Richtung Sønderborg bis wenige km vor Nordborg nehmen, dann rechts. CP ist ausgeschildert. 101884

Nørre Nebel, DK-6830 / Sydjylland

Houstrup Camping***
Houstrupvej 90
31 Mrz - 22 Okt
+45 75 28 83 40
houstrup@houstrupcamping.dk
N 55°46'28" E 08°14'18"

1 ACDEKNOPQRSTU	BGH	6
2 JQTWXYZ	ABDEFGHIJK	7
3 BFJLMNSUV	ABCDEFIJKNQRTUW	8
4 JOPQ	BF	9
5 ACDEMN	ABFGHIJKOQX	10
B 13A CEE		① €34,95
6ha 220T(120-170m²) 113D		② €48,40

Straße 181 Nørre Nebel Richtung Nymindegab, Ausfahrt Lønne. Beschilderung folgen. 101776

Nymindegab/Nørre Nebel, DK-6830 / Sydjylland

Nymindegab Familie Camping***
Lyngtoften 12
31 Mrz - 22 Okt
+45 75 28 91 83
nymindegab@nymindegabcamping.dk
N 55°49'00" E 08°12'02"

1 ACDGKNOPQRSTU	BGHINQRSXZ	6
2 BIJPQRUVWXYZ	ABDEFGHIJK	7
3 BFHJLMSVX	ABCDEFGIJKNQRTUV	8
4 BEFHJKNOPQTU	BDFVY	9
5 ACDEFIJMN	ABGHIJKNOPQUVXY	10
B 16A CEE		① €39,00
11,5ha 325T(100-150m²) 150D		② €55,15

Von Süden Richtung Varde. Der 181 folgen bis Nørre Nebel, dann Richtung Nymindegab. Der CP ist angezeigt. 101775

Oksbøl, DK-6840 / Sydjylland

Børsmose Strand Camping**
Børsmosevej 3
1 Apr - 22 Okt
+45 75 27 70 70
camping@borsmose.dk
N 55°40'15" E 08°08'45"

1 ADGKNOPQSTU	KNQ	6
2 GJQRUX	ABDEFGHIJ	7
3 BSV	ABCDEFGIJKNQRT	8
4 BCDEJOQ	F	9
5 ACDEM	AFGHIJKNQUY	10
Anzeige auf Umschlag B 10A CEE		① €35,10
23ha 450T 155D		② €50,70

Via Oksbøl (431) Beschilderung nach Børsmose folgen. CP ausgeschildert. 101779

Oksbøl, DK-6840 / Sydjylland

CampWest***
Baunhøjvej 34
1 Jan - 31 Dez
+45 75 27 11 30
info@campwest.dk
N 55°38'26" E 08°16'52"

1 AHKNOPQSTU	N	6
2 BEIPQRSWXYZ	ABDEFGHJK	7
3 BEFHILMUVX	ABCDFGIJKNQRTW	8
4 ABCDEFGHJKQ	FUV	9
5 ABDEMN	ABGHJKOQUW	10
B 16A CEE		① €39,00
10ha 145T(110-140m²) 35D		② €61,85

Der 463 von Esbjerg bis Oksbøl folgen. In Oksbøl rechts ab Richtung Henne/Vrøgum 1,5 km fahren. 112766

Randbøl, DK-7183 / Sydjylland

Randbøldal Camping***
Dalen 9
1 Jan - 31 Dez
+45 75 88 35 75
info@randboldalcamping.dk
N 55°41'23" E 09°15'51"

1 ADEKNOPQRSTU	AHIN	6
2 BCEJKPQRUVXYZ	BEFGHIJ	7
3 BFMU	ABCDEFGIJKNQRT	8
4 FHJOQ	EFGIJKVW	9
5 ACDEFHLMN	AIJKMOPQUY	10
B 10A CEE		① €41,40
6,5ha 170T(80-100m²) 88D		② €54,60

Die 28 Vejle-Gindsted bei Vandel ausgeschildert und 3 km westlich von Ny Nørup. Zunächst Randbøldal folgen, dann wieder der CP-Beschilderung. 100069

Ribe, DK-6760 / Sydjylland

Ribe Camping****
Farupvej 2
1 Jan - 31 Dez
+45 75 41 07 77
info@ribecamping.dk
N 55°20'27" E 08°46'00"

1 ADEKNOPQRSTU	BG	6
2 BQRTWXYZ	ABCDEFGHIJK	7
3 BFGLMUVX	ABCDEFGIJKNQRTUVW	8
4 FGHJKO	AFHJY	9
5 ABDEKMN	ABDEFGHIJKMOQUY	10
B 10-16A		① €39,95
9ha 485T(100-200m²) 85D		② €56,10

Die 11 Tønder-Ribe. Richtung Varde/Esbjerg westlich von Ribe ist der CP ausgeschildert. Aus dem Norden der Stadt kommend rechts ab. Von Süden her die 11 Ribe Nord halten. An der 1. Ampel links. 101798

Riis/Give, DK-7323 / Sydjylland

Riis Feriepark****
Østerhovedvej 43
1 Apr - 17 Sep
+45 75 73 14 33
info@riisferiepark.dk
N 55°49'54" E 09°18'02"

1 ACDEKNOPQRSTU	BGH	6
2 ABQRY	ABCDEFGHIJK	7
3 ABJLUV	ABCDEFGIJKNQRTUV	8
4 BJKORU	FGJY	9
5 ABDEHMN	ABFGHIJKNOQU	10
B 13A CEE		① €45,05
H100 10ha 184T(90-140m²) 96D		② €60,50

An der Straße 442 im Ort Riis gut ausgeschildert. Dann noch ca. 2 km. An Straße 441 zwischen Give und Bredsten Riis, Givskud folgen. 101825

Rømø, DK-6792 / Sydjylland

First Camp Lakolk Strand-Rømø***
Lakolk Camping 2
13 Apr - 27 Okt
+45 74 75 52 28
lakolkstrand@firstcamp.dk
N 55°08'45" E 08°29'36"

1 DEKNOPQRSTU	KNQSX	6
2 GJPQRWX	ABDEFGIJK	7
3 BFGHIJLMSV	ABCDEFGIJKNQRTW	8
4 ABEJLOPQ	FVYZ	9
5 ACDEFGHIJKLMN	ABFGHIJKLMOQUXY	10
Anzeige auf Seite 117 B 10A CEE		① €33,35
16ha 500T(80-100m²) 291D		② €50,85

An der Strecke Tønder-Ribe (11) bei Skaerbaek die 175 nach Rømo nehmen. Am Ende des Damms an der Ampel dann geradeaus. Der CP ist angezeigt. 101113

Rømø, DK-6792 / Sydjylland

Kommandørgårdens Camping & Feriepark
Havnebyvej 201
1 Jan - 31 Dez
+45 74 75 51 22
sale@kommandoergaarden.dk
N 55°05'55" E 08°32'35"

1 CDKNOPSU	BEGQRSW	6
2 IKPQRWXYZ	ABDEFGHIJ	7
3 BFHIJLMUV	ABCDEFGIJNQRTU	8
4 EFHJOQRTUVXZ	FGJW	9
5 ABEFGHJLM	ABGHJKLOQUVY	10
B 10A		① €36,85
8ha 500T(100m²) 202D		② €48,95

Über den Damm 175 erreicht man Rømø. Erste Kreuzung links ab. Bis zum Hotel Kommandørgården. Der CP liegt an der linken Seite der Strecke. 101414

Rømø, DK-6792 / Sydjylland

Rømø Familiecamping***
Vestervej 13
1 Apr - 1 Okt
+45 74 75 51 54
romo@romocamping.dk
N 55°09'46" E 08°32'51"

1 ACDKNOPRSTU	N	6
2 QRWXY	ABDEFGHIJ	7
3 BFGJV	ABCDEFIKNQRT	8
4 FJOPQ	FLY	9
5 ABDMN	AEGHJKNQ	10
10A CEE		① €31,45
10ha 345T(100-120m²) 87D		② €45,20

Bei Skaerbaek die 175 nach Rømø folgen. Auf Rømø an der ersten Ampel rechts ab. Nach 2,5 km ist der CP angezeigt. 101799

Teilkarte Süd-Jütland auf Seite 118

Sandersvig/Haderslev, DK-6100 / Sydjylland

Sandersvig Camping og Tropeland
Espagervej 15-17
1 Jan - 31 Dez
+45 74 56 62 25
camping@sandersvig.dk
N 55°20'05" E 09°37'55"

1 ADKNOPQRSTU	EFQSWXYZ	6
2 GJQWXY	ABDEFGHIJK	7
3 ABFNUV	ABCDEFGHIJKNPQRTW	8
4 BCDHJKNOPQTU	JO	9
5 ACDEGMN	ABHJKMOQY	10
B 10A CEE		1 €34,30
10,8ha 230T(100-140m²) 238D		2 €49,10

Von der E45 die Ausfahrt 66 Christiansfeld. Dann im Kreisverkehr Richtung Haderslev bis zum Schild Richtung Fjelstrup. Dann über Fjelstrup nach Knud. CP-Schildern folgen. 101838

Sdr. Stenderup, DK-6092 / Sydjylland

Gl. Ålbo Camping***
Gl. Ålbovej 30
1 Jan - 31 Dez
+45 75 57 11 16
info@gl-aalbo.dk
N 55°28'04" E 09°40'49"

1 ADEJMOPQRSTU	KNOPQSWXYZ	6
2 FHIJMQUVXY	ABDEFGHIJK	7
3 A	ABCDEFGIJKLNQRT	8
4 AEFHIOT	FGIJMNOS	9
5 ABDFMN	ABFGHIJKOQVWXY	10
B 13-16A		1 €33,70
2,2ha 60T(70-80m²) 58D		2 €33,70

Von der Autobahn E45 die Ausfahrt 65 Kolding S. nehmen. Dann an der 4. Ampel rechts Richtung Sdr. Stenderup fahren, den CP-Schildern folgen. Am Dorfende Richtung Gl. Ålbo. 101830

Sjølund/Grønninghoved, DK-6093 / Sydjylland

Grønninghoved Strand Camping****
Mosvigvej 21
27 Mrz - 15 Sep
+45 75 57 40 45
info@gronninghoved.dk
N 55°24'40" E 09°35'31"

1 AEGJMOPQRSTU	BGHIKNQSWXY	6
2 AGJQUY	ABDEFGHIJK	7
3 BCFJLMNV	ABCDFGIJKNQRTUVW	8
4 BFHIJQ	FNR	9
5 ACDFJM	ABFGHIKOQUY	10
B 10A CEE		1 €29,45
6ha 225T(80-120m²) 125D		2 €40,90

Von der E45 die Ausfahrt 65 Kolding Süd und Richtung Kolding bis zur Straße 170 fahren. Dann Richtung Haderslev. Nach 5 km links Richtung Sjølund. Dann via Grønninghoved ausgeschildert. 100079

Skovby, DK-6470 / Sydjylland

Skovmose Camping***
Skovmosevej 8
1 Apr - 17 Sep
+45 74 40 41 33
info@skovmose-camping.dk
N 54°52'18" E 10°00'51"

1 ACDEKNOPQRSTU	KNOPQSWX	6
2 GIJQSWXY	ABDEFGHIJ	7
3 BFGMV	ABCDEFGIJKNQRTW	8
4 FHJO	F	9
5 DN	AHJKOQU	10
B 13A CEE		1 €27,55
4ha 240T(80-100m²) 113D		2 €38,35

In Kruså Straße Nr. 8 in Richtung Sønderborg nehmen. Einige km nach Sønderborg rechts der Straße Nr. 427 bis hinter Skovby folgen, dann links, ausgeschildert. 101889

Sønderborg, DK-6400 / Sydjylland

Madeskov Camping***
Madeskov 9
15 Mrz - 22 Okt
+45 74 42 13 93
info@madeskovcamping.dk
N 54°56'09" E 09°50'44"

1 ADEKNOPQRSTU	KNOPQSWXYZ	6
2 AGIJLPQSXY	ABDEFGHIJK	7
3 AL	ABCDEFGIJNQRTW	8
4 FHJO	DF	9
5 ABDMN	ABGHJKOQUXY	10
10A CEE		1 €31,60
1,3ha 83T(80-100m²) 29D		2 €31,60

Von der E45 Ausfahrt 73, Richtung Sønderborg bis 4 km hinter Sønderborg. Im Kreisel links ab. Nach ein paar 100m ist der CP ausgeschildert. 101886

Sønderborg, DK-6400 / Sydjylland

Sønderborg Camping***
Ringgade 7
7 Apr - 22 Okt
+45 74 42 41 89
info@sonderborgcamping.dk
N 54°54'05" E 09°47'52"

1 ADEKNOPQRSTU	KMNOPQSWXZ	6
2 ABGJPQRSUWXYZ	ABDEFGIJK	7
3 BLNOSV	ABCDEFGIJKNQRTW	8
4 FHJO	FV	9
5 ABDN	ABCFGHJKNQUY	10
B 13A CEE		1 €37,00
3,2ha 160T(100-120m²) 29D		2 €51,80

Von der E45 Ausfahrt 73 Richtung Sønderborg. Auf der 8 bleiben bis über die Brücke, dann Richtung Sønderborg-Zentrum. CP liegt im Süden der Stadt und ist ausgeschildert. 101887

Sønderby, DK-6470 / Sydjylland

Sønderby Strand Camping***
Sønderbygade 6
1 Apr - 1 Okt
+45 74 40 53 13
info@aukschun.dk
N 54°51'56" E 09°53'31"

1 ABDEKNOPQRSTU	KNOPQSWXY	6
2 GIJMPQSUXY	ABDEFGHIJ	7
3 BFMN	ABCDEFGIJNQRTW	8
4 FHJQ	FIJOV	9
5 ABEFGN	ABFGHJKOQ	10
B 10A CEE		1 €28,10
2,6ha 125T(100-120m²) 71D		2 €39,80

Von der E45 Ausfahrt 73 Richtung Sønderborg, wenige km hinter Sønderborg rechts die 427 über Skovby über den Sønderby Deich. Links nach Østerbyvej rein, dann 1. Straße rechts, CP ausgeschildert. 101888

Sydals, DK-6470 / Sydjylland

Sønderkobbel Camping**
Piledøppel 2
1 Jan - 31 Dez
+45 53 57 04 40
pilecamping@mail.dk
N 54°51'15" E 09°57'31"

1 AKNOPQRSTU	KNOPQSWXY	6
2 GIJMQSWXY	ABDEFGIJK	7
3 BF	ABCDEFGHIJKNQRTW	8
4 FHJU	F	9
5 ABDEFHN	ABGHJKNQU	10
B 16A CEE		1 €27,45
4,7ha 196T(120m²) 94D		2 €38,20

In Kruså Straße 8 Richtung Sønderborg. Wenige km nach Sønderborg rechts Straße 427 Richtung Skovby. In Skovby rechts Richtung Kegnæs über Deich, nach 3 km links. Dann ausgeschildert. 101894

Tinglev, DK-6360 / Sydjylland

Uge Lystfiskeri og Camping***
Aabenraavej 95
1 Jan - 31 Dez
+45 74 64 44 98
uge@mail.dk
N 54°57'42" E 09°17'36"

1 ABDEGKNOPQRSTU	LN	6
2 AEJPQRSWXY	ABDEFGHIJ	7
3 BFGIJLMUV	ABCDEFGIJNQRTW	8
4 FHJOT	FGY	9
5 ABDMN	AGHJKNQUXY	10
Anzeige auf dieser Seite B 16A CEE		1 €24,90
7,5ha 180T(100-120m²) 130D		2 €34,30

Auf der E45, Ausfahrt 72, nach oben links zur 42 Richtung Tinglev. Hinter Uge auf der rechten Seite (500m). 109923

Tipperne/Nørre Nebel, DK-6830 / Sydjylland

Tipperne Camping***
Vesterlundvej 101
31 Mrz - 24 Sep
+45 71 78 88 51
tipperne@tippernecamping.dk
N 55°49'37" E 08°12'54"

1 AKNOPSU		6
2 BCQRXYZ	BDEFGHIK	7
3 ABSX	ABDFGIJKNQRT	8
4 FHJU	BFK	9
5 ADJN	AHJKRSY	10
B 10A CEE		1 €33,90
2ha 67T(100-140m²) 13D		2 €49,75

Die 181 von Varde nach Nymindegab. Rechts ab bei Vesterlund. Nach circa 600m ist der CP an der linken Seite. 110895

Tønder, DK-6270 / Sydjylland

CC€23

Møgeltønder Camping
Sønderstrengvej 2
1 Jan - 31 Dez
+45 74 73 84 60
info@mogeltondercamping.dk
N 54°56'17" E 08°47'57"

1 ACDEKNOPQRSTU	BGHN	6
2 EPQRXYZ	ABDEFGHIJK	7
3 BFJLMV	ABCDEFGIJNQRTW	8
4 BCFHJO	DEFY	9
5 ABDFMN	ABCGHIJKOQUVY	10
10A CEE		1 €31,45
5ha 204T(80-120m²) 83D		2 €42,75

Von der 11 auf die 419 Richtung Højer. 2. Ausfahrt nach Møgeltønder. Camping ist recht gut angezeigt. 124310

Tønder, DK-6270 / Sydjylland

CC€23

Tønder Camping***
Sønderport 4
1 Jan - 31 Dez
+45 74 92 80 00
booking@danhostel-tonder.dk
N 54°56'04" E 08°52'36"

1 ADKNOPQSU	EGHJN	6
2 CQWXYZ	ABDEFGHIK	7
3 BFGLMNPS	ABCDEFIJKNQRTU	8
4 HJOQRTV	AFKV	9
5 ADJN	ABDGHIJKOQV	10
B 10-16A		1 €37,65
2ha 84T(80-130m²) 6D		2 €37,65

Von Süden her die 11. Von Osten aus die 8 Richtung Tønder. Der CP liegt am östlichen Ortsrand. 101114

Vejers Strand, DK-6853 / Sydjylland

Stjerne Camping ApS***
Vejers Havvej 7
1 Jan - 31 Dez
+45 75 27 70 54
info@stjernecamping.dk
N 55°37'09" E 08°08'30"

1 CDEKNOPQRSTU	N	6
2 EPQRWXY	ABDEFGHK	7
3 ABIMSV	ABCDEFGHIJKNPQRTW	8
4 EFGHJKOU	F	9
5 CDMN	ABGHJKMOQUVY	10
B 10A CEE		1 €31,60
6ha 100T(100m²) 165D		2 €46,40

Über Oksbøl 431 Richtung Vejers. Der CP liegt direkt links im Ort. 112767

Vejers Strand, DK-6853 / Sydjylland

CC€21

Vejers Familie Camping***
Vejers Havvej 15
1 Jan - 31 Dez
+45 75 27 70 36
info@vejersfamiliecamping.dk
N 55°37'09" E 08°08'11"

1 ADKNOPQSU	BGN	6
2 JPQXYZ	ABDEFGHK	7
3 BJLMVX	ABCDEFGIJKNQRT	8
4 BJO	FI	9
5 ABDMN	ABDHIJKOQU	10
16A CEE		1 €35,90
4,2ha 156T(80-100m²) 82D		2 €50,95

Über Oksbol die 431 Richtung Vejers. Der CP liegt am Ortseingang. Ist ausgeschildert. 101781

Vorbasse, DK-6623 / Sydjylland

Vorbasse Camping***
Drivvejen 28
1 Jan - 31 Dez
+45 75 33 36 93
vorbasse@vorbassecamping.dk
N 55°37'34" E 09°04'58"

1 ACDEKNOPQRSTU	EGN	6
2 QRWY	ABDEFGHIJK	7
3 BFGJLMNQSUV	ABCDEFGIJKNQRT	8
4 BFJOR	AEFJY	9
5 ACDGJMN	ABHIJKOPQUXY	10
B 16A CEE		1 €35,10
H50 3ha 250T(70-80m²) 114D		2 €45,30

Straße 469 Kolding-Grindsted kurz vor Vorbasse ist CP ausgeschildert. Von Grindsted aus an Vorbasse vorbei. Auch aus Richtung Billund leicht zu finden. 101810

Dänemark

Teilkarte Süd-Jütland auf Seite 118

Mittel-Jütland

Allingåbro, DK-8961 / Midtjylland

CC€21 iD

Dalgård Camping***	1 ABDEJMOPRSTU KN 6
Nordkystvejen 65	2 GJPQRVWY ABDEFGI 7
25 Mrz - 10 Sep	3 BFJLSUVX ABCDEFGHIJKNQRTW 8
+45 86 31 70 13	4 BFHJO DFJ 9
info@dalgaardcamping.dk	5 ACDMN ABGHJKOPQUXY 10
	Anzeige auf dieser Seite 1-16A ① €35,65
N 56°30'33'' E 10°32'45''	5ha 125T(80-100m²) 41D ② €50,45

Befindet sich an Straße 547. Ca. 4 km westlich von Fjellerup. Der CP befindet sich rechts der Straße. 100059

Auning, DK-8963 / Midtjylland

Auning Camping***	1 BDEKNOPRSTU 6
Reimersvej 13	2 QWY ABDEFGHIJK 7
29 Apr - 11 Sep	3 ABLSV ABEFNQRTW 8
+45 86 48 33 97	4 JO ADF 9
mail@auningcamping.dk	5 ADM ABGHIJKOQU 10
	16A ① €37,50
N 56°26'07'' E 10°23'03''	4ha 125T(80-150m²) 56D ② €51,25

Über Straße 16 Randers-Grenaa nach Auning. Mitten in dem Dorf ist der CP ausgeschildert. 101904

Bønnerup Strand/Glesborg, DK-8585 / Midtjylland

iD

Albertinelund Camping***	1 ACDEKNOPQRSTU BGKNQSWX 6
Albertinelund 3	2 BGJQRY ABDEFGHIK 7
1 Jan - 31 Dez	3 BDFJLMSUV ABCDEFIJKNRTW 8
+45 86 38 62 33	4 HJOPQS FJY 9
camping@albertinelund.dk	5 ACDFMN ABGHIJKOQUY 10
	10A ① €40,35
N 56°31'45'' E 10°44'40''	15ha 150T(100-120m²) 214D ② €56,50

Von der A16 Randers-Grenå oder von der Straße 547 aus erreichen Sie den CP über Glesborg und Hemmed. 101411

Bork Havn/Hemmet, DK-6893 / Midtjylland

CC€23 iD

Bork Havn Camping***	1 ADEKNOPQSTU NQRSTWXY 6
Kirkehøjvej 9A	2 EJQTWXYZ ABDEFGHIJK 7
29 Mrz - 22 Okt	3 BFJSV ABEFIJKNQRTW 8
+45 75 28 00 37	4 FHJO FMRVY 9
mail@borkhavncamping.dk	5 CDEFMN ABGHIJKOQUWY 10
	B 6-10A CEE ① €36,30
N 55°50'54'' E 08°17'00''	4,5ha 115T(100-120m²) 115D ② €52,45

Auf der 423 Nørre Nebel-Tarn; nördlich vom Ort Nørre Bork links ab den Schildern Bork Havn folgen. 112064

Brædstrup, DK-8740 / Midtjylland

iD

Gudenå Camping og Kanoudlejning	1 ADEJMOPQSU BGN 6
Bolundvej 4	2 ADPQRWY ABDEFGHIJ 7
31 Mrz - 24 Sep	3 BLMV ABCDEFGHIJKNPQRTW 8
+45 75 76 30 70	4 JO AFGRY 9
info@gudenaacamping.dk	5 ABDEFMN ABFGHJKLOQY 10
	B 10-16A CEE ① €29,60
N 55°56'07'' E 09°39'10''	H50 2,5ha 80T(80-100m²) 43D ② €42,50

Auf der E45 Ausfahrt 56 Richtung Silkeborg, die 52 nehmen. Nach 10 km CP links ausgeschildert. 100071

Bryrup/Silkeborg, DK-8654 / Midtjylland

CC€23 iD

Bryrup Camping****	1 ACDEKNOPQSTU BGHNQ 6
Hovedgaden 58	2 CEPQRVXY ABDEFGHIJK 7
31 Mrz - 17 Sep	3 BFJMV ABCDEFGIJKNQRTUV 8
+45 75 75 67 80	4 BDFHJOPQS ADFJKRUY 9
info@bryrupcamping.dk	5 ADHMN ABGHJKOQU 10
	B 13A CEE ① €51,25
N 56°01'21'' E 09°30'32''	H63 2,4ha 241T(80-100m²) 84D ② €71,20

Nach Vejle Straße 13 in nördlicher Richtung bis Silkeborg. Hier rechts Straße 453 nehmen. Nach ca. 10 km befindet sich der CP in Bryrup links. 101824

Dråby/Ebeltoft, DK-8400 / Midtjylland

iD

Dråby Strand Camping Ebeltoft***	1 ADEKNOPQRSTU XY 6
Dråby Strandvej 13	2 HILMQXYZ ABDEFGHK 7
9 Apr - 30 Sep	3 AJLV ABCDEFGIJKNQRT 8
+45 86 34 16 19	4 K FQY 9
info@draaby.dk	5 ABMN ABGHIJKOQUVY 10
	B 10A CEE ① €41,70
N 56°13'18'' E 10°44'17''	5ha 180T(80-120m²) 74D ② €56,50

Straße 21, etwas nördlich von Ebeltoft, Ausfahrt Dråby nehmen. Dann ausgeschildert. 101914

Elsegårde Camping

Ein schöner Familiencampingplatz mit 90 Stellplätzen in der Nähe von Stadt und Meer. Hier können Sie einen ruhigen und erholsamen Aufenthalt auf schönen, geräumigen Stellplätzen verbringen. Die ländliche Waldumgebung lädt zum Radfahren und Wandern ein. Der geschützte Nationalpark Mols Bjerge und das gemütliche Städtchen Ebeltoft mit Terrassen und Geschäften sind nur wenige Kilometer entfernt und machen Ihr Urlaubsgefühl komplett.

Kristoffervejen 1, 8400 Ebeltoft
Tel. +45 86341283 • E-Mail: info@egcamp.dk
Internet: www.egcamp.dk

Ebeltoft, DK-8400 / Midtjylland

CC€23

Blushøj Camping - Ebeltoft***
Elsegårdevej 55
31 Mrz - 24 Sep
+45 86 34 12 38
info@blushoj.com
N 56°10'04" E 10°43'49"

1 ABDEKNOPQSTU BGHK**N**QSX 6
2 HILMPQRUVXYZ ABDE**FG**IJK 7
3 B**JL**MV ABCDE**FGI**JKNQRTW 8
4 FHJO FQRV 9
5 ABDM**N** ABGHJKOPQ 10
10A CEE ❶ €37,65
6,5ha 270**T** 24**D** ❷ €53,00

Von Ebeltoft nach Elsegårde (4 km). An der Kreuzung am Weiher links zum CP. 101916

Ebeltoft, DK-8400 / Midtjylland

DCU-Camping Ebeltoft - Mols***
Dråbyvej 13
1 Jan - 31 Dez
+45 86 34 16 25
mols@dcu.dk
N 56°12'49" E 10°41'16"

1 ADE**KN**OPQRS**U** BGH 6
2 JPQRVWXYZ ABDE**FG**HIK 7
3 BFG**JL**MSV ABCDEFIJKNRTW 8
4 FHIJLO**Q** F 9
5 ACDM**N** ABGHJK**O**QUY 10
B 10A ❶ €40,90
6,5ha 400**T**(70-150m²) 70**D** ❷ €55,95

Über die Straße 21 nach Ebeltoft einfahren, gleich links Richtung Dråby, dann 2. Straße links nach Dråby. CP nach ca. 300m linkerhand. 111916

Ebeltoft, DK-8400 / Midtjylland

CC€21

Elsegårde Camping
Kristoffervejen 1
1 Jan - 31 Dez
+45 86 34 12 83
info@egcamp.dk
N 56°10'06" E 10°43'23"

1 ABDEJMOPQSTU KNX 6
2 GKLMWXY ABDE**FG**I 7
3 B**JL** ABEFGNQRT 8
4 HJO FJ 9
5 DM ABHJKOQY 10
Anzeige auf dieser Seite 13A CEE ❶ €34,95
1,9ha 60**T**(70-120m²) 42**D** ❷ €50,55

Von Ebeltoft nach Elsegårde fahren (4 km). Der CP liegt an der Kreuzung am Weiher. 112192

Ebeltoft/Fuglsø, DK-8420 / Midtjylland

Sølystgård Strand Camping***
Dragsmurvej 15
27 Mrz - 19 Sep
+45 86 35 12 39
mail@soelystgaard.dk
N 56°10'31" E 10°32'04"

1 ADE**KN**OPQRSTU K**N**PQSWXYZ 6
2 HIJKLQRUVXYZ ABDE**FG**HIK 7
3 ABF**L**MUVX ABCDE**FGI**JKNQRTW 8
4 EFHJO**PQTU** FJY 9
5 ABDM**N** AGHJKNQU 10
6A ❶ €49,75
9ha 281**T**(100m²) 68**D** ❷ €53,50

Folgen Sie der 21, Ausfahrt Ronde/Mols. Richtung Femmøller Strand, dann im Kreisel Richtung Fuglso. Der Campingbeschilderungen folgen. 111710

Ebeltoft/Krakær, DK-8400 / Midtjylland

CC€23

Krakær Camping***
Gl. Kærvej 18
1 Jan - 31 Dez
+45 86 36 21 18
info@krakaer.dk
N 56°15'08" E 10°36'09"

1 ADEKNOPQRSTU BG 6
2 BQRVWXY ABDE**FG**HIK 7
3 BF**HIJL**MSVX ABCDE**FGI**JKNQRTW 8
4 FHIJO EFLY 9
5 ACDEFHKM**N** ABDGHJK**O**PQUXY 10
10-16A CEE ❶ €43,05
8ha 227**T**(70-130m²) 62**D** ❷ €57,85

Über Straße 15 und 21 Richtung Ebeltoft. Etwas 8 km vor Ebeltoft rechts Richtung Krakær. CP ist ausgeschildert. Adresse für das Navi: Gammell Kærvej 18. 101913

Fårvang/Silkeborg, DK-8882 / Midtjylland

Søhøjlandets Camping
Sørkelvej 12
31 Mrz - 24 Sep
+45 88 44 60 90
mail@sohojlandetscamping.dk
N 56°16'53" E 09°40'08"

1 ADEH**KN**OPQRSTU J 6
2 CJQXYZ AIK 7
3 BCFSUV ABCDEFGKNQRTW 8
4 JK AFJ 9
5 ABDN BGHJKM**O**QY 10
10A CEE ❶ €37,00
3ha 150**T**(50-150m²) 78**D** ❷ €50,45

Über Hauptstraße 26 oder von Silkeborg über Straße 46 (Richtung Randers) nach Truust, wo der CP durch Schildern gekennzeichnet ist. 101818

Ferring/Lemvig, DK-7620 / Midtjylland

Bovbjerg Camping***
Juelsgårdvej 13
24 Mrz - 22 Okt
+45 29 88 22 31
bc@bovbjergcamping.dk
N 56°31'41" E 08°07'31"

1 ACDE**KN**OPQRSTU KNQ 6
2 GIJLQSWXY ABDE**FG**HIK 7
3 BF**J**UV ABCDE**FI**JKNQRTW 8
4 FHJ DF 9
5 ACDM**N** ABFGHJK**O**QUVY 10
B 10A CEE ❶ €33,50
4,6ha 180**T**(80-130m²) 17**D** ❷ €47,75

Von der Straße 181 nehmen Sie die Ausfahrt Ferring. Im Dorf folgen Sie der Beschilderung des Campingplatzes. 100052

Fjand, DK-6990 / Midtjylland

Nissum Fjord Camping***
Klitvej 16
1 Jan - 31 Dez
+45 97 49 60 11
kontakt@nissumfjordcamping.dk
N 56°19'10" E 08°08'59"

1 ADE**KN**OPQRSTU BNQSX 6
2 EPQRSTWXY ABDE**FGH**IK 7
3 BF**J**SV ABCDEFGIJNQRT 8
4 BCFHIJKOQ DEFGIJUVY 9
5 ABDFHLM**N** ABFGHIJKMOPQU 10
B 13-16A CEE ❶ €32,15
4,5ha 200**T**(80-120m²) 90**D** ❷ €32,15

An der Küstenstraße 181 nördlich von Sondervig liegt der Campingplatz zwischen der Nordsee und dem Nissum Fjord. 110747

Gammel Laven/Silkeborg, DK-8600 / Midtjylland

Askehøj Camping***
Askhøjvej 18
1 Apr - 17 Sep
+45 86 84 12 82
info@askehoj.dk
N 56°08'10" E 09°41'25"

1 ACDKNOPQRSTU BGH**N** 6
2 AQVWXY ABDE**FG**HIJK 7
3 BF**JL**MSV ABCDFGIKNQRT 8
4 BCDFHIJO DFJK 9
5 ABDM**N** BGHJK**O**QUY 10
10-13A CEE ❶ €39,65
H88 5ha 245**T**(80-120m²) 136**D** ❷ €54,45

Bei Skanderborg die E45 verlassen, dann auf die 445 nach Ry. In Ry vor dem Bahnübergang rechts und nach 50m links Richtung Laven. CP liegt zwischen Laven und Svejbæk. 101822

Gjerrild/Grenå, DK-8500 / Midtjylland

DCU-Camping Gjerrild Strand***
Langholmvej 26
19 Mrz - 24 Okt
+45 86 38 42 00
gjerrild@dcu.dk
N 56°31'41" E 10°48'37"

1 ADE**KN**OPQRSTU BGK**N**QSWX 6
2 BCGJLQRWY ABDE**FG**HIK 7
3 BFG**JL**MSUV ABCDEFGHIJKNQRTUVW 8
4 **A**FHJO**PQ** FIJVY 9
5 ACDEM**N** ABFGHIJKLM**O**QUXY 10
B 16A CEE ❶ €40,90
10ha 276**T**(90-180m²) 127**D** ❷ €54,85

Straße Nr. 16 Richtung Grenå-N. Dann Richtung Gjerrild, wo der CP ausgeschildert ist. 101911

Glesborg, DK-8585 / Midtjylland

Fjellerup Strands Camping
Møllebækvej 6
24 Mrz - 17 Sep
+45 86 31 71 16
camping@fjellerup-strand.dk
N 56°30'59" E 10°35'23"

1 ABCDE**JM**OPQRS**U** **N** 6
2 LQRXYZ BDE**FG**HIJK 7
3 BDFMUV ABCDFGHIJKNPQRT 8
4 BCFHJO ABN 9
5 ABDMN ABHJKM**O**PQUY 10
10A CEE ❶ €44,40
5,2ha 274**T** 109**D** ❷ €51,10

Via der Küstenstraße 547 nach Fjellerup. Dort Richtung Strand fahren, nach etwa 500m liegt der Campingplatz direkt am Wasser. 101903

Glyngøre, DK-7870 / Midtjylland

CC€21

Glyngøre Camping***
Sundhøj 20A
1 Jan - 31 Dez
+45 97 73 17 88
info@glyngore-camping.dk
N 56°44'32" E 08°52'06"

1 ADEKNOPQRSTU DGK**N** 6
2 GJPQSWXY AB**FG**HIK 7
3 BF**L**V ABDEFIJKNQRT 8
4 BCFHJO**U** FJY 9
5 ABDHMN AGHJKOQY 10
10A CEE ❶ €33,60
9ha 290**T**(80-120m²) 109**D** ❷ €44,40

Auf der A26 von Skive nach Thisted die Ausfahrt Glyngøre nehmen. Der Campingplatz ist ausgeschildert. 100047

Dänemark

Grenå, DK-8500 / Midtjylland

CC€23 iD

Fornaes Camping***
Stensmarkvej 36
1 Apr - 22 Okt
+45 40 18 76 78
info@fornaescamping.dk
N 56°27'14" E 10°56'28"

1 ADE**KN**OPSTU BGK**N**QSWXYZ 6
2 HILMQRSUVXYZ BE**FG**HIJK 7
3 ABF**JL**MSV DFGIJKNQRTW 8
4 HJO**PQ** FKLQVY 9
5 ACDM**N** ABGHJKL**O**QXY 10
Anzeige auf dieser Seite B 10-16A ❶ €39,65
9,2ha 293**T**(100-140m²) 76**D** ❷ €54,45

Über die Straßen Nr. 15 oder 16 zum Fährhaven in Grenå. Dann links, den Schildern folgen, noch 5 km. 101912

Hou/Odder, DK-8300 / Midtjylland

iD

Hou Strandcamping
Spøttrup Strandvej 35
2 Apr - 1 Okt
+45 86 55 61 62
info@houstrandcamping.dk
N 55°55'35" E 10°15'14"

1 ADE**KN**OPQRSU KNQSW 6
2 FGJQUWY ABDE**FG**HIJK 7
3 BG**L**MV ABCDEFGHIJNQRT 8
4 FJO 9
5 D ABFGHIJKOQUY 10
B 10A CEE ❶ €39,00
2ha 103**T**(120-150m²) 35**D** ❷ €57,85

Straße 451 Horsens-Odder, in Ørting Richtung Gosmer und Hou (Hov). Ab Halling Schilder Hou folgen, dann Spottrup und CP ausgeschildert. 100073

Grenå, DK-8500 / Midtjylland

CC€23 iD

Grenå Strand Camping****
Fuglsangvej 58
1 Apr - 11 Sep
+45 86 32 17 18
info@grenaastrandcamping.dk
N 56°23'22" E 10°54'44"

1 ADE**KN**OPQRST**U** BGHK**N**QS**X**Y 6
2 BHJPQRWY ABDE**FG**HIK 7
3 BFG**JL**MSUV ABCDEFIJKNQRTUVW 8
4 BFHJO**PQ** DEFGJ 9
5 ADM**N** ABGHIJKMOQUY 10
B 10A ❶ €47,45
22ha 579**T**(140-280m²) 115**D** ❷ €67,90

In Grenå Richtung Hafen. Südlich des Hafens ist der CP ausgeschildert. 101107

Hvide Sande, DK-6960 / Midtjylland

CC€21 iD

Dancamps Holmsland***
Tingodden 141
5 Apr - 24 Sep
+45 97 31 13 09
info@dancamps.dk
N 55°57'45" E 08°08'31"

1 ADE**KN**OPQSTU KNQS 6
2 GIJPQRWX ABDE**FG**IK 7
3 A**L**V ABCDEFIJNQRT 8
4 FHJO FJ 9
5 ABDM**N** ABGHJKOQ 10
Anzeige auf Seite 127 B 10A CEE ❶ €43,15
2,5ha 92**T**(85-105m²) 20**D** ❷ €56,10

Über die Küstenstraße 181, ca. 5 km südlich von Hvide Sande auf den „Søholmvej". Am Ende der Straße liegt der CP. 112771

Højbjerg, DK-8270 / Midtjylland

iD

DCU-Camping Aarhus - Blommehaven***
Ørneredevej 35
19 Mrz - 24 Okt
+45 86 27 02 07
blommehaven@dcu.dk
N 56°06'37" E 10°13'55"

1 ABDE**KN**OPRSTU KM**N**QSWXYZ 6
2 ABHLPQRUVWY ABDE**FG**HIJK 7
3 BFI**JL**MSV ABCDEFHIJNQRTUVW 8
4 FIJO**PQST** FLV 9
5 ABDMN ABEGIJK**O**QUY 10
10A ❶ €41,40
15ha 365**T**(70-140m²) 22**D** ❷ €56,20

Ab Århushafen fahren Sie die Küstenstraße Richtung Süden, der CP-Beschilderung folgen. Auch von der 451 aus ist der CP ausgeschildert. 101109

Hvide Sande, DK-6960 / Midtjylland

CC€23 iD

Dancamps Nordsø***
Tingodden 3, Årgab
31 Mrz - 29 Okt
+45 96 59 17 22
info@dancamps.dk
N 55°56'58" E 08°09'01"

1 ADE**KN**OPQSTU **EG**HKNQRSWX 6
2 GJPQRSWX ABC**D**E**FG**HIJK 7
3 B**JL**UV ABCDEFIJKNQRTUVW 8
4 BFHJO**TUV** EFHJVY 9
5 ABDEFHIJLM**N** ABDEFGHJKOPQUVWY 10
Anzeige auf Seite 127 B 10A CEE ❶ €46,40
12,5ha 299**T**(40-100m²) 86**D** ❷ €65,20

Ab Esbjerg nach Varde und dann die Küstenstraße 181 nordwärts Richtung Hvide Sande. Kurz hinter Haurvig Kirke sehen Sie links den CP, mit Pool und grüner Rutsche. 100062

Holstebro, DK-7500 / Midtjylland

iD

DCU Camping Holstebro Sø***
Birkevej 25
18 Mrz - 23 Okt
+45 97 42 20 68
holstebro@dcu.dk
N 56°20'58" E 08°38'40"

1 ADE**KN**OPQRSTU BGLNXZ 6
2 FPQRWXYZ AB**FG**HI 7
3 AB**L**MSUV CDEFIJKNQRTW 8
4 JO**Q** FRY 9
5 BDH**N** ABFGHJKOQUY 10
B 10A CEE ❶ €45,60
2ha 105**T**(80-100m²) 54**D** ❷ €62,00

Ringstraße um Holstebro befahren. Richtung Mejdal. Campingplatz ausgeschildert. 111918

Juelsminde, DK-7130 / Midtjylland

iD

Juelsminde Strand Camping****
Rousthojs Allé 1
1 Jan - 31 Dez
+45 75 69 32 10
info@juelsmindecamping.dk
N 55°42'45" E 10°00'52"

1 ADE**KN**OPQRSTU KM**N**QSXYZ 6
2 HJKPQSTWX ABC**D**E**FG**HIJK 7
3 ABD**JL**M**Q** ABCDFGIJKNQR**ST** 8
4 FGIJY 9
5 DHMN ABFGHJKOXY 10
B 10A CEE ❶ €37,00
4,5ha 255**T**(70-120m²) 106**D** ❷ €43,70

Von der E 45 aus, auf der 23 weiter nach Juelsminde zum Hafen. Der Campingplatz befindet sich auf der rechten Seite der Straße. 101866

ACSI AWARDS 2022

GEWINNER

Schönste Wohnmobilstellplätze Dänemark

Horsens City Camping

Horsens, DK-8700 / Midtjylland

iD

Horsens City Camping***
Husoddevej 85
1 Jan - 31 Dez
+45 75 65 70 60
camping@horsenscity.dk
N 55°51'31" E 09°55'03"

1 ABDEH**KN**OPQRST**U** **DG**KNQRSW 6
2 ABGJPQWXYZ ABDE**FGH**IJK 7
3 BDF**JL**MUV ABCDEFGIJKNQRTUVW 8
4 BFHJO AFJNRVY 9
5 ABDEMN ABFGHIKM**O**QUY 10
B 10-13A CEE ❶ €46,40
10ha 237**T**(100-150m²) 79**D** ❷ €67,90

In Horsens Richtung Odder auf der 451. Dann am Hafen entlang den CP-Schildern folgen. 101865

Teilkarte Mittel-Jütland auf Seite 124

DANCAMPS

Camping mit einem Lächeln

Camping nah der Nordseeküste, Strand, Wald und Grossstadterlebnisse. Dancamps besteht aus mehreren Campingplätzen: DANCAMPS Nordsø und DANCAMPS Holmsland direkt an der Nordseeküste und bei Hvide Sande. DANCAMPS Trelde Naes direkt an der Ostseeküste.

Mehr sehen! dancamps.de

Kysing Strand/Odder, DK-8300 / Midtjylland

NFJ Naturist Familiecamping (FKK)**	1 ADEKNOPQRST**U**	KM**N** 6
Kystvejen 258	2 HIJLPQWXYZ	ABDE**FGI**K 7
1 Apr - 30 Sep	3 ABSV	ABEFHJKNQRT 8
+45 86 55 83 65	4 JOT	DF 9
info@nfj.dk	5 ABM**O**	ABHIJK**O**QUY 10
	FKK 16A CEE	❶ €33,60
N 56°00'49" E 10°16'04"	5ha 243**T**(bis 60m²) 84**D**	❷ €53,10

Die 451 Arhus-Odder. Bei Malling Richtung Norsminde. Camping liegt an Küstenstraße zwischen Norsminde und Kysing. Ist mit FKK-Schild angezeigt. 112807

Løgstrup, DK-8831 / Midtjylland

Hjarbæk Fjord Camping***	1 ADEKNOPQRSTU	BGK**N**QSXY 6
Hulager 2	2 GIJLPQRVWXY	ABDE**FG**HIJK 7
1 Jan - 31 Dez	3 BDF**J**MSUVX	ABCDEFGIJNQRTW 8
+45 22 13 15 00	4 FHJKO**PQ**	DFJNRY 9
info@hjarbaek.dk	5 ABDFHMN	ABFGHJKM**O**QUWY 10
	B 10-13A CEE	❶ €37,40
N 56°32'03" E 09°19'53"	10ha 165**T**(100-120m²) 111**D**	❷ €50,85

Die 26 Viborg-Skive. Ausfahrt Løgstrup/Hjarbæk. Der CP ist ausgeschildert. 100055

Langerhuse, DK-7673 / Midtjylland

Vesterhav	1 DKNOPQRSTU	KNQ 6
Flyvholmvej 36	2 GIJQX	ABDEFGIK 7
1 Apr - 31 Okt	3 BDFGJV	ABCDEFIJKNPQRW 8
+45 43 14 15 15	4 JQTU	FJV 9
kontakt@campingvesterhav.dk	5 BDN	AGHIJKMOQUY 10
	10A CEE	❶ €30,95
N 56°37'31" E 08°09'23"	3,6ha 120**T**(35-180m²) 24**D**	❷ €43,05

Straße 181 entlang der Küste bis zur Abfahrt Langerhuse. Folgen Sie den Schildern. 108746

Malling, DK-8340 / Midtjylland

CampOne Ajstrup Strand camping***	1 ADE**K**NOPQRST**U**	**DG**KNQSWX 6
Ajstrup Strandvej 81	2 HJKLPQRWXYZ	ABDE**FG**HIJK 7
1 Jan - 31 Dez	3 B**JL**MUV	ABCDEFGIJKNQRTW 8
+45 63 60 63 64	4 FHIJO	FY 9
ajstrup@campone.dk	5 ABDMN	ABDGHIJKOQY 10
	10A CEE	❶ €46,80
N 56°02'29" E 10°15'52"	9,2ha 396**T**(60-150m²) 127**D**	❷ €60,25

Die 451 zwischen Odder und Århus an der Abzweigung nach Malling. Folgen Sie in Malling den Schildern Richtung Ajstrup (Strand) und CP. 100067

Lemvig, DK-7620 / Midtjylland

Lemvig Strand Camping****	1 ADE**K**NOPQSTU	**EG**KNQRSWXY 6
Vinkelhagevej 6	2 FIJQSWXY	ABDE**FG**HIK 7
31 Mrz - 21 Okt	3 BFG**JL**MSV	ABCDE**FI**JKNQRTW 8
+45 23 82 00 45	4 FHJO**PQUX**	FJ 9
info@lemvigcamping.dk	5 ACDM**N**	ABGHJKOQUW 10
	B 10-13A CEE	❶ €36,30
N 56°34'02" E 08°17'39"	7,6ha 250**T**(90-125m²) 115**D**	❷ €52,45

Fahren Sie in Richtung Lemvig. In Lemvig Richtung Zentrum und Hafen. Ab hier der Beschilderung folgen. Der CP liegt wenige kilometers außerhalb von Lemvig. 100051

Odder, DK-8300 / Midtjylland

Saksild Strand Camping	1 ADEKNOPQRSTU	BGKMNQSW 6
Kystvejen 5	2 GJPQWXY	ABE**FG**HJK 7
1 Jan - 31 Dez	3 BG**JKLQ**V	ABD**FGI**JKNQRTV 8
+45 86 55 81 30	4 FGHJO**X**	ADFNORUVW 9
info@saksild.dk	5 ACDFGLMN	ABFGHIJKOPQUVY 10
	B 10-16A CEE	❶ €45,70
N 55°58'46" E 10°14'54"	4ha 220**T**(80-150m²) 128**D**	❷ €67,25

In Odder gibt es ein CP-Schild '6 km', dann nach Saksild, weiter Richtung Saksild Strand. Dann noch 1 km bis zum CP. 101112

Lisbjerg/Århus-N, DK-8200 / Midtjylland

Aarhus Camping***	1 ADE**K**NOPQRSTU	BG 6
Randersvej 400	2 ABPQRXYZ	ABE**FG**HIJ 7
1 Jan - 31 Dez	3 AC**JL**V	ABCDE**FG**IJKNQRTW 8
+45 86 23 11 33	4 JOQU	AF 9
info@aarhuscamping.dk	5 ABDEFGHJKM**N**	ABDFGHJK**O**PQU 10
	Anzeige auf dieser Seite 16A CEE	❶ €34,00
N 56°13'36" E 10°09'49"	H70 6,9ha 190**T**(80-150m²) 31**D**	❷ €35,65

E45 Ausfahrt 46 Århus-N Richtung Lisbjerg, erste Ampel links, dann dem CP-Schild noch 2 km folgen. 100066

Odder/Boulstrup, DK-8300 / Midtjylland

Hygge Strand Camping***	1 ADE**K**NOPQRSTU	K**N**PQSWXYZ 6
Toldvejen 50	2 GJMQWY	ABDE**FG**HIJK 7
31 Mrz - 17 Sep	3 BF**L**SV	ABCDEF**GI**JKNQRT 8
+45 88 44 83 83	4 J	FI 9
info@hyggestrandcamping.dk	5 ABDM**N**	ABFGHIJKLOQUVXY 10
	B 10A CEE	❶ €33,90
N 55°56'04" E 10°15'23"	5ha 120**T**(100-110m²) 88**D**	❷ €50,05

Die 451 Horsens-Odder. In Ørting Richtung Gylling, etwas später Gosmer und Hou. Ab Halling Richtung Hou, danach Spøttrup. Von hier aus den CP-Schildern folgen. 101906

Dänemark

Østbirk, DK-8752 / Midtjylland

Vestbirk Camping***
Møllehøjvej 4
1 Jan - 31 Dez
+45 75 78 12 92
vestbirk@vestbirk.dk

1 BCDEKNOPQRSTU — BGHLN 6
2 CEQWXYZ — ABDEFGIJ 7
3 BDFJMSV — ABCDEFGIJKNQRT 8
4 BJKTU — ADEFJQR 9
5 ACDEFMN — ABFGHIJKMOQUWY 10
B 10-16A CEE — ❶ €37,65
H60 15ha 170T(90-130m²) 125D — ❷ €53,50

N 55°57'50" E 09°41'59"
Auf der E45 bei Vejle Ausfahrt 59, die 13 Richtung Nørre Snede. Nach ± 10 km auf die 409 Richtung Skanderborg. 1 km vor Vestbirk ist der CP angezeigt. — 101111

Randers, DK-8920 / Midtjylland

Randers City Camp***
Himmelbovej/Hedevej 9
1 Jan - 31 Dez
+45 29 47 36 55
info@randerscitycamp.dk

1 ADEKNOPQRSTU — BCGN 6
2 ABCIPQSUWXYZ — ABDEFGHIK 7
3 ABFLMSVWX — ABCDEFGIJKNQRTUVW 8
4 BCDFHJR — FJNRVY 9
5 ADMN — ABFGHJKOQUY 10
B 13-16A CEE — ❶ €34,85
6,6ha 210T(100-300m²) 131D — ❷ €49,10

N 56°26'59" E 09°57'10"
E45, Ausfahrt 40 Richtung Randers C nehmen. Die Straße 525 Richtung Langå fahren. CP ist nach 3 km ausgeschildert. — 109384

Ringkøbing, DK-6950 / Midtjylland

Ringkøbing Camping***
Herningvej 105
31 Mrz - 1 Okt
+45 97 32 04 20
info@ringkobingcamping.dk

1 AKNOPQRSTU — 6
2 BQRSWXYZ — ABDEFGHI 7
3 ABFJLMSV — ABCDEFIJNQRTW 8
4 FHJ — BFLY 9
5 ADMN — ABGHJKMNQUY 10
B 10A CEE — ❶ €34,15
7,5ha 110T(36-140m²) 47D — ❷ €48,40

N 56°05'18" E 08°19'00"
Sie finden den CP an Straße 15, von Ringkøbing aus 4 km Richtung Herning. CP ist ausgeschildert. — 101772

Ry, DK-8680 / Midtjylland

Birkhede Camping***
Lyngvej 14
25 Mrz - 18 Sep
+45 86 89 13 55
info@birkhede.dk

1 ADEKNOPQRSU — BFHLNQSXYZ 6
2 EKQRVWXYZ — ABCDEFGHIJ 7
3 BDFGLMSV — ABCDFGIJKNQRT 8
4 BCDFGHIJOQ — ADFGLNQRVY 9
5 ACDEFMN — ABEGHJKOQUY 10
10A CEE — ❶ €43,05
10ha 240T(80-110m²) 78D — ❷ €57,15

N 56°06'12" E 09°44'41"
Bei Skanderborg verlassen Sie die E45, dann Straße 445 nach Ry nehmen. Hier Richtung Laven/Silkeborg. Nach der Brücke über den See gleich rechts den Schildern folgen. — 101859

Ry, DK-8680 / Midtjylland

Holmens Camping***
Klostervej 148
3 Apr - 27 Sep
+45 86 89 17 62
info@holmenscamping.dk

1 ADEJMOPQRSTU — EGLNXYZ 6
2 AEJQRVWXYZ — ABDEFGHIJK 7
3 BFGJLM — ABCDEFIJKNQRT 8
4 BCDFHIJOP — FGQRY 9
5 ACDEJMN — ABGHJKMNQUY 10
B 6A CEE — ❶ €34,55
9,5ha 340T(70-130m²) 137D — ❷ €46,95

N 56°04'37" E 09°45'55"
Bei Skanderborg die E45 an der Ausfahrt 52 verlassen, über die Straße 445 nach Ry fahren. Nach den Eisenbahnschienen links fahren, der CP befindet sich nach 2 km auf der rechten Seite. — 101861

Silkeborg, DK-8600 / Midtjylland

DCU-Camping Hesselhus***
Moselundsvej 30
1 Jan - 31 Dez
+45 86 86 50 66
hesselhus@dcu.dk

1 ADEKNOPQRST — BH 6
2 AQXY — ABDEFGI 7
3 ABCJLSV — ABCDEFGIJNQRT 8
4 BCDJO — FY 9
5 ABM — BCHJKMRSUY 10
B 6-10A — ❶ €43,85
H90 3ha 350T(64-400m²) 71D — ❷ €55,80

N 56°08'55" E 09°23'49"
Straße 13 bei Engesvang verlassen. CP-Schildern ab Gasthaus folgen. Oder Straße 15 bei Funder Kirkeby verlassen und Schildern bei Kirche folgen. — 111711

Silkeborg, DK-8600 / Midtjylland

Gudenåens Camping Silkeborg***
Vejlsøvej 7
1 Mrz - 22 Okt
+45 86 82 22 01
mail@gudenaaenscamping.dk

1 ADEKNOPQS — JNX 6
2 CQRWY — ABDEFGHIJK 7
3 ALMV — ABCDEFIJNQRT 8
4 JOT — FIRY 9
5 ABDN — ABGHIJKLNQU 10
B 13A CEE — ❶ €43,70
2ha 110T(80-100m²) 35D — ❷ €59,85

N 56°09'24" E 09°33'46"
Von Straße 52 Horsens-Silkeborg. Direkt südlich von Silkeborg diese Straße verlassen und Richtung Silkeborg-C fahren. Nach ca. 200m ist der CP nach rechts ausgeschildert. — 101821

Silkeborg, DK-8600 / Midtjylland

CC€23

Sejs Bakker Camping***
Borgdalsvej 15-17
1 Apr - 17 Sep
+45 86 84 63 83
mail@sejs-bakker-camping.dk

1 ADEKNOPQSTU — 6
2 APQRYZ — ABDEFGHIJK 7
3 ABFJLMNSV — ABCDFINQRT 8
4 BDJOPQ — DJV 9
5 ABDMN — ABGHJKOQU 10
B 10A — ❶ €33,35
4ha 170T(80-100m²) 73D — ❷ €49,75

N 56°08'25" E 09°37'14"
E45 bei Skanderborg Ausfahrt 52 Skanderborg-Vest, über die 445 nach Ry. Richtung Silkeborg bleiben. In Sejs ist der CP ausgeschildert. Oder: Autobahn Richtung Hårup Ausfahrt 26 Sejs-Svejbaek. — 107448

Silkeborg, DK-8600 / Midtjylland

Silkeborg Sø Camping & Feriehuse
Århusvej 51
31 Mrz - 22 Okt
+45 86 82 28 24
mail@seacamp.dk

1 ADEHKNOPQRSTUX — LN 6
2 AEQRTWXYZ — ABDEFGHIJK 7
3 BJLMV — ABCDEFGIJKNQRT 8
4 FH — BDEFGIJRUVW 9
5 ABGJMN — ABFHJKMNQUY 10
B 13A CEE — ❶ €41,00
H142 2,4ha 140T(55-110m²) 34D

N 56°10'12" E 09°34'36"
E15, nehmen Sie den Århusvej Richtung Silkenborg Centre bis Tranevej, biegen Sie rechts ab. Nach ca. 200m liegt der Campingplatz auf der linken Seite. — 101820

Silkeborg/Laven, DK-8600 / Midtjylland

Terrassen Camping
Himmelbjergvej 9a
31 Mrz - 17 Sep
+45 86 84 13 01
info@terrassen.dk

1 ACDEKNOPQRSTU — BGHLNSUVXZ 6
2 AEIPQVWXY — ABDEFGHIJK 7
3 BFGJLMQSUV — ABCDFIJKNQRTUV 8
4 BCDFHJOPQS — ABDEFJRU 9
5 ACDMNO — ABEFGHJKOPQUXY 10
B 13A CEE — ❶ €52,85
7,5ha 210T(80-120m²) 65D — ❷ €70,85

N 56°07'27" E 09°42'38"
Bei Skanderborg verlassen Sie die E45, dann Straße 445 nach Ry. Hier Richtung Silkeborg nach Laven, wo der CP ausgeschildert ist. — 101858

Skanderborg, DK-8660 / Midtjylland

Skanderborg Sø Camping***
Horsensvej 21
28 Apr - 3 Sep
+45 86 51 13 11
info@campingskanderborg.dk

1 ABDEKNOPQRSU — LNSXYZ 6
2 AEJKPQRUXYZ — ABDEFGHIJK 7
3 BFJLMSX — ABCDEFGIJNQRTVW 8
4 BEFHIJOQ — FGHJKQR 9
5 ABDFJMN — ABGHIJKMNQUV 10
Anzeige auf dieser Seite 10A — ❶ €41,70
9ha 160T(100-200m²) 11D — ❷ €57,85

N 56°01'15" E 09°53'26"
Auf der E45 Ausfahrt 53 Skanderborg-Süd Richtung Skanderborg. Die erste rechts 'Vrold Tvaervej'. Folgen Sie den Schildern. — 101863

Skaven/Vostrup/Tarm, DK-6880 / Midtjylland

Skaven Strand Camping***
Skavenvej 32
31 Mrz - 29 Okt
+45 97 37 40 69
info@skaven.dk

1 ADKNOPQSTU — BGLNQRSWXYZ 6
2 EJQWXYZ — ABCDEFGHIJK 7
3 BFGJMSUV — ABCDEFGIJKNQRT 8
4 FHJOPQT — FJVY 9
5 ACDEILM — ABGHIJKOQUY 10
B 6-10A CEE — ❶ €27,95
6,5ha 250T(100-150m²) 207D — ❷ €41,95

N 55°53'32" E 08°21'55"
Straße 11 Varde-Tarm nehmen. Bei Tarm Richtung Lønborg-Vostrup fahren. Ab Vostrup den CP-Schildern folgen. — 101793

Skive, DK-7800 / Midtjylland

Skive Fjord Camping***
Marienlyst Strand 15
26 Mrz - 25 Sep
+45 97 51 44 55
info@skivefjordcamping.dk

1 ACDEGKNOPQRSTU — BGKLNQSVWXYZ 6
2 GIJKLMPQSUVWXY — ABDEFGHIK 7
3 BFIJLMV — ABCDEFGIJKNQRT 8
4 BCHJOQ — EFNR 9
5 ADMN — ABGHJKNQUY 10
B 10-16A CEE — ❶ €40,60
12ha 198T(100-120m²) 76D — ❷ €56,50

N 56°35'53" E 09°02'17"
Von Skive die 26 (Umgehung) Richtung Nykøbing. Weiter die 551 Richtung Fur. Der CP ist direkt danach ausgeschildert. — 111330

Teilkarte Mittel-Jütland auf Seite 124

Skjern, DK-6900 / Midtjylland

Skjern Å Camping**
Birkvej 37
1 Jan - 31 Dez
+45 97 35 08 61
info@skjernaacamping.dk
N 55°56'00'' E 08°29'43''

1 AKNOPSU	JN 6
2 CQXYZ	ABDEFGIJ 7
3 BU	ABCDEFNQRT 8
4 HJ	F 9
5 DMN	ABGIJKOQ 10
B 10A CEE	❶ €21,50
3,5ha 100T(90-120m²) 51D	❷ €30,95

Die 11 aus Varde Richtung Skjern. Vor dem Örtchen Skjern links ab den CP-Schildern folgen. 101792

Søndervig, DK-6950 / Midtjylland

Søndervig Camping***
Solvej 2
31 Mrz - 22 Okt
+45 97 33 90 34
post@soendervigcamping.dk
N 56°06'41'' E 08°07'00''

1 ADEKNOPQRSTU	KNQSWX 6
2 GJPQSWXY	ABDEFGHIJK 7
3 BLV	ABCDEFIJKMNQRTW 8
4 FHJ	AIJVW 9
5 ABDMN	ABFGHJKOQY 10
B 10A CEE	❶ €48,30
3ha 200T(80-100m²) 52D	❷ €62,25

An der schönen Küstenstraße 181 von Varde nach Hanstholm. Ca. 600m südlich von Søndervig. Der Campingplatz ist ausgeschildert. 111625

Stouby, DK-7140 / Midtjylland

CC€23

Løgballe Camping***
Løgballevej 12
17 Mrz - 24 Sep
+45 75 69 12 00
camping@logballe.dk
N 55°42'28'' E 09°50'39''

1 ADEGKNOPQRST	BG 6
2 CIPQVWXY	ABDEFGHIJK 7
3 BFGIJMSUVWX	ABCDEFGIJNQRT 8
4 BCDEFHJNQ	DEFJ 9
5 ABDMN	ABFGHJKMNQUVWY 10
B 10A CEE	❶ €29,20
H60 4,5ha 161T(100-130m²) 80D	❷ €42,35

Straße 23 Vejle-Juelsminde. Nach Hyrup noch 1 km. Beim CP-Schild rechts, dann noch 400m. 101867

Stouby, DK-7140 / Midtjylland

CC€23

Rosenvold Strand Camping***
Rosenvoldvej 19
24 Mrz - 2 Okt
+45 75 69 14 15
info@rosenvoldcamping.dk
N 55°40'36'' E 09°48'48''

1 ADEKNOPQRSTU	KNPQSVWXYZ 6
2 BGIJQWXYZ	ABDEFGHIJK 7
3 ABFGJMSUVWX	ABCDEFGIJKNQRTU 8
4 BFGHJKO	ADEFJNRY 9
5 ABDEFGMNO	ABGHJKMNOQUVY 10
B 10A CEE	❶ €30,95
11,5ha 265T(100-150m²) 153D	❷ €41,15

Die 23 Vejle-Juelsminde. In Stouby rechts ab dem CP-Schild folgen. 112787

Struer, DK-7600 / Midtjylland

Humlum Camping & Fiskerleje***
Bredalsvigvej 5, Humlum
31 Mrz - 22 Okt
+45 97 86 13 04
ferie@humlumcamping.dk
N 56°32'49'' E 08°34'17''

1 ADEKNOPQSTU	NQSWXYZ 6
2 HIJKLQRSVWXY	ABDEFGHIK 7
3 ABDFJLMSU	ABCDEFGIJKNQRTUVW 8
4 BCDFHJOR	FG 9
5 ABDFN	ABFHJKMOQUY 10
B 13A CEE	❶ €34,95
18ha 254T(80-150m²) 126D	❷ €48,40

Von Struer nehmen Sie die Straße 11 in Richtung Thisted. Einige hundert Meter nach der Ausfahrt Humlum (nicht nach Humlum hinein fahren) befindet sich der CP auf der rechten Seite. Schmale Straße mit Ausfahrten. 100054

Struer, DK-7600 / Midtjylland

CC€21

Toftum Bjerge Camping***
Gl. Landevej 4
1 Jan - 31 Dez
+45 97 86 13 30
info@toftum-bjerge.dk
N 56°32'28'' E 08°31'50''

1 ADEKNOPQSTU	KNQSWXY 6
2 GJMPQRSTUWXYZ	ABFGHIK 7
3 ABFGJLSVX	ABCDEFIJKNQRTW 8
4 BFHJKOQ	FGJY 9
5 ABDGHMN	AGHJKMOQUWY 10
B 10-13A CEE	❶ €33,60
5ha 250T(90-150m²) 136D	❷ €44,40

Sie erreichen den Camping über die 11, 5 km nördlich von Struer, an der Abfahrt Humlum ist der Campingplatz ausgeschildert. Kurz hinter Humlum an der 565 liegt der Camping auf der rechten Seite. 101105

Tarm, DK-6880 / Midtjylland

Birkelund camping***
Vardevej 79
1 Feb - 22 Okt
+45 30 12 66 35
birkelund@camping-outdoor.dk
N 55°53'35'' E 08°30'48''

1 ADKNOPSU	BF 6
2 PQRWXYZ	ABDEFGHIJ 7
3 BFMV	ABCDEFIJNQRT 8
4 J	BFI 9
5 ABDMN	AFGHJKOQUX 10
B 13A CEE	❶ €35,90
3ha 98T(120-160m²) 66D	❷ €50,45

Liegt an der 11 Varde-Tarm. Kurz vor Tarm rechts ab. Den CP-Schildern folgen. 101794

Thorsminde/Ulfborg, DK-6990 / Midtjylland

Thorsminde Camping***
Klitrosevej 4
1 Apr - 18 Okt
+45 20 45 19 76
mail@thorsmindecamping.dk
N 56°22'35'' E 08°07'21''

1 ADEKNOPQSTU	EGHKLNQRSUXY 6
2 EGJQRWX	ABCDEFGHIK 7
3 BDFJMSUV	ABCDEFIJKNQRT 8
4 JOQRT	FJMR 9
5 ABDFMN	AGHIJKMOQUWY 10
B 13A CEE	❶ €37,65
5,5ha 183T(100-120m²) 91D	❷ €51,10

Über die Küstenstraße 181 nach Thorsminde. Im Dorf ist der CP ausgeschildert. 107451

Thyborøn, DK-7680 / Midtjylland

Thyborøn Camping & Hotel***
Idrætsvej 3
1 Jan - 31 Dez
+45 97 83 12 77
info@thyboroncamping.dk
N 56°41'41'' E 08°12'19''

1 ADEKNOPQRSTU	EGHKNQSX 6
2 EGIJQWX	ABDEFGHIK 7
3 BDFJMV	ABCDEFIJKNQRT 8
4 FHJORTUV	FGJV 9
5 ABDFHIJMN	ABFGHJKOPQUXY 10
Anzeige auf dieser Seite B 16A CEE	❶ €37,65
3ha 140T(75-140m²) 71D	❷ €52,45

In Thyborøn ab der 181 den CP-Schildern folgen. Der Campingplatz liegt südlich des Zentrums. 112788

Ulfborg, DK-6990 / Midtjylland

Vedersø Klit Camping***
Øhusevej 23
24 Mrz - 22 Okt
+45 97 49 52 00
info@klitcamping.dk
N 56°15'34'' E 08°08'45''

1 ADEKNOPQRSTU	BGHNQ 6
2 BQXYZ	ABFGHIK 7
3 ABFJLMSUV	ABCDEFGIJKNQRTW 8
4 BCDFHJOQRSTUVX	EFHVY 9
5 ACFHLMN	ABFGHJKMOQUWY 10
B 10-16A CEE	❶ €38,75
4ha 245T(90-120m²) 129D	❷ €52,20

Der Campingplatz liegt an der Straße 181 zwischen Söndervig und Thyboren. Der Campingplatz ist in Vedersoe ausgeschildert. 112774

Ulstrup, DK-8860 / Midtjylland

Bamsebo Camping Ved Gudenåen
Hagenstrupvej 28
1 Apr - 1 Okt
+45 86 46 34 27
info@bamsebo.dk
N 56°23'14'' E 09°45'47''

1 ADEKNOPQRSTU	BN 6
2 DQRWXY	ABDEFGHIK 7
3 BFGJMSU	ABCDEFGIJKNQRTW 8
4 FJK	AFJR 9
5 ACDEHMN	ABGHJKOQUV 10
B 10-16A CEE	❶ €44,40
5ha 110T(80-120m²) 67D	❷ €61,85

E45, Ausfahrt 40 Richtung Randers C., dann Straße 525 Richtung Langå/Bjerringbro. Dieser Straße bis Ulstrup folgen. CP ist ausgeschildert. 100058

Viborg, DK-8800 / Midtjylland

DCU-Camping Viborg Sø
Vinkelvej 36b
18 Mrz - 25 Okt
+45 86 67 13 11
viborg@dcu.dk
N 56°26'17'' E 09°25'19''

1 ADEKNOPQRSTU	NQSXZ 6
2 BEQRWXY	ABDEFGHIK 7
3 BFGJLMSV	ABCDEFIJNPQRTW 8
4 BCDFGHIJOQ	DFY 9
5 ADMN	ABGHJKOQUY 10
B 10A CEE	❶ €45,60
3,2ha 250T(60-120m²) 67D	❷ €55,15

E45 Ausfahrt 40 Randers Richtung Viborg. Der 16 Ausfahrt Viborg Ø (Houlkaervej) Randersvej folgen bis vor der Ortsmitte. Im Kreisel Richtung Brunshåb. Der CP ist angezeigt. 111920

Vinderup, DK-7830 / Midtjylland

DCU-Camping Ejsing Strand***
Fjordvej 1, Ejsing
18 Mrz - 23 Okt
+45 61 62 01 64
ejsing@dcu.dk
N 56°31'07'' E 08°44'50''

1 ADEKNOPQRSTU	KLNQSWX 6
2 GKQWXY	ABDEFGHIK 7
3 BFJSV	ABCDEFIJKNQRTW 8
4 HJO	FJY 9
5 ABDN	BGHJKOQUY 10
B 10A CEE	❶ €46,00
6,4ha 208T(42-100m²) 80D	❷ €62,40

Straße 189 Holstebro-Skive. Von Vinderup ca. 3 km Richtung Skive, Ausfahrt Ejsing. Ab dort ist CP beschildert. 111917

Vinderup, DK-7830 / Midtjylland

Hedelandets Camping***
Halallé 6, Sevel
31 Mrz - 31 Okt
+45 97 44 85 50
info@hedelandetscamping.dk
N 56°27'29'' E 08°52'10''

1 ADEGKNOPQSTU	BG 6
2 PQWXYZ	ABDEFGHI 7
3 BCS	ABCDEFIJNQRT 8
4 FHJO	FGI 9
5 ABDMN	ABFGHJKOQU 10
B 10A CEE	❶ €30,95
3,1ha 90T(100-120m²) 16D	❷ €44,40

Straße 34 Herning-Skive. An der Kreuzung Sevel-Mogenstrup Richtung Sevel. Dann ausgeschildert. 111564

Virksund/Højslev, DK-7840 / Midtjylland

Virksund Camping***
Sundvej 14
1 Apr - 30 Sep
+45 97 53 91 42
info@virksundcamping.dk
N 56°36'27'' E 09°17'18''

1 ADEGHKNOPQRSTU	BHJNQSUXY 6
2 CEJPQX	ABDEFGHIK 7
3 BJLUV	ABEFGIJNPQRT 8
4 FHJO	9
5 ABDGHMN	ABHIJKMNOQVY 10
6-10A CEE	❶ €37,50
2,8ha 140T(100-150m²) 100D	❷ €50,00

Der Camping befindet sich neben der Brücke in Virksund an der 579. Von Richtung Viborg nach ca 300m rechts ab, dann nach ca 200m rechts der Campingplatz. 101817

Teilkarte Mittel-Jütland auf Seite 124

Nord-Jütland

Aalbæk, DK-9982 / Nordjylland

DCU-Camping Ålbæk Strand***
Jerupvej 19
1 Jan - 31 Dez
+45 98 48 82 61
aalbaek@dcu.dk
N 57°35'13'' E 10°24'50''

1	ADE**KN**OPQRSTU	AK**N**OPQSW	6
2	BHIJQRWXYZ	ABDE**FG**HIJK	7
3	ABCG**L**MSUV	ABEFGHIJKNPQRTW	8
4	BCFGHIJOT	FHUVWY	9
5	ABDMN	ABHJKMOQUVY	10
	B 10A CEE	① €45,70	
	10,3ha 367**T**(100-150m²) 103**D**	② €61,85	

Der CP liegt ca. 1 km südlich von Aalbæk an der 40. 112848

Aalbæk, DK-9982 / Nordjylland

Skagen Sydstrand Camping-Bunken
Ålbækvej 288
24 Mrz - 24 Sep
+45 98 48 71 80
info@skagensydstrand.dk
N 57°38'40'' E 10°27'42''

1	ACDE**KN**OPQRSTU	KNQSX	6
2	BGJPQRSWXYZ	ABDE**FG**HIJK	7
3	ABFG**JL**MVX	ABCDEFGHIJKNPQRTW	8
4	FHIJO**PQ**	FUVY	9
5	ACDEFM**N**	ABGHIJKOQUY	10
	B 10-13A	① €43,70	
	20ha 700**T**(80-150m²) 159**D**	② €59,15	

Die 40 Richtung Skagen, 7 km hinter Aalbæk liegt der CP auf der rechten Straßenseite. Ist ausgeschildert. 109754

Aalborg, DK-9000 / Nordjylland

Aalborg Familiecamping Strandparken***
Skydebanevej 20
10 Jan - 18 Dez
+45 98 12 76 29
info@strandparken.dk
N 57°03'19'' E 09°53'07''

1	ACDE**KN**OPQRST**U**	AK	6
2	AEGPQRSTWXY	ABDE**FG**HIK	7
3	B**L**SV	ABCD**FGI**JKNQRTW	8
4	FH	FI	9
5	DM**N**	ABFGHIJKM**O**PQUVY	10
	B 10A CEE	① €43,05	
	2,6ha 130**T**(80-150m²) 31**D**	② €64,55	

E45 Ausf. 28. Über die 180 Richtung Zentrum. 300m hinter dem Krankenhaus, CP ist angezeigt. E45 Ausf. 23, 1. Ampel rechts. 6 km geradeaus bis zum Ende, links ab und an der Ampel wieder rechts. 107449

Agger/Vestervig, DK-7770 / Nordjylland

Krik Vig Camping***
Krik Strandvej 112
1/4 - 24/9, 14/10 - 22/10
+45 97 94 14 96
info@krikvigcamping.dk
N 56°46'45'' E 08°15'43''

1	ADEG**KN**OPQRST**U**	JKNQRSW**X**YZ	6
2	BGJPQRSWXYZ	ABDE**FG**HIJK	7
3	BFG**JL**MV	ABCDE**FI**JK**L**NQRTW	8
4	EHJOQ**S**	FJUV	9
5	ABDEFJ**N**	ABGHIJKLM**O**QUY	10
	Anzeige auf Seite 131 B 13-16A CEE	① €33,60	
	6,5ha 312**T**(60-100m²) 84**D**	② €46,25	

Der Küstenstraße 11 bis zur Kreuzung Krik/Agger folgen. Ab dort ist der Campingplatz ausgeschildert. 100043

Asaa, DK-9340 / Nordjylland

Aså Camping og Hytteferie***
Vodbindervej 13
31 Mrz - 24 Sep
+45 30 31 23 52
info@asaacamping.dk
N 57°08'44'' E 10°24'10''

1	ACDE**KN**OPQRSTU	AFX	6
2	EJPQRWXYZ	ABDE**FG**HIJK	7
3	ABF**L**VX	ABCDE**FG**HIJKNPQRTW	8
4	BFHIJKO	AFJKTY	9
5	ABDJMN	AFGHJKOQUY	10
	B 10-16A CEE	① €40,35	
	5ha 160**T**(80-150m²) 111**D**	② €55,15	

E45 bei Hjallerup Ausfahrt 16 verlassen, zwischen Ålborg und Frederikshavn. Über Straße 559 nach Aså. Der CP ist ausgeschildert. 101898

Ejstrup Strand/Brovst, DK-9460 / Nordjylland

CC€23

Tranum Klit Camping
Sandmosevej 525
31 Mrz - 1 Okt
+45 98 23 52 82
info@tranumklitcamping.dk
N 57°10'15'' E 09°27'48''

1	ADEGKNOPQRSTU	XY	6
2	BIJQWXYZ	ABDE**FG**HIJK	7
3	ABF**JL**VX	ABCDEFGHIJKNPQRTW	8
4	FHIJ	FJUVY	9
5	ACDFHJMN	ABCDFGHIJKMOQUVY	10
	FKKB 10A CEE	① €34,70	
	13,5ha 220**T**(100-200m²) 112**D**	② €48,15	

Von der Straße 11, bei Brovst über Tranum nach Tranum Klit oder ab Fjerritslev über Slettestrand und Fosdalen. 101814

Teilkarte Nord-Jütland auf Seite 130

Dänemark

Erslev/Mors, DK-7950 / Nordjylland

Dragstrup Camping***
Dragstrupvej 87
31 Mrz - 22 Okt
+45 97 74 42 49
mail@dragstrupcamping.dk

1 ADEKNOPQRSTU BGKNQSX 6
2 BGJMQRXYZ ABDEFGHIK 7
3 BDFJMV ABCDEFJNQRTW 8
4 FHJQ DEFNR 9
5 ABDFHMN ABGHJKNQUY 10
B 6A CEE ❶ €38,60
10,7ha 145T(80-100m²) 69D ❷ €53,40

N 56°49'04" E 08°40'18"

Von der Straße 26, zwischen Nykøbing (Mors) und Thisted, nehmen Sie die Ausfahrt nach Dragstrup und der Campingschildern folgen. 101789

Frederikshavn, DK-9900 / Nordjylland

Svalereden Camping og Hytteby***
Frederikshavnsvej 112b
1 Jan - 31 Dez
+45 98 46 19 37
info@svalaredencamping.dk

1 ACDEKNOPQRSTU KNQSWX 6
2 AGIJPQUWXYZ ABDEFGHIJK 7
3 ABFGJLMSUV ABCDEFGHIJKNPQRTW 8
4 HIJOPQS FGY 9
5 ABDMN ABGHIJKOQUVWY 10
B 10-16A CEE ❶ €41,15
5,6ha 240T(80-160m²) 143D ❷ €57,85

N 57°21'36" E 10°30'31"

Zwischen Saeby und Frederikshavn fahren Sie zwischen Ausfahrt 13 und 12 Küstenstraße 180 anstatt Straße E45. Der CP ist der letzte CP vor dem Fährhafen. 101896

Farsø, DK-9640 / Nordjylland

Ertebølle Strand Camping***
Ertebøllevej 42
1 Apr - 23 Okt
+45 98 63 63 75
escamp@escamp.dk

1 ADEKNOPQSTU BGKX 6
2 GJLQRSWXY ABDEFGHIK 7
3 BFMSUV CDEFGIJKNPQRTUW 8
4 FHJKO JY 9
5 ACDHKMN ABGHJKMOQUVY 10
B 10A ❶ €26,90
3,5ha 160T(80-150m²) 97D ❷ €41,70

N 56°48'44" E 09°10'54"

Der CP liegt in Ertebølle und ist an der 533 angezeigt, 46 km nördlich von Viborg. 101409

Hals, DK-9370 / Nordjylland

Hals Strand Camping
Lagunen 8
1 Jan - 31 Dez
+45 51 24 35 07
info@halsstrandcamping.dk

1 ACDEHKNOPQRSTU BGHKNQ 6
2 EHIJPQWY ABDEFGHIK 7
3 BJLMSV ABCDEFGIJKNQRTUVW 8
4 FHIJKO J 9
5 ABDEMN ABHIJKMNPQVY 10
B 13A CEE ❶ €43,70
4,3ha 400T(100-150m²) 3D ❷ €63,90

N 57°02'25" E 10°21'38"

Von Aalborg E45, Ausfahrt 19 Vodskov/Hals. Straße 583 bis zum Kreisverkehr in Hals folgen. Richtung Saeby fahren. Nach 5,5 km sehen Sie den CP auf der rechten Seite. 123186

Farsø/Strandby, DK-9640 / Nordjylland

Myrhøj Camping***
Løgstørvej 69
1 Jan - 31 Dez
+45 53 54 72 34
info@myrhojcamping.dk

1 ADEKNOPQRSTU 6
2 JLPQSWXYZ ABDEFGHIJK 7
3 ABDFIJLMV ABCDEFGHIJKNPQRTW 8
4 BFHJKQ FJ 9
5 ABDMN AGHJKMNQUV 10
B 13A CEE ❶ €32,95
6,5ha 100T(80-130m²) 79D ❷ €46,40

N 56°47'55" E 09°12'32"

Der CP liegt entlang der 533 Viborg-Løgstør, 46 km nördlich von Viborg, 1 km nördlich vom Örtchen Strandby. Der CP ist angezeigt. 112840

Hanstholm, DK-7730 / Nordjylland

Hanstholm Camping - Thy Feriepark****
Hamborgvej 95
1 Jan - 31 Dez
+45 97 96 51 98
info@hanstholm-camping.dk

1 ADEKNOPQRSTUV BFNQ 6
2 HIJQWXY ABDEFGHIK 7
3 BFHIMV ABCDEFIJKNQRTUV 8
4 ABCFHIJKLT ADFJ 9
5 ACDFKM AFGHJKMOQUY 10
10-13A CEE ❶ €47,20
22ha 450T(80-400m²) 145D ❷ €68,45

N 57°06'34" E 08°40'03"

Am Thisted nehmen Sie die Straße 26 nach Hanstholm. Kurz vor Hanstholm ist der Campingplatz bereits ausgeschildert. 100044

Fjerritslev, DK-9690 / Nordjylland

First Camp Klim Strand - Nordvestkysten*****
Havvejen 167
1 Jan - 31 Dez
+45 82 10 70 10
klim@firstcamp.dk

1 ACDEKNOPQSTU EGHKNOQSUWX 6
2 GJMQRWXYZ ABCDEFGHIJK 7
3 BDFJLMNQSV ABCDEFIJKNQRTUVW 8
4 BCDHJOTUV DEFJVY 9
5 ACDEFGHLM BEGHIJKMNQUXY 10
Anzeige auf Seite 117 B 13A CEE ❶ €46,00
24ha 500T(60-100m²) 233D ❷ €64,80

N 57°08'02" E 09°10'16"

Straße 11/29 Richtung Fjerritslev. Rund um Fjerritslev steht 'Klim' auf den Schildern; diesen folgen. In Klim Richtung Klimstrand. CP ist ausgeschildert. 108747

Hirtshals, DK-9850 / Nordjylland

Hirtshals Camping***
Kystvejen 6
4 Apr - 22 Okt
+45 98 94 25 35
info@hirtshals-camping.dk

1 ADEKNOPQRSTU KNQSX 6
2 AGIJMPQRVWXYZ ABDEFGHIJK 7
3 BL ABCDEFGIJKNQRTW 8
4 FHJO F 9
5 ABDFN ABHIJKOQW 10
B 10A CEE ❶ €33,60
3,4ha 196T(100m²) 40D ❷ €49,75

N 57°35'11" E 09°56'45"

Von Aalborg Straße 39 nach Hirtshals, dann Beschilderung folgen. 109281

Fjerritslev, DK-9690 / Nordjylland

Svinkløv Camping***
Svinkløvvej 541
1 Apr - 23 Sep
+45 50 20 25 30
info@svinkloevcamping.dk

1 ADEKNOPQRSTU KNQS 6
2 BGIJMQRUVWXYZ ABDEFGHIJK 7
3 ABFGLSUV ABCDEFGHIJKNQRT 8
4 BCDFHIJ FJ 9
5 ACDMN BCFHIJKOQU 10
B 13-16A CEE ❶ €40,35
H60 13,4ha 284T(80-120m²) 93D ❷ €52,45

N 57°08'58" E 09°19'22"

Straße 11, bei Fjerritslev Ausfahrt Slettestrand. Nach 5 km Ausfahrt Svinkløv. 110412

Hirtshals, DK-9850 / Nordjylland

Tornby Strand Camping***
Strandvejen 13
1 Jan - 31 Dez
+45 98 97 78 77
mail@tornbystrand.dk

1 ACDEKNOPQRSTU BEGNQSWX 6
2 AJPQRWXY ABDEFGHIJK 7
3 ABDFGJLMVX ABCDEFGHIJKNQRTW 8
4 BDFHJOPQ AFGJ 9
5 ABCDFGMN ABFGHIJKMOQUVWY 10
B 10A CEE ❶ €41,70
9,5ha 354T(80-140m²) 133D ❷ €57,85

N 57°33'18" E 09°55'57"

Auf der Straße 55 von Hjørring Richtung Hirtshals fahren. Ca. 2 km nach dem Örtchen Tornby links Richtung Tornby Strand fahren. 100037

Frederikshavn, DK-9900 / Nordjylland

Nordstrand Camping A/S****
Apholmenvej 40
1 Apr - 17 Sep
+45 98 42 93 50
info@nordstrand-camping.dk

1 ACDEKNOPQRSTU EGKNQSWX 6
2 GJQRWXYZ ABDEFGHIJK 7
3 ABDFGJLMV ABCDEFGHIJKNPQRTUVW 8
4 ABFHJO FY 9
5 ABDMN ABFGHIJKMNOPQUVWY 10
B 10-16A CEE ❶ €47,05
10ha 400T(100-150m²) 126D ❷ €64,55

N 57°27'51" E 10°31'40"

Der CP befindet sich am Nordrand der Stadt Frederikshavn und ist ab Straße 40 Richtung Skagen ausgeschildert. 101895

Klitmøller/Thisted, DK-7700 / Nordjylland

Nystrup Camping Klitmøller***
Trøjborgvej 22
31 Mrz - 29 Okt
+45 97 97 52 49
info@nystrupcamping.dk

1 ADEKNOPQRSTU KNPQRS 6
2 GJQRWXYZ ABDEFGHIK 7
3 ABFJLMSV ABCDEFIJKNQRTW 8
4 FHJKT BFHV 9
5 ABDEFHN ABFGHJKOPQUY 10
B 13A CEE ❶ €39,65
10ha 244T(70-280m²) 88D ❷ €55,80

N 57°02'01" E 08°28'51"

Auf der Küstenstraße 181 von Süden kommend an der Ausfahrt Klitmøller links abbiegen. Von hier aus folgen Sie den Campingschildern. Von Norden kommend auf der 181 am 3. Schild 'Klitmøller 1' rechts abbiegen. Von hier aus den Campingschildern folgen. 112792

Teilkarte Nord-Jütland auf Seite 130

Dänemark

Løgstør, DK-9670 / Nordjylland

Løgstør Camping
Skovbrynet 1
1 Jan - 31 Dez
+45 71 74 11 19
camping@logstor-camping.dk
N 56°57'46'' E 09°14'52''

1 ADEKNOPQRSTU K 6
2 GJLPQRWXY ABDEFGHIK 7
3 BFLSVX ABCDEFHIJKNQRTW 8
4 J J 9
5 D BGHJKMQVY 10
B 10A CEE ❶ €33,50
3,5ha 123T(80-100m²) 61D ❷ €33,50

Straße 533, südlich von Løgstør ist der CP ausgeschildert. 101815

Øster Hurup/Hadsund, DK-9560 / Nordjylland

Kattegat Strand Camping*****
Dokkedalvej 100
1 Apr - 17 Sep
+45 98 58 80 32
info@922.dk
N 56°49'32'' E 10°16'08''

1 ACDEKNOPQRSTU BGKNOPQSWXY 6
2 CGIJPQRWXY ABCDEFGHIJK 7
3 ABDFGJMNSUV ABCDEFGIJKLNQRTUVW 8
4 BHJKLNOQRSTU AJMNQRVWY 9
5 ACDEFGHKLMNO ABEFGHJKMOPQUY 10
B 10-16A CEE ❶ €64,55
20ha 580T(100-140m²) 181D ❷ €86,05

An der Küstenstraße 541, 2 km nördlich vom Dorf Øster Hurup gelegen. 110748

Løkken, DK-9480 / Nordjylland

Løkken Klit Camping***
Joergen Jensensvej 2
1 Jan - 31 Dez
+45 98 99 14 34
info@loekkenklit.dk
N 57°20'40'' E 09°42'25''

1 ACDEKNOPQRSTU BFHX 6
2 JKPQRWXYZ ABDEFGHIJK 7
3 ABEFGJLMSV ABCDEFGIJKNQRTUVW 8
4 BFHJLMNOPQ DFJVWY 9
5 ACDEMN ABCEGHIJKMOQUY 10
B 13-16A CEE ❶ €60,50
15ha 500T(100-150m²) 310D ❷ €87,15

CP liegt an der Hauptstraße 55, 3 km südlich von Løkken. 112558

Pandrup, DK-9490 / Nordjylland

Blokhus Natur Camping***
Kystvejen 52
1 Mai - 15 Sep
+45 20 77 42 44
info@blokhusnaturcamping.dk
N 57°13'14'' E 09°35'05''

1 ADEKNOPQRSTU X 6
2 JQRWXYZ ABDEFGIJK 7
3 ABFHLNV ABCDEFGHIJKNPQRTW 8
4 BFHIJKQ AFY 9
5 ABDMN ABCGHIJKMOQUY 10
10-16A CEE ❶ €31,60
7,5ha 210T(80-120m²) 46D ❷ €45,05

Von der 55 Richtung Rødhus oder Blokhus. Der CP liegt an der Küstenstraße zwischen Rødhus und Hune, unmittelbar an der Margeritenroute. 101101

Løkken, DK-9480 / Nordjylland

Løkken Strandcamping***
Furreby Kirkevej 97
5 Apr - 17 Sep
+45 98 99 18 04
info@loekkencamping.dk
N 57°23'07'' E 09°43'32''

1 ACDEKNOPQRSTU KNQSWX 6
2 GIJQRWXY ABDEFGHIJK 7
3 ABV ABCDEFGINQRTW 8
4 HJO FV 9
5 DN AGHIJKNOQW 10
10A ❶ €37,10
3,2ha 200T(100m²) 8D ❷ €51,90

Die Hauptstraße 55 nördlich am Kreisverkehr Løkken N, über die 3. Abfahrt rechts verlassen. Hinter dem Kreisel direkt rechts ab. Nach 900m auf dem Furreby Kirkevej liegt CP linkerhand. CP liegt 1,5 km von Løkken. 100040

Pandrup, DK-9490 / Nordjylland

Rødhus Klit Camping***
Rødhusmindevej 25
1 Apr - 20 Sep
+45 29 70 57 19
rkc@rodhuscamping.dk
N 57°12'01'' E 09°30'48''

1 ADEKNOPQRSTU QS 6
2 BIJQRWXYZ ABDEFGHIJK 7
3 ABFJLMNSVX ABCDEFGHJKNPQRT 8
4 EFHJU FJY 9
5 ABDMN BGHJKNQU 10
B 13A CEE ❶ €35,25
11ha 253T(100-300m²) 95D ❷ €48,40

Auf der Hauptstraße 55, bei Kaas 11 km nach Rødhus. Der CP befindet sich links. 109387

Løkken/Ingstrup, DK-9480 / Nordjylland

Grønhøj Strand Camping***
Kettrupvej 125
31 Mrz - 17 Sep
+45 98 88 44 33
info@gronhoj-strand-camping.dk
N 57°19'15'' E 09°40'38''

1 ACDEKNOPQRSTU QSX 6
2 BJQRWXYZ ABDEFGHIJK 7
3 ABFIJLMNRSUVX ABCDEFGHIJKNPQRTUVW 8
4 BJKOQT DFY 9
5 ABCDMN ABDFGHIJKOPQUWY 10
B 13A ❶ €30,40
14ha 516T(100-150m²) 263D ❷ €42,50

Auf Hauptstraße 55, 6 km südlich von Løkken nach Grønhøjstrand. Nach ca. 2 km der zweite CP links. 108758

Sæby, DK-9300 / Nordjylland

Hedebo Strand Camping***
Frederiksh.vej 108
31 Mrz - 17 Sep
+45 98 46 14 49
info@hedebocamping.dk
N 57°21'20'' E 10°30'53''

1 ADEKNOPQRSU BGHKNQSWXY 6
2 AHIJPQRTWXY ABDEFGHIJK 7
3 ABDFGJLMNSV ABCDEFGIJKNQRTW 8
4 FHIJOPQ J 9
5 ACDHIKMN ABFGHIJKNOPQUVY 10
B 13A CEE ❶ €47,05
15ha 604T(50-200m²) 297D ❷ €80,70

Von der E45 die Ausfahrt 13 Saeby nehmen. Das ist die Küstenstraße 180. Nach 1 km rechts abbiegen und 50m nach dem Laden sofort wieder links abbiegen. 100042

Løkken/Lyngby, DK-9480 / Nordjylland

Gl. Klitgård Camping & Hytteby***
Lyngbyvej 331
1 Jan - 31 Dez
+45 98 99 65 66
camping@gl-klitgaard.dk
N 57°25'13'' E 09°45'40''

1 ACDEKNOPQSTU BGNQSWX 6
2 GIJPQRUXYZ ABDEFGHIJK 7
3 ABFGHILMV ABCDEFGIJKNQRT 8
4 BCFHJKOQ AEFIJY 9
5 ABDMN ABFGHIJKOQUVWY 10
B 13A CEE ❶ €41,40
14ha 300T(85-220m²) 111D ❷ €60,00

Der CP liegt ca. 7 km nördlich von Løkken. Von der 55 Ausfahrt Lønstrup 8. Nach ca. 2 km links ab Lyngbyvej. CP liegt nach ca. 1 km rechts der Straße. 112832

Saltum, DK-9493 / Nordjylland

Saltum Strand Camping***
Saltum Strandv. 141
1 Apr - 17 Sep
+45 98 88 11 59
info@saltumstrand.dk
N 57°17'08'' E 09°39'07''

1 ADEKNOPQRSTU BFQSX 6
2 JPQRWXYZ ABDEFGHIJK 7
3 ABDFGJLMNSVX ABCDEFGHIJKNPQRT 8
4 BDEFGHJOQ JUVW 9
5 ABDMN ABCGHIJKOQUVY 10
10A CEE ❶ €37,00
3,5ha 150T(100-250m²) 85D ❷ €52,45

Sie verlassen Straße 55 direkt nördlich von Saltum, nach der weißen Kirche. Nach 3 km befindet sich der CP links. 101813

Lønstrup, DK-9800 / Nordjylland

Egelunds Camping og Motel***
Rubjergvej 21
5 Apr - 25 Sep
+45 98 96 01 35
info@959.dk
N 57°27'59'' E 09°47'50''

1 ADEKNOPQRSTU BGNQSWXY 6
2 IJPQXY ABDEFGHIJK 7
3 BEFLV ABCDEFGHIJKNPQRTW 8
4 FHJO FGVY 9
5 ACDEFHLMN ABGHIJKOQW 10
B 13A ❶ €43,70
1,4ha 70T(80-100m²) 42D ❷ €67,25

Von der 55 aus den Hinweisen Lønstrup und Camping folgen. 112844

Sindal, DK-9870 / Nordjylland

A35 Sindal Camping Danmark & Kanoudlejning****
Hjørringvej 125
1 Jan - 31 Dez
+45 98 93 65 30
info@sindal-camping.dk
N 57°28'02'' E 10°10'43''

1 ACDEKNOPQRSTU BGNSX 6
2 ABCKPQRWXYZ ABDEFGHIJK 7
3 BFGJLMNSUVX ABCDEFGHIJKNQRTVW 8
4 AEFGHIJ FRVY 9
5 ABDMN ABDFGHIJKMOQUWY 10
B 13-16A CEE ❶ €39,65
4,6ha 175T(100-150m²) 43D ❷ €54,45

Von Süden her über die E39 Ausfahrt 3 Richtung Sindal, die 35. Nach ± 6 km liegt der CP rechts, ± 1 km vor Sindal. 100041

Mou/Storvorde, DK-9280 / Nordjylland

Frydenstrand Camping***
Frydenstrand 58, Skellet
1 Jan - 31 Dez
+45 21 44 80 11
info@frydenstrand.dk
N 56°58'50'' E 10°13'12''

1 BDKNOPQRSTU KNQSWXYZ 6
2 GIMQWXYZ ABDEFGHIK 7
3 BFMSV ABCDEFGHIJNQRTW 8
4 JQT FGIY 9
5 DN ABCGHJKQU 10
B 13A CEE ❶ €38,35
2,6ha 55T(80-100m²) 56D ❷ €50,45

An der Straße 595 von Aalborg zur Ostküste (Egense) ist auf der Höhe von dem Ort Skellet der CP ausgeschildert. 101899

Skagen, DK-9990 / Nordjylland

CampOne Grenen Strand***
Fyr vej 16
1 Apr - 23 Okt
+45 63 60 63 61
grenen@campone.dk
N 57°43'53'' E 10°36'52''

1 ACDEKNOPQSTU 6
2 GJPRXYZ ABFGHIJK 7
3 BFM ABCDEFGHIJKNPQRT 8
4 JO JV 9
5 ABDNO ABGIJKMOQU 10
B 10A CEE ❶ €52,20
5,5ha 270T(80-110m²) 8D ❷ €71,00

Campingplatz circa 400m nördlich von Skagen. Von Skagen aus Richtung Grenen. Er liegt nach 400m rechts. 112850

Nibe, DK-9240 / Nordjylland

Nibe Camping***
Løgstørvej 2
1 Jan - 31 Dez
+45 98 35 10 62
info@nibecamping.dk
N 56°58'21'' E 09°37'28''

1 ACDEKNOPQRSTU BGHKNQSWX 6
2 GIPQRWXY ABDEFGHIK 7
3 BFJLMSV ABCDEFGIJNPQRTW 8
4 FHJOQ FGJNRV 9
5 ABDEFKMN ABHJKOQUVY 10
B 13A CEE ❶ €43,05
2,5ha 133T(80-100m²) 65D ❷ €57,85

Der CP liegt an der 187, 1 km südlich von Nibe, unmittelbar am Limfjord, nur 15 km von Aalborg. 101102

Skagen, DK-9990 / Nordjylland

First Camp Råbjerg Mile - Skagen***
Kandestedvej 55
1 Jan - 31 Dez
+45 98 48 75 00
raabjerg@firstcamp.dk
N 57°39'19'' E 10°27'01''

1 ACDEKNOPQRSTU BEGNQSX 6
2 JPQRSWXY ABDEFGHIJK 7
3 ABFJLMNSVX ABCDEFGHIJKNPQRTW 8
4 BFGHJOTU BFVY 9
5 ACDEFGMN ABGHIJKMOPQUVY 10
Anzeige auf Seite 117 B 10A CEE ❶ €39,65
20ha 446T(80-150m²) 125D ❷ €58,50

Der CP liegt ca. 8 km nördlich von Ålbæk. Von der 40 Richtung Råbjerg Mile. Nach ca. 400m liegt der CP links. 112849

Teilkarte Nord-Jütland auf Seite 130

Skagen, DK-9990 / Nordjylland

Poul Eeg Camping
Bøjlevejen 21
27 Apr - 17 Sep
+45 98 44 14 70
info@pouleegcamping.dk

1 ACDEKNOPQRSTU KNQSX 6
2 GJLPQRWXYZ ABDEFGHIJK 7
3 ABFLMSUV ABCDEFGHIJKNPQRT 8
4 JOQR DFVY 9
5 ABDHMN ABGHIJKOQUY 10
B 10A ❶ €47,35
9,5ha 420T(80-100m²) 139D ❷ €64,40

N 57°44'04'' E 10°36'13''
N40 Richtung Grenen, weiter den Schildern folgen.
109283

Tranum/Brovst, DK-9460 / Nordjylland

DCU-Camping Tranum***
Solsortevej 2a
1 Jan - 31 Dez
+45 98 23 54 76
skovly@dcu.dk

1 ADEJMOPQRSTU AF 6
2 BGIQRVXYZ ABDEFGHIK 7
3 ABLMSV ABCDEFGHIJKNPQRTUW 8
4 EFHJO AF 9
5 ABDMNO ABFHJKOQUY 10
B 16A CEE ❶ €31,60
H66 3ha 153T(100-140m²) 45D ❷ €43,05

N 57°08'12'' E 09°27'48''
Von der A11, in Birkelse oder Brovst Richtung Tranum ausfahren. Dann CP-Schildern folgen.
111921

Skagen, DK-9990 / Nordjylland

Skagen Camping***
Flagbakkevej 53-55
6 Apr - 3 Sep
+45 98 44 31 23
mail@skagencamping.dk

1 ADEKNOPQSTU AF 6
2 BJPQRWXYZ ABDEFGHIJK 7
3 ABFGHJLMVX ABCDEFGHIJKNQRTW 8
4 FHJO FV 9
5 ABDMN ABGHIJKNQUW 10
B 10-13A CEE ❶ €46,40
5,3ha 265T(80-120m²) 60D ❷ €61,85

N 57°43'12'' E 10°32'25''
Folgen sie Straße 40 Richtung Skagen. An der Kreuzung Gl. Skagen/ Den Tilsandete Kirke rechts. Der CP ist nach der Bahnübergang links.
109389

Tversted, DK-9881 / Nordjylland

Aabo Camping***
Aabovej 18
11 Mrz - 11 Sep
+45 98 93 12 34
info@aabo-camping.dk

CC€23

1 ACDEKNOPQRSTU BGHNQSWX 6
2 ACJPQRWXY ABCDEFGHIJK 7
3 BFGJLMNSUVWX ABCDEFGHIJKNPQRTUVW 8
4 BFHJLNOPQU DFIJV 9
5 ACDEFGHIMN ABGHIJKOQUY 10
B 13A CEE ❶ €51,10
14ha 500T(100-120m²) 160D ❷ €75,30

N 57°35'06'' E 10°11'06''
Straße 597 Hirtshals-Skagen. Bei der Kreuzung Tversted/Bindslev Richtung Strand/Tversted abzweigen. Nach 450m links.
108750

Dänemark

Skiveren/Aalbæk, DK-9982 / Nordjylland

Skiveren Camping****
Niels Skiverens Vej 5-7
31 Mrz - 30 Sep
+45 98 93 22 00
info@skiveren.dk

CC€23

1 ACDEKNOPQRSTU BGKNQSWX 6
2 GIJPQRWXYZ ABCDEFGHIJK 7
3 ABDFJLMNQRVX ABCDEFGIJKNQRTUVW 8
4 BDFHJOQRSTUV DJVY 9
5 ACEFHIKMN ABDFGHIJKOPQUWY 10
B 10-16A CEE ❶ €64,55
18,4ha 595T(60-140m²) 132D ❷ €84,75

N 57°36'58'' E 10°16'50''
Von Frederikshavn die Nr. 40 nach Skagen, ca 1 km hinter Aalbæk im Kreisel links Richtung Tversted. Nach 8 km rechts ab Richtung Skiveren den CP-Schildern folgen.
108751

ACSI AWARDS 2022

GEWINNER

Bester Campingplatz für Wanderungen und Radtouren

Dänemark

Skiveren Camping

Thisted, DK-7700 / Nordjylland

Thisted Camping***
Iversensvej 3
1 Jan - 31 Dez
+45 97 92 16 35
mail@thisted-camping.dk

1 ADEKNOPQRSTU AFHKNQSWX 6
2 HIKLMNPQRSTUWX ABFGIK 7
3 BJLV ABCDEFIJKNQRTW 8
4 FHJO FHR 9
5 DHM ABGHJKOQV 10
16A CEE ❶ €34,30
3,2ha 125T(80-100m²) 37D ❷ €47,75

N 56°57'09'' E 08°42'47''
Der CP liegt östlich von Thisted an dem Thisted Bredning (Teil des Limfjords) und ist von der Ringstraße ausgeschildert.
100045

Vesløs, DK-7742 / Nordjylland

Bygholm Camping - Thy***
Bygholmvej 27, Øsløs
1 Jan - 31 Dez
+45 26 20 97 90
info@bygholmcamping.dk

CC€23

1 ADEKNOPQRSTU AKNQSX 6
2 JPQRSWXYZ ABDEFGIK 7
3 BDFJSV ABCDEFIJKNQRTW 8
4 HJOQ FY 9
5 ADEFHJMN ABFGHJKOQUY 10
B 6A CEE ❶ €34,95
5ha 147T(95-125m²) 50D ❷ €45,70

N 57°01'37'' E 09°01'10''
An der Straße 11 zwischen Thisted und Fjerritslev gelegen. In Øsløs den Campingschildern folgen.
100046

Tolne/Sindal, DK-9870 / Nordjylland

Tolne Camping
Stenderupvej 46
1 Jan - 31 Dez
+45 98 93 02 66
info@tolnecamping.dk

1 ADEKNOPQRSTU N 6
2 BIQUVWXYZ ABDEFGHIJK 7
3 ABFLMV ABEFGIJNQRT 8
4 HJOQ CFRVWY 9
5 ABDHMN ABHIJKNQUY 10
14-16A CEE ❶ €33,60
H80 32,6ha 170T(120m²) 42D ❷ €44,40

N 57°29'12'' E 10°18'07''
Von Frederikshavn, 14 km über Straße 35 Richtung Hjørring. Danach 3 km nach Tolne, wo der CP ausgeschildert ist.
108759

Agernæs/Otterup, DK-5450 / Fyn

DCU-Camping Flyvesandet Strand***
Flyvesandsvej 37
19 Mrz - 19 Sep
+45 64 87 13 20
flyvesandet@dcu.dk

1 DEKNOPQRSTU KNQSWX 6
2 BGIJLQRWXYZ ABDEFGHIJ 7
3 BFSV ABCDEFGIJKNQRT 8
4 BHJO A 9
5 ABMN ABGHIJKOQUY 10
B 13A CEE ❶ €44,50
7ha 300T(100-150m²) 103D ❷ €57,95

N 55°37'13'' E 10°18'04''
Auf Straße Bogense-Otterup Ausfahrt Flyvesande, dann den CP-Schildern folgen.
111289

Assens, DK-5610 / Fyn

Sandager Næs***
Strandgårdsvej 12, Sandager
29 Mrz - 10 Sep
+45 64 79 11 56
info@sandagernaes.dk

1 DEKNOPQRSTU BGHKNQSWXZ 6
2 GIJQWXY ABDEFGHIJK 7
3 BFGLV ABCDEFIJKNQRTW 8
4 BHJOPQ FJRVY 9
5 ACDEFKMN ABGHIJKOPQUWY 10
B 10A CEE ❶ €56,50
3,7ha 135T(80-140m²) 53D ❷ €77,20

N 55°20'02'' E 09°53'24''
E20, Ausfahrt 57 Richtung Assens. Bei Sandager rechts Schildern folgen.
101876

Assens, DK-5610 / Fyn

CampOne Assens Strand
Næsvej 15
1 Jan - 31 Dez
+45 63 60 63 62
assens@campone.dk

1 ACDEKNOPQRSTU KNOQSXY 6
2 HJMPQRWXYZ ABDEFGHIJK 7
3 BFGJLV ABCDEFIJKNQRTW 8
4 HJO JY 9
5 ABDMN ABGHIJKOQUWY 10
B 10A CEE ❶ €47,05
6,3ha 170T(100-120m²) 8D ❷ €67,25

N 55°15'56'' E 09°53'02''
Straße 313 Nörre-Åby-Assens. Ab Assens Schildern Hafen und Industriegebiet folgen. Bei Zuckerfabrik kleinen Schildern folgen.
101877

Dänemark

Båring Vig, DK-5466 / Fyn

First Camp Skovlund - Middlfart****
Kystvejen 1
24 Mrz - 22 Okt
+45 64 48 14 77
skovlund@firstcamp.dk
N 55°30'23'' E 09°53'59''

1 ADEKNOPQRSTU BGHKNQSWXY 6
2 ABGIJLQRVWXY ABDEFGHIJK 7
3 BFJLMNV ABCDEFGIJKNQRTUVW 8
4 BJO BFJV 9
5 ACDEFMN ABFGHIJKOQUWY 10
B 10A CEE ❶ €47,90
H80 7,2ha 267T(80-120m²) 109D ❷ €67,90

E20, Ausfahrt 57 Richtung Bogense. Dann Richtung Båring. In Båring geradeaus, erster CP links. 110248

Blommenslyst, DK-5491 / Fyn

Blommenslyst**
Middelfartvej 494
1 Mai - 1 Okt
+45 65 96 76 41
info@blommenslyst-camping.dk
N 55°23'21'' E 10°14'52''

1 ACGKNOPQRSTU 6
2 APQWYZ ABDEFGIJK 7
3 A ABEFGJNQRT 8
4 JO F 9
5 DN ABQUY 10
10A CEE ❶ €25,30
2ha 60T(80-100m²) 13D ❷ €25,30

Von der E20 die Ausfahrt 53 nehmen. Der CP liegt an der Straße Nr. 161 Middelfart-Odense. Der CP ist ab Blommenslyst ausgeschildert. 101907

Bogense, DK-5400 / Fyn

First Camp Bogense City - Fyn*****
Vestre Engvej 11
1 Jan - 31 Dez
+45 64 81 35 08
bogense@firstcamp.dk
N 55°33'41'' E 10°05'07''

1 ACDEKNOPQSTU BEGHKMQS 6
2 GJLPQVWXY ABCDEFGHIJK 7
3 BFGJLMNSV ABCDEFGIJKNQRTUVW 8
4 BCDFHJORT JVY 9
5 DMN ABEFGHIJKOQUVY 10
Anzeige auf Seite 117 B 13A CEE ❶ €54,45
11ha 425T(80-200m²) 84D ❷ €73,30

Ab Odense Richtung Hafen, dann den Schildern folgen. 112054

Bogense, DK-5400 / Fyn

Kyst Camping Bogense***
Østre Havnevej 1
1 Apr - 22 Okt
+45 64 81 14 43
info@kystcamping.dk
N 55°34'04'' E 10°05'00''

1 DEGKNOPQRSTU KNQSWX 6
2 GIMPQWXYZ ABDEFGHIJK 7
3 BLMV ABCDEFGIJKNQRTW 8
4 BEFHJLO JY 9
5 DN ABGHIJKOQUY 10
B 16A CEE ❶ €47,05
2,8ha 190T(80-120m²) 33D ❷ €71,30

Aus Odense oder Middelfart, in Bogense Richtung Havn fahren, dann den CP-Schildern folgen. 101870

Bøjden/Faaborg, DK-5600 / Fyn

CampOne Bøjden Strand*****
Bøjden Landevej 12
1 Apr - 22 Okt
+45 63 60 63 60
bojden@campone.dk
N 55°06'20'' E 10°06'28''

1 ACDEFKNOPQRSTU BEGHIKMNOPQSUVWXYZ 6
2 GIJPQVWXYZ ABCDEFGHIJK 7
3 ABDEFJLMSUV ABCDEFGIJKLNQRTUVW 8
4 BFHJLMNOPTU DFIJOTVY 9
5 ACDEFHJKLMN ABFGHIJKOPQUVWY 10
B 10A CEE ❶ €56,50
6,5ha 308T(80-140m²) 80D ❷ €76,65

Die 323 und 329 Assens-Hårby-Faaborg. Vor Faaborg die 8 Richtung Bøjden oder die Fähre Fynshav (Süd-Jütland)-Bøjden. CP ist in Bøjden ausgeschildert. 101881

Dalby/Kerteminde, DK-5380 / Fyn

Camp Hverringe, Bøgebjerg Strand*****
Blæsenborgvej 200
31 Mrz - 22 Okt
+45 65 34 10 52
info@camphverringe.dk
N 55°30'32'' E 10°42'43''

1 CDKNOPQRSTU BGKMNOPQSWXYZ 6
2 GIJMQVWXYZ ABCDEFGHIJK 7
3 ABEFGIMSUV ABCDEFGIJKNQRTUVW 8
4 BDFHJKLOQ AFJRUVY 9
5 ACDEGMN ABFGHIJKMNOPQUVWY 10
B 10A CEE ❶ €54,60
15ha 375T(100-140m²) 29D ❷ €69,80

Ab Kerteminde Richtung Fynshoved, sofort nach Kerteminde Richtung Måle, dann ausgeschildert. 101918

Ebberup, DK-5631 / Fyn

Aa-Strand Camping**
Aa Strandvej 61
1 Apr - 16 Sep
+45 61 12 78 28
info@aa-strand.dk
N 55°13'02'' E 09°58'27''

1 ADEKNOPQSTU KNPQSWXY 6
2 GIJMQWXYZ ABDEFGHIJK 7
3 ALS ABCDEFGNQRW 8
4 FHJO AFIJ 9
5 ADN AHJKOQUY 10
10-16A CEE ❶ €34,95
5ha 150T(80-100m²) 51D ❷ €47,05

Straße Nr. 313 Assens-Faaborg, 2 km hinter Assens rechts ab den CP-Schildern folgen. Immer geradeaus, danach in Richtung Aa. 101878

Faaborg, DK-5600 / Fyn

Faaborg Camping
Odensevej 140
31 Mrz - 22 Okt
+45 62 61 77 94
info@faaborgcamping.dk
N 55°06'59'' E 10°14'42''

1 ABDEFKNOPQRSTU X 6
2 PQUVXYZ ABFGHIJK 7
3 ABJLV ABCDEFGIJKNQRTUW 8
4 BEFGHIJO BEFJVY 9
5 ABDFKMNO ABGHIJKOQUW 10
B 10A CEE ❶ €42,35
4,9ha 112T(100-140m²) 30D ❷ €59,05

Von Bøjden über den Rundweg Faaborg Straße 43 Richtung Odense fahren. Der CP ist nach 500m ausgeschildert. 112056

Faaborg, DK-5600 / Fyn

Nab Strand Camping***
Kildegaardsvej 8
4 Mai - 4 Sep
+45 22 12 31 32
info@nabstrandcamping.dk
N 55°03'51'' E 10°18'50''

1 ADEKNOPQSTU KNPQSWXYZ 6
2 GIJLQUVWXYZ ABDEFGHIJK 7
3 ALV ABCDEFGIJKNQRT 8
4 FHJO FRVWY 9
5 ABDMN ABFGJKNQUVY 10
10A CEE ❶ €46,40
2ha 100T(100-125m²) 27D ❷ €63,90

Die 44 Faaborg-Svendborg, nach 3,5 km Ausfahrt Nab. Danach den CP-Schildern folgen. 101910

Faaborg, DK-5600 / Fyn

Sinebjerg Camping***
Sinebjergvej 57b
1 Apr - 17 Sep
+45 62 60 14 40
info@sinebjergcamping.dk
N 55°04'50'' E 10°11'04''

1 ADEFGKNOPQRSU KNQSWXY 6
2 GIJMQUVWXY ABDEFGHIJK 7
3 BDILMUV ABCDEFIJKNQRT 8
4 FHJKO DFY 9
5 ABDMN ABFHIJKOQUVWY 10
B 10A CEE ❶ €35,65
4,5ha 210T(100-130m²) 71D ❷ €49,10

Die 8 Faaborg-Bøjden, bei Km-Pfahl 49,7 Richtung Sinebjerg und den CP-Schildern folgen. 107452

Falsled/Millinge, DK-5642 / Fyn

Falsled Strand Camping
Assensvej 461
1 Apr - 3 Sep
+45 93 93 54 00
mail@falsledstrandcamping.dk
N 55°08'50'' E 10°09'12''

1 ADEKNOPQRSTU BGMQ 6
2 HIJKLPQXYZ ABFGIK 7
3 BLSU ABCDEFGIKNQRTUV 8
4 FJO BFJNR 9
5 ABDHN BJKMOSTUY 10
B 8A CEE ❶ €33,60
3,6ha 107T(70-120m²) 31D ❷ €53,80

Auf der 329 Assens-Hårby-Faaborg in Faldsled dem CP-Schild folgen. 100087

Frørup, DK-5871 / Fyn

Kongshøj Strandcamping***
Kongshøjvej 5
1 Jan - 31 Dez
+45 65 37 12 88
info@kongshojcamping.dk
N 55°13'18'' E 10°48'22''

1 ADEKNOPQRSTU KNPQSWXYZ 6
2 GIJMPQWXYZ ABDEFGHIJK 7
3 BFJLMNV ABCDEFGIJKNQRT 8
4 BCDFHJKOP DFY 9
5 ABDMN ABFGHIJKLMOQUWY 10
B 16A CEE ❶ €35,35
6ha 120T(80-150m²) 174D ❷ €48,80

Straße Nr. 163 Nyborg-Svendborg, nach ungefähr 11 km die zweite Ausfahrt nach Tårup nehmen und den CP-Schildern Kongshøj-Strand folgen. 101921

Hesselager, DK-5874 / Fyn

First Camp Bøsøre Strand - Fyn*****
Bøsørevej 16
24 Mrz - 22 Okt
+45 62 25 11 45
bosore@firstcamp.dk
N 55°11'36'' E 10°48'23''

1 ADEKNOPQRSTU EGIKNQSWXYZ 6
2 GJMPQWXYZ ABCDEFGHIJK 7
3 BDEFGJLMSUV ABCDEFGIJKNPQRTUVW 8
4 ABCDFHJLNOSTUY BDFY 9
5 ACDEFHKMN ABEFGHIJKOPQUVWY 10
Anzeige auf Seite 117 B 10A CEE ❶ €46,40
23,6ha 350T(100-150m²) 68D ❷ €65,20

E20, Ausfahrt 45 zur 163 Nyborg-Svendborg. Bei Langå Ausfahrt Vormark/Bøsøre und Bøsøre-CP folgen. 101922

Kerteminde, DK-5300 / Fyn

Kerteminde Camping***
Hindsholmvej 80
31 Mrz - 24 Sep
+45 65 32 19 71
info@kertemindecamping.dk
N 55°27'48'' E 10°40'15''

1 ACDEKNOPQRSTU KNQSWXY 6
2 GJMPQWXY ABDEFGHIJK 7
3 ABJLV ABCDEFGIJKNQRTW 8
4 FHJOQ IJY 9
5 ADN ABGHKOQUY 10
B 10A CEE ❶ €40,20
5ha 238T(100-200m²) 82D ❷ €55,25

Der CP ist in Kerteminde am Strand (Hindsholmvej). Wird mit CP-Schildern angezeigt. 109289

Lohals/Tranekaer, DK-5953 / Fyn

Lohals Camping***
Birkevej 11
1 Apr - 30 Sep
+45 62 55 14 60
mail@lohalscamping.dk
N 55°08'03'' E 10°54'24''

1 ACDEKNOPQRSTU BFKNOPQSWXYZ 6
2 GJPQWXYZ ABDEFGHIJK 7
3 BJNSV ABCDEFGIJNQRW 8
4 BFHJOQSU FORV 9
5 ABDEFLMN ABFGHIJKLOPQUVY 10
B 10A CEE ❶ €37,65
2,5ha 120T(100-200m²) 27D ❷ €51,10

Die Straße Rudkøping-Spodsbjerg, Ausfahrt Lohals. Dann den Schildern nach. 110909

Lundeborg, DK-5874 / Fyn

Lundeborg Strandcamping***
Gl. Lundeborgvej 46
2 Apr - 12 Sep
+45 62 25 14 50
ferie@lundeborg.dk
N 55°08'46'' E 10°46'56''

1 ADEGKNOPQSTU KNQSWXZ 6
2 GIJKPQWXYZ ABDEFGHIJK 7
3 BFJLSV ABCDEFIKNQRTW 8
4 FHJKOPQ DFY 9
5 ABDEFHKMN ABHIJKOQUWY 10
B 6A CEE ❶ €35,10
2,5ha 140T(80-120m²) 76D ❷ €48,30

Die 163 Nyborg-Svendborg, Ausfahrt Lundeborg. In Lundeborg an der Kreuzung links. Den CP-Schildern bis zum 2. CP folgen. 101923

Teilkarte Fünen auf Seite 133

Dänemark

Martofte, DK-5390 / Fyn

Fynshoved Camping***
Fynshovedvej 748
1 Jan - 31 Dez
+45 65 34 10 14
info@fynshovedcamping.dk
N 55°36'26" E 10°37'24"

1 ADEGKNOPQRSTU KNQSWXY 6
2 GJLPQRXYZ ABDEFGHIJK 7
3 AFJSV ABCDEFGIJNQRT 8
4 HJOQ FJ 9
5 ABEFMN AGHJKNQUY 10
B 10A ❶ €37,90
11ha 160T(100-150m²) 95D ❷ €52,70

In Kerteminde nach Fynshoved. CP ist 1,5 km vor dem Ende der Straße auf der rechten Seite. 110908

Otterup, DK-5450 / Fyn

First Camp Hasmark Strand - Fyn***
Strandvejen 205
1 Jan - 31 Dez
+45 64 82 62 06
hasmark@firstcamp.dk
N 55°33'45" E 10°27'16"

1 ADEKNOPQRSTU BEIKNQSWX 6
2 GJQWXY ABDEFGHIJK 7
3 BFMSVX ABCDEFGIJKNQRTUVW 8
4 BCDFHJNOQSTUV BDEFJNVWY 9
5 ACDEHLMN ABEFGHIJKOPQUXY 10
Anzeige auf Seite 117 B 10A CEE ❶ €50,30
12ha 550T(100-150m²) 116D ❷ €73,95

In Otterup an den Ampeln Richtung Hasmark; Straße bis 300m vor den Strand fahren. CP liegt rechts des Weges. 109084

Middelfart, DK-5500 / Fyn

Vejlby Fed Strand Camping****
Rigelvej 1
31 Mrz - 24 Sep
+45 28 94 02 89
mail@vejlbyfed.dk
N 55°31'11" E 09°51'00"

1 ADEKNOPQRSTU BGKMNQSUWXYZ 6
2 AHJKQRXYZ ABDEFGHIK 7
3 BDFIJMNSUVW ABCDEFGIJKNQRTW 8
4 JLOPT BEFJKNQRTVY 9
5 ACDEGMN ABHIJKOQUWY 10
B 10A CEE ❶ €45,30
55,7ha 259T(100-140m²) 99D ❷ €64,15

E20, Ausfahrt 58 über die 317 Bogense. 1. Kreisel dreiviertel rund, 2 Kreisel geradeaus. Ab Bogensevej ist der CP ausgeschildert. 110249

Ristinge, DK-5932 / Fyn

Feriepark Langeland Ristinge***
Ristingevej 104
31 Mrz - 17 Sep
+45 62 57 13 29
info@ristinge.dk
N 54°49'12" E 10°38'26"

1 ADEKNOPQRSTU BGKNQSWX 6
2 BGIJLQWXYZ ABDEFGHIJK 7
3 ABFJLMNSV ABCDEFGIJKNQRTW 8
4 BCDFHJOPQU FIVY 9
5 ACDEFGMN ABEFGHIJKLOPQUVY 10
B 10A CEE ❶ €48,40
6ha 226T(60-150m²) 40D ❷ €68,60

Von Svendborg die 9 nach Rudkøbing/Spodsbjerg. An Rudkøbing vorbei Richtung Bagenkop. In Humble Ausfahrt Ristinge. Nach ca. 5 km CP angezeigt. 108752

Nørre Åby, DK-5580 / Fyn

Ronæs Strand Camping***
Ronæsvej 10
1 Apr - 24 Sep
+45 64 42 17 63
info@camping-ferie.dk
N 55°26'24" E 09°49'26"

1 ACDEKNOPQSTU KNPQSWXYZ 6
2 AGIJQVWY ABDEFGHIJK 7
3 ABFGLSV ABCDEFGIJKNQRTUVW 8
4 BFHJO DFJOTUVY 9
5 ABCDEFMN ABFGHIJKMOQUWY 10
B 10A CEE ❶ €37,00
4ha 125T(85-150m²) 70D ❷ €53,00

E20, Ausfahrt 57 in Richtung Nørre Åby, nach ca. 5 km auf der Straße 313 den CP-Schildern folgen. 101875

Skårup, DK-5881 / Fyn

DCU-Camping Åbyskov Strand***
Skårupøre Strandvej 74
17 Mrz - 22 Okt
+45 62 23 13 20
aabyskov@dcu.dk
N 55°04'18" E 10°44'33"

1 ADEJMOPQRST N 6
2 AHIJLQWX ABDEFGHIK 7
3 ABLV ACDEFGINQRTW 8
4 BJO EFJ 9
5 ABDMN BFHIJKMORUY 10
10A CEE ❶ €43,45
4,7ha 205T(100m²) 77D ❷ €58,75

Straße 163 Svendborg-Nyborg, in Øster Åby den CP-Schildern folgen. 107453

Nyborg, DK-5800 / Fyn

Grønnehave Strand Camping***
Regstrupvej 83
1 Apr - 24 Sep
+45 65 36 15 50
info@gronnehave.dk
N 55°21'31" E 10°47'12"

1 ADEKNOPQRSTU KNQSWXY 6
2 AGIJMPQWXY ABDEFGHIJ 7
3 BFLMSV ABCDEFGIJNQRT 8
4 JO FJ 9
5 ABDMN ABGHIJKOQUY 10
10A CEE ❶ €40,20
7,5ha 250T(100-200m²) 86D ❷ €56,35

E20 Odense-Nyborg, Ausfahrt 46 links, CP ist ausgeschildert. 101919

Svendborg, DK-5700 / Fyn

Carlsberg Camping ApS***
Sundbrovej 19, Tåsinge
1 Jan - 31 Dez
+45 62 22 53 84
mail@carlsbergcamping.dk
N 55°01'56" E 10°37'08"

1 ADEKNOPQRSTU BGHX 6
2 AIPQSUVWXYZ ABDEFGHIJK 7
3 BDFGJLMSUV ABCDEFGIJKNQRTU 8
4 BFHJOPQR EFJV 9
5 ABDEFJKMN AGHIJKORSUVWY 10
B 6A CEE ❶ €43,70
H70 8ha 300T(100-150m²) 161D ❷ €64,55

Von Svendborg aus die 9 nach Rudkøbing. Über die Brücke an der Ampel geradeaus. Nach 600m ist der CP links ausgeschildert. 101926

Nyborg, DK-5800 / Fyn

Nyborg Strandcamping***
Hjejlevej 99
30 Mrz - 24 Sep
+45 65 31 02 56
mail@strandcamping.dk
N 55°18'16" E 10°49'30"

1 DEGKNOPQSTU KNQSWXY 6
2 AGIJQRWXYZ ABDEFGHIJK 7
3 BFLMSUV ABCDEFGINQRTW 8
4 JOQ FJ 9
5 ACDMN ABGHKOQU 10
B 10A CEE ❶ €39,55
3,8ha 200T(80-100m²) 64D ❷ €54,60

E20 Ausfahrt 45. Ab Nyborg CP-Beschilderung folgen. Der CP liegt Nähe Brücke über den Großen Belt. Nicht Richtung Grønnehave. 100081

Svendborg, DK-5700 / Fyn

Svendborg Sund Camping***
Vindebyørevej 52, Tåsinge
31 Mrz - 24 Sep
+45 21 72 09 13
maria@svendborgsund-camping.dk
N 55°03'15" E 10°37'50"

1 ADEKNOPQRSTU KNPSUVXYZ 6
2 GIJQVWXYZ ABDEFGHIJK 7
3 ABFGLMV ABCDEFGINQRTUW 8
4 BFHJKOR CFRV 9
5 ABCDKMN ABFGHIJKOQUVWY 10
B 10A CEE ❶ €47,05
5ha 170T(80-120m²) 27D ❷ €70,60

Die 9, dann über die Brücke Svendborg Sund. An der Ampel sofort zweimal links, danach den CP-Schildern folgen. 109285

Odense S, DK-5260 / Fyn

DCU-Odense City Camp***
Odensevej 102
1 Jan - 31 Dez
+45 66 11 47 02
odense@dcu.dk
N 55°22'10" E 10°23'35"

1 ADEKNOPQSTU BG 6
2 ABPQWXY ABDEFGHI 7
3 BFJLMV ABCDEFGIJKNQRT 8
4 HJO F 9
5 ADMN ABFGHIOQUWY 10
B 10A CEE ❶ €45,60
4,5ha 225T(100m²) 22D ❷ €62,00

Von der E20, Ausfahrt 50 Richtung Odense C. CP hinter der UNO-X Energi Tankstelle. Ausgeschildert. 111915

Svendborg/Thurø, DK-5700 / Fyn

Thurø Camping***
Smørmosevej 7
31 Mrz - 17 Sep
+45 51 18 52 54
info@thuroecamping.dk
N 55°02'36" E 10°42'36"

1 ADEKNOPQSTU KMNOPQSUWXY 6
2 AGJKPQWXYZ ABDEFGHIJK 7
3 BDFGJLMSV ABCDEFGIJNQRTUW 8
4 BCEFHJO FY 9
5 ACDEMN ABDFHIJKOQUY 10
Anzeige auf dieser Seite B 13A CEE ❶ €34,30
6,5ha 243T(100-140m²) 128D ❷ €46,40

Von Svendborg über die Brücke Richtung Grasten, 2. Ausfahrt links. Am Wegesende der Rechtskurve folgen. Dann der Beschilderung folgen. 101928

Teilkarte Fünen auf Seite 133

Tårup/Frørup, DK-5871 / Fyn CC€21 iD

Tårup Strand Camping
Lersey Alle 25
6 Apr - 24 Sep
+45 65 37 11 99
mail@taarupstrandcamping.dk
N 55°14'14'' E 10°48'28''

1	ADE**KN**OPQRSTU	K**N**PQSWXYZ	6
2	GIJKLQUVWXYZ	ABDE**FG**HIJK	7
3	BFG**L**MSV	ABCDE**F**IJKNQRTW	8
4	FHJK	F	9
5	ACDMN	ABDGHJKOQUY	10

B 10A CEE
11ha 140**T**(80-120m²) 106**D**
① €37,10
② €49,20
101920

Die 163 Nyborg-Svendborg, nach ca. 10 km die 1. Ausfahrt Tårup nehmen und den CP-Schildern Tårup-Strand folgen.

Tranekær, DK-5953 / Fyn iD

Feriepark Langeland -Emmerbølle Strand****
Emmerbøllevej 24
31 Mrz - 17 Sep
+45 62 59 12 26
info@emmerbolle.dk
N 55°02'01'' E 10°50'56''

1	ADE**KN**OPQSTU	**BG**K**N**PQSWXYZ	6
2	GJQVWXYZ	ABCDE**FG**HIJK	7
3	ABDFG**J**M**N**SV	ABCDE**FG**IJKNQRTUVW	8
4	BCDFHJKLO**PQ**R**T**	ADFJUV	9
5	ACDEFGHKM**N**	ABEFGHIJKOPQUWY	10

B 10A CEE
15ha 300**T**(60-160m²) 106**D**
① €50,45
② €73,30
108753

E20 Richtung Odense-Svendborg. Weiter die A9 Richtung Langeland. Dann in nördliche Richtung auf der 305. 5 km nördlich von Tranekær links abbiegen zum Emmerbølle Strand.

Dänemark

Seeland

Albuen/Nakskov, DK-4900 / Sjælland

Camping Albuen Strand
Vesternæsvej 70
21 Mrz - 21 Okt
+45 21 26 39 19
albuencamping@gmail.com

1 DEKNOPQRSTU — AGKNQX 6
2 GJPQRXYZ — ABDEFGHIJK 7
3 BFGMSV — ABCDEFGIJKNQRTVW 8
4 BHJO — FVY 9
5 ABDN — ABGHIJKMOQUY 10
B 16A CEE — ❶ €33,20
10ha 170T(100-200m²) 56D — ❷ €46,95

N 54°47'30" E 10°58'55"

Ab Nakskov Richtung Vestenskov/Langø. CP dann ausgeschildert. 101940

Askeby, DK-4792 / Sjælland

Møn Camping Hårbølle Strand*
Hårbøllevej 87
1 Apr - 1 Okt
+45 26 74 95 63
info@moencamping.dk

1 DEKNOPQRSU — KNQSX 6
2 GIJQRXYZ — ABDEFGI 7
3 B — ABDEFNQRT 8
4 H — V 9
5 ABDEHN — ABIJKQ 10
6A CEE — ❶ €43,70
3,6ha 72T 8D — ❷ €57,15

N 54°52'59" E 12°09'09"

Straße 287 von Bogø nach Stege. Nach Bogø 1. Straße rechts Richtung Hårbølle. Beschilderung folgen. 101979

Assentorp/Stenlille, DK-4295 / Sjælland

Assentorp Camping***
Højbodalvej 35
1 Jan - 31 Dez
+45 20 64 44 53
ac@assentorp-camping.dk

1 ADEKNOPQSTU — B 6
2 ABPQRUXYZ — ABFGIK 7
3 ABFGJMSV — ABCDEFJNQRW 8
4 FJOPQ — DFY 9
5 ABDEFMN — BIKQUY 10
10-13A CEE — ❶ €26,20
6ha 135T(100m²) 96D — ❷ €26,20

N 55°33'29" E 11°34'19"

Ortsmitte Stenlille über die 57 oder 255. Dann die Ausfahrt Assentorp und der Beschilderung folgen. 100085

Bildsø/Slagelse, DK-4200 / Sjælland

Bildsø Camping
Drosselbjergvej 42A
18 Mrz - 21 Okt
+45 22 58 64 12
honda@privat.dk

1 ADEKNOPQRSU — KNQSV 6
2 BGJMPQWXYZ — ABDEFGHIK 7
3 FV — ABCDEFIJNQR 8
4 J — DF 9
5 ABDEFJN — AHIJKQUY 10
B 10A — ❶ €38,35
2,1ha 100T(100m²) 44D — ❷ €51,80

N 55°27'18" E 11°12'37"

Die E20 Halsskov-Kopenhagen, Ausfahrt 41, die 277 Richtung Kalundborg. Nach 10 km in Bildsø links und den CP-Schildern folgen. 109304

Bjerge Strand, DK-4480 / Sjælland

Urhøj Camping***
Urhøjvej 14
1 Apr - 20 Okt
+45 59 59 72 00
feilskov@urhoej-camping.dk

1 ADEGKNOPQRSTU — KNQSX 6
2 HIJLQRUVXYZ — ABDEFGI 7
3 BFJMV — ABCDEFINQRTW 8
4 FJOQ — JV 9
5 ABDEFIKMN — ABFGHJKOQY 10
10A CEE — ❶ €31,85
11ha 400T(100-120m²) 129D — ❷ €43,15

N 55°34'43" E 11°09'19"

Auf dem Parallelweg links der 22 von Slagelse-Kalundborg. In Höhe des Ortes Bjerge, 1. Schild CP 1 km folgen. Dann rechts abbiegen & dem Schild Urhøj Camping für ca 1,5 km über einen halbgepflasterten Weg folgen. 101934

Boeslunde, DK-4242 / Sjælland

Boeslunde Camping***
Rennebjergvej 110
1 Jan - 31 Dez
+45 58 14 02 08
info@campinggaarden.dk

1 ADEKNOPSU — BDG 6
2 PQRWXYZ — ABDEFGHIJK 7
3 BFGHIJLMV — ABEFGIJKNPQRTW 8
4 BEFHJNOQ — DFGIJKY 9
5 ABDMN — ABFGHKMOQUVY 10
B 6-16A CEE — ❶ €40,10
5,4ha 150T(100-160m²) 80D — ❷ €52,20

N 55°17'23" E 11°15'54"

Von Skaelskor aus via Straße 259 nach Slagelse. An Kreuzung und Schild Boeslunde nach 4 km links. Siehe Beschilderung. 100083

Borre, DK-4791 / Sjælland

Camp Møns Klint****
Klintevej 544
12 Apr - 31 Okt
+45 55 81 20 25
info@campmoensklint.dk

1 DEHKNOPQRSTU — BNPQ 6
2 BQRSUVXYZ — ABDEFGHIJ 7
3 BFHJLMNSV — ABCDEFGIJKNQRT 8
4 ABCDEFHJOT — BIJRV 9
5 ACDFGHIKMN — ABFHIJKOQ 10
Anzeige auf dieser Seite B 10A CEE — ❶ €55,80
H100 13,2ha 400T 133D — ❷ €79,20

N 54°58'48" E 12°31'26"

An der Straße 287 Stege-Møns Klint. Kurz vor Møns Klint, an der Straße angezeigt. 101992

Dannemare, DK-4983 / Sjælland

Hummingen Camping***
Pumpehusvej 1
5 Apr - 19 Okt
+45 54 94 61 61
mail@hummingencamping.dk

1 ADEKNOPQRSTU — BGHNQX 6
2 JKQWXY — ABDEFGHIJK 7
3 BFJSV — ABEFGIJKNQRTVW 8
4 BJKO — FJ 9
5 ACDMN — AFGHJKQUVWY 10
B 10-13A — ❶ €34,15
7,5ha 143T(60-150m²) 48D — ❷ €47,60

N 54°43'05" E 11°13'36"

E47, Ausfahrt 49 Richtung Nakskov. Dann Richtung Rødbyhaven. Beschilderung folgen, von Rødbyhaven die 275. Richtung Kramnitze. CP ist angezeigt. 109817

CampingCard ACSI, gut zu wissen

- Nur gültig auf teilnehmenden CampingCard ACSI-Campingplätzen
- Nur gültig in den mit dem Campingplatz vereinbarten Akzeptanzzeiträumen
- Zusatzkosten nicht inbegriffen
- Begrenzte Anzahl von Stellplätzen verfügbar

ACSI AWARDS 2022

GEWINNER

Beste Campingplatz-Animation Dänemark

Feddet Strand Resort

Faxe, DK-4640 / Sjælland

Feddet Strand Resort****
Feddet 12
1 Jan - 31 Dez
+45 56 72 52 06
info@feddet.dk
N 55°10'28'' E 12°06'07''

1 DEKNOPQRSTU EGKNQRSUVWXYZ 6
2 ABGIJQRWXYZ ABCDEFGHIJK 7
3 BDEFGHIJLMNQSUVWX ABCDEFGIJKMNQRTUV 8
4 ABCDFHJKLMNOPQRSTUXZ ABDEFGIJKNORUVY 9
5 ACDEFGHIJLMNO ABFGHIJKLMOQUVWXY 10
Anzeige auf Seite 139 B 10A CEE ❶ €82,70
16ha 400T(110-150m²) 315D ❷ €111,60

Straße Nr. 209 von Faxe nach Præstø. Bei Vindbyholt in Richtung Süden, Beschilderung folgen. 101975

Faxe Ladeplads, DK-4654 / Sjælland

Faxe Ladeplads Camping***
Hovedgaden 87
1 Jan - 31 Dez
+45 23 95 03 26
bensus1@hotmail.com
N 55°13'20'' E 12°10'43''

1 ABDEJMOPQRSTU 6
2 AGJPQXY ABDEFGIK 7
3 AMU ABCDEFGIJKNQRTW 8
4 J F 9
5 ABEH AHJKOQU 10
B 10A CEE ❶ €26,90
1,7ha 89T(50-100m²) 43D ❷ €40,35

E55, Ausfahrt Faxe. Straße 154 durch Faxe folgen. Der Beschilderung Faxe Ladeplads folgen. Am Ende der Straße im Dorf links abbiegen. CP nach 700m. 112042

Føllenslev, DK-4591 / Sjælland

Vesterlyng Camping***
Ravnholtvej 3, Havnsø
31 Mrz - 22 Okt
+45 59 20 00 66
info@vesterlyng-camping.dk
N 55°44'35'' E 11°18'31''

1 ADEKNOPQRSTU BGNPQSWX 6
2 IJPQUXYZ ABDEFGHIK 7
3 ACFJSV ABCDEFGHIJNQRTW 8
4 BCDFGHJO BDFLY 9
5 ABDFKLMN ABGHIJKOQUVY 10
B 10A CEE ❶ €42,50
6ha 304T(100-120m²) 170D ❷ €57,55

Die 21, Kopenhagen-Holbæk zur Straße 23 Ri. Kalundborg, 1. Kreuzung nach Jyderup, an Ampel rechts (225). Am Kreisverkehr Snertinge geradeaus. CP-Schildern folgen. 107454

Fredensborg, DK-3480 / Sjælland

Fredensborg Camping**
Humlebækvej 31
1 Jan - 31 Dez
+45 49 19 44 48
info@fredensborgcamping.dk
N 55°58'04'' E 12°27'22''

1 ABDEKNOPRSTU X 6
2 ABJPQSUXYZ ABDEFGHI 7
3 ABHILV ABCDEFIJKNQRVW 8
4 JO F 9
5 BDMN BIJKNQUWY 10
6-10A ❶ €36,30
4,8ha 125T(100-120m²) 73D ❷ €48,40

Auf E47 Ausfahrt 5 Richtung Fredensborg (ca. 3 km) oder Straße 6 zwischen Fredensborg und Helsingør bei Kilometerstein 12.2 Richtung Süden. 101988

Frederiksværk, DK-3300 / Sjælland

Frederiksværk Citycamping***
Strandgade 30
1 Jan - 31 Dez
+45 23 44 88 44
post@fredfyldt.dk
N 55°58'19'' E 12°00'53''

1 ADEKNOPQRSU NX 6
2 BDEPQTXYZ ABDEFGHIJK 7
3 ALMNV ABCDEFGHIJNQRT 8
4 FHJO ADEFGLUVW 9
5 DJN AFHJKMNQ 10
B 13A CEE ❶ €29,60
3,7ha 70T(130m²) 53D ❷ €29,60

CP ist in der Nähe der Jugendherberge, westlich des Rings. In Frederiksværk zuerst Richtung Zentrum (=Ring) bis der CP ausgeschildert ist. 100076

Greve, DK-2670 / Sjælland

Hundige Strand Familiecamping**
Hundige Strandvej 72
1 Jan - 31 Dez
+45 20 21 85 84
info@hsfc.dk
N 55°35'38'' E 12°20'34''

1 ABDEGKNOPQRSTU KNOQX 6
2 AGJPQWXYZ ABFGHIJK 7
3 BCLQV ABCDEFGIJNQRTW 8
4 HJO FNRV 9
5 DGMN ABFGHIJKLMOQUY 10
B 13-16A CEE ❶ €35,90
5,7ha 250T(100-150m²) 118D ❷ €49,35

Nördlich von Greve. Die E20/E47/E55, über die Ausfahrt 27 Richtung Hundige (ca. 2,4 km). Ausgeschildert an Straße 151, nach 315m um 360° wenden. 101969

Guldborg, DK-4862 / Sjælland

Guldborg Camping I/S****
Guldborgvej 147
1 Jan - 31 Dez
+45 51 51 77 87
info@guldborg-camping.dk
N 54°51'54'' E 11°44'11''

1 BDEKNOPQRSTU KNQSWXYZ 6
2 ABGMPQWXYZ ABFGIK 7
3 BCFSV ABCDEFGIJKNQRT 8
4 H FJVY 9
5 ADHJKMN ABCGHIJKMOPQU 10
B 16A CEE ❶ €35,35
3,3ha 122T(80-160m²) 47D ❷ €47,75

E47, Ausfahrt 45 Guldborg. Im Ort ist der CP ausgeschildert. 101953

Helsingør, DK-3000 / Sjælland

Helsingør-Grønnehave Camping**
Strandalléen 2
1 Jan - 31 Dez
+45 49 28 49 50
camping@helsingor.dk
N 56°02'38'' E 12°36'15''

1 BDEKNOPRSTU KNQSX 6
2 AHJPQRWXY ABDEFGI 7
3 ALU ABFJNQRTW 8
4 FHT DFV 9
5 ABDEMN AGHIKMOQWY 10
B 16A CEE ❶ €37,00
1ha 100T(80m²) 13D ❷ €46,40

An der 237 Helsingør-Hornbæk angezeigt. 101986

Hillerød, DK-3400 / Sjælland

Hillerød Camping***
Blytækkervej 18
9 Apr - 25 Sep
+45 48 26 48 54
info@hillerodcamping.dk
N 55°55'26'' E 12°17'44''

1 ABCDEGHKNOPQRSTU 6
2 AQTXYZ ABDEFGHIJK 7
3 ABFLMU ABCDEFIJKNQRTW 8
4 EHJOX DFJ 9
5 ABDMN ABFGHJKOQY 10
B 10-13A CEE ❶ €37,65
2,2ha 110T(100m²) 35D ❷ €52,45

Beschilderung Richtung Hillerød-S folgen. Dort ausgeschildert. 101963

Holbæk, DK-4300 / Sjælland

CampOne Holbaek Fjord***
Sofiesminde Allé 1
1 Jan - 31 Dez
+45 63 60 63 63
holbaek@campone.dk
N 55°43'05'' E 11°45'40''

CC€23

1 ADEKNOPQST DGNX 6
2 AGIPQUXY ABDEFGHIK 7
3 BFLSV ABCDEFGIJNQRTW 8
4 BCFHJORTUX DEFV 9
5 ABDMN ABGHJKOQUY 10
B 10-16A CEE ❶ €40,35
5ha 225T(80-120m²) 123D ❷ €53,80

Von Kopenhagen aus die 21, Ausfahrt 15, Kreisel Richtung Holbæk (10 km). Ortseinfahrt Holbæk rechts ab. Ausgeschildert. 112033

Hornbæk, DK-3100 / Sjælland

DCU Camping Hornbæk***
Planetvej 4
1 Jan - 31 Dez
+45 49 70 02 23
hornbaek@dcu.dk
N 56°05'02'' E 12°28'20''

1 BDEKNOPQRSTU 6
2 PQUXY ABDEFGHIJK 7
3 ABFLMSV ABCDEFIJKNQRTW 8
4 HJO FJY 9
5 ADMN BGHIJKOQUY 10
B 16A CEE ❶ €40,10
7,5ha 340T(130m²) 108D ❷ €54,05

In Hornbæk Richtung Saunte, Beschilderung folgen. Gut ausgeschildert. 101984

Hørve, DK-4534 / Sjælland

Sanddobberne Camping***
Kalundborgvej 26D
31 Mrz - 22 Okt
+45 61 19 09 10
mail@sanddobberne-camping.dk
N 55°46'30'' E 11°22'50''

1 ADEKNOPRSTU KNPQSX 6
2 HIJMQRUXYZ ABDEFGHIK 7
3 ABLMSV ABCDEFIJKNQRTW 8
4 ABCDFHJO DFNRVY 9
5 ABDEFJMN ABFHIJKOQUY 10
B 10A CEE ❶ €52,45
5,6ha 220T(100m²) 115D ❷ €72,60

Straße 225 Slagelse-Nykobing Sj. Nach Ort Starreklinte das 2. CP-Schild. 101930

ACSI Detailkarte

Die Orte in denen die Plätze liegen, sind auf der Teilkarte **fett** gedruckt und zeigen ein offenes oder geschlossenes Zelt. Ein geschlossenes Zelt heißt, dass mehrere Campingplätze um diesen betreffenden Ort liegen. Ein offenes Zelt heißt, dass ein Campingplatz in oder um diesen Ort liegt.

Teilkarte Seeland auf Seite 136

Hundested, DK-3390 / Sjælland

Byaasgaard - Farm Shop & Camping***
Amtsvejen 340
1 Apr - 1 Okt
+45 47 92 31 02

1 ACDEKNOPQRSTU	KNPQRSVXYZ 6
2 HIKLPQUVWXYZ	ABFGHIJK 7
3 BFLSV	ABCDEFGHIJKNPQRTW 8
4 FHJK	BFNRV 9
5 ABDHJMN	ABGIJKMNPQUY 10
B 6-13A CEE	❶ €38,35
12ha 294T(90-150m²) 158D	❷ €54,45

N 55°57'49'' E 11°57'23''

Der Beschilderung ab der 16 Frederiksværk-Hundested 6 km ab Frederiksværk oder Hundested folgen. Gut ausgeschildert. Im Sommer fährt die Fähre zwischen Sølager und Kulhuse. 101962

Hundested/Tømmerup, DK-3390 / Sjælland

Rosenholm Camping***
Torpmaglevej 58
1 Jan - 31 Dez
+45 53 55 20 49
kontakt@rosenholm-camping.dk

1 ABEGKNOPQRSTU	6
2 JMPQUWXYZ	ABDEFGHIJK 7
3 BLSUV	ABCDEFHINQRTW 8
4 HJK	B 9
5 ABDMNO	ABGHJKOQUY 10
B 10-13A	❶ €20,15
7,5ha 200T(90-120m²) 162D	❷ €28,25

N 55°58'00'' E 11°54'23''

An der 16 Hundested-Frederiksværk angezeigt. In Amager Huse abfahren Richtung Tømmerup. 101941

Idestrup, DK-4872 / Sjælland

Marielyst Ny Camping***
Sildestrup Øv. 14a
1 Jan - 31 Dez
+45 24 44 16 50
ferie@marielystnycamping.dk

1 ADEKNOPQRSTU	6
2 JPQRWXYZ	ABDEFGIJK 7
3 BFJLMV	ABCDEFGIJKNQRTUV 8
4 J	F 9
5 ABDEIMN	ABFGHOQUVWXY 10
B 10A	❶ €38,35
6,5ha 245T(80-180m²) 89D	❷ €53,10

N 54°42'46'' E 11°58'46''

E55 Nykøbing-Gedser, Ausfahrt Marielyst. Im Kreisel Marielyst Strandparken, noch etwa 3 km. 101982

Ishøj, DK-2635 / Sjælland

Tangloppen Camping***
Tangloppen 2
1 Apr - 1 Okt
+45 22 90 33 21
mail@tangloppen.dk

1 ADEKNOPQRSTU	KNPQSXYZ 6
2 AGJPQRWXY	ABDEFGIJK 7
3 BLMSVX	ABCDEFGINQRTW 8
4 FHJOR	DFGMNRTV 9
5 ABDMN	ABGHIKMOPQUVY 10
B 10-13A CEE	❶ €41,70
5ha 195T(50-100m²) 43D	❷ €59,15

N 55°36'25'' E 12°22'45''

E47/55 Ausfahrt 26, Richtung Ishøj; geradeaus bis zum Meer. 101968

Jægerspris, DK-3630 / Sjælland

DCU-Camping Kulhuse***
Kulhusvej 199
19 Mrz - 24 Okt
+45 47 53 01 86
kulhuse@dcu.dk

1 ABDEGHKNOPQRST	KNQS 6
2 GJPQVWXY	ABDEFGHIK 7
3 BFJSV	ABCDEFGIJKNQRTW 8
4 JO	AJ 9
5 ABDMN	ACHIJKOQUY 10
B 10A	❶ €33,60
13,5ha 225T(100-120m²) 125D	❷ €47,35

N 55°55'51'' E 11°54'33''

Die 207 Frederikssund-Jægerspris-Kulhuse folgen. Im Sommer verkehrt die Fähre zwischen Kulhuse und Sølager. 101945

Kalundborg, DK-4400 / Sjælland

Ugerløse Feriecenter Motel og Camping***
Græsmarken 17
1 Apr - 1 Okt
+45 59 50 43 23
info@feriecentret.dk

1 ADEKNOPQRSTU	AKNPQSWXY 6
2 HIJMQWXYZ	ABDEFGI 7
3 AFJMSV	ABEFIJNQRTU 8
4 FHJO	FGO 9
5 ABDFN	AHJKOQUV 10
B 10A CEE	❶ €36,20
5ha 110T(70-140m²) 89D	❷ €47,75

N 55°37'18'' E 11°07'05''

Straße 22 Slagelse-Kalundborg. Ab Ugerløse (7 km vor Kalundborg) den CP-Schildern folgen. 108760

Kalundborg/Saltbæk, DK-4400 / Sjælland

Kalundborg Camping**
Saltbækvej 88
1 Jan - 31 Dez
+45 93 88 79 00
info@kcamping.dk

CC€23

1 ADEKNOPQRSTU	XY 6
2 BMQRSXYZ	ABDEFGIK 7
3 BFJLMSUV	ABCDFIJNQR 8
4 BCFHJ	EF 9
5 ABDEFHMN	ABHIJKOQVY 10
10-16A CEE	❶ €33,60
3,5ha 120T(120-180m²) 34D	❷ €45,70

N 55°43'43'' E 11°06'42''

In Kalundborg an erstem Kreisel CP-Schilder folgen nach Saltbæk, ungefähr 5 km. 101931

Køge, DK-4600 / Sjælland

Køge & Vallø Camping***
Strandvejen 102
1 Apr - 30 Sep
+45 56 65 28 51
info@valloecamping.dk

1 ADEKNOPQRSTU	KNQSX 6
2 GJLPQRSWXYZ	ABDEFGIJK 7
3 BJLMUV	ABCDEFGIJKNQRSTW 8
4 FJO	FJV 9
5 ABDMN	ABFGHIKOQUY 10
B 6-13A	❶ €35,65
16ha 215T(80-120m²) 254D	❷ €49,10

N 55°26'45'' E 12°11'31''

Ausgeschildert in Køge entlang der 151. Folgen Sie der Straße Nr. 261 oder 209. Nach 1,5 km an der rechten Straßenseite. 101971

Korsør, DK-4220 / Sjælland

Lystskov Camping***
Korsør Lystskov 2
1 Apr - 30 Sep
+45 58 37 10 20
info@lystskovcamping.dk

1 ADEKNOPQRSTU	6
2 APQUWXY	ABDEFGHIK 7
3 ALMSV	ABCDEFINQRT 8
4 FHJ	F 9
5 ABDMN	ABGHJKQV 10
B 10A CEE	❶ €30,25
3ha 80T(100m²) 32D	❷ €41,00

N 55°19'24'' E 11°11'11''

An der Straße 265 Korsør-Skælskør. 101937

Kragenæs, DK-4943 / Sjælland

Kragenæs Marina Lystcamp***
Kragenæsvej 84
1 Apr - 19 Okt
+45 54 93 70 56
info@kragenaes.dk

1 ACDEKNOPQRSTU	KNQSUVXYZ 6
2 GMPQRWXYZ	ABDEFGHIK 7
3 BEFJLMSV	ABCDEFGIJKNQRT 8
4 FHJO	FQRV 9
5 ACDKMN	AGHIJKOQWXY 10
B 10A CEE	❶ €34,15
3ha 100T(100-130m²) 32D	❷ €47,60

N 54°54'53'' E 11°21'27''

Von der 289, Ausfahrt Kragenæs. 101938

Kramnitze/Rødby, DK-4970 / Sjælland

Western Camp
Noret 2
28 Apr - 6 Aug
+45 54 94 61 00
mail@westerncamp.dk

1 ADEHKNOPQRSTU	KNQSWXY 6
2 GJMQRWXYZ	ABDEFGHIJ 7
3 BFMV	ABCDEFGIJNQRTW 8
4 BDOP	FIJ 9
5 ABDHKMN	ABHIJKOQUXY 10
B 10A CEE	❶ €33,35
6,5ha 170T(80-150m²) 89D	❷ €48,15

N 54°42'35'' E 11°15'24''

Aus dem Norden E47, Ausfahrt 49 Richtung Nakskov. Dann Richtung Rødbyhavn. Schildern folgen. Von Rødbyhavn Straße 275 Richtung Kramnitze. 109291

Maribo, DK-4930 / Sjælland

Maribo Sø Camping***
Bangshavevej 25
1 Jan - 31 Dez
+45 54 78 00 71
info@maribo-camping.dk

1 ADEKNOPQSTU	LNQSUXYZ 6
2 ABEJQXYZ	ABDEFGHIJK 7
3 ABLM	ABCDEFGIJNQRT 8
4 FJO	FJNQRV 9
5 ABDNO	AGHIJKQUVWY 10
B 16A	❶ €34,15
3ha 200T(100m²) 16D	❷ €47,60

N 54°46'18'' E 11°29'36''

E47, Ausfahrt 48, Straße 153 ins Zentrum. CP nach 300m und ist von der Straße aus ausgeschildert. 101956

Teilkarte Seeland auf Seite 136

Marielyst/Væggerløse, DK-4873 / Sjælland

Østersøparken
Bøtøvej 243
1 Apr - 23 Sep
+45 54 13 67 86
info@ostersoparken.dk

1 ADEKNOPQRSTU KNQSWX 6
2 ABGJPQRWXYZ ABDEFGHIJK 7
3 BFGLMSV ABCDEFGIJKNQRT 8
4 HJOQ FJKVY 9
5 ABDHMNO ABGHIJKOQUVY 10
B 13A CEE ❶ €37,10
4,2ha 210T(60-120m²) 78D ❷ €53,50

N 54°39'21'' E 11°57'27''

E55 von Nykøbing (F) nach Gedser. Marielyst durchfahren und ca. 4 km dem Bøtøvej folgen. Von Gedser E55 nach Nykøbing, rechts Godthåbsalle, CP ausgeschildert.

101983

Nysted, DK-4880 / Sjælland

Nysted Strand Camping****
Skansenvej 38
1 Jan - 31 Dez
+45 54 87 09 17
info@nystedcamping.dk

1 ADEKNOPQRSTU KNQSVWXZ 6
2 GJPQWXYZ ABDEFGHIJK 7
3 BFGIMV ABCDFGIJKNQRTV 8
4 EFHJO DFIJLMRVXY 9
5 ABDEFGMNO ABFGHIJKOQUVW 10
B 16A ❶ €38,60
3,5ha 173T(80-120m²) 37D ❷ €52,30

N 54°39'15'' E 11°43'54''

Die 283 Sakskøbing-Nysted. In Nysted folgen Sie der Ringstraße, der Beschilderung folgen.

101957

Melby, DK-3370 / Sjælland

Liseleje Camping**
Lindebjergvej 13
1 Apr - 24 Okt
+45 54 58 65 71
kontakt@liseleje-camping.dk

1 ABILOPQRSTU 6
2 JPQXY ABFGI 7
3 AL ABEFNQRTW 8
4 H FV 9
5 BDN GHJKMQ 10
16A CEE ❶ €32,30
3,7ha 150T(50-100m²) 82D ❷ €43,05

N 55°59'55'' E 11°58'06''

Entlang der Straße Hundested-Frederiksværk Richtung Melby. In Melby Richtung Liseleje; CP nach ca. 300m.

101961

Ortved/Ringsted, DK-4100 / Sjælland

CC€23

Skovly Camping***
Nebs Møllevej 65
1 Apr - 30 Sep
+45 57 52 82 61
info@skovlycamping.dk

1 ADEKNOPQSTU AFN 6
2 ABCEPQUWXYZ ABDEFGHIK 7
3 ABLSUV ABEFGIJKNQRT 8
4 BDHJOQ AFY 9
5 ABDFMN ABHIJKMOPQUY 10
B 13A CEE ❶ €37,25
5,7ha 150T(80-120m²) 110D ❷ €51,80

N 55°29'48'' E 11°51'28''

6 km von der Autobahn E20 nach Kopenhagen. Die 14 Ringsted-Roskilde. In Ortved CP-Schildern links folgen.

101949

Nærum, DK-2850 / Sjælland

DCU-Camping Nærum***
Langebjerg 5
22 Mrz - 22 Okt
+45 45 80 19 57
naerum@dcu.dk

1 ADEKNOPQRSTU 6
2 ABCPQXYZ ABDEFGHIJK 7
3 BFSV ABCDEFIJKNQRTW 8
4 DHJO B 9
5 ABDMN ABFGHIOQUY 10
B 10A CEE ❶ €40,10
9,9ha 277T(100-140m²) 23D ❷ €54,05

N 55°48'29'' E 12°31'50''

E47/55 nach Westen. Ausfahrt 14, danach ausgeschildert.

101990

Reersø/Gørlev, DK-4281 / Sjælland

Reersø Camping***
Skansevej 2
1 Jan - 31 Dez
+45 58 85 90 30
info@reersoe-camping.dk

1 ADEKNOPQRSTU X 6
2 JLMPQXYZ ABCDEFGHIK 7
3 BV ABCDEFIJKNQRTW 8
4 FHJO AFY 9
5 ABDEFHMN ABGHKMOQUY 10
B 10A CEE ❶ €30,25
3ha 170T(100m²) 86D ❷ €41,00

N 55°31'29'' E 11°06'34''

Ab der Storebælt Brücke E20 Ausfahrt 41, die 277 Richtung Kalundborg. In Kirke Helsinge Richtung Reersö (8 km) weiter den Schildern folgen.

112032

Nakskov, DK-4900 / Sjælland

Nakskov Fjordcamping***
Hestehovedet 2
17 Mrz - 22 Okt
+45 54 95 17 47
info@nakskovfjordcamping.dk

1 ADEKNOPQRSTU KNQSWXYZ 6
2 GJQRXY ABDEFGHIJK 7
3 BFGJLMV ABCDEFGIJNQRTU 8
4 BCDJOQ EFJV 9
5 ABDELN ABGHIJKOPQUXY 10
Anzeige auf Seite 141 B 10A CEE ❶ €36,30
4,9ha 200T(100m²) 65D ❷ €48,40

N 54°49'59'' E 11°05'27''

Ab Zentrum: Richtung Hestehoved, CP ist ausgeschildert.

101939

Rødovre, DK-2610 / Sjælland

DCU-Camping København - Absalon**
Korsdalvej 132
1 Jan - 31 Dez
+45 36 41 06 00
copenhagen@dcu.dk

1 BDEKNOPQRSTU X 6
2 APQTWXY ABDEFGHIJK 7
3 BFLMV ABEFGIKNQRTW 8
4 FHJOQR FV 9
5 ACDEMN ABFGHIKOQUXY 10
B 10-13A CEE ❶ €37,65
12,5ha 680T(50-110m²) 45D ❷ €51,80

N 55°40'16'' E 12°26'07''

E47/55, Ausfahrt 24 Roskildevej, Richtung Rødovre/København. An erster Verkehrsampel links.

101991

Nivå, DK-2990 / Sjælland

Nivå Camping**
Sølyst Allé 14
28 Mrz - 10 Okt
+45 49 14 52 26
info@nivaacamping.dk

1 ABDEGKNOPQRSTU KN 6
2 ABEGJQUXYZ ABDEFGHIJK 7
3 BLMSV ABCDEFGINQRW 8
4 JO EFJVY 9
5 ABDMN ABCFGHJKOQUY 10
16A CEE ❶ €34,85
4,5ha 200T(100-150m²) 62D ❷ €46,95

N 55°56'24'' E 12°31'00''

Vom Süden: die E47/55, Ausfahrt 6 Richtung Nivå. Vom Norden: die 152 entlang der Küste nach Nivå Havn.

101989

Rødvig Stevns, DK-4673 / Sjælland

Rødvig Camping Stevns***
Højstrupvej 2A
26 Mrz - 26 Sep
+45 56 50 67 55
info@rodvigcamping.dk

1 ABDEGKNOPQRSTU X 6
2 JMNQTWXYZ ABDEFGIJK 7
3 ABMV ABCDEFGIJNQRTW 8
4 EFHJ FVY 9
5 ABDMN AFGHIKOQUVY 10
B 10-16A CEE ❶ €34,95
4ha 180T(100-140m²) 75D ❷ €48,40

N 55°15'03'' E 12°20'59''

E47/E55 Ausfahrt 37, die 154 Ri. Rønnede/Faxe. Der Straße 154 folgen. Nach ca. 15 km Ri. Boestofte und Rødvig. CP ist ausgeschildert.

101973

Nykøbing (Falster), DK-4800 / Sjælland

Falster City Camping**
Østre Allé 112
1 Apr - 1 Nov
+45 61 65 65 93
city.campin.dkg@gmail.com

1 ABDEKNOPQSTU NQS 6
2 BPQXYZ ABDEFGHI 7
3 BFKNV ABCDEFGINQRT 8
4 HJO F 9
5 DN AFGHIJKQU 10
10A ❶ €26,90
3,7ha 167T 39D ❷ €37,65

N 54°45'44'' E 11°53'41''

Ab Nykøbing fahren Sie die E55 Richtung Gedser. Beschilderung außerhalb der Stadt folgen.

101955

Nykøbing Sj., DK-4500 / Sjælland

DCU-Camping Rørvig Strand***
Skærbyvej 2
1 Jan - 31 Dez
+45 59 91 08 50
roervig@dcu.dk

1 ADEKNOPQRST KPQ 6
2 BGJPQRWXYZ ABDEFGHIK 7
3 ABFLMS ABCDEFGIJNQRTW 8
4 BCDFHJO J 9
5 ADEF ABIJOPQUY 10
B 13A ❶ €39,55
16,6ha 350T(80-120m²) 129D ❷ €51,65

N 55°56'29'' E 11°41'00''

Die 225 Nykøbing-Rørvig. Nach Nykøbing ist der Campingplatz ausgeschildert.

101943

Nyrup/Kvistgård, DK-3490 / Sjælland

Nyrup Camping***
Kongevejen 383
1 Jan - 31 Dez
+45 49 13 91 03
info@nyrupcamping.dk

1 ABEKNOPQRSTU X 6
2 APQUWXY ABFGJK 7
3 ABJLSV ABEFGIJNQRTW 8
4 DH F 9
5 ABDJMN ABGHJKQY 10
B 10A CEE ❶ €28,25
2ha 100T(90-100m²) 73D ❷ €39,00

N 56°00'04'' E 12°30'56''

Von Süden die E47/55 Ausfahrt 4 links ab auf die 235. Dann rechts ab auf der 229 Richtung Kvistgård ausgeschildert. Von Norden die 6, links die 229.

112027

Dänemark

Teilkarte Seeland auf Seite 136

Roskilde, DK-4000 / Sjælland

Roskilde Camping***
Baunehøjvej 7
5 Apr - 29 Sep
+45 46 75 79 96
mail@roskildecamping.dk
N 55°40'24'' E 12°05'07''

1 ABDEKNOPQRSTU KMNQSUVXYZ 6
2 AHIJKMPQUXYZ ABFGHIJ 7
3 ABFGLMV ABCDEFGIJKNQRTW 8
4 FHJOSX BFGIRVZ 9
5 ADEFHKLMN ABGHJKNQUY 10
B 10A
27ha 330T(120m^2) 139D
① €37,65 ② €51,10

Von Roskilde Straße 6 Richtung Norden. Ab den Verkehrsampeln ausgeschildert.
101966

Sakskøbing, DK-4990 / Sjælland

Sakskøbing Camping***
Saxes Allé 15
26 Mrz - 3 Okt
+45 54 70 45 66
camping@saxsport.dk
N 54°47'54'' E 11°38'28''

1 ADEKNOPQRSTU EN 6
2 APQWXYZ ABDEFGIK 7
3 AFJLMN ABCDEFGHIJNQRT 8
4 RT DFJ 9
5 ADGJKN ADFGHIJKOQU 10
B 10-16A CEE
2,5ha 71T(80-144m^2) 47D
① €35,75 ② €46,55

Ausfahrt 46 von der E47, ca 25 km von Rødby. Camping am Zentrum von Sakskøbing und ist ausgeschildert.
101954

Nakskov Fjordcamping ★★★

Nakskov Fjordcamping liegt in einem malerischen Gebiet mit kinderfreundlichen, sauberen Stränden. Am Campingplatz ist ein Yachthafen. Das Gelände liegt im Gehbereich zum Städtchen Nakskov. Die Anlage bietet ganzjährig luxuriöse Wanderhütten. Sondertarif für Reisemobile.

Hestehovedet 2, 4900 Nakskov • Tel. 54951747
E-Mail: info@nakskovfjordcamping.dk
Internet: www.nakskovfjordcamping.dk

Skælskør, DK-4230 / Sjælland

Skælskør Nor Camping****
Kildehusvej 1
1 Jan - 31 Dez
+45 58 19 43 84
kildehuset-campingnor@hotmail.com
N 55°15'30'' E 11°17'04''

1 AKNOPQSU LNQSXZ 6
2 FIPQRXY ABFGIK 7
3 A ABCDEFIJNQRT 8
4 FH FRV 9
5 DHN ABGHJKOQY 10
B 12A CEE
1,7ha 40T(80-100m^2) 32D
① €39,00 ② €39,00

Direkt an der Durchgangsstraße 265 in Skælskør.
100084

Stubbekøbing, DK-4850 / Sjælland

Stubbekøbing Camping**
Gammel Landevej 4
12 Mai - 31 Aug
+45 54 44 10 57
stubbekobing-camp@stubbekobing-camp.dk
N 54°53'27'' E 12°01'40''

1 ADEKNOPQRSTU KNQX 6
2 AGJQUXYZ ABDEFGI 7
3 AL ABCDEFJNQRV 8
4 JO F 9
5 D ABHJKNQU 10
10A
1,7ha 83T(60-120m^2) 29D
① €28,90 ② €39,65

E47, Ausfahrt 43, Straße 293 Richtung Stubbekøbing. Kurz vor Stubbekøbing CP-Schildern folgen.
111385

Smidstrup, DK-3230 / Sjælland

Kongernes Feriepark - Gilleleje****
Helsingevej 44
1 Jan - 31 Dez
+45 48 31 84 48
info@kongernesferiepark.dk
N 56°05'55'' E 12°13'17''

1 ABDEGKNOPQRSTU BG 6
2 PQWXY ABDEFGHIK 7
3 BFJLMSUV ABCDEFIJKNQRTW 8
4 BFHJOPQSU FGIVY 9
5 ACDEFHIKMN ABFGHIJKOQUY 10
B 10-13A CEE
6,5ha 113T(110-150m^2) 159D
① €44,40 ② €63,20

Straße 237 Gilleleje-Rågeleje, in Smidstrup abzweigen, 2 km Richtung Blistrup. Dann deutlich ausgeschildert.
108761

Ulslev/Idestrup, DK-4872 / Sjælland

Ulslev StrandCamping***
Strandvejen 3
18 Mrz - 16 Sep
+45 54 14 83 50
info@ulslevstrandcamping.dk
N 54°44'26'' E 12°01'43''

1 DEKNOPQRSTU KNQX 6
2 GIJQWXYZ ABEFGHIJ 7
3 ABFGLMUV ABCDEFGIJNQRT 8
4 HJOQT DFIV 9
5 ACDEKMN ABGHIJKOQXY 10
B 10A
6,3ha 285T(100m^2) 99D
① €37,80 ② €51,25

E55 Nykøbing-Gedser. Im Kreisverkehr Richtung Stubbekøbing. Nach ca. 1 km rechts nach Idestrup. Immer geradeaus Richtung Ulslev. Ausgeschildert.
101981

Sorø, DK-4180 / Sjælland

Sorø Sø Camping***
Udbyhøjvej 10
1 Jan - 31 Dez
+45 57 83 02 02
info@soroecamping.dk
N 55°26'48'' E 11°32'46''

1 ADEGHKNOPQSTU LN 6
2 AEIPQRTUVWXYZ ABDEFGHIK 7
3 ABLMSV ABCDEFIJNQRTUVW 8
4 JO AFIJY 9
5 ABDEFJMN ABFGHJKOQUY 10
B 10A CEE
6,5ha 210T(80-140m^2) 96D
① €37,00 ② €47,75

E20 Ausfahrt 37 nach Sorø. Vom Zentrum die 150 Richtung Slagelse. Der CP ist 1 km außerhalb der Stadt.
100086

Vejby, DK-3210 / Sjælland

DCU-Camping Rågeleje Strand***
Hostrupvej 2
1 Jan - 31 Dez
+45 48 71 56 40
raageleje@dcu.dk
N 56°05'27'' E 12°08'57''

1 ABDEGKNOPQRSTU KN 6
2 GLMPQWXY ABDEFGIK 7
3 BFJLMV ABCDEFGIKNQRW 8
4 FHJO FY 9
5 ACDMN ABCGHIJKOQUY 10
B 6-10A
5,5ha 266T(120m^2) 130D
① €40,10 ② €59,15

An der Straße Vejby-Rågeleje, 1 km von Rågeleje entfernt, an der Ostseite der Straße.
101960

Store Fuglede, DK-4480 / Sjælland

Bjerge Sydstrand Camping***
Osvejen 30
1 Jan - 31 Dez
+45 59 59 78 03
jimmy83@jubii.dk
N 55°33'47'' E 11°09'53''

1 ADEKNOPQRST KNPQSWX 6
2 HJPQRXY ABDEFGHIK 7
3 BFMSV ABCDEFGIJKNQRT 8
4 FHJOQ FY 9
5 ABDMN ABGHIJKOQUVY 10
B 13A CEE
2,4ha 110T(80-120m^2) 72D
① €34,35 ② €46,45

An der Straße 22 Slagelse-Kalundborg. Ausfahrt Bjerge Systrand. Nach ungefähr 2,5 km in Bjerge Systrand den CP-Schildern folgen. Der CP liegt etwa 5 km südwestlich von Store Fuglede.
101935

Vejby, DK-3210 / Sjælland

Tisvildeleje camping***
Rågelejevej 37
1 Apr - 30 Sep
+45 40 35 30 37
info@tisvildelejecamping.dk
N 56°04'26'' E 12°08'24''

1 ABDEGKNOPQRSU 6
2 JMPQUWXYZ ABDEFGHIK 7
3 ABFJLMNV ABCDEFIJKNQRTW 8
4 JKOQ F 9
5 ABDN AGHJKOQUVY 10
B 10-13A CEE
9,2ha 500T(130-180m^2) 70D
① €40,35 ② €56,50

Straße 237, Vejby-Rågeleje, auf der Westseite, südlich von Vejby Strand.
100068

Store Spjellerup, DK-4653 / Sjælland

Lægårdens Camping***
Vemmetoftevej 2a
1 Jan - 31 Dez
+45 56 71 00 67
info@laegaardenscamping.dk
N 55°16'15'' E 12°13'22''

1 ABDEGKNOPQRSTU 6
2 QXY ABDEFGHIK 7
3 ABFMV ABCDEFGIJKNQRTUW 8
4 K EFVY 9
5 ACDEFHM JKMOQUY 10
B 10-13A CEE
6ha 50T(120m^2) 212D
① €40,35 ② €53,80

E47/E55, Ausfahrt 37 Ri. Rønnede/Faxe (Straße 154). Am Kreisel vor Faxe li. abbiegen und der Straße 154 folgen bis zur Ausfahrt Store Spjellerup.
109290

Vemmetofte, DK-4640 / Sjælland

Vemmetofte Strand Camping***
Ny Strandskov 1
1 Jan - 31 Dez
+45 56 71 02 26
camping@vemmetofte.dk
N 55°14'21'' E 12°14'25''

1 BDEGHKNOPQRSTU KNQS 6
2 BCGJKQRWXYZ ABDEFGHIK 7
3 BFGHIMSVX ABCDEFGIJKNQRTVW 8
4 FHJOT EV 9
5 ABDKMN AFGHIJKMOQUXY 10
B 10A CEE
5,8ha 150T(100-130m^2) 146D
① €34,95 ② €53,80

Über die E4 zuerst Richtung Fakse, dann Faxe Ladeplads, dann Vemmetofte Kloster und dann Vemmetofte Strand.
100089

Strøby, DK-4671 / Sjælland

Stevns Camping***
Strandvejen 29
1 Jan - 31 Dez
+45 60 14 41 54
info@stevnscamping.dk
N 55°23'50'' E 12°17'25''

1 ADEHKNOPQRSTU BGX 6
2 GMPQWXYZ ABDEFGHIJ 7
3 BFJLMSUV ABCDEFGIJKNQRTW 8
4 EFHJKOQ BFVWY 9
5 ABDFMN ABHIJKMQUVW 10
B 13-16A CEE
10ha 206T(110-170m^2) 141D
① €33,60 ② €49,75

In Køge die RV261 Richtung Stevns Klint. In Strøby links Richtung Strøby Ladeplads.
112040

Vig, DK-4560 / Sjælland

Kongsøre Camping***
Egebjergvej 342
1 Jan - 31 Dez
+45 59 32 90 80
kontakt@kongsoerecamping.dk
N 55°49'26'' E 11°40'04''

1 ADEGKNOPQRST A 6
2 IQRUWXYZ ABDEFGHIK 7
3 ABFJLMV ABCDEFGIJNQRTW 8
4 BCFHJQ BDF 9
5 ABFJMN ABGHIJKMOQUVY 10
10-16A CEE
4ha 115T(90-135m^2) 96D
① €33,60 ② €44,40

Holbaek Richtung Vig (21) Ausfahrt Asnaes/Grevinge/Gunderstup. Der Straße Richtung Egebjerg folgen. Der Campingplatz ist weiter unten ausgeschildert.
112038

Dänemark

Gudhjem, DK-3760 / Bornholm

Sannes Familiecamping*****
Melstedvej 39
24 Mrz - 21 Okt
+45 56 48 52 11
sannes@familiecamping.dk

1 DEKNOPQRSTU BGHKNOPQSWXY 6
2 HIJMNPQRSTUVXY ABCDEFGHIJK 7
3 ABDFGJLMV ABCDEFGIJKNQRTUVW 8
4 FHJOQRSTUVX DJUVY 9
5 ACD ABFGHIJKOPQUVWY 10
B 10A
3,5ha 215T(80-100m²) 46D
❶ €49,75 ❷ €84,75

N 55°11'44" E 14°59'10"
Der CP liegt an der 158 zwischen Allinge und Svaneke, 2 km südlich von Gudhjem.
110418

Hasle, DK-3790 / Bornholm

Hasle Camping & Hytteby***
Fælledvej 30
1 Jan - 31 Dez
+45 56 94 53 00
info@hasle-camping.dk

1 ADEKNOPQRSU BGKNQSX 6
2 GJMPQRSTUVXYZ ABDEFGHIJK 7
3 ABEFGJLV ABCDEFIJKNQRTVW 8
4 FH ADFJY 9
5 ABDFGHKN ABHIJKOPQUY 10
B 16A
4,4ha 165T(70-120m²) 103D
❶ €40,35 ❷ €57,85

N 55°10'45" E 14°42'26"
Ab Rønne die 159 Richtung Allinge bis zur Ausfahrt Muleby. Ca. 5 km über eine kleine Straße zum CP vor Hasle.
110964

Aakirkeby, DK-3720 / Bornholm

Aakirkeby Camping***
Haregade 23
30 Apr - 20 Sep
+45 56 97 55 51
info@acamp.dk

1 DEKNOPSU 6
2 BPQUXYZ ABDEFGHIJK 7
3 BJLSU ABEFGIJKNQRTW 8
4 FHJ FV 9
5 ABDEHMN ABHIJKNQUVW 10
10A
H64 1,6ha 75T(bis 130m²) 9D
❶ €35,65 ❷ €49,10

N 55°03'46" E 14°55'25"
Der CP liegt am Südrand von Aakirkeby, über die südliche Küstenstraße zu erreichen oder die Strecke Rønne-Nexø und ist ausgeschildert.
110424

Rønne, DK-3700 / Bornholm

DCU-Camping Rønne Strand - Galløkken***
Strandvejen 4
1 Mai - 2 Sep
+45 56 95 23 20
gallokken@dcu.dk

1 ADEKNOPQRSTU KNPQSW 6
2 BGJPQRSTXYZ ABDEFGHIJK 7
3 ABLMUV ABCDEFGIJKNQRT 8
4 FHJO ADFJKVY 9
5 ABDN ABGHIKOQUW 10
B 13A CEE
2,6ha 140T(bis 130m²) 35D
❶ €45,20 ❷ €61,60

N 55°05'21" E 14°42'16"
Vom Hafen in Rønne, rechts ab 1 km der Küstenstraße Richtung Nexø folgen. Der CP ist an der Strecke angezeigt.
110416

Allinge, DK-3770 / Bornholm

Lyngholt Familiecamping***
Borrelyngvej 43
1 Apr - 30 Okt
+45 56 48 05 74
info@lyngholt-camping.dk

1 ADEKNOPRSTU BGHNPQSWX 6
2 BPQSUVWXYZ ABDEFGHIJK 7
3 ABDFJLMVX ABCDEFGIJKNQRSTUVW 8
4 BCDEFHJOTUX AFJKUVY 9
5 ABDMN ABEGHIJKMOPQUVY 10
B 13A CEE
H102 6ha 200T(80-150m²) 54D
❶ €41,00 ❷ €58,50

N 55°15'21" E 14°45'45"
Von Rønne-Hafen Straße 159. Nach dem Schild VANG links, 2 km.
110415

Rønne, DK-3700 / Bornholm

Nordskoven Strand Camping***
Antoinettevej 2
1 Mai - 30 Sep
+45 40 20 30 68
info@nordskoven.dk

1 ADKNOPQRSTU KNPQSVWX 6
2 BGJPQRSWXYZ ABDEFGHIJK 7
3 BFJLMV ABCDEFIJNQRSTUVW 8
4 DFHJT AFKRUVW 9
5 ADN ABGHIJKNQU 10
B 10A CEE
3,8ha 200T(80-100m²) 74D
❶ €41,00 ❷ €54,45

N 55°07'07" E 14°42'15"
Der CP liegt an der Nordseite von Rønne, 2 km in Richtung Allinge.
111386

Dueodde, DK-3730 / Bornholm

Bornholms Familiecamping***
Krogegårdsvejen 8
15 Mai - 15 Sep
+45 56 48 81 50
mail@bornholms-familiecamping.dk

1 DEKNOPSTU KNPQSWX 6
2 BGJQRSUWXYZ ABDEFGHIJK 7
3 ABDGJLMUV ABEFGIKNQRT 8
4 FHJ ADGIKUVY 9
5 ABDN ABGHJKNQUY 10
16A CEE
3,2ha 150T(40-120m²) 16D
❶ €35,65 ❷ €49,10

N 55°00'09" E 15°05'43"
An der Küstenstraße Rønne-Snogebæk nach Dueodde. Der Campingplatz ist an dieser Straße mit Schildern für Strandcamping und Familiencamping ausgeschildert.
110965

Sandkäs, DK-3770 / Bornholm

Sandkaas Familiecamping***
Poppelvej 2
26 Mrz - 22 Okt
+45 56 48 04 41
camping@sandkaas-camping.dk

1 ADEKNOPQRSTU BDKNQSWX 6
2 HJNPQSUVWXY ABDEFGHIJK 7
3 ABJLMV ABCDEFGIKNQRTW 8
4 HJOR ADJLV 9
5 ABDEFJN ABFGIJKNQU 10
10A CEE
3ha 145T(70-100m²) 40D
❶ €45,70 ❷ €65,90

N 55°15'48" E 14°48'44"
Zwischen Gudhjem und Allinge ca. 3 km südlich von Allinge ist der CP an der Strecke angezeigt.
110963

Dueodde, DK-3730 / Bornholm

Dueodde Familiecamping & Hostel***
Skrokkegårdsvej 17
1 Mai - 30 Sep
+45 40 10 10 65
info@dueodde.dk

1 BCDEJMOPQSU EGHKNPQSWX 6
2 BGJKPQSXYZ ABDEFGHIJK 7
3 BLMV ABEFJNQRW 8
4 BCDFHJOT DGUY 9
5 ACDGIN ABGHIJKOQV 10
10A CEE
4ha 120T(60-120m²) 42D
❶ €42,35 ❷ €57,15

N 54°59'47" E 15°05'11"
An der Küstenstraße Rønne-Snogebæk die Ausfahrt Dueodde. Der CP ist an der Strecke ausgeschildert.
110421

Sandvig/Allinge, DK-3770 / Bornholm

Sandvig Familiecamping***
Sandlinien 5
1 Apr - 1 Nov
+45 56 48 04 47
sandvigcamping@c.dk

1 DKNOPQSU KNOPSWX 6
2 GIJMNPQRSUVXYZ ABDEFGHIJ 7
3 BLMV ABEFIJNQRTW 8
4 EFJO ADFJ 9
5 ADN ABIJKNQU 10
13A CEE
5,7ha 240T(80-120m²) 57D
❶ €36,30 ❷ €48,40

N 55°17'20" E 14°46'34"
Der 159 von Rønne nach Allinge folgen, kurz vor Allinge den Schildern nach Sandvig und dann den CP-Schildern folgen. Oder Ausfahrt Hammarhus. An der Festung vorbei, in Sandvig links abbiegen. Der CP ist angezeigt.
110414

Dueodde, DK-3730 / Bornholm

Møllers Dueodde Camping***
Duegårdsvej 2
15 Mai - 20 Sep
+45 56 48 81 49
moeller@dueodde-camp.dk

1 ACDEKNOPQRSU BGHKNPQSWX 6
2 BJPQRSYZ ABDEFGHIJK 7
3 BFJLMNSV ACEFGIJKNQRTW 8
4 FHJOST FJUVY 9
5 ACDMN ABGIJKNQUVY 10
B 10A CEE
4ha 200T(60-130m²) 40D
❶ €39,00 ❷ €53,25

N 54°59'46" E 15°04'37"
An der 10. Rønne-Snogebæk ca. 3 km westlich von Snogebæk nach Dueodde einschlagen. Ein auffallend weißer Turm markiert den Weg zum CP.
110423

Svaneke, DK-3740 / Bornholm

Hullehavn Camping***
Sydskovvej 9
1 Mai - 15 Sep
+45 56 49 63 63
mail@hullehavn.dk

1 ADEKNOPQRSTU KNOPQSWX 6
2 BGIJMNPQRSUXYZ ABDEFGHIK 7
3 ABFGMV ABCDEFIJKNQRTW 8
4 FHJO ADRVY 9
5 ABDMN ABGHIJKOQUVY 10
B 10A
3,3ha 100T(50-100m²) 20D
❶ €40,10 ❷ €55,40

N 55°07'49" E 15°09'01"
Der CP liegt am Südrand von Svaneke an der Durchgangsstraße Nexø-Gudhjem und ist ausgeschildert.
110419

Gudhjem, DK-3760 / Bornholm

CC€23

Gudhjem Camping***
Melsted Langgade 45
15 Mrz - 23 Okt
+45 42 41 58 15
mail@gudhjemcamping.dk

1 ADEKNOPQRSTU KNOPQSWX 6
2 HIMNPQRSUVXY ABCDEFGIJK 7
3 L ABEFGNQRW 8
4 FHJO AB 9
5 ADMN ABCDGHIJKOQU 10
16A CEE
5ha 150T(80-100m²) 6D
❶ €37,20 ❷ €51,45

N 55°12'26" E 14°58'38"
Der CP liegt in der Nähe von Gudhjem, nahe beim Supermarkt an der Strecke Allinge-Svaneke und ist ausgeschildert.
110417

Teilkarte Bornholm auf Seite 142

Niederlande

Niederlande: Windmühlen, Deiche, Strände und Wälder

Die Kombination aus wunderschönen Naturgebieten, hübschen Dörfern, historischen Städten und endlosem Wasser macht die Niederlande zu einem idealen Reiseziel für das ganze Jahr. Die Flüsse Rhein, Maas und Schelde fließen durch das Land bis zum Meer und bieten viele Möglichkeiten für Erholung und Wassersport. Breite Strände mit feinem Sand treffen auf eine wunderschöne Dünenlandschaft. Die Badeorte im Norden und Westen des Landes sind ideal für ausgedehnte Spaziergänge entlang der Nordsee, der Dünen und des Wattenmeers. Besonders interessant für Kinder ist eine Fahrt mit einem Kutter zum Krabbenfang oder ein Besuch in einem Robbenschutzgebiet, zum Beispiel auf der Insel Texel. Hinter den grünen Wiesen mit unzähligen Schafherden liegen schöne Dörfer und lebendige Städte.

Hauptstadt: Amsterdam
Währung: Euro
Zeitzone: UTC +1, UTC +2 (März bis Oktober)
Sprache: Niederländisch
Ländervorwahl: +31
Alkoholgrenze: 0,5‰
Notrufnummern: Polizei, Feuerwehr und Rettungswagen: 112
Leitungswasser: unbedenklich

Jede Provinz ist anders

Für das Campen in den Niederlanden bieten die Regionen rund um die Nordsee eine breite Palette von Möglichkeiten. Groningen

ACSI AWARDS

Gewinner 2022 in den Niederlanden

Bester Campingplatz
Camping Het Lierderholt

Der hundefreundlichste Campingplatz
Camping Ommerland

Bestes Campingplatz-Schwimmbad
Recreatiepark Samoza

Beste Lage des Campingplatzes
Terrassencamping Osebos

Bester Rad- und Wandercampingplatz
Recreatiepark 't Veluws Hof

Bestes Campingplatz-Restaurant
Camping 't Geuldal

Beste Unterhaltung auf dem Campingplatz
Camping Cassandria-Bad

Schönste Wohnmobilstellplätze
Vakantiepark Delftse Hout

Gewinner: Camping Het Lierderholt

und Friesland sind die beiden nördlichsten Provinzen, vor deren Küsten die beliebten Wattenmeerinseln Ameland, Terschelling, Texel, Schiermonnikoog und Vlieland liegen. Die Küste ist Teil des UNESCO-Weltnaturerbes Wattenmeer, mit weiten Stränden und schier endlosen Marschgebieten, die zum Radfahren und Wandern einladen.
Im Südwesten finden Sie die Provinzen Nord- und Südholland mit den Städten Amsterdam, Haarlem und Den Haag. Zeeland ist durch verschiedene Inseln und Halbinseln gekennzeichnet, die meist durch Brücken und Dämme miteinander verbunden sind. Vor allem Wassersportler, Strandliebhaber, Radfahrer und Wanderer können sich hier austoben.
Nicht weniger interessant ist Flevoland am IJsselmeer, dem größten See des Landes. Aber auch im Landesinneren, zum Beispiel in Overijssel, finden Campingfreunde interessante Plätze, auf denen Sie in einem Waldgebiet campen können. In Drenthe können Sie Ihren Urlaub inmitten einer unberührten Heidelandschaft verbringen. In der Provinz Limburg begegnet Ihnen die typisch-niederländische „Geselligkeit" in den vielen Restaurants und Cafés. Limburg hat außerdem eine für niederländische Verhältnisse besondere Landschaft mit vielen Hügeln.

Von Käse bis Poffertjes

Die Niederlande sind weit und breit für ihren Käse bekannt. Gouda-Käse, der aus der südholländischen Stadt Gouda stammt, ist die häufigste Käsesorte. Die berühmten Fritten gehören ebenso zu den bekanntesten Gerichten der niederländischen Küche wie Kroketten, spezielle Frikandellen und Kibbeling (frittierter Weißfisch).
Auch mit Süßspeisen können die Niederlande punkten: Die berühmten Pfannkuchen gibt es in unzähligen Varianten. „Poffertjes" heißen die beliebten Miniaturversionen der Pfannkuchen.

Tanken

Benzin (Euro 95, E10 und Superplus 98) ist leicht erhältlich (wenn Sie E10 tanken wollen, prüfen Sie den Tankdeckel, die Betriebsanleitung oder die Werkstatt , ob Ihr Auto damit fahren kann). Diesel und LPG sind ebenfalls leicht erhältlich. Der Bajonettanschluss wird zum Betanken mit Flüssiggas verwendet. Tankstellen sind oft mindestens von 7 bis 20 Uhr geöffnet. In größeren Städten und entlang der Autobahnen sind die Tankstellen in der Regel 24 Stunden geöffnet. In den Niederlanden gibt es auch viele Nachtservicefahrzeuge und völlig unbemannte Tankstellen.

Ladestationen

In den Niederlanden gibt es viele Lademöglichkeiten, es ist immer eine Ladestation in der Nähe.

Verkehrsvorschriften

Das Abblendlicht ist bei schlechter Sicht, bei Dunkelheit und in Tunneln vorgeschrieben.
An einer gleichberechtigten Kreuzung hat der Verkehr von rechts Vorfahrt. Straßenbahnen haben immer Vorrang. Der Verkehr in einem Kreisverkehr hat Vorrang, wenn dies durch Verkehrszeichen angezeigt wird; fehlen diese, hat der Verkehr von rechts Vorrang.

Der Fahrer darf nur ein Telefon mit Freisprechanlage benutzen. Kinder unter 1,35 m Körpergröße müssen in einem Kindersitz sitzen. Sie können die Funktion in der Navigationssoftware nutzen, die vor Radarkontrollen oder Streckenkontrollen warnt. Winterreifen sind nicht vorgeschrieben.

Sondervorschriften

Eine grüne Mittellinie zeigt an, dass die Höchstgeschwindigkeit für Pkw auf dieser Straße 100 km/h beträgt, für Pkw-Wohnwagenkombinationen 90 km/h und für Wohnmobile mit einem Gewicht von mehr als 3,5 Tonnen 80 km/h. Radfahrer dürfen andere Fahrzeuge als Fahrräder rechts überholen. Eine gelb blinkende Fußgängerampel (manchmal ein Dreieck mit einem Ausrufezeichen darin) zeigt an, dass Fußgänger die Straße überqueren dürfen, wenn sich kein Verkehr nähert. Das Parken ist verboten, wenn am Straßenrand eine gelbe Linie vorhanden ist.

Vorgeschriebene Ausstattung

In den Niederlanden sind Sie nicht verpflichtet, eine bestimmte Ausrüstung im Auto zu haben. Ein Warndreieck, Warnwesten und Ersatzlampen werden jedoch empfohlen.

„Niederländische Campingplätze verfügen häufig über schöne und luxuriöse Einrichtungen"

Herr C. Iking, Inspektor 72

Reisemobil und Caravan

Ein Reisemobil oder eine Auto-Wohnwagen-Kombination darf bis zu 4 m hoch, 2,55 m breit und 18 m lang sein (der Wohnwagen selbst darf bis zu 12 m lang sein). Auf unbefestigten Straßen ist die maximale Breite 2,20 meter.
Auf Autobahnen mit drei oder mehr Fahrspuren dürfen Sie nur die beiden äußersten rechten Fahrspuren benutzen, wenn der Abstand zwischen Auto und Wohnwagen mehr als 7 m beträgt, es sei denn, Sie wollen links abbiegen.

Fahrrad
Ein Fahrradhelm ist nicht vorgeschrieben. Es ist verboten, während des Radfahrens zu telefonieren oder ein Mobiltelefon zu benutzen. Sie dürfen einen Mitfahrer von 8 Jahren oder älter auf dem Gepäckträger befördern. Jüngere Kinder müssen in einem Fahrradsitz sitzen. Radfahrer dürfen zu zweit nebeneinander fahren.

Maut
Auf niederländischen Straßen gibt es keine Maut, wohl aber für den Westerscheldetunnel (N217) in Zuid-Beveland und den Kiltunnel (N62) bei Dordrecht. Weitere Informationen: westerscheldetunnel.nl und kiltunnel.nl.

Umweltzonen
Immer mehr niederländische Städte haben eine Umweltzone, darunter Amsterdam, Arnheim und Utrecht. Die Regeln sind von Stadt zu Stadt unterschiedlich.

Panne und Unfall
Stellen Sie auf Autobahnen Ihr Warndreieck mindestens 100 m (anderswo 30 m) hinter dem Fahrzeug auf, wenn die Warnblinkanlage nicht funktioniert und das Fahrzeug ein Hindernis für den übrigen Verkehr darstellt. Allen Insassen wird empfohlen, eine Warnweste zu tragen.
Im Falle einer Panne rufen Sie die Notrufnummer Ihres Pannenhelfers an. Sie können auch den niederländischen Pannendienst anrufen: +31 88 269 28 88 (ANWB).

Campen
Niederländische Campingplätze gehören zu den besten Europas. Sie sind gut organisiert und es gibt viel Grün. Die Autos werden oft außerhalb des Campingplatzes geparkt, was die Ruhe auf dem Campingplatz fördert. In den Schulferien und an den Wochenenden gibt es ein umfangreiches Unterhaltungsangebot für Kinder und innovative Einrichtungen wie Indoor-Spielplätze und

Straßenfußballplätze. ACSI verzichtet in seinen Campinginformationen für niederländische Campingplätze auf die Angabe von Sternen. Die Sterne, die Sie in den Anzeigen sehen, werden von den Campingplätzen selbst angegeben. ACSI trägt keine Verantwortung für die Richtigkeit der Anzahl von Sternen. Viele niederländische Campingplätze berechnen sogenannte Familientarife für 4, 5 oder mehr Personen, einschließlich Strom. Das bedeutet, dass man für zwei Personen oft den gleichen Betrag zahlt wie für eine ganze Familie. Die zusätzlichen Gebühren für die Kurtaxe und die Umweltabgaben beispielsweise können mitunter hoch sein. Es ist nicht erlaubt, mit dem Wohnmobil, dem Wohnwagen oder dem Auto auf einer öffentlichen Straße zu übernachten.

Klima Vlissingen	Jan.	Feb.	März	Apr.	Mai	Jun.	Jul.	Aug.	Sept.	Okt.	Nov.	Dez.
Durchschnittliche Höchsttemperatur	6	6	10	12	16	19	21	21	19	15	9	6
Durchschnittliche Anzahl der Sonnenstunden pro Tag	2	2	4	6	7	7	7	6	5	3	2	1
Durchschnittliche monatliche Niederschlagsmenge (mm)	62	45	46	41	42	50	71	62	73	70	76	64

Klima De Bilt	Jan.	Feb.	März	Apr.	Mai	Jun.	Jul.	Aug.	Sept.	Okt.	Nov.	Dez.
Durchschnittliche Höchsttemperatur	5	6	11	13	18	21	22	22	19	15	9	5
Durchschnittliche Anzahl der Sonnenstunden pro Tag	2	2	4	5	7	7	6	6	5	3	2	1
Durchschnittliche monatliche Niederschlagsmenge (mm)	68	53	50	49	52	58	77	84	72	72	74	70

Nord-Holland

Niederlande

Amsterdam, NL-1026 CP / Noord-Holland

CC€23 iD

Camping de Badhoeve
Uitdammerdijk 10
31 Mrz - 1 Okt
+31 2 04 90 42 94
info@campingdebadhoeve.com

1 ABDEH**KN**OPS**U**	L**N**QSXZ	6
2 AFIKQTWX	ABDE	7
3 BF**L**	A**F**JNQRW	8
4 FHJO**Q**	NRV	9
5 ABDEFHJKLN	ABCDFGHIJKORS	10

Anzeige auf dieser Seite 8A CEE ① €33,50
5ha 100**T**(15-50m²) 89**D** ② €39,50

N 52°23'04'' E 05°00'47''

A10 Nord Ausfahrt S115. An der Ampel Richtung Durgerdam. Am Kreisel Richtung Durgerdam. Hinter Durgerdam geradeaus. CP nach 500m. Der Beschilderung folgen. 108372

Akersloot/Alkmaar, NL-1921 CE / Noord-Holland

CC€21 iD

De Boekel
Boekel 22
1 Jan - 31 Dez
+31 7 25 33 01 09
info@deboekel.nl

1 AEH**KN**OPQST**U**	**N**QSXYZ	6
2 AIPQTWXY	AB**C**DE**FG**K	7
3 ACF**L**MSUX	ABCDE**F**H**I**J**L**NPQRTW	8
4 FHJKO	GHJORVWY	9
5 ABDJN	ABCDFGHIJK**O**QY	10

Anzeige auf dieser Seite B 16A CEE ① €28,30
2ha 40**T**(125-200m²) 17**D** ② €40,90

N 52°35'10'' E 04°45'09''

A9 Amstelveen-Alkmaar, Ausfahrt 11 Richtung Akersloot. In Akersloot geradeaus fahren bis Pontveer. Von Pontveer noch 1,5 km in Richtung Alkmaar. 112487

Alkmaar, NL-1817 ML / Noord-Holland

iD

Camping Alkmaar
Bergerweg 201
1 Mrz - 30 Nov
+31 7 25 11 69 24
info@campingalkmaar.nl

1 ABDE**JM**OPQST**U**	**N**	6
2 AJPQRTWXYZ	ABDE**FGH**	7
3 A**L**M	ABCDFGJNPQRTUVW	8
4 FH	F	9
5 ADN	ABCFGHIJKORSY	10

B 6-10A CEE ① €34,50
4ha 271**T**(80-130m²) 15**D** ② €47,50

N 52°38'32'' E 04°43'24''

Alkmaar Ring West, Ausfahrt Bergen. CP-Schildern folgen. 105466

Teilkarte Nord-Holland auf Seite 149

Amsterdam, NL-1022 AM / Noord-Holland

Vliegenbos
Meeuwenlaan 138
1 Jan - 31 Dez
+31 2 02 51 78 00
vliegenbos.sdn@amsterdam.nl
N 52°23'26'' E 04°55'41''

1 ABDEILOPQSU 6
2 ABPQTWXYZ ABDEFGIJ 7
3 L ABFJNQRUVW 8
4 FHO FLV 9
5 ABDHJKN ABCFGHIJKOPQY 10
B 10A CEE ❶ €34,00
1,8ha 85T(50-90m²) 30D ❷ €46,00

A10 Noord Ausfahrt 116 Richtung Zentrum. Dann Ausfahrt S118 Noord. Links Richtung Noord 300-399. Am Kreisel links, nach 150m rechts. Den Schildern folgen. 108290

Amsterdam, NL-1095 KN / Noord-Holland

Camping Zeeburg Amsterdam
Zuider IJdijk 20
1 Jan - 31 Dez
+31 2 06 94 44 30
info@campingzeeburg.nl
N 52°21'56'' E 04°57'34''

1 ADEKNOPQRSTU BGHLQ 6
2 AFIJPQRTXY ABDEFGIK 7
3 ALMS ABCDFJNQRT 8
4 FHKO FLNRV 9
5 ACDEHJKN ABCFGHIJKOSTUY 10
Anzeige auf Seite 151 B 10-16A CEE ❶ €40,30
5,2ha 600T(15-70m²) 97D ❷ €45,65

A10 Ost Ausfahrt S114. An der Ampel links Richtung Zentrum/Artis. An der Ampel Zuiderzeeweg links und nach 50m rechts. Den Schildern folgen. Achtung: Straßenschwellen. 108371

Amsterdam, NL-1108 AZ / Noord-Holland

Gaasper Camping Amsterdam
Loosdrechtdreef 7
1 Jan - 31 Dez
+31 2 06 96 73 26
info@gaaspercamping.nl
N 52°18'45'' E 04°59'25''

1 ABDEJMOPQSTU NQS 6
2 APQTWXY ABDEFG 7
3 ACLM ABCDEFJNQRTUVW 8
4 FH V 9
5 ACDEFGHJKMN ABCDFGHIJKLOQY 10
Anzeige auf Seite 151 10A CEE ❶ €41,60
5,5ha 360T(20-100m²) 60D ❷ €51,25

Von der A1 zur A9 Ausf. S113. Ri. N236, den Campingschildern folgen. Oder: A9 Ausf. S112. Ri. N236, Gaasperplas Noord. 105497

Andijk, NL-1619 EH / Noord-Holland

Dijk & Meer
Proefpolder 4
1 Apr - 1 Okt
+31 6 15 67 56 71
info@campingdijkenmeer.nl
N 52°45'06'' E 05°11'33''

1 AEHJMOPQRSU EGNQTY 6
2 EQWYZ ABFG 7
3 BFGIJLNRSV ABCDEFMNQRTUV 8
4 BCHPQX AEHVWY 9
5 ACDEFGHLN ABJKQY 10
10A CEE ❶ €34,00
40ha 120T(80-115m²) 62D ❷ €48,00

Der CP liegt in der Nähe des Jachthafens Andijk-West. Auf der Straße unterhalb des Deichs biegen Sie bei der Pumpstation zum Campingplatz ab. 105491

Bloemendaal aan Zee, NL-2051 EC / Noord-Holland

Kennemer Duincamping de Lakens
Zeeweg 60
25 Mrz - 30 Okt
+31 2 35 41 15 70
info@campingdelakens.nl
N 52°24'16'' E 04°33'07''

1 BDEHILOPQRSTU KLQS 6
2 EGJPRSUWXY ABDEFGH 7
3 ABDEFGLMU ABCDEFGHIJKNQRTW 8
4 ABCDFHJLRTXZ ADJLVWY 9
5 ACDEFGLMN ABFGHIJKLNOPSTXY 10
B 16A CEE ❶ €58,00
27ha 589T(80-120m²) 331D ❷ €70,00

A9, bei Rottepolderplein auf die A200, dann N200 Richtung Haarlem-Overveen-Bloemendaal aan Zee. Hinter Overveen der zweite CP auf der rechten Seite, nah am Meer. 109629

Callantsoog, NL-1759 JD / Noord-Holland

Tempelhof
Westerweg 2
1 Jan - 31 Dez
+31 2 24 58 15 22
info@tempelhof.nl
N 52°50'48'' E 04°42'56''

1 ADEHJMOPQRSTU EGHN 6
2 JQRWXY ABDEFG 7
3 ABEFLNVW ABCDEFGJKMNQRTUV 8
4 ABHJLOQRT JLV 9
5 ACDEFHLMN ABCDEGHIJKOQY 10
B 16A CEE ❶ €52,00
14ha 210T(80-135m²) 259D ❷ €64,00

N9, Ausfahrt 't Zand, weiter Richtung Groote Keeten. CP-Schilder 'Tempelhof' beachten. 105454

Callantsoog, NL-1759 NX / Noord-Holland

Vakantiepark Callassande
Voorweg 5a
31 Mrz - 29 Okt
+31 2 24 58 16 63
receptie.callassande@roompot.nl
N 52°51'22'' E 04°43'02''

1 ADEKNOPQRSTU DGHN 6
2 JPQRWXY ABDEFGH 7
3 BCFLMNSV ABCDEFHJKNPQRTUVW 8
4 BCDFHJLO CJVW 9
5 ACDEFGHJKLN ABDEGHIJKOPQY 10
B 10A CEE ❶ €48,00
12,5ha 383T(60-120m²) 266D ❷ €50,80

N9, Ausfahrt 't Zand, weiter Richtung Groote Keeten, CP-Schilder beachten. 105453

Castricum, NL-1901 NH / Noord-Holland

Kennemer Duincamping Geversduin
Beverwijkerstraatweg 205
31 Mrz - 29 Okt
+31 2 51 66 10 95
info@campinggeversduin.nl
N 52°31'49'' E 04°38'55''

1 ABDEKNOPQSU 6
2 ABPQRWXYZ ABDEFGH 7
3 ABEFGMQSV ABEFGHJKNQRTW 8
4 ABFHIJL AJLVWY 9
5 ABDEGHKN ABCGHIJKNPSTY 10
B 16A CEE ❶ €50,10
23ha 295T(80-100m²) 396D ❷ €53,70

A9, Ausfahrt 9 Heemskerk. Am Kreisel re. An der Ampel geradeaus nach De Baandert. Am Ende li. ab in Mozartstraat. Am Kreisel re. in Marquettelaan. Am Rijksstraatweg re. ab. Nach 1,5 km li. 105412

Castricum aan Zee, NL-1901 NZ / Noord-Holland

Kennemer Duincamping Bakkum
Zeeweg 31
24 Mrz - 29 Okt
+31 2 51 66 10 91
info@campingbakkum.nl
N 52°33'44'' E 04°38'00''

1 ABDEILOPQSU 6
2 ABQRTWXYZ ABDEFG 7
3 ABCEFGLMNQSUV ABCDEFGHIJKNPQRTW 8
4 BCDEFHJKLQRX BCJLUVWY 9
5 ACDEFGHKMNO ABCFGHIJKOPSTUXY 10
B 16A CEE ❶ €52,90
60ha 337T(80-130m²) 1436D ❷ €56,50

A9 Beverwijk-Alkmaar Ausfahrt 10 Castricum. An der Ampel N203 Richtung Castricum. Bei Castricum Richtung Castricum aan Zee. Über die Bahnüberführung im Kreisel geradeaus. Der CP liegt nach 1,5 km rechts der Strecke. 100754

De Cocksdorp (Texel), NL-1795 LS / Noord-Holland

Landal Sluftervallei
Krimweg 102
24 Mrz - 3 Nov
+31 2 22 31 62 14
sluftervallei@landal.nl
N 53°09'28'' E 04°50'37''

1 ADEKNOPSU EGNQ 6
2 JQRX ABDEFGK 7
3 BFJLMNRV ABCDEFGNQRTUV 8
4 ABCDFHJLQTVX EJVW 9
5 ACDEFLN ABEFGHJKOPQXY 10
B 16A CEE ❶ €74,00
36ha 57T(80m²) 332D ❷ €84,30

Ab der Fähre der N501 folgen. Bei Ausfahrt 10 nach De Cocksdorp. Ausfahrt 35 links zu den Landal Sluftervallei (De Krimweg). 105441

De Cocksdorp (Texel), NL-1795 JV / Noord-Holland

Vakantiepark De Krim Texel
Roggeslootweg 6
1 Jan - 31 Dez
+31 2 22 39 01 12
reserveringen@krim.nl
N 53°09'06'' E 04°51'32''

1 ACDEHKNOPQRSTU BEHINQSTXY 6
2 JPQRWXYZ ABCDEFGHK 7
3 ABDEFJKMRVW ABCDEFGHJKNQRSTUVW 8
4 ABCDEFHJKLOPQRU CDEFGIJLUVWY 9
5 ACDEFGHIJLN ABEFGHIJKMOPQXY 10
B 10-16A CEE ❶ €63,25
31ha 413T(80-100m²) 715D ❷ €67,75

Von der Fähre aus der N501 folgen. Ausfahrt 10 Richtung De Cocksdorp. Ausfahrt 33 links zur Vakantiepark De Krim. 101308

De Koog (Texel), NL-1796 MT / Noord-Holland

Camping Coogherveld Texel
Kamperfoelieweg 3
31 Mrz - 30 Okt
+31 2 22 31 77 28
reserveringen@coogherveld.nl
N 53°05'46'' E 04°45'55''

1 AEKNOPQRSU N 6
2 JPQRWXY ABCDEFG 7
3 BLMUV ABCDEFGHJNPQRTW 8
4 BCHJP CHJUVW 9
5 AD ABCEGHJKOQY 10
Anzeige auf dieser Seite B 16A CEE ❶ €44,10
2ha 51T(80-100m²) 47D ❷ €57,00

Ab der Fähre der N501 folgen. Ausfahrt 10 Richtung De Koog. Ungefähr 300m hinter der Ortsgrenze De Koog 1. CP rechts. 111149

De Koog (Texel), NL-1796 AA / Noord-Holland

Camping Kogerstrand
Badweg 33
30 Mrz - 29 Okt
+31 2 22 39 01 12
receptie.kogerstrand@krim.nl
N 53°06'03'' E 04°45'30''

1 BDEHKNOPQSTU KMN 6
2 GJPQRUWX ABCDEFGH 7
3 ABDFLMV ABCDEFGHJNPQRTW 8
4 BCFHJP ABFLUVW 9
5 ADEFN ABCEFHIJKOPSTXY 10
6-16A CEE ❶ €47,00
52ha 900T(20-100m²) 279D ❷ €60,70

Von De Koog über die Düne fahren. CP liegt in den Dünen zwischen De Koog und der Nordsee. Ab der Fähre die N501 nehmen. Am Kreisverkehr 10 in Ri. De Koog fahren. Im Zentrum Durchgangsstr. folgen. Achten Sie auf die CP-Schilder. 105444

Den Burg (Texel), NL-1791 NS / Noord-Holland

De Bremakker
Tempelierweg 40
1 Apr - 30 Sep
+31 2 22 31 28 63
info@bremakker.nl
N 53°04'20'' E 04°45'28''

1 AEHKLOPQSU N 6
2 BJQRXY FGH 7
3 BFGMV MNQUV 8
4 BCFHJLQ JVW 9
5 ADEFHKN ABCEHJKOPQY 10
10A CEE ❶ €42,50
7ha 32T(100m²) 160D ❷ €53,90

Ab der Fähre der N501 folgen. Im Kreisverkehr 10 und 11 geradeaus Richtung De Koog fahren. Bei Ausfahrt 12 links abbiegen. Am Anfang des Tannenwaldes rechts abbiegen. 100705

Niederlande

Teilkarte Nord-Holland auf Seite 149

Den Burg (Texel), NL-1791 NP / Noord-Holland

De Koorn-aar	1 AEHJMOPQRSTU	N 6
Grensweg 392	2 BJQRWXY	DFGH 7
31 Mrz - 27 Okt	3 ABFMV	MNQUV 8
+31 2 22 31 29 31	4 BCHJL	JVW 9
info@koorn-aar.nl	5 ADEHL	ABEFHJKMOPQY 10
	10A CEE	❶ €47,20
N 53°03'50" E 04°45'34"	5,5ha 80T(150m²) 101D	❷ €60,30

Ab der Fähre der N501 folgen. Am Kreisverkehr 10 in Richtung De Koog fahren. Am Kreisverkehr 11 links abbiegen und dann der ersten Straße rechts folgen. 111324

Den Burg (Texel), NL-1791 PE / Noord-Holland

't Woutershok	1 AEHKNOPQSU	N 6
Rozendijk 38	2 BJQRWXY	ABDEFGH 7
30 Mrz - 29 Sep	3 BM	ABCDEFHJKNPQRTUV 8
+31 2 22 31 30 80	4 FH	BCUVW 9
info@woutershok.nl	5 DN	ABCEFGHJKMOPQY 10
	B 16A CEE	❶ €51,10
N 53°03'32" E 04°45'33"	6ha 135T(120-195m²) 13D	❷ €65,90

Ab der Fähre der N501 folgen. Am Kreisel (10) Richtung De Koog. Am Kreisel 11 links ab und den CP-Schildern folgen. 109730

Niederlande

Den Hoorn, NL-1797 RN / Noord-Holland

Camping Loodsmansduin	1 ADEHKNOPQRTU	BGMN 6
Rommelpot 19	2 JQRWXYZ	ABCDEFGH 7
31 Mrz - 30 Okt	3 ABMSV	ABCDEFGHJNPQRTUVW 8
+31 2 22 39 01 12	4 ABCHJLOQ	BCFJUVW 9
receptie.loodsmansduin@krim.nl	5 ADEHLN	ABCDEFGHJKMOPSTY 10
	FKK 16A CEE	❶ €46,00
N 53°01'17" E 04°44'28"	38ha 234T(60-120m²) 283D	❷ €59,70

Von der Fähre auf die N501. Ausfahrt 3 nehmen. Jetzt den grünen oder weißen CP-Schildern 'Loodsmansduin' folgen. 101541

Graft, NL-1484 EN / Noord-Holland

Camping Tuinderij Welgelegen	1 AEHILOPSU	NX 6
Raadhuisstraat 24A	2 PQTXYZ	ABDFG 7
1 Apr - 1 Okt	3 AM	AEFNQRW 8
+31 2 99 67 30 32	4 FHK	ER 9
mail@campingtuinderij welgelegen.nl	5 DN	AFGHJKORSY 10
	6A CEE	❶ €22,00
N 52°33'45" E 04°49'58"	2ha 29T(60-80m²) 77D	❷ €27,00

N244 Purmerend-Alkmaar. Ausfahrt Graft/Driehuizen. Richtung Graft. Vor dem Rathaus rechts ab, diese kleine Straße führt zum CP. 105468

Edam, NL-1135 PZ / Noord-Holland

CC€23

Strandbad Edam	1 ABDEILOPQSU	FHLMNQSXYZ 6
Zeevangszeedijk 7A	2 FIKQTWXY	ABDEFGHIK 7
31 Mrz - 1 Okt	3 ABCFLMV	ABCDEFGHIJKNPQRTW 8
+31 2 99 37 19 94	4 FGH	FV 9
info@campingstrandbad.nl	5 ADEFHKLMN	ABCDFGHJKOQY 10
	Anzeige auf dieser Seite B 16A CEE	❶ €32,15
N 52°31'07" E 05°04'26"	4,5ha 70T(60-80m²) 157D	❷ €42,30

N247 Amsterdam-Volendam-Hoorn. Ausfahrt Edam-Noord, den CP-Schildern folgen. Navigation abschalten! 105496

Egmond aan den Hoef, NL-1934 PR / Noord-Holland

De Markiess	1 ABEJMOPQSU	6
Driehuizerweg 1A	2 APQRXY	ABDEFG 7
31 Mrz - 1 Okt	3 ABCFLM	ACEFNRTW 8
+31 7 25 06 22 74	4 FHJKOQ	VW 9
info@demarkiess.nl	5 DMN	ABCGHIJKORSY 10
	6A CEE	❶ €25,50
N 52°38'02" E 04°39'37"	2,2ha 40T(80-100m²) 60D	❷ €32,40

Alkmaar Ring West. Ausfahrt Egmond. Richtung Egmond. 500m hinter der AVIA-Tankstelle rechts ab Kromme Dijk, 200m weiter links in den Driehuizerweg einfahren. CP ist rechts der Straße. 107866

Haarlem, NL-2033 AD / Noord-Holland

De Liede	1 AEHKNOPSU	JNQSXZ 6
Lieoever 68	2 ACEQ	ABDEFG 7
1 Jan - 31 Dez	3 ALM	ABCDEFJNQRW 8
+31 2 35 35 86 66	4 HJOQ	FQRV 9
info@campingdeliede.nl	5 DEFHKMN	ABCEGHJKQ 10
	4A CEE	❶ €28,50
N 52°22'40" E 04°40'34"	1,5ha 40T(40-90m²) 28D	❷ €28,50

A9 am Rottepolderplein die A200 Richtung Haarlem nehmen. Rechts ab zur Überführung. Den CP-Schildern folgen. 105415

Egmond aan Zee, NL-1931 AV / Noord-Holland

CC€23

Roompot Kustpark Egmond aan Zee	1 ABDEKNOPQRU	BG 6
	2 PQRVWXY	ABDEFGH 7
Nollenweg 1	3 BFLMU	ABCDEFJNQRTUV 8
1 Jan - 31 Dez	4 BFHL	JVWXY 9
+31 7 25 06 17 02	5 ACDEFGHJKLMN	ABCEHIJKOPQY 10
receptie.egmond@roompot.nl	10A CEE	❶ €63,60
N 52°37'19" E 04°38'17"	11ha 73T(80-90m²) 162D	❷ €67,20

Alkmaar Ring West, Abfahrt Egmond. Durchfahren bis zur Ampel. Bei Egmond rechts ab Richtung Egmond aan Zee. An der 2. Ampel rechts. Nach 150m rechts ab, schmaler Weg, dieser führt zum CP. 110293

Hilversum, NL-1213 PZ / Noord-Holland

De Zonnehoek	1 ADEHKNOPQRSTU	6
Noodweg 50	2 BQRXYZ	ABFGH 7
15 Mrz - 31 Okt	3 AFLM	ABCDFKNRTUVW 8
+31 3 55 77 19 26	4 BDFHJOQ	9
info@campingzonnehoek.com	5 DEFGHLMN	ABCHJKORSY 10
	B 4A CEE	❶ €22,50
N 52°11'37" E 05°09'17"	4ha 60T(80-100m²) 60D	❷ €25,00

A27, Ausfahrt 33 Hilversum, Richtung Loosdrecht. Danach Schildern 'Vliegveld Hilversum' folgen. 105499

Teilkarte Nord-Holland auf Seite 149

Niederlande

Hoogwoud, NL-1718 LJ / Noord-Holland

De Gouw
Gouwe 5
15 Feb - 15 Nov
+31 2 29 58 14 73
campingdegouw@gmail.com

1 AH**JM**OPQST**U**	**N** 6
2 AQRY	AB**FG**IK 7
3 X	ACDEFHNQRW 8
4 HJ**T**	RV 9
5 DN	ABGJKOQY 10
Anzeige auf dieser Seite 6-10A CEE	❶ €21,00
2ha 30**T**(90-120m²) 15**D**	❷ €30,00

N 52°43'30" E 04°57'42"

A7 Ausfahrt 10 (Wognum). Am Kreisel 1. rechts, nach 1,5 km links abbiegen (Durchgangsstraße folgen), nach 5 km Gouw. Nach 50m liegt der CP auf der linken Seite. 122407

Hoorn/Berkhout, NL-1647 DR / Noord-Holland

't Venhop
De Hulk 6a
1 Jan - 31 Dez
+31 2 29 55 13 71
info@venhop.nl

1 ABDEH**KN**OPQS**U**	**NXZ** 6
2 AQWXYZ	AB**DEFGH** 7
3 ACL**M**	ABCDE**F**JNRUVW 8
4 FGHJOP	FJNRVW 9
5 ABDEFHKLN	ABCDEFGHJKNRSY 10
10A CEE	❶ €29,25
8,5ha 78**T**(80-100m²) 169**D**	❷ €41,25

N 52°37'55" E 05°00'42"

A7 Purmerend-Hoorn Ausfahrt 7, Hoorn-West. Oder A7 Hoorn-Purmerend, Ausfahrt 7 Avenhorn. An der Ampel links Richtung Hoorn-West. An der Ampel Hoorn-West folgen. Nach 350m rechts ab, den Campingschildern folgen. 108059

IJmuiden, NL-1976 BZ / Noord-Holland

De Duindoorn
Badweg 40
1 Apr - 30 Sep
+31 2 55 51 07 73
camping@duindoorn.nl

1 HILOPS**U**	KMNQS 6
2 AGPQRVX	A**BFGH** 7
3 **BLM**	ABC**F**NRW 8
4 FHJLO	VY 9
5 ACDKMN	ABHJKLORSY 10
6A CEE	❶ €37,40
5ha 150**T**(65m²) 150**D**	❷ €50,00

N 52°27'20" E 04°34'24"

A9/A22 Richtung IJmuiden. Am Ende der Straße Richtung Velsen zur Fähre, Richtung IJmuiden aan Zee. CP an der Fähre beschildert. 105414

Julianadorp aan Zee, NL-1787 PP / N-Holland

De Zwaluw
Zanddijk 259
1 Apr - 31 Okt
+31 2 23 64 14 92
campingdezwaluw@quicknet.nl

1 AE**KN**OPQRSTU	**KN** 6
2 GJQRWX	AB**DEFG** 7
3 BF**L**RV	ABCDE**FG**JNPQRTW 8
4 H	FI 9
5 DEFKMN	ABCDFGHJK**O**QY 10
Anzeige auf dieser S. 10-16A CEE	❶ €32,60
2ha 68**T**(50-100m²) 73**D**	❷ €44,60

N 52°53'43" E 04°43'04"

Von Alkmaar (N9), 1. Ausfahrt Julianadorp (Süd). Von Den Helder (N9) 2. Ausfahrt Julianadorp (Süd). Den Schildern 'Kustrecreatie' folgen. An den Dünen rechts ab. 1. CP in Julianadorp aan Zee rechts. 105451

Julianadorp aan Zee, NL-1787 CX / Noord-Holland

Ardoer camping 't Noorder Sandt
Noorder Sandt 2
25 Mrz - 29 Okt
+31 2 23 64 12 66
noordersandt@ardoer.com

1 ADE**KN**OPQRSTU	EGHKNQS 6
2 GJQRWXYZ	ABCDE**FG**HIJK 7
3 ABCF**HIL**MV	ABCDEFGHJKNQRSTUVW 8
4 BCHJLO**Q**	CJLRV 9
5 ADEHLN	ABCEFGHJKOPQY 10
B 10A CEE	❶ €51,00
11ha 180**T**(100m²) 243**D**	❷ €66,00

N 52°54'22" E 04°43'29"

N9 Ausfahrt Julianadorp aan Zee. Innerorts der Beschilderung 'Kustrecreatie'. An der Küstenstraße rechts ab und CP-Schildern folgen. 105447

Landsmeer/Amsterdam, NL-1121 AL / Noord-Holland

Het Rietveen
Noordeinde 130
1 Apr - 1 Okt
+31 2 04 82 14 68
info@campinghetrietveen.nl

1 AEILOPQST**U**	LQS**XYZ** 6
2 AFIJPQWXYZ	ABDE 7
3 **L**	ABCDEFNRW 8
4 FH	V 9
5 D	ABCGHIJKQ 10
10A CEE	❶ €30,00
1,5ha 80**T**(100-130m²)	❷ €38,00

N 52°26'10" E 04°54'44"

A10, Ring Amsterdam, Ausfahrt S117 Landsmeer Richtung Den Ilp. Der Platz ist ± 600m links der Strecke hinter dem Geschäftszentrum von Landsmeer. 109376

Noord-Scharwoude, NL-1723 PX / Noord-Holland

EuroParcs Molengroet
Molengroet 1
1 Apr - 31 Okt
+31 8 80 55 15 97
kcc@europarcs.nl

1 ABDE**JM**OPQRSTU	BL**N**OPQS**X**YZ 6
2 EJKQWY	ABDE**FGH** 7
3 ABFG**L**MSV	ABCDEFHJKNPQRTUVW 8
4 BCFHIJKL	CGJVWXY 9
5 ABDEFGHJKLMN	ABCEFGHIJKMOPQY 10
B 10A CEE	❶ €26,00
11ha 110**T**(80-100m²) 120**D**	❷ €35,50

N 52°41'41" E 04°46'15"

N245 Alkmaar-Schagen. Ausfahrt Geestmerambacht/ CP-Schild Molengroet. 100755

Petten, NL-1755 LA / Noord-Holland

Corfwater
Strandweg 3
25 Feb - 4 Nov
+31 2 26 38 19 81
camping@corfwater.nl

1 ABDEHILOPQSU	KNPQRSW**X** 6
2 HIJPQRVWX	ABDE**FGH** 7
3 ABCMV	ABCDEFGJK**L**NQRTUVW 8
4 BCFHJO**P**	ABCFMNVWX 9
5 ABD**N**	ABCFGHIJKOSY 10
Anzeige auf Seite 153 B 6A CEE	❶ €53,00
5,5ha 260**T**(80-120m²) 76**D**	❷ €68,00

N 52°46'14" E 04°39'33"

N9 Alkmaar-Den Helder. Am Kreisverkehr in Burgervlotbrug Richtung Petten. Bis zum Kreisverkehr an den Dünen. Geradeaus den CP-Schildern folgen. 105408

Petten, NL-1755 KK / Noord-Holland

De Watersnip
Pettemerweg 4
24 Mrz - 1 Okt
+31 2 26 38 14 32
info@watersnip.nl

1 ADEILOPQRSTU	BGH**N** 6
2 PQRWXY	ABDE**FGH** 7
3 ABEFGMNV	ABCDEFJKNQRTUVW 8
4 BDFHJLO**Q**	FJVWY 9
5 ACDEFGHJKLMN	ABEGHIJKORSWY 10
Anzeige auf Seite 153 B 6-10A CEE	❶ €42,70
18ha 200**T**(80-100m²) 305**D**	❷ €53,35

N 52°45'37" E 04°39'46"

N9 Alkmaar-Den Helder. Kreisel Burgervlotbrug Richtung Petten. CP liegt rechter Hand am Kreisel, kurz vor dem Kreisel an den Dünen. 100752

Niederlande

Schoorl, NL-1871 CD / Noord-Holland

CC€23 iD

Kampeerterrein Buitenduin
Molenweg 15
31 Mrz - 29 Okt
+31 7 25 09 18 20
info@kampeerterreinbuitenduin.nl
N 52°42'12" E 04°41'59"

1 ABEHILOPSU		6
2 PQRWXY	ABDEFG	7
3 AFLM	ABCDEFGHJKNPQRTUVW	8
4 EFH		9
5 ADN	ABCDFGIJKOSTY	10
Anzeige auf Seite 152 10A CEE		❶ €37,70
1,2ha 45T(70-90m²) 30D		❷ €49,90

N9 Alkmaar-Den Helder, Ausfahrt Schoorl, Richtung Schoorl. Kurz vor der Ampel am Fußgängerüberweg rechts. Vor 'Molen' rechts ab. 113466

Tuitjenhorn, NL-1747 CA / Noord-Holland

iD

Capfun de Bongerd
Bongerdlaan 3
1 Apr - 1 Okt
+31 2 26 39 14 81
bongerd@capfun.com
N 52°44'06" E 04°46'33"

1 ABDEHKNOPQRSU	BCEGHIN	6
2 QWXY	ABDEFGHK	7
3 ABCDEFLMSV	ABCDFGJKNQRTUV	8
4 BCHKL	HJVW	9
5 ACDEFGKLMN	BCEHIJKMOPQXY	10
B 10A CEE		❶ €66,65
36ha 128T(100-120m²) 663D		❷ €81,35

N245 Alkmaar-Schagen, Ausfahrt Tuitjenhorn/Industriegebiet De Banne, dann den CP-Schildern folgen. 105461

St. Maartenszee, NL-1753 BA / Noord-Holland

iD

Ardoer Camping St. Maartenszee
Westerduinweg 30
31 Mrz - 24 Sep
+31 2 24 56 14 01
sintmaartenszee@ardoer.com
N 52°47'39" E 04°41'22"

1 ADEKNOPQRSTU		6
2 PQRWXYZ	ABDEFGHIK	7
3 BFJMV	ABCDEFGHIJKLNPQRSTUVW	8
4 FH	JVW	9
5 ACDFGHKLN	ABCEFGHIJKNPRSY	10
B 6-10A CEE		❶ €46,50
5ha 246T(60-90m²) 36D		❷ €59,50

N9 Alkmaar-Den Helder. In St. Maartensvlotbrug Richtung St. Maartenszee. Bis zum Kreisverkehr an den Dünen. Rechts ab, erster CP rechts. 101548

Velsen-Zuid, NL-1981 EH / Noord-Holland

iD

Natuurkampeerterrein Schoonenberg
Driehuizerkerkweg 15D
1 Apr - 31 Okt
+31 2 55 52 39 98
info@campingschoonenberg.nl
N 52°27'10" E 04°38'24"

1 ABEHKNOPQRSU		6
2 ABPQRSWXYZ	ABDEK	7
3 ACLM	ABCDFNR	8
4	VW	9
5 DN	ABCJKNRS	10
4A CEE		❶ €36,00
2,5ha 70T(60-100m²)		❷ €36,00

Über die A9 auf die A22, dann N202 Richtung IJmuiden folgen. CP mit kleinen Schildern angezeigt. 109794

St. Maartenszee, NL-1753 KA / Noord-Holland

Aan Noordzee
Westerduinweg 34
24 Mrz - 23 Okt
+31 2 24 56 31 09
info@aannoordzee.nl
N 52°47'59" E 04°41'40"

1 EHKNOPQSU	N	6
2 QRWXY	FG	7
3 ABMN	CDEFJMNQUV	8
4 FH	J	9
5 D	ABCEHJKOPQY	10
10A CEE		❶ €57,70
8ha 190T(100-120m²) 33D		❷ €60,35

N9 Alkmaar-Den Helder. In St. Maartensvlotbrug Richtung St. Maartenszee bis zum Kreisverkehr an den Dünen. Rechts ab, ca. 800m, 2. CP rechts. 107649

St. Maartenszee, NL-1753 BA / Noord-Holland

iD

Duincamping De Lepelaar
Westerduinweg 15
1 Apr - 1 Okt
+31 2 24 56 13 51
info@delepelaar.nl
N 52°48'09" E 04°41'48"

1 ABDEHKNOPSU		6
2 IRUWXYZ	ABDEFG	7
3 ABCFMS	ACEFGIJKNQRTW	8
4 BFHJL	ABDFJV	9
5 ABDEGHJMN	ABCFGHIJKNSTUY	10
6-10A CEE		❶ €37,00
16ha 214T(20-80m²) 106D		❷ €47,00

N9 Alkmaar-Den Helder, Ausfahrt St. Maartenszee bis zum Kreisel an den Dünen. Dort rechts. Rezeption nach 1,3 km links. Erst neben dem Weg parken. 105459

Warmenhuizen, NL-1749 VW / Noord-Holland

CC€21 iD

Landschapscamping de Kolibrie
De Groet 2
1 Apr - 1 Okt
+31 2 26 39 45 39
info@dekolibrie.eu
N 52°41'58" E 04°44'46"

1 ABEHKNOPQSU		6
2 IQWXY	ABFGHK	7
3 ACFHILMUX	ABEFHJNPQRTUVW	8
4 BFHJKL	FJVWY	9
5 ADN	ABCDFGHJKOS	10
Anzeige auf dieser S. B 6-10A CEE		❶ €28,20
4ha 100T(150-280m²) 18D		❷ €33,20

N245 Alkmaar-Schagen, Ausfahrt N504 Schoorl/Koedijk. Bis zum Kanal, dann rechts. 1. Straße rechts. An der 3er-Gabelung rechts (Diepsmeerweg). Der Straße bis zum CP folgen. 120899

Teilkarte Nord-Holland auf Seite 149

Zijdewind, NL-1736 ET / Noord-Holland

de Boerenzwaluw
Vennikerweg 3
31 Mrz - 8 Okt
+31 6 51 14 93 46
info@campingboerenzwaluw.nl

1	AEKNOPQRSTU	6
2	QWXY	ABDEF 7
3	ACFM	ABCDFGHJNPRTW 8
4	FH	9
5		AFGHJKOQ 10

B 2-16A CEE
2ha 89T(140m²)
① €30,00
② €40,00
N 52°44'56'' E 04°49'56''
124139

N241 Opmeer-Schagen. Bis zum Kreisel 1,5 km nördlich von Zijdewind oder 2 km südlich von der Ausfahrt Haringhuizen. Im Kreisel Richtung Westen abbiegen. Zum Vennikerweg bis Nr 3 fahren, dort ist der Camping.

Süd-Holland

Barendrecht, NL-2991 SB / Zuid-Holland

Recreatiepark de Oude Maas
Achterzeedijk 1a
1 Jan - 31 Dez
+31 7 86 77 24 45
info@recreatieparkdeoudemaas.nl

1	ADEHJMOPQRSTU	NXYZ 6
2	ACQWXY	ABFG 7
3	BM	ABCDEFJNQRTUV 8
4	H	EV 9
5	ADM	ABEFGHJKORSY 10

B 12A CEE
12ha 100T(100-120m²) 130D
① €26,00
② €34,00
N 51°49'57'' E 04°33'08''
105435

A29, Ausfahrt Barendrecht, Schildern folgen. A15, Abfahrt Barendrecht und dann Schildern folgen.

Delft, NL-2629 HE / Zuid-Holland

Naturistencamping Abtswoudse Hoeve
Rotterdamseweg 213-215
1 Apr - 1 Okt
+31 6 20 28 73 93
info@navah.nl

1	AEHKNOPQSU	LMN 6
2	ABCFQWXY	ABFGH 7
3	ALMSTU	ABEFJNQRUW 8
4	P	MTVY 9
5	DKN	ABCFGHIJKMOSTY 10

FKK 10A CEE
15,6ha 55T(100-120m²) 120D
① €33,60
② €34,45
N 51°58'40'' E 04°22'58''
121066

A13 Ausfahrt 10 Delft-Süd, die N470 Richtung Delft Ausfahrt TU Delft. Am Ende der Ausfahrt links Midden-Delfland, Rotterdamseweg und dann der Beschilderung folgen.

Delft, NL-2616 LJ / Zuid-Holland

CC€23

Vakantiepark Delftse Hout
Korftlaan 5
24 Mrz - 31 Okt
+31 1 52 13 00 40
info@delftsehout.nl

1	ACDEJMOPSTU	BGLNQ 6
2	APQWXY	ABDEFGH 7
3	BFLM	ABCDFGJKNQRTUVW 8
4	ABEFHJLO	ABCEFJVY 9
5	ACDEFHLMN	ABCEFGHIJKOQVWY 10

B 6-16A CEE
6ha 200T(100-120m²) 84D
① €38,10
② €46,70
N 52°01'05'' E 04°22'45''
105404

A13, Ausfahrt 9 Delft, ab hier ausgeschildert.

Brielle, NL-3231 AA / Zuid-Holland

CC€21

Camp. Jachthaven de Meeuw
Batterijweg 1
24 Mrz - 30 Okt
+31 1 81 41 27 77
info@demeeuw.nl

1	ADEKNOPQRSU	LNQSXYZ 6
2	EJQWXY	ABDFGH 7
3	BFLM	ADEFIJNQRTUVW 8
4	BDHJOP	FJV 9
5	DEFKMN	ABGHJKNOPQY 10

B 10A CEE
13ha 165T(80-130m²) 256D
① €38,10
② €48,65
N 51°54'24'' E 04°10'31''
101327

A15 Ausfahrt Europoort anhalten. Brielle folgen. In Brielle ausgeschildert.

Den Haag, NL-2555 NW / Zuid-Holland

CC€23

Kampeerresort Kijkduin
Machiel Vrijenhoeklaan 450
1 Jan - 31 Dez
+31 7 04 48 21 00
info@kijkduinpark.nl

1	ADKNOPQRTU	EGKMNQS 6
2	AHJPQRWY	ABDEFG 7
3	ABCDFGJLMNQSU	ABDEFGIJKNQRTUVW 8
4	ABFHJOSU	CEJVXY 9
5	ACDEFGHJKLNO	ABEHIKMOPQY 10

B 10A CEE
29ha 350T(80-120m²) 532D
① €56,00
② €56,00
N 52°03'36'' E 04°12'43''
105401

Bei Kijkduin (Südwestlich von Den Haag). Über die A12 Den Haag einfahren. Weiter Richtung Kijkduin. Dann CP-Schilder befolgen.

Brielle, NL-3231 NC / Zuid-Holland

CC€21

De Krabbeplaat
Oude Veerdam 4
1 Apr - 21 Okt
+31 1 81 41 23 63
info@krabbeplaat.nl

1	ACDEKNOPQRSU	FLNQSXYZ 6
2	ADEJQWY	ABCDEFGH 7
3	BEFLMNV	ABCDEFNPQRTW 8
4	ABCDFHJKLOPQ	CFIJQRTVW 9
5	ACDEFGHKMN	ABEFGHIJKNOPQY 10

10A CEE
18ha 68T(81-120m²) 372D
① €38,60
② €45,00
N 51°54'36'' E 04°11'05''
105403

A16 Breda-Rotterdam, Ausfahrt Europoort. Dieser Straße folgen bis Brielle. Vor Brielle ausgeschildert (Ausfahrt Brielse Maas-Noord).

's-Gravenzande, NL-2691 KV / Zuid-Holland

Jagtveld
Nieuwlandsedijk 41
1 Apr - 1 Okt
+31 1 74 41 34 79
info@jagtveld.nl

1	AGILOPQRSTU	KMQRS 6
2	AGJPQX	ABDEFGH 7
3	AM	ABCDFJNQRUVW 8
4	DFHJ	EVW 9
5	DMN	ABCFGHJKOPQY 10

4-10A CEE
3,3ha 48T(70-100m²) 135D
① €40,00
② €52,00
N 51°59'48'' E 04°08'01''
105402

Von Rotterdam A20 und N220 Richtung Hoek van Holland. Am Ende der N220 (Maasdijk) geradeaus. Auch über die N211 und dann Richtung Hoek van Holland zu erreichen. Beschilderung folgen.

's-Gravenzande, NL-2691 KR / Zuid-Holland

Strandpark Vlugtenburg
't Louwtje 10
1 Jan - 31 Dez
+31 1 74 41 24 20
info@vlugtenburg.nl

1 ACDE**KNO**PQRSU KMQS 6
2 GJPQRWY AB**FG** 7
3 ABM ABCDEFJNQRTUVW 8
4 BFH EJV 9
5 ADEFGJKN ABEFGHIJKMOPQWY 10
16A CEE ❶ €37,60
7ha 90**T**(80-150m²) 105**D** ❷ €45,90

N 52°00'07" E 04°08'11"

Von Rotterdam die A20 und N220 Richtung Hoek van Holland. In 's-Gravenzande der CP-Beschilderung folgen. Von Den Haag Richtung Hoek van Holland über die N211, der Beschilderung folgen. 111065

Hellevoetsluis, NL-3221 LJ / Zuid-Holland

CC€21

't Weergors
Zuiddijk 2
1 Jan - 31 Dez
+31 1 81 31 24 30
info@weergors.nl

1 ADE**KN**OPQRST**U** FNQS**X**Y 6
2 JQY A**B**D**EFG**H 7
3 BEFMSV ABCDE**FG**JK**M**NQRTW 8
4 JLO BCEFJKLVY 9
5 CDELMN ABEFGHJKMN**O**PQY 10
6A CEE ❶ €32,35
7ha 100**T**(90m²) 176**D** ❷ €39,70

N 51°49'46" E 04°06'57"

N57, Abfahrt Hellevoetsluis. Den Schildern folgen. 105387

Niederlande

Hoek van Holland, NL-3151 VP / Zuid-Holland

Hoek van Holland
Wierstraat 100
1 Mrz - 31 Okt
+31 1 74 38 25 50
campinghvh@rotterdam.nl

1 ADEHILOPSU KMNQ 6
2 JPQRWY AB**FG** 7
3 BFM ABCDEFJNQRT 8
4 HJ FV 9
5 ACDEMN ABCEFGHIJKOQY 10
10A CEE ❶ €38,50
5,5ha 117**T**(100m²) 213**D** ❷ €46,50

N 51°59'22" E 04°07'41"

A20 Den Haag-Rotterdam, Ausfahrt Hoek van Holland, ab hier ausgeschildert. 105386

Noordwijk, NL-2204 AN / Zuid-Holland

De Carlton
Kraaierslaan 13
1 Apr - 15 Okt
+31 2 52 37 27 83
info@campingcarlton.nl

1 AHKNOPQS 6
2 AQSWX AB**FG** 7
3 B**HIL** AB**F**JNR 8
4 H EFV 9
5 DN ABGHIJKOQ 10
B 10-16A CEE ❶ €33,70
2,1ha 55**T**(100-150m²) 46**D** ❷ €39,80

N 52°16'17" E 04°28'35"

A44, Ausfahrt 3 Sassenheim/Noordwijkerhout Richtung Noordwijkerhout. Am Kreisverkehr am Kongresszentrum rechts ab (Gooweg). Am nächsten Kreisverkehr links ab (Schulpweg). Hinter der Manege Bakker rechts ab. 105423

Katwijk aan Zee, NL-2221 EW / Zuid-Holland

Molecaten Park Noordduinen
Campingweg 1
1 Jan - 31 Dez
+31 7 14 02 52 95
noordduinen@molecaten.nl

1 ADEHILOPQRSTU BEGK 6
2 AGJPQSWXY ABDE**FGK** 7
3 ABFG**HM** ABCDEFGJKNQR**S**TUVW 8
4 BJLO EJVWX 9
5 ABDEFKMN ABCEHIJK**O**STY 10
B 10A CEE Preise auf
11ha 210**T**(85-100m²) 154**D** Anfrage

N 52°12'37" E 04°24'37"

A44, Ausfahrt 8 (N206) Richtung Katwijk, Ausfahrt Katwijk-Noord. CP-Beschilderung folgen. 105427

Noordwijk, NL-2204 AS / Zuid-Holland

CC€23

De Duinpan
Duindamseweg 6
1 Jan - 31 Dez
+31 2 52 37 17 26
contact@campingdeduinpan.com

1 ADEH**KN**OPQSU 6
2 AQSWXY A**BFG** 7
3 A**L** ABCDEFNQRUVW 8
4 HI IJUVW 9
5 ADFHJLM ABCDEGHIJKOPQY 10
16A CEE ❶ €38,50
3,5ha 81**T**(100-140m²) 20**D** ❷ €48,50

N 52°16'06" E 04°28'11"

A44, Ausfahrt 3 Sassenheim/Noordwijkerhout, Ri. Noordwijkerhout. Am Kreisverkehr am Kongresszentrum rechts ab (Gooweg). Beim nächsten Kreisverkehr links ab (Schulpweg) geht über in Duindamseweg. 105425

Katwijk aan Zee, NL-2225 JS / Zuid-Holland

Strandcamping Zuidduinen
Zuidduinseweg 1
1 Apr - 30 Sep
+31 7 14 01 47 50
info@zuidduinen.nl

1 ADEHILOPQRSTU KQS 6
2 AGJQRSWX ABDE**FG** 7
3 BMS ABCDEFJKNQRTUW 8
4 BFHJL**Q** ABEFVWX 9
5 ACDEFHKMN ABCGHIJKOSTY 10
B 10-16A CEE ❶ €45,80
5ha 300**T**(70-90m²) 92**D** ❷ €51,10

N 52°11'41" E 04°23'26"

Von der A44 und N206 Abfahrt Katwijk aan Zee fahren und dann den Schildern Zuid-Boulevard folgen. Anschließend den CP-Schildern folgen. 105399

Noordwijk, NL-2204 AN / Zuid-Holland

De Wulp
Kraaierslaan 25
31 Mrz - 29 Okt
+31 2 52 37 28 26
camping@dewulp.com

1 ADEHILOPQRST**U** 6
2 AQSWXY ABD**EFG** 7
3 AB**LM** ABE**F**JNQRTUVW 8
4 BJO**PQ** VW 9
5 ADEFHKN ABCEGHIJKOQY 10
6-10A CEE ❶ €34,15
2,5ha 54**T**(80-100m²) 100**D** ❷ €42,15

N 52°16'26" E 04°28'40"

A44, Ausfahrt 3 Sassenheim/Noordwijkerhout, Ri. Noordwijkerhout. Der N443 bis zum NH Hotel/Congrescentrum folgen. Im Kreisverkehr rechts (Gooiweg) Ri. Noordwijkerhout. Im nächsten Kreisverkehr links (Schulpweg), Beschilderung folgen. 105421

Melissant, NL-3248 LH / Zuid-Holland

CC€19

Elizabeth Hoeve
Noorddijk 8a
1 Apr - 31 Okt
+31 1 87 60 15 48
info@campingelizabethhoeve.nl

1 AEH**KN**OPQRSTU NX 6
2 QWXY A**B**D**FG** 7
3 ABLMSU ABDE**F**NQRUVW 8
4 H 9
5 D ABDFGHIJK**O**QY 10
Anzeige auf dieser Seite 16A CEE ❶ €25,10
8ha 18**T**(250m²) 80**D** ❷ €25,10

N 51°45'47" E 04°04'10"

N215, von Hellevoetsluis oder Ouddorp beim Km-Pfahl 13,4 rechts ab, von Middelharnis bei Km-Pfahl 13,4 links ab. 110214

Noordwijk, NL-2204 BC / Zuid-Holland

Le Parage
Langevelderlaan 43
1 Mrz - 31 Okt
+31 2 52 37 56 71
info@leparage.nl

1 ADEH**KN**OPSTU 6
2 AQRWXY ABDE**FG**H 7
3 BF**L**M ABCEFJNRTUW 8
4 FH V 9
5 DN BCGHIJK**OR**S 10
6-10A CEE ❶ €37,10
4ha 61**T**(85-100m²) 105**D** ❷ €50,20

N 52°16'57" E 04°29'12"

N206 Ausfahrt Langevelderslag, Richtung Langevelderslag. 2. Straße links. Am Ende rechts. CP ist ausgeschildert. 105417

Nieuwe-Tonge, NL-3244 LK / Zuid-Holland

CC€19

de Grevelingen
Havenweg 1
14 Mrz - 31 Okt
+31 1 87 65 12 59
info@degrevelingen.nl

1 AEH**KN**OPQST**U** NQSTWXY**Z** 6
2 CEQWX A**BFG**H 7
3 BFMSU ABCDE**F**INQRTUVW 8
4 J**Q** Y 9
5 DEMN BFGHJKOPQY 10
10A CEE ❶ €24,80
6ha 80**T**(100-125m²) 275**D** ❷ €35,20

N 51°42'20" E 04°08'10"

N215, von Oude-Tonge Richtung Nieuwe-Tonge, ab hier ausgeschildert. 105393

Noordwijkerhout, NL-2211 XR / Zuid-Holland

CC€17

Op Hoop van Zegen
Westeinde 76
15 Mrz - 15 Okt
+31 2 52 37 54 91
info@campingophoopvanzegen.nl

1 ADE**KN**OPQSU 6
2 AQXY A**BFGH** 7
3 ABDFM ABC**FG**JKNPQRTW 8
4 FHIK V 9
5 ADM**N** ABCDFGHJKOPRSUY 10
B 6-12A CEE ❶ €23,60
1,8ha 140**T**(80-100m²) ❷ €35,10

N 52°14'56" E 04°27'49"

A44, Ausfahrt Sassenheim/Noordwijkerhout, Richtung Noordwijkerhout. Am Kreisverkehr beim Kongresszentrum geradeaus. An der Gabelung links ab. 105419

Noorden, NL-2431 AA / Zuid-Holland

CC€21

Koole Kampeerhoeve
Hogedijk 6
1 Apr - 1 Okt
+31 1 72 40 82 06
info@kampeerhoevekoole.nl

1 AH**KN**OPQST**U** **N** 6
2 PQY ABDE**F** 7
3 BF ABCDE**F**JNRW 8
4 H FVW 9
5 D ABFGHJKOQ 10
6A CEE ❶ €26,95
1ha 40**T**(40-100m²) 1**D** ❷ €26,95

N 52°09'52" E 04°49'08"

A2, Ausfahrt 5 Richtung Kockengen (N401). Hinter Kockengen im Kreisel rechts (N212), 1. Straße links Richtung Woerdens Verlaat/Noorden. CP in Noorden hinter der Kirche mit eigenem Schild ausgewiesen. 101555

Noordwijkerhout, NL-2211 ZC / Zuid-Holland

Sollasi
Duinschooten 14
15 Mrz - 1 Nov
+31 2 52 37 64 37
info@sollasi.com

1 AEH**KN**OPQRSTU L**N**QS 6
2 AEJKQSWXY AB**FG** 7
3 B**L** ACDF**M**NRTW 8
4 HJO V 9
5 ADEFHK ABCGHIJKMOQ 10
10A CEE ❶ €37,10
20ha 65**T**(60-80m²) 110**D** ❷ €50,20

N 52°17'04" E 04°30'19"

A4, Ausfahrt Nieuw-Vennep, Richtung Lisse, Schildern Keukenhof folgen, Richtung Langevelderslag. Nach Viadukt zweite Straße links. 100776

Teilkarte Süd-Holland auf Seite 154

Oostvoorne, NL-3233 XD / Zuid-Holland

Gorshoeve
Kamplaan 4
1 Apr - 1 Okt
+31 1 81 48 23 18
info@camping-gorshoeve.nl

1 AEHJMOPQSU 6
2 QWY ABFG 7
3 ABLM ABEFNQRTW 8
4 H J 9
5 ALMN ABEGHJKOPRS 10
6A CEE ❶ €24,90
2,5ha 40T(100m²) 67D ❷ €32,90

N 51°55'16'' E 04°07'05''

N15 Europoort-Oostvoorne. N218 Oostvoorne, Ausfahrt Kruininger Gors. Den Schildern 'Camping Gorshoeve' folgen. 113433

Ouddorp, NL-3253 LP / Zuid-Holland

Brouwersdam
Oudelandseweg 100
1 Jan - 31 Dez
+31 6 82 68 69 05
info@campingbrouwersdam.nl

1 ADEKNOPQRSTU XY 6
2 HQTWX ABFG 7
3 AF ABCDEFJNQRUV 8
4 9
5 ADN ABFGHJKOPQ 10
16A CEE ❶ €37,00
2ha 20T(130-200m²) ❷ €40,00

N 51°47'27'' E 03°52'29''

A29, Ausfahrt N59 Zierikzee. Bei Oude Tonge Richtung Ouddorp abbiegen. Hinter Ouddorp, kurz vor Brouwersdam, finden Sie den Campingplatz auf der rechten Seite. 125039

Ouddorp, NL-3253 MG / Zuid-Holland

Camping Port Zélande
Port Zélande 2
1 Jan - 31 Dez
+31 1 11 67 40 20
camping.portzelande@groupepvcp.com

CC€23

1 ADEJMOPQRSTU BEGHIKLNPQRSTXYZ 6
2 EGJKRXY ABDEFGHK 7
3 AFHIJMNORSTVW ABCDEFIKNQRTW 8
4 AFHJKLMNPQSTUVZ CFLOQRTUVWY 9
5 ACEFGHILN ABFGHIJKMOPQY 10
B 6-10A CEE ❶ €59,70
6ha 220T(100m²) 10D ❷ €77,40

N 51°45'22'' E 03°51'53''

Von Zierikzee N59 Renesse - Burgh-Haamstede. Dann N57 Ouddorp-Rotterdam, Beschilderung Port Zélande/Kabbelaarsbank folgen. 112020

Ouddorp, NL-3253 LR / Zuid-Holland

RCN Vakantiepark Toppershoedje
Strandweg 2-4
24 Mrz - 29 Okt
+31 8 50 40 07 00
reserveringen@rcn.nl

CC€23

1 ACDEHKNOPQRSU KN 6
2 HJPQRY BEFGH 7
3 BCEFMU BCDFMNQRTW 8
4 BJ CEFIJVWXY 9
5 ACDEFHJKLM ABHJKOPQY 10
Anz. auf dieser S. B 10-16A CEE ❶ €41,40
13ha 138T(100m²) 167D ❷ €53,80

N 51°49'24'' E 03°55'00''

Autobahn Hellegatsplein-Oude Tonge-Ouddorp. In Ouddorp ist der CP ausgeschildert. 105390

Rijnsburg, NL-2231 NW / Zuid-Holland

Vakantiepark Koningshof
Elsgeesterweg 8
25 Mrz - 29 Okt
+31 7 14 02 60 51
info@koningshofholland.nl

CC€23

1 ADEJMOPQRSTU BEGHN 6
2 AQSTWY ABDEFG 7
3 BDEFLMU ABCDEFJKMNQRTUVW 8
4 ABDHJLO CEFVW 9
5 ACDEFHLMN ABEFGHIJKOPQY 10
B 10A CEE ❶ €42,80
8,7ha 200T(80-100m²) 135D ❷ €54,10

N 52°11'58'' E 04°27'16''

A44, Ausfahrt 7 Oegstgeest/Rijnsburg, Richtung Rijnsburg. In Rijnsburg CP-Beschilderung folgen. 101320

Rockanje, NL-3235 LL / Zuid-Holland

Midicamping Van der Burgh
Voet- of Kraagweg 9
1 Jan - 31 Dez
+31 1 81 40 41 79
info@midicamping.nl

CC€21

1 AEHKNOPQRSTU 6
2 QXY ABFG 7
3 BIMU ABCDEFGJMNPQRUVW 8
4 BHK EVY 9
5 AMN ABDFGHJKOPQY 10
10A CEE ❶ €26,90
5ha 85T(150m²) 29D ❷ €33,75

N 51°51'23'' E 04°05'36''

Rotterdam-Europoort A15, Ausfahrt 12 Richtung Brielle. N57 Rockanje dort die N496, in Rockanje ausgeschildert. 121013

Rockanje, NL-3235 LA / Zuid-Holland

Molecaten Park Rondeweibos
Schapengorsedijk 19
24 Mrz - 1 Nov
+31 1 81 40 19 44
rondeweibos@molecaten.nl

CC€21

1 ADEKNOPSU BFN 6
2 GJPQRWXY ABDEFGH 7
3 BFMNS ABCDEFNQRTUVW 8
4 FHJNOPQ EVY 9
5 ACDEFLM ABEFGHIJKOQY 10
10A CEE ❶ €48,55
32ha 100T(80m²) 894D ❷ €54,45

N 51°51'25'' E 04°05'04''

A15/N57. Ausfahrt Rockanje. Den Schildern Rondeweibos folgen. 108376

Rockanje, NL-3235 CC / Zuid-Holland

Molecaten Park Waterbos
Duinrand 11
24 Mrz - 1 Nov
+31 1 81 40 19 00
waterbos@molecaten.nl

CC€19

1 ADEILOPSU BGN 6
2 QRWXYZ BEFG 7
3 BFMS ABCDEFJMNQRTW 8
4 BHJLOP ABEJVY 9
5 ABDEK ABEFGHJKOQY 10
B 10A CEE ❶ €44,50
7,5ha 118T(100m²) 268D ❷ €50,35

N 51°52'48'' E 04°03'15''

A15, Ausfahrt Europoort nehmen, Richtung Hellevoetsluis, Ausfahrt Rockanje, danach den Schildern folgen. 108295

Stad aan 't Haringvliet, NL-3243 LD / Zuid-Holland

't Vogelnest
Oostmoerse Scheidweg 2
1 Apr - 15 Okt
+31 1 87 61 12 52
info@campinghetvogelnest.nl

1 AEJMOPQRSTU N 6
2 QWY ABFG 7
3 AHIX ABCDEFJNQRW 8
4 9
5 AD ABFGHJKOQY 10
6-10A CEE ❶ €23,40
5,5ha 60T(200-260m²) 80D ❷ €30,80

N 51°43'22'' E 04°13'54''

A 29, Bergen op Zoom-Rotterdam. Am Hellegatsplein die Ausfahrt Zierikzee N59 nehmen. An der 1. Ampel Ri. Den Bommel abbiegen. Von hier aus ausgeschildert. 122082

Stellendam, NL-3251 AG / Zuid-Holland

Vlugtheuvel
Eendrachtsdijk 10
15 Mrz - 1 Nov
+31 1 87 49 12 81
info@vlugtheuvel.nl

1 AEJMOPQRSTU 6
2 QWY ABFGHK 7
3 BMS ABCDEFNQRUVW 8
4 FH XY 9
5 N ABFGHJKOPQY 10
16A CEE ❶ €27,50
7ha 50T(180-200m²) 79D ❷ €33,50

N 51°48'01'' E 04°01'58''

Von Rotterdam die N57, Ausfahrt Stellendam-Noord. Am Ende der Ausfahrt links der Straße folgen. 121027

Ter Aar, NL-2461 GW / Zuid-Holland

De oude Rijn
Westkanaalweg 123
1 Jan - 31 Dez
+31 6 19 95 79 30
campingdeouderijn@gmail.com

1 BDEKNOPQRSTU JX 6
2 ACQXY AB 7
3 ABU ABEFNQRSW 8
4 K AFOT 9
5 ABCKOQ 10
8-16A CEE ❶ €25,00
0,7ha 60T(100m²) 14D ❷ €30,00

N 52°09'12'' E 04°42'20''

A4 Richtung Den Haag. Ausfahrt 4, Nieuw Vennep. Der N207 Richtung Alphen a/d Rijn-Boskoop folgen. Dann die N460 nach Ter Aar, Oostkanaalweg Richtung Ter Aar. In Ter Aar links ab Westkanaalweg in etwa 1,6 km. 119868

Warmond, NL-2362 AH / Zuid-Holland

Spijkerboor
Boekhorsterweg 21
1 Apr - 1 Okt
+31 8 57 60 44 69
info@campingspijkerboor.nl

1 AEHJMOPSU LNQSXYZ 6
2 AEOQRSWXY BEFG 7
3 AFM ABCDEFJNQRUVW 8
4 JOQ RVW 9
5 D ABCHIJKOSTY 10
6-10A CEE ❶ €30,50
4ha 64T(80-100m²) 115D ❷ €38,50

N 52°11'28'' E 04°33'35''

A4, Ausfahrt 6 Hoogmade, Richtung Rijpwetering. Nach ca. 2 km Richtung Oud Ade (CP-Schild). Vor Oud Ade an den Wassermühlen links ab, hinter der 2. Brücke links. 105430

Wassenaar, NL-2244 BH / Zuid-Holland

Duinhorst
Buurtweg 135
1 Apr - 30 Sep
+31 7 03 24 22 70
info@duinhorst.nl

1 DEILOPQSTU BF 6
2 AQRXYZ ABDEFGH 7
3 BFLMNSU ABCDEFGJKNQRTUVW 8
4 BHJOR FV 9
5 ABDEFHKLMN ABCEFGHIJKNOPRSY 10
B 6-10A CEE ❶ €32,00
11ha 181T(50-110m²) 199D ❷ €42,00

N 52°06'39'' E 04°20'36''

Ortsgrenze Den Haag-Wassenaar. Nur über die N440 (Landscheidingsweg) aus Richtung Den Haag, Ausfahrt Duindigt/Duinhorst folgen. CP mit ANWB-Schildern angezeigt. 105400

Wassenaar, NL-2241 BN / Zuid-Holland

Maaldrift
Maaldrift 9
1 Apr - 30 Sep
+31 7 05 11 36 88
campingmaaldrift@hotmail.com

1 ADEHKNOPQSU 6
2 AQWXY ABFG 7
3 AL ABCDEFNQRTUVW 8
4 HJK 9
5 DEHN ABCEHJKQY 10
B 6A CEE ❶ €20,25
3ha 95T(50-100m²) 55D ❷ €29,65

N 52°09'10'' E 04°26'02''

Im Norden von Wassenaar (übergang A44/N44) an der Ampel abfahren (von Den Haag links, von Amsterdam rechts). Anschließend den CP-Schildern folgen. Die Straße läuft parallel zur A44. 105431

Niederlande

Wassenaar, NL-2242 JP / Zuid-Holland

Vakantie- en attractiepark Duinrell
Duinrell 1
1 Apr - 5 Nov
+31 7 05 15 52 55
info@duinrell.nl
N 52°08'45'' E 04°23'15''

1 DEKNOPQRSU	BEGHI	6
2 ABPQRWXYZ	ABDEFGH	7
3 BEJLMQRSU	ABCDEFGKMNQRSTUVW	8
4 BDFHJLOPQV	BCGJLVWY	9
5 ACDEFGHILMO	ABCEGHIKLOPQXY	10
B 6-16A		① €87,30
20ha 610T(80-100m²) 459D		② €124,00

Schildern 'Duinrell' (Vergnügungspark u/o CP) folgen. Beschildert ab der N44/A44 Den Haag-Leiden. 101319

Zoetermeer, NL-2716 MA / Zuid-Holland

De Drie Morgen
Leidschendamseweg 3
1 Jan - 31 Dez
+31 7 93 51 51 07
mail@dedriemorgen.nl
N 52°04'05'' E 04°26'47''

1 ADEFHKNOPQRSTU		6
2 AQTX	ABDEFG	7
3 AF	ABEFGHIJNQRTUVW	8
4 FHIJ	V	9
5 ADN	ABCFJKOPQY	10
10A CEE		① €26,30
3,5ha 90T(100m²)		② €37,60

A3/A12 Richtung Den Haag, am Kreuz Prins Clausplein abfahren, dann Ausfahrt 8 Leidschendam nehmen. An der Ampel links abbiegen auf Zoetermeerse Rijweg. 119870

Zevenhuizen, NL-2761 ED / Zuid-Holland

CC€19

Recreatiepark De Koornmolen
Tweemanspolder 6A
31 Mrz - 1 Okt
+31 1 80 63 16 54
info@koornmolen.nl
N 52°00'32'' E 04°33'54''

1 ADEHKNOPQRSTU	ELNQS	6
2 ACEQTXYZ	ABDEFGH	7
3 BFLMU	ABCDFJMNQRTW	8
4 BCEFHJKLOR	ABFJVXY	9
5 ADEFKLMN	ABDFHIJKOQY	10
Anzeige auf dieser Seite B 6A CEE		① €29,70
6ha 88T(90-140m²) 129D		② €50,70

A12 Ausfahrt 9 Zevenhuizen-Waddinxveen auf der A20 Ausfahrt 17 Nieuwerkerk a/d IJssel-Zevenhuizen. Dann Richtung Zevenhuizen. An der Feuerwehr links ab Tweemans Polder. Nach ca 1 km rechts liegt die Einfahrt von De Koornmolen. 105433

Zeeland

Baarland, NL-4435 NR / Zeeland

CC€23

Ardoer comfortcamping Scheldeoord
Landingsweg 1
25 Mrz - 30 Okt
+31 1 13 63 99 00
scheldeoord@ardoer.com
N 51°23'47'' E 03°53'53''

1 CDEHKNOPQRSTU	BEGHKNQ	6
2 GIJPQWY	ABCDEFGH	7
3 BDFMNS	ABCDEFIJKLMNRTUVW	8
4 ABEHJLOPST	CFJLV	9
5 ACDEFHKMN	ABCEFGHIJKOPQUY	10
Anzeige auf Seite 159 16-20A CEE		① €55,00
17ha 200T(120m²) 202D		② €67,00

A58 Ausfahrt 's-Gravenpolder (35). Über 's-Gravenpolder nach Hoedekenskerke. Schildern 'Scheldeoord' folgen. 100812

Brouwershaven, NL-4318 TM / Zeeland

Noorder Nieuwland
Schouwsedijk 1
17 Mrz - 29 Okt
+31 1 11 69 12 23
info@campingnoordernieuwland.nl
N 51°43'48'' E 03°54'29''

1 ADEKNOPQSTU	OX	6
2 EQWXY	ABFGHIK	7
3 BM	ABCDEFGJNQRTUVW	8
4 HJQ	DJ	9
5 DN	ABFGHJKOQY	10
10A CEE		① €26,60
2ha 90T(90-120m²) 25D		② €37,90

N59 Richtung Zierikzee, in Zierikzee Ausfahrt Brouwershaven. Vom Brouwershaven ausgeschildert. 108381

Brouwershaven, NL-4318 TV / Zeeland

CC€21

Den Osse
Blankersweg 4
31 Mrz - 29 Okt
+31 1 11 69 15 13
info@campingdenosse.nl
N 51°44'18'' E 03°53'21''

1 ADEHKNOPQRSTU	BGNOQRSXYZ	6
2 QWY	ABDEFGH	7
3 BFMN	ABCDEFMNQRTUVW	8
4 BCHJLO	EF	9
5 ABDEKN	ABEFGHIJKOPQY	10
6-16A CEE		① €41,50
8,5ha 80T(80-120m²) 168D		② €42,60

N59 Richtung Zierikzee. In Zierikzee Richtung Brouwershaven. In Brouwershaven ausgeschildert. 105392

Burgh-Haamstede, NL-4328 GR / Zeeland

Ardoer camping Ginsterveld
Maireweg 10
1 Apr - 30 Okt
+31 1 11 65 15 90
ginsterveld@ardoer.com
N 51°42'59'' E 03°43'46''

1 ACEILOPQRSU	BENX	6
2 PQRWY	ABDFGK	7
3 BFMV	BCDEFIJKMNQRTUV	8
4 HJL	JVWX	9
5 ACDEFGKLMN	ABEGHIJKOPQY	10
Anzeige auf Seite 159 B 6-16A CEE		① €54,50
14ha 310T(80-100m²) 323D		② €66,00

Ab Burgh-Haamstede ausgeschildert. Der R107 folgen. 100801

Niederlande

Burgh-Haamstede, NL-4328 GV / Zeeland

Groenewoud
Groenewoudswegje 11
25 Mrz - 29 Okt
+31 1 11 65 14 10
info@campinggroenewoud.nl

1 AILOPQRSU BGLN**X** 6
2 EQRWXY ABDE**FG**H 7
3 BFMV ABCDE**FG**JNQRTV 8
4 FHJLO**PR** VW 9
5 ADEFKLM ABDEFGHJK**O**PQY 10
Anzeige auf dieser Seite B 10A CEE ❶ €38,90
17ha 62**T**(100-125m²) 140**D** ❷ €49,20

N 51°42'29'' E 03°43'18''
Von Burgh-Haamstede Richtung Leuchtturm. Ab Ampeln vierte Straße links, nach 200m liegt der CP links. 107673

Burgh-Haamstede, NL-4328 PD / Zeeland

Rozenhof
Hogeweg 26
1 Apr - 31 Okt
+31 1 11 65 13 28
rozenhof@zeelandnet.nl

1 AE**K**NOPQRSU **X** 6
2 PQRWXY A**BFG**H 7
3 BM ABCDE**FG**JKNPQRTUV 8
4 JLO EJ 9
5 DEKMN ABFGHIJK**O**RSY 10
B 10A CEE ❶ €43,40
3,5ha 47**T**(80-130m²) 115**D** ❷ €50,20

N 51°41'20'' E 03°43'40''
A29 Dinteloord-Rotterdam. In Hellegatsplein Richtung Zierikzee. Dann Richtung Haamstede. N57 folgen, dann R110. 105380

Cadzand, NL-4506 HC / Zeeland

De Wielewaal
Zuidzandseweg 20
1 Apr - 1 Nov
+31 1 17 39 12 16
info@campingwielewaal.nl

1 ADE**JM**OPQS**U** **N** 6
2 QWXYZ ABF**G** 7
3 BFLM AE**F**HNPQRTW 8
4 **A**H J 9
5 AD**N** ABGHJKORSY 10
Anzeige auf dieser Seite 6-10A CEE ❶ €23,00
4,5ha 98**T**(100-120m²) 21**D** ❷ €30,20

N 51°21'40'' E 03°25'30''
Über Terneuzen (Maut) Richtung Oostburg, dann Richtung Cadzand. Hinter Kreisel R104 ist nach 500m der CP rechts. 108394

Cadzand, NL-4506 HK / Zeeland

Wulpen
Vierhonderdpolderdijk 1
24 Mrz - 29 Okt
+31 1 17 39 12 26
info@campingwulpen.nl

1 AEFH**KN**OPQRSU 6
2 PQWXY ABDE**FG**HK 7
3 ABF**L**MSV ABCDEFJKNQRTUVW 8
4 BCHJLO EVWX 9
5 ABDHMN ABCDFGHJKOQY 10
Anzeige auf Seite 159 10A CEE ❶ €37,90
4,7ha 141**T**(100-130m²) 74**D** ❷ €47,90

N 51°22'12'' E 03°25'00''
Nach Ortseingang Cadzand an der Mühle rechts. Dann erste Straße rechts. 105369

Burgh-Haamstede, NL-4328 GR / Zeeland

De Duinhoeve B.V.
Maireweg 7
23 Mrz - 29 Okt
+31 1 11 65 15 62
info@deduinhoeve.nl

1 ADEH**KN**OPQRST**U** NX 6
2 PQRWY ABF**G**H 7
3 A**D**EF**JM**N**V** ABCDEFGJK**M**NQRTW 8
4 HJLO**TU** CEJLVW 9
5 ACDEFLMN ABFGHIJKLOPQY 10
B 10A CEE ❶ €46,40
47,5ha 820**T**(100-110m²) 739**D** ❷ €50,30

N 51°43'07'' E 03°43'44''
A29 Dinteloord-Rotterdam. In Hellegatsplein Richtung Zierikzee. Dann Richtung Renesse/Haamstede. Route 107 folgen. 105378

Cadzand, NL-4506 HR / Zeeland

De Hoogte
Strijdersdijk 9
1 Apr - 31 Okt
+31 1 17 39 14 97
info@dehoogtecadzand.nl

1 AE**K**NOPQR**U** KNQ 6
2 GQWXY A**B**DE**FG**H 7
3 ABF**L**MSV AE**F**HJNPQRW 8
4 BCHL J 9
5 DMN ABHIJKORS 10
Anzeige auf dieser Seite 6A CEE ❶ €26,85
4,5ha 120**T**(80-100m²) 121**D** ❷ €37,55

N 51°22'58'' E 03°25'54''
Über Terneuzen (Maut) Richtung Oostburg. An der Mühle in Cadzand rechts Richtung Cadzand-Bad. 2. Straße rechts und CP-Schildern folgen. 105362

Teilkarte Zeeland auf Seite 157

Cadzand-Bad, NL-4506 HT / Zeeland

Molecaten Park Hoogduin
Zwartepolderweg 1
1 Jan - 31 Dez
+31 1 17 39 12 35
hoogduin@molecaten.nl

1 ADE**KN**OPQRSTU — K**N**QS 6
2 GQWXY — ABDE**FG**H 7
3 ABDF**L**MSV — ABCDEFGJKNPQRTUVW 8
4 BCHJ**Q** — JVW 9
5 DHM — ABCEFGHJK**O**QXY 10
B 10A CEE
10ha 168**T**(95-120m²) 213**D**
① €58,00
② €63,00

N 51°23'04'' E 03°24'50''

Via Terneuzen (Zoll) Richtung Oostburg via Schoondijke. Am zweiten Kreisel rechts Richtung Cadzand. An der Mühle in Cadzand rechts Richtung Cadzand-Bad. Siehe CP-Schildern.

101567

Domburg, NL-4357 NM / Zeeland

Ardoer camping Westhove
Zuiverseweg 20
31 Mrz - 29 Okt
+31 1 18 58 18 09
info@westhove.nl

1 AEH**J**LOPQSTU — EGX 6
2 QWXY — ABCE**FG**H 7
3 BDF**L**MS — ABCDEFGIJ**M**NQRTUVW 8
4 BHJO**PQRST** — JVY 9
5 ACDEKM**N** — ABDEFGHIJKOQXY 10
Anz. auf dieser S. B 6-10A CEE
8,4ha 261**T**(81-100m²) 46**D**
① €54,00
② €64,00

N 51°33'21'' E 03°30'52''

Von Middelburg den Schildern Domburg folgen. Vor Domburg ausgeschildert.

100800

Dishoek/Koudekerke, NL-4371 NT / Zeeland

Dishoek
Dishoek 2
31 Mrz - 29 Okt
+31 1 18 55 13 48
info@roompot.nl

1 ACDEH**KN**OPQRSU — KMN 6
2 AGJQRWXY — ABDE**FG**H 7
3 ABFM — ABCDEFJNQRTUV 8
4 BJO**PQ** — V 9
5 CDEFGHKMN — ABEFGHIJK**O**PQXY 10
B 6A CEE
4,6ha 270**T**(bis 80m²) 15**D**
① €55,00
② €55,00

N 51°28'08'' E 03°31'25''

A58 bis Vlissingen, Ausfahrt Dishoek abfahren. Schildern folgen.

105356

Domburg, NL-4357 RD / Zeeland

Roompot Hof Domburg
Schelpweg 7
1 Jan - 31 Dez
+31 1 18 58 82 00
info@roompot.nl

1 ACDEHK**N**OPQRU — BEHMN 6
2 GPQRWY — BE**FG**H 7
3 ABDF**JK**M**NOPR** — ABCDF**M**NQRTUVW 8
4 HJL**P**R**STVXYZ** — AEJVWXY 9
5 CDEFKLM**N** — ABEHIJKOPQY 10
B 6A CEE
20ha 473**T**(80m²) 450**D**
① €54,00
② €54,00

N 51°33'33'' E 03°29'13''

A58 Bergen op Zoom-Vlissingen, Ausfahrt Middelburg. Schildern Richtung Domburg folgen. In Domburg ausgeschildert.

105353

Teilkarte Zeeland auf Seite 157

Ellemeet, NL-4323 LC / Zeeland

Klaverweide
Kuijerdamseweg 56
15 Mrz - 28 Okt
+31 1 11 67 18 59
info@klaverweide.com

1 ADEHKNOPQRSTU — X 6
2 PQX — ABDEFG 7
3 BFMV — ABEFKMNQRTUV 8
4 HJL — VWY 9
5 ACDE — ABEFGHJKOPQ 10
16A CEE — ① €64,90
4ha 76T(100-120m^2) 41D — ② €73,80

N 51°43'55" E 03°49'13"
N57 Brouwersdam-Serooskerke, Ausfahrt Ellemeet.
109728

Hoek, NL-4542 PN / Zeeland

Oostappen Vakantiepark Marina Beach
Middenweg 1
31 Mrz - 13 Okt
+31 1 15 48 17 30
info@vakantieparkmarinabeach.nl

1 EKNOPQRSTU — LNQRSTXYZ 6
2 EIJPQRWXYZ — ABDEFG 7
3 BDFJMSUV — ABCDEFGJKNQRTUVW 8
4 BCDEHJOPQ — AEJV 9
5 ACDEFHKL — ABEFGHIJKMQ 10
B 4-6A CEE — ① €71,00
212ha 475T(100-110m^2) 779D — ② €71,00

N 51°18'52" E 03°43'34"
An Straße N61, 4 km westlich von Hoek.
100810

Groede, NL-4503 BL / Zeeland

De Ploeg
Voorstraat 47
17 Mrz - 4 Nov
+31 6 21 53 89 28
info@dorpscampinggroede.nl

1 GHKNOPQRSTU — 6
2 PQWXY — ABDEFGH 7
3 AMSU — ABEFNRT 8
4 — 9
5 DN — ABFGHJKOQVW 10
4A CEE — ① €25,00
3,5ha 50T(80-100m^2) 100D — ② €37,00

N 51°22'55" E 03°30'43"
Durch Westerscheldetunnel Richtung Breskens. Vor Breskens Richtung Groede. CP befindet sich am Ortseingang.
108393

Kamperland, NL-4493 NS / Zeeland

Camping Anna-Friso
Strandhoekweg 1
31 Mrz - 29 Okt
+31 1 13 37 12 36
info@annafriso.nl

1 AEJMOPSU — KN 6
2 GJQWXY — ABDEFG 7
3 BS — ABCDFNQRTUVW 8
4 HJLOP — JY 9
5 DELMN — ABFGHJKOQY 10
B 10A CEE — ① €32,00
5ha 31T(80-100m^2) 235D — ② €34,00

N 51°35'49" E 03°41'34"
A58 Bergen op Zoom-Vlissingen. Ausfahrt Zierikzee. Vor Zeelandbrücke Richtung Kamperland. In Kamperland ausgeschildert.
100802

Groede, NL-4503 GC / Zeeland

Harderzee
Provinciale weg 3
1 Apr - 29 Okt
+31 6 50 43 59 53
info@campingharderzee.nl

1 AEHJMOPQRSTU — 6
2 PQWXY — ABFGHK 7
3 ALMS — AEFHJNQRVW 8
4 — A 9
5 ADN — BFGHJKOQ 10
6A CEE — ① €30,00
1,2ha 45T(80-100m^2) 22D — ② €40,00

N 51°22'57" E 03°30'56"
Über Terneuzen (Maut) Richtung Breskens. Vor Breskens Richtung Groede. Achten Sie auf Km-Pfahl 2,3.
107864

Kamperland, NL-4493 PH / Zeeland

Roompot Beach Resort
Mariapolderseweg 1
1 Jan - 31 Dez
+31 1 13 85 53 00
info@roompot.nl

1 ACDEHKNOPQU — EGHIKNPQRSTXYZ 6
2 GJPQWXY — ABCDEFGH 7
3 ABDFGJMNOPRSTUV — ABCDEFJKMNQRTUVW 8
4 AHJLNOPQSTUV — AEJMVWY 9
5 ACDEFGHILM — ABDEFHIJKNOPQXY 10
6-16A CEE — ① €45,00
72ha 584T(90-115m^2) 1096D — ② €45,00

N 51°35'23" E 03°43'16"
A58 Bergen op Zoom-Vlissingen, Ausfahrt Zierikzee. Vor der Zeelandbrücke Richtung Kamperland. In Kamperland ausgeschildert.
101398

Groede, NL-4503 PA / Zeeland

Strandcamping Groede
Zeeweg 1
25 Mrz - 3 Okt
+31 1 17 37 13 84
receptie@strandcampinggroede.nl

1 AEKNOPQRSTU — KMNQS 6
2 GJQWXY — ABDEFGH 7
3 ABFGLMSUV — ABCDEFGHJKNPQRTUVW 8
4 BCDFHJLNO — CEJVWX 9
5 ACDEFHLM — ABCEFGHJKMOPQXY 10
Anzeige auf Seite 161 B 6-16A CEE — ① €45,80
28ha 706T(80-200m^2) 404D — ② €56,30

N 51°23'48" E 03°29'21"
Vor Groede Richtung Strand. CP-Schildern folgen.
100808

Kamperland, NL-4493 CX / Zeeland

RCN vakantiepark de Schotsman
Schotsmanweg 1
24 Mrz - 29 Okt
+31 8 50 40 07 00
schotsman@rcn.nl

1 ACDEHJMOPQSU — BEGHLNQRSXYZ 6
2 EQRY — ABDEFGH 7
3 BDFGN — ABCDEFIJMNQRTUVW 8
4 ABHJLR — IJMNPRVWY 9
5 ABDEFKLM — ABDEFGHJKOPQY 10
Anzeige auf Seite 161 10-16A CEE — ① €42,00
30ha 668T(100m^2) 233D — ② €53,00

N 51°34'06" E 03°39'48"
A58 Bergen op Zoom-Vlissingen, Ausfahrt Zierikzee. Vor Zeelandbrücke Richtung Kamperland. In Kamperland ausgeschildert.
105383

Groot Valkenisse/Biggekerke, NL-4373 RR / Zeeland

Strandcamping Valkenisse bv
Valkenisseweg 64
24 Mrz - 30 Okt
+31 1 18 56 13 14
info@campingvalkenisse.nl

1 AEILOPRSU — KMNQ 6
2 AGJQWXY — ABDEFGK 7
3 ADFM — ABCDEFJKMNRTUV 8
4 BCJOPQ — JV 9
5 ACDEFKLMN — ABDEGHJKOPQXY 10
B 10-16A CEE — ① €51,00
10,2ha 150T(100m^2) 230D — ② €65,00

N 51°29'32" E 03°30'24"
Vlissingen-Koudekerke Richtung Zoutelande, Ausfahrt Groot Valkenisse. Von der A58 aus der N288 folgen: an der Ampel Biggekerke Ausfahrt Groot-Valkenisse.
105354

Kortgene, NL-4484 NT / Zeeland

Ardoer vakantiepark de Paardekreek
Havenweg 1
24 Mrz - 5 Nov
+31 1 13 30 20 51
paardekreek@ardoer.com

1 AEKNOPQRSTU — BEHLNQRSWXYZ 6
2 EPQWY — ABCFGH 7
3 BDEFGMSU — ABCDEFGJKMNQRSTUV 8
4 BFHIJLOQTU — FJNVWXY 9
5 ACDELMN — ABEFGHIJKMOPQXY 10
Anzeige auf Seite 159 10A CEE — ① €54,00
10ha 120T(80-120m^2) 272D — ② €64,00

N 51°33'04" E 03°48'28"
A58 Bergen op Zoom-Vlissingen, Ausfahrt Zierikzee. Richtung Zierikzee, Ausfahrt Kortgene. Ab dort ausgeschildert.
105384

Hengstdijk, NL-4585 PL / Zeeland

Recreatiecentrum De Vogel
Vogelweg 4
25 Mrz - 5 Nov
+31 1 14 68 16 25
info@de-vogel.nl

1 CEKNOPRSTU — EGHLMNQSUXYZ 6
2 EJPQWYZ — ABDEFGHK 7
3 BFHIJMS — ABCDEFGJKNQRT 8
4 BCJLOPRST — EJPQRTVY 9
5 CDEFGHKLMN — ABEFGHIJKMOQUXY 10
B 6-10A CEE — ① €66,00
54ha 206T(100-110m^2) 342D — ② €66,00

N 51°20'31" E 03°59'25"
Die N61 Terneuzen-Zaamslag-Hulst über die Ausfahrt Vogelwaarde Richtung Hengstdijk. Den CP-Schildern folgen.
105398

ACSI Einrichtungsliste

Die Einrichtungsliste finden Sie vorne im aufklappbaren Deckel des Führers. So können Sie praktisch sehen, was ein Campingplatz so zu bieten hat.

Teilkarte Zeeland auf Seite 157

Niederlande

Kruiningen, NL-4416 RC / Zeeland

den Inkel recreatie
Blauwhoefseweg 12
1 Jan - 31 Dez
+31 1 13 32 00 30
info@deninkel.nl

1 EHKNOPQRSTU — BEGHNX 6
2 AEGKQWXYZ — ABDEFGH 7
3 BFIMNSV — ABCDEFIJKNQRSTUV 8
4 BCHJOPQXZ — ENRV 9
5 BDEFHKMN — ABEFGHIJKORSY 10
B 6-10A CEE — ❶ €26,25
8ha 75T(120m²) 145D — ❷ €43,75

N 51°26'04'' E 04°02'43'' — 100811

A58 Ausfahrt 32 Kruiningen. Schildern folgen.

Nieuwvliet-Bad, NL-4504 PS / Zeeland

Ardoer camping Zonneweelde
Baanstpoldersedijk 1
1 Jan - 31 Dez
+31 1 17 37 19 10
info@campingzonneweelde.nl

1 ADEHKNOPQRSTU — BGN 6
2 QWXY — ABCDEFG 7
3 ABDEFLMSV — ABCDEFGJKMNPQRTUV 8
4 BCHJLO — CFJVWY 9
5 ACDEFGLM — ABCEFGHJKOQXY 10
Anzeige auf Seite 159 10A CEE — ❶ €59,50
11ha 75T(130m²) 251D — ❷ €75,00

N 51°22'56'' E 03°27'28'' — 105367

Über Terneuzen (Maut) Richtung Breskens. Vor Breskens über Groede nach Nieuwvliet. Im Kreisverkehr R102 rechts, dann ausgeschildert.

Middelburg, NL-4335 BB / Zeeland

Stadscamping Zeeland
Koninginnelaan 55
1 Jan - 31 Dez
+31 1 18 85 65 50
info@stadscampingzeeland.nl

1 ADEKNOPQRSTU — 6
2 AQTWX — ABFG 7
3 AM — ABCDEFJMNPQRTUV 8
4 FHJ — JV 9
5 ADHJ — ABFGHJKOQY 10
16A CEE — ❶ €37,00
4ha 120T(100-120m²) 15D — ❷ €46,00

N 51°29'49'' E 03°35'49'' — 101334

A58 Bergen op Zoom-Vlissingen. Ausfahrt Middelburg, von der A58 Ausfahrt 38 dann Breewijk/Griffioen, in die folgende Straßen abbiegen: Laan der Verenigde Naties, Breeweg, Koninginnelaan.

Nieuwvliet-Bad, NL-4504 PT / Zeeland

Schippers
Baanstpoldersedijk 6
1 Apr - 29 Okt
+31 1 17 37 12 50
info@campingschippers.nl

1 AEHKNOPQSU — KMNQS 6
2 GQWXYZ — ABFGH 7
3 AFHILM — ABCDEFJNQRTUVW 8
4 H — AJ 9
5 DN — ABCFHJKNQY 10
Anzeige auf Seite 160 10A CEE — ❶ €37,00
4ha 91T(80-150m²) 68D — ❷ €47,50

N 51°23'23'' E 03°27'23'' — 107889

Über Terneuzen (Maut) Richtung Breskens. Vor Breskens über Groede nach Nieuwvliet. Im Kreisverkehr R102 Richtung Nieuwvliet-Bad. Siehe CP-Schilder.

Nieuwvliet, NL-4504 AA / Zeeland

CC€17

Ardoer camping International
St. Bavodijk 2D
31 Mrz - 5 Nov
+31 1 17 37 12 33
international@ardoer.com

1 ADEKNOPQRSTU — FN 6
2 QWXY — ABDEFGHK 7
3 ABDEFLMNSUV — ABCDEFJMNQRTUV 8
4 BHJKLO — EFJV 9
5 ABDEFMN — ABCDEFGHIJKOPRSXY 10
Anzeige auf Seite 159 6-10A CEE — ❶ €42,00
8ha 107T(80-140m²) 149D — ❷ €49,60

N 51°22'28'' E 03°28'10'' — 105365

Über Terneuzen (Maut) Richtung Breskens. Vor Breskens Richtung Groede und nach Nieuwvliet fahren. Im Kreisel R102 rechts abbiegen. CP kommt nach 700m.

Oostburg, NL-4501 NE / Zeeland

Boerderijcamping de Paardenwei
Brugsevaart 12
1 Apr - 28 Okt
+31 1 17 45 54 97
info@trekpaardenwereld.nl

1 BEHJMOPQRSTU — 6
2 QXY — ABF 7
3 AHILS — ABCDEFGJNQRTUW 8
4 ABHJO — BGJ 9
5 AD — ABHJKOQY 10
B 10-16A CEE — ❶ €31,00
0,8ha 45T(100-120m²) 18D — ❷ €47,25

N 51°19'31'' E 03°27'01'' — 119424

N253 (Rundweg Oostbrug) Kreisel zur N674, rechts ab Veerhoekdijk (1. Straße links). Der Campingplatz liegt am Ende der Straße.

Nieuwvliet, NL-4504 PN / Zeeland

't Schorre
Zeedijk 18
1 Apr - 30 Okt
+31 1 17 37 15 37
info@campingtschorre.nl

1 AFKNOPQRSU — KMNQS 6
2 GQWXY — ABDEFGHK 7
3 AL — ACDFJNPQRTW 8
4 HO — EFVY 9
5 ADMN — ABFHJKOQY 10
10A CEE — ❶ €26,50
1,8ha 18T(60-80m²) 65D — ❷ €36,50

N 51°23'04'' E 03°26'38'' — 105361

Über Terneuzen (Maut) Richtung Breskens, weiterfahren bis Nieuwvliet bis zum Kreisel 103. Dort rechts ab.

Oostkapelle, NL-4356 RE / Zeeland

Capfun Camping De Pekelinge
Landmetersweg 1
8 Apr - 1 Nov
+31 1 18 58 28 20
pekelinge@capfun.com

1 DEHKLOPQRSTU — BEGH 6
2 QWY — ABDEFGH 7
3 BDFLMNV — ABCDFIJKNQRTUVW 8
4 BCDHJKLOP — DJ 9
5 ACDEKMN — ABEFGHIJKOPQXY 10
B 10A CEE — ❶ €55,00
10ha 200T(80-120m²) 205D — ❷ €65,00

N 51°33'25'' E 03°33'03'' — 100799

A58 Bergen op Zoom-Vlissingen, Ausfahrt Middelburg. Schildern folgen, Domburg/Oostkapelle. In Oostkapelle ausgeschildert.

Ouwerkerk, NL-4305 RE / Zeeland
CC€19 iD

de Kreekoever
Baalpapenweg 1
24 Mrz - 23 Okt
+31 1 11 64 14 54
info@dekreekoever.nl
N 51°37'24" E 03°59'06"

1 AEKNOPQRSTU NX 6
2 PQSWY ABDEFGH 7
3 AFLMU ABCDEFJKNQRTUVW 8
4 BCDFHJ J 9
5 ABDMN ABCDEFGHIJKORSY 10
B 6-10A CEE ❶ €30,40
5,5ha 49T(80-110m²) 173D ❷ €44,80

Über N59, Ausfahrt Ouwerkerk. In Ouwerkerk, den CP-Schildern folgen. 112289

Ouwerkerk, NL-4305 RJ / Zeeland
iD

De Vier Bannen
Weg v.d. Buitenl. Pers 1A
15 Mrz - 31 Okt
+31 1 11 64 20 44
info@vierbannen.nl
N 51°37'05" E 03°59'29"

1 ADEKNOPQRSTU KLNPQX 6
2 EGQRXYZ ABDFG 7
3 AFLMSVX AEFNQRT 8
4 BFHJ DVW 9
5 ADLN ABHIJKORS 10
B 16A CEE ❶ €32,90
6ha 150T(120-170m²) 4D ❷ €48,90

Über die N59, Ausfahrt Ouwerkerk. Dann ausgeschildert. An der Zeeland Brücke erste Straße rechts, danach rechts ab und dem Weg folgen. Camping liegt neben dem Watersnoodmuseum (Sturmflut Museum). 109734

Renesse, NL-4325 DM / Zeeland
iD

Ardoer Camping Julianahoeve
Hoogenboomlaan 42
1 Jan - 31 Dez
+31 1 11 46 14 14
info@julianahoeve.nl
N 51°43'50" E 03°45'19"

1 ACDEILOPQRSTU EGHN 6
2 GJQRWY ABCDEFGH 7
3 BDEFGHIMN ABCDEFGJKMNQRTUVW 8
4 JLNQUV AEJ 9
5 ACDEFGHKLMN ABEFGHIKOPQY 10
Anzeige auf Seite 159 B 16A CEE ❶ €68,90
39ha 289T(85-110m²) 1222D ❷ €86,50

A29 Dinteloord-Rotterdam. In Hellegatsplein Richtung Zierikzee. Dann Richtung Renesse. Renesse-West, R104. 105376

Renesse, NL-4325 DD / Zeeland
iD

De Brem
Hoogenboomlaan 11A
1 Apr - 31 Okt
+31 1 11 46 26 26
info@campingdebrem.nl
N 51°43'34" E 03°45'03"

1 ACEHILOPQRSTU BFNX 6
2 PQRWY ABDEFGH 7
3 BFMSV AFJKMNQRTUV 8
4 JLP EJ 9
5 DFKMN ABEFGHIJKOQY 10
10-16A CEE Preise auf Anfrage
12ha 76T(80-120m²) 329D

A29 Dinteloord-Rotterdam. In Hellegatsplein Richtung Zierikzee. Dann Richtung Renesse R104. In Renesse-West ausgeschildert. 105377

Renesse, NL-4325 EP / Zeeland
iD

Duinhoeve
Scholderlaan 8
19 Mrz - 31 Okt
+31 1 11 46 13 09
receptie@campingduinhoeve.nl
N 51°44'21" E 03°46'39"

1 ACILOPQRSTU DNX 6
2 GPQRWXY ABFGH 7
3 BFHIM ABCDFJKMNQRTUVW 8
4 HJL EV 9
5 CDEFKLMN ABEGHJKOQY 10
B 16A CEE ❶ €47,90
4,5ha 200T(90-120m²) 34D ❷ €63,85

A29 Dinteloord-Rotterdam, von Hellegatsplein Richtung Zierikzee. Danach Richtung Renesse. Route 101 und 102 folgen, danach ist der CP ausgeschildert. 101332

Renesse, NL-4325 CP / Zeeland
CC€23 iD

Molecaten Park Wijde Blick
Lagezoom 23
24 Mrz - 1 Nov
+31 1 11 46 88 88
wijdeblick@molecaten.nl
N 51°43'07" E 03°46'05"

1 ACDEHKNOPQRSTU EGX 6
2 PQRY ABCDEFGHK 7
3 BFHIMSX ABCDEFKMNQRTUVW 8
4 HJLOP GJV 9
5 ACDEFKMN ABEFGHIJKOPQY 10
B 10A CEE ❶ €81,40
8ha 218T(90-120m²) 131D ❷ €89,30

Vor Renesse der R106 folgen. Ab hier ist der CP ausgeschildert. 105379

Renesse, NL-4325 DJ / Zeeland
CC€21 iD

Vakantiepark Schouwen
Hoogenboomlaan 28
18 Mrz - 30 Okt
+31 1 11 46 12 31
info@vakantieparkschouwen.nl
N 51°43'43" E 03°45'48"

1 ADEILOPSU NX 6
2 OPRWYZ ABCDEFGH 7
3 BFHIMV ABCDEFJKMNQRTUVW 8
4 JLNPQ JV 9
5 CDEKMN ABEFGHIJKNOPRSY 10
B 10A CEE ❶ €39,90
9ha 80T(80-125m²) 310D ❷ €49,90

A29 Dinteloord-Rotterdam. Bei Hellegatsplein Richtung Zierikzee. Dann Renesse. Renesse-West, R104. 105374

Retranchement/Cadzand, NL-4525 LW / Zeeland
CC€21 iD

Cassandria-Bad
Strengweg 4
31 Mrz - 29 Okt
+31 1 17 39 23 00
info@cassandriabad.nl
N 51°21'57" E 03°23'11"

1 AEHJMOPQRSTU N 6
2 QWXYZ ABCFGH 7
3 ABDFLMU ABFHJNPQRTUV 8
4 BCDHJLO EJVW 9
5 ADEFHMN ABCDEHJKOQY 10
10A CEE ❶ €39,75
5,5ha 88T(80-100m²) 114D ❷ €49,75

Über Terneuzen (Maut) bis Schoondijke, danach Ri. Oostburg nach Cadzand Ri. Retranchement. Dort rechts den Schildern nach. Oder N49 Antwerpen-Knokke, Ausfahrt Sluis. Nach 1 km links. Durch den Ort, dann links ab den Schildern folgen. 100809

Retranchement/Cadzand, NL-4525 LW / Zeeland
CC€21 iD

Den Molinshoeve
Strengweg 2
1 Apr - 15 Okt
+31 1 17 39 16 74
info@molinshoeve.nl
N 51°21'42" E 03°23'01"

1 AEKNOPQSU MNQR 6
2 IQWXY ABDEFG 7
3 ABLMSU ABCDEFGHJMNQRTUVW 8
4 HJ Y 9
5 ADN ABCDFGHJKOQY 10
Anzeige auf dieser Seite 10A CEE ❶ €40,00
5,2ha 39T(160-190m²) 51D ❷ €54,00

Über Terneuzen (Maut) bis Schoondijke. Dann Ri. Cadzand. Weiter Ri. Retranchement, dort re. Den Hinweisen folgen. Oder N49 Antwerpen-Knokke, Ri. Sluis. Nach 1 km li Ri. Retranchement. Durch den Ort, dann li ab. 116319

Retranchement/Cadzand, NL-4525 LX / Zeeland
iD

Strandcamping De Zwinhoeve
Duinweg 1
25 Mrz - 5 Nov
+31 1 17 39 21 20
info@zwinhoeve.nl
N 51°21'57" E 03°22'26"

1 ADEKNOPQRSU KNQRST 6
2 GJQWXY ABDEFG 7
3 ABLMSUV ABCDEFJNQRTUVW 8
4 BFGHIL J 9
5 ABDEFHL ABCEFGHJKOQY 10
Anzeige auf Seite 159 B 10A CEE ❶ €47,50
9ha 136T(80-125m²) 183D ❷ €58,60

Via Cadzand bis Cadzand-Bad fahren. Folgen Sie den Schildern 'Het Zwin'. Via Antwerpen bis Sluis, dort Richtung Retranchement fahren. Dort Schild Zwinhoeve. 105370

Scharendijke, NL-4322 NM / Zeeland
iD

Duin en Strand
Kuijerdamseweg 39
1 Jan - 31 Dez
+31 1 11 67 12 16
info@duinenstrand.nl
N 51°44'06" E 03°49'40"

1 AEHKNOPQRSTU XY 6
2 PQXY ABFG 7
3 FM ABCDEFJNQRUVW 8
4 HJMNOQ AEL 9
5 ACEMN ABDFGHJKLOPRS 10
B 4-10A CEE ❶ €36,70
8ha 300T(60-100m²) 128D ❷ €43,10

N59 Zierikzee-Renesse, Rotterdam-Ouddorp folgen. Ausfahrt Ellemeet-Scharendijke, unten an der Ausfahrt links. 110752

Scharendijke, NL-4326 LK / Zeeland
iD

Resort Land & Zee
Rampweg 28
1/1 - 9/1, 18/2 - 14/11, 27/12 - 31/12
+31 1 11 67 17 85
info@landenzee.nl
N 51°44'17" E 03°49'03"

1 ADEHKNOPQRSTU 6
2 GQWY ABFGK 7
3 BMU ABCDEFGJKMNQRTUVW 8
4 CGVW 9
5 BLN ABEFGHJKOPQ 10
4-16A CEE ❶ €50,00
7ha 57T(80-200m²) 18D ❷ €67,00

N59 Zierikzee-Renesse, Rotterdam Ouddorp folgen, Ausfahrt Ellemeet, Scharendijke, am Ausfahrtende links. Am Kreisel der Beschilderung 'Resort Land en Zee' folgen. 117967

Sluis, NL-4524 LA / Zeeland
CC€21 iD

De Meidoorn
Hoogstraat 68
1 Apr - 15 Okt
+31 1 17 46 16 62
info@campingdemeidoornsluis.nl
N 51°18'45" E 03°23'33"

1 AEKNOPQRSTU 6
2 PQWYZ ABDEFGH 7
3 BFMNS ACDEFJNQRT 8
4 HJOPQ AF 9
5 DFGHMN ABDFGHIJKOQY 10
Anzeige auf dieser Seite B 6A CEE ❶ €31,50
5,5ha 95T(80-120m²) 104D ❷ €41,00

Campingzufahrt über Zuiddijkstraat. Geben Sie Navigation Nr. 102 ein. Bei der Sint Pieterstraat zuerst in die Hoogstraat einbiegen, dann links in die Zuiddijkstraat. 105372

Teilkarte Zeeland auf Seite 157

St. Kruis/Oostburg, NL-4528 KG / Zeeland
CC€21 iD

Bonte Hoeve	1 AEJMOPQRSTU NUX 6
Eiland 4	2 PQWYZ ABDEFGH 7
1 Apr - 22 Okt	3 BDFGLMSUV ABCDFNQRTUVW 8
+31 1 17 45 22 70	4 BHJO CEF 9
info@bontehoeve.nl	5 ABDEHMN ABDEFHIJKOQY 10
	10A CEE ① €40,50
N 51°18'06'' E 03°30'35''	9ha 50T(100-130m^2) 245D ② €50,50

CP liegt an der Straße Oostburg-St. Margriete (B). 105373

Wemeldinge, NL-4424 NC / Zeeland
iD

Linda	1 AEKNOPQRSTU KNOPQSX 6
Oostelijke Kanaalweg 4	2 AGJKPQWY ABDEFGH 7
1 Apr - 1 Okt	3 BDFLMSVX ABCDEFGJKNQRTW 8
+31 1 13 62 12 59	4 BFH EFVWXY 9
info@campinglinda.nl	5 ABDEFHLMNO ABEFGHIJKOPQXY 10
	10A CEE ① €30,70
N 51°30'58'' E 04°00'27''	10ha 52T(120m^2) 263D ② €38,40

A58 Bergen op Zoom, Ausfahrt 33 Yerseke, Richtung Wemeldinge. Nach Brücke über Kanal erste Straße rechts, am Ende der Straße ausgeschildert. 105397

Vlissingen, NL-4384 NP / Zeeland
iD

De Lange Pacht	1 AHKNOPQRSTU 6
Boksweg 1	2 APQWXY ABDEFGH 7
31 Mrz - 28 Okt	3 AMS ABCDEFGHIJNQRTUVW 8
+31 1 18 46 04 47	4 J 9
infolangepacht@gmail.com	5 DN BFGJKOQY 10
	B 10A CEE ① €33,00
N 51°28'06'' E 03°33'16''	1,2ha 88T(120-150m^2) ② €33,00

A58 bis Vlissingen folgen, dann Richtung Koudekerke. Direkt nach dem Ortseingang links zum CP. 110826

Westenschouwen/Burgh-Haamstede, NL-4328 RM / Zeeland
iD

Ardoer Camping Duinoord	1 AEHKMOPQRSTU GN 6
Steenweg 16	2 GQRWX ABDEFGH 7
1 Jan - 31 Dez	3 AMSV ABCDEFIJKNQRTUVW 8
+31 1 11 65 88 88	4 BHJL E 9
duinoord@ardoer.com	5 ACDEGLMN ABEFGHIJKORSY 10
	Anzeige auf Seite 159 4-6A CEE ① €52,10
N 51°40'19'' E 03°42'23''	4ha 131T(110m^2) 96D ② €64,10

N57 Zierikzee-Neeltje Jans. Ausfahrt Westenschouwen, weiterfahren bis zum Kreisverkehr, dort 3/4-Kehre. CP liegt an der linken Seite. Der R112 folgen. 108297

Vlissingen, NL-4382 CL / Zeeland

de Nolle / Strandpark Zeeland	1 EHJMOPQSTU KNQ 6
B.v.Woelderenlaan 1	2 AGJQRSTWXY ABFGH 7
1 Jan - 31 Dez	3 AJMN ABEFJNRTUVW 8
+31 1 18 41 43 71	4 F CJ 9
info@strandparkzeeland.nl	5 ABDMN ABFHKOQV 10
	6A CEE ① €36,00
N 51°27'06'' E 03°33'25''	1,3ha 18T(70-80m^2) 37D ② €48,00

A58 Vlissingen. Schildern 'boulevard' folgen. 105357

Wolphaartsdijk, NL-4471 NB / Zeeland
iD

't Veerse Meer	1 AHJMOPQRSTU LNX 6
Veerweg 71	2 AEPQWXYZ ABDEFGH 7
1 Apr - 1 Nov	3 ABEFHILMSUV ABCDEFJKMNQRTUVW 8
+31 1 13 58 14 23	4 BFHJO EFVWXY 9
info@campingveersemeer.nl	5 ADFHN ABCEFGHIJKOPRS 10
	6-10A CEE ① €30,00
N 51°32'40'' E 03°48'45''	9,5ha 50T(100-140m^2) 209D ② €36,00

A58 Bergen op Zoom-Vlissingen, Ausfahrt Zierikzee. Dann 2. Ausfahrt Wolphaartsdijk. CP ist ausgeschildert. 108389

Vrouwenpolder, NL-4354 NN / Zeeland
CC€17 iD

De Zandput	1 ACDEKNOPQU NQ 6
Vroondijk 9	2 GJQWXY ABFGH 7
31 Mrz - 29 Okt	3 BFMV ABCDFJNQRTUVW 8
+31 1 18 59 72 10	4 HJLOP CJVWY 9
info.zandput@roompot.nl	5 ACDELN ABEHIJKOPQX 10
	6-10A CEE ① €54,60
N 51°35'11'' E 03°36'19''	12ha 238T(70-110m^2) 280D ② €57,20

A58 Bergen op Zoom-Vlissingen, Ausfahrt Middelburg, Oostkapelle-Vrouwenpolder. Im Ort ausgeschildert. 107660

Zoutelande, NL-4374 ND / Zeeland
iD

Janse	1 AEILOPQRSTU KN 6
Westkapelseweg 59	2 HJPQRWX ABFGHK 7
31 Mrz - 5 Nov	3 BFLMSU ABCDEFGJKNPQRTVW 8
+31 1 18 56 13 59	4 BH J 9
info@campingjanse.nl	5 ABDM ABEFGHJKOQY 10
	7-10A CEE ① €36,90
N 51°30'37'' E 03°27'59''	2,5ha 136T(95m^2) 10D ② €43,80

A58 Vlissingen-Koudekerke-Zoutelande. In Zoutelande Richtung Westkapelle, ca. 2 km außerhalb Zoutelande. 107659

Vrouwenpolder, NL-4354 KC / Zeeland
iD

Hofstede Elzenoord	1 AEHILOPQRSTU 6
Koningin Emmaweg 2a	2 PQX ABDEFGIK 7
1 Jan - 31 Dez	3 ADIMUV ABCDEFJLNPRTUV 8
+31 6 20 26 53 26	4 HJKOQ GJY 9
info@elzenoord.nl	5 DN ABEFGHJKOPQ 10
	B 10-16A CEE ① €52,40
N 51°34'42'' E 03°36'52''	2ha 60T(140-215m^2) 23D ② €55,00

A58 Bergen op Zoom-Vlissingen, Ausfahrt 38, dann die N57 bis Vrouwenpolder. In Vrouwenpolder ausgeschildert. 118939

Zoutelande, NL-4374 ND / Zeeland
iD

Weltevreden	1 AEHJMOPQSU KN 6
Westkapelseweg 55	2 GJPQRWYZ ABCDEFGH 7
1 Jan - 31 Dez	3 ABFLMS ABCDEFGJKNQRTUV 8
+31 1 18 56 13 21	4 BLX JY 9
info@campingweltevreden.nl	5 ABD ABCFGHJKOPQ 10
	16A CEE ① €42,00
N 51°30'32'' E 03°28'02''	2,5ha 91T(80-90m^2) 52D ② €42,00

A58 Vlissingen-Zoutelande. In Zoutelande Richtung Westkapelle, ca. 2 km nach Zoutelande 1. CP links. 107830

Vrouwenpolder, NL-4354 KK / Zeeland
iD

Hofstede Molenzicht	1 AKNOPQRSTU X 6
Lepelstraat 2	2 QXY ABF 7
31 Mrz - 29 Okt	3 ALMU ABEFGJNQRTUV 8
+31 1 18 59 12 48	4 HJK IY 9
info@campinghofstede molenzicht.nl	5 DN ABEFHJKOQ 10
	B 16A CEE ① €38,75
N 51°34'17'' E 03°36'38''	2,5ha 60T(150-180m^2) 5D ② €46,75

A58 Bergen op Zoom-Vlissingen, Ausfahrt 38, dann die N57 bis Vrouwenpolder. In Vrouwenpolder ausgeschildert. 122014

Baarn, NL-3744 BC / Utrecht
iD

Kampeerterrein De Zeven Linden	1 AEHKNOPQRSTU 6
Zevenlindenweg 4	2 ABPQWXYZ ABDEFGH 7
1 Jan - 31 Dez	3 ACFLMS ABCDEFGHIJKNPQRTUVW 8
+31 3 56 66 83 30	4 BDFHJ FVW 9
info@dezevenlinden.nl	5 ABCDEJM ABCFGHJKMOPRSWY 10
	B 6-10A CEE Preise auf Anfrage
N 52°11'48'' E 05°14'49''	11,5ha 326T(110m^2) 5D

An der N415 Hilversum-Baarn ist der CP ab ca. 2 km von Baarn gut ausgeschildert. 105500

Bunnik, NL-3981 HG / Utrecht
iD

Buitengoed de Boomgaard	1 ADEFHKNOPQRSTU LN 6
Parallelweg 9	2 AEPQSXYZ ABDEFG 7
1 Apr - 8 Okt	3 ABCEFGJLMSUVW ABCDEFGHIJMNPQRTW 8
+31 3 06 56 38 96	4 BFHIJKO CHJY 9
info@buitengoeddeboomgaard.nl	5 ABDEFHMN ABCFGHIJKLMOPRSVY 10
	6-10A CEE Preise auf Anfrage
N 52°03'35'' E 05°11'56''	11ha 200T(150m^2) 74D

A12 Ausfahrt 19 Bunnik/Odijk/Wijk bij Duurstede. Nach der Ausfahrt sofort rechts in die Parallelweg. 118630

Niederlande

Niederlande

Doorn, NL-3941 ZK / Utrecht
CC€19 iD

RCN Vakantiepark Het Grote Bos
Hydeparklaan 24
24 Mrz - 29 Okt
+31 8 50 40 07 00
reserveringen@rcn.nl
N 52°03'22'' E 05°18'49''

1 ADEFH**KN**OPQRSU BGHI **6**
2 ABPQRSWXYZ ABDE**FGK** **7**
3 BEFGH**IL**MN**R**S**TU**VX ABCDEFGHIJK**M**NPQRSTUVW **8**
4 BCD**E**FHIJNO CEJVWY **9**
5 ACDEFGHJKLM ABCDEFGHIJKOPSTY **10**
Anzeige auf dieser Seite B 10A CEE ❶ €31,00
80ha 350T(75-150m²) 501D ❷ €37,00
105523

A12 (Arnheim-Utrecht u.u.), Ausfahrt Driebergen. Dann ab Ort Beschilderung folgen. CP liegt in Dreieck Doorn-Driebergen-Maarn.

Lopikerkapel, NL-3412 KT / Utrecht
iD

Klein Scheveningen
Lekdijk Oost 16 C
1 Apr - 1 Okt
+31 3 06 88 33 60
kleinscheveningen@hetnet.nl
N 51°59'18'' E 05°03'02''

1 ABEHKNOPQRSTU **JN** **6**
2 ADJQSTX ABF**G** **7**
3 ACG**LM** ABEFNQR **8**
4 FH **9**
5 ABFGHQ **10**
16A CEE ❶ €20,00
5ha 26T(120-150m²) 45D ❷ €20,00
101328

Autobahn A2, Ausfahrt Nieuwegein-Zuid. Ende Ausfahrt Richtung Lopikerkapel. Deich folgen. Nach ca. 6 km links.

Doorn, NL-3941 MN / Utrecht
iD

Vakantiepark Bonte Vlucht
Leersumsestraatweg 23
1 Apr - 30 Okt
+31 3 43 47 32 32
info@bontevlucht.nl
N 52°01'40'' E 05°23'07''

1 ACDEFILOPQRSTU BG **6**
2 BPRSUXYZ ABDE**FGHK** **7**
3 ABCF**JLMN**UV ABCDEFGJKNPQRTUVW **8**
4 BCDFHIJO**PQR** IUVWY **9**
5 ADEFHKLN ABCEGHIJKN**O**PQY **10**
6-10A CEE ❶ €35,00
17ha 70T(80-120m²) 185D ❷ €38,00
105524

Der CP liegt an der N225 zwischen Doorn und Leersum. Aus Richtung Doorn links und von Leersum aus rechts. Gut ausgeschildert.

Renswoude, NL-3927 CJ / Utrecht
CC€23 iD

Camping de Grebbelinie
Ubbeschoterweg 12
1 Apr - 1 Okt
+31 3 18 59 10 73
info@campingdegrebbelinie.nl
N 52°05'05'' E 05°33'04''

1 AEG**KN**OPQSTU L **6**
2 AEIJQXY ABF**G** **7**
3 ABMSX ABCDEFGIJK**M**NPQRTUV **8**
4 BFGHJK BFGIJVWY **9**
5 ABDN ABCDEFGHIJKORSY **10**
B 6-10A CEE ❶ €29,50
6,5ha 135T(105-140m²) 12D ❷ €41,00
119901

Von der A30 Ausfahrt Scherpenzeel. Am Kreisel geradeaus Richtung Renswoude (CP-Schildern folgen). Von der A12 Ausfahrt 23 Renswoude/Veenendaal. Der Beschilderung Richtung Renswoude folgen. Danach den CP-Schildern folgen.

Doorn, NL-3941 XR / Utrecht
CC€21 iD

Vakantiepark De Maarnse Berg
Maarnse Bergweg 1
31 Mrz - 29 Okt
+31 3 43 44 12 84
info@maarnseberg.nl
N 52°03'48'' E 05°21'06''

1 AEFILOPQRST**U** L **6**
2 ABQWXYZ ABDE**FG**H **7**
3 ABCF**JL**MRS ABFGHJNPQRUVW **8**
4 BCFHIJ IVW **9**
5 ADEFHKLMN ABCDFHJKOSTY **10**
B 10A CEE ❶ €31,00
H55 20ha 75T(100-225m²) 179D ❷ €38,00
100781

A12 ab Utrecht, an Ausfahrt Maarn/Doorn CP-Schild, unten zweimal rechts. A12 ab Arnheim, Ausfahrt Maarsbergen. Durch Maarn-Zentrum. An N227 ausgeschildert.

Renswoude, NL-3927 CB / Utrecht
iD

Recreatiepark de Lucht
Barneveldsestraat 49
1 Apr - 30 Sep
+31 3 42 41 28 77
info@delucht.com
N 52°06'13'' E 05°32'29''

1 ADEFHKNOPQRST**U** BDGN **6**
2 AQXYZ ABF**GH** **7**
3 ABCEFG**L**MV ABCDEFGHIJ**M**NPQRTUVW **8**
4 BCFHIJKMOR AEJVWY **9**
5 ABCDEFJKLN ABCEFGHIJKMN**O**STUWY **10**
B 16A CEE ❶ €27,00
20ha 90T(100m²) 328D ❷ €29,50
113410

A1, Ausfahrt Ede nehmen, Richtung Scherpenzeel (A30). Weiter Richtung Renswoude. Von der A12, Ausfahrt Maarsbergen, Richtung Woudenberg/Renswoude. In Renswoude den Schildern folgen.

Kamerik, NL-3471 GM / Utrecht

De Boerinn
Mijzijde 6
1 Apr - 31 Okt
+31 3 48 40 12 00
info@deboerinn.nl
N 52°06'23'' E 04°53'04''

1 DEH**KN**OPQRSTU JN **6**
2 ACIQSTWXY ABI **7**
3 ABDFMS**TV** ABCDFJKNQRSTW **8**
4 FHKLN CFNRVY **9**
5 ADEFGHJK BCKPSVY **10**
10A CEE ❶ €40,00
5ha 50T(80-120m²) 9D ❷ €55,00
125398

A2 Ausf. Breukelen, Ri. Kockengen. Ri. Woerden, Ri. Kamerik. CP ausgeschildert. Oder: A12, Ausf. Woerden Ri. Woerden. Am Kreisel li Ri. Woerden. 1. Kreisel re. Den Eisenbahntunnel durchfahren. An der T-Kreuzung links. 1. Ausf. rechts Ri. Kamerik. 3 km weiter ist der Camping.

Tienhoven, NL-4235 VM / Utrecht
iD

De Koekoek
Lekdijk 47
15 Mrz - 1 Okt
+31 1 83 60 14 91
info@camping-dekoekoek.nl
N 51°57'43'' E 04°56'43''

1 AE**KN**OPQRS**U** JNSW**XY** **6**
2 CJPQRXY **ABFG** **7**
3 AFSV AE**F**HJNQRTW **8**
4 BFHJO**Q** **9**
5 DEFHMO ABJKOQXY **10**
6A CEE ❶ €23,50
23ha 60T(100-250m²) 280D ❷ €23,50
101329

Hauptstraße Gorinchem-Schoonhoven, am Lekdijk rechts Richtung Ameide, Deich folgen, nach ca. 10 km links.

Leerdam, NL-4143 LP / Utrecht
iD

Camping Ter Leede
Recht van ter Leede 28a
1 Apr - 1 Okt
+31 6 53 75 49 44
info@campingterleede.nl
N 51°54'19'' E 05°03'43''

1 AEGH**KN**OPQST**U** **6**
2 AQSTXYZ A**B**DE**FG** **7**
3 A ABE**F**JNQRW **8**
4 J **9**
5 A ABCFHIJK**O**Q **10**
6-10A CEE ❶ €23,50
2,5ha 45T(90-100m²) 11D ❷ €30,50
124653

A2 Utrecht Ausfahrt Leerdam (Ausfahr 12). Von Den Bosch Ausfahrt 15 bis Leerdam. Den Campingschildern 'Ter Leede' folgen.

Woerden, NL-3443 AP / Utrecht
CC€21 iD

Batenstein
van Helvoortlaan 36
26 Mrz - 31 Okt
+31 3 48 42 13 20
info@camping-batenstein.nl
N 52°05'34'' E 04°53'06''

1 ADEH**KN**OPS**U** **EGHIN** **6**
2 AQTWXY AB**D**E**FG**HIJ **7**
3 BCM**R**SU ABCDE**F**KNQRTVW **8**
4 FH**RST** BF **9**
5 ADJ**MN** ABDFGHJK**O**R**S** **10**
6A CEE ❶ €22,10
1,6ha 40T(60-100m²) 72D ❷ €30,10
100779

A2 Ausfahrt 5 Richtung Kockengen, danach Richtung Woerden (N212). In Woerden ist der CP ausgeschildert. Oder A12, Ausfahrt 14, danach den Schildern folgen.

Leersum, NL-3956 KD / Utrecht
CC€19 iD

Molecaten Park Landgoed Ginkelduin
Scherpenzeelseweg 53
24 Mrz - 1 Nov
+31 3 43 48 99 99
landgoedginkelduin@molecaten.nl
N 52°01'46'' E 05°27'31''

1 ADEFHILOPQRSTU BEGH **6**
2 ABQRWXYZ ABCDE**FGH**K **7**
3 ABCDFGH**IJL**MN**R**S**TU**VX ABCDEFGHIJK**M**NPQRTUVW **8**
4 ABCDEFGHIJKLMNO**PQTUV** ACGIJUVWXY **9**
5 ACDEFHJKLMN ABCDEFGHIJK**O**QXY **10**
B 10A CEE ❶ €48,65
H50 95ha 220T(80-110m²) 237D ❷ €48,65
108286

N225, bei der Kirche im Zentrum von Leersum ist der CP ausgeschildert.

Woudenberg, NL-3931 MK / Utrecht
CC€19 iD

't Boerenerf
De Heygraeff 15
30 Mrz - 30 Sep
+31 3 32 86 14 24
info@campingboerenerf.nl
N 52°04'51'' E 05°23'12''

1 AEF**KN**OPQST**U** LMN **6**
2 AEJPQSWXYZ A**B**DE**FG**HJK **7**
3 ABCFI**L**MSUV ABCDE**FGI**JKNPQRTUVW **8**
4 BFHIJK DJUVY **9**
5 DMN ABCDHIJK**O**QY **10**
6-16A CEE ❶ €23,00
4,5ha 50T(80-100m²) 99D ❷ €29,50
110454

A28, Ausfahrt 5, Maarn/Amersfoort Zuid; A12, Ausfahrt Maarn/Doorn Richtung Amersfoort. N224 Richtung Woudenberg; 1. rechts, Henschotermeer. Nach 50m links und sofort rechts.

Teilkarte Utrecht auf Seite 163

Woudenberg, NL-3931 ML / Utrecht CC€21 iD

Vakantiepark De Heigraaf
De Heygraeff 9
29 Mrz - 28 Okt
+31 3 32 86 50 66
info@heigraaf.nl

1 AEF**KN**OPQS**U**	LM**N**	6
2 AEJKPQWXYZ	ABDE**FGH**	7
3 ABCDEFG**HIL**MSUV	ABCDE**FG**H**I**JK**M**NPQRTUVW	8
4 BCDFHIJKL**Q**	CDEUVW	9
5 ACDEFLM**N**	ABCDEFGHIJK**O**PQXY	10

B 4-16A CEE
16ha 250**T**(100-250m²) 326**D**
① €28,80
② €38,60

N 52°04'47'' E 05°22'54''
Über die A12 oder A28, Ausfahrt Maarn, von dort ausgeschildert. 105522

Zeist, NL-3707 HW / Utrecht

Vakantiepark De Krakeling
Woudenbergseweg 17
24 Mrz - 24 Sep
+31 3 06 91 53 74
info@dekrakeling.nl

1 DEKNOPQRSTU	LN	6
2 ABEPQRWXYZ	ABDE**FG**H	7
3 ABFG**HIL**MS	ABCDEFGHIJNPQRT	8
4 BCDFHJ	UVWY	9
5 ABDEFHJKLMN	ABCEGHJK**O**PQXY	10

B 10A CEE
22ha 347**T**(120m²) 215**D**
Preise auf Anfrage

N 52°05'35'' E 05°16'58''
A28 Utrecht-Amersfoort, Ausfahrt Zeist-Oost, A28 ab Amersfoort, Ausfahrt Zeist. Von Zeist via Woudenbergseweg gut zu finden. 100780

Nur bei Angabe dieses CC-Logos wird die CampingCard ACSI akzeptiert.

Siehe auch die Gebrauchsanweisung in diesem Campingführer.

Niederlande

Almere, NL-1316 AN / Flevoland iD

Waterhout
Trekvogelweg 10
31 Mrz - 22 Okt
+31 3 65 47 06 32
info@waterhout.nl

1 ADE**KN**OPQRSTU	LMNQRST**X**Y**Z**	6
2 AEJKQSWXYZ	ABDE**FG**K	7
3 BCFG**HIL**M**R**UV	ABCDEFGHIJKNPQRTUVW	8
4 BCDFHJKNO	ACDFMNOPQRTVY	9
5 ADEFGHKLN	ABCFGHIJKOPQY	10

10A CEE
6,5ha 205**T**(100m²) 53**D**
① €33,00
② €39,00

N 52°24'07'' E 05°13'32''
A6 Almere: Auf der Hollandse Brug rechts(Ringweg). Ausfahrt: Almere Muziekwijk Hogering/N702/s101 Richtung Almere Muziekwijk. Nach 8 km links Richtung Noorderplassenweg. Nach 11 km links nach Trekvogel. 110695

Biddinghuizen, NL-8256 RJ / Flevoland CC€23 iD

EuroParcs Zuiderzee
Spijkweg 15
31 Mrz - 30 Okt
+31 8 80 70 80 90
kcc@europarcs.nl

1 ADEH**KN**OPQRSTU	EGHLM**N**QRS**X**Y**Z**	6
2 EJPQWXY	ABDE**FG**H	7
3 ABDEFG**JL**MSV	ABCDEFGHJKNPQRTUVW	8
4 BDFHJKLNO**P**TV	CJORTVWY	9
5 ACDEFGHJKLMN**O**	ABEFGHIKNSTY	10

Anz. auf dieser S. B 6-10A CEE
65ha 318**T**(100m²) 1036**D**
① €49,00
② €70,00

N 52°26'49'' E 05°47'31''
Von Süden: A28 Ausfahrt 13 Richtung Lelystad, den Schildern Walibi World folgen, an Walibi vorbei. Von Norden: A28 Ausfahrt 16 Richtung Lelystad, dann den Schildern Walibi World folgen. CP liegt an der N306. 100768

Niederlande

Biddinghuizen, NL-8256 RZ / Flevoland
CC€19 iD

Molecaten Park Flevostrand
Strandweg 1
24 Mrz - 1 Nov
+31 3 20 28 84 80
flevostrand@molecaten.nl

1 ABDEHKNOPQRSTU BEGHILMNPQRSTWXYZ 6
2 AEIJPQRWXY ABDEFG 7
3 ABCDFGJLMNSV ABCDEFGIJKNQRTUVW 8
4 BCDEFHJLOP BCJMOPQRTVWY 9
5 ACDEFGHJLMN ABCDEGHIJKOQY 10
10-20A CEE ① €42,00
49ha 392T(80-120m²) 261D ② €48,00

N 52°23'07'' E 05°37'45''
A28 Ausfahrt 13 Richtung Lelystad. Schildern Walibi folgen. Der CP liegt zwischen der N306 und dem Veluwesee. Ist angezeigt.
108267

Dronten, NL-8251 PX / Flevoland
CC€21 iD

De Ruimte
Stobbenweg 23
24 Mrz - 24 Sep
+31 3 21 31 64 42
info@campingderuimte.nl

1 AEHKNOPQRSTU G 6
2 BQRWXYZ ABDEFGH 7
3 AEFLMUX ABCDEFGHIJNPQRTUVW 8
4 BCFHJLO CHVW 9
5 ABDEFGHLMN ABDFGHJKOQ 10
B 6A CEE ① €33,25
6ha 94T(80-120m²) 28D ② €44,75

N 52°29'48'' E 05°50'15''
A28 Ausfahrt 16, Elburg vorbei nach Dronten. Über die Brücke vom Veluwesee an der Ampel Richtung Kampen. CP ist angezeigt.
110655

Urk, NL-8321 NC / Flevoland
CC€19 iD

Vakantiepark 't Urkerbos
Vormtweg 9
1 Apr - 30 Sep
+31 5 27 68 77 75
info@urkerbos.nl

1 ADEKNOPQRSTU AF 6
2 BQRWXY ABFGH 7
3 BCFIMVX ABCDEFGJNPQRTUVW 8
4 BCDFHJKLO FJVWY 9
5 ABDEFHKMN ABEFGHJKOPRSVXY 10
10A CEE ① €29,00
14ha 175T(120-150m²) 91D ② €40,00

N 52°40'45'' E 05°36'35''
A6 Ausfahrt 13 nach Urk. Der Straße durch Urk geradeaus folgen, am 3. Kreisel links ab (ist angezeigt). Nach 1,5 km CP rechts.
120372

Dronten, NL-8251 ST / Flevoland
CC€19 iD

't Wisentbos
De West 1
1 Apr - 31 Okt
+31 3 21 31 66 06
info@wisentbos.nl

1 ADEKNOPQRSTU JN 6
2 BCPQTXY ABDEFGH 7
3 ACLMX ABCDFHJNPQRTW 8
4 HJ EF 9
5 DEFKN ABDFGHJKOQY 10
10A CEE ① €26,00
9ha 50T(90-110m²) 276D ② €35,20

N 52°31'16'' E 05°41'31''
Von der N309 Lelystad-Dronten am Kreisel links ab. Nach ± 500m liegt der CP auf der linken Seite.
108268

Zeewolde, NL-3896 LB / Flevoland
iD

Erkemederstrand
Erkemederweg 79
19 Mrz - 24 Okt
+31 3 65 22 84 21
info@erkemederstrand.nl

1 AEHKNOPQRSTU LMNQRSTXYZ 6
2 ABEIJKQRWXY ABFGHJ 7
3 ABCFGJLMSUVX ABCDEFGJNQRTUVW 8
4 BCDHJKLNO CFJMPRTV 9
5 ABDEFGHK ABFGHIJKMOQY 10
B 10-16A CEE ① €34,50
42ha 229T(120-180m²) 229D ② €40,50

N 52°16'12'' E 05°29'19''
A28, Ausfahrt 9 Richtung Zeewolde. Über die Brücke erste rechts, danach links (Erkemederweg). CP ist ausgeschildert.
109789

Emmeloord, NL-8302 AC / Flevoland
iD

Het Bosbad
Banterweg 4
1 Apr - 1 Nov
+31 5 27 61 61 00
info@campinghetbosbad.nl

1 ADEKNOPQRSU AE 6
2 ABQTWXYZ ABFG 7
3 BGLMU ABCEFHNQRW 8
4 DFHJO EFJY 9
5 DEHJKMN ABFGHJKOQ 10
B 6A CEE ① €29,95
2ha 42T(100-120m²) 33D ② €39,45

N 52°43'08'' E 05°45'17''
An der A6, Ausfahrt 15 Emmeloord-Noord ist der CP ausgeschildert. Liegt an der Nordseite neben dem Schwimmbad.
101550

Zeewolde, NL-3896 LS / Flevoland
CC€19 iD

Camping het Groene Bos
Groenewoudse Weg 98
1 Apr - 14 Okt
+31 3 65 23 63 66
info@hetgroenebos.nl

1 ABDEKNOPQRSU 6
2 BQRWXY ABDEFGH 7
3 BCLMSU ABCDFHJNPQRTUVW 8
4 HJKO FVWY 9
5 ADHN ABDGHJKOPQY 10
B 6-10A CEE ① €23,50
4ha 50T(85-225m²) 32D ② €31,50

N 52°20'24'' E 05°30'20''
A28, Ausfahrt 9 Richtung Zeewolde, CP liegt westlich von Zeewolde und wird angezeigt.
113075

Kraggenburg, NL-8317 RD / Flevoland
CC€19 iD

Recreatiepark De Voorst
Leemringweg 33
29 Mrz - 30 Okt
+31 5 27 25 25 24
info@devoorst.nl

1 AEKNOPQRSTU AFJNXYZ 6
2 ABCIPQRSWXYZ ABDEFG 7
3 ABCJLMNSU ABCDEFJNQRTUW 8
4 ABCDEFHJO JRVWY 9
5 DEFHJKLMN ABHIJKOPQY 10
4-10A CEE ① €24,50
13ha 120T(100-120m²) 95D ② €32,50

N 52°40'32'' E 05°53'32''
A6 bis Lelystad-Nagele-Ens. Dann ausgeschildert.
100762

Zeewolde, NL-3896 LA / Flevoland
iD

Naturistenpark Flevo-Natuur
Wielseweg 3
24 Mrz - 29 Okt
+31 3 65 22 88 80
info@flevonatuur.nl

1 ADEHKNOPQRSTUV AEGN 6
2 ABEJQSWXYZ ABDEFGH 7
3 ABCFGLMNSUV ABCDEFGHIJKMNPQRTUVW 8
4 BCDFGHJLNOPQTX CJLRT 9
5 ACDEFHJLMN ABCEFGHJKLOPQXY 10
FKK B 10A CEE ① €45,00
35ha 249T(100-130m²) 479D ② €47,45

N 52°16'16'' E 05°26'05''
Ab A28 Ausfahrt 9 Richtung Almere. Der CP ist ausgeschildert direkt an der Brücke vorbei.
105519

Lelystad, NL-8245 AB / Flevoland
CC€21 iD

't Oppertje
Uilenweg 11
31 Mrz - 30 Sep
+31 3 20 25 36 93
info@oppertje.nl

1 ADEHKNOPQRSU LMNQRSTXY 6
2 EJKPQRWXYZ ABDFG 7
3 ACLMU ABEFGHIJNPQRTUVW 8
4 FH FJMPRTV 9
5 DN ABCDFGHIJKORSUY 10
B 6A CEE ① €29,50
3ha 85T(120-150m²) 18D ② €35,50

N 52°29'09'' E 05°25'01''
Von der A6 Ausfahrt 10, Larserdreef Richtung Lelystad. Durch 4 Kreisel geradeaus, hinter dem 5. Kreisel links in den 'Buizerdweg'. CP ist angezeigt.
105517

Zeewolde, NL-3896 LT / Flevoland
CC€19 iD

RCN Vakantiepark Zeewolde
Dasselaarweg 1
24 Mrz - 29 Okt
+31 8 50 40 07 00
reserveringen@rcn.nl

1 ADEHKNOPQRSTU EGLNQRSTXYZ 6
2 EIJKQRWXY ABDEFGHK 7
3 ABCEFGLMNSTV ABCDFJKNQRTUVW 8
4 BCDFHJKLNOQ BCIJMOPVWY 9
5 ACDEFKLMN ABEFGHJKOPQXY 10
Anzeige auf dieser Seite B 10A CEE ① €35,45
43ha 170T(100-120m²) 396D ② €43,90

N 52°18'42'' E 05°32'37''
A28 Ausfahrt 9 Richtung Zeewolde. Der CP liegt im Süden, 1 km draußen von Zeewolde und ist ausgeschildert.
105518

Balkbrug, NL-7707 PK / Overijssel

CC€19 iD

Si Es An
De Haar 7
17 Mrz - 29 Okt
+31 5 23 65 65 34
info@si-es-an.nl

1 ACDE**KN**OPQRSTU	N **6**	
2 QRXYZ	ABDE**FG** **7**	
3 ABCEF**L**MVX	ABCDFGIJ**M**NQRTUV **8**	
4 BD**E**FGHJLOQ**T**	CFGHJVWY **9**	
5 ADEFGHJKLMN	ABCDFGHIJKOPQY **10**	
10-16A CEE		❶ €25,60
9,5ha 66**T**(100-120m²) 141**D**		❷ €34,70

N 52°36'35'' E 06°22'19''

In Balkbrug Richtung De Wijk. Dann den braunen CP-Schildern folgen. Den Sandweg meiden!

113423

Balkbrug, NL-7707 PK / Overijssel

iD

't Reestdal
De Haar 5
1 Apr - 31 Okt
+31 5 23 65 62 32
info@reestdal.nl

1 AEH**JM**OPQRSTU	BG**N** **6**	
2 QRWXYZ	ABDE**FG**H **7**	
3 ABCFG**L**M	ABCDEFGIKNQRTUVW **8**	
4 ABCDEFHIJLMN**PQ**	CDEF **9**	
5 ABDEFHKLM**N**	ABFGHIJKORS **10**	
B 6-16A CEE		❶ €31,70
8,5ha 85**T**(100-120m²) 143**D**		❷ €43,40

N 52°36'37'' E 06°22'17''

In Balkbrug Richtung De Wijk. Dann der braune Beschilderung folgen (den Sandweg meiden).

105728

Bathmen, NL-7437 RZ / Overijssel

CC€19 iD

de Flierweide
Traasterdijk 16
15 Mrz - 1 Nov
+31 5 70 54 14 78
info@flierweide.nl

1 AH**KN**OPQST**U**	**6**	
2 APQSTWXYZ	ABDE**FG** **7**	
3 AC**L**S	ABCDFGHJKNQRTUV **8**	
4 FHJO	JY **9**	
5 DN	ABDEFGHJKM**OQ** **10**	
4-16A CEE		❶ €24,25
2ha 60**T**(120-140m²) 1**D**		❷ €33,75

N 52°15'22'' E 06°17'31''

A1 Ausfahrt 25 Bathmen. Den CP-Schildern folgen (Richtung Flierweide).

117764

Beerze/Ommen, NL-7736 PK / Overijssel

iD

Beerze Bulten
Kampweg 1
1 Jan - 31 Dez
+31 5 23 25 13 98
info@beerzebulten.nl

1 AEH**JM**OPQSU	BEGHIJLMNXZ **6**	
2 CEJQRWXYZ	ABDE**FG**H **7**	
3 ABCDEFGJ**LMN**RS**T**V	ABCDEFGIJK**M**NQRTUVW **8**	
4 **A**BDEFHIJLO**QRSTUVXZ**	CHJRUVW **9**	
5 ACDEFGHKLM**N**	ABCEGHIJKOPQXY **10**	
B 8-16A CEE		❶ €69,00
26ha 540**T**(100-120m²) 106**D**		❷ €84,00

N 52°30'41'' E 06°32'43''

Von der N36 Ausfahrt Beerze. Weiter angezeigt.

108815

Beerze/Ommen, NL-7736 PJ / Overijssel

CC€19 iD

Huttopia De Roos
Beerzerweg 10
7 Apr - 29 Okt
+31 5 23 25 12 34
deroos@huttopia.com

1 ADEH**JM**OPQS**U**	FJN **6**	
2 CJQRWXYZ	ABDE**FG**H **7**	
3 ABF**L**M	ABCDEFHJKNQRTW **8**	
4 ABDEFHJ	BCJV **9**	
5 ACDFGHKMN	ABGHIJKNPRSY **10**	
6A CEE		❶ €28,00
27ha 200**T**(120-150m²) 92**D**		❷ €36,00

N 52°30'39'' E 06°30'56''

In Ommen südlich der Brücke über die Vecht den Beerzerweg nehmen. Alternative: von der N36 in den Beerzerweg.

105742

Belt-Schutsloot, NL-8066 PT / Overijssel

CC€19 iD

Kleine Belterwijde
Vaste Belterweg 3
31 Mrz - 31 Okt
+31 3 83 86 67 95
camping@kleinebelterwijde.nl

1 AEH**KN**OPQRST**U**	FLNPQSW**XYZ** **6**	
2 FIJKQRTWXYZ	A**B**DE**FG**H **7**	
3 ABEFMNS	ABCDE**F**GIJKNQRTUVW **8**	
4 FHJ**Q**	EFJNORTV **9**	
5 DHMN	ABDFHIJKOQ **10**	
6A CEE		❶ €24,70
3,5ha 60**T**(70-100m²) 118**D**		❷ €34,90

N 52°40'15'' E 06°03'38''

N334 Richtung Giethoorn, Ausfahrt Belt-Schutsloot. CP im Ort ausgeschildert.

100761

Teilkarte Overijssel auf Seite 167

Blokzijl, NL-8356 VZ / Overijssel
CC€23 iD

Watersportcamping 'Tussen de Diepen'
Duinigermeerweg 1A
1 Apr - 31 Okt
+31 5 27 29 15 65
camping@tussendediepen.nl
N 52°43'44'' E 05°58'13''

1 ADEHKNOPQRSTU BGNQSXYZ 6
2 CIQWXY ABDEFGH 7
3 AFMV ABCEFNPQRTW 8
4 ABCDFHJNO EFGIJOVW 9
5 ABDEFGHJKLMN ABCDFGHJKOPQXY 10
B 10A CEE ❶ €29,70
5,2ha 60T(60-80m²) 160D ❷ €36,00
100760

Von Zwolle Richtung Hasselt-Zwartsluis-Vollenhove. Am Kreisel geradeaus über den Deich nach Blokzijl. Den Schildern folgen.

Denekamp, NL-7591 NH / Overijssel
CC€23 iD

Papillon Country Resort
Kanaalweg 30
1 Apr - 29 Okt
+31 5 41 35 16 70
info@papilloncountryresort.com
N 52°23'32'' E 07°02'55''

1 ADEHKNOPQRSTU DGHLMN 6
2 EJKQRWXYZ ABDEFGH 7
3 ABCDEFGLMSTVX ABCDFGIJKMNPQRTUVW 8
4 ABCDEFHIJKLNOR CDEFJUVWXY 9
5 ABDEFGHJKLMN ABCDEFGHIJKMOPSY 10
B 6-10A CEE ❶ €44,00
16,5ha 154T(110-140m²) 164D ❷ €54,00
105791

An der N342 Denekamp-Nordhorn ist der CP gut ausgeschildert.

Deventer, NL-7419 AD / Overijssel
iD

Stadscamping Deventer
Worp 12
1 Mrz - 16 Nov
+31 5 70 61 36 01
stadscamping@gmail.com
N 52°15'02'' E 06°08'58''

1 AEKNOPSTU JN 6
2 ACJQSXYZ ABFG 7
3 EL ABEFGJNW 8
4 EFHI AFVZ 9
5 AD ABFGHIJKMOQY 10
Anzeige auf dieser Seite 6-16A CEE ❶ €27,00
2,5ha 80T(100-120m²) 11D ❷ €39,00
110213

A1 Apeldoorn-Hengelo, Ausfahrt 23 Richtung Deventer-Zentrum. Über Brücke Richtung Twello N344, nach Brücke rechts. CP liegt hinter dem Hotel.

Dalfsen, NL-7722 KG / Overijssel
CC€19 iD

Starnbosch
Sterrebosweg 4
1 Jan - 31 Dez
+31 5 29 43 15 71
info@starnbosch.nl
N 52°28'31'' E 06°15'47''

1 AEHKNOPQRSTU BDG 6
2 BQWXYZ ABDEFGHK 7
3 ABFMV ABCDEFGHIJKMNPQRTUVW 8
4 BCHJOQT BDFJVW 9
5 ABCDEFHJLMO ABDFGHIJKNOQVXY 10
B 6-10A CEE ❶ €30,00
8ha 248T(100-140m²) 20D ❷ €32,00
105703

A28 Zwolle-Meppel-Hoogeveen, Ausfahrt 21 die N340 Richtung Dalfsen. Dann den Schildern folgen.

Diepenheim, NL-7478 PX / Overijssel
iD

de Mölnhöfte
Nijhofweg 5
1 Jan - 31 Dez
+31 5 47 35 15 14
info@molnhofte.nl
N 52°11'28'' E 06°39'26''

1 AEKNOPQRSTU AFN 6
2 AIQSWXYZ ABFGH 7
3 ABEMV ABEFJNQRTW 8
4 BDFHOQ FJ 9
5 ADEFHJLMNO ABFHIJKOQY 10
B 6A CEE ❶ €20,80
6,5ha 55T(100-120m²) 100D ❷ €31,90
108343

A1 Ausfahrt 28 Rijssen/Goor Richtung Goor. In Goor Richtung Diepenheim. Der CP liegt an der Straße von Diepenheim nach Neede links.

De Lutte, NL-7587 LH / Overijssel
CC€21 iD

Landgoedcamping Het Meuleman
Lutterzandweg 16A
1 Apr - 30 Sep
+31 5 41 55 12 89
info@camping-meuleman.nl
N 52°20'01'' E 07°01'46''

1 AEHKNOPQRSU LN 6
2 ABEJRUYZ ABDEFGH 7
3 ACGJLMSX ABCDEFGIJKNQRTUW 8
4 ABFGHIJX BJV 9
5 ADFKLMN ABCDJKNRS 10
6-10A CEE ❶ €33,10
7ha 111T(100-300m²) 6D ❷ €41,30
111064

A1 Hengelo-Oldenzaal, Ausfahrt De Lutte. Nach De Lutte Richtung Beuningen, CP-Schildern folgen.

Diffelen/Hardenberg, NL-7795 DA / Overijssel
CC€17 iD

de Vechtvallei
Rheezerweg 76
1 Apr - 30 Okt
+31 5 23 25 18 00
info@devechtvallei.nl
N 52°32'08'' E 06°34'10''

1 AEKNOPQSU DF 6
2 PQRWXYZ ABDEFGK 7
3 ABCFMUX ABCDEFJKMNQRTUVW 8
4 BCDEFGHIJLOQ AEFJVW 9
5 ACDEFGHJKMN ABCDGHJKOPQY 10
B 16A CEE ❶ €33,70
7,8ha 51T(100-120m²) 136D ❷ €38,70
105734

Hardenberg-Rheeze. Rheeze durch Richting Diffelen. Nach ca. 2 km links von der Straße.

Delden, NL-7491 DZ / Overijssel
CC€19 iD

Park Camping Mooi Delden
De Mors 6
31 Mrz - 1 Nov
+31 7 43 76 19 22
info@mooidelden.nl
N 52°15'16'' E 06°43'37''

1 AEKNOPQSTU BGHN 6
2 AQRWXYZ ABDEFGK 7
3 AFJKLMNVX ABCDEFGIJKNQRTUVW 8
4 BFHJKOQRTUVX FJ 9
5 ABDEFGHN ABDHJKOQY 10
B 10A CEE ❶ €30,90
3ha 85T(100-130m²) 32D ❷ €35,90
101558

In Stadt und Umgebung Delden ist der CP gut ausgeschildert. Beschilderung folgen.

Haaksbergen (Twente), NL-7481 VP / Overijssel
iD

Camping & Bungalowpark 't Stien'nboer
Scholtenhagenweg 42
1 Apr - 23 Okt
+31 5 35 72 26 10
info@stiennboer.nl
N 52°08'24'' E 06°43'28''

1 ACEHKNOPQSTU BEGN 6
2 ABQRWXYZ ABDEFGH 7
3 ABCDEFJLMNSVW ABCDEFGJKMNPQRTUVW 8
4 ABCDEFHJKLOQ CEFJVWY 9
5 ABDEFHKLMN ABEFGHIJKMORSXY 10
B 6-10A CEE ❶ €38,70
10,5ha 110T(80-100m²) 132D ❷ €43,00
100792

Von der N18 Ausfahrt Haaksbergen-Zuid, Camping danach ausgeschildert.

Den Ham, NL-7683 SC / Overijssel
iD

De Blekkenhorst
Nienenhoek 8
1 Apr - 1 Nov
+31 5 46 67 15 59
info@de-blekkenhorst.nl
N 52°28'27'' E 06°29'41''

1 AEKNOPQSTU BGN 6
2 QRWXYZ ABDEFGH 7
3 ABCDFHIJLMSTUV MNRVW 8
4 ABEFHJKLOQ CEFJY 9
5 ABDEHKN ABEHIJKORSY 10
6-16A CEE ❶ €46,00
7,3ha 100T(120-150m²) 12D ❷ €57,00
112016

Von Ommen Richtung Den Ham. Vor Den Ham den kleinen Schildern folgen.

Den Ham, NL-7683 PD / Overijssel
iD

Charmecamping & App. De Regge-Vallei
Meersendijk 32
1 Jan - 31 Dez
+31 5 46 67 17 03
info@dereggevallei.nl
N 52°27'28'' E 06°27'35''

1 AHKNOPQRSTU 6
2 IQRTXYZ ABDEFGH 7
3 ABCDILMSUX ABCDEFHJNPQRUV 8
4 DFHIJKQ ABIJV 9
5 DN ABCFGHIJKORSVWY 10
6-10A CEE ❶ €24,40
2,3ha 35T(100-250m²) 22D ❷ €32,70
122773

Gleich hinter der Ortsbebauung an der Westseite von Den Ham (N341) den Meersendijk nehmen. Der Beschilderung folgen.

Den Nul/Olst-Wijhe, NL-8121 RZ / Overijssel
iD

Het Klaverblad
Holstweg 44A
1 Apr - 1 Okt
+31 6 13 24 61 36
info@campinghetklaverblad.nl
N 52°21'28'' E 06°07'19''

1 AEHJMOPQSU N 6
2 PQWXY ABDEFG 7
3 AS DEFGHJNQRTUVW 8
4 HO 9
5 DN ABFHIJKOQ 10
16A CEE ❶ €23,00
2,1ha 57T(110-140m²) 1D ❷ €33,00
119718

N337 (Zwolle-Deventer), zwischen Wijhe und Olst liegt Den Nul. Von Wijhe aus links ab in Den Nul. Den CP-Schildern folgen.

Niederlande

Haaksbergen (Twente), NL-7481 VP / Overijssel

CC€21 iD

Camping Scholtenhagen B.V.
Scholtenhagenweg 30
1 Jan - 31 Dez
+31 5 35 72 23 84
campingscholtenhagen@planet.nl
N 52°08'53'' E 06°43'23''

1	ADEKNOPQRSTU	EGHIN 6
2	AQRWXY	ABDEFGH 7
3	ABCFLMSUX	ABEFGJNPQRTUVW 8
4	BDFHJLOQ	CJUVW 9
5	ADEFHKMN	ADEFGHJKMOQ 10
B 10A CEE		❶ €33,35
9,3ha 80T(100-110m²) 177D		❷ €48,85

N18, von Norden kommend Ausfahrt Haaksbergen, von Süden kommend Ausfahrt Haaksbergen-Zuid nehmen. Danach den Schildern zum Camping oder zum "Zwembad De Wilder" folgen. 100793

Hardenberg, NL-7797 RD / Overijssel

iD

De Klimberg
Ommerweg 27
1 Apr - 31 Okt
+31 5 23 26 19 55
camping@deklimberg.nl
N 52°33'42'' E 06°33'34''

1	AEKNOPQRSU	DGLN 6
2	BFJKQRWXYZ	ABDEFGH 7
3	BCDFMV	ABCDEFGIJKMNPQRTUVW 8
4	BCFHIJKLOQ	EVWY 9
5	ACDEFGHKLMN	ABEGHIJKOPQY 10
B 10-16A CEE		❶ €39,50
15ha 175T(140-150m²) 235D		❷ €47,50

Liegt an der Provinzstraße Ommen-Hardenberg. Der Campingplatz befindet sich an einer Parallelstraße. Folgen Sie der Beschilderung Rheezerveen. Ausführliche Beschreibung auf der Website. Neue Schilder werden noch aufgestellt. 105733

Hardenberg, NL-7771 TD / Overijssel

CC€19 iD

Vakantiepark De Kleine Belties
Rheezerweg 79
1 Apr - 31 Okt
+31 5 23 26 13 03
info@kleinebelties.nl
N 52°33'47'' E 06°35'32''

1	AEKNOPQSU	BEGHLN 6
2	BEJPQRWXY	ABDEFG 7
3	ABCDFMSV	ABCDEFJKMNQRTUV 8
4	BFHJLOQU	CEJVY 9
5	ACDEFGHLMN	ABDFGHIJKOPQXY 10
B 6-10A CEE		❶ €43,00
19ha 79T(80-120m²) 413D		❷ €53,00

Hauptstraße Ommen-Hardenberg. An der Ampel in Hardenberg rechts ab. Den Schildern Rheeze folgen. Der CP liegt auf der rechten Seite, 2 km außerhalb von Hardenberg. 105729

Hardenberg/Heemserveen, NL-7796 HT / Overijssel

CC€19 iD

Ardoer vakantiepark 't Rheezerwold
Larixweg 7
1 Apr - 30 Sep
+31 5 23 26 45 95
rheezerwold@ardoer.com
N 52°34'28'' E 06°33'56''

1	AEKMOPQSU	BEGHN 6
2	BQRWXYZ	ABCDEFGK 7
3	ABCFMNSV	ABCDEFGIJKMNQRTUVW 8
4	BDHIJLOQT	CEFJVWY 9
5	ABDEFKLM	ABCDEFGHIJKMOPRSY 10
B 8-10A CEE		❶ €38,00
11ha 110T(100-175m²) 126D		❷ €49,00

N343 Ausfahrt Hardenberg/Slagharen, Slagharen folgen und Campingschilder beachten, dann links ab. 105735

Heino, NL-8141 PX / Overijssel

iD

Camping Heino
Schoolbosweg 10
1 Apr - 30 Sep
+31 5 72 39 15 64
info@campingheino.nl
N 52°26'21'' E 06°16'48''

1	ACDEHKNOPQRSTU	EGHLM 6
2	AEJPQRSWXYZ	ABDFGHK 7
3	ABCDFGHIMSTUVW	ABCDFGHIJKMNPQRTUVW 8
4	ABCDEFHJKLOQ	CEFGJLVWY 9
5	ABDEFHKLMN	ABEFGHIJKMNOPQWXY 10
B 10A CEE		❶ €37,00
13ha 220T(100-120m²) 184D		❷ €47,00

Autobahn Amersfoort-Zwolle-Meppel, Ausfahrt 20 Zwolle-Noord, N35 in Richtung Raalte. Ab Almelo N35 in Richtung Zwolle, Ausfahrt Heino-Noord, ab Deventer in Richtung Raalte-Zwolle. 105705

Holten, NL-7451 HL / Overijssel

CC€21 iD

Ardoer camping De Holterberg
Reebokkenweg 8
1 Jan - 31 Dez
+31 5 48 36 15 24
holterberg@ardoer.com
N 52°17'31'' E 06°26'06''

1	AEKNOPQSTU	BG 6
2	ABQSWXYZ	ABDEFGHI 7
3	ABCDGMSV	ABCDEFGIJKMNQRTUVW 8
4	BCFHJKOR	EFUVWY 9
5	ABDEFHLMN	ABDGHJKOQY 10
B 6-16A CEE		❶ €30,00
6,5ha 120T(80-140m²) 118D		❷ €44,00

A1 Deventer-Hengelo, Ausfahrt 27 Richtung Holten. Vor Holten Richtung Rijssen, N350. CP vor dem Kreisverkehr ausgeschildert. 105754

Holten, NL-7451 RG / Overijssel

CC€15 iD

Ideaal
Schreursweg 5
1 Apr - 1 Okt
+31 5 48 36 17 25
info@campingideaal.nl
N 52°16'43'' E 06°26'52''

1	AEJMOPSU	6
2	AIPQSTWXYZ	ABDEFG 7
3	AMSU	ABEFGKNQRTW 8
4	BFHJ	9
5	D	ABDFGHIJKOQ 10
Anzeige auf dieser Seite B 6A CEE		❶ €18,00
2ha 50T(100-150m²) 30D		❷ €22,00

A1 Ausfahrt 27 Richtung Holten, 2. Ausfahrt rechts. Camping ist ausgeschildert. 108340

IJhorst, NL-7955 PT / Overijssel

iD

De Vossenburcht
Bezoensweg 5
1 Jan - 31 Dez
+31 5 22 44 16 26
info@devossenburcht.nl
N 52°39'16'' E 06°18'07''

1	ADEGKNOPQRSTU	BG 6
2	AQRSWXYZ	ABDEFGH 7
3	BCFMV	ABCDEFGHJKNQRTW 8
4	BCDFHJKOQ	EFJV 9
5	ADEFHKMN	ABEFGHIJKORSY 10
B 10-16A CEE		❶ €27,80
20ha 108T(90-100m²) 267D		❷ €36,60

A28 Ausfahrt 23 Staphorst oder A28 Ausfahrt 24 De Wijk Richtung IJhorst. In IJhorst Schildern folgen. 110231

Niederlande

Lemele, NL-8148 PC / Overijssel

CC€19 iD

de Lemeler Esch Natuurcamping
Lemelerweg 16
6 Apr - 27 Okt
+31 5 72 33 12 41
info@lemeleresch.nl
N 52°28'03'' E 06°25'39''

1	AEHILOPQSU	BG 6
2	QRWXYZ	ABDEFGH 7
3	ABCEFLMX	ABDFGIJKMNQRTUVW 8
4	BEFHIJO	BFJUVW 9
5	ABDEFHJKMN	ABDEFGHIJKOPRSVWXY 10
B 6-10A CEE		❶ €44,20
12ha 191T(100-150m²) 18D		❷ €58,20

N347 zwischen Ommen und Hellendoorn. Ausfahrt Lemele und dann direkt rechts auf die Sekundärstraße fahren. CP ist nach 200m links. 105746

Lemelerveld, NL-8151 PP / Overijssel

CC€21 iD

Charmecamping Heidepark
Verbindingsweg 2a
1 Apr - 30 Sep
+31 5 72 37 15 25
info@campingheidepark.nl
N 52°26'26'' E 06°20'51''

1	ADEHKNOPQRSTU	BGLMN 6
2	AEJPQRXYZ	ABDEFGH 7
3	BCDFGLMNQSX	ABCDEFGHJKMNPQRTUVW 8
4	BCFHJKLQ	BCEFVWY 9
5	ABDEFHKMN	ABEGHIJKNORSY 10
Anz. auf dieser S. B 6-10A CEE		❶ €38,55
5,5ha 100T(100-200m²) 74D		❷ €49,35

A28 Amersfoort-Zwolle, Ausfahrt 18 Zwolle-Zuid, dann N35 Richtung Almelo/Heino. In der Nähe von Raalte Richtung Ommen. Ausfahrt Lemelerveld. CP an der Straße Hoogeveen-Raalte gelegen. Ausfahrt Lemelerveld. 105704

Luttenberg, NL-8105 SZ / Overijssel

iD

Vakantiepark De Luttenberg
Heuvelweg 9
25 Mrz - 30 Sep
+31 5 72 30 14 05
receptie@luttenberg.nl
N 52°23'41'' E 06°21'42''

1	AEKNOPQRSTU	ADFHN 6
2	QRWXYZ	ABDEFGHK 7
3	BCFJLMNSV	ABCDEFGHIJKNPQRTUVW 8
4	ABCEFHIJKLOTU	ABEFJVWY 9
5	ABDEFGHKLMN	ABEGHIJKOPRSXY 10
B 10A CEE		❶ €41,90
8,6ha 141T(80-200m²) 119D		❷ €53,80

Via Deventer: A1, Ausfahrt Deventer Richtung Raalte N348. An Raalte vorbei, an der T-Kreuzung die N348 Richtung Ommen nehmen. Den Schildern folgen bei Ausfahrt Luttenberg. 105706

Mander/Ootmarsum, NL-7663 TD / Overijssel

CC€21 iD

Dal van de Mosbeek
Uelserweg 153
24 Mrz - 15 Okt
+31 5 41 68 06 44
receptie@dalvandemosbeek.nl
N 52°26'40'' E 06°49'25''

1	AEHKNOPQRSTU	6
2	QRWXY	ABDEFGH 7
3	ABCFIMSUV	ABCDEFGHIJKNPQRTUVW 8
4	FHIJKO	CY 9
5	ADEHN	ABDEGHJKOPQV 10
B 10-16A CEE		❶ €27,90
6ha 128T(160-200m²) 6D		❷ €35,30

A1 Ausfahrt Almelo. Nach Tubbergen. Dann Richtung Uelsen. Am Uelserweg 153, Einfahrt Plasdijk, kommt man zum Camping. 118408

Mariënberg/Hardenberg, NL-7692 PC / Overijssel

CC€19 iD

de Pallegarste
Pallegarsteweg 4
1 Apr - 30 Sep
+31 5 23 25 14 17
info@depallegarste.nl
N 52°30'24'' E 06°34'57''

1	AEKNOPQRSTU	BGHIN 6
2	AEJPQRWXYZ	ABCDEFGHK 7
3	ABCDEFLMSUVX	ABCDEFGHIJKLNPQRTUV 8
4	BCDFHIJKLO	ABCEJUVW 9
5	ACDEFGHKMN	ABCDEHIJKMOPQXY 10
B 16A CEE		❶ €47,00
14ha 110T(120m²) 243D		❷ €57,00

In Mariënberg mit Dorfkirche an linken Seite, Richtung Sibculo. CP ist gut ausgeschildert. 100772

Teilkarte Overijssel auf Seite 167

Markelo, NL-7475 ST / Overijssel
CC€19 iD

De Bovenberg
Bovenbergweg 14
1 Apr - 18 Okt
+31 5 47 36 17 81
info@debovenberg.nl

1 AEHKNOPQSTU L 6
2 AEJQSWXYZ ABDEFGH 7
3 ABDFMSUV ABCDEFGHJNPQRTUVW 8
4 BFHJKO CF 9
5 ABDEGMN ABDFGHIJKORSY 10
B 10A CEE ❶ €26,20
4,5ha 63T(100-200m²) 17D ❷ €34,10

N 52°15'56'' E 06°31'13''

113301

Ab Kreuz Schüttorf A1/E30 Hengelo Richtung Almelo. Am Kreuz Azelo weiter auf der A1 Richtung Apeldoorn, Ausf. 27 Markelo. In Markelo Ri. Rijssen, ca. 3 km außerhalb Markelo ist der CP vor dem Kreisel links ausgeschildert.

Markelo, NL-7475 AT / Overijssel
iD

De Poppe Recreatiepark
Holterweg 23
30 Mrz - 30 Sep
+31 5 47 36 12 06
info@depoppe.nl

1 ADEJMOPQSU BGHL 6
2 AEJPQWXYZ ABDEFG 7
3 ABDFMSV ABCDEFGJNQRTW 8
4 BCJ CE 9
5 ABDEHKLMN ABHIJKOQY 10
6-16A CEE ❶ €23,25
14ha 80T(110m²) 231D ❷ €35,75

N 52°15'34'' E 06°27'33''

108262

A1 Deventer-Hengelo, Ausfahrt 27 Richtung Markelo, an Kreisverkehr sofort rechts.

Markelo, NL-7475 PS / Overijssel
iD

Landgoed Kattenbergse Hoeve
Traasweg 5
31 Mrz - 1 Okt
+31 5 47 70 02 30
info@kattenbergsehoeve.nl

1 AEJMOPQRSU BG 6
2 ABQSWXYZ ABDEFG 7
3 ABCFMS ABCDEFGHJNQRTUVW 8
4 BDJO BCUVW 9
5 ABDEHKMN ABHIJKOSY 10
16A CEE ❶ €25,00
10ha 50T(120m²) 128D ❷ €29,75

N 52°13'29'' E 06°28'35''

110232

A1 Deventer-Hengelo, Ausfahrt 27 Richtung Markelo. CP ist ausgeschildert.

Nieuw-Heeten, NL-8112 AE / Overijssel
CC€21 iD

Vakantiepark Sallandshoeve
Holterweg 85
23 Mrz - 15 Okt
+31 5 72 32 13 42
info@sallandshoeve.nl

1 ADEJMOPSU EG 6
2 AQSWXY ABFGH 7
3 ABEFJMRTV ABEFHJNQRTUV 8
4 BFHJPQ CJVWY 9
5 ABDEFGHKLN ABEFHIJKOQ 10
10A CEE ❶ €29,00
3ha 67T(100-150m²) 95D ❷ €32,00

N 52°19'15'' E 06°20'35''

108263

A1 Ausfahrt Holten, N332 Richtung Raalte. Nach 7 km rechts (ausgeschildert).

Nijverdal, NL-7441 DK / Overijssel
CC€23 iD

Ardoer camping De Noetselerberg
Holterweg 116
31 Mrz - 29 Okt
+31 5 48 61 26 65
noetselerberg@ardoer.com

1 ADEHJMOPQSU AEGH 6
2 QRWXYZ ABDEFGHK 7
3 ABCDEFLMV ABCDEFGIJKMNQRTUVW 8
4 BDFHIJL CEFJLUVW 9
5 ABCDEFGJLMN ABCDEFGHIJKOPRSXY 10
B 10-16A CEE ❶ €45,55
11ha 210T(90-110m²) 72D ❷ €57,10

N 52°21'00'' E 06°27'21''

100773

In Nijverdal Straße Richtung Rijssen folgen. Route zum CP ist an dieser Straße gut ausgeschildert.

Notter, NL-7467 PD / Overijssel
iD

De Grimberghoeve
Klokkendijk 14
1 Apr - 1 Okt
+31 5 48 51 32 92
info@grimberghoeve.nl

1 AEKNOPQSTU JN 6
2 ABCJKQRTWXYZ ABDEFGHK 7
3 AILMSTUV ABCDEFGIJNQRTUVW 8
4 FHIJK EJRVWY 9
5 DEKN BFGHJKOPQY 10
B 6-16A CEE ❶ €24,80
3ha 65T(125-200m²) 5D ❷ €32,10

N 52°19'38'' E 06°31'44''

118029

Von der A1 Ausfahrt 28 Rijssen. Auf der N350 links ab Richtung Rijssen. Am Kreisel sofort rechts, dann links ab, Klokkendijk (Notter).

Oldemarkt/Paasloo, NL-8378 JB / Overijssel
iD

De Eikenhof
Paasloërweg 12
1 Jan - 1 Okt
+31 5 61 45 14 30
eikenhof@capfun.com

1 ACEKNOPQRSTU BGLNX 6
2 ABFJPQRWXYZ ABFGH 7
3 ABCDFMTUVWX ABCDEFGHIJKMNQRTUVW 8
4 BCDFHJLNO ABCEFHJLVWY 9
5 ADEFGHJKLMN ABCEFGHJKMOQY 10
B 6-16A CEE ❶ €28,45
14ha 142T(90-115m²) 189D ❷ €31,70

N 52°48'57'' E 05°59'48''

100733

N351 Emmeloord-Wolvega. In Kuinre Richtung Oldemarkt. Oder A32 Steenwijk-Wolvega, Ausfahrt 7, und Richtung Oldemarkt Beschilderung folgen.

Oldemarkt/Paasloo, NL-8378 JB / Overijssel
iD

Krolsbergen
Paasloërweg 16
1 Apr - 1 Okt
+31 5 61 45 14 71
info@campingkrolsbergen.nl

1 AEHKNOPQRSTU BGNX 6
2 ABQSWXYZ ABDEFGH 7
3 ABCFGJMSVX ABCDEFGHIJKNPQRTW 8
4 BCDFHJLNOP UVWY 9
5 ADEFHKLMNO ABCFGHJKORSY 10
B 10A CEE ❶ €26,00
10ha 44T(90-110m²) 140D ❷ €34,00

N 52°48'58'' E 06°00'24''

100734

A32 afslag 7 Steenwijk Richtung Witte Paarden, Oldemarkt, Paasloo. Camping an dieser Straße ausgeschildert.

Ommen, NL-7731 BC / Overijssel
iD

de Koeksebelt
Zwolseweg 13
1 Apr - 31 Okt
+31 5 29 45 13 78
info@koeksebelt.nl

1 AEKNOPQRSTU BGHJLNXZ 6
2 CEJQRWXYZ ABDEFGHIJ 7
3 ABCEFGLMSUV ABCDEFGHIJKNQRTUVW 8
4 ABDEFGHJKLO FHIJOQRVW 9
5 ABDEFGHJKLMN ABCEFGHJKMOPQY 10
B 6-10A CEE ❶ €47,50
12ha 275T(100-150m²) 43D ❷ €58,50

N 52°30'59'' E 06°24'51''

105752

Von der N34 über die Brücke in Ommen in südliche Richtung des Vecht. Direkt hinter der Brücke rechts am Hotel 'de Zon' vorbei Richtung Vilsteren. CP nach ca. 500m rechts.

Ommen, NL-7731 PB / Overijssel
CC€23 iD

Ommerland
Besthemerberg 1
24 Mrz - 31 Okt
+31 5 29 45 13 62
info@ommerland.nl

1 AEKNOPQRSTU BEGH 6
2 BQRYZ ABDEFGH 7
3 ABCEFGHILMSTUVX ABCDEFGHIJKMNQRTUVW 8
4 BCDEFHIJLNOPQZ CJRWXY 9
5 ACDEFGHJKLN ABDEHIJKOPQY 10
B 4-10A CEE ❶ €47,20
85ha 394T(100-120m²) 254D ❷ €57,40

N 52°30'30'' E 06°26'37''

105741

An der R103 Ommen-Beerze gelegen. Am CP-Schild über den Bahnübergang.

Ommen, NL-7731 RC / Overijssel
CC€19 iD

Resort de Arendshorst
Arendshorsterweg 3a
31 Mrz - 30 Sep
+31 5 29 45 32 48
info@arendshorst.nl

1 ACEKNOPQRSTU FJNXZ 6
2 ABCJQRWXYZ ABDEFGH 7
3 BFHJLM ABEFGIJNQRTUVW 8
4 FHIJKOQ JOQUVW 9
5 ABDEFGHJLMN ABDFHIJKOSW 10
6-10A CEE ❶ €28,00
22ha 125T(150-250m²) 110D ❷ €38,00

N 52°31'10'' E 06°21'52''

108264

CP ist entlang der N 340 Ommen-Zwolle ausgeschildert. ACHTUNG: Befahren Sie die Parallelstraße.

Niederlande

Ootmarsum, NL-7638 PP / Overijssel
CC€19 iD

Bij de Bronnen
Wittebergweg 16-18
1 Jan - 31 Dez
+31 5 41 29 15 70
info@campingbijdebronnen.nl

1 AEJMOPQRSTU 6
2 BQRXYZ ABDEFGH 7
3 BFNSX ABCDEFHJKMNPRTUVW 8
4 FHIJKOQ JVY 9
5 DEFHKMN ABCDFGHJKORSY 10
B 6A CEE ① €20,70
8ha 43T(70-120m²) 136D ② €27,90

N 52°25'29'' E 06°53'23''

In Ootmarsum wird der CP gut ausgeschildert. (Mit der Navigation in Nutter.) 105778

Ootmarsum, NL-7631 CJ / Overijssel
CC€23 iD

De Kuiperberg
Tichelwerk 4
1 Apr - 17 Okt
+31 5 41 29 16 24
info@kuiperberg.nl

1 AKNOPQRSTU 6
2 IPQRTUVWXYZ ABDEFGH 7
3 S ABCDEFGHJNQRTUVW 8
4 FHJO EJVW 9
5 ADEFHKN ABCDEFGHJKNORSY 10
B 16A CEE ① €32,00
H60 4ha 120T(100m²) 10D ② €49,00

N 52°24'29'' E 06°53'04''

Auf der N349 von Ootmarsum nach Almelo ist der CP gut angezeigt. 105782

Ootmarsum, NL-7637 PM / Overijssel
iD

De Witte Berg
Wittebergweg 9
31 Mrz - 1 Okt
+31 5 41 29 16 05
info@dewitteberg.nl

1 AEKNOPQSTU BDGLN 6
2 BEJKQRTWXYZ ABDEFGH 7
3 ABCDEFIJMSVX CDEFGIJKMNPQRTUVW 8
4 BCDFHJO BEFGIJVWX 9
5 ABDEFHKLMN ABCGHJKOSY 10
B 6-10A CEE ① €55,00
6,5ha 136T(100-140m²) 37D ② €67,00

N 52°25'25'' E 06°53'35''

In Ootmarsum ist der CP gut ausgeschildert. 110750

Ootmarsum/Agelo, NL-7636 PL / Overijssel
CC€19 iD

De Haer
Rossummerstraat 22
1 Apr - 1 Okt
+31 5 41 29 18 47
info@dehaer.nl

1 AEKNOPQRSTU A 6
2 ABPQRTWXYZ ABDEFGH 7
3 ABFGMVX ABCDEFHJKNPQRTUV 8
4 BCDFHJO CJUVWXY 9
5 ADEFHKMN ABDFGHJKOQ 10
B 6-10A CEE ① €23,20
5,5ha 130T(100-140m²) 48D ② €29,40

N 52°23'25'' E 06°54'06''

Der Platz liegt an der Straße von Ootmarsum nach Oldenzaal und ist gut ausgeschildert. 113428

Ootmarsum/Hezingen, NL-7662 PH / Overijssel
CC€23 iD

Hoeve Springendal
Brunninkhuisweg 3
1/4 - 1/11, 22/12 - 31/12
+31 5 41 29 15 30
info@hoevespringendal.nl

1 AEHKNOPQRSTU N 6
2 BCIQRTWXYZ ABFGHK 7
3 AS ABCDEFGIJNQRTUVW 8
4 EFHIJKO GIJVW 9
5 ADHJN ABCDEHJKOQY 10
B 10A CEE ① €36,40
3ha 58T(120-200m²) 15D ② €45,80

N 52°26'30'' E 06°53'38''

In Ootmarsum ist der CP gut ausgeschildert, Schildern folgen. 112442

Ossenzijl, NL-8376 EM / Overijssel
iD

De Kluft
Hoogeweg 26
1 Apr - 31 Okt
+31 5 61 47 73 70
info@dekluft.nl

1 ADEHJMOPQRSTU JLNUVXYZ 6
2 ACEIJPQTWXYZ ABDEFGH 7
3 ABFMQ ABCDEFGHIJKNQRTW 8
4 ABCDEFHJO FGJNORVW 9
5 ABDEFGHJKLMN ABFGHJKOPQY 10
B 6A CEE ① €28,80
14,5ha 180T(100m²) 120D ② €37,00

N 52°48'28'' E 05°55'54''

N32 Richtung Oldemarkt. Vorbei an Oldemarkt, vor Ossenzijl ist der CP ausgeschildert. 100759

Raalte, NL-8102 SV / Overijssel
iD

Krieghuusbelten
Krieghuisweg 19
1 Apr - 30 Sep
+31 5 72 37 15 75
info@krieghuusbelten.nl

1 ACEILOPQRSTU DGHLNQ 6
2 EQRWXYZ ABDEFGH 7
3 ABCDEFHIJMNSUV ABCDEFGHJMNQRTUV 8
4 BCDFHJLOQ ACEJV 9
5 ABCDEFHKLMN ABEGHIJKOPQWY 10
B 10-16A CEE ① €42,00
26ha 200T(100-120m²) 281D ② €54,00

N 52°25'37'' E 06°18'36''

An Kreuzung N35 Zwolle-Almelo und N348 Richtung Deventer in nördliche Richtung. Beschilderung folgen. Von Ommen an Restaurant 'De Lantaren' rechts. 109788

Reutum, NL-7667 RR / Overijssel
CC€17 iD

De Weuste
Oldenzaalseweg 163
1 Apr - 30 Sep
+31 5 41 66 21 59
info@deweuste.nl

1 ACEKNOPQRSTU BGN 6
2 ACPQRWXYZ ABCDEFGH 7
3 ABFHILMRSU ABCDEFGIJKNPQRTUVW 8
4 BCDFGHJKLOPQS JVW 9
5 ABDEFHKN ABCDEGHJKORSY 10
Anzeige auf dieser Seite B 10A CEE ① €21,40
9,5ha 91T(100-180m²) 102D ② €32,80

N 52°21'59'' E 06°50'02''

CP liegt an der N343 Oldenzaal-Tubbergen. Gut ausgeschildert. Kommt man von der A1, nimmt man die Ausfahrt 31 Weerselo. 111505

Reutum/Weerselo, NL-7667 RS / Overijssel
CC€19 iD

De Molenhof
Kleijsenweg 7
31 Mrz - 2 Okt
+31 5 41 66 11 65
info@demolenhof.nl

1 AEHKNOPQRSTU BDGHIN 6
2 APQRWXYZ ABDEFGHK 7
3 ABCDEFGJLMUVX ABCDEFGIJKNQRTUVW 8
4 BFHJO BFIJLVY 9
5 ACDEFGHIMN ABCEGHJKOPQUXY 10
B 10A CEE ① €48,00
16ha 500T(100-130m²) 50D ② €54,00

N 52°21'57'' E 06°50'37''

In Weerselo ist der CP ausgeschildert. Er liegt an der Straße von Weerselo nach Tubbergen. 105780

Rheeze, NL-7794 RA / Overijssel
CC€21 iD

Camping 't Veld
Grote Beltenweg 15
6 Apr - 30 Sep
+31 5 23 26 22 86
info@campingtveld.nl

1 AEHKNOPQRSU DGHN 6
2 EJKQRWXY ABCDEFGHK 7
3 BCDMV ABCDEFHJKMNPQRTUVW 8
4 BCDFGHIJLO BCFJVWY 9
5 ABDEFGKMN ABCEGHIJKOQY 10
B 10A CEE ① €44,00
8ha 91T(80-100m²) 158D ② €54,00

N 52°32'49'' E 06°34'19''

Bundesstraße Ommen-Hardenberg, an Tankstelle rechts. Hardenberg-Rheeze folgen. Ca. 1 km nach Hardenberg rechts. Ausgeschildert. 105731

Rheeze, NL-7794 RA / Overijssel
iD

Capfun de Sprookjescamping
Grote Beltenweg 17
1/4 - 19/9, 15/10 - 30/10
+31 5 23 26 13 69
sprookjes@capfun.com

1 AEKNOPQSTU BEGHN 6
2 EJQRWXY ABCDEFGHK 7
3 ABCDEFU ABCDEFGIJKNQRTUVW 8
4 ABDFHIJLOPS AEJVWY 9
5 ACDEFGJKLMN ABCGHIJKOQXY 10
6-10A CEE ① €63,00
16ha 31T(100m²) 326D ② €77,00

N 52°32'46'' E 06°34'14''

Bundesstraße Ommen-Hardenberg. In Hardenberg an Shell-Tankstelle rechts. Ab Rheeze ausgeschildert. 105732

Rheezerveen/Hardenberg, NL-7797 HH / Overijssel
iD

Capfun Vakantiepark het Stoetenslagh
Elfde Wijk 42
7 Apr - 30 Okt
+31 5 23 63 82 60
stoetenslagh@capfun.com

1 ADEHILOPQRSTU BDEGHLN 6
2 EJQRWXY ABDEFGH 7
3 ABCDEGLMRSTVWX ABCDEFGHIJKMNQRTUVW 8
4 BCDFHIJLNOQ JRVWY 9
5 ABDEFGHJKLMN ABCEFGHIJKOPQY 10
B 10A CEE ① €60,00
26ha 154T(120-140m²) 406D ② €80,00

N 52°35'12'' E 06°31'50''

A28 Ausfahrt N377 nach Slagharen. Vor Slagharen N343 Richtung Hardenberg. Nach der Ausfahrt Lutten 1. Ausfahrt rechts. Weiter nach 3 km CP links. Von Hardenberg nach Slagharen, nach 5 km links ab Elfde wijk. 105736

Slagharen, NL-7776 PA / Overijssel
iD

Attractie en Vakantiepark Slagharen
Knappersveldweg 3
1 Apr - 30 Okt
+31 5 23 68 30 00
info@slagharen.com

1 ADEJMOPSU EHIN 6
2 PQRXY ABDEFG 7
3 ABEGMNS ABCDEFGIJNQRTW 8
4 BDHJP CEJV 9
5 ACDEFGJKLN ABCEGHIJKNQXY 10
10A CEE Preise auf Anfrage
8ha 229T(100m²) 808D

N 52°37'15'' E 06°34'03''

Richtung Ponypark Slagharen. 108336

St. Jansklooster, NL-8326 BG / Overijssel
CC€17 iD

Kampeer- & Chaletpark Heetveld
Heetveld 1
1 Apr - 30 Sep
+31 5 27 24 62 43
info@campingheetveld.nl

1 AEHKNOPQRSTU 6
2 PQSWXYZ ABEFGHK 7
3 ABDEFHJNPQRUVW 8
4 FH JVW 9
5 ADFKN BCDHIJKORS 10
6A CEE ① €19,50
5ha 51T(140-150m²) 22D ② €22,00

N 52°40'05'' E 06°00'48''

Auf der N331 Zwartsluis-Vollenhove in Barsbeek Richtung St. Jansklooster. Der CP in Heetveld ist mit blauen Schildern angezeigt. 118696

Stegeren/Ommen, NL-7737 PE / Overijssel
iD

De Kleine Wolf
Coevorderweg 25
1/4 - 20/9, 30/9 - 31/10
+31 5 29 45 72 03
info@kleinewolf.nl

1 AEHKNOPQRSU BEGHILMN 6
2 EJQRWXYZ ABDEFGH 7
3 ABDEFGJLMNST ABCDEFGIJKMNQRTUVW 8
4 ABCDEFHIJKLO EFJUVW 9
5 ACDEFGHKLMN ABEGHIJKMOPQY 10
B 8-16A CEE ① €65,00
24ha 475T(100-160m²) 168D ② €80,00

N 52°32'40'' E 06°29'41''

Von der N36 über den Kreisel zwischen Ommen und Hardenberg, Ausfahrt Stegeren. Den CP-Schildern folgen. 105738

Niederlande

Teilkarte Overijssel auf Seite 167

Tubbergen, NL-7651 KP / Overijssel

CC€19 iD

Ardoer recreatiepark Kaps
Tibsweg 2
1 Apr - 2 Okt
+31 5 46 62 13 78
kaps@ardoer.com

1 AEH**JM**OPQRSTU BGN 6
2 QRWXYZ ABDE**FG** 7
3 ABDF**K**MV ABCDFGIJNQRTUVW 8
4 BFHJL CFJUVW 9
5 ABDEFHKLMN ABDEGHJKOPRSY 10
B 6-10A CEE ① €32,60
10ha 89**T**(100-120m²) 104**D** ② €42,60

N 52°24'36" E 06°48'19"

Ab Ortsumgehung Tubbergen ausgeschildert (N343). CP-Schildern folgen. 105779

Zuna/Nijverdal, NL-7466 PD / Overijssel

iD

Vakantiepark Mölke
Molendijk 107
9 Apr - 1 Okt
+31 5 48 51 27 43
info@molke.nl

1 AE**JM**OPQRSTU EGJ**N**XZ 6
2 ACJQRWXYZ ABDE**FG**H 7
3 ABCDF**L**M**R**SUVX ABCDEFGJK**M**NQRTUVW 8
4 ABCDFGHIJKLOT BCEFJORUVWY 9
5 ABCDEFGHJKLMN ABEGHIJKMN**O**PQY 10
B 4-10A CEE ① €54,00
9,5ha 49**T**(90-125m²) 220**D** ② €55,00

N 52°19'35" E 06°31'07"

Camping an der N347 zwischen Rijssen und Nijverdal gut ausgeschildert. 105753

Vollenhove, NL-8325 PP / Overijssel

CC€17 iD

Ardoer vakantiepark
´t Akkertien
Noordwal 3
1 Jan - 31 Dez
+31 5 27 24 13 78
akkertien@ardoer.com

1 AE**KN**OPQRSTU DGHJNQSXYZ 6
2 CIPQTWXY ABDE**FG**JK 7
3 ABCDFGJM**N**S ABCDEFGHIJKNPQRTUVW 8
4 ABCDFHJKLOQ**T** EIJOQRTVWY 9
5 ABDEHJMN ABDEFGHJKOPRSUY 10
B 10A CEE ① €23,00
11ha 150**T**(100-140m²) 145**D** ② €32,50

N 52°40'32" E 05°56'22"

N331 Richtung Vollenhove und dann den Schildern folgen. Nicht durchs Zentrum von Vollenhove fahren. 117156

Zwolle, NL-8035 PA / Overijssel

iD

Terra Nautic
Vechtdijk 1
1 Apr - 1 Okt
+31 5 29 42 71 71
info@terranautic.nl

1 AEH**KN**OPSU JNQS**XYZ** 6
2 ACPQRWXYZ A**B**DE**FG**H 7
3 BFMSU ABCDE**F**KNQRTUVW 8
4 H 9
5 DMN ABFGHIJKNRS 10
4A CEE ① €27,00
7ha 100**T**(90-100m²) 65**D** ② €36,00

N 52°32'05" E 06°08'48"

Autobahn A28 Amersfoort-Meppel, Ausfahrt 21 Ommen. Der rechten Fahrspur folgen in Richtung Hessenpoort. Dann ausgeschildert. 100769

Welsum, NL-8196 KC / Overijssel

iD

De Stuurmanskolk
IJsseldijk 85
1 Jan - 31 Dez
+31 5 70 56 14 70
info@destuurmanskolk.nl

1 ADEH**KN**OPQRST**U** JLN 6
2 CEKQTXYZ ABDEFG 7
3 AM ABFJNQRW 8
4 FH**ST** J 9
5 DEFHKL ABFGHJKOQXY 10
6A CEE ① €21,50
1,5ha 60**T**(80-100m²) 10**D** ② €29,50

N 52°20'37" E 06°05'48"

Von der A50 über Heerde dem Deich bis Welsum folgen. Aus den Ost-Niederlanden Olst mit der Fähre übersetzen. Der Camping liegt hinter Eet Tapperij Bijsterbosch. 115485

Zwolle, NL-8034 PJ / Overijssel

CC€19 iD

Molecaten Park
De Agnietenberg
Haersterveerweg 27
24 Mrz - 1 Okt
+31 3 84 53 15 30
deagnietenberg@molecaten.nl

1 ADEH**KN**OPQRSU JL**NQ** 6
2 ABCEJKQWXYZ ABDE**FG**H 7
3 ABFG**L**M**U** ABEFJNQRTUVW 8
4 BFHJO JV 9
5 ADEM ABDEFGHJK**O**QY 10
10A CEE ① €29,85
14ha 58**T**(80-100m²) 238**D** ② €35,65

N 52°32'13" E 06°07'47"

A28 Richtung Leeuwarden/Groningen, hinter der Ausfahrt Zwolle-Noord rechts, direkt links. Nach 400m an der Ampel links. 105700

Akkrum, NL-8491 CJ / Friesland (CC€21) iD

Drijfveer
Ulbe Twijnstrawei 31
1 Apr - 1 Nov
+31 5 66 65 27 89
info@drijfveer.nl
N 53°02'54" E 05°49'33"

1 AEHKNOPQRSTU JLNSTWXYZ 6
2 ACFKQTXY ABDEFG 7
3 ABMNX ABEFGHJNQRTVW 8
4 BCDHJ NOPQR 9
5 ADHJNO ABCFGHIJKLOPRSUY 10
B 10A CEE ❶ €29,00
2,5ha 80T(72-100m²) ❷ €39,00

Von der A32 Ausfahrt Akkrum. Richtung Akkrum Oost. Der Beschilderung 'Jachthaven Tusken de Marren' folgen. 122657

Anjum, NL-9133 DV / Friesland (CC€23)

Landal Esonstad
Skanserwei 28
24 Mrz - 26 Okt
+31 5 19 32 95 55
esonstad@landal.nl
N 53°22'30" E 06°09'32"

1 DEKNOPQRSTU EGLNPQSXYZ 6
2 CEIJKPQTW ABDEFGH 7
3 ABCDEFKMNSTUV ABCDEFHJKMNPQRTUVW 8
4 ABCDEFGHJLSTUV IJMNPQRTUVWXY 9
5 ACDEFGHJKLN ABFGHJKOPQY 10
16A CEE ❶ €32,00
5ha 129T(100-120m²) 221D ❷ €34,00

Von Leeuwarden die N355 Dokkum Richtung Lauwersoog die N361. 118132

Appelscha, NL-8426 EP / Friesland iD

Alkenhaer
Alkenhaer 1
1 Apr - 31 Okt
+31 5 16 43 26 00
info@campingalkenhaer.nl
N 52°56'45" E 06°21'44"

1 ADEKNOPQRST 6
2 APQSWXYZ ABDEFGH 7
3 AFLMUV ABCDEFHJKMNPQRTUVW 8
4 BDFHJLNOQ EFJVWY 9
5 DEHMN ABFGHJKORSY 10
B 10A CEE ❶ €25,10
11ha 60T(80-120m²) 158D ❷ €34,60

N381 Drachten-Appelscha, Ausfahrt Appelscha. N371 Meppel-Assen, Ausfahrt Appelscha. CP ist mit braunen Schildern angezeigt. 111143

Appelscha, NL-8426 GK / Friesland (CC€19) iD

RCN Vakantiepark De Roggeberg
De Roggeberg 1
24 Mrz - 29 Okt
+31 8 50 40 07 00
reserveringen@rcn.nl
N 52°56'18" E 06°20'30"

1 ADEHKNOPQRSTU BFH 6
2 ABQRWXYZ ABDEFGH 7
3 ABCDFGJLMNSUW ABCDEFGIJKMNQRTUVW 8
4 ABCDEFHJLNO CEJUVWY 9
5 ABDEFHJKLMN ABEFGHIJKMNOPSTXY 10
B 10A CEE ❶ €34,00
69ha 335T(100-120m²) 487D ❷ €40,00

Auf der N381 nach Appelscha fahren. Von dort an gut ausgeschildert. 105679

Bakhuizen, NL-8574 VC / Friesland (CC€19) iD

De Wite Burch
Wite Burch 7
15 Mrz - 31 Okt
+31 5 14 58 13 82
info@witeburch.nl
N 52°52'18" E 05°28'08"

1 AEGKNOPQRSTU X 6
2 QRWXYZ ABFGH 7
3 ABDFILM ABCDEFHJKNQRTUVW 8
4 BHJKO CEFJUVW 9
5 ABDEHJKMN ABDEHJKORS 10
Anzeige auf dieser Seite B 10A CEE ❶ €26,00
10ha 60T(80-100m²) 229D ❷ €33,00

Von Lemmer N359 Richtung Koudum. Ausfahrt Rijs links. An Kreuzung Richtung Bakhuizen, CP-Beschilderung folgen. CP nach Ortsausgang, Nordseite. 100726

Bakkeveen, NL-9243 KA / Friesland (CC€17) iD

De Ikeleane
Duerswâldmerwei 19
1 Apr - 30 Sep
+31 5 16 54 12 83
info@ikeleane.nl
N 53°04'16" E 06°14'34"

1 AEHJMOPQSTU 6
2 AIPQRWXY ABDEFGH 7
3 ABCDEFGMSV ABCDEFGHIJMNPQRTUVW 8
4 BCDFHJKLO CFJVY 9
5 ADEFGHJKMN ABDEFGHJKOQY 10
10A CEE ❶ €26,75
9ha 86T(90-100m²) 128D ❷ €34,75

Ab Heerenveen die A7 nach Drachten. Ausfahrt 31 Richtung Frieschepalen. In Frieschepalen Richtung Bakkeveen. In Bakkeveen Richtung Wijnjewoude nach 1,5 km CP links. 118098

Bakkeveen, NL-9243 JZ / Friesland (CC€23) iD

De Wâldsang
Foarwurkerwei 2
24 Mrz - 30 Okt
+31 5 16 54 12 55
info@waldsang.nl
N 53°05'08" E 06°15'00"

1 AEHKNOPQRSTU N 6
2 ABPQRWXY ABDEFGHK 7
3 ABCDFMS ABCDEFGHIJNQRTUVW 8
4 BCDFHJKOQR AFHJRV 9
5 ADEFGHKMN ABDEFGHIJKOPQ 10
16A CEE ❶ €37,80
13ha 142T(100-120m²) 180D ❷ €44,10

A7 Ausfahrt 31 (Frieschepalen). In Frieschepalen Richtung Bakkeveen. Vor Bakkeveen dem CP-Schild 'De Wâldsang' folgen. 108215

Bakkeveen, NL-9243 SE / Friesland iD

It Kroese Beamke
Nije Drintsewei 6
1 Apr - 1 Okt
+31 5 16 54 12 45
info@kroesebeamke.nl
N 53°04'44" E 06°16'55"

1 AEKNOPQRSTU N 6
2 IPQRTWXYZ ABDEFG 7
3 ACFHIMSU AEFJQRUW 8
4 FHJKOQ DFJ 9
5 DN ABHJKOSTU 10
6-10A CEE ❶ €20,50
5ha 39T(100-180m²) 31D ❷ €28,50

Assen zur N372 Norg/Haulerwijk/Waskemeer/Bakkeveen. Den Schildern folgen. 118338

Bakkeveen, NL-9243 KA / Friesland (CC€19) iD

Molecaten Park 't Hout
Duerswâldmerwei 11
24 Mrz - 1 Okt
+31 5 16 54 12 87
thout@molecaten.nl
N 53°04'44" E 06°15'11"

1 AEHKNOPQSU BGH 6
2 ABPQRWXYZ ABDEFGH 7
3 ABDEFMV ABCDEFGJKNQRTUVW 8
4 BFHJKLO ABCEVY 9
5 ADEFGKMN ABDEFGHIJKSTY 10
B 10A CEE ❶ €24,00
21,4ha 210T(100-120m²) 303D ❷ €33,50

A7 Kreuz Oosterwolde, Richtung Oosterwolde. Ausfahrt Wijnjewoude/Bakkeveen. Oder A7 Heerenveen-Groningen, Ausfahrt 31 Richtung Bakkeveen. Weiter den Schildern folgen. 101539

Dokkum, NL-9101 XA / Friesland (CC€17) iD

Harddraverspark
Harddraversdijk 1a
1 Apr - 1 Nov
+31 5 19 29 44 45
info@campingdokkum.nl
N 53°19'36" E 06°00'17"

1 ABEKNOPQRSTU JNXZ 6
2 CPQRSTWXYZ ABDFG 7
3 ABNSU ABCDEFNPQRUVW 8
4 FH DFOVW 9
5 DMN ABDFGHIJKOQY 10
4-16A CEE ❶ €24,50
2,5ha 80T(100-120m²) 8D ❷ €30,50

Von Leeuwarden Richtung Dokkum-Oost, Beschilderung folgen. Ab Drachten Richtung Dokkum-Oost. Umgehung folgen (Lauwerssеewei). Von Groningen-Zoutkamp die N361 Richtung Dokkum. Ausgeschildert. 108991

Eernewoude, NL-9264 TP / Friesland

It Wiid
Kooidijk 10
1 Jan - 31 Dez
+31 5 11 53 92 23
info@wiid.nl
N 53°07'37" E 05°56'48"

1 DEJMOPQRST BGHLNSTXYZ 6
2 ABFJQTXYZ ABDEFGH 7
3 BFMN ABCDEFGIJKNQRTUVW 8
4 ABFGHJ EJNOPQVW 9
5 ACEGHLMN ABCEFGHIJKOPQY 10
B 10-16A CEE ❶ €36,00
28ha 250T(100-120m²) 260D ❷ €54,00

A7, Knotenpunkt Oosterwolde, Richtung Leeuwarden. In Garijp in Richtung Eernewoude fahren. Weiter den CP-Schildern folgen. 105597

Eernewoude, NL-9264 TK / Friesland

Simmerwille
Smidspaed 2
1 Apr - 1 Okt
+31 5 11 53 93 90
info@simmerwille.nl
N 53°07'46" E 05°55'56"

1 EHKNOPQRSTU LNQSXYZ 6
2 EQWXY ABDEFG 7
3 AFMX ABCDEFNQRT 8
4 FHJ EGOPQR 9
5 ADJN ABHIJKOQ 10
Anzeige auf dieser Seite 6-10A CEE ❶ €28,50
3ha 50T(80-100m²) 12D ❷ €35,50

A7, Kreuz Oosterwolde Richtung Leeuwarden. Bei der Ausfahrt Garijp Richtung Eernewoude/Earnewald. Dann weiter ausgeschildert. 100712

Franeker, NL-8801 PG / Friesland (CC€21) iD

Recreatiepark Bloemketerp bv
Burg. J. Dijkstraweg 3
1 Jan - 31 Dez
+31 5 17 39 50 99
info@bloemketerp.nl
N 53°11'22" E 05°33'09"

1 ADEKNOPQRSTU EFHIN 6
2 ACPQTWXY ABDEFG 7
3 ABDFPR ABCDEFJNRTUVW 8
4 ABFHJOQRSTZ HIJQRVW 9
5 CDEFHLN ABDEFGHJKOPQY 10
B 10A CEE ❶ €23,50
5ha 85T(100m²) 33D ❷ €31,50

A31, Ausfahrt Franeker, Richtung Franeker. Ausgeschildert. 100709

Niederlande

Teilkarte Friesland auf Seite 172

Harlingen, NL-8862 PK / Friesland
CC€21 iD

De Zeehoeve
Westerzeedijk 45
27 Mrz - 31 Okt
+31 5 17 41 34 65
info@zeehoeve.nl

1	ADEKNOPQRSTU	KNQSXYZ	6
2	AGJQXY	ABDEFG	7
3	ABFMV	ABCDEFGIJNQRTUVW	8
4	BCDHJO	EFGJNRTVW	9
5	ADEFHJLMN	ABFGHJKOPQY	10

B 16A CEE
10ha 125T 158D
① €31,50
② €40,00

N 53°09'44" E 05°25'01"

Auf der N31 Zurich-Harlingen Ausfahrt Kimswerd. Am Kreisel 3. Ausfahrt und der CP-Beschilderung folgen. Der CP liegt nach etwa 1 km rechts der Straße.

100707

Hindeloopen, NL-8713 JA / Friesland
iD

Hindeloopen
Westerdijk 9
31 Mrz - 29 Okt
+31 5 14 52 14 52
info@campinghindeloopen.nl

1	ADEILOPQRSTU	LNQRSWXYZ	6
2	AEGJKQTWY	ABDEFG	7
3	ABCDFMNV	ABCDEFGHIJKNQRTVW	8
4	BHJKLOPQ	FJMNVY	9
5	ABDEHKM	ABFGHIJKOQY	10

Anzeige auf Seite 175 B 6-16A CEE
16ha 106T(100m²) 507D
① €32,00
② €40,00

N 52°56'06" E 05°24'15"

Von Lemmer N359 Richtung Bolsward. Ausfahrt Hindeloopen. CP-Schildern folgen.

105512

Leeuwarden, NL-8926 XE / Friesland
CC€19 iD

De Kleine Wielen
De Groene Ster 14
1 Apr - 1 Okt
+31 5 11 43 16 60
info@dekleinewielen.nl

1	ABDEKNOPQRSTU	LNQSXYZ	6
2	AEJPQRWXYZ	ABDEFGH	7
3	ABCFJKMV	ABCDEFJKNQRTW	8
4	BDFHJOQ	BEFNRY	9
5	ACDHJKMN	ABDFGHIJKLOQY	10

B 4A CEE
15ha 200T(80-120m²) 16D
① €29,50
② €37,80

N 53°12'59" E 05°53'18"

An der N355 zwischen Hardegarijp und Leeuwarden. Ausgeschildert.

100710

Makkum, NL-8754 HC / Friesland
iD

Recr. Centr. De Holle Poarte
De Holle Poarte 2
25 Mrz - 4 Nov
+31 5 15 23 13 44
info@hollepoarte.nl

1	ADEKNOPRSTU	ALNQRSTXYZ	6
2	AFGJPQRTWY	ABDEFGH	7
3	ABDFGIMRSV	ABCDEFGIJKNRT	8
4	ABCJKLPQ	EJMNVWY	9
5	ACDEFGHIKLMN	ABFGHIKOQVWXY	10

B 6A CEE
40ha 170T(80-100m²) 1000D
① €47,00
② €49,50

N 53°03'11" E 05°23'01"

A7 Sneek-Afsluitdijk, Ausfahrt Makkum. Vor Stadt CP-Beschilderung folgen. Dieser CP liegt am IJsselmeer.

100723

Molkwerum/Molkwar, NL-8722 HE / Friesland
iD

't Séleantsje
't Séleantsje 2
1 Apr - 31 Okt
+31 5 14 68 13 95
info@camping-seleantsje.nl

1	ADEJMOPQRSTU	LNQSXYZ	6
2	AEGJKPQWXY	ABDEFGH	7
3	ABFHIMX	ABEFNRTUVW	8
4	BHJNOPQ	EFJRVY	9
5	ADEFGHLMN	ABFGHJKOQY	10

Anzeige auf Seite 175 B 6-10A CEE
4ha 105T(80-115m²) 118D
① €24,50
② €30,00

N 52°54'13" E 05°23'45"

Von Lemmer auf der N359 Richtung Balk und Koudum. In Koudum Richtung Molkwar. Weiter den Schildern folgen.

101542

Noordwolde, NL-8391 MB / Friesland
iD

Rotandorp
Vallaatweg 4
15 Mrz - 31 Okt
+31 5 61 43 12 27
info@campingrotandorp.nl

1	AEKNOPQRSTU		6
2	QXYZ	ABDEFGH	7
3	BFMSV	ABCDEFGIJKNQRTVW	8
4	BDFH	EVW	9
5	DEHMNO	ABCEFGHIJKOQ	10

6A CEE
3,5ha 75T(100m²) 24D
① €22,00
② €27,50

N 52°53'02" E 06°09'58"

A32 Ausfahrt Steenwijk Richtung Frederiksoord, dann Richtung Noordwolde. In Noordwolde-Zuid den CP-Schildern folgen.

109391

Offingawier, NL-8626 GG / Friesland
CC€19

RCN Vakantiepark De Potten
De Potten 2-38
24 Mrz - 29 Okt
+31 8 50 40 07 00
reserveringen@rcn.nl

1	DEHKNOPQRSTU	LNQSTWXYZ	6
2	AEJQWXY	ABDEFGH	7
3	ABCFGJMNV	ABCDEFIJKMNQRTW	8
4	BCFHJQ	CFJNOPQRVWY	9
5	ABDEFHJLMN	ABCDFHIJKOPQY	10

Anzeige auf dieser Seite 10A CEE
3ha 164T(100m²) 180D
① €25,50
② €34,00

N 53°01'47" E 05°43'28"

A7 Richtung Sneek, dann der N7 folgen. Richtung Sneekermeer. CP-Schildern folgen.

105547

Oudega, NL-8614 JD / Friesland
CC€21 iD

De Bearshoeke
Tsjerkewei 2a
31 Mrz - 31 Okt
+31 5 15 46 98 05
info@bearshoeke.nl

1	AEHKNOPQRSU	LMNQRSTXYZ	6
2	FIJPQWXYZ	ABDEFG	7
3	ABM	ABCDEFIJNRTW	8
4	BCFHJO	BFJMNOPQVWY	9
5	D	ABDFHJKMOQY	10

B 6A CEE
2ha 45T(100m²) 45D
① €24,90
② €33,50

N 52°59'30" E 05°32'40"

Von der A6 Ausfahrt 18. Der N354 Richtung Sneek folgen. In Hommerts links Richtung Osingahuizen, der Straße nach Oudega folgen. CP-Beschilderung folgen.

120118

Oudemirdum, NL-8567 HB / Friesland
iD

De Wigwam
Sminkewei 7
1 Apr - 1 Nov
+31 5 14 57 12 23
camping@dewigwam.nl

1	ACDEKNOPQSU		6
2	ABQSWXY	ABDEFGH	7
3	ABFLMV	ABCDEFGHIJLMNRTUV	8
4	BCDEJ	EFUVW	9
5	ADEMN	ABFGHJKOQXY	10

16A CEE
4,5ha 31T(80-150m²) 116D
① €38,50
② €47,50

N 52°51'37" E 05°32'42"

A6, Ausfahrt Lemmer N359 Richtung Balk/Koudum. Ausfahrt Oudemirdum.

101543

Oudemirdum, NL-8567 HJ / Friesland

Recreatiepark De Bosrand
Oude Balksterweg 2
31 Mrz - 7 Okt
+31 5 14 57 13 19
receptie@recreatieparkdebosrand.frl

1	JMOPQRSU		6
2	ABPQRWYZ	ABDEFGH	7
3	ACLMU	ABCDFMNQRTUVW	8
4	JO	JY	9
5	DN	ABEHJKORS	10

B 16A CEE
4ha 90T 165D
① €30,00
② €38,00

N 52°51'33" E 05°30'45"

Von Lemmer auf der N359 Richtung Koudum. Ausfahrt Sondel Richtung Oudemirdum. Um das Dorf Richtung Rijs. CP ist ausgeschildert.

105514

Reahûs, NL-8736 JB / Friesland
CC€19 iD

De Finne
Sânleansterdyk 6
1 Apr - 1 Okt
+31 5 15 33 12 19
info@campingdefinne.nl

1	AEKNOPQRSTU	JNSXYZ	6
2	ADIQRTWXY	ABDEFGH	7
3	AFMU	ABCDEFNQRTW	8
4	JKOQ	ORVY	9
5	ABDMN	ABCDFGHJKOQV	10

B 6A CEE
2ha 50T(bis 140m²)
① €27,00
② €37,00

N 53°04'34" E 05°37'58"

Von der Umgehung Sneek Richtung Leeuwarden. Kreisel Richtung Scharnegoutum. Rechts ab, Richtung Wommels/Oosterend, Richtung Roodhuis. Den CP-Schildern folgen.

118599

Rijs, NL-8572 WG / Friesland
CC€21 iD

Rijsterbos
Marderleane 4
1 Apr - 31 Okt
+31 5 14 58 12 11
info@rijsterbos.nl

1	AEKNOPQRSTU	BX	6
2	ABPQRYZ	ABCDEFGHK	7
3	BFLMU	ABCDEFGIJMNQRTU	8
4	BCJKOQ	CRVWXY	9
5	ADEFGHKMN	ABDEGHJKOQY	10

6-10A CEE
5ha 50T(100m²) 122D
① €28,70
② €38,70

N 52°51'44" E 05°29'58"

A6 Ausfahrt 17 Lemmer. Lemmer Richtung Balk. N359 Bolsward, Ausfahrt Rijs. An der T-Kreuzung in Rijs links. CP nach 100m auf der rechten Straßenseite.

100728

ACSI

Geografisch suchen

Schlagen Sie Seite 143 mit der Übersichtskarte dieses Landes auf. Suchen Sie das Gebiet Ihrer Wahl und gehen Sie zur entsprechenden Teilkarte. Hier sehen Sie alle Campingplätze auf einen Blick.

Teilkarte Friesland auf Seite 172

Siegerswoude, NL-9248 KX / Friesland

De Sieghorst
Binnenwei 40
1 Apr - 31 Okt
+31 5 12 30 32 10
desieghorst@live.nl

1 AH**JM**OPQRSTU LN 6
2 ABCEIJPQXYZ ABDE**FG**K 7
3 ASX ABE**F**GHJNQRUW 8
4 DEFHJ DEJV 9
5 DH ABCFHJKMOQY 10
B 6A CEE ❶ €23,00
5ha 50T(80-100m²) 19D ❷ €30,00

N 53°05'38'' E 06°14'03''
Von der A7 Heerenveen/Groningen Ausfahrt 31. Richtung Bakkeveen den Schildern folgen. 121429

Sloten, NL-8556 XC / Friesland

CC€21

Recreatiepark De Jerden
Lytse Jerden 1
1 Apr - 31 Okt
+31 5 14 53 13 89
info@recreatieparkdejerden.nl

1 ADE**KN**OPQRST**U** LMNQSWX**Z** 6
2 ACEPQWXYZ A**B**DE**FG** 7
3 ABF**L**MS ABE**FG**HJNPQRTW 8
4 HJO**Q** FRVW 9
5 ABDFLMN ABDFGHJK**O**RS 10
B 10-16A CEE ❶ €27,40
3,5ha 65T(120-150m²) 73D ❷ €39,90

N 52°53'58'' E 05°38'32''
A6, Ausfahrt Oosterzee. Die N354 Richtung Sneek. Bei Spannenburg Richtung Sloten. Bei Sloten der Beschilderung folgen. 112287

Sneek, NL-8605 CP / Friesland

Camping de Domp
Jachthaven de Domp 4
3 Jan - 20 Dez
+31 5 15 75 56 40
camping@dedomp.nl

1 ADEH**JM**OPQRSTU NS**XYZ** 6
2 QSXY A**B**D**FGH** 7
3 A ABCDEFGHJNQRTUVW 8
4 H FNOPQRVW 9
5 ADHLM ABFGHIJKMOPQY 10
B 6-16A ❶ €29,00
1ha 117T(80-100m²) 7D ❷ €35,00

N 53°02'08'' E 05°40'38''
Die A7 bis Sneek. Danach der N7 Richtung Sneeker See folgen. Cp-Schildern folgen. 111023

St. Nicolaasga, NL-8521 NE / Friesland

CC€19

Landgoed Eysingastate
Langwarderdijk 4
1 Apr - 31 Okt
+31 5 13 43 13 61
info@eysingastate.nl

1 EH**KN**OPQRSU LNXYZ 6
2 EJQRXY ABDEFG 7
3 ABF**L**MUV ABEFNRTUVW 8
4 BFHJK BFJORVWY 9
5 ADHK ABDGHIJK**O**QY 10
10A CEE ❶ €35,00
6ha 150T(80m²) 135D ❷ €38,20

N 52°56'18'' E 05°45'00''
A6 Richtung St. Nicolaasga, durch dieses Dorf Richtung Joure. Ausfahrt Richtung Langweer. CP liegt auf der rechten Seite. 105549

Suameer/Sumar, NL-9262 ND / Friesland

Ardoer Vakantiepark Bergumermeer
Solcamastraat 30
27 Mrz - 30 Okt
+31 5 11 46 13 85
info@bergumermeer.nl

1 ACDEH**KN**OPQRSTU EGHILM**N**QST**XYZ** 6
2 ACEIJKQRTWXYZ ABDE**FG**H 7
3 ABDEFG**J**MV ABCDEFGHJKNPQRTUVW 8
4 BCDFHJKLO**P** ACEJOPRVY 9
5 ACDEFGHIKLMN ABEFGHJKOPQVXY 10
B 10-16A CEE ❶ €41,50
28ha 260T(90-120m²) 265D ❷ €58,00

N 53°11'29'' E 06°01'27''
A7, Richtung Drachten nach Burgum N356. Bei Sumar Beschilderung folgen oder von der N31 Leeuwarden-Drachten Ausfahrt Nijega N356 Richtung Burgum. 100711

Terschelling/Formerum, NL-8894 KB / Friesland

Mast
Formerum 33
1 Apr - 1 Okt
+31 5 62 44 88 82
receptie@campingmast.nl

1 EH**K**LOPQS**U** 6
2 KXYZ ABF**G**H 7
3 ABJM ABCDE**F**GIJKNQRTUVW 8
4 BCDHJO AEILUVY 9
5 BDEGKLM**N** BFHJK**O**Q 10
B 6-10A CEE ❶ €35,00
2,5ha 58T(25-125m²) 32D ❷ €53,00

N 53°23'25'' E 05°18'22''
Von der Fähre der Hauptstraße Richtung Oosterend folgen. Wenn man durch Landerum gekommen ist, direkt die 2. Straße links, dann die 1. rechts. 117822

Terschelling/Formerum, NL-8894 KS / Friesland

Nieuw Formerum
Duinweg Formerum 13
1 Apr - 1 Nov
+31 5 62 44 89 77
info@nieuwformerum.nl

1 HILOPQS**U** N 6
2 JPQRY ABDE**FG**H 7
3 ABFMU ABCDEFGIJKNQRT 8
4 BEFHJ L 9
5 ADEMN ABHJKNQY 10
B 4A CEE ❶ €26,80
7ha 253T ❷ €41,60

N 53°23'38'' E 05°18'03''
1. Ausfahrt Formerum, links halten. Nach 200m liegt der CP links der Strecke. 109733

Terschelling/Hee, NL-8882 HE / Friesland

Camping De Kooi
Heester Kooiweg 20
16 Apr - 15 Sep
+31 5 62 44 27 43
mail@campingdekooi.nl

1 AEH**KN**OPQSU LN 6
2 EIJPQRXYZ A**B**DE**FG**H 7
3 ABF ABCDE**F**GKNRT 8
4 ABFHJO ABLVW 9
5 DHJKLNO ABHIJKLOPQY 10
16A CEE ❶ €32,50
9ha 300T(25-150m²) 28D ❷ €52,20

N 53°22'57'' E 05°15'20''
Ausgeschildert an der Straße von West-Terschelling nach Midsland, bei Hee. 105486

Terschelling/Midsland, NL-8891 GG / Friesland

Jongerencamping Terpstra
Midslanderhoofdweg 27
1 Apr - 30 Okt
+31 5 62 44 90 91

1 ILOU 6
2 JPQY A**B**D**E** 7
3 F ABE**F** 8
4 HJO A 9
5 EHKN BHIKL 10
❶ €22,50
1,7ha 200T(80m²) 90D

N 53°23'13'' E 05°17'40''
Vom Schiff in West Terschelling Richtung Midsland, 100m hinter dem Ort links der Straße. 116679

Terschelling/Oosterend, NL-8897 HB / Friesland

't Wantij
Duinweg Oosterend 24
1 Jan - 31 Dez
+31 5 62 44 85 22
info@wantij-terschelling.nl

1 AH**KN**OPQSU KN 6
2 GJPQRWY A**B**DE**FG**J 7
3 AF ACE**F**NRT 8
4 JO ACIJV 9
5 D BHIJK**O**Q 10
6A CEE ❶ €22,60
0,5ha 14T 23D ❷ €30,60

N 53°24'19'' E 05°22'53''
Von der Fähre West-Terschelling Richtung Midsland, dann Richtung Oosterend. Der CP liegt in der Ortsmitte an den Dünen. 105511

Ureterp, NL-9247 WK / Friesland

CC€17

Het Koningsdiep
De Merskens 2
1 Apr - 31 Okt
+31 6 30 76 38 26
info@camping-koningsdiep.nl

1 ABF**KN**OPQRSTU N 6
2 ABCQXY AB**FG**HK 7
3 **HUX** ABCDEFIJNPQRTUVW 8
4 FHO R 9
5 DN AFGHJKORS 10
B 10A CEE ❶ €22,00
1,4ha 55T(100-150m²) ❷ €26,00

N 53°04'16'' E 06°08'13''
A7 Heerenveen Ausfahrt Beetsterzwaag/Olterterp. Nach 3 km rechts De Merskens, nach 1500m kommt der CP. 117913

Vlieland, NL-8899 BX / Friesland

Kampeerterrein Stortemelk
Kampweg 1
1 Apr - 1 Nov
+31 5 62 45 12 25
info@stortemelk.nl

1 ADEHILO**U** EFHKMQ 6
2 GJPQRUX ABDE**FG** 7
3 ABCFM**NOW** ABCDEFGIJKNQRT 8
4 **A**BDFJNO**QR** ABCIJM 9
5 ACDEFGHLMN**O** ABHIJKLOSY 10
6A CEE ❶ €31,15
27ha 1000T 113D ❷ €44,05

N 53°18'15'' E 05°04'47''
Via Fähre nach Harlingen, auf Insel Vlieland CP-Beschilderung folgen. 100706

Niederlande

Workum, NL-8711 GX / Friesland — CC€21 iD

It Soal	1 ADEHKNOPQRSTU	LMNQRSWXYZ 6
Suderséleane 29	2 AFGIJKQRWXYZ	ABDEFGH 7
31 Mrz - 1 Nov	3 ABEFGMN	ABCDFGJNQRTUVW 8
+31 5 15 54 14 43	4 BCJNOPQ	JLMNOPVWY 9
camping@itsoal.com	5 ACDEFHKLMN	ABDEFGHIJKMOPQY 10
	Anz. auf dieser S. B 6-10A CEE	❶ €37,65
N 52°58'08'' E 05°24'52''	20ha 206T(60-100m²) 408D	❷ €47,15

A6 bei Lemmer N359 Richtung Balk/Bolsward, Ausfahrt Workum, hier den Schildern folgen. 108223

Woudsend, NL-8551 NW / Friesland — CC€21 iD

Aquacamping De Rakken	1 ADEHJMOPQRSTU	LNQSWXYZ 6
Lynbaen 10	2 ADEIPQWXYZ	ABDEFGH 7
1 Jan - 31 Dez	3 BFGLMNS	ABCDEFJNRTW 8
+31 5 14 59 15 25	4 BDEHK	FJNOPVWZ 9
info@derakken.nl	5 DN	ABCDFGHIJKMOPQWXYZ 10
	Anz. auf dieser S. B 6-16A CEE	❶ €33,00
N 52°56'46'' E 05°37'40''	4ha 40T(80m²) 150D	❷ €43,50

A6 Lemmer-Joure, Ausfahrt Oosterzee, Richtung Sneek. Ausfahrt N354 Richtung Woudsend. Der Camping liegt am Ortsrand und ist ausgeschildert. 100730

Wijckel, NL-8563 AT / Friesland — CC€23

't Hop	1 CDEHKNOPQSU	AFX 6
Lytse Jerden 4	2 BEPQY	ABDEFG 7
6 Mai - 28 Okt	3 ACM	ABDFGJKNOQRTUV 8
+31 5 14 60 24 36	4 BCHLO	AJNVW 9
info@campingthop.nl	5 ADHKL	ABHKOQY 10
	B 6-20A CEE	❶ €14,60
N 52°53'34'' E 05°37'18''	4,5ha 44T 144D	❷ €20,70

Von Lemmer N359 Richtung Balk, Abfahrt Wijckel. Im Zentrum des Dorfes links ab, weiter ausgeschildert. 101309

Witmarsum, NL-8748 DT / Friesland — CC€19 iD

Mounewetter	1 ADEKNOPQRSTU	BFHINXZ 6
Mouneplein 1	2 ACPQSWXY	ABDEFG 7
1 Apr - 8 Okt	3 ABFMNS	ABCDFGIJKNQRTUVW 8
+31 5 17 53 19 67	4 BCDHJO	CFJORVW 9
info@rcmounewetter.nl	5 DEHMN	ABDEFGHJKOPQZ 10
	B 10A CEE	❶ €29,00
N 53°05'56'' E 05°28'14''	4ha 33T(100m²) 156D	❷ €41,00

A7 Richtung Witmarsum. Im Dorf den Schildern durchs Wohnviertel folgen. 108222

Bourtange, NL-9545 VJ / Groningen — CC€21 iD

't Plathuis	1 AEKNOPQRSTU	LNXZ 6
Bourtangerkanaal Noord 1	2 ACEJPQWXYZ	ABDEFGH 7
1 Apr - 31 Okt	3 AFLMX	ABCDEFGIJNQRTUVW 8
+31 5 99 35 43 83	4 FHJ	EFVWY 9
info@plathuis.nl	5 ADEHMN	ABCDFGHJKNQ 10
	B 6-10A CEE	❶ €29,30
N 53°00'34'' E 07°11'05''	4ha 100T(100-150m²) 39D	❷ €38,30

Zwolle-Hoogeveen-Emmen-Ter Apel-Sellingen-Jipsinghuizen, Ausfahrt Bourtange. Weiter den Schildern folgen. Oder A31 (Deutschland) Ausfahrt 17, Richtung Bourtange (7 km). In Bourtange angezeigt. 105790

Niederlande

Groningen, NL-9727 KH / Groningen

Stadspark
Campinglaan 6
15 Mrz - 1 Nov
+31 5 05 25 16 24
info@campingstadspark.nl
N 53°12'05'' E 06°32'10''

1 ADHKNOPQRSTU 6
2 AKPQRWXYZ ABDEFG 7
3 AFLMS ABCDEFGKNQRTW 8
4 J FV 9
5 ADEHLMN ABFGHIJKLNQ 10
B 6A CEE ① €30,00
8,7ha 149T(50-100m²) 37D ② €40,00

A7 Heerenveen-Groningen, Ausfahrt 36a (Ring-West) den Stadtpark Schildern folgen. 105721

Groningen, NL-9723 EN / Groningen

Natuurbad en Camping Engelbert
Engelberterweg 54
1 Apr - 1 Okt
+31 5 05 41 62 59
info@natuurbadengelbert.nl
N 53°12'25'' E 06°38'55''

1 AEILOPQRSTU LMNQ 6
2 AEJKPQRXY ABDEFG 7
3 ALM ABCDEFNQRW 8
4 BHJ BFV 9
5 DEHN ABHIJKOQY 10
6A CEE ① €28,70
13ha 25T(100m²) 44D ② €40,70

Umgehung Groningen Richtung Delfzijl und Bedum. Weiter Ausfahrt Richtung Delfzijl (N360). Nach ca. 4 km an der Ampel Ausfahrt Engelbert und den Schildern folgen. 118052

Kropswolde, NL-9606 PR / Groningen

CC€23

Siblu Camping Meerwijck
Strandweg 2
31 Mrz - 30 Okt
+31 5 98 32 36 59
meerwijck@siblu.nl
N 53°08'59'' E 06°41'35''

1 ADEKNOPQRSTU EGLMNQSXYZ 6
2 ABFJQRTWXY ABDEFGH 7
3 ABCFGLMV ABCDEFGHIJKNPQRTUVW 8
4 BCDFGHJNOQS ABFHJRVWY 9
5 ABDEFHKLMN ABCEFGHIJKLNOPRSY 10
B 6A CEE ① €36,00
23ha 200T(100-120m²) 311D ② €48,00

Groningen-Winschoten Autostraße Groningen-Nieuweschans, Ausfahrt Foxhol. Nach den Bahngleisen in Kropswolde Schildern folgen. Von Assen-Groningen Ausfahrt Zuidlaren, Richtung Hoogezand. 105768

Leek, NL-9351 PG / Groningen

CC€19

Landgoedcamping Nienoord
Midwolderweg 19
1 Apr - 1 Okt
+31 5 94 58 08 98
info@campingnienoord.nl
N 53°10'17'' E 06°22'56''

1 AEKNOPQRSTU I 6
2 ABPQRTXYZ ABDEFG 7
3 ABFM ABCDEFGHIJKNPQRTUVW 8
4 B BCEF 9
5 DKLM ABEFGHJKOQ 10
10A CEE ① €24,50
5,5ha 122T(120-140m²) 41D ② €24,50

A7 Ausfahrt 34 Leek. Danach den Schildern folgen. Die Einfahrt zum CP ist in der parallel gelegenen Sackgasse. 100716

Midwolda, NL-9681 AH / Groningen

CC€23

De Bouwte
Hoofdweg 20A
28 Mrz - 3 Okt
+31 5 97 59 17 06
info@campingdebouwte.nl
N 53°11'24'' E 06°59'26''

1 ADEKNOPQRSTU HILNXZ 6
2 ACEJPQWXYZ ABCDEFGH 7
3 AEFMU ABCDFGJMNQRUVW 8
4 BDHOTXZ J 9
5 ADFHJKMN ABEFGHJKOQWX 10
10A CEE ① €30,95
14,5ha 80T(100-120m²) 118D ② €41,35

Über die A7 Groningen-Nieuweschans. Ausfahrt 45 Scheemda-Midwolda, Richtung Midwolda. CP-Schildern folgen. 107869

Onstwedde, NL-9591 TD / Groningen

Vakantiepark de Sikkenberg
Sikkenbergweg 7
21 Apr - 27 Okt
+31 5 99 66 11 44
info@sikkenberg.nl
N 53°00'40'' E 07°00'13''

1 AEHKNOPQRSU BGN 6
2 QWXYZ ABDEFG 7
3 AEFGLMSV ABCDEFGIJKMNQRTUVW 8
4 BCDGHJKLQ ABCFJ 9
5 ADEFGHMN ABCFGHKOPQXY 10
B 6-10A CEE ① €30,00
9ha 108T(100-140m²) 56D ② €41,40

N366 Ausfahrt Stadskanaal, in Stadskanaal Richtung Onstwedde. CP ist ausgeschildert (Gemeinde Ter Maars). 113457

Opende, NL-9865 XE / Groningen

CC€21

Camping De Watermolen
Openderweg 26
7 Apr - 17 Sep
+31 5 94 65 91 44
info@campingdewatermolen.nl
N 53°09'52'' E 06°13'22''

1 AEHKNOPQRSTU LNX 6
2 ABEIJKQRTWXYZ ABDEFG 7
3 ABCEM ABDEFGJNQRTUVW 8
4 BFHJLO CFJVW 9
5 ABDEGHKMN ABCDFGHJKOPQ 10
6-16A CEE ① €31,00
12,5ha 85T(100-125m²) 44D ② €39,70

A7 Ausfahrt 32 Marum/Kornhorn Richtung Kornhorn. In Noordwijk an der Kirche links. Nach ca. 2 km rechts in den Openderweg abbiegen. 101540

Opende, NL-9865 VP / Groningen

't Strandheem
Parkweg 2
24 Mrz - 1 Okt
+31 5 94 65 95 55
info@strandheem.nl
N 53°09'10'' E 06°11'29''

1 AEKNOPQRSU EGLN 6
2 AEJKQTWXYZ ABDEFGH 7
3 ABFGHIJMV ABCDEFGIJKMNQRTUVW 8
4 BCDFHJLMNOQ ACEUVW 9
5 ABCDEFGHKMN ABFGHIJKNOQY 10
B 10A CEE ① €35,00
17,5ha 280T(100-120m²) 93D ② €45,00

A7 Drachten-Groningen. Ausfahrt 31 Richtung Surhuisterveen. CP-Schildern folgen E22/A7. 100715

Sellingen, NL-9551 VE / Groningen

Camping de Barkhoorn
Beetserweg 6
1 Jan - 31 Dez
+31 5 99 32 25 10
info@barkhoorn.nl
N 52°56'47'' E 07°07'52''

1 ADEKNOPQRSTU LNV 6
2 BCEJPQWXYZ ABDEFGH 7
3 AFGLMNSTVX ABCDFGHIJKNQRTUVW 8
4 ABCDEFGHJLOX FJRTUVWY 9
5 ADEFGHJKMN ABCGHIJKMOQXY 10
B 16A CEE ① €42,50
15,5ha 150T(100-120m²) 84D ② €57,00

Von der A31 Ausfahrt 19 Haren Richtung Ter Apel, dann N368 Richtung Winschoten. Im Ortseingang von Sellingen CP links ausgeschildert. 100751

Sellingen, NL-9551 VT / Groningen

CC€19

De Bronzen Eik
Zevenmeersveenweg 1
1 Jan - 31 Dez
+31 5 99 32 20 06
info@debronzeneik.nl
N 52°57'16'' E 07°08'17''

1 ADEKNOPQRSTU N 6
2 BCQWXY ABDEFGH 7
3 AFLUX ABCDFJKNQRTUVW 8
4 FGHI FJRUVW 9
5 DHLN ABCDGHJKLOPRSX 10
6A CEE ① €27,50
4ha 136T(100-130m²) 9D ② €42,00

In Sellingen ist der CP deutlich ausgeschildert. Auf der Strecke Ter Apel-Sellingen kurz hinter dem Ort links ab. Von Vlagtwedde aus vor dem Ort rechts ab. 117685

Ter Apel, NL-9561 CS / Groningen

Camping Moekesgat
Heembadweg 17 camp.
1 Jan - 31 Dez
+31 6 10 88 92 17
info@moekesgat.nl
N 52°53'07'' E 07°03'37''

1 AEKNOPQSTU BGHLNPQSX 6
2 FJPQXYZ ABFGJ 7
3 ABCGMSUX ABCDFJNPQRW 8
4 BDFGHJO ABDJV 9
5 DEFHMN ABCFGHIJKLMOQWY 10
8A CEE ① €35,00
18ha 80T(100m²) 6D ② €52,50

Von der N366 Ter Apel-Stadskanaal, Ausfahrt Ter Apelkanaal Richtung Ter Apel. Am Kreisel hinter der Brücke geradeaus, 1. Straße rechts Richtung 't Heem, 1. Straße links, CP nach 500m rechts. 108211

Termunterzijl (Gem. Delfzijl), NL-9948 PP / Groningen

Zeestrand Eems-Dollard
Schepperbuurt 4A
1 Apr - 1 Nov
+31 6 19 92 24 70
info@campingzeestrand.nl
N 53°18'06'' E 07°01'48''

1 ABDEKNOPQSTU KLMNSXYZ 6
2 GIJKPQXYZ ABDEFG 7
3 ABCFGM ABEFNQRW 8
4 BCFHJ EFVWY 9
5 ABEFHJKMN ABCFGHIJKORSWX 10
6A CEE ① €25,00
6,5ha 85T(100-120m²) 112D ② €32,00

A7 Groningen-Oldenburg bis Ausfahrt 45. Richtung Delfzijl, dann der Beschilderung 'Zeestrand Eems-Dollard' nach. Navi auf Hauptstraßen einstellen. 108315

Vriescheloo, NL-9699 PA / Groningen

Camping & Lunchcafé Noorderloo
Dorpsstraat 31
14 Apr - 1 Nov
+31 6 23 50 46 18
info@noorderloo.nl
N 53°05'18'' E 07°08'09''

1 ACDEHKNOPQRSTU L 6
2 ABIJQWXYZ ABDEFGIK 7
3 BCFLX ABCDEFGHINQRUV 8
4 GHIJK B 9
5 ADEHIKN ABCFGHJKOQ 10
B 16A CEE ① €22,50
7ha 42T(90-225m²) 1D ② €31,00

In Vriescheloo Richtung Bellingwolde. In der Dorfstraße Höhe Hausnummer 31 ist der CP angezeigt. 118316

Warfhuizen, NL-9963 TG / Groningen

Reitdiep
Roodehaansterweg 9
1 Apr - 1 Okt
+31 6 50 97 09 03
info@campingreitdiep.nl
N 53°19'43'' E 06°25'32''

1 AEJMOPQRSTU JNXYZ 6
2 CQTXYZ ABFG 7
3 AB ABEFNQRUVW 8
4 FHJ EFNOVW 9
5 DHMN AFHJKNRS 10
6A CEE ① €25,00
2,1ha 50T(120m²) 9D ② €31,00

Von Groningen die N355 Richtung Leeuwarden Ausfahrt Zuidhorn. Der CP liegt am Reitdiep. 108310

Wedde, NL-9698 XV / Groningen

Wedderbergen
Molenweg 2
1 Apr - 1 Okt
+31 5 97 56 16 73
info@wedderbergen.nl
N 53°05'10'' E 07°04'58''

1 ADEKNOPQRSTU BDGHIJLNX 6
2 ABCEJPQWXYZ ABDEFGH 7
3 ABCDFGLMNSUV ABCDEFGJKNQRTUVW 8
4 BCDFGHIJKLNOPQ JLRVWY 9
5 ACDEFHIJKMN ABCEGHIKMOQXY 10
B 10A CEE ① €52,50
30ha 233T(120-150m²) 201D ② €70,00

Zwolle-Emmen, dann weiter Ter Apel-Winschoten. Ausfahrt Wedde, Richtung Wedderbergen halten und den Schildern folgen. 105789

Winsum, NL-9951 CG / Groningen

CC€19

Marenland
Winsumerdiep 6
1 Apr - 30 Sep
+31 5 95 44 27 50
info@marenland.nl
N 53°19'53'' E 06°30'38''

1 ADEHKNOPQRSTU BHJNXYZ 6
2 CPQTXYZ ABDEFG 7
3 BMNSTV ABCDEFJKNQRTW 8
4 FHJ FGJNORTV 9
5 ADJKLMN ABCFHIJKNPQY 10
10-16A CEE ① €27,00
4ha 80T(80-100m²) 11D ② €36,00

N361, in Winsum den CP-Schildern folgen. Danach vom Schwimmbad aus der Parallelstraße folgen. 111293

Drenthe

Amen, NL-9446 TE / Drenthe

CC€21 iD

- Ardoer Vakantiepark Diana Heide
- Amen 55
- 1 Apr - 1 Okt
- +31 5 92 38 92 97
- dianaheide@ardoer.com

1	ACE**KN**OPQRSTU	LN	6
2	BEQRWXYZ	AB**C**DE**FG**H	7
3	ABFG**L**MV	ABCDEFGJKNQRTUV	8
4	BFHJ	AJVWY	9
5	ABDEHLMN	ABDEGHIJKOPRSY	10

B 10A CEE
30ha 300**T**(100-200m²) 89**D**

① €30,10
② €36,70

N 52°55'57" E 06°35'12"

A28 Zwolle-Groningen, Ausfahrt 31A Richtung Hooghalen. Ausfahrt Grolloo/Amen, den Schildern folgen.

100741

Beilen, NL-9411 TV / Drenthe

iD

- Boszicht
- Smalbroek 46
- 1 Apr - 1 Okt
- +31 5 93 52 23 34
- info@camping-boszicht.nl

1	ADEH**KN**OPQRST**U**	BGN	6
2	ABQRWXYZ	ABDE**FG**	7
3	BFMS	ABCDEFJNPRTUVW	8
4	BDFHJLNO		9
5	ADEFGHJKMN	ABGHJKN**O**RSU	10

B 10A CEE
7,8ha 53**T**(100-130m²) 140**D**

① €24,10
② €32,60

N 52°50'20" E 06°27'57"

A28 von Hoogeveen aus, Ausfahrt 29 Richtung Spier. Den Schildern folgen. A28 von Assen aus, Ausfahrt 30. Den Schildern nach.

109610

Assen, NL-9405 VE / Drenthe

CC€21 iD

- Vakantiepark Witterzomer
- Witterzomer 7
- 24 Mrz - 31 Okt
- +31 5 92 39 35 35
- info@witterzomer.nl

1	ACDE**KN**OPQRSTU	BGHLN	6
2	ABEJQRWXYZ	ABDE**FG**H**J**	7
3	ABCDFG**JL**M**NR**S**T**VX	ABCDEFGHIJK**LM**NPQRTUVW	8
4	BDFGHIJO	BCFGJLUVY	9
5	ACDEFGJKLMN	ABDEGHIJKN**O**PQVXY	10

B 6-10A CEE
75ha 510**T**(100-120m²) 319**D**

① €34,00
② €41,00

N 52°58'44" E 06°30'20"

A28 Hoogeveen-Groningen, Ausfahrt Assen/Smilde (zweite Ausfahrt), dann den Schildern folgen.

100740

Borger, NL-9531 TC / Drenthe

CC€13 iD

- Bospark Lunsbergen
- Rolderstraat 11A
- 1 Jan - 31 Dez
- +31 5 99 23 65 65
- info@bosparklunsbergen.nl

1	ACDEH**KN**OPQRSTU	EG	6
2	ABQRWXY	ABDE**FGH**	7
3	AFG**JL**MNS**T**U	ABCDEFGJNQRTUV	8
4	BFGHIJO	BJVWY	9
5	ACDEFGHJKLM	ABDEGHIJKMOQXY	10

B 10A CEE
20ha 194**T**(100m²) 307**D**

① €36,00
② €39,50

N 52°55'55" E 06°44'52"

A28 Ausfahrt Assen-Zuid N33 Richtung Veendam. Weiter zur Ausfahrt Borger. 2 km vor Borger steht 'Euroase Borger' auf einem Schild ausgeschildert.

105772

Teilkarte Drenthe auf Seite 178

Borger, NL-9531 TK / Drenthe
CC€15 iD

Roompot Vakantiepark Hunzedal
De Drift 3
1 Jan - 31 Dez
+31 5 99 23 46 98
receptie.hunzedal@roompot.nl
N 52°55'22'' E 06°48'14''

1 ADEHKNOPQRSTU BEGHILN 6
2 AEJPQRWXYZ ABDEFGH 7
3 ABCFGJLMNQRSTUVWX ABCDEFIJKNQRTUVW 8
4 BFHIJPQSTV BCJVWY 9
5 ACDEFGHKLMN ABDEFGHIJKMOPQY 10
B 6-16A CEE ❶ €36,30
30ha 346T(100m²) 274D ❷ €39,50

Von der N34 Groningen-Emmen Richtung Borger/Stadskanaal den Schildern folgen. 100747

Diever, NL-7981 LW / Drenthe
CC€21 iD

Diever
Haarweg 2
1 Apr - 1 Nov
+31 5 21 59 16 44
info@campingdiever.nl
N 52°52'00'' E 06°19'13''

1 AEHKNOPQRSTU 6
2 BPRWY ABDEFGH 7
3 ABFMSVX ABCDEFGHIJNPQRSUVW 8
4 ABEFHJKLO FVY 9
5 ABDGMN ABGHIJKOS 10
10A CEE ❶ €26,50
8,5ha 150T(80-160m²) 84D ❷ €32,00

Von Diever in Richtung Zorgvlied fahren. Nach 1 km ist der CP ausgeschildert. 105683

Diever/Wittelte, NL-7986 PL / Drenthe
iD

Wittelterbrug
Wittelterweg 31
1 Apr - 1 Nov
+31 5 21 59 82 88
info@wittelterbrug.nl
N 52°49'30'' E 06°19'06''

1 ABEKNOPQSU DGJN 6
2 CPQRWXY ABDEFGH 7
3 ABCFGLMSU ACDEFGHJNQRTUVW 8
4 BDFHJNOQ BEFVY 9
5 ADEFHKMN ABCHJKOQU 10
10A CEE ❶ €29,45
5ha 60T(80-115m²) 111D ❷ €39,65

Am Drentse Hoofdvaart Dieverbrug-Wittelte. Nach 3 km CP angezeigt. Von Meppel A32, Ausfahrt Havelte/Diever, dann an der Wasserstraße entlang hinter Uffelte ist der CP ausgeschildert. 105684

Dieverbrug, NL-7981 LA / Drenthe
iD

Landgoed 't Wildryck
Groningerweg 13
1 Jan - 31 Dez
+31 5 21 59 12 07
info@wildryck.nl
N 52°51'48'' E 06°21'12''

1 ADEKNOPQSTU EGN 6
2 ABPQRWXYZ ABDEFGH 7
3 ABFGLMSV ABCDEFJNQRTUVW 8
4 BFGHJKO CEFJVWY 9
5 ABDEFHKL ABEHJKNQY 10
10A CEE ❶ €40,00
15ha 60T(100m²) 398D ❷ €45,00

Dieser CP liegt deutlich ausgeschildert entlang der Hauptstraße N371 an der Westseite zwischen Dieverbrug und Hoogersmilde. 100736

Dwingeloo, NL-7991 SE / Drenthe
CC€23 iD

Torentjeshoek
Leeuweriksveldweg 1
1 Apr - 28 Okt
+31 5 21 59 17 06
info@torentjeshoek.nl
N 52°49'09'' E 06°21'39''

1 AEHKNOPQRSTU BGHN 6
2 ABQRWXYZ ABCDEFGH 7
3 ABCEFHILMSVWX ABCDEFGKNPQRTUVW 8
4 ABCDEFHJKOQ ABFIJVY 9
5 ABDEHMN ABDEFGHJKOPQXY 10
B 10A CEE ❶ €33,45
10ha 223T(100-140m²) 32D ❷ €37,50

Von Dieverbrug Richtung Dwingeloo. Durch Dwingeloo bis zur Kreuzung mit dem Waldrand. Folgen Sie den CP-Schildern entlang der Waldallee rechts ab, vorbei Planetron. 105690

Dwingeloo, NL-7991 PB / Drenthe
CC€19 iD

RCN Vakantiepark De Noordster
De Noordster 105
24 Mrz - 29 Okt
+31 8 50 40 07 00
reserveringen@rcn.nl
N 52°48'48'' E 06°22'42''

1 ACDEHKNOPQRSTU BFH 6
2 ABQRTXYZ ABDEFGH 7
3 ABCDEFHIJLMNSV ABCDEFGHJNPQRTW 8
4 ABCDEFHJKLNOQ BCEFGJUVWY 9
5 ABDEFGHKLMN ABDEFGJKMOPQXY 10
Anzeige auf dieser Seite B 10A CEE ❶ €27,20
42ha 329T(25-150m²) 156D ❷ €33,40

Von Dieverbrug Richtung Dwingeloo-Zentrum. Durch Dwingeloo durch bis am 5-Sprung am Waldrand. Den Schildern entlang dem Waldweg folgen. 105687

Echten, NL-7932 PX / Drenthe
iD

Vakantiepark Westerbergen
Oshaarseweg 24
25 Mrz - 23 Sep
+31 5 28 25 12 24
info@westerbergen.nl
N 52°42'01'' E 06°22'40''

1 ADEHKNOPQRSTU EGN 6
2 ABQRXYZ ABDEFGH 7
3 ABCDEFGJMNSTUV ABCDEFGIJKMNQRTUVW 8
4 BCDFGHIJLNO CFJUVWY 9
5 ACDEFGHJKLMN ABEFGHIJKNOPQXY 10
6-16A CEE ❶ €22,00
55ha 309T(110m²) 194D ❷ €24,00

A28, Ausfahrt Zuidwolde/Echten. Richtung Echten und den Schildern zum CP folgen. 101317

Een (Gem. Noordenveld), NL-9342 TC / Drenthe
CC€19 iD

Ronostrand
Amerika 16
1 Apr - 30 Sep
+31 5 92 65 62 06
info@ronostrand.nl
N 53°06'01'' E 06°22'19''

1 AEHKNOPQSTU L 6
2 AEIJKQRWXYZ ABDEFGH 7
3 ABCFGHILMS ACDEFJKMNPQRTUVW 8
4 BCDFHJLOQ CEJVW 9
5 ADEFGLMN ABEFGHIJKOPSTXY 10
B 10-16A CEE ❶ €36,00
35ha 190T(80-120m²) 194D ❷ €46,00

Roden Richtung Norg. Hinter dem Friedhof und den Sportplätzen rechts ab. Ausgeschildert. 100718

Een-West/Noordenveld, NL-9343 TB / Drenthe
CC€21 iD

De Drie Provinciën
Bakkeveenseweg 15
1 Apr - 1 Okt
+31 5 16 54 12 01
info@dedrieprovincien.nl
N 53°05'19'' E 06°18'41''

1 AEJMOPQSTU N 6
2 AIPQRWXY BEFG 7
3 ABCDEHJNQRUVW 8
4 FH VW 9
5 DKLN ABFHJKNOQY 10
10A CEE ❶ €25,00
6ha 139T(110-130m²) ❷ €32,80

A32 Richtung Wolvega, Ausfahrt Wolvega N351 Richtung Oosterwolde. Danach Haulerwijk/Een-West. Schildern 'De Drie Provinciën' folgen. 108249

Ees, NL-9536 TA / Drenthe
CC€19 iD

De Zeven Heuveltjes
Odoornerstraat 25
1 Apr - 10 Okt
+31 5 91 54 92 56
info@dezevenheuveltjes.nl
N 52°53'39'' E 06°49'05''

1 ADEKNOPQRSU BG 6
2 ABPQRWYZ ABDEFGH 7
3 ABCFLMSV ABCDEFGHIJKNPQRTUV 8
4 FHI VY 9
5 ABDM ABCDEFHIJKOPRSY 10
B 6-10A CEE ❶ €28,00
6ha 135T(80-100m²) 130D ❷ €34,50

N34 Groningen-Emmen, Ausfahrt Exloo. Über den Sekundärweg zurück Richtung Groningen nach Ees (ca. 500m). 108250

Eext, NL-9463 TA / Drenthe
CC€21 iD

De Hondsrug
Annerweg 3
1 Apr - 30 Sep
+31 5 92 27 12 92
info@hondsrug.nl
N 53°02'10'' E 06°44'21''

1 ADEJMOPQRSTU BEGN 6
2 ABPQRWXYZ ABCDEFGH 7
3 ABCFGLMSVX ABCDEFGIJKMNPQRTUVW 8
4 BFGHIJOV AEFJVWY 9
5 ACDEHKMN ABEGHIJKMOPRSY 10
B 6-10A CEE ❶ €42,00
23ha 250T(75-150m²) 221D ❷ €54,00

N34 Groningen-Emmen Ausfahrt Anloo/Annen, Eext links ab in Richtung Annen, später rechts ab. Der CP ist ausgeschildert. N34 Emmen-Groningen, Ausfahrt Anloo/Annen, rechts ab in Richtung Annen. Schildern folgen. 105770

Exloo, NL-7875 TA / Drenthe
CC€17 iD

Camping Exloo
Valtherweg 37
1 Jan - 31 Dez
+31 6 27 21 82 71
info@campingexloo.nl
N 52°51'54'' E 06°53'10''

1 AHKNOPQRSTUX N 6
2 IQWXYZ ABDEFG 7
3 LSX ABCDFJNRUW 8
4 DFHJ 9
5 DN ABCDGHJKMOQY 10
B 6-10A CEE ❶ €24,90
3ha 60T(100-120m²)

N34 Richtung Groningen, Ausfahrt Exloo. Am Ortsende rechts Richtung Valthe. Nach 2 km CP an der linken Seite. 118782

Gasselte, NL-9462 RA / Drenthe
iD

De Berken
Borgerweg 23
1 Apr - 1 Okt
+31 5 99 56 42 55
info@campingdeberken.nl
N 52°57'51'' E 06°47'22''

1 AEKNOPQSTU 6
2 ABPQRWYZ ABDEFGHK 7
3 ABDLMSX ABDEFGHIJKMNPQRTUVW 8
4 BFGHJKO FHJVW 9
5 ABDEKLMN ABEFGHIJKOQY 10
6-16A CEE ❶ €27,20
4,5ha 109T(60-100m²) 41D ❷ €35,60

N34 Groningen-Emmen, Ausfahrt Gasselte. Der CP liegt an der alten Straße Gasselte-Borger, ca. 800m hinter dem Dorf. 105771

Gasselte, NL-9462 TB / Drenthe
iD

De Lente van Drenthe
Houtvester Jansenweg 2
1 Apr - 30 Sep
+31 5 99 56 43 33
info@delentevandrenthe.nl
N 52°58'36'' E 06°45'23''

1 AEKNOPQRSTU BFLN 6
2 ABEJQRWXYZ ABDEFGH 7
3 ABCDEFGLMNUVW ABCDEFGJKNQRTUVW 8
4 BCFHIJK CFJVW 9
5 ABDEFHKMN ABEFGHIJKORSY 10
B 6A CEE ❶ €34,20
15ha 150T(100m²) 201D ❷ €43,80

Von der N34 Groningen-Emmen bei Ausfahrt Gasselte rechts in den Staatswald. Den Schildern 'De Lente van Drenthe' folgen. 108251

Gasselte, NL-9462 TT / Drenthe
CC€19 iD

Het Horstmannsbos
Hoogte der Heide 8
31 Mrz - 2 Okt
+31 5 99 56 42 70
info@horstmannsbos.nl
N 52°58'15'' E 06°48'26''

1 ADEHKNOPQRSTU LN 6
2 ABPQRWXYZ ABDEFG 7
3 ABCEFGLMNV ABCDEFGHIJNPQRTW 8
4 BFHO BCFUVWXY 9
5 ADEFHKMN ABCDEFGHIJKNORSY 10
B 10A CEE ❶ €32,00
6,5ha 100T(100-130m²) 38D ❷ €39,00

Ab der N34 Groningen-Emmen folgen Sie den Schildern Ausfahrt Gasselte. Danach den Schildern Horstmannsbos folgen (nicht dem Navi folgen). 109031

Niederlande

Teilkarte Drenthe auf Seite 178

Gasselte, NL-9462 TS / Drenthe

Landschapscamping Sparrenhof
Kamplaan 1
31 Mrz - 1 Nov
+31 5 99 56 56 10
info@sparrenhof.com
N 52°58'29" E 06°48'32"

1 AEHKNOPQRSTU 6
2 APQRWXY ABDEFG 7
3 ALS ABCDEFHJNPQRTUV 8
4 FHJORT 9
5 DN ABFGHJKOPRSUY 10
B 10A CEE ❶ €25,00
6ha 74T(130-175m²) ❷ €36,00

A28 von Hoogeveen aus. An der Ausfahrt Assen-Zuid die N33 Richtung Veendam nehmen. Im Kreisel bei Gieten die N34 Richtung Emmen, nach etwa 4 km Ausfahrt Gasselte. 121069

Gasselternijveen, NL-9514 BW / Drenthe

Hunzepark
Hunzepark 4
31 Mrz - 29 Okt
+31 5 99 51 24 79
receptie.hunzepark@roompot.nl
N 52°58'58" E 06°50'07"

1 ADEHJMOPQU BN 6
2 EIPQUXYZ ABDEFG 7
3 AGLMNSTW ABCDFNQRTUVW 8
4 FGH JRVW 9
5 ABDEFGHKN ABCEHIKOQY 10
B 6-10A CEE ❶ €32,00
7ha 71T(100-120m²) 60D ❷ €42,00

N34 Emmen-Groningen. Ausfahrt Gasselte dan N378 bis Gasselternijveen. Den CP-Schildern folgen. 108252

Gieten, NL-9461 AP / Drenthe

CC€21

Boscamping-Zwanemeer
Voorste Land 1
1 Apr - 2 Okt
+31 5 92 26 13 17
kamperen@zwanemeer.nl
N 53°00'56" E 06°46'00"

1 AEHKNOPQRSTU BGHN 6
2 ABPQRXYZ ABDEFG 7
3 ACFLMVX ABCDEFGHIJKNPQRTUVW 8
4 BCDEFGHIJ AFUVW 9
5 ADEFHKMN ABDEFHIJKOPRSY 10
6-10A CEE ❶ €41,00
6ha 160T(80-120m²) 42D ❷ €51,00

Über die N33 Assen-Gieten durch das Dorf Gieten den CP-Schildern folgen (nicht nach Navi fahren, sonst landen Sie im Wald). 101313

Grolloo, NL-9444 XE / Drenthe

Landgoed de Berenkuil
De Pol 15
7 Apr - 24 Sep
+31 5 92 50 12 42
info@berenkuil.nl
N 52°56'19" E 06°39'56"

1 AEHKNOPQRSU BGLM 6
2 ABEJPQRUWYZ BEFGH 7
3 ABCDEFM ABCDEFGIJKMNQRTUV 8
4 BEFHJ FJVW 9
5 ACDEFKLMN ABGHIJKOPRSXY 10
B 10A CEE ❶ €49,50
50ha 475T(80-125m²) 85D ❷ €63,35

Rolde-Grollo, im Zentrum den CP-Schildern folgen. 100737

Havelte, NL-7971 RL / Drenthe

De Klaverkampen
Slagdijk 2
1 Apr - 31 Okt
+31 5 21 34 14 15
info@klaverkampen.nl
N 52°45'46" E 06°13'50"

1 AEKNOPQSTU LN 6
2 EJQRXY ABDEFGH 7
3 BFLM ABCDFINRTW 8
4 FHIJ 9
5 DMN AHJKOQY 10
6A CEE ❶ €20,50
7ha 30T(100m²) 120D ❷ €23,00

Ausfahrt Havelte hinter der Brücke links, nach ca. 150m links Richtung CP. Straße durch den Wald. 105696

Hoogersmilde, NL-9423 TA / Drenthe

Ardoer Camping De Reeënwissel
Bosweg 23
1 Apr - 2 Okt
+31 5 92 45 93 56
info@reeenwissel.nl
N 52°54'14" E 06°22'50"

1 AEHKNOPQRSTU AF 6
2 ABQRSTWXYZ ABDEFGH 7
3 ABCDFHIMX ABCDEFGIJKNQRTUVW 8
4 DFHJOP ACDJUVW 9
5 ADKMN ABEFHIJKMORSY 10
B 10A CEE ❶ €27,70
18ha 180T(90-110m²) 213D ❷ €35,70

Entlang der Drentser Hauptstraße (Westseite) von Dieverbrug Richtung Hoogersmilde fahren. Entlang dieser Strecke wird der CP ausgeschildert. 105682

Hoogersmilde, NL-9423 TC / Drenthe

Camping Park Drentse Weelde
J. Brugginkweg 2
1 Apr - 1 Okt
+31 8 51 14 00 00
drentse-weelde@hubvakantieparken.nl
N 52°54'39" E 06°23'08"

1 AEHKNOPQRSTU AFHIL 6
2 ABEJQRXYZ ABDEFGH 7
3 BDFHIMS ABCDEFIJKNPRTUVW 8
4 BFHJLMNOP VY 9
5 ABDEFGHKLMN BHJKNRS 10
B 6A CEE ❶ €26,20
11ha 2T(100m²) 150D ❷ €34,20

An der Drentse Hauptstraße (Westseite) in der Nähe von Hoogersmilde ist dieser CP deutlich ausgeschildert. 101311

Hooghalen, NL-9414 TG / Drenthe

CC€19

Tikvah
Oosthalen 5
1 Apr - 1 Nov
+31 5 93 59 20 97
info@campingtikvah.nl
N 52°55'13" E 06°33'33"

1 AEHKNOPQRSTU 6
2 AQRWXYZ ABFGIJK 7
3 AFMU ABCDEFGHIJNPQRTUVW 8
4 ABFHIJO BEGIJVWY 9
5 DMN ABCDFGHJKMOPQWX 10
B 6-16A CEE ❶ €22,00
1,5ha 53T(120-250m²) 7D ❷ €29,00

Von der A28 Ausfahrt Beilen-Noord/Emmen/Hooghalen. Danach noch ± 10 km der Beschilderung Hooghalen. Kurz vor Hooghalen dem braunen Schild 'voormalig Kamp Westerbork' folgen. Kurz vor dem Kreisel rechts über die Bahn, dann 1,5 km. 121023

Klijndijk/Odoorn, NL-7871 PE / Drenthe

Capfun Vakantiepark De Fruithof
Melkweg 2
8 Apr - 26 Sep
+31 5 91 51 24 27
ifruithof@capfun.com
N 52°49'44" E 06°51'27"

1 AEKNOPQRSTU BDGHL 6
2 EJKPQWXY ABDEFGH 7
3 ABCDFJLMNSV ABCDEFGJNQRTUVW 8
4 BCDEFHJLOPQ EVWY 9
5 ACDEFHKLMN ABCEGHIKOQY 10
B 6-16A CEE ❶ €38,80
17ha 150T(100m²) 372D ❷ €50,60

N34 Emmen-Groningen Ausfahrt Klijndijk, weiter den Schildern folgen. Campingplatz befindet sich am Kreisel. 100750

Meppen, NL-7855 TA / Drenthe

CC€21

De Bronzen Emmer
Mepperstraat 41
1 Apr - 30 Okt
+31 5 91 37 15 43
info@bronzenemmer.nl
N 52°46'44" E 06°41'11"

1 AEHJMOPQRSTU EF 6
2 ABQRWXYZ ABDEFGH 7
3 ACFGHILMNSUVX ABCDEFJKNQRTUVW 8
4 BCDFHJKLOQST AEJV 9
5 ABDEFHKMNO ABCDEGHJKOQY 10
B 4-10A CEE ❶ €38,00
20ha 230T(100-140m²) 57D ❷ €46,00

A37 Hoogeveen-Emmen, Ausfahrt Oosterhesselen (N854) Richtung Meppen. In Meppen ist der CP in Richtung Meppen/Mantinge ausgeschildert. 105775

Meppen, NL-7855 PV / Drenthe

CC€19

Erfgoed de Boemerang
Nijmaten 2
1 Apr - 1 Okt
+31 5 91 37 21 18
info@erfgoeddeboemerang.nl
N 52°46'49" E 06°41'30"

1 AEHKNOPQSUX 6
2 AEQRTWXYZ ABFG 7
3 L ABCDEFHJMNPQRUVW 8
4 FHJK IJV 9
5 DN ABCDFHJKOQ 10
10A CEE ❶ €22,50
2ha 47T(100-200m²) 3D

A37 Hoogeveen-Emmen. Ausfahrt Oosterhesselen (N854) Richtung Meppen. Dann Richtung Mantinge. Ausgeschildert. 118270

Nietap, NL-9312 TC / Drenthe

Ardoer Vakantiepark Cnossen Leekstermeer
Meerweg 13
1 Apr - 1 Nov
+31 5 94 51 20 73
info@cnossenleekstermeer.nl
N 53°10'33" E 06°25'25"

1 ADEKNOPQRSTU LNQRSTXYZ 6
2 AEIQRWXYZ ABDEFGH 7
3 ABFM ABDEFGIJKNQRTUVW 8
4 ACEFHJO CJMOPQR 9
5 ADELMN ABFGHIJKMOQY 10
16A CEE ❶ €33,35
16ha 120T(120-150m²) 43D ❷ €42,85

A7 Drachten-Groningen, Ausfahrt Leek. A28 Zwolle-Groningen bei Assen Ausfahrt Smilde, dann über Norg/Roden/Leek. Der CP liegt zwischen Leek und Roden in einer Einbahnstraße. 100717

Norg, NL-9331 AC / Drenthe

CC€23

Bospark Langeloërduinen
Kerkpad 12
1 Apr - 1 Okt
+31 5 92 61 27 70
info@bosparknorg.nl
N 53°04'21" E 06°27'25"

1 ADEHKNOPQRSTU 6
2 BPQRXYZ ABDEFGH 7
3 ABFMX ABCDEFGHJNPQRTUVW 8
4 FH CF 9
5 DMN ABEHJKOQY 10
10-12A CEE ❶ €28,75
7,5ha 100T(100-120m²) 39D ❷ €39,75

Von Straße N371 Richtung Norg, im Zentrum Beschilderung folgen. 109726

Norg, NL-9331 VA / Drenthe

CC€23

De Norgerberg
Langeloërweg 63
1 Apr - 31 Dez
+31 5 92 61 22 81
info@norgerberg.nl
N 53°04'40" E 06°26'55"

1 AEJMOPQSU BDG 6
2 ABPQSTWXYZ ABCDEFGHIK 7
3 ABFLMNX ABCDEFGHIJKMNPQRTUVW 8
4 ABDEFGHJLOQTU BEFJVWY 9
5 ABDEFJKLMN ABEFGHIJKOPQY 10
B 10A CEE ❶ €42,50
20ha 170T(100-150m²) 144D ❷ €50,90

Der CP liegt an der N373, 2 km nördlich von Norg an der Straße Norg-Roden. 111294

Oude Willem, NL-8439 SN / Drenthe

Hoeve aan den Weg
Bosweg 12
27 Mrz - 11 Okt
+31 5 21 38 72 69
camping@hoeveaandenweg.nl
N 52°53'25" E 06°18'48"

1 AEKNOPQRSTU BG 6
2 BQWYZ ABDEFGH 7
3 ABFMUV ABCDEFGHJNPQRTW 8
4 BCDFHJKLO J 9
5 ABDEFHKLMN ABHIJKOQX 10
B 6-10A CEE ❶ €26,00
9ha 97T(100-200m²) 174D ❷ €33,80

Von Diever in Richtung Zorgvlied fahren. Im Dorf Oude Willem liegt der CP auf der rechten Seite. 105681

Ruinen, NL-7963 RB / Drenthe

EuroParcs De Wiltzangh
Witteveen 2
26 Mrz - 26 Okt
+31 5 22 47 12 27
kcc@europarcs.nl
N 52°47'00" E 06°21'59"

1 AEHKNOPQSTU BG 6
2 BQRWYZ ABDEFGHK 7
3 BFJMSX BDFJKNQRTW 8
4 FHJKO JVW 9
5 ABDELMN ABEFGHJKOQX 10
B 6A CEE ❶ €34,00
13ha 86T(80-145m²) 61D ❷ €38,40

Von Ruinen Richtung Ansen/Havelte. 1. Straße rechts fahren, nach 1 km links ab. Der CP wird ausgeschildert. 105697

Niederlande

Teilkarte Drenthe auf Seite 178

Ruinen, NL-7963 PX / Drenthe

CC€23 iD

EuroParcs Ruinen
Oude Benderseweg 11
1 Mrz - 30 Okt
+31 5 22 47 17 70
kcc@europarcs.nl

1 ACDEHKNOPQRSTU AEG 6
2 ABPQRWXYZ ABDEFGH 7
3 ABCDEGJLMSUV ABCDEFGIJKMNQRTUVW 8
4 ABDEFHJKLO BCEJVY 9
5 ABDEFKMN ABEGHIJKOQ 10
Anzeige auf Seite 165 B 6-10A CEE ❶ €32,70
25ha 202T(110-150m²) 150D ❷ €41,10

N 52°46'31'' E 06°22'14''

Ruinen Richtung Pesse. Nach 600m 4. Straße links. Camping ist ausgeschildert, auch von Ruinen via England. 105698

Schipborg, NL-9469 PL / Drenthe

iD

De Vledders
Zeegserweg 2a
1 Apr - 23 Okt
+31 5 04 09 14 89
info@devledders.nl

1 AEKNOPQSTU LNPQ 6
2 ABEJQRWXYZ ABDEFGHJK 7
3 ABFGILM BDFGHIJKNPQRTW 8
4 ABEFHIJO ABDEFUVWY 9
5 ABCDEFJLMN ABGHIJKOPRSY 10
B 6-16A CEE ❶ €30,50
13ha 220T(80-100m²) 79D ❷ €39,50

N 53°04'46'' E 06°39'56''

Von der A28 Zwolle-Groningen und der N34 Groningen-Emmen, Ausfahrt Zuidlaren. Kurz davor rechts ab Richtung Schipborg. CP-Schildern folgen. 100720

Schoonebeek, NL-7761 PJ / Drenthe

CC€17 iD

Camping Emmen
Bultweg 7
7 Apr - 1 Okt
+31 5 24 53 21 94
info@campingemmen.nl

1 AEHKNOPQRSTU BN 6
2 AEPQWXYZ ABFG 7
3 ABCLV ABEFJNQRTUW 8
4 BCDHJKOP ABCEFJVWY 9
5 ADEFGHLN ABCGHJKNORS 10
6-16A CEE ❶ €28,50
3,3ha 50T(120m²) 34D ❷ €33,50

N 52°40'11'' E 06°52'43''

A37 Ausfahrt 5 Richtung Schoonebeek. Ab dort ist der CP angezeigt, liegt kurz vor Schoonebeek links ab. 120490

Schoonloo, NL-9443 TN / Drenthe

iD

De Warme Bossen
Warmenbossenweg 7
1 Apr - 31 Okt
+31 5 92 50 15 11
info@warmebossen.nl

1 AEKNOPQRSTU 6
2 ABQRWXY ABDEFGIK 7
3 ADFGLMVX ABCDEFMNQRTW 8
4 FHJO CFJVW 9
5 ADEFHJKMN ABFGHIJKMOQU 10
6A CEE ❶ €21,00
3,6ha 30T(80-100m²) 48D ❷ €30,00

N 52°55'08'' E 06°42'35''

Westerbork-Borger, Kreuzung Schoonloo geradeaus. Richtung Assen-Rolde-Schoonloo fahren. dann CP-Schilder folgen. 108325

Spier/Beilen, NL-9417 TD / Drenthe

iD

Sonnevanck
Wijsterseweg 9
1 Apr - 1 Nov
+31 5 93 56 22 14
info@vakantiecentrum sonnevanck.nl

1 AEHKNOPQSU BG 6
2 ABPQRWXYZ ABDEFGH 7
3 AJLMSV ABCDEFGHNQRTUVW 8
4 BCFHJO BJVW 9
5 ADEFGHJKMN ABEFGHJKNOPQ 10
10A CEE ❶ €24,60
13ha 85T(80-120m²) 162D ❷ €32,60

N 52°49'01'' E 06°28'43''

A28 Assen-Hoogeveen. Ausfahrt Spier/Wijster, am Ende Ausfahrt rechts ab über die Überführung (Schildern folgen). Hinter Spier ca. 1 km auf der linken Seite. 105725

Tynaarlo, NL-9482 TV / Drenthe

iD

't Veenmeer
Zuidlaarderweg 37
16 Mrz - 16 Okt
+31 5 92 54 36 25
camping@veenmeer.nl

1 AEJMOPQSTU LNP 6
2 AEJQRWY ABDEFGH 7
3 AFLM AEFNRT 8
4 J HJST 9
5 DEMN ABHIJKMOQY 10
B 4A CEE ❶ €32,00
35ha 50T(120m²) 417D ❷ €40,00

N 53°05'02'' E 06°38'23''

N34 Assen-Groningen-Emmen, Ausfahrt Tynaarlo. Ist mit Schildern ausgezeichnet. Von der A28 Zwolle-Groningen, Ausfahrt Zuidlaren/Vries. 100719

Uffelte/Havelte, NL-7975 PZ / Drenthe

iD

Kampeerterrein
De Blauwe Haan
Weg achter de es 11
1 Apr - 1 Okt
+31 5 21 35 12 69
info@blauwehaan.nl

1 AEHKNOPQSU F 6
2 BQRWXY ABDEFGHK 7
3 ABCDEFLMUW ABCDEFGHIJMNQRTUVW 8
4 FHIJQ ABCFJVY 9
5 ADHMN ABHJKOQXY 10
6-10A CEE ❶ €32,00
5,5ha 95T(100-120m²) 91D ❷ €42,00

N 52°48'12'' E 06°16'22''

Camping ca. 2 km nördlich von Uffelte. Über die N371 Meppel-Assen links ab der Beschilderung folgen. Dann über den Sandweg mit recht schlechtem Straßenbelag entlang, etwa 500 m. 105692

Vledder, NL-8381 AB / Drenthe

iD

De Adelhof
Vledderweg 19
1 Jan - 31 Dez
+31 5 21 38 14 40
info@adelhof.nl

1 AEJMOPQRSTU BGHN 6
2 ABCIPQRXYZ ABDEFGH 7
3 ABCDEFHIJLMNS ABCDFJNRTW 8
4 BCDFHJKLOPQ FJVY 9
5 ABDEFHKLN AHIJKORSY 10
4-6A CEE ❶ €29,00
15ha 100T(90-100m²) 194D ❷ €31,00

N 52°51'05'' E 06°11'57''

Ab Vledder Richtung Frederiksoord. CP ist ausgeschildert. 105685

Vledder, NL-8381 XM / Drenthe

iD

Padjelanta
Middenweg 12
1 Apr - 31 Okt
+31 5 21 38 21 21
info@campingpadjelanta.nl

1 ADEKNOPQRSU 6
2 BQRTWXYZ FG 7
3 AFLMS AFNRUVW 8
4 BFHJ CJ 9
5 DKLMN ABHIJKNORSY 10
B 6-10A CEE ❶ €22,00
12ha 120T(80-150m²) 198D ❷ €28,50

N 52°51'43'' E 06°11'42''

Im Zentrum von Vledder Richtung Vledderveen abfahren. An der Kreuzung wird der CP mit Wegweisern ausgeschildert. Der CP liegt auf der linken Seite. 100735

Wapse, NL-7983 LA / Drenthe

iD

Het Noordenveld
Smitstede 1
7 Apr - 3 Okt
+31 5 21 55 15 02
info@hetnoordenveld.nl

1 ADEHKNOPQRSTUX N 6
2 PQTXY ABDEFGH 7
3 S ABCDEFHJPQRUV 8
4 BCDF 9
5 ADN ABFGHJKOQY 10
10A CEE ❶ €23,00
3ha 65T(120-160m²) 5D

N 52°51'31'' E 06°15'28''

Von Meppel (A32) Richtung Leeuwarden Ausfahrt Steenwijk (N855) Richtung Vledder. Hinter Hotel De Wapse Herberg 1. Straße links. Nach 300m Camping links. 124756

Wateren, NL-8438 SB / Drenthe

iD

De Blauwe Lantaarn
Wateren 5
1 Apr - 1 Okt
+31 5 21 38 72 58
info@deblauwelantaarn.nl

1 AKNOPQRSTU AF 6
2 BIQRWYZ ABDFG 7
3 ABCDFMSUV ABCDEFJNQRTUW 8
4 BCDEFHJNQ JVW 9
5 ADEHMN ABHIJKORSUY 10
16A CEE ❶ €22,50
6ha 35T(80-120m²) 125D ❷ €31,40

N 52°54'57'' E 06°16'00''

Der Straße Diever-Zorgvlied folgen, CP links von der Straße ausgeschildert. 110589

Wateren, NL-8438 SC / Drenthe

CC€15 iD

Molecaten Park
Het Landschap
Schurerslaan 4
24 Mrz - 1 Okt
+31 5 21 38 72 44
hetlandschap@molecaten.nl

1 ADEKNOPQSTU EGLN 6
2 EJQRXYZ ABDEFGH 7
3 ABFHIJMSV ABCDEFNQRTUVW 8
4 ABCEFHJLNO AJUVWY 9
5 ADEFHKMN ABEHIJKOSTY 10
6-10A CEE ❶ €27,45
16ha 205T(100-150m²) 139D ❷ €31,45

N 52°55'19'' E 06°16'04''

Von Diever Richtung Zorgvlied. Der CP liegt kurz vor Zorgvlied auf der rechten Seite und ist ausgeschildert. 105680

Westerbork, NL-9431 GA / Drenthe

CC€19 iD

Landgoed Börkerheide
Beilerstraat 13a
1 Apr - 1 Okt
+31 5 93 33 15 46
info@landgoedborkerheide.nl

1 AEHKNOPQRSTU BG 6
2 ABPQRTWXYZ ABDEFG 7
3 ALMV ABCDEFJKNQRTUW 8
4 FHIJ CJ 9
5 D ABDFGHJKMORS 10
6A CEE ❶ €27,00
15ha 88T(80-120m²) 6D ❷ €35,00

N 52°51'10'' E 06°35'25''

A28 Zwolle-Hoogeveen-Groningen, Ausfahrt 30 Beilen und den Schildern Westerbork folgen. Der CP ist ausgeschildert. 100745

Wezuperbrug, NL-7853 TA / Drenthe

CC€17 iD

Molecaten Park Kuierpad
Oranjekanaal NZ 10
24 Mrz - 1 Nov
+31 5 91 38 14 15
kuierpad@molecaten.nl

1 ADEKNOPQRSTU BEGLN 6
2 ABFJQRWXY ABDEFGH 7
3 ABCFGJLMSTVW ABCDEFGIJKNQRTUVW 8
4 BCFGHIJLOPQ BCEJVWX 9
5 ACDEFKLMN ABDEGHIJKOPQXY 10
B 6-10A CEE ❶ €55,60
5,5ha 550T(95-200m²) 241D ❷ €62,30

N 52°50'26'' E 06°43'28''

N31 Beilen-Emmen, Ausfahrt Westerbork. Über Orvelte Richtung Schoonoord. 101314

Wijster, NL-9418 TL / Drenthe

CC€19 iD

Familiecamping De Otterberg
Drijberseweg 36a
1 Apr - 1 Okt
+31 5 93 56 23 62
info@otterberg.nl

1 AEKNOPQRSTU BGN 6
2 AQRWXYZ ABDEFG 7
3 ABCDFJLMSVW ABCDFGHIJKNRTW 8
4 BDFHIJLOQU JXY 9
5 ADEFGHKLMN ABHJKOSTY 10
B 10A CEE ❶ €31,70
17ha 170T(100m²) 193D ❷ €39,10

N 52°48'05'' E 06°31'28''

Assen-Hoogeveen, Ausfahrt Wijster/Spier. Richtung Spier/Wijster, hinter den Bahngleisen 1. Straße rechts Richtung Drijber. Nach ca. 2 km liegt auf der rechten Seite der CP. 105726

Zorgvlied, NL-8437 PC / Drenthe

iD

Zonnekamp
De Ruyter de Wildtlaan 7
1 Jan - 31 Dez
+31 5 21 38 72 57
info@campingzonnekamp.nl

1 AEKNOPQSTU N 6
2 BQWXY ABFGH 7
3 ABFMS ABCDEFGJKNRTUVW 8
4 BCDFHJKOPQ E 9
5 BDEFHKLMN BHIJKOQY 10
6A ❶ €22,50
7ha 41T(90-110m²) 154D ❷ €26,00

N 52°54'55'' E 06°14'39''

In Zorgvlied den Schildern folgen. 113421

Niederlande

Teilkarte Drenthe auf Seite 178

Zorgvlied, NL-8437 PE / Drenthe

Park Drentheland
De Gavere 1
1 Apr - 1 Nov
+31 5 21 38 81 36
info@parkdrentheland.nl

1 AEKNOPQSU	AF	6
2 QXYZ	ABDEFGH	7
3 ABCFJMNSV	ABCDFJKNQRTUVW	8
4 AEFGH	EFJUVWX	9
5 ABDEFKN	AEHIJKOPQY	10

B 10-16A CEE ❶ €21,50
8ha 95T(100m²) 46D ❷ €29,00

N 52°55'25'' E 06°15'02''
In Zorgvlied gegenüber der Kirche abbiegen. 108255

Zweeloo, NL-7851 AA / Drenthe

De Knieplanden
Hoofdstraat 2
1 Apr - 30 Sep
+31 5 91 37 15 99
info@campingknieplanden.nl

1 AEHKNOPQRSTU	BFH	6
2 APQRWXYZ	ABFG	7
3 ABLMSU	ABCDEFGIJKNQRTW	8
4 FH	F	9
5 DEFN	ABCDHJKOQ	10

B 10A CEE ❶ €29,00
2,5ha 64T(90-110m²) 7D ❷ €39,00

N 52°47'41'' E 06°43'27''
A37 Hoogeveen-Emmen, Ausfahrt Oosterhesselen (N854). 100764
In Zweeloo ist der CP ausgeschildert.

Zwartemeer, NL-7894 EA / Drenthe

Zwartemeer
Verlengde van Echtenskanaal NZ 2
1 Apr - 31 Okt
+31 5 91 31 46 54
info@sportlandgoed.nl

1 ADEHKNOPQRSTU	LMN	6
2 AEJPQXYZ	AB	7
3 BFGKMNT	ABFJNQRTW	8
4 FHJOPQ	F	9
5 ADEFHJKLN	ABCGHJKNQU	10

10A CEE ❶ €26,00
1,3ha 80T 35D ❷ €36,00

N 52°43'24'' E 07°01'38''
Von der A37, Ausfahrt 7 Zwartemeer. Nach 450m rechts abfahren. 118317
Den Schildern 'Recreatiepark Sportlandgoed' folgen.

Zwiggelte/Westerbork, NL-9433 TJ / Drenthe

Midden Drenthe
Elperweg 5
1 Apr - 22 Okt
+31 5 93 37 00 22
info@campingmiddendrenthe.nl

1 AEKNOPQSU	N	6
2 AQRWXYZ	ABDEFGH	7
3 ACFLMSU	ABCDEFGHIMNPQRTUVW	8
4 FHJKO	AFJVWY	9
5 ADHKMN	ABEGHJKORS	10

B 6-16A CEE ❶ €23,00
3,4ha 85T(130m²) 30D ❷ €28,00

N 52°52'36'' E 06°36'44''
A28 Ausfahrt 31 Richtung Westerbork. In Westerbork Ausfahrt Elp. 112457
Am Oranjekanaal links ab und den Schildern folgen.

Aalten, NL-7122 PC / Gelderland

Goorzicht
Boterdijk 3
27 Mrz - 2 Okt
+31 5 43 46 13 39
info@goorzicht.nl

1 ADEKNOPQRSTU	BF	6
2 ABQRXYZ	ABDEFG	7
3 ABEFMSTUV	ABCDEFJKMNRTUVW	8
4 BDFHJNOPQ	CFJVY	9
5 ADEHN	ABCDFHJKOQY	10

Anzeige auf dieser Seite 6A CEE ❶ €27,50
6,5ha 59T(70-100m²) 204D ❷ €32,50

N 51°56'40'' E 06°32'37''
A3 Oberhausen-Arnheim, Ausf. 5 Hamminkeln Ri. Bocholt. 113394
In Bocholt Zentrum links Richtung Bo-Holtwick, weiter BO-Hemden, NL-Heurne, Aalten. In Aalten den braun-weißen ANWB-Schildern folgen.

Aalten, NL-7121 LZ / Gelderland

Lansbulten
Eskesweg 1
1 Apr - 15 Okt
+31 5 43 47 25 88
info@lansbulten.nl

1 AEKNOPQRSTU	BFJN	6
2 BCQRXYZ	ABFG	7
3 BCFMUV	ABCDEFJKNRTUVW	8
4 BFHK	CFJY	9
5 ADN	ABDFHJKOPQUY	10

6-16A CEE ❶ €29,60
10ha 61T(110-120m²) 154D ❷ €34,80

N 51°55'34'' E 06°36'15''
N318 Varsseveld-Winterswijk. Bei Bredevoort den braun-weißen Schildern folgen. 111461

Aerdt, NL-6913 KH / Gelderland

De Rijnstrangen
Beuningsestraat 4
31 Mrz - 29 Okt
+31 6 12 55 94 64
info@derijnstrangen.nl

1 ADEHILOPSU		6
2 ACPQWXYZ	ABDEFHJK	7
3	ABEFGHNPQRUW	8
4 EFGHIJ	GIV	9
5 ABDJMN	ABCDFIJKORSYZ	10

Anzeige auf Seite 183 B 6A CEE ❶ €28,20
0,6ha 30T(100m²) 5D ❷ €39,20

N 51°53'47'' E 06°04'13''
A12 Ausfahrt 29 Richtung Lobith bis zur Ausfahrt Aerdt. Rechts ab, den Deich hoch. 1,5 km weiter bis zur Kirche. Nach 100m links runter. 118110

Appeltern, NL-6629 KS / Gelderland (CC€19) iD

Camping Groene Eiland	1 ACDEH**KN**OPQRSTU	JLM**N**OPQSW**XYZ** 6
Lutenkampstraat 2	2 ACEIJKQVWXY	A**B**DE**FGH** 7
1 Apr - 31 Okt	3 ABFGMSUV	ABCDE**FG**HIJKNQRTUVW 8
+31 4 87 56 21 30	4 BCDFHJMNO**Q**	ERV 9
info@hetgroeneeiland.nl	5 ABCDEFHKLM**NO**	ABEGHIJKMN**O**QXY 10
	B 6A CEE	❶ €33,50
N 51°50'07" E 05°33'09"	30ha 250**T**(bis 100m²) 381**D**	❷ €36,90

A50 Ausfahrt Druten/'Gouden Ham', dann Richtung Appeltern, in Appeltern ausgeschildert. 105577

Arnhem, NL-6816 PB / Gelderland iD

Warnsborn	1 ADE**JM**OPQSU	6
Bakenbergseweg 257	2 ABPQRWYZ	ABDE**FG**H 7
1 Apr - 30 Sep	3 ABE**L**MSX	ABCDE**FI**JKNQRTW 8
+31 2 64 42 34 69	4 FGHIJO	EFVWY 9
info@campingwarnsborn.nl	5 ABDMN	ABCGHIJK**O**QY 10
	B 6A CEE	❶ €28,50
N 52°00'28" E 05°52'17"	3,5ha 110**T**(100-140m²) 30**D**	❷ €36,10

A12 (beide Richtungen) und A50 aus dem Süden, Ausfahrt Arnhem-Nord, dann den Schildern folgen. Von Apeldoorn A50 Ausfahrt Schaarsbergen, Burgers' Zoo folgen. 105632

Arnhem, NL-6816 RW / Gelderland (CC€19) iD

Oostappen Vakantiepark Arnhem	1 ABDE**KN**OPQRSTU	CG 6
Kemperbergerweg 771	2 ABQRTUXYZ	AB**FG**H 7
31 Mrz - 13 Okt	3 ABCFJLMNSVX	ABCDFJKNQRTUV 8
+31 2 64 43 16 00	4 BCDFGHIJLO**Q**TUV	BEFJVY 9
info@vakantieparkarnhem.nl	5 ACDEFHLMN	AEGHIJKNQY 10
	B 10A CEE	❶ €42,00
N 52°01'27" E 05°51'36"	36ha 455**T**(80-150m²) 391**D**	❷ €42,00

A12 (aus beiden Richtungen) und A50 aus dem Süden, Ausfahrt Arnhem-Nord, dann den Schildern folgen. Von Apeldoorn A50 Ausfahrt Schaarsbergen. 101324

Barchem, NL-7244 RC / Gelderland iD

Reusterman	1 AE**KN**OPQSU	A 6
Looweg 3	2 PQRWXYZ	A**BFGH** 7
1 Apr - 1 Okt	3 AB**L**MX	ABCDE**FG**JNPQRW 8
+31 5 73 44 13 85	4 FGHIJOQ	E 9
info@reusterman.nl	5 ADHN	ABCHJKOQ 10
	6A CEE	❶ €24,25
N 52°07'38" E 06°26'08"	6ha 91**T**(80-100m²) 83**D**	❷ €31,25

Von Barchem Richtung Lochem, 0,5 km, ausgeschildert. 101557

Barchem, NL-7244 NA / Gelderland iD

De Heksenlaak B.V.	1 AE**KN**OPQST**U**	AF 6
Zwiepseweg 32	2 QRXYZ	A**B**CD**EFG** 7
1 Apr - 31 Okt	3 ABCG**HIL**MSUVX	ABCDE**F**JNRUVW 8
+31 5 73 44 13 06	4 BCDFGHIJKNO**PQ**	EFJ 9
heksenlaak@planet.nl	5 DEFHKN	ABCHKOQXY 10
	B 6-10A CEE	❶ €25,00
N 52°08'17" E 06°26'45"	8,5ha 120**T**(100-110m²) 129**D**	❷ €39,00

Von Lochem nach Barchem Richtung Zwiep 1,5 km. Ausgeschildert. 105763

Beek (gem. Montferland), NL-7037 CN / Gelderl. (CC€19) iD

Vakantiepark De Byvanck BV	1 ADEKNOPQSTU	E 6
Melkweg 2	2 AQRXYZ	A**BFG** 7
1 Jan - 31 Dez	3 **L**MS	BCDE**F**JNQRTW 8
+31 3 16 53 14 13	4 HIJO**T**	J 9
info@byvanck.nl	5 DEN	ABEHJK**O**QX 10
	Anzeige auf dieser Seite 6A CEE	❶ €22,00
N 51°53'59" E 06°10'44"	7,2ha 30**T**(80-120m²) 92**D**	❷ €27,80

A3 Oberhausen-Arnhem, vor NL-Grenze Ausfahrt 2 Beek/Elten. Rechts Richtung Beek Gem. Bergh. Hinter der NL-Grenze 1. Straße links. 109792

Niederlande

Beekbergen, NL-7361 TM / Gelderland (CC€21) iD

Het Lierderholt	1 ADEH**KN**OPQRSTU	BFHI 6
Spoekweg 49	2 ABQRWXYZ	ABDE**FGH** 7
1 Jan - 31 Dez	3 ABCEFG**JLMN**S**U**VX	ABCDFGIJKNQRTUVW 8
+31 5 55 06 14 58	4 ABCDEFGHIJLNO**P**	GJUVW 9
info@lierderholt.nl	5 ABDEGHLMN	ABCDEFGHIJKOPQY 10
	B 6-10A CEE	❶ €43,25
N 52°07'59" E 05°56'44"	25ha 210**T**(100-150m²) 264**D**	❷ €59,25

A50 von Arnhem, Ausfahrt 22 Beekbergen oder A50 von Zwolle, Ausfahrt 22 Hoenderloo. Dann Schildern folgen. 110210

Beekbergen, NL-7361 TG / Gelderland iD

Vakantiepark Hertenhorst	1 ADE**KN**OPQS**U**	BGH 6
Kaapbergweg 45	2 ABQRYZ	A**BFG**H 7
1 Apr - 25 Okt	3 ABF**JL**MVX	ABCDE**F**JNQRTUV 8
+31 3 62 00 22 50	4 FGHI	EJUVY 9
info@ vakantieparkhertenhorst.nl	5 ABDM	ABEGHIJK**O**QY 10
	4-6A CEE	❶ €33,30
N 52°08'06" E 05°57'51"	22ha 55**T**(80-100m²) 159**D**	❷ €43,30

A50 Ausfahrt 22, am Ende der Ausfahrt rechts dann die 1. Straße rechts. Weiter die 2. Straße links. CP-Schildern folgen. 113396

Beesd, NL-4153 XC / Gelderland (CC€21) iD

Betuwestrand	1 AEILOPQSU	HLMNW 6
A. Kraalweg 40	2 AEJQWXY	A**B**DE**FGH** 7
1 Apr - 30 Sep	3 BCFGMNSV	ABCDE**FG**HIJNPQRTUVW 8
+31 3 45 68 15 03	4 BCDFGHJLO	CEFJ 9
info@betuwestrand.nl	5 ACDEFHLM**NO**	ABCDFGHIJKMN**O**QXY 10
	Anzeige auf dieser Seite B 10A CEE	❶ €37,00
N 51°53'56" E 05°11'18"	30ha 150**T**(80-100m²) 470**D**	❷ €57,00

A2 's-Hertogenbosch-Utrecht, Ausfahrt 14 Beesd, dann ausgeschildert. 100795

Berg en Dal, NL-6571 CH / Gelderland (CC€19) iD

Nederrijkswald BV	1 ADEH**KN**OPQRS**U**	6
Zevenheuvelenweg 47	2 BPQRWXYZ	A**B**DE**FGH** 7
15 Mrz - 30 Okt	3 AF**KL**SUX	ABCDE**F**GHJNPQRTUW 8
+31 2 46 84 17 82	4 **E**FGHIJKO	VW 9
info@nederrijkswald.nl	5 ADMN	ABCDFGHIJK**O**RSWXY 10
	Anz. auf dieser S. B 6-16A CEE	❶ €25,70
N 51°48'08" E 05°55'25"	1,5ha 52**T**(80-130m²)	❷ €37,45

A73 Ausfahrt 3 Malden. N271 Richtung Groesbeek. Am Kreisel Richtung Berg en Dal; An der T-Kreuzung links, 2. Straße rechts die N841 (an der Tankstelle). Nach 750m links. 117995

Teilkarte Gelderland auf Seite 182

Niederlande

Braamt, NL-7047 AP / Gelderland
CC€13 iD

Recreatie Te Boomsgoed
Langestraat 24
1 Jan - 31 Dez
+31 3 14 65 18 90
info@teboomsgoed.nl

1 AEHKNOPQRSTU	AF 6
2 ABEPQRWYZ	ABDEFG 7
3 ABFGHIJMSX	ABCDFHJNQRTUW 8
4 BDFHIJO	EF 9
5 AEGJMN	ABCFGHIJKNQUY 10
10-16A CEE	1 €21,00
6ha 35T(100m²) 55D	2 €27,70

N 51°55'31'' E 06°15'42'' — 108358

A18 Ausfahrt 3 Doetinchem/Zelhem/Zeddam. Hinter der Ausfahrt links, 2. Kreisel links Richtung Braamt. CP nach 250m.

Doesburg, NL-6984 AG / Gelderland
iD

Capfun Camping IJsselstrand
Eekstraat 18
1 Jan - 31 Dez
+31 3 13 47 27 97
info@ijsselstrand.nl

1 ADEKNOPQRSTU	DGHJNQSWXYZ 6
2 ADIJKQSXY	ABDEFG 7
3 ABCDFGILMRVX	ABCDFIJKNQRTW 8
4 BCDFHJLOQTU	EFNOVWY 9
5 ACDEFHKLMN	ABCGHIJKOQWY 10
B 6-10A CEE	1 €31,20
65ha 169T(80-120m²) 944D	2 €42,50

N 52°01'44'' E 06°09'43'' — 108306

Von Arnhem aus auf der A348 rechts Ri. Doetinchem (N317). Nach 3,9 km dritte Ausfahrt im Kreisel (CP-Schild). Nach 1,2 km dritte Ausfahrt im Kreisel. Nach 1,4 km links.

Doetinchem, NL-7004 HD / Gelderland
CC€19 iD

De Wrange
Rekhemseweg 144
25 Mrz - 17 Okt
+31 3 14 32 48 52
info@dewrange.nl

1 ACDEHKNOPQRU	BG 6
2 ABQRWXYZ	ABDEFG 7
3 BJLMSVX	ABCDEFJNQRTUVW 8
4 BDGHJLO	CJ 9
5 ACDEFHJKLMN	ABDHJKMOQY 10
10A CEE	1 €31,00
10ha 70T(90-110m²) 218D	2 €39,00

N 51°56'47'' E 06°20'01'' — 105715

Von der A18, Ausfahrt 4 Doetinchem-Oost. An der Hauptstraße links ab. Durchfahren bis zur nächsten Ampel, dort rechts und den Schildern folgen (teils durch Wohnviertel).

Doornenburg, NL-6686 MC / Gelderland
CC€21 iD

De Waay
Rijndijk 67a
1 Apr - 30 Sep
+31 4 81 42 12 56
info@de-waay.nl

1 ADEKNOPQSU	BDGLMN 6
2 AEJQXY	ABCDEFGHIJ 7
3 ABCDFGLMNSUV	ABCDEFGIJKNQRTVW 8
4 BDHJKNOPQ	CFVY 9
5 ABDEFHKLMN	ABEGHIJKMOPQY 10
Anzeige auf Seite 185 B 10A CEE	1 €42,00
19ha 140T(100-120m²) 318D	2 €54,00

N 51°54'16'' E 05°59'08'' — 109624

Von der A15 Ausfahrt Bemmel/Gendt. In Gendt links, ab dort den Schildern folgen. Ab Arnhem der Beschilderung folgen.

Ede, NL-6718 SM / Gelderland
iD

Bos- en Heidecamping Zuid-Ginkel
Verlengde Arnhemseweg 97
31 Mrz - 30 Sep
+31 3 18 61 17 40
info@zuidginkel.nl

1 AEHJMOPQSTU	6
2 ABQRWXYZ	ABDEFG 7
3 ABCLMX	ABCDFIJNQRTUV 8
4 FGHI	AEVW 9
5 ABDMN	ABCDEGHIJKOQY 10
B 6-10A CEE	1 €27,50
4,7ha 80T(100-130m²) 103D	2 €35,85

N 52°02'18'' E 05°44'08'' — 110591

A12, Ausfahrt 25 Ede-Oost, dem Schild folgen.

Ede, NL-6718 TA / Gelderland
iD

De Oldenhove
Goorsteeg 8
15 Mrz - 30 Okt
+31 3 18 48 29 56
contact@camping-oldenhove.nl

1 AHKNOPQSU	N 6
2 AQRWXYZ	ABDEFG 7
3 ABFMSU	ABCDEFGHIJKNPRTUW 8
4 FHJ	Y 9
5 D	BHJKMOQ 10
B 6-10A CEE	1 €22,00
1ha 68T(100-160m²) 8D	2 €32,00

N 52°04'10'' E 05°37'12'' — 119418

A30 Ausfahrt Lunteren, Umfahrung Lunteren Richtung Ede. Nach der Tankstelle (200m) rechts (Goorweg). Nach 700m liegt der CP links.

Ede, NL-6718 TH / Gelderland
iD

TopParken Recreatiepark 't Gelloo
Barteweg 15
1 Apr - 28 Okt
+31 8 85 00 24 72
info@gelloo.nl

1 ABDEKNOPQSU	BEF 6
2 ABQRXYZ	ABDEFGH 7
3 ABCDEFGMSX	ABCDEFIJKNPQRTVW 8
4 BCDFHIJLOPQ	CEJVWXY 9
5 ABDEFHKMN	ABCEHIJKOPQY 10
6-10A CEE	1 €42,00
15ha 60T(100m²) 116D	2 €44,50

N 52°04'28'' E 05°40'04'' — 105560

Von der A1/A30 Ausfahrt 2, dann N224 Richtung Otterlo/Apeldoorn mit Schildern angezeigt. Oder von der A12, dann A30 Ausfahrt 2, dann N224 Otterlo/Apeldoorn, dann mit Schildern angezeigt.

Eerbeek, NL-6961 LD / Gelderland
CC€23 iD

Landal Coldenhove
Boshoffweg 6
10 Mrz - 26 Okt
+31 31 3- 65 91 01
coldenhove@landal.nl

1 ADEKNOPSU	EG 6
2 ABQRUWYZ	ABDEFGHK 7
3 ABCDEFGJLMRSTUVWX	ABCDEFIJKNQRTUW 8
4 BEFGHIJKLOPQ	BJUVWXY 9
5 ACDEGHJKLMN	ABCDEGHIJKNPQY 10
B 10A CEE	1 €60,00
20ha 180T(100-120m²) 369D	2 €75,00

N 52°05'31'' E 06°02'05'' — 105627

A50 Ausfahrt Loenen/Eerbeek Richtung Loenen/Eerbeek. Hinter dem Kreisel Richtung Dieren. Den Schildern Coldenhove folgen.

Elburg, NL-8081 LB / Gelderland
CC€15 iD

Natuurcamping Landgoed Old Putten
Zuiderzeestraatweg Oost 65
15 Apr - 15 Sep
+31 5 25 68 19 38
info@oldputten.nl

1 AEGHILOPSU	FNX 6
2 ACPQSXYZ	ABF 7
3 AN	ABCDFNQRTW 8
4 BDEFHJ	FV 9
5 ADN	ABGHIJKORS 10
4A CEE	1 €27,50
5ha 70T(100-120m²) 17D	2 €38,50

N 52°26'31'' E 05°50'40'' — 105604

A28 Ausfahrt 16 't Harde. N309 Richtung Elburg. Direkt gegenüber der Ausfahrt Elburg-Vesting am Kreisel N309 Einfahrt links.

Elspeet, NL-8075 RJ / Gelderland
iD

Mennorode
Apeldoornseweg 185
1 Mrz - 30 Sep
+31 5 77 49 81 11
info@mennorode.nl

1 ABEHJMOPQSU	6
2 BQRWXYZ	ABDEFGHK 7
3 AMNS	ABEFJNQRW 8
4 FHJR	BVW 9
5 DHJKN	ABCHIJKOPSY 10
B 6A CEE	1 €34,30
6,6ha 38T(100m²) 7D	2 €44,60

N 52°16'46'' E 05°48'22'' — 123149

In Elspeet der Beschilderung Conferentiezaal Mennorode folgen. Der Camping ist nicht extra angegeben.

Emst, NL-8166 GT / Gelderland
CC€23 iD

Ardoer Camping De Zandhegge
Langeweg 14
1 Apr - 29 Okt
+31 5 78 61 39 36
info@zandhegge.nl

1 ADEKNOPQSTU	BG 6
2 AQWXYZ	ABDEFG 7
3 ABCDFMSUV	ABCDEFJKMNQRTUVW 8
4 BFHJKO	ABCDEFJUVWY 9
5 ABDEFKMN	ABCDEGHIJKOQY 10
16A CEE	1 €44,00
5,9ha 100T(80-120m²) 113D	2 €56,50

N 52°19'49'' E 05°57'42'' — 107887

Ab Kreuz Schüttorf A1/E30 Richtung Hengelo/Apeldoorn. Dann zur A50 Apeldoorn-Zwolle, Ausfahrt 27 Epe. An der Ampel links, Richtung Emst, 1. Straße rechts. CP ist vor der Ampel schon ausgeschildert.

Emst, NL-8166 JJ / Gelderland
CC€23 iD

De Wildhoeve
Hanendorperweg 102
31 Mrz - 1 Okt
+31 5 78 66 13 24
info@wildhoeve.nl

1 ADEHILOPQRSTU	BEGH 6
2 ABQWXYZ	ABDEFGHK 7
3 ABCEFMNS	ABCDEFGIJKMNQRTUVW 8
4 ABEFGHJO	ABCEJUVWY 9
5 ACDELMN	ABCEFGHIJKNOPQY 10
B 8-10A CEE	1 €47,50
12ha 310T(80-120m²) 32D	2 €63,50

N 52°18'50'' E 05°55'36'' — 107837

A50 Arnhem-Zwolle, Ausfahrt 26 Vaassen, Richtung Emst. Den Schildern folgen.

Emst, NL-8166 HC / Gelderland
iD

Reina's Hoeve
Schaverenseveldweg 24
1 Apr - 1 Okt
+31 5 78 66 14 79
info@campingreinashoeve.nl

1 AHKNOPQSU	6
2 ABQWXY	ABDEFGH 7
3 AC	ABCDEFGHJNPQRUV 8
4 H	DF 9
5 DN	ACFGHIJKOST 10
B 16A CEE	1 €24,50
2,5ha 25T(90-100m²) 42D	2 €35,50

N 52°19'32'' E 05°57'16'' — 114684

A50, Ausfahrt 26 in Richtung Emst nehmen. Im Kreisverkehr Richtung Gortel fahren. CP-Schildern folgen.

Enspijk, NL-4157 PB / Gelderland
iD

Capfun Camping De Rotonde
Panweg 1
2 Apr - 1 Okt
+31 3 45 65 13 15
rotonde@capfun.com

1 ADEHJMOPSU	DFHLMN 6
2 AEJKPQXY	ABDEFGH 7
3 ABCEFGMNSV	ABCDEFGHIJKNPQRTUVW 8
4 BCDFHJKOPQ	JVW 9
5 ABCDEFHIJKM	ABEGHIJKMOQXY 10
B 6-10A CEE	1 €35,00
32ha 47T(80-100m²) 437D	2 €45,00

N 51°52'42'' E 05°12'50'' — 101560

A2 Den Bosch-Utrecht. Ausfahrt 15 Leerdam/Geldermalsen. Der CP-Beschilderung folgen.

Epe, NL-8162 PP / Gelderland
iD

Campingpark de Koekamp
Tongerenseweg 126
1 Apr - 31 Okt
+31 5 78 61 41 17
info@dekoekamp.nl

1 AEKNOPQRSTU	6
2 AQRXYZ	ABDEFGH 7
3 ABCLMS	AEFHKNRW 8
4 FHK	BFJW 9
5 DEFK	ABFHIJKOQ 10
8-16A CEE	1 €34,50
8ha 95T(100-120m²) 143D	2 €36,50

N 52°21'02'' E 05°57'42'' — 117986

A28 Ausfahrt 15 - N795 nach 7,6 km N309 - A50 Ausfahrt 27 N309 nach 4 km Kreisel rechts ab, nach 175m links ab.

Teilkarte Gelderland auf Seite 182

Niederlande

Epe, NL-8162 NR / Gelderland
CC€21 iD

RCN Vakantiepark de Jagerstee
Officiersweg 86
24 Mrz - 29 Okt
+31 8 50 40 07 00
reserveringen@rcn.nl
N 52°21'51" E 05°57'32"

1	ACDEH**KN**OPQSU	BG	6
2	ABQRXYZ	ABCDE**FG**	7
3	ABCDEFJ**L**MV	ABCDFGIJK**M**NQRTW	8
4	BCDEFHJKLNO	BEFJUVWY	9
5	ACDEFHKLMN	ABEFGHIJKOPQXY	10

Anz. auf dieser S. B 10-16A CEE ① €30,00
33ha 350**T**(100m²) 292**D** ② €34,00

A50 Apeldoorn-Zwolle, Ausfahrt 27, der N309 Richtung Nunspeet folgen, hinter dem Kreisel den ANWB CP-Schildern 'Jagerstee' folgen. 105615

Erichem, NL-4117 GL / Gelderland
iD

Recreatiepark De Vergarde
Erichemseweg 84
1 Apr - 1 Okt
+31 3 44 57 20 17
info@devergarde.nl
N 51°53'56" E 05°21'38"

1	ADE**JM**OPQSTU	BDGHN	6
2	AEPQWXYZ	A**BC**D**EFGH**	7
3	ABCDEF**HIJL**MSV	ABCDE**FG**HIJKNPQRTUVW	8
4	BCFHJL**Q**	EFJQVWY	9
5	ABDEFGHKLMN	BEFGHIJKM**O**QY	10

B 16A CEE ① €40,00
22ha 280**T**(100-150m²) 241**D** ② €50,00

A15, Ausfahrt Buren. Ausfahrt 32, dann CP ausgeschildert. 105529

Ermelo, NL-3852 MA / Gelderland
CC€21 iD

Recreatiepark De Paalberg
Drieërweg 125
1 Jan - 31 Dez
+31 3 41 55 23 73
info@paalberg.nl
N 52°17'16" E 05°39'25"

1	AEH**KM**OPQSTU	BEGHI	6
2	ABPQRWXYZ	ABDE**FG**H	7
3	ABCEFG**J**MN**Q**S**T**VX	ABCDEFGHJNPQRTUVW	8
4	BDFGHIJLNO**STUV**	AJVWY	9
5	ACDEFGHLMN	ABCDEFGHIJKOPSY	10

B 6-10A CEE ① €46,70
30ha 163**T**(100-120m²) 351**D** ② €46,70

A28 Ausfahrt 12 Richtung Ermelo. Im 6. Kreisel (Südseite von Ermelo) links, Richtung Drie. CP weiter ausgeschildert. 109612

Ermelo, NL-3852 AM / Gelderland
CC€23 iD

Ardoer cp. & bungalowpark De Haeghehorst
Fazantlaan 4
1 Jan - 31 Dez
+31 3 41 55 31 85
haeghehorst@ardoer.com
N 52°18'47" E 05°37'48"

1	AEILOPQRSTU	BEGH	6
2	ABPQRWXYZ	ABDE**FG**HK	7
3	ABCEF**HIL**M**Q**SUVX	ABCDEFGHJK**M**NPQRTUV	8
4	BDEFHIJLNO**PQTV**	BCFIJVWY	9
5	ABDEFGHJKMN	ABCDEGHJKOPQY	10

6-10A CEE ① €45,00
10ha 255**T**(75-160m²) 85**D** ② €60,00

A28 Ausfahrt 12 Richtung Ermelo, CP-Schildern folgen. Der CP liegt an der Nordseite von Ermelo. 105552

Ermelo/Speuld, NL-3852 NH / Gelderland
iD

Recreatiepark De Bosrand
Garderenseweg 281
1 Jan - 31 Dez
+31 5 77 40 73 28
info@bosrandermelo.nl
N 52°15'31" E 05°42'35"

1	AH**KN**OPQRST		6
2	AQRXY	AB**FG**H	7
3	A	ABCDE**F**JNPQU	8
4	FH	JUVWY	9
5	DMN	ABCFGHJKOQ	10

6-10A CEE ① €22,50
2,5ha 33**T**(100m²) 74**D** ② €28,50

A1 Ausfahrt 17 (Stroe) Richtung Garderen. In Garderen der Beschilderung folgen. 120902

Ermelo, NL-3852 ZD / Gelderland
CC€21 iD

In de Rimboe
Schoolweg 125
1 Jan - 31 Dez
+31 3 41 55 27 53
info@inderimboe.nl
N 52°17'29" E 05°38'59"

1	ACDE**KN**OPQRST**U**	BG	6
2	ABPQRWXYZ	A**B**D**FG**	7
3	BCFMSX	ABCDE**F**HJNPQRTUVW	8
4	BCDFHIJLO	CEJVW	9
5	ADEFGHKLMN	ABDEHIJKMOQY	10

6A CEE ① €37,00
10,1ha 43**T**(80-110m²) 233**D** ② €44,00

A28 Ausfahrt 12 Richtung Ermelo. Im 5. Kreisel links. Richtung Drie (Südseite von Ermelo). Weiter ausgeschildert. 108346

Ewijk, NL-6644 KR / Gelderland
iD

Het Buitenhuis
Ficarystraat 9
1 Apr - 1 Nov
+31 6 20 05 58 67
info@campingbuitenhuis.nl
N 51°51'03" E 05°41'40"

1	ADEH**KN**OPQRST**U**	MNPQ	6
2	ABEIJKQXYZ	ABDE**FG**HIK	7
3	AFG**L**MV	ABEFJNQRT	8
4	FHJ	FHQRT	9
5	EN**O**	ABCGJKOQU	10

12A CEE ① €36,50
5ha 80**T**(50-100m²) 5**D** ② €36,50

A73 Ausfahrt 1 Beuningen Richtung Wijchen. 1. Straße rechts über die A50, dann ist der Camping auf der linken Seite. 122776

Ermelo, NL-3852 MC / Gelderland
CC€19 iD

Kriemelberg BushCamp
Drieërweg 104
31 Mrz - 13 Okt
+31 3 41 55 21 42
camping@kriemelberg.nl
N 52°17'12" E 05°38'48"

1	AEH**JM**OPQRSTU	L	6
2	ABJPQRWXYZ	A**B**D**FG**H	7
3	ABCEF**L**MUX	ABCDE**FG**IJK**LM**NQRTUVW	8
4	**A**BCDEFGHIJL	BCFJVWY	9
5	ABDEGN	ABCDEGHJK**O**QY	10

B 6-10A CEE ① €26,00
10ha 109**T**(80-140m²) 136**D** ② €32,50

A28 Ausfahrt 12 Ermelo, Richtung Ermelo. Im 5. Kreisel links Richtung Drie. Weiter ausgeschildert. 109867

Gendt, NL-6691 MB / Gelderland
iD

Waalstrand
Waaldijk 23a
1 Apr - 30 Sep
+31 4 81 42 16 04
info@waalstrand.nl
N 51°52'33" E 05°59'20"

1	AEILOPQRSTU	ANXYZ	6
2	ADIJQRVWX	AB**C**DE**FG**H	7
3	ABGMSUX	ABCDEFGHNQRTUVW	8
4	HJ	EJV	9
5	DHKMN	ABEGHIJK**O**PQY	10

Anzeige auf dieser Seite 6A CEE ① €34,50
4ha 90**T**(100m²) 50**D** ② €46,50

A15 Ausfahrt Bemmel/Gendt. In Gendt den CP-Schildern folgen. 105631

Teilkarte Gelderland auf Seite 182

Niederlande

Groenlo, NL-7141 DH / Gelderland

Marveld Recreatie B.V.
Elshofweg 6
1 Jan - 31 Dez
+31 5 44 46 60 00
info@marveld.nl
N 52°02'10'' E 06°37'58''

1 ACDEHJMOPQSTU BEGHIN 6
2 CPQRWXYZ ABDEFGH 7
3 ABCDEGHIJKLMNRSTVW ABCDEFGJKMNQRTUVW 8
4 ABCDFHJKLMOPQSTUV EJLUVWXY 9
5 ACDEFGHJKLMN ABEFGHIJKOPRSXY 10
6-16A CEE ① €44,25
37ha 273T(100-110m^2) 589D ② €62,45
100790

Über die N18 Enschede-Doetinchem oder N319 Zutphen-Winterswijk. Ab hier nicht mehr dem Navi folgen. Deutlich angezeigt.

Groesbeek, NL-6561 KR / Gelderland

Vakantiepark De Oude Molen
Wylerbaan 2a
1 Apr - 31 Okt
+31 2 43 97 17 15
vakantiepark@oudemolen.nl
N 51°47'04'' E 05°56'06''

1 AEKNOPSTU BGH 6
2 APQRUWXY ABDEFGHIK 7
3 ABFLMSU ABCDEFGIJKNQRTUV 8
4 BHJKOT EVW 9
5 DEFHKLMN ABDGHIJKOPQY 10
Anz. auf dieser S. B 4-16A CEE ① €35,90
H70 6,5ha 140T(80-120m^2) 124D ② €48,80
105639

Auf A73 Ausfahrt Groesbeek. In Groesbeek durchs Zentrum den Schildern folgen. CP liegt rechts. An der A50 oder A15 Ausfahrt Kleve. Weiter Richtung Kleve. Nach der Grenze rechts und danach zweite Straße rechts.

Haarlo, NL-7273 PP / Gelderland

Veldzicht
Veldweg 1
1 Jan - 31 Dez
+31 5 45 26 12 90
info@campingveldzicht.nl
N 52°06'38'' E 06°35'25''

1 AEKNOPQRSTU N 6
2 PQRTXYZ ABDEFG 7
3 ACLSU ABEFJNPQRTW 8
4 FHJKOQ BFV 9
5 ADHN ABFGHJKORS 10
B 6A CEE ① €21,50
3,5ha 80T(100-120m^2) 3D ② €34,00
118315

Von Borculo über die N822 nach Eibergen. Hinter Haarlo ist der CP ausgeschildert.

Harfsen, NL-7217 MD / Gelderland

De Huurne
Harfsensesteeg 15
30 Mrz - 1 Okt
+31 5 73 45 90 26
campingdehuurne@hotmail.com
N 52°10'59'' E 06°16'34''

1 AEKNOPQRSTU 6
2 QSWXYZ ABFG 7
3 BEMU ABCDEFHNQRW 8
4 HK 9
5 D BGOQY 10
16A ① €17,00
1,5ha 65T(80-180m^2) 18D ② €22,60
122309

A1 Ausfahrt 23 Deventer Richtung Eefde. Links halten, um die Kirche herum. Nach 2 km der Harfsense Steeg. Nach 4 km liegt der CP links. Einige GPS-Navis funktionieren hier nicht. Dann auf Koordinaten einstellen.

Harskamp, NL-6732 DC / Gelderland

De Harscamp
Edeseweg 190 + Laarweg 29B
1 Apr - 31 Okt
+31 3 18 45 62 02
info@deharscamp.nl
N 52°07'39'' E 05°44'49''

1 AEHKNOPQRSU BG 6
2 APQRWXY ABDEFGH 7
3 ABFMSVX ACDEFJNQRTU 8
4 BDFHJLNOPQ EJ 9
5 DEFHLMN ABCEHIJKOQY 10
6A CEE ① €32,50
5,5ha 47T(100m^2) 162D ② €42,50
105573

A1, Ausfahrt Stroe/Garderen Richtung Harskamp, dann CP-Schildern folgen. A50, Ausfahrt Veenendaal, Richtung Ede, dann Richtung Harskamp.

Harskamp, NL-6732 EH / Gelderland

De Midden Veluwe
Palmenhuizerweg 1
1 Apr - 1 Okt
+31 3 18 45 64 91
info@demiddenveluwe.nl
N 52°08'14'' E 05°45'33''

1 AEJMOPQSU LM 6
2 AFJKQRXY ABFGH 7
3 ABDFMNSVX ABEFJKNRTUW 8
4 ABCDFHJLOPQ CE 9
5 ADEHKN ABCEFGHIJKOPQY 10
10A CEE ① €29,90
35ha 21T(100m^2) 540D ② €39,30
105572

A1, Ausfahrt Stroe/Garderen Richtung Harskamp, dann den Schildern folgen.

Hattem, NL-8051 PW / Gelderland

Molecaten Park De Leemkule
Leemkuilen 6
24 Mrz - 1 Nov
+31 3 84 44 19 45
deleemkule@molecaten.nl
N 52°27'22'' E 06°02'11''

1 ADEHILOPQRSTU AEG 6
2 ABQRSWXYZ ABDEFGH 7
3 ABFJLMNUV ABCDEFGJNQRTUVW 8
4 BEFHJKOSTUV DFJVWY 9
5 ABDEFHKLMN ABEIJKOQXY 10
10A CEE ① €37,15
24ha 150T(100m^2) 146D ② €44,15
105603

A28 Ausfahrt 17 Wezep, am Kreisel geradeaus und an der erste. Kreuzung Richtung Heerde. Nach 3,5 km über die Bahnlinie, bis zur Ausfahrt Hattem Wapenveld. Links abbiegen. Nach etwa 3 km Einfahrt zum Park auf der linken Seite.

Hattem, NL-8051 PM / Gelderland

Molecaten Park Landgoed Molecaten
Koeweg 1
24 Mrz - 1 Okt
+31 3 84 44 70 44
landgoedmolecaten@molecaten.nl
N 52°27'59'' E 06°03'26''

1 AEHJMOPQRSTU 6
2 ABPQWXYZ ABDEFG 7
3 ALM ABCDEFGJNPQRUW 8
4 BCHO JV 9
5 ADMN ABHIJKOQ 10
10A CEE ① €26,35
10ha 41T(100m^2) 62D ② €33,35
119903

A50 Ausfahrt Hattem. Über den Hessenweg und Gelderse Dijk. Am Ende rechts ab. Im Nieuweweg rechts ab in die Stationstraat. Dann links in die Stadslaan. Weiter rechts ab zur Eliselaan und links ab in den Koeweg.

Heerde, NL-8181 PC / Gelderland

De Klippen
Klippenweg 4
1 Apr - 31 Okt
+31 5 78 69 66 90
info@campingdeklippen.nl
N 52°22'40'' E 06°00'22''

1 AHILOPQSU 6
2 AQRXY ABDEFGH 7
3 AM ABCDEFHJNRUV 8
4 9
5 D BHIJKORS 10
10A CEE ① €15,00
4ha 20T(80m^2) 70D ② €22,00
105612

A50 Apeldoorn-Zwolle, Ausfahrt 28, den CP-Schildern folgen.

Heerde, NL-8181 PK / Gelderland

De Mussenkamp
Mussenkampseweg 28A
1 Apr - 31 Okt
+31 5 78 69 39 56
info@mussenkamp.nl
N 52°22'38'' E 06°00'43''

1 AEKNOPQRSTU L 6
2 ABEJQRWXY ABDEFGHIJK 7
3 BFMS ABCDEFGHIJKNPQRTUVW 8
4 FH 9
5 DMN ABCHIJKOQY 10
10A CEE ① €22,70
5ha 130T(100-120m^2) 46D ② €30,90
105611

A50 Apeldoorn-Zwolle, Ausfahrt 28 Richtung Heerde, dann den CP-Schildern folgen.

Heerde, NL-8181 LP / Gelderland

De Zandkuil
Veldweg 25
1 Apr - 1 Nov
+31 5 78 69 19 52
info@dezandkuil.nl
N 52°24'38'' E 06°02'37''

1 AEKNOPQRSTU AF 6
2 ABQRTWXYZ ABDEFGH 7
3 ABCFLM ABCDEFGJNQRTW 8
4 BFHIJP AB 9
5 ABDEFGHKMN ABCDEFGHIJKNOPSTY 10
6-16A CEE ① €28,50
11,5ha 183T(90-100m^2) 164D ② €28,50
101553

A50 Apeldoorn-Zwolle, Ausfahrt 29 Heerde. Am ersten Kreisel 2. Ausfahrt (Molenweg), am nächsten Kreisel 1. Ausfahrt, am dritten Kreisel 2. Ausfahrt Richtung Wapenveld, links in den Koerbergseweg. Dann Schildern folgen.

Heerde, NL-8181 LL / Gelderland

Molecaten Park De Koerberg
Koerbergseweg 4/1
24 Mrz - 1 Nov
+31 5 78 69 98 10
dekoerberg@molecaten.nl
N 52°24'34'' E 06°03'05''

1 ADEJMOPQRSTU BG 6
2 ABQRUWXYZ ABDEFGH 7
3 ABFLMNR ABCDEFGHIJKNQRTUV 8
4 BFHJ BCJVWXY 9
5 ABDEFHKLMN ABDEFGHIJKNOQY 10
B 16A CEE ① €29,25
22ha 150T(80-100m^2) 231D ② €35,75
105608

A50 Apeldoorn-Zwolle, Ausfahrt 29 Heerde/Wapenveld. Richtung Heerde. Am Kreisel 2. Ausfahrt (Molenweg), nächster Kreisel 3. Abfahrt (Veldweg). Veldweg-Ende links in den Koerbergseweg, dann direkt rechts.

Hengelo (Gld.), NL-7255 MJ / Gelderland

Kom-Es-An
Handwijzersdijk 6
1 Apr - 1 Nov
+31 5 75 46 72 42
informatie@kom-es-an.nl
N 52°03'36'' E 06°21'19''

1 AEKNOPQSTU AFN 6
2 QRXYZ ABDEFG 7
3 ABCLMVX ABCDEFGIJKMNQRTUVW 8
4 BDFGHJLOPQ EFVWY 9
5 ABDEFGHKMN ABHJKOPQY 10
B 10A CEE ① €31,00
13ha 90T(100-110m^2) 160D ② €40,50
105712

Von Hengelo (Gelderland) in Richtung Ruurlo fahren (2 km). CP ausgeschildert.

Nur bei Angabe dieses CC-Logos wird die CampingCard ACSI akzeptiert.

Siehe auch die Gebrauchsanweisung in diesem Führer.

Teilkarte Gelderland auf Seite 182

Heteren, NL-6666 LA / Gelderland (CC€17) iD

Camping Overbetuwe
Uilenburgsestraat 3
1 Jan - 31 Dez
+31 2 64 74 22 33
info@campingoverbetuwe.nl
N 51°56'55" E 05°46'21"

1 AHKNOPQSTU N 6
2 APQRWY ABFGK 7
3 ABFLMS ABCDEFJNRTW 8
4 FHJKOQ FGHIJ 9
5 DNO ABDFHIJKNQU 10
10A CEE ❶ €18,50
4,2ha 39T(100-200m²) 46D ❷ €21,00

A50, Ausfahrt 18 Heteren, dann den CP-Schildern folgen. 108275

Heumen/Nijmegen, NL-6582 BR / Gelderland iD

Recreatiecentrum Heumens Bos B.V.
Vosseneindseweg 46
1 Jan - 31 Dez
+31 2 43 58 14 81
info@heumensbos.nl
N 51°46'12" E 05°49'11"

1 ACDEHJMOPQRSTU BGN 6
2 ABQRWY ABDEFGH 7
3 ABFHILMNSX ABCDEFHIJNQRTUVW 8
4 BCDEFGHIJKNOP EFJUVY 9
5 ACDEFHKLMNO ABEFGHIJKOQXY 10
B 6A CEE ❶ €36,00
17ha 125T(85-120m²) 320D ❷ €46,00

A73 Köln-Venlo-Nijmegen. Ausfahrt 3 Heumen, danach den Schildern folgen. 105640

Hierden, NL-3849 NJ / Gelderland iD

De Peperkamp
Duinweg 6
1 Apr - 8 Okt
+31 3 41 45 32 32
info@depeperkamp.nl
N 52°21'02" E 05°41'06"

1 AEKNOPQRSTU 6
2 AQTXYZ ABFG 7
3 AFLM ABFHJNPRU 8
4 FH JVW 9
5 DN AFGJKOPQ 10
B 6-10A CEE ❶ €28,10
2,5ha 25T(bis 100m²) 51D ❷ €37,10

Auf der A28 Ausfahrt 13 Richtung Lelystad. In Harderwijk Richtung Hierden und weiter der Beschilderung folgen. 121125

Hoenderloo, NL-7351 TN / Gelderland (CC€21) iD

De Pampel
Woeste Hoefweg 35
1 Jan - 31 Dez
+31 5 53 78 17 60
info@pampel.nl
N 52°07'10" E 05°54'19"

1 ADEILOPSTU BDGHI 6
2 ABPQRUWXYZ ABDEFGHK 7
3 ABCDEFMNSVX ABCDEFGIJKNPQRTUVW 8
4 BFHJKL BCFJUVWY 9
5 ACDEFGLMN ABCDEGHIJKOQY 10
6-16A CEE ❶ €32,35
H60 14,5ha 278T(100-200m²) 36D ❷ €45,95

A1, Ausfahrt 19 Apeldoorn/Hoenderloo, in Hoenderloo Richtung Loenen fahren. Oder A50 Arnhem-Apeldoorn, Ausfahrt 22 Hoenderloo, den Schildern Hoenderloo folgen. 105622

Hoenderloo, NL-7351 TM / Gelderland (CC€21) iD

Recreatiepark 't Veluws Hof
Krimweg 152-154
25 Mrz - 29 Okt
+31 5 53 78 17 77
info@veluwshof.nl
N 52°07'21" E 05°55'17"

1 AEKNOPSU BGH 6
2 ABQRUWXYZ ABCFGH 7
3 ABCFGJLMNRSX ABCDEFGIJNQRTUV 8
4 ABDEFHIJLOQ JUVWY 9
5 ACDEFHLMN ABCDEGHIJKOPQY 10
B 6A CEE ❶ €34,00
H50 32ha 70T(100-130m²) 522D ❷ €43,90

A1 Ausfahrt 19 Apeldoorn-Hoenderloo, in Hoenderloo Richtung Campingplätze folgen oder die A50 Arnhem-Hoenderloo, Ausfahrt 22 Hoenderloo, den Schildern Hoenderloo folgen. 108351

Hoenderloo, NL-7351 BP / Gelderland (CC€19) iD

Veluwe camping 't Schinkel
Miggelenbergweg 60
31 Mrz - 31 Okt
+31 5 53 78 13 67
info@hetschinkel.nl
N 52°07'42" E 05°54'15"

1 ADEHKNOPQSTU BGHI 6
2 AQRUWXYZ ABDEFGHK 7
3 BCDFMSVX ABCDEFGIJKNQRTUVW 8
4 BFHJL HJUVW 9
5 ABDEFGMN ABCEFGHIJKOQ 10
6-16A CEE ❶ €30,00
H60 7,5ha 200T(80-100m²) 9D ❷ €42,80

Von Arnhem/Apeldoorn/Ede in Richtung Hoenderloo fahren. Danach dem Schild Beekbergen/Loenen Richtung Beekbergen folgen. CP-Schilder beachten. 105621

Hummelo, NL-6999 DT / Gelderland iD

Camping De Graafschap
Loenhorsterweg 7C
1 Jan - 31 Dez
+31 3 14 34 37 52
info@camping-degraafschap.nl
N 51°59'29" E 06°16'44"

1 AEJNOPQSTU 6
2 AQRTWXYZ ABDEFGHIJ 7
3 ALMS ABCDEFGJMNPQRTUVW 8
4 FGHJ EFVW 9
5 ABDEN ABCEFGHJKMNOPQUWY 10
B 6-20A CEE ❶ €30,00
6ha 80T(120-250m²) 78D ❷ €38,20

A3 Oberhausen-Arnheim, Ausfahrt 30 Beek, Richtung A18 Doetinchem, Ausfahrt 2 Richtung Zutphen. In Hummelo CP-Schildern folgen. Ab Doetinchem: der Ausfahrt 9 folgen 'De Kruisberg' oder 'H. Slingeland', dann den Schildern nach. 108355

Hummelo, NL-6999 DW / Gelderland iD

Camping Jena
Rozegaarderweg 7
2 Apr - 2 Okt
+31 3 14 38 14 57
info@camping-jena.nl
N 51°59'34" E 06°15'21"

1 AEKNOPQSTU 6
2 ABPQRWXYZ ABDEFGHJ 7
3 ACLMVX AFHKNPQRTW 8
4 FGHJ FVWY 9
5 DN ABCIJKNQU 10
B 6-10A CEE ❶ €24,50
6ha 120T(100-150m²) 31D ❷ €33,00

A3 Oberhausen-Arnheim, Ausf. 30 Beek, Ri. A18 Doetinchem, Ausf. 2 Wehl, Ri. Zutphen. Hinter Hummelo am Kreisel geradeaus den Schildern folgen. Doetinchem, Ausf. 4 (N317) Ri. Doesburg. Hinter Langerak am Kreisel re. den Schildern folgen. 105714

Kesteren, NL-4041 AW / Gelderland (CC€21) iD

Camping "Betuwe"
Hoge Dijkseweg 40
15 Mrz - 15 Okt
+31 4 88 48 14 77
info@campingbetuwe.nl
N 51°56'15" E 05°32'46"

1 ADEKNOPQRSTU LN 6
2 AEJKQXY ABDEFG 7
3 ABCFMSV ABCDEFGIJKNQRSTUW 8
4 BDFHJLQ BCFJVY 9
5 ADEFHLMO ABFGHIJKOQY 10
10A CEE ❶ €33,00
30ha 60T(90-110m²) 198D ❷ €42,00

A15 Ausfahrt 35 Ochten/Kesteren. N320 Richtung Culemborg. Den Schildern zum CP folgen. A12 Ausfahrt Veenendaal/Rhenen. Über die Rheinbrücke Ausfahrt Kesteren. Unten an der Straße rechts ab, dann 1. links. 100796

Kootwijk, NL-3775 KB / Gelderland iD

Harskamperdennen
H. van 't Hoffweg 25
26 Mrz - 3 Okt
+31 3 18 45 62 72
info@harskamperdennen.nl
N 52°09'01" E 05°44'28"

1 AEGHKNOPQSU 6
2 ABPQRXYZ ABDFGHJ 7
3 ABCEFMSVX ABCDEFGJKNQRTUVW 8
4 BEFGHIJ ACFVY 9
5 DMN ABCGHIJKNQY 10
6-10A CEE ❶ €30,00
16ha 302T(100-200m²) 10D ❷ €40,00

A1, Ausfahrt 17 Richtung Harskamp, dann den Schildern folgen. 109731

Kotten/Winterswijk, NL-7107 AG / Gelderland iD

Renskers
Aalbrinkstegge 5
1 Jan - 31 Dez
+31 5 43 56 32 93
info@camping-renskers.nl
N 51°56'54" E 06°46'31"

1 AKNOPQRSU F 6
2 BQRWXY ABDEFG 7
3 ABFHILMU ABCDEFJNPRTUV 8
4 H 9
5 DN ABHJKOQ 10
10A CEE ❶ €20,40
4,5ha 39T(120-160m²) 125D ❷ €29,55

A18 Doetinchem. Richtung Varsseveld und N318 Winterswijk. Vor Richtung Borken (Dld) folgen: Schildern folgen. Beinahe an der Grenze. Links liegt der CP. 105786

Laag-Soeren, NL-6957 DP / Gelderland (CC€23) iD

Ardoer Vakantiedorp De Jutberg
Jutberg 78
1 Jan - 31 Dez
+31 3 13 61 92 20
info@jutberg.nl
N 52°04'05" E 06°04'48"

1 ADEKNOPQRSU DGH 6
2 ABPQRUWYZ ABDEFG 7
3 ABCFLMUVX ABCDEFGJMNQRTUVW 8
4 BEFHIJLOPQ FJVW 9
5 ABDEFHJKMN ABEHIJKOPQY 10
6-10A CEE ❶ €42,00
18ha 148T(80-120m²) 190D ❷ €56,00

A1 Ausfahrt Apeldoorn-Süd Richtung Dieren, den Schildern folgen. Ab der A12 Richtung Zutphen-Dieren, Laag-Soeren und dann den Schildern folgen. 105629

ACSI AWARDS 2022

GEWINNER

Bester Campingplatz für Wanderungen und Radtouren

Niederlande

Recreatiepark 't Veluws Hof

Laag-Soeren, NL-6957 DE / Gelderland iD

Boszicht
Priesnitzlaan 4
1 Apr - 30 Okt
+31 3 13 42 04 35
info@campingboszicht.nl
N 52°04'04" E 06°05'04"

1 AEKNOPQRSTU 6
2 APQRXY ABFGIJK 7
3 ACLMUX ABCDEFNQRU 8
4 FHIJO EFJ 9
5 ADMN ABCHIJKOQY 10
6A CEE ❶ €35,00
2ha 70T(100m²) 15D ❷ €43,00

Richtung Dieren/Laag Soeren, Schildern folgen. 107811

Lieren/Beekbergen, NL-7364 CB / Gelderland (CC€19) iD

Ardoer comfortcamping De Bosgraaf
Kanaal Zuid 444
25 Mrz - 29 Okt
+31 5 55 05 13 59
bosgraaf@ardoer.com
N 52°08'39" E 06°02'09"

1 ADEILOPQSU BGH 6
2 ABQRXYZ ABDEFGH 7
3 ABCEFLMNVX ABCDEFGIJNQRTUW 8
4 BDFGHIJKLOQ ACFJUVW 9
5 ABDEFHKMN ABCDEHIJKOPQY 10
6-16A CEE ❶ €36,20
22ha 187T(100-144m²) 348D ❷ €48,40

A1 Ausfahrt 20 'Apeldoorn-Zuid/Beekbergen' nach der Ausfahrt links ab den Schildern folgen. Oder A50 Ausfahrt 23 Loenen Richtung Loenen links ab Klarenbeek. Schildern folgen. 109866

Lieren/Beekbergen, NL-7364 CD / Gelderland (CC€17) iD

De Vinkenkamp
Vinkenkamp 10
1 Jan - 31 Dez
+31 5 55 05 12 53
info@vinkenkamp.nl
N 52°09'02" E 06°01'20"

1 AEHKNOPQSU BG 6
2 AQRWXYZ ABDEFG 7
3 ABCLMSUVX ABCDFJNQRTUVW 8
4 AFHIJKL CEGJVWY 9
5 ABDEFHJK ABCFGHIJKOPQ 10
10-16A CEE ❶ €30,00
3,7ha 50T(80-130m²) 49D ❷ €38,90

A1, Ausfahrt Apeldoorn-Zuid/Beekbergen nach der Ausfahrt links, dann den Schildern folgen. Oder A50 Ausfahrt 23 Loenen, Ri. Loenen links abbiegen nach Klarenbeek. Den Schildern folgen. Albaweg, Schildern zum Golfplatz Scherpenbergh folgen. 105625

Lochem, NL-7241 PV / Gelderland

Erve Harkink
Zwiepseweg 138
1 Apr - 1 Okt
+31 5 73 25 17 75
info@erveharkink.nl

1 AE**KN**OPQSTU 6
2 APQRXYZ AB**DEFG** 7
3 B**L**MSUX ABCDE**F**KNQRTW 8
4 FGHIJKO Y 9
5 DN ABCGJKORSY 10
B 6A CEE ① €21,00
3ha 100**T**(100-110m²) 30**D** ② €34,00

N 52°09'03'' E 06°25'58''

Vom Zentrum Lochem Richtung Barchem N312. Nach 600m links und am Ende der Strecke nach rechts. Nach 900m liegt der CP rechts der Strecke. 115373

Lunteren, NL-6741 KG / Gelderland

CC€17

De Rimboe
Boslaan 129
13 Mrz - 22 Okt
+31 3 18 48 23 71
info@campingderimboe.com

1 ADE**JM**OPQRSTU 6
2 ABQRUWXYZ ABDEFGH 7
3 ABCFMSX ABCDE**FI**JNPQRTUVW 8
4 EFHIJO FJVX 9
5 DMN ABCDGHIJK**O**PQY 10
6-10A CEE ① €22,95
12,2ha 140**T**(80-120m²) 165**D** ② €29,90

N 52°05'31'' E 05°39'47''

A30 Ausfahrt Lunteren. Umfahrung folgen (also nicht ins Zentrum hinein). Danach ist der CP ausgeschildert. 100783

Lunteren, NL-6741 JP / Gelderland

CC€21

Recreatiecentrum de Goudsberg
Hessenweg 85
1 Jan - 31 Dez
+31 3 18 48 23 86
info@goudsberg.nl

1 ACDE**KN**OPQRSTU AEG 6
2 ABPQRSUYZ ABJ 7
3 BF**J**MNSX ABCDFJKNPRTUVW 8
4 BFGHIJL**PQ** 9
5 ABDEHLN ABCDHIJKNQY 10
10-16A CEE ① €42,50
16ha 63**T** 300**D** ② €45,00

N 52°05'54'' E 05°38'40''

A30, Ausfahrt 3 Richtung Lunteren. Dann der VVV-Beschilderung Freizeitzentrum De Goudsberg folgen. 105571

Maasbommel, NL-6627 KT / Gelderland

Het Molenstrand
Bovendijk 6A
1 Apr - 31 Okt
+31 4 87 54 23 36
info@molenstrand.nl

1 BDEH**JM**OPQRSU LNQS**XYZ** 6
2 EIJKLQRWX **ABFG** 7
3 A**HIM** ABCDEFJNRUV 8
4 H OPR 9
5 D ABEFGHJK**O**QY 10
10A CEE ① €34,70
3ha 22**T**(60m²) 104**D** ② €37,70

N 51°50'20'' E 05°32'51''

Auf der N329 Ausfahrt 'Het Groene Eiland' nehmen. Der CP ist danach deutlich angezeigt. Wohnwagen und Reisemobile der Beschilderung und nicht dem Navi folgen. 117997

Neede, NL-7161 LW / Gelderland

CC€19

Den Blanken
Diepenheimseweg 44
1 Apr - 30 Sep
+31 5 47 35 13 53
info@campingdenblanken.nl

1 AE**KN**OPQRSTU BGJ**N** 6
2 CQRWXYZ AB**DEFG**H 7
3 ABCD**L**MNSV ABCDE**F**GJKNPQRTUVW 8
4 BDFHJLO ACFJUVW 9
5 ABDEFGKLMN ABCDFGHIJKMORSXY 10
B 6-10A CEE ① €27,10
7,2ha 184**T**(100-150m²) 54**D** ② €39,60

N 52°10'49'' E 06°35'13''

Auf der Strecke Diepenheim-Neede. Der CP wird ausgeschildert. 108277

Nieuw-Milligen, NL-3888 NR / Gelderland

CC€23

Landal Rabbit Hill
Grevenhout 21
1 Jan - 31 Dez
+31 5 77 45 64 31
rabbithill@landal.nl

1 ADEILOPQRSTU BEG 6
2 ABPQRWYZ ABDE**FG**HK 7
3 ABCDFG**JLMNRSTU**VX ABCDEFGIJKNQRTUVW 8
4 BDEFGHJKL**OQ** CEJUVWY 9
5 ACDEFHJLMN ABDEGHJKOPQXY 10
10-16A CEE ① €42,00
6ha 130**T**(100-120m²) 341**D** ② €53,00

N 52°13'06'' E 05°47'07''

A1 Ausfahrt 18 Richtung Harderwijk. Kurz vor der N344 rechts ab. CP gut ausgeschildert. 110507

Nunspeet, NL-8071 PB / Gelderland

de Tol
Elspeterweg 61
1 Apr - 31 Okt
+31 3 41 25 24 13
info@camping-detol.nl

1 AEHILOPQRSTU BGL 6
2 ABEJPQRWXYZ A**BFG**H 7
3 ABC**D**EFG**JL**MSUVX ABCDE**FG**KNQRTW 8
4 BCD**E**FHJLNO**PQ** FJUVW 9
5 ABDEFGHKLMN ABCEGHJK**O**PSXY 10
B 6-10A CEE ① €36,50
12,5ha 180**T**(80-150m²) 124**D** ② €45,90

N 52°21'24'' E 05°47'19''

A28, Ausfahrt 14 Nunspeet/Elspeet, Richtung Elspeet. CP ausgeschildert. 105557

Nunspeet, NL-8072 PK / Gelderland

CC€19

Camping De Witte Wieven
Wiltsangh 41
31 Mrz - 31 Okt
+31 3 41 25 26 42
info@wittewieven.nl

1 AEH**KN**OPQRSTU AF 6
2 ABQXY AB**F**G 7
3 BCG**HI**LM ABE**F**JNQRTW 8
4 BCHO FJUVWXY 9
5 DEFHKMN ABGHJK**O**RSY 10
6-10A CEE ① €27,30
18,8ha 70**T**(100m²) 211**D** ② €37,30

N 52°22'50'' E 05°49'01''

Auf der A28 Ausfahrt 15 Richtung Nunspeet, 1. Straße hinter dem Bahnübergang. 111026

Oosterbeek, NL-6861 AG / Gelderland

Aan Veluwe
Sportlaan 1
24 Mrz - 23 Okt
+31 2 24 56 31 09
info@aanveluwe.nl

1 AH**KN**OPQRST**U** 6
2 ABPQRWYZ AB**FGH** 7
3 A CDEFJNQUV 8
4 FH V 9
5 DN ABEFHJK**O**QY 10
16A CEE ① €37,40
8ha 114**T**(100-120m²) ② €39,80

N 51°59'37'' E 05°49'19''

In Oosterbeek im Kreisverkehr Ausfahrt Valkenburglaan. Dann nach 300m links gegenüber dem Reitstall in die Sportlaan. 100797

Oosterhout, NL-6678 MC / Gelderland

De Grote Altena
Waaldijk 38
1 Apr - 31 Okt
+31 4 81 48 12 00
info@campingdegrotealtena.nl

1 ADE**KN**OPQRS**U** JN 6
2 ACIJQVY A**BEFG**HK 7
3 AF**L**MSU ABCDE**FG**HJNPQRTUV 8
4 GHJO EHJV 9
5 AKLMN ABGHJK**O**QUW 10
B 6-10A CEE ① €30,00
4,5ha 120**T**(108-126m²) 32**D** ② €38,50

N 51°52'32'' E 05°48'27''

Über die A15 Ausfahrt Oosterhout im Dorf den Schildern folgen. CP liegt am Waaldijk. 105630

Opheusden, NL-4043 JX / Gelderland

De Linie
Markstraat 3A
1 Jan - 31 Dez
+31 4 88 48 12 14
info@campingdelinie.nl

1 ADEH**KN**OPQRSTU LN 6
2 ACEPQRWXYZ ABDE**FG**H 7
3 AFMSU AB**F**KNQRTUW 8
4 BDFGHJO FIJ 9
5 DEJLMN**O** ABHJKOQV 10
10A CEE ① €25,00
5ha 50**T**(100m²) 53**D** ② €27,50

N 51°56'12'' E 05°35'50''

A15 Ausfahrt 35 Ochten. N233 Richtung Kesteren. Dann rechts ab Richtung Opheusden, rechts ab(Hauptstraße) 280m. Weiter dann rechts Broekdijk. Nochmal rechts ab und den Schildern folgen. 121362

Opheusden, NL-4043 JX / Gelderland

Recreatiepark De Markplas
Markstraat 1
1 Apr - 31 Okt
+31 4 88 48 27 31
info@demarkplas.nl

1 AEILOPQRST**U** LN 6
2 AFQTXYZ AB**F** 7
3 AMS A**FM**NRUVW 8
4 CFHJ X 9
5 EH**O** ABCFHJKOQY 10
6A CEE ① €20,00
H675 5,5ha 18**T**(100-150m²) 51**D** ② €20,00

N 51°56'22'' E 05°35'49''

A15, Ausf. 35 Ochten. N233 Ri. Kesteren/Rhenen. Rechts in die Hoofdstraat einbiegen und am Kreisverkehr die 1. Ausf. auf Broekdijk, Tielsestraat nehmen. Dann links abbiegen. Der CP liegt auf der rechten Seite. 125282

Otterlo, NL-6731 SN / Gelderland

CC€21

Beek en Hei
Heideweg 4
1 Jan - 31 Dez
+31 3 18 59 14 83
info@beekenhei.nl

1 ADEH**KN**OPQS**U** 6
2 ABPQRTWXYZ ABDE**FGH**K 7
3 ABMX ABCDE**F**IJNQRTUV 8
4 FHIJLO FVW 9
5 ABDN ABCDGHIJKN**O**STY 10
B 4-6A CEE ① €27,00
5ha 120**T**(60-100m²) 10**D** ② €33,00

N 52°05'31'' E 05°46'14''

A12, Ausfahrt 23 Arnhem-Oosterbeek Richtung Arnhem, dann Richtung Otterlo und den CP-Schildern folgen. 105563

Otterlo, NL-6731 BV / Gelderland

CC€23

EuroParcs De Wije Werelt
Arnhemseweg 100-102
1 Jan - 31 Dez
+31 8 80 70 81 70
wijewerelt@europarcs.nl

1 ADE**KN**OPQSTU BG 6
2 ABPQRTWXYZ ABDE**FG**HK 7
3 ABCDEF**L**MX ABCDFGJK**M**NQRTUV 8
4 ABCD**EF**GHIJKL CFJVWY 9
5 ACDEHLM ABCDEGHIJKOPQY 10
Anzeige auf Seite 165 B 10-16A CEE ① €40,00
12ha 150**T**(100-150m²) 196**D** ② €50,00

N 52°05'12'' E 05°46'10''

A12, Ausfahrt 23 oder 25. A1, Ausfahrt 17 oder 19, an allen Ausfahrten findet man das Schild Park Hoge Veluwe. In Otterlo Schildern folgen. 105562

Putten, NL-3881 NE / Gelderland

De Rusthoeve
Garderenseweg 168
31 Mrz - 31 Okt
+31 5 77 46 12 46
info@rusthoeve.nl

1 AEH**JM**OPQRSTU 6
2 ABPQRWXY AB**FGH** 7
3 BEMS ACDEFHJ**M**NPQRTUV 8
4 BDFHJKLO JV 9
5 DN ABCEGHJKOPQY 10
16A CEE ① €28,60
8,5ha 25**T**(70-130m²) 220**D** ② €41,25

N 52°14'12'' E 05°40'29''

A1 Ausfahrt 17 durch Garderen Richtung Putten. Von Putten: Richtung Garderen, 5 km außerhalb von Putten. CP liegt an der Südseite der Straße. 105568

Teilkarte Gelderland auf Seite 182

Putten, NL-3882 RN / Gelderland

CC€19 iD

- Strandparc Nulde
- Strandboulevard 27
- 1 Apr - 1 Okt
- +31 3 41 36 13 04
- info@strandparcnulde.nl

1 ADEH**K**N**O**PQRSTU	LNQSXY**Z** 6
2 AFIJKQRWXY	AB**FG** 7
3 BFG**L**MV	BD**FG**NQRTUVW 8
4 BDFHJLO	JNORTVW 9
5 ADEFKLN	ABCDEFGHOPQY 10
Anzeige auf dieser Seite B 10A CEE	❶ €36,10
15ha 30**T**(90-110m²) 175**D**	❷ €38,75

N 52°16'17'' E 05°32'14''

A28 Ausfahrt 10 Strand Nulde. Der CP liegt am Wasser und ist an der Ausfahrt angezeigt. 105569

Ruurlo, NL-7261 MR / Gelderland

CC€21 iD

- Tamaring
- Wildpad 3
- 26 Mrz - 8 Okt
- +31 5 73 45 14 86
- info@camping-tamaring.nl

1 AEFH**KN**OPQSU	F 6
2 IQRWXYZ	A**B**DE**FG**HK 7
3 ABC**L**MSX	ABCDE**FG**JKNPQRTUVW 8
4 BFGHIJ	BFJVY 9
5 ABDMN	ABCDFGHJKOQY 10
Anzeige auf dieser Seite B 10A CEE	❶ €27,00
3,5ha 108**T**(100-150m²) 6**D**	❷ €34,50

N 52°06'10'' E 06°26'30''

A1 Ausfahrt 26 von Norden: N332 Richtung Lochem-Barchem-Ruurlo. Schilder kurz vor dem CP. 108280

Stokkum, NL-7039 CW / Gelderland

CC€19 iD

- De Slangenbult
- St. Isidorusstraat 12
- 1 Jan - 31 Dez
- +31 3 14 66 27 98
- info@deslangenbult.nl

1 AE**K**NOPQRST**U**	6
2 ABPQRUXY	ABDE**FG** 7
3 ABF**L**MSUX	ABCDEFJNPRTW 8
4 FHK	UVW 9
5 DN	ADEGHJK**O**Q 10
10-16A CEE	❶ €25,50
10ha 75**T**(100-140m²) 75**D**	❷ €37,00

N 51°52'43'' E 06°12'53''

A12 Ausfahrt 30 Beek, Ri. Beek halten. 1. Kreisel in Beek rechts ab, direkt danach 1. Straße links, dieser 3 km folgen. In Stokkum 1. Straße rechts (die lange Hecke). CP-Schildern folgen. 108357

Stokkum, NL-7039 CV / Gelderland

CC€19 iD

- Landgoed Brockhausen
- Eltenseweg 20
- 31 Mrz - 1 Okt
- +31 3 14 66 12 12
- campingbrockhausen@gmail.com

1 AE**KN**OPQRST**U**	6
2 ABQRXYZ	A**B**DE**FGH** 7
3 **AL**S	ABCDE**FG**H**I**JKNQRTUVW 8
4 **E**FGH	J 9
5 A	ABCFGHIJK**O**SV 10
B 10A CEE	❶ €30,00
4ha 47**T**(100-160m²) 52**D**	❷ €43,00

N 51°52'40'' E 06°12'39''

A3 Ausfahrt Emmerich/'s-Heerenberg, in 's-Heerenberg Richtung, dann den CP-Schildern folgen. 110592

Stroe, NL-3776 PV / Gelderland

CC€17 iD

- Jacobus Hoeve
- Tolnegenweg 53
- 31 Mrz - 31 Okt
- +31 3 42 44 13 19
- info@jacobus-hoeve.nl

1 ADEH**KN**OPQRST**U**	6
2 AQRSTWXY	AB**FG**H 7
3 ABCEMSVX	ABCDE**F**JNPQRTUV 8
4 B**E**FHL	FJVW 9
5 DEFHKMN	ABCDEFHJKOQXY 10
10-16A CEE	❶ €24,20
5ha 60**T**(100-150m²) 117**D**	❷ €31,40

N 52°11'38'' E 05°40'42''

A1 Ausfahrt 17 Richtung Stroe. Am 1. Kreisel links, vorm Bahnübergang rechts. CP nach 800m links der Straße. 117914

Teuge, NL-7395 PG / Gelderland

iD

- Camping de Weeltenkamp
- De Zanden 215
- 15 Mrz - 1 Okt
- +31 5 52 00 02 04
- info@deweeltenkamp.nl

1 ADEGH**KN**OPQST**U**	AL 6
2 AIQSTWXYZ	ABDE**FG**K 7
3 ABCDEFG**L**MSV	ABCDEFGHJKNPQRTUVW 8
4 B**E**FHJKL	ABFIJV 9
5 ADEN**O**	ABFGHIJKOPQY 10
B 6-10A CEE	❶ €23,40
4ha 104**T**(120-150m²) 58**D**	❷ €40,25

N 52°14'56'' E 06°03'25''

A50 Ausfahrt 26 Terwolde/Vaassen, links Terwolde dann Richtung Teuge. Nach 1,5 km ist der CP angezeigt. 122277

Ugchelen, NL-7339 GG / Gelderland

CC€19 iD

- De Wapenberg
- Hoenderloseweg 187
- 31 Mrz - 2 Okt
- +31 5 55 33 45 39
- info@dewapenberg.nl

1 AE**KN**OPQSU	6
2 ABQRSUWXYZ	ABDE**FGH** 7
3 AEM	ABCDE**F**JKNQRTUVW 8
4 FHJ	V 9
5 DN	BCDGHIJK**O**Q 10
B 6-16A CEE	❶ €24,25
4ha 59**T**(80-140m²) 56**D**	❷ €32,25

N 52°10'19'' E 05°54'45''

A1, Ausfahrt 19 Hoenderloo Richtung Ede/Hoenderloo. Den CP-Schildern folgen. Über die A50 Ausfahrt 22. In Beekbergen, 1. Ampel links. Der Straße solange folgen, bis der CP angezeigt ist. 105620

Vaassen, NL-8171 RA / Gelderland

iD

- De Helfterkamp
- Gortelseweg 24
- 1 Mrz - 31 Okt
- +31 5 78 57 18 39
- info@helfterkamp.nl

1 ADEH**KN**OPQSU	6
2 AQWXYZ	A**B**DE**FG**HIK 7
3 ABCEFMS	ABCDE**F**GHIJKNQRTUVW 8
4 BFHIJKO	DEJUVW 9
5 ABDMN	ABCGHJKOQY 10
B 6-16A CEE	❶ €30,70
4ha 180**T**(100-120m²) 43**D**	❷ €42,80

N 52°17'27'' E 05°56'42''

A50 Apeldoorn-Zwolle, Ausfahrt 26 Vaassen, dann den Schildern folgen. 105619

Vierhouten, NL-8076 RC / Gelderland

iD

- Beans-Hill
- Elspeterbosweg 74
- 1 Apr - 29 Okt
- +31 5 77 41 13 26
- info@beans-hill.nl

1 AE**JM**OPQSU	6
2 ABQRSTWXY	ABD**EFG** 7
3 **AL**M	ABE**F**JNRTUVW 8
4 FHK	9
5 DMN	ABEHIJK**O**Q 10
10A CEE	❶ €21,80
3,2ha 16**T**(100m²) 90**D**	❷ €27,80

N 52°19'32'' E 05°49'26''

A28 Amersfoort-Zwolle Ausfahrt Nunspeet/Elspeet Richtung Vierhouten. Dann Schildern folgen. 108988

Vierhouten, NL-8076 PM / Gelderland

CC€23 iD

- Recreatiepark Samoza
- Plaggeweg 90
- 24 Mrz - 30 Okt
- +31 5 77 41 12 83
- info@samoza.nl

1 ADEKNOPQRSTU	BEGH 6
2 ABQRSWXYZ	ABDE**FG**H 7
3 ABCDEF**HIL**MS	ABCDEFGHIJK**M**NRTUVW 8
4 BCDFHJKLMNO**PQ**	CJVWY 9
5 ACDEHKLMN	ABEGHIKNPQY 10
B 4-10A CEE	❶ €58,00
70ha 310**T**(100-150m²) 911**D**	❷ €66,00

N 52°20'54'' E 05°49'27''

A28 Amersfoort-Zwolle, Ausfahrt 14 Nunspeet/Elspeet. Dann Richtung Vierhouten. Danach den Schildern folgen. 105617

Voorst, NL-7383 AL / Gelderland

iD

- De Adelaar
- Rijksstraatweg 49
- 1 Jan - 31 Dez
- +31 5 75 50 19 72
- info@campingdeadelaar.nl

1 AEH**JM**OPQST**U**	6
2 ACIQRSXYZ	AB**FG**IK 7
3 ACDE**L**MU	ABCDE**FG**JKNPQRUW 8
4 FHJ	Y 9
5 N	ABCFGHJKOQ 10
6-10A CEE	❶ €20,50
1ha 55**T**(120-150m²)	❷ €30,50

N 52°10'37'' E 06°08'26''

A1 Ausf. Ri. Zutphen (N345), geht am Camping entlang. Er liegt vor der Ortsbebauung von Voorst, links. Von der A50 Ausf. 24 Ri. Zutphen (N345) vor der Ortsbebauung von Voorst, links. 122769

Voorthuizen, NL-3781 NJ / Gelderland

CC€23 iD

Ardoer Vakantiepark Ackersate
Harremaatweg 26
31 Mrz - 28 Okt
+31 3 42 47 12 74
receptie@ackersate.nl
N 52°11'11" E 05°37'30"

1 ADEHJMOPQRSTU BEGHI 6
2 APQRWXY ABCDEFGHK 7
3 ABCDEFJMNSUVX ABCDEFGIJKLNPQRTUV 8
4 BCDHJKLOU BCEFHJUVWX 9
5 ACDEFGHJLMNO ABCDEFGHJKOPQWY 10
B 10-16A CEE ① €63,00
23ha 194T(100-130m²) 371D ② €80,00
105565

A1 Ausfahrt 16. In Voorthuizen die N344 rechts ab Richtung Garderen. Kurz hinter Voorthuizen rechts ab. Ist angezeigt.

Voorthuizen, NL-3781 NG / Gelderland

CC€21 iD

Beloofde Land
Bosweg 17
1 Apr - 30 Okt
+31 3 42 47 29 42
info@beloofdeland.nl
N 52°11'14" E 05°37'23"

1 AEHKNOPQRSTU AG 6
2 AJPQRWXY ABDEFGH 7
3 ABCDEFGMVW ABCDFGJKNQRTUVW 8
4 BCDFHJKLOQ ABCDEJVY 9
5 ABDEMN ABHJKLOQ 10
B 6-10A CEE ① €49,30
11ha 177T(80-150m²) 111D ② €52,35
112726

A1 Ausfahrt 16. In Voorthuizen rechts die N344 Richtung Garderen. Kurz hinter Voorthuizen rechts ab. CP ist ausgeschildert.

Voorthuizen, NL-3781 NW / Gelderland

iD

De Zanderij
Hoge Boeschoterweg 96
24 Mrz - 29 Okt
+31 3 42 47 13 43
info@zanderij.nl
N 52°12'09" E 05°39'20"

1 AEHKNOPQSTU BDG 6
2 ABQRWXYZ ABDEFGH 7
3 ABCFGHIMNSVX ABCDEFGJKNQRTUV 8
4 BCDFHJLNOPQTX CEJV 9
5 ACDEFGHLMN ABCEHJKOPSTY 10
B 6A CEE ① €37,20
12ha 115T(100-120m²) 244D ② €45,40
105566

A1 Ausfahrt 16, N303 Richtung Voorthuizen. Am Kreisel N344 Richtung Garderen. Nach rund 3 km links ab. CP ist angezeigt.

Voorthuizen, NL-3781 NJ / Gelderland

CC€23 iD

Recreatiepark De Boshoek
Harremaatweg 34
25 Mrz - 30 Okt
+31 3 42 47 12 97
info@deboshoek.nl
N 52°11'15" E 05°37'51"

1 ADEHJMOPQRSTU BEG 6
2 APQRWXY ABCDEFGH 7
3 ABCFGJMNRSTVX ABCDFGIJKMNQRTUV 8
4 BDFHJLNOSZ BCEFGHJVWX 9
5 ABCDEFHJLMNO ABCDEFHIJKOQY 10
B 10A CEE ① €67,10
4,5ha 116T(110-120m²) 137D ② €78,20
118628

A1 Ausfahrt 16 Richtung Voorthuizen, am Kreisel die N344 Richtung Garderen. Kurz hinter Voorthuizen rechts ab. Der CP ist angezeigt. Die Rezeption ist gegenüber der CP-Einfahrt!

Vorden, NL-7251 JL / Gelderland

iD

De Goldberg
Larenseweg 1
1 Apr - 29 Okt
+31 5 75 55 16 79
info@degoldberg.nl
N 52°07'05" E 06°19'25"

1 AEHKNOPQRSTU 6
2 QRWXYZ ABDEFG 7
3 BHILMX ABCDEFHJKMNQRTUVW 8
4 BDFHIJKOQ EFUVWY 9
5 ABDEFHJKMN ABCGHJKOQWX 10
6-10A CEE ① €21,00
4,5ha 45T(100-120m²) 87D ② €27,50
105710

Aus Vorden N319 Richtung Ruurlo, hinter Bahnschranken links ausgeschildert.

Vorden, NL-7251 KT / Gelderland

CC€21 iD

't Meulenbrugge
Mosselseweg 4
1 Apr - 30 Sep
+31 5 75 55 66 12
info@meulenbrugge-vorden.nl
N 52°06'24" E 06°21'18"

1 AEHKNOPQSTUX 6
2 DQRTXYZ ABDEFG 7
3 LSX ABCDFJMNQRUVW 8
4 FGHI FVW 9
5 ADMN ABCDFGHJKOQY 10
Anzeige auf dieser S. 10-16A CEE ① €25,00
4ha 107T(100-150m²) 4D
118314

Von Zutphen N 346 ri N319 Vorden. Am Ende von Vorden Richtung Ruurlo fahren. Nach 2 km in einer scharfen Kurve links in den Mosselseweg abbiegen. Der Campingplatz ist ausgeschildert.

Warnsveld, NL-7231 PT / Gelderland

iD

Camping Warnsveld
Warkenseweg 7
1 Apr - 31 Okt
+31 5 75 43 13 38
leunk000@wxs.nl
N 52°08'00" E 06°17'20"

1 AEHJMOPQRSTU F 6
2 QRXYZ ABFGH 7
3 GLX AFNRTW 8
4 FHIJO 9
5 DEHMN ABCHJKOQY 10
B 6A CEE ① €21,50
4,5ha 50T(75-100m²) 85D ② €32,10
109359

Zutphen-Lochem (N346) fahren. Der CP ist ausgeschildert. Oder die N319 Warnsveld-Vorden. Ebenfalls ausgeschildert.

Wilp, NL-7384 CT / Gelderland

CC€21 iD

Kampeerhoeve Bussloo
Grotenhuisweg 50
1 Jan - 31 Dez
+31 6 20 98 16 59
info@kampeerhoevebussloo.nl
N 52°12'33" E 06°06'33"

1 ADEGHKNOPQSTU 6
2 AEIQSWXY ABFGHIK 7
3 ACLSUX ABEFJNQRTVW 8
4 HJK FJVW 9
5 DN ABDFGHIJKOQV 10
B 10A CEE ① €27,00
1ha 40T(144m²) 6D ② €37,00
121884

A1 Ausfahrt 22 Twello Richtung Wilp. Nach 200m rechts (Molenallee). Der Straße bis zum CP (Grotenhuisweg) folgen.

Winterswijk, NL-7115 AG / Gelderland

CC€23 iD

Het Winkel
De Slingeweg 20
1 Jan - 31 Dez
+31 5 43 51 30 25
info@hetwinkel.nl
N 51°57'08" E 06°44'13"

1 ABCDEJMOPQRSTU BGH 6
2 BQRWXY ABDEFGH 7
3 ABDFLMNRSVX ABCDEFGJKNPQRTUW 8
4 BCDFGHJKLOPQST CJUVW 9
5 ABDEFGHJKLN ABCFHJKOQY 10
Anzeige auf dieser S. 10-16A CEE ① €36,00
20ha 350T(90-200m²) 262D ② €46,10
105787

Winterswijk Richtung Borken. CP ausgeschildert.

Winterswijk, NL-7103 EA / Gelderland

CC€21 iD

Camping Klompenmakerij ten Hagen
Waliënsestraat 139A
1 Jan - 31 Dez
+31 5 43 53 15 03
info@hagencampklomp.nl
N 51°59'28" E 06°43'09"

1 ADEJMOPQRSU LNQS 6
2 EQRWXYZ ABDEFG 7
3 ABFLMX ABEFJNPQRTUVW 8
4 BDFHIJ 9
5 DN ABFGHIJKOQY 10
Anz. auf dieser S. B 10-16A CEE ① €30,15
2ha 50T(100-150m²) 36D ② €37,55
113408

N319 Groenlo-Winterswijk. Kreisel am Groenloseweg Richtung Erholungsgebiet 't Hilgelo. Danach den Schildern folgen. Liegt ca. 1 km nördlich von Winterswijk.

Teilkarte Gelderland auf Seite 182

Niederlande

Winterswijk, NL-7109 AH / Gelderland

Vakantiepark De Twee Bruggen	1 ADEKNOPQRSTU	BEGHLN 6
Meenkmolenweg 13	2 CEQRXYZ	ABCDEFGH 7
1 Jan - 31 Dez	3 ABCFGJLMNRV	ABCDEFJKNQRTUVW 8
+31 5 43 56 53 66	4 BFHIJKLOPRST	ACJRVWY 9
info@detweebruggen.nl	5 ABCDEGHJKLN	ABCEGHJKOPQXY 10
	Anz. auf dieser S. B 10-16A CEE	❶ €64,80
N 51°56'58'' E 06°38'47''	30ha 296T(80-100m²) 292D	❷ €81,65

Von der A18 (Doetinchem) zur N18 Varsseveld; über die N318 nach Aalten. Kurz vor Winterswijk links zum CP. Deutlich ausgeschildert. 105784

Zelhem, NL-7021 HR / Gelderland

Vakantiepark De Betteld	1 ADEHKNOPRSTU	BGHLN 6
Aaltenseweg 11	2 FJKQRWXY	ABFGH 7
1 Apr - 31 Okt	3 ABCEFLMX	ABCDEFKNQRTW 8
+31 3 14 62 72 00	4 ABCDFHIJLQ	CEGJVY 9
zelhem@betteld.nl	5 ABDEFGHMN	ABCDHIJKLORSXY 10
	B 4A CEE	❶ €42,00
N 52°00'43'' E 06°23'13''	21ha 85T(70-100m²) 114D	❷ €52,00

Doetinchem N315 Ringstraße Richtung Zelhem. Ruurloseweg. Der Campingplatz ist ausgeschildert. 113409

Winterswijk, NL-7102 EK / Gelderland

Vreehorst	1 ADEKNOPQRSTU	AEGN 6
Vreehorstweg 43	2 QRWXYZ	ABDEFGH 7
1 Jan - 31 Dez	3 BCFMV	ABCDEFGJKNQRTUVW 8
+31 5 43 51 48 05	4 BFHOT	ACFHJVWY 9
info@vreehorst.nl	5 ABDEHJKN	ABCEFGHJKOPQWXY 10
	Anzeige auf dieser Seite 8-16A CEE	❶ €42,40
N 51°56'56'' E 06°41'30''	10ha 200T(90-150m²) 90D	❷ €54,80

An der Straße zwischen Aalten und Winterswijk ca. 2 km von Winterswijk den Schildern folgen. 105785

Winterswijk/Henxel, NL-7113 AA / Gelderland

Capfun Het Wieskamp	1 ADEKNOPQRSTU	BG 6
Kobstederweg 13	2 KRXY	ABFG 7
20 Mrz - 1 Nov	3 ABDLMR	ABEFNQRUVW 8
+31 5 43 51 46 12	4 ABCDFHIJK	CJV 9
wieskamp@capfun.com	5 ABDEFHLM	ABCEFGHJKOQY 10
	B 16A CEE	❶ €35,40
N 51°59'12'' E 06°44'35''	11ha 38T(140-150m²) 250D	❷ €44,80

Groenlo Richtung Vreden. An dieser Straße dem Hinweis zum CP folgen. 120215

Winterswijk/Kotten, NL-7107 BE / Gelderland

De Italiaanse Meren	1 ADEKNOPQRSTU	N 6
Buitinkweg 7	2 QXY	ABDEFG 7
1 Apr - 31 Okt	3 BCKLSV	ABCDEFMNW 8
+31 5 43 56 32 71	4 HI	CJVWX 9
info@italiaansemeren.nl	5 ABEFHJL	ABCGHOYZ 10
	6-16A CEE	❶ €28,40
N 51°55'53'' E 06°46'54''	20,5ha 92T(120-200m²) 187D	❷ €36,80

A31, Ausfahrt 33 Gescher, weiter B525/L558 Richtung Südlohn-Oeding (Grenze), ab hier die L558/N319 Richtung Winterswijk. Den CP-Schildern folgen. 111506

Zennewijnen, NL-4062 PP / Gelderland

Campingpark Zennewijnen	1 ADEKNOPQSTU	AF 6
Hermoesestraat 13	2 ACJPQSTWXY	ABDEFGH 7
1 Apr - 1 Okt	3 BFLMSX	ABCDEFGHIJNPQRTUVW 8
+31 3 44 65 14 98	4 FHJO	FH 9
info@campingzennewijnen.nl	5 ADEFHKMN	ABCDFGHIJKNOSTXY 10
	B 6-16A CEE	❶ €34,00
N 51°51'17'' E 05°24'25''	5ha 50T(100-120m²) 113D	❷ €51,00

A15 von Rotterdam, Ausfahrt 31. Von Nijmegen, Ausfahrt 32. Ab der Ausfahrt ausgeschildert. 113407

Winterswijk/Meddo, NL-7104 BG / Gelderland

Camping Recreatiepark Sevink Molen	1 DEKNOPQRSTU	LN 6
Hilgeloweg 7	2 EJQRXYZ	ABDEFG 7
1 Jan - 31 Dez	3 BDLUV	ABCDEFJKMNQRTUVW 8
+31 5 43 55 12 25	4 BFHK	ACIJNVWY 9
info@campingsevinkmolen.nl	5 AEFIKLN	AEFGHJKOQY 10
	10A CEE	❶ €30,40
N 51°59'53'' E 06°43'10''	7,5ha 60T(140m²) 71D	❷ €38,40

A31, Ausfahrt 33 Gescher, weiter B525/L558 Richtung Südlohn-Oeding (Grenze), ab hier die L558/N319 Richtung Winterswijk. Den CP-Schildern folgen. 107858

Winterswijk/Woold, NL-7108 AX / Gelderland

De Harmienehoeve	1 AEKNOPQRSTU	AF 6
Brandenweg 2	2 BQSXYZ	ABFG 7
1 Jan - 31 Dez	3 BK	ABCDEFGJNQRTUVW 8
+31 5 43 56 43 93	4 FHJOPQ	DF 9
info@campingdeharmienehoeve.nl	5 ADEHN	ADHIOQVY 10
	Anz. auf dieser S. B 4-16A CEE	❶ €24,35
N 51°54'30'' E 06°43'31''	14ha 50T(100-180m²) 316D	❷ €32,75

N318 Aalten Richtung Winterswijk. Kreisel N319 Richtung A31 (Süd-Umfahrung). Nach 1,5 km im Kreisel Richtung Woold. Nach 700m Kreuzung, den blau-weißen Schildern Harmienehoeve folgen. Noch 7,5 km. 122013

Teilkarte Gelderland auf Seite 182

Nord-Brabant

Alphen (N.Br.), NL-5131 RG / Noord-Brabant

Natuurkampeerterrein Landgoed De Hoevens
Goorstraat tegenover 4 A
1 Apr - 31 Okt
+31 6 53 26 63 07
camping@dehoevens.nl

1 EHKNOPSU — LN 6
2 ABEQRWXYZ — ABDEI 7
3 ABMS — ABEFGNQRTW 8
4 FHJ — B 9
5 ADN — ABJKOPRS 10
B 4A CEE — ① €27,50
2,7ha 60T(85-120m²) 3D — ② €37,50

N 51°29'12'' E 04°59'31''
A58 Ausfahrt 12 Richtung Baarle-Nassau, nördlich von Alphen. Beschilderung zum Landgut/Camping 'De Hoevens'. Nicht dem Navi folgen, sondern die Beschilderung beachten. 118951

Alphen (N.Br.), NL-5131 NZ / Noord-Brabant

Recreatiepark 't Zand
Maastrichtsebaan 1
31 Mrz - 30 Sep
+31 1 35 08 17 46
info@tzand.nl

1 AEHJMOPQRSTU — LQ 6
2 ABEJKQRWXYZ — ABDEFGH 7
3 ABCFGLMNSTV — ABCDEFGIJKNQRTUVW 8
4 BCDEFGHIJLOQ — ABEFUV 9
5 ABDEFGHKMN — ABDEFGHJKMOPQY 10
B 10A CEE — ① €32,50
40ha 125T(100-120m²) 430D — ② €42,50

N 51°29'34'' E 04°56'59''
A58 Ausfahrt Gilze/Rijen, Richtung Baarle-Nassau. In Alphen den Schildern folgen. Achtung: den CP-Schildern folgen, nicht dem Schild 'Recreatiegebied'. 105479

Asten, NL-5721 RZ / Noord-Brabant

Wetland
Tureluurweg 7
1 Mrz - 30 Okt
+31 6 47 89 80 47
info@wetland.nl

1 AKNOPQSTU — N 6
2 AIQTXYZ — ABDEFGHJK 7
3 FLMSX — ABCDEFJNQRW 8
4 FHIJKO — AFJV 9
5 DN — AFGHJKMOQY 10
Anzeige auf dieser Seite B 6A CEE — ① €19,50
6ha 45T(80-120m²) 7D — ② €27,50

N 51°21'59'' E 05°50'33''
A67 Ausfahrt 36 Richtung Meijel. Nach 8 km Richtung Neerkant der Beschilderung zum Campingplatz folgen. 119875

Asten/Heusden, NL-5725 TG / Noord-Brabant

De Peel
Behelp 13
1 Apr - 2 Okt
+31 6 29 21 62 99
info@campingdepeel.nl

1 AEHJMOPQRSTU — AN 6
2 AQWXYZ — ABFG 7
3 ABCLMUX — ABCDEFJNPQRTW 8
4 ABDFHJK — EJVY 9
5 ADN — ABCDFGHJKORS 10
Anzeige auf dieser Seite B 6A CEE — ① €25,00
2,2ha 62T(90-110m²) 14D — ② €37,00

N 51°22'23'' E 05°45'09''
Von der A67 Ausf. 36 Ri. Asten, dann die N279 Ri. Someren. Nach 2 km re und nach 1 km li Ri. Heusden. In Heusden der Beschilderung folgen. Von Someren Ri. Asten ausgeschildert. 117666

Asten/Ommel, NL-5724 PL / Noord-Brabant

Oostappen Vakantiepark Prinsenmeer
Beekstraat 31
31 Mrz - 13 Okt
+31 4 93 68 11 11
info@vakantieparkprinsenmeer.nl

1 ADEKNOPQRSTU — EGHIL 6
2 AFJKQWXY — ABDEFG 7
3 ABCDFJLMNRSVX — ABCDEFGJKNQRTUV 8
4 BCDFHIJLMPQSTUV — BEJTVXY 9
5 CDEFGHLMN — ABCGHIKMNSTXY 10
10A CEE — ① €54,80
50ha 200T(80-100m²) 1052D — ② €57,60

N 51°25'21'' E 05°44'09''
A67 Eindhoven-Venlo, Ausfahrt 36 Asten. Richtung Ommel. Schildern folgen. 105589

Baarle-Nassau, NL-5111 EH / Noord-Brabant

Recreatiepark De Heimolen
Heimolen 6
1 Apr - 15 Okt
+31 1 35 07 94 25
heimolen@berglandparken.nl

1 AEHKNOPQSU — 6
2 BQRXYZ — ABDEFG 7
3 BFMV — ABCDEFNQRTUVW 8
4 BDFHJKO — EGJ 9
5 DEFK — BEGJKOSTY 10
6A CEE — ① €27,00
15ha 42T(100m²) 221D — ② €32,00

N 51°25'59'' E 04°54'40''
Ausfahrt A58 Ulvenhout. N260 Richtung Baarle-Nassau. Danach den Schildern folgen. 105484

Bergeijk, NL-5571 TN / Noord-Brabant

De Paal
De Paaldreef 14
1 Apr - 29 Okt
+31 4 97 57 19 77
info@campingdepaal.nl

1 AEHJMOPSU — BEGHI 6
2 ABJKPQWXYZ — ABDEFGHK 7
3 ABCDEFGHILMNTVX — ABCDEFGIJKLMNQRTUV 8
4 BDFGHJKORS — BJVW 9
5 CDEFGHKLMN — ABCEFGHJKMNOPQXY 10
Anzeige auf Seite 193 B 6-16A CEE — Preise auf Anfrage
35ha 520T(100-180m²) 65D

N 51°20'10'' E 05°21'19''
A67 Eindhoven-Antwerpen, Ausfahrt 30, Eersel/Bergeijk, Schildern folgen. 105543

Bergeijk, NL-5571 XE / Noord-Brabant

Domein De Kleine Witrijt
Kleine Witrijt 3a
1 Apr - 31 Okt
+31 4 97 74 50 44
info@dekleinewitrijt.nl

1 AEKNOPQSTU — 6
2 AQWXYZ — ABFG 7
3 LS — ABEFHJNPQRUVW 8
4 FGHI — 9
5 DHN — BCDGJKOST 10
6A CEE — ① €23,50
2,8ha 68T(120-200m²) 5D — ② €23,50

N 51°18'49'' E 05°16'27''
A67 Ausfahrt 30 Eersel. Weiter nach Eersel, dann nach Postel (B). 6 km hinter Eersel links ab Richtung Weebosch. Nach 500m links zum Camping abbiegen. Ausgeschildert. 125463

Teilkarte Nord-Brabant auf Seite 192

Niederlande

Bergen op Zoom, NL-4625 DD / Noord-Brabant

CC€21 iD

Uit en Thuis
Heimolen 56
1 Apr - 30 Sep
+31 1 64 23 33 91
info@campinguitenthuis.nl
N 51°28'09" E 04°19'20"

1 AE**KN**OPQRSTU BG 6
2 ABQRWY A**B**C**FGH** 7
3 BFGM**N**ST ABCDE**F**HINQRTUVW 8
4 BFHJKOQ CEFLUVW 9
5 BDEFHKM ABDEFGHIJK**O**QY 10
B 6-10A CEE
8ha 80**T**(80-100m²) 136**D**
① €25,00
② €30,70

A58 Ausfahrt Bergen op Zoom-Zuid/Huijbergen. Schildern folgen.
105406

Bladel, NL-5531 NA / Noord-Brabant

CC€23 iD

Recreatiepark De Achterste Hoef
Tropriјt 10
1 Apr - 2 Okt
+31 4 97 38 15 79
info@achterstehoef.nl
N 51°20'36" E 05°13'40"

1 ADE**KN**OPQRSTU BEGHLMO 6
2 ABFJKQWXYZ ABDE**FGH** 7
3 ABCDFG**JK**MSVX ABCDEFGHIJK**M**NPQRTUV 8
4 BCDEFGHIJKN**X** BFJV 9
5 CDEHKLM**N** ABDEGHMOPRSY 10
Anz. auf dieser S. B 6-10A CEE
23ha 384**T**(100-160m²) 214**D**
① €49,60
② €62,60

A67 Eindhoven-Antwerpen, Ausfahrt 29 Hapert/Bladel.
Den Schildern nach Bladel folgen. In Bladel der Beschilderung zum CP folgen..
105509

Berlicum, NL-5258 TC / Noord-Brabant

CC€15 iD

De Hooghe Heide
Werstkant 17
31 Mrz - 1 Okt
+31 7 35 03 15 22
info@hoogheheide.nl
N 51°41'38" E 05°24'53"

1 ABEH**KN**OPQSU AG 6
2 ABQRWXYZ A**B**D**EFG**H 7
3 BCEF**H**J**L**MVX ABCDFGJNQRTUVW 8
4 BFGHI FJY 9
5 ABDEHKMN ABEGHIJKMOPQY 10
B 10A CEE
4,8ha 69**T**(100m²) 54**D**
① €40,30
② €53,45

A59 Nijmegen - 's Hertogenbosch, Ausfahrt 48, Richtung Berlicum.
Der Campingplatz ist ausgeschildert.
105530

Bosschenhoofd, NL-4744 RE / Noord-Brabant

iD

Landgoed 'De Wildert'
Pagnevaartdreef 3
1 Apr - 30 Sep
+31 6 53 29 80 82
info@landgoeddewildert.nl
N 51°33'51" E 04°33'12"

1 AFHILOPQS 6
2 ABPQRSWYZ ABDE**FG**H 7
3 AMS ACFNQRTW 8
4 FH 9
5 DLN ABCHIJKNQY 10
B 6A CEE
15ha 170**T**(100-120m²) 100**D**
① €31,00
② €41,30

A58 Breda-Roosendaal Ausfahrt 21 Bosschenhoofd.
In Bosschenhoofd vor der Kirche rechts. Nach 500m an der linken Seite liegt 'Landgoed de Wildert'.
105439

Teilkarte Nord-Brabant auf Seite 192

Breda, NL-4838 GV / Noord-Brabant
CC€19 iD

Liesbos
Liesdreef 40
1 Apr - 1 Okt
+31 7 65 14 35 14
info@camping-liesbos.nl

1 ADEKNOPQSTU	BG	6
2 AQRWY	ABFG	7
3 BFLMNV	ABEFNPQRTU	8
4 BDFHJNOPQ	EFUVW	9
5 ABDEFGHLMN	ABDEFGHIJKOQY	10
10A CEE	① €28,50	
5ha 50T(100m²) 190D	② €34,70	

N 51°33'54" E 04°41'47"

A58 Breda-Roosendaal, Ausfahrt 18 Etten-Leur, dann den CP-Schildern folgen. 100804

Chaam, NL-4861 RC / Noord-Brabant
CC€21 iD

RCN vakantiepark De Flaasbloem
Flaasdijk 1
24 Mrz - 29 Okt
+31 8 50 40 07 00
reserveringen@rcn.nl

1 ADEHKNOPQRSTU	EGHLMN	6
2 ABEJKQRXYZ	ABDEFGI	7
3 ABCEFGLMNS	ABCDEFGIJKNPQRTW	8
4 BFHJKQ	CEFJUVWY	9
5 ACDEFGKLMN	ABCDEFGHJKOPQWXY	10
B 10-16A CEE	① €30,50	
100ha 446T(80-150m²) 685D	② €40,00	

N 51°29'28" E 04°53'47"

A58 Ausfahrt 14 Ulvenhout Richtung Chaam. Von Chaam aus Richtung Alphen. Danach Schildern folgen. 105481

Chaam, NL-4861 RE / Noord-Brabant
CC€17 iD

Recreatiepark Klein Paradijs
Schaanstraat 11
1 Apr - 1 Okt
+31 1 61 49 14 46
info@campingkleinparadijs.nl

1 ABEHKNOPQSU	AF	6
2 AQWXY	ABFG	7
3 ABFMSV	ABEFHJNRTUV	8
4 BCDFHJKLNOPQ		9
5 ABDE	ABCEFHKOQY	10
B 16A CEE	① €29,50	
14ha 50T(100-150m²) 450D	② €39,50	

N 51°29'31" E 04°53'03"

A58 Ausfahrt 14 Richtung Baarle Nassau über die N 639. Vom Kreisel am Ausgang von Chaam noch 800m der N639 folgen. Dann links. Nach 700m Camping links. 116639

De Heen, NL-4655 AH / Noord-Brabant
CC€19 iD

De Uitwijk
Dorpsweg 136
31 Mrz - 1 Okt
+31 1 67 56 00 00
info@de-uitwijk.nl

1 ADEHKNOPQRSU	BGJNQSWXYZ	6
2 ACPQWY	ABDEFGH	7
3 ABFJLMSV	ABCDEFHIJKNPQRTUVW	8
4 BFHJKOT	EJQRV	9
5 ADEFHLMN	ABDEFGHIJKMORSY	10
B 10A CEE	① €26,70	
2,5ha 75T(100-150m²) 21D	② €37,10	

N 51°36'37" E 04°16'22"

Auf der A4 Ausfahrt 25 Steenbergen. Danach den Schildern 'De Heen' folgen. 101566

Eerde, NL-5466 PZ / Noord-Brabant
iD

Het Goeie Leven
Vlagheide 8b
1 Apr - 1 Okt
+31 6 27 51 89 81
info@hetgoeieleven.nl

1 AEHJMOPQSTU	AN	6
2 APQXYZ	ABDEFGK	7
3 ABCFGLMSUVX	ABCDFGHJKMNPQRTUV	8
4 BDFGHIJO	ABUVWY	9
5 ADEFGHLN	ABCGHJKOPQY	10
10A CEE	① €38,75	
3ha 63T(100-200m²) 9D	② €47,75	

N 51°36'14" E 05°29'13"

A50 Ausfahrt 10 Veghel-Eerde. Richtung Eerde halten und der Beschilderung folgen. 121433

Eersel, NL-5521 RD / Noord-Brabant
CC€23 iD

Recreatiepark TerSpegelt
Postelseweg 88
31 Mrz - 30 Okt
+31 4 97 51 20 16
info@terspegelt.nl

1 ADEHILOPQSTU	EGHILMNQSXY	6
2 AFJKQWXYZ	ABDEFGHK	7
3 ABCDEFGJLMNSVX	ABCDEFGJKMNQRTUVW	8
4 BCDFGHIJKMNPQU	BCEJNTVWY	9
5 CDEFGHKLMN	ABCEGHIKNOPQXY	10
Anzeige auf Seite 195 B 6-16A CEE	① €68,15	
68ha 500T(80-130m²) 338D	② €73,95	

N 51°20'16" E 05°17'38"

Über A67 Eindhoven-Antwerpen, Ausfahrt 30 Eersel, Schildern folgen. 101028

Esbeek, NL-5085 NN / Noord-Brabant
CC€17 iD

De Spaendershorst
Spaaneindsestraat 12
1 Apr - 31 Okt
+31 1 35 16 93 61
info@spaendershorst.nl

1 ABEHKNOPQRSU	BG	6
2 PQRWXYZ	ABDEFGH	7
3 ABFLMSV	ABCDEFHJNPQRTUV	8
4 BCDFHJNPQ		9
5 DEHN	ABCDHJKOQY	10
B 10A CEE	① €37,00	
11ha 90T(80-130m²) 270D	② €48,00	

N 51°28'00" E 05°07'37"

A58 Ausfahrt 10 zur N269 Richtung Reusel. Hinter Hilvarenbeek bei Esbeek der CP-Beschilderung folgen. 108400

Hank, NL-4273 LA / Noord-Brabant
iD

De Kurenpolder Recreatie
Kurenpolderweg 31
1 Apr - 30 Okt
+31 1 62 40 27 87
info@kurenpolder.nl

1 AEHKNOPQRSU	EGHILMNQS	6
2 ACEJKPQRWXY	ABDEFGH	7
3 ABCFGKMNTUWX	ABCDEFGIJKNPRTUVW	8
4 BCDFGHJLNOPQTUV	CJNRV	9
5 ACDEFHKLMNO	ABEHIJKMOPQY	10
B 16A CEE	① €50,00	
130ha 104T(120-150m²) 634D	② €55,00	

N 51°43'38" E 04°53'11"

A27, Ausfahrt 21 Hank/Dussen. Danach Schildern folgen. 111507

Helvoirt, NL-5268 LW / Noord-Brabant

Distelloo
Margrietweg 1
1 Apr - 1 Okt
+31 4 11 64 21 54
njansen@distelloo.nl

1 EHILOPQRSU	F	6
2 ABQRXYZ	ABDEFG	7
3 ABFMNU	ABCDEFNPQRTVW	8
4 FHJOQ	FJVW	9
5 ABDEHMN	ABCGJKOQY	10
6A CEE	① €27,50	
11ha 45T(80-85m²) 186D	② €38,00	

N 51°39'39" E 05°11'31"

A59 Ausfahrt 41 Heusden, dann Ri. Drunen. Zentrum folgen. Am Kreisel geradeaus Richtung Giersbergen. Nach 3 km links in den Margrietweg. Nach 2,5 km CP links. 113411

Herpen, NL-5373 KL / Noord-Brabant
iD

Vakantiepark Herperduin
Schaijksweg 12
1 Apr - 1 Okt
+31 4 86 41 13 83
info@herperduin.nl

1 ABCDEHJMOPQRSTU	DG	6
2 APQRY	ABDEFGH	7
3 ABFJLMX	ABCDEFIJKNPQRT	8
4 BCFHIJ	BJVWY	9
5 ABDN	ABCEHIJKORSY	10
B 6A CEE	① €34,00	
9ha 200T(100-120m²) 130D	② €45,20	

N 51°45'44" E 05°37'17"

A59, von Den Bosch Ausfahrt Schaijk, in Schaijk Richtung Herpen. Von Nijmegen A50 Ausfahrt Ravenstein, dann über Herpen Richtung Schaijk. 105579

Hilvarenbeek, NL-5081 NJ / Noord-Brabant
CC€15 iD

Lake Resort Beekse Bergen
Beekse Bergen 1
1 Apr - 29 Okt
+31 1 35 49 11 00
info@beeksebergen.nl

1 ADEJMOPQSU	EGHLNX	6
2 ACEJQRWXYZ	ABDEFG	7
3 ABFJLMUV	ABCDEFHJKNQRTUVW	8
4 BCEHJL	BCEJRVY	9
5 ACDEFGHKLM	ABCDEGHIJKMOQY	10
B 6-10A CEE	① €46,00	
75ha 236T(100m²) 464D	② €65,00	

N 51°31'42" E 05°07'29"

N65 Den Bosch-Tilburg, A65 Ausfahrt Beekse Bergen. A58 Breda-Eindhoven. Der Beschilderung 'Beekse Bergen' volgen. 101335

Hoeven, NL-4741 SG / Noord-Brabant
CC€19 iD

Molecaten Park Bosbad Hoeven
Oude Antwerpsepostbaan 81b
24 Mrz - 1 Nov
+31 1 65 50 25 70
bosbadhoeven@molecaten.nl

1 ADEILOPQRSTU	BHIMN	6
2 ABEPQRWXYZ	ABDEFGH	7
3 ABCDEGJMNSV	ABCDEFGJNQRTUV	8
4 BCDFHJKLNOQ	BEJVW	9
5 ADEGHLMN	ABDEGHIJKORSY	10
B 10A CEE	① €55,70	
56ha 240T(110-160m²) 503D	② €68,65	

N 51°34'10" E 04°33'42"

A58 Roosendaal-Breda, Ausfahrt 20 St. Willebrord (Achtung: Navi kann abweichen) Richtung Hoeven. Schildern folgen. 105438

Hoogerheide, NL-4631 RX / Noord-Brabant

Recr.centrum Familyland
Groene Papegaai 19
1 Apr - 31 Okt
+31 1 64 61 31 55
recreatie@familyland.nl

1 DEKNOPRSU	EG	6
2 AQRWY	ABFG	7
3 BFJRU	ABEFNR	8
4 FJOPQ	FJUVWY	9
5 DEFHKL	ABHIOQY	10
16A	① €28,50	
25ha 55T(100-180m²) 128D	② €43,00	

N 51°24'57" E 04°20'45"

A58 Ausfahrt 30 Hoogerheide. Richtung Industriepark De Kooy fahren. 100813

Kaatsheuvel, NL-5171 RL / Noord-Brabant
CC€23 iD

Recreatiepark Brasserie Het Genieten
Roestelbergseweg 3
27 Mai - 6 Okt
+31 4 16 56 15 75
info@hetgenieten.nl

1 ADEKNOPQSU		6
2 AQRWXYZ	ABDEFGH	7
3 ABDEFJLMSTV	ABCDEFJKNQRTUVW	8
4 BCDFGHJLO	CJ	9
5 ADEFHLMN	ABCDEGHJKOQY	10
B 10A CEE	① €29,30	
12,5ha 120T(100-120m²) 222D	② €37,10	

N 51°39'27" E 05°05'15"

A59 Ausfahrt Waalwijk N261 Richtung Loonse- und Drunense Duinen. Den CP-Schildern folgen. 113412

Lierop/Someren, NL-5715 RE / Noord-Brabant
CC€23 iD

De Somerense Vennen
Philipsbosweg 7
31 Mrz - 29 Okt
+31 4 92 33 12 16
info@somerensevennen.nl

1 AEKNOPQSTU	EG	6
2 ABQWXYZ	ABFGK	7
3 ABCDFLMSVX	ABCDFHJKNQRTUVW	8
4 BDFGHIJ	JVW	9
5 DEFHLN	ABCDEGHJKOPQXY	10
Anzeige auf Seite 195 B 6-16A CEE	① €27,60	
10ha 165T(80-150m²) 90D	② €42,20	

N 51°24'00" E 05°40'35"

A67 Eindhoven-Venlo, Ausfahrt 35 Someren. In Someren Richtung Lierop. Dann der CP-Beschilderung folgen. 100821

Mierlo, NL-5731 XN / Noord-Brabant
CC€15 iD

Boscamping 't Wolfsven
Patrijslaan 4
1 Jan - 31 Dez
+31 4 92 66 16 61
receptie.wolfsven@roompot.nl

1 ADEKNOPQRSTU	EGLMN	6
2 ABEJKPQWXYZ	ABFG	7
3 BDFJLMSTU	ABCDFGJNQRTUV	8
4 BCDFGHIJOPU	ABCJTVWXY	9
5 CDEFGHKLM	ABCDEFGHKMOPQXY	10
B 6A CEE	① €40,90	
67ha 167T(100-120m²) 572D	② €43,85	

N 51°26'20" E 05°35'25"

A2 Richtung Eindhoven, dann A67 Richtung Venlo, Ausfahrt 34 Geldrop, Richtung Geldrop, dann in Richtung Mierlo. Dem Schild Wolfsven folgen. 105588

Teilkarte Nord-Brabant auf Seite 192

Niederlande

Netersel, NL-5534 AP / Noord-Brabant

De Couwenberg
De Ruttestraat 9A
1 Jan - 31 Dez
+31 4 97 68 22 33
info@decouwenberg.nl

1 AEKNOPQRSTU BGN 6
2 AQWXYZ ABDEFG 7
3 BFLMSVX ABCDFJKNQRTUW 8
4 BCDFGHJOQ F 9
5 ADEHKMN ADHJKORSY 10
4-6A CEE ❶ €27,00
8ha 97T(80-100m²) 142D ❷ €37,00

N 51°24'47" E 05°11'59"

A58 Ausfahrt 10 Hilvarenbeek Richtung Reusel. In Lage Mierde Richtung Netersel fahren. Oder A67 Richtung Antwerpen, Ausfahrt 29 Hapert/Bladel Richtung Bladel-Netersel, Ausfahrt Netersel. Schildern folgen. 109466

Nijnsel/St. Oedenrode, NL-5492 TL / Noord-Brabant

Landschapscamping De Graspol
Bakkerpad 17
1 Apr - 1 Okt
+31 4 99 33 82 29
info@degraspol.nl

1 AEJMOPQSX N 6
2 ACQWXYZ ABCDEFGHK 7
3 LSX ABCDEFHJMNQRUV 8
4 FGHIJ JV 9
5 ADHJMN ABCDEGHJKOPST 10
6-16A CEE ❶ €29,00
2,5ha 50T(100-200m²) 7D

N 51°32'52" E 05°29'12"

A50 Ausfahrt St. Oedenrode/Nijnsel, Richtung Nijnsel. Danach den Schildern folgen. 118598

Nispen/Roosendaal, NL-4709 PB / N-Brabant

Zonneland
Turfvaartsestraat 4-6
20 Mrz - 22 Okt
+31 1 65 36 54 29
info@zonneland.nl

1 ADEILOPQRSTU BN 6
2 ABQRWYZ ABFGH 7
3 BFM ACFIJKNRUVW 8
4 BHJOR 9
5 BDN AGHIJKLOQY 10
10A CEE ❶ €25,00
15ha 54T(100-130m²) 180D ❷ €33,00

N 51°29'40" E 04°29'06"

A58, Ausfahrt 24 Nispen, N262 folgen bis Schilder. 107822

Oirschot, NL-5688 MB / Noord-Brabant

de Bocht
Oude Grintweg 69
1 Jan - 31 Dez
+31 4 99 55 08 55
info@campingdebocht.nl

1 AEJMOPQSU BG 6
2 AQWXYZ ABDEFGH 7
3 ABCLMRX ABCDEFGJNQRTUVW 8
4 BDFGHI JVY 9
5 DHLMN ABCDEGHJKOQY 10
6-10A CEE ❶ €36,00
1,8ha 29T(100m²) 39D ❷ €50,50

N 51°31'01" E 05°18'28"

A58 Ausf. 8 Oirschot Richtung Oirschot. Am 4. Kreisel re. Nach 8 km li. Oder A2 Ausf. 26 Richtung Boxtel, über den Kreisel, links Richtung Oirschot. Nach 8 km rechts der Strecke. 105535

Oirschot, NL-5688 GP / Noord-Brabant

Vakantiepark Latour
Bloemendaal 7
31 Mrz - 2 Okt
+31 4 99 57 56 25
latour@kempenrecreatie.nl

1 ADEKNOPQSU BEGHN 6
2 APQWXYZ ABDEFG 7
3 ABCFLMNSUVX ABCDEFGHJKNPQRTUVW 8
4 BFGHIJOSTUV JVW 9
5 DM ABCDEGHJKOPQY 10
Anz. auf dieser S. B 6-10A CEE ❶ €31,40
7,3ha 80T(100-120m²) 90D ❷ €42,80

N 51°29'47" E 05°19'12"

A58 Ausfahrt Oirschot. CP-Schild Latour folgen. 105536

Oisterwijk, NL-5062 TH / Noord-Brabant

De Gerrithoeve
Kollenburgsebaan 11a
15 Mrz - 22 Okt
+31 4 11 67 31 89
info@gerrithoeve.nl

1 AEHKNOPQSTU N 6
2 AIQRWXY ABFGK 7
3 ABCDLSU ABCDEFGIJKNQRTUV 8
4 BFHK JY 9
5 ADL BHJKOQXY 10
6-16A CEE ❶ €24,00
4,5ha 77T(120-200m²) 1D ❷ €33,00

N 51°32'34" E 05°14'39"

A58 Ausfahrt 9 Richtung Moergestel. Dort Richtung Oirschot. Nach ± 4 km am Oirschotseweg scharf links in die Oirschotsebaan. Nach 1,5 km rechts, nach 600m rechts hinter dem Fahrradcafé. 122950

Oisterwijk, NL-5062 TM / Noord-Brabant

Natuurkampeerterrein Morgenrood
Scheibaan 15
1 Jan - 31 Dez
+31 8 80 99 09 67
morgenrood@nivon.nl

1 AEHKNOPQSU 6
2 ABQRXYZ ABFG 7
3 ABFLMS ABCDEFJNQRTW 8
4 FH BGV 9
5 DN ABCFGJKOQUY 10
B 6-10A CEE ❶ €21,40
3ha 75T(100-150m²) 52D ❷ €32,00

N 51°34'05" E 05°14'07"

In Oisterwijk der Beschilderung zu den Freizeitanlagen folgen. Bis zur Scheibaan folgen. An dieser Straße liegt Morgenrood, bei Nr.15. 115489

Oisterwijk, NL-5062 TP / Noord-Brabant

Vakantiepark De Reebok
Duinenweg 4
1 Jan - 30 Sep
+31 1 35 28 23 09
info@dereebok.nl

1 ABDEJMOPQRSU 6
2 ABQRY ABDEFGH 7
3 BEFLRSV ABCDFIJNQRTUVW 8
4 BFGHJK HJVW 9
5 D ABEFGHJKORSXY 10
16A CEE ❶ €28,00
4ha 87T(80-100m²) 32D ❷ €38,00

N 51°34'24" E 05°13'56"

In Oisterwijk Schildern andere Erholungsmöglichkeiten folgen. Danach auf Straßennamen 'Duinenweg' achten. 105507

Teilkarte Nord-Brabant auf Seite 192

Oosterhout, NL-4904 SG / Noord-Brabant
CC€17 iD

De Katjeskelder
Katjeskelder 1
1 Jan - 31 Dez
+31 1 62 45 35 39
receptie.katjeskelder@roompot.nl
N 51°37'45'' E 04°49'57''

1 ADEHKNOPU — BEGH 6
2 ABQRWYZ — ABDEFG 7
3 ABFJLMRU — ABCDEFIJKNQRTW 8
4 BGHILOPQ — BCJVWY 9
5 ACDEFHKLMNO — ABDEHIJKOPRSXY 10
5A CEE — ❶ €43,00
28ha 95T(80m²) 367D — ❷ €43,00

A27 Ausfahrt 17 Oosterhout-Zuid. Schildern 'Katjeskelder' folgen. — 105474

Oosterhout/Dorst, NL-4849 PX / Noord-Brabant
iD

't Haasje Recreatiepark
Vijf Eikenweg 45
1 Jan - 31 Dez
+31 1 61 41 16 26
info@haasjeoosterhout.nl
N 51°36'40'' E 04°53'17''

1 ABEHKNOPSU — BGN 6
2 AQRWXYZ — ABCFG 7
3 BDFLMNU — ABCDEFGJKNQRTUVW 8
4 BDFHIJLNOPQRSTUXZ — JUV 9
5 ACDEFHKMN — ABCEFGHIKMOQXY 10
B 10-16A CEE — ❶ €28,90
26ha 86T(100-120m²) 605D — ❷ €35,90

A27 Ausfahrt Oosterhout-Zuid Richtung Rijen. Danach CP-Schildern folgen. — 105475

Rijen, NL-5121 RE / Noord-Brabant
iD

Recreatiepark d'n Mastendol
Oosterhoutseweg 7-13
1 Apr - 29 Okt
+31 1 61 22 26 64
info@mastendol.nl
N 51°34'56'' E 04°54'25''

1 ABDEKNOPQRSTU — BG 6
2 ABPQRXYZ — ABDEFGH 7
3 BLMS — ABCDEFJNQRTUVW 8
4 BCDFHIJNOPQ — EFUVW 9
5 ADEHJMN — ABEGHIOQY 10
B 10A CEE — ❶ €22,00
10,5ha 65T(100-120m²) 208D — ❷ €29,60

A27 Ausfahrt Oosterhout-Süd, Richtung Rijen. Über die A58, Ausfahrt Gilze-Rijen, dann die N282, Ausfahrt Oosterhout. CP-Schildern folgen. — 105476

Schaijk, NL-5374 RK / Noord-Brabant
iD

Charme Camping Hartje Groen
Udensedreef 14
14/10-8/1,17/2-19/3, 31/3-1/10
+31 4 86 46 46 46
contact@hartjegroen.com
N 51°43'37'' E 05°37'59''

1 ABEHKNOPQSU — L 6
2 ABEKQRXYZ — ABDEFGK 7
3 BLMX — ABCDEFIJKNPQRTW 8
4 FHJX — BFV 9
5 ADHJKN — ABCGHJKNRSY 10
B 10-16A CEE — ❶ €38,00
10ha 65T(100-120m²) 16D — ❷ €52,00

Von A50 Ausfahrt Schaijk, Schildern folgen. — 107655

Schaijk, NL-5374 SC / Noord-Brabant
iD

Recreatiepark De Heidebloem
Noordhoekstraat 5
1 Apr - 15 Okt
+31 4 86 46 15 25
info@deheidebloem.nl
N 51°43'17'' E 05°39'25''

1 ABEJMOPQSU — AFH 6
2 QRY — ABDEFG 7
3 BFHILMNS — ABCDEFNPRTUVW 8
4 BDFGHIJ — EVY 9
5 DEFMN — ABHJKMORSY 10
B 6A CEE — ❶ €30,00
13ha 50T(100m²) 182D — ❷ €35,50

A50 Nijmegen - 's Hertogenbosch, Ausfahrt Schaijk. Dort den Schildern folgen. — 105580

Sint Anthonis, NL-5845 EB / Noord-Brabant
CC€21 iD

Ardoer vak.centrum De Ullingse Bergen
Bosweg 36
31 Mrz - 1 Okt
+31 4 85 38 85 66
ullingsebergen@ardoer.com
N 51°37'39'' E 05°51'42''

1 ADEILOPQSTU — BGH 6
2 ABQRWXYZ — ABDEFGH 7
3 ABDMNSVX — ABCDFJNQRTUVW 8
4 FGHJQ — FJVY 9
5 ADEFLMNO — ABCDEGHIJKOPSTY 10
10-16A CEE — ❶ €38,15
11ha 113T(100-150m²) 148D — ❷ €50,15

A73 Ausfahrt St. Anthonis. In St. Anthonis den Schildern folgen. — 105646

Sint Hubert, NL-5454 NA / Noord-Brabant
CC€19 iD

Van Rossum's Troost
Oude Wanroijseweg 24
1 Apr - 1 Okt
+31 4 85 47 01 93
info@rossumstroost.nl
N 51°40'09'' E 05°47'48''

1 ABEHKNOPQSU — F 6
2 ABPQWXYZ — ABFGH 7
3 BCFMSVX — ACEFGHKNPRTUVW 8
4 BDEFGHQR — FY 9
5 ADHMN — ABDEGHIJKORSXY 10
6A CEE — ❶ €24,00
5,5ha 45T(90-120m²) 111D — ❷ €31,60

A73 Ausfahrt Haps Richtung Mill. Nach St. Hubert Richtung Wanroij und der Beschilderung folgen. — 105583

Soerendonk, NL-6027 RD / Noord-Brabant
CC€17 iD

Oostappen Vakantiepark Slot Cranendonck
Strijperdijk 9
31 Mrz - 13 Okt
+31 4 95 59 16 52
info@slotcranendonck.nl
N 51°19'11'' E 05°34'29''

1 ADEKNOPQSTU — AEGHN 6
2 APQXYZ — ABDEFGH 7
3 ABCDFJLMNSVX — ABCDEFJKNQRTUV 8
4 BCDFGHINP — AJVXY 9
5 CDEFHKLMN — ABEGHKNSTY 10
B 6-10A CEE — ❶ €54,00
17,8ha 208T(100m²) 538D — ❷ €57,00

A2 Eindhoven-Weert, Ausfahrt Soerendonk, Richtung Soerendonk, Schildern folgen. — 105591

Someren, NL-5712 PD / Noord-Brabant
CC€19 iD

De Kuilen
Kuilvenweg 15
1 Mrz - 31 Okt
+31 4 93 49 45 82
info@campingdekuilen.nl
N 51°22'39'' E 05°40'19''

1 AEKNOPQSTU — A 6
2 AQWXY — ABFG 7
3 AFKMSUX — ABCDEFJNQRU 8
4 FHIJO — BCJY 9
5 DHN — ADGHJKOQY 10
Anzeige auf dieser Seite B 10A CEE — ❶ €22,10
3ha 45T(120m²) 25D — ❷ €31,20

A67 Ausfahrt 34 Richtung Heeze, danach Richtung Someren. Vor Someren rechts ausgeschildert. — 122320

St. Oedenrode, NL-5491 TE / Noord-Brabant
CC€23 iD

De Kienehoef
Zwembadweg 37
1 Apr - 24 Sep
+31 4 13 47 28 77
info@kienehoef.nl
N 51°34'39'' E 05°26'46''

1 AEKNOPQSU — BGLN 6
2 AFJKQWXYZ — ABDEFGH 7
3 ABCFGLMSVX — ABCDFGHJNQRTUVW 8
4 BFGHI — UVW 9
5 ADEFHKN — ABCDHJKOPQXY 10
Anzeige auf dieser Seite 4-10A CEE — ❶ €37,00
15ha 160T(80-100m²) 62D — ❷ €49,00

CP von der A2 (Ausfahrt 27) und A50 (Ausfahrt9) St. Oedenrode erreichbar. Richtung Schijndel hinter dem Ortsausgang. 1. Straße links, dann 2. Straße links. Ausgeschildert. — 100807

Udenhout, NL-5071 RR / Noord-Brabant
iD

Recreatiepark Duinhoeve
Oude Bossche Baan 4
2 Apr - 25 Sep
+31 1 35 11 13 63
info@duinhoeve.nl
N 51°38'11'' E 05°07'05''

1 ADEKNOPQSU — BG 6
2 AQRWXYZ — ABEFG 7
3 ABFMV — ABCDEFHIKNQRTUVW 8
4 BFHJLO — ABCHJVY 9
5 ABDEFK — ABCEFHJKORSY 10
B 6A CEE — ❶ €40,00
9ha 80T(100-120m²) 171D — ❷ €53,00

A58 Breda-Tilburg-Den Bosch, Ausfahrt Udenhout (N65). Ab Waalwijk N261 Richtung Efteling. Hinter Efteling Ausfahrt Loon op Zand. Vorfahrtsstraße und dann den CP-Schildern folgen. — 110733

Ulicoten/Baarle Nassau, NL-5113 BD / Noord-Brabant
iD

Capfun Camping Ponderosa
Maaijkant 23-26
8 Apr - 1 Nov
+31 1 35 19 93 91
ponderosa@capfun.com
N 51°28'13'' E 04°52'45''

1 ABCEILOPQRSTU — BEGH 6
2 QRWXYZ — ABFGH 7
3 ABCFLMSV — ABCDEFGNQRTUVW 8
4 BCDFHJKLNOP — CELVW 9
5 ABDEFGHKLMN — ABCEHKMORSY 10
10A CEE — ❶ €54,00
22ha 132T(100-120m²) 469D — ❷ €71,00

A16 Breda Ausfahrt Richtung Ulvenhout/Baarle Nassau, dann den Schildern folgen. In Ulicoten oder Chaam den CP-Schildern folgen. Nicht über die Fransebaan fahren! — 105483

Niederlande

Teilkarte Nord-Brabant auf Seite 192

EUROCAMPING VESSEM

- Raum und Ruhe.
- einmaliger, großer Naturcamping.
- im Herzen der Brabanter Kempen.
- ideal zum Rad fahren, Wandern oder Angeln.
- Safarizelte und Chalets zu vermieten.
- gutes WLAN auf dem ganzen Camping.
- für Reisemobile Sonderplätze vor dem Camping.
- großer Schwimmbadkomplex.
- NKC Reisemobilplatz.

info@eurocampingvessem.com • www.eurocampingvessem.com
Eurocamping Vessem, Zwembadweg 1, 5512 NW Vessem • Tel. 0497-591214

Valkenswaard, NL-5556 VB / Noord-Brabant

CC€17 iD

Oostappen Vakantiepark Brugse Heide	1 ADEKNOPQSTU	AF 6
Maastrichterweg 183	2 ABQWXYZ	ABDEFGH 7
31 Mrz - 13 Okt	3 ABCDFJLMSVX	ABFGJKNQRTUV 8
+31 4 02 01 83 04	4 BDFHIJNP	EVXY 9
info@vakantieparkbrugseheide.nl	5 DEFHIKLN	ABDEGHJKNQXY 10
	B 6A CEE	❶ €41,00
N 51°19'44" E 05°27'45"	7ha 82T(81-100m²) 114D	❷ €41,00

A2, Ausfahrt Valkenswaard, Richtung Achel. Schildern folgen. 105541

Veldhoven, NL-5504 PZ / Noord-Brabant

CC€23 iD

Vakantiepark Witven	1 ADEHJMOPQSTU	LMN 6
Witvenseweg 6	2 AFJKPQWXYZ	ABDEFGH 7
1 Apr - 24 Sep	3 ABCFGJLMVX	ABCDFGJLNQRTUVW 8
+31 4 02 30 00 43	4 BFGHIK	JV 9
info@witven.nl	5 ABDEFHKLN	ABDFGHJKOPQY 10
	B 6-10A CEE	❶ €37,70
N 51°23'42" E 05°24'43"	13,3ha 117T(80-120m²) 171D	❷ €51,90

Umfahrung Eindhoven N2 Ausfahrt 32 Richtung Veldhoven. Danach den Schildern folgen. 105542

Veldhoven/Zandoerle, NL-5506 LA / N-Brabant

CC€23 iD

Vakantiepark Molenvelden	1 ABDEKNOPQSU	BG 6
Banstraat 25	2 AQWXYZ	ABDEFGH 7
31 Mrz - 2 Okt	3 ABCEFJLMSUVX	ABCDEFGHJKNQRTUV 8
+31 4 02 05 23 84	4 BFGHIPQ	JVW 9
molenvelden@kempenrecreatie.nl	5 DEFHKL	ABCDEHJKNPQY 10
	Anzeige auf dieser Seite 10A CEE	❶ €32,70
N 51°24'30" E 05°21'27"	14ha 90T(80-100m²) 215D	❷ €43,90

N2 Umfahrung Eindhoven, Ausfahrt 31 Richtung Veldhoven. Den Schildern folgen. 105538

Vessem, NL-5512 NW / Noord-Brabant

CC€21 iD

Eurocamping Vessem	1 AEKNOPQRSTU	BFN 6
Zwembadweg 1	2 ABPQXYZ	ABFG 7
25 Mrz - 1 Okt	3 ABCFGJLMNVX	ABCDEFJMNPQRTUVW 8
+31 4 97 59 12 14	4 BCDFGHIJKNPQ	ABCJVWY 9
info@eurocampingvessem.com	5 ABDEH	ABDFGHJKOPQX 10
	Anzeige auf dieser Seite 6A CEE	❶ €34,45
N 51°24'38" E 05°16'35"	50ha 321T(100-200m²) 363D	❷ €48,45

A58 Ausfahrt 8 Oirschot, Richting Middelbeers, danach Vessem. CP ausgeschildert an der Straße Vessem-Hoogeloon. 105539

Vinkel, NL-5382 JX / Noord-Brabant

CC€15 iD

Vakantiepark Dierenbos	1 ABCDEJMOPQRSU	AEGHLN 6
Vinkeloord 1	2 ABEJQRXYZ	ABDEFGH 7
1 Apr - 30 Okt	3 ABFJLMRSV	ABCDEFGJKNQRTUVW 8
+31 7 35 34 35 36	4 BFGHJKQ	CHJV 9
info@dierenbos.nl	5 ACDEFHJKM	ABDEGHJKMOQY 10
	B 16A CEE	❶ €22,70
N 51°42'17" E 05°25'48"	55ha 546T(115-125m²) 457D	❷ €37,70

A59, Ausfahrt 51. CP ab hier angezeigt. 100806

Wanroij, NL-5446 PW / Noord-Brabant

CC€19 iD

Vakantiepark De Bergen	1 ADEJMOPQSTU	HLMN 6
Campinglaan 1	2 AFJKQWXYZ	ABFGH 7
31 Mrz - 30 Okt	3 ABCDFGJMSVX	ABCDFGJKMNQRTUVW 8
+31 4 85 33 54 50	4 BCDFHJNP	ABCEJQVWY 9
info@debergen.nl	5 CDEFGHKLMNO	ABDEGHKMNOPQXY 10
	Anzeige auf dieser Seite B 10A CEE	❶ €39,90
N 51°38'26" E 05°48'40"	92ha 320T(80-125m²) 467D	❷ €52,30

A73 Ausfahrt Boxmeer nach St. Anthonis und rechts nach Wanroij. CP ausgeschildert. 105648

Wouwse Plantage, NL-4725 BC / Noord-Brabant

iD

Camping GetAway	1 AEHKNOPQRSU	AF 6
Bosbesstraat 65	2 APQXY	ABFGK 7
1 Apr - 1 Nov	3 ALS	ABEFMNQRW 8
+31 6 57 73 10 54	4 HR	9
info@mygetaway.nl	5 DELM	ABFGJKOST 10
	10A CEE	❶ €20,00
N 51°29'00" E 04°23'37"	1,2ha 60T(100-150m²) 6D	❷ €28,00

A58 Ausfahrt 25 Richtung Wouwse Plantage: Camping im Zentrum ausgeschildert (plantagebaan.) 123977

Zeeland, NL-5411 RS / Noord-Brabant

iD

Vakantiepark De Heische Tip	1 ABEHKNOPSU	L 6
Straatsven 4	2 BEJQRWXY	ABDEFGH 7
1 Apr - 1 Okt	3 ABFHIJLMSVX	ABEFGINPQRTUVW 8
+31 4 86 45 14 58	4 BCDFHIJKLOQX	BEFJV 9
info@heischetip.nl	5 ADEHKLM	ABEFGHIKOPRSXY 10
	6A CEE	❶ €42,05
N 51°41'42" E 05°39'19"	18ha 80T(80-90m²) 346D	❷ €44,45

A50 Ausfahrt Ravenstein, dann Richtung Uden, bei Zeeland ausgeschildert. 105581

Teilkarte Nord-Brabant auf Seite 192

Afferden, NL-5851 AG / Limburg
CC€17 iD

Klein Canada
Dorpsstraat 1
31 Mrz - 30 Okt
+31 4 85 53 12 23
info@kleincanada.nl
N 51°38'20" E 06°00'15"

1 AEHJMOPQSTU AEFHN 6
2 APQRTXY ABCEFGH 7
3 ABCFGKLMNSV ABCDEFGIJKMNQRTUVW 8
4 BDEHIJKOPQT AEJVY 9
5 ADEHKLMNO ABCEGHIKMORSY 10
Anzeige auf Seite 199 B 6-10A CEE
12ha 143T(100-120m²) 184D
① €35,00
② €47,50
105647

A57 Grenzübergang Goch, Ausf. 2 Gennep nehmen. Dann links abbiegen auf N271. Nach ca. 4 km links abbiegen auf Dorpsstraat. Der Campingplatz befindet sich auf der rechten Straßenseite.

Afferden, NL-5851 EK / Limburg
CC€19 iD

Roland
Rimpelt 33
1 Jan - 31 Dez
+31 4 85 53 14 31
info@campingroland.nl
N 51°38'04" E 06°02'03"

1 AEHKNOPQRSTU BGHN 6
2 AQWY BEFGH 7
3 BDFJLMSTV ABCDEFIJNQRTUVW 8
4 BDFHJNOPQ CFJUV 9
5 ABCDEFHJLMN ABCEFGHIJKMOQY 10
6A CEE
H50 11ha 85T(80-120m²) 323D
① €34,70
② €44,90
105650

A73 Nijmegen-Venlo, am Kreuz Rijkevoort über die A77 bis Ausfahrt 2 auf die N271 Nieuw-Bergen - Afferden, nach ca. 5 km Richtung Venlo, den Schildern folgen.

Arcen, NL-5944 EX / Limburg
CC€17 iD

Klein Vink
Klein Vink 4
1 Jan - 31 Dez
+31 7 74 73 25 25
receptie.kleinvink@roompot.nl
N 51°29'46" E 06°11'04"

1 ABCDEKNOPQRSTU EGLMN 6
2 ABEJKQRWXYZ ABDEFGH 7
3 ABDFGJMNSTU ABCDEFHJNPQRTUVW 8
4 BCFHJLOPQRSTUVWXYZ CJNRTVWY 9
5 ACDEFGHJKLM ABDEFGHIKMOPQXY 10
B 10A CEE
17ha 310T(80-90m²) 691D
① €32,00
② €35,00
100824

N271 Nijmegen-Venlo. Gut ausgeschildert.

Baarlo, NL-5991 NV / Limburg
CC€19 iD

Oostappen Vakantiepark De Berckt
Napoleonsbaan Noord 4
31 Mrz - 13 Okt
+31 7 74 77 72 22
info@vakantieparkdeberckt.nl
N 51°20'46" E 06°06'20"

1 ADEKNOPQRSTU EGHI 6
2 ABPQRXYZ ABDEFGH 7
3 ABFJKMSV ABCDEFGJKNQRTUVW 8
4 BDFHJKLNOPQTUV EVY 9
5 ACDEFHKL ABEGHIJKNOQXY 10
10A CEE
40ha 350T(80-120m²) 560D
① €48,00
② €50,00
105662

A73 Ausfahrt Baarlo (N273). Auf der N273 (Napoleonsbaan) liegt der CP auf der Westseite der Strecke, zwischen Blerick und Baarlo.

Beesel, NL-5954 PB / Limburg
CC€19 iD

Petrushoeve
Heidenheimseweg 3
15 Mrz - 1 Okt
+31 7 74 74 19 84
info@campingpetrushoeve.nl
N 51°15'08" E 06°04'22"

1 AEGHILOPQSTU 6
2 ABQRSTWXYZ ABDEFGK 7
3 LS ABCDEFJNQRTUVW 8
4 FGHK IVW 9
5 ADGN ABDFGHIJKOQ 10
6-16A CEE
5ha 89T(120-140m²) 3D
① €26,00
② €41,00
107653

Von der A73 Ausfahrt 18 Reuver/Beesel. Danach den Schildern Petrushoeve Recreatie folgen.

Blitterswijck, NL-5863 AR / Limburg
CC€21 iD

't Veerhuys
Veerweg 7
31 Mrz - 1 Nov
+31 4 78 53 12 83
info@campingveerhuys.nl
N 51°31'52" E 06°07'05"

1 ADEKNOPQSU FJNSY 6
2 ADIQRTVX ABEFG 7
3 ABLMSX ABFJNPQRUVW 8
4 FHJO G 9
5 ADHKLN ABCDFGHIJKOQXY 10
B 6-10A CEE
H50 2,8ha 66T(72-150m²) 46D
① €39,60
② €52,20
113304

A73 Ausfahrt 9 Richtung Wanssum. Am Kreisel in Wanssum rechts ab und sofort wieder links richtung Blitterswijck.

Teilkarte Limburg auf Seite 198

Niederlande

Echt, NL-6102 RD / Limburg
CC€21 iD

Marisheem
Brugweg 89
1 Apr - 30 Sep
+31 4 75 48 14 58
info@marisheem.nl

1 AEKNOPQSU AFH 6
2 APQWXYZ ABDEFG 7
3 ABGLMS ABCDEFGNQRTW 8
4 FH 9
5 DEHN ABCDEGHIOQ 10
10A CEE ❶ €36,40
12ha 40T(80-100m²) 225D ❷ €39,80

N 51°05'33'' E 05°54'40''
105667

A2 Richtung Maastricht, Ausfahrt 45 Echt. Oder A73, Ausfahrt 22 Maasbracht. Weiter auf N276 Richtung Echt. Dann den Camping-Schildern folgen.

Heel, NL-6097 NL / Limburg
CC€19 iD

Oostappen Vakantiepark Heelderpeel
De Peel 13
31 Mrz - 13 Okt
+31 7 74 77 72 24
receptie@vakantieparkheelderpeel.nl

1 AEHKNOPQRSTU BLN 6
2 AEJQRWY ABDEFG 7
3 BCFJMNS ABCDEFJNQRTW 8
4 BCDFHL EFVY 9
5 DHK ABEJKMNQY 10
10A CEE ❶ €52,00
55ha 160T(100m²) 146D ❷ €55,00

N 51°11'49'' E 05°52'31''
100825

Von Eindhoven A2 Ausfahrt 41. Auf der N273 Richtung Venlo fahren. Nach ca. 3 km ist der CP links ausgeschildert.

Epen, NL-6285 AD / Limburg
iD

Kampeerterrein Oosterberg
Oosterberg 2
15 Mrz - 1 Nov
+31 4 34 55 13 77
info@camping-oosterberg.nl

1 AEKNOPSU 6
2 AIPQSXYZ ABDEFGH 7
3 ALM ABCDEFGJKNPQRT 8
4 FGHIJKO 9
5 ADN ABJKOQ 10
B 6A CEE ❶ €26,90
H220 6ha 275T(100-120m²) ❷ €38,70

N 50°46'19'' E 05°53'46''
108985

Kreuzung Kerensheide A79 Richtung Aachen Ausfahrt Simpelveld/Vaals Richtung Maastricht. Ausfahrt Mechelen/Epen. Hier ist der CP durch braune Schilder angezeigt.

Heerlen, NL-6413 TC / Limburg
CC€19 iD

Hitjesvijver
Willem Barentszweg 101
1 Jan - 31 Dez
+31 4 55 21 13 53
info@hitjesvijver.nl

1 ACDEHKNOPQSTU BG 6
2 APQTVXYZ ABDEFG 7
3 ABFLMS ABCEFHJNQRTW 8
4 BCDFGHIJ CFJUVWY 9
5 ABDEFHLMNO ABDEFGHIJKNOQ 10
Anzeige auf dieser Seite 6-10A CEE ❶ €37,45
H83 4,5ha 113T(90-100m²) 57D ❷ €53,15

N 50°55'16'' E 05°57'26''
109665

Von Eindhoven: folge den Schildern A76 nach Heerlen; hinter Nuth re. der N281 folgen Ri. Heerlen; Ausf. Heerlen-Nord nehmen; am Ende li., am Kreisel bei McDonald's li., dann 1. Kreisel re., den Willem Barentszweg. Nach 800m CP li.

Epen, NL-6285 ND / Limburg
iD

Landschapscamping Alleleijn
Terzieterweg 17
16 Apr - 15 Okt
+31 4 34 55 15 53
reserveren@campingalleleijn.nl

1 ABEKNOPQSU 6
2 CIQUVWXY ABDEFGH 7
3 ALM ABCDEFGHIJNPQRTW 8
4 FGHIJO W 9
5 ADN ABHJKOPQ 10
10A CEE ❶ €29,00
H160 2,8ha 79T(100-140m²) ❷ €37,00

N 50°45'24'' E 05°54'27''
118624

In Epen geradeaus und sofort hinter Epen dem Schild 'Terziet/Sippenacken' folgen. Geradeaus, auch an dem Schild 'doodlopende weg'. Noch 1 km der Straße folgen. CP liegt links.

Heijen, NL-6598 MH / Limburg
CC€17

Hoeve De Schaaf
Brem 11
31 Mrz - 30 Okt
+31 4 85 53 12 42
info@campingdeschaaf.nl

1 HKNOPQRSU BGH 6
2 BDKWXYZ ABDEFG 7
3 BFMSV ABEFJMNQRUVW 8
4 BCDHJLO 9
5 AEHK HIJKLNQY 10
Anzeige auf dieser Seite ❶ €33,90
10ha 43T(100-150m²) 280D ❷ €46,30

N 51°39'51'' E 06°00'28''
125180

A77, Ausfahrt 2 (Gennep). Nach 400m links auf N271 abbiegen. Nach 180m links abbiegen nach De Grens. Nach 700m zum Karrevenseweg. Nach 870m zu Brem.

Gulpen, NL-6271 NP / Limburg
CC€23 iD

EuroParcs Gulperberg
Berghem 1
1 Jan - 31 Dez
+31 4 34 50 23 30
kcc@europarcs.nl

1 AEKNOPQSTU AGI 6
2 AIQVWXY ABDEFGH 7
3 BFHILM ABCDEFIJNQRTUVW 8
4 ABCFGHJLO ABCEFUVWX 9
5 ABCDEFHJLMN ABDEFGHIJKOQY 10
Anzeige auf Seite 165 10A CEE ❶ €43,50
H120 7,9ha 225T(100-120m²) 152D ❷ €57,50

N 50°48'25'' E 05°53'40''
100834

A4 Aachen - Maastricht, Ausf. Bocholtz zur N281 Ri. Gulpen. An der letzen Ampel in Gulpen li. Den Schildern folgen. Mit GPS: Postleitzahl eingeben, dann Landsraderweg bis zur T-Kreuzung folgen, li. ab. CP nach 200m re.

Heijenrath/Slenaken, NL-6276 PD / Limburg
iD

Heyenrade
Heyenratherweg 13
1 Apr - 1 Nov
+31 4 34 57 32 60
info@heyenrade.nl

1 ADEKNOPQSTU 6
2 PQWXY ABFG 7
3 ALU ABCEFJNQR 8
4 FGHI GVWX 9
5 ADHJMN ABHJKOQ 10
10A CEE ❶ €25,00
H220 4ha 120T(100m²) 107D ❷ €29,00

N 50°46'28'' E 05°52'23''
105674

N278 Maastricht-Vaals. Hinter Margraten Richtung Noorbeek. Von der Kreuzung Hoogcruts ausgeschildert.

Gulpen, NL-6271 PP / Limburg
CC€21 iD

Terrassencamping Osebos
Osebos 1
1 Apr - 5 Nov
+31 4 34 50 16 11
info@osebos.nl

1 ABEKNOPQSU AF 6
2 AIPQSVWXY ABDEFGH 7
3 ABFLMU ABCDFGJKNQRTUVW 8
4 BCFGHIJ 9
5 ACDEFGHLMN ABCDEGHJKORSY 10
6-10A CEE ❶ €41,00
H132 7ha 210T(100-120m²) 30D ❷ €48,00

N 50°48'27'' E 05°52'15''
105671

N278 Maastricht-Vaals. Vor Gulpen Richtung Euverem/Beutenaken, erste Straße rechts.

ACSI AWARDS 2022

GEWINNER

Campingplatz mit der schönsten Lage Niederlande

Terrassencamping Osebos

Niederlande

Helden, NL-5988 NH / Limburg
CC€23 iD

Ardoer Camping De Heldense Bossen	1 AEKNOPQRSTU BEGH 6
De Heldense Bossen 6	2 ABQWXYZ ABDEFGHK 7
24 Mrz - 29 Okt	3 BCEFGLMSUV ABCDEFGHJKMNPQRTUVW 8
+31 7 73 07 24 76	4 ABCDFHIJKLOQ ABEJV 9
info@deheldensebossen.nl	5 ACDEFHLMN ABDEGHJKOPQXY 10
	B 10A CEE ❶ €45,00
N 51°19'05'' E 06°01'25''	30ha 347T(80-120m²) 405D ❷ €59,00

N277, Midden Peelweg, Ausfahrt Helden fahren. Von Helden Richtung Kessel. Nach 1 km links ab. Nach ca. 1 km kommt der CP. 100823

Helden, NL-5988 NE / Limburg
iD

Hanssenhof	1 AEHKNOPQSTU 6
Kesselseweg 32-32a	2 AQXY ABDEFG 7
1 Apr - 8 Okt	3 LS ABEFHJNPQRUV 8
+31 7 73 07 21 77	4 FHJQ EG 9
camping@hanssenhof.nl	5 D ABCHIJKOQY 10
	B 6A CEE ❶ €19,50
N 51°18'52'' E 06°00'13''	3,5ha 80T(100m²) 5D ❷ €32,00

Von der N277, Midden Peelweg, Ausfahrt Helden. Von Helden aus Richtung Kessel. Der CP ist nach 1 km rechts. 117494

Helden, NL-5987 NC / Limburg
iD

't Vossenveld	1 AKNOPQRSTU 6
Roggelseweg 131	2 ABPQWY ABDEFGH 7
25 Mrz - 15 Okt	3 ASU ABCDEFHJNPRUVW 8
+31 7 73 07 23 86	4 FHJQ 9
camping@vossenveld.nl	5 D ABCGHIJKOQY 10
	6-10A CEE ❶ €17,50
N 51°17'57'' E 05°58'01''	3,5ha 60T(100-160m²) 40D ❷ €25,00

Von der A73 Ausfahrt 14 folgen Sie Panningen und dann Richtung Helden . An der N562 von Helden nach Roggel N275 einige Km hinter der Ortschaft Helden in Egchel links. 111070

Herkenbosch, NL-6075 NA / Limburg
CC€17

Huttopia De Meinweg	1 BDEKNOPQSTU BG 6
Meinweg 7	2 BQRUXYZ ABDEFGI 7
2 Jun - 29 Okt	3 ABMS ABCDEFGHIKNPQRSTUW 8
+31 8 50 40 11 40	4 ABCDEFGHI CDHJ 9
demeinweg@huttopia.com	5 AGHMN ABFHJKNSTY 10
	8-16A CEE ❶ €29,40
N 51°09'43'' E 06°05'32''	27ha 100T(90-120m²) 70D ❷ €29,40

Nehmen Sie die A2 oder A73 in Richtung Roermond. In Roermond folgen Sie der Beschilderung Roermond-Ost/Melick. Nehmen Sie die Ausfahrt Herkenbosch und folgen Sie dann der Route "Natuurpark Meinweg" bis zur Ausfahrt Meinweg. 125387

Herkenbosch, NL-6075 NA / Limburg
iD

Oostappen Vakantiepark Boschbeek	1 AEKNOPQRSTU 6
	2 ABPQRXYZ AB 7
Meinweg 1B	3 AL ABEFNQRUVW 8
1 Apr - 31 Okt	4 JV 9
+31 4 93 32 69 77	5 D ABFGHIKMQY 10
info@parkboschbeek.nl	10A CEE ❶ €23,80
N 51°09'34'' E 06°05'02''	11ha 80T(100m²) 50D ❷ €27,80

A2 nach Roermond. Den Schildern Roermond-Oost und Melick folgen. Ausfahrt Herkenbosch "Naturpark Meinweg". Oostappen/Boschbeek wird nicht ausdrücklich erwähnt. In den Meinweg einbiegen, dann erster CP auf der linken Seite. 100826

Hulsberg, NL-6336 AV / Limburg
CC€21 iD

't Hemelke	1 AEKNOPSU AFH 6
Klimmenerweg 10	2 APQUVWXYZ ABDEFGH 7
1 Apr - 30 Sep	3 ABFJLMSU ABCDEFGJKMNQRW 8
+31 4 54 05 13 86	4 BCDFGHIJKOR 9
info@hemelke.nl	5 ABDEGHLMN ABDEFGHIJKMOQY 10
	B 6-16A CEE ❶ €36,00
N 50°53'16'' E 05°51'46''	H100 7ha 330T(110-120m²) ❷ €50,00

Von A2 Ausfahrt A76 Richtung Heerlen, Ausfahrt Nuth, dort Richtung Hulsberg, CP in Hulsberg ausgeschildert. 105675

Kelpen-Oler, NL-6037 NR / Limburg
CC€19 iD

Geelenhoof	1 AEHJMOPQSTU N 6
Grathemerweg 16	2 APQRWXY ABDFG 7
18 Mrz - 31 Okt	3 ABDFIJLMSTWX ABCDEFHJNPQRTUVW 8
+31 4 95 65 18 58	4 FHJ BCFIJVWY 9
info@geelenhoof.nl	5 ADN ABDFGHIJKOQWY 10
	B 6-10A CEE ❶ €25,10
N 51°12'35'' E 05°49'47''	H120 5ha 57T(120-150m²) 49D ❷ €33,70

Von Norden kommend: A2, Ausf. 40 Kelpen/Oler. Auf der N280 an der Ampel die Ausf. Kelpen/Oler nehmen und der Durchgangsstraße folgen. Von Süden kommend: A2, Ausf. 41 Ri. Grathem. Ab der N273 den Campingschildern folgen. 110635

Kessel, NL-5995 RP / Limburg
CC€17 iD

Oda Hoeve	1 AEHKNOPQRSTU 6
Heldenseweg 10	2 AIQTWXY BEFGH 7
24 Mrz - 1 Nov	3 LS BDFHJMNPQRUV 8
+31 7 74 62 13 58	4 AFHJO 9
info@odahoeve.nl	5 DN ABHIJKORSY 10
	Anzeige auf dieser Seite B 6A CEE ❶ €21,25
N 51°17'54'' E 06°02'14''	3,5ha 120T(180-200m²) 14D ❷ €29,25

Über den Napoleonsweg N273 nach Kessel. An der Ampel bei Kessel rechts Richtung Helden. Camping nach 800m auf der rechten Seite. 111805

Koningsbosch, NL-6104 RM / Limburg
iD

Böhmerwald	1 AJMOPQRSTU 6
Krimweg 1	2 AQRXY ABFG 7
1 Apr - 30 Sep	3 AFM AEFNPRVW 8
+31 4 75 30 90 30	4 FHJ F 9
bohmerwald@online.nl	5 DHN AHIJKMOSY 10
	4-6A CEE ❶ €18,00
N 51°03'43'' E 05°56'24''	H59 2,3ha 94T(80-150m²) 2D ❷ €25,00

Von der A2 Ausfahrt 44 oder 45 Richtung Echt/Koningbosch. CP-Schildern folgen. 113488

Landgraaf, NL-6374 LE / Limburg
CC€21 iD

De Watertoren	1 ADEKNOPQSU BG 6
Kerkveldweg 1	2 ABQSXYZ ABDEFGH 7
7 Apr - 2 Okt	3 ABFLMSVX ABCDEFGIJKNQRTW 8
+31 4 55 32 17 47	4 BCEFGHIJO BGIJVWY 9
info@campingdewatertoren.nl	5 ABDEFHLMN ABDEGHJKOPRSWY 10
	B 6-10A CEE ❶ €44,00
N 50°54'38'' E 06°04'23''	H150 5,3ha 116T(100-150m²) 44D ❷ €57,00

A2 Ausf. 47 Born/Brunssum. Brunssum folgen. Von Maastricht/ Heerlen: Ausf. Kerkrade-West (Beitel) oder Beschilderung Park Gravenrode. Dann Hofstr.-Einsteinstr.-Dr. Calsstr.-Torenstr. Links ab im Kreisel Europaweg-Zuid. 108402

CampingCard ACSI, gut zu wissen

- Nur gültig auf teilnehmenden CampingCard ACSI-Campingplätzen
- Nur gültig in den mit dem Campingplatz vereinbarten Akzeptanzzeiträumen
- Zusatzkosten nicht inbegriffen
- Begrenzte Anzahl von Stellplätzen verfügbar

Teilkarte Limburg auf Seite 198

Maasbree, NL-5993 PB / Limburg CC€23

Vakantiepark BreeBronne	1 EHKNOPQRSTU	EGHL 6
Lange Heide 9	2 ABEJRWXYZ	ABDEFGJ 7
31 Mrz - 1 Nov	3 ABDGJMSV	ABCDEFGIJKLMNPQRTUVW 8
+31 7 74 65 23 60	4 BCFHJ	ACJTVWY 9
info@breebronne.nl	5 ABDEHL	AEFHIJKOSTY 10
	B 16A CEE	❶ €51,70
N 51°22'27'' E 06°03'41''	12ha 315T(80-120m²) 131D	❷ €64,90

A67 Ausfahrt Zaarderheiken/Venlo-West/Zuid und die N556 Richtung Maasbree. Weiter der CP-Beschilderung nach. 105658

Meerssen, NL-6231 RV / Limburg CC€19 iD

't Geuldal	1 ADEKNOPQRSTU	6
Gemeentebroek 13	2 ABDQWXYZ	ABCDEFG 7
1 Apr - 23 Dez	3 BELMSV	ABCDEFGJNQRTUW 8
+31 4 36 04 04 37	4 BCDFHJKLQ	BCEUVWX 9
receptie@camping-geuldal.nl	5 ADEGHJLMN	ABCDFGHJKOPRSY 10
	B 6-10A CEE	❶ €35,80
N 50°52'21'' E 05°46'17''	H56 8ha 132T(100-150m²) 95D	❷ €47,60

A2 Ausf. 51. 1. Kreisel links, 2. rechts und 3. links. Über die Gleisen links. Vor der Linkskurve rechts o. über die A79 Ri. Heerlen Ausf. 2. Dann Meerssen, Kreisel links: sofort hinter den Gleisen links. Wohnmobile höher als 2,8m siehe Webseite. 121591

Meijel, NL-5768 PK / Limburg CC€19 iD

Kampeerbos De Simonshoek	1 ACEKNOPQRSTU	BDG 6
Steenoven 10	2 ABQRWXY	ABDEFGH 7
1/1 - 9/1, 1/3 - 31/12	3 AFLMSU	ABCDEFJNQRTUW 8
+31 7 74 66 17 97	4 FHO	CFVY 9
info@simonshoek.nl	5 ADHN	ABCGHIJKNQY 10
	Anzeige auf dieser Seite B 6A CEE	❶ €27,00
N 51°20'23'' E 05°52'16''	8,5ha 75T(120-130m²) 106D	❷ €40,00

A67 Eindhoven-Venlo, Ausfahrt Asten/Meijel Richtung Meijel. Nach ca. 12 km rechts ab. CP liegt dann nach 700m auf der rechten Seite. 105661

Melderslo, NL-5962 PA / Limburg CC€19 iD

De Kasteelse Bossen	1 ABEHKNOPQRSTU	6
Nachtegaallaan 4	2 AQRWXYZ	ABDEFGHK 7
1 Jan - 31 Dez	3 AFMSU	ABCDFHJMNPQRTW 8
+31 7 73 98 73 61	4 BFHIJOQ	DEFHI 9
info@dekasteelsebossen.nl	5 DEFHKN	ABEGHIJKOSTY 10
	6-16A CEE	❶ €25,30
N 51°27'41'' E 06°04'20''	3ha 52T(80-140m²) 9D	❷ €36,60

A73, Ausfahrt 10 Richtung Horst-Noord. An der Ampel links ab, der Straße folgen, dann den CP-Schildern. 115491

Noorbeek, NL-6255 PB / Limburg CC€19 iD

Grensheuvel Natuurlijk Limburg	1 AKNOPQRSTU	6
Voerenstraat 11	2 IPTVXY	ABFG 7
1 Jan - 31 Dez	3 A	ABEFJNQRU 8
+31 6 28 83 41 23	4 FH	9
grensheuvelnatuurlijk limburg@gmail.com	5 ADHKN	ABCDFGHJKOPRS 10
	6A CEE	❶ €32,40
N 50°46'23'' E 05°48'07''	H190 2,5ha 70T(75-100m²) 40D	❷ €39,00

A2 Richtung Maastricht - Luik (Liège/Lüttich), Ausfahrt 56 Gronsveld. Über St. Geertruid und Mheer nach Noorbeek. Vor Noorbeek rechts ist der Camping Grensheuvel. Aus D: Von Aachen B278 Gulpen. Hinter Gulpen, De Hut rechts die N598 bis Hoogcruts. Dort rechts nach Noorbeek. 108406

Oost-Maarland/Eijsden, NL-6245 LC / Limburg

De Oosterdriessen	1 BEJMOPQSU	LNQS 6
Oosterweg 1A	2 AFJKPQWXYZ	ABDEFGH 7
21 Apr - 18 Sep	3 AMS	ABCDEFGHNQRTW 8
+31 4 34 09 32 15	4 FHJ	BH 9
info@oosterdriessen.nl	5 ABDHMN	ABCFGJKNRSY 10
	B 6A CEE	❶ €32,10
N 50°47'59'' E 05°42'24''	H52 8ha 230T(90-100m²) 6D	❷ €38,20

A2 Maastricht-Luik, Ausfahrt 56 (Gronsveld), dann Richtung Eysden, am Ende links und den braunen Schildern folgen. A2 Luik-Maastricht, Ausfahrt 56, links und Schildern folgen. 101569

Panningen, NL-5981 NX / Limburg CC€21 iD

Beringerzand	1 ADEKNOPQRSTU	BEGHN 6
Heide 5	2 AQRWXYZ	ABDEFGH 7
1 Jan - 31 Dez	3 ABCDEFGJLMUV	ABCDFGHIJKMNPQRTUV 8
+31 7 73 07 20 95	4 ABCDFHJLOPQT	BCFJ 9
info@beringerzand.nl	5 ABDEFGHL	ABDEFGHIKMOQY 10
	B 10A CEE	❶ €41,50
N 51°20'56'' E 05°57'40''	23ha 355T(80-100m²) 159D	❷ €55,50

A67 Ausfahrt 38, Richtung Panningen/Koningslust. Dann Schildern 'Beringerzand' zum CP folgen. 100822

Plasmolen, NL-6586 AL / Limburg CC€17 iD

De Geuldert	1 AEKNOPSU	6
Schildersweg 6a	2 APQRWXYZ	ABDEFGH 7
31 Mrz - 1 Okt	3 BLMSV	ABCDEFJNQRTUVW 8
+31 2 46 96 27 67	4 BCDEFGHJKOQ	9
info@degeuldert.nl	5 ABDEHMN	ABEFGHIJKOQY 10
	Anzeige auf dieser Seite 6-10A CEE	❶ €30,00
N 51°44'13'' E 05°55'47''	4,7ha 84T(100m²) 40D	❷ €39,80

A57 Goch, Grenze zur A77. 1. Ausfahrt hinter der Grenze Gennep/Ottersum die N271 Richtung Nijmegen. Vor Plasmolen, Höhe Freizeitgelände Mookerplas, CP-Schild befolgen. 113490

Plasmolen/Mook, NL-6586 AE / Limburg CC€21 iD

Camping Eldorado	1 AEKNOPQSTU	FLMNSXZ 6
Witteweg 18	2 ACFIQRXYZ	ABFG 7
31 Mrz - 30 Okt	3 ABCEMSV	ABCDEFNQRUVW 8
+31 2 46 96 19 14	4 BDEFHJ	X 9
info@eldorado-mook.nl	5 ACDEHKLMN	BCEFGOY 10
	Anzeige auf Seite 199 16A CEE	❶ €40,60
N 51°44'08'' E 05°55'01''	6ha 70T(70-100m²) 200D	❷ €52,80

A73 Ausfahrt 3 Malden. Richtung Malden folgen. An der Ampel rechts ab Richtung Mook. Nach ca. 7 km rechts in den Witteweg und der CP-Beschilderung folgen. 109751

Reuver, NL-5953 HP / Limburg CC€17 iD

Natuurplezier	1 AHKNOPQSTU	6
Keulseweg 200	2 BQRWXYZ	ABDEFG 7
24 Mrz - 1 Nov	3 AMS	ABDEFHNPQRTUVW 8
+31 7 74 74 54 85	4 FHIK	IJ 9
info@natuurplezier.nl	5 D	ABDFGHJKOQW 10
	Anzeige auf dieser Seite 6A CEE	❶ €23,50
N 51°16'28'' E 06°07'23''	2ha 66T(120-135m²) 11D	❷ €35,50

Von Norden A73 Ausfahrt 17. Von Süden A73 Ausfahrt 18. Weiter auf der N271 Venlo-Roermond in Reuver die Ausfahrt nehmen, wo der CP ausgeschildert ist. 113345

Roermond, NL-6041 TR / Limburg CC€23 iD

Resort Marina Oolderhuuske	1 ADEKMOPQSTU	EGLMNPQSTWXYZ 6
Oolderhuuske 1	2 ACEIJKQTWXY	ABCDEFGH 7
31 Mrz - 4 Nov	3 ABEFGMNSUV	ABCDEFGIJNQRTUVW 8
+31 4 75 58 86 86	4 BHLRST	EJOPQRSVWY 9
info@oolderhuuske.nl	5 ABDEGHL	ABDFGHIJKMOPQUY 10
	6-16A CEE	❶ €39,70
N 51°11'32'' E 05°56'58''	5,5ha 80T(80-200m²) 184D	❷ €46,70

Auf der N280 Ausfahrt Hatenboer/de Weerd nehmen. Dann direkt links ab und den braunen Schildern folgen mit Marina Oolderhuuske. 101397

Teilkarte Limburg auf Seite 198

Roggel, NL-6088 NT / Limburg

CC€23 iD

Recreatiepark De Leistert
Heldensedijk 5
1 Jan - 31 Dez
+31 4 75 49 30 30
info@leistert.nl

1 ADE**KN**OPQRSU BEGHIMN 6
2 JQRWXYZ ABCDE**FGH** 7
3 ABCDEFG**JL**MN**R**ST ABCDEFIJK**M**NPQRTUVW 8
4 BDFHJLOU BCEFJVWY 9
5 ACDEFGHKLMN**O** ABDEFGHKM**O**PQXY 10
Anz. auf S. 203 + Umschl. B 10-16A CEE ① €66,10
100ha 594**T**(90-130m²) 654**D** ② €69,20

N 51°16'27" E 05°55'55"
Der Campingplatz liegt an der N562, zwischen Helden und Roggel, ca. 1 km vor Roggel.
101338

Sevenum, NL-5975 MZ / Limburg

CC€21 iD

De Schatberg
Middenpeelweg 5
1 Jan - 31 Dez
+31 7 74 67 77 77
info@schatberg.nl

1 ADE**KN**OPQRSTU AEGHILM**N**W 6
2 ABEJKQWXYZ AB**C**DE**FGI** 7
3 ABC**D**EFG**JKL**M**R**ST**U**V ABCDEFGIJK**M**NQRTUVW 8
4 BCDFHIJLMNO**PQ**U BEGIJRVW 9
5 ACDEFGHIJKLM ABDEGHIKMOSTXY 10
Anz. auf dieser S. B 10-16A CEE ① €51,75
96ha 450**T**(100-150m²) 721**D** ② €65,25

N 51°22'58" E 05°58'34"
Von A67 Eindhoven-Venlo, Ausfahrt 38 Helden, Schildern folgen. CP an der N277, Midden Peelweg.
101568

Schimmert, NL-6333 BR / Limburg

CC€19 iD

Mareveld
Mareweg 23
15 Mrz - 30 Sep
+31 4 54 04 12 69
info@campingmareveld.nl

1 ADEH**KN**OPQS**U** B 6
2 AIPQXYZ AB**FG** 7
3 BFUX ABCDEFJNQRTUV 8
4 BFGHKO CFJ 9
5 DHKLN ABDHJK**O**RSY 10
10A CEE ① €32,50
H123 3,5ha 45**T**(80m²) 96**D** ② €46,50

N 50°54'26" E 05°49'54"
A76, Ausfahrt Spaubeek, rechts Richtung Schimmert. In Schimmert die 2. Straße links. Der CP ist ausgeschildert.
113491

Slenaken, NL-6277 NP / Limburg

iD

Camping Welkom
Hoogcruts 27
1 Jan - 31 Dez
+31 4 34 57 12 96
info@campingwelkom.nl

1 ABEKNOPQST**U** 6
2 AIPQWXY ABDE**FG** 7
3 F ABCDFGJKNPQRUVW 8
4 FGHIJKO 9
5 DEFGHKN ABCFGJKOQ 10
10A CEE ① €28,00
1,8ha 60**T**(140-150m²) 30**D** ② €35,00

N 50°46'30" E 05°50'42"
A2 bei Maastricht, Ausfahrt N278 Vaals/Cadier en Keer. Schilder bis Margraten folgen. Ampel geradeaus. Nach 1,5 km rechts, Ausfahrt Slenaken/De Planck. Nach ca 3 km Ausfahrt Slenaken, hier links. Nach 250m CP links.
119975

Schin op Geul/Valkenburg, NL-6305 PM / Limb.

CC€23 iD

Vinkenhof/Keutenberg
Engwegen 2a
1/1 - 3/1, 17/3 - 30/10, 17/11 - 31/12
+31 4 34 59 13 89
info@campingvinkenhof.nl

1 ADE**KN**OPQSTU B 6
2 ACPQSWXYZ ABDE**FG**H 7
3 AF**L**MSW ABCDE**F**J**M**NPQRTUVW 8
4 BDFGHIJO CDJ 9
5 ADEFGHLN ABDGHIJKOQY 10
B 6-10A CEE ① €40,00
H79 2,5ha 97**T**(80-100m²) 33**D** ② €55,00

N 50°51'00" E 05°52'23"
Von A76 Ausfahrt Nuth, über Hulsberg nach Valkenburg, dort Richtung Schin op Geul.
108302

Smakt/Venray, NL-5817 AA / Limburg

Camping De Oude Barrier
Maasheseweg 93
1 Jan - 31 Dez
+31 4 78 58 23 05
info@deoudebarrier.nl

1 B**JM**OPQST**U** AFH 6
2 ABPRXYZ AB**FG** 7
3 ABFMNX ABEFJNQRTUVW 8
4 FHIJ C 9
5 AEM ABEHIJKS 10
B 4-6A CEE ① €21,85
8,5ha 40**T**(100-200m²) 87**D** ② €30,95

N 51°33'17" E 06°00'11"
A73 Venray-Noord Ausfahrt 8 (kurz hinter McDonalds), dann Richtung Maashees (900m).
105656

Teilkarte Limburg auf Seite 198

St. Geertruid, NL-6265 NC / Limburg

De Bosrand
Moerslag 4
1 Apr - 1 Nov
+31 4 34 09 15 44
info@campingdebosrand.nl

1 ADE**KN**OPQST**U** 6
2 ABQUVWXYZ ABDE**FGH** 7
3 AB**L**MX ABCDEFJNQRTW 8
4 FHJO BJ 9
5 ABDEFHJKLMN ABCFGHJK**O**RS 10
6A CEE ❶ €29,00
H80 3,5ha 118T(80-100m²) 47D ❷ €33,00

N 50°47'08" E 05°44'54"

A2 Ausfahrt 57 Oost-Maarland Richtung St. Geertruid, CP-Schildern folgen. Aus Richtung Süden Ausfahrt 58, CP-Schildern folgen. 105595

Voerendaal, NL-6367 HE / Limburg

Colmont
Colmont 2
31 Mrz - 1 Okt
+31 4 55 62 00 57
info@colmont.nl

1 AE**KN**OPQSU BG 6
2 AIPQSVWXYZ ABDE**FG**H 7
3 ABF**L**MU ABCDEFJKNQRTW 8
4 FGHIJO**PQ** BCUVWX 9
5 ABDEFGHKMN ABDFGHIJKOPQY 10
6-10A CEE ❶ €30,50
H180 4ha 150T(80-120m²) 44D ❷ €37,50

N 50°51'08" E 05°56'03"

A79 Kreuz Voerendaal Richtung Kunrade. Dort Richtung Ubachsberg. Im Zentrum Ubachsberg ausgeschildert. 105670

Vaals, NL-6291 NM / Limburg

Camping Hoeve de Gastmolen
Lemierserberg 23
15 Mrz - 31 Okt
+31 4 33 06 57 55
info@gastmolen.nl

1 AEH**KN**OPQS**U** 6
2 CIPQSUVWXYZ ABDE**FG**H 7
3 A**L**MS ABCDEFGJNQRTUVW 8
4 FGHIJO 9
5 ADMN ABDFGJKNQ 10
6-10A CEE ❶ €37,00
H160 6ha 97T(100-140m²) ❷ €48,00

N 50°46'44" E 06°00'17"

A76 Kreuz Bochholtz Ri. N281. Bei Nijswiller N278 Ri. Vaals. Kurz vor Vaals ist der CP ausgeschildert. Achtung: die GPS-Werte führen nicht zur Haupteinfahrt des CPs, sondern zur nächsten Kreuzung Ri. CP. 105673

Well, NL-5855 EG / Limburg

Leukermeer
De Kamp 5
31 Mrz - 30 Okt
+31 4 78 50 24 44
vakantie@leukermeer.nl

1 ADEH**JM**OPQRSTU BEGL**N**QSW**X**YZ 6
2 BEIJPQRSWXYZ BDE**FG**H 7
3 BEFG**HIJL**M**NQ**SUVX ABCDFGIJKNQRTUVW 8
4 **A**BCDFHIJLMO**P**Q**RSTU**X JORTUVWXY 9
5 ACDEFGHKL ABCEFGHIJKMN**O**PQWXY 10
B 10A CEE ❶ €55,00
H50 14ha 255T(100m²) 177D ❷ €55,00

N 51°34'03" E 06°03'38"

Von Venlo in Höhe von Well dem Schild 't Leukermeer folgen. Von Nijmegen über Bergen und Aijen dem Schild 't Leukermeer folgen. Oder A73 Ausfahrt 9 via N270 Richtung Wanssum. 105652

Niederlande

Valkenburg aan de Geul, NL-6325 AD / Limburg

De Cauberg
Rijksweg 171
24/3 - 29/10, 10/11 - 22/12
+31 4 36 01 23 44
info@campingdecauberg.nl

1 AE**KN**OPQSU 6
2 AIPQTVXYZ AB**FG**H 7
3 A**L** ABDFJNQRTUW 8
4 FGH F 9
5 ABDEGHN ADEFGHJKOQ 10
6-16A CEE ❶ €36,00
H131 1ha 55T(70-110m²) 5D ❷ €47,50

N 50°51'24" E 05°49'08"

A2 Ausfahrt 53 Richtung Berg en Terblijt/Valkenburg. Nach 5 km ist der CP ausgeschildert, links der Straße. 110294

Wessem, NL-6019 AA / Limburg

Comfortparc Euroresorts Wessem
Waage Naak 38
1 Apr - 1 Nov
+31 4 75 56 12 21
info@comfortparc.com

1 ADE**KN**OPQRSTU LQS**XYZ** 6
2 AEKQWXY AB**FG**H 7
3 ABMS ABCDE**F**JNQRUW 8
4 J NOPV 9
5 ADELN ABCFGHJKMORSY 10
10A CEE ❶ €30,70
4ha 20T(100m²) 76D ❷ €35,70

N 51°09'13" E 05°52'38"

A2, Ausfahrt 41 Thorn/Wessem. Oder Ausfahrt 42 Wessem. Oder A73, Ausfahrt Maasbracht und dann A2 Ausfahrt 41. In Wessem folgen Sie der Beschilderung zum ComfortParc Wessem. Die Rezeption des Campingplatzes befindet sich weiter hinten im Havenkantoor. 117155

Valkenburg aan de Geul, NL-6301 WP / Limburg

Valkenburg-Maastricht
Stoepertweg 5
6 Apr - 31 Dez
+31 4 54 05 92 92
info@camping-valkenburg.com

1 ADE**JM**OPQS**U** B 6
2 AQWXYZ ABDE**FG** 7
3 AFLMX ABCDFJKNQRT 8
4 FGHJO BCJVW 9
5 ABDGHN ABCFGHIJKOPQY 10
B 10A CEE ❶ €32,50
H137 8ha 260T(100-120m²) 68D ❷ €45,50

N 50°52'50" E 05°50'00"

A2 von Norden: A76 Richtung Heerlen, Ausfahrt Nuth, am Ende der Ausfahrt links Richtung Valkenburg. Hinter Hulsberg den CP-Schildern folgen. Von Süden: A79 Richtung Heerlen, Ausfahrt 4 und CP-Schildern folgen. 100832

Wijlre, NL-6321 PK / Limburg

De Gele Anemoon
Haasstad 4
1 Apr - 30 Sep
+31 8 80 99 09 57
degeleanemoon@nivon.nl

1 ABDEHJMOPSU F 6
2 CQXYZ ABDE**FG**K 7
3 A**L**M ABEFHJKNPQRTW 8
4 FGHIJO 9
5 DMN BDFHJKNQY 10
B 6A CEE ❶ €25,70
H80 1,1ha 51T(90-100m²) 10D ❷ €36,20

N 50°50'26" E 05°52'46"

A2 bis Maastricht, dann Richtung Vaals. In Gulpen Richtung Wijlre. In Wijlre ausgeschildert. 118233

Valkenburg/Berg en Terblijt, NL-6325 PE / Limb.

EuroParcs Poort van Maastricht
Rijksweg 6
1 Jan - 31 Dez
+31 8 80 70 80 90
kcc@europarcs.nl

1 ADE**KN**OPQSU DG 6
2 APQTWXYZ ABDE**FG**H 7
3 AB**L**MV ABCDEFGIJKNQRTUVW 8
4 BFHJ CJUVWX 9
5 ABDEHM ABCDEFGHJKOQY 10
Anzeige auf Seite 165 B 10A CEE ❶ €45,50
H160 6,5ha 150T(100m²) 76D ❷ €59,50

N 50°51'36" E 05°46'21"

Ab der A2 bei Maastricht Abfahrt 53 Richtung Berg und Terblijt. CP liegt nach 3 km an der rechten Straßenseite, kurz vor dem Kreisel. 100828

Wijlre, NL-6321 PK / Limburg

De Gronselenput
Haasstad 3
1 Apr - 30 Sep
+31 4 34 59 16 45
gronselenput@nivon.nl

1 ADEH**KN**OPSU 6
2 CQTWXY ABDE**FG** 7
3 ABEF**L**M ABCDEFJNQRUV 8
4 BFGHIJO A 9
5 ABDGHMN ABDFHJKOQU 10
10-16A CEE ❶ €32,00
H80 2ha 60T(60-120m²) 4D ❷ €40,00

N 50°50'31" E 05°52'38"

A2 bis Maastricht, dann Richtung Vaals. In Gulpen Richtung Wijlre, dort ausgeschildert. 108305

Venray/Oostrum, NL-5807 EK / Limburg

ParcCamping de Witte Vennen
Sparrendreef 12
25 Mrz - 28 Okt
+31 4 78 51 13 22
info@wittevennen.nl

1 ACEH**JM**OPQRSTU FHLMNQX 6
2 AEJKPQXYZ ABDE**F**H 7
3 ABFG**JL**MNSVX ABDFJKNQRTUVW 8
4 **A**BFHIJKO**QTV** CJTVWY 9
5 ADEGHN ABCDEFGHIJKOQVYZ 10
B 6-10A CEE ❶ €32,70
17ha 150T(120-150m²) 56D ❷ €44,90

N 51°31'25" E 06°02'08"

A73 Ausfahrt 9 Venray/Oostrum, N270 Richtung Oostrum. Beim 1. Kreisverkehr geradeaus, beim 2. Kreisverkehr rechts, dann gleich links. 109947

Vijlen, NL-6294 NE / Limburg

Cottesserhoeve
Cottessen 6
1 Apr - 1 Okt
+31 4 34 55 13 52
info@cottesserhoeve.nl

1 AE**KN**OPQSU BG 6
2 CIQSTVWXYZ ABDE**FGH** 7
3 BF**L**M ABCDE**F**JNQRTUW 8
4 BFGHJLO EI 9
5 ABDEGHKMN ABEGHJK**O**RSY 10
6-10A CEE ❶ €41,00
H155 5,5ha 192T(90-100m²) 116D ❷ €50,00

N 50°45'34" E 05°56'26"

Vom A76 Kreuz Bochholz Richtung N281. In Nijswiller N278 Richtung Vaals. Ausfahrt Vijlen. In Vijlen Richtung Epen. Danach ausgeschildert. 105672

Vijlen, NL-6294 NB / Limburg

Rozenhof
Camerig 12
1 Jan - 31 Dez
+31 4 34 55 16 11
info@campingrozenhof.nl

1 ADEH**KN**OPQSU BG 6
2 IQSUVXYZ ABDE**FG**H 7
3 BF**L**M ABCDE**F**JNQRUV 8
4 BFGHIJO**Q** BEJ 9
5 ACDELMN ABDFGHKOQ 10
B 10A CEE ❶ €36,50
H164 2ha 69T(bis 110m²) 35D ❷ €50,00

N 50°46'12" E 05°55'45"

A4 Ausfahrt 2 Aachen-Laurensberg, L260 Vaalserquartier/Vaals. An der T-Kreuzung rechts zur B1 Richtung Grenze NL/Vaals. Am Ortsausgang Vaals Richtung Raren, weiter Vijlen Camerig. Weiter ausgeschildert. 100835

Teilkarte Limburg auf Seite 198

Belgien

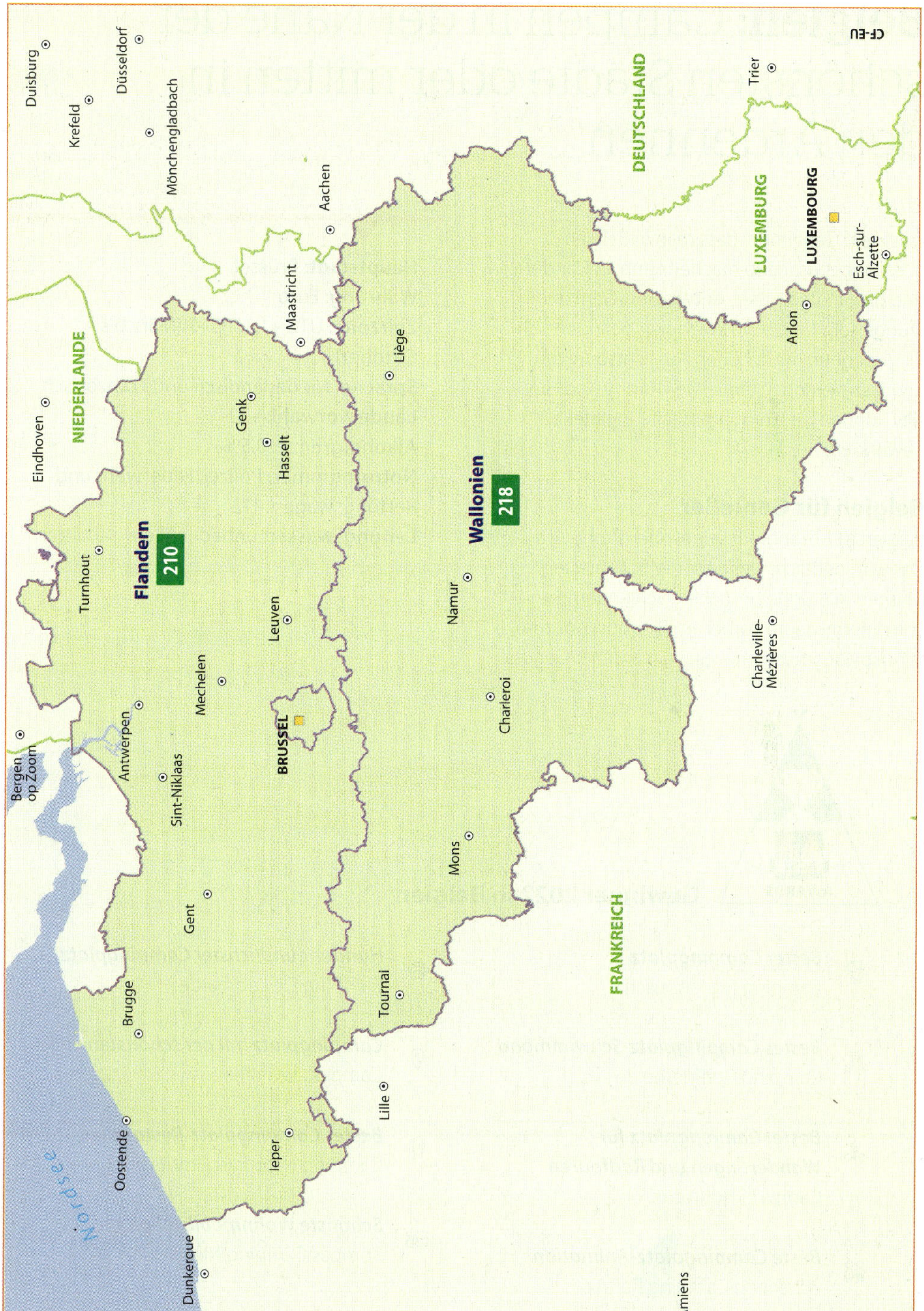

Duisburg
Krefeld
Düsseldorf
Mönchengladbach
Aachen
Maastricht
Eindhoven
NIEDERLANDE
Genk
Hasselt
Liège
Turnhout
Flandern
210
Wallonien
218
Namur
Leuven
Mechelen
BRUSSEL
Charleroi
Bergen op Zoom
Antwerpen
Sint-Niklaas
Gent
Mons
Brugge
Tournai
Lille
Oostende
Ieper
Nordsee
Dunkerque
Amiens
FRANKREICH
DEUTSCHLAND
Trier
LUXEMBURG
LUXEMBOURG
Esch-sur-Alzette
Arlon
Charleville-Mézières
CF-EU

Belgien: Campen in der Nähe der schönsten Städte oder mitten in den Ardennen

Es ist kein Geheimnis, dass man in Belgien hervorragend Urlaub machen kann. In Flandern sind die Städte Brüssel, Antwerpen, Gent und Brügge sehr beliebt. In Wallonien befinden sich die Ardennen mit schönen Aussichtspunkten und faszinierende Städte wie Durbuy und Huy. Hier können Sie jahrhundertealte Architektur bewundern.

Belgien für Genießer

Belgien ist bekannt für seine lebensfrohe Art. Das wird deutlich, wenn Sie die beliebtesten Museen in Brügge besuchen. Schlendern Sie vom Frietmuseum vorbei am Biermuseum zum Schokoladenmuseum – ein kulinarischer Genuss!

Hauptstadt: Brüssel
Währung: Euro
Zeitzone: UTC +1, UTC +2 (März bis Oktober)
Sprache: Niederländisch und Französisch
Ländervorwahl: +32
Alkoholgrenze: 0,5‰
Notrufnummer: Polizei, Feuerwehr und Rettungswagen: 112
Leitungswasser: unbedenklich

ACSI AWARDS

Gewinner 2022 in Belgien

Bester Campingplatz
Camping Hohenbusch

Bestes Campingplatz-Schwimmbad
Camping Goolderheide

Bester Campingplatz für Wanderungen und Radtouren
Camping Houtum

Beste Campingplatz-Animation
Ardennen Camping Bertrix

Hundefreundlichster Campingplatz
Camping De Lombarde

Campingplatz mit der schönsten Lage
Camping Le Prahay

Bestes Campingplatz-Restaurant
Camping Natuurlijk Limburg

Schönste Wohnmobilstellplätze
Kompas Camping Nieuwpoort

In Brüssel und Antwerpen können Sie durch das historische Stadtzentrum spazieren. In beiden Städten finden Sie zahlreiche Spitzenrestaurants und eine Vielzahl an Geschäften. In Brüssel sollten Sie auf keinen Fall die Brunnenfigur Manneken Pis oder den Grand Place verpassen, wo Sie die alten Zunfthäuser bewundern können. Und wussten Sie, dass Manneken Pis sogar ein weibliches Gegenstück hat, Jeanneke Pis? Sie finden sie in der Nähe des berühmten Cafés Délirium mit seiner großen Bierauswahl.

Natur in den Ardennen

Die Ardennen sind seit Jahrzehnten bei Touristen sehr beliebt, was nicht überrascht. Die grünen Wälder sind ideal zum Radfahren, Wandern und für weitere Sportarten. Zudem sind die Ardennen als Ziel zahlreicher Outdoor-Aktivitäten und Survival-Trips bekannt. Machen Sie eine Abseilaktion, entdecken Sie besondere Höhlen wie die Höhlen von Han oder begeben Sie sich auf einen Survival-Tag in der rauen Natur.
Im Winter eignen sich die Ardennen sehr gut zum Skifahren, Langlaufen oder um einfach nur den Schnee zu genießen.
Im Osten, nicht weit von der deutschen Grenze entfernt, befindet sich die belgische Formel-1-Rennstrecke Spa-Francorchamps. Autofans und Geschwindigkeitsfanatiker können sich hier in aller Ruhe austoben.

Gewinner: Camping Hohenbusch

Tanken

Benzin (Euro 95, E10 und Super Plus 98) ist leicht erhältlich (wenn Sie E10 tanken wollen, prüfen Sie den Tankdeckel, die Betriebsanleitung oder fragen Sie die Werkstatt Ihres Autohändlers, ob Ihr Auto damit fahren kann, ansonsten Super Plus 98 tanken). Diesel und LPG sind überall erhältlich. Für die Betankung mit LPG wird der Euro-Adapter (acme) verwendet. Die meisten Tankstellen sind mindestens von 8 bis 20 Uhr und an den Autobahnen meist Tag und Nacht geöffnet. Außerdem gibt es viele unbemannte Tankstellen.

> ***"Belgien ist ein kleines Land, aber es gibt überall schöne Dinge zu entdecken, sei es in der Natur oder in der Kultur"***
>
> *Frau A. Cousin, Inspektorin 821*

Ladestationen

Es gibt einen Unterschied zwischen dem wallonischen und dem flämischen Teil Belgiens, wenn es um die Gebühren geht. Wallonien ist noch nicht so sehr auf E-Mobilität eingestellt, was zum Teil auf ein veraltetes Energienetz zurückzuführen ist. Die Durchgangsstraßen in Flandern sind gut mit Schnellladestationen ausgestattet. Außerdem finden Sie in Flandern mehr öffentliche Ladestationen als in Wallonien.

Verkehrsregeln

Abblendlicht ist bei Dunkelheit, schlechter Sicht und im Tunnel vorgeschrieben. An einer gleichberechtigten Kreuzung hat der Verkehr von rechts Vorfahrt. Straßenbahnen haben immer Vorrang. Der Verkehr in einem Kreisverkehr hat Vorrang, wenn dies durch Verkehrszeichen angezeigt wird. Auf Bergstraßen hat bergauf

fahrender Verkehr Vorrang vor dem talfahrenden. Telefonieren am Steuer ist nicht erlaubt, auch nicht, wenn das Auto still steht (Freisprechanlagen erlaubt).
Kinder unter 1,35 m Körpergröße müssen in einem Kindersitz sitzen. Sie können eine Navigationssoftware verwenden, die vor Radarkontrollen oder Streckenkontrollen warnt. Winterreifen sind nicht vorgeschrieben.

Sondervorschriften

Rauchen ist im Auto in Anwesenheit eines Kindes verboten. Beim Einfädeln droht ein Bußgeld, wenn Sie zu früh einfahren oder einem Einfädelnden keine Vorfahrt gewähren.
Beim Überholen von Radfahrern (auch auf einem Radweg) müssen Sie einen Seitenabstand von mindestens 1,50 Metern einhalten. Das Hochdrehen des Motors ist verboten, wenn Sie für längere Zeit stillstehen, z. B. an einem Bahnübergang.

Vorgeschriebene Ausstattung

Warndreieck und Warnweste sind im Auto Pflicht. Ein Erste-Hilfe-Kasten und ein Feuerlöscher sind nur in Fahrzeugen mit belgischem Kennzeichen vorgeschrieben.

Reisemobil und Caravan

Ein Reisemobil oder eine Auto-Wohnwagen-Kombination darf bis zu 4 m hoch, 2,55 m breit und 18,75 m lang sein (der Wohnwagen selbst darf bis zu 12 m lang sein).

Fahrrad

Ein Fahrradhelm ist nicht vorgeschrieben. Es ist verboten, während des Radfahrens zu telefonieren oder ein Mobiltelefon zu benutzen. Es ist nicht erlaubt, einen Passagier auf dem Gepäckträger zu befördern (ein Kind ist auf einem Kindersitz erlaubt).

Maut

Für den Liefkenshoek-Tunnel in der Nähe von Antwerpen ist eine Maut zu entrichten.
Weitere Informationen: liefkenshoektunnel.be.

Umweltzonen

In Belgien gibt es in den Städten Antwerpen, Brüssel und Gent Niedrigemissionszonen (LEZ). Ganz Wallonien wird ab 2023 eine Zone de basses émissions (ZBE) sein. Die Gemeinden können dies früher einführen. Fahrzeuge werden mit Kameras registriert. Wenn Sie in eine LEZ mit einem Fahrzeug einfahren, welches nicht in der LEZ erlaubt ist, riskieren Sie eine hohe Geldstrafe.

Weitere Informationen: lez.brussels, slimnaarantwerpen.be, stad.gent, vlaanderen.be/lage-emissiezones-lez und walloniebassesemissions.be.

"Das Angebot an Rad- und Wanderwegen ist fantastisch und ich genieße die köstlichen belgischen Biere"

Herr. J. Verrezen, Inspektor 140

Panne und Unfall

Stellen Sie das Warndreieck mindestens 100 m hinter dem Auto auf, wenn Sie sich an einem Ort befinden, an dem das Anhalten verboten ist. Der Fahrer muss eine Warnweste tragen. Im Falle einer Panne rufen Sie die Notrufnummer Ihres Pannenhilfsdienstes an. Sie können auch einen belgischen Pannendienst anrufen: +32 70 344 777 (Touring Belgium Go) oder +32 70 344 666 (VAB). Das Abschleppen ist auf Autobahnen und Schnellstraßen verboten; Sie müssen einen Abschleppdienst rufen.

Camping

Die belgischen Campingplätze sind überwiegend von angemessener bis guter Qualität. Belgische Campingplätze sind im Allgemeinen kinderfreundlich. Oft gibt es ein Unterhaltungsprogramm und in der Regel sind viele Einrichtungen wie Spiel- und Sportplätze vorhanden. Wildcamping außerhalb der Campingplätze ist nur mit Genehmigung der Polizei oder des Grundstückseigentümers erlaubt. In Flandern und an der Küste ist das wilde Campen nicht erlaubt.

Klima Brüssel	Jan.	Feb.	März	Apr.	Mai	Jun.	Jul.	Aug.	Sept.	Okt.	Nov.	Dez.
Durchschnittliche Höchsttemperatur	6	6	10	13	18	20	22	23	19	14	9	7
Durchschnittliche Anzahl der Sonnenstunden pro Tag	2	3	4	5	6	7	6	6	5	4	2	1
Durchschnittliche monatliche Niederschlagsmenge (mm)	71	53	74	54	70	78	69	64	63	68	79	79

Klima Oostende	Jan.	Feb.	März	Apr.	Mai	Jun.	Jul.	Aug.	Sept.	Okt.	Nov.	Dez.
Durchschnittliche Höchsttemperatur	6	7	9	11	15	18	20	21	18	15	10	7
Durchschnittliche Anzahl der Sonnenstunden pro Tag	2	3	5	7	7	8	7	7	6	4	2	1
Durchschnittliche monatliche Niederschlagsmenge (mm)	63	45	55	46	56	67	59	57	80	78	84	73

Flandern

Adinkerke/De Panne, B-8660 / West-Vlaanderen

Kindervreugde**
Langgeleedstraat 1a
1 Apr - 30 Sep
+32 4 96 77 77 64
info@kindervreugde.be

1 ABEJMOPQRSTU **N** 6
2 APQWXYZ AB**FG** 7
3 A**L**UV ABFGNPQRTUVW 8
4 FH 9
5 ADN BDHIJKLORS 10
B 6A CEE
3ha 40**T**(95-130m²)
① €30,00
② €30,00

N 51°04'35" E 02°35'11"

E40 (A18) Ausfahrt 1 Richtung Plopsaland. Nach ± 800m hinter dem Bahn- und Straßenbahnübergang am 3. Kreisel links Richtung Bray Dune. Nach ± 800m links. Dann noch 200m. 110087

Adinkerke/De Panne, B-8660 / West-Vlaanderen

Plopsa Village
Duinhoekstraat 101
1 Apr - 6 Nov
+32 58 41 23 76
info@plopsavillage.be

1 ADE**KN**OPQRST**U** 6
2 APQTWXYZ BE**FG**K 7
3 BG**L**MS BFGJNQRTUV 8
4 FHIO 9
5 DEFGHM ABCFGHIJKOPRS 10
B 16A CEE
4ha 57**T**(80-100m²) 136**D**
① €36,00
② €45,00

N 51°04'58" E 02°35'28"

Der CP liegt in der Nähe von dem gut ausgeschilderten 'Plopsaland'. Von der A18 Ausfahrt Plopsaland/Adinkerke aus Richtung Adinkerke kommend, ist die Duinhoekstraat am Plopsaland vorbei auf der linken Seite. 100012

Antwerpen, B-2050 / Antwerpen

City Camping Antwerp**
Jachthavenweg 6
1 Apr - 5 Nov
+32 19 81 79
welcome@citycampingantwerp.be

1 ABDEKNOPQRST**U** **BG**M 6
2 ACIJKPQRXYZ ABDE**FGJ** 7
3 BFG**J**M**Q** ABEFJNPQRW 8
4 BFH BDV 9
5 DH BCFGHINQ 10
B 6A CEE
1,2ha 59**T**(100-120m²) 4**D**
① €39,70
② €48,95

N 51°14'00" E 04°23'33"

Aus NL: Ring Antwerpen, Abfahrt Antwerpen linkes Ufer, rechts bis zum Ende links. Am Yachthafen vorbei CP rechts. Aus Gent: Abfahrt Antwerpen linkes Ufer, rechts, 2. Ampel links, bis Ende rechts. 2. Straße rechts, CP ist links. 109400

Balen/Keiheuvel, B-2490 / Antwerpen

GT Keiheuvel
17de Esc. Lichtvliegwezenlaan 2
1 Jan - 31 Dez
+32 14 81 15 09
josgeboers@telenet.be

1 ADEHILOPQRSTU	BGX	6
2 JPQRWX	ABDE**FG**K	7
3 BFG**JLNOPQ**S	ABEFGJNQRUVW	8
4 BDFHIJKLNO**QR**	BHJ	9
5 DEHMN	ABFGHIJKOQY	10

B 10A CEE
20ha 140**T**(50-120m²) 274**D**
① €20,00
② €28,00

N 51°10'38'' E 05°13'04''

100010

Fahren Sie in Balen-Zentrum Richtung Flughafen 'Keiheuvel'. Gut ausgeschildert. Ab hier Beschilderung 'G.T. Camping' folgen.

Blankenberge, B-8370 / West-Vlaanderen

CC€21

Bonanza 1***
Zeebruggelaan 137
24 Mrz - 24 Sep
+32 50 41 66 58
info@bonanza1.be

1 ADEG**JM**OPQSTU	**X**	6
2 QSTXY	A**B**D**EFG**	7
3 BMS	ACDE**F**JNRTU	8
4 FHO	V	9
5 ADFMN	ABDEFGHJK**O**Q	10

Anzeige auf dieser Seite B 10A CEE
5ha 65**T**(80-100m²) 172**D**
① €33,00
② €41,00

N 51°18'42'' E 03°09'12''

101630

E40 Richtung Oostende, Ausfahrt Brugge/Zeebrugge, Richtung Blankenberge. In Blankenberge an der zweiten Ampel rechts. Der CP ist ausgeschildert.

Belgien

Teilkarte Flandern auf Seite 210 und 211

Camping Astrid liegt 100m von den schönsten Dünen und dem schönsten Strand der belgischen Küste. Durch die zentrale Lage auch Ausflüge mit der Tram oder dem Rad möglich. Hier erleben Sie einen unvergesslichen Urlaub!

Kon. Astridlaan 1, 8450 Bredene • Tel. 059-321247
E-Mail: info@camping-astrid.be
Internet: www.camping-astrid.be

Bocholt, B-3950 / Limburg

CC€19 iD

Goolderheide****
Bosstraat 1
31 Mrz - 30 Sep
+32 89 46 96 40
info@goolderheide.be

1 ADE**KN**OPQSTU BGHILN 6
2 BFJPQRTWXYZ ABCDEF**GH** 7
3 BCEFG**JMN**SW ABCDEFGIJK**M**NQRUVW 8
4 BCDFHJKNO ABCEFJUVW 9
5 ACDEFGHLN ABCDEFGHIJKNRSVY 10
B 6-16A CEE ❶ €38,00
45ha 190**T**(100-150m²) 626**D** ❷ €56,00

N 51°10'24" E 05°32'21"

Route Weert-Bocholt. In Kaulille Richtung Bocholt. Auf halber Strecke zwischen Kaulille und Bocholt (3 km) gut ausgeschildert. 100011

ACSI AWARDS 2022

GEWINNER

Bestes Campingplatz-Schwimmbad Belgien

Camping Goolderheide

Brecht, B-2960 / Antwerpen

iD

De Groene Linden
Schotensteenweg 62/64
1 Jan - 31 Dez
+32 4 74 35 42 22
degroenelinden@telenet.be

1 ADEHKNOPQRSTU N 6
2 ABPQWXYZ BE**FG** 7
3 BDGLMSUVX AB**F**HJNRW 8
4 DFHIOQ 9
5 H ABCFGHJKOQY 10
10A CEE ❶ €20,00
15ha 30**T**(40-90m²) 135**D** ❷ €26,00

N 51°19'42" E 04°36'11"

Von der Ausfahrt St-Job-in-'t-Goor rechts ab. An der Ampel links in die Brechtsebaan, nach ca. 4 km Camping sehen Sie auf der rechten Seite ein deutliches Schild. 124880

Brecht/St. Job-in-'t-Goor, B-2960 / Antwerpen

iD

Floreal Het Veen****
Eekhoornlaan 1
1 Jan - 31 Dez
+32 36 36 13 27
camping.hetveen@florealgroup.be

1 ADE**KN**OPQS**U** **N** 6
2 AQRTWXYZ ABDE**FG**HK 7
3 ABEF**L**M**N**S ABCDFHJKNRTW 8
4 BDFHJN**Q** BEF 9
5 ADEFHKLMN ABCFGHJKMOQ 10
B 10A CEE ❶ €29,10
7,5ha 75**T**(100-150m²) 296**D** ❷ €34,30

N 51°18'07" E 04°34'13"

E19 Ausfahrt 4 Richtung St. Job-in-'t-Goor. Hinter dem Kanal sofort links ab und derselben Spur (± 3 km) bis zum CP folgen. 101654

Bredene, B-8450 / West-Vlaanderen

iD

17 Duinzicht
Rozenlaan 23
11 Mrz - 5 Nov
+32 59 32 38 71
info@campingduinzicht.be

1 ABDEG**KN**OPQRS**U** KM**N**QRSTX 6
2 AGJPQTXY ABDE**FG** 7
3 BF**L**MNSV ABCD**FG**IJNRTUVW 8
4 BCDFHJKO EL 9
5 DEGHMN ABEFGHJKM**O**QY 10
Anzeige auf Seite 213 10A CEE ❶ €31,00
10ha 92**T**(80-120m²) 149**D** ❷ €31,00

N 51°14'55" E 02°58'01"

E40 Autobahnende Richtung Bredene/De Haan. Am Driftweg dem Schild 'Campingzone' folgen, danach dem Schild 'Camping 17'. 113225

Bredene, B-8450 / West-Vlaanderen

iD

Astrid***
Kon. Astridlaan 1
13 Mrz - 6 Nov
+32 59 32 12 47
info@camping-astrid.be

1 ABFGJMOPQRSU KM**N**QRSTX 6
2 GJPQX ABDE**FG** 7
3 BF**L**MNS ABCDE**FG**JKNRTUVW 8
4 FHJ EL 9
5 DMN ABEFGHJKN**O**PQ 10
Anzeige auf dieser Seite B 10A CEE ❶ €28,50
4,5ha 98**T**(80-120m²) 200**D** ❷ €32,50

N 51°14'59" E 02°58'06"

Via E40 Ausfahrt Oostende Richtung Bredene/De Haan, Ausfahrt 'Astridzone'. 110709

Bredene, B-8450 / West-Vlaanderen

iD

Duinezwin
Kon. Astridlaan 55B
15 Mrz - 6 Nov
+32 59 32 13 68
info@duinezwin.be

1 ABDE**KN**OPQSU KM**N**QR**X** 6
2 AGJPQSXY ABDE**FG** 7
3 BF**L**S ABCDE**FGI**JNRTUVW 8
4 FH 9
5 D ABEGHJK**O**QY 10
Anzeige auf Seite 213 16A CEE ❶ €31,00
6,5ha 60**T**(80-120m²) 247**D** ❷ €37,00

N 51°15'04" E 02°58'26"

E40 Oostende. Autobahnende Richtung Blankenberge-Bredene, Richtung Bredene volgen. Abbiegen Breden-Dünen, danach links. Dem Schild 'Campingzone' folgen. Abbiegen Bistrot 'Alaska'. 121902

Bredene, B-8450 / West-Vlaanderen

iD

Warande***
Kon. Astridlaan 17
11 Mrz - 12 Nov
+32 59 32 10 42
info@campingwarandebvba.be

1 ABDEG**JM**OPQRSU MQRX 6
2 AGJPQTX A**BFG** 7
3 B**L**MS CD**F**JNRTUVW 8
4 FH 9
5 DMN ABEFGHJK**O**Q 10
16A ❶ €26,00
5ha 50**T**(90-100m²) 200**D** ❷ €30,00

N 51°14'59" E 02°58'14"

E40 Autobahnende Richtung Bredene/Blankenberge, Ausfahrt Bredene. Dann den Schildern 'Campingzone Astridlaan' folgen. 110455

Bree, B-3960 / Limburg

CC€19 iD

Recreatieoord Kempenheuvel***
Heuvelstraat 8
13 Mrz - 5 Nov
+32 89 46 21 35
info@campingkempenheuvel.be

1 ADEG**KN**OPQRST**U** BGN 6
2 PQRTWXYZ ABDE**FG**H 7
3 BCFMSVX ABCDEFJNQRTUVW 8
4 BCDFHJO CUVWX 9
5 DEFHJLMN ABCDGHIJKM**O**RSY 10
B 6A CEE ❶ €31,30
H59 7,5ha 80**T**(80-140m²) 148**D** ❷ €38,70

N 51°08'14" E 05°34'07"

A52/ N280 MG-Roermond, Grenze NL-Bel Ittervoort, N73 Richtung Bree. Camping liegt hinter Bree und ist angezeigt. 100014

De Haan, B-8421 / West-Vlaanderen

CC€21 iD

Ter Duinen
Wenduinesteenweg 143
15 Mrz - 1 Okt
+32 50 41 35 93
info@campingterduinen.be

1 AEG**KN**OPQRSU KQRSTUVX 6
2 GJPQXY A**B**D**EFGH** 7
3 A**L**S ABCDE**F**HJKNPRTW 8
4 FHJO**PQ** 9
5 DEHKMN ABDEFHJKN**O**PQW 10
Anzeige auf Seite 213 16A CEE ❶ €30,40
12,5ha 214**T**(90-100m²) 120**D** ❷ €36,40

N 51°17'00" E 03°03'23"

E40 Richtung Oostende Ausfahrt Jabbeke, Richtung De Haan, weiter der Beschilderung 'Ter Duinen' nach. 109644

Durchreisecampingplätze

In diesem Führer finden Sie eine handliche Karte mit Campingplätzen an den wichtigen Durchgangsstrecken zu Ihrem Ferienziel. Durch die Farbe des jeweiligen Zeltchens können Sie erkennen, ob dieser Platz ganzjährig geöffnet ist oder nicht. Darüber hinaus gibt es für jeden Platz auch noch eine kurze redaktionelle Beschreibung, inklusive Routenbeschreibung und Öffnungszeiten.

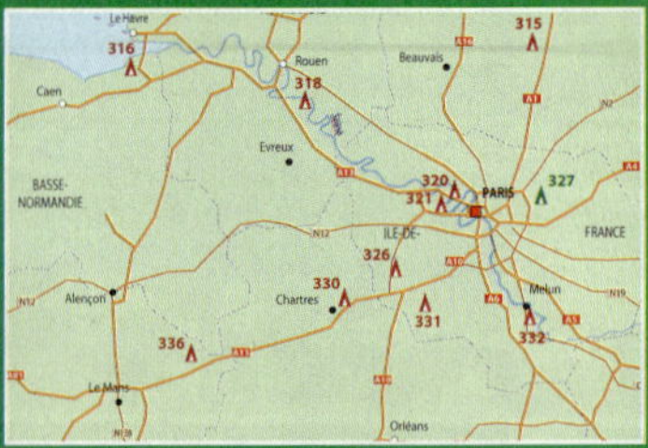

Teilkarte Flandern auf Seite 210 und 211

Gent, B-9000 / Oost-Vlaanderen

Urban Gardens****
Campinglaan 16
1 Jan - 31 Dez
+32 93 96 93 92
info@urban-gardens.be

1 ABDEKNOPSTU	HLMNOQSXY	6
2 AEJPQSWXYZ	ABDEFG	7
3 BFGJLMNPWX	ABCDEFHJKNPQRTW	8
4 BCFH	ABCEFVW	9
5 ABDEFGHJKLN	ABFGHIJKLOPRSY	10
B 10A CEE		❶ €35,00
6ha 337T(100m²) 92D		❷ €43,00

N 51°02'46'' E 03°40'51''

E40 Brussel-Oostende, Richtung Oostende. Ausfahrt 14 Gent Expo. Richtung 'Expo' bis über die Brücke; dann unmittelbar rechts ab. Bis ans Wasser. R4 folgen bis Abfahrt 'Blaarmeersen'. Gut ausgeschildert. 101639

Geraardsbergen, B-9500 / Oost-Vlaanderen

De Gavers****
Onkerzelestraat 280
1 Jan - 31 Dez
+32 54 41 63 24
gavers@oost-vlaanderen.be

1 ABDEKNOPSTU	BEGHLMNQY	6
2 EJPQSWY	ABCDEFGH	7
3 ABEFGJMNSTUVW	ABCDEFJNQRT	8
4 BCFHIJLU	BEFJMQRTUVY	9
5 ABDEHIKLMN	ABFGHIJKLMOPRSY	10
B 10A CEE		❶ €32,00
15ha 57T(100-110m²) 405D		❷ €32,00

N 50°47'27'' E 03°55'23''

Von Geraardsbergen aus Richtung Onkerzele. Ausschilderung 'De Gavers'. 101641

Belgien

Grimbergen, B-1850 / Vlaams Brabant

Camping Grimbergen***
Veldkantstraat 64
1 Apr - 15 Okt
+32 4 79 76 03 78
camping.grimbergen@telenet.be

1 AFGJMOPSTU	N	6
2 APQTWXY	ABDEFG	7
3	ABCDEFJKNPQRTW	8
4		9
5 D	AFGHIJKN	10
B 10A CEE		❶ €27,00
1,5ha 90T(100m²)		❷ €31,00

N 50°56'05'' E 04°22'58''

A12 Antwerpen-Brussel, Ausfahrt Meise/Grimbergen Richtung Grimbergen und Beschilderung folgen. Gute öffentliche Verkehrsverbindungen nach Brüssel. 100013

Heuvelland/Kemmel, B-8956 / West-Vlaanderen

Ypra***
Pingelaarstraat 2
1 Mrz - 30 Nov
+32 57 44 46 31
info@camping-ypra.be

1 ADEKNOPQRSTU	N	6
2 AIQSUWXYZ	BEFG	7
3 BFLMNSV	BDFGIJKNQRTUVW	8
4 FHOQ	FHUVWX	9
5 ADHMN	ABFGHIJKLNPRS	10
B 6-16A CEE		❶ €25,00
H140 5,5ha 120T(100-140m²) 180D		❷ €29,00

N 50°47'05'' E 02°49'10''

Im Dorf Kemmel ist der CP sehr gut ausgeschildert. 101629

Helchteren, B-3530 / Limburg

Molenheide
Molenheidestraat 7
1 Jan - 31 Dez
+32 11 52 10 44
info@molenheide.be

1 ADEJMOPQRSTU	EGHIN	6
2 ABQRWZ	ABDEFGK	7
3 BDFGJLMRSX	ABCDEFIJNRTW	8
4 BCDEFHJLOPQ	EJV	9
5 ABDEFGHIJKL	ABEFGHIJKNQXY	10
B 10A		❶ €89,00
5ha 35T(100m²) 377D		❷ €89,00

N 51°04'55'' E 05°24'02''

Straße 715 Hasselt-Hechtel. 2 km nach Helchteren-Zentrum ist der CP auf der rechten Seite ausgeschildert. 101692

Houthalen, B-3530 / Limburg

De Binnenvaart****
Binnenvaartstraat 49
1 Jan - 31 Dez
+32 11 52 67 20
debinnenvaart@limburgcampings.be

1 AEKNOPQRSTU	LNPQRSTXY	6
2 ABEIJQRWXYZ	ABDEFGH	7
3 BFGLMNSV	ABCDEFGIJKLNQRTUVW	8
4 BFHJOU	CEMPQR	9
5 ADEFGHJLN	ABDEFGHIJKORSU	10
B 6-16A CEE		❶ €33,00
6ha 200T(100-150m²) 143D		❷ €44,00

N 51°01'55'' E 05°24'58''

Eindhoven-Hasselt bis Houthalen. Links Ri. 'Park Midden-Limburg'. Im 2. Kreisverkehr am Möbelhaus links CP-Schildern folgen. A2 Maastricht-Antwerpen, vor Houthalen abfahren, 'Park Midden-Limburg' (30), gut ausgeschildert. 101095

Houthalen/Helchteren, B-3530 / Limburg

Oostappen Vakantiepark Hengelhoef NV
Tulpenstraat 141
31 Mrz - 13 Okt
+32 89 38 25 00
info@vakantieparkhengelhoef.be
N 51°00'52" E 05°28'00"

1 ABDE**KN**OPQSTU EGHI 6
2 ABEJPQRWXYZ ABDE**FG** 7
3 ADFGJ**L**MNSV ABCDEFJNQRTUVW 8
4 BCDFHJNO**PQ**TUV EJVY 9
5 ACDEFGHL ABDEGHIJKMNQY 10
B 10A CEE ❶ €55,00
15ha 290**T**(80-120m²) 451**D** ❷ €55,00

Aus Eindhoven in Houthalen auf der Straße weiter bis zur E314. Über die Brücke die E314 Richtung Aachen nehmen. Nach ungefähr 5 km Ausfahrt 30 'Park Midden Limburg' nehmen. Den Schildern 'Hengelhoef' und 'CP' nach. 101708

Huldenberg, B-3040 / Vlaams Brabant

Bergendal*
Biezenstraat 81
1 Apr - 31 Okt
+32 4 92 07 84 08
info@bergendal.green
N 50°48'40" E 04°36'00"

1 ABCKNOPQST**U** 6
2 ABIPQRTWYZ ABE**F** 7
3 S ABCDE**F**NRW 8
4 FH 9
5 D BCGHINRS 10
4-6A CEE ❶ €25,00
H83 9ha 40**T**(100-200m²) 75**D** ❷ €28,00

Via E411 Ausfahrt 3, RN253 Richtung Leuven bis Loonbeek, ab hier den CP-Schildern folgen. 101096

Ieper, B-8900 / West-Vlaanderen

Jeugdstadion**
Bolwerkstraat 1
1 Mrz - 12 Nov
+32 57 21 72 82
info@jeugdstadion.be
N 50°50'49" E 02°53'54"

1 ADEH**KN**OPQRSTU **N** 6
2 APQSTWXYZ BE 7
3 B**L** BFJNQRUVW 8
4 FH FV 9
5 DN ABCFGHJKNRS 10
B 10A CEE ❶ €20,00
2ha 72**T**(80-100m²) 4**D** ❷ €25,00

Von Calais Richtung Poperinge. Ring zur N38 Richtung Ieper. Zentrum folgen bis zum Ring (Bahnhof). Dann Richtung Zonnebeke. Am Kreisel mit dem großen Kran (Springbrunnen) links. 115609

Jabbeke/Brugge, B-8490 / West-Vlaanderen

Klein Strand
Varsenareweg 29
1 Jan - 31 Dez
+32 50 81 14 40
info@kleinstrand.be
N 51°11'04" E 03°06'18"

1 ADEG**JM**OPQRST FILM**N**W 6
2 AEJPQWXYZ ABDE**FG** 7
3 BEG**L**MSV ABCDE**F**HJKNQRTVW 8
4 BCDFHIJLN CETVWY 9
5 ABDEFHKMN ABDEGHMOPQV 10
Anzeige auf Seite 215 10A CEE ❶ €35,00
22ha 92**T**(100m²) 440**D** ❷ €35,00

E40 Brussel-Oostende Ausfahrt 6, in Jabbeke-Zentrum ist der Platz ausgeschildert. 109228

Kasterlee, B-2460 / Antwerpen

Houtum****
Houtum 39
1/1 - 12/11, 15/12 - 31/12
+32 14 85 92 16
info@campinghoutum.be
N 51°13'59" E 04°58'40"

1 ACDE**KN**OPQST**U** **N**UXZ 6
2 ACPQWXY A**B**D**EFG**K 7
3 AB**DG**JSVX ABCDE**FGHI**JNPQRTUVW 8
4 EFGHIJKO**QT** EFJ 9
5 ADEFHIKLN ABCDFGHJKOQVY 10
B 10A CEE ❶ €30,60
9ha 63**T**(100-130m²) 111**D** ❷ €32,20

E34, Ausfahrt 24 Kasterlee. 0,5 km nach dem Ortskern ist der CP bei der Windmühle ausgeschildert. Oder E313 Ausfahrt 23 Kasterlee/Turnhout. Der N19 Folgen (nicht N19-g). 1 km vor dem Ortskern rechts. 100007

Kinrooi, B-3640 / Limburg

Papillon Kinrooi
Steyvershofstraat 14
1 Jan - 31 Dez
+32 4 92 46 56 86
N 51°07'58" E 05°45'16"

1 ADEF**KN**OPQSTU LMN 6
2 AFQRSTWXYZ ABDE**FGK** 7
3 BM**QS** AB**F**JKNQRTUW 8
4 BCDFHJKOQ EW 9
5 ADEFGHJKMNO ABCFGHIJKMNRSU 10
B 10-16A CEE ❶ €29,00
8ha 39**T**(100-130m²) 140**D** ❷ €38,00

In Kinrooi nehmen Sie den Weertersteenweg (N762) in Richtung Maaseik. Nach etwa 3 km biegen Sie auf der rechten Seite in die Steyvershofstraat ein. 110917

Kluisbergen/Ruien, B-9690 / Oost-Vlaanderen

Panorama**
Boskouter 24
1 Mrz - 30 Nov
+32 55 38 86 68
info@campingpanorama.be
N 50°45'44" E 03°29'13"

1 AFG**KN**OPSU 6
2 IQUVXY ABDE**FG** 7
3 BSX ABE**F**NPQRW 8
4 FHIJO F 9
5 ABDEHN BHJKNQ 10
16A CEE ❶ €18,00
H150 2ha 20**T**(80-120m²) 74**D** ❷ €24,00

E17 Ausfahrt De Pinte Richtung Oudenaarde. N60 Richtung Kluisbergen, dann dem Schild 'Kluisbos' folgen. 101637

Koksijde, B-8670 / West-Vlaanderen

Blekkerdal**
Jachtwakersstraat 8a
1 Mrz - 30 Nov
+32 58 51 19 74
camping@blekkerdal.be
N 51°06'39" E 02°39'08"

1 ADEHKNOPSU 6
2 APQRXYZ AB**DEFG** 7
3 B**L**M BD**F**NRTUVW 8
4 FHI VW 9
5 DN ABCEFGHIJKOS 10
10A CEE ❶ €34,00
1ha 15**T**(80m²) 54**D** ❷ €34,00

A18 Ausfahrt Oostduinkerke/Koksijde. Richtung Oostduinkerke. An der T-Kreuzung Richtung Koksijde. Nach ca. 2 km ist der CP in Koksijde-Dorf gut angezeigt. 119419

Lanaken, B-3620 / Limburg

Jocomo Park****
Maastrichterweg 1a
1 Apr - 31 Okt
+32 89 72 28 84
info@jocomo.be
N 50°54'23" E 05°38'08"

1 AE**KN**OPQRSTU BGN 6
2 ABEKPQRWX AB**DEFG** 7
3 BF**L**MNSX ABCD**FI**JK**LM**NQRTUVW 8
4 BDFHIJOPQ F 9
5 ADEFHKN ABCEFGHIJKLMOPQ 10
B 16A CEE ❶ €26,00
31ha 91**T**(100m²) 228**D** ❷ €34,00

A2 Eindhoven-Maastricht. Auf der Höhe Geleen auf die A2 (B) in Ri. Antwerpen wechseln. Hinter der Grenze die 1. Ausfahrt nach Lanaken nehmen. Dann in Ri. Genk, kurz vor der Brücke re. Auf der N77 500m hinter der Tankstelle re. 113038

Lichtaart, B-2460 / Antwerpen

Korte Heide***
Olensteenweg 40
1 Mrz - 20 Nov
+32 14 55 32 94
info@campingkorteheide.be
N 51°12'02" E 04°54'01"

1 AJMOPQRSTU LM**N** 6
2 EJPQRXY A**B**D**E** 7
3 BGSX ABE**F**NRT 8
4 BDFHJ 9
5 DEFHLMN ABCGHJKOQ 10
10A ❶ €21,00
14ha 30**T**(80m²) 286**D** ❷ €27,00

E313 Ausfahrt 20 Herentals-West, dann Richtung Bobbejaanland fahren. Einfahrt gegenüber Bobbejaanland. 111402

Lichtaart/Kasterlee, B-2460 / Antwerpen

Floreal Kempen***
Herentalsesteenweg 64
1 Jan - 31 Dez
+32 14 55 61 20
camping.kempen@florealgroup.be
N 51°12'35" E 04°54'08"

1 ADE**JM**OPQRSTU U 6
2 BPQRXYZ ABDE**FG**HK 7
3 BFMNOS ABCDEFJKNRTUVW 8
4 BC**E**FHJO EFUVW 9
5 ADEFHJKLMN ABCFGHIJKMOST 10
B 16A CEE ❶ €28,10
7ha 40**T**(100m²) 187**D** ❷ €33,30

Von Kasterlee die N123 Richtung Bobbejaanland folgen, vorbei an Lichtaart ca. 2 km Richtung Herentals, auf der rechten Seite. 101672

Teilkarte Flandern auf Seite 210 und 211

Belgien

Lille/Gierle, B-2275 / Antwerpen

CC€23 iD

De Lilse Bergen****	1 ADEHKNOPQSTU HLMQ 6
Strandweg 6	2 ABFJQRWYZ ABDEFG 7
1 Jan - 31 Dez	3 ABEFGJKMNSUVW ABCDEFGIJKNQRTUW 8
+32 14 55 79 01	4 BCDFHIN ACEFNRTVY 9
info@lilsebergen.be	5 ABDEFHKMN ABFGHIJKLMOQY 10
	B 10A CEE ① €30,00
N 51°16'57" E 04°50'13"	60ha 214T(100m²) 263D ② €38,00

E34 Antwerpen-Eindhoven, Ausfahrt 22 Gierle/Beerse. Der Beschilderung folgen. Der CP liegt ± 2 km von der Autobahn. 101661

Maasmechelen, B-3630 / Limburg

CC€21 iD

Recreatieoord Kikmolen****	1 ABEGJMOPQRSTU HLMN 6
Kikmolenstraat 3	2 ABDFKQSWXYZ ABDEFGH 7
1 Apr - 31 Okt	3 BDFS ABCDFGHIJNPQRSUVW 8
+32 89 77 09 00	4 BCDFHIJKNO EUVWX 9
info@kikmolen.be	5 ACDEFHL ABCDFGHIJKORSY 10
	B 6-10A CEE ① €26,00
N 50°57'14" E 05°39'45"	20ha 106T(80-100m²) 506D ② €37,00

A2-E314 Ausfahrt 33 Richtung Lanaken. Am Kreisverkehr geradeaus, nach 1 km rechts abbiegen Richtung Zutendaal. Dann Beschilderung folgen. 101722

Lombardsijde, B-8434 / West-Vlaanderen

iD

De Lombarde***	1 ADEGHKNOPQRSTU KN 6
Elisabethlaan 4	2 AGPQWXYZ BEFG 7
1 Jan - 31 Dez	3 BLMNSV BDFGHJKNPRTW 8
+32 58 23 68 39	4 BCDEFHIJNOQ FJV 9
info@delombarde.be	5 ACDEFHN ABFGHIJKLOQY 10
	Anzeige auf dieser Seite B 16A ① €43,50
N 51°09'23" E 02°45'13"	9,5ha 173T(100m²) 236D ② €46,00

E40 Brussel Richtung Calais Ausfahrt Nieuwpoort Richtung Oostende. 2 km hinter dem Denkmal Albert I. Auf der rechten Seite. 101089

Lommel, B-3920 / Limburg

CC€17 iD

Oostappen Park Blauwe Meer*****	1 ADEKNOPQRSTU EFHN 6
Kattenbos 169	2 BEJPQRWXYZ ABDEFGH 7
31 Mrz - 13 Okt	3 ABDEJLMV ABCDEFJNQRTUVW 8
+32 11 54 45 23	4 BCDFHILNOTUV EJVY 9
	5 ACDEFHLN ABDEGHIKMNSTXY 10
receptie@vakantieparkblauwemeer.be	B 10A CEE ① €41,00
N 51°11'39" E 05°18'13"	27ha 240T(80-100m²) 860D ② €43,00

Auf der Straße 746 von Leopoldsburg nach Lommel. Campingplatz liegt in der Nähe des deutschen Friedhofs rechts von der Straße. 100009

Mol, B-2400 / Antwerpen

CC€23 iD

EuroParcs Zilverstrand	1 ADEKNOPQRSTU EGHILN 6
Kiezelweg 17	2 EJQRXY ABDEFG 7
1 Jan - 31 Dez	3 BDGJLMSV ABCDEFJNQRTUV 8
+31 8 80 70 80 90	4 BDFHIJLQTUV CEJVWX 9
kcc@europarcs.nl	5 ABDEFHJL ABCGHJKOPSTY 10
	Anzeige auf Seite 165 10A CEE ① €35,00
N 51°12'34" E 05°10'20"	26ha 66T(120m²) 548D ② €45,00

Autobahn Mol-Lommel, nach der zweiten Brücke sofort links. Der Beschilderung folgen ('Molse meren'). CP liegt an der N712 zwischen Mol und Lommel: Zilverstrand. 101673

Lommel-Kolonie, B-3920 / Limburg

CC€17 iD

Oostappen Park Parelstrand	1 ADEKNOPQRSTU N 6
Luikersteenweg 313A	2 EJKQWXY ABDEFG 7
31 Mrz - 13 Okt	3 BFJMNSV ABCDEFHJKNQRTUV 8
+32 11 64 93 49	4 BFHLOQ EVX 9
info@	5 ABDEFHK ABEGHIJKNSTXY 10
vakantieparkparelstrand.be	B 10A CEE ① €52,20
N 51°14'35" E 05°22'43"	40ha 130T(100m²) 410D ② €52,20

N69-N715 Eindhoven-Hasselt, Richtung Lommel, 2,5 km von der belgisch-niederländischen Grenze. Der CP liegt 100m vor dem Kempischen Kanal auf der rechten Seite. 101690

Mol, B-2400 / Antwerpen

CC€21 iD

Provinciaal Recreatiedomein Zilvermeer****	1 ADEHKNOPQRSTU HLMNOPQRSTV 6
Postelsesteenweg 71	2 BFJPRWYZ ABDEFG 7
1/1 - 13/11, 15/12 - 31/12	3 ABCEFGJLMNSTUW ABCDEFGHJKNQRTW 8
+32 14 82 95 00	4 ABCDFGHIJKLNQR FJQTVY 9
camping@zilvermeer.be	5 ACDEHJKLMNO ABFGHIJKLMOQUVY 10
	B 16A CEE ① €35,00
N 51°13'09" E 05°10'57"	150ha 282T(98-184m²) 801D ② €35,00

E34 Antwerpen-Eindhoven, Ausfahrt 26 Retie/Arendonk und der Beschilderung 'Molse meren' folgen, oder E313 Hasselt/Antwerpen Ausfahrt 23 Geel-West und dann über die N19, R14, N71, N712, N136 zum CP. 100008

Belgien

Nieuwpoort, B-8620 / West-Vlaanderen

Kompas Camping Nieuwpoort****
Brugsesteenweg 49
1 Jan - 31 Dez
+32 58 23 60 37
nieuwpoort@kompascamping.be

1 ADEKNOPQRSTU BGHNQRSTXYZ 6
2 AEQTWXYZ BEFGH 7
3 BDFGLMS BDFGIJKMNQRTUVW 8
4 ABCDFHJKNO EVW 9
5 ACDEFHJLMNO ABCFGHIJKMOPRSY 10
Anzeige auf dieser Seite B 10A CEE ❶ €46,00
23ha 420T(80-150m²) 566D ❷ €49,00

N 51°07'48'' E 02°46'20''

E40 Ausfahrt 3 Richtung Diksmuide. Diksmuide/Nieuwpoort. Am Kreisel Richtung Westende. Geradeaus zur T-Kreuzung. Dort rechts. Der CP liegt direkt auf der linke Seite.

101626

ACSI AWARDS 2022 — GEWINNER
Schönste Wohnmobilstellplätze Belgien
Kompas Camping Nieuwpoort

Noorderwijk/Herentals, B-2200 / Antwerpen

Domein De Schuur
Pastoorsbos 35
1 Apr - 6 Nov
+32 14 26 16 52
info@deschuur.be

1 ADEHKNOPQSTU N 6
2 APQXYZ ABDEFG 7
3 ABFLMNSUX ABCDEFGHJMNQRVW 8
4 DFHKNO B 9
5 DEFHKN ABCEHIKMOQY 10
16A ❶ €24,00
7ha 26T 142D ❷ €34,00

N 51°07'56'' E 04°49'52''

E313 Ausfahrt 22 Olen. An der Ampel rechts, dann an der 2. Ampel links Richtung Noorderwijk. Nach 3 km steht auf der rechten Seite das Schild 'Domein de Schuur'. Hier einbiegen.

122421

Olen, B-2250 / Antwerpen

Den Boskant***
Boskant 1
1 Jan - 31 Dez
+32 14 21 22 81
camping@denboskant.eu

1 AKNOPQRSTU 6
2 ABPQXY ABDE 7
3 BSUX ABCDEFGJNQR 8
4 FHIO 9
5 DEHKMN ABGHIJKNQW 10
B 10A CEE ❶ €15,00
2,5ha 14T(80m²) 71D ❷ €19,00

N 51°09'11'' E 04°53'52''

E313 Antwerpen-Hasselt, Ausfahrt 23 Geel-West Richtung Geel. Über den Albertkanal Richtung Herentals (N13). Nach 3,6 km Richtung Oevel-Olen Zentrum. CP liegt etwa 300m rechts von der Straße.

111401

Opglabbeek/Oudsbergen, B-3660 / Limburg

Recreatieoord Wilhelm Tell*****
Hoeverweg 87
1 Jan - 31 Dez
+32 89 81 00 10
wilhelmtell@limburgcampings.be

1 ABEKNOPQRSTU BEGHI 6
2 AQWXY ABDEFGH 7
3 BCDELMSVX ABCDFGIJKLNQRTUVW 8
4 BDFHJLOU CEIVW 9
5 ABDEFGHJLN ABCEFGHIJKMOPQ 10
B 16-20A CEE ❶ €36,00
6ha 75T(80-100m²) 151D ❷ €47,00

N 51°01'42'' E 05°35'52''

E314 Aachen-Bruxelles Ausfahrt 32. A2 Richtung As folgen. Kurz vor AS-Mitte nach ca. 5 km die Ausfahrt Richtung Oudsbergen nehmen. Der Campingplatz ist ca. 1 km vor dem Zentrum Opglabbeek auf der rechten Straßenseite ausgeschildert.

101709

Opoeteren, B-3680 / Limburg

Zavelbos****
Kattebeekstraat 1
1 Jan - 31 Dez
+32 89 75 81 46
zavelbos@limburgcampings.be

1 ABEKNOPQSTU N 6
2 BPQSWXZ ABDEFGH 7
3 BCLMS ABCDFGIJKLNQRTUV 8
4 FHIJOUY CEIVW 9
5 ADEFHJLN ABDEFGHJKOPQ 10
B 16-20A CEE ❶ €34,00
6ha 50T(100-120m²) 131D ❷ €45,00

N 51°03'29'' E 05°37'45''

A2 Eindhoven-Maastricht, Ausfahrt Maaseik. Via Neeroeteren nach Opoeteren. CP liegt rechts von der Straße Opoeteren-Opglabbeek.

110961

Overijse, B-3090 / Vlaams Brabant

Druivenland***
Nijvelsebaan 80
1 Apr - 1 Okt
+32 26 87 93 68
info@campingdruivenland.be

1 ABKNOPQRSTU 6
2 AIPQWXY ABDEFGH 7
3 MS ACDEFJKNQRUVW 8
4 FH F 9
5 ABCGHIJKLOST 10
B 16A CEE ❶ €24,00
H97 5ha 34T(150-200m²) 99D ❷ €32,00

N 50°45'43'' E 04°32'50''

A4/E411 Ausfahrt 3 Richtung Overijse, dann 1. Straße rechts auf die N218 (Nijvelsebaan) bis zum CP.

101658

Poppel, B-2382 / Antwerpen

Verblijfpark Tulderheyde
Tulderheyde 25
1 Jan - 31 Dez
+32 14 65 56 12
info@tulderheyde.be

1 ADEKNOPQSTU LMN 6
2 EJQXY ABDEFGH 7
3 ABFGJLMNSVX ABEFJNPRW 8
4 BDFHIJNOQ AEFJVW 9
5 ABDEFHJN ABCFGHIJKOSXY 10
16A CEE ❶ €35,00
25ha 29T(100m²) 430D ❷ €35,00

N 51°26'53'' E 05°05'26''

Straße Tilburg-Turnhout bis Poppel-Zentrum folgen. Ab Rathaus Poppel Beschilderung folgen.

101671

ACSI AWARDS 2022 — GEWINNER
Bestes Campingplatz-Restaurant Belgien
Camping Natuurlijk Limburg

Remersdaal/Voeren, B-3791 / Limburg

Camping Natuurlijk Limburg***
Roodbos 3
1 Jan - 31 Dez
+32 4 72 12 16 87
campingnatuurlijklimburg@gmail.com

1 AEHKNOPQRSTU B 6
2 PQSTUXYZ ABDEFGK 7
3 BFMX ABCDEFGJNQRW 8
4 FHIJO FIJ 9
5 ADFHJLN ABCDFGHJKNRS 10
6A CEE ❶ €31,50
H300 6ha 70T(80-100m²) 61D ❷ €40,50

N 50°43'46'' E 05°51'53''

A2/E25 in Maastricht Richtung Aken/Vaals verlassen. Kurz nach Margraten rechts fahren, Richtung De Planck. Über der Grenze mit Belgien (ca. 5 km) Richtung Aubel.

101725

Retie, B-2470 / Antwerpen

Berkenstrand****
Brand 78
1 Apr - 16 Okt
+32 14 37 90 41
info@berkenstrand.be

1 AEHKNOPQRSU LMN 6
2 ACFJQRWXYZ ABDEFGHK 7
3 BFGMSX ABEFJKNRTUVW 8
4 BCDFGHIJNOQ 9
5 ABDEFGHJKMN ABCDFGHIJKMNOPQY 10
B 10A CEE ❶ €24,00
10ha 33T(120-150m²) 180D ❷ €24,00

N 51°16'32'' E 05°07'44''

E34 Ausfahrt 26 Richtung Retie, an der Ampel links, dann 1. rechts Richtung Postel. Camping ausgeschildert. (GPS = Postelsebaan 3).

107447

Turnhout, B-2300 / Antwerpen

Baalse Hei****
Roodhuisstraat 10
1 Jan - 31 Dez
+32 14 44 84 70
info@baalsehei.be

1 ADEHKNOPQRSTU LN 6
2 ACEJQRXYZ ABDEFG 7
3 ABCFGMNSVX ABCDEFGJNQRTUVW 8
4 BFGHIOQ BCEFTVW 9
5 ABDEFGHKL ABDEFGHJKOPSTVXY 10
B 16A CEE ❶ €30,00
30ha 48T(100m²) 408D ❷ €41,20

N 51°21'27'' E 04°57'32''

Von Holland aus: A67 Venlo/Eindhoven/Antwerpen (A21 in Belgien) folgen. Ausfahrt 25 Turnhout-Oost, Oud Turnhout auf den Stadtring R13, rechts nach Norden zur N119 Richtung Baarle-Nassau. Rechts ab (Dombergheide).

107445

Teilkarte Flandern auf Seite 210 und 211

Vorselaar, B-2290 / Antwerpen

De Zeven Geitjes**
Heiken 37
31 Mrz - 2 Okt
+32 4 91 53 50 80
info@dezevengeitjes.be

1 ADEKNOPQSTU		6
2 ABQWXY	ABDEFGHK	7
3 AHIMSUX	AFGJKNQRT	8
4 DFHIJKOQ	EFJ	9
5 ADEHMNO	ABCFGHIJKNOQ	10

B 10A CEE ① €24,00
1,5ha 40T(100-150m²) 46D ② €24,00
N 51°11'26'' E 04°47'30''
123831

Von der E34 (Zoersel oder Wechelderzande) oder E313 (Grobbendonk) bis nach Vorselaar. Dort den gelben CP-Schildern 'De Zeven Geitjes' (Die sieben Geißlein) folgen.

Wachtebeke, B-9185 / Oost-Vlaanderen

Provinciaal Domein Puyenbroeck****
Puyenbrug 1a
1 Apr - 30 Sep
+32 93 42 42 31
puyenbroeck@oost-vlaanderen.be

1 ABEILOPQSTU	BEGHIN	6
2 QTWXYZ	ABDEFG	7
3 BEFGJKMNQSWX	ABCDEFGHJKNPRTW	8
4 FHJKRT	FQTUV	9
5 DEFHILN	ABGHIJKOQWY	10

B 16A CEE ① €32,00
8ha 106T(140m²) 210D ② €32,00
N 51°09'15'' E 03°53'21''
101638

Straße N49 oder E34 verlassen bei Wachtebeke, Beschilderung 'Puyenbroeck' folgen.

Wechelderzande/Lille, B-2275 / Antwerpen

CC€13

Siesta
Bersegembaan 36
1 Jan - 31 Dez
+32 33 11 62 36
info@campingsiesta.be

1 ADEJMOPQRSTU		6
2 APQWXYZ	ABDEFG	7
3 ALUX	AEFJMQRTW	8
4 BEFHI	CE	9
5 ADHJK	ABFGIJKOSTU	10

16A CEE ① €25,00
7ha 28T(80-120m²) 166D ② €31,00
N 51°16'24'' E 04°47'23''
125394

E34 Ausfahrt 21 Richtung Lille. Nach der Ausfahrt den Schildern nach Wechelderzande folgen, bis der Camping Siesta ausgeschildert ist.

Wenduine/De Haan, B-8420 / West-Vlaanderen

Esmeralda***
Tritonlaan 2
1 Mrz - 30 Sep
+32 50 41 27 04
info@esmeralda-aan-zee.be

1 ABEGJMOPQRST	NQRSUX	6
2 GJPQX	ABDEFG	7
3 ALS	ABFHJNTW	8
4 DHJNOPQ		9
5 ABDEFGHJN	ABHIKNOQ	10

Anzeige auf dieser Seite 16A CEE ① €35,00
7,6ha 18T(60-100m²) 283D ② €35,00
N 51°18'23'' E 03°05'58''
123052

N34 von Blankenberge nach Wenduine. Nach der Holzfußgängerbrücke und den weißen Häusern 1. Weg links, danach wieder links.

Werchter, B-3118 / Vlaams Brabant

Kampeerverblijfpark De Klokkeberg***
Grotestraat 120
20 Mrz - 31 Okt
+32 16 53 25 61
info@klokkeberg.be

1 AKNOPQSTU	N	6
2 EQRSXYZ	ABFG	7
3 AFMS	ABFJNPRW	8
4 BDFHJNOP	EJ	9
5 DEHK	AHIMNRS	10

16A CEE ① €32,00
15ha 30T(bis 80m²) 175D ② €32,00
N 50°58'42'' E 04°43'28''
120892

E314 Ausfahrt 21. Hinter Rotselaar-Werchter den CP-Schildern 'De Klokkeberg' folgen.

Westende, B-8434 / West-Vlaanderen

Poldervallei**
Westendelaan 178
1 Jan - 31 Dez
+32 59 30 17 71
info@campingpoldervallei.be

1 ADEJMOPQRSTU	KM	6
2 AGPQTWX	ABDEFGH	7
3 BFJLMSV	ABCDFGKNRTW	8
4 FHK	EJ	9
5 ABDEHN	ABFGHIJKNRS	10

B 6A CEE ① €36,00
7ha 100T(80-100m²) 331D ② €44,00
N 51°10'00'' E 02°46'57''
101623

Der CP liegt ungefähr auf halber Strecke an N318 von Middelkerke (Mitte) und Westende-Mitte.

Westende, B-8434 / West-Vlaanderen

Kompas Camping Westende***
Bassevillestraat 141
1 Jan - 31 Dez
+32 58 22 30 25
westende@kompascamping.be

1 ADEKNOPQRSTU	K	6
2 AGPQWXY	BDEFG	7
3 BDEFLSV	BDFGIJKMNQRTUW	8
4 ABDFHJO	EVW	9
5 ACDEFHJLNO	ABCFGHIJKORSY	10

Anzeige auf dieser Seite B 10A CEE ① €46,00
12ha 145T(100-150m²) 188D ② €49,00
N 51°09'27'' E 02°45'40''
101625

E40 Ausfahrt 4 Richtung Middelkerke. Nach ± 2 km über den Kanal Richtung Middelkerke. An der Kirche links Richtung Westende. An der Kirche von Westende vorbei die 4. Straße rechts (Hovenierstraat) bis zum Ende durchfahren.

Westende, B-8434 / West-Vlaanderen

R.A.C.B. Camping***
Bassevillestraat 81
1 Jan - 31 Dez
+32 58 24 10 77
info@racbcamping.be

1 ADEJMOPQRSTU	K	6
2 AGPQSTWXY	BEFG	7
3 BFKMNS	BDFJKNRTW	8
4 BCDFHIJNOQ		9
5 DEFGHLNO	ABFGHIJKORSY	10

B 16A ① €26,00
6,5ha 40T(100-120m²) 291D ② €34,00
N 51°09'15'' E 02°45'34''
101624

Von Nieuwpoort auf der N318 Richtung Westende-Middelkerke. CP ab Lombardsijde-dorf links angezeigt.

Belgien

Westerlo, B-2260 / Antwerpen

Heiken-Westerlo VZW**
Stropersweg 2
1 Jul - 31 Aug
+32 4 79 29 44 75
campingheiken@telenet.be

1 AFKNOPQSTU		6
2 ABPQRXY	ABDE	7
3 ABFMSU	ABCDEFJNPQRT	8
4 EFHJOQ		9
5 DHN	ABHIJKOQU	10

4A ① €17,50
10,9ha 6T(100-120m²) 34D ② €17,50
N 51°05'56'' E 04°53'35''
101675

E313 Ausfahrt 22 - Olen. Richtung Olen/Herselt, Abtei Tongerlo folgen und in der Geneindestraat nach 1 km rechts in den Jagersweg, dann 2. Straße links.

Westerlo/Heultje, B-2260 / Antwerpen

CC€21

Hof van Eeden***
Kempische Ardennen 8
1 Jan - 31 Dez
+32 16 69 83 72
info@hofvaneeden.be

1 ADEKNOPQSTU	AFLMN	6
2 ABEJKPQRTWXYZ	ABDEFGH	7
3 BFMS	ABCDEFJNPRUVW	8
4 BCDFHJNOQ	EF	9
5 DEFHKLMN	ABCEFGHIJKOQY	10

B 10-16A CEE ① €31,00
12ha 45T(100-150m²) 374D ② €31,00
N 51°05'17'' E 04°49'20''
107861

E313 Herentals-Oost/Olen, Ausfahrt 22, der N152 bis Zoerle/Parwijs folgen, dort rechts Richtung Heultje. An der Kirche Camping Wegweiser Richtung Hulshout-Heultje Industriegebiet. Campingeinfahrt siehe Schild im Industrieweg.

Zonhoven, B-3520 / Limburg

Heidestrand N.V.***
Zwanenstraat 105
7 Apr - 1 Okt
+32 11 52 01 90
receptie@heidestrand.be

1 ADEKNOPQRSTU	AFHLNX	6
2 AEJQWXY	ABFGK	7
3 BFMS	ABEFNQSUVW	8
4 DFHJNO	E	9
5 ACDEHKNO	BCFHIKOQXY	10

10A ① €33,60
75ha 73T(80-100m²) 627D ② €43,20
N 50°59'12'' E 05°18'48''
101404

In Zonhoven die 72 Richtung Beringen. Nach 2 km links in die 'Wijvestraat', kurz hinter dem Bahnübergang. Nach 2,5 km auf der rechten Seite.

Zonhoven, B-3520 / Limburg

Holsteenbron
Hengelhoefseweg 9
29 Mrz - 6 Nov
+32 11 81 71 40
info@campingholsteenbron.be

1 ADEGKNOPQRSTU	N	6
2 AQRWYZ	ABDEFG	7
3 CGLMSX	ABEFJNQRW	8
4 DEFHJO	BCFJVWX	9
5 ADFHJMNO	ABCFGHIJKORSY	10

B 6A ① €30,00
4ha 57T(80-100m²) 51D ② €30,00
N 50°59'42'' E 05°24'59''
101405

A2/E314 Ausfahrt 29 Richtung Hasselt, nach 800m an der Ampel links und dann Beschilderung folgen. Oder die Strecke Eindhoven-Hasselt N74, über die Brücke der E314. Nach 800m links, an der Ampel links und der Beschilderung folgen.

Zutendaal, B-3690 / Limburg

EuroParcs Hoge Kempen****
Molenblookstraat 64
1 Apr - 5 Nov
+32 89 61 18 11
kcc@europarcs.nl

1 ADEKNOPQRSTU	AG	6
2 ABQXYZ	ABDEFG	7
3 BFGJLMS	ABCDEFJKNQRSTUV	8
4 BCFHIJO	ACJUVWX	9
5 ACDEFHJKMN	ABFGHIJKOSTY	10

B 10-16A CEE ① €42,00
10ha 75T(100-150m²) 319D ② €55,50
N 50°55'33'' E 05°33'08''
109646

E314, Ausfahrt 32 Genk-oost Richtung Zutendaal. Kreisverkehr durchqueren. CP liegt nach 1 km auf der rechten Seite.

Wallonien

Amberloup/Ste Ode, B-6680 / Luxembourg

Tonny***
1 rue des Rainettes
7 Apr - 1 Okt
+32 4 87 94 21 30
info@campingtonny.be

1 AEH**KN**OPQS**U** JN 6
2 DPQSWXYZ ABDE**FGH** 7
3 BFMS ABCDEFJNR 8
4 FHJO EJ 9
5 ADEFGHJKN ABFHJKMNRSY 10
6A
H386 2,5ha 75**T**(80-120m²) 9**D**
① €34,00
② €34,00

N 50°01'35" E 05°30'47"

Ab der N4 Ausfahrt Amberloup/Libramont folgen. Der CP liegt rechter Hand der Straße, 3 km entfernt von der N4, kurz hinter Amberloup und im Weiler Tonny.
101716

Arlon, B-6700 / Luxembourg

Officiel Arlon**
373 route de Bastogne
1 Mrz - 31 Okt
+32 63 22 65 82
campingofficiel@skynet.be

1 A**KN**OPQRSTU 6
2 AQSUWXY AB**FG**K 7
3 ABCDEFNQRW 8
4 H 9
5 DN ABEFGHJKMORS 10
B 6A CEE
H395 1,4ha 78**T**(80-100m²)
① €27,80
② €37,00

N 49°42'08" E 05°48'24"

Von der E411 Ausfahrt 31 Richtung Arlon. Den Schildern 'autres directions' und Bastogne folgen. Der N82 geradeaus folgen. (Durch 2 Kreisel, nicht abbiegen). Nach 4 km endet diese Straße in einer Kurve nach links auf die N4. CP liegt hinter der Kurve nach 200m rechts.
101737

Amel/Deidenberg, B-4770 / Liège

CC€19

Camping Oos Heem BVBA***
Zum Schwarzenvenn 6
1 Jan - 31 Dez
+32 80 34 97 41
info@campingoosheem.be

1 AE**KN**OPQRST**U** BG 6
2 ACIQVWXY A**B**D**FGH** 7
3 BF**I**MSTX AB**F**JNQRTW 8
4 BCDFGHJKLO AEFUVWY 9
5 ABDEFGHJKLMN ABFHIJK**O**QY 10
W 16A CEE
H432 3,5ha 57**T**(100m²) 128**D**
① €29,50
② €41,50

N 50°20'54" E 06°07'12"

A60 Trier/Bitburg-St. Vith/Liége, Ausfahrt 13. E42 St.Vith-Verviers Ausfahrt 13, Richtung Recht. Weiter den Schildern Camping Oos Heem nach.
101752

Auby-sur-Semois, B-6880 / Luxembourg

MAKA***
100 route du Maka
1 Apr - 17 Sep
+32 61 41 11 48
info@campingmaka.be

1 ADE**KN**OPQS**U** J**N**UX 6
2 DQSVXY ABDE**FG** 7
3 AMTX ABCDFJNRTUVW 8
4 FHIJ JN 9
5 ABDEHKMN ABCFGJK**O**QY 10
10A CEE
H250 3,5ha 42**T**(80-100m²) 60**D**
① €42,05
② €52,55

N 49°48'32" E 05°09'52"

E411 Ausfahrt 25 Bertix/Auby-sur-Semois Richtung Bertrix. Im Zentrum von Bertrix ist der Camping angezeigt.
117918

Anseremme/Dinant, B-5500 / Namur

Villatoile SA*
Ferme de Pont-à-Lesse
8 Apr - 16 Okt
+32 82 22 22 85
secretariat@villatoile.be

1 ADEJMOPS**U** J**N**UX 6
2 CQXYZ ABDE**FG** 7
3 BS AEFNRW 8
4 FHJO F 9
5 ADHK**N** ABGHKNQ 10
6-10A CEE
H94 6ha 140**T**(50-90m²) 95**D**
① €21,90
② €29,90

N 50°13'41" E 04°54'37"

Ab Dinant Richtung Beauraing. Vor der Brücke über den Lesse nach links. Den CP-Schildern folgen. Der CP ist 2 km vom Zentrum entfernt.
101681

Teilkarte Wallonien auf Seite 218 und 219

Ave-et-Auffe/Rochefort, B-5580 / Namur

Le Roptai***
rue du Roptai 34
16 Mrz - 14 Nov
+32 84 38 83 19
info@leroptai.be

1 ADE**KN**OPQRST**U**	BG 6
2 ABQSUWXY	ABDE**FG**HJ 7
3 ABCFMS	ABCD**F**JNRTW 8
4 BD**E**FHIJO**Q**	BEFJ 9
5 ABCDEFGHM**NO**	AFGHJKOQX 10

6A CEE
H245 10ha 120T(80-120m²) 230D
① €30,00
② €40,00

N 50°06'41'' E 05°08'02''

E411 Ausfahrt 23 (Rochefort - Han-sur-Lesse). Richtung Han-sur-Lesse folgen, Camping ist unmittelbar ausgeschildert.

101700

Aywaille, B-4920 / Liège

CC€19

Domaine Château de Dieupart*
37 route de Dieupart
1 Jan - 31 Dez
+32 43 84 44 30
info@dieupart.be

1 ADE**KN**OPQRSU	J**N** 6
2 ABDPQSTWXYZ	A**B**D**EFG** 7
3 BMS**T**X	ACDE**F**HJKNPQRTUVW 8
4 **AE**FGHIO	FIJLRU 9
5 DEFHJN	ABDFGHIJKLNRSY 10

Anzeige auf dieser Seite B 10A CEE
H350 5ha 106T(80-120m²) 34D
① €28,50
② €40,00

N 50°28'35'' E 05°41'21''

E25 Ausfahrt 46 Remouchamps/Aywaille. An der Ampel rechts Richtung Aywaille und vor der Kirche rechts abbiegen. Am Parkplatz Delhaize direkt links und dann rechts, Einfädelspur zum Schloss nehmen. Angezeigt.

101732

Belgien

Teilkarte Wallonien auf Seite 218 und 219

Barvaux, B-6940 / Luxembourg

Outdoor Camping Barvaux
50 rue Haute Commène
15 Jun - 30 Sep
+32 86 21 24 66
info@campingardennen.nl

1 DEKNOPQRSU	JNU 6
2 CQXYZ	ABFG 7
3 BGLMTWX	ABFJNQR 8
4 FHO	BEFU 9
5 ADEHKLN	ABHIJKNRS 10
8A	❶ €28,50
5ha 110T(100m²) 32D	❷ €34,50

N 50°21'52" E 05°30'20" — 101711

Von Barvaux Richtung Bomal. Nach 1 km rechts ab der Beschilderung folgen. Vorsicht, gefährliche Kurve!

Bastogne, B-6600 / Luxembourg

CC€19 iD

Camping de Renval***
rue de Marche 148
1 Mrz - 1 Dez
+32 61 21 29 85
info@campingderenval.be

1 ADEJMOPQSTU	N 6
2 ADQSWX	ABDEFG 7
3 AJMS	ABCDEFJNQRTW 8
4 FHI	9
5 DN	FGHKOQ 10
10A CEE	❶ €26,00
H505 7ha 60T(100m²) 132D	❷ €31,00

N 50°00'11" E 05°41'44" — 100032

Ab Zentrum Bastogne Richtung Marche, nach 1,2 km CP auf der rechten Straßenseite. Von der E25 und N4 Richtung Bastogne, 500 m von der Ausfahrt.

ACSI AWARDS 2022

GEWINNER

Bester Campingplatz Belgien

Camping Hohenbusch

Bertrix, B-6880 / Luxembourg

CC€21 iD

Ardennen Camping Bertrix****
route de Mortehan
24 Mrz - 6 Nov
+32 61 41 22 81
info@campingbertrix.be

1 ACDEKMOPQSTU	BG 6
2 ABQSUVWXYZ	ABDEFGH 7
3 BDFMNSV	ABCDEFIJKNQRTUVW 8
4 ABCEFGHIJLNO	AEFU 9
5 ABDEGHLMN	ABFGHIKMNQY 10
10A CEE	❶ €40,00
H440 16ha 314T(80-120m²) 232D	❷ €55,00

N 49°50'18" E 05°15'07" — 101701

A4/E411 Ausfahrt 25 Bertrix. Der N89 bis Ausfahrt Bertrix folgen. Dann der N884 ins Zentrum folgen. Von dort ausgeschildert.

ACSI AWARDS 2022

GEWINNER

Beste Campingplatz-Animation Belgien

Ardennen Camping Bertrix

Blier-Erezée, B-6997 / Luxembourg

iD

Le Val de l'Aisne****
rue du T.T.A. 1a
1 Jan - 31 Dez
+32 86 47 00 67
info@levaldelaisne.be

1 ACDEKNOPQRSTU	NUVX 6
2 CEIQSWXYZ	ABCDEFGHIJK 7
3 BFGLMNSTVX	ABCDEFJNQRTUW 8
4 ABCDEFHIJLNO	CELW 9
5 ADEFGHJLMNO	ABEFGHIJKLMOPQY 10
W 16A	❶ €27,00
H276 25ha 110T(100-140m²) 316D	❷ €27,00

N 50°16'45" E 05°32'52" — 110632

Aus Lux: E25/A26, Ausfahrt 50 La Roche/Baraque Fraiture, erst rechts dann sofort links halten zur N30 Richtung Manhay und weiter Erezée. Bei Blier der CP Beschilderung folgen.

Bohan, B-5550 / Namur

CC€19 iD

La Douane**
26 rue de France
17 Mrz - 15 Okt
+32 61 50 04 08
info@campingladouane.be

1 ADEKNOPQRSTU	JNU 6
2 DQSWXY	BFGH 7
3 AMS	BFNQRVW 8
4 FNO	BR 9
5 DEHKN	ABDGHJKLMNQU 10
16A CEE	❶ €27,00
H155 1,5ha 73T 24D	❷ €35,00

N 49°51'53" E 04°52'50" — 125182

Über die N95 (Dinant-Bouillon) nach Vresse-sur-Semois. Den Schildern zum Ort und zum Campingplatz folgen. Im Zweifelsfall folgen Sie der Beschilderung nach Monthermé (Frankreich).

Bohan-sur-Semois, B-5550 / Namur

CC€19 iD

Confort***
rue Mont-les-Champs 214
25 Feb - 5 Nov
+32 61 50 02 01
info@camping-confort.be

1 ADEKNOPQRSTU	JNU 6
2 DQSWX	ABDEFGH 7
3 BMSV	ABDFJNQRTU 8
4 FHIJOQ	AH 9
5 ADHLMN	BFGHIJKOQ 10
Anzeige auf Seite 221 B 10A	❶ €35,00
H156 5ha 95T(100-130m²) 12D	❷ €46,50

N 49°52'24" E 04°53'00" — 101670

Auf der N95 (Dinant-Bouillon) Richtung Vresse-sur-Semois abbiegen. Orts- und Campingschild befolgen. An der Kirche dem Wasser folgen. Nach der halben Brücke folgen Sie der Straße für etwa 500m. Camping links.

Bomal-sur-Ourthe, B-6941 / Luxembourg

Camping International**
2 rue Pré-Cawiaï
1 Mrz - 12 Nov
+32 4 98 62 90 79
info@campinginternational.be

1 DEKNOPQRSTU	NU 6
2 BCPQSXY	ABFGK 7
3 ALMTU	ACFJNQR 8
4 BFHJO	JR 9
5 DEFHJLMNO	ABJKORS 10
6-8A	❶ €26,50
H230 2,5ha 40T(80-150m²) 23D	❷ €36,50

N 50°22'30" E 05°31'10" — 113496

Auf der E25 Liège-Bastogne-Luxembourg Ausfahrt 46. Dann Richtung Aywaille. Dort der N86 Richtung Durbuy folgen bis Bomal. In Bomal die N806 Richtung Tohogne. Nach ± 300m kurz hinter der Brücke die kleine Straße links runter.

Bure/Tellin, B-6927 / Luxembourg

CC€21 iD

Sandaya Parc la Clusure****
chemin de la Clusure 30
31 Mrz - 24 Sep
+32 84 36 00 50
parclaclusure@sandaya.be

1 ADEJMOPQRSTU	BDHIJN 6
2 ABCQSXYZ	ABDEFGHK 7
3 ABFMSTUVX	ABCDEFJKNPQRTVW 8
4 ABCDEFHJLNOU	CELUWYZ 9
5 ACDEFGHLMNO	ABDEHIKMOPQXY 10
B 16A CEE	❶ €48,00
H190 15ha 235T(100m²) 286D	❷ €68,00

N 50°05'46" E 05°17'09" — 100028

Ab Trier oder Saarbrücken via Luxembourg/Esch-s-Alzette die A6 Richtung Arlon, dann am Abzweig Neufchateau links halten Richtung A4 Namur/Brüssel. Ausfahrt 23a Bure/Tellin. Weiter ausgeschildert.

Burg-Reuland, B-4790 / Liège

CC€23 iD

Hohenbusch*****
Hohenbusch, Grüfflingen 31
31 Mrz - 5 Nov
+32 80 22 75 23
info@hohenbusch.be

1 ADEGKNOPQRSU	BG 6
2 AIPQVWXY	BEFGH 7
3 BMS	BDFGIJNPQRTUVW 8
4 BDFHJKOPQU	EI 9
5 ADEFKN	ABDEGHIJKMOPRS 10
B 5-10A CEE	❶ €39,00
H550 5ha 74T(100-175m²) 113D	❷ €52,00

N 50°14'30" E 06°05'35" — 111032

A60/E42 Bitburg-Malmedy, Ausfahrt 16 Steinebrück erste Ausfahrt direkt hinter Grenze/Sankt Vith. Dann N62 Richtung Luxemburg/ Burg Reuland. Mit GPS fahren.

Bütgenbach, B-4750 / Liège

CC€17 iD

Worriken*
Worriken 9
1 Jan - 31 Dez
+32 80 44 69 61
info@worriken.be

1 ABDEGKNOPQRSUVW	ELMNQRSTXY 6
2 EIJKMQSUVWXY	ABDFG 7
3 ABFGMNPSTUWX	ABCDFJNRUVW 8
4 BDFHIT	GJRTW 9
5 ADEFHIJKLN	ABCDFHJKNRSY 10
Anzeige auf Seite 221 WB 10A CEE	❶ €30,00
H569 16ha 45T(80-100m²) 286D	❷ €35,00

N 50°25'29" E 06°13'19" — 100022

E40/A3 Ausfahrt 38 Eupen, Richtung Malmedy, Ausschilderung Worriken folgen.

Chairière, B-5550 / Namur

iD

Le Trou du Cheval**
17 rue du Rivage
1 Jan - 31 Dez
+32 61 50 21 51
trou.cheval@belgacom.net

1 AKNOPQSTU	JNUX 6
2 DQSWX	ABFG 7
3 AMSU	AFJNRW 8
4 FHIO	9
5 DHMN	ABJKOQ 10
6A CEE	❶ €23,00
H199 5,5ha 14T(80-100m²) 41D	❷ €26,00

N 49°50'00" E 04°56'32" — 109511

E411 Ausfahrt 25 (Bertrix). Über die N89 Richtung Bouillon bis Plainevaux. Dann Richtung Alle (N819) und Richtung Vresse-sur-Semois (N914) folgen. Den CP-Schildern folgen.

CampingCard ACSI, gut zu wissen

- Nur gültig auf teilnehmenden CampingCard ACSI-Campingplätzen
- Nur gültig in den mit dem Campingplatz vereinbarten Akzeptanzzeiträumen
- Zusatzkosten nicht inbegriffen
- Begrenzte Anzahl von Stellplätzen verfügbar

Belgien

Teilkarte Wallonien auf Seite 218 und 219

Cherain, B-6673 / Luxembourg

Moulin de Bistain*
32 rue de Rettigny
1 Apr - 1 Okt
+32 80 51 76 65

1 ADEKNOPSU JN 6
2 ABCQVWXYZ ABDEFG 7
3 BMSW ABCDFGJNRTUW 8
4 FHJOQ BF 9
5 ABDEHKN ABFJKNRS 10
10A ❶ €27,50
H360 7,5ha 65T(80-100m²) 83D ❷ €34,50

N 50°09'02" E 05°52'05"

A60 Trier/Bitburg/St. Vith/Namur, Ausfahrt 15 St. Vith Süd, Richtung N62 Thommen. Dort am Ortsanfang rechts ab Beho N827, weiter Gouvy und Cherain. 110456

Chimay, B-6460 / Hainaut

Communal de Chimay***
1 allée des Princes
1 Apr - 31 Okt
+32 60 51 12 57
camping@chimayville.be

1 ADEKNOPSTU 6
2 PQWY ABDEFG 7
3 S ABFHJNPRTW 8
4 H 9
5 DHN FGHIJKOQU 10
B 16A CEE ❶ €22,00
H235 3ha 50T(100-120m²) 70D ❷ €28,00

N 50°02'44" E 04°18'35"

Von Beaumont kommend, kurz vor Zentrum Chimay rechts. 101652

Dochamps, B-6960 / Luxembourg

CC€21

Camping Petite Suisse****
Al Bounire 27
1 Apr - 6 Nov
+32 84 44 40 30
info@petitesuisse.be

1 ADEKMOPQSTU BG 6
2 BIQSTVWXYZ ABDEFGHK 7
3 BFGMNSTX ABCDFIJKNQRTUVW 8
4 BCFGHIJL BCEJRU 9
5 ACDEFHLMN ABFGHIJKNPQXY 10
W 10A CEE ❶ €38,50
H500 7ha 162T(80-125m²) 232D ❷ €46,50

N 50°13'52" E 05°37'54"

A26/E25 Luxembourg-Liége Ausfahrt 50 Baraque Fraiture Ausfahrt 50, zur N89 Richtung La Roche. In Samree rechts Richtung Dochamps via D841. CP liegt an der Ortseinfahrt von Dochamps. Ausgeschildert. 100026

Durnal, B-5530 / Namur

De Durnal 'Le Pommier Rustique'***
rue de Spontin
1 Mrz - 30 Dez
+32 83 69 99 63
info@camping-durnal.net

1 ADEKNOPQSU 6
2 AIPQSVWXY ABDEFGK 7
3 BFMSUX CDFJNRW 8
4 DFHJNOTU DEFJUVWY 9
5 ADEFHJMNO ABEFGHJKLOQU 10
10-16A CEE ❶ €25,00
H227 4,4ha 40T(80-100m²) 103D ❷ €30,00

N 50°20'08" E 04°59'46"

E411 Ausfahrt 19 Richtung Yvoir. Dann rechts Richtung Durnal und den CP-Schildern folgen. 111478

Grand-Halleux, B-6698 / Luxembourg

CC€17

Les Neufs Prés***
31 av. de la Resistance
1 Apr - 30 Sep
+32 80 21 68 82
camping.les9pres@gmail.com

1 ADEKNOPQRSU BFN 6
2 CPQXYZ ABDEFG 7
3 BFJMNS ABEFJNR 8
4 FHJO 9
5 DHNO BFHIJKOQUY 10
10A CEE ❶ €19,00
H299 5ha 140T(80-100m²) 60D ❷ €26,00

N 50°19'50" E 05°54'05"

Der CP befindet sich an der N68 Vielsalm-Trois Ponts, 1 km vom Zentrum von Grand Halleux entfernt. 101750

Hogne, B-5377 / Namur

Le Relais***
16 rue de Serinchamps
1 Mrz - 31 Dez
+32 4 75 42 30 49
info@campinglerelais.com

1 ACJMOPQRSTU LN 6
2 EPQSUWXYZ ABDEFG 7
3 ABHIMSX ABCDFJNRUV 8
4 BFHJK HJRT 9
5 ABDEHKMN FGHNQU 10
6-16A CEE ❶ €20,50
H222 12ha 93T(120-150m²) 41D ❷ €23,50

N 50°14'57" E 05°16'47"

N4 (Marche-en-Famenne - Namur) Ausfahrt Hogne. Camping ist angezeigt. 101698

Hony/Esneux, B-4130 / Liège

Les Murets**
75 chemin d'Enonck
7 Apr - 12 Okt
+32 4 79 34 59 25
camping.lesmurets@gmail.com

1 DEJMOPQRSU J 6
2 ADPQTWXYZ ABDE 7
3 ACM ABCDEFJNQRW 8
4 FGHI 9
5 DGHN ABFGHIJKNRSU 10
6A CEE ❶ €29,00
H180 1,6ha 88T(80-240m²) ❷ €41,00

N 50°32'22" E 05°34'11"

E25 Richtung Luxemburg. In Tilff Ausfahrt 41 Richtung Esneux. Diese Straße in Méry nach Hony folgen, dann Schildern 'Campings' folgen. 100020

Houffalize, B-6660 / Luxembourg

Chasse et Pêche SA
63 rue de la Roche
1 Jan - 31 Dez
+32 61 28 83 14
info@cpbuitensport.com

1 AHKNOPSU JNU 6
2 ABCQXYZ BEFG 7
3 T BFJNRW 8
4 FHIJO BFRUVW 9
5 ADEFHLMN ABFGHJKNQ 10
10A CEE ❶ €25,00
1ha 58T(50-75m²) 13D ❷ €36,00

N 50°08'17" E 05°45'42"

Über die E25 kommt man an der Ausfahrt 51 nach Houffalize. Im Zentrum von Houffalize rechts Richtung La Roche und nach 3 km (hinter der hohen Überführung) sieht man schon links den CP. 122019

Houffalize, B-6660 / Luxembourg

Du Viaduc***
53 rue de la Roche
1 Jan - 31 Dez
+32 61 28 90 67
campingviaduc@skynet.be

1 ADEKNOPQRSTU JN 6
2 ACQSUVWXYZ ABDEFG 7
3 BS ABFNRTW 8
4 FHJO 9
5 ABDEFHN ABHJKLOQ 10
16A CEE ❶ €28,00
H380 4ha 70T(80-100m²) 103D ❷ €28,00

N 50°07'50" E 05°46'44"

E25, Ausfahrt 5. 2,5 km bis Houffalize-Mitte, dann Richtung La Roche, CP 1 km vom Zentrum. 100033

Belgien

Teilkarte Wallonien auf Seite 218 und 219

Belgien

La Roche-en-Ardenne, B-6980 / Luxembourg
CC€19 iD

Club Benelux***
26 rue de Harzé
25 Mrz - 6 Nov
+32 84 41 15 59
stay@club-benelux.be
N 50°11'28'' E 05°34'24''

1 AEKNOPQRSTU BJNUX 6
2 DIPQXYZ ABEFGK 7
3 BFGMST ABCFNRT 8
4 ABCDEFHIJLNOQ J 9
5 ACDEHLMN ABDHJKNRS 10
6-10A ①€34,00
H230 7ha 350T(100m²) 20D ②€39,00

Ab Ortsmitte Richtung Marche. Auf der Brücke über die Ourthe den CP-Schildern folgen. Der Platz liegt 500m vom Zentrum.
100030

La Roche-en-Ardenne, B-6980 / Luxembourg
CC€17 iD

De l'Ourthe**
8 rue des Echavées
17 Mrz - 22 Okt
+32 84 41 14 59
info@campingdelourthe.be
N 50°11'19'' E 05°34'14''

1 AKNOPQRSTU JNU 6
2 BCQSTXYZ ABDFGH 7
3 BMS ACEFJNPQRT 8
4 BEFH AD 9
5 ACDEHN ABHJKOPQ 10
B 10A ①€22,00
H229 4ha 150T(50-100m²) 74D ②€32,00

Ab Zentrum Richtung Marche fahren, nach Brücke über Ourthe nach rechts, den CP-Schildern folgen (1 km vom Zentrum entfernt).
101713

La Roche-en-Ardenne, B-6980 / Luxembourg
iD

Floreal La Roche-en-Ardenne****
route de Houffalize 18
1 Jan - 31 Dez
+32 84 21 94 67
nicole.bruyere@florealgroup.be
N 50°10'37'' E 05°35'58''

1 ADEKNOPQSTU BGJN 6
2 CIPQSWX ABDEFGHK 7
3 BFJMNRST ABCDEFJNRTU 8
4 BCDFHJLNOPQ AE 9
5 ACDEFHLMN ABHIKLMOQ 10
B 10A CEE ①€28,10
H285 13ha 200T(100m²) 418D ②€33,30

Ab Zentrum von La Roche in Richtung Houffalize fahren, 2 km.
101407

La Roche-en-Ardenne, B-6980 / Luxembourg
iD

Le Grillon**
6 rue des Echavées
31 Mrz - 5 Nov
+32 84 41 15 59
info@campingbenelux.be
N 50°11'28'' E 05°34'24''

1 AEKNOPQRSTU BJNUX 6
2 BCIQXYZ ABFGK 7
3 AFGMST ABCDFNRT 8
4 ABDEFHIJLNQ 9
5 ACDEHMN ABHIJKNQ 10
10-16A ①€34,00
H230 3,5ha 139T(150m²) ②€39,00

Ab Zentrum Richtung Marche, nach Brücke über Ourthe den CP-Schildern Club Benelux folgen (1 km vom Zentrum entfernt).
101712

La Roche-en-Ardenne, B-6980 / Luxembourg
iD

Camping Lohan***
Quartier de Lohan 2
1 Apr - 1 Nov
+32 84 41 15 45
info@campinglohan.be
N 50°10'51'' E 05°36'23''

1 AEJMOPQRSTU JNUX 6
2 CQSXYZ ABDEFGH 7
3 BS ABCDEFJNRTW 8
4 BDFHIJO F 9
5 ABDEHLMN ABFHIJKNQ 10
B 6-10A ①€26,00
H231 5ha 199T(60-100m²) 108D ②€31,00

Ab Zentrum Richtung Houffalize fahren, rechts an der Ourthe gelegen (3 km vom Zentrum entfernt).
101714

ACSI AWARDS 2022

GEWINNER
Campingplatz mit der schönsten Lage
Belgien

Camping Le Prahay

Manderfeld, B-4760 / Liège

Frankental
Igelmonderhof 5
1 Jan - 31 Dez
+32 4 70 89 76 29
info@camping-frankental.be
N 50°20'19'' E 06°19'01''

1 KNOPS 6
2 IQUVWX ABDEFGJ 7
3 ABEFJNR 8
4 9
5 AD ABJKNRS 10
W 10A ①€20,00
H600 1ha 30T(50-100m²) 90D ②€26,00

E42. Ausfahrt 13 Richtung N659. Dann auf N676, N658 und schließlich N692.
125216

Mouzaive, B-5550 / Namur
CC€19 iD

Le Héron***
rue de Lingue 50
28 Apr - 24 Sep
+32 61 50 04 17
info@camping-le-heron.be
N 49°51'14'' E 04°57'12''

1 ADEKNOPQRSTU JN 6
2 DUWXY ABDFGHK 7
3 BMS CFJNQRTW 8
4 FHIO A 9
5 ADH BFGHJKOQ 10
10A ①€25,00
H190 8ha 76T(100-140m²) 151D ②€36,00

E411 Ausfahrt 25 Bertrix, N89 Richtung Bouillon. N819 Richtung Alle und Mouzaive. Dann den CP-Schildern folgen.
101684

Odrimont, B-4990 / Liège
iD

Floreal Gossaimont**
Gossaimont 1
1 Jan - 31 Dez
+32 80 31 98 22
camping.gossaimont@florealgroup.be
N 50°18'44'' E 05°49'02''

1 ADEJMOPQRSTU N 6
2 BIQSUXYZ ABDEFGH 7
3 BFGMS ABCDEFJNPRTW 8
4 BDFHJO ABE 9
5 ABDHKMN AHIJKOQ 10
WB 16A CEE ①€24,50
H430 16ha 147T(120-250m²) 169D ②€29,70

A60 Wittlich-Malmedy, Ausfahrt St. Vith Sud (Belgien), N62 Richtung Thommen. Dort rechts N827 nach Beho. Hinter Beho rechts nach Bovigny N68. In Vielsalm-Salm-Chateau links N89 Richtung Lierneux-Odrimont. Dort ausgeschildert.
117778

Olloy-sur-Viroin, B-5670 / Namur
iD

Verblijfpark Ardinam***
Try des Baudets 1
31/3 - 30/9, 27/10 - 5/11
+32 60 39 01 08
info@ardinam.be
N 50°04'08'' E 04°35'47''

1 ABCDEGKNOPQRST AF 6
2 ABIQSUXYZ ABDEFG 7
3 ABEMSV ABCDEFJNRTUW 8
4 BCDFHIJLNO AEJ 9
5 ADEFGHKN ABCGHIJKLOQ 10
16A CEE ①€29,00
H207 15ha 45T(80-120m²) 313D ②€37,00

Von Couvin N99 Richtung Givet fahren (Nismes). Im Ort nach den alten Bahngleisen, rechts hoch fahren.
101660

Ouren/Burg Reuland, B-4790 / Liège
iD

International**
Alterweg, Ouren 19
28 Mrz - 30 Sep
+32 80 32 92 91
N 50°08'31'' E 06°08'30''

1 ADEHKNOPQRSTU JN 6
2 BCQSWXYZ ABDEFGH 7
3 BFLMS ABCDFJNRTW 8
4 FHJOQ BF 9
5 ADEFHJLN ABFHJKNQ 10
10A CEE ①€27,50
H334 5,8ha 120T(100-120m²) 52D ②€34,50

St. Vith-Süd Ausfahrt 15 (Luxemburg). Dann die N62 Richtung Luxemburg. In Oudler links die N693 nach Ouren, nach 14 km Camping International.
109651

Polleur, B-4910 / Liège
iD

Polleur
53 route du Congrès
1 Apr - 1 Okt
+32 87 54 10 33
seeyou@polleur.be
N 50°31'54'' E 05°51'47''

1 ACDEHKNOPQRSU BFHJN 6
2 ACQWXY ABCDEFG 7
3 BFMSTWX ABCDEFHMNPQRTUV 8
4 BCDEFGHIJLMO EFJUY 9
5 ACDEFGHKLMN ABEFGHIJKMNOPQXY 10
10A CEE ①€35,00
H275 3,7ha 102T(80-100m²) 98D ②€48,00

A27 Ausfahrt Polleur. Den Schildern Camping Polleur folgen. In Polleur die Route du Congrès Ri. Theux. CP ist angezeigt. In Navi Hausnr. 90 eingeben anstatt 53.
101728

Poupehan, B-6830 / Luxembourg
CC€21 iD

Ile de Faigneul***
54 rue de la Chérizelle
1 Apr - 30 Sep
+32 4 78 96 12 40
info@iledefaigneul.com
N 49°48'58'' E 05°00'57''

1 ADEKNOPSU JNUX 6
2 BDQSWXYZ ABDEFGH 7
3 BFMSX ABCDFIJNQRTW 8
4 BDFHIJOPQ FJ 9
5 ADEFHN ABHJKOQY 10
B 6A CEE ①€34,00
H209 3ha 130T(100m²) 4D ②€43,00

E411 Ausfahrt 25, N89 Richtung Bouillon. N819 Richtung Rochehaut, innerorts die N893 Richtung Poupehan. Innerorts ist der Camping anzeigt.
109513

Poupehan, B-6830 / Luxembourg
CC€19 iD

Camping Le Prahay***
rue de la Chérizelle 48
1 Apr - 30 Sep
+32 4 76 83 84 00
info@camping-leprahay.com
N 49°48'49'' E 05°00'53''

1 ADEKNOPQSU JN 6
2 BDSWXYZ ABFG 7
3 BMSX ABFNQRW 8
4 FHIO ACJ 9
5 ADEHN ABCDFGHJKN 10
Anzeige auf Seite 223 6-16A ①€32,00
H209 5ha 168T(100-130m²) 15D ②€42,00

E411 Ausfahrt 25, N89 Richtung Bertrix/Bouillon. An Plainevaux vorbei Richtung Rochehaut die N819. Vor Rochehaut die N893 Richtung Poupehan, danach CP-Beschilderung beachten.
124408

Purnode/Yvoir, B-5530 / Namur
iD

Domaine du Bocq**
2 av. de la Vallée
1 Apr - 30 Okt
+32 82 61 22 69
info@domainedubocq.be
N 50°19'10'' E 04°56'41''

1 ADEJMOPQRSU JN 6
2 ABCQSWXYZ ABDEFG 7
3 BFGMSX ABCDEFINQRTW 8
4 BFHIJO AB 9
5 ADEHKN ABFGHJKLNPQU 10
B 10-16A CEE ①€22,50
H172 3ha 66T(50-100m²) 70D ②€28,50

E411 Ausfahrt 19, N937 Richtung Spotin, dann Beschilderung 'Camping du Bocq' und Yvoir folgen.
101680

Einrichtungsliste

Die Einrichtungsliste finden Sie vorne im aufklappbaren Deckel des Führers. So können Sie praktisch sehen, was ein Campingplatz so zu bieten hat.

Teilkarte Wallonien auf Seite 218 und 219

Rendeux/Ronzon, B-6987 / Luxembourg

Floreal Festival****
89 route de La Roche
1 Jan - 31 Dez
+32 84 47 73 71
camping.festival@florealgroup.be

1 ADEKNOPQRSTU	JN 6
2 CMQWXY	ABFGH 7
3 BMS	ABCDEFJKNRT 8
4 DFHJNOQ	9
5 ABDEFHLMN	ABHIJKOQ 10
B 10A CEE	❶ €25,45
11ha 60T(80-120m^2) 150D	❷ €32,65

N 50°13'39'' E 05°31'40''

Ronzon, Gemeindeteil von Rendeux liegt an der N833 auf halben Weg zwischen La Roche und Hotton. Erreichbar über die A26/E25 Ausfahrt 50 Baraque de Fraiture, oder die N4 Richtung Hotton und Richtung La Roche. 117444

Robertville, B-4950 / Liège

La Plage**
33 route des Bains
1 Jan - 31 Dez
+32 80 44 66 58
info@campinglaplage.be

1 BKNOPQRSUV	BLMNSXZ 6
2 EIJKPQSUVXY	ABDEFGIJK 7
3	AEFJNPRW 8
4 BCDEFHJ	DIJKU 9
5 ABDEHJMNO	ABHIJKORSU 10
W 2A CEE	❶ €21,75
H650 1,9ha 60T(80-100m^2) 36D	❷ €29,25

N 50°27'00'' E 06°07'03''

A27/E42 Ausfahrt 11 Richtung Malmedy. In Malmedy Straße nach Robertville folgen. Ab Robertville ausgeschildert. 101747

Soumagne, B-4630 / Liège

Dom. Prov. de Wegimont***
76 chaussée de Wegimont
1 Feb - 23 Dez
+32 42 79 24 02
camping.wegimont@provincedeliege.be

1 ABEKNOPRSTUV	BFHIMN 6
2 AEKPQSUWY	ABDEFG 7
3 ABFJMNS	ABEFJNQRTW 8
4 FHJNOP	R 9
5 DEGHK	ABCEFHIKNUY 10
B 16A CEE	❶ €21,00
H215 2,2ha 34T(50-100m^2) 100D	❷ €29,00

N 50°36'40'' E 05°44'16''

Die A3/E40 Aachen-Liege, Ausfahrt 37 Richtung Soumagne verlassen. Nach 1 km an der Ampel links Richtung Bas-Soumagne. Von der A27/A60 aus Wittlich bis Kreuz Battice Richtung Liege. Den Schildern Wegimont folgen. 101726

Spa, B-4900 / Liège

Parc des Sources
route de la Sauvenière 141
1 Apr - 11 Nov
+32 87 70 08 63
info@campingspa.be

1 BEGKNOPQRSUV	AFM 6
2 AQUWXYZ	ABDEFG 7
3 BLMU	ABFJNRT 8
4 FHO	U 9
5 DEFHKL	BFGHJKORS 10
6A CEE	❶ €35,00
H350 2,5ha 95T(80-100m^2) 36D	❷ €41,00

N 50°29'07'' E 05°53'01''

Der CP liegt 1,5 km nach Spa rechts der N62 Richtung Francorchamps/Malmédy. Ausgeschildert. 100021

St. Hubert, B-6870 / Luxembourg

Europacamp
Europacamp 3
1 Jan - 31 Dez
+32 4 99 17 16 33
contact@camping-europacamp.be

1 BFKNOPQRSTU	6
2 ABIQSTUVWXYZ	AD 7
3 BFGSX	ABFHJNQRW 8
4 BDEFHIK	ACEF 9
5 DHJL	BFIJKNQU 10
10A	❶ €28,00
H530 20ha 60T(100-2000m^2) 8D	❷ €32,00

N 50°01'50'' E 05°23'47''

Von der A4/E411 in Richtung St. Hubert und dann den Campingschildern folgen. 109656

Stavelot, B-4970 / Liège

Domaine l'Eau Rouge
Cheneux 25
31 Mrz - 1 Nov
+32 80 86 30 75

1 AEKNOPQSU	BJN 6
2 ABDPQSXYZ	ABDEFG 7
3 BCFM	ABCDFHIJKNPQRTUVW 8
4 BCDFHIJLO	JY 9
5 ADEFHKN	ABDGHIJKMORSY 10
B 6-10A	❶ €36,50
H277 4ha 151T(100-120m^2) 39D	❷ €46,50

N 50°24'43'' E 05°57'03''

A27/E42 Ausfahrt 11, im Kreisel Richtung Stavelot (Navi abschalten!), nach ± 5 km an T-Kreuzung rechts. Dann 1. Straße rechts, kleiner Weg nach unten. 101098

Ste Cecile, B-6820 / Luxembourg

De la Semois***
25 rue de Chassepierre
1 Apr - 3 Sep
+32 61 31 21 87
info@campingdelasemois.be

1 ADEHJMOPQSU	JNUX 6
2 BDKQUYZ	ABDEFG 7
3 BFMSX	ABCDEFIJNRTW 8
4 FHIJO	ABEJUY 9
5 ABDEHMN	ABFHJKNQ 10
10A CEE	❶ €33,50
H279 5,5ha 105T(80-120m^2) 19D	❷ €40,50

N 49°43'19'' E 05°15'17''

A6/E26 Lux-Namur(Bel), Ausfahrt Nantimont zur N87. Étalle rechts N83 Saint-Cecile N83. Innerorts den CP Schildern folgen. 109658

Sy, B-4190 / Luxembourg

Camping Sy***
7 rue de Luins
1 Jan - 31 Dez
+32 86 21 24 07

1 AEKNOPQSU	JNU 6
2 CKPQWXYZ	ABDF 7
3 BFLSX	ACDFJNRUV 8
4 FHO	BCGI 9
5 ADEHJKO	ABHJKNRS 10
B 6A CEE	❶ €25,00
H120 2,5ha 22T(80-130m^2) 37D	❷ €35,00

N 50°24'12'' E 05°31'17''

E25 Ausfahrt 46 Richtung Durbuy. Auf dieser Straße bleiben bis zum Ortsschild Sy 3 km. Nicht dem Navi folgen! 120998

Belgien

Tenneville, B-6970 / Luxembourg

Pont de Berguème***
Berguème 9
1 Jan - 31 Dez
+32 84 45 54 43
info@pontbergueme.be

1 ADEKNOPQRSTU	JNU 6
2 DQWXY	ABDEFGH 7
3 AMSX	ABCDEFJNRW 8
4 FHJO	FR 9
5 DHN	ABFGHJKNQ 10
W 6A CEE	❶ €25,80
H347 3ha 100T(80-100m^2) 65D	❷ €33,60

N 50°04'33'' E 05°33'19''

Via N4, Ausfahrt Berguème. Dann Schildern Berguème und CP-Schildern folgen. 101715

Tintigny, B-6730 / Luxembourg

Camping de Chênefleur***
rue Norulle 16
1 Mrz - 5 Nov
+32 63 44 40 78
info@chenefleur.be

1 ACDEKNOPQRSTU	BGJN 6
2 ADPQWXYZ	ABDEFGH 7
3 BGMSTVX	ABCDEFJKNQRTUW 8
4 ABCDEFHIJLOTUX	CEFJU 9
5 ABDEFGHLMN	ABFHJKMNORS 10
B 6A CEE	❶ €39,50
H326 7,2ha 250T(100-125m^2) 53D	❷ €53,50

N 49°41'06'' E 05°31'14''

E411, Ausfahrt 29 Richtung Etalle (N87). In Etalle Richtung Florenville (N83) folgen. Im Ort Tintigny den CP-Schildern folgen. Gut ausgeschildert. 101719

Tournai, B-7500 / Hainaut

Camping de l'Orient**
Jean-Baptiste Moens 8
1 Jan - 31 Dez
+32 69 22 26 35
campingorient@tournai.be

1 ABJMOPSTU	6
2 AEKPQWY	ABDEFG 7
3	ABCDEFJNPQRUVW 8
4 FH	9
5 ABD	BFHIJKLOQ 10
16A CEE	❶ €16,50
2ha 50T(100-140m^2)	❷ €20,30

N 50°36'00'' E 03°24'49''

CP-Schildern entlang N7 Mons-Tournai folgen. CP 2 km von Tournai entfernt. Nahe Ausfahrt 32 von der E42. Von der E42 kommend, an den 1. Ampeln links. 101635

Virton, B-6760 / Luxembourg

Floreal Colline de Rabais****
Clos des Horlès 1
1 Jan - 31 Dez
+32 63 42 21 77
miranda.dahlhaus@florealgroup.be

1 ADEJMOPQRSTUV	AFN 6
2 IQVXY	ABDEFG 7
3 BMSVX	ABCDFJNRTW 8
4 BCDFLNOQ	ABCEJ 9
5 ABDEFH	ABHJKMOQ 10
16A CEE	❶ €26,10
H250 8ha 218T(100-140m^2) 85D	❷ €31,40

N 49°34'44'' E 05°32'55''

Ab Zentrum Virton Richtung Ethe (Arlon) auf ± 3 km. CP liegt im Vallée de Rabais auf der Höhe. 101100

Vogenée, B-5650 / Namur

Le Cheslez**
1 rue d'Yves
1 Apr - 30 Sep
+32 71 61 26 32
cheslez.info@gmail.com

1 ADEKNOPQRSTU	6
2 IQSXYZ	ABDEFG 7
3 ALS	ACDEFHNPRUVW 8
4 FHO	C 9
5 DHN	BGHIJKNQ 10
B 16A CEE	❶ €24,60
H230 6ha 78T(100m^2) 33D	❷ €29,60

N 50°14'24'' E 04°27'34''

Die N5 Charleroi-Philippeville, Ausfahrt Yves Gomezee. Nach Bahnübergang rechts Richtung Vogenee (4 km). 111072

Waimes, B-4950 / Liège

Anderegg**
Bruyères 4
1 Apr - 1 Okt
+32 80 67 93 93
info@campinganderegg.be

1 ADEKNOPQSU	6
2 CIPQUWXYZ	ABDEFGHK 7
3 ABFMS	ABCDEFGJKNQRTW 8
4 FHJO	9
5 ABDFMN	ABFHJKORSX 10
6A CEE	❶ €28,60
H595 1,5ha 43T(80-110m^2) 37D	❷ €36,60

N 50°26'21'' E 06°07'03''

In Waimes Richtung Bütgenbach am Kreisel links, den Schildern folgen. 101749

Teilkarte Wallonien auf Seite 218 und 219

Luxemburg

E421
Reuland
N62
Limerlé
Goedange
Binsfeld
Lieler
Troisvierges
Tavigny
60
B410
Noville
A26
Eselborn
Clervaux
ARDENNES
Dorscheid
Derenbach
Eisenbach
Bastogne
Eschweiler
Enscherange
N30
Erpeldange
Stolzembourg
DEUTSCHLAND
L32
Bitburg
N84
Doncols
Wiltz
B50
N15
Goesdorf
Dirbach
Goebelsmühle
Bavigne
Walsdorf
Tadler
Esch-sur-Sûre
Heiderscheidergrund
Baschleiden
Bastendorf
Diekirch/
Bleesbruck
B257
Eschdorf
Heiderscheid
Reisdorf
N19
Diekirch
Erpeldange
Bettendorf
Dillingen
Bigonville
N10
Irrel
Ingeldorf/Diekirch
Eppeldorf
Ettelbruck
Ermsdorf
Beaufort
Folkendange
Echternach
Eschette
MULLERTHAL
Berdorf
Rosport
Folschette
Colmar
B418
Larochette/Medernach
Nommern
Larochette
Consdorf
Girst
Boevange-sur-
Attert
E421
A7
Givenich
Fischbach
N4
Brouch
Godbrange
64
Elvange
Mersch
Boudler
Breinert
MOSELLE
Wasserliesch
CENTRE
Eisenborn
E29
Könen
Arlon
Simmerschmelz
Grevenmacher
N83
A4
N7
Flaxweiler
Tawern
Goeblange
B51
E25
Nittel
Autelbas
Ayl
N11
A1
E44
N81
A6
Garnich
N51
Beurig
LUXEMBOURG
Fingig
Ehnen
Wincheringen
Messancy
Dippach
Ersange
Luxemburg
Aubange
Hesperange
Pétange
E29
B407
Mont-Saint-
Martin
Sanem
Erpeldange
N2
SUD
Nennig
A4
B406
A13
Differdange
Orscholz
Longwy
A3
Frisange
N52
Mexy
Elvange
Besch
A13
B419
Hussigny-
Godbrange
Esch-sur-Alzette
Dudelange
Villerupt
Perl
FRANKREICH
8
D654
Sierck-les-
Bains
CF-EU

Luxemburg: Großes Glück in einem kleinen Land

Luxemburg ist eines der kleinsten Länder in Europa. Die Kombination aus schöner Natur und gemütlichen Dörfern und Städten macht Luxemburg zu einem kleinen, aber sehr abwechslungsreichen Land.

Unterwegs zu Fuß

Luxemburg erkundet man am besten zu Fuß. Die vielen Wälder und hügeligen Gebiete sind eine Augenweide. Entdecken Sie sie in aller Ruhe bei einem ausgedehnten Wanderung. Die bekannteste Route des Landes ist der Mullerthal Trail. Das Müllerthal liegt im Osten des Landes, nahe der deutschen Grenze, und hat den vielversprechenden Spitznamen "Kleine Schweiz". Ziehen Sie gute Schuhe an und sehen Sie sich die spektakulären Felsformationen, die malerischen Bachtäler und die romantischen Schlösser an.

Hauptstadt: Luxemburg
Währung: Euro
Zeitzone: UTC + 1, UTC + 2 (März bis Oktober)
Sprache: Luxemburgisch, Französisch und Deutsch
Ländervorwahl: +352
Alkoholgrenze: 0,5‰
Notrufnummer: Polizei, Feuerwehr und Rettungswagen: 112
Leitungswasser: unbedenklich

Hauptstadt mit internationalem Charakter

Luxemburg ist eine Ansammlung von kleinen Dörfern und Städten. Die gleichnamige Hauptstadt ist eine Ausnahme, obwohl die Stadt weniger als 120 000 Einwohner hat.

ACSI AWARDS

Gewinner 2022 in Luxemburg

Bester Campingplatz
Europacamping Nommerlayen

Hundefreundlichster Campingplatz
Camping Op der Sauer

Bestes Campingplatz-Schwimmbad
Birkelt Village

Campingplatz mit der schönsten Lage
Camping de la Sûre Reisdorf

Bester Campingplatz für Wanderungen und Radtouren
Camping du Barrage Rosport

Verschiedene europäische Institutionen haben hier ihren Sitz, was der Stadt einen internationalen Charakter verleiht. Die Hauptstadt ist sauber und die Einrichtungen sind hervorragend.
Eine Stadtrundfahrt ist der perfekte Weg, um die vielen Sehenswürdigkeiten kennen zu lernen. Besichtigen Sie den Großherzoglichen Palast, entspannen Sie sich in der Kathedrale aus dem 17. Jahrhundert oder bewundern Sie zeitgenössische Kunst im Musée d'Art Moderne Grand-Duc Jean. Und vergessen Sie nicht, durch die Viertel Ville-Haute und Gare zu schlendern. Dort kann der Kleiderliebhaber stundenlang in trendigen Boutiquen, Luxusgeschäften und Ladenketten verweilen.

Luxemburg ist grün und sympathisch

Wenn Luxemburg für etwas bekannt ist, dann für seinen grünen Charakter. Das Land besteht zu einem großen Teil aus Wäldern, Hügeln und Wiesen. Der nördliche Teil von Luxemburg ist Teil der Ardennen. Die drei größten Flüsse – die Mosel, die Our und die Sauer – schlängeln sich malerisch durch das Land. Da es kaum Massentourismus gibt, können Sie die Natur in aller Ruhe genießen.

Campingurlaub mit Burgen und Schlössern

Lieben Sie Schlösser? Dann ist auch Luxemburg einen Besuch wert. Es gibt so viele Schlösser, Burgen und Ruinen, dass sich immer etwas davon in der Nähe Ihres Campingplatzes befindet. Die Burg Vianden ist ein absolutes Muss während Ihres Campingurlaubs in Luxemburg. Das imposante Bauwerk, das zwischen dem elften und vierzehnten Jahrhundert erbaut wurde, eignet sich hervorragend für einen Besuch mit Kindern. Tun Sie dies Ende Juli oder Anfang August. Dann wird ein großes mittelalterliches Burgfest organisiert. Im Eischtal, dem südwestlichen Teil des Landes, der zu einem großen Teil aus Wäldern und Wiesen besteht, befinden sich nicht weniger als sieben Burgen und Schlösser. Einige von ihnen sind noch intakt, andere sind nur noch eine Ruine.

Tanken

Benzin (95 E10 und Super 98) ist leicht erhältlich (wenn Sie E10 tanken wollen, prüfen Sie die Einfüllöffnung, das Handbuch oder die Werkstatt Ihres Autohändlers, um zu sehen, ob Ihr Auto damit fahren kann, ansonsten tanken Sie Super 98). Diesel und LPG sind ebenfalls leicht erhältlich. Für die Betankung mit LPG wird der europäische Anschluss (acme) verwendet.
Der Kraftstoff ist in Luxemburg im Vergleich zu anderen Ländern günstig, weshalb viele Ausländer hier tanken. Die Tankstellen an der Grenze und an den Hauptstraßen sind daher oft 24 Stunden am Tag geöffnet. Die anderen Tankstellen sind oft mindestens von 8 Uhr morgens bis 20 Uhr abends geöffnet.
Achtung: Es ist verboten, Kraftstoff im Reservetank ein- oder auszuführen.

Ladestationen

Das Netz der öffentlichen Ladestationen ist noch nicht sehr umfangreich. Es ist wichtig, dass Sie Ihre Reise gut im Voraus planen. Die meisten Ladepunkte befinden sich im Süden.

Verkehrsvorschriften

Das Abblendlicht ist bei Dunkelheit, in Tunneln und bei einer Sichtweite von weniger als 100 Metern vorgeschrieben.
An einer gleichberechtigten Kreuzung hat der Verkehr von rechts Vorfahrt. Straßenbahnen haben immer Vorrang. Der Verkehr in einem Kreisverkehr hat Vorrang, wenn dies durch Verkehrszeichen angezeigt wird. Auf Bergstraßen hat der bergauf fahrende Verkehr Vorrang vor dem bergab fahrenden Verkehr; notfalls muss das kleinste Fahrzeug rückwärts setzen.
Autofahrer dürfen nur Freisprechtelefone benutzen. Kinder unter 18 Jahren und einer Körpergröße von weniger als 1,50 m müssen in einem Kindersitz sitzen. Winterreifen sind bei winterlichen Verhältnissen Pflicht.

"Luxemburg: nah dran und doch ganz anders"

Herr K. Geeraert, Inspektor 558

Sondervorschriften

Bei Staus müssen Sie so weit wie möglich nach rechts oder links ausweichen, um in der Mitte eine freie Fahrspur (Rettungsgasse) für Einsatzfahrzeuge zu schaffen.
Bei Annäherung an einen Stau ist das Blinken der Warnblinkanlage Pflicht. Wenn Sie in einem Tunnel im Stau stehen, müssen Sie einen Mindestabstand von fünf Metern zum vorausfahrenden Fahrzeug einhalten.
Achten Sie beim Parken darauf, dass der Abstand zwischen Ihnen und anderen geparkten Fahrzeugen mindestens 1 m beträgt.

Vorgeschriebene Ausstattung

Ein Warndreieck und eine Warnweste sind im Auto Pflicht. Es wird empfohlen, für alle Fahrgäste eine Sicherheitsweste mitzuführen. In Wohnmobilen mit einem zulässigen Gesamtgewicht von mehr als 3,5 Tonnen müssen ein Feuerlöscher und ein Warndreieck mitgeführt werden.

Klima Luxemburg (Stadt)	Jan.	Feb.	März	Apr.	Mai	Jun.	Jul.	Aug.	Sept.	Okt.	Nov.	Dez.
Durchschnittliche Höchsttemperatur	2	4	8	12	17	20	22	21	18	13	7	3
Durchschnittliche Anzahl der Sonnenstunden pro Tag	1	2	5	6	6	6	6	6	5	3	1	1
Durchschnittliche monatliche Niederschlagsmenge (mm)	71	62	70	61	81	82	68	72	70	75	83	80

Reisemobil und Caravan

Ein Reisemobil oder eine Auto-Wohnwagen-Kombination darf bis zu 4 m hoch, 2,55 m breit und 18,75 m lang sein (der Wohnwagen selbst darf bis zu 12 m lang sein).
Mit einem Wohnwagengespann, das länger als 7 Meter (oder > 3,5 Tonnen) ist, müssen Sie einen Abstand von mindestens 50 Metern zu einem anderen Gespann oder Lkw einhalten.

Fahrrad

Ein Fahrradhelm ist nicht vorgeschrieben. Es ist verboten, während des Radfahrens zu telefonieren oder ein Mobiltelefon zu benutzen.
Kinder bis zu 8 Jahren dürfen nur von einem Erwachsenen in einem Fahrradsitz auf dem Fahrrad mitgenommen werden. Kinder bis zu 10 Jahren dürfen nur in Begleitung auf der Straße fahren. Kinder bis zu 12 Jahren dürfen auf dem Bürgersteig fahren.

„Nicht weit entfernt, grün und hügelig, viele Sehenswürdigkeiten und eine große Auswahl an Campingplätzen und Restaurants"

Herr R. Wauters, Inspektor 283

Panne und Unfall

Stellen Sie Ihr Warndreieck auf der Autobahn mindestens 200 bis 300 m (sonst 100 m) hinter dem Fahrzeug auf, wenn es sich auf der Fahrspur befindet (und auf der Autobahn nur, wenn die Warnblinkanlage nicht funktioniert). Alle Insassen müssen eine Warnweste tragen.
Rufen Sie im Falle einer Panne die Notrufnummer Ihres Pannendienst an. Sie können auch den luxemburgischen Pannendienst (ACL) unter der Nummer +352 26 000 anrufen.
Das Abschleppen ist auf Autobahnen bis zur ersten Ausfahrt oder auf Landstraßen bis zur ersten Werkstatt erlaubt.

Campen

Die sanitären Einrichtungen in Luxemburg sind von überdurchschnittlicher Qualität.
Auf vielen Campingplätzen gibt es Animation und Einrichtungen für Kinder.
Wildcamping außerhalb der Campingplätze ist verboten. Auf Privatgrundstücken ist die Genehmigung des Grundstückseigentümers erforderlich. Camping beim Bauern ist erlaubt, wenn – nach Erlaubnis des Bauern – nicht mehr als 2 Erwachsene in nicht mehr als 3 Zelten auf dem Hof übernachten.
Mehr als die Hälfte der Campingplätze sind nach Sternen klassifiziert: von 1 bis 5 Sternen. Die Klassifizierung gilt nur für Campingplätze, die sich freiwillig dazu bereit erklären. Es gibt auch Campingplätze, die sich für die „alte" Klassifizierung auf der Grundlage von Kategorien entschieden haben. Bitte beachten Sie: Es gibt Campingplätze mit hohen Standards, die sich entschieden haben, nicht in ein Klassifizierungssystem aufgenommen zu werden.

Beaufort, L-6310 / Mullerthal

Camping Park Beaufort Kat.I
87 Grand Rue
1 Jan - 31 Dez
+352 8 36 09 93 00
campingpark@visitbeaufort.lu

1 ADE**KN**OPQRS**U**	BGH	6
2 BPQRUVWXYZ	ABDE**FG**	7
3 ABFX	ABCDEFGIJKNQRTW	8
4 BCDFHIJ	EFUVW	9
5 DEFHKN	ABCHJKNQUY	10
B 10A CEE		❶ €35,00
H360 4ha 190**T**(48-100m²) 123**D**		❷ €47,00

N 49°50'22'' E 06°17'17''

N10 Diekirch-Echternach bis Reisdorf. Rechts ab Richtung Beaufort. In Beaufort auf der rechten Seite. 108899

Berdorf, L-6551 / Mullerthal

Belle-Vue 2000 Kat.I
Rue de Consdorf 29
1 Jan - 31 Dez
+352 79 06 35
campbv2000@gmail.com

1 ADE**KN**OPQRST**U**		6
2 PQWXYZ	AB**FG**	7
3 BMX	ABEFJNQRW	8
4 BFHIJ	BDEU	9
5 ABDEFMN	ABCHJKOQZ	10
Anz. auf dieser S. B 6-16A CEE		❶ €24,60
H370 5,5ha 170**T**(90-120m²) 107**D**		❷ €29,60

N 49°49'10'' E 06°20'51''

N19/N10 Diekirch-Echternach bis Grundhof. Hier rechts ab Richtung Berdorf. Nach Orteingangsschild Richtung Consdorf fahren. CP-Schildern folgen. 100694

Berdorf, L-6552 / Mullerthal

Martbusch Kat.I/***
3 beim Martbusch
1 Jan - 31 Dez
+352 79 05 45
info@camping-martbusch.lu

1 ABDE**KN**OPQRSTU		6
2 BQRWXYZ	ABDE**FG**	7
3 BFGMSWX	ABCDEFGIJKNQRTUW	8
4 BCFHIJO	CFJ	9
5 ADFJKLN	ABCDFGHJKOPQUY	10
Anzeige auf dieser Seite 16A CEE		❶ €23,50
H370 3ha 106**T**(80-100m²) 79**D**		❷ €28,50

N 49°49'34'' E 06°20'37''

N17/N19/N10 Diekirch-Echternach bis Grundhof. Hier Richtung Berdorf. In Berdorf zweite Straße links ab. Dann Schildern folgen. 100693

Bettendorf, L-9353 / Ardennes

Um Wirt Kat.I
rue de la Gare 12
1 Apr - 31 Okt
+352 80 83 86
camping@bettendorf.lu

1 AF**KN**OPQST**U**	J**N**X	6
2 DPQRWXYZ	ABDE**FG**	7
3 BFGMNSX	ABCDEFHKNQRTW	8
4 BCDFHIJNO**Q**	EUVW	9
5 ABDEFGHLMN	ABCHJKOQ	10
B 10A CEE		❶ €20,50
H190 2,5ha 80**T**(100m²) 68**D**		❷ €25,50

N 49°52'22'' E 06°13'16''

N17/N19 Diekirch/Echternach bis Bettendorf. Dann Schildern folgen. 105338

Clervaux, L-9714 / Ardennes

Camping Clervaux Kat.I
Klatzewe 33
1 Jan - 31 Dez
+352 92 00 42
info@camping-clervaux.lu

1 ABDE**KN**OPQRST**U**	B**N**	6
2 ACIPQTWXY	ABDE**FG**H	7
3 BDF**JL**MVX	ABCDEFHJKNQRT	8
4 FHJO	EUW	9
5 ADMN	ABEFGHIJKOQU	10
WB 10-16A CEE		❶ €36,50
H450 1,5ha 118**T**(100m²) 35**D**		❷ €48,00

N 50°03'18'' E 06°01'26''

CP 200m von Clervaux Stadtzentrum entfernt. Richtung Luxemburg, rechts, den CP-Schildern im Zentrum folgen. 105318

Luxemburg

Karte Luxemburg auf Seite 224

Consdorf, L-6211 / Mullerthal

CC€19 iD

La Pinède Kat.I/***	1 ABDE**KN**OPQRSTU	6
33 rue Burgkapp	2 BPQUVWXYZ	ABDE**FGH** 7
15 Mrz - 14 Nov	3 BFG**JM**NSX	ABEFJNQRTW 8
+352 79 02 71	4 BCFHIJ	EFIUVW 9
info@campinglapinede.lu	5 ABDEFHJKLN	ABDFGHJKOQU 10
	Anzeige auf dieser Seite B 10A CEE	❶ €25,00
N 49°46'51'' E 06°19'54''	H320 3ha 74T(100-140m²) 65D	❷ €31,00

Die N14 Diekirch-Larochette. In Larochette links ab Richtung Christnach/Consdorf. In Consdorf den Schildern folgen. 100695

Diekirch, L-9234 / Ardennes

CC€21 iD

De la Sûre***	1 ABDE**JM**OPQSTU	**N** 6
route de Gilsdorf	2 ACPQRWXYZ	ABDE**FG** 7
1 Apr - 2 Okt	3 BFMSX	AB**F**JKNQRTUW 8
+352 80 94 25	4 BCHJO	UVW 9
tourisme@diekirch.lu	5 ADEHJKN	ABCDFGHJKNQW 10
	B 10A CEE	❶ €29,00
N 49°51'57'' E 06°09'54''	H203 5ha 196T(50-100m²) 30D	❷ €42,00

In Diekirch Richtung Larochette. Hinter der Brücke über die Sûre links ab Richtung Gilsdorf. Nach 100m, erster CP. 105336

Diekirch, L-9234 / Ardennes

iD

Op der Sauer Kat.I	1 ABDE**KN**OPQRSTU	J**N**UX 6
route de Gilsdorf	2 ACPQRWXYZ	AB**F** 7
1 Apr - 24 Okt	3 BJ**L**MSX	ABEFJNR 8
+352 80 85 90	4 FHO**PQ**	E 9
info@campsauer.lu	5 ADFHKLN	ABDHJKLNRS 10
	10A CEE	❶ €25,00
N 49°52'01'' E 06°10'27''	H184 5ha 270T(100m²) 22D	❷ €33,00

In Diekirch Richtung Larochette, nach der Brücke über die Sûre links Richtung Gilsdorf, zweiter CP. Einfahrt am Kreisel. 101305

Diekirch/Bleesbruck, L-9359 / Ardennes

iD

Bleesbrück Kat.I/****	1 ABDE**KN**OPQRSTU	**N** 6
Bleesbrück 1	2 ADPQWXYZ	ABDE**FGH** 7
1 Apr - 15 Okt	3 BMSX	ABCDE**F**HJNQRTW 8
+352 80 31 34	4 EFHJO**Z**	DEFIJ 9
info@camping-bleesbruck.lu	5 ABDEFHJKN	ABCFGHKLMORSWY 10
	FKKB 10A CEE	❶ €29,10
N 49°52'22'' E 06°11'21''	H197 4,5ha 144T(100-120m²) 45D	❷ €37,50

In Diekirch Richtung Vianden. Nach 2 km Kreisverkehr an der Gulf-Tankstelle. Einfahrt zum CP in der Nähe der Tankstelle. 105337

Dillingen, L-6350 / Mullerthal

CC€19 iD

Wies-Neu Kat.I	1 AE**KN**OPQRSTU	J**N**X 6
12 rue de la Sûre	2 DPQVWXYZ	ABDE**FGH** 7
3 Apr - 1 Okt	3 ABMUX	ABCDE**F**JNRT 8
+352 83 61 10	4 BFHJO	FRUV 9
info@camping-wies-neu.lu	5 ABDM**N**	ABDHJKORSY 10
	6A CEE	❶ €25,10
N 49°51'08'' E 06°19'18''	H174 4,8ha 190T(100-120m²) 81D	❷ €33,10

N19/N10 Diekirch-Echternach bis Dillingen. In Dillingen an der Kreuzung links, dann vor der Brücke rechts halten. 108730

Echternach, L-6430 / Mullerthal

CC€21 iD

Officiel Wollefsschlucht	1 ABDE**KN**OPQRS**U**	BG 6
17 route de Diekirch	2 PQSVWXYZ	AB**FG** 7
1 Jan - 31 Dez	3 BFGMNSX	ABEFGJNQRTW 8
+352 72 02 72	4 BC**E**FHIJ	FJUVW 9
camping@visitechternach.lu	5 ADEHN	ABCDFGHIKLNQ 10
	10-12A	❶ €28,00
N 49°49'01'' E 06°24'38''	H180 4ha 214T(80-120m²) 66D	❷ €35,00

Der N10-N19 Diekirch-Echternach folgen. Vor Echternach liegt der CP auf der rechten Seite. 109662

Eisenbach, L-9838 / Ardennes

iD

Kohnenhof Kat.I/****	1 ABDE**KN**OPQST**U**	J**N**UX 6
7 Kounenhaff	2 CPQUVWXYZ	ABDE**FG** 7
1 Apr - 2 Okt	3 BFG**HL**MSUX	ABCDFGHIJK**M**NQRTUVW 8
+352 92 94 64	4 BCDEFGHIJLO	CEFUW 9
info@campingkohnenhof.lu	5 ACDEFHJKLMN	ABFGHJKOPQY 10
	B 6-16A CEE	❶ €38,00
N 50°00'59'' E 06°08'12''	H250 6ha 125T(100-130m²) 33D	❷ €52,00

N7 bei Hosingen Ausfahrt Rodershausen oder Eisenbach. Im Tal den Schildern CP 'Kohnenhof' folgen. 105333

Enscherange, L-9747 / Ardennes

iD

Val d'Or Kat.1/****	1 ADEH**KN**OPQRSTU	J 6
Um Gaertchen 2	2 DIPQTXYZ	ABDE**FGH** 7
1 Jan - 31 Dez	3 ABEF**L**MSUVX	ABCDEFJ**MN**PQRTW 8
+352 92 06 91	4 BCDFHIL	BEFIJLUW 9
info@charmecamping.lu	5 ABDEFGHJKN	ABFGHJKORSU 10
	6-16A CEE	❶ €43,00
N 50°00'01'' E 05°59'27''	H300 4ha 58T(100-150m²) 46D	❷ €57,00

E25 Ausfahrt 15 St. Vith, Richtung Luxemburg, Ausfahrt Marnach/Munshausen/Drauffelt/Enscherange. Der Platz liegt auf der linken Seite bei der Einreise nach Enscherange. 105321

Ermsdorf, L-9366 / Mullerthal

CC€21 iD

Neumuhle Kat.I/****	1 AE**KN**OPQS**U**	A 6
27 Reisduerferstrooss	2 DPQVWXYZ	AB**D**E**FGH** 7
1 Apr - 30 Sep	3 BFMSX	ABCFJNQRTW 8
+352 87 93 91	4 BFHIJO	FJU 9
info@camping-neumuhle.lu	5 ABDEKM	ABDGHJKORS 10
	Anzeige auf dieser Seite 6A CEE	❶ €25,00
N 49°50'21'' E 06°13'31''	H239 3ha 105T(80-100m²) 16D	❷ €30,00

N14 Diekirch-Larochette bis Medernach. Hier links ab Richtung Ermsdorf. In Ermsdorf ca. 1 km in Richtung Reisdorf bis Hostellerie und Camping Neumühle. 100691

Luxemburg

Karte Luxemburg auf Seite 224

Esch-sur-Alzette, L-4001 / Sud

iD

Gaalgebierg Kat.I	1 ADEGKNOPQRSTU 6
BP 20 (rue du Stade)	2 ABPQSVWXYZ ABDEFGH 7
1 Jan - 31 Dez	3 BFGMS ABCDFJNQRTW 8
+352 54 10 69	4 FHIJ DVW 9
gaalcamp@pt.lu	5 ADEFHJKN ABFGHIJKMOQY 10
	B 16A CEE ❶ €21,75
N 49°29'05" E 05°59'10"	H400 2,5ha 102T(100m²) 49D ❷ €25,75

A4 Luxemburg - Esch-sur-Alzette. Vor dem Stadtzentrum Richtung Kayl folgen, auf dem Weg ausgeschildert, und dann den CP-Schildern folgen. Letzte Wegstrecke recht steil und kurvig (der Sackgasse weiter folgen). 105332

Esch-sur-Sûre, L-9650 / Ardennes

CC€21 iD

Im Aal***	1 AFGKNOPQRSTU JNUX 6
1 Am Aal	2 DPQWXYZ ABFGH 7
24 Feb - 10 Dez	3 BFMSX ABEFJNQRTW 8
+352 83 95 14	4 BEFGHIJNO BEFU 9
info@campingaal.lu	5 ABDHN ABDGHIJKLNQ 10
	B 10A CEE ❶ €27,00
N 49°54'24" E 05°56'34"	H450 2,5ha 150T(100m²) 58D ❷ €35,00

N15 Ettelbrück – Bastogne, Ausfahrt links Esch-sur-Sûre. Durch den Tunnel. CP 150m weiter am Fluss. 101535

Ettelbruck, L-9022 / Ardennes

CC€21 iD

Camping Ettelbrück	1 ADEKNOPQRSTU 6
88 chemin du Camping	2 AIPQVWXYZ ABDEFG 7
1 Apr - 30 Sep	3 BGMSX ABCDEFJNQRTW 8
+352 81 21 85	4 BCEFHIJO BEUVW 9
camping@ettelbruck.lu	5 ADEFHJKN ABDFGJKMNQUY 10
	B 16A CEE ❶ €32,90
N 49°50'46" E 06°04'56"	H500 3ha 100T(80-120m²) 7D ❷ €42,40

In Ettelbrück Stadtzentrum die N15 nach Wiltz und Bastogne. Nach 300m links den CP-Schildern folgen. Aus Richtung Wiltz vor dem Zentrum rechts. 105328

Goebelsmühle, L-9153 / Ardennes

iD

du Nord Kat.1	1 ADEGKNOPQRSTU JN 6
1 route de Dirbach	2 DQWXYZ ABCDFG 7
1 Apr - 30 Sep	3 BFMSX ABCDEFJNQRTW 8
+352 99 04 13	4 BFHIJO CFGJ 9
info@campingdunord.lu	5 ABEFGHJMN ABFHJKLMORS 10
	6A CEE ❶ €33,00
N 49°55'32" E 06°02'44"	H230 2ha 70T(100-150m²) 35D ❷ €41,00

Goebelsmühle liegt an der N27 am Ufer der Sûre (Sauer). Ein CP-Schild an dieser Stelle Ort weisst den Weg nach unten. Etwa 700m vom Bahnhof Goebelsmühle. 108726

Heiderscheid, L-9156 / Ardennes

iD

de Reenert	1 ADEKNOPQSTU E 6
4 Fuussekaul	2 PQSWYZ ABDEFGK 7
1 Jan - 31 Dez	3 BDGJMSTUWX ABCDEFJNQRW 8
+352 2 68 88 81	4 ABEFGJLNORTVX EJUW 9
info@reenert.lu	5 ACDEFGHILMN ABHIJKNOPRSX 10
	FKK 6A CEE ❶ €27,00
N 49°52'41" E 05°59'43"	H510 2ha 62T(85-100m²) 38D ❷ €33,00

N15 Bastogne-Diekirch. Südlich von Heiderscheid ist der CP auf der linken Seite wenn man von Belgien kommt, gegenüber CP Fuussekaul. 109344

Heiderscheid, L-9156 / Ardennes

iD

Fuussekaul*****	1 ADEKNOPQSTU BG 6
4 Fuussekaul	2 BPQSVWXYZ ABCDEFGHJK 7
1 Jan - 31 Dez	3 BCDFGJMSTUX ABCDEFIJKNQRTUVW 8
+352 2 68 88 81	4 ABEFGJLNORTV ABEIJUW 9
info@fuussekaul.lu	5 ACDEFGHIJLMN ABEFGHJKLNOPQWXY 10
	6-16A CEE ❶ €32,00
N 49°52'39" E 05°59'34"	H510 18ha 222T(90-120m²) 255D ❷ €38,00

N15 Bastogne-Diekirch fahren. Südlich von Heiderscheid liegt der CP auf der rechten Seite, wenn man von Belgien kommt. Weiter ausgeschildert. 105325

Heiderscheidergrund, L-9659 / Ardennes

iD

Bissen****	1 ADEKNOPQSTU JN 6
11 Millewee	2 DPQWXY ABDEFG 7
1 Apr - 30 Okt	3 BDMS ABCDEFIJKNQRTW 8
+352 83 90 04	4 BFGIJOTU EFIJU 9
info@camping-bissen.lu	5 ABDEFGHJKLN ABFGHIKOQ 10
	B 10A CEE ❶ €34,00
N 49°54'19" E 05°57'23"	H420 2,8ha 70T(60-120m²) 93D ❷ €44,00

Liegt an der Kreuzung der N15 (Bastogne-Ettelbrück) mit der N27. CP liegt an der N15 an der Sûre (Sauer). An der Brücke und Hotel Bissen durch braunes Schild angezeigt. 105324

Ingeldorf/Diekirch, L-9161 / Ardennes

CC€23 iD

Gritt Kat.I/***	1 ABDEGKNOPQRSTU N 6
2, Um Gritt	2 ADPQWXY ABFG 7
1 Apr - 30 Sep	3 BX ABCDEFGHJKNQRTUVW 8
+352 80 20 18	4 FHIO 9
info@camping-gritt.lu	5 DHL ABCDFGHJKOQ 10
	B 10-16A CEE ❶ €31,00
N 49°51'02" E 06°08'04"	H237 3,5ha 137T(75-120m²) 25D ❷ €41,00

N7 Ettelbrück-Diekirch. Nach ca. 2 km rechts ab Richtung Ingeldorf. Dann Schildern folgen. 108898

Larochette, L-7633 / Mullerthal

CC€21

hu Birkelt Village Kat.I/*****	1 DEKNOPQRSU ADF 6
1 Um Birkelt	2 BPQUWXYZ ABDEFG 7
20 Apr - 17 Sep	3 BDFGLMSX ABCDEFGIJKNQRTUVW 8
+352 87 90 40	4 BCDFHILO BCE 9
birkelt@huopenair.com	5 ACDEFGHKLM ABCEGHJKORSY 10
	B 10-16A CEE ❶ €41,00
N 49°47'05" E 06°12'40"	H360 12ha 134T(80-100m²) 399D ❷ €55,00

N14 Diekirch-Larochette. Im Zentrum von Larochette rechts ab. Danach den CP-Schildern folgen. 105342

Larochette/Medernach, L-7633 / Mullerthal

iD

Auf Kengert****	1 ABDEJMOPQRSU BG 6
Kengert 1	2 BQRUWXYZ ABCDEFGH 7
1 Mrz - 8 Nov	3 BCDFMX ABCDFGJKNQRTW 8
+352 83 71 86	4 FGHIJO AFJL 9
info@kengert.lu	5 ACDEFHJKLMN ABFGHJKOPQY 10
	B 16A CEE ❶ €38,00
N 49°48'00" E 06°11'53"	H375 2ha 180T(100-120m²) 18D ❷ €52,00

Die N14 Diekirch-Larochette nehmen. Im Zentrum von Larochette rechts abbiegen. Dann der Beschilderung folgen. 101307

Lieler, L-9972 / Ardennes

iD

Trois Frontières Kat.I/****	1 ABCDEKNOPQRSTU D 6
Hauptstrooss 12	2 IPQSUXYZ ABDEFGH 7
1 Jan - 31 Dez	3 BFLMS ABCDFGHIJNQRTW 8
+352 99 86 08	4 FHIJO FJ 9
info@troisfrontieres.lu	5 ADEFHJKMN ABCHJKOQ 10
	WB 6-10A CEE ❶ €32,80
N 50°07'26" E 06°06'18"	H508 2ha 19T(120-130m²) 72D ❷ €41,80

N7 Weiswampach-Diekirch, ungefähr 3 km hinter Weiswampach nach links abbiegen Richtung Lieler. Der CP ist ausgeschildert. 105316

Luxemburg, L-1899 / Sud

iD

Kockelscheuer Kat.I/****	1 ABDEGKNOPQRSTU 6
22 route de Bettembourg	2 APQVWXYZ ABDEFG 7
1 Apr - 31 Okt	3 BFJMNPQRSX ABCDEFJNQRW 8
+352 47 18 15	4 FHIJO F 9
caravani@pt.lu	5 ACDEFHLMNO ABCGHJKLOQUY 10
	B 16A CEE ❶ €23,00
N 49°34'20" E 06°06'31"	H300 2ha 159T(100m²) 3D ❷ €29,00

Luxemburg Südring A1 am Kreuz Gasperich. Ausf. Croix Herespange zur A3 und sofort wieder erste Ausf. zur 231 Gaasperech. Bis zum Kreisel, dann links die 186 Ri. Kockelscheuer. Rechts ab in die Route de Bettembourg. Siehe CP-Schilder. 105345

Mersch, L-7572 / Centre

CC€19 iD

Camping Krounebierg*****	1 ADEKNOPQSTU EFHI 6
2 rue du Camping, BP 35	2 AQSVWXYZ ABDEFGH 7
1 Apr - 29 Okt	3 BFMSUV ABCDEFGJNQRTW 8
+352 32 97 56	4 BCFHJLOQRSTUVX EF 9
contact@campingkrounebierg.lu	5 ACDEFHJLN ABDFGHJKMOQUY 10
	B 6-10A CEE ❶ €36,85
N 49°44'37" E 06°05'23"	H250 3ha 140T(60-200m²) 23D ❷ €45,25

Von N: A7 Ausfahrt Kopstal, Ri. Mersch. CP-Schildern folgen. Von der N7 in Mersch den Schildern Stadtzentrum folgen. Von S: A6 Ri. Bruxelles, dann Ausfahrt 3 Bridel/Kopstal. Ri. Mersch, dann den CP-Schildern folgen. 100690

Luxemburg

Karte Luxemburg auf Seite 224

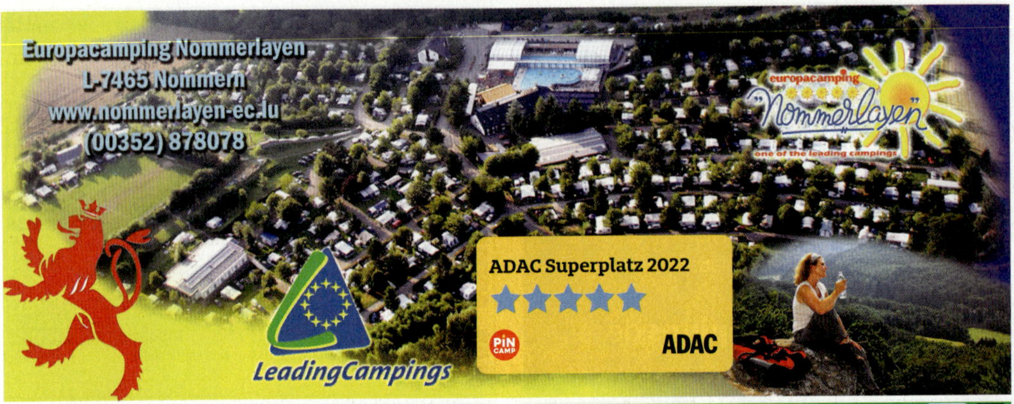

ACSI AWARDS 2022

GEWINNER

Bester Campingplatz für Wanderungen und Radtouren

Luxemburg

Camping Du Barrage Rosport

Nommern, L-7465 / Centre

CC€21 iD

- Europacamping Nommerlayen Kat.I/*****
- rue Nommerlayen
- 31 Mrz - 5 Nov
- +352 87 80 78
- info@nommerlayen-ec.lu

1 ABCDE**KN**OPQRST**U**	ADG	6
2 AIQVWXYZ	AB**C**DE**FGH**	7
3 ABEFG**L**M**R**SVX	ABCDEFHJK**L**NPQRTUVW	8
4 BCDEFGHJLMO**PQ**R**TU**	BEJUVW	9
5 ACDEFHKLN	ABCDFGHIJKOQWY	10

Anz. auf dieser S. B 10-16A CEE
H298 15ha 388**T**(70-130m²) 40**D**

① €52,60
② €69,10

N 49°47'06'' E 06°09'55''

105341

Der N7 bis Ettelbrück/Schieren, dann Ausfahrt 7, Cruchten/Colmarberg. Am Ende Ausfahrt nach Shell-Tankstelle links Ri. Cruchten/Nommern. In Cruchten links ab, dann den Schildern folgen.

ACSI AWARDS 2022

GEWINNER

Bester Campingplatz

Luxemburg

Europacamping Nommerlayen

Reisdorf, L-9390 / Mullerthal

iD

- De la Rivière
- 21, route de la Sûre
- 24 Mrz - 18 Sep
- +352 83 63 98
- campingreisdorf@pt.lu

1 AF**KN**OPQRSTU	**N**X	6
2 DPQWXYZ	A**BFG**	7
3 ASX	ABDEFHJNQRW	8
4 FHIO	F	9
5 DEHLN	ABCGHJKOQ	10

6-10A CEE
H184 1,5ha 70**T**(100-220m²) 6**D**

① €22,00
② €30,00

N 49°52'06'' E 06°15'54''

108729

N10 Diekirch-Echternach. In Reisdorf erster Camping nach der Brücke, gegenüber des China-Restaurants.

ACSI AWARDS 2022

GEWINNER

Campingplatz mit der schönsten Lage

Luxemburg

Camping De la Sûre Reisdorf

Reisdorf, L-9390 / Mullerthal

CC€19 iD

- De la Sûre Reisdorf Kat.I
- 23 route de la Sûre
- 1 Apr - 29 Okt
- +352 6 91 84 96 66
- info@campingdelasure.lu

1 ADE**KN**OPQSTU	**N**X	6
2 CPQWXYZ	ABE**FG**	7
3 BMSX	ABCDEFHJNPQRW	8
4 FHJO**PQ**	BE	9
5 ABDEFHKLN	ABDGHJKOQ	10

Anzeige auf Seite 233 10-16A CEE
H182 2,9ha 95**T**(100-150m²) 6**D**

① €27,00
② €38,00

N 49°52'11'' E 06°16'03''

101536

N10 Diekirch-Echternach, in Reisdorf zweiter CP nach der Brücke.

Rosport, L-6580 / Mullerthal

CC€19 iD

- Du Barrage Rosport Kat.I
- 1, rue du camping
- 1 Jan - 31 Dez
- +352 73 01 60
- campingrosport@pt.lu

1 ADE**KN**OPQSTU	BG**N**WXZ	6
2 CPQRWXY	ABD**FG**	7
3 BFGMSX	ABCDEFGJKNQRTW	8
4 BFH	EFNRUVW	9
5 ADEFHL	ABFGHKOQY	10

B 12-16A CEE
H150 4,2ha 104**T**(100m²) 62**D**

① €26,00
② €34,00

N 49°48'33'' E 06°30'12''

105347

N10 Echternach-Wasserbillig bis Rosport. Dann Schildern folgen.

Simmerschmelz, L-8363 / Centre

CC€19 iD

- Simmerschmelz Kat.I
- Simmerschmelz 2
- 1 Jan - 31 Dez
- +352 30 70 72
- info@simmerschmelz.com

1 ADE**KN**OPQSTU	AF	6
2 ABPQRUWXYZ	AB**FG**H	7
3 BEGMVX	ABFJKNQRW	8
4 FJO	EJ	9
5 ABDEFHLN	ABFHJKMOSY	10

6A CEE
H350 5ha 70**T**(80-120m²) 54**D**

① €32,25
② €43,25

N 49°41'34'' E 05°59'08''

109345

Von Belgien E25 Ri. Luxemburg, Ausfahrt 1 Ri. Steinfort. Kreisverkehr geradeaus Ri. Septfontaines. Nach 300m rechts Ri. Goeblange. Am Ende rechts und gleich links Simmerschmelz folgen. Nach 3 km CP (rechten Seite).

Stolzembourg, L-9464 / Ardennes

iD

- Du Barrage Kat.I
- 1 Apr - 1 Nov
- +352 83 45 37
- scr@pt.lu

1 ABE**KN**OPQRST**U**	**N**	6
2 DPQWXYZ	A**B**D**EFG**H	7
3 BSUX	ACE**F**HJNRT	8
4 FHIJNO	DIX	9
5 ABDEHJKN	ABCHJKLOQU	10

B 16A CEE
H230 3ha 100**T**(90-120m²) 81**D**

① €25,50
② €33,50

N 49°58'37'' E 06°09'57''

108728

Von Vianden N10 Richtung Stolzembourg, 1 km hinterm Dorf an der rechten Seite.

Luxemburg

Karte Luxemburg auf Seite 224

Luxemburg

Tadler, L-9181 / Ardennes

Toodlermillen****
Toodlermillen 1
15 Apr - 15 Sep
+352 83 91 89
info@camping-toodlermillen.lu
N 49°54'50" E 06°00'03"

1 ADEGH**KN**OPQRSTU J 6
2 DKQWXY A**B**D**EFGH** 7
3 B**HI**MUX ABD**F**JKNQRTW 8
4 FHIJO 9
5 ABDEFHKN ABFHIJKLMORSV 10
B 6A CEE
H250 3ha 90**T**(80-120m²) 30**D**
① €34,00
② €43,00
105323

N15 Bastogne-Ettelbrück, in Heiderscheidergrund die N27 am Fluss entlang. Nach 5 km kommt die Ortschaft Tadler. Der CP liegt zwischen der Straße und Fluss an der Brücke.

Troisvierges, L-9912 / Ardennes

CC€21

Camping Troisvierges Kat.I
rue de Binsfeld
1 Apr - 30 Sep
+352 99 71 41
info@camping-troisvierges.lu
N 50°07'07" E 06°00'04"

1 ABDE**KN**OPQST**U** BEFH 6
2 DPQVWXYZ BE**FG** 7
3 BFG**L**MN**P**S**T**X ABFJNQRTU 8
4 BCDEFHIJOQ BEFG 9
5 ADEFGHJKN ABDFGHJKMOQUY 10
B 10A
H467 5ha 100**T**(80-120m²) 57**D**
① €28,50
② €37,50
100686

Der CP liegt ca. 300m von Zentrum der Stadt Troisvierges, an der Straße nach Binsfeld. In Troisvierges den CP-Schildern folgen.

Walsdorf, L-9465 / Ardennes

CC€17

Vakantiepark Walsdorf****
Tandelerbach 1
7 Apr - 28 Okt
+352 83 44 64
info@campingwalsdorf.com
N 49°55'02" E 06°10'43"

1 ABDE**KN**OPQRSU 6
2 BCQRTVWXYZ ABDE**FG**H 7
3 AFGM**T**UX ABCDEFHJKNQRTW 8
4 ABCDFHIJ ABCEIUV 9
5 ACDEFHKLN ABHJKN**O**RSY 10
B 4A CEE
H264 6ha 93**T**(80-140m²) 37**D**
① €38,50
② €49,00
105335

B50 Bitburg-Vianden. N17 Diekirch-Vianden. Hinter Tandel links ab. CP-Schildern folgen. Campingzufahrt sehr schmal.

Wiltz, L-9554 / Ardennes

CC€19

KAUL Kat.I
60 Campingstrooss
1 Jan - 31 Dez
+352 9 50 35 91
info@kaul.lu
N 49°58'23" E 05°56'01"

1 ABDE**KN**OPQRSTU BGH 6
2 IPQSUWXY ABDE**FG**H 7
3 BFGMNS ABCDEFJKNQRTU 8
4 AEFHIJ CFJLUVW 9
5 ACDFHJLN ABDHJKOQUY 10
Anzeige auf dieser Seite B 10A CEE
H480 6ha 77**T**(100m²) 28**D**
① €31,00
② €43,00
105322

Der CP liegt 300m vom Zentrum von Unterstadt von Wiltz entfernt, entlang der Straße Troisvierges-Clervaux stehen CP-Schilder.

Deutschland

Deutschland: Berge, Wälder und gemütliche Städte

Deutschland hat eine wunderschöne Natur, reizvolle historische Städte, gute Straßen und ausgezeichnete Campingplätze. Ob Sie nun einen Campingplatz an der Küste in Norddeutschland oder zwischen den Alpengipfeln in Süddeutschland suchen, in Deutschland sind Sie genau richtig. Naturliebhaber entscheiden sich für die Eifel oder den Schwarzwald, wo Sie endlos durch die unberührte Natur wandern oder radeln. Campen Sie auf einem idyllischen kleinen Campingplatz mitten in der Natur an einem plätschernden Bach und bestaunen Sie beeindruckende Wasserfälle. Darf es ein bisschen mehr Luxus sein? Kein Problem, es gibt auch Campingplätze mit einem Wasserpark!

Hauptstadt: Berlin
Währung: Euro
Zeitzone: UTC +1, UTC +2 (März bis Oktober)
Sprache: Deutsch
Ländervorwahl: +49
Alkoholgrenze: 0,5‰, aber 0‰ für Fahrer, die seit weniger als zwei Jahren im Besitz eines Führerscheins sind oder unter 21 Jahre alt sind
Notrufnummer: 112 Polizei, Feuerwehr und Rettungswagen; 110 Polizei
Leitungswasser: unbedenklich

ACSI AWARDS

Gewinner 2022 in Deutschland

Bester Campingplatz
Alfsee Ferien- und Erlebnispark

Bestes Campingplatz-Schwimmbad
Südsee-Camp

Bester Campingplatz für Wanderungen und Radtouren
Camping Arterhof

Beste Campingplatz-Animation
Camping Holländischer Hof

Hundefreundlichster Campingplatz
Kur- und Feriencamping Max 1

Campingplatz mit der schönsten Lage
Camping Tennsee

Bestes Campingplatz-Restaurant
Camping Münstertal

Schönste Wohnmobilstellplätze
Campingpark Kühlungsborn GmbH

Gewinner: Alfsee Ferien- und Erlebnispark

Campen an der Mosel

Entdecken Sie die Mosel, eine wunderbare Region für einen Campingurlaub. Sie haben einen herrlichen Blick auf den Fluss, der sich entlang der grünen Weinberge durch die grünen Hänge schlängelt und besuchen unterwegs schöne Orte wie Koblenz, Cochem und Trier. Halten Sie an einem imposanten Schloss und lassen Sie den Tag bei einer Weinprobe ausklingen. Überall an der Mosel befinden sich Weingüter, die stolz auf ihre Ernte sind. Möchten Sie am Wasser campen? Dann ist die Mosel auch ideal, denn die meisten Campingplätze in der Region liegen direkt am Fluss. Ideal für ungestörtes Angeln oder ein abkühlendes Bad im Sommer.

Entdecken Sie die Ostseeküste, Inseln und Seen in Norddeutschland

Norddeutschland ist eine gute Wahl für Natur- und Kulturliebhaber. Wenn Sie gerne Rad fahren, ist der Ostseeradweg zu empfehlen, welcher entlang der deutschen Ostseeküste von Flensburg bis zur Insel Usedom führt. Unterwegs passieren Sie schöne Städte wie Lübeck und Rostock und weite Strände mit den typischen Strandkörben. Auf den besonderen Inseln wie Zingst und Rügen finden Sie wunderschöne Campingplätze inmitten einer einzigartigen Natur. Wenn Sie Wassersport, Ruhe oder Vogelbeobachtung lieben, dann sind die ostdeutschen Seen in der Region Mecklenburgische Seenplatte sehr zu empfehlen. In diesem wasserreichen Gebiet mit mehr als 100 Seen können Sie mit etwas Glück See- oder Fischadler beobachten. Und im Frühjahr nisten hier unzählige Kraniche.

„Deutschland hat für jeden etwas zu bieten: Berge und Täler, Bratwurst und Schnitzel"

Herr G. Brink, Inspektor 609

Von Kathedralen bis zum guten Essen

In Deutschland können Sie Ihren Campingurlaub problemlos mit einer Städtereise verbinden. Mehrere bei ACSI gelistete Campingplätze befinden sich in der Nähe malerischer und lebendiger Städte wie Berlin, Dresden und München. Bewundern Sie die Geschichte der jahrhundertealten Kathedralen und Schlösser und genießen Sie die deutsche Gastfreundschaft und köstlichen Speisen und Getränke.

Tanken

Benzin (Super 95, Super 95 E10 und Super Plus 98) ist gut erhältlich (wenn Sie E10 tanken möchten, prüfen Sie die Einfüllöffnung, das Benutzerhandbuch oder fragen Sie Ihren Händler, ob Ihr Auto damit fahren kann). Diesel und LPG sind ebenfalls gut erhältlich. Für die Betankung mit Flüssiggas wird der Europa-Adapter (acme) verwendet. Die meisten Tankstellen sind mindestens von 8 bis 20 Uhr geöffnet und die

Tankstellen an den Autobahnen sind oft Tag und Nacht geöffnet. Es gibt auch unbemannte Tankstellen.

Ladestationen

Es gibt viele Ladestationen für Elektroautos, auch wenn es einige Gebiete gibt, in denen die Abdeckung geringer ist. Achten Sie genau auf die unterschiedlichen Tarife. Das Aufladen in der Nacht kann manchmal günstiger sein. Ladestationen finden Sie auf ladesaeulenregister.de.

Verkehrsregeln

Abblendlicht ist bei schlechter Sicht, bei Dunkelheit und im Tunnel vorgeschrieben. An einer gleichberechtigten Kreuzung hat der Verkehr von rechts Vorfahrt. Der Verkehr in einem Kreisverkehr hat Vorrang, wenn dies durch ein Vorfahrtszeichen angezeigt wird. Der bergauf fahrende Verkehr hat Vorfahrt vor dem bergab fahrenden Verkehr (auf engen Bergstraßen muss jedoch das Fahrzeug Vorfahrt haben, das am leichtesten ausweichen kann). Sie dürfen kein Mobiltelefon hinter dem Lenkrad halten, auch nicht im Stillstand (Freisprechen ist erlaubt). Kinder unter 12 Jahren und einer Körpergröße von weniger als 1,50 m müssen in einem Kindersitz sitzen. Winterreifen sind bei winterlichen Straßenverhältnissen Pflicht.

Sondervorschriften

Bei einem Stau müssen Sie so weit wie möglich nach rechts oder links ausweichen, um in der Mitte eine freie Spur (Rettungsgasse) für Einsatzfahrzeuge zu schaffen. Beim Überholen von Radfahrern (auch auf dem Radweg) müssen Sie einen seitlichen Abstand von mindestens 1,50 Metern einhalten. In einer deutschen Fahrradstraße sind Autos nicht erlaubt, sofern nicht anders angegeben. Zickzacklinien auf der Fahrbahn zeigen an, dass Sie dort nicht halten oder parken dürfen.

Vorgeschriebene Ausstattung

Das Mitführen eines Warndreiecks, einer Warnweste und eines Erste-Hilfe-Kastens ist Pflicht. Es besteht eine situative Winterreifenpflicht, bei winterlichen Straßenverhältnissen muss ihr Fahrzeug Winterreifen haben.

> ***„ACSI Campingplätze in Deutschland: für Camper, die es verdienen, den richtigen Campingplatz zu finden"***
>
> *Herr J. Urlings, Inspektor 933*

Reisemobil und Caravan

Ein Reisemobil oder eine Auto-Wohnwagen-Kombination darf bis zu 4 m hoch, 2,55 m breit und 18 m lang sein (der Wohnwagen selbst darf bis zu 12 m lang sein). Auf Autobahnen mit drei oder mehr Fahrspuren ist es nicht erlaubt, mit einem Wohnwagen auf der linken Spur zu fahren, es sei denn, Sie möchten links abbiegen. Wenn Sie einen Wohnwagen mit mehr als 750 kg ziehen, müssen Sie zwei Unterlegkeile mitführen.

Fahrrad

Ein Fahrradhelm ist nicht vorgeschrieben. Es ist verboten, während des Radfahrens zu telefonieren oder ein Mobiltelefon zu benutzen. Kinder bis zu 8 Jahren müssen auf dem Bürgersteig fahren und die Straße zu Fuß überqueren.
Nur Radfahrer, die 16 Jahre oder älter sind, dürfen ein Kind, das jünger als 7 Jahre ist, in einem Sitz befördern. Das Radfahren nebeneinander ist nur auf einem Radweg erlaubt, der durch eine Erhöhung oder einen Grünstreifen von der Straße getrennt ist.

Umweltzonen

In immer mehr deutschen Städten wird eine Umweltplakette zur Pflicht. Dies gilt auch für ausländische Fahrzeuge. Die Umweltplakette kann je nach den Emissionen Ihres Fahrzeugs gelb, grün oder rot sein. Auf Autobahnen ist die Vignette nicht erforderlich. Eine Umweltzone ist durch Schilder "Umweltzone" gekennzeichnet. Wenn Sie in diese Zone ohne Umweltplakette fahren, riskieren Sie ein Bußgeld. In einigen Städten gibt es ein sogenanntes "Dieselfahrverbot", bei dem ältere Dieselfahrzeuge und Fahrzeuge ohne Katalysator nicht mehr zugelassen sind. Die Regeln sind von Ort zu Ort unterschiedlich.
Weitere Informationen:
gis.uba.de/website/umweltzonen.

Panne und Unfall

Stellen Sie auf der Autobahn Ihr Warndreieck mindestens 200 m (sonst 50-100 m) hinter dem Auto auf. Allen Insassen wird empfohlen, eine Warnweste zu tragen. Rufen Sie im Falle einer Panne die Notrufnummer Ihres Pannendienstes an. Sie können auch den deutschen Pannendienst anrufen: +49 89 22 22 (ADAC) oder +49 711 530 34 35 36 (ACE). Alternativ können Sie an einem orangefarbenen Stellwerk die Pannenhilfe anfordern. Es wird empfohlen, Ihr Fahrzeug nicht selbst auf der Autobahn zu reparieren. Das Abschleppen auf der Autobahn ist bis zur ersten Ausfahrt erlaubt.

Campen

Die deutschen Campingplätze gehören zu den besten in Europa. Die Campingplätze konzentrieren sich zunehmend auf Zielgruppen wie Familien mit Kindern, Wanderer und Radfahrer oder Wellnessliebhaber.
Wildcamping außerhalb der Campingplätze ist generell verboten. Sie ist nur mit Genehmigung des Grundstückseigentümers erlaubt.

Praktisches

Auf fast allen Campingplätzen gibt es eine Mittagspause (in der Regel von 13 bis 15 Uhr), die im Allgemeinen strikt eingehalten wird.

Klima Berlin	Jan.	Feb.	März	Apr.	Mai	Jun.	Jul.	Aug.	Sept.	Okt.	Nov.	Dez.
Durchschnittliche Höchsttemperatur	3	4	9	13	19	22	24	24	19	13	7	4
Durchschnittliche Anzahl der Sonnenstunden pro Tag	2	2	5	6	8	8	8	7	6	4	2	1
Durchschnittliche monatliche Niederschlagsmenge (mm)	42	33	41	37	54	69	56	58	45	37	44	55

Klima Frankfurt am Main	Jan.	Feb.	März	Apr.	Mai	Jun.	Jul.	Aug.	Sept.	Okt.	Nov.	Dez.
Durchschnittliche Höchsttemperatur	4	6	10	15	20	22	25	25	20	14	8	5
Durchschnittliche Anzahl der Sonnenstunden pro Tag	1	2	4	5	7	8	7	7	5	3	1	1
Durchschnittliche monatliche Niederschlagsmenge (mm)	43	37	48	43	60	61	65	53	50	55	52	56

Klima Hamburg	Jan.	Feb.	März	Apr.	Mai	Jun.	Jul.	Aug.	Sept.	Okt.	Nov.	Dez.
Durchschnittliche Höchsttemperatur	4	4	8	12	18	20	22	22	18	13	8	5
Durchschnittliche Anzahl der Sonnenstunden pro Tag	2	2	4	6	7	8	7	7	6	3	1	1
Durchschnittliche monatliche Niederschlagsmenge (mm)	64	42	63	46	54	77	75	73	68	64	69	78

Klima München	Jan.	Feb.	März	Apr.	Mai	Jun.	Jul.	Aug.	Sept.	Okt.	Nov.	Dez.
Durchschnittliche Höchsttemperatur	3	4	9	13	18	21	23	23	19	13	7	4
Durchschnittliche Anzahl der Sonnenstunden pro Tag	2	3	5	6	7	8	8	8	6	4	2	2
Durchschnittliche monatliche Niederschlagsmenge (mm)	48	45	58	70	93	128	132	111	86	65	71	61

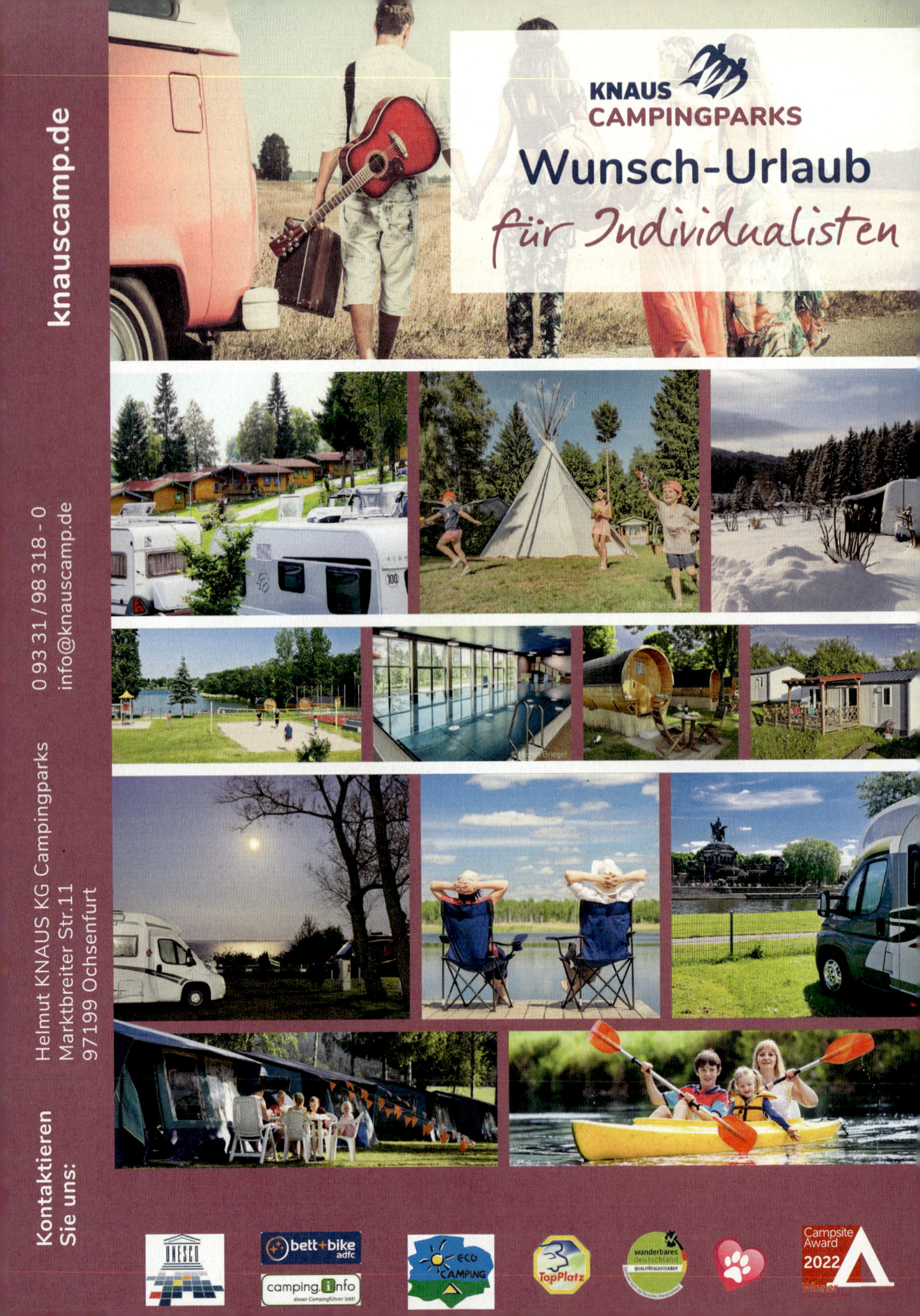
KNAUS
CAMPINGPARKS
Wunsch-Urlaub
für Individualisten
knauscamp.de
0 93 31 / 98 318 - 0
info@knauscamp.de
Helmut KNAUS KG Campingparks
Marktbreiter Str.11
97199 Ochsenfurt
Kontaktieren Sie uns:
UNESCO
bett+bike adfc
camping.info
ECO CAMPING
TopPlatz
wanderbares deutschland
Campsite Award 2022 Winner

Deutschland

Apen/Nordloh, D-26689 / Niedersachsen

Nordloh	1 AEGKNOPQRSTU	LN 6
Schanzenweg 4	2 AEJKQRWXYZ	ABDEFGIJ 7
1 Jan - 31 Dez	3 BFHIJMU	ABCDEFJNQRTUV 8
+49 44 99 26 25	4 HJOPQ	EVW 9
udo.delger@ewe.net	5 ABDEFHLMN	ABCFGHIJKOQUWY 10
	B 16A CEE	❶ €20,00
N 53°10'50'' E 07°46'26''	12ha 80T(100m²) 165D	❷ €25,00

Autobahn A28 Groningen-Leer-Oldenburg. Ausfahrt 4 Apen/Remels. In Apen Richtung Barßel/Nordloh. Dann ausgeschildert. 102072

Aschenbeck/Dötlingen, D-27801 / Niedersachsen

Aschenbeck	1 ADEGKNOPQRSTU	LN 6
Zum Sande 18	2 AEJQSXYZ	BEFG 7
1 Jan - 31 Dez	3 AFGHIJLMS	BDFJNPQRW 8
+49 44 33 96 88 47	4	9
aschenbeck.camping@web.de	5 ABDEFJM	AHJKLMOQ 10
	B 16A CEE	❶ €19,00
N 52°56'02'' E 08°24'13''	8ha 65T(100m²) 189D	❷ €21,00

A1 Osnabrück-Bremen Ausfahrt Wildeshausen/Nord. Dann Richtung Wildeshausen. An der Ampel Richtung Dötlingen. Nach Aschenstedt den Schildern folgen. 101119

Bad Bentheim, D-48455 / Niedersachsen

Am Berg	1 AEKNOPQRSTU	6
Suddendorferstraße 37	2 PQXYZ	BDFGI 7
4 Mrz - 1 Nov	3 LS	BCDFJMNQR 8
+49 59 22 99 04 61	4 FH	9
info@campingplatzamberg.de	5 ADN	ABGHJKORS 10
	Anzeige auf dieser Seite 10A CEE	❶ €25,55
N 52°17'52'' E 07°11'30''	3ha 83T(100-120m²) 50D	❷ €32,35

A30/A31 Kreuz Schüttorf, Ausfahrt Schüttorf Süd. Richtung Bad Bentheim. Der B403 folgen. Der CP ist ausgeschildert. 113444

Deutschland

Bad Rothenfelde, D-49214 / Niedersachsen

Campotel*****
Heidland 65
1 Jan - 31 Dez
+49 54 24 21 06 00
info@campotel.de
N 52°05'53" E 08°10'22"

1 ADGKNOPQRSTU — MN 6
2 AJKLQSTWXYZ — BDEFGHIJ 7
3 ADFGLMNPSUV — BDFIJLNQRTUVW 8
4 BDFHJKLPQRSTUVXZ — EFVWY 9
5 ABDEFKM — ABFGHIJKMOQWY 10
Anzeige auf dieser Seite B 16A CEE — ① €38,20
H103 13ha 140T(75-180m²) 266D — ② €38,70

Autobahnkreuz Osnabrück-Süd (Lotte) A33 Richtung Bielefeld/ Bad Rothenfelde. CP ist dort ausgeschildert. Dann Ausfahrt 13 Richtung Bad Rothenfelde. Im Kreisel geradeaus, danach ausgeschildert. — 110092

Bensersiel, D-26427 / Niedersachsen

Camping Bensersiel*****
Am Strand 8
1 Apr - 23 Okt
+49 49 71 91 71 21
nordseeurlaub@bensersiel.de
N 53°40'31" E 07°33'50"

1 ADEILOPQRSTU — AEFHIJKLMN 6
2 DIJRSTWX — ABCDEFGI 7
3 ABCDEFGJMSUX — ABCDEFGHIJKLNQRSTUVW 8
4 ABCDEFGHIJQRSTUVWXYZ — VW 9
5 ABCDEFGHIJKLN — ABCFGIJKOQXY 10
B 16A CEE — ① €34,50
10ha 500T(60-90m²) 350D — ② €40,10

A7 Ausfahrt Leek, dann Schildern 'Am Strand 8' folgen. — 108069

Berne, D-27804 / Niedersachsen

Juliusplate****
Juliusplate 4
7 Apr - 30 Sep
+49 44 06 16 66
camping@juliusplate.de
N 53°11'48" E 08°30'41"

1 ADEGKNOPQSTU — JLNSXY 6
2 CEJQSTWXYZ — BFG 7
3 ABLM — ABCDEFKNPQRU 8
4 FH — DRVW 9
5 ACDLMN — AFGIJKLNQUV 10
B 6-10A CEE — ① €23,00
3,6ha 100T(80-90m²) 84D — ② €31,00

A28 Bremen-Oldenburg, Ausfahrt 19 Ganderkesee-West, Richtung B212 Nordenham bis Berne. Ortausgang rechts B74 Richtung Fähre. Weiter den CP-Schildern nach. — 102199

Borkum, D-26757 / Niedersachsen

Aggen
Ostland 1
15 Mrz - 30 Okt
+49 49 22 22 15
aggen-borkum@t-online.de
N 53°36'13" E 06°43'30"

1 HJMOPQRS — 6
2 JPQWXY — ABDFG 7
3 AFMS — ABEFJQRTW 8
4 FHJO — I 9
5 ADM — ABHJKOQ 10
16A CEE — ① €36,00
2ha 10T(80-100m²) 32D — ② €42,00

Fähre Eemshaven (NL) nach Borkum. Auch über Emden möglich. Auf der Insel selbst nur eingeschränkter Autoverkehr möglich! CP liegt an der Ostseite der Insel nach dem Flugplatz. — 117242

Borkum, D-26757 / Niedersachsen

Insel-Camping-Borkum
Hindenburgstraße 114
19 Mrz - 30 Okt
+49 49 22 10 88
info@ insel-camping-borkum.de
N 53°35'20" E 06°39'28"

1 ABDEHKNOPQRSTU — KMNQRSTX 6
2 GJPQSTWXYZ — ABCDEFGHIJ 7
3 ABCDEFGHIJMSUVWX — ABCDEFGHIJKMNPQRTUVW 8
4 ABCDEFGHJLOQRSTYZ — DKV 9
5 ABCDEFHIJKLMN — ABFGHIJKLMOQU 10
B 16A CEE — ① €35,70
7,2ha 220T(80-120m²) 130D — ② €44,90

Emden/Eemshaven, der Hindenburgstraße folgen. — 108084

Burhave, D-26969 / Niedersachsen

Knaus Camp.park Fedderwardersiel/Nordsee
Lagunenweg
15 Apr - 15 Okt
+49 47 33 16 83
burhave@knauscamp.de
N 53°34'59" E 08°22'13"

1 ADEKNOPQRSTU — KMNQSWX 6
2 GIKQWX — ABFGI 7
3 ABFS — ABEFJNQRUW 8
4 FHK — 9
5 DM — ABFHJKMQ 10
Anz. auf S. 240 + Umschl. 16A CEE — ① €34,50
1ha 76T(80-100m²) 32D — ② €44,10

Durch Burhave Richtung Tossens. Abfahrt Fedderwardersiel. Auf dem Deich links ab. CP ist angezeigt mit der Beschilderung 'Knaus Campingpark'. Anmeldung über den Knaus-Camping in Butjadingen/Burhave. — 121497

Butjadingen/Burhave, D-26969 / Niedersachsen

Knaus Campingpark Burhave / Nordsee****
An der Nordseelagune 1
15 Apr - 15 Okt
+49 47 33 16 83
burhave@knauscamp.de
N 53°35'01" E 08°22'12"

1 ADEGKNOPQRSTU — KLMNQRSXZ 6
2 EGIJKPQRSTWX — ABDEFGHIK 7
3 BFGHIJS — ABDEFJKNQRTUVW 8
4 BEGHJO — EVWXY 9
5 ABDEFLMN — ABFGHJKMOQ 10
Anz. auf S. 240 + Umschl. 16A CEE — ① €37,20
2,5ha 100T(90m²) 267D — ② €48,40

A29 Oldenburg-Wilhelmshaven. Ausfahrt Varel. B437 Schweiburg Ri Nordenham/Butjadingen. Oder: A27 Bremen-Bremerhaven, Ausfahrt 11 Stotel, B437 durch den Wesertunnel nach Nordenham/Butjadingen. CP angezeigt. — 110734

Detern, D-26847 / Niedersachsen

Jümmesee
Zum See 2
1 Jan - 31 Dez
+49 49 57 18 08
campinplatz@detern.de
N 53°12'33" E 07°38'33"

1 AGHILOPQSTU — LMNOXZ 6
2 ACEJKQRWXYZ — ABDEFGIJK 7
3 BFGRST — ABCDFJKNPRTW 8
4 FH — RV 9
5 BDEFHLM — ABFGHJKOQUY 10
16A CEE — ① €22,50
11ha 20T(20m²) 185D — ② €33,00

A7 Richtung Oldenburg, Ausfahrt Filsum, Ausfahrt 3. Dann B72 Ausfahrt Stickhausen. Vor der Brücke rechtsab. Der CP ist ausgeschildert. — 108073

Eckwarderhörne, D-26969 / Niedersachsen

Knaus Campingpark Eckwarderhörne****
Zum Leuchtfeuer 116
1 Jan - 31 Dez
+49 47 36 13 00
eckwarderhoerne@knauscamp.de
N 53°31'17" E 08°14'06"

1 AEGKNOPQSTU — KMNQRSWXYZ 6
2 GJKQRTWXY — ABDEFGHIJK 7
3 BFGMS — ABCDEFJKNQRTUVW 8
4 AEFGHJLOQ — EUVWXY 9
5 ADEFLMN — ABFGHJKMOQU 10
Anz. auf S. 240 + Umschl. B 16A CEE — ① €40,00
6ha 25T(80-130m²) 148D — ② €51,20

A29 Richtung Wilhelmshaven. Ausfahrt 8 Varel. Abfahrt Schweiburg (B437) Richtung Nordenham/Butjadingen/Eckwarden Richtung Burhave. Der CP ist ausgeschildert. — 112205

Elisabethfehn, D-26676 / Niedersachsen

Campingplatz Elisabethfehn
Waldstraße 2
15 Mrz - 31 Okt
+49 44 99 12 02
info@ elisabethfehn-camping.de
N 53°10'05" E 07°40'45"

1 AGKNOPQRSTU — AFINX 6
2 ABCQRSWXY — ABDEFG 7
3 BFM — ABCDEFGIJNQRTW 8
4 HJO — F 9
5 ABDEHMN — ABHJKLMOQU 10
B 16A CEE — ① €18,50
3ha 20T(100m²) 151D — ② €25,50

B72 Cloppenburg-Aurich, Ausfahrt Strücklingen. Zwei Mal links abbiegen, dann ausgeschildert. — 102074

Ganderkesee/Steinkimmen, D-27777 / Nieders.

Camping & Ferienpark Falkensteinsee****
Falkensteinsee 1
1 Jan - 31 Dez
+49 4 22 29 47 00 77
camping@falkensteinsee.de
N 53°02'50" E 08°27'52"

1 ADEKNOPQRSTU — LMNP 6
2 ABEJKQWXYZ — BEFGIJK 7
3 ABFJLMSX — ABCDFGIJKNQRSTUVW 8
4 BFHJO — FJN 9
5 ACDEFGHJLMN — ADFGHJKMOQUVY 10
B 16A CEE — ① €30,50
24ha 100T(100-150m²) 199D — ② €38,50

Autobahn Groningen-Leer-Oldenburg. Richtung Bremen, Ausfahrt 18 Hude Ri. Falkenburg. Der CP ist ausgeschildert. — 109201

Haren/Ems, D-49733 / Niedersachsen

Knaus Campingpark Haren
Kirchstraße 52
1 Mrz - 26 Nov
+49 5 93 27 33 89 77
haren@knauscamp.de
N 52°47'10" E 07°14'25"

1 ADEGKNOPQRSU — N 6
2 AFKPQWXYZ — BDEFG 7
3 AFLM — BDFJNQRTW 8
4 HJ — UVW 9
5 AD — ABGHJKNSTV 10
Anz. auf S. 240 + Umschl. B 16A CEE — ① €42,50
5ha 150T(100-150m²) 60D — ② €51,90

A31 Meppen - Emden Ausfahrt 9 nach Haren (B408). Folgen Sie der 408 Richtung Haren Ost/Eurohafen. Dann auf der 408 links Richtung Yachthafen abbiegen. Links sehen Sie den CP ausgeschildert. — 102035

Teilkarte Weser-Ems auf Seite 241

Harlesiel/Wittmund, D-26409 / Niedersachsen

Campingplatz Harlesiel
Schwerinsgroden 1
15 Apr - 15 Sep
+49 44 64 94 93 98
info@ campingplatz-harlesiel.de
N 53°42'30'' E 07°48'27''

1 ADEG**KN**OPQRSTU — BKM**N**RST**X**Y 6
2 GJKPQRWX — ABDE**FG**IJ 7
3 BFG**JU** — ABEFGIJKNPQRTW 8
4 H — D 9
5 ADEHIJMN — ABGHIKLMOQY 10
B 16A CEE — ① €35,00
11ha 470**T**(80-120m²) 353**D** — ② €40,00

A29 Richtung Wilhelmshaven. A9 Richtung Jever, auf der B210 bis nach Jever. Dann rechts ab die L808 Richtung Carolinensiel. Auf der Bahnhofstraße rechts zum Strand, 2. Brücke links. Den orangen Schildern folgen! — 108067

Hatten/Kirchhatten, D-26209 / Niedersachsen

Campingplatz Hatten
Kreyenweg 8
1 Jan - 31 Dez
+49 4 48 26 77
info@fzz-hatten.de
N 53°01'34'' E 08°20'07''

1 ADEG**KN**OPQRSTU — **B**GH 6
2 APQWXYZ — ABDE**FG**IJK 7
3 BFG**JL**MSV**W** — ABCDEFGH**I**JKNPQRTUVW 8
4 FGHJOQ — AJ 9
5 ABDEFJLMN — ABFHIJKL**O**QUWY 10
B 16A CEE — ① €30,50
4ha 148**T**(85-110m²) 248**D** — ② €38,00

A28 Oldenburg-Bremen, Ausfahrt Hatten-Kirchhatten. In Kirchhatten Richtung Sandkrug. Dann ausgeschildert. — 102142

Jade, D-26349 / Niedersachsen

Camping an der Jade
Bollenhagenerstr. 42
1 Apr - 15 Okt
+49 44 54 97 86 24
sibijade@t-online.de
N 53°20'23'' E 08°14'30''

1 AG**KN**OPQRS**U** — J**N**X 6
2 ACQXY — AB**FG**HI 7
3 ABCFU — ABDE**F**JNQRTW 8
4 HJO — 9
5 BDEFHLN — AHJKOQ 10
B 16A CEE — ① €28,00
3ha 16**T**(120m²) 99**D** — ② €35,00

A29 Oldenburg-Wilhelmshaven, Ausfahrt 10 Jaderberg. Der CP ist ausgeschildert. — 102137

Jade, D-26349 / Niedersachsen

Höpken's Hof & Campingplatz
Molkereistraße 64
1 Jan - 31 Dez
+49 4 73 49 10 68 33
reception@moinurlaub.de
N 53°25'35'' E 08°17'55''

1 ADE**KN**OPQRSTU — KM 6
2 KLQTWXY — ABDE**FGI** 7
3 B — ABEFJNQRTU 8
4 FH — DIY 9
5 ABDMN — AFGHJKMOQ 10
16A CEE — ① €28,00
3ha 54**T**(70-110m²) 18**D** — ② €37,00

A29 Oldenburg-Wilhelmshafen, Ausfahrt 10 Jaderberg. Rechts durchfahren bis Jaderaltendeich. Links auf die Bäderstraße am Deich entlang bis zum Camping. — 123254

Krummhörn/Upleward, D-26736 / Niedersachsen

Camping Am Deich
Erbsenbindereistr. 3
3 Apr - 3 Nov
+49 4 92 35 25
info@camping-am-deich.de
N 53°25'15'' E 07°00'53''

1 ADE**KN**OPQST**U** — KNQSX 6
2 GQTWXY — ABC**DE**F**G**IJK 7
3 ABDMV — ABCDEFGHIJKNQRTUVW 8
4 BEHJT**X** — EVW 9
5 ABDEFHLMN — ABFGHJKOQU 10
B 16A CEE — ① €47,00
7ha 300**T**(80-200m²) 52**D** — ② €57,00

A31 Leer-Emden. Bei VW-Betriebsfahrzeuge geradeaus Richtung Rysum-Loquard-Campen-Upleward. CP ist ausgeschildert. — 108071

Lathen, D-49762 / Niedersachsen

Lathener Marsch
Marschstraße 4
1 Jan - 31 Dez
+49 59 33 93 45 10
info@lathener-marsch.de
N 52°51'31'' E 07°18'15''

1 ADEG**KN**OPQSTU — LM**NX** 6
2 ACFKQRWXYZ — BE**FG**H 7
3 A**J** — BDFJK**L**NPQRTUVW 8
4 H — EG 9
5 ABDEFJLMN — ABEFGHJKLQ 10
B 10-16A CEE — ① €20,50
8ha 90**T**(80-120m²) 140**D** — ② €27,50

Die B70 Richtung Leer, Ausfahrt Lathen. CP ist ausgeschildert. — 110379

Lünne, D-48480 / Niedersachsen

Camping Blauer See
Moorlager Str. 4a
6 Apr - 1 Nov
+49 5 90 69 33 04 12
info@ campingplatz-blauer-see.de
N 52°24'48'' E 07°24'41''

1 AFGH**KN**OPQRS**U** — L 6
2 FJQXYZ — AB**FGIK** 7
3 CM — AC**F**JNQRTW 8
4 H — DEFV 9
5 D — ABGJKOUVY 10
10A CEE — ① €23,50
2,3ha 30**T**(80-120m²) 71**D** — ② €30,50

A 30 Hengelo-Osnabrück, Ausfahrt 7, links Richtung Lingen. Camping vor Lünne ausgeschildert. — 114718

Melle/Gesmold, D-49326 / Niedersachsen

Grönegau - Park Ludwigsee****
Nemdener Str. 12
1 Jan - 31 Dez
+49 54 02 21 32
verwaltung@ camping-ludwigsee.de
N 52°13'29'' E 08°15'58''

1 AEG**KN**OPQRSTU — L**N** 6
2 AEJKQTWXY — BEF**GI** 7
3 BFG**IL**M — BD**F**IJKNQRTUVW 8
4 HJO**P** — FJNTVY 9
5 ABDEFHJKMN — ABFGHIJKLM**N**STU 10
B 10A CEE — ① €30,00
H67 25ha 80**T**(70-100m²) 503**D** — ② €38,00

A30 Osnabrück-Hannover. Ausfahrt 22 Gesmold. Dann Richtung Westerhausen. CP ist ausgeschildert. — 111708

Meppen, D-49716 / Niedersachsen

Knaus Campingpark Meppen
An der Bleiche 1a
1 Mrz - 26 Nov
+49 5 93 18 81 18 48
meppen@knauscamp.de
N 52°41'32'' E 07°17'11''

1 ADG**KN**OPQRS**U** — **AEF**HJ**NX**Y**Z** 6
2 ADPQWXYZ — BDE**FG**IK 7
3 A — BDFJ**L**NQ**S**TUV 8
4 H — EUVW 9
5 D — ABHKNPSTV 10
Anz. auf S. 240 + Umschl. B 16A CEE — ① €46,70
2,5ha 150**T**(100-150m²) 6**D** — ② €56,30

A31 Lingen Emden Ausfahrt 22 Meppen und 9 km zum Zentrum Meppen. B70 aus Richtung Lingen oder Papenburg Ausfahrt Freilichtbühne und dann links abbiegen. Nach 100 m sehen Sie den Campingplatz auf der anderen Seite der Ems. — 102036

Norden/Norddeich, D-26506 / Niedersachsen

Nordsee Camp Norddeich*****
Deichstraße 21
23 Mrz - 21 Okt
+49 49 31 80 73
info@nordsee-camp.de
N 53°36'17'' E 07°08'22''

1 ADE**KN**OPQRSTU — KM**N**QS**X** 6
2 GPQWXY — ABC**DE**F**G**HI 7
3 BF**L**MS — ABCDEFIJKNQRTUVW 8
4 BCHJLO — EFVWYZ 9
5 ACDEFGLMN — ABFGHIJKLMOQY 10
B 16A CEE — ① €39,00
22ha 640**T**(100m²) 233**D** — ② €47,00

A31 Groningen-Leer, Ausfahrt 1 Emden, Ausfahrt 3 Norden (B210). Weiter B72 Richtung Norddeich. Den CP-Schildern folgen. — 101415

Osnabrück, D-49076 / Niedersachsen

Campingplatz Bullerby
Zum Attersee 50
1 Jan - 31 Dez
+49 5 41 12 41 47
info@campbullerby.de
N 52°18'01'' E 07°56'28''

1 AF**KN**OPQRSTU — LM**N** 6
2 AFJKQRWXY — **BFG** 7
3 A**L**M — B**F**JNRTU 8
4 — FTX 9
5 ABMN — A 10
Anzeige auf dieser Seite 16A CEE — ① €23,00
26ha 36**T**(100-120m²) 154**D** — ② €28,00

A1 Ausfahrt 71 Osnabrück-Hafen. Beschilderung Attersee folgen, dan Beschilderung Bullerby. Wird zur Einbahnstraße. — 111937

Ostrhauderfehn, D-26842 / Niedersachsen

Camping- u. Freizeitanlage Idasee
Idafehn-Nord 77B
1 Jan - 31 Dez
+49 49 52 99 42 97
info@campingidasee.de
N 53°09'14'' E 07°38'33''

1 AG**KN**OPQRSTU — LM**N**W 6
2 AFJKPQRSTWXYZ — ABDE**FG** 7
3 ABCFGMSU — ABCDEF**G**IJK**L**NQRTUVW 8
4 HJ**T** — VW 9
5 ADEFHM — ABCDEFGHJK**M**O**QU** 10
B 10A CEE — ① €26,90
7,4ha 70**T**(100m²) 150**D** — ② €30,90

Groningen-Leer, B70 Richtung Lingen folgen. In Folmhusen links auf die B438 Richtung Ostrhauderfehn, danach B72 links. Schildern folgen. — 102073

Deutschland

Teilkarte Weser-Ems auf Seite 241

Papenburg, D-26871 / Niedersachsen

Campingplatz Papenburg
Zum Poggenpoel
1 Jan - 31 Dez
+49 49 61 97 40 26
campingplatz@papenburg.de
N 53°03'53" E 07°25'38"

1 AKNOPQSTU LNX 6
2 ABEJQSWXYZ ABDEFGHIJ 7
3 BFJLMS ABCDEFJKNQRTUV 8
4 FHJO BDEFHJ 9
5 ADEFKMN AFHJKLOQUWY 10
B 16A CEE
5ha 70T(75-120m²) 70D
① €25,00
② €31,00
107521

Autobahn Groningen-Leer A31 Ri. Meppen, Ausfahrt Papenburg. In Papenburg ist der CP ausgeschildert.

Rhede (Ems), D-26899 / Niedersachsen

Campingplatz Neuengland
Neurheder Str. 31
1 Mrz - 31 Okt
+49 17 32 87 38 19
info@campingplatz-neuengland.de
N 53°02'42" E 07°13'40"

1 AGKNOPQRSTU LN 6
2 AEJQSWXY ABFGH 7
3 BFGM ABEFNQTU 8
4 FHJKO IJV 9
5 ABDH ABCEFGHJKLMOQUVY 10
B 10A CEE
5,5ha 95T(100m²) 132D
① €20,00
② €24,00
121269

Auf der A31 Ausfahrt 16 nach 2 km rechts, nach Rhede (Ems). Nach 1 km in Rhede rechts nach Neurhede. CP nach 5 km an der linken Seite.

Rieste, D-49597 / Niedersachsen

Alfsee Ferien- und Erlebnispark*****
Am Campingpark 10
1 Jan - 31 Dez
+49 5 46 49 21 20
info@alfsee.de
N 52°29'07" E 07°59'23"

1 ADEGJMOPQRSTU LMNW 6
2 AEJKQSWXYZ BCDEFG 7
3 ABDFGHIJLMNUW BDFIJKLNQRSTUVW 8
4 BFHJLNPQRSTVXZ DGIJVWY 9
5 ACDEFHJLM ABEFGHIJKLMOPQUY 10
Anzeige auf Seite 245 B 16A CEE
16ha 370T(100-150m²) 480D
① €44,20
② €52,90
100108

A1 Osnabrück-Bremen, Ausfahrt Neuenkirchen/Vörden, Richtung Alfsee. Camping ist dann in Rieste ausgeschildert.

Schortens, D-26419 / Niedersachsen

Friesland Camping***
Am Schwimmbad 2
1 Jan - 31 Dez
+49 44 61 75 87 27
mail@friesland-camping.de
N 53°33'03" E 07°56'15"

1 ADKNOPQRSTU LM 6
2 AEJPQRSTWXYZ ABDEFGHIJ 7
3 BCEFGLMS ABCDEFGHJNQRSTUVW 8
4 FHJN VW 9
5 ADEFGHIKLMN AFGHIJKOPQY 10
B 16A CEE
2ha 100T(100-120m²) 40D
① €29,00
② €39,00
113221

A29 Oldenburg-Wilhelsmhaven, Ausfahrt Wilhelsmhavener Kreuz B210 Richtung Wittmung/Jver/Schortens. In Schortens CP angezeigt.

Schüttorf, D-48465 / Niedersachsen

Quendorfer See
Weiße Riete 3
31 Mrz - 1 Nov
+49 59 23 90 29 39
info@camping-schuettorf.de
N 52°20'19" E 07°13'36"

CC€21

1 ADGKNOPQRSTU LQ 6
2 AEJPQTWXY BFG 7
3 AM BDFHJKMNQRTUV 8
4 FH W 9
5 ABDMN AFGHJKORS 10
B 10A CEE
1,5ha 63T(100-120m²) 20D
① €28,50
② €34,50
117647

A1/A30 Ausfahrt 4 Schüttorf-Nord oder A31 Ausfahrt 28 Schüttorf-Ost Richtung Stadtzentrum. Den CP-Schildern folgen.

Südbrookmerland, D-26624 / Niedersachsen

Grosses Meer
Am Gästehafen 1
3 Jan - 30 Dez
+49 49 42 20 47 20 28
campingplatz@grossesmeer.de
N 53°26'39" E 07°18'26"

1 ADEHKNOPQRSTU LMNQRSVXY 6
2 EQWXY ABFG 7
3 ABCGMS ABCDEFJNQRTW 8
4 BCFHT RTVW 9
5 ABDEFHKM ABGHJKQ 10
B 16A CEE
4ha 100T(bis 100m²) 100D
① €26,80
② €40,80
102032

Folgen Sie die Route Groningen-Leer (B70), Ausfahrt 1 Emden, Ausfahrt 3 Norden (B210). Dann Beschilderung folgen.

Timmel, D-26629 / Niedersachsen

Timmeler Meer
Zur Mühle 13
27 Mrz - 3 Nov
+49 4 94 59 19 70
info@campingplatz-timmel.de
N 53°21'45" E 07°30'48"

1 AEGKNOPQSTU LMNQXYZ 6
2 AEJPQTWXYZ ABDEFGHI 7
3 AGHIJM ABCDEFJKNQRTW 8
4 BFHP DFOTVY 9
5 DEMN ABFGHIJKLMOPQU 10
B 16A CEE
7ha 96T(100m²) 101D
① €27,00
② €33,00
101416

A31 Groningen-Leer. Richtung Emden bis nach Neermoors. Dort den L14 nehmen. Gerade vor Timmel liegt der CP.

Tossens, D-26969 / Niedersachsen

Knaus Campingpark Tossens****
Zum Friesenstrand 1
15 Apr - 15 Okt
+49 4 73 62 19
tossens@knauscamp.de
N 53°34'44" E 08°14'37"

1 AEGKNOPQRSTU KMNQSWXYZ 6
2 GJKPQRTWX ABDEFGHIK 7
3 BFGMS ABCDEFJKNQRTUVW 8
4 BDEGHJLO EVWY 9
5 ABDEFHLMNO ABFGHJKLOQUV 10
Anz. auf S. 240 + Umschl. 16A CEE
6ha 130T(80-100m²) 178D
① €38,60
② €49,80
112200

A27 Bremen-Cuxhaven, Ausfahrt 11 Stotel, B437 Richtung Nordenham. In Nordenham-Abbehausen links Richtung Stollham L 860. Links Eckwarden, weiter Eckwarderhörne. CP-Schilder.

Werlte, D-49757 / Niedersachsen

Camping Hümmlinger Land****
Rastdorfer Straße 80
1 Jan - 31 Dez
+49 59 51 53 53
info@huemmlingerland.de
N 52°52'12" E 07°41'17"

CC€23

1 ADEKNOPQSTU 6
2 QRWXY BCEFG 7
3 BM BDFJNQRST 8
4 FGHT DEF 9
5 ABDFJM ABEGHJKOQ 10
B 16A CEE
1,8ha 59T(80-140m²) 65D
① €31,80
② €38,80
109028

B233 Emmen-Meppen-Cloppenburg Richtung Werlte. Campingplatz ist ausgeschildert (Richtung Rastdorf).

Westerstede, D-26655 / Niedersachsen

Camping-und Stellplatz Westerstede
Süderstraße 2
1 Jan - 31 Dez
+49 4 48 87 82 34
info@camping-westerstede.de
N 53°15'01" E 07°56'04"

1 ADEGKNOPQRSTU 6
2 AQYZ ABEFG 7
3 L ABEFJNQRW 8
4 FHJT 9
5 ADEFKL ABFGHJKOST 10
B 16A CEE
3ha 45T(90m²) 8D
① €27,50
② €31,50
100098

Groningen-Leer, dann der B75 folgen bis in Westerstede. Oder A28 Ausfahrt 6 Westerstede Ost. Dann Richtung Bad Zwischenahn und Beschilderung folgen.

Westoverledingen/Ihrhove, D-26810 / Nieders.

Comfort-Camping Freizeitpark Am Emsdeich****
Deichstraße 7A
1 Apr - 31 Okt
+49 49 55 92 00 40
info@ostfriesland-camping.de
N 53°10'24" E 07°25'13"

1 ADEHILOPQRSTU LMNOPQS 6
2 EJKPQRSTWXYZ ABDEFGHIJ 7
3 BFGMS ABCDFJKNQRTUV 8
4 BCFHJLNORST CEFTVW 9
5 ADEFHLMN AFGHIJKOPQU 10
Anzeige auf dieser Seite B 16A CEE
10ha 350T(100m²) 160D
① €28,00
② €34,00
108072

Autobahn Groningen-Leer A7. Dann Richtung Papenburg (B70). Ausfahrt Ihrhove. CP ist ausgeschildert.

Wiesmoor, D-26639 / Niedersachsen

Cp. & Bungalowpark Ottermeer*****
Am Ottermeer 52
1 Jan - 31 Dez
+49 49 44 94 98 93
camping@wiesmoor.de
N 53°24'56" E 07°42'38"

CC€23

1 DEKNOPQRSTU HLMNXY 6
2 EJKQRTWXYZ ABDEFG 7
3 ABCFGLM ABCDEFIJNQRTUV 8
4 BCDFH DJTV 9
5 ABDEFM ABFGHIJKOQUWY 10
B 16A CEE
80ha 205T(90-120m²) 86D
① €33,00
② €40,00
111060

Ausfahrt 2 Leer-Ost, Richtung Aurich (B436/B72). Ausfahrt vor Bagband Richtung B436 Wiesmoor. In Wiesmoor ist CP ausgeschildert.

Teilkarte Weser-Ems auf Seite 241

Teilkarte Weser-Ems auf Seite 241

Wilsum, D-49849 / Niedersachsen

CC€21 iD

Wilsumer Berge
Zum Feriengebiet 1
25 Mrz - 5 Nov
+49 59 45 99 55 80
info@wilsumerberge.de

1	ADEKNOPQRSTU	FLM 6
2	FJKPQRSUVWXYZ	BEFG 7
3	ACFGMSTVW	BDEFGHJKNQRTUVW 8
4	BCEFHIJKO	BCFGJUVW 9
5	ACDELN	ABEHIJKOQY 10

6-16A CEE | ❶ €39,00
H68 36,8ha 342T(100-150m²) 400D | ❷ €47,00

N 52°30'46'' E 06°51'49''

An der B403 Coevorden-Nordhorn, zwischen Wilsum und Uelsen. Camping ist ausgeschildert. 102009

Zetel/Astederfeld, D-26340 / Niedersachsen

CC€23 iD

Campingplatz am Königssee
Tarbarger Landstr. 30
1 Mrz - 31 Okt
+49 44 52 17 06
info@campingplatz-am-koenigssee.de

1	AEHKNOPQRSTU	L 6
2	EJKQRX	ABDEFGHIK 7
3	ABFGL	ABFJNQRUV 8
4	HJ	FI 9
5	ADMN	AHJKMOSTV 10

10-16A CEE | ❶ €26,60
2,5ha 40T(100-150m²) 65D | ❷ €32,40

N 53°21'19'' E 07°55'46''

A28 Ausfahrt 6 Westerstede, L815 Richtung Zetel. Nach 14 km links nach Astederfeld. CP ist angezeigt. 114716

Deutschland

Ahlden, D-29693 / Niedersachsen

iD

Naturcamping Ahlden
Worthweg 5
1 Mrz - 30 Nov
+49 51 64 80 26 95
urlaub@campingplatz-ahlden.de

1	ADEGKNOPQRSTU	LNX 6
2	ACFIJPQWXYZ	ABFG 7
3	ABGM	ABCDEFJNQRTU 8
4	H	DMNQR 9
5	ADFKMN	ABHJKLNQ 10

B 16A CEE | ❶ €25,00
1,6ha 77T(100-120m²) 39D | ❷ €25,00

N 52°45'44'' E 09°33'08''

A27 Ausfahrt 28 Richtung Hodenhagen. In Hodenhagen Richtung Rethem. Nach 2,5 km in Ahlden den CP-Schildern folgen. 118442

Bad Bederkesa/Geestland, D-27624 / Niedersachsen

iD

Campingplatz Bederkesa**
Ankeloherstraße 14
28 Mrz - 31 Okt
+49 4 74 57 82 01 92
badbederkesa@regenbogen.ag

1	ABDEGKNOPQRSTU	JLNXZ 6
2	ACQWXYZ	ABDEFG 7
3	ABFGLM	ABCDEFGIJNQRTUW 8
4	FH	9
5	DFHKLM	AGHJKMQ 10

B 16A CEE | ❶ €24,50
15ha 160T(100-120m²) 280D | ❷ €29,50

N 53°37'15'' E 08°50'57''

A27 Bremerhaven-Cuxhaven, Ausfahrt Debstedt. Richtung Bad Bederkesa. In Bederkesa Abfahrt am weißen Schild 'Ferienpark'. 102196

Teilkarte Lüneburg auf Seite 245

Bad Bodenteich, D-29389 / Niedersachsen

Campingpl.&Mobilheimpark Bad Bodenteich
Campingplatz 1
1 Jan - 31 Dez
+49 58 24 13 00
campingplatzbadbodenteich@t-online.de
N 52°50'45" E 10°39'44"

1 BGKNOPQRSU N 6
2 QXYZ BF 7
3 BM BFJKNQRW 8
4 FHJO DFGJVW 9
5 ADEJMN AGHJKQ 10
16A CEE ❶ €24,20
16ha 75T(100-150m²) 204D ❷ €30,20

A2 bis Ausfahrt A352 Richtung Hamburg. A7 bis Ausfahrt Fuhrberg-Celle. Dann L265 nach Bokel Richtung Bad Bodenteich. Camping ist angezeigt. 114461

Bad Fallingbostel, D-29683 / Niedersachsen

Campingplatz Böhmeschlucht
Vierde 22
1 Jan - 31 Dez
+49 51 62 56 04
info@boehmeschlucht.de
N 52°52'45" E 09°43'18"

1 ADGKNOPQRSTU JNUX 6
2 ABDQVWXYZ ABDEFGHI 7
3 BLM ABCDEFJNQRSTUVW 8
4 FHJKQ FJR 9
5 ADLMN ABFGHJKMOQUV 10
B 16A CEE ❶ €27,40
H50 7ha 70T 120D ❷ €33,80

A7 Richtung Hamburg, Ausfahrt Fallingbostel. In Fallingbostel Richtung Soltau. Nach ca. 1,5 km CP-Schild folgen. 101418

Bergen/Dumme, D-29468 / Niedersachsen

Campingpark Fuhrenkamp****
Am Fuhrenkamp 1
1 Jan - 31 Dez
+49 5 84 53 48
post@campingplatz-fuhrenkamp.de
N 52°53'12" E 10°58'34"

1 ADEKNOPQRSTU AN 6
2 PQXYZ ABDEFGQ 7
3 BHIM ABCDEFJKNQRTUV 8
4 HJT EFJ 9
5 ABDEFHMN ABEGHIMNQ 10
B 16A CEE ❶ €27,00
3,4ha 90T(50-100m²) 56D ❷ €37,00

A39 Hamburg-Lüneburg. Dann Richtung Uelzen und B71 Richtung Salzwedel. 111940

Bispingen/Behringen, D-29646 / Niedersachsen

Camping Brunautal
Seestr. 17
17 Mrz - 5 Nov
+49 5 19 44 18 80 22
info@camping-brunautal.de
N 53°06'31" E 09°57'56"

1 ADEGKNOPQRSTU LNQXZ 6
2 ACEPQRXYZ ABDEFGI 7
3 ABCDEFJNQRTW 8
4 FHJO EF 9
5 ABDEFLMN ABFGJKOQ 10
B 16A CEE ❶ €27,20
H70 2,8ha 80T(100-175m²) 10D ❷ €34,70

A7 Hannover-Hamburg, Ausfahrt 43 Behringen. Nach 900m sehen Sie schon den CP. 108080

Bleckede, D-21354 / Niedersachsen

CC€23

Knaus Campingpark Bleckede/ Elbtalaue****
Am Waldbad 23
1 Mrz - 26 Nov
+49 5 85 43 11
bleckede@knauscamp.de
N 53°15'34" E 10°48'20"

1 ADEGKNOPQRSTU BGHNX 6
2 BCPQWXYZ BEFGHIJK 7
3 BGMNS BDFGHJKNQRTW 8
4 BDFHJOT AEFW 9
5 ABDEJMN ABDFGHJKMOQU 10
Anz. auf S. 240 + Umschl. B 16A CEE ❶ €44,10
6,5ha 142T(80-150m²) 118D ❷ €53,50

A7 Hannover-Hamburg, Ausfahrt Soltau-Ost Richtung Lüneburg/ Dahlenburg, links bis Bleckede, dann Hitzacker. 108077

Bleckede (OT Radegast), D-21354 / Nieders.

CC€23

Camping Elbeling
Hinter den Höfen 9a
15 Mrz - 1 Okt
+49 5 85 75 55
info@elbeling.de
N 53°20'27" E 10°43'46"

1 AKNOPQSTU FJNQSWX 6
2 CIJKPQXYZ ABEFGK 7
3 BLMSU ABCDEFHJKNQRTUW 8
4 FHJOQ BCFJ 9
5 ADEFGHLMN ABDFGHIJKOQUY 10
Anzeige auf Seite 247 B 16A CEE ❶ €29,00
3,8ha 100T(100-150m²) 35D ❷ €36,00

Von Lüneburg Richtung Bleckede, dann Richtung Radegast. In Radegast ist der CP ausgeschildert. An der Kutsche den Seitenweg nehmen. Einfahrt: Hinter den Höfen 9a. 114449

Bremen, D-28359 / Niedersachsen

Hansecamping*****
Hochschulring 1
1 Jan - 31 Dez
+49 4 21 30 74 68 25
info@hansecamping.de
N 53°06'52" E 08°49'59"

1 ADEKNOPQSTU LNOPQRS 6
2 AEJPQSWXY ABDEFGHIJ 7
3 BGL ABCDEFIJNQRTUV 8
4 HJ V 9
5 ABDFHLMN ABFGHIJKNQ 10
B 16A CEE ❶ €35,50
6ha 187T(100-170m²) 50D ❷ €46,50

A28 Oldenburg-Bremen bis Kreuz Bremen zur A27 Ri Bremerhaven, Ausfahrt Überseestadt/Universität. Dann direkt nächste ab Ri Stadtwaldsee. Bremen-Osterfeuerberg. CP an der rechten Straßenseite(Hochschulring). 102200

Celle, D-29229 / Niedersachsen

Camping 7Springs
Zum Silbersee 19
1 Jan - 31 Dez
+49 5 14 13 12 23
info@7springs-celle.de
N 52°39'32" E 10°06'33"

1 ABDEKNOPQRSTU LM 6
2 BEJKPQSWXYZ BCFG 7
3 LM BDFIJKNQRSTUVW 8
4 BJK D 9
5 ABCDEFGHJKMNO ABGHIJKMNQ 10
B 16A ❶ €25,00
15ha 80T(80-140m²) 33D ❷ €33,00

A2 Hannover Ausfahrt 56 Richtung B3 Celle, weiter die B191 Uelzen nach ca. 3 km. Außerhalb von Celle ausgeschildert. 102402

Cuxhaven, D-27476 / Niedersachsen

Zimdars CampingResort***
Sahlenburger Chaussee 51
1 Mrz - 31 Dez
+49 4 72 12 86 62
info@zimdars-campingresort.de
N 53°51'55" E 08°38'19"

1 ADEGKNOPQRSTU 6
2 AIPQWXYZ ABDEFGIK 7
3 ABDLMU ABCDEFJNQRW 8
4 DIVY 9
5 ABDFKM ABCHJKOQV 10
B 16A CEE ❶ €34,40
3ha 60T(70-110m²) 102D ❷ €42,40

A27 Bremerhaven-Cuxhaven. Ausfahrt Altenwalde, Richtung Sahlenburg, durch Holte-Spangen fahren: Spangerstraße, am Ende rechts, ca. 100m auf der rechten Seite. 108075

Cuxhaven/Duhnen, D-27476 / Niedersachsen

Am Bäderring***
Duhner-Allee 5
1 Jan - 31 Dez
+49 47 21 42 61 61
info@campingplatz-duhnen.de
N 53°53'04" E 08°38'53"

1 ABEGKNOPQRSTU KMQR 6
2 AGJPQSTWXY ABDEFG 7
3 ABL ABCDEFJKNPQRSTUVW 8
4 FH V 9
5 ABDMN ABCGHIJKOQY 10
B 16A CEE ❶ €35,80
2ha 70T(60-90m²) 80D ❷ €42,80

A27 Bremen bis Cuxhaven. Richtung Duhnen. In Duhnen ist der CP an der rechten Seite, gegenüber einem Womo-Stellplatz. 102193

Cuxhaven/Duhnen, D-27476 / Niedersachsen

Wattenlöper
Cuxhavener Str. 57
15/3 - 1/11, 27/12 - 31/12
+49 47 21 42 60 51
info@wattenloeper.de
N 53°53'12" E 08°39'04"

1 AEGKNOPQRSTU KMQRX 6
2 AGJPQSTWXYZ ABDEFG 7
3 ABGJLMNOPQX ABCDEFJKNQRTUVW 8
4 EFHO DIJVW 9
5 ABDEFHJKM ABCEFGHJKOQY 10
B 16A CEE ❶ €33,60
2,8ha 100T(70-100m²) 112D ❷ €43,60

A27 Bremen-Cuxhaven bis Ausbauende/Ausfahrt 1. Durch Innenstadt Cuxhaven Richtung Duhnen, dort 'Strand' folgen. Auf der Cuxhavener Straße beschildert. 112128

Cuxhaven/Sahlenburg, D-27476 / Niedersachsen

Campingplatz Finck
Am Sahlenburger Strand 25
15 Mrz - 31 Okt
+49 47 21 39 99 30
info@camping-finck.de
N 53°51'33" E 08°35'34"

1 AEGKNOPQRSTU BEKMQRSTX 6
2 AGIJKPQTWXY ABDEFGIJ 7
3 G ABCDEFJNPQRTUVW 8
4 FH GVW 9
5 ADMN ABCFGHJKOPQVY 10
B 16A CEE ❶ €37,00
6ha 100T(70-110m²) 380D ❷ €45,60

A27 Bremen-Cuxhaven, Ausfahrt Altenwalde Richtung Sahlenburg. In Sahlenburg links in die Nordheimstraße. Bis zum Straßenende, dann rechts; jetzt noch etwa 250m zur Einfahrt. Ins Navi eingeben: Wernerwaldstraße 4. 112019

Dahlenburg, D-21368 / Niedersachsen

Elbtalaue Camp im Dorn***
Dornweg 6 Campingplatz
1 Apr - 3 Okt
+49 58 51 94 48 48
klauskurtpeter@aol.com
N 53°10'54" E 10°44'50"

1 AGKNOPQSTU BGHMN 6
2 BCKPQSWXYZ ABDEFGHI 7
3 AHNOS ABCFJNQRU 8
4 FHJ D 9
5 DMN ABGHIJKNQ 10
B 16A CEE ❶ €20,50
1,3ha 50T(100-160m²) 41D ❷ €27,50

Ab Maschener Kreuz A1/A7 zur A250 Richtung Lüneburg, dann die B216. Von Süden A7, Ausfahrt 44 Soltau-Ost, dann die B71 und B209 Richtung Lüneburg. Weiter über die B216 Richtung Dahlenburg. CP ist ausgeschildert. 114724

Dannenberg, D-29451 / Niedersachsen

Stadtcampingplatz Dannenberg
Bäckergrund 35
1 Apr - 30 Sep
+49 58 61 80 09 80
badteamdbg@gmail.com
N 53°05'59" E 11°06'34"

1 AKNOPQRSTU BFN 6
2 QWXYZ BEFGI 7
3 BGU BDFJNQRTUW 8
4 FHJO 9
5 DEN ABGHJKMNQ 10
B 16A CEE ❶ €19,00
2,6ha 55T(100-175m²) 35D ❷ €24,00

A7 Hamburg-Hannover fahren. Am Maschener Kreuz Straße 4 Richtung Lüneburg. In Lüneburg Straße 216 nach Dannenberg. 108078

Dorum/Neufeld, D-27632 / Niedersachsen

CC€23

Knaus Campingpark Dorum***
Am Kutterhafen
1 Apr - 30 Sep
+49 47 41 50 20
dorum@knauscamp.de
N 53°44'19" E 08°31'03"

1 ADEGKNOPQRSU BEGKMNQRSXYZ 6
2 AGIKPQWX ABDEFGIJ 7
3 AB ABEFNQRW 8
4 H EVW 9
5 ABDEGHKLM ABCDFGHJKOQUV 10
Anz. auf S. 240 + Umschl. 16A CEE ❶ €39,60
8,5ha 120T(80-140m²) 92D ❷ €51,80

A27 Bremerhaven-Cuxhaven, Ausfahrt Neuenwalde Richtung Dorum. In Dorum Richtung Midlum, dann Dorum/Neufeld-Kutterhafen. Ca. 7 km bis zum Hafen, rechts hochfahren, CP-Schild folgen. 102195

Drochtersen, D-21706 / Niedersachsen

Campingplatz Krautsand
Elbinsel Krautsand 58
1 Apr - 31 Okt
+49 41 43 14 94
info@campingplatz-krautsand.de
N 53°45'04" E 09°23'10"

1 ADEKNOPQRSTU JMNQSWXYZ 6
2 CIJPQSTWXY ABFG 7
3 A ABCDEFJNPQRTUW 8
4 HJ 9
5 DMN ABCFHIJKMOQUVW 10
B 16A CEE ❶ €34,50
2ha 65T(90-110m²) 65D ❷ €42,50

A1 Bremen-Hamburg. In Ausfahrt 44 nach Buxtehude, dann Stade, dann Richtung Elbfähre (Wischhafen). In Drochtersen am Kreisel rechts Richtung Krautsand. 113436

Deutschland

Teilkarte Lüneburg auf Seite 245

Ebstorf, D-29574 / Niedersachsen

Campingplatz am Waldbad
Hans-Rasch-Weg
1 Jan - 31 Dez
+49 58 22 32 51
info@caw-e.de

1 ABDEGKNOPQRSTU BEGHIN 6
2 BPQSTWXYZ ABDEFGHIJ 7
3 BGHIMNS ABCDEFIJNQRTUW 8
4 FHJOPQST DFKV 9
5 DMN ABFGHIJKOQUW 10
B 16A CEE ❶ €20,60
24ha 70T(90-120m²) 33D ❷ €29,00

N 53°02'04'' E 10°24'42''

A7 Richtung Hamburg, Ausfahrt 44 Soltau über die B71 nach Munster, vor Eimke links ab Richtung Ebstorf. Der CP ist am Tennisplatz und Schwimmbad angezeigt. 113449

Egestorf, D-21272 / Niedersachsen

Regenbogen Ferienanlage Egestorf
Campingplatz 1
25 Mrz - 30 Okt
+49 4 17 56 61
egestorf@regenbogen.ag

1 ABDEKNOPQRSTU A 6
2 ABPQRSUVWXY BEFGHI 7
3 B BDFJKNQRTW 8
4 FHT V 9
5 ABDLMN ABGHIJKMNST 10
B 6-10A CEE ❶ €30,10
22ha 240T(100-120m²) 30D ❷ €30,10

N 53°10'27'' E 10°03'36''

A7 von Hannover. Ausfahrt 42 Richtung Evendorp. Von Hamburg Ausfahrt 41 Richtung Egestorf. In beiden Ortschaften der CP-Beschilderung folgen. 102396

Essel/Engehausen, D-29690 / Niedersachsen

CC€21

Aller-Leine-Tal
Marschweg 1
1 Mrz - 31 Okt
+49 50 71 51 15 49
camping@camping-allerleinetal.de

1 ADEKNOPQSTU JLNXY 6
2 ABCEQXYZ ABDEFGH 7
3 BJM ABCDFJNQRTW 8
4 FHO CFJ 9
5 ADFHJLMN ADHJKLNST 10
10A ❶ €25,00
H52 5ha 80T(100-120m²) 49D ❷ €28,00

N 52°41'22'' E 09°41'53''

A7 Hannover-Bremen, Ausfahrt 'Rasthof Allertal', Richtung Celle. Den CP-Schildern folgen. 102327

Frankenfeld, D-27336 / Niedersachsen

Camping Rittergut Frankenfeld
Dorfstraße 1
1 Jan - 31 Dez
+49 51 65 39 33
j-h-f-campingplaetze@web.de

1 AEGKNOPQRSTU JNUWXYZ 6
2 CIQSXYZ ABFG 7
3 ABLM ABCDEFJNQRW 8
4 H D 9
5 ADMN ABCGHJKOQW 10
16A CEE ❶ €29,50
2ha 40T 101D ❷ €29,50

N 52°46'13'' E 09°25'38''

Von der B209 Soltau-Nienburg in Rethem Richtung Schwarmstedt/Frankenfeld abbiegen. In Frankenfeld ausgeschildert. 100104

Garlstorf, D-21376 / Niedersachsen

CC€19

Freizeit-Camp-Nordheide e.V.
Egestorfer Landstraße 50
1 Jan - 31.Dez
+49 1 52 28 49 13 77
camping-garlstorf@t-online.de

1 ADEGKNOPQRSTU 6
2 ABQSXYZ BDEFGHIJ 7
3 ABFM ABCDEFHJKNQRVW 8
4 FHJ 9
5 DM AGHJKOQU 10
Anzeige auf dieser Seite B 16A CEE ❶ €29,00
H72 6ha 150T(80-140m²) 100D ❷ €35,00

N 53°13'30'' E 10°05'16''

A7 Ausfahrt 40 Garlstorf, dann Hansteder-Landstraße Richtung Garlstorf. CP Richtung Egestorf angezeigt. 114460

Gartow, D-29471 / Niedersachsen

Campingpark Gartow****
Am Helk 3
1 Mrz - 31 Okt
+49 58 46 97 90 60
info@campingpark-gartow.de

1 ADEGKNOPQRSTU EHNXYZ 6
2 PQWXYZ ABDEFGHIJK 7
3 ABEFGJMNOSTX ABCDEFGHIJNQRTUV 8
4 BEFHJORSTWX VY 9
5 ABDJKMN ABEGHIJKLMOQUVW 10
B 10A CEE ❶ €30,50
14ha 150T(100-140m²) 150D ❷ €37,00

N 53°01'35'' E 11°26'33''

A7 Hannover-Hamburg. In Soltau Straße 209 nach Lüneburg. Ab Lüneburg Straße 216 bis Dannenberg. Dann Ri. Gusborn-Gartow. 108079

Gnarrenburg, D-27442 / Niedersachsen

Am Eichholz
Hermann-Lamprecht-Str. 69
1 Mrz - 15 Okt
+49 47 63 86 48
camping.gnarrenburg@gmail.com

1 ADEGKNOPQRSTU AFH 6
2 QXY ABDEFG 7
3 ABL ABEFJNQRW 8
4 FHJ D 9
5 DM AJKOQ 10
10-16A ❶ €21,50
4ha 90T(120m²) 34D ❷ €28,50

N 53°23'31'' E 09°00'35''

In Gnarrenburg der Beschilderung Schwimmbad/Camping folgen. CP liegt neben dem Gemeindeschwimmbad. 118640

Guderhandviertel, D-21720 / Niedersachsen

Nesshof
Nesstr. 32
1 Jan - 31 Dez
+49 41 42 81 03 95
camping@nesshof.de

1 ADEGKNOPQRSTU N 6
2 ACPQTXYZ ABDEFG 7
3 ABEFJNQRW 8
4 H F 9
5 ABDEHMN ABFGHIJKLMOQV 10
B 16A CEE ❶ €24,00
2,5ha 90T(100-160m²) 34D ❷ €30,00

N 53°32'34'' E 09°36'43''

A26 Ausfahrt Dollern, danach Richtung Altesland/Steinkirchen. Nach 3 km auf der L125 in Guderhandviertel rechts in der Neßstraße ist CP angezeigt. 114715

Hechthausen/Klint, D-21755 / Niedersachsen

Ferienpark Geesthof***
Am Ferienpark 1
1 Jan - 31 Dez
+49 4 77 45 12
info@geesthof.de

1 ADEGKNOPQRSTU BEGHNVXYZ 6
2 BDFJQWXYZ ABEFGIJ 7
3 ABFGHIMTX ABCDEFGJNQRSTW 8
4 ABCDFGHTUVX EGJLVWY 9
5 ABDKMN AFGHIJKMOQUW 10
B 10-16A CEE ❶ €29,50
25ha 80T(100-150m²) 117D ❷ €38,50

N 53°37'33'' E 09°12'10''

B73 HH-Stade-Cuxhaven, Ausfahrt Hechthausen Richtung Klint. In Klint / Hechthausen der CP-Beschilderung folgen. 102243

Heidenau, D-21258 / Niedersachsen

Ferienzentrum Heidenau****
Ferienzentrum 1
1 Jan - 31 Dez
+49 41 82 42 72
info@ferienzentrum-heidenau.de

1 ADEGILOPQRSTU BGN 6
2 ABEQXYZ ABDEFGI 7
3 ABDEFILMNOSVX ABCDEFGJNQRTUVW 8
4 BCFGHJOXZ EVY 9
5 ABDFHJLN AFGHJKLNQU 10
B 16A CEE ❶ €32,00
70ha 87T(100-120m²) 510D ❷ €40,00

N 53°18'31'' E 09°37'14''

Autobahn A1 Bremen-Hamburg, Ausfahrt 46 Richtung Heidenau. In Heidenau den Schildern folgen. 112406

Hemmoor, D-21745 / Niedersachsen

Tauchbasis Kreidesee
Cuxhavener Str. 1
1 Jan - 31 Dez
+49 47 71 79 21

1 AFKNOPQRSTU NO 6
2 FQSXYZ ABFGIK 7
3 AB ABCDEFJNQRTVW 8
4 IJSVY 9
5 ADM AHJKQUVY 10
B 16A CEE ❶ €20,00
8ha 74T(50-100m²) 70D ❷ €28,00

N 53°42'03'' E 09°07'38''

A1 Hamburg-Bremen Ausfahrt 49 Bockel. B71 Zeven Richtung Bremervörde. Dort Richtung Cuxhaven/Wischhafen. B7/B74 bis Hemmoor. Am Ortsausgang nach ± 200m links. Mit Navi den GPS-Werten folgen (Haupteingang). 114457

Hösseringen/Suderburg, D-29556 / Niedersachsen

Am Hardausee*****
Campingplatz 1
1 Apr - 31 Okt
+49 58 26 76 76
info@camping-hardausee.de

1 ABDEGKNOPQRSTU LNPQ 6
2 EJKPQWXYZ BEFGI 7
3 ABGMSX BDFJKNQRSTUVW 8
4 AEFGHI TUVW 9
5 ABDEFHJKMN ABCEFGHJKMOQU 10
B 16A CEE ❶ €30,00
H80 10ha 100T(90-100m²) 350D ❷ €38,00

N 52°52'11'' E 10°25'22''

Die B191 Celle-Uelzen, Ausfahrt Suderburg. In Suderburg rechts Richtung Hösseringen/Räber zum Hardausee. 102399

Klein Kühren, D-29490 / Niedersachsen

Campingplatz Elbufer
Elbuferstrasse 141
1 Jan - 31 Dez
+49 5 85 32 56
campingplatz-elbufer@t-online.de

1 ADEGKNOPQRSTU JNQSWX 6
2 DJPQVXYZ ABEFGIJ 7
3 BDFNPQRUW 8
4 FHJQ FVW 9
5 ABEFMN AHJKMOQU 10
B 16A CEE ❶ €24,00
3ha 75T 128D ❷ €31,00

N 53°13'34'' E 10°54'43''

A1 Richtung Hamburg. A39 Richtung Lüneburg. B4 Lüneburg. B216 Richtung Dannenberg. Rechts L232 Neu Darchau. Neu Darchau in die Elbuferstrasse Richtung Klein Kühren. Camping angezeigt. 114459

Lüneburg, D-21335 / Niedersachsen

Rote Schleuse
Rote Schleuse 4
1 Jan - 31 Dez
+49 41 31 79 15 00
kontakt@camp-rote-schleuse.de

1 ADEGKNOPQSTU JLXYZ 6
2 ACEJKLPQRSXYZ ABDEFG 7
3 BFHILMU BDFGHJKNPQRTW 8
4 FHIJOXYZ EFG 9
5 ADFGHLMN ABCGHIJKOQ 10
Anzeige auf dieser Seite B 16A CEE ❶ €30,50
2ha 100T 26D ❷ €40,90

N 53°12'35'' E 10°24'40''
102395
An der B4, der Salzstraße Richtung Uelzen-Braunschweig am südlichen Ende des Ostrings (Richtung Zentrum). Ausgeschildert.

Midlum/Wurster Nordseeküste, D-27639 / Nieders.

Kransburger See****
Kransburger Str. 1
1 Jan - 31 Dez
+49 4 74 29 29 80
info@kransburger-see.de

1 ADEGKNOPQRSTU LMNP 6
2 ABEIJKPQRWXYZ ABDEFGIJK 7
3 ABFGJLMTV ABCDEFGIJKMNQRSTUVW 8
4 BCDHJN DEFKMNTVY 9
5 ABDEFHKMN ABHIJKLMOQUV 10
B 16A CEE ❶ €36,00
26ha 140T(100m²) 326D ❷ €47,00

N 53°42'27'' E 08°37'58''
112129
A27 Bremen-Cuxhaven, Ausfahrt 4 Neuenwalde. Richtung Dorum bis zur L135, dort Richtung Cuxhaven über Holßel nach Kransburg. Beschildert.

Müden/Örtze (Gem. Faßberg), D-29328 / Nieders. CC€21

Sonnenberg
Sonnenberg 3
15 Apr - 15 Okt
+49 50 53 98 71 74
info@campingsonnenberg.com

1 AKNOPQRSU 6
2 BIQVWXYZ ABDEFG 7
3 ABX ABCDEFJLNQRUVW 8
4 FHIJO BIVW 9
5 ADEFGHKMN ABDGHIJKNQY 10
6-16A ❶ €23,00
5ha 80T(150-350m²) 8D ❷ €34,00

N 52°53'16'' E 10°05'58''
102397
A7 Hannover-Hamburg, Ausfahrt Soltau-Ost, dann die B71 nach Munster. Hinter Munster Ausfahrt Celle. In Müden den CP-Schildern folgen.

Munster/Kreutzen, D-29633 / Niedersachsen

Zum Örtzewinkel****
Kreutzen 22
1 Jan - 31 Dez
+49 50 55 55 49
info@oertzewinkel.de

1 ABDEGKNOPQRSTU JLN 6
2 CPQWXYZ BCEFGI 7
3 ABEFLM BDFJNQRTUVW 8
4 EFGHO FVWY 9
5 ABDFLMN ABGHKLOPQ 10
B 16A CEE ❶ €28,50
H65 8ha 72T(100-160m²) 95D ❷ €34,50

N 52°55'07'' E 10°07'40''
101121
A7/E45 Hannover-Hamburg. Ausfahrt Soltau Ost. Via B71 an Munster vorbei, dann Richtung Celle und der Beschilderung folgen.

Nordholz/Wurster Nordseeküste, D-27639 / Nieders. CC€17

Camp.- und Wochenendplatz Beckmann GmbH
Wanhödenerstraße 28
1 Jan - 31 Dez
+49 47 41 85 88
post@nordholz-camping.de

1 ADEGKNOPQRSTU AF 6
2 ABQWXYZ ABFGHIJ 7
3 ABMV ABEFGJNQRUW 8
4 BFHJO DFIVY 9
5 ABDEFHJKMN ABCHJKOQUV 10
16A CEE ❶ €20,00
5,5ha 190T(80-160m²) 135D ❷ €25,00

N 53°45'11'' E 08°38'22''
120123
A27 Ausfahrt Nordholz, nach etwa 1800m liegt der CP an der linken Seite.

Oberohe/Faßberg, D-29328 / Niedersachsen

Ferienpark Heidesee
Oberohe 25
1 Jan - 31 Dez
+49 58 27 97 05 46
info@campingheidesee.com

1 ADEGKNOPQRSTU AHLNX 6
2 EJQRVXYZ BEFG 7
3 ABDFGMU BDFJNQRTW 8
4 FHIKQT DIJVWY 9
5 DEFM ABCGHJKOQ 10
B 16A CEE ❶ €26,00
19,5ha 267T(80-120m²) 138D ❷ €38,50

N 52°52'34'' E 10°13'35''
102400
A7 Hannover-Hamburg, Ausfahrt 44 Soltau-Ost, über die B71 nach Munster, Ausfahrt Müden/Faßberg, Richtung Unterlüß. Vorsicht, die letzten 200m Kopfsteinpflaster.

Otterndorf/Müggendorf, D-21762 / Niedersachsen

See Achtern Diek
Am Campingplatz 3
1 Apr - 31 Okt
+49 47 51 29 33
campingplatz@otterndorf.de

1 ADEGKNOPQRSTU KLMNQRUVWXZ 6
2 EGIKQSWXY ABDEFGHIJK 7
3 ABDFGJMUW ABCDEFGJKNOPQRSTUVW 8
4 BHJO FLMNRTVWY 9
5 ABDEFHLN ABCGHIJKMNQUV 10
B 16A CEE ❶ €36,50
17ha 212T(60-240m²) 346D ❷ €46,50

N 53°49'31'' E 08°52'34''
102194
B73 Stade-Cuxhaven. Ausfahrt Otterndorf. CP ist gut ausgeschildert. Folgen Sie die Beschilderung 'Ferienanlagen/Müggendorf'.

Oyten, D-28876 / Niedersachsen CC€23

Knaus Campingpark Oyten****
Oyter See 1
1 Mrz - 27 Nov
+49 42 07 28 78
oyten@knauscamp.de

1 ADEGKNOPQRSTU ILMNSWX 6
2 AEJKPQXYZ ABDEFG 7
3 ABEGLM ABCDEFJKNQRSTW 8
4 H EN 9
5 ADEM ABCDGHJKOQU 10
Anz. auf S. 240 + Umschl. 16A CEE ❶ €40,90
3ha 114T(70-100m²) 99D ❷ €50,30

N 53°02'47'' E 09°00'24''
114719
A1 Bremen-Hamburg, Ausfahrt 52 Richtung Oyten. Am Lidl links ab, durch Oyten, dann Richtung Oyter See und den CP Schildern folgen.

Schiffdorf/Spaden, D-27619 / Niedersachsen

Camping-und Ferienpark Spadener See Gmbh & co. KG****
Seeweg 2
15 Mrz - 15 Okt
+49 4 71 30 83 64 56
info@campingplatz-spadener-see.de

1 AEGJMPQRSTU LPW 6
2 AEJKPQXYZ ABDEFGIJ 7
3 ABL ABCDEFJKNQRTUVW 8
4 FHJ 9
5 ABDMN ABCFGHJKOQ 10
16A CEE ❶ €28,50
33ha 120T(100-150m²) 220D ❷ €36,50

N 53°34'30'' E 08°38'48''
102198
A27 Bremerhaven-Cuxhaven. Ausfahrt Spaden, danach folgen Sie den CP-Schildern, gut ausgezeigt.

Schneverdingen/Heber, D-29640 / Niedersachsen

Camping-Park Lüneburger Heide*****
Badeweg 3
20 Mrz - 5 Nov
+49 5 19 92 75
info@camping-lh.de

1 ADEGKNOPQRSTU LM 6
2 ACEJPQSTWXY ABCDEFGIK 7
3 ABFHIMSU ABCDEFGHIJKNPQRTUVW 8
4 FHKXZ EJKVYZ 9
5 ABDFHLMN ABFGHJKMOQW 10
B 16A CEE ❶ €35,00
H80 6,2ha 170T(100-200m²) 36D ❷ €45,00

N 53°04'15'' E 09°51'55''
102320
A7 Hannover-Hamburg, Ausfahrt Bispingen Richtung Behringen (2 km). Dann Richtung Schneverdingen bis Heber, gut ausgeschildert.

Soltau, D-29614 / Niedersachsen

Ferienpark Moränasee
Dittmern 9
1 Jan - 31 Dez
+49 51 91 97 52 68
info@ferienpark-soltau.de

1 ABDEKNOPQRSTU LM 6
2 ABFJKPQTWXYZ ABDEFGH 7
3 ABCGLMU ABEFGJNQRSTUV 8
4 FHKR AVXY 9
5 ABDJKN ABEFHJKLMNQ 10
16A CEE ❶ €27,20
H100 33ha 28T(100m²) 302D ❷ €36,20

N 53°00'56'' E 09°55'21''
116717
E45 Ausfahrt 44 Richtung Heidepark. Vor dem Heidepark dem CP-Schild Moränasee folgen.

Soltau, D-29614 / Niedersachsen

Röders' Park-Premium Camping
Ebsmoor 8
1 Jan - 31 Dez
+49 51 91 21 41
info@roeders-park.de

1 ADEGJMOPQRSTU 6
2 ACQTWXYZ ABDEFGH 7
3 ALMX ABCDEFGHJLNPQRTUVW 8
4 FH VZ 9
5 ABDFLMN ABCEFGHJKOQW 10
B 16A CEE ❶ €39,00
H50 2,5ha 90T(80-120m²) 30D ❷ €49,00

N 53°00'02'' E 09°50'15''
102323
Ab Soltau über die B3 Ri. Hamburg. Von Norden die Ausfahrt Bispingen nehmen. In Behringen Ri. Soltau. Von Süden die Ausfahrt Soltau-Ost oder Süd. Auf der B3 Ri. Soltau. Der CP liegt am Rande von Soltau.

Soltau/Harber, D-29614 / Niedersachsen

Ferienparadies Mühlenbach
Wietzendorferstr. 2
1 Jan - 31 Dez
+49 5 19 11 49 12
info@ferienparadies-muehlenbach.de

1 ABCDEGKNOPQRSTU LMN 6
2 ABCEJKPQTWXYZ ABDEFGIJ 7
3 ABDEFGHILMUVX ABCDEFHIJKNPQRTUW 8
4 FHKO EGIJ 9
5 BDMNO ABFGHJKLMNV 10
16A CEE ❶ €20,00
H59 10ha 150T(100-160m²) 288D ❷ €25,00

N 52°59'12'' E 09°54'38''
109374
A7 Hannover-Hamburg, Ausfahrt 44 Soltau-Ost. Über die B71 in Richtung Soltau, dann links in Richtung Wietzendorf.

Soltau/Wolterdingen, D-29614 / Niedersachsen

Campingplatz Auf dem Simpel
Auf dem Simpel 1
1 Jan - 31 Dez
+49 51 91 36 51
info@auf-dem-simpel.de

1 ADEKNOPQRSTU BF 6
2 ABQRSTWXY ABDEFGI 7
3 BFGLM ABCDEFJKNQRSTUVW 8
4 FHQ DEFGJVWYZ 9
5 ACDFHJLMN ABFGHJKLOQWY 10
B 16A CEE ❶ €40,00
H78 9ha 110T(85-150m²) 147D ❷ €51,00

N 53°01'32'' E 09°51'35''
102321
A7 Hamburg-Hannover, Ausfahrt Soltau-Ost. Den Schildern folgen Heide-Park. Am Heide-Park vorbei, nach 800m links. CP liegt zwischen Heidepark und der B3.

Sottrum/Everinghausen, D-27367 / Niedersachsen

Camping-Paradies "Grüner Jäger"****
Everinghauser Dorfstraße 17
1 Jan - 31 Dez
+49 42 05 31 91 13
info@camping-paradies.de

1 ADEKNOPQRSTU AFN 6
2 ACQWXY ABFGIK 7
3 BM ABCDEFGIJNQRTU 8
4 HKT 9
5 ADMN ABGHJKOQ 10
B 16A CEE ❶ €34,25
H70 2,8ha 99T(80-120m²) 40D ❷ €43,25

N 53°05'00'' E 09°10'37''
102246
A1 Bremen-Hamburg, Ausfahrt 50 Stuckenborstel, Richtung Rotenburg, nach 300m bei den Ampeln rechts abbiegen nach Everinghausen und nach Everinghausen fahren. Nach 4 km der 1. CP links.

Teilkarte Lüneburg auf Seite 245

Stove/Hamburg, D-21423 / Niedersachsen

Camping Land an der Elbe	1 AGKNOPQRSTU JMNQSWXY 6
Stover Strand 7	2 ACIJKPQSTXYZ ABDEFGHIJ 7
1 Apr - 30 Sep	3 ABGLR ABCDFGHJKNPQRTUVW 8
+49 4 17 63 27	4 FHJ HINZ 9
info@camping-land-online.de	5 ABDGMN ABGHIJKMOQX 10
	B 16A CEE ❶ €29,00
N 53°25'45" E 10°18'09"	3,5ha 72T(100-150m²) 122D ❷ €39,00

Von der A7 zur A250, in Handorf zur B404 hinter der Elbebrücke in Ronne. Von der B404 Richtung Stove. 118600

Stove/Hamburg, D-21423 / Niedersachsen

Campingplatz Stover Strand International*****	1 ADEGKNOPQRSTU JMNQSWXYZ 6
Stover Strand 10	2 ACEJKPQTWXY BEFGHIJK 7
1 Jan - 31 Dez	3 BFGJLMRSUX BDFGIJKNQRSTUVW 8
+49 4 17 74 30	4 ABCDEFHJLOT ADEGJKNOPRVWYZ 9
info@stover-strand.de	5 ACDEFHJLMNO ABDFGHIJKLMOPQUWXY 10
	Anzeige auf dieser Seite B 16A CEE ❶ €39,00
N 53°25'27" E 10°17'44"	30ha 130T 334D ❷ €49,00

A7 Hannover-Hamburg, Ausf. 1 Maschener Kreuz Richtung Winsen/Lüneburg. A39, dann Ausf. B404 Richtung Geesthacht. Ausfahrt in Rönne Ri Stove. Die Straße Stover Strand bis zum Ende durchfahren. 108076

Tarmstedt, D-27412 / Niedersachsen

Wochenendpark Rethbergsee	1 AGKNOPQRSTU LMN 6
Wörpeweg 51	2 EJQWXYZ ABDEFGH 7
1 Jan - 31 Dez	3 ABEFGU ABCDEFJKNPQRTUVW 8
+49 4 28 34 22	4 FHJOQRV IJQTV 9
camping-rethbergsee@t-online.de	5 ABDEMN ABGHJKNQU 10
	16A CEE ❶ €26,00
N 53°12'56" E 09°05'33"	15ha 29T(120-160m²) 302D ❷ €36,00

Von Zeven aus nach Tarmstedt. Am Ortseingang von Tarmstedt südwärts. Dann noch 1 km bis zum CP. Wenn über die A1, dan Ausfahrt Oyten. 102244

Uelzen, D-29525 / Niedersachsen

Uhlenköper-Camp	1 ADEKNOPQRSTU AUV 6
Festplatzweg 11	2 BCPQSWXYZ BEFGI 7
1 Jan - 31 Dez	3 BEFHIMNSTX BDFIJNQRTU 8
+49 58 17 30 44	4 ABCFHJK BEFGKLRVWX 9
info@uhlenkoeper-camp.de	5 ACDEFHIJKM ABHIJKLMOPQU 10
	B 16A CEE ❶ €33,00
N 53°00'00" E 10°30'56"	H57 4,5ha 85T(90-120m²) 50D ❷ €43,00

Die B4 Uelzen-Lüneburg Richtung Kirchweyhe. 100105

Wienhausen/Schwachhausen, D-29342 / Niedersachsen

Am Allerstrand	1 GKNOPQRSTU JN 6
Offensener Str. 2A	2 CPQXYZ BF 7
1 Apr - 2 Nov	3 M ABFJNQRW 8
+49 50 82 91 20 04	4 H R 9
info@camping-landurlaub.de	5 AHJKMNQU 10
	16A CEE ❶ €22,00
N 52°34'45" E 10°14'45"	3,5ha 55T(40-100m²) 40D ❷ €28,00

A2 Hannover-Braunschweig, Ausfahrt 51 Hämelerwald Richtung Uetze (L413). L387 Richtung Bröckel. Links auf die 214 nach Eicklingen, rechts nach Wienhausen, rechts nach Offensen der Beschilderung folgen. Camping liegt links. 123031

Wietzendorf, D-29649 / Niedersachsen

Südsee-Camp*****	1 ADEKNOPQRSTU AEGHILM 6
Südsee-Camp 1	2 ABEJQTWXYZ ABCDEFGHIK 7
1 Jan - 31 Dez	3 BCDFGHIJLMNTUWX ABCDEFGIJKLNQRSTUVW 8
+49 51 96 98 01 16	4 ABCDEFHJNORSTUVX DEJRVWYZ 9
info@suedsee-camp.de	5 ACDEFHJKLMNO ABEFGHIMNQUWXY 10
	Anz. auf dieser S. B 6-16A CEE ❶ €44,00
N 52°55'53" E 09°57'56"	H50 90ha 726T(80-135m²) 782D ❷ €55,00

A7 Hamburg-Hannover, Ausfahrt 45 Soltau Süd, dann die B3 Richtung Bergen. Ab Abfahrt Bockel den Schildern 'Südsee Camp' folgen. 102324

Wingst/Land Hadeln, D-21789 / Niedersachsen

Knaus Campingpark Wingst****	1 ADEGKNOPQRSTU AEGHIN 6
Schwimmbadallee 13	2 BEPQSUVWXYZ ABDEFGIJ 7
1 Mrz - 26 Nov	3 ABFGJMSX ABCDEFGIJNQRTUW 8
+49 47 78 76 04	4 HJKO AEJUV 9
wingst@knauscamp.de	5 ABDFKLMN ABDGHIJKLMOQU 10
	Anz. auf S. 240 + Umschl. B 16A CEE ❶ €45,50
N 53°45'09" E 09°05'00"	9ha 265T(100m²) 97D ❷ €57,10

B73 Cuxhaven-Stade, Ausfahrt Wingst, Schwimmbad. 102242

Winsen (Aller), D-29308 / Niedersachsen

Allerblick	1 ABDEKNOPQRSTU JNXYZ 6
Auf der Hude 1	2 DIJKPQXYZ ABDEFG 7
1 Jan - 31 Dez	3 ABFHILMS ABCDEFJNQRSTW 8
+49 5 14 39 31 99	4 FHKO R 9
info@camping-allerblick.de	5 ABDEFJLMN ABDFGHJKLMOQ 10
	16A ❶ €33,50
N 52°40'36" E 09°54'05"	13ha 215T(100-150m²) 102D ❷ €47,50

A7 Hannover-Bremen, Ausfahrt Allertal (Tankstelle) Richtung Celle. In Winsen wird der CP angezeigt (rechts ab). CP liegt im Zentrum von Winsen. 102328

Winsen (Aller), D-29308 / Niedersachsen

Campingpark Südheide*****	1 ADEKNOPQRSTU AJNUXZ 6
Im stillen Winkel 20	2 DJPQWXYZ ABCDEFGHIJK 7
1 Apr - 6 Nov	3 ABDEFHILMSTV ABCDEFGIJKLNQRSTUVW 8
+49 5 14 36 66 18 03	4 BCDFGHJLOTVXZ FJRV 9
info@campingpark-suedheide.de	5 ABDEFHMN ABEFGHIJKMOQU 10
	B 16A CEE ❶ €33,00
N 52°40'19" E 09°56'10"	9ha 280T(100-160m²) 24D ❷ €47,00

A7 Hamburg-Hannover, Ausfahrt Raststätte/Allertal Richtung Celle, dann nach Winsen und in Winsen ausgeschildert. Der CP liegt knapp außerhalb von Winsen Richtung Celle. 102330

Deutschland

Winsen/Aller-Meißendorf, D-29308 / Niedersachsen

Campingpark Hüttensee
Hüttenseepark 1
1 Jan - 31 Okt
+49 50 56 94 18 80
info@campingpark-huettensee.de

1 ADEKNOPQRSTU LMNY 6
2 EJQXYZ ABFGIK 7
3 BDFGJLMUV ABCDEFJKNQRTW 8
4 FHO AEFY 9
5 ABDLMN ABCFGHIJKLMOQ 10
B 16A CEE ❶ €27,90
18ha 266T(100-120m²) 182D ❷ €33,90

N 52°43'12" E 09°49'31"

A7 Hamburg-Hannover, Ausfahrt 49 (Westenholz) Richtung Winsen. Campingplatz ist bei Meißendorf, 7 km vor Winsen. In Meißendorf der Beschilderung 'Hüttenseepark' folgen. 107968

Wurster Nordseeküste, D-27639 / Niedersachsen

Campingplatz Wremer-Tief
Strandstraße (Außendeich)
15 Apr - 15 Sep
+49 4 70 56 60 36 10
info@camping-wremer-tief.de

1 ADEKNOPQRSTU KMNQRSWXYZ 6
2 HIKQTX ABDEFG 7
3 ABFG ABEFJNQRW 8
4 H VW 9
5 ADM ABFGHJKMQ 10
16A CEE ❶ €34,90
4ha 250T(100m²) 90D ❷ €43,00

N 53°38'46" E 08°29'41"

A27 Bremerhaven-Cuxhaven, Ausfahrt Wremen/Bad Bederkesa. Dann Richtung Wremen, wo der CP ausgeschildert ist (Kutterhafen). In Wremen sind 2 Campingplätze. Achtung: Am Wremer Tief auf den Deich hoch! 114456

Wurster Nordseeküste, D-27639 / Niedersachsen

Außerdeich Campingplatz Cappel-Neufeld
Deichweg-Außendeich
1 Mai - 15 Sep
+49 4 70 56 60 36 15
info@camping-freizeit-gmbh.de

1 DEILOPQRSTU KMNQSX 6
2 HIKQ ABDEFGIJK 7
3 BS ABDEFNQRW 8
4 H D 9
5 ADM AHJKOS 10
16A CEE ❶ €37,80
6ha 230T(bis 100m²) 65D ❷ €46,00

N 53°45'53" E 08°32'19"

A27 Bremen-Cuxhaven, Ausfahrt 4 Neuenwalde Richtung Dorum bis zur B6. Dann Richtung Cuxhaven über Holßel nach Cappel. Weiter Richtung Cappel-Neufeld und Strand. Direkt über den Deich. 117167

Zeven, D-27404 / Niedersachsen

Campingplatz Sonnenkamp***
Sonnenkamp 10
1 Jan - 31 Dez
+49 42 81 95 13 45
info@campingplatz-zeven.de

1 ADEGKNOPQRSTU AFN 6
2 ABCPQTXYZ ABDEFGH 7
3 AFGIM ABCDEFHJKNPQRUW 8
4 FHO DEFV 9
5 ABDEFGKMN AFGHJKQU 10
B 16A CEE ❶ €26,00
7,5ha 80T(100-150m²) 189D ❷ €32,00

N 53°18'14" E 09°17'51"

A1 Bremen-Hamburg Ausfahrt 49 Bockel die B71 bis Zeven. Innerorts CP ausgeschildert. 100100

Bad Pyrmont, D-31812 / Niedersachsen

Campingpark Schellental
Am Schellenhof 1-3
1 Jan - 31 Dez
+49 52 81 87 72
camping@schellental.de

1 AGKNOPQRSTU 6
2 CIQSVWXYZ ABDEFGH 7
3 ABLM ABCDEFIJKNQRTVW 8
4 FHJO K 9
5 ABDFLMNO AFGHJKLORS 10
B 6A CEE ❶ €30,00
H120 6ha 90T(60-110m²) 40D ❷ €35,00

N 51°59'45" E 09°16'36"

In Bad Pyrmont Richtung Bahnhof, die 1. Straße links (in der Kurve), dann den Schildern folgen. Aus Richtung Hameln den CP-Schildern folgen. 101421

Bodenwerder/Rühle, D-37619 / Niedersachsen

Rühler Schweiz
Im Grossen Tal 0
1 Apr - 31 Okt
+49 55 33 24 86
brader-ruehler-schweiz@t-online.de

1 AEGKNOPQRSTU BJNXYZ 6
2 CIPQVX ABDEFG 7
3 BFGMS ABCDEFJKNQRTW 8
4 FGH DR 9
5 ADMN ABEGHIJKMOQ 10
B 16A CEE ❶ €24,50
H80 7,8ha 100T(100m²) 202D ❷ €30,50

N 51°56'35" E 09°30'36"

An der B83 zwischen Hameln und Holzminden liegt Bodenwerder. An der Südseite von Bodenwerder Richtung Zentrum abbiegen. Über die Weserbrücke rechts ab. Nach etwa 4 km ist der Campingplatz rechts. 100119

Bodenwerder, D-37619 / Niedersachsen

An der Himmelspforte
Ziegeleiweg 1
1 Jan - 31 Dez
+49 55 33 49 38
himmelspforte01@yahoo.de

1 KNOPQRSTU JNWXYZ 6
2 CIQXYZ ABDEFH 7
3 ABFHIMN ABCDEFJKNQRTW 8
4 FHJ R 9
5 ADFJKMN AFGHJKNQW 10
B 16A CEE ❶ €20,50
H80 10ha 150T(100m²) 250D ❷ €28,50

N 51°57'33" E 09°30'18"

An der B83 zwischen Hameln und Holzminden liegt Bodenwerder. Südlich von Bodenwerder Richtung Zentrum abbiegen. Nach der Weserbrücke rechts der Beschilderung folgen. 102332

Coppenbrügge, D-31863 / Niedersachsen

Rattenfängerplatz am Ith***
Felsenkeller 9a
1 Jan - 31 Dez
+49 5 15 67 86 90 14
ccweserbergland@t-online.de

1 AGKNOPQRSTU BEG 6
2 PQTUVXY ABDEFGI 7
3 ABFMS ABCDEFHJNPQRTW 8
4 FHJ DF 9
5 DM AFGHJKMOQU 10
B 16A CEE ❶ €23,00
H160 1,7ha 40T(60-120m²) 43D ❷ €27,00

N 52°06'55" E 09°32'05"

Liegt an der B1 in Coppenbrügge neben dem Hallenbad, 15 km östlich von Hameln. Von Hamels aus ist der CP angezeigt. Rechts über die Brücke, Coppenbrücke. Ist ausgeschildert. 117151

Deutschland

Garbsen, D-30823 / Niedersachsen

Blauer See***
Am Blauen See 119
1 Jan - 31 Dez
+49 5 13 78 99 60
info@camping-blauer-see.de
N 52°25'14" E 09°32'47"

1 BDEG**KN**OPQRST**U** HLM**N**W 6
2 AEIJQTWXY AB**FG** 7
3 BEFG**JLMT** ABCD**F**JLNQRTUVW 8
4 FH**P** FGJNY 9
5 ABDEFJKM ABGHLOQU 10
B 16A CEE ❶ €32,00
H150 6ha 120**T**(65-100m²) 234**D** ❷ €35,00

A2 Dortmund-Hannover, Ausfahrt 41 Garbsen. Ab Dortmund Beschilderung folgen. Ab Hannover unter A2 durchfahren, dann ausgeschildert. 101419

Grohnde (Emmerthal), D-31860 / Niedersachsen

Grohnder Fährhaus GmbH****
Grohnder Fähre 1
1 Mrz - 31 Dez
+49 51 55 34 79 83
camping@grohnder-faehrhaus.de
N 52°01'07" E 09°25'32"

1 ADEKNOPQRSTU J**N**U**XYZ** 6
2 DIKPQTWXY ABDE**FG**I 7
3 ABCEFGMUX ABCDEF**GI**JK**L**NQRT 8
4 FH**TXZ** EGIRWY 9
5 ADEFIJLMN AFGHIJKOPSTUVY 10
B 16A CEE ❶ €25,00
H70 5ha 80**T**(45-100m²) 87**D** ❷ €32,00

Der CP liegt an der B83 Hameln-Bodenwerder. In Grohnde Richtung Osten halten, durch den Hafen und mit der Fähre über die Weser zum CP. Montags verkehrt die Fähre nicht. Über Latferde umfahren. 112405

Hameln, D-31787 / Niedersachsen

Campingplatz Hameln an der Weser
Uferstraße 80
1 Mrz - 4 Nov
+49 5 15 16 74 89
info@campingplatz-hameln.de
N 52°06'33" E 09°20'52"

1 AG**KN**OPQRSTU **N**XY 6
2 CIPQTXYZ ABDE**FG**HIK 7
3 B**L** ABCDEFJKNQRTW 8
4 FH FR 9
5 ADFLN ABDGHJK**O**QU 10
B 16A CEE ❶ €34,50
H65 2ha 115**T**(80-200m²) 2**D** ❷ €44,50

Von Paderborn: in Hameln vor der Weserbrücke links Richtung Rinteln. Dort den CP-Schildern folgen. Von Hildesheim: sofort hinter der Weserbrücke rechts. Dann gleich wieder rechts. Nach 300m den CP-Schildern folgen. 102252

Hameln/Halvestorf, D-31787 / Niedersachsen

Camping am Waldbad****
Pferdeweg 2
1 Apr - 31 Okt
+49 51 58 27 74
hallo@campingamwaldbad.de
N 52°06'26" E 09°17'45"

1 AGKNOPQRST**U** **BG** 6
2 PQUWXY ABDE**FG**J 7
3 BF**LM** ABCDE**F**JNQRTW 8
4 FH 9
5 ABDFLMN ABFGHIJKLOQ 10
B 16A CEE ❶ €26,50
H120 3,3ha 37**T**(80-100m²) 160**D** ❷ €40,50

Aus Richtung Paderborn: in Hameln vor der Weserbrücke links Richtung Rinteln (Seitenweg der L433). CP-Schildern befolgen. CP 6 km nordwestlich von Hameln. Mit Navi den Straßennamen nehmen: Freibadstraße. 102250

Heemsen/Anderten, D-31622 / Niedersachsen

Camping Rittergut Hämelsee
Hämelsee 31
1 Jan - 31 Dez
+49 4 25 49 21 23
mail@haemelsee.de
N 52°45'27" E 09°18'34"

1 AG**K**NOPQRSTU L**N** 6
2 EJQWXYZ ABDE**FG** 7
3 ABFGM ABCDEFIJNQRTW 8
4 JO V 9
5 ADEFMN AGJKMQUV 10
16A CEE ❶ €23,50
24ha 40**T**(120-150m²) 300**D** ❷ €23,50

B209 Soltau-Nienburg, 7 km hinter Rethem rechts ab. Dann ausgeschildert. Der CP liegt 7 km nordöstlich von Heemsen. 102247

Heinsen, D-37649 / Niedersachsen

Weserbergland Camping
Weserstraße 66
15 Apr - 15 Okt
+49 55 35 87 33
info@weserbergland-camping.com
N 51°53'07" E 09°26'33"

1 AE**KM**OPQSTU BJ**N**W**X**Y 6
2 CKPQTXY ABDE**FG** 7
3 ABF**LM**S ABCDE**F**GJNPQRU 8
4 FHO R 9
5 ADHMN ABDGHIJK**O**RSWY 10
10A CEE ❶ €30,00
H84 2,5ha 128**T**(120m²) ❷ €38,00

Via Hameln und Bodenwerder nach Heinsen, B83. Ausgeschildert. 100118

Hemmingen/Arnum, D-30966 / Niedersachsen

Arnumer See****
Osterbruchweg 5
1 Jan - 31 Dez
+49 51 01 35 34
info@camping-hannover.de
N 52°18'06" E 09°44'49"

1 ABDE**KN**OPQRSTU L 6
2 AEIJKPQTUWXYZ AB**FG** 7
3 B**L** ABCDE**F**JNQRTW 8
4 FHJ GHIJ 9
5 ADFJKM ABFGHIJK**O**Q 10
B 16A ❶ €30,50
13ha 85**T**(70-120m²) 374**D** ❷ €36,50

Autobahn A7 Hamburg-Kassel, Ausfahrt 59 Laatzen, B443 Richtung Pattensen. B3 Richtung Hannover bis Arnum. Beschilderung 'Naherholungspark Arnumer See' folgen. 110141

Holle, D-31188 / Niedersachsen

Seecamp Derneburg
Seecamp 1
1 Apr - 31 Okt
+49 5 06 25 65
info@seecamp-derneburg.de
N 52°06'11" E 10°08'18"

1 ADEG**KN**OPQRSTU L**N** 6
2 AEIKPQSTY AB**C**D**FG** 7
3 B**JL**MU ABCDE**F**JNQRTW 8
4 FH ADF 9
5 ADFJLM ABGHJKLMOQU 10
Anzeige auf dieser Seite B 16A CEE ❶ €26,20
H150 7,8ha 60**T**(80-100m²) 175**D** ❷ €36,60

A7, Ausfahrt 63 Derneburg, dann ausgeschildert. 102404

Isernhagen, D-30916 / Niedersachsen

Parksee Lohne
Alter Postweg 12
1 Apr - 15 Okt
+49 5 13 98 82 60
info@parksee-lohne.de
N 52°27'22" E 09°51'40"

1 BDEG**KN**OPQRSTU LMP 6
2 AFIJKQXYZ ABE**FG** 7
3 BFG**JL**M ABCDEFGHJNQRTW 8
4 FHI 9
5 ADEFHJL AGHJKLQU 10
FKK B 16A CEE ❶ €28,00
H58 15ha 100**T**(80-120m²) 300**D** ❷ €40,00

A2 Ausfahrt 46 Lahe/Altwarmbüchen. Oder A7 Ausfahrt 55 Richtung Altwarmbüchen. In Altwarmbüchen Richtung Isernhagen. CP ist ausgeschildert. 108086

Laatzen/Hannover, D-30880 / Niedersachsen

Campingplatz Birkensee
Campingplatz Birkensee
1 Jan - 31 Dez
+49 5 11 52 99 62
info@camping-birkensee.de
N 52°18'13" E 09°51'44"

1 ABEG**KN**OPQRSTU LOP 6
2 ABEIJKQXYZ AB**FG** 7
3 BGLMU ABCDEFGJNQRTW 8
4 FHO DGIV 9
5 DM AFGHIJKL**N**Q 10
B 16A CEE ❶ €28,00
8,5ha 100**T**(80-120m²) 94**D** ❷ €33,00

A7 Hamburg-Kassel, Ausfahrt 59, N443 Richtung Laatzen. Nach 1 km geht ein kleiner, schmaler Weg links ab zum Campingplatz. 102331

Neustadt/Mardorf, D-31535 / Niedersachsen

Campingplatz Mardorf GmbH
Uferweg 68
1 Jan - 31 Dez
+49 5 03 65 29
info@camping-steinhuder-meer.de
N 52°29'30" E 09°19'29"

1 ABDEG**KN**OPQRSTU LM**N**QS**XYZ** 6
2 BEIPQTWXYZ AB**FG**K 7
3 G**L** ABCDE**F**JKNQRTUW 8
4 FH DNPTVW 9
5 ADEFJKMN ABDEFGHJKLNQV 10
B 16A CEE ❶ €30,50
H55 4,2ha 80**T**(70-110m²) 113**D** ❷ €39,50

B6 Nienburg-Neustadt. In Neustadt Richtung Steinhuder Meer. In Mardorf den CP-Schildern folgen. Mit Navi: Die Einfahrt ist am Weidebruchsweg. 114872

Neustadt/Mardorf, D-31535 / Niedersachsen

Campingplatz Niemeyer
Pferdeweg 15
1 Jan - 31 Dez
+49 5 03 65 30
h-niemeyer@t-online.de
N 52°29'46" E 09°19'25"

1 ADEG**KN**OPQRSTU 6
2 PQTWXYZ AB**FGI** 7
3 B**JL**MS ABCDE**FG**JLNQRTUV 8
4 FH**T** DUVW 9
5 ABDM**N** ABFGHJKM**O**QV 10
B 16A CEE ❶ €25,00
2,5ha 40**T**(60-80m²) 173**D** ❷ €31,00

Der Camping liegt 300m nördlich vom Steinhuder Meer. Von der B6 Hannover-Bremen bei Neustadt am Rübenberge der Beschilderung Steinhuder Meer folgen. In Mardorf ist der Campingplatz angezeigt. 110651

Neustadt/Mardorf, D-31535 / Niedersachsen

Nordufer Camping****
Pferdeweg 5
1 Jan - 31 Dez
+49 50 36 23 61
info@nordufercamping.de
N 52°29'48" E 09°19'48"

1 ABDEGILOPQRST**U** **N**X 6
2 BPQTWXYZ AB**FGI** 7
3 BFG**LM** AB**F**GJKNQRTW 8
4 FHO 9
5 ABDEFKM**N** ABGHIJK**O**Q 10
B 10A CEE ❶ €25,00
17ha 145**T**(70-100m²) 325**D** ❷ €31,00

Von der B6 Hannover-Bremen bei Neustadt am Rübenberge. Beschilderung Steinhuder Meer folgen. In Mardorf ist der Campingplatz angezeigt. 102248

Rinteln, D-31737 / Niedersachsen

Erholungsgebiet DoktorSee****
Am Doktorsee 8
1 Jan - 31 Dez
+49 57 51 96 48 60
info@doktorsee.de
N 52°11'12" E 09°03'35"

1 ADEG**KN**OPQRSTU HLM**N**OPQS**XYZ** 6
2 AEIJKPQTWXY ABDE**FG** 7
3 BFG**JL**MN**RS**U**X** ABCDE**F**HJKNQR**S**TUVW 8
4 **A**BCEFHJLMO**TVXZ** DFHIJRTV 9
5 ACDEFGHJKLMN ABFGHIJKLOPQUWY 10
B 16A CEE ❶ €29,70
H50 90ha 400**T**(80-140m²) 1026**D** ❷ €36,10

A2 Dortmund-Hannover, Ausfahrt 35 Richtung Rinteln der B238 folgen, um Rinteln zu umfahren. Der Beschilderung DoktorSee folgen. 100111

Deutschland

Stolzenau, D-31592 / Niedersachsen

Campingplatz Stolzenau	1 AKNOPQRSTU	JNSUXYZ 6
Weserstrasse 11a	2 CIPQTXYZ	ABFG 7
1 Apr - 31 Okt	3 AF	ABCDEFHIJNPQRUW 8
+49 17 16 21 63 98	4 FHO	VW 9
verwaltung@ campingplatz-stolzenau.de	5 DEFGHK	ABCFGHJKLMOQV 10
	B 16A CEE	① €27,00
N 52°30'39'' E 09°04'49''	2,5ha 80T 35D	② €27,00

B441 Loccum an der Weserbrücke Richtung Stolzenau, dann nach 50m rechts ab. Oder über Porta Westfalica Richtung Petershagen, dann von Leese nach Stolzenau. 118212

Stuhr/Groß Mackenstedt, D-28816 / Nieders.

CC€21

Campingplatz Steller See	1 ADEKNOPQRSTU	L 6
Zum Steller See 15	2 AEJQXY	ABDEFG 7
1 Apr - 30 Sep	3 BFMU	ABEFJNQRTW 8
+49 42 06 64 90	4 HJO	F 9
info@stellersee.de	5 ADEFLM	ABGHKLMOQY 10
	B 16A CEE	① €24,50
N 53°00'25'' E 08°41'33''	9ha 60T(80-100m²) 383D	② €28,50

Von der A1 am Dreieck Stuhr, (aus Hamburg oder OS) die erste Ausfahrt 58, Ausfahrt rechts Ri. Groß Mackenstedt. Am Ortseingang rechts. Immer den Hinweisen 'Steller See' folgen. 102201

Salzhemmendorf/Wallensen, D-31020 / Niedersachsen

Campingpark Humboldtsee	1 AEGKNOPQRSTU	HLNP 6
Humboldt See 1	2 BFIJKQVXYZ	ABFG 7
1 Jan - 31 Dez	3 ABMS	ABCDEFJNQRTW 8
+49 51 86 95 71 40	4 FHI	BFKY 9
info@ campingpark-humboldtsee.de	5 ABDEFGHJKMN	AFGHJKLMNRSU 10
	10-16A CEE	① €33,00
N 52°00'12'' E 09°38'34''	H180 36ha 255T(100m²) 286D	② €41,00

B1 Hildesheim-Hameln. In Hemmendorf Richtung Eschershausen, dann ausgeschildert. Der Campingplatz liegt 3 km südlich von Wallensen. 100113

Stuhr/Groß Mackenstedt, D-28816 / Niedersachsen

Märchencamping	1 ADEKNOPQRSTU	AF 6
Zum Steller See 83	2 AQRSWXY	ABEFGH 7
1 Jan - 31 Dez	3 ABMUV	ABCDEFHJKNQRTW 8
+49 42 06 91 91	4 BCFHJKLOT	EV 9
info@maerchencamping.de	5 ADEFHKMN	ABFGHIMOQ 10
	B 16A CEE	① €23,00
N 53°00'37'' E 08°41'23''	10ha 100T(120m²) 161D	② €29,00

A1 Osnabrück-Bremen bis Ausfahrt 58 (Knoten Stuhr) Richtung Groß Mackenstedt; dem Schild 'Märchencamping' folgen. 100099

Silberborn/Solling, D-37603 / Niedersachsen

Silberborn****	1 AKNOPQRSTU	6
Glashüttenweg 4	2 BPQTWXYZ	ABDEFGH 7
1 Jan - 31 Dez	3 BM	ABCDEFJKNQRTW 8
+49 5 53 66 64	4 EFHO	E 9
naturcamping- silberborn@t-online.de	5 ADFJLM	AFGHIJKMNQ 10
	WB 16A	① €20,60
N 51°46'16'' E 09°32'54''	H440 5ha 100T(100-120m²) 103D	② €25,60

An Straße B497 Holzminden-Uslar wird nördlich von Neuhaus den Campingplatz ausgeschildert. 107973

Uetze, D-31311 / Niedersachsen

CC€19

Irenensee****	1 ACDEGKNOPQRSTU	LNSX 6
Fritz-Meinecke-Weg 2	2 EIJPQTWY	ABCDEFGI 7
1 Jan - 31 Dez	3 ABCFGLMS	ABCDEFGIJKNQRTUVW 8
+49 5 17 39 81 20	4 H	FJQTVY 9
info@irenensee.de	5 ABDEFLM	ABHJKOQU 10
	Anz. auf dieser S. B 6-10A CEE	① €24,50
N 52°27'56'' E 10°09'36''	45ha 110T(80-125m²) 423D	② €37,80

Autobahn A2 Richtung Celle, Ausfahrt 49 Richtung Burgdorf, dann B188 Richtung Gifhorn/Uetze. 108087

Geografisch suchen

Schlagen Sie Seite 234 mit der Übersichtskarte dieses Landes auf. Suchen Sie das Gebiet Ihrer Wahl und gehen Sie zur entsprechenden Teilkarte. Hier sehen Sie alle Campingplätze auf einen Blick.

Altenau, D-38707 / Niedersachsen

Okertalsperre	1 AEKNOPQSU	LN 6
Kornhardtweg 2	2 FLPRSTWXY	ABDEFGHIK 7
1 Apr - 1 Nov	3 B	ABCDEFJNQRTUVW 8
+49 5 32 87 02	4 FHJO	R 9
info@ camping-okertalsperre.de	5 ABDMN	ABHJKNQU 10
	16A CEE	① €26,35
N 51°49'01'' E 10°26'19''	H450 3ha 80T(60-90m²) 35D	② €34,35

A7 Richtung Goslar. In Goslar Richtung Bad Harzburg/Oker/Altenau. Via B498 Richtung Altenau (Osterode) finden Sie den CP. 102410

Deutschland

Altenau, D-38707 / Niedersachsen

Polstertal***
Polstertal 1
1 Jan - 31 Dez
+49 53 23 55 82
info@
campingplatz-polstertal.de
N 51°47'58'' E 10°24'59''

1 ADEKNOPSU	N 6
2 BCQSTVWYZ	ABDEFG 7
3 ABM	ABEFGJKNQRTW 8
4 FHI	FJ 9
5 ABDFMN	ABHJKNQ 10
W 10A CEE	❶ €30,20
H520 1,8ha 80T(60-90m²) 26D	❷ €40,20

A7, Ausfahrt 67 Seesen. B242 Bad Grund, Clausthal und Zellerfeld Richtung Altenau. 102409

Bad Gandersheim, D-37581 / Niedersachsen

Regenbogen Ferienanlage Bad Gandersheim**
Braunschweiger Straße 12
1 Apr - 31 Dez
+49 53 82 15 95
info@camping-bad-gandersheim.de
N 51°52'02'' E 10°03'00''

1 ADEGKNOPQRSTU	L 6
2 AEQSWXY	ABDEFGI 7
3 BFJM	ABCDEFJNQRTW 8
4 FHJ	EFJ 9
5 ABDMN	AFGHOQUW 10
B 10A CEE	❶ €32,00
H100 9ha 150T(100m²) 71D	❷ €32,00

A7 Kassel-Hannover, Ausfahrt 67 Seesen. 9 km der Beschilderung nach Bad Gandersheim folgen, vor der Stadt an der B64 rechts. 102407

Bad Harzburg, D-38667 / Niedersachsen

Ferienanl. Regenbogen Bad Harzburg Göttingerrode****
Kreisstraße 66
1 Mrz - 31 Dez
+49 5 32 28 12 15
badharzburg@regenbogen.ag
N 51°53'31'' E 10°30'41''

1 ADKNOPQRSTU	AEF 6
2 ACPQSUVXYZ	ABDEFGIK 7
3 BCELMU	ABCDEFJKNQRSTUW 8
4 FHSTVX	DIKY 9
5 ACDFLMN	AGHJKOQXY 10
WB 16A CEE	❶ €41,20
H350 6,5ha 167T(80-100m²) 86D	❷ €41,20

A7, Ausfahrt Rhüden und via B82 nach Goslar. In Goslar fahren Sie via der B6 Richtung Oker/Altenau. 100124

Bad Lauterberg, D-37431 / Niedersachsen

Campingpark Wiesenbeker Teich*****
Wiesenbek 75/77
1 Jan - 31 Dez
+49 55 24 25 10
info@bl2510.de
N 51°37'03'' E 10°29'23''

1 AEHKNOPQS	FLMNOPQW 6
2 BFIQSTUVWXYZ	ABDEFGIJK 7
3 BFLMSTX	ABCDEFJKNPQRTUVW 8
4 EFGHIJO	FGMNQTUVW 9
5 ABDEFHJLMNO	ABFGHJKLMOQUY 10
W 16A CEE	❶ €40,70
H477 7ha 80T(80-100m²) 25D	❷ €57,70

A7, Ausfahrt Seesen, Richtung Braunlage. In Bad Lauterberg ausgeschildert. Oder A7 aus Kassel, Ausfahrt Göttingen-Nord, Richtung Braunlage. 107457

Braunlage, D-38700 / Niedersachsen

Braunlage***
Am Campingplatz 1
1/1 - 31/10, 5/12 - 31/12
+49 5 52 09 99 69 31
info@camping-braunlage.de
N 51°42'47'' E 10°35'52''

1 AFKNOPQRSTU	N 6
2 CIPQSVXYZ	ABDEFGIK 7
3 ABM	ABEFGJKNPQRTUVW 8
4 FI	9
5 ADFHJLMN	ABFGHJKLMQW 10
W 16A CEE	❶ €30,90
H600 5,2ha 115T(80-100m²) 75D	❷ €40,40

A7, Ausfahrt Göttingen. Via B27 Richtung Braunlage. 102470

Clausthal-Zellerfeld, D-38678 / Niedersachsen

CC€21

Prahljust****
An den langen Brüchen 4
1 Jan - 31 Dez
+49 53 23 13 00
camping@prahljust.de
N 51°47'05'' E 10°21'01''

1 ABDEKNOPQRSTU	ELNQSX 6
2 BELQSTUXYZ	ABCDEFGIJK 7
3 BCMX	ABCDEFJNQRTW 8
4 FHIJT	FGI 9
5 ABDFHLMN	AFGHJKMOPQUY 10
Anz. auf dieser S. WB 16A CEE	❶ €31,20
H600 13ha 250T(80-110m²) 261D	❷ €39,40

Autobahn A7, Ausfahrt 67 Seesen. Nach Bad Grund und Clausthal-Zellerfeld. Dann B242 Richtung Braunlage. 102412

Clausthal-Zellerfeld, D-38678 / Niedersachsen

Campingplatz Waldweben
Spiegelthalerstraße 31
1 Jan - 31 Dez
+49 5 32 38 17 12
waldweben@t-online.de
N 51°49'22'' E 10°19'14''

1 ABDEGKNOPQRSTU	LN 6
2 BEIMQSUWXYZ	ABFGI 7
3 BM	ABCDEFJNQRTW 8
4 FGH	F 9
5 ABDFMN	ABFHJKLOQU 10
W 16A	❶ €30,60
H600 4,5ha 120T(100-120m²) 73D	❷ €30,60

Autobahn A7, Ausfahrt Seesen. Nach Bad Grund und Clausthal-Zellerfeld. Ausgeschildert. 102411

Dransfeld, D-37127 / Niedersachsen

Am Hohen Hagen*****
Zum Hohen Hagen 12
1 Jan - 4 Okt
+49 55 02 21 47
dransfeld@regenbogen.ag
N 51°29'29'' E 09°45'41''

1 ADEGKNOPQRSTU	BFHI 6
2 AIQSTUVWY	ABCDEFGHIJK 7
3 BFGJMNOUX	ABCDEFGHJKNQRTUVW 8
4 ABEFHLOPSTUXYZ	DEFJUVW 9
5 ABDEFGHJKLMN	ABFGHIJKLOPQUY 10
B 16A CEE	❶ €34,00
H357 10ha 180T(80-180m²) 170D	❷ €40,00

A7 Kassel-Hannover, Ausfahrt 73 Göttingen, dann die B3 Richtung Hannoversch Münden, 6 km bis Dransfeld, dann ist der CP ausgeschildert. 102338

Goslar, D-38644 / Niedersachsen

Harz Camp Goslar
Clausthalerstraße 28
1 Jan - 31 Dez
+49 5 32 12 25 02
info@harz-camp-goslar.de
N 51°53'21'' E 10°23'57''

1 ADEGKNOPQRSTU	6
2 BCPQSY	ABDEFGI 7
3 ALM	ABEFJKLNQRS 8
4 FH	J 9
5 ABDHKMN	ABFGHKOQ 10
WB 16A CEE	❶ €29,40
H350 2ha 100T(60-90m²) 18D	❷ €37,40

A7, Ausfahrt Rhüden. B82 nach Goslar und B241 Richtung Clausthal-Zellerfeld. 102406

Hann. Münden, D-34346 / Niedersachsen

Hann. Münden Grüne Insel Tanzwerder
Tanzwerder 1
1 Apr - 16 Okt
+49 5 54 11 22 57
info@busch-freizeit.de
N 51°25'00'' E 09°38'50''

1 ADEKNOPQRSU	NXYZ 6
2 ACPQRWXYZ	ABDFGHI 7
3 AJLM	ABCDEFJNQR 8
4 FHJ	R 9
5 ADMN	ABFGHIKLMOQ 10
16A CEE	❶ €31,50
H127 2,5ha 100T(80-120m²) 5D	❷ €47,50

A44 Dortmund-Kassel, dann A7 Kassel-Hannover, Ausfahrt 75 und 76 Richtung Hann. Münden-Zentrum. Dort ist der CP gut ausgeschildert. Einfahrt über die Schleuse ist recht eng. 102339

Hann. Münden, D-34346 / Niedersachsen

CC€19

Spiegelburg Camping und Gasthaus
Zella 1-2
1 Apr - 1 Nov
+49 55 41 90 47 11
info@gasthausspiegelburg.de
N 51°23'43'' E 09°43'31''

1 AKNOPQRSU	JNWXZ 6
2 ACIKPQSWXY	AB 7
3 A	ABCDEFNQRW 8
4 FHJOQ	AFG 9
5 ADFHJLN	AHJKNQW 10
16A CEE	❶ €25,50
H100 20ha 80T(100m²) 10D	❷ €30,50

A7 Kassel-Göttingen, Ausfahrt 75, B80 Hann. Münden, Richtung Laubach und an der Werrabrücke links. Den CP-Schildern folgen. 114755

Hemeln, D-34346 / Niedersachsen

Wesercamping Hemeln****
Unterdorf 34
1 Mrz - 31 Dez
+49 55 44 14 14
info@wesercamping.de
N 51°30'15'' E 09°36'11''

1 AKNOPQRSTU	JNXYZ 6
2 CIPQWXYZ	ABDEFGHIK 7
3 B	ABCDEFJNQRTW 8
4 FHJT	DEFGIJ 9
5 ADFGHJM	AFGHJKOQ 10
B 16A CEE	❶ €23,00
H116 2,4ha 120T(70-150m²) 42D	❷ €30,00

A7 Ausfahrt 73, B3 nach Dransfeld, 500m hinter Dransfeld rechts beschildert. Über die B80 in Gieselwerder/Oberweser an der Aral abfahren, über die Weser Brücke, dann noch 17 km südwärts über die L561. 112133

Hohegeiß/Braunlage (Harz), D-38700 / Nieders.

CC€19

Am Bärenbache****
Bärenbachweg 10
1/1 - 27/2, 1/4 - 30/10, 2/12 - 31/12
+49 55 83 13 06
info@
campingplatz-hohegeiss.de
N 51°39'25'' E 10°40'04''

1 AKNOPQRSTU	BF 6
2 BIQSTVWXYZ	ABDEFGI 7
3 BGM	ABCDEFJKNQRTW 8
4 EFHIX	D 9
5 ADEMN	ABFGHJKOQV 10
Anzeige auf dieser Seite W 6-16A	❶ €29,10
H600 3ha 124T(80-100m²) 37D	❷ €39,10

A7 Kassel-Hannover, Ausfahrt 72 Göttingen und via Herzberg und Walkenried (oder Braunlage) Richtung Hohegeiß. 102472

Deutschland

Teilkarte Braunschweig auf Seite 252

Räbke, D-38375 / Niedersachsen

Campingplatz Räbke
Erholungspark Nord-Elm 1
1 Mrz - 31 Okt
+49 53 55 83 52
info@campingplatz-raebke.de
N 52°11'35'' E 10°51'42''

1	ADEKNOPQRSTU		6
2	QSXY	ABDEFGIJ	7
3	BM	ABCDEFJKNQRW	8
4	FH	FJ	9
5	ABDMN	ABGHJKOQU	10

B 16A CEE
H155 7ha 100T(80-100m²) 303D
① €25,00
② €33,00
100114

A2 Ausfahrt Königslutter, dann Richtung Helmstedt (B1) und nach Lelm/Räbke abbiegen.

Seeburg, D-37136 / Niedersachsen

CC€21

Comfort-Camping Seeburger See
Seestraße 20
1 Apr - 31 Okt
+49 55 07 13 19
info@campingseeburgersee.com
N 51°33'49'' E 10°09'13''

1	ADEKNOPQSTU	FLMNST	6
2	EJKQTWXYZ	ABDEFGH	7
3	BFGHIJLMNORSTX	CDEFGJNQRTW	8
4	BDFGHIKO	BEIQTVWX	9
5	ABDEFHLMN	ABDGHJKMOPQ	10

B 16A CEE
H150 3ha 95T(100-140m²) 24D
① €30,00
② €37,00
100123

A7, Ausfahrt 72 Göttingen-Nord und via B27/B446 Richtung Duderstadt.

Löwenhagen, D-37127 / Niedersachsen

Campingplatz Am Niemetal
Mühlenstraße 4
24 Jan - 31 Dez
+49 55 02 99 84 61
info@am-niemetal.com
N 51°31'12'' E 09°41'41''

1	AKNOPQSU	J	6
2	ABCPQWXYZ	ABDEFGH	7
3	BSX	ABEFGHJNPQRTUVW	8
4	FGHJO	AFW	9
5	ADEFHJK	ABFHIJKMNQU	10

16A CEE
H230 2,5ha 75T(100-125m²) 3D
① €26,00
② €29,00
102337

A7 Hannover-Kassel, Ausfahrt 73 Ri. Dransfeld, dann Ri. Imbsen. Dort Ri. Bursfelde, Löwenhagen. CP ist ausgeschildert.

Uslar/Schönhagen, D-37170 / Niedersachsen

Campingplatz am Freizeitsee
In der Loh 1
1 Jan - 31 Dez
+49 1 57 84 00 13 33
info@camping-schoenhagen.de
N 51°42'21'' E 09°33'26''

1	ADEKNOPQRSTU	AFL	6
2	BCEIJKQTXYZ	ABDEFG	7
3	BFGM	ABEFJNRTW	8
4	FHJ	I	9
5	ABDEFHKMN	ABFGHJKLOQU	10

16A
H270 5,7ha 100T(80m²) 101D
① €21,50
② €29,50
100120

Camping ist von der B497 Neuhaus-Uslar angezeigt. Schönhagen ist 7 km nordwestlich von Uslar.

Northeim, D-37154 / Niedersachsen

Campingplatz Northeim-Nord***
Sultmer Berg 3
1 Jan - 31 Dez
+49 5 55 19 97 56 60
info@campingplatz-northeim-nord.de
N 51°43'45'' E 09°59'02''

1	ADEKNOPQRSTU		6
2	ABQUWXYZ	ABDEFGHIK	7
3	BFL	ABCDEFJNQRTW	8
4	AFHJ	EF	9
5	ADEFHJKMN	AFGHJKLOQU	10

B 16A
H200 2,7ha 120T(60-100m²) 26D
① €24,50
② €32,50
102333

A7 Hannover-Kassel, Ausfahrt 69, Northeim-Nord. Ausgeschildert.

Walkenried, D-37445 / Niedersachsen

CC€23

Knaus Campingpark Walkenried****
Ellricherstraße 7
1/1 - 5/11, 21/12 - 31/12
+49 5 52 57 78
walkenried@knauscamp.de
N 51°35'21'' E 10°37'28''

1	ADEGKNOPQRSTU	E	6
2	BQSTUWXYZ	ABCDEFGHIJK	7
3	BFGJMX	ABCDEFJKNQRTUVW	8
4	BDFHITX	ABEFUVWY	9
5	ABDFLMN	ABFGHJKLQUY	10

Anz. auf S. 240 + Umschl. WB 16A CEE
H300 5,5ha 91T(70-100m²) 89D
① €45,80
② €54,80
102473

Autobahn A7, Ausfahrt 67 Seesen. Via Herzberg und Bad Sachsa nach Walkenried.

Walkenried (OT Zorge), D-37445 / Niedersachsen

Im Waldwinkel***
Kunzental
1 Jan - 31 Dez
+49 55 86 10 48
campingplatz-im-waldwinkel@t-online.de
N 51°38'30'' E 10°39'00''

1	ABDEKNOPQRSU	BG	6
2	BCQSVWXYZ	ABDEFGHI	7
3	AM	ABCDEFJNQRT	8
4	FH		9
5	ABDMN	ABFJKOQUV	10

Anz. auf dieser S. WB 16A CEE
H350 1,2ha 45T(100m²) 20D
① €28,50
② €34,50
101422

A7 Kassel-Hannover, Ausfahrt 72 Göttingen-Nord. Dann B27 und B243 bis Ausfahrt Walkenried und Zorge. Im Ort ausgeschildert.

Osterode (Harz), D-37520 / Niedersachsen

CC€23

Campingplatz Eulenburg***
Scheerenberger Straße 100
1 Jan - 31 Dez
+49 55 22 66 11
ferien@eulenburg-camping.de
N 51°43'38'' E 10°16'59''

1	AKNOPQRSTU	AF	6
2	ABCPQWXYZ	ABDEFGH	7
3	BFMNRX	ABCDEFIJKNQRTW	8
4	FHIOQ	DGV	9
5	ABDEFKMN	ABFGHJKLMNOPQU	10

Anz. auf dieser S. WB 16A CEE
H265 4,1ha 65T(80-200m²) 76D
① €32,20
② €43,20
102415

Autobahn Kassel-Hannover, Ausfahrt 67 Seesen. Richtung Osterode (Sösestausee). Ausfahrt Osterode-Süd. Sösestausee Beschilderung folgen.

Wolfshagen (Harz), D-38685 / Niedersachsen

CC€19

Campingplatz Am Krähenberg***
Am Mauerkamp 21
1 Jan - 31 Dez
+49 53 26 96 92 81
post@campingplatz-wolfshagen.de
N 51°54'04'' E 10°19'39''

1	ADEGKNOPQSU	G	6
2	BIPQSUWXY	ABDEFGHI	7
3	BMUX	ABCDEFJNQRTW	8
4	FHI	DE	9
5	ABDEFHLMN	AFGHJKMOQU	10

Anz. auf dieser S. WB 16A CEE
H400 6,4ha 70T(70-100m²) 223D
① €24,50
② €31,90
101125

A7 Hannover-Kassel, Ausfahrt 66 Rhüden, dann Richtung Goslar via B82. Am Ortsausgang von Langelsheim weiter Richtung Süden fahren. Dann sind es noch 4 km.

Teilkarte Braunschweig auf Seite 252

Deutschland

Altenteil (Fehmarn), D-23769 / Schleswig-Holstein

Belt-Camping-Fehmarn*****
Altenteil 24
1 Apr - 2 Okt
+49 4 37 23 91
info@belt-camping-fehmarn.de
N 54°31'43" E 11°05'40"

1	ADEG**KN**OPQRSTU	KMNPQSW**X**Y	6
2	GIKLMQTWXY	ABDE**FG**H**IJ**	7
3	ABFG**HI**MTVX	ABCDEFGH**I**JK**L**NPQR**S**TUW	8
4	BCDFHJLQ	DINVWY	9
5	ABDFGHLMN**O**	ABCFGHIJKM**O**QWY	10

B 16A CEE
9ha 160**T**(70-150m²) 111**D**
① €38,50
② €46,50
102500

E47 Ausfahrt Puttgarden Richtung Gammendorf. Von hier über Dänschendorf nach Altenteil. Campingplatz dann ausgeschildert.

Augstfelde/Plön, D-24306 / Schleswig-Holstein

CC€19

Augstfelde-Vierer See****
Augstfelde 1
1 Apr - 23 Okt
+49 45 22 81 28
info@augstfelde.de
N 54°07'43" E 10°27'18"

1	AG**KN**OPQRST**U**	LM**N**QSXY	6
2	FJKQTUWXYZ	ABDE**FG**H**I**K	7
3	BCDFGI**JL**MSX	ABCDE**F**GIJKNQR**S**TUVW	8
4	BCDEFHJKL**Q**R**STX**	DILQRVY	9
5	ACDEFHKLMN	ABEFGHIJKLM**O**Q	10

B 16A CEE
20,6ha 255**T**(90-110m²) 310**D**
① €35,50
② €41,50
108041

A1 nach Eutin, dann Richtung Plön über die B76. Nach der Ausfahrt Bösdorf gut ausgeschildert.

Barkelsby/Eckernförde, D-24360 / Schleswig-Holstein

Hemmelmark
An der Ostsee
1 Mai - 30 Sep
+49 4 35 18 11 49
info@ostsee-camping-hemmelmark.de
N 54°28'37" E 09°52'40"

1	AEG**KN**OPQRSTU	K**N**OPQRSTWXY	6
2	HJMQWXY	ABDE**FGIJ**	7
3	BF**L**M	ABCDEFJKNRTW	8
4	FHJ	D	9
5	ABDEFGHKMN	ABFGIJKM**O**QV	10

B 16A CEE
4,6ha 40**T**(90-120m²) 369**D**
① €30,50
② €36,50
102316

A7 Hamburg-Flensburg Ausfahrt Eckernförde. Durch das Zentrum am Nordufer Hafen, um die Marinekaserne herum und weiter CP Hemmelmark folgen. Letzte 2 km Schotterweg.

Basedow, D-21483 / Schleswig-Holstein

Lanzer See
Am Lanzer See 1
1 Mrz - 31 Okt
+49 41 53 59 91 71
info@camping-lanzer-see.de
N 53°24'36" E 10°35'50"

1	AEG**KN**OPQRSTU	HL**N**X	6
2	CEIKQSTWXYZ	ABCD**FG**	7
3	AM	ABCDEFJNQRTUVW	8
4	FH	NRV	9
5	ABDEFJLM	ABGHJKNQ	10

16A CEE
5ha 40**T**(50-150m²) 160**D**
① €25,00
② €31,00
114423

Von Hamburg A24 Ausfahrt Hornbek Ri. Lauenburg. Ab Basedow ausgeschildert. Von Lüneburg kommend auf die B5 nach rechts Richtung Boizenburg abbiegen. Nach 1 km links nach Lanze abbiegen, dann 5 km bis zum CP.

Behrensdorf, D-24321 / Schleswig-Holstein

Ferien- und Campinganlage Schuldt
Neuland 3
1 Apr - 15 Okt
+49 43 81 41 65 45
info@schuldt-behrensdorf.de
N 54°21'17" E 10°36'33"

1 ADHKNOPQRSTU KOQSWX 6
2 CGJKLPQXY ABDEFG 7
3 BHIJLMX ABCDEFIJKNQRTW 8
4 BKOPQ IKTY 9
5 CDEFHLMN ABFGHJKMOPQV 10
B 16A CEE ❶ €27,00
8ha 55T(60-110m^2) 316D ❷ €32,00
112595

Über die A1 Hamburg-Puttgarden bei Oldenburg die B202 nehmen bis Lütjenburg-Ost, dann weiter Behrensdorf. CP ist bei Behrensdorf ausgeschildert.

Bliesdorf-Strand, D-23730 / Schleswig-Holstein

Kagelbusch
Scharberg
24 Mrz - 9 Okt
+49 45 62 71 22
info@ostseecamping.de
N 54°07'26" E 10°55'31"

1 AEGJLOPQRSTU KNOPQSWXY 6
2 AHJQSUWXY ABDEFGHIK 7
3 BFGLMNOSX ABCDEFGHIJKNPQRSTUVW 8
4 BFHJLOQRTXZ DEI 9
5 ACDFHLMN ABFGHIJKOPQW 10
B 16A CEE ❶ €40,00
16ha 75T(85-130m^2) 623D ❷ €50,00
102459

E47/E22 Hamburg-Puttgarden, Ausfahrt Neustadt Nord, Richtung Grömitz. Nach 5 km in Bliesdorf rechts abbiegen. Auf dem Weg zum Strand stehen mehrere Hinweisschilder.

Borgdorf/Seedorf, D-24589 / Schleswig-Holstein

See-Camping BUM****
Hauptstraße 99
1 Jan - 31 Dez
+49 4 39 28 48 40
info@seecampingbum.de
N 54°10'57" E 09°53'03"

1 ADEGKNOPQRSTU LMNQSXY 6
2 ABEIJPQRSUWXY ABDEFGHIJ 7
3 ABMS ABCDEFJKNPQRTU 8
4 BDFHJK EFQ 9
5 ABCDEFLMNO ABFGHIKMOPQUVW 10
B 16A CEE ❶ €23,00
17ha 120T(80-120m^2) 126D ❷ €28,20
100091

Von Süd oder Nord: A7 Hamburg-Flensburg, Ausfahrt 11 Bordesholm. Richtung Nortorf, ca. 4km. CP weiter angezeigt.

Brodersby-Goltoft, D-24864 / Schleswig-Holstein

Naturcamping Hellör
Hellör 1
1 Apr - 3 Okt
+49 4 62 25 33
info@camping-helloer.de
N 54°32'12" E 09°44'01"

1 ABGJMOPQSU JMNQSXZ 6
2 CKQVXYZ ABDEFG 7
3 BLM ABDEFJNQRTW 8
4 FHJOT 9
5 ABDMN ABCHJKRSUY 10
16A CEE ❶ €27,50
1,4ha 55T(90-120m^2) 55D ❷ €34,50
111932

A7 Hamburg-Flensburg. B201 Richtung Kappeln, Ausfahrt Schaalby/Füsing, dann Richtung Brodersby, Goltoft. Dann den CP-Schildern folgen.

Buchholz, D-23911 / Schleswig-Holstein

Naturcamping Buchholz
Am Campingplatz 1
1 Apr - 30 Sep
+49 45 41 42 55
office@naturcampingbuchholz.de
N 53°44'12" E 10°44'16"

1 ADEKNOPQRSTU LNQSXYZ 6
2 AEQRSUVWY ABDEFG 7
3 BFG ABCDEFJKNQR 8
4 FHT DENOQR 9
5 ABDFHJLMN ABFGHIJKOPQ 10
B 10-16A CEE ❶ €32,00
2,4ha 100T(75-100m^2) 45D ❷ €39,00
102466

Von der A24, Ausf. Talkau. Auf die B207 Ri. Lübeck. Ausf. Buchholz und den CP-Schildern folgen. Von der A20, Ausf. Lübeck-Süd (2b). Auf die B207 Ri. Ratzeburg. Ausf. Buchholz, dann CP-Schildern folgen. Das letzte Stück ist eine schmale und schlecht asphaltierte Straße.

Büsum, D-25761 / Schleswig-Holstein

Camping Nordsee***
Dithmarscher Straße 41
1 Apr - 22 Okt
+49 4 83 49 62 11 70
info@camping-nordsee.de
N 54°08'20" E 08°50'37"

1 AEJMOPQRSTU KMNQRST 6
2 GIKPQRTWXY ABDEFGIJ 7
3 ABFJLMSU ABCDEFJKNQRSTUVW 8
4 BCEFH VW 9
5 ABDEFGHJKLMN ABCFGHIJKLMOPQW 10
B 16A CEE ❶ €37,00
4,1ha 160T(80-120m^2) 50D ❷ €43,00
102190

A23 Hamburg-Heide. In Heide die B203 Richtung Büsum. CP am Ortseingang von Büsum angezeigt. Richtung Strand halten.

Büsum, D-25761 / Schleswig-Holstein

Campingplatz Zur Perle
Dithmarscher Straße 43
31 Mrz - 1 Dez
+49 4 83 49 62 11 80
info@campingplatz-zur-perle.de
N 54°08'24" E 08°50'37"

1 BEGKMOPQRSTU KMNQRST 6
2 GIKQSTWXY ABDEFGI 7
3 ABFJLM ABCDEFHJKNQRSTUVW 8
4 BCFH IVW 9
5 ABDEFGHKLMN ABCFGHIJKOQV 10
B 16A CEE ❶ €38,00
6ha 178T(100-145m^2) 62D ❷ €44,00
102191

A23 Hamburg-Heide. Die B203 Heide-Büsum. In Büsum ist CP ausgeschildert. Richtung Strand fahren.

Dahme, D-23747 / Schleswig-Holstein

Stieglitz
Zedano Gotha-Platz 1
31 Mrz - 29 Okt
+49 43 64 14 35
kontakt@camping-stieglitz.de
N 54°14'33" E 11°04'49"

1 ADEKNOPQRSTU KMNPQRST 6
2 CGJMQWXYZ ABDEFGHIJ 7
3 BGMTUX ABCDEFGHIJKMNPQRTUVW 8
4 BCDHJKLO DEMNVW 9
5 ACDEFJLMN ABCDFGHIJKQ 10
Anzeige auf Seite 257 B 16A CEE ❶ €33,80
14ha 509T(90-160m^2) 325D ❷ €39,80
102513

CP liegt an der Nordseite von Dahme (letzter CP).

Dahme, D-23747 / Schleswig-Holstein

Eurocamping Zedano*****
Anhalter Platz 100
1 Jan - 31 Dez
+49 4 36 43 66
info@zedano.de
N 54°14'06" E 11°04'54"

1 ADEGKNOPQRSTU KMNPQRSTWXYZ 6
2 CGJPQWXYZ ABCDEFGHIJ 7
3 ABGMVX ABCDEFGHIJKNPQRTUVW 8
4 ABCDFHLNQX CDEFILMNPQVWXYZ 9
5 ABCDEFGIJLMN ABDEFGHIJKOQV 10
B 16A CEE ❶ €42,00
16,5ha 220T(90-110m^2) 327D ❷ €54,00
102514

CP liegt an der Nordseite von Dahme an der Küste.

Delve, D-25788 / Schleswig-Holstein

Eidertal Camping GmbH
Eiderstraße 20
1 Apr - 31 Okt
+49 48 03 10 58
verwaltung@eidertal-camping.de
N 54°18'20" E 09°15'30"

1 ADEGKNOPQSTU AFJNXYZ 6
2 CIPQSTXYZ ABDEFGIJ 7
3 LM ABCDEFGIJLNQRUVW 8
4 FHJ OR 9
5 ABDFHLMN ABHIJKLOQUVW 10
16A CEE ❶ €22,50
3ha 45T(80-130m^2) 110D ❷ €28,50
109522

A23 Ausfahrt Heide-West. In Heide Richtung Tellingstedt, dann Richtung Friedrichstadt. Ausfahrt Delve. In Delve Camping angezeigt.

Dersau (Holstein), D-24326 / Schleswig-Holstein

Seeblick
Dorfstraße 59
1 Apr - 25 Okt
+49 45 26 12 11
info@camping-dersau.de
N 54°07'09" E 10°20'13"

1 AEGILOPQRSTU LMNQSXYZ 6
2 EIJKPQSWXY ABDEFG 7
3 ABL ABCDEFJKNQRSTU 8
4 FHJ NQRW 9
5 ACDEFMN ABCGHIJKOQU 10
16A CEE ❶ €23,00
3,2ha 50T(100-110m^2) 185D ❷ €27,00
102391

A7 Hamburg-Flensburg, Ausfahrt 16, zur B430 Richtung Plön. 10 km hinter Bornhöved rechts Richtung Dersau. CP-Schildern folgen.

Eutin, D-23701 / Schleswig-Holstein

Naturpark-Camping Prinzenholz*****
Prinzenholzweg 20
1 Apr - 31 Okt
+49 45 21 52 81
info@nc-prinzenholz.de
N 54°09'36" E 10°36'07"

1 ADGKNOPQRSTU LMNQSXYZ 6
2 AFJQSUVWXYZ ABDEFGHIJK 7
3 BCFGLMX ABCDEFIJKNQRTUVW 8
4 EFGHJOTX BEKNQV 9
5 ABDEFJMN ABGHIJKMOQUW 10
B 16A CEE ❶ €36,00
5,8ha 100T(40-140m^2) 35D ❷ €45,00
102455

E22/A1, Ausfahrt Eutin. Landstraße bis Malente ca. 500m. Nach Eutin ist CP ausgeschildert.

Deutschland

Teilkarte Schleswig-Holstein auf Seite 255

Deutschland

Fehmarnsund (Fehmarn), D-23769 / Schleswig-Holstein

Camping Miramar*****
Fehmarnsund 70
1 Apr - 31 Okt
+49 43 71 32 20
campingmiramar@t-online.de
N 54°24'16'' E 11°08'25''

1 ADEKNOPQRSU KMNPQSWXYZ 6
2 HIJKMPQWXYZ ABDEFGHIJ 7
3 BFGJLMX ABCDEFGHIJKNPQRTUV 8
4 BCDHJLNOPQTX DOVW 9
5 ACDEFJLMN ABFGHIJKLMOQW 10
B 16A CEE ❶ €38,00
13ha 212T(80-135m²) 337D ❷ €47,00

E47 in nördlicher Richtung Ausfahrt Landkirchen. Aus südlicher Richtung Ausfahrt Avendorf. Dann ab Avendorf ausgeschildert. 101116

Flügge (Fehmarn), D-23769 / Schleswig-Holstein

Flüggerteich****
Flüggerteich 1
31 Mrz - 29 Okt
+49 4 37 23 49
info@flueggerteich.de
N 54°27'11'' E 11°00'44''

1 ADEKNOPQRSTU KMNPQSXY 6
2 GMQWXYZ ABDEFGI 7
3 ABM ABCDEFGHIJKNPQRTUVW 8
4 BCFH EFJVW 9
5 ADMN ABCGHIJKOPQU 10
B 16A CEE ❶ €28,00
2,5ha 44T(90-120m²) 62D ❷ €36,00

E47, Ausfahrt Landkirchen. Über Petersdorf nach Flügge. Hier ist der CP angezeigt. 113440

Friedrichstadt, D-25840 / Schleswig-Holstein

Eider- und Treene Campingplatz
Tönningerstraße 1a
1 Jan - 31 Dez
+49 4 88 14 00
info@treenecamp.de
N 54°22'22'' E 09°05'26''

1 AKNOPQRSTU NXYZ 6
2 CIPQSXYZ AB 7
3 ABEFJNQRW 8
4 FHJ OQRT 9
5 ADEFGM ABGHJKOQU 10
16A CEE ❶ €25,00
1ha 100T(70-120m²) 20D ❷ €33,00

Über die A23 Hamburg-Heide-Husum, dann die B5 Richtung Husum. Dann die B202 Ausfahrt Friedrichstadt. Camping liegt bei einer Tankstelle. Über die A7 HH/Flensburg/DK und ab Rendsburg die B202 Richtung Husum. 113435

Gammendorf (Fehmarn), D-23769 / Schleswig-Holstein

Am Niobe****
1 Apr - 8 Okt
+49 43 71 32 86
info@camping-am-niobe.de
N 54°31'19'' E 11°09'09''

1 AEGJMOPQRSTU KMNOPQSWXYZ 6
2 AGJKLMQWXY ABDEFGHI 7
3 ABFGMU ABCDEFIJNQRTUVW 8
4 BFHJK DEVY 9
5 ABDELMN ABFGHIJKORSUW 10
B 16A CEE ❶ €36,00
7,5ha 134T(80-120m²) 181D ❷ €42,00

E47 bis kurz vor dem Fährhafen, dort links nach Puttgarden. Am Ortsende rechts bis Gammendorf. Hier rechts der Beschilderung folgen. 102501

Glücksburg, D-24960 / Schleswig-Holstein

CC€21

Ostseecamp Glücksburg-Holnis****
An der Promenade 1
1 Apr - 15 Okt
+49 46 31 62 20 71
info@ostseecamp-holnis.de
N 54°51'26'' E 09°35'29''

1 ABDEJMOPQRSTU KMNQRSX 6
2 HJPQRWXY ABDEFGIJK 7
3 ABFGHILMS ABCDEFGJKNQRTUVW 8
4 FHJO IVY 9
5 ABDEFHJKN ABFGHJKLMOQ 10
B 6-16A CEE ❶ €37,50
6ha 125T(100m²) 112D ❷ €42,50

Von Glücksburg Richtung Holnis fahren. CP ist gut ausgeschildert. 107570

Grömitz, D-23743 / Schleswig-Holstein

Ahoi Camping Resort
Mittelweg 129
1 Apr - 29 Okt
+49 45 62 85 86
ahoi@camping-groemitz.de
N 54°09'38'' E 10°59'32''

1 AEGHKNOPQRSTU KQSWX 6
2 AGJMPQT ABDEFG 7
3 BFLM ABCDEFIJKNQRTW 8
4 BL 9
5 ABDFHKMN ABFGHIJKOQ 10
B 10A CEE ❶ €41,00
8ha 80T(90-120m²) 370D ❷ €47,00

E47/E22 Hamburg-Puttgarden bei Ausfahrt Neustadt verlassen. Die 501 nach Grömitz. In Grömitz-Zentrum Mittelweg nehmen. CP ist gut ausgeschildert. 111935

Grömitz, D-23743 / Schleswig-Holstein

Mare
Lenster Weg 20
1 Jan - 31 Dez
+49 45 62 81 41
mare@camping-groemitz.de
N 54°09'22'' E 10°59'23''

1 DEGKNPQRSU KX 6
2 AGJMPQSWX ABFG 7
3 BL ABCDEFGIJKLNQRTUVW 8
4 H DJ 9
5 ADM ABHIKOQ 10
B 16A CEE ❶ €44,00
2,2ha 30T(80-100m²) 105D ❷ €54,00

B501, Abfahrt Grömitz Zentrum (Brookgang) Mittelweg, dann der Beschilderung folgen (3 km). Gut ausgeschildert. 112018

Grömitz, D-23743 / Schleswig-Holstein

Ostseecamping Hohe Leuchte
Mittelweg 164
31 Mrz - 29 Okt
+49 45 62 22 55 07
hoheleuchte@camping-groemitz.de
N 54°09'47'' E 11°00'22''

1 AEGJMOPQRSTU X 6
2 AGJMPQTWX ABFG 7
3 BL ABCDEFGJKLNQRTUVW 8
4 D 9
5 ADKMN ABGHIKOQ 10
B 16A CEE ❶ €42,00
3,5ha 34T(60-80m²) 204D ❷ €52,00

B501, Ausfahrt Brookgang/Groemitz Zentrum. Biegen Sie links in den Mittelweg ein. Dieser Straße 3 km bis zum Campingplatz folgen. Dann den Schildern folgen. 114706

Großenbrode, D-23775 / Schleswig-Holstein

MeerReise Camping****
Südstrand 3
1 Apr - 29 Okt
+49 43 67 86 97
info@meerreisecamping.de
N 54°21'37'' E 11°05'15''

1 BDEGKNOPQRSTU KMNPQSX 6
2 AGJPQTWXY ABDEFGH 7
3 BGJLSTUX ABCDEFHJKNPQRUV 8
4 BDFHJKRTX CEUVWXY 9
5 DFHJKM ABCFGHIJKOQVXY 10
6-16A CEE ❶ €35,00
8ha 99T(80-130m²) 304D ❷ €41,00

A1 Hamburg-Lübeck bis Heiligenhafen. Dann auf die E47 bis Großenbrode. Der CP ist gut beschildert. 111056

Großensee, D-22946 / Schleswig-Holstein

ABC am Großensee/Hamburg
Trittauer Straße 11
1 Apr - 15 Okt
+49 4 15 46 06 42
info@campingplatz-abc.de
N 53°36'42'' E 10°20'38''

1 ADEGKNOPQRSTU L 6
2 AEIJKPQVXYZ ABDEFGI 7
3 ABFGHIJLM ABCDEFJNQRUW 8
4 FHJ BIJ 9
5 D ABGHIJKMOQUW 10
16A CEE ❶ €39,50
H60 2,5ha 30T(60-80m²) 58D ❷ €47,50

A1/E52 Hamburg-Lübeck, Ausfahrt Stapelfeld/Trittau. Richtung Trittau nach Großensee. A24 Ausfahrt 6. Schwarzenbek B404 Trittau-Nord. Großensee. 111822

Hamburg/Schnelsen, D-22457 / Hamburg

Knaus Campingpark Hamburg****
Wunderbrunnen 2
1 Jan - 31 Dez
+49 4 05 59 42 25
hamburg@knauscamp.de
N 53°39'01'' E 09°55'44''

1 DEGJMOPQRSTU 6
2 AQSTWXYZ ABEFGI 7
3 AC BDJNQRSW 8
4 JO EF 9
5 ABDMN ABFGHOQ 10
Anz. auf S. 240 + Umschl. B 16A CEE ❶ €44,20
3ha 122T(80-120m²) 10D ❷ €54,40

A7 Hamburg-Flensburg, Ausfahrt Schnelsen-Nord. Den CP-Schildern/Ikea folgen. CP kommt hinter Ikea. 108043

Handewitt/Jarplund, D-24976 / Schleswig-Holstein

Campingplatz Jarplund
Europastraße 80
15 Mrz - 15 Nov
+49 4 61 97 90 24
campingplatz.jarplund@web.de
N 54°44'40'' E 09°26'18''

1 ABDEGKNOPQRSTU AF 6
2 APQRUWY ABFGI 7
3 ABF ABCDEFJNQR 8
4 J F 9
5 DN ABGHKMOQVW 10
B 16A CEE ❶ €26,00
1,5ha 100T(100-110m²) 12D ❷ €33,00

A7 Schleswig-Flensburg, Ausfahrt 3 Flensburg/Husum. Dann rechts die B200, Ausfahrt Jarplund/Weding rechts bis zur Europastraße links 800m auf der linken Seite. 102239

Hasselberg, D-24376 / Schleswig-Holstein

Ostseecamping Gut Oehe
Drecht 6
28 Mrz - 17 Okt
+49 46 42 61 24
camping@gut-oehe.de
N 54°42'57'' E 09°59'26''

1 ABEGJMOPSU KNPQSWX 6
2 HJLMQSUX ABDEFGIJ 7
3 ABFGLMV ABDEFIJKNQTVW 8
4 HL EVW 9
5 ACDFGHKLMN ABCGHIJKMOQVW 10
B 16A CEE ❶ €30,00
6ha 500T(80-100m²) 303D ❷ €37,00

Die B199 Kappeln-Flensburg, Ausfahrt Hasselberg. CP liegt am Wasser und ist gut ausgeschildert. 102310

Detailkarte

Die Orte in denen die Plätze liegen, sind auf der Teilkarte **fett** gedruckt und zeigen ein offenes oder geschlossenes Zelt. Ein geschlossenes Zelt heißt, dass mehrere Campingplätze um diesen betreffenden Ort liegen. Ein offenes Zelt heißt, dass ein Campingplatz in oder um diesen Ort liegt.

Deutschland

Teilkarte Schleswig-Holstein auf Seite 255

Heikendorf/Möltenort, D-24226 / Schleswig-Holstein

Möltenort
Uferweg 24
1 Apr - 31 Okt
+49 43 12 39 45 29
campingplatz-moeltenort@t-online.de

1 ADEGILOPQRSTU KNQSXYZ 6
2 GIJLPQRSVWXY ABCDEFGI 7
3 AL ABCDEFJNQRSTU 8
4 FHJO ADVW 9
5 ABDEFJKMN ABEHIJKOQ 10
16A CEE ① €24,80
2ha 90T(90-120m²) 70D ② €30,30

N 54°23'02" E 10°12'18"

In Kiel 'Ostufer' und der B502 bis Heikendorf-Nord folgen. CP weiter angezeigt. Letzte 250m der Zufahrt sind eng. Rat: Beifahrer vorausschicken, um entgegenkommenden Verkehr zu beachten. 102386

Hochdonn, D-25712 / Schleswig-Holstein

Camping Klein-Westerland
Zur Holstenau 1
1 Apr - 31 Okt
+49 48 25 23 45

1 ABFGKNOPQRSTU JN 6
2 ACIJQRSTWXYZ ABDEFG 7
3 AM ABCDEFJKNTUVW 8
4 FH 9
5 ADEFHKMN ABCFHIJKQ 10
B 16A CEE ① €26,00
2,5ha 24T(80-100m²) 126D ② €34,00

N 54°01'47" E 09°17'52"

Von der A23 Ausfahrt Schafstedt über Eggstedt nach Süderhastedt. Dort links ab nach Hochdonn. In Hochdonn den CP-Schildern folgen. 117989

Hohenfelde, D-24257 / Schleswig-Holstein

Campingpark Ostseestrand
Strandstraße 21
27 Mrz - 14 Okt
+49 4 38 56 20
info@campingostseestrand.de

1 ACDEGKNOPQRSTU NQSXY 6
2 GLMQSWXY ABDEFGI 7
3 BM ABCDEFIJKLNQRTUV 8
4 FH 9
5 ABCDEFKMN ABFGHJKNQW 10
B 16A CEE ① €27,00
3ha 50T(80-100m²) 180D ② €32,00

N 54°23'11" E 10°29'30"

A1 Ausfahrt Oldenburg/Holstein-Süd. Der B202 Richtung Lütjenburg folgen, die L165 weiter Richtung Hohenfelde. In Hohenfelde der Beschilderung 'Strand' folgen. Alternativ: B502 Kiel - Schönberg, Hohenfelde L165. 112017

Hohenfelde, D-24257 / Schleswig-Holstein

Strandcamping Radeland
Strandstrasse 18
1 Apr - 10 Okt
+49 43 85 53 88
info@strandcamping-radeland.de

1 CDEGKNOPQRSTU KNQS 6
2 GILMPQSTWXYZ ABDEFG 7
3 BM ABDFJNQRTUVW 8
4 FHJ 9
5 ABFGHJKMOQUVY 10
B 10-16A CEE ① €24,50
3ha 70T(50-100m²) 120D ② €26,50

N 54°22'58" E 10°29'44"

Von Hamburg A7 Ausfahrt Bordesholm zur A215 Richtung Kiel. Kiel-Mitte zur B76 Richtung Fähre Norwegenkai. Danach B205 Richtung Laboe. Camping angezeigt. 117357

Husum, D-25813 / Schleswig-Holstein

Regenbogen AG Ferienanlage Husum
Dockkoogstraße 17
6 Apr - 1 Nov
+49 4 84 19 39 79 60
husum@regenbogen.ag

1 ADEGKNOPQRSTU KM 6
2 GKQXY ABDEFGIJ 7
3 L ABCDEFGNQR 8
4 HJ 9
5 ABDM ABGHIJKNQVX 10
B 16A CEE ① €31,00
2,5ha 65T(40-75m²) 10D ② €31,00

N 54°28'46" E 09°00'39"

Von der B5 Husum-Mitte folgen. Unter der Bahnlinie durch links: danach links ab über die Bahn. Dort ist der Camping angezeigt. 110139

Ivendorf/Lübeck, D-23570 / Schleswig-Holstein

Ivendorf Campingplatz
Frankenkrogweg 2-4
9 Jan - 24 Dez
+49 45 02 48 65
mail@camping-travemuende.de

1 BGKNOPQRSTU AF 6
2 APQSWXY ABDEFGHIJK 7
3 ABFLM ABEFJNOQRTW 8
4 J FJ 9
5 ACDEFGHLMN AGHIJKLOQ 10
Anzeige auf dieser Seite B 16A CEE ① €44,00
7ha 185T(100-150m²) 105D ② €49,00

N 53°56'30" E 10°50'42"

Von der A1 zur B75 Richtung Travemünde und Skandinavien-Kai fahren. Ab Ivendorf gut ausgeschildert. 102464

Katharinenhof (Fehmarn), D-23769 / Schleswig-Holstein

Campingplatz Ostsee Katharinenhof*****
1 Apr - 15 Okt
+49 43 71 90 32
info@camping-katharinenhof.de

1 AEGKNOPQRSTU KNOPQRSWXY 6
2 AGJLMPQTWXYZ ABDEFGHI 7
3 ABEFGILMUVX ABCDEFGJKNQRTUV 8
4 BCDHJKNOPQX ADENSUVW 9
5 ACDEFLMN ABFGHIJKOQ 10
Anz. auf dieser S. B 10-16A CEE ① €40,00
19ha 290T(100-130m²) 252D ② €48,00

N 54°26'42" E 11°16'42"

E47 Ausfahrt Burg. Weiter zum Katharinenhof. Hier ist der CP ausgeschildert. 109186

Kellenhusen, D-23746 / Schleswig-Holstein

Campingparadies Kellenhusen****
Kirschenallee 16-18
1 Apr - 31 Okt
+49 43 64 47 94 70
info@campingparadies-kellenhusen.de

1 AEGKNOPQRSTU KMNPQRSXY 6
2 GJKMPQWXYZ ABFGIJ 7
3 BGIX ABCDEFGHIJKNPQRUV 8
4 DFHL 9
5 ABDMN ABFGHIJKMNQ 10
B 16A CEE ① €32,50
5,8ha 40T(65-90m²) 160D ② €38,50

N 54°11'05" E 11°03'10"

Der CP liegt an der Südseite von Kellenhusen. 114705

Kiel, D-24159 / Schleswig-Holstein

Falckenstein
Palisadenweg 171
1 Apr - 31 Okt
+49 4 31 39 20 78
campingplatzkiel@gmail.com

1 ADGKNOPQRSTU KNQRSTWX 6
2 BGIJLMQWXY ABDEFGHIK 7
3 AL ABCDEFJNQRT 8
4 FHJO 9
5 ADFKMNO ABCHIJKNQU 10
B 16A CEE ① €22,40
4,5ha 60T(60-100m²) 115D ② €31,40

N 54°24'43" E 10°11'02"

In Kiel die B503 Richtung Olympiazentrum Schilksee. In Höhe Ortsteil Kiel-Friedrichsort an der Aral nach rechts. CP dann ausgeschildert. 102382

Klausdorf (Fehmarn), D-23769 / Schleswig-Holstein

Klausdorfer Strand****
Klausdorfer Strandweg 100
1 Apr - 15 Okt
+49 43 71 25 49
info@camping-klausdorferstrand.de

1 ADEKNOPQRSTU KMNPQSWXY 6
2 AHIJMPQTWXY ABCDEFGHIJ 7
3 ABDFGMSTVX ABCDEFGHIJLNPQRSTUVW 8
4 BCDFHJLNPTUVX DEIVWXY 9
5 ACDEFJLMN ABEFGHIJKMOQUVWY 10
B 16A CEE ① €42,00
17ha 200T(80-170m²) 279D ② €52,00

N 54°27'27" E 11°16'20"

B207/E47 Ausfahrt Burg. Richtung Burg. In Burg nach Niendorf, dann Klausdorf. Ausgeschildert. 102504

Klein Rönnau/Bad Segeberg, D-23795 / Schlesw.-H.

KlüthseeCamp & Seeblick
Stipsdorferweg/Klüthseehof 2
1/1 - 31/1, 1/3 - 31/12
+49 4 55 18 23 68
info@kluethseecamp.de

1 ADEGKNOPQRST BLNQSXZ 6
2 AFIJKLQXY ABEFGHI 7
3 BFGHLMU ABCDEFHJKLNQRTUVW 8
4 BCFHJKLNPRTVXZ Y 9
5 ABDFJKLMN ABFGHIJKLMOQ 10
B 16A CEE ① €25,00
25ha 108T(100-140m²) 500D ② €32,60

N 53°57'41" E 10°20'15"

Von Bad Segeberg auf der B432 Richtung Scharbeutz/Ostsee. In Klein Rönnau wird der CP angezeigt. 115376

Kleinwaabs, D-24369 / Schleswig-Holstein

Ostsee Camping Familie Heide
Strandweg 31
1 Apr - 27 Okt
+49 43 52 25 30
info@waabs.de

1 BDEGJMOPQRSTU EKMNOPQRSWXY 6
2 HJLQRSTUVWXYZ ABDEFGIJK 7
3 ABDFGJMNV ABCDEFGIJKNQRSTUVW 8
4 ABCDEFHJLMNOQRSTVX ELMSTVWYZ 9
5 ACDEFGHJLMN ABCFGHIJKMOPRSUXY 10
B 16A CEE ① €43,00
22ha 280T(95-160m²) 612D ② €58,00

N 54°31'52" E 10°00'03"

B203 Eckernförde-Kappeln, Ausfahrt Loose. An der Kreuzung Richtung Waabs. Weiter bis nach Kleinwaabs. CP ist dort gut ausgeschildert. 102375

Teilkarte Schleswig-Holstein auf Seite 255

Kollmar, D-25377 / Schleswig-Holstein

Elbdeich Camping Kollmar
Kleine Kirchreihe 22
1 Apr - 31 Okt
+49 41 28 13 79
info@elbdeich-camping.de

1 FGKNOPQRSTU JNQSX 6
2 CIJQSTWXY ABFG 7
3 AB ABCDEFGIJNPQRTUVW 8
4 FH DVW 9
5 ADM ABCFHIJKLQ 10
B 16A CEE ❶ €19,00
1,2ha 28T(80-120m²) 46D ❷ €25,00

N 53°43'27" E 09°30'09"
Die 23 Hamburg-Itzehoe, Ausfahrt 14 Elmshorn/Glückstadt, die 431, Ausfahrt Kollmar. Den CP-Schildern folgen. 110967

Langballig, D-24977 / Schleswig-Holstein

Langballigau**
Strandweg 3
1 Apr - 31 Okt
+49 4 63 63 08
service@campingplatz-langballigau.de

1 ABDEGKNOPQRSU KMNPQSWXY 6
2 EGJPQWX ABDEFGI 7
3 ABGL ABCDEFNQR 8
4 FHJO DVY 9
5 ADEFHKLMN ABCFGHJKOQ 10
B 10A CEE ❶ €23,00
4ha 65T(80-120m²) 109D ❷ €29,00

N 54°49'19" E 09°39'33"
Die B199 Flensburg-Kappeln, Ausfahrt Langballig. Richtung Langballigholz bis zur Kreuzung bei Langballigau, dann Richtung Strand. CP gut ausgeschildert. 102303

Leck, D-25917 / Schleswig-Holstein

Karlsmark
Karlsmark 1
1 Jan - 31 Dez
+49 46 62 18 50
info@camping-leck.de

1 ABEGJMOPQRSTU 6
2 PQWXY ABFGI 7
3 ABFL ABCDEFJNQRUW 8
4 FHJ 9
5 BDMN ABFGHIJKOQ 10
B 16A CEE ❶ €20,00
1,2ha 40T 20D ❷ €28,00

N 54°45'33" E 08°59'30"
A7 Schleswig-Flensburg, Ausfahrt 2 Harrislee, die 199 Richtung Niebüll, 1 km vor Leck. CP ist ausgeschildert. 108821

Lindaunis/Boren, D-24392 / Schleswig-Holstein

Lindaunis
Schleistraße 1
27 Mrz - 15 Okt
+49 46 41 73 17
info@camping-lindaunis.de

1 ABDEGJMOPRSU LNQSXYZ 6
2 EGJQVWXYZ ABCFGI 7
3 ABLM ABDFGIJNQRTUVW 8
4 HJO IPQRV 9
5 ABDFKLM ABCGHIJKOQ 10
B 16A CEE ❶ €30,00
4ha 40T(90-120m²) 176D ❷ €36,00

N 54°35'12" E 09°48'59"
B201 Schleswig-Kappeln, Abfahrt Lindaunis. Durch Lindau, CP liegt an der kleinen, nicht störenden Bahnlinie (2x pro Stunde). Ausgeschildert. 102312

Lübeck/Schönböcken, D-23556 / Schleswig-Holstein

Cp.platz Lübeck-Schönböcken
Steinrader Damm 12
2 Mrz - 31 Okt
+49 4 51 89 30 90
info@camping-luebeck.de

1 ADEKNOPQRSTU 6
2 APQX ABDEFGI 7
3 BLM ABCDEFJNQRW 8
4 JO 9
5 ABDMN AGHIKMOQ 10
6A CEE ❶ €30,00
1,6ha 90T(70-120m²) ❷ €38,00

N 53°52'10" E 10°37'51"
Über E4/A1 Richtung Lübeck-Hamburg, Ausfahrt Lübeck/Moisling Richtung Schönböcken. CP befindet sich 1,5 km von der Autobahn entfernt, Ausfahrt gut ausgeschildert. 110606

Medelby, D-24994 / Schleswig-Holstein

CC€23

Mitte
Sonnenhügel 1
1 Jan - 31 Dez
+49 46 05 18 93 91
info@camping-mitte.de

1 ADEJMOPQRSTU AE 6
2 QSWXY ABDEFGIK 7
3 ABDMV ABCDEFGIJKNQRSTUVW 8
4 HJQT DEIY 9
5 ABDEMN ABFGHIJKOQ 10
B 10-16A CEE ❶ €34,75
5,2ha 154T(bis 120m²) 45D ❷ €44,75

N 54°48'54" E 09°09'49"
A7 Ausfahrt 2, die 199 Richtung Niebüll. Von Wallsbüll den CP-Schildern folgen. 117244

Meeschendorf (Fehmarn), D-23769 / Schleswig-Holstein

Insel-Camp Fehmarn*****
Zum Meeresstrand 100
1 Apr - 3 Okt
+49 4 37 15 03 00
info@inselcamp.de

1 BDEGKNOPQRSTU MNQ 6
2 HJQWY BCEFGH 7
3 BFLMU BDFJKLNQRTUV 8
4 BCDFHKORTVX 9
5 ABDFLM ABEFGHIJMNQW 10
B 10-16A CEE ❶ €41,50
8,2ha 369T(90-200m²) 25D ❷ €52,50

N 54°24'57" E 11°14'41"
A1/E47, Ausfahrt Burg. In Burg wird in Meschendorf gut angezeigt. Dann ausgeschildert. 111057

Munkbrarup, D-24960 / Schleswig-Holstein

Fördeferien Bockholmwik
Bockholmwik 19
31 Mrz - 31 Okt
+49 46 31 20 88
info@foerdeferien-bockholmwik.de

1 ABDEGKNOPQRSU HKMNPQRSTWXYZ 6
2 HIJKLMQTUVWXY ABDEFGHIJK 7
3 BDFILMV ABCDEFGJNQRSTUVW 8
4 FHJQ IJKMNTVW 9
5 ABDEFHKLMNO ABFGHJKMORSUW 10
B 16A CEE ❶ €32,50
7,5ha 100T(70-100m²) 110D ❷ €41,50

N 54°49'42" E 09°36'32"
Die B199 Flensburg-Kappeln, Ausfahrt Ringsberg durchfahren bis Rüde, 1. Straße rechts den CP-Schildern nach. 102301

Neustadt in Holstein, D-23730 / Schleswig-Holstein

Am Strande
Sandbergerweg 94
1 Apr - 30 Sep
+49 45 61 41 88
info@amstrande.de

1 DEGKNOPQRSTU KNQSWXYZ 6
2 AGJPQSUWY ABDEFGHI 7
3 BLM ABCDEFIJKNRTW 8
4 H KLV 9
5 DFGMN ABGHIJKOQ 10
B 10A CEE ❶ €32,00
4,7ha 160T(70-90m²) 215D ❷ €38,00

N 54°05'35" E 10°49'33"
E47/E22 Hamburg-Puttgarden, Ausfahrt Neustadt Süd Richtung Neustadt. In Neustadt-Zentrum Straße Richtung Pelzerhaken fahren. CP gut ausgeschildert. 102461

Ostermade, D-23779 / Schleswig-Holstein

Hohes Ufer****
1 Apr - 15 Okt
+49 4 36 54 96
info@camping-hohes-ufer.de

1 AEGKNOPQRSTU KMNPQSY 6
2 HJMQWXY ABDEFGHIJ 7
3 BFGHIJMTX ABCDEFGHIJKNPQRTUVW 8
4 BHLX IV 9
5 ACDFHJLMN ABIJKMOQ 10
B 16A CEE ❶ €37,00
12ha 80T(100-120m²) 517D ❷ €44,00

N 54°19'28" E 11°04'13"
4 km nach dem Ende der Autobahn A1 Hamburg-Puttgarden rechts Richtung Neukirchen/Jahnshof. Dann nach Olendorf und Ostermade. CP ist ausgeschildert. 102510

Padenstedt, D-24634 / Schleswig-Holstein

Forellensee
Humboldredder 5
1 Apr - 28 Okt
+49 4 32 18 26 97
info@familien-campingplatz.de

1 AKNOPQRSTU HLMN 6
2 AEJPQRSWX ABDEFGIJK 7
3 ABDFGHILMUV ABCDEFGHIJKNQRTUVW 8
4 BFHJ FINY 9
5 ABDEFMN AFGHIJKLMOQUVW 10
B 16A CEE ❶ €29,50
20ha 80T(80-100m²) 219D ❷ €35,50

N 54°02'47" E 09°55'24"
A7 Hamburg-Flensburg, Ausfahrt 14 Richtung Wasbek. Dann ist CP ausgeschildert. 102317

Plön, D-24306 / Schleswig-Holstein

Naturcamping Spitzenort
Ascheberger Straße 76
1 Apr - 28 Okt
+49 45 22 27 69
info@spitzenort.de

1 ADEGKMOPQRST BLMNQSXYZ 6
2 FIMPQSWXY ABDEFGIJ 7
3 BDFGJMV ABCDEFGIJKLNQRSTUVW 8
4 AFHJKLOQRSTX DKPQRTVY 9
5 ABDEFJKLMN ABEFGHIJKLMOPQUY 10
B 10A CEE ❶ €35,50
4,5ha 205T(80-110m²) 24D ❷ €42,50

N 54°08'54" E 10°23'52"
A7 Hamburg-Flensburg, Ausfahrt Großenaspe. Weiter die B430 Richtung Plön. CP ist in Plön ausgeschildert. 102389

Plön/Bösdorf, D-24306 / Schleswig-Holstein

Gut Ruhleben
Missionsweg 2
1 Apr - 8 Okt
+49 45 22 83 47
campingplatz@camp-ruhleben.de

1 ADEGKNOPQRST LMNQSXYZ 6
2 BFIJKQSWXY ABEFGI 7
3 ABFLM ABCDFJNQRTW 8
4 FH D 9
5 ABDEFGKMN ABGHIJKLMNQU 10
16A CEE ❶ €26,50
12ha 80T(bis 80m²) 223D ❷ €30,50

N 54°08'40" E 10°27'00"
A7 Hamburg - Flensburg, Ausfahrt Großenaspe. Weiter die B430 nach Plön. In Plön Richtung Eutin halten. Kurz hinter Plön CP angezeigt. 108042

Pommerby, D-24395 / Schleswig-Holstein

Seehof**
Gammeldamm 5
1 Apr - 31 Okt
+49 4 64 36 93
anfrage@camping-seehof.de

1 ABDEGJMOPSU KNQSWX 6
2 GJLMQRWY ABDEFG 7
3 M ABCDEFNQRT 8
4 FH GI 9
5 ABDJMN ABCGJKOQ 10
B 16A CEE ❶ €27,00
4ha 40T(100m²) 120D ❷ €32,00

N 54°45'55" E 09°58'04"
Die B199 Kappeln-Flensburg, Ausfahrt Pommerby. Dann Ausfahrt Nieby, dann ist CP gut ausgeschildert. 102307

Deutschland

Teilkarte Schleswig-Holstein auf Seite 255

Pommerby, D-D 24395 / Schleswig-Holstein

Ostseesonne Camping
Gammeldamm 6
31 Mrz - 31 Okt
+49 46 43 22 23
post@camping-ostseesonne.de
N 54°45'48'' E 09°58'15''

1 AGKNOPQRSTU KNSWXYZ 6
2 GIJKLQSX AB**FG** 7
3 ABFGM ABEFJNQRTW 8
4 F D 9
5 ABEFKM ABCFGJK**O**QV 10
B 10-16A CEE
4ha 95**T**(80-175m²) 91**D**
① €29,00
② €37,00
121798

Bigg Kappeln Flensburg, Ausfahrt Pommerby, danach Ausfahrt Nieby, danach Ausfahrt Gammeldam. Nach der Haarnadelkurve die Straße komplett durchfahren.

Scharbeutz, D-23683 / Schleswig-Holstein

CC€21

Ostseecamp Lübecker Bucht Gmbh
Bormwiese 1
1 Apr - 31 Okt
+49 45 63 52 03
info@ostseecamp-luebecker-bucht.de
N 54°03'18'' E 10°43'49''

1 ADEGH**KN**OPQRSTU 6
2 APQVWXYZ ABDE**FG** 7
3 ABM ABCDEFGHIKNQRTUV 8
4 **TX** EFVW 9
5 ABDFHJLMN ABCGHJKOPRSUY 10
B 16A CEE
5,5ha 85**T**(80-160m²) 160**D**
① €48,00
② €57,00
123446

A1 HH-Puttgarden/Fehmarn. Ausfahrt Haffkrug/Scharbeutz, B76 Richtung Eutin, recht nah zur Autobahn.

Puttgarden (Fehmarn), D-23769 / Schleswig-Holstein

Puttgarden
Strandweg
1 Apr - 17 Okt
+49 43 71 34 92
puttgardencamping@gmail.com
N 54°30'10'' E 11°12'58''

1 ADE**KN**OPQSU KNOPQRS**X**Y 6
2 AGLPQXY ABDE**FG** 7
3 AM ABCDEFJNQRW 8
4 H N 9
5 ADEFLMN AGHJKORS 10
B 16A
1,8ha 150**T**(80-110m²) 50**D**
① €34,00
② €42,00
110387

A1/E47 Hamburg-Puttgarden-Dänemark. Kurz vor dem Fährhafen links Richtung Puttgarden. Nach ca. 400m rechts zum CP.

Schashagen/OT Bliesdorf-Strand, D-23730 / Schlesw.-H.

CC€23

Walkyrien*****
Strandweg 26
1 Apr - 23 Okt
+49 45 62 67 87
info@camping-walkyrien.de
N 54°07'23'' E 10°55'17''

1 ADE**KN**OPQRST**U** K**N**QSW**X**Y 6
2 AGJQSUWX ABDE**FGI** 7
3 BDFG**IL**MSU ABCDEFGHIJKNPQRTUVW 8
4 BJKQ**TUXZ** J 9
5 ABDEFHKLM**N** ABDFGHIJKM**O**QVWY 10
B 16A CEE
11ha 105**T**(100-140m²) 328**D**
① €40,00
② €51,00
102458

E47/E22 Hamburg-Puttgarden, Ausfahrt Neustadt Nord, Richtung Grömitz. Nach 5 km in Bliesdorf rechts abbiegen. Ausgeschildert.

Rosenfelde/Grube, D-23749 / Schleswig-Holstein

Rosenfelder Strand Ostsee Camping*****
Rosenfelder Strand 1
24 Mrz - 31 Okt
+49 43 65 97 86 70
info@rosenfelder-strand.de
N 54°15'54'' E 11°04'39''

1 AEG**KN**OPQRS KMNPQSW**X**Y 6
2 HIJKMPQTWXY ABDE**FG**H**IJ**K 7
3 ABEFG**J**MSTUVWX ABCDEFGH**I**JK**L**NPQR**S**TUVW 8
4 BCD**E**HJKLNO**QRTXZ** DUVWY 9
5 ACDEFHJLMN ABCFGHIJKLMOQVY 10
Anzeige auf dieser Seite B 16A CEE
24ha 350**T**(100-150m²) 487**D**
① €46,30
② €58,10
102512

Die B501 zwischen Grube und Fargemiel. Richtung Rosenfelde. Nicht über Dahme erreichbar.

Salem, D-23911 / Schleswig-Holstein

CC€19

Naturcamping Salemer See
Seestr. 60
1 Apr - 31 Okt
+49 4 54 18 25 54
info@camping-salem.de
N 53°38'58'' E 10°50'07''

1 ADE**KN**OPQRST**U** L**N**PX 6
2 BDFIJKQRSUVWXYZ B**FGI** 7
3 BFG**J**M ABCDEFJNQRTUW 8
4 FHJ DIJW 9
5 ADFHKM**N** ABCDFGKNQU 10
Anzeige auf dieser Seite B 16A CEE
H60 25ha 150**T**(35-80m²) 609**D**
① €28,00
② €37,00
114707

Von der A20, auf B207 Ri. Ratzeburg. In Ratzeburg B208/L203 Ri. Seedorf. Nach 4 km Ausf. Salem, CP-Schildern folgen, ist gut ausgeschildert.

Teilkarte Schleswig-Holstein auf Seite 255

Schönberg (Ostseebad), D-24217 / Schleswig-Holst.

California Ferienpark GmbH****
Große Heide 26
1 Apr - 30 Sep
+49 43 44 95 91
info@camping-california.de
N 54°25'42'' E 10°21'50''

1 ADEGKLOPQRSTU KNPQRSWX 6
2 GJPQWXY ABDEFGIJ 7
3 BFHIJMRS ABCDEFJKNQRSTUV 8
4 BFHJOQ DEMNOPTVW 9
5 ACDEFLM ABEFGHIJKOQXY 10
B 10A CEE ❶ €33,10
8ha 174T(80-120m²) 300D ❷ €41,10

In Kiel 'Ostufer' halten und weiter die B502 Richtung Schönberg. Am 1. Kreisel in Schönberg Richtung Kalifornien. CP weiter angezeigt. 102380

Schubystrand/Dörphof, D-24398 / Schleswig-Holstein

Damp Ostseecamping****
Schubystrand 6
27 Mrz - 4 Okt
+49 4 64 49 60 10
camping@damp-ostseecamping.de
N 54°35'53'' E 10°01'27''

1 AEGKNOPQRSTU KNQRSWXY 6
2 EHJLQWXY ABDEFG 7
3 ABFGJMV ABCDEFKNQRTUVW 8
4 RT DEJMPR 9
5 ACDEFGHKMO ABCFGHIKMOQXY 10
B 16A CEE ❶ €28,40
24ha 253T(81-180m²) 693D ❷ €36,40

B203 Eckenförde-Kappeln. Ausfahrt Schuby, dann Richtung Schubystrand. CP ist gut ausgeschildert. 102374

Schwedeneck, D-24229 / Schleswig-Holstein

Grönwohld-Camping
Kronshörn
1 Apr - 31 Okt
+49 43 08 18 99 72
info@groenwohld-camping.de
N 54°28'29'' E 10°01'44''

1 ADEKNOPQRSTU KMNQRSTWXY 6
2 HIJMQSWXY ABDEFG 7
3 ABCFMV ABCDEFINQRSTW 8
4 FT BFJMNPW 9
5 ACDEFHLM ABHIJKOQVY 10
16A CEE ❶ €26,00
16ha 120T(80-110m²) 491D ❷ €31,00

Von Kiel der B76 und weiter der B503 Richtung Eckernförde. 500m hinter Krusendorf rechts. CP ist weiter ausgeschildert. 102378

Seekamp (Ostholstein), D-23779 / Schleswig-Holstein

Campingplatz Seekamp
Seekamp
2 Apr - 15 Okt
+49 4 36 54 56
info@camping-seekamp.de
N 54°20'36'' E 11°03'44''

1 AEGJMOPQRSTU KNOPQSWXYZ 6
2 AGJKQXY ABDEFGHIJ 7
3 BFM ABCDEFGIJKNRTW 8
4 H DV 9
5 ADEMN ABGHIJKMORSV 10
B 16A CEE ❶ €25,00
23ha 150T(100-150m²) 494D ❷ €30,00

E47 (A1), Ausfahrt 8 Richtung Neukirchen. Danach nach Sütel. Ausgeschildert. 102508

Sehlendorf, D-24327 / Schleswig-Holstein

Schöning
Wewerin 1
1 Apr - 15 Okt
+49 43 82 92 05 04
info@ostseecamping-schoening.de
N 54°18'04'' E 10°41'30''

1 ADGHKNOPQRS KQRSTW 6
2 GJQSUWX ABDEFGIK 7
3 BFLMX ABCDEFGIJKNQRTW 8
4 FHJO IVWY 9
5 ACDFHJMN ABGHIJKOPQUY 10
B 16A CEE ❶ €34,00
7ha 31T(90-100m²) 281D ❷ €44,00

A7 Ausfahrt Kiel, Richtung Oldenburg. In Kaköhl Richtung Hohe Wacht. In Sehlendorf Richtung Strand. 111290

Simonsberg/Husum, D-25813 / Schleswig-Holstein

Nordseecamping Zum Seehund GmbH & Co KG
Lundenbergweg 4
1 Apr - 6 Nov
+49 48 41 39 99
koerber.wawerla@nordseecamping.de
N 54°27'19'' E 08°58'20''

1 ADEGKNOPQRSTU AKMNQS 6
2 GQSTWXYZ ABDEFGHIJK 7
3 ABEFGLMSV ABCDEFJKNQRSTUVW 8
4 BEFRTVX JUVW 9
5 ABDEMN ABCFGHIJKOQY 10
B 16A CEE ❶ €47,00
6,5ha 200T(100m²) 20D ❷ €57,00

A23 bis Heide, wird dann die B5 Heide-Husum, Ausfahrt Simonsberg. Von der Ausfahrt den Schildern folgen. 108027

St. Peter-Ording, D-25826 / Schleswig-Holstein

Biehl
Utholmer Str. 1
11/3 - 6/11, 27/12 - 31/12
+49 4 86 39 60 10
info@campingplatz-biehl.de
N 54°20'10'' E 08°36'15''

1 ADEGKNPQRST KMNPQRSTV 6
2 GIJPQSTWX ABCDEFGIJK 7
3 ABGL ABCDEFJKNQRST 8
4 FH VW 9
5 ABCDEFIJLMN ABCFGHJKORSX 10
B 16A CEE ❶ €46,00
3,5ha 200T(80m²) 17D ❷ €58,00

B5 Heide-Tönning, danach B202 Richtung St. Peter-Ording, Ausfahrt Ording-Nord: am Ende der Straße (Utholmer Straße) ist CP rechts. 110901

St. Peter-Ording, D-25826 / Schleswig-Holstein

SPO
Grudeweg 1
1 Jan - 31 Dez
+49 48 63 81 71
info@camping-spo.de
N 54°19'56'' E 08°37'10''

1 DEGKNOPQRSTU 6
2 IJPQTWXY ABDEFGHIJ 7
3 ABLM ABEFJNQRTUW 8
4 FHJO IV 9
5 ABDEFHMN ABFGHJKMOQ 10
16A CEE ❶ €41,00
8ha 195T(60-100m²) 63D ❷ €49,00

A23 Hamburg-Heide. Hinter Heide Richtung St. Peter-Ording. Auf der B202, 5 km nach Tating vor St. Peter-Ording ist der CP auf der rechten Seite. 109174

St. Peter-Ording/Böhl, D-25826 / Schleswig-Holstein

Silbermöwe
Böhler Landstr. 179
15 Mrz - 31 Okt
+49 48 63 55 56
camping@silbermoewe.de
N 54°17'06'' E 08°39'42''

1 ADEGKNOPQSU 6
2 IPQTWXY ABDEFGHI 7
3 ABL ABCDEFJKNQRTVW 8
4 JO DIV 9
5 DMN ABCFGHJKOQ 10
10-16A CEE ❶ €39,00
1ha 52T(60-80m²) 23D ❷ €45,00

B5 Heide-Tönning, dann die B202 St. Peter Ording, Abfahrt St. Peter Ording. (OT Böhl). Dann gut ausgeschildert. Der CP liegt zwischen zwei anderen Campingplätzen. 102192

Stein/Laboe, D-24235 / Schleswig-Holstein

Fördeblick****
Ellernbrook 12
1 Apr - 18 Okt
+49 43 43 77 95
info@camping-foerdeblick.de
N 54°24'51'' E 10°14'54''

1 ADEGILOPQRSTU KNQSWXZ 6
2 GIJLNPQSWX ABDEFG 7
3 ABFGLM ABCDEFJNQRTUVW 8
4 FH BD 9
5 ACDEFGILMN ABGHIJKORSY 10
B 10A CEE ❶ €31,50
7ha 115T(70-100m²) 295D ❷ €39,50

In Kiel 'Ostufer' und der B502 Richtung Schönberg. Danach Richtung Stein halten. CP weiter angezeigt. 108031

Stein/Laboe, D-24235 / Schleswig-Holstein

Ostsee-Camp Kliff
Ellernbrook 6
27 Mrz - 27 Sep
+49 43 43 62 22
info@ostsee-camp.de
N 54°24'53'' E 10°15'08''

1 ADEGILOPQRSTU KNQSWXZ 6
2 GIJMNPQSWXY ABDEFG 7
3 BFLMS ABCDEFIJKNQRTUV 8
4 FH Y 9
5 ABDMN ABGHIJKLOQY 10
B 16A CEE ❶ €29,00
7,5ha 80T(80-100m²) 220D ❷ €36,00

In Kiel den Schildern 'Ostufer' folgen. Weiter die B502 bis Ausfahrt Laboe. Dann Richtung Stein halten. CP dann ausgeschildert. 102383

Stein/Laboe, D-24235 / Schleswig-Holstein

Campingplatz Neustein
Neustein 2
1 Apr - 30 Sep
+49 43 43 81 22
info@camping-neustein.de
N 54°24'54'' E 10°14'39''

1 ADEGILOPQRSTU KNQSWXZ 6
2 GIJMNPQSWX ABDEFG 7
3 BGLM ABCDEFKNQRTU 8
4 FH 9
5 ADEFLN ABGHIJKOQ 10
B 16A CEE ❶ €32,00
3,5ha 49T(60-100m²) 100D ❷ €40,00

In Kiel 'Ostufer' folgen und weiter die B502 bis Ausfahrt Laboe. Danach Richtung Stein halten. CP dann ausgeschildert. 102385

Stocksee, D-24326 / Schleswig-Holstein

Naturcamping am Stocksee
Holmweg 4
31 Mrz - 4 Okt
+49 45 26 33 87 92
stockseecamping@t-online.de
N 54°04'50'' E 10°20'17''

1 DEGKNOPQRSU LMNX 6
2 AEJPQSVWXYZ ABDEFGIJ 7
3 BMS ABDFJNQRTU 8
4 FHJT DQ 9
5 BM ABHIJKOQU 10
16A CEE ❶ €26,50
2,5ha 25T(80-200m²) 75D ❷ €30,50

Von Hamburg A21 bis Ausfahrt 9 (Trappenkamp), danach Richtung Tensfeld. In Tensfeld Richtung Damsdorf. In Damsdorf Richtung Stocksee. Camping rechts angezeigt. 118534

Strukkamphuk (Fehmarn), D-23769 / Schleswig-Holstein

Strukkamphuk-Fehmarn*****
Strukkamp 83
31 Mrz - 29 Okt
+49 43 71 21 94
camping@strukkamphuk.de
N 54°24'42'' E 11°05'54''

1 ADEKNOPQRSTU KMNPQRSTWXY 6
2 HJKLMPQTWXY ABDEFGIJ 7
3 ABFGHLMSTUX ABCDEFGHIJKNPQRSTUVW 8
4 BCDFHJLTX DGILMNVWY 9
5 ACDEFLMNO ABCFGHIJKOQWY 10
Anzeige auf Seite 263 B 16A CEE ❶ €39,20
20ha 308T(100-160m²) 330D ❷ €51,00

B207/E47 von Norden kommend Richtung Landkirchen. Aus südlicher Richtung, Ausfahrt Avendorf. Ab Avendorf Beschilderung. 102506

Süsel, D-23701 / Schleswig-Holstein

Süsel See Parx
Süseler-Moor 8
1 Apr - 15 Okt
+49 17 03 57 50 07
camping@suesel-seeparx.de
N 54°04'23'' E 10°41'17''

1 ADEILOPQRSTU LNW 6
2 AFKQSWX ABFGI 7
3 ABGM ABCDEFGIJKNQRTUW 8
4 H JNVZ 9
5 ABDEFHK ABFGHJKLMOQUY 10
16A ❶ €41,00
5,5ha 42T(110-150m²) 185D ❷ €55,00

A1 Hamburg-Puttgarden, Ausfahrt Eutin. CP ist am Wasserskiplatz ausgeschildert, Zufahrt befindet sich rechts nach dem Skigebiet. Der Campingplatz befindet sich auf der rechten Seite. 111291

Sütel, D-23779 / Schleswig-Holstein

Camping Sütel*****
1 Apr - 10 Okt
+49 4 36 54 51
info@suetel.de
N 54°20'09'' E 11°04'18''

1 AEGKNOPQRSTU KMNPQSXYZ 6
2 HJKMQWXY ABDEFGH 7
3 ABFGMX ABCDEFGHIJKNPQRTUVW 8
4 BFHL EVY 9
5 ACDEFHJLMN ABGHIJKMOQWY 10
B 16A CEE ❶ €37,50
40ha 140T(90-120m²) 822D ❷ €45,50

A1 Hamburg-Puttgarden, Ausfahrt bei Heiligenhafen über Löhrsdorf, dann gut ausgeschildert. 110389

Deutschland

Teilkarte Schleswig-Holstein auf Seite 255

Tating, D-25881 / Schleswig-Holstein

meerGrün*****
Martendorf 4
25/3 - 6/11, 24/12 - 31/12
+49 4 86 22 01 98 51
info@meergruen-lodge.de

1 ADEGKNOPQRSTU A 6
2 IPQTWXY ABDEFGIJK 7
3 ABDFGLM ABCDEFGJKNQRTUVW 8
4 Q 9
5 ABDKMN ABFGHJKOPQY 10
B 16A CEE ① €27,00
7ha 74T(120-175m²) 93D ② €35,00

N 54°19'25'' E 08°41'46''
A23 bis Heide, dann weiter auf der B5. Bei Tönning links ab zur B202. Nach dem Ortsaugang Tating liegt der CP direkt rechts. 121888

Tönning, D-25832 / Schleswig-Holstein

Comfort-Camp Eider GmbH*****
Am Freizeitpark 1a
1 Jan - 31 Dez
+49 48 61 61 71 48
info@campingplatz-toenning.de

1 ADEGKNOPQRSTU JMNQSVWXY 6
2 CIKPQSTWXYZ ABDEFGIJK 7
3 ABDFGJMUVW ABCDEFJKNPQRSTUVW 8
4 ABEHJLQT GIJLVWY 9
5 ABDEFJMN ABFGHIJKLMOPQUVWY 10
Anzeige auf dieser Seite B 16A CEE ① €31,00
8ha 250T(80-130m²) 111D ② €39,00

N 54°18'40'' E 08°56'14''
A23 Hamburg - Heide mündet in die B5 Richtung Husum. Bei Tönning die B202 Richtung St. Peter-Ording. Über die Bahnlinie, dann links Abfahrt Tönning die L241. Am Kreisel rechts, weiter auf der L241. Über die Bahn, dann ist der Camping angezeigt. 117140

Waabs, D-24369 / Schleswig-Holstein

Campingplatz Hökholz
Ritenrade 4
1 Apr - 30 Sep
+49 4 35 29 11 70 31
info@camping-eckernfoerde.de

1 ABGKNOPQRSTU KNQSWXY 6
2 GLPQSTWXY ABDEFGI 7
3 BLM ABCDEFJNRTW 8
4 FH V 9
5 ABDEFMN ABCGIJKORS 10
B 16A CEE ① €20,00
5,4ha 40T(90m²) 152D ② €26,00

N 54°32'28'' E 10°00'30''
Von Waabs 'Gut Hökholz' und/oder den CP-Schildern folgen. 109182

Waabs, D-24369 / Schleswig-Holstein

Ostseecamping Gut Karlsminde
Karlsminde 10
24 Mrz - 11 Okt
+49 4 35 83 44
info@karlsminde.de

1 BDEKNOPQRSTU NQSWXY 6
2 AEGIJQSXY ABDEFG 7
3 BFG ABCDEFNQRUVW 8
4 BF JVW 9
5 ACDEFHKLMN ABCHIJKMOQY 10
B 16A ① €34,00
16ha 100T(120m²) 461D ② €42,00

N 54°29'45'' E 09°56'03''
In Eckernförde die L26 Richtung Waabs, bei Karlsminde abbiegen und der Campingbeschilderung folgen. 124320

Waabs, D-24369 / Schleswig-Holstein

Ostsee-Freizeitpark Booknis
Booknis
1 Apr - 10 Okt
+49 43 52 23 11
ahlefeldt-dehn@t-online.de

1 AEGJMOPSU KMNQSWXY 6
2 GJMQUWXY ABDEFG 7
3 BFGJMNS ABCDEFJKNQRTUV 8
4 BJO DE 9
5 ACDFGKLM ABCHIJKOQ 10
16A CEE ① €31,00
25ha 120T(100-150m²) 732D ② €39,00

N 54°33'48'' E 10°01'07''
B203 Eckernförde-Kappeln. Ausfahrt Damp/Thunby. Kreuzung geradeaus, Richtung Waabs. Links Richtung Waabshof. CP ist ausgeschildert. 108030

Wahlstorf, D-24211 / Schleswig-Holstein

Campingplatz Lanker See
Gläserkoppel 3
1 Apr - 31 Okt
+49 4 34 28 15 13
camp@lankersee.de

1 ADEGKNOPQRSTU LMNSX 6
2 FIJQUVWXY ABDEFG 7
3 BFGHILM ABCDEFJKNQRSTUW 8
4 FH DFNQRV 9
5 ADEFGJKMN ABFGHIJKLMQU 10
6A CEE ① €22,00
6ha 100T(90-160m²) 179D ② €28,00

N 54°12'40'' E 10°19'03''
In Preetz die B76 Richtung Plön. Weiter Richtung Wielen. CP weiter ausgeschildert. Letzte 700m unbefestigte Strecke. 102388

Wallnau (Fehmarn), D-23769 / Schleswig-Holstein

Strandcamping Wallnau****
Wallnau 1
31 Mrz - 29 Okt
+49 4 37 24 56
wallnau@strandcamping.de

1 AEGKNOPQRSTU KMNPQRSV 6
2 AGJLMPQWXYZ ABDEFGHIJ 7
3 BFGHIMTVX ABCDEFGHIJNPQRSTUVW 8
4 BCDHJLQX DENVWY 9
5 ACDEFKMN ABCGHIJKMOQY 10
B 6-16A CEE ① €36,60
17ha 290T(90-130m²) 512D ② €48,20

N 54°29'15'' E 11°01'07''
Insel Fehmarn, A1/E47 hinter der Fehmarnsundbrücke rechts halten Richtung Landkirchen, Petersdorf und Bojendorf. Den Schildern folgen. 108036

Wangels/Weißenhäuser Strand, D-23758 / Schlesw.-H.

Campingplatz Triangel
Seestrasse 1a
1 Apr - 27 Okt
+49 43 61 50 78 90
info@campingplatz-triangel.de

1 ADGKNOPQRSTU KMNQRSTWX 6
2 AGJPQSWXY ABDEFGHIJ 7
3 ABGJLMNORSU ABCDEFGIJKNQRTUV 8
4 FHO T 9
5 ACDEFHJLM ABCGHIJKORSY 10
B 16A CEE ① €38,00
12ha 170T(80-120m²) 571D ② €52,00

N 54°18'37'' E 10°48'12''
A1/E47 Hamburg-Puttgarden, Ausfahrt Oldenburg in Holstein. Dann die B202 von Oldenburg Richtung Kiel, Ausfahrt Weißenhäuser Strand. 108032

Wendtorf, D-24235 / Schleswig-Holstein

Regenbogen Wendtorf
Zum Bottsand 1
1 Apr - 27 Sep
+49 43 43 96 88
urlaub@regenbogen.ag

1 AGJMOPQRSTU K 6
2 GJPQTWXY ABDEFGH 7
3 BM ABCDFIKNQRSTUW 8
4 HOT DE 9
5 ACDFGLM ABGHJKOQXY 10
B 10A ① €30,00
10ha 227T(30-100m²) 259D ② €30,00

N 54°25'36'' E 10°17'45''
In Kiel 'Ostufer' halten. Weiter der B502 bis Ausfahrt Wendtorf/Marina. Danach ist CP angezeigt. 112138

Wenkendorf (Fehmarn), D-23769 / Schleswig-Holstein

Am Deich
Wenkendorf 100
1 Apr - 3 Okt
+49 4 37 27 77
info@inselurlaub-fehmarn.de

1 AFGKNOPQRSTU KMNPQSY 6
2 GKLMQWYZ ABDEFGHIJ 7
3 AGX ABCDEFGHJNPQRTW 8
4 FHJO 9
5 ADFLMN ABGHIJKMOQ 10
B 16A CEE ① €34,00
1ha 50T(70-120m²) 13D ② €40,00

N 54°31'37'' E 11°06'57''
A1/E47 Ausfahrt Landkirchen Richtung Gammendorf. Dann nach Wenkendorf. CP dann ausgeschildert. 108037

Westensee/Wrohe, D-24259 / Schleswig-Holstein

Naturcampingplatz Wrohe am Westensee
Seeweg 22
1 Apr - 31 Okt
+49 1 51 50 10 79 05
info@naturcampingplatz-westensee.de

1 AKNOPQRSU LNQSXZ 6
2 ABEIJPQWXY ABDEF 7
3 ABCDEFJNQRU 8
4 FHJ 9
5 DEFM AHJKOQ 10
10A CEE ① €20,00
2ha 40T(80-120m²) 45D ② €25,00

N 54°16'10'' E 09°57'49''
A7 Hamburg-Flensburg Ausfahrt Warder, zunächst über die L48 Richtung Westensee. Danach die L255 nach Wrohe. In Wrohe ist der CP angezeigt. 114700

Westerdeichstrich, D-25761 / Schleswig-Holstein

Nordsee Camping "In Lee"*****
Stinteck 37
4 Apr - 15 Okt
+49 48 34 81 97
info@in-lee.de

CC€23

1 ADEKNOPQRSTU NQRX 6
2 IKPQTXY ABCDEFGHIJ 7
3 ABFGHJLMUV ABCDEFJKNQRSTUVW 8
4 BFH VW 9
5 ABDKLM ABCDFGHIJKMOPQVW 10
B 16A CEE ① €35,50
5,5ha 190T(80-120m²) 100D ② €46,50

N 54°09'31'' E 08°49'58''
B203 Heide-West Richtung Büsum, Ausfahrt Westerdeichstrich. An der Mühle vorbei. Nach 1,5 km Richtung Stinteck. Badestrand-Schilder. 102189

Deutschland

Teilkarte Schleswig-Holstein auf Seite 255

Wisch/Heidkate, D-24217 / Schleswig-Holstein

Heidkoppel
Mittelweg 114
1 Apr - 30 Sep
+49 43 44 90 98
info@camping-heidkoppel.de
N 54°25'59'' E 10°20'23''

1 ADEGILOPQRSTU KNQSX 6
2 GJKQWX ABDEFGI 7
3 ABFG ABCDEFGIJKNQRT 8
4 BCDFHJO 9
5 ACDEN ABEGHIJKOPQY 10
B 16A CEE
14ha 60T(90-200m²) 600D
① €33,00
② €40,00
112137

Von Kiel Richtung Ostufer B502 nach Schönberg. Hinter Barsbek an der alten Mühle links Richtung Heidkate. Den Schildern folgen.

Wittenborn, D-23829 / Schleswig-Holstein

Seecamping Weißer Brunnen
Seestraße 12
1 Jan - 31 Dez
+49 45 54 14 13
camping@weisser-brunnen.de
N 53°55'15'' E 10°14'04''

1 ADEGKNOPQRST LNQSX 6
2 BEIJKQSUVXYZ ABDEFGHIJ 7
3 BDFGMU ABCDEFGKLNQRSTW 8
4 BFHJKOPQT AEFHNT 9
5 ABDEFJKMN ABFGHIJKLMNQU 10
B 16A CEE
10,7ha 70T(80-170m²) 310D
① €28,50
② €36,50
102394

A7 Hamburg-Flensburg, Ausfahrt Bad Bramstedt/Bad Segeberg. B206 Richtung Bad Segeberg. In Wittenborn ist der CP ausgeschildert.

Wittdün, D-25946 / Schleswig-Holstein

Dünencamping Amrum****
Inselstraße 125
1 Apr - 31 Okt
+49 17 14 96 72 38
info@camping-amrum.de
N 54°37'44'' E 08°21'59''

1 ABDEJMOPQRSTU KMNQRSTXYZ 6
2 APQRSTVXY ABCDEFGHIJK 7
3 ABHIJMN ABCDEFGHJKNQRSTW 8
4 ABCDEFHIJRWX DEKLVW 9
5 ACDEFGHIJLMN ABCGHIJKOPSTWY 10
16A CEE
25ha 266T(80-120m²) 115D
① €38,00
② €49,00
108023

Von der Ankunft der Fähre durch das Dorf. Nach Wittdun liegt der Campingplatz nach ca. 1 km auf der linken Seite.

Wulfen (Fehmarn), D-23769 / Schleswig-Holstein

Wulfener Hals*****
Wulfener Hals Weg 100
1 Jan - 31 Dez
+49 4 37 18 62 80
info@wulfenerhals.de
N 54°24'22'' E 11°10'38''

1 ADEKNOPQRSTU BKMNPQRSTUWXY 6
2 HIJKMPQTWXYZ ABCDEFGHIJK 7
3 ABFGHIJKLMSTUVX ABCDEFGHIJKLNPQRSTUVW 8
4 ABCDEFHJKLNORTUXZ DEIJMNPRSVWYZ 9
5 ACDEFGHIJKLMN ABCEFGHIJKLMOPQWXY 10
Anzeige auf dieser Seite B 16A CEE
34ha 393T(80-260m²) 515D
① €39,00
② €48,40
102507

E47 in nördlicher Richtung Ausfahrt Landkirchen. Aus südlicher Richtung Ausfahrt Avendorf. Dann ab Avendorf ausgeschildert.

Teilkarte Schleswig-Holstein auf Seite 255

Mecklenburg-Vorpommern

Ahrensberg, D-17255 / Mecklenburg-Vorp.

CC€19 iD

Campingplatz Am Drewensee****
1 Apr - 31 Okt
+49 3 98 12 47 90
drewensee@haveltourist.de
N 53°15'46'' E 13°03'03''

1 ADEGKNOPQRSTU LNPQSXZ 6
2 BFJQWXYZ ABDEFGI 7
3 BGM ABCDEFINQRW 8
4 BFH EQRV 9
5 ACDEFMN ABDGHIJKOQW 10
B 16A CEE
H61 5ha 150T(68-300m²) 75D
① €34,30
② €40,20

A19 Ausfahrt 18, B198 Richtung Wesenberg/Neustrelitz. Zwischen Wesenberg und Neustrelitz Ausfahrt Ahrensberg. In Ahrensberg direkt links ab und links halten.

109199

Altenkirchen, D-18556 / Mecklenburg-Vorp.

CC€23 iD

Knaus Camping- und Ferienhauspark Rügen****
Zittkower Weg 30
1/1 - 8/1, 1/3 - 31/12
+49 3 83 91 43 46 48
ruegen@knauscamp.de
N 54°38'11'' E 13°22'31''

1 ADEGKNOPQRSTU KNOPQSW 6
2 GILMQXY ABDEFGHI 7
3 B ABEFIJNQRTUVW 8
4 FHT EJW 9
5 ABDEFHMN ABCDFGHJKOQUW 10
Anz. auf S. 240 + Umschl. 16A CEE
3,7ha 108T(80m²) 39D
Preise auf Anfrage

Aus Richtung Sagard die B96 nach Altenkirchen, an Juliusruh vorbei. Nach ca. 300m rechts rein, dann kommt nach ca. 1,2 km der CP hinter dem Waldcamping.

112407

Alt Schwerin, D-17214 / Mecklenburg-Vorpommern

iD

Camping am See***
An den Schaftannen 1
1 Apr - 31 Okt
+49 39 93 24 20 73
info@camping-alt-schwerin.de
N 53°31'23'' E 12°19'07''

1 ADEGKNOPQRSTU LNOQSWXYZ 6
2 AEIJQWXY ABDEFGIK 7
3 BFLMX ABCDEFIJKNQRTUW 8
4 FGHJO F 9
5 ABDHKMN ABGHKNQ 10
Anzeige auf dieser Seite 10A CEE
H70 3,6ha 141T(80-120m²) 48D
① €31,00
② €31,00

Über die A19, Ausfahrt Malchow. Den CP finden Sie an der B192 zwischen Alt Schwerin und Karow.

107493

Altefähr (Rügen), D-18573 / Mecklenburg-Vorpommern

iD

Sund-Camp
Am Kurpark 1
1 Apr - 14 Okt
+49 38 30 67 54 83
info@sund-camp.de
N 54°19'56'' E 13°07'17''

1 ADEGHKNOPQRSTU KLNOQRSTWXYZ 6
2 AGIJPXY ABDEFGI 7
3 BGMWX ABDEJNQR 8
4 HJ OPRTVWZ 9
5 ABDEFHJMN ABCGHIJKNQ 10
16A CEE
2,3ha 120T(80-120m²) 30D
① €37,40
② €45,40

4 km hinter Stralsund über den Rügen-Damm B96/E22, rechts Richtung Altefähr. In Altefähr der Beschilderung folgen. Vor der Kurve ins Zentrum nach rechts, ab dort deutlich ausgeschildert.

109328

Boltenhagen, D-23946 / Mecklenburg-Vorpommern

Regenbogen Ferienanlage Boltenhagen
Ostseeallee 54
1 Jan - 31 Dez
+49 38 82 54 22 22
boltenhagen@regenbogen.ag
N 53°58'51'' E 11°12'59''

1 DEGKNOPQRSTU KNOPX 6
2 GJPQWXY ABEFG 7
3 BDFGHIJMN ABCDEFIJNQRSTVW 8
4 ABELSTUVZ DJSVWYZ 9
5 ACDEFHJLMN ABEFGHIJKNQX 10
B 16A CEE
12ha 280T(30-130m²) 295D
① €35,00
② €75,00

A20 Ausfahrt 6 Grevesmühlen, dann den CP-Schildern folgen.

109188

Altenkirchen, D-18556 / Mecklenburg-Vorp.

CC€21 iD

Drewoldke****
Zittkower Weg 27
1 Jan - 31 Dez
+49 38 39 11 29 65
info@camping-auf-ruegen.de
N 54°38'04'' E 13°22'24''

1 ADEKNOPQRSTU KNOQSX 6
2 BGIJLMQRXYZ ABDEFGHI 7
3 ABM ABCDEFGHIJKNQRTW 8
4 AFHO DHJK 9
5 ABDEFHMN ABDEFGHIJKLOQY 10
B 16A CEE
9ha 340T(80m²) 87D
① €42,40
② €48,40

B96 Stralsund-Bergen Richtung Sassnitz, dann Altenkirchen. CP ist ausgeschildert.

102635

Börgerende, D-18211 / Mecklenburg-Vorpommern

Ferien-Camp Börgerende*****
Deichstraße 16
1/4 - 31/10, 27/12 - 31/12
+49 38 20 38 11 26
info@ostseeferiencamp.de
N 54°09'10'' E 11°53'57''

1 BCDEGKNOPQRSTU KNQS 6
2 GJLPQSTWXY ABDEFGHIJ 7
3 BFGHIJLM ABCDEFJKNQRSTUVW 8
4 ABHJLOSTUVX 9
5 ABDFHKMN ABEFGHIJKNQU 10
B 16A CEE
6ha 250T(80-140m²) 70D
① €37,00
② €45,00

A20 Ausfahrt 13. Von Bad Doberan Richtung Warnemünde. Dann Ausfahrt Börgerende den Schildern folgen.

100092

Deutschland

Teilkarte Mecklenburg-Vorpommern auf Seite 265

Born, D-18375 / Mecklenburg-Vorpommern

Regenbogen Ferienanlage Born
Nordstraße 86
6 Apr - 1 Nov
+49 38 23 42 44
born@regenbogen.ag
N 54°23'03'' E 12°30'16''

1 ADEKNOPQRSTU LNQRSVX 6
2 BEKQXYZ ABDEFG 7
3 ABM ABCDEFGIJKMNQRSTW 8
4 BH JMNRV 9
5 ADEHM ABGHIJKNQY 10
B 16A CEE ① €55,00
10ha 320T 160D ② €55,00
110435

Von Rostock via B105 Richtung Ribnitz, links Halbinsel Darß/ Prerow. Vor Born ausgeschildert.

Drosedow/Wustrow, D-17255 / Mecklenburg-Vorp.

FKK Campingplatz am Rätzsee
Campingplatz am Rätzsee
1 Apr - 31 Okt
+49 3 98 28 26 61 91
info@raetzsee.de
N 53°15'07'' E 12°54'31''

1 ADEGJLOPQRSTU LNOPQSXZ 6
2 BFJKQRXYZ ABDEFGI 7
3 BFGMS ABCDEFJNQRW 8
4 EFHT DINQV 9
5 ABDEFJMN ABFGHIJKOQW 10
FKK 10A CEE ① €29,10
H69 5ha 70T(90-120m²) 82D ② €35,50
109518

An der 3er Gabelung in Wesenberg (B198) am Supermarkt Richtung Drosedow. Das ist der Drosedowerweg. In Drosedow direkt rechts ab in einen Sandweg.

Carwitz, D-17258 / Mecklenburg-Vorpommern

Campingplatz am Carwitzer See
Carwitzer Straße 80
12 Apr - 7 Okt
+49 39 83 12 11 60
info@campingplatz-carwitz.de
N 53°18'05'' E 13°26'25''

1 ADEGKNOPQRSTU LNOPQSXZ 6
2 EJKQRUVWXY ABDEFG 7
3 AFM ABDEFJNQRW 8
4 FH DEFNQ 9
5 ABMN ABCHJKOQU 10
10-16A CEE ① €30,50
H98 3,4ha 100T(80-100m²) 22D ② €38,50
109280

A11 Berlin-Szczecin (Stettin), Ausfahrt 6 Gramzow, B198 nach Prenzlau. Dort via Feldberg Richtung Carwitz. Beschildert.

Feldberg, D-17258 / Mecklenburg-Vorpommern

Am Bauernhof
Hof Eichholz 1-8
1 Jan - 31 Dez
+49 39 83 12 10 84
info@campingplatz-feldberg.de
N 53°20'42'' E 13°27'24''

1 AFGKNOPQRSTU LNOPQSXZ 6
2 FJKQTUVXY ABDEFG 7
3 BFGM ABDEFIJNQRTUVW 8
4 FHK EFIJQRV 9
5 ABDEMN ABCGIJKMOQU 10
B 16A CEE ① €32,00
H87 5ha 65T(60-100m²) 44D ② €40,00
111567

B198 Neustrelitz-Woldegk in Möllenbeek Richtung Feldberg. Weiterfahren Richtung Prenzlau. 1 km außerhalb der Stadt ist der CP (ist ausgeschildert).

Dierhagen-Strand, D-18347 / Mecklenburg-Vorp. (CC€23)

OstseeCamp Dierhagen GbR
Ernst-Moritz-Arndt Str. 1A
15 Mrz - 31 Okt
+49 38 22 68 07 78
info@ostseecamp-dierhagen.de
N 54°17'29'' E 12°20'37''

1 ADEKNOPQRSTU R 6
2 PQSTWXYZ ABDEFGI 7
3 BM ABCDEFJNQRSTW 8
4 FH UV 9
5 ABDEFJMN ABCFGHJKQ 10
B 16A CEE ① €38,50
6ha 300T(60-125m²) 70D ② €44,50
109744

Von der B105 in Altheide Richtung Prerow, Ahrenshoop, dann an der Ampel links Richtung Dierhagen-Strand.

Freest, D-17440 / Mecklenburg-Vorpommern (CC€23)

Waldcamp Freest
Dorfstrasse 75
1 Apr - 15 Okt
+49 38 37 02 05 38
info@campingplatz-freest.de
N 54°08'22'' E 13°43'02''

1 ABDGKNOPQRSTU KNQSX 6
2 GIJQWXY ABDFGI 7
3 ABGJMX ABCDEFHIJLNQRTW 8
4 H FJVW 9
5 ADN ABCDGHJKNU 10
16A CEE ① €26,20
3,5ha 80T(100-150m²) 42D ② €34,20
114426

Freest liegt an der L262. Von Lubmin aus 100 m vor dem Ortsschild Freest, am Anfang der Bebauung, links. CP ausgeschildert. Von der anderen Seite kommend, ist der CP rechts am Ende der Bebauung.

Göhren, D-18586 / Mecklenburg-Vorpommern

Regenbogen Ferienanlage Göhren
Am Kleinbahnhof
1/3 - 4/11, 14/12 - 31/12
+49 38 30 89 01 20
goehren@regenbogen.ag
N 54°20'47'' E 13°44'07''

1 ADEKNOPQRSTU KNQ 6
2 BGJPQRTWXYZ ABFGH 7
3 ABDFGJM ABCDEFGIJKNQRTUW 8
4 BCHNOTVXZ DEGJUVW 9
5 ABCDEFHJKLM ABEGHIJKQY 10
B 16A CEE Preise auf
10ha 480T(60-100m²) 108D Anfrage
102648

B96 Stralsund-Bergen, an Ampel vor Bergen rechts, Beschilderung folgen.

Dobbertin, D-19399 / Mecklenburg-Vorpommern (CC€19)

Campingplatz am Dobbertiner See
Am Zeltplatz 1
1 Apr - 4 Okt
+49 17 47 37 89 37
dobbertincamping@aol.com
N 53°37'09'' E 12°03'54''

1 AFKNOPQRSTU LNQSUXYZ 6
2 BFKPQUXYZ ABFG 7
3 BMX ABCDEFJNQRTUW 8
4 FHJ FJNQ 9
5 D ABDEGHJKNOQU 10
Anzeige auf dieser Seite B 16A CEE ① €23,00
4ha 90T(100m²) 36D ② €30,00
113439

A19 Ausfahrt Malchow/ A24 Ausfahrt Parchim/ A20 Ausfahrt Bützow, dann Richtung Dobbertin. Den CP-Schildern folgen.

Graal-Müritz, D-18181 / Mecklenburg-Vorpommern

Ostseecamp Rostocker Heide
Wiedortschneise 1
1 Apr - 31 Okt
+49 38 20 67 75 80
info@ostseecamp-ferienpark.de
N 54°14'40'' E 12°12'44''

1 ADEKNOPQRSTU KNPQRX 6
2 BGJQRSTXYZ ABDEFG 7
3 BDEGJM ABCDEFIJKLNQRTW 8
4 BDFHLOST LM 9
5 ABDEFHJLN ABEFGHIJKLNPQVW 10
B 16A CEE ① €35,00
27ha 500T(80-120m²) 500D ② €43,00
108060

Von der B105-E22 bei Rövershagen Richtung Graal-Müritz abbiegen. Ab Torfbrücke ausgeschildert.

Dranske, D-18556 / Mecklenburg-Vorpommern

Caravancamp Ostseeblick
Seestr. 39a
1 Apr - 31 Okt
+49 3 83 91 81 96
caravancamp.ostseeblick@t-online.de
N 54°37'44'' E 13°13'22''

1 AEKNPQRSTU KNPQRSXYZ 6
2 HLMPQTWXY ABDEFG 7
3 ABCDEFJKNQRW 8
4 FH 9
5 ABDM ABGHJKOQ 10
B 16A CEE Preise auf
1ha 70T(60-100m²) 10D Anfrage
112141

B96 über Bergen Richtung Dranske. In Dranske ist der CP ausgeschildert.

Dranske, D-18556 / Mecklenburg-Vorpommern

Regenbogen Ferienanlage Nonnevitz
Nonnevitz 13
1 Apr - 31 Okt
+49 38 39 18 90 32
nonnevitz@regenbogen-camp.de
N 54°40'01'' E 13°17'47''

1 ADEGHKNOPQRSTU KNQX 6
2 BGIJPQRWXYZ ABFG 7
3 ABGLMX ABCDEFGIJKNQRTW 8
4 BCEFHLOT DV 9
5 ACDEFIMN ABFGHIJKNQXY 10
B 16A CEE Preise auf
20ha 550T(bis 120m²) 244D Anfrage
108082

Insel Rügen via Bergen B96 Richtung Dranske, in Kuhle rechts Richtung Gramtitz, dann Richtung Nonnevitz. CP ausgeschildert.

Dreenkrögen, D-19288 / Mecklenburg-Vorpommern

Campingplatz Dreenkrögen
Dreenkrögener See
1 Jan - 31 Dez
+49 17 52 98 76 32
j.wilsdorf@web.de
N 53°25'32'' E 11°30'29''

1 AFKNOPQRSTU HLMNP 6
2 ABFJKQRSUXYZ ABDEFGIJK 7
3 ABEGM ABCDEFJNQSUVW 8
4 AIT ABDN 9
5 DEFHN BCFGKQUY 10
6-16A ① €30,00
20ha 20T(100m²) 6D ② €40,00
125363

A24, Ausfahrt L72. An der Straße des Friedens vorbei Richtung Tankstelle. Nach 500m links in den Dreenkrögen Drift einbiegen. Folgen Sie der Beschilderung des Campingplatzes.

Legende Karten

Ein offenes Zelt bedeutet daß sich hier ein Campingplatz befindet.

Ein geschlossenes Zelt bedeutet daß hier mehrere Campingplätze zu finden sind.

Campingplätze die CampingCard ACSI akzeptieren.

70 — Auf dieser Seite finden Sie das Teilgebiet.

73 — Pfeile mit Seitenangaben am Kartenrand verweisen auf angrenzende Gebiete.

Die Übersichtskarte des betreffenden Landes und im welchen Teilgebiet Sie sich befinden.

Deutschland

Teilkarte Mecklenburg-Vorpommern auf Seite 265

Grambin/Ueckermünde, D-17375 / Mecklenb.-Vorp.

CC€23 iD

Campingpark Oderhaff
Dorfstraße 66a
1 Jan - 31 Dez
+49 39 77 42 04 20
info@campingpark-oderhaff.de
N 53°45'39" E 14°00'39"

1 AEGHKNOPQRSTU — KNQSXY 6
2 BGIJKPQRSXYZ — ABDFGI 7
3 BG — ABFHJNQRTW 8
4 BHJ — EFNV 9
5 ABDEFHJMN — ABDFGHJKNQ 10
16A CEE — ❶ €29,00
6,2ha 100T(80-100m²) 123D — ❷ €39,00

Von der A20 oder A11 nach Ueckermünde, Richtung Anklam. In Grambin den CP-Schildern folgen.

109535

Klein Pankow, D-19376 / Mecklenburg-Vorp.

CC€23 iD

Camping am Blanksee
Am Blanksee 1
17 Apr - 6 Okt
+49 38 72 42 25 90
info@campingamblanksee.de
N 53°23'13" E 12°01'14"

1 AKNOPQRSTU — LN 6
2 ABFIJKQRTXYZ — ABEFG 7
3 BFGMX — ABCDEFNQRTW 8
4 HJ — BJQTV 9
5 ABCDEFHKMN — ABDFHJKOQ 10
10-16A CEE — ❶ €32,00
12ha 80T(100-150m²) 13D — ❷ €40,00

A24 Hamburg-Berlin. Ausfahrt 16 Suckow. Suckow-Siggelkow-Groß Pankow Richtung Klein Pankow. Dann den CP-Schildern folgen.

117980

Groß Quassow/Userin, D-17237 / Mecklenb.-Vorp.

CC€23 iD

Camping- und Ferienpark Havelberge*****
An den Havelbergen 1
1 Jan - 31 Dez
+49 3 98 12 47 90
info@haveltourist.de
N 53°18'32" E 13°00'08"

1 ADEGKNOPSTU — LNQSXYZ 6
2 BFJKQRUVWXYZ — ABCDEFGHIJ 7
3 ABFGMTU — ABCDEFGJKNQRSTUVW 8
4 ABCDEFHJLORTVX — ADEJNOQRVW 9
5 ABDEFHJLM — ABDEFGHIJKMOQW 10
Anzeige auf dieser Seite B 16A CEE — ❶ €40,00
H54 24ha 302T(90-287m²) 186D — ❷ €52,40

Über die B198 von Mirow oder Neustrelitz bis Wesenberg. Dort über Klein Quassow weiter bis Groß Quassow fahren. Ab Wesenberg ausgeschildert.

109194

Koserow, D-17459 / Mecklenburg-Vorpommern

CC€23 iD

Am Sandfeld
Am Sandfeld 5
6 Apr - 30 Sep
+49 38 37 52 07 59
camping@amsandfeld.de
N 54°02'48" E 14°00'40"

1 ADGKNOPQRSTU — 6
2 JPQRUXYZ — ABDEFG 7
3 ABMX — ABCDEFGJNQRT 8
4 FHJO — DIVW 9
5 ABDGMN — ABEFGHIJKOQUY 10
B 16A CEE — ❶ €41,30
3,7ha 150T(80-100m²) 28D — ❷ €49,30

B111 Wolgast-Swinoujscie, 2. Ausfahrt Koserow, ab hier ist der CP ausgeschildert.

102668

Hohenkirchen, D-23968 / Mecklenburg-Vorpommern

Campingplatz 'Liebeslaube'
Wohlenberger Wiek 1
1 Jan - 31 Dez
+49 38 42 86 02 19
info@campingplatz-liebeslaube.de
N 53°55'50" E 11°17'17"

1 BDEKMOPQRST — KNPQRSX 6
2 HIJPQSWXYZ — ABFGIJ 7
3 ABGLMU — ABCDEFIJKLNQRTW 8
4 BFH — FIKMNPRTUVW 9
5 ABDEFGHJKMN — ABCGHIJKMOQY 10
B 16A CEE — ❶ €32,00
9ha 285T(50-120m²) 317D — ❷ €45,00

A20 Ausfahrt 8 Wismar Mitte Richtung Wismar. Am Kreisel die B106 Richtung Lübeck. In Gägelow Ausfahrt L1 Richtung Boltenhagen. 6 km weiter bis zur Ostsee. CP liegt am Strand vom Wohlenberger Wiek.

118123

Krakow am See, D-18292 / Mecklenburg-Vorpommern

iD

Campingplatz "Am Krakower See"****
Windfang 1
1 Mrz - 31 Dez
+49 38 45 75 07 74
info@campingplatz-krakower-see.de
N 53°40'13" E 12°16'27"

1 ADEGKNOPQRSTU — LNOQSXYZ 6
2 ABEJKLPQUWXY — ABDEFGIJ 7
3 ABGLM — ABCDEFHJKNPQRTUVW 8
4 BFHJO — IJNOVW 9
5 ABDEHKMN — ABFGHJKMNQW 10
B 16A CEE — ❶ €35,00
H52 6,9ha 115T(80-150m²) 148D — ❷ €38,00

B103, in Krakow am See die Straße nach Teterow nehmen. Nach 500m ist der CP ausgeschildert.

109941

Jabel, D-17194 / Mecklenburg-Vorpommern

CC€19 iD

Natur und Strandcamping am Jabelschen See
Am Heidenfriedhof 01
1 Apr - 31 Okt
+49 39 92 97 67 12
rezeption@genuss-ferien.de
N 53°31'14" E 12°31'01"

1 ABDEKNOPQRSU — LNQSWXYZ 6
2 BFJKQXYZ — BFG 7
3 BM — BFJNQRU 8
4 FH — DMNOPQTV 9
5 ABDEFHIMN — ABCFGHIJKNRS 10
4-10A CEE — ❶ €35,00
H70 5ha 120T(80-150m²) 44D — ❷ €45,00

A19 Abfahrt Malchow, Richtung Nossertin (L20), dann Jabel. Der Camping ist ausgeschildert.

125411

ACSI AWARDS 2022

GEWINNER

Schönste Wohnmobilstellplätze Deutschland

Campingpark Kühlungsborn GmbH

Juliusruh, D-18556 / Mecklenburg-Vorpommern

iD

Freizeitcamp Am Wasser
Wittower Straße 1-2
1 Apr - 31 Okt
+49 38 39 14 39 28
info@freizeitcampamwasser.de
N 54°36'37" E 13°22'46"

1 ADEKNOPQRSTU — KNQRSX 6
2 BGJPQRXYZ — ABDEFGH 7
3 BGMX — ABCDEFJLNQRSTUW 8
4 BHIO — DJNVW 9
5 ABCDEMN — ABGHIJKLOQ 10
B 16A CEE — Preise auf
10ha 400T(bis 90m²) 130D — Anfrage

Von Stralsund immer auf der B96 bleiben bis an Bergen/Lietzow vorbei. Bei Sagard links halten Richtung Altenkirchen. Vor Juliusruh liegt der CP links der Straße. Ist ausgeschildert.

114877

Kühlungsborn, D-18225 / Mecklenburg-Vorpommern

iD

Campingpark Kühlungsborn GmbH*****
Waldstraße 1b
1/1 - 9/1, 25/2 - 31/12
+49 3 82 93 71 95
info@topcamping.de
N 54°09'05" E 11°43'11"

1 ADEKNOPQRSTU — KMNOPQRSTWXY 6
2 GJPQRSWXYZ — BDEFGHIJ 7
3 ABCDFGHIJLMNOSTUW — ABCDEFIJKLNQRSTUVW 8
4 ABCDFHJLNORTVXZ — PQSTUVWYZ 9
5 ACDEFGHJLMN — ABCEFGHIJKLOQXYZ 10
B 10A CEE — ❶ €49,00
12ha 576T(60-168m²) 100D — ❷ €61,00

A20 Wismar-Rostock, Ausfahrt Kröpelin, weiter Kühlungsborn, dann Kühlungsborn-West. CP befindet sich an der Waldstraße, ist ausgeschildert.

102548

Karlshagen, D-17449 / Mecklenburg-Vorpommern

CC€23 iD

Dünencamp Karlshagen*****
Zeltplatzstraße 11
1 Jan - 31 Dez
+49 38 37 12 02 91
camping@karlshagen.de
N 54°07'04" E 13°50'42"

1 ADEGHJMOPQRSTU — KNQRSTX 6
2 BGJPQRVXYZ — ABDEFGHIJK 7
3 ABGJM — ABCDEFGIJKNQRTW 8
4 ABEFHJO — V 9
5 ABDEFKMN — ABDEFGHIJKLNQUY 10
B 16A CEE — ❶ €47,60
5ha 265T(80-90m²) 75D — ❷ €54,60

B111 Wolgast-Ahlbeck. In Bannemin links nach Karlshagen abbiegen. CP ist ausgeschildert.

113034

Lassan, D-17440 / Mecklenburg-Vorpommern

iD

Naturcamping Lassan
Garthof 5
1 Apr - 31 Okt
+49 3 83 74 55 99 51
info@campingplatz-lassan.de
N 53°56'51" E 13°51'22"

1 ACDEGKNOPQRSTU — LNQSXY 6
2 CEIJKQXYZ — ABFGI 7
3 ABGMQ — ABCDEFIJNQRW 8
4 T — DFOQRTV 9
5 ABDEFKLMN — ABGHIJKLOQU 10
B 16A CEE — ❶ €35,00
15ha 80T(60-120m²) 27D — ❷ €44,00

Von Süd: A11 Berlin-Prenzlau Ri. A20 bis Ausf. B199 Anklam. Über die B110 nach Usedom. In Murchin geradeaus nach Lassan. Von Nord: A7/A1 Ri. A20 bis Ausf. B110 Anklam oder Ausfahrt B199 Anklam. In Anklam Ri. Usedom. In Murchin Ri. Lassan.

114427

Deutschland

Teilkarte Mecklenburg-Vorpommern auf Seite 265

Lietzow (Rügen), D-18528 / Mecklenburg-Vorpommern

Störtebeker-Camp
Waldstraße 59a
15 Apr - 30 Sep
+49 3 83 02 21 66
info@lietzow.net

1 AEJMOPQRSTU KNOQS 6
2 BEJPQWXYZ ABFG 7
3 AL ABDFJNQRUVW 8
4 EFH AFGUVW 9
5 ABDFMN ABHIJKOST 10
16A CEE ❶ €44,00
1,5ha 38T(80-140m²) 28D ❷ €49,00

N 54°29'01" E 13°30'37"

111768

Lietzow ist an der B96, zwischen Bergen und Sassnitz. Von Bergen aus Kommende in Lietzow an 2. Ampel rechts abbiegen, am Ende der Straße (ca. 200m) nach links.

Lohme/Nipmerow, D-18551 / Mecklenburg-Vorp.

CC€23

Krüger Naturcamp
Jasmunder Straße 5
14 Apr - 1 Nov
+49 3 83 02 92 44
info@ruegen-naturcamping.de

1 ABDEGKNOPQRSTU 6
2 BCIMNPQRSTXYZ ABDEFGIK 7
3 ABFJLMX ABCDEFGJNQRTVW 8
4 FH ADVW 9
5 ABDEFHJKMN ABDEGHIJKLNQU 10
16A CEE ❶ €35,00
H108 4ha 125T(80-100m²) 11D ❷ €42,00

N 54°34'10" E 13°36'36"

114878

B96 Bergen-Altenkirchen, nach Bobbin rechts Richtung Sassnitz. CP ist ausgeschildert.

Loissin, D-17509 / Mecklenburg-Vorpommern

Loissin
Am Strandweg 1
1 Apr - 31 Okt
+49 38 35 22 43
kontakt@campingplatz-loissin.de

1 ADEGKNOPQRSTU KNQRSX 6
2 GJQRWXY ABDFGHI 7
3 ABFGJMRX ABCDEFIJKNQRTUVW 8
4 ABHT GIVWX 9
5 ACDEFGKMN ABGHIJKOQUX 10
B 16A CEE ❶ €32,00
18ha 450T(80-100m²) 124D ❷ €41,00

N 54°07'34" E 13°31'13"

100094

Der Camping liegt an der Strecke von Greifswald nach Wolgast (L26). Umgehung Greifswald, Abzweig Lubmin/Brünzow. In Kemnitz Richtung Loissin.

Lütow, D-17440 / Mecklenburg-Vorpommern

CC€23

Natur Camping Usedom
Zeltplatzstraße 20
1 Apr - 31 Okt
+49 38 37 74 05 81
rezeption@natur-camping-usedom.de

1 ADEKNOPQRSTU KNQRSTUVX 6
2 BGJQVWXYZ ABEFGHIJ 7
3 ABFGMQX ABCDEFGIJKNQRTUVW 8
4 BCEHJQ EJMNPQRVW 9
5 ACDEFHLMN ABDGHIJKLNST 10
B 16A CEE ❶ €37,20
12ha 320T(80-120m²) 109D ❷ €48,80

N 54°00'48" E 13°52'43"

112711

B111 von Wolgast nach Ahlbeck. Vor Zinnowitz rechts abbiegen. CP ist ausgeschildert. Achtung! Einige Navis führen durch den Wald und über einen schwierigen Waldweg. Es gibt jedoch eine gute Asphaltstraße zum CP.

Malchow, D-17213 / Mecklenburg-Vorpommern

Naturcamping Malchow*****
Zum Plauer See 1
1 Jan - 31 Dez
+49 39 93 24 99 07
malchow@campingtour-mv.de

1 ADEKNOPQRSTU LNOPQSWXZ 6
2 ABEJQRTWXYZ ABDEFGI 7
3 BFGLMX ABCDEFJKNQRSTUW 8
4 ABEFHJLNO BDINQV 9
5 ABDEFHLMN ABFGHIJKNRSUVW 10
B 16A CEE ❶ €41,50
7ha 120T(100-150m²) 93D ❷ €50,00

N 53°29'33" E 12°22'27"

110464

Autobahn A19 Berlin-Rostock, Ausfahrt 16 Richtung Malchow, einige km westlich von Malchow B192 Richtung Schwerin. Nach 300m ausgeschildert.

Malliß, D-19294 / Mecklenburg-Vorpommern

Am Wiesengrund
Am Kanal 4
1 Mrz - 31 Okt
+49 38 75 02 10 60
sielaff-camping@t-online.de

1 AEGKNOPQRSTU JNXYZ 6
2 CJQSXYZ BEFGHI 7
3 BEFGIM ABDFJNQRTW 8
4 EFHJKOT ADFIQRTUVWZ 9
5 ABDEFJKMN ABFGHIJKLMOQUW 10
16A CEE ❶ €25,00
2ha 60T(100-120m²) 47D ❷ €30,00

N 53°11'51" E 11°20'21"

110094

B191 Uelzen-Ludwigslust, dann in Malliß ausgeschildert.

Markgrafenheide/Rostock, D-18146 / Mecklenb.-Vorp.

CC€23

Camp. & Ferienpark Markgrafenheide
Budentannenweg 2
1 Apr - 31 Dez
+49 38 16 61 15 10
info@baltic-freizeit.de

1 ADEKNOPQRSTU AEKMNQS 6
2 BGJPQRWXYZ BFG 7
3 BHJMN BFJNQRTW 8
4 FHKNPQTUVXZ IJVW 9
5 ACDEFGHIJLM ABDGHJKMNQWX 10
Anzeige auf Seite 269 B 16A CEE ❶ €37,00
28ha 1136T(100-140m²) 499D ❷ €53,00

N 54°11'39" E 12°09'20"

102579

Die B105 Rostock-Stralsund, Ausfahrt Rövershagen-Hinrichshagen-Markgrafenheide.

Mirow, D-17252 / Mecklenburg-Vorpommern

Zum Hexenwäldchen
Blankenförde 1a
1/1 - 4/1, 1/4 - 31/12
+49 39 82 92 02 15
kontakt@hexenwaeldchen.de

1 AEHILOPQRSU DLNQXZ 6
2 BFJKPQRXYZ ABCDFG 7
3 AFGIM AEFNRUW 8
4 BFHKT V 9
5 ABDEFLMN ABCGIJKNRSU 10
6A CEE ❶ €27,50
H69 3ha 70T(80-100m²) 30D ❷ €35,30

N 53°20'51" E 12°55'23"

108142

Über die B198 Richtung Mirow. Vor Zitow Richtung Roggentin. CP ist gut ausgeschildert.

Mönchgut (Rügen), D-18586 / Mecklenburg-Vorp.

DAT Stranddörp
Lobbe 32a
1 Apr - 31 Okt
+49 3 83 08 23 14
lobbe@campingruegen.de

1 ADEGKNOPQRSTU KNQRSX 6
2 HJPQWY ABDEFGIJ 7
3 BGMX ABCDEFHJNQRT 8
4 HI DEVW 9
5 ADEFIKMN ABCHIJKLOQ 10
B 16A CEE ❶ €43,70
8ha 240T(20-220m²) 80D ❷ €54,40

N 54°18'57" E 13°43'10"

102649

CP befindet sich an der Straße von Ostseebad Baabe nach Thiessow. Deutlich ausgeschildert.

Neu-Göhren, D-19294 / Mecklenburg-Vorpommern

Bootsanleger & Camping Neu-Göhren
Zur Elde 9 (Ausbau 3)
1 Jan - 31 Dez
+49 38 75 52 03 09
bootsanleger-camping@t-online.de

1 GKNOPQRSTU JNXYZ 6
2 CKPQRSTXYZ ABDFG 7
3 AF ABCDEFHNQRW 8
4 FHJO DEV 9
5 ADEFJKM AGHIJKNQ 10
16A CEE ❶ €23,00
H172 3ha 30T(100-120m²) 43D ❷ €29,00

N 53°11'30" E 11°22'32"

112996

Die B191 von Dannenberg nach Ludwigslust. In Malk/Göhren Richtung Alt-Kaliss 3 km. CP ist ausgeschildert. Zur Navigation: als Adresse 'Ausbau 3' eingeben.

Neukalen, D-17154 / Mecklenburg-Vorpommern

Peenecamp****
Schulstraße 3
1 Jan - 31 Dez
+49 3 99 56 29 64 08
info@peenecamp.de

1 ADEGKNOPQRSTU JN 6
2 DJKPQWY ABDEFGI 7
3 BFMN BDFGIJKNQRTUVW 8
4 BFHJKORT GINTV 9
5 ABDEHJ ABEFGJKLOQUW 10
B 16A CEE ❶ €29,00
2,5ha 75T(90-150m²) 20D ❷ €35,00

N 53°49'24" E 12°47'15"

122756

Van Teterow oder Stavenhagen die B104 Richtung Malchin. Vor oder hinter Malchin die L20 in nördlicher Richtung nach Dargin und Neukalen. In Neukalen ist der CP angezeigt.

Niendorf/Wohlenberger Wiek, D-23968 / Mecklenburg-Vorp.

Campingplatz Ostseequelle GmbH
Strandstraße 21
28 Apr - 3 Okt
+49 38 42 86 02 22
info@ostsee-campingplatz.de

1 DEJMOPQRSTU JKNPQS 6
2 GJKPQVWXYZ BCDEFGI 7
3 BFGKLM BDEFGKNQRST 8
4 FHT DFJKNV 9
5 ABDEKMN ABFGHJKOSTU 10
FKK 16A CEE ❶ €28,00
6,5ha 291T(60-70m²) 146D ❷ €35,00

N 53°55'46" E 11°16'12"

113215

A20, Ausfahrt 6 Grevesmühlen, nach Grevesmühlen bis zur T-Kreuzung (Grüner Weg) links Richtung B105 Boltenhagen. Am Ploggensee rechts über die L02 zum Wohlenbergerwiek bei Niendorf.

Ostseebad Mönchgut, D-18586 / Mecklenburg-Vorp.

Campingplatz Thiessow
Hauptstraße 4
1/4 - 30/10, 24/12 - 31/12
+49 3 83 08 66 95 85
campingplatz-thiessow@t-online.de

1 ADEGKNOPQRSTU KNQRSTY 6
2 GIJPQRSVWXYZ ABDEFGHIJ 7
3 BGM ABCDEFGIJNQRTW 8
4 ABE KUVW 9
5 ABDEFHKMN ABCHIJKOQUY 10
B 16A CEE ❶ €36,80
5,5ha 340T(30-120m²) ❷ €45,65

N 54°16'46" E 13°42'49"

102650

Die E22 auf der Insel Rügen Richtung Bergen. Dann rechts Richtung Göhren. Vor Göhren rechts auf die Halbinsel Mönchgut. Straße endet in Thiessow.

Ostseebad Prerow, D-18375 / Mecklenburg-Vorpommern

Meißner's Sonnen-Camp
Villenstrasse 3
1 Apr - 31 Okt
+49 38 23 36 01 98
sonnencamp@gmx.de

1 AEHKNOPSU KNQ 6
2 BGIJRXYZ BFG 7
3 BGM ABFJNQRTW 8
4 DJ 9
5 DN ABCEFGHIJKQ 10
16A CEE ❶ €37,00
2ha 67T(6-50m²) 41D ❷ €42,00

N 54°27'10" E 12°33'29"

119343

Von Rostock die B105 bis Altheide, dann Richtung Wustrow nach Prerow. In Prerow den Schildern folgen. Einfahrt Restaurant-Hotel Waldschlößchen.

Deutschland

Teilkarte Mecklenburg-Vorpommern auf Seite 265

Ostseebad Rerik, D-18230 / Mecklenb.-Vorp. CC€21 iD

Campingpark 'Ostseebad Rerik'*****
Straße am Zeltplatz 8
1 Jan - 31 Dez
+49 38 29 67 57 20
info@campingpark-rerik.de
N 54°06'47" E 11°37'51"

1 ACDEKNOPQRSTU KNQRSTXYZ 6
2 GJMPQSTWXYZ ABDEFGHIJK 7
3 ABFGIMUW ABCDEFGIJKLNPQRTUVW 8
4 BCDFHJORTX CFJKMUVWX 9
5 ABCDEFHJLMN ABCDEFGHIJKOPQUW 10
B 16A CEE ① €35,00
5,2ha 299T(80-100m²) 54D ② €44,00

A20 Ausfahrt 12 Kröpelin (L11). A20 Autobahnkreuz/Wismar 105 bis Neubukow. Dann Richtung Rerik. In Rerik den CP-Schildern folgen. 117275

Prerow, D-18375 / Mecklenburg-Vorpommern iD

Regenbogen Ferienanlage Prerow
Bernsteinweg 4-8
1 Jan - 31 Dez
+49 38 23 33 31
prerow@regenbogen-camp.de
N 54°27'16" E 12°32'51"

1 ADEHKNOPQRSTU KNPQRSTUV 6
2 BHIJKPQRWXYZ ABDEFGI 7
3 ABFGJM ABCDEFGJKLMNQRSTW 8
4 ABCDFHLNOT ADKMNRVZ 9
5 ABDEFGHJLM ABFGHIJKNQXY 10
FKKB 16A CEE ① €55,00
35ha 850T(80-110m²) 450D ② €55,00

In Prerow zur Ortsmitte, dort ist der CP gut ausgeschildert. 108061

Ostseeheilbad Zingst, D-18374 / Mecklenburg-Vorp. iD

Wellness Camp Düne 6
Inselweg 9
1 Jan - 31 Dez
+49 38 23 21 76 17
info@wellness-camp.de
N 54°26'12" E 12°42'22"

1 ADEGKNOPQRSTU EKNQRSTXYZ 6
2 GJPQSTWXY ABDEFGI 7
3 ABEFGJMNOR ABCDEFIJLNQRSTUVW 8
4 BCDFHLNORTVXZ DEIKMQRSUVWZ 9
5 ABDEFJLMN ABEFGHIJKOQVXY 10
Anz. auf dieser S. B 10-16A CEE ① €47,00
10ha 402T(bis 120m²) 54D ② €56,00

B105 Ribnitz-Damgarten-Stralsund. In Löbnitz Richtung Barth, dann Zingst. In Zingst bei Kreisverkehr rechts. CP ab Lierna beschildert. 111618

Priepert, D-17255 / Mecklenburg-Vorpommern iD

Havelperle
An der Havel 33
1 Jan - 31 Dez
+49 39 82 82 65 04
havelperle-priepert@freenet.de
N 53°12'58" E 13°02'00"

1 AFGHKNOPQRSTU LNOPQSWXZ 6
2 FPQXY ABDEFG 7
3 ABCDEFJNQRW 8
4 FH GJV 9
5 ABE ABCGKOU 10
B 10A CEE ① €25,00
H55 2,5ha 130T(80-100m²) 24D ② €28,50

Über die B96 zwischen Fürstenberg und Neustrelitz am besten bis Ausfahrt Priepert und dem Weg folgen. Über die B196 bei Wesenberg dann Richtung Wustrow und Strassen, dort Richtung Priepert. Der Beschilderung Havelperle folgen. 117149

Penzlin (OT Werder), D-17217 / Mecklenb.-Vorp. CC€21 iD

Seeweide Naturcamping Penzlin
Halbinsel Werder 33
1 Apr - 30 Okt
+49 3 96 22 57 82 90
info@seeweide.de
N 53°29'19" E 13°05'28"

1 AEGKNOPQRSTU LNXZ 6
2 AEIJKQWX ABDEFG 7
3 BFGJM ABCDEFJKNQRTUVW 8
4 FHK NQVW 9
5 ABDN ABGHJKMOQ 10
B 16A CEE ① €34,00
H413 7,5ha 182T(120-150m²) 14D ② €42,00

Über B192 oder B193 nach Penzlin. Durch das Zentrum von Penzlin Richtung Werder. Den Schildern nach Werder folgen. Dies ist ein sehr kleines Dorf. Vor der Ortseinfahrt geht es zum Campingplatz. 125011

Priepert (Radensee), D-17255 / Mecklenburg-Vorp. iD

Am Ziernsee****
Radensee 10
1 Apr - 30 Okt
+49 1 51 52 76 68 54
ziernsee@haveltourist.de
N 53°12'32" E 13°04'23"

1 ADEGKNOPQRSTU LNPQSVXY 6
2 BFQWXY ABDEFGI 7
3 AGM ABCDEFJNQRW 8
4 BF QR 9
5 ABHM ABFGHIJKOQ 10
16A CEE ① €27,70
H65 6,8ha 40T(100-135m²) 86D ② €37,90

Von Wesenberg über die E251 via Wüstrow und Strasen durch Priepert der Straße nach bis Radensee, dort links ab in den Waldweg, der gut erreichbar ist (1,5 km) bis zum CP. Der Campingplatz ist gut ausgeschildert. 109515

Plau am See/Plötzenhöhe, D-19395 / Mecklenb.-Vorp. CC€23 iD

Campingpark Zuruf****
Seestraße 38D
1 Mrz - 31 Okt
+49 38 73 54 58 78
campingpark-zuruf@t-online.de
N 53°26'17" E 12°17'13"

1 ADEGKNOPQRSTU LNOPQSWXYZ 6
2 EJKQTWXYZ ABDEFGHI 7
3 BGM ABCDEFGIJKNQRTUVW 8
4 BCHLOQ DFJOQVY 9
5 ABDEFGHMN ABDEFGHIJKLOPQ 10
B 10-16A CEE ① €32,00
H50 8ha 131T(70-100m²) 136D ② €39,80

A24/E26 Hamburg-Berlin, Ausfahrt Meyenburg. Dann B103 nach Plau. In Plau an der Ampel rechts zur Plötzenhöhe. CP (am See) ist ausgeschildert. 102580

Prora, D-18609 / Mecklenburg-Vorpommern iD

Prora
Proraer Chaussee 30
1 Mrz - 6 Nov
+49 3 83 93 20 85
info@camping-prora-ruegen.de
N 54°25'25" E 13°34'39"

1 ADEGKNOPQRSTU MNOQSX 6
2 BGJPQWXYZ ABDEFG 7
3 ABLMX ABCDEFGIJKNQRTW 8
4 HIO JV 9
5 ADFJLM ABCGHIJKOQ 10
B 6A CEE ① €40,10
3,5ha 135T(80-100m²) 3D ② €56,00

B96 Stralsund-Bergen, in Bergen die B196 bis Karow, dann Prora. An der Ampel rechts Richtung Bins, CP ist ausgeschildert. 111568

Deutschland

Teilkarte Mecklenburg-Vorpommern auf Seite 265

Deutschland

Pruchten, D-18356 / Mecklenburg-Vorpommern

NATURCAMP Pruchten GmbH****
Am Campingplatz 1
1 Apr - 31 Okt
+49 3 82 31 20 45
info@naturcamp.de
N 54°22'46" E 12°39'43"

1 ADEGKNOPQRSTU NQRSX 6
2 BGKPQRWXYZ BCFGHI 7
3 ABFHIMUV BDFIJKNQRTUVW 8
4 BCDHK FGJKUVW 9
5 ACDFHLMN ABFGHIJKMOQUVY 10
Anzeige auf dieser Seite B 16A CEE ❶ €31,00
6ha 250T(80-100m²) 131D ❷ €42,00
111619

B105 Ribnitz-Darmgarten Richtung Stralsund. In Löbnitz Richtung Barth, dann Pruchten. Der CP ist gut ausgeschildert.

Sommersdorf, D-17111 / Mecklenburg-Vorpommern

Camping- & Wohnmobilpark
Am Hafen 2
1 Jan - 31 Dez
+49 3 99 52 29 73
info@camping-sommersdorf.de
N 53°47'55" E 12°52'33"

1 ADEGKNOPQRSTU LNPQSXY 6
2 FJKQWXY BFGHI 7
3 BFGM BDFJKNQRTUVW 8
4 FH DQV 9
5 ABEFMN ABFGHIJKMNQU 10
16A CEE ❶ €28,50
2,5ha 104T(80-100m²) 53D ❷ €35,00
113046

Aus Ri. Berlin über die A19 Ausfahrt Teterow, dann B104 Ri. Malchin, links ab Ri. Sommersdorf. In Sommersdorf geradeaus Ri. See oder B194 Demmin folgen, Ausfahrt Wolkwitz nach Sommersdorf Ri. See.

Rappin (Rügen), D-18528 / Mecklenburg-Vorpommern

Banzelvitzer Berge GmbH
OT Groß Banzelvitz
1 Apr - 31 Okt
+49 3 83 83 12 48
info@banzelvitz.de
N 54°31'01" E 13°24'38"

1 AEGKNOPQRSTU KNQSUWX 6
2 BGIJKLQRUVWXYZ ABDEFGIJ 7
3 ABDGHIMTUV ABCDEFGIJNQRTUVW 8
4 AEFJK AFJKLOQRTVY 9
5 ABDEFHMN ABGHIJKLMOQU 10
B 16A CEE ❶ €44,00
8ha 150T(60-100m²) 73D ❷ €48,00
102637

Stralsund B96 Rügendamm bis Bergen. An der Ampel links Richtung Gingst/Schaprode. Nach 5 km rechts Richtung Rappin/Groß Banzelvitz, dort leicht nach oben über einen Sand-/Kiesweg.

Sternberg, D-19406 / Mecklenburg-Vorpommern

Sternberger Seenland
Maikamp 11
1 Apr - 31 Okt
+49 38 47 25 34
info@camping-sternberg.de
N 53°42'48" E 11°48'47"

1 ABDEKNOPQRSTU LNQSX 6
2 FIJPQSTVWXYZ ABFGHIK 7
3 BMUX BDEFJNQRTUW 8
4 ABEFHJOQSXZ EFJKNQRTW 9
5 ABDEFHJLMN ABCFGHIJKOQU 10
B 16A CEE ❶ €35,00
7,5ha 120T(60-100m²) 43D ❷ €55,00
108065

Die 192 Wismar-Malchow. Bei Sternberg CP-Schildern folgen.

Rerik/Meschendorf, D-18230 / Mecklenb.-Vorp.

CC€23

Ostseecamp Seeblick
Meschendorfer Weg 3b
17 Mrz - 5 Nov
+49 3 82 96 71 10
info@ostseecamp.de
N 54°07'40" E 11°38'44"

1 ADEKNOPQRSTU KMNPQSWX 6
2 HIJMQSWXYZ BDEFGHIJ 7
3 BFGMT ABCDEFGIJKLNQRTUVW 8
4 ABDEFHJLMORTZ EIJNUVW 9
5 ACDEFGLMN ABCGHIJKLMOQ 10
B 16A CEE ❶ €30,30
9ha 400T(80-130m²) 84D ❷ €50,90
100093

A20 Ausfahrt 9, Kreuz Wismar, dann die B105 Richtung Neubukow. Danach links Richtung Rerik. Rerik-Meschendorf, dort der zweite CP.

Strasen/Pelzkuhl, D-17255 / Mecklenburg-Vorp.

Naturcamping am Grossen Pälitzsee
1 Apr - 31 Okt
+49 3 98 12 47 90
info@haveltourist.de
N 53°11'02" E 12°58'35"

1 ADEGKNOPQRSTU LNOPQSXZ 6
2 BFJQRWXYZ ABDEFGI 7
3 BGM ABCDEFNQRW 8
4 BD RV 9
5 ABM ABIJKOST 10
16A CEE ❶ €27,60
H78 5,6ha 50T(90-110m²) 80D ❷ €37,00
109516

Von Wesenberg via Wüstrow nach Strasen. Camping ist gut ausgeschildert. Hinweis: Das Navi führt einen manchmal über eine schlechte Straße durch ein Waldgebiet. Fahren Sie lieber durch Strasen!

Schaprode, D-18569 / Mecklenburg-Vorpommern

Am Schaproder Bodden
Lange Straße 24
1 Apr - 31 Okt
+49 3 83 09 12 34
info@camping-schaprode.de
N 54°30'54" E 13°09'59"

1 ADEKNOPQRSTU KNQRSXY 6
2 HIJKPQRWXY ABDEFG 7
3 ABFM ABCDEFJKNQR 8
4 K DEIMNO 9
5 ABDEFKLM ABFGHIJKNQ 10
B 10A CEE Preise auf Anfrage
2ha 130T(80-100m²) 49D
102636

B96 Stralsund-Bergen, an der Ampel Gingst/Schaprode nach links abbiegen, dann den Schildern folgen.

Schillersdorf, D-17252 / Mecklenburg-Vorpommern

Campingplatz am Leppinsee
C20
1 Apr - 31 Okt
+49 3 98 12 47 90
info@haveltourist.de
N 53°20'50" E 12°49'33"

1 ABDEGKNOPQRSTU LNOSXZ 6
2 BFJKQRUY ABEFGI 7
3 AGM ABCDEFJKNQRW 8
4 BFH QV 9
5 ADMN ABGHIJKOQVW 10
16A CEE ❶ €29,80
H106 4ha 70T(100-130m²) 50D ❷ €39,20
109517

Via B198 nach Mirow, dann via Granzow über Qualzow nach Schillersdorf. CP ist ausgeschildert.

Seebad Stubbenfelde, D-17459 / Mecklenburg-Vorp.

Campingplatz Stubbenfelde
Waldstraße 12
1 Apr - 31 Okt
+49 38 37 52 06 06
info@stubbenfelde.de
N 54°01'51" E 14°02'14"

1 ACEKNOPQRSTU KNR 6
2 BGJPQRSUVWXYZ ABEFGHIJ 7
3 BMRX ABDFIJKNQRTUVW 8
4 BDFHJNOPQRTXZ GIJLVW 9
5 ABDEFHJLMN ABEGHIJKOQ 10
B 10A CEE ❶ €47,50
5ha 270T(60-120m²) 44D ❷ €57,50
109520

Ab Greifswald die B111 Richtung Wolgast und weiter Richtung Ahlbeck, 1 km hinter der Abfahrt Kölpinsee links. Es wird empfohlen nach den GPS-Koordinaten zu fahren.

CampingCard ACSI, gut zu wissen

Nur gültig auf teilnehmenden CampingCard ACSI-Campingplätzen

Nur gültig in den mit dem Campingplatz vereinbarten Akzeptanzzeiträumen

Zusatzkosten nicht inbegriffen

Begrenzte Anzahl von Stellplätzen verfügbar

Teilkarte Mecklenburg-Vorpommern auf Seite 265

Timmendorf/Insel Poel, D-23999 / Mecklenburg-Vorp.

Leuchtturm
Lotsenstieg 25
1 Apr - 31 Okt
+49 38 42 52 02 24
info@campingplatz-leuchtturm.com
N 53°59'37'' E 11°22'46''

1 ADGKNOPQRSTU KLNQRSWX 6
2 GJNPQRTWY ABFGHIJ 7
3 BGHIJM ABCDFGJKNQRTUVW 8
4 H IJ 9
5 ABDEFGHJKMN ABGHIJKQ 10
B 10A CEE ❶ €26,00
9,6ha 400T(70-100m²) 205D ❷ €30,00

Aus Wismar-Mitte Richtung Rostock und dann der Beschilderung Insel Poel folgen. Danach den CP-Schildern 'Leuchtturm' folgen. 108762

Trassenheide, D-17449 / Mecklenburg-Vorp.

Ostseeblick****
Zeltplatzstraße 20
1 Apr - 1 Nov
+49 38 37 12 09 49
campingplatz@trassenheide.de
N 54°05'25'' E 13°53'08''

1 ADEKNOPQRSTU KNQSX 6
2 BCGJQRVWYZ ABDEFGHIJ 7
3 ABGMSX ABCDEFGJKLNQRSTW 8
4 BFHJO KVW 9
5 ABDEFHKN ABFGHJKLST 10
B 16A CEE ❶ €40,10
4,1ha 250T(65-100m²) 70D ❷ €49,10

B111 Wolgast-Ahlbeck. In Bannemin links ab, Trassenheide. CP ist gut ausgeschildert. 113035

Ückeritz, D-17459 / Mecklenburg-Vorpommern

Naturcamping Hafen Stagnieß
Stagnieß Hafenstrasse 10A
1 Apr - 31 Okt
+49 38 37 52 04 23
info@camping-surfen-usedom.de
N 54°00'08'' E 14°02'44''

1 AEKNOPQRSTU LQSXY 6
2 EIQRSXYZ ABFG 7
3 ABCDEFJNQRTW 8
4 V 9
5 ADEMN AHJKNQV 10
B 16A CEE ❶ €30,90
4ha 180T(80-100m²) 60D ❷ €36,90

Von Anklam über die B110 und B111. Von Wolgast über die B111. Camping ist deutlich um Ückeritz herum angezeigt. 121603

Zempin, D-17459 / Mecklenburg-Vorpommern

Camping Am Dünengelände
Bernsteinweg 1
1 Jan - 31 Dez
+49 38 37 74 13 63
camping.zempin@freenet.de
N 54°04'20'' E 13°56'21''

1 BEGHKNOPQRSTU KNQSX 6
2 BGJQRWXYZ ABDFG 7
3 BMX ABCDEFIKNPQRT 8
4 BCFNO FJVW 9
5 ABDEFHN ABCEFGHIJKNRSY 10
16A CEE ❶ €50,10
6ha 350T(80-100m²) 165D ❷ €60,70

Von Greifswald via Wolgast B111 Richtung Zempin. CP ist gut ausgeschildert. 109189

Ueckermünde, D-17373 / Mecklenburg-Vorpommern

Ferienpark Ueckermünde-Bellin
Dorfstr. 8b
1 Mrz - 15 Okt
+49 39 77 15 91 10
info@ferienpark-ueckermuende-bellin.de
N 53°44'12'' E 14°06'47''

1 ABDEGKNOPQRSTU KMQSX 6
2 HIJKPQWXYZ ABFG 7
3 AM ABCDEFNQRW 8
4 H FJV 9
5 ADMN ABCGJKPQ 10
16A CEE ❶ €27,30
4,5ha 100T(81-100m²) 26D ❷ €40,30

B109 Greifswald-Pasewalk, Abfahrt Ueckermünde, dann Richtung Altwarp, der CP ist ausgeschildert. 113045

Zierow/Wismar, D-23968 / Mecklenburg-Vorpommern

Ostseecp-Ferienpark Zierow KG****
Strandstraße 19C
1 Jan - 31 Dez
+49 38 42 86 38 20
info@ostsee-camping.de
N 53°56'02'' E 11°22'24''

1 ABDEJMOPQSTU EKMNPQ 6
2 AHJPQRSTWXYZ ABCDEFGIJK 7
3 ABDFHIJLMRST ABCDEFJKLNPQRSTUVW 8
4 BDFHKLOTX EJVWY 9
5 ACDEFHLMN ABCEFGHIJKMOQWX 10
B 10-16A CEE ❶ €40,00
15ha 340T(90-110m²) 176D ❷ €46,00

A20 Ausfahrt 8 Wismar-Mitte, dann links, Kreisel 3. Ausfahrt B106 Lübeck-Grevesmühlen. Ausfahrt Zierow. Den CP-Schildern folgen. 100095

Ummanz, D-18569 / Mecklenburg-Vorpommern

Regenbogen Ferienanlage Suhrendorf****
Suhrendorf 4
1 Apr - 31 Okt
+49 38 30 58 22 34
suhrendorf@regenbogen.ag
N 54°27'51'' E 13°08'19''

1 ADEGKNOPQRSTU KMNQRSVXYZ 6
2 DJKPQRWXYZ ABDEFGI 7
3 ABFGJM ABEFJKNQRTUVW 8
4 ABEFO BDEMORV 9
5 ABDEFHLMN ABEHJKLOQXY 10
B 16A CEE Preise auf Anfrage
9ha 250T(100-150m²) 132D

Von Stralsund die B96 Richtung Rügen/Bergen. Bei Samtens links nach Gingst. In Gingst links Richtung Insel Ummans. Nach der Brücke links. Camping ausgeschildert. 108081

Zingst-West, D-18374 / Mecklenburg-Vorpommern

Am Freesenbruch
Am Bahndamm 1
1 Jan - 31 Dez
+49 38 23 21 57 86
info@camping-zingst.de
N 54°26'26'' E 12°39'37''

1 ADEKNOPQRSTU KQSX 6
2 GJPQRSWXY ABCDEFG 7
3 BM ABCDEFKNQRTUVW 8
4 ABHORTXZ VW 9
5 ACDEFHLMN ABEFGHIJKNQY 10
B 16A CEE ❶ €46,00
5ha 325T(75-120m²) 39D ❷ €58,00

B105 Rostock - Stralsund. In Löbnitz links Richtung Barth, dann Richtung Zingst. CP gut ausgeschildert. 102601

Waren (Müritz), D-17192 / Mecklenburg-Vorpommern

CampingPlatz Ecktannen
Fontanestraße 66
1 Jan - 31 Dez
+49 39 91 66 85 13
info@camping-ecktannen.de
N 53°29'58'' E 12°39'48''

1 ADEGKNOPQRSTU LNQSX 6
2 BFJKQUXYZ ABDEFG 7
3 ABFGJM ABCDFJKNQRTW 8
4 BFHK FGILNPQV 9
5 ABDEFJKMN ABCFGHIJKLMOQ 10
B 16A CEE ❶ €37,50
H62 17ha 400T(100-300m²) 60D ❷ €45,50

A19 Ausfahrt Waren, B192 bis Waren, nach 6 km im Ort zum OT Ecktannen abbiegen und der Beschilderung folgen. 102604

Zislow, D-17209 / Mecklenburg-Vorpommern

Wald- u. Seeblick Camp GmbH
Waldchaussee 1
1 Jan - 31 Dez
+49 3 99 24 20 02
info@camp-zislow.de
N 53°26'32'' E 12°18'50''

1 ADEGKNOPQRSTU LNOQSWXYZ 6
2 AEKQWXYZ ABDEFGH 7
3 BFIX ABCDEFNQRTUVW 8
4 FGHJ JOQTVW 9
5 ABDEFKM ABDEGHJKMNQ 10
Anzeige auf dieser Seite B 16A CEE ❶ €39,00
H65 11ha 220T(80-100m²) 237D ❷ €47,00

A19 (B192), Ausfahrt Waren-Petersdorf Richtung Adamshoffnung-Zislow. Dann ausgeschildert. 108066

Wesenberg, D-17255 / Mecklenburg-Vorp.

Am Weissen See****
Am Weissen See 1
1 Apr - 31 Okt
+49 3 98 12 47 90
weissersee@haveltourist.de
N 53°17'02'' E 12°56'54''

1 ADEGKNOPQRSTU LN 6
2 BEJPQUVWXY ABDEFG 7
3 AM ABCDEFIJKNQRW 8
4 BFHJ DJV 9
5 ABDFHKM ABDGHIJKNQW 10
B 16A CEE ❶ €27,70
3,5ha 100T(90-120m²) 30D ❷ €37,10

Ab Wesenberg-Mitte ist der CP gut ausgeschildert. Der C63 folgen. 109196

Zwenzow, D-17237 / Mecklenburg-Vorp.

Zwenzower Ufer****
Am Großen Labussee (C56)
1 Apr - 31 Okt
+49 3 98 12 47 90
gr-labussee@haveltourist.de
N 53°19'08'' E 12°56'42''

1 ADEGKNOPQRSTU LNQSXZ 6
2 FKPQRWXY ABDEFGIK 7
3 AM ABDEFJKNQRTW 8
4 BDFHT DQV 9
5 ACDEFM ABDGHIJKOQ 10
B 16A CEE ❶ €32,20
H63 2,6ha 65T(80-132m²) 22D ❷ €42,80

B96 von Berlin über Neustrelitz Richtung Userin und Useriner Mühle nach Zwenzow. CP ist ausgeschildert. 109191

Wooster Teerofen, D-19399 / Mecklenburg-Vorpommern

Camping Oase Waldsee
Köhlerweg 9
1 Apr - 31 Okt
+49 17 49 37 04 69
info@campingoase-waldsee.de
N 53°35'19'' E 12°12'56''

1 AGHKNOPQRSTU LNOQSXZ 6
2 BEJKLQRYZ ABDEFG 7
3 ABGMU ABCDEFJKNQRTUW 8
4 FHJKRT FIJLNQRTUVWY 9
5 ABDEMN ABFGHIJKLMNQUW 10
6-16A CEE ❶ €27,00
H55 7ha 150T(50-110m²) 129D ❷ €33,00

B192 Goldberg-Karow, Ausfahrt Wooster Teerofen. Dann ausgeschildert. 109942

Zwenzow, D-17237 / Mecklenburg-Vorp.

FKK-Camping Am Useriner See****
1 Apr - 31 Okt
+49 3 98 12 47 90
info@haveltourist.de
N 53°19'49'' E 12°57'19''

1 ABDEGKNOPQRSTU LNPQSXYZ 6
2 BFJKQRUWYZ ABDEFGI 7
3 ABFGM ABCDEFIJKNQRTW 8
4 BDFH DQV 9
5 ACDHMN ABDHIJKOST 10
FKK B 6-10A CEE ❶ €34,30
H50 10ha 140T(80-162m²) 129D ❷ €44,90

Über die B198 in Mirow auf der L25 Richtung Userin abbiegen, dann über Granzow, Roggentin nach Zwenzow. 109514

Arendsee, D-39619 / Sachsen-Anhalt	
Im Kleinen Elsebusch	1 GKNOPQRSTU NOPQS 6
Lüchower Straße 6a	2 QSXY ABDE 7
10 Jan - 15 Dez	3 ABG ABCDEFGJNQRU 8
+49 3 93 84 98 69 35	4 DET 9
info@campingplatzarendsee.de	5 ABDEHMN ABGHJKMNQ10
	16A CEE ① €26,70
N 52°52'39'' E 11°27'45''	0,7ha 55T(80-120m²) 4D ② €36,40
	120164

Von Salzwedel die B190 Richtung Arendsee nehmen. Weiter Richtung Lüchow/Kurgebiet. Dann den CP-Schildern folgen.

Bad Kösen/Naumburg, D-06628 / Sachsen-Anhalt	
an der Rudelsburg****	1 ADEGKNOPQRST AN 6
Zum Campingplatz 1	2 CQSWXYZ ABDEFGI 7
1 Apr - 1 Nov	3 ABC ABCDEFJNQRSTUVW 8
+49 34 46 32 87 05	4 FHT ADEFRV 9
info@campbadkoesen.de	5 ABDEFGHKMN ABCFGHIJKMOQU10
	B 16A CEE ① €35,50
N 51°07'22'' E 11°43'03''	H100 3,5ha 120T(80-140m²) 32D ② €44,50
	102558

An der B87 Naumburg-Weimar. In Bad Kösen ist der Campingplatz gut ausgeschildert.

Teilkarte Sachsen-Anhalt auf Seite 272

Bad Schmiedeberg/Pretzsch, D-06905 / Sachsen-Anhalt

Campingpark "Am Grossen Lausiger Teich"***
Lausiger-Teich-Straße 1
31/3 - 1/11, 15/12 - 31/12
+49 34 92 65 74 75
camping@lausiger-teiche.de
N 51°41'10" E 12°48'03"

1 AEG**KN**OPQRSTU LP 6
2 BEKPQRWXYZ BDE**FGH**I 7
3 BFGM BCDE**FI**JKNQRSTUVW 8
4 FHJO ADFJKLY 9
5 ABDEFHKLMN ABFGHJKLM**O**PQUVW 10
16A CEE ❶ €21,00
H100 12ha 104**T**(20-150m²) 116**D** ❷ €28,00

A2 Hannover-Berlin, Ausf. 76 Ri. Ziesar. In Ziesar B107 Ri. Coswig. In Coswig B187 Ri. Wittenberg. In Wittenberg B2 bis hinter Eutzch, B182 nach Pretzsch. In Pretzsch rechts ab Ri. Bad Schmiedeberg. 108148

Bergwitz/Kemberg, D-06901 / Sachsen-Anhalt

CC€21

Campingplatz Bergwitzsee GmbH
Strandweg 1
1 Jan - 31 Dez
+49 34 92 12 82 28
reception@bergwitzsee.de
N 51°47'28" E 12°34'15"

1 ADG**KN**OPRSU L**N**OQS**XYZ** 6
2 FJKQXYZ ABDE**FG** 7
3 BEFGMX ABCDE**F**JNQRTUVW 8
4 FH JLQRTVY 9
5 ABDEFHJKLM ABGHIJKOQ 10
B 16A CEE ❶ €29,00
11ha 100**T**(70-150m²) 265**D** ❷ €33,50

A9 Berlin-Leipzig, Ausf. 8. B187 über Wittenberg, die B2 über Leipzig nehmen. In Eutzsch B100 Ri. Gr-Hainichen, die 2. Abzweigung hinter Tankstelle-Bergwitz. CP ab der Kreuzung (5 Abzweigungen) ausgeschildert. 108769

Elend, D-38875 / Sachsen-Anhalt

Am Schierker Stern
Am Stern 1
1 Jan - 31 Dez
+49 39 45 55 88 17
info@harz-camping.com
N 51°45'27" E 10°41'01"

1 ADE**KN**OPQRSTU 6
2 BIPSTUVWY AB**FG**I 7
3 ABEFJNQRTW 8
4 FHJO**T** F 9
5 ABDFMN ABFGHJKNQ 10
W 6-10A CEE ❶ €39,10
H628 8ha 60**T**(70m²) 2**D** ❷ €39,10

A7, Ausfahrt 67 Seesen. Über die B248/B242 nach Clausthal-Zellerfeld weiter Braunlage, B27 Elend und weiter Schierke, dann Drei Annen Hohne rechts die L354. 112779

Gernrode, D-06507 / Sachsen-Anhalt

Harz-Camp Bremer Teich***
Bremer Dammteich 3
1 Jan - 31 Dez
+49 39 48 56 08 10
harz-camp-bremer-teich@web.de
N 51°41'18" E 11°06'36"

1 ABEGH**KN**OPQRST**U** L**N** 6
2 BEKQTXYZ ABDE**FG**HI**J** 7
3 ABM ABCDE**FG**KNQRTUW 8
4 ACFJ 9
5 ABDEFJKM ABFGHIJKLRSU 10
B 16A CEE ❶ €21,50
10ha 140**T**(80-100m²) 142**D** ❷ €25,00

B6 bis Quedlinburg, Gernrode/Harzgerode, Ausfahrt Haferfeld. Schildern folgen. 112092

Halberstadt, D-38820 / Sachsen-Anhalt

Am See
Warmholzberg 70
1 Jan - 31 Dez
+49 39 41 60 93 08
info@camping-am-see.de
N 51°54'33" E 11°05'07"

1 ACGH**KN**OPRST LM**N**OP 6
2 EJKQSVWXYZ B**FGHI** 7
3 AFJM ABCDEFGJKNQRTW 8
4 JO FQT 9
5 ABDEFHJKMN ABFGHIJKLNQUW 10
FKK 6-16A CEE ❶ €25,50
3ha 50**T**(60-100m²) 54**D** ❷ €30,00

A2 Hannover-Berlin, Ausfahrt 68 Magdeburg B105, Richtung Halberstadt B81. In Halberstadt ausgeschildert. An der 1. Ampel rechts ab. Den Schildern nach. 102515

Harzgerode/OT Neudorf, D-06493 / Sachsen-A.

CC€23

Ferienpark Birnbaumteich***
Am Birnbaumteich 1
1 Jan - 31 Dez
+49 3 94 84 62 43
info@eg-fr.de
N 51°36'30" E 11°05'05"

1 AG**KN**OPQRSTU L**N** 6
2 BEJKPQRSWXY ABD**EFGHI**J 7
3 ABFGMUW ABCDE**FG**JKLNQRTW 8
4 JOR**T** DFJV 9
5 ABDEFHJKMN AGHJKLOQUVW 10
B 16A CEE ❶ €32,20
H500 11,5ha 150**T**(50-100m²) 249**D** ❷ €32,20

B81 Magdeburg-Nordhausen, Ausfahrt Hasselfelde B242 Ri. Halle. 1 km nach Harzgerode abzweigen Ri. Stolberg. Nach 4,3 km rechts und links an Bushaltestelle ausgeschildert. 110029

Havelberg, D-39539 / Sachsen-Anhalt

Campinginsel Havelberg
Spülinsel 6
1 Apr - 31 Okt
+49 17 41 82 31 00
N 52°49'36" E 12°04'14"

1 AEKNOPQRSTU J**NXYZ** 6
2 CIKPQRTWXYZ ABDE 7
3 ABFG**JMS** ABCDEFKNQRTUVW 8
4 H OQRT 9
5 ADEHMN ABFGHIJKMNQW 10
B 16A CEE ❶ €29,00
2,7ha 80**T**(80-120m²) 20**D** ❷ €37,00

A24 Ausfahrt 18 Meyenburg, B107 50 km nach Havelberg. In Havelberg den Schildern folgen. 111063

Jersleben, D-39326 / Sachsen-Anhalt

Jersleber See***
Zum See 1
6 Apr - 15 Okt
+49 39 20 35 65 41 90
jerslebersee@barleben.de
N 52°14'16" E 11°35'02"

1 AG**KN**OPQRS L**N**OQ 6
2 AEJKQRXY AB**FG**H 7
3 BFGJ ABCDE**F**JNQRTW 8
4 K 9
5 ADEF AHIJKLQ 10
B 16A CEE ❶ €21,50
20ha 120**T**(40-100m²) 250**D** ❷ €23,50

A2 Hannover-Berlin, Ausfahrt 70 Magdeburg-Zentrum, B189 Stendal. CP-Schild Jersleber See im Ort Jersleben. A2 Ausfahrt Jersleben. CP wird ausgeschildert. 110030

Kelbra/Kyffhäuser, D-06537 / Sachsen-Anhalt

Seecamping Kelbra
Lange Straße 150
1 Jan - 31 Dez
+49 34 65 14 52 90
buchung@campingplatz-kelbra.de
N 51°25'33" E 11°00'11"

1 ADE**KN**OPQRST**U** LMNQS**XYZ** 6
2 AEIJMQSTXY ABDE**FG** 7
3 ABFGM ABCDEFJNQR**S**TUVW 8
4 FH FJQT 9
5 ABDEFJMN AFGHJKLNQUWY 10
B 16A CEE ❶ €27,50
H157 8ha 150**T**(70-120m²) 219**D** ❷ €35,50

In Kelbra die B85, den Schildern Stausee folgen. Von der A38 Ausfahrt Berga/Kelbra noch ± 5 km zum CP. Dort sehen Sie das Schild Yachthafen. 102520

Magdeburg, D-39126 / Sachsen-Anhalt

Barleber See****
Wiedersdorfer Straße 30
15 Apr - 1 Okt
+49 3 91 50 32 44
campingplatz@cvbs.de
N 52°13'10" E 11°39'33"

1 ADEGHILOPQRSU L**N**QS 6
2 AEJKQSXY ABDE**FG**H 7
3 ABFGM ABCDE**F**JNQRT 8
4 DKQTV 9
5 ADEFJKMN AEGHKQ 10
B 10A CEE ❶ €26,50
15,9ha 200**T**(50-100m²) 626**D** ❷ €32,50

A2 Hannover-Berlin, Ausfahrt 71 Rothensee Richtung Barleber See, über die Sackgasse (Schild) nach 1 km CP. 102552

Naumburg, D-06618 / Sachsen-Anhalt

CC€23

Campingplatz Blütengrund
Blütengrund 6
1 Jan - 31 Dez
+49 34 45 26 11 44
info@campingplatz-naumburg.de
N 51°10'31" E 11°48'15"

1 ADEG**KN**OPQRST**U** **N**XZ 6
2 ACQSTXYZ ABDE**FGIJ** 7
3 BM ABCDE**F**JNQRTW 8
4 FH JRV 9
5 ABDFHKMN ABCDFGHJKMQ 10
B 16A CEE ❶ €36,00
H100 8ha 450**T**(50-100m²) 80**D** ❷ €43,00

Ab B180 und B87 ausgeschildert. CP liegt an dem Fluss Saale (Naumburg Richtung Freyburg). 102557

Plötzky/Schönebeck, D-39217 / Sachsen-Anhalt

Ferienpark Plötzky
Kleiner Waldsee 1
1 Jan - 31 Dez
+49 39 20 05 01 55
info@ferienpark-ploetzky.de
N 52°03'46" E 11°48'01"

1 AD**KN**OPQRSU HL**N**O 6
2 BEJQWXY A**B**DE**FG**IK 7
3 ABDEFG**HIJ**M**RT**UV ABCDE**FG**IJKNQR**S**TUVW 8
4 HJKLNO**PQRSTU** DEJQUV 9
5 ABDEFGHJLM**N** ABFHIJKOQ 10
B 16A CEE ❶ €25,00
12ha 170**T**(100m²) 193**D** ❷ €33,00

Via A2 zur A14 (Kreuz Magdeburg), Ausfahrt 7 Richtung Schönebeck/Gommern. Auf der B246a durch Plötzky ist der CP angezeigt. Oder A2 Ausfahrt Möser Richtung Möser B1/Biederitz B184/B246A, Gommern/Plötzky. 113077

Schlaitz (Muldestausee), D-06774 / Sachsen-Anhalt

CC€23

Heide-Camp Schlaitz
Am Muldestausee
1 Jan - 31 Dez
+49 34 95 52 05 71
info@heide-camp-schlaitz.de
N 51°38'55" E 12°25'23"

1 AG**JM**OPRS**U** L**N** 6
2 EJPQRSY ABDE**FG**I 7
3 AM ABCDEFJNQRT 8
4 FHJO**R** DFJ 9
5 ADEFHLMN ABFHJKQ 10
B 16A ❶ €25,00
12ha 130**T**(110-170m²) 97**D** ❷ €33,00

Auf der B100 zwischen Bitterfeld und Gossa ist der CP ausgeschildert. 111621

Seeburg (Seegebiet Mansf.Land), D-06317 / Sachsen-A.

Camping Seeburg
Nordstrand
1 Jan - 31 Dez
+49 34 77 42 82 81
info@campingplatz-seeburg.de
N 51°29'47" E 11°41'03"

1 ADEG**KN**OPQRST**U** L**N**QS**X**Z 6
2 EIMQTWXYZ AB**FG**HK 7
3 ABMX ABCDEFJNQRTW 8
4 FH**T** FNUV 9
5 ADMN ABCHJKNQUV 10
B 16A CEE ❶ €25,00
33ha 60**T**(70-100m²) 166**D** ❷ €31,00

Seeburg liegt an der B80 von Halle nach Lutherstadt/Eisleben. In Seeburg der Beschilderung zum CP folgen. 121101

Stiege/Hasselfelde, D-38899 / Sachsen-Anhalt

Camping & Gästehaus Domäne***
a/d Hauptstraße B242
1 Jan - 31 Dez
+49 39 45 97 03 33
oliverschoenfeld67@gmail.com
N 51°40'49" E 10°52'40"

1 AFG**KN**OPQRSTU 6
2 PQSUXY ABC**FGIJ**K 7
3 B ABE**F**JNQRTW 8
4 FHJO FGIJ 9
5 ADJ**NO** ABGHKLMOQU 10
W 16A CEE ❶ €34,00
H550 4ha 60**T**(70-120m²) 22**D** ❷ €42,50

B81 Magdeburg-Nordhausen. In Hasselfelde B242 Richtung Halle. Nach 1,5 km ausgeschildert. Von Mansfeld-Harzgerode-Allrode die B242. CP-Schild Hasselfelde folgen. 102517

Süplingen/Haldensleben, D-39343 / Sachsen-Anhalt

Campingplatz Alte Schmiede***
Steinerberg 5
15 Apr - 15 Okt
+49 3 90 53 94 52 20
alteschmiedesueplingen@t-online.de
N 52°16'47" E 11°19'15"

1 DEGH**KN**OPQRSTU LNOPX 6
2 BEJKQRTXYZ ABDE**F** 7
3 ABEGMU ABE**F**HJNPQRT 8
4 F DW 9
5 ABDFLM AHJKQUV 10
16A CEE ❶ €29,00
H108 43ha 55**T**(80-100m²) 18**D** ❷ €30,00

A2, Ausfahrt Haldensleben, weiter über Bregenstedt, Altenhausen nach Süplingen. Campingplatz ist ausgeschildert. 117173

Deutschland

Teilkarte Sachsen-Anhalt auf Seite 272

Altglobsow, D-16775 / Brandenburg

Ferienhof Altglobsow	1 AF**KN**OPQRS**U**	L**N**QX 6
Seestraße 11	2 BEPQUXY	AB**FJ** 7
1 Jan - 31 Dez	3 AGM	ABE**F**JNQRW 8
+49 33 08 25 02 50	4 FHJ**T**	FGJ 9
info@ferienhof-altglobsow.de	5 ADFKLMN	ABGHIJKLOPQ 10
	B 16A CEE	① €19,00
N 53°07'53" E 13°07'01"	4,5ha 40**T**(60-80m²) 72**D**	② €25,00
		112778

Aus Berlin die B96 bis Fürstenberg, Richtung Neuglobsow. Den Schildern 'Ferienhof Altglobsow' folgen.

Alt-Schadow, D-15913 / Brandenburg

Spreewald Camping Nord**	1 AG**KN**OPQSTU	L**N**QSXY 6
Neuendorferstraße	2 EJPQRXY	ABDE**FG**HI 7
1 Apr - 31 Okt	3 BF**R**	ABE**F**JNQRW 8
+49 35 47 36 21	4	EJQRV 9
mail@ spreewald-camping-nord.de	5 ABDEHKLMN	AGHJK**N**QU 10
	16A CEE	① €27,00
N 52°07'33" E 13°56'32"	7ha 100**T**(80-100m²) 254**D**	② €37,00
		102655

A13 Berlin-Dresden, Ausfahrt 5a Teupitz (30 km vom Camping), B179, Richtung Märkisch-Buchholz. Bei Neu-Lübbenau Richtung Alt-Schadow. Über Brücke am Dorfplatz Schild zum Camping.

Alt-Zeschdorf, D-15326 / Brandenburg

Seecamp am Oderbruch	1 AEGH**KN**OPQRSU	L**N**S 6
Neue Siedlung 18	2 EKPQSXYZ	ABD**FG** 7
1 Jan - 31 Dez	3 AM	ABEFJNQRW 8
+49 33 60 22 47	4 FO	QV 9
seecamp- oderbruch@t-online.de	5 ADEHKN	ABIJKOQ 10
	Anzeige auf dieser Seite 16A	① €30,50
N 52°25'53" E 14°26'46"	H88 2,4ha 25**T**(80-100m²) 40**D**	② €37,50
		120159

A12 Ausfahrt 9 Richtung Lebus bis links zur 167. Dann über die 2. Bahnübergang direkt links. Nach 2 km Richtung Aalkasten kommt der CP.

Atterwasch, D-03172 / Brandenburg

am See	1 ADEH**KN**OPQRST**U**	L**N**X 6
Am See 4	2 BEJKQRSXYZ	ABDE**FG** 7
1 Jan - 31 Dez	3 BFGMX	ABCDEFJNQRTUV 8
+49 3 56 92 66 95 25	4	DFGQUVW 9
campdeulo@gmx.de	5 DEHKMNO	ABCHJKL**O**Q 10
	B 16A CEE	① €21,20
N 51°55'09" E 14°38'43"	H65 10ha 40**T**(20-120m²) 78**D**	② €26,20
		113087

A12 Berlin-Frankfurt/Oder, Ausfahrt 4 Fürstenwalde-West Richtung B168 Lieberose, B320 Guben. Vor Guben Richtung Gastrose. Siehe CP-Beschilderung. Bei geschlossener Schranke dort Rezeption für den Zugangscode anrufen.

Teilkarte Brandenburg auf Seite 274

Bantikow, D-16868 / Brandenburg

Knattercamping
Wusterhausener Straße 14
1 Apr - 15 Okt
+49 33 97 91 43 61
info@knattercamping.de
N 52°55'50'' E 12°26'55''

1 AEGKNOPQRSTU	LNQSXZ 6
2 BFJPQXYZ	ABFGIJ 7
3 ABGMS	ABEFJNQRUW 8
4 JKOT	DEKNQR 9
5 ABDMN	ABCEGHJKNQ 10
FKK 16A CEE	❶ €24,00
H70 3,6ha 70T(100-120m²) 84D	❷ €31,00

113450

A24 Ausfahrt Bückwitz/Neuruppin, B167. Bei Bückwitz die B5 Richtung Kyritz und bei Wusterhausen Ausfahrt Bantikow. Weiter der Beschilderung folgen.

Beeskow, D-15848 / Brandenburg

Spreepark Beeskow
Bertholdplatz 6
1 Apr - 31 Okt
+49 1 52 08 89 52 90
spreepark.beeskow@gmv.de
N 52°09'57'' E 14°14'22''

1 AKNOPQRSTU	AHJMUXY 6
2 CKPQRTWXY	ABEFGI 7
3 ABEFGJMNRW	ABCDEFJNQRTUVW 8
4 FH	FIRV 9
5 DKM	ABGHJKOQV 10
16A CEE	❶ €20,00
3,5ha 51T(100m²) 2D	❷ €20,00

117639

Vom Dreieck Potsdam oder Potsdam zur A12 'Südlicher Berliner Ring' Richtung Frankfurt/Oder, Ausfahrt 5. Richtung Beeskow B168, dann ausgeschildert.

Beetzseeheide/Gortz, D-14778 / Brandenburg

Flachsberg
Flachsberg 1
1 Apr - 31 Okt
+49 17 13 64 47 42
info@camping-flachsberg.de
N 52°30'18'' E 12°39'36''

1 AEGKNOPQRSU	LNQSWXY 6
2 BEIJPQUXYZ	ABDEF 7
3 ABGM	ABEFHNQR 8
4 FH	JOQ 9
5 DMN	AHJKMQV 10
16A CEE	❶ €19,70
12ha 40T(80-120m²) 121D	❷ €25,70

120155

Von Brandenburg Richtung Nauen, bei Päwesin Richtung Bagow/ Gortz. Vor Gortz links ab Richtung CP.

Berlin-Schmöckwitz, D-12527 / Berlin/Brandenburg

Campingplatz Krossinsee 1930 GmbH***
Wernsdorfer Straße 38
1 Jan - 31 Dez
+49 3 06 75 86 87
anfrage@campingplatz-krossinsee.de
N 52°22'12'' E 13°41'04''

1 ADEKNOPQRSTU	LNQSWXYZ 6
2 BEJKPQRSYZ	ABDEFGI 7
3 BMV	ABCDEFJNQRT 8
4 BCHOPQ	GJOPQRTV 9
5 ABDHLM	AGHKNST 10
B 10A CEE	❶ €31,00
8ha 180T(20-100m²) 288D	❷ €39,00

102653

A10 in südöstlicher Richtung, Ausfahrt 9 Niederlehme, Richtung Wernsdorf. Dann den Schildern Schmöckwitz folgen.

Brandenburg/Malge, D-14776 / Brandenburg

Seecamp Malge
Malge 3
1 Apr - 15 Okt
+49 33 81 66 31 34
seecamp-malge@t-online.de
N 52°22'11'' E 12°28'16''

1 BDGKNOPQRSTU	LNOPQSWXYZ 6
2 ABEJPQRTWXYZ	ABDEFGHIJ 7
3 BFGMU	ABCDEFGIJNQRTUW 8
4 FH	DJLRV 9
5 DMN	AFGHIJKLQ 10
10A CEE	❶ €23,20
8ha 83T(70-150m²) 229D	❷ €27,70

109204

A2 Ausfahrt 77 Richtung Brandenburg, dann 8 km durch den Wald bis Wilhelmsdorf. Dann links den CP-Schildern folgen. Der CP liegt 50m hinter der Gaststätte.

Brieselang/Zeestow, D-14656 / Brandenburg

Camping am Havelkanal
Brieselanger Straße 11
1 Jan - 31 Dez
+49 33 23 48 86 34
info@camping-am-havelkanal.de
N 52°34'19'' E 12°57'56''

1 ADEGKNOPQRSTU	JN 6
2 APQRXY	ABDEFG 7
3 A	ABEFJNQTW 8
4 FHOP	V 9
5 ADM	AGHIKNQVW 10
B 16A CEE	❶ €22,00
5,2ha 40T(100m²) 142D	❷ €28,00

111962

A10 Berliner Ring, Ausfahrt Brieselang (27). Dann Richtung Zeestow. Camping ist angezeigt.

Burg (Spreewald), D-03096 / Brandenburg

Spreewald Kneipp- und ErlebnisCamping****
Vetschauer Str. 1a
1 Mrz - 31 Dez
+49 3 56 03 75 09 66
info@caravan-kurcamping.de
N 51°49'27'' E 14°08'23''

1 ADEGKNOPQRSTU	JNUX 6
2 ABCQTWXYZ	BEFGHIJK 7
3 BM	BDFGIJNQRTUVW 8
4 AEHTUXZ	FRVWX 9
5 ABDLMN	ABGHJKMNQV 10
B 10-16A	❶ €30,60
2,3ha 100T(50-130m²) 4D	❷ €41,60

118731

Auf der A13/A15 die Ausfahrt 3 Richtung Vetschau/Burg nehmen, danach den Schildern folgen.

Eichhorst (Schorfheide), D-16244 / Brandenburg

Berolina Camping am Werbellinsee
Am Süssen Winkel
1 Apr - 7 Okt
+49 1 57 53 68 94 80
info@berolina-camping.de
N 52°54'06'' E 13°39'43''

1 ADEGHILOPQRSTU	LNOQSWXYZ 6
2 ABDEJKQWXYZ	ABDEFG 7
3 BGM	ABCDEFJNQRTW 8
4 FHN	9
5 ABDEFGHJMN	ABHIJKOST 10
B 16A CEE	❶ €45,00
4,5ha 80T(60-80m²) 280D	❷ €45,00

102652

Der Campingplatz ist über die Autobahn E28/A11 Berlin-Szczecin, Abfahrt Werbelline, zu erreichen. Weiter nach Altenhof. Der Camping ist ausgeschildert (am Süssen Winkel).

Falkenberg/Elster, D-04895 / Brandenburg

Erholungsgebiet Kiebitz****
Hörsteweg 2
1 Apr - 31 Okt
+49 3 53 65 21 35
info@erholungsgebiet-kiebitz.de
N 51°35'38'' E 13°15'30''

1 ADEGHKNOPQRSTU	HLNPQXZ 6
2 EJKQTWXY	ABEFGHIJ 7
3 ABDFGJMU	ABCDEFJNQRTUV 8
4 EFHJOQT	DJQTUVW 9
5 ADEFHIKMN	ABEGHIJKLMQUVY 10
B 16A CEE	❶ €28,00
H88 4,6ha 75T(70-100m²) 88D	❷ €37,80

107523

Von Halle, Leipzig von der A14 zur B87 Richtung Torgau. Hier Richtung Falkenberg. Camping ist angezeigt.

Ferch (Schwielowsee), D-14548 / Brandenburg

Schwielowsee-Camping LTD***
Dorfstraße 50
30 Apr - 3 Okt
+49 33 20 97 02 95
post@schwielowsee-camping.de
N 52°18'53'' E 12°56'40''

1 ADKNOPQRSTU	LNQSX 6
2 ABEJKPQRVWXYZ	BDEFGH 7
3 ABGMU	ABCDEFGJNQRT 8
4 JORT	ARV 9
5 ADM	ABCGHJKLOQU 10
16A CEE	❶ €35,50
2,7ha 80T(70-80m²) 42D	❷ €35,50

114472

Über die A10 auf den Berliner Ring fahren, Ausfahrt 18 in Richtung Ferch nehmen. In Ferch ist der CP ausgeschildert.

Ferchesar, D-14715 / Brandenburg

Campingpark Buntspecht****
Weg zum Zeltplatz 1
1 Apr - 15 Okt
+49 33 87 49 00 72
campingpark-buntspecht@web.de
N 52°39'15'' E 12°25'47''

1 AEGKNOPQRSTU	LMNSUXYZ 6
2 BFIJKQVWXYZ	ABDEFGIK 7
3 BFGLMSU	ABCDEFHJKMNQRSTUV 8
4 FHJKOX	EJKNOQTVY 9
5 ABEFGHJLMN	ABGHIJKLMOQ 10
Anzeige auf dieser Seite B 16A CEE	❶ €38,50
6ha 155T(90-120m²) 80D	❷ €47,50

118006

Von der A10 nach 5 km auf die B188 östlich von Rathenow Ausfahrt Stechow, dann rechts Richtung Ferchesar. CP ist mit gelben Schildern angezeigt.

Gatow, D-14089 / Berlin/Brandenburg

D.C.C. Camping Gatow***
Kladower Damm 207-213
1 Jan - 31 Dez
+49 3 03 65 43 40
gatow@dccberlin.de
N 52°27'56'' E 13°09'49''

1 ADEKNOPQRSTU	6
2 PQRSWXY	ABDEFGIK 7
3 BLM	ABCDEFJNQRTU 8
4	9
5 ADEFKM	ABGHKOSTY 10
B 10A CEE	❶ €33,50
H55 2,3ha 120T(70-80m²) 70D	❷ €42,60

110031

A10 Westring Berlin, Ausfahrt 26 Berlin/Spandau, Richtung Berlin, Heerstraße, danach rechts in die Gatowerstraße, Alt-Gatow zum Kladower Damm. Campingeinfahrt gegenüber der General-Steinhoff-Kaserne.

Grünheide, D-15537 / Brandenburg

Grünheider Camping am Peetzsee GmbH
Am Schlangenluch 27
3 Apr - 29 Sep
+49 33 62 61 20
campingplatz-gruenheide@t-online.de
N 52°25'18'' E 13°50'11''

1 AGKNOPQRSU	LNQSX 6
2 ABEJKLPQSXY	ABFG 7
3 G	ABCDFJNRW 8
4	F 9
5 DMN	ABEJKLMNQU 10
16A CEE	❶ €27,50
6,5ha 50T(20-120m²) 252D	❷ €30,50

117144

A10 Ausfahrt 6 Erkner/Grünheide Richtung Fangschleuse, dann durch den Ort und an der Kreuzung links. Nach 200m 'Am Schlangenluch' und nach 500m ist rechts der CP.

Himmelpfort, D-16798 / Brandenburg

Campingpark Himmelpfort***
Am Stolpsee 1
1 Apr - 3 Okt
+49 33 08 94 12 38
info@camping-himmelpfort.de
N 53°10'04'' E 13°14'05''

1 AEGKNOPQRSTU	LNPQSVWXZ 6
2 FIJKPQRSVWXYZ	ABDEFGHIK 7
3 AFGM	ABCDEFJKNQRTUVW 8
4 FHJ	FN 9
5 ABDFGJLMN	ABEGHJKLNQ 10
B 10A CEE	❶ €32,60
H67 3,5ha 105T(80-100m²) 31D	❷ €42,40

109078

B96 Berlin-Rügen (Ostsee), Ausfahrt Fürstenberg/Ravensbrück Richtung Lychen nehmen. Durch den Ort fahren und den Schildern Himmelpfort folgen.

Teilkarte Brandenburg auf Seite 274

Joachimsthal, D-16247 / Brandenburg

Am Spring****
Seerandstraße am Hubertusstock
1 Jan - 31 Dez
+49 3 33 63 42 32
camping2022@jatour.de
N 52°54'48'' E 13°40'01''

1 ADEGHILOPQRSTU LNPQSWXZ 6
2 ABFJKQRTUVWXYZ ABDEFGIJ 7
3 BGM ABCDEFJNQRTW 8
4 FH 9
5 ABDEN ABGHIJKNQUV 10
B 16A CEE ❶ €31,80
10ha 50T(60-90m²) 200D ❷ €39,80

A11/E28 Berlin-Stettin (Szczecin), Ausfahrt 9 Joachimsthal/ Finofort. Vor Joachimsthal links den CP-Schildern folgen. 113452

Ketzin, D-14669 / Brandenburg

Campingplatz An der Havel
Friedrich-Ludwig-Jahn Weg 33
1 Apr - 23 Okt
+49 33 23 32 11 50
info@havelcamping-ketzin.de
N 52°28'14'' E 12°50'54''

1 AGJMOPQRSU JNQS 6
2 ACEPQWXY ABDEFGH 7
3 BLM ABCDEFJNQRTUW 8
4 HJ DERV 9
5 ADMNO ADGHJKNQ 10
16A CEE ❶ €25,00
2,5ha 55T(70-100m²) 63D ❷ €30,00

Von der A2 zur A10 Richtung Potsdam. Hinter Potsdam Ausfahrt Ketzin. Den CP-Schildern folgen. 118335

Kladow/Berlin, D-14089 / Berlin/Brandenburg

D.C.C. Camping Kladow***
Krampnitzerweg 111-117
1 Jan - 31 Dez
+49 3 03 65 27 97
kladow@dccberlin.de
N 52°27'13'' E 13°06'49''

1 ADEKNOPQRSTU LN 6
2 BEPQRSWXYZ ABDEFGHIK 7
3 BLM ABCDEFJNQRTW 8
4 GI 9
5 ABDFJKM ABGHJKOQ 10
B 10A CEE ❶ €29,50
H60 7,5ha 150T(60-120m²) 452D ❷ €38,10

A10, Ausfahrt 25 Potsdam-Nord. Zunächst auf der B273 über Potsdam, Fahrland und wieder Potsdam, dann abbiegen und auf die B2 über Groß-Glienicke nach Berlin-Spandau. Am Ritterfelddamm ist der CP ausgeschildert. 102640

Krausnick, D-15910 / Brandenburg

Tropical Islands
Tropical-Islands-Allee 1
1 Jan - 31 Dez
+49 3 54 77 60 50 50
N 52°01'54'' E 13°44'53''

1 ADEKNOPQRSTU BEHIM 6
2 APQTX ABDEFGI 7
3 ABDEGJMST CDEFGIJNQRTW 8
4 ABCDFHJNO ABCEKUVW 9
5 ABELM AHIJKOQUY 10
B 16A CEE ❶ €25,00
H64 6ha 112T(80-100m²) 150D ❷ €40,00

A13 Berlin-Dresden, Ausfahrt 6 Staakow Richtung Krausnick. Dann den Schildern Tropical Islands folgen. 118145

Kreblitz/Luckau, D-15926 / Brandenburg

Sonnenberg***
Zur Schafsbrücke 7
1 Jan - 31 Dez
+49 35 44 30 58
mail@camping-sonnenberg-luckau.de
N 51°53'54'' E 13°42'29''

1 AGKNOPQSU N 6
2 CPQWXY ABDFGI 7
3 AB ABCDEFIJNQRU 8
4 H FIV 9
5 ADMN ABFGHIJKLNQ 10
B 16A CEE ❶ €19,00
H79 4ha 40T(100m²) 134D ❷ €24,00

A13 Berlin-Dresden, Ausfahrt 8 Duben Richtung Luckau rechts halten, den CP-Schildern folgen. An der Ausfahrt Karche-Zaacko Richtung Kasel-Golzig. Bei Kreblitz die CP-Schilder beachten. 113081

Lauchhammer, D-01979 / Brandenburg

Themencamping Grünewalder Lauch****
Lauchstrasse 101
31 Mrz - 31 Okt
+49 35 74 38 26
anfrage@themencamping.de
N 51°30'25'' E 13°40'01''

1 ADEKNOPQSTU LMQSX 6
2 AEJKMQRSTWXYZ ABCDEFGIK 7
3 AGJM ABCDEFGJKNQRSTUV 8
4 TX DEFIJNRVYZ 9
5 ABDFIJKMN ABCDFGHIJKOPQU 10
B 16A CEE ❶ €34,00
8,5ha 126T(100-120m²) 118D ❷ €38,00

A13 Ausfahrt Ruhland Nr 17. Dann die B169 Richtung Lauchhammer. In Lauchhammer Richtung Grünewalde und den CP-Schildern folgen. 114895

Lübben/Spreewald, D-15907 / Brandenburg

Spreewald Camping Lübben****
Am Burglehn 10
15 Mrz - 31 Okt
+49 35 46 70 53
info@spreewald-camping-luebben.de
N 51°56'09'' E 13°53'28''

1 AEKNOPQRSTU JNXZ 6
2 ACPQSXYZ ABDEFGHI 7
3 BM ABCDEFJNQRTW 8
4 AEH DFJRV 9
5 ABDEFKMN ABGHIJKOQVY 10
B 16A CEE ❶ €30,50
H51 2,8ha 140T(20-130m²) 36D ❷ €41,50

A13 Berlin-Dresden. Ausfahrt 7 Freiwalde, B115 Richtung Lübben. A13 Dresden-Berlin. Ausfahrt 8 Duben, B87 Richtung Lübben. CP-Schild im Ort. 102656

Lübbenau, D-03222 / Brandenburg

Spreewald-Natur-Camping "Am Schlosspark"****
Schlossbezirk 20
1 Jan - 31 Dez
+49 35 42 35 33
info@spreewaldcamping.de
N 51°52'08'' E 13°58'51''

1 ADEGKNOPQRSTU NXZ 6
2 ACPQWXYZ ABCDEFGI 7
3 BM ABCDEFJNQRTW 8
4 JK JRV 9
5 ABDEFHJMN ABCEGHIJKLMOQVY 10
B 6-16A CEE ❶ €26,00
4ha 120T(80-120m²) 14D ❷ €35,00

A13 Berlin-Dresden, Ausfahrt 9 Lübbenau. Markt-Altstadt, Richtung Schloß und dann in den Park. Siehe Beschilderung. 109205

Lübbenau/Hindenberg, D-03222 / Brandenburg

Spreewald-Natur Camping "Am See"****
Seestraße 1
1 Jan - 31 Dez
+49 35 45 66 75 39
am-see@spreewaldcamping.de
N 51°51'28'' E 13°51'23''

1 ADKNOPQRSTU LNOPQXYZ 6
2 ABEJKLPQTVWXYZ ABDEFGHIJ 7
3 BFGHMRU ABCDEFJKNQRTUV 8
4 AEHJKOT FIJKQVWY 9
5 ABDFHJKLMN ABEGHJKLNQUW 10
B 16A CEE ❶ €32,00
H50 15ha 85T(40-120m²) 41D ❷ €40,00

A13, AS9 Spreewald-Dreieck, Richtung Luckau. Nach 4 km befindet sich der Camping auf der linken Seite. 111769

Mahlow/Berlin, D-15831 / Brandenburg

bei Berlin Am Mahlower See****
Teltower Straße 56
1 Apr - 1 Nov
+49 3 37 93 12 89 20
campingbeiberlin@t-online.de
N 52°21'50'' E 13°22'28''

1 ADEGKNOPQRSTU LN 6
2 APQWXY ABDEFGI 7
3 BM ABCDEFJKLNQRTUV 8
4 IJ 9
5 ADMN ABCGHIJKOSTW 10
B 16A CEE ❶ €35,50
1,3ha 72T(100-120m²) 5D ❷ €43,50

Nach Potsdam über die E30 (A10) vom Dreieck/Nuthetal bis Ausfahrt 14 Ludwigsfelde-Ost. Auf der B101 Richtung Teltow. Dort Richtung Flughafen Schönefeld und Mahlow abbiegen. Camping an der Teltower Straße vor Mahlow. 118041

Märkische Heide/Groß Leuthen, D-15913 / Brandenb.

Eurocamp Spreewaldtor*****
Neue Straße 1
1/1 - 16/11, 11/12 - 31/12
+49 35 47 13 03
info@eurocamp-spreewaldtor.de
N 52°02'53'' E 14°02'08''

1 ADEKNOPQRSTU BLMNQSX 6
2 EJKQSWXY ABDEFGH 7
3 BFGM ABCDEFIJNQRTU 8
4 ABCEFHJTV ABEVWY 9
5 ABFKMN ABFGHJKLMOQUW 10
B 16A CEE ❶ €28,00
9ha 130T(80-100m²) 107D ❷ €33,00

A13 Dresden-Berlin, Ausfahrt Lübben, B87 Richtung Beeskow, Kreuzung Birkenhainchen links auf der B179 Richtung Königs Wusterhausen. In Gross Leuthen rechts: der Campingbeschilderung folgen. 101420

Neuruppin/OT Stendenitz, D-16827 / Brandenburg

Am Forsthaus Rottstiel****
Am Forsthaus Rottstiel 2
1 Apr - 30 Okt
+49 33 92 97 06 44
info@camping-rheinsberg-neuruppin.de
N 53°01'09'' E 12°48'46''

1 ADEGHKNOPQRSTU LNOQSX 6
2 BEKQVWXY ABDEFGI 7
3 AFM ABCDEFJKNQRTW 8
4 EFHJO GJNQR 9
5 ABDJN ABGHIJKNU 10
B 16A CEE ❶ €34,50
2ha 65T(80-100m²) 33D ❷ €41,50

A24 Ausfahrt Neuruppin B167 Richtung Neuruppin. In Neuruppin Richtung Rheinsberg. Nach 8 km Ausfahrt Stendenitz. 113047

Neuruppin/OT Stendenitz, D-16827 / Brandenburg

Stendenitz****
Grafendamm 1
1 Apr - 30 Okt
+49 33 92 97 06 44
stendenitz@camping-neuruppin.de
N 53°00'26'' E 12°49'11''

1 ADEGHKNOPQRSTU LNQSXZ 6
2 BEJQXYZ ABDEFGI 7
3 AGM ABCDEFJKNQRTW 8
4 EFH NRV 9
5 ABDN ABGHJKOU 10
16A CEE ❶ €34,50
2,4ha 80T(80-100m²) 35D ❷ €41,50

A24 Ausfahrt Neuruppin, B167 Richtung Neuruppin, dann weiter Rheinsberg. Nach 8 km von Neuruppin rechts Richtung Stendenitz. 114453

Neuseddin, D-14554 / Brandenburg

Icanos e.V.
Seeweg 1
1 Apr - 31 Okt
+49 33 20 56 29 67
post@icanos.de
N 52°16'41'' E 13°01'04''

1 AGHKNOPQRSU LNQS 6
2 ABEJRYZ ABDEFG 7
3 FGM ABCDEFJNQRVW 8
4 FJMQV 9
5 ADEKM ABGHJKLQU 10
B 16A CEE ❶ €31,00
3,5ha 54T(80-100m²) 50D ❷ €31,00

Von der A10 Ausfahrt 17, Richtung Beelitz, 1. Strasse li Leipziger Chaussee, li Fercher Weg, rechts nach Lehnmarke. Nach 1 km rechts ab und die CP-Schilder beachten. 113456

Niedergörsdorf (OT Oehna), D-14913 / Brandenburg

Flaeming-Camping-Oehna
Am Freibad 2
1 Apr - 31 Okt
+49 33 74 26 16 32
info@flaeming-camping-oehna.de
N 51°55'56'' E 13°03'39''

1 AJMOPQSU AFH 6
2 PQWXYZ ABDEFIJK 7
3 BM ABCDEFJNQRVW 8
4 FHJ FV 9
5 ABDN AGHJKNSTU 10
Anzeige auf Seite 277 B 6-16A CEE ❶ €27,00
1,4ha 73T(80-110m²) 7D ❷ €29,00

Von Berlin über die A9 Ausfahrt Brück/Linthe, oder A13 Ausfahrt Baruth oder B2, B101. Von Leipzig über die A9 Ausfahrt Niemeck, von Dresden über die A13 Ausfahrt Luckau/Calau. Im Ort Niedergörsdorf/Oenha ist der Campingplatz ausgeschildert. 117780

Niemtsch/Senftenberg, D-01968 / Brandenburg

Komfort Camping Senftenberger See*****
Senftenberger See 10
1 Apr - 31 Okt
+49 35 73 66 15 43
komfortcamping@senftenberger-see.de
N 51°29'57'' E 13°58'56''

1 ADEGKNOPQSTU LNPQRSTX 6
2 AEJKQTXY BEFGHIK 7
3 M ABCDFJNQRTUVW 8
4 AHTX DKMPRTV 9
5 ABDEFHKMN ABEFGHIJKMNQU 10
B 16A CEE ❶ €44,00
H104 8ha 130T(75-150m²) 208D ❷ €51,00

Aus Richtung Berlin, A13 bis Ausfahrt Klettwitz. Dann nach Senftenberg, B169 nach Ruhland, Hotelroute folgen. 108820

Deutschland

Teilkarte Brandenburg auf Seite 274

Ortrand, D-01990 / Brandenburg

CC€21 iD

ErlebnisCamping Lausitz
Am Bad 1
1 Jan - 31 Dez
+49 3 57 55 55 35 09
erlebniscamping@t-online.de

1 ABDEG**KN**OPQRST**U** AH**N** 6
2 ACQSTWXYZ ABCDE**FGHIJ** 7
3 BGMUWX ABCDEFGHIJKNPQR**S**TUVW 8
4 BCFHK**T** DGIKV 9
5 ABDEFJKMNO ADHJKMOQUVWY 10
Anzeige auf dieser Seite B 16A CEE ❶ €26,80
H110 5,5ha 67**T**(100-120m²) 40**D** ❷ €35,00

N 51°22'20" E 13°46'45"

A13 Ausfahrt 18 Ortrand, der L59 volgen, danach der L55, rechts auf die Walkteichstrasse. Dann links zur Heinersdorferstrasse. 'Am Bad' rechts zur Straße mit der Campingeinfahrt. 111648

Potsdam/Berlin, D-14471 / Brandenburg

iD

Campingpark Sanssouci*****
An der Pirschheide 41/ Am Templ. See
1 Apr - 2 Nov
+49 33 19 51 09 88
info@camping-potsdam.de

1 AE**KN**OPQRSTU LMNOQSW**XYZ** 6
2 BCIJKPQRXYZ ABD**EFGH**IJK 7
3 ABF**LMQR** ABCDEF**GI**JNPQRTUVW 8
4 ABFHO**PQRSTXYZ** GHIKPQRVY 9
5 ABDFHLMN ABFGHKLMNPQ 10
B 10A CEE ❶ €42,75
6ha 170**T**(70-110m²) 79**D** ❷ €50,20

N 52°21'43" E 13°00'28"

A10 Ausfahrt 20 Glindow, der N273 folgen. In Potsdam ist der CP vor dem Viadukt angezeigt. 102607

Senftenberg, D-01968 / Brandenburg

iD

Familienpark Senftenberger See*****
Straße zur Südsee 1
1 Jan - 31 Dez
+49 35 73 80 00
familienpark@senftenberger-see.de

1 ADEGILOPQRST**U** **HLN**OQST 6
2 BEJPQRWYZ ABDE**FGHIK** 7
3 ABDEFJMR**UV** ABCDEF**GI**JK**M**NQRTUVW 8
4 **A**B**E**H DIJPQRTVWY 9
5 ACDEFGHKLMN ABFGHIJKNQU 10
B 16A CEE ❶ €38,00
H105 35ha 165**T**(20-120m²) 622**D** ❷ €38,00

N 51°29'31" E 14°02'45"

Von Berlin, A13 bis Ausfahrt Großräschen, B96 bis Ausfahrt Senftenberg-Mitte/Hoyerswerda, dann Richtung Großkoschen. Die blauen Schilder zum Familienpark befolgen. 107526

Siehdichum/Schernsdorf, D-15890 / Brandenburg

iD

Cp.- und Wochenendhausplatz Schervenzsee
Am Schervenzsee 1
15 Apr - 15 Okt
+49 3 36 06 77 08 00
camping@schervenzsee.de

1 AG**KN**OPQRST**U** L**N**X 6
2 BEJKPRSWXYZ A**B**DE**FGHI**K 7
3 BGMU ABCDE**FI**JKNQR**S**TUVW 8
4 FHJ DIJQTV 9
5 ABDEFMN ABFGHIJK**O**QV 10
B 16A CEE ❶ €25,90
6,2ha 80**T**(80-100m²) 452**D** ❷ €34,00

N 52°11'03" E 14°26'31"

A12 Berlin/Frankfurt a/d Oder, Ausfahrt 7 Müllrose, Richtung Eisenhüttenstadt bis Schernsdorf Mitte, dann rechts Richtung Kupferhammer. Siehe CP-Schilder. 114901

Storkow/Kehrigk, D-15859 / Brandenburg

iD

Naturcampingplatz am Grubensee
Limsdorfer Str.10
1 Apr - 31 Okt
+49 17 33 93 79 97
info@grubensee.de

1 AG**KN**OPQSTU L**N**P 6
2 BEJRSYZ ABDE**FGH**I 7
3 BGM ABDE**FG**NQRTU 8
4 **QT** DEJV 9
5 ABDEMN AHIJKL**N**QU 10
B 16A CEE ❶ €19,00
7,9ha 80**T**(20-80m²) 170**D** ❷ €24,00

N 52°09'21" E 13°59'21"

Von der Ausfahrt Storkow auf der A12 zur L741 links auf die L74, dann der L42 Richtung Beeskow und dann den Schildern folgen. 118011

Storkow/Limsdorf, D-15859 / Brandenburg

iD

Naturcampingplatz am Springsee
Am Springsee 1
1 Jan - 31 Dez
+49 33 67 74 40
info@springsee.de

1 AE**KN**OPQS**U** L**N**PQXZ 6
2 BEJSTVZ ABDE**FGHIJ** 7
3 ABGM ABE**F**JNQRTW 8
4 FHJ DFJQRTVY 9
5 ABEFKMN AFGHIJKLMQU 10
16A CEE ❶ €27,00
H80 21ha 80**T**(50-100m²) 342**D** ❷ €32,20

N 52°10'15" E 13°59'42"

A12 Berlin-Frankfurt/Oder, Ausfahrt 3 Storkow, Richtung Storkow auf der B246 bis Wendisch Rietz Siedlung nach Behrensdorf, Ahrensdorf nach Limsdorf. Ab dort Camping gut angezeigt. Die 3 km lange Zufahrt ist etwas umständlich. 114899

Thomsdorf (Boitzenburgerland), D-17268 / Brandenb.

iD

Am Dreetzsee
Am Dreetzsee 1
1 Apr - 31 Okt
+49 39 88 97 46
dreetzseecamping@t-online.de

1 ADEGH**JM**OPQRSTU L**N**OPQS 6
2 BEJKQRXYZ ABDE**FG**IK 7
3 BFM ABCDEFJKNQRTUVW 8
4 B**E**FH**T** FJQRSTV 9
5 ACDEFKMN ABCEGIKOPQ 10
B 16A CEE ❶ €33,00
H96 10,5ha 200**T**(80-100m²) 165**D** ❷ €42,00

N 53°16'59" E 13°25'47"

Auf B96 bis Fürstenberg Richtung Lychen. In Hardenberg links Richtung Thomsdorf. Jetzt den Schildern folgen. 112291

Warnitz (Oberuckersee), D-17291 / Brandenburg

iD

Camping am Oberuckersee
Lindenallee 2
1 Mai - 15 Sep
+49 39 86 34 59
info@camping-oberuckersee.de

1 AEG**J**LOPQS**U** L**N**QS 6
2 ABFKPQRUVYZ AB**FG** 7
3 AM ABCDEFKNQRTW 8
4 FH 9
5 ADM ABCHIJK**O**S 10
B 6A CEE ❶ €29,00
5ha 130**T**(80m²) 90**D** ❷ €38,00

N 53°10'38" E 13°52'25"

A11/E28 Berlin - Szczecin, Ausfahrt 7 Warnitz. Richtung Warnitz und dort gleich über den Bahnübergang links. Auf diesem Weg bleiben. Der Camping ist 6 km von der Ausfahrt 7 entfernt. 102651

Wendisch Rietz, D-15864 / Brandenburg

iD

Schwarzhorn***
Schwarzhornerweg
1 Jan - 31 Dez
+49 33 67 94 01

1 AG**KN**OPQRST**U** L**N**PQRST**XYZ** 6
2 EJKPQRSYZ ABDE**FGH**I 7
3 FG**J**LM ABCDE**F**JNQRTW 8
4 **RSTZ** DMOPQRTVY 9
5 ADEFHNO AGHIJKLQU 10
B 16A CEE ❶ €21,00
H80 13ha 250**T**(50m²) 262**D** ❷ €27,00

N 52°13'15" E 14°00'54"

A10 Süd-Ring Berlin, A12 Frankfurt/Oder. Ausfahrt 3 Storkow, B246 Richtung Beeskow. Ausfahrt W. Rietsch, bei Bushaltestelle/Bäckerei T-Kreuzung mit CP-Schild. 102671

Werder/Petzow, D-14542 / Brandenburg

iD

Blütencamping Riegelspitze****
Fercherstraße 9 / Ecke B1
1 Apr - 20 Okt
+49 3 32 74 23 97
info@bluetencamping.de

1 AEG**KN**OPQRST**U** L**N**PQSW**X**YZ 6
2 AEJPQRWXYZ BE**FGH**I 7
3 B**L**MR BDE**FG**JK**L**NRT 8
4 FHJO EFJKV 9
5 ABDEFHKM ABGHIJK**O**QV 10
B 16A CEE ❶ €35,50
8,1ha 130**T**(50-120m²) 145**D** ❷ €45,50

N 52°21'36" E 12°56'49"

A10 Ausfahrt 20 Glindow. Der N273 folgen. In Werder ist der CP ausgeschildert. 102606

Wusterhausen/Dosse, D-16868 / Brandenburg

iD

Wusterhausen****
Seestraße 42
1 Apr - 31 Okt
+49 33 97 91 42 74
koellner@camping-wusterhausen.de

1 ADEG**KN**OPQRST**U** HL**N**QSX 6
2 BEKQWXYZ ABDE**FG**IK 7
3 BFGMX ABCDE**FI**JL**M**NQRTUVW 8
4 FHK**RSTV** BDEFIQV 9
5 ABDEFGHJKM ABEFGHJK**O**STUW 10
Anzeige auf dieser Seite B 16A CEE ❶ €28,00
H70 12ha 80**T**(80-120m²) 301**D** ❷ €36,00

N 52°54'26" E 12°27'39"

E26/A24 Hamburg-Berlin, Ausfahrt 22 Neuruppin. Links ab über die B167 bis Bückwitz. Rechts nach Kyritz. In Wusterhausen Ortsmitte über die Brücke den CP-Schildern folgen. CP auf der linken Seite. 102581

Deutschland

Teilkarte Brandenburg auf Seite 274

Teilkarte Brandenburg auf Seite 274

Zechlinerhütte, D-16831 / Brandenburg

iD

Schlabornhalbinsel
Reiherholz
1 Apr - 31 Okt
+49 33 92 17 02 95
schlabornhalbinsel@web.de

1 AEGHKNOPQRSTU LMNXYZ 6
2 BFJKQUXY ABFG 7
3 AGM ABEFJNQRW 8
4 FH FJR 9
5 ABDMN ABGHJKQ 10
16A CEE ❶ €23,50
H54 6ha 46T(80-90m²) 57D ❷ €29,50

N 53°08'57" E 12°52'18"

114923

L19 Rheinsberg-Wesenberg. In Zechlinerhütte ist der CP ausgeschildert. Man muss durch die Ortschaft und eine Forststraße fahren.

Zechlinerhütte, D-16831 / Brandenburg

iD

Campingplatz Eckernkoppel am Tietzowsee****
1 Mrz - 31 Okt
+49 33 92 15 09 41
campingplatz-eckernkoppel@web.de

1 AFGHKNOPQRSTU LNPQSXYZ 6
2 BFKQRWXY ABDEF 7
3 AM ABCDEFNQRW 8
4 FH OR 9
5 ABM ABHJKNQ 10
B 16A CEE ❶ €21,90
H50 1ha 86T(50-110m²) 26D ❷ €26,40

N 53°09'57" E 12°52'29"

109963

Von Neuruppin (B167) Richtung Löwenberg. Der B122 Rheinsberg folgen, dann Zechlinerhütte. Weiter in Richtung Weserberg.

Altenberg, D-01773 / Sachsen

iD

am Galgenteich
Galgenteichstr. 3
1 Jan - 31 Dez
+49 35 05 63 19 95
post@camping-galgenteich.de

1 ADEGKNOPQRSTU AHLM 6
2 BEJKPQSXYZ ABDEFG 7
3 BFGMX ABCDEFJNQRW 8
4 FHIJT B 9
5 ADKM ABGHJKMQ 10
W 16A CEE ❶ €23,70
H800 5ha 100T(80-120m²) 103D ❷ €23,70

N 50°46'00" E 13°44'46"

102663

CP befindet sich an der B170 Dresden-Prag, 5 km vor der Grenze.

Bad Lausick, D-04651 / Sachsen

iD

Landidyll
Beuchaer Oberweg 7
1 Jan - 31 Dez
+49 1 52 02 53 37 96
info@campingplatz-landidyll.com

1 ABDEGKNOPQRSTU 6
2 IQWXYZ ABFG 7
3 BM ABEFGJNQRTW 8
4 VY 9
5 ABDM AHJKMQU 10
16A CEE ❶ €27,50
H270 3ha 31T(80-100m²) 60D ❷ €31,00

N 51°09'08" E 12°37'26"

114943

A72 Leipzig-Chemnitz, Ausfahrt Grimma, danach in Bad Lausick den Campingschildern folgen.

Boxberg, D-02943 / Sachsen

iD

Campingplatz Sternencamp Bärwalder See****
Zur Strandpromenade 2
1 Apr - 31 Okt
+49 3 57 74 55 21 73
info@sternencamp-boxberg.de

1 ADEKNOPQRSTU LNQSWXYZ 6
2 EIJKPTVWXY ABCFGI 7
3 BG ABCDFGIJKNQRSTUVW 8
4 FH KUVWX 9
5 ABDEFHKMNO ABHIJKOPQU 10
B 16A CEE ❶ €33,50
H195 4ha 104T(105-150m²) 10D ❷ €45,50

N 51°23'45" E 14°34'28"

122630

Von der B156 von Bautzen-Ost nach Weißwasser Ausfahrt Kringelsdorf. Der CP-Beschilderung folgen.

Bautzen, D-02625 / Sachsen

CC€21 iD

Natur- und Abenteuercamping
Nimschützer Straße 41
1 Apr - 31 Okt
+49 35 91 27 12 67
camping-bautzen@web.de

1 ADEKNOPQRSTU LNX 6
2 AEIJPQRSTUVWY ABEFGHI 7
3 ABDMX ABCDEFHIJNQRTUVW 8
4 HJOQ FV 9
5 ABDMN ABDGJKOQU 10
B 16A CEE ❶ €29,50
H270 5ha 100T(90-150m²) 15D ❷ €39,50

N 51°12'08" E 14°27'38"

118250

Aus Richtung Görlitz und Dresden die A4, Ausfahrt Bautzen Ost. Dann Richtung Weißwasser, danach Richtung B156.

Chemnitz, D-09117 / Sachsen

iD

Chemnitz-Oberrabenstein****
Thomas-Müntzer-Höhe 10
1 Jan - 31 Dez
+49 3 71 85 06 08
campingplatz@rabenstein-sa.de

1 AFGKNOPQRSTU 6
2 ABPQSTUXYZ ABDEFGIJ 7
3 BFLMT ABCDEFHIJNPQRT 8
4 HIJK EFJ 9
5 ABDEHJKLMN AGHIJKLMNQU 10
WB 6A CEE ❶ €19,50
H410 3ha 60T(80-100m²) 65D ❷ €25,50

N 50°50'01" E 12°48'50"

102610

A72 Ausf. Chemnitz-Süd Ri. Oberlungwitz. Nach ca. 1 km rechts Ri. Limbach. CP befindet sich nach 4 km links. A4 Ausf. 67, Limbach/Rabenstein Ri. Chemnitz. Nach 900m CP rechts. Siehe auch Stausee Oberrabenstein.

Teilkarte Sachsen auf Seite 278

Colditz, D-04680 / Sachsen

Am Waldbad****
Im Tiergarten 5
1 Apr - 3 Okt
+49 34 38 14 31 22
info@campingplatz-colditz.de
N 51°07'51'' E 12°49'54''

1 ABFGKNOPQRSTU BG 6
2 BPQUXYZ ABFGH 7
3 BFGM ABCDEFHINQRTU 8
4 FHJOT F 9
5 ADNO AFGHJKOQU 10
16A CEE ❶ €25,00
H180 3ha 60T(80-100m²) 30D ❷ €29,50

Von Hartha über B176 nach Colditz, und im Zentrum rechts Richtung CP und Schwimmbad. 102609

Dresden, D-01217 / Sachsen

Dresden-Mockritz
Boderitzerstr. 30
1/1 - 31/1, 1/3 - 31/12
+49 35 14 71 52 50
camping-dresden@t-online.de
N 51°00'52'' E 13°44'49''

1 ADEKNOPQRSTU BL 6
2 AEPQSWXYZ ABDEFGHIJ 7
3 BFM ABCDEFGHJKNPQRTW 8
4 FH JKUVWX 9
5 ABDFJKMN AGHJKLMOPQUW 10
B 6A CEE ❶ €28,50
H120 0,5ha 158T(30-100m²) 9D ❷ €28,50

A4 Dreieck-Dresden West Richtung Prag A17. Dann Ausfahrt 3 Dresden-Süd, B170 Richtung Dresden. Nach ca. 1 km rechts. Nach 800m wieder rechts. Nach 1 km liegt der CP links. 102661

Großschönau, D-02779 / Sachsen

Trixi Park
Jonsdorferstraße 40
1 Jan - 31 Dez
+49 3 58 41 63 14 20
info@trixi-ferienpark.de
N 50°52'44'' E 14°40'25''

1 ADEGKNOPQRSTU AEGH 6
2 EJKLPQSWX ABEFGHI 7
3 ABEFGMSTV ABCDEFHIJKNQRTUVW 8
4 ABCEFJLOSTUVXYZ GJQVWYZ 9
5 ABDEFHIJKLMN ABGHJKMOPQUY 10
WB 16A CEE ❶ €41,70
H350 15ha 70T(72-100m²) 136D ❷ €51,70

Von Großschönau Richtung Zittau rechts von der Straße, nach Trixi Schwimmparadies 1. Kreuzung rechts. Von Bautzen die B6 nach Löbau-Zittau. In Herrnhut rechts nach Oberoderwitz. Dann Richtung Großschönau und CP-Schildern folgen. 110461

Halbendorf, D-02953 / Sachsen

Halbendorfer See
Dorfstraße 45A
1 Apr - 14 Okt
+49 35 77 37 64 13
halbendorfersee@web.de
N 51°32'45'' E 14°34'10''

1 AEGKNOPQSTU HLMOPQSWXY 6
2 EJPQWXY ABFGI 7
3 ABFGJMNR ABEFJNQRW 8
4 F EJQRTV 9
5 ABDEFKN AGHIJKMNQ 10
FKKB 16A CEE ❶ €21,90
4ha 180T(20-100m²) 69D ❷ €29,60

A15 hinter Cottbus Richtung Döbern ab. Dann weiter Groß Düben, weiter Halbendorf. Am Ende der Straße rechts ab, Camping dann gleich links. 111104

Hohnstein, D-01848 / Sachsen

Touristencamp Entenfarm
Schandauer Str. 11
1 Mrz - 15 Nov
+49 35 97 58 44 55
info@camping-entenfarm.de
N 50°58'30'' E 14°08'20''

1 ADEGKNOPQRSTU 6
2 QSUXY ABFGHI 7
3 ABMX ABCDEFJNQR 8
4 FHJ J 9
5 ABDEJMN ABFHJKLOQU 10
16A CEE ❶ €25,00
H311 3,3ha 158T(50-100m²) 20D ❷ €34,00

A17 Dresden-Prag Ausfahrt Pirna. Über die Elbe Ausfahrt Graupa Richtung Pirna/Bastei. Durch Hohnstein Richtung Bad Schandau. Ausgeschildert. 114938

Kamenz, D-01917 / Sachsen

Deutschbaselitz
Großteichstraße 30
1 Mrz - 31 Okt
+49 35 78 30 14 89
info@campingplatz-deutschbaselitz.com
N 51°18'17'' E 14°09'01''

1 AEGKNOPQRSU LM 6
2 EJQRXYZ ABDEFGIJ 7
3 B ABCDEFGHINQR 8
4 EFJQV 9
5 ABDEFIJMN AFGHJKLQU 10
B 16A CEE ❶ €28,60
H150 4ha 80T 54D ❷ €34,90

A4 Ausfahrt Burkau. Richtung Kamenz. Bei Kamenz rechts Richtung Deutschbaselitz. Hier den Schildern folgen (2 km). 109545

Kleinröhrsdorf/Dresden, D-01900 / Sachsen

Cp. & Freizeitpark LuxOase*****
Arnsdorfer Straße 1
1 Mrz - 26 Nov
+49 35 95 25 66 66
info@luxoase.de
N 51°07'13'' E 13°58'48''

1 ACDEGKNOPQRSTU ELX 6
2 AEQRTWXY ABDEFGHIK 7
3 ABDFGJLMS ABCDEFGHIJKLNQRSTUVW 8
4 ABCDFHJKLOPQRTUVX GHIKUVWZ 9
5 ABDEFKLMN ABEFGHIJKMOQU 10
B 16A CEE ❶ €35,00
H250 7,2ha 250T(100-200m²) 48D ❷ €38,00

Autobahn A4 Dresden-Görlitz, Ausfahrt 85 Pulsnitz Richtung Radeberg. In Kleinröhrsdorf Schildern folgen. 107975

Königstein, D-01824 / Sachsen

Am Treidlerweg
Am alten sagewerk 4
1 Jan - 31 Dez
+49 35 02.19 90 82 11
info@treidlercamping.de
N 50°55'31'' E 14°05'35''

1 ADEKNOPQRSTU JN 6
2 CKLPQSTVWXYZ ABDEFGIJ 7
3 BWX ABCDEFJKNQRT 8
4 AFHJ BCFGI 9
5 ABDEFHJKLMN ABGHLMQUVX 10
B 16A CEE ❶ €28,30
H371 0,7ha 63T(50-100m²) 39D ❷ €39,30

Dresden-Tschechien über die B172. In Königstein zwischen Zuggleise und Elbe. Hinter dem Kreisel nach 1,5 km links ab. Dann der Beschilderung folgen. 122774

Königstein, D-01824 / Sachsen

Königstein
Am alten Sägewerk 1
1 Jan - 31 Dez
+49 35 02 16 82 24
info@camping-koenigstein.de
N 50°55'32'' E 14°05'48''

1 ADEKNOPQSTU JNX 6
2 CIPQRSVWXY ABDEFGH 7
3 M ABCDEFNQR 8
4 A FJZ 9
5 ABDMN ABCEGHIOQ 10
16A CEE ❶ €26,50
H371 2,5ha 150T 16D ❷ €37,50

Die B172 Dresden-Tschechien. In Königstein zwischen Zuggleise und Elbe. Nach dem Kreisel in Königstein nach 1,5 km links ab. Dann der Beschilderung folgen. 108096

Kurort Gohrisch, D-01824 / Sachsen

Caravan Camping 'Sächsische Schweiz'****
Dorfplatz 181d
1 Jan - 31 Dez
+49 35 02 15 91 07
info@caravan-camping-saechsischeschweiz.de
N 50°54'52'' E 14°06'27''

1 ADEGKNOPQRSTU BFH 6
2 IQRSTWXY ABDEFGHIJ 7
3 BFGMX ABCDEFHIJNPQRTU 8
4 ADEFHT WZ 9
5 ABDFHKLMNO ABCFGHIJKMOQUW 10
B 16A CEE ❶ €30,30
H330 300ha 73T(bis 100m²) ❷ €39,70

In Königstein Richtung Bad Schandau, ca. 500m hinter dem Kreisel Richtung Kurort Gohrisch. In Gohrisch dem grünen CP-Schild folgen. 117916

Leipzig, D-04159 / Sachsen

Knaus Campingpark Leipzig Auensee
Gustav-Esche-Straße 5
1 Jan - 31 Dez
+49 34 14 65 16 00
leipzig@knauscamp.de
N 51°22'12'' E 12°18'49''

1 ABDEGKNOPQRSTU N 6
2 BPQSTWXYZ ABDEFGI 7
3 ABFLM ABCDEFJNQRTW 8
4 FH EFJK 9
5 ABDFJLMN ABCFGHJKOSTU 10
Anz. auf S. 240 + Umschl. B 16A CEE ❶ €41,60
H100 9,5ha 157T(100-120m²) 58D ❷ €46,70

A9 Ausfahrt Großkugel. Die B6 Richtung Leipzig. Ab Ortschild 'Leipzig' ca. 10 km auf der B6 weiter bleiben. An der Ampel Richtung Mitte. Nächste Ampel rechts. Nach 1 Camping rechts. Ausgeschildert. Vergessen Sie die Umweltplakette nicht! 101424

Leupoldishain/Königstein, D-01824 / Sachsen

Nikolsdorfer Berg
Nikolsdorfer Berg 7
1 Apr - 25 Okt
+49 35 02 19 91 44
info@camping-nikolsdorferberg.de
N 50°54'16'' E 14°02'19''

1 ADEGKNOPQRSTU 6
2 BPQSWXY ABDEFGI 7
3 A ABCDEFJNQR 8
4 FHJ 9
5 ABD ABGHIJKOQ 10
10-16A CEE ❶ €34,40
H300 1,2ha 50T(40-70m²) ❷ €37,60

Über Dresden B172 nach Pirna / Bad Schandau. 10 km nach Pirna rechts nach Leupoldishain. Den Schildern folgen. 112401

Moritzburg/Dresden, D-01468 / Sachsen

Bad Sonnenland Ferienpark & Campingplatz
Dresdnerstraße 115
1 Apr - 31 Okt
+49 35 18 30 54 95
info@bad-sonnenland.de
N 51°08'35'' E 13°40'46''

1 ADEKNOPQRSTU LMQVX 6
2 ABEJPQSXYZ ABDEFGHI 7
3 BFGHIMSTX ABCDEFJNQRT 8
4 EFHJOT ADJKNRVY 9
5 ABDEFHKMN ABCFGHJKLOQU 10
Anzeige auf dieser Seite B 16A CEE ❶ €30,50
H156 18ha 170T 170D ❷ €40,50

A4 Ausfahrt 80 Dresden-Wilder Mann, Richtung Moritzburg. Nach ca. 5 km links. 102659

Niederau, D-01689 / Sachsen

Waldbad
Am Gemeindebad 2
30 Mrz - 31 Okt
+49 35 24 33 60 12
camping.oberau@web.de
N 51°11'10'' E 13°34'27''

1 ADEGILOPQRSTU AM 6
2 BEJKQSXYZ ABDEFGJ 7
3 ABGJMX ABEFNQR 8
4 FHJ JV 9
5 DEFHKLN ABGHJKOQUY 10
16A CEE ❶ €26,50
8,5ha 30T 121D ❷ €34,50

Von Meissen Richtung Weinböhle/Moritzburg, über die Zuggleise links ab. Camping nach ± 2 km. Wenn Sie von Moritz aus nach Koordinaten fahren: Achtung, eng und man muss über Brücke mit 3,00m Höhe. 113470

Deutschland

Teilkarte Sachsen auf Seite 278

Olbersdorf, D-02785 / Sachsen

SeeCamping Zittauer Gebirge
Zur Landesgartenschau 2
1 Apr - 31 Okt
+49 35 83 69 62 92
info@seecamping-zittau.com

1 ADGKNOPQRSTU LNOQXY 6
2 EJPQSXY ABDEFGIJ 7
3 AMX ABCDEFHJKNQRT 8
4 FHJ EFQV 9
5 ABDKMN AFGHJKLMOQ 10
B 10A CEE ❶ €26,50
H253 5,7ha 185T(100m²) 66D ❷ €32,50

N 50°53'39" E 14°46'14" 112119

A4, Ausfahrt 91 Weissenberg. Dann über die B6 nach Löbau und die B178 nach Zittau. In Zittau der Umgehung zur B96 folgen. Dann den Schildern zum Olbersdorfer See folgen. Im Kreisel links.

Rechenberg-Bienenmühle, D-09623 / Sachsen

Erzgebirgscamp Neuclausnitz
Hauptstraße 25
1/1 - 15/10, 1/11 - 31/12
+49 (0)3 73 27 83 06 90
info@erzgebirgscamp.de

1 AFKNOPQRSTU L 6
2 CPQSVXY ABFG 7
3 BX ABEFJNQRUVW 8
4 FHI 9
5 ADM ABHKOQU 10
W 16A ❶ €27,75
H560 0,7ha 64T(80-110m²) ❷ €31,25

N 50°44'27" E 13°31'18" 123194

A4 Ausfahrt Siebenlehn nach Freiberg, danach über die B171 nach Frauenstein.

Paulsdorf, D-01744 / Sachsen

Bad- und Campingparadies Nixi
Am Bad 1a
1 Jan - 31 Dez
+49 35 04 61 21 69
info@talsperre-malter.de

1 ABDEGILOPQSTU EGHLNOQSX 6
2 EKLQSWXY ABFGIJ 7
3 BGMR ABEFHJNQR 8
4 T DQTVW 9
5 ABDEFKMN ABCGHJKLOQUY 10
B 16A CEE ❶ €29,00
H390 6ha 100T 375D ❷ €41,00

N 50°54'52" E 13°39'04" 102662

B170 Dresden-Altenberg, in Dippeldiswalde rechts Richtung Malter und 'Campingparadies'. CP befindet sich am Stausee.

Reinsberg, D-09629 / Sachsen

Campingplatz Reinsberg
Badstraße 15/17
1 Apr - 31 Okt
+49 37 32 48 22 68
campingplatz-reinsberg@web.de

1 ADEGKNOPQRSTU AFH 6
2 APQSTXY ABFG 7
3 BFGM BEFHJKNQRSW 8
4 F D 9
5 ADFKMN ABFGHJKLOQV 10
B 16A CEE ❶ €26,00
H300 2ha 60T 31D ❷ €30,00

N 51°00'14" E 13°21'36" 114891

A4 Ausfahrt Richtung Freiberg. Nach ca. 1,5 km links ab Reinsberg, danach der Beschilderung folgen.

Pirna, D-01796 / Sachsen

CC€23

Camping Pirna
Äußere Pillnitzer Straße 19
1 Apr - 1 Nov
+49 35 01 52 37 73
camping@stadtwerke-pirna.de

1 ABDEGKNOPQRSTU LX 6
2 BEJKPQSTWXY ABDEFG 7
3 ABMX ABEFHJKNQRTUVW 8
4 BCH DEKZ 9
5 DM ABFGHIJKOPRTY 10
B 16A CEE ❶ €34,50
H118 6ha 152T(90-116m²) 42D ❷ €42,50

N 50°58'54" E 13°55'30" 111963

A4 Ausfahrt Prag. A17 nach Pirna über die B172. In Pirna über die Elbebrücke nach Pirna-Copitz, danach Ausfahrt Graupa.

Seiffen, D-09548 / Sachsen

CC€19

Ferienpark Seiffen
Deutschneudorferstr. 57
1 Jan - 31 Dez
+49 37 36 21 50
info@ferienpark-seiffen.de

1 ABDEKNOPQRSTU 6
2 IPQSUVWXY ABDEFGHI 7
3 AJMSX ABCDEFJNQRTUVW 8
4 GHIJOQRSTVY IJ 9
5 ABDFHJKLMNO AFGHIJKOQW 10
WB 10-16A CEE ❶ €28,50
H720 5ha 100T(80-120m²) 24D ❷ €38,50

N 50°37'36" E 13°27'26" 109748

A4, Ausfahrt 69 Chemnitz-Nord. Dann B174 bis Marienberg. Weiter B171 nach Olbernhau, dann nach Seiffen. Ab dort ausgeschildert. Wenn Sie nicht den CP-Schildern folgen, Vorsicht vor 14% Steigung.

Deutschland

Pöhl, D-08543 / Sachsen

CC€23

Talsperre Pöhl, Campingplatz Gunzenberg****
Möschwitz, Hauptstraße 38
31 Mrz - 1 Nov
+49 37 43 94 50 50
tourist-info@talsperre-poehl.de

1 ABDEGKNOPQRSTU LNQSXYZ 6
2 AEMPQSUWXY ABDEFGHIJ 7
3 ABDFGLM ABEFHJKNOPQRSTUVW 8
4 BEFH FKQRTUVWZ 9
5 ABDFKLMN ABDFGHIJKLOQWXY 10
B 16A CEE ❶ €30,50
H400 11ha 126T(80-120m²) 756D ❷ €38,50

N 50°32'19" E 12°11'06" 102584

A72 Ausfahrt Plauen-Ost/Talsperre Pöhl Nr. 7. Weiter Zentrum, dann rechts ab Richtung Talsperre Pöhl. Der CP ist an der Westseite des Stausees, hinter den Parkplätzen.

Torgau, D-04860 / Sachsen

Campingplatz "Am Großen Teich" Torgau***
Turnierplatzweg 30
1 Apr - 31 Okt
+49 34 21 90 28 75
info@campingplatz-torgau.de

1 ABDEKNOPQRSTU AF 6
2 EQWXYZ ABCDEFG 7
3 MU ABEFHJNPQRTW 8
4 FH FV 9
5 ABD ABCGHIJKLOQU 10
B 16A CEE ❶ €31,00
H80 1,6ha 102T(80-100m²) 8D ❷ €41,00

N 51°32'45" E 12°59'23" 121453

In Torgau der CP-Beschilderung folgen.

Breitenbach, D-98553 / Thüringen

Am Waldbad
Zum Campingplatz 7
1 Jan - 31 Dez
+49 36 84 14 11 53
info@campingbreitenbach.de

1 AFGKNOPQRSTU AF 6
2 APQUVXY ABFGIK 7
3 AM ABCDEFNQR 8
4 EFHJKOT JW 9
5 ADEMN AHJKOQ 10
16A CEE ❶ €30,00
H530 3ha 80T(50-100m²) 30D ❷ €39,00

N 50°32'50" E 10°46'44" 102476

B247 Schleusingen-Suhl, nach 3 km Ausfahrt Breitenbach. CP befindet sich am Ortsende.

Breitungen, D-98597 / Thüringen

Strandbad Breitungen****
Salzunger Straße 24a
1 Apr - 31 Okt
+49 3 68 48 40 95 12
strandbad@breitungen.de

1 ABDEKNOPQRSTU LMN 6
2 DFJKPQSTWXY ABFGIK 7
3 ABFGJMS ABCDEFJKNQRSTUVW 8
4 FHJT FJNQT 9
5 AEM ABGHJKLOQ 10
B 16A CEE ❶ €25,00
16ha 74T(64-100m²) 55D ❷ €34,60

N 50°45'34" E 10°19'10" 123049

An der B19 Eisenach-Meiningen. In Breitungen ausgeschildert. Campingplatz liegt am Kiessee.

Bucha/Unterwellenborn, D-07333 / Thüringen

Campingplatz Saalthal-Alter****
B281 von Saalfeld nach Pößneck, Ausfahrt Kamsdorf über Bucha
15 Apr - 15 Okt
+49 36 73 22 22 67
info@camping-saalthal-alter.de
N 50°37'16" E 11°30'31"

1 AEGKNOPQRSTU LNOPQRSTXYZ 6
2 EKLQSTVXY ABDEFGH 7
3 AR ABCDEFGIJKNPQRSTUVW 8
4 FH DFOQRSTVW 9
5 ABDEN ABHJKNST 10
B 10-16A CEE ① €38,00
H400 2,5ha 100T(50-100m²) 160D ② €50,00

B281 von Saalfeld nach Pößneck, Ausfahrt Kamsdorf über Bucha Richtung Hohenwarte. Hinter Bucha die erste Straße links und den CP-Schildern folgen. Die Straße führt durch den Wald und ist sehr schmal. 118024

Catterfeld, D-99894 / Thüringen

Paulfeld*****
Straße am Steinbühl 3
1 Jan - 31 Dez
+49 36 25 32 51 71
info@paulfeld-camping.de
N 50°49'27" E 10°36'41"

1 AEKNOPQRSTU LN 6
2 BEQRWXYZ ABDEFGH 7
3 ABGM ABCDEFJKNQRTW 8
4 FHKT DJYZ 9
5 ABDFHKMN AFGHIJKOPQU 10
WB 16A CEE ① €32,00
H450 7ha 80T(80-100m²) 164D ② €40,00

A4 Richtung Dresden, Ausfahrt Waltershausen, dann Friedrichroda, B88 Richtung Ohrdruf. In Catterfeld rechts, dann noch 3 km. 108149

Drognitz, D-07338 / Thüringen

Camping Thüringer Wald
Mutschwiese 1
7 Apr - 23 Okt
+49 17 36 46 60 39
info-c.t.w@web.de
N 50°35'46" E 11°33'42"

1 AEKNOPQRSTU NX 6
2 BPQRSUVXYZ ABDEFG 7
3 BFX ABCDEFJNQRW 8
4 FH FJ 9
5 ACFHIN AHIJKLNPQ 10
10-16A CEE ① €30,00
13ha 150T 23D ② €38,50

B281 von Saalfeld nach Pößneck, Ausfahrt Kamsdorf Richtung Hohenwarte. Über den Staudamm nach Drognitz. Von Drognitz der Beschilderung folgen. 122627

Eisenach/Wilhelmsthal, D-99834 / Thüringen

Campingpark Eisenach****
Am Altenberger See
1/1 - 31/10, 1/12 - 31/12
+49 3 69 29 79 80 07
info@campingpark-eisenach.de
N 50°54'31" E 10°18'03"

1 ADEGKNOPQRSU LN 6
2 ABFQRSTUXYZ ABFG 7
3 AEFGM ABCDEFJNQRUVW 8
4 FHT QT 9
5 ABDFLMN ABFHJKNQ 10
16A CEE ① €29,00
H340 6,5ha 80T(80-100m²) 100D ② €38,00

A4 Kirchheim-Eisenach, Ausfahrt 40 Eisenach-Ost. Dann B19 Richtung Wartburg. Nach 9 km ist CP ausgeschildert. 102417

Ettersburg, D-99439 / Thüringen

Bad-Camp Ettersburg
Badteichweg 1
1 Apr - 31 Okt
+49 1 76 22 84 14 64
info@camping-weimar.de
N 51°02'08" E 11°17'14"

1 AKNOPQRSTU 6
2 BPQXYZ ABDEF 7
3 M ABEFNQRTW 8
4 FH 9
5 ADN ABHJKLNQ 10
Anz. auf dieser Seite 10-16A CEE ① €28,00
H302 22ha 38T(30-120m²) ② €38,00

A4, Ausfahrt 49 Weimar. Nördlich von Weimar Richtung Buchenwald. An der Ausfahrt Buchenwald geradeaus und den CP-Schildern folgen. 114486

Frankenhain, D-99330 / Thüringen

Oberhof Camping
Am Stausee 9
1 Jan - 31 Dez
+49 36 20 57 65 18
info@oberhofcamping.de
N 50°43'50" E 10°45'19"

1 ADEKNOPQRSTU LNOPQSX 6
2 ABELMQSTUVXYZ ABDEFGHI 7
3 ABM ABCDEFIJNQRTW 8
4 FH JN 9
5 ABDFKMN AGHIJKLOQ 10
WB 16A CEE ① €32,00
H700 10ha 150T(80-100m²) 159D ② €43,00

A71 Ausfahrt 17 Gräfenroda. Dann B88 Richtung Frankenhain. Dem Schild 'Lütsche Stausee/Campingpark folgen. Oder A4 Ausfahrt Gotha Richtung Oberhof. In Ohrdruf Richtung Grawinkel/Frankenhain. Ohne Navi fahren. 109503

Gera/Aga, D-07554 / Thüringen

Naturcamping Aga
Reichenbacherstr. 20
1 Apr - 15 Okt
+49 36 69 52 02 09
info@thueringencamping.de
N 50°57'12" E 12°05'12"

1 AFKNOPQRSTU L 6
2 AEQXYZ ABDEFG 7
3 BU ABEFJNQRW 8
4 9
5 ADEHMN AGHIJKNQ 10
16A CEE ① €25,00
H210 5ha 50T(90-100m²) 40D ② €34,00

A4, Ausfahrt 58 Gera, rechts Richtung Leipzig, B2. An der Ampel wieder rechts biegen in die Hügel. Nach 7 km biegen am Kreisel links in Richtung Aga. 102583

Großbreitenbach, D-98701 / Thüringen

Wohnmobil- & Ferienpark Großbreitenbach
Am Schwimmbad 4
1 Jan - 31 Dez
+49 36 78 14 23 98
info@wohnmobil-ferienpark.com
N 50°35'04" E 10°59'21"

1 AFGKNOPQRSTU AFH 6
2 BPQSXYZ ABFGHI 7
3 ABM ABEFHJNPQRTW 8
4 FHJT J 9
5 ABDMN ABFGHJKOQU 10
WB 16A CEE ① €27,50
H667 7,2ha 80T(80-100m²) 40D ② €33,50

Von Illmenau die B88 Richtung Rudolfstadt. In Gehren (8 km) rechts Richtung Großbreitenbach. CP befindet sich am Ortseingang. 102524

Harztor/OT Neustadt (Harz), D-99768 / Thüringen

Campingplatz am Waldbad***
An der Burg 3
1 Jan - 31 Dez
+49 3 63 31 47 98 91
info@neustadt-harz-camping.de
N 51°34'08" E 10°49'42"

1 ADEGKNOPQRSU 6
2 CSWXYZ ABDEFGHIK 7
3 BFLMUX ABCDEFJNQRTW 8
4 AEFGHJO DY 9
5 ABDEMN ABFGHIJKLNQU 10
WB 16A CEE ① €27,30
H293 2,5ha 82T(50-110m²) 44D ② €34,30

Die B243 Seesen-Nordhausen; in Nordhausen die B4 Richtung Braunlage. In Niedersachswerfen nach Neustadt. 119305

Hohenfelden, D-99448 / Thüringen

CC€21

Stausee Hohenfelden****
Am Stausee 9
1 Jan - 31 Dez
+49 36 45 04 20 81
info@campingplatz-hohenfelden.de
N 50°52'20" E 11°10'42"

1 ADEKNOPQRSTU LMNQSX 6
2 ABFJPQSVWXYZ ABFGIJ 7
3 ABFGJMX ABCDEFIJKNQRTUVW 8
4 FHJ DJNQRTVW 9
5 ABDKM ABFGIJKLMOPQX 10
B 16A CEE ① €27,00
H320 22,5ha 194T(80-140m²) 371D ② €35,00

A4 Ausfahrt Erfurt-Ost, dann Richtung Kranichfeld (ca. 6 km). Camping rechts. Gut ausgeschildert. 102523

Jena, D-07749 / Thüringen

Campingplatz Jena unter dem Jenzig
Am Erlkönig 3
1 Mrz - 31 Okt
+49 36 41 66 66 88
post@jenacamping.de
N 50°56'09" E 11°36'30"

1 ADEKNOPQRSU AFHX 6
2 ACPQSXYZ ABDEFG 7
3 AB ABCDEFGNQRT 8
4 FHJ DR 9
5 ADEM AFGHJKNQ 10
6-16A CEE ① €24,00
H100 1ha 50T(100m²) 1D ② €24,00

B7 von Jena Richtung Gera, über Saalebrücke, nach 200m bei der Ampel abbiegen. CP gut beschildert. 112147

Mühlberg, D-99869 / Thüringen

Drei Gleichen
Campingplatz 1
1 Apr - 31 Okt
+49 36 25 62 27 15
info@camping-drei-gleichen.de
N 50°52'29" E 10°48'33"

1 ADEKNOPQRSTU 6
2 AQTXY ABDEFGH 7
3 ABL ABCDEFJNQRSUVW 8
4 FHJ FX 9
5 ABDMN ABCGHIJKOQU 10
B 16A CEE ① €34,00
H400 2,8ha 150T(100-150m²) 37D ② €40,40

A4, Ausfahrt Mühlberg/Wandersleben, rechts Richtung Mühlberg, Schildern folgen und im Ort rechts. 108811

Neuengönna/Porstendorf, D-07778 / Thüringen

Camping & Ferienpark bei Jena
Rabeninsel 3
15 Mrz - 31 Okt
+49 36 42 72 25 56
camping-jena@t-online.de
N 50°58'27" E 11°39'00"

1 AKNOPQRSTU LN 6
2 CEKPQXYZ ABDEFGIJ 7
3 G ABCDEFGIJKNQRTW 8
4 FH FJQT 9
5 ADEHKN AHJKNQ 10
FKK B 10-16A ① €22,50
H100 20ha 80T(60-100m²) 68D ② €30,50

A4 Eisenach-Dresden, Ausfahrt 54 Jena-Lobeda. Dann die B88 Richtung Naumburg. Nach ± 7 km rechts der Strecke. 113467

Oettern, D-99438 / Thüringen

Im Grünen
Auf dem Butterberge 1
1 Jan - 31 Dez
+49 36 45 38 02 64
mail@campingplatzimgruenen.de
N 50°55'28" E 11°20'52"

1 AKNOPQRSTU N 6
2 ABCQSVXYZ AB 7
3 ABLM ABCDEFJNPQRT 8
4 FH DV 9
5 ABDFHK ABCHJKU 10
16A CEE ① €31,00
H340 1,5ha 35T(30-120m²) 41D ② €40,00

A4 Eisenach-Dresden, Ausfahrt Apolda/Mellingen Richtung Bad Berka. Hinter Oettern der Beschilderung über die kleine Brücke folgen. 5 km von der A4. 102522

Deutschland

Teilkarte Thüringen auf Seite 280

Paska, D-07381 / Thüringen

Linkenmühle***
Linkenmühle/Campingplatz 1
15 Apr - 15 Okt
+49 36 48 32 25 48
info@campingplatz-linkenmuehle.de

1 AE**K**LOPQRST**U**	L**N**Q**X**Y**Z**	6
2 BELMQSUVWXYZ	ABDE**FG**	7
3 BCM	ABCDE**F**JKNQRW	8
4 BFHJ	R	9
5 ABHKMN	ABCGHIJK**O**QW	10

16A CEE
H400 3,5ha 50**T**(60-120m²) 160**D**
① €35,00
② €45,00

N 50°36'27" E 11°36'43"
A4 über Kreuz Heimsdorf, A9 bis Triptis dann die B281 bis Pössneck. Weiter Richtung Ziegenrück bis Maxa, dann die Ausfahrt nach Paska. Das letzte Stück ist sehr schmal, führt durch einen Wald. Wird durch eine Ampel geregelt.
113052

Saalburg-Ebersdorf, D-07929 / Thüringen

Saalburg-Am Strandbad
Am Strandbad 1
1 Jan - 31 Dez
+49 36 64 72 24 57
cpbad@saalburg-ebersdorf.de

1 ADEG**KN**OPQRSTU	L**N**QS**X**Y**Z**	6
2 EKPQX	ABDE**FGIK**	7
3 AM	ABCDE**F**NQRW	8
4 FH	GJ	9
5 ABK**N**	ABCHJK**O**Q	10

B 16A
3,5ha 30**T**(60-80m²) 149**D**
① €28,50
② €36,50

N 50°29'41" E 11°43'49"
Von der A9 Ausfahrt 28 Richtung Saalburg. Von der A4 über Rudolstadt/Saalfeld nach Ebersdorf (B90), danach Richtung Saalburg.
114887

Unstrut-Hainich (OT Weberstedt), D-99991 / Thür.

CC€23

Am Tor zum Hainich****
Am Hainich 22
1 Feb - 1 Dez
+49 36 02 29 86 90
info@camping-hainich.de

1 AE**KN**OPQRSTU	F	6
2 BIQVXY	ABD**FG**H**I**JK	7
3 BEX	ABCDEFJNQSUVW	8
4 FH	G	9
5 ABDMNO	ABHJKOQU	10

B 16A CEE
H272 3,5ha 161**T**(80-100m²) 26**D**
① €34,00
② €42,00

N 51°06'10" E 10°30'32"
A4 bei Eisenach verlassen, B84 Bad Langensalza folgen. Den Schildern bis Weberstedt folgen, dann links abbiegen. Alternativ können Sie der A44 bis Kassel folgen, dann die A7 und B7. Schließlich die L1042 bis Weberstedt.
118028

Ziegenrück, D-07924 / Thüringen

Naturcamping Plothental
Plothental 9
3 Mai - 3 Okt
+49 1 57 34 36 33 63
info@naturcamping-plothental.de

1 AJLOPQRSU	**N**	6
2 BCPQSTXYZ	AB**FG**	7
3 AFGMU	AE**F**NQRTW	8
4 **E**FHJO	J	9
5 ADM	ABHJKNQ	10

16A CEE
H430 2,5ha 50**T**(10-100m²) 45**D**
① €25,50
② €33,50

N 50°36'36" E 11°39'19"
In Ziegenrück Richtung Knau/Külmla. Der Beschilderung folgen, nach 500m rechts.
114949

Ahrdorf, D-53945 / Nordrhein-Westfalen

Frings-Mühle
Hubertusstraße 21-31
1 Jan - 31 Dez
+49 26 97 74 25
campingfrings-muehle@t-online.de
N 50°22'17'' E 06°47'00''

1 ADE**KN**OPQRST**U**		**N** 6
2 CPQSXY	**BEFG**	7
3 AM	ABDE**F**HJNPRTUVW	8
4 FHIJ	GI	9
5 ABFHJLMN	AFGHIKMOQ	10
B 16A CEE		❶ €31,00
H320 3ha 40**T**(100m²) 86**D**		❷ €37,50

CP befindet sich an der B258 zwischen Blankenheim und Nürburgring. Ab Ausbauende A1 Richtung Nürburgring. 102015

Attendorn/Biggen, D-57439 / Nordrhein-Westfalen

CC€23

Hof Biggen***
Finnentroper Straße 131
1 Jan - 31 Dez
+49 2 72 29 55 30
info@biggen.de
N 51°08'12'' E 07°56'23''

1 ADE**KN**OPQRST**U**		**N** 6
2 BIPQSVXY	ABDE**FG**H**IJ**	7
3 AFGM**R**	ABCDEFJNOQRTW	8
4 BJOQ	DZ	9
5 ACDEFHLMN	ABDFGHJKMQ	10
6-16A CEE		❶ €31,00
H361 18ha 100**T**(80-100m²) 285**D**		❷ €31,00

A45 Dortmund-Frankfurt, Ausfahrt 16 Meinerzhagen, nach ca. 20 km in Attendorn Richtung Finnentrop. Hinter dem Ort befindet sich der CP gegenüber des Restaurants 'Haus am See'. 102086

Attendorn/Waldenburg, D-57439 / Nordrhein-Westfalen

Familiencamping Biggesee-Waldenburg****
Waldenburger Bucht 11
1 Jan - 31 Dez
+49 2 72 29 55 00
info@biggesee.com
N 51°06'39'' E 07°54'09''

1 ADEG**KN**OPQRSTU	FLM**N**PQSXY	6
2 BEIJKMQSVWXYZ	ABDE**FG**HIJ	7
3 BDFG**J**MS	ABCDEF**G**IJKNQRTW	8
4 BEFHJLO**QT**	AFNVZ	9
5 ACDEFJMN**O**	ABFGHJK**O**QY	10
WB 6-12A CEE		❶ €28,00
H400 5ha 230**T**(80-100m²) 105**D**		❷ €33,00

A45 Dortmund-Siegen, Ausfahrt 16 Meinerzhagen oder 18 Olpe, Richtung Attendorn, danach Schildern folgen. 100127

Bad Godesberg/Mehlem, D-53179 / Nordrhein-Westfalen

Genienau
Im Frankenkeller 49
1 Mrz - 22 Dez
+49 2 28 34 49 49
info@campingplatz-genienau.de
N 50°39'16'' E 07°12'07''

1 AF**KN**OPQSU		**N** 6
2 ACQ	ABDE**FG**	7
3	ABE**F**NQR	8
4		9
5 DEHK	ABGHJKQ	10
B 6A CEE		❶ €24,00
1,2ha 82**T**(80m²) 23**D**		❷ €32,00

B9 Bonn-Remagen. Nach Bad Godesberg ist der CP in Mehlem ausgeschildert. 102044

Bad Honnef/Aegidienberg, D-53604 / Nordrhein-Westf.

Jillieshof
Ginsterbergweg 6
1 Jan - 31 Dez
+49 22 24 97 20 66
information@camping-jillieshof.de
N 50°39'00'' E 07°18'02''

1 ADEG**KN**OPQRSTU		6
2 APQTUWXY	ABDE**FG**	7
3 A**L**M	ABCDEFJNQRTW	8
4 F	FGV	9
5 DMN	ABGHIJKLOQ	10
16A CEE		❶ €25,00
H300 4ha 40**T**(80-120m²) 183**D**		❷ €32,00

A3 Ausfahrt 34. Bad Honnef folgen, in Hirnberg wird der CP ausgeschildert. 102043

Bad Sassendorf, D-59505 / Nordrhein-Westfalen

Kur-Camping Rumkerhof
Weslarner Str. 30
1 Jan - 31 Dez
+49 2 92 15 31 18
email@rumkerhof.de
N 51°35'45'' E 08°10'43''

1 AEKNOPQRSTU		6
2 APSTWXY	ABDE**FG**	7
3 A	ABCDEFJNQR	8
4 FGHJK	VWY	9
5 ABDMN	ABGHKNQ	10
B 16A CEE		❶ €23,50
15ha 93**T**(80-100m²) 34**D**		❷ €26,00

A44 Ausfahrt Soest Richtung B475 nehmen. Richtung Soest fahren. In Soest die B1 Richtung Bad Sassendorf. Bei Bad Sassendorf ist der CP angezeigt. 121052

Barntrup, D-32683 / Nordrhein-Westfalen

CC€21

Ferienpark Teutoburgerwald Barntrup****
Badeanstaltsweg 4
1 Apr - 6 Okt
+49 52 63 22 21
info@ferienparkteutoburgerwald.de
N 51°59'12'' E 09°06'30''

1 ADE**KN**OPQSTU	BG	6
2 BPQTUWXYZ	ABCDE**FGH**K	7
3 ABFG**KLM**NSX	ABCDEFGHIJK**M**NPQRTUW	8
4 BCEFGHIJLO**P**	CEXZ	9
5 ADMN	ABCDEFGHIJKOQUVY	10
Anzeige auf dieser Seite 16A CEE		❶ €28,50
H180 2,5ha 108**T**(90-250m²) 4**D**		❷ €35,50

Über die B66 nach Lage, Lemgo, Barntrup. In Barntrup Richtung Schwimmbad. Oder A2, Ausf. 35 Bad Eilsen, N328 Ri. Rinteln/Barntrup. Ab Paderborn B1 Ri. Hameln über Blomberg nach Barntrup. In Barntrup den CP-Schildern folgen. 101123

Bestwig/Wasserfall, D-59909 / Nordrhein-Westfalen

Terrassencamping Wasserfall
Aurorastraße 17
1 Jan - 31 Dez
+49 17 03 50 06 36
info@terrassencamping.de
N 51°18'11'' E 08°26'08''

1 ADE**KN**OPQRSTU		6
2 ABIPQSVXY	ABDE**FG**	7
3 AB	ABCDE**F**JNRW	8
4 F	FJ	9
5 ADFGHMN**O**	ABK**O**Q	10
W 10-16A CEE		❶ €24,00
H625 4ha 23**T**(80-100m²) 107**D**		❷ €24,00

B7 Meschede-Olsberg in Bestwig Richtung 'Fort Fun'. CP ist neben 'Fort Fun', einige Meter hinter einem Bauernhof. 102149

Blankenheim/Freilingen, D-53945 / Nordrhein-Westfalen

Eifel-Camp Freilinger See*****
Am Freilinger See 1
1 Jan - 31 Dez
+49 2 69 72 82
eifel-camp@freizeit-oasen.de
N 50°24'54'' E 06°43'07''

1 ADEG**KN**OPQRST**U**	L**N**OQ	6
2 ACEIPQSTVWXYZ	ABCDE**FGHI**	7
3 ABFG**L**MNSUX	ABCDEFGHIJKNQRTUVW	8
4 BCDFHIJLNO**PT**	CFRZ	9
5 ABDFHLMN**O**	ABEFGHIJK**O**QUWY	10
B 16A CEE		❶ €31,00
H442 26ha 160**T**(70-180m²) 288**D**		❷ €37,50

A1, Ende der Autobahn Richtung Nürburgring, dann Freilinger See. 102017

Brilon, D-59929 / Nordrhein-Westfalen

CC€23

Camping & Ferienpark Brilon
Hoppecker-Straße 75
1/1 - 8/10, 26/12 - 31/12
+49 29 61 97 74 23
info@campingbrilon.de
N 51°22'45'' E 08°35'08''

1 AE**KN**OPQRST**U**		6
2 BIPQSTUVWX	ABDE**FG**	7
3 **BHKMT**	ABCDEFJKNQRTUVW	8
4 EFGHI	J	9
5 ADHKLM	ABCDEFGHJK**O**Q	10
Anz. auf dieser S. W 10-16A CEE		❶ €29,30
H525 19ha 100**T**(120-160m²) 165**D**		❷ €38,20

B251 Richtung Willingen, rechts ab Richtung Brilon. Den Schildern folgen. 118219

Brüggen, D-41379 / Nordrhein-Westfalen

Heide Camp Brüggen
Sankt Barbara Straße 43
1 Jan - 31 Dez
+49 21 57 87 36 22
heidecamp@aol.com
N 51°15'24'' E 06°10'24''

1 AE**KN**OPQRSTU		6
2 ABPQTWXY	ABDE**FG**	7
3	ABCDE**F**JNRUV	8
4 FHJ		9
5 DM	ABFGHIJKNSTV	10
10A CEE		❶ €18,00
60ha 52**T**(100m²) 120**D**		❷ €21,00

Auf der A61 Ausfahrt 3 Kaldenkirchen-Süd. Über die B221 nach Brüggen. Der CP liegt in Brüggen Bracht und ist dort ausgezeichnet. 112152

Brühl (Heider Bergsee), D-50321 / Nordrhein-Westfalen

Heider Bergsee
1 Jan - 31 Dez
+49 2 23 22 70 40
schirmer@heiderbergsee.de
N 50°49'46'' E 06°52'33''

1 ADG**KN**OPQRSTU	L**N**O	6
2 ABFJPQXYZ	AB**FG**	7
3 BF	ABE**F**JNQR	8
4 FHO		9
5 ABDEFLM	ABFGHIJK**OQ**	10
B 16A CEE		❶ €22,50
4,5ha 140**T** 180**D**		❷ €22,50

A61/E31 Ausfahrt 108 Erftstadt. B265 Richtung Liblar/Hürth/Brühl. Ausfahrt Brühl-West/Heider Bergsee, dann den CP-Schildern folgen. 102013

Deutschland

Teilkarte Nordrhein-Westfalen auf Seite 282

Datteln, D-45711 / Nordrhein-Westfalen

Erholungspark Wehlingsheide****
Im Wehling 26
1 Jan - 31 Dez
+49 2 36 33 34 04
info@wehlingsheide.de
N 51°40'53" E 07°18'20"

1 ABCEGKNOPQRSTU 6
2 QTWXYZ ABDEFGH 7
3 BEFLM ABCDEFJMNQRUVW 8
4 FHIOTXZ FJW 9
5 ADEFHKLM ABCFGHIJKLMNQW 10
16A CEE ❶ €26,00
3ha 60T(75-150m²) 132D ❷ €29,00

A43 Ausfahrt 8 Haltern. Dann den Schildern Richtung Datteln folgen. Der CP ist angezeigt. 112275

Datteln, D-45711 / Nordrhein-Westfalen

Haard-Camping****
In den Wellen 30
1 Jan - 31 Dez
+49 23 63 36 13 91
info@haard-camping.de
N 51°40'42" E 07°16'58"

1 ADEKNOPQRSTU 6
2 BCQTWXYZ BEFGHIK 7
3 BGLMUX ABDFGIJLMNQRTUV 8
4 FGHIJKOR FY 9
5 BDFKLM ABCGHJKNPQUWY 10
B 13-16A CEE ❶ €18,00
H65 7ha 29T(100-120m²) 177D ❷ €18,00

Von Nord/West: A43, Ausfahrt 8 Haltern, Richtung Datteln. Von Süd/Ost: A2, Ausfahrt 11 Henrichenburg/Castrop-Rauxel, B235 Richtung Datteln. CP ist angezeigt. 117168

Delecke (Möhnesee), D-59519 / Nordrhein-Westfalen

Delecke Südufer
Arnsberger Str. 8
1 Jan - 31 Dez
+49 2 92 48 78 42 10
info@campingplatz-moehnesee.de
N 51°28'39" E 08°06'02"

1 ADEGILOPQRSTU LNQS 6
2 AEIKPQWXY ABDEFG 7
3 AM ABCDEFJNQRSTW 8
4 FH NRV 9
5 ABDEFGHJMN ABGHIJKOSTY 10
B 16A CEE ❶ €30,00
H200 4ha 70T(70-80m²) 120D ❷ €35,00

A44 Ausfahrt 56 Soest/Möhnesee. Über die B229 nach Arnsberg über den See links Richtung Südufer. 112153

Dortmund/Hohensyburg, D-44265 / Nordrhein-Westfalen

Camping Hohensyburg
Syburger Dorfstraße 69
1 Jan - 31 Dez
+49 2 31 77 43 74
info@camping-hohensyburg.de
N 51°25'14" E 07°29'44"

1 ADEGKNOPQRSTU NSXY 6
2 ACIPQTUVXY ABFGIJ 7
3 ABM ABCDEFHJKNQRTW 8
4 FH DFQT 9
5 BDEFLM ABCGJKOQW 10
B 16A CEE ❶ €27,00
10ha 80T(80-100m²) 285D ❷ €37,00

A45 Ausfahrt Hohensyburg. CP ausgeschildert. Oder A1, Ausfahrt Hagen-Nord. 107971

Drolshagen, D-57489 / Nordrhein-Westfalen

Camping Gut Kalberschnacke****
Kalberschnacke 8
1 Jan - 31 Dez
+49 27 63 61 71
camping@kalberschnacke.de
N 51°04'18" E 07°48'58"

1 AEGKNOPQRSTU LNQSXYZ 6
2 AEIKMPQSUVWXYZ ABDEFGHIK 7
3 ABFMNUV ABCDEFHJKNQRTUVW 8
4 FHJLOQSTV DFQV 9
5 ACHJLN ABFGHJKLMNQ 10
WB 10A CEE ❶ €37,50
H350 13ha 125T(90-110m²) 306D ❷ €46,50

A45 Dortmund-Giessen, Ausfahrt 17 Drolshagen/Bergneustadt, links Richtung Biggesee bis Listersee. Bei Brücke rechts, CP nach 700m. 102088

Dülmen, D-48245 / Nordrhein-Westfalen

Brockmühle
Am Heubach 1
1 Jan - 23 Dez
+49 28 64 77 59
brockmuehle@t-online.de
N 51°50'49" E 07°06'01"

1 ADEGKNOPQRSTU AJ 6
2 ACPQTWY ABCFGI 7
3 ABFHILMX ABCDEFJNQRTUVW 8
4 AHJK UVY 9
5 BDM ABCGHIJKLMOQ 10
16A CEE ❶ €28,00
5,6ha 28T(100-120m²) 200D ❷ €34,00

Auf die 67 (Neu)-Borken-Dülmen die L600 Richtung Maria Veen. CP liegt an dieser Straße, ausgeschildert. 110098

Düsseldorf, D-40627 / Nordrhein-Westfalen

Zweckverband Unterbacher See
Kleiner Torfbruch 31
1 Apr - 1 Nov
+49 21 18 99 20 38
service@unterbachersee.de
N 51°11'58" E 06°53'10"

1 AHKNOPQRST LMNQRSTXY 6
2 ABEJKPQSTWXY ABFG 7
3 BFGJLM ABCDEFJNQRUVW 8
4 J HMPQRT 9
5 ABDHLM AFGHJKLNPQUWY 10
B 6A CEE ❶ €31,00
13ha 63T(57-100m²) 273D ❷ €40,00

A46, Ausfahrt Ekrath Düsseldorf/Unterbach. Richtung Erkrath/ Unterbach am See. Dort Schildern folgen. 102011

Effeld/Wassenberg, D-41849 / Nordrhein-Westfalen

Amici Lodges
Waldseestrasse 7
1 Jan - 31 Dez
+49 2 43 28 96 92 80
info@amicilodges.com
N 51°07'46" E 06°05'59"

1 AEHJMOPQRSTU HLMNOW 6
2 AEJKQWXY ABDEFG 7
3 ABELMVX ABCDEFGJKNQRTUV 8
4 FH CFJ 9
5 ABDH ABCFGHIJKOQY 10
B 10-16A CEE ❶ €30,00
6ha 28T(80-140m²) 81D ❷ €43,00

A73 Ausfahrt Herkenbosch. Der N293 Richtung Herkenbosch folgen. Weiter zur L117. CP ist angezeigt. 122194

Erder/Kalletal, D-32689 / Nordrhein-Westfalen

Julianna Campingplatz Kalletal
An der Weser 7a
1 Jan - 31 Dez
+49 16 07 47 70 87
info@campingplatz-weser-kalletal.de
N 52°11'02" E 08°56'02"

1 EKNOPQRSTU JNUXZ 6
2 DIQWXY ABF 7
3 BU ABEFNQRU 8
4 R 9
5 ABDEFGHN AHKQ 10
6A CEE ❶ €30,00
H55 1,5ha 40T(80-200m²) 27D ❷ €35,00

E30 Osnabrück-Hannover, Ausfahrt 33. Dann B514 Richtung Vlotho/Kalletal. 125459

Essen-Werden, D-45239 / Nordrhein-Westfalen

CC€23

Knaus Campingpark Essen-Werden****
Im Löwental 67
1 Jan - 31 Dez
+49 2 01 49 29 78
essen@knauscamp.de
N 51°22'56" E 06°59'44"

1 ADEGKNOPQRSTU NUX 6
2 ACPQRSTUWXYZ ABDEFGHIJ 7
3 BM ABCDEFGIJKNQRSW 8
4 AFHJ EFN 9
5 ABDEFHJKMN ABCFGHIJKMOQU 10
Anz. auf S. 240 + Umschl. B 16A CEE ❶ €34,60
6ha 140T(80-100m²) 147D ❷ €43,60

A52 Ausfahrt 26 Essen/Kettwig/Flugplatz. Richtung Werden (2x), CP ausgeschildert. 109025

Extertal, D-32699 / Nordrhein-Westfalen

Campingpark Extertal****
Eimke 4
1 Jan - 31 Dez
+49 52 62 33 07
info@campingpark-extertal.de
N 52°03'04" E 09°06'08"

1 AEGKNOPQRSU LMN 6
2 CEIKPQWXY ABDEFGHIJK 7
3 ABFILMSUVX ABCDEFJKNQRTUVW 8
4 BFHJKO DE 9
5 ADEFHKMN ABGHIJKMOQU 10
WB 16A CEE ❶ €23,90
H210 10ha 80T(100-120m²) 224D ❷ €30,90

Der CP liegt an der Straße Rinteln-Barntrup. 1 km südlich von Bösingfeld. Der CP ist ausgeschildert. 100112

Extertal/Bösingfeld, D-32699 / Nordrhein-Westf.

CC€21

Bambi****
Hölmkeweg 1
15 Mrz - 31 Okt
+49 52 62 43 43
info@camping-bambi.de
N 52°04'59" E 09°09'31"

1 ADGKNOPQRSU 6
2 BQTVWXYZ ABFG 7
3 AM ABCDEFJNQRW 8
4 FHJ 9
5 ADN ABCDFGHIJKLMOQVW 10
10A CEE ❶ €24,00
H260 1,7ha 30T(100-120m²) 30D ❷ €30,00

Von Bösingfeld Richtung Hameln, etwa 2 km hinter dem Kreisel in Bösingfeld 2. Ausfahrt links ab Richtung Egge. Nach 2 km kommt der Campingplatz. 102251

Extertal/Meierberg, D-32699 / Nordrhein-Westfalen

Camping & Ferienpark Buschhof****
Meierbergstraße 15
1 Jan - 31 Dez
+49 52 62 25 75
buschhof@ferienpark.de
N 52°06'17" E 09°07'06"

1 AGKNOPQRSTU AF 6
2 BQTWXY ABDEFGJ 7
3 BFMS ABEFJQRTUW 8
4 FHKO D 9
5 ADFHJKM AFGHJKMNQ 10
16A CEE ❶ €19,50
H220 4,4ha 55T(100-120m²) 73D ❷ €24,50

A2 Ausfahrt 35 Richtung Rinteln (B238). Dann Richtung Barntrup folgen. Etwa 8,5 km hinter der Ausfahrt ist der CP angezeigt. Links Richtung Meierberg. 110630

Gronau, D-48599 / Nordrhein-Westfalen

Camping & Freizeitanlage Dreiländersee
Hagelsweg
1 Apr - 1 Nov
+49 1 51 15 22 00 33
info@campingplatz-gronau.com
N 52°14'14" E 07°04'46"

1 ADEHJMOPQSTU LNS 6
2 AEPQRX BFG 7
3 J BFJNQR 8
4 FH J 9
5 A ABFGORSU 10
10A ❶ €24,00
3ha 20T(80-100m²) 12D ❷ €29,00

A1 Hengelo-Osnabrück, Ausfahrt 2 Gildehaus/Gronau. 2 km vor Gronau links ins Naherholungsgebiet. Dem Hagelsweg folgen bis der Campingplatz links ausgeschildert ist. Das Gelände befindet sich auf der rechten Seite. 120844

Groß Reken, D-48734 / Nordrhein-Westfalen

Camping-Park Groß-Reken
Berge 4
1 Jan - 31 Dez
+49 1 52 21 65 18 94
info@campingnrw.de
N 51°49'38" E 07°03'45"

1 ABDGKNOPQRSTU 6
2 APQWXY ABDEFGIJ 7
3 BKLMU ABCDEFIJNQRSTUW 8
4 FH 9
5 DEFGHKM ABHJKNSTUWY 10
16A CEE ❶ €25,00
3ha 110T(bis 100m²) 300D ❷ €31,00

A31, Ausfahrt 34 Borken/Reken. Den Schildern Groß Reken folgen. CP angezeigt. 113783

Hamminkeln, D-46499 / Nordrhein-Westfalen

Erholungsgebiet Dingdener Heide GmbH
Bußter Weg 100
1 Jan - 31 Okt
+49 28 52 24 05
info@dingdener-heide.de
N 51°46'59" E 06°38'03"

1 ABEGHKNOPQRSTU LN 6
2 AEJKQTX ABCDEFGHI 7
3 ABDFGLMSX ABCDEFJKNQRSTW 8
4 BFGH AFJRVY 9
5 ABDEFHKMN ABGHIJKOST 10
B 16A ❶ €23,30
2ha 35T(80-150m²) 418D ❷ €30,30

A3 Ausfahrt 5 Hamminkeln. CP liegt an der N8 und ist ausgeschildert. 120125

Deutschland

Teilkarte Nordrhein-Westfalen auf Seite 282

Heimbach, D-52396 / Nordrhein-Westfalen

Gut Habersauel
1 Jan - 31 Dez
+49 2 44 64 37
info@ heimbacher-campingplatz.de
N 50°38'36'' E 06°28'31''

1 AEGKNOPQRSU	NU 6
2 CIPQXY	ABFGH 7
3 BFM	ABFJNQRW 8
4 JO	EF 9
5 ADEFHJKMN	ACJKOQ 10
16A CEE	❶ €26,70
H500 13ha 100T(100-150m²) 308D	❷ €32,70

A61, Ausfahrt Erfstad, dann N265 Zülpich-Vlatten. In Vlatten Richtung Heimbach. Durch den Ort durchfahren bis zur Tankstelle, nach rechts Richtung Hausen-Nideggen. 101997

Ibbenbüren, D-49479 / Nordrhein-Westfalen

Eichengrund
Im Brook 2
1 Jan - 31 Dez
+49 5 45 55 21
N 52°13'06'' E 07°39'54''

1 AFGJMOPQRSTU	L 6
2 AEJQRWXY	BFG 7
3 BFJMU	ABFGIJMNPQRUV 8
4 HJ	9
5 DM	ABHJKLMQ 10
16A CEE	❶ €22,00
H60 6ha 25T(100m²) 225D	❷ €28,00

A30/E30 Osnabrück-Hengelo Ausfahrt 11 Ibbenbüren. Über die B219 Richtung Saerbeck/Münster. Über den Dortmund-Ems Kanal. Nach 500m CP rechts angezeigt (Im Brook). 102078

Hellenthal, D-53940 / Nordrhein-Westfalen

Wildbach camping
Platiss 1
1 Apr - 31 Okt
+49 24 82 15 00
info@wildbach-camping.de
N 50°28'46'' E 06°25'43''

1 AEKNOPQRSU	N 6
2 CQWY	ABDEFGH 7
3 AMUV	ABCDEFJNQR 8
4 BFHJ	AF 9
5 ADEFMN	BHKNRS 10
16A CEE	❶ €30,50
8ha 120T(80-100m²) 127D	❷ €39,50

Schleiden Richtung Hellenthal. Im Ort die B265 Richtung Trier. 0,5 km hinter dem Ortsschild links der Strecke. Ausgeschildert. 102000

Kalkar/Wissel, D-47546 / Nordrhein-Westfalen

Freizeitpark Wisseler See GmbH
Zum Wisseler See 15
1 Jan - 31 Dez
+49 2 82 49 63 10
info@wisseler-see.de
N 51°45'39'' E 06°17'06''

1 ABEGHJMOPQRSTU	AFHLMNOPQSTXYZ 6
2 EJKPQSTWXYZ	ABDEFGHIJ 7
3 ABFGLMNR	ABCDEFJKNQRSTUVW 8
4 BFHJLOQ	EFKNTVY 9
5 ABDEFGHIJKLMO	ABEFGHIJKLMOQUWY 10
B 16A CEE	❶ €32,00
35ha 242T(60-160m²) 642D	❷ €41,00

A3 Ausfahrt 3 Emmerich. N220 links ab Richtung Emmerich/Kleve. Über die Brücke 1. Straße links Richtung Kalkar. Cp ausgeschildert. 109276

Herford, D-32051 / Nordrhein-Westfalen

Elisabethsee
Reitweg 86
1 Jan - 31 Dez
+49 5 22 13 34 11
info@ camping-elisabethsee.de
N 52°06'28'' E 08°34'28''

1 ABGKNOPQRSTU	LMN 6
2 ABCEIJPQTWXY	ABDEFGHIJK 7
3 ABDFGLMS	ABCDFGHIJKNPQRTUVW 8
4 BCFJO	EIJ 9
5 DM	ABCHIJKLNQUV 10
B 16A CEE	❶ €26,00
3ha 50T(100-150m²) 310D	❷ €33,00

Von der A30 Ausfahrt 27 Bünde Richtung Bünde/Hessisch Oldendorf/Enger zur Pödinghauser Straße. 114874

Köln/Dünnwald, D-51069 / Nordrhein-Westfalen

Waldbad
Peter-Baum-Weg
1 Jan - 31 Dez
+49 2 21 60 33 15
info@waldbad-camping.de
N 50°59'42'' E 07°03'35''

1 ADEGKNOPQRSTU	BGHO 6
2 ABPQYZ	ABDEFGHIK 7
3 ABFGJMS	ABCDEFJNQRT 8
4 JO	DGJ 9
5 ADLMN	AGHJKOST 10
B 12A CEE	❶ €33,50
3,2ha 45T(100m²) 74D	❷ €46,00

A3, Ausfahrt 24 (Kreuz Leverkusen). Der U51 folgen. Auf der B51 ist der CP in Dünnwald ausgeschildert. Die Linkskurve zum Campingplatz ist etwas tückisch. Tipp: bis zum Kreisverkehr fahren und dann zurück. 111951

Horn-Bad Meinberg/OT Kempen, D-32805 / Nordrhein-W.

Eggewald
Kempenerstraße 33
1 Apr - 30 Okt
+49 5 25 52 36
glitz@ campingplatz-eggewald.de
N 51°48'12'' E 08°56'35''

1 AGKNOPRSTU	F 6
2 CPQUVWY	ABDEFG 7
3 BM	ABCDEFJNQRW 8
4 FHJ	9
5 D	ABGHJKNUVW 10
10A CEE	❶ €29,00
H400 2,1ha 70T(100-150m²) 20D	❷ €32,00

A1 Paderborn-Hameln. Ab Paderborn vor Horn, ab Hameln nach Horn Schild Richtung Altenbeken. CP ist im Ortsteil Kempen. Ab A1 (via Veldrom) ca. 8 km. 102205

Köln/Poll, D-51105 / Nordrhein-Westfalen

Campingplatz Stadt Köln
Weidenweg 35
20 Mrz - 11 Nov
+49 2 21 83 19 66
info@camping-koeln.de
N 50°54'10'' E 06°59'27''

1 ADEKNOPQRSTU	N 6
2 ACQXYZ	ABEFGIJ 7
3 L	ABEFJNQR 8
4 FHJ	V 9
5 ABDFK	ABGHIJKNST 10
B 16A CEE	❶ €30,50
1,8ha 140T	❷ €40,50

A4 Ausfahrt 13 Köln/Poll. Schildern folgen. 102042

Hörstel, D-48477 / Nordrhein-Westfalen

Erholungsanlage Hertha-See****
Hertha Seestraße 70
31 Mrz - 15 Okt
+49 54 59 10 08
contact@hertha-see.de
N 52°19'39'' E 07°36'02''

1 ABEILOPQRSTU	LN 6
2 ABFJQRXYZ	BCDEFGHIK 7
3 BDFGJMN	ABCDEFJKNQRT 8
4 BFHJQ	INVWY 9
5 ABDEFJLMN	ABEGHIKOQY 10
Anzeige auf dieser Seite B 16A CEE	❶ €33,80
25ha 170T(100-110m²) 342D	❷ €40,20

A30/E30 Hengelo-Osnabrück, Ausfahrt Hörstel 10, dann Richtung Hörstel-Rheine, nach 100m rechts Hertha Seestraße, ausgeschildert. 100106

Köln/Rodenkirchen, D-50996 / Nordrhein-Westfalen

Berger
Uferstraße 71
8 Jan - 23 Dez
+49 22 19 35 52 40
anfrage@ camping-berger.koeln
N 50°53'28'' E 07°01'23''

1 AEGKNOPQRSTU	NY 6
2 ACJPQY	ABDEFGI 7
3 ALM	ABCDEFJKNQRTW 8
4 FH	G 9
5 ABDEFIJLMN	AFGHIJKNQ 10
B 10A CEE	❶ €34,50
4ha 125T(50-80m²) 143D	❷ €42,90

A4 Aachen-Köln. Ausfahrt Köln/Rodenkirchen. Schildern folgen. 107495

Höxter, D-37671 / Nordrhein-Westfalen

Wesercamping Höxter***
Sportzentrum 4
1 Jan - 31 Dez
+49 52 71 25 89
info@ wesercamping-hoexter.de
N 51°46'00'' E 09°23'00''

1 ADKNOPQRSTU	BHJNUXYZ 6
2 CIPQWY	ABDFGHIJK 7
3 BFHMNS	ABCDEFIJNQRTW 8
4 FHJO	FJRVW 9
5 ABDEFHJKMN	ABFGHJKLOQ 10
6-10A CEE	❶ €24,50
H106 3ha 80T(80-120m²) 97D	❷ €34,50

A44 Richtung Kassel, Ausfahrt Bühren Richtung Paderborn. B64 Richtung Höxter. In Höxter Richtung Boffzen/Fürstenberg und den Schildern zum CP und Brückfeld folgen. Umleitung wegen Brückensperrung für Fahrzeuge bis 2,10m. 109956

Königswinter/Oberpleis, D-53639 / Nordrhein-Westfalen

Camping im Siebengebirge
Theodor-Storm-Str. 37
1 Jan - 31 Dez
+49 22 44 64 18
info@camping-im-siebengebirge.camp
N 50°42'31'' E 07°15'57''

1 AEGKNPQRSU	6
2 ACPQRXY	ABFG 7
3 A	ABEFJNQR 8
4 F	F 9
5 DN	ABFGHJKMNQ 10
16A CEE	❶ €26,00
1,3ha 10T(100m²) 93D	❷ €28,50

A3 Köln-Frankfurt, Ausfahrt 33 Siebengebirge. in Richtung Oberpleis. Im Kreisverkehr die dritte Ausfahrt und fahren zur nächsten Ampel fahren. Rechts abbiegen. Der Beschilderung folgen. 107496

Deutschland

Teilkarte Nordrhein-Westfalen auf Seite 282

Ladbergen, D-49549 / Nordrhein-Westfalen

Regenbogen Ferienanlage Ladbergen
An der Buddenkuhle 1
31 Mrz - 1 Nov
+49 5 48 59 63 53
ladbergen@regenbogen.ag
N 52°09'56'' E 07°45'37''

1 ADEKNOPQRSTU	LMNQSX	6
2 AFJKQRXYZ	BFG	7
3 BGLMS	BFNQRSW	8
4 B	E	9
5 ABDEFGM	ABHILNQX	10
B 16A CEE	❶ €31,00	
H55 6ha 80T(90-110m²) 156D	❷ €31,00	

A1 Münster/Dortmund, Ausfahrt 74 Ladbergen. Am Kreisel ist der CP ausgeschildert. Richtung Waldsee. 114759

Lengerich, D-49525 / Nordrhein-Westfalen

Auf dem Sonnenhügel
Zur Sandgrube 40
1 Jan - 31 Dez
+49 54 81 62 16
info@sonnenhuegel-camping.de
N 52°11'19'' E 07°48'16''

1 ADGKNOPQRSTU	LM	6
2 AFJQRWXY	ABFG	7
3 AFMU	ABEFIJMNQRTUV	8
4 BHJOQ	VWY	9
5 ABDHM	ABGHIJKLOQU	10
B 10A CEE	❶ €25,00	
H56 5,5ha 50T(100-120m²) 180D	❷ €32,00	

A30 Hengelo-Osnabrück, am Autobahnkreuz Lotte Ausfahrt 13 Richtung Münster/Dortmund. Ausfahrt 73 Lengerich. Im Kreisverkehr rechts; ausgeschildert. 102084

Lienen, D-49536 / Nordrhein-Westfalen

CC€21

Eurocamp
Holperdorp 44
1 Jan - 20 Dez
+49 5 48 32 90
info@camping-lienen.de
N 52°10'00'' E 07°58'52''

1 ADEKNOPQRSTU		6
2 IQRSVXY	BEFG	7
3 BEM	BDFJKNQRW	8
4 FH	F	9
5 DK	AJKOQY	10
B 10A CEE	❶ €23,00	
H170 7,8ha 60T(80-100m²) 173D	❷ €29,00	

B51 Osnabrück/Nahne Richtung Bad Iburg, danach Richtung Holperdorp fahren. CP ist ausgeschildert. 102082

Lindlar, D-51789 / Nordrhein-Westfalen

Campingpark im Bergischen Land
Oberbüschem 45
1 Jan - 31 Dez
+49 22 66 66 52
info@mein-campingpark.de
N 51°04'04'' E 07°22'57''

1 AEGKNOPQRSTU		6
2 BIQTUVWXY	ABFGI	7
3 ABFLMUX	BCDFHIJKLNPQRTUVW	8
4 FGK	FIJ	9
5 ADEFHJKMN	AGHJKMOPQ	10
B 16A CEE	❶ €24,00	
H300 10ha 85T(100m²) 256D	❷ €30,00	

A45 Ausfahrt 16. Richtung Meinerzhagen. Die B54 nehmen. Weiter die L306, dann die K45. Weiter auf der K18. Über die L284 Richtung Buchholz. In Lindlar ist der CP angezeigt. 121561

Lippstadt, D-59558 / Nordrhein-Westfalen

Campingparadies Lippstädter Seenplatte
Seeufer Straße 16
1 Mrz - 31 Okt
+49 29 48 22 53
info@camping-lippstadt.de
N 51°42'04'' E 08°24'28''

1 ADEGKNOPQRSTU	LNOQSTXY	6
2 ABEJPQWY	ABDEFGH	7
3 BL	ABCDEFIJNQRTUVW	8
4 HK	TY	9
5 ABDEGHKMN	ABCFGHJKOQ	10
B 16A CEE	❶ €23,20	
2,5ha 88T(120m²) 20D	❷ €31,20	

Auf der B55 Ausfahrt Lippstadt Richtung Freizeitpark. Der CP ist ausgeschildert. 117999

Meschede (Hennesee), D-59872 / Nordrhein-W.

CC€23

Knaus Campingpark Hennesee****
Mielinghausen 7
1/1.- 5/11, 21/12 - 31/12
+49 2 91 95 27 20
hennesee@knauscamp.de
N 51°17'54'' E 08°15'51''

1 ADEGKNOPQRSTU	ELNOPQSUX	6
2 AEKMPQSVWXYZ	ABDEFGHK	7
3 ABFGMSW	ABCDEFIJKLNPQRSTUVW	8
4 AFHJKOQT	AEFNUVWY	9
5 ABDEFHJMNO	ABDEFGHJKLMOQU	10
Anz. auf 240 + Umschl. WB 8-16A CEE	❶ €45,00	
H390 12,5ha 182T(80-130m²) 360D	❷ €48,00	

B55 von Meschede nach Olpe. Nach 7 km am Ende des Stausees über die Brücke rechts und nach 300m CP links. 102150

Mettingen, D-49497 / Nordrhein-Westfalen

Zur schönen Aussicht
Schwarze Straße 73
1 Mrz - 30 Nov
+49 5 45 26 06
info@camping-schoene-aussicht.de
N 52°18'46'' E 07°45'45''

1 AILOPQSU	D	6
2 AIQVXYZ	BFG	7
3 BM	ABDEFGJNQRUVW	8
4 FHJOPQ	G	9
5 DEHKM	AHJKOQU	10
10A CEE	❶ €28,50	
H120 3ha 55T(80-100m²) 42D	❷ €35,50	

A30, Ausfahrt 12 Ibbenbüren-Laggenbeck Richtung Mettingen. Über L594 und L796 durch Laggenbeck. CP ausgeschildert. 102076

Monschau/Imgenbroich, D-52156 / Nordrhein-Westfalen

Zum Jone-Bur****
Grünentalstraße 36
1 Jan - 31 Dez
+49 24 72 39 31
info@zum-jone-bur.de
N 50°34'01'' E 06°16'02''

1 AEGJMOPQRSU	F	6
2 PQSTWXY	ABDEFGH	7
3	ABCDEFJNQRTUVW	8
4 FHJZ	E	9
5 DM	ABCFGHJKNST	10
Anzeige auf Seite 287 B 6A CEE	❶ €32,50	
8ha 60T(60-80m²) 152D	❷ €42,50	

Auf der B258 Aachen-Monschau oder B399 Düren-Monschau ist der CP ausgeschildert. In Imgenbroich links, deutliche Beschilderung. 100134

Monschau/Perlenau, D-52156 / Nordrhein-Westfalen

Perlenau****
1 Apr - 31 Okt
+49 24 72 41 36
info@monschau-perlenau.de
N 50°32'38'' E 06°14'15''

1 AEKNOPQRSU	N	6
2 BCQRSVWXY	ABDFG	7
3 A	ABCDEFJNQRTW	8
4 FHJ	A	9
5 ABDGMN	ABJKOQ	10
16A CEE	❶ €32,00	
3ha 75T(50-80m²) 3D	❷ €42,00	

B258 Monschau-Trier; der CP ist deutlich ausgeschildert. 101998

Münster, D-48157 / Nordrhein-Westfalen

Münster*****
Laerer Werseufer 7
2 Jan - 31 Dez
+49 2 51 31 19 82
mail@campingplatz-muenster.de
N 51°56'47'' E 07°41'28''

1 ADEGKNOPQRSTU	BGHNXZ	6
2 ACPQTWXY	ABDEFGHIJ	7
3 BFGLMNU	ABCDEFGJNQRTUVW	8
4 AFHJOP	IJKV	9
5 ACDFHLMN	ABEFGHIJKOQWY	10
B 16A CEE	❶ €34,00	
60ha 180T(80m²) 304D	❷ €38,00	

Kreuz Münster-Süd (A1/A43) Richtung Münster. Nach ca. 2 km Richtung Bielefeld/WDR. Nach ca. 6 km Richtung MS/Wolbeck/WDR, CP ausgeschildert. 101122

Nideggen/Brück, D-52385 / Nordrhein-Westfalen

Camping Hetzingen****
Campingweg 1
1 Jan - 31 Dez
+49 2 42 75 08
info@campingplatz-hetzingen.de
N 50°41'07'' E 06°28'13''

1 ACEKNOPQRSU	U	6
2 CPQSUVWYZ	ABDEFGIJ	7
3 BIMS	ABCDEFGJKNQRTW	8
4 BDJOQT	DEFUV	9
5 ABDEFHJLMN	ABCGHJKOQ	10
10A CEE	❶ €33,00	
7ha 100T(60-100m²) 316D	❷ €41,00	

Von Nideggen in Richtung Brück; in Brück ist der CP deutlich ausgeschildert. 101996

Niederkrüchten/Brempt, D-41372 / Nordrhein-Westfalen

Brempt
Kahrstraße 115
1 Jan - 31 Dez
+49 2 16 38 09 96
campingplatz-brempt@t-online.de
N 51°12'51'' E 06°13'36''

1 AFGKNOPQRSTU	NQSX	6
2 ACPQRXYZ	ADEFG	7
3 AFMS	ABEFJNQR	8
4 FH		9
5 DEFKLMN	ABHIJKLOQY	10
16A CEE	❶ €15,00	
1ha 10T(80-100m²) 180D	❷ €18,00	

A52, Abfahrt 3, Richtung Hariksee. In Brempt CP ausgeschildert (am Ortsausgang links). 100126

Deutschland

Teilkarte Nordrhein-Westfalen auf Seite 282

Niederkrüchten/Elmpt, D-41372 / Nordrhein-Westfalen

Lelefeld
Lelefeld 4
1 Jan - 31 Dez
+49 2 16 38 12 03
info@camping-lelefeld.com
N 51°13'05" E 06°08'46"

1 AEGKNOPQRST	6
2 APQWY	ABDEFG 7
3	ABEFJNQR 8
4 FHJO	V 9
5 ABDM	ABFGHIJKOST 10
10-16A CEE	❶ €17,00
1,5ha 20T(100m²) 80D	❷ €23,00

Von der A52 Ausfahrt Elmpt. Hinter der ARAL-Tankstelle die zweite Straße links. CP gut ausgeschildert. 101995

Oer-Erkenschwick, D-45739 / Nordrhein-Westfalen

Campingplatz Ludbrock
Holthäuser Strasse 149-151
1 Jan - 31 Dez
+49 2 36 85 60 07
info@camping-ludbrock.de
N 51°39'30" E 07°12'57"

1 AFGKNOPQRSTU	6
2 ABIPQSTWXYZ	ABDEFG 7
3	ABCDEFGJKNPQRTUVW 8
4 FHIJ	9
5 DEMN	ABGHIJKNQ 10
B 16A CEE	❶ €24,00
H75 3,2ha 28T(100-200m²) 210D	❷ €32,00

Von der A43 Ausfahrt 10 Wuppertal Münster. Ausfahrt Sinsen Richtung Oer-Erkenschwick. 118602

Olpe/Kessenhammer, D-57462 / Nordrhein-Westfalen

Naturcamping Kessenhammer-Biggesee
Kessenhammer 3
1 Jan - 31 Dez
+49 2 76 19 44 20
info@naturcamping-biggesee.de
N 51°03'38" E 07°51'29"

1 ABDEGKNOPQRSTU	ALNPQSX 6
2 ADFKPQTWXY	ABDEFGHIJK 7
3 ABFM	ABCDEFGHJKNQRTUVW 8
4 FHIJO	IN 9
5 ABDEFGHJLM	ABFGHJKQY 10
WB 16A CEE	❶ €37,00
H380 5,6ha 142T(80-100m²) 112D	❷ €41,50

A45 Dortmund-Frankfurt, Ausfahrt 18 Olpe. B55 Richtung Meschede, Ausfahrt Rhode/Kessenhammer. Schildern folgen. 102089

Olpe/Sondern, D-57462 / Nordrhein-Westfalen

Vier Jahreszeiten-Camping Biggesee*****
Am Sonderner Kopf 3
1 Jan - 31 Dez
+49 27 61 94 41 11
biggesee@freizeit-oasen.de
N 51°04'25" E 07°51'25"

1 ADEGKNOPQRSTU	LNOPQSXYZ 6
2 AEKPQSVWXYZ	ABCDEFGHIJK 7
3 ABELM	ABCDEFGJKNQRSTUVW 8
4 BCFHJLT	CFJNRS 9
5 ABDEFGHKMN	ABCGHIKOQU 10
WB 6-16A CEE	❶ €33,00
H350 7ha 166T(100-120m²) 142D	❷ €41,00

A45 Ausfahrt 18 Olpe. B54 Richtung Biggesee, dann nach Attendorn. Nach 6 km hinter Sondern rechts abzweigen. 101127

Ramsbeck/Valme, D-59909 / Nordrhein-Westfalen

Camping Valmetal
Valme 2A
1 Jan - 31 Dez
+49 2 90 52 53
camping-valmetal@t-online.de
N 51°17'17" E 08°24'25"

1 AEGKNOPQRSTU	6
2 ABCQSWXY	ABDEFGH 7
3 ABM	ABCDEFJKNQRTW 8
4 FHJ	9
5 ABDLMN	ABGHJKMOQ 10
W 16A CEE	❶ €23,00
H480 2,8ha 23T(80m²) 120D	❷ €23,00

A44 Dortmund-Kassel, am Autobahnkreuz Werl die A445 Richtung Meschede/Bestwig. In Bestwig Richtung Ramsbeck. Links Richtung Valme. 102151

Sassenberg, D-48336 / Nordrhein-Westfalen

Münsterland Eichenhof*****
Feldmark 3
1 Jan - 31 Dez
+49 25 83 15 85
info@campmuensterland.de
N 52°00'16" E 08°03'51"

1 ADEGKNOPQRSTU	LNQSX 6
2 EJPQRXYZ	BFGHI 7
3 BCGLM	BDFHJKMNQRTUV 8
4 BHJK	EVWY 9
5 ABDFJLMN	ABDEFGHJKMOQY 10
B 16A CEE	❶ €33,20
H60 18ha 95T(100-120m²) 207D	❷ €45,00

A30 Richtung Osnabrück. Ausfahrt 18, N475 Richtung Warendorf, weiter Sassenberg. In Sassenberg Richtung Versmold. Ortsaußerhalb Camping ausgeschildert. 102146

Sassenberg, D-48336 / Nordrhein-Westfalen

Campingpark Heidewald*****
Versmolder Straße 44
1 Jan - 31 Dez
+49 25 83 13 94
campheidewald@web.de
N 52°00'00" E 08°03'55"

1 AEGKNOPQRSTU	6
2 PQWXY	BEFG 7
3 BFGLMV	BDFJKMNQRSTUVW 8
4 BFHO	CDEFJVWY 9
5 ADKMN	ABEGHJKMOQ 10
Anzeige auf dieser Seite B 16A CEE	❶ €34,00
H63 8,5ha 90T(100-130m²) 253D	❷ €44,00

A30 Richtung Osnabrück. Ausfahrt 18, N475 Richtung Warendorf, dann weiter Richtung Sassenberg fahren. Den CP-Schildern folgen. 111825

Schleiden/Harperscheid, D-53937 / Nordrhein-Westf.

Schafbachmühle
Schafbachmühle
5 Apr - 31 Dez
+49 2 48 52 68
jw-schafbachmuehle@t-online.de
N 50°31'39" E 06°24'42"

1 AEGKNOPQRSU	6
2 BCQVWYZ	ABDEFG 7
3 AMS	ABCDEFJKNQRTW 8
4 FH	F 9
5 ADMN	ABFGJKLNQY 10
10A CEE	❶ €25,50
14ha 50T(70-100m²) 84D	❷ €36,50

B258 Achen-Monschau. Dann Richtung Schleiden fahren. 3 km vor Schleiden links abbiegen. CP ist ausgeschildert. 110309

Schloß Holte/Stukenbrock, D-33758 / Nordrhein-Westf.

Campingplatz Am Furlbach***
Am Furlbach 33
1 Jan - 31 Dez
+49 52 57 33 73
info@campingplatzamfurlbach.de
N 51°52'16" E 08°40'20"

1 AEGKNOPQRSTU	N 6
2 ABQRSWXYZ	ABDEFGIK 7
3 BFLMX	ABCDEFJNQRSTUVW 8
4 FGHJ	FIW 9
5 ABDMN	AGIJKNQV 10
B 16A CEE	❶ €24,00
H122 9ha 50T(90-120m²) 195D	❷ €30,00

A2 Dortmund-Hannover, Autobahnkreuz Bielefeld A33 Richtung Paderborn. Abfahrt 23 Stukenbrock/Senne. Dann 2 km Richtung Stukenbrock, über B68/L756, Schildern folgen. 100116

Simmerath/Hammer, D-52152 / Nordrhein-Westfalen

Camp Hammer
An der Streng 7
1 Jan - 31 Dez
+49 24 73 92 90 41
info@camp-hammer.de
N 50°33'51" E 06°19'59"

1 AEGILOPQRSU	J 6
2 BCLPQXY	ABDEFGH 7
3 AMS	ABDEFJKNQRTW 8
4 FHJOT	F 9
5 ADFGHKMN	ABCHJKOQU 10
B 16A CEE	❶ €35,90
3ha 83T 83D	❷ €45,90

Heerlen-Aachen. Dann via B258 Richtung Monschau-Konzen-Eicherscheid-Hammer. 110973

Deutschland

Solingen, D-42659 / Nordrhein-Westfalen

Waldcamping Glüder
Balkhauserweg 240
1 Jan - 31 Dez
+49 2 12 24 21 20
info@camping-solingen.de
N 51°08'02" E 07°07'02"

1 ADEKNOPQRSTU 6
2 ABCPQTXY ABDEFG 7
3 BJM ABEFJQRU 8
4 FH 9
5 BDHMN ABGHIJKQ 10
16A CEE ① €28,50
H80 2ha 20T(80-100m²) 80D ② €39,50

A1, Ausfahrt 97 Burscheid. In Burscheid Richtung Hilgen und dort Richtung Witzhelden. Dann Richtung Solingen. CP ist ausgeschildert.
108114

Sonsbeck/Labbeck, D-47665 / Nordrhein-Westfalen

Campingpark Kerstgenshof
Marienbaumer Straße 158
1 Jan - 31 Dez
+49 28 01 43 08
info@kerstgenshof.de
N 51°39'35" E 06°22'22"

1 ADEGKNOPQRSTU 6
2 APQTWXY ABDEFGHIJK 7
3 BFGMSW ABCDEFGHIJKNQRSTUVW 8
4 BFGHJKO CFJVWX 9
5 ABDEFHKMN ABCFGHIJKLMOQUWY 10
B 16A CEE ① €28,10
8ha 115T(100-150m²) 245D ② €36,40

Die L480 von Xanten nach Sonsbeck Ausfahrt Labbeck, Richtung Marienbaum. CP angezeigt.
110110

Sundern, D-59846 / Nordrhein-Westfalen

Campen am Damm
Am Amecker Damm 2
1 Jan - 31 Dez
+49 2 93 59 69 90 15
camping-am-dam@sorpesee.de
N 51°18'31" E 07°56'28"

1 ADEKNOPQRSTU LNQSXZ 6
2 EIKPQSVX ABDEFGH 7
3 ALM ABCDEFJNQRTW 8
4 FH NTW 9
5 ABDEFHJLMN ABCGHJKOST 10
B 16A CEE ① €28,00
H250 10ha 60T(80-100m²) 270D ② €31,00

A46 Ausfahrt 64 Richtung Sundern. Hinter Hachen Richtung Langscheid/Amecke. Dann ist der CP angezeigt.
121207

Sundern, D-59846 / Nordrhein-Westfalen

Familiencampingplatz am Sorpesee 181
1 Jan - 31 Dez
+49 2 93 59 69 90 13
familiencamping@sorpesee.de
N 51°17'59" E 07°56'58"

1 BEHILOU LNQS 6
2 FIKPQVX ABDEFG 7
3 AM ABCDEFKNPRT 8
4 HI ABDJ 9
5 ABFGHIJLMO ABHIKOS 10
WB 16A ① €35,00
H250 21ha 50T(25-50m²) 201D ② €39,00

A46 Ausfahrt 64 Richtung Sundern. Nach Hachen Richtung Amecke. Am Sorpesee entlang bis zu den Schildern 'Familiencamping Sorpe Oase'.
121163

Tecklenburg, D-49545 / Nordrhein-Westfalen

Am Knoblauchsberg
Königstraße 8
1 Jan - 31 Dez
+49 5 48 23 96
campingplatz@knoblauchsberg.de
N 52°12'51" E 07°49'15"

1 AJMOPQSTU A 6
2 AQUXY BFGH 7
3 AJMSU BDFIJNQRT 8
4 9
5 ADHN AFHKNQ 10
10-16A ① €20,00
H115 1,5ha 25T(75m²) 70D ② €25,00

Autobahn Dortmund-Osnabrück, Ausfahrt 73 Lengerich/Tecklenburg, Richtung Tecklenburg über die Lengericher Straße. 1 km vor Tecklenburg ausgeschildert.
102080

Tecklenburg/Leeden, D-49545 / Nordrhein-Westfalen

Regenbogen Ferienanlage Tecklenburg
Grafenstraße 31
1 Apr - 31 Okt
+49 54 05 10 07
tecklenburg@regenbogen.ag
N 52°13'47" E 07°53'25"

1 ADKNOPQRSU 6
2 APQWXYZ BFG 7
3 BFJMNS BDFJKLMNQRVW 8
4 BHJ E 9
5 ABDKM AFGHIKLNQUWX 10
B 16A CEE ① €42,00
30ha 500T(90-100m²) 260D ② €42,00

A1 Hengelo-Osnabrück, Ausfahrt Ibbenbüren-Laggenbeck Richtung Tecklenburg-Lengerich. Dann ausgeschildert.
102081

Versmold/Peckeloh, D-33775 / Nordrhein-Westfalen

Campingpark Sonnensee*****
Seenstraße 25
1 Jan - 31 Dez
+49 54 23 64 71
service@campingpark-sonnensee.de
N 52°00'52" E 08°05'19"

1 ADGJMOPQRSTU LMN 6
2 FJKQWXY BEFGI 7
3 ABFGJLMV ABCDEFGJKLNQRSTUVW 8
4 BHJKQ BFIJVY 9
5 ABDKMN ABCEGHJKNQW 10
B 10-16A CEE ① €30,50
15ha 105T(90-120m²) 276D ② €40,50

A30 Richtung Osnabrück. Am Kreuz Lotte die A33 Richtung Bielefeld. Ausfahrt 15 die B476. Hinter Versmold-Peckeloh Camping anzeigt.
108818

Vlotho, D-32602 / Nordrhein-Westfalen

Camp Feuerland
Borlefzen 2
1 Apr - 31 Okt
+49 5 73 38 00 08
info@camp-feuerland.de
N 52°10'23" E 08°54'22"

1 ADEKNOPQRSTU JLMNPQSWXYZ 6
2 ACEIJKPQSWY ABFG 7
3 BFJMS ABCDEFJNRW 8
4 H NRTVY 9
5 ADEFGHLM ABFGHJKQ 10
6A CEE ① €34,00
H55 40ha 140T(80-100m²) 650D ② €44,00

A2 Dortmund-Hannover, Ausfahrt Vlotho-Exter Richtung Vlotho. Über die Weserbrücke rechts den Schildern folgen (Ortsteil Uffeln).
102202

Vlotho, D-32602 / Nordrhein-Westfalen

Sonnenwiese
Borlefzen 1
1 Jan - 31 Dez
+49 57 33 82 17
info@sonnenwiese.com
N 52°10'25" E 08°54'25"

1 ACGKNOPQRSTU DJLMNWXY 6
2 ACEJPQTWY BCEFGHIJK 7
3 BFLMSU ABCDEFIJKNQRTUVW 8
4 ABEFHJORST DEFLRV 9
5 ACDEFHLMN ABEFGHIJKLMNQUW 10
B 16A CEE ① €30,00
H57 10ha 85T(80-120m²) 413D ② €42,00

A2 Dortmund-Hannover, Ausfahrt Vlotho/Exter dann Richtung Vlotho, Schildern folgen. Hinter dem Bahnübergang links (Ortsteil Uffeln).
102203

Wachtendonk, D-47669 / Nordrhein-Westfalen

Blaue Lagune
Am Heidesee 5
1 Apr - 31 Okt
+49 2 83 92 77
info@blauelagune.de
N 51°22'53" E 06°16'05"

1 ABDEJMOPQRSTU ILMPW 6
2 AEJKQWY ABDEFG 7
3 ABFGLMU ABCDEFJNQRTUVW 8
4 FHJ EJVW 9
5 ADEH ABCFGHIJKMNQUY 10
16A CEE ① €36,00
4ha 54T(80-120m²) 59D ② €40,50

Von Düsburg die A40, Ausfahrt 2 Straelen/Nettetal. Von Mönchengladbach A61, Ausfahrt Kaldenkirchen/Straelen/Leuth. CP wird ausgeschildert.
118022

Warburg, D-34414 / Nordrhein-Westfalen

Eversburg
Zum Anger 1
1 Jan - 31 Dez
+49 56 41 86 68
N 51°29'08" E 09°09'53"

1 ABKNOPQRSU 6
2 ABCEIQY ABDEFG 7
3 A ABCDEFGIJKNPQRT 8
4 DEHJO 9
5 ABDJKN ABFGHIJKNQU 10
B 16A CEE ① €24,50
H172 3ha 75T(75-100m²) 40D ② €24,50

A44 Dortmund-Kassel, Ausfahrt 65; B252 Richtung Warburg. Durchfahren bis zur B7, Richtung Kassel 1000m nach Warburg. Nicht in die Stadt fahren.
112402

Warstein/Niederbergheim, D-59581 / Nordrhein-Westf.

Wannetal
Wanndickerweg 2
1 Jan - 31 Dez
+49 29 25 20 84
camping-wannetal@t-online.de
N 51°28'12" E 08°14'28"

1 AKNOPQRSTU 6
2 ABQSUVXY ABDEFG 7
3 ABFMU ABCDEFHJNQRST 8
4 FHO 9
5 DFJLMN ABCHJKLOQ 10
16A CEE ① €24,00
H250 3,2ha 60T(80-100m²) 150D ② €24,00

Autobahn Dortmund-Kassel, Abfahrt Soest-Ost, Richtung Niederbergheim. An den Ampel geradeaus Richtung Hirschberg. Nach ca. 1 km hinter der Kapelle links.
100128

Wettringen, D-48493 / Nordrhein-Westfalen

CC€21

Campingpark Haddorfer Seen****
Haddorf 59
1 Jan - 31 Dez
+49 59 73 27 42
info@campingpark-haddorf.de
N 52°16'25" E 07°19'12"

1 AEGKNOPQRSTU LMNPQSXZ 6
2 EJKQRXYZ BEFGI 7
3 AEGJM BDFGJKQRSTUVW 8
4 BH BF 9
5 ADEFHKM ADEFGHKNOQVY 10
B 16A CEE ① €30,00
14,6ha 111T(80-200m²) 442D ② €37,00

A31 Ausfahrt Schüttorf-Ost Richtung Wettringen. Nördlich von diesem Ort ist der CP angezeigt.
111942

Winterberg, D-59955 / Nordrhein-Westfalen

Camping Hochsauerland
Remmeswiese 10
1 Jan - 31 Dez
+49 29 81 32 49
info@camping-hochsauerland.de
N 51°11'55" E 08°31'25"

1 ADEKNOPQRSTU 6
2 BIQVXY ABDEFGH 7
3 BLM ABCDEFGHIJKLNQR 8
4 FHI VW 9
5 ADEFKLMN ABCFGHJKOQUW 10
WB 10A CEE ① €28,00
H700 6ha 70T(80-100m²) 215D ② €28,00

Über die B480 an der Nordumgehung von Winterberg ausgeschildert, den CP-Schilden folgen.
108091

Winterberg/Züschen, D-59955 / Nordrhein-Westfalen

Campingplatz Ahretal
Zum Homberg 8
1 Jan - 31 Dez
+49 29 81 16 52
info@ahretal.de
N 51°08'49" E 08°32'55"

1 AKNOPQRSTU JN 6
2 BDIQSTVWXYZ ABDEFG 7
3 ABCELNO ABCDEFJKNRTUV 8
4 FHIKST 9
5 ADJKMN ABCFHIJKLNPQW 10
W 16A CEE ① €20,00
H500 3ha 30T(80-100m²) 170D ② €20,00

B236 Winterberg-Marburg. 7 km südlich von Winterberg in Richtung Battenberg. Im Ort ausgeschildert, CP liegt 1 km außerhalb Züschen in Richtung Bad Berleburg.
111722

Xanten, D-46509 / Nordrhein-Westfalen

Waldcamping Speetenkath
Urseler Str. 18
1 Jan - 31 Dez
+49 28 01 17 69
mail@waldcamping-speetenkath.de
N 51°39'25" E 06°23'14"

1 AFGILOPQRST LN 6
2 ABEIJQRXYZ ABDEFG 7
3 BFM ABCDEFIJRW 8
4 FHJ 9
5 KMN ABGHIJKLQUV 10
B 10-16A CEE ① €22,00
2ha 80T(100m²) 250D ② €30,00

Von der B57 Ausfahrt Sonsbeck und Richtung Xanten. Dort ist der CP angezeigt.
114764

Teilkarte Nordrhein-Westfalen auf Seite 282

Hessen

Affoldern/Edertal, D-34549 / Hessen

Affolderner See	1 AGKNOPQRSTU	JNQSX 6
Am Mühlengraben 15	2 CEKLMPQSWY	ABDEFGHIJK 7
1 Jan - 30 Okt	3 ABFLMNTU	ABCDEFJNQRSTW 8
+49 56 23 42 90	4 FHJO	FKV 9
info@campingplatz-affoldernersee.com	5 ADHKLMN	ABFGHIJKOQU 10
	W 16A	① €35,00
N 51°09'56" E 09°05'08"	H218 3,5ha 100T(60-80m²) 42D	② €48,00
		102264

A44 Dortmund-Kassel, Ausfahrt 64 Diemelstadt. B252 Richtung Korbach, Richtung Waldeck. B485 Richtung Affoldern. CP ist ausgeschildert.

Alheim/Licherode, D-36211 / Hessen

Alte Mühle	1 ADEKNOPQRSTU	6
Zur Alten Mühle 4	2 ABDQSTXYZ	ABDEFG 7
1 Apr - 1 Okt	3 AUX	ABCDEFJNQRW 8
+49 17 35 90 47 17	4 FH	EFVW 9
info@camping-altemuehle.de	5 ADFHKN	AHJKOQ 10
	10-16A CEE	① €22,00
N 51°02'10" E 09°34'51"	H285 4,5ha 50T(100m²) 44D	② €27,00
		102345

Von Kassel Ausfahrt 83 Malsfeld Richtung Rotenburg bis Morschen, dann Homburg, durch Wichte links Richtung Licherode. Licherode bach 2 km links. Von Bad Hersfeld (84)Homberg Richtung Rotenburg. Bei Sterkelhausen links Richtung Licherode, dort dann rechts.

Teilkarte Hessen auf Seite 289

Asel-Süd/Vöhl, D-34516 / Hessen

Campingplatz Asel-Süd
Ederseeparadies
Asel-Süd 1
1 Mrz - 31 Okt
+49 5 63 56 08
info@camping-asel-sued.de
N 51°10'52" E 08°57'19"

1 AEGKNOPQRSU LNQSXY 6
2 BEILMPQSUXYZ ABFGHK 7
3 BFGHIMX ABDEFGJNQRTU 8
4 BEFHJK ADEFQRTVY 9
5 ABFHKMN ABJKQU 10
B 16A CEE ① €25,00
H280 3,6ha 190T(70-90m²) 223D ② €30,00
102210

A44 Dortmund-Kassel, Ausfahrt Diemelstadt. B252 Richtung Korbach bis kurz nach Herzhausen. Links Richtung Asel-Süd. Ist ausgeschildert. CP im Süden vom Edersee.

Bad Emstal/Balhorn, D-34308 / Hessen

Ferienanlage Erzeberg
Birkenstraße 21
1/1 - 18/11, 19/12 - 31/12
+49 56 25 52 74
info@erzeberg.de
N 51°16'10" E 09°15'06"

1 ABDEGKNOPQRSTU E 6
2 ABIQSTWXYZ ABDFG 7
3 BLMS ABCDEFHJNPQRTUVW 8
4 FHJOTV EJUVW 9
5 ADFHLMN ABEFGHIJKOQWY 10
WB 16A CEE ① €27,00
H329 4ha 45T(80-150m²) 73D ② €35,00
100131

A44 Ausfahrt 67 Zierenberg, B251 Richtung Wolfhagen. B450 Richtung Fritzlar, Abfahrt Emstal/Balhorn, an Schauenburg/Martinhagen vorbei. CP ist ausgeschildert.

Bad Karlshafen, D-34385 / Hessen

Camping Bad Karlshafen****
Am rechten Weserufer 2
1 Jan - 31 Dez
+49 5 67 27 10
info@camper-karli-event.de
N 51°38'39" E 09°26'54"

1 ADEKNOPQRSTU AFJNWXY 6
2 CPQTXY ABDEFG 7
3 ABJMTX ABCDEFJKNQRT 8
4 RSTUVWYZ ERUVW 9
5 ABCDEFHJLMN ABFHIJKLNQ 10
B 16A CEE ① €28,00
H400 3,7ha 306T(80-120m²) 145D ② €39,00
102255

An der B83 zwischen Höxter und Kassel in Bad Karlshafen. In der Stadt über die Brücke, dann an der Weser links.

Bad Zwesten, D-34596 / Hessen

Waldcamping Bad Zwesten
Am Campingplatz 1
1 Apr - 31 Okt
+49 5 62 63 79
info@waldcamping.de
N 51°02'50" E 09°11'25"

1 ADGKNOPQSTU AN 6
2 ACQSXY ABDEFGI 7
3 ABFM ABCDEFJKNQRTW 8
4 FH EF 9
5 DFHKMN AFGHJKLNQ 10
B 16A CEE ① €28,50
H194 5ha 35T(100m²) 127D ② €36,50
102268

A49 Kassel-Marburg, Ausfahrt 16 Borken, dann die B3 bis Bad Zwesten. Dann CP weiter ausgeschildert. Der CP liegt nah an der B3.

Battenberg/Dodenau, D-35088 / Hessen

Camping Ferienplatz Edertal
Ferienplatz Edertal 1
1 Jan - 31 Dez
+49 6 45 22 12 91 70
info@ferienplatz-edertal.de
N 51°01'31" E 08°34'11"

1 ADEKNOPQRSTU J 6
2 BCMQXY AB 7
3 ABCMT ABCDEFJNR 8
4 FHJO 9
5 ABDHMN AHIJKLMQU 10
16A CEE ① €18,50
H350 2,8ha 60T(bis 100m²) 60D ② €22,00
109278

B253 Biedenkopf-Frankenberg. Ausfahrt Allendorf/Battenfeld. B236 Richtung Winterberg, links Richtung Battenberg. Danach links Richtung Dodenau/Hobe.

Braunfels, D-35619 / Hessen

Camping-Park Braunfels
Weihermuhle 1
1 Jan - 31 Dez
+49 6 44 29 32 78 40
campingpark-braunfels@web.de
N 50°30'42" E 08°22'58"

1 BDEKNOPQRSTU N 6
2 BCPQSTVXY ABDEFGI 7
3 ABL ABCDEFJRSTUVW 8
4 FH DG 9
5 ADHJKM ABFGHILNRSU 10
WB 16A CEE ① €21,00
H480 4ha 35T(80-100m²) 142D ② €26,00
102156

A45 Dortmund-Frankfurt, Ausfahrt 30 Wetzlar-Ost. B49 Richtung Limburg bis Ausfahrt Leun, dann rechts Richtung Braunfels, im Ort ausgeschildert.

Brungershausen, D-35094 / Hessen

Auenland****
Zum Dammhammer 2
1 Apr - 31 Okt
+49 64 20 71 72
info@campingplatz-auenland.de
N 50°51'47" E 08°37'43"

1 AEGKNOPQRSTU AJNX 6
2 BDPQTWXYZ ABFG 7
3 ABSU ABCDEFGHIJNQRTW 8
4 FHJO DR 9
5 ABDFHLN ABGHJKNQU 10
B 16A CEE ① €26,50
H90 2,5ha 40T(100m²) 56D ② €30,50
113459

B62 Cölbe-Biedenkopf, Ausfahrt Brungershausen. Den CP-Schildern folgen.

Dillenburg, D-35683 / Hessen

Waldcamp Meerbornsheide
Meerbornsheide 1-2
1 Jan - 31 Dez
+49 2 77 13 30 50 22
e.cimpan@web.de
N 50°43'52" E 08°15'46"

1 AKNOPQRSTU 6
2 ABQSVXYZ ABDEFIK 7
3 L ABEFJNQRW 8
4 FH J 9
5 ABDEFGHJM AJKLMNQ 10
10-16A CEE ① €28,50
H550 3ha 70T(80-100m²) 11D ② €39,00
102152

A45 Dortmund-Giessen, Ausfahrt Dillenburg. In Dillenburg-Zentrum Richtung Donsbach (ausgeschildert).

Dreieich/Offenthal, D-63303 / Hessen

Offenthal
Bahnhofstr. 77
1 Jan - 31 Dez
+49 60 74 56 29
info@campingplatz.dreieich.de
N 49°59'09" E 08°45'26"

1 ADEGILOPQRSTU A 6
2 AQSWXYZ ABFG 7
3 ALMW ABCDEFJNQRUW 8
4 HJ I 9
5 ABDM ABCFHIJKLOQU 10
16A CEE ① €28,75
H160 3ha 30T(80-120m²) 76D ② €35,75
114483

A661 Ausfahrt Langen, die B486 in östlicher Richtung Offenthal-Ost. An der Kreuzung links ins Zentrum Offenthal Richtung Dietzenbach, hinter dem 2. Kreisel rechts. Nach 2 km kommt der CP.

Driedorf, D-35759 / Hessen

Heisterberger Weiher
Am Weiher 3
1 Mrz - 31 Okt
+49 2 77 54 58
cpheisterberger.weiher@gmail.com
N 50°39'11" E 08°09'42"

1 ADEKNOPQRSTU LMNQ 6
2 ABCFIJKPQRSTUVXYZ ABDEFG 7
3 ABEGJMTX ABEFJNQRTUVW 8
4 ABCEFGHIJK BNT 9
5 ADEFGHKLMNO ABCGHIJKQUVYZ 10
B 16A CEE ① €23,50
H652 20ha 66T(100-200m²) 354D ② €31,50
124939

Auf der A45 Ausfahrt Driedorf die B255 Richtung Driedorf, danach Ausfahrt Heisterberg, wo der Campingplatz anzeigt ist.

Edertal/Affoldern, D-34549 / Hessen

Edertalerhof
Hemfurtherstraße 21
1 Jan - 31 Dez
+49 17 07 86 96 16
booking@edertaler-hof.de
N 51°10'05" E 09°04'48"

1 ABGKNOPQSTU LN 6
2 CEPQSTXY ABFG 7
3 ABDFGLMS ABCDEFJNQRTUW 8
4 FHJOT I 9
5 D AFHJKLMOQU 10
WB 10A CEE ① €46,00
H219 5ha 100T(bis 40m²) 51D ② €55,00
102265

A44 Dortmund-Kassel, Ausfahrt 64 Diemelstadt. B252 Richtung Korbach, Richtung Waldeck, B485 Richtung Affoldern. Dort ausgeschildert.

Edertal/Bringhausen, D-34549 / Hessen

Am Linge
Daudenbergstraße 7
1 Jan - 31 Dez
+49 0 56 23 93 06 53
post@camping-am-edersee.de
N 51°10'27" E 08°59'58"

1 AKNOPQSTU LNQRSTX 6
2 EIPQSVY ABDEF 7
3 ABJ ABCDEFJKNQRT 8
4 FHJO 9
5 ABDFHJLMN ABEHIJKQ 10
16A CEE ① €32,50
H151 10ha 70T 70D ② €40,50
102263

A44 Dortmund-Kassel, Ausfahrt 64 Diemelstadt. B252 Richtung Korbach, Richtung Wildungen. B485 Richtung Affoldern, dann Bringhausen. Ausgeschildert.

Edertal/Bringhausen, D-34549 / Hessen

Campingplatz an der Bringhäuser Bucht
Seestrasse 3
1 Apr - 11 Sep
+49 56 23 93 05 75
info@campingplatz-bringhaeuser-bucht.de
N 51°10'50" E 08°59'42"

1 AKNOPQRSTU LNQRSTXY 6
2 EILMPQTVXY BFG 7
3 J BDFJNQRUVW 8
4 FHJO 9
5 AEFKLN ABFHJKQ 10
16A CEE ① €28,40
H260 1,7ha 21T 56D ② €32,40
122058

A44 Dortmund-Kassel, Ausfahrt 64 Diemelstadt. B252 Richtung Korbach, dann Richtung Bad Wildungen. B485 Richtung Affoldern, weiter Richtung Bringhausen. CP ist angezeigt.

Edertal/Mehlen, D-34549 / Hessen

Ideal
Waldecker Straße 29
15 Apr - 15 Okt
+49 0 56 23 21 90
info@campingplatz-ideal.de
N 51°10'12" E 09°06'28"

1 AHKNOPQSTU JLX 6
2 CEPQSXYZ ABDEF 7
3 ABFM ABCDEFNQRTU 8
4 FHJ 9
5 DEHKN ABGHJKLQU 10
16A CEE ① €32,60
H175 10,5ha 74T(10m²) 37D ② €42,60
102266

A44 Ausfahrt 64 Diemelstadt, B252 Richtung Korbach, B485 Richtung Bad Wildungen. In Mehlen ist der CP ausgeschildert.

Edertal/Rehbach, D-34549 / Hessen

Rehbach***
Strandweg 9
1 Apr - 31 Okt
+49 56 23 20 49
post@camping-am-edersee.de
N 51°10'57" E 09°01'21"

1 ADEILOPQSU LNQSTXYZ 6
2 EILSUWXZ ABDEFGHIK 7
3 BGLM ABCDEFJKNQRTUVW 8
4 FHJO PQRTUVW 9
5 ABDEFKLMN ABEGHOQ 10
16A CEE ① €35,00
H255 15ha 116T 22D ② €46,00
102261

A44 Dortmund-Kassel, Ausfahrt 64 Diemelstadt. B252 Richtung Korbach, Richtung Wildungen. Dann N485 Richtung Affoldern nach Hemfurth, dann ausgeschildert.

Erbach/Bullau, D-64711 / Hessen

Safari
Gelbe Heide 24
1 Jan - 31 Dez
+49 60 62 26 69 84
campingsafaribullau@gmail.com
N 49°36'52" E 09°02'32"

1 AGKNOPQRSTU A 6
2 BPQTUWXYZ ABDEFGHIJK 7
3 ALMX ABCDEFJKNQRT 8
4 FHIJ D 9
5 ADHJMN ABCFGHIJKLOQU 10
16A CEE ① €22,00
H550 2ha 30T(80-100m²) 36D ② €27,00
112151

A5 oder A67, Ausfahrt Lorsch/Heppenheim, weiter B460 Fürth/Erbach. Hinter dem Maarbachstausee B45 links Richtung Erbach. Von dort die K42 nach Bullau. CP nach 8 km links.

Teilkarte Hessen auf Seite 289

Eschwege, D-37269 / Hessen
CC€23 iD

Knaus Campingpark Eschwege*****
Am Werratalsee 2
1 Mrz - 26 Nov
+49 56 51 33 88 83
eschwege@knauscamp.de
N 51°11'29'' E 10°04'07''

1 ADEGKNOPQRSTU	LMNQSXYZ 6
2 DEIJKPQSTWXY	ABDEFGI 7
3 ABFGMS	ABCDEFGIJKNQRTUVW 8
4 BFHJO	ABE 9
5 ADEFKMN	ABDFGHJKMOQ 10
Anz. auf S. 240 + Umschl. B 16A CEE	❶ €42,30
H161 6,8ha 90T(80-100m²) 114D	❷ €52,00

A4 Kassel-Hannover, Ausfahrt 74. B27 Richtung Bebra, Ausfahrt Eschwege. Oder A4 Frankfurt-Dresden, Ausfahrt 32. Dann auf die B27 Richtung Eschwege. 112185

Frielendorf, D-34621 / Hessen
iD

Campingplatz Frielendorf
Stettiner Straße 14
1 Jan - 31 Dez
+49 56 84 92 28 56
info@camping-frielendorf.de
N 50°58'15'' E 09°18'59''

1 ABGKNOPQRSTU	AFH 6
2 PQTUXY	ABDFG 7
3 BFGMN	ABCDEFJNQRW 8
4 FH	9
5 ABDEFIMN	ABHJKOPQU 10
Anzeige auf dieser Seite B 16A CEE	❶ €25,55
H250 3ha 70T(80-100m²) 100D	❷ €31,55

A49 Kassel-Giessen, Ausfahrt Wabern, dann B254 Richtung Homberg, Richtung Frielendorf-Süd. Der CP ist ausgeschildert. 102271

Fuldatal/Knickhagen, D-34233 / Hessen
iD

Fulda-Freizeitzentrum
Fulda-Freizeitzentrum 1
1 Jan - 31 Dez
+49 5 60 73 40
info@campingplatz-knickhagen.de
N 51°23'21'' E 09°33'49''

1 AEKNOPQRSTU	6
2 QSTWXY	ABDEFGI 7
3 AM	ABCDEFJNPQRT 8
4 FH	F 9
5 ADFHLMN	ABHJKOQ 10
B 10A CEE	❶ €22,40
H280 3,2ha 40T(80-120m²) 81D	❷ €28,40

Ausfahrt A7 Kassel-Nord Richtung Flughafen Kassel Calden. B3 Hann. Münden Richtung Knickhagen. Oder über A7 Ausfahrt Hedemünden Richtung Hann. Münden. B3 Richtung Kassel/Knickhagen. CP-Schildern folgen in Knickhagen. Navi ausschalten! 100132

Greifenstein/Beilstein, D-35753 / Hessen
iD

Ulmbachtalsperre
Ulmbachtalsperre 1
1 Apr - 15 Okt
+49 2 77 93 49
ulmbach-camping@t-online.de
N 50°36'10'' E 08°16'00''

1 ADEGKNOPQRSTU	LX 6
2 EIMPQSUVXYZ	ABDEFGH 7
3 ABFM	ABCDEFJNQRW 8
4 EFHJLOQ	DFVW 9
5 ABDEFGHMN	ABGHJKORSY 10
B 10-16A CEE	❶ €20,00
H300 17ha 80T(80-100m²) 256D	❷ €26,00

A45, Ausfahrt 27 Herborn-Süd Ri. Greifenstein, Mengerskirchen, über Beilstein Ri. Biskirchen. CP liegt zwischen Beilstein und Holzhausen. A45, Ausfahrt 28 Ehringshausen, über Katzenfurt, Holzhausen. In Holzh. und Beilst. Beschilderung folgen. 102153

Fürth (Odenwald), D-64658 / Hessen
iD

Nibelungen-Camping am Schwimmbad
Tiefertswinkel 20
1 Mai - 9 Okt
+49 62 53 58 04
info@camping-fuerth.de
N 49°39'35'' E 08°47'01''

1 ADEGILOPQRSTU	6
2 IPQTWXYZ	ABCDEFGI 7
3 BMNOUX	ABCDEFGIJLNQRTUVW 8
4 FHIJ	9
5 DMN	AFGHJKOQW 10
16A CEE	❶ €31,50
H200 5ha 45T(80-120m²) 90D	❷ €42,50

Von Norden: A5 Darmstadt-Heidelberg, Ausfahrt 31 Heppenheim B460. Durch Fürth, CP links. Von Süden: A5, Ausfahrt 33 Weinheim B38A. Durch Fürth, CP links. Von Fürth der CP-Beschilderung folgen. 102214

Grünberg, D-35305 / Hessen
iD

Spitzer Stein
Alsfelderstraße 57
1 Mrz - 31 Okt
+49 64 01 65 53
campingplatz@gruenberg.de
N 50°35'27'' E 08°58'25''

1 ABGKNOPQRSTU	BGH 6
2 APQSY	ABDEFG 7
3 BFGLMNS	ABCDEFJNQRT 8
4 FHJ	9
5 DEFHJKM	AHJKLQ 10
16A CEE	❶ €17,60
H250 4ha 70T(50-100m²) 270D	❷ €24,60

A5 Frankfurt-Kircheim, Ausfahrt 7 Grünberg. Der CP liegt an der B49 Giessen-Alsfeld, östlich von Grünberg. 102211

Gedern, D-63688 / Hessen
iD

Campingplatz Am Gederner See
Am Gederner See 19
1 Jan - 31 Dez
+49 60 45 95 26 43
info@campingpark-gedern.de
N 50°25'44'' E 09°10'50''

1 ABDEGKNOPQRSTU	LMNX 6
2 FJKLQSWXYZ	ABCDEFGIK 7
3 BEGJLMW	ABCDEFIJKNQRTW 8
4 EFHJO	EFNQTX 9
5 ABDEFGHJLMN	ABCGHIJKLOQWY 10
B 16A CEE	❶ €28,50
H350 15ha 157T(80-120m²) 432D	❷ €38,50

A45 Frankfurt-Giessen, Ausfahrt 38 Florstadt. B275 Richtung Lauterbach, dann Abfahrt Gedern. Von Gedern aus den Schildern folgen ca. 1,5 km in nordwestliche Richtung. 100153

Guxhagen/Büchenwerra, D-34302 / Hessen

Fuldaschleife****
zum Bruch 6
1 Apr - 4 Okt
+49 56 65 96 10 44
info@fuldaschleife.de
N 51°10'40'' E 09°28'41''

1 DEGKNOPQRSTU	JNUXYZ 6
2 ABCPQSTWY	ABDEFGHIJ 7
3 ABFM	ABCDEFGIJKNQRTW 8
4 FHJ	DF 9
5 DHKMN	ABCGHJKLOSTY 10
B 16A CEE	❶ €29,00
H152 2,8ha 75T(75-125m²) 43D	❷ €39,00

A7 Kassel-Frankfurt; Ausfahrt 81 Guxhagen. Von hier den CP-Schildern folgen bis Abfahrt Büchenwerra. Dort ist der CP ausgeschildert. 102262

Geisenheim, D-65366 / Hessen
iD

Geisenheim am Rhein
Am Campingplatz 1
15 Apr - 15 Okt
+49 6 72 27 56 00
campingplatzgeisenheim@t-online.de
N 49°58'45'' E 07°57'27''

1 AGKNOPQRSTU	JNXY 6
2 CQSXY	ABDEFG 7
3	ABEFNQRT 8
4	9
5 ADLMN	ABFHJKQ 10
16A CEE	❶ €39,00
H100 4,5ha 70T(80-100m²) 40D	❷ €39,00

Zwischen der B42 und dem Rhein, zwischen Rüdesheim (3 km) und Winkel (5 km). B42 Ausfahrt Geisenheim-West, dann den CP-Schildern folgen. 102109

Hanau (Main), D-63452 / Hessen
iD

Bärensee
Oderstrasse 44
1 Mrz - 31 Okt
+49 61 81 97 54 52
baerensee@bruchkoebel.de
N 50°09'07'' E 08°57'25''

1 ADEKNOPQRSTU	LMN 6
2 ABEJQWXYZ	ABDEFG 7
3 AFM	ABCDEFIJNQRTUVW 8
4 H	9
5 ABDFGHJL	ABFHKQ 10
Anzeige auf dieser Seite B 16A CEE	❶ €22,50
H100 38ha 60T(64m²) 1000D	❷ €27,50

A45 Dortmund-Würzburg. Am Hanauer Kreuz A66 Richtung Frankfurt/Hanau, Ausfahrt 37 Richtung Erlensee/Neuberg: links einordnen, 1. Kreuzung links, dann ist der CP ausgeschildert. 100151

Gersfeld/Schachen, D-36129 / Hessen
iD

Hochrhön
Schachen 13
1 Apr - 1 Dez
+49 66 54 78 36
info@camping-hochrhoen.de
N 50°27'45'' E 09°55'09''

1 AGKNOPQRSTU	6
2 IQSVWXY	ABDEFG 7
3 M	ABCDEFJNQRW 8
4 FHJ	9
5 DLMN	AFGHKQ 10
10-16A CEE	❶ €22,50
H589 3ha 40T(85-95m²) 75D	❷ €30,50

A7 Fulda-Würzburg Ausf. 93 Fulda-Süd. B279 Gersfeld. Oder A7 Würzburg-Fulda, Ausf. 95 Brückenau/Wildflecken. B286 Ri. Bad Brückenau; nach 3 km Ri. Wildflecken. Dann Ri. Gersfeld. In Gersfeld Ri. Sachen. Ausgeschildert. 102348

Grasellenbach/Hammelbach, D-64689 / Hessen
iD

Camping Park Hammelbach****
Gasse 17
1 Apr - 31 Okt
+49 62 53 38 31
info@camping-hammelbach.de
N 49°37'57'' E 08°49'49''

1 ADEGJMOPQRSTU	6
2 IPQSVWXYZ	ABDEFGHI 7
3 A	ABCDEFJKNQRTUVW 8
4 FHIJSTVY	9
5 ABDMN	ABCHJKMOQ 10
B 16A CEE	❶ €30,20
H450 2,8ha 35T(100-120m²) 100D	❷ €41,20

A5 Frankfurt am Main-Karlsruhe, Ausfahrt 31 Heppenheim, B460 Erbach, in Weschnitz rechts Richtung Hammelbach, ausgeschildert. 110096

Deutschland

Teilkarte Hessen auf Seite 289

Haunetal/Wehrda, D-36166 / Hessen

Ferienpark-Wehrda
Hohenwehrdaerstraße 22
1 Jan - 31 Dez
+49 66 73 91 93 10
info@ferienpark-wehrda.de
N 50°44'21" E 09°40'13"

1 ADEJMOPQSU E 6
2 APQSTWYZ ABDEFGI 7
3 AJMS ABCDEFHJNPQRT 8
4 FHQT GJ 9
5 ADFHLMN ABGHJKQ 10
16A CEE ① €22,00
H280 3ha 15T(100m²) 91D ② €26,00

A4 Kirchheim-Dresden, Ausfahrt 32 Bad Hersfeld, B27 Richtung Fulda, Ausfahrt Haunetal/Rhina. Dort den CP-Schildern folgen. 110308

Heringen/Werra, D-36266 / Hessen

Werratal-Camping
Am Steinberg
1 Jan - 31 Dez
+49 66 24 54 20 22
werratalcamping@gmx.de
N 50°53'04" E 10°01'15"

1 AKNOPQRSTU AEFH 6
2 ABPQSTUXYZ ABDEFGHIJK 7
3 AHIJMN ABEFJNQRTW 8
4 FHJO 9
5 ADN ABGHJKMNQU 10
16A CEE ① €31,00
H263 3,5ha 39T(100m²) 25D ② €37,00

A4 Frankfurt-Eisenach, Ausfahrt 33 Friedewald Richtung Herfa dann Heringen, oder Ausfahrt 34 Hönebach Richtung Heringen. 102418

Herzhausen, D-34516 / Hessen

Camping- & Ferienpark Teichmann*****
Zum Träumen 1A
1 Jan - 31 Dez
+49 5 63 52 45
info@camping-teichmann.de
N 51°10'31" E 08°53'28"

1 ABDEGHKNOPQRSTU LMNQX 6
2 DFIKLPQSTWXYZ ABCDEFGHIJ 7
3 ABCFGHIJMSTUX ABCDEFGHIJKNPQRSTUVW 8
4 ABCDEFGHIJLOX EGIJKLNRTUVWYZ 9
5 ABCDEFGHIJKLMNO ABFGHIKLMOQUW 10
B 16A CEE ① €35,30
H244 24ha 495T(80-220m²) 144D ② €43,10

A44 Dortmund-Kassel Ausfahrt Diemelstadt. B252 Richtung Korbach. Hinter Herzhausen ist der CP nach 1 km rechts ausgeschildert. 101128

Heubach, D-36148 / Hessen

Birkenhain
Birkeweg 7
1 Jan - 31 Dez
+49 97 42 14 04
camping-birkenhain@gmx.de
N 50°22'55" E 09°42'49"

1 AGKNOPQRSTU 6
2 AIPQSUVXY ABFGHJ 7
3 A ABEFJNQRW 8
4 J 9
5 ABDM ABFHJKNQU 10
W 16A CEE ① €22,00
H500 2ha 95T(100-120m²) 65D ② €28,00

A7 Fulda-Würzburg, Ausfahrt Uttrichshausen Richtung Heubach, dann Richtung Camping Birkenhain. 114481

Hirschhorn/Neckar, D-69434 / Hessen

Odenwald Camping Park
Langenthalerstraße 80
31 Mrz - 3 Okt
+49 6 27 28 09
odenwald-camping-park@t-online.de
N 49°27'09" E 08°52'40"

1 AFGJMOPQRSTU BJ 6
2 DPQSWXYZ ABCDEFGHI 7
3 BJLMNSU ABCDEFJNQRTUV 8
4 ABFHO D 9
5 ACDFHJLMN ABDEFGHKLOQU 10
B 6A CEE ① €34,40
H150 8ha 200T(80-120m²) 113D ② €43,40

A5, Ausfahrt 37 Heidelberg. B37 Richtung Eberbach/Mosbach. Ausfahrt Hirschhorn. In Hirschhorn ausgeschildert, am Ortsausgang von Hirschhorn Richtung Langenthal. 109160

Hofgeismar, D-34369 / Hessen

Am Parkschwimmbad
Schönebergerstraße 16
1 Jan - 31 Dez
+49 17 28 07 02 98
camping@in-hofgeismar.de
N 51°30'33" E 09°24'14"

1 ABGKNOPQSTU BEGHI 6
2 PQSTXY ABDEFGI 7
3 BFM ABCDEFJNQRTW 8
4 FH 9
5 ADM ABCFGHIJKRSUY 10
16A CEE ① €23,30
H140 2ha 40T 76D ② €29,30

A44 Dortmund-Kassel, Ausfahrt Breuna. Dort ist Hofgeismar ausgeschildert. In der Stadt gibt es Schilder. 109416

Hosenfeld, D-36154 / Hessen

Bergwinkel
Campimgplatz 1
1 Jan - 31 Dez
+49 16 01 65 31 75
Info@campIng-hosenfeld.de
N 50°30'49" E 09°28'31"

1 AFGKNOPQRSTU BF 6
2 QSUVXY ABEFGH 7
3 AFMN ABEFNQR 8
4 FHJ DJ 9
5 DM ABCJKLNQ 10
16A ① €21,50
H360 3,5ha 40T(80-100m²) 88D ② €27,50

A7 Kassel-Würzburg, Ausfahrt 91 Fulda-Nord. B40 Ausfahrt Neuhof. In Neuhof Richtung Hauswurz, Richtung Hosenfeld. Dort ausgeschildert. 102273

Hünfeld, D-36088 / Hessen

Knaus Campingpark Hünfeld Praforst*****
Dr.-Detlev-Rudelsdorff-Allee 6
1 Jan - 31 Dez
+49 66 52 74 90 90
huenfeld@knauscamp.de
N 50°39'12" E 09°43'26"

1 ADEGKNOPQRSTU N 6
2 ABPQSTWXYZ ABDEFGI 7
3 AFGJLM ABCDEFJKNQRTUVW 8
4 FHJ J 9
5 ABDM ABDFGHIJKLOQU 10
Anz. auf S. 240 + Umschl. B 16A CEE ① €44,00
H220 3,5ha 135T(100-150m²) 36D ② €54,00

A7 Kassel-Frankfurt Ausfahrt 90 Hünfeld/Schlitz. CP ist beschildert. Auch über B27 zu erreichen, Ausfahrt Hünfeld/Schlitz. 102347

Jesberg, D-34632 / Hessen

Kellerwald
Freizeitcentrum 1
1 Jan - 31 Dez
+49 17 35 49 54 82
gemeindeverwaltung@gemeinde-jesberg.de
N 50°59'48" E 09°08'01"

1 AGKNOPQRSTU BF 6
2 CPQX ABDEFG 7
3 BFGHMNRS ABCDEFJNQR 8
4 D 9
5 ADEL AJKLQV 10
B 16A CEE ① €15,00
H500 2,5ha 60T(80-100m²) 152D ② €19,00

A49 Kassel-Giessen, Ausfahrt Borken. Dann B3 bis Jesberg. Der CP ist ausgeschildert. 102269

Kassel, D-34121 / Hessen

Campingplatz Kassel
Giesenallee 9
1 Apr - 31 Okt
+49 5 61 70 77 07
info@campingplatz-kassel.de
N 51°17'30" E 09°29'15"

1 BDEKNOPQRSU 6
2 ACEPQSWXYZ ABDFGI 7
3 ABCDEFGJNQRT 8
4 9
5 ABCGHKNQW 10
B 16A CEE ① €32,00
1,5ha 92T 20D ② €42,00

Kassel Auestadion Richtung Zentrum. Nach 1 km rechts ab. Der Beschilderung folgen. 123259

Kassel/Bettenhausen, D-34123 / Hessen

B.F.F.L. Lossaue
Fischhausweg 9
15 Apr - 15 Okt
+49 5 61 51 72 00
bffl.kassel@t-online.de
N 51°17'47" E 09°32'56"

1 AHILOPQRSTU A 6
2 ADPQRTWXY ABDEFGIK 7
3 BFGMS ABEFGJNPQRW 8
4 FHJOT F 9
5 DMN AIJKOQU 10
FKK 10A CEE ① €22,00
H150 3ha 20T(150m²) 37D ② €22,00

A7 Frankfurt-Hannover. Ausfahrt 78 Kassel-Ost, Richtung Kassel-Zentrum. Nach ca. 1,5 km rechts. CP ist ausgeschildert. 102340

Kirchheim/Waldhessen, D-36275 / Hessen

Seepark*****
Brunnenstraße 20-25
1 Jan - 31 Dez
+49 66 28 15 25
info@campseepark.de
N 50°48'52" E 09°31'05"

1 ADEGKNOPQRSTU LQWY 6
2 AEJPQSTVWXY ABDEFGI 7
3 BGLMU ABCDEFJKNQRTUVW 8
4 EFHIJO AD 9
5 ABDEFHJKMN ABGHIJKLMNOQW 10
WB 16A CEE ① €30,00
H310 10ha 300T(40-100m²) 115D ② €36,00

A7 Kassel-Würzburg, Ausf. 87 Kirchheim, vor/hinter dem Kirchheimer Dreieck. Dort den CP-Schildern folgen. 102346

Laubach, D-35321 / Hessen

Caravanpark Laubach
Am Froschloch 1
1 Jan - 31 Dez
+49 64 05 14 60
info@caravanpark-laubach.de
N 50°33'03" E 09°00'32"

1 AGKNOPQRSTU 6
2 ABCQTXYZ ABDEFGHI 7
3 ABEFGLMNOSU ABCDEFJKNQRTUVW 8
4 FH DV 9
5 ADMN AFGHJKNQV 10
B 16A CEE ① €23,60
H220 11ha 90T(70-120m²) 304D ② €28,60

A45 Dortmund-Aschaffenburg, Ausfahrt 36 Münzenberg/Lich. B488 Richtung Lich. Dann Richtung Laubach. Schildern folgen. 111301

Liebenau/Zwergen, D-34396 / Hessen

Reiterparadies Campingpark
Teichweg 1
1 Apr - 1 Nov
+49 56 76 15 09
info@ponyhofcamping.de
N 51°28'49" E 09°18'01"

1 ADEKNOPQRSTU BGJ 6
2 CPQSVXYZ ABDEFGH 7
3 BDFGHIMTW ABCDEFGIJKNQRTUV 8
4 EFHJNOTUV GH 9
5 ABDEFGHKLM ABFGHJKMQU 10
16A CEE ① €59,50
H149 7,5ha 170T 88D ② €59,50

A44 Dortmund-Kassel, Ausfahrt 66 Breuna, Richtung Niederlistingen. B7 überqueren, Richtung Hofgeismar. Ausfahrt Liebenau/Zwergen, CP ist ausgeschildert. 100130

Lindenfels/Schlierbach, D-64678 / Hessen

Terrassen Camping Schlierbach
Am Zentbuckel 11
11 Apr - 30 Okt
+49 6 25 56 30
info@terrassencamping-schlierbach.de
N 49°40'55" E 08°46'12"

1 ADEGKNOPQRSU 6
2 CIPQRTUVWXYZ ABDEFGHIJ 7
3 ABEMX ABCDEFGHJKNPQRTUVW 8
4 FHI AB 9
5 ABDJMN ABFHJKLMOQU 10
B 10A CEE ① €32,00
H250 4,5ha 35T(80-100m²) 104D ② €44,00

A5 Frankfurt-Basel, Ausfahrt Bensheim, B47 Richtung Michelstadt, Richtung Fürth. In Schlierbach links den CP-Schildern folgen. 102213

Mainhausen/Mainflingen, D-63533 / Hessen

Seecamping Mainflingen
Seestraße 11
1 Jan - 31 Dez
+49 16 33 89 00 28
eigenbetrieb@mainhausen.de
N 50°01'22" E 09°01'18"

1 AEGKNOPQRSTU LMNP 6
2 AEJKPQRSWXYZ ABFG 7
3 AGMU ABCDEFJKNQRW 8
4 H F 9
5 ADEJM ABHJKLMOQY 10
B 16A CEE ① €26,70
H100 8ha 60T(100m²) 303D ② €32,70

A45 Ausfahrt 46 Mainhausen. Richtung Seligenstadt L2310, Richtung Mainhausen. Den CP-Schildern folgen. 117148

Teilkarte Hessen auf Seite 289

Maintal, D-63477 / Hessen

Campingplatz Mainkur
Frankfurter Landstraße 107
1 Apr - 30 Sep
+49 69 41 21 93
info@campingplatz-mainkur.de
N 50°08'17" E 08°46'55"

1 AEGKNOPQSU JNSWY 6
2 ACQWXYZ ABDEFGI 7
3 AM ABCDEFJNQRTUVW 8
4 HJ 9
5 ABDM ABCGHMOQ 10
16A
H90 1,7ha 50T(80-120m²) 42D
① €32,50 ② €42,50

A661, Ausfahrt 14 Frankfurt-Ost, B8 Richtung Hanau. Nach 3 km liegt rechts der CP. 113085

Mengerskirchen, D-35794 / Hessen

Waeller Camp
Am Seeweiher 1
1 Apr - 30 Sep
+49 6 47 64 19 01 60
info@waeller-camp.de
N 50°32'48" E 08°08'51"

1 ABDEKNOPQRSTU LMN 6
2 ABDFIJKPQTVWXYZ ABCFGHIJ 7
3 ABCGLMS ABCDEFGHIJMNPQRSTUW 8
4 FHIJ 9
5 ABDEFHIJM ABFGHIJKOSTUY 10
B 6-16A CEE
H450 16ha 56T(100-400m²) 80D
① €20,00 ② €20,00

A3 Frankfurt-Köln, Ausfahrt 42 Limburg-Nord. Dann B49 Richtung Weilburg-Westerburg fahren. In Waldbrunn rechts abfahren. Vor Mengerskirchen ist der CP ausgeschildert. 111950

Naumburg (Edersee), D-34311 / Hessen

Camping in Naumburg****
Am Schwimmbad 12
1 Jan - 31 Dez
+49 5 62 59 23 96 70
camping@naumburg.eu
N 51°15'02" E 09°09'37"

1 AEGKNOPQRSTU BGH 6
2 CPQSTVXYZ ABFGI 7
3 ABLMSUX ABCDEFJKNQRTUVW 8
4 FHJPRT CDEFV 9
5 ADEFHMN ACGHJKNQ 10
WB 16A CEE
H291 6,5ha 120T(80-160m²) 111D
① €25,00 ② €34,00

A44 Dortmund-Kassel, Ausfahrt Zierenberg, B251 Richtung Edersee bis Ippinghausen; links ab Richtung Naumburg. CP ist angezeigt. 111828

Neuental, D-34599 / Hessen

Neuenhainer See
Seeblick 14
1 Jan - 31 Dez
+49 66 93 12 87
info@neuenhainer-see.de
N 50°59'43" E 09°16'02"

1 AEGKNOPQRSTU HLMNO 6
2 AEJKQWXY ABDFG 7
3 ABGMN ABEFJNQSTUVW 8
4 BFH FIJ 9
5 ADFHKLMN ABEFGHIJKLOQUVY 10
B 16A CEE
H320 25ha 100T(60-81m²) 5D
① €26,00 ② €26,00

A7 Ausfahrt Homberg (Efze), nach Frielendorf (B254). Dann rechts Richtung Neuental. Ausgeschildert. 117640

Nieder-Moos, D-36399 / Hessen

Campingplatz Nieder-Mooser-See
Am Camping 1
1 Jan - 31 Dez
+49 66 44 14 33
info@camping-nieder-moos.de
N 50°27'59" E 09°22'32"

1 ADEGKNOPQRSTU LMNQRSTXYZ 6
2 FJQSUWXYZ ABDEFG 7
3 ABGMX ABCDEFJNQRTW 8
4 BFGHJ FMQRT 9
5 ABDFHKMN ABCHJKQY 10
WB 16A CEE
H450 10ha 120T(70-100m²) 457D
① €26,00 ② €36,00

A5 Giessen-Frankfurt, Ausfahrt 14 Friedberg. Dann B275 bis Grebenhain. Rechts Richtung Nieder-Moos. 110095

Oberweser/Gieselwerder, D-34399 / Hessen

CC€23

Camping Gieselwerder***
In der Klappe 21
1 Apr - 31 Okt
+49 55 72 76 11
info@camping-gieselwerder.de
N 51°35'55" E 09°33'18"

1 ADEGKNOPQRSTU BGJNXYZ 6
2 CIPQWXY ABDEFGIJ 7
3 BFGHIJM ABCDEFIJNQRTW 8
4 BEFHJ DERVW 9
5 ADEFGHJLMN ABDFGHJKLOQ 10
B 16A CEE
H110 2,5ha 80T(80-100m²) 170D
① €30,50 ② €39,50

A21 Ausfahrt 35, B83 nach Bad Karlshafen. B80, in Gieselwerder an der Aral links ab und vor Weserbrücke rechts. A7: Ausfahrt 75 oder 76 nach Hann. Münden, dann die B80 Richtung Bad Karlshafen. In Gieselwerder rechts. 100121

Oberweser/Oedelsheim, D-34399 / Hessen

CC€23

Campingplatz Wesertal****
Am Hallenbad 3
24 Mrz - 31 Okt
+49 5 57 49 45 99 60
info@campingplatz-wesertal.eu
N 51°35'34" E 09°35'24"

1 AEGKNOPQRSTU EGJNWXYZ 6
2 CIPQWXY ABDEFGHIJ 7
3 BFGMX ABCDEFJKNQRTUW 8
4 FHJO RUVW 9
5 ADEFJKMNO ABGHIJKLMOQUY 10
B 16A CEE
H110 2,3ha 46T(95-110m²) 100D
① €25,00 ② €37,00

Von der A7 Nord, Ausfahrt 71, Harste/Adelebsen/Offensen/Oedelsheim. Von der A7 Süd Ausfahrt 76, Hann.Münden/Gimte/Hemeln. Über die A44 Ausfahrt 66, Gieselwerder/Oedelsheim. In Oedelsheim den CP-Schildern folgen. 102336

Oberweser/Weissehütte, D-34399 / Hessen

Weissehütte
Weissehütte 1
15 Mrz - 15 Okt
+49 5 57 49 98 99 94
campingweissehuette@gmail.com
N 51°33'59" E 09°35'45"

1 AKNOPQRSTU JNXZ 6
2 CIKQTXY ABFGI 7
3 A ABEFQRUW 8
4 FHJO IKVW 9
5 ABDEFJMN AFGHJKOQ 10
16A
H120 8ha 230T(100m²) 52D
① €23,50 ② €32,50

Weissehütte liegt an der B80 zwischen Hann. Münden und Bad Karlshafen, 25 km nördlich von Hann. Münden. 121029

Reinhardshagen, D-34359 / Hessen

Campingplatz Ahletal
Ahletal 6
1 Apr - 31 Okt
+49 1 59 03 79 04 67
schwalm@terrassen campingplatz-ahletal.de
N 51°28'21" E 09°37'18"

1 AKNOPQSU 6
2 BPQTVWXYZ ABDEFG 7
3 ABCDEFJNQRU 8
4 FHJO 9
5 DM AHJKQU 10
B 16A CEE
H140 4ha 30T(40-90m²) 70D
① €20,00 ② €26,00

A7 Kassel-Hannover Ausfahrt 76 Hann. Münden/Lutterberg. In Hann. Münden B80 Richtung Höxter/Reinhardshagen. In Vaake ist der Campingplatz ausgeschildert. 101129

Rotenburg an der Fulda, D-36199 / Hessen

Campingplatz Rotenburg/Fulda
Campingweg 4
1 Apr - 15 Okt
+49 66 23 55 56
info@campingplatz-rof.de
N 50°59'36" E 09°44'34"

1 ADEGKNOPQRSTU NXZ 6
2 DPQXYZ ABDEFGI 7
3 A ABDEFNQR 8
4 FHJ QT 9
5 DFKNO ABHOQ 10
16A CEE
H188 0,7ha 70T(80m²) 10D
① €24,50 ② €30,50

B83 Kassel-Bebra, Ausfahrt Rotenburg. Dort beschildert. Navi führt uns durch die Stadt. Alternativ: nach der Ampel links am Bahnhof vorbei, dann am Hotel links ab. 108119

Rüdesheim am Rhein, D-65385 / Hessen

Campingplatz am Rhein
Kastanienallee 4
30 Apr - 4 Okt
+49 67 22 25 28
info@campingplatz-ruedesheim.de
N 49°58'40" E 07°56'18"

1 AEGKNOPQRSTU N 6
2 CPQSXYZ ABDEFG 7
3 BF ABCDFNQRT 8
4 9
5 ABDEKMN ABFGHIJKNRS 10
B 10A CEE
H100 3ha 193T(80-120m²)
① €33,00 ② €41,00

Achtung mit Navi: B42 von Koblenz im Zentrum nach rechts abbiegen (CP-Schild). B42 ab Wiesbaden am Ortsrand links (CP-Schild). Für Wohnmobile an der Bahnbrücke links, dann rechts den CP-Schildern folgen. 102110

Schlüchtern/Hutten, D-36381 / Hessen

CC€19

Hutten-Heiligenborn
Am Heiligenborn 6
10 Mrz - 29 Okt
+49 66 61 24 24
info@campingplatz-hutten.de
N 50°22'06" E 09°36'30"

1 ADEGKNOPQRSTU AF 6
2 AQSVXY ABF 7
3 A ABCDEFJNQRW 8
4 F D 9
5 ABDMN AGHJKOQ 10
10A CEE
H440 5ha 50T(80-100m²) 104D
① €22,00 ② €29,00

A7 Ausfahrt 93 Richtung Frankfurt A66. A66 Ausfahrt 48 Richtung Schlüchtern, den Schildern Hutten folgen. Ausfahrt 50 Richtung Rückers, Beschilderung Richtung Hutten. Navi: in Hutten der Beschilderung Heiligenborn, Camping, Sportplatz, Freibad folgen. 114482

Schotten, D-63679 / Hessen

Campingplatz am Nidda-Stausee
Am Campingplatz 1
1 Jan - 31 Dez
+49 60 44 14 18
campingplatz@schotten.de
N 50°28'58" E 09°05'47"

1 AGKNOPQRSTU LNQRSXY 6
2 EKPQSVWXYZ ABDEFGIJ 7
3 BL ABCDEFJNQRTW 8
4 FHI QT 9
5 ADEFKLMN ABFGHKOQ 10
B 16A CEE
H230 3,3ha 60T(80-100m²) 200D
① €23,60 ② €34,60

A45 Giessen-Hanau Ausfahrt 37 Wölfersheim. B455 Richtung Schotten. Der CP ist am Niddastausee vor Schotten. 100152

Sinntal/Oberzell, D-36391 / Hessen

Campingplatz Sinntal
Alfred Kühnertstraße
1 Apr - 31 Okt
+49 66 64 61 61
horst.krischeu@campingplatz-sinntal-oberzell.de
N 50°20'17" E 09°42'39"

1 AGKNOPQSTU 6
2 ACIQSXYZ ABDEF 7
3 AF ABCDEFNQRU 8
4 FHJO D 9
5 DMN AGHJKMOQ 10
16A
H310 1,8ha 50T(100m²) 36D
① €16,00 ② €21,00

A7 Fulda-Würzburg, Ausfahrt 94. B27 Richtung Motten. Vor Kothen links. Schildern Sinntal und CP folgen. CP ist in Oberzell, Gemeinde Sinntal. 102351

Tann (Rhön), D-36142 / Hessen

Ulstertal
Dippach 4
1 Jan - 31 Dez
+49 66 82 82 92
info-camping-ulstertal@t-online.de
N 50°36'53" E 10°01'53"

1 AKNOPQRSTU 6
2 CPQSTVXY ABDEFGI 7
3 AM ABCDEFJNQR 8
4 FHJO 9
5 ADEFHJKMN AGHJKLQ 10
WB 16A CEE
H420 2,8ha 100T(60-100m²) 40D
① €27,00 ② €32,00

A7 Kassel-Würzburg, Ausfahrt Hünfeld/Schlitz. Dann Richtung Hünfeld. In Hünfeld Richtung Tann (Rhön). In Wendershausen B278 Richtung Dippach ausgeschildert. 102419

Trendelburg, D-34388 / Hessen

Trendelburg***
Zur Alten Mühle 10
1 Jan - 31 Dez
+49 5 67 53 01
conradi-camping@t-online.de
N 51°34'20" E 09°25'26"

1 AGKNOPRSTU JNXZ 6
2 CPQWXYZ ABDEFGI 7
3 AMN ABCDEFJNQRTW 8
4 FHJO IR 9
5 ABDEFHJKMN ABFHLNQ 10
B 16A CEE
H134 2ha 45T(80-100m²) 49D
① €16,00 ② €20,50

Ab Kassel die B83. In Trendelburg hinter der Diemelbrücke links. Ab Bad Karlshafen die B83. In Trendelburg vor dem Ortsende, vor der Diemelbrücke rechts. 102257

Teilkarte Hessen auf Seite 289

Teilkarte Hessen auf Seite 289

Waldeck/Scheid, D-34513 / Hessen

Campingplatz Bettenhagen
Am Bettenhagen 1
1 Jan - 31 Dez
+49 56 34 78 83
info@campingplatz-bettenhagen.de
N 51°11'18'' E 09°00'38''

1 AGKNOPQSU	LNQSXZ	6
2 EIMSVX	ABDEFG	7
3 A	ABEFJNQR	8
4 FHJ	Q	9
5 ABDMN	AFGKPRS	10
10A CEE		❶ €31,00
H252 1,7ha 60T 125D		❷ €39,00

102260

A44 Dortmund-Kassel, Ausfahrt 64 Diemelstadt, B252 Richtung Korbach, dann Edersee, Sachsenhausen, Niederwerbe, Halbinsel Scheid. Dann ausgeschildert.

Wettenberg/Wißmar, D-35435 / Hessen

Campingpark Wißmarer See
anliegend der Ruttershausener Straße
1 Mrz - 1 Okt
+49 6 40 67 56 97
kontact@wissmarer-see.com
N 50°38'26'' E 08°41'17''

1 ABKNOPQRSTU	JLM	6
2 BDFHIJKQRWXYZ	AB	7
3	ABCDEFGJNPQR	8
4	ADTUY	9
5 AEFHKLM	ABCGHIKLQ	10
16A CEE		❶ €31,10
H240 5ha 290T(100-150m²) 44D		❷ €36,10

111949

Am Ortseingang steht auf der linken Seite ein großes Schild Wißmarer See. Biegen Sie hier links ab.

Weilburg/Odersbach, D-35781 / Hessen

Odersbach****
Runkelerstraße 5A
1 Apr - 31 Okt
+49 64 71 76 20
info@camping-odersbach.de
N 50°28'33'' E 08°14'28''

1 ADEGKNOPQRSTU	ANXY	6
2 CPQWXYZ	ABDEFGHIJ	7
3 BFHJMNRX	ABCDEFJNQRTUVW	8
4 FHIJO	BDFQRUVW	9
5 ABDEGJLMN	ABCFGHIJKLOQUY	10
B 16A CEE		❶ €37,10
H130 5ha 100T(70-150m²) 213D		❷ €46,30

108093

A3 Köln-Frankfurt, Ausfahrt 42 Limburg-Nord, B49 Richtung Weilburg, B456 Richtung Odersbach, CP ausgeschildert.

Witzenhausen, D-37213 / Hessen

Campingplatz Werratal
Am Sande 11
1 Jan - 31 Dez
+49 55 42 14 65
info@campingplatz-werratal.de
N 51°20'49'' E 09°52'09''

1 ABEGKNOPQRSTU	JN	6
2 ACLMPQRSTXYZ	ABDEFG	7
3 BFHMX	ABCDEFJNQRT	8
4 FHJO	DFR	9
5 ABDMN	ABFGHIJKLNQU	10
6A		❶ €26,00
H144 3ha 70T(120m²) 68D		❷ €36,40

102341

A44 Dortmund-Kassel, dann die A7 Kassel-Hannover. Ausfahrt 75 Hedemünden/Werratal/Witzenhausen. B80 Richtung Witzenhausen. CP dort ausgeschildert.

Weiterstadt/Gräfenhausen, D-64331 / Hessen

Am Steinrodsee
Triftweg 33
1 Jan - 31 Dez
+49 6 15 05 35 93
info@camping-steinrodsee.de
N 49°56'41'' E 08°36'20''

1 ADEGKNOPQRSTU		6
2 AEQTWXYZ	ABDEFGIJK	7
3 BGLMNO	ABCDEFJNQRTW	8
4 FHJQ	D	9
5 ADGHMN	ABCDGHKOQU	10
16A CEE		❶ €23,30
H100 3ha 44T(90-120m²) 132D		❷ €29,30

117141

A5 Frankfurt-Darmstadt, Ausfahrt 25 Weiterstadt Richtung Darmstadt, B42. An der Ampel Richtung Gräfenhausen die L3113. Hinter Gräfenhausen den CP-Schildern folgen. Für Navi: Sandbergweg Gräfenhausen eingeben.

Zierenberg, D-34289 / Hessen

Zur Warme
Im Nordbruch 2
1 Jan - 31 Dez
+49 56 06 39 66
camping-zierenberg@t-online.de
N 51°22'03'' E 09°18'55''

1 AKNOPQSU	N	6
2 ACQX	ABEFGHI	7
3 BJLM	ABCDEFJQRUV	8
4 O		9
5 ADFHLMN	ABFHIJKLQU	10
B 16A CEE		❶ €24,50
H250 4,2ha 30T 80D		❷ €32,50

110971

A44 Dortmund-Kassel, Ausfahrt 67 Zierenberg. In Zierenberg ist der CP ausgeschildert.

Deutschland

Koblenz

Ahrbrück, D-53506 / Rheinland-Pfalz

CC€23 iD

Camping Denntal****
Denntalstraße 49
1 Apr - 30 Okt
+49 26 43 69 05
urlaub@camping-denntal.de

1 AEKNOPQRSTU 6
2 BCIQTWXY ABEFG 7
3 BM ABCDEFJNQRTUV 8
4 FHIQRSTV VW 9
5 ABDMN ABCDFGHIJKMOQV 10
16A CEE ❶ €35,10
H216 8,2ha 80T(100-120m²) 130D ❷ €47,10

N 50°28'33" E 06°59'11"

A61 Meckenheimer Kreuz Ausfahrt Altenahr. B257 Richtung Nürburgring/Adenau. Ahrbrück fast durch. Auf der Hauptstrasse links Richtung Kesseling (L85). Nach etwa 800m rechts (Denntalstrasse) und den VP-Schildern folgen. 113076

Alf, D-56859 / Rheinland-Pfalz

CC€21 iD

Moselcampingplatz Alf
Am Mühlenteich 37
1 Jan - 31 Dez
+49 6 54 29 69 17 28
info@moselcampingplatz.de

1 ABEKNOPQRSTU JN 6
2 BDIKLPQTWYZ ABCDEFGH 7
3 ABTUX ABCDEFGIJKNQRUVW 8
4 BCDEFGH CFJV 9
5 ABDFKMN ABCDGHIJKOQU 10
Anzeige auf Seite 305 6-16A CEE ❶ €25,00
H100 2ha 140T(70-130m²) 14D ❷ €25,00

N 50°03'10" E 07°06'51"

A1 Ausfahrt 125 Wittlich. Über die B49 nach Alf. Am Kreisel erste Ausfahrt. Dann der Beschilderung folgen. 123357

Bad Breisig, D-53498 / Rheinland-Pfalz

iD

Rheineck
Rheineckerstraße
1 Jan - 31 Dez
+49 2 63 39 56 45
office@camping-rheineck.de

1 AGKNOPQRSTU 6
2 ABCPQWXY ABDEFG 7
3 AM ABCDEFJNQRUW 8
4 F 9
5 BDHMN ABGHIJKNQ 10
16A CEE ❶ €23,00
5ha 120T(50-100m²) 132D ❷ €30,00

N 50°29'30" E 07°18'38"

Auf der A61 Ausfahrt Bad Breisig. Der CP ist angezeigt. 114809

Bad Ems, D-56130 / Rheinland-Pfalz

iD

Bad Ems
Lahnstraße
1 Apr - 31 Okt
+49 26 03 46 79
026034679-0001@t-online.de

1 AFGKNOPQRSTU JNXYZ 6
2 DQTXYZ ABDE 7
3 ABCDEFNQRW 8
4 I 9
5 DMN ABGHIJKQ 10
16A CEE ❶ €21,80
H100 1,2ha 70T(80m²) 75D ❷ €30,80

N 50°19'08" E 07°44'01"

Der Campingplatz ist von Bad Ems-Mitte aus an der Lahn, an der B260 Richtung Nassau. 102097

Bad Hönningen, D-53557 / Rheinland-Pfalz

iD

Wellness-Rheinpark-Camping
Allée St. Pierre les Nemours 1
1 Jan - 31 Dez
+49 26 35 95 21 14
info@wellness-rheinpark-camping.de

1 ADEGKNOPQRSTU BENY 6
2 CIPQTXY ABDEFG 7
3 ABJ ABDFGHJNQRTU 8
4 FHSTUVWXYZ 9
5 ADEFHJKLM ABFGHIJKMORSUY 10
B 16A CEE ❶ €28,70
4,5ha 220T(60-120m²) 200D ❷ €35,70

N 50°30'39" E 07°18'28"

A3, Ausfahrt 34 Bad Honnef/Linz. Richtung Linz, weiter nach Bad Hönningen. CP am Rhein und ist ausgeschildert. 112681

Birkenfeld, D-55765 / Rheinland-Pfalz

iD

Campingpark Waldwiesen****
Waldwiesen/Wasserschied
1 Apr - 15 Okt
+49 67 82 52 15
info@waldwiesen.de

1 ADEGKNOPQRSTU L 6
2 ABCEIKQUVWXYZ ABDEFGHI 7
3 BFLMNSX ABCDEFJKNQRTUVW 8
4 EFGHI DIJUVWZ 9
5 DMN ABFGHIJKLMOQU 10
FKK 16A CEE ❶ €27,50
H400 9,5ha 85T(85-200m²) 28D ❷ €37,50

N 49°38'59" E 07°10'23"

A1, bis Kreuz Kaiserslautern/Saarbrücken. Dort A62 Richtung Kaiserslautern, Ausfahrt 4 Birkenfeld. Dann B41 bis der CP ausgeschildert ist. 102068

Bockenau, D-55595 / Rheinland-Pfalz

iD

Bockenauer Schweiz
Daubacher Brücke 3
1 Apr - 31 Okt
+49 6 75 62 98
campingbockenauerschweiz@gmail.com

1 AKNOPQRSTU A 6
2 BCPQSTY ABCDEFG 7
3 BS ABCDEFJNR 8
4 FHO BCEFIJ 9
5 ABDFHLN AHJKOQ 10
16A CEE ❶ €27,00
H380 20ha 60T(bis 100m²) 23D ❷ €30,50

N 49°51'05" E 07°39'34"

A61, Ausfahrt 51 Bad Kreuznach. B41 fahren bis Wald Bockelheim, dann Richtung Bockenau-Winterburg. 111566

Boppard, D-56154 / Rheinland-Pfalz

iD

Campingpark Sonneneck
An der B9
1 Apr - 30 Okt
+49 67 42 21 21
info@sonneneck-camping.de

1 AFKNOPQRSTU AFHN 6
2 DPQSXYZ ABDEFGHIJ 7
3 BJMSU ABCDEFJKNQRTW 8
4 K 9
5 ABDEFHLM ABGHILNQ 10
B 10A CEE ❶ €31,00
H100 11ha 250T(80-100m²) 40D ❷ €38,00

N 50°14'56" E 07°37'34"

Vom Norden: A61 Kreuz-Koblenz, A48 Richtung Koblenz. Dort B9 Richtung Boppard. CP 5 km vor Boppard. 102104

Braubach, D-56338 / Rheinland-Pfalz

Green Camping am Rhein
Am Campingplatz 1
31 Mrz - 5 Nov
+49 17 18 39 98 09
kai@campingamrhein.de

1 DEKNOPQRSTU JNXY 6
2 DQWXY ABDEF 7
3 ABDEFJNQRW 8
4 9
5 D ABCHIJKOQU 10
10A CEE ❶ €32,00
1,2ha 64T(80m²) ❷ €37,00

N 50°16'29" E 07°38'21"

Über die A61 nach Koblenz. Dann die B42 Lahnstein-Braubach, in Braubach der Beschilderung folgen. 108130

Brodenbach, D-56332 / Rheinland-Pfalz

iD

Historische Mühle Vogelsang
Rhein-Mosel-Str. 63
1 Jan - 31 Dez
+49 26 05 14 37
info@muehle-vogelsang.de

1 AEGKNOPQRSTU 6
2 ABDIPQTUXYZ ABFGHI 7
3 AMX ABEFJKNQRTW 8
4 AFGHK IJ 9
5 ABDHJKLMN AHIJKLMOQU 10
16A CEE ❶ €32,00
H100 1,5ha 45T(80-120m²) 53D ❷ €39,00

N 50°13'16" E 07°26'44"

A61 Ausfahrt 39 Dieblich. Dann der B49 Richtung Cochem/Trier bis Brodenbach folgen. 113745

Bullay (Mosel), D-56859 / Rheinland-Pfalz

CC€23 iD

Bären-Camp****
Am Moselufer 1 + 3
6 Apr - 1 Nov
+49 65 42 90 00 97
info@baeren-camp.de

1 ADEGKNOPQRSTU JNSWXYZ 6
2 DIPQWXYZ ABDEFGI 7
3 FMX ABCDEFJNQRTW 8
4 AFGHI F 9
5 ABDFJKLMN ABDGHIJKLOQ 10
16A CEE ❶ €35,55
H80 1,9ha 145T(70-105m²) 16D ❷ €43,30

N 50°03'14" E 07°07'49"

A1, Ausfahrt 125 Wittlich über die B49 nach Alf, dort über Moselbrücke nach Bullay. Oder A61, Ausfahrt Rheinböllen/Simmern (Airport Hahn) die B50, in Kirchberg rechts nach Zell/Mosel B421. In Zell weiter B53 Cochem. 102057

Bürder, D-56589 / Rheinland-Pfalz

CC€21 iD

Zum stillen Winkel*****
Brunnenweg 1c
31 Mrz - 31 Okt
+49 1 57 77 72 22 16
info@camping-zumstillenwinkel.de

1 ADEKNOPQRSTU JN 6
2 BDPQTXYZ ABDEFG 7
3 ABFM ABCDEFGHIJKNPQRTUVW 8
4 FHO J 9
5 ADFMN ABDHIJKORSU 10
Anzeige auf Seite 297 B 16A CEE ❶ €30,20
5ha 90T(100-150m²) 141D ❷ €38,80

N 50°30'56" E 07°25'46"

A3 Ausfahrt 36 Neuwied, Richtung Neuwied, danach Richtung Kurtscheid halten. Durchfahren bis nach Niederbreitbach, dort links wieder Richtung Neuwied bis zur Ausfahrt Bürder. CP-Schild 2. 100139

Burgen, D-56332 / Rheinland-Pfalz

CC€21 iD

Häppy Life Camping & Beachclub Burgen****
Am Moselufer
1 Apr - 22 Okt
+49 26 05 23 96
burgen@haeppy-life.de

1 ADEGKNOPQRSTU AJNWXYZ 6
2 DIMPQSTWXYZ ABDEFGHI 7
3 BFGMX ABCDEFJMNQRTW 8
4 DFGHJOQTU DFNORV 9
5 ACDEFGHJMNO ABCDFGHIKMOQY 10
B 16A CEE ❶ €30,50
H80 4ha 120T(60-100m²) 65D ❷ €42,00

N 50°12'53" E 07°23'24"

A61, Ausfahrt 39 Dieblich. Dann B49 Richtung Cochem/Trier bis zum Ortseingang Burgen. 102049

Burgen, D-56332 / Rheinland-Pfalz

CC€23 iD

Knaus Campingpark Burgen/Mosel****
Am Bootshafen(B49)
31 Mrz - 15 Okt
+49 26 05 95 21 76
burgen@knauscamp.de

1 ADEGKNOPQRSTU BJNXYZ 6
2 DIPQRXY ABDEFGHI 7
3 ABGMQX ABCDEFJNQRTW 8
4 FGHIO F 9
5 ABDEFHKM ABCDFGIKMOQ 10
Anz. auf S. 240 + Umschl. B 16A CEE ❶ €42,80
H85 4ha 125T(80-120m²) 107D ❷ €53,60

N 50°12'19" E 07°22'53"

A61 Ausfahrt 39 Dieblich. B49 bis hinter Burgen folgen. 102050

Cochem, D-56812 / Rheinland-Pfalz

iD

Schausten
Endertstraße 124
1 Mrz - 30 Nov
+49 26 71 75 28
anfrage@camping-cochem.de

1 AEGKNOPQRSU 6
2 ABDPQTVXYZ ABDEFG 7
3 BLMX ABDEFHJNQRSW 8
4 AEFHIP DFGIV 9
5 ABDEFHJKMN ABFGHIJKMNOQ 10
6-16A ❶ €28,00
0,9ha 60T 51D ❷ €28,00

N 50°09'03" E 07°09'18"

A48, Ausfahrt 4 Kaisersesch, Richtung Cochem (ca. 7 km). Am Ortseingang links. 102051

Cochem/Cond, D-56812 / Rheinland-Pfalz

iD

Moselcamping Cochem
Stadionstraße 11
30 Mrz - 31 Okt
+49 26 71 44 09
info@mosel-camping-cochem.de

1 ADEKNOPQRSU BEFHJNWXZ 6
2 DPQWXY ABDEFGI 7
3 AB ABCDEFIJNQRT 8
4 FGHIJOSTU 9
5 ADEFHJKM ABGHIKOQ 10
B 10A CEE ❶ €28,50
H100 2,4ha 210T(80-120m²) 70D ❷ €30,50

N 50°09'28" E 07°10'26"

A1/A48 Ausfahrt 4 Kaisersesch, Richtung Cochem. Dort bei neuer Brücke links über Umgehungsstraße nach der Mosel. 100147

Deutschland

Teilkarte Koblenz auf Seite 294

Dausenau, D-56132 / Rheinland-Pfalz

CC€23 iD

Lahn Beach
Hallgarten 16
1 Apr - 31 Okt
+49 2 60 31 39 64
info@campingplatz-dausenau.de

1 AFKNOPQRSTU — JNXYZ 6
2 DPQSTXY — ABDEFG 7
3 BFMS — ABCDEFJNQR 8
4 FH — GR 9
5 ADGHM — AGHIKNQU 10
Anz. auf dieser S. B 6-16A CEE — 1 €27,00
H70 3ha 80T(80m²) 65D — 2 €35,00

N 50°19'39'' E 07°45'19'' — 102098

CP liegt an der B260 und der Lahn, zwischen Nassau (4 km) und Bad Ems (4 km). In Dausenau über die Lahn-Brücke und dann rechts.

Guldental, D-55452 / Rheinland-Pfalz

CC€23 iD

Campingpark Lindelgrund
Im Lindelgrund 1
15 Mrz - 15 Nov
+49 6 70 76 33
info@lindelgrund.de

1 ADEGKNOPQRSU — 6
2 ACQSTVY — ABDEFG 7
3 BMSU — ABCDEFGHIJNQRUW 8
4 FHJO — FJ 9
5 ADLMN — ADFGHIJKLOQ 10
B 10A CEE — 1 €33,50
H180 8ha 60T(80-100m²) 123D — 2 €33,50

N 49°53'03'' E 07°51'25'' — 113080

A61 Ausfahrt 47 Waldlaubersheim, durch Windesheim/Guldental. Hinter Guldental den CP-Schildern folgen.

Diez an der Lahn, D-65582 / Rheinland-Pfalz

iD

Oranienstein
Strandbadweg 1a
1 Apr - 30 Okt
+49 64 32 21 22
info@camping-diez.de

1 AEGKNOPQRSTU — JNXYZ 6
2 ACPQSTXY — ABDEFG 7
3 AMS — ABCDEFJNQRTW 8
4 FH — DFRVWY 9
5 ABDEFHKMN — ABGHIJKOQV 10
16A CEE — 1 €24,55
H90 7ha 150T(100m²) 158D — 2 €31,65

N 50°22'53'' E 08°00'02'' — 102157

A3 Köln-Frankfurt, Ausfahrt 41 Diez. CP-Schildern folgen.

Hausbay/Pfalzfeld, D-56291 / Rheinland-Pfalz

CC€21 iD

Country Camping Schinderhannes****
Campingplatz 1
1 Jan - 31 Dez
+49 6 74 63 88 97 97
info@countrycamping.de

1 ADEGKNOPQRSTU — N 6
2 ACQSVXYZ — ABDEFGHIK 7
3 BFMNR — ABCDEFGHIJKNQRTW 8
4 FJ — 9
5 ABDFLMN — AFGHIJKLNQ 10
B 16A CEE — 1 €31,00
H500 20ha 200T(100-120m²) 250D — 2 €39,00

N 50°06'21'' E 07°34'04'' — 102106

A61 Ausfahrt 43 Pfalzfeld, dann den CP-Schildern folgen (3 km). Ins Navi geben: Hausbayerstraße/Pfalzfeld.

Ediger/Eller, D-56814 / Rheinland-Pfalz

CC€21 iD

Zum Feuerberg
Moselweinstraße
1 Apr - 31 Okt
+49 2 67 57 01
info@zum-feuerberg.de

1 ADEKNOPQRSTU — AJNWXYZ 6
2 DIKPQWXYZ — ABDEFG 7
3 KLMX — ABEFJNQSTW 8
4 AEFGHI — VW 9
5 DEHMN — ABGHIJKOQ 10
16A CEE — 1 €26,00
H98 1,8ha 100T(100-150m²) 70D — 2 €35,00

N 50°05'30'' E 07°09'48'' — 102054

A48 Ausfahrt 3 Laubach, Richtung Cochem. Dann Richtung Senheim, 4 km entlang der Mosel. Nicht dem Navi folgen, sondern ab Cochem die Mosel entlang fahren.

Kastellaun, D-56288 / Rheinland-Pfalz

iD

BurgStadt CampingPark****
Südstraße 34
1 Feb - 30 Nov
+49 6 76 24 08 00
info@burgstadt.de

1 ADEKNOPQRSTUX — 6
2 BIPSTVWXY — ABDEFG 7
3 JNOSX — ABCDEFJLNQRUVW 8
4 AEFGHIJRST — GVZ 9
5 ABDEFHJLMN — AGHIJKMOQ 10
B 16A CEE — 1 €33,00
H450 2,5ha 100T(80-100m²) 59D

N 50°04'04'' E 07°27'16'' — 113752

Von Norden die A61, Ausfahrt Emmelshausen, dann Richtung Kastellaun. Von Süden Ausfahrt Pfalzfeld, dann Richtung Kastellaun. In Kastellaun den CP-Schildern folgen.

Fachbach, D-56133 / Rheinland-Pfalz

iD

Camping Beach Club Fachbach
Furtweg 14
1 Jan - 31 Dez
+49 2 60 31 32 02
info@camping-beachclub.de

1 ADEGKNOPQRSTU — JNX 6
2 DKPQTWXY — ABDEFG 7
3 GL — ABCDEFJKNQRTUV 8
4 FHJO — NRT 9
5 ABDEFHLMN — ABCGHIKMOQ 10
B 10A CEE — 1 €37,50
H75 1,5ha 100T(80-100m²) 25D — 2 €49,50

N 50°20'12'' E 07°41'30'' — 114817

Campingplatz an der B260 in Fachbach an de Lahn, zwischen Koblenz (Lahnstein) und Bad Ems. Hinter dem Ort an der Lahnbrücke abbiegen. Beschilderung befolgen.

Kirn-Nahe, D-55606 / Rheinland-Pfalz

iD

Papiermühle
Krebsweilerstraße 8
15 Mrz - 15 Okt
+49 67 52 64 32
info@papiermuehle-campingplatz.de

1 AGKNOPQRSTU — 6
2 DPQUVXYZ — ABDEFGHI 7
3 BFMX — ABCDEFJNQRT 8
4 G — 9
5 DM — AHJKM 10
B 16A CEE — 1 €20,50
H200 4ha 40T 150D — 2 €26,50

N 49°46'14'' E 07°27'30'' — 101135

A61 Ausfahrt Bingen. B41 bis Kirn, dort Richtung Meisenheim, den CP-Schildern mit dem Namen 'Andre' folgen.

Girod, D-56412 / Rheinland-Pfalz

CC€21 iD

Eisenbachtal
Eisenbachtal 1
1 Jan - 31 Dez
+49 6 48 57 66

1 AFGKNOPQRSTU — 6
2 ADQSTUWXY — ABDEFGHI 7
3 BFMU — ABCDEFJNQRTUVW 8
4 EFHJO — 9
5 DLMN — AFGHIJKLQ 10
B 6A CEE — 1 €21,00
H300 3,5ha 30T(80m²) 130D — 2 €29,00

N 50°26'16'' E 07°54'16'' — 102095

A3 Köln-Frankfurt, Ausfahrt 41 Wallmerod-Diez. Dann Richtung Montabaur. CP nach 5 km (siehe Schild).

Koblenz, D-56070 / Rheinland-Pfalz

Knaus Campingpark Rhein-Mosel Koblenz****
Schartwiesenweg 6
1 Jan - 31 Dez
+49 26 18 27 19
koblenz@knauscamp.de

1 BDEKNOPQRSTU — 6
2 ADIPQTXY — ABDEFGHI 7
3 AJM — ABCDEFGIJKNQRTU 8
4 GHO — F 9
5 ABDFHJKLM — ABCFGHIJKMOSTV 10
Anz. auf S. 240 + Umschl. B 6-16A CEE — 1 €45,80
H60 5ha 218T(80m²) 7D — 2 €56,00

N 50°21'58'' E 07°36'12'' — 102096

A6, Ausfahrt Koblenz, B9. Ausfahrt Koblenz-Lützel. Dann der Beschilderung folgen.

Teilkarte Koblenz auf Seite 294

Deutschland

Lahnstein, D-56112 / Rheinland-Pfalz

Burg Lahneck
Am Burgweg
1 Apr - 31 Okt
+49 26 21 27 65

1 FG**KN**OPQRSTU	**AFH**	6
2 IQSUVWXYZ	ABDE**FG**HI	7
3 A	ABCDE**F**NQR	8
4		9
5 DEFLMN	ABGHIJKQ	10

16A CEE
H200 1,8ha 70**T**(60-100m²) 1**D**
① €31,00
② €39,00

N 50°18'19" E 07°36'47"

B42 Ausfahrt Oberlahnstein, dann 'Kurzentrum' und/oder CP-Schildern 'Burg Lahneck' folgen.

102102

Leutesdorf, D-56599 / Rheinland-Pfalz

CC€23 iD

Campingplatz Leutesdorf
Campingplatz 1
1/1 - 7/1, 15/3 - 29/10, 24/11 - 31/12
+49 26 31 97 87 37
info@camping-leutesdorf.de

1 ABDEG**KN**OPQRST**U**	**N**S	6
2 CIPQSVWXY	AB**FG**	7
3 AX	ABCDEFJKNQRTW	8
4 FHO	DFX	9
5 ABDEFHJKMN	ABCGHIJKOQU	10

16A CEE
H67 2,2ha 80**T**(80-130m²) 43**D**
① €31,40
② €40,40

N 50°27'41" E 07°22'03"

A3 Ausfahrt 36 Richtung Neuwied - B256 - B42 Richtung Linz. Nach Leutesdorf links abbiegen.

125351

Lahnstein, D-56112 / Rheinland-Pfalz

CC€21 iD

Wolfsmühle
Hohenrhein 79
15 Mrz - 1 Nov
+49 26 21 25 89
info@camping-wolfsmuehle.de

1 AE**KN**OPQRST**U**	J**N**XYZ	6
2 DQSWXY	ABE**FG**	7
3 BMU	ABCDFJNQR	8
4 FHJO	J	9
5 ABDEHKMN	ABCDFGHIOQWY	10

6A CEE
H70 3ha 150**T**(70-150m²) 81**D**
① €26,00
② €35,00

N 50°18'52" E 07°37'40"

A61 oder A3 Richtung Koblenz A48 Ausfahrt Vallendar. B42 Richtung Koblenz, dann Rüdesheim Ausfahrt Oberlahnstein. Am Kreisel 1. rechts. CP-Beschilderung folgen. Im Navi Ostallee eingeben. CP-Beschilderung befolgen.

102103

Lingerhahn, D-56291 / Rheinland-Pfalz

CC€23 iD

Camping und Mobilheimpark Am Mühlenteich****
Am Mühlenteich 1
1 Jan - 31 Dez
+49 6 74 65 33
info@muehlenteich.de

1 AEG**KN**OPQRSTU	A	6
2 ABCQSUXYZ	ABDE**FG**H**IJ**	7
3 BDFGMTX	ABCDEFJNQRTW	8
4 EFHJO**P**Q		9
5 ADFHLMN	ABCFGHIJK**O**QUY	10

Anzeige auf dieser Seite 6-16A CEE
H400 15ha 150**T** 200**D**
① €33,50
② €43,50

N 50°05'58" E 07°34'25"

A61 Ausfahrt 44 Laudert, Richtung Laudert. Dort Richtung Lingerhahn, Schildern folgen (4 km). Möglicherweise gibt Ihr Navigationsgerät eine andere Route an: dennoch den CP-Schildern folgen.

100149

Teilkarte Koblenz auf Seite 294

Mendig, D-56743 / Rheinland-Pfalz

Siesta
Laacherseestrasse 6a
1 Apr - 31 Okt
+49 26 52 14 32
walter.boehler@t-online.de

1 AGKNOPQRSTU 6
2 AQUXYZ ABDFG 7
3 BMX ABCDEFNR 8
4 G 9
5 ABDHMN AFHIKNU 10
B 16A CEE ❶ €23,00
H300 3ha 100T 70D ❷ €31,00

N 50°23'14'' E 07°16'10''
A61 Ausfahrt Mendig, rechts in Richtung Maria Laach. Nach ca. 100m rechts über den Parkplatz zum CP.
102048

Mesenich/Cochem, D-56820 / Rheinland-Pfalz

Family Camping
Wiesenweg 25
21 Apr - 8 Okt
+49 26 73 45 56
info@familycamping.nl

1 AHJLOPQSU AFJN 6
2 CPQWXY ABFGH 7
3 ABLMX ABCDEFJNQRTU 8
4 ABDEFGHJLO AI 9
5 ABDEFHMN ABHIJKMNOQX 10
B 6A CEE ❶ €30,00
H91 3ha 102T(80-100m²) 24D ❷ €39,00

N 50°06'06'' E 07°11'38''
A48 Ausfahrt Cochem, dort über die Brücke, dann rechts in Richtung Beilstein. Ca. 4 km nach Beilstein kurz vor dem Ort Mesenich liegt der CP rechts der Straße an der Mosel.
109042

Mittelhof, D-57537 / Rheinland-Pfalz

Camping im Eichenwald****
Roddern 1
1 Jan - 31 Dez
+49 27 42 91 06 43
camping@hatzfeldt.de

1 AEGKNOPQRSTU FN 6
2 BQUXYZ ABDEFGIJK 7
3 BFGM ABCDEFJKNQRT 8
4 EFJ DEGIJW 9
5 ABDEFJLMN AGHJKLMOQU 10
WB 16A CEE ❶ €27,00
H350 10ha 65T(100m²) 207D ❷ €35,00

N 50°46'50'' E 07°47'55''
A45 Dortmund-Giesen, Abfahrt 21 Siegen/Netphen. B62 Richtung Altenkirchen, ausgeschildert.
102090

Monzingen, D-55569 / Rheinland-Pfalz

Nahemühle GmbH
Nahemühle 1
1 Mrz - 31 Okt
+49 67 51 74 75
info@camping-nahemuehle.de

1 AEGKNOPQRSTU JNX 6
2 CLMQSXY ABFGJ 7
3 BFMS ABCDEFHJKNQRTU 8
4 AEFHS ADEFGRV 9
5 ABDEFHLMN ABFGHIJKNQ 10
B 6-16A CEE ❶ €24,90
H300 7,5ha 150T(80-100m²) 219D ❷ €31,90

N 49°47'45'' E 07°34'42''
An B41 zwischen Bad Kreuznach und Idar-Oberstein. In Monzingen bei CP-Schild abzweigen, über Bahnübergang, dann gleich rechts.
101428

Mörschied, D-55758 / Rheinland-Pfalz

Harfenmühle****
Harfenmühle 2
1 Mrz - 31 Dez
+49 67 86 13 04
mail@harfenmuehle.de

1 AKNOPQRSTU JL 6
2 BCEIJQSUVWXYZ ABFGHIJ 7
3 ABEFLMNSVX ABDEFJKLNQRTUVW 8
4 BEFGHIJOT GJKWZ 9
5 ABDEFHKLMN ABFGHIJKNPQUWY 10
WB 16A CEE ❶ €40,00
H450 6,2ha 120T(100-120m²) 95D ❷ €52,00

N 49°48'15'' E 07°16'11''
A61 Ausfahrt 42 Rheinböllen/Simmern. Auf der B50 am Flughafen Hahn vorbei bis Morbach folgen. Dann Richtung Bruchweiler/Kempfeld. Weiter Richtung Herrstein.
102067

Nehren/Cochem, D-56820 / Rheinland-Pfalz

Camping Nehren-Mosel
Moselufer 1
1 Apr - 30 Okt
+49 2 67 39 62 11 55
info@campingplatz-nehren.de

1 ADEKNOPQRSTU JNXY 6
2 DIPQWXYZ ABDEFG 7
3 ALMSX ABCDEFNRTW 8
4 FGHIOP FR 9
5 ABDEFHJKMN AGHIJKMOPQ 10
10A CEE ❶ €28,00
H80 4ha 120T(100m²) 166D ❷ €32,00

N 50°04'50'' E 07°11'36''
A48, Ausfahrt 2 Ulmen. B259 Richtung Cochem, Abzweigung Sennheim.
102056

Neustadt/Wied, D-53577 / Rheinland-Pfalz

Campingplatz Neustadt/Wied
Am Strandweg
1 Apr - 31 Okt
+49 26 83 36 45
campingneustadtwied@netcologne.de

1 AFHKNOPQRSTU JN 6
2 ACPQTXY ABFG 7
3 A ABEFJNQRTU 8
4 J 9
5 DHKM AHJKO 10
16A ❶ €20,00
1,5ha 12T(80m²) 50D ❷ €25,00

N 50°37'02'' E 07°25'33''
A3 Ausfahrt 35 Neustadt/Wied. Im Ort ist der CP ausgeschildert.
100137

Niederbreitbach, D-56589 / Rheinland-Pfalz

Campingplatz Neuerburg
Im Freizeitgelände
1 Apr - 31 Okt
+49 26 38 42 54
verkehrsverein.niederbreitbach@t-online.de

1 AKNOPQRSTU JN 6
2 CPQXY ABDEFG 7
3 BFMS ABCDEFJNQRTW 8
4 EFGH FJ 9
5 DFHKMN ABFGHJKLOQUY 10
B 16A CEE ❶ €18,00
14ha 40T(100m²) 214D ❷ €21,00

N 50°31'46'' E 07°24'52''
A3, Ausfahrt 36 Neuwied. Nach Straßenhaus rechts Richtung Niederbreitbach. Im Dorf den Schildern folgen.
110093

Oberhausen an der Nahe, D-55585 / Rheinland-Pfalz

Camping-Nahetal
Bahnhofstraße 34
1 Mrz - 1 Nov
+49 6 75 59 60 01
info@camping-nahetal.de

1 AKNOPQRSTU JN 6
2 CIQSTWXYZ ABDEFG 7
3 LMSX ABEFJNQRTUVW 8
4 AEFHO EF 9
5 ABDEFHJKMN ABCFGHJKLNQ 10
16A CEE ❶ €28,00
H200 3,4ha 87T(80-120m²) 12D ❷ €28,00

N 49°47'41'' E 07°45'16''
A61 Ausfahrt 47 Waldlaubersheim, dann Rüdesheim (Nahe), dann von Rüdesheim (Nahe) nach Norheim. In Norheim rechts Richtung Niederhausen/Oberhausen. Von Westen: B41 Ausfahrt Odernheim Richtung Duchroth.
114819

Obernhof/Lahn, D-56379 / Rheinland-Pfalz

Campingplatz Obernhof
1 Apr - 31 Okt
+49 2 60 49 41 90 26
kanuwolff@aol.com

1 AFGKNOPQRSTU JNXYZ 6
2 DIPQTXY ABF 7
3 ABF ABEFJNQRW 8
4 FH DJNOQRT 9
5 ADEFHMN ABHIKLNQU 10
16A CEE ❶ €20,30
H70 3ha 40T 40D ❷ €28,30

N 50°18'57'' E 07°51'03''
A3 Ausfahrt 40. Montabauer B49 Richtung Koblenz/Lahnstein, dann die B261 Richtung Bad Ems, danach die B260 nach Nassau. Dann die B417 weiter bis Obernhof.
102100

Oberwesel, D-55430 / Rheinland-Pfalz

Schönburgblick
Aussiedlung B9
11 Mrz - 1 Nov
+49 67 44 71 45 01
camping-oberwesel@t-online.de

1 ADEGKNOPQRS N 6
2 ADILPQTWXY ABFG 7
3 A ABEFNQR 8
4 H 9
5 ADEFM ABCFGHOQ 10
6-10A CEE ❶ €24,50
H75 0,8ha 40T(80m²) 10D ❷ €30,30

N 50°06'08'' E 07°44'11''
A61, Ausfahrt 44 Laudert Richtung Oberwesel die L220. Direkt am Rhein an der B9 in Oberwesel.
117236

Pommern, D-56829 / Rheinland-Pfalz

Pommern
Moselweinstraße 12
1 Apr - 30 Okt
+49 26 72 24 61
campingpommern@netscape.net

1 AEKNOPQRSTU AFJNWXYZ 6
2 DPQTWXYZ ABDEFGHI 7
3 ABMS ABCDEFJKNQRTW 8
4 FHJOQ D 9
5 ABDEFGHJLMNO ABDGHIKMOQ 10
B 16A ❶ €29,70
4,5ha 250T(60-100m²) 127D ❷ €36,70

N 50°10'08'' E 07°15'56''
A61 Koblenz, Ausfahrt zur B416 Cochem/Trier.
108097

Pünderich, D-56862 / Rheinland-Pfalz

Mosselland
Im Planters
1 Apr - 31 Okt
+49 65 42 26 18
campingplatz.mosselland@googlemail.com

1 AKNOPQRSTU JNXY 6
2 DIQWXYZ ABDFGH 7
3 ABFMX ABCDEFJNQRUW 8
4 FGHJO DE 9
5 ABDEFGHMN ABCDFGHJKLNQX 10
16A CEE ❶ €25,90
H100 3,1ha 120T 82D ❷ €35,90

N 50°02'16'' E 07°07'19''
A48 Ausfahrt 125 Wittlich. Über Kinderbeuern, Bengel, Reil und Pünderich.
102058

Rehe, D-56479 / Rheinland-Pfalz

Welters-Camping
Campingplatz 1
1 Apr - 30 Okt
+49 26 64 85 33
welters-camping@t-online.de

1 AEKNOPQRSTU LOQSXYZ 6
2 BEIJQRSUWYZ ABDEFGIJ 7
3 BFLM ABCDEFGJNQRTW 8
4 BFHJLO NUVW 9
5 ABDEFHJKMN ABGHJKQ 10
B 16A CEE ❶ €34,00
H600 10ha 118T(80-130m²) 400D ❷ €34,00

N 50°37'04'' E 08°07'23''
A45 Siegen-Frankfurt, Ausfahrt 26 Herborn West, B255 Richtung Rennerod. Im Zentrum von Rehe links, Schildern folgen.
102154

Remagen, D-53424 / Rheinland-Pfalz

Goldene Meile
Simrockweg 9-13
1 Jan - 31 Dez
+49 2 64 22 22 22
info@camping-goldene-meile.de

1 AEGKNOPQRSTU BFHN 6
2 ACPQRSTWXYZ ABDEFG 7
3 ABFGMN ABCDEFJKNQRTVW 8
4 9
5 ABDEFHJKLM ABFGHJKLORSUVW 10
B 10-16A CEE ❶ €30,50
11ha 187T(100-120m²) 350D ❷ €44,50

N 50°34'34'' E 07°15'08''
B9 Bonn-Koblenz, durch Remagen fahren, vor Bahn-Unterführung links. CP ist ausgeschildert.
102046

Rolandswerth, D-53424 / Rheinland-Pfalz

Siebengebirgsblick
Wickchenstraße 101
1 Apr - 22 Okt
+49 1 51 59 06 89 76
office@siebengebirgsblick.de

1 ADEKNOPQRSTU N 6
2 CIPQWXY ABFG 7
3 AFG ABCDEFNQRUVW 8
4 FH 9
5 ABDE ABGHJKOQ 10
16A CEE ❶ €28,50
2,8ha 150T(80-100m²) 70D ❷ €38,50

N 50°38'42'' E 07°12'24''
B9 Bonn-Remagen. CP befindet sich am Rhein und ist in Rolandswerth ausgeschildert.
102045

Deutschland

Teilkarte Koblenz auf Seite 294

Roßbach/Wied, D-53547 / Rheinland-Pfalz

Camping Wiedschleife
Buchenauer Weg
1 Apr - 31 Okt
+49 2 63 82 66 26 62
mail@wiedschleife.de
N 50°34'36" E 07°24'41"

1 ABDEKNOPQRSTU JN 6
2 ABCKPQXY ABFG 7
3 M ABEFJNQR 8
4 FHJ 9
5 DM ABGHJKQ 10
16A CEE ❶ €24,20
H100 47ha 100T(80-100m²) 60D ❷ €31,80

A3 Abfahrt 36 Neuwied Richtung Rengsdorf. Nach Staßenhausen rechts Richtung Niederbreitbach. Dort rechts nach Roßbach, Schildern folgen. 100138

Schweppenhausen, D-55444 / Rheinland-Pfalz

CC€21

Aumühle
Naheweinstraße 65
1 Apr - 31 Okt
+49 67 24 60 23 92
info@camping-aumuehle.de
N 49°56'02" E 07°47'30"

1 AEKNOPQRSTU 6
2 ABCQSXYZ ABFGK 7
3 BLMSUX ABCDEFJNQR 8
4 H BDF 9
5 AFKL ABDHJKMOQU 10
10A CEE ❶ €24,00
H200 2,5ha 50T(bis 100m²) 12D ❷ €24,00

A61, Ausfahrt 47 Waldlaubersheim. Richtung Schweppenhausen. Ab dort Schildern folgen. 112277

Seck, D-56479 / Rheinland-Pfalz

CC€23

Camping Park Weiherhof*****
Campingplatz Weiherhof
1 Apr - 31 Okt
+49 26 64 85 55
info@camping-park-weiherhof.de
N 50°35'12" E 08°02'07"

1 ADEGKNOPQRSTU LMN 6
2 EIJKQSTUVWXYZ ABDEFGH 7
3 ABDEFLMU ABCDEFGHIJKNQRTUVW 8
4 BEFHJLOQX DEFINVWY 9
5 ACDEFGHLMN ABDFGHJKMNOQW 10
Anz. auf dieser S. WB 16A CEE ❶ €29,00
H450 10ha 120T(100m²) 254D ❷ €29,00

A3 Köln-Frankfurt, Ausfahrt 40 Montabaur, B255 Ri. Rennerod bis Hellenhahn, im Kreisel Ri. Seck und direkt wieder links. Von S.: Ausfahrt 42 Limburg an der Lahn Nord, dann die B49/54 Ri. Siegen. CP ist angezeigt. 102155

Spabrücken, D-55595 / Rheinland-Pfalz

Am Weißenfels
Brunnenstrasse 1
29 Mrz - 31 Okt
+49 67 06 86 30
camping.aw@gmail.com
N 49°54'34" E 07°42'49"

1 AGHKNOPQRSTU N 6
2 ABQSTWXY ABEFGH 7
3 H ABCDEFJNRUV 8
4 EFJ 9
5 AHKM AFGHJKLNSTUW 10
B 16A CEE ❶ €28,00
H420 4ha 80T(80-100m²) 14D ❷ €28,00

A61, Ausfahrt 46 Waldlaubersheim, Richtung Schweppenhausen, danach Richtung Spabrücken. Den CP-Schildern folgen. CP hat keine Adresse. 112157

Deutschland

Senheim am Mosel, D-56820 / Rheinland-Pfalz

CC€21

Holländischer Hof****
Am Campingplatz 1
1 Apr - 29 Okt
+49 26 73 46 60
info@moselcamping.com
N 50°04'56" E 07°12'29"

1 ABDEKNOPQSTU JNQXYZ 6
2 DIKPQTWXYZ ABDEFGH 7
3 AFLMNSUX ABCDEFJKNQRSTW 8
4 ABCDEFGHJLOP DVWXZ 9
5 ACDEFGHKLMN ABCDGHIJKMOPQXY 10
Anzeige auf dieser Seite B 10A CEE ❶ €27,75
H80 4ha 250T(60-200m²) 16D ❷ €38,75

A61/A48 Ausfahrt 4 Kaisersesch in Richtung Cochem. Über die Brücke in Cochem, dann nach Senheim. Immer an der Mosel entlang. 102055

Sensweiler, D-55758 / Rheinland-Pfalz

Sensweiler Mühle
B422 / Mühle 2
1 Jan - 31 Dez
+49 67 86 23 95
campingplatz@sensweiler-muehle.de
N 49°46'09" E 07°12'18"

1 AFGKNOPRSTU N 6
2 CIPQVXYZ ABDFG 7
3 AFLMX ABCDEFJNQRW 8
4 FGHIJ 9
5 ADN AHJKLOQU 10
16A CEE ❶ €26,50
H475 3ha 50T(80-120m²) 70D ❷ €33,50

A61 bis Ausfahrt 42 Emmelshausen/Hunsrück, die B327 Hunsrück Höhenstraße bis hinter Morbach. Dann Richtung Idar Oberstein über Allenbach (B422). 102064

St. Goar am Rhein, D-56329 / Rheinland-Pfalz

Friedenau***
Gründelbach 103
13 Mrz - 31 Okt
+49 6 74 13 68
info@camping-friedenau.de
N 50°08'57" E 07°41'40"

1 AFKNOPQSU 6
2 BDQSUXYZ ABDEFGH 7
3 A ABCDEFGHJNPQRT 8
4 FHJO DI 9
5 ABDFHJLN AGHJKLOQ 10
B 10A CEE ❶ €22,90
H700 1ha 40T(100m²) 2D ❷ €29,90

A61 Ausfahrt 42 Emmelshausen nach St. Goar. Von Koblenz die B9 am Rhein entlang: vor St. Goar rechts, Campingschilder befolgen. 108129

Simmertal, D-55618 / Rheinland-Pfalz

Haumühle
Haumühle 1 / B421
1 Jan - 31 Dez
+49 67 54 94 65 65
info@camping-haumuehle.de
N 49°48'54" E 07°30'15"

1 ADEKNOPRSTU JNUX 6
2 BDIQSTWXYZ ABFG 7
3 ABCGX ABCDEFJNQRTW 8
4 EFGH 9
5 ABDFGHIJLN ABFGHIJKOQU 10
B 16A CEE ❶ €22,00
H200 10ha 120T(80-120m²) 75D ❷ €27,00

Von Bad Kreuznach, Idar-Oberstein via der B41. In Simmertal via B421 2 km Richtung Gemünden. Aus dem N. A61 Ausfahrt Rheinböllen, Ri. Gemünden, B421 Ri. Kirn-Martinstein. 101137

St. Goar am Rhein, D-56329 / Rheinland-Pfalz

Loreleyblick
An der Loreley
1 Jan - 31 Dez
+49 67 41 20 66
info@camping-loreleyblick.de
N 50°08'28" E 07°43'22"

1 AFKNOPQSTU NX 6
2 DIPQRSXY ABDEFG 7
3 BM ABCDEFIJNQRT 8
4 G 9
5 ABDFLMN AGHOQ 10
B 6A CEE ❶ €34,50
H100 6ha 200T(80m²) 13D ❷ €42,50

An der B9, südlich kurz vor St. Goar. Von Norden: A61, Ausfahrt Koblenz, B9 Richtung Boppard. Von Süden: Ausfahrt Bingen und dann die B9 Richtung St. Goar. 102105

Teilkarte Koblenz auf Seite 294

Deutschland

Steinebach, D-57629 / Rheinland-Pfalz

Haus am See, Dreifelder Weiher
Seeburgerstr. 1
1 Jan - 31 Dez
+49 26 62 71 47
info@camping-hausamsee.de
N 50°35'55'' E 07°48'56''

1 AKNOPQRSTU — LX 6
2 BEIKPQSUXY — ABFGIK 7
3 ALM — ABCDEFJKNQRTUVW 8
4 EFH — EFMNQT 9
5 ABDEFHJLMN — ABCGHJKRSUY 10
16A CEE
H450 2,5ha 50T 94D
① €22,00
② €22,00
109959

A3 Köln-Frankfurt, Ausfahrt 37 Dierdorf Richtung Hachenburg. In Herschbach Richtung Schenkelberg, dann Richtung Steinebach-Schmidthahn.

Steinen, D-56244 / Rheinland-Pfalz

Hofgut Schönerlen
Stahlhoferweg
1/1 - 31/10, 1/12 - 31/12
+49 2 66 62 07
info@camping-westerwald.de
N 50°33'57'' E 07°48'44''

1 ADEGKNOPQRSTU — LQX 6
2 EJQUXY — ABDEFGHI 7
3 BFHLM — ABCDEFJNQRT 8
4 AEFHJLOT — DE 9
5 ABDMN — ABGHJKNRS 10
WB 10-16A CEE
H450 15ha 160T(100-120m²) 124D
① €20,50
② €26,00
102091

A3 Köln-Frankfurt, Ausfahrt 37 Dierdorf, Richtung Hachenburg. In Hersbach Richtung Schenkelberg, dan an Kreuzung rechts zur B8 bis Steinen, dann ausgeschildert.

Treis-Karden, D-56253 / Rheinland-Pfalz

CC€23

Mosel-Islands Camping*****
Am Werth
1 Apr - 29 Okt
+49 26 72 26 13
campingplatz@mosel-islands.de
N 50°10'15'' E 07°17'33''

1 ADEGKNOPQRSTU — JNSWXYZ 6
2 DIPQWXYZ — ABDEFGIJK 7
3 BFJMUX — ABCDEFJKMNQRTUV 8
4 FGHIK — FKO 9
5 ADFHKLMN — ABCDFGHIJKMOQY 10
B 16A CEE
H76 6ha 130T(80-120m²) 142D
① €37,00
② €45,00
100146

A48 Ausfahrt 5 Kaifenheim Richtung Treis-Karden, Schildern folgen.

Waldbreitbach, D-56588 / Rheinland-Pfalz

Am Strandbad
Strandbadweg 8
1 Apr - 31 Okt
+49 26 38 12 95
info@camping-strandbad.de
N 50°33'17'' E 07°25'09''

1 ADEGKNOPRSTU — JN 6
2 CPQXY — ABDEFG 7
3 BFMR — ABCDEFJKNQR 8
4 FHO — 9
5 DHM — ABHJKQUW 10
16A CEE
1,5ha 34T(80-100m²) 40D
① €28,20
② €28,20
101132

A3, Ausfahrt 36 Neuwied. Nach Straßenhaus rechts Richtung Niederbreitbach. In Niederbreitbach Richtung Waltbreitbach, dort ausgeschildert.

Waldbreitbach, D-56588 / Rheinland-Pfalz

Camping Wiedhof
Wiedhof 1
1 Apr - 31 Okt
+49 26 38 42 58
camping@wiedhof.de
N 50°33'14'' E 07°25'31''

1 ADEKNOPQRSTU — JN 6
2 ACQXY — ABFG 7
3 AM — ABCDEFJNQR 8
4 — I 9
5 DFKM — AHJKOQ 10
10A CEE
2,5ha 30T(80-100m²) 81D
① €29,70
② €39,30
102047

A3 Ausfahrt 36 Neuwied. Nach Straßenhausen rechts Richtung Niederbreitbach. Dort rechts nach Waltbreitbach. Nach der Brücke über Wied Schildern folgen.

Wassenach/Maria Laach, D-56653 / Rheinland-Pfalz

CC€23

RCN Laacher See****
Am Laacher See/ L113/ Vulkaneifel
1 Apr - 30 Sep
+49 2 82 13 93 99 97
contact@rcn.nl
N 50°25'19'' E 07°15'54''

1 BDEJMOPQRSTU — LMNPY 6
2 ABFIKPQTUVWXYZ — ABDEFG 7
3 ABJMVX — ABCDEFJKNQRTUVW 8
4 BEFGHIJO — NU 9
5 ABDEFIJKLMO — ABCGHIJKLOQY 10
Anzeige auf dieser Seite B 16A CEE
H220 7ha 190T(80-120m²)
① €48,00
② €56,00
109541

A61, Ausfahrt Mendig/Maria Laach. Dann ca. 5 km Richtung Norden.

Winningen, D-56333 / Rheinland-Pfalz

Winninger Ferieninsel Ziehfurt
Inselweg 10
6 Apr - 3 Okt
+49 26 06 18 00
camping@ferieninsel-winningen.de
N 50°18'41'' E 07°29'58''

1 ADEKNOPQRSTU — JNWXYZ 6
2 ADQSXYZ — ABDFG 7
3 A — ABEFNQRTW 8
4 H — 9
5 ABDEFHKMN — AGHIKNQ 10
B 16A
H100 5ha 200T 200D
① €30,50
② €38,50
102101

In Koblenz Richtung KO-Metternich. B416 Richtung Cochem. In Winningen links (Hafen und CP). Von der A61, Ausfahrt 38 Winningen und CP-Beschilderung folgen.

Zell (Mosel), D-56856 / Rheinland-Pfalz

Campingpark Zell/Mosel
Moselufer
1 Jan - 31 Dez
+49 65 42 96 12 16
info@campingpark-zell.de
N 50°02'02'' E 07°10'28''

1 ABEGKNOPQRSTU — JNWXYZ 6
2 CILQTWXY — ABFGI 7
3 BNX — ABCDEFJNQRTUV 8
4 AEFGHI — FORV 9
5 ABDEHMN — ABCGHJKMOQUY 10
16A CEE
H95 1,5ha 75T(80-85m²) 21D
① €38,30
② €42,10
102059

A61 Ausfahrt Pfalzfeld, Richtung Kastellaun. Dann Richtung Zell-Nord.

CampingCard ACSI, gut zu wissen

- Nur gültig auf teilnehmenden CampingCard ACSI-Campingplätzen
- Nur gültig in den mit dem Campingplatz vereinbarten Akzeptanzzeiträumen
- Zusatzkosten nicht inbegriffen
- Begrenzte Anzahl von Stellplätzen verfügbar

Teilkarte Koblenz auf Seite 294

Bernkastel/Kues, D-54470 / Rheinland-Pfalz

CC€23

Knaus Campingpark Bernkastel-Kues
Am Hafen 2
1 Mrz - 26 Nov
+49 65 31 82 00
bernkastelkues@knauscamp.de
N 49°54'32'' E 07°03'21''

1 BDEG**KN**OPRS**U**	J**NX**Y**Z**	6
2 DIQXYZ	ABDE**FG**IK	7
3 ABX	ABCDEFJKNQRW	8
4 GHJO	FVW	9
5 ADEMN	ABGHIJKMNST	10

Anz. auf S. 240 + Umschl. B 16A CEE
H110 3,2ha 202**T** 54**D**
① €45,50
② €50,20

A48 bis Ausfahrt 125 Wittlich, dann B50 in Richtung Mosel. An der Kueser Seite von Bernkastel ist die Einfahrt zum CP am Ende des Hafens.

102061

Bollendorf, D-54669 / Rheinland-Pfalz

CC€19 iD

Altschmiede****
Altschmiede 1
1 Apr - 31 Okt
+49 6 52 63 75
info@camping-altschmiede.de
N 49°50'28'' E 06°20'13''

1 AE**KN**OPQRSU	BHIJ**N**UX	6
2 DIQRWXY	ABDE**FG**H	7
3 AFM	ABCDE**F**JKNRTW	8
4 ABDEFHJOR	JR	9
5 ABDH**N**	ABDHJKNPQ	10

Anzeige auf dieser Seite B 6A CEE
H300 5,5ha 240**T** 124**D**
① €26,30
② €34,30

B257 Bitburg, Ausfahrt Echternacherbrück. Vor der Grenzbrücke rechts Richtung Bollendorf. Im Ort Richtung Körperich. Zweiter CP, ausgeschildert.

102007

Dasburg, D-54689 / Rheinland-Pfalz

iD

Camping Relles-Mühle
An der Brücke 3a
1 Apr - 30 Sep
+49 65 50 10 73
info@camping-relles-muehle.de
N 50°03'09'' E 06°07'24''

1 AE**KN**OPQRS**U**	J**N**	6
2 BDPQXY	ABDE**FG**H	7
3 AMU	AB**F**JNQRW	8
4 FHJO		9
5 DFHKMN	ABHJK**O**RS	10

6A CEE
1,5ha 40**T**(100m²) 50**D**
① €25,00
② €35,00

E42 Maastricht-Lüttich, Richtung Trier. Bei Ausfahrt 15 Richtung Luxemburg bis Dasburg. CP ausgeschildert.

111108

Dockweiler, D-54552 / Rheinland-Pfalz

CC€19 iD

Campingpark Dockweiler Mühle
Mühlenweg 1
1 Jan - 31 Dez
+49 65 95 96 11 30
N 50°15'20'' E 06°46'47''

1 ADE**KN**OPQRSTU	N	6
2 ADEIPQSTVWY	ABDE**FG**	7
3 BM	ABCDE**F**HJNQR**S**TW	8
4 FHI	FJ	9
5 ABDMN**O**	ABDFGHIJKMOQVY	10

B 16A CEE
H530 10ha 100**T**(80-90m²) 129**D**
① €24,00
② €32,00

A61 und A1 Richtung Daun. Über Hillesheim und B410 Campingschildern folgen.

100144

Deutschland

Echternacherbrück, D-54668 / Rheinland-Pfalz

CC€21 iD

Campingpark Freibad Echternacherbrück
Mindenerstraße 18
1 Apr - 31 Okt
+49 6 52 53 40
info@echternacherbrueck.de
N 49°48'43'' E 06°25'53''

1 AE**KN**OPQRST**U** BFHJ**N**UX 6
2 CPQWXYZ ABDE**FG**H 7
3 BEFG**J**MSU ABCDEFJKNQRTW 8
4 **A**BCEFHJLO**Q** AEV 9
5 ACDEFGHKMN ABCGKORSWX 10
Anzeige auf dieser Seite B 12A CEE ① €36,30
H300 8ha 400T(85-110m²) 112D ② €48,10
100158

B257 Bitburg-Echternach, Ausfahrt Echternacherbrück links, letzte Straße links. Nach 200m CP und Schwimmbad ausgeschildert.

Erden, D-54492 / Rheinland-Pfalz

iD

Erden
Am Moselufer 2
1 Apr - 31 Okt
+49 65
info@camping-erden.de
N 49°58'48'' E 07°01'13''

1 ADE**KN**OPQRST**U** **NX**Y 6
2 ACIQRXYZ AB**FGK** 7
3 BMX ABCDEFJQRTW 8
4 FGH F 9
5 ABDEFGHJKMN ABFGHIKMOPQV 10
B 16A CEE ① €27,00
H100 2ha 68T(80-120m²) 61D ② €36,00
114815

A1 Ausfahrt Wittlich Richtung Bernkastel Kues. In Zeltingen über die Brücke Richtung Traben-Trarbach.

Gentingen, D-54675 / Rheinland-Pfalz

iD

Ourtalidyll****
Uferstraße 17
1 Apr - 29 Okt
+49 6 56 63 52
info@eifelidyll.de
N 49°54'01'' E 06°14'33''

1 AE**KN**OPQRSU J**N**UX 6
2 CIQWXY A**B**D**EFG**H 7
3 AFMS ABCDEFJKNQRTUVW 8
4 BFHJ EFGJVY 9
5 ABDHKMN ABFHJKNST 10
B 16A CEE ① €24,70
3,5ha 90T(70-100m²) 100D ② €32,50
102005

Von Nord: B50 Bitburg - Vianden. Kurz vor der Luxemburger Grenze Ri. Roth-Gentingen. Achtung Navigation: Nicht abfahrern bei Körperich/ Obersgegen.

Gerolstein, D-54568 / Rheinland-Pfalz

CC€21 iD

Eifelblick / Waldferienpark Gerolstein****
Hillenseifen 200
1 Jan - 31 Dez
+49 6 59 16 78
info@waldferienparkgerolstein.de
N 50°13'02'' E 06°36'28''

1 ADE**KN**OPQRST**U** E 6
2 AIQSTVWX AB**FGH** 7
3 BF**JL**MSUVX ABCDE**F**JNPQR**S**TUVW 8
4 BCFHIJKNO**PQST** FJW 9
5 ABDEFHJKLMNO ABCDFGHIJKOQVY 10
Anzeige auf Seite 303 16A CEE ① €25,50
H457 2ha 195T(100-120m²) 28D ② €32,50
117924

Von Prüm (B410) 4 km vor Gerolstein, Ausfahrt Hinterhausen. Beschilderung Waldferienpark Gerolstein beachten und dann Camping Eifelblick folgen.

Gillenfeld, D-54558 / Rheinland-Pfalz

iD

Feriendorf Pulvermaar
Vulkanstraße
1 Jan - 31 Dez
+49 65 73 99 65 00
info@feriendorf-pulvermaar.de
N 50°07'52'' E 06°56'00''

1 AG**KN**OPQRS**U** LM**N**PXZ 6
2 AEIQSTXYZ ABDE**FG**HK 7
3 ABFMU ABCDE**F**JNQRTW 8
4 **E**FHI JW 9
5 ABDEFHJMN ABFGHIJKLMNQUY 10
16A CEE ① €23,50
4ha 50T(60-120m²) 122D ② €29,50
114808

A1 Ausfahrt 121 Mehren. Rechts ab zur B421 Richtung Zell. CP nach 6,7 km angezeigt mit Schild 'Feriendorf'.

Heidenburg, D-54426 / Rheinland-Pfalz

CC€23 iD

Moselhöhe****
Bucherweg 1
1 Apr - 1 Nov
+49 6 50 99 90 16
erik@moselhoehe.com
N 49°47'58'' E 06°55'37''

1 AFG**KN**OPQST**U** 6
2 AIPQVWXY ABDE**FG** 7
3 ABFGMU ABCDEFJNPQRTUV 8
4 FIK 9
5 ADKN ABCDHIJKLN**O**Q 10
Anzeige auf dieser Seite B 16A CEE ① €26,80
H414 3,5ha 60T(100-120m²) 38D ② €34,80
110100

A1 Ausfahrt 131 Mehring Richtung Thalfang. 7 km bis CP-Schild, an Kreuzung Talling links Richtung Heidenburg.

Igel, D-54298 / Rheinland-Pfalz

iD

Campingplatz Igel
Moselstraße
1 Apr - 31 Okt
+49 6 50 11 29 44
info@camping-igel.com
N 49°42'18'' E 06°33'12''

1 A**KN**OPQSTU J**N**W**X**Y 6
2 ACPQXYZ AB**F** 7
3 A**N** ABCDE**F**JNQRTW 8
4 HIO 9
5 DFHKMN ABHJKLNQWY 10
16A ① €23,00
H131 3ha 50T(60-80m²) 50D ② €30,00
111375

A1 Ausfahrt 14 Mertert (Lux) zur N1 Richtung Wasserbillig/Mertert. In Wasserbillig hinter der Brücke über die Sauer rechts auf die B49.

Teilkarte Trier auf Seite 301

Deutschland

Irrel, D-54666 / Rheinland-Pfalz

iD

Nimseck***
14 Mrz - 1 Nov
+49 6 52 53 14
info@camping-nimseck.de

1	ACKNOPQRSU	BJUX	6
2	ACIQSUVWXYZ	ABDEFG	7
3	AM	ABCDEFJNQRTVW	8
4	ABFHJOX	J	9
5	ADEFHLMN	ABGHJKLORS	10

B 16A CEE
H250 7ha 150T(100-120m²) 154D
① €23,70
② €31,50

N 49°51'13" E 06°27'45"

B257 von Bitburg Richtung Echternach. Ausfahrt Irrel, CP links. Ausgeschildert.

100157

Klüsserath, D-54340 / Rheinland-Pfalz

iD

Campingplatz Klüsserath**
An der B53
1 Apr - 31 Okt
+49 65 07 46 67
info@campingplatz-kluesserath.de

1	AKNOPQRSU	JNSXYZ	6
2	ACIPQXY	ADFG	7
3	AFL	ABEFJNRW	8
4	FHI	UVW	9
5	ABDFHJLMNO	AGHJKMQV	10

16A CEE
H128 8ha 100T(80-100m²) 100D
① €18,50
② €21,00

N 49°50'37" E 06°51'31"

A1 Ausfahrt 128 Föhren/Bekond. Dann Richtung Klüsserath über die L141, L48 und B53. Camping ist ausgeschildert.

102022

Irrel, D-54666 / Rheinland-Pfalz

CC€19 iD

Südeifel
Hofstraße 19
1 Apr - 31 Okt
+49 6 52 55 10
info@camping-suedeifel.de

1	AEKNOPQRSU	JNUX	6
2	ADPQXY	ABDEFGH	7
3	B	ABEFJNQRSTUW	8
4	FH		9
5	DGMN	ABDHJKORS	10

B 6A CEE
H300 3ha 60T(50-100m²) 100D
① €27,00
② €35,00

N 49°50'31" E 06°27'26"

Zum Zeitpunkt der Drucklegung war noch nicht bekannt, ob und wann dieser Campingplatz nach der Flutkatastrophe im Jahr 2022 wieder öffnen wird.

102008

Körperich/Obersgegen, D-54675 / Rheinland-Pfalz

iD

Eifelcamping Reles-Mühle
Kapellenweg 3
1 Apr - 31 Okt
+49 65 66 14 65
info@eifelcamping.com

1	AEKNOPQRSU	F	6
2	CPQWXY	ABCDEFGH	7
3	AMU	ABCDEFJNQRW	8
4	FHJ	J	9
5	DMN	ABHJKOQ	10

Anzeige auf dieser Seite 12A CEE
H300 2ha 40T 61D
① €23,00
② €31,00

N 49°56'02" E 06°15'03"

B50 Bitburg-Körperich-Vianden. In Obersgegen liegt rechts der CP. Gut ausgeschildert.

102004

Teilkarte Trier auf Seite 301

Deutschland

Langsur/Metzdorf, D-54308 / Rheinland-Pfalz

CC€21 iD

Alter Bahnhof***
Uferstraße 42
1 Mrz - 31 Okt
+49 6 50 11 26 26
info@camping-metzdorf.de

1 ADE**KN**OPQRSTU — JNUX 6
2 ABCPQTXYZ — AB**FG** 7
3 ABMS — ABEFGIJNQRTW 8
4 FHI — 9
5 ABDFHJLMN — ABDFGHIJKOQU 10
Anzeige auf dieser Seite B 16A CEE — ① €33,00
H149 4ha 53**T**(50-120m²) 80**D** — ② €38,50

N 49°45'11'' E 06°30'08''
110874

Von Trier E44 richtung Luxemburg, Ausfahrt Mertert (Lux). Auf der N1 Richtung Wasserbillig. In Wasserbillig hinter der Sauerbrücke links auf die B418. Dann noch ca. 6 km.

Leiwen, D-54340 / Rheinland-Pfalz

CC€23 iD

Landal Sonnenberg*****
Sonnenberg 1
17 Mrz - 20 Nov
+49 6 50 79 36 90
sonnenberg@landal.com

1 ADE**KN**OPQRST**U** — EG 6
2 BQSTVWXYZ — AB**FG**HK 7
3 ABDFG**JL**M**RU**V**W** — ABCDEFGIJNQRTW 8
4 **A**BCDEFHIJKLO**PQ**U**X** — EIJUV 9
5 ACDEFJKLMN**O** — ABCDEGHIJKN**O**PQUY 10
Anzeige auf dieser Seite B 10A CEE — ① €50,85
H354 2,5ha 130**T**(65-120m²) 260**D** — ② €60,90

N 49°48'12'' E 06°53'30''
102024

A1 Koblenz-Trier, Ausfahrt 128 Föhren-Leiwen. Folgen Sie den Schildern 'Sonnenberg'.

Manderscheid, D-54531 / Rheinland-Pfalz

iD

Naturcamping Vulkaneifel***
Herbstwiese 1
1 Apr - 31 Okt
+49 6 57 29 21 10
info@naturcamping-vulkaneifel.de

1 AEH**KN**OPQSU — 6
2 ABIPQVWYZ — ABDE**FGIJK** 7
3 AFM — ABCDEF**I**JNQRTW 8
4 FHIJ — FGJ 9
5 ABDJMN — ABFGHIKL**N**QUV 10
6-16A CEE — ① €30,00
H404 3,2ha 90**T**(60-140m²) 29**D** — ② €32,00

N 50°05'49'' E 06°47'53''
102021

A1 Ausfahrt 122, weiter Richtung Manderscheid. In Manderscheid Mitte der CP-Beschilderung folgen. Gleich ortsaußerhalb links.

Neuerburg, D-54673 / Rheinland-Pfalz

CC€21 iD

Camping in der Enz****
In der Enz 25
1 Apr - 31 Okt
+49 65 64 26 60
info@camping-inderenz.com

1 ADE**KN**OPQRS**U** — BGH**N** 6
2 CQSWXY — ABDE**FG** 7
3 B**H**M**N** — ABCDE**F**JKNQRTUV 8
4 FHJ — FJ 9
5 ADEFKMN — ABCDFGHJKOQ 10
B 16A CEE — ① €31,70
6ha 77**T**(80-100m²) 17**D** — ② €44,10

N 50°01'40'' E 06°16'37''
102003

A60 Ausfahrt 3 Richtung Neuerburg. Über Arzfeld nach Emmelbaum und Zweifelscheid. Nach 3 km links abbiegen Camping In der Enz. Ist ausgeschildert.

Oberweis, D-54636 / Rheinland-Pfalz

CC€23 iD

Prümtal-Camping Oberweis*****
In der Klaus 17
1 Mrz - 31 Okt
+49 6 52 79 29 20
info@pruemtal.de

1 AE**KN**OPQRSU — BGHJ**N** 6
2 DPQTWXYZ — ABCDE**FG**HI 7
3 BFMU — ABCDEFIJKNQRTUVW 8
4 ABEFHJO — E 9
5 ABDEFGHKLMN — ABCDEFGHIJKMOQW 10
B 16A CEE — ① €38,10
H300 3,8ha 240**T**(65-101m²) 13**D** — ② €49,10

N 49°57'32'' E 06°25'28''
100156

B50 Bitburg, Richtung Vianden. Mitten im Ort links, Schildern zum Campingplatz und Schwimmbad folgen.

Prüm, D-54591 / Rheinland-Pfalz

iD

Waldcamping Prüm****
Postfach 1012
Prümtalstrasse 43
1 Jan - 31 Dez
+49 65 51 24 81
info@waldcamping-pruem.de

1 AE**KN**OPQRSU — AFH 6
2 ADQWXYZ — ABDEH 7
3 — ABCEFJNQRW 8
4 FH — 9
5 DMN — ABHJKQ 10
10A CEE — ① €28,20
3,5ha 150**T**(90m²) 70**D** — ② €38,20

N 50°13'07'' E 06°26'16''
100141

E29 Köln-Prüm. In Prüm Richtung Industriegebiet. Der CP ist ausgeschildert.

Reinsfeld, D-54421 / Rheinland-Pfalz

iD

Campingpark Reinsfeld
Parkstraße 1
1 Jan - 31 Dez
+49 6 50 39 51 23
info@camping-reinsfeld.de

1 ABDE**KN**OPQRST**U** — AFN 6
2 ABEQRXYZ — AB**FG** 7
3 BEFGMNS — ABCDEFJKNQRT 8
4 BCDEFHIJLN — 9
5 ABDMN — AFGHJKLNQUVW 10
B 10-16A — ① €38,05
H515 20ha 554**T**(100-120m²) 300**D** — ② €51,05

N 49°41'08'' E 06°52'01''
102026

A1, Ausfahrt 132 Reinsfeld, dort den CP-Schildern folgen.

ACSI

Durchreisecampingplätze

In diesem Führer finden Sie eine handliche Karte mit Campingplätzen an den wichtigen Durchgangsstrecken zu Ihrem Ferienziel. Durch die Farbe des jeweiligen Zeltchens können Sie erkennen, ob dieser Platz ganzjährig geöffnet ist oder nicht. Darüber hinaus gibt es für jeden Platz auch noch eine kurze redaktionelle Beschreibung, inklusive Routenbeschreibung und Öffnungszeiten.

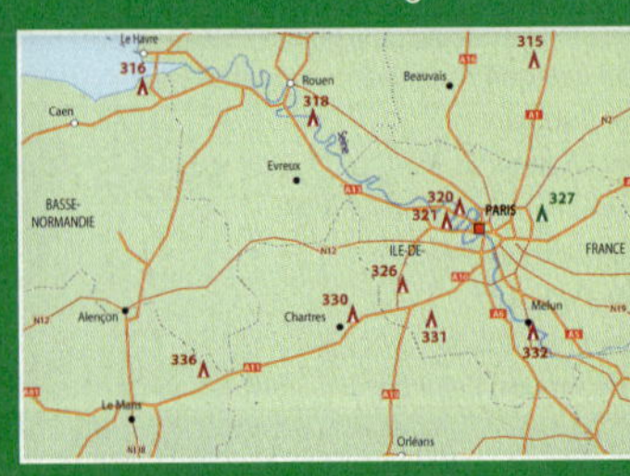

Teilkarte Trier auf Seite 301

Riol (Mosel), D-54340 / Rheinland-Pfalz

CampingPark Triolago
Am Campingplatz
1 Apr - 31 Okt
+49 65 02 71 19
campingpark@triolago.eu

1 BGKNOPQRSTU	LMNWXYZ 6
2 ACEJQTWXYZ	ABFG 7
3 AJLM	ABCDEFJNQRUV 8
4 FHK	FJQRTUVW 9
5 ADFGLMN	ABCGHIKMNQUX 10
16A CEE	① €31,00
6ha 80T(100-140m²) 205D	② €31,00

N 49°47'32" E 06°48'40"
A1 Ausfahrt Fell/Lonquich, A602 oder A48 geradeaus. Nach 3 km Freizeitsee Triolago.
117147

Saarburg, D-54439 / Rheinland-Pfalz

Landal Warsberg****
In den Urlaub
24 Mrz - 6 Nov
+49 65 81 91 46 10
warsberg@landal.de

1 ADEKNOPQRSTU	EG 6
2 IQUWXYZ	ABCEFGH 7
3 ABEFGJMSUVX	ABCDEFGIJNQRTW 8
4 ABCDEFGHIJKLNOPTUV	CEFJUVWY 9
5 ACDEFKLMN	ABDGHIKLMNOPQVY 10
Anzeige auf dieser Seite B 16A CEE	① €47,70
H285 11ha 460T(80-100m²) 192D	② €58,60

N 49°37'14" E 06°32'33"
A60 Ausfahrt Bitburg, der B51 volgen. In Konz Richtung Saarburg. In Saarburg der CP-Beschilderung Warsberg folgen.
100161

Saarburg, D-54439 / Rheinland-Pfalz

Camping Leukbachtal***
Leukbachtal 1
24 Mrz - 2 Nov
+49 65 81 22 28
info@camping-leukbachtal.de

1 AKNOPQRSTU	6
2 CQTWXYZ	ABDEFGHK 7
3 AMSU	ABCDEFJNQRTW 8
4 FHIJ	V 9
5 DMN	ABCDFGHIJKMOQV 10
6A CEE	① €27,50
H288 2,5ha 80T(80-130m²) 32D	② €35,50

N 49°35'58" E 06°32'29"
Von Trier B51 nach Saarburg, Schild 'Krankenhaus' folgen. Dann CP-Schild folgen.
102028

Saarburg, D-54439 / Rheinland-Pfalz

Waldfrieden****
Im Fichtenhain 4
1 Mrz - 31 Dez
+49 65 81 22 55
info@campingwaldfrieden.de

1 AEKNOPQRSTU	6
2 BPQTUWXYZ	ABDEFG 7
3 BM	ABCDEFJNQRTW 8
4 FHIJ	GI 9
5 ABDHMN	ABDFGHJKMOQU 10
16A CEE	① €30,00
H210 6,5ha 57T(85-120m²) 58D	② €34,00

N 49°36'03" E 06°31'40"
B51 Trier Richtung Saarburg, Krankenhaus-Schildern folgen, durch Tunnel, dann ist der CP ausgeschildert.
102029

Schweich, D-54338 / Rheinland-Pfalz

Zum Fährturm
Am Yachthafen
11 Apr - 17 Okt
+49 6 50 29 13 00
camping@kreusch.de

1 AKNOPQRSTU	BGHNQSUWXYZ 6
2 ACPQTXYZ	ABDEFGH 7
3 AFLN	ABCDEFHNPQRW 8
4 FHI	ORT 9
5 ADEFHJLMN	AFGHILMOQV 10
B 16A CEE	① €27,00
H129 3,5ha 115T(100m²) 120D	② €31,00

N 49°48'52" E 06°45'01"
A1 Ausfahrt Schweich. In Schweich direkt vor der Moselbrücke links. Nach 100m rechts unter der Brücke durch zum Campingplatz.
102023

Traben-Trarbach, D-56841 / Rheinland-Pfalz

Moselcamping Rissbach****
Rissbacherstraße 155
1 Apr - 31 Dez
+49 65 41 31 11
info@moselcampingplatz.de

1 ABDEKNOPQRSTU	BFJMNSWXY 6
2 DPQTWXYZ	ABDEFGH 7
3 BFMTUX	ABCDEFJNQRTW 8
4 ABDFGHJO	FRVY 9
5 ABDEFHKLMN	ABCDFGHJKMOQ 10
Anz. auf dieser S. B 6-16A CEE	① €37,00
H110 1,8ha 80T(80-100m²) 28D	② €37,00

N 49°57'55" E 07°06'19"
A48 bis Ausfahrt 125 Wittlich, dann B50 Richtung Mosel. Links entlang der Mosel Richtung Traben-Trarbach. CP ausgeschildert.
102060

Traben-Trarbach, D-56841 / Rheinland-Pfalz

Moselcamping Wolf
Uferstraße 16
1 Apr - 31 Okt
+49 65 41 31 11
wolf@moselcampingplatz.de

1 ADEKNOPQRSTU	JNWXYZ 6
2 CIQXYZ	ABFG 7
3 BX	AEFJNQRTW 8
4 FGHJ	RVX 9
5 ACDEGJMN	ABCDGHIJKLMNQ 10
Anzeige auf dieser Seite 16A CEE	① €29,00
H100 3ha 160T(100m²) 25D	② €29,00

N 49°58'52" E 07°06'14"
A48 Ausfahrt 125 Wittlich. Erst Richtung Traben-Trarbach, dann Richtung Wolf fahren.
110097

Wallendorf, D-54675 / Rheinland-Pfalz

Camping Sauer-Our
Ourtalstraße 1
1 Apr - 1 Okt
+49 65 66 93 33 29
info@eifelidyll.de

1 AKNOPSU	JNUX 6
2 DPQUXY	ABDEFG 7
3 A	ABDEFNRTW 8
4 FH	CDR 9
5 ADMN	ABHJKOST 10
B 16A CEE	① €21,80
2,5ha 90T 68D	② €29,60

N 49°52'33" E 06°17'16"
Von Nord: B50 Bitburg-Vianden. Richtung Körperich, Niedersgegen und Wallendorf. Von Süd: Trier-Echternach N10 Richtung Vianden.
102006

Deutschland

Teilkarte Trier auf Seite 301

Deutschland

Waxweiler, D-54649 / Rheinland-Pfalz

CC€21 iD

Landal Eifel Prümtal*****
Schwimmbadstraße 7
27 Mrz - 3 Nov
+49 6 55 49 20 00
info@ferienpark-waxweiler.de

1 AEJMOPQRSU — BN 6
2 ACQWXY — ABDEFGH 7
3 BMU — ABCDEFJKNQRTW 8
4 FHJLO — JV 9
5 ABDFN — ABGHJKNRS 10

Anzeige auf dieser Seite 16A CEE
2ha 100T(80-120m²) 60D

① €30,00
② €39,80

N 50°05'32" E 06°21'32"

Auf der Straße Prüm-Bitburg nehmen Sie die Ausfahrt Waxweiler. Im Dorf folgen Sie der Beschilderung "Ferienpark Camping".

102002

Waxweiler/Heilhausen, D-54649 / Rheinland-Pfz

CC€17 iD

Heilhauser Mühle
Heilhauser Mühle 1
1 Apr - 31 Okt
+49 6 55 48 05
walter.tautges@t-online.de

1 AKNOPQRSTU — JNUX 6
2 ACPQSTYZ — ABDEFGH 7
3 BF — ABDEFJNQRT 8
4 FH — D 9
5 DFHLMN — ABHJKLMNQ 10

Anzeige auf dieser Seite 10A CEE
6ha 100T 3D

① €24,00
② €32,00

N 50°06'29" E 06°20'58"

E4 Lüttich-St. Vith-Prüm bis Ausfahrt 3 Richtung Habscheid/Pronsveld. In Pronsveld Richtung Lünebach-Waxweiler.

100142

Rheinhessen-Pfalz

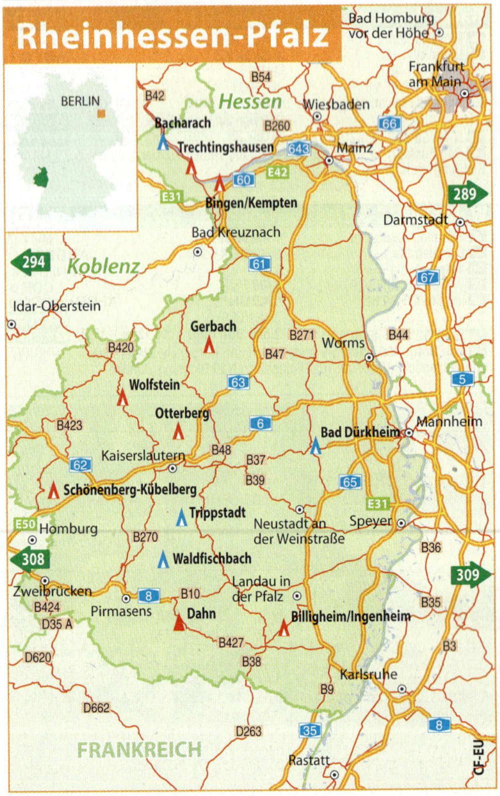

Bacharach, D-55422 / Rheinland-Pfalz

CC€21 iD

Sonnenstrand
Strandbadweg 9
1 Apr - 1 Nov
+49 67 43 17 52
info@camping-sonnenstrand.de

1 AEKNOPQRSTU — JNQSWXYZ 6
2 ADJKPQRSXY — ABFG 7
3 AM — ABCDEFNQRT 8
4 HJO — 9
5 ABDFHKM — AFGHOQ 10

6A CEE
H100 1,2ha 55T(100m²) 10D

① €24,00
② €30,00

N 50°03'13" E 07°46'22"

Über die A61. Ausfahrt 44 Laudert über Oberwesel nach Bacharach (B9). Hinter der Ausfahrt Laudert ohne Navi weiter: Beschilderung Oberwesel-Bacharach folgen.

102107

Bad Dürkheim, D-67098 / Rheinland-Pfalz

Knaus Campingpark Bad Dürkheim****
In den Almen 1
1 Jan - 31 Dez
+49 6 32 26 13 56
badduerkheim@knauscamp.de
N 49°28'23" E 08°11'29"

1 ADEGKNOPQRSTU LN 6
2 AFJKPQRSWXY ABDEFGI 7
3 BFGHILMNS ABCDEFJLNQRSTW 8
4 BFHIT ABEFJNT 9
5 ABDFHLM ABCDGHIJKOQWY 10
Anz. auf S. 240 + Umschl. B 16A CEE ① €47,50
H109 16ha 280T(80-160m²) 331D ② €58,00

A61 Ausfahrt 60 Kreuz Ludwigshafen. Dann die A650/B37 nach Bad Dürkheim. An der 2. Ampel rechts und die 2. Straße wieder rechts. 102160

Billigheim/Ingenheim, D-76831 / Rheinland-Pfalz

Camping im Klingbachtal
Klingenerstraße 52
1 Apr - 31 Okt
+49 63 49 61 45
info@camping-klingbachtal.de
N 49°08'13" E 08°04'20"

1 ADEGKNOPQRSTU AF 6
2 ACPQTWXYZ ABDEFG 7
3 AFGLNS ABCDEFJKNQRTUV 8
4 FH F 9
5 ABDEJKN ABJKNQWY 10
B 16A CEE ① €30,00
H310 2,2ha 92T(90-130m²) 3D ② €35,50

A65 Neustadt-Karlsruhe, Ausfahrt 17. Dann B38 Richtung Bad Bergzabern, in Ingenheimd CP-Schildern folgen. Nicht über Billigheim anfahren wegen des engen historischen Stadttors. 102162

Bingen/Kempten, D-55411 / Rheinland-Pfalz

Hindenburgbrücke
Mainzerstrasse 199
1 Jan - 31 Dez
+49 6 72 11 71 60
camping-bauerschorsch@web.de
N 49°58'13" E 07°56'21"

1 GKNOPQSTU JNQSX 6
2 CPQSXYZ ABFG 7
3 B ABEFNQRU 8
4 9
5 ADEFGHLMN ABGHJKOQ 10
6A CEE ① €23,50
H100 4ha 100T(60-80m²) 60D ② €27,50

Bei Bingen (A61 oder B9) Schild 'Bingen-Kempten'. Camping am Rhein, unter der Bahnunterführung durch. Max. Durchfahrtshöhe 2,10m. Reisemobile fahren besser 700m weiter und dann rechts über die Brücke. 102112

Dahn, D-66994 / Rheinland-Pfalz

Büttelwoog****
Am Campingplatz 1
19 Mrz - 1 Nov
+49 63 91 56 22
buettelwoog@t-online.de
N 49°08'39" E 07°46'04"

1 ABFGKNOPQSTU BEGHI 6
2 BPQRVWXYZ ABDEFG 7
3 BFGJM ABCDEFJKNQRTW 8
4 FHJO DV 9
5 ABDFHKLMN ABHIJKMNQ 10
B 4A ① €30,00
H250 1,6ha 180T(80-100m²) 62D ② €43,00

B10 Pirmasens-Landau. Rechts Ausfahrt B427 Hinterweidenthal/Dahn. Im Zentrum ist der CP ausgeschildert; Bahnlinie überqueren. 100173

Dahn, D-66994 / Rheinland-Pfalz

Neudahner Weiher
Neudahner Weiher 5
1 Apr - 1 Nov
+49 63 91 13 26
kontakt@neudahner-weiher.de
N 49°09'53" E 07°45'13"

1 AFGKNOPQRSTX LNQX 6
2 BCEIKQSTWXY ABDEFGH 7
3 ABCDEFJNQRUW 8
4 FHI E 9
5 AD ABHIJKOST 10
B 10A CEE ① €31,50
H200 8ha 50T(80-100m²) 71D

B10 Pirmasens-Landau, Ausfahrt B427 Hinterweidenthal nach Dahn. Zwischen Dahn-Hinterweidenthal, 3 km vor Dahn nach rechts. 113222

Gerbach, D-67813 / Rheinland-Pfalz

Donnersberg****
Kahlenbergweiher 1
14 Apr - 31 Okt
+49 63 61 82 87
info@campingdonnersberg.com
N 49°40'14" E 07°53'11"

1 AEKNOPQSU A 6
2 BCQSUVWXYZ ABDEFGI 7
3 BFLMTX ABCDEFGJKNPQRTU 8
4 ACDEFGHO BUVW 9
5 ABDFLM ABHIJKOQ 10
10A CEE ① €27,00
H400 10ha 130T(80-140m²) 59D ② €37,00

A63 Ausf. 54 Kircheim-Bolanden. Weiter L404/L385 Ri. 'Donnersberg'. Von der A61 (Nord), Gau Bickelheim die B420 Ri. Rockenhausen. Wird in Hochstädten zur B48. Weiter bis Dielkirchen, links auf L385 und den Campingschildern Ri. Gerbach folgen. 102116

Otterberg, D-67697 / Rheinland-Pfalz

Gänsedell
In der Gänsedell 1
1 Jan - 31 Dez
+49 63 01 55 37
info@camping-otterberg.de
N 49°30'44" E 07°46'58"

1 AGKNOPQRSTU 6
2 ABQSVWXYZ ABDEFG 7
3 AFN ABEFNQR 8
4 F 9
5 DGMN AFHIJKNQ 10
16A CEE ① €27,00
H340 2,6ha 30T(80m²) 71D ② €27,00

B40 Ausfahrt Otterberg, dort Richtung Rockenhausen. Nach 1 km liegt der CP links. 102118

Schönenberg-Kübelberg, D-66901 / Rheinland-Pfalz

Ohmbachsee****
Campingpark Ohmbachsee 1
1 Jan - 31 Dez
+49 63 73 40 01
mail@campingpark-ohmbachsee.de
N 49°24'43" E 07°24'14"

1 ADEKNOPQRSTU AFLN 6
2 AEIPQSTVWXYZ ABDEFGI 7
3 BJLMN ABCDEFGIJKLNQRTW 8
4 FHIJ EFGIT 9
5 ABDEFHJLMNO AFGHIJKMOQVW 10
B 16A CEE ① €29,70
H300 7ha 68T(100m²) 200D ② €39,70

A6 Ausfahrt 11 Bruchmühlbach-Miesau. Dann den Schildern Schönenberg-Kübelberg. Vor der Ortschaft rechts. 102069

Trechtingshausen, D-55413 / Rheinland-Pfalz

Marienort
Am Morgenbech 1A
1 Jan - 31 Dez
+49 67 21 61 33
campmarienort@freenet.de
N 50°00'16" E 07°51'20"

1 AEKNOPQRSTU JNXY 6
2 DKMQRSVXYZ ABDEFGI 7
3 AFM ABEFHJNQRT 8
4 FHO V 9
5 AKMN AFGHIMNQ 10
B 10A CEE ① €20,00
4ha 60T 110D ② €26,00

A61 Ausfahrt 46 Bingen-Mitte, B9 Richtung St. Goar. Vor Trechtingshausen nicht über den Bahnübergang (zur kurze Kurve), sondern in der Ortseinfahrt rechts. CP-Schilder befolgen, unter der Bahnlinie durch. 108127

Trippstadt, D-67705 / Rheinland-Pfalz

Camping Freizeitzentrum Sägmühle*****
Sägmühle
1/1 - 1/11, 18/12 - 31/12
+49 6 30 69 21 90
info@saegmuehle.de
N 49°21'06" E 07°46'51"

1 AGKNOPQRSTU LMN 6
2 BEKPQVWXYZ ABDEFGH 7
3 BFGJMNS ABCDEFJKNQRTUVW 8
4 BDFHIL EF 9
5 ABDFHKLMN ABCGHIJKOQ 10
B 4-16A CEE ① €28,70
H343 10ha 200T(100-120m²) 172D ② €37,00

A6 bis zur Ausfahrt Kaiserslautern-West. Der Strecke über B270 Richtung Pirmasens folgen. Nach 9 km links ab, Richtung Karlstal/Trippstadt. Den CP-Hinweisen folgen. 102119

Waldfischbach, D-67714 / Rheinland-Pfalz

Clausensee****
Schwarzbachstraße
1 Jan - 31 Dez
+49 63 33 57 44
info@campingclausensee.de
N 49°16'31" E 07°43'15"

1 AEJMOPQRSU LMNOQX 6
2 BCEJKQRSTWXYZ ABCDEFGH 7
3 ABLMSU ABCDEFIJKNQRTUVW 8
4 EFHIJP EFNTWYZ 9
5 ACDEFHKMN ABFGHIJKOQUY 10
B 6-16A CEE ① €36,00
H200 13ha 100T(100-125m²) 159D ② €47,00

A6 Ausfahrt 15. Die B270 Richting Pirmasens. Auf der B270 Ausfahrt Waldfischbach und den CP-Schildern folgen. Der CP liegt 7 km außerhalb von Waldfischbach. 100172

Wolfstein, D-67752 / Rheinland-Pfalz

Camping am Königsberg****
Am Schwimmbad 1
20 Mrz - 31 Okt
+49 63 04 41 43
info@campingwolfstein.de
N 49°34'49" E 07°37'06"

1 AEKNOPQRSTU BN 6
2 CQSWXYZ ABDEFGHI 7
3 ABFJMSUX ABCDEFGIJKNQRTUVW 8
4 BEFHJO CDEJKUVWZ 9
5 ABDFGHKMN ABCHIJKLOQU 10
B 16A CEE ① €34,00
H200 3,8ha 90T(100-150m²) 20D ② €42,00

An der B270 zwischen Kaiserslautern und Idar-Oberstein. Südlich von Wolfstein. Aus dem Süden rechts, aus dem Norden links. 102115

Deutschland

Teilkarte Rheinhessen-Pfalz auf Seite 306

Nur bei Angabe dieses CC-Logos wird die CampingCard ACSI akzeptiert.

Siehe auch die Gebrauchsanweisung in diesem Führer.

Losheim, D-66679 / Saarland

Losheim am See
Zum Stausee 210
1 Jan - 31 Dez
+49 68 72 47 70
kontakt@camping-losheimamsee.de
N 49°31'26" E 06°43'48"

1 BDE**KN**OPQRSTU — L**N**QS**XZ** 6
2 EQVWXYZ — AB**FG** 7
3 BEF**JL**MS — ABCDEFJNQRTW 8
4 **E**FHIJ — BDJ 9
5 ABDFHKM**N** — ABCFGHIJKNQU 10
B 16A CEE — ❶ €28,00
H331 10ha 500**T**(80-100m²) 361**D** — ❷ €38,00

Von Trier B268 folgen. Nicht durch Losheim, sondern Richtung Stausee fahren. CP ausgeschildert. — 100162

Gersheim, D-66453 / Saarland

Camping Walsheim
Heuweg 3
1 Apr - 1 Nov
+49 68 43 80 01 80
info@campingwalsheim.de
N 49°09'36" E 07°14'43"

1 ADE**KN**OPQRU — AF 6
2 CIPQUWXYZ — AB**FG** 7
3 BFG**L**MU — ABCDEFGHJNQRTW 8
4 FHIJ — BD 9
5 ABDEFHKN — ABCGHIJKOQUVW 10
B 16A CEE — ❶ €32,00
H170 3,6ha 80**T**(100-150m²) 87**D** — ❷ €40,00

A8 Ausfahrt 33 Zweibrücken/Ixheim. Danach die L465 Richtung Gersheim. Beschilderung Camping Walsheim befolgen. — 123013

Nohfelden/Bosen, D-66625 / Saarland

Bostalsee*****
Am Campingplatz 1
1 Jan - 31 Dez
+49 6 85 18 01 80 50
campingplatz@bostalsee.de
N 49°33'38" E 07°03'40"

1 AEG**KN**OPQRSTU — M**N**OQST**X**Y 6
2 AEJKPQTVWXY — BE**FG**HK 7
3 ABFGJ**L**MSX — BDFIJK**L**NQRTUVW 8
4 B**E**FGHJLO**T** — ADJMPQRTUVWX 9
5 ABDFJLMN — ABCFGHIJKLMOPQUW 10
Anzeige auf dieser Seite B 16A CEE — ❶ €45,00
H400 14ha 124**T**(100-110m²) 310**D** — ❷ €45,00

A1 bis Kreuzung Nonnweiler und über die A62 bis Ausfahrt 3 Türkismühle. Dann den Bostalsee-Schildern folgen. — 101136

Kirkel/Neuhäusel, D-66459 / Saarland

Mühlenweiher***
Unnerweg 5C
1 Jan - 31 Dez
+49 6 84 91 81 05 55
info@caravanplatz-kirkel.de
N 49°16'55" E 07°13'43"

1 ADEG**KN**OPQRSTU — AFM 6
2 AEPQTWXYZ — ABDE**FG**HIK 7
3 ABFGMN**O**UX — ABEFJNQRTW 8
4 EFHIJOP — DLUVWZ 9
5 ADEFHKLMN**O** — ABFGHIJKOQUWY 10
B 10A CEE — ❶ €25,65
H205 3ha 35**T**(90-150m²) 81**D** — ❷ €36,65

A8 Ausfahrt 28 Limbach nach Kirkel-Neuhäusel, an der B40 den Campingschildern folgen. — 102070

Perl/Nennig, D-66706 / Saarland

Mosel-Camping Dreiländereck
Zur Moselbrücke 15
1 Apr - 15 Okt
+49 6 86 63 22
info@mosel-camping.de
N 49°32'32" E 06°22'17"

1 AKNOPQRST**U** — **N**XY 6
2 CQSX — ABD**FG** 7
3 — ABE**F**NRW 8
4 HI — 9
5 DHL — AKNQ 10
16A CEE — ❶ €25,00
2,7ha 40**T** 70**D** — ❷ €32,60

A1/E44 Trier-Luxemburg, Ausfahrt Grevenmacher, dann Richtung Remich. Nach Brücke links, zweiter CP. — 110735

Rehlingen/Siersburg, D-66780 / Saarland

CC€23

Siersburg****
Zum Niedwehr 1
1 Apr - 15 Okt
+49 68 35 21 00
info@campingplatz-siersburg.de
N 49°22'02" E 06°39'39"

1 AE**KN**OPQRSTU — **N** 6
2 ADIPQXYZ — AB**FG** 7
3 B**L**S — ABCDE**FI**JKNQRTW 8
4 FHI — 9
5 DKM — AGHIJKMOQ 10
Anzeige auf dieser Seite B 16A CEE — ❶ €23,00
H173 3ha 140**T**(100m²) 10**D** — ❷ €28,00

A8 oder B51 Richtung Saarlouis. Rehlingen folgen, nach Siersburg abbiegen. In Siersburg am Kreisel 1. Ausfahrt Niedstrasse. Hinter der Niedbrücke nach etwa 100m links und hauptsächlich den CP-Schildern folgen. — 107490

Teilkarte Saarland auf Seite 308

Alpirsbach, D-72275 / Baden-Württemberg

Camping Alpirsbach
Grezenbühlerweg 18
13 Mrz - 31 Okt
+49 74 44 63 13
info@camping-alpirsbach.de

1 ADE**KN**OPQSTU	J	6
2 BCPQSWXYZ	ABDE**FG**IK	7
3 B**L**MX	ABCDEFGJKNQR**S**TUVW	8
4 FHJ	F	9
5 ABDFHKMN	ABFGHIJKLOSTUW	10

B 16A CEE
H420 1,2ha 110T(100-110m²) 13D
① €27,80
② €35,00

N 48°21'21" E 08°24'44"

B294 zwischen Freudenstadt und Alpirsbach im Ortsteil Alpirsbach-Ehlenbogen. Am Hotel 'Adler' abbiegen. Den CP-Schildern folgen.

102168

Bad Liebenzell, D-75378 / Baden-Württemberg

Campingpark Bad Liebenzell
Pforzheimerstr. 34
1 Jan - 31 Dez
+49 70 52 93 40 60
info@campingpark-bad-liebenzell.com

1 ADEG**JM**OPQRSTU	BFH**N**	6
2 CPQTWXYZ	ABCDE**FG**HIJ	7
3 BFG**L**M**N**	ABCDE**FI**JNQRT	8
4 ABCDFHJO	CEF	9
5 DEFKM	ABCGHJK**O**QUVWY	10

Anzeige auf Seite 311 WB 16A CEE
H330 3ha 165T(80-100m²) 90D
① €33,00
② €39,00

N 48°46'44" E 08°43'53"

A8 Ausfahrt 43 Pforzheim-West. Danach B463 Richtung Bad Liebenzell. Am Stadtrand neben dem städtischen Schwimmbad befindet sich der CP.

102226

Bad Rippoldsau-Schapbach, D-77776 / Baden-Württ.

Schwarzwaldcamping Alisehof
Rippoldsauer Straße 2-8
1/4 - 5/11, 8/12 - 31/12
+49 7 83 92 03
camping@alisehof.de

1 AEG**KN**OPQRSTU	J**N**	6
2 CPQSVWXYZ	ABDE**FG**HIK	7
3 AM	ABCDEF**G**JK**L**NQRTUV	8
4 EFHJO**QX**	FIJ	9
5 ABDEFGHMN	ABGHKL**N**QY	10

Anzeige auf dieser Seite WB 16A
H460 4ha 100T(70-120m²) 53D
① €35,20
② €47,20

N 48°23'00" E 08°17'59"

A5 Ausfahrt Offenburg, B33 Villingen-Schwenningen, geht über in B294 vorbei Haslach Richtung Freudenstadt. Hinter dem Tunnel bei Wolfach, Bad Rippoldsau-Schapbach folgen.

102167

Bad Wildbad, D-75323 / Baden-Württemberg

Rehmühle
Rehmühle 1
1 Jan - 31 Dez
+49 70 55 13 20
info@campingrehmuehle.de
N 48°39'54" E 08°32'52"

1 AEKNOPQRSTU N 6
2 DQSVWXY ABDEFG 7
3 A ABCDEFJNQRTUW 8
4 FHIO J 9
5 ADFGHKN ABHJKNQUY 10
W 16A CEE ❶ €25,00
H600 3ha 40T(100m²) 142D ❷ €31,00

A8, Ausfahrt 43 Pforzheim-West. B294 Richtung Bad Wildbad. In Calmbach B294 Richtung Freudenstadt, ca. 15 km CP-Beschilderung folgen.
107533

Bad Wildbad, D-75323 / Baden-Württemberg

Family-Resort Kleinenzhof*****
Kleinenzhof 1
1 Jan - 31 Dez
+49 70 81 34 35
info@kleinenzhof.de
N 48°44'15" E 08°34'34"

1 BEKNOPQRSTU BEGJN 6
2 DIQTWXY ABCDEFGHI 7
3 ABDEFMTUWX ABCDEFGHIJKLNPQRSTUVW 8
4 ABEFGHIJKOQRTV EIJLUVWYZ 9
5 ACDEFHLMNO ABCFGHJKNOPQU 10
Anzeige auf Seite 311 WB 16A CEE ❶ €48,10
H470 6ha 150T(90-110m²) 179D ❷ €61,10

A8 Ausfahrt 43 Pforzheim-West. B294 Richtung Bad Wildbad. In Calmbach B294 folgen, Richtung Freudenstadt.
100181

Baiersbronn, D-72270 / Baden-Württemberg

Natur-Camp Tannenfels
Ruhesteinstr. 413
1 Jan - 31 Dez
+49 16 31 92 32 24
info@naturcamp-tannenfels.de
N 48°31'40" E 08°18'19"

1 ABDEGKNOPQRST BG 6
2 DIPQSTWXY ABDEFG 7
3 B ABCDEFJKNQRTUVW 8
4 FHI J 9
5 ABFGHIKNQ 10
WB 16A CEE ❶ €30,50
H550 2,3ha 79T(100-120m²) 12D ❷ €47,50

Autobahn 5, Ausfahrt 49 (Rastatt). Der 462 ri Gernsdach folgen bis Baiersbron. In Baiersbron auf die L401 Richtung Mitteltal. Nach dem Schwimmbad liegt der CP auf der linken Seite der Straße.
125242

Bühl/Oberbruch, D-77815 / Baden-Württemberg

Adam Camping
Campingstraße 1
1 Jan - 1 Dez
+49 7 22 32 31 94
info@campingplatz-adam.de
N 48°43'35" E 08°05'02"

1 ADEGKNOPQRSTU HLMNQX 6
2 AELPQRTWXYZ ABDEFG 7
3 BFGLMS ABCDEFJNQRTUVW 8
4 BFH E 9
5 ACDEFHKLMN ABGHIJKMOQ 10
WB 10A CEE ❶ €39,00
H120 25ha 180T(80-100m²) 332D ❷ €49,00

A5 Karlsruhe-Basel, Ausfahrt 52. Am Ende der Ausfahrt ist der CP angezeigt.
102166

Calw/Altburg, D-75365 / Baden-Württemberg

Holiday Camp Altburg
Oberreichenbacher Straße
1 Mai - 31 Okt
+49 17 49 22 03 70
info@holiday-camp.de
N 48°43'40" E 08°41'18"

1 ABGJMOPQRSTU B 6
2 PQXYZ ABCDEFG 7
3 AFMNU ABCDEFJNQRUVW 8
4 FHJ F 9
5 ADMN AFHJKLNSTUV 10
16A CEE ❶ €26,00
H635 6,7ha 70T(80-100m²) 261D ❷ €34,00

A8 Ausfahrt 43 Pforzheim West. B294 bis Höfen. In Höfen Richtung Calw. Am Ortseingang Calw rechts ab Richtung Altburg. Dann CP ausgeschildert.
102227

Dornstetten/Hallwangen, D-72280 / Baden-Württ.

Höhencamping Königskanzel
Freizeitweg 1
15 Mrz - 5 Nov
+49 74 43 67 30
info@camping-koenigskanzel.de
N 48°28'51" E 08°30'01"

1 ACDEGKNOPQRSTU BG 6
2 IQTVWXYZ ABCDEFGHI 7
3 ABEFGMX ABCDEFGHIJKNQRSTUV 8
4 BEFHJZ J 9
5 ABDEFKMN ABFGHJKOQY 10
B 16A CEE ❶ €35,40
H720 4ha 50T(110-130m²) 103D ❷ €47,80

A5, dann B28 Richtung Freudenstadt. Von Freudenstadt Richtung Dornstetten. Von hier aus ist der CP ausgeschildert.
102232

Durlach, D-76227 / Baden-Württemberg

Campingplatz Durlach
Tiengener Str. 40
1 Mrz - 7 Nov
+49 7 21 94 30 34 30
info@ka-camping.de
N 49°00'25" E 08°28'56"

1 ADEKNOPQRSTU 6
2 AQSWXYZ ABDEFG 7
3 BMU ABEFJLNQRUW 8
4 H J 9
5 AD ABCHIKOQUWY 10
B 16A CEE ❶ €38,00
H124 3,5ha 90T(90-130m²) 1D ❷ €48,00

A5 Ausfahrt 43 Bretten/Pfinztal B10, der CP-Beschilderung folgen. Nach der Shell-Station rechts abbiegen.
102163

Eberbach, D-69412 / Baden-Württemberg

CC€23

Eberbach
Alte Pleutersbacherstraße 8
1 Apr - 29 Okt
+49 62 71 10 71
info@campingpark-eberbach.de
N 49°27'38" E 08°58'57"

1 AFGJMOPQRSTU BEFNX 6
2 DPQWXY BEFGI 7
3 BFLN ABEFJNQRT 8
4 FH 9
5 ABDFGHLM ABCHKNQ 10
16A CEE ❶ €31,40
H226 2ha 100T(60-170m²) 5D ❷ €39,20

A5, Ausfahrt 37 Heidelberg. Dann der B37 nach Eberbach folgen. Die Brücke überqueren.
108132

Enzklösterle, D-75337 / Baden-Württemberg

Müllerwiese
Hirschtalstraße 3
15 Apr - 15 Okt
+49 70 85 74 85
info@muellerwiese.de
N 48°40'00" E 08°28'08"

1 AEGKNOPQRSU J 6
2 BDPQRSTUWXYZ ABDEFG 7
3 BM ABCDEFJNQRTUVW 8
4 EFGHI F 9
5 DMN ABFGHIJKMNQ 10
10A CEE ❶ €32,00
H600 1,6ha 48T(60-160m²) 32D ❷ €40,00

Von Pforzheim die B294 nach Calmbach nehmen. Hier rechts und über Bad Wildbad nach Enzklösterle. Im Zentrum rechts zum CP.
109548

Freudenstadt, D-72250 / Baden-Württemberg

Natur-Camping Langenwald
Straßburger Straße 167
10 Apr - 1 Nov
+49 74 41 28 62
info@camping-langenwald.de
N 48°27'32" E 08°22'22"

1 AEKNOPQRSTU BN 6
2 BCPQTVWXYZ ABDEFGHIK 7
3 BGLMSX ABCDEFGHIJNQRTUV 8
4 BDEFHJOQX J 9
5 ABDEFJKMN AEGHJKLNQU 10
B 16A CEE ❶ €36,00
H720 4ha 90T(90-120m²) 13D ❷ €50,00

Von Westen: A5 Ausfahrt 54 Appenweier, B28 Richtung Freudenstadt, Richtung Kniebis. 3 km vor Freudenstadt links. Von Osten: A81 Ausfahrt 30 Horb, L370 Richtung Freudenstadt. 3 km hinter Freudenstadt rechts.
101143

Hemsbach (Bergstraße), D-69502 / Baden-Württemberg

Wiesensee****
Ulmenweg 7
1 Jan - 31 Dez
+49 6 20 17 26 19
info@camping-wiesensee.de
N 49°35'52" E 08°38'25"

1 ABEKNOPQRSTU BLMN 6
2 AEJKPQSTWXY ABDEFGH 7
3 ABGHLMNOX ABCDEFJKNQRTUVW 8
4 EHI 9
5 ADEFGHKLMN ABGHIJKOQ 10
B 16A CEE ❶ €22,50
H100 3,5ha 60T(70-80m²) 180D ❷ €31,50

A5 Frankfurt-Basel, am Darmstädter Kreuz Richtung Heidelberg auf der A5 bleiben bis zur Ausfahrt 32 Hemsbach. CP ausgeschildert.
102215

Horb am Neckar, D-72160 / Baden-Württemberg

Schüttehof
Schütteberg 7-9
1 Jan - 31 Dez
+49 74 51 39 51
info@camping-schuettehof.de
N 48°27'09" E 08°40'22"

1 ADEGKNOPQRSTU AF 6
2 AQXY ABEFGHIJ 7
3 ABFGIMNSX ABDEFGIJNQRST 8
4 FGHJO EF 9
5 ABDFLMN ABCEFGHLOPQUWX 10
WB 16A ❶ €31,50
H500 8ha 64T(60-120m²) 208D ❷ €40,50

A81 Stuttgart-Singen. Ausfahrt 30 Richtung Horb. In Horb links ab zur B14. Links in die Altheimerstraße. CP liegt links. Von Freudenstadt aus: B14, dann sofort rechts ab.
100185

Knittlingen/Freudenstein, D-75438 / Baden-Württ.

Stromberg-Camping***
Diefenbacher Straße 70
1 Jan - 31 Dez
+49 70 43 21 60
info@strombergcamping.de
N 49°02'06" E 08°50'00"

1 ADEGKNOPQRSTU BF 6
2 QSWXYZ ABEFGI 7
3 BFIMRS ABCDEFNQR 8
4 BCDFH 9
5 BDFGM ABFGHJKOSTU 10
B 16A ❶ €26,50
H320 7,5ha 50T(80-100m²) 500D ❷ €39,50

A8 Stuttgart-Karlsruhe, Ausfahrt 44 Pforzheim-Nord zur B294 Richtung Bruchsal. In Bretten die B35 bis Knittlingen, dann links in Richtung Freudenstein.
102222

Neckargemünd/Heidelberg, D-69151 / Baden-Württ.

Camping Haide****
Ziegelhäuserstraße 91
1 Apr - 31 Okt
+49 62 23 21 11
camping-haide@t-online.de
N 49°24'06" E 08°46'45"

1 ADEJMOPQRSTU JNQ 6
2 DQXYZ ABEFG 7
3 B ABFNQR 8
4 FHIJ FV 9
5 ADM AGHKLNQ 10
B 8A CEE ❶ €23,00
H119 3,6ha 160T(80-100m²) 40D ❷ €28,40

A5 Ausfahrt 37 in Heidelberg. Über die 1. Brücke, dem Neckar Richtung Eberbach folgen.
102219

Deutschland

Teilkarte Karlsruhe auf Seite 309

Neckarzimmern, D-74865 / Baden-Württemberg

Cimbria
Wiesenweg 1
1 Apr - 30 Okt
+49 62 61 25 62
info@camping-cimbria.de
N 49°19'10'' E 09°07'32''

1 AEJMOPQSTU BNXY 6
2 DPQSTWXYZ ABDFG 7
3 BFMS ABCDEFGNQR 8
4 FHTU 9
5 ADFHK ABCGHJKLOQV 10
16A CEE ❶ €29,00
H110 4,5ha 170T(80-110m²) 20D ❷ €35,00

A6 Ausfahrt 33 Sinsheim. B292 Richtung Mosbach. Kreuz Mosbach Richtung Heilbronn. Ausfahrt Neckarzimmern. Der Camping ist am Ortseingang von Neckarzimmern. 102285

Stollhofen/Rheinmünster, D-77836 / Baden-Württ.

Freizeitcenter Oberrhein*****
Am Campingpark 1
1 Jan - 31 Dez
+49 72 27 25 00
info@fco.de
N 48°46'24'' E 08°02'22''

1 ADEGKNOPQRSTU LMNPQRSTWXYZ 6
2 ACFJKQRSWXYZ ABCDEFGHIJ 7
3 BFGHIJLMNOS ABCDEFGIJKNQRSTUVW 8
4 AEFHJLOP DEJKMNPRUVWZ 9
5 ACDEFGHIJKLMNO ABCFGHIJKLMOQWXY 10
WB 16A CEE ❶ €37,00
H125 36ha 300T(75-132m²) 491D ❷ €52,00

A5 Karlsruhe-Basel, Ausfahrt 52 Rheinmünster. Durch Zentrum Richtung Stohlhofen. Im Zentrum links ausgeschildert. 100179

Neubulach, D-75387 / Baden-Württemberg

CC€23

Camping Erbenwald
Erbenwald 1
1 Jan - 31 Dez
+49 70 53 73 82
info@camping-erbenwald.de
N 48°40'39'' E 08°41'23''

1 AGKNOPQRSTU BGN 6
2 QWXYZ ABDEFGHI 7
3 ABDFHIJMRX ABDEFJNQRTUVW 8
4 ABCDEFHIJ FKL 9
5 ABDEFJLMNO ABCDGHIJKOQUVW 10
Anz. auf dieser S. WB 16A CEE ❶ €40,00
H620 7,9ha 75T(80-130m²) 303D ❷ €56,00

A8 Ausfahrt 43 Pforzheim-West. B463 Richtung Calw. Dort rechts in Richtung Neubulach/Liebelsberg, dann CP-Schildern folgen. 102228

Waldbronn/Neurod, D-76337 / Baden-Württemberg

Albtal
Kochmühle 1
1 Jan - 31 Dez
+49 7 24 37 25 46 74
albtal-camping@gmx.de
N 48°54'53'' E 08°27'20''

1 ABDEKNOPQRSTU 6
2 ABCPQRXY ABFG 7
3 ABEFNQRW 8
4 FH 9
5 DFHLM AHJKOQ 10
16A CEE ❶ €30,50
H250 10ha 65T(70-100m²) 200D ❷ €38,50

A5 ab Basel, Ausfahrt 47 Ettlingen/Karlsruhe/Ruppur. Vor Ettlingen durch den Tunnel. Vor Waldbronn rechts über Bahnübergang. Oder über die A8, Ausfahrt 42. 102164

Neuhausen/Schellbronn, D-75242 / Baden-Württemberg

International Camping Schwarzwald
Freibadweg 1
1 Jan - 31 Dez
+49 72 34 65 17
famfrech@t-online.de
N 48°49'08'' E 08°44'05''

1 ADEGKNOPQRSTU BFH 6
2 PQWXY ABDEFGHI 7
3 BFJLM ABCDFNQRT 8
4 ABCDFHRTXZ EFK 9
5 ABDGHJKMN ABGHJKOQV 10
B 16A CEE ❶ €26,50
H540 5ha 60T(80-100m²) 195D ❷ €35,50

A8, Ausfahrt 43 Pforzheim-West. B10/B463 Richtung Calw. Ende Pforzheim links in Richtung Huchenfeld-Neuhausen. Ab Stuttgart: A8, Ausfahrt 46 Heimsheim, Friolzheim, Tiefenbronn, Hamberg, Schellbronn. 100180

Walldorf, D-69190 / Baden-Württemberg

Walldorf Astoria
Schwetzingerstr. 98
15 Apr - 15 Okt
+49 62 27 91 95
info@campingplatz-walldorf-astoria.de
N 49°18'59'' E 08°38'06''

1 AGKNOPQSTU 6
2 APQRXY BDEFI 7
3 JL BDFNQR 8
4 FH 9
5 ABDEHKL AHIKNQ 10
B 16A CEE ❶ €33,60
H110 3ha 60T(80-100m²) 50D ❷ €41,70

A5 Frankfurt-Basel, Ausfahrt 39. Weiter links Richtung Heidelberg/Schwetzingen, B291 Richtung Walldorf-West folgen. Ab hier ausgeschildert. 102220

Schömberg/Langenbrand, D-75328 / Baden-W.

CC€21

Höhencamping-Langenbrand****
Schömbergerstraße 32
1 Jan - 31 Dez
+49 70 84 61 31
info@hoehencamping.de
N 48°47'55'' E 08°38'08''

1 ADEGJMOPQRSTU 6
2 PQWXYZ ABCDEFGH 7
3 AMU ABCDEFNQRT 8
4 FHJS 9
5 DM ABCDFGHJKOQ 10
16A CEE ❶ €34,30
H700 1,6ha 39T(100-120m²) 61D ❷ €43,30

A8 Ausfahrt 43 Pforzheim-West. B10 links ab Richtung Stadt bis 'Bauhaus', rechts. Rechts dann Richtung Brötzingen. 4. Ampel in Bad Büchenbronn/Schömberg rechts. Richtung Schömberg bis Langenbrand. 102225

Wildberg, D-72218 / Baden-Württemberg

Camping Carpe Diem***
Martinsholzle 6-8
1 Apr - 5 Nov
+49 70 54 93 18 51
info@campingcarpediem.de
N 48°36'41'' E 08°44'06''

1 ADEKNOPQRSU A 6
2 BDQWXY BDEFG 7
3 ABM ABCDFJNQRTUW 8
4 FGHJO DEF 9
5 ADEFHJKMN ABFHIKOQ 10
16A CEE ❶ €30,50
H372 3ha 100T(80-110m²) 24D ❷ €34,50

A8 Ausfahrt 43 Pforzheim-West Richtung Calw. In Calw die B463 Richtung Nagold. Weiter Wildberg. Dann den CP-Schildern folgen. 102229

Sinsheim/Hilsbach, D-74889 / Baden-Württemberg

FKK Camping Hilsbachtal****
Eichmühle 1
1 Apr - 15 Okt
+49 7 26 02 50
info@camping-hilsbachtal.de
N 49°10'39'' E 08°52'14''

1 ADEGHILOPQRSTU BG 6
2 ADQTXY ABDEFG 7
3 BFGLMNU ABCDFJNQRTW 8
4 FHJO 9
5 ADFKM ABCFGHIJKOSTUWY 10
FKK 16A CEE ❶ €29,00
H220 7ha 38T(65-100m²) 250D ❷ €36,00

A6, Ausfahrt 33 Sinsheim. Dort rechts nach Weiler und Hilsbach Richtung Adelshofen. Dann rechts ab, Schildern folgen. 111989

St. Leon-Rot, D-68789 / Baden-Württemberg

St. Leoner See****
Am St. Leoner See 1
1 Jan - 31 Dez
+49 6 22 75 90 09
info@st.leoner-see.de
N 49°16'58'' E 08°35'05''

1 ADEGJMOPQRSTU LMNOQRSTW 6
2 AFJQRTWXYZ BCDEFGIK 7
3 BEFGJLM ABDEFIJKLNQRSTUVW 8
4 BDHJX FJMN 9
5 ABDEFKL ABGHIJKOPQUY 10
B 16A CEE ❶ €32,00
H104 7ha 330T(25-120m²) 661D ❷ €38,00

A5 Heidelberg-Karlsruhe, Ausfahrt 39 Walldorf. Dann Richtung Reilingen, St. Leon-Rot. 102221

Deutschland

Teilkarte Karlsruhe auf Seite 309

Achern, D-77855 / Baden-Württemberg

Camping am Achernsee
Am Campingplatz 1
1 Jan - 31 Dez
+49 7 84 12 52 53
info@campingplatz-achernsee.de
N 48°38'46" E 08°02'09"

1	ABDEG**KN**OPQRSTU	LM**N**	6
2	AEJKQRWXYZ	ABDE**FG**	7
3	BFGM	ABDE**F**JNQRTW	8
4	H	VW	9
5	ADLMN	ABGHIKNQU	10

B 10A CEE
H144 40ha 100**T**(70-80m²) 350**D**
① €27,50
② €39,50
100977

A5 Karlsruhe-Basel, Ausfahrt 53 Achern. An Ampel links. Der CP ist nach 300m links ausgeschildert.

Allensbach, D-78476 / Baden-Württemberg

Campingplatz Allensbach
Strandweg 30
15 Mrz - 15 Okt
+49 7 53 39 97 65 65
info@campingamsee.com
N 47°42'38" E 09°04'47"

1	BDEHKLOPQRST**U**	LM**N**QS**X**Y	6
2	AFKLQXYZ	ABDE**FG**IJ	7
3	BGMS	ABCDE**F**JKNQRST	8
4	FHJ	FGMT	9
5	ABDEFHKLMN	ABCFGHIJKNQVWY	10

B 16A CEE
H405 5ha 145**T**(70-80m²) 75**D**
① €32,50
② €38,10
113684

Ab AB Kreuz Hegau (A81) nach Radolfzell B33 Richtung Konstanz. In Allensbach den CP-Schildern folgen.

Teilkarte Freiburg auf Seite 312

Allensbach/Hegne, D-78476 / Baden-Württemberg

Campingplatz Hegne am Bodensee
Nachtwaid 1
15 Mrz - 3 Okt
+49 7 53 39 49 39 13
info@camping-hegne.de
N 47°42'15'' E 09°05'52''

1 ABEGHJMOPQRSTU LMNQSXZ 6
2 AEKLMPQSTYZ ABDEFGIK 7
3 ABLMS ABCDEFGIJKNQRT 8
4 FHJ FJNRTW 9
5 ABDFHIJLMN ABCGHIJKOQY 10
Anzeige auf dieser Seite B 16A CEE ① €42,20
H408 2,2ha 90T(80-120m²) 63D ② €42,20

B33 Radolfzell Richtung Konstanz. In Allensbach Richtung Hegne ist der CP ausgeschildert. 102297

Bad Bellingen/Bamlach, D-79415 / Baden-Württ.

Lug ins Land-Erlebnis****
Römerstraße 3
1 Jan - 31 Dez
+49 76 35 18 20
info@camping-luginsland.de
N 47°42'44'' E 07°32'49''

1 AEKNOPQRSTU DFN 6
2 AIPQTVWXYZ ABCDEFGHI 7
3 BFGHIKLMNSX ABCDEFGHIJLNQRSTUVW 8
4 ABCDEFHIJKLORXY EFIKRXZ 9
5 ABDEFGHLMN ABCFGHIJKLOPQUY 10
B 16A CEE ① €42,50
H300 9ha 220T(80-120m²) 202D ② €55,50

A5 Ausfahrt 67 Efringen-Kirchen/Bad Bellingen, Richtung Bad Bellingen, dann ausgeschildert. 101145

Badenweiler, D-79410 / Baden-Württemberg

Feriencamping Badenweiler
Weilertalstraße 73
1 Feb - 30 Nov
+49 76 32 15 50
info@camping-badenweiler.de
N 47°48'35'' E 07°40'37''

1 ADEGKNOPQRSTU BF 6
2 CIPQVWXY ABDEFGH 7
3 BDFLMX ABCDEFIJNQRSTVW 8
4 EFHJY V 9
5 ABDGHJMN ABGHIJKOSTU 10
B 16A CEE ① €38,30
H350 1,6ha 100T(90-130m²) ② €54,00

A5 Karlsruhe-Basel, Ausfahrt Mühlheim/Neuenburg/Badenweiler. 12 km geradeaus Richtung Schönau. Am Ortseingang nach 700m links. 107456

Bräunlingen, D-78199 / Baden-Württemberg

Kirnbergsee
Seestraße 15
1 Apr - 31 Okt
+49 76 54 75 10
info@campingplatz-kirnbergsee.de
N 47°55'45'' E 08°21'52''

1 ADEGKNOPQRSTU LNQX 6
2 EIMQVWXY ABDEFG 7
3 AF ABCDEFJNQRTW 8
4 FGHI JN 9
5 ABDEFJKLM ABHIJKLNQ 10
W 16A CEE ① €31,50
H840 1,2ha 40T(90-100m²) 80D ② €42,50

B31 Freiburg -(Titisee)- Donaueschingen, Abfahrt Löffingen, links Richtung Dittishausen-Unterbränd. Im Kreisel geradeaus. Der CP ist ausgeschildert. 102173

Donaueschingen/Pfohren, D-78166 / Baden-Württ.

Riedsee-Camping***
Am Riedsee 11
1 Jan - 31 Dez
+49 7 71 55 11
info@riedsee-camping.de
N 47°56'15'' E 08°32'03''

1 ADEGKNOPQRSTU LMQS 6
2 AEJQWXY ABDEFGI 7
3 ABFLMNSUX ABCDEFJKNQRW 8
4 BFGHIJO 9
5 ABDEFHKLMN ABGHIJKOST 10
16A CEE ① €27,00
H750 10ha 100T(75-100m²) 400D ② €36,00

A81 Stuttgart-Singen, Ausfahrt Geisingen. Noch 13 km Richtung Donaueschingen bis zum Stadtteil Pfohren. Links abbiegen, danach ausgeschildert. 101433

Engen im Hegau, D-78234 / Baden-Württemberg

Suemen & Sekmen Camping Sonnental GbR
Im Doggenhardt 1
1 Jan - 31 Dez
+49 77 33 75 29
info@camping-sonnental.de
N 47°51'43'' E 08°45'39''

1 ADEKNOPQRSTU A 6
2 APQTUVWXYZ ABDEFG 7
3 ABCFMN ABCDEFJNQRSTUVW 8
4 FHIJ 9
5 ADEFGHJKLMN ABFGHIJKMOQUWY 10
W 10A CEE ① €21,00
H522 3ha 95T(10-80m²) 70D ② €30,00

A81 Richtung Singen, Ausfahrt 39 Engen. Dann ist der CP ausgeschildert. 102234

Ettenheim, D-77955 / Baden-Württemberg

Campingpark Oase****
Mühlenweg 34
1 Apr - 3 Okt
+49 78 22 44 59 18
info@campingpark-oase.de
N 48°14'51'' E 07°49'41''

1 ADEGJMOPQRSTU AG 6
2 AQSVWY ABDEFG 7
3 BFGJLMNRSX ABCDEFJKNQRTU 8
4 FHIJ 9
5 ADEFGHJLMN ABGHIJKNOS 10
B 6A CEE ① €36,00
H250 5ha 173T(80-140m²) 64D ② €46,00

A5, Ausfahrt Ettenheim, Ausfahrt 57A Richtung Ettenheimweiler, gerade außerhalb der Stadt, gut ausgeschildert. 100183

Freiburg, D-79117 / Baden-Württemberg

Busses Camping am Möslepark
Waldseestraße 77
1 Mrz - 18 Dez
+49 76 17 67 93 33
info@camping-freiburg.com
N 47°58'53'' E 07°52'55''

1 ADEKNOPQRSTU 6
2 ABPQSUWXYZ ABDEFGIK 7
3 BJLM ABCDEFJNQRTW 8
4 FHIJT GIV 9
5 ABDHJKLN ABCGHIJKOSTVW 10
B 10-16A CEE ① €34,50
H320 0,7ha 80T(60-100m²) 18D ② €42,50

A5 Ausfahrt 62 Freiburg-Mitte, Richtung Titisee. Beschilderung folgen. Vorm Tunnel links einordnen, Richtung Stadion/Ebnet, den Schildern nach rechts folgen. 102129

Freiburg, D-79104 / Baden-Württemberg

Freiburg Camping Hirzberg
Kartäuserstraße 99
1 Jan - 31 Dez
+49 76 13 50 54
hirzberg@freiburg-camping.de
N 47°59'34'' E 07°52'26''

1 ADEGKNOPS 6
2 AIPQVXYZ ABDEFGIJ 7
3 AL ABCDEFJNQR 8
4 FHIJ ADV 9
5 ABDFHLMN ABCEGHIKLOST 10
W 10A ① €34,50
H280 1,2ha 88T(60-100m²) 26D ② €41,50

A5, Ausfahrt Freiburg-Mitte, Richtung Titisee. Beschilderung folgen, vor Tunnel links einordnen Richtung Stadion (Ebnet), Am Sporthaus Kiefer links. GPS: Sandfangweg. 108809

Freiburg/Hochdorf, D-79108 / Baden-Württ.

Tunisee Camping
Seestraße 30
1 Apr - 31 Okt
+49 76 65 22 49
info@tunisee.de
N 48°03'51'' E 07°48'52''

1 ADEGKNOPQRSTU LNOPQW 6
2 AFLQSWXYZ ABDEFGIJ 7
3 BFGMUX ABCDEFJNQRSUVW 8
4 HJ DEFV 9
5 ABDEFJLMN ABDGHIKLOQ 10
Anzeige auf dieser Seite B 16A CEE ① €31,00
H204 30ha 156T(80-119m²) 365D ② €39,00

A5 Karlsruhe-Basel, Ausfahrt 61 Freiburg-Nord. An der Ampel rechts und dann 4 mal links. CP ist ausgeschildert. 102127

Deutschland

Friesenheim/Schuttern, D-77948 / Baden-Württemberg

Camping Baggersee Schuttern****
In der Kruttenau 100
1 Apr - 1 Okt
+49 7 82 16 33 74 60
campingplatzschuttern@friesenheim.de

1 ADKNOPQRSTU	LNQXY 6
2 ELMQSWY	ABDEFGHIJ 7
3 AFGJM	ABCDEFJLNQRT 8
4 HJ	W 9
5 ADEFIJM	ABGHJKLOQ 10
Anzeige auf dieser Seite B 16A CEE	❶ €21,50
H250 10ha 125T(80-100m²) 350D	❷ €26,50

N 48°24'01" E 07°51'28" — 102124

A5 Ausfahrt Lahr, die B36 Richtung Strassburg, Ausfahrt Kürzell. Geradeaus Richtung Schüttern, die Unterdorfstraße durchfahren. Dann ausgeschildert.

Gaienhofen/Horn, D-78343 / Baden-Württemberg

Campingplatz Horn
Strandweg 3-18
1 Apr - 4 Okt
+49 7 73 56 85
info@campingplatz-horn.de

1 ADEGHKNOPQRSTU	LMNQSTXYZ 6
2 EJQXYZ	ABDEFGH 7
3 ABFGJM	ABCDEFJNQRTW 8
4 CFH	DFQRTVW 9
5 ABDFGHLMN	ABCGHIJKOQUY 10
B 16A CEE	❶ €28,00
H399 6ha 216T(60-150m²) 77D	❷ €36,00

N 47°41'18" E 08°59'41" — 102238

Von Radolfzell die L192 Richtung Stein am Rhein-Moos-Gaienhofen-Horn. Dann ausgeschildert.

Grafenhausen/Rothaus, D-79865 / Baden-Württ.

CC€23

Rothaus Camping
Mettmatalstraße 2
1 Jan - 31 Dez
+49 7 74 88 00
info@rothaus-camping.de

1 ADEGKNOPQRSU	6
2 CPQTVWXY	ABDEFG 7
3 AX	ABCDFJNQR 8
4 FGHI	D 9
5 ABDFHLMN	ABCDGHIJKOQV 10
Anz. auf dieser S. WB 16A CEE	❶ €31,00
H930 2,5ha 40T(80-100m²) 81D	❷ €43,00

N 47°47'42" E 08°14'06" — 102179

Titisee Richtung Schluchsee, dann Richtung Rothaus/Grafenhausen, nach ca. 4 km rechts.

Herbolzheim, D-79336 / Baden-Württemberg

CC€23

Terrassencamping Herbolzheim****
Im Laue 1
28 Apr - 24 Sep
+49 76 43 14 60
s.hugoschmidt@t-online.de

1 ADEGJLOPQRSTU	BFH 6
2 QVWXYZ	ABDEFG 7
3 ABFMN	ABCDEFNQRT 8
4 AFHJ	V 9
5 ABDKMN	ABDFGHIJKNQ 10
B 10A CEE	❶ €32,00
H330 2,2ha 80T(80-120m²) 45D	❷ €40,00

N 48°12'59" E 07°47'18" — 102125

A5 Ausfahrt 58 Herbolzheim, kurz vor dem Ort rechts Richtung Schwimmbad. CP gut ausgeschildert.

Hinterzarten/Titisee, D-79822 / Baden-Württemberg

Bankenhof****
Bruderhalde 31a
1 Jan - 31 Dez
+49 76 52 13 51
info@camping-bankenhof.de

1 ADEKNOPQRSTU	LNQX 6
2 CEMPQRSWYZ	ABCDEFGH 7
3 BFLM	ABCDFIJKNQRT 8
4 FGHIJOX	DFIY 9
5 ABDEFHJLMN	ABFGHIJKLOQUVY 10
WB 16A CEE	❶ €35,00
H860 3ha 155T(80-100m²) 49D	❷ €47,00

N 47°53'10" E 08°07'51" — 102176

A5 Karlsruhe-Basel, Ausfahrt Freiburg-Mitte, B31 Titisee folgen. In Titisee-Mitte Richtung Bruderhalde.

Hinterzarten/Titisee, D-79856 / Baden-Württemberg

Weiherhof
Bruderhalde 25
1 Mai - 15 Okt
+49 17 72 19 09 59
info@camping-titisee.de

1 ADEKNOPQRSTU	LNQSXY 6
2 BEJMPQRSUVWYZ	ABDEFGH 7
3 BLM	ABCDEFNQRT 8
4 FGHIJOPT	DFIJKNQRT 9
5 ABDFHJKMN	AGHIJKLOQU 10
B 16A CEE	❶ €40,90
H870 2ha 160T(80-115m²) 13D	❷ €54,40

N 47°53'24" E 08°08'03" — 102175

A5 Ausfahrt Freiburg-Mitte, der B31 bis Titisee-Dorf folgen, 2. CP hinter dem Ort Richtung Bruderhalde.

Ihringen, D-79241 / Baden-Württemberg

Kaiserstuhl Camping
Nachtwaid 5
1 Apr - 23 Okt
+49 76 68 95 00 65
info@kaiserstuhlcamping.de

1 AEGKNOPQRSTU	BFH 6
2 QWXYZ	ABDEFGHI 7
3 BFGHILMNPS	ABCDEFGJNQRT 8
4 FHIJO	V 9
5 ABDEFGMN	ABFGHIJKLMOPQUVW 10
B 16A CEE	❶ €38,00
H200 9,5ha 250T(100-120m²) 50D	❷ €48,00

N 48°01'49" E 07°39'27" — 102128

A5 Ausfahrt Freiburg-Mitte, direkt Richtung Umkirch. Dann via Waltershofen und Merdingen direkt nach Ihringen. 1 km vor dem Ort ist der CP links, hinter dem Schwimmbad.

Kandern, D-79400 / Baden-Württemberg

Terrassen-Camping-Kandern
Schwimmbadweg 2
15 Mrz - 15 Okt
+49 76 26 78 74
kontakt@terrassen-camping-kandern.de

1 AGKNOPQRSTU	BFHN 6
2 AIPQSVWXYZ	ABDEFGI 7
3 AGJKMN	ABCDEFNQR 8
4 FHI	9
5 ABDJMN	ABGHIJKLOQU 10
16A CEE	❶ €31,50
H400 2,2ha 45T(80-100m²) 29D	❷ €41,30

N 47°43'13" E 07°39'36" — 102134

Von der A5 zur A98, Kreuz Weil am Rhein. Dann Ausfahrt 4 nach Kandern, ca. 10 km.

Kirchzarten, D-79199 / Baden-Württemberg

Camping Kirchzarten*****
Dietenbacherstraße 17
1 Jan - 31 Dez
+49 7 66 19 04 09 10
info@camping-kirchzarten.de

1 ADEKNOPQRSTU	BFHIN 6
2 CPQWY	ABCDEFGHI 7
3 BFJLMNR	ABCDEFGHIJKLNQRSTUV 8
4 AEFHJLOPX	DEGIKVW 9
5 ACDEFHKLMN	ABFGHIJKOQXY 10
Anzeige auf Seite 315 WB 16A CEE	❶ €43,50
H280 6ha 430T(80-115m²) 165D	❷ €50,50

N 47°57'37" E 07°57'03" — 100187

A5 Karlsruhe-Basel, Ausfahrt B31 Freiburg-Mitte Richtung Titisee bis Ausfahrt Kirchzarten. CP ist ausgeschildert.

Deutschland

Teilkarte Freiburg auf Seite 312

Konstanz, D-78464 / Baden-Württemberg

Bruderhofer
Fohrenbühlweg 50
1 Apr - 30 Sep
+49 7 53 13 13 88
mail@campingplatz-bruderhofer.de

1 BDEGHKNOPQRSTU — LNPQRSTV 6
2 ELPQTXY — ABDEFGIK 7
3 MS — ABEFNQRTW 8
4 FHJ — DW 9
5 ABDEFHIJKN — ABCHIJKMOQ 10
16A CEE — ❶ €35,00
H406 2,5ha 198T(65-80m²) 61D — ❷ €35,00

N 47°40'26'' E 09°12'35''

A81, Richtung Konstanz. Dort ist der CP ausgeschildert. 112163

Konstanz/Dingelsdorf, D-78465 / Baden-Württemberg

Seepark Fließhorn
Am Fließhorn 1
1 Apr - 15 Okt
+49 75 33 52 62
info@fliesshorn.de

1 AEGJMOPQRSTU — LMOPQSW 6
2 ELQWYZ — ABDEFGHIJ 7
3 BM — ABCDEFGIJNQRTW 8
4 FHJ — DFHKOR 9
5 ACDEFGHLMN — ABCGHIJKNQ 10
B 16A CEE — ❶ €46,80
H350 5,8ha 80T(10-80m²) 107D — ❷ €46,80

N 47°44'04'' E 09°10'21''

Von der A81 der B33 Radolfzell Richtung Konstanz folgen. Ab hier ist der CP ausgeschildert. 115071

Konstanz/Dingelsdorf, D-78465 / Baden-Württ.

Campingplatz Klausenhorn
Hornwiesenstraße 40-42
15 Mrz - 15 Okt
+49 75 33 63 72
info@camping-klausenhorn.de

1 ADEGHJMOPQRSU — LMQSXY 6
2 EJMQXYZ — ABDEFGHI 7
3 ABFGM — ABCDEFIJKLNQRTUVW 8
4 BEFHJLO — FJKVW 9
5 ABDEFHKMN — ABCFGHIJKNQU 10
B 16A CEE — ❶ €39,00
H392 3ha 240T(65-100m²) 75D — ❷ €39,00

N 47°44'46'' E 09°08'52''

Die B33 Radolfzell-Konstanz bis Allensbach, dann Richtung Dettingen/Dingelsdorf. Dem CP-Schild 'Klauserhorn' folgen. 102300

Konstanz-Litzelstetten (Bodensee), D-78465 / Baden-W.

Naturcampingplatz Litzelstetten-Mainau
Großherzog-Friedrich-Straße 43
15 Mrz - 15 Okt
+49 75 33 94 97 63
info@naturcamping-mainau.de

1 ADEHKNOSU — M 6
2 AFJLOPQVWXYZ — ABDEFGI 7
3 Q — ABEFJNQRSW 8
4 EHI — AV 9
5 ABDEHMN — ABCFHJKOQ 10
16A CEE — ❶ €39,00
1ha 20T(4-24m²) 4D — ❷ €39,00

N 47°42'42'' E 09°10'46''

A7, dann B33 Richtung Konstanz und dann Richtung Mainau. 125352

Küssaberg/Kadelburg, D-79790 / Baden-Württemberg

Hochrhein****
Oberdorf 56
1 Jan - 31 Dez
+49 77 41 42 44
info@camping-hochrhein.de

1 ADEKNOPQSTU — BNUY 6
2 CIPQWXY — ABDEFG 7
3 BMSU — ABCDEFJNQRW 8
4 EFHO — F 9
5 DFJKMN — ABCFGHIJKLNQU 10
B 16A CEE — ❶ €28,60
H335 4,2ha 60T(80-100m²) 82D — ❷ €35,40

N 47°36'18'' E 08°17'59''

B34 Waldshut Richtung Tiengen-West (Schaffhausen), Ausfahrt Ettikon, Kadelburg, Küsseberg. Hinter Kadelburg ist der CP rechts gut ausgeschildert. 102184

Lenzkirch, D-79853 / Baden-Württemberg

Kreuzhof****
Bonndorferstraße 63
1 Jan - 31 Dez
+49 76 53 14 50
info@camping-kreuzhof.de

1 AEGKNOPQRSTU — EFLM 6
2 EPQWY — ABDEFGH 7
3 BFGHIMNUVX — ABCDEFGIJNQRTW 8
4 AEFGHIJKOTVXY — FGZ 9
5 ACDFLMN — ABGHIJKOQUY 10
WB 2-16A CEE — ❶ €40,00
H805 2ha 60T(80-120m²) 75D — ❷ €54,00

N 47°51'41'' E 08°13'27''

B317 von Titisee Richtung Feldberg, Ausfahrt Lenzkirch B315. CP ca. 2 km hinter Lenzkirch Richtung Bondorf. 102178

Münstertal, D-79244 / Baden-Württemberg

Camping Münstertal
Dietzelbachstraße 6
1 Jan - 31 Dez
+49 76 36 70 80
info@camping-muenstertal.de

1 ADEGKNOPQRSTU — BEFN 6
2 QSWXYZ — ABCDEFGH 7
3 BFGHIJMNOST — ABCDEFIJLNQRTUVW 8
4 ABDEFHJLOQRTVXYZ — IUVW 9
5 ACDEFHJLMN — ABCEGHIJKMOQWY 10
Anz. auf dieser S. WB 16A CEE — ❶ €46,60
H360 4,9ha 305T(80-110m²) 14D — ❷ €69,70

N 47°52'11'' E 07°45'50''

A5 Karlsruhe-Basel, Ausfahrt Bad Krozingen/Staufen/Münstertal. L120/L123 bis Bad Krozingen, Ausfahrt L123. Hinter Staufen, zweiter CP links. 100188

Deutschland

Teilkarte Freiburg auf Seite 312

Das Ferien- und Wellnessparadies zwischen Schwarzwald und Rhein

Dreiländer-Camping-und Freizeitpark

- Komfortable Mietmobilheime für bis zu vier Personen
- Stellplätze in den Kategorien Komfort, Ferienplatz plus und Ferienplatz; zusätzlich private Mietbäder buchbar
- Erlebnisbad mit 160 m2, Sonnenterrasse, Beachbar mit Musik, Tanz, Open-Air Kino und Cocktails
- Großzügiger Wellnessbereich mit Fitnessraum, Sauna, Dampfbad, Solarium und Massage
- Sehr gutes Restaurant mit italienischer Küche und Holzofenpizza; gut sortierter Campingshop; Barbecue
- Sport und Spiel: Tennis, Beachvolleyball, Basketball, Bolzplatz sowie Minigolf, Gartenschach u.v.m.
- Ideale Lage für Touren in Deutschland, Frankreich und der Schweiz
- Ü55 Angebot und Pauschalangebote für Frühjahr / Herbst und Winter
- Freies WLAN

Neu: Freies WLAN

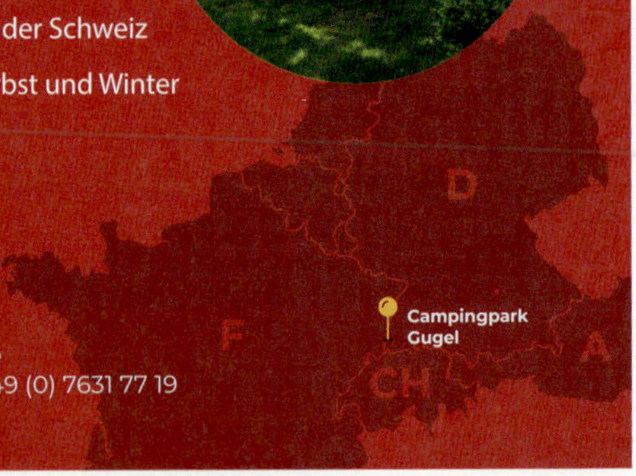

Ferien-Komfort Camping in mediterraner Atmosphäre

Oberer Wald 1 – 3 · 79395 Neuenburg am Rhein · Tel. +49 (0) 7631 77 19
info@camping-gugel.de · www.camping-gugel.de

Teilkarte Freiburg auf Seite 312

Neuenburg am Rhein, D-79395 / Baden-Württemberg

Gugel Dreiländer****
Oberer Wald 1-3
1 Jan - 31 Dez
+49 76 31 77 19
info@camping-gugel.de
N 47°47'49" E 07°33'02"

1 ABDEGKNOPQRSTU DN 6
2 BEPQWXYZ ABDEFGH 7
3 BFGJLMNOSX ABCDEFIJNQRSTUV 8
4 ABDFHJKLORSTVXYZ EV 9
5 ACDFHJLMN ABEFGHIJKOQUVX 10
Anzeige auf Seite 316 B 10-16A CEE ❶ €41,50
H315 13ha 220T(80-100m²) 264D ❷ €51,50

A5 Karlsruhe-Basel, Ausfahrt Mühlheim/Neuenburg/Badenweiler. An nächster Kreuzung mit Ampeln links, dann ausgeschildert. 100189

Oberried, D-79254 / Baden-Württemberg

Kirnermartes Hof
Vörlinsbach 22
1 Jan - 31 Dez
+49 76 61 47 27
info@kirnermartes.de
N 47°55'50" E 07°57'33"

1 AGKNOPQRSTU 6
2 CIPQSTVXYZ ABDEFGH 7
3 ALM ABCDFJNQRTW 8
4 FHJKOT EI 9
5 ADHKMN ABFGHIJKLOQ 10
Anz. auf dieser S. WB 16A CEE ❶ €32,80
H450 2,5ha 55T(75-100m²) 66D ❷ €42,60

In Freiburg-Zentrum zur B31 Richtung Donaueschingen. In Kirchzarten L126 Richtung Todtnau. Abzweig nach Oberried ist gut ausgeschildert. 110800

Orsingen, D-78359 / Baden-Württemberg

Camping und Ferienpark Orsingen****
Am Alten Sportplatz 8
10 Jan - 17 Dez
+49 7 77 49 99 91 00
info@camping-orsingen.de
N 47°50'31" E 08°56'12"

1 ADEKNOPQRSTU BGNO 6
2 AIPQVWX ABDEFG 7
3 ABDFHIJKLMS ABCDEFIJKNQRTUW 8
4 BFHLOT EFV 9
5 ACDEFHLMN ABCFGHIJKOSTUVX 10
B 16A CEE ❶ €33,50
H480 11,5ha 175T(77-136m²) 81D ❷ €38,00

Stockach-Richtung Nensingen, Nensingen durchfahren nach Orsingen. Dann den Schildern folgen. 119319

Radolfzell/Markelfingen, D-78315 / Baden-W.

Willam****
Schlafbach 10, Reichenau
23 Mrz - 8 Okt
+49 75 33 62 11
info@campingplatz-willam.de
N 47°43'45" E 09°01'31"

1 ABEGILOPQRSTU LMNPQSWXYZ 6
2 AEHKLMQRTWXY ABDEFGIK 7
3 ABCFGLM ABCDEFNQRT 8
4 ABCDFHJ FLORW 9
5 ABDFHJKLMNO ABCDFGHIJKNSTUXY 10
Anzeige auf dieser Seite B 16A CEE ❶ €32,50
H404 4,5ha 190T(50-110m²) 184D ❷ €32,50

Von Radolfzell Richtung Konstanz. Auf der B33 Ausfahrt Allensbach, den CP-Schildern 'William' folgen. CP zwischen Markelfingen und Allensbach. 102235

Reichenau (Insel Reichenau), D-78479 / Baden-W.

Sandseele OHG
Zum Sandseele 1
29 Mrz - 6 Okt
+49 75 34 73 84
info@sandseele.de
N 47°41'53" E 09°02'40"

1 ADEILOPQRSTU LMPQSTXY 6
2 ELQXYZ ABDEFGH 7
3 BEFMNOS ABCDEFJKNQRTW 8
4 AFHJ GQRTUVW 9
5 ADFHILMN ABCGHIJKOQY 10
B 16A CEE ❶ €36,10
12ha 250T(bis 80m²) 89D ❷ €46,10

B33 Radolfzell-Konstanz bis Allensbach. Dort ist Reichenau angezeigt. Eine Allee führt direkt auf die Halbinsel. 112164

Rust, D-77977 / Baden-Württemberg

Europa Park***
Europa-Park-Strasse 2
1/1 - 5/1, 6/4 - 3/11, 23/11 - 31/12
+49 7 82 27 76 68 88
info@europapark.de
N 48°16'17" E 07°43'02"

1 KNOPQSTU L 6
2 ACEPSTXY AB 7
3 BGMN ABEFGJNQRT 8
4 EFH AF 9
5 ADEFHIJKL AGHOQUWXY 10
B 16A CEE ❶ €40,00
2,5ha 200T(50-60m²) 55D ❷ €55,00

A5/E35 Ausfahrt 57b. Weiter Richtung Europa Park. Ausgeschildert. 111071

Schluchsee, D-79857 / Baden-Württemberg

Schluchsee****
Gewann Zeltplatz 1
1 Jan - 31 Dez
+49 7 65 65 73
info@camping-schluchsee.de
N 47°49'20" E 08°09'46"

1 ADEGKNOPQRSTU ILNOQRSTX 6
2 EILMPQRSVXY ABFGIJ 7
3 AFGLMNOPQRUVX ABCDEFIJKNQRTW 8
4 ABCEFGHIJ 9
5 ABDEFHLMN ABGHIJKLOQU 10
WB 16A CEE ❶ €36,90
H930 5ha 260T(80-120m²) ❷ €51,10

Ausfahrt Freiburg-Mitte Richtung Titisee. Ab Titisee in Richtung Schluchsee. Der CP liegt 500m vor dem Ort rechts. Ausgeschildert. 101146

Seelbach, D-77960 / Baden-Württemberg

Schwarzwälder Hof*****
Tretenhofstraße 76
1 Jan - 31 Dez
+49 78 23 96 09 50
info@spacamping.de
N 48°18'00" E 07°56'38"

1 AEKNOPQRSTU BEFJN 6
2 CPQSUVWXYZ ABDEFGHI 7
3 ABFGHLMNSWX ABCDFHIJKNQRTUVW 8
4 ABDEFHJSTUVXYZ FGIJW 9
5 ABDFHJLMN ABFGHJKOPQUVWXY 10
B 10A CEE ❶ €44,50
H210 4ha 180T(80-110m²) 63D ❷ €63,30

A5, Ausfahrt Lahr Richtung Biberach. Ausfahrt Reichenbach, 1. Ort ist Seelbach. Nach Ortsausgang rechts. 108003

Simonswald, D-79263 / Baden-Württemberg

Schwarzwaldhorn****
Ettersbach 4b
20 Mrz - 20 Okt
+49 7 68 34 77
info@schwarzwald-camping.de
N 48°06'03" E 08°03'09"

1 ABFHKNOPQRSU BGJN 6
2 CIPQSUVXYZ ABCDEFG 7
3 ABJMX ABCDEFJNQRTUVW 8
4 ABEFGHJLO BCDEUV 9
5 ABDEHJMN ABFHJKOQU 10
16A CEE ❶ €38,00
H400 1,5ha 42T(60-120m²) 37D ❷ €47,60

A5 Karlsruhe-Basel, Ausfahrt Freiburg-Nord. B294 Richtung Waldkirch. Durch den Tunnel 2. Ausfahrt Richtung Simonswald. Über den Kreisel vom Ortseingang Simonswald geradeaus. Nach 4 km ist rechts der CP. 102171

Staufen, D-79219 / Baden-Württemberg

Belchenblick
Münstertäler Straße 43
1 Jan - 31 Dez
+49 76 33 70 45
info@camping-belchenblick.de
N 47°52'20" E 07°44'09"

1 AEGKNOPQRSTU AEFHJN 6
2 CPQSWXYZ ABDEFGH 7
3 BFLMNX ABCDEFGIJLNQRTUVW 8
4 FHIJRXY ILUVY 9
5 ACDEJMN ABDEGHIKOSTUX 10
WB 16A ❶ €35,60
H300 2,2ha 180T(80-110m²) 32D ❷ €44,60

A5 Ausf. Bad Krözingen, Ri. Staufen/Münstertal. In Staufen Ri. Münstertal fahren. Camping liegt ca. 500m außerhalb des Ortes. 102130

Deutschland

Steinach, D-77790 / Baden-Württemberg

Camping Kinzigtal
Welchensteinacherstr. 34
1 Mrz - 1 Dez
+49 78 32 81 22
webmaster@campingplatz-kinzigtal.de
N 48°17'45" E 08°02'52"

1 ABFG**KN**OPQRSTU **BFHN** 6
2 CQSWXYZ ABDE**FGH** 7
3 ABM**N**X ABEFJNQRT 8
4 FHJ 9
5 ABDFGHLM**N** ABFGHJKOPQ 10
B 16A ① €38,50
H277 3,5ha 60T(60-80m²) 45D ② €55,50
101431

A5 Karlsruhe-Basel, Ausfahrt 55 Offenburg. B33 Richtung Villingen/Schwenningen ca. 20 km bis Steinach. An der T-Kreuzung links. Ausgeschildert.

Todtnau/Muggenbrunn, D-79674 / Baden-Württemberg

Hochschwarzwald***
Oberhäuserstraße 6
1 Jan - 31 Dez
+49 76 71 12 88
info@camping-hochschwarzwald.de
N 47°51'55" E 07°54'58"

1 AE**KN**OPQSU 6
2 IPQRSVWXY ABDE**FGH** 7
3 ABFMX ABCDEFGHIJNPQRT 8
4 FI D 9
5 ADFKMN ABGHK**O**QU 10
WB 10A CEE ① €31,60
H1050 2,2ha 53T(75-80m²) 33D ② €42,60
102131

A5 Karlsruhe-Basel, Ausfahrt Freiburg-Mitte, B31 Richtung Donaueschingen. Bei Kirchzarten die L126 Richtung Todtnau.

Wahlwies/Stockach, D-78333 / Baden-Württ.

Campinggarten Wahlwies
Stahringer Straße 50
17 Feb - 12 Nov
+49 77 71 35 11
info@camping-wahlwies.de
N 47°48'31" E 08°58'11"

1 ADE**KN**OPQRST 6
2 APQSY ABDE**FGHI** 7
3 AMS ABCDEFJNQRTUW 8
4 FGHJ J 9
5 ABDHM ABCDGHIJKMOQ 10
B 16A CEE ① €33,50
H340 1,2ha 50T(70-120m²) 21D ② €41,50
102233

Ab Stuttgart A81/98, Ausfahrt 12 Stockach-West. CP-Schild 'Wahlwies' folgen.

Stockach (Bodensee), D-78333 / Baden-Württ.

Campingpark Stockach-Bodensee
Johann-Glatt-Straße 3
1 Mrz - 1 Nov
+49 77 71 91 65 13 30
info@camping-stockach.de
N 47°50'31" E 08°59'42"

1 ABDEKNOPQRSTU 6
2 ABCPQVWXYZ ABDE**FGH** 7
3 **B**LMS ABCDEFJNQRW 8
4 FH 9
5 ABDMN ABFGHKMOQW 10
Anzeige auf dieser Seite 6A CEE ① €24,00
4ha 75T(75-120m²) ② €29,00
115070

A81 bis Kreuzung Hegau Richtung Stockach folgen. Ausfahrt Stockach-West.

Waldkirch/Siensbach, D-79183 / Baden-Württemberg

Elztalblick
Biehlstraße 10
1 Apr - 15 Okt
+49 76 81 42 12
elztalblick@t-online.de
N 48°06'08" E 07°59'29"

1 AEGJMOPSU 6
2 IQVXY AB**F**G 7
3 AM ABCDEFNQR 8
4 FGHJO 9
5 ABDFJKMN ABGHJKOQ 10
16A CEE ① €31,50
H340 2ha 80T(80-100m²) 30D ② €41,50
102126

A5 Ausfahrt Freiburg-Nord, B294 Richtung Waldkirch. Durch den Tunnel bis Abzweig Waldkirch-Ost, dann noch 3 km bis Siensbach. Dann ausgeschildert. Die Straße zum CP steigt steil an.

Sulzburg, D-79295 / Baden-Württemberg

Sulzbachtal*****
Sonnmatt 4
1 Jan - 31 Dez
+49 76 34 59 25 68
a-z@camping-sulzbachtal.de
N 47°50'52" E 07°41'53"

1 ADE**KN**OPQRSTU A 6
2 AIPTVXYZ ABDE**FG** 7
3 A**HM**X ABCDEFGIJQRTUVW 8
4 AEFHIJ**X** DV 9
5 ABDEFHJKMN ABCDFGHIJK**O**Q 10
WB 16A CEE ① €37,05
H313 2,4ha 100T(100-120m²) 13D ② €49,05
111356

A5, Ausfahrt Heitersheim. B3, Ausfahrt Sulzburg, vor dem Ort rechts.

Waldshut, D-79761 / Baden-Württemberg

Rhein Camping Waldshut
Jahnweg 22
1 Jan - 31 Dez
+49 77 51 31 52
info@rheincamping.de
N 47°36'40" E 08°13'31"

1 AEG**KN**OPQRSTU **J**NWXZ 6
2 DPQSTXYZ ABDE**FG**I 7
3 BFJ**LNP** ABCDE**F**HJNQRT 8
4 FHIJ GW 9
5 ADFHJLMN ABFGHIJKOPSTZ 10
B 16A CEE ① €36,00
H365 45ha 57T(60-80m²) 23D ② €52,00
102183

B34 Richtung Waldshut, vor der CH-Grenze Richtung Tiengen. Nach 1 km rechts. Dann ausgeschildert.

Tengen, D-78250 / Baden-Württemberg

Hegi Familien Camping*****
An der Sonnenhalde 1
31 Mrz - 31 Dez
+49 7 73 69 24 70
info@hegi-camping.de
N 47°49'26" E 08°39'13"

1 ABDE**KN**OPQRSTU AEGLMO 6
2 EKQSVWXY AB**C**DE**FGH** 7
3 ABDG**HIJ**MNSU ABCDEFIJNQRTUVW 8
4 ABCDFHJR**STUVX** BEFYZ 9
5 ABDHLMNO ABCDFGHIJKMOQUY 10
B 16A CEE ① €42,30
12ha 250T(bis 146m²) 72D ② €58,10
111623

Der CP liegt nordwestlich von Engen. Über die A81 Singen-Stuttgart fahren und Ausfahrt 39 Engen nehmen. Den CP-Schildern folgen.

Willstätt/Sand, D-77731 / Baden-Württemberg

Europa Camping Sand
Waldstraße 32
15 Mrz - 31 Okt
+49 78 52 23 11
europacamping.sand@gmail.com
N 48°32'36" E 07°56'07"

1 ADEG**KN**OPQRSTU 6
2 AQSWXY AB**FG** 7
3 ABEFJNQR 8
4 F 9
5 ADFKMN ABFJK**O**ST 10
16A CEE ① €24,00
H303 1,2ha 40T(90-120m²) 16D ② €34,00
102123

A5 Ausfahrt 54 Appenweier/Straßburg. Dann Richtung Straßburg. CP ausgeschildert über Sand. Camping 150m ortsaußerhalb. Gut aufpassen!

Titisee, D-79822 / Baden-Württemberg

Sandbank****
Seerundweg 9
31 Mrz - 31 Dez
+49 7 65 19 72 48 48
info@camping-sandbank.de
N 47°53'15" E 08°08'18"

1 ADE**KN**OPQRSTU L**N**QSXYZ 6
2 BEIJQSTVWXYZ ABDE**FG**I 7
3 **B**LMX ABCDEFJKNQRT 8
4 FGHIJ NTZ 9
5 ABDFHKMN ABCGHIJKQ 10
B 16A CEE ① €41,20
H820 2ha 230T(80-115m²) ② €53,00
102177

A5 Ausfahrt Freiburg-Mitte, B31 Titisee folgen, dann Richtung Bruderhalde, vierter CP ab Titisee.

Wolfach/Halbmeil, D-77709 / Baden-Württemberg

Trendcamping Wolfach*****
Schiltacherstr. 80
5 Apr - 15 Okt
+49 78 34 85 93 09
info@trendcamping.de
N 48°17'27" E 08°16'42"

1 ADH**KN**OPQRSTU J**N** 6
2 CIPQSUVWXY ABDE**FGH**I 7
3 ABF**JLN**UX ABCDEFJNQRTUVW 8
4 FHJKO FGVW 9
5 ADEFHJKLN ABGHJKLNQV 10
B 16A CEE ① €38,30
H330 3ha 50T(60-90m²) 20D ② €50,20
110959

W: A5 Ausf. 56 Lahr. B33 Ri. Villingen-Schwenningen. Durch Wolfach. Nach 3 km links der Strecke bei Halbmeil Ri. Schiltach. O: A81 Ausf. 34 Rottweil, B462 Ri. Offenburg/Schramber. An Schiltach vorbei. Rechts der Strecke bei Halbmeil.

Deutschland

Teilkarte Freiburg auf Seite 312

Creglingen/Münster, D-97993 / Baden-Württ.

Camping Romantische Strasse
Münstersee Strasse 24-26
15 Mrz - 15 Nov
+49 7 93 32 02 89
camping.hausotter@web.de
N 49°26'21" E 10°02'32"

1 ABDEG**KN**OPQRSTU ELM**N** 6
2 DELQTVXYZ ABDE**FG** 7
3 BF**J**MX ABCDEFJNQRTUVW 8
4 FGJ**T** E 9
5 ABDFLN ABGHJKL**O**QU 10
B 6A CEE ❶ €27,50
H320 6ha 100**T**(80-120m²) 47**D** ❷ €36,50

A7 Ausfahrt 108 Rothenburg. Dann Richtung Bad Mergentheim. In Creglingen ausgeschildert, Richtung Münster. CP liegt kurz hinter Münster rechts der Straße. 102430

Ellenberg, D-73488 / Baden-Württemberg

Sonneneck
Haselbach 12
1 Apr - 31 Okt
+49 79 65 23 59
kontakt@camping-sonneneck.de
N 48°59'14" E 10°13'01"

1 AEG**KN**OPQRSTU LM**N**QSXY 6
2 AFIJKQTVXY ABDE**FG**IK 7
3 B**L**M ABCDEFGHJKNQRTUW 8
4 FHR**ST** D 9
5 ADFGLMN ABCFGHJKN**O**QWY 10
B 16A CEE ❶ €26,00
H500 2,8ha 34**T**(80-100m²) 101**D** ❷ €34,00

A7 Ulm-Würzburg Abfahrt 113 Ellwangen, Richtung Dinkelsbühl. Bei Muckental Richtung Haselbach und Stauseen. Erster CP rechts. 102434

Ellenberg, D-73488 / Baden-Württemberg

Campingplatz Fuchs****
Haselbach 11
1 Apr - 15 Okt
+49 79 65 22 70
info@camping-fuchs.de
N 48°59'13" E 10°13'04"

1 ADEG**KN**OPQRSTU L**N**QSXY 6
2 AEIJQSTUVWXY ABDE**FG**HIK 7
3 A**L**MU ABCDE**FG**JKNQR**S**TW 8
4 FH**Q** K 9
5 ABDEFGHKMN ABFHJKM**O**QY 10
B 16A CEE ❶ €23,50
H500 3ha 21**T**(100m²) 130**D** ❷ €31,50

A7 Ulm-Würzburg, Ausfahrt 113 Ellwangen Richtung Dinkelsbühl. Bei Muckental Richtung Haselbach und Stauseen. Zweiter CP rechts. 110361

Abtsgmünd/Hammerschmiede, D-73453 / Baden-Württ.

Hammerschmiede-See
Hammerschmiede 2
1 Mai - 30 Sep
+49 7 96 33 69
hug.hammerschmiede@t-online.de
N 48°56'46" E 09°58'38"

1 ADE**KN**OPSU LQ**XZ** 6
2 EIQUXYZ ABDE**FG** 7
3 ABG**L** ABCDE**F**JNQRW 8
4 FH QT 9
5 ADEHMN AHJKLMNQ 10
10A CEE ❶ €23,75
H440 5ha 100**T**(80-100m²) 190**D** ❷ €31,75

A7 Ausfahrt 114. B29 bis Hüttlingen, weiter die B19 bis Abtsgmünd. Bis zur Ausfahrt zum Hammerschmiede See, hinter Pommertsweiler links. 102363

Ellwangen, D-73479 / Baden-Württemberg

Natur & City Camping Ellwangen
Rotenbacher Str. 45
4 Apr - 24 Okt
+49 79 61 79 21
info@nc-camping.de
N 48°57'35" E 10°07'15"

1 ADE**KN**OPQSTU **EN** 6
2 ADPQTXYZ ABDE**FG** 7
3 GM ABCDEFJNQRTW 8
4 FH F 9
5 ABDEFHKMN ABFGHIJKLMOQUW 10
B 6-16A CEE ❶ €32,00
H440 3,5ha 80**T**(80-120m²) 18**D** ❷ €38,00

A7 Ausfahrt 113 Ellwangen. In Ellwangen durch den Tunnel, an der T-Kreuzung rechts ab. Rechts über die Brücke (Bahnlinie und kl. Fluss) die erste Straße links. Den CP-Schildern folgen. 102436

Aichelberg, D-73101 / Baden-Württemberg

Aichelberg***
Bunzenberg 1
7 Apr - 8 Okt
+49 71 64 27 00
mail@camping-aichelberg.de
N 48°38'22" E 09°33'18"

1 ADE**KN**OPQSTU 6
2 AQSTWXY AB**FG** 7
3 FG**L** ABCDEFJKNQRTW 8
4 FH F 9
5 ABDEFHLMN AGHLMOSTW 10
B 10A CEE ❶ €26,00
H375 2,6ha 70**T**(80-100m²) 45**D** ❷ €34,00

A8 München-Stuttgart, Ausfahrt 58, danach rechts ab. Nach 50m links ab. A8 Stuttgart-München, Ausfahrt 58 am Kreisel die 3. Straße rechts, nach 200m rechts ab. 112597

Essingen/Lauterburg, D-73457 / Baden-Württemberg

Hirtenteich
Hasenweide 2
1 Jan - 31 Dez
+49 7 36 52 96
info@hirtenteich.camp
N 48°47'12" E 09°58'54"

1 ADEKNOPQSTU A 6
2 IPQSTUVWXY ABCDE**FG**HIK 7
3 BFMX ABCDEFGJNQRTW 8
4 FH**T** BF 9
5 ABDFHLMN ABGHIJKLOSTUWY 10
WB 16A CEE ❶ €24,30
H680 4,5ha 65**T**(70-100m²) 174**D** ❷ €33,30

A7 Ausfahrt Aalen/Westhausen, Richtung Schwäbisch-Gmünd. B29 Aalen-Schwäbisch-Gmünd, ca. 6 km westlich von Aalen Richtung Essingen, dann Lauterburg. CP ist ausgeschildert. 102364

Braunsbach, D-74542 / Baden-Württemberg

Naturcamping Braunsbach
Im Brühl 1
1 Apr - 31 Okt
+49 79 06 94 06 73
info@camping-braunsbach.de
N 49°11'57" E 09°47'17"

1 ADEG**KN**OPQRSU J**N**UX 6
2 CQTWXYZ ABDE**FG**H 7
3 AMS ABEFJNQRU 8
4 FHJO FW 9
5 ADEHJMN ABCGHJKOQU 10
16A CEE ❶ €22,30
H250 2,5ha 65**T**(80-100m²) 19**D** ❷ €29,50

A6 Ausfahrt 42 Kupferzell. Dann über Fessbach und Döttingen nach Braunsbach. Der CP ist ausgeschildert. 101142

Freudenberg, D-97896 / Baden-Württemberg

Seecamping Freudenberg
Mühlgrundweg 10
1 Jan - 15 Nov
+49 93 75 83 89
info@seecamping-freudenberg.de
N 49°45'44" E 09°19'07"

1 ADEG**KN**OPQRST**U** **A**HNQX 6
2 EQSXY ABD**FG**HIK 7
3 BFM**NQT** ABCDEFGJNQRTW 8
4 J**Q** D 9
5 ABDLMN ABGHJKLMOQY 10
Anzeige auf dieser Seite B 16A CEE ❶ €24,25
H100 5,7ha 40**T**(60-80m²) 252**D** ❷ €32,25

In Miltenberg Richtung Wertheim/Freudenberg, durch Freudenberg Richtung Wertheim. Dann im Kreisel den Schildern folgen. 102278

Buchhorn am See, D-74629 / Baden-Württemberg

Seewiese****
Seestr. 11
1 Jan - 31 Dez
+49 7 94 16 15 68
info@camping-seewiese.de
N 49°09'06" E 09°30'00"

1 AEG**JM**OPQRSTU BCL**N**X 6
2 AEPQTUXY **BEFG** 7
3 AB**L**MR ABCDE**F**JNQRTUW 8
4 FHI FGJ 9
5 DFHKM ABCFGHJK**O**STUY 10
B 16A CEE ❶ €32,00
H407 6ha 40**T**(90-120m²) 308**D** ❷ €42,00

A6, Ausfahrt 40 Richtung Öhringen. Dann via Pfedelbach und Heuberg nach Buchhorn. Dann ausgeschildert. 102288

Gruibingen, D-73344 / Baden-Württemberg

Campingplatz Winkelbachtal
Campingplatz 1
1 Jan - 31 Dez
+49 1 76 20 51 25 36
info@winkelbachtal.de
N 48°35'31'' E 09°37'28''

1 AKNOPQRSTU 6
2 ABCQSTXY ABFG 7
3 X ABCDEFJNQRTW 8
4 FHJ 9
5 DN AHJKQ 10
B 16A CEE ❶ €24,00
H600 3,5ha 60T(60-80m²) 37D ❷ €34,00

A8 Ausfahrt 59 Gruibingen/Mühlhausen. Dann Richtung Gruibingen. CP ist gut ausgeschildert. 101430

Pfedelbach/Buchhorn, D-74629 / Baden-Württemberg

Camping-Club Ludwigsburg
Am Wasserturm 22
1 Mrz - 1 Dez
+49 7 94 13 92 27
uwe.
goennenwein@t-online.de
N 49°09'22'' E 09°30'06''

1 ABGKNOPQRSU LN 6
2 ACEJPQRXYZ ABDEFGH 7
3 BLMSU ABCDEFHJNQRT 8
4 BFH 9
5 DM ABCFHIJKLOQY 10
B 16A CEE ❶ €26,50
H410 3ha 80T 150D ❷ €31,50

A6 Ausfahrt Öhringen. Dann über Pfedelbach und Heuberg nach Buchhorn. Danach ausgeschildert. 114835

Hohenstadt, D-73345 / Baden-Württemberg

CC€21

Camping Waldpark
Hohenstadt
Waldpark 1
1 Mrz - 31 Okt
+49 73 35 67 54
camping@waldpark-hohenstadt.de
N 48°32'51'' E 09°40'02''

1 ADEKNOPQSTU 6
2 AIPQSTUVWXYZ ABDEFG 7
3 AFIMX ABCDEFJNQRUVW 8
4 FH W 9
5 ADFGHLMN ABDGHJKLMOQU 10
16A CEE ❶ €26,00
H800 7,5ha 60T(80-150m²) 110D ❷ €34,00

A8/E52 Stuttgart-Ulm, Ausfahrt 60 (Behelfsausfahrt). CP Schildern Hohenstadt folgen. 117762

Schurrenhof/Donzdorf, D-73072 / Baden-Württemberg

Camping Schurrenhof
Schurrenhof 4
15 Mrz - 15 Okt
+49 71 65 92 85 85
info@schurrenhof.de
N 48°43'41'' E 09°46'12''

1 AEGKNOPQSU A 6
2 IQTWXY ABDEFGIK 7
3 ABHIJLMU ABCDEFJNQRUV 8
4 FHJ DGV 9
5 ABDEFHJLMN ABFGHJKQU 10
W 10A CEE ❶ €21,10
H555 2,8ha 30T(80-120m²) 124D ❷ €29,10

A8 Stuttgart-München, Ausfahrt 56 Göppingen. Dann B10 Donzdorf, 1. Kreisel Heidenheim. Nach 1 km links Reichenbach/Schurrenhof. Von der B29 Richtung Schwäb.-Gmünd. Dort Richtung Donzdorf. In Rechburg rechts nach Schurrenhof. 102366

Löwenstein, D-74245 / Baden-Württemberg

Campingpark
Breitenauer See*****
1 Jan - 31 Dez
+49 71 30 85 58
info@breitenauer-see.de
N 49°07'01'' E 09°23'00''

1 ADEJMOPQRSTU LMNOPQSTXYZ 6
2 EIJLQSUXY ABDEFGHI 7
3 BCGMSU ABCDEGJKLMNQRSTUV 8
4 BCFHIJTX EFJQTWZ 9
5 ABDEFLMNO ABGHIJKNQUXY 10
B 16A CEE ❶ €35,00
H268 10ha 300T(100-197m²) 315D ❷ €41,00

A81 Stuttgart-Würzburg, Ausfahrt 10 Weinsberg/Ellhofen. B39 Richtung Obersulm/Löwenstein. Ausfahrt Obersulm/Willsbach. Ausgeschildert. 102289

Schwäbisch Hall/Steinbach, D-74523 / Baden-Württ.

Am Steinbacher See
Mühlsteige 26
15 Mrz - 15 Okt
+49 7 91 29 84
camping.sha-
steinbach@t-online.de
N 49°05'53'' E 09°44'32''

1 ADEGKNOPQRSTU N 6
2 CFPQTWXYZ ABDEFGHI 7
3 AFGLMSX ABCDEFJNQRW 8
4 FGHJO 9
5 ADHMN ABGHJKLOQU 10
B 16A CEE ❶ €27,80
H270 1ha 50T(75m²) 40D ❷ €37,80

A6, Ausfahrt 43 Richtung Schwäbisch Hall. In Schwäbisch Hall Straße B14 und B19 ausgeschildert (Richtung Comburg). Am Fußballplatz vorbei fahren. 100175

Murrhardt/Fornsbach, D-71540 / Baden-Württemberg

Waldsee
Am Waldsee 17
1 Jan - 31 Dez
+49 71 92 64 36
kontakt@camping-
waldsee-murrhardt.de
N 48°58'34'' E 09°39'59''

1 AKNOPQRSU LMN 6
2 BCEJKQSTUVWXYZ ABDFGHI 7
3 AGJM ABCDEFJNQRTW 8
4 FGHJT E 9
5 ABDEMN ABGHJKNQU 10
B 16A CEE ❶ €23,60
H351 2,6ha 90T(80m²) 97D ❷ €32,60

Murrhardt liegt an der Verbindungsstraße Salzbach-Gaildorf zwischen der B14 und B19. Bei Murrhardt die Ausfahrt 'Waldsee'. Am See vorbei zum CP. 102362

Weikersheim/Laudenbach, D-97990 / Baden-Württ.

Schwabenmühle GmbH****
Weikersheimer Straße 21
1 Apr - 8 Okt
+49 79 34 99 22 23
info@
camping-schwabenmuehle.de
N 49°27'28'' E 09°55'34''

1 ABEGKNOPQRSTU 6
2 CIPQSTWXYZ ABFGHIK 7
3 ABMX ABCDEFGIJKNPQRTUVW 8
4 AEFGHJO AFW 9
5 ADHMN ABCFGHJKOQW 10
B 16A CEE ❶ €29,85
H270 2,3ha 70T(80-100m²) 4D ❷ €41,85

A81 Stuttgart-Würzburg. Ausfahrt 3 Tauberbischofsheim. B290 bis Bad Mergentheim, B19 Richtung Würzburg. In Jagersheim Richtung Weikersheim, dann Richtung Laudenbach (3 km). Kurz vor Laudenbach CP rechts. 117855

Neckarsulm, D-74172 / Baden-Württemberg

Reisach-Mühle****
Reisachmühle 6
1 Jan - 31 Dez
+49 71 32 21 69
info@campingplatz-
reisachmuehle.de
N 49°11'14'' E 09°14'50''

1 AGJMOPQRSTU 6
2 APQWXYZ ABFG 7
3 BHIMN ABFNQRW 8
4 FHI 9
5 ABDLM ABHIOST 10
16A CEE ❶ €23,00
H270 2,3ha 80T(50-100m²) 70D ❷ €32,00

A6 Ausfahrt 37 Neckarsulm. Im 1. Kreisel rechts und im 2. Kreisel links. Richtung Sportplatz und 'Aquatoll' Gelände. Der CP liegt hinter den Tennisplätzen. 102287

Wertheim, D-97877 / Baden-Württemberg

CC€19

Wertheim-Bettingen
Geiselbrunnweg 31
31 Mrz - 31 Okt
+49 93 42 70 77
info@campingpark-
wertheim-bettingen.de
N 49°46'51'' E 09°34'00''

1 AEGKNOPQRSTU JNWXYZ 6
2 ADQSXYZ ABDEFGH 7
3 BFM ABCDEFJNQRTW 8
4 H FY 9
5 ABDFLMN AGHLQV 10
B 6-10A CEE ❶ €28,00
H140 7,5ha 100T(80-100m²) 123D ❷ €33,00

A3 Aschaffenburg-Würzburg, Ausfahrt 66 Wertheim. Der CP ist ausgeschildert. 100169

Oedheim, D-74229 / Baden-Württemberg

CC€23

Sperrfechter Freizeit-Park
Hirschfeld 3
1 Jan - 31 Dez
+49 7 13 62 26 53
info@
sperrfechter-freizeitpark.de
N 49°14'29'' E 09°13'56''

1 ADEGKNOPQRSTU HJLMNX 6
2 ACFQTWXYZ ABDEFG 7
3 ABFGMS ABCDEFGHJNQRTW 8
4 FH DTY 9
5 ABDMN AGHJKOSTY 10
16A CEE ❶ €30,00
H160 30ha 100T(100m²) 355D ❷ €40,00

A81, Ausfahrt Neuenstadt Richtung Bad Friedrichshall bis Oedheim. Ab der A6: Ausfahrt Heilbronn/Neckarsulm nach Bad Friedrichshall/Oedheim, dann ausgeschildert. 109434

Wertheim/Bestenheid, D-97877 / Baden-Württemberg

AZUR Cp-park Wertheim am Main
An den Christwiesen 35
1 Apr - 31 Okt
+49 9 34 28 31 11
wertheim@azur-camping.de
N 49°46'40'' E 09°30'33''

1 ADEGKNOPQSTU BGHNXYZ 6
2 DQSXY ABDE 7
3 AFJMS ABCDEFJKNQRTW 8
4 FHR BCFY 9
5 ADMN AGHKLQ 10
B 6-16A CEE ❶ €44,00
H140 7ha 200T(60-110m²) 55D ❷ €64,00

A3 Frankfurt-Würzburg, ausfahrt 65 Wertheim/Marktheidenfeld bis Wertheim und dann in Richtung Miltenberg bis Bestenheid. Weiter nach CP-Beschilderung. 102357

Deutschland

Teilkarte Stuttgart auf Seite 319

Friedrichshafen, D-88045 / Baden-Württemberg

CAP-Rotach	1 ADEGHKNOPQRSTU	LMNQSWX 6
Lindauerstraße 2	2 EKLPQTWXY	ABDEFGI 7
24 Mrz - 22 Okt	3 AB	ABCDEFIJNQRTW 8
+49 75 41 70 07 77 77	4 AEFHJO	GILRV 9
info@cap-rotach.de	5 ADMN	ABFGHIKNQ 10
	B 6A CEE	❶ €28,00
N 47°38'58" E 09°29'48"	0,8ha 85T(36-100m²) 44D	❷ €32,00

B31 Richtung Lindau. Vor Friedrichshafen 'Stadtmitte' folgen. Dann dem Schild 'Jugendherberge' folgen. 100m hinter der Rotach-Brücke rechts. 113686

Friedrichshafen, D-88048 / Baden-Württemberg

Campingplatz Friedrichshafen-Fischbach	1 AEGILOPQRSTU	LMNQSWXY 6
Grenzösch 3	2 EJPQWXY	ABDEFGI 7
6 Apr - 8 Okt	3 AB	ABCDEFJKNQRT 8
+49 7 54 14 20 59	4 AFHO	T 9
info@camping-fischbach.de	5 ABDEFIKN	ABGHIKOQ 10
	B 10A CEE	❶ €30,50
N 47°40'10" E 09°24'14"	H367 2ha 80T(70-120m²) 40D	❷ €38,50

Von Stockach B31 Richtung Friedrichshafen. Dann ist der CP ausgeschildert. 102299

Hagnau, D-88709 / Baden-Württemberg

Campingplatz Alpenblick	1 AJLOPQRSTU	LMNSW 6
Strandbadstraße 13	2 ELPQSUXY	ABDEFGI 7
1 Apr - 27 Okt	3 B	ABCDEFIJKNQRTW 8
+49 75 32 49 57 60	4 FHO	9
info@campingplatz-alpenblick.de	5 ADEFKM	AGHIKLOQ 10
	B 16A CEE	❶ €34,70
N 47°40'20" E 09°19'39"	2ha 80T(50-80m²) 150D	❷ €42,70

Von Singen nach Lindau. Der B31 bis Hagnau, danach den CP Schildern folgen. Aus Ulm-Ravensburg nach Markdorf. Dann Hagnau und den CP Schildern folgen. 113685

Aitrach, D-88319 / Baden-Württemberg

Park-Camping Iller****	1 BCDEGHJMOPQRSTU	BGJN 6
Illerstraße 57	2 CQTWXYZ	BEFGH 7
1 Apr - 15 Okt	3 ABFGMUW	ABDFIJKNQRTUVW 8
+49 75 65 54 19	4 BEFGHJO	DR 9
info@camping-iller.de	5 ABDHJKMN	ABFGHIJKLOQUV 10
	B 16A CEE	❶ €36,00
N 47°56'57" E 10°05'15"	H590 4,3ha 150T(80-140m²) 107D	❷ €47,00

A7 Ulm-Memmingen. Memminger Kreuz Richtung Lindau fahren. In Aitrach rechts CP-Beschilderung folgen. 102440

Illmensee, D-88636 / Baden-Württemberg

Camping Seewiese	1 AGJMOPQRSTU	LNQXY 6
Kirchplatz 2/1	2 CELPQWYZ	ABDEFGIK 7
1 Mai - 5 Okt	3 BFGLM	ABCDEFKNQRTUW 8
+49 7 55 84 66	4 AFHJKO	FK 9
info@camping-illmensee.de	5 ABDMN	ABFGHIJKMNSTU 10
	Anzeige auf Seite 322 16A CEE	❶ €28,00
N 47°51'39" E 09°22'28"	H700 1,6ha 40T(60-80m²) 66D	❷ €28,00

Kreuz Hegau A498 Singen-Stockach. Dann die B31 bis Überlingen. Richtung Pfullendorf bis Heiligenberg. An der Kirche rechts. In Rickertsreute an der Tankstelle rechts nach Illmensee. 111954

Albstadt, D-72458 / Baden-Württemberg

Sonnencamping Albstadt	1 ABDEKNOPQRSTU	I 6
Beibruck 54	2 IPQTUVWXY	ABEFGI 7
1 Jan - 31 Dez	3 ABM	ABCDEFGJNQRTUVW 8
+49 7 43 19 37 03 48	4 EFHJO	FJ 9
info@sonnencamping.de	5 ABDMNO	ABFGHJKOQU 10
	WB 16A CEE	❶ €38,20
N 48°12'52" E 08°58'42"	H747 7ha 53T(80-110m²) 34D	❷ €47,20

A81 Ausfahrt 31 Empfingen. Dann die B463 nach Bisingen, Balingen. Weiter nach Albstadt. Hier der Beschilderung folgen. 122329

Immenstaad, D-88090 / Baden-Württemberg

Schloss-Kirchberg	1 AEGKNOPQRSTU	LPQSWX 6
18 Mrz - 29 Okt	2 ELQTVWXYZ	ABFG 7
+49 75 45 64 13	3 BGM	ABEFJNQRTW 8
info@mupu.de	4 EFH	9
	5 ABDEFHIM	AGHIKOQ 10
	B 16A CEE	❶ €30,50
N 47°40'12" E 09°19'53"	H330 8ha 100T(67-113m²) 230D	❷ €37,50

B31 an der Straße Überlingen-Friedrichshafen ist der CP ab Immenstaad ausgeschildert. 110462

Bad Urach, D-72574 / Baden-Württemberg

CC€23

Pfählhof***	1 DEGJMOPQRSTU	6
Pfählhof 2	2 DQTWXY	ABDEFGI 7
1 Jan - 31 Dez	3 BFM	ABCDFJKNQRT 8
+49 71 25 80 98	4 FHJO	JK 9
camping@pfaehlhof.de	5 ABDEFHLM	ABCDGHJKLNQUV 10
	16A CEE	❶ €31,00
N 48°30'14" E 09°25'28"	H500 4,5ha 50T(80-120m²) 171D	❷ €35,00

A8 Ausfahrt 56 Nürtingen. Dann der B297 folgen, in Nürtingen die B313 bis Metzingen. Dann der B28 bis Bad Urach folgen. 102291

Immenstaad, D-88090 / Baden-Württemberg

Schloß Helmsdorf OHG	1 ADEGJMOPQRSTU	LNOQSXYZ 6
Schloß Helmsdorf 1	2 ELPQSVWXYZ	ABCDEFG 7
24 Mrz - 8 Okt	3 BS	ABCDEFJNQRTW 8
+49 75 45 62 52	4 AFH	I 9
info@schlosshelmsdorf.de	5 ACDEFGHLMN	ABCGHIJKMOQ 10
	Anzeige auf dieser Seite B 6A CEE	❶ €30,80
N 47°40'00" E 09°22'42"	H319 5,5ha 80T(75-100m²) 240D	❷ €39,80

Ab Kreuz Hegau A81 nach Stockach. Über die B31 nach Überlingen/Friedrichshafen. Bei Stetten weiter B31/E54 nach Immenstaad. CP kurz hinter Immenstaad und gut angezeigt. 109749

Deutschland

Teilkarte Tübingen auf Seite 321

CampingCard ACSI, gut zu wissen

- Nur gültig auf teilnehmenden CampingCard ACSI-Campingplätzen
- Nur gültig in den mit dem Campingplatz vereinbarten Akzeptanzzeiträumen
- Zusatzkosten nicht inbegriffen
- Begrenzte Anzahl von Stellplätzen verfügbar

Deutschland

Isny im Allgäu, D-88316 / Baden-Württemberg

Waldbad Camping Isny GmbH****
Lohbauerstraße 61-69
31 Mrz - 15 Okt
+49 75 62 23 89
info@camping-isny.de
N 47°40'39" E 10°01'49"

1 ADEGKNOPQRSTU LM 6
2 BEIJQTWYZ BEFG 7
3 AFMNS BDFJNQRUVW 8
4 J IJNV 9
5 ADEFHJKLMN ABCEFGHIJKOQU10
16A CEE ❶ €35,00
H750 4,5ha 50T(60-100m²) 5D ❷ €45,00

A7 Ulm, dann A96 Memmingen-Lindau. Ausfahrt 8 Leutkirch-Süd Richtung Isny. Hier den CP-Schildern folgen. 108810

Kressbronn, D-88079 / Baden-Württemberg

Iriswiese****
Tunau 16
1 Apr - 24 Okt
+49 75 43 80 10
info@campingplatz-iriswiese.de
N 47°35'14" E 09°34'58"

1 AKNOPQS LNPQSWXY 6
2 AEILMQWY ABDEFGHI 7
3 BMU ABCDEFJKNQRT 8
4 FHJO 9
5 ACDEFHKMN ABGHIJKOQ10
Anzeige auf Seite 323 10A CEE ❶ €30,00
H400 8ha 200T(60-100m²) 200D ❷ €37,00

B31 Lindau-Friedrichshafen. Durch Kressbronn links ab Richtung Langenargen. Der CP ist gut ausgeschildert. 109207

Leibertingen/Thalheim, D-88637 / Baden-Württ.

CC€21

Campinggarten Leibertingen
Beim Freibad 1 - Vogelsang
1 Apr - 31 Okt
+49 75 75 20 91 71
info@campinggarten-leibertingen.de
N 48°00'37" E 09°01'42"

1 ABDEKNOPQRSTU AFH 6
2 IPQTVWX BEFG 7
3 ABDEGM ABCDEFJNQRTUVW 8
4 BFJKOT FZ 9
5 ABDEFHJKMN AGHJKLORSU10
Anzeige auf dieser Seite 16A CEE ❶ €30,40
H730 2ha 60T(100m²) 13D ❷ €39,40

B311 Freiburg-Ulm, Ausfahrt Leibertingen. In Thalheim links in die 'Schwimmbadstraße' abbiegen. Den Schildern folgen. Camping liegt rechts oben neben dem Weg. 121946

Isny/Beuren, D-88316 / Baden-Württemberg

Am Badsee****
Allmisried 1
15 Apr - 15 Okt
+49 75 67 10 26
campingbadsee@t-online.de
N 47°45'13" E 10°00'15"

1 ADEGJMOPQRSTU LMQRSX 6
2 EILQTWY BEFGIK 7
3 ABFGMU BDFIJNPQRSTUW 8
4 EFHJKOP FIT 9
5 ABDEFHIKMN ABFGHIJKMOSTUY10
B 16A CEE ❶ €30,00
H720 3,5ha 80T(64-128m²) 206D ❷ €37,00

E61 Oberschwäbische Barockstraße Leutkirch-Isny. In Leutkirch-Süd Richtung Beuren. Dann ist der CP ausgeschildert. 102441

Machtolsheim, D-89150 / Baden-Württemberg

Heidehof****
Heidehofstraße 50
1 Jan - 31 Dez
+49 73 33 64 08
info@camping-heidehof.de
N 48°28'39" E 09°44'41"

1 ADEGKNOPQRSTU BG 6
2 AQUWXY ABCDEFG 7
3 ABCFGIJM ABCDEFGHJKLNQRSTW 8
4 BDFHJLO AEFW 9
5 ABDEFGHLMNO ABFGHIJKLMNOQUWX10
WB 16A CEE ❶ €31,00
H725 25ha 200T(60-100m²) 919D ❷ €40,00

A8 Stuttgart-Ulm Ausfahrt 61 Merklingen, dann in Richtung Blaubeuren. Der CP ist 2 km außerhalb von Machtolsheim. Ist von der Autobahn aus gut angezeigt. 101144

Kirchberg (Iller), D-88486 / Baden-Württemberg

Christophorus****
Werte 6
1 Jan - 31 Dez
+49 7 35 46 63
info@camping-christophorus.de
N 48°08'21" E 10°06'11"

1 ADEGILOPQRSTU ELNQSX 6
2 AEIQWXY ABEFG 7
3 ABGJMRS ABCDEFJNQRTUVW 8
4 BCDFHST DJ 9
5 ABDEHLM ABCFGHIJKOQU10
B 16A CEE ❶ €34,70
H540 9ha 200T(100-120m²) 412D ❷ €45,10

A7 Ulm-Memmingen, Ausfahrt 125, in Altenstadt Richtung Kirchberg. Vor Kirchberg Schildern folgen. 101432

Markdorf, D-88677 / Baden-Württemberg

Wirthshof*****
Steibensteg 10
15 Jan - 15 Dez
+49 7 54 49 62 70
reservierung@wirthshof.de
N 47°42'53" E 09°24'32"

1 ADEGKNOPQRSTU B 6
2 PQWYZ ABCDEFG 7
3 ABDEFGJLMW ABCDEFIJKNQRSTUVW 8
4 ABCDEFHQTVXYZ AEFGJ 9
5 ABDEFHJLMN ABCFGHIKMOQY10
Anzeige auf Seite 324 B 16A CEE ❶ €47,50
H411 10ha 158T(80-120m²) 152D ❷ €60,50

Ab Meersburg der B33 bis hinter Markdorf folgen. Ab Ravensburg B33 Richtung Meersburg vor Markdorf. Der CP ist dann ausgeschildert. 102298

Krauchenwies, D-72505 / Baden-Württemberg

Seencamping Krauchenwies
Ablacher Str. 4
1 Apr - 1 Nov
+49 7 57 69 61 57 06
info@seencamping.de
N 48°01'07" E 09°14'09"

1 ABDEKNOPQRSTU LNX 6
2 CEKPQWXY BFG 7
3 ABFGMS ABDEFGJNQRTUW 8
4 FHJO AEFJ 9
5 ABDM ABFGHJKOQ10
16A CEE ❶ €37,20
H581 3ha 52T(80-100m²) 60D ❷ €46,20

A81 Ausfahrt 31, Empfingen, B463, Richtung Rottweil/Albstadt. Dann Richtung Sigmaringen. In Sigmaringen B313 Richtung Meßkirch. Hier die B311 Richtung Mengen. Weiter Richtung Krauchenwies. Der Beschilderung folgen. 122372

Münsingen, D-72525 / Baden-Württemberg

Ferienanlage Hofgut Hopfenburg
Hopfenburg 12
1 Jan - 31 Dez
+49 73 81 93 11 93 11
info@hofgut-hopfenburg.de
N 48°24'12" E 09°30'31"

1 ADEGHKNOPQRSTU 6
2 BIQVWX ABDEFGIJ 7
3 BDHIMUW ABCDFGHIJLNPQRTUVW 8
4 ABDFGHIJKT ABDEIJVW 9
5 ABDEJKMN ACFGHJKLNRSUY10
WB 16A CEE ❶ €32,40
H780 10ha 80T(100-120m²) 65D ❷ €39,40

A8 Stuttgart-München. Ausfahrt 55 Richtung Nürtingen-Metzingen-Bad Urach. In Münsingen den CP-Schildern folgen. Camping liegt etwas außerhalb des Ortes. Oder Ausfahrt Merklingen und dann Münsingen folgen. 120271

Kressbronn, D-88079 / Baden-Württemberg

Gohren am Bodensee****
Zum Seglerhafen
8 Apr - 16 Okt
+49 7 54 36 05 90
info@campingplatz-gohren.de
N 47°35'17" E 09°33'47"

1 ADEKNOPQRSTUV LNOPQRSTVWXY 6
2 AEILPQSTWXYZ ABCDEFGHIJ 7
3 BDGJMUW ABDEFGIJKNQRTW 8
4 ABCDEFHJKOPQTX ABDIJKSVW 9
5 ACFGHLMN ABEFGHIKMOQUWY10
Anzeige auf Seite 323 B 16A CEE ❶ €36,50
H400 45ha 726T(60-100m²) 972D ❷ €49,50

B31 Lindau-Friedrichshafen. Hinter Kressbronn links in Richtung Langenargen. An der Kiesgrube entlang den CP-Schildern folgen. 102371

Oberteuringen/Neuhaus, D-88094 / Baden-Württ.

Camping am Bauernhof/ Ferienhof Kramer
Sankt Georg Straße 8
15 Mai - 10 Sep
+49 75 46 24 46
kramer@camping-am-bauernhof.de
N 47°44'22" E 09°28'19"

1 AGILOPQRSTU A 6
2 CPQXY ABDEFGHI 7
3 ABFGMSW ABFJNQRTW 8
4 FHJK I 9
5 ABDMN ABFGHIJKMOQUW10
B 16A CEE ❶ €27,50
H456 0,9ha 51T(100-120m²) 4D ❷ €38,50

A81 Stuttgart-Singen-Meersburg. B33 Richtung Ravensburg/ Markdorf/Neuhaus. Ulm-Ravensburg. B33 Richtung Meersburg/Neuhaus. 111720

Teilkarte Tübingen auf Seite 321

Ferienchalets | Minilodges | Safarizelte
Mietcaravans | Tipis | Wassersport | Ferienprogramm
Veranstaltungen | Restaurant | Badestrand u.v.m.
Jetzt reservieren!
Camping Park Gohren
am Bodensee
★★★★
Urlaub & freizeit
direkt am See

IRIS WIESE
★★★★
Campingplatz
RUHE & ERHOLUNG
DIREKT AM BODENSEE

Deutschland

Salem/Neufrach, D-88682 / Baden-Württ.

CC€21

Gern-Campinghof Salem
Weildorferstraße 46
1 Apr - 31 Okt
+49 75 53 82 96 95
info@campinghof-salem.de

1 AEG**KN**OPQRSTU **N** 6
2 BCPQWXY ABDE**FG**H**IJ** 7
3 ABFG**HIL**MN**T**X ABCDEFJKNQRUVW 8
4 ACDFGHJKLOQ**TXZ** EFK 9
5 ABDEFHKMN ABCDEHIJKOQU 10
Anz. auf dieser S. B 10-16A CEE ❶ €29,00
H467 2ha 94**T**(80-100m²) 29**D** ❷ €33,00
N 47°46'12'' E 09°18'27'' 112985

A81 Stuttgart-Singen nach Lindau. Dann die B31 Überlingen-Salem. Von Ulm: die B30 Ulm-Ravensburg. B33 Richtung Markdorf. Dann Richtung Salem/Neufrach.

Sigmaringen, D-72488 / Baden-Württemberg

Sigmaringen****
Georg-Zimmerer-Straße 6
26 Mrz - 17 Okt
+49 7 57 15 04 11
info@outandback.de

1 ADE**KN**OPQRSTU **AHJN**VX 6
2 CPQSTWXYZ ABF**G** 7
3 ABFG**HJKLM**NTWX ABCDEFJNQRUVW 8
4 FHI FJRUW 9
5 ABCDEFGHKLM ABCFGHIJKLOQ 10
B 16A CEE ❶ €33,00
H570 1,5ha 66**T**(60-140m²) 25**D** ❷ €48,00
N 48°05'01'' E 09°12'29'' 102293

A81 Ausfahrt 38. B311 Richtung Tuttlingen, dann Richtung Sigmaringen B311/B313. Ab hier den CP Schildern folgen.

Sonnenbühl/Erpfingen, D-72820 / Baden-Württemberg

AZUR Camping Schwäbische Alb
Hardtweg 82
1 Jan - 31 Dez
+49 7 12 84 66
sonnenbuehl@azur-camping.de

1 ABDEG**KN**OPQRSTU B 6
2 IQSUVXYZ ABDE**FG** 7
3 ABFG**JL**M**N**SX ABCDFJNQR 8
4 FHI AEJ 9
5 ABDEFGHIMN ABGHJKNQUV 10
WB 16A CEE ❶ €38,00
H790 9ha 150**T**(70-120m²) 215**D** ❷ €56,00
N 48°21'47'' E 09°11'00'' 102292

Von Stuttgart-Reutlingen die B312/313 Richtung Sigmaringen. Der Strecke zur Bärenhöhle, Sonnenbühl-Erpfingen ist gut ausgeschildert.

Tettnang/Badhütten, D-88069 / Baden-Württemberg

Gutshof Camping Badhütten
Laimnau/Badhütten 1/2
1 Apr - 30 Sep
+49 7 54 39 63 30
gutshof.camping@t-online.de

1 A**JM**OPQRST**U** AFHINU 6
2 CIQWXYZ BE**FG** 7
3 BFH**IM**S BCD**F**JKNQRTU 8
4 **A**FHJK DI 9
5 ADFGHKM ABCFGHJKNQV 10
16A CEE ❶ €43,50
H380 10ha 132**T**(120-150m²) 314**D** ❷ €55,10
N 47°38'00'' E 09°38'51'' 102368

B31 Lindau-Friedrichshafen. Hinter Kressbronn in Richtung Tettnang, Abfahrt Tannau/Laimnau, dann ist der CP ausgeschildert.

Tübingen, D-72072 / Baden-Württemberg

Neckarcamping Tübingen***
Rappenberghalde 61
1 Apr - 31 Okt
+49 7 07 14 31 45
mail@neckarcamping.de

1 ADEG**JM**OPQRSTU **N** 6
2 DPQSXYZ ABDE**FG**HI 7
3 BM ABCDEFHNRT 8
4 FH F 9
5 ABDEFLM AFGHJKOQ 10
B 16A CEE ❶ €36,50
H400 3ha 83**T**(60-80m²) 45**D** ❷ €40,50
N 48°30'38'' E 09°02'09'' 102290

A81 Ausfahrt 28 Herrenberg. Dann der B28 Richtung Tübingen folgen. In der Stadt den CP-Schildern folgen. CP ist mitten in der Stadt.

Uhldingen-Mühlhofen, D-88690 / Baden-Württemberg

Campingplatz Birnau-Maurach
19 Mrz - 28 Okt
+49 75 56 66 99
info@mupu.de

1 ADEG**JM**OPQRSTU LPQS**X** 6
2 EMQY ABDE**FG** 7
3 ABFM ABCDFJNQRTUVW 8
4 BCFHJ**Q** V 9
5 ABDEFHJLN ACHIJKMOQY 10
B 16A ❶ €35,00
H333 4ha 120**T**(70-100m²) 60**D** ❷ €40,00
N 47°44'26'' E 09°13'34'' 102296

B31 Stockach via Überlingen nach Uhldingen. Hier ist der CP ausgeschildert.

Westerheim, D-72589 / Baden-Württemberg

ALB-Camping Westerheim
Beim Campingplatz 1
1 Jan - 31 Dez
+49 73 33 61 40
info@alb-camping.de

1 AEG**KN**OPQSTU BGM 6
2 AIQUWXY ABDE**FG** 7
3 BFG**JM**N**S** ABCDFGIJKNQR**S**TUW 8
4 B**E**FHJLO**PQR** CDEFI 9
5 ABCDEFHJLMN ABFGHJKLM**O**PQUVY 10
WB 16A CEE ❶ €31,40
H820 20ha 74**T**(80-100m²) 940**D** ❷ €40,40
N 48°30'37'' E 09°36'34'' 102367

A8 Stuttgart-München. Behelfsausfahrt 60 Hohenstadt Richtung Westerheim. A8 München-Stuttgart Ausfahrt 61 Richtung Westerheim. Der CP ist ausgeschildert und von der Autobahn aus gut erreichbar.

Teilkarte Tübingen auf Seite 321

Bad Kissingen, D-97688 / Bayern

Knaus Campingpark Bad Kissingen
Euerdorfer Str. 1
1 Jan - 31 Dez
+49 9 71 78 51 39 66
badkissingen@knauscamp.de
N 50°11'22" E 10°04'20"

1 ADEG**KN**OPQRST**U**	**N**	**6**
2 ADPQSTXYZ	AB**FG**	**7**
3 A	ABCDEFJNQRUVW	**8**
4 FH	E	**9**
5 ABDFLM	ABCDGHOPQW	**10**
Anz. auf S. 240 + Umschl. B 16A CEE		❶ €51,00
H200 2ha 110**T**(80-110m²) 26**D**		❷ €61,20
		102423

A7 Würzburg-Fulda, Ausfahrt 96, dann Bad Kissingen und der Beschilderung folgen. A71 Schweinfurt–Meiningen, Ausfahrt 26, dann B287 Bad Kissingen Beschilderung folgen.

Ebrach, D-96157 / Bayern

Weihersee
Schwimmbadweg 21
31 Mrz - 5 Nov
+49 9 55 39 89 05 79
weihersee@t-online.de
N 49°50'44" E 10°28'57"

1 AEGKNOPQSTU		**6**
2 BDFPQVWXYZ	ABDE**FG**	**7**
3 B	ABCDEFJNQRUVW	**8**
4 FH	F	**9**
5 ADFHL	ABHJK**O**Q	**10**
B 16A		❶ €29,00
3ha 138**T**(90-100m²) 28**D**		❷ €39,00
		121059

A3 Würzburg-Nürnberg, ausfahrt 76 Geiselwind, ca 15 Min Richtung Ebrach. Dann den CP-Schildern folgen.

Betzenstein, D-91282 / Bayern

Betzenstein
Hauptstraße 69
1 Apr - 1 Nov
+49 92 44 73 05
info@campingplatz-betzenstein.de
N 49°41'09" E 11°24'09"

1 AFG**KN**OPQRSTU		**6**
2 AQSTVWXY	AB**FG**	**7**
3	ABCDE**F**JNQRUV	**8**
4 FGHI		**9**
5 ACEFGHJKMN	ABCHIJKL**O**Q	**10**
16A CEE		❶ €21,50
H600 46ha 100**T**(20-100m²) 70**D**		❷ €27,50
		101085

A9 Nürnberg-Bayreuth, Ausfahrt 46 Plech. Dann Richtung Betzenstein. 2 km hinter Betzenstein Richtung Leupoldstein. Einfahrt am Restaurant Hubertus.

Fichtelberg, D-95686 / Bayern

Fichtelsee*****
Fichtelseestraße 30
1/1 - 31/10, 18/12 - 31/12
+49 9 27 28 01
info@camping-fichtelsee.de
N 50°00'59" E 11°51'20"

1 AEG**KN**OPQRSTU	L	**6**
2 EPQSWXYZ	ABDE**FG**	**7**
3 AB**JL**MU	ABCDEFJQRTUVW	**8**
4 EFHJO		**9**
5 ABDMN	ABEGHJK**N**QW	**10**
WB 16A CEE		❶ €25,10
H800 2,6ha 100**T**(90-140m²) 25**D**		❷ €33,90
		102565

B303 Richtung Fichtelberg/Marktredwitz. Den weißen Schildern 'Fichtelsee' und CP-Schildern folgen.

Bischofsheim an der Rhön, D-97653 / Bayern

Camping Rhöncamping****
Kissingerstraße 53
1/1 - 27/10, 16/12 - 31/12
+49 97 72 13 50
info@rhoencamping.de
N 50°23'44" E 10°01'14"

1 AG**KN**OPQRSTU	BG	**6**
2 PQSWXY	ABD**FG**	**7**
3 AG**J**M	ABCDE**F**HIJNPQRW	**8**
4 FHJ**S**		**9**
5 ABDMN	ABFGHJKLOQ	**10**
Anz. auf dieser S. WB 16A CEE		❶ €28,50
H418 3,8ha 80**T**(80-100m²) 100**D**		❷ €35,50
		102421

A7 Würzburg-Fulda, Abfahrt 95 Bad Brückenau/Wildflecken. Richtung Bischofsheim. In Bischofsheim den CP-Schildern folgen.

Frickenhausen/Ochsenfurt, D-97252 / Bayern

Knaus Campingpark Frickenhausen****
Ochsenfurterstraße 49
1 Mrz - 26 Nov
+49 93 31 31 71
frickenhausen@knauscamp.de
N 49°40'09" E 10°04'28"

1 ADEG**KN**OPQRST**U**	A**NX**YZ	**6**
2 ACQSWXYZ	ABDE**FG**HI	**7**
3 BGM	ABCDEFJNQRTW	**8**
4 FHJO	EFV	**9**
5 ADFLMN	ABCDGHJKL**O**STUY	**10**
Anz. auf S. 240 + Umschl. B 16A CEE		❶ €48,20
3,4ha 77**T**(80-100m²) 98**D**		❷ €57,60
		102428

A3 Würzburg-Nürnberg, Ausfahrt 71 Randersacker. B13 bis Frickenhausen. Dann der CP-Beschilderung folgen

Gemünden, D-97737 / Bayern

Saaleinsel
Duivenallee 7
1 Apr - 15 Okt
+49 93 51 85 74
poststelle@campingplatz-saaleinsel.de

1 ADEGKNOPQSTU BFJNXZ 6
2 DPQSXY ABDEFGH 7
3 AFGJMNS ABCDEFJNPQRTU 8
4 FHJ RV 9
5 DEF ABGHJKLOQ 10
B 16A CEE ❶ €28,50
H180 5,2ha 150T(80-120m²) 200D ❷ €37,50

N 50°03'37'' E 09°41'28''
102355

A3 Frankfurt-Würzburg, Ausfahrt 61 Hösbach. Dann B26 Lohr-Gemünden. Campingschildern folgen.

Gemünden/Hofstetten, D-97737 / Bayern

Spessart-Camping Schönrain*****
Schönrainstr. 4-18
1 Apr - 30 Sep
+49 93 51 86 45
info@spessart-camping.de

1 AGKNOPQRSTU A 6
2 PQRSUVWXYZ ABCDEFGHI 7
3 BCFM ABCDEFIJLNQRTUVW 8
4 FHJOPQRSUV EFV 9
5 ABDFGLMN ABGJKLNST 10
B 16A CEE ❶ €30,90
H179 7ha 100T(100-150m²) 32D ❷ €40,50

N 50°03'05'' E 09°39'25''
101427

A3 Frankfurt-Würzburg, Ausfahrt 63 Weibersbrunn/Lohr. B26 Richtung Lohr/Gemünden. In Gemünden über die Mainbrücke, dann rechts Richtung Hofstetten und CP-Schildern folgen.

Gräfendorf/Weickersgrüben, D-97782 / Bayern

Roßmühle
Roßmühle 7
1 Apr - 15 Okt
+49 93 57 12 10

1 AKNOPQSTU JNXZ 6
2 DQSXY ABCDEFGI 7
3 AM ABCDEFJNQRUVW 8
4 FH GIR 9
5 ABDEFLMN AGHJKOQY 10
6-10A CEE ❶ €28,00
H172 4ha 120T(80-100m²) 176D ❷ €34,00

N 50°06'24'' E 09°47'00''
102354

A7 Fulda-Würzburg, Ausfahrt 97. B287 Richtung Hammelburg, dann B27 Richtung Karlstadt. Hinter Obereschenbach der Ausfahrt Gräfendorf folgen. Etwa 1 km hinter Weickersgrüben den CP-Schildern folgen.

Joditz (Auensee), D-95189 / Bayern

Auensee
Am Auensee 1
1 Jan - 31 Dez
+49 9 29 53 81
info@auensee-camping.de

1 ADEKNOPQRSTU LNX 6
2 AEPQSUXYZ ABDEFG 7
3 AFGM ABEFJNQRW 8
4 FHJ 9
5 KM AHJKLOQU 10
W 16A CEE ❶ €23,30
H450 6ha 35T 150D ❷ €25,00

N 50°22'29'' E 11°50'16''
102561

A9 Ausfahrt 3 Berg/Bad Steben. Dann Richtung Joditz. Anschließend ist CP ausgeschildert. An der schmalen Einbahnstraße geradeaus. Schild 'Auensee' folgen.

Karlstadt am Main, D-97753 / Bayern

Am Schwimmbad
Baggersweg 6
1 Apr - 15 Okt
+49 93 53 99 61 07
info@campingplatz-karlstadt.de

1 AKNOPSU BGNX 6
2 DPQSWXY ABEFG 7
3 A ABEFNQR 8
4 9
5 ADEFLM ABCHOQ 10
16A CEE ❶ €20,50
H160 1,3ha 40T(80-95m²) 70D ❷ €27,10

N 49°57'29'' E 09°45'45''
102356

B27 Würzburg-Zellingen-Karlstadt. Von Würzburg aus hinter dem ALDI-Supermarkt rechts. Über die Brücke, nach der Ampel links. Schildern Sportplatz folgen.

Karlstein am Main, D-63791 / Bayern

Freizeitgebiet Großwelzheim
Kirchweg 1
1 Jan - 31 Dez
+49 61 88 50 94
camping.karlstein@online.de

1 ABEILOPQRSTU LMN 6
2 ABEJQSXY ABDEFGIJ 7
3 BFGJMS ABCDEFJKNQRTW 8
4 FHJ 9
5 ABDEFHJKMN ABGHIJKOQY 10
B 10A CEE ❶ €27,50
H100 12ha 100T(60-80m²) 450D ❷ €36,50

N 50°03'30'' E 09°00'46''
102276

A45 Dortmund-Würzburg, Ausfahrt 45 Karlstein. B8 rechts Richtung Hanau. Direkt nach Karlstein am Main Schild 'Camping/Badesee' folgen.

Kitzingen, D-97318 / Bayern

Schiefer Turm
Marktbreiterstr. 20
1 Apr - 8 Okt
+49 9 32 13 31 25
info@camping-kitzingen.de

1 AEGKNOPQRSTU JNWXYZ 6
2 ADPQSWXYZ ABDEFGI 7
3 AM ABCDFGIJNQRW 8
4 H 9
5 ADM AGHJKOQY 10
16A CEE ❶ €37,00
H181 3ha 110T(85-130m²) 40D ❷ €41,00

N 49°43'54'' E 10°10'06''
101138

A3 Würzburg-Nürnberg Ausfahrt 72 Biebelried, dann die B8 Richtung Kitzingen. Den Schildern zum Schwimmbad folgen.

Lichtenberg, D-95192 / Bayern

Höllental Camping
Seestrasse 161a
1 Jan - 31 Dez
+49 92 88 68 70
info@hoellental-camping.de

1 ABDEGKNOPQRST LMN 6
2 ABFIKLQSWYZ ABFG 7
3 ABEFGM ABEFJQRW 8
4 FH 9
5 ADM ABCHJKOQ 10
WB 16A ❶ €20,00
H564 4ha 105T 100D ❷ €25,00

N 50°22'25'' E 11°40'11''
102559

B173 Kronach-Hof bei Naila Richtung Lichtenberg. Danach den Schildern 'Erholungszentrum' folgen.

Lichtenfels, D-96215 / Bayern

Maincamping
Krößwehrstr. 52
1 Apr - 15 Okt
+49 9 57 17 17 29
info@maincamping.de

1 AEGKNOPQRSTU JLNXZ 6
2 CEKPQTWXYZ ABDEFGHI 7
3 ABMN ABCDEFJNQRTW 8
4 FHJO 9
5 ADN ABFGHJKNQ 10
B 16A CEE ❶ €16,00
H300 1ha 85T(81-100m²) 45D ❷ €19,30

N 50°09'22'' E 11°05'11''
102525

B173, Ausfahrt Lichtenfels-Ost/Oberwallenstadt. CP ist ausgeschildert.

Lohr am Main, D-97816 / Bayern

Camping Mainufer
Jahnstraße 12
13 Apr - 15 Okt
+49 16 37 30 18 46
info@camping-lohr.de

1 AEGKNOPQRSU BHINXY 6
2 DPQTXY ABDEFG 7
3 FGN ABEFJNQRU 8
4 FH 9
5 D ABHIJKNST 10
16A CEE ❶ €24,50
H150 2,2ha 60T(80-90m²) 50D ❷ €31,50

N 49°59'54'' E 09°34'58''
108134

A3 Frankfurt-würzburg, Ausfahrt 63 Weibersbrunn, Richtung Lohr am Main, vorbei Lohr am Main B26 nehmen, bei McDonald's abzweigen, CP-Schildern folgen.

Mehlmeisel, D-95694 / Bayern

Holderbach
Schafgasse 14a
1/1 - 15/10, 15/12 - 31/12
+49 9 27 23 87
info@campingplatz-holderbach.de

1 AGKNOPQRSTU F 6
2 PQUWXY ABFG 7
3 AMU ABEFJNR 8
4 HJO V 9
5 D AGHJKOQ 10
W 16A CEE ❶ €20,00
H650 0,8ha 54T(bis 100m²) 25D ❷ €27,00

N 49°58'31'' E 11°51'09''
100171

B303 Richtung Fichtelberg. Dort Richtung Mehlmeisel. Nach ca. 3 km braunen CP-Schildern folgen. Erster CP am Ortsrand.

Miltenberg a/d Main, D-63897 / Bayern

MainCamping Miltenberg
Steingässerstrasse 8
1 Apr - 30 Sep
+49 93 71 39 85
maincamping@outlook.de

1 AFGKNOPQRSU JNWX 6
2 CPQSXYZ ABDE 7
3 BFMX ABCDEFJNQR 8
4 EFHI 9
5 ABDHMN ABCGHKMNQ 10
16A ❶ €22,00
H126 2,5ha 50T(70-100m²) 60D ❷ €29,00

N 49°42'13'' E 09°15'15''
102279

B469 Aschaffenburg-Amorbach, Richtung Miltenberg. Im Zentrum über Mainbrücke Richtung Klingenberg und dann gleich rechts.

Pottenstein, D-91278 / Bayern

Bärenschlucht****
Bärenschlucht 1
1 Jan - 31 Dez
+49 9 24 32 06
info@baerenschlucht-camping.de

1 ADEGKNOPQRSU JNU 6
2 CPQSVWXYZ ABDEFGIJ 7
3 BLMW ABCDEFJNQRTW 8
4 FH J 9
5 ABDFJKLMN ABEGHKQ 10
B 6-16A CEE ❶ €31,50
H400 5ha 150T(50-120m²) 56D ❷ €38,50

N 49°46'45'' E 11°23'07''
101140

A9 Ausfahrt 44 Pegnitz. Richtung Pottenstein. B470 ab Forchheim Richtung Pegnitz. Bei Km 10. A73 Forcheim-Nord über die B470.

Pottenstein, D-91278 / Bayern

Jurahöhe
Kleinlesau 9
1 Jan - 31 Dez
+49 92 43 91 73
campingplatz-jurahoehe@gmx.de

1 AGKNOPQRSU 6
2 QSVWXYZ ABDFG 7
3 BLM ABEFJNQRUVW 8
4 FH 9
5 ADFJKMN ABFHJKLQ 10
16A CEE ❶ €21,40
H468 1,6ha 55T(81-100m²) 30D ❷ €28,40

N 49°47'54'' E 11°22'30''
109035

Von Bamberg oder Würzburg via B470 nach Ebermannstadt. Via Behringermühle und Tüchersfeld nach Kleinlesau.

Schwarzach/Schwarzenau, D-97359 / Bayern

Mainblick GBR****
Mainstraße 2
1 Apr - 31 Okt
+49 9 32 46 05
info@camping-mainblick.de

1 AGKNOPQRSTU JNQSWXYZ 6
2 ADPQSTWXY ABDEFGI 7
3 AFLM ABCDFJKNQRTW 8
4 FH 9
5 ADFLMN AGHJKLOST 10
B 16A CEE ❶ €30,50
H123 2,9ha 80T(85-100m²) 90D ❷ €39,00

N 49°48'13'' E 10°13'02''
101429

A3, Ausfahrt 74 nach Kitzingen/Schwarzach/Dettelbach, Richtung Schwarzach/Dettelbach/Würzburg. Nach Hörblach rechts abbiegen auf die B22. Im Kreisverkehr die 3. Ausfahrt. CP-Schildern 'Schwarzenau' folgen.

Selb, D-95100 / Bayern

Kornberg Borderland Camping
Heidelheim 37
1 Jan - 31 Okt
+49 92 87 23 66
info@borderland-camping.de

1 ADEGKNOPQRSTU L 6
2 AEQSUVXYZ ABDEFGI 7
3 BX ABEFNQR 8
4 FHJ GIJ 9
5 ADMN AGHJKLNQ 10
16A CEE ❶ €25,00
H625 5,2ha 80T 130D ❷ €35,00

N 50°08'39'' E 12°03'04''
102585

A93, Ausfahrt 9 Selb-West/Marktleuthen. Bei Km 5,5 links Richtung Heidelheim. CP ist ausgeschildert. A9 Ausfahrt 37 Gefrees Richtung Selb. Von Marktleuthen den CP-Schildern folgen.

Deutschland

Teilkarte Nord-Bayern auf Seite 325

Teilkarte Nord-Bayern auf Seite 325

Sommerach am Main, D-97334 / Bayern

Katzenkopf****
Am See 7
1 Apr - 29 Okt
+49 93 81 92 15
info@camping-katzenkopf.de

1 AEGKNOPQSTU JLNQSXYZ 6
2 ADFJKPQSWXYZ ABDEFG 7
3 BFGJLM ABCDEFJKNQRTUVW 8
4 FHJO RTV 9
5 ABDFLMN AGHJKNST 10
B 6-16A CEE ①€35,50
H198 6ha 232T(100-120m²) 96D ②€45,50

N 49°49'33'' E 10°12'03''
A3 Würzburg-Nürnberg, Ausfahrt 74 Kitzingen-Schwarzach. Anschließend Richtung Volkach. Nach 4 km Richtung Sommerach, dann beschildert. 102426

Volkach am Main, D-97332 / Bayern

Ankergrund
Fahrerstraße 7
1 Apr - 22 Okt
+49 93 81 67 13
info@
campingplatz-ankergrund.de

1 AGKNOPQRST JNWXYZ 6
2 CJPQSTWXY ABDEFG 7
3 AFGM ABCDEFJNPQRUV 8
4 FH 9
5 ABDMN ABGHIJKOQ 10
B 16A CEE ①€34,00
H280 2ha 120T(100-150m²) 60D ②€41,00

N 49°52'09'' E 10°12'54''
A3 Würzburg-Nürnberg, Ausfahrt 74 Kitzingen/Schwarzach. Sommerach/Volkach Beschilderung folgen, in Volkach ist der CP ausgeschildert. 102425

Stadtsteinach, D-95346 / Bayern

Camping Stadtsteinach
Badstraße 5
15 Mrz - 15 Nov
+49 92 25 80 03 94
info@
camping-stadtsteinach.de

1 ADEGKNOPQRSTU BGO 6
2 PQRSUVWXYZ ABDEFGI 7
3 BFMNOR ABCDEFJKNPQRTW 8
4 FHO DFGI 9
5 ABDFHJKLM ABGHJKOQ 10
B 16A CEE ①€24,00
H350 3,5ha 100T(90-110m²) 47D ②€32,60

N 50°09'37'' E 11°30'57''
A9 München-Berlin Ausfahrt Himmelkron/Stadtsteinach. Über die B303 Richtung Stadtsteinach. Dann den CP-Schildern folgen. 102562

Volkach/Escherndorf, D-97332 / Bayern

Campingplatz-Eschendorf-Mainschleife
An der Güß 9A
7 Apr - 29 Okt
+49 93 81 28 89
info@campingplatz-mainschleife.de

1 ADEGJMOPQRSTU JNXYZ 6
2 DKPQTWXYZ ABDEFG 7
3 ALM ABCDEFIJNQRTW 8
4 FH 9
5 ABDFLMN AGHJKNQ 10
B 16A CEE ①€35,50
H198 2ha 80T(90-100m²) 11D ②€45,50

N 49°51'36'' E 10°10'35''
A7 Würzburg-Fulda, Ausfahrt 101 Estenfeld/Würzburg Richtung Escherndorf. Schildern folgen. 112347

Triefenstein/Lengfurt, D-97855 / Bayern

Main-Spessart-Park*****
Spessartstraße 30
1 Jan - 31 Dez
+49 93 95 10 79
info@
camping-main-spessart.de

1 ADEGJMOPQSTU WXY 6
2 AQSTVWXYZ ABDEFGH 7
3 BFGLMS ABCDEFJKNQRTUVW 8
4 FHJLO EFI 9
5 ABDFGHLMN ABCDFGHJKLORSUW 10
B 10A CEE ①€29,00
H155 9,5ha 180T(90-110m²) 187D ②€37,00

N 49°49'06'' E 09°35'18''
A3 Frankfurt-Würzburg, ausfahrt 65 Marktheidenfeld. In Triefenstein/Lengfurt über die Brücke und dann den CP-Schildern folgen (6 km). Oder A3 Ausfahrt 66 Wertheim. Am Main entlang Richtung Lengfurt. CP-Schildern folgen (8 km). 100168

Waldberg/Rhön, D-97657 / Bayern

Camping Waldberg
Dr.-Bühner-Straße 1
1 Apr - 5 Nov
+49 97 01 90 67 86
camping-waldberg@gmx.de

1 AEGKNOPQSTU 6
2 BDIPQSTWXYZ ABDEFGK 7
3 AT ABEFJNPQRUV 8
4 FHIJQ DF 9
5 AFJKMN AHJKLN 10
16A CEE ①€29,10
H428 2,5ha 140T(80-130m²) 17D ②€37,10

N 50°20'17'' E 09°59'24''
A7 Ausfahrt 95 Bad Brückenau/Wildflecken, B286 Richtung Bad Brückenau. Nach 3 km Richtung Wildflecken. In Wildflecken Richtung Sandberg. 102422

Tüchersfeld/Pottenstein, D-91278 / Bayern

Campingplatz Fränkische Schweiz
Im Tal 1a
1 Apr - 15 Sep
+49 92 42 17 88
info@campingplatz-
fraenkische-schweiz.info

1 ADEGKNOPQRSTU JNU 6
2 CPQSWY ABDEFG 7
3 AL ABCDEFJNQR 8
4 FHJO 9
5 ABDJMN ABGHKLNQ 10
16A CEE ①€29,70
H300 2ha 155T ②€36,90

N 49°46'59'' E 11°22'00''
A73 Ausfahrt 9 Forchheim-Süd. B470 via Ebermannstadt, Fränkische Schweiz, Richtung Weiden. 1. CP hinter Tüchersfeld. Zwischen Km-Pfahl 11,5 und 12. 102526

Weißenstadt, D-95163 / Bayern

Am Weissenstädter See
Badstraße 91
1 Jan - 31 Dez
+49 92 53 80 01 73 14
kontakt@
camping-weissenstadt.de

1 AGKNOPQRSTU LMNQRSTXYZ 6
2 CEKQTWXYZ ABDEFGH 7
3 ABFLMNO ABCDEFJKNQRTW 8
4 EFH T 9
5 ABDEFHJKLM ABFGHJKLMOQ 10
WB 16A CEE ①€21,50
H618 17ha 90T(90-120m²) 140D ②€28,50

N 50°06'28'' E 11°52'49''
A9 Nürnberg-Berlin, Ausfahrt Gefees. Via Weissenstadt Richtung Selb. CP ist ausgeschildert. 102563

Untermerzbach, D-96190 / Bayern

Rückert Klause
Wüstenwelsberg 16
1 Apr - 31 Okt
+49 9 53 32 88
uwe.kaiser16@gmx.de

1 AGKNOPQRSU 6
2 IQSUVXY ABDEF 7
3 ABCDEFJNQR 8
4 F 9
5 DHMN ABFJKNQ 10
16A CEE ①€18,20
H356 1ha 25T(60-100m²) 35D ②€22,20

N 50°08'15'' E 10°49'41''
Aus dem Westen via B279 nach Pfarrweisach-Lichtenstein-Wüstenwelsberg Richtung Untermerzbach. Via B4, Ausfahrt Kattenbrunn/Untermerzbach/Obermerzbach. 102477

Zellingen am Main, D-97225 / Bayern

Main Camp Resort
Badstraße 7
1 Apr - 31 Okt
+49 9 36 48 12 13 23
info@maincampresort.de

1 ADEGKNOPQRSTU BGHNXY 6
2 DKSTWX ABFG 7
3 AMN ABEFJKNQRW 8
4 FHI FR 9
5 ABD ABGHOSTUV 10
16A CEE ①€31,50
H169 1ha 81T(80-100m²) 20D ②€41,50

N 49°53'48'' E 09°49'36''
B27 Würzburg-Zellingen. Im Dorf Schildern "Schwimmbad" folgen. 113475

Deutschland

Mittel-Bayern

Altenveldorf/Velburg, D-92355 / Bayern

Am Hauenstein
Seestraße 9
1 Mrz - 31 Okt
+49 9 18 24 54
info@campingamhauenstein.de

1 AGKNOPQRSTU A 6
2 AQSXY ABFGH 7
3 AM ABCDEFJKNQRW 8
4 O F 9
5 ABDJM AHJKOQ 10
B 16A CEE ❶ €28,50
H550 3,5ha 100T(80-120m²) 91D ❷ €39,30

N 49°13'01" E 11°40'09"

A3 Nürnberg-Regensburg, Ausfahrt 93 Velburg. CP-Schildern folgen. 102570

Etzelwang, D-92268 / Bayern

Frankenalb Camping
Nürnberger Straße 5
1 Jun - 30 Sep
+49 9 66 39 19 00
frankenalb-camping@web.de

1 AGJMOPQSU BG 6
2 CPQWXYZ ABDEFG 7
3 A ABCDEFJNQR 8
4 H 9
5 D ABLQ 10
16A CEE ❶ €19,00
H460 2,5ha 40T 100D ❷ €24,00

N 49°31'31" E 11°34'55"

B14 zwischen Lauf und Sulzbach-Rosenberg. Ausfahrt Etzelwang oder Neukirchen. CP liegt am Schwimmbad in Etzelwang. 102569

Bad Kötzting, D-93444 / Bayern

Adventure Camp Bad Kötzting
Jahnstraße 42
1 Jan - 31 Dez
+49 17 58 62 52 01
bohemia-tours@t-online.de

1 AGKNOPQRSTU JNUVX 6
2 CPQY ABFG 7
3 BTW ABFJNQRW 8
4 EFHJOQ DNR 9
5 ADFJKLM ABGHIJKOQ 10
16A CEE ❶ €33,00
H500 1,4ha 40T(80-100m²) 30D ❷ €33,00

N 49°10'46" E 12°51'51"

Von Cham B85 Richtung Regen. Bei Miltach Richtung Kötzting. CP wird in Kötzting auf blau-weißen Schildern Richtung Freibad angezeigt. 102616

Furth im Wald, D-93437 / Bayern

Einberg
Dabergerstraße 33
1 Apr - 31 Okt
+49 99 73 18 11
drachencamping@gmail.com

1 AGKNOPQSTU BNPQSXY 6
2 CQSWY BEFG 7
3 BFLM ABCDEFJNQRT 8
4 FJ VZ 9
5 ADHKLMNO ABFHJKLOQU 10
16A CEE ❶ €30,00
H400 2,5ha 80T(80-90m²) 8D ❷ €36,00

N 49°18'36" E 12°51'31"

Von Cham aus B20 Richtung Fürth im Wald. Im Ort ist der CP an der Kirche mit Pfeilen ausgeschildert. 102614

Bad Neualbenreuth, D-95698 / Bayern

CC€21

Campingplatz Platzermühle
Platzermühle 2
1 Jan - 31 Dez
+49 96 38 91 22 00
info@camping-sibyllenbad.de

1 ADKNOPQRSTU 6
2 QSTVWXY ABDEFGHI 7
3 BLMU ABCDEFJNQRUV 8
4 FHJ I 9
5 ADMN AGHJKQ 10
16A CEE ❶ €22,00
H550 1ha 44T(100-120m²) 25D ❷ €28,00

N 49°58'15" E 12°26'41"

A93 Ausfahrt Mitterteich-Süd, dann Bad Neualbenreuth folgen. 118244

Geslau, D-91608 / Bayern

CC€23

Mohrenhof****
Lauterbach 3
1 Jan - 31 Dez
+49 98 67 97 86 09
info@mohrenhof-franken.de

1 ADEKNOPQRSTU LMN 6
2 AEIJKQTVWXY ABDEFGIJK 7
3 BDFGHIJLMTX ABCDEFGJKNQRTUVW 8
4 BFHJO FGIJKWY 9
5 ABDFHLMN ABDFGHJKLMOQU 10
B 16A CEE ❶ €48,00
H450 10ha 330T(80-250m²) 71D ❷ €61,00

N 49°20'42" E 10°19'26"

A7 Ausfahrt 108 Rothenburg ob der Tauber. Richtung Geslau. Hinter Geslau links Richtung Lauterbach. Dort rechts Richtung Camping, deutlich ausgeschildert. 117991

Deutschland

Berg in der Oberpfalz, D-92348 / Bayern

Camping in Berg
Hausheimer Straße 31
1 Apr - 31 Okt
+49 91 89 15 81
camping-in-berg@t-online.de

1 AGKNOPQRSTU 6
2 AIQXY ABDEFGI 7
3 A ABCDEFHJKNQRTUW 8
4 FHJ I 9
5 DN AHJKNQ 10
16A CEE ❶ €24,00
H450 1,5ha 63T(100m²) 51D ❷ €33,00

N 49°19'46" E 11°25'43"

A3 Nürnberg-Regensburg Ausfahrt 91 Oberölsbach, Richtung Neumarkt und Berg, weiter beschildert. 112165

Greding, D-91171 / Bayern

Bauer-Keller
Kraftsbucher Straße 1
1/1 - 31/10, 16/12 - 31/12
+49 8 46 36 40 00
info@hotel-bauer-keller.de

1 KNOPQRSTU 6
2 ABVX AB 7
3 A AEFNQ 8
4 G 9
5 DHJL AORS 10
8-10A CEE ❶ €20,00
H300 1ha 80T(40-60m²) 24D ❷ €22,50

N 49°02'26" E 11°20'59"

A9 München-Nürnberg, Ausfahrt 57 Greding. Genau gegenüber der Auffahrt nach München. 102530

Blaibach/Kreuzbach, D-93476 / Bayern

Campingplatz Blaibach
Oberes Dorf 7
1 Mai - 3 Okt
+49 99 41 41 28
info@aquahema.de

1 AJMOPQRSTU JNUV 6
2 BCPQSTXYZ ABFGH 7
3 ABFGMW ABCDEFJNQR 8
4 HIJ FRUZ 9
5 ADJ ABHIJKOPQU 10
B 16A CEE ❶ €24,10
H380 1,6ha 40T(80-100m²) 32D ❷ €35,50

N 49°09'36" E 12°48'31"

Von Westen: A6/E50 Nürnberg Richtung Amberg. B93 Richtung Schwandorf, dann B85 Richtung Blaibach. Von Süden: A3 Passau, am Kreuz Deggendorf A92/B11 Richtung Regen. In Patersdorf B85 Richtung Cham. In Miltach die ST2140 nach Blaibach. 121911

Gunzenhausen, D-91710 / Bayern

Altmühlsee-Camping Herzog
Seestraße 12
15 Mrz - 31 Okt
+49 98 31 90 33
post@camping-herzog.de

1 ACGKNOPQRSTU MX 6
2 EJQSTWXY BFG 7
3 BGJMU ABCDFGIJNQRTW 8
4 I 9
5 ACDFGJLM ABFGHIKOQ 10
B 16A CEE ❶ €26,50
H408 4,5ha 150T(100m²) 78D ❷ €35,50

N 49°07'37" E 10°44'38"

A6 Heilbronn Richtung Nürnberg, Ausfahrt 52 Richtung Gunzenhausen, vor Gunzenhausen hinter BMW-Werkstatt gleich rechts. 108104

Deining, D-92364 / Bayern

Campingplatz Sippelmühle GbR
Sippelmühle 1
1 Jan - 31 Dez
+49 91 84 16 46
camping@sippelmuehle.de

1 ACGKNOPQRSTU L 6
2 BEIJKPQSUVXYZ ABEFG 7
3 ABCDEFJNQRU 8
4 FH 9
5 DFHJK AFHJKMOQ 10
B 16A CEE ❶ €32,00
H453 6ha 50T(70-200m²) 160D ❷ €42,00

N 49°10'54" E 11°32'17"

A3 Nürnberg - Regensburg Ausfahrt 92. Die B299 Richtung Greisselbach, Döllwang, Waltersberg, dann den Schildern folgen. 123506

Dinkelsbühl, D-91550 / Bayern

SeeCamp Dinkelsbühl
Kobeltsmühle 6
1 Jan - 31 Dez
+49 98 51 78 17
info@see-camp.de

1 ADEGKNOPQRSTU LNX 6
2 EJKQTVWYZ ABDEFGIK 7
3 ALMS ABCDEFJKNQRW 8
4 FHJK FNVZ 9
5 ABDKMN ABCFGHJKLNQUW 10
B 16A CEE ❶ €32,90
H350 14ha 462T(80-140m²) 151D ❷ €41,10

N 49°04'52" E 10°20'02"

A7 Ausfahrt 112 Richtung Dinkelsbühl. In Dinkelsbühl an der B25 ausgeschildert. Zwischen Tankstelle und Bahnübergang Richtung Dürrwangen. CP ist gut ausgeschildert. 102433

Erlangen/Dechsendorf, D-91056 / Bayern

Rangau
Campingstraße 44
26 Mrz - 3 Okt
+49 91 35 88 66
infos@camping-rangau.de

1 ADEGKNOPQRSTU LQSX 6
2 AEJPQRSTWXYZ ABDEFG 7
3 BFLMNR ABCDEFJNQRT 8
4 FHJO V 9
5 ADFJLMN ABGHJKMOQ 10
B 6A CEE ❶ €30,00
H300 1,8ha 113T(60-80m²) 60D ❷ €40,00

N 49°37'54" E 10°56'51"

A3 Ausfahrt 81 Erlangen-West, Richtung Dechsendorf. Nach ungefähr 2 km links abbiegen, dann CP-Schildern folgen. A73, Ausfahrt Erlangen-Nord, dann Richtung Dechsendorf. Dort rechts. Die Navigation nicht im Dorf benutzen. 102479

Teilkarte Mittel-Bayern auf Seite 327

Gunzenhausen, D-91710 / Bayern

Campingplatz Fischer-Michl
Wald Seezentrum 4
15 Mrz - 31 Okt
+49 98 31 27 84
fischer-michl@t-online.de

1 ACEGKNPRSTU LMNQRSTXYZ 6
2 EJKPQSWX BFG 7
3 BEGHIMS ABCDEFJKNQRTW 8
4 TV 9
5 ABDEFHJKM ABDFGHIJKOQVY 10
Anzeige auf dieser Seite B 16A CEE ❶ €27,20
H415 4,5ha 120T(120m²) 50D ❷ €35,20

N 49°07'32" E 10°43'00"
A6 Heilbronn Richtung Nürnberg, Ausfahrt 52 Richtung Gunzenhausen. Dann Richtung Nördlingen/Altmühlsee, Südufer-Wald. 111699

Gunzenhausen, D-91710 / Bayern

Campingplatz Himmelreich am Schnackensee
Schnackenmühle 2-4
1 Mrz - 30 Nov
+49 9 83 18 03 10
info@angelzentrum-schnackensee.de

1 DEKNOPQRSU N 6
2 FKQRSWX ABDEFG 7
3 ABEFJNQRSW 8
4 9
5 A AJK 10
10A CEE ❶ €18,00
H425 3ha 200T(100m²) 30D ❷ €24,00

N 49°08'58" E 10°45'58"
A6 Nürnberg-Heilbronn, Ausfahrt 52 Ansbach. Die B13 Richtung Gunzenhausen, Ausfahrt Laubenzedel, dann den Schildern nach. 112987

Hechlingen am See/Heidenheim, D-91719 / Bayern

Hasenmühle***
Hasenmühle 1
1 Mrz - 15 Nov
+49 98 33 16 96
campingplatz.hasenmuehle@t-online.de

1 AGHKNOPSTU LNQX 6
2 CEJKPQSWXY ABFGIJ 7
3 A ABEFJNQRW 8
4 FHJ K 9
5 DMNO ABFGHIJKLOQUW 10
B 16A CEE ❶ €21,00
H477 2ha 33T(100-120m²) 40D ❷ €29,00

N 48°58'18" E 10°43'34"
A6 Heilbronn-Nürnberg, Ausfahrt 52 Richtung Gunzenhausen. Dann auf der B466 Richtung Nördlingen, weiter durch Ostheim nach Hechlingen. 110736

Hirschau, D-92242 / Bayern

Freizeitpark Monte Kaolino
Wolfgang Drossbachstraße 114
1 Jan - 31 Dez
+49 9 62 28 15 02
info@montekaolino.eu

1 ADEGKNOPQRSTU BGHIM 6
2 JPQSWXYZ ABDEFGHIJ 7
3 ABEGJMWX ABCDEFJNQRTUW 8
4 BFHJO EH 9
5 ABDEFJKLM ABFGHIJKOQY 10
B 16A CEE ❶ €26,00
H450 3,3ha 210T(60-100m²) 131D ❷ €34,00

N 49°31'52" E 11°57'58"
In Hirschau-Zentrum an der der B14 angezeigt. Danach der Beschilderung folgen. Ca. 2 km südwestlich von Hirschau. 102568

Hohenwarth, D-93480 / Bayern

Hohenwarth
Ferienzentrum 3
1/1 - 7/11, 12/12 - 31/12
+49 9 94 63 67
info@campingplatz-hohenwarth.de

1 ACDEGKNOPQSTU ELMNUX 6
2 CEPQSUWY ABDEFGH 7
3 BFJMSX ABCDEFJNRT 8
4 AEFIJOST GIRV 9
5 ABCDEFGHJMN ABGHJKMNQ 10
WB 16A CEE ❶ €29,15
H500 10ha 280T(80-100m²) 122D ❷ €34,15

N 49°12'21" E 12°55'27"
Straße Kötzingen-Bayerisch Eisenstein, nach ca. 6 km links ausgeschildert. Schildern zum CP folgen. 100177

Laaber, D-93164 / Bayern

Hartlmühle
Hartlmühle 1
1 Mai - 30 Sep
+49 9 49 85 33
info@hartlmuehle.de

1 AGKNOPQRSTU J 6
2 ABCIPQVXY ABDEFGHI 7
3 BLM ABCDEFJNQRTW 8
4 FHO FGIKV 9
5 ABDEFHJKNO ABHJKLOQU 10
B 16A ❶ €24,00
H372 7ha 30T(80-120m²) 101D ❷ €30,00

N 49°03'30" E 11°54'19"
Von der A3 Ausfahrt 96 Laaber, weiter den Schildern folgen. 113476

Mitterteich, D-95666 / Bayern

Panorama und Wellness Cp. Großbüchlberg*****
Großbüchlberg 32
1 Jan - 31 Dez
+49 96 33 40 06 73
camping@freizeithugl.de

1 ADEGKNOPQRSTU 6
2 AISTUVWXY ABDEFGH 7
3 JU ABCDEFIJNQRTUVW 8
4 FHJTUV 9
5 ABDFKLM AFGHJKOQW 10
WB 16A CEE ❶ €30,70
H605 1,6ha 60T(65-110m²) 10D ❷ €40,70

N 49°58'23" E 12°13'30"
A93 Ausfahrt 16 oder 17, dann Ri. Mitterteich. An der Ampel im Stadtzentrum Beschilderung 'Freizeithugl' folgen. Nach 200m links Ri. Großbüchlberg. Dort hinter dem Ortsschild rechts den CP-Schildern folgen. 117922

Neubäu, D-93426 / Bayern

See-Campingpark Neubäu****
Seestraße 4
1 Jan - 31 Okt
+49 9 46 93 31
info@see-campingpark.de

1 ADEGKNOPQRSTU LMNQSX 6
2 BEIJLPQSWXYZ ABDEFGHI 7
3 BM ABCDEFGIJKLNPQRSTUVW 8
4 EHJOTX DEFJMQT 9
5 DFGJLMNO ABFGHJKOQY 10
B 10-16A CEE ❶ €31,00
H360 4ha 60T(70-140m²) 142D ❷ €38,00

N 49°14'09" E 12°25'28"
Der CP liegt in Neubäu am See, an der Strecke B85 Schwandorf-Bodenwöhr-Roding-Cham. 102591

Neunburg vorm Wald, D-92431 / Bayern

Camping Haus Seeblick
Gütenland 16
1 Jan - 31 Dez
+49 9 67 26 12
info@camping-haus-seeblick.de

1 ADEGKNOPQRSTU 6
2 BEKQSUVXYZ ABDEFG 7
3 GLM ABEFJNR 8
4 J J 9
5 AD AHJKOQ 10
16A CEE ❶ €22,00
H453 2ha 45T(80-110m²) 54D ❷ €29,00

N 49°20'12" E 12°26'25"
A93 Hof-Regensburg, Ausfahrt 31 Schwarzenfeld. Via Neunburg vorm Wald Richtung Rötz zum Eixendorfer See. Ausgeschildert. 112166

Nürnberg, D-90471 / Bayern

Knaus Campingpark Nürnberg
Hans-Kalb-Straße 56
1 Jan - 31 Dez
+49 91 19 81 27 17
nuernberg@knauscamp.de

1 ADGKNOPQSTU 6
2 ABQSWXYZ ABDEFGI 7
3 BM ABCDFJNQRT 8
4 FHJO E 9
5 ADFJKM ABGHJKOQ 10
Anz. auf S. 240 + Umschl. B 16A CEE ❶ €48,20
H380 2,7ha 124T(50-100m²) 28D ❷ €58,40

N 49°25'22" E 11°07'18"
A9 Ausfahrt 52 Nürnberg-Fischbach. Den Schildern Stadion/Messe folgen. Vor Stadion CP-Schildern folgen. 102528

Obernzenn, D-91619 / Bayern

See Camping Obernzenn
Urphertshofer Straße 17
1 Apr - 10 Okt
+49 98 44 14 38
kamleiter@seecamping-obernzenn.de

1 ADEGKNOPQRSTU LMNQSXYZ 6
2 EIJKLPQSTVWXY ABDEFG 7
3 ABGLM ABCDEFJKNQRUVW 8
4 FHJO DF 9
5 ADHMN ABFGHJKLOQVW 10
16A CEE ❶ €24,00
H800 2,1ha 92T(80-100m²) 42D ❷ €34,00

N 49°26'46" E 10°27'23"
A7 Würzburg-Ulm, Ausfahrt 107 Bad Windsheim. B470 bis Illesheim. Rechts nach Obernzenn. Dort ist CP beschildert. 112266

Pappenheim, D-91788 / Bayern

Natur-Camping
Badweg 1
1 Apr - 25 Okt
+49 91 43 12 75
info@camping-pappenheim.de

1 AEGKNOPRSU NX 6
2 CPQSY ABDEF 7
3 A ABCDEFNQR 8
4 J 9
5 AD ABHJKLQY 10
16A CEE ❶ €18,50
H404 15ha 75T(100m²) 25D ❷ €26,50

N 48°56'06" E 10°58'10"
Der CP liegt in Pappenheim. B2 Richtung Augsburg sofort nach Treuchtlingen links. Ausgeschildert. 102483

Teilkarte Mittel-Bayern auf Seite 327

Pfofeld/Langlau, D-91738 / Bayern

See Camping Langlau
Seestraße 30
1 Mrz - 15 Nov
+49 9 83 49 69 69
mail@seecamping-langlau.de
N 49°07'38'' E 10°51'52''

1 ACDEGKNOPRSTU LMNOQRSTXYZ 6
2 EJQRSWXYZ ABDEFGIJ 7
3 BFGJMS ABCDEFGIJKNOQRTW 8
4 BJOP JLMPQTVWY 9
5 ACDEFJLMN ABHIJKLOQUVY 10
B 6A CEE ① €28,50
H428 12,4ha 424T(80-100m²) 81D ② €37,50
102480

A6 Heilbronn-Nürnberg, Ausfahrt 52 Richtung Gunzenhausen-Pleinfeld. Siehe Schild 'Seecamping Langlau am kleinen Brombachsee'.

Schnaittenbach, D-92253 / Bayern

Am Naturbad
Badstraße 13
1 Apr - 30 Sep
+49 96 22 17 22
info@campingplatz.schnaittenbach.de
N 49°33'22'' E 12°00'23''

1 AGKNOPQRSTU AGM 6
2 QWXYZ ABFG 7
3 BFGMR ABEFJNQRTW 8
4 FH 9
5 ADEFJK ABHJKQ 10
B 16A CEE ① €19,50
H410 5ha 25T 134D ② €26,50
102567

An der B14 Nürnberg-Lauf-Tschechische Grenze. Blau/weißen CP-Schildern folgen. Hinter der Autowerkstatt rechts, dem weißen Schild 'Am Naturbad' folgen.

Pielenhofen (Naabtal), D-93188 / Bayern

Internationaler Campingplatz
Distelhausen 2
1 Jan - 31 Dez
+49 9 40 93 73
camping.pielenhofen@t-online.de
N 49°03'33'' E 11°57'37''

1 AGKNOPQRSTU JMNXZ 6
2 ACKQTWXYZ ABDEFG 7
3 BFMN ABCDEFJNQRT 8
4 FHJST IJV 9
5 ABDFHJLMN ABGHJKLMNQ 10
B 6-10A CEE ① €30,25
H350 6ha 100T(70-110m²) 178D ② €42,25
102571

A3 Nürnberg-Regensburg, Ausfahrt 97 Nittendorf. Über Etterzhausen nach Pielenhofen, gut ausgeschildert.

Simmershofen/Walkershofen, D-97215 / Bayern

Camping-Paradies-Franken****
Walkershofen 40
1 Jan - 31 Dez
+49 98 48 96 96 33
hallo@camping-paradies-franken.de
N 49°31'21'' E 10°07'28''

1 ABGKNOPQSTU 6
2 AIPQSWXY ABDEFGHIK 7
3 BM ABCDEFJNQRTUVW 8
4 FHX FV 9
5 ABDFHLMN AGHJKOQ 10
B 16A CEE ① €32,40
H334 1,5ha 114T(80-140m²) 15D ② €44,00
117993

A7 Würzburg-Rothenburg Ausfahrt 105 oder 106. CP-Beschilderung folgen. Achtung: nicht nach Navi fahren!

Pleinfeld, D-91785 / Bayern

Waldcamping am Brombachsee
Sportpark 13
1 Jan - 31 Dez
+49 91 44 60 80 90
anfrage@waldcamping-brombach.de
N 49°06'46'' E 10°58'14''

1 ADEGKNOPQRSTU LMNSXYZ 6
2 BEJKPQSTWXYZ ABDEFGHIJ 7
3 ABFGIJLMN ABCDFIJKNQRTUVW 8
4 HJLO CEFJKTVW 9
5 ABDEFHN ABGHIJKOSTUXY 10
B 8-10A CEE ① €26,95
H418 14ha 341T(100m²) 265D ② €37,45
102481

A6 Heilbronn Richtung Nürnberg, Ausfahrt 52 Richtung Gunzenhausen/Pleinfeld. CP-Schild 'Waldcamping Brombach' am großen Brombachsee.

Wackersdorf, D-92442 / Bayern

Camping Murner See****
Sonnenriederstraße 1
1 Apr - 31 Okt
+49 9 43 19 99 68 22
info@see-camping.de
N 49°20'44'' E 12°12'31''

1 AEGKNOPQRSTU LNOQSXZ 6
2 AFJKQWXY ABDEFGH 7
3 BFGJLMUV ABCDEFIJKNQRTUW 8
4 HI ENRTVX 9
5 ABDGHJLMN ABGHJKLOQV 10
B 16A CEE ① €33,00
H380 14ha 120T(120-150m²) 124D ② €42,00
111405

A93 Regensburg-Weiden-Hof, Ausfahrt 33 Schwandorf, dann B85 Richtung Wackersdorf. Ausgeschildert.

Regensburg-West, D-93049 / Bayern

AZUR Campingpark Regensburg
Weinweg 40
1 Jan - 31 Dez
+49 9 41 27 00 25
regensburg@azur-camping.de
N 49°01'40'' E 12°03'32''

1 ADGKNOPQRSTU JNX 6
2 ACPQWXYZ ABDEFGI 7
3 MN ABCDEFJKNQRT 8
4 JO FW 9
5 ABDFM ABGHJKNQV 10
B 16A CEE ① €41,00
H333 2,5ha 145T(60-80m²) 14D ② €61,00
102592

A93 Regensburg-Weiden, Ausfahrt 40 Regensburg-West. Dann ist CP gut ausgeschildert.

Waldmünchen, D-93449 / Bayern

Ferienpark Perlsee
Alte Ziegelhütte 6
1 Jan - 31 Dez
+49 99 72 14 69
info@campingplatz-waldmuenchen.de
N 49°23'43'' E 12°41'54''

CC€19

1 AEGKNOPQSTU LMNQSXYZ 6
2 FIJMQSUVWY ABDEFGHIJ 7
3 ABFJMUX ABCDEFJNQRT 8
4 EFHIJO JKTVW 9
5 ABDEFJLMN ABFGHJKLNQ 10
WB 16A CEE ① €27,55
H550 5ha 250T(80-120m²) 88D ② €37,55
102613

Von Cham über die B22 und B85 nach Waldmünchen. Im Ort geradeaus bis zum 2. Kreisel, dann die 1. links (scharfe Kurve). Den CP-Schildern folgen.

Roth/Wallesau, D-91154 / Bayern

Camping Waldsee****
Badstraße 37
1 Jan - 31 Dez
+49 91 71 55 70
info@camping-waldsee.de
N 49°11'21'' E 11°07'28''

CC€23

1 ABDEGKNOPQRSTU LNXZ 6
2 BEKQSWXYZ ABDEFG 7
3 BM ABCDEFJNQRTUVW 8
4 BFHJ EHJT 9
5 ABDFJKMN ABDEFGHIJKOQ 10
B 16A CEE ① €27,80
H370 4ha 100T(80-120m²) 156D ② €35,80
111113

A9 Nürnberg-München, Ausfahrt Allersberg Richtung Hilpoltstein. In Hilpoltstein rechts ab Richtung Roth/Eckersmühlen, bis Wallesau durchfahren. Am Ortseingang links.

Windischeschenbach, D-92670 / Bayern

Schweinmühle
Schweinmühle
1 Jan - 31 Dez
+49 96 81 13 59
info@schweinmuehle.de
N 49°49'12'' E 12°08'46''

1 ADEGKMOPQRSU LN 6
2 ACEPQXYZ ABDEFGHI 7
3 ABDHIMU ABCDEFJKNQRTW 8
4 FH IV 9
5 ABDFJKLMN ABCGHJKLOQU 10
16A CEE ① €33,00
H600 1,7ha 55T(100m²) 45D ② €41,00
112167

A93 Hof-Regensburg, Ausfahrt 20 Richtung Windischeschenbach. Den CP-Schildern folgen, ca. 5 km von der Autobahn.

Schillingsfürst, D-91583 / Bayern

Frankenhöhe
Fischhaus 2
1 Jan - 31 Dez
+49 98 68 51 11
info@campingplatz-frankenhoehe.de
N 49°16'25'' E 10°15'56''

CC€21

1 ADEGKNOPQRSTU LN 6
2 ABQTUXYZ ABDEFG 7
3 BLMSX ABCDEFHJNQRTW 8
4 FHJOQ V 9
5 ABDEFHKMN ABDFGHJKOQU 10
B 16A CEE ① €23,00
H550 3ha 55T(100m²) 65D ② €28,00
100176

A7 Ausfahrt 109 Wörnitz, Richtung Schillingsfürst. In Schillingsfürst Richtung Dombühl, Campingplatz ist ausgeschildert. 100m nach Fischhaus rechts.

Zirndorf/Leichendorf, D-90513 / Bayern

Zur Mühle
Seewaldstraße 75
1 Apr - 15 Nov
+49 9 11 69 38 01
camping.walther@t-online.de
N 49°25'53'' E 10°55'34''

1 ADEGKNOPQRSTU 6
2 APQWXY ABDEFGHI 7
3 BM ABCDEFJNQRTUVW 8
4 I 9
5 ABDFKMN ABGHJKNQ 10
16A CEE ① €28,00
H303 3ha 50T(80-100m²) 186D ② €34,00
111956

A3 Kreuz Fürth/Erlangen Richtung Fürth bis Ausfahrt Nürnberg-West. Über Rothenburgstraße Richtung Großhabersdorf. CP ab hier beschildert.

Deutschland

Teilkarte Mittel-Bayern auf Seite 327

Südwest-Bayern

Deutschland

Affing/Mühlhausen bei Augsburg, D-86444 / Bayern

Lech Camping GmbH*****
Seeweg 6
1 Mai - 30 Sep
+49 82 07 22 00
info@lech-camping.de

1 ADEGKNOPQRSU LP 6
2 AELPQXYZ ABDEFGHK 7
3 BMU ABCDEFIJKNQRTW 8
4 H FGIKMQV 9
5 ADMN ABGHIJKMOSTY 10
B 10A CEE ❶ €39,90
H484 3ha 50T(100-120m²) 6D ❷ €48,90

N 48°26'13'' E 10°55'45'' 102486

A8 Ausfahrt 73 Augsburg-Ost, Richtung Neuburg, am Flugplatz vorbei. Nach ein paar km kommt der CP rechts.

Aitrang/Allgäu, D-87648 / Bayern

Elbsee*****
Am Elbsee 3
1 Jan - 31 Dez
+49 8 34 32 48
info@elbsee.de

1 ACDEGKNOPQRSTU LMN 6
2 ABEKPQSWXYZ ABDEFGHI 7
3 BDFGMSTW ABCDEFGIJKLNQRTUVW 8
4 BDEFHJLOPQRSTUVXZ GILQUVW 9
5 ABDEFIJLMN ABCFGHIJKOQW 10
WB 16A CEE ❶ €37,90
H750 5ha 120T(80-110m²) 192D ❷ €49,90

N 47°48'10'' E 10°33'14'' 102491

A7 Ulm-Kempten, Ausfahrt 134. B12 Richtung Kaufbeuren. Nach Unterthingau den Schildern nach Aitrang Elbsee folgen.

Augsburg-Ost, D-86169 / Bayern

CC€23

Bella Augusta***
Mühlhauser Straße 54b
1 Jan - 31 Dez
+49 8 21 70 75 75
info@bella-augusta.de

1 AEKNOPQRSTU LN 6
2 AEKLQSTWXYZ ABDEFGH 7
3 BGLM ABEFJNQRT 8
4 GI 9
5 ABDEFGLM AGHIJKOQU 10
16A CEE ❶ €34,50
H464 6,6ha 60T(bis 120m²) 99D ❷ €43,50

N 48°24'44'' E 10°55'24'' 102488

A8, Ausfahrt 73 Augsburg-Ost, Richtung Neuburg a/d Donau, Richtung Flugplatz, erste Ampel rechts, nach 200m CP rechts an der Mühlhauser Straße.

Bad Wörishofen, D-86825 / Bayern

Kur & Vital Campingplatz
Walter-Schulz-Str. 4
1 Jan - 31 Dez
+49 8 24 79 97 37 35
info@kurcamping-bad-woerishofen.de

1 AEGKNOPQRSU 6
2 APQSWXY ABDEFGH 7
3 HLMNOP ABCDEFJNPQRW 8
4 JOX GUVW 9
5 DFLMN ABGHIJKOQW 10
10A ❶ €28,90
H618 1,2ha 30T(60-90m²) 52D ❷ €36,70

N 48°01'27'' E 10°35'54'' 102490

A96 Lindau-München, Ausfahrt 19 Bad Wörishofen. Dann den CP-Schildern folgen.

Breitenthal, D-86488 / Bayern

CC€21

See Camping Günztal
Oberrieder Weiherstraße 5
22 Apr - 22 Okt
+49 82 82 88 18 70
info@see-camping-guenztal.de

1 ADEGJMOPQRSTU LMNOPQRSX 6
2 CEIKSTWXY ABCDEFGH 7
3 ABCGMSU ABCDEFGHJKNQRSTUVW 8
4 HJO FMNQTY 9
5 ABDEFHMN ABDFGHJKLOQUW 10
B 10A CEE ❶ €30,00
H515 2,5ha 90T(80-100m²) 36D ❷ €42,00

N 48°13'39'' E 10°17'32'' 117142

A8 Stuttgart-München, Ausfahrt 67 Günzburg Richtung Krumbach. Hier rechts halten bis Breitenthal und der Oberrieder Weiherstraße folgen. Siehe CP-Schilder.

Füssen im Allgäu, D-87629 / Bayern

Hopfensee*****
Fischerbichl 17
1/1 - 6/11, 15/12 - 31/12
+49 83 62 91 77 10
info@camping-hopfensee.com

1 AEKNPQRST EGLNQSXZ 6
2 AEIKLPQSTUVWXYZ ABCDEFGH 7
3 ABDFMNUW ABCDEFJKNQRSTUVW 8
4 BCDEFHJLOQRTVXYZ IJUVWY 9
5 ACDEFGHJLM ABCEFGHIJKMOQY 10
WB 16A CEE ❶ €46,70
H800 8ha 376T(80-120m²) 9D ❷ €63,00

N 47°36'07'' E 10°41'00'' 102497

A7 Ausfahrt Füssen/Hopferau. Voor Hopferau rechts Richtung Hopfen am See. Hopfen am See ganz durch, danach liegt der CP rechts.

Illertissen, D-89257 / Bayern

CC€23

Illertissen GbR*****
Dietenheimerstraße 91
1 Apr - 5 Nov
+49 73 03 78 88
info@camping-illertissen.de

1 DGKNOPQRSTU A 6
2 ACPQXYZ ABDEFG 7
3 AB ABCDEFGJNPQRSTUVW 8
4 DF 9
5 ABDHIKMN ABDHJKNOQ 10
B 16A CEE ❶ €34,00
H513 3ha 50T(70-80m²) 103D ❷ €40,00

N 48°12'44'' E 10°05'17'' 102438

A7 Ulm-Memmingen, Ausfahrt 124 Illertissen. Dann Richtung Dietenheim. Dort ausgeschildert.

Immenstadt (Allgäu), D-87509 / Bayern

Alpsee Camping****
Seestraße 25
8 Apr - 31 Dez
+49 83 23 77 26
mail@alpsee-camping.de

1 ABDEJMOPQRSTU BLNQRSTX 6
2 EILPQWXY BDEFGH 7
3 BMN ABDFJKLNQRT 8
4 FHT 9
5 ABDJKMN ABCGHIJKMOQ 10
WB 16A CEE ❶ €62,00
H730 3ha 180T(80-120m²) ❷ €84,40

N 47°34'22'' E 10°11'37'' 100192

Alpenstraße 308 in Bühl verlassen, links den CP-Schildern folgen.

Kleinwalsertal/Mittelberg/Baad, D-87569 / Bayern

Vorderboden****
Vorderboden 1
22 Mai - 15 Okt
+43 55 17 61 38
info@camping-vorderboden.at

1 AGKNOPQRSTU NU 6
2 CIPQSTWXYZ BEFG 7
3 ABFMU BDFJNQRT 8
4 EFHJ 9
5 ABDEGJMN ABCGHJKOSTU 10
16A CEE ❶ €47,60
H1250 1,2ha 80T(80-120m²) ❷ €65,00

N 47°18'45'' E 10°08'02'' 102453

B19 Kempten-Sonthofen. Vor Oberstdorf rechts, Richtung Kleinwalsertal. L201 folgen Richtung Baad. Dort befindet sich der CP links.

Kleinwalsertal/Riezlern, D-87567 / Bayern

Zwerwald***
Zwerwaldstraße 29
10/1 - 24/4, 16/5 - 31/10, 11/12 - 31/12
+43 55 17 57 27
specht@camping-zwerwald.de

1 ADGHJMOPQRST U 6
2 CIQSWY BEFH 7
3 BM BFJNQR 8
4 9
5 ABDMN ABCHJKQ 10
W 16A CEE ❶ €28,20
H1100 2ha 35T(80-100m²) 25D ❷ €37,00

N 47°21'01'' E 10°10'46'' 102452

B19 Kempten-Sonthofen, vor Oberstdorf rechts, Richtung Kleinwalsertal. Nach Kirche in Riezlern links, den Schildern folgen.

Lechbruck am See (Allgäu), D-86983 / Bayern

Via Claudia Camping****
Via Claudia 6
1 Jan - 31 Dez
+49 88 62 84 26
info@camping-lechbruck.de

1 ADEGKNOPQRSTU LQSUXY 6
2 EIKPQTVWXYZ ABCDEFGHIJK 7
3 ABDFGLMT ABCDEFJKLNQRTUVW 8
4 BCDFGHJLO FHMN 9
5 ABDEFJKMN ABFGHIJKLMOQUY 10
WB 16A CEE ❶ €33,90
H750 18ha 418T(100-200m²) 318D ❷ €42,90

N 47°42'42'' E 10°49'07'' 102493

A7, Ausfahrt 138 Nesselwang, dann über Seeg nach Roßhaupten. Dort die B16 Richtung Markt-Oberdorf. Die erste Abfahrt Richtung Lechbruck. In Lechbruck Richtung Campingplatz halten.

Leipheim, D-89340 / Bayern

Schwarzfelder Hof
Schwarzfelder Weg 1-3
1 Jan - 31 Dez
+49 8 22 17 26 28
info@schwarzfelder-hof.de

1 ADEJMOPQRST LNX 6
2 AEIKLQSTWXYZ ABDEFG 7
3 ABDGIMUX BDEFGJNQRSTUVW 8
4 BEFGHJK I 9
5 ABDEFHMN ABCGHJKLMNQUY 10
B 6-16A CEE ❶ €29,00
H465 6ha 60T(80-100m²) 38D ❷ €41,00

N 48°27'53'' E 10°12'12'' 113054

A8 Stuttgart-München, Ausfahrt 66 Leipheim. Der B10 kurz folgen. In Leipheim nordwestlich über die Donau nach Riedheim abbiegen. Dann weiter mit Schildern angezeigt.

Limbach/Günzburg, D-89331 / Bayern

Waldcamping Stubenweiher
Am Stubenweiher
1 Apr - 31 Okt
+49 8 22 37 97
stubenweiher@gmx.de

1 ADEFGJMOPQRSTU L 6
2 ABDFIQSTUVWXYZ ABDEFGH 7
3 ABC ABCDFJNQRT 8
4 9
5 ADHLN ABGHJKNST 10
16A CEE ❶ €27,50
H505 8ha 50T(60-100m²) 70D ❷ €39,50

N 48°24'35'' E 10°20'25'' 111958

A8 Stuttgart-München Ausfahrt 67 Günzburg. Dann Richtung Kleinkötz, dann Beschilderung folgen.

Lindau (Bodensee), D-88131 / Bayern

Campingpark Gitzenweiler Hof*****
Gitzenweiler 88
1 Jan - 31 Dez
+49 8 38 29 49 40
info@gitzenweiler-hof.de

1 ABDEGKNOPQRSTU BGOR 6
2 AIPQSTWXY BCEFGHIJ 7
3 ABFGHIMSUV BDFIJKLNPQRTUVW 8
4 ABCDEFGHJLMNPX DIJKRSUVW 9
5 ABCDEFGHIJLM ABEFGHIJKMOQUVWXY 10
WB 16A CEE ❶ €39,60
H450 14ha 349T(90-110m²) 341D ❷ €53,60

N 47°35'12'' E 09°42'40'' 100190

A96, Ausfahrt 4 Weißensberg Richtung Lindau, ausgeschildert.

Lindau/Zech, D-88131 / Bayern

Park-Camping Lindau****
Fraunhoferstraße 20
22 Mrz - 10 Nov
+49 8 38 28 89 99 99
info@park-camping.de

1 ABDEJMOPQRSTU LMNQRSUXY 6
2 EIJMPQTWYZ BEFGHI 7
3 BFGMS BDFIJKNQRUVW 8
4 BEFGHJLPQ RV 9
5 ACDFHKLMN ABCEGHIKOQV 10
B 16A CEE ❶ €46,10
H400 5,5ha 270T(70-100m²) ❷ €58,10

N 47°32'13'' E 09°43'42'' 102372

E121 Friedrichshafen-Lindau Richtung Österreichische Grenze. CP-Schildern folgen. CP liegt vor der Grenze rechts.

Missen-Wilhams, D-87547 / Bayern

Campingplatz Wiederhofen**
Zur Thaler Höhe 12
1 Jan - 31 Dez
+49 8 32 04 81
info@campingplatz-wiederhofen.de

1 AGHJMOPQSU 6
2 CIQSUWXY ABEFG 7
3 M ABFJNQR 8
4 J 9
5 ADEHKM ABCHJKNSTU 10
W 6-10A CEE ❶ €30,40
H950 1,2ha 35T(60-100m²) 54D ❷ €38,20

N 47°35'14'' E 10°06'45'' 102447

Deutsche Alpenstraße 308 Lindau-Sonthofen. In Immenstadt Richtung Missen, ausgeschildert.

Teilkarte Südwest-Bayern auf Seite 331

Niedersonthofen (Allgäu), D-87448 / Bayern

Camping Zeh am See / Allgäu****
Burgstraße 27
1 Jan - 31 Dez
+49 83 79 70 77
info@camping-zeh-am-see.de
N 47°37'49" E 10°14'45"

1 ABEGJMOPQST LMNQSXY 6
2 ACEIJLPQTWXY BEFGI 7
3 ABGLM BDFJLNQRTW 8
4 EFGHIJOP 9
5 ABDEFLMN ABCFGHIJKOQW 10
WB 16A CEE ❶ €38,50
H720 1,7ha 60T(80-130m²) 50D ❷ €43,50

A7 Ulm-Kempten, Ausfahrt 136. A980 bis Ausfahrt Waltenhofen. Dann B19 Richtung Immenstadt bis Ausfahrt Niedersonthofen. Nicht in Memhölz abfahren, sondern weiter geradeaus nach Niedersonthofen. 102445

Oberstaufen, D-87534 / Bayern

Aach**
Aach 1
1 Jan - 31 Dez
+49 8 38 63 63
anfrage@camping-aach.de
N 47°31'19" E 09°58'20"

1 AEJMOPQRSU 6
2 IPQSVWXYZ BEFG 7
3 ABM BDFJNQRT 8
4 FHQ FI 9
5 ABDFHJKMN ABIJKOQY 10
W 16A CEE ❶ €32,00
H650 2ha 120T(50-80m²) 82D ❷ €45,00

Die B308 Lindau-Immenstadt in Oberstaufen rechts Richtung Aach. 1 km vor der österreichischen Grenze, Camping auf der linken Seite. 102373

Oberstdorf, D-87561 / Bayern

Oberstdorf
Rubinger Straße 16
1 Jan - 31 Dez
+49 83 22 65 25
info@camping-oberstdorf.de
N 47°25'23" E 10°16'37"

1 AJMOPQRSTU 6
2 IQRSTWY BEFGI 7
3 B BDFJNQRUVW 8
4 EFHJ 9
5 ADEFKMN ABGHKOQ 10
W 16A CEE ❶ €27,90
H850 1,6ha 115T(70-100m²) ❷ €27,90

B19 Kempten-Sonthofen, vor Zentrum Oberstdorf links, CP-Schildern folgen. 102450

Oberstdorf, D-87561 / Bayern

Rubi-Camp Oberstdorf
Rubinger Straße 34
1/1 - 6/11, 15/12 - 31/12
+49 83 22 95 92 02
info@rubi-camp.de
N 47°25'25" E 10°16'46"

1 AGJMOPQRSTU 6
2 IPQTWX BDEFGIJ 7
3 AINOR ABCDFIJKNQRTUVW 8
4 FHT IW 9
5 ADEHJKMN ABEFGHJKMOSUW 10
WB 16A CEE ❶ €46,60
H800 1,8ha 100T(100-120m²) 4D ❷ €56,00

B19 Kempten-Sonthofen-Oberstdorf. Kurz vor dem Zentrum Oberstdorf links. Von hier ab noch ca. 500m. 2. CP rechts der Straße. 112171

Osterreinen/Rieden, D-87669 / Bayern

Magdalena
Bachtalstraße 10
1 Apr - 31 Okt
+49 83 62 49 31
info@sonnen-lage.de
N 47°36'56" E 10°43'24"

1 ADEGKNOPQRSU LNQSXY 6
2 AEILQSUVWXYZ ABDEFG 7
3 BM ABCDEFJNQRT 8
4 FJO FGILMNQR 9
5 ABDEFGJLMN ABGHIJKOQY 10
16A CEE ❶ €26,40
H820 1,5ha 80T(50-80m²) 61D ❷ €36,40

A7 bis Füssen. Danach an der Ausfahrt Richtung Rieden, dann rechts. Hier ist der CP angezeigt. 102495

Oy-Mittelberg, D-87466 / Bayern

Wertacher Hof**
Grüntenseestraße
1 Jan - 31 Dez
+49 8 36 17 70
N 47°37'45" E 10°27'34"

1 AFGJMOPQRSTU NQSXY 6
2 AEIMPQSWXY BEFGHIJ 7
3 AMR BDFJNQRW 8
4 FHJ 9
5 ADEKLM ABFGHIKNQ 10
WB 16A CEE ❶ €22,80
H900 3,5ha 60T(60-100m²) 160D ❷ €27,60

A7 Memmingen-Kempten. Ausfahrt 137 Oy-Mittelberg Richtung Wertach. In Haslach den CP-Schildern folgen. 102444

Pfronten, D-87459 / Bayern

Pfronten
Tiroler Straße 184
16 Mai - 17 Sep
+49 83 63 83 53
info@camping-pfronten.de
N 47°33'48" E 10°34'44"

1 AEKNOPQRSTU 6
2 ACIPQWXY ABDEFG 7
3 BU ABCDEFGJNQRW 8
4 FHIJ G 9
5 ABDEHJMN ABEGHIJKNPQ 10
16A ❶ €29,00
H850 1,6ha 108T(65-100m²) 1D ❷ €29,00

A7 Richtung Füssen, Ausfahrt 137. B309 nach Pfronten, gleich hinter Pfronten, 300m vor der Grenze nach Österreich. 102498

Rieden/Rosshaupten, D-87669 / Bayern

Seewang
Tiefental 1
1 Jan - 31 Dez
+49 8 36 74 06
info@camping-forggensee.de
N 47°38'33" E 10°43'46"

1 ABEGKNOPRSTU LNQSX 6
2 EIPQSTWY ABDEFGI 7
3 BM ABDEFGJKLQRTUVW 8
4 FHJO IJQW 9
5 ABDM ABCFGHIJKOQ 10
WB 16A CEE ❶ €34,00
H810 2,5ha 107T(80m²) 63D ❷ €46,20

Von Ulm der A7 bis Füssen folgen. In Füssen links zur B16 Richtung Rieden. Am Radweg rot gesperrt, gleich rechts bis zum Campingplatz. 102494

Schwangau, D-87645 / Bayern

Bannwaldsee*****
Münchener Straße 151
1 Jan - 31 Dez
+49 8 36 29 30 00
info@camping-bannwaldsee.de
N 47°35'30" E 10°46'21"

1 ADEJMOPQRSTU LN 6
2 AEILPQRSWXYZ ABCDEFGH 7
3 BGMU ABCDEFGJKLNQRSTUVW 8
4 ABEFHJLNOPXZ DHIQTVWY 9
5 ACDFGJLMN ABCFGHIKOQWY 10
WB 16A CEE ❶ €40,30
H800 7ha 500T(50-100m²) 209D ❷ €58,25

A7 bis Ausfahrt Füssen B16. Danach der B17 nach Schwangau. CP befindet sich 2 km stadtauswärts. 100194

Schwangau, D-87645 / Bayern

Brunnen*****
Seestraße 81
1 Jan - 31 Dez
+49 83 62 82 73
info@camping-brunnen.de
N 47°35'48" E 10°44'19"

1 ADEKNOPQRSTU LNQSXY 6
2 EILPQSVWXYZ BEFGHI 7
3 BDFGHIM ABCDEFJKNQRTUVW 8
4 BFHJLOPQTUV VW 9
5 ACDFGJKLMN ABFGHIJKOQ 10
WB 16A CEE ❶ €44,70
H800 6ha 300T(80-120m²) 63D ❷ €46,20

A7 bis Ausfahrt 137, dann der B309/B310 folgen. B16 rechts nach Füssen, dann B17 nach Schwangau. An der Tankstelle/Reweladen abzweigen, den CP-Schildern folgen. 102499

Sonthofen, D-87527 / Bayern

An der Iller****
Sinwagstraße 2
1/1 - 30/10, 26/12 - 31/12
+49 83 21 23 50
info@illercamping.de
N 47°30'24" E 10°16'23"

1 AEJMOPQRSTU NUV 6
2 CIPQRSTWXY ABDEFG 7
3 BU ABCDEFJNQRUV 8
4 AHJO FR 9
5 ADEM ABCGHJKOQ 10
WB 16A CEE ❶ €32,90
H740 1,7ha 70T(70-120m²) 26D ❷ €44,90

B19 Kempten-Oberstdorf. In Sonthofen Schildern folgen. CP liegt links der Straße. 100193

Sulzberg, D-87477 / Bayern

Öschlesee****
Moos 1
1 Jan - 31 Dez
+49 8 37 69 30 40
camping.oeschlesee@t-online.de
N 47°40'29" E 10°20'02"

1 ABDEGKNOPQRSTU N 6
2 AILPQTWXYZ ABDEFGH 7
3 BFM ABDFJKNQRT 8
4 HJO 9
5 ABEHLMN ABFGHIJKLOQU 10
WB 16A CEE ❶ €31,50
H750 5ha 100T(80-100m²) 150D ❷ €42,50

A7 Memmingen-Kempten vorbei Kempten Ausfahrt 136. A980 3 km folgen, dann Richtung Sulzberg. 100191

Waltenhofen (Allgäu), D-87448 / Bayern

Insel-Camping am See Allgäu****
Insel 32 3/4
1 Jan - 31 Dez
+49 8 37 98 81
info@insel-camping.de
N 47°38'26" E 10°16'44"

1 ABCEGJMOPQSTU LMNOPQSX 6
2 EILQTWY BEFGHI 7
3 BMW BDFJKNQRT 8
4 IQ 9
5 ABDMN ABGHIJKMOY 10
WB 16A CEE ❶ €31,00
H750 1,5ha 110T(60-100m²) 47D ❷ €40,00

A7 Memmingen-Kempten-Füssen, Ausfahrt 136. A980 5 km folgen. Zweite Ausfahrt, B19 Richtung Waltenhofen. Dann Schildern folgen. 102442

Wemding, D-86650 / Bayern

Campingpark Waldsee Wemding
Wolferstädter Str. 100
1 Apr - 5 Nov
+49 9 09 29 01 01
info@campingpark-wemding.de
N 48°53'04" E 10°44'08"

1 ADEHKNOPQRSTU HLMX 6
2 BEKQSTUVWXYZ ABDEFGH 7
3 ABFGHJMN ABCDEFJNQRT 8
4 FHJO Q 9
5 ADM ABFGHIJKNQU 10
B 16A CEE ❶ €36,00
H490 12ha 140T(80-100m²) 120D ❷ €46,00

B2 (Romantische Straße), zwischen Weißenburg und Donauwörth Ausfahrt Richtung Wemding. Den CP-Schildern folgen. Gleich vor der Stadt rechts. 102484

Wertach, D-87497 / Bayern

Waldesruh****
Bahnhofstr. 19
12 Mai - 8 Okt
+49 83 65 10 04
info@camping-wertach.de
N 47°36'31" E 10°25'04"

1 ABDEGHKNOPQSU 6
2 AIPQSWXY BEFGIJ 7
3 ABM ABDEFJNPQR 8
4 JO K 9
5 DMN ABGHJKOQ 10
W 16A CEE ❶ €29,60
H915 1,9ha 40T(60-80m²) 100D ❷ €41,70

A7 Stuttgart-Ulm-Kempten, Ausfahrt 137 Oy. Dann B310 Richtung Wertach. 2 km vor Wertach, auf der Alten Staatsstraße nach Wertach. Ausgeschildert. 110000

Wertach, D-87497 / Bayern

Camping-Grüntensee-International****
Grüntenseestr. 41
1 Jan - 31 Dez
+49 8 36 53 75
info@camping-gruentensee.de
N 47°36'37" E 10°26'47"

1 ABDEGJMOPQRSTU JLMNQSUX 6
2 AEILQRSTVWXYZ BEFGH 7
3 BFMQ BDEFGIJKLNQRT 8
4 ABFHJORST CEGIJNQTV 9
5 ABDEGHJLMN ABFGHIJKMOQ 10
WB 16A ❶ €45,00
H930 5ha 150T(80-100m²) 133D ❷ €55,00

A7 Ausfahrt 137 Oy-Mittelberg, 6 km geradeaus. An erster Ampel links abzweigen, danach CP-Schildern folgen. 102446

Teilkarte Südwest-Bayern auf Seite 331

Südost-Bayern

Deutschland

Arlaching/Chieming, D-83339 / Bayern

CC€23 iD

Kupferschmiede
Trostbergerstraße 4
1 Apr - 3 Okt
+49 8 66 74 46
info@
campingkupferschmiede.de
N 47°55'47" E 12°29'33"

1 ADEKNOPRSU	L**N**QS**X**Y	6
2 EKLPQWXYZ	ABDE**FG**	7
3 AB**L**M	ABCDE**F**NQRTW	8
4 FHJ		9
5 ABDEGHJKLMN	ABDGKMOQ	10

B 16A CEE
H526 2,5ha 80**T**(80-100m²) 120**D**

① €31,40
② €38,80

102626

A8 Salzburg-München Ausfahrt Grabenstätt. Richtung Seebruck. CP liegt 1 km vor Seebruck rechts.

GEWINNER

ACSI AWARDS 2022

Bester Campingplatz für Wanderungen und Radtouren

Deutschland

Camping Arterhof

Bad Abbach, D-93077 / Bayern

CC€23 iD

Freizeitinsel
Inselstr. 1a
19 Mrz - 7 Nov
+49 9 40 59 57 04 01
info@
campingplatz-freizeitinsel.de
N 48°56'12" E 12°01'15"

1 AGILOPSTU	**N**U	6
2 ACIQVWX	ABDE**FGIJ**	7
3 A**LT**	ABCDEFJNRTUVW	8
4 FHK	R	9
5 ABDHJMNO	AFGHJKOQY	10

B 6-16A CEE
H355 2ha 78**T**(60-120m²) 22**D**

① €33,00
② €45,00

121601

Von Norden: A93 Ausf. Pentling (B16) Ri. Kelheim. Danach Ausf. Poikam Ri. Inselbad. Von Süden: A93 Ausf. Bad Abbach (B16) Ri. Kelheim. Danach Ausf. Poikam Ri. Inselbad.

Bad Birnbach/Lengham, D-84364 / Bayern

iD

Arterhof*****
Hauptstraße 3
1 Jan - 31 Dez
+49 8 56 39 61 30
info@arterhof.de
N 48°26'07" E 13°06'34"

1 ADEG**KN**OPQRSTU	BE	6
2 PQSTWXYZ	ABDE**FG**H	7
3 AB**L**MSUX	ABCDEF**G**H**I**JKNPQRTUVW	8
4 **A**DEFGHJKO**STV**W**X**Y**Z**	IUVWZ	9
5 ABDEFHIJKLMN	ABCEFGHJKOQW	10

Anzeige auf Seite 337 B 16A CEE
H360 5ha 230**T**(90-130m²) 30**D**

① €34,10
② €45,90

108106

B388, ca. 14 km östlich von Pfarrkirchen Richtung Lengham fahren. Ausgeschildert.

Teilkarte Südost-Bayern auf Seite 334

Bad Endorf, D-83093 / Bayern

Camping Stein
See 10
1 Apr - 8 Okt
+49 80 53 93 49
rezeption@camping-stein.de

1 AEGJLOPQRSU	LQSXY 6
2 EILQSWXY	ABDEFGI 7
3 BEFLM	ABCDEFJNQRTUVW 8
4 FHJKO	DEF 9
5 ABDEMN	ABEFGHIJKOQW 10
16A CEE	❶ €33,10
H476 3ha 70T(80-100m²) 84D	❷ €42,10

N 47°53'03'' E 12°16'10''

A8 Salzburg-München, Ausfahrt 106 Bernau. Über Prien Richtung Bad Endorf. In Mauerkirchen Richtung Simssee. Oder A8 München-Salzburg, Ausfahrt 102 Rosenheim. 108005

Bad Feilnbach, D-83075 / Bayern

Kaiser Camping****
Reithof 2
1/3 - 7/11, 18/12 - 31/12
+49 80 66 88 44 00
info@kaiser-camping.com

1 ADEKNOPQRSU	BDFJ 6
2 ACIPQTWXYZ	ABDEFGHIK 7
3 BDGLMSUX	ABCDEFJKNQRSTW 8
4 BCFHJOPQ	I 9
5 ABDFGHLMN	ABFGHIJKOQUXY 10
WB 16A CEE	❶ €34,00
H600 14ha 382T(90-140m²) 301D	❷ €43,00

N 47°47'21'' E 12°00'21''

A8 München-Salzburg, Ausfahrt 100, Aibling/Bad Feilnbach folgen. Dann Richtung Bad Feilnbach. CP rechts von der Strecke, angezeigt. 102598

Bad Füssing, D-94072 / Bayern

Holmernhof*****
Am Tennispark 10
1 Jan - 31 Dez
+49 8 53 12 47 40
campingholmernhof@t-online.de

1 ADEGILOPQRSTU	BGHIN 6
2 PQTWXYZ	ABCDEFGHIJ 7
3 ABDFGLMNOPR	ABCDEFGHIJKNPQRTUVW 8
4 AEFHJORSTWXYZ	AIVYZ 9
5 ABDFKLMN	ABCEFGHJKOQWY 10
WB 16A CEE	❶ €36,60
H340 3,4ha 160T(85-115m²) 3D	❷ €47,20

N 48°21'30'' E 13°18'24''

A3 Ausfahrt 118, Pocking/Bad Füssing. In Bad Füssing ausgeschildert. 111624

Bad Griesbach, D-94086 / Bayern

Kur & Feriencp Holmernhof Dreiquellenbad*****
Singham 40
1 Jan - 31 Dez
+49 8 53 29 61 30
info@camping-bad-griesbach.de

1 ADEGKNOPQRST	N 6
2 PSTUWXYZ	ABDEFGHIJ 7
3 ABKLM	ABCDEFGJKNPQRTUVW 8
4 ADEFHJORSTUVWXYZ	GHIJLVWZ 9
5 ABDFKLMN	ABCEFGHIJKMNQVY 10
B 16A CEE	❶ €39,30
H360 4,5ha 195T(80-120m²) 23D	❷ €53,30

N 48°25'12'' E 13°11'31''

A3 Ausfahrt 118 Pocking, B12 bis Ausfahrt B388, CP ausgeschildert. 108108

Bad Füssing/Egglfing, D-94072 / Bayern

Fuchs Kur-Camping****
Falkenstraße 14
1 Jan - 31 Dez
+49 8 53 73 56
info@kurcamping-fuchs.de

1 ADGKNOPQRSTU	B 6
2 PQSTWXYZ	ABDEFGHI 7
3 ABKLM	ABCDEFHJNQRUVW 8
4 EFHJOX	I 9
5 ABDFHLMN	ABCDEFGHJKOQV 10
B 16A CEE	❶ €31,70
H324 1,5ha 90T(65-100m²) 14D	❷ €38,70

N 48°19'58'' E 13°18'54''

A3 Nürnberg-Passau, Ausfahrt 118 Pocking/Bad Füssing Richtung Egglfing. Schildern folgen. 108107

Bayerbach, D-94137 / Bayern

Vital CAMP Bayerbach*****
Huckenham 11
1 Jan - 31 Dez
+49 8 53 29 27 80 70
info@vitalcamping-bayerbach.de

1 ADEKNOPQRST	E 6
2 IKPQSTVWX	ABDEFG 7
3 ABLM	ABCDEFGIJKNQRTUVW 8
4 DEFGHJOTVWXZ	IJ 9
5 ABDEFGHIJKLM	ABCGHJKMOQVW 10
Anz. auf dieser S. WB 16A CEE	❶ €32,90
H400 12ha 330T(70-130m²) 45D	❷ €32,90

N 48°24'55'' E 13°07'48''

A3 Regensburg-Linz. Ausfahrt 118 Richtung Pocking/Pfarrkirchen (B388). Weiter Abfahrt Bayerbach. Den CP-Schildern folgen. 118172

Bad Füssing/Egglfing, D-94072 / Bayern

Kur- und Feriencamping Max 1*****
Falkenstraße 12
1 Jan - 31 Dez
+49 8 53 79 61 70
info@campingmax.de

1 AEGKNOPQRSTU	AF 6
2 PQRSTWXYZ	ABDEFGHIJK 7
3 ABL	ABCDEFGHIJNQRTUVW 8
4 ADEFGHJORTVWXZ	GIVZ 9
5 ABDFHJKLMN	ABCEFGHJKMOQW 10
B 16A CEE	❶ €47,00
H324 3,7ha 164T(60-120m²) 42D	❷ €72,00

N 48°19'57'' E 13°18'49''

A3 Nürnberg-Passau, Ausfahrt 118, B12 Richtung Simbach. Ausfahrt Futting Richtung Bad Füssing. 111960

Bad Füssing/Kirchham, D-94148 / Bayern

Preishof
Angloh 1
1 Jan - 31 Dez
+49 85 37 91 92 00
info@preishof.de

1 ADEGKNOPQRSTU	6
2 QRSWXY	ABDEFGH 7
3 ABKLU	ABCDEFJNQRTUV 8
4 AFHJORSTVXYZ	GIVZ 9
5 ADJLMN	ABDGHJKMOQW 10
Anzeige auf dieser Seite B 16A CEE	❶ €24,50
H330 6,5ha 230T(100-120m²) 75D	❷ €30,50

N 48°20'17'' E 13°16'56''

A3/E56, Ausfahrt 118, zur B12 Richtung Simbach. Ausfahrt Tutting/Kirchham, durchs Zentrum von Kirchham, Richtung Golfplatz. 102645

Berchtesgaden, D-83471 / Bayern

Camping-Resort Allweglehen*****
Allweggasse 4
1 Jan - 31 Dez
+49 86 52 23 96
urlaub@allweglehen.de

1 ADEKNOPQRSTU	BNUV 6
2 CIPQRSTUVWXYZ	ABCDEFGH 7
3 ABLMX	ABCDEFGIJKNQRTUVW 8
4 AEFGHJOTVWXZ	FJWZ 9
5 ACDFHJKLMNO	ABFGHJKOQUWY 10
WB 16A CEE	❶ €49,95
H570 3,5ha 137T(100-150m²) 21D	❷ €68,75

N 47°39'06'' E 13°02'16''

A8 München-Salzburg, Ausfahrt 115 Richtung Bad Reichenhall/Berchtesgaden. ± 3 km vor Berchtesgaden Camping angezeigt. Letzte Kilometer vor dem Camping, schmale, steile Zufahrt. 102647

Deutschland

Teilkarte Südost-Bayern auf Seite 334

Bernried, D-94505 / Bayern

Campingland Bernrieder Winkl
Grub 6
1/1 - 5/11, 16/11 - 31/12
+49 99 05 85 74
info@camping-bernried.de
N 48°54'54" E 12°53'10"

1 AGKNOPQSTU 6
2 APQSVWYZ ABDEFGHJ 7
3 AFMN ABCDEFJNQRUVW 8
4 FHI GI 9
5 ADJM ABFGHIJKLMOQU 10
WB 16A CEE ❶ €30,10
H500 1ha 60T(90-100m²) 27D ❷ €36,10

A3 Regensburg-Passau, Ausfahrt 109 Metten Richtung Bernried oder 108 Schwarzach Richtung Bernried. In Bernried ist der CP ausgeschildert. 108866

Bischofswiesen, D-83483 / Bayern

CC€23

Winkl-Landthal GmbH****
Klaushäuslweg 7
1 Apr - 30 Okt
+49 86 52 81 64
info@camping-winkl.de
N 47°40'36" E 12°56'10"

1 AKNOPQRSTU JN 6
2 CIPQSVWXYZ ABDEFGI 7
3 ALM ABCDEFJNQRTUVW 8
4 AFHJ Z 9
5 ABDHMN ABCDEFGHJKLOQY 10
Anzeige auf dieser Seite W 10A ❶ €39,00
H690 2,5ha 56T(80-100m²) 20D ❷ €54,80

A8 München-Salzburg, Ausfahrt Bad Reichenhall. B20 Richtung Berchtesgaden. 11 km vor Berchtesgaden (Winkl). 102632

Bodenmais, D-94249 / Bayern

Resort Bodenmais*****
Regener Str. 45
1/1 - 11/1, 25/1 - 6/11, 30/11 - 31/12
+49 9 92 49 43 20 80
info@campingresort-bodenmais.de
N 49°03'15" E 13°06'00"

1 ABDGKNOPQRSTU B 6
2 BIPQSTUVWXYZ ABEFG 7
3 BDGMUW ABCDEFGHIJKLNQRSTUVW 8
4 FHIJOPQRTUVW G 9
5 ABDEFHJKLM ABCEFGHJKMOPQ 10
Anzeige auf Seite 337 WB 16A CEE ❶ €59,75
H750 5ha 284T(70-165m²) 9D ❷ €81,75

Der Campingplatz befindet sich auf der Südseite von Bodenmais. Die Campinganlage ist von der Hauptstraße (ST2132) aus gut ausgeschildert. 124936

Chieming, D-83339 / Bayern

CC€19

Chiemsee Strandcamping
Grabenstätter Straße
1 Apr - 30 Sep
+49 8 66 45 00
info@chiemsee-strandcamping.de
N 47°52'35" E 12°31'44"

1 ABDEKNOPQRSTU LNPQSX 6
2 AEILQSWXYZ ABCDEFG 7
3 ABLMS ABCDEFJKNQRTW 8
4 FHOPQ NRT 9
5 ABDFHJMNO ABDGHKOST 10
B 16A CEE ❶ €39,50
H520 1,5ha 135T(50-90m²) 30D ❷ €59,40

A8 München-Salzburg, Ausfahrt 109 Richtung Chieming. Der CP ist ca. 5 km von der Ausfahrt Grabenstätt entfernt. 1. CP links. 102628

Chieming/Stöttham, D-83339 / Bayern

CC€23

Seehäusl****
Beim Seehäusl 1
1 Apr - 1 Okt
+49 8 66 43 03
info@camping-seehaeusl.de
N 47°54'08" E 12°31'10"

1 AKNOPQRSTU LNQSX 6
2 AEIKLQTWXYZ ABDEFG 7
3 ALS ABEFJKNQRTW 8
4 FHXZ HZ 9
5 ABDFGHJKLNO ABCDGHJKMOS 10
16A CEE ❶ €39,00
H550 1,5ha 44T(50-110m²) 1D ❷ €56,50

A8 München-Salzburg, Ausfahrt 109 Grabenstätt/Chieming/Stöttham, den Schildern Seehäusl folgen. Besonders vorsichtig sein mit langen und/oder breiten Fahrzeugen auf dem schmalen Zufahrtsweg. 118289

ACSI AWARDS 2022
GEWINNER
Bester Campingplatz in der Kategorie Klein & Fein
Deutschland
Camping Seehäusl

Eging am See, D-94535 / Bayern

CC€21

Bavaria Kur- und Sport Camping****
Grafenauer Str. 31
1 Jan - 31 Dez
+49 85 44 80 89
info@bavaria-camping.de
N 48°43'16" E 13°15'55"

1 ADEGKNOPQRSTU 6
2 ACQRTVWYZ BEFG 7
3 ABFLM ABCDEFJNQRSTW 8
4 FHIJPQ GI 9
5 ABDFHJLM ABCDFGHIJKLOQW 10
WB 16A CEE ❶ €24,00
H420 6ha 120T(120m²) 48D ❷ €32,00

A3, Ausfahrt 113. Folgen Sie Eging am See. Vor Eging am See ist der CP ausgeschildert. 107913

Grainau, D-82491 / Bayern

Camping Erlebnis Zugspitze GmbH***
Griesener Straße 2
1 Jan - 31 Dez
+49 8 82 19 43 91 11
office@pure-camping.de
N 47°28'49" E 11°03'13"

1 ADEGKNOPQRSTU J 6
2 CIPQRSWXY ABDEFGIK 7
3 AL ABEFJNQRUV 8
4 EFHI F 9
5 ADMN ABFGHKOQ 10
W 16A CEE ❶ €44,00
H750 3ha 120T(60-100m²) 45D ❷ €60,00

Von München Richtung Garmisch-Partenkirchen zur A95 Eschenlohe. Über die B2 und B23 Richtung GAP. Auf der B23 Fernpass/Ehrwald. CP liegt am Fluss. Oder A7 Ulm, Kempten und Füssen, hinter Reutte. Dann die B23 Richtung GAP. 102545

Grainau, D-82491 / Bayern

Camping Resort Zugspitze
Griesener Straße 9
1 Jan - 31 Dez
+49 8 82 19 43 91 11
info@perfect-camping.de
N 47°28'39" E 11°03'06"

1 ADEGJMOPQRSTU J 6
2 CIPSTWXY ABDEFG 7
3 L ABCDEFGIJMNQRTUVW 8
4 EFHIRTX FJWZ 9
5 ADKMN ABGHJKOQY 10
WB 16A CEE ❶ €51,00
H780 3,5ha 125T(100-140m²) 10D ❷ €71,00

Von München Richtung Garmisch-Partenkirchen bis zum AB-Ende A95 Eschenlohe. Dann die B2, die in die B23 nach GAP übergeht. B23 Fernpass/Ehrwald. Einfahrt am Restaurant Schmölzer Wirt. Oder: A7 Ulm, Kempten und Füssen, hinter Reutte Richtung GAP. 121824

Großseeham/Weyarn, D-83629 / Bayern

Camping Seehamer See
Hauptstraße 32
1 Jan - 31 Dez
+49 80 20 14 00
info@seehamer-see.de
N 47°51'06" E 11°51'40"

1 AKNOPQRSTU LQS 6
2 AFLQXYZ ABDEFG 7
3 L ABCDEFIJNRTW 8
4 9
5 ADFGHJLMN AGHIOQY 10
B 16A CEE ❶ €31,00
H657 4ha 90T(40-60m²) 90D ❷ €43,00

A8 München-Salzburg, ca 37 km ab München. Zwischen den Ausfahrten Weyarn und Irschenberg, Ausfahrt über den Autobahnparkplatz 'Seehamer See-West' oder 'Seehamer See-Ost'. 300m bis zum CP. 109997

Ingolstadt, D-85053 / Bayern

AZUR Waldcamping Ingolstadt
Am Auwaldsee
1 Jan - 31 Dez
+49 84 19 61 16 16
ingolstadt@azur-camping.de
N 48°45'14" E 11°27'51"

1 ABDEKNOPQRSTU LN 6
2 ABEKPQXYZ BFG 7
3 BJMNS ABDFJNQRT 8
4 AFTY 9
5 ABDMN ABFGHKSTX 10
B 10-16A CEE ❶ €40,00
H365 10ha 275T(80-100m²) 136D ❷ €58,00

A9 München-Nürnberg, Ausfahrt 62 Ingolstadt-Süd. Den Schildern 'Camping Auwaldsee' folgen. 102534

Inzell, D-83334 / Bayern

Lindlbauer
Kreuzfeldstraße 44
1/1 - 5/11, 18/12 - 31/12
+49 8 66 59 28 99 88
info@camping-inzell.de
N 47°46'02" E 12°45'12"

1 ADEGKNOPQRSTU 6
2 EIPSTUVWXY ABDEFGHI 7
3 ABLX ABCDEFGIJNQRTUVW 8
4 FH F 9
5 ABDMN ABGHJKOQW 10
WB 16A CEE ❶ €40,20
H699 3ha 91T(80-130m²) 2D ❷ €54,20

A8 München-Salzburg. Ausfahrt 112 Siegsdorf Richtung Bad Reichenhall/Inzell. Dann der Beschilderung folgen. 120911

Kinding/Pfraundorf, D-85125 / Bayern

CC€23

Kratzmühle****
Mühlweg 2
1 Jan - 31 Dez
+49 8 46 16 41 70
info@kratzmuehle.de
N 49°00'12" E 11°27'07"

1 ADGKNOPQRSTU LNQSXZ 6
2 ACEKMPQSTVWXY ABDEFGHIJ 7
3 BFJLM ABCDEFJKNQRSTUV 8
4 HJOX JKRV 9
5 ABDEFGJLMN ABDFGHIJKLOQY 10
B 16A CEE ❶ €36,00
H384 15ha 375T(80-130m²) 192D ❷ €45,00

A9 Nürnberg-München, Ausfahrt 58 Altmühltal, Richtung Kinding. CP ist ausgeschildert. 102532

Kochel am See, D-82431 / Bayern

Kesselberg
Altjoch 2 ½
30 Apr - 3 Okt
+49 8 85 14 64
alois.perkmann@gmx.de
N 47°38'13" E 11°20'57"

1 ADEGKNOPQRSU LN 6
2 AEIKLQTWXYZ ABDFG 7
3 ABMW ABCDEFNQRT 8
4 FHI F 9
5 ABDEFJKMN ABHIJKNQ 10
10A CEE ❶ €35,00
H600 1,5ha 120T(50-70m²) 53D ❷ €46,00

A8 nach München, über B2 Richtung Garmisch-Partenkirchen A95. Ausfahrt 9 Kochel am See/Murnau, B472. Rechts zur B11, kurz nach Kochel Richtung Innsbruck. 102543

Deutschland

Teilkarte Südost-Bayern auf Seite 334

ACSI AWARDS 2022

GEWINNER

Campingplatz mit der schönsten Lage Deutschland

Camping Tennsee

Kochel am See, D-82431 / Bayern

Campingplatz Renken
Mittenwalderstraße 106
7 Apr - 1 Okt
+49 88 51 61 55 05
info@campingplatz-renken.de

1 AEGKNOPQRSU LNQSXY 6
2 AEILPQSUXY ABDFG 7
3 BX ABCDEFNQRT 8
4 FHJ DQR 9
5 ABDEFHJKMN ABFGHKLNQ 10
16A CEE ❶ €40,00
H600 1ha 35T(50-100m²) 22D ❷ €53,00

N 47°38'25" E 11°21'16"

102542

A8 nach München, über die B2 Richtung A95 Garmisch-Partenkirchen. Ausfahrt 9 Kochel/Murnau, B472. Dann rechts zur B11, kurz nach Kochel Richtung Innsbruck.

Königsdorf, D-82549 / Bayern

Campingplatz Königsdorf am Bibisee
Zum Lindenrain 8
1 Jan - 31 Dez
+49 8 17 18 15 80
mail@camping-koenigsdorf.de

1 ADEKNOPQRSTU LNQR 6
2 AEKLPQSTWXY ABDEFGH 7
3 BLMU ABCDEFJKNOQRT 8
4 FH 9
5 ABDFHILM ABGHIJKOSTY 10
WB 6-16A CEE ❶ €30,50
H600 8,6ha 90T(80-120m²) 270D ❷ €42,50

N 47°50'16" E 11°28'09"

102540

A8, in München über B2 Richtung A95 Garmisch-Partenkirchen. Ausfahrt 6 zur B11 Richtung Königsdorf, nach 2 km Richtung Geretsried. Ausfahrt Bibisee.

Königssee/Schönau, D-83471 / Bayern

Camping Mühlleiten GmbH
Königsseer Straße 70
10/4 - 1/11, 15/12 - 31/12
info@camping-muehlleiten.de

1 ADEKNOPQRSTU JN 6
2 BCIPQSTWXY ABDEFG 7
3 BK ABCDEFJNQR 8
4 AEFHO IZ 9
5 ABDEFHJKLMN ABGHORS 10
W 16A CEE ❶ €43,70
H600 1,8ha 80T(50-75m²) 22D ❷ €56,70

N 47°35'59" E 12°59'21"

102634

A8 Ausfahrt Bad Reichenhall Richtung Berchtesgaden. Im Kreisel Richtung Königssee B20. Nach 3 km Camping rechts.

Krün, D-82494 / Bayern

Tennsee*****
Am Tennsee 1
1/1 - 7/11, 15/12 - 31/12
+49 8 82 51 70
info@camping-tennsee.de

1 ACDEGKNOPQRSTU LN 6
2 ACIPQRSVWXYZ ABCDEFGHIJ 7
3 BDFLMT ABCDEFJLNQRSTUVW 8
4 ABCEFHJOPS ILUVW 9
5 ABDEFJLMN ABCEFGHIJKMOQUWY 10
WB 16A CEE ❶ €39,20
H950 5,2ha 265T(80-100m²) 5D ❷ €53,20

N 47°29'27" E 11°15'16"

102546

Ab 'Münchener Ring' den Schildern Garmisch-Partenkirchen folgen zur A95 bis Autobahnende Eschenlohe. Dann die B2, geht über zur B23 bis GAP. Dort über die B2 Richtung Mittenwald. Zwischen Klais und Barmsee.

Lackenhäuser, D-94089 / Bayern

CC€23

Knaus Campingpark Lackenhäuser****
Lackenhäuser 127
1/1 - 5/11, 21/12 - 31/12
+49 8 58 33 11
lackenhaeuser@knauscamp.de

1 ADGKNOPQRSTU BENP 6
2 BCIKQSTVWXYZ ABDEFGHIJ 7
3 BFGJMRT ABCDEFJKNPQRSTUVW 8
4 ABCEFHIJKOPQTZ ABEFJUVWX 9
5 ABDFLM ABEFGHJKLOQUY 10
Anz. auf S. 240 + Umschl. WB 16A CEE ❶ €44,50
H800 19ha 322T(80-100m²) 191D ❷ €53,50

N 48°44'56" E 13°49'00"

102664

B12 zwischen Freyung und Passau, Ausfahrt Waldkirchen. Bis Waldkirchen-Ost, hier ist der CP ausgeschildert. Noch ca. 28 km.

Teilkarte Südost-Bayern auf Seite 334

München, D-81247 / Bayern

München-Obermenzing
Lochhausener Straße 59
15 Mrz - 31 Okt
+49 8 98 11 22 35
book.campingom@outlook.de
N 48°10'27" E 11°26'47"

1 AEGKNOPQSTU 6
2 ABPQWYZ ABDEFGI 7
3 B ABCDEFJNOQRW 8
4 JOP E 9
5 ABDEHMN AGHINQ 10
10A CEE ① €29,00
H517 5,5ha 250T(80-200m²) 123D ② €33,00
102574

A99 Richtung Stuttgart bis Kreuz München-West, Ausfahrt München-Lochhausen, dann links auf die Lochhausener Straße.

Münsing, D-82541 / Bayern

Ambach am See
Am Schwaiblbach 3
1 Jan - 30 Nov
+49 8 17 75 46
office@camping-ambach.de
N 47°51'15" E 11°20'18"

1 ADEGKNOPQRSU LNQSV 6
2 ABFIKLPQTWXYZ ABFG 7
3 ABLMU ABEFJNQRSU 8
4 FHI DNRV 9
5 ABDEFGHKM ABCHJKQX 10
16A CEE ① €40,00
H570 3,5ha 100T(60-120m²) 265D ② €48,00
102537

A95 München-Garmisch-Partenkirchen, Ausfahrt 6 Wolfratshausen. An der Ostseite des Starnberger Sees, 6 km nördlich von Seeshaupt.

Murnau/Seehausen, D-82418 / Bayern

Halbinsel Burg
Burgweg 41
1 Jan - 2 Nov
+49 88 41 98 70
info@camping-staffelsee.de
N 47°41'06" E 11°10'43"

1 ADEGILOPQRSTU LNQXY 6
2 EIQRSXYZ ABDEFGI 7
3 BM ABCDEFJNQRT 8
4 FHJO 9
5 ABDFJL AGHJKNQ 10
B 16A CEE ① €36,00
2ha 130T 20D ② €40,20
112168

Von der A95 Ausfahrt Murnau, weiter nach Murnau, in Murnau Richtung Oberammergau. Am Kreisel Richtung Staffelsee, weiter der CP-Beschilderung folgen.

Oberammergau, D-82487 / Bayern

Campingpark Oberammergau GmbH
Ettalerstraße 56 B
1/1 - 27/2, 15/3 - 31/10, 20/12 - 31/12
+49 8 82 29 41 05
info@camping-oberammergau.de
N 47°35'25" E 11°04'07"

1 AEGKNOPQRSTU N 6
2 CIPQSTWXY ABDEFGHI 7
3 M ABCDEFIJKNQRTW 8
4 FHJ IJL 9
5 ADM ABCEFGHIJKOQ 10
WB 16A CEE ① €29,60
H850 2ha 85T(60-150m²) 31D ② €41,10
107458

A7 Ulm-Memmingen, Ausfahrt 128 Memmingen. A96 Richtung München, Ausfahrt 25 Landsberg. B17 nach Schongau. Dann B23 Richtung Garmisch-Partenkirchen.

Oberwössen, D-83246 / Bayern

Litzelau****
Litzelau 4
1 Jan - 31 Dez
+49 86 40 87 04
camping-litzelau@t-online.de
N 47°43'03" E 12°28'45"

1 AEKNOPQRSTU J 6
2 BCIPQRVWXYZ ABDEFGHI 7
3 BILM ABCDEFJNQRTUV 8
4 FHIJKOT J 9
5 ABDLM ABDGHIJKOQU 10
WB 16A CEE ① €31,00
H634 4ha 71T(80-120m²) 103D ② €42,00
102599

A8 München-Salzburg, Ausfahrt 106 Bernau und via B305 Richtung Reit im Winkl, nach Oberwössen (20 km).

Offenberg, D-94560 / Bayern

Auf dem Kapfelberg
Kapfelberg 2
15 Mrz - 30 Okt
+49 9 90 56 45
post@camping-kapfelberg.de
N 48°52'32" E 12°52'51"

1 ADEKNOPQRSU 6
2 AIQTVXY ABDEFG 7
3 A ABCDEFJKNQRTW 8
4 FHIJ F 9
5 D AGHJKMOQU 10
B 16A CEE ① €24,00
H400 1ha 50T(80-100m²) 1D ② €32,00
108867

A3 Regensburg-Passau, Ausfahrt 109 Metten Richtung Neuhausen. In Neuhausen vor dem Sonnenstudio links. Den CP-Schildern folgen.

Olching, D-82140 / Bayern

Ampersee
Josef-Kistler Weg 5
1 Mai - 2 Okt
+49 8 14 21 27 86
info@campingampersee.de
N 48°13'46" E 11°21'32"

1 AGKNOPQRSU LMPQSX 6
2 AEKQWXYZ ABEFG 7
3 AJL ABCDEFGJNQRW 8
4 9
5 ADFHLN AFGHOQ 10
10A ① €31,00
H499 2,7ha 40T(100m²) 70D ② €38,00
109022

A8 Augsburg-München, Ausfahrt 78 Fürstenfeldbruck/Olching. Dort CP ausgeschildert.

Piding/Bad Reichenhall, D-83451 / Bayern

Staufeneck
Strailachweg 1
3 Apr - 25 Okt
+49 86 51 21 34
camping-staufeneck@t-online.de
N 47°44'47" E 12°53'48"

1 ADEKNOPQRSTU 6
2 ABCSTWXYZ ABDEFGI 7
3 ALM ABCDEFGJNPQRTW 8
4 EFH 9
5 ABDMN AGHJKST 10
10A CEE ① €38,00
H484 2,7ha 100T(80-100m²) 20D ② €42,00
102630

A8 München-Salzburg, Ausfahrt Bad Reichenhall. Vor Bad Reichenhall rechts Ausfahrt zum Camping. Campingschildern folgen.

Prien am Chiemsee, D-83209 / Bayern

Hofbauer
Bernauerstraße 110
1 Apr - 15 Okt
+49 80 51 41 36
info@camping-prien-chiemsee.de
N 47°50'20" E 12°21'04"

1 AEKNOPQRSTU BCG 6
2 APQTUWXY ABDEFGI 7
3 BLMU ABCDEFJNQRTUVW 8
4 GHJO EFGIUV 9
5 ABDFGHKMN ABEGHIKOQU 10
Anzeige auf Seite 339 B 16A CEE ① €33,20
H522 1,5ha 100T(75-100m²) 57D ② €41,80
102595

A8 München-Salzburg, Ausfahrt 106 Bernau. Dann ca. 3 km Richtung Prien. Am Kreisel geradeaus, nach 100m liegt der Camping auf der linken Seite.

Prien am Chiemsee, D-83209 / Bayern

Panorama Camping Harras
Harrasserstraße 135
11 Apr - 5 Nov
+49 80 51 90 46 13
info@camping-harras.de
N 47°50'26" E 12°22'24"

1 ADEGHKNOPQSTU LNQSXY 6
2 AELMSWXYZ ABDEFGH 7
3 BLM ABCDEFIJKNRTW 8
4 FHOP DVZ 9
5 ABDFHLMN ABGHIJKLQY 10
B 6A CEE ① €43,70
H511 2ha 150T(30-70m²) 40D ② €63,50
102594

A8 München-Salzburg, Ausfahrt 106 Bernau, 3 km Richtung Prien. Nach 2 km am Kreisel rechts. Dann ist der CP gut ausgeschildert.

Ramsau, D-83486 / Bayern

Simonhof
Alte Reichenhallerstraße 110
1/1 - 15/1, 1/4 - 29/10, 1/12 - 31/12
+49 8 65 72 84
info@camping-simonhof.de
N 47°37'38" E 12°52'09"

1 AEKNOPQRSTU 6
2 BCIPQRSTUWXYZ ABDEFGI 7
3 AB ABCDEFJKNQRTUV 8
4 FHJO 9
5 ABDEFIMN ABCGHJKOQ 10
16A CEE ① €37,20
H860 1,5ha 90T(70-100m²) 30D ② €52,80
102633

B305 Von Siegsdorf nach Ramsau, Schildern folgen.

Rottenbuch, D-82401 / Bayern

Terrassen-Camping am Richterbichl****
Solder 1
1 Jan - 31 Dez
+49 88 67 15 00
info@camping-rottenbuch.de
N 47°43'39" E 10°58'01"

1 ABEGKNOPQRSTU LU 6
2 EPQTVWY ABDEFGHIK 7
3 BFMNU ABCDEFJNQRTW 8
4 FHJO FI 9
5 ABDEFHJKMN ABDFGHIJKOQ 10
W 16A CEE ① €27,80
H763 1,2ha 50T(80-100m²) 44D ② €34,80
102492

Von A7 Ulm-Kempten, Ausfahrt 134. B12 bis Marktoberdorf. Dann die B472 Richtung Schongau, danach B23 Richtung Garmisch-Partenkirchen. CP liegt direkt an der Romantischen Straße.

Ruhpolding, D-83324 / Bayern

Ortnerhof****
Ort 5
1 Jan - 31 Dez
+49 86 63 17 64
camping-ortnerhof@t-online.de
N 47°44'33" E 12°39'47"

1 ABEGILOPQRSTU N 6
2 AIPQRSTWXYZ ABDEFG 7
3 ABDFLMR ABCDEFJNQRTW 8
4 AFHJ FZ 9
5 ADLMN ABCFGHJKOQ 10
WB 16A CEE ① €36,70
H670 3,6ha 100T(80-120m²) 81D ② €49,70
102631

A8 München-Salzburg, Ausfahrt 112 Siegsdorf, Richtung Ruhpolding. CP liegt auf der Südseite der Stadt an der B305. Ab Zentrum angezeigt.

Schechen, D-83135 / Bayern

Erlensee
Rosenheimer Straße 63
1 Jan - 31 Dez
+49 80 39 16 95
buchung@camping-erlensee.de
N 47°55'31" E 12°08'07"

1 ADEKNOPQRSTU Q 6
2 AFIKQTWXY ABDEFG 7
3 L ABCDEFJNQRTUVW 8
4 FHK AV 9
5 DFLMN ABCHJKMNSTV 10
WB 6-10A CEE ① €25,00
H440 3ha 65T(20-100m²) 130D ② €33,00
113057

A8, Ausfahrt 102 Rosenheim, auf der B15 10 km in Richtung Wasserburg am Inn / Schechen bis zum Campingplatzschild Erlensee. Die Strecke führt jetzt noch durch die Stadt Rosenheim.

Schleching/Mettenham, D-83259 / Bayern

Camping Zellersee****
Zellerseeweg 3
12 Mai - 24 Sep
+49 86 49 98 67 19
info@camping-zellersee.de
N 47°44'04" E 12°24'56"

1 ADEILOPQSU LM 6
2 BEKLPQTVWXYZ ABDEFGI 7
3 AFGLM ABCDEFJNQRTW 8
4 FHI FJ 9
5 ABDHMN ABCGHJKMOST 10
16A CEE ① €35,00
H558 2,3ha 60T(50-90m²) 39D ② €49,00
109209

A8 München-Salzburg, Ausfahrt 106 Bernau, Richtung Reit im Winkl. In Marquartstein Richtung Schleching/Kössen.

Schliersee/Obb., D-83727 / Bayern

Camping Schliersee
Westerbergstraße 27
15 Apr - 7 Nov
+49 8 02 69 29 89 98
info@camping-schliersee.de
N 47°43'41" E 11°51'06"

1 AEKNOPSU LNQ 6
2 CEIKLQSTWXYZ ABDEFG 7
3 BL ABEFJKNQRSUVW 8
4 EFHT N 9
5 ADEFGHIJKN ABCGHJKNQ 10
16A CEE ① €37,00
H800 1ha 88T(36-67m²) 18D ② €47,00
102577

A8 München-Salzburg, Ausfahrt 98 Irschenberg, dann der B472 Richtung Miesbach, Hausham und Schliersee folgen. In Schliersee den CP-Schildern folgen.

Deutschland

Teilkarte Südost-Bayern auf Seite 334

Seefeld am Pilsensee, D-82229 / Bayern

Pilsensee
Am Pilsensee 2
1 Jan - 31 Dez
+49 81 52 72 32
info@camping-pilsensee.de

1 ADEG**KN**OPQRSTU — LNQRST**X**YZ 6
2 EKPQTWXYZ — AB**C**DE**FG** 7
3 BF**L**M — ABCDEF**I**KNQRTU 8
4 — FJMQR 9
5 ACDEFJLMN — ABCFHIJKLM**O**QUXY 10
B 16A CEE — ❶ €33,50
H549 10ha 140**T**(100m²) 368**D** — ❷ €47,50
N 48°01'49'' E 11°11'57''
B2068 Oberpfaffenhofen-Hersching, südlich von Seefeld abzweigen. 102535

Seeshaupt, D-82402 / Bayern

Camping Seeshaupt
St. Heinricherstraße 127
1 Apr - 30 Sep
+49 8 80 19 15 68 80
info@camping-seeshaupt.com

1 ADEG**JM**PQRSTU — LNQRST**X** 6
2 AFKPQTXY — ABCDE**FG** 7
3 B**LNO** — ABCDE**F**JNQR 8
4 FHR — F 9
5 ABDEFHKM — ABCFGHIJK**O**ST 10
B 16A CEE — ❶ €49,50
H600 2ha 69**T**(80-190m²) 67**D** — ❷ €65,50
N 47°49'13'' E 11°19'27''
A8 nach München, über die B2 zur A95 Garmisch-Partenkirchen. Ausfahrt 7 Seeshaupt, dann rechts Richtung Seeshaupt. 102539

Spatzenhausen/Hofheim, D-82447 / Bayern

Brugger am Riegsee
Seestraße 2
29 Mrz - 15 Okt
+49 8 84 77 28
office@camping-brugger.de

1 AEG**JM**OPQRSU — LNQSTXY 6
2 EIKLQTVWXYZ — ABDE**FG**H 7
3 BGMX — ABCD**FG**IJKNQRTUVW 8
4 BFHJLO — KT 9
5 ABDEFJLMN — ABCFGHIJKMNQY 10
Anzeige auf dieser Seite B 16A CEE — ❶ €29,95
H650 6ha 100**T**(60-120m²) 300**D** — ❷ €38,95
N 47°42'23'' E 11°13'05''
A95 Garmisch-Partenkirchen, Ausfahrt 9 Sindelsdorf. Links zur B472 Richtung Habach, dann Murnau, weiter den Schildern Hofheim folgen. 108109

Uffing, D-82449 / Bayern

Campingplatz Aichalehof
Aichalehof 4
1 Mai - 3 Okt
+49 8 84 62 11
camping@aichalehof.de

1 ABEG**KN**OPQRST**U** — LNPQS**XY** 6
2 ELQUXY — ABDE**FG** 7
3 ABM — ABCDE**F**HJNQR**S**TUVW 8
4 FH — 9
5 ADEFJLN — ABFHJKNQ 10
B 10-16A CEE — ❶ €33,50
H633 6ha 100**T**(80-100m²) 300**D** — ❷ €47,50
N 47°41'57'' E 11°09'27''
A95 München - Garmisch-Partenkirchen, Ausfahrt 9. Dann B472 Richtung Eglfing bis Uffing. Dort Beschilderung folgen. 112169

Taching am See, D-83373 / Bayern

Seecamping Taching am See
Am Strandbad 1
1 Apr - 15 Okt
+49 86 81 95 48
info@seecamping-taching.de

1 ADEG**J**LOPQRSTU — LMNQSXYZ 6
2 EJKLPQTWXYZ — ABDE**FG** 7
3 BFG**L**MS — ABCDEFJNQRTW 8
4 FH — DV 9
5 ABDFGKLN — ABDGHJKOQY 10
B 16A CEE — ❶ €31,75
H481 1,6ha 98**T**(80-100m²) 98**D** — ❷ €38,75
N 47°57'42'' E 12°43'54''
A8 München-Salzburg, Ausfahrt Traunstein/Siegsdorf. Auf der Strecke Waging-Tittmoning bei Taching Richtung See, danach noch ca. 0,3 km. 102620

Utting am Ammersee, D-86919 / Bayern

Campingplatz Utting am Ammersee
Im Freizeitgelände 5
1 Apr - 15 Okt
+49 88 06 72 45
info@ammersee-campingplatz.de

1 ADEG**KN**OPQRSTU — LM**N**QST**X**YZ 6
2 AEKLPQRWXY — ABE**FG** 7
3 AFG**JMNSW** — ABCDEFJNQRT 8
4 FH — PQT 9
5 ACDJLMN — ABFGHIJKOQ 10
B 16A CEE — ❶ €30,60
H685 1,4ha 120**T**(60-80m²) 180**D** — ❷ €37,60
N 48°01'39'' E 11°05'43''
A96 München-Landsberg, Ausfahrt Ammersee-West, den CP-Schildern folgen. 100186

Tittmoning, D-84529 / Bayern

Seebauer
Furth 9
1 Apr - 30 Sep
+49 86 83 12 16
info@camping-seebauer.de

1 ADEG**KN**OPQRSTU — **LN** 6
2 EKLPQSTWXYZ — ABDE**FG**H 7
3 ABFM — ABCDE**F**JKNQRTW 8
4 FHJ — INQTV 9
5 ADMN — ABGHJKOQ 10
B 16A — ❶ €25,25
H500 2,3ha 40**T**(90-100m²) 101**D** — ❷ €34,25
N 48°04'21'' E 12°44'21''
A3 von Regensburg bis Ausfahrt Straubing. Dann die B20 bis Burghausen. Von dort noch 15 km. 3 km vor Tittmoning ist der CP gut ausgeschildert. 102619

Viechtach, D-94234 / Bayern

Adventurecamp 'Schnitzmühle'
Schnitzmühle 1
1 Jan - 31 Dez
+49 9 94 29 48 10
info@schnitzmuehle.de

1 ADE**KN**OPQRSTU — JL**N**UXYZ 6
2 CELQRTY — ABDE**FG**HI 7
3 BFG**HI**MS**T**UX — ABCDEF**GI**JNQRTW 8
4 ABDEFGHIJLO**PSTUVXZ** — AGIKLR 9
5 ABDEFHJLMN — ABFGHJKLM**N**PQU 10
WB 10A CEE — ❶ €36,40
H418 2ha 80**T**(120m²) 61**D** — ❷ €53,40
N 49°04'10'' E 12°54'49''
A3 Regensburg-Passau, Ausfahrt 110 Ri. Deggendorf. Die B11/E53 bis Patersdorf. Nach links auf die B85 nach Viechtach. Den CP-Schildern folgen. Achtung: Einfahrt 12% Steigung und 3,20m Durchfahrtshöhe. 102618

Übersee/Feldwies, D-83236 / Bayern

Chiemsee Camping Rödlgries****
Rödlgries 1
1 Apr - 31 Okt
+49 8 64 24 70
info@chiemsee-camping.de

1 AILPQRSU — LNQSY 6
2 AFIJKQTWXY — ABDE**FG** 7
3 BFG**LMU**V — ABCDEFJKNQRTUV 8
4 BFH — 9
5 ABDFK — ABGHI**O**ST 10
B 16A CEE — ❶ €37,00
H526 7,4ha 308**T**(80-100m²) 180**D** — ❷ €47,50
N 47°50'28'' E 12°28'19''
A8 München-Salzburg, Ausfahrt 108 Übersee. Dann ausgeschildert. 102596

Viechtach, D-94234 / Bayern

Knaus Campingpark Viechtach****
Waldfrieden 22
1/1 - 5/11, 21/12 - 31/12
+49 99 42 10 95
viechtach@knauscamp.de

1 ADEG**KN**OPQRSTU — **EN** 6
2 BQSTUVWXYZ — ABDE**FG**HIJ 7
3 ABFGMSW — ABFJKNQRT 8
4 ABCDEFGHIJLMNO**PQT** — AEGJ 9
5 ABDFHJKMN — ABEFGHILM**O**QU 10
Anz. auf S. 240 + Umschl. WB 16A CEE — ❶ €44,40
H560 5,7ha 183**T**(80-100m²) 114**D** — ❷ €53,40
N 49°04'57'' E 12°51'12''
A3 Regensburg-Passau, Ausfahrt 110 Richtung Deggendorf. Die B11/E53 bis Patersdorf. Dort links die B85 bis Viechtach. Den Schildern 'Knaus-Camping' folgen. 102617

Deutschland

Teilkarte Südost-Bayern auf Seite 334

Viechtach/Pirka, D-94234 / Bayern

Höllensteinsee
Leitenweg 12
6 Apr - 8 Okt
+49 99 42 85 01
info@
camping-hoellensteinsee.de
N 49°06'03" E 12°52'34"

1 AKNOPQRSTU JLNP 6
2 DEILPQXYZ ABEFGHI 7
3 A ABCDEFGJKLNQRSTUVW 8
4 FHI INQ 9
5 ABDEFHJK ABCEFGHJKOQ 10
B 12A CEE
H403 3,5ha 150T 13D
① €30,80
② €42,80
122371

B85 nach Viechtach. Der Beschilderung Bad Kötzting Richtung Pirka (ST2139) folgen. In Pirka dem CP-Schild folgen.

Wackersberg, D-83646 / Bayern

Camping Demmelhof****
Stallau 148
1 Jan - 31 Dez
+49 80 41 81 21
info@
campingplatz-demmelhof.de
N 47°45'02" E 11°30'05"

1 AEGKNOPQRSTU LNQSUXZ 6
2 CEILPQTVWXYZ ABDEFGI 7
3 BDELX ABCDEFGIJKNQRTW 8
4 FHJKOP FJNUWY 9
5 ABDEFHKMN ABFGHIKLMOPQVW 10
WB 16A CEE
H703 2,6ha 65T(30-120m²) 88D
① €32,00
② €41,00
111102

Von Bad Tölz Richtung Peißenberg und Kochel am See (B472). Schräg gegenüber vom Blomberg.

Waging am See, D-83329 / Bayern

Tettenhausen
Hauptstraße 2
1 Jan - 31 Dez
+49 86 81 16 22
campingplatz-
tettenhausen@t-online.de
N 47°57'12" E 12°45'04"

1 ADEGKNOPQRSTU LMNQSXYZ 6
2 EJKLPQSWXYZ ABDEFG 7
3 BFGLM ABCDEFGIJNQRTVW 8
4 FH 9
5 ABDEFHJLNO ABHKMOQY 10
B 10A CEE
H460 1ha 80T(75-100m²) 40D
① €31,00
② €34,50
102621

A8 München-Salzburg, Ausfahrt Siegsdorf in Richtung Traunstein/ Waging. Danach nach Tettenhausen.

Waging am See, D-83329 / Bayern

Ferienparadies
Gut Horn*****
Gut Horn
1 Mrz - 30 Nov
+49 8 68 12 27
info@gut-horn.de
N 47°56'47" E 12°45'22"

1 ADEGKMOPQRSTU LMNQRSTXYZ 6
2 EIKLQUWXYZ ABDEFGH 7
3 ABFJLMS ABCDEFJKNQRTW 8
4 BEFHJX GIMQRTZ 9
5 ACDFGJKLMN ABGHJKLOQV 10
B 16A CEE
H470 5ha 250T(72-90m²) 120D
① €33,80
② €48,80
110143

A8 München-Salzburg, Ausfahrt 112 Traunstein, Richtung Waging am See. Richtung Fridolfing über Tettenhausen zum CP Gut Horn.

Waging am See, D-83329 / Bayern

Strandcamping
Waging am See*****
Am See 1
1 Jan - 31 Dez
+49 8 68 15 52
info@strandcamp.de
N 47°56'34" E 12°44'50"

1 ACDEGKNOPQRSTU HLMNQRSTXY 6
2 EIJLPQTWXYZ ABDEFGHIJ 7
3 ABDEFGJLMNOSTUW ABCDEFGIJKNPQRTUVW 8
4 ABCDEFHJLNOPQRTVXYZ BDIMPQRTUVWZ 9
5 ACDEFGHIKLMNO ABEFGHIJKMOQUWXY 10
Anz. auf dieser S. B 10-16A CEE
H450 3,5ha 654T(80-200m²) 435D
① €42,50
② €57,50
102623

A8 München-Salzburg, Ausfahrt Traunstein/Siegsdorf, Richtung Traunstein. Dann noch 10 km nach Waging.

Waging/Gaden, D-83329 / Bayern

Schwanenplatz*****
Am Schwanenplatz 1
24 Apr - 4 Okt
+49 8 68 12 81
info@schwanenplatz.de
N 47°56'10" E 12°45'36"

1 ADEGILOPQRSU LMNQSXYZ 6
2 CEKLPQSWXYZ ABDEFGH 7
3 ABLM ABCDEFJKNQRTUVW 8
4 BFHX VZ 9
5 ABDEFHKLMN ABGHJKOQVY 10
B 10A CEE
H432 4ha 151T(85-120m²) 82D
① €37,30
② €52,70
102624

A8, Ausfahrt Traunstein, Richtung Waging. Dann Richtung Freilassing. Nach 1,5 km links bei Gaden.

Walchensee, D-82432 / Bayern

Walchensee
Lobisau 8
1 Mai - 3 Okt
info@camping-walchensee.de
N 47°34'57" E 11°18'37"

1 AEGKNOPQRSU LNOPQSXY 6
2 BFIKLMPQSTWXY ABDEFG 7
3 ABL ABCDEFNQRT 8
4 FHI 9
5 ABDEFHJMN ABCGHIJKNQ 10
10A CEE
H804 2,8ha 80T(50-100m²) 45D
① €32,50
② €44,00
102544

A8 nach München, über B2 Richtung A95 Garmisch-Partenkirchen. Ausfahrt 9 Sintelsdorf, B472. Dann rechts zur B11, nach Kochel Richtung Innsbruck.

Weissach, D-83700 / Bayern

Camping Wallberg
Rainerweg 10
1 Jan - 31 Dez
+49 80 22 53 71
campingplatz-wallberg@
web.de
N 47°41'18" E 11°44'55"

1 AKNOPQRSTU QSX 6
2 PQWXYZ ABDEFG 7
3 BHL ABCDEFJNQRTW 8
4 FH I 9
5 ADFHLMN AFGHJKLOQY 10
WB 16A
H734 3,5ha 150T(80-120m²) 101D
① €26,70
② €36,10
102578

A3 München-Salzburg, Ausfahrt Holzkirchen. B318 weiter folgen via Warngau, Gmund am Tegernsee und Bad Wiessee naar Weissach. Dort den CP-Schildern folgen.

Teilkarte Südost-Bayern auf Seite 334

Schweiz

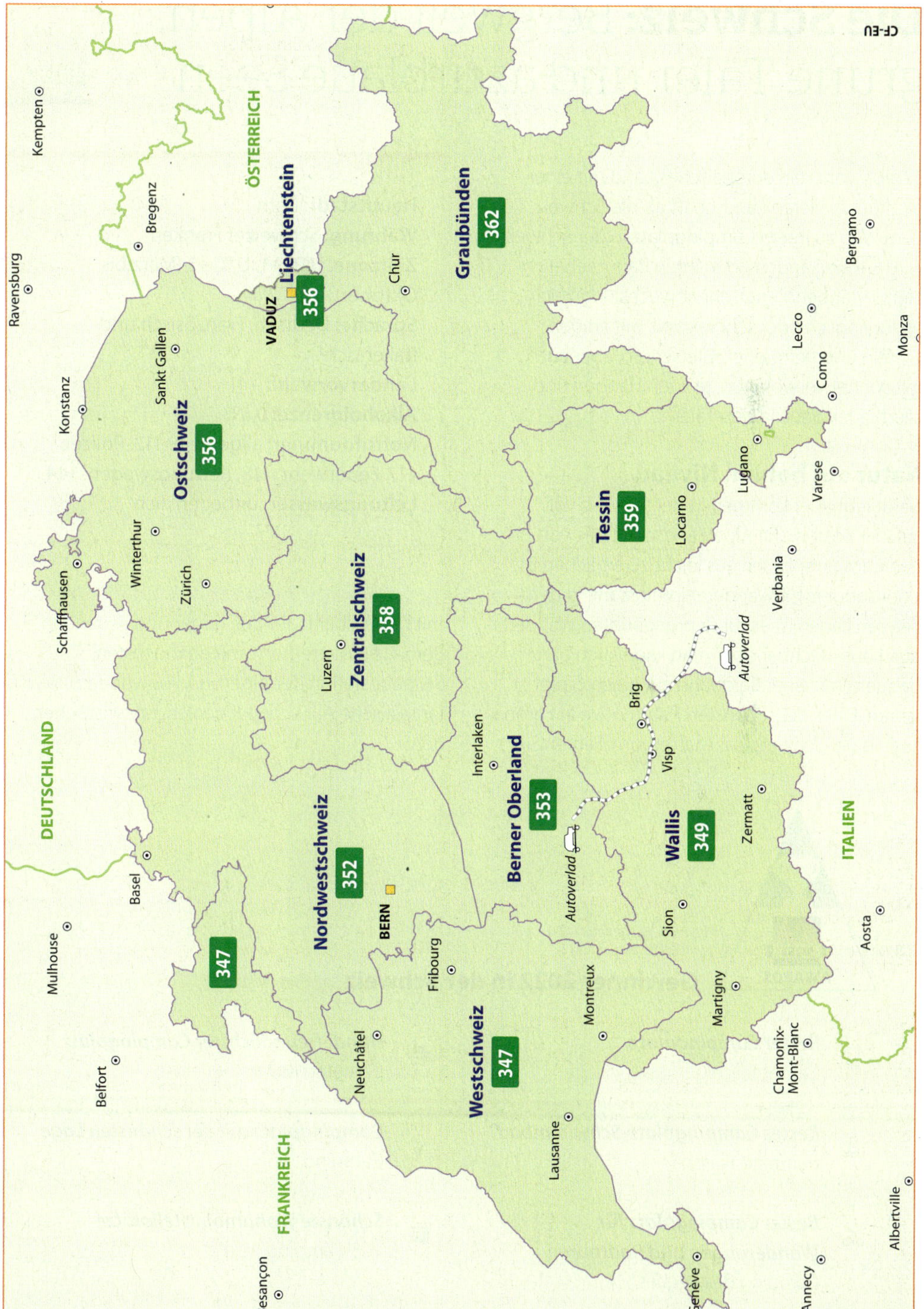

DEUTSCHLAND
ÖSTERREICH
FRANKREICH
ITALIEN
Liechtenstein
356
VADUZ
Ostschweiz
356
Graubünden
362
Zentralschweiz
358
Tessin
359
Nordwestschweiz
352
BERN
Berner Oberland
353
Wallis
349
Westschweiz
347
347
Autoverlad
Autoverlad
Kempten
Ravensburg
Bregenz
Konstanz
Sankt Gallen
Chur
Bergamo
Lecco
Monza
Como
Lugano
Varese
Locarno
Verbania
Schaffhausen
Winterthur
Zürich
Luzern
Brig
Visp
Interlaken
Zermatt
Basel
Mulhouse
Fribourg
Sion
Aosta
Martigny
Montreux
Neuchâtel
Belfort
Chamonix-Mont-Blanc
Lausanne
Besançon
Genève
Annecy
Albertville
CF-EU

Die Schweiz: Bergwelt der Alpen, grüne Täler und azurblaue Seen

Es gibt wohl kein europäisches Land mit einer eindrucksvolleren Landschaft als die Schweiz. Auf dem Weg zu Ihrem Campingplatz in der Schweiz wird Sie die Landschaft in ihren Bann ziehen: atemberaubend und sehr abwechslungsreich, unzugänglich oder sehr reizvoll, mit eisigen Gipfeln und gefrorenen Gletschern, aber auch mit sonnenverwöhnten, grünen Hängen und azurblauen Seen in den Tälern.

Natur auf hohem Niveau

Naturliebhaber kommen in der Schweiz voll auf ihre Kosten. Die Alpenlandschaft, die von den Campingplätzen aus leicht zu erreichen ist, ist besonders für Wanderer interessant. In den tieferen Lagen ist es für den ungeübten Wanderer durchaus machbar, aber man kann auch ganz bequem mit einer Bergbahn auf einen Gipfel fahren. Eines der schönsten Fotomotive in Europa liegt in der Schweiz: das Matterhorn. Fahren Sie mit der Seilbahn auf den gegenüberliegenden Berg Klein Matterhorn, mit der höchsten Seilbahnstation der Alpen, und bewundern Sie die fantastische Aussicht auf den charakteristischen Berg.

Hauptstadt: Bern
Währung: Schweizer Franken
Zeitzone: UTC +1, UTC +2 (März bis Oktober)
Sprache: Deutsch, Französisch und Italienisch
Ländervorwahl: +41
Alkoholgrenze: 0,5‰
Notrufnummer: allgemein: 112, Polizei: 117, Feuerwehr: 118, Rettungswagen: 144
Leitungswasser: unbedenklich

ACSI AWARDS

Gewinner 2022 in der Schweiz

Bester Campingplatz
Campofelice Camping Village

Hundefreundlichster Campingplatz
Camping Monte Generoso

Bestes Campingplatz-Schwimmbad
Camping Riarena

Campingplatz mit der schönsten Lage
Camping Jungfrau

Bester Campingplatz für Wanderungen und Radtouren
Camping des Pêches

Schönste Wohnmobilstellplätze
TCS Camping Sion

Gewinner: Camping Des Pêches

Campingurlaub am See

Wer lieber in Wassernähe campt, hat in der Schweiz die Qual der Wahl. Auf der Schweizer Seite des Bodensees können Sie die schöne Stadt Konstanz erkunden und die Blumeninsel Mainau besuchen. Fahren Sie mit dem Boot über den Genfer See und erleben Sie den 140 m hohen Springbrunnen Jet d'eau, eines der Wahrzeichen der Stadt Genf. Begeben Sie sich auf die Spuren von Wilhelm Tell auf dem Vierwaldstättersee und in Küssnacht. Der Neuenburgersee und der Walensee bieten auch jede Menge Wasserspaß mit Möglichkeiten zum Segeln, Fischen, Schwimmen, Surfen und Paddeln.
Ein Campingurlaub in der Schweiz wird noch imposanter, wenn man einen der hohen Alpenpässe überquert, zum Beispiel den Großen St. Bernhard-, den Furka- oder den Grimselpass. Weit weniger bekannt, aber sicherlich ebenso schön ist das grüne und liebliche Mittelgebirge im Westen: der Schweizer Jura. Die meisten Campingplätze bieten auch Wintercamping an.

Die Schweiz für echte Feinschmecker

Die Schweiz ist berühmt für ihre Käsesorten wie Emmentaler, Appenzeller oder Raclettekäse. In der Emmentaler-Käserei erfahren Sie alles über die Geschichte und Herstellung dieser Schweizer Spezialität. Zu einem leckeren Stück Käse passt ein gutes Glas Wein aus einem der Schweizer Weinanbaugebiete. Für Liebhaber von süßen Speisen ist die Schweizer Schokolade ein echtes Highlight.

Tanken

Benzin (Super 95 und Super Plus 98) und Diesel (Gazole) sind ohne weiteres erhältlich. Flüssiggas ist einigermaßen gut verfügbar. Zum Tanken von Flüssiggas verwenden einige Tankstellen den Europa-Adapter (acme) und andere den Italien-Anschluss (dish).
Tankstellen sind oft mindestens von 8 bis 18 Uhr geöffnet. In den Städten und entlang der Landstraßen sind sie oft von 7 bis 20 Uhr und entlang der Autobahnen von 6 bis 23 Uhr geöffnet. Außerdem haben die meisten Tankstellen einen Nachtservice-Automaten.

Ladestationen

In der Schweiz gibt es zahlreiche öffentliche Ladestationen, viele davon entlang der Autobahnen. Die Gebührensätze sind in der Schweiz immer noch sehr unterschiedlich und teilweise sehr hoch. Aus diesem Grund ist das kostenlose Aufladen in der Schweiz sehr beliebt und Unternehmen wie Ikea und Supermärkte bieten die Möglichkeit des kostenlosen Aufladens an. Daher gibt es in der Schweiz relativ viele kostenlose Ladepunkte. Es ist ratsam, diese in Anspruch zu nehmen, damit der Urlaub in der Schweiz etwas günstiger wird.

Verkehrsvorschriften

Tagesfahrlicht ist Pflicht. An einer gleichberechtigten Kreuzung hat der Verkehr von rechts Vorfahrt. Straßenbahnen haben immer Vorfahrt. Der Verkehr in einem Kreisverkehr hat Vorrang, wenn dies durch Verkehrszeichen angezeigt wird. In den Bergen hat der bergauf fahrende Verkehr Vorrang vor dem bergab fahrenden. Auf engen Straßen hat ein schwereres

Fahrzeug Vorrang vor einem leichteren. Autofahrer dürfen nur Freisprechtelefone benutzen. Kinder unter 12 Jahren oder einer Körpergröße von weniger als 1,50 m müssen in einem Kindersitz sitzen. Blitzer-Warnschilder sind verboten; entfernen Sie Schweizer Blitzerstandorte aus Ihrer Navigationssoftware (falls nötig). Winterreifen werden bei winterlichen Verhältnissen dringend empfohlen (Schneeketten können durch ein Schild vorgeschrieben werden).

"Die Schweiz: unvergleichliche Natur in Europa, kombiniert mit stimmungsvollen historischen Städten"

Herr D. Kolkman, Inspektor 1070

Sondervorschriften

In der Schweiz gibt es "Bergpoststrassen" (blaues Schild mit gelbem Posthorn), auf denen Linienbusse und Postfahrzeuge immer Vorrang haben.
Bei Stau muss eine Rettungsgasse gebildet werden.
Parken ist auch dort verboten, wo gelbe Streifen und Kreuze auf der Fahrbahn angebracht sind.
Lasten dürfen seitlich nicht überstehen, Fahrräder dürfen jedoch maximal 20 cm überstehen.

Vorgeschriebene Ausstattung

Ein Warndreieck ist im Auto Pflicht.

Reisemobil und Caravan

Ein Reisemobil oder eine Auto-Wohnwagen-Kombination darf höchstens 4 m hoch, 2,55 m breit und 18,75 m lang sein (der Wohnwagen selbst darf nicht länger als 12 m sein).
Auf Autobahnen mit mindestens drei Fahrspuren in gleicher Fahrtrichtung dürfen Sie mit Ihrem Wohnwagen (oder mit einem Wohnmobil > 3,5 Tonnen) nicht auf der ganz linken Spur fahren.
Wir empfehlen Ihnen, Unterlegkeile mitzunehmen, um die Räder Ihres Wohnwagens an einem (leichten) Hang zu sichern.

Fahrrad

Ein Fahrradhelm ist nur vorgeschrieben, wenn Sie schneller als 20 km/h fahren. Es ist verboten, während des Radfahrens zu telefonieren oder ein Mobiltelefon zu benutzen. Kinder bis 6 Jahre dürfen nur in Begleitung einer mindestens 16 Jahre alten Person auf der Straße fahren. Eine Person ab 16 Jahren darf ein Kind auf einem Fahrrad in einem Kindersitz mit Beinschützern transportieren. Radfahrer dürfen nur auf einem Radweg oder einer Fahrradspur nebeneinander fahren.

Maut

Auf allen Schweizer Autobahnen ist eine Mautvignette erforderlich.
Für Wohnwagen und Anhänger ist eine zweite Vignette erforderlich. Die Vignette ist für Autos, Wohnwagen, Anhänger und Wohnmobile bis zu einem Gesamtgewicht von 3,5 t gleich (und kostet dasselbe). Sie ist ein Jahr lang gültig. Fehlt die Vignette, riskieren Sie ein hohes Bußgeld.
Es ist ratsam, die Vignette vor der Reise online zu bestellen, zum Beispiel über tolltickets.com. So ersparen Sie sich die Wartezeit an der Grenze.
Für Fahrzeuge (auch Wohnmobile) über 3,5 t müssen Sie eine Schwerverkehrsabgabe (PSVA) entrichten. Sie können sich dazu bei der Zollstelle an der Grenze melden.

Weitere Informationen bazg.admin.ch (suche nach PSVA für ausländische Fahrzeuge)
Sie können die Grenze bei Basel-Weil (auf der E35, der deutschen A5, der schweizerischen A2) nicht ohne Vignette überqueren.

Umweltzonen

Der Kanton Genf hat in mehreren Gemeinden ab Januar 2020 eine Umweltzone eingeführt. Sie müssen in dieser Zone eine Umweltplakette haben.

Tunnels

Es gibt zwei mautpflichtige Tunnel: den Gran San Bernardo-Tunnel und den Munt-la-Schera-Tunnel. Der Munt-la-Schera-Tunnel hat nur eine Fahrspur, so dass Sie nur zu bestimmten Zeiten durchfahren können. Weitere Informationen: letunnel.com, livigno.eu/de/tunnel-munt-la-schera und ekwstrom.ch.
Sie können auch mit dem Autozug durch eine Reihe von Tunneln fahren. Weitere Informationen: myswissalps.com/de/auto/autozug.

Panne und Unfall

Stellen Sie Ihr Warndreieck auf Autobahnen mindestens 100 m (sonst 50 m) hinter dem Fahrzeug auf, wenn es für den übrigen Verkehr nicht sichtbar ist. Allen Insassen wird empfohlen, eine Sicherheitsweste zu tragen.
Rufen Sie im Falle einer Panne die Notrufnummer Ihres Pannendienstes. Sie können auch einen Schweizer Pannendienst anrufen: +41 44 2833377 (ACS) oder 800 140140 (TCS). Auf Hauptverkehrsstraßen und Bergpässen können Sie auch an einer Notrufsäule Pannenhilfe anfordern. Das Abschleppen auf der Autobahn ist bis zur ersten Ausfahrt erlaubt.

"Hoch oben in den Bergen oder an einem See, in der Schweiz ist alles möglich"

Herr W. Laeven, Inspektor 1121

Campen

Die meisten Campingplätze in der Schweiz befinden sich an den Seen. Die Campingplätze in den Gebirgsregionen sind oft klein und bieten nur einfache Einrichtungen für Zeltcamper.

Klima Genève	Jan.	Feb.	März	Apr.	Mai	Jun.	Jul.	Aug.	Sept.	Okt.	Nov.	Dez.
Durchschnittliche Höchsttemperatur	4	6	10	14	18	22	25	24	21	15	8	5
Durchschnittliche Anzahl der Sonnenstunden pro Tag	2	3	5	7	8	9	10	9	7	4	2	1
Durchschnittliche monatliche Niederschlagsmenge (mm)	69	70	68	56	66	77	58	68	70	66	79	75

Klima Lugano	Jan.	Feb.	März	Apr.	Mai	Jun.	Jul.	Aug.	Sept.	Okt.	Nov.	Dez.
Durchschnittliche Höchsttemperatur	6	8	12	15	19	23	26	25	21	17	11	7
Durchschnittliche Anzahl der Sonnenstunden pro Tag	4	5	6	6	6	8	9	8	6	5	4	3
Durchschnittliche monatliche Niederschlagsmenge (mm)	76	71	106	152	194	171	133	166	153	140	120	63

Klima Zürich	Jan.	Feb.	März	Apr.	Mai	Jun.	Jul.	Aug.	Sept.	Okt.	Nov.	Dez.
Durchschnittliche Höchsttemperatur	2	4	8	13	17	21	23	22	19	13	7	3
Durchschnittliche Anzahl der Sonnenstunden pro Tag	2	3	5	6	7	7	8	7	6	3	2	1
Durchschnittliche monatliche Niederschlagsmenge (mm)	67	70	69	87	103	124	117	133	92	69	82	73

In der Westschweiz haben die Campingplätze oft viele feste Stellplätze.
Wildcamping außerhalb der Campingplätze ist generell verboten. Es ist nur erlaubt, wenn Sie vorher die Erlaubnis des Grundstückseigentümers oder der örtlichen Polizei eingeholt haben.

Besonderheiten

Viele Schweizer Campingplätze sind auch im Winter geöffnet, vor allem im Berner Oberland und in Graubünden.
Beim Zelten in den Bergen ist es ratsam, das Wetter im Auge zu behalten.
Die Schweizer Campingplätze sind streng, was die Verwendung von Gas betrifft. Möglicherweise müssen Sie einen Fragebogen über die Tauglichkeit der Geräte ausfüllen.
Das Übernachten im Wohnwagen, Wohnmobil oder Auto außerhalb von Campingplätzen ist auf Autobahnraststätten nur für eine Nacht auf der Durchreise erlaubt. Abgesehen von lokalen Ausnahmen ist das Übernachten auf öffentlichen Straßen auch anderswo verboten.

Praktisches

Das Fahren in den Schweizer Bergen erfordert eine gewisse Erfahrung, wenn man mit einem Wohnwagen unterwegs ist.
In den Alpen treten Steigungen von 6 % bis 15 % und mehr auf. Fast alle Bergstraßen sind auf der Seite gesichert, auf der es einen Abgrund gibt.
Gebirgspässe in der Schweiz, Österreich und Italien können vorübergehend geschlossen, schwer befahrbar oder sogar dauerhaft für Fahrzeuge mit Wohnwagen oder Anhängern verboten sein. Bitte überprüfen Sie dies vor Ihrer Reise.
Weitere Informationen: alpenpaesse.de.
Zusätzliche Gebühren für Dinge wie Touristensteuern und Umweltabgaben können manchmal hoch sein.
Wenn Sie ein Mobiltelefon oder das Internet benutzen, prüfen Sie im Voraus, ob die Schweiz in Ihrem EU-Paket enthalten ist.

Westschweiz

Aigle, CH-1860 / Vaud

De la Piscine***
avenue des Glariers 1
1 Apr - 15 Okt
+41 2 44 66 26 60
campingdelapiscine@bluewin.ch

1 ABDE**JM**OPQRSTU	BFH**N** 6
2 ACIPQSWY	ABDE**FG** 7
3 ABFG**JL**MSW	ABEFJNQRT 8
4 FH	BE 9
5 ADEHJKLMNO	ABCGJKOQ 10
B 16A CEE	① €42,25
H380 1ha 75**T**(80m²) 36**D**	② €51,40

N 46°19'25'' E 06°57'44''

A9 Ausfahrt Aigle und Richtung Stadt. CP liegt am Ortseingang, auf der rechten Seite am Schwimmbad und den Sportplätzen; diesen Schildern folgen. 107030

Chessel, CH-1846 / Vaud

Au Grand-Bois***
route d'Evian
1 Jan - 31 Dez
+41 2 44 81 42 25
info@au-grand-bois.ch

1 ADEGKNOPQRST**U**	AF**N** 6
2 ACIPQTXY	ABDE**FG**H 7
3 AB**L**MS	ABEFJNQRW 8
4 FH	DEJV 9
5 ABDEFGHJKMN	ABFGHIKNQUY 10
10A CEE	① €32,15
H400 4ha 20**T**(80m²) 185**D**	② €41,30

N 46°21'23'' E 06°53'57''

A9 Ausfahrt 16 Villeneuve und den Schildern Noville folgen. Camping nach 3 km hinter Noville rechts der Straße. 111638

Avenches, CH-1580 / Vaud

Camping Port-Plage*****
Camping de la Plage 1
1 Apr - 6 Okt
+41 2 66 75 17 50
camping@avenches.ch

1 ADEH**KN**OPQRSTU	LMNQSW**X**Y**Z** 6
2 AFJKPQRWY	ABDE**FG** 7
3 BG**L**MS	ABCDEFNQRT 8
4 BCDFHL	KNRT 9
5 ABDEFHLM	ABCFGHIJKOQXY 10
B 13A CEE	① €46,45
H430 7,5ha 308**T**(70m²) 450**D**	② €55,85

N 46°54'16'' E 07°02'56''

Von Salavaux Richtung Avenches. In Avenches dreimal dem Wegweiser 'Camping' folgen. Port-Plage ist der 3. Camping links. Von Biel aus in Faoug am Rathaus links abbiegen. 107020

Colombier, CH-2013 / Neuchâtel

Paradis-Plage****
Allée du Port 8
1 Mrz - 31 Okt
+41 3 28 41 24 46
info@paradisplage.ch

1 ADE**JM**OPQRSTU	FLMQS 6
2 ABFJKLMPQSWYZ	BDE**FG**HIJK 7
3 BFMS	ABCDFJNQRT 8
4 DFHN**P**	EFLRUV 9
5 ACDEFGJKLMN	ABCFGHLOQY 10
B 10A CEE	① €55,10
H430 4ha 124**T**(40-64m²) 176**D**	② €66,10

N 46°58'02'' E 06°52'13''

Der CP liegt an der Straße Nr. 5 Yverdon-Neuchâtel in Colombier, 500m hinter dem Schloss auf der rechten Seite. 107019

Château-d'Oex, CH-1660 / Vaud

Le Berceau***
route de Mosses 16
1 Jan - 31 Dez
+41 2 69 24 62 34
campingduberceau@hotmail.com

1 ADEH**KN**OPQS**U**	BGH**N**U 6
2 CIQUVWXY	ABD**FG**H 7
3 AGMS	ABEFJNQR 8
4 FH	9
5 ADEHJKMN	ABGHJKNQ 10
WB 10A	① €43,15
H950 1ha 70**T**(60-80m²) 54**D**	② €52,35

N 46°28'03'' E 07°07'35''

Von Bulle die 11 Richtung Spiez fahren. Dann in Château-d'Oex Schildern Schwimmbad zum CP folgen. 107049

Cudrefin, CH-1588 / Vaud

Communal de Cudrefin***
route de Neuchatel 87
15 Mrz - 31 Okt
+41 2 66 77 32 77
camping@cudrefin.ch

1 ABDEGH**KN**OPQRSU	FLMNQS**X**Y**Z** 6
2 FKPQXY	ABDE**FGJ** 7
3 AGM**N**S	ABCDEFNQRTW 8
4 FH	EG 9
5 DEHJMN	ABFGHIJKOQUY 10
B 10A CEE	① €32,60
H435 5ha 120**T**(60-80m²) 434**D**	② €45,45

N 46°57'38'' E 07°01'41''

Von Neuchâtel nach Estavayer-le-Lac, CP rechts der Strecke vor der Ortseinfahrt. 112173

Châtel-St-Denis, CH-1618 / Fribourg

Le Bivouac****
route des Paccots 21
1 Mai - 30 Sep
+41 2 19 48 78 49
info@le-bivouac.ch

1 ADEKNOPQSU	AF**N** 6
2 APQSTUVWXYZ	ABDE**FG**H 7
3 AMS	ABCDEFJNQRW 8
4 EFHO	9
5 ABDEHJMN	ABHJKNQU 10
10A	① €36,45
H898 2ha 30**T**(80-120m²) 130**D**	② €44,70

N 46°31'32'' E 06°55'06''

E27 Fribourg-Vevey. Ausfahrt Châtel-St. Denis/Les Paccots. In Richtung Les Paccots fahren. CP liegt auf der linken Seite. 110603

Estavayer-le-Lac, CH-1470 / Fribourg

La Nouvelle Plage***
chemin de la Grande Gouille 2
30 Mrz - 15 Okt
+41 2 66 63 16 93
info@nouvelle-plage.ch

1 ABDE**KN**OPQRSU	HLM**N**PQRSTUW**X**Y**Z** 6
2 AFJKPQRWXY	ABDE**FG**IJK 7
3 ABFG**JL**M**NOQ**S	ABEFGNQRTW 8
4 FHJ	AFGJMNPRTUV 9
5 ACDEFGHJKLMN**O**	ABGHILOQUY 10
B 10A CEE	① €57,85
H418 1,5ha 60**T**(42-70m²) 124**D**	② €66,75

N 46°51'24'' E 06°50'52''

Von der Autobahn am 1. großen Kreisel, 3. Ausfahrt Richtung Estavayer-le-Lac und See. Dann 1. Kreisel vor der Post 3. Ausfahrt und dann geradeaus. Am Ende der Straße links bis zum Parkplatz (Zufahrtstor). 107022

Forel Lavaux, CH-1072 / Vaud

Camping des Cases****
chemin des Cases 2
1 Jan - 31 Dez
+41 2 17 81 14 64
info@campingforel.ch

1 ADEJMOPQSTU BHN 6
2 AQWXY ABDEFG 7
3 BFLMNS ABCDEFJNQRW 8
4 O G 9
5 ABDEFGHJLMNO ABCJKLQ 10
B 13A CEE ❶ €33,95
H677 4ha 60T(80-100m²) 157D ❷ €45,00

N 46°31'44" E 06°45'55"

Von Chexbres Richtung Moudon fahren. 1 km vor Forel ist der CP ausgeschildert. 107010

Gryon/La Barboleusaz, CH-1882 / Vaud

Les Frassettes C.C.C.V.***
chemin des Bloz 2
1 Jan - 31 Dez
+41 2 44 98 10 88
frassettes@camping-club-vaudois.ch

1 ABDEHKNOPQSTU 6
2 IPQSTVXY ABDEFGHIJK 7
3 BLMSU ABCDEFJNQRT 8
4 FHJ D 9
5 DM BCHIJKOQUY 10
W 10A CEE ❶ €41,15
H1200 1ha 45T(50-60m²) 32D ❷ €51,95

N 46°16'59" E 07°04'35"

A9, Ausfahrt Aigle in Richtung Gryon/Ollon/Villars nehmen. In Villars in Richtung Gryon/La Barboleusaz fahren. Ausgeschildert. 107031

La Chaux-de-Fonds, CH-2300 / Neuchâtel

Bois du Couvent***
Bois du Couvent 108
1 Mai - 30 Sep
+41 7 92 40 50 39
info@boisducouventcamping.ch

1 DEKNOPQRSU 6
2 BQSTVY ABDEFGIJ 7
3 AS ABCDEFHJNPQRTU 8
4 FGHO EJ 9
5 DLN ABFHJKOQU 10
16A CEE ❶ €25,70
H1060 1,4ha 40T(35-100m²) 68D ❷ €29,40

N 47°05'37" E 06°50'11"

Von Le Locle in La Chaux-de-Fonds den Wegweisern Neuchâtel folgen. Der CP liegt auf der rechten Seite. 107014

Lausanne, CH-1007 / Vaud

De Vidy****
chemin du Camping 3
1 Jan - 21 Dez
+41 2 16 22 50 00
info@clv.ch

1 ABDEKNOPSTU LNQSWXZ 6
2 AEPQRWXYZ ABDEFGH 7
3 ABMSW ABCDEFJNOQR 8
4 FHJOP HLN 9
5 ACDEFGHIJKLMNO ABFGHJKLOQU 10
B 10A CEE ❶ €39,65
H378 4,5ha 450T(80m²) 74D ❷ €50,70

N 46°31'03" E 06°35'52"

In Lausanne Schildern Lausanne-Süd folgen bis zum Ortsausgang von La Maladière. Schildern folgen A-Straße Genève. CP gut ausgeschildert. 107011

ACSI AWARDS 2022

GEWINNER

Bester Campingplatz für Wanderungen und Radtouren

Schweiz

Camping Des Pêches

Le Landeron, CH-2525 / Neuchâtel

Des Pêches****
rue du Port 6
1 Apr - 15 Okt
+41 3 27 51 29 00
info@camping-lelanderon.ch

1 ABDEKNOPQRSTU FLMNQSWXYZ 6
2 ACEJKPQWY ABDEFGHIJK 7
3 BEGLMNOSU ABCDEFGJNQRSTU 8
4 FHIO EFUVW 9
5 ACDEFGHJLMN ABDGHJKOQU 10
B 16-20A CEE ❶ €43,60
H432 5ha 150T(50-100m²) 290D ❷ €50,95

N 47°03'11" E 07°04'12"

Von La Neuville Richtung Le Landeron. Der CP ist im Dorf ausgeschildert. Achtung: in der Zufahrt zum CP sind hohe Verkehrschwellen, Schritt fahren. 107016

Le Sentier, CH-1347 / Vaud

Camping Lac de Joux***
Le Rocheray 37
1 Jan - 31 Dez
+41 2 18 45 51 74
campinglacdejoux@bluewin.ch

1 DEKNOPRSU LNQSWX 6
2 EIMPQSTXY ABDEFGIJK 7
3 AMQS ABEFJNQRT 8
4 FHJO UW 9
5 ABDHMN ABFGOQUV 10
10A CEE ❶ €36,75
H1000 0,7ha 20T(20-60m²) 40D ❷ €45,00

N 46°37'35" E 06°15'10"

Von Le Sentier (an Südwestpunkt von Lac de Joux) wird CP ausgeschildert (über Le Lieu auch ausgeschildert; schwierige Strecke). 106992

Les Brenets, CH-2416 / Neuchâtel

Camping Lac des Brenets****
Champ de la Fontaine 6
1 Jan - 31 Dez
+41 3 29 32 16 18
info@camping-brenets.ch

1 ADEKNOPQRSU JLY 6
2 IPQSTVWXY ABDEFGHIK 7
3 BFMNOS ABCDEFJKNQRTW 8
4 HJO DE 9
5 ADEFHJKLM ABEFGHIJKOPQU 10
B 13A CEE ❶ €35,80
H790 5,3ha 100T(80-100m²) 171D ❷ €42,25

N 47°03'56" E 06°41'55"

Von La Chaux-de-Fonds Richtung Le Locle, durch das Zentrum Richtung Les Brenets, Richtung französische Grenze. Nach 5 km liegt der CP links der Strecke, 200m von der französische Grenze. 109036

Les Breuleux, CH-2345 / Jura

Les Cerneux****
1/1 - 31/10, 17/12 - 31/12
+41 3 24 86 96 66
info@lescerneux.ch

1 ADEGHKNOPQRSTU A 6
2 BIQSTUVWXY ABDEFGJ 7
3 AFHIMSW ABCDEFGIJNQRSTU 8
4 BFHIJOQRTUX DGHIJV 9
5 ACDFJKLMN ABCFGHJKPQU 10
WB 16A CEE ❶ €38,55
H993 3ha 45T(60-80m²) 63D ❷ €49,60

N 47°12'43" E 07°02'05"

Von Tramelan Richtung Les Reussilles, links Richtung Les Breuleux. Im Dorf ist nach ca. 2,5 km der CP ausgeschildert. 110686

Les Cluds/Bullet, CH-1453 / Vaud

Les Cluds***
VD 28
1 Jan - 31 Dez
+41 2 44 54 14 40
vd28@campings-ccyverdon.ch

1 DEHKNOPQRSU 6
2 BOPQUXY ABDEFGHIK 7
3 AMS ABCDEFJNQRW 8
4 FIJ D 9
5 DFJLM BCFGHJKOQY 10
W 6A CEE ❶ €33,50
H1220 10ha 20T(40-50m²) 74D ❷ €33,50

N 46°50'31" E 06°33'34"

Neuchâtel - Yverdon. An St. Croix vorbei Ri. Bullet, ungefähr 3 km. Der CP ist ausgeschildert. Gespanne oder Reisemobile nicht die Strecke ab dem Lac des Brenets oder Cp Brenets nehmen. Kein Passiermöglichkeiten. 107002

Lignières, CH-2523 / Neuchâtel

CC€21

Fraso Ranch****
3 ch. du Grand-Marais
1/1 - 31/10, 23/12 - 31/12
+41 3 27 51 46 16
camping.fraso-ranch@bluewin.ch

1 ADEGKNOPQRSTU BG 6
2 APQWXYZ ABDEFGI 7
3 BFMNS ABCDEFJNQRT 8
4 BFHOTU 9
5 ABDEFGJKLMNO ABDHJKNQUY 10
B 10A CEE ❶ €35,35
H800 4ha 48T(50-100m²) 378D ❷ €42,70

N 47°05'10" E 07°04'16"

In Le Landeron Richtung Lignières fahren. Durchs Dorf Lignières 1 km auf der rechten Seite. 107015

Marin/Epagnier, CH-2074 / Neuchâtel

Camping de la Tène****
route de la Tène 106
1 Apr - 30 Sep
+41 3 27 53 73 40
camping.latene@bluewin.ch

1 ABDEGKNOPRSTU LMNQSXY 6
2 ABEJKPQSTWY ABDEFG 7
3 BFJLMNPQS ABCDEFGHNQRT 8
4 BCH ELNT 9
5 ACDJLMNO ABFGHIJKNPQU 10
B 12-16A CEE ❶ €41,80
H461 3ha 48T(60-81m²) 178D ❷ €50,05

N 47°00'16" E 07°01'19"

N5, Ausfahrt Marin Richtung Epagnier. CP ist ausgeschildert. 107017

Morges, CH-1110 / Vaud

TCS Le Petit Bois****
Promenade du Petit-Bois 15
1 Apr - 4 Okt
+41 2 18 01 12 70
camping.morges@tcs.ch

1 DEKNOPQSTU BGHLMNOPQRSTWXYZ 6
2 AEIMPQSWXY ABDEFGHJ 7
3 ABFLMNQSV ABCDEFNQRTW 8
4 BFHIJ KPQRSTU 9
5 ACDEHKLMN ABFGIOPRSUY 10
B 6A ❶ €56,00
H375 3,2ha 170T(80m²) 12D ❷ €68,85

N 46°30'17" E 06°29'20"

A1 aus Bern, Lausanne oder Genève; Ausfahrt 15 Morges-Ouest (West) Richtung Lac. CP ist ausgeschildert. 106999

Noville, CH-1845 / Vaud

Les Grangettes****
rue des Grangettes 31
1 Jan - 31 Dez
+41 2 19 60 15 03
info@les-grangettes.ch

1 ADEHKNOPQRSTU LMNQSWXY 6
2 AEIKQWY ABDEFG 7
3 BGLMS ABFJNQRW 8
4 FHO BCF 9
5 ADEFHJKLMN ABGHJKNQVW 10
B 13A CEE ❶ €37,65
H375 6ha 72T(70-80m²) 226D ❷ €48,65

N 46°23'36" E 06°53'44"

A9 Ausfahrt 16 Richtung Villeneuve, weiter Richtung Noville/Evian. In Noville rechts ab, der Campinggeschilderung folgen. 111254

Orbe, CH-1350 / Vaud

TCS Le Signal***
route du Signal 9
4 Apr - 5 Okt
+41 2 44 41 38 57
camping.orbe@tcs.ch

1 ADEKNOPQRSTU AFH 6
2 ABIPQSUXYZ ABDEFGH 7
3 BJMNOSV ABCDEFNPQRTW 8
4 BCDFHIN FJW 9
5 ACDEFGHIKMN ABIJKOQU 10
B 6A ❶ €46,85
H450 2,1ha 90T(80-100m²) 76D ❷ €56,00

N 46°44'10" E 06°31'57"

Die A1 von Lausanne oder Bern. Die A9 nach Vallorbe. Abfahrt Orbe. 1 km vor dem Dorf ausgeschildert. 106996

Payerne, CH-1530 / Vaud

Piscine Camping***
route de la picine 23
1 Apr - 31 Okt
+41 7 92 14 35 17
info@piscine-payerne.ch

1 BDEKNOPQSTU AFHIOP 6
2 APQYZ ABDEFG 7
3 AFGLMNS AEFNQRW 8
4 FHJ 9
5 ADEFGHIJKLM ABIJKQY 10
B 10-16A CEE ❶ €33,95
H489 3ha 35T(60-100m²) 141D ❷ €43,15

N 46°48'40" E 06°56'44"

An der Hauptstrasse Bern - Lausanne: aus Richtung Bern 2. Ausfahrt. Aus Richtung Lausanne auch 2. Ausfahrt. 107023

Teilkarte Westschweiz auf Seite 347

Teilkarte Westschweiz auf Seite 347

Rolle, CH-1180 / Vaud

Camping de Rolle "Aux Vernes"***
chemin de la Plage, 4
1 Apr - 30 Sep
+41 2 18 25 12 39
camping@rolle.ch
N 46°27'42'' E 06°20'46''

1 DEKNOPQSU	LMNRSWX	6
2 ACEIJKLMPQWXY	ABDEFG	7
3 ABLMS	ABEFHNQRT	8
4 DFHO	LRT	9
5 ABCDEFHJKLMN	ABCFGJKOQX	10
B 10A CEE		❶ €45,00
H373 1,5ha 89T(25-75m²) 30D		❷ €54,15

A1 aus Bern, Lausanne oder Genève, Ausfahrt Rolle. Weiter ausgeschildert. 107000

Vallorbe, CH-1337 / Vaud

Pré sous Ville***
10 rue des Fontaines
1 Apr - 31 Okt
+41 2 18 43 23 09
camping@sports-loisirs-vallorbe.ch
N 46°42'38'' E 06°22'29''

1 ADKNOPQRSTU	BGHN	6
2 ADPQSWXY	ABDEFGJK	7
3 AFGMSW	ABCDEFJNQRTW	8
4 FHIJOP	D	9
5 ADEJKMNO	BGIJKNOQU	10
10A		❶ €36,75
H753 1ha 55T(55-70m²) 16D		❷ €45,90

Die N57 von Pontarlier (Frankreich) oder die A1/9 von Bern oder Lausanne. An der Grenze Ausfahrt Vallorbe. Weiter ausgeschildert. 106997

Romainmôtier, CH-1323 / Vaud

Le Nozon**
chemin du Signal 2
1 Apr - 1 Okt
+41 7 93 72 00 50
camping.lenozon@netplus.ch
N 46°41'25'' E 06°27'56''

1 DJMOPRSU	AF	6
2 APQSTUVWXY	ABFG	7
3 AMS	ABCDEFNQRU	8
4 FJ		9
5 ABDEHMN	AIJKQUV	10
5A CEE		❶ €39,50
H734 1,7ha 45T(80-100m²) 55D		❷ €48,65

N9 von Vallorbe nach La Sarraz. Abzweig nach Romainmotier. Dort wie beschildert durchs Dorf dem Straßenverlauf folgen (300m geht es hoch). 106998

Vers-l'Église, CH-1864 / Vaud

La Murée***
chemain des Planches 3
1 Jan - 31 Dez
+41 2 44 92 15 58
camping.caravaning.vd@gmail.com
N 46°21'19'' E 07°07'37''

1 ADEKNOPSU	N	6
2 DIPQVWXY	ABDEFG	7
3 AMS	ABCDEFJNQRTW	8
4 FH	G	9
5 DGLMN	AFGHJKORSUY	10
WB 10A CEE		❶ €32,05
H1116 1,1ha 50T(80-90m²) 34D		❷ €32,05

A9. Ausfahrt Aigle Richtung Leysin/Les Diablerets. In Vers-l'Église liegt der CP rechts der Straße. 107050

Saignelégier, CH-2350 / Jura

Camping Saignelégier***
Sous la Neuvevie 5A
1 Mai - 31 Okt
+41 7 95 65 18 03
info@campingsaignelegier.ch
N 47°15'11'' E 07°01'10''

1 AKNOPQRSTU		6
2 BPQSTYZ	ABDE	7
3 BMS	ABCFNQRTW	8
4 FHI	AFJ	9
5 ABDM	AJKNRSU	10
B		❶ €29,40
H1000 2ha 60T 45D		❷ €37,65

Vom Zentrum Saignelégier aus liegt der CP 1,5 km Richtung Biel. 116719

Vésenaz/Genève, CH-1222 / Genève

Pointe à la Bise****
chemin de la Bise
1 Apr - 24 Okt
+41 2 27 52 12 96
camping.geneve@tcs.ch
N 46°14'42'' E 06°11'36''

1 ADEKNOPQRSTU	FLMNQSXYZ	6
2 AEIKMPQWXYZ	ABDFG	7
3 ABLMQS	ABCDEFHJNQRTW	8
4 BFHJOQ	FJNR	9
5 ACDHKLMNO	ABFGIJKNPQU	10
B 6A CEE		❶ €63,35
H377 3,2ha 120T(20-90m²) 25D		❷ €78,95

Von Genève Richtung Evian (Frankreich). Nach ein paar Kilometer Vésenaz. Im Zentrum CP-Schild nach links folgen. Weiter den Schildern folgen. 106995

Sorens, CH-1642 / Fribourg

La Fôret****
rue principale 271
15 Apr - 15 Okt
+41 2 69 15 18 82
campingforet@gmail.com
N 46°40'26'' E 07°01'30''

1 ABGJMOPQRSTU	BF	6
2 AQUVWXY	ABDEFGK	7
3 ALMSW	ACDEFJKNQRUVW	8
4 FIOTUX	BE	9
5 ABDEFGJKLMN	ABFGHJKOQ	10
14A		❶ €32,30
H1020 4,5ha 40T(80-120m²) 128D		❷ €38,75

A12, Ausfahrt Rossens. Weiter der 12 Richtung Bulle bis Sorens folgen. Dann noch 5 km den Schildern folgen. 107024

Villeneuve, CH-1844 / Vaud

Les Horizons Bleus C.C.C.V.***
rue du Quai 11
1 Jan - 31 Dez
+41 2 19 60 15 47
horizon-bleu@camping-club-vaudois.ch
N 46°23'43'' E 06°55'17''

1 ABDEGKNOPQRSU	LNSTVWXY	6
2 AEIJPQSTXY	ABDEFGIJK	7
3 BJLMSU	ABCDEFJNQRT	8
4 FHJO	D	9
5 DEFHJK	ABCFGIKOPQUY	10
WB 10A		❶ €41,30
H380 1ha 24T(70m²) 48D		❷ €49,60

A9 aus Richtung Martigny an Ausfahrt Villeneuve verlassen. Der CP liegt am Ortseingang von Villeneuve auf der linken Seite in einer Kurve. 107027

St. Cergue, CH-1264 / Vaud

Les Cheseaux C.C.C.V.***
12 route du Télésiège
1 Jan - 31 Dez
+41 2 23 60 18 98
cheseaux@camping-club-vaudois.ch
N 46°26'47'' E 06°08'37''

1 ABDJMOPQRSTU		6
2 QX	ABDEFGHIJK	7
3 ABMS	ABEFJNQR	8
4 FHIJO	D	9
5 BDMN	BJKOQ	10
W 10A		❶ €35,80
H1098 0,7ha 20T(20-60m²) 27D		❷ €44,05

Von Nyon nach St. Cergue und dann Richtung La Cure, 1 km hinter dem Dorf links. Der CP ist ausgeschildert. 106993

Yvorne, CH-1853 / Vaud

Clos de la George SA
Les Ecots 3
1 Jan - 31 Dez
+41 2 44 66 58 28
info@closdelageorge.ch
N 46°20'48'' E 06°56'34''

1 ADEJMOPQRSTU	AF	6
2 ABCEIKPQTWXYZ	ABDEFGHK	7
3 ABFLMS	ABCDEFJNQRW	8
4 FHJO	DFUV	9
5 ABDGHMNO	ABFGHIJKLNRSU	10
10A CEE		❶ €27,55
H385 2,6ha 70T(80-160m²) 135D		❷ €34,90

Die A9 bei Ausfahrt Villeneuve verlassen. Dann Richtung Aigle. Der CP liegt links der Straße und ist ausgeschildert. 107028

Schweiz

Arolla, CH-1986 / Wallis

Camping Arolla**
route de Tselion 8
15 Jun - 15 Sep
+41 2 72 83 22 95
info@camping-arolla.com

1 ADEKMOPQSU	N 6
2 CIOPQRSUVWXY	ABDEF 7
3 S	ABEFNQRV 8
4 EFHI	AF 9
5 ABD	AGJKNQ 10
10A CEE	1 €31,20
H1970 1,2ha 80T(40-100m²) 8D	2 €31,20

N 46°01'37'' E 07°29'09''

In Sion Val d'Herens abfahren. Hinter Les Hauderes Schild Arolla folgen. In La Monta beim Hotel-Restaurant De La Tza links ab den CP-Schildern folgen. 108018

Binn, CH-3996 / Wallis

Giessen
1 Mai - 16 Okt
+41 2 79 71 46 19
info@camping-giessen.ch

1 AKNOPQRSTU	6
2 CIOQUXYZ	ADFG 7
3	ABEFNQR 8
4 FHJ	G 9
5 ADMN	AJKQ 10
10A	1 €25,70
H1450 4ha 100T(50-100m²) 14D	2 €35,80

N 46°22'10'' E 08°12'09''

Aus Brig 16 km Richtung Furkapass, hinter Lax rechts nach Ernen/Binn. In Ernen scharf rechts. Camping 2 km hinter Binn. Anspruchsvolle schmale Bergstraße und ein spärlich beleuchteter Tunnel. 111966

Bonatchiesse/Fionnay, CH-1948 / Wallis

Camping Forêt des Mélèzes**
route de Mauvoisin 451
1 Jun - 30 Sep
+41 7 92 53 31 10
camping.bonatchiesse@gmail.com

1 AEKNOPQRSU	N 6
2 BCIPQTWXY	ABEFG 7
3 ABM	ABEFNQRTW 8
4 FH	ABD 9
5 ABDHJLMN	ABFJKNQU 10
6A CEE	1 €30,30
H1600 6ha 90T(10-100m²) 25D	2 €40,85

N 46°01'15'' E 07°19'45''

E27 Martigny-Grand Saint Bernard, Ausfahrt in Sembrancher Richtung Verbier und Mauvoisin. In Mauvoisin weiter bis zum CP. 120337

Bourg-St-Pierre, CH-1946 / Wallis

Cp. du Grand-St.-Bernard*
15 Mai - 30 Sep
+41 7 93 70 98 22
vincent.formaz@netplus.ch

1 ADEKNOPQRSTU	E 6
2 AIPQVX	ABDEFIJK 7
3 AS	ABFJNQRW 8
4 FHJO	9
5 ADHKN	ABGIJKOQU 10
13A CEE	1 €33,95
H1600 1,4ha 30T(80m²) 35D	2 €43,15

N 45°57'10'' E 07°12'27''

Martigny Richtung St. Bernhard, Ausfahrt Bourg-St-Pierre. Nach ca. 200m CP auf rechter Seite. 109773

Brig, CH-3900 / Wallis

CC€23

Geschina****
Geschinaweg 41
5 Mai - 15 Okt
+41 2 79 23 06 88
geschina@bluewin.ch

1 ADEKNOPQSTU	BGH 6
2 ACIPQXY	ABDEFGH 7
3 AM	ABEFNQRT 8
4 JO	9
5 ADN	ABGIJKNQ 10
10A CEE	1 €28,20
H684 2ha 75T 25D	2 €36,10

N 46°18'34'' E 07°59'36''

In Brig den Hinweisen Brig-Glis folgen und weiter 'Altstadt' (P) folgen. Danach den CP Nr 9.101 folgen. 107117

Brigerbad, CH-3900 / Wallis

Thermal Camping Brigerbad****
Thermalbadstrasse 1
1 Apr - 15 Sep
+41 2 79 48 48 37
camping@brigerbad.ch

1 ADEGILOPQSTU	BEGHI 6
2 AIPQWYZ	ABDEFGHIK 7
3 ABM	ABCDEFNQRTW 8
4 FHJORTVWXZ	DHJVZ 9
5 ACDHLMN	AGHINQUXY 10
10A	1 €36,90
H672 4ha 200T(60-100m²) 209D	2 €48,50

N 46°18'06'' E 07°55'52''

Im Rhônedal zwischen Visp und Brig, ist mit 'Thermalbad Brigerbad' ausgeschildert. Liegt neben einer sehr großen Schwimmbadanlage. 110400

Champéry, CH-1874 / Wallis

du Grand Paradis***
18 route du Grand Paradis
1 Jan - 31 Dez
+41 2 44 79 19 90
campingchampery@bluewin.ch

1 AHKNOPQSTU	N 6
2 BCIQSXY	ABDEFG 7
3	ABEFJNQR 8
4 FH	9
5 DM	BCHJKNPQ 10
W 10-13A CEE	1 €31,70
H1062 1ha 23T(70-90m²) 31D	2 €41,80

N 46°09'45'' E 06°51'37''

A9, Ausfahrt Monthey und dann Richtung Champéry. Der CP ist ausgeschildert und liegt 2 km hinter Champéry. 107033

Champex-Lac, CH-1938 / Wallis

Les Rocailles
1 Jun - 31 Okt
+41 2 77 83 19 79
pnttex@netplus.ch

1 ADKNOPQSU	N 6
2 IPQSVXY	ABDEFG 7
3 M	ABFJNQRW 8
4 FHO	9
5 DHMN	ABHIJKQ 10
10A	1 €42,40
H1470 0,7ha 40T(20-50m²) 20D	2 €53,05

N 46°01'57'' E 07°06'30''

Martigny Richtung St. Bernhard. In Orsières (nicht eher) Richtung Champex. Schildern Champex folgen. Hinter Champex-Lac liegt der CP rechts. 110924

Crans-Montana, CH-3963 / Wallis

La Moubra**
2 Impasse de la Plage
1/1 - 31/10, 1/12 - 31/12
+41 2 74 81 28 51
info@campingmoubra.ch

1 AEKNOPQRSTU	LNQ 6
2 BELPQSUVXYZ	ABFGH 7
3 AGHLMNSW	ABCDEFJNQRW 8
4 FHJO	T 9
5 ADEFHKM	ABGJKOQU 10
W 6A CEE	1 €39,50
H1500 3ha 80T(60-80m²)	2 €39,50

N 46°18'14'' E 07°28'50''

Von Sierre Richtung Crans-Montana. Am Schild 'Route La Moubra' diesen Weg einschlagen. Danach ist der CP mit weißen Schildern angezeigt. 112537

Evolène, CH-1983 / Wallis

Evolène***
route de Lannaz
1 Mai - 15 Okt
+41 2 72 83 11 44
info@camping-evolene.ch

1 ADEKNOPSTU	BN 6
2 IPQXY	ABDEFG 7
3 AM	ABCDEFJNQRTVW 8
4 FHO	DUVW 9
5 DMNO	ABGJKQ 10
10A CEE	1 €32,15
H1400 0,9ha 70T(80-100m²) 3D	2 €39,50

N 46°06'39'' E 07°29'47''

In Sion das Tal Val d'Hérens einfahren. Evolène durch, der CP liegt an der rechten Seite. 107071

Fiesch, CH-3984 / Wallis

Eggishorn****
Fieschertalerstraße 50
1 Jan - 31 Dez
+41 2 79 71 03 16
info@camping-eggishorn.ch

1 ADEKNOPQRSTU	B 6
2 CIPQWXYZ	ABDEFG 7
3 ABFGMNSU	ABCDEFJNQRTU 8
4 FHJKO	9
5 ABDEFHKLMN	AEGHJKNOQ 10
WB 16A CEE	1 €38,00
H1050 10ha 80T(70-110m²) 100D	2 €48,30

N 46°24'37'' E 08°08'21''

Aus Brig Richtung Furkapass, Ausfahrt nach Fiesch und dem Dorfweg folgen. Camping kurz hinter der Ortschaft. 112986

La Fouly, CH-1944 / Wallis

Des Glaciers****
route de Tsamodet 36
12 Mai - 2 Okt
+41 2 77 83 18 26
info@camping-glaciers.ch

1 ADEKNOPQRSTU	N 6
2 BCIPQSVWXYZ	ABDEFGK 7
3 ABMNSVW	ABCDEFJKNQRTW 8
4 FHJO	ADJU 9
5 ABDMN	ABGJKLOQUX 10
B 10A CEE	1 €37,85
H1600 7ha 290T(50-120m²) 8D	2 €46,65

N 45°56'00'' E 07°05'43''

Martigny Richtung St. Bernhard. In Orsières Richtung La Fouly/Val Ferret, am Ortsende rechts. Verkehrsschild 'Durchgang verboten' gilt nicht für CP-Gäste. 107054

Les Haudères, CH-1984 / Wallis

Molignon****
route de Molignon 163
1 Jan - 31 Dez
+41 2 72 83 12 40
info@molignon.ch

1 ADEKNOPQRSTU	BCG 6
2 CIPQSUVWXYZ	BDEFGHI 7
3 ABMS	ABCDEFJNQRTW 8
4 FHJ	J 9
5 ABDFHLMN	ABHJKOQ 10
WB 10A CEE	1 €28,00
H1450 2,5ha 110T(75-100m²) 37D	2 €28,00

N 46°05'29'' E 07°30'29''

Bei Sion Richtung Val d'Hérens. 3 km hinter Evolène liegt der CP an der rechten Seite. Gut ausgeschildert. 107072

Martigny, CH-1920 / Wallis

TCS Martigny***
68 rue Levant
1 Apr - 23 Okt
+41 2 77 22 45 44
camping.martigny@tcs.ch

1 ABDEKNOPQSTU	F 6
2 AIQWXYZ	ABDEFGIJK 7
3 BFJMS	ABCDEFJNQRTW 8
4 FHJO	G 9
5 ADEHN	AFGIKOQUY 10
B 10A	1 €45,90
H467 2,5ha 70T(58-80m²) 64D	2 €56,00

N 46°05'50'' E 07°04'43''

In Martigny Richtung St. Berhardtunnel. Dann Ausfahrt Martigny/Expo fahren. Der angegebene CP liegt auf der linken Straßenseite gegenüber dem Expo-Gebäude. 107034

Randa/Zermatt, CH-3928 / Wallis

Attermenzen****
Attermenzen 55
1 Jan - 31 Dez
+41 2 79 67 25 55
sommercamping@oberwallis.ch

1 AKNOPQRSTU	LN 6
2 BCEIPQSUVXYZ	ABDEFGH 7
3 ABCKMUW	ABEFJNQRTU 8
4 FHIJ	AK 9
5 ABDFHMN	AGJKOSTU 10
W 10A	1 €38,55
H1400 2,4ha 230T(80-100m²) 7D	2 €47,75

N 46°05'09'' E 07°46'51''

Von Visp, Richtung Zermatt. Randa umfahren. Der CP liegt etwas nach Randa auf der linken Seite. Gut ausgeschildert. 107101

Raron, CH-3942 / Wallis

Simplonblick***
Kantonstraße 12
1 Apr - 20 Okt
+41 2 79 34 32 05
info@simplonblick.ch

1 ADEKNOPQRSTU	B 6
2 ABIPQUXYZ	ABEFGH 7
3 ALMSU	ABEFNQR 8
4 BFH	AEJ 9
5 ABDMN	ABHKLORSU 10
12A	1 €24,35
H637 4ha 80T(80-100m²) 148D	2 €28,90

N 46°18'14'' E 07°47'41''

Von Gampel nach Visp (Kantonstraße Raron). Die Einfahrt zum CP ist zwischen dem Hotel/Restaurant und der Tankstelle. 107096

Teilkarte Wallis auf Seite 349

Raron/Turtig, CH-3942 / Wallis

Santa Monica****
Kantonsstrasse 56
1 Apr - 17 Okt
+41 2 79 34 24 24
info@santa-monica.ch

1 ADE**KM**OPQRST**U** BG**6**
2 ABCIPQSWXY ABDE**FGH**I**7**
3 AFG**KLMN**UX ABCDEF**I**JNQRTUVW**8**
4 BCEFGHJLO EJ**9**
5 ABCDEFGHJKLMN ABGHJKORSU**10**
16A CEE ❶€28,85
H640 6ha 140**T**(60-150m²) 217**D** ❷€35,25

N 46°18'11" E 07°48'08"

Der CP liegt auf dem Weg von Gampel nach Visp. Die Einfahrt zum CP liegt in der Nähe der Renault-Werkstatt. 107098

Reckingen, CH-3998 / Wallis

Camping Augenstern***
Rottenweg 160
1 Jan - 31 Dez
+41 2 79 73 13 95
info@campingaugenstern.ch

1 ABE**KN**OPQSTU **BGN6**
2 CIQXY ABDE**FG7**
3 ABJ**L**MU ABE**F**JNQR**8**
4 FH **9**
5 DHKMN AGHJKOQ**10**
W 16A CEE ❶€36,45
H1300 3,5ha 110**T**(80-100m²) 30**D** ❷€46,45

N 46°27'53" E 08°14'41"

Von Brig Richtung Furkapass fahren. In Reckingen vor der Kirche rechts abfahren und dann noch ungefähr 1 km den Schildern folgen. 107135

Saas-Grund, CH-3910 / Wallis

Am Kapellenweg***
20 Mai - 9 Okt
+41 2 79 57 49 97
camping@kapellenweg.ch

1 ADE**KN**OPQST**U** **6**
2 IPQXY A**BDEFG7**
3 ABCDEFJNQR**8**
4 FHJO**P** D**9**
5 ABDN ABGJKNQ**10**
10A CEE ❶€42,25
H1560 0,7ha 100**T**(30-80m²) 8**D** ❷€45,90

N 46°07'00" E 07°56'24"

In Visp Richtung Saas-Grund und Saas-Fee fahren. Im Zentrum von Saas-Grund Richtung Saas-Almagell. Nach fast 700m liegt der CP auf der rechten Seite. 101056

Saillon, CH-1913 / Wallis

De la Sarvaz****
route de Fully 100
1/1 - 8/1, 8/2 - 31/12
+41 2 77 44 13 89
info@sarvaz.ch

1 ADE**KN**OPQRSTU BDG**6**
2 AIPQWXY ABCDE**FG**HIJK**7**
3 ABFG**JL**MSU ABDEFJNQRTUVW**8**
4 FHJO**PQ** GJKUVW**9**
5 ACDFHJKLMNO ABEGHIKLOPQUY**10**
WB 16A CEE ❶€40,80
H480 3ha 87**T**(70-140m²) 72**D** ❷€50,75

N 46°09'35" E 07°10'02"

A9 Martigny-Sierre, Autoroute du Rhone, Ausfahrt Saxon. Dann Ausfahrt Saillon/Fully. Rechts Richtung Saillon und nach ca. 2 km CP rechts von der Strecke. 110365

Salgesch, CH-3970 / Wallis

Swiss Plage****
Campingweg 2
24 Mrz - 31 Okt
+41 2 74 55 66 08
info@swissplage.ch

1 ADE**KN**OPQSTU FL**NX6**
2 ACEJKQWXYZ ABDE**FG7**
3 BGM**NOPS** ABCDEFNQRT**8**
4 HO JTV**9**
5 ACDEFGHLMN ABGHJKOQV**10**
10A CEE ❶€39,50
H500 8ha 80**T**(60-70m²) 224**D** ❷€39,50

N 46°18'05" E 07°33'53"

Von Visp Richtung Sierre/Lausanne. Vor Sierre über die Brücke Richtung Varen/Salgesch. CP ist dort ausgeschildert. Von Sion, Sierre durch Richtung Simplon/Brig bis zur Ausfahrt Salgesch. 107063

Sion, CH-1950 / Wallis

Sedunum***
10 route des Ecussons
1 Apr - 31 Okt
+41 2 73 46 42 68
info@camping-sedunum.ch

1 ADEJMOPQS**U** AFL**N6**
2 ABEPQSWZ ABDE**FG7**
3 ABF**L**MS ABCDEFJKNQRTUW**8**
4 FHJO F**9**
5 ABDEFHJKLMN ABHIJKOQU**10**
10A CEE ❶€32,15
H450 3ha 28**T**(90m²) 92**D** ❷€41,30

N 46°12'40" E 07°18'43"

In Martigny A9 in Richtung Sion. Ausfahrt 25, 9.36 folgen Richtung 'Les Isles'-Aproz. 107052

Sion, CH-1950 / Wallis

TCS Camping Sion*****
chemin du Camping 6
1/1 - 22/10, 8/12 - 31/12
+41 2 73 46 43 47
camping.sion@tcs.ch

1 ABDE**KN**OPQRSTU ALM**N**Q**6**
2 ACEIKPQSWXYZ ABDE**FGH**IJK**7**
3 BFGJL**MNPR**SUVW ABCDEFJKNQRTUVW**8**
4 BCDFHJLO**PQ** BCFJK**9**
5 ACDEFIMN ABFGHIKMOQUY**10**
WB 4A ❶€59,15
H480 8ha 546**T**(60-140m²) 192**D** ❷€61,70

N 46°12'42" E 07°18'49"

In Martigny A9 Richtung Sion fahren. Dann Ausfahrt 25 Conthey/Vétroz. Dann Schild 'Iles' folgen. Danach wird der CP ausgeschildert. 107053

St. Maurice, CH-1890 / Wallis

du Bois-Noir
route Cantonale
1 Apr - 31 Okt
+41 7 93 21 99 21
info@campingduboisnoir.ch

1 ADEKNOPQSTU AF**6**
2 ABIQWYZ ABF**G7**
3 AMS ABCDEFNQRTW**8**
4 FHJO E**9**
5 ADHKMNO ABHJKNSTY**10**
10A ❶€37,65
H462 3ha 40**T**(50-100m²) 62**D** ❷€44,05

N 46°11'35" E 07°01'35"

A9 Lausanne-Martigny, Ausfahrt 19 Richtung Martigny die N21 links der Straße. Ausgeschildert. 115704

Susten, CH-3952 / Wallis

Bella-Tola*****
Waldstraße 133
15 Apr - 31 Okt
+41 2 74 73 14 91
info@bella-tola.ch

1 BDE**KN**OPRSU BG**6**
2 ABIQSUVWXY ABDE**FGH7**
3 AG**HLMN** ABCDEFINQRT**8**
4 BDFHLO DJLUVW**9**
5 ABDEFHLMN ABGHJKOQ**10**
B 10-16A ❶€38,00
H750 4ha 190**T**(60-100m²) 80**D** ❷€38,00

N 46°17'56" E 07°38'11"

E62/A9 Visp-Sierre. In Susten die Strecke verlassen und den CP-Schildern ca. 2 km durch den Wald folgen. Gut ausgeschildert. 107066

Susten, CH-3952 / Wallis

Camping du Monument**
Kantonstraße 68
1 Mai - 20 Sep
+41 2 74 73 18 27
camping.monument@hotmail.com

1 AD**KN**OPQST**U** A**6**
2 ABIQRSUXYZ ABD**F7**
3 A**L**M AE**F**NQR**8**
4 FH **9**
5 ABDEHMN ABKMS**10**
10A ❶€34,80
H600 5,5ha 170**T**(60-100m²) 12**D** ❷€42,80

N 46°18'25" E 07°36'39"

An der E2/A9 Visp-Sierre, 6 km vor Sierre. Gut ausgeschildert. Ab Sion, 6 km hinter Sierre. 107064

Susten, CH-3952 / Wallis

Gemmi 'Agarn'****
Briannenstraße 8
29 Mrz - 9 Okt
+41 2 74 73 11 54
info@campinggemmi.ch

1 ACDEG**KN**OPQRSTU **6**
2 AIPQWXYZ ABDE**FG7**
3 A**JL**MSUV ABCDEF**IJL**NQRUVW**8**
4 FHO E**9**
5 ABDEFHKMN ABEHJK**O**STY**10**
16A CEE ❶€40,05
H620 0,8ha 69**T**(70-100m²) 8**D** ❷€50,85

N 46°17'52" E 07°39'33"

Der E2 folgen von Visp nach Sierre, dann Ausfahrt Agarn. Den Schildern 'Camping Torrent', 150m hinter Torrent liegt Gemmi. 107093

Susten, CH-3952 / Wallis

Torrent***
Kreuzmatten 24a
13 Mrz - 31 Okt
+41 7 93 27 63 12
info@campingtorrent.ch

1 **KN**OPQRSTU **6**
2 AIPQSUXYZ ABDE**F7**
3 A**JL**MSU ABCDEFNQRSU**8**
4 FHIJO D**9**
5 ABDEFHJKMNO AFHJKOST**10**
16A CEE ❶€33,40
H648 5ha 200**T**(100m²) 103**D** ❷€33,40

N 46°17'58" E 07°39'31"

E22 von Visp nach Sierre, dann Ausfahrt Agarn. Der CP ist gut ausgeschildert. 107097

Täsch/Zermatt, CH-3929 / Wallis

Alphubel***
10 Apr - 18 Okt
+41 2 79 67 36 35
welcome@campingtaesch.ch

1 AB**KN**OPQST**U** **6**
2 CEIPQXY ABDE**FG7**
3 G**L** ABEFNQR**8**
4 FH F**9**
5 ADN AHK**OQ10**
10A ❶€39,50
H1400 0,7ha 100**T**(60-100m²) 3**D** ❷€50,50

N 46°03'57" E 07°46'30"

In Visp Richtung Zermatt. In Täsch 100m hinter dem Bahnhof rechts abbiegen, über den Bahnübergang und Brücke. CP ist ausgeschildert. 107102

Visp, CH-3930 / Wallis

Camping/Schwimmbad Mühleye****
Mühleye 7
1 Apr - 31 Okt
+41 2 79 46 20 84
info@camping-visp.ch

1 ADE**KN**OPQST**U** **BG**H**6**
2 ACIPQWXY ABDE**FGH7**
3 AFG**HJKL**M ABCDEFNQRUV**8**
4 AB**E**FHJO BJK**9**
5 ADEFGHJKLMN ABGKOQUVWY**10**
B 16A CEE ❶€28,45
H640 3,6ha 180**T**(50-150m²) 5**D** ❷€31,95

N 46°17'53" E 07°52'23"

CP liegt an der Straße von Gampel nach Visp. Bis zur ersten Ampel in Visp fahren, dann vor der Brücke direkt hinter der Tankstelle links abbiegen. Gut ausgeschildert. 107763

ACSI AWARDS 2022

GEWINNER

Schönste Wohnmobilstellplätze Schweiz

TCS Camping Sion

Vissoie, CH-3961 / Wallis

d'Anniviers*
route des Landaux
1 Apr - 31 Okt
+41 2 74 75 15 72
georgestheytaz@bluewin.ch

1 A**JM**OPSU **BN6**
2 IOPQSUVXY ABD**F7**
3 AM ABEFJNW**8**
4 **9**
5 D ABJKOQ**10**
10A ❶€36,75
H1200 0,5ha 32**T**(40-80m²) 34**D** ❷€45,00

N 46°13'06" E 07°34'59"

Bei Sierre in das Tal Val d'Anniviers. Im Dorf Vissoie wird der CP deutlich ausgeschildert. 107070

Schweiz

Teilkarte Wallis auf Seite 349

Aarburg, CH-4663 / Aargau

Wiggerspitz***
Hofmattstraße 40
1 Apr - 30 Sep
+41 6 27 91 58 10
info@camping-aarburg.ch

1 ABDEGKNOPQRSTU	AFHJNU	6
2 ACPQXY	ABDEFG	7
3 BLM	ABCDEFJNQRW	8
4 FHJ	D	9
5 ADEFGJLMN	AGHJKRSU	10
B 10A CEE	❶ €32,15	
H402 1,2ha 55T(80m²) 33D	❷ €41,30	

N 47°18'58'' E 07°53'42'' — 107077

A1/A2 Basel-Luzern, Ausfahrt 46 Rothrist (Aarburg). CP ausgeschildert.

Bad Zurzach, CH-CH-5330 / Aargau

Camping Bad Zurzach****
Talacherweg 5
25 Mrz - 21 Okt
+41 5 62 49 25 75
info@camping-badzurzach.ch

1 DEKNOPQRSU	BGHJ	6
2 CPQSWXY	BEFG	7
3 AM	BDFJNQRW	8
4 FHJO	D	9
5 ABDEGHJKM	ABGIKMOQY	10
B 10A CEE	❶ €40,40	
H325 2ha 30T(60-80m²) 143D	❷ €47,75	

N 47°34'58'' E 08°18'28'' — 107122

Von Basel A3 Richtung Zürich, Ausfahrt Laufenburg vor Straße 7, in Zurzach Schild 'Camping/Regionalbad' folgen.

Burgdorf, CH-3400 / Berner Mittelland

Waldegg***
Waldeggweg 4D
27 Mrz - 16 Okt
+41 3 44 22 24 60
camping.waldegg@bluemail.ch

1 KNOPQRSTU	JN	6
2 ABCLMPQUVWXYZ	ABDEFG	7
3 AMU	ABCDEFNQR	8
4 FHJO		9
5 DEFJKNO	ABGJKNQU	10
10A CEE	❶ €33,95	
H500 0,8ha 30T(50-80m²) 18D	❷ €43,15	

N 47°03'13'' E 07°37'57'' — 107058

A1 Basel-Bern, Ausfahrt 39 Kirchberg/Burgdorf, Richtung Burgdorf. CP ausgeschildert. Nach der Brücke links (2,70m Breite).

Erlach, CH-3235 / Berner Mittelland

Erlach AG****
Stadtgraben 23
1 Apr - 17 Okt
+41 3 25 13 01 00
info@camping-erlach.ch

1 ACDEGHKNOPQSTU	LMNQSWXY	6
2 FIKLPQRWY	ABDEFGIJ	7
3 ABFGMNS	ABCDEFGIKNQRT	8
4 BCJ	HNTVW	9
5 ACDEIJLMN	ABGHIJKOQUY	10
B 10A CEE	❶ €64,10	
H395 1,6ha 80T(70-90m²) 90D	❷ €66,30	

N 47°02'44'' E 07°06'07'' — 107042

Von Gals Richtung Erlach/Täuffelen. Im Dorf Erlach links ab, 100m hinter dem CP Mon Plaisir.

Frick, CH-5070 / Aargau

Camping Frick****
Juraweg 21
1 Apr - 31 Okt
+41 6 28 71 37 00
info@campingfrick.ch

1 ADEKNOPQRSTU	BEGH	6
2 APQWXYZ	ABDEFGH	7
3 BLMNP	ABCDEFJNQR	8
4 FHJ	D	9
5 ABDFJLMN	AGOQ	10
B 13A CEE	❶ €30,30	
H344 1ha 30T(80m²) 79D	❷ €37,65	

N 47°30'01'' E 08°01'06'' — 107104

A3 Basel-Luzern-Bern-Zürich, Richtung Zürich/Rheinfelden. Ausfahrt 17 Frick. Hallenbad/CP ausgeschildert.

Gampelen, CH-3236 / Berner Mittelland

Neuenburgersee****
Seestraße 50
4 Apr - 12 Okt
+41 3 23 13 23 33
camping.gampelen@tcs.ch

1 ADEHKNOPQRSTU	BFLMQ	6
2 ABEKQSWXYZ	ABDEFG	7
3 ABFMTV	ABCDEFNQRTW	8
4 BCDFHJLNOPQ	FKNRVWZ	9
5 ACDFGHIJKLMNO	ABFGIJKLOPQUY	10
B 6A CEE	❶ €52,50	
H430 11ha 480T(70-90m²) 405D	❷ €65,40	

N 47°00'03'' E 07°02'35'' — 107018

Gampelen Richtung Cudrefin. Schilder befolgen. Im Kreisel an der großen Tankstelle abbiegen, und dort links um die Tankstelle herum, dann der Straße bis zur Einfahrt folgen.

La Cibourg, CH-2616 / Berner Mittelland

La Cibourg
Centre de vacances****
Clermont 157
1 Jan - 31 Dez
+41 3 29 68 39 37
info@centrelacibourg.ch

1 ADEJMOPQRSTU	L	6
2 AFILQUY	ABDEFGHIJK	7
3 BFGMS	ABEFJKNPQRT	8
4 JKOQU	GHIJ	9
5 ABCDFHJKLM	ABFGHJKOQU	10
WB 10A CEE	❶ €34,50	
H1050 9,6ha 60T(80m²) 94D	❷ €43,70	

N 47°07'13'' E 06°53'35'' — 107013

An der 30 von La Chaux-de-Fonds nach Biel entlang. Über den Bahnübergang, dann am Kreisel den braunen CP-Schildern folgen.

Meinisberg/Biel, CH-2554 / Berner Mittelland

Seeland Camp***
Berg 5
1 Apr - 30 Sep
+41 3 23 77 26 86
info@seeland-camp.ch

1 ABCDFHKNOPQSU	AF	6
2 AQVWX	ABDEFGJ	7
3 ABFMSU	ABCDEFNQRT	8
4 FHIJO	DJ	9
5 ABDEHJN	ABCFGJKLNQUV	10
13A	❶ €38,00	
H520 3ha 25T(20-60m²) 78D	❷ €50,85	

N 47°09'45'' E 07°20'46'' — 107037

In Biel Richtung Solothurn, dem Schild Meinisberg folgen. In Meinisberg links nach oben und CP-Schild folgen. Ziemlich steiler und enger Anstieg.

Möhlin, CH-4313 / Aargau

Campingplatz 'Bachtalen'**
Schwimmbadstrasse 1
15 Mrz - 31 Okt
+41 7 88 90 59 74
info@camping-moehlin.ch

1 ADEKNOPQRSTU	AFHN	6
2 ABCPQUVXYZ	ABDEFG	7
3 B	ABEFHNPQRTW	8
4 FHJO	DN	9
5 ADFLN	ABCGJKOQU	10
B 16A CEE	❶ €41,30	
H320 1ha 40T(50-80m²) 54D	❷ €50,50	

N 47°34'31'' E 07°50'19'' — 107073

A3 Basel-Luzern-Bern-Zürich, Richtung Rheinfelden, Ausfahrt 15 Rheinfelden-Ost/Möhlin. CP/Schwimmbad ausgeschildert.

Reinach/Basel, CH-4153 / Basel

Camping Waldhort****
Heideweg 16
5 Mrz - 29 Okt
+41 6 17 11 64 29
info@camping-waldhort.ch

1 ABDEKNOPQRSTU	AF	6
2 APQTWXYZ	ABDFGHIJ	7
3 BMNO	ABCDEFJNQRT	8
4 FH		9
5 ABDEFHMN	ABCFGHKNQU	10
B 10-16A CEE	❶ €40,85	
H350 3,3ha 105T(60-80m²) 134D	❷ €48,20	

N 47°29'59'' E 07°36'11'' — 107055

Autobahn Basel-Delémont, Ausfahrt Reinach-Nord, CP ausgeschildert.

Sutz/Lattrigen, CH-2572 / Berner Mittelland

Camping
Sutz am Bielersee****
Kirchrain 40
1 Jan - 31 Dez
+41 3 23 97 13 45
mail@camping-sutz.ch

1 ADEGHKNOPQRSTU	LMNPQSWX	6
2 AEKLPQTWY	ABDEFGI	7
3 ABEFGMS	ABCDEFJKNQRTUVW	8
4 BCFHJ	FGNUVW	9
5 ABDFJKN	ABCFGIJKNQUY	10
B 10-15A	❶ €39,50	
H420 10ha 56T(60-80m²) 373D	❷ €49,60	

N 47°06'33'' E 07°13'13'' — 107038

Von Biel Richtung Nidau-Täuffelen. Nach 1 km hinter dem Zentrum von Ipsach rechts, gleich hinter Holzsägerei Spychiger A.G. Holz + Imprägnierung.

Wabern/Bern, CH-3084 / Berner Mittelland

Eichholz***
Strandweg 49
20 Apr - 30 Sep
+41 3 19 61 26 02
info@campingeichholz.ch

1 ADEHKNOPQRSTU	JNX	6
2 ACLMPQTXYZ	ABDEFGHIJ	7
3 ACFGM	ABEFNQRW	8
4 FH	GLV	9
5 ADEGHJKLN	ABFGHJKLMOQUY	10
B 16A CEE	❶ €39,50	
H510 3,5ha 250T(60-100m²) 10D	❷ €53,25	

N 46°55'58'' E 07°27'20'' — 107059

Autobahn Ri. Interlaken, Ausf. Bern-Ostring. In der Stadt auf etwa 4 km ausgeschildert. Am letzten Kreisel den angegebenen Weg zum CP einfahren. Dieses 'Durchfahrtsverbot' gilt nicht für die CP-Gäste.

Teilkarte Nordwestschweiz auf Seite 352

Schweiz

Aeschi/Spiez, CH-3703 / Berner Oberland

Panorama-Rossern***
Rossern Scheidgasse 26
13 Mai - 16 Okt
+41 3 36 54 43 77
postmaster@camping-aeschi.ch

1 ABILOPSU		6
2 AIPQVXY	ABDEFGI	7
3 AM	ABCDEFNQRT	8
4 F	I	9
5 AD	ABJKNSTU	10
10A CEE		① €39,65
H902 1ha 40T(80m²) 51D		② €47,00

N 46°39'13" E 07°41'59" — 107087

Autobahn Bern-Spiez, Ausfahrt Spiez Richtung Aeschi.

Frutigen, CH-3714 / Berner Oberland

Grassi****
Grassiweg 60
1 Jan - 31 Dez
+41 3 36 71 11 49
info@camping-grassi.ch

1 ADEKNOPQSU	NU	6
2 CIPQSXYZ	ABDEFGH	7
3 AMS	ABEFJNQR	8
4 FJO	DJUVW	9
5 ADMN	ABDFGHJKOQY	10
W 10A CEE		① €39,50
H809 2,6ha 68T(20-120m²) 72D		② €48,30

N 46°34'55" E 07°38'29" — 107060

Der Strecke Spiez-Kandersteg folgen, Ausfahrt Frutigen-Dorf. Über die Brücke, dann in den Ort. Am Hotel Simplon links abbiegen. Campingplatz ist deutlich ausgeschildert.

Boltigen, CH-3766 / Berner Oberland

Jaunpass***
1 Jan - 31 Dez
+41 3 37 73 69 53
camping@jaunpass.ch

1 ADEHJMOPQRSTU		6
2 IPQSTUX	ABCDEFGH	7
3 AMS	ABEFGJNQR	8
4 BFHJOP	DGI	9
5 ACDFHJKMN	ABGHJKNPQUX	10
W 10A CEE		① €33,80
H1515 150ha 35T(80-100m²) 144D		② €41,50

N 46°35'35" E 07°20'24" — 107047

Bern-Interlaken. Vor Spiez Ausfahrt Zweisimmen. Durchfahren bis Reidenbach. Dort dem Hinweis Jaunpass folgen.

Grindelwald, CH-3818 / Berner Oberland

Eigernordwand****
Bodenstrasse 4
1/1 - 13/4, 29/5 - 11/10
+41 3 38 53 12 42
camp@eigernordwand.ch

1 JLOPS	N	6
2 QSUXY	BEFGHJ	7
3 B	ABCDFNRT	8
4 FHJ		9
5 ABM	AJKOQU	10
WB 10A		① €45,90
H960 2ha 50T 30D		② €55,10

N 46°37'20" E 08°00'58" — 107114

Bis zum Ort Grindelwald fahren, dort die erste Straße rechts Richtung 'Jungfrau bahnen', am Stadion Grund entlang, rechts den Schildern folgen.

Bönigen, CH-3806 / Berner Oberland

Bönigen-Interlaken****
Campingstraße 14
19 Apr - 13 Okt
+41 3 38 22 11 43
camping.boenigen@tcs.ch

1 ADEKNOPQSTU	BFLNQXZ	6
2 AEMPQSWXY	ABDEFG	7
3 BMU	ABDFNQRT	8
4 FHJO		9
5 ABDEFIM	ABFGHJKNQ	10
B 12A		① €56,55
H568 1,5ha 85T(80-100m²) 21D		② €65,75

N 46°41'27" E 07°53'37" — 107083

Autobahn Bern-Thun-Interlaken-Luzern, kurz nach Interlaken Ausfahrt Bönigen, Richtung Bönigen, den CP-Schildern folgen.

Gstaad, CH-3780 / Berner Oberland

Bellerive Camping***
Bellerivestraße 38
1 Jan - 31 Dez
+41 3 37 44 63 30
info@bellerivecamping.ch

1 AFKNOPQRSU	NU	6
2 DIPQSTWXY	ABDEFG	7
3 AHIJN	ABCDFJNQR	8
4 AFHJOQ	DJ	9
5 ADMN	ABFGKNQU	10
Anzeige auf dieser Seite W 12A CEE		① €40,30
H1050 0,8ha 35T(80-100m²) 26D		② €49,65

N 46°28'52" E 07°16'22" — 107048

Von Saanen Richtung Gstaad. Den Schildern folgen. CP liegt rechts der Straße, 1,3 km hinter dem Kreisel in Saanen.

Brienz, CH-3855 / Berner Oberland

Aaregg*****
Seestraße 22
1 Apr - 31 Okt
+41 3 39 51 18 43
mail@aaregg.ch

1 ADEGJMOPQRSTU	LNQSWXYZ	6
2 AEKMPQTWXYZ	ABDEFGH	7
3 BFM	ABCDEFGHIJKNQRTUVW	8
4 FHOP	FJLNOQRW	9
5 ACDEFJLMNO	ABFGHIJKMOPRS	10
B 16A CEE		① €56,95
H560 4ha 227T(60-125m²) 69D		② €81,70

N 46°44'53" E 08°02'56" — 107110

Straße Nr. 4 von Luzern nach Brienz; gegenüber der Esso-Tankstelle bergab. Der CP ist gut ausgeschildert.

Innertkirchen, CH-3862 / Berner Oberland

CC€23 iD

Aareschlucht***
Hauptstraße 34
1 Mai - 31 Okt
+41 3 39 71 27 14
campaareschlucht@bluewin.ch

1 ADEKNOPQRSTU — AN 6
2 IPQUVXY — ABDEFGI 7
3 AMU — ABCDEFNQR 8
4 J — D 9
5 ADFMN — ABDGKOQ 10
10A — ❶ €34,90
H630 0,5ha 45T(50-100m²) 14D — ❷ €41,30

N 46°42'34" E 08°12'53" — 107131

Aus Richtung Meiringen liegt der CP zwischen Meiringen und Innertkirchen links der Strecke, kurz hinter der Einfahrt Ost zur Aareschlucht bei Innertkirchen.

Interlaken/Unterseen, CH-3800 / Berner Oberland

JungfrauCamp 5****
Steindlerstraße 60
1 Apr - 2 Okt
+41 7 62 95 05 11
info@jungfraucamp.ch

1 KNOPSTU — AFN 6
2 PQXY — ABDEFGHI 7
3 BM — ABEFNQRT 8
4 FHJO — 9
5 ADFHKLNO — AFGJKNQ 10
10A — ❶ €36,75
H580 2ha 60T(60-100m²) 45D — ❷ €36,75

N 46°41'13" E 07°50'03" — 107081

A8 Bern-Spiez-Interlaken, Ausfahrt Interlaken-West. CP-Symbol 5 folgen.

Innertkirchen, CH-3862 / Berner Oberland

iD

Grund***
Grundstraße 44
1 Jan - 31 Dez
+41 3 39 71 44 09
info@camping-grund.ch

1 AKNOPQRSTU — 6
2 IPQY — ABDEFG 7
3 — ABCDEFJNQR 8
4 AFHJO — DFIJ 9
5 DN — ABGJKNQU 10
10A — ❶ €30,10
H630 1,5ha 100T(40-120m²) 21D — ❷ €34,50

N 46°42'08" E 08°13'38" — 109002

Von Meiringen Richtung Innertkirchen. Gut sichtbares Schild rechts, dann noch 200m.

Interlaken/Wilderswil, CH-3812 / Berner Oberland

iD

Oberei 8***
Obereigasse 9
1 Mai - 30 Sep
+41 3 38 22 13 35
oberei8@swisscamps.ch

1 AKNOPQRSU — 6
2 PQWXY — ABDEFGH 7
3 AMU — ABCDFNQR 8
4 FHJO — EGI 9
5 ABDMN — ABJKOQ 10
6-10A — ❶ €37,30
H580 0,5ha 53T(48-116m²) 6D — ❷ €44,60

N 46°39'42" E 07°51'53" — 107085

Autobahn Bern-Brienz, Ausfahrt 25 Lauterbrunnen/Grindelwald. In Wilderswil den Schildern zum CP folgen.

Interlaken (Thunersee), CH-3800 / Berner Oberland

iD

Manor Farm 1*****
Seestraße 201
1 Jan - 31 Dez
+41 3 38 22 22 64
info@manorfarm.ch

1 ABCDEKMOPQRSTU — FJLMNQRSWXYZ 6
2 ACEIKLMPQSTWXYZ — ABDEFGHI 7
3 BFGJKLM — ABCDEFJNQRTUV 8
4 BFHJOP — AENOPRT 9
5 ACDEFGHLM — ABEFGIKLOQU 10
B — ❶ €56,10
H560 7,8ha 240T(40-120m²) 230D — ❷ €67,10

N 46°40'52" E 07°48'55" — 101076

A8 Spiez-Interlaken-Brienz. Ausfahrt 24 Interlaken-West Richtung Gunten. CP-Symbol 1 folgen.

ACSI AWARDS 2022

GEWINNER

Campingplatz mit der schönsten Lage Schweiz

Camping Jungfrau

Interlaken/Unterseen, CH-3800 / Berner Oberland

CC€23 iD

Alpenblick****
Seestraße 130
1 Jan - 31 Dez
+41 3 38 22 77 57
info@camping-alpenblick.ch

1 ABDEKNOPQSTU — LNRT 6
2 ACEIPQTWXYZ — ABDEFG 7
3 AFLMS — ABEFGIJNQRTW 8
4 FHO — 9
5 ABDEFHJKMN — ABFGHIKOQUY 10
B 6-16A — ❶ €61,80
H560 2,6ha 90T(60-100m²) 90D — ❷ €70,45

N 46°40'47" E 07°49'04" — 107078

A8 Thun-Interlaken-Brienz. Ausfahrt 24 Interlaken-West. CP-Schild mit dem Symbol 2 folgen.

Interlaken-Ost, CH-3800 / Berner Oberland

iD

TCS Camping "Interlaken" 6***
Brienzstraße 24
11 Apr - 13 Okt
+41 3 38 22 44 34
camping.interlaken@tcs.ch

1 ADEKNOPQRSTU — JNSUVX 6
2 ABCIPQSWXYZ — ABDEFGHIJK 7
3 ABFLM — ABEFJNQRT 8
4 FHJO — GKLQRUVWZ 9
5 ABDHJMN — ABFGHILMOQU 10
B 8A CEE — ❶ €51,05
H567 1,2ha 110T(70-100m²) 38D — ❷ €61,15

N 46°41'33" E 07°52'08" — 107082

A8 Bern-Interlaken-Luzern, Ausfahrt 26 Interlaken-Ost Richtung Ringgenberg, nach der Brücke links. CP-Symbol 6 folgen.

Interlaken/Unterseen, CH-3800 / Berner Oberland

iD

Hobby 3****
Lehnweg 16
1 Apr - 30 Sep
+41 3 38 22 96 52
info@campinghobby.ch

1 ADEKNOPQRSU — F 6
2 AIPQWXYZ — ABDEFGHIK 7
3 AFLM — ABCDEFNQRT 8
4 FHJO — 9
5 ABDMN — ABFGJKOQU 10
B 10A — ❶ €51,50
H560 1,6ha 70T(80-130m²) 45D — ❷ €60,70

N 46°41'02" E 07°49'47" — 107079

A8 Spiez-Interlaken-Brienz. Ausfahrt 24 Interlaken-West. CP-Symbol 3 folgen.

Kandersteg, CH-3718 / Berner Oberland

iD

Rendez-vous***
Hubleweg
1 Jan - 31 Dez
+41 3 36 75 15 34
rendez-vous.camping@bluewin.ch

1 ADEHJMOPQRSTU — 6
2 IPQUVWXYZ — ABDEFGHI 7
3 AJ — ABEFJNQR 8
4 AFHIJ — 9
5 ABDEFKMN — ABGHJKOQUY 10
W 10A — ❶ €39,00
H1200 1ha 60T(80-100m²) 20D — ❷ €46,35

N 46°29'53" E 07°41'07" — 111255

N6 Ausfahrt Spiez Richtung Kandersteg. In Kandersteg Dorf folgen. Der CP ist ausgeschildert.

Interlaken/Unterseen, CH-3800 / Berner Oberland

iD

Lazy-Rancho****
Lehnweg 6
14 Apr - 2 Okt
+41 3 38 22 87 16
info@lazyrancho.ch

1 ADEKNOPQRSTU — AN 6
2 CIPQTWY — ABDEFGHIK 7
3 ALMU — ABCDEFGIJNQRTUVW 8
4 FHJOPTU — FJ 9
5 ABCDMNO — ABFGHIJKOQUY 10
B 10-16A — ❶ €53,35
H560 1,6ha 90T(60-90m²) 57D — ❷ €62,55

N 46°41'09" E 07°49'48" — 107080

A8 Spiez-Interlaken-Brienz. Ausfahrt 24 Interlaken-West. CP-Symbol 4 folgen.

Krattigen, CH-3704 / Berner Oberland

iD

Stuhlegg****
Stueleggstraße 7
1 Jan - 31 Dez
+41 3 36 54 27 23
info@camping-stuhlegg.ch

1 ADEHJMOPQRSTU — BG 6
2 AIPQVXY — ABDEFGHIJ 7
3 BEFMSU — ABCDEFJNQRT 8
4 FHJO — J 9
5 ABDEFKMN — ABFGIJKOSTUY 10
W 13A — ❶ €39,95
H750 2,4ha 60T(80m²) 96D — ❷ €49,10

N 46°39'32" E 07°43'01" — 107086

Autobahn Basel-Bern-Interlaken, Ausfahrt Leissigen Richtung Krattigen.

Schweiz

Teilkarte Berner Oberland auf Seite 353

Lauterbrunnen, CH-3822 / Berner Oberland

Camping Jungfrau*****
Weid 406
1/1 - 31/10, 15/12 - 31/12
+41 3 38 56 20 10
info@campingjungfrau.swiss

1 ADEJMOPQRSTU	NU 6	
2 CIPQTVWXYZ	ABCDEFGHIJK 7	
3 BFMN	ABCDEFGJLNQRT 8	
4 AEFHJOP	EFGHJKL 9	
5 ACDFGHLMN	ABFGHIJKOQUY 10	
WB 15A CEE		❶ €52,25
H800 4,5ha 217T(80-100m²) 129D		❷ €62,90

N 46°35'16" E 07°54'37"

Der Straße Interlaken-Lauterbrunnen folgen; hinter dem Bahnhof nach rechts; diese Straße führt direkt zum CP. 107088

Stechelberg, CH-3824 / Berner Oberland

Breithorn***
Sandbach
1/1 - 31/10, 16/12 - 31/12
+41 3 38 55 12 25
info@campingbreithorn.ch

1 AFKNOPS	N 6	
2 CPQTXY	ABDEFG 7	
3 A	ABEFJNQR 8	
4 FH	DI 9	
5 ABDEMN	ABFGJKOQ 10	
W 10A CEE		❶ €30,30
H830 1ha 35T(80m²) 42D		❷ €36,35

N 46°34'05" E 07°54'34"

Interlaken-Lauterbrunnen, in Lauterbrunnen Richtung Stechelberg. Der Campingplatz liegt 500m nach dem Trümmelbach-Wasserfall auf der rechten Straßenseite. 107091

Lenk im Simmental, CH-3775 / Berner Oberland

Hasenweide***
Hasenweide 1
1/1 - 5/11, 1/12 - 31/12
+41 3 37 33 26 47
info@camping-hasenweide.ch

1 ADEKNOPQRSTU	N 6	
2 BCIPQSUWXY	ABDEFG 7	
3 A	ABEFJNQR 8	
4 FHJO	DG 9	
5 ABDHJMN	AGJKNQUV 10	
W 6A		❶ €31,95
H1100 0,3ha 50T(40-60m²) 56D		❷ €40,95

N 46°25'42" E 07°28'37"

In Zweisimmen den Schildern nach Lenk folgen. Durch den Ort bis Oberried. CP liegt ganz am Ende des Tals, im Wald. Durchfahren bis zum Restaurant Simmenfälle, und dort nach links. 112513

Stechelberg, CH-3824 / Berner Oberland

Rütti***
1 Mai - 30 Sep
+41 3 38 55 28 85
campingruetti@stechelberg.ch

1 AKNOPQRS	6	
2 CIPQSTXYZ	ABDEFG 7	
3 AM	ABCDFNQR 8	
4 FHJ	A 9	
5 ABDEMN	ABGJKOQ 10	
10A		❶ €33,05
H900 1ha 70T(40-100m²) 15D		❷ €40,40

N 46°32'46" E 07°54'07"

CP am Ende der Straße Lauterbrunnen-Stechelberg. 107090

Lenk im Simmental, CH-3775 / Berner Oberland

Seegarten***
Seestraße 2
1/1 - 22/4, 24/5 - 30/10, 1/12 - 31/12
+41 3 37 33 16 16
info@campingseegarten.ch

1 ADEGILOPQRSTU	6	
2 IPQSWX	ABDEFGHIJK 7	
3 AMU	ABCDEFJNQR 8	
4 FHJ	D 9	
5 ADMN	ABFGHJKOQ 10	
W 10A CEE		❶ €34,90
H1100 1ha 25T(100-140m²) 64D		❷ €40,75

N 46°27'08" E 07°26'39"

Aus Zweisimmen den Schildern nach Lenk. Kurz hinter dem Ort ist der CP ausgeschildert. 112512

Zweisimmen, CH-3770 / Berner Oberland

CC€23

Vermeille****
Ey Gässli 2
1 Jan - 31 Dez
+41 3 37 22 19 40
info@camping-vermeille.ch

1 ADEKNOPQRSTU	BFNU 6	
2 CIPQSXY	ABDEFGHIJK 7	
3 ALMU	ABCDEFJNQRST 8	
4 FHJO	DLUVW 9	
5 BDHMN	ABDFGHJKMOPQUY 10	
Anz. auf dieser S. WB 10A CEE		❶ €41,05
H950 1,3ha 15T(80-120m²) 71D		❷ €47,45

N 46°33'46" E 07°22'41"

Die 11 von Spiez nach Zweisimmen. CP an der 11 beschildert, liegt vor Zweisimmen. Von der Ausfahrt zum CP noch 200m weiterfahren. Zweiter Camping hinter dem Bahnübergang. 107061

Meiringen, CH-3860 / Berner Oberland

AlpenCamping****
Brünigstraße 47
1 Jan - 31 Dez
+41 3 39 71 36 76
info@alpencamping.ch

1 ADEKNOPQRSTU	6	
2 IPQSWX	ABDEFGHIK 7	
3 A	ABEFJNQRTUW 8	
4 FHIJOT	F 9	
5 ABDEJKMN	ABFGHJKOQU 10	
WB 10A CEE		❶ €47,30
H595 1,4ha 47T(60-110m²) 45D		❷ €59,20

N 46°44'04" E 08°10'18"

Von Interlaken oder Luzern über die A8 nach Meiringen. Bei Meiringen den CP-Schildern folgen. 117774

Zweisimmen, CH-3770 / Berner Oberland

Fankhauser****
Eygässli 1
1 Jan - 31 Dez
+41 3 37 22 13 56
info@camping-fankhauser.ch

1 ADEJMOPQRSTU	AN 6	
2 CEIPQSXY	ABDEFGIJK 7	
3 ALMSUV	ABCDEFJNQRW 8	
4 FGHJOP	DFLUVW 9	
5 DMNO	ABFGHJKMOPQUY 10	
Anz. auf dieser S. WB 13A CEE		❶ €34,80
H950 2,5ha 20T(40-100m²) 125D		❷ €38,00

N 46°33'46" E 07°22'34"

Der 11 von Spiez nach Zweisimmen folgen. Camping ist an dieser Straße angezeigt und liegt vor Zweisimmen. Direkt links hinter dem Bahnübergang. 118295

Ringgenberg, CH-3852 / Berner Oberland

Talacker
Rosswaldstraße
1/1 - 31/10, 1/12 - 31/12
+41 3 38 22 11 28
camping@talacker.ch

1 ADKNOPQRSU	6	
2 ABIPQSTVXY	ABDEFG 7	
3 ABLM	ABEFJNQRTVW 8	
4 FHJO	9	
5 ABDEFHIMN	ABGJKOQU 10	
13A		❶ €41,80
H620 0,8ha 45T(80-100m²) 15D		❷ €52,80

N 46°42'27" E 07°54'28"

A8 Thun-Spiez-Interlaken. Ausfahrt 26 Interlaken-Ost. Weiter Richtung Ringgenberg. Am Ort vorbei links ab. CP ist angezeigt. 114067

Saanen, CH-3792 / Berner Oberland

Saanen****
Campingstraße 15
1/1 - 31/10, 1/12 - 31/12
+41 3 37 44 61 91
info@camping-saanen.ch

1 ADEKNOPQSTU	N 6	
2 CIPQSWXY	ABDEFGIJK 7	
3 AM	ABFJNPQR 8	
4 FHJO	DL 9	
5 DMN	ABFGHKOSU 10	
WB 13A		❶ €39,10
H1050 0,8ha 34T(35-98m²) 40D		❷ €47,55

N 46°29'13" E 07°15'54"

Die Kantonstraße 11 von Zweisimmen 2x Richtung Gstaad auf 2 nacheinander folgenden Kreiseln. Nach 100m rechts. CP ist angezeigt. 113975

Schweiz

Ostschweiz

CampingCard ACSI, gut zu wissen

- Nur gültig auf teilnehmenden CampingCard ACSI-Campingplätzen
- Nur gültig in den mit dem Campingplatz vereinbarten Akzeptanzzeiträumen
- Zusatzkosten nicht inbegriffen
- Begrenzte Anzahl von Stellplätzen verfügbar

Schweiz

Appenzell, CH-9050 / Appenzell

Camping Eischen/Kau****
Kaustraße 123
1 Jan - 31 Dez
+41 7 17 87 50 30
info@eischen.ch

1 ADE**JM**OPQSTU E 6
2 IQSX ABC**D**EF**G** 7
3 BLM ABE**F**JNQRT 8
4 FH**TUVX** G 9
5 ABDHJLMN AFGHIJKOQY 10
Anzeige auf Seite 357 B 10A
H1037 1,8ha 60T 118D
❶ €31,85 ❷ €38,30

N 47°19'19'' E 09°23'12''

Vor Appenzell CP-Hinweis. Richtung Kau halten. Die Strecke geht dann 3 km über einen kurvigen Weg bergan, wo man vom Landgasthof Eischen/Kau eine herrliche Aussicht hat. 107189

Arbon, CH-9320 / Thurgau

Camping Buchhorn***
Philosophenweg 17
1 Apr - 6 Okt
+41 7 14 46 65 45
info@camping-arbon.ch

1 BDEGILOPQST GLMQY 6
2 AEIMQTWXY ABDE**FG** 7
3 BFGMS ABEFNQR 8
4 FHJO 9
5 ABDEFHIJMN ABCFGHIJKOSTUY 10
B 10A
H400 2,5ha 120T(50-80m²) 46D
❶ €33,05 ❷ €42,25

N 47°31'28'' E 09°25'14''

Von der 13 aus nördlicher Richtung vor Arbon Schildern 'Strandbad-Camping' folgen. Aus südlicher Richtung durch Arbon und Schildern folgen. 107188

Bächli/Hemberg, CH-9633 / Sankt Gallen

Camping Bächli****
Wisstraße 9
1 Jan - 31 Dez
+41 7 13 77 11 47
info@camping-baechli.ch

1 ADE**JM**OPQSTU 6
2 IPQSVXYZ ABE**FG**IJ 7
3 AM**N** ABCDFJNQRTW 8
4 FHJ GW 9
5 ABDMN ABEFGHJKMOQU 10
Anzeige auf Seite 357 WB 10A
H851 0,8ha 40T(70m²) 32D
❶ €26,65 ❷ €33,95

N 47°18'24'' E 09°11'42''

An der Kreuzung im Ort Bächli Richtung St. Peterzell. CP ab Schönengrund ausgeschildert. 111256

Bad Ragaz, CH-7310 / Sankt Gallen

Giessenpark***
Seestraße 41
1 Jan - 31 Dez
+41 8 16 61 23 45
info@giessenpark.com

1 ADEG**JM**OPQRSTU BGHN 6
2 ABCPQRSTWZ ABDE**FG**HIJ 7
3 ABCFG**KL**M**NO**UX ABCDEFJNQRST 8
4 **A**BC**E**FHJO**P** DEJUVWZ 9
5 ABDEFHIJKLMN ABCFGHJKORSUY 10
WB 10-16A
H448 1ha 50T(80-100m²) 51D
❶ €52,50 ❷ €60,80

N 47°00'19'' E 09°30'46''

Aus dem Norden nach Bad Ragaz, bis hinter das Zentrum, dort ist der CP zu sehen, links, dann rechts und durch den Park. 107192

Bernhardzell, CH-9304 / Sankt Gallen

Camping St-Gallen-Wittenbach***
Leebrücke
31 Mrz - 1 Okt
+41 7 12 98 49 69
campingplatz.stgallen@ccc-stgallen.ch

1 ADEH**KN**OPQRSU 6
2 ACQTXY ABDE**FG**H 7
3 A**K**LMX ABEFNQRT 8
4 FHJO E 9
5 ABDEHJMN AFGHJKNRSU 10
6A CEE
H545 1,5ha 70T 31D
❶ €31,20 ❷ €36,75

N 47°27'41'' E 09°21'57''

E60 Ausfahrt St. Gallen/Trogen. Dann den Schildern Richtung Wittenbach/Gossau folgen. Bernhardzell folgen und auf das CP-Schild rechts hinter der Brücke achten. 112180

Bischofszell, CH-9220 / Thurgau

Leutswil
Leutswil 23
1 Apr - 31 Okt
+41 7 14 22 63 98
camping-leutswil@cctg.ch

1 ADEG**JM**OPQRSTU JU 6
2 ACMQTX A**B**DE**FG**IJ 7
3 AMX ABCDE**F**NQRUVW 8
4 FHJ F 9
5 DEFHKN ABCFGHJKN**O**QU 10
10A CEE
H478 2ha 20T 50D
❶ €26,65 ❷ €29,40

N 47°30'06'' E 09°16'29''

Auf Straße 14 zwischen Weinfelden und Amriswil Ausfahrt nach Gossau. In Bischofszell Richtung Gossau, bei Avia-Tankstelle links, nach ca. 3 km CP rechts der Brücke. 107183

Buchs, CH-9470 / Sankt Gallen

Camping Werdenberg**
Marktplatz 11
1 Apr - 31 Okt
+41 8 17 56 15 07
info@verkehrsverein-buchs.ch

1 ADEG**JM**OPQRST**U** 6
2 APQXY ABDE**FG**IJK 7
3 **J** ABE**F**NQR 8
4 FHJ D 9
5 BDMN ABHJKOST 10
Anzeige auf dieser Seite B 16A
H436 0,7ha 25T(70m²) 18D
❶ €39,50 ❷ €49,60

N 47°09'57'' E 09°27'55''

Von A3 Ausfahrt Buchs, dann Richtung Wattwil und den CP-Schildern folgen. Achtung: bei Ampel links! 110683

Egnach, CH-9322 / Thurgau

Seehorn****
Wiedehorn
1 Mrz - 31 Okt
+41 7 14 77 10 06
info@seehorn.ch

1 ADEG**JM**OPQRSTU LMW 6
2 AEIKMPQWXY ABDE**FG**HIJK 7
3 ABDGMX ABDEFGIJKNQRTUVW 8
4 HJO EFNRV 9
5 ABDEFJKLMN ABCFGHJKM**O**PQUY 10
B 13A CEE
H400 2,5ha 80T(100-120m²) 189D
❶ €45,00 ❷ €52,35

N 47°32'12'' E 09°23'52''

Campingplatz liegt an der 13 zwischen Romanshorn und Arbon, sowohl aus westlicher, wie aus östlicher Richtung ist der Campingplatz ausgeschildert. 107187

Eschenz, CH-8264 / Thurgau

Camping Hüttenberg AG*****
Hüttenberg
6 Apr - 15 Okt
+41 5 27 41 23 37
info@huettenberg.ch
N 47°38'40" E 08°51'37"

1 ADEG**KN**OPQS**U** AF 6
2 IPQSTVWXY AB**C**E**FG**HI 7
3 ABEFMSU ABCDEFJ**L**NQR**S**TUVW 8
4 FHJO AFJW 9
5 ABCDEFHJMN ABCGHJKNQUY 10
B 10-16A CEE ❶ €44,55
H487 6ha 67**T**(95-120m²) 255**D** ❷ €52,80

In Eschenz an der Straße 13, bei Agip-Tankstelle Hüttenberg hinauf fahren. 107147

Flaach, CH-8416 / Zürich

Flaach am Rhein****
Stäubisallmend 4
3 Apr - 11 Okt
+41 5 23 18 14 13
camping.flaach@tcs.ch
N 47°34'43" E 08°34'57"

1 ADEG**KN**OPQRSU AFHJ**N** 6
2 ACKPQSTWXYZ ABDE**FG**HIJ 7
3 ABF**L**MUV ABCDFJNQRTUVW 8
4 BFHJOQ ACDFJKVWZ 9
5 ABDEFGHJKLM**N** ABCFGHKOQUY 10
B 6-13A CEE ❶ €67,95
H350 4ha 200**T**(60-120m²) 102**D** ❷ €83,55

Am Restaurant Ziegelhütte abbiegen, danach noch etwa 500 Meter. 113976

Kreuzlingen, CH-8280 / Thurgau

Fischerhaus****
Promenadenstr. 52
1 Apr - 18 Okt
+41 7 16 88 49 03
info@camping-fischerhaus.ch
N 47°38'49" E 09°11'54"

1 ADEGILOPQRST**U** BFHILNOPQRSTVWXY 6
2 AEMPQXY ABDE**FG**K 7
3 ABGM ABEFGIKNPQRTUVW 8
4 FHJO FGKLNQRT 9
5 ACDEFHJLMN**O** ABCFGHIJKN**O**PQUY 10
B 16A ❶ €48,65
H397 2,8ha 120**T**(50-80m²) 116**D** ❷ €60,60

CP an der Südseite von Kreuzlingen. Die Autobahn bei Kreuzlingen-Süd verlassen. Auf die 13 in Richtung Romanshorn (CP-Schildern nach). Nach der Bahnunterführung links, dann zweimal rechts. 107182

Langwiesen, CH-8246 / Thurgau

Schaffhausen Rheinwiese***
Hauptstrasse 96C
1 Apr - 15 Okt
+41 5 26 59 33 00
info@camping-schaffhausen.ch
N 47°41'14" E 08°39'21"

1 ADEILOPQRSU FJM 6
2 ACIKLMQXYZ ABDE**FG** 7
3 BFGMX ABDFNRTW 8
4 FH AL 9
5 ADEFHIJKMN ABCGHIJKOSTUY 10
B 16A CEE ❶ €44,05
4,3ha 54**T**(50-100m²) 50**D** ❷ €53,25

An Straße 13 Schaffhausen-Kreuzlingen, 1 km östlich von Schaffhausen. 107137

Murg, CH-8877 / Sankt Gallen

Camping Am See***
Strandbodenstrasse 16
1 Apr - 18 Okt
+41 8 17 38 15 30
info@murg-camping.ch
N 47°06'55" E 09°12'54"

1 AD**JM**OPQRST**U** LMNPQS 6
2 AEIKLMPSTWXYZ ABFGI 7
3 BFGMN**O** ABEFNQRT 8
4 FHJO 9
5 ADEK ABGJKOQU 10
10A ❶ €43,60
H420 2ha 42**T**(40-60m²) 21**D** ❷ €50,05

A3, Ausfahrt Richtung Murg, von einem Schild am Wasser ausgewiesen. Aus Chur Ausfahrt Murg. Von Zürich Ausfahrt Murg. CP-Schilder beachten. 110267

Ottenbach, CH-8913 / Zürich

CC€23

Reussbrücke****
Muristraße 34
1 Apr - 7 Okt
+41 4 47 61 20 22
info@camping-reussbruecke.ch
N 47°16'47" E 08°23'43"

1 DEGH**JM**OPQRSTU AFJ 6
2 ACPQTXY ABDE**FG** 7
3 BM ABE**F**NRTW 8
4 FHJO 9
5 ABDEFHKM ABFGHIJK**O**QU 10
6-13A CEE ❶ €38,10
H385 1,5ha 40**T**(80-120m²) 70**D** ❷ €46,35

Auf der A4 Zürich-Gotthard Ausfahrt 31 Affoltern am Albis. Dann über Obfelden nach Ottenbach. In Ottenbach Camping ausgeschildert. Camping liegt vor der Brücke und ist über den Parkplatz anfahrbar. 107123

Sankt Margrethen, CH-9430 / Sankt Gallen

Bruggerhorn
Strandbadstraße 1
1 Apr - 31 Okt
+41 7 17 44 22 01
strandbad.stmargrethen@bluewin.ch
N 47°27'04" E 09°39'23"

1 ADEGILOPQRST**U** BGHLMP 6
2 ACEIQXYZ ABDE**FGIJ** 7
3 BFGM**N** ABEFNQRT 8
4 O 9
5 ABDEFHIJKMN ABGIJKQY 10
10A ❶ €28,90
H404 1ha 36**T**(75m²) 127**D** ❷ €38,10

Autobahn E60 Ausfahrt Margrethen. Aufpassen: es wird sofort links zum CP Strandbad Bruggerhorn geführt. Autobahnüberführung, am Ende der Straße links. Navi einstellen auf Sankt Margrethen, Schweiz. 107198

Triesen, FL-9495 / Liechtenstein

Camping Mittagsspitze****
Sägastrasse 29
1 Apr - 31 Okt
+423 3 92 26 88
info@campingtriesen.li
N 47°05'11" E 09°31'37"

1 ABDEG**JM**OPQRST**U** AF 6
2 ABPQTVXYZ ABDE**FG**IK 7
3 B**N**U**W**X ABEFJNQR 8
4 FHJO GIJ 9
5 ABDJLMN ABGHJKNQU 10
6A ❶ €41,40
H510 4ha 70**T** 106**D** ❷ €48,75

A13, Ausfahrt Balzers, Richtung Vaduz, nach 3 km rechts, CP ausgeschildert. 107191

Wagenhausen, CH-8259 / Thurgau

Wagenhausen
Hauptstraße 82
1 Apr - 30 Okt
+41 5 27 41 42 71
info@campingwagenhausen.ch
N 47°39'45" E 08°50'26"

1 DEG**JM**OPQSU BJ**XYZ** 6
2 DIMQXY BE**FG**HIJK 7
3 AB**J**M BDEFJNQRTW 8
4 FHJ BEG 9
5 ABDFHJKLM ABHJKQUY 10
B 10-13A CEE ❶ €41,80
H405 4,6ha 70**T**(70-125m²) 234**D** ❷ €49,10

Straße 13 Schaffhausen-Kreuzlingen-Konstanz. Im Ort Wagenhausen ist der CP ausgeschildert. 109269

Winterthur, CH-8400 / Zürich

Am Schützenweiher
Eichliwaldstr. 4
1 Jan - 31 Dez
+41 5 22 12 52 60
info@camping-winterthur.info
N 47°31'10" E 08°42'59"

1 DE**KN**OPQRSU 6
2 APQSTWXYZ ABDE**FG**HIJK 7
3 AB**J**MX ABEFJNQRT 8
4 FHJO V 9
5 DN ABCFGHOQU 10
13A CEE ❶ €34,90
H440 2,1ha 90**T**(30-50m²) 30**D** ❷ €42,25

A1, E60 St.Gallen-Zürich, Abfahrt Winterthur Ohringen, nach 250m auf der rechten Seite Camping ausgeschildert. 110107

Schweiz

Teilkarte Ostschweiz auf Seite 356

Altdorf, CH-6460 / Uri

Remo Camping
Flüelerstrasse 112
1 Jan - 31 Dez
+41 4 18 70 85 41
info@camping-altdorf.ch
N 46°53'33'' E 08°37'41''

1 ADEKNOPQRSTU	EGH	6
2 APQSTXY	ABDEFGK	7
3	BDFNQR	8
4 FHJO		9
5 ADHM	ABCGKOST	10
W 13A CEE	❶ €33,80	
H450 0,9ha 18T($50m^2$) 28D	❷ €41,80	
	107144	

A2 Basel-Gotthardtunnel, Ausfahrt 26 Altdorf. Den Schildern folgen. Im Kreisverkehr rechts. Nach ca. 150m liegt der CP links der Straße. Der Beschilderung anstelle des Navis folgen.

Brunnen, CH-6440 / Schwyz

Hopfraeben***
Hopfrebenstrasse 1
15 Apr - 30 Sep
+41 4 18 20 18 73
info@camping-hopfraeben.ch
N 46°59'52'' E 08°35'36''

1 AGKNOPQRSU	LNOQS	6
2 AEILMPQXY	ABDEFG	7
3 B	ABFNQR	8
4 FH	V	9
5 ADEHKM	AGIJKOQU	10
13A CEE	❶ €43,60	
H445 1,5ha 40T($100m^2$) 43D	❷ €50,05	
	107143	

Straße 2b Luzern-Brunnen, 1 km nordwestlich von Brunnen, bei Fabrik Ruag abzweigen, CP gut ausgeschildert.

Buochs, CH-6374 / Nidwalden

TCS Camping Buochs Vierwaldstättersee
Seefeld 4
4 Apr - 4 Okt
+41 4 16 20 34 74
camping.buochs@tcs.ch
N 46°58'47'' E 08°25'05''

1 ADEKNOPQRSTU	GLMNOQSWXY	6
2 AEILPQSTWX	BEFGHIJ	7
3 BFGLMNS	ABDFIJKNQRTUVW	8
4 BFHJO	AFJKRVZ	9
5 ADHMN	ABCFGHKOPQUY	10
B 16A CEE	❶ €53,25	
H465 3,2ha 150T(75-130m^2) 118D	❷ €66,10	
	110268	

A2 von Gothard, Ausfahrt Buochs, unter der Autobahn durch, links, dann CP-Schildern folgen.

Engelberg, CH-6390 / Obwalden

Eienwäldli*****
Wasserfallstraße 108
1 Jan - 31 Dez
+41 4 16 37 19 49
info@eienwaeldli.ch
N 46°48'34'' E 08°25'26''

1 ADEJMOPQSTU	EGHIN	6
2 DIPQSTWXYZ	BCEFGHIJK	7
3 BDFGKLMVW	BDFJKNQRTUVW	8
4 ABCFHIJLORSTUVXYZ	GVW	9
5 ACDEFGHJKLMN	ABEFGHIJKOPSTUY	10
WB 10A CEE	❶ €56,00	
H1000 3,7ha 150T(60-120m^2) 150D	❷ €64,25	
	107129	

A2, Ausfahrt Stans-Süd. Beim Kloster in Engelberg rechts Richtung Eienwäldli. CP nach 1,5 km hinter dem Hotel Eienwäldli.

Giswil (Sarnersee), CH-6074 / Obwalden

International Sarnersee Giswil****
Campingstraße 11
31 Mrz - 15 Okt
+41 4 16 75 23 55
giswil@camping-international.ch
N 46°51'13'' E 08°11'16''

1 ADEKNOPQRSTU	LMNQSX	6
2 EILQSWXY	ABEFG	7
3 ABM	ABCDFNQRTW	8
4 FHJO	GOTV	9
5 ABDEFKMN	ABHJKOQUY	10
B 10A CEE	❶ €43,15	
H504 1,9ha 100T(40-100m^2) 69D	❷ €50,50	
	107109	

Von Luzern Richtung Interlaken, hindurchfahren bis Giswil, hier Ausfahrt Kleinteil/Grossteil, gegenüber der Kirche Richtung Grossteil, nach 2,8 km Einfahrt der CP-Straße.

Horw, CH-6048 / Luzern

TCS Camping Luzern-Horw****
Seefeldstraße
13 Apr - 7 Okt
+41 4 13 40 35 58
camping.horw@tcs.ch
N 47°00'43'' E 08°18'40''

1 ADGHKNOPQRSTU	LMN	6
2 AEPQTWY	BEFGH	7
3 BM	ABCDEFNQRT	8
4 FHJO	D	9
5 ABDEFHJKMN	ABGHJKOQUY	10
B 6A	❶ €52,35	
H434 2ha 70T(50-100m^2) 52D	❷ €67,05	
	107755	

A2 Luzern-St. Gotthard, Ausfahrt Horw. Dann direkt den Schildern folgen.

Lungern, CH-6078 / Obwalden

Obsee****
Campingstraße 1
1 Jan - 31 Dez
+41 4 16 78 14 63
camping@obsee.ch
N 46°47'06'' E 08°09'06''

1 ADEHJMOPQSTU	LQRSTUXZ	6
2 AELPQVWXY	ABEFG	7
3 AFGJM	ABEFJNQRTUW	8
4 FHJO	IMN	9
5 DFJLMN	ABFGHIJKOQU	10
W 10A CEE	❶ €45,00	
H686 2,2ha 80T(40-80m^2) 113D	❷ €56,00	
	110302	

A8 Brienz Richtung Luzern. In Lungern an der 1. Ampel links, den Schildern folgen.

Luzern, CH-6006 / Luzern

International Lido****
Lidostraße 19
1 Jan - 31 Dez
+41 4 13 70 21 46
luzern@camping-international.ch
N 47°03'00'' E 08°20'18''

1 ADEKNOPQRSTU	LNQSWXY	6
2 AEPQTWXYZ	ABDEFGH	7
3 BNX	ABCDEFJNQRTW	8
4 FHJO	DGK	9
5 ABDEFGHJKMN	ABFGHIJKOQUY	10
B 16A CEE	❶ €41,85	
H435 2,7ha 250T(70-80m^2) 37D	❷ €51,05	
	107126	

An Straße 2 Luzern-Küssnacht, Ausfahrt beim Tennispark, dann noch 150m, schräg gegenüber dem Lido-Bad.

Meierskappel, CH-6344 / Luzern

CC€23

Campingplatz Gerbe
Landiswilerstraße
1 Mrz - 31 Okt
+41 4 17 90 45 34
info@swiss-bauernhof.ch
N 47°07'16'' E 08°26'47''

1 ADEKNOPQRSTU	A	6
2 APQUXY	ABDEFG	7
3 AM	ABEFNQR	8
4 FHJO	AG	9
5 ABDEJKN	AGJKOPQU	10
Anzeige auf Seite 359 16A CEE	❶ €34,60	
H450 1,6ha 60T($80m^2$) 28D	❷ €43,80	
	109014	

A4 Rotkreuz-Schwyz, Ausfahrt Küssnacht, dann den Schildern folgen, Richtung Meierskappel, und kurz vor der Kreuzung beim Bauernhof links.

Mosen, CH-6295 / Luzern

Camping Seeblick****
Campingstrasse 5
1 Mrz - 31 Okt
+41 4 19 17 16 66
infos@camping-seeblick.ch
N 47°14'41'' E 08°13'29''

1 DEGJMOPQRSU	FLMNQS	6
2 EIMPQWXY	ABDEFGHIJK	7
3 BFM	ABCDFJKNQRTW	8
4 FHJO	DGKLN	9
5 ACDEHIJKMN	ABGIKOSTUY	10
Anzeige auf dieser Seite B 14A CEE	❶ €38,95	
H523 2,5ha 70T(70-100m^2) 110D	❷ €48,10	
	107124	

An der Straße 26 Lenzburg-Luzern, in Mosen gegenüber dem Bahnhof.

Sachseln, CH-6072 / Obwalden

Ewil
Brünigstraße 258
1 Apr - 30 Sep
+41 4 16 66 32 70
info@camping-ewil.ch
N 46°51'21'' E 08°12'54''

1 ADEGJMOPQSU	LNQSX	6
2 AEILPQSTVWXY	BEFGH	7
3 ALM	BDFJNQRTW	8
4 EFH	D	9
5 ABDHJMN	ABFGKOQ	10
B 13-16A	❶ €37,30	
H470 1,5ha 26T(70-100m^2) 51D	❷ €44,60	
	112536	

Der N8 Luzern-Interlaken folgen, Ausfahrt 35 Sarnen-Süd. Im Kreisel links ab und dann geradeaus. Der CP ist ausgeschildert.

Sarnen, CH-6060 / Obwalden

Camping Seefeld Park Sarnen*****
Seestrasse 20
1 Jan - 31 Dez
+41 4 16 66 57 88
welcome@seefeldpark.ch
N 46°52'59'' E 08°14'33''

1 ADEGJLOPQRSTU	BFHIJLMNQRSTVXYZ	6
2 ACEIKQWXY	BEFGHI	7
3 ABEFGJLMN	BDFJKNQRTW	8
4 BCDFHJOUY	ABEKMNRV	9
5 ABDFHIJKLMN	ABCFGHJKOQUXY	10
WB 13A CEE	❶ €58,75	
H471 2,6ha 129T($80m^2$) 63D	❷ €73,45	
	107128	

A2 Basel-Luzern-Gotthard-Chiasso. An der Kreuzung Loppe die A8 Richtung Interlaken. Ausfahrt Sarnen-Süd.

Teilkarte Zentralschweiz auf Seite 358

Sempach, CH-6204 / Luzern

TCS Camping Sempach****
Seelandstrasse 6
23 Mrz - 25 Okt
+41 4 14 60 14 66
camping.sempach@tcs.ch

1 ADEJMOPQRSTU LMNQ 6
2 ACEIJKPQTWXYZ ABDEFGHIJ 7
3 ABEGLMNT ABCDEFJLNQRTUVW 8
4 ABCDEFHJO AFJKNRTUVWZ 9
5 ACDEFHIJKLMN ABCFGHIJKLMOQUY 10
B 6-13A CEE
H510 5,2ha 230T(70-100m²) 211D
① €60,95
② €74,75
N 47°07'31" E 08°11'24"
Autobahn A2 Basel-Luzern, Ausfahrt 21 Sempach, CP südlich von Sempach ausgeschildert.
107107

Sursee, CH-6210 / Luzern

Camping Sursee/ Waldheim***
Baselstrasse
1 Apr - 29 Okt
+41 4 19 21 11 61
info@camping-sursee.ch

1 ADEGKNOPQRSTU 6
2 APQTXY ABDEFGI 7
3 ALM ABCDEFNQRT 8
4 FHJO DG 9
5 ABDEFJMN ABFGJKOQU 10
13A CEE
H520 1,7ha 30T(80m²) 82D
① €30,30
② €38,55
N 47°10'31" E 08°05'13"
A2 Basel-Luzern, Ausfahrt 20 Sursee. Die B2 Richtung Basel weiter folgen. Am 4. Kreisel rechts Richtung Basel. CP ist angezeigt.
107105

Acquarossa, CH-6716 / Ticino

Acquarossa**
Via Lucomagnio 163
1 Jan - 31 Dez
+41 9 18 71 16 03
madlen.burri@bluewin.ch

1 AKNOPQSTU AN 6
2 CIPQXY ABDEFG 7
3 BMU ABEFJNQRW 8
4 FHJ D 9
5 ABDHMN AJKNQU 10
10A
H560 9ha 50T(50-80m²) 31D
① €47,75
② €55,65
N 46°27'35" E 08°56'31"
1 km nördlich von Acquarossa an der Straße über den Lukmanier-Pass. Von Norden ist die Zufahrt schwierig, besser durchfahren und vor der Brücke in Acquarossa drehen, dann problemlos einfahren.
107158

Unterägeri, CH-6314 / Zug

CC€23

Unterägeri****
Wilbrunnenstraße 81
1 Jan - 31 Dez
+41 4 17 50 39 28
info@campingunteraegeri.ch

1 ADEGILOPQRSTU LMNQ 6
2 FILQWXYZ ABDEFGHJ 7
3 BMS ABDEFJNQRT 8
4 FHJO N 9
5 ABCDEFHIKLMN ABCFGHJKOSTUY 10
WB 16A CEE
H724 4,8ha 150T(50-100m²) 120D
① €50,30
② €62,25
N 47°07'40" E 08°35'31"
A4 Luzern-Zürich, Ausfahrt Baar Richtung Ägeri. Über Baar nach Unterägeri. Innerorts ausgeschildert.
107140

Vitznau/Luzern, CH-6354 / Luzern

Camping Vitznau****
Altdorfstraße 34
1 Apr - 2 Okt
+41 4 13 97 12 80
info@camping-vitznau.ch

1 ADEJMOPQRSTU BGN 6
2 IPQTVWXY ABDEFGIK 7
3 BM BDFJKNQRTUVW 8
4 FJ FHNR 9
5 ABDHJ ABFGHJKOST 10
15A CEE
H450 2ha 70T(40-100m²) 77D
① €58,50
② €66,75
N 47°00'24" E 08°29'11"
In Vitznau (Straße 2b) an der Kirche dem CP-Schild folgen (nicht dem Navi folgen). Dann noch ca. 400m den Berg hinauf.
107127

Schweiz

ACSI Gebrauchsanweisung

Um die Möglichkeiten des Führers optimal nutzen zu können, sollten Sie die Gebrauchsanweisung auf Seite 8 gut durchlesen. Hier finden Sie wertvolle Informationen, beispielsweise die Berechnung der Übernachtungspreise.

① € 25,00
② € 35,80

Agno, CH-6982 / Ticino

Lugano Lake****
Via di Molinnazzo 9
31 Mrz - 31 Okt
+41 7 93 74 26 87
info@campingluganolake.ch

1 ADEKNOPQSTU LMNQSW 6
2 ACFJKLPQRXYZ ABDEFGH 7
3 AFGLM ABEFJNQR 8
4 FHO BN 9
5 ABDEHJMN ABKOQ 10
10A
H275 8ha 170T(60-100m²) 92D
① €52,70
② €69,60
N 45°59'44" E 08°54'21"
A2, Ausfahrt Lugano-Nord/Ponte Tresa, Richtung Ponte Tresa. In Agno Richtung Flugplatz. Am Kreisel gegenüber Flugplatz rechts ist der CP ausgeschildert.
113352

Avegno, CH-6670 / Ticino

Camping Piccolo Paradiso****
via Cantonale 13
1 Apr - 31 Okt
+41 9 17 96 15 81
info@camping-piccoloparadiso.ch

1 ABDEKNOPQSU FJN 6
2 ADMPQWXYZ ABDEFG 7
3 ABFJLM ABEFGIJNQRTW 8
4 BFHIJOP J 9
5 ABDFGHIJLM ABGHIJKOQUX 10
B 10A
H321 44ha 169T(60-100m²) 112D
① €58,40
② €68,50
N 46°12'02" E 08°44'39"
A2 Ausfahrt Bellinzona-Süd/Locarno, Richtung Locarno-Ascona, an Locarno vorbei Ausfahrt Vallemaggia. Vor Avegno ist der CP ausgeschildert.
107160

Claro, CH-6702 / Ticino

Al Censo****
Al Campeggio 2
1 Apr - 16 Okt
+41 9 18 63 17 53
info@alcenso.ch

1 AGKNOPQSTU	AJ 6
2 ACPQSUVWXYZ	ABDFG 7
3 AM	ABDEFNQRT 8
4 FHJOP	K 9
5 ABDHMN	ABGHIJKQOU 10

16A CEE ❶ €49,95
H270 2,5ha 90T(80m²) 7D ❷ €62,05
N 46°15'56'' E 09°01'09''
107159

A2, Ausfahrt Bellinzona-Nord, Landstraße Richtung Gotthardpass oder Ausfahrt Biasca und Landstraße Richtung Bellinzona. Der Campingplatz befindet sich nördlich von Claro.

Cugnasco, CH-6516 / Ticino

Riarena****
Via Campeggio 1
17 Mrz - 22 Okt
+41 9 18 59 16 88
info@campingriarena.ch

1 ADEILOPQRSTU	AF 6
2 ACPQRXY	ABDEFGH 7
3 AFM	ABEFNQRT 8
4 FHJLOP	D 9
5 ABDEFGHJKLMN	ABCDGHIJKOQUX 10

Anzeige auf Seite 361 B 10A ❶ €55,10
H217 3,2ha 105T(70-100m²) 106D ❷ €66,10
N 46°10'11'' E 08°54'51''
107169

A2 Ausfahrt Bellinzona-Süd/Locarno. Richtung Locarno. Weiter Richtung Flughafen, dann im Kreisel Richtung Gordola-Gudo. In Cugnasco Camping ausgeschildert.

Gordevio, CH-6672 / Ticino

TCS Camping Gordevio-Valle Maggia****
via Contanale
1 Apr - 22 Okt
+41 9 17 53 14 44
camping.gordevio@tcs.ch

1 BDEHKNOPQSTU	BGJN 6
2 BDJMPQRSWXYZ	ABDEFGIK 7
3 ABLM	ABCDEFNQRT 8
4 BFHJLO	AFKUVW 9
5 ACDFGHLMN	ABGHIJKOQUY 10

B 10A ❶ €64,65
H292 2,5ha 230T(50-80m²) 46D ❷ €80,25
N 46°13'17'' E 08°44'31''
107145

A2, Ausfahrt Bellinzona-Süd/Locarno, Richtung Locarno-Ascona, an Locarno vorbei Ausfahrt Valle Maggia und Valle Maggia folgen. Vor Gordevio ist der CP links ausgeschildert.

Gudo, CH-6515 / Ticino

Isola****
Via al Gaggioletto 3
15 Jan - 15 Dez
+41 9 18 59 32 44
isola2014@ticino.com

1 ADEKNOPQRSTU	AF 6
2 ABCPQYZ	ABDEFG 7
3 ABFGM	ABEFJNQRTW 8
4 FHJLNOP	J 9
5 ABDEFGHJK	ABGJKOQ 10

Anzeige auf dieser Seite B 10A ❶ €40,40
H207 3ha 60T(40-100m²) 83D ❷ €45,90
N 46°10'15'' E 08°55'53''
107765

A2 Ausfahrt Bellinzona-Süd/Locarno Richtung Locarno. Nach ± 8 km rechts Richtung Flugplatz. Dann Richtung Gordola-Gudo, dann Gudo. Zwischen Cugnasco und Gudo ist der CP ausgeschildert. Schmaler Zufahrtsweg.

Locarno, CH-6600 / Ticino

Delta*****
Via Respini 27
1 Mrz - 31 Okt
+41 9 17 51 60 81
info@campingdelta.com

1 ACDEILOPQSU	JLMNQSUWXZ 6
2 ADFIJKPQRSWXYZ	ABDEFG 7
3 AFGKLM	ABCDEFJKNQRTUW 8
4 ABFHJLOPQR	DNRUV 9
5 ACDEFGHJKLMNO	ABGHIJKOQ 10

B 13A ❶ €79,90
H195 6ha 250T(60-110m²) 50D ❷ €79,90
N 46°09'35'' E 08°48'14''
107170

A2, Ausfahrt Bellinzona-Süd/Locarno, Richtung Locarno, direkt hinter dem Tunnel Ausfahrt Locarno. In der Stadt ist der CP ausgeschildert.

Losone, CH-6616 / Ticino

Melezza****
Via Arbigo 88
24 Mrz - 31 Okt
+41 9 17 91 65 63
infomelezza@bluewin.ch

1 ADEKNOPQRS	AJN 6
2 ABCMPQRWXYZ	ABDEFGHI 7
3 ABGLM	ABEFNQRTU 8
4 BFHJOTU	FUV 9
5 ABDEFGHIJKM	ABGIKOQUXY 10

B 16A CEE ❶ €54,70
H260 2,1ha 148T(40-80m²) 69D ❷ €63,00
N 46°10'37'' E 08°43'44''
107146

A2, Ausfahrt Bellinzona-Süd/Locarno, Richtung Locarno-Ascona, an Locarno vorbei Ausfahrt Losone. CP nach 300m hinter dem Industriegebiet Zandone, Richtung Intragna-Golino.

Melano, CH-6818 / Ticino

Camping Monte Generoso***
Via Tannini 12
31 Mrz - 22 Okt
+41 9 16 49 83 33
camping@montegeneroso.ch

1 ADEKNOPQRSTU	LMNPQSWXYZ 6
2 AFILPQXY	ABDEFGK 7
3 AMS	ABEFNQRT 8
4 JO	DNORT 9
5 ABDFGHMN	ABCGOQ 10

B 8-10A ❶ €58,85
H272 2ha 90T(70-80m²) 59D ❷ €69,85
N 45°55'42'' E 08°58'39''
107180

A2 Bellinzona-Chiasso, Ausfahrt Melide in Richtung Chiasso. Der zweite angezeigte CP liegt direkt vor dem Viadukt und noch vor Melano; ausgeschildert.

Melano, CH-6818 / Ticino

Camping Paradiso-Lago****
Via Pedreta 26
31 Mrz - 29 Okt
+41 9 16 48 28 63
info@camping-paradiso.ch

1 ADEGHILOPQRSTU	LMNQSW 6
2 AEILPQSWXYZ	ABDEFG 7
3 ABFM	ABCDEFGJNQRW 8
4 FJOP	N 9
5 ABDEFHIKMN	ABGHINQ 10

4A ❶ €59,70
H270 3,5ha 140T(60-65m²) 60D ❷ €71,60
N 45°55'24'' E 08°58'45''
107179

A2 Bellinzona-Chiasso, Ausfahrt Melide, Richtung Chiasso. Im Ort Melano auf der rechten Seite der Straße angezeigt. Max. Durchfahrtshöhe 3,40 m!

Meride, CH-6866 / Ticino

Monte San Giorgio Camping****
Via ala Caraa 2
31 Mrz - 29 Okt
+41 9 16 46 43 30
info@montesangiorgiocamping.ch

1 ADEHKNOPQS	BF 6
2 ABCEPQRUVYZ	ABDEFGIK 7
3 AM	ABEFNQRTW 8
4 FIJ	AB 9
5 ADHJKMN	ABCGJKOQY 10

B 14A ❶ €54,70
H533 1,2ha 110T(80m²) 20D ❷ €66,65
N 45°53'17'' E 08°56'58''
107181

A2, Bellinzona-Chiasso, Ausfahrt Mendrisio, Richtung Stabio-Varese, Richtung Arzo. In Arzo Richtung Serpieno-Meride. Vor Meride CP links der Straße ausgeschildert.

Schweiz

Teilkarte Tessin auf Seite 359

Monteggio, CH-6998 / Ticino

Tresiana****
Via Cantonale 21
1 Apr - 22 Okt
+41 9 16 08 33 42
info@camping-tresiana.ch

1 ABDEHKNOPQST**U** — AFJ**N** 6
2 CPQSWXYZ — ABDE**FG**H 7
3 ABF**L**M — ABCDEFNQRTW 8
4 BFHJO**X** — ADGI 9
5 ABDEFGMN — ABGHJK**O**QU 10

Anzeige auf Seite 360 B 10A
H255 1,5ha 63T(56-80m²) 49D
① €34,45
② €39,95

N 45°59'28'' E 08°49'00''

107177

A2 Ausfahrt Lugano-Nord/Ponte Tresa, Richtung Ponte Tresa. In Ponte Tresa Richtung Luino. Vor der Grenze zu Italien rechts abbiegen.. Der CP ist in Molinazzo di Monteggio ausgeschildert.

Muzzano, CH-6933 / Ticino

TCS Camping Lugano****
Via alla Foce 14
1 Jan - 31 Dez
+41 9 19 94 77 88
camping.muzzano@tcs.ch

1 ABDEGH**KN**OPQSTU — AFLMPQSW**X**Y**Z** 6
2 AFIKQSWXYZ — ABDE**FG**IK 7
3 BF**L**MN — ABCDEFIJNQRTUVW 8
4 BFJLO**P** — ACEFNZ 9
5 ACDFGHJKLMN — ABGHIKOQUY 10

B 10A CEE
H275 4,7ha 210T(80-120m²) 56D
① €62,80
② €82,45

N 45°59'43'' E 08°54'31''

107173

A2, Ausfahrt Lugano-Nord/Ponte Tresa. In Agno Richtung Flugplatz. Vor Muzzano ist der CP ausgeschildert. An der Suzuki-Werkstatt über die Parallelstraße zum CP.

ACSI AWARDS 2022

GEWINNER

Bester Campingplatz Schweiz

Campofelice Camping Village

Tenero, CH-6598 / Ticino

Campofelice Camping Village*****
Via Brere 7
2 Mrz - 5 Nov
+41 9 17 45 14 17
info@campofelice.ch

1 ADEILOPQRST — BGJLMQSVW**X**Y**Z** 6
2 ADFIJKLPQRSWYZ — AB**C**DE**FG**H 7
3 ABDEFG**JL**M**NO**STUV**W** — ABCDEFGHIJKNQRTUVW 8
4 **A**BCDEFHJLORSTUV**X**Y — CDGIJKNORTUVWXZ 9
5 ACDEFGHJKLM**N**O — AEFGHIJKOPQUXY 10

Anzeige auf dieser Seite B 13A CEE
H195 15ha 583T(80-100m²) 256D
① €61,05
② €87,70

N 46°10'08'' E 08°51'21''

107167

A2, Ausfahrt Bellinzona-Süd/Locarno, Richtung Locarno, am Flughafen vorbei Richtung Locarno/Tenero. Ausfahrt Tenero und am Kreisel links.

Teilkarte Tessin auf Seite 359

Tenero, CH-6598 / Ticino

Lago Maggiore****
Via Lido 2
22 Mrz - 22 Okt
+41 9 17 45 18 48
info@clm.ch

1 ACDEILOPQRSTU LMQSW 6
2 AFJKPQSWXYZ ABDEFG 7
3 BEFLMV ABCDEFJKLNQRSTVW 8
4 BDFHORSX DKL 9
5 ACDEFGHKLMNO ABGHIJKOPQX 10
B 16A ❶ €58,40
H195 3,2ha 280T(56-92m²) 155D ❷ €81,00

N 46°10'09'' E 08°51'13''

107166

A2, Ausfahrt Bellinzona-Süd/Locarno, Richtung Locarno. Am Flughafen vorbei in Richtung Locarno/Tenero. Ausfahrt Tenero, am Kreisel links abbiegen, nach dem Gartencenter rechts abbiegen.

Tenero, CH-6598 / Ticino

Rivabella***
Via Naviglio 11
1 Jan - 31 Dez
+41 9 17 45 22 13
info@camping-rivabella.ch

1 ADEKNOPQRSTU LNQSWXZ 6
2 AFJQSXYZ ABDEFG 7
3 ALM ABCDEFJNQRUW 8
4 FHO DGJL 9
5 ABDEFGHJKLMN ABGHIJOQ 10
B 10A CEE ❶ €50,15
H195 1ha 38T(60-80m²) 57D ❷ €59,30

N 46°10'21'' E 08°50'50''

107164

A2, Ausfahrt Bellinzona-Süd/Locarno, Richtung Locarno, am Flughafen vorbei Richtung Locarno/Tenero. Ausfahrt Tenero und am Kreisel geradeaus. Dannach sind alle CP ausgeschildert.

Tenero, CH-6598 / Ticino

Lido Mappo*****
Via Mappo 20
24 Mrz - 22 Okt
+41 9 17 45 14 37
camping@lidomappo.ch

1 ADEILOPQRST LMNQSWXYZ 6
2 AFIJKLQSWXYZ ABCDEFG 7
3 ABGLM ABCDEFGJNQRTW 8
4 H K 9
5 ACDFGHL ABCGHIOQUXY 10
B 10A CEE ❶ €63,90
H206 6,5ha 344T(60-80m²) 94D ❷ €82,25

N 46°10'37'' E 08°50'35''

107161

A2, Ausfahrt Bellinzona-Süd/Locarno, Richtung Locarno, am Flughafen vorbei Richtung Locarno/Tenero. Nach Ausfahrt Tenero, am Kreisverkehr geradeaus, sind alle CP angezeigt.

Tenero, CH-6598 / Ticino

Camping Tamaro Resort*****
Via Mappo 32
11 Mrz - 29 Okt
+41 9 17 45 21 61
info@campingtamaro.ch

1 ADEILOPQRSTU ALMNST 6
2 AFIJQRSWXY ABDEFG 7
3 ABGLMU ABCDEFJKNQRTUVW 8
4 ABCDEFHJOX JKLNVWZ 9
5 ABCDEFGHJLMNO ABCEGHIJKLOQUXY 10
B 12A CEE ❶ €70,70
H193 6ha 287T(60-150m²) 154D ❷ €89,89

N 46°10'32'' E 08°50'40''

107162

A2 Ausfahrt Bellinzona Süd/Locarno Richtung Locarno. Am Flughafen vorbei Richtung Locarno/Tenero. Ausfahrt Tenero und am Kreisel geradeaus sind alle CP angezeigt.

Tenero, CH-6598 / Ticino

Camping Miralago S.A.*****
Via Roncaccio 20
1 Jan - 31 Dez
+41 9 17 45 12 55
bureau@camping-miralago.ch

1 BDEKNOPQRSTU BFLMQSW 6
2 AFIJKQRSTWXYZ ABDEFG 7
3 ABFGLMUV ABCDEFJNQRTUVW 8
4 BFHOQUXY DJKNR 9
5 ACDFGHJKMO ABCGHIJKMOQUY 10
B 16A CEE ❶ €82,25
H195 2,2ha 113T(50-92m²) 72D ❷ €104,85

N 46°10'23'' E 08°50'53''

107163

A2, Ausfahrt Bellinzona-Süd/Locarno, Richtung Locarno, am Flughafen vorbei Richtung Locarno/Tenero. Ausfahrt Tenero und am Kreisel geradeaus. Etwas weiter sind die CP ausgeschildert.

Schweiz

Graubünden

Andeer, CH-7440 / Graubünden

Camping Andeer****
Sut Baselgia 120c
1 Jan - 31 Dez
+41 8 16 61 14 53
camping.andeer@bluewin.ch

1 AGHKNOPQSTU BEGN 6
2 AIPQXY ABDEFG 7
3 ANO ABCDEFJNQRW 8
4 FHJW G 9
5 ADEHKMN ABGHJKOQ 10
W 10A ❶ €53,25
H980 1,2ha 40T(40-80m²) 127D ❷ €62,45

N 46°36'23'' E 09°25'35''

107196

A13, Ausfahrt Zillis oder Andeer, CP auf der Nordseite des Ortes beim Mineralbad.

Churwalden, CH-7075 / Graubünden

Pradafenz****
Girabodawäg 24
1/1 - 16/4, 22/5 - 31/10, 17/12 - 31/12
+41 8 13 82 19 21
camping@pradafenz.ch

1 ADEKNOPQRSTU N 6
2 IPQSTVWXY ABCDEFGH 7
3 BLMNO ABCDEFGIJKNQRSTUVW 8
4 FGHI UVW 9
5 ADEFHKLMN ABEFGHJKNOQY 10
WB 10A CEE ❶ €37,45
H1230 2,3ha 35T(40-90m²) 104D ❷ €49,05

N 46°46'37'' E 09°32'29''

109210

Die 3, mitten in Churwalden. Den CP-Schildern am Migros folgen.

Chur (GR), CH-7000 / Graubünden

CampAu Chur***
Felsenaustraße 61
1 Jan - 31 Dez
+41 8 12 84 22 83
info@camping-chur.ch

1 ADEKNOPQRSTU BEGHNU 6
2 ACPQRSTXYZ ABDEFGIJ 7
3 BFLMNOP ABCDEFIJKNQRT 8
4 H G 9
5 ABDEFHJKLMN ABFGHKOQWY 10
WB 10A CEE ❶ €42,95
H550 2,7ha 80T(30-110m²) 103D ❷ €52,25

N 46°51'43'' E 09°30'27''

107193

A13, Ausfahrt Chur-Süd (auch: Arosa/Lenzerheide). Danach auf der Hauptstraße den CP-Schildern folgen.

Cinuos-chel/Chapella, CH-7526 / Graubünden

CC€23

Chapella**
1 Mai - 31 Okt
+41 8 18 54 12 06
info@campingchapella.ch

1 ADEKNOPQSTU NU 6
2 CIQSVXY ABDEFG 7
3 ALT AEFJNQRW 8
4 FH AB 9
5 ABDMN ABDGJKOQ 10
Anzeige auf Seite 363 16A CEE ❶ €33,05
H1650 2ha 100T(40-100m²) 27D ❷ €38,55

N 46°37'57'' E 10°00'49''

109771

An der Straße 27, einige km südlich von Cinuos-chel, auf die Kurve und Brücke achten!

Davos Glaris, CH-7277 / Graubünden

RinerLodge
Landwasserstraße 64
1 Jan - 31 Dez
+41 8 14 17 00 33
rinerlodge@davosklosters.ch

1 ADE**JM**OPQSTU **N** 6
2 CIPSTUWX ABFG 7
3 AL ABEFJNQRTW 8
4 FHIJOP G 9
5 ABDEHKMN ABGKNQUW 10
W 10-16A CEE ❶ €45,35
H1450 1ha 84T(40-80m²) 28D ❷ €54,55

N 46°44'39" E 09°46'46"

Der Campingplatz liegt an der Strecke Davos-Tiefencastel hinter dem Bahnhof Davos-Glaris. 118293

Li-Curt/Poschiavo, CH-7745 / Graubünden

Boomerang***
Via da Vial 40
1 Apr - 31 Okt
+41 8 18 44 07 13
info@camping-boomerang.ch

1 ADE**KN**OPQST**U** **N** 6
2 CIPQSYZ ABD**EFG**HIK 7
3 AM ABEFJNQRW 8
4 FHJO FJKU 9
5 ABDEHJMNO AGHJKOQUY 10
B 10A ❶ €46,45
H980 1,5ha 33T 61D ❷ €55,65

N 46°18'27" E 10°03'52"

Aus St. Moritz die 29 über den Bernina Pass, 3 km südlich von Poschiavo an einer Seitenstraße (ausgeschildert). 107209

Disentis, CH-7180 / Graubünden

TCS Camping Disentis****
Via Fontanivas 9
14 Apr - 25 Sep
+41 8 19 47 44 22
camping.disentis@tcs.ch

1 ADEG**KN**OPQSTU FJLM**N** 6
2 BCEIPQRSVWXYZ ABDE**FG**IJ 7
3 BELMUV ABCDEFNQRTW 8
4 **A**FHJO AFKZ 9
5 ABDEFHIKLMN ABGHKOPQY 10
B 16A CEE ❶ €57,50
H1100 2,5ha 150T(60-100m²) 32D ❷ €71,55

N 46°41'49" E 08°51'11"

Die Zufahrt und der Zugang zum Campingplatz sind für Wohnwagen, die länger als 4,5m und breiter als 2,10m sind, etwas eingeschränkt. 107154

Maloja, CH-7516 / Graubünden

Camping Maloja**
Isola 8
1 Jun - 30 Sep
+41 8 18 24 31 81
info@camping-maloja.ch

1 ADEH**KN**OPQS**U** L**N**OQST 6
2 BCEILQSUXY ABDE**FG** 7
3 ABEFNQR 8
4 FH D 9
5 ADGKMN AGJKOQU 10
6A CEE ❶ €44,05
H1817 1,5ha 124T(60-80m²) 10D ❷ €53,25

N 46°24'21" E 09°42'38"

Am südöstlichen Punkt vom Silsersee. Ausfahrt von der Hauptstraße 3 und 1 km dem schmalen Weg folgen. Gut angezeigt. 107203

Filisur, CH-7477 / Graubünden

Islas****
1 Apr - 31 Okt
+41 8 14 04 16 47
info@campingislas.ch

1 ABDEGHKNOPQRSTU A**N** 6
2 BCIQSXYZ ABDE**FG** 7
3 AB**LM** ABEFJNQRTW 8
4 FHO F 9
5 ABDFGHJLM ABHIJKOQUY 10
13-16A ❶ €40,40
H950 4,4ha 120T(30-80m²) 75D ❷ €54,15

N 46°40'17" E 09°40'27"

Von Tiefencastel erst Richtung Davos/Albula, dann Richtung Bergün/Albula. Hinter Alvaneu Bad den Schildern folgen. Albula-Pass ist von Osten für Gespanne nicht zu befahren. 107200

Müstair, CH-7537 / Graubünden

CC€23

Muglin
Via Muglin 223
28 Apr - 29 Okt
+41 8 18 58 59 90
info@campingmuglin.ch

1 ADE**KN**OPQRSTU 6
2 CIPQWX ABDE**FG** 7
3 AE**NOU** ABCDEFJQRTUVW 8
4 JOT F 9
5 ADEHKM ADGHJKOQ 10
B 13A CEE ❶ €41,30
H1244 4,5ha 65T(100m²) 30D ❷ €55,65

N 46°37'26" E 10°26'56"

Auf der Umgehungsstraße südlich von Müstair den Campingschildern folgen. 121086

Le Prese, CH-7746 / Graubünden

CC€23

Cavresc***
Via dal Cavresc 1
1 Apr - 31 Okt
+41 8 18 44 02 59
camping.cavresc@bluewin.ch

1 ADEH**KN**OPQS**U** **N** 6
2 CIPQWXY AB**C**DE**FG**H 7
3 A**JMNO** ABEFJNQRTW 8
4 FHJ FJNOU 9
5 ADEGHMN ABGHJKNQU 10
B 13A CEE ❶ €46,45
H966 1ha 50T(30-75m²) 16D ❷ €55,65

N 46°17'41" E 10°04'49"

Im Ort Le Prese in einer Seitenstraße (Ostseite) der Hauptstraße 29, den Schildern folgen. 109013

Pontresina/Morteratsch, CH-7504 / Graubünden

Morteratsch****
Plauns 13
1 Jan - 31 Dez
+41 8 18 42 62 85
mail@
camping-morteratsch.ch

1 ADE**KN**OPQRST**U** J**N** 6
2 BDFIPQSXYZ ABDE**FG**HI 7
3 B**LM** ABEFGIJNQRW 8
4 FHIJO**T** DFJN 9
5 ACDEFHJKMN ABGJKN**O**PQUXY 10
WB 12A ❶ €50,95
H1850 4ha 450T 87D ❷ €60,15

N 46°27'38" E 09°56'12"

An der 29 von St. Moritz zum Bernina-Pass, 4 km südlich von Pontresina. 107208

Lenz/Lenzerheide, CH-7083 / Graubünden

St. Cassian
Voia Principala 106
1 Jan - 31 Dez
+41 8 13 84 24 72
st-cassian@
camping-lenzerheide.ch

1 ADE**KN**OPQRSTU 6
2 BIPQVXYZ ABDE**FG** 7
3 A**L** ABCDE**F**JNQRTW 8
4 FHI EGJU 9
5 ADKLMN ABEFHJKN**O**QUWY 10
W 10A CEE ❶ €45,90
H1415 2,8ha 45T(40-100m²) 147D ❷ €57,85

N 46°41'59" E 09°33'30"

Die B3, 3 km südlich von Lenzerheide. Neben dem Restaurant St. Cassian. 110580

Rueras, CH-7189 / Graubünden

Viva***
Via prav cumin 11
1 Jan - 31 Dez
+41 7 91 26 80 61
hallo@campingviva.ch

1 EKNOPQSU **N** 6
2 CIQUWX ABDE**FG** 7
3 ABG**L** ABEFJNQRT 8
4 FHI E 9
5 ABDHK BCGJKNQU 10
WB 16A CEE ❶ €48,65
H1400 19ha 100T(40-70m²) 17D ❷ €59,70

N 46°40'26" E 08°45'18"

Die 19 von Chur zum Oberalppass. Hinter Camischolas links ab auf die Via Tgamaura, dann die 1. Straße rechts rein. Die Straße, die durch den Ort führt, ist nicht für Wohnwagen oder Wohnmobile geeignet. 109070

Lenzerheide, CH-7078 / Graubünden

Camping Gravas**
Gravas 6
1 Jan - 31 Dez
+41 8 13 84 23 35
gravas@
camping-lenzerheide.ch

1 ADE**KN**OPQRSTU 6
2 BCPSUVXYZ ABDE**FG**I 7
3 A**L** ABEFJNQRTW 8
4 HIJO 9
5 ADMN ABEFHJKOQ 10
W 16A CEE ❶ €46,85
H1445 1,1ha 45T(60-100m²) 80D ❷ €58,75

N 46°43'22" E 09°33'20"

Camping an der Südwestseite von Lenzerheide ausgeschildert. Rezeption in der Mitte des lang gezogenen Campingplatzes. 123712

Silvaplana, CH-7513 / Graubünden

Silvaplana****
Via da Bos-Cha 15
13 Mai - 15 Okt
+41 8 18 28 84 92
reception@
campingsilvaplana.ch

1 ADEH**KN**OPQST**U** L**N**QR 6
2 FILPQSUXYZ AB**C**DE**FG** 7
3 BFG**LNO** ABCDE**F**JK**L**NQRTW 8
4 FHJOQ MN 9
5 ABCDHMN AGHJKNQUY 10
16A ❶ €45,00
H1810 4ha 180T(50-80m²) 140D ❷ €54,15

N 46°27'23" E 09°47'36"

Direkt südlich von Silvaplana an der Hauptstraße 3 am See. Die Zufahrtsstraße liegt sich südlich vom Ort. 107202

Schweiz

Teilkarte Graubünden auf Seite 362

Splügen, CH-7435 / Graubünden

Camping Splügen***
Campingstrasse 18
1 Jan - 31 Dez
+41 8 16 64 14 76
camping@spluegen.ch

1 ADEH**KN**OPQST**U** — **N**U 6
2 ACIPQSX — ABDE**FG**HIJK 7
3 ABM**NO** — ABCDEFJNQRTW 8
4 FGHJ — G 9
5 ABDEHJMN — ABHJKOPQU 10
W 10A CEE — ❶ €44,05
H1470 0,8ha 30T(80-120m²) 110D — ❷ €56,95
N 46°32'58'' E 09°18'51''
A13 Ausfahrt Splügen. In Splügen der Beschilderung folgen. Ca. 500m westlich des Ortes. — 107197

Trun, CH-7166 / Graubünden

Trun***
Via Campadi 2
10 Apr - 31 Okt
+41 8 15 44 56 97
info@camping-trun.ch

1 ADEKNOPQSTU — **N**UV 6
2 CIPQRSXYZ — ABDE**FG** 7
3 **HILNO** — ABCDEFJNQRUW 8
4 FHIO — 9
5 ABDEFHKLMN — ABGHJKOQU 10
WB 16A — ❶ €41,30
H850 4,5ha 50T(40-100m²) 100D — ❷ €53,70
N 46°44'28'' E 08°59'39''
1 km östlich von Trun am Vor-Rhein. Von Straße 19 aus Schildern folgen. — 107153

St. Moritz-Bad, CH-7500 / Graubünden

St. Moritz***
Via San Gian 55
18 Mai - 15 Okt
+41 8 18 33 40 90
info@camping-stmoritz.ch

1 ADEKNOPQRSTU — **N** 6
2 IPQSWX — ABDE**FG**IJK 7
3 A**L**M — ABCDEFJNQRT 8
4 FHIJ — BDK 9
5 ABDEFGHM — ABGKOSTY 10
6A CEE — ❶ €47,75
H1800 1,5ha 190T(70-120m²) 4D — ❷ €62,45
N 46°28'42'' E 09°49'30''
2 km südlich von St. Moritz-Bad an der Hauptstraße 27. — 107201

Vicosoprano, CH-7603 / Graubünden

Mulina**
1 Mai - 31 Okt
+41 8 18 22 10 35
camping.mulina@bluewin.ch

1 AKNOPQSTU — **N** 6
2 CEIPQUVXY — A**B**D**EFG**K 7
3 — AE**F**JNQRW 8
4 FHJ — A 9
5 ADHN — ABGJKLNQU 10
10A CEE — ❶ €28,45
H1070 2,5ha 200T(40-75m²) 14D — ❷ €34,90
N 46°21'22'' E 09°37'51''
CP auf der Nordseite von Vicosoprano, Straße 3, Ausfahrt Roticcio, auch ausgeschildert. — 107204

Sta Maria, CH-7536 / Graubünden

CC€23

Pè da Munt***
Via Umbrail 165
26 Mai - 1 Okt
+41 8 18 58 71 33
campingstamaria@bluewin.ch

1 ADE**KN**OPQST**U** — 6
2 IPQSUVXYZ — ABDE**FG** 7
3 A — ABEFNQRW 8
4 FHIJ — 9
5 ABDN — ABGJKOQU 10
Anzeige auf dieser Seite 10A — ❶ €35,80
H1450 2ha 60T(30-85m²) — ❷ €48,65
N 46°35'49'' E 10°25'32''
CP etwas außerhalb des Ortes, an der Straße zum Umbrailpass. — 107215

Zernez/Engadin, CH-7530 / Graubünden

Cul***
Madinas s/n
12 Mai - 15 Okt
+41 8 18 56 14 62
campingzernez@gmail.com

1 ADEG**KN**OPQSTU — **N** 6
2 CIPQSWXYZ — ABDE**FG**IJ 7
3 BM — ABCDEFJNQRW 8
4 FHJ — DFK 9
5 ABDEFHMN — ABGJKOQU 10
16A CEE — ❶ €44,80
H1472 3,6ha 250T(40-120m²) 56D — ❷ €59,30
N 46°41'48'' E 10°05'13''
Straße 27, Ausfahrt etwas südlich von Zernez. — 107206

Sur En/Sent, CH-7554 / Graubünden

Sur En****
1 Jan - 31 Dez
+41 8 18 66 35 44
info@sur-en.ch

1 ADEH**KN**OPQST**U** — BNU 6
2 DIPQSXY — ABDE**FG**HK 7
3 B**LMT** — ABCDEFJ**L**NQRTW 8
4 A**E**FHIJ**T** — FJU 9
5 ABDEFHJLMN — AGJKOPQVW 10
WB 15A — ❶ €41,40
H1124 3ha 120T(70-100m²) 47D — ❷ €50,40
N 46°49'07'' E 10°21'57''
Ausfahrt zum Camping auf der 27 zwischen Ramosch und Crusch. Sehr starkes Gefälle zum Inn über eine überdachte Holzbrücke zum (max. 3,30m hoch) Campingplatz. — 107212

Thusis, CH-7430 / Graubünden

Camping Thusis***
Pantunweg 3
14 Feb - 18 Dez
+41 8 16 51 24 72
camping.thusis@tcs.ch

1 ABDEH**KN**OPQST**U** — **N** 6
2 ABCPQRXYZ — ABDE**FG**I 7
3 ABFM**N**U — ABCDEFJKNQRTUW 8
4 FHJ — F 9
5 ADKMN — ABFGHKNQU 10
B 16A CEE — ❶ €52,35
H700 4,5ha 104T(50-100m²) 16D — ❷ €64,25
N 46°41'56'' E 09°26'42''
Von der A13 Ausfahrt Thusis-Süd und den CP-Schildern folgen. — 107195

Trin Mulin, CH-7016 / Graubünden

Trin
Via Geraglia 2
1 Apr - 31 Okt
+41 7 64 40 19 93
info@campingtrin.ch

1 AH**KN**OPQRSTU — LU 6
2 AEIQXY — ABDE**FG**IK 7
3 ABM**N**PU — ABEFJNQR 8
4 FHJQ — DEH 9
5 ABDEFHM**N** — AJKOQ 10
10A CEE — ❶ €45,90
H800 2,2ha 126T(50-100m²) 39D — ❷ €56,95
N 46°49'41'' E 09°20'50''
Der B19 Chur-Disentis folgen. Hinter dem Tunnel rechts Richtung Trin Mulin. Camping ist ausgeschildert. Zufahrt über den Parkplatz P1. — 118551

ACSI Detailkarte

Die Orte in denen die Plätze liegen, sind auf der Teilkarte **fett** gedruckt und zeigen ein offenes oder geschlossenes Zelt. Ein geschlossenes Zelt heißt, dass mehrere Campingplätze um diesen betreffenden Ort liegen. Ein offenes Zelt heißt, dass ein Campingplatz in oder um diesen Ort liegt.

Schweiz

Teilkarte Graubünden auf Seite 362

Österreich

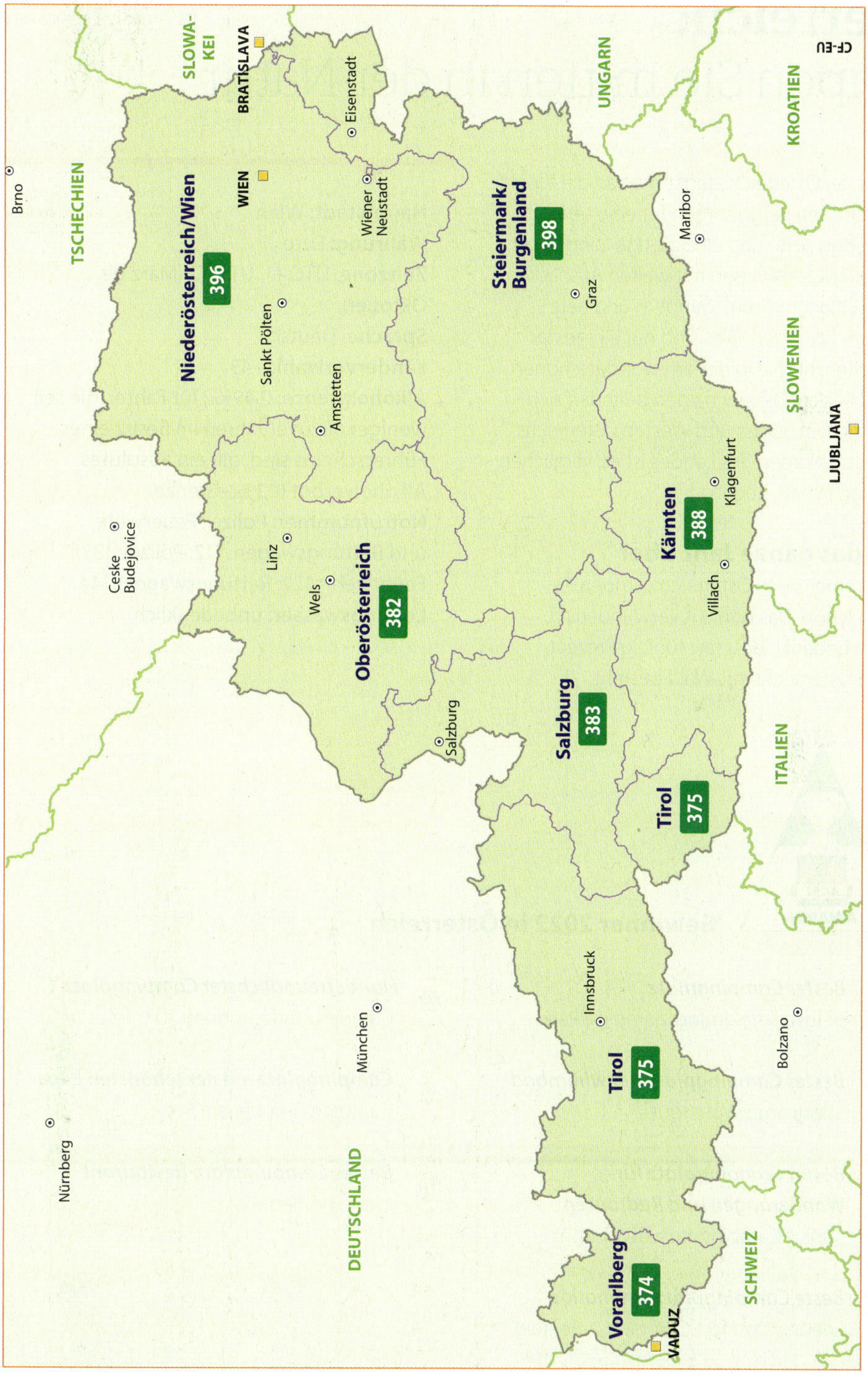
Niederösterreich/Wien
396
Oberösterreich
382
Steiermark/
Burgenland
398
Kärnten
388
Salzburg
383
Tirol
375
Tirol
375
Vorarlberg
374
TSCHECHIEN
SLOWA-
KEI
UNGARN
KROATIEN
SLOWENIEN
ITALIEN
SCHWEIZ
DEUTSCHLAND
BRATISLAVA
WIEN
LJUBLJANA
VADUZ
Brno
Eisenstadt
Wiener
Neustadt
Sankt Pölten
Amstetten
Linz
Wels
Ceske
Budejovice
Salzburg
Graz
Maribor
Klagenfurt
Villach
Innsbruck
Bolzano
München
Nürnberg
CF-EU

Österreich:
campen Sie mitten in der Natur

Denkt man an Österreich, denkt man an die Alpen. Diese berühmten Berge sorgen für eine sehr abwechslungsreiche und einzigartige Landschaft. Wunderschöne Almwiesen mit weiten Ausblicken, herrliche Schluchten zum Wandern und tiefe Höhlen zum Erkunden. Dies sind nur einige der Möglichkeiten, die Sie in diesem wunderschönen Alpenland haben. Die Hochalpen befinden sich hauptsächlich im Süden und Westen Österreichs. Im Osten und Norden des Landes ist es, verglichen mit den Hochalpen, hügelig.

Urlaub das ganze Jahr über

Wo auch immer Sie in Österreich campen, es ist wunderschön. Das ist nicht verwunderlich, wenn man bedenkt, dass fast fünfzig Prozent der Fläche Österreichs aus Wald besteht.

Hauptstadt: Wien
Währung: Euro
Zeitzone: UTC +1, UTC +2 (März bis Oktober)
Sprache: Deutsch
Ländervorwahl: +43
Alkoholgrenze: 0,49‰; für Fahrer, die seit weniger als zwei Jahren im Besitz eines Führerscheins sind, gilt ein absolutes Alkoholverbot (0,1‰-Grenze)
Notrufnummer: Polizei, Feuerwehr und Rettungswagen: 112; Polizei: 133; Feuerwehr: 122; Rettungswagen: 144
Leitungswasser: unbedenklich

ACSI AWARDS

Gewinner 2022 in Österreich

Bester Campingplatz
Burgstaller Komfort Camping Park

Bestes Campingplatz-Schwimmbad
Sportcamp Woferlgut

Bester Campingplatz für Wanderungen und Radtouren
50plus Campingpark Fisching

Beste Campingplatz-Animation
Erlebnis Comfort Camping Aufenfeld

Hundefreundlichster Campingplatz
Camping Park Grubhof

Campingplatz mit der schönsten Lage
Camping Brunner am See

Bestes Campingplatz-Restaurant
Camping Bertahof

ACSI Awards

Gewinner: Sportcamp Woferlgut

Grüner geht's nicht mehr! In ganz Österreich finden Sie viele Campingplätze an besonderen Naturstandorten. In Österreich können Sie im Sommer und im Winter viele Campingplätze besuchen. Viele Campingplätze in Österreich sind auch echte Wintersportcampingplätze, die über spezielle Einrichtungen für Skifahrer verfügen. Im Sommer können Sie wandern und Rad fahren oder eine der schönen Städte besuchen.

Draußen aktiv

In den Bergen und Höhenzügen Österreichs haben Sie eine riesige Auswahl an unterhaltsamen Ausflügen und Aktivitäten. Wie wäre es mit der Eisriesenwelt? In dieser Höhle - etwa 40 Kilometer von Salzburg - befinden sich die längsten und tiefsten Eishöhlen der Welt.

Sie bevorzugen einen wärmeren Ausflug an der frischen Luft? Schlittenfahren auf einer echten Rodelbahn! Das macht sowohl im Sommer als auch im Winter Spaß. Oder, was noch spektakulärer ist, einen Nachmittag lang "klettern". Dies ist eine leichte Form des Bergsteigens, die für die ganze Familie geeignet ist..

Klassik und Kultur in den drei Großstädten

Aber Österreich ist mehr als Berge und Natur. Kulturliebhaber können sich auch in den großen Städten Salzburg, Innsbruck und Wien vergnügen. Besuchen Sie zum Beispiel die berühmte Spanische Hofreitschule in Wien, eine der ältesten Schulen für die Ausbildung von Pferden. Wenn Sie in Wien sind, ist das Schloss Schönbrunn ein Muss. Auch das barocke Salzburg ist einen Besuch wert. Sie erfahren alles über den berühmtesten Bewohner der Stadt, Mozart. In Salzburg können Sie ganze Tage damit verbringen, durch historische Gebäude und schöne Parks zu spazieren.

Tanken

Benzin (Super/Bleifrei 95 und Super Plus 98) und Diesel sind ohne weiteres erhältlich. Flüssiggas ist nur in sehr begrenzten Mengen verfügbar. Für Flüssiggas verwenden einige Tankstellen den Europa-Adapter (acme) und andere den Italien-Adapter (dish).
Tankstellen an Autobahnen und in Großstädten sind in der Regel 24 Stunden am Tag geöffnet, andere Tankstellen sind mindestens von 8 bis 20 Uhr geöffnet. In Österreich gibt es auch viele Nachttankstellen und unbemannte Tankstellen.

Ladestationen

Jeden Tag kommen neue Ladestationen hinzu. Die meisten von ihnen befinden sich in der Nähe der großen Städte und an den Hauptverkehrsstraßen. Auch in den Wintersportgebieten gibt es zahlreiche Ladestationen. Wie für jedes Land gilt auch für Österreich, wenn Sie mit einem Elektroauto unterwegs sind: Planen Sie Ihre Reise gut!

Verkehrsvorschriften

Abblendlicht ist bei schlechter Sicht, Dunkelheit und im Tunnel vorgeschrieben. An einer gleichberechtigten Kreuzung hat der Verkehr von rechts Vorfahrt. Der Verkehr in einem Kreisverkehr hat Vorfahrt, wenn dies durch Verkehrszeichen angezeigt wird. Straßenbahnen haben immer Vorrang. Auf engen Bergstraßen muss der Verkehr, der am leichtesten ausweichen kann, Vorfahrt geben.
Es ist nicht erlaubt, ein Telefon hinter dem Lenkrad zu halten, auch nicht im Stillstand (Freisprechen ist erlaubt). Kinder bis zu 14 Jahren und unter 1,50 m Körpergröße müssen in einem Kindersitz sitzen. Sie können die Funktion in Ihrer Navigationssoftware nutzen, die vor Radarkontrollen oder Sektionskontrollen warnt. Winterreifen sind vom 1. November bis zum 15. April bei winterlichen Bedingungen vorgeschrieben (Schneeketten können mit einem Schild vorgeschrieben werden)

"Österreich ist ein vielseitiges Urlaubsland mit vielen Seen, Bergen und Tälern für die ganze Familie"

Herr W. Ament, Inspektor 923

Sondervorschriften

Das Rauchen im Auto ist in Anwesenheit eines Kindes unter 18 Jahren verboten.
Bei Stau müssen Sie eine Rettungsgasse bilden.
Parken entlang einer gelben Linie und in den mit einer gelben Zickzacklinie gekennzeichneten Zonen ist verboten. Eine grün blinkende Ampel zeigt an, dass die Ampel bald auf orange umschalten wird.
Notrufsäulen sind mit Blinklichtern ausgestattet, die z. B. vor einem Geisterfahrer, einem Verkehrsunfall oder einem Stau warnen.

Klima Innsbruck	Jan.	Feb.	März	Apr.	Mai	Jun.	Jul.	Aug.	Sept.	Okt.	Nov.	Dez.
Durchschnittliche Höchsttemperatur	4	6	11	15	20	23	25	24	21	16	8	4
Durchschnittliche Anzahl der Sonnenstunden pro Tag	2	4	5	5	6	6	7	6	6	5	3	2
Durchschnittliche monatliche Niederschlagsmenge (mm)	44	41	56	58	87	110	137	111	78	57	63	53

Klima Klagenfurt	Jan.	Feb.	März	Apr.	Mai	Jun.	Jul.	Aug.	Sept.	Okt.	Nov.	Dez.
Durchschnittliche Höchsttemperatur	0	4	10	15	20	23	26	25	21	14	6	1
Durchschnittliche Anzahl der Sonnenstunden pro Tag	2	4	5	6	7	8	8	7	6	4	2	1
Durchschnittliche monatliche Niederschlagsmenge (mm)	31	35	50	65	79	114	118	99	90	83	79	49

Klima Wien	Jan.	Feb.	März	Apr.	Mai	Jun.	Jul.	Aug.	Sept.	Okt.	Nov.	Dez.
Durchschnittliche Höchsttemperatur	3	5	10	15	21	23	26	25	20	14	8	4
Durchschnittliche Anzahl der Sonnenstunden pro Tag	2	3	4	6	8	8	9	8	6	4	2	1
Durchschnittliche monatliche Niederschlagsmenge (mm)	37	39	46	52	62	70	68	58	54	40	50	44

Das Auto muss vor dem Losfahren von Schnee und Eis (auch auf dem Dach) befreit werden.
Es ist verboten, den Motor bei längerem Stillstand laufen zu lassen, z. B. an einem Bahnübergang oder wenn das Auto vom Eis befreit wird.

Vorgeschriebene Ausstattung

Warndreieck, Warnweste und Verbandkasten sind im Auto Pflicht.

Reisemobil und Caravan

Ein Reisemobil oder eine Auto-Wohnwagen-Kombination darf bis zu 4 m hoch, 2,55 m breit und 18,75 m lang sein (der Wohnwagen selbst darf bis zu 12 m lang sein).
Für einen Wohnwagen mit einer zulässigen Gesamtmasse von mehr als 0,75 t müssen Sie mindestens einen Unterlegkeil mitführen.
Außerhalb geschlossener Ortschaften muss ein Pkw-Wohnwagen-Gespann einen Abstand von mindestens 50 Metern zu anderen Gespannen und Lastkraftwagen einhalten.

Fahrrad

Kinder bis 12 Jahre müssen einen Fahrradhelm tragen (auch auf dem Rücksitz). In Niederösterreich ist sie bis zum 15. Lebensjahr Pflicht. Es ist verboten, während des Radfahrens zu telefonieren oder ein Mobiltelefon zu benutzen. Kinder bis 8 Jahre müssen von einer mindestens 16 Jahre alten Person auf einem hinten angebrachten Fahrradsitz begleitet werden. Kinder dürfen nicht in einem Fahrradsitz auf dem Lenker transportiert werden. Kinder bis 12 Jahre dürfen nur in Begleitung auf der Straße fahren. Radfahrer dürfen nur auf Radwegen nebeneinander fahren.

Maut

Für die Benutzung von Autobahnen in Österreich benötigen Sie eine Vignette. Sie können eine Vignette für 10 Tage, 2 Monate oder ein Jahr kaufen. Die Mautvignette kann an Tankstellen und Postämtern in Grenznähe gekauft werden.
Für Adressen: asfinag.at/maut-vignette.

Es ist ratsam, die Autobahnvignette im Voraus online zu bestellen, zum Beispiel bei tolltickets.com. Die Vignette muss auf der linken Innenseite der Windschutzscheibe angebracht werden.
Zusätzlich zur normalen Vignette ist eine "digitale Mautvignette" verfügbar. Diese digitale Vignette ist auf dem Kennzeichen registriert und kann online unter shop.asfinag.at bestellt werden. Bestellen Sie die digitale Vignette mindestens 18 Tage vor dem gewünschten Starttermin. Der Preis und die Gültigkeit der digitalen Vignette sind dieselben wie bei der normalen Vignette. Für Wohnwagen und Wohnmobile ist keine zusätzliche Vignette erforderlich.

Maut Besonderheiten

Fahrzeuge schwerer als 3,5 t (auch Wohnmobile), zahlen pro Kilometer über die sog. GO-Box. Diese Box ist an der Grenze erhältlich.
Mehr Informationen: go-maut.at.
Nach der vollständigen Eröffnung des Pfändertunnels wurde die "Korridorvignette" abgeschafft. Auf dem 23 Kilometer langen Abschnitt der A14 Rheintal/Walgau-Autobahn zwischen der deutschen Grenze und dem Autobahnkreuz Hohenems in Vorarlberg ist nun eine Autobahnvignette oder GO-Box erforderlich.
Neben den Autobahnen gibt es in Österreich eine Reihe von sogenannten Sondermautstrecken und Bergpässen, für die eine gesonderte Maut zu entrichten ist.
Weitere Informationen: asfinag.at/toll/route-and-digital-section-toll/route-rates und oeamtc.at/poi.

Umweltzonen

Für Fahrzeuge, die schwerer als 3,5 t sind, wurde in einigen Regionen eine Umweltzone eingerichtet und Sie müssen eine Umweltplakette besitzen.
Weitere Informationen: green-zones.eu/de.

Panne und Unfall

Stellen Sie Ihr Warndreieck auf Autobahnen mindestens 200 bis 250 m (sonst 150 m) hinter dem Fahrzeug auf, falls es für den übrigen Verkehr nicht gut sichtbar ist. Der Fahrer muss eine Warnweste anziehen.
Im Falle einer Panne rufen Sie die Notrufnummer Ihres Pannenhelfers an. Sie können auch einen österreichischen Pannendienst anrufen: 120 (ÖAMTC) und 123 (ARBÖ). Entlang der Autobahnen können Sie auch an einem Notruftelefon eine Pannenhilfe anfordern. Das Abschleppen auf Autobahnen ist bis zur ersten Ausfahrt erlaubt.

"Österreich ist die richtige Wahl, wenn Sie Ruhe, Berge und Seen mögen"

Frau W. Willems, Inspektorin 80

Campen

Die österreichischen Campingplätze gehören zu den besten in Europa. Vor allem Kärnten zeichnet sich durch seine hervorragende Lage, das stabile Klima und die schönen Seen aus. In Tirol haben sich viele Campingplätze auf Wellness spezialisiert oder richten sich an sportliche Campinggäste.
Wildcamping außerhalb der Campingplätze ist nur mit Genehmigung der örtlichen Behörden oder des Grundstückseigentümers erlaubt.
Viele österreichische Campingplätze sind auch im Winter geöffnet, vor allem in Vorarlberg, Tirol und Salzburg.
Zusätzliche Kosten für z.B. Kurtaxe oder Umweltabgaben können manchmal hoch sein.
Das Übernachten im Wohnwagen, Wohnmobil oder Auto außerhalb von Campingplätzen ist, außer in Wien, Tirol und in Nationalparks, für eine Nacht auf der Durchreise erlaubt.

Praktisches

In den Alpen treten Steigungen von 6 % bis 15 % und mehr auf. Fast alle Bergstraßen sind auf der Seite gesichert, auf der es einen Abgrund gibt.
Gebirgspässe in der Schweiz, in Österreich und in Italien können vorübergehend geschlossen, schwer befahrbar oder sogar dauerhaft für Fahrzeuge mit Wohnwagen oder Anhängern verboten sein. Bitte überprüfen Sie dies vor Ihrer Reise. Weitere Informationen: alpenpaesse.de.

Alpencamping in Vorarlberg

Sommer & Winter in freier Natur verbringen!

Aktivurlaub in Vorarlberg

Natur pur, Berge voller Abenteuer und jede Menge Aktivitäten erwarten Naturgenießer, Sportbegeisterte und Familien im Sommer wie Winter. Erleben Sie eine wunderschöne Bergwelt auf

- 800 km Wanderwegen
- zahlreichen Mountainbike-Routen
- zwei 18-Loch Golfplätzen
- zahlreichen Pistenkilometern in fünf Skigebieten
- kurvigen Rodelstrecken, schönen Winter- und Schneeschuhwanderwegen

Tipp: Vorteilhaft unterwegs mit der Gästekarte!
Die Gästekarte bietet viele Inklusivleistungen sowie attraktive Ermäßigungen auf viele Angebote in der Region.

Alpenregion Bludenz Tourismus GmbH
Mutterstraße 1a, 6700 Bludenz – Österreich
T +43 55 52 302 27, info@alpenregion.at
www.alpenregion-vorarlberg.com/camping

Mehr Infos & alle Campingplätze unter:
www.alpenregion-vorarlberg.com/camping

Brandnertal
Alpenstadt Bludenz
Klostertal
Biosphärenpark
Großes Walsertal

VOR ARL BERG

Top Campingplätze in der Region

Panorama Camping Sonnenberg

Komfortcamping im Mittelpunkt von 5 Tälern in Wald- und Stadtnähe mit beeindruckendem Blick auf die umliegende Berge – ideal zum Wandern, Biken, Klettern,...

Familie Dünser | Hinteroferst 12, 6714 Nüziders
T +43 699 10 79 28 13, info@camping-sonnenberg.com
www.camping-sonnenberg.com

Walch's Camping & Landhaus

Ihr Wohlfühl-Camping am Fuße des Arlbergs im Klostertal direkt beim Landhaus Walch in Braz – ein Platz mit allen Ansprüchen des modernen Campings.

Familie Walch | Arlbergstr. 93, 6751 Innerbraz
T +43 55 52 281 02, info@landhauswalch.at
www.campingplatz-arlberg.at

Camping Grosswalsertal

Inmitten der prachtvollen Natur des UNESCO Biosphärenparks Großes Walsertal liegt der Campingplatz auf einer ganztags sonnigen Terrasse mit bester Aussicht.

Familie Zech | Plazera 21, 6741 Raggal
T +43 55 53 209, info@camping-grosswalsertal.at
www.camping-grosswalsertal.at

Campingplatz Erne

Der idyllische Wiesenplatz mit komfortablem Sanitärhaus mitten in den Klostertaler Bergen bietet ein unvergessliches Campingerlebnis im Klostertal.

Familie Erne | Klostertalerstr. 64, 6752 Dalaas
T +43 55 85 72 23, info@erne-dalaas.at
www.erne-dalaas.at/campingplatz

Au im Bregenzerwald, A-6883 / Vorarlberg

Camping Austria Fam. Köb
Neudorf 356
1 Jan - 31 Dez
+43 55 15 23 31
info@campingaustria.at

1 ADILOPQRSTU HJNU 6
2 CIPQSTWXY ABCDEFG 7
3 M ABCDEFJNQRW 8
4 AEFHJO Y 9
5 DMN ABEFGHJKOQY 10
W 15A CEE ❶ €30,35
H800 0,6ha 40T(50-80m²) 15D ❷ €36,40

N 47°18'58" E 09°59'56" 100867

B200 Dornbirn-Warth. Der CP ist im Ort ausgeschildert: bei Gasthof Schiff über die Brücke, rechts und sofort links ums Haus.

Bregenz, A-6900 / Vorarlberg

Seecamping Bregenz****
Hechtweg
15 Mai - 15 Sep
+43 5 57 47 18 95
geisselmann.guenter@aon.at

1 AKNOPQRSTU LQSXYZ 6
2 AEKLMPQXYZ ABDEFG 7
3 ABM ABCDEFNQR 8
4 FH 9
5 ABDEFJKN AGJKNQ 10
B 10A CEE ❶ €36,00
H400 10ha 500T 30D ❷ €48,00

N 47°30'20" E 09°42'45" 100857

A14 Ausfahrt Bregenz Richtung See. Nach dem City-Tunnel rechts Richtung 'Stadtzentrum', 1. Ampel rechts den grünen CP-Schildern folgen (oder Richtung Höchst und den CP-Schildern folgen).

Dalaas, A-6752 / Vorarlberg

Haus & Camping Erne
Klostertalerstraße 64
1/1 - 2/5, 9/5 - 24/10, 31/10 - 31/12
+43 55 85 72 23
info@erne-dalaas.at

1 AKNOPQRSTU BGJN 6
2 ACPQSXY BEFG 7
3 AFJLMW ABCDEFJNQRW 8
4 EFHJOT GI 9
5 ACDEGMN ABEGHJKMOQ 10
Anzeige auf Seite 372 W 10-16A ❶ €41,50
H830 0,7ha 40T(80m²) 19D ❷ €55,10

N 47°07'22" E 09°59'50" 101581

S16 Arlberg-Bludenz, Ausfahrt Dalaas oder Ausfahrt Wald/Arlberg nach Dalaas, CP im Ort, ausgeschildert.

Doren, A-6933 / Vorarlberg

Campingpark Bregenzerwald
Doren
1 Jan - 31 Dez
+43 6 64 88 73 73 89
info@camping-bregenzerwald.at

1 KNOPQRSU 6
2 BCSTVWXY ABDEF 7
3 A ABEFJNQR 8
4 H G 9
5 AD AGHJKNST 10
8A ❶ €51,00
H500 1,5ha 63T(80-100m²) 7D ❷ €59,00

N 47°28'54" E 09°50'46" 105963

A96 Richtung Bregenz, Ausfahrt Lindau, Richtung Bregenz. In Bregenz am Touristinfo links nach Bregenzerwald. Der L190 Krumbach, Doren, Sulzberg folgen. In Doren/Krumbach zum Sportplatz. Dort rechts und dann links.

Dornbirn, A-6850 / Vorarlberg

Dornbirn
Gütlestrasse 15
1 Jan - 31 Dez
+43 5 57 22 91 19
info@camping-dornbirn.at

1 BDEKNOPQRSTU J 6
2 ABCPQRTXYZ ABDEFG 7
3 AM ABEFNQRUVW 8
4 FHJO 9
5 ADEFKN ABKNOQ 10
B 6A ❶ €50,50
H450 1ha 100T(100m²) ❷ €62,50

N 47°23'57" E 09°45'24" 108151

A14, Ausfahrt 18 Dornbirn Süd, CP beim Zentrum ausgeschildert.

Feldkirch, A-6800 / Vorarlberg

Waldcamping Feldkirch
Stadionstraße 9
1 Apr - 31 Okt
+43 5 52 27 60 01 31 90
waldcamping@feldkirch.at

1 AGKNOPQRSTU BFHI 6
2 ABPQTWXY ABDEFGH 7
3 BFGLMN ABEFJNQRT 8
4 FHJO 9
5 ABDN ABFGHIKOQUY 10
10A CEE ❶ €34,30
H500 3,5ha 64T(60-120m²) 64D ❷ €44,80

N 47°15'32" E 09°35'00" 100866

A14 Ausfahrt Feldkirch-Nord, am 2. Kreisel Richtung Gisingen. Links nach Gisingen. Im Kreisverkehr in Feldkirchen rechts. Der Straße bis zum Kreisel folgen. Danach 2 mal rechts. Den grünen Schildern folgen.

Innerbraz (Klostertal), A-6751 / Vorarlberg

Walch's Camping & Landhaus****
Arlbergstraße 93
1/1 - 16/4, 14/5 - 1/11, 1/12 - 31/12
+43 5 55 22 81 02
info@landhauswalch.at

1 ADEHKNOPQRSTU N 6
2 AIPQWXY ABDEFG 7
3 BDFLM ABCDEFJKNQRTUVW 8
4 AEFGHJOSTV GILW 9
5 ABDJMN ABFGHJKOQU 10
Anzeige auf Seite 372 WB 16A CEE ❶ €52,00
H700 2,5ha 50T(80-120m²) 58D ❷ €73,00

N 47°08'31" E 09°55'36" 117766

A14/E60 Bregenz-Bludenz-Braz. Richtung Arlberg über die S16. An der T-Kreuzung rechts. Nach 2 km CP links. Von Landeck/Arlberg Ausfahrt Braz und Beschilderung folgen. In Navi eingeben: Innerbraz.

Nenzing, A-6710 / Vorarlberg

Alpencamping Nenzing*****
Garfrenga 1
1 Jan - 31 Dez
+43 55 25 62 49 10
office@alpencamping.at

1 ADEKNOPQRSTU BEGN 6
2 ABCIPQSTVWXY BCEFGH 7
3 ADHILMU BCDEFIJKNQRTUVW 8
4 ABCDEFHOTUVXY HKWZ 9
5 ABDEFGHLMN ABCEGHJKMOQ 10
WB 16A CEE ❶ €64,90
H700 3,3ha 165T(80-160m²) 13D ❷ €82,90

N 47°10'57" E 09°40'56" 101349

A14 Bregenz-Innsbruck, Ausfahrt 41 Feldkirch/Frastanz. An der Ampel links Richtung Frastanz auf die 190. An der 1. Ampel rechts, hier den grünen Campingschildern folgen. Ausfahrt 50 ist auch möglich, aber eng.

Nüziders, A-6714 / Vorarlberg

Panorama Camping Sonnenberg
Hinteroferst 12
13 Mai - 24 Sep
+43 6 99 10 79 28 13
info@camping-sonnenberg.com

1 AEGHJMOPQRSTU 6
2 AIPQSTVWXY ABDEFGH 7
3 BLMUWX ABCDEFJNQRTUVW 8
4 EFGHJO J 9
5 ABDMN ABEFGHJKOPST 10
Anzeige auf Seite 372 13A CEE ❶ €46,60
H580 1,9ha 116T(90-110m²) 2D ❷ €56,60

N 47°10'15" E 09°48'15" 105965

A14, Ausfahrt 57 Nüziders und Schildern Nüziders folgen. Danach wird CP angezeigt.

Raggal, A-6741 / Vorarlberg

Grosswalsertal
Plazera 21
15 Mai - 30 Sep
+43 5 55 32 09
info@camping-grosswalsertal.at

1 AKNOPQRSU B 6
2 IPQVWX ABDEFG 7
3 BGM ABCDEFJNRW 8
4 EFJ I 9
5 ADN ABHJKOQ 10
Anzeige auf Seite 372 16A CEE ❶ €34,50
H888 0,8ha 55T(65-100m²) 1D ❷ €45,00

N 47°12'57" E 09°51'13" 105964

A14 Bregenz-Arlberg, Ausfahrt 50 Nenzing/Bludesch in Richtung Bludesch/Thüringen/Ludesch. Von Ludesch nach Raggal (6 km), durch Raggal, 2 km Richtung Sonntag; der CP liegt links.

Österreich

Teilkarte Vorarlberg auf Seite 374

Achenkirch, A-6215 / Tirol

Achensee Camping Schwarzenau
Achenkirch 1
1/1 - 31/10, 1/12 - 31/12
+43 66 44 66 20 70
office@schwarzenau.cc
N 47°28'05" E 11°42'50"

1 ACKNOPQRSTU	LNOPQRSTXYZ	6
2 EIMPQSVWZ	ABDEFG	7
3 BL	ABEFNQR	8
4 AEFHIJOTX	FMV	9
5 ABDEFIJKMN	ABFGHKMOQY	10
W 16A		① €40,50
H930 1,5ha 58T(60-100m²) 28D		② €50,50

Über Bad Tölz auf Straße B13 und B307 nach Achenwald/Achenkirch. 105999

Achenkirch, A-6215 / Tirol

Alpen-Caravanpark Achensee*****
1 Jan - 31 Dez
+43 52 46 62 39
info@camping-achensee.com
N 47°29'57" E 11°42'23"

1 ADEKNOPQRSTU	LNOPQRSTXYZ	6
2 EIMPQRSUWY	ABDEFGH	7
3 BDEGHILMU	ABCDEFGJNPQRTUVW	8
4 ABCEFGHIJOPQ	ITUVW	9
5 ABDEFGHJLMN	ABFGHJKOQW	10
WB 10A CEE		① €58,50
H930 2,5ha 150T(80-100m²) 52D		② €75,50

A8 München-Rosenheim, Holzkirchen A93 Kufstein, Ausfahrt Wiesing zum Achensee, Maurach, Achenkirch. 105998

Aschau, A-6274 / Tirol

Erlebnis Resort Aufenfeld*****
Aufenfeldweg 10
1/1 - 5/11, 16/12 - 31/12
+43 52 82 29 16
info@camping-zillertal.at
N 47°15'48" E 11°53'59"

1 ADEKNOPQRSTU	EGHLUV	6
2 FIKLPQSTVWY	ABCDEFG	7
3 BDFGHIJLMNOSTUVWX	ABCDEFIJKLMNQRSTUVW	8
4 ABCDEFHJKLOPQRSTVXZ	IJLUVXY	9
5 ACDEFGHJLMN	ABEGHIJKLOQWY	10
Anzeige auf S. 377 WB 6-16A CEE		① €67,90
H570 12ha 350T(80-120m²) 100D		② €96,90

A12 Ausfahrt 39 Zillertal, B169 nach Aschau, dort über die Ziller zum CP. 106014

Biberwier, A-6633 / Tirol

Alpencamp Marienberg
Marienbergweg 15
1/1 - 30/10, 15/12 - 31/12
+43 5 67 32 02 37
info@alpencamp-marienberg.at
N 47°22'29" E 10°53'33"

1 AEKNOPQRSTU		6
2 CIPSTUVWXYZ	ABDEFGH	7
3 LMS	ABCDEFHJNQRTUVW	8
4 AEFHIJO	UVW	9
5 ADEFGLMN	ABFGHIJKMOPQU	10
W 16A CEE		① €35,25
H1000 2ha 75T(90-110m²) 50D		② €46,25

B179 Reutte-Imst. In Lermoos Ausfahrt Biberwier. An der T-Kreuzung rechts; den CP-Schildern folgen. 113148

Biberwier, A-6633 / Tirol

CC€21

Feriencenter Camping Biberhof
Schmitte 8
1 Jan - 31 Dez
+43 56 73 29 50
info@biberhof.at
N 47°22'56" E 10°54'07"

1 AFJMOPQRSTU		6
2 BCIPQSWXYZ	ABDEFGH	7
3 AFLMU	ABCDEFIJNQRTUVW	8
4 FHI	I	9
5 ADHLMN	ABDGHJKMOQ	10
W 10A CEE		① €33,50
H1000 2,5ha 60T(80-100m²) 67D		② €46,50

Reutte Richtung Lermoos. Ortsmitte Lermoos Richtung Biberwier. T-Kreuzung in Biberwier Richtung Ehrwald. Nach 300m CP rechts. 108150

Breitenwang, A-6600 / Tirol

Seespitz***
Plansee
1 Mai - 15 Okt
+43 5 67 27 81 21
info@plansee-tirol.at
N 47°28'27" E 10°47'05"

1 ADEKNOPQRSTU	LNOPQSX	6
2 EIKQSUVXYZ	ABDEFG	7
3 BMX	ABEFNQRT	8
4 AEFHIJOT	FR	9
5 ABDEFJMN	ABGHJKLOQVY	10
12A CEE		① €35,50
H900 1ha 150T(80-100m²) 17D		② €45,50

Über B179 nach Reutte, dann Richtung Plansee, erster CP links. 101345

ACSI AWARDS 2022

GEWINNER

Beste Campingplatz-Animation Österreich

Erlebnis Comfort Camping Aufenfeld

Breitenwang, A-6600 / Tirol

Sennalpe***
Plansee 17
1 Jan - 31 Dez
+43 5 67 27 81 15
info@plansee-tirol.at
N 47°29'11" E 10°50'23"

1 ADEGKNOPQRSTU	LNOPQSXZ	6
2 BEIKQSWXYZ	ABDEFG	7
3 BGMUX	ABCDEFJNRTW	8
4 AEFHIJO	FJRUW	9
5 ACDEFJLMN	ABCGHJKOQY	10
WB 12A CEE		① €35,50
H1000 5ha 200T(80-100m²) 152D		② €45,50

Über B179 nach Reutte, dann Richtung Plansee, bei Hotel Forelle rechts. 100858

Brixen im Thale, A-6364 / Tirol

Brixen im Thale
Badhäusweg 9
1 Jan - 31 Dez
+43 53 34 81 13
info@camping-brixen.at
N 47°26'46" E 12°15'26"

1 ABDEKMOPQRSTU		6
2 IPQSXY	ABDEFGH	7
3 BFLM	ABCDEFIJKNQRTUV	8
4 FH	IJVW	9
5 ADFMNO	ABFGHJKOPQY	10
WB 16A CEE		① €42,00
H800 2,5ha 60T(100-120m²) 222D		② €55,80

B170 Kitzbühel-Wörgl vor dem Tunnel rechts, 2. Ausfahrt links. B170 Wörgl-Kitzbühel vor dem Tunnel links, 2. Ausfahrt rechts. 106020

Österreich

Ehrwald, A-6632 / Tirol

Dr. Lauth
Zugspitzstraße 34
1 Jan - 31 Dez
+43 56 73 26 66
info@campingehrwald.at

1 AEG**KN**OPQRSTU B 6
2 IPQSUVXYZ ABDE**FG**H 7
3 A**L**MSUX ABEFGHJK**L**NPQRTUVW 8
4 **AE**FHIJ DFI 9
5 ADFGHJLMN ABGHJKOPQUVY 10
WB 16A CEE ① €40,25
H1020 1ha 65**T**(80-100m²) 50**D** ② €56,25

N 47°24'40" E 10°55'26"
Über B179 nach Reutte/Lermoos, in Lermoos Richtung Zugspitzbahn nach Ehrwald. Erster CP rechts von der Straße.
105978

Ehrwald, A-6632 / Tirol

Zugspitz Resort Camping****
Obermoos 1
1 Jan - 31 Dez
+43 56 73 23 09
welcome@zugspitze-resort.at

1 ADE**KN**OPQRSTU BEGHI 6
2 BIPQSUVWY ABCDE**F**GHIJ 7
3 BDE**L**M**U** ABCDEFIJKNQRTUVW 8
4 ABEFHIJLO**PQ**R**S**TUV**X** GLUVWXY 9
5 ABDFHJLM ABHJKOPQU 10
WB 16A CEE ① €102,00
H1200 5ha 170**T**(80-100m²) 153**D** ② €150,00

N 47°25'37" E 10°56'28"
B179 nach Reutte/Lermoos, B314 Lermoos-Ehrwald, in Lermoos Richtung Tiroler Zugspitzbahn nach Ehrwald.
105977

Fieberbrunn, A-6391 / Tirol

CC€23

Tirol Camp****
Lindau 20
1/1 - 16/4, 16/5 - 5/11, 7/12 - 31/12
+43 5 35 45 66 66
office@tirol-camp.at

1 ACDEG**KN**OPQRST**U** BEGHM 6
2 PQSTVWXY ABDE**FG**H 7
3 ABF**HIL**M**U**W ABCDEFIJ**LM**NQR**S**TUVW 8
4 ABEFHJLO**PQRSTUVXYZ** GIUV 9
5 ACDEFHJLMN ABEGHJKOPQUVWXY 10
W 10A ① €55,20
H820 7ha 250**T**(100-120m²) 101**D** ② €73,20

N 47°28'06" E 12°33'14"
B164 St. Johann in Tirol-Saalfelden. In Fieberbrunn ausgeschildert.
100864

Fügen, A-6263 / Tirol

Natürlich Hell****
Gageringerstraße 1
1/1 - 31/10, 15/12 - 31/12
+43 5 28 86 22 03
servus@hell-tirol.at

1 ADE**KN**OPQRSTU BEG 6
2 AIPQTVWY ABDE**FG**H 7
3 BDF**L**MU ABCDEFGHIJKNQR**S**TUVW 8
4 EFHIJ**RTVX** IJWZ 9
5 ABDEFGHJLMN ABCEFGHKOSTUWY 10
WB 16A CEE ① €58,00
H540 3ha 165**T**(80-130m²) 38**D** ② €78,00

N 47°21'33" E 11°51'06"
Inntal-Autobahn, Ausfahrt 39 Zillertal, auf der B169 Richtung Fügen, dann Ausfahrt Gagering.
101583

Grän, A-6673 / Tirol

Comfort-Camp Grän****
Engetalstr. 13
1/1 - 2/4, 15/5 - 1/11, 15/12 - 31/12
+43 56 75 65 70
info@comfortcamp.at

1 AEG**KN**OPQRSTU E**N** 6
2 CIPQSTUVWXY ABDE**FG**H 7
3 ABD**HI**MX ABCDEFGHIJK**L**NPQRTUVW 8
4 AEFGHIJ**STVX** IUW 9
5 ABDEFGHJLMN ABCEFGHJKOQY 10
WB 16A CEE ① €51,00
H1150 3,3ha 150**T**(80-100m²) 43**D** ② €70,80

N 47°30'36" E 10°33'22"
A7 von Kempten, Ausfahrt Oy, über Wertach, Oberjoch, Grän.
101344

Häselgehr, A-6651 / Tirol

Rudi
Luxnach 122
1 Jan - 31 Dez
+43 56 34 64 25
camping.rudi@lechtalnet.at

1 AG**KN**OPQRST**U** JUX 6
2 DIQTWX ABDE**FG** 7
3 M ABCDE**F**JNQRVW 8
4 FHJO DRUV 9
5 ADMN ABGHJK**N**QU 10
W 13A CEE ① €41,00
H1000 0,8ha 40**T**(80m²) 12**D** ② €56,00

N 47°18'55" E 10°29'52"
B198 Reutte-Warth. Straße bei der Brücke nehmen. CP liegt am Ende der Straße, am Lech entlang.
105971

Heiterwang, A-6611 / Tirol

Heiterwangersee
1 Jan - 31 Dez
+43 56 74 51 16
camping@fischeramsee.at

1 ADE**KN**OPQRSTU L**N**OX**Z** 6
2 EIMPQSYZ ABDE**FG** 7
3 ABFX ABCDEFJNQRT 8
4 **A**EFHIO**TVX** GOQT 9
5 ABDEFHJLMN ABGHJKNQUV 10
W 10A ① €50,50
H1000 1ha 54**T**(60-100m²) 49**D** ② €66,50

N 47°27'19" E 10°45'35"
Über Straße B179 nach Reutte und Heiterwang, Schildern nach Fischer am See (Heiterwangersee) folgen.
105976

Hopfgarten, A-6361 / Tirol

Camping Reiterhof****
Kelchsauer Straße 49
1 Jan - 31 Dez
+43 53 35 35 12
welcome@campingreiterhof.at

1 ADE**KN**OPQRSTU L 6
2 EIKPQSTY ABDE**FG**H 7
3 BFG**JL**M**NOR**UVWX ABCDE**F**HJKNPQRTUVW 8
4 EFHJO 9
5 ADFLMN ABGHJK**O**Q 10
WB 13-16A CEE ① €35,50
H650 2,6ha 65**T**(80-100m²) 65**D** ② €48,50

N 47°25'50" E 12°08'58"
A12, Inntal-Autobahn, Ausfahrt 17 Wörgl-Ost, Richtung Hopfgarten (Brixental).
106009

Huben/Längenfeld, A-6444 / Tirol

Ötztaler Naturcamping
Huben 241
1 Jan - 31 Dez
+43 52 53 58 55
info@oetztalernaturcamping.com

1 ADE**KN**OPQRSTU **N**U 6
2 BCIPQSTWXYZ A**C**DE**FG** 7
3 AM ABCDEFJ**L**NQRTUVW 8
4 **E**FGHIJO**T** I 9
5 ADEFGHLMN ABEGHJKOQV 10
WB 16A CEE ① €44,40
H1200 1,5ha 155**T**(60-120m²) 8**D** ② €59,40

N 47°02'15" E 10°58'33"
A12 Inntal-Autobahn, Ausfahrt Ötztal, ins Ötztal hinein bis Längenfeld/Huben.
105987

Imst, A-6460 / Tirol

CC€19

Aktivcamping Am Schwimmbad
Schwimmbadweg 10
21 Apr - 15 Okt
+43 5 41 22 13 55
info@camping-imst.at

1 AFKNOPQRSTU BGH 6
2 AIPQUWXYZ ABD**FG** 7
3 A**NO** AEFNQRW 8
4 AEFGHIJ**Q**R 9
5 ADJMN ABHJKOQ 10
Anzeige auf dieser Seite 6A CEE ① €32,00
H800 1,2ha 64**T**(60-100m²) 15**D** ② €41,00

N 47°14'24" E 10°44'43"
Im Kreisverkehr in Imst die 2. Ausfahrt nehmen, dann den Schildern folgen.
105982

Imst, A-6460 / Tirol

Campingpark FiNK
Langgasse 62
1/1 - 8/1, 31/3 - 20/10, 22/12 - 31/12
+43 5 41 26 62 93
info@imst-west.com

1 AF**KN**OPQRSTU 6
2 AIPQSWXYZ ABDE**FG**H 7
3 BMX ABCDEFJNPQRTW 8
4 **A**EFHIJO 9
5 ACDEHMN ABGHIJKOQ 10
WB 6-16A CEE ① €39,00
H750 1,1ha 65**T**(70-100m²) ② €49,00

N 47°13'43" E 10°44'36"
Über die B314 nach Reutte, Fernpass B189, Imst, dort Imst-West folgen, Schildern folgen Richtung B171 Pitztal.
105983

Teilkarte Tirol auf Seite 375

Innsbruck, A-6020 / Tirol

Innsbruck-Kranebitten
Kranebitter Allee 216
1 Jan - 31 Dez
+43 5 12 27 95 58
info@kranebitterhof.at

1 BDE**KN**OPQRSTU	J	6
2 ACIJPQSTUVWXY	ABDE**FG**I	7
3 BF**L**MSU	ABCDEFNQRTUV	8
4 **AE**FHIJO**P**	VW	9
5 ABDGHLN	AGHKMOPQV	10

WB 16A CEE ① €38,00
H620 1,5ha 95**T**(80-100m²) 10**D** ② €46,00
N 47°15'48" E 11°19'36"
A12 Ausfahrt 83 Innsbruck/Kranebitten westlich von Innsbruck. A12 Richtung Arlberg/Garmisch, B171 und Beschilderung folgen (1 km). 105994

Kals am Großglockner, A-9981 / Tirol

CC€23

Nationalparkcamping Kals****
Burg 22
1/1 - 11/4, 15/5 - 15/10, 18/12 - 31/12
+43 4 85 26 74 18
info@nationalpark-camping-kals.at

1 AF**KN**OPQRSTU	**N**	6
2 BCIPQVWXY	ABDE**FG**HI	7
3	ABCDEFJNQR	8
4 FHIJ		9
5 ABDMN	ABHJKNQ	10

Anzeige auf Seite 379 WB 16A CEE ① €44,10
H1450 2,5ha 108**T**(100-120m²) ② €54,10
N 47°01'18" E 12°38'20"
Kufstein-Kitzbühel-Mittersill-Felbertauern-Matrei-Huben, dann hier links Richtung Kals. Ab Kals ist der CP ausgeschildert. 117163

Itter/Hopfgarten, A-6305 / Tirol

Camping Schlossberg Itter****
Brixentalerstraße 11
1/1 - 8/11, 13/12 - 31/12
+43 53 35 21 81
info@camping-itter.at

1 ADE**KN**OPQRSTU	BGU	6
2 ACPQUVWY	ABDE**FG**H**I**	7
3 BF**L**MU	ABCDEFJKNQRTUVW	8
4 ABEFHIJLO**PQSTV**	EK	9
5 ABDEFJLMN	ABEFGHJKOQY	10

WB 10A ① €49,00
H600 4ha 150**T**(80-110m²) 51**D** ② €65,00
N 47°27'59" E 12°08'22"
Inntal-Autobahn, Ausfahrt 17 Wörgl-Ost, Richtung Brixental. Nach 5 km am Kreisel rechts auf die B170 Richtung Brixental. 2 km vor Hopfgarten links. 106008

Kaunertal, A-6524 / Tirol

CC€23

Kaunertal
Platz 30
1 Mai - 10 Okt
+43 5 47 53 16
info@weisseespitze.com

1 ADE**KN**OPQRST**U**	**EN**	6
2 PQSWXY	ABDE**FG**H	7
3 AMN**T**X	ABCDEFJNQRT	8
4 **A**EFHIO**RTVXZ**	G	9
5 ADHJN	ABHJKOPQ	10

Anz. auf dieser Seite B 8-10A CEE ① €33,80
H1270 0,9ha 60**T**(80m²) 74**D** ② €43,80
N 47°03'12" E 10°45'02"
Über Fernpass oder Arlbergtunnel bis Landeck, dann Richtung Reschenpass bis Prutz, ins Kaunertal. 105988

Teilkarte Tirol auf Seite 375

Kössen, A-6345 / Tirol

Euro-Camp Wilder Kaiser
Kranebittau 18
1/1 - 5/11, 15/12 - 31/12
+43 53 75 64 44
eurocamp@eurocamp-koessen.com
N 47°39'14'' E 12°24'54''

1 ACDEG**KN**OPQRSTU BEGH**NU** 6
2 IKQSWXY ABCD**FG**H 7
3 ABEFG**L**MN**R**UW ABCDEFH**I**JKNQR**S**TUVW 8
4 **A**BDEFHJLO**ST**VY EF 9
5 ACDEFGHLMN ABGHJKLMNQVW 10
WB 10-16A ❶ €48,70
H620 5,2ha 200**T**(80-110m²) 112**D** ❷ €67,70
100862

A8 München-Salzburg-Villach. Am Inntal-Dreieck Ausfahrt 56 Richtung Innsbruck. Dann Ausfahrt 59 Oberaudorf/Niederndorf. Weiter Richtung Walchsee/Kössen.

Kramsach (Krummsee), A-6233 / Tirol

Seencamping Stadlerhof****
Seebühel 14
1 Jan - 31 Dez
+43 5 33 76 33 71
office@camping-stadlerhof.at
N 47°27'24'' E 11°52'51''

1 AEG**KN**OPQRSTU BG 6
2 AEIKLPQSTVWXZ ABCDE**FG**H 7
3 BDM**T**UX ABCDEFIJK**L**NPQR**S**TUVW 8
4 ABEFHIJ**RST**U**VXZ** CIJW 9
5 ABDEFLMN ABDEFGHJKLMOQW 10
W 6-16A ❶ €43,30
H530 3ha 130**T**(70-150m²) 54**D** ❷ €58,30
106011

A12 Ausfahrt 32 Kramsach, Schildern 'Zu den Seen' folgen.

Kramsach (Reintalersee), A-6233 / Tirol

Camping Seeblick Toni*****
Moosen 46
1 Jan - 31 Dez
+43 5 33 76 35 44
info@camping-seeblick.at
N 47°27'40'' E 11°54'24''

1 ADE**KN**OPQRSTU **LN** 6
2 AEIKPQSTUVWZ ABCDE**FG**H 7
3 BDFG**HIMNU** ABCDEFHJK**L**NQRTUVW 8
4 ABCDEFHIJKLO**PQTVX** FHIJWXYZ 9
5 ACDEFJLMN ABEFGHJKL**O**PQU 10
WB 16A ❶ €52,50
H520 4,5ha 230**T**(90-120m²) 48**D** ❷ €70,50
106010

A12 Ausfahrt 32 Kramsach, ca. 5 km den grünen Schildern 'Zu den Seen' folgen, dann der dritte CP. An dem, auf der linken und rechten Seite liegenden, CP vorbeifahren bis zu dem Schild grünen Schild von Seeblick Toni.

Kramsach (Reintalersee), A-6233 / Tirol

Camping und Appartements Seehof*****
Moosen 42
1 Jan - 31 Dez
+43 5 33 76 35 41
info@camping-seehof.com
N 47°27'43'' E 11°54'26''

1 ADE**KN**OPQRSTU **LNOP** 6
2 AEILPQSTVWXY AB**C**DE**FG**H 7
3 BD**H**IMUVX ABCDEFHI**JKL**NQRTUVW 8
4 ABEFGHIJKLO**QRS** IKQUVWY 9
5 ABDEFGJLMN ABCDEFGHJKLM**O**PQU 10
WB 13-16A CEE ❶ €42,00
H560 5ha 150**T**(90-120m²) 50**D** ❷ €57,00
108925

A12 Ausfahrt 32 Kramsach, ca. 5 km den grünen Schildern 'Zu den Seen' oder 'Campingplätze' folgen. 2. Camping an der Straße. Rezeption links neben der Zufahrt (Holzhäuschen). Über den Neudegger Höhenweg kommend (nicht erlaubt) liegt der CP rechts.

Längenfeld, A-6444 / Tirol

Camping Ötztal****
Unterlängenfeld 220
1 Jan - 31 Dez
+43 52 53 53 48
info@camping-oetztal.com
N 47°04'20'' E 10°57'51''

1 ADE**KN**OPQRSTU BEGI**NU** 6
2 CIPQTWXYZ AB**C**DE**FG**H 7
3 BFGM**NO**WX ABCDEFGIJKNQR**S**TUVW 8
4 **A**EFGHIJOR**STWXYZ** DJL 9
5 ABDEFGHLMN ABEFGHIJKOQVY 10
WB 12-16A CEE ❶ €50,30
H1180 2,6ha 125**T**(80-120m²) 50**D** ❷ €66,90
105986

A12 Inntal-Autobahn, Ausfahrt Ötztal, ins Ötztal B186 bis Längenfeld.

Lermoos, A-6631 / Tirol

Lermoos Lärchenhof
Gries 16
1 Jan - 31 Dez
+43 56 73 21 97
info@laerchenhof-lermoos.at
N 47°24'25'' E 10°52'09''

1 ADE**K**NOPQSTU BGH 6
2 AIPQXY ABDE**FG** 7
3 **L**MX ABCDEFJNQRW 8
4 AEFHIJO**STV** FGIUVW 9
5 ABDEFHJLMN ABGHIKOQ 10
Anzeige auf dieser Seite W 16A CEE ❶ €27,50
H1000 3ha 50**T**(60-80m²) 77**D** ❷ €35,50
105980

Über Reutte nach Lermoos. In Lermoos ist der CP bei BP-Tankstelle.

Leutasch, A-6105 / Tirol

EuroParcs Leutasch-Seefeld*****
Reindlau 230b
1 Jan - 31 Dez
+43 5 21 46 57 00
reservation-leutasch@europarcs.at
N 47°23'55'' E 11°10'47''

1 ADE**KN**OPQRSTU EJ**N** 6
2 CIPQSTWYZ ABDE**FG**H 7
3 **F**LMX ABCDEFJKNQRTUVW 8
4 **A**EFGHJTV GJ 9
5 ADFHJLMN ABCEGHIJKOWY 10
Anzeige auf Seite 371 WB 12A CEE ❶ €49,50
H1130 2,8ha 69**T**(80-120m²) 15**D** ❷ €65,50
101346

Garmisch-Partenkirchen-Mittenwald-Scharnitz-Giessenbach-Leutasch. Direktverbindung Mittenwald-Leutasch nicht zu empfehlen; teilweise sehr enge Straßen und Maximalgewicht von 7,5t.

Lienz, A-9900 / Tirol

Comfort & Wellness Camping Falken****
Falkenweg 7
1 Apr - 31 Okt
+43 66 44 10 79 73
camping.falken@tirol.com
N 46°49'22'' E 12°46'14''

1 ADEG**KN**OPQRST**U** X 6
2 IPQWXYZ ABDE**FG**I 7
3 **ALMN** ABCDEFJNPQRTUVW 8
4 FHIJO**TV** FKLZ 9
5 ABDEFGHJMN ABEGHIJKLOQY 10
Anzeige auf Seite 379 B 6A CEE ❶ €39,00
H672 2,5ha 132**T**(70-120m²) 38**D** ❷ €49,00
106040

Über Kufstein-Kitzbühel-Mittersil-Felbertauerntunnel nach Lienz. In Lienz am Kreisel Richtung Spittal. An der zweiten Ampel (ÖAMTC) rechts. Dann den Schildern folgen.

Lienz/Amlach, A-9908 / Tirol

Dolomiten Camping Amlacherhof****
Seestrasse 20
1 Mai - 2 Nov
+43 6 99 17 62 31 71
info@amlacherhof.at
N 46°48'48'' E 12°45'47''

1 A**KN**OPQRST**U** AUX 6
2 IPQWXYZ ABDE**FGHIJ** 7
3 **HIL**MX ABCDE**F**JKNQRTUVW 8
4 FHIJ**OS** EGILUVWXYZ 9
5 ABDEHMN ABGHIJKN**O**Q 10
Anzeige auf Seite 379 B 16A CEE ❶ €38,40
H710 2,5ha 85**T**(80-120m²) 31**D** ❷ €49,10
110377

Felbertauerntunnel-Lienz, bei Lienz hinter dem Kreisel Richtung Spittal. An der 2. Ampel rechts Richtung Feriendorf/Amlach, noch 2 km den Schildern folgen.

Lienz/Tristach, A-9907 / Tirol

Camping Seewiese****
Tristachersee 2
15 Jun - 15 Sep
+43 4 85 26 97 67
seewiese@outlook.com
N 46°48'23'' E 12°48'08''

1 A**K**LOPQRST**U** LM**N**X 6
2 BEIKLPQSUXYZ ABDE**FG** 7
3 AFG**L**MX ABCDFJNQRW 8
4 FHIJO 9
5 ABDEHJN AFGHIJKNQ 10
Anzeige auf Seite 379 6A ❶ €47,70
H838 2,3ha 95**T**(100-200m²) ❷ €53,70
110250

Von Kufstein-Kitzbühel-Felbertauerntunnel Ri. Lienz. In Lienz der Beschilderung Tristach-Tristachersee und Seewiese folgen.

Matrei in Osttirol, A-9971 / Tirol

Edengarten
Edenweg 15A
1 Mai - 15 Okt
+43 48 75 51 11
info@campingedengarten.at
N 46°59'43'' E 12°32'20''

1 AKNPQSU **N** 6
2 IPQXYZ ABDE**FG**H 7
3 AMUV ABCDE**F**GJNQRTW 8
4 FHJOQ 9
5 DEHKLM ABHIJKNQ 10
Anzeige auf Seite 379 16A CEE ❶ €31,00
H941 1,5ha 75**T**(80-100m²) ❷ €38,00
101351

Vom Felbertauerntunnel die 2. Ausfahrt nach Matrei/Goldriedbahn/Virgen. Camping nach 500m rechts.

Maurach, A-6212 / Tirol

Karwendel Camping****
Planbergstraße 23
1/1 - 30/10, 15/12 - 31/12
+43 52 43 61 16
info@karwendel-camping.at
N 47°25'17'' E 11°44'26''

1 ADE**KN**OPQRSTU **N**OQRST 6
2 IPQSWY ABDE**FG** 7
3 BD**L**M ABEFJK**L**NQR**S**TW 8
4 AEFHI**R** FGIJ 9
5 ADEFLMN ABEGHJKLMOQ 10
WB 16A ❶ €49,00
H1000 1,5ha 55**T**(80-100m²) 47**D** ❷ €59,00
106001

Über Bad Tölz auf Straße B13 und B307 nach Achenwald und Maurach am Achensee.

Maurach, A-6212 / Tirol

Seecamping Wimmer***
Buchau 7
1 Apr - 16 Okt
+43 5 24 32 02 38
info@achensee-camping.at
N 47°25'58'' E 11°44'06''

1 ADE**KN**OPQRSTU IL**MN**PQRSTVX 6
2 EIJPQSWY ABDE**FG** 7
3 **FLNO** ABCDE**F**JNQRTW 8
4 EFH KRUVW 9
5 ACDFLMN ABGHJK**O**QW 10
6A ❶ €43,00
H930 1,5ha 85**T**(60-120m²) 5**D** ❷ €51,00
106000

Über Bad Tölz auf der B13 und B307 nach Achenwald und Maurach. Oder über die A12 Richtung Innsbruck, Ausfahrt 39 Wiesing. Dann Richtung Achensee.

Österreich

Teilkarte Tirol auf Seite 375

CAMPING SEEWIESE ****

Idyllisch gelegener Komfort-Campingplatz beim einzigen Badesee Osttirols, direkt unter den Felswänden der Lienzer Dolomiten. Freien Eintritt in das Strandbad Tristachersee und in der Hauptsaison Gratisbus in die Stadt Lienz. Gratis W-Lan, Camper-Service. Tristachersee 2, 9907 Lienz/Tristach,
T. +43 4852 69767, **www.campingtirol.com**

COMFORT & WELLNESS CAMPING FALKEN ****

Moderner Komfort & Wellness Campingplatz am südlichen Stadtrand von Lienz, 900 m vom Stadtzentrum. Gratis Warmduschen und gratis W-Lan. Ab 3 Tagen Aufenthalt gratis Eintritt ins Dolomitenbad und Strandbad Tristacher See. Buffet - Mini Markt, Camper-Service, Großer Wellnessbereich „Falkennest".
T. +43 664 4107973, **www.camping-falken.com**

DOLOMITEN CAMPING AMLACHERHOF ****

Camping in herrlich ruhiger Lage an einem der schönsten Plätze im Lienzer Talboden. Alle Komfortstellplätze mit Wasser- und Abwasseranschluss, Strom, Camper-Service. Schwimmbad, Imbiss, Minigolf, Trampolin, Fahrradverleih etc. direkt am Campingplatz. 10 Apartments für 2 bis 6 Personen.
T. +43 699 17623171, **www.amlacherhof.at**

NATIONALPARK CAMPING KALS ****

Terrassenförmig angelegter Campingplatz in ruhiger und sonniger Lage mit einzigartigem Bergpanorama. Ein modernes Sanitärgebäude sorgt für maximalen Komfort. Alle Sanitärbereiche verfügen über Fußbodenheizung und Belüftung. Heißes Wasser steht überall kostenlos zur Verfügung.
T. +43 4852 67418, **www.nationalpark-camping-kals.at**

CAMPING EDENGARTEN

Zentrale und dennoch ruhige Lage in Matrei in Osttirol. Moderne sanitäre Anlagen, gepflegte Rasenflächen. Restaurant vor Ort. Supermärkte, Bergbahnen, Schwimmbad und viele Freizeitmöglichkeiten in unmittelbarer Nähe. Idealer Ausgangspunkt für viele schöne Wanderungen, Radtouren und Spaziergänge.
T. +43 4875 5111, **www.campingedengarten.at**

www.osttirol.com **camping.osttirol.com**

Österreich

Mayrhofen, A-6290 / Tirol

Alpenparadies Mayrhofen****
Laubichl 125
1/1 - 14/10, 15/12 - 31/12
+43 6 64 88 51 88 66
camping@alpenparadies.com
N 47°10'34'' E 11°52'11''

1 ADEKNOPQRSTU BEGNUV 6
2 IPQSTVWY ABDEFG 7
3 BM ABCDEFGJLNPQRTUVW 8
4 FHIJOQSTUV GI 9
5 ABDEFGHJLMN ABEGHJKOQUY 10
WB 16A CEE ❶ €38,30
H630 2,5ha 220T(60-120m²) 72D ❷ €51,30

A12 Ausfahrt 39 Zillertal, B169 nach Mayrhofen. 106016

Nassereith, A-6465 / Tirol

Camping Fernsteinsee
Fernstein 426
15 Mai - 15 Okt
+43 52 65 52 10
welcome@camping-fernsteinsee.at
N 47°20'31'' E 10°48'58''

1 ADEKNOPQRSTU L 6
2 BCEIKPQSTWXY ABDEFGH 7
3 BLMS ABCDEFJNQRUW 8
4 AEFHIJOPST GIQT 9
5 ABDEGHILN AEGHJKNQ 10
B 6-13A CEE ❶ €31,50
H980 6ha 120T(100-150m²) 29D ❷ €39,10

Über die B179 nach Reutte und dann Richtung Fernpass. 105981

Nassereith, A-6465 / Tirol

Rossbach****
Rossbach 325
1/1 - 30/10, 15/12 - 31/12
+43 52 65 51 54
rainer.ruepp@gmx.at
N 47°18'37'' E 10°51'20''

1 AEKNOPQRSU BGN 6
2 CIPQWXYZ ABDEFGH 7
3 AHILM ABCDEFJNQRTW 8
4 AEFHIJOP I 9
5 ABDEFKMN ABDGHIJKMNQU 10
W 6A CEE ❶ €27,50
H830 1ha 80T(70-80m²) 2D ❷ €37,50

B179 Reutte-Nassereith (über den Fernpass), Ausfahrt Nassereith. Im Zentrum Richtung Domitz/Rossbach. Den CP-Schildern folgen. 100868

Natters, A-6161 / Tirol

Ferienparadies Natterer See*****
Natterer See 1
1 Jan - 31 Dez
+43 5 12 54 67 32
info@natterersee.com
N 47°14'18'' E 11°20'21''

1 ACDEKNOPQRSTU HILMNUV 6
2 ABEIPQTVWXYZ ABCDEFGHI 7
3 BDFGILMSTUVX ABCDEFIJKLNQRSTUVW 8
4 ABCDEFHIJLNOPT ACEFGIJLMNPQRTUVWYZ 9
5 ACDEFGHIJLMN ABCEFGHIJKLMOQUW 10
WB 6-16A CEE ❶ €53,50
H830 11ha 174T(60-160m²) 70D ❷ €71,70

A13, Brenner-Autobahn, Ausfahrt 3 Innsbruck-Süd/Natters. Schildern folgen Richtung Natterer See. 100873

Neustift, A-6167 / Tirol

Stubai****
Stubaitalstraße 94
1/1 - 30/4, 21/5 - 31/12
+43 52 26 25 37
info@campingstubai.at
N 47°06'36'' E 11°18'31''

1 ADEKNOPQRSTU NU 6
2 ACIPQSTUVXY ABCDEFGH 7
3 ABDMSUX ABCDEFGIJKLNQRSTV 8
4 BEFHIJLOSTVX IKUV 9
5 ACDEFLMN ABDGHIJKOQU 10
WB 6A CEE ❶ €35,30
H950 2ha 110T(60-100m²) 50D ❷ €46,50

A13 Brenner-Autobahn, Ausfahrt Europabrücke, auf B183 nach Stubaital, nach Neustift. 105995

Pettneu am Arlberg, A-6574 / Tirol

Arlberglife Ferienresort
Dorf 58 A-C
1/1 - 15/4, 13/6 - 16/9, 4/12 - 31/12
+43 66 41 63 03 93
camping@arlberglife.com
N 47°08'53'' E 10°20'48''

1 AKNOPQRSU N 6
2 AIPQTWXY ABDEFGH 7
3 LM ABCDEFGIJNQRUVW 8
4 FHJO GHIJ 9
5 ADEGHJKMN ABGHJKMOQ 10
W 10-13A ❶ €43,00
H1215 1ha 30T(70-100m²) 15D ❷ €55,00

A14 über Bregenz-Innsbruck: Von Bregenz Ausfahrt St. Anton, weiter Richtung Pettneu. Von Innsbruck Ausfahrt Flirsch. Schilder Arlberg Lifecamping in Pettneu befolgen. 111925

Pettneu am Arlberg, A-6574 / Tirol

EuroParcs Arlberg****
Strohsack 235C
1 Jan - 31 Dez
+43 54 48 22 26 60
kcc@europarcs.nl
N 47°08'42'' E 10°20'16''

1 ADGKNOPQRSTU NU 6
2 ACIPQSTWX ABDE 7
3 AL ABCDEFJNR 8
4 FH 9
5 ABEFGHIKQ 10
Anzeige auf Seite 371 W 16A CEE ❶ €30,20
H1228 5ha 145T(ab 105m²) ❷ €43,20

Über die S16 Bregenz-Innsbruck ca. 2 km östlich des Arlbergtunnels. Ausfahrt Pettneu. Der CP ist ausgeschildert (Hallenbad-Camping Arlberg). 112492

Prutz, A-6522 / Tirol

Aktiv Camping Prutz****
Pontlatzstraße 22
1 Jan - 31 Dez
+43 54 72 26 48
info@aktiv-camping.at
N 47°04'49'' E 10°39'34''

1 ACDEKNOPQRSTU NU 6
2 ACIPQSTWXY ABDEFGH 7
3 BFGHMWX ABCDEFHJKNQRTUW 8
4 ABDEFHIJOPQ UVW 9
5 ABDEFJKMN ABCDFGHJKLOPQUV 10
Anzeige auf S. 381 WB 6-10A CEE ❶ €42,00
H866 1,5ha 125T(60-120m²) 12D ❷ €57,00

Mautfrei: von Imst nach Landeck, dann auf der B180 Richtung Serfaus (Reschenpass) nach Prutz. Oder A12 Richtung Reschenpass, durch den Tunnel bei Landeck, dann auf die B180 (Mautpflicht). 100870

Ried, A-6531 / Tirol

Dreiländereck****
Ried 37
1/1 - 31/10, 1/12 - 31/12
+43 54 72 60 25
info@tirolcamping.at
N 47°03'21'' E 10°39'24''

1 AEKNOPQRSTU LNUV 6
2 AEPQSTWXY ABDEFGHIJK 7
3 ADFGIJMNOPTWX ABCDEFIJKNQRTUVW 8
4 ABCDEFHIJLOQTVXYZ EFIUVW 9
5 ACDEFGHJLMN ABDFGHIJKOQX 10
W 16A CEE ❶ €49,20
H880 1ha 60T(70-100m²) 35D ❷ €63,80

Mautfrei: über Imst auf der 171 nach Landeck (Richtung Reschenpass), und nach Ried. Oder A12 Richtung Meran (Reschenpass), dann die B180 Richtung Serfaus (Mautpflicht). 105989

Schwoich, A-6334 / Tirol

Maier
Egerbach 54
1 Jan - 31 Dez
+43 5 37 25 83 52
info@camping-maier.com
N 47°33'09'' E 12°09'34''

1 ADEKNOPQRSTU A 6
2 APQSUVWY ABDEFGH 7
3 ALM ABEFGJNQRW 8
4 EFHJO 9
5 ADLN AGHJKOQU 10
W 13A CEE ❶ €30,00
H550 1,8ha 80T(80-100m²) 20D ❷ €39,00

Inntal-Autobahn, Ausfahrt 6 Kufstein-Süd, B173 Richtung Kitzbühel, dann Schildern folgen. Oder mautfrei A93, Ausfahrt Kiefersfelden, dann über die B171 nach Kufstein und Richtung Kitzbühel. 106007

Sölden, A-6450 / Tirol

Sölden
Wohlfahrtstraße 22
1/1 - 16/4, 7/6 - 1/10, 25/10 - 31/12
+43 5 25 42 62 70
info@camping-soelden.com
N 46°57'28'' E 11°00'43''

1 ADEGHKNOPQRSTU N 6
2 CIPQSTVWXYZ ABCDEFGHI 7
3 CGMWX ABCDEFJKLNQRSTVW 8
4 AEFHIJORSTVXZ LUVW 9
5 ACFJLMN ABEGHIJKOQU 10
WB 10-16A CEE ❶ €51,00
H1380 1,3ha 94T(60-90m²) ❷ €67,00

A12/E60 Inntal-Autobahn, Ausfahrt Ötztal. Die B186 ins Ötztal bis Sölden. Den Ortsschildern folgen.. 101350

Söll, A-6306 / Tirol

Franzlhof
Dorfbichl 37
1/1 - 30/10, 17/12 - 31/12
+43 53 33 51 17
info@franzlhof.com
N 47°30'29'' E 12°11'23''

1 ADEKNOPQSTU 6
2 IQSWY ACDEFG 7
3 BJLNOUW ABCDEFGJNQRSTUV 8
4 AEFHITV EGJ 9
5 ABDFGHJLN ABEGHJKOQV 10
WB 16A CEE ❶ €48,40
H700 5,5ha 50T(90-110m²) 74D ❷ €61,40

A12 Ausfahrt 6, Kufstein-Süd, Richtung St. Johann; hinter Söll rechts ab nach Söll, nicht auf der Umgehungsstraße bleiben. Dann der Beschilderung folgen. 108154

St. Johann (Tirol), A-6380 / Tirol

Michelnhof
Weiberndorf 6
1/1 - 1/11, 1/12 - 31/12
+43 5 35 26 25 84
camping@michelnhof.at
N 47°30'39'' E 12°24'32''

1 AGKNOPQRSTU 6
2 QSUWXYZ ABCDEFG 7
3 AHI ABCDEFIJNQRT 8
4 FHJ F 9
5 ADEFHJKLMN ABFGHJKOQ 10
WB 10A CEE ❶ €42,90
H663 4ha 67T(90-95m²) 41D ❷ €55,90

Die B161 von St. Johann in Tirol Richtung Kitzbühel. Nach 2 km den CP-Schildern folgen. 106019

Stams, A-6422 / Tirol

Eichenwald
Schiesstandweg 10
1 Apr - 15 Okt
+43 52 63 61 59
info@camping-eichenwald.at
N 47°16'32'' E 10°59'10''

1 ACFKNOPQRSTU BGNUV 6
2 ABCIPQSTVWXYZ ABCDEFGH 7
3 BFLM ABCDEFHIJNPQRTUVW 8
4 AEFHIJOQT EGJUW 9
5 ABDEFGHJLMN ABFGHIJKLMOQUW 10
Anzeige auf Seite 381 B 13A CEE ❶ €37,50
H670 5ha 100T(70-150m²) 40D ❷ €47,50

Reutte, Fernpass, Nassereith, Mieming, Richtung Mötz/Stams, CP ausgeschildert. 100871

Teilkarte Tirol auf Seite 375

Strassen, A-9918 / Tirol

Camping Lienzer Dolomiten***
Tassenbach 23
1 Apr - 1 Okt
+43 48 42 52 28
camping-dolomiten@gmx.at
N 46°44'47" E 12°27'49"

1 AKNOPQSTU	N	6
2 IPQSTWXY	ABDEFG	7
3 AX	ABCDEFJNQRW	8
4 FHIJO		9
5 ADN	ABGHJKOQ	10
6-16A CEE		① €34,00
H1100 2ha 75T(80-120m²) 25D		② €43,00

München-Kufstein-Mittersill-Felbertauernstraße-Lienz, dann Richtung Sillian, 3 km vor Sillian Strassen/Tassenbach. 109162

Thiersee, A-6335 / Tirol

Camping Rueppenhof
Seebauern 8
15 Apr - 15 Okt
+43 6 64 99 04 91 37
email@rueppenhof.com
N 47°35'18" E 12°07'01"

1 AFKNOPQRSTU	LNPQSX	6
2 AEJLPQSWY	ABDEFG	7
3 ANOTX	ABCDEFNQR	8
4 AEFHIJ	FGINVW	9
5 DMN	ABGHJKNPSU	10
16A CEE		① €33,50
H600 1ha 38T(80-100m²) 43D		② €45,50

Inntal-Autobahn, Ausfahrt Kufstein, nach Thiersee (7 Km), 2. CP. 106004

Umhausen, A-6441 / Tirol

Ötztal Camping Umhausen****
Mühlweg 32
1 Jan - 31 Dez
+43 52 55 53 90
info@oetztal-camping.at
N 47°08'08" E 10°55'54"

1 AFKNOPQRSTU	LN	6
2 CEIPQSTUVWXYZ	ABDEFG	7
3 ABMNOW	ABCDEFHJNQRT	8
4 AEFHIJST	J	9
5 ADEFHJLMN	ABGHIJKLMOQ	10
W 14-16A CEE		① €40,70
H1036 0,8ha 100T(32-110m²) 2D		② €54,70

Inntal-Autobahn A12, Ausfahrt Ötztal (B186), Richtung Ötztal bis Umhausen, den Schildern folgen. 105985

Volders, A-6111 / Tirol

Schloss Camping Aschach
Hochschwarzweg 2
1 Jun - 11 Sep
+43 5 22 45 23 33
info@schlosscamping.com
N 47°17'14" E 11°34'20"

1 ADEKNOPQRSTU	BG	6
2 AIPQUWZ	ABDEFGH	7
3 BLMX	ABCDEFNQRTW	8
4 ABEFH	UVW	9
5 ADFJLN	ABGHIJKOQ	10
B 16A CEE		① €35,10
H555 2ha 160T(80-120m²)		② €46,70

Inntal-Autobahn, Ausfahrt 61 Wattens oder 68 Hall, dann B171 nach Volders. 100875

Waidring, A-6384 / Tirol

Camping Steinplatte*****
Unterwasser 43
1 Jan - 31 Dez
+43 53 53 53 45
info@camping-steinplatte.at
N 47°35'00" E 12°34'59"

1 ABDEGKNOPQRSTU	LM	6
2 CFIKLPQSWXYZ	ABDEFGH	7
3 AJLM	ABCDEFJNQRTW	8
4 EFHIJOPT	I	9
5 ABDEFGHJKLMN	ABCEGHJKOQ	10
WB 10A		① €49,90
H780 4ha 200T 124D		② €57,80

Von Norden kommend mautfrei: München, Ausfahrt Oberaudorf. B172 über Kössen bis Erpfendorf. Ri. Lofer bis nach Waidring. Von Westen kommend: Inntal-Autobahn, Ausfahrt Wörgl-Ost bis nach St. Johann. Ri. Waidring. 100863

Walchsee, A-6344 / Tirol

Seespitz****
Seespitz 1
1 Jan - 31 Dez
+43 53 74 53 59
info@camping-seespitz.at
N 47°38'57" E 12°18'50"

1 ABEKNOPQSU	HLMNQRSWXZ	6
2 ACFIKPQRSXYZ	ABDEFG	7
3 BFHIJLMNOU	ABCDEFJKNQRT	8
4 AFH	MNPTVW	9
5 DEFKLMN	ABGHJKOQY	10
WB 6-10A		① €39,10
H668 2,5ha 180T 70D		② €51,90

A8 München-Innsbruck, Ausfahrt Oberaudorf Richtung Niederndorf/Walchsee. Direkt an der Tankstelle rechts. 106017

Walchsee, A-6344 / Tirol

CC€23

Ferienpark Terrassencamping Süd-See****
Seestraße 76
1 Jan - 31 Dez
+43 53 74 53 39
info@terrassencamping.at
N 47°38'26" E 12°19'26"

1 AKNOPQRSTU	LNQWXY	6
2 AFIKQRSVWXYZ	ABEFGH	7
3 AHILPR	ABCDEFJKNQRTUVW	8
4 AEFH	CIMTUVW	9
5 ABDEFGKLMN	ABFGHJKLMOQY	10
W 16A CEE		① €65,00
H670 11ha 150T(70-150m²) 158D		② €91,00

A8 München-Salzburg Richtung Innsbruck. Ausfahrt 59 zur B172 von Niederndorf nach Kössen. Vor Walchsee rechts. Campingplatz angezeigt. 106018

Weer, A-6116 / Tirol

CC€21

Alpencamping Mark****
Bundesstraße 12
15 Apr - 30 Sep
+43 5 22 46 81 46
info@alpencampingmark.com
N 47°18'23" E 11°38'57"

1 ABDEKNOPQRSTU	B	6
2 AIPQTUWZ	ABDEFG	7
3 BFGHIMNOTUW	ABCDEFHIJNPQRTW	8
4 ABCDEFHIJLO	ADFUVWXZ	9
5 ABDEFGHJLN	ABCDGHJKLMOQY	10
10-16A		① €37,00
H555 2ha 95T(80-130m²) 5D		② €49,00

A12 Inntal-Autobahn, Ausfahrt 61 Wattens. Von Kufstein Richtung Innsbruck, Ausfahrt 49 Schwaz oder 53 Vomp, dann nach Weer. Sehr einfach zu erreichen. 100874

Österreich

Teilkarte Tirol auf Seite 375

Westendorf, A-6363 / Tirol

Panoramacamping
Mühltal 70
1/1 - 16/10, 16/12 - 31/12
+43 53 34 61 66
info@panoramacamping.at

1 AEGKNOPQRSTU	BGH	6
2 IPQSVWXYZ	ABDEFGH	7
3 BFLMUWX	ABCDEFGJNQRTUVW	8
4 ABEFGHIJOPSTXZ	KUVW	9
5 ABDFHJLMN	ABEGHIJKOQX	10
WB 12A		① €34,00
H800 2,2ha 90T(85-90m²) 44D		② €45,00

N 47°25'58" E 12°12'07"
Inntal-Autobahn, Ausfahrt 17 Wörgl, nach Westendorf (Brixental). 100861

Wiesing, A-6210 / Tirol

Camping Inntal****
1/1 - 31/10, 1/12 - 31/12
+43 5 24 46 26 93
jbrugger@camping-inntal.at

1 ADEKNOPQRSTU	B	6
2 AIQSVWZ	ABDEFG	7
3 ADHIM	ABCDEFIJNQRTUVW	8
4 ABEFHIJLOQST	EFIW	9
5 ACDFGLMN	ABGHJKLOQUWY	10
WB 10-13A		① €40,50
H560 2,1ha 60T(80-100m²) 63D		② €51,50

N 47°24'22" E 11°48'23"
Inntal-Autobahn, Ausfahrt 39 Wiesing, Schildern folgen. 101347

Au an der Donau, A-4332 / Oberösterreich

Camping Au an der Donau
Hafenstraße 1
1 Apr - 30 Sep
+43 7 26 25 30 90
info@camping-audonau.at

1 ADEJMOPQRSU	JNSUXYZ	6
2 CIJKLPQWXYZ	ABDEFG	7
3 BFGLMN	ABCDEFJKNQRTW	8
4 FHJ	FGIKVW	9
5 ADEFGHIJKN	ABCGHIJKOQU	10
B 13A CEE		① €44,90
H231 2,4ha 50T(65-180m²) 20D		② €54,90

N 48°13'40" E 14°34'45"
A1 Salzburg-Wien, Ausfahrt 155 Enns Richtung Mauthausen. Nach der Donaubrücke links halten und den CP-Schildern folgen. Nach 2 km rechts ab nach Au. 112495

Wildermieming, A-6413 / Tirol

Sonnenplateau Camping Gerhardhof*****
Gerhardhof 1
1 Jan - 31 Dez
+43 52 64 52 40
kontakt@gerhardhof.at

1 BDEJMOPQRSTU	L	6
2 BFIKPQRSTVWY	ABCDEFG	7
3 BEFGHILSTWX	ABCDEFGHIJKNRSUV	8
4 ABCEFHIKOTX	BGW	9
5 ABDEFHJLMNO	ABCGHIJKMOPSTUWY	10
WB 16A		① €48,50
H800 3,5ha 101T(160-170m²) 15D		② €64,50

N 47°18'52" E 11°02'08"
Via Innsbruck, Zirl und Telfs nach Wildermieming. 125145

Zell im Zillertal, A-6280 / Tirol

CC€23

Campingdorf Hofer
Gerlosstraße 33
1/1 - 5/11, 5/12 - 31/12
+43 52 82 22 48
info@campingdorf.at

1 ADEKNOPQRSTU	DNUV	6
2 IPQWY	ABDEFGH	7
3 ALMX	ABCDEFIJNQRTW	8
4 ABDEFHIJO	GI	9
5 ABEFJLMN	ABCGHJKOPQY	10
Anz. auf dieser S. WB 6-16A CEE		① €39,40
H600 1,6ha 100T(80-100m²) 11D		② €53,40

N 47°13'44" E 11°53'10"
A12 Ausfahrt 39 Zillertal, B169 nach Zell am Ziller, 4. CP im Zillertal. 106015

Eggelsberg, A-5142 / Oberösterreich

Seewirt
Ibm 80
1 Jan - 31 Dez
+43 77 48 23 45
info@camping-seewirt.at

1 ADEKNOPRSU	L	6
2 EJQWXY	ABDEFGH	7
3 AM	ABCDEFNQR	8
4 FJ		9
5 ABDFGHKN	ABGIJKMOQUV	10
10-16A CEE		① €30,90
H426 1ha 40T(70-100m²) 50D		② €40,90

N 48°04'20" E 12°57'19"
Von Braunau die B156 bis Eggelsberg, Ibm-See folgen, vor Ibm-See am Restaurant Seewirt links. 106025

Feldkirchen an der Donau, A-4101 / Oberösterreich

Camping Puchner
Golfplatzstrasse 20
1 Mai - 30 Sep
+43 66 44 82 49 00
office@camping-puchner.at

1 AFGKNOPQSU	LMNOW	6
2 EIQSXY	ABDEF	7
3 ABKLM	ABDEFJNQRUW	8
4 FHIJ		9
5 ADJKN	ABCHJKORS	10
B 16A		① €33,60
H300 2ha 30T(80-120m²) 50D		② €42,80

N 48°19'48" E 14°04'24"
Die 131 Aschach a.d. Donau Richtung Linz. 3. Ausfahrt Feldkirchen a.d. Donau. Am CP-Schild und 'Badesee' ca. 3 km den CP-Hinweisen folgen. 114594

Österreich

Haibach/Schlögen, A-4083 / Oberösterreich

Camping Freizeitanlage Schlögen
Mitterberg 3
27 Mrz - 31 Okt
+43 72 79 82 41
info@freizeitanlage-schloegen.at
N 48°25'24" E 13°52'04"

1 ADEKNOPQRSTU	BEJNWXY	6
2 CEIPQSVWXY	BDEFG	7
3 A	ABCDEFJNQRSUVW	8
4 FHIOSTVX	GHVW	9
5 ACDEGHJL	AHIJKOQ	10
16A CEE		❶ €37,00
H301 3ha 60T(80m²) 76D		❷ €46,00

An der B130 Passau-Linz ca. 6 km an Haibach vorbei. CP liegt links der Straße, direkt an der 'Schlögener Schlinge' an der Donau. 108155

Klaffer am Hochficht, A-4163 / Oberösterreich

Camping Böhmerwaldcamp
Seeweg 1
1 Jan - 31 Dez
+43 72 88 63 18
gemeinde@klaffer.ooe.gv.at
N 48°41'51" E 13°52'02"

1 ADEKNOPQRSU	LMN	6
2 BEQVWXYZ	ABFG	7
3 BGL	ABEFJNQRUV	8
4 FHO	ET	9
5 ADHKL	ABGHJKQ	10
W 16A CEE		❶ €27,00
H650 1ha 45T(80-100m²) 49D		❷ €32,00

A3, Ausfahrt 115 Passau. Hauzenberg-Breitenberg und Aigen folgen. Kurz vor Klaffer dem Schild folgen. 101342

Linz, A-4030 / Oberösterreich

Camping-Linz am Pichlingersee
Wienerstraße 937
15 Mrz - 15 Okt
+43 7 32 30 53 14
office@camping-linz.at
N 48°14'06" E 14°22'43"

1 ADEGJMOPQSTU	LMO	6
2 AEPQWXYZ	ABDEFGH	7
3 AFLM	ABCDEFJLNQRTW	8
4 FH	D	9
5 ABDEHLN	ABGHJKLOQ	10
B 16A CEE		❶ €33,00
H265 2,4ha 110T(80-100m²) 62D		❷ €42,00

A1 Richtung Wien, Ausfahrt 160 Asten. Vor Asten Richtung Linz. Nach 2,3 km ist rechts der CP. Ist von der A1 aus gut ausgeschildert. 106108

Mondsee, A-5310 / Oberösterreich

AustriaCamp
St. Lorenz 60
1/1 - 8/1, 6/2 - 26/2, 18/3 - 29/10, 8/12 - 31/12
+43 66 48 32 63 27
booking@austriacamp.at
N 47°49'49" E 13°21'53"

1 DEGHJMOPQRSTU	LMNOPQRSTVWXYZ	6
2 AFIKQWY	ABDEFG	7
3 ABGHLMN	ABCDEFJKNQRT	8
4 AEFHJOQT	LMNPSTW	9
5 ABDFGHJLMN	ABGHIJKLMOSTUY	10
WB 16A CEE		❶ €47,00
H500 2ha 105T(50-70m²) 35D		❷ €60,00

B154 Mondsee nach St. Gilgen. Nach 5 km links die Schilder 'AustriaCamp' beachten. 101580

Mondsee/Tiefgraben, A-5310 / Oberösterreich

CC€23

Camp MondSeeLand*****
Punzau 21
1 Apr - 2 Okt
+43 62 32 26 00
austria@campmondsee.at
N 47°52'00" E 13°18'24"

1 ADEKNOPQRSTU	BN	6
2 AIQWXY	ABDEFGHIJK	7
3 BFLMU	ABCDEFIJLNQRTUVW	8
4 BDEFHJO	F	9
5 ACDFHLMN	ABFGHIJKMOQUY	10
B 16A CEE		❶ €41,50
H500 4ha 120T(80-120m²) 83D		❷ €55,30

A1 Salzburg-Wien, Ausfahrt 264 Mondsee. 1. Kreisel Richtung Straßwalchen, am 2. Kreisel 3. Ausfahrt den CP-Schildern folgen. 111074

Salzburg

Pettenbach, A-4643 / Oberösterreich

Almtal Camp
Enengl 1
2 Jan - 20 Dez
+43 66 41 66 40 28
office@almtalcamp.at
N 47°59'28" E 14°01'15"

1 ADEKNOPQRSTU	BG	6
2 AIQXYZ	ABCFG	7
3 BGHIMNRSV	ABCDEFJKLNQRTUV	8
4 FHIJOTUV	UV	9
5 ABDEFHLMN	ABGHJKOPQY	10
WB 16A CEE		❶ €36,00
H250 6ha 100T(70-80m²) 400D		❷ €46,00

A9 (Pyhrnautobaan) Ausfahrt 5: Ried im Traunkreis. Richtung Voitsdorf / Pettenbach. Danach den Campingschildern folgen. 124291

St. Wolfgang, A-5360 / Oberösterreich

Appesbach
Au 99
10 Apr - 22 Dez
+43 61 38 22 06
camping@appesbach.at
N 47°43'56" E 13°27'49"

1 ADEKNOPQRSTU	LNQRSTXYZ	6
2 FILPQWXY	ABCDEFGH	7
3 AFHILMNU	ABCDEFJNQRT	8
4 AFHJO	DJNQRTVW	9
5 ACDEFGHKMN	ABFGHJKLMOQU	10
10-16A		❶ €44,00
H535 2,2ha 100T(80-110m²) 56D		❷ €56,00

Straße von Strobl nach St. Wolfgang (600m vor St. Wolfgang). 110299

St. Wolfgang, A-5360 / Oberösterreich

Berau****
Schwarzenbach 16
1 Jan - 31 Dez
+43 61 38 25 43
office@berau.at
N 47°43'50" E 13°28'42"

1 ADEKNOPQRSU	LNQSW	6
2 FIMPQSXYZ	BCEFG	7
3 BFLMU	ABCDEFJKLNQRTW	8
4 AEFHJOPRTUVX	GIJNRTVWX	9
5 ACDEGHJLMN	AFGHJKOPQUY	10
WB 10A CEE		❶ €51,20
H520 2ha 160T(90m²) 47D		❷ €66,20

Straße von Strobl nach St. Wolfgang, CP an der Straße links, ausgeschildert. 106051

Steyr, A-4400 / Oberösterreich

Camping am Fluss
Kematmullerstr. 1a
1 Jan - 31 Dez
+43 7 25 27 80 08
kontakt@campingamfluss.at
N 48°03'34" E 14°25'57"

1 AFKNOPQSU	JNUX	6
2 CQXY	ABFG	7
3 AJN	ABEFJNQ	8
4 HJ		9
5 ADEH	ABHJKOQ	10
16A		❶ €29,00
H320 0,5ha 40T(80-100m²) 5D		❷ €35,00

An der B122 Bad Hall-Amstetten ist der CP angezeigt. An der Hagerstraße weiter den Schildern folgen. 101343

Unterach (Attersee), A-4866 / Oberösterreich

Insel Camping
Unterburgau 37
1 Mai - 15 Sep
+43 76 65 83 11
camping@inselcamp.at

1 ADEGKNOPQSU	JLNQSWX	6
2 CFIPQSXYZ	ABDEFG	7
3 ANO	ABCDEFNQRT	8
4 AJO	R	9
5 ABDJN	AGHIJKOQ	10

Abersee/St. Gilgen, A-5342 / Salzburg

CC€23

Seecamping Primus
Schwand 39
28 Apr - 30 Sep
+43 62 27 32 28
info@seecamping-primus.at
N 47°44'27" E 13°24'21"

1 ADEKNOPQRSTU	LNQSWXY	6
2 EIMPQSWXYZ	ABDEFG	7
3 B	ABCDEFNQRUVW	8
4 FH	N	9
5 D	ABDGJKOQ	10
10-16A		❶ €33,50
H540 2ha 75T 60D		❷ €41,90

B158 von St. Gilgen nach Strobl. Ausfahrt ist beschildert. Schwand, 4 km hinter St. Gilgen. Aufpassen: Vorletzter CP! 106052

Abersee/St. Gilgen, A-5342 / Salzburg

CC€23

Seecamping Wolfgangblick
Seestraße 115
22 Apr - 30 Sep
+43 65 05 93 42 97
camping@wolfgangblick.at
N 47°44'14" E 13°25'58"

1 ADEJMOPQRSTU	LNQSWXZ	6
2 FILMPQSWXYZ	BEFG	7
3 AL	ABDEFNQRT	8
4 FH		9
5 ABDEFHN	ABHJKLOQ	10
12A		❶ €39,00
H550 2,2ha 80T(70-95m²) 46D		❷ €48,80

B158 von St. Gilgen nach Strobl, bei Km-Pfahl 34 Ausfahrt Abersee nehmen. Ausgeschildert. 106054

Österreich

Abersee/St. Gilgen, A-5342 / Salzburg (CC€23) iD

Paradiescamping Wolfgangsee Birkenstrand****
Schwand 17a
1 Apr - 15 Okt
+43 66 49 40 48 79
camp@birkenstrand.at
N 47°44'21'' E 13°24'02''

1 ADEJMOPQRSTU LNOPQRSTWX 6
2 FIPQSWXYZ ABDEFGHIK 7
3 AMU ABCDEFJNQRTUVW 8
4 FHT HNRVW 9
5 ABDEFGJMN ABDGHJKOSTU 10
Anzeige auf dieser Seite B 12A CEE ❶ €33,30
H540 1,8ha 110T(80-100m²) 27D ❷ €44,30

B158 St. Gilgen-Strobl, 4 km hinter St. Gilgen in Schwand Ausfahrt links, Schildern folgen. 107669

Altenmarkt im Pongau, A-5541 / Salzburg iD

Camping Glonerbauer
Zauchenseestrasse 89
1 Jan - 31 Dez
+43 66 44 43 29 91
info@glonerbauer.at
N 47°21'57'' E 13°25'25''

1 ADKNOPQRSU 6
2 AIPQRXY ABFG 7
3 AU ABEFJKNQTW 8
4 AK I 9
5 ADHL AFGHJKOQU 10
W 6A ❶ €25,00
H862 2ha 20T(100m²) 74D ❷ €38,00

Den Campingplatz erreicht man über die A10 Ausfahrt Altenmarkt. Er ist nicht ausgeschildert. 123252

Abersee/St. Gilgen, A-5342 / Salzburg (CC€23) iD

Romantik Camp. Wolfgangsee Lindenstrand****
Schwand 19
1 Apr - 15 Okt
+43 62 27 32 05
camping@lindenstrand.at
N 47°44'23'' E 13°24'08''

1 ADEKNOPQRSU LNOPQRSTXZ 6
2 FILPQSWXYZ ABDEFG 7
3 ABDF ABCDEFIJNQRTUVW 8
4 FHJLO NRVW 9
5 ACDFMN ABDGHJKOQV 10
Anzeige auf Seite 385 B 12A CEE ❶ €39,50
H541 3ha 150T(80-100m²) 50D ❷ €50,50

B158 von St. Gilgen nach Strobl, Ausfahrt ausgeschildert in Schwand. Links 4 km nach St. Gilgen. 106053

Altenmarkt im Pongau, A-5541 / Salzburg iD

Campingplatz Passrucker
Götschlau 33
1 Jan - 31 Dez
+43 66 44 52 64 70
camping.passrucker@sbg.at
N 47°22'19'' E 13°25'10''

1 AKNOPQSTU B 6
2 ACIPQSTXYZ ABDEFGHK 7
3 ALMU ABCDEFJNQRTV 8
4 EFHJORST IY 9
5 ABDMN ABEFGHJKOQU 10
WB 13A ❶ €31,20
H850 1,2ha 80T 21D ❷ €44,20

A10, Ausfahrt 63 Knoten Ennstal. Dann B99 Richtung Graz bis Ausfahrt Altenmarkt-West. Bis zur Kirche fahren; den CP-Schildern folgen. 106057

Abtenau, A-5441 / Salzburg iD

Vitalcamping Oberwötzlhof*****
Erlfeld 37
1 Jan - 31 Dez
+43 62 43 26 98
oberwoetzlhof@sbg.at
N 47°35'10'' E 13°19'29''

1 AKNOPQRSTU ANUV 6
2 IPQWXYZ ABDEFGH 7
3 M ABCDEFIJNQRTUVW 8
4 AEFHO G 9
5 ABDHJMN ABEGJKLMOQU 10
W 10A ❶ €45,00
H686 2ha 50T(80-100m²) 25D ❷ €54,00

Von Salzburg Ausfahrt Golling-Abtenau (2,5 km vor Abtenau). Aus Villach hinter dem Tauerntunnel Ausfahrt Eben. 109164

ACSI AWARDS 2022

GEWINNER

Bestes Campingplatz-Schwimmbad Österreich

Sportcamp Woferlgut

ACSI AWARDS 2022

GEWINNER

Bestes Campingplatz-Restaurant Österreich

Camping Bertahof

Bad Hofgastein, A-5630 / Salzburg iD

Camping Bertahof
Vorderschneeberg 112
1 Jan - 31 Dez
+43 64 32 67 01
camping@bertahof.at
N 47°08'39'' E 13°07'11''

1 AKNOPQRSTU L 6
2 EIPQSWXYZ ABDEFGH 7
3 AL ABCDEFIJNQRTUVW 8
4 EFH 9
5 ADFLMN ABGHJKMOQ 10
W 16A ❶ €38,50
H857 2,7ha 50T(100m²) 80D ❷ €55,00

A10 Salzburg-Villach, Ausfahrt 46 Bischofshofen. B311 folgen bis Ausfahrt zur B167, nach Bad Gastein, CP 1 km vor Bad Gastein rechts der Straße. 106059

CampingCard ACSI, gut zu wissen

- Nur gültig auf teilnehmenden CampingCard ACSI-Campingplätzen
- Nur gültig in den mit dem Campingplatz vereinbarten Akzeptanzzeiträumen
- Zusatzkosten nicht inbegriffen
- Begrenzte Anzahl von Stellplätzen verfügbar

Österreich

Teilkarte Salzburg auf Seite 383

Bruck, A-5671 / Salzburg

Sportcamp Woferlgut****
Krössenbach 40
1 Jan - 31 Dez
+43 6 54 57 30 30
info@sportcamp.at

1 ADE**KN**OPQRSTU **AEFHI**L**N**X 6
2 DFIKPQSWXYZ ABDE**FG** 7
3 ABDEFGH**JL**MN**U**WX ABCDEF**G**H**I**JK**L**NQRTUVW 8
4 ABCDEFHIJLO**PQRSTUVX** DGILUV 9
5 ACDEFGHJLM ABCEGHJKOPQWY 10
Anz. auf dieser S. WB 16A CEE ① €52,20
H757 18ha 450**T**(100-180m²) 138**D** ② €71,90
N 47°17'01" E 12°49'00"
Ohne Vignette über die A8 (München-Salzburg), Ausfahrt Siegsdorf, dann Richtung Inzell, Lofer, Zell am See Richtung Bruck und den CP-Schildern folgen. 106035

Maishofen, A-5751 / Salzburg

Bad Neunbrunnen am Waldsee
Neunbrunnen 56
13 Mai - 20 Okt
+43 6 54 26 85 48
camping@neunbrunnen.at

1 AFG**KN**OPQRSTU L**N** 6
2 BEIQTXY ABDE**FG**H 7
3 A**L**M ABCDEFHJKNPQRW 8
4 FHIJ 9
5 ADFGHLMN ABGHJKOQ 10
B 16A CEE ① €33,70
H786 3ha 60**T**(50-110m²) 80**D** ② €41,90
N 47°22'40" E 12°47'43"
Ohne Vignette ab der A8 München-Salzburg. Ausfahrt Siegsdorf, dann die B306 Richtung Inzell, Lofer und Zell am See. In Maishofen vor dem Tunnel Richtung Camping der Beschilderung folgen. 106030

Kaprun, A-5710 / Salzburg

Mühle Kaprun
Umfahrungsstr. 5
1 Jan - 31 Dez
+43 65 47 82 54
office@campkaprun.at

1 AE**KN**OPQRSTU BG**N** 6
2 BCPQSTWYZ ABDE**FG** 7
3 A**L**MUX ABCDEFJNQRUVW 8
4 FHIJOQ**STVX** GL 9
5 ABDEFHJKLMN AFGHJKOQ 10
W 16A ① €32,70
H731 1,5ha 70**T**(80-120m²) 60**D** ② €44,70
N 47°15'51" E 12°44'44"
Ohne Vignette über die A8 München-Salzburg, Ausfahrt Siegsdorf ('Kleines deutsches Eck'), dann Richtung Inzell, Lofer, Zell am See, Kaprun. Durch den Tunnel und dann komt der Camping nach ca. 1 km links (scharfe Kurve). 109163

Mauterndorf, A-5570 / Salzburg

CC€23

Camping Mauterndorf****
Markt 145
1 Jan - 31 Dez
+43 6 47 27 20 23
info@camping-mauterndorf.at

1 ADE**KN**OPQRSTU B 6
2 ACIPQSTVWXY AB**CFG** 7
3 AB**L**U ABCDEFJKNQR**S**TUVW 8
4 BFHIJOR**TVX** EGIJUVW 9
5 ABDFGHJLMN ABEGHKOPQ 10
WB 12A CEE ① €36,00
H1160 2,5ha 163**T**(65-100m²) 36**D** ② €48,00
N 47°08'35" E 13°39'53"
A10, Ausfahrt St. Michael im Lungau, Richtung Mauterndorf. B99 Erlebnisberg Großeck-Speiereck. CP liegt an der B99 nach 1,5 km auf der linken Seite. 111964

Teilkarte Salzburg auf Seite 383

Obertrum, A-5162 / Salzburg

Strandcamping Oitner	1 ADGKNOPQRS**U**	LNQS 6
Seestraße 18	2 FIPQUWXY	A**B**D**EFG** 7
1 Mai - 30 Sep	3 A	ABE**F**NQR 8
+43 62 19 64 42	4 FH	IMPQT 9
info@oitner-urlaubamsee.at	5 ADEFHJN	ABHJKOQ 10
	12A	❶ €33,00
N 47°56'33" E 13°04'09"	H480 1ha 35T(70-90m²) 34D	❷ €42,00

L102 von Obertrum Richtung Seeham. CP 1 km außerhalb des Ortskerns an der Straße. 106026

Salzburg-Nord, A-5023 / Salzburg

Camping Nord-Sam****	1 AE**KN**OPQRST**U**	B 6
Samstraße 22a	2 APQRSUWXYZ	ABDE**FG**H 7
1/1 - 8/1, 1/4 - 15/10, 7/12 - 10/12, 27/12 - 31/12	3 A**L**	ABCDEFJNQRTW 8
+43 6 62 66 04 94	4 **A**FHJ	UV 9
office@camping-nord-sam.com	5 ABDHJN	ABGHL**O**Q 10
	Anzeige auf dieser Seite 10A CEE	❶ €47,40
N 47°49'38" E 13°03'45"	H441 1,3ha 100**T**(80-120m²)	❷ €63,40

A1 München-Wien, Ausfahrt 288 Salzburg-Nord. Nach 1. Ampel links voreinordnen und den CP-Schildern folgen. 500m bis zum CP. 101579

Radstadt, A-5550 / Salzburg

Camping Forellencamp	1 ADEKNOPQSTU	6
Gaismairallee 51	2 AIQRXY	AB**FG** 7
1 Jan - 31 Dez	3 A**L**	ABE**F**JNQRT 8
+43 67 63 34 89 60	4 FHJO	9
info@forellencamp.com	5 ABDLN	AHJKOQ 10
	W 16A CEE	❶ €26,00
N 47°22'59" E 13°26'55"	H856 1ha 20T(100m²) 90D	❷ €32,60

A10, Ausfahrt 63 Richtung Radstadt B99 und kurz vor Radstadt Schildern folgen. 110802

Salzburg-Nord, A-5020 / Salzburg

Panoramacamping Stadtblick	1 AFJMOPQRST**U**	6
Rauchenbichlerstraße 21	2 ABIQSTVWXY	ABDE**FG**H 7
1/1 - 8/1, 20/3 - 5/11, 1/12 - 10/12, 27/12 - 31/12	3 AF**L**	ABDEFNQRTUVW 8
+43 6 62 45 06 52	4 **A**FHJ	I 9
info@panorama-camping.at	5 ABDEKLMN	ABGHK**O**Q 10
	Anzeige auf Seite 387 B 6A	❶ €40,00
N 47°49'44" E 13°03'07"	H480 0,8ha 70T(40-80m²) 8D	❷ €52,00

A1 Salzburg-Wien Ausfahrt Salzburg-Nord. Gleich rechts. Den Schildern 'CP Stadtblick' folgen (an erster Ampel nach Ausfahrt rechts). 106027

Radstadt, A-5550 / Salzburg

Tauern Camping	1 AKNOPQSTU	6
Schloßstraße 17	2 APQSVXY	BE**FGH** 7
1/1 - 31/10, 1/12 - 31/12	3 AIJ**LMNO**	ABE**F**JNQRT 8
+43 64 52 42 15	4 FHK	9
info@tauerncamping.at	5 ABDLMN	AEHJKOQ 10
	W 10A CEE	❶ €29,10
N 47°23'15" E 13°27'40"	H850 1,8ha 30T(80m²) 60D	❷ €38,10

A10, Ausfahrt 63 Richtung Radstadt B99. Nach 6 km rechts Radstadt-West. Nach 300m links. CP ist ausgeschildert. 108167

Rauris, A-5661 / Salzburg

Nationalpark Cp. Andrelwirt	1 ADE**KN**OPQRSTU	F**N**U 6
Dorfstraße 19	2 DIPQSWXY	ABDE**FG**H 7
1 Jan - 31 Dez	3 AFGMUVWX	ABCDEFGHJNQRTW 8
+43 65 44 71 68	4 **A**EFHIJOQ**T**	GLNUVW 9
camping@andrelwirt.at	5 ABDFHJKLMN	ABEHJKOPQV 10
	W 16A CEE	❶ €36,35
N 47°11'51" E 12°58'35"	H966 1,8ha 70T(80-120m²) 50D	❷ €46,35

B311 Zell am See-Bischofshofen, Ausfahrt Rauris. CP ist 4 km hinter Rauris in Wörth gut ausgeschildert. 107674

Salzburg, A-5026 / Salzburg

Schloss Aigen Salzburg	1 ADEKNOPQRST**U**	6
Weberbartlweg 20	2 ABCIQXYZ	AB**FG** 7
1 Mai - 30 Sep	3 A**L**M	ABEFNQR 8
+43 6 62 63 30 89	4 FHJ	9
camping.aigen@elsnet.at	5 ABDEFGIJKN	AGJKMOQV 10
	Anzeige auf dieser Seite 16A CEE	❶ €27,00
N 47°46'48" E 13°05'26"	H420 2,5ha 120T	❷ €35,00

A10 Salzburg-Villach Ausfahrt Salzburg-Süd, Richtung Anif/Glasenbach/Aigen. Den Schildern 'Camping Aigen' folgen. 106028

Seekirchen, A-5201 / Salzburg

CC€23

Seekirchen am Wallersee	1 ADE**KN**OPQRSTU	HLM**N**QRSTX 6
Seestraße 2	2 FIJLPQSWXY	ABDE**FG** 7
1 Apr - 31 Okt	3 BFG**L**MV	ABCDEFJNQRTW 8
+43 62 12 40 88	4 FHJ	MNPQRTUVW 9
info@camping-seekirchen.at	5 ABDEFHJKMN	ABCGHJKOQY 10
	Anzeige auf Seite 387 B 16A	❶ €37,00
N 47°54'11" E 13°08'30"	H510 1,5ha 30T(80-110m²) 70D	❷ €47,00

Von Seekirchen nach Neumarkt, Abf. Zell am Wallersee. Nach 2 km in Ri. Schloss Seeburg, dann CP Schildern folgen. Oder: Straße Salzburg-Seekirchen, ab Seekirchen Bahnhof der Bahnstraße bis zum CP am See folgen. 106048

Österreich

Teilkarte Salzburg auf Seite 383

St. Johann im Pongau, A-5600 / Salzburg

CC€23 iD

Kastenhof
Kastenhofweg 6
1 Jan - 31 Dez
+43 64 12 54 90
info@kastenhof.at

1 AEKNOPQSTU — N 6
2 CIPQSWXYZ — ABDE**FGH** 7
3 AB**IL**MSU — ABE**F**JNQRT 8
4 FHJO**RSTV** — GI 9
5 ABDMN — ABEFGHIJKLNQU 10

WB 15A CEE
H600 2ha 40**T**(80m²) 81**D**
① €39,00
② €47,00

N 47°20'29'' E 13°11'53''

A10, Ausfahrt 46 Bischofshofen, Ri. Zell am See B311 bis Ausfahrt St. Johann im Pongau/Grossarl/Hüttschlag. Unter Bahnunterführung hindurch, über die Brücke, erste Straße links, nach 150m Eingang. 106058

St. Veit im Pongau, A-5621 / Salzburg

iD

Sonnenterrassencamping St.Veit im Pongau****
Bichlwirt 12
1 Jan - 31 Dez
+43 6 41 55 73 33
office@camping-stveit.at

1 AC**KN**OPQSTU — 6
2 IPQSTVWXY — ABE**FG**H 7
3 AB**L**M — ABCDEFJKNQRTUVW 8
4 **A**EFHJKO**P** — 9
5 ABDEFMN — ABEGHKLMOQV 10

W 16A CEE
H630 2ha 44**T**(80-100m²) 60**D**
① €25,00
② €37,00

N 47°19'30'' E 13°10'02''

A10, Ausfahrt 46 Bischofshofen. Dann die B311 Richtung Zell am See über St. Johann im Pongau bis zur Ausfahrt St. Veit. CP nach 500m rechts von der Strecke. 111712

St. Johann im Pongau, A-5600 / Salzburg

iD

Camping Wieshof
Wieshofgasse 8
1 Jan - 31 Dez
+43 64 12 85 19
info@camping-wieshof.at

1 A**KN**OPQSTU — 6
2 AISUVWXY — ABDE**FG**IJ 7
3 A**L** — ABCDE**F**JNQR 8
4 FHJ**TU** — I 9
5 ABD — ABGHIKOQ 10

WB 16A CEE
H600 1,5ha 70**T**(70-100m²) 60**D**
① €38,00
② €52,00

N 47°20'45'' E 13°11'32''

Über A10 Salzburg-Villach, Ausfahrt 47, B311 Richtung Zell am See bis St. Johann im Pongau. CP-Schild rechts der Straße. 109800

St. Martin bei Lofer, A-5092 / Salzburg

iD

Grubhof*****
St. Martin 39
1/1 - 11/4, 28/4 - 5/11, 15/12 - 31/12
+43 6 58 88 23 70
home@grubhof.com

1 ADE**KN**OPQRST**U** — J**N**UVX 6
2 DIPQSTWXYZ — ABDE**FG**H 7
3 BEF**L**MU — ABCDEFGIJ**L**NQR**S**TUVW 8
4 BEFGHJO**P**Q**RSTVXYZ** — FIJRUVW 9
5 ACDEFGHJKLMN — ABFGHIJKL**O**PQV 10

Anz. auf dieser S. WB 10-16A CEE
H650 10ha 235**T**(bis 180m²) 31**D**
① €49,00
② €67,00

N 47°34'27'' E 12°42'21''

Von der B312 in Lofer Ausfahrt Richtung Zell am See B311, nach 1 km links, CP ausgeschildert. 101078

Zell am See, A-5700 / Salzburg

CC€23 iD

Panorama Camp Zell am See
Seeuferstraße 196
1/1 - 8/1, 1/2 - 22/10, 22/12 - 31/12
+43 6 54 25 62 28
info@panoramacamp.at

1 ADEG**KN**OPQRSTU — **N**PQU 6
2 IPQSWXYZ — ABDE**FG** 7
3 A**L**MUX — ABEFHJNPQRTUVW 8
4 FGHIJO — IVY 9
5 ABDGJMN — ABEGHJKOQU 10

W 16A CEE
H756 1ha 85**T**(70-90m²) 5**D**
① €37,00
② €47,00

N 47°18'07'' E 12°48'57''

Keine Vignette. Von Lofer Richtung Zell am See, nicht in den Tunnel hineinfahren. Ausfahrt Thumersbach. CP am Südufer, nach 6 km rechts. 106034

Österreich

Teilkarte Salzburg auf Seite 383

Österreich

Afritz am See, A-9542 / Kärnten

Bodner
Seestraße 27
1 Mai - 30 Sep
+43 42 47 25 79
office@camping-bodner.at

1 ABK**N**OPQRSU	L**N**OQSX	6
2 FIPQSVXY	A**B**D**EF**	7
3 AM**N**	ABCDEFNQRT	8
4 FH	Q	9
5 ABDEFMN	ABJKMOQ	10

6A
H700 1,2ha 60**T** 20**D**
① €31,10
② €41,10
N 46°44'13'' E 13°46'08''
106105

A10 Salzburg-Villach, Ausfahrt Spittal/Millstätter See, B98 Richtung Radenthein, dort rechts der B98 folgen, dann den CP-Schildern bei Afritzer See folgen.

Afritz am See, A-9542 / Kärnten

Fischerhof Glinzner - Afritzer See
Seestraße 28
1 Jan - 31 Dez
+43 42 47 21 33
info@glinzner.at

1 ADE**KN**OPQRSTU	L**N**OQRSTXZ	6
2 FIJPQSVXY	ABDE**FG**	7
3 AF**HI**M**NO**	ABCDEFJNQRTW	8
4 AEFHIJO**PQ**	GIJKMPQRTUVWY	9
5 ABDEFJLMN	ABFGHIJKLMOQ	10

WB 12A
H750 1,5ha 150**T**(80-100m²) 41**D**
① €35,60
② €49,60
N 46°44'14'' E 13°46'13''
106104

A10 Salzburg-Villach, Ausfahrt Spittal/Millstätter See, B98 Richtung Radenthein, dort rechts der B98 folgen, den CP-Schildern beim Afritzer See folgen.

Berg im Drautal, A-9771 / Kärnten

Camping Berggruss
Nr. 49
1 Mai - 30 Sep
+43 65 08 88 11 59
camping.berggruss@aon.at

1 A**KN**OPQSTU	AU	6
2 BCIPQXYZ	ABDE**F**	7
3 BG**L**M	ABE**F**JNQR	8
4 FHJ		9
5 ABDEGN	ABIJKMOQU	10

10A
H650 1,2ha 50**T**(100m²)
① €27,00
② €35,00
N 46°44'26'' E 13°07'56''
101585

A10 Salzburg-Villach, Ausfahrt 139 Spittal/Millstätter See, B100 Richtung Lienz. CP Berggruss befindet sich an der B100 in Berg im Drautal, links der Straße.

Dellach im Drautal, A-9772 / Kärnten

CC€21

Camping Am Waldbad
Rassnig 8
15 Apr - 1 Okt
+43 4 71 42 88
info@camping-waldbad.at

1 ADE**KN**OPQRSTU	BGHIJ**N**UX	6
2 BCIPQSWXYZ	ABDE**FG**	7
3 ABEFG**L**M**Q**S	ABCDEFGHIKNPQRTUW	8
4 BCEFHIJLO**X**	AENRUVW	9
5 ABDEFGHJKLM	ABDGHIJKMOQY	10

B 10-16A CEE
H618 3ha 200**T**(70-120m²) 38**D**
① €35,00
② €53,40
N 46°43'54'' E 13°04'41''
106043

2 Strecken möglich: 1) die B100 Spittal-Lienz. 2) Mittersill-Felbertauerntunnel-Lienz-Dellach im Drautal. Inerorts scharfe Kurve, Camping angezeigt.

ACSI AWARDS 2022

GEWINNER

Campingplatz mit der schönsten Lage Österreich

Camping Brunner am See

Döbriach, A-9873 / Kärnten

CC€23

Brunner am See
Glanzerstraße 108
1 Jan - 31 Dez
+43 42 46 71 89
info@camping-brunner.at

1 ACDEILOPQRSTU	L**N**OPQRSTUVW	6
2 CEIJKPQRSTWXY	AB**C**DE**FG**H	7
3 BDFG**JL**M**NOUW**	ABCDEFGHIJKNPQRTUVW	8
4 ABCEFGHJLOT	IJUVW	9
5 ACDFGHKLMN	ABDGHIKMORSUY	10

Anzeige auf Seite 389 WB 6A CEE
H580 3,5ha 215**T**(60-107m²) 12**D**
① €50,10
② €66,50
N 46°46'04'' E 13°38'53''
101588

A10 Salzburg-Villach, Ausf. 139 Millstätter See. Ampel links, B98 Ri. Radenthein. Nach 12 km rechts Ri. Döbriach-See. Nach ca 1,5 km beim ADEG-Markt rechts. Von S: Ausf. 178 Villach-Ossiacher See Ri. Millstätter See.

Teilkarte Kärnten auf Seite 388 und 389

Döbriach, A-9873 / Kärnten

Schwimmbad Camp. Mössler****
Glanzerstraße 24
8 Apr - 2 Nov
+43 42 46 77 35
camping@moessler.at
N 46°46'28" E 13°39'20"

1 ADEH**KN**OPQRSTU — BG**N**OPQRSTUWX**Z** 6
2 CIQSWXYZ — AB**C**DE**FG**H 7
3 BDFGI**L**M**NO**T — ABCDEFJKNPQRTUVW 8
4 **A**BDEFGHIJO**P**QT**XZ** — DEILUVZ 9
5 ABDFJLMNO — ABEGHJKOQ 10
B 16A CEE
H580 4ha 192**T**(70-100m²) 40**D**
① €50,30
② €68,00
106100

A10 Salzburg-Villach, Ausfahrt Millstätter See (Ausfahrt links), an der Ampel links, B98 Ri. Radenthein, nach ca. 12 km rechts Ri. Döbriach-See. Nach 1,5 km links. Von Süden Ausfahrt 178 Villach/Ossiacher See Ri. Millstätter See.

Döbriach, A-9873 / Kärnten

CC€21

Seecamping Mössler
Seefeldstraße 1
8 Apr - 2 Nov
+43 42 46 73 10
camping@moessler.at
N 46°46'07" E 13°38'58"

1 ADE**KN**OPQRSTU — BGLM**N**OPQRSTW**XZ** 6
2 CEIJKQSWXY — AB**C**DE**FG**H 7
3 ABG**H**I**L**MT — ABCDEFJKNPQRTUVW 8
4 **A**BEFHIO**P** — DEZ 9
5 ACDFGLMN — ABCDEHIJKORS 10
B 16A
H580 1ha 72**T**(70-100m²) 11**D**
① €54,20
② €71,80
101587

A10 Salzburg-Villach. Ausf. 139 Millstätter See. An der Ampel li. B98 Ri. Radenthein. Nach ca. 12 km re. Ri. Döbriach-See. Nach ca. 1,5 km CP re. Von Süden Ausf. 178 Villach-Ossiachersee Ri. Millstätter See.

Österreich

Österreich

ACSI AWARDS 2022

GEWINNER

Bester Campingplatz Österreich

Burgstaller Komfort Cp Park

Döbriach, A-9873 / Kärnten

Burgstaller Komfort Cp Park
Seefeldstraße 16
31 Mrz - 1 Nov
+43 42 46 77 74
info@burgstaller.co.at

1 ACDEKNOPQRSTU LMNOPQRSTWXZ 6
2 EIJQSWXYZ ABCDEFGHI 7
3 BDEFGHIJLMNORSTVW ABCDEFGHIJKNPQRTUVW 8
4 ABDEFGHIJLMOPSTX DEIMPQRTUVW 9
5 ACDEFGHLMN ABEFGHIJKORSXY 10
Anz. auf S. 391 + Umschl. B 6-10A CEE ❶ €55,00
H580 12ha 570T(65-120m²) 74D ❷ €64,00

N 46°46'12" E 13°38'53"

A10 Salzburg-Villach, Ausfahrt 139 Millstätter See (Ausfahrt li.). An der Ampel links B98 Ri. Radenthein. Nach ca. 12 km rechts Ri. Döbriach-See. Von Süden Ausfahrt 178 Villach/Ossiacher See Ri. Millstätter See.

101586

Eberndorf, A-9141 / Kärnten

CC€23

Naturisten Feriendorf Rutar Lido
Lido 1
1 Jan - 31 Dez
+43 42 36 22 62
fkkurlaub@rutarlido.at

1 ADEGKNOPQRSTU BEGLMN 6
2 EIKQWXYZ ABDEFGH 7
3 ALMST ABCDEFHIJMNPQRUVW 8
4 AEFGHJOQRTUX EGHIJWZ 9
5 ACDEFJLMNO ADGHIJKMOQUW 10
W FKK B 16A CEE ❶ €42,30
H447 15ha 228T(70-140m²) 140D ❷ €57,50

N 46°35'02" E 14°37'34"

A2 von Klagenfurt Ausfahrt 298 Grafenstein links, B70 Richtung Graz. Nach 4 km rechts nach Tainach, Eberndorf, Rutar Lido. Von Graz A2, Ausfahrt 278 Völkermarkt-Ost.

100890

Faak am See, A-9583 / Kärnten

Anderwald
Strand Nord 4
1 Apr - 3 Nov
+43 42 54 22 97
office@campinganderwald.at

1 ADEKNOPQRSTU LNOPQSX 6
2 ABFIJKMPRSXYZ BEFGH 7
3 ALM BDFGJKNQRTW 8
4 ABDEFGHIJLOPQ 9
5 ABDFGJLN ABGHIJKMOQY 10
B 16A ❶ €50,00
H590 3,6ha 190T(80-100m²) ❷ €60,00

N 46°34'24" E 13°56'07"

A10 Salzburg-Villach, Ausfahrt Faaker See. CP an der Straße von Faak nach Egg auf der linken Seite.

101358

Faak am See, A-9583 / Kärnten

CC€23

Arneitz
Seeufer-Landesstraße 53
27 Apr - 30 Sep
+43 66 45 28 75 65
camping@arneitz.at

1 AEGJLOPQSTU HLMNQRSTXZ 6
2 AFILMPQRTWXYZ ABCDEFGH 7
3 ABDFLMNOUV ABCDEFGIJKNPQRTUVW 8
4 ABEFHIJLMOPZ L 9
5 ACDFGHIJLNO AEGHIJKMOQY 10
B 16A CEE ❶ €44,00
H565 6,5ha 400T(60-120m²) ❷ €63,00

N 46°34'28" E 13°56'08"

A10 Salzburg-Villach, dann A2 oder A11, Ausfahrt Faaker See. Erster Camping rechts Richtung Egg.

106118

Faak am See, A-9583 / Kärnten

Gruber
Strand Nord 3
1 Mai - 16 Sep
+43 42 54 22 98
gruber@strandcamping.at

1 ABDEKNOPQRSTU LNPQSVXYZ 6
2 ABFIJKPQRSTWXYZ ABDEFG 7
3 ABDFM ABCDEFIJKNQRSTW 8
4 ABCDEFHIO ENQT 9
5 ABDEFGLNO ABGHIJKLMOPQUY 10
B 16A ❶ €46,00
H500 2,6ha 140T(80-100m²) 29D ❷ €60,00

N 46°34'24" E 13°56'04"

A10 Salzburg-Villach, Ausfahrt Faaker See. In Drobollach Richtung Egg, dann Richtung Faak (dritter CP rechts).

100888

Faak am See, A-9583 / Kärnten

Familien-Erlebnis Camping Poglitsch
Kirchenweg 19
15 Apr - 15 Okt
+43 42 54 27 18
poglitsch@kindercamping.at

1 AEGKNOPQRSTU HLNX 6
2 AEIKPQSXYZ ABDEFGH 7
3 BDFHLMNOS ABCDEFJNQRTUV 8
4 ABEFHIJLMOP DEQRUVZ 9
5 ACDEFGIJKLN ABGHIJKLMOPQUW 10
B 16A CEE ❶ €43,50
H500 7ha 230T 19D ❷ €58,50

N 46°34'11" E 13°54'25"

A10 Salzburg-Villach, Ausfahrt Faaker See. In Drobrollach scharfe Kurve rechts Richtung Faak. Der CP liegt in Faak. Ausgeschildert.

106120

Feistritz im Rosental, A-9181 / Kärnten

CC€23

Juritz
Campingstraße
1 Mai - 30 Sep
+43 42 28 21 15
office@camping-juritz.com

1 AEHKNOPQRSTU C 6
2 AIPQSXY ABCDEFG 7
3 AGMUV BDFIJNQRT 8
4 BCEFHIJO 9
5 ADFHLN ABDGJKMOQU 10
B 10-16A ❶ €32,50
H500 3ha 90T ❷ €45,50

N 46°31'31" E 14°09'38"

Villach, Karawankentunnel (SLO) Ausfahrt St. Jakob im Rosental. Richtung Feistritz (Schildern folgen und nicht dem GPS/Navi).

101034

Feistritz ob Bleiburg, A-9143 / Kärnten

CC€19

Petzencamping Pirkdorfer See
Pirkdorf 29
1 Jan - 31 Dez
+43 4 23 03 21
info@pirkdorfersee.at

1 ADEKNOPQSTU LN 6
2 EIKPQWX ABDEFGH 7
3 AFGMT ABCDEFHJNPQRTU 8
4 ABFHJO CGJNTW 9
5 ADFJLMN ABHIJKOQV 10
Anzeige auf Seite 393 WB 12A CEE ❶ €35,40
H500 10ha 33T(90m²) 174D ❷ €47,40

N 46°33'30" E 14°45'05"

Von Klagenfurt B70, Ausfahrt Klopeiner See. Dann B82 bis Eberndorf, B81 bis St. Michaël folgen. Schildern folgen.

106131

Gösselsdorf, A-9141 / Kärnten

CC€21

Sonnencamp am Gösselsdorfer See
Seestraße 21-23
15 Apr - 30 Sep
+43 42 36 21 68
office@sonnencamp.com

1 ADEGKNOPQRSTU JLMN 6
2 CEPQWXYZ ABDEFGHI 7
3 AFGLM ABCDEFHNPQRUVW 8
4 ABEFHIJLOQ BT 9
5 ADEFGHKMN ABDGHIJKOQ 10
13A CEE ❶ €35,30
H447 7ha 211T(80-144m²) 78D ❷ €48,50

N 46°34'29" E 14°37'28"

Hinter Völkermarkt die B82, 2 km hinter Eberndorf Richtung Eisenkappel. In Gösselsdorf ausgeschildert.

106130

Greifenburg, A-9761 / Kärnten

Fliegercamp Franz Mandl
Seeweg 333
1 Apr - 30 Okt
+43 47 12 86 66
info@fliegercamp.at

1 AKNOPQSTU L 6
2 EIQSWXY ABDEFG 7
3 ABGHLM ABCDEFNQRT 8
4 FHJO GIUV 9
5 ABDEFGLMN AEGHJKLOQ 10
B 12A CEE ❶ €29,70
H580 5ha 140T(80m²) 11D ❷ €43,70

N 46°44'51" E 13°11'40"

A10 Salzburg-Villach, Ausfahrt B100 Richtung Lienz, kurz vor Greifenburg Schildern links 'Badesee' und 'Camping' folgen.

108170

Heiligenblut, A-9844 / Kärnten

Nationalpark Camping Grossglockner
Hadergasse 11
1/5 - 31/10, 15/12 - 31/12
+43 48 24 20 48
nationalpark-camping@heiligenblut.at

1 ADEKNOPQRSTU N 6
2 CIQSVXY ABDEFH 7
3 AFM ABCDEFJNQ 8
4 AEFHIO 9
5 ABDEFGHJKLMN ABGHJKOQ 10
W 16A ❶ €37,60
H1300 1,5ha 70T(80-120m²) ❷ €37,60

N 47°02'13" E 12°50'20"

3 Routen: a) Zell am See-Großglockner-Heiligenblut; b) Mittersill-Felbertauerntunnel-Lienz-Heiligenblut; c) Tauern-Autobahn Spittal/Drau-Großglocknerstraße-Heiligenblut. Innerorts den CP-Schildern folgen. Ohne GPS fahren!

106038

Hermagor-Pressegger See, A-9620 / Kärnten

Pressegger See
Presseggen 5
1 Mai - 30 Sep
+43 42 82 27 27
office@camping-max.com

1 AILOPSU LMOPQRSTX 6
2 EIQSUVWXYZ ABDEFHI 7
3 A ABCDEFNQRT 8
4 F IMQT 9
5 ABDN ABHIJKQ 10
6A ❶ €29,00
H600 1,2ha 50T(100-120m²) 5D ❷ €39,00

N 46°37'49" E 13°27'15"

A2 Villach-Grenze Italien, Ausfahrt 364 Gailtal, B111 bis 6 km vor Hermagor, links Schildern folgen (Presseggersee). Die Strecke über die 'Windische Höhe' ist gesperrt.

101352

Hermagor-Pressegger See, A-9620 / Kärnten

EuroParcs Hermagor*****
Vellach 15
1 Jan - 31 Dez
+43 42 82 20 51
kcc@europarcs.nl

1 DEKNOPQRSTU BEGMNPQRSTUX 6
2 IJPQSTWYZ ABDEFGHIJ 7
3 BDFIMNORTUW ABCDEFGIJKNQRTUVW 8
4 ABCDEFHJKLMOPRSTVX DEFGIKLMRTV 9
5 ACDFHILMN ABEFGHIJKMOQUW 10
Anzeige auf Seite 371 WB 16A Preise auf
H600 5,6ha 280T(80-120m²) 39D Anfrage

N 46°37'53" E 13°23'46"

A23 Villach-Grenze Italien (Udine), Ausfahrt 364 Hermagor/Gailtal. Weiter die B111 bis 2 km vor Hermagor. Am CP-Schild rechts, nach 50m CP links. Route Paternion/Feistritz 'Windische Höhe' für Caravans gesperrt!

106066

Hermagor-Pressegger See, A-9620 / Kärnten

CC€19

Sport-Camping-Flaschberger
Obervellach 27
1 Jan - 31 Dez
+43 42 82 20 20
office@flaschberger.at

1 ACKNOPQSTU BMO 6
2 IPQSWXYZ ABDEFGHK 7
3 AFJMNORU ABCDEFIJNQRUVW 8
4 EFHJOPRST IJUV 9
5 ADEFKMN ABDEFGHIJKMOQUW 10
W 16A ❶ €32,50
H610 2ha 80T(90-120m²) 12D ❷ €42,90

N 46°37'56" E 13°23'48"

A23 Villach-Grenze Italien, Ausfahrt 364 Hermargor/Gailtal, B111 bis ± 2 km vor Hermagor. Am CP-Schild rechts. CP nach 100m rechts. Route über Paternion/Feistritz 'Windische Höhe' für Caravans gesperrt!

106067

Einrichtungsliste

ACSI

Die Einrichtungsliste finden Sie vorne im aufklappbaren Deckel des Führers. So können Sie praktisch sehen, was ein Campingplatz so zu bieten hat.

Teilkarte Kärnten auf Seite 388 und 389

KÄRNTEN
Millstätter See
TOP CAMPING AUSTRIA
Komfort-Campingpark Burgstaller
am Millstätter See
9873 Döbriach - Seefeldstr.16 - Kärnten - Österreich
0043 4246 7774
0043 4246 77744
info@burgstaller.co.at
www.burgstaller.co.at
Find us on: facebook
GRATIS DOWNLOAD:
Der Burgstaller-Song und der Burgstaller-Kids-Song als MP3 auf unserer Homepage!!!
Europas fantastischstes Sanitärgebäude
mit Kinderbereich im U-Boot, Bällebad, Indoor-Spielplatz, Jugendraum, Kino u.v.m. - alle Infos auf unserer Homepage!
U-64
Unser aktuelles Video jetzt auf YouTube
Es zählt nicht, woher du kommst. Wichtig ist, wohin du gehst...!
Pensionisten-Sonderpreis:
€ 22.90
in der Nebensaison inkl. 2 Pensionisten und Normalplatz, exkl. Ortstaxe
Topi Club
DER KINDERCLUB VON TOP CAMPING AUSTRIA
Der Rest steht auf einer anderen Seite: www.burgstaller.co.at

Irschen, A-9773 / Kärnten

CC€19 iD

Rad-Wandercamping-Ponderosa***
Glanz 13
8 Mai - 24 Sep
+43 66 06 86 70 55
info@rad-wandercamping.at
N 46°44'39'' E 13°02'39''

1 AKNOPQRSTU UX 6
2 IPQSVXYZ ABDEFGHK 7
3 LX ABCDEFGHIJNPQRTUVW 8
4 AFGHIJ 9
5 ABDEFGHKLN ABGHIJKOQ 10
B 6A ❶ €26,20
H617 0,9ha 34T(80-130m²) ❷ €35,20
106041

Von Lienz oder Spittal der B100/E66 folgen, Ausfahrt Glanz (Gemeinde Irschen). Ausfahrt zum CP ist gut ausgeschildert.

Kolbnitz, A-9815 / Kärnten

iD

Campanula Camping
Rottau
1 Mai - 30 Sep
+43 4 87 33 02 94
N 46°52'14'' E 13°19'18''

1 AKNOPQRSU JNUX 6
2 CPQXY ABEFGHIJK 7
3 AGMN ABEFJQ 8
4 EFHJK DFQR 9
5 ABEGHN AO 10
CEE ❶ €32,40
H661 2ha 20T(75-100m²) 16D ❷ €45,75
121860

CP liegt an der B106 Möllbrücke-Obervellach in Kolbnitz, ausgeschildert.

Keutschach am See, A-9074 / Kärnten

iD

FKK - Kärntner Lichtbund - Turkwiese
Dobeinitz 32
1 Jun - 15 Sep
+43 66 02 28 44 66
office@klb.at
N 46°35'00'' E 14°10'05''

1 ADEHILOPSU LMP 6
2 BFIKQSWXY BEFG 7
3 AFM BFNQR 8
4 FHIJO 9
5 ADEFKN ABFHJKOQ 10
FKK 10-12A ❶ €41,20
H500 1ha 56T(48-80m²) 60D ❷ €41,20
112195

A2 Villach-Klagenfurt, Ausfahrt Velden Richtung Keutschach bis nach Keutschach. Am 2. Kreisel die 1. Straße rechts. Uferstraße Richtung Süden. Den CP-Schildern folgen.

Kötschach/Mauthen, A-9640 / Kärnten

CC€23 iD

Alpencamp Kärnten****
Kötschach 284
1/1 - 4/11, 15/12 - 31/12
+43 4 71 54 29
info@alpencamp.at
N 46°40'11'' E 12°59'30''

1 ADEKNOPQRSTU JNUVX 6
2 CIPQWXYZ ABDEFGH 7
3 ACHIMX ABCDEFHJNPQRT 8
4 AEFHIJORSTVX GIJRUVWZ 9
5 ABDGKMN ABGHIJKOPQ 10
W 16A CEE ❶ €39,40
H715 1,6ha 80T(80-135m²) 19D ❷ €53,20
106044

B100 Lienz-Spittal an der Drau. In Oberdrauburg Ausf. Plöckenpass/Italien. CP wird in Kötschach gut ausgeschildert Ri. Lesachtal.

Keutschach am See, A-9074 / Kärnten

iD

FKK Grosscamping Sabotnik
Dobein 9
1 Mai - 30 Sep
+43 42 73 25 09
info@fkk-sabotnik.at
N 46°34'41'' E 14°09'10''

1 ADEGKNOPQRSTU LMNSY 6
2 ABFIJKMQSWXYZ BEFG 7
3 BFLMS BDFKNQRTW 8
4 BCDFHIJLPTX DEGIV 9
5 ACDGHLN AGHIJKMNQ 10
Anzeige auf Seite 393 FKK B 12A ❶ €32,00
H500 9ha 750T(80-100m²) 297D ❷ €36,50
106123

A2 Villach-Klagenfurt, Ausfahrt Velden, Richtung Keutschach am See bis zu den CP-Schildern, rechter Hand der Straße ausgeschildert (FKK-Zentrum Keutschacher See).

Ledenitzen (Faaker See), A-9581 / Kärnten

iD

Ferien am Walde
Sportplatzweg
20 Mai - 30 Sep
+43 42 54 26 70
camp.f.a.walde@aon.at
N 46°34'13'' E 13°57'08''

1 AKNOPQRSTU 6
2 ABPQXYZ ABDEFGH 7
3 AFLM ABDEFKNQRTW 8
4 FHIJ V 9
5 ACDEN ABGHIJKLMOQU 10
10A ❶ €42,00
H550 5ha 230T(120m²) ❷ €56,00
100887

A10-A11 Salzburg-Villach-Slowenien, Ausfahrt St. Niklas/ Faaker See. Richtung Faaker See. In Egg Richtung Ledenitzen. Der Beschilderung folgen.

Keutschach am See, A-9074 / Kärnten

iD

FKK-Camping Müllerhof
Dobein 10
1 Mai - 24 Sep
+43 42 73 25 17
muellerhof@fkk-camping.at
N 46°34'41'' E 14°09'02''

1 ADEILOPQRSTU LMNS 6
2 FIKLQSWXYZ ABDEFGH 7
3 BFGLMS ABCDEFJKNQRTW 8
4 BDFHJOX DE 9
5 ABDFGHLMN ABEGHIJKOQY 10
FKK 6-10A CEE ❶ €44,40
H500 5,8ha 280T(80-100m²) 51D ❷ €58,80
106125

A2 Villach-Klagenfurt, Ausfahrt Velden Richtung Keutschach am See, bis Schilder rechts der Straße 'FKK-Zentrum Keutschacher See', dann erster CP links.

Mallnitz, A-9822 / Kärnten

iD

HOCHoben camp & explore
Mallnitz 226
1 Jan - 31 Dez
+43 4 78 42 13 30
office@hochoben.at
N 46°58'54'' E 13°10'20''

1 ABDEKNOPQRST 6
2 IPQTWX ABFG 7
3 BCDMS ABCDEFGJKLNQRTUVW 8
4 EHIJP EJLXZ 9
5 ABDEFHJLMN ABEGHJKOPQ 10
WB 16A CEE ❶ €31,00
H1200 6ha 110T(75-254m²) 15D ❷ €41,00
115180

A10 Salzburg-Villach, Ausfahrt 139 Spittal/Millstättersee, dann die B100 nach Lienz. In Lurnfeld rechts auf die B106 bis Obervellach. Rechts nach Mallnitz, in Mallnitz den Schildern volgen.

Keutschach am See, A-9074 / Kärnten

iD

Strandcamping Brückler Nord
Plaschischen 5
1 Mai - 30 Sep
+43 42 73 23 84
camp.brueckler@aon.at
N 46°35'30'' E 14°10'08''

1 ADEKNOPQSU LNSXZ 6
2 AFILPQSWXY ABDFH 7
3 ALM ABCDEFNQR 8
4 ABEFHI EGUVWX 9
5 ADEFHMN ABGHJKMOQY 10
12A ❶ €48,30
H500 2ha 200T(80-100m²) 72D ❷ €63,30
101033

A2 Villach-Klagenfurt, Ausfahrt Velden Richtung Viktring bis in Keutschach, beim Kreisel direkt rechts zum CP.

Malta, A-9854 / Kärnten

CC€21 iD

Terrassencamping Maltatal*****
Malta 6
22 Apr - 15 Okt
+43 47 33 23 40
info@maltacamp.at
N 46°56'58'' E 13°30'34''

1 ADEKNOPQRSTU BG 6
2 ACIPQSUVWYZ ABDEFGH 7
3 BIMN ABCDEFGHIJKNPQRTUVW 8
4 ABDEFHJKLOPTV EGUVZ 9
5 ACDEFGHJLMN ABDGHJKMORSX 10
B 6-13A CEE ❶ €45,00
H800 3,9ha 238T(60-150m²) 26D ❷ €59,00
101353

A10 Salzburg-Villach, Ausfahrt 130 Gmünd. Dort Schildern Richtung Maltatal folgen. 2 km hinter Fischerstratten liegt der CP rechts von der Straße.

Keutschach am See, A-9074 / Kärnten

CC€23 iD

Strandcamping Süd
Dobeinitz 30
1 Mai - 30 Sep
+43 42 73 27 73
info@strandcampingsued.at
N 46°35'07'' E 14°10'23''

1 AKNOPQRSU LNPSX 6
2 ABFILQSWXYZ ABDEFG 7
3 BLM ABCDEFNQRT 8
4 ABFHIJ 9
5 ABDEFHLN ABDGHIJKMOPQY 10
13-14A ❶ €44,60
H500 2ha 155T(80-100m²) 50D ❷ €58,60
106124

A2 Ausfahrt Klagenfurt West-Süduferstraße Richtung Reifnitz. Bei Gemeindeamt Reifnitz links abbiegen Ri. Keutschach. Über den Kreisverkehr geradeaus noch 1 km.

Keutschach am See, A-9074 / Kärnten

iD

Textilcamping Reichmann
Reauz 5
1 Mai - 30 Sep
+43 66 41 43 04 37
info@camping-reichmann.at
N 46°35'00'' E 14°13'44''

1 AEKNOPQRSTU LN 6
2 FIKLQVWXY ABFG 7
3 AFLM ABEFNRT 8
4 FHIJ DG 9
5 ABDEFLMN ABJKMOQY 10
6-12A ❶ €42,70
H520 1,2ha 180T 19D ❷ €54,70
110233

A2 Villach-Klagenfurt, Ausfahrt Velden Richtung Keutschach am See. Durch Keutschach bis Schild rechts Camping Reichmann.

Klagenfurt, A-9020 / Kärnten

iD

Klagenfurt Wörthersee
Metnitzstrand 5
12 Apr - 24 Sep
+43 4 63 28 78 10
info@gocamping.at
N 46°37'06'' E 14°15'23''

1 ADEKNOPQRSTU HLMNOPQS 6
2 AEIJKPQWXYZ ABDEFG 7
3 BFGJLMV ABCDEFGIJKNQRTW 8
4 AFHIJO QTUV 9
5 ABCDEFGHILN ABGHJKMOQXY 10
B 10A ❶ €44,90
H440 4,1ha 340T(80-160m²) ❷ €57,90
106121

A2 Villach-Klagenfurt, Ausfahrt Klagenfurter See, Schildern zum CP folgen.

ACSI Legende Karten

Ein offenes Zelt bedeutet daß sich hier ein Campingplatz befindet.

Ein geschlossenes Zelt bedeutet daß hier mehrere Campingplätze zu finden sind.

Campingplätze die CampingCard ACSI akzeptieren.

70 Auf dieser Seite finden Sie das Teilgebiet.

73 Pfeile mit Seitenangaben am Kartenrand verweisen auf angrenzende Gebiete.

Die Übersichtskarte des betreffenden Landes und im welchen Teilgebiet Sie sich befinden.

Österreich

Teilkarte Kärnten auf Seite 388 und 389

Millstatt/Dellach, A-9872 / Kärnten

Neubauer
Dellach 3
1 Mai - 9 Okt
+43 47 66 25 32
info@camping-neubauer.at

1 ADEKNOPQSTU LMNOPQ 6
2 EIKMPQSUVWXYZ ABDEFGH 7
3 ABLM ABCDEFIJKNQRT 8
4 FHIKO DEGIK 9
5 ADFJKMN AHJKORS 10
B 6A CEE
H580 1,5ha 120T(80-90m²) 23D
① €35,00
② €48,00

N 46°47'18" E 13°36'49"

A10 Salzburg-Villach, Ausfahrt 139 Millstätter See (Ausfahrt links!). An der Ampel links B98 Richtung Radenthein. ± 4 km hinter Millstatt in Dellach rechts. Siehe CP-Schildern.

106099

Mörtschach, A-9842 / Kärnten

Camping am See Lindlerhof
Lassach
1 Jan - 31 Dez
+43 6 76 83 55 58 35
camping@lindlerhof.at

1 AHKNOPQRSTU HJLNUX 6
2 CEIPQSVWXY ABDEFGHK 7
3 MUX ABCDEFGHIJNPQRW 8
4 ABCEFHIJKOT FJUVWYZ 9
5 ABDEFGHJKLMNO ABFGHIKLOPQUVW 10
WB 10A CEE
1ha 70T(64-144m²) 6D
① €28,00
② €32,00

N 46°54'33" E 12°54'39"

Von Mittersill-Felbertauerntunnel-Lienz Richtung Großglockner oder Zell am See-Großglocknerstrasse Richtung Lienz. Camping zwischen Winklern und Mörtschach bei Km 17.0 angezeigt.

118240

Oberdrauburg, A-9781 / Kärnten

CC€19

Natur- & Familiencamping Oberdrauburg
Gailbergstraße
1 Mai - 30 Sep
+43 47 10 22 49 22
tourismus@oberdrauburg.at

1 ACDEKNOPQRSTU BGH 6
2 IPQSUVWXYZ ABDEFGHK 7
3 ABFGLMN ABEFGHIJKNPQRTW 8
4 ABCEFHJLO VW 9
5 ADEFGHJLMN ABGHJKOQUY 10
B 12A CEE
H660 1,2ha 68T(80-110m²)
① €21,70
② €32,50

N 46°44'33" E 12°58'11"

B100 Spittal Richtung Lienz bis Oberdrauburg, oder Mittersill-Felbertauerntunnel-Lienz-Oberdrauburg. Dann Ausfahrt Plöckenpass und nach 500m kommt der Camping.

106042

Obervellach, A-9821 / Kärnten

Sport-Erlebnis Camping
Obervellach 175
18 Apr - 11 Okt
+43 47 82 27 27
info@sporterlebnis.at

1 AKNOPQSTU JNUVX 6
2 CIQSXYZ ABDEF 7
3 BFGHIMNOPSTW ABEFNQR 8
4 FHJO FR 9
5 ADEFHLN AGHIJKLMOQUY 10
16A
H600 2ha 200T(120m²) 16D
① €31,00
② €43,00

N 46°55'36" E 13°12'07"

A10 Salzburg-Villach, Ausfahrt 139 Spittal-Millstatter See, B100 Richtung Lienz. In Lurnfeld rechts B106 bis Obervellach. Dann rechts und den CP-Schildern folgen.

100879

Österreich

Ossiach, A-9570 / Kärnten

CC€19 iD

Kalkgruber
Alt-Ossiach 4
1 Mai - 1 Okt
+43 65 05 17 85 07
office@camping-kalkgruber.at

1 ACDEKNOPQRSU 6
2 IPQSVWXY ABFG 7
3 AFM ABEFJNQRT 8
4 AEFHIJK 9
5 ADN ABDGHJKLMOQW 10
10A CEE ❶ €36,20
H500 0,9ha 30T(80-100m²) ❷ €44,20

N 46°41'15" E 14°01'10"
A10 Salzburg-Villach, Ausfahrt Ossiacher See, Richtung Feldkirchen. In Steindorf rechts Richtung Ossiach. Dann 1. CP rechts. 109806

Ossiach, A-9570 / Kärnten

iD

Kölbl
Ostriach 106
1 Mai - 10 Okt
+43 42 43 82 23
info@camping-koelbl.at

1 AGJMOPQRSTU LMNOPQRSTWXYZ 6
2 AFIJKPQSWXY ABDEFGH 7
3 BFHIJMNO ABCDEFIJKNQRTUVW 8
4 AEFHIJOX EGIMPQRUVW 9
5 ABDEFGLMN ABFGHIJKLMOPQY 10
B 8-10A CEE ❶ €44,70
H500 17ha 180T(80-100m²) 34D ❷ €56,70

N 46°39'44" E 13°58'20"
A10 Salzburg-Villach, Ausfahrt Ossiacher See, Richtung Südufer, nach Heiligen Gestade erster CP links. 100885

Ossiach, A-9570 / Kärnten

CC€23 iD

Ideal Camping Lampele****
Alt-Ossiach 57
1 Mai - 30 Sep
+43 4 24 35 29
camping@lampele.at

1 ACDEKNOPQRSU LMNOPQRSTWXYZ 6
2 FIJPQSUVWXYZ ABDEFG 7
3 AFMRUV ABCDEFJNQRTUVW 8
4 ABDFHIJLORSTX E 9
5 ACDEFGHLMN ABDGHIJKLMOQ 10
B 8-16A ❶ €49,40
H500 4ha 172T(80-100m²) 15D ❷ €66,00

N 46°40'58" E 13°59'54"
A10 Salzburg-Villach, Ausfahrt Ossiacher See Richtung Südufer. Weiter bis Ossiach und dann links zum CP. 106117

Ossiach, A-9570 / Kärnten

CC€23 iD

Terrassen Camping Ossiacher See
Ostriach 67
15 Apr - 15 Okt
+43 4 24 34 36
martinz@camping.at

1 ACDEGKNOPQRSTU HLMNOPQRSTVWXYZ 6
2 AFIJKLPQVWXYZ ABDEFGH 7
3 BDFGJMNOU ABCDEFGIJKNQRTVW 8
4 ABCDFHIJLNOP DEGJLMPQRUVW 9
5 ACDFGHIJLMN ABDGHIJKMOQUWXY 10
B 6-16A CEE ❶ €46,40
H501 10ha 500T(80-110m²) 168D ❷ €62,00

N 46°39'49" E 13°58'29"
A10 Salzburg-Villach, Ausfahrt Ossiacher See in Richtung Südufer. An der Ampel links Richtung Ossiach, nach ± 5 km kommt der CP an der linken Seite. 101355

Ossiach, A-9570 / Kärnten

iD

Wellness Seecamping Parth
Ostriach 10
22 Apr - 30 Okt
+43 4 24 32 74 40
office@parth.at

1 ACDEGILOPQRSU LMNOPQRSTWXY 6
2 AFILPQSUVWXYZ ABCDEFGHI 7
3 BFJMNO ABCDEFIJKNQRTUVW 8
4 ABDEFHILTUVXY EGIKLMNPQRTUVW 9
5 ACDEFJLMN ABGHIJKLMOPQUWY 10
B 6-16A CEE ❶ €50,70
H500 2,2ha 146T(75-180m²) 39D ❷ €65,90

N 46°39'55" E 13°58'35"
A10 Salzburg-Villach, Ausfahrt Ossiacher See Richtung Südufer. Nach Heiligen Gestade dritter CP links. 100884

Pesenthein, A-9872 / Kärnten

CC€21 iD

Terrassencamping Pesenthein
Pesenthein 19
1 Apr - 31 Okt
+43 47 66 26 65
camping@pesenthein.at

1 ADEKNOPQRSTU HLMQSW 6
2 EIJPQSUVWXY ABDEFGH 7
3 BLM ABEFJNPQRT 8
4 FHIJO JUV 9
5 ADHLN ABDHIKORSU 10
FKKB 6A CEE ❶ €50,30
H560 5ha 213T(70-95m²) 42D ❷ €66,90

N 46°47'47" E 13°35'57"
A10 Salzburg-Villach, Ausfahrt 139 Millstätter See (Ausfahrt links!), an der Ampel links auf B98 Richtung Radenthein, ca. 2 km nach Millstatt CP an der Ostseite von Pesenthein links. 106098

Rennweg am Katschberg, A-9863 / Kärnten

CC€21 iD

Ramsbacher
Gries 53
1 Jan - 31 Dez
+43 4 73 46 63
info@camp-ram.at

1 ADEKNOPQRSTU BFN 6
2 ACIPQSWXYZ ABDEFGH 7
3 AGJLMNT ABCDEFJNQR 8
4 EFGHI 9
5 ADFMN ABGHJKORS 10
W 16A CEE ❶ €33,50
H1200 1,4ha 65T(80-100m²) 18D ❷ €57,50

N 47°01'56" E 13°35'44"
A10 Salzburg-Villach, Ausfahrt 112 Rennweg, B99 Richtung Rennweg, erste Straße rechts, bei Verkehrsbüro rechts, bis Gries Hauptstraße folgen, dann den CP-Schildern folgen. 106089

Sachsenburg, A-9751 / Kärnten

iD

Drau-Camping Sachsenburg
Ringmauergasse 8
1 Mai - 30 Sep
+43 65 03 10 31 31
info@draucamping.at

1 AKNOPQSTU X 6
2 ACIPQSWXY ABDEFGH 7
3 ADFJMN ABCDEFJNQRT 8
4 AEFHJ EV 9
5 DMN ABEGHJKOQ 10
B 16A CEE ❶ €33,00
H550 1,3ha 80T(80-100m²) 12D ❷ €49,00

N 46°49'42" E 13°20'54"
A10 Salzburg-Villach Ausfahrt B100 Richtung Lienz. In Sachsenburg den Schildern zum CP folgen. 109804

Sankt Kanzian, A-9122 / Kärnten

iD

Camping Breznik - Turnersee
Unternarrach 21
2 Apr - 1 Okt
+43 42 39 23 50
info@breznik.at

1 ACDEKNOPQRSTU LMNOQ 6
2 EQWXYZ ABDEFGH 7
3 BFHLM ABCDEFHIJKNPQRTUVW 8
4 ABDEFHJLO EJL 9
5 ABDEFGLMN ABGHIKNQ 10
8-16A ❶ €41,00
H480 7,5ha 196T(80-140m²) 249D ❷ €56,40

N 46°35'09" E 14°33'58"
Ab Klagenfurt A2, Ausf. 298 Grafenstein, B70 Ri. Völkermarkt, dann Ri. Tainach/St. Kazian. Den CP-Schildern Turnersee folgen. Von Graz A2, Ausf. 278 Völkermarkt-Ost. 100889

Sankt Kanzian, A-9122 / Kärnten

iD

Panorama
Obersammelsdorf 4
1 Mai - 15 Sep
+43 67 63 31 55 32
urlaub@ilsenhof.at

1 ADEKNOPQSTU N 6
2 IQVY ABDEFG 7
3 AHILM ABCDEFHNPRT 8
4 AFH 9
5 ADMN AHJKNQ 10
B 10A ❶ €37,90
H500 2ha 70T(100m²) 50D ❷ €50,10

N 46°35'15" E 14°35'04"
Von Klagenfurt A2 Ausfahrt 298 Grafenstein, B70 Richtung Völkermarkt, dann Turnersee-Nord. Ab Graz Ausfahrt 278 Völkermarkt-Ost, dann Turnersee-Nord. 106129

Sankt Kanzian, A-9122 / Kärnten

iD

Terrassencamping
Obersammelsdorf 10
1 Mai - 31 Okt
+43 67 63 31 55 32
urlaub@ilsenhof.at

1 ADHKNOPQSU LNQRSXZ 6
2 EIQSVWXY ABDEF 7
3 AHIL ABCDEFHJNPQR 8
4 AFH IJ 9
5 ADEFJKM ABHJKNQV 10
10A ❶ €43,70
H480 2ha 50T(80m²) 60D ❷ €58,50

N 46°35'10" E 14°34'51"
Von Klagenfurt A2 Ausfahrt Grafenstein, B70 Richtung Völkermarkt, dann Turnersee-Nord. Von Graz, Ausfahrt 278 Völkermarkt-Ost, dann Turnersee-Nord. 110051

Sankt Kanzian (Klopeiner See), A-9122 / Kärnten

iD

Camping Nord
Klopein am See X-1A
1 Mai - 30 Sep
+43 4 23 94 00 55
office@camping-nord.at

1 ADEGKNOPQRSTU HLMNPQ 6
2 AEPWX ABDEFGHI 7
3 ALU ABCDEFHJNPRTUV 8
4 AFHJ E 9
5 ADEIL ABCHKOQY 10
B 13A ❶ €46,00
H446 1,6ha 21T(100m²) 97D ❷ €63,00

N 46°36'30" E 14°35'07"
Von Graz A2, Ausfahrt 278 Völkermarkt-Ost, den Schildern Klopeinersee folgen (Nordufer). 108172

Sankt Kanzian (Klopeiner See), A-9122 / Kärnten

iD

Ferienzentrum Camping "Süd"
Südpromenade 57
1 Mai - 25 Sep
+43 42 39 23 22
office@feriensued.com

1 AGKNOPS LNPSX 6
2 EIPQWX ABFG 7
3 L ABEFNQR 8
4 AFH QT 9
5 ADJL AO 10
8A ❶ €46,40
H450 1,6ha 40T(70-90m²) 50D ❷ €60,40

N 46°35'59" E 14°34'57"
Von Klagenfurt A2, Ausfahrt 298 Grafenstein, Klopeiner See Südufer. Von Graz A2, Ausfahrt 278 Völkermarkt-Ost, Klopeiner See Südufer. 112522

Schiefling am Wörthersee, A-9535 / Kärnten

iD

EuroParcs Wörthersee
Auenstraße 47
1 Jan - 31 Dez
+43 42 74 28 98
info-woerthersee@europarcs.ta

1 ADEKNOPQRSTU L 6
2 BEIPQSUVXYZ ABFG 7
3 ALM ABCDEFJNQRT 8
4 AFHT BEFGIJV 9
5 ABDEFGJLN ABGHJKMOQY 10
Anzeige auf Seite 371 B 16A ❶ €42,60
H500 2,5ha 108T(88-100m²) 32D ❷ €54,60

N 46°37'09" E 14°06'20"
A2 Villach-Klagenfurt, Ausfahrt Velden-West, Richtung Maria Wörth, Wörthersee Süd; dann ca. 6 km den Schildern folgen. Nicht nach Schiefling! 108160

Seeboden, A-9871 / Kärnten

iD

Strandcamping Winkler
Seepromenade 33
1 Mai - 1 Okt
+43 4 76 28 19 27
strandcampingwinkler@gmail.com

1 AKNOPQSTU LMNOPQRSTW 6
2 EQSWXY ABDEFH 7
3 ABGJLMNU ABEFNPQRTW 8
4 FH MPQTUVW 9
5 DHLN ABHKRSX 10
B 6-16A ❶ €40,00
H560 0,6ha 70T(50-70m²) ❷ €51,00

N 46°48'55" E 13°31'13"
A10 Salzburg-Villach. Ausfahrt Millstätter See (Ausfahrt links!). In Seeboden B98 den CP-Schildern 'Winkler zum See' folgen'. Gäste dürfen die Verbotsstraße einfahren. 106093

Österreich

Teilkarte Kärnten auf Seite 388 und 389

Spittal an der Drau, A-9800 / Kärnten

Camping Draufluss
Schwaig 10
15 Apr - 1 Okt
+43 47 62 24 66
drauwirt@aon.at

1 ADEKNOPQSTU — JNU 6
2 ACIPQSXYZ — ABDEFGH 7
3 AM — ABEFNQR 8
4 FHJO — G 9
5 ABDEFLN — ABHIJKMNQ 10
16A
H600 0,7ha 50T(80-100m^2) 8D
(1) €31,50 (2) €37,50
N 46°47'07" E 13°29'13"
A10 Salzburg-Villach, Ausfahrt 146 Spittal-Ost. In Spittal den CP-Schildern und 'Goldeckbahn' folgen. Hinter Draubrücke links.
106063

St. Georgen am Längsee, A-9313 / Kärnten

CC€19

Wieser Längsee
Bernaich 8
1 Mai - 1 Okt
+43 65 06 00 36 80
info@campingwieser.com

1 ADEGKNOPQRSTU — N 6
2 AIQWXYZ — ABDEFG 7
3 AKLM — ABCDEFNQR 8
4 FHJ — I 9
5 ADN — AGHKLNQV 10
13A
H540 2ha 80T(120-160m^2) 6D
(1) €30,80 (2) €39,60
N 46°48'08" E 14°24'45"
Auf der B317/B83 5 km nördlich von St. Veit Ausfahrt 281, dann noch 500m.
106128

St. Margareten, A-9173 / Kärnten

Rosental Rož
Gotschuchen 34
1 Mai - 15 Okt
+43 4 22 68 10 00
camping.rosental@roz.at

1 ACDEKNOPQSTU — L 6
2 EIPQWXYZ — ABDEFGH 7
3 BFGHM — ABCDEFGHIJKNPQRTUVW 8
4 ABDEFHJKLO — EJUVZ 9
5 ABDEFGLMN — ABGHIJKMOPQV 10
16A
H430 6ha 391T(100-180m^2) 36D
(1) €45,50 (2) €61,00
N 46°32'38" E 14°23'26"
Von Klagenfurt Richtung Loiblpass, bei Ferlach die B85 bis Gotschuchen. CP-Schildern folgen. Der CP kommt nach 800m.
106132

Steindorf, A-9552 / Kärnten

CC€23

See-Areal Steindorf****
Seestrasse 5a
1 Apr - 31 Okt
+43 6 64 73 75 66 98
info@seearealsteindorf.at

1 AEJMOPQRSTU — LMNOPQSWXYZ 6
2 AEIKPQUWXYZ — ABDEFGH 7
3 LNOX — ABCDEFIJLNQRT 8
4 AEFHI — DINTVW 9
5 ADFHLN — ABDJKOQ 10
B 13A
1ha 32T(25-100m^2) 12D
(1) €42,50 (2) €56,50
N 46°41'40" E 14°00'34"
A10 Salzburg-Villach, Ausfahrt Ossiacher See Richtung Nordufer und Feldkirchen auf B94. Nach 15 km rechts in Richtung Ossiach über Bahn und sofort rechts zurück nach Steindorf. Ca. 900m links beim Campingschild des Gasthofs. Über den Dammweg einfahren!
118433

Steindorf/Stiegl, A-9552 / Kärnten

CC€21

Seecamping Hoffmann****
Uferweg 61
1 Mai - 1 Okt
+43 42 43 87 04
info@seehotel-hoffmann.at

1 AEJMOPQRSTU — LMNOPQRSTXZ 6
2 AFIKLPQSVWXYZ — BEFGH 7
3 BGKLMNOUX — BDFKNQRT 8
4 AEFGHIOPQTX — ENQRTUVW 9
5 ABDEFHLN — ABDHJKOPQ 10
Anzeige auf dieser Seite 16A
H500 1ha 20T(50-80m^2) 17D
(1) €50,30 (2) €62,30
N 46°41'42" E 13°59'48"
A10 Salzburg-Villach, Ausfahrt Villach/Ossiachersee, B94 Richtung Feldkirchen. In Steindorf der Beschilderung folgen.
112174

Steinfeld, A-9754 / Kärnten

Camping Bergfriede
Mitterberg 3
1 Mai - 30 Sep
+43 4 71 74 01
camping.bergfriede@aon.at

1 AGKNOPQSU — 6
2 IKQSVXY — ABDEF 7
3 ABM — ABCDEFKNQRVW 8
4 EFHJ — GI 9
5 DL — ABJKNQ 10
16A
H775 2ha 35T(90-100m^2) 3D
(1) €28,70 (2) €36,70
N 46°45'43" E 13°14'37"
Von der B100 Spittal - Linz, Ausfahrt Steinfeld, dann den Schildern Bergfriede folgen.
121283

Stockenboi, A-9714 / Kärnten

Camping Ronacher
Mösel 6
10 Mai - 3 Okt
+43 4 76 12 56
info@campingronacher.at

1 AEKNOPQSU — LNOPQSX 6
2 EIJLQVWY — ABDEFGH 7
3 ADGMV — ABCDEFJNQRTW 8
4 FJOTV — IQRSTU 9
5 ABDEFILN — ABGHIJKMQY 10
B 10A
H930 1,8ha 140T(70-100m^2) 2D
(1) €40,00 (2) €49,00
N 46°42'11" E 13°24'54"
A10 Salzburg-Villach, Ausfahrt 146 Spittal-Ost und über Mautbrücken nach Weissensee-Ost, CP ausgeschildert.
100880

Techendorf (Weißensee), A-9762 / Kärnten

CC€23

Knaller
Techendorf 61
1/1 - 27/2, 28/4 - 1/10, 21/12 - 31/12
+43 47 13 22 34 50
camping@knaller.at

1 ADJMOPQSTU — LNOQRSWX 6
2 EILPQUVXYZ — ABDEFG 7
3 BFMU — ABCDEFIJKNQRT 8
4 FHP — S 9
5 DEF — AGHJKOQVW 10
WB 16A CEE
H940 1,4ha 110T(70-120m^2) 12D
(1) €39,60 (2) €51,60
N 46°42'50" E 13°17'45"
A10 Salzburg-Villach, Ausfahrt 139 Spittal/Millstätter See, B100 bis Greifenburg. Links B87 Richtung Hermagor. Schildern Richtung Weißensee-Süd bis Techendorf folgen, nach der Brücke links.
106065

Villach/Landskron, A-9523 / Kärnten

Plörz
Ossiacher See
Süduferstraße 289
1 Mai - 30 Sep
+43 67 63 22 14 94
info@camping-ploerz.at

1 BDEKNOPQRSU — LMNOPQSWX 6
2 AFIPQSUVWXY — BEFGH 7
3 A — BFJNQRTW 8
4 AFHIJO — 9
5 ADHN — ABGHJKMOQUY 10
12A
H500 1ha 110T(80-100m^2)
(1) €45,90 (2) €61,90
N 46°39'19" E 13°56'24"
A10 Salzburg-Villach, Ausfahrt Ossiacher See Richtung Südufer. In Heiligen Gestade der 3. CP links.
113370

Villach/Landskron, A-9523 / Kärnten

Seecamping Berghof*****
Ossiacher See Süduferstraße 241
28 Apr - 15 Okt
+43 4 24 24 11 33
office@seecamping-berghof.at

1 ACDEKLOPQRSTU — HLNOQTWXYZ 6
2 AFIJPQTVWXYZ — ABCDEFGH 7
3 BDFGJMNOU — ABCDEFGJKLNQRTUVW 8
4 ABCDFHIJLOPQ — EGIJLNRUVWZ 9
5 ACDEFGLMN — ABEGHIJKNOQUXY 10
B 6-16A CEE
H500 10ha 400T(80-150m^2) 21D
(1) €48,70 (2) €65,30
N 46°39'12" E 13°56'00"
A10 Salzburg-Villach, Ausfahrt Ossiacher See; links ab ca. 3 km bis ans Nordufer, dann rechts Richtung Südufer. An der Ampel zur 'Burg Landskron' links Richtung Ossiach ca. 4 km.
100886

Villach/Landskron, A-9523 / Kärnten

Seecamping Mentl
Ossiachersee
Süduferstraße 265
29 Apr - 30 Sep
+43 4 24 24 18 86
info@camping-mentl.at

1 AEGILOPQRSU — LMNOPQSW 6
2 AFIJPQSVWXY — ABDEFG 7
3 BFGM — ABCDEFJKNQRTUVW 8
4 ABEFHIX — DEGIUVWZ 9
5 ABDEHLMN — ABEGHIJKOQWY 10
B 16A CEE
H500 3ha 178T(72-150m^2) 12D
(1) €49,70 (2) €66,70
N 46°39'15" E 13°56'13"
A10 Salzburg-Villach, Ausfahrt Ossiacher See Richtung Südufer. In Heiligen Gestade zweiter CP links.
101357

Völkermarkt/Dullach, A-9100 / Kärnten

Stausee Camping
Dullach 8
1 Mai - 31 Okt
+43 65 02 64 49 96
office@stauseecamping.com

1 ADEGKNOPQRSTU — ALN 6
2 AEPQWXYZ — ABDEFGHIK 7
3 AM — ABEFJNQRUV 8
4 FHJO — EF 9
5 ADMN — ABGHIJKLNQV 10
B 16A CEE
H500 2,5ha 25T(80m^2) 74D
(1) €39,10 (2) €51,10
N 46°38'03" E 14°41'30"
A2 278 Ausfahrt Völkermarkt-Ost, rechts ab auf die B80. Der Beschilderung Stausee folgen.
118536

Weißbriach, A-9622 / Kärnten

Camping Alpendorf
208
1 Jan - 31 Dez
+43 4 28 63 46
office@camping-alpendorf.at

1 ADEKNOPQSTU — 6
2 IQUXY — ABDEFH 7
3 AMU — ABEFJNQR 8
4 EFGJ — 9
5 ABDFN — ABJKOQ 10
WB 16A
H820 1,7ha 90T(100m^2)
(1) €27,50 (2) €35,50
N 46°40'58" E 13°14'52"
A10 Salzburg-Villach, Ausfahrt 139 Spittal/Millstätter See, B100 bis Greifenburg, links B87 nach Hermagor. In Weißbriach Schildern folgen.
100881

Weißensee, A-9762 / Kärnten

Seecamping Müller
Oberdorf 5
1 Mai - 30 Sep
+43 66 44 31 30 78
info@seecamping-weissensee.at

1 AKNOPQSTU — FHLNOQRSXYZ 6
2 EILPQSVXYZ — ABDEFGH 7
3 AFM — ACDEFKNR 8
4 FH — QRV 9
5 ABDN — AGJKMQU 10
16A
H930 6ha 250T(120m^2)
(1) €24,50 (2) €32,50
N 46°43'12" E 13°15'39"
A10 Salzburg-Villach, Ausfahrt 139 Spittal/Millstättersee; B100 Richtung Lienz; bei Greifenburg links. B87 Richtung Weißensee-Westufer.
110381

Wertschach bei Nötsch, A-9612 / Kärnten

Alpenfreude
Wertschach 27
1 Mai - 31 Okt
+43 66 07 55 60 38
info@alpenfreude.at

1 DEKNOPQRSTU — BGHM 6
2 AIPQSVWXY — ABDEFGH 7
3 AFMX — ABEFNQRTW 8
4 FIQ — DJ 9
5 ABDFHLMN — ABGHIJKNQ 10
16A CEE
H800 5ha 150T(50-120m^2) 20D
(1) €28,60 (2) €38,60
N 46°36'26" E 13°35'26"
A10 Salzburg-Villach-Italien, dann A2 Richtung Italien Ausfahrt Hermagor, B111. Nach der Ausfahrt Nötsch den CP-Schildern folgen.
101354

Niederösterreich/Wien

Österreich

Berndorf, A-2560 / Niederösterreich

Seecamping Masai Mara
Köhlerweg 9
1 Jan - 31 Dez
+43 6 99 11 06 37 20
info@seecamping-masai-mara.at
N 47°56'01" E 16°08'46"

1 ABDEKNOPQRSTU	JLN	6
2 AEQTWY	ABDEFHIK	7
3 ABMNX	BFNQRUW	8
4 FHIJ	ADRTUV	9
5 ABDEFJKN	ABFHIJKMOPQU	10
16A CEE		❶ €29,70
0,8ha 22T(50-100m²) 43D		❷ €43,90

Ausfahrt 29 auf der A2/E59 von Wien nach Süden, Richtung Berndorf B19. Dort (na 6 km) ist der Camping gut angezeigt (links ab). 123285

Klosterneuburg, A-3400 / Niederösterreich

CC€23

Donaupark Camping Klosterneuburg
In der Au 1
13 Mrz - 5 Nov
+43 2 24 32 58 77
campklosterneuburg@oeamtc.at
N 48°18'38" E 16°19'42"

1 ADEGKNOPQSTU		6
2 APQSTWXY	ABDEFGHI	7
3 BLMU	ABCDEFJNQRW	8
4 AFHO	EV	9
5 ABDFKMN	ABCDEFGHJKMOQY	10
Anzeige auf Seite 397 B 6A CEE		❶ €33,70
H155 2,3ha 193T(60-90m²) 6D		❷ €45,20

Von Westen: A1, Ausfahrt Sankt Christophen B19, über Tulln und B14 nach Klosterneuburg, dort CP ausgeschildert. 101079

Emmersdorf, A-3644 / Niederösterreich

CC€23

Donau Camping Emmersdorf
Donaulände 1
1 Apr - 15 Okt
+43 67 66 70 66 52
office@donaucamping-emmersdorf.at
N 48°14'35" E 15°20'25"

1 AFKNOPQTU	JN	6
2 ADILPQSY	ABDEFGK	7
3 AN	ABCDEFGHJNQRU	8
4 FHI	FW	9
5 DEL	ABFHIJKMOPQUX	10
B 16A CEE		❶ €31,00
H211 1,2ha 67T(70-100m²) 7D		❷ €31,00

In der Nähe von Melk, an der Donaubrücke, liegt der Camping an der B3, neben der Brücke in Emmersdorf. Ausgeschildert. 106140

Krems (Donau), A-3500 / Niederösterreich

CC€23

Donau Camping Krems
Yachthafenstrasse 19
1 Apr - 31 Okt
+43 2 73 28 44 55
office@campingkrems.at
N 48°24'14" E 15°35'33"

1 ABDEKNOPQSU	NWX	6
2 ACIQXY	ABDEFGH	7
3 MNR	ABEFNQRTW	8
4 FHIJO	EV	9
5 ADEFHJ	ABCGHJKMNOUV	10
B 6A CEE		❶ €46,20
H196 0,8ha 60T(70-100m²) 4D		❷ €55,20

Von Osten Kreuz St. Pölten die S33. Danach die B37 Richtung Krems. In Krems, Kreisel 3. Ausfahrt, dann sofort am Schifffahrtszentrum Krems/Stein links zum CP. 106141

Geras, A-2093 / Niederösterreich

GRG Edlersee Camping & Glamping
Edlersee a.d. B4/nr.1
1 Apr - 31 Okt
+43 2 91 22 66
grg-edlersee@gmx.at
N 48°47'32" E 15°39'48"

1 ABDEGKNOPQRSTU	LMN	6
2 FJQUXY	ABFK	7
3 ABEGJMU	ABEFJNPQRSTUW	8
4 FHJT	EW	9
5 ABDEFGHK	ABCGHJKMOQU	10
6-16A CEE		❶ €35,70
H506 2,5ha 56T(60-125m²) 31D		❷ €42,70

B30 über Horn und Hötzelsdorf nach Geras. Camping kurz vor Geras ausgeschildert. 106148

Marbach an der Donau, A-3671 / Niederösterr.

CC€23

Marbacher Freizeitzentrum
Campingweg 2
2 Apr - 26 Okt
+43 7 41 32 07 33
gasthof@wienerin.co.at
N 48°12'49" E 15°08'26"

1 AEKNOPQRSTU	JNSWXYZ	6
2 DQSWXY	ABFGH	7
3 GL	ABEFJNQRUV	8
4 HIJ	J	9
5 ABD	AHKOST	10
20A CEE		❶ €35,70
H230 0,4ha 35T(70-100m²) 6D		❷ €45,70

A1 Linz-Wien. Ausfahrt 100 Ybbs/Wieselburg. Der Straße Richtung Ybbs/Persenbeug folgen. Über die Donau Richtung Krems. Nach ca. 7 km auf der rechten Seite ist der CP. 106135

Kaumberg, A-2572 / Niederösterreich

Paradise Garden
Höfnergraben 2
1 Apr - 30 Okt
+43 67 64 74 19 66
grandl@camping-noe.at
N 48°01'11" E 15°56'36"

1 AKNOPQRSTU		6
2 CQXY	ABDEFG	7
3	ABDEFGIJKNQRTUV	8
4 FHJ	D	9
5 DEMN	AHJKMOST	10
B 16A CEE		❶ €24,00
H466 1,5ha 65T(80-120m²) 85D		❷ €24,00

A1, Ausfahrt 59 St. Pölten-Süd und die B20 bis Traisen. Im Kreisverkehr links über die B18 über Hainfeld nach Kaumberg. 3 km nach Kaumberg rechts und dann noch 1 km zum CP. 106152

Neulengbach, A-3040 / Niederösterreich

Finsterhof
Finsterhof 1
1 Jan - 31 Dez
+43 67 69 40 08 22
finsterhofcamping@gmail.com
N 48°13'18" E 15°54'48"

1 ADKNOPQRSTU		6
2 ACPQSUXYZ	ABDEFGHI	7
3 L	BCDEFJKNQRW	8
4 DFHOX		9
5 ABDM	AFGHJKLOPQ	10
B 12A CEE		❶ €16,00
H202 2,8ha 90T(80-120m²) 120D		❷ €16,00

Über die A1 Ausfahrt St. Christophen oder Altlengbach Richtung Tulln. 1 km hinter Inprugg liegt der CP auf der linken Seite. 106151

Kernhof, A-3195 / Niederösterreich

Gippelblick Kernhof
Oberkeer 1
1 Apr - 1 Okt
+43 66 45 03 59 81
camping@pgv.at
N 47°49'11" E 15°31'58"

1 ABDEKNOPQRST		6
2 BIPQXYZ	ABFG	7
3 ABFMN	ABCDFJNQRW	8
4 FHJKO		9
5 DM	ABCGHJKMOQ	10
10A CEE		❶ €26,50
H650 2ha 25T(95-120m²) 65D		❷ €33,50

A1 Sankt Pölten, Richtung Traisen B20, bei Freiland auf die B214 Richtung Innerfahrafeld, der Straße folgen bis Kernhof, gleich außerhalb vom Ort ist der Campingplatz, 750 m vom Kamelentheater und Weisser Zoo. 117336

Oberretzbach, A-2070 / Niederösterreich

Waldcamping Hubertus
Waldstraße 54
1 Apr - 31 Dez
+43 2 94 22 00 57
camping@waldcamping-hubertus.at
N 48°47'21" E 15°58'03"

1 ABDEKNOPQRSTU		6
2 BCQVXYZ	ABDEFGHI	7
3 HJLMNRX	ABEFJNQRU	8
4 FHI		9
5 ADEN	ABCGHIJKLMOQUVW	10
16A CEE		❶ €22,70
H319 1ha 42T(80m²) 2D		❷ €29,70

Von Retz nach Norden der N35 folgen. Innerorts Oberretzbach 1. Straße links den Campingschildern folgen. 106149

Rossatz, A-3602 / Niederösterreich

Rossatzbach
Rossatzbach 21
1 Apr - 31 Okt
+43 67 68 48 81 48 00
camping@rossatz-arnsdorf.at

1 ADEKNOPQRSTU JNXYZ 6
2 DJLPQXYZ ABFG 7
3 ABCDEFJNQRT 8
4 FH 9
5 ABDEFHK ABHNQ 10
B 16A
H120 0,5ha 51T(80-120m²) 15D
① €27,00
② €31,00

N 48°23'24" E 15°31'00"
An der B33 Melk-Krems. Südliches Donauufer.
100852

Schönbühel an der Donau, A-3394 / Niederösterreich

Stumpfer
Melker strasse 1
1 Apr - 31 Okt
+43 27 52 85 10
office@stumpfer.com

1 ADEKNOPQRSTU JNXZ 6
2 ACIPQWXYZ BEFG 7
3 N BDFNQRT 8
4 FHJ GIV 9
5 BDEFHLM ABFGHJKNQ 10
16A CEE
H207 1ha 50T(80-90m²) 15D
① €29,30
② €36,50

N 48°15'15" E 15°22'15"
A1 Linz-Wien, Ausfahrt 80 Melk. Am Kreisel Melk-Nord/Wachau folgen. 300m vor der BP scharfe Rechtskurve, der B33 Richtung Schönbühel folgen. CP hinter dem Gasthof Stumper.
108932

St. Pölten, A-3100 / Niederösterreich

Camping am See
Bimbo Binder-Promenade 15
15 Apr - 15 Okt
+43 67 68 98 79 88 98
office@campingamsee.at

1 BDEGKNOPQRSTU LMNPX 6
2 AFKLMPQSWXYZ ABDEFG 7
3 ABGJLMNR ABEFJNQRW 8
4 FHIPQRX FNV 9
5 ADN AGHIJKOQUV 10
B 16A CEE
H250 2ha 50T(100-200m²) 43D
① €40,20
② €46,20

N 48°13'27" E 15°39'33"
Von der A1 am Knoten St. Pölten S33 Richtung Krems. Danach Ausfahrt St. Pölten Nord. Am zweiten Knoten Richtung West.
118645

Traisen, A-3160 / Niederösterreich

Terrassen-Camping Traisen
Kulmhof 1
1 Mrz - 1 Okt
+43 2 76 26 29 00
info@camping-traisen.at

1 ADEKNOPQRSTU BX 6
2 PQVWXYZ ABDEFGJ 7
3 BDFMUX ABCDEFGIJNQRSTW 8
4 EFHIJ J 9
5 ABDEHMN ABCGHIJKMOPQ 10
6A CEE
H415 2,2ha 40T(60-100m²) 65D
① €37,00
② €48,00

N 48°02'33" E 15°36'11"
A1 Linz-Wien, Ausfahrt 59 St. Pölten-Süd in Richtung Mariazell. Nach 15 km Traisen. Den CP-Schildern folgen. Vor der Kirche rechts.
108166

Tulln an der Donau, A-3430 / Niederösterreich

Donaupark Camping Tulln
Donaulände 76
1 Apr - 15 Okt
+43 2 27 26 52 00
camptulln@oeamtc.at

1 ADEKNOPQRSTU HLMNWXYZ 6
2 CEPQWXYZ ABDEFGI 7
3 BEFGJLMNOQU ABCDEFJNQRTW 8
4 ADHIJOP DEUVW 9
5 ABDEFLMN ABCEFGHIJKMOQUVY 10
Anzeige auf dieser Seite B 6A CEE
H179 10ha 90T(80-100m²) 142D
① €33,50
② €40,50

N 48°19'59" E 16°04'08"
A1 Linz-Wien, Ausfahrt 41 St. Christophen Richtung Tulln (B19). In Tulln Richtung Klosterneuburg. Unter der Bahnlinie durch, die 1. rechts. Nach 650m links ab, den CP-Schildern folgen.
101080

Waidhofen an der Thaya, A-3830 / Niederösterreich

Waidhofen
Badgasse 9
1 Mai - 30 Sep
+43 2 84 25 03 56
campingplatz@waidhofen-thaya.gv.at

1 ADEKNOPQRSTU JNU 6
2 CQXYZ ABDEFGHIK 7
3 ABS ABCDFHNQRTW 8
4 FH EQ 9
5 ADN AEHJKOQU 10
B 16A
H477 1ha 60T(80m²) 2D
① €31,20
② €38,20

N 48°48'38" E 15°17'24"
Die 5, Ausfahrt Waidhofen. Im Kreisel geradeaus. Brücke über die Thaya. An der Ampel im Zentrum 'Freizeitzentrum' folgen. Dann den CP-Schildern nach.
110676

Wien, A-1220 / Wien

Aktiv Camping Neue Donau
Am Kaisermuehlendamm 119
15 Apr - 30 Sep
+43 12 02 40 10
neuedonau@campingwien.at

1 ABDEKNOPQRSTU 6
2 APQSTWXYZ ABDEFGIJ 7
3 ABFM ABCDEFJNQRTVW 8
4 AFHJO 9
5 ABDEFHJKN ABFGHIJKLMNSTU 10
B 16A CEE
H176 3,5ha 200T(60-80m²)
① €38,00
② €51,00

N 48°12'30" E 16°26'50"
Von 1-2-4-21-22-23. Über die Donaubrücke direkt Richtung Ölhafen Lobau 3-3a. Nach 250m am Ende der Straße. Siehe CP-Schild.
106156

Wien-West, A-1140 / Wien

Wien West
Hüttelbergstr. 80
1/1 - 31/1, 11/2 - 31/12
+43 19 14 23 14
west@campingwien.at

1 ABDEKNOPQRSTU 6
2 ACPQTWXYZ ABDEFGIJ 7
3 ABCDEFJNOQRSW 8
4 AFHJO FUV 9
5 ABDEFHJKN AGHIKNSTUW 10
B 13A CEE
H318 2,5ha 200T(26-80m²) 10D
① €35,00
② €45,40

N 48°12'50" E 16°15'02"
Ende der A1, an der ersten Ampel links, dann geradeaus bis zum CP rechts. Den Schildern folgen.
106157

Teilkarte Niederösterreich/Wien auf Seite 396

Steiermark/Burgenland

Aigen (Ennstal), A-8943 / Steiermark

Putterersee
Hohenberg 2A
15 Apr - 31 Okt
+43 66 44 84 00 61
camping.putterersee@aon.at

1 ADE**KN**OPQRSU	L**N**Q 6
2 EIJQVXY	AB**C**DE**FG** 7
3 AM	ABCDEFJ**L**NQRW 8
4 FHIJ	FI 9
5 ABDEFGHJKMN	ABDGJKOST 10
13A CEE	① €30,30
H650 2ha 70**T**(90-100m²) 38**D**	② €40,30

N 47°31'16'' E 14°07'56''

106111

A10 Salzburg, Ausfahrt Radstadt Richtung Graz. Bei Wörschach Richtung Aigen/Ketten, ausgeschildert.

Andau, A-7163 / Burgenland

Pusztasee
Ödenburgerstraße
15 Apr - 15 Okt
+43 66 46 53 16 23
camping@andau-gemeinde.at

1 ABDE**KN**OPQRSTU	L**N** 6
2 EPQWXYZ	A**B**D**EF** 7
3 ABEG**N**U	ABCDE**F**NQRW 8
4 FH	9
5 ADFGHL	ABFGHJKMNQ 10
B 6-12A CEE	① €27,00
H133 4ha 140**T**(bis 80m²) 284**D**	② €35,00

N 47°46'27'' E 17°00'47''

100856

Durch Andau Richtung Tadten/St. Andrä, beim verlassen von Andau CP auf der rechten Seite.

Bad Gleichenberg, A-8344 / Steiermark

CP Im Thermen- und Vulkanland****
Bairisch Kölldorf 240
1 Jan - 31 Dez
+43 31 59 23 42 -2 05
camping.bairischkoelldorf@bad-gleichenberg.gv.at

1 ABDEG**KN**OPQRSTU	D 6
2 CPQSWXY	ABDE**FG**H 7
3 AB**L**M	ABCDEFIJKNOQRTUVW 8
4 EFH**SXZ**	D 9
5 ADFL	ABGHJKOQ 10
B 16A CEE	① €26,40
H280 2ha 95**T**(100m²) 46**D**	② €26,40

N 46°52'32'' E 15°56'04''

110954

A2 Graz-Wien, Ausfahrt 157 Gleisdorf-Süd. Die 68 nach Feldbach. Weiter auf der B66 Richtung Radkersburg. Hinter Bad Gleichenberg ist der CP ausgeschildert. Achtung: Den Straßennamen nicht ins Navi eingeben!

Bad Radkersburg, A-8490 / Steiermark

Camping Parktherme
Thermenstraße 30
1 Mrz - 15 Dez
+43 3 47 62 67 7(55 6)
campingat@parktherme.at

1 ADEG**KN**OPQRSTU	**BEF**HI**N** 6
2 CPQSTWXYZ	ABDE**FG**H 7
3 A**L**M	ABCDEFGNQRTUVW 8
4 HJ**RSTUVWYZ**	FVW 9
5 ADHIL	ABGHIJKMOSTU 10
B 16A CEE	① €36,20
H207 0,9ha 60**T**(80m²) 18**D**	② €36,20

N 46°41'14'' E 15°58'33''

106164

A9, Ausfahrt 226 Gersdorf, B69 Richtung Bad Radkersburg. CP-Schild in Alt-Neudörfl. (Slo): Maribor-Bad Radkersburg. Durchs Dorf. Den CP-Schildern 'Parkthermen/Camping' folgen.

Teilkarte Steiermark/Burgenland auf Seite 398

Nur bei Angabe dieses CC-Logos wird die CampingCard ACSI akzeptiert.

Siehe auch die Gebrauchsanweisung in diesem Campingführer.

Bad Waltersdorf, A-8271 / Steiermark (CC€23) iD

Thermenland Camping Rath & Pichler
Campingweg 316
1 Jan - 31 Dez
+43 66 43 11 70 00
thermenland@camping-bad-waltersdorf.at

1 ADEGKNOPQRSTU		N 6
2 ACIQSTWXY	ABDEFGHIK	7
3 AL	ABCDEFGIJNQRTUVW	8
4 AFHJOPQ	DGV	9
5 ABDMN	ADGHJKNQVW	10
B 16A CEE		❶ €30,60
H292 1,6ha 73T(80-98m²) 27D		❷ €34,40

N 47°09'45'' E 16°01'23''
A2, Ausfahrt 126 Sebersdorf/Bad Waltersdorf, Richtung Heil Therme und Bad Waltersdorf. 110468

Burgau, A-8291 / Steiermark iD

Camping Schloss Burgau
Schlossweg 296
1 Apr - 31 Okt
+43 6 99 12 34 62 00
campingschlossburgau@aon.at

1 AKNOPQRSTU	ALM	6
2 AEQXYZ	ABDEF	7
3 BGLNO	ABEFNQR	8
4 FHJ	A	9
5 ADN	ABGHJKOQV	10
16A		❶ €32,10
0,5ha 48T(60-120m²) 14D		❷ €41,90

N 47°08'46'' E 16°05'54''
A2 von Wien nach Bad Waltersdorf Richtung Bad Blumau. Schildern Burgau folgen. CP in der Stadt angezeigt. Am Naturbad vorbei weiter fahren. 108157

Donnerskirchen, A-7082 / Burgenland iD

Sonnenwaldbad Camping
Badstraße 25
1 Mai - 30 Sep
+43 26 83 86 70
sonnenwaldbad@donnerskirchen.at

1 ADEKNOPQRSTU	BGHM	6
2 IQVXYZ	ABDEFG	7
3 BFGLNO	ABEFJNQRW	8
4 FHI	W	9
5 ADFHLN	ABHJKOQ	10
B 16A		❶ €23,00
H184 5ha 45T 140D		❷ €23,00

N 47°53'33'' E 16°37'52''
In Donnerskirchen B50 Schildern 'Camping' und 'Freibad' folgen. 106167

Eggersdorf, A-8063 / Steiermark iD

Freie Menschen FKK
Volkersdorferstraße 48
1 Mai - 30 Sep
+43 66 44 10 42 15
info@naturismus-graz.at

1 AFHKNOPQRSTU	AM	6
2 CQSXYZ	ABDEF	7
3 ABFMN	ABEFNQR	8
4 JO	J	9
5 DEK	AHIJKQ	10
FKK 16A		❶ €24,40
H450 2ha 25T(48-64m²) 71D		❷ €24,40

N 47°08'15'' E 15°34'03''
A2 Graz-Wien, nach Gleisdorf-West. B65 Richtung Graz/Eggersdorf (Kumberg). Bei Eggersdorf/Volkersdorf durchfahren bis zum Schild FKK-Naturismus Erholungsgelände. Dem Sandweg folgen. 106145

Fisching/Weißkirchen, A-8741 / Steiermark (CC€23) iD

50plus Campingpark Fisching****
Fisching 9
1 Apr - 15 Okt
+43 3 57 78 22 84
campingpark@fisching.at

1 AGILOPQRSTUX	LM	6
2 AEIPQTWXY	ABDEFGHIK	7
3 LX	ABCDEFJNQRSUVW	8
4 AEFGHJO	FIKUVZ	9
5 ADEFHJLMN	ABCDEGHIJKOQU	10
6A CEE		❶ €35,40
H681 3ha 65T(100-130m²) 11D		

N 47°09'47'' E 14°44'18''
S36, Ausfahrt Zeltweg-West, B78 Richtung Weißkirchen, beim Kreisverkehr Richtung Fisching. Schildern folgen. 109737

Großlobming, A-8734 / Steiermark (CC€23) iD

Murinsel
Teichweg 1
1 Apr - 31 Okt
+43 66 43 04 50 45
office@camping-murinsel.at

1 ADEKNOPQRSTU	LN	6
2 ACEIKQWXY	ABEFGHI	7
3 ALN	ABCDEFHJNOPQRUVW	8
4 JOX	VWZ	9
5 ADEFGHLN	ABCDFGHIJKMOQU	10
16A CEE		❶ €30,00
H640 5ha 60T(100m²) 50D		❷ €45,60

N 47°11'40'' E 14°48'20''
S36 Knittelfeld-Ost, den Schildern folgen. Nicht über Spielberg-Knittelfeld-West wegen zu niedriger Durchfahrt. Ohne Navi. 111204

Grundlsee, A-8993 / Steiermark iD

Camping Gössl
Gössl 17
1 Mai - 31 Okt
+43 3 62 22 01 55
office@campinggoessl.com

1 AFKNOPQRSTU	LNOPQSXY	6
2 EIJMPQX	ABDEFG	7
3	ABCDEFJKNQRTW	8
4 FH	D	9
5 ABDLMN	ABGJKOQY	10
B 16A CEE		❶ €29,00
H710 1ha 110T(70-120m²) 20D		❷ €35,00

N 47°38'20'' E 13°54'08''
Von Salzburg die B158 bis Bad Ischl, dann die B145 Richtung Bad Aussee. Dann Richtung Grundlsee bis Gössl. CP liegt hinter dem Kreisel. 106086

Hirschegg, A-8584 / Steiermark iD

Hirschegg
Hirschegg 53
1 Jan - 31 Dez
+43 66 41 52 88 17
info@camping-hirschegg.at

1 AKNOPQSTU	L	6
2 CEIQSTUVWXY	ABF	7
3	ABCDEFJNR	8
4 FHJO	FGI	9
5 DJN	AFGHJKNQU	10
10A		❶ €32,40
H900 2ha 20T(100-120m²) 39D		❷ €40,40

N 47°01'19'' E 14°57'18''
A2, Ausfahrt Modriach oder Pack. Den CP-Schildern folgen. 106138

Jennersdorf, A-8380 / Burgenland iD

Jennersdorf
Freizeitzentrum 3
16 Mrz - 31 Okt
+43 3 32 94 61 33
camping.jennersdorf@speed.at

1 ADEGHKNOPQRSTU	BFHIM	6
2 QSWXY	ABDEFGHI	7
3 ALMN	ABEFNQRTW	8
4 HJO	VW	9
5 ADN	ABHJKMOQ	10
B 16A CEE		❶ €29,25
H241 1ha 45T(70-90m²) 25D		❷ €38,05

N 46°56'45'' E 16°08'02''
A2 von Wien oder Graz Ausfahrt Ilz Richtung Fürstenfeld. Dann Richtung Jennersdorf und den CP-Schildern folgen. 106163

Leibnitz, A-8430 / Steiermark iD

Sulmsee
Sulmsee 1
1 Apr - 31 Okt
+43 3 45 28 28 66
office@sulmsee.at

1 ABDEKNOPQRSU	LM	6
2 ABDFIKQTWXYZ	ABFG	7
3 LMS	ABEFJNPQRSTUW	8
4 FHK	N	9
5 ADK	ABCFGJKMOSTY	10
Anzeige auf dieser Seite 10A CEE		❶ €50,00
34ha 88T(100-150m²)		❷ €65,80

N 46°46'28'' E 15°30'50''
Von der A9 Graz südliche Richtung Kaindorf an der Sulm. Ausfahrt B74 Sulmtalstrasse, Ausfahrt L669. Der Campingplatz ist ausgeschildert und bereits vom See aus sichtbar. 115360

ACSI AWARDS 2022

GEWINNER

Bester Campingplatz für Wanderungen und Radtouren

Österreich

50plus Campingpark Fisching

Österreich

Leibnitz, A-8430 / Steiermark

Städt. Freizeitzentrum Leibnitz
Rudolf-.Hans-Bartschgasse 33
1 Mai - 15 Okt
+43 3 45 28 24 63
camping@leibnitz.at
N 46°46'43'' E 15°31'44''

1 ABDEG**KN**OPQRSTU BGHI**N** 6
2 ABCQTWXYZ ABDE**FG** 7
3 ABEFG**HJLM**N ABCDEFGINQRW 8
4 FH 9
5 ADEF ABGHIJKOQ 10
B 16A CEE ❶ €25,90
H283 1ha 61T(60-100m²) ❷ €31,70
100891

A9, Ausfahrt 214 Leibnitz. Den Schildern Leibnitz-Zentrum folgen, dann den CP-Schildern.

Leoben, A-8700 / Steiermark

Hinterberg
Hinterbergstraße 47
1 Mai - 15 Sep
+43 67 76 43 51 41
campingclubleoben hinterberg@gmx.at
N 47°21'39'' E 15°03'57''

1 AKNOPQRST**U** 6
2 AIPQXY ABF 7
3 S ABE**F**GNQR 8
4 J 9
5 ADH AJKMOQ 10
16A ❶ €25,00
H540 3ha 40T(80m²) 30D ❷ €25,00
106137

S6 Ausfahrt Leoben-West. Am Kreisel Richtung Hinterberg. Am 'Hornbach' entlang, unter der Brücke durch und links. Nach 400m kommt der CP. Oder A2 Ausfahrt St.Michael-Leoben, folgen Sie dann den obigen Anweisungen.

Mühlen, A-8822 / Steiermark

Camping am Badesee
Hitzmannsdorf 2
28 Apr - 30 Sep
+43 35 86 24 18
office@camping-am-badesee.at
N 47°02'13'' E 14°29'15''

1 AEG**JM**OPQRST**U** LN 6
2 EIQVWXYZ ABDE**FG**H 7
3 AFLMUX ABCDEFJNQRTW 8
4 **A**BEFGIJKO JU 9
5 ABDEFGHJKN**O** ABHJKMNPQU 10
6A CEE ❶ €33,00
H960 1,5ha 40T(100m²) 26D ❷ €43,00
110083

N83 südlich Neumark in der Steiermark, Ausfahrt nach Mühlen. Vor Mühlen liegt der CP. CP-Schild an der Straße.

Oggau (Burgenland), A-7063 / Burgenland

Oggau
Campingplatz 1
1 Apr - 31 Okt
+43 26 85 72 71
office@campingoggau.at
N 47°50'39'' E 16°41'15''

1 ABDEG**KN**OPQRSTU **AFHNSXYZ** 6
2 QSWXYZ ABDE**FG** 7
3 BFG**LN** ABCDE**F**JNQRTW 8
4 FH VW 9
5 ABDFKLM ABGHJKMOQ 10
10A ❶ €32,30
H130 8ha 151T(50-80m²) 305D ❷ €33,80
106168

Von der A4 oder A3 die B50 nehmen und diese Richtung Oggau und Rust verlassen. In Oggau den CP-Schildern folgen.

Podersdorf am See, A-7141 / Burgenland

Strandcamping Podersdorf am See
Strandplatz 19
24 Mrz - 13 Nov
+43 21 77 22 79
office@podocamp.at
N 47°51'15'' E 16°49'36''

1 ABDE**KN**OPQRST**U** LMNQRST**XYZ** 6
2 AEIJKLMPQWXYZ AB**C**DE**FG** 7
3 ABM ABCDEFGHIJKNQRTW 8
4 FH DFMN 9
5 ABDEGHN ABGHIJKLMOQY 10
B 16A CEE ❶ €37,80
H124 7,5ha 450T(60-80m²) 247D ❷ €49,60
100855

A4 bis Gols, nach 4 km rechts nach Podersdorf. Vor dem Ort rechts ab (nördliche Richtung). Den Schildern 'zum See' zum CP folgen.

Pölfing-Brunn, A-8544 / Steiermark

Sulmtal-Camping & Appartements
Badstraße 20
1 Jan - 31 Dez
+43 66 48 54 66 70
office@amc-strohmeier.at
N 46°43'25'' E 15°17'40''

1 ADE**KN**OPQRSTU **AF** 6
2 EQWXYZ ABDE**FG** 7
3 BEGM**N** ABCDEFGHJNPQRUVW 8
4 FHK IJW 9
5 ADHLM AEGJKMOQY 10
B 16A CEE ❶ €29,30
1ha 40T(100-110m²) 30D ❷ €40,30
122599

Auf der Hauptstraße durch Brunn nach 100m, 1. links. Gegenrichtung aus Jagernigg auf der Hauptstraße nach 200m, 1. rechts. CP-Schild oder Schwimmbad folgen.

Purbach, A-7083 / Burgenland

CC€23

Campingplatz Storchencamp Purbach
Campingplatz 1
7 Apr - 26 Okt
+43 26 83 51 70
office@gmeiner.co.at
N 47°54'34'' E 16°42'20''

1 ADEG**KN**OPQRST**U** **BGHN**QRST 6
2 EPQXY ABDE**FG** 7
3 AB**LMN** ABCDEFJNQRTVW 8
4 HI AGI 9
5 ABDEFHJLN ABHJK**N**QV 10
B 16A CEE ❶ €38,00
H122 10ha 58T(80-100m²) 406D ❷ €48,00
106166

B50 Eisenstadt-Neusiedl am See. Im Ort CP-Schild oder Schild 'Zum See' folgen.

Rust, A-7071 / Burgenland

Campingplatz Storchencamp Rust
Ruster Bucht, Campingplatz 5
7 Apr - 26 Okt
+43 2 68 55 95
office@gmeiner.co.at
N 47°48'04'' E 16°41'30''

1 ADEG**KN**OPQRSTU BGHILM**N**QRSTVXYZ 6
2 EKQRWY ABD**EFG**H 7
3 BEG**JL**M**U** ABCDEFJNQRTVW 8
4 FH AEGIKNPRT 9
5 ABDN ABFGHJK**N**OQU 10
B 12A CEE ❶ €47,00
H116 5ha 80T(80m²) 251D ❷ €61,00
106169

Von der A4 oder A3 die B50 nehmen und diese Richtung Oggau und Rust verlassen. In Rust den CP-Schildern folgen.

Sankt Andrä am Zicksee, A-7161 / Burgenland

Zicksee Camping
Campingplatz 1
27 Mrz - 18 Okt
+43 21 76 21 44
camping@gemeinde-standrae.at
N 47°47'30'' E 16°54'58''

1 ADEILOPQRSTU LMQSU**X** 6
2 EMPQWYZ ABD**EFG**H 7
3 ABF ABCDE**F**JKNQRTW 8
4 FH 9
5 DMN ABGHIJKNQY 10
B 13A CEE ❶ €29,70
H131 4ha 235T(70-105m²) 100D ❷ €36,80
106171

A4 von Wien Ausfahrt Mönchhof. Dann Richtung Frauenkirchen und St. Andrä. Den CP-Schildern folgen.

St. Georgen am Kreischberg, A-8861 / Steierm.

CC€23

Olachgut*****
Kaindorf 90
1/1 - 10/4, 8/5 - 8/10, 8/12 - 31/12
+43 35 32 21 62
office@olachgut.at
N 47°06'27'' E 14°08'22''

1 ADE**KN**OPQRSTU **LN**U 6
2 CEIPQSVWXYZ AB**C**DE**FGHIK** 7
3 ABF**HIL**MTU ABCDEFIJKNPQRTUVW 8
4 ABCDEFHJO**T** FGIJ 9
5 ABDFHKMN ABDGHJKLMOPQU 10
WB 16A CEE ❶ €37,00
H832 10ha 140T(100-140m²) 61D ❷ €51,00
106112

A10/E55, Ausf. 104 St. Michael. Straße 96 bis Tamsweg, dann Straße 97 bis St. Georgen, nach 2 km CP re.

St. Peter am Kammersberg, A-8842 / Steierm.

CC€21

Bella Austria****
Peterdorf 100
29 Apr - 30 Sep
+43 66 41 68 09 77
info@camping-bellaustria.com
N 47°10'49'' E 14°12'55''

1 A**KN**OPQRSTU AF**N** 6
2 CIQSWXY ABDE**FG** 7
3 ABFMU ABCDEFJKNPQRTUVW 8
4 BFHJKL**TX** EU 9
5 ABDFHL ABHIJKMNRS 10
Anzeige auf dieser Seite B 16A CEE ❶ €27,40
H800 5,5ha 45T(110m²) 217D ❷ €35,40
109413

Über die B99 Richtung Tamsweg. Auf die Turracher Bundesstrasse B95 Richtung Ramingstein, Predlitz, Falkendorf nach Murau. Durch Murau nach Frojach-Katsch, weiter Peterdorf, dann Camping Bella Austria.

Österreich

Teilkarte Steiermark/Burgenland auf Seite 398

Polen

ACSI AWARDS

Gewinner 2022 in Polen

Bester Campingplatz
Camping Morski 21

Hauptstadt: Warschau
Währung: Zloty
Zeitzone: UTC +1, UTC +2 (März bis Oktober)
Sprache: Polnisch
Ländervorwahl: +48
Alkoholgrenze: 0,2‰
Notrufnummer: Polizei: 997,
Feuerwehr: 998, Rettungswagen: 999
Leitungswasser: oft nicht sicher, trinken Sie abgefülltes oder abgekochtes Wasser.

Polen: Schlösser, Natur und Geschichte

Weite Sandstrände, tiefe Schluchten, die größte Wüste, der letzte Urwald Europas, aber auch die sogenannte „Landschaft der tausend Seen“ und verträumte Städte wie Krakau oder Warschau. Wenn Sie in Polen campen gehen, haben Sie die Wahl zwischen vielen sehenswerten und unterschiedlichen Regionen.

Schlösser Route

Sie sind sich nicht sicher, welchen Teil Polens Sie sehen möchten? Dann planen Sie Ihren Urlaub entlang der Gotischen Burgenroute. Buchen Sie einen Campingplatz in Malbork, Ostróda oder Kętrzyn und besuchen Sie von dort aus eines der Schlösser. Auf dieser Route finden Sie zum Beispiel die schöne Marienburg in Malbork. Sie ist die größte mittelalterliche Burg Europas und steht auf der Liste des UNESCO-Weltkulturerbes.

Raus in die Natur

Haben Sie Lust, in die Natur zu gehen?
Dann sollten Sie unbedingt den Bialowieza-Nationalpark besuchen. Hier finden Sie mehr als 10 000 Tierarten. Am besten nehmen Sie hier an einer geführten Tour teil.
Sind Sie eher ein Sonnenanbeter? Dann verbringen Sie Ihren Urlaub an der Ostseeküste. Hier können Sie den Strand genießen, zum Beispiel in Ustka.
Das beeindruckende Riesengebirge an der Grenze zur Tschechischen Republik und die Hohe Tatra an der Grenze zur Slowakei laden zu einem aktiven Campingurlaub in den Bergen im Süden Polens ein.
Im Süden können Sie auch die größte Sandwüste Mitteleuropas betreten: die Błędów-Wüste. In der 32 Quadratkilometer großen, so genannten „polnischen Sahara“ gibt es mehrere Wander-, Rad- und Reitwege sowie eine Aussichtsplattform. Die „Wüste“ liegt nur 45 Kilometer von Krakau entfernt.

Krakau

Mit über 5000 historischen Gebäuden und Denkmälern ist Krakau die wichtigste Kulturmetropole des Landes und wird auch als "heimliche Hauptstadt Polens" bezeichnet. Das historische Zentrum von Krakau gehört seit 1978 zum UNESCO-Weltkulturerbe. Schlendern Sie durch die Stadt und genießen Sie den typischen Krakauer Kartoffelkuchen „Pan Kumpir“ oder die gefüllten Knödel „Pieroggen“.
Sie können verschiedene Sehenswürdigkeiten besichtigen, wie z. B. das Schloss Wawel, das auf jeden Fall einen Besuch wert ist. Eine weitere Touristenattraktion ist das Salzbergwerk Wieliczka. Dieses Salzbergwerk hat über 287 Kilometer Schächte, von denen Sie einen kleinen Teil besichtigen können.
Von Krakau aus können Sie das ehemalige Konzentrationslager Auschwitz besichtigen. Sie können dies selbst oder mit einem Reiseleiter tun. Der Besuch ist ein beeindruckendes und geschichtsträchtiges Erlebnis.

Tanken

Benzin (Benzina bezolowiowa 95 und 98) und Diesel (Diesel/ON) sind ohne weiteres erhältlich. Flüssiggas (LPG/Autogaz) ist ebenfalls leicht erhältlich; zum Tanken wird der italienische Anschluss (dish) verwendet.
Tankstellen sind oft von 8 Uhr bis 19 Uhr geöffnet. In Großstädten und an Autobahnen sind viele Tankstellen Tag und Nacht geöffnet.
Die Mitnahme von Kraftstoff in einem Reservetank ist auf Fähren verboten.

Ladestationen

In Polen gibt es nur eine begrenzte Anzahl von Ladestationen. Erkundigen Sie sich vor Ihrer Reise, welche Lademöglichkeiten es gibt. Planen Sie Ihre Reise gut!

"Einmal in Polen gecampt. Man will einfach zurück"

Herr F. Lyskawa, Inspektor 1301

Verkehrsregeln

Tagfahrlicht ist Pflicht. Der Verkehr von rechts hat an einer gleichberechtigten Kreuzung Vorfahrt. Der Verkehr in einem Kreisverkehr hat Vorrang, wenn dies durch Verkehrszeichen angezeigt wird. Der Fahrer darf ein Telefon nur mit Freisprecheinrichtung benutzen. Kinder bis 12 Jahre und einer Körpergröße von weniger als 1,50 m müssen in einem Kindersitz sitzen. Winterreifen sind nicht vorgeschrieben, werden aber im Winter dringend empfohlen (Schneeketten können obligatorisch sein).

Sondervorschriften

Lasten, die mehr als 50 cm überstehen, und Fahrradträger mit Fahrrädern müssen mit einem weißen reflektierenden Schild mit diagonalen roten Streifen versehen sein.
Bei Stau müssen Sie eine Rettungsgasse bilden. Berücksichtigen Sie Fußgänger, Radfahrer und andere langsame Verkehrsteilnehmer auf Mehrzweckstreifen entlang von Straßen außerhalb geschlossener Ortschaften. Fußgänger, die bei Dunkelheit oder schlechten Sichtverhältnissen auf der Straße gehen, müssen einen Reflektor oder eine Sicherheitsweste tragen.
Das Parken ist auch dort verboten, wo sich eine weiße Linie am Straßenrand befindet, unabhängig davon, ob sie unterbrochen ist oder nicht. Ein grüner Pfeil an einer roten Ampel zeigt an, dass Sie rechts abbiegen dürfen, sofern Sie anderen Verkehrsteilnehmern, z. B. Fußgängern, Vorfahrt gewähren. Es ist verboten, eine unter Alkoholeinfluss stehende Person auf dem Beifahrersitz zu befördern.

Vorgeschriebene Ausstattung

Warndreieck und Feuerlöscher sind im Auto Pflicht. Es ist ratsam, für alle Insassen Warnwesten mitzuführen. Es ist auch ratsam, einen Verbandkasten und Ersatzlampen mitzunehmen.

Reisemobil und Caravan

Ein Reisemobil oder eine Auto-Wohnwagen-Kombination darf bis zu 4 m hoch, 2,55 m breit und 18,75 m lang sein (der Wohnwagen selbst darf bis zu 12 m lang sein).

Fahrrad

Ein Fahrradhelm ist nicht vorgeschrieben. Es ist verboten, während des Radfahrens zu telefonieren oder ein Mobiltelefon zu benutzen.
Kinder bis 7 Jahre müssen in einem Fahrradsitz transportiert werden. Das Fahren nebeneinander ist verboten (es sei denn, Sie begleiten ein Kind von bis zu 10 Jahren).

Maut

Auf Teilen der Autobahnen A1, A2 und A4 müssen Sie Mautgebühren entrichten. Die Bezahlung kann in bar oder mit Kreditkarte erfolgen.

Klima Kraków	Jan.	Feb.	März	Apr.	Mai	Jun.	Jul.	Aug.	Sept.	Okt.	Nov.	Dez.
Durchschnittliche Höchsttemperatur	1	3	8	14	19	22	23	23	19	14	6	2
Durchschnittliche Anzahl der Sonnenstunden pro Tag	2	2	4	5	7	7	7	6	5	3	2	1
Durchschnittliche monatliche Niederschlagsmenge (mm)	63	30	35	50	74	94	81	76	60	49	40	38

Klima Warschau	Jan.	Feb.	März	Apr.	Mai	Jun.	Jul.	Aug.	Sept.	Okt.	Nov.	Dez.
Durchschnittliche Höchsttemperatur	0	2	7	13	19	22	24	23	18	12	6	2
Durchschnittliche Anzahl der Sonnenstunden pro Tag	2	2	3	5	8	8	7	7	5	4	2	1
Durchschnittliche monatliche Niederschlagsmenge (mm)	22	22	28	35	51	71	73	59	49	38	37	35

Weitere Informationen: etoll.gov.pl, a1.com.pl und autostrada-a4.com.pl.
Für Fahrzeuge (einschließlich Wohnmobile), die schwerer als 3,5 Tonnen sind, können Sie nur elektronisch mit einer Mautbox (viaBOX) bezahlen.
Weitere Informationen: etoll.gov.pl.

Umweltzonen

In Krakau gibt es eine Umweltzone, in der nur mit Wasserstoff oder Strom betriebene Fahrzeuge zugelassen sind. Sie erkennen die Zone an dem Schild mit der Aufschrift „Strefa" über dem Bild eines grünen Autos.

"Die Leute in Polen sind gastfreundlich, herzlich und die Natur und Kultur sind großartig"

Herr J. Hoogeboom, Inspektor 856

Panne und Unfall

Stellen Sie auf der Autobahn Ihr Warndreieck mindestens 100 m (auf sonstigen Straßen 30 bis 50 m) hinter dem Auto auf, wenn es nicht sichtbar ist oder den anderen Verkehr behindert. Alle Insassen müssen eine Warnweste tragen. Rufen Sie im Falle einer Panne die Notrufnummer Ihres Pannendienstes an. Sie können auch die polnische Pannenhilfe (PZM) unter der Nummer +48 22 532 84 44 anrufen.
Bei einem Verkehrsunfall, auch wenn es sich nur um einen leichten handelt, sind Sie verpflichtet, die Polizei zu rufen.

Campen

Das Campingangebot in Polen ist sehr vielfältig und reicht von kleinen einfachen Campingplätzen bis hin zu großen modernen Anlagen. Auf den polnischen Campingplätzen gibt es zwar nur wenige festgelegte Stellplätze, aber dafür haben alle Strom. Wildcampen außerhalb der Campingplätze ist verboten. Auf Privatgrundstücken ist dies nur mit Genehmigung des Grundstückseigentümers erlaubt. Die Campingplätze an der Ostsee und in den Karpaten sind sehr beliebt. In diesen Bereichen wird eine chemische Toilette empfohlen.

Praktisches

Im Vergleich zu anderen europäischen Ländern gibt es in Polen jedes Jahr eine relativ hohe Zahl schwerer Verkehrsunfälle, daher sollten Sie vorsichtig und umsichtig fahren.
Es wird empfohlen, nach Sonnenuntergang nicht auf den schmalen, manchmal schlecht beleuchteten Nebenstraßen zu fahren.
Schützen Sie sich vor Zecken, da sie Krankheiten übertragen können. Vermeiden Sie den Kontakt mit Säugetieren, da die Gefahr von Tollwut besteht.

Chlapowo, PL-84-120 / Pomorskie

CC€19 iD

- Alexa****
- Zeromskiego 44
- 1 Apr - 31 Okt
- +48 6 06 39 74 35
- camping@alexa.gda.pl

1	ADEKNOPQSTU	KM 6
2	AGIJPQSXYZ	ABDEFGHI 7
3	BDJ	ABEFGIJNQRSU 8
4	BCDHJO	D 9
5	ABDFLN	ABFHIKLMOQ 10

Anzeige auf dieser Seite B 10A — ❶ €28,55
4ha 210T(70-100m²) 25D — ❷ €34,95

N 54°48'28'' E 18°22'32''

Die 215 von Wladyslawowo nach Jastrzebia Góra. In Chlapowo Zentrum ist der CP auf der rechten Straßenseite. 120897

Chlapowo, PL-84-120 / Pomorskie

CC€17 iD

- Pole Horyzont
- Zeromskiego 174/2
- 1 Jan - 31 Dez
- +48 5 00 25 65 56
- polehoryzont@gmail.com

1	ADKNOPQSTU	K 6
2	GIJPQSWXYZ	ABFI 7
3	BF	ABEFJNQRSW 8
4	BJO	DJ 9
5	D	HIJKOQX 10

Anzeige auf dieser Seite 10A — ❶ €27,70
3ha 500T(70-80m²) 192D — ❷ €34,95

N 54°48'20'' E 18°23'04''

Von Wladyslawowo Richtung Jastrzebia Góra. In Chlapowo liegt der CP rechts der Straße. 120896

Chlapowo, PL-84-120 / Pomorskie

iD

- Maly Horyzont
- Zeromskiego 60
- 1 Jun - 15 Sep
- +48 5 87 74 50 50
- horyzontinfo@gmail.com

1	ADKNOPQSTU	K 6
2	GIJPQSWXYZ	ABFI 7
3	A	ABEFNQRW 8
4	JO	D 9
5	D	HIJKOQ 10

10A — ❶ €25,55
1ha 50T(50-56m²) 12D — ❷ €32,80

N 54°48'20'' E 18°23'11''

Von Wadyslawowo Richtung Jastrzebia Góra. In Chlapowo liegt der Camping rechts an der Straße. 124461

Chlapowo, PL-84-120 / Pomorskie

iD

- Pole Namiotowe & Camping Lazurowe
- Zeromskiego 168-174
- 1 Apr - 30 Okt
- +48 5 01 31 55 72
- recepcja@lazurowe.com.pl

1	AEKNOPQSTU	K 6
2	GIJPQXY	ABDFJK 7
3	BGU	BFNRVW 8
4	BO	D 9
5	ABDEN	ABFHIKLORSU 10

16A — ❶ €27,70
3ha 250T(48-50m²) 30D — ❷ €33,25

N 54°48'20'' E 18°23'00''

Von Wladyslawowo Richtung Jastrzebia Góra. In Chlapowo ist der CP gut an der rechten Seite der Hauptstraße am Zaun angezeigt. 117293

Cierzpiety/Piecki, PL-11-710 / Warminsko-Mazurskie

iD

- PHU Stanica Wodna
- Cierzpiety 50
- 1 Mai - 15 Sep
- +48 8 97 42 00 26
- stanicawodna@interia.pl

1	ACKNOPQSU	LNQSXZ 6
2	BEIQRYZ	ABDEF 7
3	AFMU	ABCDEFINQW 8
4	JOQ	FMQRTUV 9
5	BDFGHLN	ABHJKQU 10

16A — ❶ €16,60
H100 7ha 50T(100-200m²) 52D — ❷ €21,75

N 53°42'15'' E 21°22'54''

Von Mragowo die 59 Richtung Szczytno. Kurz nach Nawiady Richtung Cierzpiety. Im Ort immer rechts halten. CP ist ausgeschildert. Die letzten 700m sind Sandweg. 113311

Polen

Czluchów, PL-77-300 / Pomorskie

Czluchów (80)*
ul. Wojska Polskiego 62
15 Jun - 16 Sep
+48 5 98 34 25 53
osir5@wp.pl

1 AKLOPQSTU LMNQSTWXZ 6
2 EIJKPQSXYZ ABDI 7
3 BFGJN ABCDEFNQW 8
4 FHO GJRT 9
5 D AHIJKOQ 10
16A CEE ❶ €13,40
10ha 100T(60-80m²) 21D ❷ €17,70

N 53°40'36'' E 17°23'12''
CP liegt an der 22. Ist mit einem blauen Schild (3 km) angezeigt. 114661

Elblag, PL-82-300 / Warminsko-Mazurskie

Elblag (61)**
ul. Panienska 14
1 Mai - 30 Sep
+48 5 56 41 86 66
camping@camping61.com.pl

1 AKNOPQSTU NX 6
2 CPQSTXY ABFHIK 7
3 FM ABEFJNQRW 8
4 GR 9
5 DN ABHIKOQ 10
B 16A ❶ €16,00
1ha 60T(80-100m²) 8D ❷ €19,40

N 54°09'11'' E 19°23'38''
Auf der 7 die 22 nach Elblag. Ausfahrtende links ab. Der Strecke bis über die Brücke folgen, dann hinter dem CP-Schild rechts ab. Den Schildern folgen. 106487

Dywity, PL-11-001 / Warminsko-Mazurskie

Masuren Camping Herkus 173 Dywity**
ul. Barczewskiego
1 Mai - 30 Sep
+48 8 95 12 06 46
masuren88@gmail.com.pl

1 AKNOPSTU N 6
2 BDEQSWX ABF 7
3 ABF ABCDEFNQUVW 8
4 JO GJQR 9
5 D AJKNQ 10
B 16A ❶ €14,90
1,2ha 60T(60-80m²) 5D ❷ €19,15

N 53°50'03'' E 20°25'17''
Auf der 51 in Olsztyn ist der CP 10,5 km von vorne mit einem blauen Schild angezeigt. Der Straße folgen. Links ab nach Dywity. Den CP-Schildern folgen. Die letzten km über einen unbefestigten Waldweg. 114662

Elk, PL-19300 / Warminsko-Mazurskie

Miejski Osrodek Sportu i Rekreacji
Parkowa 9
1 Jun - 15 Sep
+48 87 10 97 00
mosir@elk.com.pl

1 AKNOPQSU JL 6
2 CEJPTWXY F 7
3 ABEFNQRUVW 8
4 9
5 D HIJKQ 10
16A ❶ €17,05
H125 2ha 61T(100-200m²) ❷ €22,60

N 53°48'59'' E 22°21'12''
Von Olsztyn die 16 nach Elk. In Elk durch das Zentrum über den Fluss, dann 1. Straße rechts. CP liegt links der Straße. 121447

Dziwnówek, PL-72-420 / Zachodniopomorskie

Bialy Dom****
ul. Kamienska 12
1 Mai - 30 Sep
+48 9 13 81 11 71
campingbd@gmail.com

1 AFKNOPQRSTU KNQS 6
2 BGJQRXY ABDEFGHIK 7
3 GM ABEFMNQRW 8
4 HJO FGL 9
5 ABDL ABGHIJKOQ 10
B 16A ❶ €44,75
2,5ha 73T(80-200m²) 10D ❷ €62,60

N 54°02'08'' E 14°48'15''
Von Kamien Pomorski links ab, im Kreisel innerorts geradeaus Richtung Strand. Nach 100m links ab. CP am Ende der Straße. 114238

Gaski, PL-76-034 / Zachodniopomorskie

Alfa-Klif
Marynarzy 3
1 Apr - 1 Okt
+48 5 15 30 82 11
rezerwacja@alfa-klif.pl

1 AFKNOPQRSTU KNQX 6
2 HJPXY ABDEFGH 7
3 AGM CDEFKNQRUVW 8
4 HO JV 9
5 DEKO ABHIJKOQ 10
10-16A ❶ €21,50
1ha 49T 31D ❷ €27,50

N 54°14'34'' E 15°53'07''
Der Campingplatz liegt an der Straße von Gaski nach Mielno auf der linken Seite. Am besten GPS benutzen um diesen Campingplatz zu finden. 125040

Dziwnówek, PL-72-420 / Zachodniopomorskie

Wiking Nr. 194****
ul. Wolnosci 3
1 Mai - 10 Sep
+48 9 13 81 34 93

1 AFKNOPQRSTU KMNQS 6
2 BGJPQRYZ ABDEFGHIJK 7
3 ABFGJM ABDEFKNQRT 8
4 BCDFHJOPQR GIJLY 9
5 ACDFHJLMNO ABEGHIJKOQU 10
B 10A ❶ €27,70
2,5ha 150T(60-120m²) 20D ❷ €34,95

N 54°02'03'' E 14°47'59''
CP an der Küstenstraße 102, am Westrand des Ortes. Durch große Schilder angegeben. 106424

Gdansk, PL-80-642 / Pomorskie

Camp Bursztynowy Las
Ul. Stogi 1, Gorki Zachodnie
1 Mai - 30 Sep
+48 6 67 61 98 03
info@bursztynowylas.pl

1 ADEKNOPQRSTU 6
2 BGJQRSXYZ ABDEFIJK 7
3 AGM ABEFNQRU 8
4 J BCJ 9
5 ABDHJN HJKNQU 10
16A ❶ €20,25
H50 2ha 45T 59D ❷ €24,90

N 54°22'04'' E 18°46'02''
S7 Elblag-Gdansk, Ausfahrt Stogi nehmen und folgen. Dann die 89 Wilhelma Stryjewskiego nehmen. Nach etwa 4,6 km am CP-Schild links abbiegen. Der Schotterstraße 200m bis zum Campingplatz folgen. 125183

Dzwierszno Male/Lobzenica, PL-89-310 / Wielkopolskie

Camping Pólwysep Sielanka
Dzwierszno Male 3 C
1 Apr - 30 Okt
+48 6 69 50 55 45
rezerwacje@polwysepsielanka.pl

1 AKNOPQRSTU LNQSUXZ 6
2 BCEJKQSVWXYZ ABDEF 7
3 BGMU ABCDEFHNQRUVW 8
4 JKQ DJMQRTY 9
5 ADEMN HIJKNQU 10
B 10A ❶ €13,85
H100 10ha 205T(135-460m²) 34D ❷ €18,10

N 53°18'20'' E 17°21'04''
Die 242 von Lobzenica nach Wiecbork, bei Izdebki. An der Kreuzung links der Beschilderung folgen. Letzte 900m unbefestigter Weg. 123135

Gdansk, PL-80-656 / Pomorskie

Camper Park Stogi 114
Ul. Wydmy 6
1 Mai - 30 Sep
+48 5 75 35 80 20
biuro@osrodekprzywydmach.pl

1 ACDEKNOPQRSTU K 6
2 ABGPQSTYZ ABDEF 7
3 ABCDEFJNQRUVW 8
4 GJL 9
5 DJK BGHIJKNQU 10
16A CEE ❶ €21,30
3,5ha 100T(60-90m²) 80D ❷ €25,55

N 54°22'11'' E 18°43'47''
Die 7 Elblag-Gdansk. Bei Gdansk der Ortsbeschilderung Stogi bis kurz vor Ende des Strandes folgen, rechts ab 1000m Sandweg. CP auf der linken Seite. 122067

Dzwirzyno, PL-78-131 / Zachodniopomorskie

Biala Mewa (Nr. 88)***
ul. Wyzwolenia 48 H
15 Apr - 15 Okt
+48 5 37 13 08 27
camping@gmina.kolobrzeg.pl

1 ACDEKNOPQRSTU KNQSX 6
2 GJPQRSXYZ ABDEFG 7
3 AFG ABEFKNRUW 8
4 HJO FL 9
5 ABDEHJ ABHIJKNQX 10
B 12A ❶ €18,30
5ha 550T 107D ❷ €23,00

N 54°09'42'' E 15°25'32''
Ab Kolobrzeg Ortsmitte den Schildern Dzwirzyno folgen. Nach 10 km liegt der CP links etwas abseits der Straße. 114239

Gdansk, PL-80-656 / Pomorskie

Stogi (218)***
ul. Wydmy 9
1 Apr - 30 Okt
+48 5 83 07 39 15
jan@camping-gdansk.pl

1 ADKNOPQSTU K 6
2 BGJPRTUXYZ ABDEF 7
3 AM ABEFNQRUW 8
4 O DFL 9
5 ABDEFHJK AFIJKNRS 10
10A ❶ €21,50
3,5ha 70T(bis 50m²) 91D ❷ €28,35

N 54°22'11'' E 18°43'47''
Straße 7 Elblag-Gdansk. Bei Gdansk den Schildern Stogi bis zum Ende folgen. Kurz vor dem Strand rechts zum CP. 112290

Polen

Teilkarte Nord-Polen auf Seite 405

Gizycko, PL-11-500 / Warminsko-Mazurskie

Elixir Hotelik Caravaning*
Guty 9
25 Apr - 31 Okt
+48 8 74 28 28 26
office@elixirhotel.com

1 ACD**KN**OPQSU — HLM**N**PQSUWX**Z** 6
2 EIJKPQUXY — BF**H** 7
3 AFGMN**OU** — BDFNQRTUW 8
4 ABD**E**FHJLMNO**PQ** — DEGLOPQRTVY 9
5 ABDEFHKMN**O** — AHIJKOQU 10
B 16A — ①€21,10
H110 3,5ha 70**T**(100-200m^2) 43**D** — ②€27,50

N 54°02'14" E 21°41'55"
Von Gizycko Richtung Magrowo, dann die 592 Richtung Ketrzyn. Nach ein paar Kilometer rechts abfahren Richtung Doba. CP ist ausgeschildert. 113299

Gizycko/Bystry, PL-11-500 / Warminsko-Mazurskie

Bystry
Bystry 2A
1 Mai - 30 Sep
+48 6 90 81 38 00
info@bystrycamping.pl

1 AE**KN**OPSTU — NPQRSTW**X**YZ 6
2 EIJKPQSWXYZ — ABDE**FG** 7
3 AS — B**F**JNQRW 8
4 — DGRT 9
5 AEFHJKM**O** — BHIKNQU 10
16A — ①€20,65
2ha 120**T**(100-200m^2) 14**D** — ②€27,05

N 54°01'19" E 21°48'29"
Auf der 63 von Gizycko nach Orzysz, 150 m von der Bahnlinie liegt der Camping rechts. 114248

Ilawa, PL-14-200 / Warminsko-Mazurskie

Lesna (14)**
ul. Sienkiewicza 9
1 Mai - 31 Okt
+48 6 91 18 84 55
lesna.ilawa@gmail.com

1 AD**K**NOPQST**U** — L**N**QSTWXZ 6
2 EPQSUXYZ — 7
3 AFGMN**NO** — ABEFNQRU 8
4 JNORT — GPQRUV 9
5 DFHJL — ABHINQU 10
10A — ①€10,65
H119 2,5ha 174**T**(80-100m^2) 36**D** — ②€14,90

N 53°35'57" E 19°32'57"
CP liegt an der 16, 800m westlich von Ilawa Zentrum. CP ist ausgeschildert. 109952

Iznota/Ruciane-Nida, PL-12-220 / Warminsko-Mazurskie

Camping Galindia
Bartlewo 1
1 Mai - 30 Sep
+48 8 74 23 14 16
galindia@galindia.com.pl

1 AD**JM**OPQSU — L**N**PQRSUXZ 6
2 BEIJKQSXYZ — ABDE**FG** 7
3 A**T** — ABEFNQR 8
4 O**Q** — GILMOQRUV 9
5 ADEFHLN — HIK**N**R**S** 10
6A — ①€22,35
H119 3ha 180**T**(100-200m^2) 51**D** — ②€29,80

N 53°44'11" E 21°33'46"
Von Mikolajek oder Ruciane-Nida die 609 Richtung Iznota. CP ist angezeigt. 4 km, wobei die ersten 500m eng sind, dann 1,7 km unbefestigter Weg. 120929

Jastrzebia Góra, PL-84-104 / Pomorskie

'Na Skarpie' nr. 60 Kat.1
ul. Rozewska 9
1 Jun - 31 Aug
+48 6 92 19 46 85
jolanta.markowska@icloud.com

1 AKLOPQSTU — K 6
2 GJPQXY — ABDEHI 7
3 AM — BFNQW 8
4 — J 9
5 ABDGHJM — ABHIKNQU 10
B 10A — ①€17,45
1,5ha 100**T**(80-100m^2) 25**D** — ②€22,15

N 54°49'59" E 18°19'19"
CP an Straße 215 von Wladyslawowo nach Karwia. CP ausgeschildert. 106468

Jedwabno, PL-12-122 / Warminsko-Mazurskie

Binduga 69
Brajniki 13
20 Apr - 15 Okt
+48 7 91 80 35 83
biuro@camping-binduga.pl

1 AD**K**NOPQRSTU — L**N**X 6
2 ABEQSXYZ — AB**F** 7
3 AG — AB**F**NRW 8
4 — DRT 9
5 ABDEJ — HJKNQU 10
10A CEE — ①€17,05
1,8ha 120**T**(60m^2) 5**D** — ②€21,30

N 53°33'02" E 20°47'50"
Die 58 Olsztynek Richtung Szczytno bei Narty am Hotel Mazuren links ab. Der Camping ist ausgeschildert, etwa 1 km befestigter Weg, die letzten 500m unbefestigt. 122978

Jedwabno, PL-12-122 / Warminsko-Mazurskie

Dluzek****
Jasminowa
20 Apr - 15 Okt
+48 7 91 80 35 83
biuro@camping-dluzek.pl

1 AD**K**NOPQRSTU — L**N**X 6
2 BEPQSXY — AB**F** 7
3 AG — A**F**JNQRW 8
4 O — DRT 9
5 ABDEJ — AHJKQU 10
10A CEE — ①€17,05
3,5ha 300**T**(50m^2) 5**D** — ②€21,30

N 53°32'10" E 20°40'41"
Die 58 Olsztynek Richtung Szczytno. In Dluzek ist der Camping links angezeigt. Die letzten 850m sind ein Sandweg. 122979

Klusy/Orzysz, PL-12-250 / Warminsko-Mazurskie

Agrotouristik Camping
Rozynsk 3A
10 Mai - 15 Sep
+48 6 08 17 32 99
asiagrundel@gmx.de

1 AKNOPQRSTU — **N**X 6
2 BQSXYZ — ABDE**F** 7
3 — ABEFNQRUW 8
4 FH — JQR 9
5 DN — AGHIJKOQ 10
16A — ①€15,35
H134 2ha 65**T**(100-200m^2) 2**D** — ②€23,85

N 53°47'33" E 22°08'52"
Von Olstyn die 16, zwischen Orzysz und Elk ist der CP ausgeschildert. Ausfahrt Rozynsk, nach 100m liegt der CP links. 121441

Kolobrzeg, PL-78-100 / Zachodniopomorskie

CC€19

Camping Baltic****
ul. 4 Dywizji Wojska Polskiego 1
15 Apr - 15 Okt
+48 6 06 41 19 54
baltic78@post.pl

1 ADE**KN**OPQRST**U** — K**N**QSX 6
2 GJPQSTWXYZ — ABDE**FG**HIK 7
3 ABFMUW — ABEFJNQRW 8
4 HJO — JVW 9
5 ACDEHIN — ABFGHIJKOPQ 10
Anzeige auf dieser Seite B 16A — ①€29,80
4ha 220**T** 18**D** — ②€37,50

N 54°10'53" E 15°35'45"
CP an der Ostseite von Kolobrzeg. Straße 11 folgen. Von Gdansk; am 1. Kreisverkehr rechts. CP nach 100m. Von Szczecin: am 2. Kreisverkehr dreiviertel herum. Nach 500m rechts, dann noch 100m bis zum CP. 106430

Krynica Morska, PL-82-120 / Pomorskie

Nr. 71***
ul. Marynarzy 2
1 Mai - 1 Okt
+48 5 02 28 18 06
ctofi@wp.pl

1 AKNOPQST**U** — KQ 6
2 BGJPQRUYZ — AB**F**H 7
3 A — ABE**F**JNQR 8
4 JO**PQ** — DGI 9
5 ACDEFHJKL — ABHIJKNQU 10
16A — ①€17,70
4ha 100**T**(80-100m^2) 76**D** — ②€22,60

N 54°22'47" E 19°25'28"
Straße 7 bei Nowy Dwór(Gd), Ausfahrt Straße 502 Richtung Stegna. In Stegna Straße 501 nach Krynica Morska. Vor Tankstelle links Straße hineinfahren bis zum CP. 106483

Polen

Teilkarte Nord-Polen auf Seite 405

Leba, PL-84-360 / Pomorskie

Ambre Nr. 41***
ul. Nadmorska 9
1 Mai - 30 Sep
+48 5 98 66 24 72
ambre@leba.info

1 ADEKNOPQRSTUV BGKNQSX 6
2 GJQRWYZ ABDEFHIJ 7
3 BF ABEFNQRW 8
4 FHJORSTU JL 9
5 DEFGHKN ABGHIKLOQ 10
B 16A ❶ €27,70
2,7ha 76T(40-90m²) 62D ❷ €34,10

N 54°45'55" E 17°34'14" 106457

Am 1. Kreisel rechts, der Straße bis zur Hauptstraße folgen, rechts ab, nach etwa 400m liegt der CP auf der linken Seite.

Leba, PL-84-360 / Pomorskie

Lesny Nr. 51****
Brzozowa 16A
15 Apr - 30 Okt
+48 5 98 66 28 11
camping_51_lesny@wp.pl

CC€17

1 ADEKNOPQRSTU DKNQSX 6
2 GJQRSXYZ ABDEFGHIJK 7
3 BMU ABEFJNQRTW 8
4 HJOPRT GJV 9
5 ACD ABDEGHIJKOQ 10
Anzeige auf dieser Seite B 16A ❶ €23,85
1,2ha 150T 11D ❷ €30,25

N 54°45'44" E 17°33'58" 109040

Am 1. Kreisel rechts, am 2. Kreisel die Straße weiter, nach der Brücke rechts. Nach 200m Camping links.

Leba, PL-84-360 / Pomorskie

Marco Polo Nr. 81***
ul. Wspólna 6
1 Mai - 30 Sep
+48 5 98 66 23 33
marcopolo@leba.info

1 ADEJMOPQRSTU NQX 6
2 JQYZ ABDEFHI 7
3 AF ABEFNQRT 8
4 FHO IJ 9
5 D BGHIJKLOQ 10
16A ❶ €19,60
1,5ha 250T 9D ❷ €23,85

N 54°45'21" E 17°33'01" 114668

Am Kreisel vor Leba 3. Ausfahrt nehmen. Na ca. 800m gegenüber Hotel Maxim neue Einfahrt (Al sw Mikolaja). Mit großem Schild angezeigt. Weit vor Leba wird der CP durch große Schilder angezeigt.

Leba, PL-84-360 / Pomorskie

Przymorze Nr. 48***
ul. Nadmorska 9
1 Mai - 20 Sep
+48 5 98 66 50 16
biuro@camping-leba.pl

1 ADEKNOPQRSTU KNQSX 6
2 GJQRXYZ ABDEFGHIJ 7
3 BM ABEFNQRT 8
4 HOR JL 9
5 D ABGHJKOQ 10
B 16A ❶ €26,65
1,7ha 250T 4D ❷ €33,00

N 54°45'55" E 17°34'21" 101363

Am 1. Kreisel in Leba rechts ab, der Straße weiter folgen und am Ende rechts ab. Sie sind dann auf der Nadmorska und der CP liegt links. Dem Hinweis der großen Reklametafeln auf CP Nr. 48 folgen.

Leba, PL-84-360 / Pomorskie

InterCamp '84'***
ul. Turystyczna 8 E
1 Mai - 15 Okt
+48 5 98 66 22 18
recepcja@intercamp84.eu

1 ADEKNOPQSTU BNRX 6
2 JQSXY ABDEFGHIK 7
3 AGM ABEFJNQRTW 8
4 HO JUVY 9
5 BDNO ABFGHIJKOQU 10
B 10A ❶ €24,30
4ha 100T(50-70m²) 78D ❷ €29,40

N 54°45'31" E 17°32'30" 106456

Von Lebork-Wicko die DK214 nach Leba. Am Kreisel 3. Ausfahrt bis zur Kreuzung, links ab. Danach dem Weg folgen; Camping links.

Leba, PL-84-360 / Pomorskie

Morski Nr. 21 Eurocamp***
ul. Turystyczna 3
30 Apr - 30 Sep
+48 6 64 25 88 06
camping.morski@gmail.com

CC€19

1 AFKNOPQRSTU KNQ 6
2 BGJQWXYZ ABDEFGHIK 7
3 ABGM ABEFIJKNQRUVW 8
4 BEHJO I 9
5 CDEFHJKM ABEFGHIJKLOQUX 10
Anzeige auf Seite 409 B 16A ❶ €24,50
2,9ha 220T 6D ❷ €29,60

N 54°45'43" E 17°32'18" 113079

Von Lebork-Wicko nach Leba. Am Kreisel 3. Ausfahrt bis zur T-Kreuzung, links ab. Dann der Straße und den CP-Schildern Morski Nr. 21 folgen.

Malbork, PL-82-200 / Pomorskie

Camping 197 Kat.1
Parkowa 3
15 Apr - 30 Sep
+48 5 52 72 24 13
hotel@caw.malbork.pl

1 ADKNOPQSTU JNSUX 6
2 CQXY ABDEFH 7
3 AFMNO ABEFNQRW 8
4 O GJL 9
5 DKL ABHIJKOQU 10
B 16A ❶ €17,05
2,5ha 75T(80-100m²) 30D ❷ €21,30

N 54°02'48" E 19°02'16" 106486

Von der Straße 22 Schild 'Centrum' folgen, im Zentrum dann blauen Schildern 'Hotel/Camping 197' nachfahren.

Malbork, PL-82-200 / Pomorskie

Nad Stawem
Solskiego 10
1 Apr - 30 Nov
+48 5 01 40 67 40
bodzio@boa.pl

1 AKNOPQRSTU N 6
2 AEPQX AB 7
3 A ABEFJNQRVW 8
4 9
5 D ABHIOQU 10
10A ❶ €12,80
4ha 70T(60-80m²) ❷ €17,05

N 54°02'44" E 19°01'31" 121876

Die 55 von N-W DWOR, Gdanski. Vor dem Schloss in Malbork liegt der CP auf der linken Seite.

Polen

Teilkarte Nord-Polen auf Seite 405

Polen

Miedzyzdroje, PL-72-500 / Zachodniopomorskie

no. 24
Ul. Polna 36
1 Apr - 15 Okt
+48 5 77 90 02 50
forestcampmiedzyzdroje@gmail.com
N 53°55'16" E 14°26'09"

1 AFKNOPQRST**U** — KS**X** 6
2 ABJKQRSWXYZ — ABDEK 7
3 AG — ABEFNQRW 8
4 FH — 9
5 DEHM — AGHIJKQ 10
16A
3ha 300**T**(60-150m²)
① €29,80
② €38,35

Swinoujscie (Swinemünde) die Landstraße 3, Ausfahrt Miedzyzdroje Landstraße 102. Camping 24 ist angezeigt.
120331

Mielno, PL-76-032 / Zachodniopomorskie

Na Granicy****
6 Marca 4 i
1 Mai - 30 Sep
+48 6 08 45 18 54
info@nagranicy.pl
N 54°15'45" E 16°04'26"

1 AF**KN**OPQRST**U** — KL**N**QS**X**Z 6
2 EGJPQSXY — AB**F**H 7
3 A — ABFJNQRTW 8
4 O — DGL 9
5 DEN — AGKNQVW 10
B 16A
1ha 75**T** 8**D**
① €22,35
② €28,75

8 km westlich von Koszalin die 6, Ausfahrt Mielno. Ins Zentrum fahren, über die Hauptstraße. CP ist deutlich rechts angezeigt.
121967

Mielno, PL-76-032 / Zachodniopomorskie

Rodzinny Nr. 105****
ul. Chrobrego 51
15 Apr - 15 Nov
+48 9 43 18 93 85
N 54°15'46" E 16°04'21"

1 AF**KN**OPQRST**U** — KL**N**QSX 6
2 EGJQXY — ABDE**FG**HI 7
3 AM — BFJKNPQRTW 8
4 FHJOQ**Z** — GIMQV 9
5 DN — ABHIKOQ 10
16A
0,6ha 50**T** 7**D**
① €21,75
② €26,40

8 km westlich von Koszalin ab der Straße 6 Ausfahrt Mielno. Ins Zentrum fahren; durch die Hauptstraße. CP ist deutlich links angezeigt.
114670

Mikolajki, PL-11-730 / Warminsko-Mazurskie

Wagabunda***
ul. Lesna 2
1 Jun - 31 Aug
+48 5 03 30 01 41
wagabunda-mikolajki@wagabunda-mikolajki.pl
N 53°47'44" E 21°33'54"

1 AFKNOPQS**U** — L**N**QSTUV 6
2 EPQSWXY — ABDE**F** 7
3 AFG — ABE**F**JNQRW 8
4 ANO — FHIJLQRUV 9
5 DEHN — AHIJKLOQU 10
16A
H120 3ha 100**T**(100-200m²) 108**D**
① €21,30
② €25,55

Von Mragowo über die 16 Ri. Mikolajki. 50m hinter der Bahnunterführung, hinter dem Ortsschild rechts abbiegen. Dort ist der CP ausgeschildert. Achtung, ehere Unterführung ignorieren.
106512

Mragowo, PL-11-700 / Warminsko-Mazurskie

Lorsby
Nowe Bagienice 16
1 Jan - 31 Dez
+48 8 97 42 82 63
lorsby@poczta.onet.pl
N 53°50'30" E 21°12'36"

1 DE**JM**OPQSU — LNOPQSUX 6
2 BEKPQSUXYZ — ABDE**F** 7
3 — ABEFNR 8
4 QT — GJLQVZ 9
5 ADHKMN — AIJKNQ 10
16A
H118 8ha 35**T**(100-200m²) 11**D**
① €20,25
② €20,25

Die 16 Olszty nach Mragowo. Am Straßenrand beschildert: vor Mragowo.
112652

Niechorze, PL-72-350 / Zachodniopomorskie

Pomona Nr. 208***
ul. Polna 25
1 Mai - 30 Sep
+48 9 13 86 34 45
pomonacamping@gmail.com
N 54°05'34" E 15°03'59"

1 ACDE**KN**OPQRST**U** — K**N**PQ**X** 6
2 GIJPQSTWXY — ABDE**F**HIJK 7
3 AB — ABCDEFJNQRUVW 8
4 HJO — GJL 9
5 ABDFHN — ABGHIJKOQU 10
Anzeige auf dieser Seite 10A
1,8ha 100**T**(bis 65m²) 23**D**
① €24,50
② €33,00

Straße 102 Kolobrzeg-Miedzywodzie. 4 km vor Rewal am Kreisverkehr in Richtung Niechorze abbiegen. Der Campingplatz ist gut ausgeschildert.
114673

Teilkarte Nord-Polen auf Seite 405

Orlowo, PL-11-510 / Warminsko-Mazurskie

Folwark Lekuk
Lekuk Maly 8
1 Jan - 31 Dez
+48 6 06 33 82 53
lekuk@lekuk.pl

1 AKNOPQSU LNPQSUXZ 6
2 EBEIJKQSUXYZ ABDEFHIK 7
3 ABFGNU ABEFJNQRU 8
4 HJOQTUVX ADGHIQRTVWY 9
5 DEFHKN ABHIJKNQU 10
B 16A ❶ €22,15
H158 3ha 40T(100-200m²) 51D ❷ €31,10

N 54°03'18'' E 22°09'56''
Von Gizycko nach Suwalki die 655. Auf dieser Straße den CP-Schildern folgen. Richtung Orlowo vor dem Friedhof links. 118739

Piece, PL-83-261 / Pomorskie

Wyzwanie
Klaniny wyb. 51
1 Mai - 1 Sep
+48 6 08 28 49 93
piotrcampingwyzwanie@gmail.com

1 AKNOPQSTU JLNU 6
2 BCEQTWX ABDEF 7
3 AU ABEFNQRTW 8
4 FHJO JRV 9
5 DHN AFGIJKMNQ 10
FKK 6-10A CEE ❶ €17,05
H110 22ha 65T(150m²) 7D ❷ €21,30

N 53°49'17'' E 18°10'49''
Die 22: Chojnice-Starogard Gdanski. Bei Lag Ausfahrt Richtung Zle Mieso geradeaus. Über die Bahnlinie weiter bis Zimne Zdroje. Am Straßenende rechts. Nach ca. 150m links Richtung Klaniny bis zum mit Holz eingefassten Baum. Hier links. 121874

Piecki, PL-11-710 / Warminsko-Mazurskie

Piecki (269) Kat.1
ul. Zwyciestwa 60
1 Jan - 31 Dez
+48 8 97 42 10 25
owpiecki@post.pl

1 AKNOPQSU LNQS 6
2 BEKPQRXY ABDE 7
3 AFM ABEFNQW 8
4 JN GJQR 9
5 DHK AHJKRSU 10
16A ❶ €13,85
H135 6ha 60T 37D ❷ €18,10

N 53°46'45'' E 21°20'06''
Gelegen an der 59, 10 km von Mragowo Richtung Szczytno; 1,5 km vor Piecki. CP ist aus beiden Richtungen ausgeschildert. 106513

Poznan, PL-61-036 / Wielkopolskie

Malta Nr. 155****
Ul. Krancowa 98
1 Jan - 31 Dez
+48 6 18 76 62 03
camping@malta.poznan.pl

1 ADEKNOPQRSTU L 6
2 EPQSWXY ABEFGHIK 7
3 A ABFHJNPQRW 8
4 HJTW JLV 9
5 ADJKLN ABGHIKOQ 10
B 16A ❶ €26,65
3ha 40T(70-80m²) 66D ❷ €33,00

N 52°24'12'' E 16°59'02''
Ab der Mautstrecke A2 Ausfahrt Poznan/Wezel/Krzesiny. Richtung Zentrum bis zum Kreisel, 6 km. Nach 1,7 km am Kreisel rechts ab. Nach 1,8 km rechts ab Richtung Malta. 107679

Przywidz, PL-83-047 / Pomorskie

Camping Nr. 20
Mala Szwajcaria**
ul. Gdanska 19B
1 Apr - 31 Okt
+48 6 02 62 30 91
biuro@camping.vti.pl

1 ADEKNOPQSTU LN 6
2 EPQUXY ABFH 7
3 AFN ABEFNQRW 8
4 J JNQRT 9
5 ADEHJKLN HOQU 10
B 16A ❶ €14,90
H200 2ha 100T(60-80m²) 24D ❷ €17,45

N 54°11'42'' E 18°19'26''
CP liegt an der 221 und ist im Ort ausgeschildert (Kolbudy-Koscierzyna). 114677

Rowy, PL-76-212 / Pomorskie

Nr. 156 Przymorze***
ul. Baltycka 6
1 Mai - 15 Sep
+48 5 98 14 19 40
biuro@przymorze.com.pl

1 ADEKNOPQRSTU KNQX 6
2 JPQRXY ABDEFHIJ 7
3 BFM ABEFKNQRW 8
4 HJO IJ 9
5 D ABHIJKOQ 10
B 10A ❶ €22,35
2,5ha 150T 19D ❷ €29,60

N 54°39'32'' E 17°03'06''
CP liegt 400m von Rowy entfernt, an der Straße nach Ustka auf der linken Seite der Straße. Großes Schild 'Camping'. 106458

Rudnik/Grudziadz, PL-86-300 / Kujawsko-Pomorskie

Rudnik-Grudziadz (134)**
ul. Zalesna 1
30 Apr - 30 Sep
+48 5 09 95 13 45
rudnik@moriw.grudziadz.pl

1 ADKNOPQSTU LMNQSXYZ 6
2 BEJKPQYZ ABDEFH 7
3 AFGM ABEFNQRW 8
4 HJNOP FHJQRTU 9
5 DEHKLM AHIJKNQU 10
16A ❶ €12,80
2ha 50T(80-100m²) 44D ❷ €14,50

N 53°26'29'' E 18°45'14''
Die 55 am Kreisel Richtung Rudnik. Auf dem Waldweg bleiben bis zum CP-Schild; rechts ab. Camping links. Zum Registrieren bis zum Strand, durchfahren und an der Rezeption melden. 114679

Ruska Wies/Mragowo, PL-11-700 / Warminsko-Maz.

Seeblick***
Ruska Wies 1
15 Apr - 30 Okt
+48 8 97 41 31 55
marian.seeblick@gmail.com

1 AKNOPQSU LNQSUXZ 6
2 EIJKPQUVXY ABDEF 7
3 AFGNU ABCDEFINQRW 8
4 AHJO GJMPQR 9
5 AHKN BHIJKNQUW 10
10A CEE ❶ €18,10
H145 1,5ha 100T(100-200m²) 5D ❷ €24,50

N 53°56'34'' E 21°19'12''
Von Mragowo aus die 591 Richtung Ketrzyn. Nach 8 km CP-Schild. 450m weiter von hier rechts ab. Am folgenden Schild rechts in den Hartsandweg ca. 200m. 115190

Rydzewo/Gizycko, PL-11-513 / Warminsko-Mazurskie

Echo****
Mazurska 48
1 Mrz - 30 Nov
+48 8 74 21 11 86
bdnowakowska@gmail.com

1 AKNOPQSU LNPQSWXZ 6
2 EJKPQWXYZ ABDEF 7
3 AF BFJNQRW 8
4 H QRTUV 9
5 ADN AGHIJKOQU 10
B 16A ❶ €21,50
H116 2ha 52T(100-120m²) ❷ €27,90

N 53°58'02'' E 21°46'34''
In Gizycko die 63 Richtung Lomza. In Ruda (nach 11 km) rechts nach Rydzewo. Nach ca. 6 km liegt der CP auf der rechten Seite. Camping-Einfahrt sehr schmal. 107684

Sopot, PL-81-861 / Pomorskie

Metropolis**
Niepodleglosci 899
1 Mai - 30 Sep
+48 5 09 60 60 55
metropolis.polmetro@campingsopot.pl

1 ADEKNOPQSTU 6
2 ABGJPQXY ABJ 7
3 ABFNQRW 8
4 J 9
5 DFHJKL GHIORT 10
16A ❶ €20,95
3,3ha 100T(60m²) 58D ❷ €26,40

N 54°27'40'' E 18°33'17''
Der CP liegt an der 468 Gdansk-Gdynia kurz außerhalb von Sopot, rechts hinter der Tankstelle. 101600

Sopot, PL-81-731 / Pomorskie

Camping Sopot Park 45***
Bitwy pod Plowcami 73-79
1 Jan - 31 Dez
+48 6 90 27 38 10
recepcja@park45.pl

1 ADEKNOPQSTU KQSTU 6
2 GJPQSXYZ ABDEFGHK 7
3 A ABEFNQRW 8
4 OR GJNRV 9
5 DFGHJKL AHIKNQ 10
B 16A ❶ €27,95
3,5ha 250T(60-80m²) 24D ❷ €37,20

N 54°25'51'' E 18°35'13''
Auf der Hauptstraße durch Sopot die Ausfahrt Molo nehmen. Am Ende der Straße rechts. In dieser Straße ist der CP links. Ausgeschildert. 114245

Sorkwity, PL-11-731 / Warminsko-Mazurskie

CC€23

Glamping Szelagówka
ul. Szelagówka 4
15 Apr - 15 Okt
+48 7 80 07 10 00
kontakt@szelagowka.pl

1 ABDEKNOPQRSTU ANQSTV 6
2 BFIQSTVWX BCFGHIK 7
3 ACGHS DFGIJKQRSUW 8
4 AEHTX ABGIUVW 9
5 ABDHIJKMN ABCDFGHIKOPQ 10
Anzeige auf Seite 411 B 1-16A ❶ €28,85
3ha 64T(80-120m²) 42D ❷ €35,50

N 53°53'42'' E 21°08'54''
Straße 16 Olsztyn-Mragowa. An der Abzweigung Sorkwity biegen Sie nach Zyndaki ab (entlang des Gieladzkie-Sees). Sie erreichen das Dorf nach 5km. 125317

Stare Jablonki, PL-14-133 / Warminsko-Mazurskie

Pajda Mazur****
Katno 30B
1 Mai - 30 Sep
+48 8 88 90 38 01
maja@pajdamazur.pl

1 AKNOPQRSTU LNSVWXYZ 6
2 AEJKOQRSXY ABDEFH 7
3 AGUV ABEFJNQRW 8
4 BJO HJLQRT 9
5 ADEFHJKM BHIJKNQU 10
B 16A CEE ❶ €19,80
H111 1,4ha 55T(45m²) 17D ❷ €28,35

N 53°42'24'' E 20°04'47''
Die 16 Olsztyn nach Ostroda. In Stare Jablonki rechts ab, den CP-Schildern folgen. Letzte 300m unbefestigte Straße. 121428

CampingCard ACSI, gut zu wissen

- Nur gültig auf teilnehmenden CampingCard ACSI-Campingplätzen
- Nur gültig in den mit dem Campingplatz vereinbarten Akzeptanzzeiträumen
- Zusatzkosten nicht inbegriffen
- Begrenzte Anzahl von Stellplätzen verfügbar

Polen

Teilkarte Nord-Polen auf Seite 405

Stegna, PL-82-103 / Pomorskie

Nr. 159***
ul. Morska 26
1 Mai - 15 Sep
+48 5 52 47 83 03
camp@camp.pl

1 ADKNOPQSTU KN 6
2 BGJPQRUVXYZ ABDEFGHIK 7
3 A ABFGNQRW 8
4 J DJLV 9
5 ABD ABEHIJKNQ 10
B 10-16A ❶ €21,30
1,7ha 100T(80-100m²) 4D ❷ €27,70

N 54°20'31'' E 19°07'04''

Die 7 bei Nowy Dwór (Gd), Ausfahrt Straße 502 Richtung Stegna. In Stegna die 501 Richtung Krynica Morska. Rechts der Strecke ist der CP mit einem weißen Schild ausgeschildert. 114246

Sulecin, PL-69-200 / Lubuskie

Marina
Ul. Zielona 3 Ostrów
1 Jan - 31 Dez
+48 5 05 05 99 09
197226@wp.pl

1 ADEKNOPQRSTU LNXZ 6
2 ABFJKQRWXY ABFGJ 7
3 AGMN ABEFJNQRUW 8
4 FHOT FJQVY 9
5 ABDKN AGHJKNQU 10
B 6A CEE ❶ €19,15
5,5ha 114T(60-100m²) 35D ❷ €27,70

N 52°24'46'' E 15°06'57''

Ab der Grenze Frankfurt/Oder der A2 folgen und ab der Ausfahrt Torzym der Landstraße 138. Am Schild Camping Marina rechts: nach 500m rechts. 117620

Talty/Mikolajki, PL-11-730 / Warminsko-Mazurskie

KamA****
ul. Talty 36
1 Mai - 15 Okt
+48 8 74 21 65 75
camping@kama.mazury.pl

1 ABKNOPQRSTU LMNQSWXZ 6
2 EIJKPQSXYZ ABCFHK 7
3 AFGU ABEFJNQRW 8
4 FHOQ DJLQRTU 9
5 ADFHJKMN ABEHIJKLORS 10
B 16A ❶ €21,30
H118 2ha 60T(100-200m²) 9D ❷ €25,55

N 53°50'39'' E 21°33'33''

Von Mikolajki nach Gizycko die 16, links ab nach Talty 4,5 km. Der CP ist angezeigt. 114250

Torun, PL-87-100 / Kujawsko-Pomorskie

Camping nr. 33 Tramp***
ul. Kujawska 14
1 Jan - 31 Dez
+48 5 66 54 71 87
tramp@mosir.torun.pl

1 AKNOPQSTU 6
2 PQTWXY ABF 7
3 AF ABEFJNQRW 8
4 FGJ 9
5 ADFHJL AHOQ 10
B 8A ❶ €17,70
H70 3ha 150T(80-100m²) 36D ❷ €21,95

N 53°00'01'' E 18°36'31''

CP liegt an der 1 vor der großen Brücke in der Stadt nach Gdansk. Unter der Unterführung durch und dann rechts ab. Hier nach 300m links ist der CP. Von Warszawa nicht Transit fahren. 107682

Trzesacz/Rewal, PL-72-344 / Zachodniopomorskie

Klif Nr.192****
ul. Kamienska 26
1 Mai - 30 Sep
+48 9 13 86 26 18
campingklif@gmail.com

1 AFKNOPQRSTU KNQ 6
2 GJQXY ABDEFGHIJK 7
3 AM ABEFNQRUVW 8
4 HJOP DGJL 9
5 DEFHJKLN ABGHIKOQ 10
B 16A ❶ €27,05
1,3ha 150T(80-100m²) 12D ❷ €32,60

N 54°04'46'' E 15°00'15''

CP außerhalb von Rewal, an der Straße 102 von Miedzyzdroje nach Kolobrzeg. 101362

Tumiany/Barczewo, PL-11-010 / Warminsko-Mazurskie

Tumiany****
Tumiany 1A
1 Mai - 1 Okt
+48 6 02 75 74 81
biurotumiany@gmail.com

1 ADEKNOPQRSTU LNQVX 6
2 ABFJQSWXYZ BEFH 7
3 AG BFNQRTVW 8
4 FHO DEIJLQRTVXYZ 9
5 ADEFHIJKM AHIJKNRSU 10
B 16A ❶ €21,30
4ha 60T(80-100m²) 22D ❷ €27,70

N 53°48'48'' E 20°47'44''

Straße 16 von Olsztyn nach Mragowo, Ausfahrt Tumiany, nach 2 km abbiegen und den Campingschildern folgen. Die letzten 800m über eine Schotterstraße. 125185

Ustronie Morskie, PL-78-111 / Zachodniopomorskie

Pod Brzozami****
ul. Targowa 2A
1 Jan - 31 Dez
+48 7 30 98 06 66
info@brzozy.de

1 ADEKNOPQRSTU KNQSX 6
2 GJPQSTWXYZ ABDEFGHIK 7
3 ABDMU ABEFJNQRSUVW 8
4 BCDHOP DGVX 9
5 DEHJKMNO ABEGHIJKOQU 10
B 10-16A ❶ €20,25
1,5ha 125T(40-80m²) 8D ❷ €28,75

N 54°12'51'' E 15°45'34''

Von Kolobrzeg die 11 Richtung Koszalin, nach ca. 13 km links Richtung Ustronie Morski, am Platz vor der Bank (links) rechts ab und nach 100m Camping rechts. 124771

Wasosz, PL-89-200 / Kujawsko-Pomorskie

Zielona Dolina O.W.
Nadbrzezna 10
1 Jan - 31 Dez
+48 6 01 66 22 04
dkorzeb@poczta.onet.pl

1 ADEKNOPQRSTU LNQSXZ 6
2 ABEJKQRSTWXY AFGH 7
3 AGHIMU ABEFNQRUW 8
4 FHNOQ JQRTUV 9
5 ADEFGHJLNO HIJKNQU 10
16A ❶ €12,80
H70 2,8ha 40T(80m²) 2D ❷ €17,05

N 52°56'56'' E 17°45'14''

Die 5 von Bydgoszcz nach Znin,etwa 17 km vor Znin am Schild Wasosz links abbiegen und nach etwa 2,5 km ist der Camping angezeigt. 123242

Wegorzewo, PL-11-600 / Warminsko-Mazurskie

Rusalka (175)**
Lesna 2
1 Mai - 30 Sep
+48 5 17 52 15 43
camp.175@wp.pl

1 AKNOPQSU LNQSWXZ 6
2 BEQRUWXY 7
3 AGM ABEFN 8
4 JO JLQRT 9
5 ABDHK JKOQU 10
16A ❶ €19,80
10ha 312T(100-200m²) 24D ❷ €24,50

N 54°11'13'' E 21°46'15''

Die Straße Nr. 63 in Richtung Gizycko-Wegorzewo fahren. 3 km vor Wegorzewo ist der CP links gut ausgeschildert. 106508

Wladyslawowo, PL-84-120 / Pomorskie

Kaper (152)***
Prrzy Drodze Wojewódskiej 216
1 Mai - 15 Sep
+48 5 86 74 14 86
kaperkemping@wp.pl

1 ADKNOPQSTU KQRSTWXZ 6
2 GJPQRXY ABDEF 7
3 AFN ABEFNQRW 8
4 JMNOP IMNPRT 9
5 ACDHKL AHIJKOQX 10
16A ❶ €17,80
3,6ha 140T(80-100m²) 208D ❷ €22,05

N 54°46'38'' E 18°27'24''

Von Gdynia Straße 6 bis Rede, dann Straße 216 Richtung Wladyslawowo, dort Richtung Hel, ca. 3 km, CP rechts der Straße. 106471

Zawory/Chmielno, PL-83-333 / Pomorskie

Bachus
Grodziska 16
1 Mai - 30 Sep
+48 5 86 84 22 00
osrodek-bachus@o2.pl

1 ABDEKNOPQST BLNQSVWXZ 6
2 BEJKQSXY ABDEF 7
3 AM ABEFNQRUVW 8
4 FJOTX FJQRTVW 9
5 DEFHJK HIJKOQU 10
10A ❶ €16,60
H50 3,5ha 60T 38D ❷ €20,85

N 54°19'17'' E 18°07'10''

Von Karfuzy über die 228 Ri. Bytow bis zum Ortsschild Chmielno. In dieser Straße einfahren bis Zawory, dort den CP-Schildern Tamowa folgen. CP liegt rechts. 121172

Zawory/Chmielno, PL-83-333 / Pomorskie

Tamowa nr. 181**
1 Jan - 31 Dez
+48 5 86 84 25 35
camping@tamowa.pl

1 ACKNOPQSTU LNQSXZ 6
2 EIQVXY ABDEF 7
3 AFMN ABEFNQRW 8
4 JNOQT DGIJMPQRTUV 9
5 ADEHM ABHJKOQU 10
10A ❶ €17,25
H179 2ha 110T(60-100m²) 21D ❷ €23,65

N 54°19'13'' E 18°07'04''

Von Kartuzy über die 228 Ri. Bytow bis zum Schild auf der rechten Seite Chmielno. In diesen kleinen Weg abbiegen bis Zawory, dort den CP-Schildern folgen. 113305

Polen

Bedkowice, PL-32-089 / Malopolskie

Brandysówka
ul. Pod Sokolica 127
1 Jan - 31 Dez
+48 5 13 34 71 11
brandysowka@gmail.pl

1 ADFKLOPQRSTU		6
2 BCIQXY	ABF	7
3 BMW	AEFNQR	8
4 FH	G	9
5 HK	ABCHKOQU	10
10-16A CEE		❶ €14,90
2ha 120T(50-120m²) 8D		❷ €14,90

N 50°10'23'' E 19°44'27'' — 122786

Von der N94 Ausfahrt Tazy. In Tazy am Campingschild links. Ca. 2 km dem schmalen Waldweg zum CP folgen. Die Straße ist in sehr schlechtem Zustand.

Jarnoltówek, PL-48-267 / Opolskie

Zlota Dolina**
Pokrzywna 25b
15 Apr - 15 Okt
+48 7 94 04 35 00
osrodek@zlotadolina.eu

1 ADEKNOPQRSTU	AFN	6
2 BCKQTXYZ	ABFJ	7
3 AFG	ABEFNQRW	8
4 BCFHJNOQ	F	9
5 AEHK	HIJKOR	10
B 16A CEE		❶ €18,10
H250 4ha 100T(50-70m²) 20D		❷ €18,10

N 50°17'15'' E 17°27'39'' — 122377

Bei Nysa die 411 Richtung Glucholazy. Dann nach Jarnoltówek und weiter Richtung Prudnik. Ab Pokrzywna Camping gut angezeigt. Im Navi Pokrzywna als Ortname eingeben.

Bielsko Biala, PL-43-316 / Slaskie

Camping 99 Beskid****
ul. Karbowa 15
15 Apr - 30 Sep
+48 5 09 99 95 05
camping99beskid@gmail.com

1 ADEKNOPQSTU	A	6
2 ABPQSTVWXYZ	ABDEFGHI	7
3 AU	ABEFNQR	8
4 FHJOR	V	9
5 DHKL	BHIJKNQU	10
B 16A CEE		❶ €26,65
1ha 50T		❷ €26,65

N 49°46'53'' E 19°01'22'' — 114259

In Bielsko Biala die Strecke nach Szczyrk. Richtung Hospital, nach etwa 5 km der CP.

Jelenia Góra, PL-58-500 / Dolnoslaskie

Auto-Camping Park Nr. 130**
ul. Sudecka 42A
1 Jan - 31 Dez
+48 7 57 52 45 25
campingpark@interia.pl

1 ADJMOPQSTU	A	6
2 QSUVXYZ	ABDEFGHIJK	7
3 N	ABEFNQR	8
4 JO	DGJ	9
5 D	ABGHIKOQU	10
B 16A CEE		❶ €13,85
H250 1,8ha 30T(60-120m²) 37D		❷ €17,25

N 50°53'47'' E 15°44'34'' — 106442

An der 367 Jelenia Góra-Karpacz. Auf allen Anfahrtswegen mit CP-Schildern ausgeschildert (Camping 130).

Bielsko Biala, PL-43-309 / Slaskie

Kemping Ondraszek (57)*
ul. Pocztowa 43
1 Apr - 31 Okt
+48 3 38 14 64 25
kemping57ondraszek@op.pl

1 ADEKNOPQSTU		6
2 ABPQUXYZ	ABDEIJ	7
3 AFM	ABEFNQR	8
4 FHJO	GJV	9
5 DHN	HIJKNQU	10
12A CEE		❶ €20,25
H401 1,5ha 40T(40-70m²) 16D		❷ €20,25

N 49°46'48'' E 19°03'14'' — 106500

Auf dem Weg von Bielsko Biala nach Szczyrk gelegen. 5 km hinterm Zentrum rechts ab. Ausgeschildert.

Kaputy/Warszawa, PL-05-850 / Mazowieckie

Kaputy 222
ul. Sochaczewska 222
15 Apr - 30 Sep
+48 6 01 08 81 12
biuro@camping222.pl

1 ADEKNOPQRSTU	N	6
2 APQSWX	ABDEFH	7
3 AS	ABEFJNQR	8
4 OQ	GILZ	9
5 ABDFJN	HIJKORSU	10
B 10A		❶ €28,75
H93 1ha 78T(100-200m²) 5D		❷ €35,15

N 52°13'50'' E 20°47'32'' — 121565

E30/A2/S8, Ausfahrt Warszawa-Zachod, Richtung Ozarow Mazowiecki, nach 1,9 km im Kreisel 3. Ausfahrt. 2. Kreisel geradeaus, dann noch 1 km bis zum CP, rechts Nr. 222. CP ist links der Straße angezeigt.

Bolków, PL-59-420 / Dolnoslaskie

Pod Lasem
Swiny 17A
15 Apr - 30 Sep
+48 5 08 67 71 06
info@campingpodlasem.pl

1 ACFKNOPQRSTU	AFN	6
2 BCIKQSTVWXYZ	ABDEFI	7
3 AGM	ABEFJNQRUW	8
4 HJOX	DEFVW	9
5 ADN	ABFGHIJKLOQU	10
6-16A CEE		❶ €18,10
3,6ha 130T(60-150m²) 9D		❷ €18,10

N 50°55'59'' E 16°06'47'' — 118106

An der E65 von Legnica nach Bolków. 2 km vor Bolków ist der CP angezeigt.

Katowice, PL-40-266 / Slaskie

Camping 215****
Trzech Stawow 23
1 Jan - 31 Dez
+48 3 22 56 59 39
camping@mosir.katowice.pl

1 ADEKNOPQSTU	ALN	6
2 AEKQUWY	ABDEF	7
3 N	ABEFNQR	8
4 JOT	GI	9
5 D	AHIOQ	10
B 10A CEE		❶ €19,00
3ha 150T(80-100m²) 19D		❷ €19,00

N 50°14'37'' E 19°02'52'' — 112992

CP 215 liegt an der Kreuzung der Ausfallstraße 86 Katowice - Bielsko-Biala und der E40 Wroclaw-Kraków.

Giebultów/Mirsk, PL-59-630 / Dolnoslaskie

Camping Mirsk
Wola Augustowska 41
15 Apr - 15 Sep
+48 6 94 61 38 92
info@camping-polen.com

1 AKNOPQRSTU	A	6
2 IQTUXYZ	ABDEF	7
3 A	ABEFNRU	8
4 FHJO	DI	9
5 DHKN	ABHIJKMNQ	10
6A		❶ €14,25
H390 2,6ha 60T(80-100m²) 3D		❷ €18,55

N 50°59'08'' E 15°21'39'' — 118292

Die 30 von Görlitz Richtung Jelenia Góra, an Gryfow Slaski vorbei die 361 nach Mirsk. In Mirsk Richtung Giebultów, dann den Schildern folgen.

Teilkarte Süd-Polen auf Seite 412

Kazimierz Dolny, PL-24-120 / Lubelskie

Spichlerz Kat.1
ul. Krakowska 59/61
1 Apr - 31 Okt
+48 6 06 90 11 57
kontakt@spichlerzpark.pl
N 51°19'08'' E 21°55'51''

1 ADEKNOPQRSTU	6
2 QSUXYZ	ABFGH 7
3 AG	ABEFNQR 8
4 J	GV 9
5 DEHJLO	HJKN 10
15A	① €23,45
H132 1ha 110T(25-80m^2) 42D	② €27,70

Von Pulawy Straße 824. In Kazimierz Dolny gegenüber dem Markt rechts abbiegen. Nach ca. 1 km liegt der CP neben dem Hotel Spichlerz, der Eingang befindet sich links vom Hotel. Die Rezeption befindet sich im Hotel Willa Murka. Sehr schlechter Weg zum CP. 111855

Kozienice, PL-26900 / Mazowieckie

Kozienickie Centrum Rekreacji Sportu
ul. Bohaterów Studzianek 30
1 Jan - 31 Dez
+48 4 86 14 60 91
rekreacja@kcris.pl
N 51°35'46'' E 21°32'24''

1 ABDEKNOPQSU	JLNUX 6
2 BCEJQSXYZ	ABDEFH 7
3 ABFGMN	ABEFNQRW 8
4 HOQ	GIJRTUV 9
5 DK	HINQ 10
B 6A	① €19,15
H106 5ha 80T(100-200m^2) 73D	② €21,30

Die 79 von Warschau, am Ortsanfang links ab, 300 Meter weiter rechts, 900 Meter, dann liegt der CP links. 122281

Kraków, PL-31-223 / Malopolskie

Clepardia***
Henryka Pachonskiego 28
15 Apr - 15 Okt
+48 7 95 29 44 86
clepardia@gmail.com
N 50°05'44'' E 19°56'29''

1 ADEKNOPQSTU	6
2 PQTXYZ	ABFHIK 7
3 A	ABCDEFNQRW 8
4 O	FJL 9
5 D	CGHIJKOST 10
B 10A CEE	① €26,65
1,2ha 56T(60-120m^2) 11D	② €26,65

Der 4 folgen. Am Kreisverkehr geradeaus, Schildern 'camping domki Clepardia' folgen nordöstlich von Kraków. 110369

Kraków, PL-30-252 / Malopolskie

Smok***
Kamedulska 18
1 Apr - 31 Okt
+48 1 24 29 83 00
info@smok.krakow.pl
N 50°02'47'' E 19°52'53''

1 ADKNOPQSTU	6
2 APQSUXYZ	ABDEF 7
3 A	ABEFNQR 8
4 JO	G 9
5 ABDN	AGHIJKLOQ 10
6-16A CEE	① €25,15
2ha 50T(60-120m^2) 5D	② €31,50

An der Strecke 780 Krakau-Oswięcim, von Krakau ausgeschildert, dem Schild 'Camping 46' folgen. Der CP liegt dann links der Strecke. 107677

Lagów, PL-66-220 / Lubuskie

De Kroon
Pozrzadto 16
1 Apr - 30 Sep
+48 7 97 38 90 01
familiecampingdekroon@gmail.com
N 52°17'49'' E 15°14'48''

1 AFKNOPQRSTU	AFN 6
2 PQXY	ABDEFH 7
3 AMU	ABDEFIJNQRT 8
4 JOQ	EVY 9
5 DMN	AHIJKNQU 10
B 6A	① €24,00
H90 1ha 60T 2D	② €31,00

Frankfurt-Oder Richtung Poznan bis Ausfahrt Rzepin mautfrei. Sie können auch durchfahren (Mautstrecke) bis Torzym. In Pozradlo vor Orlén Tankstelle rechts ab in Richtung Skape. 111770

Lagów, PL-66-220 / Lubuskie

Zacisze
Wczasowa 1
1 Jan - 31 Dez
+48 6 64 04 98 00
recepca@zacisze.pl
N 52°19'07'' E 15°17'18''

1 ADEKNOPQRSTU	HLNOPUX 6
2 BFJQRWXYZ	ABDEFG 7
3 ABCFGM	ABEFNQRUVW 8
4 FHOT	JMNRT 9
5 DEFHO	ABFGHIJKLMNPQUX 10
10-16A CEE	① €24,50
H100 10ha 200T 27D	② €31,95

A2 Frankfurt an der Oder nach Poznan. Ausfahrt 35 nach Lagow. Der Campingplatz ist in Lagow ausgeschildert. Wenn Sie die Hauptstraße verlassen, führt das letzte Stück über eine Straße mit vielen Schlaglöchern. 125184

Legnickie Pole, PL-59-241 / Dolnoslaskie

Gminny Osrodek Kultury i Sportu**
Henryka Brodatego 7
1 Mai - 30 Sep
+48 7 68 58 28 27
gokis-lp@wp.pl
N 51°08'34'' E 16°14'25''

1 AKNOPQRSTU	6
2 AQY	ABDE 7
3 B	ABEFNQ 8
4	J 9
5 D	HIJKOQU 10
8A CEE	① €7,45
H120 1ha 42T(60-120m^2) 1D	② €12,80

Von Legnicka E65 Richtung Walbrzych, dann Legnickie Pole fahren. Gut ausgeschildert von Wroclow, auf der 4 auch gut ausgeschildert. 108938

Lesna, PL-59-820 / Dolnoslaskie

Zloty Potok Resort
Zloty Potok 42
1 Jan - 31 Dez
+48 7 57 84 71 55
recepcja@zlotypotokresort.pl
N 51°01'01'' E 15°22'27''

1 ADKNOPQRSTU	LNQSWXYZ 6
2 BEIJOQUVXY	ABDE 7
3 AGV	ABEFNQUV 8
4 FHJMORT	GHJQRTU 9
5 ABDEFHJKN	ABHIJKOQU 10
6A	① €17,05
4ha 130T(80-120m^2) 33D	② €23,45

Die 30 Zgorzelec-Jelenia Góra. In Gryfów Slaski die 393 nehmen. Durch Lesna Richtung Zloty Potok, am großen Schild an der rechten Straßenseite rechts. Nach ± 800m CP. 118722

Maków Podhalanski, PL-34-220 / Slaskie

Hotel & Camping Jazy**
ul. Jazy 6
1 Jan - 31 Dez
+48 5 14 60 67 55
recepcja@jazy.com.pl
N 49°43'18'' E 19°41'49''

1 ADEKNOPQRSTU	JN 6
2 BDIPQTXYZ	ABFK 7
3 ABFGN	ABEFNQRS 8
4 FHI	GI 9
5 DN	ABHIJKOQU 10
B 16A	① €17,05
1,5ha 150T(60-120m^2) 7D	② €17,05

Die 98 von Wadowice nach Rabka. Nach dem Dorf Maków links. 112367

Marczów/Wlen, PL-59-610 / Dolnoslaskie

Pension Jaskòlka
Marczow 56
15 Apr - 15 Okt
+48 7 57 13 65 87
info@jaskolka.com
N 51°02'35'' E 15°38'11''

1 AKNOPQRSTU	U 6
2 IPQUXY	ABDF 7
3 AHSTUX	AEFNU 8
4 EFGHJOX	AGIJR 9
5 DHKN	AHIJKOQY 10
6A	① €11,30
H274 3,5ha 92T(40-100m^2) 12D	② €14,25

Von der E40 bei Bolestawice die 297 nach Lwowek Sl. nehmen. Hinter Lwowek Sl. Ausfahrt links Richtung Marczów. Weiter ausgeschildert. 117969

Milków, PL-58-535 / Dolnoslaskie

Wisniowa Polana 142****
Milkow 260
1 Mai - 1 Okt
+48 5 04 64 59 26
wisniowapolana@gmail.com
N 50°48'19'' E 15°46'02''

1 ACKNOPQSTU	AFJ 6
2 BCIKPQSXYZ	ABEFGHIJ 7
3 ABFGM	ABEFHNQRT 8
4 BJOQ	L 9
5 ADEFHJKN	ABGHIJKOQU 10
B 6-16A CEE	① €19,15
H447 1,5ha 48T(60-120m^2)	② €23,45

Die 367 Jelenia Góra nach Karpacz. Am Kreisel mit Straße 366 links nach Kowary Sobieszow. Östlich von Milków bei kleinem Fluss. 111857

Niedzica, PL-34-441 / Malopolskie

Polana Sosny**
Os.Polana Sosny 1
1 Jan - 31 Dez
+48 5 19 33 71 24
polana.sosny@niedzica.pl
N 49°24'18'' E 20°20'02''

1 ADEHKNOPQSTU	NUX 6
2 CEJPQSTWXY	ABFI 7
3 AFG	ABEFJNQW 8
4 H	GU 9
5 DEFHJLN	HIJKOQUY 10
WB 16A	① €24,70
H483 1,5ha 60T(100m^2) 47D	② €29,80

Von Kraków, 3 Stunden fahren über Nowy Targ und der 969 bis Krosnica. Ausschilderung Niedzica Castle folgen bis zur Brücke über die Dunajec. CP liegt zwischen Kluskowce und Grywald. 111206

Osiek, PL-32-608 / Slaskie

Camping Molo***
Glowna 231A
1 Apr - 30 Sep
+48 3 34 32 25 03
camping@czasnamolo.pl
N 49°56'43'' E 19°16'30''

1 ADEKNOPQRSTU	AFHN 6
2 EIJKPQWXY	ABDEFGI 7
3 ABCDFMNORUV	ABCDEFNQRSUVW 8
4 BEFHJMOQRTUVXY	EGIQRTUVW 9
5 ADEFGHJLN	ABCHIJKOQU 10
B 16A CEE	① €25,55
1,5ha 65T(45-85m^2) 38D	② €25,55

A4, A44 Richtung Jaworzno, nach Oswiecim rechts ab Richtung Kety (948), in Osiek links ab Richtung Glowna. 123968

Pietrzyków, PL-68-213 / Lubuskie

Stary Folwark
Pietrzykow 51
1 Mrz - 31 Okt
+48 5 00 41 61 97
jacek.jurkowskimaslak@gmail.com
N 51°40'51'' E 14°58'50''

1 ACDILOPQRST	LNV 6
2 BCEPQSXYZ	FGHIJK 7
3 AHMSU	ABEFNQRUW 8
4 FHJOQRSTUVX	AEHIJRV 9
5 ADFHJKLN	AFGHIJKOQU 10
16A CEE	① €20,00
H120 10ha 20T(200m^2) 17D	② €25,00

Von der Grenze über die A18 die S12 Richtung Zary. In Lipinki Luzyckie links Richtung Pietrzyków. Ca. 7 km bis zum Camping. Der Ort hat keine Straßennamen, daher 'Zentrum' eingeben oder nach GPS fahren. 121799

Podlesice, PL-42-425 / Slaskie

Gosciniec Jurajski (232)
Podlesice 82
1 Apr - 30 Okt
+48 6 06 74 34 27
recepcja@gosciniecjurajski.pl
N 50°34'03'' E 19°32'08''

1 ADEKNOPQRSTU	6
2 BIQXY	ABF 7
3 AFN	ABEFNQR 8
4 EHJ	GU 9
5 ADEHK	HIJKOQU 10
10A	① €14,90
2ha 200T(60-120m^2) 11D	② €18,10

CP liegt südöstlich von Czestochowa, die 792 von Zarki nach Kroczyce links der Strecke, 2 km vor Kroczyce. 114676

Polanica/Zdrój, PL-57-320 / Dolnoslaskie

OSIR Polaniça Zdroj
ul. Sportowa 7
1 Jan - 31 Dez
+48 7 48 68 12 10
osir.polanica@neostrada.pl
N 50°24'48'' E 16°30'44''

1 AKNOPSTU	6
2 BQSWYZ	ABDEFH 7
3 FGN	ABEFNQW 8
4	GJ 9
5 D	HIJKNQU 10
16A CEE	① €20,25
H700 1,8ha 100T(60-120m^2) 41D	② €20,25

Von der 8 Ktodzko-Kudowa, Ausfahrt Polanica/Zdrój. In der Stadt ausgeschildert. Beim Sportkomplex. 106453

Polen

Sandomierz, PL-27-600 / Swietokryskie

Browarny (201)***
ul. Zwirki i Wigury 1
10 Apr - 30 Okt
+48 6 04 40 38 69
wmajsak@poczta.fm
N 50°40'48'' E 21°45'18''

1 ADE**KN**OPSU **A** 6
2 PQRXYZ ABDE**F**GHIK 7
3 ABM ABEFJNQR 8
4 JO GIV 9
5 DN AHINRSU 10
B 16A ① €25,55
H120 2,5ha 80T(50-100m²) 17D ② €31,95

Camping liegt an der 77-79 von Kielce-Przemysl. Ausgeschildert. Campingeinfahrt ist jetzt 300m weiter, also hinter der Bushaltestelle. 114681

Warszawa, PL-02-366 / Mazowieckie

Camping 123 Zajazd Majawa*
ul. Bitwywarszawskiej 15-17
1 Mai - 30 Sep
+48 2 28 22 91 21
biuro@majawa.pl
N 52°12'53'' E 20°57'56''

1 AD**JM**OPQSU 6
2 PQY ABDE 7
3 **N** ABEFNQRW 8
4 GJ 9
5 D ABHJKQ 10
16A ① €31,95
H101 0,7ha 60T(100-200m²) 6D ② €38,35

Vom Zentrum aus der Hauptstraße Nr. 2 folgen. An der Überführung Richtung Stadtteil Ochota. Ausfahrt Richtung Poznan: ganz links einordnen. Danach rechts halten. Nach 100m Camping. 106503

Sanok, PL-38-500 / Podkarpackie

Diabla Góra
Tyrawa Solna 121
1 Jan - 31 Dez
+48 6 67 71 84 99
diablagorakontakt@gmail.com
N 49°36'50'' E 22°16'35''

1 ABF**KN**OPQRSTU JU 6
2 BCIJKPQSTUWXYZ ABDE**FG**H 7
3 ABM ABEFNQRTUW 8
4 FJOQ**T** GJRVZ 9
5 DEHM AHKORW 10
16A CEE ① €18,55
H270 0,3ha 78T(45-120m²) 14D ② €23,65

In Sanok auf der 23 bei Kaufland Richtung Mrzyglod. Der CP ist gut angezeigt. Es sind ± 14 km bis zum CP. 121804

Wlodawa, PL-22-250 / Lubelskie

Camping Astur
Okuninka 12
1 Mai - 31 Okt
+48 8 25 71 70 37
info@astur.com.pl
N 51°29'39'' E 23°31'08''

1 ADEJMOPQSTU LNSUX 6
2 BEJPQXYZ AB**FK** 7
3 AFGM**T**U ABEFNQ 8
4 AHJMNO**X** GJLPQRTV 9
5 DEFHK BIJKOU 10
16A ① €22,15
H160 4,5ha 20T(60-100m²) 68D ② €26,40

In Wlodawa von Lublin aus die 82, am Kreisel nach Chelm die 812. Zweiter Kreisel am Lidl rechts Chelm die 812. An der Kreuzung Okuninka nach 1,5 km liegt der CP links. 119365

Sciegny, PL-58-534 / Dolnoslaskie

Camp 66****
Widokowa 9
1 Jan - 31 Dez
+48 7 92 56 65 69
biuro@camp66.pl
N 50°47'35'' E 15°46'12''

1 ADE**KN**OPQRSTU 6
2 IQTWX ABDE**FG**HIJ 7
3 B ABEFGHIJKNPQRUVW 8
4 A**E**FHIO A 9
5 ADEFGHKN AHIJKOQU 10
WB 16A ① €21,30
H483 3ha 70T(60-200m²) 7D ② €34,10

Die 365 Richtung Karpacz. Am Kreisel (Nowa nicht beachten) geradeaus. Den Schildern folgen. Nach 1 km links. Dem kleinen Weg mit der Brücke ± 500m folgen. 122783

Woliborz/Nowa Ruda, PL-57-431 / Dolnoslaskie

Lesny Dwor-Waldgut*
Woliborz 12b
1 Jan - 31 Dez
+48 7 48 72 45 90
dwor@interia.pl
N 50°35'29'' E 16°34'53''

1 A**KN**OPSTU AF 6
2 BIQSUVY ABDE**FH**I 7
3 AM ABEFJNQR 8
4 JO G 9
5 DHK AGHIJKOQU 10
B 16A CEE ① €20,25
H490 2ha 25T(60-120m²) 5D ② €20,25

Auf der 381 von Walbrzych nach Klodzko. In Nowa Ruda den Schildern Richtung Woliborz (Straße 385) folgen. CP ist ausgeschildert. 109626

Suchedniów, PL-26-130 / Swietokryskie

Suchedniów (140)***
ul. Ogrodowa 11
1 Jan - 31 Dez
+48 4 12 54 33 51
recepcja@osirsuchedniow.pl
N 51°02'31'' E 20°50'31''

1 ABDE**KN**OPQSU LNSX 6
2 EJKPQXY ABDE**F**IJ**K** 7
3 BFGM**N** ABEFJNQRSUW 8
4 JO**T** GJQRT 9
5 DE AHIJKOQU 10
16A ① €16,60
H180 3ha 133T(bis 100m²) 29D ② €20,85

Auf der 7 Radom-Kielce, Ausfahrt Suchedniów. Der Streckennummer 751 Richtung Bodzentyn folgen, CP ist ausgeschildert. 114686

Wroclaw, PL-51-612 / Dolnoslaskie

Stadion Olimpijski Nr. 117**
Aleja
Ignacego Paderewskiego 35
28 Apr - 15 Okt
+48 7 13 48 46 51
camping-azs@awf.wroc.pl
N 51°07'03'' E 17°05'27''

1 ADKNOPQRSTU 6
2 PQSXY ABDE 7
3 ABCDEFNQ 8
4 9
5 D AHIJKNQU 10
10A CEE ① €18,75
2,5ha 120T(60-120m²) ② €23,65

In Wroclaw Schildern 'Olympisches Stadion' und der A8 Warszawa (Warschau) folgen. 106464

Tarnow, PL-33-100 / Malopolskie

202 Pod Jabloniami
Ul. Pilsudskiego 28A
1 Jan - 31 Dez
+48 5 02 56 20 05
recepcja@camping.tarnow.pl
N 50°01'23'' E 20°59'17''

1 ABDE**JM**OPQSU **HI** 6
2 PQSXY ABDE**FG**HIK 7
3 AGM ABEFJNQRW 8
4 HJO GIJ 9
5 DJLMN HIJKOQU 10
16A ① €28,35
H182 1ha 24T(100-200m²) 32D ② €39,00

CP liegt an A4 Kraków-Rzeszow, im Zentrum von Tarnow. Route ist gut ausgeschildert. 111860

Zakopane, PL-34-500 / Malopolskie

Harenda (160)**
os. Harenda 51b
1 Jan - 31 Dez
+48 6 01 50 67 17
harenda51b@gmail.com
N 49°19'25'' E 19°59'08''

1 ADG**KN**OPQRSTU 6
2 BIPQSTUXY A**FG** 7
3 A ABEFNQR 8
4 JO GJ 9
5 DN BHIJKNQU 10
15A CEE ① €31,95
H700 1,5ha 86T 13D ② €31,95

Vor Zakopane an der Tankstelle und McDonalds rechts ab, dann wieder rechts ab. Am 1. Camping und Supermarkt vorbei. Nach 50m links über die Brücke, sofort wieder rechts und dann ist links der Camping. 106495

Twardogóra, PL-56-416 / Dolnoslaskie

Domaslawice****
Domaslawice 30
1 Jan - 31 Dez
+48 7 30 05 70 14
biuro@domaslawice.pl
N 51°24'12'' E 17°31'26''

1 A**KN**OPQRSTU A 6
2 BJPQSXYZ ABFI 7
3 BFGM**N**SU ABEFJNQUW 8
4 EFHK EJ 9
5 DEFHL AHIKLOQU 10
B 16A CEE ① €23,45
11ha 100T(50-100m²) 23D ② €23,45

Die S8 von Wroclaw nach Warschau, in Syców abfahren, dann 18 km nach Domaslawice. 122375

Zakrzówek Szlachecki 215, PL-97-561 / Lodzkie

Camp-Kajakowo
1 Mai - 31 Okt
+48 5 31 11 85 85
campkajakowo@gmail.com
N 51°02'46'' E 19°13'58''

1 ACFKNOPQRSTU LN**U** 6
2 ABFIJKQSTWXY 7
3 ACG**H**U ABEFJNQRUW 8
4 **A**FHIO**P** AV 9
5 ADEHN HIJKMOQU 10
6A ① €21,30
2ha 150T(60-100m²) 3D ② €21,30

CP an der Ostseite von Kolobrzeg. Straße 11 folgen. Von Gdansk; am 1. Kreisverkehr rechts. CP nach 100m. Von Szecin: am 2. Kreisverkehr dreiviertel herum. Nach 500m rechts, dann noch 100m bis zum CP. 125389

Uciechów, PL-58-211 / Dolnoslaskie

Camping Forteca
ul. Wroclawska 12
1 Apr - 31 Okt
+48 7 25 48 80 00
info@campingforteca.nl
N 50°45'20'' E 16°41'40''

1 ADE**KN**OPQRST**U** L 6
2 EIKQSXYZ ABDE**F** 7
3 ABGM ABEFNQR 8
4 FHJ**T** FGJT 9
5 ADFHJKN ABFIJKOQU 10
16A ① €20,25
H279 8,4ha 70T(70-150m²) 17D ② €25,35

Von der A4 Ausfahrt Udanin über Swidnica Richtung Dzierzoniów (die 382). Im Kreisel vor Dzierzoniów links die 384 und dann 2. Ausfahrt Richtung Uciechów zum Parallelweg. 118043

Zamosc, PL-22-400 / Lubelskie

Duet (Nr. 253)
Kr. Jadwigi 14
1 Jan - 31 Dez
+48 8 46 39 24 99
duet@op.pl
N 50°43'10'' E 23°14'21''

1 ADEKNOPSU 6
2 PQSXY AB 7
3 A**NO**U ABEFNQ 8
4 J 9
5 DN INQU 10
16A ① €19,15
3ha 35T(100-200m²) 24D ② €22,60

Von Chelm die 74 Richtung Bilgorej/Szczebrzeszyn abfahren. An dem Punkt wo man die 74 auffährt liegt der CP rechts in der Kurve. 110397

Warka, PL- / Mazowieckie

Kemping nad Pilica****
ul. Nowy Zjazd 6
1 Apr - 31 Okt
+48 5 04 04 78 95
splywykajakowe.warka@interia.pl
N 51°46'48'' E 21°11'11''

1 BDEILOPQRSTU JNUVX 6
2 CJKQSX ABDEIJK 7
3 AGMW ABEFJNQRW 8
4 FHO**Q** GJR 9
5 BDEFHK**N** HINQ 10
B 10A ① €18,10
H105 8ha 130T(100-200m²) 12D ② €26,65

Von Warschau die 79, dann die 731. Wenn aus Warka heraus fährt, ist der CP angezeigt. 121443

Teilkarte Süd-Polen auf Seite 412

Campen in Litauen: lange Sommerabende und **Musikfestivals**

Die größten Attraktionen in Ihrem Campingurlaub in Litauen sind die Altstädte von Vilnius und Kaunas sowie die Naturschutzgebiete. In der Hauptstadt Vilnius gibt es viele Barockdenkmäler zu sehen. Ein buchstäblicher Höhepunkt ist die Besteigung des Schlosshügels. Jedes Jahr im Sommer finden in Vilnius Musikfestivals statt. Ein schöner Besuch vom Campingplatz aus, besonders, wenn Sie klassische Musik und Jazz mögen.

Kurische Nehrung

Vor der Küste Litauens befindet sich die Kurische Nehrung. Diese "Kuršiu Nerija" ist eine Insel und liegt teilweise in Litauen und teilweise in Russland. Sie ist etwa 100 Kilometer lang und fast nirgendwo breiter als 3 Kilometer. Auf dieser Insel finden Sie wunderschöne Dünen und Kiefernwälder. Es gibt Dünen, die mehr als 50 Meter hoch sind. Wegen seiner Natur, Flora und Fauna steht die Kurische Nehrung auf der Liste des UNESCO-Welterbes.

Erholung am Meer und im Wald

Die meisten Campingplätze in Litauen liegen in der Nähe natürlicher Gewässer, an denen man verschiedene Wassersportarten betreiben kann. So zum Beispiel am Meer in Palanga und am Fluss in Druskininkai. Wenn Sie auf einem Campingplatz in Litauen in der Nähe eines Waldes campen, können Sie schöne Spaziergänge oder Radtouren unternehmen. Und am Abend können Sie die langen Sommerabende genießen.

Hauptstadt: Vilnius
Währung: Euro
Zeitzone: UTC +2, UTC +3 (März bis Oktober)
Sprache: Litauisch, Russisch
Ländervorwahl: +370
Alkoholgrenze: 0,4‰
Notrufnummer: Polizei, Feuerwehr und Rettungswagen: 112
Leitungswasser: oft nicht sicher, trinken Sie abgefülltes oder abgekochtes Wasser.

Tanken

Benzin (Benzinas 95/98 E) und Diesel (D) sind ohne weiteres erhältlich. Flüssiggas ist ebenfalls leicht erhältlich; zum Tanken wird der italienische Adapter (dish) verwendet.
Die meisten Tankstellen sind von 7:30 Uhr bis 22 Uhr geöffnet. Entlang der Hauptstraßen und in den großen Städten sind viele Tankstellen Tag und Nacht geöffnet.

Ladestationen

Das Reisen mit einem Elektroauto ist immer noch schwierig. Im ganzen Land gibt es etwa 180 Ladepunkte.

Fähren

Sie können mit der Fähre nach Litauen reisen, zum Beispiel von Schweden, Kiel oder Travemünde in Deutschland. Informationen über Abfahrtszeiten und Tarife finden Sie bei Reedereien wie dfdsseaways.com und directferries.nl/tt_line.htm. Die Fahrpreise hängen unter anderem von der Jahreszeit und der Abfahrtszeit ab. Es ist ratsam, frühzeitig zu buchen. Erkundigen Sie sich im Voraus bei der Reederei, ob Sie Gasflaschen mit an Bord nehmen können.

Verkehrsvorschriften

Tagsüber ist Abblendlicht vorgeschrieben. Der Verkehr von rechts hat an einer gleichberechtigten Kreuzung Vorfahrt. Der Verkehr in einem Kreisverkehr hat Vorfahrt, wenn dies durch Verkehrszeichen angezeigt wird. Sie dürfen hinter dem Steuer kein Telefon in der Hand halten, auch nicht, wenn Sie stillstehen (Freisprechen ist erlaubt). Kinder unter 12 Jahren und einer Körpergröße von weniger als 1,35 m müssen in einem Kindersitz sitzen. Vom 10. November bis zum 1. April besteht eine Winterreifenpflicht, auch für Anhänger.

"Mögen Sie Ruhe und Natur? Die litauischen Campingplätze sind einfach, gepflegt und preisgünstig"

Herr R. Vermeylen, Inspektor 1221

Sondervorschriften

Eine grün blinkende Ampel warnt davor, dass die Ampel orange werden wird. Wenn sie orange wird, müssen Sie anhalten. Es ist nicht erlaubt, eine stehende Straßenbahn zu überholen.
Wenn Sie schneller als 50 km/h fahren, müssen Sie beim Überholen von Radfahrern einen seitlichen Abstand von mindestens 1,50 m einhalten.
Langsamere Fahrzeuge können den Standstreifen nutzen, um schnellere Fahrzeuge passieren zu lassen. Fußgängern ist es untersagt, beim Überqueren der Straße ihr Mobiltelefon zu benutzen oder Kopfhörer zu tragen.

Klima Vilnius	Jan.	Feb.	März	Apr.	Mai	Jun.	Jul.	Aug.	Sept.	Okt.	Nov.	Dez.
Durchschnittliche Höchsttemperatur	-4	-2	3	11	18	21	22	22	16	10	4	-1
Durchschnittliche Anzahl der Sonnenstunden pro Tag	1	2	4	6	7	10	10	9	6	3	1	1
Durchschnittliche monatliche Niederschlagsmenge (mm)	41	38	39	46	62	77	78	72	65	53	57	55

Fußgänger, die im Dunkeln oder bei schlechten Sichtverhältnissen auf der Straße gehen, sind verpflichtet, einen Reflektor oder eine Warnweste zu tragen.

Vorgeschriebene Ausstattung

Warndreieck, Warnweste, Verbandskasten und Feuerlöscher sind im Auto Pflicht.

Reisemobil und Caravan

Ein Reisemobil oder eine Auto-Wohnwagen-Kombination darf bis zu 4 m hoch, 2,55 m breit und 18,75 m lang sein (der Wohnwagen selbst darf bis zu 12 m lang sein).

Fahrrad

Für Kinder und Jugendliche bis 18 Jahre besteht eine Fahrradhelmpflicht (auch auf dem Rücksitz). Bei Dunkelheit (und schlechter Sicht) müssen Radfahrer eine Warnweste tragen.

Maut

Auf litauischen Straßen gibt es keine Mautgebühren, außer auf der Kurischen Nehrung. Die Maut muss bei der Einfahrt oder im Voraus online bezahlt werden. Sie können am Kontrollpunkt in Nida oder in Alksnyė in bar bezahlen. Online-Zahlungen können unter shop.unipark.lt/de/neringa vorgenommen werden.

Panne und Unfall

Stellen Sie Ihr Warndreieck mindestens 50 m hinter dem Auto auf, wenn es nicht aus mindestens 100 m Entfernung für andere sichtbar ist. Der Fahrer muss eine Warnweste tragen. Rufen Sie im Falle einer Panne die Notrufnummer Ihres Pannendienstes an.

Campen

Die Campingplätze in Litauen sind in der Regel einfach. Die Zahl der Campingplätze nimmt zu und auch ihre Qualität steigt. In den letzten Jahren wurden die sanitären Einrichtungen und die Stromanschlüsse verbessert.
Wildcamping außerhalb von Campingplätzen ist auf dem Land und in Nationalparks erlaubt, wo manchmal eine geringe Gebühr erhoben wird. Für Übernachtungen auf Privatgrundstücken ist eine Genehmigung des Grundbesitzers erforderlich.

Birstonas, LT-59202 / Kaunas

Vidisa	1 AKNOPSU	LN 6
Prienu g. 25	2 EKPQXYZ	BI 7
1 Jan - 31 Dez	3 AU	ABEFNQ 8
+370 64 61 41 61	4 H	H 9
info@vidisa.lt	5 D	IJKQU 10
	6A	❶ €21,90
N 54°36'33" E 24°00'16"	2ha 38T 9D	❷ €24,80

Zwischen Prienai und Jieznas ist der CP gut angezeigt. Auf der E28, 300m nach dem Kreisverkehr, Richtung Prienai, 1. unbefestigter Weg. 121678

Birstonas, LT-59202 / Kaunas

Natur Camp	1 ABDEKNOPQRSTU	LNP 6
Karalienes Barbaros al. 1	2 BEIJKQSTWXY	ABDEFHIJK 7
1 Mai - 30 Sep	3 W	ABEFJNQRW 8
+370 67 35 22 02	4 AEFGHI	BFVWX 9
naturcamp@camping.lt	5 ADEFHJNO	FHIJKOQ 10
	B 10A	❶ €26,00
N 54°36'37" E 24°01'08"	1,8ha 50T(100m²) 16D	❷ €26,00

Über die Zufahrtsstraße A16/E28 Birstonas. Der Campingplatz ist ausgeschildert. 125041

Birzai, LT- / Panevezys

Birzai Camping	1 ADEHJMOPQRSTU	LNQX 6
Basanaviciaus gatve 69A	2 BFIJKLPQSTXY	ABFIK 7
1 Jan - 31 Dez	3 AFNR	ABEFJNQRW 8
+370 67 46 78 82	4 AFGH	ABFGNQWX 9
birzai.camping@gmail.com	5 ADEFHN	FHIJKOR 10
	B 20A	❶ €25,00
N 56°12'33" E 24°46'29"	2,5ha 50T(12-100m²) 12D	❷ €25,00

Von Birzai den Campingschildern folgen. Gleich hinter Birzai kommt der Camping. 123403

Druskininkai, LT-66204 / Alytus

Druskininkai Camping	1 ABDEKNOPQRSTU	6
Gardino 3 A	2 BPQSTWXY	ABDFHIJK 7
1 Mai - 30 Sep	3 FGL	ABEFNQRUVW 8
+370 31 36 08 00	4 AFHOP	EL 9
camping@druskininkai.lt	5 DEFHJK	ABGHIJKLNRU 10
	10A CEE	❶ €20,00
N 54°00'33" E 23°58'39"	3,4ha 43T(65-120m²) 10D	❷ €20,00

Der CP ist in Druskininkai angezeigt. 117062

Gatauciai, LT-84262 / Siauliai

Sunny Nights Camping	1 ADEHKNOPQRSTU	LN 6
Rygos street 12A	2 AEIJKPQSTWXYZ	ABCDEFGHIJK 7
15 Apr - 15 Okt	3 BGUX	ACEFGHJKNPQRUVW 8
+370 62 60 67 35	4 FGHJ	ABDGUV 9
sunnynightscamping@gmail.com	5 ADEHJN	ABCHKMNQVW 10
	B 16A	❶ €24,00
N 56°09'24" E 23°32'00"	0,7ha 31T(40-80m²) 11D	❷ €24,00

Von Siauliai oder Joniskes die A12, Ausfahrt Gatauciai. Camping ist angezeigt. 123286

Jurbarkas, LT-74150 / Taurage

Camp Genys	1 ABKNOPQRSTU	LN 6
Dariaus ir Gireno str. 138	2 CEIKQSUVX	ABCDEFGHIK 7
15 Apr - 30 Sep	3 AX	ABEFNQRVW 8
+370 68 52 83 57	4 AEFGH	FV 9
info@campgenys.lt	5 DN	FHIJKNRS 10
	16A	❶ €20,00
N 55°04'42" E 22°47'04"	1,5ha 32T(30-100m²) 3D	❷ €20,00

In Jurbarkas fahren Sie zur Kirche und biegen in die Kauno G ein, die älteste Straße in Jurbarkas, und dann geradeaus zum CP, 1,5 km (Straße neben dem Fluss Nemunas). 124938

Karte Litauen auf Seite 415

Karklé, LT-92383 / Klaipeda

Karkle Camp
Placio 54A
1 Mai - 30 Sep
+370 64 53 93 30
karklecamp@gmail.com

1 AFKNOPQRSTU KNPQS 6
2 AGJMPQSXY ABDEFGJK 7
3 ALM ABEFNQRUVW 8
4 H 9
5 D BCFGHJKORS 10
16A ❶ €15,00
1ha 54T(20m²) ❷ €20,00

N 55°48'30" E 21°04'22"

A13 Klaipeda-Palanga, Ausfahrt Karklé (5 km). Karkle Camp ist angezeigt. 122392

Karklé/Klaipèda, LT-92383 / Klaipeda

Karklés Kopos
Karklés km, Placio str. 37
1 Apr - 1 Okt
+370 68 74 94 56
info@karkleskopos.lt

1 AHKNOPQRSTU 6
2 AGJPQXY ABFIJK 7
3 AM ABEFNQVW 8
4 H FG 9
5 DN BHKORSU 10
10A ❶ €17,00
0,5ha 20T(40-100m²) 12D ❷ €20,00

N 55°48'36" E 21°04'26"

A13 Klaipeda-Palanga, Ausfahrt Karklé (5 km). Gut angezeigter Camping 'Karklés Kopos'. 121434

Kaunas, LT-44131 / Kaunas

City Camping Kaunas
Jonavos 51A
1 Mai - 1 Sep
+370 61 87 70 20
ek@parkavimaskaune.lt

1 ABDEJMOPQRSTU A 6
2 APQSTWX ABFIK 7
3 Q ABEFNQRUVW 8
4 HT AEV 9
5 DN AHIKOPQ 10
6A ❶ €20,00
2,5ha 40T(100-150m²) 8D ❷ €25,00

N 54°56'04" E 23°55'05"

An der Autobahn Kaunas-Vilnius ist der CP angezeigt. 118291

Kaunas, LT-4716 / Kaunas

Kaunas Lake
Raudondvario plentas 161A
1 Mai - 30 Sep
+370 61 87 70 20
ek@parkavimaskaune.lt

1 ABDEKNOPQRSTU LN 6
2 AFIJLPQRSXYZ ABFK 7
3 AGN ABEFNQRUV 8
4 FH T 9
5 DN AHIKORS 10
10A ❶ €30,00
3ha 72T(100-200m²) ❷ €30,00

N 54°54'56" E 23°50'02"

Von der Durchgangstraße her ist der CP aus Süd und Nord gut angezeigt. 121473

Kiemeliai, LT-14025 / Vilnius

Lavender Village
Klevu 19
1 Mai - 31 Okt
+370 68 63 02 12
juratelavender@gmail.com

1 ADEILOPQRST LNXZ 6
2 EIKQRTUX ABIK 7
3 JS ABEFNQRVW 8
4 JU GQR 9
5 D GHIJKOQ 10
6A ❶ €35,00
5ha 10T 5D ❷ €35,00

N 54°50'50" E 24°59'33"

CP liegt 28 km von Vilnius, zwischen der A1 und A2 an der 108. In der Ortschaft Kiemeliai. Zwischen Orten Maisiogala und Dukstai. 121679

Klaipeda (Giruliai), LT-92281 / Klaipeda

Pajūrio kempingas
Slaito g.3
1 Jan - 31 Dez
+370 66 65 98 71
camping@klaipedainfo.lt

1 ADEHKNOPQRSTU 6
2 ABJKPQSTWZ ABCDEFGIJK 7
3 AFGN ABCDEFJKNQRTUVW 8
4 EGHOT HJ 9
5 DEHN ABCHIJKNRUV 10
B 6A ❶ €20,00
2,8ha 45T(60-100m²) 15D ❷ €25,00

N 55°45'57" E 21°05'38"

Klaipeda Richting Giruliai. CP ist ausgeschildert. 118480

Kurtuvenai, LT-80233 / Siauliai

Kurtuvenai
Parko 2
1 Mai - 30 Sep
+370 61 82 99 64
info@kurtuva.lt

1 ADEJMOPQRSTU NO 6
2 ABEIPQWXY ABCDEFGJK 7
3 AFHIX ABEFNQRUV 8
4 AEFGHJ V 9
5 DN ABHJKORUVW 10
B 15A ❶ €20,00
0,9ha 50T(100-150m²) ❷ €20,00

N 55°49'36" E 23°02'50"

Der 215 nach Kurtuvenai folgen. In Kurtuvenai ist der CP angezeigt. 118333

Mardosu/Plunges, LT-90103 / Telsiu

Žemsodis
1 Apr - 1 Nov
+370 62 02 60 33
poilsis@zemsodis.lt

1 ADEILOPQSU JNU 6
2 CKQSXY ABF 7
3 AGJ ABEFNQRW 8
4 OTV GJNRT 9
5 DH GHIJKNQUV 10
10A CEE ❶ €34,00
6ha 80T(100-120m²) 15D ❷ €34,00

N 55°52'26" E 21°44'55"

A11 Ausfahrt Taurage/Plungé. In Plungé die 164 Richtung Taurage, danach die 166. CP ist angezeigt. 121435

Marijampolé, LT-68130 / Marijampole

Marijampoles Kempingas
Kempingo str 44
1 Mai - 1 Okt
+370 62 05 55 55
info@logofix.eu

1 ADEHKNOPQRSTU JLNQU 6
2 ADFKQSY ABFIJK 7
3 CGU ABEFGNQRUVW 8
4 EHP JNTX 9
5 DN AFGHIJKOQU 10
10A CEE ❶ €22,00
5,7ha 74T(18-50m²) 1D ❷ €24,00

N 54°31'14" E 23°20'31"

An der 201 von Kalvarije nach Marijampolé aus ist der CP ausgeschildert. Auf der 201 von Marijampolé aus ist der CP ebenfalls ausgeschildert. Der asphaltierten Straße für 1,5 km folgen. Der Campingplatz liegt auf der rechten Seite. 122604

Mindunai, LT-33201 / Utenos

Mindūnu Kempingas
1 Apr - 30 Sep
+370 60 61 13 17
info@ignaturas.lt

1 ADEHJMOPQRSTU LNQXZ 6
2 ABEIJKQRSUXYZ ABDEFGIK 7
3 AFG ABEFNQR 8
4 AHIOTU EGNQRTV 9
5 ABDN BFGHIJKOUV 10
16A CEE ❶ €25,00
5ha 24T(100-150m²) 27D ❷ €25,00

N 55°13'14" E 25°33'36"

Die 114 Moletai Richtung Mindunai. CP ist angezeigt. Dem Sandweg gegenüber der Bushaltestelle folgen (4 km). 117078

Neringa/Nida, LT-93121 / Klaipeda

Nidos Kempingas
E.A.Jonuso 11
1 Apr - 31 Okt
+370 68 24 11 50
info@kempingas.lt

1 ADEGKNOPQRSTU EKMQSX 6
2 ABGIJPQRTWXY ABDEFGHIK 7
3 ANSX ABEFNQRW 8
4 HOT AGHIJLV 9
5 DFGJKLNO BFHIJKNPQV 10
16A ❶ €27,00
1,7ha 200T(12-45m²) 14D ❷ €37,00

N 55°17'55" E 20°58'58"

47 km südlich vom Fährhafen Smiltyne. Der CP liegt am Mautweg 167, ist ausgeschildert. 117057

Pajiesmeniai, LT-39449 / Panevezys

Camper Place Pajiesmeniai
Sodo str. 3
1 Jan - 31 Dez
+370 60 32 94 85
gerai.labai@gmail.com

1 ABKNOPQRSTU NS 6
2 ABCEIKPQTXY BEFH 7
3 ABEFNQRVW 8
4 EF 9
5 DN IJKMORS 10
20A ❶ €15,00
1,5ha 20T(40-80m²) ❷ €20,00

N 56°06'30" E 24°29'04"

Der CP liegt circa 2 km Richtung Birzai auf der A10/E67. Platz ist gut ausgeschildert. 120842

Palanga, LT-5720 / Klaipeda

Palangos Kempingas Compensa
Klaipédos pl. 33i
25 Mai - 1 Okt
+370 61 88 51 80
info@palangacamping.lt

1 ADEKNOPQRSTU KNQR 6
2 ABGJQRSTWXY ABEFIJ 7
3 BFGMNO ABFJNPQRUW 8
4 BOTUX ACGJMTVZ 9
5 ABDEFGHJKL ABFGHIJKNPQU 10
Anzeige auf dieser Seite B 16A CEE ❶ €33,00
6ha 60T(21-75m²) 75D ❷ €35,00

N 55°52'36" E 21°03'57"

Von der A11 Richtung Palanga. In Palanga 1. Ampel links, Richtung Klaipeda, 4 km weiterfahren, Campingplatz liegt rechts. 117051

Rudiskes, LT-21177 / Vilnius

Harmonie
Bukles K
15 Mai - 15 Sep
+370 62 05 75 56
valdemarhszilinskis@yahoo.com

1 AKNOPQRSTU N 6
2 ABQSXYZ ABDEFHIJK 7
3 S ABCDEFGJNQR 8
4 EFHJO FGUV 9
5 AHIJKNQU 10
16A CEE ❶ €18,00
3ha 39T(100-150m²) 5D ❷ €22,00

N 54°30'28" E 24°53'26"

Richtung Vilnius, dann weiter nach Trakai fahren. In Trakai auf die Straße 220 in Richtung Rudiskis abbiegen. In Rudiskis den Campingschildern folgen. Der Schotterstraße folgen (±2 km). 117065

Seirijai, LT-67229 / Alytus

Silaiciai
1 Mai - 1 Okt
+370 31 35 25 07
irena@grutoparkas.lt

1 AKNOPQSU HLNOPQ 6
2 BEIJKQWXYZ FHIJK 7
3 AFGHI ABEFNQRUV 8
4 T GIQT 9
5 DEHN AHIJKQU 10
6A ❶ €18,00
9ha 40T(100-150m²) 90D ❷ €18,00

N 54°12'43" E 23°51'37"

Von der 132 zur 180 Richtung Leipalingis/Druskininkai. Nach etwa 4 km dem Hinweis Silaiciai 1 folgen. Straße folgen bis zur Campingplatzrezeption. 117064

Karte Litauen auf Seite 415

Siauliu, LT-81439 / Siauliai

Kaimo turizmo Sodyba "Girele"
Domantu k.
1 Mai - 31 Dez
+370 61 43 95 18
sodybagirele@yahoo.com
N 55°59'57'' E 23°22'59''

1 ADEKNOPQRSTU	6
2 IPQSTX	7
3 AFN	ABEFNW 8
4 HOT	G 9
5 DHJLN	FHIJKNRS 10
10A CEE	❶ €20,00
4,5ha 24T(100-150m²) 13D	❷ €20,00
	120862

Auf der A12 Richtung Kreuzberg, 200m vor dem Kreuzberg Ausfahrt rechts zum CP angezeigt.

Tytuvénai/Kelmés raj., LT-86482 / Siauliai

Sedula
Skogolio km
1 Mai - 1 Sep
+370 68 24 64 98
vadybininkas.sedula@gmail.com
N 55°35'20'' E 23°13'25''

1 ADEILOPQRSTU	LNX 6
2 BEJKQTXY	FGJ 7
3 AFMU	ABEFNQRW 8
4 AEGHOQTY	GJQRT 9
5 ADEFHJKLNO	ABGHIJKLNUV 10
4A CEE	❶ €20,00
4,7ha 55T(100-150m²) 31D	❷ €20,00
	117053

Dem CP-Schild an der Kirche auf Straße Nr. 148 für 700m folgen. Dann rechts abbiegen und der Straße zum CP für ca. 3 km folgen.

Šilinė/Jurbarkas, LT-74465 / Taurage

Honey Valley Medaus Slenis
Raseiniu g. 19
1 Jan - 31 Dez
+370 64 03 21 28
ovismedus@gmail.com
N 55°05'31'' E 22°57'50''

1 ADEKNOPQRSTU	JN 6
2 ABCILPQSXYZ	ABDEFIK 7
3 AF	ABEFNQRUVW 8
4 AEFHOT	FGVW 9
5 DN	IJKORSU 10
B 16A	❶ €20,00
2,7ha 145T(25-150m²) 8D	❷ €24,00
	119329

13 km vor Jurbarkas. CP ist mit einem CP-Schild angezeigt an Straße Nr. 141.

Venté/Silute, LT-99361 / Klaipeda

Ventainé
Mariu st.7
1 Jan - 31 Dez
+370 68 67 04 90
info@ventaine.lt
N 55°21'23'' E 21°12'21''

1 ABDEILOPQRSTU	EKMNQSWXYZ 6
2 AHIJLPQSWXY	ABDEFGH 7
3 AFMN	ABEFNRW 8
4 AHOQTUVY	FGILPQRTUV 9
5 DEHL	ABHIKLORU 10
10A	❶ €29,00
4ha 34T(25-30m²) 20D	❷ €31,00
	117052

Von der 141 Klaipeda-Silute, in Priekule Richtung Venté abbiegen, dann sind es noch 28 km zum CP. In Venté ist der CP angezeigt.

Sudeikiai, LT- / Utenos

Sudeikiai Kempingas
1 Jun - 31 Aug
+370 61 62 75 51
tic@utenainfo.lt
N 55°35'10'' E 25°40'50''

1 AKNOPQSU	LNOPQXY 6
2 EIKPQTVXZ	CDHIK 7
3 BGM	ABEFJNQR 8
4 O	L 9
5 D	HIJKRS 10
B 6A CEE	❶ €16,00
6ha 112T(100-150m²)	❷ €24,00
	117055

Von Litene nach Sudeikiai. Der CP ist gut angezeigt. In Utena den Schildern nach Sudeikiai folgen.

Vilnius, LT-04215 / Vilnius

Vilnius City Camping
Parodu G. 6
1 Mai - 15 Sep
+370 62 97 22 23
vilnius@camping.lt
N 54°40'48'' E 25°13'33''

1 ABDEKNOPQRSTU	6
2 AIPQSTXY	ABDEFGHIJK 7
3	ABEFJNQRVW 8
4 A	LV 9
5 DMNO	AGHIKOPQ 10
10A CEE	❶ €24,00
1,2ha 75T(100-150m²)	❷ €24,00
	117808

In Vilnius auf der A1/A2 den Campingschildern folgen, gut ausgeschildert.

Sutkūnai/Siauliai, LT-76116 / Siauliai

Camping Grazina
Masiuliskiu g 1
1 Jan - 30 Dez
+370 65 03 38 19
jocusodyba@gmail.com
N 55°58'19'' E 23°19'41''

1 AKNOPQSU	6
2 ABKQXZ	DFGHIK 7
3 AG	ABEFJNQRV 8
4 T	GH 9
5 ADFIK	ABHJKNQV 10
5A	❶ €20,00
H106 1,8ha 44T(100-200m²) 21D	❷ €25,00
	118481

Von Siauliai die 154. CP ist ausgeschildert.

Vistytis, LT- / Marijampole

Kempingas Puselé
Zirgenu k
1 Mai - 1 Okt
+370 61 15 11 21
info@pusele.lt
N 54°25'40'' E 22°45'06''

1 ADEKNOPQRSTU	LMNQRVXY 6
2 AFIKLQRSUXY	J 7
3 AFGM	ABEFNQRUVW 8
4 JOQT	FHMQRT 9
5 ADHK	BGHIJKNRSU 10
16A	❶ €25,00
5,3ha 165T(100-150m²) 33D	❷ €25,00
	119330

Der CP liegt südöstlich der Ortschaft Vistytis. Der CP ist deutlich angegeben.

Šventupes, LT-20362 / Vilnius

River Camp Lithuania
A.Vinuolio gatve 15
1 Jun - 30 Sep
+370 65 96 37 77
vylius.b@gmail.com
N 55°19'25'' E 24°53'33''

1 ABCDEHKNOPQRSTU	JNPUV 6
2 ABCIJKQRSXY	ABCDEFGHIJK 7
3 AFG	ABCDEFHJKNQRUVW 8
4 FGHJNOT	AL 9
5 ABDEFHN	BCFHIJKMORSUY 10
B 16A	❶ €23,00
1ha 30T(12-25m²) 1D	❷ €23,00
	124283

Hinter dem Schild rechts nach Šventupe und im Kreisel 500m geradeaus, dann rechts ab, 100m nach unten.

Zalvariai/Molétai, LT-01122 / Utenos

Camping Appeleiland****
Salos g 3
1 Apr - 30 Okt
+370 68 83 53 35
info@appleisland.lt
N 55°09'38'' E 25°18'24''

1 ABDEJMOPQSTU	LMNQSXZ 6
2 ABEIJKPQTVWXYZ	ADEFGH 7
3 ABFGMNUV	AEFNQRUV 8
4 HJOQT	FJNQR 9
5 ABDEFHKNO	ABCFGHIJKNQU 10
10A CEE	❶ €25,00
H220 13,8ha 75T(100-150m²) 16D	❷ €30,00
	117068

Der Strecke Vilnius nach Moletai 60 km folgen. Litauischer Name der Insel: 'Obuoliu Sala'. Dort als Camping ausgeschildert. Links ab und 9,9 km der Strecke folgen.

Trakai, LT-21121 / Vilnius

Kempingas Slénjye
Slenio 1
1 Jan - 31 Dez
+370 68 61 11 36
slenyje@gmail.com
N 54°40'09'' E 24°55'47''

1 ABDEHJMOPQRSTU	LNOQSUX 6
2 ABFIJKLPQRSUVXYZ	ABCDEFGHIJK 7
3 ACFGQX	ABEFJNQRTUV 8
4 AEFHOQTUVW	FGHIJMNPQRSTVX 9
5 ADEFHJKLNO	ABHIJKLOPRUWZ 10
W 16A CEE	❶ €25,00
5,6ha 180T(100-150m²) 56D	❷ €25,00
	117066

Schnellstraße Kaunas-Vilnius. Richtung Trakai folgen. Der CP ist angezeigt.

Zarasai, LT-93432 / Utenos

Zarasai
Kauno 67
1 Mai - 1 Okt
+370 62 09 34 32
turizmas@zarasai.lt
N 55°43'07'' E 26°13'21''

1 ABKNOPSU	LNXZ 6
2 ETY	ABFIK 7
3 B	ABEFNQ 8
4	G 9
5 DHN	AHIJKLOQU 10
10A CEE	❶ €22,00
2ha 25T(100-150m²) 5D	❷ €27,00
	117056

Der CP liegt an der A6 und ist gut angezeigt.

Litauen

Karte Litauen auf Seite 415

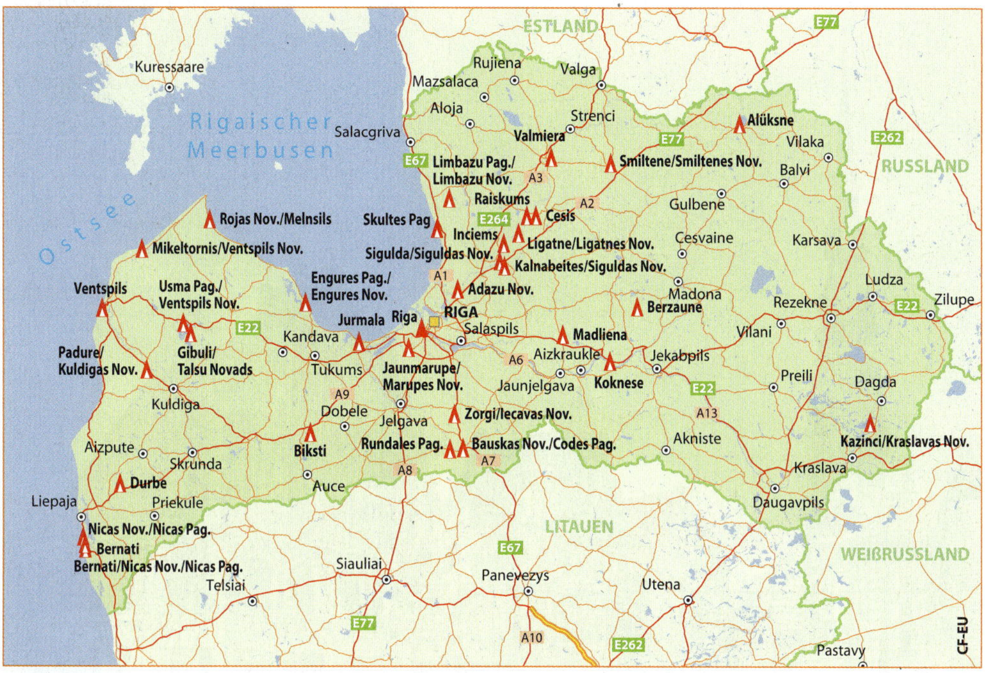

Lettland: verborgener Schatz Osteuropas

Zusammen mit Estland und Litauen bildet Lettland die baltischen Staaten. Eine Reise durch das Baltikum bietet viel Abwechslung: interessante Städte, schöne Strände und Natur.
Sie können in Lettland von der Küste bis tief ins Landesinnere campen. Entlang der mehr als 500 Kilometer langen Küste bilden die großen Hafenstädte Riga und Liepāja einen Kontrast zu den kleinen, malerischen Fischerdörfern, den weiten, weißen Sandstränden, Dünen und bizarren Felsformationen. Viele Campingplätze in Lettland liegen an der Ostsee oder am Golf von Riga. Es gibt aber auch Campingplätze in Lettland, die an Flüssen liegen und von unberührten Wäldern umgeben sind.

Hauptstadt: Riga
Währung: Euro
Zeitzone: UTC +2, UTC +3 (März bis Oktober)
Sprache: Lettisch
Ländervorwahl: +371
Alkoholgrenze: 0,5‰
Notrufnummer: Polizei, Feuerwehr und Rettungswagen: 112
Leitungswasser: oft nicht sicher, trinken Sie abgefülltes oder abgekochtes Wasser.

Lebendige Hauptstadt

Die meisten Einwohner Lettlands leben in der Hauptstadt Riga. Diese pulsierende Stadt ist also auf jeden Fall einen Besuch wert. In der Altstadt gibt es schöne Straßen mit allerlei Geschäften wie Antiquitätenhändlern und Galerien. Aber auch die historischen Kirchen und Museen sind sehr sehenswert.

In Lettland können Sie aus einer Vielzahl von Aktivitäten wählen. Werden Sie sich in einem der modernen Spas entspannen? Oder steht etwas Aktiveres auf dem Programm? Sie können Rad fahren, reiten, angeln, Kanu fahren und Rafting betreiben. Die vielen tausend Süßwasserseen, die Hunderte von Flüssen und die schönen Wälder sorgen für einen unvergesslichen Urlaub in Lettland.

Lettische Spezialitäten

Die kulinarische Vielfalt Lettlands lässt sich an vielen Orten entdecken. Auf dem zentralen Markt von Riga, der täglich geöffnet ist, können Sie lettische Spezialitäten wie Birkensaft oder Käse probieren. Oder entdecken Sie die lokalen Spezialitäten bei einem Besuch in einem Restaurant.

Tanken

Benzin (95/98 E oder Futura 95/98) und Diesel sind ohne weiteres erhältlich. Flüssiggas ist einigermaßen verfügbar; zum Tanken wird der italienische Adapter (dish) benutzt.

Außerhalb der Städte sind die Tankstellen oft von 7 bis 22 Uhr geöffnet.

In und um Riga und in anderen Städten haben

die Tankstellen in der Regel bis 23:30 Uhr oder Tag und Nacht geöffnet.

Ladestationen

Bereiten Sie sich mit einem Elektroauto gut vor. Die meisten Ladestationen liegen in und um Riga herum. Bei Reisen außerhalb der Städte ist es ratsam zu prüfen, welche Lademöglichkeiten vorhanden sind. Das lettische Unternehmen e-mobi hat das größte Ladenetz: www.e-mobi.lv.

Verkehrsvorschriften

Tagfahrlicht ist Pflicht. An einer gleichberechtigten Kreuzung hat der Verkehr von rechts Vorfahrt. Eine Straßenbahn hat jedoch immer Vorfahrt. Der Verkehr im Kreisverkehr hat Vorrang, wenn dies durch Verkehrszeichen angezeigt wird. Der Fahrer darf nur ein Telefon mit Freisprecheinrichtung benutzen. Kinder, die kleiner als 1,50 m sind, müssen in einem Kindersitz sitzen. Winterreifen sind vom 1. Dezember bis zum 1. März vorgeschrieben (dieser Zeitraum kann je nach Wetterlage angepasst werden).

Sondervorschriften

Eine grün blinkende Ampel warnt davor, dass die Ampel auf orange umschalten wird und Sie müssen nach Möglichkeit anhalten. Ein gelbes Licht neben einer roten Ampel zeigt an, dass die Ampel grün wird; Sie dürfen jedoch nur fahren, wenn die Ampel grün ist. Fußgänger, die bei Dunkelheit oder schlechten Sichtverhältnissen auf der Straße gehen, müssen einen Reflektor oder eine Sicherheitsweste tragen. Langsamere Fahrzeuge können den Standstreifen nutzen, um schnellere Fahrzeuge passieren zu lassen.

Vorgeschriebene Ausstattung

Ein Warndreieck, Verbandskasten und Feuerlöscher sind im Auto Pflicht. Es wird empfohlen, für alle Insassen Warnwesten mitzuführen.

Reisemobil und Caravan

Ein Reisemobil oder eine Auto-Wohnwagen-Kombination darf bis zu 4 m hoch, 2,55 m breit und 18,75 m lang sein (der Wohnwagen selbst darf bis zu 12 m lang sein).

Fahrrad

Für Kinder bis 12 Jahre ist ein Fahrradhelm Pflicht (auch auf dem Rücksitz). Bei Dunkelheit (und schlechter Sicht) müssen Radfahrer eine Warnweste tragen. Kinder bis 12 Jahre dürfen nur in Begleitung auf der Straße fahren. Kinder bis 7 Jahre dürfen nur in einem Fahrradsitz mit Sicherheitsgurt befördert werden.

Panne und Unfall

Stellen Sie Ihr Warndreieck mindestens 100 m hinter dem Auto auf, wenn es eine Gefahr für den übrigen Verkehr darstellt. Alle Insassen müssen eine Warnweste tragen.
Im Falle einer Panne rufen Sie die Notrufnummer Ihres Pannenhelfers an.

Campen

Die Zahl der lettischen Campingplätze, die sich an westeuropäische Gäste richten, nimmt zu. Viele Campingplätze, auch an der beliebten Ostseeküste und in den Nationalparks, sind einfach. Die sanitären Anlagen sind bescheiden, aber sauber, und die meisten Campingplätze verfügen inzwischen über Strom. Wildcampen außerhalb von Campingplätzen ist auf dem Land und in Nationalparks erlaubt, wo manchmal eine geringe Gebühr erhoben wird. Für das Zelten auf Privatgrundstücken ist eine Genehmigung des Grundbesitzers erforderlich. Einige Campingplätze verfügen nicht über Trinkwasser. Es ist ratsam, Wasser in Flaschen mit sich zu führen. Servicestationen für Wohnmobile sind in Lettland noch selten.

Praktisches

Schützen Sie sich vor Zecken, da sie Krankheiten übertragen können. Vermeiden Sie den Kontakt mit Säugetieren, da die Gefahr von Tollwut besteht.

Klima Riga	Jan.	Feb.	März	Apr.	Mai	Jun.	Jul.	Aug.	Sept.	Okt.	Nov.	Dez.
Durchschnittliche Höchsttemperatur	-2	-2	3	10	16	20	22	21	16	10	4	0
Durchschnittliche Anzahl der Sonnenstunden pro Tag	1	2	4	6	7	11	10	9	6	3	1	1
Durchschnittliche monatliche Niederschlagsmenge (mm)	34	27	28	41	44	63	85	73	75	60	57	46

Adazu Nov., LV-2164 / Rigas

Leiputrija
Stirninas, Ilkene
1 Mai - 1 Okt
+371 26 40 55 96
info@leiputrija.com

1 ABDE**KN**OPQRST**U** LNV 6
2 AEJKQWXY ABD**FGH**IK 7
3 ABFGM ABCDEF**G**NQRTW 8
4 FH**T** GJQRTVY 9
5 ABDJ AGHJKOQU 10
Anzeige auf Seite 425 B 16A ① €19,00
2ha 35**T**(80-100m²) 18**D** ② €23,00

N 57°05'13" E 24°26'36"
A1 Richtung Tallinn. Über die Gauja dann noch 600m, dann rechts Kadagas. Der CP-Beschilderung folgen, schlechte Straße.
121182

Alüksne, LV-4300 / Aluksnes

Jaunsetas
Aluksnes Nov, Ziemeru Pag.
1 Mai - 30 Okt
+371 28 65 06 00
jaunsetas@inbox.lv

1 ADKNOPQRSTU LMNQSWXY 6
2 EIJKSWXY ABDEK 7
3 AFG ABCDEFKNQRW 8
4 O**T** AGIJQTU 9
5 DHLN IJKNQU 10
16A CEE ① €15,00
15ha 62**T**(100m²) 46**D** ② €15,00

N 57°26'30" E 27°03'10"
Von Alüksne-Mitte Richtung Riga. Hinter der Tankstelle Neste rechts ab. Der CP liegt nach 2 km am See von Alüksne.
118089

Bauskas Nov./Codes Pag., LV-3901 / Bauskas

Nameji
Elektriku Ciems
1 Mai - 31 Okt
+371 29 88 21 22
nameji@inbox.lv

1 AKNOPQRSTU **N** 6
2 AEQSX ABDE**FG**HIK 7
3 AF ABEFJNQRW 8
4 **T** G 9
5 DN JKORSV 10
16A ① €15,00
1ha 35**T**(50-100m²) 10**D** ② €15,00

N 56°24'37" E 24°10'05"
Von Lecava A7 Richtung Bauska. In Bauska den Schildern folgen. Von Paneveza A7 Richtung Bauska. In Bauska über die Brücke links ab. CP ist ausgeschildert.
118504

Bernati, LV-3473 / Liepajas

Kempings "Paberzi"
1 Mai - 30 Sep
+371 20 20 13 10
camping.paberzi@gmail.com

1 AD**KN**OPQRS**U** **N** 6
2 APQXY AB 7
3 AG ABEFNQW 8
4 H JU 9
5 D JKORS 10
16A ① €20,00
2ha 55**T**(100m²) 5**D** ② €20,00

N 56°23'31" E 20°59'58"
Der Campingplatz liegt 200m von der A11, 12 km südlich von Liepaja und ist ausgeschildert.
124985

Bernati/Nicas Nov./Nicas Pag., LV-3473 / Liepajas

Ergli
1 Mai - 15 Okt
+371 29 29 53 37
ergli@et.lv

1 AB**KN**OPQRST**U** 6
2 AJPQSXY AB**F**I**J**K 7
3 AFU ABEFNQW 8
4 **T** GIJV 9
5 DN AJKNRSU 10
B 16-20A ① €20,00
3ha 46**T**(80-100m²) 11**D** ② €25,00

N 56°22'21" E 20°59'43"
Ungefähr 13 km südlich von Liepaja auf der A11 ist der CP angezeigt, hier abfahren und dann noch etwa 300m Kiesweg.
117041

Berzaune, LV-4853 / Madonas

SIA Šubrakkrasti
Kalnozoli
1 Mai - 31 Okt
+371 22 44 11 73
subrakkrasti@gmail.com

1 AFILOPQSTU LN 6
2 BEIKQSUVY ABCDEFHIK 7
3 AFG**K**UX ABCDEFJNQRW 8
4 AOQT GK 9
5 BCHIJKOQ 10
W 8-16A ① €10,00
70ha 26**T**(15-25m²) 7**D** ② €11,50

N 56°48'09" E 25°49'56"
Von Berzaune die Vestienas iela/P81 in westliche Richtung nehmen. Links ab bei Camping-Schildern. Nach ca 13 km. ist man auf dem Campingplatz Subrakkrasti.
123232

Biksti, LV-3713 / Dobeles

Niedras
Dobele District
1 Apr - 31 Okt
+371 29 99 22 99
info@niedras.lv

1 ABF**KN**OPQSU L**N** 6
2 ABEIJQRSUXYZ AB**IJ** 7
3 ABFN ABEFNQ 8
4 FIQ 9
5 D ABJKNQU 10
16A ① €25,00
6,5ha 35**T**(25-100m²) 12**D** ② €25,00

N 56°38'29" E 22°59'50"
In Biksti Ausfahrt Auce zur P104. Campingschild steht rechts am Waldrand.
123152

Cesis, LV-4101 / Cesu

Zagarkalns
Mûrlejas Street 2
15 Mai - 15 Sep
+371 26 26 62 66
info@zagarkalns.lv

1 ADEJMOPQSTU JNUVX 6
2 BCJKPQXYZ AB**F** 7
3 AFG ABEFNQRW 8
4 FH AJQRV 9
5 DE AJKLNQU 10
16A ① €20,00
2ha 50**T**(60-80m²) 11**D** ② €28,00

N 57°18'25" E 25°13'16"
Von Cesis etwa 5 km Richtung Limbazi über die P14. Dann den Schildern folgen.
117779

Karte Lettland auf Seite 421

Durbe, LV-3440 / Liepajas

Camping Vinrozes
Vinrozes 2
1 Mai - 15 Sep
+371 29 25 58 54
kempings@vinrozes.lv

1 ABKNOPQSU	L	6
2 EKQSXY	AB	7
3 A	ABFNQ	8
4	FQ	9
5 D	AJKNU	10
16A		❶ €20,00
2ha 35T(50-120m²) 3D		❷ €26,00

N 56°37'10'' E 21°22'43''

A9 Ausfahrt Durbe. Beschilderung Vinrozes folgen. Camping gut angezeigt, letzte Kilometer gepflasterter Kiesweg. 124697

Engures Pag./Engures Nov., LV-3113 / Tukuma

Kempings Abragciems
1 Mai - 30 Sep
+371 26 11 07 38
kempings-dez@finieris.lv

1 ABDEILOPQRSTU	KMQ	6
2 BGIJPQRSXY	ABFG	7
3 AFGM	ABEFNQRW	8
4 OQ	JRT	9
5 DFHK	AHJKNU	10
B 6-16A		❶ €17,00
6,3ha 40T(50-80m²) 25D		❷ €21,00

N 57°11'52'' E 23°12'15''

Der CP liegt an der P131 von Tukums nach Kolka nördlich von Engures und ist auf der P131 angezeigt. Nach ± 2,5 km kommt der CP. 118103

Gibuli/Talsu Novads, LV-3297 / Talsu

Bukdangas
1 Jan - 31 Dez
+371 29 25 64 87
info@bukdangas.lv

1 AKNOPQRSTU	LNQRSWXZ	6
2 ABEJQRSXYZ	ABFIJK	7
3 FGX	ABEFNQR	8
4 HT	JMOT	9
5 DHN	ABKNRSU	10
16A		❶ €18,00
4ha 50T(100m²) 12D		❷ €20,00

N 57°11'22'' E 22°12'45''

A10 Ventspils (Windau)-Riga. Ausfahrt Gibuli. Durch Gibuli. Camping ist ausgeschildert. PLZ für Navi: 3297 Talsu Novads, Gibuli. 117023

Inciems, LV-2144 / Rigas

Jaunzageri
Krimuldas pagasts
1 Apr - 30 Okt
+371 22 00 20 33
info@jaunzageri.lv

1 ABKNOPQSTU	JN	6
2 BCKQSYZ	A	7
3 AG	AENQ	8
4 TU	HR	9
5 DH	HJKU	10
16A		❶ €20,00
3,8ha 160T(50-100m²) 6D		❷ €24,00

N 57°13'44'' E 24°54'22''

A3 Ausfahrt Sigulda, die P8. 2. links ab. Den Campingschildern folgen. Letztes Stück über unbefestigten Waldweg. 123240

Jaunmarupe/Marupes Nov., LV-2166 / Rigas

Jaunmartini
1 Mai - 1 Okt
+371 29 14 24 65
info@jaunmartini.lv

1 ABKNOPQRSTU		6
2 AQSX	ABCFGHIK	7
3 AFGU	ABEFNQVW	8
4 FH	G	9
5 D	AORSU	10
16A		❶ €18,00
1ha 30T(80-100m²) 5D		❷ €19,50

N 56°53'43'' E 23°56'19''

A5, auf der Höhe von Jaunmärupe zwischen der A9 und A8 ist der CP ausgeschildert. 118102

Jurmala, LV-2012 / Rigas

Neptuns
Jaunkemeru Cels 1
1 Mai - 30 Sep
+371 29 40 01 68
dace@restoransneptuns.lv

1 AFKNOPQRSTU	K	6
2 ABGJQSXY	FG	7
3 A	ABEFNQR	8
4 FH	JV	9
5 DEHJL	BIJKOQU	10
16A CEE		❶ €25,00
2ha 20T(80m²) 1D		❷ €26,50

N 56°58'30'' E 23°33'25''

Von Riga Richtung Kolka. In Jurmala Richtung Jaunkemeri. Restaurant und Camping Neptuns sind angezeigt. 122730

Kalnabeites/Siguldas Nov., LV-2150 / Rigas

Camping Lakeside
Plivkas
1 Mai - 30 Sep
+371 27 15 21 55
camping@lakeside.lv

1 ABDEKNOPQRSU	LN	6
2 AEIJKQXY	ABFH	7
3	ABEFNRV	8
4 F	N	9
5	BGJKOQU	10
10A CEE		❶ €23,00
H103 1,5ha 40T(70-100m²)		❷ €27,00

N 57°07'52'' E 24°51'52''

In Sigulda Richtung Allazi. Nach ca. 1 km rechts ab Richtung Spa Hotel. Am Ende des Weges noch 150m Sandweg. Camping rechts vom Weg. 122790

Kazinci/Kraslavas Nov., LV-17625 / Kraslavas

Camping Siveri
1 Mai - 30 Sep
+371 29 27 85 99
campsiveri@gmail.com

1 AKNOPQRSTU	LNPQSWXZ	6
2 ABEIJKQRUWXYZ	ABCFHIK	7
3 AE	ABEFNQR	8
4 AT	FGQR	9
5 D	AHIJKNQU	10
B 16A CEE		❶ €15,00
H148 2,1ha 50T(70-100m²) 4D		❷ €15,00

N 56°01'20'' E 27°24'08''

P61 Kraslava-Dagda, 22 km hinter Kraslava links ab bei Kazinci. 3 km nicht asphaltierte Landstraße, ausgeschildert. 118392

Koknese, LV-5113 / Aizkraukles

Radzes
Postbox 20
1 Mai - 1 Okt
+371 26 52 44 46
radze3@inbox.lv

1 AKNOPQSTU	JNQSXY	6
2 BCKQRXY	ABI	7
3 AF	ABCDEFNQU	8
4 T	FGJQ	9
5 D	HJKNQU	10
16A		❶ €15,00
12ha 13T(100m²) 12D		❷ €15,00

N 56°36'30'' E 25°30'16''

Radzes liegt an der A6, 4,5 km von Koknese weg, Richtung Plavinas. Am Schild 'Radzes' in den Landweg einfahren. 117046

Ligatne/Ligatnes Nov., LV-4110 / Cesu

Canoe Camping
Gaujas 36
1 Mai - 1 Okt
+371 29 24 49 48
info@makars.lv

1 AKNOPQSTU	JNU	6
2 CPQXY	ABFI	7
3	ABEFNQRVW	8
4 FHT	GR	9
5 D	HJKNRU	10
10A CEE		❶ €27,00
H111 1ha 40T(80-100m²) 2D		❷ €30,00

N 57°15'16'' E 25°02'42''

A2 Ausfahrt Ligatne. Weiter mit Schildern angezeigt. 118503

Limbazu Pag./Limbazu Nov., LV-4020 / Limbazu

Meza Salas
1 Jan - 1 Dez
+371 29 12 21 33
info@mezasalas.lv

1 AEHKNOPQSTU	LN	6
2 CEIKQSTXY	ABFGHI	7
3 AFG	ABCDEFGIJNQRUW	8
4 FOTU	GJPT	9
5	ABHJKNQU	10
B 10A		❶ €20,00
10ha 40T(60-100m²) 11D		❷ €20,00

N 57°28'51'' E 24°33'48''

Von Riga Ausfahrt Limbazi, dann 7,5 km durchfahren, danach rechts (4,5 km). Den CP-Schildern folgen. 119314

Madliena, LV-5045 / Ogres

Forsteri
Ogres Nov., Madlienas Pag.
1 Apr - 1 Nov
+371 29 21 57 97
forsteri@forsteri.lv

1 ABCGJMOPQSTU	JNUX	6
2 ABCQRSXYZ	AB	7
3 AGMU	ABEFNQR	8
4 AEGHOT	FRV	9
5 D	AHJKOQU	10
16A CEE		❶ €16,00
2,5ha 40T(50-100m²) 2D		❷ €18,00

N 56°46'30'' E 25°10'59''

Von der A6 Riga-Daugavpils Ausfahrt Skriveri (P32) Richtung Madliena. An der rechten Straßenseite Hinweis 'Forsteri'. 120959

Mikeltornis/Ventspils Nov., LV-3601 / Ventspils

Mikelbaka
1 Mai - 1 Okt
+371 27 88 44 38
martins@mikelbaka.lv

1 ADEHKNOPQRSTU	KNQS	6
2 BGJQSXYZ	ADFG	7
3 A	ABEFNQR	8
4	DIJRU	9
5 FHJKN	AGJKNRSU	10
16A		❶ €20,00
6ha 75T(100-150m²) 19D		❷ €25,00

N 57°35'49'' E 21°57'57''

Strecke Ventspils-Kolka. Durchfahren bis zum Schild Mikeltornis (nicht dem Navi folgen). Dann links auf den Sandweg. Nach 2 km kommt der CP. 117664

Nicas Nov./Nicas Pag., LV-3473 / Liepajas

Verbelnieki
15 Apr - 15 Okt
+371 29 13 85 65
verbelnieki@inbox.lv

1 ABKNOPQSTU	KNQ	6
2 ABGJQXY	ADE	7
3 BDU	ABEFNQRVW	8
4 TUY	GJWY	9
5 BDHJLN	NRSU	10
16A		❶ €21,00
11ha 170T(80-100m²) 26D		❷ €27,00

N 56°25'37'' E 20°59'52''

Der CP liegt ca. 7 km südlich von Liepaja an der A11. Der CP ist ausgeschildert. 117825

Lettland

Karte Lettland auf Seite 421

Padure/Kuldigas Nov., LV-3321 / Ventspils

Kempings 'Nabite'
1 Jan - 31 Dez
+371 26 32 79 97
nabite@inbox.lv

1 ABDKNOPQRSTU LNQSWXYZ 6
2 ABEIKQSX ABCFGHIJK 7
3 BFG ABEFNQRUW 8
4 T GJQT 9
5 BDEHJK ABHIJKLNRSU 10
B 16A ❶ €20,00
11ha 115T(50-100m²) 45D ❷ €25,00

N 57°04'44" E 21°47'14"
117018

Auf der 108 Kuldiga-Ventspils, ungefähr 16 km nordwestlich von Kuldiga ist der CP an der Kreuzung ausgeschildert. Dann noch ungefähr 1,8 km einen schmalen Kiesweg.

Raiskums, LV-4146 / Cesu

Apalkalns
Raiskuma Pag, Pargaujas Nov.
15 Apr - 1 Okt
+371 29 44 81 88
apalkalns@inbox.lv

1 ABDEKNOPQRSTU LNQSXZ 6
2 AEIKPQSTXY ABDEFGIJK 7
3 AGJU ABEFNQRTW 8
4 FHO FIJQRV 9
5 DN AGHJKOQU 10
B 16A CEE ❶ €22,00
2,7ha 113T(100m²) 11D ❷ €30,00

N 57°19'03" E 25°08'53"
118090

Von Cesis ca. 7 km Richtung Limbazi über die P14. Dann noch etwa 4 km Richtung Raiskums. Den Schildern folgen.

Riga, LV-1048 / Rigas

Riga City Camping
Kipsalas iela 8
15 Mai - 16 Sep
+371 67 06 75 19
camping@bt1.lv

1 ABDEKNOPQRSTU 6
2 ACPQSX ABDEFGHI 7
3 AFMN ABEFNQRVW 8
4 AO 9
5 DEHKNO ABCHIKORSUX 10
Anzeige auf dieser Seite B 16A CEE ❶ €25,00
2ha 100T(50m²) ❷ €27,00

N 56°57'23" E 24°04'45"
117032

A10 Riga-Ventspils, Richtung Riga-Zentrum. Ab der Daugava Brücke ist der CP ausgeschildert. CP liegt am Messezentrum im Stadtteil Kipsala.

Riga, LV-1048 / Rigas

Riverside Camping
Matrozu Iela 15
1 Jun - 15 Sep
+371 26 65 88 99
info@riversidecamping.lv

1 AKNOPQRSTU JNSX 6
2 ACPQSTWX ABFG 7
3 ABEFNQR 8
4 A 9
5 D BHIKNOPQ 10
16A ❶ €23,00
2ha 40T(50-80m²) ❷ €25,00

N 56°57'56" E 24°04'49"
121179

Von A10 Richtung Zentrum. Von Daugava Brücke aus der linken Flussseite folgen. CP ist ab dort angezeigt.

Rojas Nov./Melnsils, LV-3264 / Talsu

Kempings Melnsils
1 Mai - 30 Sep
+371 28 60 56 06
info@melnsils.lv

1 AKNOPQRSTU KMNQSU 6
2 GJQRSXYZ AFG 7
3 BFGMX ABEFNQ 8
4 HT DEFGIJMRTV 9
5 DFHJLNO KNQU 10
B 16A ❶ €19,00
5ha 40T(80-150m²) 30D ❷ €21,00

N 57°39'08" E 22°34'44"
122679

Route von Engura nach Kolka. Hinter Melnsils der Beschilderung folgen.

Rundales Pag., LV-3921 / Bauskas

Rundale Camping
Krastini
1 Jan - 31 Dez
+371 26 43 12 34
rundalecamping@inbox.lv

1 ABKNOPQRSTU J 6
2 CKQSXY ABFJ 7
3 G ABFNQR 8
4 RV 9
5 D AKNU 10
10A ❶ €16,00
3,5ha 37T(50-100m²) ❷ €16,00

N 56°25'13" E 24°03'50"
123356

A7 von Riga Richtung Bauska. In Bauska hinter der Muša Brücke rechts. Der P103 etwa 8 km folgen. Camping ist gut angezeigt. Oder von Litauen/Klaipeda die A8 gleich nach Grenze in Meitene rechts zur P103 Richtung Rundale.

Sigulda/Siguldas Nov., LV-2150 / Rigas

Siguldas Pludmale
Peldu iela 2
1 Mai - 15 Sep
+371 29 24 49 48
karina@makars.lv

1 ABKNOPQSTU JNU 6
2 ACJQSTXY ABFI 7
3 G ABEFNQRVW 8
4 FH GQRX 9
5 D KNRSU 10
10A CEE ❶ €24,00
0,7ha 35T(60-90m²) 3D ❷ €27,00

N 57°09'28" E 24°50'14"
117035

Die A2/E77. Stadt Sigulda einfahren, über die Bahnlinie und der Vorfahrtstraße folgen. Innerorts stehen CP-Schilder. Der CP liegt am Ende einer 11% Steigung.

Skultes Pag, LV-4025 / Limbazu

Camping Laucu Akmens
Limbazu Nov.
1 Jan - 31 Dez
+371 26 35 05 36
info@laucakmens.lv

1 ABDEKNOPQSU KM 6
2 AGJLQX ABFI 7
3 AFGX ABEFNQW 8
4 O GHIJ 9
5 DKL AJKNQ 10
B 16A ❶ €25,00
4ha 30T(100m²) 11D ❷ €25,00

N 57°22'00" E 24°24'13"
117007

Auf der A1 aus beiden Richtungen ist das Campingschild vor der Einfahrt gut sichtbar. In diesen Weg dann 2 km über den Kiesweg.

Smiltene/Smiltenes Nov., LV-4729 / Valkas

Kalbakas Camping
1 Jan - 31 Dez
+371 29 46 50 18
kalbakas@kalbakas.lv

1 AKNOPSU 6
2 IQXY ABCFHIK 7
3 AFGM ABEFNQRW 8
4 T GV 9
5 D JKNRS 10
16A ❶ €15,00
1,5ha 18T(80-100m²) 13D ❷ €15,00

N 57°26'18" E 25°56'08"
117810

P24 Valka-Smiltene, ca. 2,5 km vor Smiltene ist der CP deutlich angezeigt.

Usma Pag./Ventspils Nov., LV-3619 / Ventspils

Usma Spa Hotel & Camping
Priezkalni
1 Apr - 31 Okt
+371 26 33 45 00
usma@usma.lv

1 ADEHKNOPQRSTU ELNSTXZ 6
2 ABEJKQSXYZ ABDEFIK 7
3 AFG ABEFNQRVW 8
4 OTZ GJPQTV 9
5 DHJL AHIJKNRU 10
B 16A ❶ €21,00
4,5ha 55T(100m²) 22D ❷ €23,00

N 57°14'21" E 22°10'11"
117022

Von Ventspils die A10 nach Riga Richtung Usma. Der CP-Beschilderung folgen. Dem Asphaltweg folgen, kein Sandweg.

Valmiera, LV-4224 / Valmieras

Baili Camping
Kaugura pagast Beverinas Novads
1 Jan - 31 Dez
+371 29 28 41 13
baili@valm.lv

1 ADEKNOPQRSTU 6
2 BQXYZ ABF 7
3 FW ABCDEFJNQRW 8
4 FHT AGJR 9
5 DEH HIJKNQU 10
W 16A ❶ €20,00
H58 4ha 35T(bis 100m²) 18D ❷ €20,00

N 57°32'02" E 25°28'05"
117012

Von Valmiera-Mitte Richtung Smiltene. Der CP ist deutlich ausgeschildert.

Ventspils, LV-3601 / Ventspils

Piejuras Kempings (Seaside camping)
Vasarnicu iela 56
1 Jan - 31 Dez
+371 63 62 79 25
camping@ventspils.lv

1 ABDEKNOPQRSTU KMQS 6
2 ABGJKPQRTWXYZ ABFGHIJK 7
3 AFG ABCDEFJNQRTW 8
4 HOT JUVWY 9
5 DEFHJ AFHIORUW 10
B 16A ❶ €25,00
10ha 316T(60-100m²) 43D ❷ €27,00

N 57°23'01" E 21°32'16"
117079

In Ventspils mit Schildern angezeigt.

Zorgi/Iecavas Nov., LV-3913 / Bauskas

Labirinti Camping
Bērzini
1 Apr - 30 Okt
+371 26 32 03 36
info@kempingslabirinti.lv

1 ABKMOPQRSTU SX 6
2 AQXYZ ABFI 7
3 BDFGJU ABEFNQR 8
4 J GQY 9
5 DN BJKLORU 10
20A ❶ €15,00
2ha 42T(100-150m²) 1D ❷ €21,00

N 56°33'51" E 24°10'04"
117811

Der CP liegt nah an der A7 (Riga-Bauska), ungefähr 18 km nördlich von Bauska. Der CP ist ausgeschildert.

Lettland

Karte Lettland auf Seite 421

Campen in Estland: lange Sommerabende in Nordeuropa

Wenn Sie in Estland campen gehen, werden Sie schnell feststellen, dass dieses Land nicht osteuropäisch, sondern nordeuropäisch ist. Da deutsche Orden Städte und Burgen gründeten und Schweden dieses Gebiet lange Zeit beherrschten, findet man in Estland viele deutsche und skandinavische Einflüsse.

Tallinn besuchen

Estlands Hauptstadt Tallinn wurde von Dänen gegründet, wie ihr Name "dänische Stadt" vermuten lässt. Der alte Stadtkern ist einer der schönsten in Europa. Historische Denkmäler, gotische Kirchen, aber auch die Türme "Kiek in de Kök" (Niederdeutsch für "Blick in die Küche") und "Lange Herman" sind einen Besuch wert. Abends können Sie lange auf der Terrasse sitzen, da die Sonne im Sommer erst sehr spät untergeht.

Von Inseln bis Nationalpark

Die Campingplätze Estlands sind über das ganze Land verteilt. Entlang der Küste auf dem Festland, aber auch auf den Inseln Saaremaa und Hiiumaa finden Sie zahlreiche Campingplätze. Vogelliebhaber besuchen die Inseln vor der estnischen Küste gerne wegen der vielen Zug- und Brutvögel.

Die Campingplätze in der Nähe der Stadt Tartu sind ein guter Ausgangspunkt für einen Ausflug entlang der ruhigen Dörfer, der Hügel bei Otepää und des Ufers des großen Peipussees, der die Grenze zu Russland bildet. Die Sümpfe des Soomaa-Nationalparks eignen sich hervorragend zum Wandern, Kanu- und Kayakfahren.

Tanken

Benzin (95, 95 E10 und 98) und Diesel sind gut verfügbar (wenn Sie E10 tanken möchten, prüfen Sie den Tankdeckel, die Betriebsanleitung oder fragen Sie Ihren Autohändler, ob Ihr Auto damit fahren kann). Flüssiggas ist einigermaßen gut verfügbar. Für die Betankung von Flüssiggas wird der Italien-Adapter (dish) verwendet.
Die meisten Tankstellen sind mindestens von 7 bis 21 Uhr geöffnet und die Tankstellen an den Autobahnen sind oft Tag und Nacht geöffnet. An mehreren Tankstellen gibt es Zapfsäulen, an denen Sie mit Kreditkarte bezahlen können.

Hauptstadt: Tallinn
Währung: Euro
Zeitzone: UTC +2, UTC +3 (März bis Oktober)
Sprache: Estnisch und Russisch
Ländervorwahl: +372
Alkoholgrenze: 0,2‰
Notruf: Polizei, Feuerwehr und Rettungswagen: 112
Leitungswasser: unbedenklich, aber Viele trinken abgefülltes Mineralwasser.

Ladestationen

Die Lademöglichkeiten sind ausreichend und die Entfernung zwischen den meisten Ladestationen beträgt etwa 60 Kilometer. Erkundigen Sie sich vor Ihrer Reise, welche Lademöglichkeiten es gibt und planen Sie Ihre Reise gut.

Verkehrsregeln
Abblendlicht oder Tagfahrlicht sind tagsüber Pflicht. Die Rücklichter eines Wohnwagens müssen immer eingeschaltet sein. An Bahnübergängen hat der Verkehr von rechts Vorfahrt. Die Fahrer dürfen nur Mobiltelefone mit Freisprecheinrichtung benutzen. Kinder unter 12 Jahren müssen in einem Kindersitz sitzen. Winterreifen sind vom 1. Dezember bis 1. März vorgeschrieben (dieser Zeitraum kann je nach Wetterlage angepasst werden).

Sondervorschriften
Sie dürfen eine stehende Straßenbahn nicht überholen. Fußgänger, die im Dunkeln oder bei schlechten Sichtverhältnissen auf der Straße gehen, müssen einen Reflektor oder eine Warnweste tragen.

Vorgeschriebene Ausstattung
Warndreieck und Feuerlöscher sind im Auto Pflicht. Es wird empfohlen, für alle Insassen Warnwesten mitzuführen.

"Das dünn besiedelte Estland, das nun endlich unabhängig ist, entwickelt sich rasch zu einem modernen westlichen Land mit eigenem Charakter"

Herr M. Van Bemmelen, Inspektor 1257

Reisemobil und Caravan
Ein Reisemobil oder eine Auto-Wohnwagen-Kombination darf bis zu 4 m hoch, 2,55 m breit und 18,75 m lang sein (der Wohnwagen selbst darf bis zu 12 m lang sein).

Fahrrad
Für Kinder bis 16 Jahre ist ein Fahrradhelm Pflicht (auch für Kinder in einem Fahrradsitz). Es ist verboten, während des Radfahrens zu telefonieren oder ein Mobiltelefon zu benutzen. Kinder bis zu 8 Jahren dürfen nicht auf der Straße fahren, Kinder von 8 bis 16 Jahren nur in Begleitung eines Erwachsenen.

Panne und Unfall
Stellen Sie das Warndreieck auf Autobahnen etwa 100 m (sonst 50 m) hinter dem Fahrzeug auf, wenn es für den übrigen Verkehr nicht gut sichtbar ist. Alle Insassen müssen eine Warnweste tragen. Im Falle einer Panne rufen Sie die Notrufnummer Ihres Pannendienstes an. Sie können auch die estnische Straßenmeisterei (EAK) unter der Nummer +372 69 79 188 anrufen. Das Abschleppen auf der Autobahn ist bis zur ersten Ausfahrt erlaubt.

Campen
Die Zahl der Campingplätze in Estland nimmt aufgrund der wachsenden Beliebtheit des Baltikums bei Campern zu. Viele Campingplätze befinden sich in Nationalparks und erreichen das Niveau der Campingplätze in Westeuropa. Immer mehr Campingplätze bieten Strom an. Wildcamping außerhalb von Campingplätzen ist in ländlichen Gebieten und in begrenztem Umfang auch in Nationalparks gegen eine Gebühr erlaubt. Auf landwirtschaftlichen Flächen ist dies nur mit Erlaubnis des Grundstückseigentümers erlaubt. Das Campen am Straßenrand ist nur auf speziell ausgewiesenen Wohnmobilstellplätzen möglich. Die Zahl der Camper-Servicestationen auf Campingplätzen nimmt zu.

Klima Tallinn	Jan.	Feb.	März	Apr.	Mai	Jun.	Jul.	Aug.	Sept.	Okt.	Nov.	Dez.
Durchschnittliche Höchsttemperatur	-2	-2	2	8	15	19	21	20	15	9	3	0
Durchschnittliche Anzahl der Sonnenstunden pro Tag	1	2	4	6	7	11	10	8	5	2	1	0
Durchschnittliche monatliche Niederschlagsmenge (mm)	48	32	32	37	38	57	78	82	74	73	67	57

Elbiku, EST-91202 / Lääne

Roosta Puhkeküla
Noarootsi vald
1 Jan - 31 Dez
+372 5 25 66 99
roosta@roosta.ee

1 ADEKNOPQRSTU KQRS 6
2 BGJPRSTVYZ ABFGI 7
3 AFGHJMNR ABEFGJNQRW 8
4 FJOQTU JMQU 9
5 BDEFHJLNO BHIJKNQU 10
FKKB 10A ❶ €22,00
12ha 49T(20-40m²) 32D ❷ €22,00
N 59°09'29" E 23°31'12"
Der Küstenstraße Haapsalu-Nova folgen. Von Linnamäe noch 23 km. Ausfahrt Riguldi in nördlicher Richtung bis Elbiku. CP gut ausgeschildert.
116978

Elva, EST-56006 / Tartu

Waide Motel
Käo Village
1 Jan - 31 Dez
+372 7 30 36 06
info@waide.ee

1 ADEKNOPQSTU 6
2 ABQTWXY ABDEFG 7
3 AF ABEFJNQRW 8
4 T G 9
5 DHJKN AHJKNQU 10
10A ❶ €20,00
H50 2,5ha 50T 26D ❷ €20,00
N 58°13'13" E 26°22'12"
Westlich von Elva, an der A3 Tartu-Valga. Mit Schildern angezeigt. Von der A3 nicht nach Elva, sondern dem CP-Schild folgen.
117000

Haapsalu, EST-90506 / Lääne

Pikseke
Männiku tee 32
1 Jan - 31 Dez
+372 51 92 22 91
pikseke@hotmail.com

1 AKNOPQRSU 6
2 BJPQWXYZ ABDEFIK 7
3 A CDEFGNQRW 8
4 JTX FV 9
5 ADN BGHJKOQU 10
10A ❶ €23,00
0,7ha 40T(30-60m²) 2D ❷ €26,00
N 58°55'41" E 23°32'15"
Von Tallinn oder Pärnu nach Haapsalu. In Haapsalu findet man Schilder zum CP.
116977

Kabli/Pärnu, EST-86002 / Pärnu

Metsaluige Camping and Caravan Park
Häädemeeste vald
1 Jan - 31 Dez
+372 53 33 57 99
info@metsaluige.ee

1 ADEJMOPQRSTU BK 6
2 ABGJPQX ABFGI 7
3 A ABCDEFJNQRTW 8
4 T F 9
5 DFHKLNO JKORSU 10
Anzeige auf dieser Seite 10-16A ❶ €26,00
2ha 40T 17D ❷ €32,00
N 57°59'34" E 24°25'22"
Nach Ikla Straße 4 (E67) für 12 km folgen. Dann links abbiegen zum Hotel Lepanina. Folgen Sie diesem Schild, bis der Campingplatz angezeigt wird.
125188

Kärla, EST-93501 / Saare

Karujärve
15 Mai - 10 Okt
+372 24 54 21 81
jyri@karujarve.ee

1 AILOPQSU LN 6
2 ABEJKPQY AB 7
3 AFG ABEFNQRW 8
4 T FJNQ 9
5 DEHJN BHIJKNQU 10
B 10A ❶ €19,00
4ha 110T(30-80m²) 51D ❷ €23,00
N 58°22'41" E 22°13'54"
Die 10 Kuivastu-Kuressaare und dann die 78 Richtung Kihelkonna folgen. Ausfahrt Kärla nehmen, noch ca. 6 km.
116986

Kassari, EST-92111 / Hiiu

Vetsi Talli Puhkeküla
15 Mai - 15 Sep
+372 4 63 61 46
vetsitall@hiiumaale.ee

1 ADEKNOPQSU 6
2 AJLQXY 7
3 AG ABCDEFGINQR 8
4 FHI 9
5 DFHK BHJKNQU 10
16A CEE ❶ €30,00
1ha 32T(12-50m²) 26D ❷ €44,00
N 58°47'22" E 22°49'09"
P80 Heltermaa-Kärdla, Ausfahrt Kassari und weiter ins Zentrum Richtung Orjaku.
116974

Kõrkküla, EST-43405 / Ida-Viru

Mereoja Camping
Uuskõrtsi
12 Mai - 17 Sep
+372 59 08 41 96
mereoja@mereoja.eu

1 ADEKNOPQRSTU KN 6
2 AHIJLMPQSTWXY ABDEFGIJK 7
3 B ABCDEFGIJNQRW 8
4 T AFW 9
5 BDN GJKOQU 10
10-16A ❶ €21,00
5ha 70T(60-100m²) 8D ❷ €27,00
N 59°25'47" E 26°57'21"
An der Autobahn 1 Tallinn (130 km) und Narva (82 km) ist der CP ausgeschildert.
122119

Kuressaare, EST-93810 / Saare

Kuressaare City Harbour Caravan Park
Tori 4
1 Apr - 1 Okt
+372 5 03 19 53
sadam@kuressaare.ee

1 ADEKNOPQRSTU KNXZ 6
2 AHJPQSTX ABFG 7
3 ABEFNQR 8
4 FHT NV 9
5 DHKN FGKNOQ 10
16A CEE ❶ €22,00
0,2ha 50T(30-60m²) ❷ €22,00
N 58°14'43" E 22°28'13"
In Kuressaare angezeigt. Hauptstraße Tallinna gerade aus zum Hafen. Ausgeschildert.
116988

Laagna, EST-40110 / Ida-Viru

Laagna camping-hotel
1 Jan - 31 Dez
+372 53 06 06 03
info@laagna.ee

1 ADEKNOPQSTU EGLN 6
2 AEQXY DEF 7
3 ADFHM ABEFJNQRW 8
4 AOTU GQU 9
5 DHJKN HIJKNQU 10
16A ❶ €15,00
H50 4ha 60T 36D ❷ €15,00
N 59°23'46" E 27°58'09"
Von Narva aus die Route 1. Rechts Richtung Laagna. Gut angezeigt. Von Tallinn aus die Route 1. Links Richtung Laagna.
116971

Mangu/Hiiu Vald, EST-92211 / Hiiu

Randmäe Holiday Farm
1 Jan - 31 Dez
+372 56 83 35 11
info@puhketalu.ee

1 ADEKNOPQRSTU KNQ 6
2 BGJQXY ABFGIK 7
3 AFGU EFNQRW 8
4 FHOT FGJQRV 9
5 HJN AJKNQU 10
16A ❶ €25,00
11ha 50T(80-120m²) 14D ❷ €30,00
N 59°01'38" E 22°35'10"
Die 80 von Kärdla Richtung Kõrgessaare. Nach 10 km rechts Richtung Tahkuna. Ausfahrt Posti links liegen lassen. 100m weiter Privatweg links zum CP Randmäe. Dieser letzte Teil ist nicht asphaltiert.
116973

Pärnu, EST-80021 / Pärnu

Konse Motel & Caravan Camping
Suur-Jõe 44a
1 Jan - 31 Dez
+372 53 43 50 92
info@konse.ee

1 ADEKNOPQRSTU JNQSXYZ 6
2 ACIJPQSTXYZ ABFGHIJK 7
3 L ABCDEFJNQR 8
4 OT GLUV 9
5 DEHJN ABGHIJKOQ 10
B 10A ❶ €27,00
1ha 45T(8-80m²) 31D ❷ €29,00
N 58°23'05" E 24°31'35"
In den östlichen Stadtteil von der alten Strecke 4/E67 abbiegen. Am Riia Denkmal ist der CP anzeigt.
116994

Pärnu, EST-88311 / Pärnu

Solar Caravan OÜ
Lõosilma talu
1 Jan - 31 Dez
+372 53 07 73 60
info@solarcaravan.ee

1 ADEKNOPQRSTU 6
2 AJPQXYZ ABDEFGIK 7
3 AL ABCDEFJNQRTUW 8
4 F AV 9
5 BDEMNO BHIJKOPQU 10
Anzeige auf Seite 431 B 13A ❶ €26,00
2,4ha 85T(16-100m²) 1D ❷ €29,00
N 58°25'27" E 24°21'46"
Autobahn Pärnu-Talinn. Der Campingplatz ist ausgeschildert.
124761

Saka, EST-30103 / Ida-Viru

Saka Manor***
Ida-Viru County
1 Apr - 30 Sep
+372 3 36 49 00
saka@saka.ee

1 AFKNOPQSU EGK 6
2 AGIJMNQXY FGH 7
3 AFNT ABEFJNQRW 8
4 FSTUVXYZ FGV 9
5 DHJL IJKNOQU 10
B 10A ❶ €13,00
2ha 40T 51D ❷ €13,00
N 59°26'16" E 27°10'43"
CP und Hotel liegen an der Autobahn Tallinn (148 km) und Narva (64 km). Sehr gut angezeigt. Am Ende der Straße Saka Cliff Nois (rechts) folgen.
116970

Estland

Karte Estland auf Seite 427

Suure-Rakke, EST-61113 / Tartu

Kiviranna Holiday Home
Urinurga talu
1 Apr - 30 Okt
+372 5 29 85 61
kiviranna@kiviranna.ee

1 ADEKNOPQRSTU	ALNQSXY 6
2 ABEILMPQRSXYZ	AFGIJ 7
3 ABFU	ABEFJNQRUW 8
4 EHTU	IJOPQRV 9
5 DEHJN	JKOQU 10
16A	❶ €25,00
2ha 34T(60-100m²) 4D	❷ €35,00

N 58°21'54" E 26°09'11"

Tartu Richtung Viljandi, die 92. Ca. 40 km von Tartu aus ist der Campingplatz ausgeschildert. 123098

Taevaskoja, EST-63229 / Põlva

Taevaskoja Salamaa
Taevaskoja tee 32
1 Jan - 31 Dez
+372 53 45 64 80
info@salamaa.eu

1 ADEKNOPQRSTU	LN 6
2 ABEPQTXZ	ABFHIK 7
3 ADFU	ABEFJNQRW 8
4 FHOT	GR 9
5 DN	JKOQU 10
16A	❶ €18,00
H80 2,6ha 25T(bis 80m²) 10D	❷ €20,00

N 58°06'19" E 27°02'23"

Auf der 61 von Tartu nach Põlva ist der CP ca. 7 km vor Põlva ausgeschildert. 121464

Tallinn, EST-11911 / Harju

Pirita Harbour Camping
Regati 1
1 Jan - 31 Dez
+372 6 39 88 01
top@piritatop.ee

1 BDEKNOPQRSTU	QRSTXYZ 6
2 AGIJPQSTX	F 7
3 NO	RVW 8
4	9
5 DGL	AHIKNQ 10
16A	❶ €25,00
1ha 100T(16-30m²)	❷ €25,00

N 59°28'02" E 24°49'27"

Vom Zentrum Tallinn Richtung Narva. Auf der Narva Maantee links Richtung Pirita (Pirita Tee) halten. CP ist angezeigt (auf dem Gelände des Yachthafens). 119405

Tartumaa, EST-51014 / Tartu

Kure Turismitalu
Kure Tee 4
1 Jan - 31 Dez
+372 5 04 74 12
kuretalu@kuretalu.ee

1 AKNOPQSTU	L 6
2 AFPQTX	ABFGHIK 7
3 U	ABEFJNQR 8
4 TU	FG 9
5 DJN	BHJKOQU 10
16A	❶ €22,00
3ha 30T 18D	❷ €22,00

N 58°24'25" E 26°36'44"

Hauptstraße 2 Tartu-Tallinn. Etwa 7 km westlich von Tartu ist der CP angezeigt. 117002

Tehumardi, EST-93201 / Saare

Tehumardi****
Kuressaare-Sääre
1 Mai - 30 Sep
+372 5 10 51 50
info@tehumardi.ee

1 AKNOPQRSTU	KL 6
2 ABEGJPQRTXYZ	ABDEFHIJK 7
3 AFGX	ABEFJNQR 8
4 HJO	FGJQV 9
5 DEN	AGHJKNQU 10
Anzeige auf dieser Seite 16A	❶ €22,00
8ha 100T(bis 100m²) 20D	❷ €30,00

N 58°10'47" E 22°15'15"

Die 77 von Kuressaare nach Sääre. 2 km vor dem Ort Salme wenn Sie aus Kuressaare kommen. 116990

Toila, EST-41702 / Ida-Viru

Camping Toila Spa Hotell
Ranna 12
1 Mai - 30 Sep
+372 5 08 15 79
camping@toilaspa.ee

1 ADEKNOPQSTU	EGKQS 6
2 BGILMNPQWXYZ	ABDIJ 7
3 ADFGJN	ABCDEFNQRW 8
4 AFGHJNSTUVWXYZ	JLVW 9
5 ADHJLN	GHIJKOQU 10
16A	❶ €20,00
H50 2ha 40T 19D	❷ €30,00

N 59°25'32" E 27°30'52"

Über die 1/E20 Tallinn-Narva, 50 km vor Narva die Strecke nach Toila nehmen. Dort angegeben. 116972

Vaibla, EST-74314 / Viljandi

Vaibla Puhkekeskus
Vaibla Küla
15 Mai - 15 Sep
+372 58 78 70 17
info@vaiblapuhkekeskus.ee

1 ADKNOPQRSTU	LNQSXY 6
2 AEILQRXY	AFIJ 7
3 AFGM	AEFNQRW 8
4 FHJT	FGQT 9
5 DEHJN	HJKQU 10
16A CEE	❶ €25,00
3,5ha 80T 26D	❷ €28,00

N 58°24'30" E 26°03'03"

Mautstrecke Viljandi-Tartu auf der 92 folgen. Ausfahrt Vaibla und dann weiter zum Vortsjärv See. 32 Km von Viljandi Richtung Tartu. 43 Km von Tartu Richtung Viljandi. 117003

Vanamõisa/Saue, EST-76407 / Harju

Vanamõisa Caravan Park
Vabaõhukeskuse Road 18
1 Apr - 1 Okt
+372 58 66 66 96
info@caravanpark.ee

1 ADEKNOPQRSTU	L 6
2 AEQTX	ABFGIJ 7
3 ABF	ABEFHJNQRW 8
4 FHKOT	F 9
5 DEHM	FGHIJKOSTU 10
B 16A CEE	❶ €26,00
2ha 200T(60-80m²) 6D	❷ €26,00

N 59°19'46" E 24°32'23"

Auf der 4 (E67) von Tallinn nach Parnu die Ausfahrt Richtung Paldiski die 8/11. Von hier aus ist der CP ausgeschildert. 122617

Voose (Lääneranna), EST-90112 / Lääne

Voosemetsa
1 Mai - 30 Sep
+372 5 05 26 79
voosemetsa@hot.ee

1 ABKNOPQRSTU	6
2 ABPQTXYZ	ABCDEFGHIK 7
3 AFG	ABEFNQRW 8
4 FHJOT	FGV 9
5 DN	AHJKNQU 10
16A CEE	❶ €24,00
4ha 40T(30-80m²) 6D	❷ €24,00

N 58°38'46" E 23°39'45"

Die 10 von Lihula Richtung Virtsu, Gemeinde Hanila. Das Dorf Voose in 12 km von Virtsu. Rechts halten. Nach 2,5 km CP. 116992

Võsu, EST-45501 / Lääne-Viru

Lepispea Caravan & Camping
Lepispea 3
1 Mai - 30 Sep
+372 54 50 15 22
info@lepispea.eu

1 AKNOPQRSTU	KS 6
2 BGJKPQWXY	ABFIK 7
3 AF	ABEFNQRW 8
4 FHT	V 9
5 DN	AGHJKOQU 10
16A	❶ €20,00
7,5ha 200T(60-100m²) 30D	❷ €23,00

N 59°34'33" E 25°56'11"

Von Tallinn nach Loska. Von dort nach Võsu. Hier ausgeschildert. 116968

Estland

Karte Estland auf Seite 427

Tschechien

Tschechien: Böhmerwald, Riesengebirge und Gletscherseen

Als Camper kann man in der Tschechischen Republik alles machen. Entdecken Sie Kultur und Geschichte in Prag und Český Krumlov (Krumau an der Moldau) oder genießen Sie das Landleben. Das imposante Riesengebirge und der Böhmerwald warten auf Sie. Entspannen Sie sich in der Sonne an einem der vielen Seen.

Bezaubernde Städte

Wer Städtereisen liebt, wird in der Hauptstadt Prag fündig. Die Stadt ist vom Krieg kaum betroffen und

hat sich ihre stimmungsvollen Straßen und alten Gebäude bewahrt. Die historische Karlsbrücke, der 9 000 Quadratmeter große Altstädter Ring und das jüdische Josefov-Viertel sollten ganz oben auf Ihrer To-do-Liste stehen.

Und die Tschechische Republik hat noch viel mehr für Sie auf Lager.

Die mittelalterliche Stadt Český Krumlov in Südböhmen bietet eine wunderbare Kombination aus Natur und Kultur. Entdecken Sie die Stadt Krumau bei einer Kanufahrt auf der Moldau oder gehen Sie zu Fuß. Besuchen Sie das Schloss Český Krumlov mit seinen traumhaften Gärten, schlendern Sie durch das Zentrum und entdecken Sie das prächtige Barocktheater aus dem Jahr 1682.

Felsen und Gletscher

Das Riesengebirge befindet sich an der Grenze zwischen Tschechien und Polen und macht seinem Namen alle Ehre. Im Winter gibt es

Gewinner 2022 in Tschechien

Bester Campingplatz
Camp Matyáš

Hauptstadt: Prag
Währung: Tschechische Krone
Zeitzone: UTC +1, UTC +2 (März bis Oktober)
Sprache: Tschechisch
Ländervorwahl: +420
Alkoholgrenze: 0,0‰
Notrufnummer: allgemein: 112, Polizei: 158, Feuerwehr: 150 und Rettungswagen: 155
Leitungswasser: unbedenklich, aber Viele trinken abgefülltes Mineralwasser.

wunderbare Skipisten und im Sommer ist es ein Paradies für Wanderer. Die Felsen von Adršpach sind hier ein besonderes Naturphänomen. In der Stadt der Sandsteinfelsen werden Sie aus dem Staunen nicht heraus kommen.
Über die ganze Tschechische Republik verstreut finden Sie viele weitere schöne Naturparks.
In der Nähe der deutschen Grenze liegt der Nationalpark Böhmerwald mit seinen zahlreichen Wäldern und Seen. Plešne und Cerne sind zwei unberührte Gletscherseen, die Sie hier unbedingt sehen sollten. Möchten Sie sich lieber entspannen oder Wassersport treiben? Dann ist der beliebte Lipno-See der richtige Ort für Sie!

Kurorte

Die Tschechische Republik ist u. a. für ihre Heilbäder bekannt. Zum Westböhmischen Bäderdreieck gehören die Kurorte Karlovy Vary, Franzensbad und Marienbad. Hier können Sie nicht nur in den Thermalquellen entspannen, sondern auch die beeindruckende Architektur der Kurhäuser und die eleganten Parkanlagen bewundern.

ACSI Awards

Gewinner: Camp Matyás

Tanken

Benzin (Natural 95/98/100) und Diesel (Naphtha) sind ohne weiteres erhältlich. Auch Flüssiggas ist leicht erhältlich. Für die Betankung von Flüssiggas wird der Italien-Anschluss (dish) verwendet.
Die Tankstellen sind oft von Montag bis Freitag von 6 bis 20 Uhr und am Samstag von 8 bis 20 Uhr geöffnet. Entlang von Hauptverkehrsstraßen und in Großstädten sind Tankstellen in der Regel sieben Tage die Woche und 24 Stunden am Tag geöffnet. Auch in der Tschechischen Republik gibt es eine begrenzte Anzahl von Zapfsäulen.

Ladestation
Die meisten Ladestationen befinden sich in und um große Städte. Planen Sie Ihre Reise gut im Voraus.

Verkehrsvorschriften
Tagfahrlicht ist Pflicht. Der Verkehr von rechts hat an einer gleichberechtigten Kreuzung Vorfahrt. Der Verkehr in einem Kreisverkehr hat Vorfahrt, wenn dies durch Verkehrszeichen angezeigt wird; ansonsten hat der Verkehr von rechts Vorfahrt. Straßenbahnen haben immer Vorrang. Der Fahrer darf ein Mobiltelefon nur mit Freisprechanlage benutzen. Kinder unter 1,35 m und einem Gewicht von weniger als 36 kg müssen in einem Kindersitz sitzen.
Sie können die Funktion in Ihrer Navigationssoftware nutzen, die vor Radarkontrollen oder Sektionskontrollen warnt.

Vom 1. November bis zum 31. März besteht bei winterlichen Verhältnissen Winterreifenpflicht (eventuell sind Schneeketten erforderlich).

Sondervorschriften
Bei Stau Rettungsgasse bilden, mindestens 3 Meter breit. In einer engen Straße ist Parken verboten, wenn für den übrigen Verkehr kein Raum von mindestens 6 Metern verbleibt. Das Parken ist auch dort verboten, wo eine durchgehende gelbe Linie vorhanden ist.

Vorgeschriebene Ausstattung
Ein Warndreieck, eine Warnweste, ein Verbandskasten und ein Reserverad (oder ein Reifenreparaturset) sind im Auto Pflicht. Es wird empfohlen, für alle Insassen Warnwesten mitzuführen. Es ist auch ratsam, Ersatzlampen mitzubringen.

Klima Brno	Jan.	Feb.	März	Apr.	Mai	Jun.	Jul.	Aug.	Sept.	Okt.	Nov.	Dez.
Durchschnittliche Höchsttemperatur	0	3	9	14	20	23	25	24	20	14	7	2
Durchschnittliche Anzahl der Sonnenstunden pro Tag	2	3	5	7	9	9	9	8	7	5	2	2
Durchschnittliche monatliche Niederschlagsmenge (mm)	25	24	24	32	61	72	64	56	38	31	37	27

Klima Prag	Jan.	Feb.	März	Apr.	Mai	Jun.	Jul.	Aug.	Sept.	Okt.	Nov.	Dez.
Durchschnittliche Höchsttemperatur	0	3	8	13	18	21	23	23	19	13	6	2
Durchschnittliche Anzahl der Sonnenstunden pro Tag	2	3	5	6	8	9	8	8	6	4	2	1
Durchschnittliche monatliche Niederschlagsmenge (mm)	24	23	28	38	77	73	66	70	40	31	32	25

Reisemobil und Caravan

Ein Reisemobil oder eine Auto-Wohnwagen-Kombination darf eine Höhe von 4 m, eine Breite von 2,55 m und eine Länge von 18,75 m nicht überschreiten (der Wohnwagen selbst darf nicht länger als 12 m sein).

Auf Straßen mit drei oder mehr Fahrspuren in derselben Richtung dürfen Sie mit einem Wohnmobil oder Wohnwagen, das mehr als 3,5 Tonnen wiegt oder länger als 7 Meter ist, nur auf den beiden rechten Fahrspuren fahren.

Fahrrad

Das Tragen eines Fahrradhelms ist für Kinder und Jugendliche bis zum Alter von 18 Jahren Pflicht. Es ist verboten, beim Radfahren zu telefonieren oder ein Mobiltelefon zu benutzen. Auch das Rauchen ist den Radfahrern untersagt. Kinder unter 7 Jahren müssen von einer Person, die mindestens 16 Jahre alt ist, in einem Kindersitz mit Fußstützen transportiert werden. Rad fahrende Kinder unter 10 Jahren müssen von einer Person begleitet werden, die mindestens 16 Jahre alt ist. Das Radfahren nebeneinander ist verboten.

Maut

Auf den meisten tschechischen Autobahnen und Schnellstraßen ist eine Mautvignette erforderlich. Es gibt Vignetten für zehn Tage, einen Monat und ein Jahr zu kaufen. Die Mautvignette können Sie an der Grenze, in Postämtern und großen Tankstellen kaufen. Für einen Wohnwagen oder Anhänger ist keine separate Vignette erforderlich. Weitere Informationen: motorway.cz.

Für Fahrzeuge (einschließlich Wohnmobile) über 3,5 t zahlen Sie die Maut pro Kilometer an einer elektronischen Mautstelle.

Weitere Informationen: mytocz.eu/de.

Autobahnen ohne Mautgebühren sind durch ein Schild mit einer durchgestrichenen Vignette oder dem Text „Bez poplatku“ gekennzeichnet.

"Tschechische Republik - Land der Erholung, der Natur, der Kultur, der vielen Schlösser und des aktiven Campingurlaubs"

Herr F. van de Mosselaer, Inspektor 1171

Panne und Unfall

Stellen Sie auf Autobahnen Ihr Warndreieck mindestens 100 m (sonst 50 m) hinter dem Auto auf, wenn es den übrigen Verkehr behindert.

Der Fahrer muss eine Sicherheitsweste tragen.

Rufen Sie im Falle einer Panne die Notrufnummer Ihres Pannendienstes an. Sie können auch einen tschechischen Pannendienst anrufen: +420 261 104 345 oder 1230 (UAMK) oder +420 222 551 144 oder 1214 (ACCR).

Wenn bei einem Unfall ein Personen- oder Sachschaden von mehr als 4.000 € entstanden ist,

sind Sie verpflichtet, die Polizei zu rufen.
Wenn das Auto sichtbar beschädigt ist, verlangen Sie einen Polizeibericht, den Sie bei der Rückreise an der Grenze vorlegen müssen.

"Tschechien heißt günstig campen, Radfahren und Wandern in abwechslungsreichen, hügeligen Landschaften und Besichtigung schöner Städte und Schlösser"

Herr N. van Gemeren, Inspektor 1196

Campen

In Tschechien hat Campen noch etwas Nostalgisches, denn die Tschechen selbst campen noch oft mit Zelten. Aber das Angebot an Campingplätzen wird erweitert. Immer mehr Campingplätze bieten abgegrenzte Stellplätze an. Elektrizität ist fast überall verfügbar. Eine wachsende Zahl von Campingplätzen bietet ihren Gästen WLAN an.

Wildcampen außerhalb der Campingplätze ist verboten. Die Kontrollen können streng sein, insbesondere in den Nationalparks.
Die Zahl der Tankstellen für Wohnmobile nimmt zu.
Das Übernachten außerhalb des Campingplatzes in Wohnwagen, Wohnmobilen oder Autos ist verboten.
Die Zahl der Wohnmobilstellplätze außerhalb des Campingplatzes nimmt zu.

Praktisches

In historischen Stadtzentren müssen Sie besonders vorsichtig sein, wenn Sie zwischen Straßenbahnen fahren. Denken Sie auch daran, dass „Kopfsteinpflaster" bei Regen sehr rutschig werden kann. Tipp! Außerhalb des belebten Prager Zentrums können Sie bequem auf so genannten „Transferia" (P+R, Park & Ride) parken, von wo aus Sie schnell und kostengünstig mit öffentlichen Verkehrsmitteln ins Stadtzentrum gelangen können.

Babylon, CZ-34401 / Plzensky kraj

Babylon
Babylon 27
1 Mai - 30 Sep
+420 3 79 79 32 86
autokemp@babylon-obec.cz
N 49°24'10'' E 12°51'16''

1 KNOPQSU 6
2 PQXY ABFIJ 7
3 AB AEFN 8
4 FJ F 9
5 BDKN AHIJKNQ 10
6A
H465 3,5ha 216T(90-120m²) 26D
❶ €13,05
❷ €16,30

Auf der linken Seite der 26 von Deutschland (Furth im Wald) aus Richtung Horšovský Týn in der Ortschaft Babylon. 107274

Besiny, CZ-33901 / Plzensky kraj

Eurocamp Besiny
1 Jun - 1 Nov
+420 3 76 37 50 11
eurocamp@besiny.cz
N 49°17'44'' E 13°19'12''

1 AFKNOPQSU 6
2 PQY ABDEFI 7
3 ABJN ABEFJNQ 8
4 FHT J 9
5 D AHIJKNQ 10
B 10A
H450 16ha 60T(100m²) 20D
❶ €12,20
❷ €13,85

In Besiny an der E53 die 27 Richtung Susice. Deutlich ausgeschildert. 111788

Bitov, CZ-67110 / Jihomoravsky kraj

Camp Bitov****
Bitov 64
1 Mai - 15 Sep
+420 5 15 29 46 11
info@camp-bitov.cz
N 48°56'19'' E 15°43'24''

1 ABDKNOPQSU AFNQS 6
2 BDEJKLQX ABFIJK 7
3 AFGMNUV ABEFNQR 8
4 OP FJKMPQRTUV 9
5 BDFGHJKL ABHIKOQ 10
10-16A
H348 6ha 400T(100m²) 59D
❶ €19,40
❷ €22,65

Die 408 Znojmo-Jemnice, in Richtung Bitov, Von Bitov Zentrum aus den CP-Schildern folgen. Nicht dem Navi via GPS folgen. Navigation ist bis zum Platz Bitov, dann CP-Schildern folgen. 111408

Bríza/Cheb, CZ-35002 / Karlovarsky kraj

Bríza
Bríza 19
1 Apr - 1 Okt
+420 7 73 57 01 96
campingbriza@gmail.com
N 50°05'28'' E 12°16'55''

1 AFKNOPSU BJLNSX 6
2 ACEIJKQSTUVWXYZ ABDEFHIK 7
3 ALMX ABEFGJNPQRTW 8
4 FGHJOQ FIJQR 9
5 ADEHN ABCFHIJKNQ 10
B 10A CEE
1,2ha 50T(80-100m²) 14D
❶ €27,45
❷ €31,65

Über die 303/E48 Richtung Marktredwitz Richtung Cheb/Eger. Ausfahrt Richtung Liba, rechts ab und dann die 2. links. Den Schildern Camping Briza ca 3 km folgen. 120214

Cerná v Pošumaví, CZ-38223 / Jihocesky kraj

CC€19

Camping Olšina***
erná v Pošumaví 200
22 Apr - 9 Okt
+420 6 08 02 99 82
info@campingolsina.cz
N 48°44'46'' E 14°07'00''

1 ABFKNOPQRSTU LNQS 6
2 BEIJMQVXYZ ABDEFG 7
3 AMU ABFNQR 8
4 FH EFJQRTV 9
5 BDEGKM AHIJKOQ 10
Anzeige auf Seite 439 B 10A CEE
H700 5,5ha 300T 27D
❶ €26,15
❷ €33,50

Von Cerná v Pošumaví Richtung Ceský Krumlov. Nach ca. 1 km nach links. CP ist ausgeschildert. 112324

Cerná v Pošumaví, CZ-38223 / Jihocesky kraj

Camping Villa Bohemia****
Blizna 19
22 Apr - 9 Okt
+420 3 80 74 40 04
camp@villabohemia.cz
N 48°43'48'' E 14°05'24''

1 ABKNOPQRSTU LNQSXY 6
2 FIJKLQRVWY ABDEFGI 7
3 BFMS ABEFJNQRT 8
4 FKMQRTV 9
5 DEH AGHIJKOQ 10
B 10A CEE
H700 3,5ha 118T(100-120m²) 20D
❶ €34,25
❷ €40,00

Die Strecke Volary-Cerná v Posumavi. Direkt hinter dem Damm am Lipno See Richtung Jestrabi. Nach 1,5 km liegt der CP auf der rechten Seite. 116688

Cheb, CZ-35002 / Karlovarsky kraj

Auto-Camping Drenice (B)
1 Mai - 20 Sep
+420 3 54 43 15 91
autokempinkdrenice@seznam.cz
N 50°04'00'' E 12°25'51''

1 BFKNOPQSTU LMQRSX 6
2 AEQSUWY ABDEFGIK 7
3 ABFMNS ABEFNQR 8
4 FJ FJKMQRT 9
5 ABDEFHKN ABHINQ 10
B 10A CEE
H400 2,7ha 155T(65-95m²) 28D
❶ €24,00
❷ €27,00

Von Cheb in Richtung Karlovy Vary. Nach ca. 1 km rechts abbiegen. Den Schildern folgen. 107224

Cheb/Podhrad, CZ-35002 / Karlovarsky kraj

Camping am See Václav****
Všeborská 51
9 Mai - 13 Sep
+420 3 54 43 56 53
info@kempvaclav.cz
N 50°03'00'' E 12°24'43''

1 AFGKNOPQSTU HLNQSXZ 6
2 AHIJKMPQSTUVWXYZ ABDEFGH 7
3 ABEFLMUV ABCDEFGIJKMNQRTUVW 8
4 ABCDEFHJO EQT 9
5 ABDEFHK ABFGHIJKLOQ 10
B 6-10A
H450 5ha 150T(100-200m²) 6D
❶ €29,75
❷ €39,95

Von Cheb 5 km südöstlich in Richtung Podhrad/Lipová. In Podhrad links. Von hier aus ist der CP ausgeschildert. Noch 1,5 km zum Jesenice See. Von Prag aus, Ausfahrt 164 und dann weiter Podhrad folgen. 107225

Chlum u Trebone, CZ-37804 / Jihocesky kraj

Camping Sever
Chlum u Trebone 443
1 Apr - 31 Okt
+420 6 02 39 36 83
post@campsever.cz
N 48°57'54'' E 14°56'14''

1 ABCDKNOPQRSTU LNQS 6
2 FIKPQXY ABDF 7
3 AFMU ABEFNQR 8
4 O FQ 9
5 DEF ABHJKOQ 10
6A CEE
H400 1,5ha 70T(100m²) 16D
❶ €15,50
❷ €19,55

E49 Trebon nach Chlum u Trebone, im Ort deutlich ausgeschildert. 109766

Chrustenice 155, CZ-26712 / Stredocesky kraj

Valek
1 Mai - 30 Sep
+420 7 31 47 67 41
info@campvalek.cz
N 50°00'42'' E 14°09'02''

1 ABDEILOPQRSU AFHN 6
2 ABIQUXY ABDEFGHK 7
3 AMN ABEFNQR 8
4 FHO FHI 9
5 ABDFHIJNO ABHIJKNQ 10
B 16A CEE
H500 4,5ha 150T(80-85m²) 15D
❶ €24,45
❷ €27,70

E50/D5 Plzen-Praha, Ausfahrt 10 Lodenice. Schildern zum CP folgen (2,5 km). 107244

Chvalsiny, CZ-38208 / Jihocesky kraj

CC€23

Camping Chvalsiny
Chvalsiny 321
15 Apr - 1 Okt
+420 6 02 23 41 33
info@mycamp.cz
N 48°51'35'' E 14°12'53''

1 ABDEKNOPQRSU ALN 6
2 BFIJKPQRVWXY ABDEFG 7
3 ABCGHILM ABEFGJKNQRTW 8
4 ABCDEFHIJKLMNO ABJUVW 9
5 ABDFGHJLNO ABGHJKOQY 10
6A CEE
H575 7,5ha 150T(120-150m²) 14D
❶ €28,10
❷ €34,65

Ceské Budejovice (Budweis) nach Ceský Krumlov. Hinter Ceský Krumlov 3 km Richtung Chvalsiny. Den CP-Schildern 'NL' folgen. Die 39 Ceské Budejovice Richtung Lipno. Ca. 3 km hinter Ceský Krumlov dem CP-Schildern 'NL' folgen. 109936

Cistá, CZ-54344 / Kralovehradecky kraj

Camping Slunecna
N14
1 Jan - 31 Dez
+420 7 39 21 97 92
autokempslunecna@email.cz
N 50°36'48'' E 15°41'46''

1 ABCKNOPQRSTU AFLX 6
2 BEIKPQSUXYZ ABDEFGIJK 7
3 AGJMN ABEFJNPQRT 8
4 FHIKO AFJVWX 9
5 ABDEHJK AHIJKMOQ 10
W 16A
H472 6ha 230T 13D
❶ €16,30
❷ €20,35

Die 14 Vrchlab Richtung Trutnov. Etwa 10 km hinter Vrchlabi links in der Ortschaft Cistá. Mit Schildern angegeben. 118263

Decin 3, CZ-40502 / Ustecky kraj

CC€17

Kemp Decín
Polabí
1 Apr - 31 Okt
+420 7 74 26 21 11
recepce@kempdecin.cz
N 50°46'24'' E 14°12'38''

1 ABDEKNOPQRSTU JNOVWXYZ 6
2 ADIPQSX ABDEFGHIJK 7
3 AGMNRUWX ABCDEFGHKNPQRTW 8
4 AEFGHIJ ADJOPRUVW 9
5 ADEFHJM ABDHIKMOQUX 10
16A CEE
12ha 55T(35-100m²) 24D
❶ €20,40
❷ €23,80

Von Jilové 13 folgen. In Decin über die Elbe Richtung E442. CP liegt direkt am Fluss und ist ausgeschildert. 122313

Dlouhá Ves, CZ-34201 / Plzensky kraj

Annin I Autocamping
20 Apr - 30 Sep
+420 7 23 90 00 95
kempannin@seznam.cz
N 49°10'35'' E 13°30'18''

1 AKNOPSTU N 6
2 CIQRZ ADF 7
3 AF ABEFN 8
4 EFJ 9
5 ABDEK AHOQ 10
6A CEE
H476 5ha 150T(100m²) 202D
❶ €18,35
❷ €22,40

Von Susice aus die 169 Richtung Annin. Kurz hinter Dlouha Ves an der Kreuzung (Brücke) links halten Richtung Autokemp Annin I. 107279

Dlouhá Ves, CZ-34201 / Plzensky kraj

Autokempink Nové Mestecko
Dlouhá Ves
1 Mai - 30 Sep
+420 7 27 85 57 20
obec.dlves@gmail.com
N 49°10'48'' E 13°29'56''

1 AKNOPSU JN 6
2 BCLMQSZ AI 7
3 ABFM ABEFNQR 8
4 FH FHJ 9
5 ABDEK ABHIJKNOQ 10
10A CEE
H500 5ha 100T(100-150m²) 24D
❶ €16,30
❷ €18,75

Von Susice aus die 169 Richtung Annin. Kurz hinter Dlouha Ves an der Kreuzung (Brücke) rechts halten. Campingeinfahrt auf der linken Seite in der scharfen Kurve in Nové Mestecko. 111789

Karte Tschechien auf Seite 432 und 433

Dolní Vestonice, CZ-691 29 / Jihomoravsky kraj

U Vody
Dolni Vestonice 123
1 Mai - 30 Sep
+420 7 74 36 91 56
kemp@ulangru.cz

1 ABF**KN**OPQSU	LNSX	6
2 EIKPQXY	AD	7
3 A	AE**F**NQ	8
4 FHJO	FG	9
5 ADK	AJKOQ	10
10A	❶ €24,45	
H200 0,2ha 18**T**(80-100m²) 22**D**	❷ €29,35	

N 48°53'14'' E 16°39'16''
E65 Brno-Bratislava Ausfahrt Hustopece. In Hustopece-Mitte rechts Richtung Strachotin. Hinter Strachotin über den Deich über den See nach Dolni-Vestonice. Auf der anderen Seite links ab Richtung Pavlov. Camping auf der linken Seite. 119383

Dvur Králové n. L., CZ-54401 / Kralovehradecky kraj

Safari Kemp Resort
Stefanikova 1029
1 Jan - 31 Dez
+420 7 75 85 58 33
safarikemp@zoodvurkralove.cz

1 ABD**KN**OPQRST**U**	BG	6
2 IPQSXYZ	AB**FG**	7
3 ABG**HMNR**	ABEFHJNQUVW	8
4 **A**U	AGIJY	9
5 ABDEGIJLM	BHIJKOQVX	10
6A CEE	❶ €35,50	
H300 2ha 70**T**(100-150m²) 55**D**	❷ €46,50	

N 50°26'02'' E 15°47'48''
Die 33 Hradec Králové-Jaromer. Die 37 Richtung Trutnov bis zur Ausfahrt Dvur Králové. Dort die 300 zum Zentrum und Safaripark. Einfahrt ist am Zoo-Parkplatz. 121907

Frantiskovy Lazne, CZ-35101 / Karlovarsky kraj

Camping Amerika
Jezerni 151/8A
1 Apr - 30 Okt
+420 3 54 59 73 90
lenka.hovorkova@algon.cz

1 BDE**KN**OPQRSTU	L**N**	6
2 ABEIJKQUXY	AB**FG**IJ	7
3 ABFGL**MNO**U	ABCDEFHJNPQRW	8
4 FHJK	FJUVX	9
5 DEFHKN	ABHIJKLOQUV	10
B 16A	❶ €24,00	
2,8ha 84**T**(100m²) 44**D**	❷ €29,00	

N 50°06'39'' E 12°20'09''
Vom Grenzübergang Marktredwitz 2. Ausfahrt nach Frantiskovy Lazne; in der Stadt angezeigt. Die Straße zum Campingplatz ist etwas holprig, aber gut befahrbar. 121819

Frantiskovy Lazne, CZ-35101 / Karlovarsky kraj

ATC Jadran
Jezerni 499/12A
1 Jan - 31 Dez
+420 3 54 54 24 12
info@atcjadran.cz

1 AF**KN**OPQRS**U**	AL**N**	6
2 ABEKQSTX	ABE**FG**IK	7
3 BD**L**MU	ABEFHNPQRUV	8
4 FHJO	EF	9
5 ABDFMN	ABFGHIJKOQ	10
B 16A	❶ €22,00	
H600 3,3ha 50**T**(100m²) 35**D**	❷ €26,00	

N 50°07'00'' E 12°19'48''
Von Cheb aus Richtung Frantiskovy Lazne. Am Ortseingang der Beschilderung folgen. 110402

Frymburk, CZ-38279 / Jihocesky kraj

Camping Frymburk****
184
28 Apr - 17 Sep
+420 3 80 73 52 84
info@campingfrymburk.cz

1 ABD**KN**OPQRSU	**L**NQSX	6
2 EIKLPQUVWXY	AB**CDEFGH**	7
3 BFGMU	AB**F**NQRTUVW	8
4 **A**BFHJLO	EJLMNPQRTUV	9
5 ABDEFJKN	ABGHIJKN**O**QY	10
B 6-12A	❶ €36,00	
H740 3,5ha 140**T**(60-120m²) 21**D**	❷ €44,15	

N 48°39'20'' E 14°10'13''
Der CP liegt an der 163, 1 km südlich von Frymburk am Lipnosee. CP ist deutlich ausgeschildert. 107299

Harrachov, CZ-51246 / Liberecky kraj

Jiskra Harrachov Camping
1 Jan - 31 Dez
+420 6 03 47 01 13
camping@harrachov.cz

1 A**KN**OPQST**U**	L	6
2 BEIPQSUXYZ	ABDE**FG**	7
3 AF**JLMN**	ABE**F**NQR	8
4 F	FJ	9
5 ACDEM	AIJKNQ	10
W 10A	❶ €20,35	
H700 1,5ha 80**T**(100-150m²) 25**D**	❷ €24,25	

N 50°46'53'' E 15°25'18''
Die 14/10 Liberec-Harrachov. Der CP wird ausgeschildert, etwa 5 km vor der Polnischen Grenze an der linken Seite der Straße. 107219

Hluboké Mašuvky, CZ-67152 / Jihomoravsky kraj

Camp Country s.r.o.
Hluboké Masuvky 257
1 Mai - 31 Okt
+420 5 15 25 52 49
camping-country@cbox.cz

1 ADE**KN**OPQRSTU	AF	6
2 PQSXY	AB**FG**HIK	7
3 BF**HJLMN**	ABEFGNQRW	8
4 FHO	GIJV	9
5 DHK	ABHIJKNQUY	10
B 10A	❶ €23,65	
H320 2ha 100**T**(100-150m²) 11**D**	❷ €28,50	

N 48°55'10'' E 16°01'32''
7 km nördlich von Znojmo, an der E59 von Jihlava-Wien. Von Jihlava bei Kravsko links. CP kommt nach etwa 6 km in Hluboké Masuvky. Von Brno die 53; kurz vor Znojmo Ausfahrt rechts die 408, CP schon angezeigt. 107301

Hluk, CZ-69671 / Zlinsky kraj

Camping Babi Hora
Blatnice p.sv. Antoninkem 28
1 Mai - 31 Aug
+420 6 03 85 72 26
camping-babihora@email.cz

1 ABF**JM**OPSU		6
2 COQXY	AB**F**J	7
3 BFM	ABEFNQR	8
4	J	9
5 DHK	HIJKNQ	10
16A	❶ €17,95	
H320 1,5ha 35**T**(80-100m²) 50**D**	❷ €22,00	

N 48°57'20'' E 17°33'15''
E50 vor Uherské Hradiste Ausfahrt Kunovice. An der Ampel links Richtung Breclav/Veseli nad Moravu. Dann links Richtung Trencin, sofort rechts Richtung Hluk. 107304

Horní Planá, CZ-38226 / Jihocesky kraj

Autocamp Jenišov***
Jenišov
25 Apr - 10 Okt
+420 3 80 73 81 56
hajny.pa@seznam.cz

CC€19

1 ABDE**KN**OPQRST**U**	**L**NQS	6
2 EIJLPQUXY	ABE**FG**	7
3 AM**NO**UV	AB**F**NQR	8
4 FHO	EJNQT	9
5 BDHJL	AHJKOQ	10
B 6-10A CEE	❶ €25,75	
H720 2,5ha 246**T** 11**D**	❷ €32,70	

N 48°45'04'' E 14°02'36''
CP liegt am Lipnosee zwischen Horní Planá und Cerná v Posumavi. CP ist ausgeschildert. 111407

Horní Planá, CZ-38226 / Jihocesky kraj

Karlovy Dvory II
Hurka 501
15 Apr - 31 Okt
+420 6 02 42 31 16
jurcikova@tiscali.cz

1 AB**KN**OPQRST**U**	**L**NQSX	6
2 FIJKPQUXY	ABDE**FGH**	7
3 A	AB**FG**NQRU	8
4	GNT	9
5 ABEFHJL**MNO**	AHJKORS	10
B 10-16A CEE	❶ €20,35	
H740 3ha 160**T**(100m²) 25**D**	❷ €25,25	

N 48°45'02'' E 14°03'12''
CP liegt am Lipnosee zwischen Horní Planá und Cerná v Posumavi. CP ausgeschildert. 117219

Horní Planá, CZ-38226 / Jihocesky kraj

Camping u Kukacku - Pension Daja****
Pihlov 99
1 Jan - 31 Dez
+420 7 27 92 69 23
dajalipno@gmail.com

1 ABDE**KN**OPQRS**U**	**L**NQSX	6
2 FIJKLQXYZ	ABDE**FGI**K	7
3 ABF**HM**U	AB**F**NR	8
4 HJO**X**	DEFGOQRT	9
5 ABDEHIL	AGHJKOQ	10
B 10-16A	❶ €23,30	
H750 4ha 150**T** 38**D**	❷ €29,00	

N 48°46'30'' E 14°00'56''
Der CP liegt an der Strecke Volary-Horní Planá. 1,5 km vor Horní Planá ist der CP angezeigt. 113340

Horní Planá, CZ-38226 / Jihocesky kraj

Caravancamping
Jiraskova 46
23 Apr - 9 Okt
+420 7 25 81 58 09
info@caravancamping-hp.cz

1 ABF**KN**OPQRST**U**	**L**NQS	6
2 FIJLPQSTX	AB**FG**	7
3 AFG**JMNO**	AB**E**FNQR	8
4	NRT	9
5 ABDF	ABFGHIJKOQ	10
Anzeige auf dieser Seite B 10A CEE	❶ €19,15	
H720 3ha 260**T**(100m²)	❷ €23,25	

N 48°45'39'' E 14°01'33''
Der CP liegt am Lipnosee. Campingplatz ist im Zentrum Horní Planá ausgeschildert. Nicht dem Navi via GPS folgen. 111406

Tschechien

Hutisko/Solanec, CZ-75662 / Zlinsky kraj

Camp Solanec
1 Jan - 31 Dez
+420 5 71 64 40 43
penzionsolanec@seznam.cz

1 ABFKNOPQSTU AF 6
2 PQTXY ABJ 7
3 ABFLMN ABEFNQR 8
4 JOT G 9
5 DEHKN ABHIJKNQU 10
W 12A ① €19,35
H500 2,5ha 25T(80-100m²) 50D ② €26,70

N 49°25'42" E 18°13'30"

Die Straße 18 Richtung Zilina. Ausfahrt Velké Karlovice, Ausfahrt Euro-Kemp H/S. Den Schildern 'Hotel-Euro' folgen. 109935

Januv Dul, CZ-46352 / Liberecky kraj

Camping 2000
Januv Dul 15
1 Jun - 15 Sep
+420 4 85 17 96 21
info@camping2000.com

1 ABKNOPQRSTU AFHI 6
2 BIPQWXYZ ABDEFGHK 7
3 ABFGHILMS ABCDEFIJNRUW 8
4 ABCDFHIJLNOPQ ACEFJY 9
5 ABDEGHJLN ABFHIKMOPQU 10
6A CEE ① €32,00
H500 6ha 150T(100-140m²) 54D ② €39,00

N 50°42'12" E 14°56'21"

E442/35 Novy Bor-Liberec. In Jablonné v.P. auf der 270 und 278 bis Osecne und Januv Dul. Dort ausgeschildert. 110634

Jedovnice, CZ-67906 / Jihomoravsky kraj

Autokemp Olsovec
Ulice Kopecek c.ev. 535
1 Jan - 31 Dez
+420 7 25 89 64 88
rezervace@olsovec.cz

1 ABDEKNOPQRSTU FLNQS 6
2 EQXY ABDEFGIJK 7
3 AGJQU ABEFNQR 8
4 HO FGJNRTU 9
5 ABDEHKL AHIKOQU 10
B 16A ① €21,20
H300 3,5ha 210T(100-150m²) 100D ② €26,10

N 49°20'01" E 16°45'47"

Von der E50 Praha-Brno die 43 nach Blansko fahren, dann die 379 Richtung Vyskov. Der CP ist in Jedovnice ausgeschildert. 107285

Jesenice/Cheb, CZ-35002 / Karlovarsky kraj

Autokemp Baldi****
Okrouhla– Jesenice 3
15 Apr - 30 Sep
+420 6 02 42 71 63
autokemp@baldi.cz

1 FKNOPQRSTU LNOPQSX 6
2 AEIKQSXY AB 7
3 ABM AEFNQR 8
4 HJ J 9
5 DEFH AHJKOQ 10
Anzeige auf Seite 441 16A ① €21,60
3,5ha 124T(80-140m²) 4D ② €26,10

N 50°04'17" E 12°28'28"

Die 21 von Cheb Richtung Plzen. Hinter dem Staudamm die 2. Straße rechts. Weiter ausgeschildert. 119374

Jihlava, CZ-58602 / Kraj Vysocina

Autocamping Pavov
Pavov
1 Apr - 30 Okt
+420 7 76 29 33 93
camp@pavov.com

1 ABKNOPQRSU N 6
2 AEKPQXY ABIK 7
3 AM ABEFNQR 8
4 F 9
5 DHK AJKOQ 10
B 6-16A CEE ① €17,95
H500 2ha 120T 10D ② €22,00

N 49°26'50" E 15°35'56"

Von Jihlava Richtung Praha/Brno. Autostraße unterqueren, erster Ausfahrt links. CP wird im Dorf Pavov angezeigt. 107283

Jindris, CZ-37701 / Jihocesky kraj

Jindris Autocamp
Jindris 15
15 Apr - 25 Sep
+420 6 07 25 19 11
behoun@jindris.cz

1 ABKNOPQSU LN 6
2 IQSUVXYZ ABDEFJ 7
3 AFN ABCDEFNQRU 8
4 FHI 9
5 ABD AJKOQ 10
10-16A CEE ① €17,50
H510 2ha 50T ② €23,25

N 49°08'57" E 15°03'53"

Die 164 Jindrichuv Hradec-Kunzak. Circa 3 km hinter J.Hradec wird der CP angezeigt. Letzter Weg (100m) Richtung Camping ist steil (±15%). 120011

Karlovy Vary, CZ-36001 / Karlovarsky kraj

Camp Varry - Vitkova Hora
Olsová Vrata 59
1 Jan - 31 Dez
+420 6 02 32 03 99
info@campvarry.cz

1 BDEKNOPQRSTU 6
2 ABIPQTUXYZ ABDEFGHI 7
3 ABFGMN ABCDEFJQRV 8
4 FHOTUX GJV 9
5 DFHL ABFHIJKNQ 10
B 16A ① €18,75
H645 2ha 35T(200-250m²) 77D ② €23,65

N 50°12'17" E 12°53'43"

Von Karlovy Vary Richtung Bochov. CP ist gut angezeigt. Vor dem Hotel links sind die Stellplätze. 122416

Kdyne, CZ-34506 / Plzensky kraj

Autocamping Hajovna Kdyne
Hajovna / Na Hajofne 234
1 Mai - 30 Sep
+420 6 02 49 18 55
automotoklub@kdyne.cz

1 ADEKNOPQRSU AF 6
2 DQUY ABDEFHI 7
3 ABM ABCDEFNR 8
4 FJO FJL 9
5 ABDFJKL AHJKNQ 10
16A CEE ① €14,05
H500 3,5ha 90T(80m²) 36D ② €16,10

N 49°24'11" E 13°03'25"

In Kdyne Straße 184 Schildern Richtung Nemcice folgen. Einbiegen in die Straße und CP-Schild. Nach 150m auf der Straße befindet sich der CP. 107275

Kneznice 4, CZ-50601 / Kralovehradecky kraj

Cesky Ráj
E442
1 Apr - 16 Nov
+420 7 76 30 38 89
info@pensionkneznice.cz

1 ABDEKNOPQRSTU B 6
2 IQSXYZ ABDEFIK 7
3 AFGMU ABEFNQR 8
4 JOT GJ 9
5 ABDHJKN ABHIJKOQ 10
10A ① €19,95
H370 1,2ha 45T(100-150m²) 14D ② €27,10

N 50°29'34" E 15°19'30"

Straße 35 von Jicin nach Turnov, 6 km hinter Jicin auf der rechten Seite der Straße, als Pension-camping Cesky Ráj ausgeschildert. 109762

Konstantinovy Lázne, CZ-34952 / Plzensky kraj

La Rocca
V Aleji 136
1 Mai - 30 Sep
+420 7 75 98 33 77
larocca@larocca.cz

1 AFHKNOPQSTU A 6
2 PQXYZ ABDEFI 7
3 AFGMN ABEFNQR 8
4 FJO EFJ 9
5 ABDGHJKN ABHIJKLNQU 10
10A CEE ① €20,60
H600 4,5ha 72T(100m²) 60D ② €26,30

N 49°53'13" E 12°58'18"

Straße 21 Mariánské Lázne-Striboro, bei Plana Straße 201 nach Konstantinovy Lázne, Schildern folgen. CP grenzt an ein Wohngebiet. 109945

Kyselka/Radosov, CZ-36272 / Karlovarsky kraj

Na Spici
Radosov
1 Apr - 31 Dez
+420 3 53 94 11 52
naspici@quick.cz

1 AHKNOPQSTU JU 6
2 CKPQSVY AB 7
3 ABHLU ABCDEFNQR 8
4 FOS FGIJR 9
5 ADHJKLN AHJKNQU 10
6A ① €17,50
H350 2ha 90T(32-100m²) 21D ② €20,80

N 50°16'13" E 12°59'37"

Von Karlovy Vary die 222. Vom Grenzübergang Oberwiesenthal Richtung Karlovy Vary bis Ostrov. Dann nach links Richtung Velichov Straße 221. CP ist deutlich ausgeschildert. 108013

Lipno nad Vltavou, CZ-38278 / Jihocesky kraj

Camping Lipno Modrin
Lipno nad Vltavou 307
8 Apr - 30 Sep
+420 7 31 41 08 03
info@campinglipno.cz

1 ABKNOPQRSU LMNQS 6
2 FIKLQUWXY ABDEFGI 7
3 ABFGJLMSV AEFNQR 8
4 BHJ ATUV 9
5 BDEHK ABGHKOQY 10
B 6A ① €26,90
H740 10ha 380T(80-120m²) 4D ② €33,00

N 48°38'20" E 14°12'30"

CP liegt an der 163 von Horni Planá nach Vissy Brod. 5 km hinter Frymburk wird der CP ausgeschildert. 111760

Lipová-Lázne, CZ-79061 / Olomoucky kraj

Autocamping Bobrovnik
1 Jan - 31 Dez
+420 5 84 41 11 45
camp@bobrovnik.cz

1 ABDKNOPQRSTU JLN 6
2 BEIQSXY ABFHIJ 7
3 AFGM ABEFJNQR 8
4 FHIJOQ GJ 9
5 ABDEHJKM AGHIJKMNQ 10
10A ① €24,05
H470 2,5ha 150T(100-150m²) 30D ② €26,90

N 50°13'30" E 17°10'28"

CP liegt auf der rechten Seite der 60 von Jesenik nach Lipová Lázne. Ausgeschildert. 110472

Mélník, CZ-27601 / Stredocesky kraj

Autocamp Mélník
Klásterní
1 Jan - 31 Dez
+420 6 08 25 99 88
autocamp@campmelnik.cz

1 AKNOPQSU 6
2 PQXY ABFIK 7
3 AJM ABCDFNQRT 8
4 HI FGJ 9
5 DFGHJLN ABGHIQU 10
6A ① €33,40
H100 4ha 80T(80-85m²) 54D ② €33,40

N 50°21'35" E 14°28'38"

D8 Praha-Usti nad Labem, Ausfahrt 18. Über die 16 nach Mélník. Am Kreisel Richtung Tesco. CP liegt hinter der Bahnlinie. 117268

Nepomuk, CZ-33501 / Plzensky kraj

Novy Ribnik
Plzenska 335
1 Jan - 31 Dez
+420 3 71 59 13 36
atc@novyrybnik.cz

1 AFKNOPQRSTU LNS 6
2 EJKPQSXY ABI 7
3 ABFJM ABEFNQRW 8
4 FHJO FOQT 9
5 ABDEFHKLN ABCHIJKNQ 10
B 10A CEE ① €19,15
H430 2ha 92T(80-100m²) 33D ② €23,25

N 49°29'10" E 13°32'05"

In Nepomuk gut ausgeschildert; liegt südwestlich von Nepomuk, erst Richtung Prestice, dann Klatovy. 107277

Netolice, CZ-38411 / Jihocesky kraj

Autocamp Podrouzek (A)
Tyrsova 226
1 Mai - 20 Okt
+420 3 88 32 44 68
recepce@autocamppoudrouzek.cz

1 ADEKNOPQSU L 6
2 EIQRXYZ ABFIK 7
3 A AEFNQ 8
4 J FGJ 9
5 ABDEKM AHJKOQ 10
B 10-16A ① €13,65
H427 3ha 140T 30D ② €16,50

N 49°02'16" E 14°11'04"

Die 20 Pisek-Ceské Budejovice. Ausfahrt Netolice. Vorm Markplatz dem Schild Richtung Lhenice folgen. Aus Richtung Vimperk kommend die 145, Ausfahrt Netolice nehmen. 107281

Tschechien

Karte Tschechien auf Seite 432 und 433

Nýrsko, CZ-34022 / Plzensky kraj

Autokemp Nyrsko	1 ADEGKNOPQRSU	AF 6
U Koupaliste 778	2 CKPQX	ABDEFI 7
1 Mai - 30 Sep	3 BNS	ABCDEFNR 8
+420 6 07 66 77 65	4 FHJO	FK 9
alena-hostalkova@ceznam.cz	5 ABDKLN	ABHKOQ 10
	B 16A CEE	❶ €16,30
N 49°17'10" E 13°08'41"	H500 2ha 80T(80m^2) 21D	❷ €22,00

An der Südseite von Nýrsko auf der Umgehung ausgeschildert. 107276

Opatov (Okr. Trebíc), CZ-67528 / Kraj Vysocina

Vídlák	1 BKNOPQRSTU	L 6
Opatov 322	2 BCEIQXY	ABDEF 7
15 Apr - 1 Okt	3 AMX	ABCDEFJNQRW 8
+420 7 36 67 86 87	4 FHJO	BEI 9
info@campingvidlak.cz	5 ADN	ABDHJKNQY 10
	B 10A CEE	❶ €25,85
N 49°12'32" E 15°39'22"	H600 2ha 50T(150-250m^2) 5D	❷ €34,45

Die E59/38 von Jihlava Richtung Znojmo. Nach ungefähr 20 km in Dlouhá Brtnice Richtung Opatov/Predin. Den CP-Schildern folgen. 112508

Osek, CZ-41705 / Ustecky kraj

Autocamp Osek	1 ABCKNOPQSTU	AFMN 6
Nelsonská 669	2 BEIJPQSXYZ	ABFIK 7
1 Apr - 31 Okt	3 AFGJM	AFNQR 8
+420 7 74 71 96 31	4 F	FJ 9
autocamp@osek.cz	5 DEHJKN	AHIJKNQ 10
	10A CEE	❶ €19,55
N 50°37'19" E 13°41'06"	H160 4ha 37T 25D	❷ €24,85

Von Dubi zum Zentrum Osek. Im Zentrum rechts Richtung Dlouhy Louka. 200m weiter links befindet sich der CP, ausgeschildert. 107216

Ostrovacice, CZ-66481 / Jihomoravsky kraj

Camp Alpa	1 BFKNOPQSU	6
Osvobozeni 258	2 APQX	ABI 7
1 Apr - 15 Okt	3 A	ABEFNQ 8
+420 7 21 20 80 09	4	F 9
campalpa@gmail.com	5 DH	NQ 10
	16A	❶ €22,00
N 49°12'24" E 16°24'57"	0,5ha 48T 4D	❷ €26,50

Prag-Brno, Ausfahrt 178. Unterhalb der Ausfahrt links nach Ostrovacice. An der folgenden T-Kreuzung links in den Ort. CP an Ende der Hauptstraße links. 109273

Pasohlávky, CZ-69122 / Jihomoravsky kraj

ATC Merkur Pasohlávky****	1 BDEKNOPQRSTU	HLMNQRSW 6
Pasohlávky 1	2 AEIKPQSXY	ABDEFGIJK 7
1 Apr - 31 Okt	3 ABFGJMNUW	ABCDEFGHIJNQRT 8
+420 5 19 42 77 14	4 JMOP	IJLMOQTVWX 9
camp@pasohlavky.cz	5 ACDEFGHKL	ABHIOQ 10
	FKK 16A	❶ €31,40
N 48°54'00" E 16°34'11"	H177 42ha 1400T(60-100m^2) 117D	❷ €39,55

52 Brno-Wien. Nach Nová Ves wird der CP ausgeschildert. CP liegt direkt an der Straße. 111763

Planá u Mariánských Lázní, CZ-34815 / Plzensky kraj

Camp Karolina****	1 AFKNOPQRSTU	AJN 6
Brod nad Tichou	2 ABCIQSTYZ	ABDEFH 7
20 Apr - 13 Okt	3 ABFGMSX	ABCDEFGJNQRSTW 8
+420 7 77 29 69 90	4 FHIJ	EIJU 9
office@camp-k.cz	5 ABDEFGHMNO	AHJKLMNQU 10
	Anzeige auf dieser Seite B 10A CEE	❶ €21,60
N 49°49'13" E 12°45'12"	H450 3ha 60T(60-100m^2) 25D	❷ €25,65

Aus Planá Richtung Bor die R21. Der Camping ist deutlich ausgeschildert. 10 km von der Autobahn A6/E50 Nürnberg-Prag. Von Bor am Bach und Wald entlang, 1800m durch die schöne Natur über den unbefestigten Weg zum Camping. 112511

Plzen/Maly Bolevec, CZ-32300 / Plzensky kraj

Autocamping Ostende Bolevec	1 AFKNOPQRSTU	LQS 6
Hal Bolevec 1	2 BEJPQSY	ABHIJ 7
1 Mai - 30 Sep	3 AF	ABEFNQRW 8
+420 7 39 60 46 03	4 FHJ	FJQ 9
recepce@bolevak.eu	5 ABDK	HIJKNOQ 10
	10A	❶ €28,50
N 49°46'38" E 13°23'24"	H320 3ha 160T(80-100m^2) 59D	❷ €33,40

In (Maly) Bolevec an der Hauptstraße 27 Pilsen-Most angezeigt. Camping an Nordseite von Pilsen. Nicht sehr praktisch mit Wohnwagen, wenn Sie von Süden kommen, da die Route dann durch die Stadt führt. 107259

Prag 3, CZ-13000 / Praha

Prague Central Camp	1 ABDEKNOPQSU	6
Nad Ohradou 17	2 APQXY	ABFIK 7
1 Jan - 31 Dez	3 A	ABEFNQR 8
+420 7 76 30 87 70	4 DFH	9
praguecentralcamp@gmail.com	5 DEFHKN	HIOQU 10
	16A	❶ €42,80
N 50°05'31" E 14°28'23"	H60 1,5ha 40T(20m^2)	❷ €43,60

D1 Prag-Brno, Ausfahrt Zizkov. Rechts ab nach Husitska/Konevova. Danach ausgeschildert. 118531

Prag 5/Smíchov, CZ-15000 / Praha

Praguecamp	1 BDEKNOPQSU	J 6
Císarská louka 162	2 ACIPQXY	ABDEFG 7
1 Jan - 31 Dez	3 AB	ABEFNQR 8
+420 7 02 14 51 50	4	GL 9
david@praguecamp.cz	5 DEHJKNO	ABHIOQ 10
	6A CEE	❶ €41,00
N 50°03'21" E 14°24'48"	H350 1,1ha 65T(80-85m^2) 5D	❷ €50,50

In Prag Richtung Branik. Danach Richtung Smichov über die Smichovská-Straße. Der CP liegt 200m von der Tankstelle. 116645

Prag 5/Trebonice, CZ-15500 / Praha

Drusus	1 ABDEKNOPQSU	6
K. Reporyjim 4	2 APQYZ	ABDEFGHIJK 7
1 Apr - 5 Okt	3 A	ABEFJNQRT 8
+420 6 08 52 72 29	4 FH	FGL 9
drusus@drusus.com	5 ABDHLMN	ABHIJKOQ 10
	B 16A	❶ €28,95
N 50°02'37" E 14°17'04"	H350 1,2ha 65T(80-85m^2) 14D	❷ €32,60

Von Plzen/Karlovy Vary/Slany die E50 Richtung Brno/Transit. Ausfahrt 21 Praha Stodulky. Von Brno die E50 Ausfahrt Richtung Slany/Karlovy Vary/Plzen/Transit. Ausfahrt 21 Praha Stodulky oder 23A Praha Trebionce. 107245

Prag 7, CZ-17100 / Praha

River Camping Prague	1 ABDKNOPS	6
1 Apr - 30 Nov	2 ACQX	BF 7
+420 6 07 04 88 00	3	ABDFJNQR 8
info@rivercampingprague.com	4 FH	V 9
	5 A	AFIJKOSTU 10
	10A	❶ €40,10
N 50°06'50" E 14°25'35"	H177 2,2ha 42T(60-80m^2)	❷ €40,10

In Prag-Nord (Prag 7), Richtung Trója. E55 von Praha-Teplice, Richtung Zoo. Vor der Tram/Bushaltestelle Trojská links. Die Zufahrtsstraße hat keinen Namen. Camping nur mit kontrollierten Koordinaten zu erreichen. 122078

Prag 8/Dolní Chabry, CZ-18400 / Praha

Triocamp***	1 ABDEKNOPQSU	A 6
Obslužná 35	2 APQSUWXYZ	ABDEFG 7
1 Jan - 31 Dez	3 U	ABDEFJNQRT 8
+420 7 22 24 23 43	4	BEGJL 9
info@triocamp.cz	5 ABDEHKM	ABCHIJKOQ 10
	B 10-16A	❶ €29,60
N 50°09'09" E 14°27'01"	H300 1ha 35T(80-100m^2) 34D	❷ €42,00

Ab Zentrum D8/E55 Richtung Teplice, Ausfahrt Zdiby; über die 608 Richtung Dolní Chabry. Nach 3 km rechts ab. 107239

Prag 9/Dolní Pocernice, CZ-19012 / Praha

CC€21 iD

Sokol Praha****	1 ABDEKNOPQSU AF 6
Národnich hrdinù 290	2 AEPQWXYZ ABDEFGHIK 7
1/1 - 7/1, 1/3 - 20/12, 27/12 - 31/12	3 AFLMU ABCDEFGIJKNQRT 8
+420 7 77 55 35 43	4 BHJLO EFLV 9
info@campingsokol.cz	5 ABDEFHJKLMNO ABCGHIJKOQU 10
	Anzeige auf dieser Seite B 16A ❶ €31,40
N 50°05'17'' E 14°35'00''	H300 1,1ha 37T(80-100m²) 41D ❷ €45,00

CP liegt im östlichen Teil Prags. E65/67 in Richtung Hradec Králové/Kolin, Ausfahrt Dolní Pocernice. CP ist ausgeschildert. 107237

Stare Hobzi, CZ-37871 / Jihocesky kraj

iD

Camping Letni Den	1 ABEHKNOPQRSU AFJ 6
Stare Hobzi 105	2 BCIQRWXYZ ABDEFGIK 7
1 Jul - 31 Aug	3 AGHIMSV ABCDFGJNQRTW 8
+420 7 21 97 30 58	4 BCFHJOQ FIRU 9
contact@campingletniden.com	5 ABDEFHJKN ABFGHJKOP 10
	6-10A ❶ €30,50
N 49°00'17'' E 15°26'28''	H442 2ha 80T(80-120m²) 9D ❷ €40,50

Von Telc die 406. In Dacice dem Schild Stare Hobzi folgen. In Stare Hobzi, dem Campingschild folgen. 123529

Prag 9/Klánovice, CZ-19014 / Praha

iD

Praha Klánovice	1 ABDEKNOPQSTU AF 6
V Jehlicine 1040	2 ABPQWXY ABDEFGHIK 7
21 Mai - 10 Sep	3 ABCDFGJLMSUV ABCDEFGIJKNQRTUVW 8
+420 7 74 55 35 42	4 FHJOPR AEVY 9
info@campingpraha.cz	5 ABCDEFHLMN ABGHIJKOQY 10
	B 16A CEE ❶ €35,00
N 50°05'55'' E 14°41'06''	2ha 61T(70-100m²) 37D ❷ €45,00

Ring Prag Ausfahrt Bechovice Richtung Kolin die 12 nach Ujezd nad Lesy. An der Kreuzung links Richtung Klánovice, etwa 3 km und die letzte Straße rechts zur Slechtitelska. 117804

Strachotin, CZ-69301 / Jihomoravsky kraj

iD

Autocamp Strachotin Free Star****	1 ABDEKNOPQRSU ALNQSX 6
	2 AEPQSX ABI 7
Šakvicka 3	3 AGM ABEFNQRW 8
1 Mai - 1 Okt	4 FHO FIR 9
+420 6 08 83 08 87	5 ABDEHJK AHIJKOQU 10
autocamp@freestar.cz	B 10A CEE ❶ €32,20
N 48°54'11'' E 16°39'04''	H195 1ha 50T(80-100m²) 14D ❷ €36,25

E65 Brno-Bratislava. Ausfahrt Hustopece. Im Zentrum Hustopece rechts ab Richtung Horni Vestonice. Nach 7 km wird der CP in Strachotin angezeigt. 118115

Strážnice, CZ-69662 / Jihomoravsky kraj

iD

Autocamping Strážnice s.r.o.	1 ABDEKNOPQRSTU AFHN 6
Bzenecka 1533	2 PQXYZ ABDEFGHJK 7
1 Mai - 31 Okt	3 AFJ ABEFNQR 8
+420 5 18 33 20 37	4 FHJO FGJKUV 9
info@camp-straznice.cz	5 ADEGHK AGHIJKOQU 10
	B 10A ❶ €22,40
N 48°54'32'' E 17°18'43''	H200 4ha 500T(80-100m²) 86D ❷ €29,75

Ausgeschildert an der 55 in Strážnice. Ausfahrt 426 Richtung Bzenec. 107305

Roznov pod Radhostem, CZ-75661 / Zlinsky kraj

CC€21 iD

Camping Roznov	1 ABDEKNOPQRSTU AN 6
Radhoštská 940	2 PQSTWXY ABDEFGHIK 7
1 Jan - 31 Dez	3 ABFJKMNPRUX ABCDEFNQR 8
+420 7 31 50 40 73	4 FHIJKOX FGIJKLVWY 9
info@camproznov.cz	5 ABDEHKN AHIJKMOQU 10
	Anz. auf dieser S. WB 16A CEE ❶ €36,25
N 49°28'00'' E 18°09'50''	H400 4ha 150T(50-100m²) 159D ❷ €43,60

Nähe Roznov an der E442 Richtung Zilina. Von Roznov an der linken Seite der Strecke. 107293

Strázov, CZ-34021 / Plzensky kraj

CC€21 iD

u Dvou Orechu	1 AKNOPQSUX 6
Splz 13 Stràzov	2 IPQUVYZ ABDEF 7
29 Apr - 17 Sep	3 ABEFN 8
+420 6 02 39 44 96	4 FH 9
info@camping-tsjechie.nl	5 DEHKN ABJKOQ 10
	Anzeige auf Seite 443 10A CEE ❶ €27,50
N 49°16'53'' E 13°14'24''	H550 2ha 30T(80-100m²)

Von Klatovy die 191 Nýrsko, danach die 171 Richtung Strázov. In Strázov rechts, R. Depoltice/Divisovice, links halten, nach 2 km Spliz/Hajek. 110429

Rozstani/Baldovec, CZ-79862 / Olomoucky kraj

iD

Camping Baldovec	1 ABKNOPQRSTU A 6
Baldovec 319	2 BCQSUVXYZ ABF 7
1 Jan - 31 Dez	3 AFGMNW ABEFNQ 8
+420 6 06 74 42 65	4 FHQTUVXY FIJU 9
info@baldovec.cz	5 ADEFHL BGJKNQ 10
	10A ❶ €30,15
N 49°24'47'' E 16°48'30''	H500 7,5ha 80T(100-150m²) 52D ❷ €34,25

Wichtig: Zunächst durch Rozstani nach Baldovec fahren und den CP-Schildern folgen. Ansonsten schickt Sie der Routenplaner auf einen 3 km langen Waldweg. Der letzte Teil führt ohnehin über eine sehr schlecht befestigte Straße. 109368

Trebon/Domanin, CZ-37901 / Jihocesky kraj

iD

Autocamp Trebon	1 ABKNOPQRSU LQ 6
Domanin 285	2 FIJKQRSUXY ABFHI 7
1 Mai - 30 Sep	3 AFG ABEFNQR 8
+420 3 84 72 25 86	4 HJOQ FGLR 9
info@autocamp-trebon.cz	5 BDEFHJK AHJKNQ 10
	6A ❶ €16,70
N 48°59'36'' E 14°46'00''	H430 2,5ha 150T(100m²) 146D ❷ €20,35

Gelegen an der Strecke Trebon-Borovany. Wird ausgeschildert. 107300

Sluknov, CZ-40777 / Ustecky kraj

Camping De Regenboog / Kemp Sluknov	1 BDEKNOPQRSTU L 6
	2 BCEIKPQSUXY ABFG 7
Rumburska 718	3 BFGMSTU ABEFGIKNPQRW 8
14 Mai - 15 Sep	4 BCDEFHIJKLP BIJ 9
+31 6 83 65 54 44	5 DEH ABFHIJKOPQU 10
info@campingregenboog.com	16A CEE ❶ €28,90
N 51°00'07'' E 14°28'01''	H350 8ha 148T(100-150m²) 10D ❷ €38,30

Von Decin 253 bis Ceska Kamenice. Dort die 263 nach Rumburk. Weiter die 266 bis Sluknov. Der Camping liegt an der linken Seite in der Ortseinfahrt von Sluknov. 123153

Tvarozná Lhota, CZ-69662 / Jihomoravsky kraj

Autokemp Lucina	1 BFKNOPQSTU AFN 6
Tvarozná Lhota 360	2 EQSXY ABDEIJ 7
1 Mai - 30 Sep	3 AJM ABEFNQ 8
+420 7 39 20 07 53	4 FHOQ FJ 9
riha.libor@seznam.cz	5 ABDEHK HIJKNQ 10
	4-16A ❶ €17,95
N 48°51'39'' E 17°23'08''	1,5ha 50T(60-80m²) 72D ❷ €22,00

55 Uhershé Hradiste-Hodonin. In Strážnice Ausfahrt Radejov. CP ist ausgeschildert. 111410

Tschechien

Karte Tschechien auf Seite 432 und 433

Týn nad Vltavou, CZ-37501 / Jihocesky kraj

CC€19

Camping Prima
Kolodeje nad Luznici 6
1 Apr - 31 Okt
+420 7 25 02 50 75
info@campingprima.cz

1 BDEJMOPQRSU	JNX	6
2 CIKPQSWXZ	ABFG	7
3 AMU	ABCDEFGNQRTW	8
4 FHJO	BEJ	9
5 AEHKN	ABHIJKOQ	10
10A		❶ €22,00
H360 1,5ha 50T(90-130m²) 26D		❷ €28,10

N 49°15'15" E 14°25'12"

Die 105 von Ceské Budejovice nach Milevsko. Nach Tyn nad Vltavou wird der CP angezeigt mit Schildern.

117824

Velká Hledsebe, CZ-35301 / Karlovarsky kraj

iD

La Provence
Plzenská ulice
1 Mai - 30 Sep
+420 6 02 16 52 79
info@camping-laprovence.cz

1 ADEHKNOPQRSTU	AFN	6
2 ABCPQSTWXY	ABCFGHIJK	7
3 ACL	ABEFNQR	8
4 BFHO	FG	9
5 ABDFJKNO	AHIJKOQ	10
B 10A CEE		❶ €23,65
H550 2ha 36T(100-120m²) 62D		❷ €30,55

N 49°57'08" E 12°40'00"

Die 21 von Cheb nach Bor. Gleich hinter (südlich von) Velka Hledsebe in die Straße Richtung Zentrum (Pilsenska-Straße) abbiegen. Der Campingplatz befindet sich an der rechten Straßenseite.

124946

Veverská Bitýska, CZ-66471 / Jihomoravsky kraj

iD

Camping Hana
Dlouhá 135
28 Apr - 4 Okt
+420 6 07 90 58 01
camping.hana@seznam.cz

1 AFKNOPQRSU	NUX	6
2 ACPQSWXY	ABDFGHK	7
3 ALM	ABEFNQRT	8
4 AFH		9
5 ADN	ABHIJKOQ	10
6-10A		❶ €20,35
H460 0,8ha 55T(60-290m²)		❷ €24,45

N 49°16'35" E 16°27'11"

Von der E50/E65 Praha-Brno, Ausfahrt 178 Ostrovacice, Richtung Svitavy, danach Veverská Bitýska folgen. Der CP wird hier ausgeschildert.

107284

Vrané nad Vltavou/Prag, CZ-25246 / Stred. kraj

CC€23 iD

Camp Matyás
U Elektrárny 840
20 Apr - 30 Sep
+420 7 77 01 60 73
campmatyas@centrum.cz

1 ABKNOPQRSTU	JNQSUXYZ	6
2 ACIPQXYZ	ABDEFGHIK	7
3 BFGMN	ABEFNQRW	8
4 FHJO	JMQRTVZ	9
5 ABDEJKN	ABDGHIJKLOQ	10
Anzeige auf dieser Seite B 10A		❶ €33,20
H210 1ha 70T(100-150m²) 2D		❷ €41,20

N 49°55'58" E 14°22'20"

Über die Zbraslav Brücke Richtung Vrane nad Vltavou und Schildern 'Kamping Matyás' folgen.

108976

Vranov nad Dyji, CZ-67103 / Jihomoravsky kraj

iD

Camping Vranovská Pláž***
Vranovská Prehrada - Pláz 1
1 Mai - 30 Sep
+420 7 24 10 17 25
recepce@vranovska-plaz.cz

1 ABDJLOPQRSTU	HLNOQRX	6
2 BFIJKLQSVXY	ABFGJK	7
3 ABDFGJMNPV	ABFNQRTU	8
4 BJMPRSTUX	DEGIJMOQRTUVW	9
5 ACEGHKLM	AIJKLOQUY	10
B 16A		❶ €25,20
10ha 350T(100-120m²) 139D		❷ €29,25

N 48°54'53" E 15°48'44"

An der 408 von Znojmo nach Jemnice wird der CP zwischen Zalesi und Stitary ausgeschildert.

117225

Zamberk, CZ-56401 / Pardubicky kraj

iD

Autocamping Zamberk
U Koupalište 1368
15 Apr - 1 Nov
+420 4 65 61 47 55
kemp@kemp-zamberk.cz

1 ABDEKNOPQRSTU	AGHI	6
2 DQSXY	ABDEFIJ	7
3 BEFGJMNOPR	ABEFNPQRW	8
4 HINORSU	FJUVW	9
5 ABDHIJL	ABHKOQ	10
10A		❶ €18,15
H465 1,5ha 65T(100-150m²) 38D		❷ €23,85

N 50°05'12" E 16°28'32"

Die 11 Jablonné-Zamberk. Hurz vor der Ortsmitte Zamberk. Der CP liegt an der rechten Seite der Straße in der Kurve.

107255

Zvíkovské Podhradí, CZ-39701 / Jihocesky kraj

CC€23 iD

Zvíkov Village Kemp
Zvíkovské Podhradí 8
1 Jan - 31 Dez
+420 7 74 69 30 51
zvikovvillagekemp@gmail.com

1 ABDEFHKNOPQSU	ALM	6
2 CIPQSVXYZ	ABCDFGIJK	7
3 AGWX	ABEFJNQRTUVW	8
4 FHT	FJUVWX	9
5 ABDEFHJK	ABCDHKOPQU	10
Anzeige auf dieser Seite B 10-16A		❶ €45,90
H400 4,6ha 61T(60-100m²) 32D		❷ €48,50

N 49°25'45" E 14°11'50"

Straße 121 von Mirotice nach Milevsko. Ausfahrt Zvikovske Podhradi, nach 500m liegt das Dorf Zivikoske Kemp auf der linken Seite. Ausgeschildert.

125390

Tschechien

Slowakei

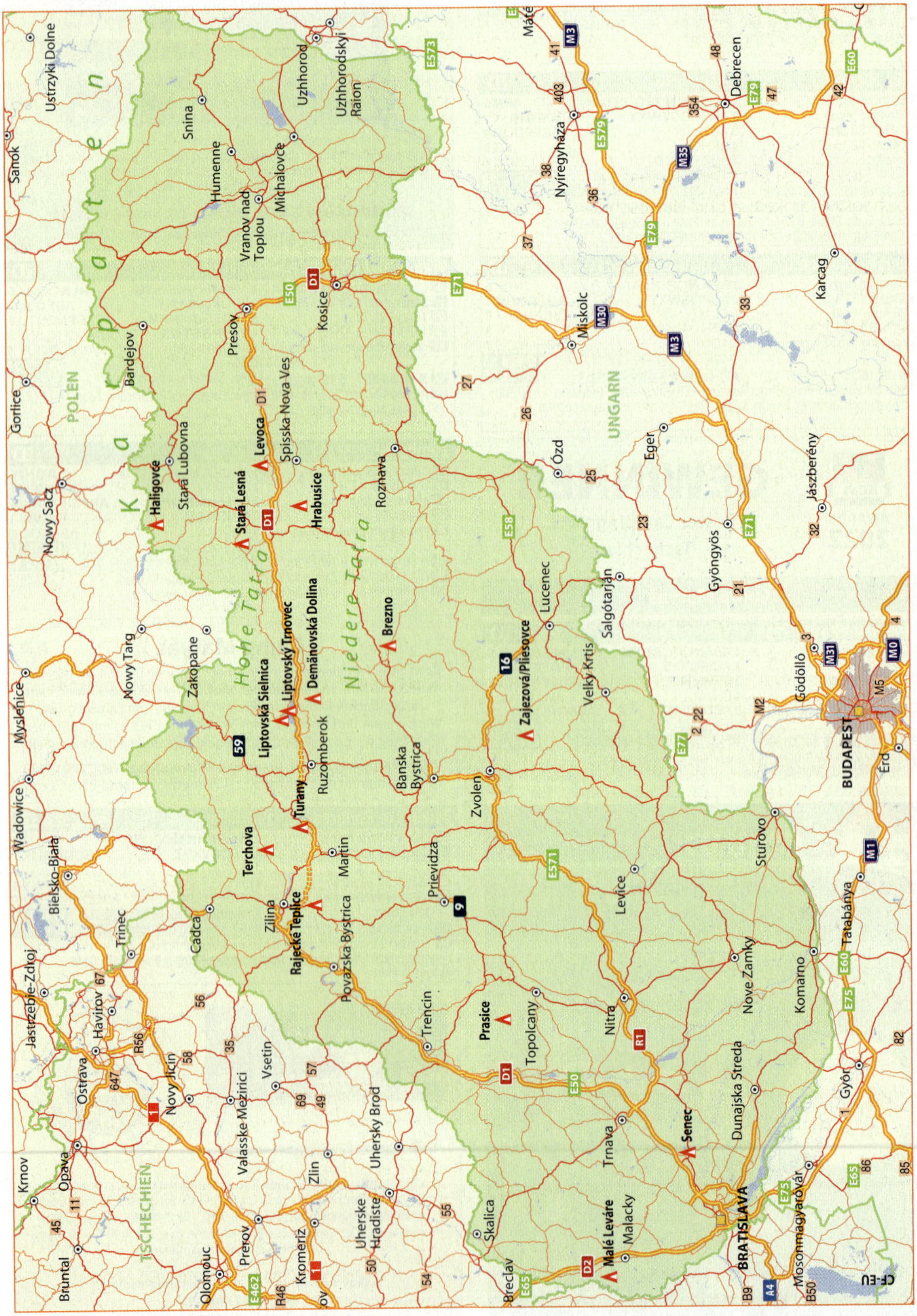

POLEN
TSCHECHIEN
UNGARN
Karpaten
Hohe Tatra
Niedere Tatra
BRATISLAVA
BUDAPEST
Ustrzyki Dolne
Sanok
Snina
Humenne
Uzhhorod
Uzhhorodskyi Raion
Michalovce
Vranov nad Toplou
Kosice
Presov
Bardejov
Gorlice
Stara Lubovna
Haligovce
Nowy Sacz
Stará Lesná
Levoca
Spisska Nova Ves
Hrabusice
Roznava
Brezno
Demänovská Dolina
Liptovský Trnovec
Liptovská Sielnica
Nowy Targ
Zakopane
Myslenice
Wadowice
Ruzomberok
Turany
Terchova
Banska Bystrica
Zajezová/Pliesovce
Lucenec
Salgótarján
Velky Krtis
Zvolen
Martin
Zilina
Rajecké Teplice
Bielsko-Biała
Cadca
Trinec
Prievidza
Povazska Bystrica
Jastrzebie-Zdroj
Havirov
Ostrava
Novy Jicin
Valasske Mezirici
Vsetin
Trencin
Prasice
Topolcany
Nitra
Levice
Sturovo
Nove Zamky
Komarno
Tatabánya
Györ
Dunajska Streda
Senec
Trnava
Skalica
Malacky
Malé Leváre
Breclav
Mosonmagyaróvár
Krnov
Opava
Bruntal
Olomouc
Prerov
Kromeriz
Zlin
Uherske Hradiste
Uhersky Brod
Miskolc
Ózd
Eger
Gyöngyös
Jászberény
Gödöllő
Érd
Karcag
Debrecen
Nyíregyháza
Máté
CF-EU

Slowakei: Land der Berge und Nationalparks

Die Slowakei ist ein relativ kleines Land, das viele Sehenswürdigkeiten und Naturschönheiten zu bieten hat. Das Land besteht größtenteils aus Berglandschaften. Prägend sind auch die vielen, wunderschönen Nationalparks, von denen es in diesem kleinen Land nicht weniger als neun gibt. Das slowakische Mittelgebirge Kremnitzer Berge markiert buchstäblich den Mittelpunkt Europas.

Hauptstadt: Bratislava
Währung: Euro
Zeitzone: UTC +1, UTC +2 (März bis Oktober)
Sprache: Slowakisch
Ländervorwahl: +421
Alkoholgrenze: 0,00‰
Notruf: Polizei, Feuerwehr, Rettungswagen: 112
Leitungswasser: teils bedenklich, lieber Wasser aus Flaschen oder abgekochtes Wasser

Gebirgszüge

Die Slowakei hat mehrere Gebirgszüge. Eines der bekanntesten Gebirge ist die Tatra, die aus vier Teilen besteht: die Hohe Tatra, die Niedere Tatra, die Westliche Tatra und die Belaer Tatra. Auch der älteste Nationalpark der Slowakei, der Tatra-Nationalpark, befindet sich hier. Dieser Park verläuft sowohl durch Polen als auch durch die Slowakei und eignet sich hervorragend für lange Spaziergänge. Die zahlreichen Nationalparks der Slowakei konzentrieren sich größtenteils auf die Gebirgsregionen. Das garantiert besondere Aussichten!

Kulturausflüge

Der wichtigste Ort in der Slowakei ist die Hauptstadt Bratislava. Wenn Sie auf der Suche nach Kultur und Museen sind, sollten Sie in die Hauptstadt fahren. Die Museen in Bratislava sind oft Zusammenschlüsse von verschiedenen Museen. Beispiele sind das Slowakische Nationalmuseum und die Slowakische Nationalgalerie. Das Slowakische Nationalmuseum zum Beispiel umfasst mehr als zwanzig Museen, darunter das Archäologische Museum und das Naturhistorische Museum.

Thermalquellen und Skifahren

Haben Sie Lust auf Sport und sind Sie im Winter in der Slowakei? Toll, denn hier kann man in den Bergen Ski fahren. Für den Wintersport besuchen Sie den Park Snow Donovaly. Hier können Sie im Skipark Ski fahren. Im Sommer ist Donovaly auch sehr gut zum Wandern und Radfahren geeignet. Und noch etwas macht Spaß: Wollen Sie sich völlig entspannen oder haben Muskelkater, der etwas Entspannung gebrauchen könnte? Dann besuchen Sie das Heilbad in Podhájska. Dem Thermalwasser wird eine heilende Wirkung bei Krankheiten wie Rheuma und Ekzemen nachgesagt.

Tanken

Benzin (Eurosuper 95/Eurosuperplus 98) ist leicht erhältlich und Diesel (Nafta) günstig bis gut. Flüssiggas ist an einer angemessenen Anzahl von Tankstellen erhältlich. Der Italien-Adapter (dish) wird zum Tanken von Flüssiggas verwendet. Die Tankstellen sind oft von Montag bis Samstag von 7 bis 20 Uhr geöffnet.

In ländlichen Gebieten gibt es oft längere Öffnungszeiten, aber Tankstellen können mittags geschlossen sein. Entlang der Autobahnen und Hauptstraßen sowie in den Großstädten sind viele Tankstellen Tag und Nacht geöffnet. Auch in der Slowakei gibt es Tankstellen, zum Beispiel in Supermärkten.
Sie dürfen bis zu 10 Liter Kraftstoff in einem Reservetank einführen, aber keinen Kraftstoff in einem Reservetank ausführen.

Ladestationen

Das Netz der Ladestationen ist noch nicht besonders umfangreich. Planen Sie Ihre Reise gut!

"Unbekannt ist nicht gleich unbeliebt... abgesehen vom Meer bietet die Slowakei alles für einen zauberhaften Campingurlaub"
Herr D. de Ridder, Inspektor 1302

Verkehrsvorschriften

Tagesfahrlicht ist Pflicht. Der Verkehr von rechts hat an einer gleichberechtigten Kreuzung Vorfahrt; die Straßenbahn hat jedoch immer Vorfahrt. Der Verkehr in einem Kreisverkehr hat Vorrang, wenn dies durch Verkehrszeichen angezeigt wird; ansonsten hat der Verkehr von rechts Vorrang. Autofahrer dürfen ihr Telefon nur im Freisprechbetrieb benutzen.
Kinder unter 12 Jahren und einer Körpergröße von weniger als 1,50 m dürfen nicht auf dem Vordersitz sitzen; sie müssen auf dem Rücksitz befördert werden. Radarwarner sind verboten; entfernen Sie slowakische Blitzerstandorte aus Ihrer Navigationssoftware (falls erforderlich).
Vom 15. November bis zum 31. März ist die Verwendung von Winterreifen bei winterlichen Bedingungen Pflicht.

Sondervorschriften

In engen Straßen dürfen Sie nur anhalten, wenn mindestens 3 Meter Platz für den übrigen Verkehr vorhanden ist. Auch entlang einer durchgezogenen weißen Linie ist das Parken verboten.
Navigationsgeräte dürfen nicht in der Mitte der Windschutzscheibe angebracht werden und dürfen die Sicht des Fahrers nicht behindern.
Bei einem Stau müssen Sie so weit wie möglich nach rechts oder links fahren, um in der Mitte Platz für Einsatzfahrzeuge zu schaffen.

Vorgeschriebene Ausstattung

Warndreieck, Warnweste, Verbandskasten und Ersatzrad (oder Reifenreparaturset) sind im Auto Pflicht. Es wird empfohlen, für alle Fahrgäste Sicherheitswesten mitzuführen. Es wird auch empfohlen, Ersatzlampen mitzubringen.

Reisemobil und Caravan

Ein Reisemobil oder eine Auto-Wohnwagen-Kombination darf eine Höhe von 4 m, eine Breite von 2,55 m und eine Länge von 18,75 m nicht überschreiten (der Wohnwagen selbst darf nicht länger als 12,75 m sein). Auf Straßen mit drei oder mehr Fahrspuren in derselben Richtung dürfen Sie mit einem Wohnmobil oder Wohnwagen, das mehr als 3,5 Tonnen wiegt oder länger als 7 Meter ist, nur auf den beiden rechten Fahrspuren fahren.

Fahrrad

Außerhalb geschlossener Ortschaften ist das Tragen eines Fahrradhelms Pflicht (innerhalb geschlossener Ortschaften nur für Kinder bis zu 15 Jahren). Bei Dunkelheit (und schlechter Sicht)

Klima Bratislava	Jan.	Feb.	März	Apr.	Mai	Jun.	Jul.	Aug.	Sept.	Okt.	Nov.	Dez.
Durchschnittliche Höchsttemperatur	2	5	11	16	22	25	27	27	22	15	8	4
Durchschnittliche Anzahl der Sonnenstunden pro Tag	2	3	5	7	9	9	9	9	7	5	2	1
Durchschnittliche monatliche Niederschlagsmenge (mm)	42	37	36	38	54	61	52	52	50	37	50	48

Klima Kosice	Jan.	Feb.	März	Apr.	Mai	Jun.	Jul.	Aug.	Sept.	Okt.	Nov.	Dez.
Durchschnittliche Höchsttemperatur	1	3	9	15	20	23	25	25	20	14	6	1
Durchschnittliche Anzahl der Sonnenstunden pro Tag	2	3	4	6	8	8	8	8	6	4	2	1
Durchschnittliche monatliche Niederschlagsmenge (mm)	25	24	26	49	70	86	83	70	53	47	42	33

müssen Radfahrer eine Warnweste tragen.
Es ist verboten, während des Radfahrens zu telefonieren oder ein Mobiltelefon zu benutzen. Kinder bis zum Alter von 7 Jahren dürfen nur in einem Kindersitz von einem Erwachsenen auf einem Fahrrad befördert werden. Radfahren nebeneinander ist verboten.

"Slowakei: interessant für Bergsteiger, Wassersportler, Mountainbiker, Wanderer und Ruhesuchende mit hervorragenden Campingplätzen und schöner Natur"

Herr F. Molnár, Inspektor 1113

Maut

Auf slowakischen Autobahnen und Schnellstraßen ist für Fahrzeuge bis zu 3,5 Tonnen eine elektronische Vignette erforderlich. Diese "E-Vignette" kann online unter eznamka.sk, an den Grenzübergängen sowie in einigen Postämtern und Tankstellen in der Nähe der slowakischen Grenze erworben werden. Die e-Vignette ist mit Ihrer Registrierungsnummer verknüpft.
Wenn Ihr Auto und Ihr Anhänger jedoch zusammen mehr als 3,5 t wiegen, ist eine zusätzliche E-Vignette erforderlich.
Fahrzeuge (einschließlich Wohnmobile), die schwerer als 3,5 t sind, zahlen die Maut pro Kilometer über eine elektronische Mautstelle. Weitere Informationen: emyto.sk.

Panne und Unfall

Stellen Sie auf der Autobahn Ihr Warndreieck mindestens 100 m (sonst 50 m) hinter dem Fahrzeug auf, wenn es eine Gefahr für den übrigen Verkehr darstellt. Alle Fahrgäste müssen eine Warnweste tragen.
Rufen Sie im Falle einer Panne die Notrufnummer Ihres Pannendienstes an. Sie können auch den slowakischen Pannendienst (SATC) anrufen: +421 2 682 492 11 (oder 18124).
Wenn bei einem Unfall ein Personen- oder Sachschaden von mehr als 4.000 € entstanden ist, sind Sie verpflichtet, die Polizei zu rufen. Bei sichtbaren Schäden am Auto verlangen Sie einen Polizeibericht, den Sie bei der Rückreise an der Grenze vorlegen können müssen.

Campen

Die meisten Campingplätze befinden sich in Nationalparks, wie z. B. in der Hohen Tatra, sowie an zahlreichen Stauseen und Thermalbädern. Abgegrenzte Stellplätze sind selten. Auf einigen Campingplätzen sind die sanitären Anlagen schlechter als der westeuropäische Durchschnitt. Fast alle Campingplätze haben Strom.
Wildcamping außerhalb der Campingplätze ist verboten. Nicht alle Campingplätze verfügen über eine Servicestation für Wohnmobile.
Das Übernachten in Wohnwagen, Wohnmobilen oder Autos auf Parkplätzen ist nicht erlaubt.

Brezno, SK-97701 / Banska Bystrica

Kemping / Apartmany Sedliacky Dvor s.r.o
Hliník 7
1 Apr - 31 Okt
+421 9 11 07 83 03
info@sedliackydvor.com
N 48°47'42'' E 19°43'43''

1 ABKNOPQSU	A 6	
2 IQXYZ	ABFGIK 7	
3 AFMU	ABEFNQR 8	
4 FGHIJK	ADGIJ 9	
5 ADHN	ABFHJKOQV 10	
10A CEE		❶ €23,00
H580 2,5ha 53T 7D		❷ €30,00

Ab Brezno die 72 (früher 530) Richtung Tisovec. Im Ort Rohozna den Schildern folgen. 117455

Prasice, SK-95622 / Nitra

ATC Nová Duchonka
Duchonca 1048
1 Jan - 31 Dez
+421 3 89 14 73
miroslav@novaduchonka.sk
N 48°40'08'' E 18°05'40''

1 ADEKNOPQRSTU	LMNQSX 6	
2 BDFIJKPQUXYZ	ABDEIK 7	
3 ABGHMST	ABCDEFNQR 8	
4 AFGHI	NT 9	
5 DEFGHJKLN	AHJKLQU 10	
6-10A CEE		❶ €20,40
H275 20ha 1036T(100-500m²)		❷ €20,40

Von der Straße 499 links auf die 1723 abbiegen. In Májová links abbiegen und der 1728 folgen. Nach 3,3 km befindet sich der Campingplatz auf der rechten Straßenseite. 115200

Demänovská Dolina, SK-03101 / Zilina

Kemping Bystrina
Hotel Bystrina 23
1 Mai - 31 Okt
+421 9 03 53 39 71
kemping@bystrinaresort.sk
N 49°02'01'' E 19°34'30''

1 ABFKNOPQRSTU	6	
2 ABEIPQSUXY	ABDEFHI 7	
3 ABU	ABEFNQRW 8	
4 FHIJKOPQRTUVX	EGIL 9	
5 ADHLN	AHIJKNQ 10	
10A CEE		❶ €25,50
H713 5ha 150T 39D		❷ €25,50

D1 Ruzumberok Richtung Poprad, Ausfahrt Liptovský Mikulas/ Demanova. Dann Richtung Jasna, ca. 5 km CP liegt am linker Hand. 107308

Rajecké Teplice, SK-01313 / Zilina

Slnecné Skaly
Poluvsie
1 Mai - 30 Sep
+421 9 03 98 22 33
slnecneskalycamp@gmail.com
N 49°08'31'' E 18°43'09''

1 ABDKNOPQRSTU	M 6	
2 BCQSXY	ABFIK 7	
3 ALU	ABEFNQR 8	
4 FHI	FJ 9	
5 ADE	HIJKNQU 10	
16A CEE		❶ €25,00
H392 4ha 150T 7D		❷ €25,00

Die 64 von Zilina nach Prievidza. 1 km hinter dem Ort Porubka auf der rechten Seite. 111243

Haligovce, SK-06534 / Presov

ATC Chatova Osada Goralsky Dvor
Haligovce 188
1 Mai - 15 Okt
+421 9 05 38 94 13
info@goralskydvor.sk
N 49°22'47'' E 20°26'22''

1 AKNOPQRSTU	B 6	
2 CIPQSTVXY	ABDEFGHIJK 7	
3 ABFU	ABEFNQRUV 8	
4 FHJOQ	JY 9	
5 ADJKLNO	AHIJKNQU 10	
B 16A CEE		❶ €25,00
H530 3ha 55T(60-120m²) 13D		❷ €25,00

Camping an der 543 Cervený Klástor-Stará L'ubovňa. 3 km hinter Cervený Klástor. Eigenes Schild zeigt Campingplatz und Restaurant an. 110052

Senec, SK-90301 / Bratislava

Stredisko Slnecné Jazerá (B)
Slnecne Jazera - JUH
1 Jun - 15 Sep
+421 2 45 92 33 24
info@slnecnejazera.eu
N 48°12'49'' E 17°24'39''

1 AKNOPQRSTU	LMNQSX 6	
2 AEMPQS	ABDEFI 7	
3 BCFGJLMN	ABEFNQR 8	
4 O	FIT 9	
5 ADEFIKL	AHILOQU 10	
B 10A CEE		❶ €22,00
H220 10ha 200T(60m²) 39D		❷ €22,00

D1 Bratislava Richtung Zilina, Ausfahrt 31 Senec. Die 503 Richtung Senec fahren. Am 1. Kreisel links (3. Ausfahrt). Am 2. Kreisel links (3. Ausfahrt) geradeaus bis zum Kreisel vor Lidl 1. Straße rechts. CP liegt links der Straße gegenüber dem Bahnhof. 107324

Hrabusice, SK-05315 / Presov

Autocamping Podlesok
Podlesok
1 Apr - 31 Okt
+421 5 34 29 91 65
recepcia@podlesok.sk
N 48°57'51'' E 20°23'06''

1 ABDKNOPQRSTU	6	
2 BCIPQRSUX	ABFGHIJK 7	
3 AMNU	ABEFNQR 8	
4 FHO	FUV 9	
5 ABDGKL	AHIJKNQUY 10	
6A CEE		❶ €17,90
H550 2ha 300T(40-120m²) 16D		❷ €24,30

Poprad Richtung Presov, weiter bis Spissky Svrtok E50/18. Hier Richtung Hrabusice/Slovensky Raj. 107321

Stará Lesná, SK-05960 / Presov

Stará Lesná Rijo Camping
1 Mai - 30 Sep
+421 5 24 46 74 93
rijocamping@rijocamping.eu
N 49°08'57'' E 20°16'52''

1 AKNOPQRSTU	6	
2 IQSXY	ABEFK 7	
3 L	ABEFGNQR 8	
4 FHI	9	
5 ABDEFHJ	AHIJKNQU 10	
16A CEE		❶ €23,00
H835 2ha 74T(60-120m²)		❷ €29,00

Von Poprad Richtung Kezmarok (67), in Velká Lomnica links, die 540. Nach einigen km Richtung Stará Lesná links, Schildern folgen. 107311

Levoca, SK-05401 / Presov

Levoca Dolina
5333
1 Jan - 31 Dez
+421 5 34 51 27 05
rzlevoca@pobox.sk
N 49°02'59'' E 20°35'14''

1 ADEKNOPQRSTU	LMNQ 6	
2 ABEJPQSUVXYZ	ABFHIK 7	
3 AM	ABEFNQR 8	
4 FHORTU	FGILRTUV 9	
5 ABDKL	ABHIJKNQU 10	
W 10A CEE		❶ €23,00
H599 3ha 70T 32D		❷ €30,00

Von Poprad-Preov über die 18 (E50), um Levoca noch ca. 3 km geradeaus. Von Presov, letzte Kreuzung vor Stadmauer rechts, noch ca. 3 km. 112310

Terchova, SK-01305 / Zilina

Camping Belá Nizné Kamence
Wegnr. 583
1 Jan - 31 Dez
+421 4 15 69 51 35
camp@bela.sk
N 49°14'54'' E 18°59'20''

1 ADEKNOPQRSTU	N 6	
2 CIPQSXY	ABFHIK 7	
3 ABFMNU	ABEFNQR 8	
4 KO	J 9	
5 ABDEK	AHIOQU 10	
15A CEE		❶ €21,50
H650 20ha 200T(100m²) 20D		❷ €21,50

Die 583 Zilina-Terchova. 2 km hinter Belá liegt der CP links der Strecke. Wird angezeigt. 118121

Liptovská Sielnica, SK-03223 / Zilina

Villa Betula Resort***
Brnice 166
1 Jan - 31 Dez
+421 9 07 81 23 27
villabetula@villabetula.sk
N 49°08'10'' E 19°30'44''

1 ABDEKNOPQRSTU	ALMNQRSWX 6	
2 AEPQSXYZ	ABDEFGHIJK 7	
3 BDEFHIMSTUV	ABEFGIJKNQRTW 8	
4 BCFHJKLOPTX	DGIJLZ 9	
5 ADHJLMNO	HIKOPRUX 10	
W 10A CEE		❶ €44,00
H543 2ha 130T 24D		❷ €78,00

Von Martin die E50 Ri. Poprad, Ausfahrt Besanová ist ebenfalls Ausfahrt Liptovsky Trnovec (Campingplatz). Den CP-Schildern folgen. Oder die E50 über Liptovský Mikulás Ri. Zuberec (die 584). CP ist ausgeschildert. E50 = D1. 111362

Turany, SK-03853 / Zilina

Autocamping Trusalova
1 Jun - 15 Sep
+421 4 34 29 26 36
trusalova@gmail.com
N 49°08'25'' E 19°03'05''

1 ABGKNOPQRSTU	J 6	
2 ABCIQSUYZ	ABDEFHIJK 7	
3 ABFHMU	ABEFNQRW 8	
4 FJO	FJ 9	
5 ABDEJ	ABCFHIJKMNQU 10	
10A CEE		❶ €17,50
H492 4ha 160T(120m²) 39D		❷ €17,50

E60-18 Zilina-Dubna Skala. Dann D1 (E50-18) Dubnaskala-Turany. Am Autobahnende wieder zurück zur E50-18 Richtung Martin. Am Straßencafé Fatra (500m) rechts ab. Camping nach 1,5 km. 107307

Liptovský Trnovec, SK-03222 / Zilina

Mara Camping/ATC Liptovský Trnovec 601
1 Mai - 30 Sep
+421 4 45 59 84 58
riaditel@maracamping.sk
N 49°06'39'' E 19°32'46''

1 ADEKNOPQRSTU	LMNOPQSTWXYZ 6	
2 AEIKLMPQSXY	ABDFGIJK 7	
3 ABCDEFGMUV	ABEFGINQR 8	
4 MNO	AFJMOQRTUV 9	
5 DEFGHIJL	ABHIJKOUY 10	
B 10A CEE		❶ €25,40
H574 6,5ha 184T(60-90m²) 30D		❷ €29,40

Von der D1 nach Liptovský Mikalas. In der Stadt Ri. Zuberec und Liptovský Trnovec über die 584. Dann den CP-Schildern folgen. Oder von Ruzumberok Ri. Poprad. Ausfahrt Besanová, Ri. Liptovský Mikulás. Den Schildern folgen. 107994

Zajezová/Pliesovce, SK-96263 / Banska Bystrica

Modrá Farma
Zajezova 66
30 Apr - 15 Sep
+421 9 15 07 79 88
info@modrafarma.com
N 48°27'24'' E 19°14'32''

1 ABFKNOPQRSTU	B 6	
2 BCIQSUVXYZ	ABDEFGHI 7	
3 BSX	ABEFNQRW 8	
4 FJKOT	DEIJ 9	
5 ADN	ABJKMNQUV 10	
6A CEE		❶ €17,00
H680 5,5ha 51T(80-300m²) 7D		❷ €25,00

E77/66 Zvolen-Sahy. 3 km südlich von Dobrá Niva Ausfahrt Vel'ky Krtis zur 527. Hinter Pliesouce Richtung Zajezová. Nach 800m den Schildern zum Camping folgen. 120312

Malé Leváre, SK-90874 / Bratislava

ATC Rudava Malé Leváre
Recepcia pri Centrálnej pláži 2508
1 Apr - 30 Sep
+421 9 02 16 54 27
info@autokemprudava.sk
N 48°29'29'' E 16°57'21''

1 ABKNOPQRSTU	AFLMNQ 6	
2 EJQSXY	AB 7	
3 ACGMU	ABEFNQR 8	
4 JO	JRT 9	
5 ADHJKN	AHIJKOQU 10	
10A CEE		❶ €29,00
H400 3,5ha 100T 8D		❷ €29,00

Von Vel'ké Leváre nach Malé Leváre, links halten und der Beschilderung folgen. 122089

Slowakei

Karte Slowakei auf Seite 444

Ungarn: Puszta, Seen, die Donau und Kultur

Wenn Sie an Ungarn denken, kommt Ihnen wahrscheinlich als erstes Budapest in den Sinn. Ungarns Hauptstadt und der Plattensee sind die größten Touristenattraktionen des Landes. Wussten Sie, dass die Stadt eigentlich aus drei zusammenhängenden Teilen besteht? Buda, Pest und Óbuda. Heute ist diese Kulturstadt eine Einheit und besteht aus 23 Bezirken. Sie haben nur wenig Zeit, um die Stadt zu besichtigen? Dann besuchen Sie die berühmtesten Sehenswürdigkeiten im Bezirk 1. Hier finden Sie unter anderem die Matthiaskirche, die Budaer Burg und die Fischerbastei.

Hauptstadt: Budapest
Währung: Forint
Zeitzone: UTC +1, UTC +2 (März bis Oktober)
Sprache: Ungarisch
Ländervorwahl: +36
Alkoholgrenze: 0,00‰
Notrufnummer: allgemein: 112, Polizei: 107, Feuerwehr: 105 und Rettungswagen: 104
Leitungswasser: sicher, aber viele nehmen Mineralwasser.

Sie wollen ins Zentrum von Budapest? Dann müssen Sie auf der "Schädlingsseite" sein. Hier finden Sie Publikumsmagneten wie die Kettenbrücke und die Stephansbasilika.

Baden im 'Balaton'

Plattensee: Diesen Süßwassersee sollten Sie sich nicht entgehen lassen, wenn Sie in Ungarn campen gehen. Der See ist nach wie vor ein Highlight für jeden Urlaub in Ungarn. Kein Wunder, denn der See ist wunderschön und ein idealer Ort, um an einem heißen Tag ein Bad zu nehmen. Da er nicht weniger als 80 Kilometer lang ist, finden Sie immer einen schönen Platz, um sich niederzulassen. Der 200 Kilometer lange Radweg rund um den See lohnt sich auf jeden Fall. Im Frühjahr und Herbst sind auf jeden Fall die Thermalgebiete sehr gefragt

In der Steppe und in den Hügeln

Die ungarische Natur ist etwas Besonderes. Es gibt Höhenzüge, Tiefland, die Puszta (Steppengebiet) und Karstgebiete. Karst ist Kalkstein, der durch Regenwasser erodiert wurde. In Ungarn gibt es mehrere Naturschutzgebiete, die Sie besuchen können. Besichtigen Sie zum Beispiel den Hortobágy-Nationalpark, der sich durch seine große Steppenfläche auszeichnet.

Gewinner 2022 in Ungarn

Bester Campingplatz
Balatontourist Camping & Bungalows Füred

Oder besuchen Sie den Aggtelek-Nationalpark im Norden des Landes. Hier finden Sie außergewöhnliche Tropfsteinhöhlen aus Karst. Die Höhlen sind so besonders, dass sie in die Liste des UNESCO-Welterbes aufgenommen wurden.

Tanken

Benzin mit der Oktanzahl 95 (Szuper/ Olomentes 95) ist leicht erhältlich; Benzin mit der Oktanzahl 98 (Szuper Plusz 98) ist nur begrenzt verfügbar. Achten Sie darauf, nicht versehentlich E85 zu tanken, da dieser Kraftstoff für einen normalen Automotor schädlich ist.
Diesel ist leicht verfügbar und LPG recht gut. Für die Betankung von Flüssiggas wird der Italien-Anschluss (dish) verwendet.
Tankstellen sind in der Regel von 6 bis 20 Uhr geöffnet, in den Großstädten und entlang der Autobahnen oft Tag und Nacht. An einigen Tankstellen werden Sie bedient und Trinkgeld ist üblich. Es ist verboten, Kraftstoff in einen Reservetank mitzuführen.

Ladestationen

Die meisten Ladepunkte befinden sich im Westen Ungarns und in der Hauptstadt Budapest. Planen Sie Ihre Reise mit Bedacht.

Verkehrsvorschriften

Abblendlicht ist außerhalb geschlossener Ortschaften und auf allen Autobahnen vorgeschrieben. An einer gleichberechtigten Kreuzung hat der Verkehr von rechts Vorfahrt. Der Verkehr in einem Kreisverkehr hat Vorrang. Straßenbahnen haben immer Vorrang.
Der Fahrer darf ein Mobiltelefon nur mit Freisprechanlage benutzen. Kinder unter 1,50 m Körpergröße müssen in einem Kindersitz sitzen. Kinder, die mindestens 1,35 m groß sind, dürfen auf dem Rücksitz angeschnallt werden. Winterreifen sind nicht vorgeschrieben.

Klima Budapest	Jan.	Feb.	März	Apr.	Mai	Jun.	Jul.	Aug.	Sept.	Okt.	Nov.	Dez.
Durchschnittliche Höchsttemperatur	1	5	10	16	21	24	27	26	22	16	8	3
Durchschnittliche Anzahl der Sonnenstunden pro Tag	2	3	5	7	8	9	10	9	7	5	2	1
Durchschnittliche monatliche Niederschlagsmenge (mm)	32	31	29	38	55	63	52	51	40	33	52	40

Klima Debrecen	Jan.	Feb.	März	Apr.	Mai	Jun.	Jul.	Aug.	Sept.	Okt.	Nov.	Dez.
Durchschnittliche Höchsttemperatur	1	4	10	17	22	25	27	26	22	17	9	3
Durchschnittliche Anzahl der Sonnenstunden pro Tag	2	3	5	6	8	9	10	9	7	5	2	2
Durchschnittliche monatliche Niederschlagsmenge (mm)	37	30	34	42	59	80	65	61	38	31	45	44

Bei winterlichen Bedingungen müssen Sie Schneeketten im Auto haben. Mit Schneeketten beträgt die Höchstgeschwindigkeit 50 km pro Stunde.

Sondervorschriften

Lasten oder Fahrradträger mit mehr als 40 cm Überstand, müssen mit einem reflektierenden rot-weiß gestreiften Schild gekennzeichnet werden. Bei einem Stau müssen Sie so weit wie möglich nach rechts oder links fahren, um in der Mitte einen freien Fahrstreifen für Einsatzfahrzeuge zu schaffen. Das Parken ist unter anderem entlang einer gelben Linie verboten. Fußgängern ist es nicht gestattet, beim Überqueren der Straße ein Mobiltelefon zu benutzen oder Kopfhörer zu tragen. Fußgänger müssen außerhalb geschlossener Ortschaften bei Dunkelheit und schlechten Sichtverhältnissen eine Sicherheitsweste tragen.

"Ungarn; Land mit vielen Sehenswürdigkeiten, tollen Schwimmbädern und gastfreundlichen Menschen"

Frau T. Seijts-de Vries, Inspektorin 850

Vorgeschriebene Ausstattung

Ein Warndreieck und ein Erste-Hilfe-Kasten sind im Auto Pflicht. Das Mitführen eines Feuerlöschers wird empfohlen und ist für Wohnmobile mit einer zulässigen Gesamtmasse von mehr als 3,5 t vorgeschrieben. Ein Reserverad, Ersatzlampen und ein Abschleppseil sind ebenfalls empfehlenswert. Es wird empfohlen, dass Sie für alle Insassen Warnwesten mitführen.

Caravan und Reisemobil

Ein Reisemobil oder eine Auto-Wohnwagen-Kombination darf nicht höher als 4 m, 2,55 m breit und 18,75 m lang sein (der Wohnwagen selbst darf nicht länger als 12 m sein).
Wohnwagen, die von einem Personenkraftwagen gezogen werden, dürfen nicht höher als 3 m sein.

Fahrrad

Ein Fahrradhelm ist nicht vorgeschrieben. Die Höchstgeschwindigkeit für Radfahrer beträgt außerhalb geschlossener Ortschaften 40 km/h, mit Helm jedoch 50 km/h. Es ist verboten, beim Radfahren zu telefonieren oder ein Mobiltelefon zu benutzen. Radfahrer müssen bei Dunkelheit und schlechten Sichtverhältnissen in ländlichen Gegenden eine Warnweste tragen. Nur Kinder über 14 Jahren dürfen auf der Fahrbahn fahren.

Maut

Alle Autobahnen in Ungarn sind mautpflichtig. Hierfür benötigen Sie eine "e-Vignette" (e-matrica). Kaufen Sie eine Vignette, bevor Sie auf der Autobahn fahren.

Dies ist an Grenzübergängen, Tankstellen und Servicestellen der Straßenverkehrsbehörde möglich. Sie müssen Ihr Fahrzeug innerhalb von 60 Minuten nach der Auffahrt auf die Autobahn anmelden, sonst droht ein Bußgeld. Die Kameras überprüfen das Nummernschild. Bewahren Sie die Quittung mindestens ein Jahr lang auf, für den Fall, dass Sie zu Unrecht eine Geldstrafe erhalten. Sie können eine E-Vignette auch vor Ihrer Reise nach Ungarn kaufen, zum Beispiel über: autopalyamatrica.hu oder virpay.hu. Mehr Infos: toll-charge.hu und maut-tarife.hu (Tarife).

"Kultur und Natur sind in Ungarn nach wie vor fest miteinander verbunden"

Herr H. Willighagen, Inspektor 832

Umweltzonen

Die Budapester Innenstadt und andere ungarische Städte können aufgrund der Luftqualität den Zugang motorisierten Verkehrs einschränken.

Panne und Unfall

Stellen Sie auf der Autobahn Ihr Warndreieck 150 bis 200 m (andernorts 100 m) hinter dem Auto auf. Alle Insassen müssen eine Warnweste tragen. Rufen Sie im Falle einer Panne die Notrufnummer Ihres Pannendienstes an. Sie können auch die Ungarische Straßenhilfe (MAK) unter 188 oder +36 1 345 1755 anrufen. Das Abschleppen auf der Autobahn ist bis zur ersten Ausfahrt erlaubt. Bei sichtbaren Schäden am Auto verlangen Sie einen Polizeibericht, den Sie bei der Rückreise an der Grenze vorlegen müssen.

Campen

Die meisten Campingplätze liegen rund um den Plattensee. Ein Pluspunkt ist, dass die ungarischen Campingplätze zu den günstigsten in Europa gehören. Die sanitären Anlagen entsprechen einem angemessenen Standard. Wildcamping außerhalb der Campingplätze ist verboten. Campinggas ist manchmal schwer zu bekommen.

Praktisches

Schützen Sie sich vor Zecken, da sie Krankheiten übertragen können. Vermeiden Sie den Kontakt mit Säugetieren, da die Gefahr von Tollwut besteht.

West-Ungarn
BUDAPEST
CF-EU
WIEN
BRATISLAVA
SLOWAKEI
ÖSTERREICH
Mittel-Ungarn
SLOWENIEN
KROATIEN
Balaton
Schwechat
Fischamend
Mödling
Himberg
Bruck an der Leitha
Traiskirchen
Neusiedl am See
Gols
Eisenstadt
Andau
Wiener Neustadt
Dunajska Streda
Nove Zamky
Kolarovo
Hurbanovo
Okoc
Komarno
Komárom
Tata
Tatabánya
Oroszlány
Mosonmagyaróvár
Lipót
Győr
Csorna
Sopron
Hegykö
Kapuvár
Deutschkreutz
Oberpullendorf
Kőszeg
Bükfürdö
Pápa
Oberschützen
Rechnitz
Oberwart
Szombathely
Sárvár
Celldömölk
Mesteri
Großpetersdorf
Székesfehérvár
Várpalota
Veszprém
Ajka
Balatonalmádi
Alsóörs
Balatonfüred
Siófok
Balatonakali
Szántód
Tapolca
Révfülöp
Badacsonytomaj
Badacsonylábdihegy
Badacsony
Balatonboglár
Cserszegtomaj
Gyenesdiás
Hévíz
Keszthely
Balatongyörök
Balatonberény
Güssing
Fürstenfeld
Körmend
Szentgotthárd
Jennersdorf
Zalaegerszeg
Marcali
Murska Sobota
Dobrovnik
Gornja Radgona
Lenti
Lendava
Beltinci
Ljutomer
Zalakaros
Galambok
Nagykanizsa
Kaposvár
Dombóvár
Ormoz
Cakovec
Pribislavec
Donja Dubrava
Nagyatád
Varazdin
Ludbreg
Koprivnica
Reka
Novo Virje
Csokonyavisonta
Szigetvár
Ivanec
Novi Marof
Lepoglava
Krapina
Mihovljan
Djurdjevac
Podravske Sesvete
Barcs
Krizevci
Pitomaca
Podgorje Bistricko
Sveti Ivan Zelina
Bjelovar
Sedlarica
Virovitica
Suhopolje
Velika Pisanica
Slatina
vec
456
A6
D1
M15
E75
E58
A3
B9
B17
S4
B16
M85
S31
B62
84
M86
B61
B50
87
B63
8442
86
B57
B65
8
E66
14
E575
M19
E60
M1
1
13
82
72
710
E71
73
64
71
M7
76
75
E65
74
M70
E653
E71
7
61
D209
D20
D2
D41
6801
6809
E661
68
6
A4
E65
D43
D28
D5

Alsóörs, H-8226 / Veszprém

Pelso Camping****
Camping Utca 19
1 Jun - 15 Sep
+36 2 06 67 35 76
info@pelsocamping.hu
N 46°58'33'' E 17°57'25''

1 BDEKNOPQRSTU	AHLMQS 6
2 EIJKQRWXYZ	ABDEFGI 7
3 ABFGJMNSV	ABCDFINQRTUV 8
4 ABDHJ	LNQRTUVY 9
5 ACDEFGHL	ABGHIKLNPRS 10
6A	❶ €26,00
20ha 415T(70-120m²) 5D	❷ €32,00

Straße 71 (an der Nordseite vom Balatonsee), zwischen Km-Pfahl 31 und 32, direkt am See. Ausgeschildert. 104514

GEWINNER

ACSI AWARDS 2022

Bester Campingplatz Ungarn

Balatontourist Camping & Bungalows Füred

Badacsony, H-8261 / Veszprém

Badacsony Camping
Road 71, km 79-80
14 Mai - 18 Sep
+36 3 03 39 96 43
info@badacsonycamping.hu
N 46°47'03'' E 17°29'56''

1 BDEKNOPQRSTU	LMNQSUX 6
2 EKPQSWXYZ	ABDEFIJK 7
3 AM	ABCDEFNQRTU 8
4 FHOTX	JRV 9
5 ADK	ABHIJKOQU 10
B 16A CEE	❶ €26,85
1,4ha 50T(60-105m²) 30D	❷ €36,00

An der 71 auf der Balaton-Nordseite gelegen, zwischen Km-Pfahl 79 und 80 direkt am See. Der Campingplatz ist ausgeschildert. 122792

Badacsonylábdihegy, H-8262 / Veszprém

Balaton Eldorado
Vízpart 2
1 Mai - 30 Sep
+36 87 43 23 69
balaton@balatoneldoradocamping.hu
N 46°47'23'' E 17°28'30''

1 ABDKNOPQSU	ALNQS 6
2 EKPQWXYZ	ABDEFGI 7
3 BFGL	ABCDEFJKNPQR 8
4 ABH	GI 9
5 ADFGHJLN	ABGHIJKORS 10
B 10A	❶ €23,85
4ha 88T(60-100m²) 45D	❷ €32,20

An der 71, Nordufer Balaton, zwischen den Km-Pfahlen 82 und 83 direkt am See. CP ist ausgeschildert. 107610

Badacsonytomaj, H-8258 / Veszprém

Tomaj Camping***
Balaton u. 28
1 Mai - 30 Sep
+36 87 47 13 21
info@tomajcamping.hu
N 46°48'16'' E 17°31'09''

1 ADEILOPQRSTU	LMN 6
2 EKPQWXYZ	ABDE 7
3 AM	ABEFNQR 8
4 H	IRT 9
5 DEN	AHIJKORSU 10
10A	❶ €15,20
3,5ha 174T(80-100m²) 46D	❷ €21,30

Von der Straße Nr. 71 zwischen km 77 und 76 abbiegen. 115632

Balatonakali, H-8243 / Veszprém

Balatontourist Camping Strand Holiday
Balaton Utca 8
17 Apr - 27 Sep
+36 87 54 40 21
strand@balatontourist.hu
N 46°52'52'' E 17°45'16''

1 BDEJMOPRSTU	NQS 6
2 FIKPWXYZ	ABDEFI 7
3 AMU	ABDEFKQRTW 8
4 ABC	DELVY 9
5 EN	ABGHIJKORTUX 10
4-10A	❶ €23,20
3,5ha 250T(70-80m²) 107D	❷ €30,40

An der 71 am Balaton Nordufer, zwischen Km 53 und 54. Direkt am See. Ausgeschildert. 124373

Balatonalmádi, H-8220 / Veszprém

Yacht Camping**
Véghely D. Str. 18
1 Mai - 20 Sep
+36 88 58 41 01
N 47°01'14'' E 18°00'30''

1 ADEGKNOPQRSTU	AFLMNQSXY 6
2 EIKPQWXYZ	ABDEFGIJK 7
3 BFM	ABDFGKNQRTUVW 8
4 ABCJLO	AEJLPRTUV 9
5 ABDEHLN	ABGHIJKNRS 10
6-10A	❶ €16,65
2,7ha 160T(59-100m²) 16D	❷ €29,05

An der 71 (Nordseite vom Balatonsee) gelegen, zwischen Km-Pfahl 25 und 26 direkt am See. Der CP ist ausgeschildert. 104511

Balatonberény, H-8649 / Somogy

Balatontourist Camping Naturist Berény
Hétvezér u.2
12 Mai - 19 Sep
+36 85 37 72 99
bereny@balatontourist.hu
N 46°42'48'' E 17°18'39''

1 ABDEKNOPQSTU	LMNQSX 6
2 AFIKPQWXYZ	ABDEFIK 7
3 ABFGJMS	BEFKNQRTUVW 8
4 BCDHJNOTX	DEGIJKLNRT 9
5 DEFHJKL	ABFGHIJKORSUV 10
FKK 10A	❶ €26,35
6ha 121T(80-110m²) 43D	❷ €32,45

Kommend von Keszthely über die 71 und 76, nach 7 km links abbiegen. Weiter den Schildern folgen. 108740

Balatonboglár, H-8630 / Somogy

Sellö***
Kikötö u. 3
17 Apr - 29 Okt
+36 85 55 03 67
info@sellocamping.hu
N 46°46'48'' E 17°38'45''

1 BDEKNOPQRSTU	LNQSX 6
2 AEIKQXYZ	ABDEFGIJ 7
3 A	BFNQRW 8
4 BHJO	E 9
5 DEHJ	ABGHIJKOQ 10
6A	❶ €20,00
1,6ha 150T(60-80m²) 15D	❷ €25,75

An der 71 (Südseite vom Balatonsee) gelegen. Zwischen Km-Pfahl 140 und 141 Richtung See. CP liegt in der Nähe des Hafens und ist ausgeschildert. 104505

Balatonfüred, H-8230 / Veszprém

Balatontourist Camping & Bungalows Füred***
Széchenyi u.24
29 Apr - 25 Sep
+36 87 58 02 41
fured@balatontourist.hu
N 46°56'45'' E 17°52'36''

1 ADEKNOPQRSTU	AFHLMQRSTWX 6
2 EIJKPQWXYZ	ABDEFGHI 7
3 ABEFGJLMNOU	ABDEFHKLNQRT 8
4 ABCHIJLOTX	EIJKLMPQRTUVWXY 9
5 ACDEFGHJKLN	ABDGHIKNORSY 10
B 6-16A CEE	❶ €31,70
19ha 628T(60-120m²) 221D	❷ €40,55

An der 71, Nordseite vom Balatonsee, gelegen. Zwischen Km-Pfahl 40 und 41 abbiegen, direkt am See. Ausgeschildert. 104515

Balatongyörök, H-8313 / Zala

Carina***
Balaton u. 25
1 Apr - 30 Sep
+36 83 34 90 84
carinacamping@t-online.hu
N 46°45'03'' E 17°21'02''

1 ABKNOPQSU	LNQSXY 6
2 EPQYZ	ABDEFHI 7
3 AJLS	ABEFNRW 8
4 AHJO	GMQV 9
5 DMNO	AGHIKORS 10
16A	❶ €15,50
1,4ha 100T(80m²) 3D	❷ €19,70

Die 71 rund um den Balatonsee zwischen Km-Pfahl 95 und 96 abfahren zum Dorf. Vor dem Bahnübergang rechts ab. Ausgeschildert. 100990

Bükfürdö, H-9740 / Vas

Thermal Camping
Termál Krt 2
1 Jan - 31 Dez
+36 94 55 83 56
camping@bukfurdo.hu
N 47°22'37'' E 16°47'02''

1 ABDKNOPQRSTU	BEFH 6
2 KPQTWY	BEFGI 7
3 BJLMNR	BCDFHJNQR 8
4 TUVWXY	EVW 9
5 BDEGIKL	AHIJKMOQY 10
B 16A CEE	❶ €53,40
H210 3ha 153T(40-80m²) 10D	❷ €71,15

Die Straße von Bük nach Bükfürdö fahren. Danach CP-Schildern folgen. Thermal Kemping ist der erste CP auf der linken Seite. 110975

Celldömölk, H-9500 / Vas

JUFA Vulkan Thermen Resort es Camping
Sport Utca 10
1 Jan - 31 Dez
+36 95 42 11 80
vulkantherme@jufahotels.com
N 47°14'39'' E 17°08'43''

1 ABDEKNOPQRSTU	BEGHIM 6
2 KPQWY	ABDEF 7
3 ABDEFGMN	ABCDEFJKNQRTUVW 8
4 HJOPQRSTUVWXYZ	EGLUV 9
5 ABDEFJKL	AGHIJKOPQUWY 10
B 16A	❶ €26,50
H200 2,5ha 74T(80-100m²) 82D	❷ €40,00

Die 84 Sopron-Savar. Umfahrung Sarvar Richtung Celldömölk. In Celldömölk der Hauptstraße bis zum Kreisel folgen, dann im Kreisel rechts. Diese Straße weiter. Gleich stadtaußerhalb vor der Tankstelle rechts in die Sport utca. Das Resort links. 121576

Ungarn

Teilkarte West-Ungarn auf Seite 453

Cserszegtomaj, H-8372 / Zala

Panoráma***
Barát Utca 43
1 Apr - 31 Okt
+49 17 15 14 69 48
info@panoramacamping.com

1 ABF**KN**OPQSTU	A 6
2 IQVWXYZ	ABE**F** 7
3 ACMSU	ABEFJNQRSW 8
4 QR**X**	DI 9
5 ADMN	AGHIJKORS 10
FKK 10A	❶ €16,00
H350 1,4ha 50**T**(80-120m²) 18**D**	❷ €24,00

N 46°48'29'' E 17°12'44''

CP ist ausgeschildert an der Strecke von Keszthely nach Hévíz. 104491

Csokonyavisonta, H-7555 / Somogy

Thermal Camping**
Fürdö
1 Jan - 31 Dez
+36 82 47 50 24

1 ACDEKNOPQRSTU	**BEGHIMN** 6
2 PQXYZ	ABDE**F**HI 7
3 GM	ABEFNQR 8
4 TU**WXY**	G 9
5 DEFJL	AFGHJKNQ 10
10A	❶ €17,75
H139 1,8ha 130**T** 34**D**	❷ €22,30

N 46°06'23'' E 17°26'08''

Gelegen auf 100m Höhe von der 68, zwischen Barcs und Nagyatád, in der Nähe des Km-Pfahls 17. Gut ausgeschildert. 100582

Galambok, H-8754 / Zala

Castrum Zalakaros****
Ady E. út 113
1 Mai - 30 Sep
+36 93 35 86 10
zalakaros@castrum.eu

1 ABDE**KN**OPQRSTU	EI 6
2 APQWXYZ	ABDE**F**I 7
3	ABCDEFJNQRUVW 8
4 **A**HJOR**T**W**X**	GI 9
5 DFJKN	AGHIJKORSU 10
B 6-10A	❶ €21,80
2,5ha 144**T**(40-100m²) 15**D**	❷ €29,40

N 46°31'54'' E 17°07'27''

In Zalakaros Richtung Galambok. Nach ca. 2 km ist der CP ausgeschildert. 104497

Gyenesdiás, H-8315 / Zala

Caravan Camping***
Madach ut 43
1 Apr - 15 Okt
+36 83 31 60 20
info@caravancamping.hu

1 ABKNOPQSU	AQS**X** 6
2 PQWXYZ	ABDE**FG** 7
3 A**JL**MN**O**U	ABEFNQR 8
4 **A**HO	DMNQUVXZ 9
5 ADHLN	ABGHIJK**O**Q 10
B 16A	❶ €19,95
1,4ha 120**T**(80m²) 30**D**	❷ €25,55

N 46°45'54'' E 17°17'24''

Die 71 (rund um den Balatonsee) zwischen Km-Pfahl 100 und 101. Abfahren zum See. Schilder geben Richtung an. 104494

Gyenesdiás, H-8315 / Zala

CC€17

Wellness Park Camping
Napfény utca 6
1 Mrz - 31 Okt
+36 83 31 64 83
info@wellness-park.hu

1 ABDE**KN**OPQRSTU	A 6
2 PQWXY	AB**F**H 7
3 ABFMNSU	ABEFGHNQR 8
4 **A**HIJOTU**X**	GILV 9
5 ADEFHJN	ABGHJKOQUX 10
B 16A	❶ €24,00
2ha 80**T**(80m²) 43**D**	❷ €31,00

N 46°45'51'' E 17°18'09''

Auf der 71 zwischen Km-Pfahl 100 und 99 zum See hin abbiegen. 114132

Györ, H-9025 / Györ-Moson-Sopron

Tópart Camping
Mákosdulo 7
15 Apr - 15 Okt
+36 96 31 17 45
topartcamping@freemail.hu

1 ABDEKNOPQSTU	A**N** 6
2 AEPQRWXY	ADE**F**I 7
3	ABEFNQR 8
4 J	GV 9
5 ABDEHJK	IKOQ 10
B 16A	❶ €15,85
H100 1,6ha 52**T**(30-80m²) 6**D**	❷ €19,90

N 47°40'42'' E 17°36'14''

Grenzübergang Nickelsdorf/Hegyeshalom. Richtung Mosonmagyarovar/Györ. Vor der Stadt ist der CP ausgeschildert. 121126

Hegykö, H-9437 / Györ-Moson-Sopron

Sá-Ra Termál Kft
Fürdö út 5
1 Jan - 31 Dez
+36 99 54 02 20
info@saratermal.hu

1 ABDE**KN**OPQRST**U**	**BEG** 6
2 PQWYZ	ABDEFGI 7
3 ABFG	ABCDEFJNQR 8
4 JO**T**W**XYZ**	GHIVW 9
5 DEFJK	AHIOQY 10
B 6A	❶ €29,65
H122 1,5ha 170**T**(60-80m²) 76**D**	❷ €42,85

N 47°37'11'' E 16°47'06''

An Straße 85 von Sopron nach Györ wird der CP in Hegykö angezeigt. 112294

Hévíz, H-8380 / Zala

Castrum Camping Hévíz****
Topart
1 Mrz - 30 Nov
+36 83 34 31 98
heviz@castrum.eu

1 ABDE**KN**OPQRSTU	L 6
2 BCEPQSTWXYZ	ABDE**FG**I 7
3 **NO**	ABCDEFJNQRUVW 8
4 **A**H**W**	EGIV 9
5 ABDJLMN	AEFGHIJKORS 10
6-20A	❶ €20,55
3ha 243**T**(40-80m²) 21**D**	❷ €23,05

N 46°47'02'' E 17°11'44''

Keszthely-Hévíz. In Hévíz geradeaus weiter fahren. Der CP wird ausgeschildert. 104492

Kapuvár, H-9330 / Györ-Moson-Sopron

Magdaléna Camping
Thermal ut.
1 Mrz - 30 Nov
+36 3 02 40 60 79
info@campingkapuvar.com

1 ABGKNOPQRST	6
2 QTWY	ABDE**FG**HI 7
3	ABEFJNQRUV 8
4	9
5 DN	ABCHIJKOQUW 10
B 16A	❶ €10,65
H150 2ha 55**T**(bis 80m²)	❷ €14,45

N 47°35'53'' E 17°02'09''

An der 85 hinter Kapuvár-Mitte Richtung Györ am CP-Schild links ab. Geradeaus weiter. 118087

Keszthely, H-8360 / Zala

Castrum Keszthely****
Mora F.U.48
1 Mai - 15 Okt
+36 83 31 21 20
info@castrum.eu

1 ABDE**K**NOPQSU	A 6
2 PQTWXYZ	ABDE**F**HI 7
3 AB	BDFNQRUV 8
4 H**X**	9
5 DFK	ABHIJKLORS 10
B 6A	❶ €25,85
2,2ha 126**T**(40-100m²) 7**D**	❷ €33,45

N 46°46'05'' E 17°15'34''

Auf der Hauptstraße 71 zwischen Km-Pfahl 103 und 104 angezeigt. 100579

Lenti, H-8960 / Zala

Thermalcamping Lenti****
Tancsics utca 16
1 Jun - 31 Dez
+36 92 35 13 68
info@lentikemping.hu

1 ADG**KN**OPQRSU	BEGHI**M** 6
2 APQSTWXYZ	ABDE**F**I 7
3 BU	ABCDEFJNQRUVW 8
4 HJO**T**U**WXYZ**	GIV 9
5 ABDFJKN	AFHIJKOQ 10
B 6-10A	❶ €25,35
H181 1,5ha 147**T**(40-80m²) 50**D**	❷ €34,45

N 46°37'02'' E 16°31'53''

Von Körmend über die Straße Nr. 86. Von Keszthely über die Straße Nr. 75. In Lenti den CP-Schildern folgen. 100578

Lipót, H-9233 / Györ-Moson-Sopron

Lipóti Thermálbath & Spa & Camping
Fo út 84
1 Mai - 30 Sep
+36 3 04 73 76 56
info@lipoticamping.hu

1 ABD**KN**OPQRSTU	BHI 6
2 CJKPQRWYZ	ABDE**F**I 7
3 ABEFGM	ABCDEFJNQRTUV 8
4 OTW**X**	EFGIJ 9
5 ABDEGHIJL	ABHIJKOQUXYZ 10
B 10-20A	❶ €39,05
H100 2ha 236**T**(bis 90m²) 62**D**	❷ €54,25

N 47°51'42'' E 17°27'11''

Grenzübergang Nickelsdorf/Hegyeshalom. Nach Mosonmagyarovar Richtung Rajka. Weiter Richtung Halászi über Puski nach Lipót. Am gleichen Grenzübergang über die M1, Ausfahrt Lebeny/Kimle über Kimle nach Lipót. 121430

Mesteri, H-9551 / Vas

Mesteri Termál
Fürdötelep 1
1 Jan - 31 Dez
+36 3 08 47 11 72
info@mesteritermal.hu

1 ABDE**K**NOPQRST	BEG 6
2 QSXY	ABDE 7
3	ABEFJNQRW 8
4 **TWX**	G 9
5 DEJK	AHIJKOQ 10
6-10A	❶ €14,20
1,7ha 52**T** 22**D**	❷ €17,00

N 47°13'04'' E 17°05'36''

In Sarvar und/oder Celldömölk Richtung Mesteri und in Mesteri der Beschilderung folgen. 116212

Nagyatád, H-7500 / Somogy

Thermalcamping Castrum****
Zrínyi utca 75
1 Mai - 30 Sep
+36 3 04 22 92 54
nagyatad@thermalcamping.eu

1 ABDKNOPQRSTU	**BEGHIM** 6
2 PQWXYZ	ABDE**FG**HIK 7
3 ABFG**HMN**	ABCDEFNQRUVW 8
4 HJ**RTUWXZ**	DHV 9
5 ABDEFN	AHIJKOQ 10
B 10A	❶ €22,30
H131 2,8ha 150**T**(40-100m²) 5**D**	❷ €28,40

N 46°14'21'' E 17°21'50''

Der 68 bis ins Stadtzentrum folgen. Schild CP Castrum folgen. 101512

Teilkarte West-Ungarn auf Seite 453

Teilkarte West-Ungarn auf Seite 453

Nagykanizsa, H-8800 / Zala

Nyirfás 'Camping'**
Bajcsy Zsilinsky ut 118
1 Jan - 31 Dez
+36 93 31 98 21
info@nyirfascamping.hu

1 ABKNOPQRSU	N	6
2 APQXYZ	ABFIK	7
3 M	AEFNQRW	8
4 O	G	9
5 ADHJ	AHKOQU	10
16A		① €14,45
H147 0,5ha 30T(80m²) 6D		② €17,75

N 46°27'27" E 16°56'43"

M7 Ausfahrt Nagykanizsa/Gyékényes. Dann 4 km über die 7 Richtung Letenye. Den CP-Schildern folgen.

104486

Sárvár, H-9600 / Vas

Thermal Camping Sárvár****
Vadkert u. 1
1 Jan - 31 Dez
+36 95 52 36 10
info@thermalcamping.com

1 ABDEGKNOPQRSTU	BEGHI	6
2 PQRSTWY	ABDEFI	7
3 BDEGHSU	ABCDEFJNQRTUVW	8
4 RSTUVWXYZ	EILV	9
5 DJ	ABGHIJKOPQVXY	10
B 16A		① €58,80
H200 2ha 89T(100m²) 34D		② €80,80

N 47°14'53" E 16°56'51"

84 von Sopron durch Sárvár Richtung Balaton (84) am Rand von der Stadt bei dem Thermalbad.

111344

Pápa, H-8500 / Veszprém

Thermal Camping Pápa
Várkert út. 7
1/1 - 10/1, 10/3 - 31/12
+36 89 32 07 35
info@thermalkemping.hu

1 ABDEGHKNOPQRSTU	BEGHMN	6
2 PQRTWX	BEFGHI	7
3 ABFIMPS	ABCDEFHJKLNQRTUVW	8
4 BFHJORSTWXYZ	JLV	9
5 ADEFGHILM	ABGHIJKMOPQUW	10
B 16A CEE		① €36,70
H200 4ha 196T(bis 100m²) 7D		② €52,00

N 47°20'17" E 17°28'26"

Grenzübergang Nickelsdorf/Hegyeshalom, der M1 folgen. Auf der Umgehung Györ die 83 nach Pápa. In Pápa den Schildern 'Várkertfürdo/Centrum/Camping' folgen.

112480

Szántód, H-8622 / Somogy

Rév/Szántód
Tihany Utca 1
28 Apr - 17 Sep
+36 7 06 56 94 85
kempingvezeto@revkemping.hu

1 BDEKNOPQRSTU	LNX	6
2 FIK	ABFGIJK	7
3 AM	AFNQRU	8
4 BJO	EITY	9
5 ADN	ABHIKNQ	10
10-16A		① €25,25
2,1ha 129T(60-109m²) 70D		② €36,20

N 46°52'42" E 17°54'18"

Südseite vom Balatonsee. Richtung Tihany 200m vor der Fähre ist der CP auf der rechten Seite. CP ausgeschildert.

104521

Révfülöp, H-8253 / Veszprém

CC€19

Balatontourist Camping Napfény***
Halász Utca 5
28 Apr - 24 Sep
+36 87 56 30 31
napfeny@balatontourist.hu

1 ABDEGKNOPQRSTU	FLMNQ	6
2 FIKPQWXYZ	ABDEFGHIK	7
3 ABFGJMU	ABCDEFKNQRT	8
4 BHJLOQX	AEKLMNRTVY	9
5 ABDEFGJKLN	ABDGHIJKNORSXY	10
B 6-16A		① €26,35
7,2ha 350T(60-150m²) 77D		② €34,20

N 46°49'46" E 17°38'24"

An der 71 (Nordseite vom Balatonsee) gelegen. Zwischen Km-Pfahl 65 und 66 direkt am See. CP ausgeschildert.

104502

Zalakaros, H-8749 / Zala

Thermal Camping***
Gyøgyfürdö tér 6
14 Apr - 15 Okt
+36 3 02 94 09 97
reservation@karoscamping.hu

1 BDEGKNOPQSU		6
2 APQTWXYZ	ABDEFGHI	7
3 AM	ABEFNQRW	8
4 H		9
5 DFLN	AGHIOQUX	10
B 10-16A		① €22,30
6ha 100T(50-100m²) 5D		② €28,40

N 46°33'10" E 17°07'33"

CP liegt im Zentrum in der Nähe der Thermalbäder. Dort Schildern folgen.

104498

Ungarn

Agárd, H-2484 / Fejér

Thermal Kemping Agárd
Fürdo Tér 1
27 Mrz - 30 Sep
+36 3 05 77 22 14
info@agarditermal.hu
N 47°11'22'' E 18°37'31''

1 ABKNOPQRSTU	BEG	6
2 KQWY	ABDEFHIK	7
3	ABEFKNQR	8
4 JWY		9
5 DEGHI	AHJKNQU	10
16A	❶ €29,80	
2ha 70T(80-100m^2)	❷ €44,00	

118677

In Agárd am Velence See auf der No. 7 sind CP und Themalbad gut angegeben.

Baja, H-6500 / Bács-Kiskun

Napsugár Szálló-apartman-kemping
Marcius 15
11 Apr - 16 Okt
+36 79 52 22 30
N 46°10'41'' E 18°56'45''

1 ADEKNOPQRSTU	JNQSXZ	6
2 CIJPQWXYZ	ABFJK	7
3 FGMNS	ABEFHNQR	8
4 FHJO	GIRTV	9
5 DFK	AGHJKOQU	10
10A	❶ €19,00	
H80 2ha 45T(60-100m^2) 37D	❷ €21,55	

120918

Der Beschilderung Zentrum folgen. Im Zentrum die Brücke über den Donau-Arm nach Petöfi Sziget (Insel) nehmen. CP nach 200m rechts.

Budapest, H-1106 / Pest

Arena Camping & Guesthouse Budapest
Pilisi utca 7/a
1 Jan - 31 Dez
+36 3 02 96 91 29
info@budapestcamping.hu
N 47°30'15'' E 19°09'30''

1 AKNOPQRSTU		6
2 ACPQSXYZ	ABDEFK	7
3 AMU	ABCDEFJNQRU	8
4 OR		9
5 DLN	AGHIJKOQ	10
16A	❶ €34,20	
H125 3ha 200T(80-120m^2)	❷ €39,30	

119303

M1/M7 ins Zentrum, über die Elisabeth-Brücke (weiße Brücke), dann 8 km geradeaus. Hinter dem CP-Schild 500m rechts, dann nach 100m rechts.

Budapest, H-1121 / Pest

Ave Natura Camping Budapest
Csermely u. 3
1 Mai - 31 Okt
+36 12 00 34 70
campingavenatura@gmail.com
N 47°30'55'' E 18°58'19''

1 ABFKNOPSU		6
2 BOPSVZ	ABDEFI	7
3	ABCDEFNQR	8
4		9
5 DN	BGHIJKNST	10
16A	❶ €24,60	
4ha 40T(10-35m^2)	❷ €30,15	

118674

Von der M1/M7 Richtung Budakeszi. An der Kreuzung zur Kuruclesi ut 9 an der Ampel rechts. Danach wieder an der Zugliget ut rechts. Danach den Schildern folgen.

Budapest, H-1096 / Pest

Haller Camping**
Haller utca 27
1 Jan - 31 Dez
+36 3 02 31 09 23
info@hallercamping.hu
N 47°28'33'' E 19°04'59''

1 AKNOPQRSTU		6
2 APQRY	ABDEFG	7
3 A	ABEFNQR	8
4	F	9
5 ADFGHL	AGHIJKOQ	10
16A	❶ €22,80	
H117 1,5ha 89T 4D	❷ €27,40	

113213

Von Süden über die M5 Richtung Zentrum. Auf dem 1. Stadtring Richtung Lagymanyosi hid (Brücke). Vor der Brücke, am großen Einkaufscenter (Lurdy-Ház) rechts. Ist ausgeschildert. Einfahrt an der Obester Utca.

Cegléd, H-2700 / Pest

Appartementpark & Camping****
Fürdo u. 27-29
1 Jan - 31 Dez
+36 7 09 32 51 46
camping@cegleditermal.hu
N 47°12'03'' E 19°44'18''

1 ABDEKNOPQRSTU	AEFHIM	6
2 PQSWXYZ	ABFI	7
3 A	ABCDEFJNQRU	8
4 JUWXY	I	9
5 ABDEFKL	BGHIJKOQUY	10
B 16A	❶ €18,50	
4ha 120T(80-100m^2) 36D	❷ €33,70	

114116

Die E60 von Budapest nach Szolnok; Der CP liegt 6 km vor Cegléd. Von Cegléd aus ist der CP angezeigt.

Dömös, H-2027 / Komárom-Esztergom

Danu Camping Dömös***
Dömös Dunapart
1 Mai - 24 Sep
+36 3 03 10 65 80
info@domoscamping.hu
N 47°45'56'' E 18°54'54''

1 ABDEKNOPQRSTU	AFJNX	6
2 CJLPQWXYZ	ABDEFIJK	7
3 AFHJMN	ABFNQR	8
4 JO	AIK	9
5 DFHJK	ABHJKNQ	10
B 10A	❶ €24,35	
H200 1,8ha 100T(85-120m^2) 10D	❷ €30,90	

104535

Gelegen an der 11 zwischen Esztergom und Budapest. Gut ausgeschildert und an der Donau gelegen.

Esztergom, H-2500 / Komárom-Esztergom

Gran Camping
Nagy Duna Sétány 3
1 Mai - 30 Sep
+36 2 09 79 52 59
esztergom.grancamping@gmail.com
N 47°47'25'' E 18°43'55''

1 BDEKNOPQRSTU	ANXY	6
2 CQYZ	ABDE	7
3 FN	ABEFNQR	8
4 JO	GJ	9
5 DFGHL	AHIJKOQU	10
6-10A	❶ €16,50	
H119 3,5ha 160T(80-120m^2) 11D	❷ €21,55	

109314

Von Tát über die 11 nach Esztergom. In Esztergom im Kreisel Richtung Párkány/Stúrovo. Hinter der Brücke nach der Kurve ist der CP.

Harkány, H-7815 / Baranya

Termál Kemping Harkány
Bajcsy-zs utca 6
1 Jan - 31 Dez
+36 72 58 09 80
reservation@dravahotel.hu
N 45°51'20'' E 18°14'21''

1 ACDEKNOPQRSTU	E	6
2 BPQTWXYZ	ABDEFHI	7
3 FGMN	ABEFNQRUVW	8
4 BCFHRTUVWXY	GIJV	9
5 ADJ	AFGHIJKMOQU	10
B 15A	❶ €16,75	
H100 2ha 102T(80-100m^2) 35D	❷ €20,30	

100583

Im Zentrum Richting Siklos fahren. Nach 500m an der Bushaltestelle links abbiegen in Richtung Thermalbad. Immer geradeaus bis zum Ende der Allee fahren. Anmeldung an der Rezeption des Hotels Brava, 300 Meter vor dem Campingplatz.

Kisköros, H-6200 / Bács-Kiskun

Kisköros Thermalbad & Kemping
Erdötelki utca 17
1 Jan - 31 Dez
+36 78 31 15 24
ronaszekifurdo@gmail.com
N 46°37'18'' E 19°16'27''

1 AJMOPQRSTU	BEG	6
2 PQRXYZ	ABDEFI	7
3 AFG	ABEFJNQR	8
4 STWY		9
5 DEHL	HIJKOQ	10
10A	❶ €21,80	
H104 2ha 100T(60-120m^2)	❷ €28,40	

110976

In Kisköros gut ausgeschildert.

Kiskunhalas, H-6400 / Bács-Kiskun

Napfény Camping***
Nagy Szeder István utca 1
15 Mrz - 30 Okt
+36 2 03 10 51 55
halasthermal@gmail.co
N 46°25'57'' E 19°28'17''

1 AJMOPQSU	BEF	6
2 PQRWXY	ABDEFI	7
3 ABG	ABFNQRW	8
4 STVW		9
5 DEK	AHIJKOQ	10
B 16A	❶ €16,75	
H122 3ha 100T(70-100m^2)	❷ €23,30	

104561

In Kiskunhalas-Zentrum den Schildern von Motel und Hotel 'CSIPKE' folgen. Gegenüber dem Krankenhaus.

Kiskunmajsa, H-6120 / Bács-Kiskun

Jonathermál AG***
Kökút 26
1 Jan - 31 Dez
+36 77 48 18 55
info@jonathermal.hu
N 46°31'15'' E 19°44'48''

1 ADKNOPQRSTU	BEGHIMN	6
2 JKPQRXYZ	ABDEFI	7
3 AFGHIJMU	ABEFJNQR	8
4 AJORSTUWY	AFGIJKLVY	9
5 ABCDHK	AHIJKLNQU	10
B 10A	❶ €11,70	
H100 5ha 134T 95D	❷ €15,80	

107613

Von der M6 an der Ausfahrt bei Kiskunfélegyháza nach Kiskunmajsa, weiter den Schildern Schwimmbad folgen. Ca. 3 km vor Kiskunmajsa links.

Ungarn

Teilkarte Mittel-Ungarn auf Seite 456

Komárom, H-2900 / Komárom-Esztergom

Solaris
Táncsics M. u. 34-36
1 Jan - 31 Dez
+36 34 34 25 51
recepcio@komthermal.hu

1 AB**KN**OPQRSTU	BEG 6
2 AKQWY	ABDE**F**IJ 7
3 BEF	ABEFHJNQR 8
4 J**TWX**	IJ 9
5 DEFGHK	ABCHIJKOQ 10
6-10A	❶ €29,65
H106 1,3ha 84T 20D	❷ €49,45

N 47°44'36'' E 18°07'52''
Die 1 Györ-Budapest, ab Zentrum Komárom gut ausgeschildert. 104507

Komárom, H-2900 / Komárom-Esztergom

Thermal Camping
Táncsics M. u. 38
1 Apr - 15 Okt
+36 34 34 24 47
thermalhotel@komthermal.hu

1 ABDE**KN**OPQRST**U**	BEF 6
2 APQWY	ABFIJ 7
3 ABM**N**	ABEFJNQR 8
4 O**STWXY**	GIL 9
5 DJN	AHJKOQU 10
16A	❶ €28,15
H106 2,5ha 78T 27D	❷ €47,90

N 47°44'34'' E 18°08'01''
Vom Komárom-Zentrum die Straße 1, 500m Richtung Esztergom. Links halten. 100570

Komárom/Szőny, H-2900 / Komárom-Esztergom

WF Szabadidőpark
Puskaporosi út 24
1 Mai - 1 Okt
+36 34 54 04 48
info@wfpark.hu

1 ABDE**KN**OPQRST**U**	AGHM**N** 6
2 AEJKQY	ABDE**F**IJ 7
3 ABEFG	ABEFNQR 8
4 **A**JOW	AFIJKL 9
5 DEFGHIJLN	AHIJKQU 10
16A	❶ €25,20
H79 3ha 100T 29D	❷ €38,65

N 47°43'32'' E 18°08'47''
Von der M1 Györ-Budapest, Ausfahrt Komárom die 13. Dann in Komárom am Kreisel Richtung Budapest. Nach einigen Kilometern rechts ab Richtung Mocsa. Dann den Schildern 'WF Szabadidőpark' folgen. 111345

Kunfehértó, H-6413 / Bács-Kiskun

Condnoki Iroda
Tabor utca 26
27 Mai - 4 Sep
+36 3 09 44 19 87
kfto.sporttabor@gmail.com

1 AGJMOPQS	LM**N** 6
2 BEJKQRSXYZ	ABI 7
3 **N**	ABEFNQ 8
4	J 9
5 D	AHIJKNRS 10
6A	❶ €15,25
1ha 50T 6D	❷ €18,10

N 46°22'33'' E 19°24'01''
Südlich von Kiskunhalas der 53 folgen. Ausfahrt Kunfeherto. Kunfehértó durchfahren bis zum See. Der CP liegt vor dem See. 116650

Neszmély, H-2544 / Komárom-Esztergom

Éden
Dunapart
1 Apr - 31 Okt
+36 3 05 15 77 40
info@edencamping.com

1 ABDE**KN**OPQRST**U**	AJ**N**W**X**YZ 6
2 CMQWY	ABDE**FG**K 7
3 BFM**NS**	ABCDEFNQR 8
4 JO	AEGJOQRT 9
5 ADFHJKLM	ABHJKOQ 10
B 6A CEE	❶ €24,05
H100 9ha 228T 43D	❷ €29,05

N 47°44'39'' E 18°24'09''
CP liegt an der 10 zwischen den Dörfern Neszmély und Süttő an der Donau. 107664

Pécs, H-7627 / Baranya

Familia Privat Camping
Puskin Tér
1 Mai - 1 Okt
+36 72 32 70 34
eros.timi@gmail.com

1 ABHJMOPQRST**U**	6
2 APQTXYZ	AB 7
3	ABEFNQRW 8
4 J	9
5 DN	AFGJKOST 10
4-12A	❶ €12,15
H90 1,5ha 35T(40-60m²)	❷ €16,75

N 46°05'06'' E 18°15'46''
Vom Zentrum die 6 Richtung Budapest. 2 km vom Zentrum, 0,5 km von der Stadtgrenze. An der Ampel (links Lidl, rechts Kirche) links ab, Zufahrt zum CP nach 100m rechts. 114170

Soltvadkert, H-6230 / Bács-Kiskun

Vadkerti*
Vadkerti-tó
1 Jun - 31 Aug
+36 7 09 08 03 50
vadkertitokemping@gmail.com

1 AC**K**LOPQSTU	**HL**M**N**QX 6
2 EJKQRXYZ	ABDE**FG**IK 7
3 AJ	ABEFNQRT 8
4	KV 9
5 CDEGK	AHIJKOQ 10
6A	❶ €12,15
H125 3ha 150T	❷ €15,95

N 46°36'35'' E 19°23'31''
Von Soltvadkert-Zentrum den Schildern 'Kecskemét' (die 54) folgen. Dann dem Schild Schwimmbad und Gaststätte folgen. 104559

Szentendre/Budapest, H-2000 / Pest

Pap-Sziget Camping***
Papsziget 1
10 Apr - 11 Okt
+36 26 31 06 97
info@pap-sziget.hu

1 A**KM**OPQSTU	A**N**XY 6
2 CPQRWYZ	ABDE**FI** 7
3 BFGM	ABEFNQR 8
4 **A**Q	FGJV 9
5 ADEGLMN	AGHIJKLOQU 10
B 16A	❶ €22,00
H109 3,5ha 80T(30-100m²) 48D	❷ €28,00

N 47°40'54'' E 19°04'58''
Von Budapest die 11 an der Donau entlang auf der Buda-Seite. Hinter Szentendre, bei Km-Pfahl 22 an der Donau nach rechts. Über die Holzbrücke fahren. 107611

Tamási, H-7090 / Tolna

Camping Tamási
Hársfa ut 1
1 Mai - 15 Okt
+36 2 02 36 74 33
tamasikemping@gmail.com

1 ABCDE**KN**OPQRSTU	**B** 6
2 PQTXYZ	ABDE**F**IJK 7
3 A	ABEFHNQR 8
4 H**TUWX**	GI 9
5 DN	AHIJKOQU 10
10-16A	❶ €17,60
0,7ha 70T(60-100m²) 18D	❷ €20,90

N 46°37'32'' E 18°17'12''
In Tamási der Kreuzung der 61 und der 65 (Ampel), 400m Richtung Szekszárd. Der Beschilderung folgen. 115133

Tiszakécske, H-6060 / Bács-Kiskun

Anita Camping***
Fürdő Utca
15 Mrz - 30 Okt
+36 3 09 34 93 41
anitacamping@freemail.hu

1 ABDEKNOPQRSTU	**B**EG**HI**M 6
2 PQRWXYZ	AB**F**IK 7
3	ABEFJNQRUVW 8
4 O**STUVWXY**	EV 9
5 DMN	AHIJKOQ 10
B 10A	❶ €8,85
H94 1ha 50T(60-120m²) 6D	❷ €11,40

N 46°56'13'' E 20°07'10''
Von Kecskemét die 44 nehmen. Nach 10 km beim Militär-Flugplatz links ab. In Tiszakécske den CP-Schildern 'Furdo' folgen bis zur Busstation. 111297

Tiszakécske, H-6060 / Bács-Kiskun

Barack Thermal Camping
Rózsabarack tèr 2
1 Jan - 31 Dez
+36 76 54 11 00
camping@barack.hu

1 ABCDE**KN**OPQRST**U**	BEG**HI**M 6
2 KPQRWXYZ	ABDE**FG** 7
3 ABDEFGS**V**	ABEFHJKNQRUVW 8
4 BCDJOP**TUV**W**XYZ**	GIJLVYZ 9
5 ADEFGHIJKLMN	ABCFGHIJKOQY 10
Anzeige auf dieser Seite B 10A	❶ €17,35
H80 2,1ha 106T(30-100m²) 75D	❷ €26,00

N 46°56'11'' E 20°07'15''
Von Kecskemét die 44. Nach 10 km links Richtung Tiszakécske. Dort den Campingschildern 'Thermalcamping' folgen. 123047

Ungarn

ACSI

Durchreisecampingplätze

In diesem Führer finden Sie eine handliche Karte mit Campingplätzen an den wichtigen Durchgangsstrecken zu Ihrem Ferienziel. Durch die Farbe des jeweiligen Zeltchens können Sie erkennen, ob dieser Platz ganzjährig geöffnet ist oder nicht. Darüber hinaus gibt es für jeden Platz auch noch eine kurze redaktionelle Beschreibung, inklusive Routenbeschreibung und Öffnungszeiten.

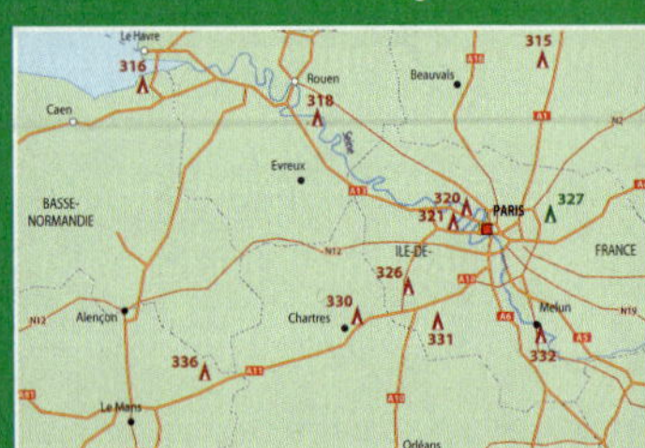

Teilkarte Mittel-Ungarn auf Seite 456

Tiszakécske, H-6060 / Bács-Kiskun

Kerekdombi-Termálfürdo-kemping
Kerekdomb 1
1 Jun - 30 Sep
+36 76 44 15 68
kerekdomb@t-online.hu
N 46°54'07" E 20°02'47"

1 ABDE**KN**OPQRSTU	BGHM	6
2 PQRSXYZ	ABFIJK	7
3 AF	EFNQUW	8
4 CDJO**TU**W**X**	GH	9
5 DEFGHIK	AIJKOQ	10
Anzeige auf dieser Seite 16A		❶ €22,80
2ha 70**T** 30**D**		❷ €38,00

Von Tiszakécske Richtung Lakitelek halten. Camping ist links der Straße und gut angezeigt. Direkt gegenüber vom Bahnhof. 104569

Törökbálint, H-2045 / Pest

Fortuna
Érdi ut. 20
1 Jan - 31 Dez
+36 23 33 53 64
info@fortunacamping.hu
N 47°25'56" E 18°54'05"

1 AB**KN**OPSTU	BFH	6
2 QRVWZ	ABDEFI	7
3 A	ABCDEFNQRT	8
4 O		9
5 D	AEHJKOQ	10
B 6A		❶ €25,00
H190 3ha 170**T**		❷ €33,00

Bei Fahrt Richtung Budapest über die M1, M7 oder 7: Schildern folgen. 104539

Újlengyel, H-2724 / Pest

Akác-tanya
Hernádi dulo 18
1 Jan - 31 Dez
+36 3 09 64 82 72
info@akactanya.hu
N 47°12'58" E 19°27'35"

1 AJMOPQRST		6
2 AQTXY	AB	7
3 **H**	ABEFQRW	8
4 **ATXZ**	GI	9
5 DJK	OQU	10
10A		❶ €18,00
H130 12ha 55**T**(100-120m²) 24**D**		❷ €18,00

Auf der M5 Ausfahrt 44. Dann auf die E60, nach 1 km dem Schild Újlengyel folgen. Nach 3 km in Újlengyel rechts und nach 2 km kommt ein CP-Schild, rechts in den Sandweg. 121866

Aggtelek, H-3759 / Borsod-Abaúji-Zemplén

Nomád Baradla*
Baradla oldal 1
15 Apr - 15 Okt
+36 3 08 61 94 27
szallasaggtelek@gmail.com
N 48°28'16" E 20°29'38"

1 ABDEKNOPQSTU		6
2 BIPQXYZ	ABI	7
3 AB	ABEFNQW	8
4 F	GIJ	9
5 DEHL	AHJKNQU	10
16A		❶ €11,15
H322 1,2ha 60**T** 39**D**		❷ €15,20

In Aggtelek Richtung 'Barlang/Cave/Höhle' fahren. Straßenname nicht in allen Navis bekannt. 104578

Berekfürdö, H-5309 / Jász-Nagykun-Szolnok

Thermal Camping és Vendégha'z**
Camping u. 2
1 Jan - 31 Dez
+36 59 31 91 62
kemping@berek-viz.hu
N 47°23'19" E 20°50'32"

1 AC**J**MOPQRS	BEGM**N**	6
2 CPQRXY	AB**F**IJK	7
3 BF**JN**	ABEFNQR	8
4 JO**T**W	GJKT	9
5 BDEGK	AHIJKNQU	10
16A		❶ €18,00
H76 3ha 250**T** 31**D**		❷ €24,10

Vom Durchgangsweg deutlich ausgeschildert. 104596

Ungarn

Bogács, H-3412 / Borsod-Abaúji-Zemplén

Bogácsi Thermálfürdő KFT
Fürdő utca 4
1 Jan - 31 Dez
+36 49 53 44 10
szallas@bogacsigyogyfurdo.hu
N 47°54'39'' E 20°31'41''

1 ABCDEKNOPQRSTU	BGHM	6
2 KPQTXYZ	ABIJK	7
3 AEG	ABEFNQR	8
4 BTUWXY	IJ	9
5 DEFGHIKL	ABHIKOQ	10
B 16A	❶ €24,60	
H179 2ha 122T(30-60m²) 60D	❷ €38,80	

116554

Auf der Nordumfahrung (die Landstraße 3, nicht die M3) von Mezőkövesd Ausfahrt Bogács nehmen. In Bogács über die Brücke, direkt rechts. CP kommt nach dem Schwimmbad, daher am Thermálfürdő vorbeifahren.

Füzesgyarmat, H-5525 / Békés

Thermalcamping Füzesgyarmat
Csánky Dezső ut. 1
1 Jan - 31 Dez
+36 66 49 10 52
thermalcamping@citromail.hu
N 47°05'38'' E 21°12'07''

1 AKNOPQRSU	BEFH	6
2 PQWXY	ABDEFI	7
3 AFHIJMN	ABCDEFINQRUVW	8
4 JTWZ		9
5 DEKL	AGHIJKNQU	10
6A	❶ €15,40	
H92 1,1ha 110T(100m²)	❷ €19,60	

114126

Von der 60 und 47 ist der CP ausgeschildert.

Bükkszentkereszt/Hollóstető, H-3557 / Borsod-Abaúji-Z.

Hollóstetői-Hegyi Camping**
1 Mai - 30 Sep
+36 46 39 01 83
hollosteto@gmail.com
N 48°03'55'' E 20°35'40''

1 ABCKNOPQRSTU		6
2 BPQSUXYZ	AB	7
3 AM	EFNQ	8
4 FHJ	J	9
5 DHJN	AHIJKNQU	10
10-20A	❶ €24,10	
H566 4ha 200T 20D	❷ €32,70	

104581

Miskolc-Eger über Lillafüred. CP ist gut ausgeschildert. Auf dem Sandweg rechts halten. Die direkte Route von Miskolc-Bükkszentkereszt ist für Caravangespanne abzuraten.

Hajdúböszörmény, H-4220 / Hajdú-Bihar

Hajdúböszörményi Termálkemping****
Nagy András Utca
1 Apr - 31 Okt
+36 2 09 59 19 31
info@bocskaitermal.hu
N 47°41'01'' E 21°29'57''

1 ABDEKNOPQRSTU	AEGHM	6
2 APQRSWXYZ	ABDEFIK	7
3 ABG	ABCDEFJNQRTUW	8
4 RTUVWXY	AHIV	9
5 DEFKN	AHIJKNQU	10
B 10A	❶ €22,90	
H113 2ha 120T(40-100m²) 18D	❷ €29,30	

116697

Von der 35 Richtung Hajdúböszörmény. Ab hier ist der CP ausgeschildert. Die Adresse hat keine Hausnummer.

Cserkeszölö, H-5465 / Jász-Nagykun-Szolnok

Thermal Camping****
Beton út 5
1 Jan - 31 Dez
+36 56 56 84 50
hotelcamping@cserkeszolo.hu
N 46°51'52'' E 20°12'09''

1 ABDEKNOPQRSTU	BEGHIM	6
2 PQRWXYZ	ABDEFHIJK	7
3 AFGR	ABEFJKNQRUVW	8
4 JOSTUWXYZ	GIJLV	9
5 DEFGHIJL	AGHIJKOQXY	10
B 16A	❶ €18,25	
H80 4ha 200T(60-100m²) 98D	❷ €25,85	

104570

Liegt an der 44 zwischen Kecskemet und Kunszentmárton. In Cserkeszölö wird der CP ausgeschildert.

Hajdúszoboszló, H-4200 / Hajdú-Bihar

Hungarospa Thermal Camping***
Böszörményi u 35/A
1 Jan - 31 Dez
+36 52 55 85 52
thermalcamping@hungarospa.hu
N 47°27'24'' E 21°23'42''

1 ADEJMOPRS	BEGHIM	6
2 EQXYZ	ABDEFHIJK	7
3 GN	ABCDEFHJNQRU	8
4 JORSTW	ELTV	9
5 BDEKL	AGHIJKOQV	10
B 12A CEE	❶ €37,75	
H112 4,2ha 300T(100m²) 20D	❷ €57,75	

108873

Von der Umgehung Richtung Zentrum von Hajdúszobozló Nyugat. Dort ist der CP deutlich angezeigt.

Debrecen/Kerekestelep, H-4030 / Hajdú-Bihar

Kerekestelepi Kemping
Lomnicz utca 1-3
1 Jan - 31 Dez
+36 3 04 77 49 75
kempingdebrecen@gmail.com
N 47°30'31'' E 21°38'16''

1 ABDEKNOPQRSTU	BGM	6
2 AKPQRXYZ	ABFIJK	7
3 GNU	ABEFJNQR	8
4 JOTUWXY	GIJ	9
5 DEHK	AHIJKOQU	10
16A	❶ €23,55	
H130 4ha 40T(40-80m²) 11D	❷ €36,25	

119404

Von Budapest M3, Ausfahrt M35 Richtung Debrecen. Ausfahrt Debrecen Richtung Biharkeresztes (die 47). In Debrecen kommt nach dem Zentrum eine hohe Eisenbahnbrücke. Danach die 3. Straße links (siehe Schild).

Jászszentandrás, H-5136 / Jász-Nagykun-Szolnok

Thermal Strand Camping***
Martirok u.14
1 Mai - 23 Okt
+36 57 44 60 25
andrastermal@gmail.com
N 47°34'55'' E 20°10'13''

1 ABCDEKNOPQRSTU	AGHIM	6
2 PQRTWXYZ	ABEFHIJK	7
3 ABGU	ABEFNQRUW	8
4 JOTUW	GIJ	9
5 DEFGHIKN	ABHIJKNQU	10
B 16-20A	❶ €15,20	
H120 5ha 75T(56-124m²) 240D	❷ €22,30	

104565

Die 31 von Heves in Richtung Jászherény; nach 8 km Richtung Jászszentandrás fahren; im Zentrum Schild 'Strandbad-Camping' folgen.

Eger, H-3300 / Heves

Tulipán Camping**
Tulipankert utca 3
1 Apr - 15 Okt
+36 7 03 85 11 66
info@tulipankemping.hu
N 47°53'40'' E 20°21'33''

1 ABDEKNOPQRSTU		6
2 QWXYZ	ABFIJ	7
3 A	ABEFNQRW	8
4	I	9
5 DN	AGHIJKNQ	10
16A	❶ €19,00	
H180 10ha 65T(36-70m²) 13D	❷ €25,10	

110867

In Eger, Straße 25, CP-Schildern Tulipán folgen. CP liegt fast im Zentrum.

Karcag, H-5300 / Jász-Nagykun-Szolnok

Karcag**
Fürdő utca 3
1 Apr - 31 Okt
+36 33 06 11 82 92
akacligetfurdo@gmail.com
N 47°19'16'' E 20°54'36''

1 ABCKNOPQRSU	BFHIM	6
2 APQXY	FIK	7
3 BGMU	FNQ	8
4 JOSTWX	GIJV	9
5 DE	ABHIJKNRU	10
10A	❶ €19,30	
2ha 150T 16D	❷ €27,80	

119362

Von der 4 bei Karcag der Beschilderung folgen.

Martfü, H-5435 / Jász-Nagykun-Szolnok

Martfü Kur- und Freizeitcampingplatz****
Tüzep utca 1
1 Mai - 31 Okt
+36 56 45 24 16
info@spamedical.hu
N 47°01'11'' E 20°16'05''

1 BDEKNOPQRSTU	BEGMN	6
2 CEPQSTWXYZ	ABIJ	7
3	ABEFJNQRUVW	8
4 FHJMORTUVWXY	IJV	9
5 DFHL	AGHJKNQU	10
Anzeige auf dieser Seite B 16A	❶ €12,95	
H88 2,5ha 60T(90-150m²) 12D	❷ €15,45	

113074

Von Szolnok die 442 nach Martfü. In Martfü ist der CP angezeigt.

CampingCard ACSI, gut zu wissen

- Nur gültig auf teilnehmenden CampingCard ACSI-Campingplätzen
- Nur gültig in den mit dem Campingplatz vereinbarten Akzeptanzzeiträumen
- Zusatzkosten nicht inbegriffen
- Begrenzte Anzahl von Stellplätzen verfügbar

Ungarn

Teilkarte Ost-Ungarn auf Seite 459

ACSI

Detailkarte

Die Orte in denen die Plätze liegen, sind auf der Teilkarte **fett** gedruckt und zeigen ein offenes oder geschlossenes Zelt. Ein geschlossenes Zelt heißt, dass mehrere Campingplätze um diesen betreffenden Ort liegen. Ein offenes Zelt heißt, dass ein Campingplatz in oder um diesen Ort liegt.

Orosháza, H-5900 / Békés

Thermál Kemping	1 ACDJMOPQRS**U**	BGHIM**N** 6
Fasor u. 3	2 EKPQXYZ	ABDEFIJK 7
1 Mai - 30 Sep	3 ABFG	ABEFNQU 8
+36 68 51 22 60	4 BHJO**RSTU**W**XY**	JTUV 9
marketing@gyoparosfurdo.hu	5 DHKN	BHIJKNQXY 10
	10A	❶ €23,30
N 46°33'50" E 20°37'48"	1ha 76T(100m²) 5D	❷ €39,05

Auf der 47 ist der CP ausgeschildert. 121616

Ózd, H-3600 / Borsod-Abaúji-Zemplén

Ósék Strandfürdö Camping**	1 ABCEKNOPQRSTU	BGM**N** 6
Bolyki Tamás u 6	2 EPQXYZ	**F**I 7
1 Jun - 31 Aug	3 FG	ABEFNQ 8
+36 3 03 16 20 85	4	9
osek@ ozdisportelmeny.t-online.hu	5 DEK	HIKNQU 10
	16A	❶ €21,55
N 48°13'29" E 20°15'49"	H168 2ha 30T	❷ €29,15

Von Eger vor dem Zentrum von Ózd die 25 verlassen, Richtung Hangony/Domahaza fahren. Von Bánrève bei Ózd durchfahren bis zum Kreisverkehr, dann Richtung Domahaza. CP ist ausgeschildert. 104562

Püspökladány, H-4150 / Hajdú-Bihar

Árnyas Camping**	1 ABCDEKNOPQRS**U**	AEFM**N** 6
Petöfi utca 62	2 EPQSXYZ	ABDEFIJ 7
1 Jan - 31 Dez	3 BF**H**MN	ABEFNQRW 8
+36 54 45 13 29	4 AJO**S**UW	GIJLR 9
info@thermalcamping.hu	5 DK	AGHIJKNQU 10
	4-16A CEE	❶ €14,45
N 47°19'20" E 21°06'17"	H79 2ha 100T(100m²) 56D	❷ €25,45

Die 4 von beiden Richtungen 2. Ausfahrt Püspökladány fahren. Nach 1. Bahnübergang mit der Straße mit. Nach 2. Bahnübergang direkt rechts entlang dem Thermalbad. 104597

Rakamaz, H-4465 / Borsod-Abaúji-Zemplén

Tiszavirág	1 ABDE**K**N**N**OPQRSTU	**N**XZ 6
Horgasz utca 11/A	2 CQRXYZ	ABDEFIK 7
1 Apr - 30 Okt	3 A	ABEFNQ 8
+36 7 09 34 41 75	4 FJ	GI 9
tiszaviragcamping@ gmail.com	5 DHL	AHIJKQU 10
	16A	❶ €16,50
N 48°07'23" E 21°25'05"	H95 1,4ha 60T 18D	❷ €21,55

E38 Nyiregyháza nach Tokaj, vor Tisza-Brücke rechts. Der Campingplatz ist deutlich ausgeschildert. 104600

Rakamaz/Tokaj, H-4465 / Szalbolcs-Szatmár-Bereg

Tutajos Kemping	1 ABDILOPQRST**U**	JM**N**U 6
Strand Utca 1-17	2 CJKQRXYZ	ABIK 7
1 Mai - 30 Sep	3 AFGM**U**	ABE**F**NQT 8
+36 2 02 20 21 12	4 JO	AEFGRV 9
info@tutajosbeach.hu	5 DEHK	HIKOQU 10
	16A	❶ €17,00
N 48°06'57" E 21°25'04"	1,2ha 40T 23D	❷ €23,05

E38 von Nyerekhaza nach Tokaj. Vor Tiszabrag links. Strand utca Nr. 1 ist die Adresse der Rezeption. Einfahrt bei Nr. 17. 122663

Sárospatak, H-3950 / Borsod-Abaúji-Zemplén

Tengerszem	1 ABDE**KN**OPQRSTU	A 6
Herceg ut. 2	2 QRWXY	ABI 7
30 Apr - 15 Okt	3 FM**NO**	ABEFNQ 8
+36 2 09 59 50 64	4	FGJ 9
info@tengerszem-camping.hu	5 D	HIJKNQU 10
	16A	❶ €27,10
N 48°19'58" E 21°34'57"	H103 4ha 60T(80-90m²) 81D	❷ €33,45

Die 37. In Sárospatak auffallend gut von allen Anfahrtswegen ausgeschildert. Achtung: 2 Campingplätze dicht hintereinander. 104598

Szeged, H-6726 / Csongrád

Partfürdö Beach & Camping	1 ACDE**KN**OPQRS	BMNV 6
Középkikötö sor 1-3	2 ACJMQSXY	ABDEFI 7
1 Mai - 30 Sep	3 BGU	ABEFNQR 8
+36 62 43 08 43	4 W	EI 9
szegedcamping@ihrk.hu	5 DHKM	AGHOQ 10
	10-16A	❶ €18,25
N 46°15'10" E 20°09'34"	H89 4ha 150T 23D	❷ €22,80

Von der M5 zur M43. An der Ausfahrt 8, links zur Sándorfalvi út. Auf dem Deich links. Nach 160m sehr scharfe Rechtskurve, dort befindet sich der CP. 104577

Szeged/Kiskundorozsma, H-6791 / Csongrád

Jason Contour LTD	1 ACD**JM**OPQST**U**	HLMNUX 6
Vereshomok Dülö 1	2 AEKQRWXYZ	A**B**DEFI 7
1 Mai - 18 Sep	3 AFGMU	ABEFNQR 8
+36 2 02 49 86 16	4 JO**QTU**	DEFGRT 9
info@natours.hu	5 DEHK	AHIJKNQU 10
	FKK 12A	❶ €30,50
N 46°16'03" E 20°00'54"	H89 5ha 150T 23D	❷ €38,70

Kommend von Kiskunhalas auf dem Weg nach Szeged. Ca. 3 km vorm Dorf Kiskundorozsma gut ausgeschildert. Der CP liegt auf der rechten Seite. FKK-CP wird ausgeschildert. 104575

Szeged/Kiskundorozsma, H-6791 / Csongrád

Sziksósfürdö Kemping**	1 ACKNOPQSTU	BGM 6
Széksósi	2 ABJPQRXYZ	ABDEI 7
28 Apr - 30 Sep	3 BFGV	ABEFNQRT 8
+36 2 03 35 91 80	4 OQ**R**	DGIJ 9
szikiszallas@szegedsport.hu	5 DEFHK	AHIJKOQUY 10
	B 16A	❶ €25,10
N 46°16'19" E 20°01'20"	H92 3ha 250T 35D	❷ €36,25

Auf dem Weg Kiskunhalas-Szeged, ca. 3 km an der Nordwestseite vom Dorf. Selbe Richtung wie die zum FKK-CP. 104574

Tiszafüred, H-5350 / Jász-Nagykun-Szolnok

Angler- und Familien - Camping**	1 ABDE**K**NOPQRSTU	L**N**W**X**Y**Z** 6
Kastély	2 CEJPQSXYZ	AB**F**IJK 7
1 Apr - 31 Okt	3 AGMN	ABEFNQRW 8
+36 3 09 43 47 68	4 HJO	GIJKOQRUV 9
horgcamp@gmail.com	5 DEFHKLN	AHIJKNQU 10
	16A	❶ €18,25
N 47°37'20" E 20°44'24"	H90 2,8ha 150T(30-100m²) 76D	❷ €23,85

Straße Nr. 33 Füzesabony-Tiszafüred. Am Restaurant Panzio und der Tankstelle MOL rechts ab. 300m hinter dem Bahnübergang liegt der CP Horgász. 104588

Tiszafüred, H-5350 / Jász-Nagykun-Szolnok

Dieter's Camping****	1 ABC**K**NOPQRSTU	A**N** 6
Fürdö út 9	2 PQSTWXYZ	ABDEFHIJ 7
1 Apr - 31 Okt	3 AU	ABCDEFJNQRUVW 8
+36 3 02 54 95 79	4 **AHOX**	ILV 9
info@campingtiszafured.hu	5 DN	ABCGHIJKOQU 10
	B 16A	❶ €22,30
N 47°37'35" E 20°44'57"	H101 1ha 47T(80-100m²) 2D	❷ €27,40

Von Füzesabony die 33 nach Tiszafüred. Gut angezeigt mit Dieter's Camping. 119344

Tiszafüred, H-5350 / Jász-Nagykun-Szolnok

Thermal Camping und Bad	1 ABCDE**K**NOPQRSTU	AMN 6
Húszöles u. 2	2 PQSWXYZ	ABDEF**I**J 7
1 Apr - 30 Sep	3 ABFGM	ABEFNQRUV 8
+36 59 35 29 11	4 JOW**XY**	J 9
thermalcamping@gmail.com	5 DEFHJKN	ABCHIJKOQU 10
	10A	❶ €27,25
N 47°37'23" E 20°44'47"	H101 3,1ha 130T(54-100m²) 15D	❷ €37,90

Von Füzesabony die 33 nach Tiszafüred. Gut ausgeschildert mit Thermal Camping und Bad. 104586

Túrkeve, H-5420 / Jász-Nagykun-Szolnok

Túrkeve Termál Camping***	1 AC**JM**OPRS**U**	BF**N** 6
Kuthen Kir u.11	2 QXYZ	ABDE**F**HIJK 7
1 Jan - 31 Dez	3 F**JN**	ABEFNQR 8
+36 56 55 43 05	4 W	IJ 9
recepcio@turkevetermal.hu	5 DEF	AHIJKNT 10
	16A	❶ €14,60
N 47°05'45" E 20°45'03"	H82 3ha 60T(40m²) 25D	❷ €21,65

CP von allen Anfahrtswegen gut ausgeschildert. Schildern Thermalbad folgen. 108872

Rumänien: Vom Camping in den Karpaten bis zum Schwarzen Meer

Rumänien ist in den letzten Jahren zu einem immer beliebteren Reiseziel geworden. Sie können hier in der verträumten Natur der Karpaten, an der Küste des Schwarzen Meeres oder in der Nähe der beliebten Hauptstadt Bukarest campen. Im Landesinneren finden Sie traumhafte alte Städte, beeindruckende Schlösser, Ruinen und bemalte Klosterkirchen. An der Schwarzmeerküste gibt es mehrere mondäne Seebäder. Dort, wo die Donau in das Schwarze Meer mündet, beherbergt das Biosphärenreservat Donaudelta mehr als 5 000 Tier- und Pflanzenarten. Die Karpaten sind ein Paradies für alle Wander- und Bergsteigerfreunde.

Enge alte Straßen

Besuchen Sie von Ihrem Campingplatz aus eine mittelalterliche Stadt in Siebenbürgen, die von deutschen Kolonisten gegründet wurde. Die schönste Stadt ist zweifellos Sibiu mit ihren robusten Stadtmauern und Türmen. Im Zentrum gibt es noch enge alte Straßen und Plätze mit farbenfrohen Gebäuden.

Hauptstadt: Bukarest
Währung: Leu
Zeitzone: UTC +2, UTC +3 (März bis Oktober)
Sprache: Rumänisch
Ländervorwahl: +40
Alkoholgrenze: 0,00‰
Notrufnummer: Polizei, Feuerwehr und Rettungswagen: 112
Leitungswasser: oft nicht sicher, besser abgefülltes oder abgekochtes Wasser

Bukarest ist eine wunderschöne Stadt, die man besuchen sollte. Obwohl viele schöne alte Gebäude durch Neubauten ersetzt wurden. Aber es gibt auch schöne Kirchen und interessante Museen in der rumänischen Hauptstadt. Das "Haus Ceauşescu" erinnert noch immer an die kommunistische Zeit und an den Diktator selbst.

Dracula

Auf den Campingplätzen in Rumänien kann man sich dem Phänomen Dracula nicht entziehen.

Viele Orte werden mit Dracula oder Fürst Vlad Tepes in Verbindung gebracht. Er soll in der mittelalterlichen Stadt Sighisoara gelebt haben. Auf jeden Fall wird die Geschichte hier noch einmal nachgespielt. Er soll aber auch im 15. Jahrhundert im Schloss Bran gelebt haben. So wie die Geschichte Draculas weiterlebt, werden auch die rumänischen Traditionen gepflegt. Während Ihres Campingurlaubs haben Sie gute Chancen, ein Folklorefest oder eine Feier zu erleben.

Tanken

Benzin (Benzina Super 95 und 98) ist leicht erhältlich (in der Regel ist es standardmäßig mit 8 % Bioethanol versetzt; überprüfen Sie den Tankdeckel, die Betriebsanleitung oder Ihren Händler, um festzustellen, ob Ihr Auto mit diesem Benzin fahren kann). LPG und Diesel (Motorina) sind ebenfalls leicht erhältlich. Zum Tanken von Flüssiggas wird der Italien-Anschluss (dish) verwendet.
Die Tankstellen sind von 6 Uhr bis 21 Uhr geöffnet. Entlang der Hauptstraßen sind die Tankstellen oft Tag und Nacht geöffnet. Auch in Rumänien gibt es Tankstellen.

Ladestationen

Das Reisen mit einem Elektroauto ist immer noch schwierig. Im ganzen Land gibt es rund 1 100 Ladepunkte.

"Rumänien; die lange Reise hat sich gelohnt. Gastfreundlich und zu Herzen gehend"
Frau H. Hooiveld, Inspektorin 1327

Verkehrsvorschriften

Tagesfahrlicht ist auf allen Straßen außerhalb geschlossener Ortschaften vorgeschrieben.
An Bahnübergängen hat der Verkehr von rechts Vorfahrt. Die Straßenbahn hat jedoch immer Vorfahrt. Der Verkehr in einem Kreisverkehr hat Vorfahrt, wenn dies durch Verkehrszeichen

Klima Bukarest	Jan.	Feb.	März	Apr.	Mai	Jun.	Jul.	Aug.	Sept.	Okt.	Nov.	Dez.
Durchschnittliche Höchsttemperatur	2	4	11	18	23	27	29	29	25	18	10	4
Durchschnittliche Anzahl der Sonnenstunden pro Tag	2	3	5	6	8	9	11	10	8	5	2	2
Durchschnittliche monatliche Niederschlagsmenge (mm)	40	36	38	46	70	77	64	58	42	32	49	43

Klima Konstanza	Jan.	Feb.	März	Apr.	Mai	Jun.	Jul.	Aug.	Sept.	Okt.	Nov.	Dez.
Durchschnittliche Höchsttemperatur	3	4	8	13	19	24	27	27	23	17	11	6
Durchschnittliche Anzahl der Sonnenstunden pro Tag	3	4	4	6	8	10	11	10	8	5	3	2
Durchschnittliche monatliche Niederschlagsmenge (mm)	29	23	21	28	35	41	35	31	24	38	40	34

angezeigt wird. Auf engen Bergstraßen hat der bergauf fahrende Verkehr Vorrang vor dem bergab fahrenden.
Autofahrer dürfen ihre Mobiltelefone nur im Freisprechbetrieb benutzen.
Bitte beachten Sie, dass Kinder bis 12 Jahre nicht auf dem Vordersitz sitzen dürfen; sie müssen auf dem Rücksitz sitzen, wenn sie kleiner als 1,50 m sind.
Bei winterlichen Verhältnissen sind Winterreifen vorgeschrieben (eventuell sind Schneeketten erforderlich).

Sondervorschriften

Das Rückwärtsfahren aus einer Garage oder Einfahrt ist verboten, es sei denn, eine andere Person hilft Ihnen dabei.

Vorgeschriebene Ausstattung

Achtung! Das Mitführen von zwei Warndreiecken im Auto ist Pflicht. Darüber hinaus ist das Mitführen von Sicherheitswesten für alle Insassen, eines Erste-Hilfe-Kastens und eines Feuerlöschers vorgeschrieben.

Reisemobil und Caravan

Ein Reisemobil oder eine Auto-Wohnwagen-Kombination darf bis zu 4 m hoch, 2,55 m breit und 18,75 m lang sein (der Wohnwagen selbst darf bis zu 12 m lang sein).

Fahrräder

Ein Fahrradhelm ist nicht vorgeschrieben. Bei Dunkelheit (und schlechter Sicht) müssen Radfahrer eine Sicherheitsweste tragen. Kinder bis zu 7 Jahren dürfen nur in einem Fahrradsitz befördert werden.
Kinder unter 14 Jahren dürfen nicht auf stark befahrenen Durchgangsstraßen fahren. Es ist verboten, nebeneinander zu fahren.

"Natur und Kultur vereinen sich in Rumänien zu einem großen Abenteuer"

Herr H. Willighagen, Inspektor 832

Maut

Auf vielen rumänischen Hauptverkehrsstraßen wird eine Maut in Form einer Straßenbenutzungsgebühr erhoben, die sich nach der Aufenthaltsdauer und der Fahrzeugkategorie richtet. Die Zahlung kann nur erfolgen, wenn Sie Ihre persönlichen Daten und Ihre Registrierungsnummer angeben. Dies kann bei Postämtern (posta-romana.ro/de), Tankstellen, Grenzämtern oder online unter roviniete.ro (auch für weitere Informationen) geschehen.
Außerdem müssen Sie auf einigen Brücken über die Donau Maut bezahlen. Mautvignetten für die Brücken können an den Mautstellen oder an Tankstellen gekauft werden.
Nummernschildkontrollen werden mit Hilfe von

Kameras durchgeführt; bei Nichtbezahlung der Maut kann ein hohes Bußgeld verhängt werden.

Panne und Unfall

Stellen Sie zwei Warndreiecke auf: eines 30 m vor dem Fahrzeug und eines 30 m hinter dem Fahrzeug. Alle Fahrgäste müssen eine Warnweste tragen. Im Falle einer Panne rufen Sie die Notrufnummer Ihrer Pannenhilfe. Sie können auch die Notrufzentrale des rumänischen Pannendienstes (ACR) anrufen: +40 21 222 22 22 (oder +40 745 382 715 oder +40 722 382 715). Bei sichtbaren Schäden am Auto verlangen Sie einen Polizeibericht, den Sie bei der Rückreise an der Grenze vorlegen müssen. Bei jedem Verkehrsunfall, auch bei einem geringfügigen, sind Sie verpflichtet, die Polizei zu informieren.

Campen

Bitte beachten Sie, dass die meisten Campingplätze in Rumänien von geringerer Qualität sind als der europäische Durchschnitt. In den meisten Fällen gibt es auf dem Campingplatz Strom. Zunehmend werden Campingplätze in der Nähe von Tankstellen, Restaurants und Motels eingerichtet.

Wildcamping außerhalb von Campingplätzen ist verboten, obwohl die Rumänen selbst dieses Verbot oft ignorieren. Das Übernachten auf öffentlichen Straßen in Wohnwagen, Wohnmobilen oder Autos ist verboten.

Der Austausch von Gasflaschen ist in Rumänien nur in sehr begrenztem Umfang möglich. Nehmen Sie deshalb genügend Benzin mit.

Aurel Vlaicu, RO-335401 / Hunedoara

Aurel Vlaicu	1 A**KN**OPQRS**U**	AN 6
Str. Principale 155	2 AQRSXY	ABDE**FG**HIJK 7
15 Apr - 15 Okt	3 AFU	ABEFNQRS 8
+40 7 22 96 39 30	4 **A**	DZ 9
denniswiskerke@hotmail.com	5 ADFJN	ABHJKNQ 10
	16A	① €16,00
N 45°54'52" E 23°16'46"	H325 0,6ha 40**T**(bis 100m²) 1**D**	② €20,00

Von Arad Richtung Deva und Orastié. 10 km hinter Orastié, im Ort Aurel Vlaicu links. CP ist ausgeschildert. 117086

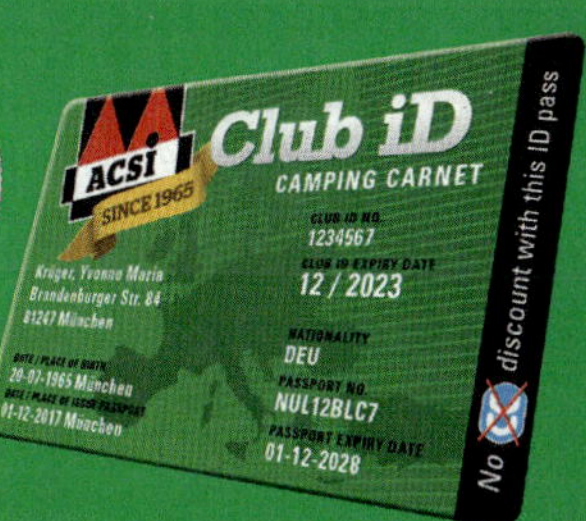

Bran, RO-507025 / Brasov

Vampirecamping	1 A**KN**OPQSTU	6
Str. Cavaler Ioan de Puscariu, 68	2 CPQSWXY	ABDE**F**H 7
1 Apr - 1 Nov	3 M	ABEFNQR 8
+40 2 68 23 84 30	4 FJO	AD 9
info@vampirecamping.ro	5 DHJNO	AFJKOQU 10
	6A	① €19,15
N 45°31'42" E 25°22'16"	H846 3ha 175**T**(bis 100m²) 4**D**	② €24,05

E574 Brasov-Pitesti. Hinter Râsnov, in Bran hinein. Direkt hinter der Tankstelle rechts des CPs. Enge Einfahrt. 117109

Bucuresti, RO-014031 / Bucuresti

Casa Alba	1 AKNOPQST**U**	6
Aleea Privighetorilor 31/ Padurea B	2 ABPRSTXYZ	ABDE 7
	3	ABEFNQR 8
1 Jan - 31 Dez	4	FIJ 9
+40 2 13 61 77 30	5 DL	ABHIKOST 10
info@casaalba.ro	12A	① €22,45
N 44°31'02" E 26°05'31"	2ha 50**T**(bis 100m²) 55**D**	② €34,70

Von der E60 (die 1) ab Ploiesti (nicht A3) passiert man in Otopeni den Flughafen Henri Coanda und kreuzt den Ringweg von Bukarest. Am nächsten Kreisel Ausfahrt zurück Richtung Ploiesti. CP rechts ausgeschildert. 117090

Cârta, RO-557070 / Sibiu

De Oude Wilg	1 AEKNOPQSU	6
Str. Prundul 40	2 CPQRSXY	AB**FG**IJK 7
1 Apr - 30 Sep	3	AEFNQR 8
+40 7 23 18 63 43	4 FH	9
de_oude_wilg@yahoo.com	5 DN	ABCIJKNU 10
	16A CEE	① €15,00
N 45°47'04" E 24°34'03"	H500 1,2ha 30**T**(50-80m²)	② €19,00

E68 Sibiu-Brasov. 45 km hinter Sibiu, Ausfahrt Cârta an der Nordseite der Strecke. Ausgeschildert. 117110

Cisnadioara/Sibiu, RO-555301 / Sibiu

Ananas	1 AF**KN**OPRST**U**	F 6
Pinului 21	2 IQTVXY	AB**FG**JK 7
1 Mai - 20 Okt	3 AUX	ABEFNQRW 8
+40 7 41 74 66 89	4 HI	BFI 9
info@ananas7b.de	5 BDN	AHIJKNQU 10
	16A	① €22,00
N 45°42'26" E 24°06'19"	H490 1ha 27**T**(24-50m²) 17**D**	② €28,00

Von Sibiu Richtung Paltinis. Dann Richtung Cisnadié, Ausfahrt Cisnadioara. CP ist ausgeschildert. 117094

Darmanesti, RO-605300 / Bacau

Trotus Valley (Camperland)
Calea Trotusului 272
15 Apr - 15 Okt
+40 7 40 15 78 95
info@camperland.ro

1 ADE**KN**OPQSU		6
2 IQSXY	ABD**FGH**	7
3	ABEFNQRW	8
4	DJ	9
5 AD	ABGHIKNRSU	10
6A		❶ €16,30
H430 1ha 40T(50-80m²) 5D		❷ €20,40

N 46°24'03" E 26°28'53"

Von Brasov Richtung Bacau. Bei Onesti Richtung Comanesti. Auf halbem Weg liegt Darmanesti. Der CP liegt an der Straßennummer 12A. 117630

Gârbova/Urwegen, RO-517305 / Alba

Poarta Oilor
Str. M. Eminescu 573
1 Mai - 15 Okt
+40 2 58 74 80 01
info@poartaoilor.ro

1 AFKNOPQS**U**	AF	6
2 AIQSWXY	AB**FG**HK	7
3 BFM	ABEFJNQRW	8
4 AJO	G	9
5 ADJ	AHIJKORU	10
16A		❶ €20,00
H340 2,1ha 10T(80-110m²) 10D		❷ €25,00

N 45°52'00" E 23°43'43"

Der Campingplatz ist von der Autobahn Deva-Sibiu aus leicht zu erreichen. Schilder weisen den Weg und die Straße ist leicht befahrbar. 117701

Gilau, RO-407310 / Cluj

Eldorado
DN1 - E60 (zwischen Km-Pfahle 496-600)
15 Apr - 15 Okt
+40 7 45 93 09 45
info@campingeldorado.com

1 ADKNOPRST**U**	BLN	6
2 CEJQRWXYZ	ABDEFGH	7
3 AFMU	ABEFNQRW	8
4	FI	9
5 ABDM	AGHIOQ	10
B 6-16A		❶ €18,15
H460 3,8ha 80T(80-150m²) 10D		❷ €23,45

N 46°46'00" E 23°21'12"

Von Oradea E60 Richtung Cluj-Napoca. Vor Gilau links der Strecke. 117108

Mamaia/Navodari, RO-900001 / Constanta

GPM Holidays
Bulevardul Mamaia Nord
1 Mai - 15 Sep
+40 7 31 56 70 49
gpm_camping@gpm.ro

1 ADKNOPQST**U**	KQSWX	6
2 BGJPQUXYZ	A**F**H	7
3 AG	ABDEFGNOPQRW	8
4 O	GIL	9
5 ABDHIK	HIKNQ	10
11A		❶ €28,55
5ha 300T(40-80m²) 78D		❷ €34,70

N 44°16'29" E 28°37'05"

In Constanta der Straße durch Mamaia nach Navodari folgen. CP liegt rechts, 1 km außerhalb Mamaia, gleich hinter dem Club Le Gaga. 117111

Mamaia/Navodari, RO-900001 / Constanta

Camping S
Bulevar-dul Mamaia Nord 79
1 Jan - 31 Dez
+40 7 30 66 41 02
camping@camping-s.ro

1 ADILOPQSTU	KQSWX	6
2 GJQXY	AB	7
3 AFGM	ABEFNOR	8
4 ABJO**QX**	GIJ	9
5 ABDHIKL	BHIJKOQX	10
16A		❶ €23,25
2ha 400T(28-50m²) 103D		❷ €26,50

N 44°17'04" E 28°37'07"

Von Constanta der Straße durch Mamaia nach Navodari folgen. CP liegt rechts, rund 2 km außerhalb von Mamaia, gut 1 km hinter dem Camping GPM Holidays. 117095

Mangalia/Jupiter, RO-905502 / Constanta

Popas Zodiac
Gala Galaction 49
15 Apr - 31 Okt
+40 7 43 33 41 94
campingzodiac@gmail.com

1 ADE**KN**OPQST**U**	AFK	6
2 GJQXYZ	ABDE**F**H	7
3 B	ABEFNR	8
4	GI	9
5 DJL	AHIJKOQU	10
B 10A		❶ €18,55
2ha 400T(80-100m²) 40D		❷ €24,25

N 43°51'34" E 28°35'56"

Auf der E87 (die 39) Constanza nach Bulgarien, 3 km vor Mangalia Ausfahrt Jupiter nehmen. Der Strecke nach Jupiter folgen. CP nach 1,8 km direkt nach der Kreuzung. 117103

Minis, RO-317037 / Arad

Route Roemenië
Minis 298
1 Apr - 15 Okt
+40 7 45 37 20 72
camping.route.roemenie@gmail.com

1 AH**KN**OPQS**U**		6
2 QSTXY	ABDE**FG**HK	7
3 AB	ABEFKNQRW	8
4 AGJ	DIV	9
5 DJN	ABIJKNUV	10
B 8A CEE		❶ €20,00
H107 0,5ha 40T(40-90m²) 3D		❷ €26,00

N 46°08'01" E 21°35'52"

25 km hinter Arad nach Bukarest auf der E68 in Paulis links Richtung Ghioroc die 708B. Nach 3 km in Minis (Achtung 2. Ausfahrt nach Ghioroc). CP ausgeschildert. 118083

Navodari, RO-905700 / Constanta

La Mal Pirivoli
DN1-Boulevardul Mamaia
1 Mai - 15 Sep
+40 7 28 71 42 08
info@campingpirivoli.com

1 ABDEKNOPQRSTU	KM	6
2 GJKPQRSWX	A	7
3 AG	ABEFNOQRU	8
4 O	J	9
5 DGHIKN	AIJKOQ	10
16A		❶ €20,40
1,6ha 50T(80-100m²) 10D		❷ €24,50

N 44°18'37" E 28°37'29"

Von Navodari aus Ri. Mamaia, über die feste Brücke. Nach ca. 2,5 km an GPL Station links unter der Schranke durch. Am Straßenende rechts ab. Nach etwa 50m CP mit Terrasse auf der rechten Seite. 122192

Râsnov, RO-505400 / Brasov

Cheile Râsnoavei
73A
29/4 - 11/9, 16/9 - 18/9, 23/9 - 25/9
+40 7 33 07 12 00
cheilerasnoavei@gmail.com

1 A**KN**OPQRST**U**		6
2 BCIJQSTXYZ	ABE**FG**	7
3 AB	ABEFNQRW	8
4 **E**FH		9
5 ADFHN	AHIJKOQU	10
6A		❶ €19,40
H750 3ha 105T(40-100m²)		❷ €26,50

N 45°32'50" E 25°30'29"

Auf der 73A, 17 km von Predeal und 6 km vor Râsnov (siehe km-Pfosten), rechts ab in den halb befestigten Weg Richtung Cheile Rosnoave. Noch 2,2 km den grünen Wegweisern zum CP an der Pension folgen. In der Pension anmelden. 121900

Remetea (Jud.Bihor), RO-417410 / Bihor

Turul
Remetea 8
15 Apr - 31 Okt
+40 7 44 29 63 08
fila@remeteturul.ro

1 A**KN**OPQRSTU		6
2 IQSXY	ABDE**F**IK	7
3 A	ABFNQRU	8
4 FHIJ	FGJU	9
5 DJN	AGHIJKORSU	10
16A		❶ €22,00
H300 1ha 40T(90-110m²) 27D		❷ €28,00

N 46°44'03" E 22°20'38"

Oradea-Deva (E79). Bei Beius Richtung Rosia. Es gibt 2 Orte die Remetea heißen! Im 2. Remetea ist der CP. 121060

Saliste, RO-557225 / Sibiu

Salisteanca**
Strada Baii 13
15 Apr - 15 Okt
+40 7 44 37 45 37
iulian_parau@yahoo.com

1 AEKNOPQS**U**		6
2 APQSXY	AB**FIK**	7
3 M	ABEFNQRVW	8
4 **AE**J	UV	9
5 DFN	BHIJKOQU	10
16A		❶ €16,00
H600 0,4ha 10T(25-40m²)		❷ €21,00

N 45°47'40" E 23°53'25"

Von der Hauptstraße E68 nach Saliste einfahren, über die Brücke direkt links. 1. Straße nach 200m links. 117267

Sighisoara, RO-545400 / Mures

Aquaris Camping
N. Titulescu N° 2-6
1 Mrz - 31 Okt
+40 7 23 71 76 50
office@aquariscamp.net

1 ADEJMOPQS	AM	6
2 PQTXY	AD**F**IJK	7
3 FM	ABEFJNQRVW	8
4 O	FGI	9
5 DEJKN	ABGHIJKNRU	10
20A		❶ €24,50
H350 1,5ha 15T(30-40m²) 26D		❷ €44,90

N 46°13'23" E 24°47'46"

In Sighisoara Richtung Gara (=Bahnhof). Weiter ist der CP ausgeschildert und liegt hinter der Basilika. 118711

Timisoara, RO-300310 / Timis

Camping International
Aleea Padurea Verde 6
1 Mai - 1 Okt
+40 7 33 01 16 71
campinginternational@yahoo.com

1 AF**KN**OPQSU		6
2 BPQSTWXYZ	AD	7
3 AFM	ACEJNQRUW	8
4	IJ	9
5 D	FHIJKOQU	10
10A CEE		❶ €30,60
H90 4,3ha 40T(50-100m²) 17D		❷ €30,60

N 45°46'12" E 21°15'51"

Vom Zentrum Richtung Lugoj, die 2. Straße links hinter dem großen Verkehrsplatz. Von Lugoj ist der Camping rechts angezeigt. 117102

Rumänien

Karte Rumänien auf Seite 462

Slowenien

ACSI AWARDS

Gewinner 2022 in Slowenien

Bester Campingplatz
Camping Bled

Campingplatz mit der schönsten Lage
Camping Menina

Bestes Campingplatz-Schwimmbad
Camping Terme 3000

Bestes Campingplatz-Restaurant
Camping Šobec

Bester Campingplatz für Wanderungen und Radtouren
Eco-Camping & Chalets Koren

Slowenien: Märchenhafte Seen und schroffe Berge

Immer mehr Camper haben den Zauber Sloweniens für sich entdeckt. Und mit seinen märchenhaften Seen, zerklüfteten Bergen, unberührten Wäldern, der Mittelmeerküste und gemütlichen Städten steht dieses Land seinen Nachbarn Italien, Österreich und Kroatien in nichts nach. Ein weiterer Vorteil: Auch Ihr Geldbeutel wird sich über einen Urlaub in Slowenien freuen.

Hauptstadt: Ljubljana
Währung: Euro
Zeitzone: UTC +1, UTC +2 (März bis Oktober)
Sprache: Slowenisch
Ländervorwahl: +386
Alkoholgrenze: 0,5‰, aber 0,00‰ unter 21 Jahren
Notrufnummer: allgemeine Nummer für Polizei, Feuerwehr und Rettungswagen: 112, Polizei: 113
Leitungswasser: unbedenklich, vielerorts auch Mineralwasser in Flaschen

Es gibt noch Märchen

Im grünen Norden Sloweniens scheinen die Märchen noch zu existieren. Wandern, radeln oder mountainbiken Sie durch die Julischen Alpen und bestaunen Sie die imposanten Berggipfel in der Ferne. Entdecken Sie die dichten Wälder im Triglav-Nationalpark und beobachten Sie, wie sich die Flüsse Sava und Sočari durch die Landschaft schlängeln und in malerischen Seen münden. Der Bohinjer See ist der größte See Sloweniens und der Bleder See der bekannteste. Das liegt unter anderem an der weißen Kirche, die wunderschön auf einer Insel in der Mitte des Sees liegt.

ACSI Awards

Gewinner: Camping Terme 3000

Weiße Sandstrände und angenehme Heilbäder

Weiter im Osten und Süden wird die Landschaft flacher. Im Südwesten finden Sie sogar einen kurzen Küstenabschnitt an der Adria mit weißen Sandstränden und mediterranen Küstenstädten wie Piran und Izola. Weiter im Landesinneren befinden sich die berühmten Höhlen von Postojna und Škocjan. In der Mitte des Landes befindet sich die charmante Hauptstadt Ljubljana.
In Richtung Osten ist die Landschaft von Hügeln, Weinbergen und Kurorten geprägt. Rund um diese Kurorte (auf Slowenisch „terme" genannt) finden Sie oft große Familiencampingplätze. Dazu gehören Schwimmbäder, Wasserparks und Wellness-Resorts. Es ist also für jedes Familienmitglied etwas dabei. Sie können aber auch in die nahe gelegenen Städte fahren. Vor allem Ptuj – die älteste Stadt Sloweniens – ist ein kulturelles Wunder.

Unterschiedliche Klimazonen in einem Land

Slowenien hat mehrere Klimazonen. Und das ist schon etwas Besonderes für ein so kleines Land. Der Südwesten grenzt an das Adriatische Meer und hat ein mediterranes Klima mit trockenen, sonnigen Sommern und milden Wintern. Weiter im Landesinneren herrscht ein gemäßigtes maritimes Klima, das mit dem Klima in Deutschland vergleichbar ist. Im gebirgigen Norden und Nordosten hingegen herrscht ein kontinentales Klima mit größeren Temperaturunterschieden und regelmäßigen Niederschlägen. Im Winter fällt der meiste Niederschlag in Form von Schnee, so dass sich Gebiete wie Kranjska Gora und Mariborsko Pohorje hervorragend für den Wintersport eignen.

Tanken

Benzin (Eurosuper 95 und 98) und Diesel sind ohne weiteres erhältlich. Flüssiggas (Avtoplin) ist einigermaßen gut verfügbar. Für die Betankung von Flüssiggas wird der Italien-Adapter (dish) verwendet.
Tankstellen sind oft mindestens von Montag bis Samstag von 7 bis 20 Uhr geöffnet. An Grenzübergängen, entlang von Autobahnen und in Großstädten sind die Tankstellen in der Regel sieben Tage die Woche und 24 Stunden am Tag geöffnet.

Ladestationen

In Slowenien gibt es eine begrenzte Anzahl von Lademöglichkeiten. Die meisten Ladestationen befinden sich in der Umgebung von Ljubljana.

Bergstraßen

Erkundigen Sie sich vor der Reise, ob Bergpässe geschlossen sind. Weitere Informationen: alpenpaesse.de.

Verkehrsvorschriften

Tagesfahrlicht ist Pflicht. Der Verkehr von rechts hat an einer gleichberechtigten Kreuzung Vorfahrt. Der Verkehr in einem Kreisverkehr hat Vorfahrt, wenn dies durch Verkehrszeichen angezeigt wird. Autofahrer dürfen nur Freisprechtelefone benutzen. Die Verwendung von Ohr- oder Kopfhörern ist den Fahrern ebenfalls untersagt. Kinder, die kleiner als 1,50 m sind, müssen in einem Kindersitz sitzen. Vom 15. November bis zum 15. März sind Winterreifen (oder Schneeketten im Auto) Pflicht.

Sondervorschriften

Bei Stau muss eine Rettungsgasse gebildet werden. Sie dürfen nur in eine Kreuzung einfahren, wenn Sie sicher sind, dass Sie die Kreuzung überqueren können und nicht durch den Verkehr zum Anhalten gezwungen werden. Es ist verboten, einen stehenden Schulbus zu überholen, wenn Kinder ein- oder aussteigen. Beim Rückwärtsfahren muss die Warnblinkanlage benutzt werden. Im Winter beträgt die Mindestprofiltiefe für Sommer- und Winterreifen 3 Millimeter.

"In Slowenien kann man sich in weiten, bewaldeten Naturlandschaften richtig entspannen"

Herr K. Romeijnders, Inspektor 1355

Vorgeschriebene Ausstattung

Warndreieck ist im Auto Pflicht. Bitte beachten Sie, dass in einem Auto mit Wohnwagen oder Anhänger zwei Warndreiecke vorgeschrieben sind. Ein Verbandskasten und Ersatzlampen sind nur in Fahrzeugen mit slowenischem Kennzeichen vorgeschrieben. Es wird empfohlen, für alle Insassen Warnwesten mitzuführen.

Reisemobil und Caravan

Die Wohnwagenkombination darf bis zu 4 m hoch, 2,55 m breit und 18 m lang sein (der Wohnwagen selbst darf bis zu 12 m lang sein).

Klima Ljubljana	Jan.	Feb.	März	Apr.	Mai	Jun.	Jul.	Aug.	Sept.	Okt.	Nov.	Dez.
Durchschnittliche Höchsttemperatur	3	6	11	14	21	24	27	26	22	15	8	3
Durchschnittliche Anzahl der Sonnenstunden pro Tag	2	3	4	5	6	7	8	7	5	3	1	1
Durchschnittliche monatliche Niederschlagsmenge (mm)	71	71	87	103	113	154	117	134	131	147	137	103

Fahrrad

Das Tragen eines Fahrradhelms ist für Kinder bis 15 Jahre obligatorisch (auch wenn sie auf dem Rücksitz mitfahren). Es ist verboten, während des Radfahrens zu telefonieren oder ein Mobiltelefon zu benutzen. Radfahrer dürfen auch keine Kopfhörer oder Ohrhörer tragen. Kinder, die jünger als 8 Jahre sind, müssen in einem Fahrradsitz transportiert werden. Das Radfahren nebeneinander ist nur auf ausreichend breiten Radwegen erlaubt.

Maut

Auf Autobahnen und Schnellstraßen in Slowenien ist für Fahrzeuge unter 3,5 Tonnen eine Mautvignette erforderlich. Für einen Wohnwagen oder Anhänger benötigen Sie keine eigene Vignette. Sie können die Vignette online unter evinjeta.dars.si/selfcare, an slowenischen Tankstellen, Supermärkten und Kiosks sowie an großen Tankstellen in den Nachbarländern bestellen. Es ist am besten, die Vignette vor der Reise online zu bestellen, um Wartezeiten an der slowenischen Grenze zu vermeiden.
Für Fahrzeuge (einschließlich Wohnmobile) über 3,5 t gelten andere Vorschriften.
Weitere Informationen: darsgo.si.
Die Benutzung des Karawankentunnels zwischen Österreich und Slowenien ist nicht in der Mautvignette enthalten. Sie zahlen hier also Extra-Maut. Weitere Informationen: https://www.asfinag.at/en/toll/section-toll/.

Panne und Unfall

Stellen Sie das Warndreieck in ausreichendem Abstand hinter dem Auto auf, wenn die Warnblinkanlage nicht funktioniert oder das Auto für andere Verkehrsteilnehmer nicht gut sichtbar ist (stellen Sie zwei Dreiecke nebeneinander auf, wenn Sie einen Anhänger ziehen). Alle Insassen müssen eine Sicherheitsweste tragen. Im Falle einer Panne rufen Sie die Notrufnummer Ihrer Pannenhilfe an. Oder rufen Sie die slowenische Pannenhilfezentrale (AMZS) an: +386 1 530 53 53 (oder 1987). Das Abschleppen auf der Autobahn ist bis zur ersten Ausfahrt erlaubt. Bei sichtbaren Schäden am Auto verlangen Sie einen Polizeibericht (potrdilo), den Sie bei der Rückreise an der Grenze vorlegen müssen.

Campen

Einige slowenische Campingplätze, die in der Nähe von Thermalquellen liegen, haben sich auf Wellness spezialisiert. Diese Campingplätze haben einen guten Standard. Die Campingplätze in den Julischen Alpen, die an Österreich und Italien grenzen, sind einfacher, natur- und familienfreundlicher und richten sich vor allem an sportliche Camper wie Wanderer, Mountainbiker und Kletterer. Viele Campingplätze bieten Spielplätze und Unterhaltung für die Kleinen. Wildcamping außerhalb der Campingplätze ist generell verboten. Es ist nur erlaubt, wenn Sie vorher eine Genehmigung bei den örtlichen Behörden oder der Polizei beantragt haben.

Ankaran, SLO-6280
Adria****
Jadranska cesta 25
10 Apr - 15 Okt
+386 56 63 73 50
camp@adria-ankaran.si

1 ABDEKNOPQRSTU AEFKMNQSWY 6
2 AGKLPQWYZ ABDEFG 7
3 ABEFGJMNQUVX ABEFKLNQRST 8
4 BDFHJLORSTUVXYZ ABELNRT 9
5 ABDEGHJKLO ABDGHIJMOPSTUYZ 10
Anzeige auf dieser Seite B 10A ① €55,00
7ha 305T(30-100m²) 251D ② €73,25
N 45°34'40'' E 13°44'09''
Von der Autobahn von Italien aus oder aus Ljubljana, die Ausfahrt Ankaran nehmen. Weiter Ri. Ankaran. Nach 5 km liegt links der CP. 105162

Banovci Verzej, SLO-9241
Terme Banovci***
Banovci 1a
1 Jan - 31 Dez
+386 25 13 14 40
info@terme-banovci.si

1 ABDEKNOPQRSTU BEGH 6
2 AQWXYZ ABDEFGH 7
3 AMN ABCDEFJNQRTUW 8
4 ABCDEFHJLORTUVWXZ EGIVW 9
5 ABDEFGHIJLN ABHIJKOPQUY 10
FKK 16A CEE ① €48,50
H300 0,3ha 261T(80-100m²) 207D ② €60,60
N 46°34'22'' E 16°10'20''
Von Graz (Österreich) die A9 A1 Richtung Maribor (Slo). Vor Maribor A5 Richtung Lendava bis Ausfahrt Vucjavas. Rechts ab Richtung Ljutomer, bis Krizevci. Links Richtung Verzej. Nach einigen Km rechts Richtung Banovci. Den Schildern folgen. 101300

Bohinjska Bistrica, SLO-4264
Kamp Danica Bohinj****
Triglavska cesta 60
1 Jan - 31 Dez
+386 45 72 17 02
info@camp-danica.si

1 ABDEKNOPQRSTU JNUV 6
2 DIKLMPQWXYZ ABCDEFGH 7
3 ADFMNOSW ABCDEFKLNQRTW 8
4 ABCDEFHLRX AFLRUVW 9
5 ADEHJLO ABGHIJKOPSTUY 10
WB 12-16A ① €40,50
H520 4,5ha 250T(50-90m²) 37D ② €60,50
N 46°16'27'' E 13°56'52''
Hinter Bled in Richtung Bohinj fahren. CP liegt auf der rechten Seite der Straße, 100m hinter dem Dorf Bohinjska Bistrica. 101532

Bled, SLO-4260
Bled*****
Kidriceva 10c
1 Apr - 15 Okt
+386 45 75 20 00
info@camping-bled.com

1 ABCDEKNOPQRSTU LN 6
2 AEKLPQRVWXYZ ABCDEFGH 7
3 BDFGHLMTU ABCDEFGJKLNQRTUV 8
4 ABDFGHILOPQTX AEFLNQUVWX 9
5 ACDEFGHLN ABCDGHIKOQX 10
Anzeige auf Seite 475 B 16A CEE ① €59,85
H508 12ha 244T(80-130m²) 28D ② €86,80
N 46°21'41'' E 14°04'51''
Von der A2 E61 Ausfahrt 3. Danach via Bled See entlang Richtung Bohinsjka Bistrica. Nach 1,5 km rechts halten. Nach ca. 1 km kommt der CP. Deutlich ausgeschildert. 101298

ACSI AWARDS 2022
GEWINNER
Bester Campingplatz Slowenien
Camping Bled

Bohinjsko Jezero, SLO-4265
camp bohinj***
Ukanc 5
1 Apr - 1 Okt
+386 59 92 36 48
info@camp-bohinj.si

1 BDEHKNOPQRSTU LNOSUVXZ 6
2 FIKLMPSUVYZ ABDFG 7
3 AM ABEFGHIKNQRS 8
4 ABFHRX AENQRUVW 9
5 ABDEFGHLMN AHIKOQUYZ 10
10A ① €44,00
H520 3ha 300T(20-100m²) 21D ② €57,50
N 46°16'45'' E 13°50'10''
Bei Ribcev Laz (Anfang See) vor der Brücke links ab. Am Südufer des Sees entlang nach Westen. Nach ca. 3 km in der Kurve ist die Einfahrt zum CP. 101500

Bovec, SLO-5230
Polovnik**
Ledina 8
30 Mrz - 15 Okt
+386 53 89 60 07
kamp.polovnik@siol.net

1 ABDEKNOPQRSTU NUVX 6
2 IPQRSWXYZ ABDEFGJ 7
3 A ABEFNQRT 8
4 EFHI JK 9
5 DEFGL AHJKNQU 10
B 16A ① €32,00
H458 1,2ha 100T(80m²) 1D ② €47,50
N 46°20'10'' E 13°33'30''
Nordseite von Bovec, den CP-Schildern folgen. Für sehr große Caravans ist der Passo de Predil (zwischen Tarvisio und Bovec) nicht zu empfehlen. Dann über Udine, Cividale (Italien), Kobarid, Bovec. 105161

Brežice, SLO-8250
Camping Terme Catez*****
Topliska cesta 35
1 Jan - 31 Dez
+386 74 93 67 00
info@terme-catez.si

1 ABDEKNOPQRSTU BEGHIM 6
2 APQWXY ABDEFG 7
3 BEFGLMNPU ABCDEFJNQRT 8
4 ABFHJLOPQRSTUVWXYZ ACEIVWX 9
5 ACDEFGHIJKL ABHIJKNPRSUVWXYZ 10
Anzeige auf dieser Seite B 10A CEE ① €62,50
H141 23ha 250T(90m²) 521D ② €91,50
N 45°53'24'' E 15°37'22''
A2 Ljubljana-Zagreb, Ausfahrt Brezice Terme Catez. Hiernach der Beschilderung zur Terme Catez folgen. 100684

Karte Slowenien auf Seite 467

Dovje Mojstrana, SLO-4281

Camping Kamne***
Dovje 9
25 Apr - 25 Okt
+386 45 89 11 05
campingkamne@telemach.net

1 BDE**KN**OPQRSTU	**N** 6
2 AIPQSVWXYZ	ABD**FG** 7
3 AM**NO**	ABE**F**NOQRT 8
4 FHIO	FJU 9
5 DHN	ABGHJKMOQUVW 10

10-16A
H670 1,5ha 72**T**(35-120m²) 17**D**
① €34,00
② €44,00
105157

N 46°27'52" E 13°57'28"

An der Nordseite der 202 bei Dovje Mojstrana. Ausfahrt 1 Südseite des Karawankentunnels (slowenische Seite) Richtung Kranska Gora und dann noch ca. 5 km.

Gozd Martuljek, SLO-4282

CC€23

Spik***
Jezerci 15
1 Jan - 31 Dez
+386 51 63 44 66
info@camp-spik.si

1 BDE**KN**OPQRSU	**EG** 6
2 BIPQWXYZ	ABDE**F**G 7
3 AFG**LPW**	ABCDEFJKNQRT 8
4 FHO**TX**	U 9
5 ADHJL**N**	AHJKOQ 10

WB 10A CEE
H750 3ha 250**T**(80-100m²)
① €42,50
② €66,10
101296

N 46°29'05" E 13°50'18"

An der E652 1 Podkoren-Jesenice liegt der Campingplatz an der Ostseite des Dorfes Gozd Martuljek. Direkt an der Nordseite der Bogenbrücke.

Kobarid, SLO-5222

CC€23 iD

Eco-Camping & Chalets Koren****
Ladra 1B
1 Jan - 31 Dez
+386 53 89 13 11
info@kamp-koren.si

1 ABDE**KN**OPQRSTU	**N**UV 6
2 DIPQSVXYZ	ABDE**FG**H 7
3 ABGMS**W**	ABCDEFHJNOPQRTVW 8
4 **A**B**E**FGHIKO**RTX**	AFIJKRUVW 9
5 ABDEHJKN	ABCDIJKLNPQUY 10

Anzeige auf dieser Seite WB 16A
H210 2ha 100**T**(50-140m²) 40**D**
① €40,00
② €42,75
100683

N 46°15'02" E 13°35'12"

Die Strecke Bovec-Tolmin. Bei Kobarid Ausfahrt 'Ind. Cona'. Zwischen Fabrik und Supermarkt geradeaus. Über die Brücke links ab (40m). Von Italien aus: In Kobarid den Schildern Dreznica folgen.

Kobarid, SLO-5222

Kamp Rut**
Svino 1F
1 Mai - 1 Okt
+386 31 75 52 63
kamp.rut@gmail.com

1 BDE**KN**OPQRSTU	UV 6
2 BIQSTVWXYZ	ABDE**F** 7
3 AF	ABEFNQRW 8
4 JO	GJUW 9
5 ADGHJN	AHJKNQU 10

16A CEE
H250 1,5ha 70**T**(20-120m²) 4**D**
① €32,00
② €48,00
121913

N 46°14'41" E 13°33'56"

Von Bovec an Kobarid und Ind. Zona bis T-Kreuzung entlang, rechts ab, 1. Straße links neben Ford-Werkstatt Richtung Svino. Der CP-Beschilderung folgen.

Lendava, SLO-9220

iD

Thermal Resort Lendava***
Tomsiceva 2a
1 Jan - 31 Dez
+386 25 77 41 00
reservation@wellnessresortlendava.com

1 ABDE**KN**OPQRSTU	BEGH 6
2 APQTWXYZ	ABDE 7
3 AG	ABEFJNQRW 8
4 FH**T**UW**XY**	GIVW 9
5 DEFHJLO	AHIJKOSTY 10

Anzeige auf dieser Seite B 16A CEE
H160 1ha 90**T**(60-90m²) 169**D**
① €31,35
② €44,90
113323

N 46°33'07" E 16°27'30"

Von Graz (Österreich) A9 A1 Ri. Maribor (Slo). Vor Maribor A5 Ri. Lendava Ausf. Lendava. Links am Kreisel Ri. Lendava, am 2. Kreisel Ri. Terme Lendava. Vor dem Hotel rechts abbiegen, nach 100m CP links.

Slowenien

Karte Slowenien auf Seite 467

Lesce, SLO-4248

Camping Šobec*****
Šobceva ulica 25
9 Apr - 2 Okt
+386 45 35 37 00
camping@sobec.si

1 ABDEKNOPQRSTU FLMNUV 6
2 ABCFIJKQRWXYZ ABDEFG 7
3 ABCDFGJLMNOW ABCDEFJKLNQRTUV 8
4 ABCDEFHIJLOX AIJKLNUVW 9
5 ACDEFGHJLN ABGHIJKMOQXY 10
Anzeige auf dieser Seite B 16A CEE ① €58,60
H425 16ha 550T(80-120m²) 69D ② €88,00

N 46°21'21" E 14°09'00"
Von der A2 Jesenice-Ljubljana Ausfahrt 3 Lesce nehmen. Am Kreisel Richtung Lesce geradeaus. Weiter nach ca. 1,3 km links abbiegen. Danach CP nach 1 km. 105165

Lesce, SLO-4248

River Camping Bled*****
Alpska cesta 111
20 Apr - 8 Okt
+386 40 34 43 24
hello@rivercamping-bled.si

1 ABDEKNOPQRSTU BJNUV 6
2 ABDILQSWXYZ ABDEFGIJ 7
3 BDILM ABEFJKLNQRTUV 8
4 ABCDEFGHILOQ CEKUVW 9
5 ABDFGHJLN ABCDHIJKMOQUY 10
Anzeige auf dieser Seite B 16A CEE ① €47,00
H432 5,7ha 260T(80-120m²) 30D ② €73,00

N 46°22'01" E 14°08'10"
A2 Jesenice-Ljubljana Ausfahrt 3 Lesce. Am Kreisverkehr fahren Sie geradeaus in Richtung Lesce Bled. Nach ca. 1,6 km am Kreisverkehr mit dem großen Golfball biegen Sie zum ausgeschilderten Campingplatz ab. 125087

Ljubljana, SLO-1000

Ljubljana Resort (hotel & camping)****
Dunajska cesta 270, Jezica
1 Apr - 15 Okt
+386 70 25 38 45
resort@gpl.si

1 ABCDEKNOPQSTU BGN 6
2 ACPQWXYZ ABDEFGH 7
3 BFGLMNU ABEFKNQRT 8
4 BFHORUXY EGLV 9
5 ADEFHJLO ABGHIJKMNOSTUY 10
Anzeige auf Seite 472 B 10-16A CEE ① €45,95
H289 3ha 257T(60-90m²) 65D ② €72,35

N 46°05'52" E 14°31'08"
Vom Karawankentunnel: A2 Ausf. 13, LJ-Brod und Schildern folgen. Von Maribor: A1 bei Ljubljana H3 Ausf. LJ-Bezigrad und den Schildern folgen. Auf einigen Schildern wird der CP noch mit dem alten Namen 'Jezica' angegeben. 101534

Karte Slowenien auf Seite 467

Maribor, SLO-2000

Camping Center Kekec***	1 ABF**KN**OPQRSTU 6
Pohorska ulica 35c	2 AIPQTWXY AB**FG** 7
1 Jan - 31 Dez	3 B ABEFJNQRUW 8
+386 40 22 53 86	4 F V 9
info@cck.si	5 DN ABDFHJKNQU 10
	Anzeige auf dieser Seite W 16A CEE ① €28,00
N 46°32'10" E 15°36'12"	**H**301 2ha 100**T**(80-100m²) ② €36,00
	118217

Von Norden auf der E57 A1 Ausf. Maribor zur H2, durch Maribor Zentrum Richtung Ljubljana bis zur Ampel. Hier rechts Ri. Skilift Pohorje. Von Süden auf der E57 A1 Ausf. Maribor auf die H2. Nach Bauhaus erste Ampel links Ri. Skilift Pohorje.

Pivka, SLO-6257

Camping Plana & Bar 66	1 B**KN**OPQRSTU 6
Selce 66	2 ABIPSXY ABDE**F**I 7
1 Apr - 31 Okt	3 AG**H**M ABCDEFNQRT 8
+386 70 66 86 68	4 BFHOQ UVWZ 9
info@camping-plana.com	5 ABDHJKN ABFGHJKNST 10
	16A ① €33,50
N 45°42'32" E 14°11'32"	30ha 140**T**(50-100m²) ② €46,75
	123491

Von der Autobahn aus die Ausfahrt Postonja nehmen. Danach Richtung Pivka. Nach 6 km Camping an der Durchgangsstraße Richtung Reijka angezeigt.

Podcetrtek, SLO-3254

Terme Olimia Natura*****	1 ABDE**KN**OPQSTU **BGHI**M**N** 6
Zdraviliska cesta 24	2 CPQSWXYZ ABDE**FG** 7
1 Jan - 31 Dez	3 ABFG**L** ABCDEFGJKNQRU 8
+386 38 29 78 36	4 **A**BCDEFHILO**UWY** CEUVW 9
info@terme-olimia.com	5 ABDEGHILNO ABGHIJKOPQUY 10
	Anzeige auf Seite 475 B 16A CEE ① €50,20
N 46°09'55" E 15°36'19"	**H**220 4ha 46**T**(90-100m²) 28**D** ② €80,60
	101299

A1 Maribor-Celje, Ausf. Slovenska Bistrica. Hiernach über Mestinje ca. 30 km in Ri. Süden. Von Celje Ausf. Dramlje und über Smarje Pri Jelsah fahren. Folgen Sie der Teller richtung Podcetrtek Aqualuna.

Moravske Toplice, SLO-9226

Terme 3000****	1 ABDE**KN**OPQRSTU BEGHI 6
Kranjceva 12	2 APQTWXYZ AB**C**DE**FGH** 7
1 Jan - 31 Dez	3 ABFG**HIKNO** ABEFJNQRTW 8
+386 25 12 12 00	4 **A**BCDEFHILO**RSTUV**W**XYZ** GIJLVW 9
recepcija.camp2@ terme3000.si	5 ADEFGHIJKLN ABDHIJKOPSTUXYZ 10
	Anzeige auf Seite 475 B 16A CEE ① €46,00
N 46°41'05" E 16°12'57"	**H**183 7ha 230**T**(80-100m²) 730**D** ② €75,85
	105169

Von Graz (Österreich) A9 A1 Richtung Maribor (Slo). Vor Maribor A5 Richtung Lendava bis Ausfahrt 7 Murska Sobota, Moravske Toplice. CP ausgeschildert.

Podzemelj Gradac, SLO-8332

Camping Bela krajina - river Kolpa****	1 ABDEH**KN**OPQRSTU J**N** 6
Škrilje 11	2 DIKPQTWXYZ ABDE**FG** 7
15 Apr - 10 Okt	3 BEFG**J**MRW ABEF**IL**NQRTW 8
+386 73 06 95 72	4 ABEFGHIOR**TX** EFGLNRUVW 9
info@camping-belakrajina.si	5 ABDFHJLN ABFHJKMOQUY 10
	10-16A CEE ① €44,70
N 45°36'17" E 15°16'31"	**H**141 3,5ha 75**T**(50-100m²) 22**D** ② €63,60
	115268

Ab Slovenien A2 Ljubljana-Zagreb. Ausfahrt 27 Novo Mesto. Die 105 nach Metlika. Rechts die 218 nach Podzemelj. Von Kroatien in Karlovac die 6 nach Jurovski Brod und Metlika. Links die 218 nach Podzemelj.

Mozirje, SLO-3330

Forest Camping Mozirje	1 ADEH**KN**OPQRSTU **N**UVX 6
Loke pri Mozirju 14c	2 BDIMQVWXYZ ABDEFGIJ 7
20 Apr - 1 Okt	3 ACDFG**H**M ABEFGHNQRSTUW 8
+386 51 23 52 15	4 **E**FHIK AJUVW 9
booking@ campingmozirje.com	5 ADJNO ABFIJKLMNQU 10
	16-20A ① €37,50
N 46°19'50" E 14°59'33"	**H**340 3ha 108**T**(35-120m²) 20**D** ② €59,50
	125200

Postojna, SLO-6230

Pivka Jama***	1 BDEKNOPQRSU AF 6
Veliki Otok 50	2 ABSTUVZ ABDE**FGH**IJ 7
15 Apr - 31 Okt	3 AFGM**N**S ABCDEFNQR 8
+386 57 20 39 93	4 IJKL 9
avtokamp.pivka.jama@siol.net	5 ABDFHJL AGHIJKOQY 10
	12A ① €33,50
N 45°48'18" E 14°12'15"	**H**560 2,5ha 350**T** 24**D** ② €41,40
	105167

A1 E70 Ausfahrt Postojna. Am Lidl vorbei geradeaus. Am 2. Kreisel Hinweis Pivka Jama folgen. Dann links und an den Pivka Jama Höhlen vorbei. Nach ca. 4 km CP-Schild rechts ab. Nach ca. 3 km CP-Einfahrt.

Slowenien

Karte Slowenien auf Seite 467

Camping Bled am Bleder See:
info@camping-bled.com

Camping Terme 3000 und Terme Ptuj in Thermalgebieten:
info@sava-camping.com

Camp Lucija am Meer:
camp.lucija@sava.si

www.sava-camping.com

SAVA CAMPING

SAVA HOTELS & RESORTS

Ptuj, SLO-2251

CC€23 iD

Camping Terme Ptuj****
Pot v Toplice 9
1 Jan - 31 Dez
+386 27 49 45 80
kamp@terme-ptuj.si

1 ADE**KN**OPQRSTU | **BEG**HI 6
2 AQWXYZ | ABCDE**FG**H 7
3 BFG**HIJKNOV** | ABCDEFJKNQRTUW 8
4 **A**BCD**E**FHILNORTUVW**XYZ** | EJLVW 9
5 ADEFGHIJLNO | ABDFGHIJKOPSTUXY 10

Anzeige auf dieser Seite B 16A CEE
H280 1,5ha 120**T**(80-100m²) 38**D**
① €38,30
② €62,90

N 46°25'21'' E 15°51'16''

Auf der 9 E59 Zagreb-Kaprina-Maribor, Ausfahrt 4 Hajdina Terme Ptuj. Nach Ptuj Ormoz. Am Kreisel links Richtung Ptuj über die Brücke an der SW-Seite der Drava (Drau) rechts ab. CP ausgeschildert.

101301

Radovljica, SLO-4240

iD

Camping Radovljica**
Kopaliska cesta 9
1 Jun - 15 Sep
+386 45 31 57 70
info@camping-radovljica.com

1 ABDE**KN**OPQRSU | BG 6
2 APQXYZ | ABDEF 7
3 AFG**L**M**NO** | ABEFNQR 8
4 FHI | 9
5 DGHK | AHIJKNQUY 10

B 16A CEE
H491 1,5ha 80**T**(80-100m²) 5**D**
① €38,00
② €56,00

N 46°20'52'' E 14°10'20''

A2 Jesenice-Ljubljana, Ausfahrt 4 Radovljica. In Radovljica den CP-Schildern folgen.

105166

Menina ★ ★ ★ ★

In Harmonie mit Wasser, Bergen und Wäldern erleben Sie einen perfekten Urlaub mit dem Team von Menina. Sie können Raften, Canyoning, Wandern, Radfahren, Paragleiten, genießen und entspannen. Kurzum: viele Aktivitäten und gleichzeitig erholen! Neu: Adrenalinpark! Das Menina-Team ist das beste Team!

Varpolje 105, 3332 Recica ob Savinji
Tel. +386 51219393
E-Mail: info@campingmenina.com
Internet: www.campingmenina.com

ACSI AWARDS 2022

GEWINNER

Campingplatz mit der schönsten Lage Slowenien

Camping Menina

Recica ob Savinji, SLO-3332

CC€21 iD

Menina****
Varpolje 105
1 Jan - 31 Dez
+386 51 21 93 93
info@campingmenina.com

1 ADE**KN**OPQRSTU | JL**N**UV 6
2 BDFLMQSWXYZ | ABDE**FG** 7
3 ABFG**HJ**MS**W**X | ABEF**G**IJNQR 8
4 **A**BCD**E**GHIJLNO**TXZ** | EJRUWY 9
5 DEFGHJLN**O** | ABDHKLOQ 10

Anzeige auf dieser Seite 10A CEE
H364 10ha 230**T**(100-200m²) 68**D**
① €37,75
② €58,65

N 46°18'42'' E 14°54'33''

A1 Ljubljana-Maribor Ausfahrt Sentrupert Mozirje (ca. 15 km von Celje) und in nördlicher Richtung zum CP fahren (± 20 km). Im Dörfchen Nizka dann die Ausfahrt zum CP nehmen.

101533

Slowenien

Karte Slowenien auf Seite 467

Smlednik, SLO-1216

Smlednik***
Dragocajna 14a
1 Mai - 15 Okt
+386 13 62 70 02
camp@dm-smlednik.si

1 AB**K N**OPQRSTU	J 6
2 ABDQVXYZ	ABDE**FG** 7
3 AFG**L**M**N**S	ABEFNQR 8
4 FHJO	IJ 9
5 DFHJKNO	ABHJKMOQ 10
FKK 6-10A CEE	① €38,00
H343 4,5ha 99**T**(75-120m²) 33**D**	② €55,50

N 46°10'28'' E 14°24'56'' — 113182

A2 Kranj-Ljubljana Ausfahrt 11 Vodice. Weiter der Beschilderung zum CP folgen. Der CP liegt ca. 7 km von der Autobahn.

Trenta, SLO-5232

Kamp Triglav**
Trenta 18
1 Mai - 15 Okt
+386 53 88 93 11
marija.kravanja@siol.net

1 ABDE**K N**OPQRSTU	**N**U 6
2 CIQSXYZ	ABDE 7
3 A**H**W	ABEFNQRS 8
4 F	I 9
5 ADN	AHJKNQU 10
16A	① €36,00
H600 2ha 100**T**(bis 100m²) 15**D**	② €50,00

N 46°22'26'' E 13°44'27'' — 116744

Nördlich Bovec Ausfahrt Trenta Kranjska Gora: am Dorf Soca vorbei, der 4. CP in diesem Tal. Vom Vrsic-Pass aus bei Kranjska Gora (nicht für Wohnwagen) 2. CP im Tal. Anfahrt für größere Caravans über Italien. Empfohlen: Udine und Cicidale.

Soca, SLO-5232

CC€23

Camp Soca**
Soca 8
1 Apr - 31 Okt
+386 53 88 93 18
info@kamp-soca.si

1 BDE**K N**OPQSTU	**N**UV 6
2 CIPQSVXY	AB**FG** 7
3 BM	ABEFJNQRW 8
4 FO	FGI 9
5 ADEGHN	ABDGHJK**N**PQU 10
Anzeige auf dieser Seite 6A	① €38,40
H460 3ha 200**T**(120-160m²) 7**D**	② €57,40

N 46°20'07'' E 13°38'39'' — 105160

Nordseite Bovec, Ausfahrt Trenta Kranska Gora, der 1. CP im Tal. Vom Vrsic-Pass bei Kranska Gora (nicht für Caravans) dort der 5. CP im Tal. Größere Caravans besser über Italien anfahren. Empfehlung: Udine und Cividale.

Velenje, SLO-3320

CC€19

Camp Velenje***
Cesta Simona Blatnika 27
1 Jan - 31 Dez
+386 40 48 24 48
info@camp-velenje.com

1 ABDE**K N**OPQRSTU	LM**N**OPQRSTUV**X** 6
2 FIKPQVXYZ	ABDE**FG** 7
3 BE**L**	ABEFGHJKNQRT 8
4 **AE**HI**X**	ENRSW 9
5 DEH	ABHIJKMOST 10
Anzeige auf dieser Seite B 10A CEE	① €39,75
H368 3ha 120**T**(70-120m²) 7**D**	② €64,65

N 46°22'10'' E 15°05'12'' — 115267

Von der A1 E57 (Ljubljana-Cellje) Ausfahrt 16, Velenje. Über die 4 nach 14,5 km in Velenje am Kreisel Richtung Sostanj. Na 450m rechts, Cesta Talev. Nach dem Übergang links, Cesta Simona Blatnika. Nach 1,8 km rechts ist der Camping gleich links.

Vransko, SLO-3305

Camp Podgrad Vransko**
Praprece 30
1 Jan - 31 Dez
+386 51 22 91 15
info@camp-vransko.com

1 ADE**K N**OPQRSTU	6
2 ACIQTWXY	ABDE**FG**HIJK 7
3 AM	ABEFHJNQRTW 8
4 FHIJ	FIKLV 9
5 ADN	ABDFHJKN**O**QU 10
Anzeige auf dieser Seite B 16A CEE	① €29,50
H351 1,5ha 55**T**(80-100m²) 9**D**	② €48,25

N 46°14'39'' E 14°56'36'' — 123398

A1 Ljubljana-Maribor, Ausfahrt Vransko. Weiter Richtung Vransko. Danach 2 Ausfahrt in den Ort, etwa 500m hinter der Tankstelle. Danch ist die Strecke gut ausgeschildert.

Soca, SLO-5232

Penzion & Kamp Klin***
Lepena 1
1 Apr - 31 Okt
+386 53 88 95 13
kampklin@siol.net

1 ABDEKNOPQSTU	**N**U 6
2 CIQXYZ	AB**FG** 7
3	ABEFJNQR 8
4 FH	FG 9
5 ADEFHJL	AJKNQU 10
16A	① €39,50
H490 1ha 100**T**(100-140m²) 9**D**	② €55,50

N 46°19'48'' E 13°38'38'' — 108912

Nordseite von Bovec, Ausfahrt Trenta. Nach 7 km CP ausgeschildert. 2. CP im Tal. Vom Vrsic-Pass aus bei Kranjska Gora (nicht für Caravans) der 4. CP in diesem Tal. Größere Caravans besser über Italien anfahren. Empfehlung: Udine und Cividale.

CampingCard ACSI, gut zu wissen

Nur gültig auf teilnehmenden CampingCard ACSI-Campingplätzen

Nur gültig in den mit dem Campingplatz vereinbarten Akzeptanzzeiträumen

Zusatzkosten nicht inbegriffen

Begrenzte Anzahl von Stellplätzen verfügbar

Slowenien

Karte Slowenien auf Seite 467

Kroatien

Atemberaubend schön:
Campen in Kroatien

Paradiesische Strände und eine schier endlose Küste. Genau das werden Sie in Kroatien finden. Entspannen Sie sich in der kristallklaren Adria und lernen Sie die reiche Unterwasserwelt kennen. Die Natur über Wasser ist ebenso beeindruckend. Reisen Sie von Insel zu Insel und entdecken Sie die Flora und Fauna in Nationalparks wie Plitvice und Paklenica. Und für Kulturliebhaber gibt es in den mittelalterlichen Städten voller Geschichte und in den malerischen Dörfern viel zu sehen. Camping in Kroatien ist abenteuerlich, wunderschön und äußerst vielseitig.

Genießen Sie die schönsten Strände

Mit fast 6.000 km Küste und über tausend Inseln ist es nicht verwunderlich, dass die Strände Kroatiens so beliebt sind. Sie sind wunderschön. Der besondere Strand Zlatni Rat ist das beste Beispiel, aber auch Stiniva und Punta Rata sind sehr fotogen. Gehen Sie schwimmen, schnorcheln, tauchen oder genießen Sie einfach die Ruhe. Kroatien verfügt über eine große Anzahl von Stränden, von denen die meisten aus Kieselstein bestehen. Bevorzugen Sie Sandstrände? Besuchen Sie einen der Sandstrände auf der Insel Rab.

Hauptstadt: Zagreb
Währung: Euro (ab 1-1-2023)
Zeitzone: UTC +1, UTC +2 (März bis Oktober)
Sprache: Kroatisch
Ländervorwahl: +385
Alkoholgrenze: 0,5‰, 0‰ für Fahrer unter 24 Jahren und Fahrer von Wohnmobilen > 3,5 Tonnen
Notrufnummern: Polizei, Feuerwehr und Rettungswagen: 112 (auch separate Nummern: Polizei 192, Feuerwehr 193, Rettungswagen 194)
Leitungswasser: unbedenklich

Plitvicer Seen und andere Naturparks

Immerhin zehn Prozent der kroatischen Landfläche bestehen aus Naturschutzgebieten. Der Nationalpark Plitvice mit seinen azurblauen Seen und großen Wasserfällen ist der Inbegriff dafür. Erkunden Sie den Park im eigenen Tempo auf Holzstegen, Waldwegen oder in einem Ruderboot. Mit etwas Glück können Sie auch einheimische Tiere wie Eisvögel, Otter und Wölfe entdecken.

Es gibt noch viel mehr Naturschönheiten, die über ganz Kroatien verstreut sind.

ACSI AWARDS

Gewinner 2022 in Kroatien

Bester Campingplatz
Camping Valkanela

Bestes Campingplatz-Schwimmbad
Zaton Holiday Resort

Bester Campingplatz für Wanderungen und Radtouren
Camping Straško

Beste Campingplatz-Animation
Polidor Family Camping Resort

Hundefreundlichster Campingplatz
Camping Slatina

Campingplatz mit der schönsten Lage
Camping Stobreč Split

Bestes Campingplatz-Restaurant
Valalta Naturist Camping

Schönste Wohnmobilstellplätze
Camping Aminess Sirena

Die Krka-Wasserfälle in Dalmatien, die Schluchten des Nationalparks Paklenica und die Sümpfe von Risnjak sind definitiv einen Besuch wert. Auch das Inselhüpfen in der Kvarner-Bucht ist ein tolles Erlebnis. Auf den großen Inseln Krk und Cres finden Sie eine Kombination aus wunderschönen Landschaften und malerischen Dörfern. Losinj hat einen weiteren Trumpf im Ärmel. Diese ruhige und schöne Insel ist ideal für die Beobachtung von Delfinen geeignet.

Städte und Dörfer mit Geschichte

Kroatien hat viele schöne Städte und Dörfer, so dass es immer etwas zur Auswahl gibt. An der Westküste Istriens finden Sie eine Reihe von Empfehlungen, die nahe beieinander liegen. In Poreč, Rovinj, Pula und Medulin gibt es viel Atmosphäre und Kultur. Von Museen und alten Straßen bis hin zu römischen Amphitheatern und wunderschönen Kirchen. Auch ein Ausflug in die Hauptstadt Zagreb oder in das prächtige Split ist lohnenswert. Für ein anderes Juwel müssen Sie etwas weiter reisen. Dubrovnik verbindet ein historisches Erscheinungsbild mit einer wunderschönen Lage am Meer.

Tanken

Bleifreies Benzin (Bezolovni Benzin/Eurosuper 95 oder 98) und Diesel (Eurodiesel) sind ohne weiteres erhältlich. Flüssiggas (LPG/Autoplin) ist kostengünstig erhältlich. Der Italien-Anschluss (dish) wird zum Tanken von Flüssiggas verwendet. Tankstellen sind von 7 bis 19 Uhr (im Sommer bis 22 Uhr) und entlang der Hauptverkehrsstraßen normalerweise Tag und Nacht geöffnet. Manchmal kann man an Tankstellen entlang kleinerer Straßen nur mit Bargeld bezahlen.

Ladestellen

Das Netz der Ladestationen ist noch nicht vollständig. Planen Sie Ihre Reise gut.

Verkehrsvorschriften

Tagfahrlicht ist von Oktober bis März Pflicht.
An einer gleichberechtigten Kreuzung hat der Verkehr von rechts Vorfahrt. Der Verkehr in einem Kreisverkehr hat Vorfahrt, wenn dies durch Verkehrszeichen angezeigt wird. Auf Bergstraßen hat der bergauf fahrende Verkehr Vorrang vor dem bergab fahrenden. Autofahrer dürfen Mobiltelefone nur mit Freisprechfunktion benutzen.
Bitte beachten Sie, dass Kinder bis zu 12 Jahren nicht auf dem Vordersitz sitzen dürfen; sie müssen auf dem Rücksitz Platz nehmen (ein Kind bis zu 2 Jahren darf auf einem Sitz mit Blickrichtung nach vorne sitzen).
Von Mitte November bis Mitte April sind Winterreifen (oder Schneeketten im Auto) Pflicht.

Sondervorschriften

Es ist nicht erlaubt, einen stehenden Schulbus zu überholen. Bei einem Überholmanöver müssen Sie die ganze Zeit die Richtung angeben. Im Winter sind Sie verpflichtet, Ihr Auto von Schnee und Eis zu befreien, bevor Sie losfahren.

"Sonniges Kroatien, komfortables Camping an sauberen Küsten, unberührte Natur und Kultur genießen".

Herr H. Nibbelke, Inspektor 1203

Vorgeschriebene Ausstattung

Warndreieck, Warnweste, Verbandskasten und Ersatzlampen (außer Xenon-, Neon- oder LED-Lampen) sind im Auto Pflicht. Bitte beachten Sie, dass in einem Auto mit Wohnwagen oder Anhänger zwei Warndreiecke vorgeschrieben sind.
In der Winterzeit muss eine kleine Schneeschaufel im Auto vorhanden sein.

Reisemobil und Caravan

Ein Reisemobil oder eine Auto-Wohnwagen-Kombination darf eine Höhe von 4 m, eine Breite von 2,55 m und eine Länge von 18,75 m nicht

Klima Dubrovnik	Jan.	Feb.	März	Apr.	Mai	Jun.	Jul.	Aug.	Sept.	Okt.	Nov.	Dez.
Durchschnittliche Höchsttemperatur	12	12	14	17	21	25	28	29	25	21	17	13
Durchschnittliche Anzahl der Sonnenstunden pro Tag	4	5	5	6	8	10	12	11	9	7	4	3
Durchschnittliche monatliche Niederschlagsmenge (mm)	95	89	98	91	76	49	24	59	79	110	142	125

Klima Rijeka	Jan.	Feb.	März	Apr.	Mai	Jun.	Jul.	Aug.	Sept.	Okt.	Nov.	Dez.
Durchschnittliche Höchsttemperatur	8	9	13	16	21	25	28	27	24	19	13	10
Durchschnittliche Anzahl der Sonnenstunden pro Tag	4	4	5	7	9	10	11	10	7	5	4	3
Durchschnittliche monatliche Niederschlagsmenge (mm)	132	101	110	105	111	102	82	83	171	191	185	175

Klima Zagreb	Jan.	Feb.	März	Apr.	Mai	Jun.	Jul.	Aug.	Sept.	Okt.	Nov.	Dez.
Durchschnittliche Höchsttemperatur	3	6	11	16	21	25	27	26	22	16	9	4
Durchschnittliche Anzahl der Sonnenstunden pro Tag	2	3	5	6	7	8	9	9	7	4	2	2
Durchschnittliche monatliche Niederschlagsmenge (mm)	49	42	52	62	79	99	81	91	83	72	85	64

überschreiten (der Wohnwagen selbst darf nicht länger als 12 m sein).
Auf Autobahnen mit drei oder mehr Fahrspuren in derselben Richtung ist es nicht erlaubt, mit einem Wohnmobil oder einer Wohnwagen-Wohnmobil-Kombination, die länger als 7 m ist, auf der linken Spur zu fahren, es sei denn, Sie wollen links abbiegen.

"Kroatien ist bekannt für sein blaues Meer, seine idyllischen Buchten und Dörfer, aber vergessen Sie nicht den Wein und das Olivenöl".

Frau A. Damen-Kuystermans, Inspektorin 1024

Fahrrad

Für Kinder bis 16 Jahre besteht eine Helmpflicht (auch auf dem Kindersitz). Bei Dunkelheit (und schlechter Sicht) müssen Radfahrer eine Warnweste tragen.
Es ist verboten, während des Radfahrens zu telefonieren oder ein Mobiltelefon zu benutzen.
Kinder zwischen 9 und 14 Jahren dürfen nur in Begleitung einer mindestens 16 Jahre alten Person auf den Radwegen fahren. Kinder bis zu 8 Jahren dürfen nur in Begleitung eines Erwachsenen in einem Kindersitz befördert werden.

Maut

Fast alle Autobahnen in Kroatien sind mautpflichtig. Sie können bar in Euro oder mit einer Kreditkarte bezahlen. Die Brücke nach Krk, der Ucka-Tunnel zwischen Rovinj und Rijeka und das Mirna-Viadukt zwischen Rovinj und Umag sind ebenfalls mautpflichtige Straßen.
Weitere Informationen: hac.hr, azm.hr und bina-istra.com.

Panne und Unfall

Stellen Sie Ihr Warndreieck mindestens 100 m hinter dem Fahrzeug außerhalb geschlossener Ortschaften auf (2 Dreiecke nebeneinander bei einem Anhänger). Alle Insassen müssen eine Warnweste tragen.
Im Falle einer Panne rufen Sie die Notrufnummer Ihres Pannenhelfers an. Sie können auch die kroatische Pannenhilfe (HAK) unter der Telefonnummer (+385) 1 1987 (mobil) anrufen.
Bei sichtbaren Schäden am Auto nach einem Zusammenstoß verlangen Sie einen Polizeibericht, den Sie bei der Rückreise an der Grenze vorlegen müssen.

Campen

Im Juli und August gibt es auf den Campingplätzen in Istrien und an der norddalmatinischen Küste kaum einen freien Platz. Es ist ratsam, im Voraus zu buchen, wenn Sie in der Hochsaison campen möchten.
Durch den Bau der Autobahn zwischen Zagreb und Dubrovnik werden die Campingplätze in der Mitte und im Süden der dalmatinischen Küste immer beliebter. Die oft idyllisch gelegenen Campingplätze auf den Inseln sind hauptsächlich für Zeltcamper geeignet.
Die Campingplätze in Kroatien sind manchmal sehr groß, vor allem an der Küste. Es gibt umfangreiche Einrichtungen wie Geschäfte und Restaurants. Unterhaltung ist auf großen Campingplätzen Standard. Es ist verboten, in einem Wohnwagen, Wohnmobil oder Auto auf der öffentlichen Straße zu übernachten.

Bale, HR-52211 / Istra

Camping Mon Perin****
San Polo 1
23 Apr - 3 Okt
+385 52 82 43 38
info@monperin.hr

1 ABDE**KN**OPQSTU AFKM**N**OPQRSTWXY 6
2 BHILMNQSUWXYZ ABDE**FG** 7
3 ABG**HI**JMNS**U** ABCDEFK**L**NQRTU 8
4 **A**BCDHILO**PUX** CEKLMNOPRSTUW 9
5 ABDEGHJKL ABGIJKOPSTUXY 10

Anzeige auf dieser Seite B 16A CEE ❶ €59,50
15ha 700**T**(80-150m²) 437**D** ❷ €73,50

N 45°01'13'' E 13°43'23''

An der Straße von Rovinj nach Pula steht in Höhe von Bale die Beschilderung zum CP. Von Bale 7 km bis zum CP.

118426

Banjole/Pula, HR-52203 / Istra

CC€19

Arena Indije Campsite**
Indije 96
22 Apr - 1 Okt
+385 52 57 30 66
arenaindije@arenacampsites.com

1 ABDE**KN**OPQST**U** KM**N**OPQSW**XYZ** 6
2 HIKMNQSUWXYZ ABDE**FG** 7
3 A ABEFNQRT 8
4 **A**BHL**OP** EKLRTUV 9
5 ACDEFGHJLN ABDHIJKOSTUX 10

Anzeige auf Seite 485 B 10A ❶ €42,60
19ha 399**T**(60-120m²) 84**D** ❷ €55,60

N 44°49'26'' E 13°51'03''

Umgehungsstraße Pula: Richtung Premantura bis Ausfahrt Banjole. CP-Schildern folgen.

105190

Banjole/Pula, HR-52100 / Istra

CC€21

Camp Peškera****
Indije 73
21 Apr - 1 Okt
+385 52 57 32 09
info@camp-peskera.com

1 ABDE**KN**OPQRSTU AK**N**OPQ**XY** 6
2 AHIMNSXYZ ABD 7
3 A ABEFHKNOPQR 8
4 A**TXZ** EIL 9
5 DFHJKN ABDGHIJK**N**SUV 10

B 6A ❶ €35,20
1,5ha 50**T**(75-100m²) 45**D** ❷ €39,20

N 44°49'22'' E 13°51'04''

Hinter Pula die A9 Richtung Premantura, dann Ausfahrt weiter Banjole und Indije. 50m vor dem Camping Indije. Links ab und nach 100m Peškera.

121132

Buje, HR-52460 / Istra

Camping Kanegra****
Kanegra 2
22 Apr - 25 Sep
+385 52 70 90 00
kanegra@istracamping.com

1 ABDE**KN**OPQRSU KM**N**PQSW**XYZ** 6
2 HILMQSWXY ABDE**FG** 7
3 ABFG**J**M**N** ABCDEFKNQRTU 8
4 **A**BCDFH**X** JKLORTU 9
5 ACDGHIKL ABEGHIJKOSTUWX 10

Anz. auf S. 487 **FKK** B 10A CEE ❶ €43,00
5ha 146**T**(80-100m²) 283**D** ❷ €54,00

N 45°28'49'' E 13°34'13''

Portoroz-Buje, Ausfahrt Umag, nach 3 km rechts, nach 2,5 km wieder rechts, Camping nach 1,5 km. Auf keinen Fall nach Buje einfahren.

101018

Kroatien

Fazana, HR-52212 / Istra

Bi-Village****
Dragonja 115
27 Apr - 16 Okt
+385 52 30 03 00
info@bivillage.com
N 44°55'03'' E 13°48'40''

1 ABDEG**KN**OPQRSTU BGKMNOPQRSTVW**X**Y**Z** 6
2 GILMPQWXYZ ABDE**FG** 7
3 AFG**JL**MNOT**UVW** ABEF**I**JKNQR**S**TUVW 8
4 ABCDHJLMNO**PQ**R**X** CEGIJKLMORSTUXYZ 9
5 ACDEFGHJLMN**O** ABDHIJKMOPSTVWXYZ 10
Anzeige auf dieser Seite B 10A CEE
48ha 950**T**(100-150m²) 435**D**
① €56,00
② €73,00
110977

A9 Ausfahrt Vodnjan/Fazana, Richtung Fazana und den CP-Schildern folgen.

Fazana, HR-52212 / Istra

Pineta***
Perojska cesta 41
29 Apr - 30 Sep
+385 52 52 18 84
pineta@brijunirivijera.hr
N 44°56'23'' E 13°48'10''

1 ABDE**KN**OPQRST**U** KM**N**OPQSWX 6
2 BHILMPQSWXYZ A**FG** 7
3 AFG**U** AEFNRTUW 8
4 DH**QX** EKLT 9
5 ACDFHL ABHIJKLOSTUX 10
B 10A CEE
77ha 600**T**(90-200m²) 181**D**
① €32,95
② €39,95
112351

A9 Ausfahrt Vodnjan, Fazana. CP-Schildern folgen.

Funtana, HR-52452 / Istra

Puntica***
Ul. Puntica 1
22 Apr - 25 Sep
+385 52 44 52 70
puntica@istracamping.com
N 45°10'39'' E 13°36'12''

1 ABDE**KN**OPQRSTU KM**N**PQSW**X**Y 6
2 HIMNPQRSUWYZ A**B**D**EFG** 7
3 B ABCDEFGNOQRTU 8
4 FHO**X** EKNORTUVWX 9
5 ACDEFHL ABGHIJKMOQX 10
Anzeige auf Seite 487 B 16A CEE
4ha 180**T**(80-110m²) 123**D**
① €38,10
② €49,90
105178

Zwischen Porec und Vrsar, an der Nordseite des Ortes Funtana, am großen Kreisverkehr rechts abbiegen. Der Campingplatz ist ausgeschildert.

Funtana, HR-52452 / Istra

Istra Premium Camping Resort*****
Ulica Grgeti 35
1 Jan - 31 Dez
+385 52 46 50 10
camping@valamar.com
N 45°10'31'' E 13°35'55''

1 ABDE**KN**OPQRSTU BGHIKMPQSW**X**Y**Z** 6
2 HILMNQSUVWXYZ AB**C**DE**FG** 7
3 ABDFG**J**M**U** ABCDEFHJK**L**NQR**S**TUVW 8
4 **A**BCDFHJLOPQR**T**U**XZ** BCDEKLMNORTUX 9
5 ACDEFGHJKLMN ABGHIJKMOPQWXY 10
Anzeige auf Seite 491 B 16A CEE
37ha 490**T**(90-120m²) 455**D**
① €84,75
② €105,75
105179

Zwischen Porec und Vrsar, von Norden kommend, auf der Nordseite des Dorfes Funtana, am großen Kreisverkehr in Plodine rechts abbiegen. Der Campingplatz ist ausgeschildert.

Funtana, HR-52452 / Istra — CC€19 iD

Polidor****	1 ABDEKNOPQRST	BG 6
Bijela Uvala 12	2 LSVWXY	ABDEFGH 7
1 Jan - 31 Dez	3 AG	ABCDEFJKLNQRTUV 8
+385 52 21 94 95	4 ABFHJORX	BCEKLUVX 9
booking@campingpolidor.com	5 ABDFHLN	ABDGHIJKMOPSTUVWX 10
	Anzeige auf dieser Seite B 16A CEE	❶ €52,20
N 45°11'27" E 13°35'57"	2ha 77T(80-110m²) 45D	❷ €66,00

Von Porec Küstenstraße nach Funtana/Vrsar. CP liegt einige km nördlich von Funtana und ist ausgeschildert. 122677

Labin, HR-52220 / Istra — CC€23 iD

Marina Camping Resort****	1 ABDEKNOPQRSU	BKMNOPSXYZ 6
Sv. Marina 30 C	2 HILNQSUVWXY	ABDEFGH 7
6 Apr - 22 Okt	3 BM	ABCDEFKNQRTUVW 8
+385 52 46 50 00	4 BCDL	EKLNOSUZ 9
reservations@valamar.com	5 ABDEFGHJK	ABDGHIJKMOPSTUXY 10
	Anzeige auf Seite 491 B 16A CEE	❶ €56,95
N 45°02'00" E 14°09'29"	5ha 250T(60-110m²) 88D	❷ €69,75

Den Hügel bis zur Altstadt von Labin hinauf. Den Schildern nach 'Sv. Marina' und CP folgen. Straße sehr öfters schmal. Achtung: hier nimmt der Gegenverkehr oft die Innenkurve! Die Zufahrtsstraße kann steile Abschnitte enthalten. 105212

Medulin, HR-52203 / Istra — CC€23 iD

Arena Grand Kažela Campsite****	1 ABDEKNOPQRSTU	AFHKMNOPQRSWXY 6
Kapovica 350	2 HILMNPQSTWXYZ	ABDEFGH 7
1 Jan - 31 Dez	3 ABCDEFGMNOQTU	ABCDEFJKNQRTUVW 8
+385 52 57 72 77	4 ABCDEHIJLMNOPX	EHIKLMNRSTUVXZ 9
arenakazela@arenacampsites.com	5 ACDEFGHJLN	ABDHIJKMOPSTUX 10
	Anzeige auf Seite 485 B 10A CEE	❶ €48,70
N 44°48'25" E 13°57'02"	110ha 1200T(100-120m²) 380D	❷ €62,70

CP an Ringstraße Pula gut ausgeschildert. 105194

Funtana/Vrsar, HR-52450 / Istra — CC€19 iD

Valkanela***	1 ABDEKNOPQRSTU	AFKMNPQSWXYZ 6
Valkanela b.b.	2 HILMNQSWXYZ	ABDEFG 7
21 Apr - 7 Okt	3 ABFGJMNU	ABCDEFKLNOQRTUVW 8
+385 52 40 66 40	4 ABDFHJLOPQXZ	ACDELNOQRTUVWX 9
hello@maistra.hr	5 ACDEFGHIJKL	ABDGHIKOQUXYZ 10
	Anzeige auf Seite 489 B 10A CEE	❶ €53,80
N 45°09'54" E 13°36'28"	55ha 1230T(90-120m²) 844D	❷ €70,20

Auf der Strecke Porec-Vrsar südlich von Funtana zum CP abzweigen. Der CP ist ausgeschildert. 105180

Medulin, HR-52203 / Istra — CC€21 iD

Arena Medulin Campsite	1 ABDEKNOPQRSTU	KMNOPQRWXYZ 6
Osipovica 30	2 BHIJLMNPQSUWXYZ	ABFGH 7
6 Apr - 7 Okt	3 ABGLU	ABEFINQRTW 8
+385 52 57 28 01	4 ABCDHILX	ELMNORSTUVXYZ 9
arenamedulin@arenacampsites.com	5 ACDEFGHIJLNO	ABDGHIOSTUX 10
	Anzeige auf Seite 485 B 10A CEE	❶ €46,65
N 44°48'51" E 13°55'54"	30ha 932T(80-175m²) 151D	❷ €60,85

Autostraße Ausfahrt Pula/Medulin. Schildern Medulin folgen, Ausfahrt Camps vorbei Boulevard bis Ausfahrt Camping Village Medulin. 105193

Kroatien

Teilkarte Istrien auf Seite 482

Novigrad, HR-52466 / Istra

CC€23 iD

Aminess Maravea Camping Resort****
Mareda bb
21 Apr - 1 Okt
+385 52 85 86 80
camping@aminess.com
N 45°20'36'' E 13°32'53''

1 ABDE**KN**OPQRSTU AFKM**N**PQSW**X**Y 6
2 HLMNPQSTUVWXYZ ABDE**FG** 7
3 ABFG**J**M**NU** ABCDEFK**L**NQRTUV 8
4 **A**BCDFHJLO**X** ACELNRTUVW 9
5 ACDEFGHJL ABDGHIJKMOPSTWXY 10

Anz. auf dieser Seite B 10-16A CEE
25ha 665**T**(80-120m²) 435**D**

① €72,60
② €88,00

105173

Von Novigrad ca. 3 km nach Norden Richtung Umag. Deutlich ausgeschildert.

Novigrad, HR-52466 / Istra

CC€23 iD

Aminess Sirena Campsite****
Terre 6
31 Mrz - 5 Nov
+385 52 85 86 70
camping@aminess.com
N 45°18'54'' E 13°34'33''

1 ABDE**KN**OPQRST**U** KM**N**PQRSW**X**Y**Z** 6
2 HIMPQSUVWXYZ ABDE**FG** 7
3 ABFG**J**M**N** ABCDEFGK**L**NQRTUV 8
4 **A**BDFHL**TUXZ** EKLMNRTUVW 9
5 ACDEFGHKLN ABDEGHIJKOPSTUXYZ 10

Anz. auf dieser Seite B 10-16A CEE
13ha 426**T**(80-120m²) 89**D**

① €62,00
② €75,00

107643

Der CP liegt direkt am Strand, 2 km von Novigrad und 16 km nördlich von Porec.

Porec, HR-52440 / Istra

iD

Bijela Uvala****
Ul. Bijela Uvala 1
14 Apr - 1 Okt
+385 52 41 05 51
bijela.uvala@istracamping.com
N 45°11'30'' E 13°35'49''

1 ABDE**KN**OPQRSTU AFKM**N**PQSW**X**Y**Z** 6
2 HILMNPQRSUWXYZ ABDE**FG**H 7
3 ABCFG**HIJ**M**NO**U ABCDEFIKNOQRTUVW 8
4 BCDFHJLO**PQX** AEKLNOQTUVZ 9
5 ACDEFGHJKLMN**O** ABEGHIKOQUWXYZ 10

Anz. auf Seite 487 B 10-16A CEE
42ha 1519**T**(60-100m²) 877**D**

① €47,20
② €63,30

105177

3 km südlich von Porec die Küstenstraße Richtung Vrsar verlassen. Von hier noch 3 km bis zum CP.

Porec, HR-52440 / Istra

iD

Camping Ulika****
Ul. Kolombera 1
23 Apr - 3 Okt
+385 52 43 63 25
ulika@istracamping.com
N 45°15'24'' E 13°34'59''

1 ABDE**KN**OPQRST**U** AFKM**N**PQSW**X**Y 6
2 HILMPQRSWXYZ ABDE**FG** 7
3 ABFG**J**M**NO**S ABCDEFK**L**NOQRTUVW 8
4 BCDFHJLO**XZ** CDEKLOT 9
5 ACDEFGHKLMN ABGHIJKMOQVWX 10

Anz. auf Seite 487 **FKK** B 16A CEE
30ha 1051**T**(90-100m²) 183**D**

① €45,80
② €59,60

105175

In Istrien ab der A9 Richtung Pula Ausfahrt 3, Nova Vas, nehmen. Danach Novigrad Richtung Porec. Danach Ausfahrt Cervar nehmen. Nach 3,5 km erreicht man den CP.

Porec, HR-52440 / Istra

iD

Camping Zelena Laguna****
Zelena Laguna 24
6 Apr - 1 Okt
+385 52 41 07 00
zelena.laguna@istracamping.com
N 45°11'46'' E 13°35'22''

1 ABDE**KN**OPQSTU AFKM**N**PQSW**X**Y**Z** 6
2 HILMNPQRSUVWXYZ ABDE**FG**H 7
3 ABCEFG**HIJ**M**NORU** ABCDEFKNOQRTUV 8
4 BDFHLO**X** AEKLOTUVWX 9
5 ACDEFGHKLMN**O** ABGHIJKOQX 10

Anzeige auf Seite 487 B 10A CEE
15ha 700**T**(70-100m²) 231**D**

① €47,30
② €63,30

105176

2 km südlich von Porec die Küstenstraße in Richtung Vrsar verlassen. Von hier noch 3 km bis zum CP.

Teilkarte Istrien auf Seite 482

Premantura, HR-52205 / Istra

Arena Runke Campsite
Runke 43
23 Apr - 25 Sep
+385 52 57 50 22
arenarunke@arenacampsites.com
N 44°48'28" E 13°55'00"

1 ABDEKNOPQRSTU	KMNOPQRSTXYZ 6
2 HIMNPQSUVWXYZ	ABDEFG 7
3	ABEFKNQRW 8
4 A	OR 9
5 ABDEFGHLN	ABHIJKOUX 10
Anzeige auf Seite 485 B 10A	① €36,00
4,5ha 248T(60-120m²) 84D	② €48,00

CP an Ringstraße Pula ausgeschildert. 105191

Premantura, HR-52203 / Istra

Arena Stupice Campsite**
Selo 250
14 Apr - 2 Okt
+385 52 57 51 11
arenastupice@arenacampsites.com
N 44°47'52" E 13°54'50"

1 ABDEKNOPQRSTU	KMNOPQRVWXYZ 6
2 BGILMNPQSUXYZ	ABFGH 7
3 AFGNSU	AEFGHIKNPQRT 8
4 ABCDLX	ELMNRTUV 9
5 ABCDEFGHJLN	ABGHIJKOSTU 10
Anzeige auf Seite 485 B 10A	① €40,60
26ha 920T(60-120m²) 210D	② €53,80

Ab der Autobahn Pula/Medulin/Premantura ausgeschildert. 105192

Premantura, HR-52100 / Istra

Arena Tašalera Campsite**
Premantura bb
23 Apr - 25 Sep
+385 52 57 55 55
arenatasalera@arenacampsites.com
N 44°48'52" E 13°54'42"

1 ABDEKNOPQSTU	KMNPQSWXY 6
2 BHIMQSUVWXYZ	ABFGH 7
3 AG	ABEFOPQR 8
4 A	EJK 9
5 ACDFHLN	ABIJKOUX 10
Anzeige auf Seite 485 B 10A	① €37,25
9ha 333T(80-120m²) 53D	② €47,85

Von der Mautstrecke Pula/Medulin den Schildern Premantura folgen. Dann den CP-Schildern am Ortseingang folgen. 108907

Pula, HR-52100 / Istra

CC€21

Arena Stoja Campsite***
Stoja 37
6 Apr - 31 Dez
+385 52 38 71 44
arenastoja@arenacampsites.com
N 44°51'34" E 13°48'52"

1 ABDEKNOPQSTU	KMNOPQSWXYZ 6
2 AHILMNPQSWXYZ	ABDEFGH 7
3 AFGJLMN	ABCDEFHIJKLNPQRT 8
4 ABCDLOPQX	CEKLOTUWXZ 9
5 ACDEFGHJLNO	ABDGHIJKOSTU 10
Anzeige auf Seite 485 B 10A CEE	① €42,40
16,7ha 678T(60-144m²) 99D	② €55,60

CP an Ringstraße Pula ausgeschildert. 105188

Pula, HR-52107 / Istra

Brioni Sunny Camping**
Puntizela 155
14 Apr - 18 Okt
+385 52 46 50 10
camping@valamar.com
N 44°53'54" E 13°48'29"

1 ABDEKNOPQRSTU	KNOPQSWX 6
2 BHILMNQTWXYZ	ABDEFG 7
3 AFGLSU	ABEFNPQRTUW 8
4 ABP	EGKQST 9
5 ABDEFGJL	ABCGHIJKOSTUVX 10
Anzeige auf Seite 491 B 16A CEE	① €35,25
9ha 476T(80-100m²) 138D	② €42,15

A9 bis Ausfahrt Vodnjan, dann den Ring bis Pula. Bei der Tankstelle rechts nach Fazana und den CP-Schildern folgen. 109226

ACSI AWARDS 2022

GEWINNER

Bestes Campingplatz-Restaurant Kroatien

Camping Valalta Naturist

Rabac, HR-52221 / Istra

CC€23

Oliva Camp & Residence***
Maslinica 1
8 Apr - 8 Okt
+385 52 87 22 58
olivakamp@maslinica-rabac.com
N 45°04'51" E 14°08'45"

1 ABDEKNOPQRSTU	AFHKMNOPQSWXYZ 6
2 HLQWY	ABDEFGH 7
3 BFJMNU	ABCDEFNOQRT 8
4 ABCEFILRTVXYZ	EKLNORSUW 9
5 ABDFGHJLN	ABDGHIKOQUV 10
B 6A CEE	① €46,40
5,5ha 324T(70-100m²) 336D	② €55,90

Von Labin Richtung Rabac. Am Ende des Hangs am Kreisel rechts ab. Straße zum Camping läuft hinter den Hotels vorbei. 105211

Rovinj, HR-52210 / Istra

CC€23

Amarin
Monsena bb
21 Apr - 7 Okt
+385 52 80 22 00
hello@maistra.hr
N 45°06'32" E 13°37'11"

1 ABDEKNOPQRSTU	AFKMNPQRSWXYZ 6
2 HLMNPQSUWXYZ	ABDEFG 7
3 ABFGJMNOSU	ABCDEFINOQRT 8
4 ABCDJLPX	AEIKLMNOQRTUVX 9
5 ACDEFGHIJL	ABDGHIJKMNQUXY 10
Anzeige auf Seite 489 B 16A CEE	① €45,30
12,5ha 558T(80-120m²) 643D	② €58,50

CP liegt 3,5 km nördlich von Rovinj, ausgeschildert. 105184

Rovinj, HR-52210 / Istra

CC€21

Polari***
Polari 1
7 Apr - 7 Okt
+385 52 80 15 01
hello@maistra.hr
N 45°03'46" E 13°40'30"

1 ABDEKNOPQRSTU	AFKMNPQRSWXY 6
2 HLMNPQSUVWXYZ	ABDEFGH 7
3 ABEFGJMNOSUV	ABCDEFKLNQRTUV 8
4 ABDHILOPQX	ABCDEKLMNOPQRTUVWX 9
5 ACDEFGHJKL	ABDGHIJKOQUVWXYZ 10
Anzeige auf S. 489 FKK B 10A CEE	① €59,00
60ha 1668T(80-120m²) 679D	② €76,40

3 km südlich von Rovinj CP-Schildern folgen. 105185

Rovinj, HR-52210 / Istra

CC€23

Veštar****
Veštar 1
21 Apr - 7 Okt
+385 52 80 37 00
hello@maistra.hr
N 45°03'15" E 13°41'11"

1 ABDEKNOPQRSTU	AFKMNOPQSWXYZ 6
2 HILMNQSTUWXY	ABDEFGH 7
3 ABEFGMU	ABCDEFKLNQRTUV 8
4 ABDHILOX	ABCELNORSTV 9
5 ACDEFGHJKL	ABDGHIJKOQUWXY 10
Anzeige auf Seite 489 B 16A CEE	① €64,50
15ha 458T(60-120m²) 304D	② €86,00

Von Rovinj in Richtung Pula, nach ca. 4 km rechts und CP-Schildern folgen. 105186

Rovinj, HR-52210 / Istra

Val Saline****
Cesta Za Valaltu-Lim 7A
30 Apr - 30 Sep
+385 52 80 48 50
camp@valsaline.hr
N 45°06'53" E 13°37'46"

1 BDEILOPQRSTU	AFKLMPQWXY 6
2 EHILMPQSVWXYZ	ABDEFGH 7
3 ABFGJMNS	ABCDEFIKNQRTUV 8
4 ABCDHLRTUVXZ	ELNOTU 9
5 ACEFGHLNO	ABCEGHIJKOPSTWXY 10
B 16A CEE	① €56,20
12ha 366T(80-140m²) 60D	② €69,20

Von Rovinj 6 km in nordwestlicher Richtung der Beschilderung Valalta folgen und danach den Schildern Val Saline. 122678

Rovinj, HR-52210 / Istra

Valalta Naturist****
Cesta Za Valaltu-Lim 7
30 Apr - 30 Sep
+385 52 80 48 00
valalta@valalta.hr
N 45°07'22" E 13°37'52"

1 BDEILOPQRSTU	BEFHKMPQSWXYZ 6
2 HIJKLMNPQSVWXYZ	ABDEFGH 7
3 ABFGJMNSU	ABCDEFIKNQRTUV 8
4 ABCDHLOPQRTUVXYZ	EIJLNORTU 9
5 ACDEFGHIJKLMNO	AEGHIJKOPSTUVWXYZ 10
FKKB 10-16A CEE	① €64,60
120ha 857T(80-140m²) 1321D	② €77,95

Von Rovinj 7 km nach Nord-Westen, den Schildern 'Valalta' folgen. 101019

ACSI Durchreisecampingplätze

In diesem Führer finden Sie eine handliche Karte mit Campingplätzen an den wichtigen Durchgangsstrecken zu Ihrem Ferienziel. Durch die Farbe des jeweiligen Zeltchens können Sie erkennen, ob dieser Platz ganzjährig geöffnet ist oder nicht. Darüber hinaus gibt es für jeden Platz auch noch eine kurze redaktionelle Beschreibung, inklusive Routenbeschreibung und Öffnungszeiten.

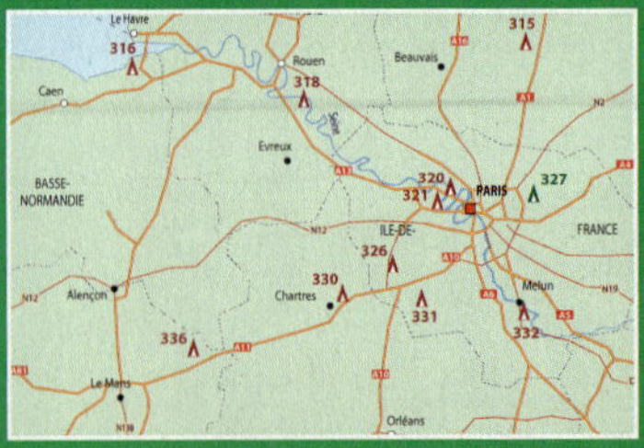

Kroatien

Teilkarte Istrien auf Seite 482

Sveti Lovrec Labinski, HR-52222 / Istra

CC€19 iD

Tunarica Sunny Camping**
Tunarica 80
27 Apr - 1 Okt
+385 52 46 50 00
reservations@valamar.com

1 ABDEKNOPQRSTU MPSXYZ 6
2 BHILMNQRWYZ ABDEFG 7
3 AM ABEFKNQR 8
4 NOR 9
5 ABDEFGHLN AGIJKNSTUX 10
Anzeige auf Seite 491 B 6A CEE ① €34,05
3ha 160T(50-100m²) 15D ② €37,75

N 44°58'09'' E 14°05'50''
113617
Von Labin Richtung Sveti Lovrec Labinski. Der CP ist hier bereits augeschildert. An der Ausfahrt Tunarica ist der Camping angezeigt (ca. 17 km von Labin).

Tar, HR-52465 / Istra

CC€21 iD

Lanterna Premium Camping Resort****
Lanterna 1
6 Apr - 1 Okt
+385 52 46 50 00
reservations@valamar.com

1 ABDEKNOPQRSTU BGHIKMNOPQRSTWXYZ 6
2 HIJLMNPQSTUVWXYZ ABDEFGH 7
3 ABDEFGHIJMNOSUVW ABCDEFIKNOQRTUVW 8
4 ABCDFHJLOPQUXYZ ACDEKLMNOPQRSTUVXZ 9
5 ACDEFGHJKLMNO ABCFGHIKLMOPQUVWXYZ 10
Anzeige auf Seite 491 B 16A CEE ① €62,50
83ha 1389T(70-120m²) 1492D ② €80,50

N 45°17'50'' E 13°35'40''
100685
In Istrien von der Autobahn Richtung Pula A9, die Ausfahrt 3 Nova Vas nehmen. Danach über Novigrad Richtung Porec. Die Ausfahrt zum CP ist ausgeschildert.

Tar, HR-52465 / Istra

iD

Solaris Camping Resort***
Solaris 1
20 Apr - 30 Sep
+385 52 46 50 10
camping@valamar.com

1 ABDEKNOPQRSTU AKMNOPQSWXY 6
2 HMNPQSWXYZ ABDEFG 7
3 ABFGHIJMNSU ABCDEFKNOQRTUVW 8
4 ADEFHOXZ DEGIKLNORTUZ 9
5 ACDEFGHJKL ABGHIJKMNSTUXYZ 10
Anzeige auf S. 491 FKKB 16A CEE ① €43,30
50ha 1066T(80-120m²) 675D ② €57,70

N 45°17'28'' E 13°35'05''
105174
In Istrien von der Autobahn Richtung Pula die A9, Ausfahrt 3 Nova Vas nehmen. Danach über Novigrad Richtung Porec. CP ist angezeigt.

Umag, HR-52470 / Istra

CC€19 iD

Camping Finida****
Krizine 55A
21 Apr - 1 Okt
+385 52 71 39 50
finida@istracamping.com

1 ABDEKNOPQSTU KMNPQSWXY 6
2 HMNPQRSWYZ ABDEFH 7
3 A ABCDEFKNQRTUV 8
4 FH KL 9
5 ACDHLN ABDEGHIJKOSTUWX 10
Anzeige auf Seite 487 B 10A CEE ① €42,90
3,3ha 282T(70-100m²) 40D ② €53,70

N 45°23'34'' E 13°32'30''
105171
In Umag Richtung Novigrad folgen, CP ca. 5 km von Umag entfernt. Wird deutlich beschildert.

Umag, HR-52475 / Istra

CC€19 iD

Camping Savudrija****
Istarska ulica 19
21 Apr - 1 Okt
+385 52 70 95 50
savudrija@istracamping.com

1 ABDEKNOPQRSU AKMNPQSWX 6
2 BHIMNQSWYZ ABDEFG 7
3 BGJMN ABCDEFKNQRTU 8
4 BDL KLNTUVW 9
5 ACDEHLN ABDEGHIJKOSTUWX 10
Anzeige auf Seite 487 B 10A CEE ① €40,60
17ha 366T(80-120m²) 87D ② €51,80

N 45°29'13'' E 13°29'32''
111239
Der CP liegt ca. 9 km nordwestlich von Umag bei dem Örtchen Savudrija. Ist gut ausgeschildert und leicht zu finden. Von Basanija aus sind es nur 800m bis zum CP.

Umag, HR-52470 / Istra

CC€21 iD

Camping Stella Maris****
Stella Maris 9a
21 Apr - 4 Okt
+385 52 71 09 00
stella.maris@istracamping.com

1 ABDEKNOPQRSTU AFKMNOPQSWXYZ 6
2 GJLMNRSTUWXYZ ABDEFG 7
3 BFGJMNOU ABCDEFIJKNQRTUV 8
4 ABCDFHLOX AEKLNORSTUVW 9
5 ACDEFGHL ABDEGHIJKOPQUWXZ 10
Anzeige auf Seite 487 B 10A CEE ① €52,20
5ha 486T(80-100m²) 226D ② €60,60

N 45°27'14'' E 13°31'17''
105170
Von Umag Beschilderung nach Stella Maris folgen.

Umag/Karigador, HR-52474 / Istra

CC€21 iD

Camping Park Umag****
Ladin Gaj 132 A
21 Apr - 1 Okt
+385 52 71 37 40
park.umag@istracamping.com

1 ABDEKNOPQRSTU AFKMNOPQRSTWXYZ 6
2 HILMNPQSWXYZ ABCDEFGH 7
3 ABCFGJMNOV ABCDEFIKNQRSTU 8
4 ABCDFHLOPQX ACEKLMNOPRSTUVWX 9
5 ACDEFGHJL ABDEGHIJKMOSTUWXYZ 10
Anzeige auf Seite 487 B 10A CEE ① €49,50
138ha 1647T(80-120m²) 1053D ② €62,10

N 45°22'02'' E 13°32'50''
105172
Von Umag Richtung Novigrad, nach 8 km CP an der Meeresseite.

Vabriga, HR-52465 / Istra

CC€21 iD

Boutique Camping Santa Marina*****
Santa Marina 12
1 Mai - 1 Okt
+385 9 93 59 16 69
info@santamarina-camping.com

1 ABDEKNOPQSTU AF 6
2 STWXY ABDEFG 7
3 BFGM ABCDEFIKLNQRTU 8
4 BCDILOPQX CJKLVW 9
5 ABDFGHL ABEGHIJKOPQUWX 10
Anzeige auf dieser Seite B 16A CEE ① €58,00
4,5ha 117T(100-110m²) 137D ② €74,00

N 45°17'19'' E 13°36'31''
124442
In Istrien ab der A9 Richtung Pula, Ausfahrt 3 Nova Vas. Danach über Novigrad Richtung Porec. Ausfahrt Vabriga und den Schildern zum Camping folgen.

Vrsar, HR-52450 / Istra

iD

Naturist park Koversada***
Koversada
21 Apr - 8 Okt
+385 52 44 13 78
hello@maistra.hr

1 ABDEKNOPQRSTU KMNOPQSWXY 6
2 HILMNQSWXYZ ABDEFGH 7
3 BFGJMNS ABCDEFKLNOQRTUVW 8
4 ABCDLOX BDEGILRSTUV 9
5 ACDEFGHJKL ABGHIJKNSTUWXYZ 10
Anzeige auf S. 489 FKK B 10A CEE ① €53,70
97ha 1450T(90-120m²) 662D ② €66,90

N 45°08'31'' E 13°36'20''
105182
CP 1 km südlich von Vrsar. Schildern nach Koversada folgen.

Vrsar, HR-52450 / Istra

CC€19 iD

Porto Sole***
Petalon 3
1 Jan - 31 Dez
+385 52 42 65 00
hello@maistra.hr

1 ABCDEKNOPQRSTU AFKMNOPQSWXY 6
2 HILMNQSUVWXYZ ABCDEFGH 7
3 ABFGJMNOS ABCDEFJKLNQRTUVW 8
4 ABDFHLOTX BEGILSV 9
5 ACDEFGHJL ABDGHIJKOSTUXYZ 10
Anzeige auf Seite 489 B 10A CEE ① €53,10
17ha 622T(100m²) 420D ② €69,90

N 45°08'30'' E 13°36'08''
105183
CP 1 km südlich von Vrsar in Richtung Koversada.

Vrsar, HR-52450 / Istra

iD

Orsera Camping Resort***
Sveti Martin 2/1
20 Apr - 30 Sep
+385 52 46 50 10
camping@valamar.com

1 ABDEKNOPQRSU KMNOPQSWXYZ 6
2 HILMNPQSUVWXYZ ABDEFG 7
3 ABG ABCDEFKNQRTW 8
4 DFHOX ADEKLNOQRST 9
5 ACDFGHJLMN ABGHIJKOQUX 10
Anzeige auf Seite 491 B 16A CEE ① €49,50
9ha 438T(70-90m²) 152D ② €63,80

N 45°09'20'' E 13°36'37''
105181
Der CP liegt an der Nordseite von Vrsar. Deutlich ausgeschildert.

Kroatien

Teilkarte Istrien auf Seite 482

Primorje-Gorski Kotar/Lika-Senj/Zadar/Sibenik-Knin

Baska (Krk), HR-51523 / Primorje-Gorski Kotar CC€19 iD

Baška Beach Camping Resort****
Put Zablaca 40
27 Apr - 1 Okt
+385 52 46 50 00
reservations@valamar.com
N 44°58'01" E 14°44'43"

1 ABDEK**N**OPQRSTU BEG**H**KM**N**PQS**X** 6
2 HILPQSWXY ABDE**FG**H 7
3 BFG**J**M**NU** ABCDEFKNQRTUVW 8
4 BCDEFL**RSTUXYZ** ADEKLNRTVWX 9
5 ABDEFGHJL**N** ABDGHIKOPQUVWXY 10
Anzeige auf Seite 491 B 16A CEE ① €70,20
9ha 440**T**(80-120m²) 194**D** ② €81,40

Vor Baska rechts. Den Schildern 'Baska Beach Resort' folgen. 105209

Baska (Krk), HR-51523 / Primorje-Gorski Kotar CC€21 iD

Bunculuka Camping Resort****
Kricin 30
27 Apr - 1 Okt
+385 52 46 50 00
reservations@valamar.com
N 44°58'09" E 14°46'01"

1 ABDE**KN**OPQRST**U** KM**N**OPQS**X**Y 6
2 HILMNQSUVWXYZ AB**C**DE**FG**H 7
3 BEF**J**M**N**S**U**W ABCDEFJKNQRTUVW 8
4 FIO**X** DEKLMNR 9
5 ACDFGHIJLN**O** ABDGHIJKOPSTUWXY 10
Anz. auf S. 491 **FKK** B 10-16A CEE ① €68,20
4,7ha 400**T**(60-100m²) 75**D** ② €79,80

Kurz vor Baska links fahren, Richtung Valbiska und FKK. Danach den Schildern 'FKK Bunculuka' folgen. 105210

Biograd na Moru, HR-23210 / Zadar iD

Camping Park Soline****
Put Kumenta 16
1 Apr - 15 Okt
+385 23 38 33 51
info@campsoline.com
N 43°55'42" E 15°27'20"

1 ABDE**KN**OPQRST**U** KM**N**OPQRSW**X** 6
2 BHLMSTWXYZ ABDE**FG**H 7
3 BFGM**NO**S ABCDEFNQRTUVW 8
4 **A**BCDHOR**X** ELU 9
5 ABDEFGHJL**O** ABFHOSTUX 10
Anzeige auf Seite 493 B 16A CEE ① €63,70
20ha 550**T**(90-150m²) 425**D** ② €75,10

Von Zadar kommend die Ausfahrt Benkovac/Biograd na Moru. Nach Biograd fahren und an der ersten Ampel links. CP ist ausgeschildert. 105241

ACSI

Geografisch suchen

Schlagen Sie Seite 477 mit der Übersichtskarte dieses Landes auf. Suchen Sie das Gebiet Ihrer Wahl und gehen Sie zur entsprechenden Teilkarte. Hier sehen Sie alle Campingplätze auf einen Blick.

Teilkarte Primorje-Gorski Kotar/Lika-Senj/Zadar/Sibenik-Knin auf Seite 492

Cres (Cres), HR-51557 / Primorje-Gorski Kotar

Camp Kovacine***
Melin I/20
30 Mrz - 22 Okt
+385 51 57 31 50
campkovacine@kovacine.com

1	BDEKNOPQRSTU	BGKMNOPQRSWXZ	6
2	HILQSUVWXYZ	ABDEFGH	7
3	BEFGMSU	ABCDEFGIKLNQRTUVW	8
4	ABCDEFHLRXZ	EGKLMNOSTUVW	9
5	ABCDEFGHJLMNO	ABGHIJKMOPSTUWXYZ	10

FKK B 10A CEE
27ha 1100T(70-120m²) 413D
① €52,60
② €66,60

N 44°57'46'' E 14°23'49''

Von der Fähre Hauptstraße nach Cres folgen, kurz vor Cres rechts, ausgeschildert. 105215

Drage, HR-23211 / Zadar

Oaza Mira****
Ul. Dr. Franje Tudmana 2
1 Apr - 31 Okt
+385 23 63 54 19
info@oaza-mira.hr

1	ABDEKNOPQRSTU	AKMNOPQSWXYZ	6
2	HILSTVWXYZ	ABDEFG	7
3	AFGJNS	ABCDEFGIKLNQRUW	8
4	AHIOR	EORTZ	9
5	ABDEFGHL	ABDHIJKOPQX	10

B 16A
4ha 192T(120-150m²) 52D
① €73,00
② €98,00

N 43°53'30'' E 15°32'03''

A1 Karlovac-Split an Zadar vorbei Ausfahrt Biograd na Moru. Pakostane vorbei, in Drage an Meeresseite der Straße ausgeschildert. Pfeile Autokamping Oaza Mira folgen. 113005

Donji Babin Potok, HR-53223 / Lika-Senj

Big Bear Plitvice Nature Resort****
Donji Babin Potok 107B
1 Apr - 1 Nov
+385 53 65 25 89
info@plitvice-resort.com

1	ABDEKNOPQRSTU		6
2	IQSTWX	ABDEFG	7
3	A	ABCDEFIKNQRTU	8
4	AHIOR	EV	9
5	ABFHJLNO	AHIJKOPRUX	10

B 16A CEE
H750 3,5ha 70T(75-85m²) 32D
① €33,10
② €36,10

N 44°50'40'' E 15°29'02''

A1 Ausf. 10 Otocac. Erst N50, dann 52 Ri. Korenica bis G. Babin Potok. Oder: A1 Ausf. 13 Ri. Nationalpark Plitvicka. Vorbei an Korenica auf Nr. 52 (17 km) bis G. Babin Potok. 123569

Glavotok (Krk), HR-51500 / Primorje-G. K.

Camping Glavotok***
Glavotok 4
21 Apr - 1 Okt
+385 51 86 78 80
info@kamp-glavotok.hr

1	ABDEKNOPQRSTU	BGKNOPQSXY	6
2	BHILMNQSUVWYZ	ABDEF	7
3	BFGMT	ABCDEFIKLNOQRT	8
4	BCDFHLX	EORSX	9
5	ABDEFHJLN	ABEGHIJKMOPQUWXY	10

Anzeige auf dieser Seite B 10A CEE
6ha 333T(80-120m²) 88D
① €65,60
② €75,20

N 45°05'38'' E 14°26'25''

Folgen Sie der Hauptstraße Zollbrücke/Krk. Ausfahrt Valbiska rechts, dann Schildern Glavotok folgen. Letzte 2 km schmale, oft kurvige Straße mit Ausweichbuchten. 105199

Icici, HR-HR-51414 / Primorje-Gorski Kotar

Opatija
Liburnijska ul. 46
1 Apr - 29 Okt
+385 51 70 48 30
info@rivijera-opatija.hr

1 BDE**KN**OPQRSTU KM 6
2 BGILNPQTUVXYZ ABDE**F** 7
3 ABEFNQR 8
4 FI K 9
5 AD AHIJKNSTU 10
B 16A CEE ❶ €30,45
H300 40ha 400**T**(100-150m²) 10**D** ❷ €40,85

N 45°18'36'' E 14°17'04''
Auf der Küstenstraße von Opatija nach Rabac, auf der Höhe von Icici, die Ausfahrt zum Campingplatz nehmen. Nach der Ausfahrt der Beschilderung zum Campingplatz folgen (500 m). Nicht die angegebene Adresse des Campingplatzes eingeben. 125246

Jezera, HR-22242 / Sibenik-Knin (CC€21)

Holiday resort Jezera Village***
Uvala Lovišca
21 Apr - 16 Okt
+385 22 43 96 00
prodaja@jezeravillage.com

1 BDE**KN**OPQRST**U** KMNOPQ**XYZ** 6
2 HILPSUVWYZ ABDE**FG** 7
3 **BJMN** ABEFNQRTW 8
4 **A**BCHO**QX** EGILNRTUV 9
5 ACDEFGHL AHIK**O**STX 10
Anzeige auf Seite 495 16A ❶ €48,25
18ha 400**T**(100-120m²) 262**D** ❷ €62,80

N 43°47'31'' E 15°37'39''
Die neue A1 Karlovac-Split an Zadar vorbei Ausfahrt Pirovac. Küstenstraße Nr. 8 überqueren zur Halbinsel Murter. Nach 6,5 km in Tisno-Ort über die Brücke nach Murter. Weiter ausgeschildert. 105245

Klenovica, HR-51252 / Primorje-Gorski Kotar

Camp Kozica**
Jadranska cesta bb
1 Mai - 30 Sep
+385 51 22 28 51
info@luje.hr

1 BDE**KN**OPQRST**U** OPQSW 6
2 HIKQXYZ ABDE 7
3 ABCDEFNQR 8
4 9
5 ABDL AIJKNST 10
16A ❶ €44,40
7ha 215**T**(80-100m²) ❷ €55,40

N 45°03'24'' E 14°52'20''
Hinter Klenovica Richtung Senj. Der CP liegt rechts der Straße. 117987

Klenovica, HR-51252 / Primorje-Gorski Kotar

Klenovica**
Zidinice bb
1 Mai - 30 Sep
+385 51 79 62 51
camp.klenovica2@luje.hr

1 BD**KN**OPQRST**U** **AFN**PQSW 6
2 HILPSUVXYZ ABDE 7
3 B ABCDEFKNQR 8
4 EI 9
5 ACDEFGHIL AGHIJK**N**ST 10
16A CEE ❶ €44,80
11,6ha 396**T**(80-100m²) 217**D** ❷ €50,30

N 45°05'48'' E 14°50'44''
An der Küstenstraße Rijeka-Split. Hinter Novi Vinodolski am 2. Schild Klenovica rechts. Der Straße folgen, danach ist der CP angezeigt. 113296

Klimno/Dobrinj, HR-51514 / Primorje-Gorski K. (CC€21) iD

Slamni****
Klimno 8a
28 Apr - 2 Okt
+385 51 85 31 69
info@kampslamni.com.hr

1 ABDE**KN**OPQRSU AFKM**N**PQS**XZ** 6
2 HILPTWXYZ ABCDE**FG**HIK 7
3 BEMS ABCDEFKNQRTUW 8
4 BDFHIJLORU**X** CEKLNOR 9
5 ABDFGHJLMNO ABDGHIJKOQUY 10
Anzeige auf Seite 495 B 16A CEE ❶ €58,40
0,7ha 39**T**(35-80m²) 19**D** ❷ €71,40

N 45°09'13'' E 14°37'02''
Die Krk-Brücke vom Festland aus zur Insel Krk. Am ersten Kreisel geradeaus. Nach 1300 m links Richtung Dobrinj abbiegen (nicht geradeaus). Die Strecke zum CP ist weiter ausgeschildert. Ins Navi „Klimno" eingeben. 121619

Kolan (Pag), HR-23251 / Zadar iD

Camping Village Šimuni***
Simuni 106
1 Mrz - 15 Nov
+385 23 69 74 41
info@camping-simuni.hr

1 ABCDE**KN**OPQRSTU HK**MN**OPQRSTVW**XYZ** 6
2 BHIJLPSTUVWXYZ AB**C**DE**FG** 7
3 ABEFGM**U** ABCDEF**I**J**K**LNQRTUVW 8
4 **A**BCDHIJLNO**PRXZ** EMNOPSTUVWX 9
5 ACDEFGHIKL ABHIKOSTUWXY 10
B 16A CEE ❶ €56,70
40ha 900**T**(60-140m²) 370**D** ❷ €73,00

N 44°27'55'' E 14°58'01''
Auf der Straße von der Stadt Pag in Richtung Novalja. Der Campingplatz ist nach ca. 12 km ausgeschildert. 105226

Kolan (Pag), HR-23251 / Zadar (CC€19)

Terra Park SpiritoS
Sveti Duh 75
1 Mai - 30 Sep
+385 9 16 10 17 75
sales@terrapark.hr

1 BCDE**KN**OPQRST**U** **N**OPS 6
2 HILMRTWXY ABDE**FG** 7
3 A ABEF**GIL**NQRUV 8
4 BCLR E 9
5 ABDEFGHL ABDHIJKOSTUX 10
Anzeige auf Seite 498 B 16A CEE ❶ €67,00
3ha 104**T**(75-100m²) 72**D** ❷ €81,00

N 44°30'48'' E 14°57'39''
Von Novalja in Richtung Pag, vor Kolan ist der Campingplatz ausgeschildert. 116741

Korenica, HR-53230 / Lika-Senj iD

Borje***
Josipa Jovica 19
1 Apr - 30 Okt
+385 53 75 17 90
autocamp-borje@np-plitvicka-jezera.hr

1 ABDE**KN**OPQRST**U** 6
2 BIQUXYZ ABDE**FG** 7
3 AM ABEFKNQRTW 8
4 FHIO L 9
5 ABDHIJL AHIJKOQ 10
B 16A ❶ €36,05
6,5ha 136**T** ❷ €44,10

N 44°45'57'' E 15°41'21''
Liegt an der 1/E71 (Karlovac-Gracac), 15 km südlich vom Eingang 2 des Naturgebiets Plitvicka-Jezera und etwas südlich von der Ortschaft Korenica. Der CP liegt auf der Südwestseite der Straße. 118512

Krk (Krk), HR-51500 / Primorje-Gorski Kotar (CC€21) iD

Camping Bor***
Crikvenicka 10
1 Jan - 31 Dez
+385 51 22 15 81
info@camp-bor.hr

1 ABDEH**KN**OPQRSTU AF**X** 6
2 ISUVWXYZ ABDE**F**H 7
3 A ABEFJKNQRTUV 8
4 FHO 9
5 ABDHLN ABDGHIJKOQX 10
B 10A ❶ €51,50
H60 2,2ha 201**T**(70-130m²) 8**D** ❷ €66,30

N 45°01'21'' E 14°33'44''
Vor Krk Schildern Richtung 'Centar' (Zentrum) folgen, beim Kreisverkehr Schildern autocamp 'Bor' folgen, erste Straße rechts. 105204

Krk (Krk), HR-51500 / Primorje-Gorski Kotar (CC€23) iD

Jezevac Premium Camping Resort****
Plavnicka 37
1 Jan - 31 Dez
+385 52 46 50 00
reservations@valamar.com

1 ABDE**KN**OPQRSTU BGKM**N**OPQSW**XYZ** 6
2 HILNPQSUVWXYZ AB**C**DE**FG**H 7
3 BEFGMN**S** ABCDEF**GI**K**L**NQRTUV 8
4 **A**BCDELNOP**X** EKLNORTUWX 9
5 ABCDEFGHJLN**O** ABDGHIKM**O**PSTUXY 10
Anzeige auf Seite 491 B 10-16A CEE ❶ €80,90
11ha 459**T**(70-120m²) 221**D** ❷ €95,70

N 45°01'08'' E 14°34'01''
Von Krk aus der Beschilderung in Richtung Zentrum folgen. Der CP wird dann ausgeschildert mit Jezevac oder Autocamp (Jezevac). CP liegt auf der Westseite der Stadt. 105203

Krk (Krk), HR-51500 / Primorje-Gorski Kotar (CC€23) iD

Krk Premium Camping Resort*****
Narodnog Preporoda 80
14 Apr - 15 Okt
+385 52 46 50 00
reservations@valamar.com

1 ABDE**KN**OPQRSTU BGHKM**N**OPQSW**XYZ** 6
2 HILMNQSUVWXY AB**C**DE**FG**H 7
3 BDEFGJM**NU** ABCDEFGIJK**L**NPQRTUV 8
4 BCD**E**FHLO**P**Q**RTXZ** ACEKLNORTUVWX 9
5 ABCDEFGHJL**N** ABCDEGHIJKMOPSTUWXY 10
Anzeige auf Seite 491 B 16A CEE ❶ €89,00
5,6ha 310**T**(80-110m²) 161**D** ❷ €106,00

N 45°01'28'' E 14°35'30''
Von Krk Richtung Punat fahren. Vor der Tankstelle (links der Straße) rechts abbiegen. Der CP is ausgeschildert. 105205

Legende Karten

Ein offenes Zelt bedeutet daß sich hier ein Campingplatz befindet.

Ein geschlossenes Zelt bedeutet daß hier mehrere Campingplätze zu finden sind.

Campingplätze die CampingCard ACSI akzeptieren.

70 Auf dieser Seite finden Sie das Teilgebiet.

73 Pfeile mit Seitenangaben am Kartenrand verweisen auf angrenzende Gebiete.

Die Übersichtskarte des betreffenden Landes und im welchen Teilgebiet Sie sich befinden.

Kroatien

Lopar (Rab), HR-51280 / Primorje-Gorski K. CC€19 iD

San Marino
Camping Resort****
Lopar 488
27 Apr - 1 Okt
+385 52 46 50 00
reservations@valamar.com

1 ABDE**KN**OPQRST**U**	**H**KM**N**OPQRSW**X**Y**Z** 6
2 HIJPQRWXYZ	ABDE**FG** 7
3 BFG**J**M**N**OS**U**	ABCDEF**GI**K**L**NQRTUV 8
4 **A**BCDFILMO**PQRTUXZ**	ABDEGKLNOQRSTUVWXZ 9
5 ACDEFGHJKLM**O**	ABDGHIK**N**QUVX 10

Anzeige auf Seite 491 B 16A CEE
15ha 567**T**(80-120m²) 337**D**
① €67,30
② €76,90

N 44°49'24" E 14°44'14"
Von der Fähre aus Richtung Lopar. Der Campingplatz ist gut ausgeschildert.
105224

Lozovac, HR-22221 / Sibenik-Knin CC€19 iD

Camp Marina (NP. KRKA)
Skocici 6
1 Jan - 31 Dez
+385 9 13 68 33 23
campmarina.info@gmail.com

1 ABDEKNOPQRST**U**	A 6
2 ABPQSTWXYZ	ABDE**FGH** 7
3 A	ABEFNQRU 8
4 **A**HO	G 9
5 ADHK	ABDHJKOST 10

Anzeige auf Seite 494 B 16A
1ha 37**T**(40-100m²) 6**D**
① €25,00
② €30,00

N 43°47'59" E 15°56'39"
Von der Küstenstraße südlich von Šibenik Richtung Skradin-National Park Krka. Von der A1 Ausfahrt 21 Skradin-National Park Krka. Nach einigen Kilometern vom National Park ist der CP angezeigt.
118329

Lozovac, HR-22221 / Sibenik-Knin CC€19 iD

Camp Krka***
Skocici 2
1 Mrz - 30 Nov
+385 22 77 84 95
goran.skocic@si.t-com.hr

1 ABF**KN**OPQRSTU	B 6
2 APQSXYZ	ABDE**FG** 7
3 A	ABEFNQRW 8
4 **AE**HO	GH 9
5 ADHL	AHJKOSTUX 10

Anzeige auf dieser Seite 16A
1ha 40**T**(60-100m²) 5**D**
① €23,70
② €29,70

N 43°48'02" E 15°56'32"
Von der Küstenstraße südlich von Sibenik Richtung Skradin/Nationalpark Krka. Von der A1 Ausfahrt 21 Skradin/Nationalpark Krka. In einigen Km vom Nationalpark ist der CP ausgeschildert.
113943

Lozovac, HR-22221 / Sibenik-Knin — CC€15

Slapovi Krke***
Lozovac 2G
1 Mrz - 30 Nov
+385 9 55 49 52 07
danijel.skocic@gmail.com

1 ABFKNOPQRSTU 6
2 ASTXY ABDE 7
3 ABEFNQRUW 8
4 AEH 9
5 D AJKMOSTX 10
Anzeige auf dieser Seite 16A CEE
0,7ha 36T(60-100m²)
① €20,20
② €25,60
N 43°47'32" E 15°58'13"
122878
Von der Küstenstraße südlich von Sibenik zum Skradin-Nationalpark KrKa. Es befindet sich auf der rechten Seite der Straße zum Nationalpark KrKa. Angezeigt mit einem Schild. Die letzten 200 Meter auf einem unbefestigten Weg.

Mali Losinj (Losinj), HR-51550 / Primorje-G. K. — CC€23

Camping Cikat****
Cikat 6 A
1 Jan - 31 Dez
+385 51 23 21 25
info@camp-cikat.com

1 ABDEKNOPQRSTU AFHIKMNOPQRSXZ 6
2 BHILNPQSUVWXYZ ABDEFGH 7
3 ABDEFGMN ABCDEFGIJKLNQRSTUVW 8
4 ABCDEHLOPRUXYZ BCDEKLMNUVWXZ 9
5 ACDEFGHJKLMNO ABDEGHIJKMOSTUWXY 10
B 16A
H75 6ha 1214T(60-120m²) 508D
① €54,10
② €72,00
N 44°32'09" E 14°27'03"
105223
Von der Fähre kommend muss man die Inseln Cres und Mali Losinj kreuzen. Ab der Kreuzung, kurz hinter Mali Losinj, Richtung CP Cikat fahren.

Mali Losinj (Losinj), HR-51550 / Primorje-G. K. — CC€23

Village Poljana****
Rujnica 9a
1 Apr - 2 Nov
+385 51 23 17 26
info@poljana.hr

1 ABCDEKNOPQRSTU KMNOPQSWXYZ 6
2 BHILNQSUVWYZ ABDEFGH 7
3 ABFGMNOTW ABCDEFGILNOQRTUVW 8
4 ABCDELNOXZ CEJKLMNOPRUVWXZ 9
5 ACDFGHJLMN ABDFGHIJKOSTWXZ 10
B 10-16A CEE
18ha 546T(40-160m²) 177D
① €51,50
② €71,50
N 44°33'21" E 14°26'32"
105222
Von Nerezine liegt der CP vor Mali Losinj an der linken Straßenseite.

Martinšcica (Cres), HR-51556 / Primorje-G. K. — CC€19

Camping Slatina****
Vidovi i 30
22 Apr - 1 Okt
+385 51 57 41 27
info@camp-slatina.com

1 ABDEKNOPQRSTU KMNOPQSXYZ 6
2 HILNSUVWXYZ ABDEFG 7
3 AEGJMTU ABCDEFGKLNQRTUVW 8
4 BCLX EKLMNOSU 9
5 ACDFGHLMNO ABDEGHIJKMOSTVXY 10
B 16A CEE
15ha 463T(70-120m²) 155D
① €49,20
② €59,20
N 44°49'16" E 14°20'35"
105216
Von Cres Richtung Osor fahren. Nach circa 20 km rechts abbiegen. Schildern Slatina folgen (8 km).

ACSI AWARDS 2022

GEWINNER

Hundefreundlichster Campingplatz Kroatien

Camping Slatina

Medveja, HR-51416 / Primorje-Gorski Kotar

Mobile Homes Camping Resort Medveja***
Medveja bb
28 Apr - 30 Sep
+385 51 71 04 44
reservations@liburnia.hr

1 ABDEKNOPQRSTU KMNOPQSWXYZ 6
2 GLPQSWYZ ABDEFG 7
3 AM ABCDEFKNQRTUV 8
4 BCDFLOX EGIJKLU 9
5 ADEFGHJL AGHIKOSTX 10
B 16A CEE
5,7ha 266T(90-110m²) 99D
① €44,80
② €56,40
N 45°16'13" E 14°15'56"
101302
Von Opatija der Küstenstraße Richtung Pula folgen, durch Lovran. Der CP liegt 1 km hinter dem Ortschild von Lovran auf der rechten Seite.

Moscenicka Draga, HR-51417 / Primorje-G. K. — CC€23

Autocamp Draga***
Aleja Slatina bb
15 Apr - 1 Okt
+385 51 73 75 23
autocampdraga@gmail.com

1 ABDEKNOPQRSTU KMNOPQSWXY 6
2 GLPQTUVWXY ABDEFGI 7
3 A ABEFNQRW 8
4 F EKL 9
5 ABDN ABGHIJKOPQU 10
B 10-16A
3ha 110T(80-100m²) 55D
① €43,75
② €55,45
N 45°14'24" E 14°15'01"
108910
Dem Küstenweg von Opatija Richtung Pula folgen. Nehmen Sie die Ausfahrt Moscenicka Draga und folgen Sie der Beschilderung zum Campingplatz.

Nerezine (Losinj), HR-51554 / Primorje-Gorski Kotar

Kamp Rapoca***
Rapoca 21
7 Apr - 8 Okt
+385 51 23 71 45
rapoca@losinia.hr

1 ABDEKNOPQRSTU KMNOPQSXYZ 6
2 HLNPSUWYZ ABDEFG 7
3 BGM ABDEFIKLNQRT 8
4 BCDL EHIKL 9
5 ABDEFGHKNO ABHIJKOQUX 10
B 16A CEE
4,4ha 240T(70-100m²) 113D
① €40,20
② €55,20
N 44°39'49" E 14°23'51"
105220
Von Osor CP links an der Straße am Ortsanfang von Nerezine. Ausfahrt Nerezine und dann nach 300 m.

Nerezine (Losinj), HR-51554 / Primorje-Gorski Kotar

Lopari Camping Resort****
Lopari 1
7 Apr - 8 Okt
+385 51 23 71 27
lopari@losinia.hr

1 ABDEKNOPQRSTU KMPQRSX 6
2 HILMQSWXYZ ABDEFGH 7
3 BFJMS ABCDEFGIKLNQRTUV 8
4 BCDLRX EKLMNR 9
5 ACDFGHJKLMO ABGHIJKOSTUVWXY 10
B 16A CEE
15ha 332T(80-130m²) 111D
① €42,20
② €57,20
N 44°40'51" E 14°23'43"
105219
Kommend von Osor liegt der CP nach ca. 1,5 km an der linken Seite von der Straße nach Nerezine.

Nerezine/Osor (Losinj), HR-51554 / Primorje-Gorski Kotar

AC Preko Mosta**
Osor 8
15 Apr - 8 Okt
+385 51 23 73 50
booking@jazon.hr

1 BDEKNOPQRSTU KNPQSWXZ 6
2 GIMPQSUXY ABDEF 7
3 A ABEFINQR 8
4 EK 9
5 DE ABHJKNSTU 10
10A CEE
1ha 103T(60-110m²) 16D
① €32,45
② €46,30
N 44°41'34" E 14°23'31"
105218
CP liegt bei der Brücke auf der Landenge zwischen den Inseln Cres und Losinj. Beim Ort Osor.

Njivice (Krk), HR-51512 / Primorje-Gorski Kotar — CC€23

Aminess Atea Camping Resort****
Primorska Cesta 41
31 Mrz - 1 Nov
+385 52 85 86 90
camping@aminess.com

1 ABDEKNOPQRSTU FKMNOPQSWXYZ 6
2 HILMNQSUWYZ ABDEFG 7
3 BEHIJMNOSV ABEFGJKLNOQRTUV 8
4 ABCDFHILRXZ EKLNORTUVWXZ 9
5 ACDFGHJKN ABDGHIKOSTUX 10
Anzeige auf Seite 497 B 16A CEE
10ha 408T(80-120m²) 111D
① €63,00
② €76,00
N 45°10'10" E 14°32'49"
105198
Der CP liegt 10 km hinter der Zollbrücke Richtung Krk. Von der Hauptstraße aus ist der Weg mit "Aminess Camping" ausgeschildert.

 Teilkarte Primorje-Gorski Kotar/Lika-Senj/Zadar/Sibenik-Knin auf Seite 492

Novalja, HR-53291 / Zadar

CC€21

Kanic	1 BDE**KN**OPQRST**U** MNOPQS**XYZ** 6
Dabovi stani 48	2 BHIJLNTUVWXYZ ABDE**FG** 7
15 Apr - 15 Okt	3 A ABCDEF**IL**NQRUW 8
+385 9 81 38 01 32	4 N 9
info@campkanic.com	5 ADN ABGHJKOSTU 10
	Anzeige auf Seite 496 16A CEE — ① €48,00
N 44°35'48" E 14°50'03"	**H**50 2ha 70**T**(30-150m²) — ② €61,50

Von Novalja aus Richtung Lun. Die Ausfahrt zum Campinggelände ist ca. 5 km vor Lun angegeben. Dann über den Schotterweg den Schildern zum Campinggelände folgen. 125402

Novalja (Pag), HR-53291 / Zadar

CC€21 iD

Olea	1 ABCDE**KN**OPQRST**U** M**N**OPQS 6
Sonjevi stani 38b	2 HILMNRSUVWXYZ ABDE**FG** 7
15 Apr - 10 Okt	3 AM ABCDEF**GI**K**L**NQRUV 8
+385 21 77 00 22	4 **A** OUWX 9
info@oleacamping.com	5 ABDEFGHL ABCDHIJKOSTWX 10
	B 16A CEE — ① €46,15
N 44°37'41" E 14°47'42"	**H**50 6ha 235**T**(90-220m²) — ② €50,15

Von Novalja in Richtung Luna. Nach 12 km rechts abbiegen. Wird durch das Campingplatzschild angezeigt. Danach ca. 1 km der Beschilderung folgen. 125043

Novalja (Pag), HR-53291 / Zadar

CC€23 iD

Strasko****	1 ABCDE**KN**OPQRST**U** AFKM**N**OPQRSTW**X**Y**Z** 6
Zeleni put 7	2 HLMPQSTWXYZ ABDE**FG** 7
21 Apr - 8 Okt	3 BDEFG**HI**MNOSTUV**W** ABCDEF**GI**K**L**NQRSTUVW 8
+385 53 66 12 26	4 **A**BCDHJKLO**P**RU**XZ** CDELMOPRSUVWXZ 9
strasko@hadria.biz	5 ACDEFGHKLM**NO** ABDEFGHIJKMOPSTWXY 10
	Anz. auf dieser S. B 10-16A CEE — ① €57,00
N 44°32'56" E 14°53'15"	57ha 1358**T**(100-140m²) 825**D** — ② €63,50

Die Fähre Prizna-Zigljen wird empfohlen. Vor Novalja links ab, ausgeschildert. Oder auf der A1 in Posedarje Ausfahrt Pag (43 km) dann noch 32 km. Und vor Novalja links ab. 105227

Kroatien

Teilkarte Primorje-Gorski Kotar/Lika-Senj/Zadar/Sibenik-Knin auf Seite 492

Novalja (Pag), HR-53291 / Zadar

CC€21 iD

Terra Park Phalaris
Škuncini stani 100
16 Apr - 21 Okt
+385 9 11 51 19 56
sales@terrapark.hr

1 ABCDEKNOPQRSTU KMNOPQWXYZ 6
2 HILSTWXY ABDEFG 7
3 BEFMS ABEFIKLNQRU 8
4 ABCHLRX BENOP 9
5 ACDEFGHJL ABDHIJKMOPQUX 10

Anzeige auf dieser Seite B 16A CEE ① €57,00
1,5ha 157T(80-120m²) 101D ② €72,50

N 44°34'42'' E 14°51'18''

Der Campingplatz befindet sich auf der Insel Pag an der Straße von Novalja nach Lun und ist ausgeschildert.

123334

Omisalj, HR-51513 / Primorje-Gorski Kotar

CC€23 iD

Omisalj*****
Vodotoc 1
1 Jan - 31 Dez
+385 51 58 83 90
omisalj@hadria.biz

1 ABDEKNOPQRSTU AFKMNOPQSVWXYZ 6
2 HILSTWXY ABCDEFGH 7
3 BEFGJMNSW ABCDEFGIKLNQRSTUV 8
4 ABCDEFHIKLNOTX EKLNORSTUVWXZ 9
5 ABCDEFGHJLN ABDEGHIJKMOPSTUWXY 10

Anzeige auf dieser Seite B 16A CEE ① €62,70
8ha 230T(100-140m²) 120D ② €74,70

N 45°14'06'' E 14°33'09''

Von der Brücke auf der Insel Krk und aus Richtung Krk kommend, die Ausfahrt Pusca nehmen. Der Straße ca. 1 km bis zum Campingplatz folgen.

115324

Novigrad, HR-23312 / Zadar

iD

Adriasol Camping Novigrad***
Tomislava Baždarica 3
1 Mai - 15 Okt
+385 23 37 51 11
office@adriasol.com

1 ABDEKNOPQRSTU KMNOPQSVXYZ 6
2 AGILMNPSTVWXY ABDEFH 7
3 AGM ABCDEFKNQRTUW 8
4 AOQ JKL 9
5 ADHN ABFGHIJKOQU 10

B 16A CEE ① €39,50
2ha 120T(60-80m²) 12D ② €53,00

N 44°11'21'' E 15°32'49''

A1 Zagreb-Karlovac-Zadar-Split. Vor Zadar Ausfahrt nach Pag und Posedarje. Der Nebenstraße nach Süden folgen. An der Südseite vom Novigradsko More Richtung Novigrad. Durch Novigrad Zentrum bis zum Ende der Straße.

113147

Osor/Nerezine, HR-51554 / Primorje-Gorski Kotar

iD

AC Bijar
Osor bb
21 Apr - 1 Okt
+385 51 23 71 47
info@camp-bijar.com

1 ABDEKNOPQRSU KMNPQSXYZ 6
2 BHIMNSUVYZ ABDEFG 7
3 AGM ABDEFGIKLNQRT 8
4 B DEKNORUVW 9
5 ABDEHO ABGHIJKNSTUX 10

B 10A CEE ① €41,20
3ha 250T(50-110m²) 75D ② €51,20

N 44°41'58'' E 14°23'48''

Von Cres befindet sich AC Bijar 400m vor Osor, auf der rechten Straßenseite.

105217

Kroatien

Teilkarte Primorje-Gorski Kotar/Lika-Senj/Zadar/Sibenik-Knin auf Seite 492

Pakostane, HR-23211 / Zadar

Autocamp Nordsee
Alojzija Stepinca 68
1 Mrz - 5 Nov
+385 23 38 14 38
info@autocamp-nordsee.com

1 ABKNOPQRSTU	KMNOPQSWXYZ 6
2 HILMNSWXYZ	ABDEF 7
3	ABEFJNQRW 8
4 AO	DEIO 9
5 DEHKN	ABHIJKOST 10

B 16A CEE
1,7ha 90T(80-100m²) 38D
① €42,50
② €45,50

N 43°54'20'' E 15°30'58''

Die Autobahn A1 Karlovac-Split an Zadar vorbei Ausfahrt Biograd na Moru. Dann die Küstenstraße 8 Ri. Sibenik. Kurz außerhalb Pakostane (Richtung Drage) rechts der Straße ausgeschildert. Jetzt den Pfeilen Autocamp Nordsee folgen.

112114

Pakostane, HR-23211 / Zadar — CC€21

Kozarica****
Brune Busica 43
8 Apr - 31 Okt
+385 23 38 10 70
kozarica@adria-more.hr

1 ABDEKNOPQRSTU	FKMNOPQSWXYZ 6
2 HLMPSTWXYZ	ABDEFGH 7
3 BGMS	ABCDEFIKLNQRTUW 8
4 ABCDHLOX	DEIKLNORU 9
5 ACDFGHLNO	ABDFHIJKOPSTUXY 10

Anzeige auf dieser Seite B 16A CEE
7ha 233T(80-110m²) 127D
① €59,60
② €63,60

N 43°54'41'' E 15°29'59''

Ab Zadar der Küstenstraße 8 Ri. Biograd folgen. Zwischen Pakostane und Biograd auf der Meeresseite der Straße am Schild Kozarica ab.

105244

Pakostane, HR-23211 / Zadar — CC€23

Camp Vransko lake
- Crkvine***
Crkvine 2
1 Apr - 31 Okt
+385 9 93 32 14 37
info@vranalake.hr

1 ABDEKNOPQRSTU	LNPQXYZ 6
2 ELQXYZ	ABDEFH 7
3 AFMS	ABCDEFGIKNQRTUVW 8
4 AHO	ENORUVXZ 9
5 ACDHLN	ABDHIJKOU 10

Anzeige auf dieser Seite B 16A CEE
6,5ha 150T(100m²) 18D
① €38,20
② €44,20

N 43°55'49'' E 15°30'35''

Küstenstraße Nr. 8 Ri. Sibenik/Split folgen. In Pakostane links Richtung Vransko Jezero. CP ist ausgeschildert.

105243

Povljana, HR-23249 / Zadar — CC€19

Porat
Put Hrscice 2a
22 Apr - 1 Okt
+385 23 69 29 95
porat@hadria.biz

1 ABDEKNOPQRSU	KMNPQ 6
2 BGJLQSWXYZ	ABDEFG 7
3 A	ABCDEFKNQRUW 8
4 H	EU 9
5 D	AHIJKNST 10

Anzeige auf Seite 500 B 16A CEE
1,6ha 90T(80-100m²) 5D
① €33,20
② €42,70

N 44°20'58'' E 15°06'19''

A1 Ausfahrt 16 Posedarje Ri. Pag. Nach 30 km links nach Povljana (6 km). CP angezeigt. Von Rijeka über die Küstenstraße in Prizna die Fähre nach Zigljen. Südlich an Pag vorbei, nach 7 km rechts. Die 108 nach Povljana.

121624

Plitvicka Jezera, HR-53231 / Lika-Senj

Plitvice*****
Smoljanac 67
1 Jan - 31 Dez
+385 53 65 24 84
reception@campingplitvice.hr

1 ABDEKNOPQRSTU	AFU 6
2 IVWXY	ABDEFG 7
3 BFHI	ABCDEFGIJKLNQRTUV 8
4 ABCDFHIJLOR	EKLRUVWX 9
5 ADFHJL	ABCHIJKMOPSTUX 10

B 16A CEE
H400 1,6ha 75T(75-150m²) 17D
① €65,00
② €81,00

N 44°56'03'' E 15°37'47''

Nach Grabovac biegen Sie links in Richtung Nationalpark Plitvicer Seen ab. Park ist ausgeschildert.

125204

Kroatien

Primosten, HR-22202 / Sibenik-Knin

Camp Adriatic*
Huljerat 1a
19 Mrz - 12 Nov
+385 22 57 12 23
kamp-adriatik@adriatik-kamp.com

1 ADE**KN**OPQRSTU	KM**N**PQSTW**X**Y**Z** 6
2 GLMNPSUVWYZ	ABDE**F** 7
3 ABFGM**N**	ABEFKNQRTUVW 8
4 **A**BDHLO	DKMOQRT 9
5 ACDEFGHKL**O**	ABGHIJKMOTUXY 10

B 10A CEE — ① €43,90
12ha 464**T**(50-140m²) 49**D** — ② €56,90

N 43°36'23'' E 15°55'15''

An der Küstenstrasse D8, 20 km südlich von Sibenik, vor Primosten auf der rechten Seite. Deutlich angezeigt.

105253

Privlaka, HR-23233 / Zadar

Dalmacija Camp**
Ivana Pavla II 40
7 Jan - 31 Dez
+385 23 36 66 61
info@dalmacija-camp.com

1 BDE**KN**OPQRSTU	KM**N**PS**X**Y**Z** 6
2 GJPQSWXYZ	AB**F** 7
3 GM	ABE**F**HNQRW 8
4 **A**H	EU 9
5 DGHL	ABHIJKMOSTU 10

16A CEE — ① €46,85
4ha 326**T**(60-90m²) 14**D** — ② €57,85

N 44°15'24'' E 15°07'32''

A1 Karlovac-Split, vor Zadar Ausfahrt Nin/Zadar Zapad. In Nin Ri. Vir/Privlaka. Ausgeschildert. Oder ab Rijeka der Küstenstraße M2/E27 Ri.Süden folgen bis zur Maslenica Brücke. Rechts nach Nin/Privlaka. In Nin CP angezeigt.

110753

Punat (Krk), HR-51521 / Primorje-Gorski Kotar

CC€21

Camping Pila***
Setaliste i. Brusica 2
21 Apr - 30 Sep
+385 51 85 40 20
camp.pila@falkensteiner.com

1 ABDE**KN**OPQRSTU	KM**N**PQSTW**X**Y**Z** 6
2 HIMPQSUWY	ABDE**FGH**I 7
3 BFM	ABCDEFK**L**NQRTUW 8
4 **A**BCO**PX**	KLNORUVWX 9
5 ACDEFHLN	ABGHIKOSTUWX 10

Anzeige auf dieser Seite B 10A CEE — ① €39,20
11ha 600**T**(80-100m²) 120**D** — ② €44,50

N 45°00'58'' E 14°37'44''

Von Krk aus an Punat vorbei Richtung Stara Baska. Camping liegt als erster rechts der Straße. Rechts am Supermarkt abbiegen.

105206

Punat (Krk), HR-51521 / Primorje-Gorski Kotar

CC€23

Naturist Camp Konobe***
Obala bb
21 Apr - 30 Sep
+385 51 85 40 36
camp.konobe@falkensteiner.com

1 ABDE**KN**OPQRSU	KM**N**OPQSW**X**Y**Z** 6
2 HILMNQSUVWXY	ABDE**FG**H 7
3 FG**J**M	ABCDEFNOQRT 8
4 **A**BFI**X**	DKLNOUVWX 9
5 ABDEFHLN	ABDFGHIJKNQUX 10

Anzeige auf Seite 501 **FKK** 10A CEE — ① €52,00
H60 20ha 330**T**(60-100m²) 74**D** — ② €57,80

N 44°59'29'' E 14°37'50''

Kommend von Krk, Punat durchfahren Richtung Stara Baska. Nach ca. 3 km rechts ab.

105207

Kroatien

Teilkarte Primorje-Gorski Kotar/Lika-Senj/Zadar/Sibenik-Knin auf Seite 492

Punta Kriza (Cres), HR-51554 / Primorje-Gorski Kotar

Camping Baldarin FKK***
Bokinic 66
21 Apr - 1 Okt
+385 51 23 56 46
info@camp-baldarin.com

1 ABDE**KN**OPQRSTU KM**N**PQSW**X**YZ 6
2 BHILNPQUWXYZ ABDE**FG**H 7
3 AFG**J**M**N** ABCDEF**G**K**L**NQRT 8
4 BCD**X** BCDEKLNOPQRT 9
5 ACEFGHJLMN**O** ABGHIJKNSTUVWXY 10
FKK B 16A CEE
10ha 450**T**(70-140m²) 110**D**
① €41,30
② €51,30

N 44°36'56" E 14°30'30"
Aus Cres kommend kurz vor Osor links ab nach Punta Kriza. Der CP liegt 3 km hinter Punta Kriza (schmaler Weg von 15 km Länge mit Ausweichstellen).
105221

Razanac, HR-23248 / Zadar

Autocamp Planik***
Razanac 58
1 Mai - 30 Sep
+385 98 27 21 87
info@planik.hr

1 ABDE**KN**OPQRST**U** M**N**OPQSW**X**Y**Z** 6
2 BLMPQSUYZ ABDE**F** 7
3 AF ABEFNQRW 8
4 HI AE 9
5 D**N** AHIJK**O**U 10
6-16A
2ha 100**T**(80-120m²) 48**D**
① €35,35
② €46,55

N 44°16'40" E 15°20'41"
A1 Zagreb-Karlovac-Split. Vor Zadar Ausfahrt Pag/Posedarje Richtung Pag folgen und an der 1. Kreuzung rechts. Nach 500m CP links.
114447

Rab, HR-51280 / Primorje-Gorski Kotar

Padova Premium Camping Resort****
Banjol 496
6 Apr - 1 Okt
+385 52 46 50 00
reservations@valamar.com

1 ABDE**KN**OPQRSTU BGKM**N**PQSW**XZ** 6
2 HIJLQSUVWXY ABDE**FGH** 7
3 BDEMU ABCDEFKNOQRTUV 8
4 **A**BCDFHIJLNO EKLNOQRTUVW 9
5 ACDEFGHJLM**N** ABDGHIKMOQUWXY 10
Anzeige auf Seite 491 B 16A CEE
7ha 277**T**(80-100m²) 117**D**
① €52,50
② €61,90

N 44°45'10" E 14°46'27"
Richtung Rab folgen. Nach der Ausfahrt Lopar erste Straße links (scharfe Kurve). Nach ca. 500m wird der CP rechts ausgeschildert.
105225

Selce, HR-51266 / Primorje-Gorski Kotar

Camping Selce***
Jasenova 19
7 Apr - 1 Nov
+385 51 76 40 38
kampselce@jadran-crikvenica.hr

1 ABDE**KN**OPQRSTU AFKM**N**OPQSWX 6
2 HILMPQSUVWYZ ABDE**FGH** 7
3 AM**U** ABCDEFKNQRUVW 8
4 JO**P** BEKLNOSX 9
5 ABDEHKN ABDHIKOSTUWX 10
Anzeige auf dieser Seite B 16A CEE
8ha 299**T**(80-120m²) 194**D**
① €53,50
② €59,50

N 45°09'14" E 14°43'30"
Strecke an der Küstenstraße bei Selce gut ausgeschildert. Von Rijeka zweite oder dritte Ausfahrt nach Selce. Weiter der Beschilderung des Campingplatzes folgen.
105197

Teilkarte Primorje-Gorski Kotar/Lika-Senj/Zadar/Sibenik-Knin auf Seite 492

Sibenik, HR-22000 / Sibenik-Knin — CC€23 iD

Amadria Park Camping Šibenik****
Hoteli Solaris 86
1 Apr - 31 Okt
+385 22 36 10 17
info@amadriaparkcamping.com

1 ADE**KN**OPQRST**U** — A**E**FKM**N**PQRSW**XZ** 6
2 GLMPSTWXYZ — ABDE**FG**H 7
3 AFG**N**S**U** — ABCDEF**G**KNQRTUV 8
4 **A**BLO**X** — ADEHIJUZ 9
5 ACDEFGHKLM — ABCDFHIKOSTX 10
Anzeige auf Seite 503 B 16A — ① €68,00
50ha 307**T**(90-140m²) 699**D** — ② €92,00

N 43°41'57" E 15°52'46" — 101020

Camping an der Küstenstraße D8 Šibenik-Split, 5 km südlich von Šibenik. Ausfahrt Amadria Park nehmen und der Straße für fast 3 km folgen.

Tisno, HR-22240 / Sibenik-Knin — iD

Autocamp. Jazina
Put Jazina 318A
15 Apr - 15 Okt
+385 22 43 85 58
prisliga@si.t-com.hr

1 ABDE**KN**OPQRST**U** — KM**N**OPQ**X**Y**Z** 6
2 GIJLMSUVWXYZ — ABDE 7
3 M — ABEFNQRW 8
4 H — J 9
5 ABDEH — AHK**O**ST 10
10A — ① €31,75
6ha 350**T**(70m²) 50**D** — ② €38,75

N 43°48'33" E 15°37'42" — 105246

Die A1 Karlovac-Split vorbei Zadar, Ausfahrt Pirovac. Die Küstenstraße Nr. 8 überqueren zur Halbinsel Murter. Nach ca. 6,5 km vor Tisno-Ort rechts (empfohlen) oder geradeaus bis vor die Brücke und dann rechts ab.

Stara Baska/Punat (Krk), HR-51521 / Primorje-G. K. — CC€19 iD

Skrila Sunny Camping***
Stara Baska 300
27 Apr - 1 Okt
+385 52 46 50 00
reservations@valamar.com

1 ABDE**KN**OPQRSTU — KM**N**PQSW**XZ** 6
2 HIJLNPSTUVWXYZ — ABDE**FG** 7
3 AG — ABCDEFKNQRTUW 8
4 F**X** — EKLNOR 9
5 ABDEFGHJL — ABDGHIJKOQUWXY 10
Anzeige auf Seite 491 B 10-16A CEE — ① €52,05
5,5ha 291**T**(70-100m²) 129**D** — ② €52,05

N 44°58'00" E 14°40'26" — 109410

Kommend von Krk, Punat entlang fahren Richtung Stara Baska. Nach ca. 9 km liegt der CP rechts. (Letzter Teil ist 12%.)

Starigrad/Paklenica, HR-23244 / Zadar — CC€21 iD

Paklenica****
Dr. Franje Tudmana 14
1 Apr - 31 Okt
+385 23 20 90 66
camping@bluesunhotels.com

1 ABDE**KN**OPQRST**U** — AFKMP**X** 6
2 AGLMPQSWXYZ — ABDE**FG** 7
3 ABGM — ABCDEF**I**K**L**NQRTUVW 8
4 **A**BCDFHNO — JL 9
5 ACDHL — AHIJKOUX 10
B 16A — ① €49,20
2,5ha 230**T**(35-80m²) 171**D** — ② €57,75

N 44°17'14" E 15°26'51" — 105235

In Starigrad-Paklenica 45 km südlich von Karlobag an der M2/E27. Oder die A1 Karlovac-Split, Ausf. Maslenica Ri. Rijeka. Dann der M2/E27 bis Starigrad folgen (10 min.).

Starigrad/Paklenica, HR-23244 / Zadar — iD

Plantaza***
Put Plantaze 2
1 Jan - 31 Dez
+385 23 36 91 31
pansion.plantaza@gmail.com

1 ABDE**KN**OPQRST**U** — KNOPQSW**X**YZ 6
2 GLMPSUXYZ — ABDE**FH** 7
3 — ABEFJK**LM**NQRW 8
4 **A**FHIO — GHI 9
5 ADHL**NO** — ABHJKOQX 10
Anzeige auf dieser Seite B 16A — ① €32,20
1,5ha 100**T** 30**D** — ② €39,65

N 44°18'02" E 15°25'55" — 105232

Von Rijeka die Küstenstraße bis 1 km nördlich von Starigrad - Paklenica. Angezeigt. Oder die A1 Karlovac-Split, vor Zadar Ausfahrt Maslenica nach Rijeka. Dann die M2/E27 (Küste) bis hinter Starigrad. Ausgeschildert.

ACSI Detailkarte

Die Orte in denen die Plätze liegen, sind auf der Teilkarte **fett** gedruckt und zeigen ein offenes oder geschlossenes Zelt. Ein geschlossenes Zelt heißt, dass mehrere Campingplätze um diesen betreffenden Ort liegen. Ein offenes Zelt heißt, dass ein Campingplatz in oder um diesen Ort liegt.

Kroatien

Teilkarte Primorje-Gorski Kotar/Lika-Senj/Zadar/Sibenik-Knin auf Seite 492

Tisno, HR-22240 / Sibenik-Knin — CC€23 iD

Olivia Green Camping****
Put Jazine 328
28 Apr - 29 Okt
+385 9 16 05 66 52
contact@oliviagreencamping.com

1 ABDE**KN**OPQRSTU	BGKMNOPQSW**X**Y**Z**	6
2 HILMSTVWXYZ	ABDE**F**	7
3 BF	ABCDEFKNQRTU	8
4 **A**BCDH	CJR	9
5 ADFHJL	ABCDEHIJKMOSTWXY	10

Anzeige auf Seite 502 B 16A CEE
3,4ha 65**T**(70-140m²) 61**D**
① €70,00 ② €88,00

N 43°48'44" E 15°37'19"

Auf der Küstenstraße Nr. 8 von Zadar nach Sibenik nehmen Sie die Ausfahrt Murter. Nach 6,5 km vor dem Dorf Tisno erneut abbiegen. Dann folgen Sie der Beschilderung. Das letzte Stück ist nicht asphaltiert. 121787

Tribanj, HR-23244 / Zadar — CC€19 iD

Sibuljina***
Tribanj Sibuljina bb
1 Apr - 31 Okt
+385 23 65 80 04
info@campsibuljina.com

1 ABDE**KN**OPQRSTU	KN**X**YZ	6
2 HMPSXYZ	ABDE**F**	7
3 A	ABEFKNQRW	8
4 HO	E	9
5 ACDEHL	ABHIJKOSTU	10

Anzeige auf dieser Seite B 10-16A
2,5ha 90**T** 60**D**
① €28,85 ② €37,35

N 44°20'16" E 15°20'28"

Von Rijeka der Küstenstr. M2/E27 bis 1 km nördlich von Starigrad-Paklenica folgen. CP ausgeschildert. Oder A1 Karlovac-Split, vor Zadar die Ausf. in Maslenica nach Rijeka nehmen. Der M2/E27 bis Tribanj-Sibuljina folgen. 105231

Tkon, HR-23212 / Zadar — iD

Naturist Camp Sovinje FKK Sovinje***
Plažine 100
1 Apr - 15 Okt
+385 23 28 50 10
sovinje@tkon.hr

1 ABDE**KN**OPQRSTU	KMP**X**Y	6
2 GJQSXYZ	ABDE**F**	7
3 AM	ABEFKNQRW	8
4 H		9
5 AD	ABHIKOU	10

FKK 16A
8,5ha 150**T**(50-80m²)
① €39,40 ② €48,80

N 43°54'33" E 15°26'08"

Fähre ab Biograd-na-Moru nach Tkon (Insel Pašman). Beim Verlassen der Fähre gleich links halten (Richtung Süden). Der einzigen schmalen Hauptstraße folgen bis zum Ende (1,5 km). Hier liegt Camping FKK Sovinje. 121505

Tribanj/Kozjaca, HR-23244 / Zadar — iD

Kamp Navis****
Škuncini stani 100
1 Mai - 31 Okt
+385 2 37 88 87 39
navis.kozjaca@gmail.com

1 AB**KN**OPQRSTU	K**N**PQSXZ	6
2 GIJLPQSXYZ	ABDE**F**	7
3 A	ABEFKNQRUW	8
4		9
5 AD	ABHIJKOST	10

B 16A CEE
1ha 60**T**
① €31,50 ② €40,15

N 44°19'50" E 15°21'42"

10 km nördlich von Stargrad-Paklenica Mitte an der E65 (Küstenstraße). An der Meerseite dieser Straße angezeigt. Küstenstraße von Rijeka Richtung Süd 170 km folgen, oder die A1 Zagreb(oder Rijka)-Split. Vor Zadar Ausfahrt Maslenica Richtung Rijeka. 123314

Ugljan, HR-23275 / Zadar

Ugljan Resort****
Put uvale suha 1
1 Apr - 31 Okt
+385 98 27 36 78
booking@camping-ugljan.com
N 44°06'34" E 15°06'10"

1 BDEKNOPQRSTU BKMNOPQSU 6
2 HLPSUWXYZ ABFGHJ 7
3 B ABEFNQRTU 8
4 ADFHJOX ACJLNORVWZ 9
5 ABDEFGHKNO ABHIJKMOPSTU 10
Anzeige auf dieser Seite B 16A CEE ① €54,80
2,5ha 70T(95-280m²) 33D ② €71,50
125064

E71/A1 Ausf. 18 Ri. Zadar. Folgen Sie der D424 zum Fährhafen zu der Insel Ugljan. Auf der anderen Seite rechts Richtung Ugljan. D110 bis zur Ausf. Bolnica (links). Von dort aus ist der Campingplatz ausgeschildert.

Zaboric/Sibenik, HR-22207 / Sibenik-Knin

Jasenovo
Ul. Jasenovo 123
1 Mai - 10 Okt
+385 9 89 06 32 50
kamp@jasenovo.hr
N 43°39'21" E 15°57'08"

1 ADEKNOPQSU KMNSXZ 6
2 GILPRUWXZ ABDEFGHJ 7
3 AS ABEFNQRUW 8
4 O 9
5 ADHKN ABHIJKOUX 10
16A ① €39,00
1ha 80T(60-100m²) ② €47,00
121195

Der Küstenstraße Sibenik-Split folgen. Beim Ortschild Zaboric, nach 2 km rechts CP deutlich angezeigt.

Zadar, HR-23000 / Zadar

Falkensteiner Pr. Camp. Zadar*****
Majstora Radovana 7
1 Jan - 31 Dez
+385 23 55 56 02
campingzadar@reservations.falkensteiner.com
N 44°08'05" E 15°12'58"

1 ABDEKNOPQRSTU BFHKMNOPQX 6
2 HJLMPSWXYZ ABCDEFGH 7
3 ABDEFGMNOQT ABCDEFGIJKLNQRTUVW 8
4 ABCDHLNOPRTUVXYZ CELMNOTUVWZ 9
5 ACDEFGHJLNO ABDHIJKMOPSTWXY 10
Anzeige auf Seite 505 B 16A CEE ① €83,60
8,7ha 267T(80-136m²) 93D ② €95,60
105238

A1 Karlovac-Split, vor Zadar Ausfahrt Zadar-Zapad/Nin. In Nin Richtung Zadar. An der Ampel vor Zadar rechts nach Punta Mika. Ausgeschildert. Von Süden Ausfahrt 2 Zadar. Dann Richtung Nin. An der Ampel geradeaus Richtung Punta Mika.

Zaton/Nin (Zadar), HR-23232 / Zadar

Zaton Holiday Resort****
Draznikova 76t
22 Apr - 7 Okt
+385 23 28 02 15
camping@zaton.hr
N 44°13'41" E 15°10'09"

1 ABDEKNOPQRSTU BGIKMOPQRSTWXYZ 6
2 HJLRSWXYZ ABDEFGHI 7
3 BDEFGHIJMNOSTUV ABCDEFIKLNQRTUVW 8
4 ABCDHLMOPQRXZ CEIKLMNOPQTUVWXZ 9
5 ACDEFGHIJKLMN ABDFGHIKOPSTUXY 10
B 16A CEE ① €76,20
100ha 900T(80-120m²) 1197D ② €97,70
105237

Empfohlen: die Route A1 Zagreb-Zadar. Vor Zadar Ausfahrt Nin/Zadar. In Nin links Richtung Zadar. Nach 2 km rechts. Ausgeschildert.

Zaton/Nin (Zadar), HR-23232 / Zadar

Autocamp Peros***
Put Petra Zoranica 20
1 Mrz - 30 Nov
+385 23 26 58 30
info@autocamp-peros.hr
N 44°13'48" E 15°10'20"

1 ABDEKNOPQRSTU AFKMNOPSW 6
2 GJLSTWXYZ ABDEF 7
3 AU ABEFNQRUVW 8
4 H E 9
5 DHO ABCDHJKOSTU 10
Anzeige auf dieser Seite 16A CEE ① €65,60
2ha 60T(60-100m²) 20D ② €75,60
113270

Empfehlung: A1 Karlovac-Split. Vor Zadar Ausfahrt nach Nin. In Nin Ri. Zadar. Kurz hinter dem Ort nach 2 km rechts. Vor dem Haupteingang CP Zaton rechts ab. Ausgeschildert.

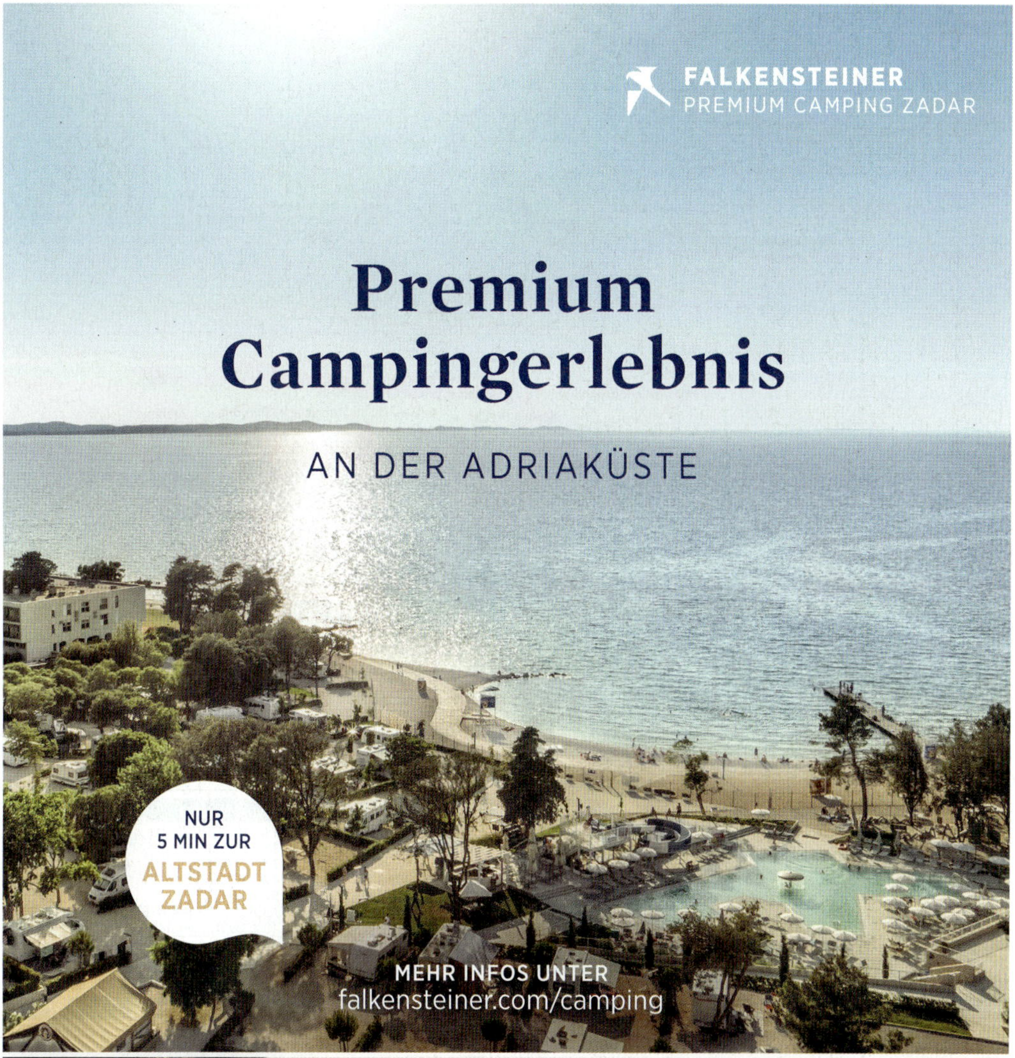

Teilkarte Primorje-Gorski Kotar/Lika-Senj/Zadar/Sibenik-Knin auf Seite 492

Dalmatien

Brijesta, HR-20246 / Dubrovnik-Neretva

Zakono
Brijesta 10
1 Apr - 31 Okt
+385 98 34 42 04
info@brijesta-dubrovnik.camp

1	ADJMOPQSU	KNXY 6
2	AGJLQXZ	ABDEF 7
3		ABEFKNQR 8
4		IJ 9
5	ABDK	AHJKOT 10
	B 16A	❶ €25,30
	1ha 51T(65-80m²) 4D	❷ €33,00

N 42°54'14'' E 17°31'57''

Durchgangsstraße Ston-Orebic. Am Ortsschild Brijesta ist der CP Vrela und Zakono angezeigt. 120961

Drvenik, HR-21333 / Split-Dalmatija

Camp Ciste
Magistrate Ciste
1 Mai - 31 Okt
+385 21 67 99 06
camp_ciste@yahoo.com

1	ADEKNOPQRSTU	KMNOPQRX 6
2	AGLMNSVXYZ	ABDE 7
3		ABEFNQR 8
4	AO	K 9
5	ABHK	AHIJKNST 10
	6A CEE	❶ €27,95
	1ha 36T(20-50m²)	❷ €32,60

N 43°10'06'' E 17°12'32''

An der Küstenstraße E65 zwischen Zivogosce und Drvenik, rechts der Strecke. 113271

Dubrovnik, HR-20000 / Dubrovnik-Neretva

Solitudo Sunny Camping***
Vatroslava Lisinskog 60
1 Apr - 1 Nov
+385 52 46 50 10
camping@valamar.com

1	DEKNOPQRSTU	KMNOPQS 6
2	AGLSUWXY	ABCDEFGH 7
3	ABJMNOS	ABCDEFKNQRT 8
4	ALRT	EHKL 9
5	ABDEKL	ABHIJKOST 10
	Anzeige auf Seite 491 B 10A	❶ €59,05
	10ha 393T(90m²) 14D	❷ €77,00

N 42°39'43'' E 18°04'16''

E65 Richtung Dubrovnik. Über die neue Brücke links abbiegen, Schild 'Dubrovnik', dann dem CP-Schild 'Solitudo' nachfahren. 105275

Duce Luka/Dugi Rat, HR-21315 / Split-Dalmatija

Delfin
Poljicka Cesta 79
15 Apr - 15 Okt
+385 9 11 96 22 18
ducedelfin@gmail.com

1	AFKNOPQRSU	KMNPQSXZ 6
2	GJPSXYZ	ABEF 7
3	E	ABEFNQR 8
4	A	NTX 9
5	ADGHL	ABHIOQ 10
	16A	❶ €30,00
	0,4ha 40T(80-100m²)	❷ €36,00

N 43°26'28'' E 16°39'26''

E65 Richtung Omis. In Dugi Rat den Schildern 'Delfin' folgen. 119540

Kroatien

Teilkarte Dalmatien auf Seite 506

Korcula, HR-20260 / Dubrovnik-Neretva

Port 9 by Aminess
Dubrovaka 19
15 Mai - 1 Okt
+385 20 72 68 01
kamp@port9resort.com

1 BDE**KN**OPQS**U**	KNOPQS 6
2 AGJMPRSUVWYZ	ABDE 7
3 BF**J**M**N**	ABEFNQR 8
4 **AX**	JLORVWXZ 9
5 DGHKL	ABGHIJKOPTUX 10
B 10-16A CEE	① €40,00
1ha 106**T**(40-80m²) 18**D**	② €50,00

N 42°57'03" E 17°08'41"
Auf der Insel Korcula, hinter den Tennisplätzen auf der rechten Seite, kurz darauf Einfahrt. CP 500m vom Boot aus.
105271

Makarska, HR-21300 / Split-Dalmatija

Camp Riviera Makarska
Ul. Rosseto degli Abruzzi 10
1 Jan - 31 Dez
+385 21 54 95 42
rivieracamp0@gmail.com

1 BDE**K**LOPQRST**U**	KMOPQ 6
2 ABHLPSVWYZ	ABDE 7
3	ABEFKNQ 8
4	JOUVWXZ 9
5 D	BGHIOST 10
B 10A CEE	① €42,00
10ha 114**T**(50-60m²) 1**D**	② €55,00

N 43°18'16" E 17°00'21"
D8 Richtung Makarska, kurz vor dem Zentrum rechts abbiegen nach Ul Rosseto. Der Campingplatz ist ausgeschildert.
125446

Kuciste, HR-20267 / Dubrovnik-Neretva

CC€19 iD

Palme
Kuciste 45
20 Jan - 20 Dez
+385 98 32 83 57
info@kamp-palme.com

1 ABDE**KM**OPQRSTU	K**N**OPQSW**X**Y**Z** 6
2 AGILSVXYZ	ABDE**F** 7
3 A	ABCEFNQRV 8
4 OR	JK 9
5 D	AHIKOUY 10
Anzeige auf Seite 506 B 16A CEE	① €47,10
1,2ha 50**T**(50-100m²) 5**D**	② €56,10

N 42°58'35" E 17°07'46"
An der Durchgangsstraße durch Orbic. Nach 3 km ist der CP auf der rechten Seite angezeigt.
112329

Mokalo/Orebic, HR-20250 / Dubrovnik-Neretva

iD

Camp Vala
Mokalo bb
1 Apr - 30 Okt
+385 9 81 65 38 22
info@vala-matkovic.com

1 AB**KN**OPST**U**	AK**N**PQSX 6
2 GMNSVXYZ	ABDE**F**H 7
3 AB	ABCDEF**L**NQR 8
4 IO	EINOUVXZ 9
5 ADGKM	ABHIJKOSTU 10
Anzeige auf dieser Seite 16A	① €37,25
1,1ha 50**T**(50-150m²) 6**D**	② €45,20

N 42°58'36" E 17°13'34"
An der Durchgangsstraße nach Orebic. Hinter dem Schild Mokalo Camping 'Vala' an der linken Seite deutlich angezeigt.
118663

Kuciste/Viganj, HR-20267 / Dubrovnik-Neretva

Antony Boy
Viganj 1
1 Jan - 31 Dez
+385 20 71 90 77
info@antony-boy.com

1 BDE**KM**OPQST**U**	K**N**OPQRSW**XZ** 6
2 AGIMPQSUVXYZ	ABDE**F**H 7
3 B	ABEFKNQRT 8
4	DIM 9
5 DM	ABHIKOTU 10
16A	① €40,95
2,5ha 250**T**(60-80m²) 28**D**	② €52,15

N 42°58'45" E 17°06'26"
Schon früh auf der Halbinsel Peljesac ausgeschildert. In Kuciste/Viganj rechts von der Straße.
101023

Loviste, HR-20269 / Dubrovnik-Neretva

CC€23 iD

Kamp Lupis****
Loviste 68
1 Jan - 31 Dez
+385 20 71 80 63
booking@camplupis.tcloud.hr

1 ABDE**KN**OPQRSTU	K**N**OPQSX 6
2 AHMNPSVWXYZ	ABDE**FG** 7
3 A	ABEFIKNQRT 8
4	GNR 9
5 BDN	ABDHJKNTU 10
Anzeige auf dieser Seite B 16A	① €39,50
0,8ha 50**T**(50-100m²) 6**D**	② €53,50

N 43°01'41" E 17°01'48"
Von Orebic aus Richtung Loviste. Bei Loviste steht das Campingschild Lupis. Am besten den nicht asphaltierten Weg auf der Rückseite nehmen. Geeignet für große, breite Wohnmobile/-wagen. Eingangstor selbst öffnen.
120841

Teilkarte Dalmatien auf Seite 506

Okrug Gornji, HR-21223 / Split-Dalmatija

Camping Labadusa
Uvala Duboka bb
1 Mai - 15 Okt
+385 9 19 84 79 59
camp@labadusa.com

1 AC**JM**OPQS**U**	KNXZ	6
2 GILNSUVWXY	ABDE**F**	7
3 AB	ABEFNQR	8
4 O	DX	9
5 ADHKLN	ABDHIJKOSTX	10

Anzeige auf dieser Seite B 16A
0,6ha 110**T**(60-80m²) 12**D**
① €34,00
② €45,00

N 43°28'55" E 16°14'41"

A1 Ausfahrt Trogir. Geradeaus weiter Richtung Split. Runter Richtung Trogir. Über die neue Brücke und dann rechts nach Okrug Gornji 5 km. Dem CP-Schild Labadusa 2 km folgen. Enge Zufahrt 850 m, dann links zum CP.

121491

Omis, HR-21310 / Split-Dalmatija

Autocamp Sirena
Lokva Rogoznica
1 Jan - 31 Dez
+385 21 87 02 66
autocampsirena@gmail.com

1 B**KN**OPQRSU	KMOPQS**X**Y**Z**	6
2 HILNPTUVXY	ABE**F**	7
3 A	ABEFNQR	8
4 **A**O	J	9
5 ABK	ABHJKOTUW	10

16A CEE
1,7ha 96**T**(bis 80m²) 3**D**
① €32,60
② €37,90

N 43°24'23" E 16°46'39"

Der 8 durch Omis Richtung Süden folgen. Nach 8 km CP deutlich ausgeschildert rechts vor dem Tunnel.

112485

Okrug Gornji, HR-21223 / Split-Dalmatija

Camping Rozac***
Setaliste Stjepana Radica 56
25 Mrz - 5 Nov
+385 21 80 61 05
booking@camp-rozac.hr

1 ACDH**KN**OPQST**U**	KMNOPQRSTWXYZ	6
2 BGILMPQRYZ	ABDE**FG**	7
3 B	ABCDEFKNQRUVW	8
4 ABDFHO**QX**	ENOPQRSTUVWXZ	9
5 ADFGHKLN	ABHIJKOST	10

B 16A CEE
2,5ha 140**T**(40-100m²) 35**D**
① €44,00
② €55,00

N 43°30'19" E 16°15'30"

Von Sibenik aus die D8 bis zu 2 km hinter Trogir, um die neue Brücke zu überqueren. Nach der Brücke wieder rechts in Richtung Okrug der Beschilderung folgen. Von der A1 Ausfahrt 24A weiter Trogir, links über die Brücke, rechts Richtung Okrug.

113269

Omis, HR-21310 / Split-Dalmatija

Galeb***
Vukovarska 7
1 Jan - 31 Dez
+385 21 86 44 30
camping@galeb.hr

1 ADE**KN**OPQRSTU	AFKMNQRSUW**X**	6
2 HJPQRWXYZ	ABDE**FG**H	7
3 AFGM**N**T	ABEF**I**KNQRTUV	8
4 **A**JLNO**X**	EKLMORTUVXZ	9
5 ADEFGHKL**O**	ABHIJKMOTUX	10

B 16A CEE
5ha 231**T**(70-100m²) 50**D**
① €39,20
② €44,10

N 43°26'26" E 16°40'47"

Von der Autobahn E65 Ausfahrt 25 Richtung Split, danach der Küstenstraße folgen. An der D8 nach dem Ortsschild Omis rechts vor der Tankstelle.

105258

Teilkarte Dalmatien auf Seite 506

Orasac, HR-20234 / Dubrovnik-Neretva CC€15 iD

Camp Pod Maslinom
Donja banda 7c
1 Apr - 1 Nov
+385 20 89 11 69
bozo@orasac.com
N 42°41'57" E 18°00'21"

1	ABDEKNOPQSTU	KMPQ 6
2	ABGLPRXYZ	ABDEF 7
3	A	ABEFNQRW 8
4	AO	L 9
5	D	AHIJKOST 10
B 10A		❶ €26,75
1ha 80T(50-100m²)		❷ €36,05

Der CP liegt an der E27. Hinter dem Schild Orasac nach 200m rechts. CP deutlich ausgeschildert. 117470

Orebic, HR-20250 / Dubrovnik-Neretva CC€21

Lavanda Camping****
Dubravica 34
1 Jan - 31 Dez
+385 20 45 44 84
info@lavanda-camping.com
N 42°58'59" E 17°12'20"

1	BDEKNOPQRSTU	KMNOPQSXZ 6
2	AHILMNSTUVWXY	ABDEFGH 7
3	AMU	ABCDEFGKNQRTUV 8
4	AO	EJKLNRUVWXZ 9
5	ADEFGHJL	ABCDFGHIJKOSTUX 10
B 16A		❶ €33,00
H50 2ha 85T(50-110m²) 20D		❷ €46,00

An der Durchgangsstraße nach Orebic, 2 km vor der Stadt. Camping liegt an der linken Seite. 123265

Orebic/Mokalo, HR-20250 / Dubrovnik-Neretva iD

Camp Ponta
Mokalo 2
1 Mai - 15 Okt
+385 98 37 92 55
info@ponta.com.hr
N 42°58'38" E 17°13'29"

1	ABKNOPS	AKPQSX 6
2	GLOPQVXZ	ABDE 7
3		ABEFNQ 8
4		I 9
5	D	AINTU 10
Anzeige auf Seite 510 10-16A		❶ €29,25
0,3ha 40T(30-50m²) 3D		❷ €38,55

CP an Hauptverkehrsweg, 3 km vor Orebic, links der Straße. Neben CP Adriatic. CP-Schildern folgen. 109335

Orebic, HR-20250 / Dubrovnik-Neretva CC€21

Nevio Camping****
Dubravica 15
1 Apr - 15 Nov
+385 20 71 39 50
info@nevio-camping.com
N 42°58'51" E 17°11'55"

1	BDEKNOPQRSTU	AKMNOPQSXYZ 6
2	AHILPSVWXYZ	ABCDEFGHI 7
3	BFJMN	ABEFGIKLNQRSTUVW 8
4	AOQ	EJLN 9
5	ADEGHLM	ABCDGHJKNSTUXY 10
B 16A CEE		❶ €47,60
1,5ha 168T(55-100m²) 58D		❷ €61,00

An der Durchgangsstraße nach Orebic. 2 km vor Orebic ist der CP an der linken Straßenseite angezeigt. 112331

Podaca, HR-21335 / Split-Dalmatija

Morenia Beach Resort Campinia***
Lucica 23
10 Apr - 31 Okt
+385 21 39 99 13
camping@morenia.com.hr
N 43°07'52" E 17°17'16"

1	BDEKNOPQRSTU	KMNOPQS 6
2	ABGILMPSVXYZ	ABDEF 7
3	A	ABCDEFGINQRTUW 8
4	B	JTUX 9
5	ABDGHKN	ABHIJKOUX 10
B 16A CEE		❶ €35,00
2ha 42T(60-122m²) 28D		❷ €47,00

An der Küstenstraße folgen. Hinter dem Schild Podaca-Camping nach rechts. Der CP ist deutlich angezeigt. 105264

Seget Vranjica/Trogir, HR-21218 / Split-Dalm. CC€23 iD

Amadria Park Camping Trogir****
Kralja Zvonimira 62
1 Apr - 31 Okt
+385 21 79 82 28
info@amadriaparkcamping.com
N 43°30'42" E 16°11'38"

1	ADEKNOPQRSTU	AFKMNPSXZ 6
2	GILMPRSUVWXYZ	ABDEFG 7
3	BMN	ABCDEFIKNQRTUVW 8
4	ABDOQX	EIKLUVWZ 9
5	ACDEFGHJKL	ABDHIJKOTX 10
Anzeige auf Seite 508 16A		❶ €87,00
15ha 320T(50-100m²) 166D		❷ €102,00

Von der Autobahn E65 Ausfahrt 24 Richtung Trogir. 5 km westlich von Trogir an der Küstenstraße D8: die Strecke von Sibenik nach Split. 105254

Stobrec, HR-21311 / Split-Dalmatija CC€23 iD

Camping Stobrec Split****
Sv. Lovre 6
1 Jan - 31 Dez
+385 21 32 54 26
camping.split@gmail.com
N 43°30'15" E 16°31'34"

1	ADEKNOPQRSTU	AFKMNOPQSW 6
2	GILNPQRWXYZ	ABDEFG 7
3	BEFGMU	ABCDEFKNQRTUVW 8
4	AORTUX	EJLRTUX 9
5	DFGHKLMNO	ABGHIOSTUXY 10
Anzeige auf dieser Seite B 16A CEE		❶ €47,70
5ha 330T(70-110m²) 76D		❷ €59,50

5 km südlich von Split am Ortsschild Stobrec rechts. Nach 100m Camping auf der linken Seite (von der Autobahn E65 Ausfahrt 25 Richtung Split). 117869

Kroatien

Ston/Dubrovnik, HR-20230 / Dubrovnik-Neretva

Prapratno
1 Mai - 30 Sep
+385 20 75 40 00
sales@hoteladmiral-slano.com

1 BDE**KN**OPQRST**U** M**N**OPQSWX 6
2 ABGJMPQRSXYZ ABDE**F**H 7
3 FN ABEFNQR 8
4 L 9
5 ABDK HIJK**O**QX 10
B 10A
4,5ha 270**T**(80-120m²)
① €33,65
② €44,80

N 42°49'04'' E 17°40'34''

Mit blauen Schildern weit vor Ston ausgeschildert. Schöner, breiter Weg zum CP.

101024

Supetar, HR-21400 / Split-Dalmatija

Boutique Camping Bunja
Malacnica 60
1 Apr - 30 Nov
+385 21 54 95 47
booking@campingbunja.com

1 ABD**KN**OPQRS**U** B**I**KVX**Z** 6
2 HILNTVWXY ABDE**F** 7
3 AE ABCDFJKNQRTUVW 8
4 AHJ**X** JNRV 9
5 ADEHJKN ACGHIJKORTVX 10
B 16A CEE
1ha 30**T**(60-130m²) 28**D**
① €62,60
② €76,60

N 43°22'52'' E 16°34'42''

Im Hafen von Split die Fähre nach Supetar auf der Insel Brac nehmen. Am ersten Kreisverkehr nach Verlassen der Fähre in Richtung Splitska fahren. Nach 2 km finden Sie den Campingplatz in einer Linkskurve.

124872

Trsteno, HR-20233 / Dubrovnik-Neretva

Auto Camp Trsteno
Potok 4
1 Apr - 30 Sep
+385 20 75 10 60
camping-trsteno@trsteno.hr

1 ABF**KN**OPS NPQS 6
2 AMPQSXY ABDE**F** 7
3 ABEFNQ 8
4 K 9
5 A AHIOQ 10
10A
H100 1ha 30**T**(60-80m²)
① €18,00
② €18,00

N 42°42'49'' E 17°58'40''

An der Route 2, deutlich ausgeschildert. 2. Schild nehmen.

110019

Vela Luka, HR-20270 / Dubrovnik-Neretva

Auto-Kamp Mindel
Stani 192
1 Jun - 30 Sep
+385 9 93 02 88 81
ammaricic@hotmail.com

1 B**KM**OPQS**U** LNPQW 6
2 AEGLMNQSVXY ABDE**F** 7
3 MNS ABEFNQR 8
4 **E**H KL 9
5 ABD AHIJKOU 10
B 16A
H60 1ha 50T(50-140m²)
① €23,40
② €28,75

N 42°59'02'' E 16°40'15''

Von Vela Luka CP-Schildern folgen.

110018

Teilkarte Dalmatien auf Seite 506

Zaostrog, HR-21334 / Split-Dalmatija (CC€21) iD

Camping Viter
A.K. Miosica 1
1 Apr - 31 Okt
+385 98 70 40 18
info@camp-viter.com

1 AF**KN**OPQRSU	KM**N**PQSX	6
2 AHLMPSXYZ	ABDE**FG**	7
3	ABCDEFKNQRT	8
4 **A**		9
5 DH	ABHIJKOST	10

Anzeige auf Seite 510 B 10-16A CEE ❶ €42,00
1,3ha 115**T**(15-140m²) 6**D** ❷ €56,40

N 43°08'21'' E 17°16'50''

Hinter dem Schild Zaostrog 600m rechts dem Schild Viter folgen. 121410

Zaostrog, HR-21334 / Split-Dalmatija iD

Resort Kamp Dalmacija
Obala Hrvatskih domoljuba 38
1 Mai - 30 Sep
+385 9 94 50 95 75
dalmatia.camping@gmail.com

1 ABDE**KN**OPQRSTU	KM**N**PQS**X**	6
2 AGILMSVWXYZ	ABDE**F**	7
3 M	ABEFNQR	8
4	J	9
5 DL	ABHKOST	10

10-16A CEE ❶ €33,60
14ha 35**T**(50-100m²) 28**D** ❷ €44,90

N 43°08'20'' E 17°16'56''

Nach dem Ortsschild Zaostrog nach 600m rechts, dann wieder rechts und am Ende der Straße links. Nach ca. 400m Camping links. 124896

Rakitje, HR-10437 / Zagreb iD

Camp Zagreb****
Jezerska 6
1/1 - 6/1, 28/1 - 31/12
+385 13 32 45 67
info@campzagreb.com

1 ABDE**KN**OPQRSTU	L**N**QST	6
2 AFQSTWXY	ABDE**FG**	7
3 B	ABCDEFJKNQRTUVW	8
4 H**TUXY**	FIJLPQRVW	9
5 DFGHJL	ABCFHIJKMOQW	10

B 16A CEE ❶ €36,00
1,1ha 50**T**(75-100m²) 6**D** ❷ €41,00

N 45°48'09'' E 15°49'35''

Von der Hälfte des Rings um Zagreb (A2) Ausfahrt nach Ljubljana (A3) Richtung Bregana. Erste Ausfahrt rechts nach Rakitje. Ausgeschildert. 122204

Duga Resa, HR-47250 / Karlovac (CC€23) iD

Camp Slapic****
Mreznicki Brig 79b
1 Apr - 31 Okt
+385 98 86 06 01
info@campslapic.hr

1 ABDE**KN**OPQRSTU	AJ**N**	6
2 DKQSWXYZ	ABDE**FG**H	7
3 AG**HMN**	ABCDEF**IKL**NQRUW	8
4 **A**FHIO	FILRSUV	9
5 ADEFGHLN	ABDHIJKOQUX	10

B 16A CEE ❶ €36,05
2,3ha 100**T**(100-130m²) 13**D** ❷ €46,70

N 45°25'11'' E 15°29'01''

Von Karlovac die D23 Richtung Duga Resa/Senj. Von Duga Resa ist der CP angezeigt. 117621

Rakovica, HR-47245 / Karlovac iD

Autocamp Korana***
Catrnja 167
1 Apr - 31 Okt
+385 53 75 18 88
autokamp.korana@np-plitvicka-jezera.hr

1 ABDE**KN**OPQRST**U**		6
2 IPQTUXYZ	ABDE**F**	7
3	ABEFNQRW	8
4 FHIO	JL	9
5 ACEFHJLNO	AHIJKOQX	10

B 16A ❶ €36,70
H450 35ha 550**T**(50-150m²) 47**D** ❷ €44,80

N 44°57'02'' E 15°38'28''

E59 von Karlovac nach Plitvice. 6 km vor Plitvice gut ausgeschildert. Links der Straße aus Richtung Karlovac kommend. 105229

Grabovac/Rakovica, HR-47245 / Karlovac (CC€23) iD

Plitvice Holiday Resort****
Grabovac 102
1 Jan - 31 Dez
+385 47 78 41 92
info@plitvice.com

1 ABDE**KN**OPQRST**U**	BU	6
2 BPQRSTVWXYZ	ABDE**FG**H	7
3 BFG**H**JMS	ABEFIKLNQRTUVW	8
4 **A**BCDFHILOR**TUXYZ**	BEGIJLUW	9
5 ABDFGHJKL	ABCDGHJKMOPQUVXY	10

B 16A CEE ❶ €53,00
H460 5ha 108**T**(70-180m²) 57**D** ❷ €73,00

N 44°58'20'' E 15°38'51''

D1 Karlovac-Plitvice. 8 km vor Plitvice in Grabovac ausgeschildert. Neben Restaurant ATG-Turist. 105228

Tuheljske Toplice, HR-49215 / Krapina-Zagorje (CC€23) iD

Camp Vita Terme Tuhelj*****
Ljudevita Gaja 4
1 Jan - 31 Dez
+385 49 20 37 50
booking@terme-tuhelj.hr

1 ABDE**KN**OPQRSTU	**BEG**HI	6
2 PQTWXY	AB**C**DE**FGH**	7
3 BDFG**J**M**N**SU	ABCDEFIJKNQRTUV	8
4 BCD**E**FHJLO**QRST**U**V**W**XY**Z	ELVW	9
5 DEFGHIJL	ABDHKOPQUXY	10

Anzeige auf dieser Seite B 16A CEE ❶ €63,60
H161 2ha 56**T**(100-150m²) 36**D** ❷ €92,25

N 46°03'58'' E 15°47'07''

A2/E59, Zagreb-Ptuj, Ausfahrt 5 Richtung Zabok. Dann den Schildern zur Terme Tuhelj auf der Ljudevita Gaja folgen. Nach ca. 700m links ab zum Camping. 124077

CampingCard ACSI, gut zu wissen

- Nur gültig auf teilnehmenden CampingCard ACSI-Campingplätzen
- Nur gültig in den mit dem Campingplatz vereinbarten Akzeptanzzeiträumen
- Zusatzkosten nicht inbegriffen
- Begrenzte Anzahl von Stellplätzen verfügbar

Bosnien-Herzegowina

Bosnien-Herzegowina: Wasserfälle und eine bewegende Geschichte

Bosnien und Herzegowina ist ein Land voller kultureller und architektonischer Sehenswürdigkeiten, atemberaubender Natur und einer bewegenden Geschichte. Mit so vielen Highlights ist Bosnien-Herzegowina ein sehr attraktives Campingziel. Die verschiedenen Kulturen und Religionen geben diesem Land Farbe.

Hauptstadt: Sarajewo
Währung: Bosnische Mark (BAM)
Zeitzone: UTC +1, UTC +2 (März bis Oktober)
Sprache: Bosnisch, Kroatisch und Serbisch
Ländervorwahl: +387
Alkoholgrenze: 0,3‰, aber 0‰ für Fahrer unter 21
Notrufnummer: allgemein: 112, Polizei: 122, Feuerwehr: 123 und Rettungswagen: 124
Leitungswasser: oft nicht sicher, trinken Sie Wasser aus Flaschen oder abgekochtes Wasser.

Bunte Wandmalereien

Bosnien-Herzegowina gehörte jahrhundertelang zum Osmanischen Reich. Im 19. und 20. Jahrhundert erlebte das Land turbulente Zeiten, in der jüngeren Geschichte den Jugoslawienkrieg. Die Vergangenheit ist noch immer spürbar, wenn man durch dieses Balkanland reist. So befindet sich das Land beispielsweise noch immer im Wiederaufbau nach dem Krieg. Um Farbe und Leben in die Städte zu bringen, wurden viele der zerstörten Gebäude für Straßenkunst genutzt. Diese kleinen und großen Wandgemälde, die beispielsweise Katzen oder Geister darstellen, findet man überall in den großen Städten wie Mostar und Sarajevo. Die schönste und beste Straßenkunst entdecken Sie bei einer der vielen Straßenkunst-Touren, die Sie dort unternehmen können.

"Das gastfreundliche Bosnien und Herzegowina ist ein Synonym für erschwingliche Ferien in einer unberührten Naturlandschaft, die reich an Kultur und Geschichte ist"

Frau I. Vertessen, Inspektorin 1187

Die zweitkleinste Küste der Welt

Bosnien-Herzegowina ist ein Paradies für Naturliebhaber, die gerne im Grünen campen. Die bescheidene Küstenlinie ist nur 22 Kilometer lang, aber das naturreiche Landesinnere macht das mehr als wett. Hier finden Sie verschiedene Nationalparks mit idyllischen Seen, ausgedehnten Wäldern und beeindruckenden Wasserfällen. Bosnien-Herzegowina garantiert abwechslungsreiche Wander-, Rad- und Wassersporttouren vom Campingplatz aus.

Balkan-Speisen

In der Hauptstadt Sarajevo treffen zwei kulinarische Welten aufeinander: In der Altstadt können Sie typische Balkangerichte wie Ćevapi und Burek probieren. Im neuen Teil von Sarajevo finden Sie moderne Restaurants, gemütliche Dachterrassen und einzigartige Bars. Genießen Sie bosnische Spezialitäten wie Knödel (Klepe) oder gefüllte Krautwickel (Sarma) und zum Abschluss einen Tufahija, einen in Zucker gekochten, mit Walnüssen gefüllten und mit Sirup und Schlagsahne gekrönten Apfel.

Wo auch immer Sie essen, Sie werden immer die bosnische Gastfreundschaft genießen!

Tanken

Bleifreies Benzin (Benzin/BMB 95 und 98) und Diesel sind jederzeit erhältlich, und auch Flüssiggas (LPG) ist relativ leicht zu bekommen. Der Italien-Adapter (dish) wird zum Tanken von Flüssiggas verwendet. Viele Tankstellen sind Tag und Nacht geöffnet. Sie können in bar und in der Regel auch mit einer Kreditkarte bezahlen.

Ladestationen

In Bosnien-Herzegowina gibt es noch nicht viele Ladestationen. Die meisten liegen in und um Sarajevo herum.

Straßen und Verkehr

Bosnien-Herzegowina hat keine richtigen Autobahnen. Die zweispurigen Hauptstraßen sind oft eng und kurvenreich, aber einigermaßen befahrbar. Auf dem Land gibt es viele unbefestigte Straßen. Achten Sie auf eine möglicherweise rücksichtslose Fahrweise von Autofahrern (auch von Lastwagen), unpassierbare Straßen aufgrund von Schlamm oder Schnee und schlecht gekennzeichnete Baustellen. Vom Fahren im Dunkeln wird dringend abgeraten.

Verkehrsregeln

Abblendlicht (oder Tagesfahrlicht) ist tagsüber Pflicht. An einer gleichberechtigten Kreuzung hat der Verkehr von rechts Vorfahrt. Auch der Verkehr in einem Kreisverkehr hat Vorrang. Straßenbahnen haben immer Vorrang. Auf Bergstraßen hat der bergauf fahrende Verkehr Vorrang vor dem bergab fahrenden. Autofahrer dürfen ihre Mobiltelefone nur im Freisprechbetrieb benutzen. Kinder unter 12 Jahren dürfen nicht auf dem Vordersitz sitzen, sondern müssen auf dem Rücksitz Platz nehmen (ein Kind unter 2 Jahren kann auf einem nach vorne gerichteten Sitz Platz nehmen). Radarwarner sind verboten; entfernen Sie Radarstandorte in Bosnien-Herzegowina aus Ihrer Navigationssoftware (falls erforderlich). Zwischen dem 15. November und dem 15. April besteht Winterreifenpflicht (oder Schneeketten im Auto).

Sondervorschriften

Fußgänger dürfen keine Kopfhörer oder Ohrhörer tragen. Außerdem müssen sie in der Dunkelheit außerhalb geschlossener Ortschaften eine Warnweste oder einen Reflektor tragen.

Vorgeschriebene Ausstattung

Warndreieck, Verbandskasten, Abschleppseil und ein Reserverad (oder ein Reparaturset) sind im Auto Pflicht. In Fahrzeugen, die mit Flüssiggas oder Erdgas betrieben werden, ist ein Feuerlöscher vorgeschrieben. Außerdem sind Warnwesten für alle Fahrgäste vorgeschrieben. In einem Auto mit Wohnwagen oder Anhänger sind zwei Warndreiecke vorgeschrieben.

Reisemobil und Caravan

Ein Reisemobil oder eine Auto-Wohnwagen-Kombination darf bis zu 4 m hoch, 2,50 m breit und 18,75 m lang sein (der Wohnwagen selbst darf bis zu 12 m lang sein).

Klima Sarajevo	Jan.	Feb.	März	Apr.	Mai	Jun.	Jul.	Aug.	Sept.	Okt.	Nov.	Dez.
Durchschnittliche Höchsttemperatur	3	6	10	15	20	23	26	26	22	17	10	4
Durchschnittliche Anzahl der Sonnenstunden pro Tag	2	3	4	5	6	8	9	9	7	4	2	2
Durchschnittliche monatliche Niederschlagsmenge (mm)	71	67	70	74	82	91	79	71	70	77	94	85

Fahrrad

Für Kinder bis zum Alter von 16 Jahren ist ein Fahrradhelm Pflicht. Es ist verboten, beim Radfahren zu telefonieren oder ein Mobiltelefon zu benutzen. Im Dunkeln (und bei schlechter Sicht) müssen Sie eine Warnweste tragen. Nur Erwachsene dürfen ein Kind in einem Kindersitz transportieren.

Maut

Auf einigen Abschnitten, etwa zwischen Zenica und Sarajevo sowie Sarajevo und Tarčin, ist eine Maut zu entrichten. Weitere Informationen: jpautoceste.ba/en.

Panne und Unfall

Stellen Sie das Warndreieck mindestens 100 m hinter dem Fahrzeug auf (2 Dreiecke nebeneinander bei einem Anhänger). Alle Fahrgäste müssen eine Warnweste tragen.

Rufen Sie im Falle einer Panne die Notrufnummer Ihres Pannendienstes an. Sie können auch die örtliche Pannenhilfe (BIHAMK) unter der Nummer +387 33 12 82 anrufen. Bei sichtbaren Schäden am Auto verlangen Sie einen Polizeibericht (potvrda); diesen müssen Sie bei der Rückreise an der Grenze vorlegen.

Camping

Bosnien-Herzegowina ist ein Land für abenteuerlustige Camper. Sie können auf kleine Campingplätze, auf denen Sie herzlich willkommen sind, auf traditionelle Weise campen. Die Bevölkerung ist freundlich und gastfreundschaftlich. Die bosnischen Campingplätze richten sich zunehmend an Camper aus dem Ausland. Bedenken Sie, dass das Niveau der Einrichtungen niedriger ist als in herkömmlichen Campingländern.

Immer mehr Campingplätze verfügen über Spielplätze und es gibt auch eine ganze Reihe kleiner Gaststätten. Wildcamping außerhalb der Campingplätze ist verboten. Bitte beachten Sie, dass Campinggas in Bosnien-Herzegowina nicht verfügbar ist.

Praktisches

Bosnien-Herzegowina ist jetzt ein sicheres Land zum Campen. Die unsicheren Orte, die als Folge des Krieges im ehemaligen Jugoslawien existieren, sind deutlich mit Warnschildern gekennzeichnet.

Schützen Sie sich vor Zecken, da sie Krankheiten übertragen können. Vermeiden Sie den Kontakt mit Säugetieren, da die Gefahr von Tollwut besteht. Es wird empfohlen, nur selbst geschältes Obst und gut durchgebratenes Fleisch und gegrillten Fisch zu essen.

Banja Luka, BIH-78000 / Unsko-sanski

Camp San
Karanovac bb
1 Jan - 31 Dez
+387 66 24 02 59
djordjekoprena@gmail.com

1 ABFHKNOPQRSTU — JNUV 6
2 DEIPQUXYZ — ABDE**F** 7
3 — ABCDEFJNQRW 8
4 — GN 9
5 AN — GHIKNQU 10
16A
H143 2,3ha 20**T**(100m²) 6**D**
① €21,45
② €21,45

N 44°41'30'' E 17°12'09''

124176

Der M16-E661 von Banja Luka nach Jajce folgen. Camping neben der großen Straße in der Ortseinfahrt von Karanovac. An der CP-Einfahrt steht das Schild.

Bihac, BIH-77000 / Unsko-sanski

Una RC Kiro Rafting***
Golubic bb
1 Apr - 31 Okt
+387 61 19 23 38
extreme@una-kiro-rafting.com

1 ABDEH**KN**OPQRS**U** — J**N**OPUVX 6
2 DIQUVXYZ — ABDE**F** 7
3 AGM — ABCEFNQRW 8
4 EFHIO — IRUV 9
5 ADHKN — AHIJKOQV 10
16A
H230 2,5ha 15**T**(bis 100m²) 25**D**
① €19,45
② €24,55

N 44°46'57'' E 15°55'29''

121294

In Bihac den Schildern 'Una RC Kiro Rafting' folgen.

Bihac, BIH-77000 / Unsko-sanski

Camp Buk
Zamosce 1, Kulen Vakuf
1 Apr - 31 Okt
+387 61 14 25 10
info@camp-buk.ba

1 ABFKNOPQRST**U** — J**N**U**X** 6
2 BDIKPQRWXYZ — ABD**F**J 7
3 A — ABEFNQRW 8
4 FHO — GJ 9
5 ADHN — AHIJKNQU 10
16A
H340 5ha 30**T**(60-100m²) 15**D**
① €14,00
② €18,00

N 44°34'04'' E 16°05'01''

122571

M5 Bihac Richtung Sarajevo. Nach ca. 20 km sehen Sie die Schilder für Kulen Vakuf und Camp Buk. Dann rechts abbiegen auf die R408. 20 km weiter befindet sich der Campingplatz.

Blagaj, BIH-88201 / Hercegovacko-neretvanski

River Camp Aganovac
Blagaj
1 Jan - 31 Dez
+387 61 16 94 95
rcaganovac@yahoo.com

1 ABF**KN**OPQS**U** — J**N** 6
2 DIOPQSZ — AB**F**I 7
3 X — ABEFNQRU 8
4 FH — 9
5 D — BHOQU 10
16A
0,5ha 6**T**(bis 50m²)
① €22,50
② €22,50

N 43°15'27'' E 17°53'18''

122193

M17 Dubrovnik-Sarajevo Ausfahrt Blagaj. Kurz vor Blagaj-Mitte rechts ab. Steile Straße nach unten. Beschilderung befolgen. Nach 100m rechts Camping. Den steilen Weg und die scharfe Rechtskurve berücksichtigen.

Karte Bosnien-Herzegowina auf Seite 512

Gebrauchsanweisung

ACSI

Um die Möglichkeiten des Führers optimal nutzen zu können, sollten Sie die Gebrauchsanweisung auf Seite 8 gut durchlesen. Hier finden Sie wertvolle Informationen, beispielsweise die Berechnung der Übernachtungspreise.

❶ € 25,00
❷ € 35,80

Blagaj/Mostar, BIH-88201 / Hercegovacko-neretvanski

Autocamp Blagaj
Blagaj BB
1 Jan - 31 Dez
+387 61 53 37 71
info@autocamp-blagaj.com

1 ABFKNOPQRSTU JNU 6
2 DIPQXYZ ABDF 7
3 AX ABEFNQRUVW 8
4 FHIO AR 9
5 ABDEHJKN AHIJKOQU 10
16A
4ha 100T(60-80m²) 5D
❶ €15,35
❷ €15,35

N 43°15'25'' E 17°52'45''

M17 Dubrovnik-Sarajevo Ausfahrt Blagaj. In Blagaj rechts ab, der Beschilderung folgen. 122091

Blagaj/Mostar, BIH-88201 / Hercegovacko-neretvanski

Autocamp Grotta Blagaj
Blagaj b.b.
1 Mai - 1 Okt
+387 61 34 38 28
autocampgrotta@gmail.com

1 AFHKNOPQSU JMN 6
2 DLQSVXY AB 7
3 X ABEFNQRUV 8
4 HO I 9
5 ADH AHJKOQU 10
16A
H56 0,2ha 12T 3D
❶ €20,45
❷ €20,45

N 43°15'35'' E 17°52'49''

Von Mostar Richtung Blagaj ausgeschildert. Rechts einfahren, etwa 400m vor dem Ortsschild Blagaj. Dann der Beschilderung folgen. 122822

Bosanska Krupa, BIH-77240 / Unsko-sanski

Unakamp
Unska bb
1 Apr - 1 Okt
+387 61 97 20 71
info@unakamp.com

1 ABFKNOPQSTU JNU 6
2 BDIQXY ABDEF 7
3 AFG ABCDEFNQRW 8
4 FJ 9
5 ADN AHIJKNQU 10
16A
H200 1ha 48T(bis 100m²) 8D
❶ €20,50
❷ €23,00

N 44°54'54'' E 16°09'27''

Der M14 Bihac-Bosanska Krupa bis hinter das Zentrum folgen und nach ± 3 km rechts über die grüne Brücke, dann links. Straße ± 1,5 km entlang des Flusses folgen. 121320

Jajce, BIH-70101 / Srednjobosanski

Auto Camp Jajce
Stjepana Tomasevica 11
1 Jan - 31 Dez
+387 63 26 21 68
jajceyh@gmail.com

1 ABFKNOPQRSTU JNU 6
2 DJQRSTWX ABDEFGHIJK 7
3 A ABEFJNQRUVW 8
4 FHO GV 9
5 ADFHJKNO GINRU 10
16A CEE
H470 6ha 42T 31D
❶ €12,00
❷ €12,00

N 44°20'27'' E 17°15'45''

An der kleinen Holzkirche an der M5 über die Brücke, Richtung Zentrum. Nach 50m im ersten Kreisel 3/4 folgen. Nach 200m Camping links, neben der Jugendherberge 123113

Jajce, BIH-70101 / Srednjobosanski

Plivsko Jezero****
Mile bb
15 Apr - 15 Okt
+387 30 64 72 10
booking@jajcetours.com

1 ABDEKNOPQRSTU LNU 6
2 EIQXYZ ABDEFGIJK 7
3 AFJMNOS ABEFGINQRW 8
4 EFHIO JLORUV 9
5 ADEHKN AHIJKOSTU 10
B 16A CEE
H428 2,5ha 120T(100-150m²) 16D
❶ €20,45
❷ €20,45

N 44°21'10'' E 17°13'37''

CP liegt an der Strecke Jajce-Mrkonjic Grad (E761/5), ± 5 km von Jajce. Am Hotel Plivsko Jezero abbiegen, dann der Straße weiter folgen. 121322

Konjic, BIH-88400 / Hercegovacko-neretvanski

Ekoselo Boracko Jezero
Boracko Jezero bb
1 Mai - 30 Okt
+387 33 20 02 49
ekoselo-bih@ekoselo-bih.com

1 ABDEKNOPQRSTU JLNU 6
2 BDFIJKPQRSTWXYZ ABDFIJK 7
3 ABFGM ABCDEFNQRW 8
4 AEFIJO FLU 9
5 ADEFHJKLN AHIKLORSU 10
16A
H500 7ha 78T(100-200m²) 22D
❶ €23,50
❷ €23,50

N 43°33'25'' E 18°01'44''

Von Konjic gibt es einen Weg durch die Berge (12% Steigung) zum Campingplatz. Ist ausgeschildert. 122567

Medugorje, BIH-88266 / Hercegovacko-neretvanski

Camp Zemo Medugorje
Sivrci 21
1 Jan - 31 Dez
+387 36 65 18 78
jakov.sivric@tel.net.ba

1 ABFKNOPQRSTU 6
2 PSXZ ABDE 7
3 X ABEFNRW 8
4 GV 9
5 DKN ABHIJKOQ 10
16A CEE
H187 0,8ha 100T(100m²) 45D
❶ €10,00
❷ €10,00

N 43°11'41'' E 17°40'28''

Beschilderung Medugorje folgen. Im Zentrum ist der Camping ausgeschildert. 121309

Medugorje, BIH-88266 / Hercegovacko-neretvanski

Fo'rest village resort
Majke Terezije 23
1 Jan - 31 Dez
+387 36 64 42 93
info@for-rest.ba

1 ABDEKNOPQRSTU 6
2 PQSTWXY ABFGIJ 7
3 CFNUX ABEFJNQRTU 8
4 O IJ 9
5 ADFHJLN FGHIJKOQU 10
B 16A
H162 0,4ha 30T(80-120m²) 29D
❶ €20,45
❷ €20,45

N 43°11'48'' E 17°39'43''

Neben der R425a gelegen. Der Campingplatz ist an dieser Straße ausgeschildert. 125193

Mostar, BIH-88000 / Unsko-sanski

Auto Camp Green Park
Žitomislici bb
1 Jan - 31 Dez
+387 63 49 06 83
info@greenpark.ba

1 ABFKNOPQRSTU JMN 6
2 BDIJKMQRXYZ F 7
3 BC ABCDEFJNQRUW 8
4 HIO AIV 9
5 ADHJLMN AFGHIJKOQU 10
16A
5ha 72T(100-120m²) 7D
❶ €20,45
❷ €20,45

N 43°12'22'' E 17°47'28''

Der Camping liegt an der M17, 18 km südlich von Mostar im Ort Žitomislic. 124944

Mostar, BIH-88000 / Hercegovacko-neretvanski

Mali Wimbledon***
Blagaj bb
1 Jan - 31 Dez
+387 61 20 43 00
ibrozalihic@hotmail.com

1 ABFKNOPQRSTU BNU 6
2 IPQSXYZ ABDFIJ 7
3 AFNOSX ABEFNQRW 8
4 FHO G 9
5 DHN AGHJKOQUV 10
16A
0,7ha 62T(bis 80m²) 4D
❶ €23,50
❷ €23,50

N 43°15'48'' E 17°52'41''

E73 von Dubrovnik-Mostar. Ist gut ausgeschildert (an der Strecke von Nevesinge-Gacko). 121306

Patkovina/Foca, BIH-73300 / Focanska regija

Auto Camp Drina
1 Mai - 30 Sep
+387 65 59 14 60
autocampdrina@gmail.com

1 ABFKNOPQRSTU JNUV 6
2 DIKPQXY ABF 7
3 F ABEFNQRW 8
4 AEF FGRT 9
5 ADHJKN AHJKOQ 10
16A
H384 0,8ha 50T(100m²) 21D
❶ €21,50
❷ €21,50

N 43°31'47'' E 18°47'00''

Die E762 von Sarajevo nach Foca. Den Schildern Autocamp folgen. 121339

Sarajevo/Ilidza, BIH-71000 / Sarajevo

Autocamp Oaza***
IV Viteske brigade 3
1 Jan - 31 Dez
+387 33 72 60 00
oaza@hoteliilidza.ba

1 ABDEKNOPQRSTU 6
2 APQXYZ ABFG 7
3 BFNX ABEFNQRW 8
4 EFH IU 9
5 ADFHJLN AGHIKO 10
16A
H500 2,2ha 150T(100-150m²) 60D
❶ €26,60
❷ €26,60

N 43°49'41'' E 18°17'48''

M17 Sarajevo-Mostar. An der Ausfahrt Ilidza/Mostar Richtung Mostar. Nach etwa 200m die Ausfahrt Ilidza nehmen. Danach ist der CP ausgeschildert. 121314

Sarajevo/Ilidza, BIH- / Sarajevo

Rimski Most
Blazujski Drum 80
1 Jan - 31 Dez
+387 63 76 11 90
info@hotel-rimskimost.ba

1 ABCDEKNOPQRSTU JN 6
2 DPQXY ABEFIK 7
3 F ABEFNQRUV 8
4 9
5 ADEHJKLN AHIKOQ 10
16A CEE
H525 8,6ha 30T(80-100m²)
❶ €17,90
❷ €19,95

N 43°49'58'' E 18°17'13''

Von Ilidza auf der M17 und dann den Campingschildern folgen. 123308

Sarajevo/Ilidza, BIH-71210 / Sarajevo

Camping Sarajevo
Mratnjevace 57
1 Apr - 31 Okt
+387 61 19 09 27
info@camping-sarajevo.com

1 ABFKNOPQRSTU N 6
2 ABCIQSTXY ABDEF 7
3 A ABEFNQRUVW 8
4 F 9
5 AN ABFGHIJKOQU 10
16A
H507 4ha 40T(50-100m²)
❶ €23,50
❷ €23,50

N 43°50'20'' E 18°15'52''

Auf der M17 Richtung Mostar. An der Ausfahrt Blazuj der Beschilderung folgen. Autobahn M17 bei Vlakovo verlassen und der Beschilderung folgen. 123115

Karte Bosnien-Herzegowina auf Seite 512

Griechenland

Griechenland: Traumurlaub für Kultur-, Strand- und Naturliebhaber

Griechenland im Südosten Europas ist dank seiner vielen Sonnenstunden und der ausgedehnten Mittelmeerküste seit Jahrzehnten bei Urlaubern beliebt. Camper nehmen auch gerne die längere Reise mit dem eigenen Wohnmobil oder Wohnwagen in Kauf, um den Urlaub auf einem Campingplatz in Griechenland zu verbringen. Abgesehen von der beeindruckenden Anzahl von Monumenten aus der klassischen Antike hat Camping in Griechenland noch viel mehr zu bieten. Zum Beispiel: atemberaubend schöne Inseln und freundliche, gastfreundliche Menschen. Und die Sonne scheint überall!

Hauptstadt: Athen
Währung: Euro
Zeitzone: UTC +2, UTC +3 (März bis Oktober)
Sprache: Griechisch
Ländervorwahl: +30
Alkoholgrenze: 0,5‰; 0,2‰ für Fahrer, die ihren Führerschein seit weniger als 2 Jahren besitzen.
Notrufnummer: Polizei, Feuerwehr und Rettungswagen: 112 (auch separate Nummern: Polizei 100, Feuerwehr 199, Rettungswagen 166, Touristenpolizei 171)
Leitungswasser: unbedenklich, aber Viele trinken abgefülltes Mineralwasser..

ACSI AWARDS

Gewinner 2022 in Griechenland

Bester Campingplatz
Camping Gythion Bay

Bestes Campingplatz-Schwimmbad
Camping Ionion Beach

Campingplatz mit der schönsten Lage
Delphi Camping

Bestes Campingplatz-Restaurant
Camping Sikia

Schönste Wohnmobilstellplätze
Ouzouni Beach Camping

Von Schmetterlingsschlucht bis die griechische Karibik

Camping in Griechenland ist nicht nur ein Traumurlaub für jeden Kulturliebhaber. Das kulturelle und historische Erbe rund um die Campingplätze in Griechenland ist natürlich überwältigend. Aber auch die Natur in der Umgebung Ihres Campingplatzes ist atemberaubend. Besuchen Sie die berühmte "Schmetterlingsschlucht" auf Kreta, den Olymp und die hügeligen Felder mit Olivenbäumen im sanften Sonnenlicht. Sportbegeisterte können in den zahlreichen Bergen und Nationalparks des Landes wandern und klettern, zum Beispiel in der Vikos-Schlucht im Pindos-Gebirge in Epirus. Strandliebhaber können an der Mittelmeerküste ein Sonnenbad nehmen. Besonders schön ist das Gebiet in Westgriechenland um Syvota und Parga, das auch die griechische Karibik genannt wird.

Strände und gutes Essen

Die meisten Strände entlang der kilometerlangen Küste liegen an kleinen Buchten und bestehen aus feinem Kies, der das Meerwasser kristallklar macht. Die zahllosen Inseln mit ihren weißen Städten voller kleiner, verwinkelter Gassen werden Sie in eine andere Welt versetzen! Vergessen Sie nicht, typisch griechische Gerichte unter freiem Himmel zu genießen: leckeres gegrilltes Fleisch, Fisch, Wein, Ouzo, Oliven und Feta-Käse.

"Camping in Griechenland bedeutet auch, die griechische Gastfreundschaft in vollen Zügen zu genießen"

Herr N. Renes, Inspektor 1072

Auf Entdeckungstour

Auch auf dem griechischen Festland gibt es viel zu entdecken. Die Halbinsel Peloponnes im Süden Griechenlands ist durch den Kanal von Korinth vom Festland getrennt und bietet faszinierende archäologische Stätten wie Mykene. Thessalien ist ein großartiger Ort zum Wandern. Die Region Attika ist vor allem für ihre Hauptstadt Athen bekannt. Weitere beliebte Urlaubsgebiete für Camper sind Zentralmakedonien und Westgriechenland.

Tanken

Bleifreies Benzin (Bleifrei und Super plus 100) und Diesel (Petroleo) sind leicht erhältlich. Flüssiggas ist ebenfalls leicht erhältlich und kann über den italienischen Adapter (dish) getankt werden. Tankstellen in und um Großstädte sind in der Regel 24 Stunden am Tag geöffnet, andernorts sind sie zwischen 7 und 21 Uhr geöffnet. An vielen bemannten Tankstellen werden Sie bedient und Trinkgeld ist üblich. Auf Schiffen ist es meistens verboten, Kraftstoff in einem Reservetank mitzuführen.

Ladestationen

Das Netz an Ladepunkten ist noch nicht vollständig ausgebaut, bereiten Sie Ihre Reise daher gut vor.

Fähren

Informationen über Abfahrtszeiten und Tarife finden Sie bei Reedereien wie europeanseaways.com, grimaldi-lines.com, minoan.gr, superfast.com und ventourisferries.com.
Die Fahrpreise hängen unter anderem von der Jahreszeit und der Abfahrtszeit ab. Es ist ratsam, frühzeitig zu buchen.
Erkundigen Sie sich im Voraus bei der Reederei, ob Sie Gasflaschen mit an Bord nehmen können. Oft ist es verboten, Kraftstoff in einem Reservetank mitzuführen. Bitte beachten Sie, dass die Anzahl der Plätze für Wohnmobile auf den Fähren begrenzt ist. Wenn Sie in der Hochsaison über Italien nach Griechenland reisen, ist es ratsam, frühzeitig zu buchen. Fahrkarten für Fähren zwischen den griechischen Inseln kauft man am besten am Tag vor der Abfahrt.

"Griechenland bietet alles für einen wunderbaren Urlaub: Kultur, schöne Strände, Natur, eine freundliche Bevölkerung und köstliches griechisches Essen"

Herr S. Kampherbeek, Inspektor 17

Verkehrsregeln

Das Abblendlicht ist bei schlechter Sicht, bei Dunkelheit und in Tunneln vorgeschrieben. An einer gleichwertigen Kreuzung hat der Verkehr von rechts Vorfahrt. In einem Kreisverkehr ohne Vorfahrtszeichen (oder Ampel) müssen die Fahrer im Kreisverkehr den von rechts kommenden Fahrern Vorfahrt gewähren. Auf Bergstraßen hat der bergauf fahrende Verkehr Vorrang vor dem bergab fahrenden. Sie dürfen ein Mobiltelefon nur mit Freisprecheinrichtung benutzen und keine Kopf- oder Ohrhörer tragen. Kinder unter 1,35 m Körpergröße müssen in einem Kindersitz sitzen.

Sondervorschriften

Das Rauchen im Auto ist in Anwesenheit eines Kindes unter 12 Jahre verboten. In ländlichen Gebieten sollten Sie dem örtlichen Verkehr, z. B. landwirtschaftlichen Fahrzeugen, immer Vorfahrt gewähren. Das Parken entlang einer gelben Linie ist verboten.

Vorgeschriebene Ausstattung

Warndreieck, Erste-Hilfe-Kasten und Feuerlöscher sind im Auto Pflicht. Es ist außerdem ratsam, Sicherheitswesten und eine Taschenlampe mitzuführen.

Reisemobil und Caravan

Ein Reisemobil oder eine Auto-Wohnwagen-Kombination darf bis zu 4 m hoch, 2,55 m breit und 18 m lang sein (der Wohnwagen selbst darf bis zu 12 m lang sein).

Fahrrad

Ein Fahrradhelm ist nicht vorgeschrieben. Es ist verboten, während des Radfahrens zu telefonieren oder ein Mobiltelefon zu benutzen. Sie dürfen keine Mitfahrer auf dem Gepäckträger mitnehmen (außer einem Kind im Kindersitz). Das Radfahren nebeneinander ist verboten.

Maut

Die meisten griechischen Autobahnen sind mautpflichtig. Halten Sie Bargeld bereit. Nicht alle Zahlungsmittel werden überall akzeptiert.

Wenn Sie mit einem Auto und einem Wohnwagen reisen, zahlen Sie oft den doppelten Tarif. Für Wohnmobile ist der Satz oft noch höher. Weitere Informationen finden Sie auf den Websites der Straßenbehörden: egnatia.eu, kentrikiodos.gr, aegeanmotorway.gr, aodos.gr/en, neaodos.gr, kentrikiodos.gr, moreas.com.gr, olympiaodos.gr, gefyra.gr.

Panne und Unfall

Stellen Sie das Warndreieck mindestens 100 m hinter Ihrem Auto auf, wenn es für den übrigen Verkehr schlecht sichtbar ist. Allen Insassen wird empfohlen, eine Warnweste zu tragen. Im Falle einer Panne rufen Sie die Notrufnummer Ihres Pannenhelfers an.

Campen

Die meisten Campingplätze sind von sehr guter Qualität. Die sanitären Anlagen sind manchmal etwas veraltet, aber meist gut gewartet. Campingplätze mit abgegrenzten Stellplätzen gibt es auf dem Festland und auf der Halbinsel Peloponnes. Die Campingplätze auf den kleineren griechischen Inseln sind hauptsächlich auf Zeltcamper ausgerichtet. Bitte beachten Sie, dass in der Vor- und Nachsaison die meisten Campingplätze am Meer viel ruhiger sind als im Juli und August. Es ist möglich, dass Sie dann nicht alle Einrichtungen nutzen können. Wildcamping außerhalb der Campingplätze ist verboten.

Klima Athen	Jan.	Feb.	März	Apr.	Mai	Jun.	Jul.	Aug.	Sept.	Okt.	Nov.	Dez.
Durchschnittliche Höchsttemperatur	13	14	16	20	26	31	34	33	29	12	18	14
Durchschnittliche Anzahl der Sonnenstunden pro Tag	4	5	6	8	9	11	12	12	9	7	5	4
Durchschnittliche monatliche Niederschlagsmenge (mm)	57	47	41	31	23	11	6	6	14	53	58	69

Klima Iraklio (Kreta)	Jan.	Feb.	März	Apr.	Mai	Jun.	Jul.	Aug.	Sept.	Okt.	Nov.	Dez.
Durchschnittliche Höchsttemperatur	16	16	17	20	23	27	29	29	27	24	21	18
Durchschnittliche Anzahl der Sonnenstunden pro Tag	4	4	5	8	9	12	14	12	10	7	6	4
Durchschnittliche monatliche Niederschlagsmenge (mm)	94	67	49	29	16	3	1	1	17	17	67	89

Klima Rhodos	Jan.	Feb.	März	Apr.	Mai	Jun.	Jul.	Aug.	Sept.	Okt.	Nov.	Dez.
Durchschnittliche Höchsttemperatur	15	16	17	19	23	26	28	28	27	24	20	17
Durchschnittliche Anzahl der Sonnenstunden pro Tag	5	5	7	8	10	12	13	12	11	8	6	5
Durchschnittliche monatliche Niederschlagsmenge (mm)	165	100	90	20	20	1	0	0	10	80	100	100

Klima Thessaloniki	Jan.	Feb.	März	Apr.	Mai	Jun.	Jul.	Aug.	Sept.	Okt.	Nov.	Dez.
Durchschnittliche Höchsttemperatur	9	11	14	19	25	29	32	31	27	21	15	11
Durchschnittliche Anzahl der Sonnenstunden pro Tag	4	5	5	8	9	10	12	11	8	6	4	4
Durchschnittliche monatliche Niederschlagsmenge (mm)	37	38	41	38	44	30	24	20	27	41	54	55

Zentralgriechenland

Aghia Anna (Evia), GR-34010 / Evvoia

Club Agia Anna
1 Jun - 16 Sep
+30 22 27 09 72 50
info@clubagiaanna.gr

1 ADEHKLOPQS**U**	AFKPSWXY	6
2 GJLRSWYZ	AD**F**IJ	7
3 BFGM**UW**	ABEFGNOQW	8
4 BDJLMNO**PQ**	ABGHJUV	9
5 ACDEFGHIJLN**O**	ABHILOUZ	10
10-16A		❶ €31,10
7ha 120T(16-75m²) 92D		❷ €37,10

N 38°51'36'' E 23°26'38''

Auf der Insel Evia, Straße 77 Chalkis-Edipsos Richtung Aghia Anna, deutlich ausgeschildert. 106287

Delphi, GR-33054 / Fokis

Apollon Cat.A
Apollonstr 70
1 Jan - 31 Dez
+30 22 65 08 27 50
apollon4@otenet.gr

1 ADEJMOPQST**U**	A	6
2 IPRVWYZ	ABDE**F**HJ	7
3 AFM	ABEFKNQRUW	8
4 **E**FO	ADJV	9
5 ABDFHLMN	FGHIJK**O**Q	10
B 16A		❶ €30,00
H600 2,5ha 120T(30-70m²) 29D		❷ €40,00

N 38°29'02'' E 22°28'32''

Der Campingplatz liegt 1 km von Delphi entfernt an der Straße nach Itea. 106249

Agios Serafim, GR-35009 / Fthiotis

Venezuela
Kamena Vourla
1 Mai - 30 Sep
+30 22 35 04 16 91
camping@venezuela.gr

1 ADEKNOPQST**U**	KMNQSWX	6
2 AHJMQRSWXYZ	ABDEFHI	7
3 A	ABEFNQRTU	8
4 O		9
5 ABDFLMN	GHIJKOQ	10
B 10A		❶ €28,70
1,6ha 90T(60-80m²)		❷ €36,70

N 38°49'23'' E 22°42'56''

Von der E75 Athen-Thessaloniki, Ausfahrt Molos. Richtung Agios Serafim und dann den Schildern folgen. 106279

Athen, GR-12136 / Attiki

Camping Athens
198 Leofor. Athinon
16 Apr - 30 Nov
+30 21 05 81 41 14
info@campingathens.com.gr

1 ADKNOPQRST**U**		6
2 APRSYZ	ABDE**FG**H	7
3	ABEFNOQRW	8
4		9
5 ABDELM	ABCGHIO	10
Anzeige auf dieser Seite 16A		❶ €34,00
1,4ha 66T(40-60m²)		❷ €48,00

N 38°00'32'' E 23°40'20''

Von Norden aus Thessaloniki-Lamia die E75 Athen-Pireas, zweiten Ausfahrt rechts Richtung E94 Korinthos (alt Nat.Road Nr.8). Nach 2,2 km CP rechts der Straße. 106336

Delphi, GR-33054 / Fokis

Delphi Camping Cat.A
Delphi-Itea Road
1 Jan - 31 Dez
+30 22 65 08 27 45
info@delphicamping.com

1 ADE**JM**OPQSTU	A	6
2 IPRSVWYZ	ABDE**F**HJ	7
3 AM	ABEFKNQRW	8
4 **AE**FO	D	9
5 ABDLM	AGHIJKLO	10
B 10A		❶ €31,00
H380 2,2ha 100T(60-80m²) 2D		❷ €42,00

N 38°28'42'' E 22°28'31''

Liegt an der Straße Itea-Delphi, 4 km vor Delphi. 106248

Teilkarte Zentralgriechenland auf Seite 523

Delphi/Fokis, GR-33054 / Fokis

Chrissa Camping Cat.A	1 ADKNOPQSTU	AF 6
1 Apr - 31 Okt	2 IPRSUVYZ	ABDEFHJ 7
+30 22 65 08 20 50	3 A	ABCDEFNQRW 8
info@chrissacamping.gr	4 EO	DIJK 9
	5 ABDEFJLM	GHIJKLOT 10
	B 16A	❶ €28,50
N 38°28'25'' E 22°27'30''	H152 1,6ha 55T(80-100m²) 14D	❷ €39,50

Der CP liegt 7 km westlich von Delphi, an der Straße Delphi-Itea. 106247

Eretria (Evia), GR-34008 / Evvoia

Camping Milos	1 ADEKNOPQRSU	AKMNOPQSWXY 6
15 Apr - 30 Sep	2 HIJLPQRSWYZ	ABDEFIJ 7
+30 22 29 06 04 20	3 AGM	ABEFNQRW 8
info@campingmilos.gr	4 JO	DZ 9
	5 ABDEHNO	BGHIJKOQ 10
	B 16A	❶ €25,00
N 38°23'29'' E 23°46'32''	1,8ha 40T(25-64m²) 59D	❷ €31,00

Insel Evia, Straße 44. CP 1,5 km vor Eretria rechts der Straße. Gut ausgeschildert. 106333

Igoumenitsa, GR-46100 / Thesprotia

Camping Drepanos	1 ADEKNOPQRSTU	KMNPQSWXY 6
Drepanos Beach	2 HIJPSXYZ	ABDEFI 7
1 Jan - 31 Dez	3 AG	ABEFNQRW 8
+30 26 65 02 69 80	4 H	AEGJ 9
camping@drepano.gr	5 ABDFHJLO	AHIOST 10
	Anzeige auf dieser Seite B 16A	❶ €33,00
N 39°30'37'' E 20°13'16''	5ha 80T(30-100m²) 18D	❷ €41,00

Von Igoumenitsa aus die Küstenstraße in nördliche Richtung. Am Ortsausgang den Hinweisen Drepanos Beach folgen. 111496

ACSI AWARDS 2022

GEWINNER

Bestes Campingplatz-Restaurant Griechenland

Camping Sikia

Itea/Kirra, GR-33200 / Fokis

Ayannis	1 ADEKNOPQSU	KMNPQSWX 6
G.Maketon 17	2 GIMQRSVWYZ	ABDFH 7
1 Mai - 15 Okt	3	AEFNORW 8
+30 22 65 03 25 55	4 O	9
ma3034@acgmail.gr	5 ADN	HIJKNQ 10
	10A	❶ €29,00
N 38°25'28'' E 22°27'32''	2,2ha 120T	❷ €37,00

Ab der Strecke Nafpaktos nach Itea. Dort nach Itea rein, dann rechts ab Richtung Desfina. Nach 2 km liegt der CP rechts der Strecke. 106250

Kastraki/Kalambaka, GR-42200 / Trikala

Meteora Garden	1 ADEKNOPSTU	A 6
Odos Ioanninon	2 QSYZ	ABDEFH 7
1 Apr - 10 Okt	3 A	ABEFNOQR 8
+30 24 32 07 55 66	4 O	GIUWXZ 9
campingmeteoragarden@gmail.com	5 ADEHJKO	AHIKNQU 10
	B 16A	❶ €20,00
N 39°42'31'' E 21°36'34''	H350 1ha 120T(40-100m²) 9D	❷ €20,00

CP 1 km außerhalb von Kalambaka, an der Straße rechts von Kalambaka nach Ioannina. Gut ausgeschildert. 106202

Kastraki/Kalambaka, GR-42200 / Trikala

Vrachos Kastraki	1 AKNOPRSTU	A 6
1 Jan - 31 Dez	2 PQSYZ	ABDEFJ 7
+30 24 32 02 22 93	3	ABCDEFKNQR 8
tsourvaka@yahoo.gr	4 JO	D 9
	5 ABDEJKLMN	AHIJKNQU 10
	16A	❶ €33,00
N 39°42'48'' E 21°36'57''	H350 3,5ha 300T 10D	❷ €45,00

In der Ortseinfahrt von Kalambaka, die Straße nach Kastraki nehmen. CP liegt 1 km weiter an Straße zu den Meteoraklöstern. Vor dem CP ist eine Bushaltestelle. 100896

Kastri (Pilion), GR-37006 / Magnisia

Kastri Beach	1 ADEKNOPQRSU	KMNPQSWX 6
Kastri	2 GIJSTVXYZ	ABDEFI 7
15 Mai - 30 Sep	3 G	ABEFNOQRW 8
+30 24 23 07 12 09	4 O	L 9
annagtn@yahoo.gr	5 ABDFHJKNO	AHIJKNQU 10
	B 6-10A	❶ €27,00
N 39°08'38'' E 23°18'19''	1,6ha 40T	❷ €35,00

In Volos Richtung Pilio-Argalasti. Dann Richtung Platanias. An der Kreuzung CP gut ausgeschildert. Befestigte, enge Straße mit sehr steilen und scharfen Kurven. 111394

Kato Gatzea (Pilion), GR-37010 / Magnisia

Hellas	1 ACDEKNOPQRSTU	KMNPQSWXYZ 6
Kato Gatzea	2 HIJPQRSVYZ	ABDEFGH 7
1 Jan - 31 Dez	3	ABEFJNQRTW 8
+30 24 23 02 22 67	4 FHO	DLXZ 9
info@campinghellas.gr	5 ABDEFGHJLMNO	ABDGHIJKLOPQ 10
	B 16A	❶ €33,00
N 39°18'39'' E 23°06'33''	2ha 95T(60-100m²) 2D	❷ €44,00

In Volos nach Pilio/Argalasti. Nach 18 km zwischen Katò Gatzea und Kala Nera. Gut ausgeschildert. 106284

Kato Gatzea (Pilion), GR-37300 / Magnisia

Sikia	1 ACDEKNOPQRSTU	KMNOPQSWXYZ 6
Kato Gatzea	2 HIJMPQRSVWXYZ	ABDEFHIJ 7
10 Jan - 20 Dez	3 AF	ABCDEFGINOQRTW 8
+30 24 23 02 22 79	4 AEFHIO	AGILXZ 9
info@camping-sikia.gr	5 ACDEFGHJLMN	ABDGHIJKLOSTU 10
	B 16A	❶ €36,00
N 39°18'37'' E 23°06'36''	3ha 120T 40D	❷ €47,00

In Volos Richtung Pilion/Argalasti. Nach 18 km CP in Kato Gatzea gut ausgeschildert. 106285

Milina (Pilion), GR-37013 / Magnisia

Olizon	1 ADKNOPQRSU	KNPQSWXY 6
1 Mai - 30 Sep	2 GIJLPSUVWYZ	ABD 7
+30 24 23 06 52 36	3	ABEFNQRW 8
olizon-m@otenet.gr	4 FO	GI 9
	5 ABDHJKMNO	ABHIJKNQ 10
	16A	❶ €32,50
N 39°09'53'' E 23°13'00''	8ha 65T 23D	❷ €40,50

Von Volos, Richtung Pilion/Argalasti. Hinter Argalasti nach Milina, CP gut ausgeschildert, etwas außerhalb des Dorfes Milina, Richtung Trikeri. 109618

Parga/Lichnos, GR-48060 / Preveza

Enjoy Lichnos	1 ADEKNOPSU	KP 6
1 Apr - 16 Okt	2 AHIJOQRSVWYZ	ABDEF 7
+30 26 84 03 13 71	3	ABEFKNQR 8
info@enjoy-lichnos.gr	4 AFO	GHINRTZ 9
	5 ACDEHJKMNO	ABHIJKOPST 10
	B 5-16A	❶ €31,50
N 39°17'01'' E 20°25'59''	4,8ha 150T 37D	❷ €41,50

Von Igoumenitsa Richtung Parga. Richtung Parga abzweigen. 3 km vor Parga, links der Straße liegt der Camping an der Bucht. Oder die neue Straße von Igoumenitsa nach Ioánnina, Ausfahrt Parga. 101589

Plataria/Igoumenitsa, GR-46100 / Thesprotia

Elena's Beach	1 ADEKNOPQRSTU	KMNPQSWXZ 6
1 Apr - 31 Okt	2 HILMQRSUVWYZ	ABDEFGHIJ 7
+30 26 65 07 14 14	3 A	ABEFNR 8
info@campingelena.gr	4 O	DGHORSTXZ 9
	5 ABDHLNO	ABHIJKNST 10
	B 6-8A	❶ €27,50
N 39°27'37'' E 20°15'40''	15ha 50T 5D	❷ €35,50

An Straße von Igoumenitsa nach Plataria - an der Meeresseite - 8 km hinter Igoumenitsa. 2 km vor Plataria, gut ausgeschildert. 110678

Plataria/Igoumenitsa, GR-46100 / Thesprotia

Kalami Beach	1 ADEKNOPQRSTU	KNPQSWXYZ 6
1 Apr - 30 Okt	2 HILPSUVXYZ	ABDEFGH 7
+30 26 65 07 12 11	3 A	ABCDEFNQR 8
info@campingkalamibeach.gr	4 O	FJOXZ 9
	5 ABDEHJLMNO	ABGHIJKOQ 10
	Anzeige auf Seite 525 4-10A	❶ €30,00
N 39°28'25'' E 20°14'27''	1,2ha 67T 5D	❷ €38,00

An der Straße von Igoumenitsa nach Plataria. 7 km hinter Igoumenitsa erster CP auf der rechten Straßenseite, deutlich ausgeschildert. 106182

Teilkarte Zentralgriechenland auf Seite 523

Plataria/Igoumenitsa, GR-46100 / Thesprotia

Nautilos
Plataria Beach
1 Apr - 20 Okt
+30 26 65 07 14 16
wassosf@otenet.gr

1 ADEKNOPQRSTU	AKMNPQSWXYZ	6
2 HILMSUVWXYZ	ABDEF	7
3 FG	ABEFNQRW	8
4	AFJXZ	9
5 ABDHJKMNO	ABGHIJKNQ	10
10A		❶ €30,00
4,4ha 200T(50-70m²) 90D		❷ €40,00

N 39°26'38" E 20°15'29"
106184

Auf Straße von Igoumenitsa nach Plataria und Sivota. Etwas außerhalb Plataria. In einer Kurve befindet sich der CP. Gut ausgeschildert.

Riza/Preveza, GR-48100 / Preveza

Acrogiali
Riza Beach
1 Jan - 31 Dez
+30 26 82 05 63 82
campacro@gmail.com

1 ADEHKNOPST	KNQX	6
2 AHLMPRXYZ	ABDF	7
3	ABEFKNR	8
4 O	GHILZ	9
5 ABDFHJKLMNO	HIJKN	10
5-15A		❶ €25,00
1,5ha 50T(30-100m²) 13D		❷ €33,00

N 39°08'06" E 20°35'03"
107593

Von Igoumenitsa (50 km) Richtung Preveza (20 km), Ausfahrt Lichia rechts, dann CP (nach 1 km) am Strand.

Riza/Preveza, GR-48100 / Preveza

Corali Camping
Riza Beach
1 Jan - 31 Dez
+30 69 85 74 48 16
spiros-christopoulos@hotmail.com

1 ADEHKNOPQSTU	KMN	6
2 AHLNQRWXYZ	ABFIJ	7
3 A	ABEFNR	8
4	G	9
5 ABDEFHKNO	ABHIJKOST	10
16A		❶ €25,00
16ha 60T 35D		❷ €35,00

N 39°08'04" E 20°35'07"
118074

Von Igoumenitsa (50 km) Richtung Preveza (20 km) Ausfahrt Lichia rechts ab, danach liegt nach 1 km der CP direkt am Meer.

Argostoli (Kefalonia), GR-28100 / Kefallinia

Camping Argostoli
Fanari
1 Mai - 30 Sep
+30 26 71 02 34 87
info@camping-argostoli.gr

1 ADEKNOPSTU	KNSX	6
2 GJMSYZ	AF	7
3 A	AEFNOR	8
4	AK	9
5 ADFHJK	HNS	10
10-16A		❶ €24,50
4ha 170T 10D		❷ €32,50

N 38°11'27" E 20°28'19"
106198

Der CP liegt 1,5 km außerhalb von Argostoli, über die Küstenstraße Richtung Süden, auf der Insel Kefalonia und 6 km vom Flugplatz entfernt.

Dassia (Corfu), GR-49083 / Corfu

Dionysus
Dassia Dafnilas Bay/PB 185
1 Apr - 30 Okt
+30 26 61 09 14 17
laskari7@otenet.gr

1 ADEJMOPQSTU	A	6
2 LMPQSVWXYZ	ADFGHI	7
3	AEFNQRW	8
4 O	FLOUVXZ	9
5 DEFHKN	GHIKNST	10
16A CEE		❶ €29,10
2ha 107T(50-100m²) 55D		❷ €37,10

N 39°39'53" E 19°50'41"
106174

Von Korfu Hafen der Hauptstraße nach rechts folgen (Richtung Paleokastritsa). Nach 8,5 km an den Pfeilen Dassia/Kassiopi rechts. 1 km weiter CP rechts der Strecke. Einfahrt deutlich ausgeschildert.

Valtos/Parga, GR-48060 / Preveza

Valtos Camping
1 Mai - 30 Sep
+30 26 84 03 12 87
info@campingvaltos.gr

1 ADEKNOPSU	KNQX	6
2 GJQSYZ	ABDEF	7
3	ABEFNR	8
4	J	9
5 ACDEFHKMNO	ABHIJKOS	10
16A		❶ €26,50
1ha 100T 6D		❷ €36,50

N 39°17'08" E 20°23'23"
106186

Richtung Parga. Vor Parga rechts Richtung Valtos Beach. Ringstraße anstatt Navigation nehmen. Gut ausgeschildert. Die Straße führt zur Bucht von Parga/Valtos, dort liegt der CP rechts.

Dassia (Corfu), GR-49083 / Corfu

Karda Beach and Bungalows
PB 225
1 Mai - 30 Sep
+30 26 61 09 35 95
campco@otenet.gr

1 ADEKNOPQRSTU	AFKNPQSWX	6
2 GLMPQSWXYZ	ABDEF	7
3 AFM	ABEFNOQR	8
4 OP	AEXZ	9
5 ACDEFHLM	ABHIJKLNQ	10
Anzeige auf dieser Seite B 16A		❶ €30,30
2,6ha 130T(60-120m²) 39D		❷ €38,60

N 39°41'10" E 19°50'19"
100893

Vom Korfu Hafen die Hauptstraße nach rechts (Richtung Paleokastritsa). Nach 8,5 km rechts an den Pfeilen Dassia/Kassiopi. 3,5 km weiter ist der CP rechts der Strecke. Einfahrt deutlich ausgeschildert.

Teilkarte Ionische Inseln auf Seite 525

Lefkada, GR-31100 / Lefkas

Kariotes Camping & Rooms
Spasmeni Vrisi
15 Apr - 15 Okt
+30 26 45 07 11 03
info@campingkariotes.gr

1 ADEKNOPRSTU	AFKX	6
2 GJLPQSXYZ	ABDEFHI	7
3 A	ABEFNRV	8
4 O	AGL	9
5 ABDEFHJK	BHIKO	10
16A		① €28,00
0,8ha 75T 15D		② €39,00

N 38°48'16" E 20°42'52"

CP an der Hauptstraße von Lefkada nach Vasiliki. CP 2 km südlich von Lefkada-Stadt, rechts der Straße. 106193

Sami (Kefalonia), GR-28080 / Kefallinia

Camping Karavomilos Beach
1 Apr - 15 Okt
+30 26 74 02 24 80
info@camping-karavomilos.gr

1 ADEKNOPRSTU	AFKNQSWX	6
2 HLQSWXYZ	ABDEFGHIJ	7
3 A	ABEFGINOQR	8
4	AKL	9
5 ABDEFGHIN	BGHJKOST	10
B 16A		① €31,50
4ha 253T(60-100m²) 8D		② €40,50

N 38°15'03" E 20°38'17"

CP liegt auf der Insel Kefalonia, 1 km nordwestlich von Sami, 23 km von Argostoli entfernt. Gut ausgeschildert. Direkt am Meer. 100899

Nidri Katouna Lefkada, GR-31100 / Lefkas

Episkopos Beach
National Road Lefkas-Nidri
1 Mai - 30 Sep
+30 26 45 07 13 88
campingvillageepiskopos@gmail.com

1 ADEKNOPSU	AF	6
2 GRSZ	ABDF	7
3	AEFNQR	8
4 O	ADHJK	9
5 ADEHM	HKOQ	10
10-16A		① €30,00
0,8ha 60T 21D		② €38,00

N 38°46'11" E 20°43'16"

CP an der Hauptstraße von Lefkada nach Vassiliki. CP 8 km von Lefkada, rechts der Straße. 106194

Vassiliki (Lefkas), GR-31082 / Lefkas

Vassiliki-Beach
1 Mai - 30 Sep
+30 26 45 03 13 08
info@campingvassilikibeach.com

1 ADEKNOPSTU	KNQSXY	6
2 GLQSXYZ	ABDEH	7
3	ABEFNQR	8
4		9
5 ADHJ	AHIKORS	10
4-10A		① €31,00
1,2ha 73T		② €40,00

N 38°37'51" E 20°36'23"

Von Lefkada Straße Richtung Süden. Bei der Einfahrt in Vassiliki, die Umfahrung (neu) rechts halten, 1. Ausfahrt. Nach ± 200m liegt der CP links der Straße. Ist gut ausgeschildert. 106197

Paleokastritsa (Corfu), GR-49083 / Corfu

Camping Paleokastritsa
25 Mai - 25 Okt
+30 26 63 04 12 04
paleocamping@gmail.com

1 ADEKNOPQRSTU	AP	6
2 PRSVYZ	ADIJ	7
3 A	AEFNQ	8
4 F	ALXZ	9
5 DN	AHIJKNUX	10
16A		① €25,90
1,5ha 48T 8D		② €33,70

N 39°40'35" E 19°43'31"

An Straße nach Paleokastritsa, direkt vor dem Dorf rechts der Straße. Man kann sich kaum verfahren, da es nur eine Straße gibt. 106179

Vlicho/Lefkada, GR-31100 / Lefkas

Desimi Beach
1 Apr - 31 Okt
+30 26 45 09 53 74
camping.desimi@gmail.com

1 AEKNOPSTU	KNQSWXY	6
2 GLOQSWY	ADF	7
3 A	AEFNOR	8
4	EORV	9
5 ABDEHJK	AHIKNQ	10
4-16A		① €32,00
1,5ha 150T 5D		② €38,00

N 38°40'22" E 20°42'39"

Von Lefkada die Straße Richtung Süden, nach Vassiliki nehmen. Vlicho befindet sich 20 km von Lefkada. Bei Vlicho links Richtung Dessimi. Nach 2 km erster CP rechts. 106196

Amaliada/Palouki, GR-27200 / Ilia
CC€21 iD

Palouki
1 Apr - 31 Okt
+30 26 22 02 49 42
info@camping-palouki.gr
N 37°45'15" E 21°18'22"

1 ADEKNOPQST**U**	KMNPQSW**XYZ** 6
2 AHJPQWXYZ	ABDE**F**H 7
3 GM	ABEFNQRU 8
4 O**X**	AG 9
5 ACDHLN	ABDFGHIJKNST 10
B 6A	❶ €28,00
1,7ha 61**T**(45-80m²) 3**D**	❷ €36,00

Nat. Road Patras-Pirgos, bei Km-Pfahl 80 rechts, bei Ausfahrt Palouki. Nach ca. 2 km CP links, ausgeschildert. 109080

Amaliada/Palouki, GR-27200 / Ilia
CC€21 iD

Paradise
1 Jan - 31 Dez
+30 26 22 02 88 40
info@camping-paradise.gr
N 37°45'28" E 21°18'17"

1 ACKNOPQSTU	KMNPQSWX 6
2 AHJPQRXY	ABDE**F**IJ 7
3 AFG	ACDEFNQR 8
4 O	AD 9
5 ABDEHKLN	ABHIJKOQ 10
B 10A	❶ €28,00
25ha 200**T** 6**D**	❷ €35,00

An der Strecke Patras-Pirgos. Circa 70 km hinter Patras, Ausfahrt Palouki rechts. Den Schildern circa 2 km folgen. 106214

Ancient Epidavros, GR-21059 / Argolis
CC€23 iD

Bekas
Nikolaou Pitidi
1 Apr - 31 Okt
+30 2 75 30 99 93 01
contact@bekas.gr
N 37°37'07" E 23°09'23"

1 ADKNOPQSTU	KNOPQSW**X**Y 6
2 GLRSUXYZ	ABDE**F**H 7
3 FN	ABEFNORTW 8
4 **A**JO	IVZ 9
5 ABDLMN	ABDGHJKOQ 10
B 16A	❶ €33,00
2,8ha 100**T**(60-120m²) 21**D**	❷ €41,00

Korinth, Ri. Epidavros. Ausf. Ancient Epidavros, Kranidi, Portocheli, Galatas, Ermioni. Der Straße folgen und nach ± 150m li unter der Straße durch und am kleinen Kreisel wieder li. Den CP-Schildern folgen. 106289

Ancient Epidavros, GR-21059 / Argolis
iD

Nicolas I
1 Apr - 31 Okt
+30 27 53 04 12 97
info@nicolasgikas.gr
N 37°37'50" E 23°09'25"

1 ADKNOPQSTU	KMNOPQSW 6
2 GKLMRSVWYZ	ABDE**F** 7
3	ABEFNQRW 8
4 J	GHZ 9
5 ABDEHJL	ABHJKOQ 10
16A	❶ €35,50
1ha 90**T**(20-50m²) 20**D**	❷ €43,50

Korinth Richtung Epidavros. Ausfahrt Ancient Epidavros, Kranidi, Portocheli, Galatas, Ermioni. Dieser Straße folgen und nach ± 150m links unter der Straße durch und am kleinen Kreisel wieder links. Den CP-Schildern folgen. 100905

Ancient Epidavros, GR-21059 / Argolis
iD

Verdelis Beach
1 Apr - 31 Okt
+30 27 53 04 20 05
campingverdelis@gmail.com
N 37°37'08" E 23°09'23"

1 ACDKNOPQSTU	KNPQSWXY 6
2 GJLRWYZ	ABDE**F** 7
3	ABEFNORW 8
4 JO	9
5 ABDELN	ABGHKOU 10
16A	❶ €28,00
0,8ha 56**T**(30-70m²)	❷ €35,00

Von Athen bei Korinth li Ri. Epidavros. Ausf. Ancient Epidavros/ Kranidi/Galatas. Dieser Straße folgen. Nach ± 150m li unter der Straße durch und beim kleinen Kreisel wieder li, dann CP-Schildern folgen. 100906

Ancient Epidavros/Argolida, GR-21059 / Argolis
CC€23 iD

Nicolas II
Nikolaou Pitidi
24 Mrz - 31 Okt
+30 69 73 79 28 89
N 37°36'58" E 23°09'34"

1 ADKNOPQSTU	KMNOPQSWXY 6
2 GLQRSVYZ	ABDE**F**K 7
3	ABEFNQRTUW 8
4 J	DGZ 9
5 ABDHLMN**O**	ABDGHJKOQW 10
16A	❶ €35,50
1,2ha 90**T**(35-50m²) 21**D**	❷ €43,50

Korinth Richtung Epidavros. Ausfahrt Ancient Epidavros, Kranidi, Portocheli, Galatas, Ermioni. Dieser Straße folgen und nach ± 150m links unter der Straße durch und am kleinen Kreisel wieder links. Weiter den CP-Schildern folgen. 106290

Ano Alissos, GR-25002 / Akhaia
iD

Golden Sunset***
19 km - Old Nat. Road Patras-Pyrgos
1 Jul - 15 Sep
+30 26 93 07 12 76
info@goldensunset.gr
N 38°08'38" E 21°35'16"

1 ADEKNOPQST**U**	AHNPQS**X** 6
2 AGJPQSWZ	ABDE**F**IJ 7
3 FGN	ABEFNQR 8
4 O**U**Y	9
5 ABDEHLN	ABHIKOQ 10
B 10A	❶ €32,00
8ha 177**T**(60-80m²)	❷ €41,00

19 km von Patras. Den Schildern folgen. Auf der neuen Nat. Road Richtung Pyrgos. Bei Km 20, rechts ab. Am Ende der Straße wieder rechts. CP nach 300m links. Dem CP liegt an der alten Nat. Road in Höhe von Km 19. 100901

Assini Plaka/Drepanon, GR-21100 / Argolis
iD

Assini Beach
1 Apr - 31 Okt
+30 27 52 09 23 96
campingassini@yahoo.gr
N 37°31'53" E 22°52'59"

1 AKNOPQSTU	KMNQSW 6
2 GLRSYZ	ABDE**F**HIK 7
3	ABEFNRTW 8
4 JO	ADG 9
5 ABDEM	AHOQ 10
B 16A	❶ €30,00
1,1ha 100**T**(30-45m²) 12**D**	❷ €35,00

An der Straße Nafplion-Tolo. Hinter Assini über den Kreisel und Kasatraki geradeaus folgen. Ausfahrt links Drepano/Plaka und am Ende der Straße nach rechts. Siehe CP-Schild. 106292

Assini/Nafplion, GR-21100 / Argolis
iD

Kastraki
10 Mai - 20 Okt
+30 27 52 05 93 87
info@kastrakicamping.gr
N 37°31'43" E 22°52'32"

1 AKNOPQSTU	KMNQSWXY 6
2 GJLMRSWYZ	ABDE**FG**H 7
3 FN	ABCDE**F**KNRTW 8
4	D 9
5 ABDE	ABFHIJKOQ 10
B 16A	❶ €34,00
2,4ha 120**T**(30-55m²) 4**D**	❷ €44,00

Liegt an der Straße Nafplion-Tolo, hinter Assini links beim Kreisel Kastraki folgen. Nach ± 2 km in der Kurve links. Dann ausgeschildert. 106293

Drepanon/Plaka, GR-21060 / Argolis
iD

Argolic Strand
1 Jan - 31 Dez
+30 27 52 09 23 76
info@argolic-strand.gr
N 37°32'03" E 22°53'31"

1 ACDEKNOPQST**U**	KMPQSW 6
2 GJLSWXZ	ABDE**F**IJ 7
3	ABEFNRW 8
4 J	IZ 9
5 ADEHK	ABGHKO 10
16A	❶ €28,00
1,1ha 70**T**(50-70m²) 12**D**	❷ €36,00

Nafplion-Drepanon, im Dorf Drepanon rechts. Nach 200m links. Schildern folgen: ca. 800m zum CP. 106298

Drepanon/Plaka, GR-21060 / Argolis
iD

Triton I New
1 Jan - 31 Dez
+30 27 52 09 21 28
info@newtriton.gr
N 37°31'55" E 22°53'29"

1 ADEKNOPQSTU	KMNQSW 6
2 GLRSWYZ	ABDE**F**HIJ 7
3	ABEFNOQRTUW 8
4 O	D 9
5 ABDHLMN	ABGHJKOQ 10
B 16A	❶ €28,00
0,7ha 50**T**(70-90m²) 2**D**	❷ €36,00

Nafplion-Drepanon, im Dorf Drepanon rechts, nach ± 250m (beim Schild Plaka) links ab und die Straße folgen. Dann ausgeschildert. 106296

Drepanon/Plaka, GR-21060 / Argolis
iD

Triton II
1 Jan - 31 Dez
+30 27 52 09 22 28
tritonii@otenet.gr
N 37°31'55" E 22°53'29"

1 ADEKNOPQSTU	KMNPQSWX 6
2 GJLRSWYZ	ABDE**FG**IJ 7
3 A	ABEFINOQRTW 8
4 O**X**	FGI 9
5 ABDELMN	ABGHIJKOQU 10
B 16A	❶ €25,00
1,7ha 200**T**(50-120m²) 48**D**	❷ €32,00

Nafplion-Depranon. Im Dorf Depranon rechts, nach ± 250m (beim Schild Plaka) links ab und die Straße folgen. Dann ausgeschildert. 106297

Drepanon/Vivari, GR-21060 / Argolis
CC€19 iD

Lefka Beach
1 Jan - 31 Dez
+30 27 52 09 23 34
info@camping-lefka.gr
N 37°32'02" E 22°55'54"

1 ADEKNOPQSTU	KNPQSW 6
2 GLRSUVYZ	ABDE**FG** 7
3	ABEFNRW 8
4 JO	9
5 ABDEHJLN	ABCDGHJKOST 10
16A	❶ €32,00
1,4ha 68**T**(25-60m²)	❷ €41,00

Der Strecke Nafplion-Drepanon-Iria folgen, Richtung Vivari, nach ca. 1 km rechts. CP ist ausgeschildert. 100908

Elafonisos, GR-23053 / Lakonia
CC€23 iD

Simos Camping
20 Apr - 31 Okt
+30 27 34 02 26 72
info@simoscamping.gr
N 36°28'38" E 22°58'29"

1 ADEKNOPQRSTU	KMOPQSX 6
2 GIJTWXYZ	ABDE**FG**HI 7
3 AG**N**	ABEFNQRW 8
4 HOR	ABJU 9
5 ACDEFGHIJN**O**	ABFGHINU 10
Anzeige auf dieser Seite B 16A	❶ €33,00
6ha 190**T**(35-60m²) 61**D**	❷ €43,00

E65 Korinth-Sparta. Nationalstraße Sparta-Neapolis nach Agios Georgios, dann Richtung Pounta. In Pounta auf die Fähre nach Elefonisos und der CP-Beschilderung Richtung Lefki folgen. 118135

Finikounda, GR-24006 / Messinia
iD

Anemomilos
1 Apr - 30 Nov
+30 27 23 07 13 60
kromb70@yahoo.gr
N 36°48'22" E 21°48'01"

1 ADEKNOPQST**U**	KMPQRSTWX 6
2 GIJLPQRSVWXYZ	ABDE**F**HI 7
3 G	ABCDEFNR 8
4 O	J 9
5 ABDHLNO	AGHIJKNQ 10
B 10-16A	❶ €25,00
1,3ha 115**T**(25-40m²) 25**D**	❷ €33,50

Nationalstraße Methoni-Koroni. Camping westlich von Finikounda. Gut ausgeschildert. 109891

Teilkarte Peloponnes auf Seite 526

Finikounda, GR-24006 / Messinia

Finikes	1 ADEKNOPQRSTU	KMNPQSWX 6
1 Jan - 31 Dez	2 GIJQSWYZ	ABDEFHIJ 7
+30 27 23 02 85 24	3 A	ABEFNR 8
info@finikescamping.gr	4 O	GV 9
	5 ABDEHKNO	ABHIJKOQU 10
	B 10A	1 €28,00
N 36°48'10" E 21°46'52"	1,3ha 82T(48-72m²) 16D	2 €36,00

Der CP liegt an der Strecke Methoni-Finikounda. Gut ausgeschildert. 2,8 km westlich von Finikounda. 112930

Finikounda, GR-24006 / Messinia

Thines	1 ADEKNOPQSU	KMNOPQSWX 6
1 Jan - 31 Dez	2 GIJSTWYZ	ABDEFHIJK 7
+30 27 23 07 12 00	3 G	ABEFNQRTW 8
thines@otenet.gr	4 O	VW 9
	5 ABDEFHKNO	ABGHIJKOQU 10
	Anzeige auf dieser Seite B 10A	1 €27,00
N 36°48'18" E 21°47'43"	0,8ha 55T(49-56m²)	2 €35,00

Nationalstraße Methoni-Koroni. Camping 1 km westlich von Finikounda und ist ausgeschildert. 111719

Finikounda, GR-24006 / Messinia

Loutsa	1 ADEKNOPSU	KMNPQSXY 6
15 Apr - 31 Okt	2 GIJPQRSWYZ	ABDEFI 7
+30 27 23 07 11 69	3	ABEFNRW 8
loutsacamping@gmail.com	4	XZ 9
	5 ABDEFGHJLNO	BGHIJKOQ 10
	Anzeige auf dieser Seite 10A CEE	1 €28,00
N 36°48'16" E 21°49'17"	0,8ha 70T(36-48m²)	2 €36,00

Der CP liegt 1500m östlich von Finikounda an der Strecke zwischen Methoni und Koroni. Der CP ist ausgeschildert. 109043

Gargaliani/Messinias, GR-24400 / Messinia

Proti	1 ADEKNOPQSU	AFKMNP 6
15 Mai - 30 Sep	2 GINSTWXYZ	ABDEFI 7
+30 27 63 06 12 11	3 FG	AEFNQRW 8
info@camping-proti.gr	4 O	9
	5 ABDEHN	BHJKOQ 10
	15A	1 €26,00
N 37°04'04" E 21°34'47"	1,8ha 59T(40-100m²)	2 €33,00

Von Filiatra Richtung Marathoupolis. CP 1 km nördlich von Marathoupolis. Ausgeschildert. 106218

Gialova/Pylos, GR-24001 / Messinia

Camping Erodios***	1 ADEKNOPQRST**U**	KMNPQSWX 6
Pylos-Nestoras	2 GIJQRSTWYZ	ABDE**F**HIJ 7
15 Apr - 25 Okt	3 BG**L**M	ABEFNQRT 8
+30 27 23 02 32 69	4 NO	ADHV 9
info@erodioss.gr	5 ACDEFHIJMN	ABGHIJKOQU 10
	Anzeige auf dieser Seite B 10A	① €30,00
N 36°57'10'' E 21°41'45''	4ha 90**T**(48-80m²) 16**D**	② €40,00

CP liegt an der Küstenstraße Kyparissia-Pylos, etwas außerhalb von Gialova, gut ausgeschildert. 111692

Glifa, GR-27050 / Ilia

Ionion Beach*****	1 ADEGKNOPQRSTU	BGKMNPQSWX 6
Glyfa	2 HJLQRSWYZ	ABDE**FG**I 7
1 Jan - 31 Dez	3 ABFGM	ABCDEFJKNQRW 8
+30 26 23 09 68 28	4 **A**OU	DJ 9
ionionfl@otenet.gr	5 ABDEGHLMN	ABDEGHIJKOQ 10
	Anzeige auf dieser Seite B 16A	① €34,50
N 37°50'11'' E 21°08'01''	3,8ha 210**T**(50-120m²) 9**D**	② €43,50

Von der Nationalstraße Patras-Pirgos nach Km-Pfahl 67 rechts über Gastouni und Vartalomia Ri. Loutra Killini. An der großen Kreuzung links abbiegen nach Glifa Beach. Ausgeschildert. 106212

Glifa/Ilias, GR-27050 / Ilia

Aginara Beach***	1 ADEKNOPQSTU	KMNQSWX 6
1 Jan - 31 Dez	2 HJLQRSWZ	ABDE**F**H 7
+30 26 23 09 62 11	3 AG	ABEFGINR 8
info@camping-aginara.gr	4 O	J 9
	5 ABDEHLMN	ABHIJKOQ 10
	Anzeige auf Seite 528 B 16A	① €32,00
N 37°50'18'' E 21°07'47''	3,8ha 120**T**(70-100m²) 30**D**	② €40,00

Nat. Road Patras-Pyrgos, nach Km-Pfahl 67 rechts über Gastouni und Vartholomio. Richtung Loutra Killinis (Schildern). Bei großer Kreuzung Richtung Glifa Beach. Schildern folgen. 106211

Griechenland

Gythion/Lakonias, GR-23200 / Lakonia

CC€23 iD

Camping Gythion Bay***
Highway Gythion-Areopoli
1 Apr - 31 Okt
+30 27 33 02 25 22
info@gythiocamping.gr

1 ADEKNOPQSTU — AFKMNPQSWX 6
2 HIJLPQSXYZ — ABDEFIJ 7
3 BGM — ABEFNOQRT 8
4 HIO — ABDLU 9
5 ACDEFHJLNO — AFGHIJKNQ 10
Anzeige auf dieser Seite B 16A — ❶ €29,00
4ha 300T(30-100m²) 28D — ❷ €39,00

N 36°43'45" E 22°32'43" — 106309

Camping 4 km außerhalb von Gythion, links an der Strecke Gythion - Areopolis, direkt am Meer.

Gythion/Lakonias, GR-23200 / Lakonia

CC€21 iD

Mani-Beach
Highway Gythion-Areopoli
1 Jan - 31 Dez
+30 27 33 02 11 30
info@mani-beach.gr

1 ADEKNOPQSTU — KMNPQSWX 6
2 HIJLPQSTWXYZ — ABDEFIJ 7
3 BM — ABEFNQRW 8
4 O — AL 9
5 ABDEFHJLMN — ABGHIJKLNQU 10
B 16A — ❶ €28,00
2,8ha 201T(40-100m²) 53D — ❷ €36,00

N 36°43'42" E 22°32'32" — 110008

CP liegt ca. 4 km südlich von Gythion an der Straße nach Areopolis, direkt am Meer.

Gythion/Lakonias, GR-23200 / Lakonia

CC€23 iD

Camping Meltemi***
Highway Gythion-Areopoli
1 Apr - 20 Okt
+30 27 33 02 32 60
reservations@campingmeltemi.gr

1 ADEKNOPQSTU — AKMNPQRSWX 6
2 HIJLPQWYZ — ABDEFGI 7
3 BFGMN — ABCDEFKMNQRW 8
4 BO — FJL 9
5 ABCDEFHIJKMN — ABGHIJKNQ 10
B 16A CEE — ❶ €35,00
3ha 180T(40-80m²) 6D — ❷ €45,00

N 36°43'51" E 22°33'12" — 106310

Der CP liegt etwa 3 km südlich von Gytheio an der linken Straßenseite nach Areopoli.

Iria/Argolis, GR-21060 / Argolis

iD

Iria Beach Camping
Paralia Iria
1 Jan - 31 Dez
+30 27 52 09 42 53
iriabeachcamp@gmail.com

1 AKNOPQRSTU — AFKNPQSWX 6
2 GJPSYZ — ABDEFGH 7
3 AU — ABEFJKNQRTW 8
4 BJO — AD 9
5 ABDEHMN — BCGHJKORS 10
16A — ❶ €31,00
1,4ha 66T(40-100m²) 27D — ❷ €39,00

N 37°29'50" E 22°59'26" — 106303

Von Nafplion Richtung Drepanon. In Drepanon Richtung Iria. Vor Iria Ausfahrt Iria Beach. Nach ca. 1,5 km Camping links.

Iria/Argolis, GR-21060 / Argolis

iD

Posidon Camping
Iria Beach
1 Apr - 31 Okt
+30 27 52 09 40 91
info@posidoncamping.gr

1 ADEHKNPQSTU — KMNOPQSWXY 6
2 GJRSYZ — ABDEF 7
3 AM — ABEFINQRUW 8
4 JOQ — J 9
5 ABDHMN — BHJKOU 10
B 10A — ❶ €30,00
2ha 81T(30-70m²) 40D — ❷ €40,00

N 37°30'19" E 22°59'14" — 106302

Nafplio Richtung Drepanon, in Drepanon Richtung Iria. Vor Iria Ausfahrt Iria Beach. Nach 0,6 km Camping rechts.

Isthmia, GR-20100 / Korinthia

CC€21 iD

Isthmia Beach Camping
1 Apr - 15 Okt
+30 27 41 03 74 47
info@campingisthmia.gr

1 ADEKNOPQRSTU — KMNPQSWX 6
2 AGLMQSWYZ — ABDEF 7
3 AF — ABEFNOQRW 8
4 — Z 9
5 ABDN — ABDGHJKO 10
Anzeige auf Seite 531 B 10A — ❶ €30,00
2,5ha 100T(40-50m²) 15D — ❷ €39,00

N 37°53'22" E 23°00'20" — 101591

Nat. Road Patras-Athen oder Athen-Patras. Ausfahrt Epidavros. Schildern folgen.

Kastro Kyllinis Ilia, GR-27050 / Ilia

iD

Camping Fournia Beach & Fournia Village
22 Mai - 30 Sep
+30 26 23 09 50 95
fournia@otenet.gr

1 ADEKNOPSTU — AFKMNPQSWX 6
2 GIJNQRWXY — ABDEF 7
3 AM — ABCDEFNRW 8
4 O — IJ 9
5 ABDHLMN — ABGHIJKNQU 10
B 16A — ❶ €25,40
30ha 90T(45-95m²) 55D — ❷ €33,40

N 37°53'58" E 21°07'00" — 111302

Nat. Road Patras-Pirgos, nach ca. 61 km bei Ausfahrt Kylini/ Zakynthos, rechts und dann 15 km lang den CP-Schildern Melissa und/oder Fournia Beach nach Kastro Kyllinis folgen (Achtung: mehrmals links abbiegen).

Kastro Kyllinis Ilia, GR-27050 / Ilia

iD

Camping Melissa
1 Apr - 31 Okt
+30 26 23 09 52 13
camping_melissa@yahoo.gr

1 ADEKNOPQRSTU — KMNQSWX 6
2 HJLRUWXYZ — ABDEFH 7
3 A — ABEFNRW 8
4 O — DJ 9
5 ACDHILM — ABHJKOQ 10
10A — ❶ €25,00
2ha 100T(48-64m²) 7D — ❷ €31,00

N 37°53'09" E 21°06'46" — 110880

Nat. Road Patras-Pirgos. Nach Km-Pfahl 61 km rechts, Ausfahrt Kyllini/Zakynthos, dann ca. 13 km CP-Schildern Melissa und/oder Fournia Beach folgen (Achtung: mehrmals links abbiegen).

Kato Alissos, GR-25002 / Akhaia

CC€21 iD

Kato Alissos**
1 Apr - 31 Okt
+30 26 93 07 12 49
info@camping-kato-alissos.gr

1 ADEKNOPQSTU — KMNOPQSXY 6
2 AHILPQSYZ — ABDEFHIJ 7
3 A — ABEFNQRW 8
4 O — H 9
5 ABDEFHJLMN — ABHIJKOQUW 10
Anzeige auf Seite 531 B 10A — ❶ €25,50
1,2ha 60T(60-80m²) 8D — ❷ €37,50

N 38°09'00" E 21°34'38" — 109353

Neue Nat. Road Patras-Pirgos, beim Km-Stein 21 rechts, am Ende der Straße links auf alte Nat. Road, nach 700m rechts, am Ende rechts. Schildern folgen.

Koroni/Messinias, GR-24004 / Messinia

CC€21 iD

Camping Koroni
Maizonos 27
1 Jan - 31 Okt
+30 27 25 02 21 19
info@koronicamping.com

1 ADEKNOPQSU — AKMNPQSW 6
2 GJQSVWXYZ — ABDEFHIJ 7
3 M — ABEFNQRW 8
4 OR — A 9
5 ABDEFHJLNO — BDFGHJKOQU 10
16A — ❶ €33,00
1,3ha 86T(25-80m²) 5D — ❷ €43,00

N 36°47'58" E 21°57'01" — 106262

Straße von Kalamata nach Pylos und bei Rizomylos links, durch Petalidi durch, nach Koroni, CP links an der Straße, 200m vor Koroni.

Teilkarte Peloponnes auf Seite 526

Kourouta/Amaliada, GR-27200 / Ilia

CC€21 iD

Kourouta
Kourouta Beach
1 Jan - 31 Okt
+30 26 22 02 29 01
info@harmonyresort.gr
N 37°45'59" E 21°17'58"

1 ADEKNOPQST**U**	KMNQSWX 6
2 AHJPQRXYZ	ABDE 7
3	AEFNR 8
4 O	GJ 9
5 ABDEGLN	ABHIJKOST 10
B 6A	❶ €28,00
1,9ha 84**T** 25**D**	❷ €36,00

An der Straße Patras-Pirgos. Hinter dem Km-Pfahl 78 rechts Ausfahrt Kourouta, dann noch ca. 2 km. An dem kleinen Platz geradeaus. Den Schildern folgen. Kourouta Ortseingang: links ab. 106213

Mistras, GR-23100 / Lakonia

iD

Paleologio
Nat. Road Sparti-Mystra
1 Jan - 31 Dez
+30 27 31 02 27 24
demikap@hotmail.com
N 37°04'19" E 22°24'17"

1 ADEKNOPQST	A 6
2 PQWXYZ	ABDE**FG**HI 7
3 A	AEFNQR 8
4 O	9
5 ABDEFHJKN	FGHIJKO 10
16A	❶ €27,00
H215 0,8ha 60**T**(25-100m²)	❷ €34,00

Camping in Paleologio, auf halber Strecke zwischen Sparta und Mistras. Campingeinfahrt über ehemalige Tankstelle. 106251

Lampiri, GR-25100 / Akhaia

iD

Tsolis Camping
Old National Road
1 Jan - 31 Dez
+30 26 91 03 14 69
camping.tsolis@gmail.com
N 38°19'15" E 21°58'19"

1 ADEKNOPQST**U**	KNOPQSWXY 6
2 AHILMPSVWXYZ	ABDE**F**HI 7
3 A	ABEFNQRW 8
4 O	FJ 9
5 ABDEHLN	ABHOQ 10
B 6A	❶ €28,00
7ha 107**T** 38**D**	❷ €38,00

Nationalstraße Korinth-Patras. Ausfahrt Longosu die alte Nationalstraße Korinth-Patra links. An Longos und Kamares vorbei. Camping 1,5 km hinter Lampiri. Die alte Nationalstraße als Nr. 8 angegeben. 106207

Olympia, GR-27065 / Ilia

iD

Camping Alphios
1 Apr - 25 Okt
+30 26 24 02 29 51
alphios@otenet.gr
N 37°38'34" E 21°37'11"

1 ADEKNOPST**U**	A 6
2 IQRSVWYZ	ABDE**F**HIJ 7
3	ABEFNQR 8
4 O	A 9
5 ABDEHLN	BHIJKOQ 10
16A	❶ €27,20
H400 2,5ha 97**T**(bis 72m²) 5**D**	❷ €36,60

Straße Pirgos-Olympia. Die Hauptstraße durch Olympia ganz durchfahren, am Platz rechts. Der CP ist ausgeschildert. 106216

Leonidio, GR-22300 / Arkadhia

CC€17 iD

Camping Semeli
Plaka
1 Jan - 31 Dez
+30 27 57 02 29 95
info@camping-semeli.gr
N 37°08'59" E 22°53'31"

1 ADEKNOPQRSTU	KNPX 6
2 HIJLQRSTWXY	ABDE**F**IJ 7
3	ABEFNOQRTW 8
4 O	A 9
5 ABDEHN	FGHJKOQ 10
10-16A	❶ €23,50
1,7ha 64**T**(40-70m²) 4**D**	❷ €29,50

In Leonidio der Beschilderung folgen; ab Stadtmitte noch 4 km Richtung Hafen Leonidio. 122347

Methoni/Messinias, GR-24006 / Messinia

iD

Methoni
1 Mai - 31 Okt
+30 27 23 03 11 88
campingmethonis@gmail.com
N 36°49'02" E 21°42'55"

1 ADEKNOPQRSTU	KMNPQSWXY 6
2 GIJLQRSWXYZ	ABDE**F**IK 7
3	AEFKNR 8
4 O	A 9
5 ADEFHJLN	AGHIJKOQZ 10
6-10A	❶ €23,00
16ha 100**T**(48-100m²) 52**D**	❷ €29,00

CP in Methoni, 12 km südlich von Pylos. CP am Strand und ungefähr 1 km östlich von Methoni. In Methoni ausgeschildert. 106220

Olympia, GR-27065 / Ilia

iD

Camping Diana
1 Jan - 31 Dez
+30 26 24 02 23 14
info@campingdiana.gr
N 37°38'43" E 21°37'20"

1 ADEKNOPSU	A 6
2 QRSVXYZ	ABD**F**I 7
3	ABEFNQR 8
4 O	9
5 ABDN	BHIJKOQ 10
Anzeige auf dieser Seite 6A	❶ €27,00
H80 0,5ha 42**T**(40-60m²)	❷ €37,00

An Straße Pirgos-Olympia. Hauptstraße einfahren; erste Straße rechts ab. CP ist ausgeschildert. 106215

Mikenes, GR-21200 / Argolis

iD

Camping Atreus
1 Apr - 31 Okt
+30 27 51 07 62 21
atreuscamping@gmail.com
N 37°43'08" E 22°44'28"

1 ADKNOPQSTU	AF 6
2 APRSYZ	ABDE**F**I 7
3	ABEFNQRW 8
4 JO	9
5 ADKN	ABGHJKN 10
6A	❶ €25,00
1ha 56**T**(50-80m²)	❷ €32,00

E65 von Korinth nach Argos. Ausfahrt bei Sterna Richtung Argos. Nach 12 km links Richtung Korinth. Ausfahrt Mikenes. Camping nach 200m links vor dem Dorf Mikenes. 109081

Mistras, GR-23100 / Lakonia

iD

Castle View
Nat.Rd. to Mistras
1 Apr - 10 Okt
+30 27 31 08 33 03
info@castleview.gr
N 37°04'10" E 22°22'55"

1 ADEKNOPQST**U**	A 6
2 PQSYZ	ABDE**F** 7
3	ABEFNQR 8
4 O	J 9
5 ADEFJKN	BGHIJKN 10
16A	❶ €30,50
H252 1,2ha 72**T**(40-100m²) 7**D**	❷ €40,50

Bei Sparta Richtung Mistras. Ca. 4,5 km außerhalb von Sparta liegt CP nördlich der Straße, 0,5 km vor Mistras. Auch über Kalamata erreichbar: in Tripi Richtung Mistras. 106252

Griechenland

Teilkarte Peloponnes auf Seite 526

Tiros/Arcadia, GR-22029 / Arkadhia

CC€21 iD

Zaritsi Camping
1 Apr - 15 Nov
+30 27 57 04 14 29
campingzaritsi@gmail.com

1 ADEHKNOPQRSTU	KMNPQSWX	6
2 HILPQSTWXYZ	ABDEFIK	7
3 F	ABEFNRUW	8
4 IO	D	9
5 ABDEFHJKLN	ABDGHJKNQ	10
Anzeige auf dieser Seite 16A	❶ €28,50	
3ha 120T(50-120m²) 37D	❷ €36,50	

N 37°16'12'' E 22°50'34''
111185

Von Süden Gythio/Monemvasia Richtung Nafplion 4 km hinter Tiros rechts am Campingplatz-Schild/Fahne. Von Nafplio nach Gythio/Monemvasio 4 km vor Tiros links scharfe Kurve. Achtung: GPS gibt Umweg zur Einfahrt an.

Petalidi/Messinia, GR-24005 / Messinia

iD

Petalidi Beach
1 Apr - 31 Okt
+30 27 22 03 11 54
campingpetalidi@yahoo.gr

1 ADEKNOPQSTU	KMNPQSWX	6
2 HLMNPQRSWXYZ	ABDEFGHIJK	7
3 AFM	ABEFNRW	8
4 O	GJXZ	9
5 ABDEFHJKN	AGHIJKOQ	10
16A	❶ €26,50	
1,5ha 68T(40-80m²) 6D	❷ €33,50	

N 36°58'54'' E 21°55'44''
106257

Die Strecke Kalamáta-Pylos, bei Rizomilos links Richtung Petalidi einschlagen. 3 km vor Petalidi die Straße links zur Küste und nach 100m CP links der Strecke. Gut ausgeschildert.

Tolo, GR-21056 / Argolis

iD

Lido
1 Apr - 31 Okt
+30 27 52 05 93 96
camping@lido.gr

1 ADEKNOPQSTU	KMNQSW	6
2 GJPRSVWYZ	ABDEFHIJK	7
3 A	ABEFNRTW	8
4 JO	ADGJ	9
5 ABDEHI	ABGHJKOSTU	10
16A	❶ €29,50	
2,2ha 140T(40-55m²) 49D	❷ €37,00	

N 37°31'44'' E 22°51'56''
106294

Richtung Nafplion-Tolo, durch Assini, beim Kreisverkehr Lido rechts folgen. Dann ausgeschildert.

Porovitsa/Akrata, GR-25006 / Akhaia

iD

Camping Akrata Beach
1 Jan - 31 Dez
+30 26 96 03 19 88
info@akrata-beach-camping.gr

1 ADEKNOPQSTU	KNPQSX	6
2 AGLMSWYZ	ABDEFHI	7
3	ABCDEFNQRW	8
4	Z	9
5 ABDEJKMNO	ABHIJKOPQU	10
B 10-16A	❶ €27,00	
7,5ha 42T 25D	❷ €35,00	

N 38°10'21'' E 22°20'12''
110882

Autobahn A5 Patras-Korinthos, Ausfahrt Akrata zur alten Nationalstraße, dann links und nach 2 km ist der CP direkt nach dem Fluss. Siehe Beschilderung.

Tolo, GR-21056 / Argolis

iD

Sunset
Nafpliou 11
25 Mrz - 31 Okt
+30 27 52 05 95 66
info@camping-sunset.gr

1 ADKNOPQSTU	MNQSW	6
2 RSVWYZ	ABDEFHIJK	7
3 A	ABEFNRW	8
4 JOY	JL	9
5 ABDEHK	ABGHOQ	10
B 16A	❶ €28,00	
1,8ha 50T(60-80m²) 46D	❷ €35,00	

N 37°31'49'' E 22°51'54''
106295

Richtung Nafplion-Tolo, hinter Assini beim Kreisel Schild Lido rechts ab folgen. Dann ausgeschildert. CP links der Straße.

Stoupa, GR-24024 / Messinia

CC€19 iD

Kalogria
Barbezea Nicos 29
1 Apr - 20 Nov
+30 27 21 07 73 19
campingkalogria@yahoo.gr

1 ADEKNOPQSTU	KMNPQSWX	6
2 GJPQSUWXYZ	ABDEF	7
3 G	ABEFNQR	8
4 O	A	9
5 ABDEHN	AGHJKOQ	10
16A	❶ €24,00	
2ha 102T(50-120m²) 10D	❷ €31,00	

N 36°50'58'' E 22°15'32''
113563

Der CP ist in Stoupa, einem Dorf an der Küstenstraße Kalamata-Aeropolis, Ausfahrt Kalogrid-Beach, Ausfahrt Stoupa, Kalogria. Die Straße gegenüber vom UNEP-Supermarkt.

Griechenland

Alexandroupolis, GR-68100 / Evros

Municipal of Alexandroupolis Cat.A
Makris Avenue
1 Jan - 31 Dez
+30 25 51 02 87 35
camping@ditea.gr

1 ADEJMOPQRSTU	KMNPQSW	6
2 AHJPQRTWXYZ	ABDE	7
3 AFGN	AEFNOQRW	8
4 BCO		9
5 ABDEFHK	AFGHIJKOQ	10
B 6A		1 €24,70
7ha 216T(80-120m²) 50D		2 €31,70

N 40°50'48" E 25°51'22"

E90/A2 Thessaloniki-Türkei, Ausfahrt Alexandroupolis. CP liegt westlich der Stadt. Den Schildern folgen. 106346

Avdira/Xanthi, GR-67061 / Xanthi

Camping Natura
Mandra Beach
10 Mai - 30 Sep
+30 25 41 05 10 40
info@camping-natura.gr

1 ADEKNOPQSTU	KMNPSX	6
2 AGIJQXYZ	ABDEFHIJ	7
3 AFG	AEFNORW	8
4 O	DJV	9
5 ACDFHLMN	AHIJKOQU	10
B 16A		1 €30,50
1,5ha 75T(40-100m²) 35D		2 €41,50

N 40°58'08" E 25°00'46"

Von Odos Egnatia (E90) Ausfahrt Xanthi-Ost Richtung Porto Lagos. Bei Kessani rechts nach Mandra. Vor Mandra links Richtung Mandra Beach (Paralia) bis zum CP. Der Beschilderung folgen. 120933

Epanomi, GR-57500 / Thessaloniki

Akti Retzika
Potamos
1 Apr - 15 Okt
+30 69 37 45 65 53
info@retzikas.gr

1 ADEHKNOPQSU	KMNPQSWX	6
2 GJQRWXYZ	ABDF	7
3 AG	ABEFNQR	8
4 BO	AGHIJUZ	9
5 ABDHJLNO	AHIJKOQ	10
B 6A		1 €28,00
1,6ha 30T(35-60m²) 50D		2 €36,00

N 40°22'56" E 22°55'36"

Hauptstraße bis Epanomi, ab dort den Schildern Potamos Beach folgen. Letztes Stück 400m unbefestigter Weg am Strand entlang. Dann den CP-Schildern folgen. 120367

Gerakini, GR-63100 / Khalkidhiki

Kouyoni
1 Mai - 30 Sep
+30 23 71 05 22 26
info@kouyoni.gr

1 ADKNOPQSU	AFKMNPQSWXYZ	6
2 HJPQRWXYZ	ABDEFH	7
3 A	AEFNOR	8
4 OP	HUVXZ	9
5 ABDEFHJLN	AHJKOQU	10
6A		1 €33,50
2ha 10T(40-90m²) 101D		2 €43,50

N 40°15'53" E 23°27'48"

Die Straße von Nea Moudania nach Sithonia. 2 km östlich Gerakina, Ausfahrt Richtung Meer. CP ist ausgeschildert. 106266

Kalamitsi/Sithonia, GR-63072 / Khalkidhiki

Thalatta Kalamitsi Village Camp
1 Mai - 30 Sep
+30 23 75 04 14 10
info@thalattacamp.gr

1 ADEKNOPQSTU	AKMNOPQSTWX	6
2 HIJPQRWXYZ	ABDEF	7
3 BFGMN	ABEFKNORT	8
4 BCDJLNOPR	ADEJMPRTV	9
5 ACDEFGHILNO	ABFHIJKNQZ	10
B 6A CEE		1 €34,50
6ha 256T(40-100m²) 252D		2 €43,50

N 39°59'15" E 23°59'13"

20 km südlich von Sarti. Camping ausgeschildert. Von der Hauptstraße aus steiler Hang abwärts zum Campingplatz. 106331

Kavala, GR-65000 / Kavala

Camping Alexandros
Nea Karvali Beach
1 Jan - 31 Dez
+30 25 10 31 62 40
camping.alexandros@yahoo.gr

1 ADEKNOPQRSTU	KMNPQSWX	6
2 AHJPQXYZ	ABDEFHIJ	7
3 A	ABEFN	8
4 O	GJL	9
5 ADFHJLNO	AHIOSTU	10
B 6A		1 €20,50
2ha 87T(50-70m²) 23D		2 €20,50

N 40°57'34" E 24°31'00"

Autobahn E90 Kavala-Alexandroupolis, Ausfahrt Nea Karvali. Der Beschilderung Nea Karvali folgen. Camping liegt links nach der Ortseinfahrt von Nea Karvali. 123833

Kryoneri, GR-69100 / Rodhopi

Kryoneri Camping
Kryoneri, Proskynites, Rodopi
1 Jun - 30 Sep
+30 25 33 06 11 33
info@kryonericamping.gr

1 ADEJMOPQRSTU		6
2 QWXYZ	ADFHIJ	7
3 A	AEFNQW	8
4 F		9
5 ABDHJN	BHJKNQU	10
B 10A		1 €21,50
H62 0,8ha 56T(40m²) 12D		2 €27,50

N 40°54'29" E 25°26'03"

A2/E90 Richtung Alexandropoulis. Ausfahrt 38, Komotini East. Zuerst Richtung Komotini. In der Innenstadt Richtung Maroneia. Dann die Orte Kosmio, Xylagani. Camping liegt 6 km südlich von Proskynites. 122761

Litochoron, GR-60200 / Pieria

Olympos Beach
Plaka
1 Mai - 30 Sep
+30 23 52 02 21 12
info@olympos-beach.gr

1 ADEJMOPSU	KMNPQSWXY	6
2 AHLMPQRXYZ	ABDEFG	7
3 A	ABEFNOQRW	8
4 O	FJ	9
5 ABDEFGHJLM	AHIOST	10
16A CEE		1 €26,00
2,7ha 15T(60-70m²) 85D		2 €35,00

N 40°06'06" E 22°33'44"

Nat. Road Athen-Thessaloniki. Ca. 60 km hinter Larissa Ausfahrt Litochoron Plaka, Schildern folgen. 100897

Methoni/Makrygialos, GR-60066 / Pieria

Agiannis
1 Apr - 31 Okt
+30 23 53 04 12 16
metalnikos@gmail.com

1 ADEJMOPQSTU	AKMNPQSWXY	6
2 AHIJQRSVWXYZ	ABDEF	7
3 A	ABEFNOQR	8
4 O	G	9
5 ABDEHJLM	AHIJKOQ	10
16A		1 €25,00
2ha 30T(90m²) 86D		2 €31,00

N 40°25'38" E 22°36'14"

Auf der A1 von Athen nach Thessaloniki, Ausfahrt nach Makrygialos. In Makrygialos den CP-Schildern folgen. 106222

Nea Kallikratia, GR-63080 / Khalkidhiki

Aigeas Camp
Nikita Katsirma 55
20 Mai - 20 Sep
+30 23 99 02 38 71
info@aigeas-camp.gr

1 ADEKNOPQSU	AFKMNPQSWX	6
2 AGJQWZ	ABDEFI	7
3 AGV	ABEFNORTW	8
4 O	D	9
5 ABDHL	BHIJKOQ	10
B 16A		1 €26,00
1,2ha 36T(40-80m²) 47D		2 €34,00

N 40°18'59" E 23°02'38"

Thessaloniki-Kassandra, Ausfahrt Nea Kallikratia. Danach Schildern folgen. 110009

Nea Moudania, GR-63200 / Khalkidhiki

CC€21

Camping A.Ouzouni S.A.
1 Mai - 30 Sep
+30 23 73 04 29 22
info@campingouzouni.com

1 ADEKNOPQRSTU	KMNPQSWX	6
2 AHJPQWYZ	ABDEFGHI	7
3 AM	ABEFNORW	8
4 O	HL	9
5 ACDEFHJLMNO	ABGHIJKOQ	10
B 6A		1 €29,50
0,8ha 58T(40-100m²) 16D		2 €40,50

N 40°12'57" E 23°19'06"

Nationalstraße Thessaloniki-Kasandra. Nach 2 km Ausfahrt "Local Roads" südlich von Nea Moudania. Am Ende rechts. Dann links, der Hauptstraße an der Autobahn folgen. Nach 1,1 km rechts und am Ende ist es der linke Camping. 106270

Nea Moudania, GR-63200 / Khalkidhiki

CC€21

Ouzouni Beach Camping
P.O Box 30
1 Mai - 15 Okt
+30 23 73 04 24 44
info@ouzounibeach.gr

1 ADEKNOPQRSTU	KMNPQSWX	6
2 AHJPQWYZ	ABDEFGHIK	7
3	ABFKNOQRU	8
4		9
5 ACDMN	ABCDGHIJKOQ	10
B 10A CEE		1 €29,00
1,2ha 93T(65-85m²)		2 €38,00

N 40°12'58" E 23°19'06"

N-Straße Thessaloniki-Kasandra, nach 2 km südlich von Nea Moudania Ausfahrt "Local Roads", unten dann rechts. Gleich links der Hauptstraße parallel der Autobahn folgen. Nach 1,1 km rechts, am Wegende der rechte CP. 122296

Neos Marmaras (Sithonia), GR-63081 / Khalkidhiki

Areti
1 Mai - 15 Okt
+30 23 75 07 14 30
info@areti-chalkidiki.gr

1 ADEJMOPQSTU	KMNPQSWXY	6
2 HIJLQSYZ	ABDEFHI	7
3 AFN	ABEFNQR	8
4 O	IJ	9
5 ACHJLMN	ABHIJKNSTU	10
16A		1 €40,00
4ha 80T(60-120m²) 27D		2 €49,00

N 40°01'27" E 23°48'58"

An der Westküste von Sithonia ca. 12 km südlich von Neos Marmaras, Camping angezeigt. Weiter 4 km stark abschüssige, schlängelnde, gute Asphaltstraße. Den Schildern folgen, nicht dem Navi. 106329

Neos Marmaras (Sithonia), GR-63081 / Khalkidhiki

Castello
1 Mai - 30 Sep
+30 23 75 07 10 94
info@camping-castello.gr

1 ADEILOPQSU	KMNPQSWXY	6
2 HIJPQSWYZ	ABDEFHI	7
3 AFLMN	ABEFNQR	8
4 O	DEHI	9
5 ACDFHJLN	ABHIJKOQ	10
16A		1 €32,00
1,5ha 40T(50-80m²) 57D		2 €42,00

N 40°07'32" E 23°45'55"

An der Westküste von Sithonia, 3 km nördlich von Neos Marmaras. Von Thessaloniki und Neos Marmaras ausgeschildert. 106325

Neos Marmaras (Sithonia), GR-63081 / Khalkidhiki

Camping Marmaras
15 Mai - 30 Sep
+30 23 75 07 19 01
info@campingmarmaras.gr

1 ADEJMOPSU	KMNPQSWXYZ	6
2 BHIJOPSUVWYZ	ABDEFIK	7
3 AFGN	ABEFNQR	8
4 O	ADLMT	9
5 ACDEFHLNO	ABHIJKOSTU	10
16A		1 €27,00
2ha 140T(75-90m²) 48D		2 €34,00

N 40°05'46" E 23°46'34"

Von Thessaloniki von Norden aus an der Ausfahrt Neos Marmaras A CP ausgeschildert. Nicht dem Navi folgen, denn das gibt eine viel zu steile Route vor. Den Schildern folgen. 106327

Teilkarte Nordost-Griechenland auf Seite 532

Neos Marmaras (Sithonia), GR-63081 / Khalkidhiki

Stavros
1 Apr - 31 Okt
+30 23 75 07 19 75
info@campingstavros.gr

1 ADEJMOPQSTU	KMNOPQSWXY	6
2 HJQRSWYZ	ABDEFH	7
3 AF	ABEFNOQR	8
4 O	DGI	9
5 ACDFJL	ABGHIJKNST	10
10A		❶ €36,00
2,5ha 90T(70-80m²) 66D		❷ €47,00

N 40°02'33'' E 23°48'51''

106328

Westküste Sithonia. Südlich von Neos Marmaras sind zwei Zufahrtswege angezeigt. Der südlichste ist der beste. Guter Asphaltweg, lange steile Steigung.

Nikiti, GR-63088 / Khalkidhiki

CC€21

Mitari Camping & Villas
1 Mai - 30 Sep
+30 23 75 07 17 75
mitaricamp@hotmail.com

1 ADEJMOPQSU	KMNOPQSWXY	6
2 HIJPQRSUVWYZ	ABDEF	7
3 G	AEFNORW	8
4 O	EK	9
5 ABDHLN	ABGHIJKOQ	10
B 10A		❶ €31,40
2,5ha 70T(65-90m²) 69D		❷ €40,00

N 40°08'36'' E 23°44'08''

110011

Folgen Sie der Westküste von Sithonia, 12 km südlich von Nikiti auf der rechten Seite, ausgeschildert.

Ouranoupolis (Athos), GR-63075 / Khalkidhiki

Ouranoupoli
15 Apr - 30 Sep
+30 23 77 07 11 71
camping-ouranoupoli@hotmail.com

1 ADEKNOPQSTU	KMNPQSWXY	6
2 HJPQWXYZ	ABDEF	7
3 AG	ABEFNORVW	8
4 OQ	DJL	9
5 ACDJLMN	ABGHIJKOQ	10
B 10A		❶ €42,50
1,1ha 37T(70-100m²) 46D		❷ €52,50

N 40°20'22'' E 23°58'14''

109442

Der CP liegt an der Straße von Ierissos nach Ouranoupolis; 1,8 km vor Ouranoupolis an der rechten Straßenseite.

Panteleimon, GR-60065 / Pieria

Camping Arion
Platamon/Panteleimon
1 Mai - 30 Sep
+30 23 52 04 15 00
info@camping-arion.gr

1 ADEJMOPQRSU	KMNPQSWX	6
2 AHJQRWYZ	ABDEFHI	7
3	ABEFNQRW	8
4 O	D	9
5 DMNO	ABHIKOQ	10
10A CEE		❶ €39,00
1,5ha 15T(40-80m²) 72D		❷ €51,00

N 40°00'57'' E 22°35'23''

106235

Thessaloniki-Athen A1/E75: Ausfahrt Skotina. Weiter Panteleimon Beach, dann Camping Arion. Athen-Thessaloniki A1/E75: Ausfahrt Platamon. weiter Panteleimon. Nach 3 km an der Platamon Burg Richtung Panteleimon Beach. Dann 2 km der Straße folgen.

Sarti (Sithonia), GR-63072 / Khalkidhiki

CC€21

Armenistis Camping & Bungalows
12 Mai - 25 Sep
+30 23 75 09 14 97
info@armenistis.gr

1 ADEHJMOPQSTU	KMNOPQRSTWX	6
2 HJPQRWXYZ	ABDEF	7
3 BFG	ABEFNOR	8
4 BCDMNO	BCDEFGJKLMPRT	9
5 ACEFHLMO	ABGHIJKLORSY	10
B 10A		❶ €34,90
6ha 300T(50-100m²) 275D		❷ €43,70

N 40°09'03'' E 23°54'46''

106326

An der Ostküste von Sithonia, 17 km südlich von Vourvourou und 13 km nördlich von Sarti. Einfahrt ausgeschildert.

Panteleimon, GR-60065 / Pieria

Orpheus
1 Mai - 30 Sep
+30 23 52 09 12 74
orpheuscamping@gmail.com

1 ADEJMOPQSU	KMNPQSWX	6
2 ABGJQRSWYZ	ABDEF	7
3	ABEFNOQRW	8
4	G	9
5 ACDEJKM	HIJKOQ	10
10A		❶ €28,50
1,5ha 40T(60-80m²) 54D		❷ €36,50

N 40°01'15'' E 22°35'09''

106232

Aus Thessaloniki-Athen A1/E75, Ausfahrt Skotina. Schilder Panteleimon Beach befolgen. Von Süd: Ausfahrt Platamon. Schilder Panteleimon befolgen. Nach 3 km an der Platamon Burg Richtung Panteleimon Beach. Der Straße folgen.

Sikia, GR-63072 / Khalkidhiki

CC€21

Melissi
1 Mai - 30 Sep
+30 23 75 04 16 31
info@camping-melissi.gr

1 ADEKNOPQRSTU	KNOPQSWX	6
2 GIJQXYZ	ABDEF	7
3 A	ABEFNOQRW	8
4		9
5 ACDN	AGHIJKOQU	10
B 6A		❶ €29,50
1,5ha 70T(54-100m²) 30D		❷ €37,50

N 40°02'45'' E 23°59'05''

111608

An der Ostküste von Sithonia, 7 km südlich von Sarti. An der Küstenstraße angezeigt mit 'Sikia Beach'. Danach über den Asphaltweg am Strand wieder gut angezeigt. CP-Schildern folgen.

Panteleimon, GR-60065 / Pieria

CC€21

Poseidon Beach
Seaside Road
1 Apr - 31 Okt
+30 23 52 04 16 54
poseidonbeach@gmail.com

1 ADEJMOPQSU	KMNPQSWX	6
2 AHJQRWYZ	ABDEFGH	7
3	ABEFNQRW	8
4 O	IJ	9
5 DH	ABGHIJKOQ	10
6-16A		❶ €44,00
1,7ha 27T(60-120m²) 124D		❷ €54,00

N 40°00'47'' E 22°35'25''

106238

Von Nord: A1/E75 Thessaloniki-Athen, Ausfahrt Skotina. Den Schildern Panteleimon Beach folgen. Von Süd: Ausfahrt Platamon. Den Schildern Panteleimon folgen. Nach 3 km an der Platamon Burg Richtung Panteleimon Beach. Dieser Straße folgen.

Tristinika (Sithonia), GR-63072 / Khalkidhiki

Isa
1 Mai - 15 Sep
+30 23 75 05 12 35
izacamping@gmail.com

1 ADEILOPQSTU	KMNPQSWXY	6
2 HJPQRWXYZ	ABDEF	7
3 FG	AEFNQR	8
4 JO	D	9
5 ABDFHLNO	GHIJKNSTU	10
B 6A		❶ €36,00
4ha 300T(45-80m²) 106D		❷ €41,50

N 40°00'01'' E 23°53'18''

111355

An der Westküste von Sithonia, 21 km südlich von Neos Marmaras, CP ausgeschildert. Danach 700m schmale Asphaltstraße zum CP.

Plaka Litochoro, GR-60063 / Pieria

CC€21

Camping Sylvia
1 Mai - 10 Okt
+30 23 52 02 21 04
info@camping-sylvia.gr

1 ADEKNOPQSU	KMNPQS	6
2 AHILPQXYZ	ABDEFI	7
3	ABEFNOQRU	8
4		9
5 ABDHN	GHIJKOSTU	10
16A CEE		❶ €26,00
0,8ha 45T(60-80m²)		❷ €37,00

N 40°07'00'' E 22°33'18''

110153

Über die A1/E75, Ausfahrt Litochoro. Weiter Richtung Plaka Litochoro und der Küstenstraße nach Süden folgen. In 1 km Camping auf der Meeresseite.

Variko/Litochoron, GR-60200 / Pieria

Stolos
Variko
1 Mai - 30 Sep
+30 23 52 06 12 66
info@camping-stolos.com

1 ADEKNOPQRSU	KMNPQS	6
2 AGJQWYZ	ABDEF	7
3	ABEFNQRUV	8
4	HI	9
5 ACDEFHJLMN	BGHIJKOST	10
B 10A		❶ €30,00
1,2ha 20T(65-75m²) 39D		❷ €36,00

N 40°11'08'' E 22°33'42''

106225

Die Straße Athen-Thessaloniki, ca. 60 km hinter Larissa, Ausfahrt Variko. Schildern folgen.

Sani, GR-63077 / Khalkidhiki

Blue Dream
1 Mai - 30 Sep
+30 23 74 03 12 49
info@campingbluedream.gr

1 ADEJMOPQSTU	KMNPQSWX	6
2 HJQRVWXYZ	ADF	7
3 AFG	AEFNRW	8
4 OP	HZ	9
5 ACDEFHJL	BHIJKOQ	10
16A		❶ €38,00
5,2ha 207T 86D		❷ €48,00

N 40°05'44'' E 23°18'44''

106271

12 km südlich von Nea Moudania auf der Autobahn rechts ab nach Sani Beach. Nach 5 km an der Kreuzung rechts Richtung Camping. Nach 3 km am Meer.

Vourvourou (Sithonia), GR-63078 / Khalkidhiki

CC€19

Rea
1 Mai - 30 Sep
+30 23 75 09 11 00
campingrea@gmail.com

1 ADEJMOPQSTU	KNOPQSWXY	6
2 HJPQRWXYZ	ABDEF	7
3 A	ABEFNOQRU	8
4 O	D	9
5 ACDFLNO	ABHIJKNQU	10
16A		❶ €33,00
2ha 40T(80-100m²) 68D		❷ €41,00

N 40°12'24'' E 23°45'46''

106322

An der Ostküste von Sithonia, 4 km südlich van Agios Nikolaos und 2 km nördlich von Vourvourou. CP ausgeschildert.

Teilkarte Nordost-Griechenland auf Seite 532

Kreta

Ag. Apostoli, GR-73100 / Khania

Camping Hania
1 Apr - 30 Okt
+30 28 21 03 11 38
camhania@gmail.com

1 DEHJMOPRS	AFKNQSW	6
2 GJOPSYZ	ADFIJ	7
3 AGJ	ABEFNOW	8
4 AJOPQ	ADELVXZ	9
5 ABDEHIJLM	ABHILNSTU	10
16A	❶ €39,00	
2ha 50T(40-80m²) 35D	❷ €40,00	

N 35°30'42" E 23°59'04" — 101594

Der neuen Nationalstraße folgen bis Ausfahrt Omalos/Chania. Chania nehmen. Nach 1 km an der Ampel links. Nach ca. 2 km rechts. Camping angezeigt. Am kleinen Schild gleich rechts. Na 50m an den Nikolas Suites links. Nach 100m Campingeinfahrt.

Missiria/Rethymnon, GR-74100 / Rethimni

Camping Elizabeth
Ionias 84 Terma
1 Mrz - 22 Dez
+30 28 31 02 86 94
info@camping-elizabeth.net

1 ADEKNOPQRSTU	KMNOPQRSW	6
2 AGJPRXYZ	ABDFJ	7
3 GS	ABEFGHNPQRW	8
4 AEFO	ACDFLVXZ	9
5 ADEFHJKLMNO	AGHIJKLOQU	10
B 12A	❶ €28,50	
2,4ha 120T(40-80m²) 32D	❷ €33,00	

N 35°22'05" E 24°30'54" — 101595

Von Heraklion: vor Rethymnon Ausfahrt Platanes/Arkadi. Der Straße folgen, CP 1 km hinter Platanes, rechts beim CP-Schild an einem unbefestigten Weg.

Drapanias, GR-73400 / Khania

Camping Mithimna
1 Apr - 31 Okt
+30 28 22 03 14 44
info@campingmithimna.gr

1 ADEKNOPQRSTU	KMNPQSWX	6
2 AGJLRSXZ	ADFHI	7
3 AG	AEFNRW	8
4 AO	AFHILUVXZ	9
5 ACDEFHJLMN	HJKOQ	10
20A	❶ €22,00	
1,8ha 100T(50m²) 52D	❷ €28,00	

N 35°30'09" E 23°42'09" — 106339

An der Straße Chania-Kastelli, CP gut ausgeschildert, kurz vor dem sich nähernden Kastelli (Kissamos).

Nopigia/Drapanias, GR-73400 / Khania

Camping Nopigia
Nopigia
1 Mai - 30 Sep
+30 28 22 03 11 11
info@campingnopigia.com

1 AKNOPQRSTU	AFKMNOPQSWXY	6
2 AGMNSWYZ	ADFI	7
3	ABEFNQW	8
4 AFO	ALVXZ	9
5 ABDEFHJKMN	BHIJKLOSTU	10
12A	❶ €25,50	
1ha 60T(40-70m²) 25D	❷ €31,50	

N 35°30'33" E 23°43'12" — 106340

Von Chania Richtung Kastelli und nach ca. 30 km ist der CP im Ort Nopigia deutlich mit einem großen Schild an der Straße ausgeschildert.

Ierapetra, GR-72200 / Lasithi

Camping Koutsounari
1 Jan - 31 Dez
+30 28 42 06 12 13
info@camping-koutsounari.gr

1 ADEKNOPQRSTU	AFKNOPQSWX	6
2 GJLPRWXYZ	ADFIJ	7
3 AG	AEFNQRW	8
4 AOQ	EFGILSUVXZ	9
5 ACDEFHJLMN	AHIOQU	10
12A	❶ €30,00	
1,4ha 66T(30-70m²) 20D	❷ €37,00	

N 35°00'31" E 25°49'17" — 101599

7 km östlich von Ierapetra befindet sich der CP, direkt am Strand, gut ausgeschildert.

Paleochora/Kountoura, GR-73001 / Khania

Camping Grammeno
Kountoura
1 Jan - 31 Dez
+30 28 23 04 21 25
info@grammenocamping.gr

1 BDEHILOPQRSTU	KMNPQSWX	6
2 GJPRXY	ABFI	7
3 A	ABEFNQW	8
4	AEFXZ	9
5 ABDEHKO	BHJKOQU	10
16A	❶ €27,50	
1,4ha 75T(40-70m²) 32D	❷ €34,50	

N 35°14'07" E 23°38'09" — 116733

Die Strecke Kandanos Richtung Paleochora. Am Ortseingang von Paleochora rechts Richtung Kountoura. Nach 4,5 km liegt der CP links der Strecke.

Kato Gouves, GR-70014 / Iraklion

Creta Camping
Gouves
1 Jan - 31 Dez
+30 28 97 04 14 00
cretacamp@hotmail.com

1 ADEKNOPQRSTU	KMNOPQSWXY	6
2 AGJPRSWXYZ	ABDEF	7
3 AFM	ABEFNQRW	8
4 AJOPQ	DEFILVXZ	9
5 ACDEFHJKMN	AGHIJKLOQU	10
12A	❶ €30,00	
2ha 90T(40-80m²) 30D	❷ €38,00	

N 35°19'58" E 25°17'31" — 106348

New National Road von Iraklion Richtung Agios Nikolaos folgen. Den Schildern 'Cretaquarium' folgen. An der T-Kreuzung am Strand nach rechts. 300m weiter ist der CP rechts.

Plakias (Rethymnon), GR-74060 / Rethimni

Apollonia Camping
Agios Vasilios
15 Apr - 31 Okt
+30 0 28 32 03 13 18
apollonia-camping@hotmail.com

1 ADEHKNOPQRSU	AFKMNOPQSWXY	6
2 GJPRSXZ	ABDEFI	7
3 A	ABEFKNQRW	8
4 O	AGLVXZ	9
5 DEH	HJKNQU	10
6A	❶ €16,00	
1,2ha 65T(40-80m²) 9D	❷ €18,00	

N 35°11'18" E 24°23'58" — 106345

Aus Richtung Rethymon kommend ist der CP an der rechten Straßenseite, wenn man in den Badeort Plakis reinkommt.

Das ACSI Inspektorenteam 2023

Dieser ACSI-Campingführer ist voll mit brandaktuellen Informationen. Alle in diesem Führer vorgestellten Campingplätze werden jedes Jahr durch einen ACSI-Inspektor besucht. Es handelt sich um Spezialisten, die vom ACSI speziell ausgebildet wurden. Untenstehend die Namen und Fotos der Inspektoren, die die hier vorgestellte Plätze kontrolliert haben.

G. Abbink

I. Aerbeydt

W. Ament

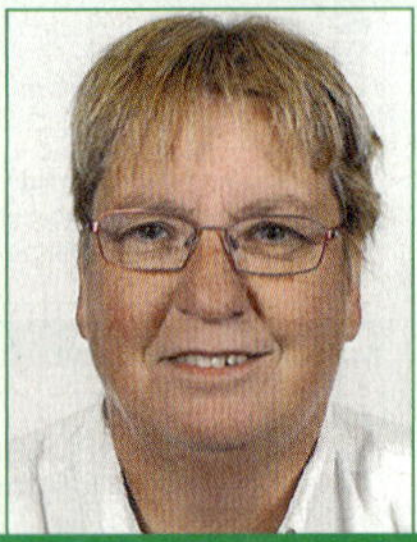

A. Ammeraal

M. Annuschek

B. Arnold

G. Asbreuk

P. Bakx-Mikkers

P. van der Beek

M. van Bemmelen

J. van Benthem

Y. Bergman

J. Bergsma

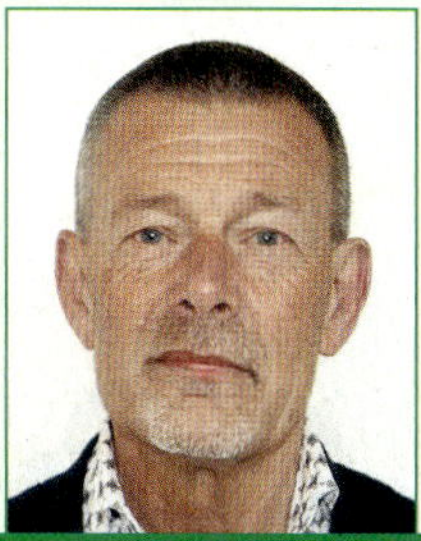
B. Bos

I. Boschma

E. Bosgra-de Groot

J. Bouwens

A. Brink

G. Brink

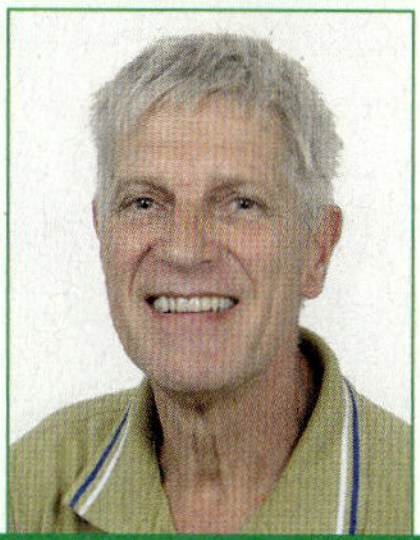
A. ten Buren

P. ter Burg

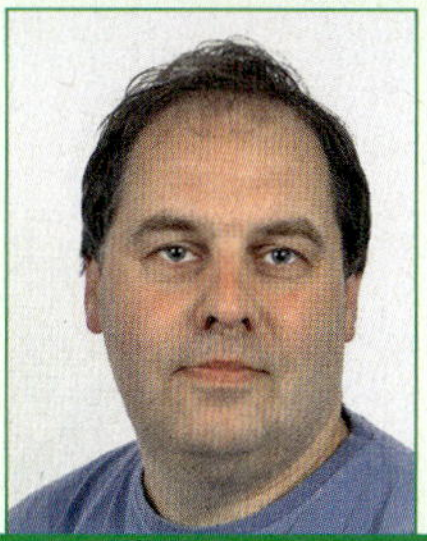
W. Callewaert

K. Van Camp

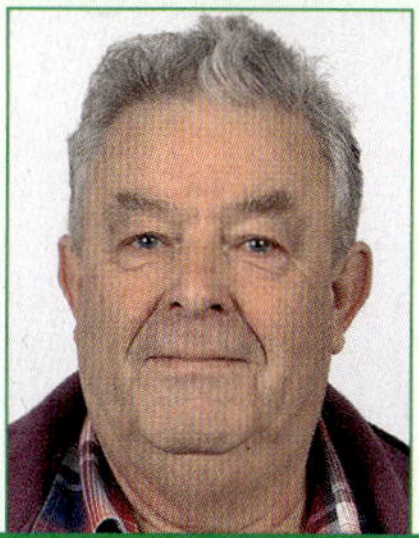
J. Coenen

L. Coolen-Spaans

A. Cousin

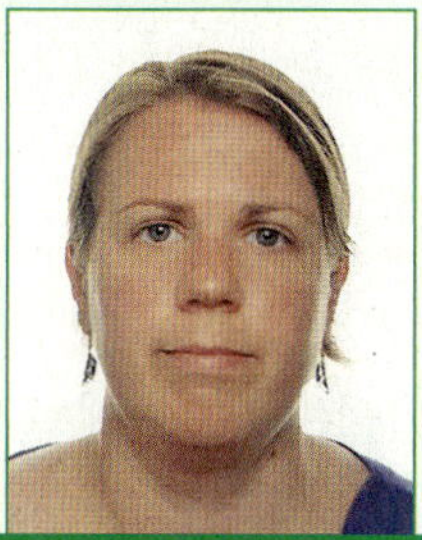
K. Cousin

S. Crommentuijn

A. Damen

W. Dekker

D. van Dijken

J. van Dongen

M. van Dorp

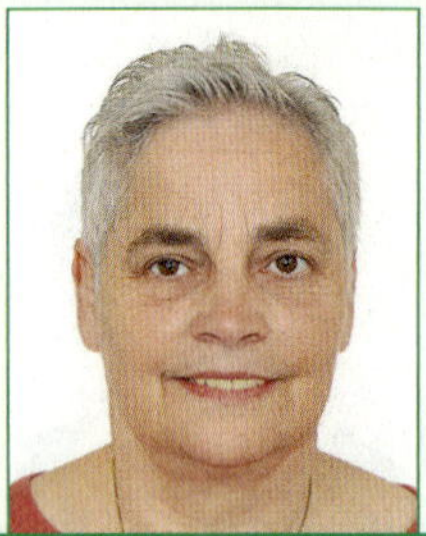
J. van Duijnhoven

G. van Duyn

A. Eerdmans

A. Eickelmann

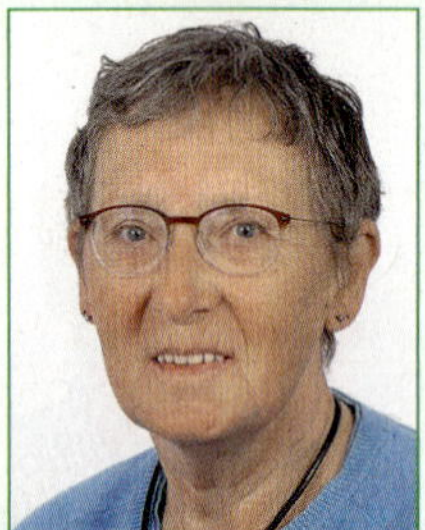
G. Faber

C. Fielmich

B. Fikse

P. Flecken

H. Gangelhof

P. Geelen

K. Geeraert

N. van Gemeren

B. Germonprez

B. Grevenstette

R. Groesbeek

R. Haaxman

A. Handels

L. Hayen

W. van Heerde

H. Hemelaer

H. Hesselink

E. Hillebrand-Ris

C. Hoendervangers

H. Hofkamp

A. Holman

J. Hoogeboom

H. Hooiveld

J. van den Hoven

E. Hoving

C. Iking

J. de Jager

J. de Jong

J. Joosten

M. Joosten-Martens

S. Kampherbeek

F. Kampman

A. Kelderman

H. Kellij

G. van Kempen

T. Kessels

J. Kettelerij

H. Kiel

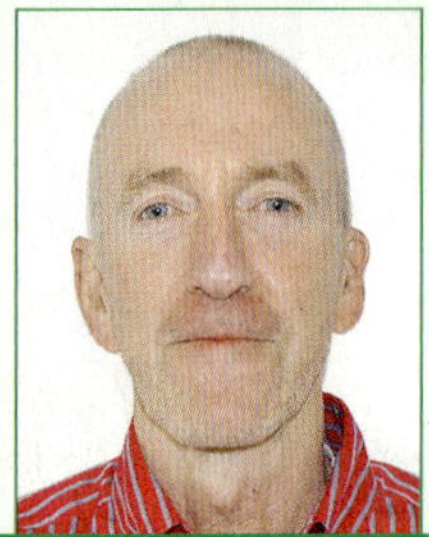
R. Klos

W. Knol

R. Kok

R. Kok

H. Kolkman

F. Koster

F. Koster

W. Laeven

J. Lange

K. van Langeveld

B. Leenders

T. Lei

W. Los

J. Lutjenhuis

F. Lyskawa

W. Mattheeuwse

P. Meering

M. Meertens

A. Mol

F. Molnár

M. Mooi-van Lent

H. Moonen

A. van de Mosselaer

C. Mulder

T. Naninck

H. Nibbelke

E. Onclin

M. van Ooijen

G. Papavoine

G. Peelen

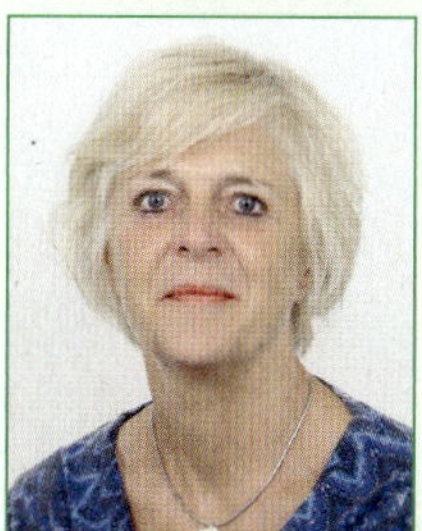
M. Pelgrim

R. Peters

J. Petiet

M. Pieterse

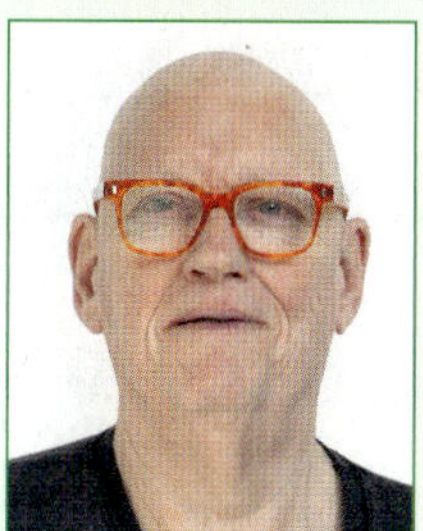
C. Van den Plas

J. Platzbeecker

G. Post

J. Pullen

T. van Raak

N. Renes

D. De Ridder

J. Riksman

C. Romeijnders

E. Roosen-Seele

J. Roumen

M. Ruijs

M. Schaap

P. Scheers

R. Scholten

J. Schoonenberg

R. Schweinsbergen

T. Seijts-de Vries

G. Sevink

M. Smeets-Stuijts

J. Smits

G. Snakkers

T. Spoelstra

P. van Sprang

E. van Spreeuwel

J. Stassen

A. Stopel-Kalisvaart

L. van der Struijf

H. Sybesma

D. Tamsma

H. Tijink

M. Tijink

N. Tolenaars

I. Tomsin

P. Tuinenburg

J. Urlings

G. Veldhuis

S. Vellinga

W. Veltkamp

J. Verheijen

R. Vermeylen

J. Verrezen

H. Versteeg

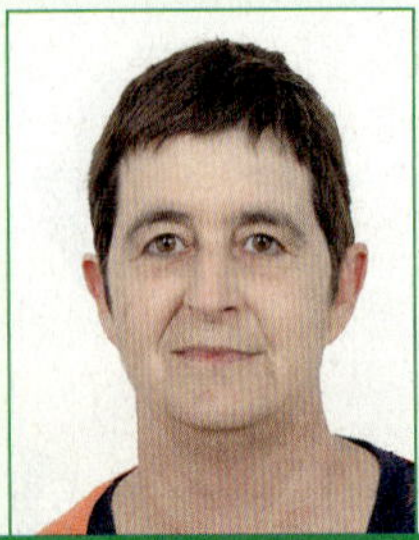
I. Vertessen

M. De Ville

A. Vink

B. van der Vliet

H. de Vrede

P. de Vries-van Dijk

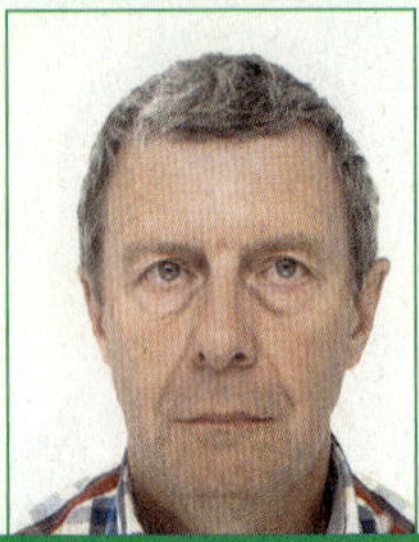
P. Waelkens

A. van de Walle

R. Wauters

L. De Weirt

W. van Werven

H. Westbroek

H. Wever

R. Wijkel

J. de Wilde

W. Willems

J. Willighagen

P. Winkelhuijzen

J. van der Zee

F. Zengerink

Ortsnamenregister

A

B

C

D

F

G

H

I

J

K

L

M

N

O

Ø

P

R

S

T

U

V

W

X

Y

Z

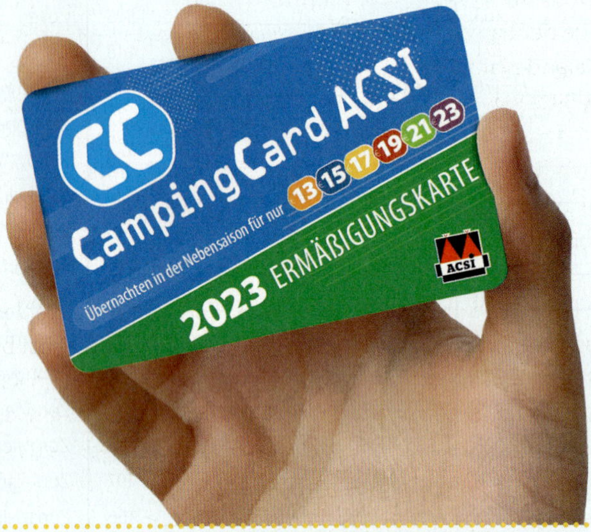

CampingCard ACSI: *die* Ermäßigungskarte für die Vor- und Nachsaison

2023 sind Sie auf 3 000 Campingplätzen willkommen!

Für Sie als Käufer des ACSI Campingführer Europa gratis:

- Ihre persönliche CampingCard ACSI-Ermäßigungskarte
- eine Übersicht von Campingplätzen, auf denen Sie von der Ermäßigung profitieren

Benutzerhinweise

Was ist die CampingCard ACSI?

Mit der Ermäßigungskarte CampingCard ACSI können Sie günstig auf Qualitätscampings in Europa in der Nebensaison Urlaub machen, und zwar zu einem der sechs Festtarife von: 13 €, 15 €, 17 €, 19 €, 21 € oder 23 €. Die Tarife liegen niedriger als der niedrigste Betrag, den die Teilnehmerplätze in der Nebensaison nehmen. Sie können darum mit einem höhen Preisnachlass pro Übernachtung rechnen mit Rabatten bis zu 60% vom regulären Preis! Die 3 000 teilnehmenden CampingCard ACSI-Plätze sind jeweils von ACSI inspizierte und genehmigte Campingplätze.

Achtung! Von den Campingplätzen in diesem Campingführer akzeptieren nur diejenigen die CampingCard ACSI, die mit dem blauen CC-Logo gekennzeichnet sind. Alle übrigen Campingplätze in diesem Campingführer akzeptieren die CampingCard ACSI-Ermäßigungskarte NICHT. Alle CampingCard ACSI-Campingplätze finden Sie im CampingCard ACSI-Führer und auf ▸ *campingcard.com* ◂

Wie funktioniert die CampingCard ACSI?

- Die Rückseite der CampingCard ACSI-Ermäßigungskarte muss vollständig ausgefüllt sein. Sie ist ein Kalenderjahr gültig und personengebunden.
- Bei Anreise: Bitte zeigen Sie an der Rezeption Ihre Ermäßigungskarte (für 2 Erwachsene).
- Profitieren Sie bei Ihrem Aufenthalt von den niedrigen Tarifen (nur in der Akzeptanzzeit).
- Zeigen Sie vor der Abrechnung nochmals Ihre Ermäßigungskarte an der Rezeption.*
- Sie rechnen ab zum billigeren Tarif von nur 13 €, 15 €, 17 €, 19 €, 21 € oder 23 € pro Übernachtung.**

* Im Prinzip können Sie mit der CampingCard ACSI hinterher bezahlen. Letztlich wird aber der Abrechnungsmodus durch die Regelung auf dem Camping selbst bestimmt, also auch der Zeitpunkt der Abrechnung, oder ob Sie eine Anzahlung leisten müssen. Geben Sie bspw. an, nur eine Nacht bleiben zu wollen, oder wollen Sie reservieren, dann kann der Camping eine sofortige Bezahlung verlangen. An der Rezeption wird man Sie über diesen Punkt informieren.

** Kosten lesen Sie unter 'Exklusiv'.

Akzeptanzperioden CampingCard ACSI

Jeder teilnehmende Camping hat die Zeiträume, in denen die CampingCard ACSI akzeptiert wird, selbst festgelegt. Die teilnehmenden Campings haben sich verpflichtet dafür zu sorgen, dass die wichtigsten Einrichtungen auch in der Akzeptanzperiode der Ermäßigungskarte vorhanden sind und funktionieren.

Für die Zeiten an denen der CampingCard ACSI-Rabatt gewährt wird, müssen Sie nach den Akzeptanzzeiten im unteren Teil der Platzbeschreibung im CampingCard ACSI-Register sehen. Das letztgenannte Datum ist immer der Tag an dem die Ermäßigung nicht mehr gilt. Daher bedeutet Akzeptanz vom 1/1 – 30/6, dass Sie, wenn Sie am 1. Januar am Camping ankommen, auf die erste Übernachtung bereits Rabatt haben. In der Nacht vom 29. Juni auf den 30. Juni gilt er dann zum letzten Mal. Die Nacht vom 30. Juni auf den 1. Juli zahlen Sie wieder den Normaltarif.

Die Öffnungs- und Akzeptanzzeiten wurden mit größtmöglicher Sorgfalt zusammengestellt. Unter Umständen können aber diese Daten nach Veröffentlichung dieses Campingführers Änderungen unterliegen. Schauen Sie auf ▸ *campingcard.com/anderungen* ◂ ob es Änderungen bei Ihrem ausgesuchten Campingplatz gibt.

Reservieren

Auf einigen Campings können Sie vorab mit der CampingCard reservieren. Ein Camping hat dann Einrichtungspunkt 10D bei seinen Angaben gemeldet.
Eine Reservierung mit der CampingCard ACSI wird im Prinzip wie eine normale Reservierung behandelt, nur der Übernachtungstarif ist billiger. Bitte geben Sie bei einer Reservierung an,

dass Sie CampingCard ACSI-Inhaber sind! Falls Sie das nicht tun, kann es passieren, dass Sie dennoch den normalen Tarif zahlen müssen.
Für eine Reservierung muss in manchen Fällen bezahlt werden und es kann nach einer Anzahlung gefragt werden. Eine vom CampingCard ACSI-Inhaber lange vorher gemachte Reservierung kann vom Camping als aufwendig angesehen werden. Ein Camping kann die Regelung haben, dass er in diesem Fall keine Reservierung akzeptiert. Es gibt übrigens auch Campings bei denen keine Reservierung möglich ist.

Was bieten die teilnehmenden Campings zum festen CampingCard ACSI-Tarif?

- Einen Stellplatz.*
- Aufenthalt von zwei Erwachsenen.
- Auto + Caravan + Vorzelt
  oder Auto + Zeltwagen
  oder Auto + Zelt
  oder Reisemobil mit Markise.
- Strom. Im CampingCard ACSI-Tarif ist ein Anschluss von maximal 6A inbegriffen. Wenn der Camping nur Plätze hat mit einer niedrigen Ampèrezahl, dann gilt die niedrige Ampèrezahl. Stromverbrauch bis maximal 4 kWh pro Tag ist im Übernachtungspreis inbegriffen. Wollen Sie einen Anschluss mit höherer Amperezahl oder verbrauchen Sie mehr als 4 kWh, dann hat der Camping das Recht auf Zuzahlung zum normal gültigen Tarif auf diesem Camping.
- Warme Duschen. Wenn der Camping Duschmünzen verwendet, haben Sie als CampingCard ACSI-Inhaber das Recht auf eine Duschmünze pro Erwachsener, pro Übernachtung.**

- Der Aufenthalt von 1 Hund, soweit Hunde auf diesem Camping erlaubt sind.
- Mehrwertsteuer.

* Manche Campings unterscheiden zwischen Standard- , Luxus- oder Komfortplätzen. Die Luxus- oder Komfortplätze sind überwiegend etwas größer und haben eigenen Wasseranschluss und Kanal, manche liegen am Wasser. In den meisten Fällen wird man Ihnen Standardplätze zuweisen, aber es kann auch sein, dass Sie zum CampingCard ACSI-Tarif auch so einen teureren Stellplatz benutzen dürfen. Der Camping hat das Recht dies selbst zu regeln: Sie haben in keinem Fall einen Anspruch auf einen Luxus- oder Komfortplatz. Beachten Sie bitte auch, dass manche Campings andere Bestimmungen haben für Caravans mit Doppelachse und Wohnmobile die zu groß sind für einen Standardplatz.

** Der Camping muss dem CampingCard ACSI-Inhaber die Gelegenheit geben, einmal pro Übernachtung zu duschen. Dabei hat jeder CampingCard ACSI-Inhaber das Recht auf eine Duschmünze pro Erwachsener, pro Übernachtung. Wird vom Camping ein anderes 'Duschsystem' gehandhabt, bspw. Münzgeld, Schlüssel oder Schlüsselkarte, muss der Campingplatz dafür Sorge tragen, dass dem Campingcard ACSI-Inhaber die Kosten dafür vergütet werden. Warmwasser bei den Abwaschbecken ist nicht im Preis inbegriffen. Übrig gebliebene Duschmünzen können nicht in Geld getauscht werden.

Exklusiv

- Abgaben an örtliche Behörden wie Touristensteuer, Umweltabgabe, Ecotax oder Abfallbeitrag sind nicht im CampingCard ACSI-Tarif inbegriffen, da sie pro Land und Region unterschiedlich sind und weil der Camping diese Abgaben direkt an die örtliche Behörde abführen muss.
- Ein Camping darf Reservierungskosten berechnen.
- Ein Stromanschluss von 6A oder ein Verbrauch von 4 kWh ist im Preis inbegriffen. Es kann sein, dass ein Camping auch Plätze hat, auf denen bspw. 10A verfügbar sind. Falls Sie 10A wünschen, dann geben Sie dies deutlich dem Campingplatzinhaber an, aber rechnen Sie dann auch damit, dass der Mehrpreis in Rechnung gestellt werden kann.
- Für einen Luxus- oder Komfortplatz darf der Camping einen Zuschlag in Rechnung stellen (es sei denn, dass nur Komfortplätze auf dem Camping sind).
- Zusatzleistungen, wie Einrichtungen, die der Camping gegen Bezahlung anbietet oder vermietet (Tennisplatz oder dergleichen), können zum normal gültigen Nebensaisontarif durchberechnet werden. Für den Aufenthalt eines dritten Erwachsenen oder für Kinder gilt dasjenige, was unter die Vorschriften des Campings fällt.

Zusatzermäßigung

Viele Campings geben Zusatzermäßigungen wenn Sie länger bleiben. Beispiel: ist bei einem Camping in unserem Führer 7=6 eingetragen, dann zahlen Sie für einen Aufenthalt von 7 Nächten nur 6 mal zum CampingCard ACSI-Tarif! Geben Sie daher beim Registrieren oder der Reservierung an, wieviele Nächte Sie bleiben wollen. Der Camping macht dann vorab eine

Buchung und gibt darauf Rabatt. Dieser Rabatt muss nicht gelten, wenn Sie während Ihres Aufenthaltes sich entschließen länger zu bleiben, und so an die erforderliche Anzahl Tagen kommen.

Vorsicht! ! Wenn ein Camping eine Anzahl dieser Art Ermäßigungen anbietet, haben Sie nur das Recht auf eins dieser Angebote.
Beispiel: Angebot 4=3, 7=6 und 14=12. Sie bleiben 13 Nächte: dann haben Sie ein einmaliges Recht auf die Ermäßigung 7=6 und nicht auf die Anzahl 4=3 oder eine Kombination von beiden Angeboten 4=3 und 7=6.

Wo erfahre ich mehr über den CampingCard ACSI-Platz, den ich suche?

Wenn Sie die Tipps in dieser Übersicht lesen, ist das Auffinden eines Campings nur noch ein Kinderspiel. Es gibt CampingCard ACSI-Campings in folgenden 21 europäischen Ländern:

43 in Belgien
61 in Dänemark
201 in Deutschland
1 280 in Frankreich
37 in Griechenland
4 in Irland
281 in Italien
76 in Kroatien
19 in Luxemburg
294 in den Niederlanden
11 in Norwegen
64 in Österreich
6 in Polen
36 in Portugal
26 in Schweden
17 in der Schweiz
15 in Slowenien
243 in Spanien
12 in Tschechien
4 in Ungarn
12 im Vereinigten Königreich

Dieser ACSI Campingführer Europa besteht aus zwei Teilen. In Teil 1 finden Sie die CampingCard ACSI-Plätze folgender Länder: Norwegen, Schweden, Dänemark, Niederlande, Belgien, Luxemburg, Deutschland, Schweiz, Österreich, Polen, Tschechien, Ungarn, Slowenien, Kroatien und Griechenland.

In Teil 2 werden die CampingCard ACSI-Plätze der übrigen Länder aufgeführt: Großbritannien, Irland, Frankreich, Spanien, Portugal und Italien.

Angaben pro Camping in diesem Führer

Ab Seite 580 sind alle CampingCard ACSI-Plätze (nach Seitenzahlfolge) aufgezählt. Sie finden zu jedem CampingCard ACSI-Platz eine kurze Beschreibung, Tarife, Akzeptanzzeiten und Einrichtungen. Diese Beschreibung sieht wie folgt aus:

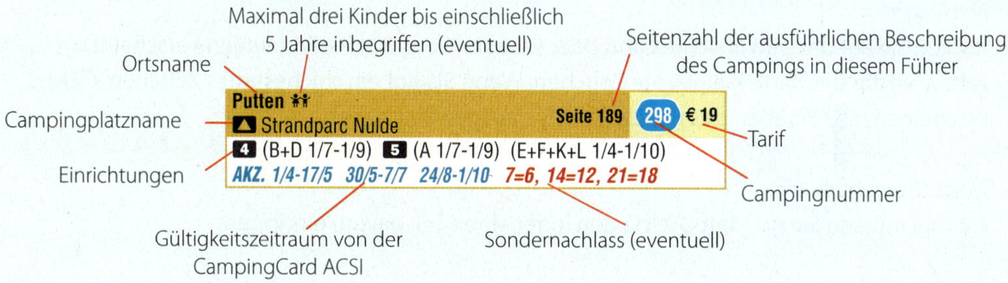

Die Campings sind nach Land, Region und Ortsname geordnet. In den 'Balken' mit den Campingdaten können Sie bequem sehen, ob ein Camping die für Sie wichtigen Einrichtungen hat. Bei den CampingCard ACSI-Plätzen können Sie drei Einrichtungsrubriken antreffen: Rubrik 4 (Erholung und Wellness), Rubrik 5 (Einkauf und Restaurant) und Rubrik 6 (Erholung am Wasser). In der Ausklappseite vorne im Führer, können Sie genau sehen, um welche Ausstattung es geht. Zum Beispiel 5E sagt aus, dass es einen Imbiss auf dem Camping gibt, dahinter sehen Sie dann die für diese Einrichtung geltenden Öffnungszeiten, z. B: 1/4-1/10.

Zu den vollständigen Informationen über einen teilnehmenden Camping verweisen wir Sie mit der Seitenangabe zu den ausführlichen Redaktionseinträgen des Platzes vorne im Führer. Die Seitenzahl des Campings steht im orangen Block. Unter dem ausführlichen Redaktionseintrag können Sie an dem blauen CampingCard ACSI-Logo erkennen, dass der Camping die CampingCard ACSI akzeptiert und welche Tarife (13 €, 15 €, 17 €, 19 €, 21 € oder 23 €) gelten.

Vorsicht!
Die Seitenzahl verweist auf die Seiten in diesem Führer: ACSI Campingführer Europa.

Internet

Auf ▸ *campingcard.com* ◂ finden Sie alle teilnehmenden CampingCard ACSI-Plätze. Diese Webseite ist Ihnen beim schnellen und einfachen Suchen und Finden der Teilnehmerplätze behilflich. Die Suchergebnisse werden blitzschnell präsentiert. Sie sehen dann zum jeweiligen Platz bequem alle Angaben. Die Webseite ist außerdem für Tablets und Mobiltelefone geeignet.

Sie können auf ▸ *campingcard.com* ◂ auf viele Arten nach einem Campingplatz suchen. Zum Beispiel:

- *Nach Karte*
  Klicken Sie auf das gewünschte Land oder Region. Wenn die Regionalebene erscheint, sehen Sie auf der Karte kleine rote Zeltchen. Wenn Sie auf ein solches rotes Zeltchen klicken, erscheinen die Angaben des Platzes, den Sie ausgewählt haben.

- *Nach Ortsnamen*
  Hierbei müssen Sie nur den Ortsnamen (oder einen Teil davon) eintippen.

- *Nach Campingnummer*
  Wenn Sie die Campingnummer des Campings wissen, z. B. aus dem CampingCard ACSI-Führer, können Sie diese benutzen, um den Camping schnell zu finden. Die Campingnummer steht im blauen Logo in der Beschreibung der CampingCard ACSI-Plätze die hiernach folgt.

- *Nach Campingname*
  Hierbei müssen Sie nur den Campingnamen (oder einen Teil davon) eintippen.

- *Nach Ferienzeiten*
  Geben Sie an, in welchem Zeitraum Sie verreisen wollen und/oder ob Sie wollen, dass die CampingCard ACSI in Ihrem gesamten Urlaub akzeptiert wird.

- *Nach Einrichtungen*
  Sie können einfach filtern auf Einrichtungen die auf einem Platz vorhanden sind. Auf der Seite 'Detailsuche' auf der Webseite finden sie über 150 Einrichtungen. Klicken Sie die Einrichtungen an, die Sie bei dem Camping zu dem Sie wollen für wichtig halten.

- *Nach Thema*
  Sie finden hier Campings mit diversen Themen wie bspw. für Behinderte, Wintersportcampings und FKK-Campings.

Sie werden auf unserer Webseite auch viel Freude am integrierten Routenplaner haben. Sie wählen selbst den Maßstab: von der Übersichtskarte bis zur äußerst detaillierten Teilkarte der Regionen, in die Sie hinwollen.

Nur für 2023!

Die CampingCard ACSI-Ermäßigungskarte, die Sie in Teil 2 von diesem ACSI Campingführer Europa finden, gilt ausschließlich für das Jahr 2023, genauso wie die Informationen zu den CampingCard ACSI-Plätzen. Jedes Kalenderjahr können sich neue Campings anmelden, ein Platz kann die Akzeptanzperiode ändern, oder einen anderen Übernachtungstarif verlangen. Die Angaben im Führer werden daher auch jedes Jahr aktualisiert. Sorgen Sie dafür, dass Sie immer den aktuellsten Führer haben, wenn Sie in Urlaub fahren. Schauen Sie vor der Abreise auf ▸ *campingcard.com/anderungen* ◂ nach den aktuellsten Informationen.

CampingCard ACSI-Führer 2023

Für das Gesamtangebot der CampingCard ACSI-Plätze können Sie auch den speziellen CampingCard ACSI-Führer 2023 benutzen. Mit weiteren, noch ausführlicheren Informationen pro Camping, eine detaillierte Karte mit der Lage des Campings, einem informativen Text und zwei Fotos von jedem Camping, um schon mal einen Eindruck von der Aussicht und der Atmosphäre zu bekommen.
Diesen Führer kann man für 21,95 € (exkl. Versandkosten) bestellen. Oder abonnieren Sie die CampingCard ACSI für 17,95 € pro Jahr (exkl. Versandkosten). Jedes Jahr werden dann die Ermäßigungskarte und der CampingCard ACSI-Führer automatisch zugeschickt. Schauen Sie dazu ▸ *webshop.acsi.eu* ◂

Norwegen

Süd-Norwegen

Byglandsfjord Seite 54 | 1 | € 23
Neset****
5 (A 15/5-15/9) (B 15/5-30/9) (E+F+G+K 15/6-15/8)
AKZ. 1/4-24/5 31/5-23/6 21/8-30/9

Engerdal Seite 55 | 2 | € 23
Sølenstua Camp & Hytter***
5 (A+B+E+F+G+H+I+K 1/6-31/8)
AKZ. 1/5-30/6 7/8-21/8 1/9-30/11

Fåberg Seite 55 | 3 | € 23
Hunderfossen Camping***
AKZ. 15/4-30/6 19/8-1/10

Hovet i Hallingdal Seite 57 | 4 | € 23
Birkelund Camping**
5 (A+B 1/1-31/12)
AKZ. 1/4-1/6 1/9-29/10

Lærdal Seite 58 | 5 | € 23
Lærdal Ferie og Fritidspark****
5 (B 15/5-15/9) (G+H 1/5-15/9) (L 16/4-15/10)
AKZ. 10/4-11/5 14/5-16/5 21/5-26/5 29/5-15/6 1/9-21/9 24/9-15/10 7=6, 14=11

Loen Seite 58 | 6 | € 23
Tjugen Camping***
AKZ. 1/5-25/5 29/5-22/6 18/8-15/9

Olden Seite 59 | 7 | € 23
Gryta-Camping***
4 (E 15/5-15/9) 5 (A+B+H 1/5-1/10)
AKZ. 1/5-19/6 21/8-30/9

Rjukan/Miland Seite 60 | 8 | € 23
Rjukan Hytte og Caravan Park
5 (A+B 1/1-15/10)
AKZ. 1/1-23/6 1/9-15/10 7=6

Seljord Seite 61 | 9 | € 23
Seljord Camping****
5 (A+B 23/6-10/8)
AKZ. 1/1-17/5 27/5-16/6 18/8-6/9 11/9-31/12

Vågå Seite 62 | 11 | € 23
Randsverk Camping
5 (A+B+F+G+H+I+J+K 1/5-4/10)
AKZ. 1/5-19/6 21/8-30/9

Mittel-Norwegen

Tresfjord/Vikebukt Seite 64 | 10 | € 23
Fagervik Camping
AKZ. 15/5-30/6 18/8-18/9

Schweden

Süd-Schweden

Älmhult Seite 75 | 12 | € 23
Sjöstugans Camping***
5 (A+B+F+H+I 1/5-30/9) (J 1/1-31/12) (K 1/5-30/9)
AKZ. 1/1-10/6 1/9-31/12 7=6

Asarum/Karlshamn Seite 76 | 13 | € 21
Långasjönäs Camping & Stugby***
5 (A+B 1/6-1/9)
AKZ. 1/1-21/6 21/8-31/12 7=6, 14=11

Båstad Seite 76 | 14 | € 23
Båstad Camping
4 (B 22/6-14/8) (D 22/6-16/8)
5 (A+B+E+F+H+J+K 31/3-1/10)
AKZ. 31/3-5/4 11/4-28/4 1/5-17/5 21/5-15/6 18/8-1/10

Gummarp/Eksjö Seite 78 | 15 | € 21
Mycklaflons Camping & Vandrarhem
5 (A 1/5-30/9) (E+F 15/6-22/8)
AKZ. 1/5-15/6 19/8-30/9

Gusum Seite 78 | 16 | € 23
Yxningens Camping & Café
5 (A+B+E+F+G+H+J+K 21/4-17/9)
AKZ. 21/4-22/6 25/6-30/6 25/8-17/9

Haverdal Seite 78 | 17 | € 23
Haverdals Camping****
4 (B 19/6-10/8) 5 (A+B 31/3-19/11)
AKZ. 10/4-17/5 22/5-21/6 25/6-30/6 18/8-19/11 30=25

Höör Seite 78 | 18 | € 23
Jägersbo Camping***
5 (A 1/5-15/9) (B 1/1-31/12) (C 13/6-16/8) (H 1/1-31/12)
AKZ. 1/1-5/4 11/4-19/6 18/8-31/12 7=6

Tranås Seite 82 | 32 | € 21
Hätte Camping****
5 (A 20/6-15/8) (B 1/1-31/12) (F 1/5-31/8) (G 1/1-31/12) (K+L 1/5-31/8)
AKZ. 1/1-16/6 27/8-31/12

Ausführliche Redaktionseinträge: Seite 54 bis 82

Valdemarsvik 👪
Grännäs Camping och Stugby**** Seite 83 **34** € 23
5 (H+L 28/4-17/9)
AKZ. 28/4-22/6 25/6-30/6 25/8-17/9

Varberg 👪
Destination Apelviken***** Seite 83 **35** € 23
4 (B+C 1/7-10/8) (D 1/7-30/8) 5 (A 1/1-31/12) (B+K 1/4-30/9) (L 1/1-31/12) 6 (A+G 1/4-30/9)
AKZ. 1/1-5/4 10/4-28/4 1/5-16/5 21/5-1/6 6/6-11/6 27/8-31/12

Värnamo 👪
Värnamo Camping*** Seite 83 **36** € 21
5 (A+B 9/6-13/8)
AKZ. 1/5-21/6 18/8-11/9

West-Schweden

Hova/Otterberget 👪
Otterbergets Bad & Camping Seite 86 **19** € 19
4 (A 1/5-30/9) 5 (A+B 14/4-31/10)
AKZ. 14/4-16/5 21/5-13/6 21/8-5/9 10/9-31/10

Karlstad
Karlstad Swecamp Bomstad Baden**** Seite 86 **22** € 23
4 (B 1/7-18/8) 5 (A+B 1/1-31/12) (E+F 1/5-31/8) (G 30/4-31/8) (H+K+L 1/5-31/8)
AKZ. 1/1-17/5 22/5-26/5 31/5-21/6 20/8-31/12

Kungshamn 👪
Johannesvik Camping & Stugby**** Seite 86 **23** € 19
5 (A+B 11/4-31/12) (C+E+G+H+K 15/6-15/8)
AKZ. 11/4-16/6 18/8-31/12

Mellerud
Mellerud Swe-Camp Vita Sandar**** Seite 86 **26** € 23
5 (A+C+E+F+H+I+K 1/6-31/8) 6 (**B** 1/6-31/8)
AKZ. 1/1-20/6 18/8-31/12

Sjötorp 👪
Askeviks Camping & Stugor Seite 87 **27** € 21
4 (B 27/6-6/8) 5 (A 16/6-12/8) (G+K 1/5-31/8)
AKZ. 1/4-10/6 18/8-30/9

Stöllet
Alevi Camping Seite 87 **29** € 23
4 (**A**+B+C+D+**E** 9/7-19/8) 5 (A 1/5-30/9) (B+E+F 1/6-31/8) (H+J 1/5-30/9)
AKZ. 1/5-10/7 27/8-29/9

Strömstad
Seläter Camping*** Seite 88 **30** € 19
5 (A+B+F+G+H+K 1/5-30/9)
AKZ. 11/4-23/6 18/8-30/9

Uddevalla/Hafsten
Hafsten Resort***** Seite 89 **33** € 23
4 (C+D 1/1-31/12) (E 1/7-15/8) 5 (A+B 1/1-31/12) (C 1/6-31/8) (E+F 1/1-31/12) (G 1/6-31/8) (H+K+L 1/1-31/12) 6 (**B**+**G** 1/5-6/11)
AKZ. 1/1-13/4 19/4-24/5 30/5-17/6 29/8-28/10 7/11-31/12

Mittel-Schweden

Johannisholm/Mora 👪
Steiner's Camping & Lodge Seite 91 **20** € 21
5 (A+F+H 1/6-15/9) (L 1/4-31/10)
AKZ. 1/4-15/6 1/9-31/10 7=6

Kapellskär 👪
Kapellskär Camping*** Seite 91 **21** € 23
4 (**E** 1/5-25/9) 5 (B 1/5-25/9) (J 27/4-24/9)
AKZ. 27/4-16/5 21/5-15/6 18/8-24/9

Leksand 👪
Västanviksbadets CP Leksand**** Seite 91 **24** € 19
5 (A 16/6-14/8)
AKZ. 28/4-15/6 18/8-17/9

Ljusdal 👪
Ljusdals Camping*** Seite 92 **25** € 21
5 (A 15/6-15/8) (J 15/6-20/8)
AKZ. 15/4-14/6 20/8-30/9 7=6

Sollerön 👪
Sollerö Camping*** Seite 94 **28** € 23
5 (A+G+K 1/1-31/12)
AKZ. 1/1-18/6 28/8-31/12 7=6

Tällberg 👪
Tällbergs Camping Seite 94 **31** € 19
5 (A+E+F+H 22/6-12/8)
AKZ. 1/5-5/6 18/8-2/10

Venjan 👪
Venjans Camping Seite 94 **37** € 21
5 (A 1/1-31/12)
AKZ. 1/5-20/6 18/8-30/9 7=6

Dänemark

Süd-Jütland

Arrild/Toftlund
Arrild-Ferieby-Camping*** Seite 119 **39** € 19
5 (C+E+F+I+L 1/1-31/12)
AKZ. 1/1-22/6 20/8-31/12

Augustenborg — Seite 119 — 40 — € 19
▲ Hertugbyens Camping**
AKZ. 1/4-15/7 1/9-30/9

Ballum/Bredebro — Seite 119 — 41 — € 23
▲ Ballum Camping***
5 (A+B+F 24/3-22/10)
AKZ. 24/3-28/6 24/8-22/10

Bramming — Seite 119 — 45 — € 23
▲ Darum Camping***
5 (A+B+E+F+H+K 1/4-24/9)
AKZ. 1/4-28/6 18/8-24/9

Broager/Skelde — Seite 120 — 46 — € 19
▲ Broager Strand Camping***
5 (A+B+H 1/1-31/12)
AKZ. 1/1-31/3 11/4-30/6 20/8-31/12

Fredericia — Seite 120 — 52 — € 23
▲ Dancamps Trelde Næs***
4 (B+C+E 1/7-31/8) 5 (A+C 1/1-31/12) (E+F 1/7-31/8) (H+I 1/1-31/12) (K 1/7-31/8) 6 (**A**+**F** 15/5-15/9)
AKZ. 1/1-17/5 21/5-25/5 29/5-3/7 20/8-31/12 7=6, 14=11

Haderslev/Diernæs — Seite 121 — 58 — € 23
▲ Vikær Strand Camping***
4 (B+D 1/7-14/8) 5 (A+B+G+H 31/3-24/9)
AKZ. 10/4-4/5 7/5-17/5 21/5-26/5 29/5-23/6 18/8-24/9

Kruså/Kollund — Seite 121 — 64 — € 21
▲ First Camp Frigård - Flensborg Fjord****
4 (B+C+D 1/7-13/8) 5 (A+B+C+E+F+H+J+L 1/1-31/12)
6 (B+G 15/5-15/9)
AKZ. 24/3-6/4 10/4-17/5 21/5-26/5 29/5-26/6 18/8-22/10

Nordborg/Augustenhof — Seite 122 — 70 — € 21
▲ Augustenhof Strand Camping***
5 (A+C+E+F+H+J 1/1-31/12)
AKZ. 1/1-13/5 1/6-24/6 3/9-31/12

Nørre Nebel — Seite 122 — 71 — € 23
▲ Houstrup Camping***
5 (A+C+E 31/3-22/10) 6 (B+G 1/6-31/8)
AKZ. 31/3-23/6 20/8-22/10

Ribe — Seite 122 — 76 — € 23
▲ Ribe Camping****
5 (A+B 1/1-31/12) (E+K 25/6-18/8) 6 (B+G 1/6-31/8)
AKZ. 1/1-31/3 11/4-4/5 8/5-16/5 30/5-21/6 3/9-31/12 14=12

Riis/Give — Seite 122 — 77 — € 23
▲ Riis Feriepark****
4 (B 6/7-10/8) 5 (A+B+E+H 1/4-17/9)
6 (B 4/6-4/9) (G 27/5-3/9)
AKZ. 1/4-30/6 18/8-16/9

Rømø — Seite 122 — 79 — € 23
▲ Kommandørgårdens CP & Feriepark
4 (**E** 1/1-31/12) 5 (A+B 1/1-31/12) (E+F+G 1/7-31/8) (H+J+L 1/1-31/12) 6 (B 1/7-31/8) (**E**+G 1/1-31/12)
AKZ. 1/5-16/5 22/5-25/5 30/5-1/6 11/6-15/6 18/6-28/6 3/9-30/9

Rømø — Seite 122 — 80 — € 23
▲ Rømø Familiecamping***
5 (A+B 1/4-1/10)
AKZ. 1/4-17/5 22/5-25/5 30/5-21/6 21/8-30/9 14=11

Tønder — Seite 123 — 93 — € 23
▲ Møgeltønder Camping
4 (B+C 1/7-19/8) 5 (A 15/6-31/8) (B 1/4-1/10) (F 1/1-31/12) 6 (B+G 1/6-31/8)
AKZ. 1/1-16/5 21/5-25/5 29/5-1/7 1/9-31/12 7=6, 14=12

Tønder — Seite 123 — 94 — € 23
▲ Tønder Camping***
5 (A+J 1/1-31/12) 6 (E+G 1/1-31/12)
AKZ. 1/1-30/6 1/9-31/12 7=6, 14=11

Vejers Strand — Seite 123 — 96 — € 21
▲ Vejers Familie Camping***
4 (B 10/7-4/8) 5 (A+B 23/3-9/9)
6 (B 26/5-27/8) (G 26/5-28/8)
AKZ. 1/1-17/5 29/5-2/7 19/8-31/12 7=6

Mittel-Jütland

Allingåbro — Seite 124 — 38 — € 21
▲ Dalgård Camping***
4 (B 30/6-5/8) 5 (A+C 25/3-10/9)
AKZ. 25/3-25/5 29/5-27/6 18/8-9/9

Bork Havn/Hemmet — Seite 124 — 44 — € 23
▲ Bork Havn Camping***
5 (C+E+F 6/4-23/10)
AKZ. 11/4-17/5 30/5-23/6 22/8-22/10

Bryrup/Silkeborg — Seite 124 — 47 — € 23
▲ Bryrup Camping****
4 (B+D 1/7-31/8) 5 (A 1/7-1/9) (H 31/3-17/9)
6 (B 15/5-31/8) (G 15/5-1/9)
AKZ. 1/5-17/5 22/5-26/5 30/5-30/6 19/8-17/9

Ebeltoft
Blushøj Camping - Ebeltoft*** — Seite 125 — 48 — € 23
5 (A+B 31/3-24/9) 6 (B+G 1/6-15/8)
AKZ. 31/3-17/5 29/5-23/6 18/8-24/9

Ebeltoft
Elsegårde Camping — Seite 125 — 49 — € 21
AKZ. 1/1-30/6 18/8-31/12

Ebeltoft/Krakær
Krakær Camping*** — Seite 125 — 50 — € 23
5 (A 23/6-13/8) (C+E+F+H 25/6-15/8) (K 29/6-9/8)
6 (B+G 15/5-1/9)
AKZ. 2/4-18/6 1/9-22/10

Glyngøre
Glyngøre Camping*** — Seite 125 — 54 — € 21
4 (B+C 1/7-8/8) 5 (A+B+H 1/1-31/12) 6 (D+G 1/5-1/10)
AKZ. 17/3-26/6 18/8-29/10

Grenå
Fornaes Camping*** — Seite 126 — 55 — € 23
5 (A+C 1/4-22/10) 6 (B+G 1/6-1/9)
AKZ. 1/4-17/5 22/5-26/5 30/5-23/6 18/8-22/10

Grenå
Grenå Strand Camping**** — Seite 126 — 56 — € 23
4 (B 15/7-8/8) 5 (A 23/6-26/8) 6 (B+G 25/5-24/8)
AKZ. 1/5-17/5 22/5-26/5 30/5-30/6 18/8-11/9

Hvide Sande
Dancamps Holmsland*** — Seite 126 — 61 — € 21
5 (A+B 5/4-24/9)
AKZ. 5/4-17/5 21/5-25/5 29/5-3/7 20/8-24/9 7=6, 14=11

Hvide Sande
Dancamps Nordsø*** — Seite 126 — 62 — € 23
4 (B 1/7-30/8) 5 (A+B 31/3-29/10) (E+F+H+I 1/7-1/9)
(J 31/3-29/10) (L 1/7-1/9) 6 (**E**+**G** 31/3-29/10)
AKZ. 31/3-17/5 21/5-25/5 29/5-3/7 20/8-29/10 7=6, 14=11

Lisbjerg/Århus-N
Aarhus Camping*** — Seite 127 — 65 — € 23
5 (A+B+E+F+G+H+J+K 1/1-31/12) 6 (B+G 15/6-15/8)
AKZ. 9/1-25/5 30/5-15/6 21/8-20/12

Malling
CampOne Ajstrup Strand cp*** — Seite 127 — 68 — € 23
5 (A 4/4-20/10) (B 4/4-22/10) 6 (**D**+**G** 10/4-16/10)
AKZ. 1/4-17/5 22/5-26/5 30/5-25/6 18/8-22/10

Odder/Boulstrup
Hygge Strand Camping*** — Seite 127 — 72 — € 23
5 (A+B 31/3-17/9)
AKZ. 1/5-16/5 21/5-26/5 28/5-25/6 21/8-16/9

Ringkøbing
Ringkøbing Camping*** — Seite 128 — 78 — € 23
5 (A 1/7-31/8)
AKZ. 31/3-16/5 30/5-30/6 1/9-1/10

Silkeborg
Sejs Bakker Camping*** — Seite 128 — 82 — € 23
4 (B+D 1/7-28/8) 5 (A+B 1/4-17/9)
AKZ. 1/5-17/5 29/5-22/6 25/6-1/7 18/8-17/9

Stouby
Løgballe Camping*** — Seite 129 — 88 — € 23
4 (B+C+D+E 25/6-6/8) 5 (A 4/7-6/8) (B 17/3-24/9)
6 (B 1/6-1/9) (G 15/6-20/8)
AKZ. 17/3-5/4 10/4-4/5 7/5-17/5 21/5-26/5 29/5-23/6 18/8-24/9

Stouby
Rosenvold Strand Camping*** — Seite 129 — 89 — € 23
4 (B 26/6-9/8) 5 (A+B+E+F+G 24/3-2/10)
AKZ. 24/3-16/5 21/5-25/5 29/5-29/6 18/8-1/10

Struer
Toftum Bjerge Camping*** — Seite 129 — 90 — € 21
4 (B 1/7-31/7) 5 (A+B+G+H 17/3-29/10)
AKZ. 17/3-26/6 18/8-29/10

Nord-Jütland

Ejstrup Strand/Brovst
Tranum Klit Camping — Seite 130 — 51 — € 23
5 (A+C+F 31/3-1/10) (H 1/7-31/8) (J 31/3-1/10)
AKZ. 1/5-2/6 1/9-1/10

Løkken
Løkken Klit Camping*** — Seite 132 — 66 — € 23
4 (B 19/4-19/10) 5 (A+C 4/4-19/10) (E 26/6-15/8)
6 (**B**+**F** 30/5-29/8)
AKZ. 1/1-17/5 29/5-29/6 18/8-31/12

Løkken/Ingstrup
Grønhøj Strand Camping*** — Seite 132 — 67 — € 21
4 (B 1/7-1/8) 5 (A+B+C 31/3-17/9)
AKZ. 31/3-30/6 18/8-16/9

Øster Hurup/Hadsund
Kattegat Strand Camping***** — Seite 132 — 74 — € 23
4 (B 1/7-7/8) 5 (A 3/7-7/8) (C 1/4-17/9)
(E+F+G+H+K+L 1/7-1/9) 6 (B+G 1/5-31/8)
AKZ. 1/4-5/7 21/8-31/8

Sindal Seite 132 83 € 23
A35 Sindal CP Danmark & Kanoudlejning****
4 (A+E 1/7-15/8) 5 (A+B 1/4-20/9) 6 (B+G 1/6-15/8)
AKZ. 1/1-29/6 18/8-31/12

Skagen Seite 132 84 € 23
CampOne Grenen Strand***
5 (A+B 1/4-23/10)
AKZ. 1/4-17/5 22/5-26/5 30/5-25/6 18/8-22/10

Skagen Seite 132 85 € 21
First Camp Råbjerg Mile - Skagen***
4 (B 2/7-4/8) 5 (A+C 1/1-31/12) (E+F+G 1/7-15/8)
6 (B 15/6-15/8) (E 1/1-31/12) (G 15/6-15/8)
AKZ. 24/3-6/4 10/4-17/5 21/5-26/5 29/5-26/6 18/8-22/10

Skiveren/Aalbæk Seite 133 86 € 23
Skiveren Camping****
4 (B+D 1/7-10/8) 5 (A+C 31/3-30/9)
(E+F+H+I+K 1/7-31/8) 6 (B+G 21/5-29/8)
AKZ. 31/3-26/6 18/8-29/9

Tversted Seite 133 95 € 23
Aabo Camping***
4 (B 1/7-8/8) 5 (A 20/6-15/8) (C 30/6-15/8)
(E 23/6-15/8) (F 1/7-15/8) (G 30/6-15/8) (H 22/6-15/8)
(I 30/6-15/8) 6 (B+G 1/6-29/8)
AKZ. 11/3-29/6 18/8-10/9

Vesløs Seite 133 97 € 23
Bygholm Camping - Thy***
5 (A+E+F+H+J 1/1-31/12) 6 (A 1/6-1/9)
AKZ. 1/4-30/6 18/8-31/10 7=6

Fünen

Bogense Seite 134 42 € 21
First Camp Bogense City - Fyn*****
4 (B+C+D 1/7-13/8) 6 (**B** 15/6-31/8) (**E**+**G** 1/1-31/12)
AKZ. 24/3-6/4 10/4-17/5 21/5-26/5 29/5-26/6 18/8-22/10

Bøjden/Faaborg Seite 134 43 € 23
CampOne Bøjden Strand*****
4 (B 1/7-12/8) 5 (A+C+E+F+H+J+K+L 1/4-22/10)
6 (**B** 1/6-15/9) (**E**+G 1/4-22/10)
AKZ. 1/4-17/5 22/5-26/5 30/5-25/6 18/8-22/10

Frørup Seite 134 53 € 21
Kongshøj Strandcamping***
4 (B+C+D 30/6-12/8) 5 (A+B 1/4-1/10)
AKZ. 1/1-25/6 28/8-31/12

Hesselager Seite 134 59 € 21
First Camp Bøsøre Strand - Fyn*****
4 (A+B+C+D 23/6-12/8) 5 (A+C+E+F+H+K 24/3-22/10)
6 (E+G 24/3-22/10)
AKZ. 24/3-6/4 10/4-17/5 21/5-26/5 29/5-26/6 18/8-22/10

Middelfart Seite 135 69 € 23
Vejlby Fed Strand Camping****
5 (A+C 31/3-24/9) (E+G 8/4-17/8) 6 (B+**G** 1/6-31/8)
AKZ. 31/3-5/5 7/5-16/5 21/5-25/5 29/5-8/6 11/6-22/6 20/8-24/9

Otterup Seite 135 75 € 21
First Camp Hasmark Strand - Fyn***
4 (B+C+D 23/6-12/8) 5 (A+C 1/1-31/12) (E 29/6-11/8)
(H+L 1/1-31/12) 6 (**B** 29/6-11/8) (**E** 1/1-31/12)
AKZ. 24/3-6/4 10/4-17/5 21/5-26/5 29/5-26/6 18/8-22/10

Svendborg/Thurø Seite 135 91 € 21
Thurø Camping***
4 (B+C 1/7-5/8) (E 22/6-12/8) 5 (A+C 31/3-17/9)
(E 22/6-12/8)
AKZ. 31/3-4/5 7/5-17/5 29/5-30/6 18/8-17/9

Tårup/Frørup Seite 136 92 € 21
Tårup Strand Camping
5 (A+C 6/4-24/9)
AKZ. 6/4-30/6 21/8-24/9

Seeland

Holbæk Seite 138 60 € 23
CampOne Holbaek Fjord***
4 (B+C 1/7-8/8) 5 (A+B 1/1-31/12) 6 (D+G 1/5-1/10)
AKZ. 1/4-17/5 22/5-26/5 30/5-25/6 18/8-22/10

Kalundborg/Saltbæk Seite 139 63 € 23
Kalundborg Camping**
4 (B+C 15/6-15/8) 5 (A+B+E+F+H 1/4-24/9)
AKZ. 1/1-1/7 20/8-31/12 7=6

Ortved/Ringsted Seite 140 73 € 23
Skovly Camping***
4 (B+D 30/6-13/8) 5 (A 1/5-30/9) (B 1/4-30/9)
(F 1/5-30/9) 6 (**A** 17/6-28/8) (**F** 10/6-28/8)
AKZ. 1/4-17/5 21/5-26/5 29/5-30/6 18/8-30/9

Sakskøbing Seite 141 81 € 23
Sakskøbing Camping***
5 (A+G+J+K 26/3-3/10) 6 (**E** 26/3-3/10)
AKZ. 26/3-15/7 1/9-3/10

Smidstrup Seite 141 **87** € 23
▲ Kongernes Feriepark - Gilleleje****
4 (B 1/1-31/12) **5** (A 1/4-1/10)
(C+E+F+H+I+K 1/1-31/12) **6** (B+G 1/5-30/9)
AKZ. 15/5-30/6 1/9-17/9

Vig Seite 141 **98** € 23
▲ Kongsøre Camping***
4 (B+C 1/7-13/8) **5** (A+B+F+J 1/1-31/12) **6** (**A** 1/6-1/9)
AKZ. 1/3-17/5 30/5-30/6 18/8-31/10

Bornholm

Gudhjem Seite 142 **57** € 23
▲ Gudhjem Camping***
5 (A 15/3-23/10)
AKZ. 1/5-2/6 1/9-30/9

Niederlande

Nord-Holland

Akersloot/Alkmaar Seite 149 **99** € 21
▲ De Boekel
5 (A+B+J 1/1-31/12)
AKZ. 1/1-26/4 8/5-17/5 30/5-8/7 4/9-31/12

Amsterdam Seite 149 **100** € 23
▲ Camping de Badhoeve
5 (A+B+E+F+H+J+K+L 31/3-1/10)
AKZ. 31/3-6/7 31/8-1/10

Amsterdam Seite 150 **101** € 23
▲ Gaasper Camping Amsterdam
5 (A+C+E+F+G+H 1/4-1/11) (J 1/7-31/8) (K 1/4-1/11)
AKZ. 22/5-24/5 30/5-2/6 5/6-1/7 1/9-1/10

Callantsoog Seite 150 **102** € 17
▲ Vakantiepark Callassande
4 (B+C+D 31/3-29/10) **5** (A+C+E+F+G+H+J+K+L 31/3-29/10)
6 (D+G 31/3-29/10)
AKZ. 14/4-21/4 5/5-17/5 22/5-26/5 30/5-7/6 12/6-7/7 1/9-29/9

Edam Seite 151 **103** € 23
▲ Strandbad Edam
5 (A+E+F+H+K+L 31/3-1/10) **6** (F 31/3-1/10)
AKZ. 17/4-28/4 30/5-30/6 1/9-1/10

Egmond aan Zee Seite 151 **104** € 23
▲ Roompot Kustpark Egmond aan Zee
4 (B 1/1-31/12) **5** (A+C+E+F+G+H+J+K+L 1/1-31/12)
6 (B+G 1/5-17/9)
AKZ. 3/3-31/3 7/5-17/5 22/5-26/5 30/5-7/6 12/6-30/6 1/9-13/11

Hoorn/Berkhout Seite 152 **105** € 23
▲ 't Venhop
5 (A+B 1/1-31/12) (E+F+H+K+L 1/4-1/10)
AKZ. 1/1-16/5 4/6-15/7 3/9-31/12

Julianadorp aan Zee Seite 152 **106** € 23
▲ De Zwaluw
5 (E+F+K 1/4-31/10)
AKZ. 1/4-8/4 11/4-17/5 30/5-30/6 1/9-31/10

Petten Seite 152 **107** € 23
▲ Corfwater
4 (B 1/7-31/8) (C 1/6-31/8) **5** (A+B 25/2-4/11)
AKZ. 25/2-5/4 11/4-16/5 30/5-6/6 11/6-22/6 3/9-4/11

Schoorl Seite 153 **108** € 23
▲ Kampeerterrein Buitenduin
4 (E 1/7-1/9) **5** (A 31/3-29/10)
AKZ. 31/3-21/4 8/5-14/5 1/6-2/7 4/9-29/10

Warmenhuizen Seite 153 **109** € 21
▲ Landschapscamping de Kolibrie
4 (B 24/7-18/8) **5** (A 1/4-1/10)
AKZ. 1/4-27/4 31/5-7/7 1/9-1/10

Süd-Holland

Brielle Seite 154 **110** € 21
▲ Camp. Jachthaven de Meeuw
4 (B 26/4-5/6,2/7-21/8) (D 9/7-28/8)
5 (E+F+K 24/3-30/10)
AKZ. 24/3-1/4 11/4-21/4 8/5-17/5 30/5-7/7 4/9-30/10

Brielle Seite 154 **111** € 21
▲ De Krabbeplaat
4 (**A** 5/7-31/8) (B+C+D 1/7-1/9) **5** (A+C+E+F 1/4-21/10)
(G+H 1/7-28/8) (K 1/7-26/8) **6** (F 1/4-21/10)
AKZ. 25/3-17/5 30/5-7/7 27/8-23/10

Delft Seite 154 **112** € 23
▲ Vakantiepark Delftse Hout
4 (A 1/4-1/9) (B 1/7-1/9) (E 1/4-31/10) **5** (A 1/4-1/10)
(C 1/4-31/10) (E+F+H+L 1/4-1/10) **6** (B+G 15/5-15/9)
AKZ. 24/3-6/4 7/5-16/5 29/5-7/7 26/8-31/10

Den Haag Seite 154 **113** € 23
▲ Kampeerresort Kijkduin
4 (A+B 1/7-31/8) **5** (A+C+E+F+G+H+J+K+L 1/1-31/12)
6 (E+G 1/1-31/12)
AKZ. 14/4-21/4 7/5-17/5 22/5-26/5 30/5-7/6 12/6-23/6 1/9-13/11

Hellevoetsluis Seite 155 114 € 21
't Weergors
5 (C 1/5-1/9) (E 1/4-15/9) (L 1/1-31/12) 6 (F 15/5-15/9)
AKZ. 1/1-6/4 11/4-17/5 30/5-8/6 12/6-7/7 2/9-31/12

Melissant Seite 155 115 € 19
Elizabeth Hoeve
AKZ. 1/4-7/7 3/9-31/10 14=13, 21=19, 28=25

Nieuwe-Tonge Seite 155 116 € 19
de Grevelingen
5 (E 30/6-31/8)
AKZ. 17/3-23/4 6/5-17/5 30/5-7/7 27/8-31/10

Noorden Seite 155 117 € 21
Koole Kampeerhoeve
AKZ. 1/4-5/4 10/4-14/5 1/6-30/6 1/9-1/10

Noordwijk Seite 155 118 € 23
De Duinpan
5 (A+F+H+J+L 1/1-31/12)
AKZ. 1/1-8/4 29/5-7/7 28/8-31/12

Noordwijkerhout Seite 155 119 € 17
Op Hoop van Zegen
5 (A 15/3-15/10)
AKZ. 15/3-7/4 24/4-17/5 29/5-7/7 5/9-15/10

Ouddorp Seite 156 120 € 23
Camping Port Zélande
4 (A 5/7-31/8) 5 (A+C+E+F+G+H+I+L 1/1-31/12)
6 (**B**+**E**+**G** 1/1-31/12)
AKZ. 9/1-16/2 8/5-17/5 22/5-26/5 30/5-21/6 4/9-30/9 1/11-22/12

Ouddorp Seite 156 121 € 23
RCN Vakantiepark Toppershoedje
4 (B 1/5-30/9) 5 (A+C+E+F+H+J+K+L 24/3-29/10)
AKZ. 24/3-16/5 22/5-25/5 30/5-6/7 4/9-29/10

Rijnsburg Seite 156 122 € 23
Vakantiepark Koningshof
4 (**A**+B+D 1/5-30/5,1/7-31/8)
5 (A+C+E+F+H+L 7/4-29/10)
6 (B 15/5-15/9) (E+G 25/3-29/10)
AKZ. 25/3-7/4 7/5-17/5 29/5-8/7 27/8-28/10

Rockanje Seite 156 125 € 19
Molecaten Park Waterbos
4 (B 6/7-31/8) 5 (A+B 24/3-1/11) (E+K 15/6-15/9)
6 (B+G 30/4-1/9)
AKZ. 24/3-26/4 8/5-16/5 22/5-25/5 30/5-6/6 12/6-6/7 28/8-31/10

Rockanje Seite 156 123 € 21
Midicamping Van der Burgh
4 (B 1/7-31/8) 5 (A 1/7-31/8)
AKZ. 1/1-20/4 8/5-16/5 30/5-7/6 11/6-30/6 28/8-31/12

Rockanje Seite 156 124 € 21
Molecaten Park Rondeweibos
5 (A+C+E+F+L 30/3-15/9) 6 (B+F 1/5-31/8)
AKZ. 24/3-26/4 8/5-16/5 22/5-25/5 30/5-6/6 12/6-6/7 28/8-31/10

Zevenhuizen Seite 157 126 € 19
Recreatiepark De Koornmolen
4 (B+C 25/5-6/6,7/7-31/8) (E 23/6-31/8) 5 (A 7/7-31/8)
(E+F 25/5-6/6,7/7-31/8) (K+L 31/3-1/10) 6 (E 31/3-1/10)
AKZ. 31/3-7/4 11/4-21/4 8/5-17/5 30/5-1/7 21/8-1/10

Zeeland

Baarland Seite 157 127 € 23
Ardoer comfortcp Scheldeoord
4 (**A** 8/7-25/8) (B 25/4-5/5,8/7-25/8) (E 8/7-23/7)
5 (A+C+E+F+H+K 25/3-30/10)
6 (B 21/4-10/9) (E+G 25/3-30/10)
AKZ. 25/3-17/5 30/5-8/7 26/8-29/10

Brouwershaven Seite 157 128 € 21
Den Osse
4 (B+C 16/7-31/8) 5 (A+B+E+K 31/3-29/10)
6 (B 18/5-15/9) (G 18/5-15/8)
AKZ. 31/3-7/4 14/4-17/5 29/5-3/6 11/6-23/6 28/8-29/10 7=6

Burgh-Haamstede Seite 158 130 € 21
Groenewoud
5 (A+E+F+K+L 25/3-29/10) 6 (B+G 15/5-15/9)
AKZ. 25/3-17/5 21/5-26/5 29/5-8/7 2/9-29/10

Burgh-Haamstede Seite 158 129 € 21
De Duinhoeve B.V.
5 (A+C+E+F+L 23/3-29/10)
AKZ. 23/3-17/5 29/5-7/6 11/6-22/6 25/6-7/7 1/9-29/10

Cadzand Seite 158 131 € 21
Wulpen
4 (B+C 29/4-7/5,8/7-3/9) 5 (A+B+H 24/3-29/10)
AKZ. 24/3-7/4 10/4-17/5 21/5-26/5 30/5-7/6 11/6-8/7 2/9-29/10

Dishoek/Koudekerke Seite 159 132 € 21
Dishoek
4 (B 31/3-29/10) 5 (C+E+F+G+H+K 31/3-29/10)
AKZ. 14/4-21/4 5/5-17/5 22/5-26/5 30/5-7/6 12/6-30/6 1/9-29/9

Domburg
Ardoer camping Westhove — Seite 159 — 133 — € 21
4 (B 9/7-28/8) 5 (A+C+E+K 31/3-29/10)
6 (E+G 31/3-29/10)
AKZ. 31/3-7/4 11/4-21/4 7/5-17/5 30/5-7/6 11/6-7/7 26/8-29/10

Domburg
Roompot Hof Domburg — Seite 159 — 134 — € 23
5 (C+E+F+K+L 1/1-31/12) 6 (B 1/4-31/10) (E 1/1-31/12)
AKZ. 14/4-21/4 7/5-17/5 22/5-26/5 30/5-7/6 12/6-30/6 1/9-13/11

Ellemeet
Klaverweide — Seite 160 — 135 — € 21
5 (A+C+E 1/4-25/10)
AKZ. 15/3-7/4 11/4-28/4 1/5-17/5 30/5-7/6 11/6-29/6 1/9-28/10

Groot Valkenisse/Biggekerke
Strandcamping Valkenisse bv — Seite 160 — 136 — € 21
4 (B 25/4-7/5,11/7-27/8) (C 18/7-13/8)
5 (A+C+E+F+K+L 24/3-30/10)
AKZ. 24/3-7/4 15/4-17/5 22/5-26/5 30/5-7/6 12/6-15/6 1/9-30/10

Hoek
Oostappen Vakantiepark Marina Beach — Seite 160 — 137 — € 21
4 (B 27/4-9/5,1/7-31/8) (C+D+E 1/7-31/8)
5 (A+C+E+F+H+K+L 18/4-26/10)
AKZ. 31/3-20/4 8/5-17/5 22/5-26/5 29/5-7/7 25/8-13/10

Kamperland
Roompot Beach Resort — Seite 160 — 138 — € 21
4 (**A** 15/7-31/8) 5 (A+C+E+F+G+H+I+L 1/1-31/12)
6 (E+G 1/1-31/12)
AKZ. 2/1-31/3 7/5-17/5 22/5-26/5 30/5-7/6 12/6-30/6 1/9-22/12

Kamperland
RCN vakantiepark de Schotsman — Seite 160 — 139 — € 21
4 (**A**+B 15/7-31/8) 5 (A+B+E+F+K+L 24/3-29/10)
6 (B 1/5-30/9) (E 25/3-30/6,1/9-29/10) (G 1/5-14/9)
AKZ. 24/3-16/5 22/5-25/5 30/5-7/6 12/6-6/7 28/8-29/10

Kortgene
Ardoer vakantiepark de Paardekreek — Seite 160 — 140 — € 23
4 (B 22/4-7/5,8/7-27/8) 5 (A+C+E+L 24/3-5/11)
6 (B+E 24/3-5/11)
AKZ. 24/3-7/4 8/5-17/5 22/5-26/5 30/5-7/6 12/6-1/7 4/9-5/11

Nieuwvliet
Ardoer camping International — Seite 161 — 141 — € 17
4 (B 17/5-30/5,8/7-2/9) 5 (A+B+E+F 31/3-5/11)
6 (F 17/5-15/9)
AKZ. 16/4-18/4 7/5-17/5 22/5-26/5 30/5-7/6 12/6-24/6 2/9-30/9

Ouwerkerk
de Kreekoever — Seite 162 — 142 — € 19
4 (B+C+D 22/7-12/8) 5 (A 15/4-31/8) (B 24/3-23/10)
AKZ. 24/3-16/5 29/5-7/7 25/8-22/10 7=6, 14=12, 21=18

Renesse
Vakantiepark Schouwen — Seite 162 — 144 — € 21
5 (C+E+K 18/3-30/10)
AKZ. 18/3-7/4 10/4-17/5 30/5-7/6 12/6-23/6 27/8-29/10

Renesse
Molecaten Park Wijde Blick — Seite 162 — 143 — € 23
5 (A 24/3-1/11) (C+E+F+K 1/3-30/10) 6 (E+G 24/3-1/11)
AKZ. 24/3-26/4 8/5-16/5 22/5-25/5 30/5-6/6 12/6-6/7 28/8-31/10

Retranchement/Cadzand
Cassandria-Bad — Seite 162 — 145 — € 21
4 (B+C+D 18/5-29/5,15/7-18/8) 5 (A+E+F+H 31/3-29/10)
AKZ. 31/3-17/5 21/5-26/5 29/5-9/7 26/8-28/10

Retranchement/Cadzand
Den Molinshoeve — Seite 162 — 146 — € 21
5 (A 1/7-31/8)
AKZ. 1/4-7/4 10/4-17/5 21/5-26/5 29/5-9/7 27/8-15/10

Sluis
De Meidoorn — Seite 162 — 147 — € 21
5 (F+G+H 1/4-15/10)
AKZ. 1/4-7/4 11/4-29/4 8/5-17/5 30/5-5/7 4/9-15/10

St. Kruis/Oostburg
Bonte Hoeve — Seite 163 — 148 — € 21
4 (B 14/7-16/8) 5 (A 1/4-22/10) (B+E+H 1/7-31/8)
AKZ. 1/4-17/5 30/5-7/7 25/8-22/10

Vrouwenpolder
De Zandput — Seite 163 — 149 — € 17
5 (A+C+E+L 31/3-29/10)
AKZ. 14/4-21/4 5/5-17/5 22/5-26/5 30/5-7/6 12/6-30/6 1/9-29/9

Utrecht

Doorn
RCN Vakantiepark Het Grote Bos — Seite 164 — 150 — € 19
4 (B+C+D+**E** 24/3-29/10)
5 (A+C+E+F+G+H+J+K+L 24/3-29/10) 6 (B+G 24/3-29/10)
AKZ. 24/3-16/5 22/5-25/5 30/5-6/7 28/8-29/10

Doorn
Vakantiepark De Maarnse Berg — Seite 164 — 151 — € 21
4 (B+C 1/7-31/8) 5 (A+E+F+H+K+L 31/3-29/10)
AKZ. 31/3-17/5 30/5-7/7 26/8-29/10

Leersum Seite 164 152 € 19
Molecaten Park Landgoed Ginkelduin
4 (A 26/4-5/5,1/7-31/7) (B+C 24/3-1/11) (D 26/4-3/5,1/7-31/8) (E 1/5-31/5,1/7-31/8)
5 (A+C+E+F+H+J+K+L 24/3-1/11)
6 (B 15/5-15/9) (E+G 24/3-1/11)
AKZ. 24/3-26/4 8/5-16/5 22/5-25/5 30/5-6/7 28/8-31/10

Renswoude Seite 164 153 € 23
Camping de Grebbelinie
4 (B 8/7-28/8) 5 (A+B 1/4-1/10)
AKZ. 1/4-28/4 7/5-16/5 31/5-6/7 28/8-30/9

Woerden Seite 164 154 € 21
Batenstein
5 (A+J 27/3-25/10) 6 (**E**+**G** 26/3-31/10)
AKZ. 1/4-17/5 30/5-7/7 24/8-1/10

Woudenberg Seite 164 155 € 19
't Boerenerf
4 (B 1/7-15/8)
AKZ. 30/3-8/4 11/4-15/5 30/5-8/7 28/8-30/9

Woudenberg Seite 165 156 € 21
Vakantiepark De Heigraaf
4 (B+C 8/7-3/9) (D 4/7-24/10) 5 (A 1/4-30/9) (C 1/4-29/8) (E 30/3-24/9) (F 29/3-28/10) (L 24/4-30/8)
AKZ. 29/3-21/4 30/5-6/7 24/8-28/10

Flevoland

Biddinghuizen Seite 165 157 € 23
EuroParcs Zuiderzee
4 (B+D 10/5-21/5,1/7-31/8)
5 (A+C+E+F+G+H+J+K+L 31/3-30/10)
6 (E+G 31/3-30/10)
AKZ. 31/3-7/4 11/4-26/4 1/5-17/5 22/5-30/6 4/9-30/10

Biddinghuizen Seite 166 158 € 19
Molecaten Park Flevostrand
4 (B 1/4-31/8,19/10-26/10) (C 1/4-3/9,9/10-1/11) (D 1/4-31/8,19/10-26/10) (E 1/4-31/8)
5 (A+C+E 1/4-31/10) (F+G 1/7-31/8) (H+J+L 24/3-1/11)
6 (B 27/4-1/9) (**E**+G 24/3-1/11)
AKZ. 24/3-26/4 8/5-16/5 22/5-25/5 30/5-6/6 12/6-6/7 28/8-31/10

Dronten Seite 166 159 € 21
De Ruimte
4 (B+C 27/4-1/6,11/7-21/8)
5 (A+B+E+F+G+H+L 24/3-24/9) 6 (G 1/7-31/8)
AKZ. 24/3-17/5 30/5-14/7 3/9-24/9

Dronten Seite 166 160 € 19
't Wisentbos
5 (E+F+K 1/4-31/10)
AKZ. 1/4-30/6 1/9-31/10

Kraggenburg Seite 166 161 € 19
Recreatiepark De Voorst
4 (A 29/3-30/10) (B+C+D 18/5-31/8) (E 29/3-30/10)
5 (E 29/3-30/10) (F 1/4-30/9) (H+J+K+L 29/3-30/10)
6 (A+F 15/5-31/8)
AKZ. 1/4-17/5 30/5-7/7 24/8-1/10

Lelystad Seite 166 162 € 21
't Oppertje
AKZ. 31/3-12/5 2/6-7/7 27/8-30/9

Urk Seite 166 163 € 19
Vakantiepark 't Urkerbos
4 (B+C+D 21/5-2/6,4/7-16/8)
5 (A 1/4-30/9) (B+E+F+H+K 10/7-20/8)
6 (A 15/5-31/8) (F 13/5-31/8)
AKZ. 1/4-17/5 30/5-10/7 4/9-30/9

Zeewolde Seite 166 164 € 19
Camping het Groene Bos
5 (A 1/7-31/8) (H 1/4-14/10)
AKZ. 1/4-12/5 30/5-7/7 4/9-12/10

Zeewolde Seite 166 165 € 19
RCN Vakantiepark Zeewolde
4 (B 30/5-10/6,8/7-3/9) (C+D 24/3-29/10)
5 (A+C+E+F 24/3-29/10) (K 27/3-24/10) (L 24/3-29/10)
6 (E+G 24/3-29/10)
AKZ. 24/3-16/5 22/5-25/5 30/5-12/7 29/8-29/10

Overijssel

Balkbrug Seite 167 166 € 19
Si Es An
4 (B+D+**E** 1/7-31/8) 5 (A+E+F+G+H+J+K+L 17/3-29/10)
AKZ. 17/3-16/5 30/5-15/7 1/9-28/10

Bathmen Seite 167 167 € 19
de Flierweide
AKZ. 15/3-17/5 31/5-7/7 4/9-1/11

Beerze/Ommen Seite 167 168 € 19
Huttopia De Roos
4 (A+B+D+E 7/7-26/8) 5 (A+C+F+G+H+K 1/5-1/9)
6 (F 7/4-29/10)
AKZ. 7/4-26/4 7/5-17/5 21/5-26/5 29/5-30/6 3/9-29/10

 Ausführliche Redaktionseinträge: Seite 164 bis 167

Belt-Schutsloot Seite 167 169 € 19
Kleine Belterwijde
5 (H 27/4-1/10) 6 (F 31/3-31/10)
AKZ. 31/3-16/5 30/5-14/7 4/9-31/10

Blokzijl
Watersportcp 'Tussen de Diepen' Seite 168 170 € 23
4 (A+B+C+D 17/7-18/8)
5 (A+B+E+F+G+H+J+K+L 1/4-31/10) 6 (B+G 1/5-15/9)
AKZ. 1/4-12/5 29/5-10/7 27/8-31/10

Dalfsen
Starnbosch Seite 168 171 € 19
4 (B+C 30/4-6/6,9/7-28/8)
5 (A+B+C+E+F+H+J+L 1/1-31/12) 6 (B+D+G 1/4-1/11)
AKZ. 1/1-17/5 30/5-1/7 4/9-31/12

De Lutte
Landgoedcamping Het Meuleman Seite 168 172 € 21
4 (**A**+B 16/7-4/9) 5 (A+F+K+L 1/4-30/9)
AKZ. 1/4-17/5 30/5-7/7 4/9-30/9

Delden
Park Camping Mooi Delden Seite 168 173 € 19
4 (B 25/4-3/5,4/7-30/8) 5 (A+B+E+F+G+H 31/3-1/11)
6 (B+G 1/5-15/9)
AKZ. 31/3-17/5 30/5-30/6 3/9-31/10

Denekamp
Papillon Country Resort Seite 168 174 € 23
4 (A+B+C+D+**E** 1/4-29/10)
5 (A+B+E+F+G+H+J+K+L 1/4-29/10) 6 (D+G 1/4-29/10)
AKZ. 11/4-26/4 8/5-17/5 2/6-7/7 25/8-29/10

Diffelen/Hardenberg
de Vechtvallei Seite 168 175 € 17
4 (B+C+D 8/7-26/8) (E 1/4-30/10)
5 (A+C+E+F+G+H+J+K 1/4-30/10)
6 (D 1/4-30/10) (F 1/5-30/8)
AKZ. 1/4-6/4 11/4-27/4 6/5-17/5 22/5-25/5 30/5-30/6 1/9-30/10

Haaksbergen (Twente)
Camping Scholtenhagen B.V. Seite 169 176 € 21
4 (B+D 18/7-29/8) 5 (A+E+F 15/7-26/8) (H 1/1-31/12)
(K 15/7-26/8) 6 (E+G 1/1-31/12)
AKZ. 1/1-17/5 21/5-26/5 30/5-7/7 25/8-31/12

Hardenberg
Vakantiepark De Kleine Belties Seite 169 177 € 19
4 (B 30/6-31/8) 5 (A+C+E+F+G+H+L 4/4-31/10)
6 (B 27/4-15/9) (E+G 1/4-31/10)
AKZ. 1/4-6/4 11/4-27/4 5/5-17/5 22/5-26/5 30/5-7/7 1/9-15/10

Hardenberg/Heemserveen
Ardoer vakantiepark 't Rheezerwold Seite 169 178 € 19
4 (B 1/5-1/9) (D 1/7-1/9) 5 (A+B+E+F+K+L 1/4-30/9)
6 (B 1/5-1/9) (E+G 1/4-30/9)
AKZ. 1/4-22/4 8/5-16/5 30/5-7/7 26/8-30/9

Holten
Ardoer camping De Holterberg Seite 169 179 € 21
4 (B+C 21/5-1/6,11/7-15/8) 5 (A 25/4-12/9)
(B 1/1-31/12) (E+F+H+L 10/4-6/9) 6 (B+G 25/4-6/9)
AKZ. 1/1-26/4 30/5-7/7 28/8-31/12

Holten
Ideaal Seite 169 180 € 15
4 (B 20/7-17/8)
AKZ. 1/4-8/7 4/9-1/10

Lemele
de Lemeler Esch Natuurcamping Seite 169 181 € 19
4 (B 1/7-31/8) (E 1/5-1/10)
5 (A+B+E+F+H+J+K 6/4-27/10) 6 (B+G 1/5-13/9)
AKZ. 6/4-21/4 8/5-17/5 30/5-7/7 4/9-27/10

Lemelerveld
Charmecamping Heidepark Seite 169 182 € 21
4 (B+C 25/4-3/5,1/7-31/8) 5 (A+B+E+F+H+K 1/4-30/9)
6 (B+G 15/4-30/9)
AKZ. 1/4-29/4 8/5-17/5 31/5-7/7 4/9-30/9

Mander/Ootmarsum
Dal van de Mosbeek Seite 169 183 € 21
5 (A+E+H 24/3-15/10)
AKZ. 24/3-17/5 30/5-8/7 25/8-15/10 21=18

Mariënberg/Hardenberg
de Pallegarste Seite 169 184 € 19
4 (B+C+D 1/4-30/9) 5 (A+C+E+F+G+H+K 1/4-30/9)
6 (B+G 1/5-1/9)
AKZ. 1/4-17/5 30/5-8/7 26/8-30/9

Markelo
De Bovenberg Seite 170 185 € 19
4 (B 4/5-31/5,15/7-26/8) 5 (A+B+E+G 1/4-18/10)
AKZ. 1/4-28/4 8/5-27/5 29/5-8/7 26/8-15/10

Nieuw-Heeten
Vakantiepark Sallandshoeve Seite 170 186 € 21
4 (B 25/4-2/5,4/7-30/8)
5 (A+B+E+F+G+H+K+L 23/3-15/10) 6 (E+G 23/3-15/10)
AKZ. 25/3-17/5 30/5-7/7 28/8-15/10

Nijverdal Seite 170 187 € 23
Ardoer camping De Noetselerberg
4 (B+D 20/4-4/5,8/7-30/8)
5 (A+B+C+E+F+G+J+L 31/3-29/10)
6 (A 2/5-1/9) (E+G 31/3-29/10)
AKZ. 31/3-6/4 11/4-21/4 8/5-17/5 22/5-26/5 30/5-8/7 4/9-13/10

Ommen Seite 170 188 € 23
Ommerland
4 (B+C+D+E 1/5-10/5,1/7-1/9)
5 (A+C+E+F+G+H 24/3-31/10) (J 27/4-5/5,1/7-1/9)
(K+L 24/3-31/10) 6 (B 30/4-28/8) (**E**+G 24/3-31/10)
AKZ. 24/3-20/4 8/5-16/5 30/5-6/7 4/9-31/10

Ommen Seite 170 189 € 19
Resort de Arendshorst
5 (A+B+E+F+G+H+J+L 31/3-30/9) 6 (F 15/6-15/9)
AKZ. 31/3-16/5 30/5-13/7 30/8-30/9

Ootmarsum Seite 171 190 € 19
Bij de Bronnen
5 (E+F+H+K 1/1-31/12)
AKZ. 1/1-17/5 30/5-15/7 4/9-31/12

Ootmarsum Seite 171 191 € 23
De Kuiperberg
5 (A+E+F+H+K 1/4-17/10)
AKZ. 1/4-6/4 11/4-16/5 1/6-23/6 7/9-17/10

Ootmarsum/Agelo Seite 171 192 € 19
De Haer
4 (B+C+D 18/7-8/8) 5 (A+E+F+H+K 1/4-1/10)
6 (A 9/5-1/9)
AKZ. 1/4-17/5 30/5-15/7 3/9-1/10

Ootmarsum/Hezingen Seite 171 193 € 23
Hoeve Springendal
4 (**E** 1/4-1/11,22/12-31/12)
5 (A+H+J 1/4-1/11,22/12-31/12)
AKZ. 1/4-17/5 22/5-27/5 30/5-14/7 31/8-1/11 22/12-31/12

Reutum Seite 171 194 € 17
De Weuste
4 (B+C+D 29/4-8/5,15/7-21/8)
5 (A+B+E+F+H+K 1/4-30/9) 6 (B+G 1/5-15/9)
AKZ. 1/4-15/7 1/9-30/9

Reutum/Weerselo Seite 171 195 € 19
De Molenhof
4 (B 8/7-1/9) 5 (A+C+E+F+G+H+I 31/3-2/10)
6 (B 28/4-3/9) (D 31/3-1/10) (G 31/3-2/10)
AKZ. 31/3-7/4 10/4-29/4 6/5-17/5 29/5-7/6 11/6-14/7 2/9-2/10

Rheeze Seite 171 196 € 21
Camping 't Veld
4 (B+C 1/6-30/8) (D 6/4-30/9)
5 (A+B+E+F+G+K 6/4-30/9) 6 (D+G 6/4-30/9)
AKZ. 10/4-21/4 7/5-16/5 30/5-7/7 1/9-30/9

St. Jansklooster Seite 171 197 € 17
Kampeer- & Chaletpark Heetveld
5 (A+F+K 1/4-30/9)
AKZ. 1/4-14/5 1/6-7/7 24/8-30/9

Tubbergen Seite 172 198 € 19
Ardoer recreatiepark Kaps
4 (B 18/6-29/6,15/7-28/8) 5 (A+B+E+F+H+K+L 1/4-2/10)
6 (B+G 25/4-15/9)
AKZ. 1/4-29/4 8/5-17/5 30/5-15/7 4/9-2/10

Vollenhove Seite 172 199 € 17
Ardoer vakantiepark ´t Akkertien
4 (A 1/1-31/12) (B+C+D 30/4-8/5,16/7-28/8)
5 (A+B 1/1-31/12) (E 26/3-30/9) (H+J 1/1-31/12)
6 (D+G 1/4-30/9)
AKZ. 2/1-17/5 30/5-15/7 4/9-31/12

Zwolle Seite 172 200 € 19
Molecaten Park De Agnietenberg
4 (B 29/4-7/5,12/7-28/8) 5 (A+E 24/3-1/10)
AKZ. 24/3-26/4 8/5-16/5 22/5-25/5 30/5-6/7 28/8-30/9

Friesland

Akkrum Seite 173 201 € 21
Drijfveer
4 (B 16/7-21/8) (C 18/7-16/8) (D 18/7-21/8)
5 (A+H+J 1/5-30/9)
AKZ. 1/4-15/5 11/6-30/6 1/9-31/10

Anjum Seite 173 202 € 23
Landal Esonstad
4 (A+B+C+D 24/3-26/10) (**E** 2/7-1/9)
5 (A+C+E+F+G+H+J+K+L 24/3-26/10) 6 (E+G 24/3-26/10)
AKZ. 24/3-7/4 30/5-7/7 1/9-26/10

Appelscha Seite 173 203 € 19
RCN Vakantiepark De Roggeberg
4 (**A**+B+C+D+E 24/3-29/10)
5 (A+B+E+F+H+J+K+L 24/3-29/10) 6 (B+F 1/5-1/9)
AKZ. 24/3-16/5 22/5-25/5 30/5-13/7 30/8-29/10

Bakhuizen Seite 173 204 € 19
De Wite Burch
4 (B 30/4-8/5,9/7-20/8) 5 (A+B+E+H+J+K 15/3-31/10)
AKZ. 15/3-16/5 31/5-7/7 25/8-31/10

Ausführliche Redaktionseinträge: Seite 170 bis 173

Bakkeveen Seite 173 **207** € 19
Molecaten Park 't Hout
4 (B 29/4-7/5,8/7-3/9) 5 (A+E+F+G+K 29/4-7/5,8/7-3/9)
6 (B+G 17/5-1/9)
AKZ. 24/3-26/4 8/5-16/5 22/5-25/5 30/5-6/7 28/8-30/9

Bakkeveen Seite 173 **205** € 17
De Ikeleane
4 (B+C 13/7-25/8) (D 1/5-30/9)
5 (A+E+F+G+H+J+K 1/4-30/9)
AKZ. 1/4-17/5 30/5-8/7 26/8-30/9

Bakkeveen Seite 173 **206** € 23
De Wâldsang
4 (B+C+D 30/4-8/5,15/7-20/8)
5 (A+E+F+G+H+K 24/3-30/10)
AKZ. 24/3-29/4 8/5-16/5 30/5-10/7 4/9-30/10

Dokkum Seite 173 **208** € 17
Harddraverspark
AKZ. 1/4-15/5 1/6-8/7 5/9-31/10

Franeker Seite 173 **209** € 21
Recreatiepark Bloemketerp bv
4 (**A**+B 15/7-16/8) 5 (C+E+F+H+L 1/1-31/12)
6 (**E**+**F** 1/1-31/12)
AKZ. 1/1-17/5 30/5-9/7 1/9-31/12

Harlingen Seite 174 **210** € 21
De Zeehoeve
4 (B+C+D 14/7-30/8)
5 (A 27/3-31/10) (E+F+H+J+L 8/4-30/9)
AKZ. 27/3-7/4 10/4-15/5 30/5-8/6 11/6-7/7 5/9-30/10

Leeuwarden Seite 174 **211** € 19
De Kleine Wielen
4 (B 15/7-19/8) (D 1/5-30/9) 5 (A 1/4-1/10)
(C 21/4-17/9) (H 1/4-1/10) (J 15/7-19/8) (K 1/4-1/10)
AKZ. 1/4-14/5 30/5-7/7 24/8-30/9

Offingawier Seite 174 **212** € 19
RCN Vakantiepark De Potten
4 (B+C 1/7-31/8) 5 (A+B+E+F+H+J+L 24/3-29/10)
AKZ. 24/3-16/5 22/5-25/5 30/5-7/6 12/6-13/7 30/8-29/10

Oudega Seite 174 **213** € 21
De Bearshoeke
4 (B+C 6/7-28/8)
AKZ. 31/3-16/5 30/5-9/7 1/9-31/10

Reahûs Seite 174 **214** € 19
De Finne
5 (A 1/7-28/8) (B 1/4-1/10)
AKZ. 1/4-6/4 10/4-14/5 29/5-7/7 25/8-30/9

Rijs Seite 174 **215** € 21
Rijsterbos
4 (B+C 28/7-27/8) 5 (A 1/5-30/9) (E+F+G+H+K 1/5-15/9)
6 (B 18/5-1/9)
AKZ. 1/4-17/5 30/5-8/7 3/9-30/10

Sloten Seite 175 **216** € 21
Recreatiepark De Jerden
5 (A+B 1/4-31/10) (F+L 1/6-1/10)
AKZ. 1/4-16/5 30/5-1/7 2/9-31/10

St. Nicolaasga Seite 175 **217** € 19
Landgoed Eysingastate
4 (B 15/7-18/8) 5 (A+H+K 15/7-18/8)
AKZ. 1/4-17/5 30/5-7/7 25/8-31/10

Ureterp Seite 175 **218** € 17
Het Koningsdiep
AKZ. 1/4-14/5 1/6-9/7 26/8-31/10

Wijckel Seite 176 **219** € 23
't Hop
4 (B+C 1/7-31/8) 5 (A 6/5-28/10) (H 1/7-31/8)
(K+L 6/5-28/10) 6 (A+F 6/5-28/10)
AKZ. 6/5-30/6 26/8-27/10

Witmarsum Seite 176 **220** € 19
Mounewetter
4 (B+C+D 1/5-5/5,22/7-26/8) 5 (E+H 1/6-1/9)
6 (B+F 29/4-2/9)
AKZ. 1/4-17/5 30/5-14/7 4/9-8/10

Workum Seite 176 **221** € 21
It Soal
4 (B+C 18/5-21/5,8/7-26/8)
5 (A+C+E+F+H+K+L 31/3-1/11)
AKZ. 31/3-6/4 11/4-17/5 12/6-1/7 26/8-1/11

Woudsend Seite 176 **222** € 21
Aquacamping De Rakken
4 (B+D+**E** 16/7-28/8)
AKZ. 1/1-16/5 21/5-25/5 29/5-14/6 18/6-30/6 1/9-30/12

Groningen

Bourtange Seite 176 **223** € 21
't Plathuis
5 (A+E+H 1/4-31/10)
AKZ. 1/4-17/5 30/5-15/7 3/9-31/10 7=6

Kropswolde Seite 177 224 € 23
Siblu Camping Meerwijck
4 (B 29/4-7/5,8/7-27/8) (C+D 29/4-7/5,7/7-27/8)
5 (A+B 31/3-30/10) (E 29/4-4/9) (F 31/3-30/10)
(H 29/4-4/9) (K+L 31/3-30/10) 6 (E+G 31/3-30/10)
AKZ. 31/3-17/5 30/5-15/7 3/9-30/10

Leek Seite 177 225 € 19
Landgoedcamping Nienoord
4 (B 16/7-19/8) 5 (K+L 1/4-1/10)
AKZ. 18/4-28/4 8/5-17/5 30/5-30/6 4/9-30/9

Midwolda Seite 177 226 € 23
De Bouwte
4 (B 1/7-31/8) (D 15/5-31/8) 5 (A+F+H+J+K 1/4-30/9)
AKZ. 1/4-16/5 30/5-30/6 1/9-30/9

Opende Seite 177 227 € 21
Camping De Watermolen
4 (B 10/7-3/9) 5 (A+B 7/4-17/9)
(E+G 18/5-30/6,6/7-25/8) (H+K 7/4-17/9)
AKZ. 7/4-16/5 23/5-25/5 30/5-10/7 27/8-17/9

Sellingen Seite 177 228 € 19
De Bronzen Eik
5 (H+L 1/1-31/12)
AKZ. 1/4-17/5 29/5-8/7 4/9-1/11

Winsum Seite 177 229 € 19
Marenland
5 (A+J+K+L 1/4-30/9) 6 (**B** 1/4-30/9)
AKZ. 1/4-28/4 8/5-17/5 30/5-7/7 4/9-30/9 7=6, 14=12

Drenthe

Amen Seite 178 230 € 21
Ardoer Vakantiepark Diana Heide
4 (B 17/5-30/6,15/7-25/8) 5 (A+B+E+H+L 1/4-1/10)
AKZ. 1/4-4/5 8/5-17/5 31/5-21/6 1/9-30/9

Assen Seite 178 231 € 21
Vakantiepark Witterzomer
4 (B+D 24/3-31/10) 5 (A 24/3-31/10) (C 28/4-30/8)
(E+F+G+J+K+L 24/3-31/10) 6 (B+G 24/4-30/8)
AKZ. 24/3-27/4 5/5-16/5 30/5-15/6 26/6-30/6 1/9-31/10

Borger Seite 178 232 € 13
Bospark Lunsbergen
4 (B 1/1-31/12) 5 (A+C+E+F+G+H+J+K+L 1/1-31/12)
6 (E+G 1/1-31/12)
AKZ. 31/3-7/7 1/9-29/10

Borger Seite 179 233 € 15
Roompot Vakantiepark Hunzedal
4 (B 28/3-31/10) 5 (A+C+E+F+G+H+K+L 1/1-31/12)
6 (B 1/4-31/10) (E+G 1/1-31/12)
AKZ. 31/3-7/4 7/5-17/5 22/5-26/5 30/5-7/6 12/6-7/7 1/9-29/10

Diever Seite 179 234 € 21
Diever
4 (A 1/4-1/11) (B 2/5-25/5,31/7-16/8) (E 1/4-1/11)
5 (A+B+G 1/4-1/11)
AKZ. 1/4-26/4 6/5-17/5 30/5-10/7 2/9-30/9

Dwingeloo Seite 179 235 € 23
Torentjeshoek
4 (A 1/4-23/10) (B+C 2/5-25/5,6/7-16/8)
(D 2/5-25/5,4/7-23/10) (E 1/7-23/10)
5 (A 1/4-27/9) (B+E+H 1/4-28/10) 6 (B+G 1/5-1/9)
AKZ. 1/4-16/5 30/5-6/7 4/9-28/10

Dwingeloo Seite 179 236 € 19
RCN Vakantiepark De Noordster
4 (A+B+C+D 20/5-1/6,4/7-30/8) (E 4/7-30/8)
5 (A+B+E+F+G+H+K+L 24/3-29/10) 6 (B+F 1/5-1/9)
AKZ. 24/3-16/5 22/5-25/5 30/5-13/7 30/8-29/10

Een (Gem. Noordenveld) Seite 179 237 € 19
Ronostrand
4 (B+C+D 26/5-6/6,8/7-22/8)
5 (A 1/4-30/9) (E+F+G+L 1/4-15/9)
AKZ. 1/4-28/4 8/5-17/5 31/5-7/7 4/9-30/9

Een-West/Noordenveld Seite 179 238 € 21
De Drie Provinciën
5 (K+L 1/4-1/10)
AKZ. 1/4-16/5 30/5-7/7 28/8-1/10

Ees Seite 179 239 € 19
De Zeven Heuveltjes
5 (A 25/4-3/5,4/7-16/8) (B 1/4-10/10) 6 (B+G 1/5-14/9)
AKZ. 1/4-17/5 30/5-30/6 26/8-10/10

Eext Seite 179 240 € 21
De Hondsrug
4 (B 1/4-30/9) 5 (A 1/4-30/9) (C 25/4-1/9)
(E+H+K 1/4-30/9) 6 (B 25/4-1/9) (E+G 1/4-30/9)
AKZ. 1/4-28/4 8/5-17/5 30/5-9/7 4/9-30/9

Exloo Seite 179 241 € 17
Camping Exloo
4 (D 1/4-30/9)
AKZ. 1/1-17/5 22/5-27/5 30/5-15/7 1/9-31/12

Gasselte Seite 179 **242** € 19
Het Horstmannsbos
4 (B 16/7-20/8) 5 (A+E+F+H+K 31/3-2/10)
AKZ. 31/3-17/5 28/5-9/7 27/8-2/10 ***7=6, 14=12, 21=18***

Gieten Seite 180 **243** € 21
Boscamping-Zwanemeer
4 (B+C+D+**E** 1/7-31/8) 5 (A 1/4-2/10) (E+F+H+K 1/7-31/8) 6 (B+G 1/5-31/8)
AKZ. 1/4-14/5 1/6-1/7 1/9-1/10

Hooghalen Seite 180 **244** € 19
Tikvah
4 (A 1/7-31/8) (B 1/8-30/8)
AKZ. 1/4-17/5 30/5-21/6 27/6-2/7 1/9-1/11

Meppen Seite 180 **245** € 21
De Bronzen Emmer
4 (B+C+D 28/4-29/5,22/7-27/8) 5 (A 1/4-30/10) (B 28/4-27/8) (E 28/4-10/9) (F 28/4-11/9) (H+K 28/4-10/9) 6 (E+F 21/4-30/9)
AKZ. 1/4-16/5 22/5-25/5 30/5-11/7 28/8-29/10
7=6, 14=12, 21=18, 28=24

Meppen Seite 180 **246** € 19
Erfgoed de Boemerang
AKZ. 1/4-15/5 30/5-1/7 18/8-29/9

Norg Seite 180 **247** € 23
Bospark Langeloërduinen
AKZ. 8/5-17/5 30/5-14/7 4/9-1/10

Norg Seite 180 **248** € 23
De Norgerberg
4 (A 19/4-9/6,13/7-24/8) (B 30/4-16/5,14/7-26/8) (D+E 30/4-16/5,9/7-28/8) 5 (A+B+E+F+J+K+L 1/4-31/12) 6 (B+D+G 1/4-31/12)
AKZ. 1/4-6/4 12/4-21/4 8/5-16/5 23/5-26/5 31/5-7/7 5/9-29/10

Ruinen Seite 181 **249** € 23
EuroParcs Ruinen
4 (A 8/7-27/8) (B 29/4-7/5,8/7-27/8) (D+E 8/7-27/8) 5 (A+B+E+F+K 1/3-30/10) 6 (**A** 1/5-1/9) (E+G 1/3-30/10)
AKZ. 31/3-7/4 11/4-26/4 1/5-17/5 22/5-30/6 4/9-30/10

Schoonebeek Seite 181 **250** € 17
Camping Emmen
4 (B+C+D 8/7-26/8) 5 (A+E+F+G+H+L 27/5-1/9) 6 (B 15/5-15/9)
AKZ. 7/4-17/5 30/5-30/6 1/9-30/9

Wateren Seite 181 **251** € 15
Molecaten Park Het Landschap
4 (A 11/7-16/8) (B+C 2/5-25/5,4/7-16/8) (E 5/7-17/8) 5 (A+E+F+H+K 24/3-1/10) 6 (E+G 1/5-30/9)
AKZ. 24/3-26/4 8/5-16/5 22/5-25/5 30/5-6/7 28/8-30/9

Westerbork Seite 181 **252** € 19
Landgoed Börkerheide
6 (B+G 15/4-1/9)
AKZ. 1/4-17/5 30/5-8/7 27/8-1/10

Wezuperbrug Seite 181 **253** € 17
Molecaten Park Kuierpad
4 (B+C 1/7-1/9) 5 (A 24/3-1/11) (C 25/3-31/10) (E 24/3-1/11) (F 25/3-31/10) (K+L 1/4-1/11) 6 (B 1/5-1/9) (E+G 24/3-1/11)
AKZ. 24/3-26/4 8/5-16/5 22/5-25/5 30/5-6/7 28/8-31/10

Wijster Seite 181 **254** € 19
Familiecamping De Otterberg
4 (B 7/7-26/8) (D 1/4-1/10) 5 (A 1/4-1/10) (E+F+G 1/7-28/8) (H+K+L 1/4-1/10) 6 (B+G 1/5-1/9)
AKZ. 1/4-14/5 30/5-7/7 24/8-30/9

Zweeloo Seite 182 **255** € 21
De Knieplanden
5 (E+F 18/7-21/8) 6 (**B**+**F** 1/5-31/8)
AKZ. 1/4-17/5 30/5-7/7 24/8-30/9

Gelderland

Aalten Seite 182 **256** € 19
Goorzicht
4 (B+D 30/4-8/5,13/7-30/8) 5 (A+E+H 27/4-8/5,8/7-3/9) 6 (**B**+F 1/5-31/8)
AKZ. 27/3-18/5 30/5-13/6 21/8-2/10 ***7=6, 14=12, 21=18***

Aalten Seite 182 **257** € 19
Lansbulten
4 (B 29/4-8/5,9/7-21/8) 5 (A 24/4-3/5,10/7-22/8) 6 (B 15/5-15/9) (F 24/4-15/9)
AKZ. 1/4-17/5 30/5-15/7 3/9-15/10 ***14=12***

Aerdt Seite 182 **258** € 19
De Rijnstrangen
4 (**E** 31/3-29/10) 5 (A+B+J 31/3-29/10)
AKZ. 31/3-6/4 10/4-16/5 30/5-29/6 3/9-29/10

Appeltern Seite 183 **259** € 19
Camping Groene Eiland
4 (B 1/7-31/8) (C+D 28/4-6/5,1/7-31/8) 5 (A 1/7-31/8) (B 1/4-31/10) (C 1/4-1/10) (E+F 1/4-31/10) (H 1/7-31/8) (K+L 1/4-31/10)
AKZ. 1/5-17/5 22/5-27/5 1/6-30/6 1/9-30/9

Arnhem Seite 183 260 € 19
Oostappen Vakantiepark Arnhem
4 (B+C+D 29/4-7/5,8/7-1/9)
5 (A+C+E+F+H+L 31/3-13/10) 6 (C+G 31/3-13/10)
AKZ. 31/3-20/4 8/5-17/5 22/5-26/5 29/5-7/7 25/8-13/10

Beek (gem. Montferland) Seite 183 261 € 19
Vakantiepark De Byvanck BV
5 (E 1/1-31/12) 6 (E 1/1-31/12)
AKZ. 1/1-18/5 22/5-28/5 30/5-7/7 24/8-31/12

Beekbergen Seite 183 262 € 21
Het Lierderholt
4 (A 1/7-1/9) (B 12/4-7/5,8/7-3/9) (C+D 8/7-3/9)
(E 22/4-7/5,8/7-3/9) 5 (A 1/1-31/12) (B 1/4-31/10)
(E 1/1-31/12) (G 1/4-31/10) (H+L 1/1-31/12)
6 (B 1/5-30/9) (F 25/4-16/9)
AKZ. 1/1-16/5 30/5-6/7 1/9-31/12 14=12, 21=18

Beesd Seite 183 263 € 21
Betuwestrand
4 (B 10/4-2/6,4/7-30/8) (C 4/4-2/6,4/7-30/8) (D 1/4-30/9)
5 (A+C+E+F+H+L 1/4-30/9)
AKZ. 1/4-17/5 30/5-8/7 28/8-30/9

Berg en Dal Seite 183 264 € 19
Nederrijkswald BV
4 (E 15/3-30/10) 5 (A 15/3-30/10)
AKZ. 15/3-25/4 7/5-16/5 1/6-6/7 27/8-30/10

Braamt Seite 184 265 € 13
Recreatie Te Boomsgoed
4 (B+D 27/4-6/5,9/7-3/9) 5 (A 27/4-6/5,9/7-3/9)
(E+G+J 1/1-31/12) 6 (A+F 24/4-15/9)
AKZ. 1/1-29/4 8/5-18/5 22/5-28/5 30/5-8/7 1/9-31/12

Doetinchem Seite 184 266 € 19
De Wrange
4 (B+D 10/7-26/8) 5 (A+C+E+F+H+J+K+L 1/4-4/10)
6 (B+G 27/4-6/9)
AKZ. 31/3-17/5 30/5-10/7 27/8-16/10 7=6, 14=11, 21=18

Doornenburg Seite 184 267 € 21
De Waay
4 (B+D 29/4-7/5,8/7-26/8)
5 (A+B+E+F 29/4-7/5,8/7-26/8) (H 1/4-30/9)
(K+L 29/4-7/5,8/7-26/8) 6 (B+D+G 28/4-17/9)
AKZ. 1/4-16/5 1/6-6/7 23/8-30/9

Eerbeek Seite 184 268 € 23
Landal Coldenhove
4 (B+E 10/3-26/10) 5 (A+C+E+G+H+J+K+L 10/3-26/10)
6 (E+G 10/3-26/10)
AKZ. 10/3-7/4 30/5-7/7 1/9-26/10

Elburg Seite 184 269 € 15
Natuurcamping Landgoed Old Putten
4 (B+D+E 30/5-10/6,22/7-16/8) 5 (A 22/7-16/8)
6 (F 15/4-15/9)
AKZ. 15/4-17/5 30/5-7/7 25/8-15/9

Emst Seite 184 270 € 23
Ardoer Camping De Zandhegge
4 (B 22/4-6/5,8/7-26/8) 5 (A+B+E+F+K 1/4-29/10)
6 (B+G 1/5-1/9)
AKZ. 1/4-7/4 10/4-22/4 7/5-17/5 22/5-26/5 14/6-7/7 26/8-29/10

Emst Seite 184 271 € 23
De Wildhoeve
4 (A+B+E 29/4-7/5,8/7-3/9) 5 (A+C+E+L 31/3-1/10)
6 (B 1/5-31/8) (E+G 31/3-1/10)
AKZ. 31/3-21/4 30/5-6/7 27/8-30/9

Epe Seite 185 272 € 21
RCN Vakantiepark de Jagerstee
4 (B+C+D+E 24/3-29/10)
5 (A+C+E+F+H+K+L 24/3-29/10) 6 (B+G 24/4-15/9)
AKZ. 24/3-16/5 22/5-25/5 30/5-6/7 28/8-29/10

Ermelo Seite 185 276 € 21
Recreatiepark De Paalberg
4 (B+D 19/4-10/6,6/7-1/9) 5 (A+C+E+F+G+H+L 1/1-31/12)
6 (B 1/5-31/8) (E+G 1/1-31/12)
AKZ. 1/1-17/5 30/5-7/7 28/8-31/12 7=6, 14=12

Ermelo Seite 185 273 € 23
Ardoer cp. & bungalowpark De Haeghehorst
4 (B+D 27/4-5/5,8/7-31/8) (E 14/4-31/8) 5 (A 1/4-30/10)
(B 1/1-31/12) (E+F+G+H 1/4-30/10) (J 1/1-31/12)
(K 1/4-30/10) 6 (B 27/4-28/10) (E+G 1/4-30/10)
AKZ. 1/1-6/4 11/4-21/4 8/5-16/5 31/5-7/7 4/9-22/12

Ermelo Seite 185 274 € 21
In de Rimboe
4 (B+C+D 11/4-25/10) 5 (A 14/7-31/8)
(E+F+G+H+K+L 15/2-31/12) 6 (B+G 29/4-30/9)
AKZ. 1/1-6/4 11/4-17/5 22/5-25/5 30/5-11/7 28/8-31/12

Ermelo Seite 185 275 € 19
Kriemelberg BushCamp
4 (A 10/7-25/8) (B+C+D 30/4-6/5,16/7-19/8)
(E 31/3-13/10)
5 (A+B 31/3-13/10) (E 3/4-12/9) (G 1/7-31/8)
AKZ. 31/3-6/4 11/4-27/4 8/5-16/5 30/5-7/7 25/8-13/10

 Ausführliche Redaktionseinträge: Seite 183 bis 185

Groesbeek 👪
⛺ Vakantiepark De Oude Molen — Seite 186 — 277 — € 17
4 (B 29/4-7/5,8/7-30/8) 5 (E+F+H+K+L 1/4-31/10)
6 (B+G 29/4-30/8)
AKZ. 1/4-28/4 8/5-16/5 22/5-26/5 30/5-6/7 25/8-31/10
14=12, 21=18

Harfsen
⛺ De Huurne — Seite 186 — 278 — € 13
AKZ. 1/4-18/5 30/5-8/7 3/9-1/10

Hattem
⛺ Molecaten Park Landgoed Molecaten — Seite 186 — 280 — € 17
4 (B+C 15/7-27/8) 5 (A 24/3-1/10)
AKZ. 24/3-26/4 8/5-16/5 22/5-25/5 30/5-6/7 28/8-30/9

Hattem
⛺ Molecaten Park De Leemkule — Seite 186 — 279 — € 19
4 (B 24/4-1/9) (E 10/7-20/8)
5 (A+B+E+F+H+K+L 24/3-1/11)
6 (A 27/4-1/9) (E+G 24/3-1/11)
AKZ. 24/3-26/4 8/5-16/5 22/5-25/5 30/5-6/7 28/8-31/10

Heerde 👪
⛺ De Zandkuil — Seite 186 — 281 — € 17
4 (B 30/4-8/5,16/7-21/8) 5 (A+B+E+F+G+H+K 1/4-1/11)
6 (A+F 21/5-1/9)
AKZ. 1/4-16/5 1/6-18/6 1/9-1/11 14=12

Heerde
⛺ Molecaten Park De Koerberg — Seite 186 — 282 — € 19
4 (B 30/4-10/6,9/7-28/8) 5 (A+B+E+F+H+K+L 24/3-1/11)
6 (B+G 1/5-31/8)
AKZ. 24/3-26/4 8/5-16/5 22/5-25/5 30/5-6/7 28/8-31/10

Heteren 👪
⛺ Camping Overbetuwe — Seite 187 — 283 — € 17
AKZ. 1/1-17/5 1/6-15/7 1/9-24/12

Hoenderloo
⛺ De Pampel — Seite 187 — 284 — € 21
4 (B 30/4-6/5,8/7-27/8)
5 (A+C 16/4-30/9) (E+F+G+L 1/4-30/9)
6 (B 15/5-31/8) (D 15/4-30/9,13/10-28/10) (G 1/5-30/9)
AKZ. 1/1-27/4 7/5-17/5 30/5-8/7 26/8-31/12
7=6, 14=12, 21=18

Hoenderloo
⛺ Recreatiepark 't Veluws Hof — Seite 187 — 285 — € 21
4 (A 1/7-1/9) (B+D 29/3-29/10) (E 1/7-1/9)
5 (A+C+E+F+H+L 25/3-29/10) 6 (B+G 26/4-14/9)
AKZ. 28/3-16/5 30/5-7/7 28/8-28/10

Hoenderloo
⛺ Veluwe camping 't Schinkel — Seite 187 — 286 — € 19
4 (B 30/4-6/5,8/7-27/8) 5 (A+B+E+F+G 31/3-31/10)
6 (B+G 22/4-15/9)
AKZ. 31/3-27/4 7/5-17/5 30/5-15/7 2/9-1/10
7=6, 14=12, 21=18

Kesteren
⛺ Camping "Betuwe" — Seite 187 — 287 — € 21
4 (B+D 1/7-15/8)
5 (A 15/3-15/10) (E+F 1/4-1/10) (H+L 15/3-15/10)
AKZ. 8/5-17/5 22/5-28/5 30/5-7/7 4/9-15/10

Laag-Soeren 👪
⛺ Ardoer Vakantiedorp De Jutberg — Seite 187 — 288 — € 23
4 (B+E 6/7-25/8) 5 (A+B+E+F+H 1/4-31/10)
(J 18/5-29/5,8/7-3/9) (K 1/4-31/10) 6 (D+G 1/4-31/10)
AKZ. 1/1-16/5 30/5-6/7 4/9-31/12 21=18

Lieren/Beekbergen
⛺ Ardoer comfortcamping De Bosgraaf — Seite 187 — 289 — € 19
4 (B+D 18/5-29/5,9/7-2/9) 5 (A+B+E+F+H+K 25/3-29/10)
6 (B+G 1/5-15/9)
AKZ. 31/3-6/4 11/4-21/4 7/5-16/5 22/5-25/5 30/5-7/7 3/9-28/10

Lieren/Beekbergen
⛺ De Vinkenkamp — Seite 187 — 290 — € 17
4 (A 29/4-7/5,8/7-3/9) 5 (A+B 1/1-31/12)
(E+F+H 8/7-3/9) (J+K 1/1-31/12) 6 (B+G 15/5-15/9)
AKZ. 1/1-16/5 22/5-25/5 30/5-14/7 1/9-31/12

Lunteren
⛺ De Rimboe — Seite 188 — 291 — € 17
4 (E 1/7-1/9)
AKZ. 13/3-16/5 30/5-3/7 28/8-21/10 14=12, 21=18

Lunteren
⛺ Recreatiecentrum de Goudsberg — Seite 188 — 292 — € 21
4 (B 29/4-7/5,1/7-1/9) 5 (A+B+E+H 1/7-31/8)
(L 1/1-31/12) 6 (**A** 1/5-30/9) (**E**+**G** 1/4-31/10)
AKZ. 1/1-27/4 8/5-16/5 30/5-6/7 3/9-31/12
7=6, 14=12, 21=18

Neede
⛺ Den Blanken — Seite 188 — 293 — € 19
4 (B+D 25/4-2/6,11/7-22/8)
5 (A+B+E+F+G+K+L 1/4-30/9) 6 (B+G 1/5-1/9)
AKZ. 1/4-29/4 8/5-16/5 30/5-8/7 26/8-24/9

Nieuw-Milligen
⛺ Landal Rabbit Hill — Seite 188 — 294 — € 23
4 (B+D+**E** 1/1-31/12) 5 (A+C+E+F+H+J+L 1/1-31/12)
6 (B 1/5-1/9) (E+G 1/1-31/12)
AKZ. 2/1-7/4 30/5-7/7 1/9-31/12

Nunspeet Seite 188 **295** € 19
Camping De Witte Wieven
4 (B+C 11/7-20/8) 5 (E+F+H+K 31/3-31/10)
6 (A+F 1/6-1/9)
AKZ. 31/3-17/5 30/5-7/7 1/9-31/10

Otterlo Seite 188 **296** € 21
Beek en Hei
5 (A 15/7-31/8) (B 1/1-31/12)
AKZ. 3/1-20/4 30/5-6/7 1/9-21/12 7=6, 14=12, 21=18

Otterlo Seite 188 **297** € 23
EuroParcs De Wije Werelt
4 (A+B+C+D+**E** 1/4-3/9) 5 (A+C+E+H+L 1/1-31/12)
6 (B+G 25/4-15/9)
AKZ. 31/3-7/4 11/4-26/4 1/5-17/5 22/5-30/6 4/9-30/10

Putten Seite 189 **298** € 19
Strandparc Nulde
4 (B+D 1/7-1/9) 5 (A 1/7-1/9) (E+F+K+L 1/4-1/10)
AKZ. 1/4-17/5 30/5-7/7 24/8-1/10 7=6, 14=12, 21=18

Ruurlo Seite 189 **299** € 21
Tamaring
4 (B 26/5-6/6,9/7-20/8) 5 (A+B 26/3-8/10)
6 (F 21/5-31/8)
AKZ. 1/4-16/5 30/5-7/7 27/8-7/10

Stokkum Seite 189 **300** € 19
De Slangenbult
AKZ. 13/1-12/5 2/6-14/7 1/9-17/12

Stokkum Seite 189 **301** € 19
Landgoed Brockhausen
4 (**E** 31/3-1/10) 5 (A 31/3-1/10)
AKZ. 31/3-17/5 29/5-1/7 17/7-31/7 1/9-1/10

Stroe Seite 189 **302** € 17
Jacobus Hoeve
4 (B 13/7-16/8) (**E** 30/4-30/8) 5 (E+F+H+K 31/3-31/10)
AKZ. 31/3-17/5 30/5-7/7 24/8-31/10

Ugchelen Seite 189 **303** € 19
De Wapenberg
AKZ. 31/3-26/4 7/5-17/5 30/5-1/7 1/9-2/10 21=18

Vierhouten Seite 189 **304** € 23
Recreatiepark Samoza
4 (B+C+D 24/3-30/10) 5 (A+C+E+H+K+L 24/3-30/10)
6 (B 30/4-28/8) (E+G 24/3-30/10)
AKZ. 24/3-6/4 11/4-20/4 8/5-16/5 30/5-6/7 4/9-30/10

Voorthuizen Seite 190 **307** € 23
Recreatiepark De Boshoek
4 (B+D 25/3-30/10) 5 (A+B+C+E+F+H+J+L 25/3-30/10)
6 (B 1/5-30/9) (**E+G** 25/3-30/10)
AKZ. 25/3-7/4 11/4-21/4 8/5-17/5 22/5-26/5 30/5-11/7 28/8-30/10 7=6, 14=11

Voorthuizen Seite 190 **305** € 23
Ardoer Vakantiepark Ackersate
4 (B+C+D 19/4-10/6,8/7-2/9)
5 (A+C+E+F+G+H+J+L 31/3-28/10)
6 (B 1/5-15/9) (E+G 31/3-28/10)
AKZ. 31/3-21/4 22/5-25/5 30/5-7/7 2/9-28/10

Voorthuizen Seite 190 **306** € 21
Beloofde Land
4 (B+C+D 29/4-10/6,1/7-31/8) 5 (A 1/7-31/8)
(B 1/4-30/10) (E 1/7-31/8) 6 (A+G 29/4-26/10)
AKZ. 1/4-22/4 8/5-17/5 30/5-8/7 3/9-14/10 7=6

Vorden Seite 190 **308** € 21
't Meulenbrugge
5 (A 15/4-15/9)
AKZ. 1/4-17/5 30/5-30/6 18/8-30/9

Wilp Seite 190 **309** € 21
Kampeerhoeve Bussloo
AKZ. 1/1-6/4 11/4-16/5 30/5-30/6 1/9-31/12

Winterswijk Seite 190 **310** € 23
Het Winkel
4 (B+C+D 29/4-8/5,15/7-1/9)
5 (A+B+E+F+G+H+J+K+L 1/3-3/11) 6 (B+G 27/4-1/9)
AKZ. 8/1-31/3 16/4-29/4 7/5-17/5 30/5-7/6 11/6-30/6 27/8-22/12

Winterswijk Seite 190 **311** € 21
Camping Klompenmakerij ten Hagen
4 (B+D 15/7-20/8)
AKZ. 1/1-6/4 11/4-26/4 2/5-17/5 30/5-7/6 12/6-7/7 28/8-31/12

Winterswijk/Kotten Seite 191 **312** € 17
De Italiaanse Meren
5 (A 29/4-8/5,1/7-1/9) (B 1/4-31/10)
(E+F+H+J+L 29/4-8/5,1/7-1/9)
AKZ. 1/4-7/4 11/4-17/4 22/5-26/5 30/5-1/7 1/9-31/10

Winterswijk/Meddo Seite 191 **313** € 21
Camping Recreatiepark Sevink Molen
4 (B 25/4-4/5,11/7-22/8)
5 (A 25/4-4/5,11/7-22/8) (E+F+I+K+L 1/1-31/12)
AKZ. 9/1-17/2 6/3-6/4 8/5-16/5 31/5-6/6 12/6-6/7 3/9-22/12

Winterswijk/Woold Seite 191 | 314 | € 17
De Harmienehoeve
5 (A+E 1/1-31/12) (H 1/7-1/10) 6 (A+F 23/5-1/9)
AKZ. 1/3-5/4 12/4-16/5 30/5-7/6 14/6-22/6 22/7-29/7 1/9-31/10

Zelhem Seite 191 | 315 | € 17
Vakantiepark De Betteld
4 (A+B+C+D 23/4-7/6,9/7-3/9)
5 (A+B+E+F+G+H 23/4-7/6,9/7-3/9) 6 (B+G 1/5-31/8)
AKZ. 1/4-26/4 7/5-17/5 22/5-25/5 30/5-30/6 1/9-31/10

Zennewijnen Seite 191 | 316 | € 23
Campingpark Zennewijnen
5 (A+E+F+H 1/4-1/10) (K 9/7-4/9) 6 (A+F 15/5-15/9)
AKZ. 1/4-6/4 11/4-26/4 8/5-17/5 30/5-7/7 3/9-1/10

Nord-Brabant

Alphen (N.Br.) Seite 192 | 317 | € 19
Recreatiepark 't Zand
4 (B 27/4-5/5,28/7-3/9) (C+D+E 27/4-5/5,8/7-3/9)
5 (A+B 27/4-5/5,8/7-3/9) (E 31/3-30/9)
(F 27/4-5/5,1/7-31/8) (G 26/4-5/5,1/7-5/9)
(H 27/4-5/5,8/7-3/9) (K 31/3-30/9)
AKZ. 31/3-7/4 11/4-21/4 8/5-17/5 22/5-26/5 30/5-7/7 26/8-30/9

Asten/Heusden Seite 192 | 318 | € 21
De Peel
4 (A+B+D 10/7-25/8) 5 (A 10/7-25/8) 6 (A 1/7-31/8)
AKZ. 1/4-17/5 30/5-7/7 24/8-2/10

Asten/Ommel Seite 192 | 319 | € 21
Oostappen Vakantiepark Prinsenmeer
4 (B+C+D 7/7-3/9) 5 (C+E+F+G+H+L 31/3-13/10)
6 (E+G 31/3-13/10)
AKZ. 31/3-20/4 8/5-17/5 22/5-26/5 29/5-7/7 25/8-13/10

Bergeijk Seite 192 | 320 | € 21
Domein De Kleine Witrijt
5 (H 1/4-31/10)
AKZ. 1/4-17/5 30/5-15/7 1/9-31/10

Bergen op Zoom Seite 193 | 321 | € 21
Uit en Thuis
4 (B 27/4-5/5,13/7-18/8) 5 (B+E+F+H+K 1/4-30/9)
6 (B+G 1/5-15/9)
AKZ. 1/4-22/4 8/5-18/5 29/5-8/7 4/9-30/9

Berlicum Seite 193 | 322 | € 15
De Hooghe Heide
4 (B 29/4-13/5,15/7-26/8) 5 (A 15/7-27/8)
(B+E+H+K 31/3-1/10) 6 (A+G 1/5-31/8)
AKZ. 31/3-6/4 11/4-20/4 8/5-16/5 22/5-25/5 30/5-7/7 4/9-30/9

Bladel Seite 193 | 323 | € 23
Recreatiepark De Achterste Hoef
4 (B+C+D+E 29/4-30/9) 5 (C+E+H+K+L 1/4-2/10)
6 (B+E+G 1/4-2/10)
AKZ. 1/4-21/4 8/5-17/5 30/5-7/7 4/9-2/10

Breda Seite 194 | 324 | € 19
Liesbos
4 (B+D 1/7-31/8) 5 (A+B+E+F 1/4-30/9)
(G+H+L 1/4-1/10) 6 (B+G 30/4-30/9)
AKZ. 1/4-15/5 21/5-25/5 29/5-7/7 1/9-30/9

Chaam Seite 194 | 325 | € 21
RCN vakantiepark De Flaasbloem
4 (B 28/4-19/8) 5 (A+C+E+F+G+K+L 24/3-29/10)
6 (E 24/3-29/10) (G 1/5-1/9)
AKZ. 24/3-16/5 22/5-25/5 30/5-6/7 28/8-29/10

Chaam Seite 194 | 326 | € 17
Recreatiepark Klein Paradijs
4 (B+C 27/4-5/5,6/7-25/8) (D 13/7-25/8)
5 (A+B+E 1/4-1/10) 6 (A+F 20/5-1/9)
AKZ. 1/4-7/4 11/4-17/5 22/5-26/5 30/5-7/7 4/9-1/10

De Heen Seite 194 | 327 | € 19
De Uitwijk
4 (B 3/7-30/8) 5 (A+E+F+H+L 31/3-1/10)
6 (B+G 29/4-18/9)
AKZ. 31/3-7/4 10/4-21/4 7/5-17/5 29/5-7/7 27/8-1/10

Eersel Seite 194 | 328 | € 23
Recreatiepark TerSpegelt
4 (B+C+D 31/3-30/10) 5 (C+E+F+G+H+K+L 31/3-30/10)
6 (E+G 31/3-30/10)
AKZ. 17/4-22/4 12/5-17/5 22/5-26/5 31/5-7/6 12/6-1/7 2/9-30/9

Esbeek Seite 194 | 329 | € 17
De Spaendershorst
4 (B+C 31/7-27/8) (D 1/4-31/10) 5 (E+H 1/4-1/10)
6 (B+G 1/4-31/10)
AKZ. 1/4-7/4 11/4-17/5 22/5-26/5 30/5-7/7 4/9-30/10

Hilvarenbeek Seite 194 | 330 | € 15
Lake Resort Beekse Bergen
4 (B+C 1/4-29/10) (E 1/5-1/8)
5 (A+C+E+F+G+H+K+L 1/4-29/10) 6 (E+G 1/4-29/10)
AKZ. 1/4-7/4 11/4-22/4 6/5-17/5 30/5-8/6 13/6-30/6 2/9-14/10

Hoeven Seite 194 | 331 | € 19
Molecaten Park Bosbad Hoeven
4 (B+C 31/3-31/8,12/10-27/10) (D 31/3-31/8)
5 (A+E+G 24/3-1/11) (H+L 1/4-1/9,12/10-27/10)
6 (B 27/4-1/9)
AKZ. 24/3-26/4 8/5-15/5 22/5-25/5 30/5-6/7 28/8-31/10

Kaatsheuvel
Seite 194 | 332 | € 23

▲ Recreatiepark Brasserie Het Genieten

4 (B+C 30/4-8/5,9/7-28/8) (D 9/7-28/8)
5 (A 1/5-1/9) (E+F+H+L 27/5-6/10)
AKZ. 27/5-30/6 2/9-5/10

Lierop/Someren
Seite 194 | 333 | € 23

▲ De Somerense Vennen

4 (B+D 21/4-7/5,7/7-27/8) **5** (E+F+H+L 21/4-3/9)
6 (E+G 31/3-1/10)
AKZ. 31/3-21/4 8/5-17/5 22/5-26/5 30/5-7/7 28/8-29/10

Mierlo
Seite 194 | 334 | € 15

▲ Boscamping 't Wolfsven

4 (B+C 1/1-31/12) (D 1/7-31/8)
5° (C+E+F+G+H+K+L 1/1-31/12) **6** (E+G 1/1-31/12)
AKZ. 31/3-7/4 7/5-17/5 22/5-26/5 30/5-7/6 12/6-7/7 1/9-29/10

Netersel
Seite 195 | 335 | € 21

▲ De Couwenberg

4 (B+C+D 16/7-19/8) **5** (A+E+H+K 1/1-31/12)
6 (B+G 1/5-15/9)
AKZ. 1/1-17/5 30/5-1/7 18/8-31/12

Nispen/Roosendaal
Seite 195 | 336 | € 19

▲ Zonneland

4 (B 15/7-15/8) **5** (B 20/3-22/10) **6** (B 15/5-3/9)
AKZ. 20/3-3/7 20/8-22/10

Oirschot
Seite 195 | 337 | € 23

▲ de Bocht

4 (B+D 10/7-1/9) **5** (H+L 1/1-31/12) **6** (B+G 16/6-31/8)
AKZ. 1/1-17/5 30/5-11/7 28/8-31/12

Oirschot
Seite 195 | 338 | € 23

▲ Vakantiepark Latour

4 (B 29/4-7/5,7/7-3/9) **6** (B 1/5-31/8) (E+G 31/3-2/10)
AKZ. 31/3-17/5 30/5-8/7 4/9-2/10 7=6, 14=11

Oosterhout
Seite 196 | 339 | € 17

▲ De Katjeskelder

4 (B 1/1-31/12) **5** (A+C+E+F+H+K+L 1/1-31/12)
6 (B 21/4-1/10) (E+G 1/1-31/12)
AKZ. 31/3-7/4 7/5-17/5 22/5-26/5 30/5-7/6 12/6-7/7 1/9-29/10

Sint Anthonis
Seite 196 | 340 | € 21

▲ Ardoer vak.centrum De Ullingse Bergen

5 (A+E 31/3-1/10) (F 29/4-17/9) (L 31/3-1/10)
6 (B+G 29/4-10/9)
AKZ. 31/3-17/5 22/5-26/5 30/5-8/7 26/8-1/10

Sint Hubert
Seite 196 | 341 | € 19

▲ Van Rossum's Troost

4 (B+D+E 18/5-29/6,22/7-20/8)
5 (A 1/4-1/10) (H 22/7-20/8) **6** (F 30/7-27/8)
AKZ. 1/4-17/5 30/5-9/7 26/8-1/10 14=12

Soerendonk
Seite 196 | 342 | € 17

▲ Oostappen Vakantiepark Slot Cranendonck

4 (B+C+D 7/7-3/9) **5** (C+E+F+H+K+L 31/3-13/10)
6 (A 26/5-3/9) (E+G 31/3-13/10)
AKZ. 31/3-20/4 8/5-17/5 22/5-26/5 29/5-7/7 25/8-13/10

Someren
Seite 196 | 343 | € 19

▲ De Kuilen

5 (H 1/3-31/10) **6** (A 1/6-31/8)
AKZ. 1/3-17/5 30/5-1/7 18/8-31/10

St. Oedenrode
Seite 196 | 344 | € 23

▲ De Kienehoef

4 (B 22/7-26/8) **5** (A 1/4-24/9) (E+F+H+K 22/7-26/8)
6 (B+G 1/5-30/8)
AKZ. 1/4-17/5 22/5-26/5 30/5-8/7 27/8-24/9
7=6, 14=11, 21=17

Valkenswaard
Seite 197 | 345 | € 17

▲ Oostappen Vakantiepark Brugse Heide

4 (B+D 7/7-3/9) **5** (E+F+H+I+K+L 31/3-13/10)
6 (A+F 29/5-3/9)
AKZ. 31/3-20/4 8/5-17/5 22/5-26/5 29/5-7/7 25/8-13/10

Veldhoven
Seite 197 | 346 | € 23

▲ Vakantiepark Witven

4 (B 15/7-26/8) **5** (A+B 1/4-24/9) (E+F 15/7-26/8)
(H+K+L 1/4-24/9)
AKZ. 1/4-29/4 7/5-17/5 22/5-26/5 30/5-16/6 18/6-15/7 1/9-24/9

Veldhoven/Zandoerle
Seite 197 | 347 | € 23

▲ Vakantiepark Molenvelden

4 (B 7/7-3/9) **5** (E+F+H+K+L 31/3-2/10)
6 (B+G 1/5-3/9)
AKZ. 31/3-8/7 4/9-2/10 7=6, 14=11

Vessem
Seite 197 | 348 | € 21

▲ Eurocamping Vessem

4 (B+C+D 15/7-27/8) **5** (A 15/7-27/7) (B+E+H 9/7-4/9)
6 (B+F 15/5-1/9)
AKZ. 25/3-17/5 21/5-26/5 30/5-8/7 26/8-1/10

Vinkel
Seite 197 | 349 | € 15

▲ Vakantiepark Dierenbos

4 (B 29/4-7/5,15/7-27/8) **5** (A+C+E+F+H+J+K 1/4-30/10)
6 (A+E+G 1/4-30/10)
AKZ. 1/4-7/4 11/4-22/4 6/5-17/5 30/5-30/6 2/9-14/10

Ausführliche Redaktionseinträge: Seite 194 bis 197

Wanroij Seite 197 | 350 | € 19
Vakantiepark De Bergen
4 (B+C+D 8/7-3/9)
5 (C 31/3-30/10) (E+F+G+H 8/7-3/9) (K+L 9/7-4/9)
AKZ. 31/3-7/4 11/4-17/5 22/5-26/5 30/5-7/7 4/9-30/10

Limburg

Afferden Seite 198 | 351 | € 17
Klein Canada
4 (B+D+E 29/4-8/5,8/7-4/9)
5 (A+E+H+K+L 29/4-8/5,8/7-4/9)
6 (A 1/5-4/9) (E+F 31/3-30/10)
AKZ. 31/3-7/4 11/4-17/5 22/5-26/5 30/5-7/7 4/9-30/10

Afferden Seite 198 | 352 | € 19
Roland
4 (B+D 29/4-8/5,9/7-4/9)
5 (A+B+C+E+F+H+J+L 1/4-1/10) 6 (B+G 27/4-20/9)
AKZ. 1/1-17/5 30/5-7/7 25/8-31/12

Arcen Seite 198 | 353 | € 17
Klein Vink
4 (B 1/1-31/12) (C 1/7-31/8)
5 (A+C+E+F+G+H+J+K+L 1/1-31/12) 6 (E+G 1/1-31/12)
AKZ. 8/1-7/4 7/5-17/5 22/5-26/5 30/5-7/6 12/6-7/7 1/9-22/12

Baarlo Seite 198 | 354 | € 19
Oostappen Vakantiepark De Berckt
4 (B+D 31/3-13/10) 5 (A+C+E+F+H+K+L 31/3-13/10)
6 (E+G 31/3-13/10)
AKZ. 31/3-20/4 8/5-17/5 22/5-26/5 29/5-7/7 25/8-13/10

Beesel Seite 198 | 355 | € 19
Petrushoeve
5 (A+G 15/3-1/10)
AKZ. 15/3-17/5 21/5-26/5 29/5-1/7 18/8-1/10

Blitterswijck Seite 198 | 356 | € 21
't Veerhuys
5 (A+H+K+L 31/3-1/11) 6 (F 1/5-29/10)
AKZ. 31/3-7/4 11/4-27/4 8/5-17/5 30/5-8/7 4/9-1/11

Echt Seite 199 | 357 | € 21
Marisheem
5 (E+H 15/7-28/8) 6 (A+F 1/5-1/9)
AKZ. 1/4-1/7 18/8-30/9 14=13, 21=19

Gulpen Seite 199 | 358 | € 23
EuroParcs Gulperberg
4 (**A** 1/1-31/12) (B+C 1/7-1/9)
5 (A+B+C+E+F+H+J+L 1/1-31/12) 6 (A+G 1/5-1/10)
AKZ. 31/3-7/4 11/4-26/4 1/5-17/5 22/5-30/6 4/9-30/10

Gulpen Seite 199 | 359 | € 21
Terrassencamping Osebos
4 (B+C 17/7-18/8) 5 (A+C+E+F+G+H+L 1/4-5/11)
6 (A+F 15/5-30/9)
AKZ. 1/4-29/4 6/5-18/5 21/5-8/7 25/8-5/11

Heel Seite 199 | 360 | € 19
Oostappen Vakantiepark Heelderpeel
4 (B+C+D 1/7-31/8) 5 (H+K 31/3-13/10)
6 (B 15/5-15/9)
AKZ. 31/3-20/4 8/5-17/5 22/5-26/5 29/5-7/7 25/8-13/10

Heerlen Seite 199 | 361 | € 19
Hitjesvijver
4 (B+C+D 17/7-26/8) 5 (A 9/7-3/9)
(B+E+F+H+L 1/1-31/12) 6 (B+G 15/5-1/9)
AKZ. 1/1-17/5 4/6-9/6 20/6-30/6 1/9-31/12 7=6, 14=12

Heijen Seite 199 | 362 | € 17
Hoeve De Schaaf
4 (B+C+D 29/4-8/5,22/7-4/9)
5 (A+E+H+K 29/4-8/5,22/7-4/9) 6 (B+G 31/3-30/10)
AKZ. 31/3-7/4 11/4-17/5 22/5-26/5 30/5-7/7 4/9-30/10

Helden Seite 200 | 363 | € 23
Ardoer Camping De Heldense Bossen
4 (**A** 11/4-29/10) (B+C+D 11/4-29/8)
5 (A+C+E+F+H+L 24/3-29/10)
6 (B 24/4-29/8) (E 27/3-29/10) (G 24/4-29/8)
AKZ. 24/3-7/4 11/4-22/4 7/5-17/5 21/5-26/5 30/5-8/7 2/9-29/10

Herkenbosch Seite 200 | 364 | € 17
Huttopia De Meinweg
4 (A+B+C 8/7-31/8) (D 8/7-31/7) (**E** 8/7-31/8)
5 (A+G+H 2/6-29/10) 6 (B+G 2/6-29/10)
AKZ. 2/6-30/6 1/9-29/10

Hulsberg Seite 200 | 365 | € 21
't Hemelke
4 (B+C+D 1/5-6/5,10/7-25/8)
5 (A+B+E+G+H 1/5-6/5,10/7-25/8) (L 17/5-29/5,10/7-3/9)
6 (A+F 30/4-15/9)
AKZ. 1/4-28/4 8/5-16/5 30/5-7/7 4/9-30/9

Kelpen-Oler Seite 200 | 366 | € 19
Geelenhoof
5 (A 18/3-31/10)
AKZ. 18/3-17/5 30/5-7/7 3/9-31/10

Kessel Seite 200 | 367 | € 17
Oda Hoeve
4 (**A** 1/5-15/9)
AKZ. 24/3-10/5 30/5-8/7 26/8-1/11

Landgraaf Seite 200 **368** € 21
De Watertoren
4 (B 27/4-5/5,16/7-23/8) (C 27/4-5/5,13/7-22/8) (E 12/7-23/8) 5 (A+B+E+F+H+L 7/4-2/10)
6 (B+G 15/5-1/9)
AKZ. 7/4-16/5 30/5-8/6 19/6-7/7 26/8-1/10

Maasbree Seite 201 **369** € 23
Vakantiepark BreeBronne
4 (B+C 29/4-8/5,8/7-4/9)
5 (A+B+E+H+L 29/4-8/5,8/7-4/9) 6 (E+G 31/3-1/11)
AKZ. 31/3-7/4 11/4-28/4 8/5-17/5 30/5-8/7 1/9-1/11

Meerssen Seite 201 **370** € 19
't Geuldal
4 (B+C+D 16/7-27/8)
5 (A+E 16/6-17/9) (G 16/6-27/9) (H+J+L 1/4-23/12)
AKZ. 1/4-7/4 10/4-14/4 7/5-18/5 21/5-26/5 29/5-7/7 1/9-23/12

Meijel Seite 201 **371** € 19
Kampeerbos De Simonshoek
5 (A 31/3-31/10) (H 1/1-9/1,1/3-31/12)
6 (B+D+G 15/3-1/11)
AKZ. 1/3-21/4 30/5-10/7 27/8-31/12

Melderslo Seite 201 **372** € 19
De Kasteelse Bossen
4 (B 30/4-9/5,9/7-31/8) 5 (E+F+H+K 1/1-31/12)
AKZ. 1/1-28/4 8/5-17/5 30/5-8/7 25/8-31/12

Noorbeek Seite 201 **373** € 19
Grensheuvel Natuurlijk Limburg
5 (A 8/7-27/8) (H+K 1/2-31/12)
AKZ. 1/1-16/5 30/5-7/7 28/8-31/12

Panningen Seite 201 **374** € 21
Beringerzand
4 (**A** 1/1-31/12) (B+C+D 29/3-3/11)
5 (A+B+E+F+G+H+L 1/1-31/12)
6 (B 1/5-31/10) (E+G 1/1-31/12)
AKZ. 24/3-7/4 10/4-22/4 7/5-17/5 21/5-26/5 29/5-8/7 2/9-5/11

Plasmolen Seite 201 **375** € 17
De Geuldert
4 (B+C+D 29/4-8/5,7/7-20/8) (**E** 10/7-20/8)
5 (A+B 31/3-1/10) (E 29/4-8/5,7/7-20/8) (H 31/3-1/10)
AKZ. 31/3-29/4 8/5-18/5 30/5-8/7 25/8-1/10 14=12

Plasmolen/Mook Seite 201 **376** € 21
Camping Eldorado
4 (B+D+**E** 22/7-20/8) 5 (A+C+E+H+K+L 31/3-30/10)
6 (F 1/5-4/9)
AKZ. 31/3-7/4 11/4-17/5 22/5-26/5 30/5-7/7 4/9-30/10

Reuver Seite 201 **377** € 17
Natuurplezier
AKZ. 24/3-27/4 8/5-14/5 30/5-7/7 24/8-28/10

Roermond Seite 201 **378** € 23
Resort Marina Oolderhuuske
4 (B 1/4-1/10) 5 (A 31/3-4/11) (B 1/7-31/8) (E+G+H+L 31/3-4/11) 6 (**E**+**G** 31/3-4/11)
AKZ. 31/3-6/4 12/4-28/4 2/5-17/5 30/5-7/6 12/6-30/6 4/9-4/11

Roggel Seite 202 **379** € 23
Recreatiepark De Leistert
4 (B 1/1-31/12) (D 24/4-4/5,4/7-29/8)
5 (A+C+E+F+G+H+K+L 1/1-31/12)
6 (B 17/5-1/9) (E+G 1/1-31/12)
AKZ. 6/1-7/4 11/4-21/4 5/5-17/5 30/5-8/7 1/9-13/10 20/10-31/12

Schimmert Seite 202 **380** € 19
Mareveld
4 (B 7/7-19/8) 5 (H+K+L 15/3-30/9) 6 (B 1/5-31/8)
AKZ. 15/3-7/4 10/4-21/4 7/5-16/5 29/5-7/7 27/8-30/9

Schin op Geul/Valkenburg Seite 202 **381** € 23
Vinkenhof/Keutenberg
4 (B+D 19/7-23/8) 5 (A 29/4-7/5,2/7-26/8) (E+F+G+H+L 1/4-1/10) 6 (B 1/5-15/9)
AKZ. 1/1-3/1 17/3-7/4 17/4-29/4 6/5-17/5 29/5-2/7 19/8-30/10

Sevenum Seite 202 **382** € 21
De Schatberg
4 (B+C+D 1/1-31/12)
5 (A+C+E+F+G+H+I+J+K+L 1/1-31/12)
6 (A 1/5-1/9) (E 1/1-31/12) (G 1/5-1/9)
AKZ. 1/1-22/4 7/5-16/5 22/5-25/5 30/5-7/7 27/8-31/12 14=11

Vaals Seite 204 **383** € 23
Camping Hoeve de Gastmolen
5 (A 15/3-31/10)
AKZ. 15/3-22/4 8/5-17/5 30/5-8/7 4/9-31/10

Valkenburg aan de Geul Seite 204 **384** € 21
De Cauberg
5 (A+B+E+G+H 24/3-29/10,10/11-22/12)
AKZ. 24/3-6/4 11/4-13/4 18/4-20/4 8/5-16/5 30/5-6/7 4/9-29/10

Valkenburg aan de Geul Seite 204 **385** € 19
Valkenburg-Maastricht
5 (A+B 6/4-31/12) (G 1/7-31/8) (H 6/4-31/12)
6 (B 5/4-31/10)
AKZ. 6/4-26/4 7/5-17/5 21/5-26/5 29/5-30/6 3/9-31/12

Ausführliche Redaktionseinträge: Seite 200 bis 204

Valkenburg/Berg en Terblijt Seite 204 386 € 23
EuroParcs Poort van Maastricht
4 (B 10/7-28/8) 5 (A+B+E+H 1/4-31/10)
6 (D+G 1/4-31/10)
AKZ. 31/3-7/4 11/4-26/4 1/5-17/5 22/5-30/6 4/9-30/10

Venray/Oostrum Seite 204 387 € 21
ParcCamping de Witte Vennen
4 (**A** 9/7-4/9) (B 29/4-8/5,9/7-4/9) 5 (A 9/7-4/9)
(E+G+H 28/4-8/5,9/7-4/9) 6 (F 1/5-30/9)
AKZ. 25/3-7/4 11/4-22/4 7/5-17/5 22/5-26/5 30/5-8/7 2/9-28/10

Vijlen Seite 204 388 € 23
Rozenhof
4 (B 17/7-18/8) 5 (A+C+E+L 1/1-31/12)
6 (B+G 15/5-15/9)
AKZ. 1/1-7/4 17/4-24/4 7/5-17/5 30/5-8/7 27/8-31/12

Voerendaal Seite 204 389 € 21
Colmont
5 (A+B 31/3-1/10) (E+F 17/5-28/5,8/7-27/8)
(G+H 31/3-1/10) (K 17/5-28/5,8/7-27/8) 6 (B+G 1/5-15/9)
AKZ. 31/3-8/7 25/8-1/10

Well Seite 204 390 € 23
Leukermeer
4 (**A**+B+C+D 29/4-9/5,9/7-5/9)
5 (A+C+E+F+G+H+K+L 31/3-30/10)
6 (B 26/4-15/9) (E+G 31/3-30/10)
AKZ. 31/3-7/4 11/4-28/4 8/5-17/5 30/5-7/6 12/6-30/6 4/9-1/10

Wijlre Seite 204 391 € 21
De Gele Anemoon
6 (F 1/4-30/9)
AKZ. 1/4-17/5 31/5-7/7 28/8-29/9

Wijlre Seite 204 392 € 21
De Gronselenput
4 (B 22/4-6/5,8/7-26/8) 5 (A+B+G+H 1/4-30/9)
AKZ. 1/4-22/4 6/5-17/5 30/5-8/7 26/8-30/9

Belgien

Flandern

Adinkerke/De Panne Seite 210 393 € 21
Kindervreugde**
5 (A 1/4-30/9)
AKZ. 1/4-1/7

Blankenberge Seite 211 398 € 21
Bonanza 1***
5 (A+F 1/7-31/8)
AKZ. 24/3-16/5 21/5-25/5 29/5-7/7 24/8-24/9

Bocholt Seite 212 399 € 19
Goolderheide****
4 (B+C+D 1/7-31/8) 5 (A 31/3-30/9) (C+E+F+G 1/7-31/8)
(H 31/3-30/9) (L 1/7-31/8) 6 (B+G 18/5-31/8)
AKZ. 31/3-7/7 28/8-30/9

Bree Seite 212 402 € 19
Recreatieoord Kempenheuvel***
4 (B+C+D 1/7-31/8)
5 (E+F+H+J+L 13/3-5/11) (B+G 15/5-15/9)
AKZ. 13/3-3/7 21/8-5/11

De Haan Seite 212 406 € 21
Ter Duinen
5 (E+H+K 15/3-1/10)
AKZ. 15/3-9/7 28/8-1/10

Houthalen Seite 213 409 € 19
De Binnenvaart****
4 (B 10/7-20/8) 5 (A+E+F+G+H+J+L 1/1-31/12)
AKZ. 1/1-24/5 30/5-1/7 28/8-31/12

Houthalen/Helchteren Seite 214 410 € 21
Oostappen Vakantiepark Hengelhoef NV
4 (B+C+D 1/7-31/8) 5 (A 31/3-13/10) (C 1/5-30/9)
(E+F 1/7-31/8) (G 7/7-31/8) (H+L 1/7-31/8)
6 (E+G 1/7-31/8)
AKZ. 31/3-20/4 8/5-17/5 22/5-26/5 29/5-7/7 25/8-13/10

Jabbeke/Brugge Seite 214 411 € 23
Klein Strand
4 (B+C 7/4-10/4,1/7-31/8) (D 1/1-31/12)
5 (A+B+E+F+H+K 1/1-31/12) 6 (F 1/7-31/8)
AKZ. 1/1-1/4 17/4-17/5 22/5-7/7 26/8-31/12
7=6, 14=12, 21=18

Kasterlee Seite 214 412 € 23
Houtum****
4 (E 15/4-15/9) 5 (A 1/4-30/9) (E+F 1/7-31/8)
(H 1/4-12/11) (I+K+L 1/1-12/11,15/12-31/12)
AKZ. 1/1-17/5 30/5-14/6 20/6-2/7 28/8-12/11 15/12-31/12

Lille/Gierle Seite 215 415 € 23
De Lilse Bergen****
4 (B+C+D 1/7-31/8)
5 (A+B 1/4-15/9) (E+F+H+K 1/6-15/9)
AKZ. 1/4-16/5 23/5-25/5 30/5-22/6 27/6-30/6 25/8-15/11

Lommel
Oostappen Park Blauwe Meer***** Seite 215 416 € 17
4 (B+C+D 1/7-31/8) 5 (A+C+E+F 31/3-13/10) (H 1/7-31/8) (L 31/3-13/10) 6 (E+F 10/4-10/5,1/7-31/8)
AKZ. 31/3-20/4 8/5-17/5 22/5-26/5 29/5-7/7 25/8-13/10

Lommel-Kolonie
Oostappen Park Parelstrand Seite 215 417 € 17
4 (B 1/7-31/8)
5 (A 1/7-31/8) (B 31/3-13/10) (E+F+H+K 1/7-31/8)
AKZ. 31/3-20/4 8/5-17/5 22/5-26/5 29/5-7/7 25/8-13/10

Maasmechelen
Recreatieoord Kikmolen**** Seite 215 418 € 21
4 (B+C+D 1/7-31/8)
5 (A+C+E+F 1/5-15/9) (H+L 1/4-30/9)
AKZ. 1/4-17/5 31/5-1/7 1/9-31/10

Mol
EuroParcs Zilverstrand Seite 215 419 € 23
4 (B 1/4-17/4,1/7-31/8) (D 1/7-31/8)
5 (A+B+E+F+H+J+L 1/1-31/12) 6 (E+G 1/7-31/8)
AKZ. 31/3-7/4 11/4-26/4 1/5-17/5 22/5-30/6 4/9-30/10

Mol
Provinciaal Recreatiedomein Zilvermeer**** Seite 215 420 € 21
4 (A+B+C+D 1/7-31/8) 5 (A+C 1/4-6/11,17/12-31/12) (E 1/4-30/9) (H 1/1-13/11,15/12-31/12) (J 1/4-30/9) (K+L 1/1-13/11,15/12-31/12)
AKZ. 1/5-17/5 22/5-25/5 30/5-16/6 21/6-30/6 23/8-30/9

Noorderwijk/Herentals
Domein De Schuur Seite 216 422 € 21
4 (D 1/7-31/8) 5 (E+F+H+K 1/4-6/11)
AKZ. 1/4-7/7 24/8-6/11

Opglabbeek/Oudsbergen
Recreatieoord Wilhelm Tell***** Seite 216 423 € 23
4 (B+D 1/7-31/8) 5 (A+B+E+F+G+H+J+L 1/1-31/12)
6 (B 1/7-31/8) (E 1/1-31/12) (G 1/7-31/8)
AKZ. 1/1-1/7 28/8-31/12

Opoeteren
Zavelbos**** Seite 216 424 € 23
5 (A+E+F+H+J+L 1/1-31/12)
AKZ. 1/1-1/7 28/8-31/12

Overijse
Druivenland*** Seite 216 425 € 23
AKZ. 1/4-25/6 28/8-1/10

Remersdaal/Voeren
Camping Natuurlijk Limburg*** Seite 216 428 € 21
5 (A 1/3-1/12) (F+H 1/2-30/12) (J 1/3-1/12) (L 1/2-30/12)
6 (B 1/6-1/10)
AKZ. 1/1-17/5 29/5-30/6 4/9-31/12

Retie
Berkenstrand**** Seite 216 429 € 19
4 (B+C+D 1/7-31/8)
5 (A 1/7-31/8) (B+E+F+G+H+J+K 1/4-16/10)
AKZ. 1/4-30/6 18/8-15/10

Turnhout
Baalse Hei**** Seite 216 433 € 19
4 (B 1/4-18/4,1/7-31/8)
5 (A 1/1-31/12) (B 15/6-15/9) (E+F+G+H+K+L 1/1-31/12)
AKZ. 1/3-31/3 17/4-12/5 1/6-30/6 4/9-30/9

Wechelderzande/Lille
Siesta Seite 217 434 € 13
4 (B+E 1/7-31/8)
5 (A 1/1-31/12) (H 1/7-31/8) (J 1/1-31/12) (K 1/7-31/8)
AKZ. 1/4-6/4 17/4-16/5 30/5-6/7 25/8-31/12

Westerlo/Heultje
Hof van Eeden*** Seite 217 435 € 21
4 (B+C+D 1/7-31/8) 5 (E 15/3-31/10) (F 1/4-31/10) (H 1/1-31/12) (K+L 15/3-31/10) 6 (A+F 21/6-31/8)
AKZ. 1/1-7/7 23/8-31/8

Wallonien

Amel/Deidenberg
Camping Oos Heem BVBA*** Seite 218 394 € 19
4 (B+C+D 1/7-31/8) 5 (A+B+E+F+G+H+J+K 1/4-1/10) (L 1/1-31/12) 6 (B 1/1-31/12) (G 1/5-1/10)
AKZ. 1/1-30/6 1/9-31/12

Aywaille
Domaine Château de Dieupart* Seite 219 395 € 19
4 (**A**+**E** 1/1-31/12) 5 (E+F+H+J 1/1-31/12)
AKZ. 1/1-29/4 8/5-17/5 22/5-26/5 29/5-30/6 1/9-31/12

Bastogne
Camping de Renval*** Seite 220 396 € 19
AKZ. 1/3-1/6 1/9-30/11

Bertrix
Ardennen Camping Bertrix**** Seite 220 397 € 21
4 (A 24/3-6/11) (B+C+E 1/7-31/8)
5 (A+B+E+G+H+L 24/3-6/11) 6 (B+G 1/5-15/9)
AKZ. 24/3-8/7 25/8-5/11 7=6, 14=11

Bohan
La Douane** — Seite 220 — 400 — € 19
5 (E+H 1/7-31/8) (K 17/3-15/10)
AKZ. 17/3-31/3 17/4-17/5 22/5-25/5 29/5-30/6 1/9-14/10

Bohan-sur-Semois
Confort*** — Seite 220 — 401 — € 19
5 (A+H 1/7-31/8) (L 3/6-3/9)
AKZ. 25/2-31/3 17/4-28/4 2/5-17/5 30/5-30/6 4/9-4/11

Bure/Tellin
Sandaya Parc la Clusure**** — Seite 220 — 403 — € 21
4 (A+B 31/3-24/9) (C 1/7-31/8) (D+E 31/3-24/9)
5 (A+C+E+F+G+H+L 31/3-24/9)
6 (B 15/4-15/9) (D 31/3-24/9)
AKZ. 31/3-7/7 2/9-24/9

Burg-Reuland
Hohenbusch***** — Seite 220 — 404 — € 23
4 (B+D 15/7-15/8) 5 (A+E+F+K 31/3-5/11)
6 (B+G 29/5-31/8)
AKZ. 31/3-17/5 21/5-26/5 29/5-7/6 11/6-30/6 3/9-5/11

Bütgenbach
Worriken* — Seite 220 — 405 — € 17
4 (B+D 1/7-31/8)
5 (A+E 1/1-31/12) (F+H 2/1-20/11,23/12-31/12)
(I 1/1-20/11,16/12-24/12) (J+K+L 2/1-20/11,23/12-31/12)
6 (E 2/1-26/11,23/12-31/12)
AKZ. 1/1-30/6 1/9-31/12

Dochamps
Camping Petite Suisse**** — Seite 221 — 407 — € 21
4 (B+C 24/4-10/5,1/7-31/8) 5 (A+C 1/4-6/11)
(E+F 1/7-31/8) (H 1/4-6/11) (L 1/4-30/9) 6 (B+G 1/5-1/9)
AKZ. 17/4-28/4 8/5-18/5 31/5-30/6 4/9-6/11 7=6, 14=11

Grand-Halleux
Les Neufs Prés*** — Seite 221 — 408 — € 17
5 (H 1/7-31/8) 6 (**B**+F 1/7-31/8)
AKZ. 1/5-9/7 28/8-9/9

La Roche-en-Ardenne
Club Benelux*** — Seite 222 — 413 — € 19
4 (**A**+B+C+D 1/7-21/8) (E 6/7-16/8)
5 (A+C+E+H+L 25/3-6/11) 6 (B 1/5-30/9)
AKZ. 25/3-31/3 17/4-17/5 22/5-26/5 30/5-30/6 1/9-27/10

La Roche-en-Ardenne
De l'Ourthe** — Seite 222 — 414 — € 17
4 (B 15/7-15/8) (E 20/7-15/8)
5 (A+C+E 1/4-30/9) (H 17/3-22/10)
AKZ. 17/3-17/5 22/5-26/5 30/5-30/6 1/9-22/10

Mouzaive
Le Héron*** — Seite 222 — 421 — € 19
5 (A 1/7-31/7) (H 1/7-31/8)
AKZ. 28/4-30/6 27/8-24/9

Poupehan
Ile de Faigneul*** — Seite 222 — 426 — € 21
4 (B+D 7/7-20/8) 5 (A+B+E+F+H 1/4-30/9)
AKZ. 1/4-16/5 21/5-25/5 29/5-29/6 3/9-29/9

Poupehan
Camping Le Prahay*** — Seite 222 — 427 — € 19
5 (A 1/4-30/9) (E 1/7-31/8) (H 1/4-30/9)
AKZ. 1/4-17/5 30/5-30/6 1/9-29/9 7=6, 14=11

Stavelot
Domaine l'Eau Rouge — Seite 223 — 430 — € 21
4 (B+C+D 11/7-26/8) 5 (A 29/5-10/6,7/7-26/8)
(E 29/5-10/6) (F+H 29/5-10/6,7/7-26/8) (K 17/3-31/10)
6 (B 1/5-30/9)
AKZ. 31/3-17/5 22/5-30/6 4/9-30/10 7=6

Tenneville
Pont de Berguème*** — Seite 223 — 431 — € 19
5 (H 1/1-31/12)
AKZ. 1/1-16/5 29/5-29/6 21/8-31/12

Tintigny
Camping de Chênefleur*** — Seite 223 — 432 — € 21
4 (**A**+B+C+D 1/7-31/8) (E 6/7-23/8) 5 (A+B 1/3-5/11)
(E+F+G+H+L 1/5-4/11) 6 (B+G 20/5-6/9)
AKZ. 1/3-16/5 29/5-2/7 28/8-4/11

Luxemburg

Berdorf
Belle-Vue 2000 Kat.I — Seite 229 — 436 — € 21
4 (B 15/7-10/8)
5 (A+B 1/1-31/12) (E 8/4-1/10) (F 1/1-31/12)
AKZ. 1/5-17/5 21/5-25/5 29/5-8/6 11/6-16/6 4/9-30/9

Berdorf
Martbusch Kat.I/*** — Seite 229 — 437 — € 19
4 (B+C 15/7-31/8) 5 (A+F+J+K+L 1/1-31/12)
AKZ. 1/1-17/5 30/5-30/6 1/9-31/12

Consdorf
La Pinède Kat.I/*** — Seite 230 — 438 — € 19
4 (B+C 10/7-15/8) 5 (A 15/3-14/11) (B 1/4-30/10)
(E+F+H+J+K+L 15/3-14/11)
AKZ. 15/3-6/4 10/4-17/5 21/5-25/5 29/5-14/7 1/9-13/11

Diekirch Seite 230 439 € 21
De la Sûre***
4 (B+C 4/7-31/8) 5 (A+E+H+J+K 1/4-2/10)
AKZ. 1/4-31/5 7/6-30/6 1/9-1/10

Dillingen Seite 230 440 € 19
Wies-Neu Kat.I
4 (B 15/7-15/8) 5 (A+B 15/5-15/9)
AKZ. 3/4-30/6 1/9-30/9

Echternach Seite 230 441 € 21
Officiel Wollefsschlucht
4 (B+C+E 15/7-15/8) 5 (A 1/5-30/9) (E+H 1/1-31/12)
6 (B+G 1/7-31/8)
AKZ. 1/1-2/4 15/4-17/5 21/5-27/5 1/6-7/6 12/6-30/6 15/9-31/12

Ermsdorf Seite 230 442 € 21
Neumuhle Kat.I/****
4 (B 15/7-15/8) 5 (A+B 1/4-30/9) (E 7/7-24/8)
(K 1/4-30/9) 6 (A 1/5-30/8)
AKZ. 1/4-7/7 29/8-29/9

Esch-sur-Sûre Seite 231 443 € 21
Im Aal***
4 (B+E 5/7-20/8) 5 (A+B+H 1/4-30/9)
AKZ. 24/2-6/4 10/4-17/5 29/5-30/6 21/8-9/12

Ettelbruck Seite 231 444 € 21
Camping Ettelbrück
4 (B+C 15/7-15/8) (E 1/4-30/9)
5 (A+E+F+H+J+K 1/4-30/9)
AKZ. 1/4-30/6 1/9-29/9

Ingeldorf/Diekirch Seite 231 445 € 23
Gritt Kat.I/***
5 (H+L 1/4-30/9)
AKZ. 1/4-15/7 1/9-30/9

Larochette Seite 231 446 € 21
hu Birkelt Village Kat.I/*****
4 (B+C+D 20/4-17/9) 5 (A+C+E+F+G+H+K+L 20/4-17/9)
6 (A+D+F 20/4-17/9)
AKZ. 20/4-8/7 26/8-17/9

Mersch Seite 231 447 € 19
Camping Krounebierg*****
4 (B+C 11/7-22/8) 5 (A+C+E+F+H+J+L 1/4-29/10)
6 (E 1/4-29/10) (F 15/6-15/9)
AKZ. 1/4-7/7 26/8-28/10

Nommern Seite 232 448 € 21
Europacp Nommerlayen Kat.I/*****
4 (B+C+D 29/4-7/5,8/7-3/9) (E 8/7-27/8)
5 (A+C+E+F+H+K+L 31/3-5/11) 6 (A+D+G 1/5-15/9)
AKZ. 31/3-21/4 7/5-17/5 31/5-1/6 11/6-8/7 28/8-29/10

Reisdorf Seite 232 449 € 19
De la Sûre Reisdorf Kat.I
5 (A+B+E+F+H+K+L 1/4-29/10)
AKZ. 1/4-7/7 24/8-27/10 7=6

Rosport Seite 232 450 € 19
Du Barrage Rosport Kat.I
4 (B 15/7-20/8) 5 (A+E+F+H+L 1/1-31/12)
6 (B+G 15/6-15/9)
AKZ. 1/1-30/6 1/9-31/12 7=6

Simmerschmelz Seite 232 451 € 19
Simmerschmelz Kat.I
5 (A 1/1-31/12) (B 1/7-31/8) (E+F+H+L 1/1-31/12)
6 (A+F 1/7-31/8)
AKZ. 1/1-7/7 28/8-31/12

Troisvierges Seite 233 452 € 21
Camping Troisvierges Kat.I
4 (B+C+D+E 6/7-14/8) 5 (A+E+F+G+H+J+K 1/4-30/9)
6 (B 18/5-30/8) (E 1/4-17/5,1/9-30/9) (F 18/5-30/8)
AKZ. 1/4-28/4 7/5-17/5 29/5-30/6 1/9-29/9

Walsdorf Seite 233 453 € 17
Vakantiepark Walsdorf****
4 (A 18/6-2/7,3/9-10/9) (B+C+D 30/4-7/5,9/7-4/9)
5 (A+C+E+F+H 7/4-28/10) (K+L 8/7-2/9)
AKZ. 7/4-28/4 6/5-7/7 2/9-13/10

Wiltz Seite 233 454 € 19
KAUL Kat.I
4 (A 1/7-30/8) (E 1/1-31/12)
5 (A+C+F+H+J+L 1/1-31/12) 6 (B+G 22/5-15/9)
AKZ. 1/1-30/6 16/9-31/12

Deutschland

Weser-Ems

Bad Bentheim Seite 241 455 € 21
Am Berg
5 (A 1/4-30/9)
AKZ. 4/3-27/4 2/5-16/5 30/5-8/7 25/8-1/11

Bad Rothenfelde Seite 242 456 € 21
Campotel*****
4 (B 31/3-16/4,23/6-13/8) (D 25/6-2/8,1/10-15/10)
5 (A+B 1/1-31/12) (E+F+K 1/4-31/10)
AKZ. 6/1-24/3 16/4-17/5 31/5-7/6 11/6-22/6 1/9-29/9 16/10-23/12

Eckwarderhörne Seite 242 461 € 23
Knaus Cppark Eckwarderhörne****
4 (A+**E** 1/6-30/9) 5 (A+E+F+L 1/1-31/12)
AKZ. 1/1-17/5 11/6-28/6 1/9-31/12

Ganderkesee/Steinkimmen Seite 242 463 € 23
CP & Ferienpark Falkensteinsee****
4 (B 4/7-14/8) 5 (A+C+E+F 1/4-31/10) (G 24/1-29/12)
(H+J+L 1/4-31/10)
AKZ. 11/4-28/4 2/5-17/5 30/5-7/6 11/6-30/6 3/9-29/9

Haren/Ems Seite 242 467 € 23
Knaus Campingpark Haren
5 (A 1/3-26/11)
AKZ. 1/3-17/5 11/6-28/6 1/9-25/11

Lünne Seite 243 471 € 21
Camping Blauer See
AKZ. 6/4-17/5 21/5-26/5 29/5-7/6 11/6-22/6 25/8-31/10

Meppen Seite 243 472 € 23
Knaus Campingpark Meppen
6 (**A** 1/5-1/9) (**E**+**F** 1/3-26/11)
AKZ. 1/3-17/5 11/6-28/6 1/9-25/11

Ostrhauderfehn Seite 243 477 € 19
Camping- u. Freizeitanlage Idasee
5 (A+E+F+H 1/1-31/12)
AKZ. 1/1-6/4 11/4-17/5 30/5-30/6 20/8-31/12

Schüttorf Seite 244 479 € 21
Quendorfer See
5 (A+B 31/3-1/11)
AKZ. 1/5-17/5 30/5-4/6 11/6-23/6 1/9-29/9

Werlte Seite 244 485 € 23
Camping Hümmlinger Land****
5 (A+B+F+J 1/1-31/12)
AKZ. 9/1-3/4 12/4-29/4 3/5-15/5 1/6-30/6 1/9-17/12

Wiesmoor Seite 244 486 € 23
Cp. & Bungalowpark Ottermeer*****
4 (B+C 1/7-31/8) (D 15/7-11/8) 5 (A+B+E+F 1/4-15/10)
AKZ. 1/1-5/4 11/4-16/5 30/5-6/6 12/6-26/6 28/8-29/9 4/10-31/12

Wilsum Seite 245 487 € 21
Wilsumer Berge
4 (B+C+E 18/5-29/5,22/6-26/8) 5 (A+C+E+L 25/3-5/11)
6 (F 25/3-5/11)
AKZ. 17/4-17/5 30/5-21/6 25/8-5/11

Zetel/Astederfeld Seite 245 491 € 23
Campingplatz am Königssee
5 (A 1/3-31/10)
AKZ. 1/3-6/4 11/4-27/4 2/5-17/5 30/5-30/6 1/9-31/10

Lüneburg

Bleckede Seite 246 457 € 23
Knaus Cppark Bleckede/Elbtalaue****
4 (B+D 15/6-31/8) 5 (A+B 1/3-26/11) (E 1/6-1/9)
(J 1/3-26/11) 6 (B+G 1/5-15/9)
AKZ. 1/3-17/5 11/6-28/6 1/9-25/11

Bleckede (OT Radegast) Seite 246 458 € 23
Camping Elbeling
5 (A+E+F+G+H 1/4-1/10) (L 15/3-1/10) 6 (F 1/5-1/10)
AKZ. 1/4-1/7 2/9-30/9

Dorum/Neufeld Seite 246 460 € 23
Knaus Campingpark Dorum***
5 (A+B 1/4-30/9) (E+G 20/4-30/9) (H+K+L 1/4-30/9)
6 (B+E+G 1/4-30/9)
AKZ. 1/4-17/5 11/6-28/6 1/9-29/9

Essel/Engehausen Seite 247 462 € 21
Aller-Leine-Tal
5 (A 15/3-15/10) (F+H+J+L 1/3-31/10)
AKZ. 1/3-30/6 18/8-31/10

Garlstorf Seite 247 464 € 19
Freizeit-Camp-Nordheide e.V.
AKZ. 1/1-15/7 2/9-31/12

Müden/Örtze (Gem. Faßberg) Seite 248 473 € 21
Sonnenberg
5 (A 15/5-15/9) (E+F+G+H+K 15/4-15/10)
AKZ. 15/4-7/7 1/9-14/10

Nordholz/Wurster Nordseeküste Seite 248 475 € 17
Camp.- und Wochenendplatz Beckmann GmbH
4 (B 1/7-31/8) 5 (A+B+E+F+H+J+K 1/4-15/9)
6 (A+F 1/5-15/9)
AKZ. 1/1-16/5 30/5-21/6 18/8-31/12

Oyten Seite 248 478 € 23
Knaus Campingpark Oyten****
5 (A+E 1/3-27/11)
AKZ. 1/3-17/5 11/6-28/6 1/9-25/11

Stove/Hamburg Seite 249 481 € 23
CP Stover Strand International*****
4 (A 15/3-15/11) (B 1/5-1/10) (C 1/5-31/8) (D+E 1/5-1/10) 5 (A+C+E+F+H+J+L 1/1-31/12)
AKZ. 9/1-19/3 1/4-9/4 5/5-20/5 10/6-30/6 1/9-30/9 9/10-19/12

Wingst/Land Hadeln Seite 249 488 € 23
Knaus Campingpark Wingst****
5 (A+B+F+K+L 1/3-26/11)
6 (A 1/5-15/9) (E+G 1/3-26/11)
AKZ. 1/3-17/5 11/6-28/6 1/9-25/11

Winsen (Aller) Seite 249 489 € 23
Allerblick
5 (A+B 1/1-31/12) (E 1/4-31/10) (F+J+L 1/1-31/12)
AKZ. 1/1-15/5 31/5-30/6 28/8-28/9 5/10-31/12

Hannover

Hameln Seite 251 465 € 23
Campingplatz Hameln an der Weser
5 (A+F+L 1/3-4/11)
AKZ. 1/3-31/3 2/5-12/5 22/5-26/5 12/6-30/6 1/9-3/11

Heinsen Seite 251 468 € 23
Weserbergland Camping
5 (A+H 15/4-15/10) 6 (B 1/5-15/10)
AKZ. 15/4-5/7 22/8-15/10

Holle Seite 251 470 € 21
Seecamp Derneburg
5 (A+F+J+L 1/4-31/10)
AKZ. 1/4-30/6 1/9-31/10

Neustadt/Mardorf Seite 251 474 € 23
Campingplatz Mardorf GmbH
5 (A+E 1/4-31/10) (F 1/1-31/12) (J 1/4-31/10) (K 1/1-31/12)
AKZ. 3/5-17/5 22/5-26/5 30/5-7/6 12/6-30/6 1/9-30/12

Stuhr/Groß Mackenstedt Seite 252 482 € 21
Campingplatz Steller See
5 (A 1/4-30/9) (E+F+L 15/5-15/9)
AKZ. 1/4-6/4 11/4-27/4 2/5-17/5 30/5-18/6 1/9-30/9

Uetze Seite 252 483 € 19
Irenensee****
5 (A+B 1/4-15/10) (E 4/7-14/8) (F 8/6-30/9) (L 1/3-30/11)
AKZ. 1/1-14/5 1/6-30/6 1/9-30/9 1/11-31/12

Braunschweig

Clausthal-Zellerfeld Seite 253 459 € 21
Prahljust****
5 (A+B+F+H+L 1/1-31/12) 6 (E 1/1-31/12)
AKZ. 15/1-15/5 1/6-30/6 1/9-15/12

Hann. Münden Seite 253 466 € 19
Spiegelburg Camping und Gasthaus
5 (A+F+H+J+L 1/4-1/11)
AKZ. 1/4-18/5 29/5-1/7 19/8-31/10

Hohegeiß/Braunlage (Harz) Seite 253 469 € 19
Am Bärenbache****
4 (E 1/1-27/2,1/4-30/10,2/12-31/12)
5 (A 1/1-27/2,1/4-30/10,2/12-31/12) (E 1/6-31/8,20/12-31/12) 6 (B+F 1/6-31/8)
AKZ. 1/1-27/2 1/4-30/6 1/9-30/10 2/12-31/12

Osterode (Harz) Seite 254 476 € 23
Campingplatz Eulenburg***
5 (A+B+E+F+K 1/1-31/12) 6 (A+F 15/5-15/9)
AKZ. 2/1-26/3 17/4-17/5 5/6-6/7 11/9-13/10

Seeburg Seite 254 480 € 21
Comfort-Camping Seeburger See
4 (B+D 1/7-31/8) 5 (A+B+E+F+H+L 1/4-31/10)
6 (F 15/5-15/9)
AKZ. 1/4-2/7 27/8-31/10

Walkenried Seite 254 484 € 23
Knaus Campingpark Walkenried****
4 (B 1/4-30/5,20/6-4/11) (D 1/4-31/10)
5 (A+B 1/1-4/11,22/12-31/12) (F+L 1/1-5/11,21/12-31/12)
6 (E 1/1-5/11,21/12-31/12)
AKZ. 8/1-17/5 11/6-28/6 1/9-4/11

Wolfshagen (Harz) Seite 254 490 € 19
Campingplatz Am Krähenberg***
5 (A+B 1/1-31/12) (E 1/5-1/10) (F 1/1-30/10,1/12-31/12) (H 1/1-31/12) (L 1/1-30/4,1/9-31/12) 6 (G 1/5-1/9)
AKZ. 9/1-2/4 18/4-14/5 5/6-23/6 21/8-31/8 1/9-15/12

Schleswig-Holstein

Augstfelde/Plön Seite 255 492 € 19
Augstfelde-Vierer See****
4 (B+C+D 1/7-15/8) (E 1/4-23/10)
5 (A+C+E+F+H+K+L 1/4-23/10)
AKZ. 1/4-17/5 1/6-21/6 1/9-22/10

Dahme Seite 256 493 € 19
Stieglitz
4 (B 31/3-29/10) (C+D 1/7-31/8) 5 (A+C 31/3-29/10) (E 1/5-15/9) (F 31/3-29/10) (J 1/6-13/9) (L 31/3-29/10)
AKZ. 31/3-2/7 20/8-29/10

Glücksburg Seite 258 494 € 21
Ostseecamp Glücksburg-Holnis****
5 (A 1/4-15/10) (B 1/7-31/8) (E+F+H+J+K 1/4-15/10)
AKZ. 2/5-12/5 31/5-22/6 20/8-30/9

Medelby Seite 260 495 € 23
Mitte
5 (A+B+E 1/1-31/12) 6 (A 1/5-31/8) (**E** 1/1-31/12)
AKZ. 2/1-30/6 1/9-31/12

Salem Seite 261 496 € 19
Naturcamping Salemer See
5 (A+F+H+K 1/4-31/10)
AKZ. 1/5-30/6 1/9-30/9

Scharbeutz Seite 261 497 € 21
Ostseecamp Lübecker Bucht Gmbh
5 (A+B+F+H+J+L 1/4-31/10)
AKZ. 1/4-7/4 11/4-18/5 30/5-23/6 11/9-31/10

Schashagen/OT Bliesdorf-Strand Seite 261 498 € 23
Walkyrien*****
4 (B 26/6-30/8) 5 (A+B+E+F+H+K+L 1/4-23/10)
AKZ. 11/4-17/5 30/5-7/6 11/6-23/6 3/9-29/9 4/10-22/10

Westerdeichstrich Seite 263 499 € 23
Nordsee Camping "In Lee"*****
4 (B 1/7-15/8) 5 (A+B+K+L 4/4-15/10)
AKZ. 11/4-12/5 1/6-30/6 1/9-15/10

Mecklenburg-Vorpommern

Ahrensberg Seite 265 500 € 19
Campingplatz Am Drewensee****
4 (B 1/7-31/8) 5 (A+C 1/4-31/10) (E+F 1/5-14/9)
AKZ. 1/4-6/4 11/4-17/5 21/5-26/5 30/5-8/7 2/9-30/10

Altenkirchen Seite 265 502 € 23
Knaus CP- und Ferienhauspark Rügen****
5 (A 1/4-31/10) (B 1/1-8/1,1/3-31/12) (E+F+H 1/4-31/10)
AKZ. 1/3-17/5 11/6-28/6 1/9-20/12

Altenkirchen Seite 265 501 € 21
Drewoldke****
4 (A 15/6-31/8)
5 (A 1/1-31/12) (B+E+F 1/4-30/9) (H 1/4-1/10)
AKZ. 1/1-15/5 1/6-19/6 1/9-31/12

Dierhagen-Strand Seite 266 503 € 23
OstseeCamp Dierhagen GbR
5 (A+B+E 15/3-31/10) (F 25/5-30/9) (J 15/3-31/10)
AKZ. 15/3-16/5 31/5-25/6 8/9-30/10

Dobbertin Seite 266 504 € 19
Campingplatz am Dobbertiner See
AKZ. 1/4-30/6 1/9-3/10

Freest Seite 266 505 € 23
Waldcamp Freest
5 (A 1/4-15/10)
AKZ. 1/4-17/5 22/5-25/5 30/5-21/6 11/9-15/10

Grambin/Ueckermünde Seite 267 506 € 23
Campingpark Oderhaff
4 (B 1/7-1/9) 5 (A+B+E+F+H+J 1/5-30/9)
AKZ. 1/5-26/5 30/5-5/6 24/8-1/10

Groß Quassow/Userin Seite 267 507 € 23
CP- und Ferienpark Havelberge*****
4 (**A** 1/7-31/8) (B 1/4-31/10) (C 1/7-31/8) (D 1/4-31/10) (**E** 1/7-31/8) 5 (A 1/1-31/12) (B+E+F 1/4-31/10) (H 1/1-31/12) (J 1/7-31/8) (L 1/4-31/10)
AKZ. 1/4-6/4 11/4-17/5 21/5-26/5 30/5-8/7 2/9-31/10

Jabel Seite 267 508 € 19
Natur und Strandcp am Jabelschen See
5 (A+B+E+F+H+I 1/4-31/10)
AKZ. 1/4-5/4 13/4-16/5 30/5-15/6 28/8-31/10 7=6

Karlshagen Seite 267 509 € 23
Dünencamp Karlshagen*****
4 (**A**+B+E 15/6-15/8) 5 (A+B+E+F 1/5-30/9) (K 1/4-30/9)
AKZ. 1/1-25/6 1/9-31/12

Klein Pankow Seite 267 510 € 23
Camping am Blanksee
5 (A+B+C 17/4-6/10) (E+F+H+K 1/5-3/10)
AKZ. 17/4-16/5 31/5-30/6 21/8-6/10

Koserow Seite 267 511 € 23
Am Sandfeld
5 (A+B+G 6/4-30/9)
AKZ. 6/4-25/5 29/5-18/6 1/9-30/9

Lohme/Nipmerow Seite 268 512 € 23
Krüger Naturcamp
5 (A+B+E+F+H+J+K 14/4-1/11)
AKZ. 14/4-2/7 1/9-1/11

Lütow 👫 — Natur Camping Usedom — Seite 268 — 513 — € 23
4 (B+C 10/7-20/8) (E 1/4-31/10)
5 (A 1/4-31/10) (C 1/5-1/9) (E+F+H+L 1/6-15/9)
AKZ. 1/4-17/5 21/5-26/5 29/5-15/6 8/9-15/10

Markgrafenheide/Rostock — Camp. & Ferienpark Markgrafenheide — Seite 268 — 514 — € 23
5 (A 1/4-31/12) (C 15/5-15/10) (E 1/7-31/8) (F 1/4-31/12) (G 1/7-31/8) (H 1/4-31/12) (I 1/3-31/10) (J 1/4-15/10) (L 1/4-31/12) 6 (A 1/6-30/9) (E 1/4-31/12)
AKZ. 10/4-17/5 29/5-24/6 3/9-5/11

Ostseebad Rerik — CPpark 'Ostseebad Rerik'***** — Seite 269 — 515 — € 21
4 (B 3/6-4/6) (C+D 24/6-3/9) 5 (A+B 1/1-31/12) (C 1/4-31/10) (E+F+H+J 1/1-31/12) (L 1/4-31/10)
AKZ. 2/1-17/5 31/5-5/7 3/9-27/12

Penzlin (OT Werder) 👫 — Seeweide Naturcamping Penzlin — Seite 269 — 516 — € 21
5 (A+B 1/4-30/10)
AKZ. 1/4-17/5 30/5-15/6 1/9-30/10

Plau am See/Plötzenhöhe — Campingpark Zuruf**** — Seite 269 — 517 — € 23
4 (B+C 11/7-16/8)
5 (A+B 1/3-31/10) (E+F+G+H 24/4-4/10)
AKZ. 1/3-17/5 30/5-22/6 9/9-31/10

Rerik/Meschendorf 👫 — Ostseecamp Seeblick — Seite 270 — 518 — € 23
4 (A 1/6-31/10) (B 1/6-28/10) (D 17/3-5/11) (E 1/6-28/10) 5 (A+C 17/3-5/11) (E 1/7-1/9) (F 1/5-30/9) (G+L 17/3-5/11)
AKZ. 17/3-6/4 11/4-17/5 30/5-23/6 8/9-5/11

Trassenheide — Ostseeblick**** — Seite 271 — 519 — € 23
4 (B 21/6-30/8) 5 (A 1/4-1/11) (B+E+F+H+K 15/5-15/9)
AKZ. 1/4-18/5 22/5-26/5 30/5-12/6 4/9-1/11

Ückeritz — Naturcamping Hafen Stagnieß — Seite 271 — 520 — € 19
5 (A+E 1/4-31/10)
AKZ. 1/5-17/5 22/5-25/5 30/5-30/6 1/9-30/9

Wesenberg — Am Weissen See**** — Seite 271 — 521 — € 19
4 (B 1/7-31/8) 5 (A+B+F+H+K 1/4-31/10)
AKZ. 1/4-6/4 11/4-17/5 21/5-26/5 30/5-8/7 2/9-30/10

Zislow — Wald- u. Seeblick Camp GmbH — Seite 271 — 522 — € 23
5 (A 1/1-31/12) (B+E+F 15/4-15/9) (K 1/4-30/9)
AKZ. 1/1-12/5 7/6-2/7 19/8-31/12

Zwenzow — Zwenzower Ufer**** — Seite 271 — 523 — € 19
4 (B+D 1/7-31/8) 5 (A+C+E+F 1/4-31/10)
AKZ. 1/4-6/4 11/4-17/5 21/5-26/5 30/5-8/7 2/9-30/10

Zwenzow — FKK-Camping Am Useriner See**** — Seite 271 — 524 — € 19
4 (B+D 1/7-31/8) 5 (A+C+H 1/4-31/10)
AKZ. 1/4-6/4 11/4-17/5 21/5-26/5 30/5-8/7 2/9-30/10

Sachsen-Anhalt

Bergwitz/Kemberg 👫 — Campingplatz Bergwitzsee GmbH — Seite 273 — 525 — € 21
5 (A+B 1/1-31/12) (E+F 1/5-2/10) (H 1/5-30/10) (J 1/5-31/10) (K 30/4-30/9) (L 1/5-2/10)
AKZ. 1/1-16/5 30/5-29/6 1/9-31/12

Harzgerode/OT Neudorf 👫 — Ferienpark Birnbaumteich*** — Seite 273 — 526 — € 23
5 (A+B 1/1-31/12) (E+F+H 1/4-30/9) (J 1/1-31/12) (K 1/4-30/9)
AKZ. 1/1-16/5 30/5-29/6 1/9-31/12

Naumburg 👫 — Campingplatz Blütengrund — Seite 273 — 527 — € 23
5 (A+B+F+H+K 1/4-31/10)
AKZ. 1/5-14/5 1/6-14/7 11/9-30/9 7=6

Schlaitz (Muldestausee) — Heide-Camp Schlaitz — Seite 273 — 528 — € 23
5 (A 1/3-3/10) (E+F+H+L 1/1-31/12)
AKZ. 1/1-16/5 30/5-29/6 1/9-31/12

Brandenburg

Altglobsow — Ferienhof Altglobsow — Seite 274 — 529 — € 15
5 (A+F 1/1-31/12) (K 1/6-31/8) (L 1/1-31/5,1/9-31/12)
AKZ. 1/2-7/4 11/4-17/5 30/5-15/6 1/9-30/11

Ketzin — Campingplatz An der Havel — Seite 276 — 530 — € 21
5 (A 1/4-23/10)
AKZ. 1/4-16/5 5/6-23/6 1/9-23/10

Ausführliche Redaktionseinträge: Seite 268 bis 276

Lauchhammer Seite 276 | 531 | € 23
Themencp Grünewalder Lauch****
5 (A+B+F+I+J+K 31/3-31/10)
AKZ. 31/3-16/5 29/5-15/6 1/9-31/10

Lübbenau/Hindenberg Seite 276 | 532 | € 23
Spreewald-Natur CP "Am See"****
4 (**A**+**E** 1/7-31/8) 5 (A+B+F+H+J+K+L 1/1-31/12)
AKZ. 1/1-2/4 17/4-28/4 2/5-14/5 11/6-2/7 31/8-31/12

Märkische Heide/Groß Leuthen Seite 276 | 533 | € 23
Eurocamp Spreewaldtor*****
4 (A 1/4-1/10) (B+C+E 1/7-31/8)
5 (A+B 1/1-16/11,11/12-31/12) (F+K 1/4-31/10)
6 (**B** 1/5-30/9)
AKZ. 30/5-30/6 1/9-2/10

Ortrand Seite 277 | 534 | € 21
ErlebnisCamping Lausitz
4 (B+C 1/5-31/8) 5 (A+B 1/1-31/12) (E 1/4-30/9) (F 1/5-30/9) (J 1/1-31/12) (K 1/5-30/9) 6 (A 15/6-31/8)
AKZ. 1/1-16/5 30/5-30/6 1/9-31/12

Sachsen

Bautzen Seite 278 | 535 | € 21
Natur- und Abenteuercamping
5 (A+B 1/4-31/10)
AKZ. 1/4-6/4 11/4-30/4 8/5-17/5 22/5-26/5 1/6-30/6 1/9-30/9

Dresden Seite 279 | 536 | € 23
Dresden-Mockritz
5 (A+B 1/1-31/1,1/3-31/12) (F 1/4-31/10) (J+K 1/1-31/1,1/3-31/12) 6 (B 1/5-31/8)
AKZ. 1/3-15/5 29/5-30/6 1/9-30/9

Großschönau Seite 279 | 537 | € 23
Trixi Park
4 (**A**+B 1/1-31/12) (C 12/7-30/8) (**E** 1/1-31/12)
5 (A+B+E+F+H+I+J+K+L 1/1-31/12)
6 (A 1/5-30/9) (**E**+**G** 1/1-31/12)
AKZ. 1/1-31/3 14/4-17/5 29/5-30/6 1/9-27/12

Pirna Seite 280 | 538 | € 23
Camping Pirna
4 (B 18/7-26/8) (C 1/7-31/8)
AKZ. 11/4-12/5 11/6-7/7 1/9-1/11

Pöhl Seite 280 | 539 | € 23
Talsperre Pöhl, CP Gunzenberg****
4 (B 1/7-31/8) (**E** 31/3-1/11) 5 (A+B+F+K+L 31/3-1/11)
AKZ. 31/3-14/5 12/6-30/6 1/9-1/11

Seiffen Seite 280 | 540 | € 19
Ferienpark Seiffen
5 (A+B+F+H+J+K+L 1/1-31/12)
AKZ. 8/5-29/6 1/9-10/9

Thüringen

Hohenfelden Seite 281 | 541 | € 21
Stausee Hohenfelden****
5 (A+B 1/5-30/9) (K 16/3-31/12)
AKZ. 1/5-16/5 29/5-30/6 1/9-30/9

Unstrut-Hainich (OT Weberstedt) Seite 282 | 542 | € 23
Am Tor zum Hainich****
5 (A+B 1/2-1/12) 6 (F 1/2-1/12)
AKZ. 1/5-14/5 1/6-30/6 2/9-30/9 7=6, 14=12

Nordrhein-Westfalen

Attendorn/Biggen Seite 283 | 543 | € 23
Hof Biggen***
4 (B 1/4-15/4,23/6-5/8) 5 (A+C+E+F+H+L 1/1-31/12)
AKZ. 8/1-30/3 16/4-17/5 30/5-7/6 12/6-21/6 18/8-29/9 15/10-20/12

Barntrup Seite 283 | 544 | € 21
Ferienpark Teutoburgerwald Barntrup****
4 (B+C 13/7-18/8) (E 1/6-15/9) 5 (A 1/4-6/10)
6 (B+G 1/5-15/9)
AKZ. 1/4-17/5 22/5-25/5 29/5-7/7 24/8-4/10

Brilon Seite 283 | 545 | € 23
Camping & Ferienpark Brilon
4 (E 1/1-8/10,26/12-31/12)
5 (A+H+K+L 1/1-8/10,26/12-31/12)
AKZ. 8/1-4/4 2/5-16/5 21/5-25/5 30/5-6/6 11/6-7/7 27/8-28/9

Essen-Werden Seite 284 | 546 | € 23
Knaus CPpark Essen-Werden****
4 (**A** 1/1-31/12) 5 (A+B 1/1-31/12) (E 1/2-31/12) (F+H+J+K 1/1-31/12)
AKZ. 1/1-17/5 11/6-28/6 1/9-31/12

Extertal/Bösingfeld Seite 284 | 547 | € 21
Bambi****
5 (A 15/3-31/10)
AKZ. 15/3-16/5 30/5-1/7 1/9-31/10

Lienen Seite 286 | 548 | € 21
Eurocamp
5 (K 1/1-20/12)
AKZ. 1/1-5/4 12/4-16/5 31/5-30/6 1/9-20/12

Meschede (Hennesee) Seite 286 **549** € 23
Knaus Campingpark Hennesee****
4 (A 1/1-5/11,21/12-31/12)
5 (A+B+E+F+H+J 1/1-5/11,21/12-31/12)
6 (E 1/1-5/11,21/12-31/12)
AKZ. 8/1-17/5 11/6-28/6 1/9-4/11

Sassenberg Seite 287 **550** € 21
Münsterland Eichenhof*****
4 (B 1/4-15/4,22/6-4/8) 5 (A+B 1/4-31/10)
(F 1/1-16/1,1/3-31/12) (J 1/4-31/10) (L 1/1-15/1,1/3-31/12)
AKZ. 2/1-31/3 16/4-28/4 1/5-17/5 11/6-28/6 1/9-29/9 1/11-21/12

Wettringen Seite 288 **551** € 21
Campingpark Haddorfer Seen****
4 (B 7/4-11/4,22/6-4/8)
5 (A+E+F+H 1/4-31/10) (K 1/1-31/12)
AKZ. 7/1-24/3 16/4-17/5 30/5-6/6 11/6-22/6 21/8-29/9 1/11-23/12

Hessen

Eschwege Seite 291 **552** € 23
Knaus Campingpark Eschwege*****
4 (B 1/7-2/8) 5 (A 1/3-30/10) (E+F+K 1/3-26/11)
AKZ. 1/3-17/5 11/6-28/6 1/9-25/11

Hirschhorn/Neckar Seite 292 **553** € 23
Odenwald Camping Park
4 (A+B 1/7-31/8) 5 (A+C+F+H+J+L 31/3-3/10)
6 (B 21/5-12/9)
AKZ. 31/3-14/5 11/6-30/6 1/9-3/10

Hünfeld Seite 292 **554** € 23
Knaus CPpark Hünfeld Praforst*****
5 (A+B 1/1-31/12)
AKZ. 1/1-17/5 11/6-28/6 1/9-31/12

Oberweser/Gieselwerder Seite 293 **555** € 23
Camping Gieselwerder***
4 (B 1/7-18/7) (**E** 1/7-15/9)
5 (A+E+F+G+H+J+L 1/4-31/10) 6 (B+G 14/5-3/9)
AKZ. 1/4-12/5 29/5-7/6 11/6-22/6 18/8-30/10

Oberweser/Oedelsheim Seite 293 **556** € 23
Campingplatz Wesertal****
5 (A+E+F+J+K 24/3-31/10) 6 (E+G 24/3-31/10)
AKZ. 12/4-27/4 2/5-17/5 12/6-30/6 1/9-29/9

Schlüchtern/Hutten Seite 293 **557** € 19
Hutten-Heiligenborn
5 (A+B 10/3-29/10) 6 (**A+F** 1/6-31/8)
AKZ. 10/3-31/3 24/4-12/5 11/6-8/7 25/8-29/10

Weiterstadt/Gräfenhausen Seite 294 **558** € 21
Am Steinrodsee
5 (A+G+H 1/1-31/12)
AKZ. 1/5-18/5 22/5-28/5 12/6-2/7 1/9-1/10

Koblenz

Ahrbrück Seite 295 **559** € 23
Camping Denntal****
5 (A+B 1/4-30/10)
AKZ. 1/4-27/4 1/5-16/5 29/5-7/6 11/6-15/7 1/9-29/9 3/10-30/10

Alf Seite 295 **560** € 21
Moselcampingplatz Alf
4 (B+C+D 1/7-15/8) (E 1/1-31/12)
5 (A+B+F+K 1/1-31/12)
AKZ. 1/4-28/4 1/5-17/5 21/5-26/5 29/5-7/6 11/6-7/7 18/9-31/10

Bullay (Mosel) Seite 295 **565** € 23
Bären-Camp****
4 (**A** 1/5-30/9) 5 (A+B+F+J+K 6/4-1/11) (L 18/4-31/10)
AKZ. 6/4-2/7 19/8-1/11

Bürder Seite 295 **566** € 21
Zum stillen Winkel*****
5 (A+F 31/3-31/10)
AKZ. 31/3-5/4 12/4-16/5 31/5-6/6 12/6-7/7 1/9-31/10

Burgen Seite 295 **567** € 21
Häppy Life CP & Beachclub Burgen****
4 (D 1/4-22/10) 5 (A+C+E+F+G+H+J 1/4-22/10)
6 (A 31/5-1/9)
AKZ. 1/4-7/4 11/4-14/5 12/6-11/7 28/8-21/10

Burgen Seite 295 **568** € 23
Knaus CPpark Burgen/Mosel****
5 (A+B+E+F+H+K 31/3-15/10) 6 (B 15/5-15/9)
AKZ. 31/3-17/5 11/6-28/6 1/9-14/10

Dausenau Seite 296 **569** € 23
Lahn Beach
5 (A+G+H 1/4-31/10)
AKZ. 1/4-15/5 12/6-1/7 1/9-31/10

Ediger/Eller Seite 296 **572** € 21
Zum Feuerberg
4 (A+**E** 1/4-31/10) 5 (E+H 1/4-31/10) 6 (A 19/5-30/9)
AKZ. 11/4-17/5 30/5-7/6 12/6-30/6 11/9-31/10

Girod Seite 296 **574** € 21
Eisenbachtal
4 (E 1/7-15/9) 5 (L 1/1-31/12)
AKZ. 1/4-15/7 1/9-30/9

Guldental
Campingpark Lindelgrund — Seite 296 — 575 — € 23
5 (A+L 15/4-15/10)
AKZ. 2/5-17/5 12/6-1/7 3/9-30/9

Hausbay/Pfalzfeld
Country CP Schinderhannes**** — Seite 296 — 576 — € 21
5 (A+B 1/1-31/12) (F+L 1/4-3/10)
AKZ. 1/1-26/6 27/8-31/12

Lahnstein
Wolfsmühle — Seite 297 — 579 — € 21
5 (A 15/4-30/9) (B+E+H+K 1/4-1/11)
AKZ. 15/3-8/7 27/8-1/11

Leutesdorf
Campingplatz Leutesdorf — Seite 297 — 582 — € 23
5 (A+B+E+F+H+J+K 1/1-7/1,15/3-29/10,24/11-31/12)
AKZ. 15/3-5/4 12/4-28/4 3/5-14/5 31/5-3/6 12/6-30/6 1/9-29/10

Lingerhahn
CP und Mobilheimpark Am Mühlenteich**** — Seite 297 — 583 — € 23
4 (E 1/7-15/8) 5 (A+F+H+L 1/1-31/12) 6 (A 1/1-31/12)
AKZ. 1/1-19/6 4/9-31/12

Pommern
Pommern — Seite 298 — 586 — € 21
5 (A+B+E+F 1/4-30/10) (G 15/4-15/10) (H+J 1/4-30/10) (L 15/4-15/10) 6 (A+F 1/5-15/9)
AKZ. 1/4-30/6 21/8-29/10 10=9

Pünderich
Moselland — Seite 298 — 587 — € 21
5 (A+B+E+F+G+H 1/4-31/10)
AKZ. 1/4-30/6 1/9-31/10

Schweppenhausen
Aumühle — Seite 299 — 591 — € 21
5 (A+F+K+L 1/4-31/10)
AKZ. 1/4-1/6 1/9-31/10

Seck
Camping Park Weiherhof***** — Seite 299 — 592 — € 23
4 (B+E 1/7-31/8) 5 (A+C+E+F+G+H+L 1/4-31/10)
AKZ. 1/5-16/5 22/5-25/5 1/6-6/6 12/6-25/6 4/9-30/9

Senheim am Mosel
Holländischer Hof**** — Seite 299 — 593 — € 21
4 (**A** 1/4-29/10) (B+C 1/7-31/8) (D+E 1/4-29/10)
5 (A+C+E+F+G+H+K+L 1/4-29/10)
AKZ. 1/4-6/4 11/4-17/5 30/5-7/6 11/6-30/6 1/9-29/10

Treis-Karden
Mosel-Islands Camping***** — Seite 300 — 596 — € 23
5 (A+F+H+K+L 1/4-29/10)
AKZ. 16/4-27/4 3/5-11/5 30/5-6/6 12/6-29/6 1/9-30/9

Wassenach/Maria Laach
RCN Laacher See**** — Seite 300 — 599 — € 23
4 (B 9/7-21/8) (**E** 1/4-30/9)
5 (A 1/4-30/9) (B 1/5-1/9) (E+F+I+J+K+L 1/4-30/9)
AKZ. 16/4-16/5 22/5-25/5 30/5-7/6 12/6-6/7 28/8-30/9

Trier

Bernkastel/Kues
Knaus Campingpark Bernkastel-Kues — Seite 301 — 563 — € 23
5 (A+E 1/3-26/11)
AKZ. 1/3-17/5 11/6-28/6 1/9-25/11

Bollendorf
Altschmiede**** — Seite 301 — 564 — € 19
4 (A+B+D+E 1/7-21/8) 5 (A 1/5-21/8) (B 1/6-21/8) (H 1/4-31/10) 6 (B 1/6-31/8)
AKZ. 1/4-17/5 12/6-2/7 28/8-31/10

Dockweiler
Campingpark Dockweiler Mühle — Seite 301 — 570 — € 19
5 (A+B 1/1-31/12)
AKZ. 1/1-15/6 1/9-31/12

Echternacherbrück
CPpark Freibad Echternacherbrück — Seite 302 — 571 — € 21
4 (**A** 1/7-31/8) (B 1/7-21/8) (C 1/7-15/8) (E 1/7-31/8)
5 (A 1/4-31/10) (C+E+F 1/4-15/10) (G 1/4-31/10) (H 1/5-30/9) (K 1/5-1/9) 6 (B+F 1/5-15/9)
AKZ. 1/4-17/5 12/6-2/7 28/8-31/10

Gerolstein
Eifelblick / Waldferienpark Gerolstein**** — Seite 302 — 573 — € 21
4 (B+C 1/7-15/8) 5 (A+B+E+F+H+J+K+L 1/1-31/12)
6 (E 1/1-31/12)
AKZ. 1/1-8/7 3/9-31/12

Heidenburg
Moselhöhe**** — Seite 302 — 577 — € 23
5 (A 1/4-1/11) (K 1/4-1/10)
AKZ. 1/4-6/4 11/4-18/5 22/5-27/5 30/5-1/7 1/9-1/11

Irrel
Südeifel — Seite 303 — 578 — € 19
5 (G 1/4-31/10)
AKZ. 1/4-17/5 12/6-2/7 28/8-31/10 7=6, 14=12

Langsur/Metzdorf Seite 304 580 € 21
Alter Bahnhof***
5 (A+B+F+H+J+L 1/3-31/10)
AKZ. 1/3-30/6 1/9-31/10

Leiwen Seite 304 581 € 23
Landal Sonnenberg*****
4 (A+B+C+D+E 17/3-20/11)
5 (A+C+E+F+J+K+L 17/3-20/11) 6 (E+G 17/3-20/11)
AKZ. 17/3-7/4 5/5-17/5 30/5-7/6 12/6-7/7 1/9-13/10 6/11-20/11

Neuerburg Seite 304 584 € 21
Camping in der Enz****
5 (A 1/4-31/10) (E+F 1/6-31/8) (K 5/4-30/9)
6 (B+G 15/5-1/9)
AKZ. 1/4-6/7 24/8-30/10

Oberweis Seite 304 585 € 23
Prümtal-Camping Oberweis*****
4 (A 15/5-30/8) (B 7/7-26/8) (E 15/5-30/8)
5 (A+B 1/3-31/10) (E 1/6-21/8) (F+G+H+K+L 1/3-31/10)
6 (B+G 1/5-1/9)
AKZ. 1/3-8/7 27/8-31/10

Saarburg Seite 305 588 € 23
Landal Warsberg****
4 (A 1/7-31/8) (B+C+D 24/3-6/11) (E 1/7-31/8)
5 (A+C+E+F+K+L 24/3-6/11) 6 (E+G 24/3-6/11)
AKZ. 24/3-7/4 14/4-28/4 30/5-7/7 1/9-6/11

Saarburg Seite 305 589 € 23
Camping Leukbachtal***
AKZ. 24/3-5/4 11/4-28/4 5/5-16/5 22/5-26/5 12/6-1/7 5/9-2/11

Saarburg Seite 305 590 € 23
Waldfrieden****
5 (A+B+H 1/3-31/12)
AKZ. 1/3-5/4 12/4-27/4 3/5-16/5 1/6-6/6 13/6-30/6 5/9-23/12

Traben-Trarbach Seite 305 594 € 23
Moselcamping Rissbach****
4 (A 1/4-31/12) (B 7/7-25/8) (D 1/4-31/12)
5 (A+B+E+F+H+K+L 1/4-31/12) 6 (B+F 15/5-15/9)
AKZ. 1/4-28/4 1/5-17/5 21/5-26/5 29/5-7/6 11/6-7/7 18/9-1/12

Traben-Trarbach Seite 305 595 € 23
Moselcamping Wolf
5 (A+C+E+G+J 1/4-31/10)
AKZ. 1/4-28/4 1/5-17/5 21/5-26/5 29/5-7/6 11/6-7/7 18/9-31/10

Waxweiler Seite 306 600 € 21
Landal Eifel Prümtal*****
5 (A 27/3-3/11) (B 15/5-15/9) (F 15/5-3/11)
6 (B 15/5-15/9)
AKZ. 24/3-7/4 30/5-7/7 1/9-3/11

Waxweiler/Heilhausen Seite 306 601 € 17
Heilhauser Mühle
5 (F 1/7-31/8) (H 1/4-31/10) (L 1/7-31/8)
AKZ. 8/4-30/6 18/8-30/10

Rheinhessen-Pfalz

Bacharach Seite 306 561 € 21
Sonnenstrand
5 (A+B+F+H+K 1/4-1/11)
AKZ. 1/4-17/5 30/5-7/7 1/9-1/11

Bad Dürkheim Seite 307 562 € 23
Knaus CPpark Bad Dürkheim****
4 (B 1/7-30/8) 5 (A+B+F+H+L 15/3-30/11)
AKZ. 1/1-17/5 11/6-28/6 1/9-31/12

Trippstadt Seite 307 597 € 23
CP Freizeitzentrum Sägmühle*****
4 (B+D 15/7-15/8) 5 (A 1/3-31/10,18/12-31/12)
(B+F+H+K+L 1/3-31/10)
AKZ. 2/5-12/5 21/5-25/5 11/6-7/7 2/9-30/9

Waldfischbach Seite 307 598 € 23
Clausensee****
4 (E 1/9-1/10) 5 (A+C+E+F+H+K 1/4-31/10)
AKZ. 2/5-16/5 11/6-30/6 1/9-30/9

Saarland

Rehlingen/Siersburg Seite 308 602 € 23
Siersburg****
5 (K 1/4-15/10)
AKZ. 1/4-15/7 1/9-15/10

Karlsruhe

Eberbach Seite 310 606 € 23
Eberbach
5 (A+B+F+G+H+L 1/4-29/10)
6 (B 15/6-30/9) (E 1/4-29/10) (F 15/6-30/9)
AKZ. 1/5-17/5 12/6-1/7 4/9-30/9

Neubulach Seite 311 613 € 23
Camping Erbenwald
4 (A+B+C+D 1/7-1/9) (E 1/7-31/8)
5 (A+B+E+F+J+L 1/1-31/12) 6 (B+G 1/6-31/8)
AKZ. 1/1-6/4 24/4-17/5 12/6-30/6 3/9-30/9

Schömberg/Langenbrand Seite 311 618 € 21
Höhencamping-Langenbrand****
AKZ. 10/1-30/6 1/9-22/12

Freiburg

Freiburg Seite 313 607 € 23
Freiburg Camping Hirzberg
5 (A 1/4-31/10) (B+F+H+L 1/1-31/12)
AKZ. 8/1-2/4 16/4-15/5 11/6-30/6 2/9-30/9 8/10-1/11 5/11-22/12

Freiburg/Hochdorf Seite 313 608 € 23
Tunisee Camping
5 (A+B+E+F+J 1/4-31/10) (L 1/4-16/10)
AKZ. 1/4-2/7 3/9-31/10

Grafenhausen/Rothaus Seite 314 609 € 23
Rothaus Camping
5 (A+B+F+H+L 1/1-31/12)
AKZ. 1/1-30/6 1/9-31/12

Herbolzheim Seite 314 610 € 23
Terrassencamping Herbolzheim****
4 (**A** 1/7-31/8) 5 (A+B+K 28/4-24/9)
6 (**B**+**F** 15/5-15/9)
AKZ. 28/4-17/5 23/5-26/5 12/6-2/7 1/9-24/9

Orsingen Seite 317 615 € 23
CP und Ferienpark Orsingen****
4 (B 1/7-31/8) 5 (A+C 10/1-17/12) (E 1/4-8/9)
(F+H+L 1/4-3/11) 6 (**B**+**G** 1/4-8/9)
AKZ. 10/1-2/4 16/4-17/5 21/5-26/5 12/6-2/7 10/9-17/12

Radolfzell/Markelfingen Seite 317 616 € 23
Willam****
4 (A+B+C 1/8-31/8) (D 31/7-14/8)
5 (A+B+F+H 23/3-8/10) (J 1/4-3/10) (K+L 23/3-8/10)
AKZ. 23/3-17/5 11/6-15/7 3/9-8/10

Staufen Seite 317 619 € 23
Belchenblick
5 (A 1/1-31/12) (C 1/1-10/11,15/12-31/12) (E 15/1-10/11)
(J 1/1-31/12)
6 (A 1/5-15/9) (E 1/1-10/11,15/12-31/12) (F 1/5-15/9)
AKZ. 9/1-31/3 17/4-29/4 1/5-18/5 21/5-27/5 12/6-30/6 11/9-22/12

Stockach (Bodensee) Seite 318 620 € 21
Campingpark Stockach-Bodensee
5 (A+B 1/3-1/11)
AKZ. 1/3-30/6 11/9-1/11

Sulzburg Seite 318 621 € 23
Sulzbachtal*****
4 (A+E 1/4-30/9) 5 (A+B+E+F+H+J+K 1/1-31/12)
6 (A 1/5-30/9)
AKZ. 1/1-1/4 16/4-16/5 11/6-1/7 3/9-31/12

Tengen Seite 318 622 € 23
Hegi Familien Camping*****
4 (A+B+C+D 1/7-31/8) 5 (A+B+H+L 31/3-31/12)
6 (A+E+G 31/3-31/12)
AKZ. 7/5-17/5 21/5-26/5 11/6-30/6 2/9-29/9

Titisee Seite 318 623 € 23
Sandbank****
5 (A+B+F+H+K 31/3-31/12)
AKZ. 7/5-17/5 21/5-26/5 11/6-30/6 2/9-29/9

Wahlwies/Stockach Seite 318 624 € 21
Campinggarten Wahlwies
5 (A+B+H 17/2-12/11)
AKZ. 17/2-1/4 16/4-17/5 11/6-1/7 3/9-12/11

Stuttgart

Aichelberg Seite 319 603 € 21
Aichelberg***
5 (A+B 7/4-8/10) (E 1/6-30/9) (F 30/5-30/9) (H 7/4-8/10)
(L 30/5-30/9)
AKZ. 7/4-29/6 4/9-8/10

Creglingen/Münster Seite 319 605 € 21
Camping Romantische Strasse
5 (A+B+F+L 9/4-6/11) 6 (E 9/4-6/11)
AKZ. 15/3-24/5 12/6-8/7 1/9-15/11

Hohenstadt Seite 320 611 € 21
Camping Waldpark Hohenstadt
5 (A 1/5-30/9) (F+G+H+L 1/3-31/10)
AKZ. 1/3-30/6 1/9-31/10

Oedheim Seite 320 614 € 23
Sperrfechter Freizeit-Park
5 (A+B 1/1-31/12)
AKZ. 1/1-31/3 2/5-16/5 5/6-30/6 1/9-31/12

Wertheim Seite 320 625 € 19
Wertheim-Bettingen
5 (A+B+F+L 31/3-31/10)
AKZ. 31/3-6/4 10/4-17/5 21/5-25/5 29/5-7/6 11/6-30/6 31/8-31/10

Ausführliche Redaktionseinträge: Seite 311 bis 320

Tübingen

Bad Urach — Seite 321 — 604 — € 23
Pfählhof***
5 (A+B+E+F+H+L 1/1-31/12)
AKZ. 1/1-12/5 10/6-30/6 1/9-31/12

Leibertingen/Thalheim — Seite 322 — 612 — € 21
Campinggarten Leibertingen
4 (B 27/5-11/6,1/8-1/9) 5 (A+B+E+F+H+J+K 1/4-31/10)
6 (A+F 1/5-30/9)
AKZ. 1/4-14/5 12/6-30/6 1/9-31/10

Salem/Neufrach — Seite 324 — 617 — € 21
Gern-Campinghof Salem
4 (A 7/5-31/8) (C 1/8-31/8) (D 1/4-31/10)
5 (A+B+E+F+H+K 1/4-31/10)
AKZ. 1/4-17/5 11/6-15/7 6/9-31/10

Nord-Bayern

Bad Kissingen — Seite 325 — 631 — € 23
Knaus Campingpark Bad Kissingen
5 (A+B+F+L 1/1-31/12)
AKZ. 1/1-17/5 11/6-28/6 1/9-31/12

Bischofsheim an der Rhön — Seite 325 — 633 — € 23
Camping Rhöncamping****
5 (A+B 1/1-27/10,16/12-31/12) 6 (B+G 15/5-1/9)
AKZ. 9/1-31/3 16/4-17/5 11/6-1/7 6/9-27/10

Frickenhausen/Ochsenfurt — Seite 325 — 639 — € 23
Knaus CPpark Frickenhausen****
5 (A 1/4-16/10) (F+L 1/3-26/11) 6 (A 1/5-1/10)
AKZ. 1/3-17/5 11/6-28/6 1/9-25/11

Triefenstein/Lengfurt — Seite 327 — 651 — € 23
Main-Spessart-Park*****
5 (A+B 1/4-31/10) (F+G+H+L 1/1-31/12)
AKZ. 16/4-14/5 11/6-2/7 27/8-31/10

Waldberg/Rhön — Seite 327 — 654 — € 23
Camping Waldberg
5 (A+F+J+K 1/4-5/11)
AKZ. 12/4-15/5 12/6-30/6 1/9-30/9

Mittel-Bayern

Bad Neualbenreuth — Seite 328 — 632 — € 21
Campingplatz Platzermühle
5 (A 1/1-31/12)
AKZ. 1/1-15/6 1/9-31/12

Geslau — Seite 328 — 640 — € 23
Mohrenhof****
4 (B 1/4-8/11) 5 (A+B 1/1-31/12) (F 1/4-8/11)
(H+L 1/4-8/11,27/12-31/12)
AKZ. 8/1-17/2 26/2-31/3 16/4-28/4 1/5-18/5 11/6-1/7 4/9-28/9
7=6, 14=12, 21=18, 30=25

Gunzenhausen — Seite 329 — 641 — € 21
Campingplatz Fischer-Michl
5 (A+B+E+F+H+J+K 15/3-31/10)
AKZ. 31/3-18/5 12/6-15/7 6/9-31/10

Roth/Wallesau — Seite 330 — 647 — € 23
Camping Waldsee****
4 (B 31/5-14/6,25/7-31/8) 5 (A+B+F 1/1-31/12)
(J 1/4-30/9) (K 1/1-31/12)
AKZ. 1/1-15/5 12/6-30/6 1/9-31/12

Schillingsfürst — Seite 330 — 649 — € 21
Frankenhöhe
5 (A+B+E+F+H+K 1/4-31/10)
AKZ. 1/1-2/4 17/4-21/5 5/6-30/6 4/9-31/12

Waldmünchen — Seite 330 — 655 — € 19
Ferienpark Perlsee
4 (E 1/7-31/8)
5 (A+B 1/5-15/9) (E 1/5-1/10) (F+J+L 1/1-31/12)
AKZ. 1/1-20/5 12/6-28/6 4/9-31/12

Südwest-Bayern

Augsburg-Ost — Seite 332 — 627 — € 23
Bella Augusta***
5 (A+B+E 1/4-31/10) (F+G+L 1/1-31/12)
AKZ. 16/1-6/7 23/8-18/12

Breitenthal — Seite 332 — 635 — € 21
See Camping Günztal
5 (A+B+E+F+H 22/4-22/10)
AKZ. 22/4-25/5 11/6-29/6 3/9-22/10

Illertissen — Seite 332 — 642 — € 23
Illertissen GbR****
5 (A+B+H+I+K 1/4-5/11) 6 (A 31/5-15/9)
AKZ. 1/4-15/6 15/9-5/11

Südost-Bayern

Arlaching/Chieming — Seite 334 — 626 — € 23
Kupferschmiede
5 (A+B+E 1/4-3/10) (G+H 1/4-30/9) (J+K+L 1/4-3/10)
AKZ. 1/4-26/5 12/6-30/6 11/9-3/10

Bad Abbach
Freizeitinsel — Seite 334 — 628 — € 23
5 (A+B+H+J 19/3-7/11)
AKZ. 31/3-26/5 25/6-15/7 1/9-29/10

Bad Füssing/Egglfing
Fuchs Kur-Camping**** — Seite 335 — 629 — € 21
4 (E 1/5-30/9) 5 (A 1/1-31/12) (B 1/3-1/11) (F+H+L 1/1-31/1,1/3-31/12) 6 (B 15/4-15/9)
AKZ. 1/1-14/7 1/9-31/12

Bad Füssing/Kirchham
Preishof — Seite 335 — 630 — € 21
4 (**A** 1/3-31/10) 5 (A 1/1-31/12) (J+L 1/2-30/11)
AKZ. 1/1-14/7 1/9-31/12

Bischofswiesen
Winkl-Landthal GmbH**** — Seite 336 — 634 — € 23
4 (**A** 1/6-30/9) 5 (A+B+H 1/4-30/10)
AKZ. 1/4-26/5 11/6-10/7 1/9-30/10

Chieming
Chiemsee Strandcamping — Seite 336 — 636 — € 19
5 (A+B+F+H+J 1/4-30/9)
AKZ. 1/4-25/5 11/6-29/6 10/9-30/9

Chieming/Stöttham
Seehäusl**** — Seite 336 — 637 — € 23
5 (A+B+F+G+H+J+K+L 1/4-1/10)
AKZ. 1/5-26/5 12/6-18/6 1/9-1/10

Eging am See
Bavaria Kur- und Sport Camping**** — Seite 336 — 638 — € 21
5 (A 1/4-30/10) (B 1/1-31/12) (F+H 1/4-31/10) (J 1/5-31/10) (L 1/4-31/10)
AKZ. 1/1-14/7 1/9-31/12

Kinding/Pfraundorf
Kratzmühle**** — Seite 336 — 643 — € 23
5 (A+B 1/4-31/10) (E+F 1/4-30/9) (G 1/1-31/12) (J 1/5-30/9) (L 1/1-31/12)
AKZ. 2/1-17/5 21/5-26/5 11/6-22/6 1/9-31/12

Lackenhäuser
Knaus CPpark Lackenhäuser**** — Seite 337 — 644 — € 23
4 (**A**+B+C+E 1/7-15/8)
5 (A+B+F+L 1/1-5/11,21/12-31/12)
6 (B 15/5-15/9) (**E** 1/1-5/11,21/12-31/12)
AKZ. 8/1-17/5 11/6-28/6 1/9-4/11

Oberwössen
Litzelau**** — Seite 338 — 645 — € 21
5 (A+B+L 1/1-31/12)
AKZ. 1/1-26/5 9/6-23/6 8/9-15/12

Prien am Chiemsee
Hofbauer — Seite 338 — 646 — € 23
5 (A+B 1/4-15/10) (F 30/4-3/10) (G+H 1/4-15/10) (K 30/4-3/10) 6 (B+C+G 1/5-30/9)
AKZ. 6/4-28/5 11/6-24/6 10/9-15/10

Rottenbuch
Terrassen-CP am Richterbichl**** — Seite 338 — 648 — € 23
5 (A+B+E 1/1-31/12) (F 1/5-30/9) (H+J 1/1-31/12) (K 1/5-30/9)
AKZ. 10/1-26/5 12/6-14/7 1/9-30/9

Taching am See
Seecamping Taching am See — Seite 339 — 650 — € 21
5 (A 1/5-15/9) (B 15/5-15/9) (F+G+K+L 1/5-15/9)
AKZ. 1/4-1/6 31/8-15/10

Viechtach
Adventurecamp 'Schnitzmühle' — Seite 339 — 652 — € 23
4 (A 1/4-30/10) (B+D+E 1/7-31/8)
5 (A+B 1/1-31/12) (E 1/7-1/9) (F+H+J+L 1/1-31/12)
AKZ. 1/1-26/5 11/6-14/7 11/9-31/12

Viechtach
Knaus Campingpark Viechtach**** — Seite 339 — 653 — € 23
4 (A 1/7-30/9,22/12-30/12) (B+C 1/7-30/9) (D+E 1/6-30/9) 5 (A+B 1/1-5/11,21/12-31/12) (F+H+J+K 1/7-30/9) 6 (**E** 1/1-5/11,21/12-31/12)
AKZ. 8/1-17/5 11/6-28/6 1/9-4/11

Schweiz

Westschweiz

Le Landeron
Des Pêches**** — Seite 348 — 664 — € 23
5 (A+C+E+F+G+H+J+L 1/4-15/10) 6 (F 15/5-31/8)
AKZ. 1/4-30/6 20/8-15/10

Lignières
Fraso Ranch**** — Seite 348 — 666 — € 21
4 (B 7/7-3/8) 5 (A 1/1-30/10) (B 20/5-2/9) (E+F+G 1/1-31/10,23/12-31/12) (J 1/1-30/10) (K 1/1-31/10) (L 1/1-30/10) 6 (B+G 1/6-31/8)
AKZ. 1/1-30/6 1/9-31/10 23/12-31/12

Wallis

Brig
Geschina**** — Seite 350 — 656 — € 23
5 (A 5/5-15/10) 6 (**B**+**G** 16/5-6/9)
AKZ. 5/5-2/7 20/8-15/10

Berner Oberland

Frutigen Seite 353 **659** € 23
Grassi****
5 (A 1/7-30/8)
AKZ. 1/4-30/6 1/9-22/10

Gstaad Seite 353 **660** € 23
Bellerive Camping***
4 (A 1/7-31/8) 5 (A 1/1-31/12)
AKZ. 7/1-7/2 7/3-15/5 31/5-28/6 12/9-20/12

Innertkirchen Seite 354 **662** € 23
Aareschlucht***
5 (A 15/6-15/9) (F 1/5-31/10) 6 (A 15/6-15/9)
AKZ. 1/5-2/7 28/8-31/10

Interlaken/Unterseen Seite 354 **663** € 23
Alpenblick****
5 (A+B+E+F+H+J+K 1/1-31/12)
AKZ. 9/1-6/4 12/4-14/5 11/6-30/6 27/8-20/12

Zweisimmen Seite 355 **672** € 23
Vermeille****
5 (B+H 1/1-31/12) 6 (B+F 1/6-31/8)
AKZ. 8/1-5/2 19/3-6/4 11/4-17/5 12/6-7/7 1/9-27/9 15/10-15/12

Ostschweiz

Ottenbach Seite 357 **669** € 23
Reussbrücke****
5 (A+B+E+F+H+K 1/4-7/10) 6 (A+F 8/5-15/9)
AKZ. 17/4-28/4 2/5-12/5 22/5-26/5 12/6-30/6 1/9-1/10

Zentralschweiz

Meierskappel Seite 358 **667** € 23
Campingplatz Gerbe
5 (A+B+E+J+K 1/3-31/10) 6 (A 15/5-30/9)
AKZ. 1/3-5/4 11/4-17/5 22/5-25/5 30/5-6/6 12/6-1/7 1/9-31/10

Unterägeri Seite 359 **671** € 23
Unterägeri****
5 (A+B 1/4-31/10) (C 1/4-30/10) (E+F+H+I+K+L 1/4-31/10)
AKZ. 11/4-17/5 12/6-1/7 1/9-31/10

Tessin

Cugnasco Seite 360 **658** € 23
Riarena****
5 (A+B+E+F+G+H+J+K+L 17/3-22/10) 6 (A+F 1/5-15/9)
AKZ. 17/3-7/4 11/4-18/5 22/5-27/5 30/5-5/7 21/8-22/10

Gudo Seite 360 **661** € 23
Isola****
5 (A+B 15/4-31/10) (E+F+G+H+J+K 15/1-15/12)
6 (A+F 15/5-30/9)
AKZ. 15/1-5/4 17/4-30/6 1/9-15/12

Graubünden

Cinuos-chel/Chapella Seite 362 **657** € 23
Chapella**
5 (A+B 1/5-31/10)
AKZ. 1/5-18/6 4/9-31/10

Le Prese Seite 363 **665** € 23
Cavresc***
5 (A+E+G 1/7-1/9) (H 1/4-31/10)
AKZ. 1/4-14/6 14/9-31/10

Müstair Seite 363 **668** € 23
Muglin
5 (A+E+H+K 28/4-29/10)
AKZ. 28/4-30/6 27/8-29/10

Sta Maria Seite 364 **670** € 23
Pè da Munt***
5 (A+B 26/5-1/10)
AKZ. 26/5-1/7 20/8-1/10

Österreich

Tirol

Biberwier Seite 375 **679** € 21
Feriencenter Camping Biberhof
5 (A+H+L 1/1-31/12)
AKZ. 9/4-30/6 1/9-15/12

Fieberbrunn Seite 376 **689** € 23
Tirol Camp****
4 (A+B 19/5-2/11) (E 19/5-1/11)
5 (A+C+E+F+H+J+L 1/1-16/4,16/5-5/11,7/12-31/12)
6 (B 1/6-1/10) (E+G 1/1-16/4,16/5-5/11,7/12-31/12)
AKZ. 16/5-8/7 26/8-5/11

Imst Seite 376 **694** € 19
Aktivcamping Am Schwimmbad
4 (A+E 1/5-21/9) 5 (A+J 21/4-15/10) 6 (B+G 1/5-11/9)
AKZ. 21/4-30/6 27/8-15/10

Kals am Großglockner Seite 377 **696** € 23
Nationalparkcamping Kals****
5 (A+B 1/1-11/4,15/5-15/10,18/12-31/12)
AKZ. 15/5-29/6 1/9-15/10

Kaunertal Seite 377 697 € 23
▲ Kaunertal
4 (A+E 1/6-30/9) 5 (A+H+J 1/5-10/10) 6 (E 1/5-10/10)
AKZ. 1/5-1/7 3/9-10/10

Kramsach (Krummsee) Seite 378 701 € 23
▲ Seencamping Stadlerhof****
4 (A 1/6-30/9) (B 1/7-25/8) 5 (A+B+E+F+L 1/1-31/12)
6 (B 1/1-31/12) (G 1/6-30/9)
AKZ. 7/5-18/6 10/9-22/10

Kramsach (Reintalersee) Seite 378 702 € 23
▲ CP und Appartements Seehof*****
4 (A 1/1-31/12) (B 9/7-31/8) (E 1/7-31/8)
5 (A+B+E+F+G+J+L 1/1-31/12)
AKZ. 9/1-30/6 11/9-15/12

Lienz Seite 378 704 € 23
▲ Comfort & Wellness CP Falken****
5 (A+B+E+F+G+H+J 1/4-31/10)
AKZ. 1/4-8/7 1/9-31/10

Matrei in Osttirol Seite 378 707 € 23
▲ Edengarten
5 (E 17/6-14/10) (H 1/5-15/10) (K+L 17/6-14/10)
AKZ. 1/5-29/6 1/9-15/10

Mayrhofen Seite 380 709 € 23
▲ Alpenparadies Mayrhofen****
5 (A+B+E+F+G+H+J+L 1/1-14/10,15/12-31/12)
6 (B+E+G 1/1-14/10,15/12-31/12)
AKZ. 17/4-30/6 4/9-27/9 9/10-14/10

Nassereith Seite 380 711 € 19
▲ Rossbach****
4 (A+E 1/5-30/10) 5 (A+B 1/1-30/10,15/12-31/12)
(E+F+K 1/7-31/8) 6 (B+G 15/5-15/9)
AKZ. 1/3-30/6 18/8-30/10

Neustift Seite 380 712 € 21
▲ Stubai****
4 (B 23/6-5/9,29/9-24/10) (E 10/7-9/10)
5 (A+C+E+F+L 1/1-30/4,21/5-31/12)
AKZ. 21/5-25/6 3/9-8/10

Prutz Seite 380 718 € 21
▲ Aktiv Camping Prutz****
4 (A 1/5-1/10) (B 15/6-15/9) (D 1/6-15/10) (E 1/5-1/10)
5 (A+B 1/1-31/12) (E+F+J+K 15/5-15/10,20/12-10/4)
AKZ. 15/4-30/6 1/9-17/12 *10=9, 20=18, 30=27*

Ried Seite 380 721 € 23
▲ Dreiländereck****
4 (A 1/1-31/10,1/12-31/12) (B+C+D 1/6-30/9,20/12-31/3)
(E 1/1-31/10,1/12-31/12)
5 (A+C+E+F+G+H+J+L 1/1-31/10,1/12-31/12)
AKZ. 15/4-9/7 1/9-31/10 1/12-22/12

Stams Seite 380 728 € 23
▲ Eichenwald
4 (A+E 10/7-20/8) 5 (A+B 1/4-15/10) (E+F+G 1/5-30/9)
(H 1/4-15/10) (J+L 1/5-30/9) 6 (B 1/5-30/9) (G 1/5-31/8)
AKZ. 1/4-30/6 1/9-15/10

Walchsee Seite 381 733 € 23
▲ Ferienpark Terrassencp Süd-See****
4 (A+E 1/6-1/10) 5 (A 1/1-31/12) (B 12/4-15/10)
(E+F+G+K+L 12/4-15/10,20/12-31/12)
AKZ. 1/4-17/5 21/5-26/5 11/6-21/6 1/9-5/11

Weer Seite 381 734 € 21
▲ Alpencamping Mark****
4 (A+B+C+D+E 1/7-31/8) 5 (A+B 15/4-30/9)
(E+F 20/5-15/9) (G+H 15/4-30/9) (J 20/5-15/9)
(L 1/5-30/9) 6 (B 1/5-30/9)
AKZ. 15/4-30/6 1/9-30/9

Zell im Zillertal Seite 382 736 € 23
▲ Campingdorf Hofer
4 (A 1/6-30/9) (B+D 1/7-15/9) (E 1/6-15/9)
5 (A+B 1/1-5/11,5/12-31/12)
(E+F+J+L 30/5-15/10,15/12-15/4) 6 (D 1/5-15/10)
AKZ. 1/5-30/6 1/9-10/10

Oberösterreich

Mondsee/Tiefgraben Seite 383 710 € 23
▲ Camp MondSeeLand*****
4 (B+D+E 1/7-31/8) 5 (A+C+F+H+L 1/4-2/10)
6 (B 1/5-30/9)
AKZ. 1/4-17/5 12/6-30/6 1/9-2/10

Salzburg

Abersee/St. Gilgen Seite 383 675 € 23
▲ Seecamping Primus
AKZ. 28/4-30/6 1/9-30/9

Abersee/St. Gilgen Seite 383 676 € 23
▲ Seecamping Wolfgangblick
5 (A+B 9/5-9/9) (E+F 9/5-31/8) (H 22/4-30/9)
AKZ. 22/4-30/6 1/9-30/9

Österreich

Abersee/St. Gilgen — Seite 384 — 673 — € 23
Paradiescp Wolfgangsee Birkenstrand****
5 (A+B+E+F+G+J 1/4-15/10)
AKZ. 1/4-30/6 4/9-15/10

Abersee/St. Gilgen — Seite 384 — 674 — € 23
Romantik Camp. Wolfgangsee Lindenstrand****
5 (A+C 1/4-15/10) (F 1/7-28/8)
AKZ. 1/4-18/5 11/6-1/7 7/9-15/10

Mauterndorf — Seite 385 — 708 — € 23
Camping Mauterndorf****
4 (B 1/7-31/8) 5 (A+B+F 1/1-31/12)
(G 1/7-10/9,1/12-30/4) (H+J 1/1-31/12)
(L 1/7-10/9,1/12-30/4) 6 (B 1/7-31/8)
AKZ. 17/4-30/6 11/9-24/11

Seekirchen — Seite 386 — 722 — € 23
Seekirchen am Wallersee
5 (A+B+E+F+H+J+K 1/4-31/10)
AKZ. 1/4-18/5 12/6-30/6 1/9-31/10

St. Johann im Pongau — Seite 387 — 725 — € 23
Kastenhof
5 (A+B 1/1-31/12)
AKZ. 15/5-29/6 10/9-25/10

Zell am See — Seite 387 — 735 — € 23
Panorama Camp Zell am See
5 (A 1/1-8/1,1/2-22/10,22/12-31/12) (B+G+J 1/6-15/9)
AKZ. 1/2-31/3 11/4-26/5 5/6-23/6 11/9-21/10

Kärnten

Dellach im Drautal — Seite 388 — 681 — € 21
Camping Am Waldbad
4 (B+C 1/7-31/8) (E 1/6-1/10)
5 (A+B+E+F+G+H+J+K+L 15/4-1/10) 6 (B+G 21/5-11/9)
AKZ. 15/4-29/6 1/9-1/10

Döbriach — Seite 388 — 682 — € 23
Brunner am See
4 (A 1/5-30/9) (B+C 1/7-31/8) (E 1/5-30/10)
5 (A 1/1-31/12) (C+F+G+H+K+L 15/5-30/9)
AKZ. 1/1-30/6 1/9-31/12

Döbriach — Seite 389 — 683 — € 21
Seecamping Mössler
4 (**A** 1/6-30/9) (B 1/7-31/8) (E 1/6-30/9)
5 (A 15/5-30/9) (C+F+G+L 6/5-30/9) 6 (B+G 20/5-23/9)
AKZ. 8/4-30/6 1/9-2/11

Eberndorf — Seite 390 — 684 — € 23
Naturisten Feriendorf Rutar Lido
4 (**A** 1/1-31/12) (E 1/5-30/9)
5 (A 1/1-31/12) (C 1/5-30/9) (E+F+J+L 1/1-31/12)
6 (B 1/6-30/9) (E 1/1-31/12) (G 1/7-30/9)
AKZ. 1/3-7/7 1/9-30/10

Faak am See — Seite 390 — 686 — € 23
Arneitz
4 (A 5/7-22/8) (B 2/7-24/8) (E 5/7-22/8)
5 (A 27/4-30/9) (C+F+G+H+I 1/5-20/9) (J 27/4-30/9)
(L 1/5-20/9)
AKZ. 27/4-30/6 11/9-29/9

Feistritz im Rosental — Seite 390 — 687 — € 23
Juritz
4 (B+C 15/7-15/8) (E 1/6-30/9) 5 (A+F+H+L 1/5-30/9)
6 (C 1/5-30/9)
AKZ. 1/5-30/6 1/9-30/9

Feistritz ob Bleiburg — Seite 390 — 688 — € 19
Petzencamping Pirkdorfer See
4 (A+B 1/7-31/8) 5 (A+F+J+L 1/1-31/12)
AKZ. 1/1-30/6 4/9-31/12

Gösselsdorf — Seite 390 — 691 — € 21
Sonnencamp am Gösselsdorfer See
4 (A 15/4-30/9) (B 1/7-31/8) (**E** 1/5-30/9)
5 (A 15/4-30/9) (E+F+G 1/5-30/9) (H 15/4-30/9)
(K 1/5-30/9)
AKZ. 15/4-1/7 2/9-30/9

Hermagor-Pressegger See — Seite 390 — 693 — € 19
Sport-Camping-Flaschberger
4 (E 1/6-30/9) 5 (A+E+F+K 1/1-31/12) 6 (B 1/6-10/9)
AKZ. 10/1-2/7 27/8-20/12

Irschen — Seite 392 — 695 — € 19
Rad-Wandercamping-Ponderosa***
4 (**A** 1/6-10/9) 5 (A+B+E+F+G+H+K+L 8/5-24/9)
AKZ. 8/5-7/7 24/8-24/9

Keutschach am See — Seite 392 — 698 — € 23
Strandcamping Süd
4 (A 1/5-30/9) (B 15/7-15/8) 5 (A+B+E+F+H+L 1/5-30/9)
AKZ. 1/5-13/5 21/5-25/5 30/5-6/6 11/6-22/6 3/9-30/9

Kötschach/Mauthen — Seite 392 — 700 — € 23
Alpencamp Kärnten****
4 (**A** 1/5-15/10) (E 1/1-31/3,1/5-15/10)
5 (A 1/1-4/11,15/12-31/12) (B 1/5-31/10)
(G+K 1/1-4/11,15/12-31/12)
AKZ. 6/1-29/6 1/9-4/11

Malta Seite 392 705 € 21
Terrassencamping Maltatal*****
4 (**A**+B+D 1/7-31/8) (**E** 1/6-1/10)
5 (A+C+E+F+G+H+J+L 22/4-15/10) 6 (**B**+**G** 1/6-15/9)
AKZ. 22/4-30/6 1/9-15/10

Oberdrauburg Seite 393 713 € 19
Natur- & Familiencp Oberdrauburg
4 (A 1/5-30/9) (B+C 1/7-31/8) (**E** 1/5-30/9)
5 (A 3/6-31/8) (E+F 1/5-30/9) (G+H+J+L 8/6-31/8)
6 (B+G 5/6-29/8)
AKZ. 1/5-29/6 1/9-30/9

Ossiach Seite 394 714 € 19
Kalkgruber
4 (A+E 1/5-1/10) 5 (A 1/5-1/10)
AKZ. 1/5-8/7 28/8-30/9 10=9, 20=18, 30=27

Ossiach Seite 394 715 € 23
Ideal Camping Lampele****
4 (A+B+D 1/7-31/8) 5 (A+C+E 15/5-15/9) (F+G 15/5-8/9) (H 15/5-15/9) (L 15/5-8/9)
AKZ. 1/5-30/6 1/9-30/9

Ossiach Seite 394 716 € 23
Terrassen Camping Ossiacher See
4 (A 15/4-15/10) (B+C+D 1/7-30/8) 5 (A+C 15/4-15/10) (F+G+H+I 15/5-15/9) (J 15/4-15/10) (L 15/5-15/9)
AKZ. 15/4-30/6 1/9-30/9

Pesenthein Seite 394 717 € 21
Terrassencamping Pesenthein
5 (A+H+L 1/4-31/10)
AKZ. 1/4-30/6 1/9-31/10

Rennweg am Katschberg Seite 394 720 € 21
Ramsbacher
4 (E 1/6-30/9) 5 (A 1/7-31/8) (F 1/1-31/12)
6 (B+F 15/6-1/9)
AKZ. 15/4-30/6 1/9-30/11

St. Georgen am Längsee Seite 395 724 € 19
Wieser Längsee
5 (A 1/5-1/10)
AKZ. 1/5-30/6 1/9-1/10

Steindorf Seite 395 729 € 23
See-Areal Steindorf****
4 (A+E 1/4-31/10) 5 (A+F+H 1/4-31/10) (L 1/5-30/9)
AKZ. 1/4-15/6 15/9-31/10

Steindorf/Stiegl Seite 395 730 € 21
Seecamping Hoffmann****
4 (A 15/6-15/9) (E 1/5-1/10)
5 (A+B 1/5-1/10) (E 1/6-7/9) (F+H+L 1/5-1/10)
AKZ. 1/5-1/7 1/9-1/10

Techendorf (Weißensee) Seite 395 731 € 23
Knaller
5 (E+F 15/6-10/9)
AKZ. 28/4-18/6 4/9-1/10

Niederösterreich/Wien

Emmersdorf Seite 396 685 € 23
Donau Camping Emmersdorf
5 (E+L 1/4-15/10)
AKZ. 1/4-1/7 1/9-15/10

Klosterneuburg Seite 396 699 € 23
Donaupark Camping Klosterneuburg
4 (**A** 13/3-5/11) 5 (A+B+F+K 13/3-5/11)
AKZ. 13/3-30/6 1/9-4/11

Krems (Donau) Seite 396 703 € 23
Donau Camping Krems
5 (A+E+F+H+J 1/4-31/10)
AKZ. 1/4-30/6 1/9-31/10

Marbach an der Donau Seite 396 706 € 23
Marbacher Freizeitzentrum
5 (A+B 2/4-26/10)
AKZ. 2/4-15/6 15/9-26/10

St. Pölten Seite 397 727 € 23
Camping am See
5 (A 15/4-15/10)
AKZ. 15/4-15/5 24/5-30/6 4/9-15/10

Tulln an der Donau Seite 397 732 € 23
Donaupark Camping Tulln
4 (**A**+D 1/4-15/10)
5 (A+B 1/4-15/10) (E 15/4-14/10) (F+L 15/4-30/9)
AKZ. 1/4-30/6 1/9-14/10

Steiermark/Burgenland

Aigen (Ennstal) Seite 398 677 € 23
Putterersee
5 (A+B+E+F+G+H+J+K 1/5-30/9)
AKZ. 15/4-30/6 1/9-31/10

Bad Waltersdorf — Seite 399 — 678 — € 23
Thermenland Camping Rath & Pichler
4 (A 1/4-31/10) 5 (A+B 1/1-31/12)
AKZ. 1/5-17/5 22/5-26/5 30/5-7/6 12/6-30/6 15/9-30/9

Fisching/Weißkirchen — Seite 399 — 690 — € 23
50plus Campingpark Fisching****
4 (**A**+**E** 1/4-15/10) 5 (A+E+F+H+J+L 1/4-15/10)
AKZ. 1/4-1/6 1/9-15/10

Großlobming — Seite 399 — 692 — € 23
Murinsel
5 (A 1/4-31/10) (E+F+G+H+L 1/5-30/9)
AKZ. 1/4-1/6 1/9-31/10

Purbach — Seite 400 — 719 — € 23
CP Storchencamp Purbach
5 (A+B+E+F+H+J+L 7/4-26/10) 6 (**B**+**G** 1/5-30/8)
AKZ. 1/5-26/5 11/6-21/6 3/9-30/9

St. Georgen am Kreischberg — Seite 400 — 723 — € 23
Olachgut*****
4 (A+B+C+D+E 1/7-31/8)
5 (A+B+F+H+K 1/1-10/4,8/5-8/10,8/12-31/12)
AKZ. 8/5-17/5 21/5-26/5 11/6-30/6 1/9-8/10

St. Peter am Kammersberg — Seite 400 — 726 — € 21
Bella Austria****
4 (B 20/6-8/9) 5 (A+B 1/7-31/8) (F+H+L 29/4-30/9)
6 (A+F 15/6-31/8)
AKZ. 29/4-15/7 2/9-30/9

Polen

Nord-Polen

Chlapowo — Seite 405 — 737 — € 19
Alexa****
4 (B+C+D 29/6-23/8) 5 (A+B 6/6-31/8) (F+L 31/5-31/8)
AKZ. 1/4-17/6 21/8-31/10

Chlapowo — Seite 405 — 738 — € 17
Pole Horyzont
4 (B 5/7-20/8)
AKZ. 1/1-15/6 20/8-31/12

Kolobrzeg — Seite 407 — 739 — € 19
Camping Baltic****
5 (A+C 1/5-15/9) (E 1/7-31/8) (H 1/5-15/9) (I 1/5-15/10)
AKZ. 15/4-18/6 1/9-15/10

Leba — Seite 408 — 741 — € 19
Morski Nr. 21 Eurocamp***
4 (B 1/7-21/8) (E 1/7-30/8)
5 (C 30/4-30/9) (E 1/6-20/9) (F 1/6-30/9)
(H+J+K 30/4-30/9)
AKZ. 1/5-20/6 20/8-30/9

Leba — Seite 408 — 740 — € 17
Lesny Nr. 51****
5 (A+C 10/6-30/8) 6 (D 15/4-30/10)
AKZ. 15/4-30/6 1/9-30/10

Sorkwity — Seite 410 — 742 — € 23
Glamping Szelagówka
4 (A+**E** 15/4-15/10) 5 (A+B+H+I+J+K 15/4-15/10)
6 (A 15/4-15/10)
AKZ. 15/4-5/7 24/8-15/10

Tschechien

Cerná v Pošumaví — Seite 438 — 743 — € 19
Camping Olšina***
5 (B 1/7-30/8) (E 22/4-9/10) (G 1/7-30/8) (K 22/4-9/10)
AKZ. 22/4-8/7 26/8-7/10 7=6

Chvalsiny — Seite 438 — 744 — € 23
Camping Chvalsiny
4 (**A**+B+C+D+**E** 15/4-1/10) 5 (A 1/6-30/8)
(B+F+G+H 15/4-1/10) (J 1/6-30/8) (L 15/4-1/10)
6 (A 1/6-31/8)
AKZ. 15/4-30/6 28/8-1/10

Decin 3 — Seite 438 — 745 — € 17
Kemp Decín
4 (A+**E** 1/4-31/10) 5 (A+E+F+H+J 1/4-31/10)
AKZ. 1/4-30/6 1/9-31/10

Horní Planá — Seite 439 — 746 — € 19
Autocamp Jenišov***
5 (B 1/5-5/10) (H+J 25/4-10/10) (L 1/5-5/10)
AKZ. 25/4-1/7 26/8-10/10 7=6

Opatov (Okr. Trebíc) — Seite 441 — 747 — € 19
Vídlák
5 (A 1/6-20/8)
AKZ. 15/4-8/7 25/8-1/10 14=11

Ausführliche Redaktionseinträge: Seite 399 bis 441

Prag 8/Dolní Chabry 👫 | Seite 441 | 748 | € 21
Triocamp***
5 (A+B 1/1-31/12) (E 1/4-31/10) (H 1/1-31/12) (K 1/4-31/10) 6 (A 15/5-1/9)
AKZ. 1/3-8/7 26/8-31/10 7=6, 14=11

Prag 9/Dolní Pocernice 👫 | Seite 442 | 749 | € 21
Sokol Praha****
4 (B 1/7-31/8)
5 (A+B+E+F+H 1/1-7/1,1/3-20/12,27/12-31/12) (J 1/7-31/8) (K+L 1/1-7/1,1/3-20/12,27/12-31/12)
6 (A+F 1/5-30/9)
AKZ. 31/3-1/7 26/8-31/10 7=6, 14=11

Roznov pod Radhostem 👫 | Seite 442 | 750 | € 21
Camping Roznov
5 (A+B 1/7-31/8) (E 1/1-31/12) (H 1/7-31/8) (K 1/6-30/9)
6 (A 1/6-30/9)
AKZ. 1/1-30/6 1/9-31/12

Strázov | Seite 442 | 751 | € 21
u Dvou Orechu
5 (E+H+K 29/4-17/9)
AKZ. 29/4-1/7 1/9-17/9

Týn nad Vltavou 👫 | Seite 443 | 752 | € 19
Camping Prima
5 (A+E+H+K 1/4-31/10)
AKZ. 1/4-8/7 26/8-31/10 7=6, 14=11

Vrané nad Vltavou/Prag 👫 | Seite 443 | 753 | € 23
Camp Matyás
5 (A+B+E+J+K 20/4-30/9)
AKZ. 20/4-30/6 1/9-30/9

Zvíkovské Podhradí 👫 | Seite 443 | 754 | € 23
Zvíkov Village Kemp
5 (A+B+E+F 1/6-31/10) (H+J+K 1/1-31/12)
6 (A 1/1-31/12)
AKZ. 2/1-23/6 22/9-29/12

Ungarn

West-Ungarn

Balatonberény | Seite 454 | 755 | € 21
Balatontourist CP Naturist Berény
4 (B+C+D 1/7-28/8) 5 (E+F 12/5-19/9) (H+J 1/7-28/8) (K 13/5-30/6,29/8-11/9) (L 1/7-28/8)
AKZ. 12/5-28/6 20/8-17/9

Balatonfüred | Seite 454 | 756 | € 21
Balatontourist CP & Bungalows Füred***
4 (**A** 29/4-25/9) (B+C 1/7-31/8)
5 (A 29/4-25/9) (C 14/5-18/9) (E+F+G+H+J+K+L 29/4-25/9)
6 (A+F 11/6-28/8)
AKZ. 19/5-29/6 20/8-23/9

Gyenesdiás | Seite 455 | 757 | € 17
Wellness Park Camping
4 (**A** 1/5-30/9) 5 (A 15/5-31/8) (E 15/7-31/8) (F+H 15/5-31/8) (J 1/6-31/8) 6 (A 15/5-15/9)
AKZ. 1/3-30/6 1/9-31/10

Révfülöp | Seite 456 | 758 | € 19
Balatontourist Camping Napfény***
4 (B 1/7-31/8) 5 (A+B 28/4-24/9) (E 1/6-31/8) (F+G+J+K+L 28/4-24/9) 6 (F 1/6-24/9)
AKZ. 28/4-29/6 20/8-17/9

Slowenien

Ankaran | Seite 471 | 759 | € 23
Adria****
4 (B+D 1/7-31/8) 5 (A 1/5-11/10) (B 1/5-30/9) (E 15/4-30/9) (G 1/5-30/9) (H+J 10/4-15/10) (K 20/6-15/9) (L 10/4-15/10)
6 (**A** 15/6-30/9) (**E** 10/4-15/10) (**F** 1/6-30/9)
AKZ. 10/4-15/6 15/9-15/10

Bled 👫 | Seite 471 | 760 | € 23
Bled*****
4 (**A** 1/5-30/9) (B+D 1/7-31/8)
5 (A+C+E+F+G+H+L 1/4-15/10)
AKZ. 1/4-30/6 1/9-15/10

Bohinjska Bistrica | Seite 471 | 761 | € 23
Kamp Danica Bohinj****
4 (A 1/1-31/12) (B+C+D 15/6-31/8) (**E** 1/5-15/10)
5 (A 1/5-30/9) (E+H 1/1-31/12) (J 1/6-30/9) (L 1/1-31/12)
AKZ. 1/5-24/6 24/9-24/12

Bovec 👫 | Seite 471 | 762 | € 21
Polovnik**
4 (**E** 1/7-31/8) 5 (E+F+G+L 30/3-15/10)
AKZ. 1/4-1/7 1/9-15/10

Gozd Martuljek 👪 Seite 472 763 € 23
▲ Spik***
5 (A 1/1-31/12) (H 1/7-25/8) (J+L 1/1-31/12)
6 (**E**+**G** 1/1-31/12)
AKZ. 1/4-18/6 5/9-31/10

Kobarid 👪 Seite 472 764 € 23
▲ Eco-Camping & Chalets Koren****
4 (**A**+B 1/7-31/8) (**E** 1/1-31/12)
5 (A+B+E+H+J+K 1/1-31/12)
AKZ. 1/1-30/6 1/9-31/12

Lesce 👪 Seite 473 765 € 23
▲ River Camping Bled*****
4 (**A** 20/4-8/10) (B+C+D 1/7-31/8) (**E** 20/4-8/10)
5 (A+B+F+G+H+J+L 20/4-8/10) 6 (B 1/6-30/9)
AKZ. 1/5-9/6 8/9-30/9

Ljubljana Seite 473 766 € 23
▲ Ljubljana Resort (hotel & cp)****
4 (B 1/7-31/8) 5 (A 1/6-15/9) (E+F 1/6-1/9)
(H 1/4-15/10) (J 1/6-1/9) (L 15/6-15/9)
6 (**B**+**G** 17/6-31/8)
AKZ. 1/4-1/7 1/9-30/9 7=6, 14=11

Maribor 👪 Seite 474 767 € 21
▲ Camping Center Kekec***
AKZ. 1/1-30/6 3/9-31/12

Moravske Toplice 👪 Seite 474 768 € 23
▲ Terme 3000****
4 (**A**+B 1/1-31/12) (C 1/6-1/9) (D+E 1/1-31/12)
5 (A 1/4-31/10) (E+F+G+H+I+J+K+L 1/1-31/12)
6 (B 27/4-15/9) (E+G 1/1-31/12)
AKZ. 3/1-30/3 2/5-25/5 4/6-22/6 10/9-30/9 5/11-21/12

Podzemelj/Gradac 👪 Seite 474 769 € 23
▲ CP Bela krajina - river Kolpa****
4 (A+B+E 1/7-31/8)
5 (A 1/6-31/8) (B+F+H+J 15/4-10/10) (L 1/6-31/8)
AKZ. 20/4-10/6 10/9-1/10

Ptuj 👪 Seite 475 770 € 23
▲ Camping Terme Ptuj****
4 (**A**+B+C+D+**E** 1/1-31/12) 5 (A 1/7-31/8)
(E+F 1/1-31/12) (G 1/7-31/8) (H+I+J+L 1/1-31/12)
6 (**B** 1/5-15/9) (**E**+**G** 1/1-31/12)
AKZ. 3/1-30/3 2/5-22/6 10/9-19/10 5/11-21/12

Recica ob Savinji Seite 475 771 € 21
▲ Menina****
4 (**A** 1/6-31/8) (B+C+D 1/7-31/8) (**E** 1/6-31/8)
5 (E+F 1/1-31/12) (G+H 1/5-31/10) (J 1/1-31/12)
(L 1/5-31/10)
AKZ. 1/1-30/6 1/9-31/12 7=6

Soca 👪 Seite 476 772 € 23
▲ Camp Soca**
5 (A+E+G+H 1/4-31/10)
AKZ. 1/4-30/6 1/9-31/10

Velenje Seite 476 773 € 19
▲ Camp Velenje***
4 (**A** 1/5-31/10) (**E** 1/1-31/12) 5 (E+H 1/1-31/12)
AKZ. 1/1-30/6 1/9-31/12

Kroatien

Istrien

Banjole/Pula Seite 482 774 € 19
▲ Arena Indije Campsite**
4 (**A** 22/4-1/10) (B 15/6-15/9)
5 (A+C+E+F+G+H+J+L 22/4-1/10)
AKZ. 22/4-3/6 3/9-1/10

Banjole/Pula Seite 482 775 € 21
▲ Camp Peškera****
4 (A 21/4-1/10) 5 (F+H+J+K 25/5-10/9)
6 (A 15/5-15/9)
AKZ. 21/4-18/6 27/8-30/9

Fazana Seite 483 781 € 21
▲ Bi-Village****
4 (A+B+C+D 27/4-16/10)
5 (A+C+E+F+G+H+J+L 27/4-16/10) 6 (B+G 27/4-16/10)
AKZ. 27/4-24/6 26/8-16/10

Funtana Seite 484 782 € 19
▲ Polidor****
4 (**A** 1/4-31/10) (B 1/6-31/8) 5 (A 1/1-31/12)
(B 1/6-1/10) (F 1/4-30/9) (H 1/1-31/12) (L 1/4-30/9)
6 (B+G 1/4-31/10)
AKZ. 1/1-28/5 12/6-24/6 9/9-31/12

Funtana/Vrsar — Seite 484 — 783 — € 19
Valkanela***
4 (**A** 15/5-28/9) (B+D 15/6-15/9)
5 (A+C+E+F+G+H 21/4-7/10) (I 1/5-15/9)
(J+K+L 21/4-7/10) 6 (A+F 15/5-15/9)
AKZ. 21/4-23/6 3/9-7/10

Labin — Seite 484 — 793 — € 23
Marina Camping Resort****
4 (B+C+D 1/7-30/8) 5 (A+B+E+F+G+H+J+K 6/4-22/10)
6 (B 6/4-22/10)
AKZ. 6/4-6/6 6/9-22/10

Medulin — Seite 484 — 802 — € 23
Arena Grand Kažela Campsite****
4 (**A** 9/4-2/10) (B+C 1/1-31/12) (D 20/4-1/10)
(**E** 1/1-31/12) 5 (A+C+E+F+G+H+J+L 1/1-31/12)
6 (A 1/5-2/10) (F 20/6-30/9)
AKZ. 6/4-3/6 3/9-7/10

Medulin — Seite 484 — 803 — € 21
Arena Medulin Campsite
4 (**A**+B+C+D 1/6-31/8)
5 (A+C 6/4-7/10) (E 1/5-15/9) (F+G+H+I+J+L 6/4-7/10)
AKZ. 6/4-3/6 3/9-7/10

Novigrad — Seite 486 — 810 — € 23
Aminess Maravea CP Resort****
4 (**A** 1/5-29/9) (B+C+D 1/7-31/8)
5 (A+C+E+F+G+H+J+L 21/4-1/10) 6 (A+F 21/4-1/10)
AKZ. 21/4-17/5 21/5-25/5 11/6-1/7 9/9-30/9

Novigrad — Seite 486 — 811 — € 23
Aminess Sirena Campsite****
4 (**A** 1/5-30/9) (B+D 1/7-31/8)
5 (A 31/3-5/11) (C 1/4-30/9) (E 1/6-31/8) (F 31/3-5/11)
(G 1/6-15/9) (H+K+L 1/5-30/9)
AKZ. 31/3-17/5 21/5-25/5 11/6-1/7 9/9-4/11

Pula — Seite 488 — 821 — € 21
Arena Stoja Campsite***
4 (**A** 6/4-31/12) (B+C+D 26/5-15/9)
5 (A+C+E+F+G+H+J+L 6/4-31/12)
AKZ. 6/4-3/6 3/9-7/10

Rabac — Seite 488 — 825 — € 23
Oliva Camp & Residence***
4 (A 8/4-8/10) (B+C 1/6-1/9) (**E** 8/4-8/10)
5 (A+B 8/4-8/10) (F 1/5-1/10) (G+H 1/5-30/9)
(J 1/5-1/10) (L 8/4-8/10) 6 (**A**+F 8/4-8/10)
AKZ. 8/4-27/5 5/6-17/6 2/9-7/10

Rovinj — Seite 488 — 826 — € 23
Amarin
4 (**A** 18/5-30/8) (B+C+D 1/6-15/9) 5 (A 1/6-15/9)
(C 21/4-7/10) (E 18/5-20/9) (F 1/7-31/8) (G 18/5-20/9)
(H+I+J+L 21/4-7/10) 6 (A+F 1/5-20/9)
AKZ. 21/4-26/5 8/6-23/6 10/9-7/10

Rovinj — Seite 488 — 827 — € 21
Polari***
4 (**A** 1/5-28/9) (B+D 15/5-15/9) 5 (A+C 7/4-7/10)
(E+F 1/5-26/9) (G+H+J+K 7/4-7/10) (L 1/5-26/9)
6 (A+F 20/5-20/9)
AKZ. 7/4-23/6 3/9-7/10

Rovinj — Seite 488 — 828 — € 23
Veštar****
4 (**A** 21/4-7/10) (B+D 1/6-15/9) 5 (A+C 21/4-7/10)
(E 15/6-31/8) (F+G 15/5-15/9) (H+J+K+L 21/4-7/10)
6 (A+F 1/5-29/9)
AKZ. 21/4-26/5 8/6-23/6 10/9-7/10

Sveti Lovrec Labinski — Seite 490 — 835 — € 19
Tunarica Sunny Camping**
5 (A+B+E+F+G+H+L 27/4-1/10)
AKZ. 27/4-6/6 6/9-1/10

Tar — Seite 490 — 836 — € 21
Lanterna Premium CP Resort****
4 (**A**+B+C+D 6/4-1/10)
5 (A+C+E+F+G+H+J+K+L 6/4-1/10) 6 (B+G 6/4-1/10)
AKZ. 6/4-6/6 6/9-1/10

Umag — Seite 490 — 840 — € 19
Camping Finida****
5 (A+C 21/4-1/10) (H+L 1/5-25/9)
AKZ. 21/4-27/4 2/5-19/6 16/9-1/10

Umag — Seite 490 — 841 — € 19
Camping Savudrija****
4 (B+D 1/7-1/9) 5 (A+C+E 21/4-1/10) (H 1/6-15/9)
(L 21/4-1/10) 6 (A 15/6-10/9)
AKZ. 21/4-27/4 2/5-19/6 16/9-1/10

Umag
Camping Stella Maris**** — Seite 490 — 842 — € 21
4 (A 21/4-4/10) (B+C+D 15/6-15/9)
5 (A+C+E+F+G+H+L 21/4-4/10) 6 (A+F 21/4-4/10)
AKZ. 21/4-27/4 2/5-19/6 16/9-1/10

Umag/Karigador
Camping Park Umag**** — Seite 490 — 843 — € 21
4 (A 21/4-1/10) (B+C+D 1/6-31/8) 5 (A+C 21/4-1/10)
(E 1/6-27/9) (F+G+H 21/4-1/10) (J 1/6-27/9) (L 21/4-1/10)
6 (A+F 1/5-26/9)
AKZ. 21/4-27/4 4/5-19/6 16/9-1/10

Vabriga
Boutique CP Santa Marina***** — Seite 490 — 844 — € 21
4 (B+C+D 1/7-31/8) 5 (A+B+F+G+H+L 1/5-1/10)
6 (A+F 1/5-1/10)
AKZ. 1/5-1/7 1/9-1/10

Vrsar
Porto Sole*** — Seite 490 — 845 — € 19
4 (A 1/5-30/9) (B 15/6-30/8) (D 1/6-30/8)
5 (A 1/1-31/12) (C 1/5-30/9) (E+F 1/1-31/12)
(G 1/5-30/9) (H 1/1-31/12) (J 15/5-30/9) (L 1/5-30/9)
6 (A+F 15/5-30/9)
AKZ. 1/3-23/6 10/9-31/10

Primorje-Gorski Kotar/Lika-Senj/Zadar/Sibenik-Knin

Baska (Krk)
Baška Beach Camping Resort**** — Seite 492 — 776 — € 19
4 (B+C+D+E 1/7-1/9) 5 (A+B+E+F+G+H+J+L 27/4-1/10)
6 (B+E+G 27/4-1/10)
AKZ. 27/4-6/6 6/9-1/10

Baska (Krk)
Bunculuka Camping Resort**** — Seite 492 — 777 — € 21
5 (A+C+F+G+H+I+J+L 27/4-1/10)
AKZ. 27/4-6/6 6/9-1/10

Donji Babin Potok
Big Bear Plitvice Nature Resort**** — Seite 493 — 778 — € 21
4 (A 1/4-1/11) 5 (A+B+F+H+J+L 1/4-1/11)
AKZ. 1/4-15/7 1/9-1/11

Drage
Oaza Mira**** — Seite 493 — 779 — € 23
4 (A 1/7-31/8) 5 (A+B 1/6-30/9) (E+F+G+H+L 1/6-20/9)
6 (A 1/6-20/9)
AKZ. 1/4-30/6 1/9-31/10

Glavotok (Krk)
Camping Glavotok*** — Seite 493 — 784 — € 23
4 (B+C+D 1/6-15/9) 5 (A+B+E+F 21/4-1/10)
(H 15/5-10/9) (J+L 21/4-1/10) 6 (B+G 21/4-1/10)
AKZ. 21/4-27/5 10/6-1/7 16/9-1/10

Jezera
Holiday resort Jezera Village*** — Seite 494 — 786 — € 21
4 (A+B+C 1/7-1/9) 5 (A+C+E+F 1/5-1/10) (G 1/7-31/8)
(H 21/4-16/10) (L 1/5-1/10)
AKZ. 21/4-15/6 15/9-16/10

Klimno/Dobrinj
Slamni**** — Seite 494 — 787 — € 21
4 (B+D 1/7-31/8) 5 (A+B 15/5-30/9)
(F+G+H+J+L 28/4-2/10) 6 (A+F 28/4-2/10)
AKZ. 28/4-27/5 5/6-11/6 1/9-2/10

Kolan (Pag)
Terra Park SpiritoS — Seite 494 — 788 — € 19
4 (B+C 1/7-1/9)
5 (A+B 1/5-30/9) (E+F+G+H+L 15/5-15/9)
AKZ. 29/5-30/6 1/9-30/9

Krk (Krk)
Camping Bor*** — Seite 494 — 789 — € 21
5 (A+B 15/5-30/9) (H+L 1/4-30/10) 6 (A+F 15/5-15/9)
AKZ. 1/1-7/7 1/9-31/12 **14=13**

Krk (Krk)
Jezevac Premium CP Resort**** — Seite 494 — 790 — € 23
4 (A+B+C+D+E 1/1-31/12)
5 (A+B+C+E+F+G+H+J+L 1/1-31/12)
6 (B 1/4-20/11) (G 1/1-31/12)
AKZ. 1/1-6/6 6/9-31/12

Krk (Krk)
Krk Premium Camping Resort***** — Seite 494 — 791 — € 23
4 (B+C+D+E 14/4-15/10)
5 (A+B+C+E+F+G+H+J+L 14/4-15/10)
6 (B+G 14/4-15/10)
AKZ. 14/4-6/6 6/9-15/10

Lopar (Rab)
San Marino Camping Resort**** — Seite 495 — 794 — € 19
4 (A+B+C+D 15/6-30/9) 5 (A+C 27/4-1/10)
(E+F+G+H+J+K+L 1/5-30/9)
AKZ. 27/4-6/6 6/9-1/10

Lozovac 👪 Seite 495 797 € 19
Camp Marina (NP. KRKA)
4 (**A** 1/3-15/11) 5 (A 1/3-15/11) (H 1/1-31/12) (K 1/3-15/11) 6 (A 1/4-1/11)
AKZ. 1/1-30/6 26/8-31/12

Lozovac Seite 495 796 € 19
Camp Krka***
4 (**A**+**E** 15/4-15/10) 5 (A 1/3-30/11) (H+L 15/4-1/10)
6 (B 1/5-15/10)
AKZ. 1/3-30/6 21/8-30/11

Lozovac Seite 496 798 € 15
Slapovi Krke***
4 (**A**+**E** 15/4-15/10)
AKZ. 1/3-30/6 21/8-30/11

Mali Losinj (Losinj) Seite 496 799 € 23
Camping Cikat****
4 (A+B+C 15/5-22/9) (D 18/5-22/9) (E 15/5-22/9)
5 (A+C+E+F+G+H+J+K 1/1-31/12) (L 8/4-21/10)
6 (A 18/5-30/9) (F 18/5-22/9)
AKZ. 1/5-26/5 12/6-25/6 7/9-30/9

Mali Losinj (Losinj) Seite 496 800 € 23
Village Poljana****
4 (**A**+B+C+D+**E** 28/5-31/8) 5 (A+C+F+G+H+J+L 1/4-2/11)
AKZ. 1/4-27/5 12/6-26/6 10/9-2/11

Martinšcica (Cres) Seite 496 801 € 19
Camping Slatina****
4 (B+C 15/6-15/9)
5 (A+C 22/4-1/10) (F+G 15/6-1/9) (H+L 22/4-1/10)
AKZ. 1/5-26/5 12/6-25/6 7/9-30/9

Moscenicka Draga Seite 496 804 € 23
Autocamp Draga***
5 (A+B 15/4-1/10)
AKZ. 15/4-15/6 1/9-1/10

Njivice (Krk) Seite 496 805 € 23
Aminess Atea Camping Resort****
4 (**A**+B+C+D 1/4-30/10) 5 (A+C+F+G+H+J+K 31/3-1/11)
6 (F 1/5-15/10)
AKZ. 31/3-17/5 21/5-25/5 11/6-30/6 9/9-31/10

Novalja Seite 497 806 € 21
Kanic
5 (A 15/4-15/10)
AKZ. 15/4-30/6 1/9-15/10

Novalja (Pag) Seite 497 807 € 21
Olea
4 (**A** 15/4-10/10) 5 (A+B+E+F+G+H+L 15/4-10/10)
AKZ. 15/4-15/6 15/9-10/10

Novalja (Pag) 👪 Seite 497 808 € 23
Strasko****
4 (**A** 15/5-10/9) (B+C+D 22/4-23/9) 5 (A+C 21/4-8/10) (E+F 1/5-30/9) (G+H 21/4-8/10) (K 1/5-30/9) (L 21/4-8/10)
6 (A+F 1/5-8/10)
AKZ. 21/4-23/6 1/9-8/10 7=6, 14=12

Novalja (Pag) Seite 498 809 € 21
Terra Park Phalaris
4 (**A** 16/4-21/10) (B+C 15/6-15/9) 5 (A+C 16/4-21/10) (E 1/5-21/10) (F+G 15/5-15/9) (H 16/4-21/10) (J 1/5-21/10) (L 15/5-15/9)
AKZ. 15/5-30/6 5/9-21/10

Omisalj 👪 Seite 498 814 € 23
Omisalj*****
4 (**A**+B+C+D+**E** 1/4-31/10)
5 (A+B+C+E+F+G+H+J+L 1/1-31/12)
6 (A 1/4-1/10) (F 1/5-1/10)
AKZ. 1/1-27/5 10/6-1/7 9/9-31/12 7=6, 14=12

Pakostane Seite 499 819 € 21
Kozarica****
4 (**A** 1/6-30/9) (B+C+D 15/6-31/8) 5 (A+C 1/5-30/9) (F+G 1/6-15/9) (H 1/5-30/9) (L 1/6-15/9) 6 (F 1/5-30/9)
AKZ. 8/4-15/6 10/9-31/10

Pakostane 👪 Seite 499 818 € 23
Camp Vransko lake - Crkvine***
4 (**A** 1/6-30/9)
5 (A 1/4-31/10) (C 1/5-30/9) (H+L 1/6-30/9)
AKZ. 1/4-20/6 6/9-31/10

Povljana Seite 499 820 € 19
Porat
AKZ. 22/4-1/7 2/9-1/10 7=6, 14=12

Punat (Krk) 👪 Seite 500 822 € 21
Camping Pila***
4 (**A**+B+C 15/7-31/8) 5 (A+C+E+F+H+L 21/4-30/9)
AKZ. 21/4-16/6 2/9-30/9

Punat (Krk) 👫 Seite 500 823 € 23
Naturist Camp Konobe***
4 (A 1/7-30/8) (B 1/7-31/8) 5 (A+B 21/4-30/9) (E+F 1/5-15/9) (H 1/6-30/9) (L 1/5-30/9)
AKZ. 21/4-16/6 2/9-30/9

Rab Seite 501 824 € 19
Padova Premium CP Resort****
4 (A+B+C+D 6/4-1/10) 5 (A+C+E+F+G+H+J+L 6/4-1/10)
6 (B+G 6/4-1/10)
AKZ. 6/4-6/6 6/9-1/10

Selce 👫 Seite 501 830 € 23
Camping Selce***
5 (A+B 15/5-15/10) (E+H+K 15/5-30/9) 6 (A+F 1/5-1/10)
AKZ. 7/4-10/6 10/9-1/11

Sibenik Seite 502 831 € 23
Amadria Park Camping Šibenik****
4 (A 1/5-30/9) (B 10/6-20/9)
5 (A+C+E+F+G+H+K+L 1/4-31/10)
6 (A 24/4-18/10) (E 24/5-18/10) (F 1/4-31/10)
AKZ. 1/4-23/6 1/9-31/10

Stara Baska/Punat (Krk) Seite 502 832 € 19
Skrila Sunny Camping***
5 (A+B+E+F+G+H+J+L 27/4-1/10)
AKZ. 27/4-6/6 6/9-1/10

Starigrad/Paklenica Seite 502 833 € 21
Paklenica****
4 (A 1/4-31/10) (B+C+D 1/7-26/8)
5 (A+C+H+L 1/4-31/10) 6 (A+F 30/4-29/10)
AKZ. 1/4-30/6 1/9-31/10

Tisno 👫 Seite 503 837 € 23
Olivia Green Camping****
4 (A 28/4-29/10) (B+C+D 1/6-30/9) 5 (A+F 28/4-29/10) (H 1/5-18/10) (J+L 28/4-29/10) 6 (B+G 28/4-29/10)
AKZ. 28/4-10/6 10/9-29/10

Tribanj 👫 Seite 503 838 € 19
Sibuljina***
5 (A+C 1/4-31/10) (E+H+L 1/6-1/10)
AKZ. 1/4-15/6 15/9-31/10

Zadar Seite 504 846 € 23
Falkensteiner Premium CP Zadar*****
4 (A+B+C+D 1/1-31/12)
5 (A+C+E+F+G+H+J+L 1/1-31/12) 6 (B 1/5-1/10) (F 1/1-31/12)
AKZ. 2/1-15/6 15/9-28/10

Zaton/Nin (Zadar) Seite 504 849 € 23
Zaton Holiday Resort****
4 (A 15/5-15/9) (B+C+D 22/4-7/10)
5 (A+C+E+F+G+H+I+J+K+L 22/4-7/10) 6 (B+G 22/4-7/10)
AKZ. 22/4-23/6 2/9-7/10

Zaton/Nin (Zadar) Seite 504 848 € 21
Autocamp Peros***
5 (H 1/6-15/9) 6 (A+F 15/5-1/10)
AKZ. 1/3-9/7 27/8-30/11

Dalmatien

Kuciste 👫 Seite 507 792 € 19
Palme
AKZ. 20/1-20/6 5/9-20/12

Loviste Seite 507 795 € 23
Kamp Lupis****
5 (B 15/6-1/10)
AKZ. 1/1-25/6 10/9-31/12

Okrug Gornji Seite 508 812 € 23
Camping Labadusa
5 (A+H+K+L 1/5-15/10)
AKZ. 1/5-14/6 1/9-15/10

Okrug Gornji Seite 508 813 € 23
Camping Rozac***
4 (A 15/4-2/10) (B+D 15/6-8/9) 5 (A+F+G 25/3-5/11) (H 1/5-1/10) (K+L 25/3-5/11)
AKZ. 25/3-4/6 4/9-5/11

Orasac Seite 509 815 € 15
Camp Pod Maslinom
4 (A 1/4-1/11)
AKZ. 1/4-30/6 10/9-31/10

Orebic 👫 Seite 509 816 € 21
Lavanda Camping****
4 (A 1/1-31/12) 5 (A 1/1-31/12) (E+F+G 15/4-31/10) (H 1/1-31/12) (J+L 15/4-31/10)
AKZ. 1/4-30/6 15/9-15/11

Orebic Seite 509 817 € 21
Nevio Camping****
4 (A 15/4-15/11) 5 (A 1/6-30/9) (E 1/4-15/11) (G 1/6-30/9) (H 15/6-15/9) (L 1/5-15/10) 6 (A 1/5-15/10)
AKZ. 1/4-30/6 15/9-15/11

Seget Vranjica/Trogir Seite 509 829 € 23
Amadria Park Camping Trogir****
4 (A+B+D 1/5-30/9) 5 (A+C+E+F+G+H+J+K+L 1/4-31/10)
6 (A+F 1/4-31/10)
AKZ. 1/4-23/6 1/9-31/10

Stobrec
Camping Stobrec Split**** — Seite 509 — 834 — € 23
4 (**A** 1/4-30/9) 5 (F+G+H+K+L 1/1-31/12)
6 (A+F 1/6-1/10)
AKZ. 1/1-30/6 1/9-31/12

Zaostrog
Camping Viter — Seite 511 — 847 — € 21
4 (**A** 1/5-30/9) 5 (H 15/6-15/9)
AKZ. 1/4-30/6 1/9-31/10

Ost-Kroatien

Duga Resa
Camp Slapic**** — Seite 511 — 780 — € 23
4 (**A** 1/6-30/9) 5 (A+E+F+G+H+L 1/4-31/10)
6 (A 1/4-1/10)
AKZ. 1/4-7/7 28/8-31/10

Grabovac/Rakovica
Plitvice Holiday Resort**** — Seite 511 — 785 — € 23
4 (**A** 1/5-30/9) (B+C+D 20/6-31/8)
5 (A+B+F+G+H+J+K+L 1/1-31/12) 6 (B 1/5-30/9)
AKZ. 1/4-10/6 10/9-31/10 7=6

Tuheljske Toplice
Camp Vita Terme Tuhelj***** — Seite 511 — 839 — € 23
4 (B 1/1-31/12) (C+D+**E** 1/6-31/8)
5 (E+F+G+H+I+J+L 1/1-31/12)
6 (**B** 15/5-15/9) (**E**+**G** 1/1-31/12)
AKZ. 8/1-16/4 2/5-15/7 3/9-27/10 5/11-22/12

Griechenland

Zentralgriechenland

Delphi
Apollon Cat.A — Seite 523 — 855 — € 21
4 (**E** 1/5-31/8) 5 (A+B+F+H+L 1/5-1/10)
6 (A 1/4-15/10)
AKZ. 1/1-7/7 24/8-31/12

Delphi
Delphi Camping Cat.A — Seite 523 — 856 — € 21
4 (**A**+**E** 1/4-31/10) 5 (A+B 1/1-31/12) (L 15/4-15/10)
6 (A 20/4-31/10)
AKZ. 1/1-30/6 1/9-31/12

Igoumenitsa
Camping Drepanos — Seite 524 — 865 — € 21
5 (A 1/1-31/12) (B+F 15/5-10/10) (H+J+L 25/3-10/10)
AKZ. 1/1-30/6 1/9-31/12

Kastraki/Kalambaka
Vrachos Kastraki — Seite 524 — 867 — € 23
5 (A+B 1/1-31/12) (E+J+K+L 1/4-30/10) 6 (A 1/5-30/9)
AKZ. 1/1-10/6 10/9-31/12

Kato Gatzea (Pilion)
Hellas — Seite 524 — 869 — € 23
5 (A+B+E+F+G+H+J+L 1/4-31/10)
AKZ. 1/1-16/6 16/9-31/12

Kato Gatzea (Pilion)
Sikia — Seite 524 — 870 — € 23
4 (**A**+**E** 1/5-15/9) 5 (A+C+E+F+G+H+J+L 1/4-15/10)
AKZ. 10/1-30/6 1/9-19/12

Parga/Lichnos
Enjoy Lichnos — Seite 524 — 879 — € 23
4 (**A** 1/7-30/9) 5 (A+C 1/4-16/10) (E+H+J+K 1/5-20/10)
AKZ. 1/4-26/6 2/9-16/10

Plataria/Igoumenitsa
Kalami Beach — Seite 524 — 881 — € 23
5 (A+B+E+H+J+L 1/4-30/10)
AKZ. 1/4-3/6 1/9-30/10

Ionische Inseln

Dassia (Corfu)
Karda Beach and Bungalows — Seite 525 — 854 — € 23
5 (A+C+E+F+H+L 1/5-30/9) 6 (A+F 1/5-30/9)
AKZ. 1/5-30/6 1/9-30/9

Lefkada
Kariotes Camping & Rooms — Seite 526 — 873 — € 19
5 (A+B 1/6-30/9) (E+F+H 15/5-30/9) (J 1/6-30/9)
(K 15/5-15/9) 6 (A 20/5-20/9) (F 15/5-20/9)
AKZ. 15/4-9/7 26/8-9/10

Peloponnes

Amaliada/Palouki
Palouki — Seite 527 — 850 — € 21
5 (A+C 1/4-31/10) (H+L 1/5-15/10)
AKZ. 1/4-18/6 15/9-31/10

Amaliada/Palouki
Paradise — Seite 527 — 851 — € 21
5 (A+B 15/5-31/12) (E 15/5-30/9) (H 15/6-31/12)
(K+L 15/5-30/9)
AKZ. 1/1-20/6 1/9-31/12

Ancient Epidavros
Bekas — Seite 527 — 852 — € 23
4 (**A** 1/7-31/8) 5 (A+B 1/4-31/10) (L 15/5-20/9)
AKZ. 1/4-30/6 10/9-30/10

Ancient Epidavros/Argolida Seite 527 853 € 23
Nicolas II
5 (A 24/3-31/10) (B 1/5-30/9) (H+L 15/4-31/10)
AKZ. 24/3-7/7 25/8-31/10

Drepanon/Vivari Seite 527 857 € 19
Lefka Beach
5 (A+B+E+H+J+L 1/4-30/10)
AKZ. 1/1-30/6 1/9-31/12

Elafonisos Seite 527 858 € 23
Simos Camping
5 (A 20/4-31/10) (C+E+F+G+H+I+J 15/5-20/9)
AKZ. 1/5-15/6 4/9-30/9

Finikounda Seite 528 859 € 19
Thines
5 (A+B+E+F+H+K 1/5-31/10)
AKZ. 1/1-30/6 1/9-31/12 30=28

Glifa Seite 529 860 € 21
Ionion Beach*****
4 (A 1/7-31/8) 5 (A+B+E+G+H+L 1/4-31/10)
6 (B+G 1/4-30/10)
AKZ. 1/1-30/6 11/9-31/12

Glifa/Ilias Seite 529 861 € 21
Aginara Beach***
5 (A 1/1-31/12) (B 25/3-15/11) (E+H 1/5-31/10)
(L 25/3-15/11)
AKZ. 1/1-30/6 26/8-31/12

Gythion/Lakonias Seite 530 862 € 23
Camping Gythion Bay***
5 (A 15/5-31/10) (C 1/6-30/9) (E 5/5-15/10)
(F 15/5-10/10) (H 15/5-15/10) (J 15/6-15/9) (L 5/5-15/10)
6 (A+F 5/4-31/10)
AKZ. 1/4-30/6 1/9-30/10

Gythion/Lakonias Seite 530 863 € 21
Mani-Beach
5 (A 1/4-15/10) (B+E+F+H 2/5-30/9) (J 1/6-30/9)
(L 2/5-30/9)
AKZ. 1/1-30/6 1/9-31/12

Gythion/Lakonias Seite 530 864 € 23
Camping Meltemi***
4 (B 15/6-30/8) 5 (A 1/4-20/10) (B 15/5-15/9)
(C 1/4-20/10) (E+F 15/5-15/9) (H 1/6-10/9)
(I+J+K 15/5-15/9) 6 (A 10/6-15/9)
AKZ. 1/4-30/6 1/9-20/10

Isthmia Seite 530 866 € 21
Isthmia Beach Camping
5 (A+B 1/4-15/10)
AKZ. 1/4-10/7 28/8-15/10 7=6, 10=8

Kato Alissos Seite 530 868 € 21
Kato Alissos**
5 (A+B 1/4-31/10) (E 30/6-31/8) (F+H+J+L 1/5-30/9)
AKZ. 1/4-30/6 1/9-30/10

Koroni/Messinias Seite 530 871 € 21
Camping Koroni
5 (A 1/4-31/10) (B 1/4-30/9) (E+F+H+J+L 1/4-31/10)
6 (A 1/4-31/10)
AKZ. 1/5-16/6 15/9-30/9

Kourouta/Amaliada Seite 531 872 € 21
Kourouta
5 (A 1/4-15/10) (B 15/5-20/10) (E+G+L 1/4-20/10)
AKZ. 1/4-25/6 25/9-31/10

Leonidio Seite 531 874 € 17
Camping Semeli
5 (A+B 1/1-31/12) (E+H 1/6-30/9)
AKZ. 1/1-30/6 1/9-31/12

Stoupa Seite 532 884 € 19
Kalogria
5 (A 1/4-20/11) (B 1/6-31/10) (E 15/6-15/10)
(H 1/4-20/11)
AKZ. 1/4-15/6 14/9-31/10

Tiros/Arcadia Seite 532 885 € 21
Zaritsi Camping
5 (A+B 1/4-15/11) (E 1/5-15/11) (F 1/5-31/10)
(H 1/4-15/11) (J+K+L 1/5-31/10)
AKZ. 1/4-30/6 1/9-31/10

Nordost-Griechenland

Nea Moudania Seite 533 875 € 21
Camping A.Ouzouni S.A.
5 (A+C 1/5-30/9) (E+F+H 10/5-11/9) (J 1/5-30/9)
(L 10/5-11/9)
AKZ. 1/5-30/6 20/8-29/9 7=6

Nea Moudania Seite 533 876 € 21
Ouzouni Beach Camping
5 (A+C 1/5-15/10)
AKZ. 1/5-30/6 26/8-14/10 7=6, 16=13, 25=21

Ausführliche Redaktionseinträge: Seite 527 bis 533

Nikiti Seite 534 **877** € 21
▲ Mitari Camping & Villas
5 (A+B 1/5-30/9) (H 10/6-31/8) (L 15/5-15/9)
AKZ. 1/5-30/6 24/8-29/9 7=6

Panteleimon Seite 534 **878** € 21
▲ Poseidon Beach
5 (H 1/5-10/9)
AKZ. 1/4-15/7 1/9-30/10 7=6

Plaka Litochoro Seite 534 **880** € 21
▲ Camping Sylvia
5 (A+B+H 1/5-10/10)
AKZ. 1/5-30/6 22/8-9/10

Sarti (Sithonia) Seite 534 **882** € 21
▲ Armenistis Camping & Bungalows
4 (B+C+D 10/6-25/8) 5 (A+C 12/5-25/9) (E 1/6-20/9) (F+H+L 12/5-25/9)
AKZ. 12/5-30/6 1/9-24/9

Sikia Seite 534 **883** € 21
▲ Melissi
5 (A+C 1/5-15/9)
AKZ. 1/5-30/6 1/9-29/9 10=9

Vourvourou (Sithonia) Seite 534 **886** € 19
▲ Rea
5 (A 1/5-30/9) (C+F+L 15/5-30/9)
AKZ. 1/5-30/6 1/9-29/9

Ausführliche Redaktionseinträge: Seite 534

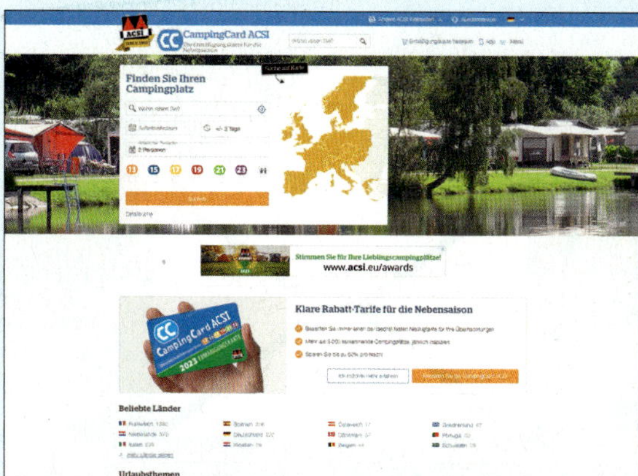

Suchmaschine

Auf der Webseite ▸ *campingcard.com* ◂ finden Sie eine Suchmaschine, die Ihnen auf so manche Art bei der Suche nach einem Camping helfen kann: nach Region oder dem Ort Ihrer Wahl, nach Campingnamen oder der Folgenummer, die vermeldet wird im blauen Logo im obenstehenden Redaktionseintrag. Die Suchergebnisse werden blitzschnell präsentiert. Pro Camping sehen Sie sich dann alle Angaben in Ruhe an.

Routenplaner

Sie werden vorallem viel Freude an dem integrierten Routenplaner haben. Sie wählen den Maßstab selbst: von der Übersichtskarte bis hin zur äußerst detaillierten Teilkarte der Region, in die Sie wollen.